STATS™ 1998 Pro Football Handbook

STATS, Inc.

Published by STATS Publishing
A division of Sports Team Analysis & Tracking Systems, Inc.

Cover by Ron Freer

Photo by Ponzini Photography

© Copyright 1998 by STATS, Inc.

All rights reserved. No information contained in this book nor any part of this book may be used, reproduced or transmitted for commercial use in any form without express written consent of STATS, Inc., 8131 Monticello, Skokie, Illinois 60076. (847) 676-3322. STATS is a trademark of Sports Team Analysis and Tracking Systems, Inc.

First Edition: February, 1998

Printed in the United States of America

ISBN 1-884064-50-7

Acknowledgments

There's a good reason why you can't find many of the numbers in the *Pro Football Handbook* anywhere else: you simply can't find a more prepared, more resourceful, more thorough, more passionate, or more dedicated team than the one behind the STATS logo.

John Dewan, STATS President and CEO, continues to make us the No. 1 source for sports statistics. You can now find us on TV, on the Web, in newspapers and magazines, on book shelves, in video games, in front offices. Who knows where the turn of the century will lead? He's assisted by Heather Schwarze, who somehow manages to keep up with everything John has his hand in. STATS Chief Operating Officer Marty Gilbert will also play a key role in leading this company into the next millennium.

This book is filled with statistics, rankings and other assorted numbers that are, quite frankly, one of a kind. They are all gathered by an exacting group of individuals known as the Operations Department. Led by Doug Abel, the tireless band of Jeff Chernow, Brian Cousins, Jason Kinsey, Jim Osborne, John Sasman, Matt Senter, Joe Weindel and Peter Woelflein make sure that every direction of every play is accounted for.

After the data is gathered, our Systems Department works its magic. Sue Dewan, Mike Canter and Art Ashley head up a team of programmers that includes Andrew Bernstein, Dave Carlson, Drew Faust, Kevin Goldstein, Mike Hammer, Stefan Kretschmann, Steve Moyer, Brent Osland, Dean Peterson, Pat Quinn, Jeff Schinski, Allan Spear, David Pinto and Kevin Thomas. Mike and Jeff did the bulk of the programming for this book and deserve a hearty "thank you" for their efforts.

Then it's up to the Publications Department, led by Don Zminda, to put that data into your hands. Don's crew consists of Jim Callis, Ethan Cooperson, Kevin Fullam, Jim Henzler, Chuck Miller, Mat Olkin and myself. As usual, the look of STATS books is the result of Chuck's hard work and countless hours. Don also oversees our Fantasy Department, which includes Dan Ford, Jim Musso, Oscar Palacios and Mike Wenz, and produces the best sports games on the market.

Steve Byrd's Marketing Department spreads the word about STATS to a worldwide client base. Marc Elman, Ron Freer, Corey Roberts, Lori Smith and Walter Lis assist Steve in his efforts. Jim Capuano's Sales Department pays most of our bills, and he's helped out by Kristen Beauregard and Leena Sheth.

Bob Meyerhoff's Finance and Administrative Departments ensure that everything runs smoothly at our Skokie, Ill., headquarters. Controller Steve Drago crunches the financial numbers, with the assistance of Angela Gabe, Mark Hong and Betty Moy. Susan Zamechek oversees the Administrative staff of Grant Blair, Ken Gilbert, Sherlinda Johnson, Antoinette Kelly, Kacey Schueler Poulos, Carol Savier and Taasha Schroeder. Stephanie Seburn handles the Human Resources Department's responsibilities with help from Tracy Lickton.

And finally, we owe a big debt of gratitude to our tireless group of NFL reporters, who view every inch of videotape with an expert eye. . . and *without* a complaint.

—Tony Nistler

This book is dedicated to my wife, Cortina,
and sons, Gerard and Philip.
I will eternally cherish their love and support.

—Jim Henzler

Table of Contents

Foreword 1
Introduction 3
A Note on the Numbers 4
1997 Standings & Results 7
Career Statistics 8
1997 Team Stats 267
Offensive Profiles 271
Defensive Profiles 387
Kicking & Punting Profiles 465
League Profiles 489
Offensive Lines 491
Leader Boards 501
Glossary 514
About STATS, Inc. 516

Foreword

by Mike Ditka

As the game of football changes, it is the responsibility of those who are involved with the sport to change as well. The players must learn to adapt to new offenses and defenses, the coaches must design these new offenses and defenses to fit around their players, and team management must assemble all of the parts within a changing set of rules that the league and its players prescribe.

That is why it is so very important that all the parties involved have access to the proper tools to accept these changes faster and better than their opposition in hopes of succeeding on the football field. This is where STATS, Inc. comes in. They're the guys who follow the details of the game, the little things that change the outcome. They provide the statistics in the *Pro Football Handbook* that tell the story of what happened when and by whom.

Now don't get me wrong, there's a lot more to football than just numbers, the most important of which is the heart inside the human being. But without a significant attention to detail, and without a comprehensive use of timely statistical information, the ability of a team to improve is severely limited. In the end, we're all responsible for using the best tools available to make ourselves better.

As technology changes and the game that once was designed on chalkboards heads into the information age, it will continue to be true that the most successful organizations will be the ones that respond to change the best. And it's companies like STATS, Inc. that will be helping fans and coaches alike not only recognize these changes, but continue to enjoy football for being the greatest game on earth.

Introduction

Here are some figures to chew on for a moment: 30 NFL teams played a total of 240 regular-season games in 1997, and in each and every one of those contests an average of nearly 130 offensive plays were run. That adds up to over 30,000 offensive plays last season. Over *30,000*. Over 30,000 runs, passes and sacks, and that lofty figure *doesn't* include the thousands of punts, kickoffs, field-goal attempts, extra-point attempts, two-point conversion attempts, penalties, etc. The point?

We went through every single one of those plays. *Every single one*. Backwards, forwards, slow motion, even frame-by-frame when necessary.

Why do we annually wear out our VCRs? Simple. In this age of instantaneous information, to find out how many yards Terrell Davis rushed for, or how many touchdown passes Brett Favre threw for, or how many catches Cris Carter hauled in last season you can look anywhere—in newspapers, in magazines, in media guides, on the web, on AOL, on the back of football cards, in video games, in other football publications.

We want you to look in the STATS *Pro Football Handbook*.

Of course, you will find all the "usual" information here, but that's just the beginning. You'll also find how many of Davis' yards were gained running up the middle (page 299), or how many of Favre's TDs came on passes that traveled more than 30 yards in the air (page 310), or how many of Carter's receptions came on third down (page 291). Ever wondered how your favorite kicker performs in the fourth quarter when his team is within three points, or how your favorite punter fares when the temperature is below 40 degrees? Trends, tendencies, specific strengths, glaring weaknesses—they're in here and nowhere else. So, too, are a set of leader boards that tell you who are (and who have been) the best in the game in a variety of compelling categories.

We won't give you just one reason to put the *Pro Football Handbook* in your library—we'll give you over 30,000 reasons. All at your fingertips. No VCR required.

—Tony Nistler

A Note on the Numbers

This year's book was sent to press more than a month prior to the release of the official NFL stats to the media. We are confident that there will be very few differences between the stats found here and the official ones.

We would, however, like to point out several differences between our stats and those reported by the NFL and published in *USA Today* and on www.usatoday.com late in December. We have reviewed each of these differences and are confident that STATS' data are correct.

Baltimore vs. Washington, 10/26/97

With about three minutes left to play in the fourth quarter, the Redskins had a 3rd-and-14 at their own 10. Gus Frerotte crossed the line of scrimmage and threw an illegal forward pass. Washington was assessed a five-yard penalty from the spot of the foul and loss of down. The next play was 4th-and-19 at their own five-yard line. In this instance, Frerotte should have earned a rush attempt for zero yards (any yardage gained to the point of an illegal forward pass is credited in that player's statistics). Additionally, the Redskins should have been charged with a failed third-down attempt. However, the NFL did not give credit for these statistics. Therefore, STATS reports Gus Frerotte with 25 rush attempts while the NFL reported 24, and STATS reports 223 third-down attempts for Washington while the NFL reported 222.

Indianapolis vs. San Diego, 10/26/97

At the 1:19 mark of the second quarter, San Diego had the ball 1st-and-10 from its own 37. Stan Humphries threw a nine-yard pass to Freddie Jones, bringing up second-and-1. On the next play, Humphries threw a five-yard completion to Terrell Fletcher for a first down. However, the official play-by-play for the game indicated that the Fletcher reception occurred on 1st-and-10, bringing up 2nd-and-5. The NFL is not crediting a passing first down on either of these plays, but clearly Fletcher's reception resulted in a first down. Therefore, STATS reports 252 first downs (161 passing) for the Chargers while the NFL reported 251 first downs (160 passing).

Also in this game, with about seven minutes left to play in the third quarter, the Colts had a 3rd-and-8 situation from their own 29. On this play, Terrance Shaw was flagged for interference. The official play-by-play indicated that the penalty was for 36 yards, but the next play was 1st-and-10 from the Charger 36—only 35 yards downfield. So, STATS reports only 1,100 penalty yards for San Diego while the NFL reported 1,101.

Washington vs. Dallas, 11/16/97

During the Cowboys' second drive of the third quarter, Emmitt Smith carried the ball for 31 yards and a first down on a 2nd-and-6 play from the Dallas 22. Additionally, Jesse Campbell was penalized five yards for an incidental face mask on the play. This penalty does not carry with it an automatic first down; however, the NFL credited an additional first down by penalty on this play. Therefore, STATS reports only 278 first downs for Dallas while the NFL reported 279.

New York Jets vs. Detroit, 12/21/97

At the 1:17 mark of the first quarter, Brian Hansen punted 34 yards from the New York 47 to the Detroit 19 where Glyn Milburn made a fair catch. The NFL did not, however, credit an inside-20 punt on this play. Therefore, STATS reports 21 inside-20 punts for Hansen while the NFL reported only 20.

New Orleans vs. Kansas City, 12/21/97

With 5:54 left to play in the game, Louie Aguiar punted 32 yards from the Kansas City 46 to the New Orleans 22. The NFL is crediting this punt to Pete Stoyanovich. Earlier in the game, Stoyanovich punted the ball on a fake field goal play, but it was clearly Aguiar who punted on the play in question. Therefore, STATS reports Aguiar with 82 punts for 3,465 yards and Stoyanovich with one punt for 24 yards. The NFL reported Aguiar with 81 punts for 3,433 yards and Stoyanovich with 2 punts for 56 yards.

Baltimore vs. Cincinnati, 12/21/97

Going into this game, Lee Johnson had 24 inside-20 punts. In the game, Johnson was credited with three inside-20 punts bringing his season total, by our count, to 27. The NFL reported Johnson with a total of only 26 inside-20 punts for the season. The difference was also reflected in Cincinnati's opponent totals as reported by the NFL. Apparently, the NFL failed to credit an inside-20 punt at the 6:09 mark of the fourth quarter when Jermaine Lewis fumbled a punt out of bounds at his own nine-yard line. The other two inside-20 punts for Johnson occurred at the 10:40 mark of the second quarter and at the 10:51 mark of the third quarter.

Final 1997 NFL Standings

American Conference

East	W	L	T	PF	PA	vs AFC	vs Div
New England	10	6	0	369	289	9-3-0	7-1-0
Miami	9	7	0	339	327	8-4-0	4-4-0
New York	9	7	0	348	287	6-6-0	2-6-0
Buffalo	6	10	0	255	367	5-7-0	5-3-0
Indianapolis	3	13	0	313	401	2-10-0	2-6-0
Central	**W**	**L**	**T**	**PF**	**PA**	**vs AFC**	**vs Div**
Pittsburgh	11	5	0	372	307	9-3-0	6-2-0
Jacksonville	11	5	0	394	318	9-3-0	6-2-0
Tennessee	8	8	0	333	310	4-8-0	2-6-0
Cincinnati	7	9	0	355	405	5-7-0	3-5-0
Baltimore	6	9	1	326	345	4-8-0	3-5-0
West	**W**	**L**	**T**	**PF**	**PA**	**vs AFC**	**vs Div**
Kansas City	13	3	0	375	232	9-3-0	7-1-0
Denver	12	4	0	472	287	9-3-0	6-2-0
Seattle	8	8	0	365	362	6-6-0	4-4-0
Oakland	4	12	0	324	419	2-10-0	2-6-0
San Diego	4	12	0	266	425	3-9-0	1-7-0

National Conference

East	W	L	T	PF	PA	vs NFC	vs Div
New York	10	5	1	307	265	9-2-1	7-0-1
Washington	8	7	1	327	289	7-4-1	4-3-1
Philadelphia	6	9	1	317	372	4-8-0	3-5-0
Dallas	6	10	0	304	314	4-8-0	3-5-0
Arizona	4	12	0	283	379	3-9-0	2-6-0
Central	**W**	**L**	**T**	**PF**	**PA**	**vs NFC**	**vs Div**
Green Bay	13	3	0	422	282	10-2-0	7-1-0
Tampa Bay	10	6	0	299	263	7-5-0	3-5-0
Detroit	9	7	0	379	306	7-5-0	6-2-0
Minnesota	9	7	0	354	359	6-6-0	3-5-0
Chicago	4	12	0	263	421	2-10-0	1-7-0
West	**W**	**L**	**T**	**PF**	**PA**	**vs NFC**	**vs Div**
San Francisco	13	3	0	375	265	11-1-0	8-0-0
Atlanta	7	9	0	320	361	5-7-0	4-4-0
Carolina	7	9	0	265	314	5-7-0	4-4-0
New Orleans	6	10	0	237	327	4-8-0	1-7-0
St. Louis	5	11	0	299	359	5-7-0	3-5-0

Wild-Card Playoffs

Saturday, December 27, 1997
Minnesota 23, New York Giants 22
Denver 42, Jacksonville 17

Sunday, December 28, 1997
New England 17, Miami 3
Tampa Bay 20, Detroit 10

Divisional Playoffs

Saturday, January 3, 1998
Pittsburgh 7, New England 6
San Francisco 38, Minnesota 22

Sunday, January 4, 1998
Denver 14, Kansas City 10
Green Bay 21, Tampa Bay 7

Conference Championships

Sunday, January 11, 1998
Denver 24, Pittsburgh 21
Green Bay 23, San Francisco 10

Super Bowl XXXII
at Qualcomm Stadium, San Diego, California

Sunday, January 25, 1998
Denver vs. Green Bay

Career Statistics

The following section includes the records of all players who saw NFL action in 1997.

Abbreviations: You're probably familiar with most of the abbreviations, but below are all of them and what they signify. Details on the various categories ("What's the difference between Net Punts and Total Punts?") can be found in the Glossary.

Age is seasonal age, based on November 1, 1998, the approximate midpoint of the season.

For ALL PLAYERS, **G** = Games Played; **GS** = Games Started; **Att** = Attempts; **Rec** = Receptions; **Yds** = Yards; **Avg** = Average; **TD** = Touchdowns; **Int** = Passes Intercepted; **Lg** = Long; **Fum** = Fumbles; **Rcvr** = Fumbles Recovered; **Pts** = Points Scored.

For PASSERS, **Com** = Completions; **Pct** = Percentage of Passes Completed; **Int%** = Percentage of Passes Intercepted; **Rtng** = Quarterback Rating; **Sckd** = Times Sacked.

For DEFENSIVE PLAYERS, **Tk** = Tackles; **Ast** = Assists; **FF** = Fumbles Forced; **FR** = Fumbles Recovered; **Blk** = Punts and Place Kicks Blocked.

For PUNTERS, **In20** = Inside 20; **TotPunts** = Total Punts; **TB** = Touchbacks; **Blkd** = Punts Blocked; **OppRet** = Punts Returned; **RetYds** = Return Yards; **NetAvg** = Net Punting Average.

For KICKERS, **1-29 Yd**, for example, refers to the number of field goal attempts and field goals made at that distance. The **Pct** appearing after a distance, and after "Overall," gives the percentage of field goals made at that distance;

Profiles: For many offensive and defensive players, and all regular kickers and punters, you will see a note just above the age, "(statistical profile on page xxx)," for example. This directs you to the Profiles sections, where you'll find detailed situational breakdowns for the player's 1997 campaign.

Two-Team Seasons: If a player saw action with more than one NFL team in a season, his stats for each team in the season(s) in question appear just above the "career totals" line at the bottom of each entry. The teams are listed in the correct order.

Sacks and Sacked: Sacks for individual defensive players were not an official statistic until 1982. A few players in this book were active before then, and you'll see some sack data for them. This information has been collected from team sources, and is unofficial. All such sack data is italicized here, and does not count in the career total.

League Leaders: Throughout the career statistics, any stat which led the NFL in a given season will be in boldface and slightly larger than normal. All categories are eligible for this treatment except: Games, Games Started, Fumble Yards, Tackles, Assists, Fumbles Forced,

Blocks, Safeties, and Miscellaneous TDs. We should also note that for kickers, one might lead the league in 50+ yard field goals made, but not attempted (or vice versa).

Rather than spend much time here on performance qualifications, we direct you to the Leader Boards later in the book. There, you'll find the minimum numbers required to qualify for leadership in any percentage category. For the seasons in this book which didn't consist of 16 games (1982 and 1987), the minimums are prorated.

Draft: Above each player's statistics, there is a note describing when he was drafted. After "**Rnd:**" you'll find a number for whatever round the player was selected in. If the player was taken in the first round of the regular draft, a number in parentheses tells you the position in which he was picked. If an "(S)" appears after a number, that means the player was acquired in one of the NFL's supplemental drafts. Finally, an "FA" indicates that the player entered the NFL as a free agent.

A Lengthy Note on Tackles: Nearly all of the numbers in the career section are official NFL statistics. However, tackle data is *not* official, so we had to decide whether or not to list it. Once we chose to do so, we still had to decide *which* data to use, and we had plenty of options to choose from. There were: the numbers released in the NFL's game summaries shortly after games were completed; the statistics released months later, after the coaches reviewed the films; and, the figures painstakingly compiled by STATS reporters.

You might say (as we did), "The answer is obvious. Just use the tackle data as determined by the coaching staffs. They're the most qualified reviewers." But there is one big problem with doing that: teams vary widely in giving credit, especially for assists. What's more, some teams don't conduct tape review at all. Inevitably, we wound up with cases like these: in 1993, Charger defenders were credited with 123 assists. That same season, Atlanta defenders racked up *602* assists.

For the sake of consistency, we've decided to go with the NFL game summaries, figuring that the standards used in crediting tackles and assists are relatively uniform among the various stat crews at the game sites. However, for seasons before 1994 we are listing the team-supplied totals because no other data is available. For this reason, many regular defenders' assist totals have dropped off substantially since 1994. To alert you that the post-1994 tackle/assist totals come from a different source than those of the previous seasons, that data is italicized. One final note: a few teams never listed assists; instead, they threw them in with overall tackle numbers. Initially, this resulted in a bunch of zeroes in the assists column for some players, which suggested that those players never assisted on tackles. To alert you to these players, we've inserted a dash in every instance where a player was credited with at least 10 tackles without registering an assist. In other words, he probably *did* pick up some assists, but it's impossible to find out how many.

— Kevin Fullam

Karim Abdul-Jabbar
(statistical profile on page 272)

Pos: RB **Rnd:** 3 **College:** UCLA **Ht:** 5' 10" **Wt:** 194 **Born:** 6/28/74 **Age:** 24

Year Team	G	GS	Rushing					Receiving					Punt Returns				Kickoff Returns				Totals		
			Att	Yds	Avg	Lg	TD	Rec	Yds	Avg	Lg	TD	Num	Yds	Avg	TD	Num	Yds	Avg	TD	Fum	TD	Pts
1996 Miami Dolphins	16	14	307	1116	3.6	29	11	23	139	6.0	23	0	0	0	-	0	0	0	-	0	4	11	66
1997 Miami Dolphins	16	14	283	892	3.2	22	15	29	261	9.0	t36	1	0	0	-	0	0	0	-	0	3	16	96
2 NFL Seasons	32	28	590	2008	3.4	29	26	52	400	7.7	t36	1	0	0	-	0	0	0	-	0	7	27	162

Clifton Abraham

Pos: CB **Rnd:** 5 **College:** Florida State **Ht:** 5' 9" **Wt:** 184 **Born:** 12/9/71 **Age:** 26

Year Team	G	GS	Tackles			Miscellaneous				Interceptions				Totals		
			Tk	Ast	Sack	FF	FR	TD	Blk	Int	Yds	Avg	TD	Sfty	TD	Pts
1995 Tampa Bay Buccaneers	6	0	3	0	0.0	0	0	0	0	0	0	-	0	0	0	0
1996 Chicago Bears	2	0	0	0	0.0	0	0	0	0	0	0	-	0	0	0	0
1997 Carolina Panthers	1	0	0	0	0.0	0	0	0	0	0	0	-	0	0	0	0
3 NFL Seasons	9	0	3	0	0.0	0	0	0	0	0	0	-	0	0	0	0

Donnie Abraham
(statistical profile on page 388)

Pos: CB/LB **Rnd:** 3 **College:** East Tennessee State **Ht:** 5' 10" **Wt:** 181 **Born:** 10/8/73 **Age:** 25

Year Team	G	GS	Tackles			Miscellaneous				Interceptions				Totals		
			Tk	Ast	Sack	FF	FR	TD	Blk	Int	Yds	Avg	TD	Sfty	TD	Pts
1996 Tampa Bay Buccaneers	16	12	50	8	0.0	0	2	0	0	5	27	5.4	0	0	0	0
1997 Tampa Bay Buccaneers	16	16	44	10	0.0	0	1	0	0	5	16	3.2	0	0	0	0
2 NFL Seasons	32	28	94	18	0.0	0	3	0	0	10	43	4.3	0	0	0	0

Kevin Abrams

Pos: CB **Rnd:** 2 **College:** Syracuse **Ht:** 5' 9" **Wt:** 166 **Born:** 2/28/74 **Age:** 24

Year Team	G	GS	Tackles			Miscellaneous				Interceptions				Totals		
			Tk	Ast	Sack	FF	FR	TD	Blk	Int	Yds	Avg	TD	Sfty	TD	Pts
1997 Detroit Lions	15	4	23	5	2.0	1	0	0	0	1	29	29.0	0	0	0	0

Tom Ackerman

Pos: C/G **Rnd:** 5 **College:** Eastern Washington **Ht:** 6' 3" **Wt:** 291 **Born:** 9/6/72 **Age:** 26

Year Team	G	GS	Year Team	G	GS			G	GS
1996 New Orleans Saints	2	0	1997 New Orleans Saints	14	0		2 NFL Seasons	16	0

Michael Adams

Pos: WR **Rnd:** 7 **College:** Texas **Ht:** 6' 1" **Wt:** 187 **Born:** 3/25/74 **Age:** 24

Year Team	G	GS	Rushing					Receiving					Punt Returns				Kickoff Returns				Totals		
			Att	Yds	Avg	Lg	TD	Rec	Yds	Avg	Lg	TD	Num	Yds	Avg	TD	Num	Yds	Avg	TD	Fum	TD	Pts
1997 Pittsburgh Steelers	6	0	0	0	-	-	0	1	39	39.0	39	0	0	0	-	0	10	215	21.5	0	1	0	0

Sam Adams
(statistical profile on page 388)

Pos: DT **Rnd:** 1 (8) **College:** Texas A&M **Ht:** 6' 3" **Wt:** 297 **Born:** 6/13/73 **Age:** 25

Year Team	G	GS	Tackles			Miscellaneous				Interceptions				Totals		
			Tk	Ast	Sack	FF	FR	TD	Blk	Int	Yds	Avg	TD	Sfty	TD	Pts
1994 Seattle Seahawks	12	7	20	7	4.0	0	0	0	0	0	0	-	0	0	0	0
1995 Seattle Seahawks	16	5	16	10	3.5	0	0	0	0	0	0	-	0	1	0	2
1996 Seattle Seahawks	16	15	35	5	5.5	3	1	0	0	0	0	-	0	0	0	0
1997 Seattle Seahawks	16	16	37	15	7.0	1	0	0	0	0	0	-	0	0	0	0
4 NFL Seasons	60	43	108	37	20.0	4	1	0	0	0	0	-	0	1	0	2

Scott Adams

Pos: G/T **Rnd:** FA **College:** Georgia **Ht:** 6' 6" **Wt:** 315 **Born:** 9/28/66 **Age:** 32

Year Team	G	GS	Year Team	G	GS	Year Team	G	GS		G	GS
1992 Minnesota Vikings	15	0	1994 New Orleans Saints	11	0	1996 Tampa Bay Buccaneers	7	2			
1993 Minnesota Vikings	15	10	1995 Chicago Bears	4	0	1997 Atlanta Falcons	6	0	6 NFL Seasons	58	12

Other Statistics: 1992–returned 1 kickoff for 0 yards; fumbled 1 time for 0 yards. 1994–recovered 1 fumble for 0 yards.

Vashone Adams

Pos: S **Rnd:** FA **College:** Eastern Michigan **Ht:** 5' 10" **Wt:** 196 **Born:** 9/12/73 **Age:** 25

Year Team	G	GS	Tackles			Miscellaneous				Interceptions				Totals		
			Tk	Ast	Sack	FF	FR	TD	Blk	Int	Yds	Avg	TD	Sfty	TD	Pts
1995 Cleveland Browns	8	6	23	12	0.0	0	0	0	0	0	0	-	0	0	0	0
1996 Baltimore Ravens	16	2	21	3	0.0	0	0	0	0	1	16	16.0	0	0	0	0
1997 New Orleans Saints	5	4	17	4	0.0	1	0	0	0	0	0	-	0	0	0	0
3 NFL Seasons	29	12	61	19	0.0	1	0	0	0	1	16	16.0	0	0	0	0

Ray Agnew

Pos: DT Rnd: 1 (10) College: North Carolina State Ht: 6'3" Wt: 285 Born: 12/9/67 Age: 30

			Tackles			Miscellaneous				Interceptions				Totals		
Year Team	G	GS	Tk	Ast	Sack	FF	FR	TD	Blk	Int	Yds	Avg	TD	Sfty	TD	Pts
1990 New England Patriots	12	9	38	14	2.5	0	1	0	0	0	0	-	0	0	0	0
1991 New England Patriots	13	10	22	14	2.0	0	0	0	0	0	0	-	0	0	0	0
1992 New England Patriots	14	14	44	17	1.0	0	1	0	0	0	0	-	0	0	0	0
1993 New England Patriots	16	1	29	16	1.5	0	0	0	0	0	0	-	0	0	0	0
1994 New England Patriots	11	3	14	8	0.5	0	0	0	0	0	0	-	0	0	0	0
1995 New York Giants	16	15	47	18	1.0	2	1	0	0	0	0	-	0	0	0	0
1996 New York Giants	13	2	18	6	0.5	0	0	0	0	1	34	34.0	1	0	1	6
1997 New York Giants	15	0	10	5	2.0	0	1	0	0	0	0	-	0	0	0	0
8 NFL Seasons	110	54	222	98	11.0	2	4	0	0	1	34	34.0	1	0	1	6

Louie Aguiar

(statistical profile on page 466)

Pos: P Rnd: FA College: Utah State Ht: 6'2" Wt: 219 Born: 6/30/66 Age: 32

		Punting											Field Goals			Passing			
Year Team	G	NetPunts	Yards	Avg	Long	In20	In20%	TotPunts	TB	Blocks	OppRet	RetYds	NetAvg	Overall	Pct	Long	Att	Com	Yds	Int
1991 New York Jets	16	64	2521	39.4	61	14	21.9	64	7	0	29	164	34.6	1-2	50.0	23	0	0	0	0
1992 New York Jets	16	73	2993	41.0	65	21	28.8	73	3	0	26	189	37.6	0-0	-	-	0	0	0	0
1993 New York Jets	16	73	2806	38.4	71	21	28.8	73	7	0	26	156	34.4	0-0	-	-	2	0	0	1
1994 Kansas City Chiefs	16	85	3582	42.1	61	15	17.6	85	7	0	50	506	34.5	0-0	-	-	0	0	0	0
1995 Kansas City Chiefs	16	91	3990	43.8	65	29	31.9	91	12	0	42	433	36.5	0-0	-	-	0	0	0	0
1996 Kansas City Chiefs	16	88	3667	41.7	68	25	28.4	88	10	0	42	492	33.8	0-0	-	-	0	0	0	0
1997 Kansas City Chiefs	16	82	3465	42.3	65	28	34.1	82	4	0	39	255	38.2	0-0	-	-	1	1	35	0
7 NFL Seasons	112	556	23024	41.4	71	153	27.5	556	50	0	254	2195	35.7	1-2	50.0	23	3	1	35	1

Other Statistics: 1991–recovered 1 fumble for 0 yards; rushed 1 time for 18 yards. 1993–recovered 1 fumble for -10 yards; rushed 3 times for -27 yards; fumbled 2 times. 1997–rushed 2 times for 11 yards.

Chidi Ahanotu

(statistical profile on page 388)

Pos: DE Rnd: 6 College: California Ht: 6'2" Wt: 283 Born: 10/11/70 Age: 28

			Tackles			Miscellaneous				Interceptions				Totals		
Year Team	G	GS	Tk	Ast	Sack	FF	FR	TD	Blk	Int	Yds	Avg	TD	Sfty	TD	Pts
1993 Tampa Bay Buccaneers	16	10	15	16	1.5	1	0	0	0	0	0	-	0	0	0	0
1994 Tampa Bay Buccaneers	16	16	31	15	1.0	0	0	0	0	0	0	-	0	0	0	0
1995 Tampa Bay Buccaneers	16	15	36	12	3.0	0	0	0	0	0	0	-	0	0	0	0
1996 Tampa Bay Buccaneers	13	13	37	10	5.5	0	1	0	0	0	0	-	0	0	0	0
1997 Tampa Bay Buccaneers	16	15	38	10	10.0	0	2	0	0	0	0	-	0	0	0	0
5 NFL Seasons	77	69	157	63	21.0	1	3	0	0	0	0	-	0	0	0	0

Troy Aikman

(statistical profile on page 272)

Pos: QB Rnd: 1 (1) College: UCLA Ht: 6'4" Wt: 223 Born: 11/21/66 Age: 31

			Passing										Rushing				Miscellaneous			
Year Team	G	GS	Att	Com	Pct	Yards	Yds/Att	Lg	TD	Int	Int%	Rating	Att	Yds	Avg	Lg	TD	Sckd	Yds	Fum	Rec	Yds	Pts
1989 Dallas Cowboys	11	11	293	155	52.9	1749	5.97	t75	9	18	6.1	55.7	38	302	7.9	25	0	19	155	6	3	0	0
1990 Dallas Cowboys	15	15	399	226	56.6	2579	6.46	t61	11	18	4.5	66.6	40	172	4.3	20	1	39	288	5	1	0	6
1991 Dallas Cowboys	12	12	363	237	65.3	2754	7.59	61	11	10	2.8	86.7	16	5	0.3	9	1	32	224	4	0	0	6
1992 Dallas Cowboys	16	16	473	302	63.8	3445	7.28	t87	23	14	3.0	89.5	37	105	2.8	19	1	23	112	4	1	0	6
1993 Dallas Cowboys	14	14	392	271	69.1	3100	7.91	t80	15	6	1.5	99.0	32	125	3.9	20	0	26	153	7	3	-3	0
1994 Dallas Cowboys	14	14	361	233	64.5	2676	7.41	90	13	12	3.3	84.9	30	62	2.1	13	1	14	59	2	2	0	6
1995 Dallas Cowboys	16	16	432	280	64.8	3304	7.65	50	16	7	1.6	93.6	21	32	1.5	12	1	14	89	5	2	-15	6
1996 Dallas Cowboys	15	15	465	296	63.7	3126	6.72	61	12	13	2.8	80.1	35	42	1.2	10	1	18	120	6	2	-8	6
1997 Dallas Cowboys	16	16	518	292	56.4	3283	6.34	t64	19	12	2.3	78.0	25	79	3.2	13	0	33	269	6	0	-5	0
9 NFL Seasons	129	129	3696	2292	62.0	26016	7.04	90	129	110	3.0	82.3	274	924	3.4	25	6	218	1469	45	14	-31	36

Other Statistics: 1989–caught 1 pass for -13 yards. 1991–caught 1 pass for -6 yards.

Ethan Albright

Pos: T/LS Rnd: FA College: North Carolina Ht: 6'5" Wt: 283 Born: 5/1/71 Age: 27

Year	Team	G	GS	Year	Team	G	GS	Year	Team	G	GS		G	GS
1995	Miami Dolphins	10	0	1996	Buffalo Bills	16	0	1997	Buffalo Bills	16	0	3 NFL Seasons	42	0

Allen Aldridge

Pos: LB/LS Rnd: 2 College: Houston Ht: 6'1" Wt: 245 Born: 5/30/72 Age: 26

			Tackles			Miscellaneous				Interceptions				Totals		
Year Team	G	GS	Tk	Ast	Sack	FF	FR	TD	Blk	Int	Yds	Avg	TD	Sfty	TD	Pts
1994 Denver Broncos	16	2	1	0	0.0	0	0	0	0	0	0	-	0	0	0	0
1995 Denver Broncos	16	12	65	24	1.5	0	1	0	0	0	0	-	0	0	0	0
1996 Denver Broncos	16	16	68	15	0.0	1	0	0	0	0	0	-	0	0	0	0
1997 Denver Broncos	16	15	41	16	0.0	1	0	0	0	0	0	-	0	0	0	0

Year Team	G	GS	Tackles Tk	Ast	Sack	Miscellaneous FF	FR	TD	Blk	Interceptions Int	Yds	Avg	TD	Totals Sfty	TD	Pts
4 NFL Seasons	64	45	175	55	1.5	2	1	0	0	0	0	-	0	0	0	0

Ink Aleaga

Pos: LB **Rnd:** FA **College:** Washington **Ht:** 6' 1" **Wt:** 225 **Born:** 4/27/73 **Age:** 25

Year Team	G	GS	Tk	Ast	Sack	FF	FR	TD	Blk	Int	Yds	Avg	TD	Sfty	TD	Pts
1997 New Orleans Saints	3	1	0	0	0.0	0	0	0	0	0	0	-	0	0	0	0

Brent Alexander

(statistical profile on page 389)

Pos: S/CB **Rnd:** FA **College:** Tennessee State **Ht:** 5' 10" **Wt:** 184 **Born:** 7/10/70 **Age:** 28

Year Team	G	GS	Tk	Ast	Sack	FF	FR	TD	Blk	Int	Yds	Avg	TD	Sfty	TD	Pts
1994 Arizona Cardinals	16	7	26	10	0.0	0	0	0	0	0	0	-	0	0	0	0
1995 Arizona Cardinals	16	13	51	17	0.5	2	1	0	0	2	14	7.0	0	0	0	0
1996 Arizona Cardinals	16	15	52	29	0.0	2	0	0	0	2	3	1.5	0	0	0	0
1997 Arizona Cardinals	16	15	54	22	0.0	1	0	0	0	0	0	-	0	0	0	0
4 NFL Seasons	64	50	183	78	0.5	5	1	0	0	4	17	4.3	0	0	0	0

Derrick Alexander

(statistical profile on page 273)

Pos: WR **Rnd:** 1 (29) **College:** Michigan **Ht:** 6' 2" **Wt:** 195 **Born:** 11/6/71 **Age:** 26

Year Team	G	GS	Rushing Att	Yds	Avg	Lg	TD	Receiving Rec	Yds	Avg	Lg	TD	Punt Returns Num	Yds	Avg	TD	Kickoff Returns Num	Yds	Avg	TD	Totals Fum	TD	Pts
1994 Cleveland Browns	14	12	4	38	9.5	25	0	48	828	17.3	t81	2	0	0	-	0	0	0	-	0	2	2	14
1995 Cleveland Browns	14	2	1	29	29.0	29	0	15	216	14.4	40	0	9	122	13.6	1	21	419	20.0	0	3	1	6
1996 Baltimore Ravens	15	14	3	0	0.0	12	0	62	1099	17.7	t64	9	1	15	15.0	0	1	13	13.0	0	0	9	56
1997 Baltimore Ravens	15	13	1	0	0.0	0	0	65	1009	15.5	92	9	1	34	34.0	0	0	0	-	0	1	9	54
4 NFL Seasons	58	41	9	67	7.4	29	0	190	3152	16.6	92	20	11	171	15.5	1	22	432	19.6	0	6	21	130

Other Statistics: 1994—scored 1 two-point conversion. 1995—recovered 1 fumble for 0 yards. 1996—scored 1 two-point conversion.

Derrick Alexander

(statistical profile on page 389)

Pos: DE **Rnd:** 1 (11) **College:** Florida State **Ht:** 6' 4" **Wt:** 265 **Born:** 11/3/73 **Age:** 24

Year Team	G	GS	Tk	Ast	Sack	FF	FR	TD	Blk	Int	Yds	Avg	TD	Sfty	TD	Pts
1995 Minnesota Vikings	15	12	22	12	2.0	2	1	0	0	0	0	-	0	0	0	0
1996 Minnesota Vikings	12	9	33	15	3.5	0	1	0	0	0	0	-	0	0	0	0
1997 Minnesota Vikings	14	14	35	16	4.5	3	1	0	0	0	0	-	0	0	0	0
3 NFL Seasons	41	35	90	43	10.0	5	3	0	0	0	0	-	0	0	0	0

Elijah Alexander

Pos: LB **Rnd:** 10 **College:** Kansas State **Ht:** 6' 2" **Wt:** 230 **Born:** 8/8/70 **Age:** 28

Year Team	G	GS	Tk	Ast	Sack	FF	FR	TD	Blk	Int	Yds	Avg	TD	Sfty	TD	Pts
1992 Tampa Bay Buccaneers	12	0	0	0	0.0	0	0	0	0	0	0	-	0	0	0	0
1993 Denver Broncos	16	0	8	2	0.0	0	0	0	0	0	0	-	0	0	0	0
1994 Denver Broncos	16	16	88	24	1.0	0	1	0	0	1	2	2.0	0	0	0	0
1995 Denver Broncos	9	8	22	6	0.5	0	0	0	0	2	5	2.5	0	0	0	0
1996 Indianapolis Colts	14	3	22	4	1.0	0	0	0	0	0	0	-	0	0	0	0
1997 Indianapolis Colts	13	11	52	14	1.0	1	0	0	0	1	43	43.0	1	0	1	6
6 NFL Seasons	80	38	192	50	3.5	1	1	0	0	4	50	12.5	1	0	1	6

Kevin Alexander

Pos: WR **Rnd:** FA **College:** Utah State **Ht:** 5' 9" **Wt:** 184 **Born:** 1/23/75 **Age:** 23

Year Team	G	GS	Rushing Att	Yds	Avg	Lg	TD	Receiving Rec	Yds	Avg	Lg	TD	Punt Returns Num	Yds	Avg	TD	Kickoff Returns Num	Yds	Avg	TD	Totals Fum	TD	Pts
1996 New York Giants	4	0	0	0	-	0	0	4	88	22.0	35	0	0	0	-	0	2	27	13.5	0	0	0	0
1997 New York Giants	14	8	0	0	-	0	0	18	276	15.3	40	1	0	0	-	0	3	30	10.0	0	0	1	6
2 NFL Seasons	18	8	0	0	-	0	0	22	364	16.5	40	1	0	0	-	0	5	57	11.4	0	0	1	6

Patrise Alexander

Pos: LB **Rnd:** FA **College:** Southwestern Louisiana **Ht:** 6' 1" **Wt:** 248 **Born:** 10/23/72 **Age:** 26

Year Team	G	GS	Tk	Ast	Sack	FF	FR	TD	Blk	Int	Yds	Avg	TD	Sfty	TD	Pts
1996 Washington Redskins	16	1	14	-	0.0	0	0	0	0	0	0	-	0	0	0	0
1997 Washington Redskins	16	0	2	1	0.0	0	0	0	0	0	0	-	0	0	0	0
2 NFL Seasons	32	1	16	1	0.0	0	0	0	0	0	0	-	0	0	0	0

Eric Allen

Pos: CB **Rnd:** 2 **College:** Arizona State **Ht:** 5' 10" **Wt:** 180 **Born:** 11/22/65 **Age:** 32

			Tackles			Miscellaneous				Interceptions				Punt Returns				Kickoff Returns				Totals	
Year Team	G	GS	Tk	Ast	Sack	FF	FR	TD	Blk	Int	Yds	Avg	TD	Num	Yds	Avg	TD	Num	Yds	Avg	TD	TD	Fum
1988 Philadelphia Eagles	16	16	57	8	0.0	0	0	0	0	5	76	15.2	0	0	0	-	0	0	0	-	0	0	0
1989 Philadelphia Eagles	15	15	38	10	0.0	0	0	0	0	8	38	4.8	0	0	0	-	0	0	0	-	0	0	1
1990 Philadelphia Eagles	16	15	56	7	0.0	0	1	0	0	3	37	12.3	1	0	0	-	0	1	2	2.0	0	1	0
1991 Philadelphia Eagles	16	16	27	12	0.0	0	1	0	0	5	20	4.0	0	0	0	-	0	0	0	-	0	0	0
1992 Philadelphia Eagles	16	16	42	30	0.0	1	2	0	0	4	49	12.3	0	0	0	-	0	0	0	-	0	0	0
1993 Philadelphia Eagles	16	16	42	22	2.0	3	0	0	0	6	201	33.5	4	0	0	-	0	0	0	-	0	4	0
1994 Philadelphia Eagles	16	16	46	11	0.0	0	1	0	0	3	61	20.3	0	0	0	-	0	0	0	-	0	0	0
1995 New Orleans Saints	16	16	44	15	0.0	0	0	0	0	2	28	14.0	0	0	0	-	0	0	0	-	0	0	0
1996 New Orleans Saints	16	16	48	3	0.0	0	0	0	0	1	33	33.0	0	0	0	-	0	0	0	-	0	0	0
1997 New Orleans Saints	16	16	45	5	0.0	0	0	0	0	2	27	13.5	0	0	0	-	0	0	0	-	0	0	0
10 NFL Seasons	159	158	445	123	2.0	4	5	0	0	39	570	14.6	5	0	0	-	0	1	2	2.0	0	5	1

Larry Allen

Pos: G/T **Rnd:** 2 **College:** Sonoma State **Ht:** 6' 3" **Wt:** 326 **Born:** 11/27/71 **Age:** 26

Year	Team	G	GS	Year	Team	G	GS	Year	Team	G	GS	Year	Team	G	GS
1994	Dallas Cowboys	16	10	1995	Dallas Cowboys	16	16	1996	Dallas Cowboys	16	16	1997	Dallas Cowboys	16	16
												4 NFL Seasons		64	58

Other Statistics: 1995–recovered 1 fumble for 0 yards.

Marcus Allen

(statistical profile on page 273)

Pos: RB **Rnd:** 1 (10) **College:** Southern California **Ht:** 6' 2" **Wt:** 210 **Born:** 3/26/60 **Age:** 38

			Rushing					Receiving					Kickoff Returns				Passing				Totals		
Year Team	G	GS	Att	Yds	Avg	Lg	TD	Rec	Yds	Avg	Lg	TD	Num	Yds	Avg	TD	Att	Com	Yds	Int	Fum	TD	Pts
1982 Los Angeles Raiders	9	9	160	697	4.4	53	11	38	401	10.6	t51	3	0	0	-	0	4	1	47	0	5	14	84
1983 Los Angeles Raiders	15	14	266	1014	3.8	19	9	68	590	8.7	36	2	0	0	-	0	7	4	111	0	14	12	72
1984 Los Angeles Raiders	16	16	275	1168	4.2	t52	13	64	758	11.8	92	5	0	0	-	0	4	1	38	0	8	18	108
1985 Los Angeles Raiders	16	16	380	1759	4.6	t61	11	67	555	8.3	44	3	0	0	-	0	2	1	16	0	3	14	84
1986 Los Angeles Raiders	13	10	208	759	3.6	t28	5	46	453	9.8	36	2	0	0	-	0	0	0	0	0	7	7	42
1987 Los Angeles Raiders	12	12	200	754	3.8	44	5	51	410	8.0	39	0	0	0	-	0	2	1	23	0	3	5	30
1988 Los Angeles Raiders	15	15	223	831	3.7	32	7	34	303	8.9	t30	1	0	0	-	0	2	1	21	0	5	8	48
1989 Los Angeles Raiders	8	5	69	293	4.2	15	2	20	191	9.6	26	0	0	0	-	0	0	0	0	0	2	2	12
1990 Los Angeles Raiders	16	15	179	682	3.8	28	12	15	189	12.6	30	1	0	0	-	0	1	0	0	1	1	13	78
1991 Los Angeles Raiders	8	2	63	287	4.6	26	2	15	131	8.7	25	0	0	0	-	0	2	1	11	0	1	2	12
1992 Los Angeles Raiders	16	0	67	301	4.5	21	2	28	277	9.9	40	1	0	0	-	0	0	0	0	0	1	3	18
1993 Kansas City Chiefs	16	10	206	764	3.7	39	12	34	238	7.0	t18	3	0	0	-	0	0	0	0	0	4	15	90
1994 Kansas City Chiefs	13	13	189	709	3.8	t36	7	42	349	8.3	38	0	0	0	-	0	0	0	0	0	3	7	44
1995 Kansas City Chiefs	16	15	207	890	4.3	38	5	27	210	7.8	20	0	0	0	-	0	0	0	0	0	2	5	30
1996 Kansas City Chiefs	16	15	206	830	4.0	35	9	27	270	10.0	59	0	0	0	-	0	1	0	0	0	2	9	54
1997 Kansas City Chiefs	16	0	124	505	4.1	30	11	11	86	7.0	10	0	0	0	-	0	2	2	15	0	4	11	66
16 NFL Seasons	221	167	3022	12243	4.1	t61	123	587	5411	9.2	92	21	0	0	-	0	27	12	282	1	65	145	872

Other Statistics: 1982–recovered 2 fumbles for 0 yards. 1983–recovered 2 fumbles for 0 yards and 1 touchdown; passed for 3 touchdowns. 1984–recovered 3 fumbles for 0 yards. 1985–recovered 2 fumbles for -6 yards. 1986–recovered 1 fumble for 0 yards. 1990–recovered 1 fumble for 0 yards. 1991–passed for 1 touchdown. 1993–recovered 1 fumble for 0 yards. 1994–scored 1 two-point conversion. 1995–recovered 1 fumble for 0 yards. 1997–recovered 2 fumbles for 0 yards; passed for 2 touchdowns.

Taje Allen

Pos: CB **Rnd:** 5 **College:** Texas **Ht:** 5' 10" **Wt:** 185 **Born:** 11/6/73 **Age:** 24

			Tackles			Miscellaneous				Interceptions				Totals		
Year Team	G	GS	Tk	Ast	Sack	FF	FR	TD	Blk	Int	Yds	Avg	TD	Sfty	TD	Pts
1997 St. Louis Rams	14	1	18	1	0.0	0	0	0	0	0	0	-	0	0	0	0

Terry Allen

(statistical profile on page 274)

Pos: RB **Rnd:** 9 **College:** Clemson **Ht:** 5' 10" **Wt:** 208 **Born:** 2/21/68 **Age:** 30

			Rushing					Receiving					Punt Returns				Kickoff Returns				Totals		
Year Team	G	GS	Att	Yds	Avg	Lg	TD	Rec	Yds	Avg	Lg	TD	Num	Yds	Avg	TD	Num	Yds	Avg	TD	Fum	TD	Pts
1991 Minnesota Vikings	15	6	120	563	4.7	t55	2	6	49	8.2	21	1	0	0	-	0	1	14	14.0	0	4	3	18
1992 Minnesota Vikings	16	16	266	1201	4.5	51	13	49	478	9.8	t36	2	0	0	-	0	0	0	-	0	9	15	90
1994 Minnesota Vikings	16	16	255	1031	4.0	45	8	17	148	8.7	31	0	0	0	-	0	0	0	-	0	3	8	50
1995 Washington Redskins	16	16	338	1309	3.9	28	10	31	232	7.5	24	1	0	0	-	0	0	0	-	0	6	11	66
1996 Washington Redskins	16	16	347	1353	3.9	t49	21	32	194	6.1	28	0	0	0	-	0	0	0	-	0	4	21	126
1997 Washington Redskins	10	10	210	724	3.4	34	4	20	172	8.6	38	1	0	0	-	0	0	0	-	0	2	5	30
6 NFL Seasons	89	80	1536	6181	4.0	t55	58	155	1273	8.2	38	5	0	0	-	0	1	14	14.0	0	28	63	380

Other Statistics: 1991–recovered 1 fumble for 0 yards. 1992–recovered 2 fumbles for 0 yards. 1994–recovered 2 fumbles for 4 yards; scored 1 two-point conversion. 1995–recovered 1 fumble for 0 yards. 1997–recovered 1 fumble for 0 yards.

Tremayne Allen

Pos: TE Rnd: FA College: Florida Ht: 6' 2" Wt: 234 Born: 8/9/74 Age: 24

Year Team	G	GS	Rushing					Receiving					Punt Returns				Kickoff Returns				Totals		
			Att	Yds	Avg	Lg	TD	Rec	Yds	Avg	Lg	TD	Num	Yds	Avg	TD	Num	Yds	Avg	TD	Fum	TD	Pts
1997 Chicago Bears	2	0	0	0	-	-	0	1	9	9.0	9	0	0	0	-	0	0	0	-	0	0	0	0

John Allred

Pos: TE Rnd: 2 College: Southern California Ht: 6' 5" Wt: 250 Born: 9/9/74 Age: 24

Year Team	G	GS	Rushing					Receiving					Punt Returns				Kickoff Returns				Totals		
			Att	Yds	Avg	Lg	TD	Rec	Yds	Avg	Lg	TD	Num	Yds	Avg	TD	Num	Yds	Avg	TD	Fum	TD	Pts
1997 Chicago Bears	15	4	0	0	-	-	0	8	70	8.8	18	0	0	0	-	0	2	21	10.5	0	0	0	0

Mike Alstott

(statistical profile on page 274)

Pos: FB Rnd: 2 College: Purdue Ht: 6' 1" Wt: 244 Born: 12/21/73 Age: 24

Year Team	G	GS	Rushing					Receiving					Punt Returns				Kickoff Returns				Totals		
			Att	Yds	Avg	Lg	TD	Rec	Yds	Avg	Lg	TD	Num	Yds	Avg	TD	Num	Yds	Avg	TD	Fum	TD	Pts
1996 Tampa Bay Buccaneers	16	16	96	377	3.9	39	3	65	557	8.6	29	3	0	0	-	0	1	14	14.0	0	4	6	36
1997 Tampa Bay Buccaneers	15	15	176	665	3.8	t47	7	23	178	7.7	26	3	0	0	-	0	1	0	0.0	0	5	10	60
2 NFL Seasons	31	31	272	1042	3.8	t47	10	88	735	8.4	29	6	0	0	-	0	2	14	7.0	0	9	16	96

Ashley Ambrose

(statistical profile on page 389)

Pos: CB Rnd: 2 College: Mississippi Valley State Ht: 5' 10" Wt: 192 Born: 9/17/70 Age: 28

Year Team	G	GS	Tackles			Miscellaneous				Interceptions				Punt Returns				Kickoff Returns				Totals	
			Tk	Ast	Sack	FF	FR	TD	Blk	Int	Yds	Avg	TD	Num	Yds	Avg	TD	Num	Yds	Avg	TD	TD	Fum
1992 Indianapolis Colts	10	2	6	2	0.0	0	0	0	0	0	0	-	0	0	0	-	0	8	126	15.8	0	0	2
1993 Indianapolis Colts	14	6	36	8	0.0	0	0	0	0	0	0	-	0	0	0	-	0	0	0	-	0	0	0
1994 Indianapolis Colts	16	4	31	4	0.0	0	1	0	0	2	50	25.0	0	0	0	-	0	0	0	-	0	0	0
1995 Indianapolis Colts	16	0	11	3	0.0	1	0	0	0	3	12	4.0	0	0	0	-	0	0	0	-	0	0	0
1996 Cincinnati Bengals	16	16	44	6	0.0	1	0	0	0	8	63	7.9	1	0	0	-	0	0	0	-	0	1	0
1997 Cincinnati Bengals	16	16	57	2	1.0	0	2	0	0	3	56	18.7	0	0	0	-	0	0	0	-	0	0	0
6 NFL Seasons	88	44	185	25	1.0	2	3	0	0	16	181	11.3	1	0	0	-	0	8	126	15.8	0	1	2

Kimble Anders

(statistical profile on page 275)

Pos: FB Rnd: FA College: Houston Ht: 5' 11" Wt: 230 Born: 9/10/66 Age: 32

Year Team	G	GS	Rushing					Receiving					Punt Returns				Kickoff Returns				Totals		
			Att	Yds	Avg	Lg	TD	Rec	Yds	Avg	Lg	TD	Num	Yds	Avg	TD	Num	Yds	Avg	TD	Fum	TD	Pts
1991 Kansas City Chiefs	2	0	0	0	-	-	0	2	30	15.0	23	0	0	0	-	0	0	0	-	0	0	0	0
1992 Kansas City Chiefs	11	2	1	1	1.0	1	0	5	65	13.0	28	0	0	0	-	0	1	20	20.0	0	1	0	0
1993 Kansas City Chiefs	16	13	75	291	3.9	18	0	40	326	8.2	27	1	0	0	-	0	1	47	47.0	0	1	1	6
1994 Kansas City Chiefs	16	13	62	231	3.7	19	2	67	525	7.8	30	1	0	0	-	0	2	36	18.0	0	1	3	18
1995 Kansas City Chiefs	16	13	58	398	6.9	44	2	55	349	6.3	28	1	0	0	-	0	0	0	-	0	1	3	18
1996 Kansas City Chiefs	16	15	54	201	3.7	t15	2	60	529	8.8	45	2	0	0	-	0	2	37	18.5	0	0	4	24
1997 Kansas City Chiefs	15	14	79	397	5.0	43	0	59	453	7.7	t55	2	0	0	-	0	1	0	0.0	0	3	2	12
7 NFL Seasons	92	70	329	1519	4.6	44	6	288	2277	7.9	t55	7	0	0	-	0	7	140	20.0	0	7	13	78

Other Statistics: 1994–recovered 2 fumbles for 1 yard. 1997–recovered 1 fumble for 0 yards.

Morten Andersen

(statistical profile on page 466)

Pos: K Rnd: 4 College: Michigan State Ht: 6' 2" Wt: 225 Born: 8/19/60 Age: 38

Year Team	G	Field Goals										Long	PAT		Tot
		1-29 Yds	Pct	30-39 Yds	Pct	40-49 Yds	Pct	50+ Yds	Pct	Overall	Pct		Made	Att	Pts
1982 New Orleans Saints	8	0-0	-	1-1	100.0	1-3	33.3	0-1	0.0	2-5	40.0	45	6	6	12
1983 New Orleans Saints	16	10-10	100.0	3-4	75.0	2-6	33.3	3-4	75.0	18-24	75.0	52	37	38	91
1984 New Orleans Saints	16	9-9	100.0	4-5	80.0	5-10	50.0	2-3	66.7	20-27	74.1	53	34	34	94
1985 New Orleans Saints	16	4-5	80.0	13-14	92.9	11-12	91.7	3-4	75.0	31-35	88.6	55	27	29	120
1986 New Orleans Saints	16	12-12	100.0	6-7	85.7	6-6	100.0	2-5	40.0	26-30	86.7	53	30	30	108
1987 New Orleans Saints	12	9-9	100.0	9-9	100.0	8-12	66.7	2-6	33.3	28-36	77.8	52	37	37	121
1988 New Orleans Saints	16	12-13	92.3	8-11	72.7	5-8	62.5	1-4	25.0	26-36	72.2	51	32	33	110
1989 New Orleans Saints	16	7-8	87.5	10-11	90.9	3-6	50.0	0-4	0.0	20-29	69.0	49	44	45	104
1990 New Orleans Saints	16	5-5	100.0	5-6	83.3	8-12	66.7	3-4	75.0	21-27	77.8	52	29	29	92
1991 New Orleans Saints	16	6-6	100.0	11-13	84.6	6-9	66.7	2-4	50.0	25-32	78.1	60	38	38	113
1992 New Orleans Saints	16	10-10	100.0	8-10	80.0	8-11	72.7	3-3	100.0	29-34	85.3	52	33	34	120
1993 New Orleans Saints	16	10-10	100.0	7-7	100.0	11-14	78.6	1-5	20.0	28-35	80.0	56	33	33	117
1994 New Orleans Saints	16	9-9	100.0	11-14	78.6	8-10	80.0	0-6	0.0	28-39	71.8	48	32	32	116
1995 Atlanta Falcons	16	9-9	100.0	11-11	100.0	3-8	37.5	8-9	88.9	31-37	83.8	59	29	30	122
1996 Atlanta Falcons	16	5-5	100.0	9-11	81.8	7-8	87.5	1-5	20.0	22-29	75.9	54	31	31	97
1997 Atlanta Falcons	16	11-11	100.0	7-7	100.0	3-6	50.0	2-3	66.7	23-27	85.2	55	35	35	104
16 NFL Seasons	244	128-131	97.7	123-141	87.2	95-141	67.4	33-70	47.1	378-482	78.4	60	507	514	1641

Antonio Anderson

Pos: DT **Rnd:** 4 **College:** Syracuse **Ht:** 6' 6" **Wt:** 307 **Born:** 5/6/73 **Age:** 25

				Tackles			Miscellaneous				Interceptions				Totals		
Year Team	G	GS	Tk	Ast	Sack	FF	FR	TD	Blk	Int	Yds	Avg	TD	Sfty	TD	Pts
1997 Dallas Cowboys	16	5	19	7	2.0	0	0	0	0	0	0	-	0	0	0	0

Curtis Anderson

Pos: CB **Rnd:** FA **College:** Pittsburgh **Ht:** 6' 0" **Wt:** 193 **Born:** 9/29/73 **Age:** 25

				Tackles			Miscellaneous				Interceptions				Totals		
Year Team	G	GS	Tk	Ast	Sack	FF	FR	TD	Blk	Int	Yds	Avg	TD	Sfty	TD	Pts
1997 Jacksonville Jaguars	9	0	0	1	0.0	0	0	0	0	0	0	-	0	0	0	0

Darren Anderson

Pos: CB **Rnd:** 4 **College:** Toledo **Ht:** 5' 10" **Wt:** 187 **Born:** 1/11/69 **Age:** 29

				Tackles			Miscellaneous				Interceptions				Totals		
Year Team	G	GS	Tk	Ast	Sack	FF	FR	TD	Blk	Int	Yds	Avg	TD	Sfty	TD	Pts
1992 NE - TB	2	0	0	0	0.0	0	0	0	0	0	0	-	0	0	0	0
1993 Tampa Bay Buccaneers	14	1	12	5	0.0	0	0	0	0	1	6	6.0	0	0	0	0
1994 Kansas City Chiefs	15	1	9	1	0.0	0	1	0	0	0	0	-	0	0	0	0
1995 Kansas City Chiefs	16	0	6	0	0.0	0	0	0	0	0	0	-	0	0	0	0
1996 Kansas City Chiefs	11	3	11	1	0.0	0	1	0	0	0	0	-	0	0	0	0
1997 Kansas City Chiefs	11	0	9	1	2.0	0	0	0	0	1	55	55.0	1	0	1	6
1992 New England Patriots	1	0	0	0	0.0	0	0	0	0	0	0	-	0	0	0	0
Tampa Bay Buccaneers	1	0	0	0	0.0	0	0	0	0	0	0	-	0	0	0	0
6 NFL Seasons	69	5	47	8	2.0	0	2	0	0	2	61	30.5	1	0	1	6

Dunstan Anderson

Pos: DE **Rnd:** FA **College:** Tulsa **Ht:** 6' 4" **Wt:** 270 **Born:** 12/31/70 **Age:** 27

				Tackles			Miscellaneous				Interceptions				Totals		
Year Team	G	GS	Tk	Ast	Sack	FF	FR	TD	Blk	Int	Yds	Avg	TD	Sfty	TD	Pts
1994 Atlanta Falcons	1	0	0	0	0.0	0	0	0	0	0	0	-	0	0	0	0
1997 Miami Dolphins	9	1	4	1	0.0	0	1	0	0	0	0	-	0	0	0	0
2 NFL Seasons	10	1	4	1	0.0	0	1	0	0	0	0	-	0	0	0	0

Eddie Anderson

Pos: S **Rnd:** 6 **College:** Fort Valley State **Ht:** 6' 1" **Wt:** 210 **Born:** 7/22/63 **Age:** 35

				Tackles			Miscellaneous				Interceptions				Totals		
Year Team	G	GS	Tk	Ast	Sack	FF	FR	TD	Blk	Int	Yds	Avg	TD	Sfty	TD	Pts
1986 Seattle Seahawks	5	0	0	-	0.0	0	0	0	0	0	0	-	0	0	0	0
1987 Los Angeles Raiders	13	3	52	-	0.0	0	1	0	0	1	58	58.0	0	0	0	0
1988 Los Angeles Raiders	16	5	91	-	0.0	0	0	0	0	2	-6	-3.0	0	0	0	0
1989 Los Angeles Raiders	15	10	88	-	0.0	0	0	0	0	5	233	46.6	2	0	2	12
1990 Los Angeles Raiders	16	16	92	-	0.0	0	1	0	0	3	49	16.3	0	0	0	0
1991 Los Angeles Raiders	16	16	118	-	0.0	0	1	0	0	2	14	7.0	0	0	0	0
1992 Los Angeles Raiders	16	16	85	-	1.0	0	0	0	0	3	131	43.7	1	0	1	6
1993 Los Angeles Raiders	16	16	61	16	1.0	1	1	0	0	2	52	26.0	0	0	0	0
1994 Los Angeles Raiders	14	14	65	23	2.0	0	1	0	0	0	0	-	0	0	0	0
1995 Oakland Raiders	14	14	60	17	0.0	3	2	0	0	1	0	0.0	0	0	0	0
1996 Oakland Raiders	7	5	29	10	0.0	0	0	0	0	0	0	-	0	0	0	0
1997 Oakland Raiders	11	1	4	2	0.0	0	0	0	0	0	0	-	0	0	0	0
12 NFL Seasons	159	116	745	68	4.0	4	7	0	0	19	531	27.9	3	0	3	18

Flipper Anderson

Pos: WR **Rnd:** 2 **College:** UCLA **Ht:** 6' 0" **Wt:** 176 **Born:** 3/7/65 **Age:** 33

			Rushing					Receiving				Punt Returns				Kickoff Returns				Totals		
Year Team	G	GS	Att	Yds	Avg	Lg	TD	Rec	Yds	Avg	Lg	TD	Num	Yds	Avg	TD	Num	Yds	Avg	TD	Fum	TD	Pts
1988 Los Angeles Rams	16	1	0	0	-	0	0	11	319	29.0	56	0	0	0	-	0	0	0	-	0	0	0	0
1989 Los Angeles Rams	16	13	1	-1	-1.0	-1	0	44	1146	26.0	t78	5	0	0	-	0	0	0	-	0	0	5	30
1990 Los Angeles Rams	16	10	1	13	13.0	13	0	51	1097	21.5	t55	4	0	0	-	0	0	0	-	0	0	4	24
1991 Los Angeles Rams	12	10	0	0	-	0	0	32	530	16.6	54	1	0	0	-	0	0	0	-	0	2	1	6
1992 Los Angeles Rams	15	9	0	0	-	0	0	38	657	17.3	51	7	0	0	-	0	1	9	9.0	0	1	7	42
1993 Los Angeles Rams	15	15	0	0	-	0	0	37	552	14.9	t56	4	0	0	-	0	0	0	-	0	0	4	24
1994 Los Angeles Rams	16	16	1	11	11.0	11	0	46	945	20.5	t72	5	0	0	-	0	0	0	-	0	0	5	30
1995 Indianapolis Colts	2	2	0	0	-	0	0	8	111	13.9	28	2	0	0	-	0	0	0	-	0	0	2	12
1996 Washington Redskins	2	0	0	0	-	0	0	0	0	-	0	0	0	0	-	0	0	0	-	0	0	0	0
1997 Denver Broncos	4	0	0	0	-	0	0	0	0	-	0	0	0	0	-	0	0	0	-	0	0	0	0
10 NFL Seasons	114	76	3	23	7.7	13	0	267	5357	20.1	t78	28	0	0	-	0	1	9	9.0	0	3	28	168

Other Statistics: 1990–recovered 1 fumble for 0 yards. 1991–recovered 1 fumble for 0 yards. 1993–recovered 1 fumble for 0 yards. 1994–recovered 1 fumble for 7 yards.

Gary Anderson
(statistical profile on page 466)

Pos: K Rnd: 7 College: Syracuse Ht: 5' 11" Wt: 178 Born: 7/16/59 Age: 39

Year	Team	G	1-29 Yds	Pct	30-39 Yds	Pct	40-49 Yds	Pct	50+ Yds	Pct	Overall	Pct	Long	PAT Made	PAT Att	Tot Pts
1982	Pittsburgh Steelers	9	4-4	100.0	1-2	50.0	5-5	100.0	0-1	0.0	10-12	83.3	48	22	22	52
1983	Pittsburgh Steelers	16	10-11	90.9	9-10	90.0	8-10	80.0	0-0	-	27-31	87.1	49	38	39	119
1984	Pittsburgh Steelers	16	8-9	88.9	6-9	66.7	8-11	72.7	2-3	66.7	24-32	75.0	55	45	45	117
1985	Pittsburgh Steelers	16	13-14	92.9	14-15	93.3	5-9	55.6	1-4	25.0	33-42	78.6	52	40	40	139
1986	Pittsburgh Steelers	16	6-8	75.0	6-7	85.7	9-14	64.3	0-3	0.0	21-32	65.6	45	32	32	95
1987	Pittsburgh Steelers	12	8-9	88.9	5-5	100.0	7-11	63.6	2-2	100.0	22-27	81.5	52	21	21	87
1988	Pittsburgh Steelers	16	12-12	100.0	9-10	90.0	6-12	50.0	1-2	50.0	28-36	77.8	52	34	35	118
1989	Pittsburgh Steelers	16	7-7	100.0	5-8	62.5	9-15	60.0	0-0	-	21-30	70.0	49	28	28	91
1990	Pittsburgh Steelers	16	4-4	100.0	8-8	100.0	8-11	72.7	0-2	0.0	20-25	80.0	48	32	32	92
1991	Pittsburgh Steelers	16	8-10	80.0	9-11	81.8	5-6	83.3	1-6	16.7	23-33	69.7	54	31	31	100
1992	Pittsburgh Steelers	16	12-13	92.3	12-15	80.0	4-6	66.7	0-2	0.0	28-36	77.8	49	29	31	113
1993	Pittsburgh Steelers	16	9-10	90.0	14-14	100.0	5-6	83.3	0-0	-	28-30	93.3	46	32	32	116
1994	Pittsburgh Steelers	16	8-9	88.9	8-9	88.9	7-9	77.8	1-2	50.0	24-29	82.8	50	32	32	104
1995	Philadelphia Eagles	16	5-5	100.0	9-10	90.0	8-12	66.7	0-3	0.0	22-30	73.3	43	32	33	98
1996	Philadelphia Eagles	16	10-11	90.9	8-9	88.9	7-9	77.8	0-0	-	25-29	86.2	46	40	40	115
1997	San Francisco 49ers	16	11-11	100.0	9-12	75.0	8-10	80.0	1-3	33.3	29-36	80.6	51	38	38	125
	16 NFL Seasons	245	135-147	91.8	132-154	85.7	109-156	69.9	9-33	27.3	385-490	78.6	55	526	531	1681

Other Statistics: 1994–rushed 1 time for 3 yards.

Jamal Anderson
(statistical profile on page 275)

Pos: RB Rnd: 7 College: Utah Ht: 5' 10" Wt: 234 Born: 9/30/72 Age: 26

Year Team	G	GS	Rushing Att	Yds	Avg	Lg	TD	Receiving Rec	Yds	Avg	Lg	TD	Kickoff Returns Num	Yds	Avg	TD	Passing Att	Com	Yds	Int	Totals Fum	TD	Pts
1994 Atlanta Falcons	4	0	2	-1	-0.5	0	0	0	0	-	-	0	1	11	11.0	0	0	0	0	0	0	0	0
1995 Atlanta Falcons	16	0	39	161	4.1	13	1	4	42	10.5	17	0	24	541	22.5	0	0	0	0	0	0	1	6
1996 Atlanta Falcons	16	12	232	1055	4.5	t32	5	49	473	9.7	34	1	4	80	20.0	0	0	0	0	0	4	6	36
1997 Atlanta Falcons	16	15	290	1002	3.5	39	7	29	284	9.8	t47	3	0	0	-	0	4	1	27	1	4	10	60
4 NFL Seasons	52	27	563	2217	3.9	39	13	82	799	9.7	t47	4	29	632	21.8	0	4	1	27	1	8	17	102

Other Statistics: 1996–recovered 1 fumble for 0 yards. 1997–recovered 1 fumble for 0 yards; passed for 1 touchdown.

Richie Anderson
(statistical profile on page 276)

Pos: FB Rnd: 6 College: Penn State Ht: 6' 2" Wt: 225 Born: 9/13/71 Age: 27

Year Team	G	GS	Rushing Att	Yds	Avg	Lg	TD	Receiving Rec	Yds	Avg	Lg	TD	Kickoff Returns Num	Yds	Avg	TD	Passing Att	Com	Yds	Int	Totals Fum	TD	Pts
1993 New York Jets	7	0	0	0	-	-	0	0	0	-	-	0	4	66	16.5	0	0	0	0	0	1	0	0
1994 New York Jets	13	5	43	207	4.8	55	1	25	212	8.5	t27	1	3	43	14.3	0	0	0	0	0	1	2	12
1995 New York Jets	10	0	5	17	3.4	10	0	5	26	5.2	9	0	0	0	-	0	1	0	0	0	2	0	0
1996 New York Jets	16	13	47	150	3.2	11	1	44	385	8.8	48	0	0	0	-	0	0	0	0	0	0	1	6
1997 New York Jets	16	3	21	70	3.3	19	0	26	150	5.8	19	1	0	0	-	0	0	0	0	0	2	1	6
5 NFL Seasons	62	21	116	444	3.8	55	2	100	773	7.7	48	2	7	109	15.6	0	1	0	0	0	6	4	24

Other Statistics: 1993–recovered 1 fumble for 0 yards. 1994–recovered 1 fumble for 0 yards. 1996–recovered 1 fumble for 0 yards. 1997–recovered 1 fumble for 0 yards.

Willie Anderson
(statistical profile on page 276)

Pos: T Rnd: 1 (10) College: Auburn Ht: 6' 5" Wt: 325 Born: 7/11/75 Age: 23

Year	Team	G	GS	Year	Team	G	GS		G	GS
1996	Cincinnati Bengals	16	10	1997	Cincinnati Bengals	16	16	2 NFL Seasons	32	26

Reidel Anthony
(statistical profile on page 276)

Pos: WR Rnd: 1 (16) College: Florida Ht: 6' 0" Wt: 185 Born: 10/20/76 Age: 22

Year Team	G	GS	Rushing Att	Yds	Avg	Lg	TD	Receiving Rec	Yds	Avg	Lg	TD	Punt Returns Num	Yds	Avg	TD	Kickoff Returns Num	Yds	Avg	TD	Totals Fum	TD	Pts
1997 Tampa Bay Buccaneers	16	12	5	84	16.8	26	0	35	448	12.8	t38	4	0	0	-	0	25	592	23.7	0	0	4	24

Leo Araguz
(statistical profile on page 467)

Pos: P Rnd: FA College: Stephen F. Austin Ht: 6' 0" Wt: 185 Born: 1/18/70 Age: 28

Year Team	G	NetPunts	Yards	Avg	Long	In20	In20%	TotPunts	TB	Blocks	OppRet	RetYds	NetAvg	Rushing Att	Yards	Passing Att	Com	Yards	Int
1996 Oakland Raiders	3	13	534	41.1	52	4	30.8	13	2	0	6	45	34.5	1	0	0	0	0	0
1997 Oakland Raiders	16	93	4189	45.0	63	28	30.1	93	6	0	52	431	39.1	1	0	0	0	0	0
2 NFL Seasons	19	106	4723	44.6	63	32	30.2	106	8	0	58	476	38.6	2	0	0	0	0	0

Other Statistics: 1996–recovered 1 fumble for 0 yards. 1997–recovered 1 fumble for -21 yards; fumbled 1 time.

Lester Archambeau
(statistical profile on page 390)

Pos: DE Rnd: 7 College: Stanford Ht: 6' 5" Wt: 275 Born: 6/27/67 Age: 31

			Tackles			Miscellaneous				Interceptions				Totals		
Year Team	G	GS	Tk	Ast	Sack	FF	FR	TD	Blk	Int	Yds	Avg	TD	Sfty	TD	Pts
1990 Green Bay Packers	4	0	0	0	0.0	0	0	0	0	0	0	-	0	0	0	0
1991 Green Bay Packers	16	0	20	4	4.5	0	0	0	0	0	0	-	0	0	0	0
1992 Green Bay Packers	16	0	20	9	1.0	0	0	0	0	0	0	-	0	0	0	0
1993 Atlanta Falcons	15	11	45	22	0.0	1	0	0	0	0	0	-	0	0	0	0
1994 Atlanta Falcons	16	12	24	3	2.0	1	0	0	1	0	0	-	0	0	0	0
1995 Atlanta Falcons	16	7	15	3	3.0	1	1	0	0	0	0	-	0	0	0	0
1996 Atlanta Falcons	15	15	41	14	2.0	0	0	0	0	0	0	-	0	0	0	0
1997 Atlanta Falcons	16	16	33	11	8.5	3	3	0	0	1	0	0.0	0	0	0	0
8 NFL Seasons	114	61	198	66	21.0	6	4	0	1	1	0	0.0	0	0	0	0

Mike Archie

Pos: RB Rnd: 7 College: Penn State Ht: 5' 8" Wt: 205 Born: 10/14/72 Age: 26

			Rushing					Receiving					Punt Returns				Kickoff Returns				Totals		
Year Team	G	GS	Att	Yds	Avg	Lg	TD	Rec	Yds	Avg	Lg	TD	Num	Yds	Avg	TD	Num	Yds	Avg	TD	Fum	TD	Pts
1996 Houston Oilers	2	0	0	0	-	-	0	0	0	-	-	0	0	0	-	0	2	24	12.0	0	0	0	0
1997 Tennessee Oilers	5	0	0	0	-	-	0	0	0	-	-	0	1	5	5.0	0	2	24	12.0	0	0	0	0
2 NFL Seasons	7	0	0	0	-	-	0	0	0	-	-	0	1	5	5.0	0	4	48	12.0	0	0	0	0

Other Statistics: 1997–recovered 1 fumble for 0 yards.

Justin Armour

Pos: WR/RB Rnd: 4 College: Stanford Ht: 6' 4" Wt: 209 Born: 1/1/73 Age: 25

			Rushing					Receiving					Kickoff Returns				Passing				Totals		
Year Team	G	GS	Att	Yds	Avg	Lg	TD	Rec	Yds	Avg	Lg	TD	Num	Yds	Avg	TD	Att	Com	Yds	Int	Fum	TD	Pts
1995 Buffalo Bills	15	9	4	-5	-1.3	6	0	26	300	11.5	t28	3	0	0	-	0	1	0	0	0	1	3	18
1997 Philadelphia Eagles	1	0	0	0	-	-	0	0	0	-	-	0	0	0	-	0	0	0	0	0	0	0	0
2 NFL Seasons	16	9	4	-5	-1.3	6	0	26	300	11.5	t28	3	0	0	-	0	1	0	0	0	1	3	18

Other Statistics: 1995–recovered 2 fumbles for 0 yards.

Jesse Armstead
(statistical profile on page 390)

Pos: LB Rnd: 8 College: Miami (FL) Ht: 6' 1" Wt: 232 Born: 10/26/70 Age: 28

			Tackles			Miscellaneous				Interceptions				Totals		
Year Team	G	GS	Tk	Ast	Sack	FF	FR	TD	Blk	Int	Yds	Avg	TD	Sfty	TD	Pts
1993 New York Giants	16	0	28	3	0.0	1	0	0	0	1	0	0.0	0	0	0	0
1994 New York Giants	16	0	33	8	3.0	1	0	0	0	1	0	0.0	0	1	0	2
1995 New York Giants	16	2	36	10	0.5	0	1	0	0	1	58	58.0	1	0	1	6
1996 New York Giants	16	16	83	31	3.0	1	2	0	0	2	23	11.5	0	0	0	0
1997 New York Giants	16	16	101	31	3.5	1	1	0	0	2	57	28.5	1	0	1	6
5 NFL Seasons	80	34	281	83	10.0	4	4	0	0	7	138	19.7	2	1	2	14

Other Statistics: 1996–fumbled 1 time.

Bruce Armstrong

Pos: T Rnd: 1 (23) College: Louisville Ht: 6' 4" Wt: 295 Born: 9/7/65 Age: 33

Year	Team	G	GS	Year	Team	G	GS	Year	Team	G	GS	Year	Team	G	GS
1987	New England Patriots	12	12	1990	New England Patriots	16	16	1993	New England Patriots	16	16	1996	New England Patriots	16	16
1988	New England Patriots	16	16	1991	New England Patriots	16	16	1994	New England Patriots	16	16	1997	New England Patriots	16	16
1989	New England Patriots	16	16	1992	New England Patriots	8	8	1995	New England Patriots	16	16		11 NFL Seasons	164	164

Other Statistics: 1990–recovered 2 fumbles for 4 yards. 1992–recovered 1 fumble for 0 yards. 1993–recovered 1 fumble for 0 yards. 1995–recovered 1 fumble for 0 yards.

Trace Armstrong
(statistical profile on page 390)

Pos: DE Rnd: 1 (12) College: Florida Ht: 6' 4" Wt: 266 Born: 10/5/65 Age: 33

			Tackles			Miscellaneous				Interceptions				Totals		
Year Team	G	GS	Tk	Ast	Sack	FF	FR	TD	Blk	Int	Yds	Avg	TD	Sfty	TD	Pts
1989 Chicago Bears	15	15	37	43	5.0	1	1	0	0	0	0	-	0	0	0	0
1990 Chicago Bears	16	16	33	49	10.0	2	2	0	0	0	0	-	0	0	0	0
1991 Chicago Bears	12	12	26	30	1.5	0	0	0	0	0	0	-	0	0	0	0
1992 Chicago Bears	14	14	40	35	6.5	1	1	0	0	0	0	-	0	0	0	0
1993 Chicago Bears	16	16	34	24	11.5	3	3	0	0	0	0	-	0	0	0	0
1994 Chicago Bears	15	15	31	10	7.5	2	1	0	1	0	0	-	0	0	0	0
1995 Miami Dolphins	15	0	21	5	4.5	2	1	0	0	0	0	-	0	0	0	0
1996 Miami Dolphins	16	9	22	11	12.0	3	2	0	0	0	0	-	0	0	0	0
1997 Miami Dolphins	16	16	25	22	5.5	2	3	0	0	0	0	-	0	0	0	0
9 NFL Seasons	135	113	269	229	64.0	14	13	0	1	0	0	-	0	0	0	0

Jamie Asher

(statistical profile on page 277)

Pos: TE Rnd: 5 College: Louisville Ht: 6' 3" Wt: 243 Born: 10/31/72 Age: 26

Year	Team	G	GS	Rushing					Receiving					Punt Returns				Kickoff Returns				Totals		
				Att	Yds	Avg	Lg	TD	Rec	Yds	Avg	Lg	TD	Num	Yds	Avg	TD	Num	Yds	Avg	TD	Fum	TD	Pts
1995	Washington Redskins	7	1	0	0	-	-	0	14	172	12.3	20	0	0	0	-	0	1	13	13.0	0	0	0	0
1996	Washington Redskins	16	12	0	0	-	-	0	42	481	11.5	34	4	0	0	-	0	1	13	13.0	0	0	4	24
1997	Washington Redskins	16	13	0	0	-	-	0	49	474	9.7	24	1	0	0	-	0	1	17	17.0	0	0	1	6
	3 NFL Seasons	39	26	0	0	-	-	0	105	1127	10.7	34	5	0	0	-	0	3	43	14.3	0	0	5	30

Other Statistics: 1996—recovered 2 fumbles for 0 yards. 1997—recovered 2 fumbles for 0 yards.

Darryl Ashmore

Pos: T Rnd: 7 College: Northwestern Ht: 6' 7" Wt: 310 Born: 11/1/69 Age: 28

Year	Team	G	GS	Year	Team	G	GS	Year	Team	G	GS			G	GS
1993	Los Angeles Rams	9	7	1995	St. Louis Rams	16	15	1996	Washington Redskins	5	0					
1994	Los Angeles Rams	11	3	1996	St. Louis Rams	6	0	1997	Washington Redskins	11	2		5 NFL Seasons		58	27

Joe Aska

Pos: RB Rnd: 3 College: Central Oklahoma Ht: 5' 10" Wt: 240 Born: 7/14/72 Age: 26

Year	Team	G	GS	Rushing					Receiving					Punt Returns				Kickoff Returns				Totals		
				Att	Yds	Avg	Lg	TD	Rec	Yds	Avg	Lg	TD	Num	Yds	Avg	TD	Num	Yds	Avg	TD	Fum	TD	Pts
1995	Oakland Raiders	1	0	0	0	-	-	0	0	0	-	-	0	0	0	-	0	0	0	-	0	0	0	0
1996	Oakland Raiders	14	2	62	326	5.3	38	1	8	63	7.9	22	0	0	0	-	0	1	17	17.0	0	1	1	6
1997	Oakland Raiders	7	0	12	10	0.8	4	0	0	0	-	-	0	0	0	-	0	2	46	23.0	0	0	0	0
	3 NFL Seasons	22	2	74	336	4.5	38	1	8	63	7.9	22	0	0	0	-	0	3	63	21.0	0	1	1	6

James Atkins

Pos: T/G Rnd: FA College: Southwestern Louisiana Ht: 6' 6" Wt: 303 Born: 1/28/70 Age: 28

Year	Team	G	GS	Year	Team	G	GS	Year	Team	G	GS	Year	Team	G	GS
1994	Seattle Seahawks	4	2	1995	Seattle Seahawks	16	16	1996	Seattle Seahawks	16	16	1997	Seattle Seahawks	13	3
													4 NFL Seasons	49	37

Other Statistics: 1995—recovered 1 fumble for 0 yards. 1996—recovered 2 fumbles for 0 yards. 1997—recovered 1 fumble for 0 yards.

Steve Atwater

(statistical profile on page 391)

Pos: S Rnd: 1 (20) College: Arkansas Ht: 6' 3" Wt: 217 Born: 10/28/66 Age: 32

Year	Team	G	GS	Tackles			Miscellaneous				Interceptions				Punt Returns				Kickoff Returns				Totals	
				Tk	Ast	Sack	FF	FR	TD	Blk	Int	Yds	Avg	TD	Num	Yds	Avg	TD	Num	Yds	Avg	TD	TD	Fum
1989	Denver Broncos	16	16	86	43	0.0	0	1	0	0	3	34	11.3	0	0	0	-	0	0	0	-	0	0	0
1990	Denver Broncos	15	15	112	61	0.0	2	0	0	0	2	32	16.0	0	0	0	-	0	1	0	0.0	0	0	0
1991	Denver Broncos	16	16	83	67	1.0	1	1	0	0	5	104	20.8	0	0	0	-	0	0	0	-	0	0	0
1992	Denver Broncos	15	15	73	78	1.0	2	2	0	0	2	22	11.0	0	0	0	-	0	0	0	-	0	0	0
1993	Denver Broncos	16	16	80	61	0.0	2	0	0	0	2	81	40.5	0	0	0	-	0	0	0	-	0	0	0
1994	Denver Broncos	15	14	52	22	0.0	1	2	0	0	1	24	24.0	0	0	0	-	0	0	0	-	0	0	0
1995	Denver Broncos	16	16	82	21	0.0	2	0	0	0	3	54	18.0	0	0	0	-	0	0	0	-	0	0	0
1996	Denver Broncos	16	16	64	17	0.0	1	0	0	0	3	11	3.7	0	0	0	-	0	0	0	-	0	0	1
1997	Denver Broncos	15	15	53	15	1.0	0	2	0	0	2	42	21.0	1	0	0	-	0	0	0	-	0	1	0
	9 NFL Seasons	140	139	685	385	5.0	11	8	0	0	23	404	17.6	1	0	0	-	0	1	0	0.0	0	1	1

Raymond Austin

Pos: CB/S Rnd: 5 College: Tennessee Ht: 5' 11" Wt: 190 Born: 12/21/74 Age: 23

Year	Team	G	GS	Tackles			Miscellaneous				Interceptions				Totals		
				Tk	Ast	Sack	FF	FR	TD	Blk	Int	Yds	Avg	TD	Sfty	TD	Pts
1997	New York Jets	16	0	8	4	0.0	0	0	0	1	0	0	-	0	0	0	0

Darnell Autry

(statistical profile on page 277)

Pos: RB Rnd: 4 College: Northwestern Ht: 5' 11" Wt: 210 Born: 6/19/76 Age: 22

Year	Team	G	GS	Rushing					Receiving					Punt Returns				Kickoff Returns				Totals		
				Att	Yds	Avg	Lg	TD	Rec	Yds	Avg	Lg	TD	Num	Yds	Avg	TD	Num	Yds	Avg	TD	Fum	TD	Pts
1997	Chicago Bears	13	3	112	319	2.8	17	1	9	59	6.6	14	0	0	0	-	0	0	0	-	0	2	1	8

Other Statistics: 1997—scored 1 two-point conversion.

Brad Badger

Pos: G Rnd: 5 College: Stanford Ht: 6' 4" Wt: 298 Born: 1/11/75 Age: 23

Year	Team	G	GS							G	GS
1997	Washington Redskins	12	2					1 NFL Season		12	2

Aaron Bailey

(statistical profile on page 278)

Pos: KR/WR **Rnd:** FA **College:** Louisville **Ht:** 5' 10" **Wt:** 183 **Born:** 10/24/71 **Age:** 27

			Rushing					Receiving					Punt Returns				Kickoff Returns				Totals		
Year Team	G	GS	Att	Yds	Avg	Lg	TD	Rec	Yds	Avg	Lg	TD	Num	Yds	Avg	TD	Num	Yds	Avg	TD	Fum	TD	Pts
1994 Indianapolis Colts	12	0	0	0	-	-	0	2	30	15.0	23	0	0	0	-	0	0	0	-	0	0	0	0
1995 Indianapolis Colts	15	3	1	34	34.0	34	0	21	379	18.0	45	3	0	0	-	0	21	495	23.6	1	0	4	24
1996 Indianapolis Colts	14	2	0	0	-	-	0	18	302	16.8	40	0	0	0	-	0	43	1041	24.2	1	3	1	6
1997 Indianapolis Colts	13	4	3	20	6.7	18	0	26	329	12.7	22	3	1	19	19.0	0	55	1206	21.9	0	2	3	18
4 NFL Seasons	54	9	4	54	13.5	34	0	67	1040	15.5	45	6	1	19	19.0	0	119	2742	23.0	2	5	8	48

Other Statistics: 1995–recovered 1 fumble for 0 yards. 1996–recovered 1 fumble for 0 yards. 1997–recovered 1 fumble for 0 yards.

Carlton Bailey

Pos: LB **Rnd:** 9 **College:** North Carolina **Ht:** 6' 3" **Wt:** 242 **Born:** 12/15/64 **Age:** 33

			Tackles			Miscellaneous				Interceptions				Totals		
Year Team	G	GS	Tk	Ast	Sack	FF	FR	TD	Blk	Int	Yds	Avg	TD	Sfty	TD	Pts
1988 Buffalo Bills	6	0	6	0	0.0	0	0	0	0	0	0	-	0	0	0	0
1989 Buffalo Bills	16	0	16	11	0.0	0	0	0	0	1	16	16.0	0	0	0	0
1990 Buffalo Bills	16	6	38	19	2.0	0	1	0	0	0	0	-	0	0	0	0
1991 Buffalo Bills	16	16	61	32	0.0	1	1	0	0	0	0	-	0	0	0	0
1992 Buffalo Bills	16	10	44	21	1.0	1	0	0	0	0	0	-	0	0	0	0
1993 New York Giants	16	16	96	40	1.5	2	1	0	0	0	0	-	0	0	0	0
1994 New York Giants	16	11	47	23	0.0	0	1	0	0	0	0	-	0	0	0	0
1995 Carolina Panthers	16	14	75	24	3.0	1	0	0	0	0	0	-	0	0	0	0
1996 Carolina Panthers	16	15	47	21	2.5	1	0	0	0	0	0	-	0	0	0	0
1997 Carolina Panthers	8	0	9	2	0.0	0	0	0	0	0	0	-	0	0	0	0
10 NFL Seasons	142	88	439	193	10.0	6	4	0	0	1	16	16.0	0	0	0	0

Other Statistics: 1993–fumbled 1 time.

Robert Bailey

Pos: CB **Rnd:** 4 **College:** Miami (FL) **Ht:** 5' 9" **Wt:** 174 **Born:** 9/3/68 **Age:** 30

			Tackles			Miscellaneous				Interceptions				Punt Returns				Kickoff Returns				Totals	
Year Team	G	GS	Tk	Ast	Sack	FF	FR	TD	Blk	Int	Yds	Avg	TD	Num	Yds	Avg	TD	Num	Yds	Avg	TD	TD	Fum
1991 Los Angeles Rams	6	0	1	0	0.0	0	0	0	0	0	0	-	0	0	0	-	0	0	0	-	0	0	0
1992 Los Angeles Rams	16	7	41	2	0.0	0	0	0	0	3	61	20.3	1	0	0	-	0	0	0	-	0	1	0
1993 Los Angeles Rams	9	3	15	3	0.0	0	0	0	0	2	41	20.5	0	0	0	-	0	0	0	-	0	0	0
1994 Los Angeles Rams	16	1	25	2	0.0	0	1	0	0	0	0	-	0	1	103	103.0	1	0	0	-	0	1	0
1995 Was - Dal	13	0	7	3	0.0	0	0	0	0	0	0	-	0	0	0	-	0	0	0	-	0	0	0
1996 Miami Dolphins	14	0	10	-	1.0	0	0	0	0	0	0	-	0	0	0	-	0	0	0	-	0	0	0
1997 Detroit Lions	15	0	13	1	2.0	3	0	0	0	1	0	0.0	0	0	0	-	0	0	0	-	0	0	0
1995 Washington Redskins	4	0	0	1	0.0	0	0	0	0	0	0	-	0	0	0	-	0	0	0	-	0	0	0
Dallas Cowboys	9	0	7	2	0.0	0	0	0	0	0	0	-	0	0	0	-	0	0	0	-	0	0	0
7 NFL Seasons	89	11	112	11	3.0	3	1	0	0	6	102	17.0	1	1	103	103.0	1	0	0	-	0	2	0

Myron Baker

Pos: LB **Rnd:** 4 **College:** Louisiana Tech **Ht:** 6' 1" **Wt:** 234 **Born:** 1/6/71 **Age:** 27

			Tackles			Miscellaneous				Interceptions				Punt Returns				Kickoff Returns				Totals	
Year Team	G	GS	Tk	Ast	Sack	FF	FR	TD	Blk	Int	Yds	Avg	TD	Num	Yds	Avg	TD	Num	Yds	Avg	TD	TD	Fum
1993 Chicago Bears	16	0	10	13	0.0	0	2	2	0	0	0	-	0	0	0	-	0	0	0	-	0	2	0
1994 Chicago Bears	16	3	15	6	0.0	0	0	0	0	0	0	-	0	0	0	-	0	0	0	-	0	0	0
1995 Chicago Bears	16	0	1	0	0.0	0	0	0	0	0	0	-	0	0	0	-	0	0	0	-	0	0	0
1996 Carolina Panthers	16	0	0	0	0.0	0	1	0	0	0	0	-	0	0	0	-	0	1	11	11.0	0	0	0
1997 Carolina Panthers	2	0	0	0	0.0	0	0	0	0	0	0	-	0	0	0	-	0	0	0	-	0	0	0
5 NFL Seasons	66	3	26	19	0.0	0	3	2	0	0	0	-	0	0	0	-	0	1	11	11.0	0	2	0

Jerry Ball

Pos: DT **Rnd:** 3 **College:** Southern Methodist **Ht:** 6' 1" **Wt:** 320 **Born:** 12/15/64 **Age:** 33

			Tackles			Miscellaneous				Interceptions				Punt Returns				Kickoff Returns				Totals	
Year Team	G	GS	Tk	Ast	Sack	FF	FR	TD	Blk	Int	Yds	Avg	TD	Num	Yds	Avg	TD	Num	Yds	Avg	TD	TD	Fum
1987 Detroit Lions	12	12	27	9	1.0	0	0	0	0	0	0	-	0	0	0	-	0	2	23	11.5	0	0	0
1988 Detroit Lions	16	16	49	19	2.0	0	0	0	0	0	0	-	0	0	0	-	0	0	0	-	0	0	0
1989 Detroit Lions	16	16	62	11	9.0	0	3	0	0	0	0	-	0	0	0	-	0	0	0	-	0	0	0
1990 Detroit Lions	15	15	38	12	2.0	0	0	0	0	0	0	-	0	0	0	-	0	0	0	-	0	0	0
1991 Detroit Lions	13	13	31	5	2.0	1	0	0	0	0	0	-	0	0	0	-	0	0	0	-	0	0	0
1992 Detroit Lions	12	12	31	12	2.5	0	3	1	0	0	0	-	0	0	0	-	0	0	0	-	0	1	0
1993 Cleveland Browns	16	7	24	22	3.0	2	0	0	0	0	0	-	0	0	0	-	0	0	0	-	0	0	0
1994 Los Angeles Raiders	16	13	44	8	3.0	0	4	0	0	0	0	-	0	0	0	-	0	0	0	-	0	0	0
1995 Oakland Raiders	15	15	33	8	3.0	1	0	0	0	0	0	-	0	0	0	-	0	0	0	-	0	0	0
1996 Oakland Raiders	16	0	22	4	3.0	0	1	0	0	1	66	66.0	1	0	0	-	0	0	0	-	0	1	0
1997 Minnesota Vikings	12	6	17	13	0.0	0	2	0	0	0	0	-	0	0	0	-	0	0	0	-	0	0	0
11 NFL Seasons	159	125	378	123	30.5	4	11	1	0	1	66	66.0	1	0	0	-	0	2	23	11.5	0	2	0

Other Statistics: 1991–credited with 1 safety.

Howard Ballard

Pos: T **Rnd:** 11 **College:** Alabama A&M **Ht:** 6' 6" **Wt:** 325 **Born:** 11/3/63 **Age:** 34

Year	Team	G	GS	Year	Team	G	GS	Year	Team	G	GS	Year	Team	G	GS
1988	Buffalo Bills	16	0	1991	Buffalo Bills	16	16	1994	Seattle Seahawks	16	16	1997	Seattle Seahawks	10	10
1989	Buffalo Bills	16	16	1992	Buffalo Bills	16	16	1995	Seattle Seahawks	16	16				
1990	Buffalo Bills	16	16	1993	Buffalo Bills	16	16	1996	Seattle Seahawks	16	16		10 NFL Seasons	154	138

Other Statistics: 1996–recovered 1 fumble for 0 yards.

Tony Banks
(statistical profile on page 278)

Pos: QB **Rnd:** 2 **College:** Michigan State **Ht:** 6' 4" **Wt:** 220 **Born:** 4/5/73 **Age:** 25

				Passing								Rushing					Miscellaneous				
Year Team	G	GS	Att	Com	Pct	Yards	Yds/Att	Lg	TD	Int	Int%	Rating	Att	Yds	Avg	Lg	TD	Sckd	Yds	Fum	Recv	Yds	Pts
1996 St. Louis Rams	14	13	368	192	52.2	2544	6.91	t77	15	15	4.1	71.0	61	212	3.5	22	0	48	306	21	4	-17	2
1997 St. Louis Rams	16	16	487	252	51.7	3254	6.68	76	14	13	2.7	71.5	47	186	4.0	23	1	43	317	15	3	-21	6
2 NFL Seasons	30	29	855	444	51.9	5798	6.78	t77	29	28	3.3	71.3	108	398	3.7	23	1	91	623	36	7	-38	8

Other Statistics: 1996–scored 1 two-point conversion.

Michael Bankston
(statistical profile on page 391)

Pos: DE **Rnd:** 4 **College:** Sam Houston State **Ht:** 6' 3" **Wt:** 280 **Born:** 3/12/70 **Age:** 28

			Tackles			Miscellaneous				Interceptions				Totals		
Year Team	G	GS	Tk	Ast	Sack	FF	FR	TD	Blk	Int	Yds	Avg	TD	Sfty	TD	Pts
1992 Phoenix Cardinals	16	6	14	10	2.0	0	0	0	0	0	0	-	0	0	0	0
1993 Phoenix Cardinals	16	12	43	27	3.0	2	5	0	0	0	0	-	0	0	0	0
1994 Arizona Cardinals	16	16	56	29	6.5	0	1	0	0	0	0	-	0	0	0	0
1995 Arizona Cardinals	16	16	56	24	2.0	0	0	0	0	1	28	28.0	0	0	0	0
1996 Arizona Cardinals	16	15	45	34	0.5	3	1	0	0	0	0	-	0	0	0	0
1997 Arizona Cardinals	16	16	67	28	2.0	0	0	0	1	0	0	-	0	0	0	0
6 NFL Seasons	96	81	281	152	16.0	5	7	0	1	1	28	28.0	0	0	0	0

Other Statistics: 1995–fumbled 1 time for 0 yards.

Bradford Banta

Pos: TE/LS **Rnd:** 4 **College:** Southern California **Ht:** 6' 6" **Wt:** 260 **Born:** 12/14/70 **Age:** 27

			Rushing					Receiving					Punt Returns				Kickoff Returns				Totals		
Year Team	G	GS	Att	Yds	Avg	Lg	TD	Rec	Yds	Avg	Lg	TD	Num	Yds	Avg	TD	Num	Yds	Avg	TD	Fum	TD	Pts
1994 Indianapolis Colts	16	0	0	0	-	0	0	0	0	-	0	0	0	0	-	0	0	0	-	0	0	0	0
1995 Indianapolis Colts	16	2	0	0	-	0	0	1	6	6.0	6	0	0	0	-	0	0	0	-	0	0	0	0
1996 Indianapolis Colts	13	0	0	0	-	0	0	0	0	-	0	0	0	0	-	0	0	0	-	0	0	0	0
1997 Indianapolis Colts	15	0	0	0	-	0	0	0	0	-	0	0	0	0	-	0	0	0	-	0	0	0	0
4 NFL Seasons	60	2	0	0	-	0	0	1	6	6.0	6	0	0	0	-	0	0	0	-	0	0	0	0

Michael Barber

Pos: LB **Rnd:** FA **College:** Clemson **Ht:** 6' 1" **Wt:** 252 **Born:** 11/9/71 **Age:** 26

			Tackles			Miscellaneous				Interceptions				Punt Returns				Kickoff Returns				Totals	
Year Team	G	GS	Tk	Ast	Sack	FF	FR	TD	Blk	Int	Yds	Avg	TD	Num	Yds	Avg	TD	Num	Yds	Avg	TD	TD	Fum
1995 Seattle Seahawks	2	0	0	0	0.0	0	0	0	0	0	0	-	0	0	0	-	0	0	0	-	0	0	0
1996 Seattle Seahawks	13	7	32	10	0.0	2	1	0	0	0	0	-	0	0	0	-	0	1	12	12.0	0	0	0
1997 Seattle Seahawks	8	2	16	2	0.0	1	1	0	0	0	0	-	0	0	0	-	0	0	0	-	0	0	0
3 NFL Seasons	23	9	48	12	0.0	3	2	0	0	0	0	-	0	0	0	-	0	1	12	12.0	0	0	0

Ronde Barber

Pos: DB **Rnd:** 3 **College:** Virginia **Ht:** 5' 10" **Wt:** 180 **Born:** 4/7/75 **Age:** 23

			Tackles			Miscellaneous				Interceptions				Totals		
Year Team	G	GS	Tk	Ast	Sack	FF	FR	TD	Blk	Int	Yds	Avg	TD	Sfty	TD	Pts
1997 Tampa Bay Buccaneers	1	0	4	0	0.0	0	0	0	0	0	0	-	0	0	0	0

Tiki Barber
(statistical profile on page 279)

Pos: RB **Rnd:** 2 **College:** Virginia **Ht:** 5' 10" **Wt:** 195 **Born:** 4/7/75 **Age:** 23

			Rushing					Receiving					Punt Returns				Kickoff Returns				Totals		
Year Team	G	GS	Att	Yds	Avg	Lg	TD	Rec	Yds	Avg	Lg	TD	Num	Yds	Avg	TD	Num	Yds	Avg	TD	Fum	TD	Pts
1997 New York Giants	12	6	136	511	3.8	42	3	34	299	8.8	29	1	0	0	-	0	0	0	-	0	3	4	26

Other Statistics: 1997–scored 1 two-point conversion.

Bryan Barker
(statistical profile on page 467)

Pos: P **Rnd:** FA **College:** Santa Clara **Ht:** 6' 2" **Wt:** 186 **Born:** 6/28/64 **Age:** 34

		Punting										Rushing		Passing			
Year Team	G	NetPunts	Yards	Avg	Long	In20	In20%	TotPunts	TB	Blocks	OppRet	RetYds	NetAvg	Att	Yards	Att	Com	Yards	Int
1990 Kansas City Chiefs	13	64	2479	38.7	56	16	25.0	64	1	0	38	324	33.4	0	0	0	0	0	0
1991 Kansas City Chiefs	16	57	2303	40.4	57	11	19.3	57	6	0	27	190	35.0	0	0	0	0	0	0

Year Team	G	Punting											Rushing		Passing			
		NetPunts	Yards	Avg	Long	In20	In20%	TotPunts	TB	Blocks	OppRet	RetYds	NetAvg	Att	Yards	Att	Com	Yards	Int
1992 Kansas City Chiefs	15	75	3245	43.3	65	16	21.3	76	13	1	35	300	35.3	0	0	0	0	0	0
1993 Kansas City Chiefs	16	76	3240	42.6	59	19	25.0	77	8	1	43	352	35.4	0	0	0	0	0	0
1994 Philadelphia Eagles	11	66	2696	40.8	67	20	30.3	66	7	0	37	158	36.3	0	0	0	0	0	0
1995 Jacksonville Jaguars	16	82	3591	43.8	63	19	23.2	82	5	0	45	323	**38.6**	0	0	0	0	0	0
1996 Jacksonville Jaguars	16	69	3016	43.7	62	16	23.2	69	8	0	44	400	35.6	0	0	0	0	0	0
1997 Jacksonville Jaguars	16	66	2964	44.9	64	27	**40.9**	66	8	0	29	241	38.8	1	0	1	1	22	0
8 NFL Seasons	119	555	23534	42.4	67	144	25.9	557	56	2	298	2288	36.1	1	0	1	1	22	0

Other Statistics: 1997–fumbled 1 time for -19 yards.

Roy Barker
(statistical profile on page 391)

Pos: DE **Rnd:** 4 **College:** North Carolina **Ht:** 6' 5" **Wt:** 290 **Born:** 2/14/69 **Age:** 29

Year Team	G	GS	Tackles			Miscellaneous				Interceptions				Totals		
			Tk	Ast	Sack	FF	FR	TD	Blk	Int	Yds	Avg	TD	Sfty	TD	Pts
1992 Minnesota Vikings	9	0	0	0	0.0	0	0	0	0	0	0	-	0	0	0	0
1993 Minnesota Vikings	16	16	40	7	6.0	3	1	0	0	0	0	-	0	0	0	0
1994 Minnesota Vikings	16	15	30	12	3.5	1	1	0	0	0	0	-	0	0	0	0
1995 Minnesota Vikings	16	16	36	9	3.0	0	0	0	0	1	-2	-2.0	0	0	0	0
1996 San Francisco 49ers	16	16	29	3	12.5	8	0	0	0	0	0	-	0	0	0	0
1997 San Francisco 49ers	13	12	24	4	5.5	2	0	0	0	0	0	-	0	0	0	0
6 NFL Seasons	86	75	159	35	30.5	14	2	0	0	1	-2	-2.0	0	0	0	0

Reggie Barlow

Pos: WR/KR **Rnd:** 4 **College:** Alabama State **Ht:** 5' 11" **Wt:** 186 **Born:** 1/22/73 **Age:** 25

Year Team	G	GS	Rushing					Receiving					Punt Returns				Kickoff Returns				Totals		
			Att	Yds	Avg	Lg	TD	Rec	Yds	Avg	Lg	TD	Num	Yds	Avg	TD	Num	Yds	Avg	TD	Fum	TD	Pts
1996 Jacksonville Jaguars	7	0	0	0	-	-	0	0	0	-	-	0	0	0	-	0	0	0	-	0	0	0	0
1997 Jacksonville Jaguars	16	0	0	0	-	-	0	5	74	14.8	29	0	36	412	11.4	0	10	267	26.7	1	2	1	6
2 NFL Seasons	23	0	0	0	-	-	0	5	74	14.8	29	0	36	412	11.4	0	10	267	26.7	1	2	1	6

Other Statistics: 1997–recovered 1 fumble for 0 yards.

Tom Barndt

Pos: DT/G **Rnd:** 6 **College:** Pittsburgh **Ht:** 6' 3" **Wt:** 285 **Born:** 3/14/72 **Age:** 26

Year Team	G	GS	Tackles			Miscellaneous				Interceptions				Totals		
			Tk	Ast	Sack	FF	FR	TD	Blk	Int	Yds	Avg	TD	Sfty	TD	Pts
1996 Kansas City Chiefs	13	0	0	0	0.0	0	0	0	0	0	0	-	0	0	0	0
1997 Kansas City Chiefs	16	1	11	6	2.0	0	0	0	0	0	0	-	0	0	0	0
2 NFL Seasons	29	1	11	6	2.0	0	0	0	0	0	0	-	0	0	0	0

Derrick Barnes

Pos: LB **Rnd:** FA **College:** Oregon **Ht:** 6' 1" **Wt:** 261 **Born:** 9/11/74 **Age:** 24

Year Team	G	GS	Tackles			Miscellaneous				Interceptions				Totals		
			Tk	Ast	Sack	FF	FR	TD	Blk	Int	Yds	Avg	TD	Sfty	TD	Pts
1997 New Orleans Saints	1	0	0	0	0.0	0	0	0	0	0	0	-	0	0	0	0

Tomur Barnes

Pos: CB **Rnd:** FA **College:** North Texas **Ht:** 5' 10" **Wt:** 188 **Born:** 9/8/70 **Age:** 28

Year Team	G	GS	Tackles			Miscellaneous				Interceptions				Punt Returns				Kickoff Returns				Totals	
			Tk	Ast	Sack	FF	FR	TD	Blk	Int	Yds	Avg	TD	Num	Yds	Avg	TD	Num	Yds	Avg	TD	TD	Fum
1994 Houston Oilers	1	0	0	0	0.0	0	0	0	0	0	0	-	0	0	0	-	0	0	0	-	0	0	0
1995 Houston Oilers	15	0	21	2	0.0	1	1	0	0	2	6	3.0	0	0	0	-	0	1	-4	-4.0	0	0	0
1996 Hou - Min - Was	10	0	3	1	0.0	0	0	0	0	0	0	-	0	0	0	-	0	0	0	-	0	0	0
1997 Tennessee Oilers	3	0	9	2	0.0	1	0	0	0	0	0	-	0	0	0	-	0	0	0	-	0	0	0
1996 Houston Oilers	5	0	3	1	0.0	0	0	0	0	0	0	-	0	0	0	-	0	0	0	-	0	0	0
Minnesota Vikings	2	0	0	0	0.0	0	0	0	0	0	0	-	0	0	0	-	0	0	0	-	0	0	0
Washington Redskins	3	0	0	0	0.0	0	0	0	0	0	0	-	0	0	0	-	0	0	0	-	0	0	0
4 NFL Seasons	29	0	33	5	0.0	2	1	0	0	2	6	3.0	0	0	0	-	0	1	-4	-4.0	0	0	0

Fred Barnett

Pos: WR **Rnd:** 3 **College:** Arkansas State **Ht:** 6' 0" **Wt:** 199 **Born:** 6/17/66 **Age:** 32

Year Team	G	GS	Rushing					Receiving					Punt Returns				Kickoff Returns				Totals		
			Att	Yds	Avg	Lg	TD	Rec	Yds	Avg	Lg	TD	Num	Yds	Avg	TD	Num	Yds	Avg	TD	Fum	TD	Pts
1990 Philadelphia Eagles	16	11	2	13	6.5	12	0	36	721	20.0	t95	8	0	0	-	0	4	65	16.3	0	0	8	48
1991 Philadelphia Eagles	15	15	1	0	0.0	0	0	62	948	15.3	t75	4	0	0	-	0	0	0	-	0	2	4	24
1992 Philadelphia Eagles	16	16	1	-15	-15.0	-15	0	67	1083	16.2	t71	6	0	0	-	0	0	0	-	0	1	6	36
1993 Philadelphia Eagles	4	4	0	0	-	-	0	17	170	10.0	21	0	0	0	-	0	0	0	-	0	1	0	0
1994 Philadelphia Eagles	16	16	0	0	-	-	0	78	1127	14.4	54	5	0	0	-	0	0	0	-	0	1	5	30
1995 Philadelphia Eagles	14	14	0	0	-	-	0	48	585	12.2	33	5	0	0	-	0	0	0	-	0	0	5	32

21

Year Team	G	GS	Rushing Att	Yds	Avg	Lg	TD	Receiving Rec	Yds	Avg	Lg	TD	Punt Returns Num	Yds	Avg	TD	Kickoff Returns Num	Yds	Avg	TD	Totals Fum	TD	Pts
1996 Miami Dolphins	9	7	0	0	-	-	0	36	562	15.6	66	3	0	0	-	0	0	0	-	0	1	3	18
1997 Miami Dolphins	6	5	0	0	-	-	0	17	166	9.8	20	1	0	0	-	0	0	0	-	0	1	1	6
8 NFL Seasons	96	88	4	-2	-0.5	12	0	361	5362	14.9	t95	32	0	0	-	0	4	65	16.3	0	7	32	194

Other Statistics: 1991–recovered 1 fumble for 0 yards. 1995–recovered 1 fumble for 0 yards; scored 1 two-point conversion.

Tommy Barnhardt

(statistical profile on page 467)

Pos: P Rnd: 9 College: North Carolina Ht: 6' 2" Wt: 207 Born: 6/11/63 Age: 35

Year Team	G	Punting NetPunts	Yards	Avg	Long	In20	In20%	TotPunts	TB	Blocks	OppRet	RetYds	NetAvg	Rushing Att	Yards	Passing Att	Com	Yards	Int
1987 NO - Chi	5	17	719	42.3	52	6	35.3	17	1	0	9	100	35.2	1	-13	0	0	0	0
1988 Washington Redskins	4	15	628	41.9	55	1	6.7	15	2	0	9	74	34.3	0	0	0	0	0	0
1989 New Orleans Saints	11	55	2179	39.6	56	17	30.9	55	4	0	28	174	35.0	0	0	0	0	0	0
1990 New Orleans Saints	16	70	2990	42.7	65	20	28.6	71	6	1	43	302	36.2	0	0	0	0	0	0
1991 New Orleans Saints	16	86	3743	43.5	61	20	23.3	87	10	1	50	470	35.3	1	0	0	0	0	0
1992 New Orleans Saints	16	67	2947	44.0	62	19	28.4	67	10	0	31	218	37.7	4	-2	0	0	0	0
1993 New Orleans Saints	16	77	3356	43.6	58	26	33.8	77	6	0	36	348	37.5	1	18	1	1	7	0
1994 New Orleans Saints	16	67	2920	43.6	57	14	20.9	67	9	0	40	495	33.5	1	21	1	0	0	0
1995 Carolina Panthers	16	95	3906	41.1	54	27	28.4	95	11	0	39	342	35.2	0	0	0	0	0	0
1996 Tampa Bay Buccaneers	16	70	3015	43.1	62	24	34.3	71	4	1	38	248	37.8	2	27	0	0	0	0
1997 Tampa Bay Buccaneers	6	29	1304	45.0	61	12	41.4	29	3	0	14	110	39.1	0	0	1	1	25	0
1987 New Orleans Saints	3	11	483	43.9	52	4	36.4	11	1	0	6	64	36.3	1	-13	0	0	0	0
Chicago Bears	2	6	236	39.3	50	2	33.3	6	0	0	3	36	33.3	0	0	0	0	0	0
11 NFL Seasons	138	648	27707	42.8	65	186	28.7	651	66	3	337	2881	36.1	10	51	3	2	32	0

Other Statistics: 1992–fumbled 2 times for -16 yards.

Micheal Barrow

(statistical profile on page 392)

Pos: LB Rnd: 2 College: Miami (FL) Ht: 6' 2" Wt: 236 Born: 4/19/70 Age: 28

Year Team	G	GS	Tackles Tk	Ast	Sack	Miscellaneous FF	FR	TD	Blk	Interceptions Int	Yds	Avg	TD	Totals Sfty	TD	Pts
1993 Houston Oilers	16	0	21	5	1.0	1	0	0	0	0	0	-	0	0	0	0
1994 Houston Oilers	16	16	57	37	2.5	0	0	0	0	0	0	-	0	0	0	0
1995 Houston Oilers	13	12	54	32	3.0	2	1	0	0	0	0	-	0	0	0	0
1996 Houston Oilers	16	16	67	39	6.0	4	1	0	0	0	0	-	0	0	0	0
1997 Carolina Panthers	16	16	68	21	8.5	3	2	0	0	0	0	-	0	0	0	0
5 NFL Seasons	77	60	267	134	21.0	10	4	0	0	0	0	-	0	0	0	0

Mike Bartrum

Pos: TE/LS Rnd: FA College: Marshall Ht: 6' 4" Wt: 245 Born: 6/23/70 Age: 28

Year Team	G	GS	Rushing Att	Yds	Avg	Lg	TD	Receiving Rec	Yds	Avg	Lg	TD	Punt Returns Num	Yds	Avg	TD	Kickoff Returns Num	Yds	Avg	TD	Totals Fum	TD	Pts
1993 Kansas City Chiefs	3	0	0	0	-	-	0	0	0	-	-	0	0	0	-	0	0	0	-	0	0	0	0
1995 Green Bay Packers	4	0	0	0	-	-	0	0	0	-	-	0	0	0	-	0	0	0	-	0	0	0	0
1996 New England Patriots	16	0	0	0	-	-	0	1	1	1.0	t1	1	0	0	-	0	0	0	-	0	0	1	6
1997 New England Patriots	9	0	0	0	-	-	0	0	0	-	-	0	0	0	-	0	0	0	-	0	0	0	0
4 NFL Seasons	32	0	0	0	-	-	0	1	1	1.0	t1	1	0	0	-	0	0	0	-	0	0	1	6

Bill Bates

Pos: S Rnd: FA College: Tennessee Ht: 6' 1" Wt: 211 Born: 6/6/61 Age: 37

Year Team	G	GS	Tackles Tk	Ast	Sack	Miscellaneous FF	FR	TD	Blk	Interceptions Int	Yds	Avg	TD	Punt Returns Num	Yds	Avg	TD	Kickoff Returns Num	Yds	Avg	TD	Totals TD	Fum
1983 Dallas Cowboys	16	1	54	30	4.0	0	2	0	0	1	29	29.0	0	0	0	-	0	0	0	-	0	0	1
1984 Dallas Cowboys	12	2	38	14	5.0	0	1	0	0	1	3	3.0	0	0	0	-	0	0	0	-	0	0	0
1985 Dallas Cowboys	16	0	38	13	1.0	0	0	0	0	4	15	3.8	0	22	152	6.9	0	0	0	-	0	0	0
1986 Dallas Cowboys	15	15	50	37	2.5	0	0	0	0	0	0	-	0	0	0	-	0	0	0	-	0	0	0
1987 Dallas Cowboys	12	11	46	35	3.0	0	0	0	0	3	28	9.3	0	0	0	-	0	0	0	-	0	0	0
1988 Dallas Cowboys	16	16	85	39	0.5	0	1	0	0	1	0	0.0	0	0	0	-	0	0	0	-	0	0	0
1989 Dallas Cowboys	16	0	24	10	0.0	0	0	0	0	1	18	18.0	0	0	0	-	0	0	0	-	0	0	0
1990 Dallas Cowboys	16	0	29	22	0.0	0	0	0	0	1	4	4.0	0	0	0	-	0	0	0	-	0	0	0
1991 Dallas Cowboys	16	0	28	5	0.0	1	2	0	0	0	0	-	0	0	0	-	0	0	0	-	0	0	0
1992 Dallas Cowboys	6	0	5	6	0.0	0	0	0	0	0	0	-	0	0	0	-	0	0	0	-	0	0	0
1993 Dallas Cowboys	16	0	19	9	0.0	0	1	0	0	2	25	12.5	0	0	0	-	0	0	0	-	0	0	0
1994 Dallas Cowboys	15	0	8	1	1.0	0	0	0	0	0	0	-	0	0	0	-	0	0	0	-	0	0	0
1995 Dallas Cowboys	16	0	11	5	0.0	0	0	0	0	0	0	-	0	0	0	-	0	0	0	-	0	0	0
1996 Dallas Cowboys	14	0	6	2	0.0	0	0	0	0	0	0	-	0	0	0	-	0	0	0	-	0	0	0
1997 Dallas Cowboys	16	0	6	1	1.0	0	0	0	0	0	0	-	0	0	0	-	0	0	0	-	0	0	0
15 NFL Seasons	218	45	447	229	18.0	1	7	0	0	14	122	8.7	0	22	152	6.9	0	0	0	-	0	0	1

Other Statistics: 1989–rushed 1 time for 0 yards. 1990–rushed 1 time for 4 yards.

Mario Bates

(statistical profile on page 279)

Pos: RB **Rnd:** 2 **College:** Arizona State **Ht:** 6' 1" **Wt:** 217 **Born:** 1/16/73 **Age:** 25

			Rushing					Receiving				Kickoff Returns				Passing					Totals		
Year Team	G	GS	Att	Yds	Avg	Lg	TD	Rec	Yds	Avg	Lg	TD	Num	Yds	Avg	TD	Att	Com	Yds	Int	Fum	TD	Pts
1994 New Orleans Saints	11	7	151	579	3.8	40	6	8	62	7.8	14	0	1	20	20.0	0	0	0	0	0	3	6	36
1995 New Orleans Saints	16	16	244	951	3.9	t66	7	18	114	6.3	26	0	0	0	-	0	0	0	0	0	2	7	42
1996 New Orleans Saints	14	10	164	584	3.6	33	4	13	44	3.4	15	0	0	0	-	0	0	0	0	0	4	4	24
1997 New Orleans Saints	12	7	119	440	3.7	t74	4	5	42	8.4	15	0	0	0	-	0	1	1	21	0	2	4	24
4 NFL Seasons	53	40	678	2554	3.8	t74	21	44	262	6.0	26	0	1	20	20.0	0	1	1	21	0	11	21	126

Other Statistics: 1994–recovered 1 fumble for 0 yards. 1995–recovered 1 fumble for 0 yards. 1997–passed for 1 touchdown.

Michael Bates

Pos: KR/WR **Rnd:** 6 **College:** Arizona **Ht:** 5' 10" **Wt:** 189 **Born:** 12/19/69 **Age:** 28

			Rushing					Receiving				Punt Returns				Kickoff Returns				Totals		
Year Team	G	GS	Att	Yds	Avg	Lg	TD	Rec	Yds	Avg	Lg	TD	Num	Yds	Avg	TD	Num	Yds	Avg	TD	Fum	TD	Pts
1993 Seattle Seahawks	16	1	2	12	6.0	6	0	1	6	6.0	6	0	0	0	-	0	30	603	20.1	0	1	0	0
1994 Seattle Seahawks	15	0	2	-4	-2.0	7	0	5	112	22.4	t40	1	0	0	-	0	26	508	19.5	0	3	1	6
1995 Cleveland Browns	13	0	0	0	-	-	0	0	0	-	-	0	0	0	-	0	9	176	19.6	0	0	0	0
1996 Carolina Panthers	14	0	0	0	-	-	0	0	0	-	-	0	0	0	-	0	33	998	30.2	1	2	1	6
1997 Carolina Panthers	16	0	0	0	-	-	0	0	0	-	-	0	1	8	8.0	0	47	1281	27.3	0	4	0	0
5 NFL Seasons	74	1	4	8	2.0	7	0	6	118	19.7	t40	1	1	8	8.0	0	145	3566	24.6	1	10	2	12

Other Statistics: 1993–recovered 2 fumbles for 3 yards. 1997–recovered 2 fumbles for 0 yards.

Marco Battaglia

Pos: TE **Rnd:** 2 **College:** Rutgers **Ht:** 6' 3" **Wt:** 250 **Born:** 1/25/73 **Age:** 25

			Rushing					Receiving				Punt Returns				Kickoff Returns				Totals		
Year Team	G	GS	Att	Yds	Avg	Lg	TD	Rec	Yds	Avg	Lg	TD	Num	Yds	Avg	TD	Num	Yds	Avg	TD	Fum	TD	Pts
1996 Cincinnati Bengals	16	1	0	0	-	-	0	8	79	9.9	17	0	0	0	-	0	1	8	8.0	0	0	0	0
1997 Cincinnati Bengals	16	0	0	0	-	-	0	12	149	12.4	34	1	0	0	-	0	0	0	-	0	2	1	6
2 NFL Seasons	32	1	0	0	-	-	0	20	228	11.4	34	1	0	0	-	0	1	8	8.0	0	2	1	6

Other Statistics: 1996–recovered 1 fumble for 0 yards. 1997–recovered 2 fumbles for 0 yards.

Fred Baxter

(statistical profile on page 280)

Pos: TE **Rnd:** 5 **College:** Auburn **Ht:** 6' 3" **Wt:** 260 **Born:** 6/14/71 **Age:** 27

			Rushing					Receiving				Punt Returns				Kickoff Returns				Totals		
Year Team	G	GS	Att	Yds	Avg	Lg	TD	Rec	Yds	Avg	Lg	TD	Num	Yds	Avg	TD	Num	Yds	Avg	TD	Fum	TD	Pts
1993 New York Jets	7	0	0	0	-	-	0	3	48	16.0	25	1	0	0	-	0	0	0	-	0	0	1	6
1994 New York Jets	12	1	0	0	-	-	0	3	11	3.7	6	1	0	0	-	0	1	20	20.0	0	0	1	6
1995 New York Jets	15	3	0	0	-	-	0	18	222	12.3	32	1	0	0	-	0	6	36	6.0	0	1	1	6
1996 New York Jets	16	4	0	0	-	-	0	7	114	16.3	23	0	0	0	-	0	0	0	-	0	1	0	0
1997 New York Jets	16	9	0	0	-	-	0	27	276	10.2	37	3	0	0	-	0	1	0	0.0	0	1	3	18
5 NFL Seasons	66	17	0	0	-	-	0	58	671	11.6	37	6	0	0	-	0	8	56	7.0	0	3	6	36

Other Statistics: 1994–recovered 1 fumble for 0 yards. 1995–recovered 2 fumbles for 8 yards.

Chris Bayne

Pos: S **Rnd:** 7 **College:** Fresno State **Ht:** 6' 1" **Wt:** 205 **Born:** 3/22/75 **Age:** 23

			Tackles			Miscellaneous				Interceptions				Totals		
Year Team	G	GS	Tk	Ast	Sack	FF	FR	TD	Blk	Int	Yds	Avg	TD	Sfty	TD	Pts
1997 Atlanta Falcons	13	0	2	1	0.0	0	0	0	0	0	0	-	0	0	0	0

Aaron Beasley

Pos: CB **Rnd:** 3 **College:** West Virginia **Ht:** 6' 0" **Wt:** 195 **Born:** 7/7/73 **Age:** 25

			Tackles			Miscellaneous				Interceptions				Totals		
Year Team	G	GS	Tk	Ast	Sack	FF	FR	TD	Blk	Int	Yds	Avg	TD	Sfty	TD	Pts
1996 Jacksonville Jaguars	9	7	20	9	1.0	1	0	0	0	1	0	0.0	0	0	0	0
1997 Jacksonville Jaguars	9	7	25	0	0.0	1	0	0	0	1	5	5.0	0	0	0	0
2 NFL Seasons	18	14	45	9	1.0	2	0	0	0	2	5	2.5	0	0	0	0

Brett Bech

Pos: WR **Rnd:** FA **College:** Lousiana State **Ht:** 6' 1" **Wt:** 184 **Born:** 8/20/71 **Age:** 27

			Rushing					Receiving				Punt Returns				Kickoff Returns				Totals		
Year Team	G	GS	Att	Yds	Avg	Lg	TD	Rec	Yds	Avg	Lg	TD	Num	Yds	Avg	TD	Num	Yds	Avg	TD	Fum	TD	Pts
1997 New Orleans Saints	10	0	0	0	-	-	0	3	50	16.7	22	0	0	0	-	0	3	47	15.7	0	0	0	0

Other Statistics: 1997–recovered 1 fumble for 0 yards.

Ian Beckles

Pos: G Rnd: 5 College: Indiana Ht: 6' 1" Wt: 304 Born: 7/20/67 Age: 31

Year	Team	G	GS	Year	Team	G	GS	Year	Team	G	GS	Year	Team	G	GS
1990	Tampa Bay Buccaneers	16	16	1992	Tampa Bay Buccaneers	11	7	1994	Tampa Bay Buccaneers	16	16	1996	Tampa Bay Buccaneers	14	14
1991	Tampa Bay Buccaneers	16	16	1993	Tampa Bay Buccaneers	14	14	1995	Tampa Bay Buccaneers	15	15	1997	Philadelphia Eagles	9	8
													8 NFL Seasons	111	106

Other Statistics: 1993–recovered 1 fumble for 0 yards. 1994–recovered 2 fumbles for 0 yards. 1995–recovered 2 fumbles for 0 yards. 1997–recovered 2 fumbles for 0 yards.

Don Beebe

Pos: WR/KR Rnd: 3 College: Chadron State Ht: 5' 11" Wt: 183 Born: 12/18/64 Age: 33

				Rushing					Receiving					Punt Returns				Kickoff Returns				Totals		
Year	Team	G	GS	Att	Yds	Avg	Lg	TD	Rec	Yds	Avg	Lg	TD	Num	Yds	Avg	TD	Num	Yds	Avg	TD	Fum	TD	Pts
1989	Buffalo Bills	14	0	0	0	-	-	0	17	317	18.6	t63	2	0	0	-	0	16	353	22.1	0	1	2	12
1990	Buffalo Bills	12	4	1	23	23.0	23	0	11	221	20.1	49	1	0	0	-	0	6	119	19.8	0	0	1	6
1991	Buffalo Bills	11	7	0	0	-	-	0	32	414	12.9	t34	6	0	0	-	0	7	121	17.3	0	3	6	36
1992	Buffalo Bills	12	8	1	-6	-6.0	-6	0	33	554	16.8	t65	2	0	0	-	0	0	0	-	0	1	2	12
1993	Buffalo Bills	14	14	0	0	-	-	0	31	504	16.3	t65	3	0	0	-	0	10	160	16.0	0	1	3	18
1994	Buffalo Bills	13	11	2	11	5.5	6	0	40	527	13.2	t72	4	0	0	-	0	12	230	19.2	0	3	4	24
1995	Carolina Panthers	14	1	0	0	-	-	0	14	152	10.9	24	1	0	0	-	0	9	215	23.9	0	0	1	6
1996	Green Bay Packers	16	6	0	0	-	-	0	39	699	17.9	t80	4	0	0	-	0	15	403	26.9	1	1	6	36
1997	Green Bay Packers	10	0	0	0	-	-	0	2	28	14.0	23	0	0	0	-	0	6	134	22.3	0	0	0	0
	9 NFL Seasons	116	51	4	28	7.0	23	0	219	3416	15.6	t80	23	0	0	-	0	81	1735	21.4	1	10	25	150

Other Statistics: 1993–recovered 1 fumble for 0 yards. 1996–recovered 1 fumble for 0 yards and 1 touchdown.

Frank Beede

Pos: G/C Rnd: FA College: Panhandle State Ht: 6' 4" Wt: 292 Born: 5/1/73 Age: 25

Year	Team	G	GS	Year	Team	G	GS			G	GS
1996	Seattle Seahawks	14	2	1997	Seattle Seahawks	16	6		2 NFL Seasons	30	8

Other Statistics: 1997–returned 1 kickoff for 0 yards; fumbled 1 time for 0 yards.

Myron Bell

Pos: S Rnd: 5 College: Michigan State Ht: 5' 11" Wt: 203 Born: 9/15/71 Age: 27

				Tackles			Miscellaneous				Interceptions				Totals		
Year	Team	G	GS	Tk	Ast	Sack	FF	FR	TD	Blk	Int	Yds	Avg	TD	Sfty	TD	Pts
1994	Pittsburgh Steelers	15	0	4	0	0.0	0	0	0	0	0	0	-	0	0	0	0
1995	Pittsburgh Steelers	16	9	25	11	0.0	2	1	0	0	2	4	2.0	0	0	0	0
1996	Pittsburgh Steelers	16	4	28	8	2.0	3	2	0	0	0	0	-	0	0	0	0
1997	Pittsburgh Steelers	16	8	40	18	1.5	0	1	0	0	1	10	10.0	0	0	0	0
	4 NFL Seasons	63	21	97	37	3.5	5	4	0	0	3	14	4.7	0	0	0	0

Ricky Bell

Pos: CB Rnd: FA College: North Carolina State Ht: 5' 10" Wt: 186 Born: 10/2/74 Age: 24

				Tackles			Miscellaneous				Interceptions				Punt Returns				Kickoff Returns				Totals	
Year	Team	G	GS	Tk	Ast	Sack	FF	FR	TD	Blk	Int	Yds	Avg	TD	Num	Yds	Avg	TD	Num	Yds	Avg	TD		TD	Fum
1996	Jacksonville Jaguars	12	0	2	1	0.0	0	0	0	0	0	0	-	0	0	0	-	0	6	119	19.8	0		0	1
1997	Chicago Bears	5	0	0	0	0.0	0	0	0	0	0	0	-	0	0	0	-	0	0	0	-	0		0	0
	2 NFL Seasons	17	0	2	1	0.0	0	0	0	0	0	0	-	0	0	0	-	0	6	119	19.8	0		0	1

Jay Bellamy

Pos: S Rnd: FA College: Rutgers Ht: 5' 11" Wt: 193 Born: 7/8/72 Age: 26

				Tackles			Miscellaneous				Interceptions				Totals		
Year	Team	G	GS	Tk	Ast	Sack	FF	FR	TD	Blk	Int	Yds	Avg	TD	Sfty	TD	Pts
1994	Seattle Seahawks	3	0	0	0	0.0	0	0	0	0	0	0	-	0	0	0	0
1995	Seattle Seahawks	14	0	2	1	0.0	1	0	0	0	0	0	-	0	0	0	0
1996	Seattle Seahawks	16	0	16	2	0.0	0	0	0	0	3	18	6.0	0	0	0	0
1997	Seattle Seahawks	16	7	42	10	2.0	0	0	0	0	1	13	13.0	0	0	0	0
	4 NFL Seasons	49	7	60	13	2.0	1	0	0	0	4	31	7.8	0	0	0	0

Greg Bellisari

Pos: LB Rnd: FA College: Ohio State Ht: 6' 0" Wt: 236 Born: 6/21/75 Age: 23

				Tackles			Miscellaneous				Interceptions				Totals		
Year	Team	G	GS	Tk	Ast	Sack	FF	FR	TD	Blk	Int	Yds	Avg	TD	Sfty	TD	Pts
1997	Tampa Bay Buccaneers	14	0	1	0	0.0	0	0	0	0	0	0	-	0	0	0	0

Jason Belser

(statistical profile on page 392)

Pos: S **Rnd:** 8 **College:** Oklahoma **Ht:** 5' 9" **Wt:** 188 **Born:** 5/28/70 **Age:** 28

			Tackles			Miscellaneous				Interceptions				Punt Returns				Kickoff Returns				Totals	
Year Team	G	GS	Tk	Ast	Sack	FF	FR	TD	Blk	Int	Yds	Avg	TD	Num	Yds	Avg	TD	Num	Yds	Avg	TD	TD	Fum
1992 Indianapolis Colts	16	2	55	-	0.0	0	2	0	0	3	27	9.0	0	0	0	-	0	0	0	-	0	0	1
1993 Indianapolis Colts	16	16	94	33	0.0	0	3	0	0	1	14	14.0	0	0	0	-	0	0	0	-	0	0	0
1994 Indianapolis Colts	13	12	43	25	0.0	0	0	0	0	1	31	31.0	0	0	0	-	0	0	0	-	0	0	0
1995 Indianapolis Colts	16	16	63	13	0.0	1	2	0	0	1	0	0.0	0	0	0	-	0	1	15	15.0	0	0	0
1996 Indianapolis Colts	16	16	74	22	1.0	1	1	0	0	4	81	20.3	2	0	0	-	0	0	0	-	0	2	0
1997 Indianapolis Colts	16	16	67	27	1.0	1	0	0	0	2	121	60.5	1	0	0	-	0	0	0	-	0	1	0
6 NFL Seasons	93	78	396	120	2.0	3	8	0	0	12	274	22.8	3	0	0	-	0	1	15	15.0	0	3	1

Wes Bender

Pos: FB **Rnd:** FA **College:** Southern California **Ht:** 5' 10" **Wt:** 230 **Born:** 8/2/70 **Age:** 28

			Rushing					Receiving					Punt Returns				Kickoff Returns				Totals		
Year Team	G	GS	Att	Yds	Avg	Lg	TD	Rec	Yds	Avg	Lg	TD	Num	Yds	Avg	TD	Num	Yds	Avg	TD	Fum	TD	Pts
1994 Los Angeles Raiders	9	0	0	0	-	-	0	2	14	7.0	7	0	0	0	-	0	0	0	-	0	0	0	0
1997 New Orleans Saints	11	0	5	9	1.8	6	0	0	0	-	-	0	0	0	-	0	0	0	-	0	1	0	0
2 NFL Seasons	20	0	5	9	1.8	6	0	2	14	7.0	7	0	0	0	-	0	0	0	-	0	1	0	0

Cornelius Bennett

(statistical profile on page 392)

Pos: LB **Rnd:** 1 (2) **College:** Alabama **Ht:** 6' 2" **Wt:** 238 **Born:** 8/25/65 **Age:** 33

			Tackles			Miscellaneous				Interceptions				Totals		
Year Team	G	GS	Tk	Ast	Sack	FF	FR	TD	Blk	Int	Yds	Avg	TD	Sfty	TD	Pts
1987 Buffalo Bills	8	7	54	15	8.5	5	0	0	0	0	0	-	0	0	0	0
1988 Buffalo Bills	16	16	85	18	9.5	3	0	0	0	2	30	15.0	0	0	0	0
1989 Buffalo Bills	12	12	43	11	5.5	1	2	0	0	2	5	2.5	0	0	0	0
1990 Buffalo Bills	16	16	71	25	4.0	3	2	1	0	0	0	-	0	0	1	6
1991 Buffalo Bills	16	16	84	23	9.0	4	2	1	0	0	0	-	0	0	1	6
1992 Buffalo Bills	15	15	61	20	4.0	2	3	0	0	0	0	-	0	0	0	0
1993 Buffalo Bills	16	16	81	21	5.0	2	2	0	0	1	5	5.0	0	0	0	0
1994 Buffalo Bills	16	16	58	19	5.0	1	3	0	0	0	0	-	0	0	0	0
1995 Buffalo Bills	14	14	81	23	2.0	1	2	0	0	1	69	69.0	1	0	1	6
1996 Atlanta Falcons	13	13	52	8	3.0	2	2	0	0	1	3	3.0	0	0	0	0
1997 Atlanta Falcons	16	16	68	22	7.0	2	1	0	0	0	0	-	0	0	0	0
11 NFL Seasons	158	157	738	205	62.5	26	22	2	0	7	112	16.0	1	0	3	18

Other Statistics: 1993–fumbled 1 time.

Darren Bennett

(statistical profile on page 468)

Pos: P **Rnd:** FA **College:** NONE **Ht:** 6' 5" **Wt:** 235 **Born:** 1/9/65 **Age:** 33

				Punting									Rushing		Passing			
Year Team	G	NetPunts	Yards	Avg	Long	In20	In20%	TotPunts	TB	Blocks	OppRet	RetYds	NetAvg	Att	Yards	Att	Com	Yards	Int
1995 San Diego Chargers	16	72	3221	44.7	66	28	38.9	72	8	0	35	429	36.6	0	0	0	0	0	0
1996 San Diego Chargers	16	87	3967	45.6	66	23	26.4	87	6	0	51	612	37.2	0	0	0	0	0	0
1997 San Diego Chargers	16	89	3972	44.6	66	26	29.2	90	8	1	39	416	37.7	0	0	0	0	0	0
3 NFL Seasons	48	248	11160	45.0	66	77	31.0	249	22	1	125	1457	37.2	0	0	0	0	0	0

Donnell Bennett

(statistical profile on page 280)

Pos: FB **Rnd:** 2 **College:** Miami (FL) **Ht:** 6' 0" **Wt:** 241 **Born:** 9/14/72 **Age:** 26

			Rushing					Receiving					Punt Returns				Kickoff Returns				Totals		
Year Team	G	GS	Att	Yds	Avg	Lg	TD	Rec	Yds	Avg	Lg	TD	Num	Yds	Avg	TD	Num	Yds	Avg	TD	Fum	TD	Pts
1994 Kansas City Chiefs	15	0	46	178	3.9	17	2	7	53	7.6	15	0	0	0	-	0	1	12	12.0	0	2	2	12
1995 Kansas City Chiefs	3	1	7	11	1.6	11	0	1	12	12.0	12	0	0	0	-	0	0	0	-	0	0	0	0
1996 Kansas City Chiefs	16	0	36	166	4.6	34	0	8	21	2.6	10	0	0	0	-	0	0	0	-	0	0	0	0
1997 Kansas City Chiefs	14	1	94	369	3.9	14	1	7	5	0.7	4	0	0	0	-	0	0	0	-	0	0	1	6
4 NFL Seasons	48	2	183	724	4.0	34	3	23	91	4.0	15	0	0	0	-	0	1	12	12.0	0	2	3	18

Other Statistics: 1994–recovered 1 fumble for 0 yards.

Tommy Bennett

Pos: S **Rnd:** FA **College:** UCLA **Ht:** 6' 1" **Wt:** 204 **Born:** 2/19/73 **Age:** 25

			Tackles			Miscellaneous				Interceptions				Totals		
Year Team	G	GS	Tk	Ast	Sack	FF	FR	TD	Blk	Int	Yds	Avg	TD	Sfty	TD	Pts
1996 Arizona Cardinals	16	1	20	7	0.0	0	0	0	0	0	0	-	0	0	0	0
1997 Arizona Cardinals	13	7	41	12	0.0	0	0	1	0	1	0	0.0	0	0	1	6
2 NFL Seasons	29	8	61	19	0.0	0	0	1	0	1	0	0.0	0	0	1	6

Tony Bennett

Pos: DE   Rnd: 1 (18)   College: Mississippi   Ht: 6' 2"   Wt: 250   Born: 7/1/67   Age: 31

				Tackles			Miscellaneous				Interceptions				Totals		
Year	Team	G	GS	Tk	Ast	Sack	FF	FR	TD	Blk	Int	Yds	Avg	TD	Sfty	TD	Pts
1990	Green Bay Packers	14	0	8	5	3.0	1	1	0	0	0	0	-	0	0	0	0
1991	Green Bay Packers	16	16	70	41	13.0	3	0	0	0	0	0	-	0	0	0	0
1992	Green Bay Packers	16	16	52	39	13.5	4	3	1	0	0	0	-	0	0	1	6
1993	Green Bay Packers	10	7	25	11	6.5	1	0	0	0	0	0	-	0	0	0	0
1994	Indianapolis Colts	16	15	42	20	9.0	2	1	1	0	0	0	-	0	0	1	6
1995	Indianapolis Colts	16	16	47	10	10.5	3	1	1	0	0	0	-	0	1	1	8
1996	Indianapolis Colts	14	13	43	22	6.0	3	0	0	0	0	0	-	0	0	0	0
1997	Indianapolis Colts	6	6	14	3	3.0	2	0	0	0	0	0	-	0	0	0	0
	8 NFL Seasons	108	89	301	151	64.5	19	6	3	0	0	0	-	0	1	3	20

Darren Benson

Pos: DT   Rnd: FA   College: Trinity Valley C.C.   Ht: 6' 7"   Wt: 308   Born: 8/25/74   Age: 24

				Tackles			Miscellaneous				Interceptions				Totals		
Year	Team	G	GS	Tk	Ast	Sack	FF	FR	TD	Blk	Int	Yds	Avg	TD	Sfty	TD	Pts
1995	Dallas Cowboys	6	0	2	1	0.0	0	0	0	0	0	0	-	0	0	0	0
1997	Dallas Cowboys	6	0	3	1	0.0	0	0	0	0	0	0	-	0	0	0	0
	2 NFL Seasons	12	0	5	2	0.0	0	0	0	0	0	0	-	0	0	0	0

Scott Bentley

(statistical profile on page 468)

Pos: K   Rnd: FA   College: Florida State   Ht: 5' 11"   Wt: 205   Born: 4/10/74   Age: 24

			Field Goals										PAT		Tot
Year	Team	G	1-29 Yds	Pct	30-39 Yds	Pct	40-49 Yds	Pct	50+ Yds	Pct	Overall	Pct	Long	Made	Att	Pts
1997	Den - Atl	3	1-1	100.0	1-1	100.0	0-1	0.0	0-0	-	2-3	66.7	33	4	4	10
1997	Denver Broncos	1	1-1	100.0	1-1	100.0	0-1	0.0	0-0	-	2-3	66.7	33	4	4	10
	Atlanta Falcons	2	0-0	-	0-0	-	0-0	-	0-0	-	0-0	-	-	0	0	0

Pete Bercich

Pos: LB   Rnd: 7   College: Notre Dame   Ht: 6' 1"   Wt: 237   Born: 12/23/71   Age: 26

				Tackles			Miscellaneous				Interceptions				Totals		
Year	Team	G	GS	Tk	Ast	Sack	FF	FR	TD	Blk	Int	Yds	Avg	TD	Sfty	TD	Pts
1995	Minnesota Vikings	9	0	1	1	0.0	0	0	0	0	0	0	-	0	0	0	0
1996	Minnesota Vikings	15	1	10	2	0.0	0	1	0	0	0	0	-	0	0	0	0
1997	Minnesota Vikings	16	0	7	2	0.0	0	0	0	0	0	0	-	0	0	0	0
	3 NFL Seasons	40	1	18	5	0.0	0	1	0	0	0	0	-	0	0	0	0

Mitch Berger

(statistical profile on page 468)

Pos: P   Rnd: 6   College: Colorado   Ht: 6' 2"   Wt: 231   Born: 6/24/72   Age: 26

			Punting										Rushing		Passing			
Year	Team	G	NetPunts	Yards	Avg	Long	In20	In20%	TotPunts	TB	Blocks	OppRet	RetYds	NetAvg	Att	Yards	Att	Com	Yards	Int
1994	Philadelphia Eagles	5	25	951	38.0	57	8	32.0	25	2	0	10	128	31.3	0	0	0	0	0	0
1996	Minnesota Vikings	16	88	3616	41.1	63	26	29.5	90	6	2	37	577	32.4	0	0	0	0	0	0
1997	Minnesota Vikings	14	73	3133	42.9	65	22	30.1	73	5	0	46	545	34.1	1	0	0	0	0	0
	3 NFL Seasons	35	186	7700	41.4	65	56	30.1	188	13	2	93	1250	32.9	1	0	0	0	0	0

Other Statistics: 1997–fumbled 1 time for -9 yards.

Bert Berry

Pos: LB   Rnd: 3   College: Notre Dame   Ht: 6' 3"   Wt: 245   Born: 8/15/75   Age: 23

				Tackles			Miscellaneous				Interceptions				Totals		
Year	Team	G	GS	Tk	Ast	Sack	FF	FR	TD	Blk	Int	Yds	Avg	TD	Sfty	TD	Pts
1997	Indianapolis Colts	10	1	4	7	0.0	0	0	0	0	0	0	-	0	0	0	0

Tony Berti

Pos: T   Rnd: 6   College: Colorado   Ht: 6' 6"   Wt: 300   Born: 6/21/72   Age: 26

Year	Team	G	GS	Year	Team	G	GS	Year	Team	G	GS		G	GS
1995	San Diego Chargers	1	0	1996	San Diego Chargers	16	14	1997	San Diego Chargers	16	16	3 NFL Seasons	33	30

Other Statistics: 1997–recovered 1 fumble for 0 yards.

Jerome Bettis

(statistical profile on page 281)

Pos: RB   Rnd: 1 (10)   College: Notre Dame   Ht: 5' 11"   Wt: 243   Born: 2/16/72   Age: 26

				Rushing					Receiving				Punt Returns			Kickoff Returns			Totals		
Year	Team	G	GS	Att	Yds	Avg	Lg	TD	Rec	Yds	Avg	Lg	TD	Num	Yds	Avg	TD	Num	Yds	Avg	TD	Fum	TD	Pts
1993	Los Angeles Rams	16	12	294	1429	4.9	t71	7	26	244	9.4	28	0	0	0	-	0	0	0	-	0	4	7	42
1994	Los Angeles Rams	16	16	319	1025	3.2	19	3	31	293	9.5	34	1	0	0	-	0	0	0	-	0	5	4	28

				Rushing					Receiving					Punt Returns				Kickoff Returns				Totals		
Year Team	G	GS	Att	Yds	Avg	Lg	TD	Rec	Yds	Avg	Lg	TD	Num	Yds	Avg	TD	Num	Yds	Avg	TD	Fum	TD	Pts
1995 St. Louis Rams	15	13	183	637	3.5	41	3	18	106	5.9	19	0	0	0	-	0	0	0	-	0	4	3	18
1996 Pittsburgh Steelers	16	12	320	1431	4.5	t50	11	22	122	5.5	16	0	0	0	-	0	0	0	-	0	7	11	66
1997 Pittsburgh Steelers	15	15	375	1665	4.4	34	7	15	110	7.3	t19	2	0	0	-	0	0	0	-	0	6	9	54
5 NFL Seasons	78	68	1491	6187	4.1	t71	31	112	875	7.8	34	3	0	0	-	0	0	0	-	0	26	34	208

Other Statistics: 1994–recovered 3 fumbles for 0 yards; scored 2 two-point conversions. 1995–recovered 2 fumbles for 0 yards. 1996–recovered 2 fumbles for 0 yards. 1997–recovered 1 fumble for 0 yards.

Steve Beuerlein
(statistical profile on page 281)

Pos: QB **Rnd:** 4 **College:** Notre Dame **Ht:** 6' 3" **Wt:** 220 **Born:** 3/7/65 **Age:** 33

					Passing						Rushing					Miscellaneous			
Year Team	G	GS	Att	Com	Pct	Yards	Yds/Att	Lg	TD	Int	Int%	Rating	Att	Yds	Avg	Lg	TD	Sckd	Yds	Fum Recv Yds	Pts
1988 Los Angeles Raiders	10	8	238	105	44.1	1643	6.90	57	8	7	2.9	66.6	30	35	1.2	20	0	26	215	6 2 -1	0
1989 Los Angeles Raiders	10	7	217	108	49.8	1677	7.73	t67	13	9	4.1	78.4	16	39	2.4	10	0	22	175	6 3 -8	0
1991 Dallas Cowboys	7	4	137	68	49.6	909	6.64	t66	5	2	1.5	77.2	7	-14	-2.0	-1	0	6	49	0 0 0	0
1992 Dallas Cowboys	16	0	18	12	66.7	152	8.44	27	0	1	5.6	69.7	4	-7	-1.8	-1	0	0	0	0 0 0	0
1993 Phoenix Cardinals	16	14	418	258	61.7	3164	7.57	t65	18	17	4.1	82.5	22	45	2.0	20	0	29	206	8 2 0	0
1994 Arizona Cardinals	9	7	255	130	51.0	1545	6.06	63	5	9	3.5	61.6	22	39	1.8	19	1	20	129	8 3 -2	6
1995 Jacksonville Jaguars	7	6	142	71	50.0	952	6.70	t71	4	7	4.9	60.5	5	32	6.4	13	0	17	103	3 0 0	0
1996 Carolina Panthers	8	4	123	69	56.1	879	7.15	t40	8	2	1.6	93.5	12	17	1.4	13	0	18	136	9 2 -7	0
1997 Carolina Panthers	7	3	153	89	58.2	1032	6.75	52	6	3	2.0	83.6	4	32	8.0	20	0	17	111	1 0 0	0
9 NFL Seasons	90	53	1701	910	53.5	11953	7.03	t71	67	57	3.4	75.1	122	218	1.8	20	1	155	1124	41 12 -18	6

Other Statistics: 1988–caught 1 pass for 21 yards.

Tim Biakabutuka
(statistical profile on page 282)

Pos: RB **Rnd:** 1 (8) **College:** Michigan **Ht:** 6' 0" **Wt:** 215 **Born:** 1/24/74 **Age:** 24

			Rushing					Receiving					Punt Returns				Kickoff Returns				Totals		
Year Team	G	GS	Att	Yds	Avg	Lg	TD	Rec	Yds	Avg	Lg	TD	Num	Yds	Avg	TD	Num	Yds	Avg	TD	Fum	TD	Pts
1996 Carolina Panthers	4	4	71	229	3.2	17	0	0	0	-	-	0	0	0	-	0	0	0	-	0	0	0	0
1997 Carolina Panthers	8	2	75	299	4.0	t26	2	0	0	-	-	0	0	0	-	0	0	0	-	0	1	2	12
2 NFL Seasons	12	6	146	528	3.6	t26	2	0	0	-	-	0	0	0	-	0	0	0	-	0	1	2	12

Greg Biekert
(statistical profile on page 393)

Pos: LB **Rnd:** 7 **College:** Colorado **Ht:** 6' 2" **Wt:** 240 **Born:** 3/14/69 **Age:** 29

			Tackles			Miscellaneous				Interceptions				Punt Returns				Kickoff Returns				Totals	
Year Team	G	GS	Tk	Ast	Sack	FF	FR	TD	Blk	Int	Yds	Avg	TD	Num	Yds	Avg	TD	Num	Yds	Avg	TD	TD	Fum
1993 Los Angeles Raiders	16	0	8	2	0.0	0	0	0	0	0	0	-	0	0	0	-	0	0	0	-	0	0	0
1994 Los Angeles Raiders	16	14	75	25	1.5	2	0	0	0	1	11	11.0	0	0	0	-	0	0	0	-	0	0	0
1995 Oakland Raiders	16	14	69	16	1.0	2	0	0	0	0	0	-	0	0	0	-	0	0	0	-	0	0	0
1996 Oakland Raiders	16	15	75	23	0.0	2	1	0	0	0	0	-	0	0	0	-	0	0	0	-	0	0	0
1997 Oakland Raiders	16	16	73	26	2.5	0	0	0	0	0	0	-	0	0	0	-	0	1	10	10.0	0	0	0
5 NFL Seasons	80	59	300	92	5.0	6	1	0	0	1	11	11.0	0	0	0	-	0	1	16	16.0	0	0	0

Eric Bieniemy
(statistical profile on page 282)

Pos: RB **Rnd:** 2 **College:** Colorado **Ht:** 5' 7" **Wt:** 198 **Born:** 8/15/69 **Age:** 29

			Rushing					Receiving					Punt Returns				Kickoff Returns				Totals		
Year Team	G	GS	Att	Yds	Avg	Lg	TD	Rec	Yds	Avg	Lg	TD	Num	Yds	Avg	TD	Num	Yds	Avg	TD	Fum	TD	Pts
1991 San Diego Chargers	15	0	3	17	5.7	15	0	0	0	-	-	0	0	0	-	0	0	0	-	0	0	0	0
1992 San Diego Chargers	15	0	74	264	3.6	21	3	5	49	9.8	25	0	30	229	7.6	0	15	257	17.1	0	4	3	18
1993 San Diego Chargers	16	0	33	135	4.1	12	1	1	0	0.0	0	0	0	0	-	0	7	110	15.7	0	1	1	6
1994 San Diego Chargers	16	0	73	295	4.0	36	0	5	48	9.6	25	0	0	0	-	0	0	0	-	0	1	0	0
1995 Cincinnati Bengals	16	1	98	381	3.9	27	3	43	424	9.9	33	0	7	47	6.7	0	8	168	21.0	0	1	3	18
1996 Cincinnati Bengals	16	0	56	269	4.8	t33	2	32	272	8.5	42	0	0	0	-	0	0	0	-	0	1	2	12
1997 Cincinnati Bengals	16	0	21	97	4.6	t20	1	31	249	8.0	21	0	0	0	-	0	34	789	23.2	1	2	2	12
7 NFL Seasons	110	1	358	1458	4.1	36	10	117	1042	8.9	42	0	37	276	7.5	0	64	1324	20.7	1	10	11	66

Other Statistics: 1992–recovered 1 fumble for 0 yards. 1994–recovered 1 fumble for 0 yards. 1995–recovered 1 fumble for 0 yards; attempted 2 passes with 0 completions for 0 yards.

David Binn

Pos: TE/LS **Rnd:** FA **College:** California **Ht:** 6' 3" **Wt:** 250 **Born:** 2/6/72 **Age:** 26

			Rushing					Receiving					Punt Returns				Kickoff Returns				Totals		
Year Team	G	GS	Att	Yds	Avg	Lg	TD	Rec	Yds	Avg	Lg	TD	Num	Yds	Avg	TD	Num	Yds	Avg	TD	Fum	TD	Pts
1994 San Diego Chargers	16	0	0	0	-	-	0	0	0	-	-	0	0	0	-	0	0	0	-	0	0	0	0
1995 San Diego Chargers	16	0	0	0	-	-	0	0	0	-	-	0	0	0	-	0	0	0	-	0	0	0	0
1996 San Diego Chargers	16	0	0	0	-	-	0	0	0	-	-	0	0	0	-	0	0	0	-	0	0	0	0
1997 San Diego Chargers	16	0	0	0	-	-	0	0	0	-	-	0	0	0	-	0	0	0	-	0	0	0	0
4 NFL Seasons	64	0	0	0	-	-	0	0	0	-	-	0	0	0	-	0	0	0	-	0	0	0	0

Blaine Bishop
(statistical profile on page 393)

Pos: S **Rnd:** 8 **College:** Ball State **Ht:** 5'9" **Wt:** 197 **Born:** 7/24/70 **Age:** 28

Year Team	G	GS	Tackles Tk	Ast	Sack	Misc FF	FR	TD	Blk	Int	Yds	Avg	TD	PR Num	Yds	Avg	TD	KR Num	Yds	Avg	TD	TD	Fum
1993 Houston Oilers	16	2	24	3	1.0	2	1	0	0	1	1	1.0	0	0	0	-	0	0	0	-	0	0	1
1994 Houston Oilers	16	13	76	36	1.5	0	1	0	0	1	21	21.0	0	0	0	-	0	2	18	9.0	0	0	0
1995 Houston Oilers	16	16	75	22	1.5	3	4	0	0	1	62	62.0	1	0	0	-	0	0	0	-	0	1	0
1996 Houston Oilers	15	15	73	36	0.0	1	0	0	0	1	6	6.0	0	0	0	-	0	0	0	-	0	0	0
1997 Tennessee Oilers	14	14	67	14	1.5	3	2	0	0	0	0	-	0	0	0	-	0	0	0	-	0	0	0
5 NFL Seasons	77	60	315	111	5.5	9	8	0	0	4	90	22.5	1	0	0	-	0	2	18	9.0	0	1	1

Greg Bishop

Pos: G **Rnd:** 4 **College:** Pacific **Ht:** 6'5" **Wt:** 300 **Born:** 5/2/71 **Age:** 27

Year Team	G GS	Year Team	G GS	Year Team	G GS		G GS
1993 New York Giants	8 0	1995 New York Giants	16 16	1997 New York Giants	16 16		
1994 New York Giants	16 1	1996 New York Giants	16 16			5 NFL Seasons	72 49

Other Statistics: 1994—recovered 2 fumbles for 0 yards. 1995—recovered 1 fumble for 0 yards. 1996—recovered 1 fumble for 0 yards. 1997—recovered 1 fumble for 0 yards.

Eric Bjornson
(statistical profile on page 283)

Pos: TE **Rnd:** 4 **College:** Washington **Ht:** 6'4" **Wt:** 236 **Born:** 12/15/71 **Age:** 26

Year Team	G	GS	Att	Yds	Avg	Lg	TD	Rec	Yds	Avg	Lg	TD	PR Num	Yds	Avg	TD	KR Num	Yds	Avg	TD	Fum	TD	Pts
1995 Dallas Cowboys	14	1	0	0	-	0	0	7	53	7.6	16	0	0	0	-	0	0	0	-	0	0	0	0
1996 Dallas Cowboys	14	10	0	0	-	0	0	48	388	8.1	25	3	0	0	-	0	0	0	-	0	1	3	20
1997 Dallas Cowboys	14	14	0	0	-	0	0	47	442	9.4	32	0	0	0	-	0	0	0	-	0	2	0	2
3 NFL Seasons	42	25	0	0	-	0	0	102	883	8.7	32	3	0	0	-	0	0	0	-	0	3	3	22

Other Statistics: 1996—scored 1 two-point conversion. 1997—scored 1 two-point conversion.

Ken Blackman

Pos: G **Rnd:** 3 **College:** Illinois **Ht:** 6'6" **Wt:** 315 **Born:** 11/8/72 **Age:** 25

Year Team	G GS	Year Team	G GS		G GS
1996 Cincinnati Bengals	13 10	1997 Cincinnati Bengals	13 13	2 NFL Seasons	26 23

Robert Blackmon

Pos: S **Rnd:** 2 **College:** Baylor **Ht:** 6'0" **Wt:** 208 **Born:** 5/12/67 **Age:** 31

Year Team	G	GS	Tk	Ast	Sack	FF	FR	TD	Blk	Int	Yds	Avg	TD	Sfty	TD	Pts
1990 Seattle Seahawks	15	5	36	5	0.0	0	1	0	0	0	0	-	0	0	0	0
1991 Seattle Seahawks	16	16	52	12	1.0	0	1	0	0	3	59	19.7	0	0	0	0
1992 Seattle Seahawks	15	15	51	16	3.5	0	1	0	0	1	69	69.0	0	0	0	0
1993 Seattle Seahawks	16	16	55	19	0.0	0	1	1	0	2	0	0.0	0	0	1	6
1994 Seattle Seahawks	15	15	49	20	0.0	1	3	0	0	1	24	24.0	0	0	0	0
1995 Seattle Seahawks	13	13	49	11	1.0	1	0	0	0	5	46	9.2	0	0	0	0
1996 Seattle Seahawks	16	16	80	22	1.0	4	1	0	0	3	48	16.0	0	0	1	6
1997 Indianapolis Colts	14	14	48	17	3.0	2	1	1	0	1	2	2.0	0	0	1	6
8 NFL Seasons	120	110	420	122	9.5	8	9	3	0	16	248	15.5	0	0	3	18

Jeff Blackshear

Pos: G **Rnd:** 8 **College:** Northeast Louisiana **Ht:** 6'6" **Wt:** 323 **Born:** 3/29/69 **Age:** 29

Year Team	G GS	Year Team	G GS	Year Team	G GS		G GS
1993 Seattle Seahawks	15 2	1995 Seattle Seahawks	16 3	1997 Baltimore Ravens	16 16		
1994 Seattle Seahawks	16 16	1996 Baltimore Ravens	16 12			5 NFL Seasons	79 49

Will Blackwell

Pos: WR/KR **Rnd:** 2 **College:** San Diego State **Ht:** 6'0" **Wt:** 180 **Born:** 7/9/75 **Age:** 23

Year Team	G	GS	Att	Yds	Avg	Lg	TD	Rec	Yds	Avg	Lg	TD	PR Num	Yds	Avg	TD	KR Num	Yds	Avg	TD	Fum	TD	Pts
1997 Pittsburgh Steelers	14	0	2	14	7.0	11	0	12	168	14.0	46	1	23	149	6.5	0	32	791	24.7	1	3	2	12

Other Statistics: 1997—recovered 2 fumbles for 0 yards.

Bennie Blades

Pos: S **Rnd:** 1 (3) **College:** Miami (FL) **Ht:** 6'1" **Wt:** 221 **Born:** 9/3/66 **Age:** 32

Year Team	G	GS	Tk	Ast	Sack	FF	FR	TD	Blk	Int	Yds	Avg	TD	Sfty	TD	Pts
1988 Detroit Lions	15	14	86	16	1.0	3	4	0	0	2	12	6.0	0	0	0	0
1989 Detroit Lions	16	16	81	19	0.0	2	1	0	0	0	0	-	0	0	0	0
1990 Detroit Lions	12	12	61	22	1.0	1	1	0	0	2	25	12.5	0	0	0	0

Year Team	G	GS	Tackles			Miscellaneous				Interceptions				Totals		
			Tk	Ast	Sack	FF	FR	TD	Blk	Int	Yds	Avg	TD	Sfty	TD	Pts
1991 Detroit Lions	16	16	65	28	0.0	2	3	0	0	1	14	14.0	0	0	0	0
1992 Detroit Lions	16	16	62	33	0.0	1	0	1	0	3	56	18.7	0	0	1	6
1993 Detroit Lions	4	4	15	8	0.0	0	0	0	0	0	0	-	0	0	0	0
1994 Detroit Lions	16	16	71	19	1.0	0	2	0	0	1	0	0.0	0	0	0	0
1995 Detroit Lions	16	16	69	29	1.0	0	0	0	0	1	0	0.0	0	1	0	2
1996 Detroit Lions	15	15	78	28	0.0	0	0	0	0	2	112	56.0	1	0	1	6
1997 Seattle Seahawks	10	9	58	12	1.0	0	0	0	0	2	11	5.5	0	0	0	0
10 NFL Seasons	136	134	646	214	5.0	9	11	1	0	14	230	16.4	1	1	2	14

Brian Blades
(statistical profile on page 283)

Pos: WR Rnd: 2 College: Miami (FL) Ht: 5' 11" Wt: 186 Born: 7/24/65 Age: 33

Year Team	G	GS	Rushing					Receiving					Punt Returns				Kickoff Returns				Totals		
			Att	Yds	Avg	Lg	TD	Rec	Yds	Avg	Lg	TD	Num	Yds	Avg	TD	Num	Yds	Avg	TD	Fum	TD	Pts
1988 Seattle Seahawks	16	7	5	24	4.8	12	0	40	682	17.1	55	8	0	0	-	0	0	0	-	0	1	8	48
1989 Seattle Seahawks	16	14	1	3	3.0	3	0	77	1063	13.8	t60	5	0	0	-	0	0	0	-	0	3	5	30
1990 Seattle Seahawks	16	16	3	19	6.3	12	0	49	525	10.7	24	3	0	0	-	0	0	0	-	0	0	3	18
1991 Seattle Seahawks	16	16	2	17	8.5	11	0	70	1003	14.3	52	2	0	0	-	0	0	0	-	0	1	2	12
1992 Seattle Seahawks	6	5	1	5	5.0	5	0	19	256	13.5	37	1	0	0	-	0	0	0	-	0	1	1	6
1993 Seattle Seahawks	16	14	5	52	10.4	26	0	80	945	11.8	41	3	0	0	-	0	0	0	-	0	1	3	18
1994 Seattle Seahawks	16	16	2	32	16.0	40	0	81	1086	13.4	45	4	0	0	-	0	0	0	-	0	1	4	26
1995 Seattle Seahawks	16	16	2	4	2.0	4	0	77	1001	13.0	49	4	0	0	-	0	0	0	-	0	0	4	24
1996 Seattle Seahawks	11	9	0	0	-	-	0	43	556	12.9	t80	2	0	0	-	0	0	0	-	0	1	2	12
1997 Seattle Seahawks	11	3	0	0	-	-	0	30	319	10.6	27	2	0	0	-	0	0	0	-	0	1	2	12
10 NFL Seasons	140	116	21	156	7.4	40	0	566	7436	13.1	t80	34	0	0	-	0	0	0	-	0	10	34	206

Other Statistics: 1988–recovered 1 fumble for 0 yards. 1989–recovered 1 fumble for 0 yards. 1994–recovered 2 fumbles for 0 yards; scored 1 two-point conversion.

Jeff Blake
(statistical profile on page 284)

Pos: QB Rnd: 6 College: East Carolina Ht: 6' 0" Wt: 202 Born: 12/4/70 Age: 27

Year Team	G	GS	Passing										Rushing					Miscellaneous			
			Att	Com	Pct	Yards	Yds/Att	Lg	TD	Int	Int%	Rating	Att	Yds	Avg	Lg	TD	Sckd	Yds	Fum Recv Yds	Pts
1992 New York Jets	3	0	9	4	44.4	40	4.44	19	0	1	11.1	18.1	2	-2	-1.0	1	0	2	7	1 0 0	0
1994 Cincinnati Bengals	10	9	306	156	51.0	2154	7.04	76	14	9	2.9	76.9	37	204	5.5	16	1	19	120	6 0 -3	8
1995 Cincinnati Bengals	16	16	567	326	57.5	3822	6.74	t88	28	17	3.0	82.1	53	309	5.8	30	2	24	152	10 0 -7	14
1996 Cincinnati Bengals	16	16	549	308	56.1	3624	6.60	t61	24	14	2.6	80.3	72	317	4.4	18	2	44	278	7 1 -5	12
1997 Cincinnati Bengals	11	11	317	184	58.0	2125	6.70	t50	8	7	2.2	77.6	45	234	5.2	16	3	39	244	7 0 0	18
5 NFL Seasons	56	52	1748	978	55.9	11765	6.73	t88	74	48	2.7	79.4	209	1062	5.1	30	8	128	801	31 1 -15	52

Other Statistics: 1994–scored 1 two-point conversion. 1995–scored 1 two-point conversion.

Cary Blanchard
(statistical profile on page 469)

Pos: K Rnd: FA College: Oklahoma State Ht: 6' 1" Wt: 227 Born: 11/5/68 Age: 29

Year Team	G	Field Goals												PAT		Tot
		1-29 Yds	Pct	30-39 Yds	Pct	40-49 Yds	Pct	50+ Yds	Pct	Overall	Pct	Long	Made	Att	Pts
1992 New York Jets	11	4-5	80.0	5-7	71.4	7-9	77.8	0-1	0.0	16-22	72.7	47	17	17	65
1993 New York Jets	16	8-9	88.9	4-5	80.0	5-10	50.0	0-2	0.0	17-26	65.4	45	31	31	82
1995 Indianapolis Colts	12	5-5	100.0	6-8	75.0	7-10	70.0	1-1	100.0	19-24	79.2	50	25	25	82
1996 Indianapolis Colts	16	12-12	100.0	8-9	88.9	11-14	78.6	5-5	100.0	36-40	90.0	52	27	27	135
1997 Indianapolis Colts	16	9-9	100.0	12-14	85.7	10-15	66.7	1-3	33.3	32-41	78.0	50	21	21	117
5 NFL Seasons	71	38-40	95.0	35-43	81.4	40-58	69.0	7-12	58.3	120-153	78.4	52	121	121	481

Tony Bland

Pos: WR Rnd: FA College: Florida A&M Ht: 6' 3" Wt: 210 Born: 12/12/72 Age: 25

Year Team	G	GS	Rushing					Receiving					Punt Returns				Kickoff Returns				Totals		
			Att	Yds	Avg	Lg	TD	Rec	Yds	Avg	Lg	TD	Num	Yds	Avg	TD	Num	Yds	Avg	TD	Fum	TD	Pts
1997 Minnesota Vikings	2	0	0	0	-	-	0	0	0	-	-	0	0	0	-	0	0	0	-	0	0	0	0

Scott Blanton
(statistical profile on page 469)

Pos: K Rnd: FA College: Oklahoma Ht: 6' 2" Wt: 218 Born: 7/1/73 Age: 25

Year Team	G	Field Goals												PAT		Tot
		1-29 Yds	Pct	30-39 Yds	Pct	40-49 Yds	Pct	50+ Yds	Pct	Overall	Pct	Long	Made	Att	Pts
1996 Washington Redskins	16	15-15	100.0	7-7	100.0	2-7	28.6	2-3	66.7	26-32	81.3	53	40	40	118
1997 Washington Redskins	15	6-6	100.0	5-6	83.3	4-8	50.0	1-4	25.0	16-24	66.7	50	34	34	82
2 NFL Seasons	31	21-21	100.0	12-13	92.3	6-15	40.0	3-7	42.9	42-56	75.0	53	74	74	200

Other Statistics: 1996–punted 2 times for 84 yards. 1997–recovered 1 fumble for 0 yards.

Drew Bledsoe

(statistical profile on page 284)

Pos: QB **Rnd:** 1 (1) **College:** Washington State **Ht:** 6' 5" **Wt:** 233 **Born:** 2/14/72 **Age:** 26

				Passing								Rushing				Miscellaneous					
Year	Team	G	GS	Att	Com	Pct	Yards	Yds/Att	Lg	TD	Int	Int%	Rating	Att	Yds	Avg	Lg	TD	Sckd	Yds	Fum	Recv	Yds	Pts
1993	New England Patriots	13	12	429	214	49.9	2494	5.81	t54	15	15	3.5	65.0	32	82	2.6	15	0	16	99	8	5	-23	0
1994	New England Patriots	16	16	691	400	57.9	4555	6.59	t62	25	27	3.9	73.6	44	40	0.9	7	0	22	139	9	3	-5	0
1995	New England Patriots	15	15	636	323	50.8	3507	5.51	t47	13	16	2.5	63.7	20	28	1.4	15	0	23	170	11	1	-8	0
1996	New England Patriots	16	16	623	373	59.9	4086	6.56	t84	27	15	2.4	83.7	24	27	1.1	8	0	30	190	9	1	-2	0
1997	New England Patriots	16	16	522	314	60.2	3706	7.10	76	28	15	2.9	87.7	28	55	2.0	8	0	30	258	4	3	-4	0
	5 NFL Seasons	76	75	2901	1624	56.0	18348	6.32	t84	108	88	3.0	74.9	148	232	1.6	15	0	121	856	41	13	-42	0

Other Statistics: 1995—caught 1 pass for -9 yards.

Greg Bloedorn

Pos: G **Rnd:** FA **College:** Cornell **Ht:** 6' 6" **Wt:** 278 **Born:** 11/15/72 **Age:** 25

Year	Team	G	GS			G	GS
1997	Seattle Seahawks	3	0		1 NFL Season	3	0

Matt Blundin

Pos: QB **Rnd:** 2 **College:** Virginia **Ht:** 6' 6" **Wt:** 233 **Born:** 3/7/69 **Age:** 29

				Passing									Rushing				Miscellaneous					
Year	Team	G	GS	Att	Com	Pct	Yards	Yds/Att	Lg	TD	Int	Int%	Rating	Att	Yds	Avg	Lg	TD	Sckd	Yds	Fum	Recv	Yds	Pts
1993	Kansas City Chiefs	1	0	3	1	33.3	2	0.67	2	0	0	0.0	42.4	0	0	-	-	0	0	0	0	0	0	0
1994	Kansas City Chiefs	1	0	5	1	20.0	13	2.60	13	0	1	20.0	0.0	0	0	-	-	0	0	0	0	0	0	0
1997	Detroit Lions	1	0	1	0	0.0	0	0.00	0	0	1	100.0	0.0	0	0	-	-	0	0	0	0	0	0	0
	3 NFL Seasons	3	0	9	2	22.2	15	1.67	13	0	2	22.2	0.0	0	0	-	-	0	0	0	0	0	0	0

Orlando Bobo

Pos: G **Rnd:** FA **College:** N.E. Louisiana **Ht:** 6' 3" **Wt:** 304 **Born:** 2/9/74 **Age:** 24

Year	Team	G	GS			G	GS
1997	Minnesota Vikings	5	0		1 NFL Season	5	0

John Bock

Pos: C/G **Rnd:** FA **College:** Indiana State **Ht:** 6' 3" **Wt:** 295 **Born:** 2/11/71 **Age:** 27

Year	Team	G	GS	Year	Team	G	GS	Year	Team	G	GS		G	GS
1995	New York Jets	10	7	1996	Miami Dolphins	2	0	1997	Miami Dolphins	14	3	3 NFL Seasons	26	10

Other Statistics: 1995—fumbled 1 time for 0 yards.

Juran Bolden

Pos: CB **Rnd:** 4 **College:** Mississippi Delta **Ht:** 6' 2" **Wt:** 201 **Born:** 6/27/74 **Age:** 24

				Tackles			Miscellaneous				Interceptions				Punt Returns				Kickoff Returns				Totals	
Year	Team	G	GS	Tk	Ast	Sack	FF	FR	TD	Blk	Int	Yds	Avg	TD	Num	Yds	Avg	TD	Num	Yds	Avg	TD	TD	Fum
1996	Atlanta Falcons	9	0	0	0	0.0	0	0	0	0	0	0	-	0	0	0	-	0	0	0	-	0	0	0
1997	Atlanta Falcons	14	1	7	0	0.0	0	0	0	0	0	0	-	0	0	0	-	0	5	106	21.2	0	0	0
	2 NFL Seasons	23	1	7	0	0.0	0	0	0	0	0	0	-	0	0	0	-	0	5	106	21.2	0	0	0

Shane Bonham

Pos: DT **Rnd:** 3 **College:** Tennessee **Ht:** 6' 2" **Wt:** 275 **Born:** 10/18/70 **Age:** 28

				Tackles			Miscellaneous				Interceptions				Totals		
Year	Team	G	GS	Tk	Ast	Sack	FF	FR	TD	Blk	Int	Yds	Avg	TD	Sfty	TD	Pts
1994	Detroit Lions	15	1	1	2	0.0	0	0	0	0	0	0	-	0	0	0	0
1995	Detroit Lions	15	0	7	6	1.0	0	0	0	0	0	0	-	0	0	0	0
1996	Detroit Lions	15	2	13	7	2.0	0	0	0	0	0	0	-	0	0	0	0
1997	Detroit Lions	16	0	4	5	1.0	0	0	0	0	0	0	-	0	0	0	0
	4 NFL Seasons	61	3	25	20	4.0	0	0	0	0	0	0	-	0	0	0	0

Chris Boniol

(statistical profile on page 469)

Pos: K **Rnd:** FA **College:** Louisiana Tech **Ht:** 5' 11" **Wt:** 167 **Born:** 12/9/71 **Age:** 26

			Field Goals												PAT		Tot
Year	Team	G	1-29	Yds	Pct	30-39	Yds	Pct	40-49	Yds	Pct	50+	Yds	Pct	Overall	Pct	Long	Made	Att	Pts
1994	Dallas Cowboys	16	6-7		85.7	10-12		83.3	6-9		66.7	0-1		0.0	22-29	75.9	47	48	48	114
1995	Dallas Cowboys	16	11-12		91.7	13-13		100.0	3-3		100.0	0-0		-	27-28	96.4	45	46	48	127
1996	Dallas Cowboys	16	14-14		100.0	12-13		92.3	5-7		71.4	1-2		50.0	32-36	88.9	52	24	25	120
1997	Philadelphia Eagles	16	7-7		100.0	11-12		91.7	4-11		36.4	0-1		0.0	22-31	71.0	49	33	33	99
	4 NFL Seasons	64	38-40		95.0	46-50		92.0	18-30		60.0	1-4		25.0	103-124	83.1	52	151	154	460

Other Statistics: 1995—punted 2 times for 77 yards.

Steve Bono

Pos: QB **Rnd:** 6 **College:** UCLA **Ht:** 6'4" **Wt:** 215 **Born:** 5/11/62 **Age:** 36

			Passing								Rushing				Miscellaneous				
Year Team	G	GS	Att	Com	Pct	Yards	Yds/Att	Lg	TD	Int	Int%	Rating	Att	Yds	Avg	Lg TD	Sckd Yds	Fum Recv Yds	Pts
1985 Minnesota Vikings	1	0	10	1	10.0	5	0.50	5	0	0	0.0	39.6	0	0	-	- 0	2 13	0 0 0	0
1986 Minnesota Vikings	1	0	1	1	100.0	3	3.00	3	0	0	0.0	79.2	0	0	-	- 0	0 0	0 0 0	0
1987 Pittsburgh Steelers	3	3	74	34	45.9	438	5.92	57	5	2	2.7	76.3	8	27	3.4	23 1	6 30	5 3 0	6
1988 Pittsburgh Steelers	2	0	35	10	28.6	110	3.14	15	1	2	5.7	25.9	0	0	-	- 0	1 8	0 0 0	0
1989 San Francisco 49ers	1	0	5	4	80.0	62	12.40	t45	1	0	0.0	157.9	0	0	-	- 0	0 0	0 0 0	0
1991 San Francisco 49ers	9	6	237	141	59.5	1617	6.82	78	11	4	1.7	88.5	17	46	2.7	18 0	11 91	7 0 -8	0
1992 San Francisco 49ers	16	0	56	36	64.3	463	8.27	36	2	2	3.6	87.1	15	23	1.5	19 0	2 14	2 1 -3	0
1993 San Francisco 49ers	8	0	61	39	63.9	416	6.82	33	0	1	1.6	76.9	12	14	1.2	10 1	4 18	0 0 0	6
1994 Kansas City Chiefs	7	2	117	66	56.4	796	6.80	t62	4	4	3.4	74.6	4	-1	-0.3	2 0	0 0	0 0 0	0
1995 Kansas City Chiefs	16	16	520	293	56.3	3121	6.00	t60	21	10	1.9	79.5	28	113	4.0	t76 5	21 158	10 1 -5	30
1996 Kansas City Chiefs	14	13	438	235	53.7	2572	5.87	69	12	13	3.0	68.0	26	27	1.0	17 0	22 161	5 0 0	0
1997 Green Bay Packers	2	0	10	5	50.0	29	2.90	14	0	0	0.0	56.3	3	-3	-1.0	-1 0	1 15	1 0 0	0
12 NFL Seasons	80	40	1564	865	55.3	9632	6.16	78	57	38	2.4	75.9	113	246	2.2	t76 7	70 508	30 5 -16	42

Other Statistics: 1987–caught 1 pass for 2 yards.

Michael Booker

Pos: DB **Rnd:** 1 (11) **College:** Nebraska **Ht:** 6'2" **Wt:** 205 **Born:** 4/27/75 **Age:** 23

			Tackles			Miscellaneous				Interceptions				Totals		
Year Team	G	GS	Tk	Ast	Sack	FF	FR	TD	Blk	Int	Yds	Avg	TD	Sfty	TD	Pts
1997 Atlanta Falcons	15	2	19	2	0.0	0	0	0	0	3	16	5.3	0	0	0	0

Vaughn Booker

(statistical profile on page 393)

Pos: DT/DE **Rnd:** FA **College:** Cincinnati **Ht:** 6'5" **Wt:** 293 **Born:** 2/24/68 **Age:** 30

			Tackles			Miscellaneous				Interceptions				Punt Returns				Kickoff Returns				Totals	
Year Team	G	GS	Tk	Ast	Sack	FF	FR	TD	Blk	Int	Yds	Avg	TD	Num	Yds	Avg	TD	Num	Yds	Avg	TD	TD	Fum
1994 Kansas City Chiefs	15	0	13	2	0.0	1	2	0	0	0	0	-	0	0	0	-	0	2	10	5.0	0	0	0
1995 Kansas City Chiefs	16	10	27	5	1.5	0	1	1	0	0	0	-	0	0	0	-	0	0	0	-	0	1	0
1996 Kansas City Chiefs	14	11	31	4	1.0	1	1	0	0	0	0	-	0	0	0	-	0	0	0	-	0	0	0
1997 Kansas City Chiefs	13	13	25	5	4.0	0	1	0	0	0	0	-	0	0	0	-	0	0	0	-	0	0	0
4 NFL Seasons	58	34	96	16	6.5	2	5	1	0	0	0	-	0	0	0	-	0	2	10	5.0	0	1	0

Ben Bordelon

Pos: T/G **Rnd:** FA **College:** Louisiana State **Ht:** 6'5" **Wt:** 301 **Born:** 4/9/74 **Age:** 24

Year Team	G	GS				
1997 San Diego Chargers	16	2			1 NFL Season	16	2

Other Statistics: 1997–returned 2 kickoffs for 0 yards.

Tony Boselli

Pos: T **Rnd:** 1 (2) **College:** Southern California **Ht:** 6'7" **Wt:** 323 **Born:** 4/17/72 **Age:** 26

Year Team	G	GS	Year Team	G	GS	Year Team	G	GS		G	GS
1995 Jacksonville Jaguars	13	12	1996 Jacksonville Jaguars	16	16	1997 Jacksonville Jaguars	12	12	3 NFL Seasons	41	40

Other Statistics: 1996–recovered 1 fumble for 0 yards.

Kirk Botkin

Pos: TE/LS **Rnd:** FA **College:** Arkansas **Ht:** 6'3" **Wt:** 245 **Born:** 3/19/71 **Age:** 27

			Rushing					Receiving					Punt Returns				Kickoff Returns				Totals		
Year Team	G	GS	Att	Yds	Avg	Lg	TD	Rec	Yds	Avg	Lg	TD	Num	Yds	Avg	TD	Num	Yds	Avg	TD	Fum	TD	Pts
1994 New Orleans Saints	3	0	0	0	-	-	0	0	0	-	-	0	0	0	-	0	0	0	-	0	0	0	0
1995 New Orleans Saints	16	0	0	0	-	-	0	1	8	8.0	8	0	0	0	-	0	0	0	-	0	0	0	0
1996 Pittsburgh Steelers	16	0	0	0	-	-	0	4	36	9.0	17	0	0	0	-	0	0	0	-	0	0	0	0
1997 Pittsburgh Steelers	13	1	0	0	-	-	0	1	11	11.0	11	0	0	0	-	0	0	0	-	0	0	0	0
4 NFL Seasons	48	1	0	0	-	-	0	6	55	9.2	17	0	0	0	-	0	0	0	-	0	0	0	0

Kevin Bouie

Pos: RB **Rnd:** 7 **College:** Mississippi State **Ht:** 6'1" **Wt:** 230 **Born:** 8/18/71 **Age:** 27

			Rushing					Receiving					Punt Returns				Kickoff Returns				Totals		
Year Team	G	GS	Att	Yds	Avg	Lg	TD	Rec	Yds	Avg	Lg	TD	Num	Yds	Avg	TD	Num	Yds	Avg	TD	Fum	TD	Pts
1996 San Diego Chargers	1	0	0	0	-	-	0	0	0	-	-	0	0	0	-	0	0	0	-	0	0	0	0
1997 Arizona Cardinals	5	0	11	26	2.4	6	0	0	0	-	-	0	0	0	-	0	6	136	22.7	0	0	0	0
2 NFL Seasons	6	0	11	26	2.4	6	0	0	0	-	-	0	0	0	-	0	6	136	22.7	0	0	0	0

Tony Bouie

Pos: S **Rnd:** FA **College:** Arizona **Ht:** 5' 10" **Wt:** 193 **Born:** 8/7/72 **Age:** 26

Year Team	G	GS	Tackles			Miscellaneous				Interceptions				Totals		
			Tk	Ast	Sack	FF	FR	TD	Blk	Int	Yds	Avg	TD	Sfty	TD	Pts
1995 Tampa Bay Buccaneers	9	3	11	8	0.0	0	0	0	0	1	19	19.0	0	0	0	0
1996 Tampa Bay Buccaneers	16	0	9	4	0.0	0	0	0	0	0	0	-	0	0	0	0
1997 Tampa Bay Buccaneers	16	1	5	0	0.0	0	1	0	0	0	0	-	0	0	0	0
3 NFL Seasons	41	4	25	12	0.0	0	1	0	0	1	19	19.0	0	0	0	0

Other Statistics: 1997–caught 1 pass for 25 yards.

Peter Boulware

(statistical profile on page 394)

Pos: LB **Rnd:** 1 (4) **College:** Florida State **Ht:** 6' 5" **Wt:** 255 **Born:** 12/18/74 **Age:** 23

Year Team	G	GS	Tackles			Miscellaneous				Interceptions				Totals		
			Tk	Ast	Sack	FF	FR	TD	Blk	Int	Yds	Avg	TD	Sfty	TD	Pts
1997 Baltimore Ravens	16	16	43	15	11.5	1	0	0	0	0	0	-	0	0	0	0

Marc Boutte

Pos: DT **Rnd:** 3 **College:** Louisiana State **Ht:** 6' 4" **Wt:** 311 **Born:** 7/26/69 **Age:** 29

Year Team	G	GS	Tackles			Miscellaneous				Interceptions				Totals		
			Tk	Ast	Sack	FF	FR	TD	Blk	Int	Yds	Avg	TD	Sfty	TD	Pts
1992 Los Angeles Rams	16	15	25	7	1.0	4	0	0	0	0	0	-	0	0	0	0
1993 Los Angeles Rams	16	16	29	10	1.0	0	1	0	0	0	0	-	0	0	0	0
1994 Washington Redskins	10	3	8	1	0.0	0	0	0	0	0	0	-	0	0	0	0
1995 Washington Redskins	16	16	30	12	2.0	0	1	0	0	0	0	-	0	0	0	0
1996 Washington Redskins	10	10	13	2	0.0	1	0	0	0	1	0	0.0	0	0	0	0
1997 Washington Redskins	16	13	29	4	2.0	2	0	0	0	1	10	10.0	0	0	0	0
6 NFL Seasons	84	73	134	36	6.0	7	2	0	0	2	10	5.0	0	0	0	0

Joe Bowden

(statistical profile on page 394)

Pos: LB **Rnd:** 5 **College:** Oklahoma **Ht:** 5' 11" **Wt:** 230 **Born:** 2/25/70 **Age:** 28

Year Team	G	GS	Tackles			Miscellaneous				Interceptions				Punt Returns				Kickoff Returns				Totals		
			Tk	Ast	Sack	FF	FR	TD	Blk	Int	Yds	Avg	TD	Num	Yds	Avg	TD	Num	Yds	Avg	TD	TD	Fum
1992 Houston Oilers	14	0	4	5	0.0	0	0	0	0	0	0	-	0	0	0	-	0	0	0	-	0	0	0
1993 Houston Oilers	16	6	19	9	1.0	0	1	0	0	0	0	-	0	0	0	-	0	0	0	-	0	0	0
1994 Houston Oilers	13	1	7	6	0.0	0	0	0	0	0	0	-	0	0	0	-	0	0	0	-	0	0	0
1995 Houston Oilers	16	14	38	13	1.0	3	1	0	0	0	0	-	0	0	0	-	0	1	6	6.0	0	0	0
1996 Houston Oilers	16	16	46	27	3.0	2	0	0	0	0	0	-	0	0	0	-	0	0	0	-	0	0	0
1997 Tennessee Oilers	16	16	53	31	2.5	1	1	0	0	1	9	9.0	0	0	0	-	0	0	0	-	0	0	0
6 NFL Seasons	91	53	167	91	7.5	6	3	0	0	1	9	9.0	0	0	0	-	0	1	6	6.0	0	0	0

Tim Bowens

(statistical profile on page 394)

Pos: DT **Rnd:** 1 (20) **College:** Mississippi **Ht:** 6' 4" **Wt:** 310 **Born:** 2/7/73 **Age:** 25

Year Team	G	GS	Tackles			Miscellaneous				Interceptions				Totals		
			Tk	Ast	Sack	FF	FR	TD	Blk	Int	Yds	Avg	TD	Sfty	TD	Pts
1994 Miami Dolphins	16	15	44	8	3.0	2	1	0	0	0	0	-	0	0	0	0
1995 Miami Dolphins	16	16	34	7	2.0	2	2	0	0	0	0	-	0	0	0	0
1996 Miami Dolphins	16	16	41	7	3.0	2	1	0	0	0	0	-	0	0	0	0
1997 Miami Dolphins	16	16	34	14	5.0	1	1	1	0	0	0	-	0	0	1	6
4 NFL Seasons	64	63	153	36	13.0	7	5	1	0	0	0	-	0	0	1	6

Larry Bowie

(statistical profile on page 285)

Pos: FB **Rnd:** FA **College:** Georgia **Ht:** 6' 0" **Wt:** 224 **Born:** 3/21/73 **Age:** 25

Year Team	G	GS	Rushing					Receiving				Punt Returns				Kickoff Returns				Totals		
			Att	Yds	Avg	Lg	TD	Rec	Yds	Avg	Lg	TD	Num	Yds	Avg	TD	Num	Yds	Avg	TD	Fum	TD	Pts
1996 Washington Redskins	3	0	0	0	-	-	0	3	17	5.7	8	0	0	0	-	0	0	0	-	0	0	0	0
1997 Washington Redskins	15	13	28	100	3.6	18	2	34	388	11.4	t39	2	0	0	-	0	1	15	15.0	0	2	4	24
2 NFL Seasons	18	13	28	100	3.6	18	2	37	405	10.9	t39	2	0	0	-	0	1	15	15.0	0	2	4	24

Other Statistics: 1997–recovered 1 fumble for 0 yards.

Fabien Bownes

Pos: WR/KR **Rnd:** FA **College:** Western Illinois **Ht:** 5' 11" **Wt:** 186 **Born:** 2/29/72 **Age:** 26

Year Team	G	GS	Rushing					Receiving				Punt Returns				Kickoff Returns				Totals		
			Att	Yds	Avg	Lg	TD	Rec	Yds	Avg	Lg	TD	Num	Yds	Avg	TD	Num	Yds	Avg	TD	Fum	TD	Pts
1995 Chicago Bears	1	0	0	0	-	-	0	0	0	-	-	0	0	0	-	0	0	0	-	0	0	0	0
1997 Chicago Bears	16	0	0	0	-	-	0	12	146	12.2	21	0	0	0	-	0	19	396	20.8	0	0	0	0
2 NFL Seasons	17	0	0	0	-	-	0	12	146	12.2	21	0	0	0	-	0	19	396	20.8	0	0	0	0

Other Statistics: 1997–recovered 1 fumble for 0 yards.

Stephen Boyd
(statistical profile on page 395)

Pos: LB Rnd: 5 College: Boston College Ht: 6' 0" Wt: 247 Born: 8/22/72 Age: 26

			Tackles			Miscellaneous				Interceptions				Totals		
Year Team	G	GS	Tk	Ast	Sack	FF	FR	TD	Blk	Int	Yds	Avg	TD	Sfty	TD	Pts
1995 Detroit Lions	16	0	1	0	1.0	0	0	0	0	0	0	-	0	0	0	0
1996 Detroit Lions	8	5	20	15	0.0	1	0	0	0	0	0	-	0	0	0	0
1997 Detroit Lions	16	16	89	49	0.0	1	1	1	0	1	4	4.0	0	0	1	6
3 NFL Seasons	40	21	110	64	1.0	2	1	1	0	1	4	4.0	0	0	1	6

Tommie Boyd

Pos: WR Rnd: FA College: Toledo Ht: 6' 0" Wt: 195 Born: 12/21/71 Age: 26

			Rushing				Receiving				Punt Returns			Kickoff Returns			Totals		
Year Team	G	GS	Att	Yds	Avg	Lg	TD	Rec	Yds	Avg	Lg	TD	Num	Yds	Avg	TD	Num	Yds	Avg	TD	Fum	TD	Pts
1997 Detroit Lions	16	1	0	0	-	-	0	10	142	14.2	32	0	0	0	-	0	0	0	-	0	0	0	0

Brant Boyer

Pos: LB Rnd: 6 College: Arizona Ht: 6' 1" Wt: 231 Born: 6/27/71 Age: 27

			Tackles			Miscellaneous				Interceptions				Totals		
Year Team	G	GS	Tk	Ast	Sack	FF	FR	TD	Blk	Int	Yds	Avg	TD	Sfty	TD	Pts
1994 Miami Dolphins	14	0	1	1	0.0	0	0	0	0	0	0	-	0	0	0	0
1995 Jacksonville Jaguars	2	0	0	0	0.0	0	0	0	0	0	0	-	0	0	0	0
1996 Jacksonville Jaguars	12	0	4	1	0.0	0	0	0	0	0	0	-	0	0	0	0
1997 Jacksonville Jaguars	16	2	18	6	1.5	0	0	0	0	0	0	-	0	0	0	0
4 NFL Seasons	44	2	23	8	1.5	0	0	0	0	0	0	-	0	0	0	0

Tony Brackens

Pos: DE Rnd: 2 College: Texas Ht: 6' 4" Wt: 267 Born: 12/26/74 Age: 23

			Tackles			Miscellaneous				Interceptions				Totals		
Year Team	G	GS	Tk	Ast	Sack	FF	FR	TD	Blk	Int	Yds	Avg	TD	Sfty	TD	Pts
1996 Jacksonville Jaguars	16	1	45	10	7.0	5	3	0	0	1	27	27.0	0	0	0	0
1997 Jacksonville Jaguars	15	3	41	3	7.0	5	1	0	1	0	0	-	0	0	0	0
2 NFL Seasons	31	4	86	13	14.0	10	4	0	1	1	27	27.0	0	0	0	0

Paul Bradford

Pos: CB Rnd: 5 College: Portland State Ht: 5' 8" Wt: 185 Born: 4/20/74 Age: 24

			Tackles			Miscellaneous				Interceptions				Totals		
Year Team	G	GS	Tk	Ast	Sack	FF	FR	TD	Blk	Int	Yds	Avg	TD	Sfty	TD	Pts
1997 San Diego Chargers	15	4	22	1	0.0	0	1	1	0	2	56	28.0	1	0	2	12

Ronnie Bradford
(statistical profile on page 395)

Pos: CB Rnd: 4 College: Colorado Ht: 5' 10" Wt: 188 Born: 10/1/70 Age: 28

			Tackles			Miscellaneous				Interceptions				Punt Returns				Kickoff Returns				Totals		
Year Team	G	GS	Tk	Ast	Sack	FF	FR	TD	Blk	Int	Yds	Avg	TD	Num	Yds	Avg	TD	Num	Yds	Avg	TD	TD	Fum
1993 Denver Broncos	10	3	10	3	0.0	0	0	0	0	1	0	0.0	0	1	0	0.0	0	0	0	-	0	0	1
1994 Denver Broncos	12	1	20	2	1.0	0	2	0	0	0	0	-	0	0	0	-	0	0	0	-	0	0	0
1995 Denver Broncos	4	0	2	0	0.0	0	0	0	0	0	0	-	0	0	0	-	0	0	0	-	0	0	0
1996 Arizona Cardinals	15	11	49	15	0.0	0	1	0	0	1	0	0.0	0	0	0	-	0	0	0	-	0	0	0
1997 Atlanta Falcons	16	15	43	8	0.0	1	0	0	0	4	9	2.3	0	0	0	-	0	0	0	-	0	0	0
5 NFL Seasons	57	30	124	28	1.0	1	3	0	0	6	9	1.5	0	1	0	0.0	0	0	0	-	0	0	1

Donny Brady

Pos: CB Rnd: FA College: Wisconsin Ht: 6' 2" Wt: 195 Born: 11/24/73 Age: 24

			Tackles			Miscellaneous				Interceptions				Totals		
Year Team	G	GS	Tk	Ast	Sack	FF	FR	TD	Blk	Int	Yds	Avg	TD	Sfty	TD	Pts
1995 Cleveland Browns	2	0	0	0	0.0	0	0	0	0	0	0	-	0	0	0	0
1996 Baltimore Ravens	16	13	66	8	0.5	0	1	0	0	0	0	-	0	0	0	0
1997 Baltimore Ravens	16	5	36	4	0.0	0	1	0	0	0	0	-	0	0	0	0
3 NFL Seasons	34	18	102	12	0.5	0	2	0	0	0	0	-	0	0	0	0

Jeff Brady
(statistical profile on page 396)

Pos: LB Rnd: 12 College: Kentucky Ht: 6' 1" Wt: 238 Born: 11/9/68 Age: 29

			Tackles			Miscellaneous				Interceptions				Totals		
Year Team	G	GS	Tk	Ast	Sack	FF	FR	TD	Blk	Int	Yds	Avg	TD	Sfty	TD	Pts
1991 Pittsburgh Steelers	16	0	9	2	0.0	0	0	0	0	0	0	-	0	0	0	0
1992 Green Bay Packers	8	0	3	4	0.0	0	0	0	0	0	0	-	0	0	0	0
1993 LAN - SD	9	0	0	0	0.0	0	1	0	0	0	0	-	0	0	0	0
1994 Tampa Bay Buccaneers	16	0	13	3	0.0	0	0	0	0	0	0	-	0	0	0	0
1995 Minnesota Vikings	16	7	43	11	3.0	0	2	0	0	2	7	3.5	0	0	0	0

Year Team	G	GS	Tackles			Miscellaneous				Interceptions				Totals		
			Tk	Ast	Sack	FF	FR	TD	Blk	Int	Yds	Avg	TD	Sfty	TD	Pts
1996 Minnesota Vikings	16	16	74	27	1.5	0	3	0	0	3	20	6.7	0	0	0	0
1997 Minnesota Vikings	15	14	62	16	0.0	2	3	1	0	0	0	-	0	0	1	6
1993 Los Angeles Rams	6	0	0	0	0.0	0	0	0	0	0	0	-	0	0	0	0
San Diego Chargers	3	0	0	0	0.0	0	1	0	0	0	0	-	0	0	0	0
7 NFL Seasons	96	37	204	63	4.5	2	9	1	0	5	27	5.4	0	0	1	6

Kyle Brady

Pos: TE **Rnd:** 1 (9) **College:** Penn State **Ht:** 6' 6" **Wt:** 260 **Born:** 1/14/72 **Age:** 26

Year Team	G	GS	Rushing					Receiving					Punt Returns				Kickoff Returns				Totals		
			Att	Yds	Avg	Lg	TD	Rec	Yds	Avg	Lg	TD	Num	Yds	Avg	TD	Num	Yds	Avg	TD	Fum	TD	Pts
1995 New York Jets	15	11	0	0	-	-	0	26	252	9.7	29	2	0	0	-	0	2	25	12.5	0	0	2	12
1996 New York Jets	16	16	0	0	-	-	0	15	144	9.6	25	1	0	0	-	0	2	26	13.0	1	1	1	8
1997 New York Jets	16	14	0	0	-	-	0	22	238	10.8	24	2	0	0	-	0	0	0	-	0	1	2	12
3 NFL Seasons	47	41	0	0	-	-	0	63	634	10.1	29	5	0	0	-	0	4	51	12.8	1	2	5	32

Other Statistics: 1996—scored 1 two-point conversion.

Rich Braham

Pos: G **Rnd:** 3 **College:** West Virginia **Ht:** 6' 4" **Wt:** 295 **Born:** 11/6/70 **Age:** 27

Year Team	G	GS	Year Team	G	GS	Year Team	G	GS		G	GS
1994 Cincinnati Bengals	3	0	1996 Cincinnati Bengals	16	16	1997 Cincinnati Bengals	16	16	3 NFL Seasons	35	32

Calvin Branch

Pos: CB **Rnd:** 6 **College:** Colorado State **Ht:** 5' 11" **Wt:** 202 **Born:** 5/8/74 **Age:** 24

Year Team	G	GS	Tackles			Miscellaneous				Interceptions				Totals		
			Tk	Ast	Sack	FF	FR	TD	Blk	Int	Yds	Avg	TD	Sfty	TD	Pts
1997 Oakland Raiders	6	0	1	0	0.0	0	0	0	0	0	0	-	0	0	0	0

Dan Brandenburg

Pos: LB **Rnd:** 7 **College:** Indiana State **Ht:** 6' 2" **Wt:** 255 **Born:** 2/2/73 **Age:** 25

Year Team	G	GS	Tackles			Miscellaneous				Interceptions				Totals		
			Tk	Ast	Sack	FF	FR	TD	Blk	Int	Yds	Avg	TD	Sfty	TD	Pts
1997 Buffalo Bills	12	0	10	1	0.0	0	1	0	0	0	0	-	0	0	0	0

David Brandon

Pos: LB **Rnd:** 3 **College:** Memphis **Ht:** 6' 4" **Wt:** 234 **Born:** 2/9/65 **Age:** 33

Year Team	G	GS	Tackles			Miscellaneous				Interceptions				Totals		
			Tk	Ast	Sack	FF	FR	TD	Blk	Int	Yds	Avg	TD	Sfty	TD	Pts
1987 San Diego Chargers	8	1	4	0	0.0	0	0	1	0	0	0	-	0	0	1	6
1988 San Diego Chargers	8	1	6	0	0.0	0	0	0	0	0	0	-	0	0	0	0
1989 San Diego Chargers	13	0	8	1	0.0	0	0	0	0	0	0	-	0	0	0	0
1991 Cleveland Browns	16	8	35	16	3.0	0	0	0	0	2	70	35.0	1	0	1	6
1992 Cleveland Browns	16	13	31	17	1.0	0	3	1	0	2	123	61.5	1	0	2	12
1993 Cle - Sea	13	3	10	12	0.0	1	0	0	0	0	0	-	0	0	0	0
1994 Seattle Seahawks	13	0	4	5	0.0	0	0	0	0	0	0	-	0	0	0	0
1995 San Diego Chargers	15	1	5	1	1.0	0	0	0	0	0	0	-	0	0	0	0
1996 Atlanta Falcons	16	2	9	1	1.0	0	0	0	0	0	0	-	0	0	0	0
1997 Atlanta Falcons	4	4	7	0	1.0	0	0	0	0	0	0	-	0	0	0	0
1993 Cleveland Browns	6	3	10	12	0.0	1	0	0	0	0	0	-	0	0	0	0
Seattle Seahawks	7	0	0	0	0.0	0	0	0	0	0	0	-	0	0	0	0
10 NFL Seasons	122	33	119	53	7.0	1	3	2	0	4	193	48.3	2	0	4	24

Chad Bratzke

Pos: DE **Rnd:** 5 **College:** Eastern Kentucky **Ht:** 6' 4" **Wt:** 273 **Born:** 9/15/71 **Age:** 27

Year Team	G	GS	Tackles			Miscellaneous				Interceptions				Totals		
			Tk	Ast	Sack	FF	FR	TD	Blk	Int	Yds	Avg	TD	Sfty	TD	Pts
1994 New York Giants	2	0	0	0	0.0	0	0	0	0	0	0	-	0	0	0	0
1995 New York Giants	6	0	2	3	0.0	0	0	0	0	0	0	-	0	0	0	0
1996 New York Giants	16	16	43	9	5.0	0	2	0	0	0	0	-	0	0	0	0
1997 New York Giants	10	10	23	12	3.5	1	2	0	0	0	0	-	0	0	0	0
4 NFL Seasons	34	26	68	24	8.5	1	4	0	0	0	0	-	0	0	0	0

Tyrone Braxton

Pos: S **Rnd:** 12 **College:** North Dakota State **Ht:** 5' 11" **Wt:** 185 **Born:** 12/17/64 **Age:** 33

(statistical profile on page 396)

Year Team	G	GS	Tackles			Miscellaneous				Interceptions				Punt Returns				Kickoff Returns				Totals	
			Tk	Ast	Sack	FF	FR	TD	Blk	Int	Yds	Avg	TD	Num	Yds	Avg	TD	Num	Yds	Avg	TD	TD	Fum
1987 Denver Broncos	2	0	0	0	0.0	0	0	0	0	0	0	-	0	0	0	-	0	0	0	-	0	0	0
1988 Denver Broncos	16	0	28	11	1.0	0	1	0	0	2	6	3.0	0	0	0	-	0	0	0	-	0	0	0

(Player above - Tyrone Braxton continued)

			Tackles			Miscellaneous				Interceptions				Punt Returns				Kickoff Returns				Totals	
Year Team	G	GS	Tk	Ast	Sack	FF	FR	TD	Blk	Int	Yds	Avg	TD	Num	Yds	Avg	TD	Num	Yds	Avg	TD	TD	Fum
1989 Denver Broncos	16	16	77	34	0.0	0	2	0	0	6	103	17.2	1	0	0	-	0	0	0	-	0	1	0
1990 Denver Broncos	3	2	11	6	0.0	0	0	0	0	1	10	10.0	0	0	0	-	0	0	0	-	0	0	0
1991 Denver Broncos	16	15	57	35	1.0	0	1	0	0	4	55	13.8	1	0	0	-	0	0	0	-	0	1	1
1992 Denver Broncos	16	14	56	43	0.0	0	0	0	0	2	54	27.0	0	0	0	-	0	0	0	-	0	0	0
1993 Denver Broncos	16	16	79	32	0.0	2	2	0	0	3	37	12.3	0	0	0	-	0	0	0	-	0	0	0
1994 Miami Dolphins	16	0	2	2	0.0	0	0	0	0	2	3	1.5	0	0	0	-	0	1	34	34.0	0	0	0
1995 Denver Broncos	16	16	70	23	0.0	1	0	0	0	2	36	18.0	0	0	0	-	0	0	0	-	0	0	0
1996 Denver Broncos	16	16	69	15	0.0	3	1	0	0	9	128	14.2	1	0	0	-	0	0	0	-	0	1	0
1997 Denver Broncos	16	16	62	17	0.5	1	3	0	0	4	113	28.3	1	0	0	-	0	0	0	-	0	1	0
11 NFL Seasons	149	111	511	218	2.5	7	10	0	0	35	545	15.6	4	0	0	-	0	1	34	34.0	0	4	1

Dorian Brew

Pos: CB **Rnd:** 3 **College:** Kansas **Ht:** 5' 10" **Wt:** 182 **Born:** 7/19/74 **Age:** 24

			Tackles			Miscellaneous				Interceptions				Punt Returns				Kickoff Returns				Totals	
Year Team	G	GS	Tk	Ast	Sack	FF	FR	TD	Blk	Int	Yds	Avg	TD	Num	Yds	Avg	TD	Num	Yds	Avg	TD	TD	Fum
1996 Baltimore Ravens	7	0	4	1	0.0	0	0	0	0	0	0	-	0	0	0	-	0	0	0	-	0	0	0
1997 Bal - SD	10	0	3	2	0.0	0	0	0	0	0	0	-	0	0	0	-	0	5	88	17.6	0	0	0
1997 Baltimore Ravens	3	0	3	0	0.0	0	0	0	0	0	0	-	0	0	0	-	0	5	88	17.6	0	0	0
San Diego Chargers	7	0	0	2	0.0	0	0	0	0	0	0	-	0	0	0	-	0	0	0	-	0	0	0
2 NFL Seasons	17	0	7	3	0.0	0	0	0	0	0	0	-	0	0	0	-	0	5	88	17.6	0	0	0

Will Brice

(statistical profile on page 470)

Pos: P **Rnd:** FA **College:** Virginia **Ht:** 6' 4" **Wt:** 227 **Born:** 10/24/74 **Age:** 24

		Punting										Rushing		Passing			
Year Team	G	NetPunts	Yards	Avg	Long	In20	In20%	TotPunts	TB	Blocks	OppRet	RetYds	NetAvg	Att	Yards	Att	Com	Yards	Int
1997 St. Louis Rams	6	41	1713	41.8	61	6	14.6	42	4	1	27	352	30.5	0	0	0	0	0	0

Doug Brien

(statistical profile on page 470)

Pos: K **Rnd:** 3 **College:** California **Ht:** 6' 0" **Wt:** 180 **Born:** 11/24/70 **Age:** 27

		Field Goals												PAT		Tot
Year Team	G	1-29 Yds	Pct	30-39 Yds	Pct	40-49 Yds	Pct	50+ Yds	Pct	Overall	Pct	Long	Made	Att	Pts
1994 San Francisco 49ers	16	5-5	100.0	5-6	83.3	5-8	62.5	0-1	0.0	15-20	75.0	48	60	62	105
1995 SF - NO	14	8-8	100.0	4-7	57.1	6-12	50.0	1-2	50.0	19-29	65.5	51	35	35	92
1996 New Orleans Saints	16	4-4	100.0	9-10	90.0	5-7	71.4	3-4	75.0	21-25	84.0	54	18	18	81
1997 New Orleans Saints	16	3-3	100.0	10-10	100.0	6-9	66.7	4-5	80.0	23-27	85.2	53	22	22	91
1995 San Francisco 49ers	6	4-4	100.0	0-1	0.0	2-6	33.3	1-1	100.0	7-12	58.3	51	19	19	40
New Orleans Saints	8	4-4	100.0	4-6	66.7	4-6	66.7	0-1	0.0	12-17	70.6	47	16	16	52
4 NFL Seasons	62	20-20	100.0	28-33	84.8	22-36	61.1	8-12	66.7	78-101	77.2	54	135	137	369

O.J. Brigance

Pos: LB **Rnd:** FA **College:** Rice **Ht:** 6' 0" **Wt:** 223 **Born:** 9/29/69 **Age:** 29

			Tackles			Miscellaneous				Interceptions				Totals		
Year Team	G	GS	Tk	Ast	Sack	FF	FR	TD	Blk	Int	Yds	Avg	TD	Sfty	TD	Pts
1996 Miami Dolphins	12	0	1	0	0.0	0	0	0	0	0	0	-	0	0	0	0
1997 Miami Dolphins	16	0	0	0	0.0	0	1	0	0	0	0	-	0	0	0	0
2 NFL Seasons	28	0	1	0	0.0	0	1	0	0	0	0	-	0	0	0	0

Greg Briggs

Pos: S **Rnd:** FA **College:** Texas Southern **Ht:** 6' 3" **Wt:** 212 **Born:** 10/1/68 **Age:** 30

			Tackles			Miscellaneous				Interceptions				Totals		
Year Team	G	GS	Tk	Ast	Sack	FF	FR	TD	Blk	Int	Yds	Avg	TD	Sfty	TD	Pts
1995 Dallas Cowboys	11	0	0	0	0.0	0	0	0	0	0	0	-	0	0	0	0
1996 Chicago Bears	14	0	0	0	0.0	0	0	0	0	0	0	-	0	0	0	0
1997 Minnesota Vikings	14	0	0	0	0.0	0	1	0	1	0	0	-	0	0	0	0
3 NFL Seasons	39	0	0	0	0.0	0	1	0	1	0	0	-	0	0	0	0

Darrick Brilz

Pos: C **Rnd:** FA **College:** Oregon State **Ht:** 6' 3" **Wt:** 287 **Born:** 2/14/64 **Age:** 34

Year	Team	G	GS	Year	Team	G	GS	Year	Team	G	GS	Year	Team	G	GS
1987	Washington Redskins	7	4	1990	Seattle Seahawks	16	5	1993	Seattle Seahawks	16	16	1996	Cincinnati Bengals	13	13
1988	San Diego Chargers	14	0	1991	Seattle Seahawks	16	7	1994	Cincinnati Bengals	15	15	1997	Cincinnati Bengals	16	16
1989	Seattle Seahawks	14	0	1992	Seattle Seahawks	16	16	1995	Cincinnati Bengals	16	16		11 NFL Seasons	159	108

Other Statistics: 1991–recovered 1 fumble for 0 yards. 1994–recovered 1 fumble for 0 yards. 1997–recovered 1 fumble for 0 yards.

Vincent Brisby

Pos: WR **Rnd:** 2 **College:** Northeast Louisiana **Ht:** 6' 2" **Wt:** 188 **Born:** 1/25/71 **Age:** 27

Year	Team	G	GS	Rushing Att	Yds	Avg	Lg	TD	Receiving Rec	Yds	Avg	Lg	TD	Punt Returns Num	Yds	Avg	TD	Kickoff Returns Num	Yds	Avg	TD	Totals Fum	TD	Pts
1993	New England Patriots	16	12	0	0	-	-	0	45	626	13.9	39	2	0	0	-	0	0	0	-	0	1	2	12
1994	New England Patriots	14	11	0	0	-	-	0	58	904	15.6	43	5	0	0	-	0	0	0	-	0	1	5	30
1995	New England Patriots	16	16	0	0	-	-	0	66	974	14.8	72	3	0	0	-	0	0	0	-	0	0	3	18
1996	New England Patriots	3	0	0	0	-	-	0	0	0	-	-	0	0	0	-	0	0	0	-	0	0	0	0
1997	New England Patriots	16	4	0	0	-	-	0	23	276	12.0	31	2	0	0	-	0	0	0	-	0	0	2	12
5 NFL Seasons		65	43	0	0	-	-	0	192	2780	14.5	72	12	0	0	-	0	0	0	-	0	2	12	72

Other Statistics: 1993—recovered 1 fumble for 0 yards.

Bubby Brister

Pos: QB **Rnd:** 3 **College:** Northeast Louisiana **Ht:** 6' 3" **Wt:** 207 **Born:** 8/15/62 **Age:** 36

Year	Team	G	GS	Passing Att	Com	Pct	Yards	Yds/Att	Lg	TD	Int	Int%	Rating	Rushing Att	Yds	Avg	Lg	TD	Misc Sckd	Yds	Fum	Recv	Yds	Pts
1986	Pittsburgh Steelers	2	2	60	21	35.0	291	4.85	58	0	2	3.3	37.6	6	10	1.7	9	1	6	57	1	0	0	6
1987	Pittsburgh Steelers	2	0	12	4	33.3	20	1.67	10	0	3	25.0	2.8	0	0	-	-	0	2	14	0	0	0	0
1988	Pittsburgh Steelers	13	13	370	175	47.3	2634	7.12	t89	11	14	3.8	65.3	45	209	4.6	20	6	36	292	8	2	0	36
1989	Pittsburgh Steelers	14	14	342	187	54.7	2365	6.92	t79	9	10	2.9	73.1	27	25	0.9	15	0	45	452	4	1	0	0
1990	Pittsburgh Steelers	16	16	387	223	57.6	2725	7.04	90	20	14	3.6	81.6	25	64	2.6	11	0	28	213	9	4	-28	0
1991	Pittsburgh Steelers	8	8	190	103	54.2	1350	7.11	t65	9	9	4.7	72.9	11	17	1.5	8	0	15	145	4	2	0	0
1992	Pittsburgh Steelers	6	4	116	63	54.3	719	6.20	42	2	5	4.3	61.0	10	16	1.6	8	0	13	88	2	2	-2	0
1993	Philadelphia Eagles	10	8	309	181	58.6	1905	6.17	58	14	5	1.6	84.9	20	39	2.0	13	0	19	148	3	0	0	0
1994	Philadelphia Eagles	8	2	76	51	67.1	507	6.67	53	2	1	1.3	89.1	1	7	7.0	7	0	5	39	1	0	0	0
1995	New York Jets	9	4	170	93	54.7	726	4.27	32	4	8	4.7	53.7	16	18	1.1	7	0	16	122	4	3	-9	0
1997	Denver Broncos	1	0	9	6	66.7	48	5.33	15	0	0	0.0	79.9	4	2	0.5	2	0	0	0	0	0	0	0
11 NFL Seasons		89	71	2041	1107	54.2	13290	6.51	90	71	71	3.5	71.5	165	407	2.5	20	7	185	1570	35	14	-39	42

Other Statistics: 1989—caught 1 pass for -10 yards. 1995—caught 1 pass for 2 yards.

Fred Brock

Pos: WR **Rnd:** FA **College:** Southern Mississippi **Ht:** 5' 11" **Wt:** 181 **Born:** 11/15/74 **Age:** 23

Year	Team	G	GS	Rushing Att	Yds	Avg	Lg	TD	Receiving Rec	Yds	Avg	Lg	TD	Punt Returns Num	Yds	Avg	TD	Kickoff Returns Num	Yds	Avg	TD	Totals Fum	TD	Pts
1997	Arizona Cardinals	2	0	0	0	-	-	0	1	29	29.0	29	0	0	0	-	0	0	0	-	0	0	0	0

Blake Brockermeyer

Pos: T/G **Rnd:** 1 (29) **College:** Texas **Ht:** 6' 4" **Wt:** 305 **Born:** 4/11/73 **Age:** 25

Year	Team	G	GS	Year	Team	G	GS	Year	Team	G	GS		G	GS
1995	Carolina Panthers	16	16	1996	Carolina Panthers	12	12	1997	Carolina Panthers	16	13	3 NFL Seasons	44	41

Jeff Brohm

Pos: QB **Rnd:** FA **College:** Louisville **Ht:** 6' 1" **Wt:** 205 **Born:** 4/24/71 **Age:** 27

Year	Team	G	GS	Passing Att	Com	Pct	Yards	Yds/Att	Lg	TD	Int	Int%	Rating	Rushing Att	Yds	Avg	Lg	TD	Misc Sckd	Yds	Fum	Recv	Yds	Pts
1996	San Francisco 49ers	4	0	34	21	61.8	189	5.56	49	1	0	0.0	86.5	16	43	2.7	22	0	2	10	1	1	0	0
1997	San Francisco 49ers	5	0	24	16	66.7	164	6.83	21	0	1	4.2 *	68.8	4	11	2.8	10	0	5	37	3	0	0	0
2 NFL Seasons		9	0	58	37	63.8	353	6.09	49	1	1	1.7	79.2	20	54	2.7	22	0	7	47	4	1	0	0

Zack Bronson

Pos: S **Rnd:** FA **College:** McNeese State **Ht:** 6' 0" **Wt:** 200 **Born:** 1/28/74 **Age:** 24

Year	Team	G	GS	Tackles Tk	Ast	Sack	Misc FF	FR	TD	Blk	Int Int	Yds	Avg	TD	Totals Sfty	TD	Pts
1997	San Francisco 49ers	16	0	18	6	0.0	0	1	0	0	1	22	22.0	0	0	0	0

Barrett Brooks

Pos: T **Rnd:** 2 **College:** Kansas State **Ht:** 6' 4" **Wt:** 309 **Born:** 5/5/72 **Age:** 26

Year	Team	G	GS	Year	Team	G	GS	Year	Team	G	GS		G	GS
1995	Philadelphia Eagles	16	16	1996	Philadelphia Eagles	16	15	1997	Philadelphia Eagles	16	14	3 NFL Seasons	48	45

Other Statistics: 1996—recovered 1 fumble for 0 yards; returned 1 kickoff for 0 yards. 1997—recovered 2 fumbles for 0 yards.

Bucky Brooks

Pos: CB **Rnd:** 2 **College:** North Carolina **Ht:** 6' 0" **Wt:** 195 **Born:** 1/22/71 **Age:** 27

Year	Team	G	GS	Tackles Tk	Ast	Sack	Misc FF	FR	TD	Blk	Interceptions Int	Yds	Avg	TD	Punt Returns Num	Yds	Avg	TD	Kickoff Returns Num	Yds	Avg	TD	Totals TD	Fum
1994	Buffalo Bills	3	0	0	0	0.0	0	1	0	0	0	0	-	0	0	0	-	0	9	162	18.0	0	0	0
1996	GB - Jac	8	1	4	1	0.0	0	0	0	0	0	0	-	0	0	0	-	0	17	412	24.2	0	0	0
1997	Jac - GB - KC	9	0	0	1	0.0	0	0	0	0	0	0	-	0	0	0	-	0	0	0	-	0	0	0

			Tackles			Miscellaneous				Interceptions				Punt Returns				Kickoff Returns				Totals	
Year Team	G	GS	Tk	Ast	Sack	FF	FR	TD	Blk	Int	Yds	Avg	TD	Num	Yds	Avg	TD	Num	Yds	Avg	TD	TD	Fum
1996 Green Bay Packers	2	0	0	0	0.0	0	0	0	0	0	0	-	0	0	0	-	0	0	0	-	0	0	0
Jacksonville Jaguars	6	1	4	1	0.0	0	0	0	0	0	0	-	0	0	0	-	0	17	412	24.2	0	0	0
1997 Jacksonville Jaguars	3	0	0	1	0.0	0	0	0	0	0	0	-	0	0	0	-	0	0	0	-	0	0	0
Green Bay Packers	3	0	0	0	0.0	0	0	0	0	0	0	-	0	0	0	-	0	0	0	-	0	0	0
Kansas City Chiefs	3	0	0	0	0.0	0	0	0	0	0	0	-	0	0	0	-	0	0	0	-	0	0	0
3 NFL Seasons	20	1	4	2	0.0	0	1	0	0	0	0	-	0	0	0	-	0	26	574	22.1	0	0	1

Derrick Brooks
(statistical profile on page 396)

Pos: LB **Rnd:** 1 (28) **College:** Florida State **Ht:** 6' 0" **Wt:** 231 **Born:** 4/18/73 **Age:** 25

			Tackles			Miscellaneous				Interceptions				Totals		
Year Team	G	GS	Tk	Ast	Sack	FF	FR	TD	Blk	Int	Yds	Avg	TD	Sfty	TD	Pts
1995 Tampa Bay Buccaneers	16	13	60	19	1.0	2	0	0	0	0	0	-	0	0	0	0
1996 Tampa Bay Buccaneers	16	16	92	41	0.0	1	0	0	0	1	6	6.0	0	0	0	0
1997 Tampa Bay Buccaneers	16	16	102	43	1.5	1	1	0	0	2	13	6.5	0	0	0	0
3 NFL Seasons	48	45	254	103	2.5	4	1	0	0	3	19	6.3	0	0	0	0

Other Statistics: 1997–fumbled 1 time.

Robert Brooks
(statistical profile on page 285)

Pos: WR **Rnd:** 3 **College:** South Carolina **Ht:** 6' 0" **Wt:** 180 **Born:** 6/23/70 **Age:** 28

			Rushing					Receiving					Punt Returns				Kickoff Returns				Totals		
Year Team	G	GS	Att	Yds	Avg	Lg	TD	Rec	Yds	Avg	Lg	TD	Num	Yds	Avg	TD	Num	Yds	Avg	TD	Fum	TD	Pts
1992 Green Bay Packers	16	1	2	14	7.0	8	0	12	126	10.5	18	1	11	102	9.3	0	18	338	18.8	0	0	1	6
1993 Green Bay Packers	14	0	3	17	5.7	21	0	20	180	9.0	25	0	16	135	8.4	0	23	611	26.6	1	1	1	6
1994 Green Bay Packers	16	16	1	0	0.0	0	0	58	648	11.2	35	4	40	352	8.8	1	9	260	28.9	1	4	6	36
1995 Green Bay Packers	16	15	4	21	5.3	21	0	102	1497	14.7	t99	13	0	0	-	0	1	28	28.0	0	0	13	78
1996 Green Bay Packers	7	7	4	2	0.5	6	0	23	344	15.0	38	4	0	0	-	0	0	0	-	0	0	4	24
1997 Green Bay Packers	15	15	2	19	9.5	15	0	60	1010	16.8	48	7	0	0	-	0	0	0	-	0	0	7	42
6 NFL Seasons	84	54	16	73	4.6	21	0	275	3805	13.8	t99	29	67	589	8.8	1	51	1237	24.3	2	5	32	192

Other Statistics: 1993–recovered 1 fumble for 0 yards. 1994–recovered 1 fumble for 0 yards.

Bern Brostek

Pos: C/G **Rnd:** 1 (23) **College:** Washington **Ht:** 6' 3" **Wt:** 300 **Born:** 9/11/66 **Age:** 32

Year Team	G	GS	Year Team	G	GS	Year Team	G	GS	Year Team	G	GS
1990 Los Angeles Rams	16	2	1992 Los Angeles Rams	16	16	1994 Los Angeles Rams	11	10	1996 St. Louis Rams	16	16
1991 Los Angeles Rams	14	8	1993 Los Angeles Rams	16	16	1995 St. Louis Rams	16	16	1997 St. Louis Rams	1	1
									8 NFL Seasons	106	85

Other Statistics: 1992–recovered 1 fumble for 0 yards. 1993–fumbled 1 time for 0 yards.

Steve Broussard

Pos: RB/KR **Rnd:** 1 (20) **College:** Washington State **Ht:** 5' 7" **Wt:** 201 **Born:** 2/22/67 **Age:** 31

			Rushing					Receiving					Kickoff Returns				Passing				Totals		
Year Team	G	GS	Att	Yds	Avg	Lg	TD	Rec	Yds	Avg	Lg	TD	Num	Yds	Avg	TD	Att	Com	Yds	Int	Fum	TD	Pts
1990 Atlanta Falcons	13	10	126	454	3.6	t50	4	24	160	6.7	18	0	3	45	15.0	0	0	0	0	0	6	4	24
1991 Atlanta Falcons	14	5	99	449	4.5	36	4	12	120	10.0	t25	1	0	0	-	0	0	0	0	0	1	5	30
1992 Atlanta Falcons	15	1	84	363	4.3	27	1	11	96	8.7	24	1	0	0	-	0	0	0	0	0	3	2	12
1993 Atlanta Falcons	8	0	39	206	5.3	26	1	1	4	4.0	4	0	0	0	-	0	0	0	0	0	0	1	6
1994 Cincinnati Bengals	14	3	94	403	4.3	t37	2	34	218	6.4	25	0	7	115	16.4	0	1	0	0	0	5	2	14
1995 Seattle Seahawks	15	1	46	222	4.8	t21	1	10	94	9.4	25	0	43	1064	24.7	0	0	0	0	0	4	1	6
1996 Seattle Seahawks	12	0	15	106	7.1	t26	1	6	26	4.3	9	0	43	979	22.8	0	0	0	0	0	2	1	6
1997 Seattle Seahawks	16	1	70	418	6.0	t77	5	24	143	6.0	t20	1	50	1076	21.5	0	0	0	0	0	0	6	36
8 NFL Seasons	107	21	573	2621	4.6	t77	19	122	861	7.1	t25	3	146	3279	22.5	0	1	0	0	0	21	22	134

Other Statistics: 1992–recovered 1 fumble for -2 yards. 1994–recovered 1 fumble for 0 yards; scored 1 two-point conversion. 1995–recovered 1 fumble for 0 yards.

Anthony Brown

Pos: T/G **Rnd:** FA **College:** Utah **Ht:** 6' 5" **Wt:** 310 **Born:** 11/6/72 **Age:** 25

Year Team	G	GS	Year Team	G	GS	Year Team	G	GS		G	GS
1995 Cincinnati Bengals	6	2	1996 Cincinnati Bengals	7	0	1997 Cincinnati Bengals	6	0	3 NFL Seasons	19	2

Chad Brown
(statistical profile on page 397)

Pos: LB **Rnd:** 2 **College:** Colorado **Ht:** 6' 2" **Wt:** 240 **Born:** 7/12/70 **Age:** 28

			Tackles			Miscellaneous				Interceptions				Totals		
Year Team	G	GS	Tk	Ast	Sack	FF	FR	TD	Blk	Int	Yds	Avg	TD	Sfty	TD	Pts
1993 Pittsburgh Steelers	16	9	43	26	3.0	2	0	0	0	0	0	-	0	0	0	0
1994 Pittsburgh Steelers	16	16	90	29	8.5	2	0	0	0	1	9	9.0	0	0	0	0
1995 Pittsburgh Steelers	10	10	20	10	5.5	0	1	0	0	0	0	-	0	0	0	0
1996 Pittsburgh Steelers	14	14	50	31	13.0	3	2	0	0	2	20	10.0	0	0	0	0
1997 Seattle Seahawks	15	15	75	29	6.5	1	4	2	0	0	0	-	0	0	2	12

Year Team	G	GS	Tackles			Miscellaneous				Interceptions				Totals		
			Tk	Ast	Sack	FF	FR	TD	Blk	Int	Yds	Avg	TD	Sfty	TD	Pts
5 NFL Seasons	71	64	278	125	36.5	8	6	2	0	3	29	9.7	0	0	2	12

Other Statistics: 1996–fumbled 1 time.

Cornell Brown

Pos: LB **Rnd:** 6 **College:** Virginia Tech **Ht:** 6' 0" **Wt:** 240 **Born:** 3/15/75 **Age:** 23

Year Team	G	GS	Tackles			Miscellaneous				Interceptions				Totals		
			Tk	Ast	Sack	FF	FR	TD	Blk	Int	Yds	Avg	TD	Sfty	TD	Pts
1997 Baltimore Ravens	16	1	11	0	0.5	1	0	0	0	1	21	21.0	0	0	0	0

Corwin Brown

Pos: S **Rnd:** 4 **College:** Michigan **Ht:** 6' 1" **Wt:** 200 **Born:** 4/25/70 **Age:** 28

Year Team	G	GS	Tackles			Miscellaneous				Interceptions				Totals		
			Tk	Ast	Sack	FF	FR	TD	Blk	Int	Yds	Avg	TD	Sfty	TD	Pts
1993 New England Patriots	15	12	33	23	0.0	0	1	0	0	0	0	-	0	0	0	0
1994 New England Patriots	16	0	9	4	0.0	0	0	0	0	0	0	-	0	0	0	0
1995 New England Patriots	16	2	19	1	0.0	0	1	0	0	0	0	-	0	0	0	0
1996 New England Patriots	14	0	10	2	0.0	0	1	1	0	0	0	-	0	0	1	6
1997 New York Jets	16	0	14	4	0.0	1	0	0	2	0	0	-	0	0	0	0
5 NFL Seasons	77	14	85	34	0.0	1	3	1	2	0	0	-	0	0	1	6

Other Statistics: 1997–caught 1 pass for 26 yards.

Dave Brown

(statistical profile on page 286)

Pos: QB **Rnd:** 1(S) **College:** Duke **Ht:** 6' 5" **Wt:** 223 **Born:** 2/25/70 **Age:** 28

Year Team	G	GS	Passing										Rushing					Miscellaneous				
			Att	Com	Pct	Yards	Yds/Att	Lg	TD	Int	Int%	Rating	Att	Yds	Avg	Lg	TD	Sckd	Yds	Fum	Recv	Yds	Pts
1992 New York Giants	2	0	7	4	57.1	21	3.00	8	0	0	0.0	62.2	2	-1	-0.5	1	0	4	19	0	0	0	0
1993 New York Giants	1	0	0	0	-	0	-	-	0	0	-	0.0	3	-4	-1.3	-1	0	0	0	0	0	0	0
1994 New York Giants	15	15	350	201	57.4	2536	7.25	53	12	16	4.6	72.5	60	196	3.3	21	2	42	248	11	4	-11	12
1995 New York Giants	16	16	456	254	55.7	2814	6.17	t57	11	10	2.2	73.1	45	228	5.1	23	4	44	206	10	2	-8	24
1996 New York Giants	16	16	398	214	53.8	2412	6.06	t37	12	20	5.0	61.3	50	170	3.4	18	0	49	276	9	1	-3	0
1997 New York Giants	8	6	180	93	51.7	1023	5.68	62	5	3	1.7	71.1	17	29	1.7	7	1	13	67	1	0	0	6
6 NFL Seasons	58	53	1391	766	55.1	8806	6.33	62	40	49	3.5	69.3	177	618	3.5	23	7	152	816	31	7	-22	42

Other Statistics: 1994–punted 2 times for 57 yards. 1995–punted 1 time for 15 yards.

DeAuntae Brown

Pos: CB **Rnd:** 7 **College:** Central State, OH **Ht:** 5' 11" **Wt:** 195 **Born:** 4/28/74 **Age:** 24

Year Team	G	GS	Tackles			Miscellaneous				Interceptions				Totals		
			Tk	Ast	Sack	FF	FR	TD	Blk	Int	Yds	Avg	TD	Sfty	TD	Pts
1997 Philadelphia Eagles	1	0	0	0	0.0	0	0	0	0	0	0	-	0	0	0	0

Derek Brown

Pos: TE **Rnd:** 1 (14) **College:** Notre Dame **Ht:** 6' 6" **Wt:** 269 **Born:** 3/31/70 **Age:** 28

Year Team	G	GS	Rushing					Receiving					Punt Returns				Kickoff Returns				Totals		
			Att	Yds	Avg	Lg	TD	Rec	Yds	Avg	Lg	TD	Num	Yds	Avg	TD	Num	Yds	Avg	TD	Fum	TD	Pts
1992 New York Giants	16	7	0	0	-	-	0	4	31	7.8	9	0	0	0	-	0	0	0	-	0	0	0	0
1993 New York Giants	16	0	0	0	-	-	0	7	56	8.0	14	0	0	0	-	0	0	0	-	0	0	0	0
1994 New York Giants	13	0	0	0	-	-	0	0	0	-	0	0	0	0	-	0	1	1	1.0	0	0	0	0
1996 Jacksonville Jaguars	16	15	0	0	-	-	0	17	141	8.3	16	0	0	0	-	0	0	0	-	0	0	0	0
1997 Jacksonville Jaguars	13	7	0	0	-	-	0	8	84	10.5	21	1	0	0	-	0	0	0	-	0	0	1	6
5 NFL Seasons	74	29	0	0	-	-	0	36	312	8.7	21	1	0	0	-	0	1	1	1.0	0	0	1	6

Other Statistics: 1994–recovered 1 fumble for 0 yards.

Gary Brown

(statistical profile on page 286)

Pos: RB **Rnd:** 8 **College:** Penn State **Ht:** 5' 11" **Wt:** 233 **Born:** 7/1/69 **Age:** 29

Year Team	G	GS	Rushing					Receiving					Punt Returns				Kickoff Returns				Totals		
			Att	Yds	Avg	Lg	TD	Rec	Yds	Avg	Lg	TD	Num	Yds	Avg	TD	Num	Yds	Avg	TD	Fum	TD	Pts
1991 Houston Oilers	11	0	8	85	10.6	t39	1	2	1	0.5	4	0	0	0	-	0	3	30	10.0	0	0	1	6
1992 Houston Oilers	16	0	19	87	4.6	26	1	1	5	5.0	5	0	0	0	-	0	1	15	15.0	0	0	1	6
1993 Houston Oilers	16	8	195	1002	5.1	26	6	21	240	11.4	t38	2	0	0	-	0	2	29	14.5	0	4	8	48
1994 Houston Oilers	12	8	169	648	3.8	18	4	18	194	10.8	24	1	0	0	-	0	0	0	-	0	6	5	30
1995 Houston Oilers	9	4	86	293	3.4	21	0	6	16	2.7	7	0	0	0	-	0	0	0	-	0	2	0	0
1997 San Diego Chargers	15	14	253	945	3.7	32	4	21	137	6.5	27	0	0	0	-	0	0	0	-	0	2	4	24
6 NFL Seasons	79	34	730	3060	4.2	t39	16	69	593	8.6	t38	3	0	0	-	0	6	74	12.3	0	14	19	114

Other Statistics: 1992–recovered 1 fumble for 0 yards. 1993–recovered 2 fumbles for 4 yards. 1995–recovered 1 fumble for 0 yards.

Gilbert Brown

Pos: NT Rnd: 3 College: Kansas Ht: 6' 2" Wt: 325 Born: 2/22/71 Age: 27

			Tackles			Miscellaneous				Interceptions				Totals		
Year Team	G	GS	Tk	Ast	Sack	FF	FR	TD	Blk	Int	Yds	Avg	TD	Sfty	TD	Pts
1993 Green Bay Packers	2	0	1	0	0.0	0	0	0	0	0	0	-	0	0	0	0
1994 Green Bay Packers	13	1	25	6	3.0	0	0	0	0	0	0	-	0	0	0	0
1995 Green Bay Packers	13	7	17	6	0.0	0	0	0	0	0	0	-	0	0	0	0
1996 Green Bay Packers	16	16	38	13	1.0	0	0	0	0	0	0	-	0	0	0	0
1997 Green Bay Packers	12	12	15	12	3.0	0	0	0	0	0	0	-	0	0	0	0
5 NFL Seasons	56	36	96	37	7.0	0	0	0	0	0	0	-	0	0	0	0

J.B. Brown

Pos: CB Rnd: 12 College: Maryland Ht: 6' 0" Wt: 191 Born: 1/5/67 Age: 31

			Tackles			Miscellaneous				Interceptions				Totals		
Year Team	G	GS	Tk	Ast	Sack	FF	FR	TD	Blk	Int	Yds	Avg	TD	Sfty	TD	Pts
1989 Miami Dolphins	16	0	7	2	0.0	0	0	0	0	0	0	-	0	0	0	0
1990 Miami Dolphins	16	16	43	5	1.0	0	0	0	0	0	0	-	0	0	0	0
1991 Miami Dolphins	15	11	50	5	0.0	0	0	0	0	1	0	0.0	0	0	0	0
1992 Miami Dolphins	16	16	48	8	0.0	0	1	0	0	4	119	29.8	1	0	1	6
1993 Miami Dolphins	16	16	60	12	0.0	1	0	0	0	5	43	8.6	0	0	0	0
1994 Miami Dolphins	16	16	66	10	0.0	1	0	0	0	3	82	27.3	0	0	0	0
1995 Miami Dolphins	13	12	44	3	0.0	2	2	0	0	2	20	10.0	0	0	0	0
1996 Miami Dolphins	13	1	14	-	0.0	1	0	0	0	1	29	29.0	0	0	0	0
1997 Pittsburgh Steelers	13	0	5	0	0.0	0	0	0	0	0	0	-	0	0	0	0
9 NFL Seasons	134	88	337	45	1.0	5	3	0	0	16	293	18.3	1	0	1	6

Other Statistics: 1993–fumbled 1 time for 0 yards. 1995–fumbled 1 time.

James Brown

Pos: T Rnd: 3 College: Virginia State Ht: 6' 6" Wt: 329 Born: 1/3/70 Age: 28

Year	Team	G	GS	Year	Team	G	GS	Year	Team	G	GS		G	GS
1993	New York Jets	13	1	1995	New York Jets	14	12	1997	Miami Dolphins	16	16			
1994	New York Jets	16	6	1996	Miami Dolphins	16	16					5 NFL Seasons	75	51

Other Statistics: 1994–recovered 1 fumble for 0 yards.

Jamie Brown

Pos: T Rnd: 4 College: Florida A&M Ht: 6' 8" Wt: 320 Born: 4/24/72 Age: 26

Year	Team	G	GS	Year	Team	G	GS	Year	Team	G	GS		G	GS
1995	Denver Broncos	6	0	1996	Denver Broncos	12	2	1997	Denver Broncos	11	2	3 NFL Seasons	29	4

Larry Brown

Pos: CB Rnd: 12 College: Texas Christian Ht: 5' 11" Wt: 185 Born: 11/30/69 Age: 28

			Tackles			Miscellaneous				Interceptions				Totals		
Year Team	G	GS	Tk	Ast	Sack	FF	FR	TD	Blk	Int	Yds	Avg	TD	Sfty	TD	Pts
1991 Dallas Cowboys	16	13	55	13	0.0	0	0	0	0	2	31	15.5	0	0	0	0
1992 Dallas Cowboys	16	15	45	16	0.0	0	1	0	0	1	30	30.0	0	0	0	0
1993 Dallas Cowboys	16	16	46	17	0.0	1	0	0	0	0	0	-	0	0	0	0
1994 Dallas Cowboys	15	15	43	8	0.0	0	0	0	0	4	21	5.3	0	0	0	0
1995 Dallas Cowboys	16	15	43	4	0.0	0	0	0	0	6	124	20.7	2	0	2	12
1996 Oakland Raiders	8	1	21	1	0.0	0	0	0	0	1	4	4.0	0	0	0	0
1997 Oakland Raiders	4	0	3	1	0.0	0	0	0	0	0	0	-	0	0	0	0
7 NFL Seasons	91	75	256	60	0.0	1	2	0	0	14	210	15.0	2	0	2	12

Lomas Brown

Pos: T Rnd: 1 (6) College: Florida Ht: 6' 4" Wt: 275 Born: 3/30/63 Age: 35

Year	Team	G	GS	Year	Team	G	GS	Year	Team	G	GS	Year	Team	G	GS
1985	Detroit Lions	16	16	1989	Detroit Lions	16	16	1993	Detroit Lions	11	11	1997	Arizona Cardinals	14	14
1986	Detroit Lions	16	16	1990	Detroit Lions	16	16	1994	Detroit Lions	16	16				
1987	Detroit Lions	11	11	1991	Detroit Lions	15	15	1995	Detroit Lions	15	14		13 NFL Seasons	194	193
1988	Detroit Lions	16	16	1992	Detroit Lions	16	16	1996	Arizona Cardinals	16	16				

Other Statistics: 1989–recovered 1 fumble for 0 yards; rushed 1 time for 3 yards. 1991–recovered 1 fumble for 0 yards.

Orlando Brown

Pos: T Rnd: FA College: South Carolina State Ht: 6' 7" Wt: 340 Born: 11/12/70 Age: 27

Year	Team	G	GS	Year	Team	G	GS	Year	Team	G	GS	Year	Team	G	GS
1994	Cleveland Browns	14	8	1995	Cleveland Browns	16	16	1996	Baltimore Ravens	16	16	1997	Baltimore Ravens	16	16
													4 NFL Seasons	62	56

Other Statistics: 1995–recovered 1 fumble for 0 yards.

Ray Brown

Pos: G Rnd: 8 College: Arkansas State Ht: 6'5" Wt: 315 Born: 12/12/62 Age: 35

Year	Team	G	GS	Year	Team	G	GS	Year	Team	G	GS	Year	Team	G	GS
1986	St. Louis Cardinals	11	4	1989	Washington Redskins	7	0	1994	Washington Redskins	16	15	1997	San Francisco 49ers	15	15
1987	St. Louis Cardinals	7	3	1992	Washington Redskins	16	8	1995	Washington Redskins	16	16				
1988	Phoenix Cardinals	15	1	1993	Washington Redskins	16	14	1996	San Francisco 49ers	16	16		10 NFL Seasons	135	92

Reggie Brown

(statistical profile on page 397)

Pos: LB Rnd: 1 (17) College: Texas A&M Ht: 6'2" Wt: 241 Born: 9/28/74 Age: 24

Year Team	G	GS	Tackles			Miscellaneous				Interceptions			Totals		
			Tk	Ast	Sack	FF	FR	TD	Blk	Int	Yds	Avg	TD	Sfty	TD	Pts
1996 Detroit Lions	10	10	36	14	0.0	0	0	0	0	0	0	-	0	0	0	0
1997 Detroit Lions	16	16	63	39	2.5	2	0	0	0	2	83	41.5	2	0	2	12
2 NFL Seasons	26	26	99	53	2.5	2	0	0	0	2	83	41.5	2	0	2	12

Reggie Brown

Pos: FB Rnd: 3 College: Fresno State Ht: 6'0" Wt: 233 Born: 6/26/73 Age: 25

Year Team	G	GS	Rushing					Receiving				Punt Returns				Kickoff Returns				Totals		
			Att	Yds	Avg	Lg	TD	Rec	Yds	Avg	Lg	TD	Num	Yds	Avg	TD	Num	Yds	Avg	TD	Fum	TD	Pts
1996 Seattle Seahawks	7	0	0	0	-	-	0	0	0	-	-	0	0	0	-	0	4	51	12.8	0	0	0	0
1997 Seattle Seahawks	11	0	0	0	-	-	0	0	0	-	-	0	0	0	-	0	1	16	16.0	0	0	0	0
2 NFL Seasons	18	0	0	0	-	-	0	0	0	-	-	0	0	0	-	0	5	67	13.4	0	0	0	0

Ruben Brown

Pos: G Rnd: 1 (14) College: Pittsburgh Ht: 6'3" Wt: 304 Born: 2/13/72 Age: 26

Year	Team	G	GS	Year	Team	G	GS	Year	Team	G	GS			G	GS
1995	Buffalo Bills	16	16	1996	Buffalo Bills	14	14	1997	Buffalo Bills	16	16		3 NFL Seasons	46	46

Other Statistics: 1997–recovered 1 fumble for 0 yards.

Tim Brown

(statistical profile on page 287)

Pos: WR Rnd: 1 (6) College: Notre Dame Ht: 6'0" Wt: 195 Born: 7/22/66 Age: 32

Year Team	G	GS	Rushing					Receiving					Punt Returns				Kickoff Returns				Totals		
			Att	Yds	Avg	Lg	TD	Rec	Yds	Avg	Lg	TD	Num	Yds	Avg	TD	Num	Yds	Avg	TD	Fum	TD	Pts
1988 Los Angeles Raiders	16	9	14	50	3.6	12	1	43	725	16.9	t65	5	49	444	9.1	0	41	1098	26.8	1	5	7	42
1989 Los Angeles Raiders	1	1	0	0	-	-	0	1	8	8.0	8	0	4	43	10.8	0	3	63	21.0	0	1	0	0
1990 Los Angeles Raiders	16	9	0	0	-	-	0	18	265	14.7	51	3	34	295	8.7	0	0	0	-	0	3	3	18
1991 Los Angeles Raiders	16	1	5	16	3.2	9	0	36	554	15.4	t78	5	29	330	11.4	0	1	29	29.0	0	1	6	36
1992 Los Angeles Raiders	15	12	3	-4	-1.3	3	0	49	693	14.1	t68	7	37	383	10.4	0	2	14	7.0	0	6	7	42
1993 Los Angeles Raiders	16	16	2	7	3.5	14	0	80	1180	14.8	t71	7	40	465	11.6	1	0	0	-	0	1	8	48
1994 Los Angeles Raiders	16	16	0	0	-	-	0	89	1309	14.7	t77	9	40	487	12.2	0	0	0	-	0	3	9	54
1995 Oakland Raiders	16	16	0	0	-	-	0	89	1342	15.1	t80	10	36	364	10.1	0	0	0	-	0	3	10	60
1996 Oakland Raiders	16	16	6	35	5.8	15	0	90	1104	12.3	t42	9	32	272	8.5	0	1	24	24.0	0	3	9	54
1997 Oakland Raiders	16	16	5	19	3.8	12	0	104	1408	13.5	t59	5	0	0	-	0	1	7	7.0	0	1	5	32
10 NFL Seasons	144	112	35	123	3.5	15	1	599	8588	14.3	t80	60	301	3083	10.2	2	49	1235	25.2	1	24	64	386

Other Statistics: 1988–recovered 7 fumbles for 0 yards. 1992–recovered 1 fumble for 0 yards. 1995–recovered 1 fumble for 3 yards. 1996–recovered 1 fumble for 0 yards. 1997–scored 1 two-point conversion.

Troy Brown

(statistical profile on page 287)

Pos: WR Rnd: 8 College: Marshall Ht: 5'9" Wt: 190 Born: 7/2/71 Age: 27

Year Team	G	GS	Rushing					Receiving					Punt Returns				Kickoff Returns				Totals		
			Att	Yds	Avg	Lg	TD	Rec	Yds	Avg	Lg	TD	Num	Yds	Avg	TD	Num	Yds	Avg	TD	Fum	TD	Pts
1993 New England Patriots	12	0	0	0	-	-	0	2	22	11.0	14	0	25	224	9.0	0	15	243	16.2	0	2	0	0
1994 New England Patriots	9	0	0	0	-	-	0	0	0	-	-	0	24	202	8.4	0	1	14	14.0	0	2	0	0
1995 New England Patriots	16	0	0	0	-	-	0	14	159	11.4	31	0	0	0	-	0	31	672	21.7	0	1	1	6
1996 New England Patriots	16	0	0	0	-	-	0	21	222	10.6	38	0	0	0	-	0	29	634	21.9	0	0	0	0
1997 New England Patriots	16	6	1	-18	-18.0	-18	0	41	607	14.8	67	6	0	0	-	0	0	0	-	0	0	6	36
5 NFL Seasons	69	6	1	-18	-18.0	-18	0	78	1010	12.9	67	6	49	426	8.7	0	76	1563	20.6	0	5	7	42

Other Statistics: 1993–recovered 1 fumble for 0 yards. 1994–recovered 2 fumbles for 0 yards. 1995–recovered 1 fumble for 75 yards and 1 touchdown.

John Browning

(statistical profile on page 397)

Pos: DE/DT Rnd: 3 College: West Virginia Ht: 6'4" Wt: 264 Born: 9/30/73 Age: 25

Year Team	G	GS	Tackles			Miscellaneous				Interceptions				Totals		
			Tk	Ast	Sack	FF	FR	TD	Blk	Int	Yds	Avg	TD	Sfty	TD	Pts
1996 Kansas City Chiefs	13	2	17	4	2.0	1	0	0	0	0	0	-	0	0	0	0
1997 Kansas City Chiefs	14	13	29	4	4.0	0	1	0	0	0	0	-	0	0	0	0
2 NFL Seasons	27	15	46	8	6.0	1	1	0	0	0	0	-	0	0	0	0

Aundray Bruce

Pos: DE **Rnd:** 1 (1) **College:** Auburn **Ht:** 6' 5" **Wt:** 265 **Born:** 4/30/66 **Age:** 32

			Tackles			Miscellaneous				Interceptions				Punt Returns				Kickoff Returns				Totals	
Year Team	G	GS	Tk	Ast	Sack	FF	FR	TD	Blk	Int	Yds	Avg	TD	Num	Yds	Avg	TD	Num	Yds	Avg	TD	TD	Fum
1988 Atlanta Falcons	16	16	70	-	6.0	2	1	0	0	2	10	5.0	0	0	0	-	0	0	0	-	0	0	0
1989 Atlanta Falcons	16	13	66	-	6.0	2	0	0	0	1	0	0.0	0	0	0	-	0	1	15	15.0	0	0	0
1990 Atlanta Falcons	16	3	40	-	4.0	4	0	0	0	0	0	-	0	0	0	-	0	0	0	-	0	0	0
1991 Atlanta Falcons	14	3	0	0	0.0	0	0	0	0	0	0	-	0	0	0	-	0	0	0	-	0	0	0
1992 Los Angeles Raiders	16	4	23	-	3.5	0	0	0	0	0	0	-	0	0	0	-	0	0	0	-	0	0	0
1993 Los Angeles Raiders	16	0	10	1	2.0	0	1	0	0	0	0	-	0	0	0	-	0	0	0	-	0	0	0
1994 Los Angeles Raiders	16	0	4	1	0.0	0	0	0	0	0	0	-	0	0	0	-	0	0	0	-	0	1	0
1995 Oakland Raiders	14	0	25	5	5.5	1	0	0	0	1	1	1.0	1	0	0	-	0	0	0	-	0	0	0
1996 Oakland Raiders	16	0	17	4	4.0	0	1	0	0	0	0	-	0	0	0	-	0	0	0	-	0	0	0
1997 Oakland Raiders	10	3	8	1	1.0	0	0	0	1	0	0	-	0	0	0	-	0	0	0	-	0	0	0
10 NFL Seasons	150	42	263	12	32.0	9	3	0	1	4	11	2.8	1	0	0	-	0	1	15	15.0	0	1	0

Other Statistics: 1991–caught 1 pass for 11 yards.

Isaac Bruce

(statistical profile on page 288)

Pos: WR **Rnd:** 2 **College:** Memphis **Ht:** 6' 0" **Wt:** 185 **Born:** 11/10/72 **Age:** 25

			Rushing					Receiving					Kickoff Returns				Passing				Totals		
Year Team	G	GS	Att	Yds	Avg	Lg	TD	Rec	Yds	Avg	Lg	TD	Num	Yds	Avg	TD	Att	Com	Yds	Int	Fum	TD	Pts
1994 Los Angeles Rams	12	1	1	2	2.0	2	0	21	272	13.0	t34	3	0	0	-	0	0	0	0	0	2	3	18
1995 St. Louis Rams	16	16	3	17	5.7	12	0	119	1781	15.0	72	13	0	0	-	0	0	0	0	0	2	13	80
1996 St. Louis Rams	16	16	1	4	4.0	4	0	84	**1338**	15.9	70	7	0	0	-	0	2	1	15	1	1	7	42
1997 St. Louis Rams	12	12	0	0	-	-	0	56	815	14.6	59	5	0	0	-	0	0	0	0	0	1	5	30
4 NFL Seasons	56	44	5	23	4.6	12	0	280	4206	15.0	72	28	0	0	-	0	2	1	15	1	4	28	170

Other Statistics: 1995–recovered 1 fumble for 0 yards; returned 0 punts for 52 yards; scored 1 two-point conversion.

Mark Bruener

Pos: TE **Rnd:** 1 (27) **College:** Washington **Ht:** 6' 4" **Wt:** 254 **Born:** 9/16/72 **Age:** 26

			Rushing					Receiving					Punt Returns				Kickoff Returns				Totals		
Year Team	G	GS	Att	Yds	Avg	Lg	TD	Rec	Yds	Avg	Lg	TD	Num	Yds	Avg	TD	Num	Yds	Avg	TD	Fum	TD	Pts
1995 Pittsburgh Steelers	16	13	0	0	-	-	0	26	238	9.2	29	3	0	0	-	0	2	19	9.5	0	0	3	18
1996 Pittsburgh Steelers	12	11	0	0	-	-	0	12	141	11.8	36	0	0	0	-	0	0	0	-	0	0	0	2
1997 Pittsburgh Steelers	16	16	0	0	-	-	0	18	117	6.5	t18	6	0	0	-	0	0	0	-	0	1	6	36
3 NFL Seasons	44	40	0	0	-	-	0	56	496	8.9	36	9	0	0	-	0	2	19	9.5	0	1	9	56

Other Statistics: 1996–scored 1 two-point conversion.

Scott Brumfield

Pos: G **Rnd:** FA **College:** Brigham Young **Ht:** 6' 8" **Wt:** 320 **Born:** 8/19/70 **Age:** 28

Year Team	G	GS	Year Team	G	GS	Year Team	G	GS		G	GS
1993 Cincinnati Bengals	16	7	1995 Cincinnati Bengals	13	11	1997 Cincinnati Bengals	15	3			
1994 Cincinnati Bengals	2	0	1996 Cincinnati Bengals	9	8				5 NFL Seasons	55	29

Mark Brunell

(statistical profile on page 288)

Pos: QB **Rnd:** 5 **College:** Washington **Ht:** 6' 1" **Wt:** 217 **Born:** 9/17/70 **Age:** 28

			Passing										Rushing					Miscellaneous				
Year Team	G	GS	Att	Com	Pct	Yards	Yds/Att	Lg	TD	Int	Int%	Rating	Att	Yds	Avg	Lg	TD	Sckd	Yds	Fum Recv	Yds	Pts
1994 Green Bay Packers	2	0	27	12	44.4	95	3.52	25	0	0	0.0	53.8	6	7	1.2	t5	1	2	16	1	0	6
1995 Jacksonville Jaguars	13	10	346	201	58.1	2168	6.27	45	15	7	2.0	82.6	67	480	7.2	t27	4	39	238	5	3	24
1996 Jacksonville Jaguars	16	16	557	353	63.4	**4367**	7.84	62	19	20	3.6	84.0	80	396	5.0	33	3	50	257	14	**5**	-14	22
1997 Jacksonville Jaguars	14	14	435	264	60.7	3281	7.54	75	18	7	1.6	91.2	48	257	5.4	15	2	33	189	4	0	0	12
4 NFL Seasons	45	40	1365	830	60.8	9911	7.26	75	52	34	2.5	85.3	201	1140	5.7	33	10	124	700	24	8	-14	64

Other Statistics: 1996–scored 2 two-point conversions.

Tedy Bruschi

Pos: LB **Rnd:** 3 **College:** Arizona **Ht:** 6' 0" **Wt:** 245 **Born:** 6/9/73 **Age:** 25

			Tackles			Miscellaneous				Interceptions				Totals		
Year Team	G	GS	Tk	Ast	Sack	FF	FR	TD	Blk	Int	Yds	Avg	TD	Sfty	TD	Pts
1996 New England Patriots	16	0	10	1	4.0	1	0	1	0	0	0	-	0	0	1	6
1997 New England Patriots	16	1	25	5	4.0	2	2	0	0	0	0	-	0	0	0	0
2 NFL Seasons	32	1	35	6	8.0	3	2	1	0	0	0	-	0	0	1	6

Junior Bryant

Pos: DE/DT **Rnd:** FA **College:** Notre Dame **Ht:** 6' 4" **Wt:** 275 **Born:** 1/16/71 **Age:** 27

			Tackles			Miscellaneous				Interceptions				Totals		
Year Team	G	GS	Tk	Ast	Sack	FF	FR	TD	Blk	Int	Yds	Avg	TD	Sfty	TD	Pts
1995 San Francisco 49ers	16	4	26	1	1.0	1	0	0	0	0	0	-	0	0	0	0

Year Team	G	GS	Tackles			Miscellaneous				Interceptions				Totals		
			Tk	Ast	Sack	FF	FR	TD	Blk	Int	Yds	Avg	TD	Sfty	TD	Pts
1996 San Francisco 49ers	16	1	9	3	0.5	0	1	0	0	0	0	-	0	0	0	0
1997 San Francisco 49ers	16	3	17	6	2.5	0	0	0	1	0	0	-	0	0	0	0
3 NFL Seasons	48	8	52	10	4.0	1	1	0	1	0	0	-	0	0	0	0

Ray Buchanan
(statistical profile on page 398)

Pos: CB **Rnd:** 3 **College:** Louisville **Ht:** 5'9" **Wt:** 195 **Born:** 9/29/71 **Age:** 27

Year Team	G	GS	Tackles			Miscellaneous				Interceptions				Punt Returns				Kickoff Returns				Totals	
			Tk	Ast	Sack	FF	FR	TD	Blk	Int	Yds	Avg	TD	Num	Yds	Avg	TD	Num	Yds	Avg	TD	TD	Fum
1993 Indianapolis Colts	16	5	44	21	0.0	0	0	0	0	4	45	11.3	0	0	0	-	0	0	0	-	0	0	0
1994 Indianapolis Colts	16	16	76	24	1.0	0	1	0	0	8	221	27.6	3	0	0	-	0	0	0	-	0	3	0
1995 Indianapolis Colts	16	16	68	15	1.0	0	2	0	0	2	60	30.0	0	16	113	7.1	0	1	22	22.0	0	0	0
1996 Indianapolis Colts	13	13	53	9	0.5	1	0	0	0	2	32	16.0	0	12	201	16.8	0	1	20	20.0	0	0	1
1997 Atlanta Falcons	16	16	48	4	0.0	0	0	0	0	5	49	9.8	0	0	37	-	0	0	0	-	0	0	0
5 NFL Seasons	77	66	289	73	2.5	1	3	0	0	21	407	19.4	3	28	351	12.5	0	2	42	21.0	0	3	1

Jeff Buckey

Pos: G/T **Rnd:** 7 **College:** Stanford **Ht:** 6'5" **Wt:** 300 **Born:** 8/7/74 **Age:** 24

Year Team	G	GS	Year Team	G	GS			G	GS
1996 Miami Dolphins	15	1	1997 Miami Dolphins	16	12		2 NFL Seasons	31	13

Curtis Buckley

Pos: S **Rnd:** FA **College:** East Texas State **Ht:** 6'1" **Wt:** 191 **Born:** 9/25/70 **Age:** 28

Year Team	G	GS	Tackles			Miscellaneous				Interceptions				Punt Returns				Kickoff Returns				Totals	
			Tk	Ast	Sack	FF	FR	TD	Blk	Int	Yds	Avg	TD	Num	Yds	Avg	TD	Num	Yds	Avg	TD	TD	Fum
1993 Tampa Bay Buccaneers	10	2	0	0	0.0	0	0	0	0	0	0	-	0	0	0	-	0	0	0	-	0	0	0
1994 Tampa Bay Buccaneers	13	0	0	0	0.0	0	2	0	0	0	0	-	0	0	0	-	0	8	177	22.1	0	0	1
1995 Tampa Bay Buccaneers	15	0	0	0	0.0	0	0	0	2	0	0	-	0	0	0	-	0	2	29	14.5	0	0	0
1996 San Francisco 49ers	15	0	1	0	0.0	0	2	0	0	0	0	-	0	0	0	-	0	0	0	-	0	0	0
1997 San Francisco 49ers	15	0	0	0	0.0	0	1	0	0	0	0	-	0	0	0	-	0	0	0	-	0	0	0
5 NFL Seasons	68	2	1	0	0.0	0	5	0	2	0	0	-	0	0	0	-	0	10	206	20.6	0	0	1

Marcus Buckley

Pos: LB **Rnd:** 3 **College:** Texas A&M **Ht:** 6'3" **Wt:** 240 **Born:** 2/3/71 **Age:** 27

Year Team	G	GS	Tackles			Miscellaneous				Interceptions				Totals		
			Tk	Ast	Sack	FF	FR	TD	Blk	Int	Yds	Avg	TD	Sfty	TD	Pts
1993 New York Giants	16	2	9	2	0.0	0	1	0	0	0	0	-	0	0	0	0
1994 New York Giants	16	1	11	4	0.0	0	0	0	0	0	0	-	0	0	0	0
1995 New York Giants	16	5	14	6	0.0	1	1	0	0	0	0	-	0	0	0	0
1996 New York Giants	15	2	12	10	0.0	0	0	0	0	0	0	-	0	0	0	0
1997 New York Giants	12	3	8	4	0.0	0	1	0	0	0	0	-	0	0	0	0
5 NFL Seasons	75	13	54	26	0.0	1	3	0	0	0	0	-	0	0	0	0

Terrell Buckley
(statistical profile on page 398)

Pos: CB **Rnd:** 1 (5) **College:** Florida State **Ht:** 5'9" **Wt:** 176 **Born:** 6/7/71 **Age:** 27

Year Team	G	GS	Tackles			Miscellaneous				Interceptions				Punt Returns				Kickoff Returns				Totals	
			Tk	Ast	Sack	FF	FR	TD	Blk	Int	Yds	Avg	TD	Num	Yds	Avg	TD	Num	Yds	Avg	TD	TD	Fum
1992 Green Bay Packers	14	12	30	2	0.0	0	4	0	0	3	33	11.0	1	21	211	10.0	1	0	0	-	0	2	7
1993 Green Bay Packers	16	16	47	1	0.0	0	0	0	0	2	31	15.5	0	11	76	6.9	0	0	0	-	0	0	1
1994 Green Bay Packers	16	16	48	11	0.0	3	1	0	0	5	38	7.6	0	0	0	-	0	0	0	-	0	0	0
1995 Miami Dolphins	16	4	23	3	0.0	0	0	0	0	1	0	0.0	0	0	0	-	0	1	16	16.0	0	0	0
1996 Miami Dolphins	16	16	46	7	0.0	2	2	0	0	6	164	27.3	1	3	24	8.0	0	1	48	48.0	0	1	1
1997 Miami Dolphins	16	16	67	18	0.0	1	2	1	0	4	26	6.5	0	4	58	14.5	0	0	0	-	0	1	0
6 NFL Seasons	94	80	261	42	0.0	6	9	1	0	21	292	13.9	2	39	369	9.5	1	2	64	32.0	0	4	9

Brentson Buckner

Pos: DE/NT **Rnd:** 2 **College:** Clemson **Ht:** 6'2" **Wt:** 310 **Born:** 9/30/71 **Age:** 27

Year Team	G	GS	Tackles			Miscellaneous				Interceptions				Totals		
			Tk	Ast	Sack	FF	FR	TD	Blk	Int	Yds	Avg	TD	Sfty	TD	Pts
1994 Pittsburgh Steelers	12	5	13	5	2.0	0	1	0	1	0	0	-	0	0	0	0
1995 Pittsburgh Steelers	16	16	29	19	3.0	1	1	1	0	0	0	-	0	0	1	6
1996 Pittsburgh Steelers	15	14	24	12	3.0	0	1	0	0	0	0	-	0	0	0	0
1997 Cincinnati Bengals	14	5	32	7	0.0	1	0	0	0	0	0	-	0	0	0	0
4 NFL Seasons	57	40	98	43	8.0	2	3	1	1	0	0	-	0	0	1	6

Other Statistics: 1996–fumbled 1 time.

Todd Burger

Pos: G **Rnd:** FA **College:** Penn State **Ht:** 6'3" **Wt:** 303 **Born:** 3/20/70 **Age:** 28

Year	Team	G	GS	Year	Team	G	GS	Year	Team	G	GS	Year	Team	G	GS
1994	Chicago Bears	4	0	1995	Chicago Bears	16	1	1996	Chicago Bears	11	8	1997	Chicago Bears	15	15
													4 NFL Seasons	46	24

Other Statistics: 1996–recovered 1 fumble for 0 yards. 1997–recovered 1 fumble for 0 yards.

James Burgess

Pos: LB **Rnd:** FA **College:** Miami **Ht:** 5'11" **Wt:** 230 **Born:** 3/31/74 **Age:** 24

				Tackles			Miscellaneous				Interceptions				Totals		
Year	Team	G	GS	Tk	Ast	Sack	FF	FR	TD	Blk	Int	Yds	Avg	TD	Sfty	TD	Pts
1997	San Diego Chargers	15	4	13	1	0.0	0	0	0	0	0	0	-	0	0	0	0

John Burke

Pos: TE **Rnd:** 4 **College:** Virginia Tech **Ht:** 6'3" **Wt:** 248 **Born:** 9/7/71 **Age:** 27

				Rushing					Receiving					Punt Returns				Kickoff Returns				Totals		
Year	Team	G	GS	Att	Yds	Avg	Lg	TD	Rec	Yds	Avg	Lg	TD	Num	Yds	Avg	TD	Num	Yds	Avg	TD	Fum	TD	Pts
1994	New England Patriots	16	6	0	0	-	-	0	9	86	9.6	17	0	0	0	-	0	3	11	3.7	0	0	0	0
1995	New England Patriots	16	4	0	0	-	-	0	15	136	9.1	21	0	0	0	-	0	1	7	7.0	0	0	0	0
1996	New England Patriots	11	2	0	0	-	-	0	1	19	19.0	19	0	0	0	-	0	0	0	-	0	0	0	0
1997	New York Jets	7	1	0	0	-	-	0	0	0	-	-	0	0	0	-	0	0	0	-	0	0	0	0
	4 NFL Seasons	50	13	0	0	-	-	0	25	241	9.6	21	0	0	0	-	0	4	18	4.5	0	0	0	0

Other Statistics: 1995–recovered 1 fumble for 0 yards.

Rob Burnett

(statistical profile on page 398)

Pos: DE **Rnd:** 5 **College:** Syracuse **Ht:** 6'4" **Wt:** 280 **Born:** 8/27/67 **Age:** 31

				Tackles			Miscellaneous				Interceptions				Totals		
Year	Team	G	GS	Tk	Ast	Sack	FF	FR	TD	Blk	Int	Yds	Avg	TD	Sfty	TD	Pts
1990	Cleveland Browns	16	6	38	19	2.0	0	0	0	0	0	0	-	0	0	0	0
1991	Cleveland Browns	13	8	17	14	3.0	0	1	0	0	0	0	-	0	0	0	0
1992	Cleveland Browns	16	16	37	23	9.0	0	2	0	0	0	0	-	0	0	0	0
1993	Cleveland Browns	16	16	39	37	9.0	0	2	0	0	0	0	-	0	0	0	0
1994	Cleveland Browns	16	16	41	13	10.0	2	1	0	0	0	0	-	0	0	0	0
1995	Cleveland Browns	16	16	40	15	7.5	0	1	0	2	0	0	-	0	0	0	0
1996	Baltimore Ravens	6	6	21	2	3.0	1	0	0	0	0	0	-	0	0	0	0
1997	Baltimore Ravens	15	15	33	7	4.0	0	1	0	1	0	0	-	0	0	0	0
	8 NFL Seasons	114	99	266	130	47.5	3	8	0	3	0	0	-	0	0	0	0

Keith Burns

Pos: LB **Rnd:** 7 **College:** Oklahoma State **Ht:** 6'1" **Wt:** 233 **Born:** 5/16/72 **Age:** 26

				Tackles			Miscellaneous				Interceptions				Punt Returns				Kickoff Returns				Totals	
Year	Team	G	GS	Tk	Ast	Sack	FF	FR	TD	Blk	Int	Yds	Avg	TD	Num	Yds	Avg	TD	Num	Yds	Avg	TD	TD	Fum
1994	Denver Broncos	12	1	15	3	0.0	0	0	0	0	0	0	-	0	0	0	-	0	0	0	-	0	0	0
1995	Denver Broncos	16	0	10	3	1.5	0	2	0	0	0	0	-	0	0	0	-	0	1	5	5.0	0	0	0
1996	Denver Broncos	16	0	1	0	0.0	0	0	0	0	0	0	-	0	0	0	-	0	0	0	-	0	0	0
1997	Denver Broncos	16	0	1	0	0.0	0	0	0	0	0	0	-	0	0	0	-	0	4	45	11.3	0	0	0
	4 NFL Seasons	60	1	27	6	1.5	0	2	0	0	0	0	-	0	0	0	-	0	5	50	10.0	0	0	0

Lamont Burns

Pos: G **Rnd:** 5 **College:** East Carolina **Ht:** 6'4" **Wt:** 295 **Born:** 3/16/74 **Age:** 24

Year	Team	G	GS			G	GS
1997	New York Jets	4	3		1 NFL Season	4	3

Jeff Burris

Pos: CB/PR **Rnd:** 1 (27) **College:** Notre Dame **Ht:** 6'0" **Wt:** 204 **Born:** 6/7/72 **Age:** 26

				Tackles			Miscellaneous				Interceptions				Punt Returns				Kickoff Returns				Totals	
Year	Team	G	GS	Tk	Ast	Sack	FF	FR	TD	Blk	Int	Yds	Avg	TD	Num	Yds	Avg	TD	Num	Yds	Avg	TD	TD	Fum
1994	Buffalo Bills	16	0	13	3	0.0	0	1	0	0	2	24	12.0	0	32	332	10.4	0	0	0	-	0	0	2
1995	Buffalo Bills	9	9	28	6	0.0	0	0	0	0	1	19	19.0	0	20	229	11.5	0	0	0	-	0	0	0
1996	Buffalo Bills	15	15	41	9	0.0	1	1	0	0	1	28	28.0	0	27	286	10.6	0	0	0	-	0	0	1
1997	Buffalo Bills	14	14	39	6	0.0	0	1	0	0	2	19	9.5	0	21	198	9.4	0	1	10	10.0	0	0	3
	4 NFL Seasons	54	38	121	24	0.0	1	3	0	0	6	90	15.0	0	100	1045	10.5	0	1	10	10.0	0	0	6

John Burrough

Pos: DE **Rnd:** 7 **College:** Wyoming **Ht:** 6'5" **Wt:** 275 **Born:** 5/17/72 **Age:** 26

				Tackles			Miscellaneous				Interceptions				Punt Returns				Kickoff Returns				Totals	
Year	Team	G	GS	Tk	Ast	Sack	FF	FR	TD	Blk	Int	Yds	Avg	TD	Num	Yds	Avg	TD	Num	Yds	Avg	TD	TD	Fum
1995	Atlanta Falcons	16	0	4	1	0.0	0	0	0	0	0	0	-	0	0	0	-	0	0	0	-	0	0	0

Year Team	G	GS	Tackles			Miscellaneous				Interceptions				Punt Returns				Kickoff Returns				Totals	
			Tk	Ast	Sack	FF	FR	TD	Blk	Int	Yds	Avg	TD	Num	Yds	Avg	TD	Num	Yds	Avg	TD	TD	Fum
1996 Atlanta Falcons	16	1	8	4	0.0	0	0	0	0	0	0	-	0	0	0	-	0	0	0	-	0	0	0
1997 Atlanta Falcons	16	1	10	3	1.0	1	0	0	0	0	0	-	0	0	0	-	0	1	6	6.0	0	0	0
3 NFL Seasons	48	2	22	8	1.0	1	0	0	0	0	0	-	0	0	0	-	0	1	6	6.0	0	0	0

Sammie Burroughs

Pos: LB Rnd: FA College: Portland State Ht: 6' 0" Wt: 215 Born: 6/21/73 Age: 25

Year Team	G	GS	Tackles			Miscellaneous				Interceptions				Totals		
			Tk	Ast	Sack	FF	FR	TD	Blk	Int	Yds	Avg	TD	Sfty	TD	Pts
1996 Indianapolis Colts	16	1	32	10	0.0	2	0	0	0	0	0	-	0	0	0	0
1997 Indianapolis Colts	16	1	20	9	1.0	0	0	0	0	0	0	-	0	0	0	0
2 NFL Seasons	32	2	52	19	1.0	2	0	0	0	0	0	-	0	0	0	0

James Burton

Pos: CB Rnd: 5 College: Fresno State Ht: 5' 9" Wt: 184 Born: 4/27/71 Age: 27

Year Team	G	GS	Tackles			Miscellaneous				Interceptions				Totals		
			Tk	Ast	Sack	FF	FR	TD	Blk	Int	Yds	Avg	TD	Sfty	TD	Pts
1994 Chicago Bears	13	1	7	0	0.0	0	0	0	0	0	0	-	0	0	0	0
1995 Chicago Bears	11	2	19	1	0.0	0	0	0	0	0	0	-	0	0	0	0
1996 Chicago Bears	16	3	27	1	0.0	0	0	0	0	1	11	11.0	0	0	0	0
1997 Chicago Bears	5	1	10	2	0.0	0	0	0	0	0	0	-	0	0	0	0
4 NFL Seasons	45	7	63	4	0.0	0	0	0	0	1	11	11.0	0	0	0	0

Shane Burton

Pos: DT/DE Rnd: 5 College: Tennessee Ht: 6' 6" Wt: 300 Born: 1/18/74 Age: 24

Year Team	G	GS	Tackles			Miscellaneous				Interceptions				Totals		
			Tk	Ast	Sack	FF	FR	TD	Blk	Int	Yds	Avg	TD	Sfty	TD	Pts
1996 Miami Dolphins	16	8	26	3	3.0	0	1	0	0	0	0	-	0	0	0	0
1997 Miami Dolphins	16	4	18	9	4.0	1	1	0	0	0	0	-	0	0	0	0
2 NFL Seasons	32	12	44	12	7.0	1	2	0	0	0	0	-	0	0	0	0

Devin Bush

(statistical profile on page 399)

Pos: S Rnd: 1 (26) College: Florida State Ht: 5' 11" Wt: 210 Born: 7/3/73 Age: 25

Year Team	G	GS	Tackles			Miscellaneous				Interceptions				Totals		
			Tk	Ast	Sack	FF	FR	TD	Blk	Int	Yds	Avg	TD	Sfty	TD	Pts
1995 Atlanta Falcons	11	5	21	14	0.0	0	0	0	0	1	0	0.0	0	0	0	0
1996 Atlanta Falcons	16	15	51	8	0.0	1	1	0	1	1	2	2.0	0	0	0	0
1997 Atlanta Falcons	16	16	70	15	0.0	1	1	0	0	1	4	4.0	0	0	0	0
3 NFL Seasons	43	36	142	37	0.0	2	3	0	1	3	6	2.0	0	0	0	0

Lewis Bush

(statistical profile on page 399)

Pos: LB Rnd: 4 College: Washington State Ht: 6' 2" Wt: 245 Born: 12/2/69 Age: 28

Year Team	G	GS	Tackles			Miscellaneous				Interceptions				Totals		
			Tk	Ast	Sack	FF	FR	TD	Blk	Int	Yds	Avg	TD	Sfty	TD	Pts
1993 San Diego Chargers	16	0	1	1	0.0	0	0	0	0	0	0	-	0	0	0	0
1994 San Diego Chargers	16	0	3	0	0.0	0	1	0	0	0	0	-	0	0	0	0
1995 San Diego Chargers	16	15	45	11	0.0	2	2	0	0	1	0	0.0	0	0	0	0
1996 San Diego Chargers	16	16	48	16	1.0	0	2	0	0	0	0	-	0	0	0	0
1997 San Diego Chargers	14	13	51	5	0.0	0	0	0	0	0	0	-	0	0	0	0
5 NFL Seasons	78	44	148	33	1.0	2	5	0	0	1	0	0.0	0	0	0	0

Steve Bush

Pos: TE Rnd: FA College: Arizona State Ht: 6' 3" Wt: 260 Born: 7/4/74 Age: 24

Year Team	G	GS	Rushing					Receiving					Punt Returns				Kickoff Returns				Totals		
			Att	Yds	Avg	Lg	TD	Rec	Yds	Avg	Lg	TD	Num	Yds	Avg	TD	Num	Yds	Avg	TD	Fum	TD	Pts
1997 Cincinnati Bengals	16	0	0	0	-	-	0	0	0	-	-	0	0	0	-	0	0	0	-	0	0	0	0

Duane Butler

Pos: S Rnd: FA College: Illinois State Ht: 6' 1" Wt: 203 Born: 11/29/73 Age: 24

Year Team	G	GS	Tackles			Miscellaneous				Interceptions				Totals		
			Tk	Ast	Sack	FF	FR	TD	Blk	Int	Yds	Avg	TD	Sfty	TD	Pts
1997 Minnesota Vikings	3	0	0	0	0.0	0	0	0	0	0	0	-	0	0	0	0

Kevin Butler

(statistical profile on page 470)

Pos: K Rnd: 4 College: Georgia Ht: 6' 1" Wt: 200 Born: 7/24/62 Age: 36

Year Team	G	Field Goals											PAT		Tot
		1-29 Yds	Pct	30-39 Yds	Pct	40-49 Yds	Pct	50+ Yds	Pct	Overall	Pct	Long	Made	Att	Pts
1985 Chicago Bears	16	15-15	100.0	13-14	92.9	3-6	50.0	0-2	0.0	31-37	83.8	46	51	51	**144**
1986 Chicago Bears	16	12-15	80.0	9-12	75.0	6-8	75.0	1-6	16.7	28-41	68.3	52	36	37	120

Year Team	G	Field Goals												PAT		Tot
		1-29 Yds	Pct	30-39 Yds	Pct	40-49 Yds	Pct	50+ Yds	Pct	Overall	Pct	Long		Made	Att	Pts
1987 Chicago Bears	12	11-11	100.0	5-5	100.0	1-6	16.7	2-6	33.3	19-28	67.9	52		28	30	85
1988 Chicago Bears	16	5-5	100.0	7-8	87.5	3-6	50.0	0-0	-	15-19	78.9	45		37	38	82
1989 Chicago Bears	16	6-6	100.0	6-7	85.7	3-5	60.0	0-1	0.0	15-19	78.9	46		43	45	88
1990 Chicago Bears	16	9-9	100.0	5-8	62.5	8-13	61.5	4-7	57.1	26-37	70.3	52		36	37	114
1991 Chicago Bears	16	10-12	83.3	3-5	60.0	5-9	55.6	1-3	33.3	19-29	65.5	50		32	34	89
1992 Chicago Bears	16	9-9	100.0	9-10	90.0	0-4	0.0	1-3	33.3	19-26	73.1	50		34	34	91
1993 Chicago Bears	16	7-8	87.5	12-13	92.3	3-7	42.9	5-8	62.5	27-36	75.0	55		21	22	102
1994 Chicago Bears	15	8-8	100.0	6-9	66.7	5-8	62.5	2-4	50.0	21-29	72.4	52		24	24	87
1995 Chicago Bears	16	16-19	84.2	5-6	83.3	2-4	50.0	0-2	0.0	23-31	74.2	47		45	45	114
1996 Arizona Cardinals	7	7-7	100.0	5-8	62.5	2-2	100.0	0-0	-	14-17	82.4	41		17	19	59
1997 Arizona Cardinals	6	4-4	100.0	2-4	50.0	2-4	50.0	0-0	-	8-12	66.7	49		9	10	33
13 NFL Seasons	184	119-128	93.0	87-109	79.8	43-82	52.4	16-42	38.1	265-361	73.4	55		413	426	1208

LeRoy Butler

(statistical profile on page 399)

Pos: S Rnd: 2 College: Florida State Ht: 6' 0" Wt: 200 Born: 7/19/68 Age: 30

Year Team	G	GS	Tackles			Miscellaneous				Interceptions				Totals		
			Tk	Ast	Sack	FF	FR	TD	Blk	Int	Yds	Avg	TD	Sfty	TD	Pts
1990 Green Bay Packers	16	0	18	1	0.0	1	0	0	0	3	42	14.0	0	0	0	0
1991 Green Bay Packers	16	16	53	10	0.0	1	1	0	0	3	6	2.0	0	0	0	0
1992 Green Bay Packers	15	15	56	18	0.0	1	1	0	0	1	0	0.0	0	0	0	0
1993 Green Bay Packers	16	16	69	21	1.0	2	1	1	0	6	131	21.8	0	0	1	6
1994 Green Bay Packers	13	13	47	16	1.0	1	0	0	0	3	68	22.7	0	0	0	0
1995 Green Bay Packers	16	16	82	20	1.0	1	0	0	0	5	105	21.0	0	0	0	0
1996 Green Bay Packers	16	16	65	22	6.5	1	2	0	0	5	149	29.8	1	0	1	6
1997 Green Bay Packers	16	16	71	32	3.0	1	1	0	0	5	4	0.8	0	0	0	0
8 NFL Seasons	124	108	461	140	12.5	9	6	1	0	31	505	16.3	1	0	2	12

Keith Byars

Pos: TE/FB Rnd: 1 (10) College: Ohio State Ht: 6' 1" Wt: 255 Born: 10/14/63 Age: 35

Year Team	G	GS	Rushing					Receiving					Kickoff Returns				Passing				Totals		
			Att	Yds	Avg	Lg	TD	Rec	Yds	Avg	Lg	TD	Num	Yds	Avg	TD	Att	Com	Yds	Int	Fum	TD	Pts
1986 Philadelphia Eagles	16	8	177	577	3.3	32	1	11	44	4.0	17	0	2	47	23.5	0	2	1	55	0	3	1	6
1987 Philadelphia Eagles	10	8	116	426	3.7	30	3	21	177	8.4	30	1	0	0	-	0	0	0	0	0	3	4	24
1988 Philadelphia Eagles	16	16	152	517	3.4	52	6	72	705	9.8	t37	4	2	20	10.0	0	0	0	0	0	5	10	60
1989 Philadelphia Eagles	16	15	133	452	3.4	t16	5	68	721	10.6	60	0	1	27	27.0	0	0	0	0	0	4	5	30
1990 Philadelphia Eagles	16	15	37	141	3.8	23	0	81	819	10.1	54	3	0	0	-	0	4	4	53	0	4	3	18
1991 Philadelphia Eagles	16	16	94	383	4.1	28	1	62	564	9.1	37	3	0	0	-	0	2	0	0	1	5	4	24
1992 Philadelphia Eagles	15	15	41	176	4.3	23	1	56	502	9.0	46	2	0	0	-	0	1	0	0	0	1	3	18
1993 Miami Dolphins	16	16	64	269	4.2	t77	3	61	613	10.0	27	3	0	0	-	0	2	1	11	0	3	6	36
1994 Miami Dolphins	9	9	19	64	3.4	12	2	49	418	8.5	34	5	0	0	-	0	0	0	0	0	0	7	42
1995 Miami Dolphins	16	16	15	44	2.9	15	1	51	362	7.1	26	2	0	0	-	0	0	0	0	0	3	3	18
1996 Mia - NE	14	10	2	2	1.0	3	0	32	289	9.0	27	2	0	0	-	0	0	0	0	0	0	2	14
1997 New England Patriots	16	8	11	24	2.2	5	0	20	189	9.5	51	3	0	0	-	0	0	0	0	0	1	3	18
1996 Miami Dolphins	4	4	0	0	-	-	0	5	40	8.0	16	0	0	0	-	0	0	0	0	0	0	0	0
New England Patriots	10	6	2	2	1.0	3	0	27	249	9.2	27	2	0	0	-	0	0	0	0	0	0	2	14
12 NFL Seasons	176	152	861	3075	3.6	t77	23	584	5403	9.3	60	28	5	94	18.8	0	13	6	119	1	29	51	308

Other Statistics: 1986–recovered 2 fumbles for 0 yards; passed for 1 touchdown. 1987–recovered 2 fumbles for 0 yards. 1988–recovered 2 fumbles for 14 yards. 1989–recovered 4 fumbles for 6 yards. 1990–recovered 1 fumble for 0 yards; passed for 4 touchdowns. 1992–recovered 1 fumble for 0 yards. 1993–passed for 1 touchdown. 1996–scored 1 two-point conversion.

Earnest Byner

(statistical profile on page 289)

Pos: RB Rnd: 10 College: East Carolina Ht: 5' 10" Wt: 215 Born: 9/15/62 Age: 36

Year Team	G	GS	Rushing					Receiving					Kickoff Returns				Passing				Totals		
			Att	Yds	Avg	Lg	TD	Rec	Yds	Avg	Lg	TD	Num	Yds	Avg	TD	Att	Com	Yds	Int	Fum	TD	Pts
1984 Cleveland Browns	16	3	72	426	5.9	54	2	11	118	10.7	26	0	22	415	18.9	0	0	0	0	0	3	3	18
1985 Cleveland Browns	16	13	244	1002	4.1	36	8	45	460	10.2	31	2	0	0	-	0	0	0	0	0	5	10	60
1986 Cleveland Browns	7	7	94	277	2.9	37	2	37	328	8.9	40	2	0	0	-	0	0	0	0	0	1	4	24
1987 Cleveland Browns	12	12	105	432	4.1	21	8	52	552	10.6	37	2	1	2	2.0	0	0	0	0	0	5	10	60
1988 Cleveland Browns	16	16	157	576	3.7	t27	3	59	576	9.8	t39	2	0	0	-	0	0	0	0	0	5	5	30
1989 Washington Redskins	16	13	134	580	4.3	24	7	54	458	8.5	27	2	1	0	0.0	0	2	1	31	0	2	9	54
1990 Washington Redskins	16	16	297	1219	4.1	22	6	31	279	9.0	19	1	0	0	-	0	2	1	31	0	2	7	42
1991 Washington Redskins	16	16	274	1048	3.8	32	5	34	308	9.1	31	0	0	0	-	0	4	1	18	0	3	5	30
1992 Washington Redskins	16	16	262	998	3.8	23	6	39	338	8.7	29	1	0	0	-	0	3	1	41	0	1	7	42
1993 Washington Redskins	16	3	23	105	4.6	16	1	27	194	7.2	20	0	0	0	-	0	0	0	0	0	0	1	6
1994 Cleveland Browns	16	1	75	219	2.9	15	2	11	102	9.3	30	0	0	0	-	0	0	0	0	0	0	2	12
1995 Cleveland Browns	16	2	115	432	3.8	23	2	61	494	8.1	t29	2	5	98	19.6	0	0	0	0	0	1	4	24
1996 Baltimore Ravens	16	8	159	634	4.0	42	4	30	270	9.0	40	1	4	61	15.3	0	0	0	0	0	1	5	30

		Rushing					Receiving					Kickoff Returns				Passing				Totals		
Year Team	G	GS	Att	Yds	Avg	Lg	TD	Rec	Yds	Avg	Lg	TD	Num	Yds	Avg	TD	Att	Com	Yds	Int	Fum	TD	Pts
1997 Baltimore Ravens	16	6	84	313	3.7	19	0	21	128	6.1	17	0	1	0	0.0	0	0	0	0	0	2	0	2
14 NFL Seasons	211	132	2095	8261	3.9	54	56	512	4605	9.0	40	15	33	576	17.5	0	10	3	90	0	31	72	434

Other Statistics: 1984–recovered 2 fumbles for 55 yards and 1 touchdown. 1985–recovered 4 fumbles for 0 yards. 1987–recovered 1 fumble for 0 yards. 1988–recovered 2 fumbles for 0 yards. 1989–recovered 2 fumbles for 0 yards. 1990–recovered 1 fumble for 0 yards; passed for 1 touchdown. 1991–recovered 1 fumble for 0 yards; passed for 1 touchdown. 1992–passed for 1 touchdown. 1993–recovered 1 fumble for 0 yards. 1995–recovered 1 fumble for 0 yards. 1997–recovered 3 fumbles for 0 yards; scored 1 two-point conversion.

Kenny Bynum

Pos: RB/KR **Rnd:** 5 **College:** South Carolina State **Ht:** 5' 10" **Wt:** 191 **Born:** 5/29/74 **Age:** 24

		Rushing					Receiving					Punt Returns				Kickoff Returns				Totals		
Year Team	G	GS	Att	Yds	Avg	Lg	TD	Rec	Yds	Avg	Lg	TD	Num	Yds	Avg	TD	Num	Yds	Avg	TD	Fum	TD	Pts
1997 San Diego Chargers	13	0	30	97	3.2	19	0	2	4	2.0	3	0	0	0	-	0	38	814	21.4	0	0	0	0

Israel Byrd

Pos: CB **Rnd:** FA **College:** Utah State **Ht:** 5' 11" **Wt:** 184 **Born:** 2/1/71 **Age:** 27

			Tackles			Miscellaneous				Interceptions				Totals		
Year Team	G	GS	Tk	Ast	Sack	FF	FR	TD	Blk	Int	Yds	Avg	TD	Sfty	TD	Pts
1994 New Orleans Saints	3	0	0	0	0.0	0	0	0	0	0	0	-	0	0	0	0
1995 New Orleans Saints	4	0	0	0	0.0	0	0	0	0	0	0	-	0	0	0	0
1997 Tennessee Oilers	2	0	0	0	0.0	0	0	0	0	0	0	-	0	0	0	0
3 NFL Seasons	9	0	0	0	0.0	0	0	0	0	0	0	-	0	0	0	0

Glenn Cadrez

Pos: LB **Rnd:** 6 **College:** Houston **Ht:** 6' 3" **Wt:** 245 **Born:** 1/2/70 **Age:** 28

			Tackles			Miscellaneous				Interceptions				Punt Returns				Kickoff Returns				Totals	
Year Team	G	GS	Tk	Ast	Sack	FF	FR	TD	Blk	Int	Yds	Avg	TD	Num	Yds	Avg	TD	Num	Yds	Avg	TD	TD	Fum
1992 New York Jets	16	0	1	0	0.0	0	1	0	0	0	0	-	0	0	0	-	0	0	0	-	0	0	0
1993 New York Jets	16	0	5	1	0.0	0	0	0	0	0	0	-	0	0	0	-	0	0	0	-	0	0	0
1994 New York Jets	16	0	0	0	0.0	0	1	0	0	0	0	-	0	0	0	-	0	0	0	-	0	0	0
1995 NYA – Den	11	7	20	4	2.0	0	1	0	0	0	0	-	0	0	0	-	0	1	10	10.0	0	0	0
1996 Denver Broncos	16	0	7	1	0.0	0	1	0	0	0	0	-	0	0	0	-	0	0	0	-	0	0	0
1997 Denver Broncos	16	0	4	1	0.0	0	0	0	0	0	0	-	0	0	0	-	0	0	0	-	0	0	0
1995 New York Jets	1	0	0	0	0.0	0	0	0	0	0	0	-	0	0	0	-	0	0	0	-	0	0	0
Denver Broncos	10	7	20	4	2.0	0	1	0	0	0	0	-	0	0	0	-	0	0	0	-	0	0	0
6 NFL Seasons	91	7	37	7	2.0	0	4	0	0	0	0	-	0	0	0	-	0	1	10	10.0	0	0	0

Joe Cain

Pos: LB **Rnd:** 8 **College:** Oregon Tech **Ht:** 6' 1" **Wt:** 242 **Born:** 6/11/65 **Age:** 33

			Tackles			Miscellaneous				Interceptions				Totals		
Year Team	G	GS	Tk	Ast	Sack	FF	FR	TD	Blk	Int	Yds	Avg	TD	Sfty	TD	Pts
1989 Seattle Seahawks	9	0	10	-	0.0	0	0	0	0	0	0	-	0	0	0	0
1990 Seattle Seahawks	16	5	29	-	0.0	0	0	0	0	0	0	-	0	0	0	0
1991 Seattle Seahawks	16	0	14	-	0.0	0	0	0	0	1	5	5.0	0	0	0	0
1992 Seattle Seahawks	16	8	43	19	0.0	0	1	0	0	2	3	1.5	0	0	0	0
1993 Chicago Bears	15	15	63	45	0.0	1	0	0	0	0	0	-	0	0	0	0
1994 Chicago Bears	16	15	72	21	0.0	1	1	0	0	0	0	-	0	0	0	0
1995 Chicago Bears	16	16	60	19	0.0	0	0	0	0	0	0	-	0	0	0	0
1996 Chicago Bears	16	15	58	16	1.0	1	0	0	0	0	0	-	0	0	0	0
1997 Seattle Seahawks	12	0	2	0	0.0	0	1	0	0	0	0	-	0	0	0	0
9 NFL Seasons	132	74	351	120	1.0	3	3	0	0	3	8	2.7	0	0	0	0

Mike Caldwell

Pos: LB **Rnd:** 3 **College:** Middle Tennessee State **Ht:** 6' 2" **Wt:** 235 **Born:** 8/31/71 **Age:** 27

			Tackles			Miscellaneous				Interceptions				Punt Returns				Kickoff Returns				Totals	
Year Team	G	GS	Tk	Ast	Sack	FF	FR	TD	Blk	Int	Yds	Avg	TD	Num	Yds	Avg	TD	Num	Yds	Avg	TD	TD	Fum
1993 Cleveland Browns	15	1	13	29	0.0	0	1	0	0	0	0	-	0	0	0	-	0	0	0	-	0	0	0
1994 Cleveland Browns	16	1	30	10	0.0	1	0	0	0	1	0	0.0	0	1	2	2.0	0	0	0	-	0	0	0
1995 Cleveland Browns	16	6	58	12	0.0	0	0	0	0	2	24	12.0	1	0	0	-	0	0	0	-	0	1	0
1996 Baltimore Ravens	9	9	43	11	4.5	0	0	0	0	1	45	45.0	1	0	0	-	0	0	0	-	0	1	0
1997 Arizona Cardinals	16	0	24	5	2.0	0	0	0	0	1	5	5.0	0	0	0	-	0	0	0	-	0	0	0
5 NFL Seasons	72	17	168	67	6.5	3	1	0	0	5	74	14.8	2	1	2	2.0	0	0	0	-	0	2	0

Lonny Calicchio

Pos: K **Rnd:** FA **College:** Mississippi **Ht:** 6' 3" **Wt:** 249 **Born:** 10/24/72 **Age:** 26

		Field Goals										PAT		Tot
Year Team	G	1-29 Yds	Pct	30-39 Yds	Pct	40-49 Yds	Pct	50+ Yds	Pct	Overall	Pct	Long	Made	Att	Pts
1997 Philadelphia Eagles	2	0-0	-	0-0	-	0-0	-	0-0	-	0-0	-	-	0	0	0

Chris Calloway
(statistical profile on page 289)

Pos: WR **Rnd:** 4 **College:** Michigan **Ht:** 5' 10" **Wt:** 191 **Born:** 3/29/68 **Age:** 30

			Rushing					Receiving				Punt Returns				Kickoff Returns				Totals		
Year Team	G	GS	Att	Yds	Avg	Lg	TD	Rec	Yds	Avg	Lg	TD	Num	Yds	Avg	TD	Num	Yds	Avg	TD	Fum	TD	Pts
1990 Pittsburgh Steelers	16	2	0	0	-	-	0	10	124	12.4	t20	1	0	0	-	0	0	0	-	0	0	1	6
1991 Pittsburgh Steelers	12	0	0	0	-	-	0	15	254	16.9	t33	1	0	0	-	0	0	0	-	0	0	1	6
1992 New York Giants	16	1	0	0	-	-	0	27	335	12.4	28	1	0	0	-	0	2	29	14.5	0	0	1	6
1993 New York Giants	16	8	0	0	-	-	0	35	513	14.7	47	3	0	0	-	0	6	89	14.8	0	0	3	18
1994 New York Giants	16	14	8	77	9.6	20	0	43	666	15.5	t51	2	0	0	-	0	0	0	-	0	1	2	12
1995 New York Giants	16	15	2	-9	-4.5	-3	0	56	796	14.2	49	3	0	0	-	0	0	0	-	0	0	3	18
1996 New York Giants	16	16	1	2	2.0	2	0	53	739	13.9	36	4	0	0	-	0	0	0	-	0	1	4	24
1997 New York Giants	16	16	1	-1	-1.0	-1	0	58	849	14.6	t68	8	0	0	-	0	0	0	-	0	0	8	48
8 NFL Seasons	124	72	12	69	5.8	20	0	297	4276	14.4	t68	23	0	0	-	0	8	118	14.8	0	2	23	138

Other Statistics: 1991–recovered 1 fumble for 0 yards. 1993–recovered 1 fumble for 0 yards. 1996–recovered 1 fumble for 7 yards.

Jesse Campbell
(statistical profile on page 400)

Pos: S **Rnd:** 2 **College:** North Carolina State **Ht:** 6' 1" **Wt:** 215 **Born:** 4/11/69 **Age:** 29

			Tackles			Miscellaneous				Interceptions				Totals		
Year Team	G	GS	Tk	Ast	Sack	FF	FR	TD	Blk	Int	Yds	Avg	TD	Sfty	TD	Pts
1992 New York Giants	11	0	2	0	0.0	0	1	0	0	0	0	-	0	0	0	0
1993 New York Giants	16	0	3	1	0.0	0	0	0	0	1	0	0.0	0	0	0	0
1994 New York Giants	14	10	62	24	0.0	2	2	0	0	2	3	1.5	0	0	0	0
1995 New York Giants	16	16	72	28	0.0	1	0	0	0	0	0	-	0	0	0	0
1996 New York Giants	16	16	60	28	0.0	0	1	0	0	2	14	7.0	0	0	0	0
1997 Washington Redskins	16	16	88	15	0.0	0	2	0	0	1	7	7.0	0	0	0	0
6 NFL Seasons	89	58	287	96	0.0	3	6	0	0	6	24	4.0	0	0	0	0

Mark Campbell

Pos: DT **Rnd:** 3 **College:** Florida **Ht:** 6' 1" **Wt:** 290 **Born:** 9/12/72 **Age:** 26

			Tackles			Miscellaneous				Interceptions				Totals		
Year Team	G	GS	Tk	Ast	Sack	FF	FR	TD	Blk	Int	Yds	Avg	TD	Sfty	TD	Pts
1997 Arizona Cardinals	5	0	4	0	0.0	0	0	0	0	0	0	-	0	0	0	0

Matthew Campbell

Pos: G/T **Rnd:** FA **College:** South Carolina **Ht:** 6' 4" **Wt:** 290 **Born:** 7/14/72 **Age:** 26

Year Team	G	GS	Year Team	G	GS	Year Team	G	GS		G	GS
1995 Carolina Panthers	10	1	1996 Carolina Panthers	9	8	1997 Carolina Panthers	16	14	3 NFL Seasons	35	23

Other Statistics: 1995–caught 3 passes for 32 yards; fumbled 1 time for 0 yards.

Chris Canty

Pos: CB **Rnd:** 1 (29) **College:** Kansas State **Ht:** 5' 10" **Wt:** 190 **Born:** 3/30/76 **Age:** 22

			Tackles			Miscellaneous				Interceptions				Punt Returns				Kickoff Returns				Totals	
Year Team	G	GS	Tk	Ast	Sack	FF	FR	TD	Blk	Int	Yds	Avg	TD	Num	Yds	Avg	TD	Num	Yds	Avg	TD	TD	Fum
1997 New England Patriots	16	1	24	2	2.0	1	2	0	0	0	0	-	0	0	0	-	0	4	115	28.8	0	0	0

John Carney
(statistical profile on page 471)

Pos: K **Rnd:** FA **College:** Notre Dame **Ht:** 5' 11" **Wt:** 170 **Born:** 4/20/64 **Age:** 34

		Field Goals											PAT		Tot
Year Team	G	1-29 Yds	Pct	30-39 Yds	Pct	40-49 Yds	Pct	50+ Yds	Pct	Overall	Pct	Long	Made	Att	Pts
1988 Tampa Bay Buccaneers	4	2-3	66.7	0-1	0.0	0-1	0.0	0-0	-	2-5	40.0	29	6	6	12
1989 Tampa Bay Buccaneers	1	0-0	-	0-0	-	0-0	-	0-0	-	0-0	-	-	0	0	0
1990 LAN - SD	13	10-10	100.0	6-7	85.7	3-3	100.0	0-1	0.0	19-21	90.5	43	27	28	84
1991 San Diego Chargers	16	7-7	100.0	6-8	75.0	4-9	44.4	2-4	50.0	19-29	65.5	54	31	31	88
1992 San Diego Chargers	16	13-14	92.9	5-7	71.4	7-8	87.5	1-3	33.3	26-32	81.3	50	35	35	113
1993 San Diego Chargers	16	8-8	100.0	14-17	82.4	7-12	58.3	2-3	66.7	31-40	77.5	51	31	33	124
1994 San Diego Chargers	16	12-12	100.0	15-15	100.0	5-9	55.6	2-2	100.0	34-38	89.5	50	33	33	135
1995 San Diego Chargers	16	8-8	100.0	10-11	90.9	3-5	60.0	0-2	0.0	21-26	80.8	45	32	33	95
1996 San Diego Chargers	16	11-13	84.6	8-8	100.0	7-12	58.3	3-3	100.0	29-36	80.6	53	31	31	118
1997 San Diego Chargers	4	3-3	100.0	2-2	100.0	2-2	100.0	0-0	-	7-7	100.0	41	5	5	26
1990 Los Angeles Rams	1	0-0	-	0-0	-	0-0	-	0-0	-	0-0	-	-	0	0	0
San Diego Chargers	12	10-10	100.0	6-7	85.7	3-3	100.0	0-1	0.0	19-21	90.5	43	27	28	84
10 NFL Seasons	118	74-78	94.9	66-76	86.8	38-61	62.3	10-18	55.6	188-234	80.3	54	231	235	795

Other Statistics: 1993–punted 4 times for 155 yards.

Mark Carrier
(statistical profile on page 290)

Pos: WR **Rnd:** 3 **College:** Nicholls State **Ht:** 6' 0" **Wt:** 186 **Born:** 10/28/65 **Age:** 33

			Rushing					Receiving				Punt Returns				Kickoff Returns				Totals		
Year Team	G	GS	Att	Yds	Avg	Lg	TD	Rec	Yds	Avg	Lg	TD	Num	Yds	Avg	TD	Num	Yds	Avg	TD	Fum	TD	Pts
1987 Tampa Bay Buccaneers	10	5	0	0	-	-	0	26	423	16.3	38	3	0	0	-	0	1	0	0.0	0	0	3	18

Year Team	G	GS	Rushing Att	Yds	Avg	Lg	TD	Receiving Rec	Yds	Avg	Lg	TD	Punt Returns Num	Yds	Avg	TD	Kickoff Returns Num	Yds	Avg	TD	Totals Fum	TD	Pts
1988 Tampa Bay Buccaneers	16	16	0	0	-	-	0	57	970	17.0	t59	5	0	0	-	0	0	0	-	0	2	5	30
1989 Tampa Bay Buccaneers	16	15	0	0	-	-	0	86	1422	16.5	t78	9	0	0	-	0	0	0	-	0	1	9	54
1990 Tampa Bay Buccaneers	16	16	0	0	-	-	0	49	813	16.6	t68	4	0	0	-	0	0	0	-	0	0	4	24
1991 Tampa Bay Buccaneers	16	16	0	0	-	-	0	47	698	14.9	35	2	0	0	-	0	0	0	-	0	2	2	12
1992 Tampa Bay Buccaneers	14	12	0	0	-	-	0	56	692	12.4	40	4	0	0	-	0	0	0	-	0	1	4	24
1993 Cleveland Browns	16	16	4	26	6.5	t15	1	43	746	17.3	55	3	6	92	15.3	1	0	0	-	0	0	5	30
1994 Cleveland Browns	16	6	1	14	14.0	t14	1	29	452	15.6	43	5	9	112	12.4	0	0	0	-	0	1	6	36
1995 Carolina Panthers	16	15	3	-4	-1.3	4	0	66	1002	15.2	t66	3	6	25	4.2	0	0	0	-	0	0	3	18
1996 Carolina Panthers	16	15	0	0	-	-	0	58	808	13.9	39	6	0	0	-	0	0	0	-	0	0	6	36
1997 Carolina Panthers	9	6	0	0	-	-	0	33	436	13.2	36	2	0	0	-	0	0	0	-	0	1	2	12
11 NFL Seasons	161	138	8	36	4.5	t15	2	550	8462	15.4	t78	46	21	229	10.9	1	1	0	0.0	0	8	49	294

Other Statistics: 1991–recovered 1 fumble for 0 yards. 1995–recovered 1 fumble for 0 yards.

Mark Carrier

(statistical profile on page 400)

Pos: S **Rnd:** 1 (6) **College:** Southern California **Ht:** 6' 1" **Wt:** 192 **Born:** 4/28/68 **Age:** 30

Year Team	G	GS	Tackles Tk	Ast	Sack	Miscellaneous FF	FR	TD	Blk	Interceptions Int	Yds	Avg	TD	Punt Returns Num	Yds	Avg	TD	Kickoff Returns Num	Yds	Avg	TD	Totals TD	Fum
1990 Chicago Bears	16	16	55	67	0.0	5	2	0	0	10	39	3.9	0	0	0	-	0	0	0	-	0	0	0
1991 Chicago Bears	16	16	41	52	0.0	1	1	0	0	2	54	27.0	0	0	0	-	0	0	0	-	0	0	0
1992 Chicago Bears	16	14	43	46	0.0	1	2	0	0	0	0	-	0	0	0	-	0	0	0	-	0	0	0
1993 Chicago Bears	16	16	47	44	0.0	1	0	0	0	4	94	23.5	1	0	0	-	0	0	0	-	0	0	0
1994 Chicago Bears	16	15	53	16	0.0	1	0	0	0	2	10	5.0	0	0	0	-	0	0	0	-	0	1	0
1995 Chicago Bears	16	15	64	8	0.0	0	1	0	0	0	0	-	0	0	0	-	0	0	0	-	0	0	0
1996 Chicago Bears	13	13	39	12	0.0	1	1	0	0	2	0	0.0	0	0	0	-	0	0	0	-	0	0	0
1997 Detroit Lions	16	16	54	21	0.0	0	0	0	0	5	94	18.8	0	1	0	0.0	0	0	0	-	0	0	1
8 NFL Seasons	125	121	396	266	0.0	10	7	0	0	25	291	11.6	1	1	0	0.0	0	0	0	-	0	1	1

Rae Carruth

(statistical profile on page 290)

Pos: WR **Rnd:** 1 (27) **College:** Colorado **Ht:** 5' 11" **Wt:** 194 **Born:** 1/20/74 **Age:** 24

Year Team	G	GS	Rushing Att	Yds	Avg	Lg	TD	Receiving Rec	Yds	Avg	Lg	TD	Punt Returns Num	Yds	Avg	TD	Kickoff Returns Num	Yds	Avg	TD	Totals Fum	TD	Pts
1997 Carolina Panthers	15	14	6	23	3.8	6	0	44	545	12.4	52	4	0	0	-	0	0	0	-	0	2	4	24

Dwayne Carswell

Pos: TE **Rnd:** FA **College:** Liberty **Ht:** 6' 3" **Wt:** 261 **Born:** 1/18/72 **Age:** 26

Year Team	G	GS	Rushing Att	Yds	Avg	Lg	TD	Receiving Rec	Yds	Avg	Lg	TD	Punt Returns Num	Yds	Avg	TD	Kickoff Returns Num	Yds	Avg	TD	Totals Fum	TD	Pts
1994 Denver Broncos	4	0	0	0	-	-	0	0	0	-	-	0	0	0	-	0	1	0	0.0	0	0	0	0
1995 Denver Broncos	9	2	0	0	-	-	0	3	37	12.3	23	0	0	0	-	0	0	0	-	0	0	0	0
1996 Denver Broncos	16	2	0	0	-	-	0	15	85	5.7	11	0	0	0	-	0	0	0	-	0	0	0	0
1997 Denver Broncos	16	3	0	0	-	-	0	12	96	8.0	t24	1	0	0	-	0	0	0	-	0	0	1	6
4 NFL Seasons	45	7	0	0	-	-	0	30	218	7.3	t24	1	0	0	-	0	1	0	0.0	0	0	1	6

Other Statistics: 1994–recovered 1 fumble for 0 yards. 1997–recovered 1 fumble for 0 yards.

Chris Carter

Pos: S **Rnd:** 3 **College:** Texas **Ht:** 6' 1" **Wt:** 207 **Born:** 9/27/74 **Age:** 24

Year Team	G	GS	Tackles Tk	Ast	Sack	Miscellaneous FF	FR	TD	Blk	Interceptions Int	Yds	Avg	TD	Totals Sfty	TD	Pts
1997 New England Patriots	16	0	1	0	0.0	0	0	0	0	0	0	-	0	0	0	0

Cris Carter

(statistical profile on page 291)

Pos: WR **Rnd:** 4(S) **College:** Ohio State **Ht:** 6' 3" **Wt:** 206 **Born:** 11/25/65 **Age:** 32

Year Team	G	GS	Rushing Att	Yds	Avg	Lg	TD	Receiving Rec	Yds	Avg	Lg	TD	Kickoff Returns Num	Yds	Avg	TD	Passing Att	Com	Yds	Int	Totals Fum	TD	Pts
1987 Philadelphia Eagles	9	0	0	0	-	-	0	5	84	16.8	25	2	12	241	20.1	0	1	0	0	0	0	2	12
1988 Philadelphia Eagles	16	16	1	1	1.0	1	0	39	761	19.5	t80	6	0	0	-	0	0	0	0	0	0	7	42
1989 Philadelphia Eagles	16	15	2	16	8.0	11	0	45	605	13.4	42	11	0	0	-	0	0	0	0	0	1	11	66
1990 Minnesota Vikings	16	5	2	6	3.0	8	0	27	413	15.3	t78	3	0	0	-	0	0	0	0	0	0	3	18
1991 Minnesota Vikings	16	16	0	0	-	-	0	72	962	13.4	50	5	0	0	-	0	0	0	0	0	1	5	30
1992 Minnesota Vikings	12	12	5	15	3.0	6	0	53	681	12.8	44	6	0	0	-	0	0	0	0	0	1	6	36
1993 Minnesota Vikings	16	16	0	0	-	-	0	86	1071	12.5	58	9	0	0	-	0	0	0	0	0	0	9	54
1994 Minnesota Vikings	16	16	0	0	-	-	0	122	1256	10.3	t65	7	0	0	-	0	0	0	0	0	4	7	46
1995 Minnesota Vikings	16	16	1	0	0.0	0	0	122	1371	11.2	t60	17	0	0	-	0	0	0	0	0	0	17	102
1996 Minnesota Vikings	16	16	0	0	-	-	0	96	1163	12.1	t43	10	1	3	3.0	0	0	0	0	0	1	10	60
1997 Minnesota Vikings	16	16	0	0	-	-	0	89	1069	12.0	43	13	0	0	-	0	0	0	0	0	3	13	84
11 NFL Seasons	165	144	11	38	3.5	11	0	756	9436	12.5	t80	89	13	244	18.8	0	1	0	0	0	11	90	550

Other Statistics: 1988–recovered 1 fumble for 0 yards and 1 touchdown. 1989–recovered 1 fumble for 0 yards. 1993–recovered 1 fumble for 0 yards. 1994–scored 2 two-point conversions. 1996–recovered 1 fumble for 0 yards. 1997–scored 3 two-point conversions.

Dale Carter
(statistical profile on page 400)

Pos: CB **Rnd:** 1 (20) **College:** Tennessee **Ht:** 6' 1" **Wt:** 188 **Born:** 11/28/69 **Age:** 28

			Tackles			Miscellaneous				Interceptions				Punt Returns				Kickoff Returns				Totals	
Year Team	G	GS	Tk	Ast	Sack	FF	FR	TD	Blk	Int	Yds	Avg	TD	Num	Yds	Avg	TD	Num	Yds	Avg	TD	TD	Fum
1992 Kansas City Chiefs	16	9	39	16	0.0	0	2	0	0	7	65	9.3	1	38	398	10.5	2	11	190	17.3	0	3	7
1993 Kansas City Chiefs	15	11	43	15	0.0	1	0	0	0	1	0	0.0	0	27	247	9.1	0	0	0	-	0	0	4
1994 Kansas City Chiefs	16	16	78	3	0.0	2	1	0	0	2	24	12.0	0	16	124	7.8	0	0	0	-	0	0	1
1995 Kansas City Chiefs	16	14	48	5	0.0	0	2	0	0	4	45	11.3	0	0	0	-	0	0	0	-	0	0	0
1996 Kansas City Chiefs	14	14	41	10	0.0	1	2	1	0	3	17	5.7	0	2	18	9.0	0	0	0	-	0	1	1
1997 Kansas City Chiefs	16	15	49	6	0.0	0	0	0	0	2	9	4.5	0	0	0	-	0	0	0	-	0	0	0
6 NFL Seasons	93	79	298	55	0.0	4	9	1	0	19	160	8.4	1	83	787	9.5	2	11	190	17.3	0	4	13

Other Statistics: 1993–rushed 1 time for 2 yards. 1996–rushed 1 time for 3 yards; caught 6 passes for 89 yards and 1 touchdown.

Daryl Carter

Pos: LB **Rnd:** FA **College:** Wisconsin **Ht:** 6' 2" **Wt:** 222 **Born:** 2/24/75 **Age:** 23

			Tackles			Miscellaneous				Interceptions				Totals		
Year Team	G	GS	Tk	Ast	Sack	FF	FR	TD	Blk	Int	Yds	Avg	TD	Sfty	TD	Pts
1997 Chicago Bears	1	0	0	0	0.0	0	0	0	0	0	0	-	0	0	0	0

Kevin Carter
(statistical profile on page 401)

Pos: DE **Rnd:** 1 (6) **College:** Florida **Ht:** 6' 5" **Wt:** 274 **Born:** 9/21/73 **Age:** 25

			Tackles			Miscellaneous				Interceptions				Totals		
Year Team	G	GS	Tk	Ast	Sack	FF	FR	TD	Blk	Int	Yds	Avg	TD	Sfty	TD	Pts
1995 St. Louis Rams	16	16	33	4	6.0	1	1	0	0	0	0	-	0	1	0	2
1996 St. Louis Rams	16	16	39	16	9.5	5	2	0	0	0	0	-	0	0	0	0
1997 St. Louis Rams	16	16	32	10	7.5	3	2	0	2	0	0	-	0	0	0	0
3 NFL Seasons	48	48	104	30	23.0	9	5	0	2	0	0	-	0	1	0	2

Ki-Jana Carter
(statistical profile on page 291)

Pos: RB **Rnd:** 1 (1) **College:** Penn State **Ht:** 5' 10" **Wt:** 227 **Born:** 9/12/73 **Age:** 25

			Rushing					Receiving					Kickoff Returns				Passing					Totals		
Year Team	G	GS	Att	Yds	Avg	Lg	TD	Rec	Yds	Avg	Lg	TD	Num	Yds	Avg	TD	Att	Com	Yds	Int	TD	Fum	TD	Pts
1996 Cincinnati Bengals	16	4	91	264	2.9	t31	8	22	169	7.7	20	1	0	0	-	0	0	0	0	0	0	2	9	54
1997 Cincinnati Bengals	15	10	128	464	3.6	t79	7	21	157	7.5	35	0	1	9	9.0	0	1	0	0	0	0	3	7	42
2 NFL Seasons	31	14	219	728	3.3	t79	15	43	326	7.6	35	1	1	9	9.0	0	1	0	0	0	0	5	16	96

Other Statistics: 1996–recovered 2 fumbles for -8 yards. 1997–recovered 2 fumbles for 0 yards.

Marty Carter
(statistical profile on page 401)

Pos: S **Rnd:** 8 **College:** Middle Tennessee State **Ht:** 6' 1" **Wt:** 212 **Born:** 12/17/69 **Age:** 28

			Tackles			Miscellaneous				Interceptions				Punt Returns				Kickoff Returns				Totals	
Year Team	G	GS	Tk	Ast	Sack	FF	FR	TD	Blk	Int	Yds	Avg	TD	Num	Yds	Avg	TD	Num	Yds	Avg	TD	TD	Fum
1991 Tampa Bay Buccaneers	14	11	41	21	0.0	0	0	0	0	1	5	5.0	0	0	0	-	0	0	0	-	0	0	0
1992 Tampa Bay Buccaneers	16	16	78	40	2.0	0	0	0	0	3	1	0.3	0	0	0	-	0	0	0	-	0	0	0
1993 Tampa Bay Buccaneers	16	14	94	36	0.0	1	2	0	0	1	0	0.0	0	0	0	-	0	0	0	-	0	0	0
1994 Tampa Bay Buccaneers	16	14	74	19	1.0	1	0	0	0	0	0	-	0	0	0	-	0	1	0	0.0	0	0	0
1995 Chicago Bears	16	16	80	15	0.0	2	1	0	0	2	20	10.0	0	0	0	-	0	0	0	-	0	0	0
1996 Chicago Bears	16	16	88	13	0.0	1	0	0	0	3	34	11.3	0	0	0	-	0	0	0	-	0	0	0
1997 Chicago Bears	15	15	70	26	1.0	0	0	0	0	1	14	14.0	0	0	0	-	0	0	0	-	0	0	0
7 NFL Seasons	109	102	525	170	4.0	5	3	0	0	11	74	6.7	0	0	0	-	0	1	0	0.0	0	0	0

Other Statistics: 1994–caught 1 pass for 21 yards.

Pat Carter

Pos: TE **Rnd:** 2 **College:** Florida State **Ht:** 6' 4" **Wt:** 258 **Born:** 8/1/66 **Age:** 32

			Rushing					Receiving					Punt Returns				Kickoff Returns				Totals		
Year Team	G	GS	Att	Yds	Avg	Lg	TD	Rec	Yds	Avg	Lg	TD	Num	Yds	Avg	TD	Num	Yds	Avg	TD	Fum	TD	Pts
1988 Detroit Lions	15	14	0	0	-	-	0	13	145	11.2	31	0	0	0	-	0	0	0	-	0	0	0	0
1989 Los Angeles Rams	16	0	0	0	-	-	0	0	0	-	-	0	0	0	-	0	0	0	-	0	0	0	0
1990 Los Angeles Rams	16	4	0	0	-	-	0	8	58	7.3	16	0	0	0	-	0	0	0	-	0	0	0	0
1991 Los Angeles Rams	16	5	0	0	-	-	0	8	69	8.6	t18	2	0	0	-	0	1	18	18.0	0	1	2	12
1992 Los Angeles Rams	16	16	0	0	-	-	0	20	232	11.6	25	3	0	0	-	0	0	0	-	0	0	3	18
1993 Los Angeles Rams	11	10	0	0	-	-	0	14	166	11.9	38	1	0	0	-	0	0	0	-	0	0	1	6
1994 Houston Oilers	16	12	0	0	-	-	0	11	74	6.7	19	1	0	0	-	0	0	0	-	0	0	1	6
1995 St. Louis Rams	16	5	0	0	-	-	0	0	0	-	-	0	0	0	-	0	0	0	-	0	0	0	0
1996 Arizona Cardinals	16	16	0	0	-	-	0	26	329	12.7	36	1	0	0	-	0	0	0	-	0	0	1	6
1997 Arizona Cardinals	16	10	0	0	-	-	0	7	44	6.3	15	1	0	0	-	0	0	0	-	0	0	1	6
10 NFL Seasons	154	92	0	0	-	-	0	107	1117	10.4	38	9	0	0	-	0	1	18	18.0	0	1	9	54

Perry Carter

Pos: CB **Rnd:** 4 **College:** Southern Mississippi **Ht:** 5' 11" **Wt:** 206 **Born:** 8/15/71 **Age:** 27

Year Team	G	GS	Tackles			Miscellaneous				Interceptions				Totals		
			Tk	Ast	Sack	FF	FR	TD	Blk	Int	Yds	Avg	TD	Sfty	TD	Pts
1995 Kansas City Chiefs	2	0	0	0	0.0	0	0	0	0	0	0	-	0	0	0	0
1996 Oakland Raiders	4	0	0	0	0.0	0	0	0	0	0	0	-	0	0	0	0
1997 Oakland Raiders	16	7	39	4	0.0	0	0	0	0	0	0	-	0	0	0	0
3 NFL Seasons	22	7	39	4	0.0	0	0	0	0	0	0	-	0	0	0	0

Tom Carter

(statistical profile on page 401)

Pos: CB **Rnd:** 1 (17) **College:** Notre Dame **Ht:** 6' 0" **Wt:** 186 **Born:** 9/5/72 **Age:** 26

Year Team	G	GS	Tackles			Miscellaneous				Interceptions				Totals		
			Tk	Ast	Sack	FF	FR	TD	Blk	Int	Yds	Avg	TD	Sfty	TD	Pts
1993 Washington Redskins	14	11	31	7	0.0	0	0	0	0	6	54	9.0	0	0	0	0
1994 Washington Redskins	16	16	38	5	0.0	0	0	0	0	3	58	19.3	0	0	0	0
1995 Washington Redskins	16	16	74	4	0.0	1	0	0	0	4	116	29.0	1	0	0	0
1996 Washington Redskins	16	16	59	2	0.0	0	0	0	0	5	24	4.8	0	0	1	6
1997 Chicago Bears	16	16	43	5	0.0	0	0	0	0	3	12	4.0	0	0	0	0
5 NFL Seasons	78	75	245	23	0.0	1	0	0	0	21	264	12.6	1	0	1	6

Tony Carter

Pos: FB **Rnd:** FA **College:** Minnesota **Ht:** 5' 11" **Wt:** 236 **Born:** 8/23/72 **Age:** 26

Year Team	G	GS	Rushing					Receiving					Punt Returns				Kickoff Returns				Totals		
			Att	Yds	Avg	Lg	TD	Rec	Yds	Avg	Lg	TD	Num	Yds	Avg	TD	Num	Yds	Avg	TD	Fum	TD	Pts
1994 Chicago Bears	14	0	0	0	-	-	0	1	24	24.0	24	0	0	0	-	0	6	99	16.5	0	0	0	0
1995 Chicago Bears	16	11	10	34	3.4	7	0	40	329	8.2	27	1	0	0	-	0	3	24	8.0	0	0	0	0
1996 Chicago Bears	16	11	11	43	3.9	23	0	41	233	5.7	29	0	0	0	-	0	0	0	-	0	1	1	6
1997 Chicago Bears	16	10	9	56	6.2	16	0	24	152	6.3	19	0	0	0	-	0	2	34	17.0	0	1	0	0
4 NFL Seasons	62	32	30	133	4.4	23	0	106	738	7.0	29	1	0	0	-	0	11	157	14.3	0	2	1	6

Other Statistics: 1996–recovered 1 fumble for 0 yards. 1997–recovered 1 fumble for 0 yards.

Shante Carver

(statistical profile on page 402)

Pos: DE **Rnd:** 1 (23) **College:** Arizona State **Ht:** 6' 5" **Wt:** 253 **Born:** 2/12/71 **Age:** 27

Year Team	G	GS	Tackles			Miscellaneous				Interceptions				Totals		
			Tk	Ast	Sack	FF	FR	TD	Blk	Int	Yds	Avg	TD	Sfty	TD	Pts
1994 Dallas Cowboys	7	0	2	0	0.0	0	0	0	0	0	0	-	0	0	0	0
1995 Dallas Cowboys	15	3	8	2	2.5	0	1	0	0	0	0	-	0	0	0	0
1996 Dallas Cowboys	10	7	17	6	3.0	0	0	0	0	0	0	-	0	0	0	0
1997 Dallas Cowboys	16	16	28	12	6.0	1	0	0	0	0	0	-	0	0	0	0
4 NFL Seasons	48	26	55	20	11.5	1	1	0	0	0	0	-	0	0	0	0

Chad Cascadden

Pos: LB **Rnd:** FA **College:** Wisconsin **Ht:** 6' 1" **Wt:** 235 **Born:** 5/14/72 **Age:** 26

Year Team	G	GS	Tackles			Miscellaneous				Interceptions				Totals		
			Tk	Ast	Sack	FF	FR	TD	Blk	Int	Yds	Avg	TD	Sfty	TD	Pts
1995 New York Jets	12	0	0	0	0.0	0	0	0	0	0	0	-	0	0	0	0
1996 New York Jets	16	8	34	7	3.0	2	1	0	0	0	0	-	0	0	0	0
1997 New York Jets	15	0	12	1	0.0	0	1	0	0	0	0	-	0	0	0	0
3 NFL Seasons	43	8	46	8	3.0	2	2	0	0	0	0	-	0	0	0	0

Stoney Case

(statistical profile on page 292)

Pos: QB **Rnd:** 3 **College:** New Mexico **Ht:** 6' 2" **Wt:** 206 **Born:** 7/7/72 **Age:** 26

Year Team	G	GS	Passing									Rushing					Miscellaneous			
			Att	Com	Pct	Yards	Yds/Att	Lg	TD	Int	Int%	Rating	Att	Yds	Avg	Lg	TD	Sckd	Yds	Fum Recv Yds	Pts
1995 Arizona Cardinals	3	0	2	1	50.0	19	9.50	19	0	1	50.0	43.8	1	4	4.0	4	0	0	0	0 0 0	0
1996 Arizona Cardinals	1	0	0	0	-	-	-	-	0	0	-	0.0	0	0	-	-	0	0	0	0 0 0	0
1997 Arizona Cardinals	3	1	55	29	52.7	316	5.75	30	2	2	3.6	54.8	7	8	1.1	3	1	10	89	3 0 0	6
3 NFL Seasons	7	1	57	30	52.6	335	5.88	30	2	3	5.3	48.5	8	12	1.5	4	1	10	89	3 0 0	6

Tony Casillas

Pos: DT **Rnd:** 1 (2) **College:** Oklahoma **Ht:** 6' 3" **Wt:** 278 **Born:** 10/26/63 **Age:** 35

Year Team	G	GS	Tackles			Miscellaneous				Interceptions				Totals		
			Tk	Ast	Sack	FF	FR	TD	Blk	Int	Yds	Avg	TD	Sfty	TD	Pts
1986 Atlanta Falcons	16	16	55	56	1.0	2	1	0	0	0	0	-	0	0	0	0
1987 Atlanta Falcons	9	9	38	34	2.0	1	1	0	0	0	0	-	0	0	0	0
1988 Atlanta Falcons	16	16	62	49	2.0	3	1	0	0	0	0	-	0	0	0	0
1989 Atlanta Falcons	16	16	98	54	2.0	2	3	0	0	0	0	-	0	0	0	0
1990 Atlanta Falcons	9	0	18	14	1.0	0	0	0	0	0	0	-	0	0	0	0

				Tackles			Miscellaneous				Interceptions				Totals		
Year Team	G	GS	Tk	Ast	Sack	FF	FR	TD	Blk	Int	Yds	Avg	TD	Sfty	TD	Pts
1991 Dallas Cowboys	16	16	23	38	2.5	1	1	0	0	0	0	-	0	0	0	0
1992 Dallas Cowboys	15	15	28	27	3.0	0	1	0	0	0	0	-	0	0	0	0
1993 Dallas Cowboys	15	14	28	26	2.0	0	1	0	0	0	0	-	0	0	0	0
1994 New York Jets	13	11	23	12	1.5	0	0	0	0	0	0	-	0	0	0	0
1995 New York Jets	11	5	20	10	3.0	0	0	0	0	0	0	-	0	0	0	0
1996 Dallas Cowboys	16	3	11	6	0.0	1	0	0	0	0	0	-	0	0	0	0
1997 Dallas Cowboys	15	14	22	16	3.0	0	0	0	0	0	0	-	0	0	0	0
12 NFL Seasons	167	135	426	342	23.0	10	9	0	0	0	0	-	0	0	0	0

Ben Cavil

Pos: G **Rnd:** FA **College:** Oklahoma **Ht:** 6' 2" **Wt:** 310 **Born:** 1/31/72 **Age:** 26

Year Team	G	GS							G	GS
1997 Baltimore Ravens	15	8						1 NFL Season	15	8

Larry Centers
(statistical profile on page 292)

Pos: FB **Rnd:** 5 **College:** Stephen F. Austin **Ht:** 5' 11" **Wt:** 215 **Born:** 6/1/68 **Age:** 30

			Rushing					Receiving					Punt Returns				Kickoff Returns				Totals		
Year Team	G	GS	Att	Yds	Avg	Lg	TD	Rec	Yds	Avg	Lg	TD	Num	Yds	Avg	TD	Num	Yds	Avg	TD	Fum	TD	Pts
1990 Phoenix Cardinals	6	0	0	0	-	-	0	0	0	-	-	0	0	0	-	0	16	272	17.0	0	1	0	0
1991 Phoenix Cardinals	9	2	14	44	3.1	8	0	19	176	9.3	23	0	5	30	6.0	0	16	330	20.6	0	4	0	0
1992 Phoenix Cardinals	16	1	37	139	3.8	28	0	50	417	8.3	26	2	0	0	-	0	0	0	-	0	1	2	12
1993 Phoenix Cardinals	16	9	25	152	6.1	33	0	66	603	9.1	29	3	0	0	-	0	0	0	-	0	1	3	18
1994 Arizona Cardinals	16	8	115	336	2.9	17	5	77	647	8.4	36	2	0	0	-	0	0	0	-	0	2	7	42
1995 Arizona Cardinals	16	10	78	254	3.3	20	2	101	962	9.5	32	2	0	0	-	0	1	15	15.0	0	2	4	24
1996 Arizona Cardinals	16	14	116	425	3.7	24	2	99	766	7.7	39	7	0	0	-	0	0	0	-	0	1	9	54
1997 Arizona Cardinals	15	14	101	276	2.7	14	1	54	409	7.6	29	1	0	0	-	0	0	0	-	0	1	2	12
8 NFL Seasons	110	58	486	1626	3.3	33	10	466	3980	8.5	39	17	5	30	6.0	0	33	617	18.7	0	13	27	162

Other Statistics: 1991–recovered 2 fumbles for 0 yards. 1993–recovered 2 fumbles for 0 yards. 1994–recovered 2 fumbles for 27 yards. 1995–recovered 1 fumble for 2 yards; attempted 1 pass with 0 completions for 0 yards and 1 interception. 1996–recovered 1 fumble for 0 yards.

Mike Chalenski

Pos: DE/DT **Rnd:** FA **College:** UCLA **Ht:** 6' 5" **Wt:** 290 **Born:** 1/28/70 **Age:** 28

			Tackles			Miscellaneous				Interceptions				Totals		
Year Team	G	GS	Tk	Ast	Sack	FF	FR	TD	Blk	Int	Yds	Avg	TD	Sfty	TD	Pts
1993 Philadelphia Eagles	15	0	1	0	0.0	0	0	0	0	0	0	-	0	0	0	0
1995 Philadelphia Eagles	9	0	4	0	0.0	0	0	0	0	0	0	-	0	0	0	0
1996 New York Jets	15	7	16	13	0.5	0	1	0	0	0	0	-	0	0	0	0
1997 Miami Dolphins	8	0	3	2	0.0	0	0	0	0	0	0	-	0	0	0	0
4 NFL Seasons	47	7	24	15	0.5	0	1	0	0	0	0	-	0	0	0	0

Byron Chamberlain

Pos: TE **Rnd:** 7 **College:** Wayne State (NE) **Ht:** 6' 1" **Wt:** 240 **Born:** 10/17/71 **Age:** 27

			Rushing					Receiving					Punt Returns				Kickoff Returns				Totals		
Year Team	G	GS	Att	Yds	Avg	Lg	TD	Rec	Yds	Avg	Lg	TD	Num	Yds	Avg	TD	Num	Yds	Avg	TD	Fum	TD	Pts
1995 Denver Broncos	5	0	0	0	-	-	0	1	11	11.0	11	0	0	0	-	0	0	0	-	0	0	0	0
1996 Denver Broncos	11	0	0	0	-	-	0	12	129	10.8	17	0	0	0	-	0	3	49	16.3	0	1	0	0
1997 Denver Broncos	10	0	0	0	-	-	0	2	18	9.0	9	0	0	0	-	0	1	13	13.0	0	1	0	0
3 NFL Seasons	26	0	0	0	-	-	0	15	158	10.5	17	0	0	0	-	0	4	62	15.5	0	2	0	0

Robert Chancey

Pos: FB **Rnd:** FA **College:** NONE **Ht:** 6' 0" **Wt:** 258 **Born:** 9/7/72 **Age:** 26

			Rushing					Receiving					Punt Returns				Kickoff Returns				Totals		
Year Team	G	GS	Att	Yds	Avg	Lg	TD	Rec	Yds	Avg	Lg	TD	Num	Yds	Avg	TD	Num	Yds	Avg	TD	Fum	TD	Pts
1997 San Diego Chargers	6	0	0	0	-	-	0	0	0	-	-	0	0	0	-	0	0	0	-	0	0	0	0

Chris Chandler
(statistical profile on page 293)

Pos: QB **Rnd:** 3 **College:** Washington **Ht:** 6' 4" **Wt:** 225 **Born:** 10/12/65 **Age:** 33

			Passing									Rushing					Miscellaneous			
Year Team	G	GS	Att	Com	Pct	Yards	Yds/Att	Lg	TD	Int	Int%	Rating	Att	Yds	Avg	Lg	TD	Sckd	Yds	Fum	Recv Yds	Pts
1988 Indianapolis Colts	15	13	233	129	55.4	1619	6.95	54	8	12	5.2	67.2	46	139	3.0	t29	3	18	128	8	5 -6	18
1989 Indianapolis Colts	3	3	80	39	48.8	537	6.71	t82	2	3	3.8	63.4	7	57	8.1	23	1	6	17	0	0 0	6
1990 Tampa Bay Buccaneers	7	3	83	42	50.6	464	5.59	t68	1	6	7.2	41.4	13	71	5.5	18	1	15	103	5	1 -2	6
1991 TB - Pho	9	5	154	78	50.6	846	5.49	t45	5	10	6.5	50.9	26	111	4.3	12	0	17	134	6	2 -7	0
1992 Phoenix Cardinals	15	13	413	245	59.3	2832	6.86	t72	15	15	3.6	77.1	36	149	4.1	18	1	29	226	9	2 -11	6
1993 Phoenix Cardinals	4	2	103	52	50.5	471	4.57	t27	3	2	1.9	64.8	3	2	0.7	1	0	4	25	2	0 0	0
1994 Los Angeles Rams	12	6	176	108	61.4	1352	7.68	t72	7	2	1.1	93.8	18	61	3.4	22	1	7	46	3	0 -2	6
1995 Houston Oilers	13	13	356	225	63.2	2460	6.91	t76	17	10	2.8	87.8	28	58	2.1	9	2	21	173	12	5 -6	14

				Passing							Rushing					Miscellaneous				
Year Team	G	GS	Att	Com	Pct	Yards	Yds/Att	Lg	TD	Int	Int%	Rating	Att	Yds	Avg	Lg TD	Sckd	Yds	Fum Recv Yds	Pts
1996 Houston Oilers	12	12	320	184	57.5	2099	6.56	t63	16	11	3.4	79.7	28	113	4.0	16 0	25	153	8 3 -4	0
1997 Atlanta Falcons	14	14	342	202	59.1	2692	7.87	56	20	7	2.0	95.1	43	158	3.7	19 0	39	261	9 3 -18	0
1991 Tampa Bay Buccaneers	6	3	104	53	51.0	557	5.36	35	4	8	7.7	47.6	18	79	4.4	12 0	10	76	3 1 0	0
Phoenix Cardinals	3	2	50	25	50.0	289	5.78	t45	1	2	4.0	57.8	8	32	4.0	12 0	7	58	3 1 -7	0
10 NFL Seasons	104	84	2260	1304	57.7	15372	6.80	t82	94	78	3.5	78.0	248	919	3.7	t29 9	178	1266	62 21 -56	56

Other Statistics: 1995–scored 1 two-point conversion.

Michael Cheever

Pos: C **Rnd:** 2 **College:** Georgia Tech **Ht:** 6' 4" **Wt:** 291 **Born:** 6/24/73 **Age:** 25

Year Team	G	GS	Year Team	G	GS			G	GS
1996 Jacksonville Jaguars	11	2	1997 Jacksonville Jaguars	6	4		2 NFL Seasons	17	6

Je'Rod Cherry

Pos: CB/S **Rnd:** 2 **College:** California **Ht:** 6' 0" **Wt:** 196 **Born:** 5/30/73 **Age:** 25

			Tackles			Miscellaneous				Interceptions				Totals		
Year Team	G	GS	Tk	Ast	Sack	FF	FR	TD	Blk	Int	Yds	Avg	TD	Sfty	TD	Pts
1996 New Orleans Saints	13	0	6	2	0.0	0	1	0	0	0	0	-	0	0	0	0
1997 New Orleans Saints	16	0	6	0	0.0	0	0	0	0	0	0	-	0	0	0	0
2 NFL Seasons	29	0	12	2	0.0	0	1	0	0	0	0	-	0	0	0	0

Mike Cherry

Pos: QB **Rnd:** 6 **College:** Murray State **Ht:** 6' 3" **Wt:** 222 **Born:** 12/15/73 **Age:** 24

			Passing										Rushing				Miscellaneous			
Year Team	G	GS	Att	Com	Pct	Yards	Yds/Att	Lg	TD	Int	Int%	Rating	Att	Yds	Avg	Lg TD	Sckd	Yds	Fum Recv	Pts
1997 New York Giants	1	0	0	0	-	0	-	-	0	0	-	0.0	1	-2	-2.0	-2 0	0	0	0 0	0

Mark Chmura

Pos: TE **Rnd:** 6 **College:** Boston College **Ht:** 6' 5" **Wt:** 250 **Born:** 2/22/69 **Age:** 29 *(statistical profile on page 293)*

			Rushing					Receiving					Punt Returns				Kickoff Returns				Totals		
Year Team	G	GS	Att	Yds	Avg	Lg	TD	Rec	Yds	Avg	Lg	TD	Num	Yds	Avg	TD	Num	Yds	Avg	TD	Fum	TD	Pts
1993 Green Bay Packers	14	0	0	0	-	0	0	2	13	6.5	7	0	0	0	-	0	1	0	0.0	0	1	0	0
1994 Green Bay Packers	15	4	0	0	-	0	0	14	165	11.8	27	0	0	0	-	0	0	0	-	0	0	0	0
1995 Green Bay Packers	16	15	0	0	-	0	0	54	679	12.6	33	7	0	0	-	0	0	0	-	0	0	7	44
1996 Green Bay Packers	13	13	0	0	-	0	0	28	370	13.2	29	0	0	0	-	0	0	0	-	0	0	0	0
1997 Green Bay Packers	15	14	0	0	-	0	0	38	417	11.0	t32	6	0	0	-	0	0	0	-	0	1	6	36
5 NFL Seasons	73	46	0	0	-	0	0	136	1644	12.1	33	13	0	0	-	0	1	0	0.0	0	2	13	80

Other Statistics: 1993–recovered 1 fumble for 0 yards. 1995–scored 1 two-point conversion.

Wayne Chrebet

Pos: WR **Rnd:** FA **College:** Hofstra **Ht:** 5' 10" **Wt:** 185 **Born:** 8/14/73 **Age:** 25 *(statistical profile on page 294)*

			Rushing					Receiving					Punt Returns				Kickoff Returns				Totals		
Year Team	G	GS	Att	Yds	Avg	Lg	TD	Rec	Yds	Avg	Lg	TD	Num	Yds	Avg	TD	Num	Yds	Avg	TD	Fum	TD	Pts
1995 New York Jets	16	16	1	1	1.0	1	0	66	726	11.0	32	4	0	0	-	0	0	0	-	0	1	4	24
1996 New York Jets	16	9	0	0	-	0	0	84	909	10.8	44	3	28	139	5.0	0	0	0	-	0	5	3	18
1997 New York Jets	16	1	0	0	-	0	0	58	799	13.8	70	3	0	0	-	0	1	5	5.0	0	0	3	18
3 NFL Seasons	48	26	1	1	1.0	1	0	208	2434	11.7	70	10	28	139	5.0	0	1	5	5.0	0	6	10	60

Other Statistics: 1996–recovered 2 fumbles for 0 yards.

Bob Christian

Pos: FB **Rnd:** 12 **College:** Northwestern **Ht:** 5' 11" **Wt:** 230 **Born:** 11/14/68 **Age:** 29

			Rushing					Receiving					Punt Returns				Kickoff Returns				Totals		
Year Team	G	GS	Att	Yds	Avg	Lg	TD	Rec	Yds	Avg	Lg	TD	Num	Yds	Avg	TD	Num	Yds	Avg	TD	Fum	TD	Pts
1992 Chicago Bears	2	0	0	0	-	0	0	0	0	-	0	0	0	0	-	0	0	0	-	0	0	0	0
1993 Chicago Bears	14	1	8	19	2.4	12	0	16	160	10.0	36	0	0	0	-	0	0	0	-	0	0	0	0
1994 Chicago Bears	12	0	7	29	4.1	8	0	2	30	15.0	21	0	0	0	-	0	0	0	-	0	0	0	0
1995 Carolina Panthers	14	12	41	158	3.9	17	0	29	255	8.8	23	1	0	0	-	0	0	0	-	0	1	1	8
1997 Atlanta Falcons	16	12	7	8	1.1	3	0	22	154	7.0	19	1	0	0	-	0	0	0	-	0	3	1	6
5 NFL Seasons	58	25	63	214	3.4	17	0	69	599	8.7	36	2	0	0	-	0	0	0	-	0	4	2	14

Other Statistics: 1995–recovered 1 fumble for 0 yards; scored 1 two-point conversion. 1997–recovered 1 fumble for 0 yards.

Steve Christie

Pos: K **Rnd:** FA **College:** William & Mary **Ht:** 6' 0" **Wt:** 185 **Born:** 11/13/67 **Age:** 30 *(statistical profile on page 471)*

		Field Goals											PAT		Tot
Year Team	G	1-29 Yds	Pct	30-39 Yds	Pct	40-49 Yds	Pct	50+ Yds	Pct	Overall	Pct	Long	Made	Att	Pts
1990 Tampa Bay Buccaneers	16	7-7	100.0	10-13	76.9	4-5	80.0	2-2	100.0	23-27	85.2	54	27	27	96
1991 Tampa Bay Buccaneers	16	5-5	100.0	7-11	63.6	3-4	75.0	0-0	-	15-20	75.0	49	22	22	67

Year Team	G	1-29 Yds	Pct	30-39 Yds	Pct	40-49 Yds	Pct	50+ Yds	Pct	Overall	Pct	Long	PAT Made	PAT Att	Tot Pts
1992 Buffalo Bills	16	11-11	100.0	3-6	50.0	7-8	87.5	3-5	60.0	24-30	80.0	54	43	44	115
1993 Buffalo Bills	16	4-5	80.0	12-12	100.0	6-9	66.7	1-6	16.7	23-32	71.9	59	36	37	105
1994 Buffalo Bills	16	11-12	91.7	6-7	85.7	5-7	71.4	2-2	100.0	24-28	85.7	52	38	38	110
1995 Buffalo Bills	16	13-14	92.9	13-15	86.7	3-6	50.0	2-5	40.0	31-40	77.5	51	33	35	126
1996 Buffalo Bills	16	5-6	83.3	12-14	85.7	7-8	87.5	0-1	0.0	24-29	82.8	48	33	33	105
1997 Buffalo Bills	16	6-6	100.0	9-12	75.0	8-10	80.0	1-2	50.0	24-30	80.0	55	21	21	93
8 NFL Seasons	128	62-66	93.9	72-90	80.0	43-57	75.4	11-23	47.8	188-236	79.7	59	253	257	817

Other Statistics: 1994—recovered 1 fumble for 0 yards.

Jeff Christy

Pos: C **Rnd:** 4 **College:** Pittsburgh **Ht:** 6' 3" **Wt:** 284 **Born:** 2/3/69 **Age:** 29

Year Team	G	GS	Year Team	G	GS	Year Team	G	GS		G	GS
1993 Minnesota Vikings	9	0	1995 Minnesota Vikings	16	16	1997 Minnesota Vikings	12	12			
1994 Minnesota Vikings	16	16	1996 Minnesota Vikings	16	16				5 NFL Seasons	69	60

Pete Chryplewicz

Pos: TE **Rnd:** 5 **College:** Colorado **Ht:** 6' 4" **Wt:** 255 **Born:** 4/27/74 **Age:** 24

Year Team	G	GS	Rushing Att	Yds	Avg	Lg	TD	Receiving Rec	Yds	Avg	Lg	TD	Punt Returns Num	Yds	Avg	TD	Kickoff Returns Num	Yds	Avg	TD	Totals Fum	TD	Pts
1997 Detroit Lions	10	0	0	0	-	-	0	3	27	9.0	12	1	0	0	-	0	0	0	-	0	0	1	6

Eugene Chung

Pos: C/G **Rnd:** 1 (13) **College:** Virginia Tech **Ht:** 6' 5" **Wt:** 311 **Born:** 6/14/69 **Age:** 29

Year Team	G	GS	Year Team	G	GS	Year Team	G	GS		G	GS
1992 New England Patriots	15	14	1994 New England Patriots	4	0	1997 Indianapolis Colts	10	0			
1993 New England Patriots	16	16	1995 Jacksonville Jaguars	11	0				5 NFL Seasons	56	30

Greg J. Clark

Pos: TE **Rnd:** 3 **College:** Stanford **Ht:** 6' 4" **Wt:** 262 **Born:** 4/7/72 **Age:** 26

Year Team	G	GS	Rushing Att	Yds	Avg	Lg	TD	Receiving Rec	Yds	Avg	Lg	TD	Punt Returns Num	Yds	Avg	TD	Kickoff Returns Num	Yds	Avg	TD	Totals Fum	TD	Pts
1997 San Francisco 49ers	15	4	0	0	-	-	0	8	96	12.0	23	1	0	0	-	0	0	0	-	0	0	1	6

Jon Clark

Pos: T **Rnd:** 6 **College:** Temple **Ht:** 6' 6" **Wt:** 345 **Born:** 4/11/73 **Age:** 25

Year Team	G	GS	Year Team	G	GS		G	GS
1996 Chicago Bears	2	0	1997 Chicago Bears	1	0	2 NFL Seasons	3	0

Rico Clark

Pos: CB **Rnd:** FA **College:** Louisville **Ht:** 5' 10" **Wt:** 181 **Born:** 6/6/74 **Age:** 24

Year Team	G	GS	Tackles Tk	Ast	Sack	Misc FF	FR	TD	Blk	Int	Yds	Avg	TD	Sfty	TD	Pts
1997 Indianapolis Colts	4	2	7	1	0.0	0	0	0	0	1	14	14.0	0	0	0	0

Willie Clark

Pos: CB **Rnd:** 3 **College:** Notre Dame **Ht:** 5' 10" **Wt:** 186 **Born:** 1/6/72 **Age:** 26

Year Team	G	GS	Tk	Ast	Sack	FF	FR	TD	Blk	Int	Yds	Avg	TD	Num	Yds	Avg	TD	Num	Yds	Avg	TD	TD	Fum
1994 San Diego Chargers	6	0	11	2	0.0	0	0	0	0	0	0	-	0	0	0	-	0	0	0	-	0	0	0
1995 San Diego Chargers	16	2	26	5	0.0	1	1	0	0	2	14	7.0	0	0	0	-	0	0	0	-	0	0	0
1996 San Diego Chargers	16	4	37	5	0.0	0	1	0	0	2	83	41.5	1	0	0	-	0	0	0	-	0	1	0
1997 Philadelphia Eagles	16	2	21	7	0.0	1	0	0	0	0	0	-	0	0	0	-	0	1	39	39.0	1	1	0
4 NFL Seasons	54	8	95	19	0.0	2	2	0	0	4	97	24.3	1	0	0	-	0	1	39	39.0	1	2	0

Shannon Clavelle

Pos: DE **Rnd:** 6 **College:** Colorado **Ht:** 6' 2" **Wt:** 287 **Born:** 10/12/73 **Age:** 25

Year Team	G	GS	Tk	Ast	Sack	FF	FR	TD	Blk	Int	Yds	Avg	TD	Sfty	TD	Pts
1995 Green Bay Packers	1	0	0	0	0.0	0	0	0	0	0	0	-	0	0	0	0
1996 Green Bay Packers	8	0	1	1	0.5	0	0	0	0	0	0	-	0	0	0	0
1997 Green Bay Packers	6	0	0	1	0.0	0	0	0	0	0	0	-	0	0	0	0
3 NFL Seasons	15	0	1	2	0.5	0	0	0	0	0	0	-	0	0	0	0

Willie Clay

(statistical profile on page 402)

Pos: S **Rnd:** 8 **College:** Georgia Tech **Ht:** 5' 10" **Wt:** 198 **Born:** 9/5/70 **Age:** 28

Year Team	G	GS	Tk	Ast	Sack	FF	FR	TD	Blk	Int	Yds	Avg	TD	Num	Yds	Avg	TD	Num	Yds	Avg	TD	TD	Fum
1992 Detroit Lions	6	0	4	2	0.0	0	0	0	0	0	0	-	0	0	0	-	0	0	0	-	0	0	0

(continued)

Year	Team	G	GS	Tackles			Miscellaneous				Interceptions				Punt Returns				Kickoff Returns				Totals	
				Tk	Ast	Sack	FF	FR	TD	Blk	Int	Yds	Avg	TD	Num	Yds	Avg	TD	Num	Yds	Avg	TD	TD	Fum
1993	Detroit Lions	16	1	22	2	1.0	1	2	2	0	0	0	-	0	0	0	-	0	2	34	17.0	0	2	0
1994	Detroit Lions	16	16	59	17	0.0	3	0	0	0	3	54	18.0	1	3	20	6.7	0	0	0	-	0	1	0
1995	Detroit Lions	16	16	50	16	0.0	0	0	0	0	8	173	21.6	0	5	49	9.8	0	0	0	-	0	0	0
1996	New England Patriots	16	15	73	19	0.0	1	1	0	0	4	50	12.5	0	0	0	-	0	0	0	-	0	0	0
1997	New England Patriots	16	16	68	27	0.0	1	2	0	0	6	109	18.2	1	0	0	-	0	0	0	-	0	1	0
	6 NFL Seasons	86	64	276	83	1.0	6	5	2	0	21	386	18.4	2	8	69	8.6	0	2	34	17.0	0	4	0

Chuck Clements

Pos: QB **Rnd:** 6 **College:** Houston **Ht:** 6' 3" **Wt:** 214 **Born:** 8/29/73 **Age:** 25

Year	Team	G	GS	Passing									Rushing					Miscellaneous			
				Att	Com	Pct	Yards	Yds/Att	Lg	TD	Int	Int%	Rating	Att	Yds	Avg	Lg	TD	Sckd	Yds	Fum	Recv Yds	Pts
1997	New York Jets	1	0	0	0	-	0	-	-	0	0	-	0.0	2	-3	-1.5	-1	0	0	0	0	0	0

Charlie Clemons

Pos: LB **Rnd:** FA **College:** Georgia **Ht:** 6' 2" **Wt:** 257 **Born:** 7/4/72 **Age:** 26

Year	Team	G	GS	Tackles			Miscellaneous				Interceptions				Totals		
				Tk	Ast	Sack	FF	FR	TD	Blk	Int	Yds	Avg	TD	Sfty	TD	Pts
1997	St. Louis Rams	5	0	1	0	0.0	0	0	0	0	0	0	-	0	0	0	0

Duane Clemons

Pos: DE **Rnd:** 1 (16) **College:** California **Ht:** 6' 5" **Wt:** 261 **Born:** 5/23/74 **Age:** 24

Year	Team	G	GS	Tackles			Miscellaneous				Interceptions				Totals		
				Tk	Ast	Sack	FF	FR	TD	Blk	Int	Yds	Avg	TD	Sfty	TD	Pts
1996	Minnesota Vikings	13	0	2	5	0.0	0	1	0	0	0	0	-	0	0	0	0
1997	Minnesota Vikings	13	3	23	1	7.0	2	1	0	0	0	0	-	0	0	0	0
	2 NFL Seasons	26	3	25	6	7.0	2	2	0	0	0	0	-	0	0	0	0

Tony Cline

Pos: TE **Rnd:** 4 **College:** Stanford **Ht:** 6' 4" **Wt:** 247 **Born:** 11/24/71 **Age:** 26

Year	Team	G	GS	Rushing					Receiving					Punt Returns				Kickoff Returns				Totals		
				Att	Yds	Avg	Lg	TD	Rec	Yds	Avg	Lg	TD	Num	Yds	Avg	TD	Num	Yds	Avg	TD	Fum	TD	Pts
1995	Buffalo Bills	16	1	0	0	-	0	0	8	64	8.0	17	0	0	0	-	0	1	11	11.0	0	0	0	0
1996	Buffalo Bills	16	6	0	0	-	0	0	19	117	6.2	15	1	0	0	-	0	0	0	-	0	0	1	6
1997	Buffalo Bills	10	1	0	0	-	0	0	1	29	29.0	29	0	0	0	-	0	1	0	0.0	0	0	0	0
	3 NFL Seasons	42	8	0	0	-	0	0	28	210	7.5	29	1	0	0	-	0	2	11	5.5	0	0	1	6

Dexter Coakley

(statistical profile on page 403)

Pos: LB **Rnd:** 3 **College:** Appalachian **Ht:** 5' 11" **Wt:** 205 **Born:** 10/20/72 **Age:** 26

Year	Team	G	GS	Tackles			Miscellaneous				Interceptions				Totals		
				Tk	Ast	Sack	FF	FR	TD	Blk	Int	Yds	Avg	TD	Sfty	TD	Pts
1997	Dallas Cowboys	16	16	69	20	2.5	1	1	1	0	1	6	6.0	0	0	1	6

Ben Coates

(statistical profile on page 294)

Pos: TE **Rnd:** 5 **College:** Livingstone College **Ht:** 6' 5" **Wt:** 245 **Born:** 8/16/69 **Age:** 29

Year	Team	G	GS	Rushing					Receiving					Punt Returns				Kickoff Returns				Totals		
				Att	Yds	Avg	Lg	TD	Rec	Yds	Avg	Lg	TD	Num	Yds	Avg	TD	Num	Yds	Avg	TD	Fum	TD	Pts
1991	New England Patriots	16	2	1	-6	-6.0	-6	0	10	95	9.5	17	1	0	0	-	0	1	6	6.0	0	0	1	6
1992	New England Patriots	16	2	1	2	2.0	2	0	20	171	8.6	t22	3	0	0	-	0	0	0	-	0	1	3	18
1993	New England Patriots	16	10	0	0	-	0	0	53	659	12.4	t54	8	0	0	-	0	0	0	-	0	0	8	48
1994	New England Patriots	16	16	1	0	0.0	0	0	96	1174	12.2	t62	7	0	0	-	0	0	0	-	0	2	7	42
1995	New England Patriots	16	15	0	0	-	0	0	84	915	10.9	35	6	0	0	-	0	0	0	-	0	4	6	36
1996	New England Patriots	16	15	0	0	-	0	0	62	682	11.0	t84	9	0	0	-	0	0	0	-	0	1	9	56
1997	New England Patriots	16	16	0	0	-	0	0	66	737	11.2	35	8	0	0	-	0	1	20	20.0	0	0	8	48
	7 NFL Seasons	112	76	3	-4	-1.3	2	0	391	4433	11.3	t84	42	0	0	-	0	2	26	13.0	0	8	42	254

Other Statistics: 1994–recovered 2 fumbles for 0 yards. 1996–scored 1 two-point conversion.

Lyron Cobbins

Pos: LB **Rnd:** FA **College:** Notre Dame **Ht:** 5' 11" **Wt:** 240 **Born:** 9/17/74 **Age:** 24

Year	Team	G	GS	Tackles			Miscellaneous				Interceptions				Totals		
				Tk	Ast	Sack	FF	FR	TD	Blk	Int	Yds	Avg	TD	Sfty	TD	Pts
1997	Arizona Cardinals	6	0	0	0	0.0	0	0	0	0	0	0	-	0	0	0	0

Joe Cocozzo

Pos: G **Rnd:** 3 **College:** Michigan **Ht:** 6' 4" **Wt:** 300 **Born:** 8/7/70 **Age:** 28

Year	Team	G	GS	Year	Team	G	GS	Year	Team	G	GS		G	GS
1993	San Diego Chargers	16	5	1995	San Diego Chargers	15	7	1997	San Diego Chargers	16	12			

Year	Team	G	GS	Year	Team	G	GS	Year	Team	G	GS		G	GS
1994	San Diego Chargers	13	13	1996	San Diego Chargers	16	11					5 NFL Seasons	76	48

Andre Coleman
Pos: KR/WR **Rnd:** 3 **College:** Kansas State **Ht:** 5' 9" **Wt:** 165 **Born:** 9/19/72 **Age:** 26

				Rushing					Receiving				Punt Returns				Kickoff Returns				Totals		
Year	Team	G	GS	Att	Yds	Avg	Lg	TD	Rec	Yds	Avg	Lg	TD	Num	Yds	Avg	TD	Num	Yds	Avg	TD	Fum	TD	Pts
1994	San Diego Chargers	13	0	0	0	-	-	0	0	0	-	-	0	0	0	-	0	49	1293	26.4	2	3	2	12
1995	San Diego Chargers	15	0	0	0	-	-	0	4	78	19.5	41	0	28	326	11.6	1	62	1411	22.8	2	10	3	18
1996	San Diego Chargers	16	10	2	0	0.0	7	0	36	486	13.5	50	2	0	0	-	0	55	1210	22.0	0	4	2	12
1997	Sea - Pit	10	0	0	0	-	-	0	0	0	-	-	0	5	5	1.0	0	27	552	20.4	0	2	0	0
1997	Seattle Seahawks	2	0	0	0	-	-	0	0	0	-	-	0	0	0	-	0	3	65	21.7	0	1	0	0
	Pittsburgh Steelers	8	0	0	0	-	-	0	0	0	-	-	0	5	5	1.0	0	24	487	20.3	0	1	0	0
	4 NFL Seasons	54	10	2	0	0.0	7	0	40	564	14.1	50	2	33	331	10.0	1	193	4466	23.1	4	19	7	42

Other Statistics: 1994–recovered 1 fumble for 0 yards. 1995–recovered 3 fumbles for 0 yards. 1996–recovered 3 fumbles for 0 yards.

Ben Coleman
Pos: G/T **Rnd:** 2 **College:** Wake Forest **Ht:** 6' 5" **Wt:** 325 **Born:** 5/18/71 **Age:** 27

Year	Team	G	GS	Year	Team	G	GS	Year	Team	G	GS		G	GS
1993	Phoenix Cardinals	12	0	1995	Arizona Cardinals	3	0	1996	Jacksonville Jaguars	16	16			
1994	Arizona Cardinals	15	13	1995	Jacksonville Jaguars	10	5	1997	Jacksonville Jaguars	16	16	5 NFL Seasons	72	50

Other Statistics: 1995–recovered 1 fumble for 0 yards.

Marco Coleman
Pos: DE **Rnd:** 1 (12) **College:** Georgia Tech **Ht:** 6' 3" **Wt:** 267 **Born:** 12/18/69 **Age:** 28

				Tackles			Miscellaneous				Interceptions				Totals		
Year	Team	G	GS	Tk	Ast	Sack	FF	FR	TD	Blk	Int	Yds	Avg	TD	Sfty	TD	Pts
1992	Miami Dolphins	16	15	61	23	6.0	1	0	0	0	0	0	-	0	0	0	0
1993	Miami Dolphins	15	15	35	19	5.5	2	0	0	0	0	0	-	0	0	0	0
1994	Miami Dolphins	16	16	34	9	6.0	3	1	0	0	0	0	-	0	0	0	0
1995	Miami Dolphins	16	16	33	12	6.5	0	0	0	0	0	0	-	0	0	0	0
1996	San Diego Chargers	16	15	34	8	4.0	1	0	0	0	0	0	-	0	0	0	0
1997	San Diego Chargers	16	16	39	9	2.0	3	0	0	0	1	2	2.0	0	0	0	0
	6 NFL Seasons	95	93	236	80	30.0	10	1	0	0	1	2	2.0	0	0	0	0

Marcus Coleman
Pos: S/CB **Rnd:** 5 **College:** Texas Tech **Ht:** 6' 2" **Wt:** 205 **Born:** 5/24/74 **Age:** 24

				Tackles			Miscellaneous				Interceptions				Totals		
Year	Team	G	GS	Tk	Ast	Sack	FF	FR	TD	Blk	Int	Yds	Avg	TD	Sfty	TD	Pts
1996	New York Jets	13	3	25	6	0.0	1	0	0	0	1	23	23.0	0	0	0	0
1997	New York Jets	16	2	8	2	0.0	0	1	0	0	1	24	24.0	0	0	0	0
	2 NFL Seasons	29	5	33	8	0.0	1	1	0	0	2	47	23.5	0	0	0	0

Stalin Colinet
Pos: DE **Rnd:** 3 **College:** Boston College **Ht:** 6' 6" **Wt:** 259 **Born:** 7/19/74 **Age:** 24

				Tackles			Miscellaneous				Interceptions				Totals		
Year	Team	G	GS	Tk	Ast	Sack	FF	FR	TD	Blk	Int	Yds	Avg	TD	Sfty	TD	Pts
1997	Minnesota Vikings	10	2	14	4	0.0	0	0	0	0	0	0	-	0	0	0	0

Andre Collins
Pos: LB **Rnd:** 2 **College:** Penn State **Ht:** 6' 1" **Wt:** 231 **Born:** 5/4/68 **Age:** 30

				Tackles			Miscellaneous				Interceptions				Punt Returns				Kickoff Returns				Totals	
Year	Team	G	GS	Tk	Ast	Sack	FF	FR	TD	Blk	Int	Yds	Avg	TD	Num	Yds	Avg	TD	Num	Yds	Avg	TD	TD	Fum
1990	Washington Redskins	16	16	54	39	6.0	0	0	0	0	0	0	-	0	0	0	-	0	0	0	-	0	0	0
1991	Washington Redskins	16	16	91	60	3.0	0	0	0	0	2	33	16.5	1	0	0	-	0	0	0	-	0	1	1
1992	Washington Redskins	14	14	61	55	2.0	0	1	0	0	1	59	59.0	0	0	0	-	0	0	0	-	0	0	0
1993	Washington Redskins	13	13	64	48	6.0	0	0	0	0	1	5	5.0	0	0	0	-	0	0	0	-	0	0	0
1994	Washington Redskins	16	16	107	21	1.5	1	1	0	0	4	150	37.5	2	0	0	-	0	1	0	0.0	0	2	0
1995	Cincinnati Bengals	16	6	50	12	4.0	0	0	0	0	2	3	1.5	0	0	0	-	0	1	-3	-3.0	0	0	0
1996	Cincinnati Bengals	14	0	6	1	0.0	0	0	0	0	0	0	-	0	0	0	-	0	0	0	-	0	0	0
1997	Cincinnati Bengals	16	0	25	5	3.0	0	1	0	0	0	0	-	0	0	0	-	0	0	0	-	0	0	0
	8 NFL Seasons	121	81	458	241	25.5	3	3	0	0	10	250	25.0	3	0	0	-	0	2	-3	-1.5	0	3	1

Calvin Collins
Pos: C **Rnd:** 6 **College:** Texas A&M **Ht:** 6' 2" **Wt:** 307 **Born:** 1/5/74 **Age:** 24

Year	Team	G	GS					G	GS
1997	Atlanta Falcons	15	13				1 NFL Season	15	13

Kerry Collins

(statistical profile on page 295)

Pos: QB **Rnd:** 1 (5) **College:** Penn State **Ht:** 6' 5" **Wt:** 240 **Born:** 12/30/72 **Age:** 25

			Passing									Rushing				Miscellaneous			
Year Team	G	GS	Att	Com	Pct	Yards	Yds/Att	Lg	TD	Int	Int%	Rating	Att	Yds	Avg	Lg	TD	Sckd	Yds	Fum	Recv	Yds	Pts
1995 Carolina Panthers	15	13	432	214	49.5	2717	6.29	t89	14	19	4.4	62.0	42	74	1.8	10	3	24	150	13	4	-7	18
1996 Carolina Panthers	13	12	364	204	56.0	2454	6.74	55	14	9	2.5	79.4	32	38	1.2	14	0	18	114	6	1	0	2
1997 Carolina Panthers	13	13	381	200	52.5	2124	5.57	t59	11	21	5.5	55.7	26	54	2.1	21	1	27	200	8	2	-3	6
3 NFL Seasons	41	38	1177	618	52.5	7295	6.20	t89	39	49	4.2	65.4	100	166	1.7	21	4	69	464	27	7	-10	26

Other Statistics: 1996–scored 1 two-point conversion.

Mark Collins

Pos: S **Rnd:** 2 **College:** California State-Fullerton **Ht:** 5' 10" **Wt:** 196 **Born:** 1/16/64 **Age:** 34

			Tackles			Miscellaneous				Interceptions				Punt Returns				Kickoff Returns				Totals	
Year Team	G	GS	Tk	Ast	Sack	FF	FR	TD	Blk	Int	Yds	Avg	TD	Num	Yds	Avg	TD	Num	Yds	Avg	TD	TD	Fum
1986 New York Giants	15	9	45	15	0.0	1	3	0	0	1	0	0.0	0	3	11	3.7	0	11	204	18.5	0	0	2
1987 New York Giants	11	11	44	5	1.5	0	0	0	0	2	28	14.0	0	0	0	-	0	0	0	-	0	0	0
1988 New York Giants	11	11	54	2	0.0	0	0	0	0	1	13	13.0	0	0	0	-	0	4	67	16.8	0	0	0
1989 New York Giants	16	16	72	9	1.0	0	2	0	0	2	12	6.0	0	0	0	-	0	1	0	0.0	0	0	0
1990 New York Giants	13	12	45	6	0.0	1	0	0	0	0	0	-	0	0	0	-	0	0	0	-	0	0	0
1991 New York Giants	16	15	62	18	0.0	1	2	0	0	4	77	19.3	0	0	0	-	0	0	0	-	0	0	0
1992 New York Giants	14	14	62	5	0.0	1	0	0	0	1	0	0.0	0	0	0	-	0	0	0	-	0	0	0
1993 New York Giants	16	16	91	10	1.0	0	0	0	0	4	77	19.3	1	0	0	-	0	0	0	-	0	1	0
1994 Kansas City Chiefs	14	13	50	6	2.0	0	2	0	0	2	83	41.5	1	0	0	-	0	0	0	-	0	1	0
1995 Kansas City Chiefs	16	15	65	8	0.0	3	1	1	0	1	8	8.0	0	0	0	-	0	0	0	-	0	1	1
1996 Kansas City Chiefs	16	15	81	10	1.0	2	1	0	0	6	45	7.5	0	0	0	-	0	0	0	-	0	0	0
1997 Green Bay Packers	1	0	0	0	0.0	0	0	0	0	0	0	-	0	0	0	-	0	0	0	-	0	0	0
12 NFL Seasons	159	147	641	94	6.5	9	11	1	0	26	343	13.2	2	3	11	3.7	0	16	271	16.9	0	3	3

Other Statistics: 1988–credited with 1 safety.

Todd Collins

(statistical profile on page 403)

Pos: LB **Rnd:** 3 **College:** Carson-Newman **Ht:** 6' 2" **Wt:** 242 **Born:** 5/27/70 **Age:** 28

			Tackles			Miscellaneous				Interceptions				Totals		
Year Team	G	GS	Tk	Ast	Sack	FF	FR	TD	Blk	Int	Yds	Avg	TD	Sfty	TD	Pts
1992 New England Patriots	10	0	3	0	0.0	0	2	0	0	0	0	-	0	0	0	0
1993 New England Patriots	16	12	57	35	1.0	1	1	0	0	1	8	8.0	0	0	0	0
1994 New England Patriots	7	7	26	12	0.0	0	0	0	0	0	0	-	0	0	0	0
1996 New England Patriots	16	9	46	19	0.0	0	0	0	0	1	7	7.0	0	0	0	0
1997 New England Patriots	15	15	64	35	1.5	2	0	0	0	0	0	-	0	0	0	0
5 NFL Seasons	64	43	196	101	2.5	3	3	0	0	2	15	7.5	0	0	0	0

Todd Collins

(statistical profile on page 295)

Pos: QB **Rnd:** 2 **College:** Michigan **Ht:** 6' 4" **Wt:** 224 **Born:** 11/5/71 **Age:** 26

			Passing									Rushing				Miscellaneous			
Year Team	G	GS	Att	Com	Pct	Yards	Yds/Att	Lg	TD	Int	Int%	Rating	Att	Yds	Avg	Lg	TD	Sckd	Yds	Fum	Recv	Yds	Pts
1995 Buffalo Bills	7	1	29	14	48.3	112	3.86	18	0	1	3.4	44.0	9	23	2.6	10	0	6	43	0	0	0	0
1996 Buffalo Bills	7	3	99	55	55.6	739	7.46	t95	4	5	5.1	71.9	21	43	2.0	10	0	11	53	3	0	0	0
1997 Buffalo Bills	14	13	391	215	55.0	2367	6.05	t77	12	13	3.3	69.5	30	77	2.6	11	0	39	278	10	0	-30	0
3 NFL Seasons	28	17	519	284	54.7	3218	6.20	t95	16	19	3.7	68.5	60	143	2.4	11	0	56	374	13	0	-30	0

Ferric Collons

Pos: DE/NT **Rnd:** FA **College:** California **Ht:** 6' 6" **Wt:** 285 **Born:** 12/4/69 **Age:** 28

			Tackles			Miscellaneous				Interceptions				Totals		
Year Team	G	GS	Tk	Ast	Sack	FF	FR	TD	Blk	Int	Yds	Avg	TD	Sfty	TD	Pts
1995 New England Patriots	16	4	18	3	4.0	0	0	0	0	0	0	-	0	0	0	0
1996 New England Patriots	15	5	15	4	0.5	2	0	0	0	0	0	-	0	0	0	0
1997 New England Patriots	6	5	11	4	1.0	0	1	0	0	0	0	-	0	0	0	0
3 NFL Seasons	37	14	44	11	5.5	2	1	0	0	0	0	-	0	0	0	0

Doug Colman

Pos: LB **Rnd:** 6 **College:** Nebraska **Ht:** 6' 2" **Wt:** 252 **Born:** 6/4/73 **Age:** 25

			Tackles			Miscellaneous				Interceptions				Totals		
Year Team	G	GS	Tk	Ast	Sack	FF	FR	TD	Blk	Int	Yds	Avg	TD	Sfty	TD	Pts
1996 New York Giants	13	0	2	1	0.0	0	0	0	0	0	0	-	0	0	0	0
1997 New York Giants	14	0	4	0	0.0	0	0	0	0	0	0	-	0	0	0	0
2 NFL Seasons	27	0	6	1	0.0	0	0	0	0	0	0	-	0	0	0	0

Harry Colon

Pos: S **Rnd:** 8 **College:** Missouri **Ht:** 6' 0" **Wt:** 203 **Born:** 2/14/69 **Age:** 29

				Tackles			Miscellaneous				Interceptions				Totals		
Year	Team	G	GS	Tk	Ast	Sack	FF	FR	TD	Blk	Int	Yds	Avg	TD	Sfty	TD	Pts
1991	New England Patriots	16	14	27	18	0.0	0	2	0	0	0	0	-	0	0	0	0
1992	Detroit Lions	16	0	18	-	0.0	0	2	0	0	0	0	-	0	0	0	0
1993	Detroit Lions	15	11	27	19	1.0	3	0	0	0	2	28	14.0	0	0	0	0
1994	Detroit Lions	16	0	16	1	0.0	0	0	0	0	1	3	3.0	0	0	0	0
1995	Jacksonville Jaguars	16	16	55	24	0.0	3	0	0	0	3	46	15.3	0	0	0	0
1997	Detroit Lions	8	4	23	10	0.0	0	0	0	0	0	0	-	0	0	0	0
	6 NFL Seasons	87	45	166	72	1.0	6	4	0	0	6	77	12.8	0	0	0	0

Mike Compton

Pos: G **Rnd:** 3 **College:** West Virginia **Ht:** 6' 6" **Wt:** 297 **Born:** 9/18/70 **Age:** 28

Year	Team	G	GS	Year	Team	G	GS	Year	Team	G	GS		G	GS
1993	Detroit Lions	8	0	1995	Detroit Lions	16	8	1997	Detroit Lions	16	16			
1994	Detroit Lions	3	0	1996	Detroit Lions	15	15					5 NFL Seasons	58	39

Other Statistics: 1996–fumbled 1 time for 0 yards.

Bill Conaty

Pos: C **Rnd:** FA **College:** Virginia Tech **Ht:** 6' 2" **Wt:** 306 **Born:** 3/8/73 **Age:** 25

Year	Team	G	GS				G	GS
1997	Buffalo Bills	1	0			1 NFL Season	1	0

Steve Conley

Pos: LB **Rnd:** 3 **College:** Arkansas **Ht:** 6' 1" **Wt:** 231 **Born:** 1/18/72 **Age:** 26

				Tackles			Miscellaneous				Interceptions				Totals		
Year	Team	G	GS	Tk	Ast	Sack	FF	FR	TD	Blk	Int	Yds	Avg	TD	Sfty	TD	Pts
1996	Pittsburgh Steelers	2	0	0	0	0.0	0	0	0	0	0	0	-	0	0	0	0
1997	Pittsburgh Steelers	16	0	5	1	4.0	0	0	0	0	1	-3	-3.0	0	0	0	0
	2 NFL Seasons	18	0	5	1	4.0	0	0	0	0	1	-3	-3.0	0	0	0	0

Albert Connell

Pos: WR **Rnd:** 4 **College:** Texas A&M **Ht:** 6' 0" **Wt:** 187 **Born:** 5/13/74 **Age:** 24

				Rushing					Receiving					Punt Returns				Kickoff Returns				Totals		
Year	Team	G	GS	Att	Yds	Avg	Lg	TD	Rec	Yds	Avg	Lg	TD	Num	Yds	Avg	TD	Num	Yds	Avg	TD	Fum	TD	Pts
1997	Washington Redskins	5	1	1	3	3.0	3	0	9	138	15.3	t41	2	0	0	-	0	0	0	-	0	0	2	12

Darion Conner

Pos: DE **Rnd:** 2 **College:** Jackson State **Ht:** 6' 2" **Wt:** 250 **Born:** 9/28/67 **Age:** 31

				Tackles			Miscellaneous				Interceptions				Totals		
Year	Team	G	GS	Tk	Ast	Sack	FF	FR	TD	Blk	Int	Yds	Avg	TD	Sfty	TD	Pts
1990	Atlanta Falcons	16	7	87	46	2.0	0	0	0	0	0	0	-	0	0	0	0
1991	Atlanta Falcons	15	14	44	61	3.5	0	1	0	0	0	0	-	0	0	0	0
1992	Atlanta Falcons	16	16	60	56	7.0	0	0	0	0	0	0	-	0	0	0	0
1993	Atlanta Falcons	14	10	28	23	1.5	1	0	0	0	0	0	-	0	0	0	0
1994	New Orleans Saints	16	13	40	14	10.5	3	1	0	0	1	56	56.0	0	0	0	0
1995	Carolina Panthers	16	16	41	11	7.0	1	0	0	0	0	0	-	0	0	0	0
1996	Philadelphia Eagles	7	0	1	1	0.0	0	0	0	0	0	0	-	0	0	0	0
1997	Philadelphia Eagles	14	0	5	1	1.5	0	0	0	0	0	0	-	0	0	0	0
	8 NFL Seasons	114	76	306	213	33.0	5	2	0	0	1	56	56.0	0	0	0	0

Other Statistics: 1991–fumbled 1 time.

J.R. Conrad

Pos: T/C **Rnd:** 7 **College:** Oklahoma **Ht:** 6' 3" **Wt:** 300 **Born:** 2/2/74 **Age:** 24

Year	Team	G	GS				G	GS
1997	New York Jets	12	1			1 NFL Season	12	1

Curtis Conway

(statistical profile on page 296)

Pos: WR **Rnd:** 1 (7) **College:** Southern California **Ht:** 6' 0" **Wt:** 194 **Born:** 3/13/71 **Age:** 27

				Rushing					Receiving					Punt Returns				Kickoff Returns				Totals		
Year	Team	G	GS	Att	Yds	Avg	Lg	TD	Rec	Yds	Avg	Lg	TD	Num	Yds	Avg	TD	Num	Yds	Avg	TD	Fum	TD	Pts
1993	Chicago Bears	16	6	5	44	8.8	18	0	19	231	12.2	t38	2	0	0	-	0	21	450	21.4	0	1	2	12
1994	Chicago Bears	13	12	6	31	5.2	12	0	39	546	14.0	t85	2	8	63	7.9	0	10	228	22.8	0	2	2	14
1995	Chicago Bears	16	16	5	77	15.4	20	0	62	1037	16.7	t76	12	0	0	-	0	0	0	-	0	0	12	72

Year Team	G	GS	Rushing Att	Yds	Avg	Lg	TD	Receiving Rec	Yds	Avg	Lg	TD	Punt Returns Num	Yds	Avg	TD	Kickoff Returns Num	Yds	Avg	TD	Totals Fum	TD	Pts
1996 Chicago Bears	16	16	8	50	6.3	19	0	81	1049	13.0	t58	7	0	0	-	0	0	0	-	0	1	7	42
1997 Chicago Bears	7	7	3	17	5.7	10	0	30	476	15.9	t55	1	0	0	-	0	0	0	-	0	0	1	6
5 NFL Seasons	68	57	27	219	8.1	20	0	231	3339	14.5	t85	24	8	63	7.9	0	31	678	21.9	0	4	24	146

Other Statistics: 1994–recovered 1 fumble for 0 yards; attempted 1 pass with 1 completion for 23 yards and 1 touchdown; scored 1 two-point conversion. 1995–attempted 1 pass with 0 completions for 0 yards. 1996–attempted 1 pass with 1 completion for 33 yards and 1 touchdown. 1997–attempted 1 pass with 0 completions for 0 yards.

Ernie Conwell

(statistical profile on page 296)

Pos: TE **Rnd:** 2 **College:** Washington **Ht:** 6' 1" **Wt:** 253 **Born:** 8/17/72 **Age:** 26

Year Team	G	GS	Rushing Att	Yds	Avg	Lg	TD	Receiving Rec	Yds	Avg	Lg	TD	Punt Returns Num	Yds	Avg	TD	Kickoff Returns Num	Yds	Avg	TD	Totals Fum	TD	Pts
1996 St. Louis Rams	10	8	0	0	-	-	0	15	164	10.9	26	0	0	0	-	0	0	0	-	0	0	0	0
1997 St. Louis Rams	16	16	0	0	-	-	0	38	404	10.6	t46	4	0	0	-	0	0	0	-	0	0	4	24
2 NFL Seasons	26	24	0	0	-	-	0	53	568	10.7	t46	4	0	0	-	0	0	0	-	0	0	4	24

Other Statistics: 1996–recovered 1 fumble for 0 yards. 1997–recovered 1 fumble for 0 yards.

Anthony Cook

Pos: DE **Rnd:** 2 **College:** South Carolina State **Ht:** 6' 3" **Wt:** 293 **Born:** 5/30/72 **Age:** 26

Year Team	G	GS	Tackles Tk	Ast	Sack	Miscellaneous FF	FR	TD	Blk	Interceptions Int	Yds	Avg	TD	Totals Sfty	TD	Pts
1995 Houston Oilers	11	5	15	7	4.5	0	0	0	0	0	0	-	0	1	0	2
1996 Houston Oilers	12	11	25	19	7.5	1	0	0	0	0	0	-	0	0	0	0
1997 Tennessee Oilers	16	16	25	8	0.0	0	2	0	0	0	0	-	0	0	0	0
3 NFL Seasons	39	32	65	34	12.0	1	2	0	0	0	0	-	0	1	0	2

Toi Cook

Pos: CB **Rnd:** 8 **College:** Stanford **Ht:** 5' 11" **Wt:** 188 **Born:** 12/3/64 **Age:** 33

Year Team	G	GS	Tackles Tk	Ast	Sack	Miscellaneous FF	FR	TD	Blk	Interceptions Int	Yds	Avg	TD	Punt Returns Num	Yds	Avg	TD	Kickoff Returns Num	Yds	Avg	TD	Totals TD	Fum
1987 New Orleans Saints	7	0	3	1	0.0	0	0	0	0	0	0	-	0	1	3	3.0	0	0	0	-	0	0	0
1988 New Orleans Saints	16	0	12	-	0.0	0	0	0	0	1	0	0.0	0	0	0	-	0	0	0	-	0	0	0
1989 New Orleans Saints	16	14	45	11	1.0	0	0	0	0	3	81	27.0	1	0	0	-	0	0	0	-	0	1	1
1990 New Orleans Saints	16	16	66	7	1.0	0	0	0	0	2	55	27.5	0	0	0	-	0	0	0	-	0	0	0
1991 New Orleans Saints	14	14	35.	1	0.0	0	0	0	0	3	54	18.0	0	0	0	-	0	0	0	-	0	0	0
1992 New Orleans Saints	16	15	48	15	1.0	0	0	0	0	6	90	15.0	1	0	0	-	0	0	0	-	0	1	0
1993 New Orleans Saints	16	16	42	8	1.0	1	3	0	0	1	0	0.0	0	0	0	-	0	0	0	-	0	0	0
1994 San Francisco 49ers	16	2	25	1	0.0	0	0	0	0	1	18	18.0	0	0	0	-	0	0	0	-	0	0	0
1995 San Francisco 49ers	2	0	1	0	0.0	0	0	0	0	0	0	-	0	0	0	-	0	0	0	-	0	0	0
1996 Carolina Panthers	15	0	19	10	4.0	2	1	0	0	3	28	9.3	0	0	0	-	0	0	0	-	0	0	0
1997 Carolina Panthers	16	0	10	2	1.0	0	0	0	0	0	0	-	0	0	0	-	0	0	0	-	0	0	0
11 NFL Seasons	150	77	306	56	9.0	3	4	0	0	20	326	16.3	2	1	3	3.0	0	0	0	-	0	2	1

Other Statistics: 1989–caught 1 pass for 8 yards.

Rob Coons

Pos: TE **Rnd:** FA **College:** Pittsburgh **Ht:** 6' 5" **Wt:** 249 **Born:** 9/18/69 **Age:** 29

Year Team	G	GS	Rushing Att	Yds	Avg	Lg	TD	Receiving Rec	Yds	Avg	Lg	TD	Punt Returns Num	Yds	Avg	TD	Kickoff Returns Num	Yds	Avg	TD	Totals Fum	TD	Pts
1995 Buffalo Bills	4	0	0	0	-	-	0	3	28	9.3	13	0	0	0	-	0	0	0	-	0	0	0	0
1996 Buffalo Bills	16	0	0	0	-	-	0	1	12	12.0	12	0	0	0	-	0	0	0	-	0	0	0	0
1997 Buffalo Bills	12	0	0	0	-	-	0	0	0	-	-	0	0	0	-	0	1	12	12.0	0	0	0	0
3 NFL Seasons	32	0	0	0	-	-	0	4	40	10.0	13	0	0	0	-	0	1	12	12.0	0	0	0	0

Horace Copeland

(statistical profile on page 297)

Pos: WR **Rnd:** 4 **College:** Miami (FL) **Ht:** 6' 3" **Wt:** 202 **Born:** 1/2/71 **Age:** 27

Year Team	G	GS	Rushing Att	Yds	Avg	Lg	TD	Receiving Rec	Yds	Avg	Lg	TD	Punt Returns Num	Yds	Avg	TD	Kickoff Returns Num	Yds	Avg	TD	Totals Fum	TD	Pts
1993 Tampa Bay Buccaneers	14	8	3	34	11.3	22	0	30	633	21.1	t67	4	0	0	-	0	0	0	-	0	0	4	24
1994 Tampa Bay Buccaneers	16	2	0	0	-	-	0	17	308	18.1	65	0	0	0	-	0	0	0	-	0	0	0	2
1995 Tampa Bay Buccaneers	15	7	0	0	-	-	0	35	605	17.3	t64	2	0	0	-	0	0	0	-	0	0	2	12
1997 Tampa Bay Buccaneers	13	11	0	0	-	-	0	33	431	13.1	49	1	0	0	-	0	0	0	-	0	3	1	6
4 NFL Seasons	58	28	3	34	11.3	22	0	115	1977	17.2	t67	7	0	0	-	0	0	0	-	0	3	7	44

Other Statistics: 1994–scored 1 two-point conversion.

John Copeland

Pos: DE **Rnd:** 1 (5) **College:** Alabama **Ht:** 6' 3" **Wt:** 286 **Born:** 9/20/70 **Age:** 28

			Tackles			Miscellaneous				Interceptions				Totals		
Year Team	G	GS	Tk	Ast	Sack	FF	FR	TD	Blk	Int	Yds	Avg	TD	Sfty	TD	Pts
1993 Cincinnati Bengals	14	14	43	5	3.0	2	0	0	0	0	0	-	0	0	0	0
1994 Cincinnati Bengals	12	12	36	5	1.0	1	0	0	0	0	0	-	0	0	0	0
1995 Cincinnati Bengals	16	16	55	8	9.0	2	0	0	1	0	0	-	0	0	0	0
1996 Cincinnati Bengals	13	13	34	7	3.0	1	0	0	0	0	0	-	0	0	0	0
1997 Cincinnati Bengals	15	15	35	14	3.0	0	2	1	0	0	0	-	0	0	1	6
5 NFL Seasons	70	70	203	39	19.0	6	2	1	1	0	0	-	0	0	1	6

Quentin Coryatt

(statistical profile on page 403)

Pos: LB **Rnd:** 1 (2) **College:** Texas A&M **Ht:** 6' 3" **Wt:** 250 **Born:** 8/1/70 **Age:** 28

			Tackles			Miscellaneous				Interceptions				Totals		
Year Team	G	GS	Tk	Ast	Sack	FF	FR	TD	Blk	Int	Yds	Avg	TD	Sfty	TD	Pts
1992 Indianapolis Colts	7	7	41	13	2.0	2	1	0	0	0	0	-	0	0	0	0
1993 Indianapolis Colts	16	16	96	54	1.0	1	0	0	0	0	0	-	0	0	0	0
1994 Indianapolis Colts	16	15	59	34	1.0	0	1	1	0	0	0	-	0	0	1	6
1995 Indianapolis Colts	16	16	87	21	2.5	1	3	0	0	1	6	6.0	0	0	0	0
1996 Indianapolis Colts	8	7	32	8	0.0	0	2	0	0	0	0	-	0	0	0	0
1997 Indianapolis Colts	15	15	59	21	2.0	2	0	0	1	2	3	1.5	0	0	0	0
6 NFL Seasons	78	76	374	151	8.5	6	7	1	1	3	9	3.0	0	0	1	6

Chad Cota

(statistical profile on page 404)

Pos: S **Rnd:** 7 **College:** Oregon **Ht:** 6' 1" **Wt:** 198 **Born:** 8/13/71 **Age:** 27

			Tackles			Miscellaneous				Interceptions				Totals		
Year Team	G	GS	Tk	Ast	Sack	FF	FR	TD	Blk	Int	Yds	Avg	TD	Sfty	TD	Pts
1995 Carolina Panthers	16	0	4	0	0.0	0	1	0	0	0	0	-	0	0	0	0
1996 Carolina Panthers	16	2	31	11	1.0	0	1	0	0	5	63	12.6	0	0	0	0
1997 Carolina Panthers	16	16	86	31	1.0	0	1	0	0	2	28	14.0	0	0	0	0
3 NFL Seasons	48	18	121	42	2.0	0	3	0	0	7	91	13.0	0	0	0	0

Other Statistics: 1996–fumbled 1 time.

Kenyon Cotton

Pos: FB **Rnd:** FA **College:** S.W. Louisiana **Ht:** 6' 0" **Wt:** 255 **Born:** 2/23/74 **Age:** 24

			Rushing				Receiving				Punt Returns			Kickoff Returns			Totals		
Year Team	G	GS	Att	Yds	Avg	Lg	TD	Rec	Yds	Avg	Lg	TD	Num	Yds	Avg	TD	Num	Yds	Avg	TD	Fum	TD	Pts
1997 Baltimore Ravens	16	0	2	2	1.0	t1	1	0	0	-	-	0	0	0	-	0	0	0	-	0	0	1	6

Terry Cousin

Pos: CB **Rnd:** FA **College:** South Carolina **Ht:** 5' 9" **Wt:** 176 **Born:** 3/11/75 **Age:** 23

			Tackles			Miscellaneous				Interceptions				Totals		
Year Team	G	GS	Tk	Ast	Sack	FF	FR	TD	Blk	Int	Yds	Avg	TD	Sfty	TD	Pts
1997 Chicago Bears	6	0	2	2	0.0	0	0	0	0	0	0	-	0	0	0	0

Damien Covington

Pos: LB **Rnd:** 3 **College:** North Carolina State **Ht:** 5' 11" **Wt:** 236 **Born:** 12/4/72 **Age:** 25

			Tackles			Miscellaneous				Interceptions				Totals		
Year Team	G	GS	Tk	Ast	Sack	FF	FR	TD	Blk	Int	Yds	Avg	TD	Sfty	TD	Pts
1995 Buffalo Bills	12	1	9	6	0.0	0	0	0	0	0	0	-	0	0	0	0
1996 Buffalo Bills	9	2	15	6	0.0	0	0	0	0	0	0	-	0	0	0	0
1997 Buffalo Bills	8	8	37	30	0.5	0	0	0	0	1	6	6.0	0	0	0	0
3 NFL Seasons	29	11	61	42	0.5	0	0	0	0	1	6	6.0	0	0	0	0

Bryan Cox

(statistical profile on page 404)

Pos: LB **Rnd:** 5 **College:** Western Illinois **Ht:** 6' 4" **Wt:** 250 **Born:** 2/17/68 **Age:** 30

			Tackles			Miscellaneous				Interceptions				Totals		
Year Team	G	GS	Tk	Ast	Sack	FF	FR	TD	Blk	Int	Yds	Avg	TD	Sfty	TD	Pts
1991 Miami Dolphins	13	13	51	10	2.0	0	0	0	0	0	0	-	0	0	0	0
1992 Miami Dolphins	16	16	84	43	14.0	5	1	0	0	1	0	0.0	0	0	0	0
1993 Miami Dolphins	16	16	87	35	5.0	4	4	0	0	1	26	26.0	0	0	0	0
1994 Miami Dolphins	16	16	75	25	3.0	2	0	0	0	0	0	-	0	0	0	0
1995 Miami Dolphins	16	16	95	24	7.5	3	1	0	0	1	12	12.0	0	0	0	0
1996 Chicago Bears	9	9	45	14	3.0	1	3	1	0	0	0	-	0	0	1	6
1997 Chicago Bears	16	15	68	33	5.0	1	1	0	0	0	0	-	0	0	0	0
7 NFL Seasons	102	101	505	184	39.5	16	10	1	0	3	38	12.7	0	0	1	6

Ron Cox

Pos: LB **Rnd:** 2 **College:** Fresno State **Ht:** 6' 2" **Wt:** 235 **Born:** 3/29/68 **Age:** 30

			Tackles			Miscellaneous				Interceptions				Totals		
Year Team	G	GS	Tk	Ast	Sack	FF	FR	TD	Blk	Int	Yds	Avg	TD	Sfty	TD	Pts
1990 Chicago Bears	13	0	15	13	3.0	0	0	0	0	0	0	-	0	0	0	0
1991 Chicago Bears	6	0	5	1	1.0	0	0	0	0	0	0	-	0	0	0	0
1992 Chicago Bears	16	3	23	33	1.0	0	1	0	0	0	0	-	0	0	0	0
1993 Chicago Bears	16	1	21	12	2.0	2	1	0	0	0	0	-	0	0	0	0
1994 Chicago Bears	15	3	24	6	0.0	0	0	0	0	0	0	-	0	0	0	0
1995 Chicago Bears	16	13	41	11	0.0	0	0	0	0	1	1	1.0	0	0	0	0
1996 Green Bay Packers	16	1	6	4	0.0	0	0	0	0	0	0	-	0	0	0	0
1997 Chicago Bears	15	13	43	14	1.0	1	0	0	0	0	0	-	0	0	0	0
8 NFL Seasons	113	34	178	94	8.0	3	2	0	0	1	1	1.0	0	0	0	0

Jerry Crafts

Pos: T/G **Rnd:** 11 **College:** Louisville **Ht:** 6' 6" **Wt:** 351 **Born:** 1/6/68 **Age:** 30

Year Team	G	GS	Year Team	G	GS	Year Team	G	GS	Year Team	G	GS
1992 Buffalo Bills	6	0	1993 Buffalo Bills	16	0	1994 Buffalo Bills	16	7	1997 Philadelphia Eagles	15	6
									4 NFL Seasons	53	13

Other Statistics: 1994–recovered 2 fumbles for 0 yards.

Aaron Craver

Pos: FB **Rnd:** 3 **College:** Fresno State **Ht:** 6' 0" **Wt:** 220 **Born:** 12/18/68 **Age:** 29

			Rushing					Receiving					Kickoff Returns				Passing				Totals		
Year Team	G	GS	Att	Yds	Avg	Lg	TD	Rec	Yds	Avg	Lg	TD	Num	Yds	Avg	TD	Att	Com	Yds	Int	Fum	TD	Pts
1991 Miami Dolphins	14	0	20	58	2.9	t7	1	8	67	8.4	25	0	32	615	19.2	0	0	0	0	0	2	1	6
1992 Miami Dolphins	6	0	3	9	3.0	8	0	0	0	-	-	0	8	174	21.8	0	0	0	0	0	0	0	0
1994 Miami Dolphins	8	0	6	43	7.2	19	0	24	237	9.9	28	0	0	0	-	0	0	0	0	0	1	0	2
1995 Denver Broncos	16	10	73	333	4.6	23	5	43	369	8.6	32	1	7	50	7.1	0	0	0	0	0	1	6	36
1996 Denver Broncos	15	15	59	232	3.9	28	2	39	297	7.6	t39	1	0	0	-	0	1	0	0	0	1	3	18
1997 San Diego Chargers	15	5	20	71	3.6	22	0	4	26	6.5	20	0	3	68	22.7	0	0	0	0	0	0	0	0
6 NFL Seasons	74	30	181	746	4.1	28	8	118	996	8.4	t39	2	50	907	18.1	0	1	0	0	0	5	10	62

Other Statistics: 1991–recovered 2 fumbles for 0 yards. 1994–recovered 1 fumble for 0 yards; scored 1 two-point conversion. 1995–recovered 1 fumble for 0 yards. 1997–recovered 1 fumble for 0 yards.

Keith Crawford

Pos: WR **Rnd:** FA **College:** Howard Payne **Ht:** 6' 2" **Wt:** 195 **Born:** 11/21/70 **Age:** 27

			Rushing					Receiving					Punt Returns				Kickoff Returns				Totals		
Year Team	G	GS	Att	Yds	Avg	Lg	TD	Rec	Yds	Avg	Lg	TD	Num	Yds	Avg	TD	Num	Yds	Avg	TD	Fum	TD	Pts
1993 New York Giants	7	0	0	0	-	-	0	1	6	6.0	6	0	0	0	-	0	0	0	-	0	0	0	0
1995 Green Bay Packers	13	0	0	0	-	-	0	0	0	-	-	0	0	0	-	0	0	0	-	0	0	0	0
1996 St. Louis Rams	16	1	0	0	-	-	0	0	0	-	-	0	0	0	-	0	4	47	11.8	0	0	0	0
1997 St. Louis Rams	15	2	2	32	16.0	23	0	11	232	21.1	69	0	0	0	-	0	0	0	-	0	0	0	0
4 NFL Seasons	51	3	2	32	16.0	23	0	12	238	19.8	69	0	0	0	-	0	4	47	11.8	0	0	0	0

Other Statistics: 1997–recovered 1 fumble for 0 yards.

Mike Crawford

Pos: LB **Rnd:** 6 **College:** Nevada-Reno **Ht:** 6' 1" **Wt:** 238 **Born:** 10/29/74 **Age:** 24

			Tackles			Miscellaneous				Interceptions				Totals		
Year Team	G	GS	Tk	Ast	Sack	FF	FR	TD	Blk	Int	Yds	Avg	TD	Sfty	TD	Pts
1997 Miami Dolphins	7	0	0	0	0.0	0	0	0	0	0	0	-	0	0	0	0

Vernon Crawford

Pos: LB **Rnd:** 5 **College:** Florida State **Ht:** 6' 3" **Wt:** 245 **Born:** 6/25/74 **Age:** 24

			Tackles			Miscellaneous				Interceptions				Totals		
Year Team	G	GS	Tk	Ast	Sack	FF	FR	TD	Blk	Int	Yds	Avg	TD	Sfty	TD	Pts
1997 New England Patriots	16	0	0	0	0.0	0	1	0	0	0	0	-	0	0	0	0

Jeff Criswell

Pos: T **Rnd:** FA **College:** Graceland **Ht:** 6' 7" **Wt:** 294 **Born:** 3/7/64 **Age:** 34

Year Team	G	GS	Year Team	G	GS	Year Team	G	GS	Year Team	G	GS
1987 Indianapolis Colts	3	3	1990 New York Jets	16	16	1993 New York Jets	16	16	1996 Kansas City Chiefs	15	5
1988 New York Jets	15	12	1991 New York Jets	16	16	1994 New York Jets	15	15	1997 Kansas City Chiefs	16	16
1989 New York Jets	16	16	1992 New York Jets	14	13	1995 Kansas City Chiefs	15	4	11 NFL Seasons	157	132

Other Statistics: 1989–recovered 1 fumble for 0 yards. 1990–recovered 1 fumble for 0 yards. 1994–recovered 1 fumble for 0 yards.

Ray Crittenden

Pos: WR Rnd: FA College: Virginia Tech Ht: 6' 1" Wt: 196 Born: 3/1/70 Age: 28

Year Team	G	GS	Rushing					Receiving					Punt Returns				Kickoff Returns				Totals		
			Att	Yds	Avg	Lg	TD	Rec	Yds	Avg	Lg	TD	Num	Yds	Avg	TD	Num	Yds	Avg	TD	Fum	TD	Pts
1993 New England Patriots	16	2	1	-3	-3.0	-3	0	16	293	18.3	44	1	2	37	18.5	0	23	478	20.8	0	0	1	6
1994 New England Patriots	16	2	0	0	-	-	0	28	379	13.5	32	3	19	155	8.2	0	24	460	19.2	0	1	3	18
1997 San Diego Chargers	2	0	0	0	-	-	0	0	0	-	-	0	0	0	-	0	0	0	-	0	0	0	0
3 NFL Seasons	34	4	1	-3	-3.0	-3	0	44	672	15.3	44	4	21	192	9.1	0	47	938	20.0	0	1	4	24

Other Statistics: 1994–recovered 1 fumble for 0 yards.

Henri Crockett

Pos: LB Rnd: 4 College: Florida State Ht: 6' 2" Wt: 251 Born: 10/28/74 Age: 24

Year Team	G	GS	Tackles			Miscellaneous				Interceptions				Totals		
			Tk	Ast	Sack	FF	FR	TD	Blk	Int	Yds	Avg	TD	Sfty	TD	Pts
1997 Atlanta Falcons	16	10	26	4	2.0	0	1	0	0	0	0	-	0	0	0	0

Ray Crockett

(statistical profile on page 404)

Pos: CB Rnd: 4 College: Baylor Ht: 5' 10" Wt: 185 Born: 1/5/67 Age: 31

Year Team	G	GS	Tackles			Miscellaneous				Interceptions				Punt Returns				Kickoff Returns				Totals	
			Tk	Ast	Sack	FF	FR	TD	Blk	Int	Yds	Avg	TD	Num	Yds	Avg	TD	Num	Yds	Avg	TD	TD	Fum
1989 Detroit Lions	16	0	34	12	0.0	1	1	0	0	1	5	5.0	0	0	0	-	0	1	8	8.0	0	0	0
1990 Detroit Lions	16	6	62	29	1.0	2	2	1	0	3	17	5.7	0	0	0	-	0	0	0	-	0	1	0
1991 Detroit Lions	16	16	74	12	1.0	1	0	0	0	6	141	23.5	1	0	0	-	0	0	0	-	0	1	0
1992 Detroit Lions	15	15	41	11	1.0	1	1	0	0	4	50	12.5	0	0	0	-	0	0	0	-	0	0	0
1993 Detroit Lions	16	16	57	11	1.0	1	1	0	0	2	31	15.5	0	0	0	-	0	0	0	-	0	0	0
1994 Denver Broncos	14	14	58	6	0.0	2	0	0	0	2	6	3.0	0	0	0	-	0	0	0	-	0	0	0
1995 Denver Broncos	16	16	60	12	3.0	1	1	1	0	0	0	-	0	0	4	-	0	0	0	-	0	1	0
1996 Denver Broncos	15	15	52	6	4.0	2	0	0	0	2	34	17.0	0	0	0	-	0	0	0	-	0	0	0
1997 Denver Broncos	16	16	68	14	0.0	1	0	0	0	4	18	4.5	0	0	0	-	0	0	0	-	0	0	0
9 NFL Seasons	140	114	506	113	11.0	10	8	2	0	24	302	12.6	1	0	4	-	0	1	8	8.0	0	3	0

Zack Crockett

(statistical profile on page 297)

Pos: FB Rnd: 3 College: Florida State Ht: 6' 2" Wt: 246 Born: 12/2/72 Age: 25

Year Team	G	GS	Rushing					Receiving					Punt Returns				Kickoff Returns				Totals		
			Att	Yds	Avg	Lg	TD	Rec	Yds	Avg	Lg	TD	Num	Yds	Avg	TD	Num	Yds	Avg	TD	Fum	TD	Pts
1995 Indianapolis Colts	16	0	1	0	0.0	0	0	2	35	17.5	19	0	0	0	-	0	0	0	-	0	0	0	0
1996 Indianapolis Colts	5	5	31	164	5.3	25	0	11	96	8.7	32	1	0	0	-	0	0	0	-	0	2	1	6
1997 Indianapolis Colts	16	12	95	300	3.2	20	1	15	112	7.5	19	0	0	0	-	0	0	0	-	0	3	1	6
3 NFL Seasons	37	17	127	464	3.7	25	1	28	243	8.7	32	1	0	0	-	0	0	0	-	0	5	2	12

Howard Cross

Pos: TE Rnd: 6 College: Alabama Ht: 6' 5" Wt: 265 Born: 8/8/67 Age: 31

Year Team	G	GS	Rushing					Receiving					Punt Returns				Kickoff Returns				Totals		
			Att	Yds	Avg	Lg	TD	Rec	Yds	Avg	Lg	TD	Num	Yds	Avg	TD	Num	Yds	Avg	TD	Fum	TD	Pts
1989 New York Giants	16	4	0	0	-	-	0	6	107	17.8	27	1	0	0	-	0	0	0	-	0	1	1	6
1990 New York Giants	16	8	0	0	-	-	0	8	106	13.3	21	0	0	0	-	0	1	10	10.0	0	0	0	0
1991 New York Giants	16	16	0	0	-	-	0	20	283	14.2	30	2	0	0	-	0	1	11	11.0	0	1	2	12
1992 New York Giants	16	16	0	0	-	-	0	27	357	13.2	29	2	0	0	-	0	0	0	-	0	2	2	12
1993 New York Giants	16	16	0	0	-	-	0	21	272	13.0	32	5	0	0	-	0	2	15	7.5	0	5	5	30
1994 New York Giants	16	16	0	0	-	-	0	31	364	11.7	40	4	0	0	-	0	0	0	-	0	0	4	24
1995 New York Giants	15	15	0	0	-	-	0	18	197	10.9	26	0	0	0	-	0	0	0	-	0	0	0	0
1996 New York Giants	16	16	0	0	-	-	0	22	178	8.1	19	1	0	0	-	0	0	0	-	0	1	1	6
1997 New York Giants	16	16	0	0	-	-	0	21	150	7.1	26	2	0	0	-	0	0	0	-	0	1	2	12
9 NFL Seasons	143	123	0	0	-	-	0	174	2014	11.6	40	17	0	0	-	0	4	36	9.0	0	6	17	102

Other Statistics: 1992–recovered 1 fumble for 0 yards. 1993–recovered 1 fumble for 0 yards. 1994–recovered 1 fumble for 1 yard. 1997–recovered 1 fumble for 0 yards.

Carlester Crumpler

(statistical profile on page 298)

Pos: TE Rnd: 7 College: East Carolina Ht: 6' 6" Wt: 260 Born: 9/5/71 Age: 27

Year Team	G	GS	Rushing					Receiving					Punt Returns				Kickoff Returns				Totals		
			Att	Yds	Avg	Lg	TD	Rec	Yds	Avg	Lg	TD	Num	Yds	Avg	TD	Num	Yds	Avg	TD	Fum	TD	Pts
1994 Seattle Seahawks	9	4	0	0	-	-	0	2	19	9.5	12	0	0	0	-	0	0	0	-	0	0	0	0
1995 Seattle Seahawks	16	7	0	0	-	-	0	23	254	11.0	24	1	0	0	-	0	0	0	-	0	1	1	6
1996 Seattle Seahawks	16	7	0	0	-	-	0	26	258	9.9	26	0	0	0	-	0	0	0	-	0	1	0	0
1997 Seattle Seahawks	15	12	0	0	-	-	0	31	361	11.6	30	1	0	0	-	0	0	0	-	0	0	1	6
4 NFL Seasons	56	30	0	0	-	-	0	82	892	10.9	30	2	0	0	-	0	0	0	-	0	2	2	12

Derrick Cullors

Pos: RB **Rnd:** FA **College:** Murray State **Ht:** 5' 11" **Wt:** 205 **Born:** 12/26/72 **Age:** 25

Year Team	G	GS	Rushing					Receiving					Punt Returns				Kickoff Returns				Totals		
			Att	Yds	Avg	Lg	TD	Rec	Yds	Avg	Lg	TD	Num	Yds	Avg	TD	Num	Yds	Avg	TD	Fum	TD	Pts
1997 New England Patriots	15	1	22	101	4.6	24	0	2	8	4.0	6	0	0	0	-	0	15	386	25.7	1	3	1	6

Brad Culpepper

(statistical profile on page 405)

Pos: NT/DT **Rnd:** 10 **College:** Florida **Ht:** 6' 1" **Wt:** 275 **Born:** 5/8/69 **Age:** 29

Year Team	G	GS	Tackles			Miscellaneous				Interceptions				Punt Returns				Kickoff Returns				Totals	
			Tk	Ast	Sack	FF	FR	TD	Blk	Int	Yds	Avg	TD	Num	Yds	Avg	TD	Num	Yds	Avg	TD	TD	Fum
1992 Minnesota Vikings	11	2	4	6	0.0	0	0	0	0	0	0	-	0	0	0	-	0	0	0	-	0	0	0
1993 Minnesota Vikings	15	0	7	2	0.0	0	0	0	0	0	0	-	0	0	0	-	0	0	0	-	0	0	0
1994 Tampa Bay Buccaneers	16	15	47	14	4.0	2	1	0	0	0	0	-	0	0	0	-	0	2	30	15.0	0	0	0
1995 Tampa Bay Buccaneers	16	4	16	7	4.0	1	1	0	0	0	0	-	0	0	0	-	0	0	0	-	0	0	0
1996 Tampa Bay Buccaneers	13	13	28	14	1.5	0	0	0	0	0	0	-	0	0	0	-	0	0	0	-	0	0	0
1997 Tampa Bay Buccaneers	16	16	43	16	8.5	0	0	0	0	0	0	-	0	0	0	-	0	0	0	-	0	0	0
6 NFL Seasons	87	50	145	59	18.0	3	2	0	0	0	0	-	0	0	0	-	0	2	30	15.0	0	0	0

Randall Cunningham

(statistical profile on page 298)

Pos: QB **Rnd:** 2 **College:** UNLV **Ht:** 6' 4" **Wt:** 205 **Born:** 3/27/63 **Age:** 35

Year Team	G	GS	Passing									Rushing					Miscellaneous				
			Att	Com	Pct	Yards	Yds/Att	Lg	TD	Int	Int%	Rating	Att	Yds	Avg	Lg	TD	Sckd	Yds	Fum	Recv	Yds	Pts
1985 Philadelphia Eagles	6	4	81	34	42.0	548	6.77	69	1	8	9.9	29.8	29	205	7.1	37	0	20	150	3	0	0	0
1986 Philadelphia Eagles	15	5	209	111	53.1	1391	6.66	t75	8	7	3.3	72.9	66	540	8.2	20	5	72	489	7	4	0	30
1987 Philadelphia Eagles	12	12	406	223	54.9	2786	6.86	t70	23	12	3.0	83.0	76	505	6.6	45	3	54	380	12	6	-7	18
1988 Philadelphia Eagles	16	16	560	301	53.8	3808	6.80	t80	24	16	2.9	77.6	93	624	6.7	t33	6	57	442	12	6	0	36
1989 Philadelphia Eagles	16	16	532	290	54.5	3400	6.39	t66	21	15	2.8	75.5	104	621	6.0	51	4	45	343	17	4	-6	24
1990 Philadelphia Eagles	16	16	465	271	58.3	3466	7.45	t95	30	13	2.8	91.6	118	942	8.0	t52	5	49	431	9	3	-4	30
1991 Philadelphia Eagles	1	1	4	1	25.0	19	4.75	19	0	0	0.0	46.9	0	0	-	0	0	2	16	0	0	0	0
1992 Philadelphia Eagles	15	15	384	233	60.7	2775	7.23	t75	19	11	2.9	87.3	87	549	6.3	30	5	60	437	13	3	0	30
1993 Philadelphia Eagles	4	4	110	76	69.1	850	7.73	t80	5	5	4.5	88.1	18	110	6.1	26	1	7	33	3	0	0	6
1994 Philadelphia Eagles	14	14	490	265	54.1	3229	6.59	93	16	13	2.7	74.4	65	288	4.4	22	3	43	333	10	3	0	18
1995 Philadelphia Eagles	7	4	121	69	57.0	605	5.00	33	3	5	4.1	61.5	21	98	4.7	20	0	13	79	3	1	-5	0
1997 Minnesota Vikings	6	3	88	44	50.0	501	5.69	34	6	3	4.5	71.3	19	127	6.7	28	0	7	60	4	2	0	0
12 NFL Seasons	128	110	3450	1918	55.6	23378	6.78	t95	156	109	3.2	78.6	696	4609	6.6	t52	32	429	3193	93	31	-22	192

Other Statistics: 1986–punted 2 times for 54 yards. 1987–caught 1 pass for -3 yards. 1988–punted 3 times for 167 yards. 1989–punted 6 times for 319 yards. 1994–punted 1 time for 80 yards. 1997–punted 8 times for 274 yards.

Richie Cunningham

(statistical profile on page 471)

Pos: K **Rnd:** FA **College:** Southwestern Louisiana **Ht:** 5' 10" **Wt:** 167 **Born:** 8/18/70 **Age:** 28

Year Team	G	Field Goals											PAT		Tot
		1-29 Yds	Pct	30-39 Yds	Pct	40-49 Yds	Pct	50+ Yds	Pct	Overall	Pct	Long	Made	Att	Pts
1997 Dallas Cowboys	16	17-17	100.0	9-9	100.0	7-10	70.0	1-1	100.0	34-37	91.9	53	24	24	126

Rick Cunningham

Pos: T/G **Rnd:** 4 **College:** Texas A&M **Ht:** 6' 6" **Wt:** 307 **Born:** 1/4/67 **Age:** 31

Year Team	G	GS	Year Team	G	GS	Year Team	G	GS		G	GS
1992 Phoenix Cardinals	8	6	1994 Arizona Cardinals	12	10	1996 Oakland Raiders	12	0			
1993 Phoenix Cardinals	16	16	1995 Minnesota Vikings	11	1	1997 Oakland Raiders	7	0	6 NFL Seasons	66	33

Other Statistics: 1993–recovered 1 fumble for 0 yards. 1995–recovered 1 fumble for 0 yards. 1996–caught 1 pass for 3 yards and 1 touchdown.

Eric Curry

Pos: DE **Rnd:** 1 (6) **College:** Alabama **Ht:** 6' 5" **Wt:** 270 **Born:** 2/3/70 **Age:** 28

Year Team	G	GS	Tackles			Miscellaneous				Interceptions				Totals		
			Tk	Ast	Sack	FF	FR	TD	Blk	Int	Yds	Avg	TD	Sfty	TD	Pts
1993 Tampa Bay Buccaneers	10	10	16	5	5.0	3	1	0	0	0	0	-	0	0	0	0
1994 Tampa Bay Buccaneers	15	14	18	6	3.0	2	0	0	0	0	0	-	0	0	0	0
1995 Tampa Bay Buccaneers	16	16	25	4	2.0	1	1	0	0	0	0	-	0	0	0	0
1996 Tampa Bay Buccaneers	12	3	9	0	2.0	1	0	0	0	0	0	-	0	0	0	0
1997 Tampa Bay Buccaneers	6	1	1	0	0.0	0	0	0	0	0	0	-	0	0	0	0
5 NFL Seasons	59	44	69	15	12.0	7	2	0	0	0	0	-	0	0	0	0

Canute Curtis

Pos: LB **Rnd:** 6 **College:** West Virginia **Ht:** 6' 2" **Wt:** 260 **Born:** 8/4/74 **Age:** 24

Year Team	G	GS	Tackles			Miscellaneous				Interceptions				Totals		
			Tk	Ast	Sack	FF	FR	TD	Blk	Int	Yds	Avg	TD	Sfty	TD	Pts
1997 Cincinnati Bengals	3	0	2	0	0.0	0	0	0	0	0	0	-	0	0	0	0

Bernard Dafney

Pos: T **Rnd:** 9 **College:** Tennessee **Ht:** 6' 5" **Wt:** 329 **Born:** 11/1/68 **Age:** 29

Year	Team	G	GS	Year	Team	G	GS	Year	Team	G	GS		G	GS
1992	Minnesota Vikings	2	0	1994	Minnesota Vikings	16	16	1996	Pittsburgh Steelers	13	1			
1993	Minnesota Vikings	16	4	1995	Arizona Cardinals	12	8	1997	Baltimore Ravens	2	0	6 NFL Seasons	61	29

Other Statistics: 1994–recovered 1 fumble for 0 yards.

Bob Dahl

Pos: G **Rnd:** 3 **College:** Notre Dame **Ht:** 6' 5" **Wt:** 320 **Born:** 1/15/68 **Age:** 30

Year	Team	G	GS	Year	Team	G	GS	Year	Team	G	GS		G	GS
1992	Cleveland Browns	9	9	1994	Cleveland Browns	15	15	1996	Washington Redskins	15	15			
1993	Cleveland Browns	16	16	1995	Cleveland Browns	16	16	1997	Washington Redskins	11	9	6 NFL Seasons	82	80

Other Statistics: 1993–recovered 1 fumble for 0 yards. 1996–recovered 1 fumble for 0 yards. 1997–recovered 1 fumble for 0 yards.

Chris Dalman

Pos: G **Rnd:** 6 **College:** Stanford **Ht:** 6' 3" **Wt:** 285 **Born:** 3/15/70 **Age:** 28

Year	Team	G	GS	Year	Team	G	GS	Year	Team	G	GS		G	GS
1993	San Francisco 49ers	15	0	1995	San Francisco 49ers	15	1	1997	San Francisco 49ers	13	13			
1994	San Francisco 49ers	16	4	1996	San Francisco 49ers	16	16					5 NFL Seasons	75	34

Other Statistics: 1993–recovered 1 fumble for 0 yards. 1994–fumbled 1 time for -3 yards. 1995–recovered 1 fumble for 0 yards; caught 1 pass for -1 yard; returned 3 kickoffs for 29 yards. 1997–recovered 1 fumble for 0 yards.

Brad Daluiso

(statistical profile on page 472)

Pos: K **Rnd:** FA **College:** UCLA **Ht:** 6' 2" **Wt:** 210 **Born:** 12/31/67 **Age:** 30

		Field Goals											PAT		Tot
Year Team	G	1-29 Yds	Pct	30-39 Yds	Pct	40-49 Yds	Pct	50+ Yds	Pct	Overall	Pct	Long	Made	Att	Pts
1991 Atl - Buf	16	2-3	66.7	0-0	-	0-0	-	0-0	-	2-3	66.7	23	2	2	8
1992 Denver Broncos	16	0-0	-	0-0	-	0-0	-	0-1	0.0	0-1	0.0	-	0	0	0
1993 New York Giants	15	0-0	-	0-0	-	0-0	-	1-3	33.3	1-3	33.3	54	0	0	3
1994 New York Giants	16	3-3	100.0	5-5	100.0	2-2	100.0	1-1	100.0	11-11	100.0	52	5	5	38
1995 New York Giants	16	7-7	100.0	9-10	90.0	2-9	22.2	2-2	100.0	20-28	71.4	51	28	28	88
1996 New York Giants	16	12-12	100.0	9-9	100.0	3-6	50.0	0-0	-	24-27	88.9	46	22	22	94
1997 New York Giants	16	7-7	100.0	6-7	85.7	8-14	57.1	1-4	25.0	22-32	68.8	52	27	29	93
1991 Atlanta Falcons	2	2-3	66.7	0-0	-	0-0	-	0-0	-	2-3	66.7	23	2	2	8
Buffalo Bills	14	0-0	-	0-0	-	0-0	-	0-0	-	0-0	-	-	0	0	0
7 NFL Seasons	111	31-32	96.9	29-31	93.5	15-31	48.4	5-11	45.5	80-105	76.2	54	84	86	324

Other Statistics: 1992–punted 10 times for 467 yards.

Eugene Daniel

Pos: CB **Rnd:** 8 **College:** Louisiana State **Ht:** 5' 11" **Wt:** 178 **Born:** 5/4/61 **Age:** 37

			Tackles			Miscellaneous				Interceptions				Punt Returns				Kickoff Returns				Totals	
Year Team	G	GS	Tk	Ast	Sack	FF	FR	TD	Blk	Int	Yds	Avg	TD	Num	Yds	Avg	TD	Num	Yds	Avg	TD	TD	Fum
1984 Indianapolis Colts	15	13	45	17	0.0	0	0	0	0	6	25	4.2	0	0	0	-	0	0	0	-	0	0	0
1985 Indianapolis Colts	16	16	65	9	0.0	0	3	0	0	8	53	6.6	0	1	6	6.0	0	0	0	-	0	0	1
1986 Indianapolis Colts	15	15	52	17	0.0	0	1	1	0	3	11	3.7	0	0	0	-	0	0	0	-	0	1	0
1987 Indianapolis Colts	12	11	30	9	0.0	0	0	0	0	2	34	17.0	0	0	0	-	0	0	0	-	0	0	0
1988 Indianapolis Colts	16	15	52	13	0.0	0	0	0	0	2	44	22.0	1	0	0	-	0	0	0	-	0	1	0
1989 Indianapolis Colts	15	14	41	10	0.0	0	1	0	0	1	34	34.0	0	0	0	-	0	0	0	-	0	0	0
1990 Indianapolis Colts	15	15	48	11	0.0	0	0	0	0	0	0	-	0	1	0	0.0	0	0	0	-	0	0	0
1991 Indianapolis Colts	16	16	38	20	0.0	0	0	0	0	3	22	7.3	0	0	0	-	0	0	0	-	0	0	0
1992 Indianapolis Colts	14	13	49	7	2.0	0	0	0	0	1	0	0.0	0	0	0	-	0	0	0	-	0	0	0
1993 Indianapolis Colts	16	16	47	16	0.0	0	0	0	0	1	17	17.0	0	0	0	-	0	0	0	-	0	0	0
1994 Indianapolis Colts	16	15	65	12	0.0	1	0	0	0	2	6	3.0	0	0	0	-	0	0	0	-	0	0	0
1995 Indianapolis Colts	16	16	28	7	0.0	0	0	0	0	3	142	47.3	1	0	0	-	0	0	0	-	0	1	0
1996 Indianapolis Colts	16	9	31	5	0.0	1	1	0	0	3	35	11.7	1	0	0	-	0	0	0	-	0	1	0
1997 Baltimore Ravens	9	6	15	3	0.0	0	0	0	0	3	60	20.0	0	0	0	-	0	0	0	-	0	0	0
14 NFL Seasons	207	190	606	156	2.0	2	6	1	0	38	483	12.7	3	2	6	3.0	0	0	0	-	0	4	1

LeShun Daniels

Pos: G **Rnd:** FA **College:** Ohio State **Ht:** 6' 1" **Wt:** 304 **Born:** 5/30/74 **Age:** 24

Year	Team	G	GS		G	GS
1997	Minnesota Vikings	1	0	1 NFL Season	1	0

Phillip Daniels

Pos: DE **Rnd:** 4 **College:** Georgia **Ht:** 6' 5" **Wt:** 263 **Born:** 6/26/73 **Age:** 25

			Tackles			Miscellaneous				Interceptions				Punt Returns				Kickoff Returns				Totals	
Year Team	G	GS	Tk	Ast	Sack	FF	FR	TD	Blk	Int	Yds	Avg	TD	Num	Yds	Avg	TD	Num	Yds	Avg	TD	TD	Fum
1996 Seattle Seahawks	15	0	9	2	2.0	0	0	0	0	0	0	-	0	0	0	-	0	0	0	-	0	0	0
1997 Seattle Seahawks	13	10	24	10	4.0	1	0	0	0	0	0	-	0	0	0	-	0	1	-2	-2.0	0	0	1

Year Team	G	GS	Tackles			Miscellaneous				Interceptions				Punt Returns			Kickoff Returns			Totals	
			Tk	Ast	Sack	FF	FR	TD	Blk	Int	Yds	Avg	TD	Num	Yds	Avg	Num	Yds	Avg	TD Fum
2 NFL Seasons	28	10	33	12	6.0	1	1	0	0	0	0	-	0	0	0	- 0	1	-2	-2.0 0	0 1

Matt Darby

Pos: S **Rnd:** 5 **College:** UCLA **Ht:** 6' 1" **Wt:** 200 **Born:** 11/19/68 **Age:** 29

Year Team	G	GS	Tackles			Miscellaneous				Interceptions				Totals		
			Tk	Ast	Sack	FF	FR	TD	Blk	Int	Yds	Avg	TD	Sfty	TD	Pts
1992 Buffalo Bills	16	1	15	8	0.0	0	1	0	0	0	0	-	0	0	0	0
1993 Buffalo Bills	16	3	39	14	0.0	1	1	0	0	2	32	16.0	0	0	0	0
1994 Buffalo Bills	16	16	52	29	0.0	0	0	0	0	4	20	5.0	0	0	0	0
1995 Buffalo Bills	7	3	14	2	0.0	0	0	0	0	2	37	18.5	0	0	0	0
1996 Arizona Cardinals	15	15	60	28	0.0	0	1	0	1	0	0	-	0	0	0	0
1997 Arizona Cardinals	11	7	36	28	0.0	0	2	0	0	0	0	-	0	0	0	0
6 NFL Seasons	81	45	216	109	0.0	1	5	0	1	8	89	11.1	0	0	0	0

Chris Darkins

Pos: RB **Rnd:** 4 **College:** Minnesota **Ht:** 6' 0" **Wt:** 215 **Born:** 4/30/74 **Age:** 24

Year Team	G	GS	Rushing					Receiving				Punt Returns			Kickoff Returns				Totals		
			Att	Yds	Avg	Lg	TD	Rec	Yds	Avg	Lg	TD	Num	Yds	Avg	Num	Yds	Avg TD	Fum TD Pts
1997 Green Bay Packers	14	0	0	0	-		0	0	0	-	-	0	0	0	-	0	4	68 17.0 0	0 0 0

James Darling

Pos: LB **Rnd:** 2 **College:** Washington State **Ht:** 6' 1" **Wt:** 240 **Born:** 12/29/74 **Age:** 23

Year Team	G	GS	Tackles			Miscellaneous				Interceptions				Totals		
			Tk	Ast	Sack	FF	FR	TD	Blk	Int	Yds	Avg	TD	Sfty	TD	Pts
1997 Philadelphia Eagles	16	6	20	8	0.0	0	0	0	0	0	0	-	0	0	0	0

Don Davey

Pos: DT **Rnd:** 3 **College:** Wisconsin **Ht:** 6' 4" **Wt:** 267 **Born:** 4/8/68 **Age:** 30

Year Team	G	GS	Tackles			Miscellaneous				Interceptions				Punt Returns			Kickoff Returns			Totals	
			Tk	Ast	Sack	FF	FR	TD	Blk	Int	Yds	Avg	TD	Num	Yds	Avg	Num	Yds	Avg	TD Fum
1991 Green Bay Packers	16	0	0	0	0.0	0	0	0	0	0	0	-	0	0	0	- 0	1	8	8.0	0 0
1992 Green Bay Packers	9	0	4	1	0.0	0	0	0	0	0	0	-	0	0	0	- 0	1	8	8.0	0 0
1993 Green Bay Packers	9	0	2	0	0.0	0	0	0	0	0	0	-	0	0	0	- 0	0	0	-	0 0
1994 Green Bay Packers	16	2	11	5	1.5	0	0	0	0	0	0	-	0	0	0	- 0	1	6	6.0	0 0
1995 Jacksonville Jaguars	16	16	32	17	3.0	0	0	0	0	0	0	-	0	0	0	- 0	0	0	-	0 0
1996 Jacksonville Jaguars	16	12	24	6	0.5	1	1	0	0	0	0	-	0	0	0	- 0	0	0	-	0 0
1997 Jacksonville Jaguars	10	10	18	10	3.0	2	0	0	0	0	0	-	0	0	0	- 0	0	0	-	0 0
7 NFL Seasons	92	40	91	39	8.0	3	1	0	0	0	0	-	0	0	0	- 0	3	22	7.3	0 0

Norberto Davidds-Garrido

Pos: T **Rnd:** 4 **College:** Southern California **Ht:** 6' 5" **Wt:** 308 **Born:** 10/4/72 **Age:** 26

Year Team	G	GS	Year Team	G	GS			G	GS
1996 Carolina Panthers	10	8	1997 Carolina Panthers	15	15		2 NFL Seasons	25	23

Anthony Davis

(statistical profile on page 405)

Pos: LB **Rnd:** 11 **College:** Utah **Ht:** 6' 0" **Wt:** 237 **Born:** 3/7/69 **Age:** 29

Year Team	G	GS	Tackles			Miscellaneous				Interceptions				Totals		
			Tk	Ast	Sack	FF	FR	TD	Blk	Int	Yds	Avg	TD	Sfty	TD	Pts
1993 Seattle Seahawks	10	0	0	0	0.0	0	0	0	0	0	0	-	0	0	0	0
1994 Kansas City Chiefs	5	0	0	0	0.0	0	0	0	0	0	0	-	0	0	0	0
1995 Kansas City Chiefs	16	2	51	6	2.0	0	0	0	0	1	11	11.0	0	0	0	0
1996 Kansas City Chiefs	16	15	58	13	2.5	0	0	0	0	2	37	18.5	0	0	0	0
1997 Kansas City Chiefs	15	15	69	19	3.5	1	1	0	0	0	0	-	0	0	0	0
5 NFL Seasons	62	32	178	38	8.0	1	1	0	0	3	48	16.0	0	0	0	0

Antone Davis

Pos: T **Rnd:** 1 (9) **College:** Tennessee **Ht:** 6' 4" **Wt:** 330 **Born:** 2/28/67 **Age:** 31

Year Team	G	GS	Year Team	G	GS	Year Team	G	GS	Year Team	G	GS
1991 Philadelphia Eagles	16	15	1993 Philadelphia Eagles	16	16	1995 Philadelphia Eagles	15	14	1997 Atlanta Falcons	3	3
1992 Philadelphia Eagles	15	15	1994 Philadelphia Eagles	16	14	1996 Atlanta Falcons	16	10	7 NFL Seasons	97	87

Other Statistics: 1997—recovered 1 fumble for 0 yards.

Billy Davis

Pos: WR **Rnd:** FA **College:** Pittsburgh **Ht:** 6' 1" **Wt:** 197 **Born:** 7/6/72 **Age:** 26

Year Team	G	GS	Rushing					Receiving				Punt Returns			Kickoff Returns			Totals		
			Att	Yds	Avg	Lg	TD	Rec	Yds	Avg	Lg	TD	Num	Yds	Avg	Num	Yds	Avg	Fum TD Pts
1995 Dallas Cowboys	16	0	0	0	-	-	0	0	0	-	-	0	0	0	- 0	0	0	- 0	0 0 0
1996 Dallas Cowboys	13	0	0	0	-	-	0	0	0	-	-	0	0	0	- 0	0	0	- 0	0 0 0
1997 Dallas Cowboys	16	0	0	0	-	-	0	3	33	11.0	12	0	0	0	- 0	0	0	- 0	0 0 0

Year Team	G	GS	Rushing Att	Yds	Avg	Lg	TD	Receiving Rec	Yds	Avg	Lg	TD	Punt Returns Num	Yds	Avg	TD	Kickoff Returns Num	Yds	Avg	TD	Totals Fum	TD	Pts
3 NFL Seasons	45	0	0	0	-	-	0	3	33	11.0	12	0	0	0	-	0	0	0	-	0	0	0	0

Don Davis

Pos: LB **Rnd:** FA **College:** Kansas **Ht:** 6' 1" **Wt:** 239 **Born:** 12/17/72 **Age:** 25

Year Team	G	GS	Tackles Tk	Ast	Sack	Miscellaneous FF	FR	TD	Blk	Interceptions Int	Yds	Avg	TD	Totals Sfty	TD	Pts
1996 New Orleans Saints	11	0	0	0	0.0	0	1	0	0	0	0	-	0	0	0	0
1997 New Orleans Saints	11	0	0	0	0.0	0	0	0	0	0	0	-	0	0	0	0
2 NFL Seasons	22	0	0	0	0.0	0	1	0	0	0	0	-	0	0	0	0

Eric Davis

(statistical profile on page 405)

Pos: CB **Rnd:** 2 **College:** Jacksonville State **Ht:** 5' 11" **Wt:** 185 **Born:** 1/26/68 **Age:** 30

Year Team	G	GS	Tackles Tk	Ast	Sack	Miscellaneous FF	FR	TD	Blk	Interceptions Int	Yds	Avg	TD	Punt Returns Num	Yds	Avg	TD	Kickoff Returns Num	Yds	Avg	TD	Totals TD	Fum
1990 San Francisco 49ers	16	0	20	1	0.0	2	1	0	0	1	13	13.0	0	5	38	7.6	0	0	0	-	0	0	0
1991 San Francisco 49ers	2	2	9	1	0.0	0	0	0	0	0	0	-	0	0	0	-	0	0	0	-	0	0	0
1992 San Francisco 49ers	16	16	58	3	0.0	0	2	0	0	3	52	17.3	0	0	0	-	0	0	0	-	0	0	0
1993 San Francisco 49ers	16	16	63	6	0.0	1	1	1	0	4	45	11.3	1	0	0	-	0	0	0	-	0	2	0
1994 San Francisco 49ers	16	16	68	6	0.0	1	2	0	0	1	8	8.0	0	0	0	-	0	0	0	-	0	0	1
1995 San Francisco 49ers	15	15	43	8	1.0	2	0	0	0	3	84	28.0	1	0	0	-	0	0	0	-	0	1	0
1996 Carolina Panthers	16	16	56	4	0.0	2	0	0	0	5	57	11.4	0	0	0	-	0	0	0	-	0	0	0
1997 Carolina Panthers	14	14	35	6	0.0	0	1	0	0	5	25	5.0	0	0	0	-	0	0	0	-	0	0	0
8 NFL Seasons	111	95	352	35	1.0	8	7	1	0	22	284	12.9	2	5	38	7.6	0	0	0	-	0	3	1

Greg Davis

(statistical profile on page 472)

Pos: K **Rnd:** 9 **College:** The Citadel **Ht:** 6' 0" **Wt:** 205 **Born:** 10/29/65 **Age:** 33

Year Team	G	Field Goals 1-29 Yds	Pct	30-39 Yds	Pct	40-49 Yds	Pct	50+ Yds	Pct	Overall	Pct	Long	PAT Made	Att	Tot Pts
1987 Atlanta Falcons	3	1-1	100.0	1-1	100.0	1-2	50.0	0-0	-	3-4	75.0	42	6	6	15
1988 Atlanta Falcons	16	4-5	80.0	6-9	66.7	8-12	66.7	1-4	25.0	19-30	63.3	52	25	27	82
1989 NE - Atl	15	6-6	100.0	8-12	66.7	7-14	50.0	2-2	100.0	23-34	67.6	52	25	28	94
1990 Atlanta Falcons	16	6-6	100.0	8-9	88.9	6-13	46.2	2-5	40.0	22-33	66.7	53	40	40	106
1991 Phoenix Cardinals	16	6-6	100.0	7-7	100.0	5-10	50.0	3-7	42.9	21-30	70.0	52	19	19	82
1992 Phoenix Cardinals	16	6-10	60.0	3-4	75.0	4-9	44.4	0-3	0.0	13-26	50.0	49	28	28	67
1993 Phoenix Cardinals	16	12-12	100.0	1-1	100.0	4-10	40.0	4-5	80.0	21-28	75.0	55	37	37	100
1994 Arizona Cardinals	14	10-11	90.9	3-4	75.0	6-7	85.7	1-4	25.0	20-26	76.9	51	17	17	77
1995 Arizona Cardinals	16	14-15	93.3	9-10	90.0	6-8	75.0	1-6	16.7	30-39	76.9	55	19	19	109
1996 Arizona Cardinals	9	7-9	77.8	1-2	50.0	1-3	33.3	0-0	-	9-14	64.3	49	12	12	39
1997 Min - SD	16	8-10	80.0	12-12	100.0	6-12	50.0	0-0	-	26-34	76.5	45	31	32	109
1989 New England Patriots	9	3-3	100.0	6-9	66.7	5-9	55.6	2-2	100.0	16-23	69.6	52	13	16	61
Atlanta Falcons	6	3-3	100.0	2-3	66.7	2-5	40.0	0-0	-	7-11	63.6	46	12	12	33
1997 Minnesota Vikings	4	4-5	80.0	2-2	100.0	1-3	33.3	0-0	-	7-10	70.0	43	10	10	31
San Diego Chargers	12	4-5	80.0	10-10	100.0	5-9	55.6	0-0	-	19-24	79.2	45	21	22	78
11 NFL Seasons	153	80-91	87.9	59-71	83.1	54-100	54.0	14-36	38.9	207-298	69.5	55	259	265	880

Other Statistics: 1987–punted 6 times for 191 yards. 1992–punted 4 times for 167 yards.

Isaac Davis

Pos: G **Rnd:** 2 **College:** Arkansas **Ht:** 6' 3" **Wt:** 325 **Born:** 4/8/72 **Age:** 26

Year Team	G	GS	Year Team	G	GS	Year Team	G	GS		G	GS
1994 San Diego Chargers	13	2	1996 San Diego Chargers	14	5	1997 New Orleans Saints	3	2			
1995 San Diego Chargers	16	10	1997 San Diego Chargers	12	12				4 NFL Seasons	58	31

Johnn Davis

Pos: TE **Rnd:** FA **College:** Emporia State **Ht:** 6' 4" **Wt:** 257 **Born:** 5/14/73 **Age:** 25

Year Team	G	GS	Rushing Att	Yds	Avg	Lg	TD	Receiving Rec	Yds	Avg	Lg	TD	Punt Returns Num	Yds	Avg	TD	Kickoff Returns Num	Yds	Avg	TD	Totals Fum	TD	Pts
1997 Tampa Bay Buccaneers	8	2	0	0	-	-	0	3	35	11.7	16	0	0	0	-	0	0	0	-	0	0	0	0

Nathan Davis

Pos: DE **Rnd:** 2 **College:** Indiana **Ht:** 6' 5" **Wt:** 285 **Born:** 2/6/74 **Age:** 24

Year Team	G	GS	Tackles Tk	Ast	Sack	Miscellaneous FF	FR	TD	Blk	Interceptions Int	Yds	Avg	TD	Totals Sfty	TD	Pts
1997 Atlanta Falcons	2	0	0	0	0.0	0	0	0	0	0	0	-	0	0	0	0

Robert Davis

Pos: DT/LS **Rnd:** FA **College:** Shippensburg **Ht:** 6' 2" **Wt:** 270 **Born:** 12/10/68 **Age:** 29

Year Team	G	GS	Tackles Tk	Ast	Sack	Miscellaneous FF	FR	TD	Blk	Interceptions Int	Yds	Avg	TD	Totals Sfty	TD	Pts
1996 Chicago Bears	16	0	0	0	0.0	0	0	0	0	0	0	-	0	0	0	0

Year Team	G	GS	Tackles Tk	Ast	Sack	Miscellaneous FF	FR	TD	Blk	Interceptions Int	Yds	Avg	TD	Totals Sfty	TD	Pts
1997 Green Bay Packers	7	0	0	0	0.0	0	0	0	0	0	0	-	0	0	0	0
2 NFL Seasons	23	0	0	0	0.0	0	0	0	0	0	0	-	0	0	0	0

Scott Davis

Pos: G **Rnd:** 6 **College:** Iowa **Ht:** 6' 3" **Wt:** 292 **Born:** 1/29/70 **Age:** 28

Year Team	G	GS	Year Team	G	GS	Year Team	G	GS		G	GS
1993 New York Giants	4	0	1994 New York Giants	15	4	1997 Atlanta Falcons	3	2	3 NFL Seasons	22	6

Stephen Davis

(statistical profile on page 299)

Pos: RB **Rnd:** 4 **College:** Auburn **Ht:** 6' 0" **Wt:** 231 **Born:** 3/1/74 **Age:** 24

Year Team	G	GS	Rushing Att	Yds	Avg	Lg	TD	Receiving Rec	Yds	Avg	Lg	TD	Punt Returns Num	Yds	Avg	TD	Kickoff Returns Num	Yds	Avg	TD	Totals Fum	TD	Pts
1996 Washington Redskins	12	0	23	139	6.0	t39	2	0	0	-	-	0	0	0	-	0	0	0	-	0	0	2	12
1997 Washington Redskins	14	6	141	567	4.0	18	3	18	134	7.4	19	0	0	0	-	0	3	62	20.7	0	1	3	18
2 NFL Seasons	26	6	164	706	4.3	t39	5	18	134	7.4	19	0	0	0	-	0	3	62	20.7	0	1	5	30

Other Statistics: 1997—recovered 1 fumble for 0 yards.

Terrell Davis

(statistical profile on page 299)

Pos: RB **Rnd:** 6 **College:** Georgia **Ht:** 5' 11" **Wt:** 200 **Born:** 10/28/72 **Age:** 26

Year Team	G	GS	Rushing Att	Yds	Avg	Lg	TD	Receiving Rec	Yds	Avg	Lg	TD	Punt Returns Num	Yds	Avg	TD	Kickoff Returns Num	Yds	Avg	TD	Totals Fum	TD	Pts
1995 Denver Broncos	14	14	237	1117	4.7	t60	7	49	367	7.5	31	1	0	0	-	0	0	0	-	0	5	8	48
1996 Denver Broncos	16	16	345	1538	4.5	t71	13	36	310	8.6	23	2	0	0	-	0	0	0	-	0	5	15	90
1997 Denver Broncos	15	15	369	1750	4.7	t50	15	42	287	6.8	25	0	0	0	-	0	0	0	-	0	4	15	96
3 NFL Seasons	45	45	951	4405	4.6	t71	35	127	964	7.6	31	3	0	0	-	0	0	0	-	0	14	38	234

Other Statistics: 1995—recovered 1 fumble for 0 yards. 1996—recovered 2 fumbles for 0 yards. 1997—recovered 2 fumbles for -7 yards; scored 3 two-point conversions.

Travis Davis

(statistical profile on page 406)

Pos: S **Rnd:** 7 **College:** Notre Dame **Ht:** 6' 0" **Wt:** 200 **Born:** 1/10/73 **Age:** 25

Year Team	G	GS	Tackles Tk	Ast	Sack	Miscellaneous FF	FR	TD	Blk	Interceptions Int	Yds	Avg	TD	Punt Returns Num	Yds	Avg	TD	Kickoff Returns Num	Yds	Avg	TD	Totals Fum
1995 Jacksonville Jaguars	9	5	26	7	0.0	0	1	0	0	0	0	-	0	0	0	-	0	0	0	-	0	0
1996 Jacksonville Jaguars	16	7	39	13	0.5	0	2	0	0	2	0	0.0	0	0	0	-	0	0	0	-	0	0
1997 Jacksonville Jaguars	16	16	72	21	2.0	2	3	0	0	1	23	23.0	0	0	0	-	0	1	9	9.0	0	0
3 NFL Seasons	41	28	137	41	2.5	2	6	0	0	3	23	7.7	0	0	0	-	0	1	9	9.0	0	0

Troy Davis

(statistical profile on page 300)

Pos: RB **Rnd:** 3 **College:** Iowa State **Ht:** 5' 8" **Wt:** 181 **Born:** 9/14/75 **Age:** 23

Year Team	G	GS	Rushing Att	Yds	Avg	Lg	TD	Receiving Rec	Yds	Avg	Lg	TD	Punt Returns Num	Yds	Avg	TD	Kickoff Returns Num	Yds	Avg	TD	Totals Fum	TD	Pts
1997 New Orleans Saints	16	7	75	271	3.6	20	0	13	85	6.5	18	0	0	0	-	0	9	173	19.2	0	3	0	0

Tyree Davis

Pos: PR/WR **Rnd:** 7 **College:** Central Arkansas **Ht:** 5' 9" **Wt:** 175 **Born:** 9/23/70 **Age:** 28

Year Team	G	GS	Rushing Att	Yds	Avg	Lg	TD	Receiving Rec	Yds	Avg	Lg	TD	Punt Returns Num	Yds	Avg	TD	Kickoff Returns Num	Yds	Avg	TD	Totals Fum	TD	Pts
1995 Tampa Bay Buccaneers	1	0	0	0	-	-	0	0	0	-	-	0	0	0	-	0	0	0	-	0	0	0	0
1997 Seattle Seahawks	13	1	0	0	-	-	0	2	48	24.0	37	0	16	104	6.5	0	2	25	12.5	0	1	0	0
2 NFL Seasons	14	1	0	0	-	-	0	2	48	24.0	37	0	16	104	6.5	0	2	25	12.5	0	1	0	0

Other Statistics: 1997—recovered 1 fumble for 0 yards.

Tyrone Davis

Pos: TE **Rnd:** 4 **College:** Virginia **Ht:** 6' 4" **Wt:** 255 **Born:** 6/30/72 **Age:** 26

Year Team	G	GS	Rushing Att	Yds	Avg	Lg	TD	Receiving Rec	Yds	Avg	Lg	TD	Punt Returns Num	Yds	Avg	TD	Kickoff Returns Num	Yds	Avg	TD	Totals Fum	TD	Pts
1995 New York Jets	4	0	0	0	-	-	0	1	9	9.0	9	0	0	0	-	0	0	0	-	0	0	0	0
1996 New York Jets	2	0	0	0	-	-	0	1	6	6.0	6	0	0	0	-	0	0	0	-	0	0	0	0
1997 Green Bay Packers	13	0	0	0	-	-	0	2	28	14.0	26	1	0	0	-	0	0	0	-	0	0	2	12
3 NFL Seasons	19	0	0	0	-	-	0	4	43	10.8	26	1	0	0	-	0	0	0	-	0	0	2	12

Other Statistics: 1997—recovered 1 fumble for 0 yards and 1 touchdown.

Wendell Davis

Pos: CB **Rnd:** 6 **College:** Oklahoma **Ht:** 5' 10" **Wt:** 183 **Born:** 6/27/73 **Age:** 25

			Tackles			Miscellaneous				Interceptions				Totals		
Year Team	G	GS	Tk	Ast	Sack	FF	FR	TD	Blk	Int	Yds	Avg	TD	Sfty	TD	Pts
1996 Dallas Cowboys	13	0	7	0	0.0	0	0	0	0	0	0	-	0	0	0	0
1997 Dallas Cowboys	15	0	2	0	0.0	0	2	0	0	0	0	-	0	0	0	0
2 NFL Seasons	28	0	9	0	0.0	0	2	0	0	0	0	-	0	0	0	0

Willie Davis

(statistical profile on page 300)

Pos: WR **Rnd:** FA **College:** Central Arkansas **Ht:** 6' 0" **Wt:** 181 **Born:** 10/10/67 **Age:** 31

			Rushing					Receiving				Kickoff Returns				Passing				Totals		
Year Team	G	GS	Att	Yds	Avg	Lg	TD	Rec	Yds	Avg	Lg	TD	Num	Yds	Avg	TD	Att	Com	Yds	Int	Fum	TD	Pts
1991 Kansas City Chiefs	1	0	0	0	-	-	0	0	0	-	-	0	0	0	-	0	0	0	0	0	0	0	0
1992 Kansas City Chiefs	16	14	1	-11	-11.0	-11	0	36	756	21.0	t74	3	0	0	-	0	0	0	0	0	0	3	18
1993 Kansas City Chiefs	16	15	0	0	-	-	0	52	909	17.5	t66	7	0	0	-	0	0	0	0	0	0	7	42
1994 Kansas City Chiefs	14	13	0	0	-	-	0	51	822	16.1	t62	5	0	0	-	0	0	0	0	0	1	5	32
1995 Kansas City Chiefs	16	16	0	0	-	-	0	33	527	16.0	t60	5	0	0	-	0	0	0	0	0	0	5	30
1996 Houston Oilers	16	14	1	15	15.0	15	0	39	464	11.9	49	6	0	0	-	0	0	0	0	0	1	6	36
1997 Tennessee Oilers	16	15	0	0	-	-	0	43	564	13.1	46	4	0	0	-	0	1	1	22	0	0	4	24
7 NFL Seasons	95	87	2	4	2.0	15	0	254	4042	15.9	t74	30	0	0	-	0	1	1	22	0	2	30	182

Other Statistics: 1994–scored 1 two-point conversion. 1997–passed for 1 touchdown.

Jerone Davison

Pos: FB **Rnd:** FA **College:** Arizona State **Ht:** 6' 1" **Wt:** 225 **Born:** 9/16/70 **Age:** 28

			Rushing					Receiving				Punt Returns				Kickoff Returns				Totals		
Year Team	G	GS	Att	Yds	Avg	Lg	TD	Rec	Yds	Avg	Lg	TD	Num	Yds	Avg	TD	Num	Yds	Avg	TD	Fum	TD	Pts
1996 Oakland Raiders	2	0	0	0	-	-	0	4	21	5.3	8	0	0	0	-	0	0	0	-	0	0	0	0
1997 Oakland Raiders	8	1	2	4	2.0	5	0	2	34	17.0	25	0	0	0	-	0	0	0	-	0	0	0	0
2 NFL Seasons	10	1	2	4	2.0	5	0	6	55	9.2	25	0	0	0	-	0	0	0	-	0	0	0	0

Brian Dawkins

(statistical profile on page 406)

Pos: S **Rnd:** 2 **College:** Clemson **Ht:** 5' 11" **Wt:** 190 **Born:** 10/13/73 **Age:** 25

			Tackles			Miscellaneous				Interceptions				Totals		
Year Team	G	GS	Tk	Ast	Sack	FF	FR	TD	Blk	Int	Yds	Avg	TD	Sfty	TD	Pts
1996 Philadelphia Eagles	14	13	53	21	1.0	0	2	0	0	3	41	13.7	0	0	0	0
1997 Philadelphia Eagles	15	15	61	13	0.0	0	0	0	0	3	76	25.3	1	0	1	6
2 NFL Seasons	29	28	114	34	1.0	0	2	0	0	6	117	19.5	1	0	1	6

Sean Dawkins

(statistical profile on page 301)

Pos: WR **Rnd:** 1 (16) **College:** California **Ht:** 6' 4" **Wt:** 211 **Born:** 2/3/71 **Age:** 27

			Rushing					Receiving				Punt Returns				Kickoff Returns				Totals		
Year Team	G	GS	Att	Yds	Avg	Lg	TD	Rec	Yds	Avg	Lg	TD	Num	Yds	Avg	TD	Num	Yds	Avg	TD	Fum	TD	Pts
1993 Indianapolis Colts	16	7	0	0	-	-	0	26	430	16.5	68	1	0	0	-	0	0	0	-	0	1	1	6
1994 Indianapolis Colts	16	16	0	0	-	-	0	51	742	14.5	49	5	0	0	-	0	0	0	-	0	1	5	30
1995 Indianapolis Colts	16	13	0	0	-	-	0	52	784	15.1	52	3	0	0	-	0	0	0	-	0	1	3	18
1996 Indianapolis Colts	15	14	0	0	-	-	0	54	751	13.9	42	1	0	0	-	0	0	0	-	0	1	1	6
1997 Indianapolis Colts	14	12	0	0	-	-	0	68	804	11.8	51	2	0	0	-	0	0	0	-	0	0	2	12
5 NFL Seasons	77	62	0	0	-	-	0	251	3511	14.0	68	12	0	0	-	0	0	0	-	0	3	12	72

Dermontti Dawson

Pos: C **Rnd:** 2 **College:** Kentucky **Ht:** 6' 2" **Wt:** 288 **Born:** 6/17/65 **Age:** 33

Year Team	G	GS	Year Team	G	GS	Year Team	G	GS	Year Team	G	GS
1988 Pittsburgh Steelers	8	5	1991 Pittsburgh Steelers	16	16	1994 Pittsburgh Steelers	16	16	1997 Pittsburgh Steelers	16	16
1989 Pittsburgh Steelers	16	16	1992 Pittsburgh Steelers	16	16	1995 Pittsburgh Steelers	16	16	10 NFL Seasons	152	149
1990 Pittsburgh Steelers	16	16	1993 Pittsburgh Steelers	16	16	1996 Pittsburgh Steelers	16	16			

Other Statistics: 1991–recovered 1 fumble for 2 yards; fumbled 2 times. 1993–fumbled 1 time for 0 yards.

Lake Dawson

Pos: WR **Rnd:** 3 **College:** Notre Dame **Ht:** 6' 1" **Wt:** 207 **Born:** 1/2/72 **Age:** 26

			Rushing					Receiving				Punt Returns				Kickoff Returns				Totals		
Year Team	G	GS	Att	Yds	Avg	Lg	TD	Rec	Yds	Avg	Lg	TD	Num	Yds	Avg	TD	Num	Yds	Avg	TD	Fum	TD	Pts
1994 Kansas City Chiefs	12	6	3	24	8.0	13	0	37	537	14.5	50	2	0	0	-	0	0	0	-	0	1	2	12
1995 Kansas City Chiefs	16	9	1	-9	-9.0	-9	0	40	513	12.8	t45	5	0	0	-	0	0	0	-	0	0	5	30
1996 Kansas City Chiefs	4	0	0	0	-	-	0	5	83	16.6	25	1	0	0	-	0	0	0	-	0	1	1	6
1997 Kansas City Chiefs	11	11	0	0	-	-	0	21	273	13.0	27	2	0	0	-	0	0	0	-	0	1	2	12
4 NFL Seasons	43	26	4	15	3.8	13	0	103	1406	13.7	50	10	0	0	-	0	0	0	-	0	1	10	60

Terry Day

Pos: DE **Rnd:** 4 **College:** Mississippi State **Ht:** 6' 5" **Wt:** 275 **Born:** 9/18/74 **Age:** 24

			Tackles			Miscellaneous				Interceptions				Totals		
Year Team	G	GS	Tk	Ast	Sack	FF	FR	TD	Blk	Int	Yds	Avg	TD	Sfty	TD	Pts
1997 New York Jets	1	0	0	0	0.0	0	0	0	0	0	0	-	0	0	0	0

Derrick Deese

Pos: T/G **Rnd:** FA **College:** Southern California **Ht:** 6' 3" **Wt:** 275 **Born:** 5/17/70 **Age:** 28

Year	Team	G	GS	Year	Team	G	GS	Year	Team	G	GS	Year	Team	G	GS
1994	San Francisco 49ers	16	15	1995	San Francisco 49ers	2	2	1996	San Francisco 49ers	16	0	1997	San Francisco 49ers	16	13
													4 NFL Seasons	50	30

Other Statistics: 1996–returned 2 kickoffs for 20 yards. 1997–recovered 1 fumble for 0 yards.

Al Del Greco

(statistical profile on page 472)

Pos: K **Rnd:** FA **College:** Auburn **Ht:** 5' 10" **Wt:** 200 **Born:** 3/2/62 **Age:** 36

		Field Goals										PAT		Tot
Year Team	G	1-29 Yds	Pct	30-39 Yds	Pct	40-49 Yds	Pct	50+ Yds	Pct	Overall	Pct	Long	Made Att	Pts
1984 Green Bay Packers	9	2-2	100.0	3-4	75.0	4-5	80.0	0-1	0.0	9-12	75.0	45	34 34	61
1985 Green Bay Packers	16	10-12	83.3	4-4	100.0	5-9	55.6	0-1	0.0	19-26	73.1	46	38 40	95
1986 Green Bay Packers	16	8-8	100.0	4-6	66.7	3-9	33.3	2-4	50.0	17-27	63.0	50	29 29	80
1987 GB - StL	8	3-5	60.0	4-6	66.7	2-4	50.0	0-0	-	9-15	60.0	47	19 20	46
1988 Phoenix Cardinals	16	5-7	71.4	3-3	100.0	3-9	33.3	1-2	50.0	12-21	57.1	51	42 44	78
1989 Phoenix Cardinals	16	7-7	100.0	5-6	83.3	5-11	45.5	1-2	50.0	18-26	69.2	50	28 29	82
1990 Phoenix Cardinals	16	5-5	100.0	7-10	70.0	3-6	50.0	2-6	33.3	17-27	63.0	50	31 31	82
1991 Houston Oilers	7	5-6	83.3	2-3	66.7	2-3	66.7	1-1	100.0	10-13	76.9	52	16 16	46
1992 Houston Oilers	16	11-12	91.7	5-6	83.3	4-8	50.0	1-1	100.0	21-27	77.8	54	41 41	104
1993 Houston Oilers	16	13-13	100.0	8-9	88.9	4-5	80.0	4-7	57.1	29-34	85.3	52	39 40	126
1994 Houston Oilers	16	4-5	80.0	4-4	100.0	7-8	87.5	1-3	33.3	16-20	80.0	50	18 18	66
1995 Houston Oilers	16	6-6	100.0	8-8	100.0	10-12	83.3	3-5	60.0	27-31	87.1	53	33 33	114
1996 Houston Oilers	16	7-7	100.0	14-16	87.5	10-12	83.3	1-3	33.3	32-38	84.2	56	35 35	131
1997 Tennessee Oilers	16	8-8	100.0	10-11	90.9	7-14	50.0	2-2	100.0	27-35	77.1	52	32 32	113
1987 Green Bay Packers	5	1-2	50.0	2-4	50.0	2-4	50.0	0-0	-	5-10	50.0	47	11 11	26
St. Louis Cardinals	3	2-3	66.7	2-2	100.0	0-0	-	0-0	-	4-5	80.0	37	8 9	20
14 NFL Seasons	200	94-103	91.3	81-96	84.4	69-115	60.0	19-38	50.0	263-352	74.7	56	435 442	1224

Other Statistics: 1988–rushed 1 time for 8 yards. 1990–recovered 1 fumble for 0 yards. 1995–punted 1 time for 15 yards. 1997–punted 1 time for 32 yards.

Jeff Dellenbach

Pos: C/G **Rnd:** 4 **College:** Wisconsin **Ht:** 6' 6" **Wt:** 300 **Born:** 2/14/63 **Age:** 35

Year	Team	G	GS	Year	Team	G	GS	Year	Team	G	GS	Year	Team	G	GS
1985	Miami Dolphins	11	1	1989	Miami Dolphins	16	16	1993	Miami Dolphins	16	16	1996	Green Bay Packers	3	0
1986	Miami Dolphins	13	6	1990	Miami Dolphins	15	0	1994	Miami Dolphins	16	16	1997	Green Bay Packers	13	5
1987	Miami Dolphins	11	6	1991	Miami Dolphins	15	2	1995	New England Patriots	15	5				
1988	Miami Dolphins	16	16	1992	Miami Dolphins	16	8	1996	New England Patriots	2	0		13 NFL Seasons	178	97

Other Statistics: 1987–fumbled 1 time for -13 yards. 1988–fumbled 1 time for -9 yards. 1991–returned 1 kickoff for 0 yards. 1992–fumbled 1 time for 0 yards. 1993–recovered 1 fumble for -6 yards; fumbled 1 time. 1994–fumbled 1 time for -11 yards.

Greg DeLong

Pos: TE **Rnd:** FA **College:** North Carolina **Ht:** 6' 4" **Wt:** 245 **Born:** 4/3/73 **Age:** 25

			Rushing				Receiving				Punt Returns				Kickoff Returns				Totals		
Year Team	G	GS	Att	Yds	Avg	Lg	TD	Rec	Yds	Avg	Lg	TD	Num	Yds	Avg	TD	Num	Yds	Avg	TD	Fum	TD	Pts
1995 Minnesota Vikings	2	2	0	0	-	-	0	6	38	6.3	9	0	0	0	-	0	0	0	-	0	0	0	0
1996 Minnesota Vikings	16	7	0	0	-	-	0	8	34	4.3	9	0	0	0	-	0	1	3	3.0	0	0	0	0
1997 Minnesota Vikings	16	3	0	0	-	-	0	8	75	9.4	23	0	0	0	-	0	0	0	-	0	1	0	0
3 NFL Seasons	34	12	0	0	-	-	0	22	147	6.7	23	0	0	0	-	0	1	3	3.0	0	1	0	0

Other Statistics: 1996–recovered 1 fumble for 0 yards.

Brian DeMarco

Pos: G **Rnd:** 2 **College:** Michigan State **Ht:** 6' 7" **Wt:** 322 **Born:** 4/9/72 **Age:** 26

Year	Team	G	GS	Year	Team	G	GS	Year	Team	G	GS		G	GS
1995	Jacksonville Jaguars	16	16	1996	Jacksonville Jaguars	10	9	1997	Jacksonville Jaguars	14	5	3 NFL Seasons	40	30

Damon Denson

Pos: G **Rnd:** 4 **College:** Michigan **Ht:** 6' 3" **Wt:** 305 **Born:** 2/8/75 **Age:** 23

Year	Team	G	GS			G	GS
1997	New England Patriots	2	0		1 NFL Season	2	0

Richard Dent

Pos: DE **Rnd:** 8 **College:** Tennessee State **Ht:** 6' 5" **Wt:** 265 **Born:** 12/13/60 **Age:** 37

			Tackles			Miscellaneous				Interceptions				Totals		
Year Team	G	GS	Tk	Ast	Sack	FF	FR	TD	Blk	Int	Yds	Avg	TD	Sfty	TD	Pts
1983 Chicago Bears	16	3	9	3	3.0	1	0	0	0	0	0	-	0	0	0	0
1984 Chicago Bears	16	10	31	8	17.5	4	1	0	0	0	0	-	0	0	0	0
1985 Chicago Bears	16	16	33	5	17.0	7	2	0	0	2	10	5.0	1	0	1	6
1986 Chicago Bears	15	14	30	45	11.5	4	0	0	0	0	0	-	0	0	0	0
1987 Chicago Bears	12	12	18	16	12.5	4	2	0	0	0	0	-	0	0	0	0
1988 Chicago Bears	13	13	31	30	10.5	3	1	0	0	0	0	-	0	0	0	0
1989 Chicago Bears	15	15	37	33	9.0	2	2	0	0	1	30	30.0	0	0	0	0
1990 Chicago Bears	16	16	43	38	12.0	2	3	1	0	3	21	7.0	0	0	1	6
1991 Chicago Bears	16	16	50	34	10.5	0	1	0	0	1	4	4.0	0	0	0	0
1992 Chicago Bears	16	16	46	36	8.5	6	1	0	0	0	0	-	0	0	0	0
1993 Chicago Bears	16	16	43	21	12.5	1	0	0	0	1	24	24.0	0	0	0	0
1994 San Francisco 49ers	2	2	7	1	2.0	0	0	0	0	0	0	-	0	0	0	0
1995 Chicago Bears	3	1	1	0	0	0	0	0	0	0	0	-	0	0	0	0
1996 Indianapolis Colts	16	1	13	2	6.5	2	0	0	0	0	0	-	0	1	0	2
1997 Philadelphia Eagles	15	0	10	3	4.5	1	0	0	0	0	0	-	0	0	0	0
15 NFL Seasons	203	151	402	275	137.5	37	13	1	0	8	89	11.1	1	1	2	14

Ty Detmer

(statistical profile on page 301)

Pos: QB **Rnd:** 9 **College:** Brigham Young **Ht:** 6' 0" **Wt:** 194 **Born:** 10/30/67 **Age:** 31

			Passing									Rushing					Miscellaneous			
Year Team	G	GS	Att	Com	Pct	Yards	Yds/Att	Lg	TD	Int	Int%	Rating	Att	Yds	Avg	Lg	TD	Sckd Yds	Fum Recv Yds	Pts
1993 Green Bay Packers	3	0	5	3	60.0	26	5.20	25	0	0	0.0	73.8	1	-2	-2.0	-2	0	0 0	0 0 0	0
1995 Green Bay Packers	4	0	16	8	50.0	81	5.06	25	1	1	6.3	59.6	3	3	1.0	5	0	0 0	1 1 0	0
1996 Philadelphia Eagles	13	11	401	238	59.4	2911	7.26	42	15	13	3.2	80.8	31	59	1.9	9	1	27 171	7 1 0	6
1997 Philadelphia Eagles	8	7	244	134	54.9	1567	6.42	57	7	6	2.5	73.9	14	46	3.3	14	1	19 94	6 1 0	6
4 NFL Seasons	28	18	666	383	57.5	4585	6.88	57	23	20	3.0	77.7	49	106	2.2	14	2	46 265	14 3 0	12

Kevin Devine

Pos: CB **Rnd:** FA **College:** California **Ht:** 5' 9" **Wt:** 184 **Born:** 12/11/74 **Age:** 23

			Tackles			Miscellaneous				Interceptions				Totals		
Year Team	G	GS	Tk	Ast	Sack	FF	FR	TD	Blk	Int	Yds	Avg	TD	Sfty	TD	Pts
1997 Jacksonville Jaguars	12	0	6	0	0.0	0	0	0	0	0	0	-	0	0	0	0

Mike Devlin

Pos: C **Rnd:** 5 **College:** Iowa **Ht:** 6' 2" **Wt:** 300 **Born:** 11/16/69 **Age:** 28

Year	Team	G	GS	Year	Team	G	GS	Year	Team	G	GS		G	GS
1993	Buffalo Bills	12	0	1995	Buffalo Bills	16	0	1997	Arizona Cardinals	15	13	5 NFL Seasons	70	24
1994	Buffalo Bills	10	0	1996	Arizona Cardinals	11	11							

Other Statistics: 1997–recovered 1 fumble for 0 yards.

James Dexter

Pos: T/G **Rnd:** 5 **College:** South Carolina **Ht:** 6' 5" **Wt:** 300 **Born:** 3/3/73 **Age:** 25

Year	Team	G	GS	Year	Team	G	GS		G	GS
1996	Arizona Cardinals	5	1	1997	Arizona Cardinals	10	9	2 NFL Seasons	15	10

Jorge Diaz

Pos: G **Rnd:** FA **College:** Texas A&M-Kingsville **Ht:** 6' 4" **Wt:** 295 **Born:** 11/15/73 **Age:** 24

Year	Team	G	GS	Year	Team	G	GS		G	GS
1996	Tampa Bay Buccaneers	11	5	1997	Tampa Bay Buccaneers	16	16	2 NFL Seasons	27	21

Other Statistics: 1997–recovered 1 fumble for 0 yards.

David Diaz-Infante

Pos: G **Rnd:** FA **College:** San Jose State **Ht:** 6' 3" **Wt:** 292 **Born:** 3/31/64 **Age:** 34

Year	Team	G	GS	Year	Team	G	GS		G	GS
1996	Denver Broncos	9	2	1997	Denver Broncos	16	7	2 NFL Seasons	25	9

Trent Dilfer

(statistical profile on page 302)

Pos: QB **Rnd:** 1 (6) **College:** Fresno State **Ht:** 6' 4" **Wt:** 235 **Born:** 3/13/72 **Age:** 26

			Passing									Rushing					Miscellaneous			
Year Team	G	GS	Att	Com	Pct	Yards	Yds/Att	Lg	TD	Int	Int%	Rating	Att	Yds	Avg	Lg	TD	Sckd Yds	Fum Recv Yds	Pts
1994 Tampa Bay Buccaneers	5	2	82	38	46.3	433	5.28	24	1	6	7.3	36.3	2	27	13.5	15	0	8 42	2 0 0	0
1995 Tampa Bay Buccaneers	16	16	415	224	54.0	2774	6.68	t64	4	18	4.3	60.1	23	115	5.0	t21	2	47 331	13 1 -9	12
1996 Tampa Bay Buccaneers	16	16	482	267	55.4	2859	5.93	45	12	19	3.9	64.8	32	124	3.9	19	0	28 207	10 4 -4	0
1997 Tampa Bay Buccaneers	16	16	386	217	56.2	2555	6.62	t59	21	11	2.8	82.8	33	99	3.0	17	1	32 196	9 3 -12	6

Year Team	G	GS	Passing									Rushing					Miscellaneous				
			Att	Com	Pct	Yards	Yds/Att	Lg	TD	Int	Int%	Rating	Att	Yds	Avg	Lg	TD	Sckd	Yds	Fum	Recv Yds	Pts
4 NFL Seasons	53	50	1365	746	54.7	8621	6.32	t64	38	54	4.0	66.7	90	365	4.1	t21	3	115	776	34	8 -25	18

Ken Dilger

(statistical profile on page 302)

Pos: TE **Rnd:** 2 **College:** Illinois **Ht:** 6'5" **Wt:** 259 **Born:** 2/2/71 **Age:** 27

Year Team	G	GS	Rushing					Receiving					Punt Returns				Kickoff Returns				Totals		
			Att	Yds	Avg	Lg	TD	Rec	Yds	Avg	Lg	TD	Num	Yds	Avg	TD	Num	Yds	Avg	TD	Fum	TD	Pts
1995 Indianapolis Colts	16	13	0	0	-	-	0	42	635	15.1	42	4	0	0	-	0	0	0	-	0	0	4	24
1996 Indianapolis Colts	16	16	0	0	-	-	0	42	503	12.0	51	4	0	0	-	0	0	0	-	0	1	4	24
1997 Indianapolis Colts	14	14	0	0	-	-	0	27	380	14.1	43	3	0	0	-	0	0	0	-	0	0	3	18
3 NFL Seasons	46	43	0	0	-	-	0	111	1518	13.7	51	11	0	0	-	0	0	0	-	0	1	11	66

Scott Dill

Pos: T/G **Rnd:** 9 **College:** Memphis **Ht:** 6'5" **Wt:** 295 **Born:** 4/5/66 **Age:** 32

Year	Team	G	GS	Year	Team	G	GS	Year	Team	G	GS	Year	Team	G	GS
1988	Phoenix Cardinals	13	0	1991	Tampa Bay Buccaneers	8	0	1994	Tampa Bay Buccaneers	16	16	1997	Minnesota Vikings	13	5
1989	Phoenix Cardinals	16	0	1992	Tampa Bay Buccaneers	4	0	1995	Tampa Bay Buccaneers	12	12		10 NFL Seasons	110	52
1990	Tampa Bay Buccaneers	3	2	1993	Tampa Bay Buccaneers	16	16	1996	Minnesota Vikings	9	1				

Other Statistics: 1989—recovered 1 fumble for 0 yards. 1993—recovered 1 fumble for 0 yards.

Corey Dillon

(statistical profile on page 303)

Pos: RB **Rnd:** 2 **College:** Washington **Ht:** 6'2" **Wt:** 220 **Born:** 10/24/75 **Age:** 23

Year Team	G	GS	Rushing					Receiving					Punt Returns				Kickoff Returns				Totals		
			Att	Yds	Avg	Lg	TD	Rec	Yds	Avg	Lg	TD	Num	Yds	Avg	TD	Num	Yds	Avg	TD	Fum	TD	Pts
1997 Cincinnati Bengals	16	6	233	1129	4.8	t71	10	27	259	9.6	28	0	0	0	-	0	6	182	30.3	0	1	10	60

Other Statistics: 1997—recovered 1 fumble for 4 yards.

Charles Dimry

Pos: CB **Rnd:** 5 **College:** UNLV **Ht:** 6'0" **Wt:** 176 **Born:** 1/31/66 **Age:** 32

Year Team	G	GS	Tackles			Miscellaneous				Interceptions				Punt Returns				Kickoff Returns				Totals	
			Tk	Ast	Sack	FF	FR	TD	Blk	Int	Yds	Avg	TD	Num	Yds	Avg	TD	Num	Yds	Avg	TD	TD	Fum
1988 Atlanta Falcons	16	1	15	5	0.0	0	0	0	0	0	0	-	0	0	0	-	0	0	0	-	0	0	0
1989 Atlanta Falcons	16	4	26	5	1.0	0	0	0	0	2	72	36.0	0	0	0	-	0	0	0	-	0	0	0
1990 Atlanta Falcons	16	12	41	14	0.0	0	0	0	0	3	16	5.3	0	0	0	-	0	0	0	-	0	0	0
1991 Denver Broncos	16	1	21	17	0.0	0	1	0	0	3	35	11.7	1	0	0	-	0	0	0	-	0	1	0
1992 Denver Broncos	16	6	47	12	0.0	0	0	0	0	1	2	2.0	0	1	4	4.0	0	0	0	-	0	0	0
1993 Denver Broncos	12	11	30	21	0.0	0	0	0	0	1	0	0.0	0	0	0	-	0	0	0	-	0	0	0
1994 Tampa Bay Buccaneers	16	16	54	6	0.0	0	1	0	0	1	0	0.0	0	0	0	-	0	0	0	-	0	0	0
1995 Tampa Bay Buccaneers	16	16	63	14	0.0	0	2	0	0	1	0	0.0	0	0	0	-	0	0	0	-	0	0	0
1996 Tampa Bay Buccaneers	16	7	24	12	0.0	0	1	0	0	2	1	0.5	0	0	0	-	0	0	0	-	0	0	0
1997 Philadelphia Eagles	15	9	48	9	0.0	0	2	0	0	2	25	12.5	0	0	0	-	0	0	0	-	0	0	1
10 NFL Seasons	155	83	369	115	1.0	0	7	0	0	16	151	9.4	1	1	4	4.0	0	0	0	-	0	1	1

Nate Dingle

Pos: LB **Rnd:** FA **College:** Cincinnati **Ht:** 6'2" **Wt:** 242 **Born:** 9/22/72 **Age:** 26

Year Team	G	GS	Tackles			Miscellaneous				Interceptions				Totals		
			Tk	Ast	Sack	FF	FR	TD	Blk	Int	Yds	Avg	TD	Sfty	TD	Pts
1995 Philadelphia Eagles	6	0	0	0	0.0	0	0	0	0	0	0	-	0	0	0	0
1996 Jacksonville Jaguars	2	0	0	0	0.0	0	0	0	0	0	0	-	0	0	0	0
1997 St. Louis Rams	9	0	1	0	0.0	0	0	0	0	0	0	-	0	0	0	0
3 NFL Seasons	17	0	1	0	0.0	0	0	0	0	0	0	-	0	0	0	0

Chris Dishman

Pos: G **Rnd:** 4 **College:** Nebraska **Ht:** 6'2" **Wt:** 320 **Born:** 2/27/74 **Age:** 24

Year	Team	G	GS				G	GS
1997	Arizona Cardinals	8	0			1 NFL Season	8	0

Cris Dishman
(statistical profile on page 406)

Pos: CB **Rnd:** 5 **College:** Purdue **Ht:** 6' 0" **Wt:** 188 **Born:** 8/13/65 **Age:** 33

			Tackles			Miscellaneous				Interceptions				Punt Returns				Kickoff Returns				Totals	
Year Team	G	GS	Tk	Ast	Sack	FF	FR	TD	Blk	Int	Yds	Avg	TD	Num	Yds	Avg	TD	Num	Yds	Avg	TD	TD	Fum
1988 Houston Oilers	15	2	21	-	0.0	1	1	1	0	0	0	-	0	0	0	-	0	0	0	-	0	1	0
1989 Houston Oilers	16	0	31	6	0.0	1	1	0	0	4	31	7.8	0	0	0	-	0	0	0	-	0	1	0
1990 Houston Oilers	16	14	45	17	0.0	1	0	0	0	4	50	12.5	0	0	0	-	0	0	0	-	0	0	0
1991 Houston Oilers	15	15	53	13	0.0	2	3	1	0	6	61	10.2	0	0	0	-	0	0	0	-	0	1	0
1992 Houston Oilers	15	15	27	13	0.0	1	0	0	0	3	34	11.3	0	0	0	-	0	0	0	-	0	0	0
1993 Houston Oilers	16	16	68	10	0.0	4	2	1	0	6	74	12.3	0	0	0	-	0	0	0	-	0	0	0
1994 Houston Oilers	16	16	53	13	0.0	0	1	0	0	4	74	18.5	1	1	0	0.0	0	0	0	-	0	1	0
1995 Houston Oilers	15	15	48	10	0.0	1	2	0	0	3	17	5.7	0	0	0	-	0	0	0	-	0	0	0
1996 Houston Oilers	16	16	42	15	0.0	0	2	0	0	1	7	7.0	0	0	0	-	0	0	0	-	0	0	0
1997 Washington Redskins	16	15	56	8	1.5	2	1	0	0	4	47	11.8	1	0	0	-	0	0	0	-	0	1	0
10 NFL Seasons	156	124	444	105	1.5	13	13	4	0	35	395	11.3	2	1	0	0.0	0	0	0	-	0	6	0

David Dixon

Pos: G **Rnd:** 9 **College:** Arizona State **Ht:** 6' 5" **Wt:** 359 **Born:** 1/5/69 **Age:** 29

Year	Team	G	GS	Year	Team	G	GS	Year	Team	G	GS	Year	Team	G	GS
1994	Minnesota Vikings	1	0	1995	Minnesota Vikings	15	6	1996	Minnesota Vikings	13	6	1997	Minnesota Vikings	13	13
													4 NFL Seasons	42	25

Ernest Dixon

Pos: LB **Rnd:** FA **College:** South Carolina **Ht:** 6' 1" **Wt:** 240 **Born:** 10/17/71 **Age:** 27

			Tackles			Miscellaneous				Interceptions				Totals		
Year Team	G	GS	Tk	Ast	Sack	FF	FR	TD	Blk	Int	Yds	Avg	TD	Sfty	TD	Pts
1994 New Orleans Saints	15	1	3	0	0.0	0	0	0	0	0	0	-	0	0	0	0
1995 New Orleans Saints	16	5	26	6	4.0	2	0	0	0	2	17	8.5	0	0	0	0
1996 New Orleans Saints	16	0	1	1	0.0	0	1	0	1	0	0	-	0	0	0	0
1997 New Orleans Saints	15	0	2	2	0.5	0	0	0	0	0	0	-	0	0	0	0
4 NFL Seasons	62	6	32	9	4.5	2	1	0	1	2	17	8.5	0	0	0	0

Other Statistics: 1995–fumbled 1 time for 0 yards.

Gerald Dixon
(statistical profile on page 407)

Pos: LB **Rnd:** 3 **College:** South Carolina **Ht:** 6' 3" **Wt:** 250 **Born:** 6/20/69 **Age:** 29

			Tackles			Miscellaneous				Interceptions				Punt Returns				Kickoff Returns				Totals	
Year Team	G	GS	Tk	Ast	Sack	FF	FR	TD	Blk	Int	Yds	Avg	TD	Num	Yds	Avg	TD	Num	Yds	Avg	TD	TD	Fum
1993 Cleveland Browns	11	0	0	0	0.0	0	0	0	0	0	0	-	0	0	0	-	0	0	0	-	0	0	0
1994 Cleveland Browns	16	0	1	1	1.0	0	0	0	1	0	0	-	0	0	0	-	0	0	0	-	0	0	0
1995 Cleveland Browns	16	9	44	14	0.0	0	1	0	0	2	48	24.0	1	0	0	-	0	1	10	10.0	0	1	0
1996 Cincinnati Bengals	16	1	15	6	0.0	0	0	0	0	1	10	10.0	0	0	0	-	0	0	0	-	0	0	0
1997 Cincinnati Bengals	15	12	41	9	8.5	1	0	0	0	0	0	-	0	0	0	-	0	0	0	-	0	0	0
5 NFL Seasons	74	22	101	30	9.5	1	1	0	1	3	58	19.3	1	0	0	-	0	1	10	10.0	0	1	0

Ronnie Dixon

Pos: DT **Rnd:** 6 **College:** Cincinnati **Ht:** 6' 3" **Wt:** 310 **Born:** 5/10/71 **Age:** 27

			Tackles			Miscellaneous				Interceptions				Totals		
Year Team	G	GS	Tk	Ast	Sack	FF	FR	TD	Blk	Int	Yds	Avg	TD	Sfty	TD	Pts
1993 New Orleans Saints	2	0	0	0	0.0	0	0	0	0	0	0	-	0	0	0	0
1995 Philadelphia Eagles	16	10	22	7	0.0	0	0	0	0	0	0	-	0	0	0	0
1996 Philadelphia Eagles	16	4	8	4	0.0	0	0	0	0	0	0	-	0	0	0	0
1997 New York Jets	6	3	4	3	0.0	0	0	0	0	0	0	-	0	0	0	0
4 NFL Seasons	40	17	34	14	0.0	0	0	0	0	0	0	-	0	0	0	0

Dedrick Dodge

Pos: S **Rnd:** FA **College:** Florida State **Ht:** 6' 2" **Wt:** 184 **Born:** 6/14/67 **Age:** 31

			Tackles			Miscellaneous				Interceptions				Totals		
Year Team	G	GS	Tk	Ast	Sack	FF	FR	TD	Blk	Int	Yds	Avg	TD	Sfty	TD	Pts
1991 Seattle Seahawks	11	0	6	1	0.0	0	0	0	0	0	0	-	0	0	0	0
1992 Seattle Seahawks	14	0	14	2	1.0	0	0	0	0	1	13	13.0	0	0	0	0
1994 San Francisco 49ers	15	0	8	0	0.0	0	0	0	0	0	0	-	0	0	0	0
1995 San Francisco 49ers	16	0	16	-	0.0	1	0	0	0	1	13	13.0	0	0	0	0
1996 San Francisco 49ers	16	3	15	5	0.0	0	0	0	0	3	27	9.0	0	0	0	0
1997 Denver Broncos	16	1	5	2	0.0	0	1	0	0	0	0	-	0	0	0	0
6 NFL Seasons	88	4	64	10	1.0	1	1	0	0	5	53	10.6	0	0	0	0

Chris Doering

Pos: WR **Rnd:** 6 **College:** Florida **Ht:** 6' 4" **Wt:** 191 **Born:** 5/19/73 **Age:** 25

			Rushing				Receiving				Punt Returns				Kickoff Returns				Totals		
Year Team	G	GS	Att	Yds	Avg	Lg	TD	Rec	Yds	Avg	Lg	TD	Num	Yds	Avg	TD	Num	Yds	Avg	TD	Fum	TD	Pts
1996 Indianapolis Colts	1	0	0	0	-	-	0	1	10	10.0	10	0	0	0	-	0	0	0	-	0	0	0	0
1997 Indianapolis Colts	2	0	0	0	-	-	0	2	12	6.0	8	0	0	0	-	0	0	0	-	0	0	0	0
2 NFL Seasons	3	0	0	0	-	-	0	3	22	7.3	10	0	0	0	-	0	0	0	-	0	0	0	0

Chris Doleman

(statistical profile on page 407)

Pos: DE **Rnd:** 1 (4) **College:** Pittsburgh **Ht:** 6' 5" **Wt:** 275 **Born:** 10/16/61 **Age:** 37

			Tackles			Miscellaneous				Interceptions				Totals		
Year Team	G	GS	Tk	Ast	Sack	FF	FR	TD	Blk	Int	Yds	Avg	TD	Sfty	TD	Pts
1985 Minnesota Vikings	16	13	69	44	0.5	0	3	0	0	1	5	5.0	0	0	0	0
1986 Minnesota Vikings	16	9	42	7	3.0	2	0	0	0	1	59	59.0	1	0	1	6
1987 Minnesota Vikings	12	12	38	19	11.0	6	0	0	0	0	0	-	0	0	0	0
1988 Minnesota Vikings	16	16	42	16	8.0	2	0	0	0	0	0	-	0	0	0	0
1989 Minnesota Vikings	16	16	68	26	21.0	5	5	0	0	0	0	-	0	0	0	0
1990 Minnesota Vikings	16	16	66	26	11.0	4	2	0	0	1	30	30.0	0	1	0	2
1991 Minnesota Vikings	16	16	56	45	7.0	1	2	0	0	0	0	-	0	0	0	0
1992 Minnesota Vikings	16	16	49	15	14.5	6	3	0	0	1	27	27.0	1	1	1	8
1993 Minnesota Vikings	16	16	59	9	12.5	3	1	0	0	1	-3	-3.0	0	0	0	0
1994 Atlanta Falcons	14	7	26	4	7.0	1	0	0	0	1	2	2.0	0	0	0	0
1995 Atlanta Falcons	16	16	36	15	9.0	1	2	0	0	0	0	-	0	0	0	0
1996 San Francisco 49ers	16	16	45	9	11.0	4	3	1	0	2	1	0.5	0	0	1	6
1997 San Francisco 49ers	16	16	39	7	12.0	3	1	0	0	0	0	-	0	0	0	0
13 NFL Seasons	202	185	635	242	127.5	38	20	1	0	8	121	15.1	2	2	3	22

Kevin Donnalley

Pos: G **Rnd:** 3 **College:** North Carolina **Ht:** 6' 5" **Wt:** 305 **Born:** 6/10/68 **Age:** 30

Year Team	G	GS	Year Team	G	GS	Year Team	G	GS	Year Team	G	GS
1991 Houston Oilers	16	0	1993 Houston Oilers	16	6	1995 Houston Oilers	16	16	1997 Tennessee Oilers	16	16
1992 Houston Oilers	16	2	1994 Houston Oilers	13	11	1996 Houston Oilers	16	16	7 NFL Seasons	109	67

Other Statistics: 1995—recovered 1 fumble for 0 yards.

Anthony Dorsett

Pos: CB **Rnd:** 6 **College:** Pittsburgh **Ht:** 5' 11" **Wt:** 203 **Born:** 9/14/73 **Age:** 25

			Tackles			Miscellaneous				Interceptions				Totals		
Year Team	G	GS	Tk	Ast	Sack	FF	FR	TD	Blk	Int	Yds	Avg	TD	Sfty	TD	Pts
1996 Houston Oilers	8	0	0	0	0.0	0	0	0	0	0	0	-	0	0	0	0
1997 Tennessee Oilers	16	0	5	3	0.0	0	0	0	0	0	0	-	0	0	0	0
2 NFL Seasons	24	0	5	3	0.0	0	0	0	0	0	0	-	0	0	0	0

Dewayne Dotson

Pos: RB **Rnd:** 4 **College:** Mississippi **Ht:** 6' 1" **Wt:** 256 **Born:** 6/10/71 **Age:** 27

			Rushing				Receiving				Punt Returns				Kickoff Returns				Totals		
Year Team	G	GS	Att	Yds	Avg	Lg	TD	Rec	Yds	Avg	Lg	TD	Num	Yds	Avg	TD	Num	Yds	Avg	TD	Fum	TD	Pts
1995 Miami Dolphins	15	0	0	0	-	-	0	0	0	-	-	0	0	0	-	0	0	0	-	0	0	0	0
1997 Miami Dolphins	10	2	0	0	-	-	0	1	4	4.0	4	0	0	0	-	0	0	0	-	0	0	0	0
2 NFL Seasons	25	2	0	0	-	-	0	1	4	4.0	4	0	0	0	-	0	0	0	-	0	0	0	0

Other Statistics: 1995—recovered 1 fumble for 0 yards.

Earl Dotson

Pos: T **Rnd:** 3 **College:** Texas A&M-Kingsville **Ht:** 6' 3" **Wt:** 315 **Born:** 12/17/70 **Age:** 27

Year Team	G	GS	Year Team	G	GS	Year Team	G	GS		G	GS
1993 Green Bay Packers	13	0	1995 Green Bay Packers	16	16	1997 Green Bay Packers	13	13			
1994 Green Bay Packers	4	0	1996 Green Bay Packers	16	15				5 NFL Seasons	62	44

Other Statistics: 1996—recovered 1 fumble for 0 yards. 1997—recovered 1 fumble for 0 yards.

Santana Dotson

(statistical profile on page 407)

Pos: DT **Rnd:** 5 **College:** Baylor **Ht:** 6' 5" **Wt:** 285 **Born:** 12/19/69 **Age:** 28

			Tackles			Miscellaneous				Interceptions				Totals		
Year Team	G	GS	Tk	Ast	Sack	FF	FR	TD	Blk	Int	Yds	Avg	TD	Sfty	TD	Pts
1992 Tampa Bay Buccaneers	16	16	57	14	10.0	2	2	1	0	0	0	-	0	0	1	6

Year Team	G	GS	Tackles			Miscellaneous				Interceptions				Totals		
			Tk	Ast	Sack	FF	FR	TD	Blk	Int	Yds	Avg	TD	Sfty	TD	Pts
1993 Tampa Bay Buccaneers	16	13	41	22	5.0	3	0	0	0	0	0	-	0	0	0	0
1994 Tampa Bay Buccaneers	16	9	18	5	3.0	0	0	0	0	0	0	-	0	0	0	0
1995 Tampa Bay Buccaneers	16	8	24	14	5.0	0	2	0	0	0	0	-	0	0	0	0
1996 Green Bay Packers	16	15	25	12	5.5	1	1	0	0	0	0	-	0	0	0	0
1997 Green Bay Packers	16	16	38	33	5.5	2	0	0	0	0	0	-	0	0	0	0
6 NFL Seasons	96	77	203	100	34.0	8	5	1	0	0	0	-	0	0	1	6

Hugh Douglas

(statistical profile on page 408)

Pos: DE **Rnd:** 1 (16) **College:** Central State **Ht:** 6' 2" **Wt:** 270 **Born:** 8/23/71 **Age:** 27

Year Team	G	GS	Tackles			Miscellaneous				Interceptions				Totals		
			Tk	Ast	Sack	FF	FR	TD	Blk	Int	Yds	Avg	TD	Sfty	TD	Pts
1995 New York Jets	15	3	25	8	10.0	0	2	0	1	0	0	-	0	0	0	0
1996 New York Jets	10	10	28	8	8.0	2	3	1	0	0	0	-	0	0	1	6
1997 New York Jets	15	15	31	8	4.0	3	0	0	0	0	0	-	0	0	0	0
3 NFL Seasons	40	28	84	24	22.0	5	5	1	1	0	0	-	0	0	1	6

Ty Douthard

Pos: RB **Rnd:** FA **College:** Illinois **Ht:** 6' 1" **Wt:** 215 **Born:** 5/27/73 **Age:** 25

Year Team	G	GS	Rushing				Receiving				Punt Returns				Kickoff Returns				Totals		
			Att	Yds	Avg	Lg	TD	Rec	Yds	Avg	Lg	TD	Num	Yds	Avg	TD	Num	Yds	Avg	TD	Fum	TD	Pts
1997 Cincinnati Bengals	1	0	0	0	-	0	0	0	0	-	0	0	0	0	-	0	0	0	-	0	0	0	0

Corey Dowden

Pos: CB **Rnd:** FA **College:** Tulane **Ht:** 5' 11" **Wt:** 190 **Born:** 10/18/68 **Age:** 30

Year Team	G	GS	Tackles			Miscellaneous				Interceptions				Totals		
			Tk	Ast	Sack	FF	FR	TD	Blk	Int	Yds	Avg	TD	Sfty	TD	Pts
1996 GB - Bal	12	0	2	0	0.0	0	0	0	0	1	5	5.0	0	0	0	0
1997 Chicago Bears	2	0	0	0	0.0	0	0	0	0	0	0	-	0	0	0	0
1996 Green Bay Packers	9	0	2	0	0.0	0	0	0	0	1	5	5.0	0	0	0	0
Baltimore Ravens	3	0	0	0	0.0	0	0	0	0	0	0	-	0	0	0	0
2 NFL Seasons	14	0	2	0	0.0	0	0	0	0	1	5	5.0	0	0	0	0

Gary Downs

Pos: RB **Rnd:** 3 **College:** North Carolina State **Ht:** 6' 0" **Wt:** 212 **Born:** 6/6/72 **Age:** 26

Year Team	G	GS	Rushing				Receiving				Punt Returns				Kickoff Returns				Totals		
			Att	Yds	Avg	Lg	TD	Rec	Yds	Avg	Lg	TD	Num	Yds	Avg	TD	Num	Yds	Avg	TD	Fum	TD	Pts
1994 New York Giants	14	0	15	51	3.4	8	0	2	15	7.5	10	0	0	0	-	0	0	0	-	0	1	0	0
1995 Denver Broncos	1	0	0	0	-	-	0	0	0	-	-	0	0	0	-	0	0	0	-	0	0	0	0
1996 New York Giants	6	1	29	94	3.2	27	0	3	20	6.7	13	0	0	0	-	0	0	0	-	0	1	0	0
1997 Atlanta Falcons	16	0	0	0	-	-	0	0	0	-	-	0	0	0	-	0	0	0	-	0	0	0	0
4 NFL Seasons	37	1	44	145	3.3	27	0	5	35	7.0	13	0	0	0	-	0	0	0	-	0	2	0	0

Other Statistics: 1996–recovered 1 fumble for 0 yards.

Troy Drake

Pos: T **Rnd:** FA **College:** Indiana **Ht:** 6' 6" **Wt:** 289 **Born:** 5/15/72 **Age:** 26

Year	Team	G	GS	Year	Team	G	GS	Year	Team	G	GS		G	GS
1995	Philadelphia Eagles	1	0	1996	Philadelphia Eagles	11	0	1997	Philadelphia Eagles	9	2	3 NFL Seasons	21	2

Tyronne Drakeford

Pos: CB **Rnd:** 2 **College:** Virginia Tech **Ht:** 5' 9" **Wt:** 185 **Born:** 6/21/71 **Age:** 27

Year Team	G	GS	Tackles			Miscellaneous				Interceptions				Punt Returns				Kickoff Returns				Totals	
			Tk	Ast	Sack	FF	FR	TD	Blk	Int	Yds	Avg	TD	Num	Yds	Avg	TD	Num	Yds	Avg	TD	TD	Fum
1994 San Francisco 49ers	13	0	7	1	0.0	0	0	0	0	1	6	6.0	0	0	0	-	0	0	0	-	0	0	0
1995 San Francisco 49ers	16	2	38	3	1.0	1	1	0	0	5	54	10.8	0	0	0	-	0	0	0	-	0	0	1
1996 San Francisco 49ers	16	16	48	8	2.0	1	1	0	0	1	11	11.0	0	0	0	-	0	0	0	-	0	0	0
1997 San Francisco 49ers	16	2	31	2	0.0	0	0	0	0	5	15	3.0	0	0	0	-	0	1	24	24.0	0	0	0
4 NFL Seasons	61	20	124	14	3.0	2	2	0	0	12	86	7.2	0	0	0	-	0	1	24	24.0	0	0	1

Troy Drayton
(statistical profile on page 303)

Pos: TE **Rnd:** 2 **College:** Penn State **Ht:** 6' 3" **Wt:** 255 **Born:** 6/29/70 **Age:** 28

Year Team	G	GS	Rushing					Receiving					Punt Returns				Kickoff Returns				Totals		
			Att	Yds	Avg	Lg	TD	Rec	Yds	Avg	Lg	TD	Num	Yds	Avg	TD	Num	Yds	Avg	TD	Fum	TD	Pts
1993 Los Angeles Rams	16	2	1	7	7.0	7	0	27	319	11.8	27	4	0	0	-	0	1	-15	-15.0	0	1	4	24
1994 Los Angeles Rams	16	16	1	4	4.0	4	0	32	276	8.6	t22	6	0	0	-	0	0	0	-	0	0	6	36
1995 St. Louis Rams	16	16	0	0	-	-	0	47	458	9.7	31	4	0	0	-	0	0	0	-	0	2	4	24
1996 StL - Mia	13	13	0	0	-	-	0	28	331	11.8	51	0	0	0	-	0	0	0	-	0	0	0	2
1997 Miami Dolphins	16	15	0	0	-	-	0	39	558	14.3	t30	4	0	0	-	0	0	0	-	0	0	4	24
1996 St. Louis Rams	3	3	0	0	-	-	0	2	11	5.5	6	0	0	0	-	0	0	0	-	0	0	0	0
Miami Dolphins	10	10	0	0	-	-	0	26	320	12.3	51	0	0	0	-	0	0	0	-	0	0	0	2
5 NFL Seasons	77	62	2	11	5.5	7	0	173	1942	11.2	51	18	0	0	-	0	1	-15	-15.0	0	3	18	110

Other Statistics: 1996–recovered 1 fumble for 0 yards; scored 1 two-point conversion.

Shane Dronett

Pos: DT **Rnd:** 2 **College:** Texas **Ht:** 6' 6" **Wt:** 288 **Born:** 1/12/71 **Age:** 27

Year Team	G	GS	Tackles			Miscellaneous				Interceptions				Totals		
			Tk	Ast	Sack	FF	FR	TD	Blk	Int	Yds	Avg	TD	Sfty	TD	Pts
1992 Denver Broncos	16	2	30	23	6.5	1	2	0	0	0	0	-	0	0	0	0
1993 Denver Broncos	16	16	32	17	7.0	1	0	0	0	2	13	6.5	0	0	0	0
1994 Denver Broncos	16	15	30	6	6.0	1	0	0	3	0	0	-	0	0	0	0
1995 Denver Broncos	13	2	6	3	2.0	0	0	0	0	0	0	-	0	0	0	0
1996 Atl - Det	12	0	5	1	0.0	1	0	0	0	0	0	-	0	0	0	0
1997 Atlanta Falcons	16	1	16	10	3.0	0	0	0	2	0	0	-	0	0	0	0
1996 Atlanta Falcons	5	0	4	0	0.0	1	0	0	0	0	0	-	0	0	0	0
Detroit Lions	7	0	1	1	0.0	0	0	0	0	0	0	-	0	0	0	0
6 NFL Seasons	89	36	119	60	24.5	4	2	0	5	2	13	6.5	0	0	0	0

Jim Druckenmiller
(statistical profile on page 304)

Pos: QB **Rnd:** 1 (26) **College:** Virginia Tech **Ht:** 6' 4" **Wt:** 223 **Born:** 9/19/72 **Age:** 26

Year Team	G	GS	Passing									Rushing				Miscellaneous			
			Att	Com	Pct	Yards	Yds/Att	Lg	TD	Int	Int%	Rating	Att	Yds	Avg	Lg TD	Sckd	Yds	Fum Recv Yds	Pts
1997 San Francisco 49ers	4	1	52	21	40.4	239	4.60	33	1	4	7.7	29.2	10	-6	-0.6	2 0	4	32	0 0 0	0

Rickey Dudley
(statistical profile on page 304)

Pos: TE **Rnd:** 1 (9) **College:** Ohio State **Ht:** 6' 6" **Wt:** 245 **Born:** 7/15/72 **Age:** 26

Year Team	G	GS	Rushing					Receiving					Punt Returns				Kickoff Returns				Totals		
			Att	Yds	Avg	Lg	TD	Rec	Yds	Avg	Lg	TD	Num	Yds	Avg	TD	Num	Yds	Avg	TD	Fum	TD	Pts
1996 Oakland Raiders	16	15	0	0	-	-	0	34	386	11.4	t62	4	0	0	-	0	0	0	-	0	1	4	24
1997 Oakland Raiders	16	16	0	0	-	-	0	48	787	16.4	76	7	0	0	-	0	0	0	-	0	0	7	42
2 NFL Seasons	32	31	0	0	-	-	0	82	1173	14.3	76	11	0	0	-	0	0	0	-	0	1	11	66

Jamal Duff

Pos: DE **Rnd:** 6 **College:** San Diego State **Ht:** 6' 7" **Wt:** 271 **Born:** 3/11/72 **Age:** 26

Year Team	G	GS	Tackles			Miscellaneous				Interceptions				Totals		
			Tk	Ast	Sack	FF	FR	TD	Blk	Int	Yds	Avg	TD	Sfty	TD	Pts
1995 New York Giants	15	2	10	5	4.0	0	0	0	0	0	0	-	0	0	0	0
1997 Washington Redskins	13	5	11	3	2.0	1	0	0	0	0	0	-	0	0	0	0
2 NFL Seasons	28	7	21	8	6.0	1	0	0	0	0	0	-	0	0	0	0

Roger Duffy

Pos: C **Rnd:** 8 **College:** Penn State **Ht:** 6' 3" **Wt:** 305 **Born:** 7/16/67 **Age:** 31

Year	Team	G	GS	Year	Team	G	GS	Year	Team	G	GS	Year	Team	G	GS
1990	New York Jets	16	2	1992	New York Jets	16	6	1994	New York Jets	16	14	1996	New York Jets	16	16
1991	New York Jets	12	0	1993	New York Jets	16	1	1995	New York Jets	16	16	1997	New York Jets	15	15
												8 NFL Seasons		123	70

Other Statistics: 1990–returned 1 kickoff for 8 yards. 1992–recovered 1 fumble for 0 yards; returned 1 kickoff for 7 yards. 1993–recovered 1 fumble for 0 yards. 1995–recovered 2 fumbles for 0 yards. 1996–recovered 1 fumble for 0 yards. 1997–recovered 1 fumble for -22 yards; fumbled 2 times.

Mike Dumas

(statistical profile on page 408)

Pos: S **Rnd:** 2 **College:** Indiana **Ht:** 5' 11" **Wt:** 198 **Born:** 3/18/69 **Age:** 29

Year	Team	G	GS	Tackles Tk	Ast	Sack	Misc FF	FR	TD	Blk	Int	Yds	Avg	TD	Sfty	TD	Pts
1991	Houston Oilers	13	0	10	7	0.0	0	3	1	0	1	19	19.0	0	0	1	6
1992	Houston Oilers	16	1	23	9	0.0	0	1	0	0	1	0	0.0	0	0	0	0
1994	Buffalo Bills	14	0	0	0	0.0	0	2	0	0	0	0	-	0	0	0	0
1995	Jacksonville Jaguars	14	8	33	12	0.0	0	2	0	1	1	0	0.0	0	0	0	0
1997	San Diego Chargers	16	15	78	16	1.0	1	1	0	0	1	0	0.0	0	0	0	0
	5 NFL Seasons	73	24	144	44	1.0	1	9	1	1	4	19	4.8	0	0	1	6

Troy Dumas

Pos: LB **Rnd:** 3 **College:** Nebraska **Ht:** 6' 3" **Wt:** 238 **Born:** 9/30/72 **Age:** 26

Year	Team	G	GS	Tackles Tk	Ast	Sack	Misc FF	FR	TD	Blk	Int	Yds	Avg	TD	Sfty	TD	Pts
1996	Kansas City Chiefs	5	0	0	0	0.0	0	0	0	0	0	0	-	0	0	0	0
1997	KC - StL	10	0	3	0	1.0	1	0	0	0	0	0	-	0	0	0	0
1997	Kansas City Chiefs	8	0	3	0	1.0	1	0	0	0	0	0	-	0	0	0	0
	St. Louis Rams	2	0	0	0	0.0	0	0	0	0	0	0	-	0	0	0	0
	2 NFL Seasons	15	0	3	0	1.0	1	0	0	0	0	0	-	0	0	0	0

David Dunn

(statistical profile on page 305)

Pos: WR/KR **Rnd:** 5 **College:** Fresno State **Ht:** 6' 3" **Wt:** 210 **Born:** 6/10/72 **Age:** 26

Year	Team	G	GS	Rushing Att	Yds	Avg	Lg	TD	Rec	Yds	Avg	Lg	TD	PR Num	Yds	Avg	TD	KR Num	Yds	Avg	TD	Fum	TD	Pts
1995	Cincinnati Bengals	16	0	1	-13	-13.0	-13	0	17	209	12.3	37	1	0	0	-	0	50	1092	21.8	0	2	1	6
1996	Cincinnati Bengals	16	0	0	0	-	-	0	32	509	15.9	40	1	7	54	7.7	0	35	782	22.3	1	1	2	12
1997	Cincinnati Bengals	14	5	0	0	-	-	0	27	414	15.3	t39	2	0	0	-	0	19	487	25.6	0	1	2	12
	3 NFL Seasons	46	5	1	-13	-13.0	-13	0	76	1132	14.9	40	4	7	54	7.7	0	104	2361	22.7	1	4	5	30

Other Statistics: 1995–attempted 1 pass with 0 completions for 0 yards. 1997–recovered 1 fumble for 0 yards.

Jason Dunn

Pos: TE **Rnd:** 2 **College:** Eastern Kentucky **Ht:** 6' 4" **Wt:** 257 **Born:** 11/15/73 **Age:** 24

Year	Team	G	GS	Rushing Att	Yds	Avg	Lg	TD	Rec	Yds	Avg	Lg	TD	PR Num	Yds	Avg	TD	KR Num	Yds	Avg	TD	Fum	TD	Pts
1996	Philadelphia Eagles	16	13	0	0	-	-	0	15	332	22.1	58	2	0	0	-	0	0	0	-	0	0	2	12
1997	Philadelphia Eagles	15	4	0	0	-	-	0	7	93	13.3	t31	2	0	0	-	0	2	32	16.0	0	0	2	12
	2 NFL Seasons	31	17	0	0	-	-	0	22	425	19.3	58	4	0	0	-	0	2	32	16.0	0	0	4	24

Other Statistics: 1996–recovered 1 fumble for 0 yards.

Warrick Dunn

(statistical profile on page 305)

Pos: RB **Rnd:** 1 (12) **College:** Florida State **Ht:** 5' 8" **Wt:** 180 **Born:** 1/5/75 **Age:** 23

Year	Team	G	GS	Rushing Att	Yds	Avg	Lg	TD	Rec	Yds	Avg	Lg	TD	PR Num	Yds	Avg	TD	KR Num	Yds	Avg	TD	Fum	TD	Pts
1997	Tampa Bay Buccaneers	16	10	224	978	4.4	76	4	39	462	11.8	t59	3	5	48	9.6	0	6	129	21.5	0	4	7	42

Other Statistics: 1997–recovered 4 fumbles for 0 yards.

Ernest Dye

Pos: T **Rnd:** 1 (18) **College:** South Carolina **Ht:** 6' 6" **Wt:** 325 **Born:** 7/15/71 **Age:** 27

Year	Team	G	GS	Year	Team	G	GS	Year	Team	G	GS		G	GS
1993	Phoenix Cardinals	7	1	1995	Arizona Cardinals	6	6	1997	St. Louis Rams	13	0			
1994	Arizona Cardinals	16	16	1996	Arizona Cardinals	8	1					5 NFL Seasons	50	24

Other Statistics: 1994–recovered 1 fumble for 0 yards.

Quinn Early

(statistical profile on page 306)

Pos: WR **Rnd:** 3 **College:** Iowa **Ht:** 6' 0" **Wt:** 190 **Born:** 4/13/65 **Age:** 33

Year Team	G	GS	Rushing					Receiving					Punt Returns				Kickoff Returns				Totals		
			Att	Yds	Avg	Lg	TD	Rec	Yds	Avg	Lg	TD	Num	Yds	Avg	TD	Num	Yds	Avg	TD	Fum	TD	Pts
1988 San Diego Chargers	16	10	7	63	9.0	37	0	29	375	12.9	t38	4	0	0	-	0	0	0	-	0	1	4	24
1989 San Diego Chargers	6	3	1	19	19.0	19	0	11	126	11.5	21	0	0	0	-	0	0	0	-	0	0	0	0
1990 San Diego Chargers	14	4	0	0	-	-	0	15	238	15.9	t45	1	0	0	-	0	0	0	-	0	0	1	6
1991 New Orleans Saints	15	12	3	13	4.3	6	0	32	541	16.9	52	2	0	0	-	0	0	0	-	0	2	2	12
1992 New Orleans Saints	16	16	3	-1	-0.3	7	0	30	566	18.9	t59	5	0	0	-	0	9	168	18.7	0	0	5	30
1993 New Orleans Saints	16	15	2	32	16.0	26	0	45	670	14.9	t63	6	0	0	-	0	0	0	-	0	1	6	36
1994 New Orleans Saints	16	13	2	10	5.0	8	0	82	894	10.9	33	4	0	0	-	0	0	0	-	0	0	4	24
1995 New Orleans Saints	16	15	2	-3	-1.5	9	0	81	1087	13.4	t70	8	0	0	-	0	0	0	-	0	1	8	48
1996 Buffalo Bills	16	13	3	39	13.0	29	0	50	798	16.0	t95	4	0	0	-	0	0	0	-	0	0	4	26
1997 Buffalo Bills	16	16	0	0	-	-	0	60	853	14.2	45	5	0	0	-	0	0	0	-	0	0	5	30
10 NFL Seasons	147	117	23	172	7.5	37	0	435	6148	14.1	t95	39	0	0	-	0	9	168	18.7	0	5	39	236

Other Statistics: 1996–scored 1 two-point conversion.

Chad Eaton

Pos: DT **Rnd:** 7 **College:** Washington State **Ht:** 6' 4" **Wt:** 292 **Born:** 4/4/72 **Age:** 26

Year Team	G	GS	Tackles			Miscellaneous				Interceptions				Totals		
			Tk	Ast	Sack	FF	FR	TD	Blk	Int	Yds	Avg	TD	Sfty	TD	Pts
1996 New England Patriots	4	0	3	1	1.0	0	0	0	0	0	0	-	0	0	0	0
1997 New England Patriots	16	1	13	8	1.0	0	0	0	0	0	0	-	0	0	0	0
2 NFL Seasons	20	1	16	9	2.0	0	0	0	0	0	0	-	0	0	0	0

Anthony Edwards

Pos: WR **Rnd:** FA **College:** New Mexico Highlands **Ht:** 5' 10" **Wt:** 190 **Born:** 5/26/66 **Age:** 32

Year Team	G	GS	Rushing					Receiving					Punt Returns				Kickoff Returns				Totals		
			Att	Yds	Avg	Lg	TD	Rec	Yds	Avg	Lg	TD	Num	Yds	Avg	TD	Num	Yds	Avg	TD	Fum	TD	Pts
1989 Philadelphia Eagles	9	0	0	0	-	-	0	2	74	37.0	66	0	7	64	9.1	0	3	23	7.7	0	2	0	0
1990 Philadelphia Eagles	5	0	0	0	-	-	0	0	0	-	-	0	8	60	7.5	0	3	36	12.0	0	2	0	0
1991 Phoenix Cardinals	12	0	0	0	-	-	0	0	0	-	-	0	1	7	7.0	0	13	261	20.1	0	0	0	0
1992 Phoenix Cardinals	16	0	0	0	-	-	0	14	147	10.5	t25	0	0	0	-	0	8	143	17.9	0	0	0	0
1993 Phoenix Cardinals	16	0	0	0	-	-	0	13	326	25.1	t65	1	3	12	4.0	0	3	51	17.0	0	0	1	6
1995 Arizona Cardinals	15	0	0	0	-	-	0	29	417	14.4	t28	2	18	131	7.3	0	3	50	16.7	0	0	2	12
1996 Arizona Cardinals	16	1	1	-8	-8.0	-8	0	29	311	10.7	31	1	5	46	9.2	0	0	0	-	0	1	1	6
1997 Arizona Cardinals	16	1	0	0	-	-	0	20	203	10.2	33	0	1	-1	-1.0	0	0	0	-	0	0	0	0
8 NFL Seasons	105	2	1	-8	-8.0	-8	0	107	1478	13.8	66	5	43	319	7.4	0	33	564	17.1	0	5	5	30

Other Statistics: 1989–recovered 1 fumble for 0 yards. 1995–recovered 1 fumble for 0 yards. 1996–recovered 1 fumble for 0 yards. 1997–recovered 1 fumble for 0 yards.

Antonio Edwards

Pos: DE **Rnd:** 8 **College:** Valdosta State **Ht:** 6' 3" **Wt:** 270 **Born:** 3/10/70 **Age:** 28

Year Team	G	GS	Tackles			Miscellaneous				Interceptions				Totals		
			Tk	Ast	Sack	FF	FR	TD	Blk	Int	Yds	Avg	TD	Sfty	TD	Pts
1993 Seattle Seahawks	9	0	6	1	3.0	0	0	0	0	0	0	-	0	1	0	2
1994 Seattle Seahawks	15	13	24	13	2.5	0	0	0	0	0	0	-	0	1	0	2
1995 Seattle Seahawks	13	8	23	9	5.5	0	1	1	0	0	0	-	0	0	1	6
1996 Seattle Seahawks	12	3	6	3	2.0	0	0	0	0	0	0	-	0	0	0	0
1997 Sea - NYN	4	0	2	0	1.0	0	0	0	0	0	0	-	0	0	0	0
1997 Seattle Seahawks	1	0	1	0	0.0	0	0	0	0	0	0	-	0	0	0	0
New York Giants	3	0	1	0	1.0	0	0	0	0	0	0	-	0	0	0	0
5 NFL Seasons	53	24	61	26	14.0	0	1	1	0	0	0	-	0	2	1	10

Dixon Edwards

Pos: LB **Rnd:** 2 **College:** Michigan State **Ht:** 6' 1" **Wt:** 225 **Born:** 3/25/68 **Age:** 30

Year Team	G	GS	Tackles			Miscellaneous				Interceptions				Punt Returns				Kickoff Returns				Totals	
			Tk	Ast	Sack	FF	FR	TD	Blk	Int	Yds	Avg	TD	Num	Yds	Avg	TD	Num	Yds	Avg	TD	TD	Fum
1991 Dallas Cowboys	12	1	10	8	0.0	0	0	0	0	1	36	36.0	1	0	0	-	0	0	0	-	0	1	0
1992 Dallas Cowboys	16	1	5	5	0.0	0	0	0	0	0	0	-	0	0	0	-	0	1	0	0.0	0	0	0
1993 Dallas Cowboys	16	15	42	40	1.5	2	1	0	0	0	0	-	0	0	0	-	0	0	0	-	0	0	0
1994 Dallas Cowboys	16	15	59	15	1.0	1	1	0	0	0	0	-	0	0	0	-	0	0	0	-	0	0	0
1995 Dallas Cowboys	15	15	47	15	0.0	0	0	0	0	0	0	-	0	0	0	-	0	0	0	-	0	0	0
1996 Minnesota Vikings	14	13	68	28	3.5	0	0	0	0	1	18	18.0	0	0	0	-	0	0	0	-	0	0	0
1997 Minnesota Vikings	16	16	34	16	1.5	2	1	0	0	0	0	-	0	0	0	-	0	0	0	-	0	0	0
7 NFL Seasons	105	76	265	127	7.5	5	3	0	0	2	54	27.0	1	0	0	-	0	1	0	0.0	0	1	0

Donnie Edwards
(statistical profile on page 408)

Pos: LB Rnd: 4 College: UCLA Ht: 6' 2" Wt: 225 Born: 4/6/73 Age: 25

			Tackles			Miscellaneous				Interceptions				Totals		
Year Team	G	GS	Tk	Ast	Sack	FF	FR	TD	Blk	Int	Yds	Avg	TD	Sfty	TD	Pts
1996 Kansas City Chiefs	15	1	8	3	0.0	0	0	0	0	1	22	22.0	0	0	0	0
1997 Kansas City Chiefs	16	16	80	20	2.5	4	1	0	0	2	15	7.5	0	0	0	0
2 NFL Seasons	31	17	88	23	2.5	4	1	0	0	3	37	12.3	0	0	0	0

Marc Edwards

Pos: FB Rnd: 2 College: Notre Dame Ht: 6' 0" Wt: 237 Born: 11/17/74 Age: 23

			Rushing					Receiving				Punt Returns				Kickoff Returns				Totals		
Year Team	G	GS	Att	Yds	Avg	Lg	TD	Rec	Yds	Avg	Lg	TD	Num	Yds	Avg	TD	Num	Yds	Avg	TD	Fum	TD	Pts
1997 San Francisco 49ers	15	1	5	17	3.4	6	0	6	48	8.0	19	0	0	0	-	0	1	30	30.0	0	0	0	0

Jason Elam
(statistical profile on page 473)

Pos: K Rnd: 3 College: Hawaii Ht: 5' 11" Wt: 192 Born: 3/8/70 Age: 28

		Field Goals												PAT		Tot
Year Team	G	1-29 Yds	Pct	30-39 Yds	Pct	40-49 Yds	Pct	50+ Yds	Pct	Overall	Pct	Long		Made	Att	Pts
1993 Denver Broncos	16	11-12	91.7	7-7	100.0	4-10	40.0	4-6	66.7	26-35	74.3	54		41	42	119
1994 Denver Broncos	16	11-11	100.0	11-11	100.0	7-12	58.3	1-3	33.3	30-37	81.1	54		29	29	119
1995 Denver Broncos	16	7-9	77.8	14-15	93.3	5-7	71.4	5-7	71.4	31-38	81.6	56		39	39	132
1996 Denver Broncos	16	10-10	100.0	4-5	80.0	6-10	60.0	1-3	33.3	21-28	75.0	51		46	46	109
1997 Denver Broncos	15	10-11	90.9	10-12	83.3	3-8	37.5	3-5	60.0	26-36	72.2	53		46	46	124
5 NFL Seasons	79	49-53	92.5	46-50	92.0	25-47	53.2	14-24	58.3	134-174	77.0	56		201	202	603

Other Statistics: 1995–punted 1 time for 17 yards.

Henry Ellard
(statistical profile on page 306)

Pos: WR Rnd: 2 College: Fresno State Ht: 5' 11" Wt: 188 Born: 7/21/61 Age: 37

			Rushing					Receiving					Punt Returns				Kickoff Returns				Totals		
Year Team	G	GS	Att	Yds	Avg	Lg	TD	Rec	Yds	Avg	Lg	TD	Num	Yds	Avg	TD	Num	Yds	Avg	TD	Fum	TD	Pts
1983 Los Angeles Rams	12	0	3	7	2.3	12	0	16	268	16.8	44	0	16	217	13.6	1	15	314	20.9	0	2	1	6
1984 Los Angeles Rams	16	16	3	-5	-1.7	5	0	34	622	18.3	t63	6	30	403	13.4	2	2	24	12.0	0	4	8	48
1985 Los Angeles Rams	16	16	3	8	2.7	16	0	54	811	15.0	t64	5	37	501	13.5	0	0	0	-	0	5	6	36
1986 Los Angeles Rams	9	8	1	-15	-15.0	-15	0	34	447	13.1	t34	4	14	127	9.1	0	1	18	18.0	0	3	4	24
1987 Los Angeles Rams	12	12	1	4	4.0	4	0	51	799	15.7	t81	3	15	107	7.1	0	1	8	8.0	0	3	3	18
1988 Los Angeles Rams	16	16	1	7	7.0	7	0	86	1414	16.4	68	10	17	119	7.0	0	0	0	-	0	3	10	60
1989 Los Angeles Rams	14	12	2	10	5.0	6	0	70	1382	19.7	53	8	2	20	10.0	0	0	0	-	0	0	8	48
1990 Los Angeles Rams	15	15	2	21	10.5	13	0	76	1294	17.0	t50	4	2	15	7.5	0	0	0	-	0	4	4	24
1991 Los Angeles Rams	16	16	0	0	-	-	0	64	1052	16.4	38	3	0	0	-	0	0	0	-	0	1	3	18
1992 Los Angeles Rams	16	16	0	0	-	-	0	47	727	15.5	t33	3	0	0	-	0	0	0	-	0	0	3	18
1993 Los Angeles Rams	16	16	2	18	9.0	15	0	61	945	15.5	54	2	2	18	9.0	0	0	0	-	0	0	2	12
1994 Washington Redskins	16	16	1	-5	-5.0	-5	0	74	1397	18.9	t73	6	0	0	-	0	0	0	-	0	1	6	36
1995 Washington Redskins	15	15	0	0	-	-	0	56	1005	17.9	59	5	0	0	-	0	0	0	-	0	1	5	30
1996 Washington Redskins	16	16	0	0	-	-	0	52	1014	19.5	51	2	0	0	-	0	0	0	-	0	0	2	12
1997 Washington Redskins	16	11	0	0	-	-	0	32	485	15.2	27	4	0	0	-	0	0	0	-	0	0	4	24
15 NFL Seasons	221	201	19	50	2.6	16	0	807	13662	16.9	t81	65	135	1527	11.3	4	19	364	19.2	0	27	69	414

Other Statistics: 1983–recovered 2 fumbles for 0 yards. 1984–recovered 2 fumbles for 0 yards. 1985–recovered 5 fumbles for 0 yards. 1986–recovered 1 fumble for 0 yards. 1987–recovered 1 fumble for 0 yards. 1991–recovered 1 fumble for 0 yards.

John Elliott

Pos: T Rnd: 2 College: Michigan Ht: 6' 7" Wt: 308 Born: 4/1/65 Age: 33

Year	Team	G	GS	Year	Team	G	GS	Year	Team	G	GS	Year	Team	G	GS
1988	New York Giants	16	5	1991	New York Giants	16	16	1994	New York Giants	16	15	1997	New York Jets	13	13
1989	New York Giants	13	11	1992	New York Giants	16	16	1995	New York Giants	16	16				
1990	New York Giants	8	8	1993	New York Giants	11	11	1996	New York Jets	14	14		10 NFL Seasons	139	125

Other Statistics: 1988–recovered 1 fumble for 0 yards.

Matt Elliott

Pos: G/C Rnd: 12 College: Michigan Ht: 6' 3" Wt: 295 Born: 10/1/68 Age: 30

Year	Team	G	GS	Year	Team	G	GS	Year	Team	G	GS	Year	Team	G	GS
1992	Washington Redskins	16	2	1995	Carolina Panthers	15	14	1996	Carolina Panthers	16	12	1997	Carolina Panthers	16	6
													4 NFL Seasons	63	34

Other Statistics: 1996–recovered 1 fumble for 0 yards.

Edward Ellis

Pos: T Rnd: 4 College: Buffalo Ht: 6' 7" Wt: 340 Born: 10/13/75 Age: 23

Year	Team	G	GS											G	GS
1997	New England Patriots	1	0										1 NFL Season	1	0

Jerry Ellison

Pos: FB **Rnd:** FA **College:** Tennessee-Chattanooga **Ht:** 5' 10" **Wt:** 204 **Born:** 12/20/71 **Age:** 26

			Rushing					Receiving				Punt Returns				Kickoff Returns				Totals		
Year Team	G	GS	Att	Yds	Avg	Lg	TD	Rec	Yds	Avg	Lg	TD	Num	Yds	Avg	TD	Num	Yds	Avg	TD	Fum	TD	Pts
1995 Tampa Bay Buccaneers	16	3	26	218	8.4	75	5	7	44	6.3	14	0	0	0	-	0	15	261	17.4	0	0	5	30
1996 Tampa Bay Buccaneers	16	2	35	106	3.0	13	0	18	208	11.6	42	0	0	0	-	0	0	0	-	0	2	0	0
1997 Tampa Bay Buccaneers	16	0	2	10	5.0	5	0	1	8	8.0	8	0	0	0	-	0	2	61	30.5	0	0	0	0
3 NFL Seasons	48	5	63	334	5.3	75	5	26	260	10.0	42	0	0	0	-	0	17	322	18.9	0	2	5	30

Other Statistics: 1995–recovered 1 fumble for 0 yards. 1996–recovered 1 fumble for 0 yards. 1997–recovered 1 fumble for 0 yards.

Luther Elliss

Pos: DT **Rnd:** 1 (20) **College:** Utah **Ht:** 6' 5" **Wt:** 291 **Born:** 3/22/73 **Age:** 25 *(statistical profile on page 409)*

			Tackles			Miscellaneous				Interceptions				Totals		
Year Team	G	GS	Tk	Ast	Sack	FF	FR	TD	Blk	Int	Yds	Avg	TD	Sfty	TD	Pts
1995 Detroit Lions	16	16	9	10	0.0	0	0	0	0	0	0	-	0	0	0	0
1996 Detroit Lions	14	14	26	23	6.5	0	0	0	0	0	0	-	0	0	0	0
1997 Detroit Lions	16	16	35	28	8.5	0	2	0	0	0	0	-	0	0	0	0
3 NFL Seasons	46	46	70	61	15.0	0	2	0	0	0	0	-	0	0	0	0

Percy Ellsworth

Pos: S **Rnd:** FA **College:** Virginia **Ht:** 6' 2" **Wt:** 199 **Born:** 10/19/74 **Age:** 24

			Tackles			Miscellaneous				Interceptions				Totals		
Year Team	G	GS	Tk	Ast	Sack	FF	FR	TD	Blk	Int	Yds	Avg	TD	Sfty	TD	Pts
1996 New York Giants	14	4	36	9	0.0	0	1	0	0	3	62	20.7	0	0	0	0
1997 New York Giants	16	1	20	7	0.0	0	2	0	0	4	40	10.0	0	0	0	0
2 NFL Seasons	30	5	56	16	0.0	0	3	0	0	7	102	14.6	0	0	0	0

John Elway

Pos: QB **Rnd:** 1 (1) **College:** Stanford **Ht:** 6' 3" **Wt:** 215 **Born:** 6/28/60 **Age:** 38 *(statistical profile on page 307)*

			Passing									Rushing					Miscellaneous			
Year Team	G	GS	Att	Com	Pct	Yards	Yds/Att	Lg	TD	Int	Int%	Rating	Att	Yds	Avg	Lg	TD	Sckd	Yds	Fum Recv	Yds	Pts
1983 Denver Broncos	11	10	259	123	47.5	1663	6.42	149	7	14	5.4	54.9	28	146	5.2	23	1	28	218	6	3	0	6
1984 Denver Broncos	15	14	380	214	56.3	2598	6.84	73	18	15	3.9	76.8	56	237	4.2	21	1	24	158	14	5	-10	6
1985 Denver Broncos	16	16	605	327	54.0	3891	6.43	t65	22	23	3.8	70.2	51	253	5.0	22	0	38	307	7	2	-35	0
1986 Denver Broncos	16	16	504	280	55.6	3485	6.91	53	19	13	2.6	79.0	52	257	4.9	24	1	32	233	8	1	-13	12
1987 Denver Broncos	12	12	410	224	54.6	3198	7.80	t72	19	12	2.9	83.4	66	304	4.6	29	4	20	138	2	0	-1	24
1988 Denver Broncos	15	15	496	274	55.2	3309	6.67	86	17	19	3.8	71.4	54	234	4.3	26	1	30	237	7	5	-9	6
1989 Denver Broncos	15	15	416	223	53.6	3051	7.33	69	18	18	4.3	73.7	48	244	5.1	31	3	35	298	9	2	-4	18
1990 Denver Broncos	16	16	502	294	58.6	3526	7.02	66	15	14	2.8	78.5	50	258	5.2	21	3	43	311	8	1	-3	18
1991 Denver Broncos	16	16	451	242	53.7	3253	7.21	71	13	12	2.7	75.4	55	255	4.6	t17	6	45	305	12	2	0	36
1992 Denver Broncos	12	12	316	174	55.1	2242	7.09	t80	10	17	5.4	65.7	34	94	2.8	9	2	36	272	12	1	0	12
1993 Denver Broncos	16	16	551	348	63.2	4030	7.31	63	25	10	1.8	92.8	44	153	3.5	18	0	39	293	8	5	-5	0
1994 Denver Broncos	14	14	494	307	62.1	3490	7.06	63	16	10	2.0	85.7	58	235	4.1	22	4	46	303	11	2	-5	24
1995 Denver Broncos	16	16	542	316	58.3	3970	7.32	t62	26	14	2.6	86.4	41	176	4.3	25	1	22	180	9	1	-7	8
1996 Denver Broncos	15	15	466	287	61.6	3328	7.14	51	26	14	3.0	89.2	50	249	5.0	22	4	26	194	6	2	-4	24
1997 Denver Broncos	16	16	502	280	55.8	3635	7.24	78	27	11	2.2	87.5	50	218	4.4	23	1	34	203	11	1	-12	6
15 NFL Seasons	221	219	6894	3913	56.8	48669	7.06	86	278	216	3.1	79.2	737	3313	4.5	31	32	498	3650	130	33	-108	200

Other Statistics: 1986–caught 1 pass for 23 yards and 1 touchdown. 1987–punted 1 time for 31 yards. 1988–punted 3 times for 117 yards. 1989–punted 1 time for 34 yards. 1990–punted 1 time for 37 yards. 1991–caught 1 pass for 24 yards; punted 1 time for 34 yards. 1995–scored 1 two-point conversion.

Bert Emanuel

Pos: WR **Rnd:** 2 **College:** Rice **Ht:** 5' 10" **Wt:** 180 **Born:** 10/27/70 **Age:** 28 *(statistical profile on page 307)*

			Rushing					Receiving				Kickoff Returns				Passing				Totals		
Year Team	G	GS	Att	Yds	Avg	Lg	TD	Rec	Yds	Avg	Lg	TD	Num	Yds	Avg	TD	Att	Com	Yds	Int	Fum	TD	Pts
1994 Atlanta Falcons	16	16	2	4	2.0	2	0	46	649	14.1	t85	4	0	0	-	0	1	0	0	1	0	4	24
1995 Atlanta Falcons	16	16	1	0	0.0	0	0	74	1039	14.0	52	5	0	0	-	0	0	0	0	0	2	5	30
1996 Atlanta Falcons	14	13	0	0	-	0	0	75	921	12.3	53	6	0	0	-	0	0	0	0	0	2	6	36
1997 Atlanta Falcons	16	16	0	0	-	0	0	65	991	15.2	56	9	0	0	-	0	0	0	0	0	2	9	54
4 NFL Seasons	62	61	3	4	1.3	2	0	260	3600	13.8	t85	24	0	0	-	0	1	0	0	1	4	24	144

Other Statistics: 1997–recovered 2 fumbles for 0 yards.

Charles Emanuel

Pos: S **Rnd:** FA **College:** West Virginia **Ht:** 6' 0" **Wt:** 196 **Born:** 6/3/73 **Age:** 25

			Tackles			Miscellaneous				Interceptions				Totals		
Year Team	G	GS	Tk	Ast	Sack	FF	FR	TD	Blk	Int	Yds	Avg	TD	Sfty	TD	Pts
1997 Philadelphia Eagles	5	1	1	0	0.0	0	0	0	0	0	0	-	0	0	0	0

Carlos Emmons

Pos: LB **Rnd:** 7 **College:** Arkansas State **Ht:** 6' 4" **Wt:** 240 **Born:** 9/3/73 **Age:** 25

				Tackles			Miscellaneous				Interceptions				Totals		
Year Team	G	GS	Tk	Ast	Sack	FF	FR	TD	Blk	Int	Yds	Avg	TD	Sfty	TD	Pts
1996 Pittsburgh Steelers	14	0	5	2	2.5	1	1	0	0	0	0	-	0	0	0	0
1997 Pittsburgh Steelers	5	0	1	0	0.0	0	0	0	0	0	0	-	0	0	0	0
2 NFL Seasons	19	0	6	2	2.5	1	1	0	0	0	0	-	0	0	0	0

Steve Emtman

Pos: DT **Rnd:** 1 (1) **College:** Washington **Ht:** 6' 4" **Wt:** 284 **Born:** 4/16/70 **Age:** 28

				Tackles			Miscellaneous				Interceptions				Totals		
Year Team	G	GS	Tk	Ast	Sack	FF	FR	TD	Blk	Int	Yds	Avg	TD	Sfty	TD	Pts
1992 Indianapolis Colts	9	9	33	16	3.0	1	0	0	0	1	90	90.0	1	0	1	6
1993 Indianapolis Colts	5	5	16	6	1.0	0	0	0	0	0	0	-	0	0	0	0
1994 Indianapolis Colts	4	0	3	1	1.0	0	1	0	0	0	0	-	0	0	0	0
1995 Miami Dolphins	16	1	10	4	1.0	0	1	0	0	0	0	-	0	0	0	0
1996 Miami Dolphins	13	4	33	7	2.0	2	1	0	0	0	0	-	0	0	0	0
1997 Washington Redskins	3	0	4	1	0.0	0	0	0	0	0	0	-	0	0	0	0
6 NFL Seasons	50	19	99	35	8.0	3	3	0	0	1	90	90.0	1	0	1	6

Greg Engel

Pos: C **Rnd:** FA **College:** Illinois **Ht:** 6' 3" **Wt:** 285 **Born:** 1/18/71 **Age:** 27

Year Team	G	GS	Year Team	G	GS	Year Team	G	GS		G	GS
1995 San Diego Chargers	10	0	1996 San Diego Chargers	12	9	1997 San Diego Chargers	9	0	3 NFL Seasons	31	9

Other Statistics: 1995—returned 0 kickoffs for 1 yard.

Derek Engler

Pos: C **Rnd:** FA **College:** Wisconsin **Ht:** 6' 5" **Wt:** 300 **Born:** 7/11/74 **Age:** 24

Year Team	G	GS				G	GS
1997 New York Giants	5	5		1 NFL Season		5	5

Other Statistics: 1997—fumbled 1 time for 0 yards.

Bobby Engram

(statistical profile on page 308)

Pos: WR **Rnd:** 2 **College:** Penn State **Ht:** 5' 9" **Wt:** 192 **Born:** 1/7/73 **Age:** 25

			Rushing					Receiving					Punt Returns				Kickoff Returns				Totals		
Year Team	G	GS	Att	Yds	Avg	Lg	TD	Rec	Yds	Avg	Lg	TD	Num	Yds	Avg	TD	Num	Yds	Avg	TD	Fum	TD	Pts
1996 Chicago Bears	16	2	0	0	-	-	0	33	389	11.8	24	6	31	282	9.1	0	25	580	23.2	0	2	6	36
1997 Chicago Bears	11	11	0	0	-	-	0	45	399	8.9	23	2	1	4	4.0	0	2	27	13.5	0	1	2	14
2 NFL Seasons	27	13	0	0	-	-	0	78	788	10.1	24	8	32	286	8.9	0	27	607	22.5	0	3	8	50

Other Statistics: 1997—recovered 1 fumble for 0 yards; scored 1 two-point conversion.

Craig Erickson

Pos: QB **Rnd:** 5 **College:** Miami (FL) **Ht:** 6' 2" **Wt:** 209 **Born:** 5/17/69 **Age:** 29

			Passing									Rushing					Miscellaneous			
Year Team	G	GS	Att	Com	Pct	Yards	Yds/Att	Lg	TD	Int	Int%	Rating	Att	Yds	Avg	Lg	TD	Sckd	Yds	Fum	Rec	Yds	Pts
1992 Tampa Bay Buccaneers	6	0	26	15	57.7	121	4.65	24	0	0	0.0	69.6	1	-1	-1.0	-1	0	2	9	0	0	0	0
1993 Tampa Bay Buccaneers	16	15	457	233	51.0	3054	6.68	t67	18	21	4.6	66.4	26	96	3.7	15	0	35	236	9	6	-2	0
1994 Tampa Bay Buccaneers	15	14	399	225	56.4	2919	7.32	t71	16	10	2.5	82.5	26	68	2.6	17	1	22	129	6	1	-1	6
1995 Indianapolis Colts	6	3	83	50	60.2	586	7.06	39	3	4	4.8	73.7	9	14	1.6	15	0	10	68	2	0	-3	0
1996 Miami Dolphins	8	3	99	55	55.6	780	7.88	61	4	2	2.0	86.3	11	16	1.5	12	0	11	72	4	3	3	0
1997 Miami Dolphins	2	0	28	13	46.4	165	5.89	27	0	1	3.6	50.4	4	8	2.0	4	0	2	21	2	2	-13	0
6 NFL Seasons	53	35	1092	591	54.1	7625	6.98	t71	41	38	3.5	74.3	77	201	2.6	17	1	82	535	23	12	-22	6

Boomer Esiason

(statistical profile on page 308)

Pos: QB **Rnd:** 2 **College:** Maryland **Ht:** 6' 5" **Wt:** 224 **Born:** 4/17/61 **Age:** 37

			Passing									Rushing					Miscellaneous			
Year Team	G	GS	Att	Com	Pct	Yards	Yds/Att	Lg	TD	Int	Int%	Rating	Att	Yds	Avg	Lg	TD	Sckd	Yds	Fum	Rec	Yds	Pts
1984 Cincinnati Bengals	10	4	102	51	50.0	530	5.20	36	3	3	2.9	62.9	19	63	3.3	9	2	5	52	4	2	-2	12
1985 Cincinnati Bengals	15	14	431	251	58.2	3443	7.99	t68	27	12	2.8	93.2	33	79	2.4	20	1	32	289	9	4	-5	6
1986 Cincinnati Bengals	16	16	469	273	58.2	3959	8.44	57	24	17	3.6	87.7	44	146	3.3	23	1	26	194	12	5	-10	6
1987 Cincinnati Bengals	12	12	440	240	54.5	3321	7.55	t61	16	19	4.3	73.1	52	241	4.6	19	0	26	209	10	4	-8	0
1988 Cincinnati Bengals	16	16	388	223	57.5	3572	9.21	t86	28	14	3.6	97.4	43	248	5.8	24	1	30	245	5	4	0	6
1989 Cincinnati Bengals	16	15	455	258	56.7	3525	7.75	t74	28	11	2.4	92.1	47	278	5.9	24	0	36	288	8	2	-4	0
1990 Cincinnati Bengals	16	16	402	224	55.7	3031	7.54	53	24	22	5.5	77.0	49	157	3.2	21	0	31	198	11	2	-23	0
1991 Cincinnati Bengals	14	14	413	233	56.4	2883	6.98	53	13	16	3.9	72.5	24	66	2.8	16	0	25	190	10	3	-5	0
1992 Cincinnati Bengals	12	11	278	144	51.8	1407	5.06	38	11	15	5.4	57.0	21	66	3.1	15	0	19	150	12	6	-9	0
1993 New York Jets	16	16	473	288	60.9	3421	7.23	77	16	11	2.3	84.5	45	118	2.6	17	1	18	139	13	5	-10	6
1994 New York Jets	15	14	440	255	58.0	2782	6.32	69	17	13	3.0	77.3	28	59	2.1	15	0	19	134	11	3	-10	0

Year Team	G	GS	Passing									Rushing					Miscellaneous					
			Att	Com	Pct	Yards	Yds/Att	Lg	TD	Int	Int%	Rating	Att	Yds	Avg	Lg	TD	Sckd	Yds	Fum	Recv	Yds	Pts
1995 New York Jets	12	12	389	221	56.8	2275	5.85	t43	16	15	3.9	71.4	19	14	0.7	19	0	27	198	12	4	-17	0
1996 Arizona Cardinals	10	8	339	190	56.0	2293	6.76	t64	11	14	4.1	70.6	15	52	3.5	13	1	17	109	5	1	-8	8
1997 Cincinnati Bengals	7	5	186	118	63.4	1478	7.95	t77	13	2	1.1	106.9	8	11	1.4	8	0			1	0	0	0
14 NFL Seasons	187	173	5205	2969	57.0	37920	7.29	t86	247	184	3.5	81.1	447	1598	3.6	24	7	318	2438	123	45	-111	44

Other Statistics: 1986–punted 1 time for 31 yards. 1987–punted 2 times for 68 yards. 1988–punted 1 time for 21 yards. 1993–caught 1 pass for -8 yards. 1996–scored 1 two-point conversion.

Ray Ethridge

Pos: WR Rnd: 3 College: Pasadena City College Ht: 5' 10" Wt: 180 Born: 12/12/68 Age: 29

Year Team	G	GS	Rushing					Receiving					Punt Returns				Kickoff Returns				Totals		
			Att	Yds	Avg	Lg	TD	Rec	Yds	Avg	Lg	TD	Num	Yds	Avg	TD	Num	Yds	Avg	TD	Fum	TD	Pts
1996 Baltimore Ravens	14	1	0	0	-	-	0	2	24	12.0	15	0	1	3	3.0	0	8	171	21.4	0	0	0	0
1997 Baltimore Ravens	2	0	0	0	-	-	0	0	0	-	-	0	5	21	4.2	0	2	37	18.5	0	2	0	0
2 NFL Seasons	16	1	0	0	-	-	0	2	24	12.0	15	0	6	24	4.0	0	10	208	20.8	0	2	0	0

Other Statistics: 1996–recovered 1 fumble for 0 yards.

Charles Evans

Pos: FB Rnd: 11 College: Clark-Atlanta Ht: 6' 1" Wt: 240 Born: 4/16/67 Age: 31

Year Team	G	GS	Rushing					Receiving					Punt Returns				Kickoff Returns				Totals		
			Att	Yds	Avg	Lg	TD	Rec	Yds	Avg	Lg	TD	Num	Yds	Avg	TD	Num	Yds	Avg	TD	Fum	TD	Pts
1993 Minnesota Vikings	3	0	14	32	2.3	5	0	4	39	9.8	21	0	0	0	-	0	1	11	11.0	0	0	0	0
1994 Minnesota Vikings	14	0	6	20	3.3	8	0	1	2	2.0	2	0	0	0	-	0	1	4	4.0	0	0	0	0
1995 Minnesota Vikings	16	7	19	59	3.1	12	1	18	119	6.6	24	1	0	0	-	0	0	0	-	0	0	0	0
1996 Minnesota Vikings	16	7	13	29	2.2	9	0	22	135	6.1	16	0	0	0	-	0	0	0	-	0	0	2	12
1997 Minnesota Vikings	16	13	43	157	3.7	13	2	21	152	7.2	17	0	0	0	-	0	0	0	-	0	0	2	14
5 NFL Seasons	65	27	95	297	3.1	13	3	66	447	6.8	24	1	0	0	-	0	2	15	7.5	0	0	4	26

Other Statistics: 1997–recovered 1 fumble for 0 yards; scored 1 two-point conversion.

Doug Evans

Pos: CB Rnd: 6 College: Louisiana Tech Ht: 6' 0" Wt: 190 Born: 5/13/70 Age: 28 *(statistical profile on page 409)*

Year Team	G	GS	Tackles			Miscellaneous				Interceptions				Punt Returns				Kickoff Returns				Totals	
			Tk	Ast	Sack	FF	FR	TD	Blk	Int	Yds	Avg	TD	Num	Yds	Avg	TD	Num	Yds	Avg	TD	TD	Fum
1993 Green Bay Packers	16	0	9	5	0.0	2	2	0	0	1	0	0.0	0	0	0	-	0	0	0	-	0	0	0
1994 Green Bay Packers	16	15	46	12	1.0	2	1	0	0	1	0	0.0	0	0	0	-	0	0	0	-	0	0	0
1995 Green Bay Packers	16	16	74	15	1.0	0	0	0	0	2	24	12.0	0	1	0	0.0	0	0	0	-	0	0	1
1996 Green Bay Packers	16	16	62	16	3.0	1	1	0	0	5	102	20.4	1	0	0	-	0	0	0	-	0	1	1
1997 Green Bay Packers	15	15	66	10	1.0	2	0	0	0	3	33	11.0	0	0	0	-	0	0	0	-	0	0	0
5 NFL Seasons	79	62	257	58	6.0	7	4	0	0	12	159	13.3	1	1	0	0.0	0	0	0	-	0	1	2

Josh Evans

Pos: DT/DE Rnd: FA College: Alabama-Birmingham Ht: 6' 0" Wt: 280 Born: 9/6/72 Age: 26

Year Team	G	GS	Tackles			Miscellaneous				Interceptions				Totals		
			Tk	Ast	Sack	FF	FR	TD	Blk	Int	Yds	Avg	TD	Sfty	TD	Pts
1995 Houston Oilers	7	0	2	1	0.0	0	0	0	0	0	0	-	0	0	0	0
1996 Houston Oilers	9	0	4	7	0.0	0	0	0	0	0	0	-	0	0	0	0
1997 Tennessee Oilers	15	0	23	3	2.0	0	1	0	0	0	0	-	0	0	0	0
3 NFL Seasons	31	0	29	11	2.0	0	1	0	0	0	0	-	0	0	0	0

Leomont Evans

Pos: S Rnd: 5 College: Clemson Ht: 6' 1" Wt: 194 Born: 7/12/74 Age: 24

Year Team	G	GS	Tackles			Miscellaneous				Interceptions				Totals		
			Tk	Ast	Sack	FF	FR	TD	Blk	Int	Yds	Avg	TD	Sfty	TD	Pts
1996 Washington Redskins	11	0	3	0	0.0	0	0	0	0	0	0	-	0	0	0	0
1997 Washington Redskins	16	0	10	4	0.0	0	1	0	0	0	0	-	0	0	0	0
2 NFL Seasons	27	0	13	4	0.0	0	1	0	0	0	0	-	0	0	0	0

Jim Everett

Pos: QB Rnd: 1 (3) College: Purdue Ht: 6' 5" Wt: 212 Born: 1/3/63 Age: 35 *(statistical profile on page 309)*

Year Team	G	GS	Passing										Rushing					Miscellaneous					
			Att	Com	Pct	Yards	Yds/Att	Lg	TD	Int	Int%	Rating	Att	Yds	Avg	Lg	TD	Sckd	Yds	Fum	Recv	Yds	Pts
1986 Los Angeles Rams	6	5	147	73	49.7	1018	6.93	t60	8	8	5.4	67.8	16	46	2.9	14	1	8	50	2	0	-2	6
1987 Los Angeles Rams	11	11	302	162	53.6	2064	6.83	t81	10	13	4.3	68.4	18	83	4.6	16	1	17	139	2	1	0	6
1988 Los Angeles Rams	16	16	517	308	59.6	3964	7.67	t69	31	18	3.5	89.2	34	104	3.1	19	0	28	197	7	0	-17	0
1989 Los Angeles Rams	16	16	518	304	58.7	4310	8.32	t78	29	17	3.3	90.6	25	31	1.2	t13	1	29	214	4	4	-1	6
1990 Los Angeles Rams	16	16	554	307	55.4	3989	7.20	t55	23	17	3.1	79.3	20	31	1.6	15	1	30	198	4	0	-12	6
1991 Los Angeles Rams	16	16	490	277	56.5	3438	7.02	78	11	20	4.1	68.9	27	44	1.6	10	0	30	200	12	1	-4	0
1992 Los Angeles Rams	16	16	475	281	59.2	3323	7.00	t67	22	18	3.8	80.2	32	133	4.2	22	0	26	204	5	0	-9	0

Year Team	G	GS	Passing Att	Com	Pct	Yards	Yds/Att	Lg	TD	Int	Int%	Rating	Rushing Att	Yds	Avg	Lg	TD	Miscellaneous Sckd	Yds	Fum	Recv	Yds	Pts
1993 Los Angeles Rams	10	9	274	135	49.3	1652	6.03	t60	8	12	4.4	59.7	19	38	2.0	14	0	18	125	7	1	-1	0
1994 New Orleans Saints	16	16	540	346	64.1	3855	7.14	t78	22	18	3.3	84.9	15	35	2.3	14	0	21	164	3	0	-2	0
1995 New Orleans Saints	16	16	567	345	60.8	3970	7.00	t70	26	14	2.5	87.0	24	42	1.8	9	0	27	210	6	0	-5	0
1996 New Orleans Saints	15	15	464	267	57.5	2797	6.03	51	12	16	3.4	69.4	22	3	0.1	3	0	19	154	10	1	-9	0
1997 San Diego Chargers	4	1	75	36	48.0	457	6.09	62	1	4	5.3	49.7	5	6	1.2	6	0	4	30	2	1	-8	0
12 NFL Seasons	158	153	4923	2841	57.7	34837	7.08	t81	203	175	3.6	78.6	257	596	2.3	22	4	257	1885	64	9	-70	24

Steve Everitt

Pos: C **Rnd:** 1 (14) **College:** Michigan **Ht:** 6' 5" **Wt:** 290 **Born:** 8/21/70 **Age:** 28

Year Team	G	GS	Year Team	G	GS	Year Team	G	GS		G	GS
1993 Cleveland Browns	16	16	1995 Cleveland Browns	15	14	1997 Philadelphia Eagles	16	16			
1994 Cleveland Browns	15	15	1996 Baltimore Ravens	8	7				5 NFL Seasons	70	68

Other Statistics: 1993–recovered 2 fumbles for 0 yards. 1995–recovered 1 fumble for 0 yards. 1997–recovered 1 fumble for 0 yards.

Chad Fann

Pos: TE **Rnd:** FA **College:** Florida A&M **Ht:** 6' 3" **Wt:** 250 **Born:** 6/7/70 **Age:** 28

Year Team	G	GS	Rushing Att	Yds	Avg	Lg	TD	Receiving Rec	Yds	Avg	Lg	TD	Punt Returns Num	Yds	Avg	TD	Kickoff Returns Num	Yds	Avg	TD	Totals Fum	TD	Pts
1993 Phoenix Cardinals	1	0	0	0	-	-	0	0	0	-	-	0	0	0	-	0	0	0	-	0	0	0	0
1994 Arizona Cardinals	16	7	0	0	-	-	0	12	96	8.0	16	0	0	0	-	0	0	0	-	0	1	0	0
1995 Arizona Cardinals	16	3	0	0	-	-	0	5	41	8.2	13	0	0	0	-	0	0	0	-	0	1	0	0
1997 San Francisco 49ers	11	0	0	0	-	-	0	5	78	15.6	21	0	0	0	-	0	1	0	0.0	0	0	0	0
4 NFL Seasons	44	10	0	0	-	-	0	22	215	9.8	21	0	0	0	-	0	1	0	0.0	0	2	0	0

Ray Farmer

Pos: LB **Rnd:** 4 **College:** Duke **Ht:** 6' 3" **Wt:** 225 **Born:** 7/1/72 **Age:** 26

Year Team	G	GS	Tackles Tk	Ast	Sack	Miscellaneous FF	FR	TD	Blk	Interceptions Int	Yds	Avg	TD	Totals Sfty	TD	Pts
1996 Philadelphia Eagles	16	11	32	10	1.0	1	3	0	0	1	0	0.0	0	0	0	0
1997 Philadelphia Eagles	14	5	18	3	1.0	0	1	0	0	0	0	-	0	0	0	0
2 NFL Seasons	30	16	50	13	2.0	1	4	0	0	1	0	0.0	0	0	0	0

Other Statistics: 1996–fumbled 1 time.

John Farquhar

Pos: TE **Rnd:** FA **College:** Duke **Ht:** 6' 6" **Wt:** 240 **Born:** 3/22/72 **Age:** 26

Year Team	G	GS	Rushing Att	Yds	Avg	Lg	TD	Receiving Rec	Yds	Avg	Lg	TD	Punt Returns Num	Yds	Avg	TD	Kickoff Returns Num	Yds	Avg	TD	Totals Fum	TD	Pts
1996 TB - Pit	5	0	0	0	-	-	0	0	0	-	-	0	0	0	-	0	0	0	-	0	0	0	0
1997 New Orleans Saints	12	8	0	0	-	-	0	17	253	14.9	42	1	0	0	-	0	0	0	-	0	0	1	6
1996 Tampa Bay Buccaneers	1	0	0	0	-	-	0	0	0	-	-	0	0	0	-	0	0	0	-	0	0	0	0
Pittsburgh Steelers	4	0	0	0	-	-	0	0	0	-	-	0	0	0	-	0	0	0	-	0	0	0	0
2 NFL Seasons	17	8	0	0	-	-	0	17	253	14.9	42	1	0	0	-	0	0	0	-	0	0	1	6

D'Marco Farr

Pos: NT **Rnd:** FA **College:** Washington **Ht:** 6' 1" **Wt:** 270 **Born:** 6/9/71 **Age:** 27

Year Team	G	GS	Tackles Tk	Ast	Sack	Miscellaneous FF	FR	TD	Blk	Interceptions Int	Yds	Avg	TD	Punt Returns Num	Yds	Avg	TD	Kickoff Returns Num	Yds	Avg	TD	Totals TD	Fum
1994 Los Angeles Rams	10	3	9	2	1.0	0	0	0	0	0	0	-	0	0	0	-	0	1	10	10.0	0	0	0
1995 St. Louis Rams	16	16	48	2	11.5	5	0	0	1	1	5	5.0	0	0	0	-	0	0	0	-	0	0	0
1996 St. Louis Rams	16	16	42	10	4.5	1	0	0	0	1	5	5.0	0	0	0	-	0	0	0	-	0	0	0
1997 St. Louis Rams	16	16	26	10	3.0	1	2	0	0	1	22	22.0	0	0	0	-	0	0	0	-	0	0	0
4 NFL Seasons	58	51	125	24	20.0	7	2	0	1	3	32	10.7	0	0	0	-	0	1	16	16.0	0	0	0

James Farrior

(statistical profile on page 409)

Pos: LB **Rnd:** 1 (8) **College:** Virginia **Ht:** 6' 2" **Wt:** 229 **Born:** 1/6/75 **Age:** 23

Year Team	G	GS	Tackles Tk	Ast	Sack	Miscellaneous FF	FR	TD	Blk	Interceptions Int	Yds	Avg	TD	Totals Sfty	TD	Pts
1997 New York Jets	16	15	53	18	1.5	1	0	0	0	0	0	-	0	0	0	0

Marshall Faulk

(statistical profile on page 309)

Pos: RB **Rnd:** 1 (2) **College:** San Diego State **Ht:** 5' 10" **Wt:** 211 **Born:** 2/26/73 **Age:** 25

Year Team	G	GS	Rushing Att	Yds	Avg	Lg	TD	Receiving Rec	Yds	Avg	Lg	TD	Punt Returns Num	Yds	Avg	TD	Kickoff Returns Num	Yds	Avg	TD	Totals Fum	TD	Pts
1994 Indianapolis Colts	16	16	314	1282	4.1	52	11	52	522	10.0	t85	1	0	0	-	0	0	0	-	0	5	12	72
1995 Indianapolis Colts	16	16	289	1078	3.7	40	11	56	475	8.5	34	3	0	0	-	0	0	0	-	0	8	14	84
1996 Indianapolis Colts	13	13	198	587	3.0	43	7	56	428	7.6	30	0	0	0	-	0	0	0	-	0	2	7	42

			Rushing					Receiving					Punt Returns				Kickoff Returns				Totals		
Year Team	G	GS	Att	Yds	Avg	Lg	TD	Rec	Yds	Avg	Lg	TD	Num	Yds	Avg	TD	Num	Yds	Avg	TD	Fum	TD	Pts
1997 Indianapolis Colts	16	16	264	1054	4.0	45	7	47	471	10.0	58	1	0	0	-	0	0	0	-	0	5	8	48
4 NFL Seasons	61	61	1065	4001	3.8	52	36	211	1896	9.0	t85	5	0	0	-	0	0	0	-	0	20	41	246

Other Statistics: 1994–recovered 1 fumble for 0 yards. 1995–recovered 1 fumble for 0 yards. 1997–recovered 1 fumble for 0 yards.

Mike Faulkerson

Pos: RB **Rnd:** FA **College:** North Carolina **Ht:** 6' 0" **Wt:** 245 **Born:** 9/9/70 **Age:** 28

			Rushing					Receiving					Punt Returns				Kickoff Returns				Totals		
Year Team	G	GS	Att	Yds	Avg	Lg	TD	Rec	Yds	Avg	Lg	TD	Num	Yds	Avg	TD	Num	Yds	Avg	TD	Fum	TD	Pts
1995 Chicago Bears	5	1	0	0	-	-	0	2	22	11.0	12	0	0	0	-	0	0	0	-	0	0	0	0
1996 Chicago Bears	16	0	0	0	-	-	0	1	1	1.0	t1	1	0	0	-	0	4	63	15.8	0	0	1	6
1997 Chicago Bears	7	0	0	0	-	-	0	0	0	-	-	0	1	0	0.0	0	0	0	-	0	1	0	0
3 NFL Seasons	28	1	0	0	-	-	0	3	23	7.7	12	1	1	0	0.0	0	4	63	15.8	0	1	1	6

Christian Fauria

Pos: TE **Rnd:** 2 **College:** Colorado **Ht:** 6' 5" **Wt:** 245 **Born:** 9/22/71 **Age:** 27

			Rushing					Receiving					Punt Returns				Kickoff Returns				Totals		
Year Team	G	GS	Att	Yds	Avg	Lg	TD	Rec	Yds	Avg	Lg	TD	Num	Yds	Avg	TD	Num	Yds	Avg	TD	Fum	TD	Pts
1995 Seattle Seahawks	14	9	0	0	-	-	0	17	181	10.6	t20	1	0	0	-	0	0	0	-	0	0	1	6
1996 Seattle Seahawks	10	9	0	0	-	-	0	18	214	11.9	t23	1	0	0	-	0	1	8	8.0	0	0	1	6
1997 Seattle Seahawks	16	3	0	0	-	-	0	10	110	11.0	25	0	0	0	-	0	0	0	-	0	0	0	0
3 NFL Seasons	40	21	0	0	-	-	0	45	505	11.2	25	2	0	0	-	0	1	8	8.0	0	0	2	12

Brett Favre

(statistical profile on page 310)

Pos: QB **Rnd:** 2 **College:** Southern Mississippi **Ht:** 6' 2" **Wt:** 225 **Born:** 10/10/69 **Age:** 29

			Passing										Rushing					Miscellaneous				
Year Team	G	GS	Att	Com	Pct	Yards	Yds/Att	Lg	TD	Int	Int%	Rating	Att	Yds	Avg	Lg	TD	Sckd	Yds	Fum	Recv Yds	Pts
1991 Atlanta Falcons	2	0	5	0	0.0	0	0.00	-	0	2	40.0	0.0	0	0	-	-	0	1	11	0	0 0	0
1992 Green Bay Packers	15	13	471	302	64.1	3227	6.85	t76	18	13	2.8	85.3	47	198	4.2	19	1	34	208	12	3 -12	6
1993 Green Bay Packers	16	16	522	318	60.9	3303	6.33	t66	19	24	4.6	72.2	58	216	3.7	27	1	30	199	14	2 -1	6
1994 Green Bay Packers	16	16	582	363	62.4	3882	6.67	49	33	14	2.4	90.7	42	202	4.8	t36	2	31	188	7	1 0	12
1995 Green Bay Packers	16	16	570	359	63.0	4413	7.74	t99	38	13	2.3	99.5	39	181	4.6	40	3	33	217	8	0 0	18
1996 Green Bay Packers	16	16	543	325	59.9	3899	7.18	t80	39	13	2.4	95.8	49	136	2.8	23	2	40	241	11	5 -10	12
1997 Green Bay Packers	16	16	513	304	59.3	3867	7.54	74	35	16	3.1	92.6	58	187	3.2	16	1	25	176	7	1 0	6
7 NFL Seasons	97	93	3206	1971	61.5	22591	7.05	t99	182	95	3.0	89.3	293	1120	3.8	40	10	194	1240	59	12 -23	60

Other Statistics: 1992–caught 1 pass for -7 yards.

Jeff Feagles

(statistical profile on page 473)

Pos: P **Rnd:** FA **College:** Miami (FL) **Ht:** 6' 1" **Wt:** 205 **Born:** 3/7/66 **Age:** 32

			Punting											Rushing		Passing			
Year Team	G	NetPunts	Yards	Avg	Long	In20	In20%	TotPunts	TB	Blocks	OppRet	RetYds	NetAvg	Att	Yards	Att	Com	Yards	Int
1988 New England Patriots	16	91	3482	38.3	74	24	26.4	91	8	0	37	217	34.1	1	0	0	0	0	0
1989 New England Patriots	16	63	2392	38.0	64	13	20.6	64	2	1	38	346	31.3	0	0	2	0	0	0
1990 Philadelphia Eagles	16	72	3026	42.0	60	20	27.8	74	3	2	37	338	35.5	2	3	1	0	0	0
1991 Philadelphia Eagles	16	87	3640	41.8	77	29	33.3	88	11	1	42	431	34.0	3	-1	0	0	0	0
1992 Philadelphia Eagles	16	82	3459	42.2	68	26	31.7	82	7	0	36	295	36.9	0	0	0	0	0	0
1993 Philadelphia Eagles	16	83	3323	40.0	60	31	37.3	83	4	0	35	311	35.3	2	6	0	0	0	0
1994 Arizona Cardinals	16	98	3997	40.8	54	33	33.7	98	10	0	40	270	36.0	2	8	0	0	0	0
1995 Arizona Cardinals	16	72	3150	43.8	60	20	27.8	72	8	0	32	242	38.2	2	4	0	0	0	0
1996 Arizona Cardinals	16	76	3328	43.8	68	23	30.3	77	6	1	37	403	36.4	1	0	0	0	0	0
1997 Arizona Cardinals	16	91	4028	44.3	62	24	26.4	92	10	1	40	441	36.8	0	0	0	0	0	0
10 NFL Seasons	160	815	33825	41.5	77	243	29.8	821	69	6	374	3294	35.5	13	20	3	0	0	0

Other Statistics: 1988–recovered 1 fumble for 0 yards. 1989–recovered 1 fumble for 0 yards; fumbled 1 time. 1991–recovered 1 fumble for 0 yards; fumbled 1 time. 1993–recovered 1 fumble for 0 yards. 1995–fumbled 1 time for -22 yards. 1996–fumbled 1 time for -7 yards. 1997–recovered 1 fumble for 0 yards; fumbled 1 time.

Derrick Fenner

Pos: FB **Rnd:** 10 **College:** North Carolina **Ht:** 6' 3" **Wt:** 240 **Born:** 4/6/67 **Age:** 31

			Rushing					Receiving					Punt Returns				Kickoff Returns				Totals		
Year Team	G	GS	Att	Yds	Avg	Lg	TD	Rec	Yds	Avg	Lg	TD	Num	Yds	Avg	TD	Num	Yds	Avg	TD	Fum	TD	Pts
1989 Seattle Seahawks	5	1	11	41	3.7	9	1	3	23	7.7	9	0	0	0	-	0	0	0	-	0	0	1	6
1990 Seattle Seahawks	16	15	215	859	4.0	36	14	17	143	8.4	50	1	0	0	-	0	0	0	-	0	3	15	90
1991 Seattle Seahawks	11	7	91	267	2.9	15	4	11	72	6.5	15	0	0	0	-	0	0	0	-	0	2	4	24
1992 Cincinnati Bengals	16	1	112	500	4.5	t35	7	7	41	5.9	15	1	0	0	-	0	2	38	19.0	0	1	8	48
1993 Cincinnati Bengals	15	14	121	482	4.0	26	1	48	427	8.9	40	0	0	0	-	0	0	0	-	0	1	1	6
1994 Cincinnati Bengals	16	12	141	468	3.3	21	1	36	276	7.7	29	1	0	0	-	0	0	0	-	0	6	2	12
1995 Oakland Raiders	16	13	39	110	2.8	10	0	35	252	7.2	23	3	0	0	-	0	0	0	-	0	2	3	18
1996 Oakland Raiders	16	11	67	245	3.7	17	4	31	252	8.1	t23	4	0	0	-	0	0	0	-	0	0	8	48
1997 Oakland Raiders	9	1	7	24	3.4	7	0	14	92	6.6	13	0	0	0	-	0	0	0	-	0	1	0	0

				Rushing					Receiving					Punt Returns				Kickoff Returns				Totals		
Year Team		G	GS	Att	Yds	Avg	Lg	TD	Rec	Yds	Avg	Lg	TD	Num	Yds	Avg	TD	Num	Yds	Avg	TD	Fum	TD	Pts
9 NFL Seasons		120	81	804	2996	3.7	36	32	202	1578	7.8	50	10	0	0	-	0	2	38	19.0	0	16	42	252

Other Statistics: 1990–recovered 1 fumble for 0 yards. 1992–recovered 1 fumble for 0 yards. 1993–recovered 2 fumbles for 0 yards. 1994–recovered 1 fumble for 0 yards. 1995–recovered 2 fumbles for 0 yards.

Jason Ferguson

Pos: DT **Rnd:** 7 **College:** Georgia **Ht:** 6'3" **Wt:** 305 **Born:** 11/28/74 **Age:** 23

			Tackles			Miscellaneous				Interceptions				Punt Returns				Kickoff Returns				Totals	
Year Team	G	GS	Tk	Ast	Sack	FF	FR	TD	Blk	Int	Yds	Avg	TD	Num	Yds	Avg	TD	Num	Yds	Avg	TD	TD	Fum
1997 New York Jets	13	1	24	8	4.5	0	0	0	0	0	0	-	0	0	0	-	0	1	1	1.0	0	0	0

Mark Fields
(statistical profile on page 410)

Pos: LB **Rnd:** 1 (13) **College:** Washington State **Ht:** 6'2" **Wt:** 244 **Born:** 11/9/72 **Age:** 25

			Tackles			Miscellaneous				Interceptions				Totals		
Year Team	G	GS	Tk	Ast	Sack	FF	FR	TD	Blk	Int	Yds	Avg	TD	Sfty	TD	Pts
1995 New Orleans Saints	16	3	31	9	1.0	0	0	0	0	0	0	-	0	0	0	0
1996 New Orleans Saints	16	15	85	22	2.0	1	1	0	0	0	0	-	0	0	0	0
1997 New Orleans Saints	16	15	88	20	8.0	4	2	1	0	0	0	-	0	0	1	6
3 NFL Seasons	48	33	204	51	11.0	5	3	1	0	0	0	-	0	0	1	6

Deon Figures
(statistical profile on page 410)

Pos: CB **Rnd:** 1 (23) **College:** Colorado **Ht:** 6'0" **Wt:** 192 **Born:** 1/20/70 **Age:** 28

			Tackles			Miscellaneous				Interceptions				Punt Returns				Kickoff Returns				Totals	
Year Team	G	GS	Tk	Ast	Sack	FF	FR	TD	Blk	Int	Yds	Avg	TD	Num	Yds	Avg	TD	Num	Yds	Avg	TD	TD	Fum
1993 Pittsburgh Steelers	15	4	34	4	0.0	1	2	0	0	1	78	78.0	0	5	15	3.0	0	0	0	-	0	0	2
1994 Pittsburgh Steelers	16	15	56	14	1.0	1	1	0	0	0	0	-	0	0	0	-	0	0	0	-	0	0	0
1995 Pittsburgh Steelers	14	1	10	-	0.0	0	0	0	0	0	0	-	0	0	0	-	0	0	0	-	0	0	0
1996 Pittsburgh Steelers	16	3	54	5	0.0	0	1	0	0	2	13	6.5	0	0	0	-	0	0	0	-	0	0	0
1997 Jacksonville Jaguars	16	12	56	2	0.0	0	0	0	0	5	48	9.6	0	0	0	-	0	0	0	-	0	0	0
5 NFL Seasons	77	35	210	25	1.0	2	4	0	0	8	139	17.4	0	5	15	3.0	0	0	0	-	0	0	2

John Fina

Pos: T **Rnd:** 1 (27) **College:** Arizona **Ht:** 6'4" **Wt:** 285 **Born:** 3/11/69 **Age:** 29

Year	Team	G	GS	Year	Team	G	GS	Year	Team	G	GS		G	GS
1992	Buffalo Bills	16	0	1994	Buffalo Bills	12	12	1996	Buffalo Bills	15	15			
1993	Buffalo Bills	16	16	1995	Buffalo Bills	16	16	1997	Buffalo Bills	16	16	6 NFL Seasons	91	75

Other Statistics: 1992–caught 1 pass for 1 yard and 1 touchdown. 1993–rushed 1 time for -2 yards. 1996–recovered 2 fumbles for -1 yard. 1997–recovered 1 fumble for 0 yards.

Matt Finkes

Pos: LB **Rnd:** 6 **College:** Ohio State **Ht:** 6'3" **Wt:** 272 **Born:** 2/12/75 **Age:** 23

			Tackles			Miscellaneous				Interceptions				Totals		
Year Team	G	GS	Tk	Ast	Sack	FF	FR	TD	Blk	Int	Yds	Avg	TD	Sfty	TD	Pts
1997 New York Jets	8	0	0	0	0.0	0	0	0	0	0	0	-	0	0	0	0

Jason Fisk

Pos: DT/NT **Rnd:** 7 **College:** Stanford **Ht:** 6'3" **Wt:** 284 **Born:** 9/4/72 **Age:** 26

			Tackles			Miscellaneous				Interceptions				Totals		
Year Team	G	GS	Tk	Ast	Sack	FF	FR	TD	Blk	Int	Yds	Avg	TD	Sfty	TD	Pts
1995 Minnesota Vikings	8	0	0	0	0.0	0	0	0	0	0	0	-	0	0	0	0
1996 Minnesota Vikings	16	6	22	9	1.0	0	1	0	0	1	0	0.0	0	0	0	0
1997 Minnesota Vikings	16	10	20	8	3.0	1	1	0	0	1	1	1.0	0	0	0	0
3 NFL Seasons	40	16	42	17	4.0	1	2	0	0	2	1	0.5	0	0	0	0

Jim Flanigan
(statistical profile on page 410)

Pos: DT **Rnd:** 3 **College:** Notre Dame **Ht:** 6'2" **Wt:** 286 **Born:** 8/27/71 **Age:** 27

			Tackles			Miscellaneous				Interceptions				Punt Returns				Kickoff Returns				Totals	
Year Team	G	GS	Tk	Ast	Sack	FF	FR	TD	Blk	Int	Yds	Avg	TD	Num	Yds	Avg	TD	Num	Yds	Avg	TD	TD	Fum
1994 Chicago Bears	14	0	10	1	0.0	0	0	0	0	0	0	-	0	0	0	-	0	2	26	13.0	0	0	0
1995 Chicago Bears	16	12	39	10	11.0	0	1	2	0	0	0	-	0	0	0	-	0	0	0	-	0	2	0
1996 Chicago Bears	14	14	36	5	5.0	0	0	0	0	0	0	-	0	0	0	-	0	0	0	-	0	1	0
1997 Chicago Bears	16	16	38	12	6.0	2	3	0	0	0	0	-	0	0	0	-	0	0	0	-	0	0	0
4 NFL Seasons	60	42	123	28	22.0	2	4	3	0	0	0	-	0	0	0	-	0	2	26	13.0	0	3	0

Other Statistics: 1995–rushed 1 time for 0 yards; caught 2 passes for 6 yards and 2 touchdowns. 1996–caught 1 pass for 1 yard and 1 touchdown. 1997–scored 1 two-point conversion.

John Flannery

Pos: G/C **Rnd:** 2 **College:** Syracuse **Ht:** 6' 3" **Wt:** 304 **Born:** 1/13/69 **Age:** 29

Year	Team	G	GS	Year	Team	G	GS	Year	Team	G	GS		G	GS
1991	Houston Oilers	16	0	1994	Houston Oilers	16	16	1997	Dallas Cowboys	16	4			
1992	Houston Oilers	15	2	1996	Dallas Cowboys	1	0					5 NFL Seasons	64	31

Other Statistics: 1991–recovered 1 fumble for 0 yards; returned 1 kickoff for 0 yards. 1992–recovered 2 fumbles for 0 yards; returned 1 kickoff for 12 yards. 1994–recovered 2 fumbles for 0 yards.

Terrell Fletcher
(statistical profile on page 310)

Pos: RB **Rnd:** 2 **College:** Wisconsin **Ht:** 5' 8" **Wt:** 196 **Born:** 9/14/73 **Age:** 25

				Rushing					Receiving				Punt Returns				Kickoff Returns				Totals		
Year	Team	G	GS	Att	Yds	Avg	Lg	TD	Rec	Yds	Avg	Lg	TD	Num	Yds	Avg	TD	Num	Yds	Avg	TD	Fum	TD	Pts
1995	San Diego Chargers	16	0	26	140	5.4	46	1	3	26	8.7	15	0	3	12	4.0	0	4	65	16.3	0	2	1	6
1996	San Diego Chargers	16	0	77	282	3.7	19	0	61	476	7.8	41	2	0	0	-	0	0	0	-	0	1	2	12
1997	San Diego Chargers	13	1	51	161	3.2	13	0	39	292	7.5	25	0	0	0	-	0	0	0	-	0	4	0	0
	3 NFL Seasons	45	1	154	583	3.8	46	1	103	794	7.7	41	2	3	12	4.0	0	4	65	16.3	0	7	3	18

Other Statistics: 1995–recovered 2 fumbles for 0 yards. 1996–recovered 1 fumble for 0 yards.

Lethon Flowers

Pos: S **Rnd:** 5 **College:** Georgia Tech **Ht:** 6' 0" **Wt:** 207 **Born:** 1/14/73 **Age:** 25

				Tackles			Miscellaneous				Interceptions				Totals		
Year	Team	G	GS	Tk	Ast	Sack	FF	FR	TD	Blk	Int	Yds	Avg	TD	Sfty	TD	Pts
1995	Pittsburgh Steelers	10	0	0	0	0.0	0	0	0	0	0	0	-	0	0	0	0
1996	Pittsburgh Steelers	16	0	3	0	0.0	0	0	0	0	0	0	-	0	0	0	0
1997	Pittsburgh Steelers	10	0	1	0	0.0	0	1	0	0	0	0	-	0	0	0	0
	3 NFL Seasons	36	0	4	0	0.0	0	1	0	0	0	0	-	0	0	0	0

Malcolm Floyd

Pos: WR **Rnd:** 3 **College:** Fresno State **Ht:** 6' 0" **Wt:** 194 **Born:** 12/29/72 **Age:** 25

				Rushing					Receiving				Punt Returns				Kickoff Returns				Totals		
Year	Team	G	GS	Att	Yds	Avg	Lg	TD	Rec	Yds	Avg	Lg	TD	Num	Yds	Avg	TD	Num	Yds	Avg	TD	Fum	TD	Pts
1994	Houston Oilers	13	0	0	0	-	-	0	0	0	-	-	0	0	0	-	0	0	0	-	0	0	0	0
1995	Houston Oilers	15	1	0	0	-	-	0	12	167	13.9	34	1	0	0	-	0	0	0	-	0	0	1	6
1996	Houston Oilers	16	0	0	0	-	-	0	10	145	14.5	t63	1	7	74	10.6	0	0	0	-	0	1	1	6
1997	Ten - StL	5	0	0	0	-	-	0	4	39	9.8	14	0	4	15	3.8	0	0	0	-	0	0	0	0
1997	Tennessee Oilers	1	0	0	0	-	-	0	0	0	-	-	0	0	0	-	0	0	0	-	0	0	0	0
	St. Louis Rams	4	0	0	0	-	-	0	4	39	9.8	14	0	4	15	3.8	0	0	0	-	0	0	0	0
	4 NFL Seasons	49	1	0	0	-	-	0	26	351	13.5	t63	2	11	89	8.1	0	0	0	-	0	1	2	12

William Floyd
(statistical profile on page 311)

Pos: FB **Rnd:** 1 (28) **College:** Florida State **Ht:** 6' 1" **Wt:** 242 **Born:** 2/17/72 **Age:** 26

				Rushing					Receiving				Punt Returns				Kickoff Returns				Totals		
Year	Team	G	GS	Att	Yds	Avg	Lg	TD	Rec	Yds	Avg	Lg	TD	Num	Yds	Avg	TD	Num	Yds	Avg	TD	Fum	TD	Pts
1994	San Francisco 49ers	16	11	87	305	3.5	26	6	19	145	7.6	15	0	0	0	-	0	0	0	-	0	0	6	36
1995	San Francisco 49ers	8	8	64	237	3.7	23	2	47	348	7.4	23	1	0	0	-	0	0	0	-	0	1	3	18
1996	San Francisco 49ers	10	8	47	186	4.0	12	2	26	197	7.6	24	1	0	0	-	0	0	0	-	0	4	3	18
1997	San Francisco 49ers	15	15	78	231	3.0	22	3	37	321	8.7	t44	1	0	0	-	0	0	0	-	0	2	4	24
	4 NFL Seasons	49	42	276	959	3.5	26	13	129	1011	7.8	t44	3	0	0	-	0	0	0	-	0	7	16	96

Other Statistics: 1996–recovered 1 fumble for 0 yards.

DeShawn Fogle

Pos: LB **Rnd:** FA **College:** Kansas State **Ht:** 6' 1" **Wt:** 220 **Born:** 4/1/75 **Age:** 23

				Tackles			Miscellaneous				Interceptions				Totals		
Year	Team	G	GS	Tk	Ast	Sack	FF	FR	TD	Blk	Int	Yds	Avg	TD	Sfty	TD	Pts
1997	Philadelphia Eagles	5	0	0	0	0.0	0	0	0	0	0	0	-	0	0	0	0

Spencer Folau

Pos: T **Rnd:** FA **College:** Idaho **Ht:** 6' 5" **Wt:** 300 **Born:** 4/5/73 **Age:** 25

Year	Team	G	GS		G	GS
1997	Baltimore Ravens	10	0	1 NFL Season	10	0

Glenn Foley
(statistical profile on page 311)

Pos: QB **Rnd:** 7 **College:** Boston College **Ht:** 6' 2" **Wt:** 210 **Born:** 10/10/70 **Age:** 28

				Passing									Rushing				Miscellaneous			
Year	Team	G	GS	Att	Com	Pct	Yards	Yds/Att	Lg	TD	Int	Int%	Rating	Att	Yds	Avg	Lg	TD	Sckd	Yds	Fum Rec Yds	Pts
1994	New York Jets	1	0	8	5	62.5	45	5.63	16	0	1	12.5	38.0	0	0	-	-	0	0	0	0	0	0
1995	New York Jets	1	0	29	16	55.2	128	4.41	32	0	1	3.4	52.1	1	9	9.0	9	0	4	21	0	0	0

84

				Passing							Rushing				Miscellaneous				
Year Team	G	GS	Att	Com	Pct	Yards	Yds/Att	Lg	TD	Int	Int%	Rating	Att	Yds	Avg	Lg TD	Sckd	Yds	Fum Recv Yds	Pts
1996 New York Jets	5	3	110	54	49.1	559	5.08	t46	3	7	6.4	46.7	7	40	5.7	12 0	9	65	1 0 -4	0
1997 New York Jets	6	2	97	56	57.7	705	7.27	t35	3	1	1.0	86.5	3	-5	-1.7	-1 0	3	24	1 0 0	0
4 NFL Seasons	13	5	244	131	53.7	1437	5.89	t46	6	10	4.1	62.5	11	44	4.0	12 0	16	110	2 0 -4	0

Other Statistics: 1995–caught 1 pass for -9 yards.

James Folston

Pos: LB **Rnd:** 2 **College:** Northeast Louisiana **Ht:** 6' 3" **Wt:** 235 **Born:** 8/14/71 **Age:** 27

			Tackles			Miscellaneous				Interceptions				Totals		
Year Team	G	GS	Tk	Ast	Sack	FF	FR	TD	Blk	Int	Yds	Avg	TD	Sfty	TD	Pts
1994 Los Angeles Raiders	7	0	0	0	0.0	0	0	0	0	0	0	-	0	0	0	0
1995 Oakland Raiders	15	0	3	1	0.0	0	0	0	0	0	0	-	0	0	0	0
1996 Oakland Raiders	12	0	0	0	0.0	0	0	0	0	0	0	-	0	0	0	0
1997 Oakland Raiders	16	7	19	5	0.0	1	1	0	0	0	0	-	0	0	0	0
4 NFL Seasons	50	7	22	6	0.0	1	1	0	0	0	0	-	0	0	0	0

Al Fontenot

(statistical profile on page 411)

Pos: DE **Rnd:** 4 **College:** Baylor **Ht:** 6' 4" **Wt:** 277 **Born:** 9/17/70 **Age:** 28

			Tackles			Miscellaneous				Interceptions				Punt Returns				Kickoff Returns				Totals	
Year Team	G	GS	Tk	Ast	Sack	FF	FR	TD	Blk	Int	Yds	Avg	TD	Num	Yds	Avg	TD	Num	Yds	Avg	TD	TD	Fum
1993 Chicago Bears	16	0	2	2	1.0	1	0	0	0	0	0	-	0	0	0	-	0	1	8	8.0	0	0	0
1994 Chicago Bears	16	8	24	10	4.0	0	0	0	1	0	0	-	0	0	0	-	0	0	0	-	0	0	0
1995 Chicago Bears	13	5	10	6	2.5	0	1	0	1	0	0	-	0	0	0	-	0	0	0	-	0	0	0
1996 Chicago Bears	16	15	30	6	4.5	1	0	0	0	0	0	-	0	0	0	-	0	0	0	-	0	0	0
1997 Indianapolis Colts	16	16	22	24	4.5	2	3	1	0	0	0	-	0	0	0	-	0	0	0	-	0	1	0
5 NFL Seasons	77	44	88	48	16.5	4	4	1	2	0	0	-	0	0	0	-	0	1	8	8.0	0	1	0

Other Statistics: 1995–credited with 1 safety.

Jerry Fontenot

Pos: C **Rnd:** 3 **College:** Texas A&M **Ht:** 6' 3" **Wt:** 300 **Born:** 11/21/66 **Age:** 31

Year	Team	G	GS	Year	Team	G	GS	Year	Team	G	GS		G	GS
1989	Chicago Bears	16	0	1992	Chicago Bears	16	16	1995	Chicago Bears	16	16			
1990	Chicago Bears	16	2	1993	Chicago Bears	16	16	1996	Chicago Bears	16	16			
1991	Chicago Bears	16	7	1994	Chicago Bears	16	16	1997	New Orleans Saints	16	16	9 NFL Seasons	144	105

Other Statistics: 1989–recovered 1 fumble for 0 yards. 1990–fumbled 1 time for 0 yards. 1992–fumbled 1 time for -2 yards. 1993–recovered 1 fumble for 0 yards. 1997–fumbled 3 times for 0 yards.

Dan Footman

Pos: DE/DT **Rnd:** 2 **College:** Florida State **Ht:** 6' 5" **Wt:** 290 **Born:** 1/13/69 **Age:** 29

			Tackles			Miscellaneous				Interceptions				Totals		
Year Team	G	GS	Tk	Ast	Sack	FF	FR	TD	Blk	Int	Yds	Avg	TD	Sfty	TD	Pts
1993 Cleveland Browns	8	0	1	0	1.0	0	0	0	0	0	0	-	0	0	0	0
1994 Cleveland Browns	16	2	16	4	2.5	0	0	0	0	0	0	-	0	0	0	0
1995 Cleveland Browns	16	16	33	6	5.0	0	1	0	0	0	0	-	0	0	0	0
1996 Baltimore Ravens	10	8	21	6	0.5	2	0	0	0	0	0	-	0	0	0	0
1997 Indianapolis Colts	16	10	36	8	10.5	1	2	0	1	0	0	-	0	0	0	0
5 NFL Seasons	66	36	107	24	19.5	3	3	0	1	0	0	-	0	0	0	0

Marlon Forbes

Pos: S/CB **Rnd:** FA **College:** Penn State **Ht:** 6' 1" **Wt:** 205 **Born:** 12/25/71 **Age:** 26

			Tackles			Miscellaneous				Interceptions				Totals		
Year Team	G	GS	Tk	Ast	Sack	FF	FR	TD	Blk	Int	Yds	Avg	TD	Sfty	TD	Pts
1996 Chicago Bears	15	0	2	0	0.0	0	1	0	0	0	0	-	0	0	0	0
1997 Chicago Bears	16	1	21	8	0.0	0	0	0	0	0	0	-	0	0	0	0
2 NFL Seasons	31	1	23	8	0.0	0	1	0	0	0	0	-	0	0	0	0

Cole Ford

(statistical profile on page 473)

Pos: K **Rnd:** 7 **College:** Southern California **Ht:** 6' 2" **Wt:** 205 **Born:** 12/31/72 **Age:** 25

		Field Goals											PAT		Tot
Year Team	G	1-29 Yds	Pct	30-39 Yds	Pct	40-49 Yds	Pct	50+ Yds	Pct	Overall	Pct	Long	Made	Att	Pts
1995 Oakland Raiders	5	4-4	100.0	3-3	100.0	1-1	100.0	0-1	0.0	8-9	88.9	46	17	18	41
1996 Oakland Raiders	16	9-11	81.8	10-11	90.9	5-8	62.5	0-1	0.0	24-31	77.4	47	36	36	108
1997 Oakland Raiders	16	3-5	60.0	4-6	66.7	5-10	50.0	1-1	100.0	13-22	59.1	53	33	35	72
3 NFL Seasons	37	16-20	80.0	17-20	85.0	11-19	57.9	1-3	33.3	45-62	72.6	53	86	89	221

Henry Ford

(statistical profile on page 411)

Pos: DT **Rnd:** 1 (26) **College:** Arkansas **Ht:** 6' 3" **Wt:** 284 **Born:** 10/30/71 **Age:** 27

Year	Team	G	GS	Tk	Ast	Sack	FF	FR	TD	Blk	Int	Yds	Avg	TD	Sfty	TD	Pts
1994	Houston Oilers	13	0	10	1	0.0	0	0	0	0	0	0	-	0	0	0	0
1995	Houston Oilers	16	16	27	16	4.5	0	0	0	0	0	0	-	0	0	0	0
1996	Houston Oilers	15	14	24	15	1.0	2	0	0	0	0	0	-	0	0	0	0
1997	Tennessee Oilers	16	16	38	12	5.0	0	2	0	1	0	0	-	0	0	0	0
	4 NFL Seasons	60	46	99	44	10.5	2	2	0	1	0	0	-	0	0	0	0

Todd Fordham

Pos: G **Rnd:** FA **College:** Florida State **Ht:** 6' 5" **Wt:** 302 **Born:** 12/31/72 **Age:** 25

Year	Team	G	GS
1997	Jacksonville Jaguars	1	0
	1 NFL Season	1	0

Roman Fortin

Pos: C **Rnd:** 8 **College:** San Diego State **Ht:** 6' 5" **Wt:** 297 **Born:** 2/26/67 **Age:** 31

Year	Team	G	GS
1991	Detroit Lions	16	2
1992	Atlanta Falcons	16	1
1993	Atlanta Falcons	16	1
1994	Atlanta Falcons	16	16
1995	Atlanta Falcons	16	15
1996	Atlanta Falcons	16	16
1997	Atlanta Falcons	3	3
	7 NFL Seasons	99	54

Other Statistics: 1991–caught 1 pass for 4 yards. 1992–recovered 1 fumble for 0 yards; returned 1 kickoff for 5 yards. 1995–fumbled 2 times for -6 yards. 1996–recovered 2 fumbles for 0 yards.

Jamal Fountaine

Pos: LB **Rnd:** FA **College:** Washington **Ht:** 6' 3" **Wt:** 250 **Born:** 1/29/71 **Age:** 27

Year	Team	G	GS	Tk	Ast	Sack	FF	FR	TD	Blk	Int	Yds	Avg	TD	Sfty	TD	Pts
1995	San Francisco 49ers	7	0	1	0	1.0	0	0	0	0	0	0	-	0	0	0	0
1997	Atlanta Falcons	3	0	0	0	0.0	0	0	0	0	0	0	-	0	0	0	0
	2 NFL Seasons	10	0	1	0	1.0	0	0	0	0	0	0	-	0	0	0	0

Mike Fox

Pos: DE **Rnd:** 2 **College:** West Virginia **Ht:** 6' 8" **Wt:** 297 **Born:** 8/5/67 **Age:** 31

Year	Team	G	GS	Tk	Ast	Sack	FF	FR	TD	Blk	Int	Yds	Avg	TD	Sfty	TD	Pts
1990	New York Giants	16	0	4	2	1.5	1	0	0	0	0	0	-	0	0	0	0
1991	New York Giants	15	5	11	3	0.0	0	0	0	0	0	0	-	0	0	0	0
1992	New York Giants	16	4	18	6	2.5	0	0	0	0	0	0	-	0	0	0	0
1993	New York Giants	16	16	22	10	4.5	0	1	0	0	0	0	-	0	0	0	0
1994	New York Giants	16	16	29	11	1.0	1	0	0	0	0	0	-	0	0	0	0
1995	Carolina Panthers	16	16	42	11	4.5	0	0	0	0	0	0	-	0	0	0	0
1996	Carolina Panthers	11	11	24	4	2.0	0	0	0	0	0	0	-	0	0	0	0
1997	Carolina Panthers	11	9	11	4	0.0	0	0	0	0	0	0	-	0	0	0	0
	8 NFL Seasons	117	77	161	51	16.0	2	1	0	0	0	0	-	0	0	0	0

James Francis

Pos: LB **Rnd:** 1 (12) **College:** Baylor **Ht:** 6' 5" **Wt:** 252 **Born:** 8/4/68 **Age:** 30

Year	Team	G	GS	Tk	Ast	Sack	FF	FR	TD	Blk	Int	Yds	Avg	TD	Sfty	TD	Pts
1990	Cincinnati Bengals	16	16	63	15	8.0	0	0	0	0	1	17	17.0	1	1	1	8
1991	Cincinnati Bengals	16	16	50	18	3.0	0	1	0	0	1	0	0.0	0	0	0	0
1992	Cincinnati Bengals	14	13	33	6	6.0	4	2	0	0	3	108	36.0	1	0	1	6
1993	Cincinnati Bengals	14	12	35	6	2.0	0	1	0	0	2	12	6.0	0	0	0	0
1994	Cincinnati Bengals	16	16	87	14	4.5	2	0	0	0	0	0	-	0	0	0	0
1995	Cincinnati Bengals	11	11	55	10	3.0	1	0	0	0	0	0	-	0	0	0	0
1996	Cincinnati Bengals	16	16	62	8	3.0	1	3	0	0	3	61	20.3	1	0	1	6
1997	Cincinnati Bengals	16	16	46	11	3.5	2	1	0	0	1	7	7.0	0	0	0	0
	8 NFL Seasons	119	116	431	88	33.0	10	8	0	0	11	205	18.6	3	1	3	20

Paul Frase

Pos: DE/DT **Rnd:** 6 **College:** Syracuse **Ht:** 6' 5" **Wt:** 273 **Born:** 5/5/65 **Age:** 33

Year	Team	G	GS	Tk	Ast	Sack	FF	FR	TD	Blk	Int	Yds	Avg	TD	Sfty	TD	Pts
1988	New York Jets	16	7	23	8	1.0	0	0	0	0	0	0	-	0	0	0	0
1989	New York Jets	16	14	46	13	2.0	0	0	0	0	0	0	-	0	0	0	0
1991	New York Jets	16	2	15	3	0.0	0	0	0	0	0	0	-	0	0	0	0
1992	New York Jets	16	12	34	13	5.0	0	0	0	0	0	0	-	0	0	0	0
1993	New York Jets	16	4	27	13	1.0	1	2	0	0	0	0	-	0	0	0	0
1994	New York Jets	16	5	14	2	1.0	0	1	0	0	0	0	-	0	0	0	0

			Tackles			Miscellaneous				Interceptions				Totals		
Year Team	G	GS	Tk	Ast	Sack	FF	FR	TD	Blk	Int	Yds	Avg	TD	Sfty	TD	Pts
1995 Jacksonville Jaguars	9	5	12	5	1.0	2	0	0	0	0	0	-	0	0	0	0
1996 Jacksonville Jaguars	14	0	1	0	0.0	0	0	0	0	0	0	-	0	0	0	0
1997 Green Bay Packers	9	0	3	0	0.0	0	0	0	0	0	0	-	0	0	0	0
9 NFL Seasons	128	49	175	57	11.0	3	3	0	0	0	0	-	0	0	0	0

Other Statistics: 1991–fumbled 1 time for 0 yards.

Mike Frederick

Pos: DE **Rnd:** 3 **College:** Virginia **Ht:** 6' 5" **Wt:** 280 **Born:** 8/6/72 **Age:** 26

			Tackles			Miscellaneous				Interceptions				Punt Returns				Kickoff Returns				Totals		
Year Team	G	GS	Tk	Ast	Sack	FF	FR	TD	Blk	Int	Yds	Avg	TD	Num	Yds	Avg	TD	Num	Yds	Avg	TD	TD	Fum
1995 Cleveland Browns	16	0	8	4	1.5	0	0	0	0	0	0	-	0	0	0	-	0	2	16	8.0	0	0	0
1996 Baltimore Ravens	16	11	18	1	0.0	0	0	0	0	0	0	-	0	0	0	-	0	0	-1	-	0	0	0
1997 Baltimore Ravens	16	1	4	0	0.0	0	1	0	0	0	0	-	0	0	0	-	0	0	0	-	0	0	0
3 NFL Seasons	48	12	30	5	1.5	0	1	0	0	0	0	-	0	0	0	-	0	2	15	7.5	0	0	0

Rob Fredrickson
(statistical profile on page 412)

Pos: LB **Rnd:** 1 (22) **College:** Michigan State **Ht:** 6' 4" **Wt:** 240 **Born:** 5/13/71 **Age:** 27

			Tackles			Miscellaneous				Interceptions				Totals		
Year Team	G	GS	Tk	Ast	Sack	FF	FR	TD	Blk	Int	Yds	Avg	TD	Sfty	TD	Pts
1994 Los Angeles Raiders	16	12	58	23	3.0	1	0	0	0	0	0	-	0	0	0	0
1995 Oakland Raiders	16	15	71	14	0.0	0	4	1	0	1	14	14.0	0	0	1	6
1996 Oakland Raiders	10	10	36	11	0.0	0	0	0	0	0	0	-	0	0	0	0
1997 Oakland Raiders	16	13	60	15	2.0	0	0	0	0	0	0	-	0	0	0	0
4 NFL Seasons	58	50	225	63	5.0	1	4	1	0	1	14	14.0	0	0	1	6

Antonio Freeman
(statistical profile on page 312)

Pos: WR **Rnd:** 3 **College:** Virginia Tech **Ht:** 6' 0" **Wt:** 190 **Born:** 5/27/72 **Age:** 26

			Rushing					Receiving					Punt Returns				Kickoff Returns				Totals		
Year Team	G	GS	Att	Yds	Avg	Lg	TD	Rec	Yds	Avg	Lg	TD	Num	Yds	Avg	TD	Num	Yds	Avg	TD	Fum	TD	Pts
1995 Green Bay Packers	11	0	0	0	-	-	0	8	106	13.3	28	1	37	292	7.9	0	24	556	23.2	0	7	1	6
1996 Green Bay Packers	12	12	0	0	-	-	0	56	933	16.7	t51	9	0	0	-	0	1	16	16.0	0	3	9	54
1997 Green Bay Packers	16	16	1	14	14.0	14	0	81	1243	15.3	t58	12	0	0	-	0	0	0	-	0	1	12	72
3 NFL Seasons	39	28	1	14	14.0	14	0	145	2282	15.7	t58	22	37	292	7.9	0	25	572	22.9	0	11	22	132

Other Statistics: 1995–recovered 4 fumbles for 0 yards. 1996–recovered 1 fumble for 14 yards.

Gus Frerotte
(statistical profile on page 312)

Pos: QB **Rnd:** 7 **College:** Tulsa **Ht:** 6' 2" **Wt:** 228 **Born:** 7/31/71 **Age:** 27

			Passing										Rushing					Miscellaneous			
Year Team	G	GS	Att	Com	Pct	Yards	Yds/Att	Lg	TD	Int	Int%	Rating	Att	Yds	Avg	Lg	TD	Sckd	Yds	Fum Recv Yds	Pts
1994 Washington Redskins	5	4	100	46	46.0	600	6.00	51	5	5	5.0	61.3	4	1	0.3	2	0	3	18	4 2 -4	0
1995 Washington Redskins	16	11	396	199	50.3	2751	6.95	t73	13	13	3.3	70.2	22	16	0.7	10	1	23	192	7 4 -3	6
1996 Washington Redskins	16	16	470	270	57.4	3453	7.35	t52	12	11	2.3	79.3	28	16	0.6	17	0	22	134	12 1 -12	0
1997 Washington Redskins	13	13	402	204	50.7	2682	6.67	52	17	12	3.0	73.8	25	65	2.6	26	2	23	146	8 2 -4	12
4 NFL Seasons	50	44	1368	719	52.6	9486	6.93	t73	47	41	3.0	73.7	79	98	1.2	26	3	71	490	31 9 -23	18

John Friesz

Pos: QB **Rnd:** 6 **College:** Idaho **Ht:** 6' 4" **Wt:** 211 **Born:** 5/19/67 **Age:** 31

			Passing										Rushing					Miscellaneous			
Year Team	G	GS	Att	Com	Pct	Yards	Yds/Att	Lg	TD	Int	Int%	Rating	Att	Yds	Avg	Lg	TD	Sckd	Yds	Fum Recv Yds	Pts
1990 San Diego Chargers	1	1	22	11	50.0	98	4.45	17	1	1	4.5	58.5	1	3	3.0	3	0	1	7	0 0 0	0
1991 San Diego Chargers	16	16	487	262	53.8	2896	5.95	58	12	15	3.1	67.1	10	18	1.8	11	0	32	214	10 2 -21	0
1993 San Diego Chargers	12	6	238	128	53.8	1402	5.89	t66	6	4	1.7	72.8	10	3	0.3	2	0	14	98	2 1 -3	0
1994 Washington Redskins	15	4	180	105	58.3	1266	7.03	t73	10	9	5.0	77.7	1	1	1.0	1	0	6	45	2 1 0	0
1995 Seattle Seahawks	6	3	120	64	53.3	795	6.63	t43	6	3	2.5	80.4	11	0	0.0	2	0	3	12	2 1 -3	0
1996 Seattle Seahawks	8	6	211	120	56.9	1629	7.72	t80	8	4	1.9	86.4	12	1	0.1	3	0	12	77	7 2 -6	0
1997 Seattle Seahawks	2	1	36	15	41.7	138	3.83	22	0	3	8.3	18.1	1	0	0.0	0	0	2	11	1 1 -2	0
7 NFL Seasons	60	37	1294	705	54.5	8224	6.36	t80	43	39	3.0	72.5	46	26	0.6	11	0	70	464	24 8 -35	0

David Frisch

Pos: TE **Rnd:** FA **College:** Colorado State **Ht:** 6' 7" **Wt:** 260 **Born:** 6/22/70 **Age:** 28

			Rushing					Receiving					Punt Returns				Kickoff Returns				Totals		
Year Team	G	GS	Att	Yds	Avg	Lg	TD	Rec	Yds	Avg	Lg	TD	Num	Yds	Avg	TD	Num	Yds	Avg	TD	Fum	TD	Pts
1993 Cincinnati Bengals	11	2	0	0	-	-	0	6	43	7.2	12	0	0	0	-	0	0	0	-	0	0	0	0
1994 Cincinnati Bengals	16	0	0	0	-	-	0	0	0	-	-	0	0	0	-	0	0	0	-	0	0	0	0
1995 New England Patriots	2	0	0	0	-	-	0	0	0	-	-	0	0	0	-	0	1	8	8.0	0	0	0	0
1996 Minnesota Vikings	10	1	0	0	-	-	0	3	27	9.0	21	1	0	0	-	0	0	0	-	0	0	1	6
1997 Washington Redskins	2	0	0	0	-	-	0	0	0	-	-	0	0	0	-	0	0	0	-	0	0	0	0

Year Team	G	GS	Rushing					Receiving					Punt Returns				Kickoff Returns				Totals		
			Att	Yds	Avg	Lg	TD	Rec	Yds	Avg	Lg	TD	Num	Yds	Avg	TD	Num	Yds	Avg	TD	Fum	TD	Pts
5 NFL Seasons	41	3	0	0	-	-	0	9	70	7.8	21	1	0	0	-	0	1	8	8.0	0	0	1	6

Irving Fryar
(statistical profile on page 313)

Pos: WR **Rnd:** 1 (1) **College:** Nebraska **Ht:** 6' 0" **Wt:** 200 **Born:** 9/28/62 **Age:** 36

Year Team	G	GS	Rushing					Receiving					Punt Returns				Kickoff Returns				Totals		
			Att	Yds	Avg	Lg	TD	Rec	Yds	Avg	Lg	TD	Num	Yds	Avg	TD	Num	Yds	Avg	TD	Fum	TD	Pts
1984 New England Patriots	14	2	2	-11	-5.5	0	0	11	164	14.9	26	1	36	347	9.6	0	5	95	19.0	0	4	1	6
1985 New England Patriots	16	14	7	27	3.9	13	1	39	670	17.2	56	7	37	520	14.1	2	3	39	13.0	0	4	10	60
1986 New England Patriots	14	13	4	80	20.0	31	0	43	737	17.1	t69	6	35	366	10.5	1	10	192	19.2	0	4	7	42
1987 New England Patriots	12	12	9	52	5.8	16	0	31	467	15.1	40	5	18	174	9.7	0	6	119	19.8	0	2	5	30
1988 New England Patriots	15	14	6	12	2.0	6	0	33	490	14.8	t80	5	38	398	10.5	0	1	3	3.0	0	2	5	30
1989 New England Patriots	11	5	2	15	7.5	11	0	29	537	18.5	52	3	12	107	8.9	0	1	47	47.0	0	2	3	18
1990 New England Patriots	16	15	2	-4	-2.0	-1	0	54	856	15.9	56	4	28	133	4.8	0	0	0	-	0	1	4	24
1991 New England Patriots	16	15	2	11	5.5	9	0	68	1014	14.9	t56	3	2	10	5.0	0	0	0	-	0	2	3	18
1992 New England Patriots	15	14	1	6	6.0	6	0	55	791	14.4	t54	4	0	0	-	0	0	0	-	0	0	4	24
1993 Miami Dolphins	16	16	3	-4	-1.3	2	0	64	1010	15.8	t65	5	0	0	-	0	1	10	10.0	0	0	5	30
1994 Miami Dolphins	16	16	0	0	-	-	0	73	1270	17.4	t54	7	0	0	-	0	0	0	-	0	0	7	46
1995 Miami Dolphins	16	16	0	0	-	-	0	62	910	14.7	t67	8	0	0	-	0	0	0	-	0	0	8	48
1996 Philadelphia Eagles	16	16	1	-4	-4.0	-4	0	88	1195	13.6	42	11	0	0	-	0	0	0	-	0	0	11	66
1997 Philadelphia Eagles	16	16	0	0	-	-	0	86	1316	15.3	t72	6	0	0	-	0	0	0	-	0	1	6	36
14 NFL Seasons	209	184	39	180	4.6	31	1	736	11427	15.5	t80	75	206	2055	10.0	3	27	505	18.7	0	22	79	478

Other Statistics: 1984–recovered 1 fumble for 0 yards. 1986–recovered 1 fumble for 0 yards. 1990–recovered 1 fumble for 0 yards. 1991–attempted 1 pass with 0 completions for 0 yards. 1994–recovered 1 fumble for 7 yards; scored 2 two-point conversions.

Corey Fuller
(statistical profile on page 412)

Pos: CB **Rnd:** 2 **College:** Florida State **Ht:** 5' 10" **Wt:** 198 **Born:** 5/11/71 **Age:** 27

Year Team	G	GS	Tackles			Miscellaneous				Interceptions				Totals		
			Tk	Ast	Sack	FF	FR	TD	Blk	Int	Yds	Avg	TD	Sfty	TD	Pts
1995 Minnesota Vikings	16	11	57	9	0.5	2	1	1	0	1	0	0.0	0	0	1	6
1996 Minnesota Vikings	16	14	53	11	0.0	1	0	0	0	3	3	1.0	0	0	0	0
1997 Minnesota Vikings	16	16	82	9	0.0	2	0	0	0	2	24	12.0	0	0	0	0
3 NFL Seasons	48	41	192	29	0.5	5	1	1	0	6	27	4.5	0	0	1	6

Randy Fuller

Pos: CB **Rnd:** 4 **College:** Tennessee State **Ht:** 5' 10" **Wt:** 175 **Born:** 6/2/70 **Age:** 28

Year Team	G	GS	Tackles			Miscellaneous				Interceptions				Totals		
			Tk	Ast	Sack	FF	FR	TD	Blk	Int	Yds	Avg	TD	Sfty	TD	Pts
1994 Denver Broncos	10	1	15	2	0.0	0	0	0	0	0	0	-	0	0	0	0
1995 Pittsburgh Steelers	13	0	7	1	0.0	0	0	0	0	0	0	-	0	0	0	0
1996 Pittsburgh Steelers	13	1	7	2	0.0	0	0	0	0	1	0	0.0	0	0	0	0
1997 Pittsburgh Steelers	12	3	28	2	1.0	1	0	0	0	0	0	-	0	0	0	0
4 NFL Seasons	48	5	57	7	1.0	1	0	0	0	1	0	0.0	0	0	0	0

William Fuller

Pos: DE **Rnd:** 1(S) **College:** North Carolina **Ht:** 6' 3" **Wt:** 280 **Born:** 3/8/62 **Age:** 36

Year Team	G	GS	Tackles			Miscellaneous				Interceptions				Punt Returns				Kickoff Returns				Totals	
			Tk	Ast	Sack	FF	FR	TD	Blk	Int	Yds	Avg	TD	Num	Yds	Avg	TD	Num	Yds	Avg	TD	TD	Fum
1986 Houston Oilers	13	0	9	13	1.0	0	0	0	0	0	0	-	0	0	0	-	0	0	0	-	0	0	0
1987 Houston Oilers	12	1	13	9	2.0	0	1	0	0	0	0	-	0	0	0	-	0	1	0	0.0	0	0	0
1988 Houston Oilers	16	15	40	16	8.5	2	0	0	0	1	9	9.0	0	0	0	-	0	0	0	-	0	0	0
1989 Houston Oilers	15	8	31	11	6.5	1	0	0	0	0	0	-	0	0	0	-	0	0	0	-	0	0	0
1990 Houston Oilers	16	16	31	19	8.0	0	1	0	0	0	0	-	0	0	0	-	0	0	0	-	0	0	0
1991 Houston Oilers	16	16	40	14	15.0	1	2	0	0	0	0	-	0	0	0	-	0	0	0	-	0	0	0
1992 Houston Oilers	15	14	42	10	8.0	1	1	0	0	0	0	-	0	0	0	-	0	0	0	-	0	0	1
1993 Houston Oilers	16	16	29	8	10.0	2	0	0	0	0	0	-	0	0	0	-	0	0	0	-	0	0	0
1994 Philadelphia Eagles	16	16	44	6	9.5	4	1	0	0	0	0	-	0	0	0	-	0	0	0	-	0	0	0
1995 Philadelphia Eagles	14	13	35	11	13.0	5	1	0	0	0	0	-	0	0	0	-	0	0	0	-	0	0	0
1996 Philadelphia Eagles	16	16	27	7	13.0	3	1	0	0	0	0	-	0	0	0	-	0	0	0	-	0	0	0
1997 San Diego Chargers	16	16	24	5	3.0	0	0	0	0	1	0	0.0	0	0	0	-	0	0	0	-	0	0	0
12 NFL Seasons	181	147	365	129	97.5	19	8	0	0	2	9	4.5	0	0	0	-	0	1	0	0.0	0	1	0

Other Statistics: 1994–credited with 1 safety.

William Gaines

Pos: DT **Rnd:** 5 **College:** Florida **Ht:** 6' 5" **Wt:** 297 **Born:** 6/20/71 **Age:** 27

Year Team	G	GS	Tackles			Miscellaneous				Interceptions				Totals		
			Tk	Ast	Sack	FF	FR	TD	Blk	Int	Yds	Avg	TD	Sfty	TD	Pts
1994 Miami Dolphins	8	0	2	0	0.0	0	0	0	0	0	0	-	0	0	0	0
1995 Washington Redskins	15	11	21	2	2.0	0	0	0	0	0	0	-	0	0	0	0

				Tackles			Miscellaneous				Interceptions				Totals		
Year Team	G	GS	Tk	Ast	Sack	FF	FR	TD	Blk	Int	Yds	Avg	TD	Sfty	TD	Pts
1996 Washington Redskins	16	6	25	6	0.0	1	0	0	0	0	0	-	0	0	0	0
1997 Washington Redskins	13	7	12	4	0.0	0	0	0	0	0	0	-	0	0	0	0
4 NFL Seasons	52	24	60	12	2.0	1	0	0	0	0	0	-	0	0	0	0

Tony Gaiter

Pos: WR **Rnd:** 6 **College:** Miami **Ht:** 5' 8" **Wt:** 169 **Born:** 7/15/74 **Age:** 24

			Rushing					Receiving				Punt Returns				Kickoff Returns				Totals		
Year Team	G	GS	Att	Yds	Avg	Lg	TD	Rec	Yds	Avg	Lg	TD	Num	Yds	Avg	TD	Num	Yds	Avg	TD	Fum	TD	Pts
1997 New England Patriots	1	0	0	0	-	-	0	0	0	-	-	0	0	0	-	0	0	0	-	0	0	0	0

Scott Galbraith

Pos: TE **Rnd:** 7 **College:** Southern California **Ht:** 6' 2" **Wt:** 263 **Born:** 1/7/67 **Age:** 31

			Rushing					Receiving				Punt Returns				Kickoff Returns				Totals		
Year Team	G	GS	Att	Yds	Avg	Lg	TD	Rec	Yds	Avg	Lg	TD	Num	Yds	Avg	TD	Num	Yds	Avg	TD	Fum	TD	Pts
1990 Cleveland Browns	16	1	0	0	-	-	0	4	62	15.5	28	0	0	0	-	0	3	16	5.3	0	0	0	0
1991 Cleveland Browns	16	13	0	0	-	-	0	27	328	12.1	42	0	0	0	-	0	2	13	6.5	0	0	0	0
1992 Cleveland Browns	14	2	0	0	-	-	0	4	63	15.8	28	1	0	0	-	0	0	0	-	0	0	1	6
1993 Dallas Cowboys	7	0	0	0	-	-	0	1	1	1.0	t1	1	0	0	-	0	0	0	-	0	0	1	6
1994 Dallas Cowboys	15	2	0	0	-	-	0	4	31	7.8	15	0	0	0	-	0	0	0	-	0	0	0	0
1995 Washington Redskins	16	16	0	0	-	-	0	10	80	8.0	25	2	0	0	-	0	0	0	-	0	0	2	12
1996 Washington Redskins	16	6	0	0	-	-	0	8	89	11.1	t30	2	0	0	-	0	0	0	-	0	0	2	12
1997 Dallas Cowboys	16	0	0	0	-	-	0	2	16	8.0	11	0	0	0	-	0	2	24	12.0	0	0	0	0
8 NFL Seasons	116	40	0	0	-	-	0	60	670	11.2	42	6	0	0	-	0	7	53	7.6	0	0	6	36

Other Statistics: 1990–recovered 1 fumble for 0 yards. 1991–recovered 1 fumble for 0 yards.

Joey Galloway

(statistical profile on page 313)

Pos: WR/PR **Rnd:** 1 (8) **College:** Ohio State **Ht:** 5' 11" **Wt:** 188 **Born:** 11/20/71 **Age:** 26

			Rushing					Receiving				Punt Returns				Kickoff Returns				Totals		
Year Team	G	GS	Att	Yds	Avg	Lg	TD	Rec	Yds	Avg	Lg	TD	Num	Yds	Avg	TD	Num	Yds	Avg	TD	Fum	TD	Pts
1995 Seattle Seahawks	16	16	11	154	14.0	t86	1	67	1039	15.5	t59	7	36	360	10.0	1	2	30	15.0	0	1	9	54
1996 Seattle Seahawks	16	16	15	127	8.5	51	0	57	987	17.3	t65	7	15	158	10.5	1	0	0	-	0	2	8	48
1997 Seattle Seahawks	15	15	9	72	8.0	44	0	72	1049	14.6	t53	12	0	0	-	0	0	0	-	0	1	12	72
3 NFL Seasons	47	47	35	353	10.1	t86	1	196	3075	15.7	t65	26	51	518	10.2	2	2	30	15.0	0	4	29	174

Other Statistics: 1997–recovered 1 fumble for 0 yards.

Mitchell Galloway

Pos: PR/WR **Rnd:** FA **College:** East Carolina **Ht:** 5' 8" **Wt:** 178 **Born:** 10/8/74 **Age:** 24

			Rushing					Receiving				Punt Returns				Kickoff Returns				Totals		
Year Team	G	GS	Att	Yds	Avg	Lg	TD	Rec	Yds	Avg	Lg	TD	Num	Yds	Avg	TD	Num	Yds	Avg	TD	Fum	TD	Pts
1997 Buffalo Bills	3	0	0	0	-	-	0	0	0	-	-	0	2	15	7.5	0	6	130	21.7	0	1	0	0

Scott Galyon

Pos: LB **Rnd:** 6 **College:** Tennessee **Ht:** 6' 2" **Wt:** 237 **Born:** 3/23/74 **Age:** 24

				Tackles			Miscellaneous				Interceptions				Totals		
Year Team	G	GS	Tk	Ast	Sack	FF	FR	TD	Blk	Int	Yds	Avg	TD	Sfty	TD	Pts
1996 New York Giants	16	0	2	0	0.0	0	0	0	0	0	0	-	0	0	0	0
1997 New York Giants	16	0	31	6	3.0	2	0	0	0	0	0	-	0	0	0	0
2 NFL Seasons	32	0	33	6	3.0	2	0	0	0	0	0	-	0	0	0	0

David Gamble

Pos: WR **Rnd:** FA **College:** New Hampshire **Ht:** 6' 1" **Wt:** 190 **Born:** 6/14/71 **Age:** 27

			Rushing					Receiving				Punt Returns				Kickoff Returns				Totals		
Year Team	G	GS	Att	Yds	Avg	Lg	TD	Rec	Yds	Avg	Lg	TD	Num	Yds	Avg	TD	Num	Yds	Avg	TD	Fum	TD	Pts
1997 Denver Broncos	2	0	0	0	-	-	0	0	0	-	-	0	0	0	-	0	0	0	-	0	0	0	0

Kendall Gammon

Pos: C/LS **Rnd:** 11 **College:** Pittsburg State **Ht:** 6' 4" **Wt:** 288 **Born:** 10/23/68 **Age:** 30

Year	Team	G	GS	Year	Team	G	GS	Year	Team	G	GS	Year	Team	G	GS
1992	Pittsburgh Steelers	16	0	1994	Pittsburgh Steelers	16	0	1996	New Orleans Saints	16	0				
1993	Pittsburgh Steelers	16	0	1995	Pittsburgh Steelers	16	0	1997	New Orleans Saints	16	0	6 NFL Seasons		96	0

Wayne Gandy

Pos: T **Rnd:** 1 (15) **College:** Auburn **Ht:** 6' 4" **Wt:** 292 **Born:** 2/10/71 **Age:** 27

Year	Team	G	GS	Year	Team	G	GS	Year	Team	G	GS	Year	Team	G	GS
1994	Los Angeles Rams	16	9	1995	St. Louis Rams	16	16	1996	St. Louis Rams	16	16	1997	St. Louis Rams	16	16
												4 NFL Seasons		64	57

Rich Gannon

(statistical profile on page 314)

Pos: QB **Rnd:** 4 **College:** Delaware **Ht:** 6' 3" **Wt:** 205 **Born:** 12/20/65 **Age:** 32

Year	Team	G	GS	Passing										Rushing					Miscellaneous				
				Att	Com	Pct	Yards	Yds/Att	Lg	TD	Int	Int%	Rating	Att	Yds	Avg	Lg	TD	Sckd	Yds	Fum	Recv	Yds	Pts
1987	Minnesota Vikings	5	0	6	2	33.3	18	3.00	12	0	1	16.7	2.8	0	0	-	-	0	0	0	0	0	0	0
1988	Minnesota Vikings	3	0	15	7	46.7	90	6.00	19	0	0	0.0	66.0	4	29	7.3	15	0	3	22	0	0	0	0
1990	Minnesota Vikings	14	1	349	182	52.1	2278	6.53	t78	16	16	4.6	68.9	52	268	5.2	27	1	34	188	10	6	-3	6
1991	Minnesota Vikings	15	11	354	211	59.6	2166	6.12	50	12	6	1.7	81.5	43	236	5.5	42	2	19	91	2	0	0	12
1992	Minnesota Vikings	12	12	279	159	57.0	1905	6.83	t60	12	13	4.7	72.9	45	187	4.2	14	0	25	177	5	0	0	0
1993	Washington Redskins	8	4	125	74	59.2	704	5.63	54	3	7	5.6	59.5	21	88	4.2	12	1	16	87	3	1	0	6
1995	Kansas City Chiefs	2	0	11	7	63.6	57	5.18	18	0	0	0.0	76.7	8	25	3.1	t12	1	0	0	0	0	0	6
1996	Kansas City Chiefs	4	3	90	54	60.0	491	5.46	25	6	1	1.1	92.4	12	81	6.8	19	0	5	42	1	0	0	0
1997	Kansas City Chiefs	9	6	175	98	56.0	1144	6.54	47	7	4	2.3	79.8	33	109	3.3	13	2	13	86	5	0	-11	0
	9 NFL Seasons	72	37	1404	794	56.6	8853	6.31	t78	56	48	3.4	74.5	218	1023	4.7	42	7	115	693	26	7	-14	42

Other Statistics: 1991–caught 1 pass for 0 yards.

Kenneth Gant

Pos: S **Rnd:** 9 **College:** Albany State **Ht:** 5' 11" **Wt:** 203 **Born:** 4/18/67 **Age:** 31

Year	Team	G	GS	Tackles			Miscellaneous				Interceptions				Punt Returns				Kickoff Returns				Totals	
				Tk	Ast	Sack	FF	FR	TD	Blk	Int	Yds	Avg	TD	Num	Yds	Avg	TD	Num	Yds	Avg	TD	TD	Fum
1990	Dallas Cowboys	12	0	9	0	0.0	0	0	0	0	1	26	26.0	0	0	0	-	0	0	0	-	0	0	0
1991	Dallas Cowboys	16	1	9	5	0.0	0	1	0	0	1	0	0.0	0	0	0	-	0	6	114	19.0	0	0	0
1992	Dallas Cowboys	16	4	33	21	3.0	0	1	0	0	3	19	6.3	0	0	0	-	0	0	0	-	0	0	0
1993	Dallas Cowboys	12	1	25	18	0.0	1	0	0	0	1	0	0.0	0	0	0	-	0	1	18	18.0	0	0	0
1994	Dallas Cowboys	16	0	10	1	0.0	0	0	0	0	1	0	0.0	0	0	0	-	0	0	0	-	0	0	0
1995	Tampa Bay Buccaneers	16	3	22	6	0.0	0	1	0	0	0	0	-	0	0	0	-	0	0	0	-	0	0	0
1996	Tampa Bay Buccaneers	16	0	0	0	0.0	0	0	0	0	0	0	-	0	0	0	-	0	0	0	-	0	0	0
1997	Tampa Bay Buccaneers	9	0	0	0	0.0	0	0	0	0	0	0	-	0	0	0	-	0	0	0	-	0	0	0
	8 NFL Seasons	113	9	108	51	3.0	1	3	0	0	7	45	6.4	0	0	0	-	0	7	132	18.9	0	0	0

Frank Garcia

Pos: C **Rnd:** 4 **College:** Washington **Ht:** 6' 2" **Wt:** 302 **Born:** 1/28/72 **Age:** 26

Year	Team	G	GS	Year	Team	G	GS	Year	Team	G	GS		G	GS
1995	Carolina Panthers	15	14	1996	Carolina Panthers	14	8	1997	Carolina Panthers	16	16	3 NFL Seasons	45	38

Other Statistics: 1995–recovered 1 fumble for 10 yards; fumbled 1 time. 1996–recovered 2 fumbles for 0 yards. 1997–returned 1 kickoff for 11 yards.

Daryl Gardener

Pos: DT **Rnd:** 1 (20) **College:** Baylor **Ht:** 6' 6" **Wt:** 315 **Born:** 2/25/73 **Age:** 25

Year	Team	G	GS	Tackles			Miscellaneous				Interceptions				Totals		
				Tk	Ast	Sack	FF	FR	TD	Blk	Int	Yds	Avg	TD	Sfty	TD	Pts
1996	Miami Dolphins	16	12	24	9	1.0	0	1	0	0	0	0	-	0	0	0	0
1997	Miami Dolphins	16	16	32	20	1.5	1	1	0	0	0	0	-	0	0	0	0
	2 NFL Seasons	32	28	56	29	2.5	1	2	0	0	0	0	-	0	0	0	0

Carwell Gardner

Pos: FB **Rnd:** 2 **College:** Louisville **Ht:** 6' 2" **Wt:** 240 **Born:** 11/27/66 **Age:** 31

Year	Team	G	GS	Rushing					Receiving					Punt Returns				Kickoff Returns				Totals		
				Att	Yds	Avg	Lg	TD	Rec	Yds	Avg	Lg	TD	Num	Yds	Avg	TD	Num	Yds	Avg	TD	Fum	TD	Pts
1990	Buffalo Bills	7	0	15	41	2.7	14	0	0	0	-	0	0	0	0	-	0	0	0	-	0	0	0	0
1991	Buffalo Bills	16	5	42	146	3.5	18	4	3	20	6.7	11	0	0	0	-	0	1	10	10.0	0	4	4	24
1992	Buffalo Bills	16	7	40	166	4.2	19	2	7	67	9.6	17	0	0	0	-	0	0	0	-	0	0	2	12
1993	Buffalo Bills	13	2	20	56	2.8	8	0	4	50	12.5	22	1	0	0	-	0	0	0	-	0	1	1	6
1994	Buffalo Bills	16	7	41	135	3.3	13	4	11	89	8.1	21	0	0	0	-	0	1	6	6.0	0	1	4	24
1995	Buffalo Bills	15	4	20	77	3.9	17	0	2	17	8.5	13	0	0	0	-	0	0	0	-	0	0	1	8
1996	Baltimore Ravens	13	3	26	108	4.2	19	0	7	28	4.0	7	0	0	0	-	0	0	0	-	0	0	0	2
1997	San Diego Chargers	5	2	7	20	2.9	5	0	2	10	5.0	8	0	0	0	-	0	0	0	-	0	0	0	0
	8 NFL Seasons	101	30	211	749	3.5	19	10	36	281	7.8	22	1	0	0	-	0	2	16	8.0	0	6	12	76

Other Statistics: 1991–recovered 3 fumbles for 0 yards. 1992–recovered 2 fumbles for 0 yards. 1995–recovered 2 fumbles for 0 yards and 1 touchdown; scored 1 two-point conversion. 1996–scored 1 two-point conversion.

Chris Gardocki

(statistical profile on page 474)

Pos: P **Rnd:** 3 **College:** Clemson **Ht:** 6' 1" **Wt:** 200 **Born:** 2/7/70 **Age:** 28

Year	Team	G	Punting										Rushing		Passing			
			NetPunts	Yards	Avg	Long	In20	In20%	TotPunts	TB	Blocks	OppRet	RetYds	NetAvg	Att	Yards	Att	Com	Yards	Int
1991	Chicago Bears	4	0	0	-	-	-	-	0	-	0	0	0	-	0	0	0	0	0	0
1992	Chicago Bears	16	79	3393	42.9	61	19	24.1	79	9	0	38	351	36.2	0	0	3	1	43	0
1993	Chicago Bears	16	80	3080	38.5	58	28	35.0	80	2	0	22	115	36.6	0	0	2	0	0	0
1994	Chicago Bears	16	76	2871	37.8	57	23	30.3	76	9	0	26	225	32.4	0	0	0	0	0	0
1995	Indianapolis Colts	16	63	2681	42.6	69	16	25.4	63	7	0	37	436	33.4	0	0	1	0	0	0

Year Team	G	NetPunts	Yards	Avg	Long	In20	In20%	TotPunts	TB	Blocks	OppRet	RetYds	NetAvg	Att	Yards	Att	Com	Yards	Int
1996 Indianapolis Colts	16	68	3105	45.7	61	23	33.8	68	2	0	38	413	39.0	0	0	0	0	0	0
1997 Indianapolis Colts	16	67	3034	45.3	72	18	26.9	67	6	0	43	491	36.2	0	0	0	0	0	0
7 NFL Seasons	100	433	18164	41.9	72	127	29.3	433	35	0	204	2031	35.6	0	0	6	1	43	0

Other Statistics: 1992–recovered 1 fumble for 0 yards. 1993–recovered 1 fumble for 0 yards; fumbled 1 time.

Charlie Garner
(statistical profile on page 314)

Pos: RB   Rnd: 2   College: Tennessee   Ht: 5' 9"   Wt: 187   Born: 2/13/72   Age: 26

			Rushing					Receiving				Punt Returns				Kickoff Returns				Totals		
Year Team	G	GS	Att	Yds	Avg	Lg	TD	Rec	Yds	Avg	Lg	TD	Num	Yds	Avg	TD	Num	Yds	Avg	TD	Fum	TD	Pts
1994 Philadelphia Eagles	10	8	109	399	3.7	t28	3	8	74	9.3	28	0	0	0	-	0	0	0	-	0	3	3	18
1995 Philadelphia Eagles	15	2	108	588	5.4	t55	6	10	61	6.1	29	0	0	0	-	0	29	590	20.3	0	2	6	36
1996 Philadelphia Eagles	15	0	66	346	5.2	46	1	14	92	6.6	13	0	0	0	-	0	6	117	19.5	0	1	1	6
1997 Philadelphia Eagles	16	2	116	547	4.7	26	3	24	225	9.4	27	0	0	0	-	0	0	0	-	0	1	3	18
4 NFL Seasons	56	12	399	1880	4.7	t55	13	56	452	8.1	29	0	0	0	-	0	35	707	20.2	0	7	13	78

Sam Garnes

Pos: S   Rnd: 5   College: Cincinnati   Ht: 6' 3"   Wt: 227   Born: 7/12/74   Age: 24

			Tackles			Miscellaneous				Interceptions				Totals		
Year Team	G	GS	Tk	Ast	Sack	FF	FR	TD	Blk	Int	Yds	Avg	TD	Sfty	TD	Pts
1997 New York Giants	16	15	40	19	0.0	0	0	0	0	1	95	95.0	1	0	1	6

Jason Garrett

Pos: QB   Rnd: FA   College: Princeton   Ht: 6' 2"   Wt: 195   Born: 3/28/66   Age: 32

			Passing								Rushing					Miscellaneous			
Year Team	G	GS	Att	Com	Pct	Yards	Yds/Att	Lg	TD	Int	Int%	Rating	Att	Yds	Avg	Lg	TD	Sckd	Yds	Fum	Recv	Yds	Pts
1993 Dallas Cowboys	5	1	19	9	47.4	61	3.21	16	0	0	0.0	54.9	8	-8	-1.0	0	0	1	6	1	0	-2	0
1994 Dallas Cowboys	2	1	31	16	51.6	315	10.16	68	2	1	3.2	95.5	3	-2	-0.7	0	0	2	13	0	1	0	0
1995 Dallas Cowboys	1	0	5	4	80.0	46	9.20	24	1	0	0.0	144.6	1	-1	-1.0	-1	0	0	0	0	0	0	0
1996 Dallas Cowboys	1	0	3	3	100.0	44	14.67	32	0	0	0.0	118.8	0	0	-	-	0	0	0	0	0	0	0
1997 Dallas Cowboys	1	0	14	10	71.4	56	4.00	12	0	0	0.0	78.3	0	0	-	-	0	2	18	0	0	0	0
5 NFL Seasons	10	2	72	42	58.3	522	7.25	68	3	1	1.4	89.0	12	-11	-0.9	0	0	5	37	1	1	-2	0

Sam Gash

Pos: FB   Rnd: 8   College: Penn State   Ht: 6' 0"   Wt: 235   Born: 3/7/69   Age: 29

			Rushing					Receiving				Punt Returns				Kickoff Returns				Totals		
Year Team	G	GS	Att	Yds	Avg	Lg	TD	Rec	Yds	Avg	Lg	TD	Num	Yds	Avg	TD	Num	Yds	Avg	TD	Fum	TD	Pts
1992 New England Patriots	15	0	5	7	1.4	4	1	0	0	-	0	0	0	0	-	0	0	0	-	0	1	1	6
1993 New England Patriots	15	4	48	149	3.1	14	1	14	93	6.6	15	0	0	0	-	0	0	0	-	0	1	1	6
1994 New England Patriots	13	6	30	86	2.9	10	0	9	61	6.8	19	0	0	0	-	0	1	9	9.0	0	1	0	0
1995 New England Patriots	15	12	8	24	3.0	9	0	26	242	9.3	30	1	0	0	-	0	0	0	-	0	0	1	6
1996 New England Patriots	14	9	8	15	1.9	3	0	33	276	8.4	28	2	0	0	-	0	0	0	-	0	0	2	14
1997 New England Patriots	16	5	6	10	1.7	4	0	22	154	7.0	19	3	0	0	-	0	0	0	-	0	0	3	18
6 NFL Seasons	88	36	105	291	2.8	14	2	104	826	7.9	30	6	0	0	-	0	1	9	9.0	0	3	8	50

Other Statistics: 1992–recovered 2 fumbles for 0 yards. 1994–recovered 1 fumble for 0 yards. 1996–scored 1 two-point conversion.

Percell Gaskins

Pos: LB   Rnd: 4   College: Kansas State   Ht: 6' 0"   Wt: 225   Born: 4/25/72   Age: 26

			Tackles			Miscellaneous				Interceptions				Totals		
Year Team	G	GS	Tk	Ast	Sack	FF	FR	TD	Blk	Int	Yds	Avg	TD	Sfty	TD	Pts
1996 St. Louis Rams	15	1	21	4	0.0	0	1	0	0	0	0	-	0	0	0	0
1997 Carolina Panthers	12	0	3	0	0.0	0	0	0	0	0	0	-	0	0	0	0
2 NFL Seasons	27	1	24	4	0.0	0	1	0	0	0	0	-	0	0	0	0

Chris Gedney

Pos: TE   Rnd: 3   College: Syracuse   Ht: 6' 5"   Wt: 260   Born: 8/9/70   Age: 28

			Rushing					Receiving				Punt Returns				Kickoff Returns				Totals		
Year Team	G	GS	Att	Yds	Avg	Lg	TD	Rec	Yds	Avg	Lg	TD	Num	Yds	Avg	TD	Num	Yds	Avg	TD	Fum	TD	Pts
1993 Chicago Bears	7	3	0	0	-	-	0	10	98	9.8	24	0	0	0	-	0	0	0	-	0	1	0	0
1994 Chicago Bears	7	7	0	0	-	-	0	13	157	12.1	t37	3	0	0	-	0	0	0	-	0	1	3	18
1995 Chicago Bears	14	1	0	0	-	-	0	5	52	10.4	15	0	0	0	-	0	0	0	-	0	0	0	0
1996 Chicago Bears	1	0	0	0	-	-	0	0	0	-	-	0	0	0	-	0	0	0	-	0	0	0	0

				Rushing					Receiving					Punt Returns			Kickoff Returns			Totals		
Year	Team	G	GS	Att	Yds	Avg	Lg	TD	Rec	Yds	Avg	Lg	TD	Num	Yds	Avg TD	Num	Yds	Avg TD	Fum	TD	Pts
1997	Arizona Cardinals	16	3	1	15	15.0	15	0	23	261	11.3	t37	4	0	0	- 0	2	26	13.0 0	1	4	24
	5 NFL Seasons	45	14	1	15	15.0	15	0	51	568	11.1	t37	7	0	0	- 0	2	26	13.0 0	3	7	42

Eddie George

(statistical profile on page 315)

Pos: RB **Rnd:** 1 (14) **College:** Ohio State **Ht:** 6' 3" **Wt:** 232 **Born:** 9/24/73 **Age:** 25

				Rushing					Receiving					Punt Returns			Kickoff Returns			Totals		
Year	Team	G	GS	Att	Yds	Avg	Lg	TD	Rec	Yds	Avg	Lg	TD	Num	Yds	Avg TD	Num	Yds	Avg TD	Fum	TD	Pts
1996	Houston Oilers	16	14	335	1368	4.1	76	8	23	182	7.9	17	0	0	0	- 0	0	0	- 0	3	8	48
1997	Tennessee Oilers	16	16	357	1399	3.9	30	6	7	44	6.3	15	1	0	0	- 0	0	0	- 0	4	7	44
	2 NFL Seasons	32	30	692	2767	4.0	76	14	30	226	7.5	17	1	0	0	- 0	0	0	- 0	7	15	92

Other Statistics: 1996–recovered 1 fumble for 0 yards. 1997–scored 1 two-point conversion.

Jeff George

(statistical profile on page 315)

Pos: QB **Rnd:** 1 (1) **College:** Illinois **Ht:** 6' 4" **Wt:** 215 **Born:** 12/8/67 **Age:** 30

				Passing									Rushing				Miscellaneous				
Year	Team	G	GS	Att	Com	Pct	Yards	Yds/Att	Lg	TD	Int	Int%	Rating	Att	Yds	Avg	Lg TD	Sckd	Yds	Fum Recv Yds	Pts
1990	Indianapolis Colts	13	12	334	181	54.2	2152	6.44	75	16	13	3.9	73.8	11	2	0.2	6 1	37	320	4 2 0	6
1991	Indianapolis Colts	16	16	485	292	60.2	2910	6.00	t49	10	12	2.5	73.8	16	36	2.3	13 0	56	481	8 2 -4	0
1992	Indianapolis Colts	10	10	306	167	54.6	1963	6.42	t57	7	15	4.9	61.5	14	26	1.9	13 1	27	188	6 1 -2	6
1993	Indianapolis Colts	13	11	407	234	57.5	2526	6.21	t72	8	6	1.5	76.3	13	39	3.0	14 0	26	190	4 0 -1	0
1994	Atlanta Falcons	16	16	524	322	61.5	3734	7.13	t85	23	18	3.4	83.3	30	66	2.2	10 0	32	206	12 6 -10	0
1995	Atlanta Falcons	16	16	557	336	60.3	4143	7.44	t62	24	11	2.0	89.5	27	17	0.6	6 0	43	270	6 2 -15	0
1996	Atlanta Falcons	3	3	99	56	56.6	698	7.05	67	3	3	3.0	76.1	5	10	2.0	5 0	11	84	3 2 -24	0
1997	Oakland Raiders	16	16	521	290	55.7	**3917**	7.52	76	29	9	1.7	91.2	17	44	2.6	12 0	58	430	7 3 0	0
	8 NFL Seasons	103	100	3233	1878	58.1	22043	6.82	t85	120	87	2.7	80.1	133	240	1.8	14 2	290	2169	50 18 -56	12

Ron George

Pos: LB **Rnd:** 5 **College:** Stanford **Ht:** 6' 2" **Wt:** 242 **Born:** 3/20/70 **Age:** 28

				Tackles			Miscellaneous				Interceptions				Punt Returns			Kickoff Returns			Totals	
Year	Team	G	GS	Tk	Ast	Sack	FF	FR	TD	Blk	Int	Yds	Avg	TD	Num	Yds	Avg TD	Num	Yds	Avg TD	TD	Fum
1993	Atlanta Falcons	12	4	25	18	1.0	0	0	0	0	0	0	-	0	0	0	- 0	0	0	- 0	0	0
1994	Atlanta Falcons	16	9	31	6	0.0	0	1	0	0	0	0	-	0	0	0	- 0	0	0	- 0	0	0
1995	Atlanta Falcons	16	0	1	0	0.0	0	0	0	0	0	0	-	0	0	0	- 0	3	45	15.0 0	0	0
1996	Atlanta Falcons	16	15	42	20	2.0	0	3	0	0	0	0	-	0	0	0	- 0	0	0	- 0	0	0
1997	Minnesota Vikings	16	0	12	1	0.0	0	0	0	0	0	0	-	0	0	0	- 0	1	10	10.0 0	0	0
	5 NFL Seasons	76	28	111	45	3.0	0	4	0	0	0	0	-	0	0	0	- 0	4	55	13.8 0	0	0

Spencer George

Pos: RB **Rnd:** FA **College:** Rice **Ht:** 5' 9" **Wt:** 202 **Born:** 10/28/73 **Age:** 25

				Rushing					Receiving					Punt Returns			Kickoff Returns			Totals		
Year	Team	G	GS	Att	Yds	Avg	Lg	TD	Rec	Yds	Avg	Lg	TD	Num	Yds	Avg TD	Num	Yds	Avg TD	Fum	TD	Pts
1997	Tennessee Oilers	5	0	0	0	-	-	0	0	0	-	-	0	0	0	- 0	0	0	- 0	0	0	0

John Gerak

Pos: G **Rnd:** 3 **College:** Penn State **Ht:** 6' 3" **Wt:** 295 **Born:** 1/6/70 **Age:** 28

Year	Team	G	GS	Year	Team	G	GS	Year	Team	G	GS		G	GS
1993	Minnesota Vikings	4	0	1995	Minnesota Vikings	15	6	1997	St. Louis Rams	16	16			
1994	Minnesota Vikings	13	3	1996	Minnesota Vikings	14	10					5 NFL Seasons	62	35

Other Statistics: 1995–caught 1 pass for 3 yards; returned 1 kickoff for 19 yards. 1996–recovered 1 fumble for 0 yards; returned 1 kickoff for 13 yards.

Oliver Gibson

Pos: DT/NT **Rnd:** 4 **College:** Notre Dame **Ht:** 6' 2" **Wt:** 283 **Born:** 3/15/72 **Age:** 26

				Tackles			Miscellaneous				Interceptions				Punt Returns			Kickoff Returns			Totals	
Year	Team	G	GS	Tk	Ast	Sack	FF	FR	TD	Blk	Int	Yds	Avg	TD	Num	Yds	Avg TD	Num	Yds	Avg TD	TD	Fum
1995	Pittsburgh Steelers	12	0	1	1	0.0	0	0	0	0	0	0	-	0	0	0	- 0	1	10	10.0 0	0	0
1996	Pittsburgh Steelers	16	0	7	8	2.5	0	0	0	0	0	0	-	0	0	0	- 0	0	0	- 0	0	0
1997	Pittsburgh Steelers	16	0	9	1	1.0	0	1	0	0	0	0	-	0	0	0	- 0	0	0	- 0	0	0
	3 NFL Seasons	44	0	17	10	3.5	0	1	0	0	0	0	-	0	0	0	- 0	1	10	10.0 0	0	0

Jason Gildon

(statistical profile on page 412)

Pos: LB **Rnd:** 3 **College:** Oklahoma State **Ht:** 6' 3" **Wt:** 245 **Born:** 7/31/72 **Age:** 26

				Tackles			Miscellaneous				Interceptions				Totals		
Year	Team	G	GS	Tk	Ast	Sack	FF	FR	TD	Blk	Int	Yds	Avg	TD	Sfty	TD	Pts
1994	Pittsburgh Steelers	16	1	4	0	2.0	0	0	0	0	0	0	-	0	0	0	0
1995	Pittsburgh Steelers	16	0	8	4	3.0	2	1	0	0	0	0	-	0	0	0	0
1996	Pittsburgh Steelers	14	13	47	12	7.0	2	0	0	0	0	0	-	0	0	0	0

Year Team	G	GS	Tackles Tk	Ast	Sack	Miscellaneous FF	FR	TD	Blk	Interceptions Int	Yds	Avg	TD	Totals Sfty	TD	Pts
1997 Pittsburgh Steelers	16	16	41	12	4.5	0	2	1	0	0	0	-	0	0	1	6
4 NFL Seasons	62	30	100	28	16.5	4	3	1	0	0	0	-	0	0	1	6

Mike Gisler

Pos: C **Rnd:** 11 **College:** Houston **Ht:** 6'4" **Wt:** 300 **Born:** 8/26/69 **Age:** 29

Year Team	G	GS	Year Team	G	GS	Year Team	G	GS		G	GS
1993 New England Patriots	12	0	1995 New England Patriots	16	0	1997 New England Patriots	16	2			
1994 New England Patriots	14	5	1996 New England Patriots	14	0				5 NFL Seasons	72	7

Other Statistics: 1995–returned 2 kickoffs for 19 yards; fumbled 1 time for 0 yards. 1996–returned 1 kickoff for 9 yards.

Aaron Glenn

(statistical profile on page 413)

Pos: CB/KR **Rnd:** 1 (12) **College:** Texas A&M **Ht:** 5'9" **Wt:** 185 **Born:** 7/16/72 **Age:** 26

Year Team	G	GS	Tackles Tk	Ast	Sack	Miscellaneous FF	FR	TD	Blk	Interceptions Int	Yds	Avg	TD	Punt Returns Num	Yds	Avg	TD	Kickoff Returns Num	Yds	Avg	TD	Totals TD	Fum
1994 New York Jets	15	15	58	9	0.0	2	1	0	0	0	0	-	0	0	0	-	0	27	582	21.6	0	0	2
1995 New York Jets	16	16	42	10	0.0	1	1	0	0	1	17	17.0	0	0	0	-	0	1	12	12.0	0	0	0
1996 New York Jets	16	16	38	6	0.0	1	0	0	0	4	113	28.3	2	0	0	-	0	1	6	6.0	0	2	0
1997 New York Jets	16	16	54	11	0.0	0	0	0	0	1	5	5.0	0	0	0	-	0	28	741	26.5	1	1	1
4 NFL Seasons	63	63	192	36	0.0	4	2	0	0	6	135	22.5	2	0	0	-	0	57	1341	23.5	1	3	3

Tarik Glenn

Pos: G **Rnd:** 1 (18) **College:** California **Ht:** 6'5" **Wt:** 340 **Born:** 5/25/76 **Age:** 22

Year Team	G	GS					G	GS
1997 Indianapolis Colts	16	16				1 NFL Season	16	16

Other Statistics: 1997–recovered 1 fumble for 0 yards, caught 1 pass for 3 yards.

Terry Glenn

(statistical profile on page 316)

Pos: WR **Rnd:** 1 (7) **College:** Ohio State **Ht:** 5'10" **Wt:** 184 **Born:** 7/23/74 **Age:** 24

Year Team	G	GS	Rushing Att	Yds	Avg	Lg	TD	Receiving Rec	Yds	Avg	Lg	TD	Punt Returns Num	Yds	Avg	TD	Kickoff Returns Num	Yds	Avg	TD	Totals Fum	TD	Pts
1996 New England Patriots	15	15	5	42	8.4	26	0	90	1132	12.6	t37	6	0	0	-	0	0	0	-	0	1	6	36
1997 New England Patriots	9	9	0	0	-	-	0	27	431	16.0	50	2	0	0	-	0	0	0	-	0	1	2	12
2 NFL Seasons	24	24	5	42	8.4	26	0	117	1563	13.4	50	8	0	0	-	0	0	0	-	0	2	8	48

Andrew Glover

(statistical profile on page 316)

Pos: TE **Rnd:** 10 **College:** Grambling **Ht:** 6'6" **Wt:** 250 **Born:** 8/12/67 **Age:** 31

Year Team	G	GS	Rushing Att	Yds	Avg	Lg	TD	Receiving Rec	Yds	Avg	Lg	TD	Punt Returns Num	Yds	Avg	TD	Kickoff Returns Num	Yds	Avg	TD	Totals Fum	TD	Pts
1991 Los Angeles Raiders	16	1	0	0	-	-	0	5	45	9.0	18	3	0	0	-	0	0	0	-	0	0	3	18
1992 Los Angeles Raiders	16	2	0	0	-	-	0	15	178	11.9	30	1	0	0	-	0	0	0	-	0	1	1	6
1993 Los Angeles Raiders	15	0	0	0	-	-	0	4	55	13.8	26	1	0	0	-	0	0	0	-	0	0	1	6
1994 Los Angeles Raiders	16	16	0	0	-	-	0	33	371	11.2	t27	2	0	0	-	0	0	0	-	0	0	2	12
1995 Oakland Raiders	16	7	0	0	-	-	0	26	220	8.5	25	3	0	0	-	0	0	0	-	0	0	3	18
1996 Oakland Raiders	13	4	0	0	-	-	0	9	101	11.2	25	1	0	0	-	0	0	0	-	0	0	1	6
1997 Minnesota Vikings	13	11	0	0	-	-	0	32	378	11.8	43	3	0	0	-	0	0	0	-	0	0	3	18
7 NFL Seasons	105	41	0	0	-	-	0	124	1348	10.9	43	14	0	0	-	0	0	0	-	0	1	14	84

Other Statistics: 1992–recovered 1 fumble for 0 yards.

Kevin Glover

Pos: C **Rnd:** 2 **College:** Maryland **Ht:** 6'2" **Wt:** 282 **Born:** 6/17/63 **Age:** 35

Year Team	G	GS	Year Team	G	GS	Year Team	G	GS	Year Team	G	GS
1985 Detroit Lions	10	0	1989 Detroit Lions	16	16	1993 Detroit Lions	16	16	1997 Detroit Lions	16	16
1986 Detroit Lions	4	1	1990 Detroit Lions	16	16	1994 Detroit Lions	16	16			
1987 Detroit Lions	12	9	1991 Detroit Lions	16	16	1995 Detroit Lions	16	16			
1988 Detroit Lions	16	16	1992 Detroit Lions	7	7	1996 Detroit Lions	16	16	13 NFL Seasons	177	161

Other Statistics: 1987–returned 1 kickoff for 19 yards. 1988–recovered 2 fumbles for 0 yards. 1990–recovered 1 fumble for 0 yards. 1992–recovered 1 fumble for 0 yards. 1995–recovered 1 fumble for -14 yards; fumbled 2 times. 1996–recovered 2 fumbles for 0 yards. 1997–recovered 1 fumble for 0 yards.

La'Roi Glover

Pos: DT **Rnd:** 5 **College:** San Diego State **Ht:** 6'1" **Wt:** 280 **Born:** 7/4/74 **Age:** 24

Year Team	G	GS	Tackles Tk	Ast	Sack	Miscellaneous FF	FR	TD	Blk	Interceptions Int	Yds	Avg	TD	Totals Sfty	TD	Pts
1996 Oakland Raiders	2	0	2	0	0.0	0	0	0	0	0	0	-	0	0	0	0
1997 New Orleans Saints	15	2	24	9	6.5	1	1	0	0	0	0	-	0	0	0	0
2 NFL Seasons	17	2	26	9	6.5	1	1	0	0	0	0	-	0	0	0	0

Randall Godfrey

Pos: LB Rnd: 2 College: Georgia Ht: 6' 2" Wt: 237 Born: 4/6/73 Age: 25 *(statistical profile on page 413)*

Year	Team	G	GS	Tackles			Miscellaneous				Interceptions				Totals		
				Tk	Ast	Sack	FF	FR	TD	Blk	Int	Yds	Avg	TD	Sfty	TD	Pts
1996	Dallas Cowboys	16	6	25	3	0.0	1	0	0	0	0	0	-	0	0	0	0
1997	Dallas Cowboys	16	16	66	31	1.0	0	1	0	0	0	0	-	0	0	0	0
	2 NFL Seasons	32	22	91	34	1.0	1	1	0	0	0	0	-	0	0	0	0

Leo Goeas

Pos: G Rnd: 3 College: Hawaii Ht: 6' 4" Wt: 300 Born: 8/15/66 Age: 32

Year	Team	G	GS	Year	Team	G	GS	Year	Team	G	GS	Year	Team	G	GS
1990	San Diego Chargers	15	9	1992	San Diego Chargers	16	5	1994	Los Angeles Rams	13	13	1996	St. Louis Rams	16	13
1991	San Diego Chargers	9	4	1993	Los Angeles Rams	16	16	1995	St. Louis Rams	15	14	1997	Baltimore Ravens	11	7
													8 NFL Seasons	111	81

Other Statistics: 1990–recovered 1 fumble for 0 yards. 1992–recovered 1 fumble for 0 yards. 1994–recovered 1 fumble for 0 yards. 1996–recovered 1 fumble for 0 yards.

Kevin Gogan

Pos: G Rnd: 8 College: Washington Ht: 6' 7" Wt: 325 Born: 11/2/64 Age: 33

Year	Team	G	GS	Year	Team	G	GS	Year	Team	G	GS	Year	Team	G	GS
1987	Dallas Cowboys	11	10	1990	Dallas Cowboys	16	4	1993	Dallas Cowboys	16	16	1996	Oakland Raiders	16	16
1988	Dallas Cowboys	15	15	1991	Dallas Cowboys	16	16	1994	Los Angeles Raiders	16	16	1997	San Francisco 49ers	16	16
1989	Dallas Cowboys	13	13	1992	Dallas Cowboys	16	1	1995	Oakland Raiders	16	16		11 NFL Seasons	167	139

Other Statistics: 1987–recovered 1 fumble for 0 yards. 1990–recovered 1 fumble for 0 yards. 1996–recovered 1 fumble for 0 yards.

Tony Gonzalez

Pos: TE Rnd: 1 (13) College: California Ht: 6' 4" Wt: 244 Born: 2/27/76 Age: 22 *(statistical profile on page 317)*

Year	Team	G	GS	Rushing					Receiving					Punt Returns				Kickoff Returns				Totals		
				Att	Yds	Avg	Lg	TD	Rec	Yds	Avg	Lg	TD	Num	Yds	Avg	TD	Num	Yds	Avg	TD	Fum	TD	Pts
1997	Kansas City Chiefs	16	0	0	0	-	0	0	33	368	11.2	30	2	0	0	-	0	0	0	-	0	0	2	14

Other Statistics: 1997–scored 1 two-point conversion.

Jeff Gooch

Pos: LB Rnd: FA College: Austin Peay Ht: 5' 11" Wt: 218 Born: 10/31/74 Age: 24

Year	Team	G	GS	Tackles			Miscellaneous				Interceptions				Totals		
				Tk	Ast	Sack	FF	FR	TD	Blk	Int	Yds	Avg	TD	Sfty	TD	Pts
1996	Tampa Bay Buccaneers	15	0	4	2	0.0	1	1	0	0	0	0	-	0	0	0	0
1997	Tampa Bay Buccaneers	14	5	18	8	0.0	1	0	0	0	0	0	-	0	0	0	0
	2 NFL Seasons	29	5	22	10	0.0	2	1	0	0	0	0	-	0	0	0	0

Hunter Goodwin

Pos: TE Rnd: 4 College: Texas A&M Ht: 6' 5" Wt: 277 Born: 10/10/72 Age: 26

Year	Team	G	GS	Rushing					Receiving					Punt Returns				Kickoff Returns				Totals		
				Att	Yds	Avg	Lg	TD	Rec	Yds	Avg	Lg	TD	Num	Yds	Avg	TD	Num	Yds	Avg	TD	Fum	TD	Pts
1996	Minnesota Vikings	9	6	0	0	-	0	0	1	24	24.0	24	0	0	0	-	0	0	0	-	0	0	0	0
1997	Minnesota Vikings	16	5	0	0	-	0	0	7	61	8.7	14	0	0	0	-	0	0	0	-	0	0	0	0
	2 NFL Seasons	25	11	0	0	-	0	0	8	85	10.6	24	0	0	0	-	0	0	0	-	0	0	0	0

Darrien Gordon

Pos: CB/PR Rnd: 1 (22) College: Stanford Ht: 5' 11" Wt: 182 Born: 11/14/70 Age: 27 *(statistical profile on page 413)*

Year	Team	G	GS	Tackles			Miscellaneous				Interceptions				Punt Returns				Kickoff Returns				Totals	
				Tk	Ast	Sack	FF	FR	TD	Blk	Int	Yds	Avg	TD	Num	Yds	Avg	TD	Num	Yds	Avg	TD	TD	Fum
1993	San Diego Chargers	16	7	40	1	0.0	0	2	0	0	1	3	3.0	0	31	395	12.7	0	0	0	-	0	0	4
1994	San Diego Chargers	16	16	75	14	0.0	0	3	0	0	4	32	8.0	0	36	475	13.2	2	0	0	-	0	2	0
1996	San Diego Chargers	16	6	44	6	2.0	0	0	0	0	2	55	27.5	0	36	537	14.9	1	0	0	-	0	1	3
1997	Denver Broncos	16	16	51	11	2.0	1	4	0	0	4	64	16.0	1	40	543	13.6	3	0	0	-	0	4	3
	4 NFL Seasons	64	45	210	32	4.0	1	9	0	0	11	154	14.0	1	143	1950	13.6	6	0	0	-	0	7	12

Dwayne Gordon

Pos: LB Rnd: 8 College: New Hampshire Ht: 6' 1" Wt: 240 Born: 11/2/69 Age: 28

Year	Team	G	GS	Tackles			Miscellaneous				Interceptions				Totals		
				Tk	Ast	Sack	FF	FR	TD	Blk	Int	Yds	Avg	TD	Sfty	TD	Pts
1993	Atlanta Falcons	5	0	0	1	0.0	0	0	0	0	0	0	-	0	0	0	0
1994	Atlanta Falcons	16	0	6	2	0.0	0	0	0	0	0	0	-	0	0	0	0
1995	San Diego Chargers	15	3	18	2	1.0	1	1	0	0	0	0	-	0	0	0	0
1996	San Diego Chargers	13	0	3	0	0.0	0	0	0	0	0	0	-	0	0	0	0
1997	New York Jets	16	8	41	23	0.0	0	0	0	0	0	0	-	0	0	0	0

			Tackles			Miscellaneous				Interceptions				Totals		
Year Team	G	GS	Tk	Ast	Sack	FF	FR	TD	Blk	Int	Yds	Avg	TD	Sfty	TD	Pts
5 NFL Seasons	65	11	68	28	1.0	1	1	0	0	0	0	-	0	0	0	0

Other Statistics: 1993–fumbled 1 time for 0 yards.

Kurt Gouveia

Pos: LB **Rnd:** 8 **College:** Brigham Young **Ht:** 6' 1" **Wt:** 240 **Born:** 9/14/64 **Age:** 34

			Tackles			Miscellaneous				Interceptions				Punt Returns				Kickoff Returns				Totals	
Year Team	G	GS	Tk	Ast	Sack	FF	FR	TD	Blk	Int	Yds	Avg	TD	Num	Yds	Avg	TD	Num	Yds	Avg	TD	TD	Fum
1987 Washington Redskins	12	1	20	7	0.0	0	0	0	0	0	0	-	0	0	0	-	0	0	0	-	0	0	0
1988 Washington Redskins	16	0	12	9	0.0	0	0	0	0	0	0	-	0	0	0	-	0	0	0	-	0	0	0
1989 Washington Redskins	15	1	32	5	0.0	0	0	0	0	1	1	1.0	0	0	0	-	0	1	0	0.0	0	0	0
1990 Washington Redskins	16	7	45	31	1.0	0	1	1	0	0	0	-	0	0	0	-	0	2	23	11.5	0	1	0
1991 Washington Redskins	14	1	26	16	0.0	0	0	0	0	1	22	22.0	0	0	0	-	0	3	12	4.0	0	0	0
1992 Washington Redskins	16	14	94	75	1.0	0	0	0	0	3	43	14.3	0	0	0	-	0	1	7	7.0	0	0	0
1993 Washington Redskins	16	16	83	88	1.5	2	0	0	0	1	59	59.0	1	0	0	-	0	0	0	-	0	1	0
1994 Washington Redskins	14	1	27	3	0.0	0	0	0	0	1	7	7.0	0	0	0	-	0	0	0	-	0	0	0
1995 Philadelphia Eagles	16	16	88	18	0.0	1	1	0	0	1	20	20.0	0	0	0	-	0	0	0	-	0	0	0
1996 San Diego Chargers	16	16	67	14	1.0	1	0	0	0	3	41	13.7	0	0	0	-	0	0	0	-	0	0	0
1997 San Diego Chargers	7	6	21	6	0.0	0	0	0	0	1	0	0.0	0	0	0	-	0	0	0	-	0	0	0
11 NFL Seasons	158	79	515	272	4.5	4	2	1	0	12	193	16.1	1	0	0	-	0	7	42	6.0	0	2	0

Toby Gowin

(statistical profile on page 474)

Pos: P **Rnd:** FA **College:** North Texas **Ht:** 5' 9" **Wt:** 167 **Born:** 3/30/75 **Age:** 23

		Punting										Rushing		Field Goals		
Year Team	G	NetPunts	Yards	Avg	Long	In20	In20%	TotPunts	TB	Blocks	OppRet	RetYds	NetAvg	Att	Yards	Overall	Pct	Long
1997 Dallas Cowboys	16	86	3592	41.8	72	26	30.2	86	9	0	40	365	35.4	0	0	0-1	0.0	-

Scott Gragg

Pos: T **Rnd:** 2 **College:** Montana **Ht:** 6' 8" **Wt:** 325 **Born:** 2/28/72 **Age:** 26

Year Team	G	GS	Year Team	G	GS	Year Team	G	GS		G	GS
1995 New York Giants	13	0	1996 New York Giants	16	16	1997 New York Giants	16	16	3 NFL Seasons	45	32

Other Statistics: 1997–recovered 1 fumble for 0 yards.

Aaron Graham

Pos: C/G **Rnd:** 4 **College:** Nebraska **Ht:** 6' 3" **Wt:** 295 **Born:** 5/22/73 **Age:** 25

Year Team	G	GS	Year Team	G	GS		G	GS
1996 Arizona Cardinals	16	7	1997 Arizona Cardinals	16	4	2 NFL Seasons	32	11

Other Statistics: 1997–recovered 1 fumble for 0 yards.

Derrick Graham

Pos: G **Rnd:** 5 **College:** Appalachian State **Ht:** 6' 4" **Wt:** 314 **Born:** 3/18/67 **Age:** 31

Year Team	G	GS	Year Team	G	GS	Year Team	G	GS	Year Team	G	GS
1990 Kansas City Chiefs	6	0	1992 Kansas City Chiefs	2	2	1994 Kansas City Chiefs	16	11	1996 Seattle Seahawks	16	16
1991 Kansas City Chiefs	16	1	1993 Kansas City Chiefs	11	2	1995 Carolina Panthers	11	7	1997 Seattle Seahawks	9	9
									8 NFL Seasons	87	48

Jay Graham

(statistical profile on page 317)

Pos: RB **Rnd:** 3 **College:** Tennessee **Ht:** 6' 0" **Wt:** 206 **Born:** 7/14/75 **Age:** 23

			Rushing				Receiving				Punt Returns				Kickoff Returns				Totals		
Year Team	G	GS	Att	Yds	Avg	Lg	TD	Rec	Yds	Avg	Lg	TD	Num	Yds	Avg	TD	Num	Yds	Avg	TD	Fum	TD	Pts
1997 Baltimore Ravens	13	3	81	299	3.7	19	2	12	51	4.3	19	0	0	0	-	0	6	115	19.2	0	2	2	12

Other Statistics: 1997–recovered 1 fumble for 0 yards.

Jeff Graham

(statistical profile on page 318)

Pos: WR **Rnd:** 2 **College:** Ohio State **Ht:** 6' 2" **Wt:** 200 **Born:** 2/14/69 **Age:** 29

			Rushing					Receiving					Punt Returns				Kickoff Returns				Totals		
Year Team	G	GS	Att	Yds	Avg	Lg	TD	Rec	Yds	Avg	Lg	TD	Num	Yds	Avg	TD	Num	Yds	Avg	TD	Fum	TD	Pts
1991 Pittsburgh Steelers	13	1	0	0	-	-	0	2	21	10.5	15	0	8	46	5.8	0	3	48	16.0	0	0	0	0
1992 Pittsburgh Steelers	14	10	0	0	-	-	0	49	711	14.5	51	1	0	0	-	0	0	0	-	0	0	1	6
1993 Pittsburgh Steelers	15	12	0	0	-	-	0	38	579	15.2	51	0	0	0	-	0	0	0	-	0	0	0	0
1994 Chicago Bears	16	15	0	0	-	-	0	68	944	13.9	t76	4	15	140	9.3	1	0	0	-	0	1	5	32
1995 Chicago Bears	16	16	0	0	-	-	0	82	1301	15.9	51	4	23	183	8.0	0	1	12	12.0	0	3	4	24
1996 New York Jets	11	9	0	0	-	-	0	50	788	15.8	t78	6	0	0	-	0	0	0	-	0	0	6	36
1997 New York Jets	16	16	0	0	-	-	0	42	542	12.9	t47	2	0	0	-	0	0	0	-	0	0	2	12
7 NFL Seasons	101	79	0	0	-	-	0	331	4886	14.8	t78	17	46	369	8.0	1	4	60	15.0	0	4	18	110

Other Statistics: 1994–recovered 1 fumble for 0 yards; scored 1 two-point conversion. 1997–recovered 1 fumble for 0 yards.

Kent Graham

(statistical profile on page 318)

Pos: QB Rnd: 8 College: Ohio State Ht: 6' 5" Wt: 242 Born: 11/1/68 Age: 29

Year	Team	G	GS	Passing									Rushing					Miscellaneous					
				Att	Com	Pct	Yards	Yds/Att	Lg	TD	Int	Int%	Rating	Att	Yds	Avg	Lg	TD	Sckd	Yds	Fum	Recv	Yds	Pts
1992	New York Giants	6	3	97	42	43.3	470	4.85	44	1	4	4.1	44.6	6	36	6.0	15	0	7	49	1	1	0	0
1993	New York Giants	9	0	22	8	36.4	79	3.59	18	0	0	0.0	47.3	2	-3	-1.5	-1	0	3	28	0	0	0	0
1994	New York Giants	13	1	53	24	45.3	295	5.57	55	3	2	3.8	66.2	2	11	5.5	9	0	2	22	2	1	0	0
1995	Detroit Lions	2	0	0	0	-	0	-	-	0	0	-	0.0	0	0	-	0	0	0	0	0	0	0	0
1996	Arizona Cardinals	10	8	274	146	53.3	1624	5.93	69	12	7	2.6	75.1	21	87	4.1	19	0	19	120	5	0	0	0
1997	Arizona Cardinals	8	6	250	130	52.0	1408	5.63	47	4	5	2.0	65.9	13	23	1.8	10	2	16	115	5	0	0	12
	6 NFL Seasons	48	18	696	350	50.3	3876	5.57	69	20	18	2.6	66.0	44	154	3.5	19	2	47	334	13	2	0	12

Scottie Graham

Pos: FB Rnd: 7 College: Ohio State Ht: 5' 9" Wt: 222 Born: 3/28/69 Age: 29

Year	Team	G	GS	Rushing					Receiving					Punt Returns				Kickoff Returns				Totals		
				Att	Yds	Avg	Lg	TD	Rec	Yds	Avg	Lg	TD	Num	Yds	Avg	TD	Num	Yds	Avg	TD	Fum	TD	Pts
1992	New York Jets	2	0	14	29	2.1	6	0	0	0	-	-	0	0	0	-	0	0	0	-	0	0	0	0
1993	Minnesota Vikings	7	3	118	488	4.1	31	3	7	46	6.6	11	0	0	0	-	0	0	0	-	0	0	0	0
1994	Minnesota Vikings	16	0	64	207	3.2	11	2	1	1	1.0	1	0	0	0	-	0	1	16	16.0	0	3	3	18
1995	Minnesota Vikings	16	6	110	406	3.7	26	2	4	30	7.5	11	0	0	0	-	0	0	0	-	0	0	2	12
1996	Minnesota Vikings	11	0	57	138	2.4	12	0	7	48	6.9	18	0	0	0	-	0	0	0	-	0	0	2	12
1997	Cincinnati Bengals	5	0	1	-1	-1.0	-1	0	1	1	1.0	1	0	0	0	-	0	0	0	-	0	0	0	0
	6 NFL Seasons	57	9	364	1267	3.5	31	7	20	126	6.3	18	0	0	0	-	0	1	16	16.0	0	7	7	42

Stephen Grant

Pos: LB Rnd: 10 College: West Virginia Ht: 6' 0" Wt: 240 Born: 12/23/69 Age: 28

Year	Team	G	GS	Tackles			Miscellaneous				Interceptions				Totals		
				Tk	Ast	Sack	FF	FR	TD	Blk	Int	Yds	Avg	TD	Sfty	TD	Pts
1992	Indianapolis Colts	16	0	5	4	0.0	0	0	0	0	0	0	-	0	0	0	0
1993	Indianapolis Colts	16	0	1	0	0.0	0	0	0	0	0	0	-	0	0	0	0
1994	Indianapolis Colts	16	12	68	39	0.0	2	1	0	0	0	0	-	0	0	0	0
1995	Indianapolis Colts	15	15	76	31	2.0	0	3	0	0	1	9	9.0	0	0	0	0
1996	Indianapolis Colts	11	11	50	17	1.0	0	1	0	0	0	0	-	0	0	0	0
1997	Indianapolis Colts	9	9	29	15	0.0	0	1	0	0	0	0	-	0	0	0	0
	6 NFL Seasons	83	47	229	106	3.0	2	6	0	0	1	9	9.0	0	0	0	0

Billy Granville

Pos: LB Rnd: FA College: Duke Ht: 6' 3" Wt: 252 Born: 3/11/74 Age: 24

Year	Team	G	GS	Tackles			Miscellaneous				Interceptions				Totals		
				Tk	Ast	Sack	FF	FR	TD	Blk	Int	Yds	Avg	TD	Sfty	TD	Pts
1997	Cincinnati Bengals	12	4	16	4	0.0	0	0	0	0	0	0	-	0	0	0	0

Paul Grasmanis

Pos: DT/NT Rnd: 4 College: Notre Dame Ht: 6' 2" Wt: 298 Born: 8/2/74 Age: 24

Year	Team	G	GS	Tackles			Miscellaneous				Interceptions				Totals		
				Tk	Ast	Sack	FF	FR	TD	Blk	Int	Yds	Avg	TD	Sfty	TD	Pts
1996	Chicago Bears	14	2	8	3	0.0	0	0	0	0	0	0	-	0	0	0	0
1997	Chicago Bears	16	0	9	5	0.5	0	1	0	0	0	0	-	0	0	0	0
	2 NFL Seasons	30	2	17	8	0.5	0	1	0	0	0	0	-	0	0	0	0

Carlton Gray

Pos: CB Rnd: 2 College: UCLA Ht: 6' 0" Wt: 200 Born: 6/26/71 Age: 27

Year	Team	G	GS	Tackles			Miscellaneous				Interceptions				Totals		
				Tk	Ast	Sack	FF	FR	TD	Blk	Int	Yds	Avg	TD	Sfty	TD	Pts
1993	Seattle Seahawks	10	2	21	2	1.0	0	0	0	0	3	33	11.0	0	0	0	0
1994	Seattle Seahawks	11	11	45	6	0.0	0	0	0	0	2	0	0.0	0	0	0	0
1995	Seattle Seahawks	16	16	68	5	0.0	0	0	0	0	4	45	11.3	0	0	0	0
1996	Seattle Seahawks	16	16	46	8	0.0	1	1	0	0	0	3	-	0	0	0	0
1997	Indianapolis Colts	15	13	20	4	0.0	0	0	0	0	2	0	0.0	0	0	0	0
	5 NFL Seasons	68	58	200	25	1.0	1	1	0	0	11	81	7.4	0	0	0	0

Other Statistics: 1995–fumbled 1 time for 0 yards.

Chris Gray

Pos: G Rnd: 5 College: Auburn Ht: 6' 4" Wt: 296 Born: 6/19/70 Age: 28

Year	Team	G	GS	Year	Team	G	GS	Year	Team	G	GS		G	GS
1993	Miami Dolphins	5	0	1995	Miami Dolphins	10	10	1997	Chicago Bears	8	2			
1994	Miami Dolphins	16	2	1996	Miami Dolphins	11	11					5 NFL Seasons	50	25

Other Statistics: 1994–recovered 1 fumble for 0 yards.

Derwin Gray

Pos: S **Rnd:** 4 **College:** Brigham Young **Ht:** 5' 11" **Wt:** 210 **Born:** 4/9/71 **Age:** 27

Year Team	G	GS	Tackles			Miscellaneous				Interceptions				Totals		
			Tk	Ast	Sack	FF	FR	TD	Blk	Int	Yds	Avg	TD	Sfty	TD	Pts
1993 Indianapolis Colts	11	0	0	0	0.0	0	1	0	0	0	0	-	0	0	0	0
1994 Indianapolis Colts	16	2	15	2	0.0	0	0	0	0	0	0	-	0	0	0	0
1995 Indianapolis Colts	16	0	10	4	0.0	1	1	0	0	1	10	10.0	0	0	0	0
1996 Indianapolis Colts	10	1	3	3	0.0	0	0	0	0	0	0	-	0	0	0	0
1997 Indianapolis Colts	11	0	4	5	0.0	0	0	0	0	0	0	-	0	0	0	0
5 NFL Seasons	64	3	32	14	0.0	1	2	0	0	1	10	10.0	0	0	0	0

Mel Gray

Pos: KR/PR **Rnd:** FA **College:** Purdue **Ht:** 5' 9" **Wt:** 171 **Born:** 3/16/61 **Age:** 37

Year Team	G	GS	Rushing					Receiving					Punt Returns				Kickoff Returns				Totals		
			Att	Yds	Avg	Lg	TD	Rec	Yds	Avg	Lg	TD	Num	Yds	Avg	TD	Num	Yds	Avg	TD	Fum	TD	Pts
1986 New Orleans Saints	16	0	6	29	4.8	11	0	2	45	22.5	38	0	0	0	-	0	31	866	27.9	1	0	1	6
1987 New Orleans Saints	12	1	8	37	4.6	12	1	6	30	5.0	12	0	24	352	14.7	0	30	636	21.2	0	3	1	6
1988 New Orleans Saints	14	0	0	0	-	-	0	0	0	-	-	0	25	305	12.2	1	32	670	20.9	0	5	1	6
1989 Detroit Lions	10	1	3	22	7.3	14	0	2	47	23.5	30	0	11	76	6.9	0	24	640	26.7	0	0	0	0
1990 Detroit Lions	16	0	0	0	-	-	0	0	0	-	-	0	34	361	10.6	0	41	939	22.9	0	4	0	0
1991 Detroit Lions	16	0	2	11	5.5	6	0	3	42	14.0	31	0	25	385	15.4	1	36	929	25.8	0	3	1	6
1992 Detroit Lions	15	0	0	0	-	-	0	0	0	-	-	0	18	175	9.7	1	42	1006	24.0	1	0	2	12
1993 Detroit Lions	11	0	0	0	-	-	0	0	0	-	-	0	23	197	8.6	0	28	688	24.6	1	3	1	6
1994 Detroit Lions	16	0	0	0	-	-	0	0	0	-	-	0	21	233	11.1	0	45	1276	28.4	3	3	3	18
1995 Houston Oilers	15	0	0	0	-	-	0	0	0	-	-	0	30	303	10.1	0	53	1183	22.3	0	5	0	0
1996 Houston Oilers	14	0	0	0	-	-	0	0	0	-	-	0	22	205	9.3	0	50	1224	24.5	0	4	0	0
1997 Ten - Phi	14	0	0	0	-	-	0	0	0	-	-	0	19	161	8.5	0	9	193	21.4	0	1	0	0
1997 Tennessee Oilers	11	0	0	0	-	-	0	0	0	-	-	0	17	144	8.5	0	8	185	23.1	0	1	0	0
Philadelphia Eagles	3	0	0	0	-	-	0	0	0	-	-	0	2	17	8.5	0	1	8	8.0	0	0	0	0
12 NFL Seasons	169	2	19	99	5.2	14	1	13	164	12.6	38	0	252	2753	10.9	3	421	10250	24.3	6	31	10	60

Other Statistics: 1987–recovered 1 fumble for 0 yards. 1988–recovered 2 fumbles for 0 yards. 1990–recovered 3 fumbles for 0 yards. 1991–recovered 2 fumbles for 0 yards. 1994–recovered 2 fumbles for 0 yards. 1995–recovered 1 fumble for 0 yards.

Torrian Gray

Pos: S **Rnd:** 2 **College:** Virginia Tech **Ht:** 6' 0" **Wt:** 200 **Born:** 3/18/74 **Age:** 24

Year Team	G	GS	Tackles			Miscellaneous				Interceptions				Totals		
			Tk	Ast	Sack	FF	FR	TD	Blk	Int	Yds	Avg	TD	Sfty	TD	Pts
1997 Minnesota Vikings	16	3	16	7	0.0	0	0	0	0	0	0	-	0	0	0	0

Tony Graziani

Pos: QB **Rnd:** 7 **College:** Oregon **Ht:** 6' 2" **Wt:** 195 **Born:** 12/23/73 **Age:** 24

Year Team	G	GS	Passing								Rushing				Miscellaneous			
			Att	Com	Pct	Yards	Yds/Att	Lg	TD	Int	Int%	Rating	Att	Yds	Avg	Lg	TD	Sckd	Yds	Fum	Recv	Yds	Pts
1997 Atlanta Falcons	3	1	23	7	30.4	41	1.78	13	0	2	8.7	3.7	3	19	6.3	10	0	1	7	0	0	0	0

Elvis Grbac

(statistical profile on page 319)

Pos: QB **Rnd:** 8 **College:** Michigan **Ht:** 6' 5" **Wt:** 232 **Born:** 8/13/70 **Age:** 28

Year Team	G	GS	Passing								Rushing				Miscellaneous			
			Att	Com	Pct	Yards	Yds/Att	Lg	TD	Int	Int%	Rating	Att	Yds	Avg	Lg	TD	Sckd	Yds	Fum	Recv	Yds	Pts
1994 San Francisco 49ers	12	0	50	35	70.0	393	7.86	42	2	1	2.0	98.2	13	1	0.1	6	0	4	36	5	0	-2	0
1995 San Francisco 49ers	16	5	183	127	69.4	1469	8.03	101	8	5	2.7	96.6	20	33	1.7	11	2	6	36	2	2	-1	12
1996 San Francisco 49ers	15	4	197	122	61.9	1236	6.27	40	8	10	5.1	72.2	23	21	0.9	12	2	6	30	0	0	0	12
1997 Kansas City Chiefs	10	10	314	179	57.0	1943	6.19	t55	11	6	1.9	79.1	30	168	5.6	20	1	19	150	1	0	0	6
4 NFL Seasons	53	19	744	463	62.2	5041	6.78	t81	29	22	3.0	82.8	86	223	2.6	20	5	35	252	8	2	-3	30

Paul Greeley

Pos: C **Rnd:** FA **College:** Penn State **Ht:** 6' 2" **Wt:** 280 **Born:** 7/30/72 **Age:** 26

Year Team	G	GS
1997 Carolina Panthers	6	0
1 NFL Season	6	0

Darrell Green

Pos: CB **Rnd:** 1 (28) **College:** Texas A&M-Kingsville **Ht:** 5' 8" **Wt:** 184 **Born:** 2/15/60 **Age:** 38

Year Team	G	GS	Tackles			Miscellaneous				Interceptions				Punt Returns				Kickoff Returns				Totals	
			Tk	Ast	Sack	FF	FR	TD	Blk	Int	Yds	Avg	TD	Num	Yds	Avg	TD	Num	Yds	Avg	TD	TD	Fum
1983 Washington Redskins	16	16	79	30	0.0	0	1	0	0	2	7	3.5	0	4	29	7.3	0	0	0	-	0	0	1
1984 Washington Redskins	16	16	69	19	0.0	0	0	0	5	5	91	18.2	1	2	13	6.5	0	0	0	-	0	1	0
1985 Washington Redskins	16	16	60	24	0.0	0	1	0	0	2	0	0.0	0	16	214	13.4	0	0	0	-	0	0	2
1986 Washington Redskins	16	15	58	12	0.0	0	1	0	0	5	9	1.8	0	12	120	10.0	0	0	0	-	0	0	1
1987 Washington Redskins	12	12	38	10	0.0	0	1	1	0	3	65	21.7	0	5	53	10.6	0	0	0	-	0	1	0

Year Team	G	GS	Tackles			Miscellaneous				Interceptions				Punt Returns				Kickoff Returns				Totals	
			Tk	Ast	Sack	FF	FR	TD	Blk	Int	Yds	Avg	TD	Num	Yds	Avg	TD	Num	Yds	Avg	TD	TD	Fum
1988 Washington Redskins	15	15	50	13	1.0	0	1	0	0	1	12	12.0	0	9	103	11.4	0	0	0	-	0	0	1
1989 Washington Redskins	7	7	21	8	0.0	0	1	0	0	2	0	0.0	0	1	11	11.0	0	0	0	-	0	0	1
1990 Washington Redskins	16	16	56	22	0.0	0	0	0	0	4	20	5.0	1	1	6	6.0	0	0	0	-	0	1	0
1991 Washington Redskins	16	16	64	15	0.0	0	0	0	0	5	47	9.4	0	0	0	-	0	0	0	-	0	0	0
1992 Washington Redskins	8	7	25	10	0.0	0	0	0	0	1	15	15.0	0	0	0	-	0	0	0	-	0	0	0
1993 Washington Redskins	16	16	71	18	0.0	0	2	1	0	4	10	2.5	0	1	27	27.0	0	0	0	-	0	1	0
1994 Washington Redskins	16	16	52	3	0.0	0	0	0	0	3	32	10.7	1	0	0	-	0	0	0	-	0	1	0
1995 Washington Redskins	16	16	48	5	0.0	0	0	0	0	3	42	14.0	1	0	0	-	0	0	0	-	0	1	0
1996 Washington Redskins	16	16	57	5	0.0	3	1	0	0	3	84	28.0	1	0	0	-	0	0	0	-	0	1	0
1997 Washington Redskins	16	16	41	13	0.0	0	0	0	0	1	83	83.0	1	0	0	-	0	1	9	9.0	0	1	0
15 NFL Seasons	218	216	789	207	1.0	3	9	2	0	44	517	11.8	6	51	576	11.3	0	1	9	9.0	0	8	6

Other Statistics: 1985–rushed 1 time for 6 yards.

Eric Green

(statistical profile on page 319)

Pos: TE **Rnd:** 1 (21) **College:** Liberty **Ht:** 6' 5" **Wt:** 305 **Born:** 6/22/67 **Age:** 31

Year Team	G	GS	Rushing					Receiving					Punt Returns				Kickoff Returns				Totals		
			Att	Yds	Avg	Lg	TD	Rec	Yds	Avg	Lg	TD	Num	Yds	Avg	TD	Num	Yds	Avg	TD	Fum	TD	Pts
1990 Pittsburgh Steelers	13	7	0	0	-	-	0	34	387	11.4	46	7	0	0	-	0	1	16	16.0	0	1	7	42
1991 Pittsburgh Steelers	11	11	0	0	-	-	0	41	582	14.2	49	6	0	0	-	0	0	0	-	0	2	6	36
1992 Pittsburgh Steelers	7	5	0	0	-	-	0	14	152	10.9	24	2	0	0	-	0	0	0	-	0	0	2	12
1993 Pittsburgh Steelers	16	16	0	0	-	-	0	63	942	15.0	t71	5	0	0	-	0	0	0	-	0	3	5	30
1994 Pittsburgh Steelers	15	14	0	0	-	-	0	46	618	13.4	46	4	0	0	-	0	0	0	-	0	2	4	24
1995 Miami Dolphins	14	14	0	0	-	-	0	43	499	11.6	t31	3	0	0	-	0	0	0	-	0	0	3	20
1996 Baltimore Ravens	6	3	0	0	-	-	0	15	150	10.0	23	1	0	0	-	0	0	0	-	0	0	1	6
1997 Baltimore Ravens	16	15	0	0	-	-	0	65	601	9.2	t37	5	0	0	-	0	0	0	-	0	1	5	30
8 NFL Seasons	98	85	0	0	-	-	0	321	3931	12.2	t71	33	0	0	-	0	1	16	16.0	0	9	33	200

Other Statistics: 1990–recovered 1 fumble for 0 yards. 1995–scored 1 two-point conversion.

Harold Green

(statistical profile on page 320)

Pos: RB **Rnd:** 2 **College:** South Carolina **Ht:** 6' 2" **Wt:** 222 **Born:** 1/29/68 **Age:** 30

Year Team	G	GS	Rushing					Receiving					Punt Returns				Kickoff Returns				Totals		
			Att	Yds	Avg	Lg	TD	Rec	Yds	Avg	Lg	TD	Num	Yds	Avg	TD	Num	Yds	Avg	TD	Fum	TD	Pts
1990 Cincinnati Bengals	12	3	83	353	4.3	39	1	12	90	7.5	22	1	0	0	-	0	0	0	-	0	2	2	12
1991 Cincinnati Bengals	14	10	158	731	4.6	t75	2	16	136	8.5	18	0	0	0	-	0	4	66	16.5	0	2	2	12
1992 Cincinnati Bengals	16	15	265	1170	4.4	53	2	41	214	5.2	19	0	0	0	-	0	0	0	-	0	1	2	12
1993 Cincinnati Bengals	15	15	215	589	2.7	25	0	22	115	5.2	16	0	0	0	-	0	0	0	-	0	3	0	0
1994 Cincinnati Bengals	14	11	76	223	2.9	22	1	27	267	9.9	34	1	0	0	-	0	5	113	22.6	0	1	2	12
1995 Cincinnati Bengals	15	15	171	661	3.9	t23	2	27	182	6.7	24	1	0	0	-	0	0	0	-	0	2	3	18
1996 St. Louis Rams	16	5	127	523	4.1	t35	4	37	246	6.6	19	1	0	0	-	0	0	0	-	0	2	5	32
1997 Atlanta Falcons	16	1	36	78	2.2	22	1	29	360	12.4	47	0	0	0	-	0	1	23	23.0	0	0	1	6
8 NFL Seasons	118	81	1131	4328	3.8	t75	13	211	1610	7.6	47	4	0	0	-	0	10	202	20.2	0	13	17	104

Other Statistics: 1990–recovered 2 fumbles for 0 yards. 1992–recovered 1 fumble for 0 yards. 1994–recovered 1 fumble for 0 yards. 1995–recovered 1 fumble for 0 yards. 1996–recovered 1 fumble for 0 yards; scored 1 two-point conversion. 1997–recovered 1 fumble for 0 yards.

Robert Green

Pos: RB **Rnd:** FA **College:** William & Mary **Ht:** 5' 8" **Wt:** 212 **Born:** 9/10/70 **Age:** 28

Year Team	G	GS	Rushing					Receiving					Punt Returns				Kickoff Returns				Totals		
			Att	Yds	Avg	Lg	TD	Rec	Yds	Avg	Lg	TD	Num	Yds	Avg	TD	Num	Yds	Avg	TD	Fum	TD	Pts
1992 Washington Redskins	15	0	8	46	5.8	23	0	1	5	5.0	5	0	0	0	-	0	1	9	9.0	0	0	0	0
1993 Chicago Bears	16	0	15	29	1.9	10	0	13	63	4.8	9	0	0	0	-	0	0	0	-	0	0	0	0
1994 Chicago Bears	15	0	25	122	4.9	14	0	24	199	8.3	t39	2	0	0	-	0	9	141	15.7	0	0	2	12
1995 Chicago Bears	12	3	107	570	5.3	38	3	28	246	8.8	28	0	0	0	-	0	6	77	12.8	0	1	3	18
1996 Chicago Bears	10	3	60	249	4.2	19	0	13	78	6.0	18	0	0	0	-	0	3	29	9.7	0	3	0	0
1997 Minnesota Vikings	3	1	6	22	3.7	8	0	1	5	5.0	5	0	0	0	-	0	0	0	-	0	0	0	0
6 NFL Seasons	71	7	221	1038	4.7	38	3	80	596	7.5	t39	2	0	0	-	0	19	256	13.5	0	6	5	30

Other Statistics: 1994–recovered 1 fumble for 0 yards. 1995–recovered 1 fumble for 0 yards. 1996–recovered 3 fumbles for 0 yards. 1997–recovered 1 fumble for 0 yards.

Trent Green

Pos: QB **Rnd:** 8 **College:** Indiana **Ht:** 6' 3" **Wt:** 211 **Born:** 7/9/70 **Age:** 28

Year Team	G	GS	Passing									Rushing					Miscellaneous				
			Att	Com	Pct	Yards	Yds/Att	Lg	TD	Int	Int%	Rating	Att	Yds	Avg	Lg	TD	Sckd	Yds	Fum	Recv Yds	Pts
1997 Washington Redskins	1	0	1	0	0.0	0	0.00	-	0	0	0.0	39.6	0	0	-	-	0	0	0	0	0 0	0

Victor Green

(statistical profile on page 414)

Pos: S **Rnd:** FA **College:** Akron **Ht:** 5' 9" **Wt:** 205 **Born:** 12/8/69 **Age:** 28

Year Team	G	GS	Tackles			Miscellaneous				Interceptions				Totals		
			Tk	Ast	Sack	FF	FR	TD	Blk	Int	Yds	Avg	TD	Sfty	TD	Pts
1993 New York Jets	11	0	0	0	0.0	0	0	0	0	0	0	-	0	0	0	0
1994 New York Jets	16	0	16	1	1.0	0	1	0	0	0	0	-	0	0	0	0
1995 New York Jets	16	12	103	34	2.0	0	1	0	0	1	2	2.0	0	0	0	0
1996 New York Jets	16	16	123	42	2.0	2	3	0	0	2	27	13.5	0	0	0	0
1997 New York Jets	16	16	90	34	2.0	2	0	0	0	3	89	29.7	0	0	0	0
5 NFL Seasons	75	44	332	111	7.0	4	5	0	0	6	118	19.7	0	0	0	0

Willie Green

Pos: WR **Rnd:** 8 **College:** Mississippi **Ht:** 6' 4" **Wt:** 188 **Born:** 4/2/66 **Age:** 32

Year Team	G	GS	Rushing					Receiving					Punt Returns				Kickoff Returns				Totals		
			Att	Yds	Avg	Lg	TD	Rec	Yds	Avg	Lg	TD	Num	Yds	Avg	TD	Num	Yds	Avg	TD	Fum	TD	Pts
1991 Detroit Lions	16	15	0	0	-	-	0	39	592	15.2	t73	7	0	0	-	0	0	0	-	0	0	7	42
1992 Detroit Lions	15	13	0	0	-	-	0	33	586	17.8	t73	5	0	0	-	0	0	0	-	0	1	5	30
1993 Detroit Lions	16	6	0	0	-	-	0	28	462	16.5	47	2	0	0	-	0	0	0	-	0	0	2	12
1994 Tampa Bay Buccaneers	5	0	0	0	-	-	0	9	150	16.7	28	0	0	0	-	0	0	0	-	0	0	0	0
1995 Carolina Panthers	16	7	0	0	-	-	0	47	882	18.8	t89	6	0	0	-	0	0	0	-	0	1	6	36
1996 Carolina Panthers	15	10	1	1	1.0	1	0	46	614	13.3	50	3	0	0	-	0	0	0	-	0	0	3	18
1997 Denver Broncos	16	1	0	0	-	-	0	19	240	12.6	31	2	0	0	-	0	0	0	-	0	0	2	12
7 NFL Seasons	99	52	1	1	1.0	1	0	221	3526	16.0	t89	25	0	0	-	0	0	0	-	0	2	25	150

Kevin Greene

Pos: LB/DE **Rnd:** 5 **College:** Auburn **Ht:** 6' 3" **Wt:** 247 **Born:** 7/31/62 **Age:** 36

Year Team	G	GS	Tackles			Miscellaneous				Interceptions				Totals		
			Tk	Ast	Sack	FF	FR	TD	Blk	Int	Yds	Avg	TD	Sfty	TD	Pts
1985 Los Angeles Rams	15	0	11	4	0.0	0	0	0	0	0	0	-	0	0	0	0
1986 Los Angeles Rams	16	0	29	4	7.0	0	1	0	0	0	0	-	0	0	0	0
1987 Los Angeles Rams	9	0	12	2	6.5	0	0	0	0	1	25	25.0	1	0	1	6
1988 Los Angeles Rams	16	14	47	4	16.5	2	0	0	0	1	10	10.0	0	1	0	2
1989 Los Angeles Rams	16	16	58	6	16.5	3	2	0	0	0	0	-	0	0	0	0
1990 Los Angeles Rams	15	15	52	9	13.0	4	4	0	0	0	0	-	0	1	0	2
1991 Los Angeles Rams	16	16	41	9	3.0	1	0	0	0	0	0	-	0	1	0	2
1992 Los Angeles Rams	16	16	75	12	10.0	3	4	0	0	0	0	-	0	0	0	0
1993 Pittsburgh Steelers	16	16	48	19	12.5	3	3	0	0	0	0	-	0	0	0	0
1994 Pittsburgh Steelers	16	16	53	16	14.0	1	3	0	0	0	0	-	0	0	0	0
1995 Pittsburgh Steelers	16	16	34	14	9.0	2	0	0	0	1	0	0.0	0	0	0	0
1996 Carolina Panthers	16	16	37	14	14.5	2	3	1	0	0	0	-	0	0	1	6
1997 San Francisco 49ers	14	4	18	8	10.5	1	2	1	0	0	0	-	0	0	1	6
13 NFL Seasons	197	145	515	121	133.0	22	22	2	0	3	35	11.7	1	3	3	24

Scott Greene

(statistical profile on page 320)

Pos: FB **Rnd:** 6 **College:** Michigan State **Ht:** 5' 10" **Wt:** 225 **Born:** 6/1/72 **Age:** 26

Year Team	G	GS	Rushing					Receiving					Punt Returns				Kickoff Returns				Totals		
			Att	Yds	Avg	Lg	TD	Rec	Yds	Avg	Lg	TD	Num	Yds	Avg	TD	Num	Yds	Avg	TD	Fum	TD	Pts
1996 Carolina Panthers	8	0	0	0	-	-	0	2	7	3.5	6	1	0	0	-	0	2	10	5.0	0	0	1	6
1997 Carolina Panthers	16	14	45	157	3.5	t10	1	40	277	6.9	25	1	0	0	-	0	3	18	6.0	0	1	2	12
2 NFL Seasons	24	14	45	157	3.5	t10	1	42	284	6.8	25	2	0	0	-	0	5	28	5.6	0	1	3	18

Donovan Greer

Pos: CB **Rnd:** FA **College:** Texas A&M **Ht:** 5' 9" **Wt:** 178 **Born:** 9/11/74 **Age:** 24

Year Team	G	GS	Tackles			Miscellaneous				Interceptions				Totals		
			Tk	Ast	Sack	FF	FR	TD	Blk	Int	Yds	Avg	TD	Sfty	TD	Pts
1997 Atl - NO	7	1	1	0	0.0	0	0	0	0	0	0	-	0	0	0	0
1997 Atlanta Falcons	1	0	0	0	0.0	0	0	0	0	0	0	-	0	0	0	0
New Orleans Saints	6	1	1	0	0.0	0	0	0	0	0	0	-	0	0	0	0

Marrio Grier

Pos: FB **Rnd:** 6 **College:** Tennessee-Chattanooga **Ht:** 5' 10" **Wt:** 225 **Born:** 12/5/71 **Age:** 26

Year Team	G	GS	Rushing					Receiving					Kickoff Returns				Passing				Totals		
			Att	Yds	Avg	Lg	TD	Rec	Yds	Avg	Lg	TD	Num	Yds	Avg	TD	Att	Com	Yds	Int	Fum	TD	Pts
1996 New England Patriots	16	0	27	105	3.9	26	1	1	8	8.0	8	0	0	0	-	0	1	0	0	0	0	1	6
1997 New England Patriots	16	0	33	75	2.3	12	1	0	0	-	-	0	0	0	-	0	0	0	0	0	0	1	6
2 NFL Seasons	32	0	60	180	3.0	26	2	1	8	8.0	8	0	0	0	-	0	1	0	0	0	0	2	12

Other Statistics: 1996–recovered 1 fumble for 4 yards.

Howard Griffith

Pos: FB **Rnd:** 9 **College:** Illinois **Ht:** 6' 0" **Wt:** 240 **Born:** 11/17/67 **Age:** 30

Year	Team	G	GS	Rushing					Receiving					Punt Returns				Kickoff Returns				Totals		
				Att	Yds	Avg	Lg	TD	Rec	Yds	Avg	Lg	TD	Num	Yds	Avg	TD	Num	Yds	Avg	TD	Fum	TD	Pts
1993	Los Angeles Rams	15	0	0	0	-	-	0	0	0	-	-	0	0	0	-	0	8	169	21.1	0	0	0	0
1994	Los Angeles Rams	16	10	9	30	3.3	7	0	16	113	7.1	13	1	0	0	-	0	2	35	17.5	0	0	1	6
1995	Carolina Panthers	15	7	65	197	3.0	15	1	11	63	5.7	15	1	0	0	-	0	0	0	-	0	1	2	12
1996	Carolina Panthers	16	14	12	7	0.6	3	1	27	223	8.3	21	1	0	0	-	0	0	0	-	0	1	2	12
1997	Denver Broncos	15	13	9	34	3.8	9	0	11	55	5.0	20	0	0	0	-	0	0	0	-	0	0	0	0
	5 NFL Seasons	77	44	95	268	2.8	15	2	65	454	7.0	21	3	0	0	-	0	10	204	20.4	0	2	5	30

Other Statistics: 1995—recovered 1 fumble for 0 yards. 1996—recovered 1 fumble for 0 yards. 1997—recovered 1 fumble for 0 yards.

Rich Griffith

Pos: TE/LS **Rnd:** 5 **College:** Arizona **Ht:** 6' 5" **Wt:** 255 **Born:** 7/31/69 **Age:** 29

Year	Team	G	GS	Rushing					Receiving					Punt Returns				Kickoff Returns				Totals		
				Att	Yds	Avg	Lg	TD	Rec	Yds	Avg	Lg	TD	Num	Yds	Avg	TD	Num	Yds	Avg	TD	Fum	TD	Pts
1993	New England Patriots	3	0	0	0	-	-	0	0	0	-	-	0	0	0	-	0	0	0	-	0	0	0	0
1995	Jacksonville Jaguars	16	15	0	0	-	-	0	16	243	15.2	39	0	0	0	-	0	1	9	9.0	0	0	0	0
1996	Jacksonville Jaguars	16	2	0	0	-	-	0	5	53	10.6	18	0	0	0	-	0	2	24	12.0	0	0	0	0
1997	Jacksonville Jaguars	16	1	0	0	-	-	0	0	0	-	-	0	0	0	-	0	0	0	-	0	0	0	0
	4 NFL Seasons	51	18	0	0	-	-	0	21	296	14.1	39	0	0	0	-	0	3	33	11.0	0	0	0	0

Other Statistics: 1996—recovered 1 fumble for 0 yards.

Robert Griffith

(statistical profile on page 414)

Pos: S **Rnd:** FA **College:** San Diego State **Ht:** 5' 11" **Wt:** 193 **Born:** 11/30/70 **Age:** 27

Year	Team	G	GS	Tackles			Miscellaneous				Interceptions				Totals		
				Tk	Ast	Sack	FF	FR	TD	Blk	Int	Yds	Avg	TD	Sfty	TD	Pts
1994	Minnesota Vikings	15	0	8	3	0.0	0	0	0	0	0	0	-	0	0	0	0
1995	Minnesota Vikings	16	0	30	8	0.5	0	0	0	0	0	0	-	0	0	0	0
1996	Minnesota Vikings	14	14	78	17	2.0	2	0	0	0	4	67	16.8	0	0	0	0
1997	Minnesota Vikings	16	16	90	25	0.0	1	0	0	0	2	26	13.0	0	0	0	0
	4 NFL Seasons	61	30	206	53	2.5	3	0	0	0	6	93	15.5	0	0	0	0

Other Statistics: 1996—fumbled 1 time for 0 yards.

Clif Groce

Pos: FB **Rnd:** FA **College:** Texas A&M **Ht:** 5' 11" **Wt:** 245 **Born:** 7/30/72 **Age:** 26

Year	Team	G	GS	Rushing					Receiving					Punt Returns				Kickoff Returns				Totals		
				Att	Yds	Avg	Lg	TD	Rec	Yds	Avg	Lg	TD	Num	Yds	Avg	TD	Num	Yds	Avg	TD	Fum	TD	Pts
1995	Indianapolis Colts	1	0	0	0	-	-	0	0	0	-	-	0	0	0	-	0	0	0	-	0	0	0	0
1996	Indianapolis Colts	15	10	46	184	4.0	24	0	13	106	8.2	24	0	0	0	-	0	1	18	18.0	0	2	0	0
1997	Indianapolis Colts	7	0	10	66	6.6	29	0	0	0	-	-	0	0	0	-	0	1	15	15.0	0	0	0	0
	3 NFL Seasons	23	10	56	250	4.5	29	0	13	106	8.2	24	0	0	0	-	0	2	33	16.5	0	2	0	0

Other Statistics: 1996—recovered 1 fumble for 0 yards.

Paul Gruber

Pos: T **Rnd:** 1 (4) **College:** Wisconsin **Ht:** 6' 5" **Wt:** 296 **Born:** 2/24/65 **Age:** 33

Year	Team	G	GS	Year	Team	G	GS	Year	Team	G	GS	Year	Team	G	GS
1988	Tampa Bay Buccaneers	16	16	1991	Tampa Bay Buccaneers	16	16	1994	Tampa Bay Buccaneers	16	16	1997	Tampa Bay Buccaneers	16	16
1989	Tampa Bay Buccaneers	16	16	1992	Tampa Bay Buccaneers	16	16	1995	Tampa Bay Buccaneers	16	16				
1990	Tampa Bay Buccaneers	16	16	1993	Tampa Bay Buccaneers	10	10	1996	Tampa Bay Buccaneers	13	13		10 NFL Seasons	151	151

Other Statistics: 1988—recovered 2 fumbles for 0 yards. 1990—recovered 1 fumble for 0 yards. 1991—recovered 1 fumble for 0 yards. 1992—recovered 1 fumble for 0 yards. 1994—recovered 1 fumble for 0 yards. 1995—recovered 2 fumbles for 0 yards. 1997—recovered 1 fumble for 0 yards.

Tim Grunhard

Pos: C **Rnd:** 2 **College:** Notre Dame **Ht:** 6' 2" **Wt:** 299 **Born:** 5/17/68 **Age:** 30

Year	Team	G	GS	Year	Team	G	GS	Year	Team	G	GS	Year	Team	G	GS
1990	Kansas City Chiefs	14	9	1992	Kansas City Chiefs	12	12	1994	Kansas City Chiefs	16	16	1996	Kansas City Chiefs	16	16
1991	Kansas City Chiefs	16	16	1993	Kansas City Chiefs	16	16	1995	Kansas City Chiefs	16	16	1997	Kansas City Chiefs	16	16
													8 NFL Seasons	122	117

Other Statistics: 1991—recovered 1 fumble for 0 yards. 1992—recovered 2 fumbles for 0 yards. 1993—fumbled 1 time for -1 yard. 1995—recovered 1 fumble for 0 yards. 1996—recovered 1 fumble for 0 yards. 1997—recovered 1 fumble for 0 yards.

Mike Gruttadauria

Pos: C **Rnd:** FA **College:** Central Florida **Ht:** 6' 4" **Wt:** 290 **Born:** 12/6/72 **Age:** 25

Year	Team	G	GS	Year	Team	G	GS			G	GS
1996	St. Louis Rams	8	3	1997	St. Louis Rams	14	14		2 NFL Seasons	22	17

Other Statistics: 1997—caught 1 pass for 0 yards.

Eric Guliford

(statistical profile on page 321)

Pos: WR/KR **Rnd:** FA **College:** Arizona State **Ht:** 5' 8" **Wt:** 165 **Born:** 10/25/69 **Age:** 29

			Rushing					Receiving				Punt Returns				Kickoff Returns				Totals		
Year Team	G	GS	Att	Yds	Avg	Lg	TD	Rec	Yds	Avg	Lg	TD	Num	Yds	Avg	TD	Num	Yds	Avg	TD	Fum	TD	Pts
1993 Minnesota Vikings	10	0	0	0	-	-	0	1	45	45.0	45	0	29	212	7.3	0	5	101	20.2	0	1	0	0
1994 Minnesota Vikings	7	1	0	0	-	-	0	0	0	-	-	0	5	14	2.8	0	0	0	-	0	1	0	0
1995 Carolina Panthers	14	9	2	2	1.0	1	0	29	444	15.3	49	1	43	475	11.0	1	0	0	-	0	1	2	12
1997 New Orleans Saints	16	2	1	-2	-2.0	-2	0	27	362	13.4	47	1	47	498	10.6	0	43	1128	26.2	1	2	2	12
4 NFL Seasons	47	12	3	0	0.0	1	0	57	851	14.9	49	2	124	1199	9.7	1	48	1229	25.6	1	5	4	24

Other Statistics: 1995–recovered 1 fumble for 0 yards; attempted 2 passes with 1 completion for 46 yards and 1 interception. 1997–recovered 1 fumble for 0 yards.

Brock Gutierrez

Pos: C **Rnd:** FA **College:** Central Michigan **Ht:** 6' 4" **Wt:** 290 **Born:** 9/25/73 **Age:** 25

Year Team	G	GS				G	GS
1997 Cincinnati Bengals	4	0			1 NFL Season	4	0

Thomas Guynes

Pos: T **Rnd:** FA **College:** Michigan **Ht:** 6' 5" **Wt:** 330 **Born:** 9/9/74 **Age:** 24

Year Team	G	GS				G	GS
1997 Arizona Cardinals	4	0			1 NFL Season	4	0

Brian Habib

Pos: G **Rnd:** 10 **College:** Washington **Ht:** 6' 7" **Wt:** 299 **Born:** 12/2/64 **Age:** 33

Year Team	G	GS	Year Team	G	GS	Year Team	G	GS		G	GS
1989 Minnesota Vikings	16	0	1992 Minnesota Vikings	16	15	1995 Denver Broncos	16	16			
1990 Minnesota Vikings	16	0	1993 Denver Broncos	16	16	1996 Denver Broncos	16	16			
1991 Minnesota Vikings	16	8	1994 Denver Broncos	16	16	1997 Denver Broncos	14	14	9 NFL Seasons	142	101

Other Statistics: 1994–recovered 1 fumble for 0 yards.

Britt Hager

Pos: LB **Rnd:** 3 **College:** Texas **Ht:** 6' 1" **Wt:** 225 **Born:** 2/20/66 **Age:** 32

			Tackles			Miscellaneous				Interceptions				Punt Returns				Kickoff Returns				Totals	
Year Team	G	GS	Tk	Ast	Sack	FF	FR	TD	Blk	Int	Yds	Avg	TD	Num	Yds	Avg	TD	Num	Yds	Avg	TD	TD	Fum
1989 Philadelphia Eagles	16	0	7	4	0.0	0	2	0	0	0	0	-	0	0	0	-	0	0	0	-	0	0	0
1990 Philadelphia Eagles	16	1	3	4	0.0	0	0	0	0	0	0	-	0	0	0	-	0	1	0	0.0	0	0	0
1991 Philadelphia Eagles	16	0	6	9	0.0	0	1	0	0	0	0	-	0	0	0	-	0	0	0	-	0	0	0
1992 Philadelphia Eagles	10	0	12	4	0.0	0	0	0	0	0	0	-	0	0	0	-	0	0	0	-	0	0	0
1993 Philadelphia Eagles	16	7	55	23	1.0	0	0	0	0	1	19	19.0	0	0	0	-	0	0	0	-	0	0	0
1994 Philadelphia Eagles	16	5	41	9	1.0	0	1	0	0	1	0	0.0	0	0	0	-	0	0	0	-	0	0	0
1995 Denver Broncos	16	5	30	9	0.0	1	0	0	0	1	19	19.0	0	0	0	-	0	0	0	-	0	0	0
1996 Denver Broncos	2	0	0	0	0.0	0	0	0	0	0	0	-	0	0	0	-	0	0	0	-	0	0	0
1997 St. Louis Rams	13	0	0	0	0.0	0	0	0	0	0	0	-	0	0	0	-	0	0	0	-	0	0	0
9 NFL Seasons	121	18	154	62	2.0	1	4	0	0	3	38	12.7	0	0	0	-	0	1	0	0.0	0	0	0

Jay Hagood

Pos: T **Rnd:** FA **College:** Virginia Tech **Ht:** 6' 4" **Wt:** 306 **Born:** 8/9/73 **Age:** 25

Year Team	G	GS				G	GS
1997 New York Jets	2	0			1 NFL Season	2	0

Mike Halapin

Pos: DT **Rnd:** FA **College:** Pittsburgh **Ht:** 6' 4" **Wt:** 294 **Born:** 7/1/73 **Age:** 25

			Tackles			Miscellaneous				Interceptions				Totals		
Year Team	G	GS	Tk	Ast	Sack	FF	FR	TD	Blk	Int	Yds	Avg	TD	Sfty	TD	Pts
1996 Houston Oilers	8	0	2	0	0.0	0	0	0	0	0	0	-	0	0	0	0
1997 Tennessee Oilers	3	1	3	0	0.0	1	0	0	0	0	0	-	0	0	0	0
2 NFL Seasons	11	1	5	0	0.0	1	0	0	0	0	0	-	0	0	0	0

Dana Hall

Pos: S **Rnd:** 1 (18) **College:** Washington **Ht:** 6' 3" **Wt:** 210 **Born:** 7/8/69 **Age:** 29

			Tackles			Miscellaneous				Interceptions				Totals		
Year Team	G	GS	Tk	Ast	Sack	FF	FR	TD	Blk	Int	Yds	Avg	TD	Sfty	TD	Pts
1992 San Francisco 49ers	15	15	40	8	1.0	0	1	0	0	2	34	17.0	0	0	0	0
1993 San Francisco 49ers	13	7	22	6	0.0	0	0	0	0	0	0	-	0	0	0	0
1994 San Francisco 49ers	16	4	24	8	0.0	0	0	0	0	2	0	0.0	0	0	0	0
1995 Cleveland Browns	15	2	26	7	1.0	0	0	0	0	2	41	20.5	0	0	0	0
1996 Jacksonville Jaguars	16	10	31	18	0.0	0	2	0	0	1	20	20.0	0	0	0	0
1997 Jacksonville Jaguars	16	0	11	1	0.0	1	0	0	0	0	0	-	0	0	0	0
6 NFL Seasons	91	38	154	48	2.0	1	3	0	0	7	95	13.6	0	0	0	0

Other Statistics: 1997–caught 1 pass for 22 yards.

John Hall

Pos: K Rnd: FA College: Wisconsin Ht: 6' 2" Wt: 222 Born: 3/17/74 Age: 24 *(statistical profile on page 474)*

		Field Goals										PAT		Tot
Year Team	G	1-29 Yds	Pct	30-39 Yds	Pct	40-49 Yds	Pct	50+ Yds	Pct	Overall	Pct	Long	Made	Att	Pts
1997 New York Jets	16	11-12	91.7	11-17	64.7	2-6	33.3	4-6	66.7	28-41	68.3	55	36	36	120

Other Statistics: 1997–punted 3 times for 144 yards.

Lemanski Hall

Pos: LB Rnd: 7 College: Alabama Ht: 6' 0" Wt: 229 Born: 11/24/70 Age: 27

			Tackles			Miscellaneous				Interceptions				Totals		
Year Team	G	GS	Tk	Ast	Sack	FF	FR	TD	Blk	Int	Yds	Avg	TD	Sfty	TD	Pts
1994 Houston Oilers	1	0	0	0	0.0	0	0	0	0	0	0	-	0	0	0	0
1995 Houston Oilers	12	0	1	1	0.0	0	0	0	0	0	0	-	0	0	0	0
1996 Houston Oilers	3	0	0	0	0.0	0	0	0	0	0	0	-	0	0	0	0
1997 Tennessee Oilers	16	2	6	2	2.0	0	0	0	0	0	0	-	0	0	0	0
4 NFL Seasons	32	2	7	3	2.0	0	0	0	0	0	0	-	0	0	0	0

Rhett Hall

Pos: DT Rnd: 6 College: California Ht: 6' 2" Wt: 276 Born: 12/5/68 Age: 29 *(statistical profile on page 415)*

			Tackles			Miscellaneous				Interceptions				Totals		
Year Team	G	GS	Tk	Ast	Sack	FF	FR	TD	Blk	Int	Yds	Avg	TD	Sfty	TD	Pts
1991 Tampa Bay Buccaneers	16	0	15	2	1.0	0	0	0	0	0	0	-	0	0	0	0
1992 Tampa Bay Buccaneers	4	0	1	0	0.0	0	0	0	0	0	0	-	0	0	0	0
1993 Tampa Bay Buccaneers	1	0	0	0	0.0	0	0	0	0	0	0	-	0	0	0	0
1994 San Francisco 49ers	12	2	9	3	4.0	0	1	0	0	0	0	-	0	0	0	0
1995 Philadelphia Eagles	3	1	5	3	1.0	0	0	0	0	0	0	-	0	0	0	0
1996 Philadelphia Eagles	16	16	23	15	4.5	0	2	1	0	0	0	-	0	0	1	6
1997 Philadelphia Eagles	15	15	48	16	8.0	1	0	0	0	1	39	39.0	0	0	0	0
7 NFL Seasons	67	34	101	39	18.5	1	3	1	0	1	39	39.0	0	0	1	6

Tim Hall

Pos: RB Rnd: 6 College: Robert Morris Ht: 5' 11" Wt: 220 Born: 2/15/74 Age: 24

			Rushing					Receiving				Punt Returns				Kickoff Returns				Totals		
Year Team	G	GS	Att	Yds	Avg	Lg	TD	Rec	Yds	Avg	Lg	TD	Num	Yds	Avg	TD	Num	Yds	Avg	TD	Fum	TD	Pts
1996 Oakland Raiders	2	0	3	7	2.3	4	0	0	0	-	0	0	0	0	-	0	0	0	-	0	0	0	0
1997 Oakland Raiders	16	0	23	120	5.2	15	0	1	9	9.0	9	0	0	0	-	0	9	182	20.2	0	0	0	0
2 NFL Seasons	18	0	26	127	4.9	15	0	1	9	9.0	9	0	0	0	-	0	9	182	20.2	0	0	0	0

Travis Hall

Pos: DT Rnd: 6 College: Brigham Young Ht: 6' 5" Wt: 287 Born: 8/3/72 Age: 26 *(statistical profile on page 415)*

			Tackles			Miscellaneous				Interceptions				Totals		
Year Team	G	GS	Tk	Ast	Sack	FF	FR	TD	Blk	Int	Yds	Avg	TD	Sfty	TD	Pts
1995 Atlanta Falcons	1	0	0	0	0.0	0	0	0	0	0	0	-	0	0	0	0
1996 Atlanta Falcons	14	13	44	7	6.0	2	1	0	0	0	0	-	0	0	0	0
1997 Atlanta Falcons	16	16	61	17	10.5	0	1	0	0	0	0	-	0	0	0	0
3 NFL Seasons	31	29	105	24	16.5	2	2	0	0	0	0	-	0	0	0	0

Ty Hallock

Pos: FB Rnd: 7 College: Michigan State Ht: 6' 2" Wt: 255 Born: 4/30/71 Age: 27

			Rushing					Receiving				Punt Returns				Kickoff Returns				Totals		
Year Team	G	GS	Att	Yds	Avg	Lg	TD	Rec	Yds	Avg	Lg	TD	Num	Yds	Avg	TD	Num	Yds	Avg	TD	Fum	TD	Pts
1993 Detroit Lions	16	4	0	0	-	-	0	8	88	11.0	24	2	0	0	-	0	1	11	11.0	0	0	2	12
1994 Detroit Lions	15	10	0	0	-	-	0	7	75	10.7	21	0	0	0	-	0	0	0	-	0	0	0	0
1996 Jacksonville Jaguars	7	1	0	0	-	-	0	1	5	5.0	5	0	0	0	-	0	0	0	-	0	0	0	0
1997 Jacksonville Jaguars	15	8	4	21	5.3	11	0	18	131	7.3	23	1	0	0	-	0	1	6	6.0	0	0	1	6
4 NFL Seasons	53	23	4	21	5.3	11	0	34	299	8.8	24	3	0	0	-	0	2	17	8.5	0	0	3	18

Bobby Hamilton

Pos: DE Rnd: FA College: Southern Mississippi Ht: 6' 5" Wt: 280 Born: 1/7/71 Age: 27

			Tackles			Miscellaneous				Interceptions				Punt Returns				Kickoff Returns				Totals	
Year Team	G	GS	Tk	Ast	Sack	FF	FR	TD	Blk	Int	Yds	Avg	TD	Num	Yds	Avg	TD	Num	Yds	Avg	TD	TD	Fum
1996 New York Jets	15	11	32	17	4.5	1	1	0	0	0	0	-	0	0	0	-	0	0	0	-	0	0	0
1997 New York Jets	16	0	13	11	1.0	0	0	0	0	0	0	-	0	0	0	-	0	1	0	0.0	0	0	0
2 NFL Seasons	31	11	45	28	5.5	1	1	0	0	0	0	-	0	0	0	-	0	1	0	0.0	0	0	0

Conrad Hamilton

Pos: CB Rnd: 7 College: Eastern New Mexico Ht: 5' 10" Wt: 184 Born: 11/5/74 Age: 23

			Tackles			Miscellaneous				Interceptions				Punt Returns				Kickoff Returns				Totals	
Year Team	G	GS	Tk	Ast	Sack	FF	FR	TD	Blk	Int	Yds	Avg	TD	Num	Yds	Avg	TD	Num	Yds	Avg	TD	TD	Fum
1996 New York Giants	15	1	23	2	0.0	0	0	0	0	1	29	29.0	0	0	0	-	0	19	382	20.1	0	0	0

			Tackles			Miscellaneous				Interceptions				Punt Returns				Kickoff Returns				Totals	
Year Team	G	GS	Tk	Ast	Sack	FF	FR	TD	Blk	Int	Yds	Avg	TD	Num	Yds	Avg	TD	Num	Yds	Avg	TD	TD	Fum
1997 New York Giants	14	0	21	2	0.0	0	0	0	0	1	18	18.0	0	0	0	-	0	0	0	-	0	0	0
2 NFL Seasons	29	1	44	4	0.0	0	0	0	0	2	47	23.5	0	0	0	-	0	19	382	20.1	0	0	0

James Hamilton

Pos: LB **Rnd:** 3 **College:** North Carolina **Ht:** 6'5" **Wt:** 235 **Born:** 4/17/74 **Age:** 24

			Tackles			Miscellaneous				Interceptions				Totals		
Year Team	G	GS	Tk	Ast	Sack	FF	FR	TD	Blk	Int	Yds	Avg	TD	Sfty	TD	Pts
1997 Jacksonville Jaguars	9	0	3	0	1.0	0	0	0	0	0	0	-	0	0	0	0

Keith Hamilton

(statistical profile on page 415)

Pos: DT **Rnd:** 4 **College:** Pittsburgh **Ht:** 6'6" **Wt:** 285 **Born:** 5/25/71 **Age:** 27

			Tackles			Miscellaneous				Interceptions				Totals		
Year Team	G	GS	Tk	Ast	Sack	FF	FR	TD	Blk	Int	Yds	Avg	TD	Sfty	TD	Pts
1992 New York Giants	16	0	15	6	3.5	3	1	0	0	0	0	-	0	0	0	0
1993 New York Giants	16	16	40	11	11.5	2	1	0	0	0	0	-	0	1	0	2
1994 New York Giants	15	15	27	14	6.5	0	3	0	0	0	0	-	0	0	0	0
1995 New York Giants	14	14	29	13	2.0	1	3	0	0	0	0	-	0	0	0	0
1996 New York Giants	14	14	31	6	3.0	0	0	0	0	0	0	-	0	0	0	0
1997 New York Giants	16	16	40	17	8.0	1	3	0	0	0	0	-	0	0	0	0
6 NFL Seasons	91	75	182	67	34.5	7	11	0	0	0	0	-	0	1	0	2

Other Statistics: 1995–fumbled 1 time.

Michael Hamilton

Pos: LB **Rnd:** 3 **College:** North Carolina A&T **Ht:** 6'3" **Wt:** 206 **Born:** 12/3/73 **Age:** 24

			Tackles			Miscellaneous				Interceptions				Totals		
Year Team	G	GS	Tk	Ast	Sack	FF	FR	TD	Blk	Int	Yds	Avg	TD	Sfty	TD	Pts
1997 San Diego Chargers	6	0	1	0	0.0	0	0	0	0	0	0	-	0	0	0	0

Ruffin Hamilton

Pos: LB **Rnd:** 6 **College:** Tulane **Ht:** 6'1" **Wt:** 238 **Born:** 3/2/71 **Age:** 27

			Tackles			Miscellaneous				Interceptions				Totals		
Year Team	G	GS	Tk	Ast	Sack	FF	FR	TD	Blk	Int	Yds	Avg	TD	Sfty	TD	Pts
1994 Green Bay Packers	5	0	0	0	0.0	0	0	0	0	0	0	-	0	0	0	0
1997 Atlanta Falcons	13	0	0	1	0.0	0	0	0	1	0	0	-	0	0	0	0
2 NFL Seasons	18	0	0	1	0.0	0	0	0	1	0	0	-	0	0	0	0

Rodney Hampton

Pos: RB **Rnd:** 1 (24) **College:** Georgia **Ht:** 5'11" **Wt:** 230 **Born:** 4/3/69 **Age:** 29

			Rushing					Receiving					Punt Returns				Kickoff Returns				Totals		
Year Team	G	GS	Att	Yds	Avg	Lg	TD	Rec	Yds	Avg	Lg	TD	Num	Yds	Avg	TD	Num	Yds	Avg	TD	Fum	TD	Pts
1990 New York Giants	15	2	109	455	4.2	41	2	32	274	8.6	t27	2	0	0	-	0	20	340	17.0	0	2	4	24
1991 New York Giants	14	14	256	1059	4.1	44	10	43	283	6.6	19	0	0	0	-	0	10	204	20.4	0	5	10	60
1992 New York Giants	16	16	257	1141	4.4	t63	14	28	215	7.7	31	0	0	0	-	0	0	0	-	0	1	14	84
1993 New York Giants	12	10	292	1077	3.7	20	5	18	210	11.7	62	0	0	0	-	0	0	0	-	0	2	5	30
1994 New York Giants	14	13	327	1075	3.3	t27	6	14	103	7.4	17	0	0	0	-	0	0	0	-	0	0	6	38
1995 New York Giants	16	15	306	1182	3.9	32	10	24	142	5.9	18	0	0	0	-	0	0	0	-	0	5	10	62
1996 New York Giants	15	14	254	827	3.3	25	1	15	82	5.5	16	0	0	0	-	0	0	0	-	0	3	1	6
1997 New York Giants	2	0	23	81	3.5	22	1	0	0	-	-	0	0	0	-	0	0	0	-	0	0	1	6
8 NFL Seasons	104	84	1824	6897	3.8	t63	49	174	1309	7.5	62	2	0	0	-	0	30	544	18.1	0	18	51	310

Other Statistics: 1991–recovered 1 fumble for 0 yards. 1992–recovered 2 fumbles for 0 yards. 1993–recovered 1 fumble for 0 yards. 1994–recovered 1 fumble for 0 yards; scored 1 two-point conversion. 1995–recovered 1 fumble for 0 yards; scored 1 two-point conversion. 1996–recovered 1 fumble for 0 yards.

Norman Hand

Pos: DT **Rnd:** 5 **College:** Mississippi **Ht:** 6'3" **Wt:** 329 **Born:** 9/4/72 **Age:** 26

			Tackles			Miscellaneous				Interceptions				Totals		
Year Team	G	GS	Tk	Ast	Sack	FF	FR	TD	Blk	Int	Yds	Avg	TD	Sfty	TD	Pts
1996 Miami Dolphins	9	0	2	3	0.5	0	1	0	0	0	0	-	0	0	0	0
1997 San Diego Chargers	15	1	16	3	1.0	0	0	0	0	0	0	-	0	0	0	0
2 NFL Seasons	24	1	18	6	1.5	0	1	0	0	0	0	-	0	0	0	0

Ben Hanks

Pos: LB **Rnd:** FA **College:** Florida **Ht:** 6'2" **Wt:** 223 **Born:** 7/31/72 **Age:** 26

			Tackles			Miscellaneous				Interceptions				Totals		
Year Team	G	GS	Tk	Ast	Sack	FF	FR	TD	Blk	Int	Yds	Avg	TD	Sfty	TD	Pts
1996 Minnesota Vikings	12	0	3	2	0.0	0	0	0	0	0	0	-	0	0	0	0
1997 Detroit Lions	2	0	0	0	0.0	0	0	0	0	0	0	-	0	0	0	0

Year Team	G	GS	Tackles			Miscellaneous				Interceptions				Totals		
			Tk	Ast	Sack	FF	FR	TD	Blk	Int	Yds	Avg	TD	Sfty	TD	Pts
2 NFL Seasons	14	0	3	2	0.0	0	0	0	0	0	0	-	0	0	0	0

Merton Hanks
(statistical profile on page 416)

Pos: S **Rnd:** 5 **College:** Iowa **Ht:** 6' 2" **Wt:** 185 **Born:** 3/12/68 **Age:** 30

Year Team	G	GS	Tackles			Miscellaneous				Interceptions				Punt Returns				Kickoff Returns				Totals	
			Tk	Ast	Sack	FF	FR	TD	Blk	Int	Yds	Avg	TD	Num	Yds	Avg	TD	Num	Yds	Avg	TD	TD	Fum
1991 San Francisco 49ers	13	8	34	3	0.0	1	2	0	0	0	0	-	0	0	0	-	0	0	0	-	0	0	0
1992 San Francisco 49ers	16	5	53	11	0.0	0	0	0	0	2	5	2.5	0	1	48	48.0	1	0	0	-	0	1	0
1993 San Francisco 49ers	16	14	61	6	0.0	0	1	0	0	3	104	34.7	1	0	0	-	0	0	0	-	0	1	0
1994 San Francisco 49ers	16	16	65	7	0.5	0	2	0	0	7	93	13.3	0	0	0	-	0	0	0	-	0	0	1
1995 San Francisco 49ers	16	16	54	9	0.0	0	2	1	0	5	31	6.2	0	1	0	0.0	0	0	0	-	0	1	0
1996 San Francisco 49ers	16	16	54	9	0.0	1	0	0	0	4	7	1.8	0	0	0	-	0	0	0	-	0	0	0
1997 San Francisco 49ers	16	16	50	10	0.0	0	2	1	0	6	103	17.2	1	0	0	-	0	0	0	-	0	2	0
7 NFL Seasons	109	91	371	55	0.5	2	9	2	0	27	343	12.7	2	2	48	24.0	1	0	0	-	0	5	1

Brian Hansen
(statistical profile on page 475)

Pos: P **Rnd:** 9 **College:** Sioux Falls **Ht:** 6' 4" **Wt:** 215 **Born:** 10/26/60 **Age:** 38

Year Team	G	NetPunts	Yards	Avg	Long	In20	In20%	TotPunts	TB	Blocks	OppRet	RetYds	NetAvg	Rushing		Passing			
														Att	Yards	Att	Com	Yards	Int
1984 New Orleans Saints	16	69	3020	43.8	66	9	13.0	70	7	1	47	550	33.3	2	-27	0	0	0	0
1985 New Orleans Saints	16	89	3763	42.3	58	14	15.7	89	6	0	45	397	36.5	0	0	1	1	8	0
1986 New Orleans Saints	16	81	3456	42.7	66	17	21.0	82	11	1	37	234	36.6	1	0	0	0	0	0
1987 New Orleans Saints	12	52	2104	40.5	60	19	36.5	52	6	0	23	135	35.6	2	-6	0	0	0	0
1988 New Orleans Saints	16	72	2913	40.5	64	19	26.4	73	8	1	39	248	34.3	1	10	0	0	0	0
1990 New England Patriots	16	90	3752	41.7	69	18	20.0	92	8	2	50	503	33.6	1	0	0	0	0	0
1991 Cleveland Browns	16	80	3397	42.5	65	20	25.0	80	6	0	40	388	36.1	2	-3	1	1	11	0
1992 Cleveland Browns	16	74	3083	41.7	73	28	37.8	75	7	1	27	234	36.1	0	0	0	0	0	0
1993 Cleveland Browns	16	82	3632	44.3	72	15	18.3	84	10	2	49	438	35.6	0	0	0	0	0	0
1994 New York Jets	16	84	3534	42.1	64	25	29.8	84	12	0	38	260	36.1	0	0	0	0	0	0
1995 New York Jets	16	99	4090	41.3	67	23	23.2	100	10	1	59	703	31.9	0	0	0	0	0	0
1996 New York Jets	16	74	3293	44.5	69	13	17.6	74	8	0	40	429	36.5	1	1	0	0	0	0
1997 New York Jets	15	71	3068	43.2	58	21	29.6	72	5	1	45	429	35.3	0	0	1	1	26	0
13 NFL Seasons	203	1017	43105	42.4	73	241	23.7	1027	104	10	539	4948	35.1	10	-25	3	3	45	0

Other Statistics: 1986–recovered 1 fumble for 0 yards; fumbled 1 time. 1990–recovered 2 fumbles for -18 yards; fumbled 1 time. 1991–recovered 1 fumble for 0 yards; passed for 1 touchdown. 1992–recovered 1 fumble for 0 yards; fumbled 1 time.

Phil Hansen
(statistical profile on page 416)

Pos: DE **Rnd:** 2 **College:** North Dakota State **Ht:** 6' 5" **Wt:** 278 **Born:** 5/20/68 **Age:** 30

Year Team	G	GS	Tackles			Miscellaneous				Interceptions				Totals		
			Tk	Ast	Sack	FF	FR	TD	Blk	Int	Yds	Avg	TD	Sfty	TD	Pts
1991 Buffalo Bills	14	10	29	11	2.0	0	1	0	0	0	0	-	0	0	0	0
1992 Buffalo Bills	16	16	47	17	8.0	2	0	0	0	0	0	-	0	0	0	0
1993 Buffalo Bills	11	9	31	12	3.5	2	0	0	0	0	0	-	0	0	0	0
1994 Buffalo Bills	16	16	55	16	5.5	2	0	0	0	0	0	-	0	0	0	0
1995 Buffalo Bills	16	16	53	23	10.0	0	1	0	0	0	0	-	0	0	0	0
1996 Buffalo Bills	16	16	60	20	8.0	1	2	0	0	0	0	-	0	0	0	0
1997 Buffalo Bills	16	16	58	21	6.0	2	0	0	1	0	0	-	0	1	0	2
7 NFL Seasons	105	99	333	120	43.0	7	4	0	1	0	0	-	0	1	0	2

Tim Hanshaw

Pos: T/G **Rnd:** 4 **College:** Brigham Young **Ht:** 6' 5" **Wt:** 300 **Born:** 4/27/70 **Age:** 28

Year Team	G	GS
1997 San Francisco 49ers	13	3
1 NFL Season	13	3

Jason Hanson
(statistical profile on page 475)

Pos: K **Rnd:** 2 **College:** Washington State **Ht:** 5' 11" **Wt:** 183 **Born:** 6/17/70 **Age:** 28

Year Team	G	Field Goals											PAT		Tot
		1-29 Yds	Pct	30-39 Yds	Pct	40-49 Yds	Pct	50+ Yds	Pct	Overall	Pct	Long	Made	Att	Pts
1992 Detroit Lions	16	5-5	100.0	10-10	100.0	4-6	66.7	2-5	40.0	21-26	80.8	52	30	30	93
1993 Detroit Lions	16	9-9	100.0	15-15	100.0	7-12	58.3	3-7	42.9	34-43	79.1	53	28	28	130
1994 Detroit Lions	16	6-7	85.7	7-7	100.0	5-8	62.5	0-5	0.0	18-27	66.7	49	39	40	93
1995 Detroit Lions	16	6-6	100.0	16-17	94.1	5-10	50.0	1-1	100.0	28-34	82.4	56	48	48	132
1996 Detroit Lions	16	4-4	100.0	4-5	80.0	3-5	60.0	1-3	33.3	12-17	70.6	51	36	36	72
1997 Detroit Lions	16	10-10	100.0	8-9	88.9	5-5	100.0	3-5	60.0	26-29	89.7	55	39	40	117
6 NFL Seasons	96	40-41	97.6	60-63	95.2	29-46	63.0	10-26	38.5	139-176	79.0	56	220	222	637

Other Statistics: 1995–punted 1 time for 34 yards. 1996–punted 1 time for 24 yards.

Byron Hanspard

Pos: RB/KR Rnd: 2 College: Texas Tech Ht: 6' 0" Wt: 190 Born: 1/23/76 Age: 22

			Rushing				Receiving				Punt Returns				Kickoff Returns				Totals		
Year Team	G	GS	Att	Yds	Avg	Lg	TD	Rec	Yds	Avg	Lg	TD	Num	Yds	Avg	TD	Num	Yds	Avg	TD	Fum	TD	Pts
1997 Atlanta Falcons	16	0	53	335	6.3	77	0	6	53	8.8	21	1	0	0	-	0	40	987	24.7	2	3	3	18

Other Statistics: 1997–recovered 2 fumbles for 0 yards.

Patrick Hape

Pos: TE Rnd: 5 College: Alabama Ht: 6' 4" Wt: 256 Born: 6/6/74 Age: 24

			Rushing				Receiving				Punt Returns				Kickoff Returns				Totals		
Year Team	G	GS	Att	Yds	Avg	Lg	TD	Rec	Yds	Avg	Lg	TD	Num	Yds	Avg	TD	Num	Yds	Avg	TD	Fum	TD	Pts
1997 Tampa Bay Buccaneers	14	3	1	1	1.0	1	0	4	22	5.5	13	1	0	0	-	0	0	0	-	0	1	1	6

Jim Harbaugh

(statistical profile on page 321)

Pos: QB Rnd: 1 (26) College: Michigan Ht: 6' 3" Wt: 215 Born: 12/23/63 Age: 34

			Passing								Rushing					Miscellaneous			
Year Team	G	GS	Att	Com	Pct	Yards	Yds/Att	Lg	TD	Int	Int%	Rating	Att	Yds	Avg	Lg	TD	Sckd	Yds	Fum	Recv	Yds	Pts
1987 Chicago Bears	6	0	11	8	72.7	62	5.64	21	0	0	0.0	86.2	4	15	3.8	9	0	4	45	0	0	0	0
1988 Chicago Bears	10	2	97	47	48.5	514	5.30	56	0	2	2.1	55.9	19	110	5.8	19	1	6	49	1	0	-1	6
1989 Chicago Bears	12	5	178	111	62.4	1204	6.76	t49	5	9	5.1	70.5	45	276	6.1	t26	3	18	106	2	0	0	18
1990 Chicago Bears	14	14	312	180	57.7	2178	6.98	t80	10	6	1.9	81.9	51	321	6.3	17	4	31	206	8	3	-4	24
1991 Chicago Bears	16	16	478	275	57.5	3121	6.53	t84	15	16	3.3	73.7	70	338	4.8	20	2	24	163	6	0	-3	12
1992 Chicago Bears	16	13	358	202	56.4	2486	6.94	t83	13	12	3.4	76.2	47	272	5.8	17	1	31	167	6	3	0	6
1993 Chicago Bears	15	15	325	200	61.5	2002	6.16	48	7	11	3.4	72.1	60	277	4.6	25	4	43	210	15	4	-1	24
1994 Indianapolis Colts	12	9	202	125	61.9	1440	7.13	t85	9	6	3.0	85.8	39	223	5.7	41	0	17	72	1	0	0	0
1995 Indianapolis Colts	15	12	314	200	63.7	2575	8.20	52	17	5	1.6	100.7	52	235	4.5	21	2	36	219	4	1	-20	12
1996 Indianapolis Colts	14	14	405	232	57.3	2630	6.49	51	13	11	2.7	76.3	48	192	4.0	21	0	36	190	8	4	-3	6
1997 Indianapolis Colts	12	11	309	189	61.2	2060	6.67	58	10	4	1.3	86.2	36	206	5.7	18	0	41	256	4	1	0	0
11 NFL Seasons	142	111	2989	1769	59.2	20272	6.78	t85	99	82	2.7	79.3	471	2465	5.2	41	18	287	1683	55	16	-32	108

Other Statistics: 1993–caught 1 pass for 1 yard. 1995–caught 1 pass for -9 yards.

Darryl Hardy

Pos: LB Rnd: FA College: Tennessee Ht: 6' 2" Wt: 230 Born: 11/22/68 Age: 29

			Tackles			Miscellaneous				Interceptions				Totals		
Year Team	G	GS	Tk	Ast	Sack	FF	FR	TD	Blk	Int	Yds	Avg	TD	Sfty	TD	Pts
1995 Ari - Dal	8	0	0	0	0.0	0	0	0	0	0	0	-	0	0	0	0
1997 Dal - Sea	14	0	1	2	0.0	0	0	0	0	0	0	-	0	0	0	0
1995 Arizona Cardinals	4	0	0	0	0.0	0	0	0	0	0	0	-	0	0	0	0
Dallas Cowboys	4	0	0	0	0.0	0	0	0	0	0	0	-	0	0	0	0
1997 Dallas Cowboys	12	0	1	2	0.0	0	0	0	0	0	0	-	0	0	0	0
Seattle Seahawks	2	0	0	0	0.0	0	0	0	0	0	0	-	0	0	0	0
2 NFL Seasons	22	0	1	2	0.0	0	0	0	0	0	0	-	0	0	0	0

Kevin Hardy

Pos: LB Rnd: 1 (2) College: Illinois Ht: 6' 4" Wt: 247 Born: 7/24/73 Age: 25

			Tackles			Miscellaneous				Interceptions				Totals		
Year Team	G	GS	Tk	Ast	Sack	FF	FR	TD	Blk	Int	Yds	Avg	TD	Sfty	TD	Pts
1996 Jacksonville Jaguars	16	15	64	22	5.5	3	1	0	0	2	19	9.5	0	0	0	0
1997 Jacksonville Jaguars	13	11	48	7	2.5	0	0	0	0	0	0	-	0	0	0	0
2 NFL Seasons	29	26	112	29	8.0	3	1	0	0	2	19	9.5	0	0	0	0

Pat Harlow

Pos: T Rnd: 1 (11) College: Southern California Ht: 6' 6" Wt: 290 Born: 3/16/69 Age: 29

Year Team	G	GS	Year Team	G	GS	Year Team	G	GS	Year Team	G	GS
1991 New England Patriots	16	16	1993 New England Patriots	16	16	1995 New England Patriots	10	0	1997 Oakland Raiders	16	16
1992 New England Patriots	16	16	1994 New England Patriots	16	16	1996 Oakland Raiders	10	9	7 NFL Seasons	100	89

Andy Harmon

Pos: DT Rnd: 6 College: Kent State Ht: 6' 4" Wt: 278 Born: 4/6/69 Age: 29

			Tackles			Miscellaneous				Interceptions				Totals		
Year Team	G	GS	Tk	Ast	Sack	FF	FR	TD	Blk	Int	Yds	Avg	TD	Sfty	TD	Pts
1991 Philadelphia Eagles	16	0	2	0	0.0	0	0	0	0	0	0	-	0	0	0	0
1992 Philadelphia Eagles	16	13	36	29	7.0	1	1	0	0	0	0	-	0	0	0	0
1993 Philadelphia Eagles	15	15	60	29	11.5	2	2	0	0	0	0	-	0	0	0	0
1994 Philadelphia Eagles	16	16	48	18	9.0	1	2	0	0	1	0	0.0	0	0	0	0
1995 Philadelphia Eagles	15	15	56	7	11.0	3	1	0	0	0	0	-	0	0	0	0
1996 Philadelphia Eagles	2	2	2	1	1.0	0	0	0	0	0	0	-	0	0	0	0
1997 Philadelphia Eagles	5	0	4	4	0.0	0	0	0	0	0	0	-	0	0	0	0
7 NFL Seasons	85	61	208	88	39.5	7	6	0	0	1	0	0.0	0	0	0	0

Ronnie Harmon

Pos: RB **Rnd:** 1 (16) **College:** Iowa **Ht:** 5' 11" **Wt:** 200 **Born:** 5/7/64 **Age:** 34

Year Team	G	GS	Rushing					Receiving					Punt Returns				Kickoff Returns				Totals		
			Att	Yds	Avg	Lg	TD	Rec	Yds	Avg	Lg	TD	Num	Yds	Avg	TD	Num	Yds	Avg	TD	Fum	TD	Pts
1986 Buffalo Bills	14	2	54	172	3.2	38	0	22	185	8.4	27	1	0	0	-	0	18	321	17.8	0	2	1	6
1987 Buffalo Bills	12	10	116	485	4.2	21	2	56	477	8.5	42	2	0	0	-	0	1	30	30.0	0	2	4	24
1988 Buffalo Bills	16	1	57	212	3.7	32	1	37	427	11.5	36	3	0	0	-	0	11	249	22.6	0	2	4	24
1989 Buffalo Bills	15	0	17	99	5.8	24	0	29	363	12.5	t42	4	0	0	-	0	18	409	22.7	0	2	4	24
1990 San Diego Chargers	16	2	66	363	5.5	41	0	46	511	11.1	t36	2	0	0	-	0	0	0	-	0	1	2	12
1991 San Diego Chargers	16	0	89	544	6.1	33	1	59	555	9.4	36	1	0	0	-	0	2	25	12.5	0	2	2	12
1992 San Diego Chargers	16	2	55	235	4.3	33	3	79	914	11.6	55	1	0	0	-	0	7	96	13.7	0	4	4	24
1993 San Diego Chargers	16	1	46	216	4.7	19	0	73	671	9.2	37	2	0	0	-	0	1	18	18.0	0	0	2	12
1994 San Diego Chargers	16	0	25	94	3.8	t15	4	58	615	10.6	35	1	0	0	-	0	9	157	17.4	0	0	2	18
1995 San Diego Chargers	16	1	51	187	3.7	t48	1	62	662	10.7	44	5	0	0	-	0	4	25	6.3	0	1	6	36
1996 Houston Oilers	18	5	29	131	4.5	25	1	42	488	11.6	43	2	0	0	-	0	4	69	17.3	0	0	3	18
1997 Ten - Chi	12	0	10	36	3.6	14	0	18	197	10.9	27	0	0	0	-	0	1	16	16.0	0	0	0	0
1997 Tennessee Oilers	11	0	8	30	3.8	14	0	16	189	11.8	27	0	0	0	-	0	1	16	16.0	0	0	0	0
Chicago Bears	1	0	2	6	3.0	4	0	2	8	4.0	6	0	0	0	-	0	0	0	-	0	0	0	0
12 NFL Seasons	181	26	615	2774	4.5	t48	10	581	6065	10.4	55	24	0	0	-	0	76	1415	18.6	0	16	34	210

Other Statistics: 1992–recovered 2 fumbles for 0 yards. 1994–recovered 1 fumble for 0 yards; scored 3 two-point conversions.

Alvin Harper

Pos: WR **Rnd:** 1 (12) **College:** Tennessee **Ht:** 6' 4" **Wt:** 218 **Born:** 7/6/68 **Age:** 30

Year Team	G	GS	Rushing					Receiving					Kickoff Returns				Passing				Totals		
			Att	Yds	Avg	Lg	TD	Rec	Yds	Avg	Lg	TD	Num	Yds	Avg	TD	Att	Com	Yds	Int	Fum	TD	Pts
1991 Dallas Cowboys	15	5	0	0	-	0	0	20	326	16.3	39	1	0	0	-	0	0	0	0	0	0	1	6
1992 Dallas Cowboys	16	13	1	15	15.0	15	0	35	562	16.1	52	4	0	0	-	0	0	0	0	0	1	4	24
1993 Dallas Cowboys	16	15	0	0	-	0	0	36	777	21.6	t80	5	0	0	-	0	0	0	0	0	0	5	30
1994 Dallas Cowboys	16	14	0	0	-	0	0	33	821	24.9	90	8	0	0	-	0	1	1	46	0	1	8	48
1995 Tampa Bay Buccaneers	13	13	0	0	-	0	0	46	633	13.8	49	2	0	0	-	0	0	0	0	0	2	2	12
1996 Tampa Bay Buccaneers	12	7	0	0	-	0	0	19	289	15.2	t40	1	0	0	-	0	0	0	0	0	1	1	6
1997 Washington Redskins	12	0	0	0	-	0	0	2	65	32.5	52	0	0	0	-	0	0	0	0	0	0	0	0
7 NFL Seasons	100	67	1	15	15.0	15	0	191	3473	18.2	90	21	0	0	-	0	1	1	46	0	5	21	126

Other Statistics: 1992–intercepted 1 pass for 1 yard.

Dwayne Harper

Pos: CB **Rnd:** 11 **College:** South Carolina State **Ht:** 5' 11" **Wt:** 174 **Born:** 3/29/66 **Age:** 32

Year Team	G	GS	Tackles			Miscellaneous				Interceptions				Punt Returns				Kickoff Returns				Totals	
			Tk	Ast	Sack	FF	FR	TD	Blk	Int	Yds	Avg	TD	Num	Yds	Avg	TD	Num	Yds	Avg	TD	TD	Fum
1988 Seattle Seahawks	16	1	29	5	1.0	0	1	0	0	0	0	-	0	0	0	-	0	0	0	-	0	0	0
1989 Seattle Seahawks	16	13	44	5	0.0	0	1	0	0	2	15	7.5	0	0	0	-	0	0	0	-	0	0	0
1990 Seattle Seahawks	16	16	62	9	0.0	0	0	0	0	3	69	23.0	0	0	0	-	0	0	0	-	0	0	0
1991 Seattle Seahawks	16	16	58	11	0.0	0	0	0	0	4	84	21.0	0	1	5	5.0	0	0	0	-	0	0	0
1992 Seattle Seahawks	16	16	51	14	0.0	0	2	1	0	3	74	24.7	0	0	0	-	0	0	0	-	0	1	1
1993 Seattle Seahawks	14	14	60	6	0.0	1	1	0	0	1	0	0.0	0	0	0	-	0	0	0	-	0	0	0
1994 San Diego Chargers	16	16	56	10	0.0	0	0	0	0	3	28	9.3	0	0	0	-	0	0	0	-	0	0	0
1995 San Diego Chargers	16	16	61	15	0.0	0	1	0	0	4	12	3.0	0	0	0	-	0	0	0	-	0	0	0
1996 San Diego Chargers	6	6	17	2	0.0	0	0	0	0	1	0	0.0	0	0	0	-	0	0	0	-	0	0	0
1997 San Diego Chargers	12	12	38	5	0.0	0	1	0	0	2	43	21.5	0	0	0	-	0	0	0	-	0	0	0
10 NFL Seasons	144	126	476	82	1.0	1	7	1	0	23	325	14.1	0	1	5	5.0	0	0	0	-	0	1	1

Anthony Harris

Pos: LB **Rnd:** FA **College:** Auburn **Ht:** 6' 1" **Wt:** 224 **Born:** 1/25/73 **Age:** 25

(statistical profile on page 416)

Year Team	G	GS	Tackles			Miscellaneous				Interceptions				Punt Returns				Kickoff Returns				Totals	
			Tk	Ast	Sack	FF	FR	TD	Blk	Int	Yds	Avg	TD	Num	Yds	Avg	TD	Num	Yds	Avg	TD	TD	Fum
1996 Miami Dolphins	7	3	15	4	0.0	0	1	0	0	0	0	-	0	0	0	-	0	0	0	-	0	0	0
1997 Miami Dolphins	16	16	50	17	1.0	0	0	0	0	0	0	-	0	0	0	-	0	1	0	0.0	0	0	0
2 NFL Seasons	23	19	65	21	1.0	0	1	0	0	0	0	-	0	0	0	-	0	1	0	0.0	0	0	0

Bernardo Harris

Pos: LB **Rnd:** FA **College:** North Carolina **Ht:** 6' 2" **Wt:** 243 **Born:** 10/15/71 **Age:** 27

(statistical profile on page 417)

Year Team	G	GS	Tackles			Miscellaneous				Interceptions				Totals		
			Tk	Ast	Sack	FF	FR	TD	Blk	Int	Yds	Avg	TD	Sfty	TD	Pts
1995 Green Bay Packers	11	0	4	1	0.0	0	0	0	0	0	0	-	0	0	0	0
1996 Green Bay Packers	16	0	7	1	0.0	0	0	0	0	0	0	-	0	0	0	0
1997 Green Bay Packers	16	16	65	48	1.0	0	0	0	0	1	0	0.0	0	0	0	0
3 NFL Seasons	43	16	76	50	1.0	0	0	0	0	1	0	0.0	0	0	0	0

Corey Harris

Pos: S **Rnd:** 3 **College:** Vanderbilt **Ht:** 5' 11" **Wt:** 199 **Born:** 10/25/69 **Age:** 29

Year Team	G	GS	Tackles			Miscellaneous				Interceptions				Punt Returns				Kickoff Returns				Totals	
			Tk	Ast	Sack	FF	FR	TD	Blk	Int	Yds	Avg	TD	Num	Yds	Avg	TD	Num	Yds	Avg	TD	TD	Fum
1992 Hou - GB	15	0	0	0	0.0	0	0	0	0	0	0	-	0	6	17	2.8	0	33	691	20.9	0	0	0
1993 Green Bay Packers	11	0	4	0	0.0	1	0	0	0	0	0	-	0	0	0	-	0	16	482	30.1	0	0	0
1994 Green Bay Packers	16	2	32	6	0.0	1	1	0	0	0	0	-	0	0	0	-	0	29	618	21.3	0	0	1
1995 Seattle Seahawks	16	16	76	9	0.0	1	1	1	0	3	-5	-1.7	0	0	0	-	0	19	397	20.9	0	1	0
1996 Seattle Seahawks	16	16	69	6	1.0	0	3	0	0	1	25	25.0	0	0	0	-	0	7	166	23.7	0	0	0
1997 Miami Dolphins	16	7	29	14	0.0	0	0	0	0	0	0	-	0	0	0	-	0	11	224	20.4	0	0	0
1992 Houston Oilers	5	0	0	0	0.0	0	0	0	0	0	0	-	0	6	17	2.8	0	10	206	20.6	0	0	0
Green Bay Packers	10	0	0	0	0.0	0	0	0	0	0	0	-	0	0	0	-	0	23	485	21.1	0	0	0
6 NFL Seasons	90	41	210	35	1.0	3	5	1	0	4	20	5.0	0	6	17	2.8	0	115	2578	22.4	0	1	1

Other Statistics: 1992–rushed 2 times for 10 yards. 1993–caught 2 passes for 11 yards.

Jackie Harris

Pos: TE **Rnd:** 4 **College:** Northeast Louisiana **Ht:** 6' 4" **Wt:** 246 **Born:** 1/4/68 **Age:** 30

Year Team	G	GS	Rushing					Receiving					Punt Returns				Kickoff Returns				Totals		
			Att	Yds	Avg	Lg	TD	Rec	Yds	Avg	Lg	TD	Num	Yds	Avg	TD	Num	Yds	Avg	TD	Fum	TD	Pts
1990 Green Bay Packers	16	3	0	0	-	-	0	12	157	13.1	26	0	0	0	-	0	0	0	-	0	0	0	0
1991 Green Bay Packers	16	6	1	1	1.0	1	0	24	264	11.0	35	3	0	0	-	0	0	0	-	0	1	3	18
1992 Green Bay Packers	16	11	0	0	-	-	0	55	595	10.8	60	2	0	0	-	0	0	0	-	0	1	2	12
1993 Green Bay Packers	12	12	0	0	-	-	0	42	604	14.4	t66	4	0	0	-	0	0	0	-	0	0	4	24
1994 Tampa Bay Buccaneers	9	9	0	0	-	-	0	26	337	13.0	t48	3	0	0	-	0	0	0	-	0	0	3	20
1995 Tampa Bay Buccaneers	16	16	0	0	-	-	0	62	751	12.1	33	1	0	0	-	0	0	0	-	0	2	1	6
1996 Tampa Bay Buccaneers	13	12	0	0	-	-	0	30	349	11.6	36	1	0	0	-	0	0	0	-	0	1	1	8
1997 Tampa Bay Buccaneers	12	11	0	0	-	-	0	19	197	10.4	39	1	0	0	-	0	0	0	-	0	0	1	6
8 NFL Seasons	110	80	1	1	1.0	1	0	270	3254	12.1	t66	15	0	0	-	0	0	0	-	0	5	15	94

Other Statistics: 1991–recovered 1 fumble for 0 yards. 1994–scored 1 two-point conversion. 1996–scored 1 two-point conversion.

Jon Harris

Pos: DE **Rnd:** 1 (26) **College:** Virginia **Ht:** 6' 8" **Wt:** 258 **Born:** 6/9/74 **Age:** 24

Year Team	G	GS	Tackles			Miscellaneous				Interceptions				Totals		
			Tk	Ast	Sack	FF	FR	TD	Blk	Int	Yds	Avg	TD	Sfty	TD	Pts
1997 Philadelphia Eagles	8	4	9	8	1.0	0	0	0	0	0	0	-	0	0	0	0

Kenny Harris

Pos: S **Rnd:** FA **College:** North Carolina State **Ht:** 6' 1" **Wt:** 198 **Born:** 4/27/75 **Age:** 23

Year Team	G	GS	Tackles			Miscellaneous				Interceptions				Totals		
			Tk	Ast	Sack	FF	FR	TD	Blk	Int	Yds	Avg	TD	Sfty	TD	Pts
1997 Arizona Cardinals	11	0	4	2	0.0	0	0	0	0	0	0	-	0	0	0	0

Mark Harris

Pos: WR **Rnd:** FA **College:** Stanford **Ht:** 6' 3" **Wt:** 195 **Born:** 4/28/70 **Age:** 28

Year Team	G	GS	Rushing					Receiving					Punt Returns				Kickoff Returns				Totals		
			Att	Yds	Avg	Lg	TD	Rec	Yds	Avg	Lg	TD	Num	Yds	Avg	TD	Num	Yds	Avg	TD	Fum	TD	Pts
1996 San Francisco 49ers	1	0	0	0	-	-	0	0	0	-	-	0	0	0	-	0	0	0	-	0	0	0	0
1997 San Francisco 49ers	10	0	0	0	-	-	0	5	53	10.6	16	0	0	0	-	0	0	0	-	0	0	0	0
2 NFL Seasons	11	0	0	0	-	-	0	5	53	10.6	16	0	0	0	-	0	0	0	-	0	0	0	0

Raymont Harris

(statistical profile on page 322)

Pos: RB **Rnd:** 4 **College:** Ohio State **Ht:** 6' 0" **Wt:** 225 **Born:** 12/23/70 **Age:** 27

Year Team	G	GS	Rushing					Receiving					Punt Returns				Kickoff Returns				Totals		
			Att	Yds	Avg	Lg	TD	Rec	Yds	Avg	Lg	TD	Num	Yds	Avg	TD	Num	Yds	Avg	TD	Fum	TD	Pts
1994 Chicago Bears	16	11	123	464	3.8	13	1	39	236	6.1	18	0	0	0	-	0	1	18	18.0	0	1	1	6
1995 Chicago Bears	2	1	0	0	-	-	0	1	4	4.0	4	0	0	0	-	0	0	0	-	0	0	0	0
1996 Chicago Bears	12	10	194	748	3.9	23	4	32	296	9.3	47	1	0	0	-	0	0	0	-	0	3	5	30
1997 Chicago Bears	13	13	275	1033	3.8	t68	10	28	115	4.1	16	0	0	0	-	0	0	0	-	0	1	10	60
4 NFL Seasons	43	35	592	2245	3.8	t68	15	100	651	6.5	47	1	0	0	-	0	1	18	18.0	0	5	16	96

Other Statistics: 1994–recovered 3 fumbles for 5 yards.

Robert Harris

(statistical profile on page 417)

Pos: DT **Rnd:** 2 **College:** Southern **Ht:** 6' 4" **Wt:** 295 **Born:** 6/13/69 **Age:** 29

Year Team	G	GS	Tackles			Miscellaneous				Interceptions				Totals		
			Tk	Ast	Sack	FF	FR	TD	Blk	Int	Yds	Avg	TD	Sfty	TD	Pts
1992 Minnesota Vikings	7	0	1	3	0.0	0	0	0	0	0	0	-	0	0	0	0
1993 Minnesota Vikings	16	0	10	4	1.0	1	0	0	0	0	0	-	0	0	0	0
1994 Minnesota Vikings	11	1	6	2	2.0	0	0	0	0	0	0	-	0	0	0	0

Year Team	G	GS	Tackles			Miscellaneous				Interceptions				Totals		
			Tk	Ast	Sack	FF	FR	TD	Blk	Int	Yds	Avg	TD	Sfty	TD	Pts
1995 New York Giants	15	15	34	7	5.0	2	2	0	0	0	0	-	0	0	0	0
1996 New York Giants	16	15	27	18	4.5	1	0	0	0	0	0	-	0	0	0	0
1997 New York Giants	16	16	38	20	10.0	1	2	0	0	0	0	-	0	0	0	0
6 NFL Seasons	81	47	116	54	22.5	5	4	0	0	0	0	-	0	0	0	0

Ronnie Harris

Pos: PR/KR **Rnd:** FA **College:** Oregon **Ht:** 5' 11" **Wt:** 175 **Born:** 6/4/70 **Age:** 28

Year Team	G	GS	Rushing					Receiving					Punt Returns				Kickoff Returns				Totals		
			Att	Yds	Avg	Lg	TD	Rec	Yds	Avg	Lg	TD	Num	Yds	Avg	TD	Num	Yds	Avg	TD	Fum	TD	Pts
1993 New England Patriots	5	0	0	0	-	-	0	0	0	-	-	0	23	201	8.7	0	6	90	15.0	0	2	0	0
1994 NE - Sea	2	0	0	0	-	-	0	1	11	11.0	11	0	3	26	8.7	0	0	0	-	0	1	0	0
1995 Seattle Seahawks	13	0	0	0	-	-	0	0	0	-	-	0	3	23	7.7	0	1	29	29.0	0	0	0	0
1996 Seattle Seahawks	15	0	0	0	-	-	0	2	26	13.0	21	0	19	194	10.2	0	12	240	20.0	0	0	0	0
1997 Seattle Seahawks	13	0	0	0	-	-	0	4	81	20.3	34	0	21	144	6.9	0	14	318	22.7	0	4	0	0
1994 New England Patriots	1	0	0	0	-	-	0	1	11	11.0	11	0	3	26	8.7	0	0	0	-	0	1	0	0
Seattle Seahawks	1	0	0	0	-	-	0	0	0	-	-	0	0	0	-	0	0	0	-	0	0	0	0
5 NFL Seasons	48	0	0	0	-	-	0	7	118	16.9	34	0	69	588	8.5	0	33	677	20.5	0	7	0	0

Other Statistics: 1993–recovered 1 fumble for 0 yards. 1997–recovered 2 fumbles for 0 yards.

Sean Harris

Pos: LB **Rnd:** 3 **College:** Arizona **Ht:** 6' 3" **Wt:** 245 **Born:** 2/25/72 **Age:** 26

Year Team	G	GS	Tackles			Miscellaneous				Interceptions				Totals		
			Tk	Ast	Sack	FF	FR	TD	Blk	Int	Yds	Avg	TD	Sfty	TD	Pts
1995 Chicago Bears	11	0	0	0	0.0	0	0	0	0	0	0	-	0	0	0	0
1996 Chicago Bears	15	0	6	1	0.0	0	0	0	0	0	0	-	0	0	0	0
1997 Chicago Bears	11	1	4	1	0.0	0	0	0	0	0	0	-	0	0	0	0
3 NFL Seasons	37	1	10	2	0.0	0	0	0	0	0	0	-	0	0	0	0

Walt Harris

(statistical profile on page 417)

Pos: CB **Rnd:** 1 (13) **College:** Mississippi State **Ht:** 5' 11" **Wt:** 194 **Born:** 8/10/74 **Age:** 24

Year Team	G	GS	Tackles			Miscellaneous				Interceptions				Totals		
			Tk	Ast	Sack	FF	FR	TD	Blk	Int	Yds	Avg	TD	Sfty	TD	Pts
1996 Chicago Bears	15	13	84	14	0.0	2	2	0	1	2	0	0.0	0	0	0	0
1997 Chicago Bears	16	16	76	7	0.0	4	1	0	0	5	30	6.0	0	0	0	0
2 NFL Seasons	31	29	160	21	0.0	6	3	0	1	7	30	4.3	0	0	0	0

Other Statistics: 1997–fumbled 1 time.

Martin Harrison

Pos: DE **Rnd:** 10 **College:** Washington **Ht:** 6' 5" **Wt:** 251 **Born:** 9/20/67 **Age:** 31

Year Team	G	GS	Tackles			Miscellaneous				Interceptions				Totals		
			Tk	Ast	Sack	FF	FR	TD	Blk	Int	Yds	Avg	TD	Sfty	TD	Pts
1990 San Francisco 49ers	2	0	4	0	0.0	0	0	0	0	0	0	-	0	0	0	0
1992 San Francisco 49ers	16	1	11	1	3.5	0	0	0	0	0	0	-	0	0	0	0
1993 San Francisco 49ers	11	1	21	2	6.0	2	0	0	0	0	0	-	0	0	0	0
1994 Minnesota Vikings	13	0	2	1	0.0	0	0	0	0	0	0	-	0	0	0	0
1995 Minnesota Vikings	11	0	10	4	4.5	0	0	0	0	1	15	15.0	0	0	0	0
1996 Minnesota Vikings	16	8	21	7	7.0	1	0	0	0	0	0	-	0	0	0	0
1997 Seattle Seahawks	8	0	3	0	0.0	0	1	0	0	0	0	-	0	0	0	0
7 NFL Seasons	77	10	72	15	21.0	3	1	0	0	1	15	15.0	0	0	0	0

Marvin Harrison

(statistical profile on page 322)

Pos: WR **Rnd:** 1 (19) **College:** Syracuse **Ht:** 6' 0" **Wt:** 181 **Born:** 8/25/72 **Age:** 26

Year Team	G	GS	Rushing					Receiving					Punt Returns				Kickoff Returns				Totals		
			Att	Yds	Avg	Lg	TD	Rec	Yds	Avg	Lg	TD	Num	Yds	Avg	TD	Num	Yds	Avg	TD	Fum	TD	Pts
1996 Indianapolis Colts	16	15	3	15	5.0	15	0	64	836	13.1	41	8	18	177	9.8	0	0	0	-	0	1	8	48
1997 Indianapolis Colts	16	15	2	-7	-3.5	0	0	73	866	11.9	44	6	0	0	-	0	0	0	-	0	2	6	40
2 NFL Seasons	32	30	5	8	1.6	15	0	137	1702	12.4	44	14	18	177	9.8	0	0	0	-	0	3	14	88

Other Statistics: 1997–recovered 1 fumble for 5 yards; scored 2 two-point conversions.

Nolan Harrison

(statistical profile on page 418)

Pos: DE **Rnd:** 6 **College:** Indiana **Ht:** 6' 5" **Wt:** 280 **Born:** 1/25/69 **Age:** 29

Year Team	G	GS	Tackles			Miscellaneous				Interceptions				Totals		
			Tk	Ast	Sack	FF	FR	TD	Blk	Int	Yds	Avg	TD	Sfty	TD	Pts
1991 Los Angeles Raiders	12	3	18	-	1.0	0	0	0	0	0	0	-	0	0	0	0
1992 Los Angeles Raiders	14	14	38	-	2.5	0	0	0	0	0	0	-	0	0	0	0
1993 Los Angeles Raiders	16	14	33	15	3.0	1	1	0	0	0	0	-	0	1	0	2
1994 Los Angeles Raiders	16	16	35	12	5.0	1	2	0	0	0	0	-	0	0	0	0

Year Team	G	GS	Tackles			Miscellaneous				Interceptions				Totals		
			Tk	Ast	Sack	FF	FR	TD	Blk	Int	Yds	Avg	TD	Sfty	TD	Pts
1995 Oakland Raiders	7	6	10	4	0.0	1	0	0	0	0	0	-	0	0	0	0
1996 Oakland Raiders	14	2	9	0	2.0	0	0	0	0	0	0	-	0	0	0	0
1997 Pittsburgh Steelers	16	16	22	9	4.0	2	0	0	0	0	0	-	0	0	0	0
7 NFL Seasons	95	71	165	40	17.5	5	3	0	0	0	0	-	0	1	0	2

Rodney Harrison

(statistical profile on page 418)

Pos: S Rnd: 5 College: Western Illinois Ht: 6' 0" Wt: 201 Born: 12/15/72 Age: 25

Year Team	G	GS	Tackles			Miscellaneous				Interceptions				Punt Returns				Kickoff Returns				Totals	
			Tk	Ast	Sack	FF	FR	TD	Blk	Int	Yds	Avg	TD	Num	Yds	Avg	TD	Num	Yds	Avg	TD	TD	Fum
1994 San Diego Chargers	15	0	0	0	0.0	0	1	0	0	0	0	-	0	0	0	-	0	0	0	-	0	0	0
1995 San Diego Chargers	11	0	21	3	0.0	0	0	0	0	5	22	4.4	0	0	0	-	0	0	0	-	0	0	0
1996 San Diego Chargers	16	16	105	20	1.0	1	2	0	0	5	56	11.2	0	0	0	-	0	1	10	10.0	0	0	1
1997 San Diego Chargers	16	16	96	36	4.0	1	3	1	0	2	75	37.5	1	1	0	0.0	0	1	40	40.0	1	3	0
4 NFL Seasons	58	32	222	59	5.0	2	6	1	0	12	153	12.8	1	1	0	0.0	0	2	50	25.0	1	3	1

Jeff Hartings

Pos: G Rnd: 1 (23) College: Penn State Ht: 6' 3" Wt: 283 Born: 9/7/72 Age: 26

Year Team	G	GS	Year Team	G	GS			G	GS
1996 Detroit Lions	11	10	1997 Detroit Lions	16	16		2 NFL Seasons	27	26

Other Statistics: 1996–recovered 1 fumble for 0 yards.

Frank Hartley

Pos: TE Rnd: FA College: Illinois Ht: 6' 2" Wt: 268 Born: 12/15/67 Age: 30

Year Team	G	GS	Rushing					Receiving					Punt Returns				Kickoff Returns				Totals		
			Att	Yds	Avg	Lg	TD	Rec	Yds	Avg	Lg	TD	Num	Yds	Avg	TD	Num	Yds	Avg	TD	Fum	TD	Pts
1994 Cleveland Browns	10	5	0	0	-	-	0	3	13	4.3	8	1	0	0	-	0	0	0	-	0	0	1	6
1995 Cleveland Browns	15	13	0	0	-	-	0	11	137	12.5	23	1	0	0	-	0	0	0	-	0	1	1	6
1996 Baltimore Ravens	8	0	0	0	-	-	0	0	0	-	-	0	0	0	-	0	0	0	-	0	0	0	0
1997 San Diego Chargers	16	16	0	0	-	-	0	19	246	12.9	35	1	0	0	-	0	0	0	-	0	0	1	6
4 NFL Seasons	49	34	0	0	-	-	0	33	396	12.0	35	3	0	0	-	0	0	0	-	0	1	3	18

Other Statistics: 1995–recovered 1 fumble for 0 yards.

Ken Harvey

(statistical profile on page 418)

Pos: LB Rnd: 1 (12) College: California Ht: 6' 2" Wt: 239 Born: 5/6/65 Age: 33

Year Team	G	GS	Tackles			Miscellaneous				Interceptions				Totals		
			Tk	Ast	Sack	FF	FR	TD	Blk	Int	Yds	Avg	TD	Sfty	TD	Pts
1988 Phoenix Cardinals	16	0	33	3	6.0	0	0	0	0	0	0	-	0	1	0	2
1989 Phoenix Cardinals	16	16	87	33	7.0	0	0	0	0	0	0	-	0	0	0	0
1990 Phoenix Cardinals	16	16	60	39	10.0	0	1	0	0	0	0	-	0	0	0	0
1991 Phoenix Cardinals	16	16	48	31	9.0	0	2	0	0	0	0	-	0	0	0	0
1992 Phoenix Cardinals	10	10	39	12	6.0	0	2	0	0	0	0	-	0	0	0	0
1993 Phoenix Cardinals	16	6	32	20	9.5	2	0	0	0	0	0	-	0	0	0	0
1994 Washington Redskins	16	16	80	18	13.5	4	1	0	0	0	0	-	0	0	0	0
1995 Washington Redskins	16	16	78	6	7.5	5	2	0	0	0	0	-	0	0	0	0
1996 Washington Redskins	16	16	79	14	9.0	1	2	0	0	1	2	2.0	0	0	0	0
1997 Washington Redskins	15	14	55	16	9.5	3	0	0	0	0	0	-	0	0	0	0
10 NFL Seasons	153	126	591	192	87.0	15	10	0	0	1	2	2.0	0	1	0	2

Other Statistics: 1996–fumbled 1 time.

Richard Harvey

Pos: LB Rnd: 11 College: Tulane Ht: 6' 1" Wt: 242 Born: 9/11/66 Age: 32

Year Team	G	GS	Tackles			Miscellaneous				Interceptions				Totals		
			Tk	Ast	Sack	FF	FR	TD	Blk	Int	Yds	Avg	TD	Sfty	TD	Pts
1990 New England Patriots	16	9	33	19	0.0	0	0	0	0	0	0	-	0	0	0	0
1991 New England Patriots	1	0	0	0	0.0	0	0	0	0	0	0	-	0	0	0	0
1992 Buffalo Bills	12	0	4	2	0.0	0	1	0	0	0	0	-	0	0	0	0
1993 Buffalo Bills	15	0	2	2	0.0	1	0	0	0	0	0	-	0	0	0	0
1994 Denver Broncos	16	1	4	2	0.0	0	1	0	0	0	0	-	0	0	0	0
1995 New Orleans Saints	16	14	85	27	2.0	1	0	0	0	0	0	-	0	0	0	0
1996 New Orleans Saints	14	7	37	7	2.0	2	0	0	0	0	0	-	0	0	0	0
1997 New Orleans Saints	14	13	43	7	3.0	1	1	0	0	1	7	7.0	0	0	0	0
8 NFL Seasons	104	44	208	66	7.0	5	3	0	0	1	7	7.0	0	0	0	0

Harald Hasselbach

Pos: DE Rnd: FA College: Washington Ht: 6' 6" Wt: 280 Born: 9/22/67 Age: 31

Year Team	G	GS	Tackles			Miscellaneous				Interceptions				Totals		
			Tk	Ast	Sack	FF	FR	TD	Blk	Int	Yds	Avg	TD	Sfty	TD	Pts
1994 Denver Broncos	16	8	33	8	2.0	1	0	0	0	0	0	-	0	0	0	0

Year Team	G	GS	Tackles			Miscellaneous				Interceptions				Totals		
			Tk	Ast	Sack	FF	FR	TD	Blk	Int	Yds	Avg	TD	Sfty	TD	Pts
1995 Denver Broncos	16	10	21	7	4.0	0	4	0	0	0	0	-	0	0	0	0
1996 Denver Broncos	16	1	7	4	2.0	2	0	0	0	0	0	-	0	0	0	0
1997 Denver Broncos	16	3	14	5	1.5	0	0	0	0	0	0	-	0	0	0	0
4 NFL Seasons	64	22	75	24	9.5	3	4	0	0	0	0	-	0	0	0	0

Andre Hastings
(statistical profile on page 323)

Pos: WR Rnd: 3 College: Georgia Ht: 6'1" Wt: 190 Born: 11/7/70 Age: 27

Year Team	G	GS	Rushing					Receiving					Punt Returns				Kickoff Returns				Totals		
			Att	Yds	Avg	Lg	TD	Rec	Yds	Avg	Lg	TD	Num	Yds	Avg	TD	Num	Yds	Avg	TD	Fum	TD	Pts
1993 Pittsburgh Steelers	6	0	0	0	-	-	0	3	44	14.7	18	0	0	0	-	0	12	177	14.8	0	0	0	0
1994 Pittsburgh Steelers	16	8	0	0	-	-	0	20	281	14.1	46	2	2	15	7.5	0	0	0	-	0	0	2	12
1995 Pittsburgh Steelers	16	0	1	14	14.0	14	0	48	502	10.5	36	1	48	474	9.9	1	0	0	-	0	1	2	12
1996 Pittsburgh Steelers	16	11	4	71	17.8	37	0	72	739	10.3	38	6	37	242	6.5	0	1	42	42.0	0	3	6	36
1997 New Orleans Saints	16	16	4	35	8.8	27	0	48	722	15.0	39	5	1	-2	-2.0	0	0	0	-	0	1	5	32
5 NFL Seasons	70	35	9	120	13.3	37	0	191	2288	12.0	46	14	88	729	8.3	1	13	219	16.8	0	5	15	92

Other Statistics: 1996–recovered 1 fumble for 0 yards. 1997–scored 1 two-point conversion.

James Hasty
(statistical profile on page 419)

Pos: CB Rnd: 3 College: Washington State Ht: 6'0" Wt: 207 Born: 5/23/65 Age: 33

Year Team	G	GS	Tackles			Miscellaneous				Interceptions				Punt Returns				Kickoff Returns				Totals	
			Tk	Ast	Sack	FF	FR	TD	Blk	Int	Yds	Avg	TD	Num	Yds	Avg	TD	Num	Yds	Avg	TD	TD	Fum
1988 New York Jets	15	15	45	13	1.0	0	3	0	0	5	20	4.0	0	0	0	-	0	0	0	-	0	0	0
1989 New York Jets	16	16	51	12	0.0	0	2	0	0	5	62	12.4	1	0	0	-	0	0	0	-	0	0	0
1990 New York Jets	16	16	49	17	0.0	1	3	0	0	2	0	0.0	0	1	0	0.0	0	0	0	-	0	1	1
1991 New York Jets	16	16	65	29	0.0	0	4	0	0	3	39	13.0	0	0	0	-	0	0	0	-	0	0	1
1992 New York Jets	16	16	43	22	0.0	2	2	0	0	2	18	9.0	0	0	0	-	0	0	0	-	0	0	0
1993 New York Jets	16	16	49	19	0.0	1	2	0	0	2	22	11.0	0	0	0	-	0	0	0	-	0	0	0
1994 New York Jets	16	16	77	11	3.0	2	2	0	0	5	90	18.0	0	0	0	-	0	0	0	-	0	0	0
1995 Kansas City Chiefs	16	16	72	3	0.0	1	1	0	0	3	89	29.7	1	0	0	-	0	0	0	-	0	1	0
1996 Kansas City Chiefs	15	14	39	4	1.0	0	1	1	0	0	0	-	0	0	0	-	0	0	0	-	0	1	0
1997 Kansas City Chiefs	16	15	62	12	2.0	0	1	0	0	3	22	7.3	0	0	0	-	0	0	0	-	0	0	0
10 NFL Seasons	158	156	552	142	7.0	7	21	1	0	30	362	12.1	2	1	0	0.0	0	0	0	-	0	3	2

Matthew Hatchette

Pos: WR Rnd: 7 College: Langston (OK) Ht: 6'2" Wt: 193 Born: 5/1/74 Age: 24

Year Team	G	GS	Rushing					Receiving					Punt Returns				Kickoff Returns				Totals		
			Att	Yds	Avg	Lg	TD	Rec	Yds	Avg	Lg	TD	Num	Yds	Avg	TD	Num	Yds	Avg	TD	Fum	TD	Pts
1997 Minnesota Vikings	16	0	0	0	-	-	0	3	54	18.0	38	0	0	0	-	0	0	0	-	0	0	0	0

Tim Hauck

Pos: S Rnd: FA College: Montana Ht: 5'10" Wt: 187 Born: 12/20/66 Age: 31

Year Team	G	GS	Tackles			Miscellaneous				Interceptions				Punt Returns				Kickoff Returns				Totals	
			Tk	Ast	Sack	FF	FR	TD	Blk	Int	Yds	Avg	TD	Num	Yds	Avg	TD	Num	Yds	Avg	TD	TD	Fum
1990 New England Patriots	10	0	3	1	0.0	0	0	0	0	0	0	-	0	0	0	-	0	0	0	-	0	0	0
1991 Green Bay Packers	16	0	6	1	0.0	0	1	0	0	0	0	-	0	0	0	-	0	0	0	-	0	0	0
1992 Green Bay Packers	16	0	15	-	0.0	1	0	0	0	0	0	-	0	1	2	2.0	0	0	0	-	0	0	0
1993 Green Bay Packers	13	0	0	2	0.0	0	0	0	0	0	0	-	0	0	0	-	0	0	0	-	0	0	0
1994 Green Bay Packers	13	3	28	12	0.0	1	0	0	0	0	0	-	0	0	0	-	0	0	0	-	0	0	0
1995 Denver Broncos	16	0	12	2	0.0	0	0	0	0	0	0	-	0	0	0	-	0	0	0	-	0	0	0
1996 Denver Broncos	16	0	7	3	0.0	0	0	0	0	0	0	-	0	0	0	-	0	0	0	-	0	0	0
1997 Seattle Seahawks	16	0	13	1	0.0	0	1	0	0	0	0	-	0	0	0	-	0	0	0	-	0	0	0
8 NFL Seasons	116	3	84	22	0.0	2	3	0	0	0	0	-	0	1	2	2.0	0	0	0	-	0	0	0

Courtney Hawkins
(statistical profile on page 323)

Pos: WR Rnd: 2 College: Michigan State Ht: 5'9" Wt: 183 Born: 12/12/69 Age: 28

Year Team	G	GS	Rushing					Receiving					Punt Returns				Kickoff Returns				Totals		
			Att	Yds	Avg	Lg	TD	Rec	Yds	Avg	Lg	TD	Num	Yds	Avg	TD	Num	Yds	Avg	TD	Fum	TD	Pts
1992 Tampa Bay Buccaneers	16	5	0	0	-	-	0	20	336	16.8	49	2	13	53	4.1	0	9	118	13.1	0	2	2	12
1993 Tampa Bay Buccaneers	16	12	0	0	-	-	0	62	933	15.0	67	5	15	166	11.1	0	0	0	-	0	2	5	30
1994 Tampa Bay Buccaneers	13	12	0	0	-	-	0	37	438	11.8	32	5	5	28	5.6	0	0	0	-	0	0	5	30
1995 Tampa Bay Buccaneers	16	3	4	5	1.3	11	0	41	493	12.0	47	0	0	0	-	0	0	0	-	0	1	0	0
1996 Tampa Bay Buccaneers	16	16	1	-13	-13.0	-13	0	46	544	11.8	45	1	1	-1	-1.0	0	0	0	-	0	1	1	6
1997 Pittsburgh Steelers	15	3	5	17	3.4	11	0	45	555	12.3	t44	3	4	68	17.0	0	0	0	-	0	1	3	18
6 NFL Seasons	92	51	10	9	0.9	11	0	251	3299	13.1	67	16	38	314	8.3	0	9	118	13.1	0	7	16	96

Other Statistics: 1992–recovered 1 fumble for 0 yards.

Aaron Hayden

Pos: RB Rnd: 4 College: Tennessee Ht: 6' 0" Wt: 218 Born: 4/13/73 Age: 25

			Rushing					Receiving					Punt Returns				Kickoff Returns				Totals		
Year Team	G	GS	Att	Yds	Avg	Lg	TD	Rec	Yds	Avg	Lg	TD	Num	Yds	Avg	TD	Num	Yds	Avg	TD	Fum	TD	Pts
1995 San Diego Chargers	7	4	128	470	3.7	20	3	5	53	10.6	16	0	0	0	-	0	0	0	-	0	0	3	18
1996 San Diego Chargers	11	0	55	166	3.0	13	0	1	10	10.0	10	0	0	0	-	0	0	0	-	0	1	0	0
1997 Green Bay Packers	14	0	32	148	4.6	21	1	2	11	5.5	7	0	0	0	-	0	6	141	23.5	0	0	1	6
3 NFL Seasons	32	4	215	784	3.6	21	4	8	74	9.3	16	0	0	0	-	0	6	141	23.5	0	1	4	24

Other Statistics: 1996–recovered 1 fumble for 0 yards.

Chris Hayes

Pos: S Rnd: 7 College: Washington State Ht: 5' 11" Wt: 200 Born: 5/7/72 Age: 26

			Tackles			Miscellaneous				Interceptions				Totals		
Year Team	G	GS	Tk	Ast	Sack	FF	FR	TD	Blk	Int	Yds	Avg	TD	Sfty	TD	Pts
1996 Green Bay Packers	2	0	0	0	0.0	0	0	0	0	0	0	-	0	0	0	0
1997 New York Jets	16	0	0	0	0.0	0	0	0	0	0	0	-	0	0	0	0
2 NFL Seasons	18	0	0	0	0.0	0	0	0	0	0	0	-	0	0	0	0

Mercury Hayes

Pos: WR Rnd: 5 College: Michigan Ht: 5' 11" Wt: 195 Born: 1/1/73 Age: 25

			Rushing					Receiving					Punt Returns				Kickoff Returns				Totals		
Year Team	G	GS	Att	Yds	Avg	Lg	TD	Rec	Yds	Avg	Lg	TD	Num	Yds	Avg	TD	Num	Yds	Avg	TD	Fum	TD	Pts
1996 New Orleans Saints	7	0	2	7	3.5	5	0	4	101	25.3	50	0	0	0	-	0	2	30	15.0	0	1	0	0
1997 NO - Atl	6	0	0	0	-	0	0	0	0	-	0	0	0	0	-	0	0	0	-	0	0	0	0
1997 New Orleans Saints	4	0	0	0	-	0	0	0	0	-	0	0	0	0	-	0	0	0	-	0	0	0	0
Atlanta Falcons	2	0	0	0	-	0	0	0	0	-	0	0	0	0	-	0	0	0	-	0	0	0	0
2 NFL Seasons	13	0	2	7	3.5	5	0	4	101	25.3	50	0	0	0	-	0	2	30	15.0	0	1	0	0

Michael Haynes

Pos: WR Rnd: 7 College: Northern Arizona Ht: 6' 0" Wt: 184 Born: 12/24/65 Age: 32

			Rushing					Receiving					Punt Returns				Kickoff Returns				Totals		
Year Team	G	GS	Att	Yds	Avg	Lg	TD	Rec	Yds	Avg	Lg	TD	Num	Yds	Avg	TD	Num	Yds	Avg	TD	Fum	TD	Pts
1988 Atlanta Falcons	15	5	0	0	-	-	0	13	232	17.8	t49	4	0	0	-	0	6	113	18.8	0	0	4	24
1989 Atlanta Falcons	13	11	4	35	8.8	21	0	40	681	17.0	t72	4	0	0	-	0	0	0	-	0	0	4	24
1990 Atlanta Falcons	13	10	0	0	-	-	0	31	445	14.4	60	0	0	0	-	0	0	0	-	0	0	0	0
1991 Atlanta Falcons	16	16	0	0	-	-	0	50	1122	22.4	t80	11	0	0	-	0	0	0	-	0	0	11	66
1992 Atlanta Falcons	14	14	0	0	-	-	0	48	808	16.8	t89	10	0	0	-	0	0	0	-	0	0	10	60
1993 Atlanta Falcons	16	16	0	0	-	-	0	72	778	10.8	t98	4	0	0	-	0	0	0	-	0	1	4	24
1994 New Orleans Saints	16	16	4	43	10.8	15	0	77	985	12.8	t78	5	0	0	-	0	0	0	-	0	1	5	30
1995 New Orleans Saints	16	15	0	0	-	-	0	41	597	14.6	48	4	0	0	-	0	0	0	-	0	0	4	24
1996 New Orleans Saints	16	11	0	0	-	-	0	44	786	17.9	51	4	0	0	-	0	0	0	-	0	1	4	26
1997 Atlanta Falcons	12	0	0	0	-	-	0	12	154	12.8	t24	1	0	0	-	0	0	0	-	0	0	1	6
10 NFL Seasons	147	114	8	78	9.8	21	0	428	6588	15.4	t98	47	0	0	-	0	6	113	18.8	0	3	47	284

Other Statistics: 1996–scored 1 two-point conversion.

Garrison Hearst

(statistical profile on page 324)

Pos: RB Rnd: 1 (3) College: Georgia Ht: 5' 11" Wt: 215 Born: 1/4/71 Age: 27

			Rushing					Receiving					Kickoff Returns				Passing				Totals		
Year Team	G	GS	Att	Yds	Avg	Lg	TD	Rec	Yds	Avg	Lg	TD	Num	Yds	Avg	TD	Att	Com	Yds	Int	Fum	TD	Pts
1993 Phoenix Cardinals	6	5	76	264	3.5	57	1	6	18	3.0	9	0	0	0	-	0	1	0	0	1	2	1	6
1994 Arizona Cardinals	9	0	37	169	4.6	36	1	6	49	8.2	29	0	0	0	-	0	1	1	10	0	1	1	6
1995 Arizona Cardinals	16	15	284	1070	3.8	38	1	29	243	8.4	39	1	0	0	-	0	2	1	16	0	1	2	12
1996 Cincinnati Bengals	16	12	225	847	3.8	24	0	12	131	10.9	40	1	0	0	-	0	0	0	0	0	1	1	8
1997 San Francisco 49ers	13	13	234	1019	4.4	51	4	21	194	9.2	69	2	0	0	-	0	0	0	0	0	2	6	36
5 NFL Seasons	60	45	856	3369	3.9	57	7	74	635	8.6	69	4	0	0	-	0	4	2	26	1	17	11	68

Other Statistics: 1994–passed for 1 touchdown. 1995–recovered 2 fumbles for 0 yards. 1996–recovered 1 fumble for 0 yards; scored 1 two-point conversion. 1997–recovered 2 fumbles for 0 yards.

Vaughn Hebron

Pos: RB/KR Rnd: FA College: Virginia Tech Ht: 5' 8" Wt: 195 Born: 10/7/70 Age: 28

			Rushing					Receiving					Punt Returns				Kickoff Returns				Totals		
Year Team	G	GS	Att	Yds	Avg	Lg	TD	Rec	Yds	Avg	Lg	TD	Num	Yds	Avg	TD	Num	Yds	Avg	TD	Fum	TD	Pts
1993 Philadelphia Eagles	16	4	84	297	3.5	33	3	11	82	7.5	12	0	0	0	-	0	3	35	11.7	0	5	3	18
1994 Philadelphia Eagles	16	1	82	325	4.0	19	2	18	137	7.6	29	0	0	0	-	0	22	443	20.1	0	0	2	12
1996 Denver Broncos	16	0	49	262	5.3	47	0	7	43	6.1	11	0	0	0	-	0	45	1099	24.4	0	3	0	0
1997 Denver Broncos	16	1	49	222	4.5	46	1	3	36	12.0	21	0	0	0	-	0	43	1009	23.5	0	1	1	6
4 NFL Seasons	64	6	264	1106	4.2	47	6	39	298	7.6	29	0	0	0	-	0	113	2586	22.9	0	9	6	36

Other Statistics: 1993–recovered 1 fumble for 0 yards. 1996–recovered 1 fumble for 0 yards. 1997–recovered 1 fumble for 0 yards.

Andy Heck

Pos: T **Rnd:** 1 (15) **College:** Notre Dame **Ht:** 6'6" **Wt:** 298 **Born:** 1/1/67 **Age:** 31

Year	Team	G	GS	Year	Team	G	GS	Year	Team	G	GS			G	GS
1989	Seattle Seahawks	16	9	1992	Seattle Seahawks	13	13	1995	Chicago Bears	16	16				
1990	Seattle Seahawks	16	16	1993	Seattle Seahawks	16	16	1996	Chicago Bears	16	16				
1991	Seattle Seahawks	16	16	1994	Chicago Bears	14	14	1997	Chicago Bears	16	16	9 NFL Seasons		139	132

Other Statistics: 1989—recovered 1 fumble for 0 yards. 1990—recovered 1 fumble for 0 yards. 1993—recovered 2 fumbles for 0 yards.

George Hegamin

Pos: T **Rnd:** 3 **College:** North Carolina State **Ht:** 6'7" **Wt:** 331 **Born:** 2/14/73 **Age:** 25

Year	Team	G	GS	Year	Team	G	GS	Year	Team	G	GS		G	GS
1994	Dallas Cowboys	1	0	1996	Dallas Cowboys	16	1	1997	Dallas Cowboys	13	9	3 NFL Seasons	30	10

Other Statistics: 1997—recovered 1 fumble for 0 yards.

Dale Hellestrae

Pos: G/LS **Rnd:** 4 **College:** Southern Methodist **Ht:** 6'5" **Wt:** 286 **Born:** 7/11/62 **Age:** 36

Year	Team	G	GS	Year	Team	G	GS	Year	Team	G	GS	Year	Team	G	GS
1985	Buffalo Bills	4	0	1990	Dallas Cowboys	16	0	1993	Dallas Cowboys	16	0	1996	Dallas Cowboys	16	0
1986	Buffalo Bills	8	0	1991	Dallas Cowboys	16	0	1994	Dallas Cowboys	16	0	1997	Dallas Cowboys	16	0
1988	Buffalo Bills	16	2	1992	Dallas Cowboys	16	0	1995	Dallas Cowboys	16	0	11 NFL Seasons		156	2

Other Statistics: 1986—fumbled 1 time for -14 yards.

Hessley Hempstead

Pos: C/G **Rnd:** 7 **College:** Kansas **Ht:** 6'1" **Wt:** 295 **Born:** 1/29/72 **Age:** 26

Year	Team	G	GS	Year	Team	G	GS	Year	Team	G	GS		G	GS
1995	Detroit Lions	3	0	1996	Detroit Lions	13	0	1997	Detroit Lions	16	1	3 NFL Seasons	32	1

Nate Hemsley

Pos: LB **Rnd:** FA **College:** Syracuse **Ht:** 6'0" **Wt:** 219 **Born:** 5/15/74 **Age:** 24

				Tackles			Miscellaneous				Interceptions				Totals		
Year	Team	G	GS	Tk	Ast	Sack	FF	FR	TD	Blk	Int	Yds	Avg	TD	Sfty	TD	Pts
1997	Dallas Cowboys	2	0	1	0	0.0	0	0	0	0	0	0	-	0	0	0	0

Jerome Henderson

(statistical profile on page 419)

Pos: S/CB **Rnd:** 2 **College:** Clemson **Ht:** 5'10" **Wt:** 188 **Born:** 8/8/69 **Age:** 29

				Tackles			Miscellaneous				Interceptions				Punt Returns				Kickoff Returns				Totals	
Year	Team	G	GS	Tk	Ast	Sack	FF	FR	TD	Blk	Int	Yds	Avg	TD	Num	Yds	Avg	TD	Num	Yds	Avg	TD	TD	Fum
1991	New England Patriots	16	1	31	10	0.0	0	1	0	0	2	2	1.0	0	27	201	7.4	0	0	0	-	0	0	2
1992	New England Patriots	16	9	39	21	0.0	0	1	0	0	3	43	14.3	0	0	0	-	0	0	0	-	0	0	0
1993	NE - Buf	3	0	0	0	0.0	0	1	0	0	0	0	-	0	0	0	-	0	0	0	-	0	0	0
1994	Buffalo Bills	12	0	2	0	0.0	0	0	0	0	0	0	-	0	0	0	-	0	0	0	-	0	0	0
1995	Philadelphia Eagles	15	0	16	-	0.0	0	1	1	0	0	0	-	0	0	0	-	0	0	0	-	0	1	0
1996	New England Patriots	7	0	6	0	0.0	0	0	0	0	2	7	3.5	0	0	0	-	0	0	0	-	0	0	0
1997	New York Jets	16	14	57	19	0.0	0	0	0	0	1	45	45.0	0	0	0	-	0	0	0	-	0	0	0
1993	New England Patriots	1	0	0	0	0.0	0	0	0	0	0	0	-	0	0	0	-	0	0	0	-	0	0	0
	Buffalo Bills	2	0	0	0	0.0	0	1	0	0	0	0	-	0	0	0	-	0	0	0	-	0	0	0
7 NFL Seasons		85	24	151	50	0.0	0	3	1	0	8	97	12.1	0	27	201	7.4	0	0	0	-	0	1	2

William Henderson

(statistical profile on page 324)

Pos: FB **Rnd:** 3 **College:** North Carolina **Ht:** 6'1" **Wt:** 248 **Born:** 2/19/71 **Age:** 27

				Rushing					Receiving					Punt Returns				Kickoff Returns				Totals		
Year	Team	G	GS	Att	Yds	Avg	Lg	TD	Rec	Yds	Avg	Lg	TD	Num	Yds	Avg	TD	Num	Yds	Avg	TD	Fum	TD	Pts
1995	Green Bay Packers	15	2	7	35	5.0	17	0	3	21	7.0	9	0	0	0	-	0	0	0	-	0	0	0	0
1996	Green Bay Packers	16	11	39	130	3.3	14	0	27	203	7.5	27	1	0	0	-	0	2	38	19.0	0	1	1	6
1997	Green Bay Packers	16	14	31	113	3.6	15	0	41	367	9.0	25	1	0	0	-	0	0	0	-	0	1	1	6
3 NFL Seasons		47	27	77	278	3.6	17	0	71	591	8.3	27	2	0	0	-	0	2	38	19.0	0	2	2	12

Other Statistics: 1997—recovered 2 fumbles for 0 yards.

David Hendrix

Pos: S **Rnd:** FA **College:** Georgia Tech **Ht:** 6'1" **Wt:** 213 **Born:** 5/29/72 **Age:** 26

				Tackles			Miscellaneous				Interceptions				Totals		
Year	Team	G	GS	Tk	Ast	Sack	FF	FR	TD	Blk	Int	Yds	Avg	TD	Sfty	TD	Pts
1995	San Diego Chargers	5	0	0	0	0.0	0	0	0	0	0	0	-	0	0	0	0
1996	San Diego Chargers	14	0	4	1	0.0	0	0	0	0	0	0	-	0	0	0	0
1997	San Diego Chargers	4	0	0	0	0.0	0	0	0	0	0	0	-	0	0	0	0
3 NFL Seasons		23	0	4	1	0.0	0	0	0	0	0	0	-	0	0	0	0

Chad Hennings

Pos: DT Rnd: 11 College: Air Force Ht: 6' 6" Wt: 295 Born: 10/20/65 Age: 33

Year Team	G	GS	Tackles Tk	Ast	Sack	Misc FF	FR	TD	Blk	Int Int	Yds	Avg	TD	Punt Returns Num	Yds	Avg	TD	Kickoff Returns Num	Yds	Avg	TD	Totals TD	Fum
1992 Dallas Cowboys	8	0	1	0	0.0	0	0	0	0	0	0	-	0	0	0	-	0	0	0	-	0	0	0
1993 Dallas Cowboys	13	0	6	11	0.0	0	0	0	0	0	0	-	0	0	0	-	0	1	7	7.0	0	0	0
1994 Dallas Cowboys	16	0	19	4	7.0	1	1	0	0	0	0	-	0	0	0	-	0	0	0	-	0	0	0
1995 Dallas Cowboys	16	7	32	10	5.5	0	1	0	0	0	0	-	0	0	0	-	0	0	0	-	0	0	0
1996 Dallas Cowboys	15	15	33	7	4.5	2	1	0	1	0	0	-	0	0	0	-	0	0	0	-	0	0	0
1997 Dallas Cowboys	11	10	26	5	5.0	0	1	1	0	0	0	-	0	0	0	-	0	0	0	-	0	1	0
6 NFL Seasons	79	32	117	37	22.0	3	4	1	1	0	0	-	0	0	0	-	0	1	7	7.0	0	1	0

Kevin Henry

(statistical profile on page 419)

Pos: DE Rnd: 4 College: Mississippi State Ht: 6' 4" Wt: 282 Born: 10/23/68 Age: 30

Year Team	G	GS	Tk	Ast	Sack	FF	FR	TD	Blk	Int	Yds	Avg	TD	Sfty	TD	Pts
1993 Pittsburgh Steelers	12	1	4	3	1.0	0	0	0	0	1	10	10.0	0	0	0	0
1994 Pittsburgh Steelers	16	5	12	5	0.0	0	1	0	0	0	0	-	0	0	0	0
1995 Pittsburgh Steelers	13	5	12	3	2.0	0	0	0	0	0	0	-	0	0	0	0
1996 Pittsburgh Steelers	12	10	13	10	1.5	1	1	0	0	0	0	-	0	0	0	0
1997 Pittsburgh Steelers	16	16	35	16	4.5	0	2	0	0	1	36	36.0	0	0	0	0
5 NFL Seasons	69	37	76	37	9.0	1	4	0	0	2	46	23.0	0	0	0	0

Craig Hentrich

(statistical profile on page 475)

Pos: P Rnd: 8 College: Notre Dame Ht: 6' 3" Wt: 200 Born: 5/18/71 Age: 27

Year Team	G	NetPunts	Yards	Avg	Long	In20	In20%	TotPunts	TB	Blocks	OppRet	RetYds	NetAvg	Overall	Pct	Long	Att	Com	Yds	Int
1994 Green Bay Packers	16	81	3351	41.4	70	24	29.6	81	10	0	36	272	35.5	0-0	-	-	0	0	0	0
1995 Green Bay Packers	16	65	2740	42.2	61	26	40.0	67	7	**2**	36	279	34.6	3-5	60.0	49	0	0	0	0
1996 Green Bay Packers	16	68	2886	42.4	65	28	**41.2**	68	9	0	29	237	36.3	0-0	-	-	1	0	0	0
1997 Green Bay Packers	16	75	3378	45.0	65	26	34.7	75	**21**	0	32	255	36.0	0-0	-	-	0	0	0	0
4 NFL Seasons	64	289	12355	42.8	70	104	36.0	291	47	2	133	1043	35.6	3-5	60.0	49	1	0	0	0

Other Statistics: 1995–converted 5 of 5 extra-point attempts. 1996–recovered 1 fumble for 0 yards.

Jimmy Herndon

Pos: T Rnd: 5 College: Houston Ht: 6' 8" Wt: 311 Born: 8/30/73 Age: 25

Year Team	G	GS			G	GS
1997 Chicago Bears	7	0		1 NFL Season	7	0

Kim Herring

Pos: S Rnd: 2 College: Penn State Ht: 6' 0" Wt: 196 Born: 10/10/75 Age: 23

Year Team	G	GS	Tk	Ast	Sack	FF	FR	TD	Blk	Int	Yds	Avg	TD	Sfty	TD	Pts
1997 Baltimore Ravens	15	4	44	8	1.0	1	1	0	0	0	0	-	0	0	0	0

Jeff Herrod

Pos: LB Rnd: 9 College: Mississippi Ht: 6' 0" Wt: 249 Born: 7/29/66 Age: 32

Year Team	G	GS	Tk	Ast	Sack	FF	FR	TD	Blk	Int	Yds	Avg	TD	Sfty	TD	Pts
1988 Indianapolis Colts	16	0	18	4	1.0	0	0	0	0	0	0	-	0	0	0	0
1989 Indianapolis Colts	15	14	104	50	2.0	2	0	0	0	0	0	-	0	0	0	0
1990 Indianapolis Colts	13	13	95	60	4.0	1	0	0	0	1	12	12.0	0	0	0	0
1991 Indianapolis Colts	14	14	105	55	2.5	0	3	0	0	1	25	25.0	0	0	0	0
1992 Indianapolis Colts	16	16	99	39	2.0	0	0	0	0	1	4	4.0	0	0	1	6
1993 Indianapolis Colts	14	14	94	48	2.0	0	1	1	0	1	29	29.0	0	0	0	0
1994 Indianapolis Colts	15	15	99	39	1.0	1	0	0	0	0	0	-	0	0	0	0
1995 Indianapolis Colts	16	16	82	42	0.0	2	0	0	0	0	0	-	0	0	0	0
1996 Indianapolis Colts	14	14	53	19	0.0	0	0	0	0	1	68	68.0	1	0	1	6
1997 Philadelphia Eagles	10	2	6	1	0.0	0	0	0	0	0	0	-	0	0	0	0
10 NFL Seasons	143	118	755	357	14.5	6	4	1	0	5	138	27.6	1	0	2	12

Chris Hetherington

Pos: RB Rnd: FA College: Yale Ht: 6' 2" Wt: 233 Born: 11/27/72 Age: 25

Year Team	G	GS	Att	Yds	Avg	Lg	TD	Rec	Yds	Avg	Lg	TD	Num	Yds	Avg	TD	Num	Yds	Avg	TD	Fum	TD	Pts
1996 Indianapolis Colts	6	0	0	0	-	-	0	0	0	-	-	0	0	0	-	0	1	16	16.0	0	0	0	0
1997 Indianapolis Colts	16	0	0	0	-	-	0	0	0	-	-	0	0	0	-	0	2	23	11.5	0	0	0	0
2 NFL Seasons	22	0	0	0	-	-	0	0	0	-	-	0	0	0	-	0	3	39	13.0	0	0	0	0

Chris Hewitt

Pos: S **Rnd:** FA **College:** Cincinnati **Ht:** 6'0" **Wt:** 210 **Born:** 7/22/74 **Age:** 24

Year Team	G	GS	Tackles			Miscellaneous				Interceptions				Totals		
			Tk	Ast	Sack	FF	FR	TD	Blk	Int	Yds	Avg	TD	Sfty	TD	Pts
1997 New Orleans Saints	11	2	12	4	0.0	1	1	0	1	0	0	-	0	0	0	0

Craig Heyward

Pos: FB **Rnd:** 1 (24) **College:** Pittsburgh **Ht:** 5'11" **Wt:** 250 **Born:** 9/26/66 **Age:** 32

Year Team	G	GS	Rushing					Receiving					Kickoff Returns				Passing					Totals		
			Att	Yds	Avg	Lg	TD	Rec	Yds	Avg	Lg	TD	Num	Yds	Avg	TD	Att	Com	Yds	Int	Fum	TD	Pts
1988 New Orleans Saints	11	8	74	355	4.8	t73	1	13	105	8.1	18	0	0	0	-	0	0	0	0	0	0	1	6
1989 New Orleans Saints	16	6	49	183	3.7	15	1	13	69	5.3	12	0	0	0	-	0	0	0	0	0	2	1	6
1990 New Orleans Saints	16	15	129	599	4.6	t47	4	18	121	6.7	12	0	0	0	-	0	0	0	0	0	3	4	24
1991 New Orleans Saints	7	4	76	260	3.4	15	4	4	34	8.5	t22	1	0	0	-	0	1	1	44	0	0	5	30
1992 New Orleans Saints	16	13	104	416	4.0	23	3	19	159	8.4	21	0	1	14	14.0	0	0	0	0	0	1	3	18
1993 Chicago Bears	16	14	68	206	3.0	11	0	16	132	8.3	20	0	1	12	12.0	0	0	0	0	0	1	0	0
1994 Atlanta Falcons	16	11	183	779	4.3	17	7	32	335	10.5	34	1	1	7	7.0	0	0	0	0	0	5	8	48
1995 Atlanta Falcons	16	16	236	1083	4.6	31	6	37	350	9.5	25	2	0	0	-	0	0	0	0	0	3	8	48
1996 Atlanta Falcons	15	5	72	321	4.5	34	3	16	168	10.5	25	0	1	18	18.0	0	0	0	0	0	0	3	18
1997 St. Louis Rams	16	12	34	84	2.5	8	1	8	77	9.6	25	0	0	0	-	0	0	0	0	0	1	1	6
10 NFL Seasons	145	104	1025	4286	4.2	t73	30	176	1550	8.8	34	4	5	63	12.6	0	2	1	44	1	16	34	204

Other Statistics: 1988–recovered 1 fumble for 0 yards. 1989–recovered 1 fumble for 0 yards. 1992–recovered 1 fumble for 0 yards. 1994–recovered 2 fumbles for 0 yards. 1995–recovered 3 fumbles for 0 yards. 1996–returned 1 punt for 0 yards.

Kevin Hickman

Pos: TE **Rnd:** 6 **College:** Navy **Ht:** 6'4" **Wt:** 258 **Born:** 8/20/71 **Age:** 27

Year Team	G	GS	Rushing					Receiving					Punt Returns				Kickoff Returns				Totals		
			Att	Yds	Avg	Lg	TD	Rec	Yds	Avg	Lg	TD	Num	Yds	Avg	TD	Num	Yds	Avg	TD	Fum	TD	Pts
1995 Detroit Lions	7	0	0	0	-	-	0	0	0	-	-	0	0	0	-	0	0	0	-	0	0	0	0
1997 Detroit Lions	4	0	0	0	-	-	0	0	0	-	-	0	0	0	-	0	0	0	-	0	0	0	0
2 NFL Seasons	11	0	0	0	-	-	0	0	0	-	-	0	0	0	-	0	0	0	-	0	0	0	0

Kerry Hicks

Pos: DT **Rnd:** 7 **College:** Colorado **Ht:** 6'5" **Wt:** 283 **Born:** 12/29/72 **Age:** 25

Year Team	G	GS	Tackles			Miscellaneous				Interceptions				Totals		
			Tk	Ast	Sack	FF	FR	TD	Blk	Int	Yds	Avg	TD	Sfty	TD	Pts
1997 Kansas City Chiefs	2	0	2	0	0.0	0	0	0	0	0	0	-	0	0	0	0

Michael Hicks

Pos: RB **Rnd:** 7 **College:** South Carolina State **Ht:** 6'0" **Wt:** 194 **Born:** 2/1/73 **Age:** 25

Year Team	G	GS	Rushing					Receiving					Punt Returns				Kickoff Returns				Totals		
			Att	Yds	Avg	Lg	TD	Rec	Yds	Avg	Lg	TD	Num	Yds	Avg	TD	Num	Yds	Avg	TD	Fum	TD	Pts
1996 Chicago Bears	4	0	27	92	3.4	23	0	1	-1	-1.0	-1	0	0	0	-	0	0	0	-	0	1	0	0
1997 Chicago Bears	2	0	4	14	3.5	8	0	0	0	-	-	0	0	0	-	0	0	0	-	0	0	0	0
2 NFL Seasons	6	0	31	106	3.4	23	0	1	-1	-1.0	-1	0	0	0	-	0	0	0	-	0	1	0	0

Van Hiles

Pos: S **Rnd:** 5 **College:** Kentucky **Ht:** 6'0" **Wt:** 195 **Born:** 11/1/75 **Age:** 23

Year Team	G	GS	Tackles			Miscellaneous				Interceptions				Totals		
			Tk	Ast	Sack	FF	FR	TD	Blk	Int	Yds	Avg	TD	Sfty	TD	Pts
1997 Chicago Bears	16	1	1	0	0.0	0	0	0	0	0	0	-	0	0	0	0

Eric Hill

Pos: LB **Rnd:** 1 (10) **College:** Louisiana State **Ht:** 6'2" **Wt:** 255 **Born:** 11/14/66 **Age:** 31

Year Team	G	GS	Tackles			Miscellaneous				Interceptions				Totals		
			Tk	Ast	Sack	FF	FR	TD	Blk	Int	Yds	Avg	TD	Sfty	TD	Pts
1989 Phoenix Cardinals	15	14	58	33	1.0	1	1	0	0	0	0	-	0	0	0	0
1990 Phoenix Cardinals	16	16	61	35	1.5	1	0	0	0	0	0	-	0	0	0	0
1991 Phoenix Cardinals	16	15	62	46	1.0	1	1	0	0	0	0	-	0	0	0	0
1992 Phoenix Cardinals	16	16	68	35	0.0	0	1	1	0	0	0	-	0	0	1	6
1993 Phoenix Cardinals	13	12	59	33	1.0	2	1	0	0	0	0	-	0	0	0	0
1994 Arizona Cardinals	16	15	79	41	1.5	0	0	0	1	0	0	-	0	0	0	0
1995 Arizona Cardinals	15	14	89	29	2.0	2	0	0	0	0	0	-	0	0	0	0
1996 Arizona Cardinals	16	16	83	48	0.0	0	0	0	0	0	0	-	0	0	0	0
1997 Arizona Cardinals	11	10	44	29	0.0	0	0	0	0	0	0	-	0	0	0	0
9 NFL Seasons	134	128	603	329	8.0	7	4	1	0	0	0	-	0	0	1	6

Other Statistics: 1992–fumbled 1 time.

Greg Hill
(statistical profile on page 325)

Pos: RB **Rnd:** 1 (25) **College:** Texas A&M **Ht:** 5' 11" **Wt:** 207 **Born:** 2/23/72 **Age:** 26

			Rushing					Receiving				Punt Returns				Kickoff Returns				Totals		
Year Team	G	GS	Att	Yds	Avg	Lg	TD	Rec	Yds	Avg	Lg	TD	Num	Yds	Avg	TD	Num	Yds	Avg	TD	Fum	TD	Pts
1994 Kansas City Chiefs	16	2	141	574	4.1	20	1	16	92	5.8	21	0	0	0	-	0	0	0	-	0	1	1	6
1995 Kansas City Chiefs	16	1	155	667	4.3	27	1	7	45	6.4	13	0	0	0	-	0	0	0	-	0	2	1	6
1996 Kansas City Chiefs	15	1	135	645	4.8	28	4	3	60	20.0	t34	1	0	0	-	0	0	0	-	0	1	5	30
1997 Kansas City Chiefs	16	16	157	550	3.5	38	0	12	126	10.5	39	0	0	0	-	0	0	0	-	0	1	0	0
4 NFL Seasons	63	20	588	2436	4.1	38	6	38	323	8.5	39	1	0	0	-	0	0	0	-	0	5	7	42

Randal Hill
(statistical profile on page 325)

Pos: WR **Rnd:** 1 (23) **College:** Miami (FL) **Ht:** 5' 10" **Wt:** 180 **Born:** 9/21/69 **Age:** 29

			Rushing					Receiving				Punt Returns				Kickoff Returns				Totals		
Year Team	G	GS	Att	Yds	Avg	Lg	TD	Rec	Yds	Avg	Lg	TD	Num	Yds	Avg	TD	Num	Yds	Avg	TD	Fum	TD	Pts
1991 Mia - Pho	16	4	0	0	-	0	0	43	495	11.5	t31	1	0	0	-	0	9	146	16.2	0	0	1	6
1992 Phoenix Cardinals	16	14	1	4	4.0	4	0	58	861	14.8	49	3	0	0	-	0	0	0	-	0	2	3	18
1993 Phoenix Cardinals	16	9	0	0	-	0	0	35	519	14.8	t58	4	0	0	-	0	0	0	-	0	0	4	24
1994 Arizona Cardinals	14	14	0	0	-	0	0	38	544	14.3	51	0	0	0	-	0	0	0	-	0	0	0	0
1995 Miami Dolphins	12	0	0	0	-	0	0	12	260	21.7	58	0	0	0	-	0	12	287	23.9	0	0	0	0
1996 Miami Dolphins	14	5	0	0	-	0	0	21	409	19.5	61	4	0	0	-	0	2	4	2.0	0	1	4	24
1997 New Orleans Saints	15	15	1	11	11.0	11	0	55	761	13.8	t89	2	0	0	-	0	0	0	-	0	0	2	12
1991 Miami Dolphins	1	0	0	0	-	0	0	0	0	-	0	0	0	0	-	0	1	33	33.0	0	0	0	0
Phoenix Cardinals	15	4	0	0	-	0	0	43	495	11.5	t31	1	0	0	-	0	8	113	14.1	0	0	1	6
7 NFL Seasons	103	61	2	15	7.5	11	0	262	3849	14.7	t89	14	0	0	-	0	23	437	19.0	0	3	14	84

Other Statistics: 1997–recovered 1 fumble for 0 yards.

Ike Hilliard

Pos: WR **Rnd:** 1 (7) **College:** Florida **Ht:** 6' 0" **Wt:** 188 **Born:** 4/5/76 **Age:** 22

			Rushing					Receiving				Punt Returns				Kickoff Returns				Totals		
Year Team	G	GS	Att	Yds	Avg	Lg	TD	Rec	Yds	Avg	Lg	TD	Num	Yds	Avg	TD	Num	Yds	Avg	TD	Fum	TD	Pts
1997 New York Giants	2	2	0	0	-	0	0	2	42	21.0	23	0	0	0	-	0	0	0	-	0	0	0	0

Randy Hilliard

Pos: CB **Rnd:** 6 **College:** Northwestern Louisiana **Ht:** 5' 11" **Wt:** 170 **Born:** 2/6/67 **Age:** 31

			Tackles			Miscellaneous				Interceptions				Totals		
Year Team	G	GS	Tk	Ast	Sack	FF	FR	TD	Blk	Int	Yds	Avg	TD	Sfty	TD	Pts
1990 Cleveland Browns	15	0	2	0	0.0	0	0	0	0	0	0	-	0	0	0	0
1991 Cleveland Browns	14	10	44	15	2.0	0	1	0	0	1	19	19.0	0	0	0	0
1992 Cleveland Browns	16	4	14	13	1.0	0	1	0	0	0	0	-	0	0	0	0
1993 Cleveland Browns	12	5	26	15	0.0	0	0	0	0	1	54	54.0	0	0	0	0
1994 Denver Broncos	15	4	40	4	0.0	1	0	0	0	2	8	4.0	0	0	0	0
1995 Denver Broncos	12	0	17	1	0.0	0	0	0	0	0	0	-	0	0	0	0
1996 Denver Broncos	13	2	20	4	0.0	0	1	0	0	1	27	27.0	0	0	0	0
1997 Denver Broncos	14	0	3	1	0.0	0	0	0	0	0	0	-	0	0	0	0
8 NFL Seasons	111	25	166	53	3.0	1	3	0	0	5	108	21.6	0	0	0	0

Keno Hills

Pos: G/T **Rnd:** 6 **College:** Southwestern Louisiana **Ht:** 6' 6" **Wt:** 305 **Born:** 6/13/73 **Age:** 25

Year Team	G	GS	Year Team	G	GS			G	GS
1996 New Orleans Saints	1	0	1997 New Orleans Saints	9	6		2 NFL Seasons	10	6

Jimmy Hitchcock
(statistical profile on page 420)

Pos: CB **Rnd:** 3 **College:** North Carolina **Ht:** 5' 10" **Wt:** 188 **Born:** 11/9/71 **Age:** 26

			Tackles			Miscellaneous				Interceptions				Totals		
Year Team	G	GS	Tk	Ast	Sack	FF	FR	TD	Blk	Int	Yds	Avg	TD	Sfty	TD	Pts
1995 New England Patriots	8	0	4	0	0.0	0	0	0	0	0	0	-	0	0	0	0
1996 New England Patriots	13	6	27	5	0.0	0	0	0	0	2	14	7.0	0	0	0	0
1997 New England Patriots	15	15	65	18	0.0	1	0	0	0	2	104	52.0	1	0	1	6
3 NFL Seasons	36	21	96	23	0.0	1	0	0	0	4	118	29.5	1	0	1	6

Leroy Hoard
(statistical profile on page 326)

Pos: RB **Rnd:** 2 **College:** Michigan **Ht:** 5' 11" **Wt:** 225 **Born:** 5/15/68 **Age:** 30

			Rushing					Receiving				Kickoff Returns				Passing				Totals		
Year Team	G	GS	Att	Yds	Avg	Lg	TD	Rec	Yds	Avg	Lg	TD	Num	Yds	Avg	TD	Att	Com	Yds	Int	Fum	TD	Pts
1990 Cleveland Browns	14	5	58	149	2.6	42	3	10	73	7.3	17	0	2	18	9.0	0	0	0	0	0	6	3	18
1991 Cleveland Browns	16	9	37	154	4.2	52	2	48	567	11.8	t71	9	0	0	-	0	0	0	0	0	1	11	66
1992 Cleveland Browns	16	9	54	236	4.4	37	0	26	310	11.9	t46	1	2	34	17.0	0	0	0	0	0	3	1	6
1993 Cleveland Browns	16	7	56	227	4.1	30	0	35	351	10.0	41	0	13	286	22.0	0	1	0	0	0	4	0	0

Daryl Hobbs (implicit first player - actually this is someone else)

Year Team	G	GS	Rushing Att	Yds	Avg	Lg	TD	Receiving Rec	Yds	Avg	Lg	TD	Kickoff Returns Num	Yds	Avg	TD	Passing Att	Com	Yds	Int	Totals Fum	TD	Pts
1994 Cleveland Browns	16	12	209	890	4.3	39	5	45	445	9.9	t65	4	2	30	15.0	0	0	0	0	0	8	9	54
1995 Cleveland Browns	12	12	136	547	4.0	25	0	13	103	7.9	24	0	1	13	13.0	0	0	0	0	0	5	0	0
1996 Bal - Car - Min	11	7	125	492	3.9	25	3	11	133	12.1	37	0	1	19	19.0	0	0	0	0	0	3	3	18
1997 Minnesota Vikings	12	1	80	235	2.9	20	4	11	84	7.6	30	0	0	0	-	0	0	0	0	0	0	4	24
1996 Baltimore Ravens	2	1	15	61	4.1	10	0	1	4	4.0	4	0	0	0	-	0	0	0	0	0	0	0	0
Carolina Panthers	3	0	5	11	2.2	5	0	0	0	-	-	0	1	19	19.0	0	0	0	0	0	0	0	0
Minnesota Vikings	6	6	105	420	4.0	25	3	10	129	12.9	37	0	0	0	-	0	0	0	0	0	3	3	18
8 NFL Seasons	113	62	755	2930	3.9	52	17	199	2066	10.4	t71	14	21	400	19.0	0	1	0	0	0	30	31	186

Other Statistics: 1991–recovered 1 fumble for 4 yards. 1992–recovered 1 fumble for 0 yards.

Daryl Hobbs

Pos: WR/PR **Rnd:** FA **College:** Pacific **Ht:** 6' 2" **Wt:** 175 **Born:** 5/23/68 **Age:** 30

Year Team	G	GS	Rushing Att	Yds	Avg	Lg	TD	Receiving Rec	Yds	Avg	Lg	TD	Punt Returns Num	Yds	Avg	TD	Kickoff Returns Num	Yds	Avg	TD	Totals Fum	TD	Pts
1993 Los Angeles Raiders	3	0	0	0	-	-	0	0	0	-	-	0	0	0	-	0	0	0	-	0	0	0	0
1994 Los Angeles Raiders	10	0	0	0	-	-	0	5	52	10.4	14	0	0	0	-	0	0	0	-	0	0	0	0
1995 Oakland Raiders	16	1	0	0	-	-	0	38	612	16.1	t54	3	1	10	10.0	0	1	20	20.0	0	0	3	18
1996 Oakland Raiders	16	1	0	0	-	-	0	44	423	9.6	29	3	10	84	8.4	0	1	14	14.0	0	4	3	18
1997 NO - Sea	14	0	0	0	-	-	0	7	85	12.1	21	1	0	0	-	0	0	0	-	0	1	1	6
1997 New Orleans Saints	4	0	0	0	-	-	0	2	41	20.5	21	1	0	0	-	0	0	0	-	0	0	1	6
Seattle Seahawks	10	0	0	0	-	-	0	5	44	8.8	21	0	0	0	-	0	0	0	-	0	1	0	0
5 NFL Seasons	59	2	0	0	-	-	0	94	1172	12.5	t54	7	11	94	8.5	0	2	34	17.0	0	5	7	42

Other Statistics: 1995–attempted 1 pass with 0 completions for 0 yards. 1996–recovered 2 fumbles for 0 yards; attempted 1 pass with 1 completion for 7 yards.

Billy Joe Hobert

Pos: QB **Rnd:** 3 **College:** Washington **Ht:** 6' 3" **Wt:** 230 **Born:** 1/8/71 **Age:** 27 *(statistical profile on page 326)*

Year Team	G	GS	Passing Att	Com	Pct	Yards	Yds/Att	Lg	TD	Int	Int%	Rating	Rushing Att	Yds	Avg	Lg	TD	Miscellaneous Sckd	Yds	Fum	Recv	Yds	Pts
1995 Oakland Raiders	4	2	80	44	55.0	540	6.75	t80	6	4	5.0	80.2	5	1.7	6	0	3	11	0	0	0	0	0
1996 Oakland Raiders	8	3	104	57	54.8	667	6.41	51	4	5	4.8	67.3	2	13	6.5	14	0	9	52	6	0	0	0
1997 Buf - NO	7	4	161	78	48.4	1024	6.36	49	6	10	6.2	55.5	14	43	3.1	15	0	6	36	3	1	-5	0
1997 Buffalo Bills	2	0	30	17	56.7	133	4.43	20	0	2	6.7	40.0	2	7	3.5	7	0	2	7	1	1	-5	0
New Orleans Saints	5	4	131	61	46.6	891	6.80	49	6	8	6.1	59.0	12	36	3.0	15	0	4	29	2	0	0	0
3 NFL Seasons	19	9	345	179	51.9	2231	6.47	t80	16	19	5.5	64.8	19	61	3.2	15	0	18	99	9	1	-5	0

Other Statistics: 1996–punted 9 times for 371 yards.

Kelly Holcomb

Pos: QB **Rnd:** FA **College:** Middle Tennessee State **Ht:** 6' 2" **Wt:** 219 **Born:** 7/9/73 **Age:** 25 *(statistical profile on page 327)*

Year Team	G	GS	Passing Att	Com	Pct	Yards	Yds/Att	Lg	TD	Int	Int%	Rating	Rushing Att	Yds	Avg	Lg	TD	Miscellaneous Sckd	Yds	Fum	Recv	Yds	Pts
1996 Indianapolis Colts	1	0	0	0	-	0	-	-	0	0	-	0.0	0	0	-	0	0	0	0	0	0	0	0
1997 Indianapolis Colts	5	1	73	45	61.6	454	6.22	41	1	8	11.0	44.3	5	5	1.0	3	0	11	76	4	1	-8	0
2 NFL Seasons	6	1	73	45	61.6	454	6.22	41	1	8	11.0	44.3	5	5	1.0	3	0	11	76	4	1	-8	0

John Holecek

Pos: LB **Rnd:** 5 **College:** Illinois **Ht:** 6' 2" **Wt:** 238 **Born:** 5/7/72 **Age:** 26

Year Team	G	GS	Tackles Tk	Ast	Sack	Miscellaneous FF	FR	TD	Blk	Interceptions Int	Yds	Avg	TD	Totals Sfty	TD	Pts
1995 Buffalo Bills	1	0	3	2	0.0	0	0	0	0	0	0	-	0	0	0	0
1997 Buffalo Bills	14	8	38	20	1.5	1	0	0	0	0	0	-	0	0	0	0
2 NFL Seasons	15	8	41	22	1.5	1	0	0	0	0	0	-	0	0	0	0

Darius Holland

Pos: DT **Rnd:** 3 **College:** Colorado **Ht:** 6' 4" **Wt:** 310 **Born:** 11/10/73 **Age:** 24

Year Team	G	GS	Tackles Tk	Ast	Sack	Miscellaneous FF	FR	TD	Blk	Interceptions Int	Yds	Avg	TD	Totals Sfty	TD	Pts
1995 Green Bay Packers	14	4	9	8	1.5	0	0	0	0	0	0	-	0	0	0	0
1996 Green Bay Packers	16	0	9	1	0.0	0	0	0	0	0	0	-	0	0	0	0
1997 Green Bay Packers	12	1	5	7	0.0	0	0	0	0	0	0	-	0	0	0	0
3 NFL Seasons	42	5	23	16	1.5	0	0	0	0	0	0	-	0	0	0	0

Corey Holliday

Pos: WR **Rnd:** FA **College:** North Carolina **Ht:** 6' 2" **Wt:** 208 **Born:** 1/31/71 **Age:** 27

Year Team	G	GS	Rushing Att	Yds	Avg	Lg	TD	Receiving Rec	Yds	Avg	Lg	TD	Punt Returns Num	Yds	Avg	TD	Kickoff Returns Num	Yds	Avg	TD	Totals Fum	TD	Pts
1995 Pittsburgh Steelers	3	0	0	0	-	-	0	0	0	-	-	0	0	0	-	0	0	0	-	0	0	0	0
1996 Pittsburgh Steelers	12	0	0	0	-	-	0	1	7	7.0	7	0	0	0	-	0	0	0	-	0	0	0	0

Year Team	G	GS	Rushing					Receiving					Punt Returns				Kickoff Returns				Totals		
			Att	Yds	Avg	Lg	TD	Rec	Yds	Avg	Lg	TD	Num	Yds	Avg	TD	Num	Yds	Avg	TD	Fum	TD	Pts
1997 Pittsburgh Steelers	2	0	0	0	-	-	0	0	0	-	-	0	0	0	-	0	0	0	-	0	0	0	0
3 NFL Seasons	17	0	0	0	-	-	0	1	7	7.0	7	0	0	0	-	0	0	0	-	0	0	0	0

Dwight Hollier

Pos: LB **Rnd:** 4 **College:** North Carolina **Ht:** 6' 2" **Wt:** 250 **Born:** 4/21/69 **Age:** 29

Year Team	G	GS	Tackles			Miscellaneous				Interceptions				Punt Returns				Kickoff Returns				Totals	
			Tk	Ast	Sack	FF	FR	TD	Blk	Int	Yds	Avg	TD	Num	Yds	Avg	TD	Num	Yds	Avg	TD	TD	Fum
1992 Miami Dolphins	16	5	30	10	1.0	0	3	0	0	0	0	-	0	0	0	-	0	0	0	-	0	0	0
1993 Miami Dolphins	16	10	70	24	0.0	0	1	0	0	0	0	-	0	0	0	-	0	0	0	-	0	0	0
1994 Miami Dolphins	10	7	34	9	0.0	0	0	0	0	1	36	36.0	0	0	0	-	0	0	0	-	0	0	0
1995 Miami Dolphins	16	14	36	11	0.0	0	1	0	0	0	0	-	0	0	0	-	0	0	0	-	0	0	0
1996 Miami Dolphins	16	15	43	12	1.0	1	0	0	0	1	11	11.0	0	0	0	-	0	0	0	-	0	0	0
1997 Miami Dolphins	16	3	16	19	0.0	0	0	0	0	0	0	-	0	0	0	-	0	1	0	0.0	0	0	0
6 NFL Seasons	90	54	229	85	2.0	1	5	0	0	2	47	23.5	0	0	0	-	0	1	0	0.0	0	0	0

Lamont Hollinquest

Pos: LB **Rnd:** 8 **College:** Southern California **Ht:** 6' 3" **Wt:** 245 **Born:** 10/24/70 **Age:** 28

Year Team	G	GS	Tackles			Miscellaneous				Interceptions				Totals		
			Tk	Ast	Sack	FF	FR	TD	Blk	Int	Yds	Avg	TD	Sfty	TD	Pts
1993 Washington Redskins	16	0	6	3	0.0	0	0	0	0	0	0	-	0	0	0	0
1994 Washington Redskins	14	0	13	2	0.5	0	1	0	0	1	39	39.0	0	0	0	0
1996 Green Bay Packers	16	0	3	0	0.0	0	0	0	0	1	2	2.0	0	0	0	0
1997 Green Bay Packers	16	0	5	2	0.0	0	0	0	0	0	0	-	0	0	0	0
4 NFL Seasons	62	0	27	7	0.5	0	1	0	0	2	41	20.5	0	0	0	0

Mike Hollis

(statistical profile on page 476)

Pos: K **Rnd:** FA **College:** Idaho **Ht:** 5' 7" **Wt:** 176 **Born:** 5/22/72 **Age:** 26

Year Team	G	Field Goals										PAT		Tot
		1-29 Yds	Pct	30-39 Yds	Pct	40-49 Yds	Pct	50+ Yds	Pct	Overall	Pct	Long	Made	Att	Pts
1995 Jacksonville Jaguars	16	7-9	77.8	7-8	87.5	4-7	57.1	2-3	66.7	20-27	74.1	53	27	28	87
1996 Jacksonville Jaguars	16	11-11	100.0	12-14	85.7	5-8	62.5	2-3	66.7	30-36	83.3	53	27	27	117
1997 Jacksonville Jaguars	16	14-16	87.5	8-9	88.9	7-9	77.8	2-2	100.0	31-36	86.1	52	41	41	134
3 NFL Seasons	48	32-36	88.9	27-31	87.1	16-24	66.7	6-8	75.0	81-99	81.8	53	95	96	338

Rob Holmberg

Pos: LB **Rnd:** 7 **College:** Penn State **Ht:** 6' 3" **Wt:** 230 **Born:** 5/6/71 **Age:** 27

Year Team	G	GS	Tackles			Miscellaneous				Interceptions				Punt Returns				Kickoff Returns				Totals	
			Tk	Ast	Sack	FF	FR	TD	Blk	Int	Yds	Avg	TD	Num	Yds	Avg	TD	Num	Yds	Avg	TD	TD	Fum
1994 Los Angeles Raiders	16	0	1	0	0.0	0	0	0	0	0	0	-	0	0	0	-	0	0	0	-	0	0	0
1995 Oakland Raiders	16	0	2	1	1.0	0	1	0	0	0	0	-	0	0	0	-	0	0	0	-	0	0	0
1996 Oakland Raiders	13	1	3	1	1.0	0	0	0	1	0	0	-	0	0	0	-	0	0	0	-	0	0	0
1997 Oakland Raiders	16	0	5	1	0.0	0	1	0	0	0	0	-	0	0	0	-	0	1	15	15.0	0	0	0
4 NFL Seasons	61	1	11	3	2.0	0	2	0	1	0	0	-	0	0	0	-	0	1	15	15.0	0	0	0

Darick Holmes

Pos: RB **Rnd:** 7 **College:** Portland State **Ht:** 6' 0" **Wt:** 226 **Born:** 7/1/71 **Age:** 27

Year Team	G	GS	Rushing					Receiving					Punt Returns				Kickoff Returns				Totals		
			Att	Yds	Avg	Lg	TD	Rec	Yds	Avg	Lg	TD	Num	Yds	Avg	TD	Num	Yds	Avg	TD	Fum	TD	Pts
1995 Buffalo Bills	16	2	172	698	4.1	t38	4	24	214	8.9	47	0	0	0	-	0	39	799	20.5	0	4	4	24
1996 Buffalo Bills	16	1	189	571	3.0	37	4	16	102	6.4	20	1	0	0	-	0	0	0	-	0	2	5	32
1997 Buffalo Bills	13	0	22	106	4.8	19	2	13	106	8.2	22	0	0	0	-	0	23	430	18.7	0	1	2	12
3 NFL Seasons	45	3	383	1375	3.6	t38	10	53	422	8.0	47	1	0	0	-	0	62	1229	19.8	0	7	11	68

Other Statistics: 1995–recovered 2 fumbles for 0 yards. 1996–recovered 1 fumble for 0 yards; scored 1 two-point conversion. 1997–recovered 1 fumble for 0 yards.

Earl Holmes

(statistical profile on page 420)

Pos: LB **Rnd:** 4 **College:** Florida A&M **Ht:** 6' 1" **Wt:** 238 **Born:** 4/28/73 **Age:** 25

Year Team	G	GS	Tackles			Miscellaneous				Interceptions				Totals		
			Tk	Ast	Sack	FF	FR	TD	Blk	Int	Yds	Avg	TD	Sfty	TD	Pts
1996 Pittsburgh Steelers	3	1	9	1	1.0	0	0	0	0	0	0	-	0	0	0	0
1997 Pittsburgh Steelers	16	16	67	29	4.0	0	1	0	0	0	0	-	0	0	0	0
2 NFL Seasons	19	17	76	30	5.0	0	1	0	0	0	0	-	0	0	0	0

Kenny Holmes

Pos: DE **Rnd:** 1 (18) **College:** Miami (FL) **Ht:** 6' 4" **Wt:** 250 **Born:** 10/24/73 **Age:** 25

Year Team	G	GS	Tackles			Miscellaneous				Interceptions				Totals		
			Tk	Ast	Sack	FF	FR	TD	Blk	Int	Yds	Avg	TD	Sfty	TD	Pts
1997 Tennessee Oilers	16	5	28	5	7.0	1	1	0	1	0	0	-	0	0	0	0

Lester Holmes

Pos: G **Rnd:** 1 (19) **College:** Jackson State **Ht:** 6' 3" **Wt:** 305 **Born:** 9/27/69 **Age:** 29

Year	Team	G	GS	Year	Team	G	GS	Year	Team	G	GS		G	GS
1993	Philadelphia Eagles	12	6	1995	Philadelphia Eagles	2	2	1997	Oakland Raiders	15	15			
1994	Philadelphia Eagles	16	16	1996	Philadelphia Eagles	16	14					5 NFL Seasons	61	53

Other Statistics: 1993–recovered 1 fumble for 0 yards. 1994–recovered 3 fumbles for 0 yards.

Priest Holmes

Pos: RB **Rnd:** FA **College:** Texas **Ht:** 5' 9" **Wt:** 205 **Born:** 10/7/73 **Age:** 25

				Rushing				Receiving				Punt Returns				Kickoff Returns				Totals		
Year	Team	G	GS	Att	Yds	Avg	Lg	TD	Rec	Yds	Avg	Lg	TD	Num	Yds	Avg	TD	Num	Yds	Avg	TD	Fum	TD	Pts
1997	Baltimore Ravens	7	0	0	0	-	-	0	0	0	-	-	0	0	0	-	0	1	14	14.0	0	0	0	0

Bernard Holsey

Pos: DE/DT **Rnd:** FA **College:** Duke **Ht:** 6' 2" **Wt:** 284 **Born:** 12/10/73 **Age:** 24

				Tackles			Miscellaneous				Interceptions				Totals		
Year	Team	G	GS	Tk	Ast	Sack	FF	FR	TD	Blk	Int	Yds	Avg	TD	Sfty	TD	Pts
1996	New York Giants	16	0	10	2	0.0	0	0	0	0	0	0	-	0	0	0	0
1997	New York Giants	16	4	10	6	3.0	1	0	0	0	0	0	-	0	0	0	0
	2 NFL Seasons	32	4	20	8	3.0	1	0	0	0	0	0	-	0	0	0	0

Brad Hopkins

Pos: T **Rnd:** 1 (13) **College:** Illinois **Ht:** 6' 3" **Wt:** 306 **Born:** 9/5/70 **Age:** 28

Year	Team	G	GS	Year	Team	G	GS	Year	Team	G	GS		G	GS
1993	Houston Oilers	16	11	1995	Houston Oilers	16	16	1997	Tennessee Oilers	16	16			
1994	Houston Oilers	16	15	1996	Houston Oilers	16	16					5 NFL Seasons	80	74

Other Statistics: 1994–recovered 1 fumble for 0 yards. 1995–recovered 3 fumbles for 0 yards. 1996–recovered 1 fumble for 0 yards. 1997–recovered 1 fumble for 0 yards.

Mike Horan

(statistical profile on page 476)

Pos: P **Rnd:** 9 **College:** Long Beach State **Ht:** 5' 11" **Wt:** 192 **Born:** 2/1/59 **Age:** 39

						Punting								Rushing		Passing			
Year	Team	G	NetPunts	Yards	Avg	Long	In20	In20%	TotPunts	TB	Blocks	OppRet	RetYds	NetAvg	Att	Yards	Att	Com	Yards	Int
1984	Philadelphia Eagles	16	92	3880	42.2	69	21	22.8	92	6	0	58	486	35.6	0	0	0	0	0	0
1985	Philadelphia Eagles	16	91	3777	41.5	75	20	22.0	91	10	0	41	462	34.2	0	0	0	0	0	0
1986	Denver Broncos	4	21	864	41.1	50	8	38.1	21	2	0	11	99	34.5	1	12	0	0	0	0
1987	Denver Broncos	12	44	1807	41.1	61	11	25.0	46	5	2	22	186	33.1	1	0	0	0	0	0
1988	Denver Broncos	16	65	2861	44.0	70	19	29.2	65	2	0	33	364	37.8	0	0	0	0	0	0
1989	Denver Broncos	16	77	3111	40.4	63	24	31.2	77	5	0	28	370	34.3	0	0	0	0	0	0
1990	Denver Broncos	15	58	2575	44.4	67	14	24.1	59	6	1	22	159	38.9	0	0	0	0	0	0
1991	Denver Broncos	16	72	3012	41.8	71	24	33.3	73	8	1	28	170	36.7	2	9	0	0	0	0
1992	Denver Broncos	7	37	1681	45.4	62	7	18.9	38	1	1	14	132	40.2	0	0	0	0	0	0
1993	New York Giants	8	44	1882	42.8	60	13	29.5	44	1	0	25	107	39.9	0	0	0	0	0	0
1994	New York Giants	16	85	3521	41.4	63	25	29.4	87	7	2	39	307	35.3	0	0	0	0	0	0
1995	New York Giants	16	72	3063	42.5	60	15	20.8	72	8	0	34	297	36.2	1	0	0	0	0	0
1996	New York Giants	16	102	4289	42.0	63	32	31.4	102	10	0	45	432	35.9	0	0	0	0	0	0
1997	St. Louis Rams	10	53	2272	42.9	60	10	18.9	53	4	0	33	266	36.3	1	-3	0	0	0	0
	14 NFL Seasons	184	913	38595	42.3	75	243	26.6	920	75	7	433	3837	36.2	6	18	0	0	0	0

Other Statistics: 1986–recovered 1 fumble for -12 yards; fumbled 1 time. 1991–recovered 1 fumble for 0 yards. 1995–recovered 1 fumble for -18 yards; fumbled 1 time.

Joe Horn

Pos: WR **Rnd:** 5 **College:** Itawamba Junior College **Ht:** 6' 1" **Wt:** 195 **Born:** 1/16/72 **Age:** 26

				Rushing				Receiving				Punt Returns				Kickoff Returns				Totals		
Year	Team	G	GS	Att	Yds	Avg	Lg	TD	Rec	Yds	Avg	Lg	TD	Num	Yds	Avg	TD	Num	Yds	Avg	TD	Fum	TD	Pts
1996	Kansas City Chiefs	10	0	1	8	8.0	8	0	2	30	15.0	21	0	0	0	-	0	0	0	-	0	0	0	0
1997	Kansas City Chiefs	8	0	0	0	-	-	0	2	65	32.5	47	0	0	0	-	0	1	25	25.0	0	0	0	0
	2 NFL Seasons	18	0	1	8	8.0	8	0	4	95	23.8	47	0	0	0	-	0	1	25	25.0	0	0	0	0

Jeff Hostetler

(statistical profile on page 327)

Pos: QB **Rnd:** 3 **College:** West Virginia **Ht:** 6' 3" **Wt:** 215 **Born:** 4/22/61 **Age:** 37

				Passing								Rushing					Miscellaneous			
Year	Team	G	GS	Att	Com	Pct	Yards	Yds/Att	Lg	TD	Int	Int%	Rating	Att	Yds	Avg	Lg	TD	Sckd	Yds	Fum Recv Yds	Pts
1985	New York Giants	5	0	0	0	-	0	-	-	0	0	-	0.0	0	0	-	-	0	0	0	0 0	0
1986	New York Giants	13	0	0	0	-	0	-	-	0	0	-	0.0	1	1	1.0	1	0	0	0	0 0	0
1988	New York Giants	16	1	29	16	55.2	244	8.41	t85	1	2	6.9	65.9	5	-3	-0.6	0	0	5	31	1 0	6
1989	New York Giants	16	1	39	20	51.3	294	7.54	t35	2	5	12.8	80.5	11	71	6.5	t19	2	6	37	2 1 0	12
1990	New York Giants	16	2	87	47	54.0	614	7.06	t44	3	1	1.1	83.2	39	190	4.9	30	2	9	38	4 5 -4	12
1991	New York Giants	12	12	285	179	62.8	2032	7.13	55	5	4	1.4	84.1	42	273	6.5	t47	2	20	100	7 6 -9	12

Year Team	G	GS	Passing									Rushing					Miscellaneous				
			Att	Com	Pct	Yards	Yds/Att	Lg	TD	Int	Int%	Rating	Att	Yds	Avg	Lg	TD	Sckd	Yds	Fum	Recv Yds	Pts
1992 New York Giants	13	9	192	103	53.6	1225	6.38	46	8	3	1.6	80.8	35	172	4.9	27	3	24	148	6	0 -3	18
1993 Los Angeles Raiders	15	15	419	236	56.3	3242	7.74	t74	14	10	2.4	82.5	55	202	3.7	19	5	38	206	6	2 -1	30
1994 Los Angeles Raiders	16	16	455	263	57.8	3334	7.33	t77	20	16	3.5	80.8	46	159	3.5	14	2	41	232	10	0 -9	12
1995 Oakland Raiders	11	11	286	172	60.1	1998	6.99	t80	12	9	3.1	82.2	31	119	3.8	18	0	22	133	5	1 0	0
1996 Oakland Raiders	13	13	402	242	60.2	2548	6.34	t62	23	14	3.5	83.2	37	179	4.8	17	1	32	181	4	5 -3	6
1997 Washington Redskins	8	3	144	79	54.9	899	6.24	69	5	10	6.9	56.5	14	28	2.0	11	0	10	52	3	1 0	0
12 NFL Seasons	154	83	2338	1357	58.0	16430	7.03	t85	94	71	3.0	80.5	316	1391	4.4	t47	17	207	1158	48	22 -29	102

Other Statistics: 1988–caught 1 pass for 10 yards.

Bobby Houston

Pos: LB **Rnd:** 3 **College:** North Carolina State **Ht:** 6' 2" **Wt:** 245 **Born:** 10/26/67 **Age:** 31

Year Team	G	GS	Tackles			Miscellaneous				Interceptions				Totals		
			Tk	Ast	Sack	FF	FR	TD	Blk	Int	Yds	Avg	TD	Sfty	TD	Pts
1990 Green Bay Packers	1	0	0	0	0.0	0	0	0	0	0	0	-	0	0	0	0
1991 New York Jets	14	0	2	1	1.0	0	1	0	0	0	0	-	0	0	0	0
1992 New York Jets	16	15	31	20	4.0	0	0	0	0	1	20	20.0	1	0	1	6
1993 New York Jets	16	15	38	30	3.0	2	1	0	0	1	0	0.0	0	0	0	0
1994 New York Jets	16	16	53	30	3.5	1	1	0	0	0	0	-	0	0	0	0
1995 New York Jets	16	15	35	19	3.0	2	3	0	0	0	0	-	0	0	0	0
1996 New York Jets	15	15	31	24	0.0	1	1	0	0	2	3	1.5	0	0	0	0
1997 KC - SD	7	0	0	0	0.0	0	0	0	0	0	0	-	0	0	0	0
1997 Kansas City Chiefs	5	0	0	0	0.0	0	0	0	0	0	0	-	0	0	0	0
San Diego Chargers	2	0	0	0	0.0	0	0	0	0	0	0	-	0	0	0	0
8 NFL Seasons	101	76	190	124	14.5	6	7	0	0	4	23	5.8	1	0	1	6

Desmond Howard

Pos: PR/KR **Rnd:** 1 (4) **College:** Michigan **Ht:** 5' 9" **Wt:** 180 **Born:** 5/15/70 **Age:** 28

Year Team	G	GS	Rushing					Receiving					Punt Returns				Kickoff Returns				Totals		
			Att	Yds	Avg	Lg	TD	Rec	Yds	Avg	Lg	TD	Num	Yds	Avg	TD	Num	Yds	Avg	TD	Fum	TD	Pts
1992 Washington Redskins	16	1	3	14	4.7	7	0	3	20	6.7	8	0	6	84	14.0	1	22	462	21.0	0	1	1	6
1993 Washington Redskins	16	5	2	17	8.5	9	0	23	286	12.4	27	0	4	25	6.3	0	21	405	19.3	0	0	0	0
1994 Washington Redskins	16	16	1	4	4.0	4	0	40	727	18.2	t81	5	0	0	-	0	0	0	-	0	0	5	32
1995 Jacksonville Jaguars	13	7	1	8	8.0	8	0	26	276	10.6	24	1	24	246	10.3	0	10	178	17.8	0	0	1	6
1996 Green Bay Packers	16	0	0	0	-	-	0	13	95	7.3	12	0	58	875	15.1	3	22	460	20.9	0	2	3	18
1997 Oakland Raiders	15	0	0	0	-	-	0	4	30	7.5	9	0	27	210	7.8	0	61	1318	21.6	0	2	0	0
6 NFL Seasons	92	28	7	43	6.1	9	0	109	1434	13.2	t81	6	119	1440	12.1	4	136	2823	20.8	0	5	10	62

Other Statistics: 1994–scored 1 two-point conversion. 1996–recovered 1 fumble for 0 yards. 1997–recovered 2 fumbles for 0 yards.

Ty Howard

Pos: CB **Rnd:** 3 **College:** Ohio State **Ht:** 5' 9" **Wt:** 186 **Born:** 11/30/73 **Age:** 24

Year Team	G	GS	Tackles			Miscellaneous				Interceptions				Totals		
			Tk	Ast	Sack	FF	FR	TD	Blk	Int	Yds	Avg	TD	Sfty	TD	Pts
1997 Arizona Cardinals	15	2	24	6	1.0	0	0	0	0	0	0	-	0	0	0	0

Bobby Hoying

(statistical profile on page 328)

Pos: QB **Rnd:** 3 **College:** Ohio State **Ht:** 6' 3" **Wt:** 221 **Born:** 9/20/72 **Age:** 26

Year Team	G	GS	Passing										Rushing					Miscellaneous			
			Att	Com	Pct	Yards	Yds/Att	Lg	TD	Int	Int%	Rating	Att	Yds	Avg	Lg	TD	Sckd	Yds	Fum Recv Yds	Pts
1996 Philadelphia Eagles	2	0	0	0	-	0	-	-	0	0	-	0.0	0	0	-	-	0	1	10	1 0 0	0
1997 Philadelphia Eagles	7	6	225	128	56.9	1573	6.99	t72	11	6	2.7	83.8	16	78	4.9	30	0	28	183	7 1 0	0
2 NFL Seasons	9	6	225	128	56.9	1573	6.99	t72	11	6	2.7	83.8	16	78	4.9	30	0	29	193	8 1 0	0

Chris Hudson

(statistical profile on page 421)

Pos: S **Rnd:** 3 **College:** Colorado **Ht:** 5' 10" **Wt:** 198 **Born:** 10/6/71 **Age:** 27

Year Team	G	GS	Tackles			Miscellaneous				Interceptions				Punt Returns				Kickoff Returns				Totals	
			Tk	Ast	Sack	FF	FR	TD	Blk	Int	Yds	Avg	TD	Num	Yds	Avg	TD	Num	Yds	Avg	TD	TD	Fum
1995 Jacksonville Jaguars	1	0	0	0	0.0	0	0	0	0	0	0	-	0	0	0	-	0	0	0	-	0	0	0
1996 Jacksonville Jaguars	16	16	41	15	0.5	0	2	0	0	2	25	12.5	0	32	348	10.9	0	0	0	-	0	0	3
1997 Jacksonville Jaguars	16	16	60	12	0.0	1	2	2	0	3	26	8.7	0	0	0	-	0	0	0	-	0	2	1
3 NFL Seasons	33	32	101	27	0.5	1	4	2	0	5	51	10.2	0	32	348	10.9	0	0	0	-	0	2	4

John Hudson

Pos: C/LS **Rnd:** 11 **College:** Auburn **Ht:** 6' 2" **Wt:** 276 **Born:** 1/29/68 **Age:** 30

Year	Team	G	GS	Year	Team	G	GS	Year	Team	G	GS	Year	Team	G	GS
1991	Philadelphia Eagles	16	0	1993	Philadelphia Eagles	16	0	1995	Philadelphia Eagles	16	0	1997	New York Jets	16	0
1992	Philadelphia Eagles	3	0	1994	Philadelphia Eagles	16	0	1996	New York Jets	16	0		7 NFL Seasons	99	0

Other Statistics: 1991–fumbled 1 time for 0 yards. 1993–fumbled 1 time for -14 yards.

119

Danan Hughes

Pos: WR **Rnd:** 7 **College:** Iowa **Ht:** 6' 2" **Wt:** 211 **Born:** 12/11/70 **Age:** 27

Year Team	G	GS	Rushing Att	Yds	Avg	Lg	TD	Receiving Rec	Yds	Avg	Lg	TD	Punt Returns Num	Yds	Avg	TD	Kickoff Returns Num	Yds	Avg	TD	Totals Fum	TD	Pts
1993 Kansas City Chiefs	6	0	0	0	-	-	0	0	0	-	-	0	3	49	16.3	0	14	266	19.0	0	0	0	0
1994 Kansas City Chiefs	16	0	0	0	-	-	0	7	80	11.4	22	0	27	192	7.1	0	9	190	21.1	0	0	0	0
1995 Kansas City Chiefs	16	0	1	5	5.0	5	0	14	103	7.4	16	1	3	9	3.0	0	1	18	18.0	0	0	1	6
1996 Kansas City Chiefs	15	2	0	0	-	-	0	17	167	9.8	26	1	0	0	-	0	2	42	21.0	0	0	1	6
1997 Kansas City Chiefs	16	1	0	0	-	-	0	7	65	9.3	t14	2	0	0	-	0	1	21	21.0	0	0	3	18
5 NFL Seasons	69	3	1	5	5.0	5	0	45	415	9.2	26	4	33	250	7.6	0	27	537	19.9	0	0	5	30

Other Statistics: 1996–attempted 1 pass with 1 completion for 30 yards. 1997–recovered 2 fumbles for 7 yards and 1 touchdown.

Tyrone Hughes

Pos: KR/PR **Rnd:** 5 **College:** Nebraska **Ht:** 5' 9" **Wt:** 175 **Born:** 1/14/70 **Age:** 28

Year Team	G	GS	Tackles Tk	Ast	Sack	Miscellaneous FF	FR	TD	Blk	Interceptions Int	Yds	Avg	TD	Punt Returns Num	Yds	Avg	TD	Kickoff Returns Num	Yds	Avg	TD	Totals TD	Fum
1993 New Orleans Saints	16	0	0	0	0.0	0	0	0	0	0	0	-	0	37	503	13.6	2	30	753	25.1	1	3	0
1994 New Orleans Saints	15	5	31	3	0.0	0	3	2	0	2	31	15.5	0	21	143	6.8	0	63	1556	24.7	2	4	7
1995 New Orleans Saints	16	2	17	1	0.0	0	0	0	0	2	19	9.5	0	28	262	9.4	0	66	1617	24.5	0	0	2
1996 New Orleans Saints	16	1	10	3	0.0	0	0	0	0	0	0	-	0	30	152	5.1	0	70	1791	25.6	0	0	2
1997 Chicago Bears	14	0	0	0	0.0	0	2	0	0	0	0	-	0	36	258	7.2	0	43	1008	23.4	0	0	2
5 NFL Seasons	77	8	58	9	0.0	0	5	2	0	4	50	12.5	0	152	1318	8.7	2	272	6725	24.7	3	7	13

Other Statistics: 1994–rushed 2 times for 6 yards. 1997–rushed 1 time for 3 yards; caught 8 passes for 68 yards.

Stan Humphries

(statistical profile on page 328)

Pos: QB **Rnd:** 6 **College:** Northeast Louisiana **Ht:** 6' 2" **Wt:** 223 **Born:** 4/14/65 **Age:** 33

Year Team	G	GS	Passing Att	Com	Pct	Yards	Yds/Att	Lg	TD	Int	Int%	Rating	Rushing Att	Yds	Avg	Lg	TD	Miscellaneous Sckd	Yds	Fum	Recv	Yds	Pts
1989 Washington Redskins	2	0	10	5	50.0	91	9.10	39	1	1	10.0	75.4	5	10	2.0	9	0	3	9	1	1	0	0
1990 Washington Redskins	7	5	156	91	58.3	1015	6.51	44	3	10	6.4	57.5	23	106	4.6	17	2	9	62	0	0	0	12
1992 San Diego Chargers	16	15	454	263	57.9	3356	7.39	t67	16	18	4.0	76.4	28	79	2.8	25	4	28	218	9	3	0	24
1993 San Diego Chargers	12	10	324	173	53.4	1981	6.11	t48	12	10	3.1	71.5	8	37	4.6	27	0	18	142	2	1	0	0
1994 San Diego Chargers	15	15	453	264	58.3	3209	7.08	t99	17	12	2.6	81.6	19	19	1.0	8	0	25	223	6	2	-9	0
1995 San Diego Chargers	15	15	478	282	59.0	3381	7.07	t51	17	14	2.9	80.4	33	53	1.6	18	1	23	197	9	7	-6	6
1996 San Diego Chargers	13	13	416	232	55.8	2670	6.42	t63	18	13	3.1	76.7	21	28	1.3	7	0	20	187	7	4	-6	0
1997 San Diego Chargers	8	8	225	121	53.8	1488	6.61	t72	5	6	2.7	70.8	13	24	1.8	11	0	18	144	7	1	0	0
9 NFL Seasons	88	81	2516	1431	56.9	17191	6.83	t99	89	84	3.3	75.8	150	356	2.4	27	7	144	1182	41	19	-21	42

Other Statistics: 1995–caught 1 pass for -4 yards.

James Hundon

Pos: KR/WR **Rnd:** FA **College:** Portland State **Ht:** 6' 1" **Wt:** 195 **Born:** 4/9/71 **Age:** 27

Year Team	G	GS	Rushing Att	Yds	Avg	Lg	TD	Receiving Rec	Yds	Avg	Lg	TD	Punt Returns Num	Yds	Avg	TD	Kickoff Returns Num	Yds	Avg	TD	Totals Fum	TD	Pts
1996 Cincinnati Bengals	5	0	0	0	-	-	0	1	14	14.0	t14	1	1	-7	-7.0	0	10	237	23.7	0	1	1	6
1997 Cincinnati Bengals	16	0	0	0	-	-	0	16	285	17.8	61	2	0	0	-	0	10	169	16.9	0	1	2	12
2 NFL Seasons	21	0	0	0	-	-	0	17	299	17.6	61	3	1	-7	-7.0	0	20	406	20.3	0	2	3	18

Brice Hunter

Pos: WR **Rnd:** 7 **College:** Georgia **Ht:** 6' 0" **Wt:** 211 **Born:** 4/21/74 **Age:** 24

Year Team	G	GS	Rushing Att	Yds	Avg	Lg	TD	Receiving Rec	Yds	Avg	Lg	TD	Punt Returns Num	Yds	Avg	TD	Kickoff Returns Num	Yds	Avg	TD	Totals Fum	TD	Pts
1997 Tampa Bay Buccaneers	3	0	0	0	-	-	0	0	0	-	-	0	0	0	-	0	0	0	-	0	0	0	0

Greg Huntington

Pos: C **Rnd:** 5 **College:** Penn State **Ht:** 6' 4" **Wt:** 302 **Born:** 9/22/70 **Age:** 28

Year Team	G	GS	Year Team	G	GS	Year Team	G	GS	Year Team	G	GS
1993 Washington Redskins	9	0	1995 Jacksonville Jaguars	4	0	1996 Jacksonville Jaguars	2	0	1997 Chicago Bears	1	0
									4 NFL Seasons	16	0

Michael Husted

(statistical profile on page 476)

Pos: K **Rnd:** FA **College:** Virginia **Ht:** 6' 0" **Wt:** 195 **Born:** 6/16/70 **Age:** 28

Year Team	G	Field Goals 1-29 Yds	Pct	30-39 Yds	Pct	40-49 Yds	Pct	50+ Yds	Pct	Overall	Pct	Long	PAT Made	Att	Tot Pts
1993 Tampa Bay Buccaneers	16	5-5	100.0	5-6	83.3	3-6	50.0	3-5	60.0	16-22	72.7	57	27	27	75
1994 Tampa Bay Buccaneers	16	8-8	100.0	10-12	83.3	4-10	40.0	1-5	20.0	23-35	65.7	53	20	20	89
1995 Tampa Bay Buccaneers	16	6-7	85.7	5-7	71.4	5-9	55.6	3-3	100.0	19-26	73.1	53	25	25	82
1996 Tampa Bay Buccaneers	16	9-10	90.0	8-11	72.7	7-8	87.5	1-3	33.3	25-32	78.1	50	18	19	93
1997 Tampa Bay Buccaneers	16	5-5	100.0	2-3	66.7	5-6	83.3	1-3	33.3	13-17	76.5	54	32	35	71

Year Team	G	Field Goals										PAT		Tot.
		1-29 Yds	Pct	30-39 Yds	Pct	40-49 Yds	Pct	50+ Yds	Pct	Overall	Pct	Long	Made Att	Pts
5 NFL Seasons	80	33-35	94.3	30-39	76.9	24-39	61.5	9-19	47.4	96-132	72.7	57	122 126	410

Other Statistics: 1994—punted 2 times for 53 yards.

Tony Hutson

Pos: G   Rnd: FA   College: Northeastern Oklahoma State   Ht: 6' 3"   Wt: 313   Born: 3/13/74   Age: 24

Year Team	G	GS
1997 Dallas Cowboys	5	1
1 NFL Season	5	1

Tom Hutton

(statistical profile on page 477)

Pos: P   Rnd: FA   College: Tennessee   Ht: 6' 1"   Wt: 193   Born: 7/8/72   Age: 26

Year Team	G	Punting											Rushing		Passing			
		NetPunts	Yards	Avg	Long	In20	In20%	TotPunts	TB	Blocks	OppRet	RetYds	NetAvg	Att	Yards	Att	Com	Yards	Int
1995 Philadelphia Eagles	16	85	3682	43.3	63	20	23.5	86	13	1	38	527	33.7	1	0	0	0	0	0
1996 Philadelphia Eagles	16	73	3107	42.6	60	17	23.3	74	9	1	36	330	35.1	0	0	0	0	0	0
1997 Philadelphia Eagles	16	87	3660	42.1	61	19	21.8	88	5	1	48	515	34.6	1	0	0	0	0	0
3 NFL Seasons	48	245	10449	42.6	63	56	22.9	248	27	3	122	1372	34.4	2	0	0	0	0	0

Other Statistics: 1995—fumbled 1 time for -19 yards. 1996—recovered 1 fumble for 0 yards. 1997—recovered 1 fumble for -1 yard; fumbled 1 time.

Ken Irvin

Pos: CB   Rnd: 4   College: Memphis   Ht: 5' 10"   Wt: 182   Born: 7/11/72   Age: 26

Year Team	G	GS	Tackles			Miscellaneous				Interceptions				Punt Returns				Kickoff Returns				Totals	
			Tk	Ast	Sack	FF	FR	TD	Blk	Int	Yds	Avg	TD	Num	Yds	Avg	TD	Num	Yds	Avg	TD	TD	Fum
1995 Buffalo Bills	16	3	18	2	0.0	0	0	0	0	0	0	-	0	0	0	-	0	1	12	12.0	0	0	0
1996 Buffalo Bills	16	1	17	4	2.0	0	1	0	0	0	0	-	0	0	0	-	0	0	0	-	0	0	0
1997 Buffalo Bills	16	0	5	0	0.0	0	0	0	1	2	28	14.0	0	0	0	-	0	0	0	-	0	0	0
3 NFL Seasons	48	4	40	6	2.0	0	1	0	1	2	28	14.0	0	0	0	-	0	1	12	12.0	0	0	0

Michael Irvin

(statistical profile on page 329)

Pos: WR   Rnd: 1 (11)   College: Miami (FL)   Ht: 6' 2"   Wt: 207   Born: 3/5/66   Age: 32

Year Team	G	GS	Rushing					Receiving					Punt Returns				Kickoff Returns				Totals		
			Att	Yds	Avg	Lg	TD	Rec	Yds	Avg	Lg	TD	Num	Yds	Avg	TD	Num	Yds	Avg	TD	Fum	TD	Pts
1988 Dallas Cowboys	14	10	1	2	2.0	2	0	32	654	20.4	t61	5	0	0	-	0	0	0	-	0	0	5	30
1989 Dallas Cowboys	6	6	1	6	6.0	6	0	26	378	14.5	t65	2	0	0	-	0	0	0	-	0	0	2	12
1990 Dallas Cowboys	12	7	0	0	-	-	0	20	413	20.7	t61	5	0	0	-	0	0	0	-	0	0	5	30
1991 Dallas Cowboys	16	16	0	0	-	-	0	93	1523	16.4	t66	8	0	0	-	0	0	0	-	0	3	8	48
1992 Dallas Cowboys	16	14	1	-9	-9.0	-9	0	78	1396	17.9	t87	7	0	0	-	0	0	0	-	0	1	7	42
1993 Dallas Cowboys	16	16	2	6	3.0	9	0	88	1330	15.1	t61	7	0	0	-	0	0	0	-	0	0	7	42
1994 Dallas Cowboys	16	16	0	0	-	-	0	79	1241	15.7	t65	6	0	0	-	0	0	0	-	0	0	6	36
1995 Dallas Cowboys	16	16	0	0	-	-	0	111	1603	14.4	50	10	0	0	-	0	0	0	-	0	1	10	60
1996 Dallas Cowboys	11	11	0	0	-	-	0	64	962	15.0	t61	2	0	0	-	0	0	0	-	0	0	2	14
1997 Dallas Cowboys	16	16	0	0	-	-	0	75	1180	15.7	55	9	0	0	-	0	0	0	-	0	0	9	54
10 NFL Seasons	139	128	5	5	1.0	9	0	666	10680	16.0	t87	61	0	0	-	0	0	0	-	0	6	61	368

Other Statistics: 1989—recovered 1 fumble for 0 yards. 1991—recovered 1 fumble for 0 yards. 1992—recovered 1 fumble for 0 yards. 1996—scored 1 two-point conversion.

Terry Irving

Pos: LB   Rnd: 4   College: McNeese State   Ht: 6' 0"   Wt: 224   Born: 7/3/71   Age: 27

Year Team	G	GS	Tackles			Miscellaneous				Interceptions				Totals		
			Tk	Ast	Sack	FF	FR	TD	Blk	Int	Yds	Avg	TD	Sfty	TD	Pts
1994 Arizona Cardinals	16	0	8	5	0.0	1	1	0	0	0	0	-	0	0	0	0
1995 Arizona Cardinals	16	8	49	10	1.0	1	3	0	0	0	0	-	0	0	0	0
1996 Arizona Cardinals	16	0	12	6	0.0	0	1	0	0	0	0	-	0	0	0	0
1997 Arizona Cardinals	16	6	28	14	0.0	0	1	0	0	0	0	-	0	0	0	0
4 NFL Seasons	64	14	97	35	1.0	2	6	0	0	0	0	-	0	0	0	0

Heath Irwin

Pos: G   Rnd: 4   College: Colorado   Ht: 6' 4"   Wt: 300   Born: 6/27/73   Age: 25

Year Team	G	GS
1997 New England Patriots	15	1
1 NFL Season	15	1

Qadry Ismail

Pos: KR/WR **Rnd:** 2 **College:** Syracuse **Ht:** 6' 0" **Wt:** 196 **Born:** 11/8/70 **Age:** 27

Year Team	G	GS	Rushing					Receiving					Punt Returns				Kickoff Returns				Totals		
			Att	Yds	Avg	Lg	TD	Rec	Yds	Avg	Lg	TD	Num	Yds	Avg	TD	Num	Yds	Avg	TD	Fum	TD	Pts
1993 Minnesota Vikings	15	3	3	14	4.7	6	0	19	212	11.2	37	1	0	0	-	0	42	902	21.5	0	1	1	6
1994 Minnesota Vikings	16	3	0	0	-	-	0	45	696	15.5	t65	5	0	0	-	0	35	807	23.1	0	2	5	30
1995 Minnesota Vikings	16	2	1	7	7.0	7	0	32	597	18.7	t85	3	0	0	-	0	42	1037	24.7	0	3	3	18
1996 Minnesota Vikings	16	2	0	0	-	-	0	22	351	16.0	t54	3	0	0	-	0	28	527	18.8	0	2	3	18
1997 Miami Dolphins	3	0	0	0	-	-	0	0	0	-	-	0	0	0	-	0	8	166	20.8	0	0	0	0
5 NFL Seasons	66	10	4	21	5.3	7	0	118	1856	15.7	t85	12	0	0	-	0	155	3439	22.2	0	8	12	72

Other Statistics: 1994–recovered 1 fumble for 1 yard. 1996–recovered 1 fumble for 0 yards.

Raghib Ismail

(statistical profile on page 329)

Pos: WR **Rnd:** 4 **College:** Notre Dame **Ht:** 5' 11" **Wt:** 180 **Born:** 11/18/69 **Age:** 28

Year Team	G	GS	Rushing					Receiving					Punt Returns				Kickoff Returns				Totals		
			Att	Yds	Avg	Lg	TD	Rec	Yds	Avg	Lg	TD	Num	Yds	Avg	TD	Num	Yds	Avg	TD	Fum	TD	Pts
1993 Los Angeles Raiders	13	0	4	-5	-1.3	10	0	26	353	13.6	t43	1	0	0	-	0	25	605	24.2	0	0	1	6
1994 Los Angeles Raiders	16	0	4	31	7.8	13	0	34	513	15.1	42	5	0	0	-	0	43	923	21.5	0	0	5	30
1995 Oakland Raiders	16	16	6	29	4.8	13	0	28	491	17.5	t73	3	0	0	-	0	36	706	19.6	0	4	3	18
1996 Carolina Panthers	13	5	8	80	10.0	t35	1	12	214	17.8	51	0	0	0	-	0	5	100	20.0	0	0	1	6
1997 Carolina Panthers	13	2	4	32	8.0	18	0	36	419	11.6	t59	2	0	0	-	0	0	0	-	0	0	2	12
5 NFL Seasons	71	23	26	167	6.4	t35	1	136	1990	14.6	t73	11	0	0	-	0	109	2334	21.4	0	4	12	72

Other Statistics: 1993–recovered 1 fumble for 0 yards. 1995–recovered 1 fumble for 0 yards.

Steve Israel

Pos: CB **Rnd:** 2 **College:** Pittsburgh **Ht:** 5' 11" **Wt:** 186 **Born:** 3/16/69 **Age:** 29

Year Team	G	GS	Tackles			Miscellaneous				Interceptions				Punt Returns				Kickoff Returns				Totals	
			Tk	Ast	Sack	FF	FR	TD	Blk	Int	Yds	Avg	TD	Num	Yds	Avg	TD	Num	Yds	Avg	TD	TD	Fum
1992 Los Angeles Rams	16	2	25	2	0.0	0	1	0	0	0	0	-	0	0	0	-	0	1	-3	-3.0	0	0	0
1993 Los Angeles Rams	16	12	31	4	0.0	0	0	0	0	0	0	-	0	0	0	-	0	5	92	18.4	0	0	0
1994 Los Angeles Rams	10	2	22	-	0.0	0	0	0	0	0	0	-	0	0	0	-	0	0	0	-	0	0	0
1995 San Francisco 49ers	8	0	1	0	0.0	0	0	0	0	0	0	-	0	0	0	-	0	0	0	-	0	0	0
1996 San Francisco 49ers	14	2	24	2	0.0	0	1	0	0	1	3	3.0	0	0	0	-	0	0	0	-	0	0	0
1997 New England Patriots	5	0	9	0	1.0	1	0	0	0	0	0	-	0	0	0	-	0	0	0	-	0	0	0
6 NFL Seasons	69	18	112	8	1.0	1	2	0	0	1	3	3.0	0	0	0	-	0	6	89	14.8	0	0	0

Chris Jacke

Pos: K **Rnd:** 6 **College:** Texas-El Paso **Ht:** 6' 0" **Wt:** 205 **Born:** 3/12/66 **Age:** 32

Year Team	G	Field Goals												PAT		Tot
		1-29 Yds	Pct	30-39 Yds	Pct	40-49 Yds	Pct	50+ Yds	Pct	Overall	Pct	Long		Made	Att	Pts
1989 Green Bay Packers	16	10-10	100.0	4-6	66.7	7-9	77.8	1-3	33.3	22-28	78.6	52		42	42	108
1990 Green Bay Packers	16	9-9	100.0	10-13	76.9	2-4	50.0	2-4	50.0	23-30	76.7	53		28	29	97
1991 Green Bay Packers	16	9-9	100.0	4-5	80.0	4-9	44.4	1-1	100.0	18-24	75.0	53		31	31	85
1992 Green Bay Packers	16	5-7	71.4	9-10	90.0	6-9	66.7	2-3	66.7	22-29	75.9	53		30	30	96
1993 Green Bay Packers	16	13-13	100.0	6-10	60.0	6-7	85.7	6-7	85.7	31-37	83.8	54		35	35	128
1994 Green Bay Packers	16	12-12	100.0	4-6	66.7	2-5	40.0	1-3	33.3	19-26	73.1	50		41	43	98
1995 Green Bay Packers	14	6-7	85.7	0-2	0.0	8-10	80.0	3-4	75.0	17-23	73.9	51		43	43	94
1996 Green Bay Packers	16	6-6	100.0	9-11	81.8	5-9	55.6	1-1	100.0	21-27	77.8	53		51	53	114
1997 Washington Redskins	1	0-0	-	0-0	-	0-0	-	0-0	-	0-0	-	-		5	5	5
9 NFL Seasons	127	70-73	95.9	46-63	73.0	40-62	64.5	17-26	65.4	173-224	77.2	54		306	311	825

Calvin Jackson

(statistical profile on page 421)

Pos: CB/S **Rnd:** FA **College:** Auburn **Ht:** 5' 9" **Wt:** 185 **Born:** 10/28/72 **Age:** 26

Year Team	G	GS	Tackles			Miscellaneous				Interceptions				Totals		
			Tk	Ast	Sack	FF	FR	TD	Blk	Int	Yds	Avg	TD	Sfty	TD	Pts
1994 Miami Dolphins	2	0	0	0	0.0	0	0	0	0	0	0	-	0	0	0	0
1995 Miami Dolphins	9	1	12	-	0.0	0	0	0	0	1	23	23.0	0	0	0	0
1996 Miami Dolphins	16	15	52	10	1.5	0	0	0	0	3	82	27.3	1	0	1	6
1997 Miami Dolphins	16	16	61	15	0.5	0	1	0	0	0	0	-	0	0	0	0
4 NFL Seasons	43	32	125	25	2.0	0	1	0	0	4	105	26.3	1	0	1	6

Other Statistics: 1996–fumbled 1 time for 0 yards.

Grady Jackson

Pos: DT **Rnd:** 6 **College:** Knoxville **Ht:** 6' 2" **Wt:** 320 **Born:** 1/21/73 **Age:** 25

Year Team	G	GS	Tackles			Miscellaneous				Interceptions				Totals		
			Tk	Ast	Sack	FF	FR	TD	Blk	Int	Yds	Avg	TD	Sfty	TD	Pts
1997 Oakland Raiders	5	0	4	2	0.0	0	0	0	1	0	0	-	0	0	0	0

Greg Jackson

Pos: S **Rnd:** 3 **College:** Louisiana State **Ht:** 6' 1" **Wt:** 204 **Born:** 8/20/66 **Age:** 32

			Tackles			Miscellaneous				Interceptions				Punt Returns				Kickoff Returns				Totals	
Year Team	G	GS	Tk	Ast	Sack	FF	FR	TD	Blk	Int	Yds	Avg	TD	Num	Yds	Avg	TD	Num	Yds	Avg	TD	TD	Fum
1989 New York Giants	16	1	17	2	0.0	1	1	0	0	0	0	-	0	0	0	-	0	0	0	-	0	0	0
1990 New York Giants	14	14	64	19	4.0	0	0	0	0	5	8	1.6	0	0	0	-	0	0	0	-	0	0	0
1991 New York Giants	13	12	50	9	0.0	0	0	0	0	1	3	3.0	0	0	0	-	0	0	0	-	0	0	1
1992 New York Giants	16	16	67	12	0.0	0	1	0	0	4	71	17.8	0	0	0	-	0	0	0	-	0	0	0
1993 New York Giants	16	16	51	20	0.0	1	3	0	0	4	32	8.0	0	0	0	-	0	0	0	-	0	0	0
1994 Philadelphia Eagles	16	16	65	16	0.0	2	0	0	0	6	86	14.3	1	0	0	-	0	0	0	-	0	1	0
1995 Philadelphia Eagles	16	16	56	14	0.0	3	3	1	0	1	18	18.0	0	0	0	-	0	0	0	-	0	1	0
1996 New Orleans Saints	16	15	72	20	0.0	1	0	0	0	3	24	8.0	0	0	0	-	0	0	0	-	0	0	1
1997 San Diego Chargers	13	0	12	1	0.0	0	1	1	0	2	37	18.5	1	1	0	0.0	0	0	0	-	0	2	0
9 NFL Seasons	136	106	454	113	4.0	8	9	2	0	26	279	10.7	2	1	0	0.0	0	0	0	-	0	4	2

John Jackson

Pos: T **Rnd:** 10 **College:** Eastern Kentucky **Ht:** 6' 6" **Wt:** 297 **Born:** 1/4/65 **Age:** 33

Year	Team	G	GS	Year	Team	G	GS	Year	Team	G	GS	Year	Team	G	GS
1988	Pittsburgh Steelers	16	0	1991	Pittsburgh Steelers	16	16	1994	Pittsburgh Steelers	16	16	1997	Pittsburgh Steelers	16	16
1989	Pittsburgh Steelers	14	12	1992	Pittsburgh Steelers	16	13	1995	Pittsburgh Steelers	11	9				
1990	Pittsburgh Steelers	16	16	1993	Pittsburgh Steelers	16	16	1996	Pittsburgh Steelers	16	16		10 NFL Seasons	153	130

Other Statistics: 1988–returned 1 kickoff for 10 yards. 1991–recovered 1 fumble for 0 yards. 1993–recovered 1 fumble for 0 yards. 1994–recovered 2 fumbles for 0 yards. 1996–recovered 1 fumble for 0 yards.

Michael Jackson

(statistical profile on page 330)

Pos: WR **Rnd:** 6 **College:** Southern Mississippi **Ht:** 6' 4" **Wt:** 195 **Born:** 4/12/69 **Age:** 29

			Rushing					Receiving					Kickoff Returns				Passing					Totals		
Year Team	G	GS	Att	Yds	Avg	Lg	TD	Rec	Yds	Avg	Lg	TD	Num	Yds	Avg	TD	Att	Com	Yds	Int	Fum	TD	Pts
1991 Cleveland Browns	16	7	0	0	-	0	0	17	268	15.8	t65	2	0	0	-	0	0	0	0	0	0	2	12
1992 Cleveland Browns	16	14	1	21	21.0	21	0	47	755	16.1	t69	7	0	0	-	0	0	0	0	0	0	7	42
1993 Cleveland Browns	15	11	1	1	1.0	1	0	41	756	18.4	t62	8	0	0	-	0	1	1	25	0	1	8	48
1994 Cleveland Browns	9	7	0	0	-	0	0	21	304	14.5	30	2	0	0	-	0	2	0	0	0	0	2	12
1995 Cleveland Browns	13	10	0	0	-	0	0	44	714	16.2	t70	9	0	0	-	0	1	0	0	1	0	9	54
1996 Baltimore Ravens	16	16	0	0	-	0	0	76	1201	15.8	t86	14	0	0	-	0	0	0	0	0	0	14	88
1997 Baltimore Ravens	16	15	0	0	-	0	0	69	918	13.3	t54	4	0	0	-	0	0	0	0	0	2	4	26
7 NFL Seasons	101	80	2	22	11.0	21	0	315	4916	15.6	t86	46	0	0	-	0	4	1	25	1	4	46	282

Other Statistics: 1993–recovered 1 fumble for 0 yards. 1995–recovered 1 fumble for 0 yards. 1996–recovered 1 fumble for 0 yards; scored 2 two-point conversions. 1997–scored 1 two-point conversion.

Ray Jackson

Pos: CB **Rnd:** 5 **College:** Colorado State **Ht:** 5' 10" **Wt:** 189 **Born:** 2/17/73 **Age:** 25

			Tackles			Miscellaneous				Interceptions				Punt Returns				Kickoff Returns				Totals	
Year Team	G	GS	Tk	Ast	Sack	FF	FR	TD	Blk	Int	Yds	Avg	TD	Num	Yds	Avg	TD	Num	Yds	Avg	TD	TD	Fum
1996 Buffalo Bills	12	0	4	0	0.0	0	0	0	0	1	0	0.0	0	0	0	-	0	0	0	-	0	0	0
1997 Buffalo Bills	9	0	0	0	0.0	0	0	0	0	0	0	-	0	1	0	0.0	0	0	0	-	0	0	1
2 NFL Seasons	21	0	4	0	0.0	0	0	0	0	1	0	0.0	0	1	0	0.0	0	0	0	-	0	0	1

Steve Jackson

Pos: CB **Rnd:** 3 **College:** Purdue **Ht:** 5' 8" **Wt:** 182 **Born:** 4/8/69 **Age:** 29

			Tackles			Miscellaneous				Interceptions				Punt Returns				Kickoff Returns				Totals	
Year Team	G	GS	Tk	Ast	Sack	FF	FR	TD	Blk	Int	Yds	Avg	TD	Num	Yds	Avg	TD	Num	Yds	Avg	TD	TD	Fum
1991 Houston Oilers	15	2	26	8	1.0	0	2	0	0	0	0	-	0	1	0	0.0	0	0	0	-	0	0	1
1992 Houston Oilers	16	1	27	14	1.0	0	0	0	0	3	18	6.0	0	0	0	-	0	0	0	-	0	0	0
1993 Houston Oilers	16	12	45	10	0.0	1	0	0	0	5	54	10.8	1	0	0	-	0	0	0	-	0	1	0
1994 Houston Oilers	12	0	10	2	1.0	0	0	0	0	1	0	0.0	0	0	0	-	0	14	285	20.4	0	0	0
1995 Houston Oilers	10	1	17	4	1.0	0	0	0	0	2	0	0.0	0	0	0	-	0	0	0	-	0	0	0
1996 Houston Oilers	16	1	36	9	2.0	1	1	0	0	0	0	-	0	0	0	-	0	0	0	-	0	0	0
1997 Tennessee Oilers	12	6	34	7	1.0	1	0	0	0	0	0	-	0	0	0	-	0	0	0	-	0	0	0
7 NFL Seasons	97	23	195	54	7.0	3	3	0	0	11	72	6.5	1	1	0	0.0	0	14	285	20.4	0	1	1

Other Statistics: 1996–credited with 1 safety.

Tyoka Jackson

Pos: DE/DT **Rnd:** FA **College:** Penn State **Ht:** 6' 2" **Wt:** 266 **Born:** 11/22/71 **Age:** 26

			Tackles			Miscellaneous				Interceptions				Totals		
Year Team	G	GS	Tk	Ast	Sack	FF	FR	TD	Blk	Int	Yds	Avg	TD	Sfty	TD	Pts
1994 Miami Dolphins	1	0	0	0	0.0	1	1	0	0	0	0	-	0	0	0	0
1996 Tampa Bay Buccaneers	13	2	9	2	0.0	0	0	0	0	0	0	-	0	0	0	0
1997 Tampa Bay Buccaneers	12	0	5	2	2.5	1	0	0	0	0	0	-	0	0	0	0
3 NFL Seasons	26	2	14	4	2.5	2	1	0	0	0	0	-	0	0	0	0

Willie Jackson

Pos: WR Rnd: 4 College: Florida Ht: 6' 1" Wt: 209 Born: 8/16/71 Age: 27

Year Team	G	GS	Rushing Att	Yds	Avg	Lg	TD	Receiving Rec	Yds	Avg	Lg	TD	Punt Returns Num	Yds	Avg	TD	Kickoff Returns Num	Yds	Avg	TD	Totals Fum	TD	Pts
1994 Dallas Cowboys	1	0	0	0	-	-	0	0	0	-	-	0	0	0	-	0	0	0	-	0	0	0	0
1995 Jacksonville Jaguars	14	10	0	0	-	-	0	53	589	11.1	45	5	1	-2	-2.0	0	19	404	21.3	0	2	5	32
1996 Jacksonville Jaguars	16	2	1	2	2.0	2	0	33	486	14.7	58	3	0	0	-	0	7	149	21.3	0	0	3	20
1997 Jacksonville Jaguars	16	1	3	14	4.7	13	0	17	206	12.1	45	2	0	0	-	0	32	653	20.4	0	1	2	14
4 NFL Seasons	47	13	4	16	4.0	13	0	103	1281	12.4	58	10	1	-2	-2.0	0	58	1206	20.8	0	3	10	66

Other Statistics: 1995—recovered 1 fumble for 0 yards; scored 1 two-point conversion. 1996—scored 1 two-point conversion. 1997—scored 1 two-point conversion.

Tim Jacobs

Pos: CB Rnd: FA College: Delaware Ht: 5' 10" Wt: 185 Born: 4/5/70 Age: 28

Year Team	G	GS	Tackles Tk	Ast	Sack	Miscellaneous FF	FR	TD	Blk	Interceptions Int	Yds	Avg	TD	Totals Sfty	TD	Pts
1993 Cleveland Browns	2	0	0	1	0.0	0	0	0	0	0	0	-	0	0	0	0
1994 Cleveland Browns	10	1	6	2	0.0	0	0	0	0	2	9	4.5	0	0	0	0
1995 Cleveland Browns	14	0	23	1	0.0	0	0	0	0	0	0	-	0	0	0	0
1996 Miami Dolphins	12	0	10	1	0.0	2	0	0	0	0	0	-	0	0	0	0
1997 Miami Dolphins	16	1	15	4	0.0	0	0	0	0	0	0	-	0	0	0	0
5 NFL Seasons	54	2	54	9	0.0	2	0	0	0	2	9	4.5	0	0	0	0

Mitch Jacoby

Pos: TE Rnd: FA College: Northern Illinois Ht: 6' 4" Wt: 260 Born: 12/8/73 Age: 24

Year Team	G	GS	Rushing Att	Yds	Avg	Lg	TD	Receiving Rec	Yds	Avg	Lg	TD	Punt Returns Num	Yds	Avg	TD	Kickoff Returns Num	Yds	Avg	TD	Totals Fum	TD	Pts
1997 St. Louis Rams	14	2	0	0	-	-	0	2	10	5.0	10	0	0	0	-	0	0	0	-	0	0	0	0

Nate Jacquet

Pos: WR Rnd: 5 College: San Diego State Ht: 6' 0" Wt: 175 Born: 9/2/75 Age: 23

Year Team	G	GS	Rushing Att	Yds	Avg	Lg	TD	Receiving Rec	Yds	Avg	Lg	TD	Punt Returns Num	Yds	Avg	TD	Kickoff Returns Num	Yds	Avg	TD	Totals Fum	TD	Pts
1997 Indianapolis Colts	5	0	0	0	-	-	0	0	0	-	-	0	13	96	7.4	0	8	156	19.5	0	1	0	0

Other Statistics: 1997—recovered 1 fumble for 0 yards.

Jeff Jaeger

(statistical profile on page 477)

Pos: K Rnd: 3 College: Washington Ht: 5' 11" Wt: 195 Born: 11/26/64 Age: 33

Year Team	G	1-29 Yds	Pct	30-39 Yds	Pct	40-49 Yds	Pct	50+ Yds	Pct	Overall	Pct	Long	PAT Made	Att	Tot Pts
1987 Cleveland Browns	10	6-6	100.0	3-6	50.0	5-9	55.6	0-1	0.0	14-22	63.6	48	33	33	75
1989 Los Angeles Raiders	16	9-11	81.8	8-9	88.9	5-12	41.7	1-2	50.0	23-34	67.6	50	34	34	103
1990 Los Angeles Raiders	16	6-6	100.0	2-3	66.7	6-9	66.7	1-2	50.0	15-20	75.0	50	40	42	85
1991 Los Angeles Raiders	16	10-10	100.0	10-13	76.9	7-7	100.0	2-4	50.0	29-34	85.3	53	29	30	116
1992 Los Angeles Raiders	16	3-5	60.0	4-6	66.7	5-9	55.6	3-6	50.0	15-26	57.7	54	28	28	73
1993 Los Angeles Raiders	16	12-12	100.0	13-15	86.7	6-10	60.0	4-7	57.1	35-44	79.5	53	27	29	132
1994 Los Angeles Raiders	16	6-6	100.0	6-9	66.7	8-11	72.7	2-2	100.0	22-28	78.6	51	31	31	97
1995 Oakland Raiders	11	4-5	80.0	5-7	85.7	3-5	60.0	0-1	0.0	13-18	72.2	46	22	22	61
1996 Chicago Bears	13	4-4	100.0	3-4	75.0	12-15	80.0	0-0	-	19-23	82.6	49	23	23	80
1997 Chicago Bears	16	8-9	88.9	8-10	80.0	4-6	66.7	1-1	100.0	21-26	80.8	52	20	20	83
10 NFL Seasons	146	68-74	91.9	63-82	76.8	61-93	65.6	14-26	53.8	206-275	74.9	54	287	292	905

Other Statistics: 1987—recovered 1 fumble for 0 yards; attempted 1 pass with 0 completions for 0 yards. 1997—punted 1 time for 18 yards.

Toran James

Pos: LB Rnd: 7 College: North Carolina A&T Ht: 6' 3" Wt: 240 Born: 3/8/74 Age: 24

Year Team	G	GS	Tackles Tk	Ast	Sack	Miscellaneous FF	FR	TD	Blk	Interceptions Int	Yds	Avg	TD	Totals Sfty	TD	Pts
1997 San Diego Chargers	14	0	4	2	0.0	0	0	0	0	0	0	-	0	0	0	0

George Jamison

Pos: LB Rnd: 2(S) College: Cincinnati Ht: 6' 1" Wt: 235 Born: 9/30/62 Age: 36

Year Team	G	GS	Tackles Tk	Ast	Sack	Miscellaneous FF	FR	TD	Blk	Interceptions Int	Yds	Avg	TD	Punt Returns Num	Yds	Avg	TD	Kickoff Returns Num	Yds	Avg	TD	Totals TD	Fum
1987 Detroit Lions	12	0	11	5	1.0	0	0	0	0	0	0	-	0	0	0	-	0	0	0	-	0	0	0
1988 Detroit Lions	16	11	66	11	5.5	0	3	1	0	3	56	18.7	1	0	0	-	0	0	0	-	0	2	0
1989 Detroit Lions	11	6	27	6	2.0	0	0	0	0	0	0	-	0	0	0	-	0	0	0	-	0	0	0
1990 Detroit Lions	14	7	39	4	2.0	0	0	0	0	0	0	-	0	0	0	-	0	0	0	-	0	0	0
1991 Detroit Lions	16	16	67	19	4.0	0	1	0	0	3	52	17.3	0	0	0	-	0	0	0	-	0	0	0
1992 Detroit Lions	16	16	80	31	2.0	0	1	0	0	0	0	-	0	0	0	-	0	0	0	-	0	0	0

Year Team	G	GS	Tackles			Miscellaneous				Interceptions				Punt Returns				Kickoff Returns				Totals	
			Tk	Ast	Sack	FF	FR	TD	Blk	Int	Yds	Avg	TD	Num	Yds	Avg	TD	Num	Yds	Avg	TD	TD	Fum
1993 Detroit Lions	16	16	63	14	2.0	1	0	0	0	2	48	24.0	1	0	0	-	0	1	0	0.0	0	1	0
1994 Kansas City Chiefs	13	12	56	9	1.0	2	3	0	0	0	0	-	0	0	0	-	0	0	0	-	0	0	0
1995 Kansas City Chiefs	14	14	31	8	0.0	0	2	0	0	0	0	-	0	0	0	-	0	0	0	-	0	0	0
1996 Kansas City Chiefs	5	0	0	1	0.0	0	0	0	0	0	0	-	0	0	0	-	0	0	0	-	0	0	0
1997 Detroit Lions	16	10	26	9	1.0	1	1	0	0	0	0	-	0	0	0	-	0	0	0	-	0	0	0
11 NFL Seasons	149	108	466	117	20.5	4	12	1	0	8	156	19.5	2	0	0	-	0	1	0	0.0	0	3	1

Other Statistics: 1987—credited with 1 safety.

Edward Jasper

Pos: DT **Rnd:** 6 **College:** Texas A&M **Ht:** 6' 2" **Wt:** 295 **Born:** 1/18/73 **Age:** 25

Year Team	G	GS	Tackles			Miscellaneous				Interceptions				Totals		
			Tk	Ast	Sack	FF	FR	TD	Blk	Int	Yds	Avg	TD	Sfty	TD	Pts
1997 Philadelphia Eagles	9	1	5	3	0.0	0	0	0	0	0	0	-	0	0	0	0

Jim Jeffcoat

Pos: DE **Rnd:** 1 (23) **College:** Arizona State **Ht:** 6' 5" **Wt:** 280 **Born:** 4/1/61 **Age:** 37

Year Team	G	GS	Tackles			Miscellaneous				Interceptions				Totals		
			Tk	Ast	Sack	FF	FR	TD	Blk	Int	Yds	Avg	TD	Sfty	TD	Pts
1983 Dallas Cowboys	16	0	3	0	2.0	0	0	0	0	0	0	-	0	0	0	0
1984 Dallas Cowboys	16	16	50	32	11.5	1	1	1	0	0	0	-	0	0	1	6
1985 Dallas Cowboys	16	16	50	27	12.0	1	2	0	0	1	65	65.0	1	0	1	6
1986 Dallas Cowboys	16	16	46	19	14.0	1	2	0	0	0	0	-	0	0	0	0
1987 Dallas Cowboys	12	12	30	14	5.0	1	2	0	0	1	26	26.0	1	0	1	6
1988 Dallas Cowboys	16	15	52	28	6.5	4	0	0	0	0	0	-	0	0	0	0
1989 Dallas Cowboys	16	16	65	35	11.5	0	3	1	0	0	0	-	0	0	1	6
1990 Dallas Cowboys	16	13	42	23	3.5	1	1	0	0	0	0	-	0	0	0	0
1991 Dallas Cowboys	16	16	36	34	4.0	2	0	0	0	0	0	-	0	0	0	0
1992 Dallas Cowboys	16	3	23	19	10.5	3	0	0	0	0	0	-	0	0	0	0
1993 Dallas Cowboys	16	3	23	18	6.0	1	0	0	0	0	0	-	0	0	0	0
1994 Dallas Cowboys	16	1	21	6	8.0	1	0	0	0	0	0	-	0	0	0	0
1995 Buffalo Bills	16	2	9	5	2.5	2	0	0	0	0	0	-	0	0	0	0
1996 Buffalo Bills	16	0	8	2	5.0	0	0	0	0	0	0	-	0	0	0	0
1997 Buffalo Bills	7	0	2	2	0.5	0	0	0	0	0	0	-	0	0	0	0
15 NFL Seasons	227	129	460	264	102.5	18	11	2	0	2	91	45.5	2	0	4	24

Patrick Jeffers

Pos: WR **Rnd:** 5 **College:** Virginia **Ht:** 6' 3" **Wt:** 217 **Born:** 2/2/73 **Age:** 25

Year Team	G	GS	Rushing					Receiving					Punt Returns				Kickoff Returns				Totals		
			Att	Yds	Avg	Lg	TD	Rec	Yds	Avg	Lg	TD	Num	Yds	Avg	TD	Num	Yds	Avg	TD	Fum	TD	Pts
1996 Denver Broncos	4	0	0	0	-	-	0	0	0	-	-	0	0	0	-	0	1	18	18.0	0	0	0	0
1997 Denver Broncos	10	0	0	0	-	-	0	3	24	8.0	10	0	0	0	-	0	0	0	-	0	0	0	0
2 NFL Seasons	14	0	0	0	-	-	0	3	24	8.0	10	0	0	0	-	0	1	18	18.0	0	0	0	0

Greg Jefferson

Pos: DE **Rnd:** 3 **College:** Central Florida **Ht:** 6' 3" **Wt:** 257 **Born:** 8/31/71 **Age:** 27

Year Team	G	GS	Tackles			Miscellaneous				Interceptions				Totals		
			Tk	Ast	Sack	FF	FR	TD	Blk	Int	Yds	Avg	TD	Sfty	TD	Pts
1995 Philadelphia Eagles	3	0	0	0	0.0	0	0	0	0	0	0	-	0	0	0	0
1996 Philadelphia Eagles	11	0	13	11	2.5	0	0	0	0	0	0	-	0	0	0	0
1997 Philadelphia Eagles	12	11	35	10	3.0	0	1	0	0	0	0	-	0	0	0	0
3 NFL Seasons	26	11	48	21	5.5	0	1	0	0	0	0	-	0	0	0	0

Shawn Jefferson

(statistical profile on page 330)

Pos: WR/TE **Rnd:** 9 **College:** Central Florida **Ht:** 5' 11" **Wt:** 180 **Born:** 2/22/69 **Age:** 29

Year Team	G	GS	Rushing					Receiving					Punt Returns				Kickoff Returns				Totals		
			Att	Yds	Avg	Lg	TD	Rec	Yds	Avg	Lg	TD	Num	Yds	Avg	TD	Num	Yds	Avg	TD	Fum	TD	Pts
1991 San Diego Chargers	16	3	1	27	27.0	27	0	12	125	10.4	29	1	0	0	-	0	0	0	-	0	0	1	6
1992 San Diego Chargers	16	1	0	0	-	-	0	29	377	13.0	51	2	0	0	-	0	0	0	-	0	0	2	12
1993 San Diego Chargers	16	4	5	53	10.6	33	0	30	391	13.0	t39	2	0	0	-	0	0	0	-	0	0	2	12
1994 San Diego Chargers	16	16	3	40	13.3	22	0	43	627	14.6	t52	3	0	0	-	0	0	0	-	0	0	3	18
1995 San Diego Chargers	16	15	2	1	0.5	11	0	48	621	12.9	45	2	0	0	-	0	0	0	-	0	0	2	12
1996 New England Patriots	15	15	1	6	6.0	6	0	50	771	15.4	42	4	0	0	-	0	0	0	-	0	2	4	24
1997 New England Patriots	16	14	0	0	-	-	0	54	841	15.6	76	2	0	0	-	0	0	0	-	0	2	2	12
7 NFL Seasons	111	68	12	127	10.6	33	0	266	3753	14.1	76	16	0	0	-	0	0	0	-	0	4	16	96

Greg Jeffries

Pos: CB Rnd: 6 College: Virginia Ht: 5' 9" Wt: 184 Born: 10/16/71 Age: 27

			Tackles			Miscellaneous				Interceptions				Totals		
Year Team	G	GS	Tk	Ast	Sack	FF	FR	TD	Blk	Int	Yds	Avg	TD	Sfty	TD	Pts
1993 Detroit Lions	7	0	0	0	0.0	0	1	0	0	0	0	-	0	0	0	0
1994 Detroit Lions	16	1	36	8	0.0	1	0	0	0	0	0	-	0	0	0	0
1995 Detroit Lions	14	0	13	1	0.5	0	0	0	0	0	0	-	0	0	0	0
1996 Detroit Lions	16	4	32	9	0.0	0	0	0	0	1	0	0.0	0	0	0	0
1997 Detroit Lions	15	2	6	3	1.0	1	0	0	0	1	0	0.0	0	0	0	0
5 NFL Seasons	68	7	87	21	1.5	2	1	0	0	2	0	0.0	0	0	0	0

Dietrich Jells

Pos: WR Rnd: 6 College: Pittsburgh Ht: 5' 10" Wt: 186 Born: 4/11/72 Age: 26

			Rushing					Receiving				Punt Returns				Kickoff Returns				Totals		
Year Team	G	GS	Att	Yds	Avg	Lg	TD	Rec	Yds	Avg	Lg	TD	Num	Yds	Avg	TD	Num	Yds	Avg	TD	Fum	TD	Pts
1996 New England Patriots	7	1	0	0	-	-	0	1	5	5.0	5	0	0	0	-	0	0	0	-	0	0	0	0
1997 New England Patriots	11	0						1	9	9.0	9	0	0	0	-	0	0	0	-	0	0	0	0
2 NFL Seasons	18	1	0	0	-	-	0	2	14	7.0	9	0	0	0	-	0	0	0	-	0	0	0	0

Billy Jenkins

Pos: S Rnd: FA College: Howard Ht: 5' 10" Wt: 205 Born: 7/8/74 Age: 24

			Tackles			Miscellaneous				Interceptions				Totals		
Year Team	G	GS	Tk	Ast	Sack	FF	FR	TD	Blk	Int	Yds	Avg	TD	Sfty	TD	Pts
1997 St. Louis Rams	16	2	13	5	0.0	0	0	0	0	0	0	-	0	0	0	0

DeRon Jenkins

Pos: CB Rnd: 2 College: Tennessee Ht: 5' 11" Wt: 185 Born: 11/14/73 Age: 24

			Tackles			Miscellaneous				Interceptions				Totals		
Year Team	G	GS	Tk	Ast	Sack	FF	FR	TD	Blk	Int	Yds	Avg	TD	Sfty	TD	Pts
1996 Baltimore Ravens	15	2	25	3	0.0	0	1	0	0	0	0	-	0	0	0	0
1997 Baltimore Ravens	16	6	42	2	0.0	0	1	0	0	1	15	15.0	0	0	0	0
2 NFL Seasons	31	8	67	5	0.0	0	2	0	0	1	15	15.0	0	0	0	0

James Jenkins

Pos: TE Rnd: FA College: Rutgers Ht: 6' 2" Wt: 244 Born: 8/17/67 Age: 31

			Rushing					Receiving				Punt Returns				Kickoff Returns				Totals		
Year Team	G	GS	Att	Yds	Avg	Lg	TD	Rec	Yds	Avg	Lg	TD	Num	Yds	Avg	TD	Num	Yds	Avg	TD	Fum	TD	Pts
1991 Washington Redskins	4	0	0	0	-	-	0	0	0	-	-	0	0	0	-	0	0	0	-	0	0	0	0
1992 Washington Redskins	5	1	0	0	-	-	0	0	0	-	-	0	0	0	-	0	0	0	-	0	0	0	0
1993 Washington Redskins	15	5	0	0	-	-	0	0	0	-	-	0	0	0	-	0	0	0	-	0	0	0	0
1994 Washington Redskins	16	3	0	0	-	-	0	8	32	4.0	9	4	0	0	-	0	1	4	4.0	0	0	4	24
1995 Washington Redskins	16	5	0	0	-	-	0	1	2	2.0	2	0	0	0	-	0	1	12	12.0	0	0	0	0
1996 Washington Redskins	16	5	0	0	-	-	0	1	7	7.0	7	0	0	0	-	0	0	0	-	0	0	0	0
1997 Washington Redskins	16	4	0	0	-	-	0	4	43	10.8	20	3	0	0	-	0	0	0	-	0	0	3	18
7 NFL Seasons	88	23	0	0	-	-	0	14	84	6.0	20	7	0	0	-	0	2	16	8.0	0	0	7	42

Other Statistics: 1995–recovered 1 fumble for 0 yards. 1996–recovered 1 fumble for 0 yards.

Kerry Jenkins

Pos: T Rnd: FA College: Troy State Ht: 6' 6" Wt: 320 Born: 9/6/73 Age: 25

Year Team	G	GS			G	GS
1997 New York Jets	2	2		1 NFL Season	2	2

Mike Jenkins

Pos: WR Rnd: FA College: Hampton Ht: 6' 4" Wt: 200 Born: 8/25/74 Age: 24

			Rushing					Receiving				Punt Returns				Kickoff Returns				Totals		
Year Team	G	GS	Att	Yds	Avg	Lg	TD	Rec	Yds	Avg	Lg	TD	Num	Yds	Avg	TD	Num	Yds	Avg	TD	Fum	TD	Pts
1997 Cincinnati Bengals	3	0	0	0	-	-	0	0	0	-	-	0	0	0	-	0	0	0	-	0	0	0	0

Trezelle Jenkins

Pos: T Rnd: 1 (31) College: Michigan Ht: 6' 7" Wt: 323 Born: 3/13/73 Age: 25

Year Team	G	GS	Year Team	G	GS	Year Team	G	GS		G	GS
1995 Kansas City Chiefs	1	0	1996 Kansas City Chiefs	6	0	1997 Kansas City Chiefs	2	1	3 NFL Seasons	9	1

Keith Jennings

Pos: TE Rnd: 5 College: Clemson Ht: 6' 4" Wt: 275 Born: 5/19/66 Age: 32

			Rushing					Receiving				Punt Returns				Kickoff Returns				Totals		
Year Team	G	GS	Att	Yds	Avg	Lg	TD	Rec	Yds	Avg	Lg	TD	Num	Yds	Avg	TD	Num	Yds	Avg	TD	Fum	TD	Pts
1989 Dallas Cowboys	10	0	0	0	-	-	0	6	47	7.8	14	0	0	0	-	0	0	0	-	0	0	0	0
1991 Chicago Bears	10	3	0	0	-	-	0	8	109	13.6	19	0	0	0	-	0	0	0	-	0	0	0	0
1992 Chicago Bears	16	14	0	0	-	-	0	23	264	11.5	23	1	0	0	-	0	0	0	-	0	0	1	6

Year Team	G	GS	Rushing Att	Yds	Avg	Lg	TD	Receiving Rec	Yds	Avg	Lg	TD	Punt Returns Num	Yds	Avg	TD	Kickoff Returns Num	Yds	Avg	TD	Totals Fum	TD	Pts
1993 Chicago Bears	13	11	0	0	-	-	0	14	150	10.7	29	0	0	0	-	0	0	0	-	0	1	0	0
1994 Chicago Bears	9	1	0	0	-	-	0	11	75	6.8	t23	3	0	0	-	0	0	0	-	0	0	3	18
1995 Chicago Bears	16	16	0	0	-	-	0	25	217	8.7	20	6	0	0	-	0	0	0	-	0	0	6	36
1996 Chicago Bears	6	5	0	0	-	-	0	6	56	9.3	20	0	0	0	-	0	0	0	-	0	0	0	0
1997 Chicago Bears	12	12	0	0	-	-	0	14	164	11.7	23	0	0	0	-	0	0	0	-	0	0	0	0
8 NFL Seasons	92	62	0	0	-	-	0	107	1082	10.1	29	10	0	0	-	0	0	0	-	0	1	10	60

Other Statistics: 1993–recovered 1 fumble for 0 yards.

Travis Jervey

Pos: FB Rnd: 5 College: The Citadel Ht: 5' 11" Wt: 225 Born: 5/5/72 Age: 26

Year Team	G	GS	Rushing Att	Yds	Avg	Lg	TD	Receiving Rec	Yds	Avg	Lg	TD	Punt Returns Num	Yds	Avg	TD	Kickoff Returns Num	Yds	Avg	TD	Totals Fum	TD	Pts
1995 Green Bay Packers	16	0	0	0	-	-	0	0	0	-	-	0	0	0	-	0	8	165	20.6	0	0	0	0
1996 Green Bay Packers	16	0	26	106	4.1	12	0	0	0	-	-	0	0	0	-	0	1	17	17.0	0	4	0	0
1997 Green Bay Packers	16	0	0	0	-	-	0	0	0	-	-	0	0	0	-	0	0	0	-	0	0	0	0
3 NFL Seasons	48	0	26	106	4.1	12	0	0	0	-	-	0	0	0	-	0	9	182	20.2	0	4	0	0

Other Statistics: 1995–recovered 1 fumble for 0 yards. 1996–recovered 1 fumble for 0 yards.

James Jett *(statistical profile on page 331)*

Pos: WR Rnd: FA College: West Virginia Ht: 5' 10" Wt: 165 Born: 12/28/70 Age: 27

Year Team	G	GS	Rushing Att	Yds	Avg	Lg	TD	Receiving Rec	Yds	Avg	Lg	TD	Punt Returns Num	Yds	Avg	TD	Kickoff Returns Num	Yds	Avg	TD	Totals Fum	TD	Pts
1993 Los Angeles Raiders	16	1	1	0	0.0	0	0	33	771	23.4	t74	3	0	0	-	0	0	0	-	0	1	3	18
1994 Los Angeles Raiders	16	1	0	0	-	-	0	15	253	16.9	54	0	0	0	-	0	0	0	-	0	0	0	0
1995 Oakland Raiders	16	0	0	0	-	-	0	13	179	13.8	t26	1	0	0	-	0	0	0	-	0	1	1	6
1996 Oakland Raiders	16	16	0	0	-	-	0	43	601	14.0	t58	4	0	0	-	0	0	0	-	0	0	4	24
1997 Oakland Raiders	16	16	0	0	-	-	0	46	804	17.5	t56	12	0	0	-	0	0	0	-	0	2	12	72
5 NFL Seasons	80	34	1	0	0.0	0	0	150	2608	17.4	t74	20	0	0	-	0	0	0	-	0	4	20	120

Other Statistics: 1994–recovered 2 fumbles for 15 yards. 1997–recovered 1 fumble for 0 yards.

John Jett *(statistical profile on page 477)*

Pos: P Rnd: FA College: East Carolina Ht: 6' 0" Wt: 199 Born: 11/11/68 Age: 29

Year Team	G	NetPunts	Yards	Avg	Long	In20	In20%	TotPunts	TB	Blocks	OppRet	RetYds	NetAvg	Rushing Att	Yards	Passing Att	Com	Yards	Int
1993 Dallas Cowboys	16	56	2342	41.8	59	22	39.3	56	3	0	32	169	37.7	0	0	0	0	0	0
1994 Dallas Cowboys	16	70	2935	41.9	58	27	38.6	70	4	0	36	378	35.4	0	0	0	0	0	0
1995 Dallas Cowboys	16	53	2166	40.9	58	17	32.1	53	6	0	22	216	34.5	0	0	0	0	0	0
1996 Dallas Cowboys	16	74	3150	42.6	60	22	29.7	74	9	0	32	249	36.8	1	-23	0	0	0	0
1997 Detroit Lions	16	84	3576	42.6	60	24	28.6	86	4	2	51	434	35.6	0	0	0	0	0	0
5 NFL Seasons	80	337	14169	42.0	60	112	33.2	330	26	2	173	1446	36.0	1	-23	0	0	0	0

Anthony Johnson *(statistical profile on page 331)*

Pos: RB Rnd: 2 College: Notre Dame Ht: 6' 0" Wt: 225 Born: 10/25/67 Age: 31

Year Team	G	GS	Rushing Att	Yds	Avg	Lg	TD	Receiving Rec	Yds	Avg	Lg	TD	Punt Returns Num	Yds	Avg	TD	Passing Att	Com	Yards	Int	Totals Fum	TD	Pts
1990 Indianapolis Colts	16	0	0	0	-	-	0	5	32	6.4	t15	2	0	0	-	0	0	0	0	0	0	2	12
1991 Indianapolis Colts	9	6	22	94	4.3	15	0	42	344	8.2	24	0	0	0	-	0	0	0	0	0	2	0	0
1992 Indianapolis Colts	15	13	178	592	3.3	19	0	49	517	10.6	t57	3	0	0	-	0	1	0	0	0	6	3	18
1993 Indianapolis Colts	13	8	95	331	3.5	14	1	55	443	8.1	36	0	0	0	-	0	1	0	0	1	5	1	6
1994 New York Jets	15	0	5	12	2.4	5	0	31	6.2	9	0		1	3	3.0	0	0	0	0	0	0	0	0
1995 Chi - Car	15	0	30	140	4.7	t23	1	29	207	7.1	37	0	0	0	-	0	0	0	0	0	2	1	6
1996 Carolina Panthers	16	11	300	1120	3.7	29	6	26	192	7.4	55	0	0	0	-	0	0	0	0	0	2	6	36
1997 Carolina Panthers	16	7	97	358	3.7	20	0	21	158	7.5	25	1	0	0	-	0	0	0	0	0	2	1	8
1995 Chicago Bears	8	0	6	30	5.0	11	0	13	86	6.6	16	0	0	0	-	0	0	0	0	0	2	0	0
Carolina Panthers	7	0	24	110	4.6	t23	1	16	121	7.6	37	0	0	0	-	0	0	0	0	0	0	1	6
8 NFL Seasons	115	45	727	2647	3.6	29	8	232	1924	8.3	t57	6	1	3	3.0	0	2	0	0	1	19	14	86

Other Statistics: 1992–recovered 4 fumbles for 0 yards. 1993–recovered 2 fumbles for 0 yards. 1997–recovered 2 fumbles for 0 yards; scored 1 two-point conversion.

Bill Johnson *(statistical profile on page 421)*

Pos: DT Rnd: 3 College: Michigan State Ht: 6' 4" Wt: 300 Born: 12/9/68 Age: 29

Year Team	G	GS	Tackles Tk	Ast	Sack	Miscellaneous FF	FR	TD	Blk	Interceptions Int	Yds	Avg	TD	Totals Sfty	TD	Pts
1992 Cleveland Browns	15	3	16	7	2.0	0	0	0	0	0	0	-	0	0	0	0
1993 Cleveland Browns	10	0	19	20	1.0	0	0	0	0	0	0	-	0	0	0	0
1994 Cleveland Browns	14	13	34	9	1.0	0	1	0	0	0	0	-	0	0	0	0
1995 Pittsburgh Steelers	9	0	9	2	0.0	0	1	0	0	0	0	-	0	0	0	0

Year Team	G	GS	Tackles			Miscellaneous				Interceptions				Totals		
			Tk	Ast	Sack	FF	FR	TD	Blk	Int	Yds	Avg	TD	Sfty	TD	Pts
1996 Pittsburgh Steelers	15	8	18	11	1.0	0	1	0	0	0	0	-	0	0	0	0
1997 St. Louis Rams	16	16	44	9	4.0	0	1	0	0	0	0	-	0	0	0	0
6 NFL Seasons	79	40	140	60	9.0	0	4	0	0	0	0	-	0	0	0	0

Brad Johnson

Pos: QB **Rnd:** 9 **College:** Florida State **Ht:** 6' 5" **Wt:** 223 **Born:** 9/13/68 **Age:** 30

(statistical profile on page 332)

Year Team	G	GS	Passing										Rushing					Miscellaneous			
			Att	Com	Pct	Yards	Yds/Att	Lg	TD	Int	Int%	Rating	Att	Yds	Avg	Lg	TD	Sckd	Yds	Fum	Recv	Yds	Pts
1994 Minnesota Vikings	4	0	37	22	59.5	150	4.05	15	0	0	0.0	68.5	2	-2	-1.0	-1	0	1	5	0	0	0	0
1995 Minnesota Vikings	5	0	36	25	69.4	272	7.56	39	0	2	5.6	68.3	9	-9	-1.0	3	0	2	18	2	0	0	0
1996 Minnesota Vikings	12	8	311	195	62.7	2258	7.26	t82	17	10	3.2	89.4	34	90	2.6	13	1	15	119	5	3	-8	6
1997 Minnesota Vikings	13	13	452	275	60.8	3036	6.72	56	20	12	2.7	84.5	35	139	4.0	28	0	26	164	4	3	0	10
4 NFL Seasons	34	21	836	517	61.8	5716	6.84	t82	37	24	2.9	84.9	80	218	2.7	28	1	44	306	11	6	-8	16

Other Statistics: 1997–caught 1 pass for 3 yards and 1 touchdown; scored 2 two-point conversions.

Charles Johnson

Pos: WR **Rnd:** 1 (17) **College:** Colorado **Ht:** 6' 0" **Wt:** 193 **Born:** 1/3/72 **Age:** 26

(statistical profile on page 332)

Year Team	G	GS	Rushing					Receiving					Punt Returns				Kickoff Returns				Totals		
			Att	Yds	Avg	Lg	TD	Rec	Yds	Avg	Lg	TD	Num	Yds	Avg	TD	Num	Yds	Avg	TD	Fum	TD	Pts
1994 Pittsburgh Steelers	16	9	4	-1	-0.3	7	0	38	577	15.2	t84	3	15	90	6.0	0	16	345	21.6	0	2	3	18
1995 Pittsburgh Steelers	14	12	1	-10	-10.0	-10	0	38	432	11.4	33	0	0	0	-	0	2	47	23.5	0	0	0	0
1996 Pittsburgh Steelers	16	13	0	0	-	-	0	60	1008	16.8	t70	3	0	0	-	0	6	111	18.5	0	1	3	20
1997 Pittsburgh Steelers	13	11	0	0	-	-	0	46	568	12.3	49	2	0	0	-	0	0	0	-	0	0	2	12
4 NFL Seasons	59	45	5	-11	-2.2	7	0	182	2585	14.2	t84	8	15	90	6.0	0	24	503	21.0	0	3	8	50

Other Statistics: 1995–recovered 1 fumble for 0 yards. 1996–scored 1 two-point conversion.

Clyde Johnson

Pos: CB **Rnd:** FA **College:** Kansas State **Ht:** 5' 10" **Wt:** 191 **Born:** 5/22/70 **Age:** 28

Year Team	G	GS	Tackles			Miscellaneous				Interceptions				Totals		
			Tk	Ast	Sack	FF	FR	TD	Blk	Int	Yds	Avg	TD	Sfty	TD	Pts
1997 Kansas City Chiefs	15	0	1	2	0.0	0	0	0	0	0	0	-	0	0	0	0

Darrius Johnson

Pos: CB **Rnd:** 4 **College:** Oklahoma **Ht:** 5' 9" **Wt:** 175 **Born:** 9/17/72 **Age:** 26

Year Team	G	GS	Tackles			Miscellaneous				Interceptions				Totals		
			Tk	Ast	Sack	FF	FR	TD	Blk	Int	Yds	Avg	TD	Sfty	TD	Pts
1996 Denver Broncos	13	0	11	-	0.0	1	0	0	0	0	0	-	0	0	0	0
1997 Denver Broncos	16	0	10	3	0.0	0	1	1	0	0	0	-	0	0	1	6
2 NFL Seasons	29	0	21	3	0.0	1	1	1	0	0	0	-	0	0	1	6

Ellis Johnson

Pos: DT **Rnd:** 1 (15) **College:** Florida **Ht:** 6' 2" **Wt:** 292 **Born:** 10/30/73 **Age:** 25

(statistical profile on page 422)

Year Team	G	GS	Tackles			Miscellaneous				Interceptions				Totals		
			Tk	Ast	Sack	FF	FR	TD	Blk	Int	Yds	Avg	TD	Sfty	TD	Pts
1995 Indianapolis Colts	16	2	15	3	4.5	0	0	0	0	0	0	-	0	0	0	0
1996 Indianapolis Colts	12	6	14	8	0.0	0	0	0	0	0	0	-	0	0	0	0
1997 Indianapolis Colts	15	15	38	18	4.5	1	2	0	1	1	18	18.0	0	0	0	0
3 NFL Seasons	43	23	67	29	9.0	1	2	0	1	1	18	18.0	0	0	0	0

Jimmie Johnson

Pos: TE **Rnd:** 12 **College:** Howard **Ht:** 6' 2" **Wt:** 257 **Born:** 10/6/66 **Age:** 32

Year Team	G	GS	Rushing					Receiving					Punt Returns				Kickoff Returns				Totals		
			Att	Yds	Avg	Lg	TD	Rec	Yds	Avg	Lg	TD	Num	Yds	Avg	TD	Num	Yds	Avg	TD	Fum	TD	Pts
1989 Washington Redskins	16	0	0	0	-	-	0	4	84	21.0	39	0	0	0	-	0	0	0	-	0	0	0	0
1990 Washington Redskins	16	5	0	0	-	-	0	15	218	14.5	35	2	0	0	-	0	0	0	-	0	1	2	12
1991 Washington Redskins	6	0	0	0	-	-	0	3	7	2.3	t4	2	0	0	-	0	0	0	-	0	0	2	12
1992 Detroit Lions	16	5	0	0	-	-	0	6	34	5.7	9	0	0	0	-	0	1	0	0.0	0	0	0	0
1993 Detroit Lions	6	5	0	0	-	-	0	2	18	9.0	9	0	0	0	-	0	0	0	-	0	0	0	0
1994 Kansas City Chiefs	7	1	0	0	-	-	0	2	7	3.5	5	0	0	0	-	0	0	0	-	0	0	0	0
1995 Philadelphia Eagles	16	1	0	0	-	-	0	6	37	6.2	9	0	0	0	-	0	0	0	-	0	0	0	0
1996 Philadelphia Eagles	16	3	0	0	-	-	0	7	127	18.1	39	1	0	0	-	0	0	0	-	0	0	0	0
1997 Philadelphia Eagles	16	11	0	0	-	-	0	14	177	12.6	28	1	0	0	-	0	3	22	7.3	0	1	1	6
9 NFL Seasons	115	31	0	0	-	-	0	59	709	12.0	39	5	0	0	-	0	4	22	5.5	0	2	5	30

Joe Johnson
(statistical profile on page 422)

Pos: DE/DT **Rnd:** 1 (13) **College:** Louisville **Ht:** 6' 4" **Wt:** 270 **Born:** 7/11/72 **Age:** 26

			Tackles			Miscellaneous				Interceptions				Totals		
Year Team	G	GS	Tk	Ast	Sack	FF	FR	TD	Blk	Int	Yds	Avg	TD	Sfty	TD	Pts
1994 New Orleans Saints	15	14	36	10	1.5	2	1	0	1	0	0	-	0	0	0	0
1995 New Orleans Saints	14	14	36	14	5.5	1	0	0	0	0	0	-	0	0	0	0
1996 New Orleans Saints	13	13	50	10	7.5	3	0	0	0	0	0	-	0	0	0	0
1997 New Orleans Saints	16	16	39	7	8.5	1	1	0	0	0	0	-	0	0	0	0
4 NFL Seasons	58	57	161	41	23.0	7	2	0	1	0	0	-	0	0	0	0

Kevin Johnson

Pos: DT **Rnd:** 4 **College:** Texas Southern **Ht:** 6' 1" **Wt:** 306 **Born:** 10/30/70 **Age:** 28

			Tackles			Miscellaneous				Interceptions				Totals		
Year Team	G	GS	Tk	Ast	Sack	FF	FR	TD	Blk	Int	Yds	Avg	TD	Sfty	TD	Pts
1995 Philadelphia Eagles	11	1	19	-	6.0	1	1	1	0	0	0	-	0	0	1	6
1996 Philadelphia Eagles	12	5	14	10	1.0	0	0	0	0	0	0	-	0	0	0	0
1997 Oakland Raiders	15	0	7	4	0.0	0	0	0	0	0	0	-	0	0	0	0
3 NFL Seasons	38	6	40	14	7.0	1	1	1	0	0	0	-	0	0	1	6

Keyshawn Johnson
(statistical profile on page 333)

Pos: WR **Rnd:** 1 (1) **College:** Southern California **Ht:** 6' 3" **Wt:** 215 **Born:** 7/22/72 **Age:** 26

			Rushing					Receiving				Punt Returns				Kickoff Returns				Totals		
Year Team	G	GS	Att	Yds	Avg	Lg	TD	Rec	Yds	Avg	Lg	TD	Num	Yds	Avg	TD	Num	Yds	Avg	TD	Fum	TD	Pts
1996 New York Jets	14	11	0	0	-	-	0	63	844	13.4	50	8	0	0	-	0	0	0	-	0	0	8	50
1997 New York Jets	16	16	0	0	-	-	0	70	963	13.8	39	5	0	0	-	0	0	0	-	0	0	5	30
2 NFL Seasons	30	27	0	0	-	-	0	133	1807	13.6	50	13	0	0	-	0	0	0	-	0	0	13	80

Other Statistics: 1996–scored 1 two-point conversion.

Lee Johnson
(statistical profile on page 478)

Pos: P **Rnd:** 5 **College:** Brigham Young **Ht:** 6' 2" **Wt:** 200 **Born:** 11/27/61 **Age:** 36

		Punting												Field Goals			Passing			
Year Team	G	NetPunts	Yards	Avg	Long	In20	In20%	TotPunts	TB	Blocks	OppRet	RetYds	NetAvg	Overall	Pct	Long	Att	Com	Yds	Int
1985 Houston Oilers	16	83	3464	41.7	65	22	26.5	83	8	0	45	345	35.7	0-0	-	-	0	0	0	0
1986 Houston Oilers	16	88	3623	41.2	66	26	29.5	88	9	0	40	303	35.7	0-0	-	-	0	0	0	0
1987 Hou - Cle	12	50	1969	39.4	66	8	16.0	50	4	0	25	249	32.8	0-0	-	-	0	0	0	0
1988 Cle - Cin	15	31	1237	39.9	61	10	32.3	31	2	0	15	163	33.4	1-2	50.0	50	0	0	0	0
1989 Cincinnati Bengals	16	61	2446	40.1	62	14	23.0	63	11	2	33	323	30.2	0-0	-	-	0	0	0	0
1990 Cincinnati Bengals	16	64	2705	42.3	70	12	18.8	64	8	0	36	352	34.3	0-1	0.0	-	1	1	4	0
1991 Cincinnati Bengals	16	64	2795	43.7	62	15	23.4	64	6	0	38	456	34.7	1-3	33.3	53	1	1	3	0
1992 Cincinnati Bengals	16	76	3196	42.1	64	15	19.7	76	9	0	32	284	35.9	0-1	0.0	-	1	0	0	0
1993 Cincinnati Bengals	16	90	3954	43.9	60	24	26.7	90	12	0	47	416	36.6	0-0	-	-	1	0	0	0
1994 Cincinnati Bengals	16	79	3461	43.8	64	19	24.1	80	9	1	43	459	35.3	0-0	-	-	1	1	7	0
1995 Cincinnati Bengals	16	68	2861	42.1	61	26	38.2	68	4	0	27	154	38.6	0-0	-	-	1	1	5	0
1996 Cincinnati Bengals	16	80	3630	45.4	67	16	20.0	81	17	1	38	502	34.4	0-0	-	-	0	0	0	0
1997 Cincinnati Bengals	16	81	3471	42.9	66	27	33.3	81	8	0	35	407	35.9	0-0	-	-	0	0	0	0
1987 Houston Oilers	9	41	1652	40.3	59	5	12.2	41	3	0	23	243	32.9	0-0	-	-	0	0	0	0
Cleveland Browns	3	9	317	35.2	66	3	33.3	9	1	0	2	6	32.3	0-0	-	-	0	0	0	0
1988 Cleveland Browns	3	17	643	37.8	61	6	35.3	17	1	0	7	103	30.6	0-0	-	-	0	0	0	0
Cincinnati Bengals	12	14	594	42.4	52	4	28.6	14	1	0	8	60	36.7	1-2	50.0	50	0	0	0	0
13 NFL Seasons	203	915	38812	42.4	70	234	25.6	919	107	4	454	4413	35.1	2-7	28.6	53	5	4	19	0

Other Statistics: 1985–recovered 1 fumble for 7 yards; rushed 1 time for 0 yards; fumbled 2 times. 1989–converted 0 of 1 extra-point attempts; rushed 1 time for -7 yards. 1990–passed for 1 touchdown. 1991–rushed 1 time for -2 yards; fumbled 1 time for 0 yards. 1994–passed for 1 touchdown. 1995–rushed 1 time for -16 yards; fumbled 1 time for 0 yards. 1997–recovered 2 fumbles for 0 yards; rushed 1 time for 0 yards.

Leon Johnson

Pos: RB/KR **Rnd:** 4 **College:** North Carolina **Ht:** 6' 1" **Wt:** 210 **Born:** 7/13/74 **Age:** 24

			Rushing					Receiving				Punt Returns				Kickoff Returns				Totals		
Year Team	G	GS	Att	Yds	Avg	Lg	TD	Rec	Yds	Avg	Lg	TD	Num	Yds	Avg	TD	Num	Yds	Avg	TD	Fum	TD	Pts
1997 New York Jets	16	1	48	158	3.3	20	2	16	142	8.9	20	0	51	619	12.1	1	12	319	26.6	1	5	4	24

Other Statistics: 1997–recovered 5 fumbles for 0 yards; attempted 2 passes with 0 completions for 0 yards and 1 interception.

LeShon Johnson

Pos: RB **Rnd:** 3 **College:** Northern Illinois **Ht:** 5' 11" **Wt:** 195 **Born:** 1/15/71 **Age:** 27

			Rushing					Receiving				Punt Returns				Kickoff Returns				Totals		
Year Team	G	GS	Att	Yds	Avg	Lg	TD	Rec	Yds	Avg	Lg	TD	Num	Yds	Avg	TD	Num	Yds	Avg	TD	Fum	TD	Pts
1994 Green Bay Packers	12	0	26	99	3.8	43	0	13	168	12.9	33	0	0	0	-	0	0	0	-	0	0	0	0
1995 GB - Ari	6	0	2	-2	-1.0	0	0	0	0	-	-	0	0	0	-	0	11	259	23.5	0	1	0	0
1996 Arizona Cardinals	15	8	141	634	4.5	t70	3	15	176	11.7	35	1	0	0	-	0	10	198	19.8	0	5	4	24
1997 Arizona Cardinals	14	0	23	81	3.5	11	0	3	4	1.3	7	0	0	0	-	0	1	26	-	0	0	0	0

Year Team	G	GS	Rushing Att	Yds	Avg	Lg	TD	Receiving Rec	Yds	Avg	Lg	TD	Punt Returns Num	Yds	Avg	TD	Kickoff Returns Num	Yds	Avg	TD	Totals Fum	TD	Pts
1995 Green Bay Packers	2	0	2	-2	-1.0	0	0	0	0	-	-	0	0	0	-	0	0	0	-	0	0	0	0
Arizona Cardinals	4	0	0	0	-	-	0	0	0	-	-	0	0	0	-	0	11	259	23.5	0	1	0	0
4 NFL Seasons	47	8	192	812	4.2	t70	3	31	348	11.2	35	1	0	0	-	0	21	483	23.0	0	6	4	24

Other Statistics: 1995–recovered 1 fumble for 0 yards. 1996–recovered 2 fumbles for 0 yards.

Lonnie Johnson
(statistical profile on page 333)

Pos: TE Rnd: 2 College: Florida State Ht: 6' 3" Wt: 232 Born: 2/14/71 Age: 27

Year Team	G	GS	Rushing Att	Yds	Avg	Lg	TD	Receiving Rec	Yds	Avg	Lg	TD	Punt Returns Num	Yds	Avg	TD	Kickoff Returns Num	Yds	Avg	TD	Totals Fum	TD	Pts
1994 Buffalo Bills	10	1	0	0	-	-	0	3	42	14.0	21	0	0	0	-	0	0	0	-	0	0	0	0
1995 Buffalo Bills	16	16	0	0	-	-	0	49	504	10.3	52	1	0	0	-	0	0	0	-	0	0	1	6
1996 Buffalo Bills	16	15	0	0	-	-	0	46	457	9.9	33	0	0	0	-	0	0	0	-	0	1	0	0
1997 Buffalo Bills	16	16	1	6	6.0	6	0	41	340	8.3	t62	2	0	0	-	0	0	0	-	0	2	2	12
4 NFL Seasons	58	48	1	6	6.0	6	0	139	1343	9.7	t62	3	0	0	-	0	0	0	-	0	3	3	18

Other Statistics: 1995–recovered 1 fumble for 0 yards. 1996–recovered 4 fumbles for 0 yards. 1997–recovered 1 fumble for 0 yards.

Melvin Johnson

Pos: S Rnd: 2 College: Kentucky Ht: 6' 0" Wt: 198 Born: 4/15/72 Age: 26

Year Team	G	GS	Tackles Tk	Ast	Sack	Miscellaneous FF	FR	TD	Blk	Interceptions Int	Yds	Avg	TD	Totals Sfty	TD	Pts
1995 Tampa Bay Buccaneers	11	3	20	6	0.0	0	0	0	0	1	0	0.0	0	0	0	0
1996 Tampa Bay Buccaneers	16	16	61	19	0.0	1	1	0	0	2	24	12.0	0	0	0	0
1997 Tampa Bay Buccaneers	16	7	41	10	0.0	0	0	0	0	1	19	19.0	0	0	0	0
3 NFL Seasons	43	26	122	35	0.0	1	1	0	0	4	43	10.8	0	0	0	0

Norm Johnson
(statistical profile on page 478)

Pos: K Rnd: FA College: UCLA Ht: 6' 2" Wt: 202 Born: 5/31/60 Age: 38

Year Team	G	1-29 Yds	Pct	30-39 Yds	Pct	40-49 Yds	Pct	50+ Yds	Pct	Overall	Pct	Long	PAT Made	Att	Tot Pts
1982 Seattle Seahawks	9	3-4	75.0	5-6	83.3	2-3	66.7	0-1	0.0	10-14	71.4	48	13	14	43
1983 Seattle Seahawks	16	5-5	100.0	4-7	57.1	8-10	80.0	1-3	33.3	18-25	72.0	54	49	50	103
1984 Seattle Seahawks	16	9-10	90.0	4-4	100.0	6-7	85.7	1-3	33.3	20-24	83.3	50	50	51	110
1985 Seattle Seahawks	16	5-5	100.0	7-9	77.8	1-8	12.5	1-3	33.3	14-25	56.0	51	40	41	82
1986 Seattle Seahawks	16	6-8	75.0	8-9	88.9	3-11	27.3	5-7	71.4	22-35	62.9	54	42	42	108
1987 Seattle Seahawks	13	7-7	100.0	4-7	57.1	4-5	80.0	0-1	0.0	15-20	75.0	49	40	40	85
1988 Seattle Seahawks	16	5-5	100.0	7-9	77.8	10-14	71.4	0-0	-	22-28	78.6	47	39	39	105
1989 Seattle Seahawks	16	7-8	87.5	3-4	75.0	4-8	50.0	1-5	20.0	15-25	60.0	50	27	27	72
1990 Seattle Seahawks	16	9-9	100.0	8-14	57.1	5-6	83.3	1-3	33.3	23-32	71.9	51	33	34	102
1991 Atlanta Falcons	14	9-9	100.0	4-4	100.0	5-8	62.5	1-2	50.0	19-23	82.6	50	38	39	95
1992 Atlanta Falcons	16	6-6	100.0	4-5	80.0	4-7	57.1	4-4	100.0	18-22	81.8	54	39	39	93
1993 Atlanta Falcons	15	8-8	100.0	9-10	90.0	7-7	100.0	2-2	100.0	26-27	96.3	54	34	34	112
1994 Atlanta Falcons	16	9-9	100.0	7-7	100.0	4-4	100.0	1-5	20.0	21-25	84.0	50	32	32	95
1995 Pittsburgh Steelers	16	11-11	100.0	14-16	87.5	8-13	61.5	1-1	100.0	34-41	82.9	50	39	39	141
1996 Pittsburgh Steelers	16	10-12	83.3	8-10	80.0	5-7	71.4	0-1	0.0	23-30	76.7	49	37	37	106
1997 Pittsburgh Steelers	16	7-7	100.0	8-8	100.0	6-8	75.0	1-2	50.0	22-25	88.0	52	40	40	106
16 NFL Seasons	243	116-123	94.3	104-129	80.6	82-126	65.1	20-43	46.5	322-421	76.5	54	592	598	1558

Other Statistics: 1982–attempted 1 pass with 1 completion for 27 yards. 1991–punted 1 time for 21 yards. 1992–punted 1 time for 37 yards.

Pepper Johnson

Pos: LB Rnd: 2 College: Ohio State Ht: 6' 3" Wt: 248 Born: 7/29/64 Age: 34

Year Team	G	GS	Tackles Tk	Ast	Sack	Miscellaneous FF	FR	TD	Blk	Interceptions Int	Yds	Avg	TD	Totals Sfty	TD	Pts
1986 New York Giants	16	0	15	8	2.0	0	0	0	0	1	13	13.0	0	0	0	0
1987 New York Giants	12	12	63	11	1.0	2	1	0	0	0	0	-	0	0	0	0
1988 New York Giants	16	15	64	23	4.0	2	1	0	0	1	33	33.0	0	0	1	6
1989 New York Giants	14	4	48	13	1.0	0	1	0	0	3	60	20.0	1	0	1	6
1990 New York Giants	16	16	80	35	3.5	3	1	0	0	1	0	0.0	0	0	0	0
1991 New York Giants	16	16	71	33	6.5	1	0	0	0	2	5	2.5	0	0	0	0
1992 New York Giants	16	16	81	34	1.0	1	2	0	0	2	42	21.0	0	0	0	0
1993 Cleveland Browns	16	11	45	42	1.0	0	0	0	0	0	0	-	0	0	0	0
1994 Cleveland Browns	16	16	95	27	2.5	0	0	0	0	1	0	0.0	0	0	0	0
1995 Cleveland Browns	16	16	100	30	1.0	2	0	0	0	2	22	11.0	0	0	0	0
1996 Detroit Lions	15	12	54	16	0.0	1	0	0	0	0	0	-	0	0	0	0
1997 New York Jets	8	8	26	13	0.0	0	0	0	0	1	13	13.0	0	0	0	0
12 NFL Seasons	177	142	742	285	24.5	12	7	0	0	13	188	14.5	2	0	2	12

Other Statistics: 1992–fumbled 1 time.

Raylee Johnson

Pos: DE Rnd: 4 College: Arkansas Ht: 6' 3" Wt: 272 Born: 6/1/70 Age: 28

			Tackles			Miscellaneous				Interceptions				Totals		
Year Team	G	GS	Tk	Ast	Sack	FF	FR	TD	Blk	Int	Yds	Avg	TD	Sfty	TD	Pts
1993 San Diego Chargers	9	0	0	1	0.0	0	0	0	0	0	0	-	0	0	0	0
1994 San Diego Chargers	15	0	4	2	1.5	0	0	0	0	0	0	-	0	0	0	0
1995 San Diego Chargers	16	1	14	1	3.0	1	0	0	0	0	0	-	0	0	0	0
1996 San Diego Chargers	14	1	15	3	3.0	0	0	0	0	0	0	-	0	0	0	0
1997 San Diego Chargers	16	0	16	3	2.5	0	0	0	0	0	0	-	0	0	0	0
5 NFL Seasons	70	2	49	10	10.0	1	0	0	0	0	0	-	0	0	0	0

Reggie Johnson

Pos: TE Rnd: 2 College: Florida State Ht: 6' 2" Wt: 255 Born: 1/27/68 Age: 30

			Rushing					Receiving					Punt Returns				Kickoff Returns				Totals		
Year Team	G	GS	Att	Yds	Avg	Lg	TD	Rec	Yds	Avg	Lg	TD	Num	Yds	Avg	TD	Num	Yds	Avg	TD	Fum	TD	Pts
1991 Denver Broncos	16	3	0	0	-	-	0	6	73	12.2	31	1	0	0	-	0	0	0	-	0	0	1	6
1992 Denver Broncos	15	7	2	7	3.5	8	0	10	139	13.9	48	1	0	0	-	0	2	47	23.5	0	0	1	6
1993 Denver Broncos	13	12	0	0	-	-	0	20	243	12.2	38	1	0	0	-	0	0	0	-	0	1	1	6
1994 Green Bay Packers	9	2	0	0	-	-	0	7	79	11.3	24	0	0	0	-	0	0	0	-	0	0	0	0
1995 Philadelphia Eagles	9	2	0	0	-	-	0	5	68	13.6	33	2	0	0	-	0	0	0	-	0	0	2	12
1996 Kansas City Chiefs	11	3	0	0	-	-	0	18	189	10.5	26	1	0	0	-	0	0	0	-	0	0	1	6
1997 Green Bay Packers	4	0	0	0	-	-	0	0	0	-	-	0	0	0	-	0	0	0	-	0	0	0	0
7 NFL Seasons	77	29	2	7	3.5	8	0	66	791	12.0	48	6	0	0	-	0	2	47	23.5	0	1	6	36

Other Statistics: 1991-recovered 1 fumble for 0 yards. 1992-recovered 1 fumble for 0 yards.

Rob Johnson

Pos: QB Rnd: 4 College: Southern California Ht: 6' 4" Wt: 214 Born: 3/18/73 Age: 25

			Passing									Rushing					Miscellaneous			
Year Team	G	GS	Att	Com	Pct	Yards	Yds/Att	Lg	TD	Int	Int%	Rating	Att	Yds	Avg	Lg	TD	Sckd	Yds	Fum Recv Yds	Pts
1995 Jacksonville Jaguars	1	0	7	3	42.9	24	3.43	19	0	1	14.3	12.5	3	17	5.7	7	0	1	13	0 0 0	0
1996 Jacksonville Jaguars	2	0	0	0	-	0	-	0	0	0	-	0.0	0	0	-	-	0	0	0	0 0 0	0
1997 Jacksonville Jaguars	5	1	28	22	78.6	344	12.29	40	2	2	7.1	111.9	10	34	3.4	t25	1	6	29	0 0 0	6
3 NFL Seasons	8	1	35	25	71.4	368	10.51	40	2	3	8.6	88.8	13	51	3.9	t25	1	7	42	0 0 0	6

Ted Johnson

(statistical profile on page 422)

Pos: LB Rnd: 2 College: Colorado Ht: 6' 3" Wt: 240 Born: 12/4/72 Age: 25

			Tackles			Miscellaneous				Interceptions				Totals		
Year Team	G	GS	Tk	Ast	Sack	FF	FR	TD	Blk	Int	Yds	Avg	TD	Sfty	TD	Pts
1995 New England Patriots	12	11	41	28	0.5	0	2	0	0	0	0	-	0	0	0	0
1996 New England Patriots	16	16	87	28	0.0	1	1	0	0	1	0	0.0	0	0	0	0
1997 New England Patriots	16	16	95	32	4.0	1	0	0	0	0	0	-	0	0	0	0
3 NFL Seasons	44	43	223	88	4.5	2	3	0	0	1	0	0.0	0	0	0	0

Tony Johnson

Pos: TE Rnd: 6 College: Alabama Ht: 6' 5" Wt: 255 Born: 2/5/72 Age: 26

			Rushing					Receiving					Punt Returns				Kickoff Returns				Totals		
Year Team	G	GS	Att	Yds	Avg	Lg	TD	Rec	Yds	Avg	Lg	TD	Num	Yds	Avg	TD	Num	Yds	Avg	TD	Fum	TD	Pts
1996 New Orleans Saints	8	7	0	0	-	-	0	7	76	10.9	17	1	0	0	-	0	0	0	-	0	0	1	6
1997 New Orleans Saints	7	1	0	0	-	-	0	1	13	13.0	13	0	0	0	-	0	0	0	-	0	1	0	0
2 NFL Seasons	15	8	0	0	-	-	0	8	89	11.1	17	1	0	0	-	0	0	0	-	0	1	1	6

Tre Johnson

Pos: G Rnd: 2 College: Temple Ht: 6' 2" Wt: 340 Born: 8/30/71 Age: 27

Year Team	G	GS	Year Team	G	GS	Year Team	G	GS	Year Team	G	GS
1994 Washington Redskins	14	1	1995 Washington Redskins	10	9	1996 Washington Redskins	15	15	1997 Washington Redskins	11	10
									4 NFL Seasons	50	35

Other Statistics: 1994-returned 0 kickoffs for 4 yards. 1996-recovered 1 fumble for 0 yards.

Daryl Johnston

Pos: FB Rnd: 2 College: Syracuse Ht: 6' 2" Wt: 242 Born: 2/10/66 Age: 32

			Rushing					Receiving					Punt Returns				Kickoff Returns				Totals		
Year Team	G	GS	Att	Yds	Avg	Lg	TD	Rec	Yds	Avg	Lg	TD	Num	Yds	Avg	TD	Num	Yds	Avg	TD	Fum	TD	Pts
1989 Dallas Cowboys	16	10	67	212	3.2	13	0	16	133	8.3	28	3	0	0	-	0	0	0	-	0	3	3	18
1990 Dallas Cowboys	16	0	10	35	3.5	8	1	14	148	10.6	26	1	0	0	-	0	0	0	-	0	1	2	12
1991 Dallas Cowboys	16	14	17	54	3.2	10	0	28	244	8.7	22	1	0	0	-	0	0	0	-	0	0	1	6
1992 Dallas Cowboys	16	16	17	61	3.6	14	0	32	249	7.8	18	2	0	0	-	0	0	0	-	0	0	2	12
1993 Dallas Cowboys	16	16	24	74	3.1	11	3	50	372	7.4	20	1	0	0	-	0	0	0	-	0	1	4	24
1994 Dallas Cowboys	16	16	40	138	3.5	t9	2	44	325	7.4	24	2	0	0	-	0	0	0	-	0	2	4	24
1995 Dallas Cowboys	16	16	25	111	4.4	18	2	30	248	8.3	24	1	0	0	-	0	0	0	-	0	1	3	18

Year Team	G	GS	Rushing Att	Yds	Avg	Lg	TD	Receiving Rec	Yds	Avg	Lg	TD	Punt Returns Num	Yds	Avg	TD	Kickoff Returns Num	Yds	Avg	TD	Totals Fum	TD	Pts
1996 Dallas Cowboys	16	15	22	48	2.2	7	0	43	278	6.5	23	1	0	0	-	0	0	0	-	0	1	1	6
1997 Dallas Cowboys	6	6	2	3	1.5	3	0	18	166	9.2	21	1	0	0	-	0	0	0	-	0	1	1	6
9 NFL Seasons	134	109	224	736	3.3	18	8	275	2163	7.9	28	13	0	0	-	0	0	0	-	0	10	21	126

Other Statistics: 1990–recovered 1 fumble for 0 yards. 1992–recovered 1 fumble for 0 yards. 1993–recovered 1 fumble for 0 yards. 1995–recovered 1 fumble for 0 yards. 1996–recovered 1 fumble for 0 yards.

Lance Johnstone

Pos: DE Rnd: 2 College: Temple Ht: 6' 3" Wt: 250 Born: 6/11/73 Age: 25

Year Team	G	GS	Tackles Tk	Ast	Sack	Miscellaneous FF	FR	TD	Blk	Interceptions Int	Yds	Avg	TD	Totals Sfty	TD	Pts
1996 Oakland Raiders	16	10	26	6	1.0	0	1	1	0	0	0	-	0	0	1	6
1997 Oakland Raiders	14	6	20	11	3.5	2	1	0	0	0	0	-	0	0	0	0
2 NFL Seasons	30	16	46	17	4.5	2	2	1	0	0	0	-	0	0	1	6

Brent Jones

(statistical profile on page 334)

Pos: TE Rnd: 5 College: Santa Clara Ht: 6' 4" Wt: 230 Born: 2/12/63 Age: 35

Year Team	G	GS	Rushing Att	Yds	Avg	Lg	TD	Receiving Rec	Yds	Avg	Lg	TD	Punt Returns Num	Yds	Avg	TD	Kickoff Returns Num	Yds	Avg	TD	Totals Fum	TD	Pts
1987 San Francisco 49ers	4	0	0	0	-	-	0	2	35	17.5	22	0	0	0	-	0	0	0	-	0	0	0	0
1988 San Francisco 49ers	11	0	0	0	-	-	0	8	57	7.1	118	2	0	0	-	0	0	0	-	0	0	2	12
1989 San Francisco 49ers	16	16	0	0	-	-	0	40	500	12.5	t36	4	0	0	-	0	0	0	-	0	0	4	24
1990 San Francisco 49ers	16	16	0	0	-	-	0	56	747	13.3	t67	5	0	0	-	0	0	0	-	0	2	5	30
1991 San Francisco 49ers	10	9	0	0	-	-	0	27	417	15.4	41	0	0	0	-	0	0	0	-	0	2	0	0
1992 San Francisco 49ers	15	15	0	0	-	-	0	45	628	14.0	43	4	0	0	-	0	0	0	-	0	1	4	24
1993 San Francisco 49ers	16	16	0	0	-	-	0	68	735	10.8	29	3	0	0	-	0	0	0	-	0	2	3	18
1994 San Francisco 49ers	15	15	0	0	-	-	0	49	670	13.7	t69	9	0	0	-	0	0	0	-	0	1	9	56
1995 San Francisco 49ers	16	16	0	0	-	-	0	60	595	9.9	39	3	0	0	-	0	0	0	-	0	3	3	18
1996 San Francisco 49ers	11	10	0	0	-	-	0	33	428	13.0	39	1	0	0	-	0	0	0	-	0	0	1	6
1997 San Francisco 49ers	13	12	0	0	-	-	0	29	383	13.2	33	2	0	0	-	0	0	0	-	0	1	2	12
11 NFL Seasons	143	125	0	0	-	-	0	417	5195	12.5	t69	33	0	0	-	0	0	0	-	0	12	33	200

Other Statistics: 1990–recovered 2 fumbles for 0 yards. 1991–recovered 1 fumble for 0 yards. 1993–recovered 2 fumbles for 0 yards. 1994–recovered 1 fumble for 0 yards; scored 1 two-point conversion. 1995–recovered 1 fumble for 0 yards.

Cedric Jones

Pos: DE Rnd: 1 (5) College: Oklahoma Ht: 6' 4" Wt: 275 Born: 4/30/74 Age: 24

Year Team	G	GS	Tackles Tk	Ast	Sack	Miscellaneous FF	FR	TD	Blk	Interceptions Int	Yds	Avg	TD	Totals Sfty	TD	Pts
1996 New York Giants	16	0	6	6	0.0	0	0	0	0	0	0	-	0	0	0	0
1997 New York Giants	9	2	9	0	0.0	0	0	0	0	0	0	-	0	0	0	0
2 NFL Seasons	25	2	15	6	0.0	0	0	0	0	0	0	-	0	0	0	0

Charlie Jones

(statistical profile on page 334)

Pos: WR Rnd: 4 College: Fresno State Ht: 5' 8" Wt: 175 Born: 12/1/72 Age: 25

Year Team	G	GS	Rushing Att	Yds	Avg	Lg	TD	Receiving Rec	Yds	Avg	Lg	TD	Punt Returns Num	Yds	Avg	TD	Kickoff Returns Num	Yds	Avg	TD	Totals Fum	TD	Pts
1996 San Diego Chargers	14	4	0	0	-	-	0	41	524	12.8	t63	4	1	21	21.0	0	0	0	-	0	0	4	24
1997 San Diego Chargers	16	11	4	42	10.5	17	0	32	423	13.2	t44	1	0	0	-	0	0	0	-	0	0	1	6
2 NFL Seasons	30	15	4	42	10.5	17	0	73	947	13.0	t63	5	1	21	21.0	0	0	0	-	0	0	5	30

Chris T. Jones

Pos: WR Rnd: 3 College: Miami (FL) Ht: 6' 3" Wt: 209 Born: 8/7/71 Age: 27

Year Team	G	GS	Rushing Att	Yds	Avg	Lg	TD	Receiving Rec	Yds	Avg	Lg	TD	Punt Returns Num	Yds	Avg	TD	Kickoff Returns Num	Yds	Avg	TD	Totals Fum	TD	Pts
1995 Philadelphia Eagles	13	0	0	0	-	-	0	5	61	12.2	17	0	0	0	-	0	2	46	23.0	0	0	0	0
1996 Philadelphia Eagles	16	15	0	0	-	-	0	70	859	12.3	38	5	0	0	-	0	0	0	-	0	1	5	30
1997 Philadelphia Eagles	4	1	0	0	-	-	0	5	73	14.6	32	0	0	0	-	0	0	0	-	0	0	0	0
3 NFL Seasons	33	16	0	0	-	-	0	80	993	12.4	38	5	0	0	-	0	2	46	23.0	0	1	5	30

Clarence Jones

Pos: T Rnd: 4 College: Maryland Ht: 6' 6" Wt: 280 Born: 5/6/68 Age: 30

Year Team	G	GS	Year Team	G	GS	Year Team	G	GS	Year Team	G	GS
1991 New York Giants	3	0	1993 New York Giants	4	0	1995 St. Louis Rams	13	0	1997 New Orleans Saints	15	15
1992 New York Giants	3	0	1994 Los Angeles Rams	16	16	1996 New Orleans Saints	16	16	7 NFL Seasons	70	47

Other Statistics: 1997–recovered 2 fumbles for 0 yards.

Damon Jones

Pos: TE **Rnd:** 5 **College:** Southern Illinois **Ht:** 6' 6" **Wt:** 287 **Born:** 9/18/74 **Age:** 24

			Rushing				Receiving				Punt Returns			Kickoff Returns			Totals		
Year Team	G	GS	Att	Yds	Avg	Lg TD	Rec	Yds	Avg	Lg TD	Num	Yds	Avg TD	Num	Yds	Avg TD	Fum	TD	Pts
1997 Jacksonville Jaguars	11	3	0	0	-	- 0	5	87	17.4	t26 2	0	0	- 0	0	0	- 0	0	2	12

Donta Jones

Pos: LB **Rnd:** 4 **College:** Nebraska **Ht:** 6' 2" **Wt:** 226 **Born:** 8/27/72 **Age:** 26

			Tackles			Miscellaneous				Interceptions				Punt Returns			Kickoff Returns			Totals	
Year Team	G	GS	Tk	Ast	Sack	FF	FR	TD	Blk	Int	Yds	Avg	TD	Num	Yds	Avg TD	Num	Yds	Avg TD	TD	Fum
1995 Pittsburgh Steelers	16	0	2	0	0.0	0	0	0	0	0	0	-	0	0	0	- 0	0	0	- 0	0	0
1996 Pittsburgh Steelers	15	2	9	3	1.0	0	0	0	0	1	3	3.0	0	0	0	- 0	0	0	- 0	0	0
1997 Pittsburgh Steelers	16	4	6	6	0.0	0	1	0	0	0	0	-	0	0	0	- 0	0	0	- 0	0	0
3 NFL Seasons	47	6	17	9	1.0	0	1	0	0	1	3	3.0	0	0	0	- 0	0	0	- 0	0	0

Ernie Jones

Pos: DT/DE **Rnd:** 3 **College:** Oregon **Ht:** 6' 2" **Wt:** 255 **Born:** 4/1/71 **Age:** 27

			Tackles			Miscellaneous				Interceptions				Totals		
Year Team	G	GS	Tk	Ast	Sack	FF	FR	TD	Blk	Int	Yds	Avg	TD	Sfty	TD	Pts
1995 New Orleans Saints	1	0	0	0	0.0	0	0	0	0	0	0	-	0	0	0	0
1996 Denver Broncos	6	0	3	1	0.0	0	0	0	0	0	0	-	0	0	0	0
1997 Denver Broncos	1	0	1	1	0.0	0	0	0	0	0	0	-	0	0	0	0
3 NFL Seasons	8	0	4	2	0.0	0	0	0	0	0	0	-	0	0	0	0

Freddie Jones

(statistical profile on page 335)

Pos: TE **Rnd:** 2 **College:** North Carolina **Ht:** 6' 5" **Wt:** 255 **Born:** 9/16/74 **Age:** 24

			Rushing				Receiving				Punt Returns			Kickoff Returns			Totals		
Year Team	G	GS	Att	Yds	Avg	Lg TD	Rec	Yds	Avg	Lg TD	Num	Yds	Avg TD	Num	Yds	Avg TD	Fum	TD	Pts
1997 San Diego Chargers	13	8	0	0	-	- 0	41	505	12.3	62 2	0	0	- 0	0	0	- 0	0	2	12

George Jones

Pos: RB **Rnd:** 5 **College:** San Diego State **Ht:** 5' 8" **Wt:** 204 **Born:** 12/31/73 **Age:** 24

			Rushing				Receiving				Punt Returns			Kickoff Returns			Totals		
Year Team	G	GS	Att	Yds	Avg	Lg TD	Rec	Yds	Avg	Lg TD	Num	Yds	Avg TD	Num	Yds	Avg TD	Fum	TD	Pts
1997 Pittsburgh Steelers	16	1	72	235	3.3	32 1	16	96	6.0	25 1	0	0	- 0	0	0	- 0	3	2	12

Other Statistics: 1997-recovered 1 fumble for 0 yards.

Greg Jones

Pos: LB **Rnd:** 2 **College:** Colorado **Ht:** 6' 4" **Wt:** 245 **Born:** 5/22/74 **Age:** 24

			Tackles			Miscellaneous				Interceptions				Punt Returns			Kickoff Returns			Totals	
Year Team	G	GS	Tk	Ast	Sack	FF	FR	TD	Blk	Int	Yds	Avg	TD	Num	Yds	Avg TD	Num	Yds	Avg TD	TD	Fum
1997 Washington Redskins	16	3	12	4	3.5	1	0	0	0	0	0	-	0	0	0	- 0	1	6	6.0 0	0	0

Henry Jones

(statistical profile on page 423)

Pos: S **Rnd:** 1 (26) **College:** Illinois **Ht:** 5' 11" **Wt:** 198 **Born:** 12/29/67 **Age:** 30

			Tackles			Miscellaneous				Interceptions				Punt Returns			Kickoff Returns			Totals	
Year Team	G	GS	Tk	Ast	Sack	FF	FR	TD	Blk	Int	Yds	Avg	TD	Num	Yds	Avg TD	Num	Yds	Avg TD	TD	Fum
1991 Buffalo Bills	15	0	8	0	0.0	0	1	0	0	0	0	-	0	0	0	- 0	0	0	- 0	0	0
1992 Buffalo Bills	16	16	75	17	0.0	2	2	0	0	8	263	32.9	2	0	0	- 0	0	0	- 0	2	0
1993 Buffalo Bills	16	16	67	16	2.0	3	2	0	0	2	92	46.0	1	0	0	- 0	0	0	- 0	1	0
1994 Buffalo Bills	16	16	61	20	1.0	1	1	0	0	2	45	22.5	0	0	0	- 0	0	0	- 0	0	0
1995 Buffalo Bills	13	13	57	21	0.0	0	1	0	1	1	10	10.0	0	0	0	- 0	0	0	- 0	0	0
1996 Buffalo Bills	5	5	19	6	0.0	0	0	0	0	0	0	-	0	0	0	- 0	0	0	- 0	0	0
1997 Buffalo Bills	15	15	64	17	2.0	0	1	0	0	0	0	-	0	1	0	0.0 0	0	0	- 0	0	1
7 NFL Seasons	96	81	351	97	5.0	6	8	0	1	13	410	31.5	3	1	0	0.0 0	0	0	- 0	3	1

Other Statistics: 1993-credited with 1 safety.

James Jones

(statistical profile on page 423)

Pos: DT **Rnd:** 3 **College:** Northern Iowa **Ht:** 6' 2" **Wt:** 290 **Born:** 2/6/69 **Age:** 29

			Tackles			Miscellaneous				Interceptions				Totals		
Year Team	G	GS	Tk	Ast	Sack	FF	FR	TD	Blk	Int	Yds	Avg	TD	Sfty	TD	Pts
1991 Cleveland Browns	16	16	34	17	1.0	0	3	0	0	1	20	20.0	1	1	1	8
1992 Cleveland Browns	16	16	31	14	4.0	0	1	0	0	0	0	-	0	0	1	6
1993 Cleveland Browns	16	12	22	17	5.5	0	0	1	0	0	0	-	0	0	1	6
1994 Cleveland Browns	16	5	25	5	3.0	1	2	0	0	0	0	-	0	0	0	0
1995 Denver Broncos	16	16	23	8	0.0	0	2	0	0	0	0	-	0	0	0	0
1996 Baltimore Ravens	16	11	35	2	1.0	0	0	1	0	0	0	-	0	0	1	6

Year Team	G	GS	Tackles			Miscellaneous				Interceptions				Totals		
			Tk	Ast	Sack	FF	FR	TD	Blk	Int	Yds	Avg	TD	Sfty	TD	Pts
1997 Baltimore Ravens	16	16	48	4	6.0	3	1	0	0	0	0	-	0	0	0	0
7 NFL Seasons	112	92	218	67	21.5	4	9	3	0	1	20	20.0	1	1	4	26

Other Statistics: 1992–caught 1 pass for 1 yard and 1 touchdown. 1993–rushed 2 times for 2 yards and 1 touchdown. 1994–rushed 1 time for 0 yards; caught 1 pass for 1 yard. 1996–caught 1 pass for 2 yards and 1 touchdown.

Jimmie Jones

Pos: DE/DT **Rnd:** 3 **College:** Miami (FL) **Ht:** 6' 4" **Wt:** 285 **Born:** 1/9/66 **Age:** 32

Year Team	G	GS	Tackles			Miscellaneous				Interceptions				Totals		
			Tk	Ast	Sack	FF	FR	TD	Blk	Int	Yds	Avg	TD	Sfty	TD	Pts
1990 Dallas Cowboys	16	6	34	26	7.5	0	0	0	0	0	0	-	0	0	0	0
1991 Dallas Cowboys	16	6	24	9	2.0	0	2	0	0	0	0	-	0	0	0	0
1992 Dallas Cowboys	16	2	14	9	4.0	0	0	0	0	0	0	-	0	0	0	0
1993 Dallas Cowboys	15	2	12	12	5.5	0	0	0	0	0	0	-	0	0	0	0
1994 Los Angeles Rams	14	14	34	11	5.0	1	1	0	0	0	0	-	0	0	0	0
1995 St. Louis Rams	16	16	31	9	0.0	0	0	0	0	0	0	-	0	0	0	0
1996 St. Louis Rams	14	14	39	6	5.5	1	2	0	0	0	0	-	0	0	0	0
1997 Philadelphia Eagles	14	0	4	3	2.5	0	0	0	0	0	0	-	0	0	0	0
8 NFL Seasons	121	60	192	85	32.0	2	5	0	0	0	0	-	0	0	0	0

Lenoy Jones

Pos: LB **Rnd:** FA **College:** Texas Christian **Ht:** 6' 1" **Wt:** 232 **Born:** 9/25/74 **Age:** 24

Year Team	G	GS	Tackles			Miscellaneous				Interceptions				Totals		
			Tk	Ast	Sack	FF	FR	TD	Blk	Int	Yds	Avg	TD	Sfty	TD	Pts
1996 Houston Oilers	11	0	12	2	0.0	0	1	0	0	0	0	-	0	0	0	0
1997 Tennessee Oilers	16	0	22	5	1.0	1	0	0	0	0	0	-	0	0	0	0
2 NFL Seasons	27	0	34	7	1.0	1	1	0	0	0	0	-	0	0	0	0

Marcus Jones

Pos: DT/NT **Rnd:** 1 (22) **College:** North Carolina **Ht:** 6' 6" **Wt:** 282 **Born:** 8/15/73 **Age:** 25

Year Team	G	GS	Tackles			Miscellaneous				Interceptions				Totals		
			Tk	Ast	Sack	FF	FR	TD	Blk	Int	Yds	Avg	TD	Sfty	TD	Pts
1996 Tampa Bay Buccaneers	16	3	17	8	1.0	0	0	0	0	0	0	-	0	0	0	0
1997 Tampa Bay Buccaneers	7	1	2	1	0.0	0	1	0	0	0	0	-	0	0	0	0
2 NFL Seasons	23	4	19	9	1.0	0	1	0	0	0	0	-	0	0	0	0

Marvin Jones

(statistical profile on page 423)

Pos: LB **Rnd:** 1 (4) **College:** Florida State **Ht:** 6' 2" **Wt:** 250 **Born:** 6/28/72 **Age:** 26

Year Team	G	GS	Tackles			Miscellaneous				Interceptions				Totals		
			Tk	Ast	Sack	FF	FR	TD	Blk	Int	Yds	Avg	TD	Sfty	TD	Pts
1993 New York Jets	9	0	22	8	0.0	0	1	0	0	0	0	-	0	0	0	0
1994 New York Jets	15	11	60	26	0.5	1	0	0	0	0	0	-	0	0	0	0
1995 New York Jets	10	10	59	33	1.5	1	0	0	0	0	0	-	0	0	0	0
1996 New York Jets	12	12	75	28	1.0	0	0	0	0	0	0	-	0	0	0	0
1997 New York Jets	16	16	87	40	3.0	2	1	0	0	0	0	-	0	0	0	0
5 NFL Seasons	62	49	303	135	6.0	4	2	0	0	0	0	-	0	0	0	0

Mike Jones

(statistical profile on page 424)

Pos: LB **Rnd:** FA **College:** Missouri **Ht:** 6' 1" **Wt:** 230 **Born:** 4/15/69 **Age:** 29

Year Team	G	GS	Tackles			Miscellaneous				Interceptions				Totals		
			Tk	Ast	Sack	FF	FR	TD	Blk	Int	Yds	Avg	TD	Sfty	TD	Pts
1991 Los Angeles Raiders	16	0	0	0	0.0	0	0	0	0	0	0	-	0	0	0	0
1992 Los Angeles Raiders	16	0	0	0	0.0	0	0	0	0	0	0	-	0	0	0	0
1993 Los Angeles Raiders	16	2	44	5	0.0	0	0	0	0	0	0	-	0	0	0	0
1994 Los Angeles Raiders	16	2	23	3	0.0	0	0	0	0	0	0	-	0	0	0	0
1995 Oakland Raiders	16	16	84	17	0.0	1	2	1	0	1	23	23.0	0	0	1	6
1996 Oakland Raiders	15	15	82	15	1.0	0	0	0	0	0	0	-	0	0	0	0
1997 St. Louis Rams	16	16	70	19	2.0	0	0	0	0	1	0	0.0	0	0	0	0
7 NFL Seasons	111	51	303	59	3.0	1	2	1	0	2	23	11.5	0	0	1	6

Mike Jones

Pos: DE/DT **Rnd:** 2 **College:** North Carolina State **Ht:** 6' 4" **Wt:** 280 **Born:** 8/25/69 **Age:** 29

Year Team	G	GS	Tackles			Miscellaneous				Interceptions				Totals		
			Tk	Ast	Sack	FF	FR	TD	Blk	Int	Yds	Avg	TD	Sfty	TD	Pts
1991 Phoenix Cardinals	16	1	13	8	0.0	0	0	0	0	0	0	-	0	0	0	0
1992 Phoenix Cardinals	15	15	26	16	6.0	0	0	0	0	0	0	-	0	0	0	0
1993 Phoenix Cardinals	16	3	13	11	3.0	1	0	0	0	0	0	-	0	0	0	0
1994 New England Patriots	16	16	26	19	6.0	0	1	0	0	0	0	-	0	0	0	0

			Tackles			Miscellaneous				Interceptions				Totals		
Year Team	G	GS	Tk	Ast	Sack	FF	FR	TD	Blk	Int	Yds	Avg	TD	Sfty	TD	Pts
1995 New England Patriots	13	3	17	6	3.0	1	0	0	0	0	0	-	0	0	0	0
1996 New England Patriots	16	12	28	8	2.0	0	1	0	0	0	0	-	0	0	0	0
1997 New England Patriots	16	7	22	8	4.0	0	1	0	1	0	0	-	0	0	0	0
7 NFL Seasons	108	57	145	71	24.0	2	3	0	1	0	0	-	0	0	0	0

Robert Jones
(statistical profile on page 424)

Pos: LB **Rnd:** 1 (24) **College:** East Carolina **Ht:** 6' 3" **Wt:** 244 **Born:** 9/27/69 **Age:** 29

			Tackles			Miscellaneous				Interceptions				Punt Returns				Kickoff Returns				Totals	
Year Team	G	GS	Tk	Ast	Sack	FF	FR	TD	Blk	Int	Yds	Avg	TD	Num	Yds	Avg	TD	Num	Yds	Avg	TD	TD	Fum
1992 Dallas Cowboys	15	13	55	53	1.0	0	1	0	0	0	0	-	0	0	0	-	0	0	0	-	0	0	0
1993 Dallas Cowboys	13	3	16	20	0.0	0	0	0	0	0	0	-	0	0	0	-	0	1	12	12.0	0	0	0
1994 Dallas Cowboys	16	16	84	34	0.0	0	1	0	0	0	0	-	0	0	0	-	0	1	8	8.0	0	0	0
1995 Dallas Cowboys	12	12	55	17	1.0	0	0	0	0	0	0	-	0	0	0	-	0	0	0	-	0	0	0
1996 St. Louis Rams	16	13	83	15	0.0	0	0	0	0	1	0	0.0	0	0	0	-	0	0	0	-	0	0	0
1997 St. Louis Rams	16	15	61	17	1.0	0	0	0	0	0	0	-	0	0	0	-	0	0	0	-	0	0	0
6 NFL Seasons	88	72	354	156	3.0	0	2	0	0	1	0	0.0	0	0	0	-	0	2	20	10.0	0	0	0

Rod Jones

Pos: T/G **Rnd:** 7 **College:** Kansas **Ht:** 6' 4" **Wt:** 315 **Born:** 1/11/74 **Age:** 24

Year	Team	G	GS	Year	Team	G	GS			G	GS
1996	Cincinnati Bengals	3	1	1997	Cincinnati Bengals	13	8		2 NFL Seasons	16	9

Roger Jones

Pos: CB **Rnd:** FA **College:** Tennessee State **Ht:** 5' 9" **Wt:** 175 **Born:** 4/22/69 **Age:** 29

			Tackles			Miscellaneous				Interceptions				Punt Returns				Kickoff Returns				Totals	
Year Team	G	GS	Tk	Ast	Sack	FF	FR	TD	Blk	Int	Yds	Avg	TD	Num	Yds	Avg	TD	Num	Yds	Avg	TD	TD	Fum
1991 Tampa Bay Buccaneers	6	0	6	1	0.0	0	1	0	0	0	0	-	0	0	0	-	0	0	0	-	0	0	0
1992 Tampa Bay Buccaneers	9	1	25	5	0.0	0	2	1	0	0	0	-	0	0	0	-	0	0	0	-	0	1	0
1993 Tampa Bay Buccaneers	16	5	39	5	1.0	1	3	0	0	0	0	-	0	0	0	-	0	0	0	-	0	0	0
1994 Cincinnati Bengals	16	0	5	2	1.5	1	0	0	0	0	0	-	0	1	0	0.0	0	0	0	-	0	0	1
1995 Cincinnati Bengals	16	15	75	11	2.0	2	0	0	0	1	17	17.0	1	0	0	-	0	0	0	-	0	1	0
1996 Cincinnati Bengals	14	2	7	1	0.0	0	0	0	0	1	30	30.0	0	0	0	-	0	0	0	-	0	0	0
1997 Tennessee Oilers	2	0	3	0	0.0	0	0	0	0	1	24	24.0	0	0	0	-	0	0	0	-	0	0	0
7 NFL Seasons	79	23	160	25	4.5	4	6	1	0	3	71	23.7	1	1	0	0.0	0	0	0	-	0	2	1

Rondell Jones

Pos: S **Rnd:** 3 **College:** North Carolina **Ht:** 6' 2" **Wt:** 210 **Born:** 5/7/71 **Age:** 27

			Tackles			Miscellaneous				Interceptions				Totals		
Year Team	G	GS	Tk	Ast	Sack	FF	FR	TD	Blk	Int	Yds	Avg	TD	Sfty	TD	Pts
1993 Denver Broncos	16	0	4	2	0.0	0	0	0	0	0	0	-	0	0	0	0
1994 Denver Broncos	16	3	35	11	0.0	0	1	0	0	2	9	4.5	0	0	0	0
1995 Denver Broncos	14	0	9	0	0.0	0	0	0	0	0	0	-	0	0	0	0
1996 Denver Broncos	16	0	2	0	0.0	0	0	0	0	0	0	-	0	0	0	0
1997 Baltimore Ravens	14	12	34	7	0.0	1	0	0	1	1	15	15.0	0	0	0	0
5 NFL Seasons	76	15	84	20	0.0	1	1	0	1	3	24	8.0	0	0	0	0

Tony Jones

Pos: T **Rnd:** FA **College:** Western Carolina **Ht:** 6' 5" **Wt:** 295 **Born:** 5/24/66 **Age:** 32

Year	Team	G	GS	Year	Team	G	GS	Year	Team	G	GS	Year	Team	G	GS
1988	Cleveland Browns	4	0	1991	Cleveland Browns	16	16	1994	Cleveland Browns	16	16	1997	Denver Broncos	16	16
1989	Cleveland Browns	8	3	1992	Cleveland Browns	16	16	1995	Cleveland Browns	16	16				
1990	Cleveland Browns	16	16	1993	Cleveland Browns	16	16	1996	Baltimore Ravens	15	15		10 NFL Seasons	139	130

Other Statistics: 1989–recovered 1 fumble for 0 yards. 1991–recovered 1 fumble for 0 yards. 1994–recovered 1 fumble for 0 yards. 1995–recovered 1 fumble for 0 yards.

Walter Jones

Pos: T **Rnd:** 1 (6) **College:** Florida State **Ht:** 6' 5" **Wt:** 290 **Born:** 1/19/74 **Age:** 24

Year	Team	G	GS					G	GS
1997	Seattle Seahawks	12	12			1 NFL Season		12	12

Andrew Jordan

Pos: TE **Rnd:** 6 **College:** Western Carolina **Ht:** 6' 4" **Wt:** 258 **Born:** 6/21/72 **Age:** 26

			Rushing					Receiving					Punt Returns				Kickoff Returns				Totals		
Year Team	G	GS	Att	Yds	Avg	Lg	TD	Rec	Yds	Avg	Lg	TD	Num	Yds	Avg	TD	Num	Yds	Avg	TD	Fum	TD	Pts
1994 Minnesota Vikings	16	12	0	0	-	-	0	35	336	9.6	25	0	0	0	-	0	1	8	8.0	0	1	0	2
1995 Minnesota Vikings	13	7	0	0	-	-	0	27	185	6.9	17	2	0	0	-	0	0	0	-	0	1	2	12
1996 Minnesota Vikings	13	9	0	0	-	-	0	19	128	6.7	15	0	0	0	-	0	0	0	-	0	0	0	2

Year Team	G	GS	Rushing					Receiving					Punt Returns				Kickoff Returns				Totals		
			Att	Yds	Avg	Lg	TD	Rec	Yds	Avg	Lg	TD	Num	Yds	Avg	TD	Num	Yds	Avg	TD	Fum	TD	Pts
1997 Min - TB	4	0	0	0	-	-	0	1	0	0.0	0	0	0	0	-	0	0	0	-	0	0	0	0
1997 Minnesota Vikings	2	0	0	0	-	-	0	0	0	-	-	0	0	0	-	0	0	0	-	0	0	0	0
Tampa Bay Buccaneers	2	0	0	0	-	-	0	1	0	0.0	0	0	0	0	-	0	0	0	-	0	0	0	0
4 NFL Seasons	46	28	0	0	-	-	0	82	649	7.9	25	2	0	0	-	0	1	8	8.0	0	2	2	16

Other Statistics: 1994–recovered 1 fumble for 0 yards; scored 1 two-point conversion. 1996–scored 1 two-point conversion.

Charles Jordan

(statistical profile on page 335)

Pos: WR/PR **Rnd:** FA **College:** Long Beach City College **Ht:** 5' 11" **Wt:** 183 **Born:** 10/9/69 **Age:** 29

Year Team	G	GS	Rushing					Receiving					Punt Returns				Kickoff Returns				Totals		
			Att	Yds	Avg	Lg	TD	Rec	Yds	Avg	Lg	TD	Num	Yds	Avg	TD	Num	Yds	Avg	TD	Fum	TD	Pts
1994 Green Bay Packers	10	0	1	5	5.0	5	0	0	0	-	-	0	1	0	0.0	0	5	115	23.0	0	1	0	0
1995 Green Bay Packers	6	1	0	0	-	-	0	7	117	16.7	35	2	21	213	10.1	0	21	444	21.1	0	1	2	12
1996 Miami Dolphins	6	0	0	0	-	-	0	7	152	21.7	43	0	0	0	-	0	4	81	20.3	0	0	0	0
1997 Miami Dolphins	14	1	3	12	4.0	16	0	27	471	17.4	t44	3	26	273	10.5	0	1	6	6.0	0	2	3	18
4 NFL Seasons	36	2	4	17	4.3	16	0	41	740	18.0	t44	5	48	486	10.1	0	31	646	20.8	0	4	5	30

Other Statistics: 1995–recovered 1 fumble for 0 yards. 1997–recovered 1 fumble for 0 yards.

Randy Jordan

Pos: RB **Rnd:** FA **College:** North Carolina **Ht:** 5' 11" **Wt:** 218 **Born:** 6/6/70 **Age:** 28

Year Team	G	GS	Rushing					Receiving					Punt Returns				Kickoff Returns				Totals		
			Att	Yds	Avg	Lg	TD	Rec	Yds	Avg	Lg	TD	Num	Yds	Avg	TD	Num	Yds	Avg	TD	Fum	TD	Pts
1993 Los Angeles Raiders	10	2	12	33	2.8	12	0	4	42	10.5	33	0	0	0	-	0	0	0	-	0	2	0	0
1995 Jacksonville Jaguars	12	2	21	62	3.0	10	0	5	89	17.8	t71	1	0	0	-	0	2	41	20.5	0	0	1	6
1996 Jacksonville Jaguars	15	0	0	0	-	-	0	0	0	-	-	0	0	0	-	0	26	553	21.3	0	1	0	0
1997 Jacksonville Jaguars	7	0	1	2	2.0	2	0	0	0	-	-	0	0	0	-	0	0	0	-	0	0	0	0
4 NFL Seasons	44	4	34	97	2.9	12	0	9	131	14.6	t71	1	0	0	-	0	28	594	21.2	0	3	1	6

Other Statistics: 1996–recovered 1 fumble for 0 yards.

Richard Jordan

Pos: LB **Rnd:** 7 **College:** Missouri Southern **Ht:** 6' 1" **Wt:** 285 **Born:** 12/1/74 **Age:** 23

Year Team	G	GS	Tackles			Miscellaneous				Interceptions				Totals		
			Tk	Ast	Sack	FF	FR	TD	Blk	Int	Yds	Avg	TD	Sfty	TD	Pts
1997 Detroit Lions	10	0	0	0	0.0	0	0	0	0	0	0	-	0	0	0	0

Matt Joyce

Pos: G **Rnd:** FA **College:** Richmond **Ht:** 6' 7" **Wt:** 316 **Born:** 3/30/72 **Age:** 26

Year Team	G	GS	Year Team	G	GS	Year Team	G	GS		G	GS
1995 Seattle Seahawks	16	13	1996 Arizona Cardinals	2	0	1997 Arizona Cardinals	9	6	3 NFL Seasons	27	19

Other Statistics: 1995–recovered 1 fumble for 0 yards.

Seth Joyner

Pos: LB **Rnd:** 8 **College:** Texas-El Paso **Ht:** 6' 2" **Wt:** 235 **Born:** 11/18/64 **Age:** 33

Year Team	G	GS	Tackles			Miscellaneous				Interceptions				Totals		
			Tk	Ast	Sack	FF	FR	TD	Blk	Int	Yds	Avg	TD	Sfty	TD	Pts
1986 Philadelphia Eagles	14	7	34	10	2.0	1	0	0	0	1	4	4.0	0	0	0	0
1987 Philadelphia Eagles	12	12	65	31	4.0	2	2	1	0	2	42	21.0	0	0	1	6
1988 Philadelphia Eagles	16	16	86	50	3.5	1	1	0	0	4	96	24.0	0	0	0	0
1989 Philadelphia Eagles	14	14	76	47	4.5	3	0	0	0	1	0	0.0	0	0	0	0
1990 Philadelphia Eagles	16	16	91	41	7.5	3	0	0	0	1	9	9.0	0	0	0	0
1991 Philadelphia Eagles	16	16	68	42	6.5	6	4	2	0	3	41	13.7	0	0	2	12
1992 Philadelphia Eagles	16	16	85	36	6.5	3	1	0	0	4	88	22.0	2	0	2	12
1993 Philadelphia Eagles	16	16	80	33	2.0	2	0	0	0	1	6	6.0	0	0	0	0
1994 Arizona Cardinals	16	16	38	15	6.0	3	0	0	1	3	2	0.7	0	0	0	0
1995 Arizona Cardinals	16	16	50	20	1.0	1	3	0	1	3	9	3.0	0	0	0	0
1996 Arizona Cardinals	16	16	64	22	5.0	1	1	0	0	1	10	10.0	0	0	0	0
1997 Green Bay Packers	11	10	25	9	3.0	0	0	0	1	0	0	-	0	0	0	0
12 NFL Seasons	179	171	762	356	51.5	26	12	3	3	24	307	12.8	2	0	5	30

Other Statistics: 1988–fumbled 1 time. 1990–fumbled 1 time for 0 yards. 1995–fumbled 1 time.

Trey Junkin

Pos: TE/LS **Rnd:** 4 **College:** Louisiana Tech **Ht:** 6' 2" **Wt:** 240 **Born:** 1/23/61 **Age:** 37

Year Team	G	GS	Rushing					Receiving					Punt Returns				Kickoff Returns				Totals		
			Att	Yds	Avg	Lg	TD	Rec	Yds	Avg	Lg	TD	Num	Yds	Avg	TD	Num	Yds	Avg	TD	Fum	TD	Pts
1983 Buffalo Bills	16	0	0	0	-	-	0	0	0	-	-	0	0	0	-	0	0	0	-	0	0	0	0
1984 Buf - Was	14	0	0	0	-	-	0	0	0	-	-	0	0	0	-	0	0	0	-	0	0	0	0
1985 Los Angeles Raiders	16	0	0	0	-	-	0	2	8	4.0	5	1	0	0	-	0	0	0	-	0	0	1	6
1986 Los Angeles Raiders	3	0	0	0	-	-	0	2	38	19.0	19	0	0	0	-	0	0	0	-	0	0	0	0

			Rushing					Receiving				Punt Returns				Kickoff Returns				Totals		
Year Team	G	GS	Att	Yds	Avg	Lg	TD	Rec	Yds	Avg	Lg	TD	Num	Yds	Avg	TD	Num	Yds	Avg	TD	Fum	TD	Pts
1987 Los Angeles Raiders	12	1	0	0	-	-	0	2	15	7.5	8	0	0	0	-	0	0	0	-	0	0	0	0
1988 Los Angeles Raiders	16	1	0	0	-	-	0	4	25	6.3	9	2	0	0	-	0	0	0	-	0	0	2	12
1989 Los Angeles Raiders	16	0	0	0	-	-	0	3	32	10.7	28	2	0	0	-	0	1	0	0.0	0	0	2	12
1990 Seattle Seahawks	12	0	0	0	-	-	0	0	0	-	-	0	0	0	-	0	0	0	-	0	0	0	0
1991 Seattle Seahawks	16	0	0	0	-	-	0	0	0	-	-	0	0	0	-	0	0	0	-	0	0	0	0
1992 Seattle Seahawks	16	1	0	0	-	-	0	3	25	8.3	13	1	0	0	-	0	0	0	-	0	0	1	6
1993 Seattle Seahawks	16	1	0	0	-	-	0	0	0	-	-	0	0	0	-	0	0	0	-	0	0	0	0
1994 Seattle Seahawks	16	0	0	0	-	-	0	1	1	1.0	t1	1	0	0	-	0	0	0	-	0	0	1	6
1995 Seattle Seahawks	16	0	0	0	-	-	0	0	0	-	-	0	0	0	-	0	0	0	-	0	0	0	0
1996 Oak - Ari	16	0	0	0	-	-	0	0	0	-	-	0	0	0	-	0	0	0	-	0	0	0	0
1997 Arizona Cardinals	16	0	0	0	-	-	0	0	0	-	-	0	0	0	-	0	0	0	-	0	0	0	0
1984 Buffalo Bills	2	0	0	0	-	-	0	0	0	-	-	0	0	0	-	0	0	0	-	0	0	0	0
Washington Redskins	12	0	0	0	-	-	0	0	0	-	-	0	0	0	-	0	0	0	-	0	0	0	0
1996 Oakland Raiders	6	0	0	0	-	-	0	0	0	-	-	0	0	0	-	0	0	0	-	0	0	0	0
Arizona Cardinals	10	0	0	0	-	-	0	0	0	-	-	0	0	0	-	0	0	0	-	0	0	0	0
15 NFL Seasons	217	4	0	0	-	-	0	17	144	8.5	28	7	0	0	-	0	1	0	0.0	0	0	7	42

Other Statistics: 1983–recovered 1 fumble for 0 yards. 1984–recovered 1 fumble for 0 yards.

John Jurkovic

Pos: DT **Rnd:** FA **College:** Eastern Illinois **Ht:** 6' 2" **Wt:** 295 **Born:** 8/18/67 **Age:** 31

			Tackles			Miscellaneous				Interceptions				Punt Returns				Kickoff Returns				Totals	
Year Team	G	GS	Tk	Ast	Sack	FF	FR	TD	Blk	Int	Yds	Avg	TD	Num	Yds	Avg	TD	Num	Yds	Avg	TD	TD	Fum
1991 Green Bay Packers	5	0	1	0	0.0	0	0	0	0	0	0	-	0	0	0	-	0	0	0	-	0	0	0
1992 Green Bay Packers	16	12	22	12	2.0	0	0	0	0	0	0	-	0	0	0	-	0	3	39	13.0	0	0	0
1993 Green Bay Packers	16	12	30	10	5.5	1	0	0	0	0	0	-	0	0	0	-	0	2	22	11.0	0	0	0
1994 Green Bay Packers	16	15	41	11	0.0	0	0	0	0	0	0	-	0	0	0	-	0	4	57	14.3	0	0	0
1995 Green Bay Packers	16	14	28	8	0.0	0	0	0	0	0	0	-	0	0	0	-	0	1	17	17.0	0	0	0
1996 Jacksonville Jaguars	16	14	27	9	1.0	0	2	0	0	0	0	-	0	0	0	-	0	0	0	-	0	0	0
1997 Jacksonville Jaguars	3	3	1	2	0.0	0	0	0	0	0	0	-	0	0	0	-	0	0	0	-	0	0	0
7 NFL Seasons	88	70	150	52	8.5	1	2	0	0	0	0	-	0	0	0	-	0	10	135	13.5	0	0	0

Paul Justin

(statistical profile on page 336)

Pos: QB **Rnd:** FA **College:** Arizona State **Ht:** 6' 4" **Wt:** 211 **Born:** 5/19/68 **Age:** 30

			Passing									Rushing					Miscellaneous			
Year Team	G	GS	Att	Com	Pct	Yards	Yds/Att	Lg	TD	Int	Int%	Rating	Att	Yds	Avg	Lg	TD	Sckd	Yds	Fum	Recv	Yds	Pts
1995 Indianapolis Colts	3	1	36	20	55.6	212	5.89	20	0	2	5.6	49.8	3	1	0.3	2	0	3	22	1	1	-1	0
1996 Indianapolis Colts	8	2	127	74	58.3	839	6.61	38	2	0	0.0	83.4	2	7	3.5	6	0	7	58	1	1	0	0
1997 Indianapolis Colts	8	4	140	83	59.3	1046	7.47	44	5	5	3.6	79.6	6	2	0.3	3	0	10	86	1	0	0	0
3 NFL Seasons	19	7	303	177	58.4	2097	6.92	44	7	7	2.3	77.7	11	10	0.9	6	0	20	166	3	2	-1	0

Ndukwe Kalu

Pos: DE **Rnd:** 5 **College:** Rice **Ht:** 6' 3" **Wt:** 245 **Born:** 8/3/75 **Age:** 23

			Tackles			Miscellaneous				Interceptions				Totals		
Year Team	G	GS	Tk	Ast	Sack	FF	FR	TD	Blk	Int	Yds	Avg	TD	Sfty	TD	Pts
1997 Philadelphia Eagles	3	0	0	1	0.0	0	0	0	0	0	0	-	0	0	0	0

Danny Kanell

(statistical profile on page 336)

Pos: QB **Rnd:** 4 **College:** Florida State **Ht:** 6' 3" **Wt:** 222 **Born:** 11/21/73 **Age:** 24

			Passing									Rushing					Miscellaneous			
Year Team	G	GS	Att	Com	Pct	Yards	Yds/Att	Lg	TD	Int	Int%	Rating	Att	Yds	Avg	Lg	TD	Sckd	Yds	Fum	Recv	Yds	Pts
1996 New York Giants	4	0	60	23	38.3	227	3.78	25	1	1	1.7	48.4	7	6	0.9	13	0	7	48	2	0	-1	0
1997 New York Giants	16	10	294	156	53.1	1740	5.92	t68	11	9	3.1	70.7	15	2	0.1	8	0	19	171	6	0	-10	0
2 NFL Seasons	20	10	354	179	50.6	1967	5.56	t68	12	10	2.8	66.9	22	8	0.4	13	0	26	219	8	0	-11	0

John Kasay

(statistical profile on page 478)

Pos: K **Rnd:** 4 **College:** Georgia **Ht:** 5' 10" **Wt:** 198 **Born:** 10/27/69 **Age:** 29

		Field Goals											PAT		Tot
Year Team	G	1-29 Yds	Pct	30-39 Yds	Pct	40-49 Yds	Pct	50+ Yds	Pct	Overall	Pct	Long	Made	Att	Pts
1991 Seattle Seahawks	16	6-7	85.7	11-14	78.6	6-7	85.7	2-3	66.7	25-31	80.6	54	27	28	102
1992 Seattle Seahawks	16	4-5	80.0	8-11	72.7	2-6	33.3	0-0	-	14-22	63.6	43	14	14	56
1993 Seattle Seahawks	16	6-6	100.0	10-11	90.9	4-6	66.7	3-5	60.0	23-28	82.1	55	29	29	98
1994 Seattle Seahawks	16	2-2	100.0	11-11	100.0	6-9	66.7	1-2	50.0	20-24	83.3	50	25	26	85
1995 Carolina Panthers	16	6-6	100.0	10-14	71.4	9-12	75.0	1-1	100.0	26-33	78.8	52	27	28	105
1996 Carolina Panthers	16	16-16	100.0	11-12	91.7	7-10	70.0	3-7	42.9	37-45	82.2	53	34	35	145
1997 Carolina Panthers	16	7-8	87.5	8-8	100.0	4-4	100.0	3-6	50.0	22-26	84.6	54	25	25	91
7 NFL Seasons	112	47-50	94.0	69-81	85.2	38-54	70.4	13-24	54.2	167-209	79.9	55	181	185	682

Other Statistics: 1993–recovered 1 fumble for 0 yards. 1995–punted 1 time for 32 yards. 1996–punted 1 time for 30 yards.

Napoleon Kaufman

(statistical profile on page 337)

Pos: RB **Rnd:** 1 (18) **College:** Washington **Ht:** 5' 9" **Wt:** 180 **Born:** 6/7/73 **Age:** 25

Year Team	G	GS	Rushing					Receiving					Kickoff Returns				Passing				Totals		
			Att	Yds	Avg	Lg	TD	Rec	Yds	Avg	Lg	TD	Num	Yds	Avg	TD	Att	Com	Yds	Int	Fum	TD	Pts
1995 Oakland Raiders	16	1	108	490	4.5	28	1	9	62	6.9	18	0	22	572	26.0	1	0	0	0	0	0	2	12
1996 Oakland Raiders	16	9	150	874	5.8	77	1	22	143	6.5	19	1	25	548	21.9	0	0	0	0	0	3	2	12
1997 Oakland Raiders	16	16	272	1294	4.8	t83	6	40	403	10.1	t70	2	0	0	-	0	1	0	0	0	7	8	48
3 NFL Seasons	48	26	530	2658	5.0	t83	8	71	608	8.6	t70	3	47	1120	23.8	1	1	0	0	0	10	12	72

Other Statistics: 1997–recovered 1 fumble for 0 yards.

Muadianvita Kazadi

Pos: LB **Rnd:** 6 **College:** Tulsa **Ht:** 6' 2" **Wt:** 235 **Born:** 12/20/73 **Age:** 24

Year Team	G	GS	Tackles			Miscellaneous				Interceptions				Totals		
			Tk	Ast	Sack	FF	FR	TD	Blk	Int	Yds	Avg	TD	Sfty	TD	Pts
1997 St. Louis Rams	12	0	0	0	0.0	0	0	0	0	0	0	-	0	0	0	0

Rob Kelly

Pos: S **Rnd:** 2 **College:** Ohio State **Ht:** 6' 1" **Wt:** 200 **Born:** 6/21/74 **Age:** 24

Year Team	G	GS	Tackles			Miscellaneous				Interceptions				Totals		
			Tk	Ast	Sack	FF	FR	TD	Blk	Int	Yds	Avg	TD	Sfty	TD	Pts
1997 New Orleans Saints	16	2	14	5	0.0	1	0	0	0	1	15	15.0	0	0	0	0

Pete Kendall

Pos: G **Rnd:** 1 (21) **College:** Boston College **Ht:** 6' 5" **Wt:** 292 **Born:** 7/9/73 **Age:** 25

Year Team	G	GS	Year Team	G	GS			G	GS
1996 Seattle Seahawks	12	11	1997 Seattle Seahawks	16	16		2 NFL Seasons	28	27

Cortez Kennedy

Pos: DT **Rnd:** 1 (3) **College:** Miami (FL) **Ht:** 6' 3" **Wt:** 293 **Born:** 8/23/68 **Age:** 30

Year Team	G	GS	Tackles			Miscellaneous				Interceptions				Totals		
			Tk	Ast	Sack	FF	FR	TD	Blk	Int	Yds	Avg	TD	Sfty	TD	Pts
1990 Seattle Seahawks	16	2	37	11	1.0	1	1	0	0	0	0	-	0	0	0	0
1991 Seattle Seahawks	16	16	64	9	6.5	1	1	0	0	0	0	-	0	0	0	0
1992 Seattle Seahawks	16	16	76	16	14.0	4	1	0	0	0	0	-	0	0	0	0
1993 Seattle Seahawks	16	16	60	17	6.5	1	1	0	0	0	0	-	0	0	0	0
1994 Seattle Seahawks	16	16	54	16	4.0	0	1	0	0	0	0	-	0	0	0	0
1995 Seattle Seahawks	16	16	40	14	6.5	1	0	0	0	0	0	-	0	0	0	0
1996 Seattle Seahawks	16	16	51	18	8.0	1	0	0	0	0	0	-	0	0	0	0
1997 Seattle Seahawks	8	8	10	8	2.0	0	0	0	0	0	0	-	0	0	0	0
8 NFL Seasons	120	106	392	109	48.5	9	5	0	0	0	0	-	0	0	0	0

Other Statistics: 1992–fumbled 1 time.

Lincoln Kennedy

Pos: T **Rnd:** 1 (9) **College:** Washington **Ht:** 6' 6" **Wt:** 325 **Born:** 2/12/71 **Age:** 27

Year Team	G	GS	Year Team	G	GS	Year Team	G	GS		G	GS
1993 Atlanta Falcons	16	16	1995 Atlanta Falcons	16	4	1997 Oakland Raiders	16	16			
1994 Atlanta Falcons	16	3	1996 Oakland Raiders	16	16				5 NFL Seasons	80	55

Other Statistics: 1993–recovered 1 fumble for 0 yards. 1994–recovered 1 fumble for 0 yards. 1996–recovered 1 fumble for 0 yards.

Eddie Kennison

(statistical profile on page 337)

Pos: WR/PR **Rnd:** 1 (18) **College:** Louisiana State **Ht:** 6' 0" **Wt:** 191 **Born:** 1/20/73 **Age:** 25

Year Team	G	GS	Rushing					Receiving					Punt Returns				Kickoff Returns				Totals		
			Att	Yds	Avg	Lg	TD	Rec	Yds	Avg	Lg	TD	Num	Yds	Avg	TD	Num	Yds	Avg	TD	Fum	TD	Pts
1996 St. Louis Rams	15	13	0	0	-	-	0	54	924	17.1	t77	9	29	423	14.6	2	23	454	19.7	0	5	11	66
1997 St. Louis Rams	14	9	3	13	4.3	6	0	25	404	16.2	76	0	34	247	7.3	0	1	14	14.0	0	2	0	0
2 NFL Seasons	29	22	3	13	4.3	6	0	79	1328	16.8	t77	9	63	670	10.6	2	24	468	19.5	0	7	11	66

Joey Kent

Pos: WR **Rnd:** 2 **College:** Tennessee **Ht:** 6' 1" **Wt:** 185 **Born:** 4/23/74 **Age:** 24

Year Team	G	GS	Rushing					Receiving					Punt Returns				Kickoff Returns				Totals		
			Att	Yds	Avg	Lg	TD	Rec	Yds	Avg	Lg	TD	Num	Yds	Avg	TD	Num	Yds	Avg	TD	Fum	TD	Pts
1997 Tennessee Oilers	12	0	0	0	-	-	0	6	55	9.2	19	1	0	0	-	0	0	0	-	0	0	1	6

Marlon Kerner

Pos: CB **Rnd:** 3 **College:** Ohio State **Ht:** 5' 10" **Wt:** 187 **Born:** 3/18/73 **Age:** 25

Year Team	G	GS	Tackles			Miscellaneous				Interceptions				Totals		
			Tk	Ast	Sack	FF	FR	TD	Blk	Int	Yds	Avg	TD	Sfty	TD	Pts
1995 Buffalo Bills	14	5	29	5	0.0	1	0	0	0	0	0	-	0	0	0	0
1996 Buffalo Bills	15	0	16	1	1.0	0	0	0	0	1	6	6.0	0	0	0	0

Year Team	G	GS	Tackles			Miscellaneous				Interceptions				Totals		
			Tk	Ast	Sack	FF	FR	TD	Blk	Int	Yds	Avg	TD	Sfty	TD	Pts
1997 Buffalo Bills	13	2	18	2	0.0	0	1	0	0	2	20	10.0	0	0	0	0
3 NFL Seasons	42	7	63	8	1.0	1	1	0	0	3	26	8.7	0	0	0	0

John Kidd

(statistical profile on page 479)

Pos: P **Rnd:** 5 **College:** Northwestern **Ht:** 6' 3" **Wt:** 214 **Born:** 8/22/61 **Age:** 37

Year Team	G	NetPunts	Yards	Avg	Long	In20	In20%	TotPunts	TB	Blocks	OppRet	RetYds	NetAvg	Rushing Att	Yards	Passing Att	Com	Yards	Int
1984 Buffalo Bills	16	88	3696	42.0	63	16	18.2	90	8	2	52	597	32.7	0	0	0	0	0	0
1985 Buffalo Bills	16	92	3818	41.5	67	33	35.9	92	4	0	49	438	35.9	0	0	0	0	0	0
1986 Buffalo Bills	16	75	3031	40.4	57	14	18.7	75	9	0	32	260	34.5	1	0	0	0	0	0
1987 Buffalo Bills	12	64	2495	39.0	67	20	31.3	64	7	0	26	148	34.5	0	0	1	0	0	0
1988 Buffalo Bills	16	62	2451	39.5	60	13	21.0	62	2	0	36	222	35.3	0	0	0	0	0	0
1989 Buffalo Bills	16	65	2564	39.4	60	15	23.1	67	9	2	25	227	32.2	0	0	0	0	0	0
1990 San Diego Chargers	16	61	2442	40.0	59	14	23.0	62	2	1	28	131	36.6	0	0	0	0	0	0
1991 San Diego Chargers	16	76	3064	40.3	60	22	28.9	77	6	1	32	267	34.8	0	0	0	0	0	0
1992 San Diego Chargers	16	68	2899	42.6	65	22	32.4	68	9	0	24	244	36.4	2	-13	0	0	0	0
1993 San Diego Chargers	14	57	2431	42.6	67	16	28.1	57	7	0	28	243	35.9	3	-13	0	0	0	0
1994 SD - Mia	6	21	848	40.4	58	3	14.3	21	4	0	6	135	30.1	0	0	0	0	0	0
1995 Miami Dolphins	16	57	2433	42.7	56	15	26.3	57	5	0	35	265	36.3	0	0	0	0	0	0
1996 Miami Dolphins	16	78	3611	**46.3**	63	26	33.3	78	11	0	48	368	38.8	1	3	0	0	0	0
1997 Miami Dolphins	13	52	2247	43.2	58	13	25.0	52	4	0	35	243	37.0	1	4	0	0	0	0
1994 San Diego Chargers	2	7	246	35.1	53	1	14.3	7	1	0	0	0	32.3	0	0	0	0	0	0
Miami Dolphins	4	14	602	43.0	58	2	14.3	14	3	0	6	135	29.1	0	0	0	0	0	0
14 NFL Seasons	205	916	38030	41.5	67	242	26.4	922	87	6	456	3788	35.3	8	-19	1	0	0	0

Other Statistics: 1986–recovered 1 fumble for 0 yards. 1990–recovered 1 fumble for 0 yards; fumbled 1 time. 1992–recovered 1 fumble for -9 yards; fumbled 1 time.

Terry Killens

Pos: LB **Rnd:** 3 **College:** Penn State **Ht:** 6' 1" **Wt:** 232 **Born:** 3/24/74 **Age:** 24

Year Team	G	GS	Tackles			Miscellaneous				Interceptions				Totals		
			Tk	Ast	Sack	FF	FR	TD	Blk	Int	Yds	Avg	TD	Sfty	TD	Pts
1996 Houston Oilers	14	0	0	0	0.0	0	0	0	0	0	0	-	0	0	0	0
1997 Tennessee Oilers	16	0	1	0	0.0	0	0	0	0	0	0	-	0	0	0	0
2 NFL Seasons	30	0	1	0	0.0	0	0	0	0	0	0	-	0	0	0	0

Brian Kinchen

Pos: TE/LS **Rnd:** 12 **College:** Louisiana State **Ht:** 6' 2" **Wt:** 240 **Born:** 8/6/65 **Age:** 33

Year Team	G	GS	Rushing					Receiving					Punt Returns				Kickoff Returns				Totals		
			Att	Yds	Avg	Lg	TD	Rec	Yds	Avg	Lg	TD	Num	Yds	Avg	TD	Num	Yds	Avg	TD	Fum	TD	Pts
1988 Miami Dolphins	16	0	0	0	-	-	0	1	3	3.0	3	0	0	0	-	0	0	0	-	0	0	0	0
1989 Miami Dolphins	16	0	0	0	-	-	0	1	12	12.0	12	0	0	0	-	0	2	26	13.0	0	2	0	0
1990 Miami Dolphins	4	0	0	0	-	-	0	0	0	-	0	0	0	0	-	0	1	16	16.0	0	0	0	0
1991 Cleveland Browns	14	0	0	0	-	-	0	0	0	-	0	0	0	0	-	0	0	0	-	0	1	0	0
1992 Cleveland Browns	16	0	0	0	-	-	0	0	0	-	0	0	0	0	-	0	0	0	-	0	0	0	0
1993 Cleveland Browns	16	15	0	0	-	-	0	29	347	12.0	40	2	0	0	-	0	1	0	0.0	0	1	2	12
1994 Cleveland Browns	16	11	0	0	-	-	0	24	232	9.7	38	1	0	0	-	0	3	38	12.7	0	1	1	6
1995 Cleveland Browns	13	12	0	0	-	-	0	20	216	10.8	41	0	0	0	-	0	0	0	-	0	1	0	0
1996 Baltimore Ravens	16	16	0	0	-	-	0	55	581	10.6	29	1	0	0	-	0	1	19	19.0	0	1	1	6
1997 Baltimore Ravens	16	6	0	0	-	-	0	11	95	8.6	t24	1	0	0	-	0	0	0	-	0	0	1	6
10 NFL Seasons	143	60	0	0	-	-	0	141	1486	10.5	41	5	0	0	-	0	8	99	12.4	0	7	5	30

Other Statistics: 1995–recovered 1 fumble for 0 yards.

Todd Kinchen

Pos: PR/WR **Rnd:** 3 **College:** Louisiana State **Ht:** 5' 11" **Wt:** 187 **Born:** 1/7/69 **Age:** 29

Year Team	G	GS	Rushing					Receiving					Punt Returns				Kickoff Returns				Totals		
			Att	Yds	Avg	Lg	TD	Rec	Yds	Avg	Lg	TD	Num	Yds	Avg	TD	Num	Yds	Avg	TD	Fum	TD	Pts
1992 Los Angeles Rams	14	0	0	0	-	-	0	0	0	-	-	0	4	103	25.8	2	4	63	15.8	0	0	2	12
1993 Los Angeles Rams	6	1	2	10	5.0	8	0	8	137	17.1	t35	1	7	32	4.6	0	6	96	16.0	0	1	1	6
1994 Los Angeles Rams	13	0	1	44	44.0	t44	1	23	352	15.3	43	3	16	158	9.9	0	21	510	24.3	0	5	4	24
1995 St. Louis Rams	16	1	4	16	4.0	15	0	36	419	11.6	35	4	53	416	7.8	0	35	743	21.2	0	8	4	24
1996 Denver Broncos	7	0	0	0	-	-	0	1	27	27.0	27	0	26	300	11.5	0	0	0	-	0	5	0	0
1997 Atlanta Falcons	16	0	0	0	-	-	0	16	266	16.6	t53	1	52	446	8.6	0	1	18	18.0	0	5	1	6
6 NFL Seasons	72	2	7	70	10.0	t44	1	84	1201	14.3	t53	9	158	1455	9.2	2	67	1430	21.3	0	24	12	72

Other Statistics: 1995–recovered 1 fumble for 0 yards; attempted 1 pass with 0 completions for 0 yards. 1996–recovered 1 fumble for 0 yards. 1997–recovered 2 fumbles for 0 yards.

Randy Kinder

Pos: CB Rnd: FA College: Notre Dame Ht: 6' 1" Wt: 204 Born: 4/4/75 Age: 23

Year Team	G	GS	Tackles			Miscellaneous				Interceptions				Totals		
			Tk	Ast	Sack	FF	FR	TD	Blk	Int	Yds	Avg	TD	Sfty	TD	Pts
1997 GB - Phi	12	0	0	0	0.0	0	0	0	0	0	0	-	0	0	0	0
1997 Green Bay Packers	6	0	0	0	0.0	0	0	0	0	0	0	-	0	0	0	0
Philadelphia Eagles	6	0	0	0	0.0	0	0	0	0	0	0	-	0	0	0	0

Ed King

Pos: G Rnd: 2 College: Auburn Ht: 6' 4" Wt: 300 Born: 12/3/69 Age: 28

Year	Team	G	GS	Year	Team	G	GS	Year	Team	G	GS		G	GS
1991	Cleveland Browns	16	15	1993	Cleveland Browns	6	3	1996	New Orleans Saints	16	16			
1992	Cleveland Browns	16	15	1995	New Orleans Saints	1	0	1997	New Orleans Saints	2	0	6 NFL Seasons	57	49

Other Statistics: 1991–recovered 1 fumble for 0 yards. 1996–recovered 1 fumble for 0 yards.

Shawn King

Pos: DE Rnd: 2 College: Northeast Louisiana Ht: 6' 3" Wt: 278 Born: 6/24/72 Age: 26

Year Team	G	GS	Tk	Ast	Sack	FF	FR	TD	Blk	Int	Yds	Avg	TD	Sfty	TD	Pts
1995 Carolina Panthers	13	0	6	2	2.0	0	0	0	0	0	0	-	0	0	0	0
1996 Carolina Panthers	16	0	13	5	3.0	1	1	0	0	1	1	1.0	0	0	1	6
1997 Carolina Panthers	9	2	10	1	2.0	0	0	0	0	0	0	-	0	0	0	0
3 NFL Seasons	38	2	29	8	7.0	1	1	1	0	1	1	1.0	0	0	1	6

Kelvin Kinney

Pos: DE Rnd: 6 College: Virginia State Ht: 6' 6" Wt: 252 Born: 12/31/72 Age: 25

Year Team	G	GS	Tk	Ast	Sack	FF	FR	TD	Blk	Int	Yds	Avg	TD	Sfty	TD	Pts
1997 Washington Redskins	4	1	7	5	0.0	0	0	0	0	0	0	-	0	0	0	0

Terry Kirby

(statistical profile on page 338)

Pos: RB Rnd: 3 College: Virginia Ht: 6' 1" Wt: 218 Born: 1/20/70 Age: 28

Year Team	G	GS	Rushing					Receiving					Kickoff Returns				Passing				Totals		
			Att	Yds	Avg	Lg	TD	Rec	Yds	Avg	Lg	TD	Num	Yds	Avg	TD	Att	Com	Yds	Int	Fum	TD	Pts
1993 Miami Dolphins	16	8	119	390	3.3	20	3	75	874	11.7	47	3	4	85	21.3	0	0	0	0	0	5	6	36
1994 Miami Dolphins	4	4	60	233	3.9	30	2	14	154	11.0	26	0	0	0	-	0	0	0	0	0	2	2	14
1995 Miami Dolphins	16	4	108	414	3.8	38	4	66	618	9.4	46	3	0	0	-	0	1	1	31	0	2	2	42
1996 San Francisco 49ers	14	10	134	559	4.2	31	3	52	439	8.4	52	1	1	22	22.0	0	2	1	24	0	1	4	24
1997 San Francisco 49ers	16	3	125	418	3.3	38	6	23	279	12.1	82	1	3	124	41.3	1	0	0	0	0	3	8	52
5 NFL Seasons	66	29	546	2014	3.7	38	18	230	2364	10.3	82	8	8	231	28.9	1	3	2	55	0	13	27	168

Other Statistics: 1993–recovered 4 fumbles for 0 yards. 1994–scored 1 two-point conversion. 1995–passed for 1 touchdown. 1996–returned 1 punt for 3 yards; passed for 1 touchdown. 1997–recovered 2 fumbles for 0 yards; scored 2 two-point conversions.

Randy Kirk

Pos: LB/LS Rnd: FA College: San Diego State Ht: 6' 2" Wt: 231 Born: 12/27/64 Age: 33

Year Team	G	GS	Tk	Ast	Sack	FF	FR	TD	Blk	Int	Yds	Avg	TD	Num	Yds	Avg	TD	Num	Yds	Avg	TD	TD	Fum
1987 San Diego Chargers	13	1	11	4	1.0	0	1	0	0	0	0	-	0	0	0	-	0	3	15	5.0	0	0	1
1988 San Diego Chargers	16	0	0	1	0.0	0	1	0	0	0	0	-	0	0	0	-	0	0	0	-	0	0	0
1989 Phoenix Cardinals	6	0	2	0	0.0	0	0	0	0	0	0	-	0	0	0	-	0	0	0	-	0	0	0
1990 Washington Redskins	1	0	0	0	0.0	0	0	0	0	0	0	-	0	0	0	-	0	0	0	-	0	0	0
1991 Cle - SD	7	0	0	0	0.0	0	0	0	0	0	0	-	0	0	0	-	0	0	0	-	0	0	0
1992 Cincinnati Bengals	15	0	6	0	0.0	0	2	0	0	0	0	-	0	0	0	-	0	0	0	-	0	0	0
1993 Cincinnati Bengals	16	0	0	0	0.0	0	0	0	0	0	0	-	0	0	0	-	0	0	0	-	0	0	0
1994 Arizona Cardinals	16	0	0	0	0.0	0	0	0	0	0	0	-	0	0	0	-	0	0	0	-	0	0	0
1995 Arizona Cardinals	16	0	0	0	0.0	0	0	0	0	0	0	-	0	0	0	-	0	0	0	-	0	0	0
1996 San Francisco 49ers	16	0	0	0	0.0	0	0	0	0	0	0	-	0	0	0	-	0	0	0	-	0	0	0
1997 San Francisco 49ers	16	0	0	0	0.0	0	0	0	0	0	0	-	0	0	0	-	0	0	0	-	0	0	0
1991 Cleveland Browns	2	0	0	0	0.0	0	0	0	0	0	0	-	0	0	0	-	0	0	0	-	0	0	0
San Diego Chargers	5	0	0	0	0.0	0	0	0	0	0	0	-	0	0	0	-	0	0	0	-	0	0	0
11 NFL Seasons	138	1	19	5	1.0	0	4	0	0	0	0	-	0	0	0	-	0	3	15	5.0	0	0	1

Levon Kirkland

(statistical profile on page 424)

Pos: LB Rnd: 2 College: Clemson Ht: 6' 1" Wt: 264 Born: 2/17/69 Age: 29

Year Team	G	GS	Tk	Ast	Sack	FF	FR	TD	Blk	Int	Yds	Avg	TD	Sfty	TD	Pts
1992 Pittsburgh Steelers	16	0	1	4	0.0	0	0	0	0	0	0	-	0	0	0	0
1993 Pittsburgh Steelers	16	13	64	39	1.0	4	2	1	0	0	0	-	0	0	1	6

Year Team	G	GS	Tackles			Miscellaneous				Interceptions				Totals		
			Tk	Ast	Sack	FF	FR	TD	Blk	Int	Yds	Avg	TD	Sfty	TD	Pts
1994 Pittsburgh Steelers	16	15	70	30	3.0	0	0	0	0	2	0	0.0	0	0	0	0
1995 Pittsburgh Steelers	16	16	58	30	1.0	0	2	0	0	0	0	-	0	0	0	0
1996 Pittsburgh Steelers	16	16	75	38	4.0	2	0	0	0	4	12	3.0	0	0	0	0
1997 Pittsburgh Steelers	16	16	95	31	5.0	1	1	0	0	2	14	7.0	0	0	0	0
6 NFL Seasons	96	76	363	172	14.0	7	5	1	0	8	26	3.3	0	0	1	6

Travis Kirschke

Pos: DT Rnd: FA College: UCLA Ht: 6' 3" Wt: 286 Born: 9/6/74 Age: 24

Year Team	G	GS	Tk	Ast	Sack	FF	FR	TD	Blk	Int	Yds	Avg	TD	Sfty	TD	Pts
1997 Detroit Lions	3	0	0	1	0.0	0	0	0	0	0	0	-	0	0	0	0

Jon Kitna

Pos: QB Rnd: FA College: Central Washington Ht: 6' 2" Wt: 217 Born: 9/21/72 Age: 26

Year Team	G	GS	Passing									Rushing					Miscellaneous			
			Att	Com	Pct	Yards	Yds/Att	Lg	TD	Int	Int%	Rating	Att	Yds	Avg	Lg	TD	Sckd	Yds	Fum	Recv	Yds	Pts
1997 Seattle Seahawks	3	1	45	31	68.9	371	8.24	61	1	2	4.4	82.7	10	9	0.9	8	1	3	10	1	1	-2	6

Jim Kitts

Pos: FB Rnd: FA College: Ferrum Ht: 6' 2" Wt: 243 Born: 12/28/72 Age: 25

Year Team	G	GS	Rushing					Receiving					Punt Returns				Kickoff Returns				Totals		
			Att	Yds	Avg	Lg	TD	Rec	Yds	Avg	Lg	TD	Num	Yds	Avg	TD	Num	Yds	Avg	TD	Fum	TD	Pts
1997 Miami Dolphins	10	0	0	0	-	-	0	0	0	-	-	0	0	0	-	0	0	0	-	0	0	0	0

David Klingler

Pos: QB Rnd: 1 (6) College: Houston Ht: 6' 3" Wt: 205 Born: 2/17/69 Age: 29

Year Team	G	GS	Passing										Rushing					Miscellaneous			
			Att	Com	Pct	Yards	Yds/Att	Lg	TD	Int	Int%	Rating	Att	Yds	Avg	Lg	TD	Sckd	Yds	Fum	Recv	Yds	Pts
1992 Cincinnati Bengals	4	4	98	47	48.0	530	5.41	t83	3	2	2.0	66.3	11	53	4.8	12	0	18	146	3	0	0	0
1993 Cincinnati Bengals	14	13	343	190	55.4	1935	5.64	51	6	9	2.6	66.6	41	282	6.9	29	0	40	202	7	2	-10	0
1994 Cincinnati Bengals	10	7	231	131	56.7	1327	5.74	56	6	9	3.9	65.7	17	85	5.0	15	0	24	165	7	1	0	0
1995 Cincinnati Bengals	3	0	15	7	46.7	88	5.87	33	1	1	6.7	59.9	0	0	-	-	0	1	10	0	0	0	0
1996 Oakland Raiders	1	0	24	10	41.7	87	3.63	20	0	0	0.0	51.9	4	36	9.0	14	0	4	16	1	1	0	0
1997 Oakland Raiders	1	0	7	4	57.1	27	3.86	8	0	1	14.3	26.2	1	0	0.0	0	0	0	0	1	1	-5	0
6 NFL Seasons	33	24	718	389	54.2	3994	5.56	t83	16	22	3.1	65.1	74	456	6.2	29	0	87	539	19	5	-15	0

Other Statistics: 1994–caught 1 pass for -6 yards.

Sammy Knight

(statistical profile on page 425)

Pos: S Rnd: FA College: Southern California Ht: 6' 0" Wt: 205 Born: 9/10/75 Age: 23

Year Team	G	GS	Tk	Ast	Sack	FF	FR	TD	Blk	Int	Yds	Avg	TD	Sfty	TD	Pts
1997 New Orleans Saints	16	12	67	17	0.0	0	1	0	0	5	75	15.0	0	0	0	0

Tom Knight

Pos: CB Rnd: 1 (9) College: Iowa Ht: 5' 11" Wt: 190 Born: 12/29/74 Age: 23

Year Team	G	GS	Tk	Ast	Sack	FF	FR	TD	Blk	Int	Yds	Avg	TD	Sfty	TD	Pts
1997 Arizona Cardinals	15	14	41	6	0.0	0	0	0	0	0	0	-	0	0	0	0

George Koonce

Pos: LB Rnd: FA College: East Carolina Ht: 6' 1" Wt: 243 Born: 10/15/68 Age: 30

Year Team	G	GS	Tk	Ast	Sack	FF	FR	TD	Blk	Int	Yds	Avg	TD	Sfty	TD	Pts
1992 Green Bay Packers	16	10	34	21	1.5	0	1	0	0	0	0	-	0	0	0	0
1993 Green Bay Packers	15	15	68	40	3.0	0	1	0	0	0	0	-	0	0	0	0
1994 Green Bay Packers	16	16	76	27	1.0	0	2	0	0	0	0	-	0	0	0	0
1995 Green Bay Packers	16	16	49	25	1.0	0	0	0	0	1	12	12.0	0	0	0	0
1996 Green Bay Packers	16	16	69	28	0.0	0	1	0	0	3	84	28.0	1	0	1	6
1997 Green Bay Packers	4	0	5	5	0.0	0	0	0	0	0	0	-	0	0	0	0
6 NFL Seasons	83	73	301	146	6.5	0	5	0	0	4	96	24.0	1	0	1	6

Jeff Kopp

Pos: LB Rnd: 6 College: Southern California Ht: 6' 3" Wt: 243 Born: 7/8/71 Age: 27

Year Team	G	GS	Tk	Ast	Sack	FF	FR	TD	Blk	Int	Yds	Avg	TD	Sfty	TD	Pts
1995 Miami Dolphins	16	0	0	0	0.0	0	0	0	0	0	0	-	0	0	0	0

Year Team	G	GS	Tackles			Miscellaneous				Interceptions				Totals		
			Tk	Ast	Sack	FF	FR	TD	Blk	Int	Yds	Avg	TD	Sfty	TD	Pts
1996 Jacksonville Jaguars	12	0	0	0	0.0	0	0	0	0	0	0	-	0	0	0	0
1997 Jacksonville Jaguars	16	3	7	6	1.0	0	0	0	0	1	9	9.0	0	0	0	0
3 NFL Seasons	44	3	7	6	1.0	0	0	0	0	1	9	9.0	0	0	0	0

Scott Kowalkowski

Pos: LB **Rnd:** 8 **College:** Notre Dame **Ht:** 6' 2" **Wt:** 228 **Born:** 8/23/68 **Age:** 30

Year Team	G	GS	Tackles			Miscellaneous				Interceptions				Totals		
			Tk	Ast	Sack	FF	FR	TD	Blk	Int	Yds	Avg	TD	Sfty	TD	Pts
1991 Philadelphia Eagles	16	0	9	0	0.0	0	1	0	0	0	0	-	0	0	0	0
1992 Philadelphia Eagles	16	0	9	0	0.0	0	0	0	0	0	0	-	0	0	0	0
1994 Detroit Lions	16	0	0	0	0.0	0	0	0	0	0	0	-	0	0	0	0
1995 Detroit Lions	16	0	1	1	0.0	0	0	0	0	0	0	-	0	0	0	0
1996 Detroit Lions	16	1	3	1	0.0	0	1	0	0	0	0	-	0	0	0	0
1997 Detroit Lions	16	0	4	3	0.0	0	0	0	0	0	0	-	0	0	0	0
6 NFL Seasons	96	1	26	5	0.0	0	2	0	0	0	0	-	0	0	0	0

Brian Kozlowski

Pos: TE **Rnd:** FA **College:** Connecticut **Ht:** 6' 3" **Wt:** 255 **Born:** 10/4/70 **Age:** 28

Year Team	G	GS	Rushing					Receiving				Punt Returns				Kickoff Returns				Totals		
			Att	Yds	Avg	Lg	TD	Rec	Yds	Avg	Lg	TD	Num	Yds	Avg	TD	Num	Yds	Avg	TD	Fum	TD	Pts
1994 New York Giants	16	2	0	0	-	-	0	1	5	5.0	5	0	0	0	-	0	2	21	10.5	0	0	0	0
1995 New York Giants	16	0	0	0	-	-	0	2	17	8.5	12	0	0	0	-	0	5	75	15.0	0	1	0	0
1996 New York Giants	5	0	0	0	-	-	0	1	4	4.0	t4	1	0	0	-	0	1	16	16.0	0	0	1	6
1997 Atlanta Falcons	16	5	0	0	-	-	0	7	99	14.1	29	1	0	0	-	0	2	49	24.5	0	0	1	6
4 NFL Seasons	53	7	0	0	-	-	0	11	125	11.4	29	2	0	0	-	0	10	161	16.1	0	1	2	12

Other Statistics: 1995—recovered 1 fumble for 0 yards.

Greg Kragen

Pos: NT **Rnd:** FA **College:** Utah State **Ht:** 6' 3" **Wt:** 272 **Born:** 3/4/62 **Age:** 36

Year Team	G	GS	Tackles			Miscellaneous				Interceptions				Totals		
			Tk	Ast	Sack	FF	FR	TD	Blk	Int	Yds	Avg	TD	Sfty	TD	Pts
1985 Denver Broncos	16	1	11	2	2.0	0	0	0	0	0	0	-	0	0	0	0
1986 Denver Broncos	16	14	29	31	0.0	0	3	0	0	0	0	-	0	0	0	0
1987 Denver Broncos	12	9	48	30	2.0	0	1	0	0	0	0	-	0	0	0	0
1988 Denver Broncos	16	16	101	39	2.5	0	1	0	0	0	0	-	0	0	0	0
1989 Denver Broncos	14	14	43	29	2.0	0	4	1	0	0	0	-	0	0	1	6
1990 Denver Broncos	16	16	46	35	2.0	3	2	0	0	0	0	-	0	0	0	0
1991 Denver Broncos	16	16	61	31	3.5	0	0	0	0	0	0	-	0	0	0	0
1992 Denver Broncos	16	16	66	41	5.5	2	0	0	0	0	0	-	0	0	0	0
1993 Denver Broncos	14	14	43	22	3.0	0	1	0	0	0	0	-	0	0	0	0
1994 Kansas City Chiefs	16	2	8	2	0.0	0	0	0	0	0	0	-	0	0	0	0
1995 Carolina Panthers	16	14	41	10	1.0	1	2	1	0	1	29	29.0	0	0	1	6
1996 Carolina Panthers	16	16	39	9	3.0	4	2	0	0	0	0	-	0	0	0	0
1997 Carolina Panthers	16	16	45	9	2.0	0	0	0	0	0	0	-	0	0	0	0
13 NFL Seasons	200	164	581	290	28.5	10	16	2	0	1	29	29.0	0	0	2	12

Erik Kramer

(statistical profile on page 338)

Pos: QB **Rnd:** FA **College:** North Carolina State **Ht:** 6' 1" **Wt:** 200 **Born:** 11/6/64 **Age:** 33

Year Team	G	GS	Passing									Rushing					Miscellaneous				
			Att	Com	Pct	Yards	Yds/Att	Lg	TD	Int	Int%	Rating	Att	Yds	Avg	Lg	TD	Sckd	Yds	Fum	Recv	Yds	Pts
1987 Atlanta Falcons	3	2	92	45	48.9	559	6.08	33	4	5	5.4	60.0	2	10	5.0	11	0	10	82	0	0	0	0
1991 Detroit Lions	13	8	265	136	51.3	1635	6.17	t73	11	8	3.0	71.8	35	26	0.7	12	1	14	74	8	4	-5	6
1992 Detroit Lions	7	3	106	58	54.7	771	7.27	t77	4	8	7.5	59.1	12	34	2.8	11	0	15	80	4	1	-1	0
1993 Detroit Lions	5	4	138	87	63.0	1002	7.26	48	8	3	2.2	95.1	10	5	0.5	4	0	5	35	1	0	0	0
1994 Chicago Bears	6	5	158	99	62.7	1129	7.15	t85	8	8	5.1	79.7	6	-2	-0.3	2	0	14	87	3	2	-5	0
1995 Chicago Bears	16	16	522	315	60.3	3838	7.35	t76	29	10	1.9	93.5	35	39	1.1	11	1	15	95	6	2	-3	6
1996 Chicago Bears	4	4	150	73	48.7	781	5.21	t58	3	6	4.0	54.3	8	4	0.5	7	0	7	53	1	0	0	0
1997 Chicago Bears	15	13	477	275	57.7	3011	6.31	t78	14	14	2.9	74.0	27	83	3.1	31	2	25	149	11	3	0	12
8 NFL Seasons	69	55	1908	1088	57.0	12726	6.67	t85	81	62	3.2	78.0	135	199	1.5	31	4	105	655	34	13	-15	24

Dave Krieg

Pos: QB **Rnd:** FA **College:** Milton College **Ht:** 6' 1" **Wt:** 202 **Born:** 10/20/58 **Age:** 40

Year Team	G	GS	Passing									Rushing					Miscellaneous				
			Att	Com	Pct	Yards	Yds/Att	Lg	TD	Int	Int%	Rating	Att	Yds	Avg	Lg	TD	Sckd	Yds	Fum	Recv	Yds	Pts
1980 Seattle Seahawks	1	0	2	0	0.0	0	0.00	0	0	0	0.0	39.6	0	0	-	-	0	1	6	0	0	0	0
1981 Seattle Seahawks	7	3	112	64	57.1	843	7.53	t57	7	5	4.5	83.3	11	56	5.1	29	1	11	85	4	0	0	6
1982 Seattle Seahawks	3	2	78	49	62.8	501	6.42	44	2	2	2.6	79.1	6	-3	-0.5	4	0	16	117	5	2	-14	0
1983 Seattle Seahawks	9	8	243	147	60.5	2139	8.80	t50	18	11	4.5	95.0	16	55	3.4	t10	2	38	279	10	2	0	12

142

			Passing									Rushing					Miscellaneous				
Year Team	G	GS	Att	Com	Pct	Yards	Yds/Att	Lg	TD	Int	Int%	Rating	Att	Yds	Avg	Lg	TD	Sckd	Yds	Fum Recv Yds	Pts
1984 Seattle Seahawks	16	16	480	276	57.5	3671	7.65	t80	32	24	5.0	83.3	46	186	4.0	t37	3	40	314	11 3 -24	18
1985 Seattle Seahawks	16	16	532	285	53.6	3602	6.77	54	27	20	3.8	76.2	35	121	3.5	17	1	52	448	11 3 -2	6
1986 Seattle Seahawks	15	14	375	225	60.0	2921	7.79	t72	21	11	2.9	91.0	35	122	3.5	19	1	35	281	10 1 -5	6
1987 Seattle Seahawks	12	12	294	178	60.5	2131	7.25	t75	23	15	5.1	87.6	36	155	4.3	17	2	27	247	11 5 -2	12
1988 Seattle Seahawks	9	9	228	134	58.8	1741	7.64	t75	18	8	3.5	94.6	24	64	2.7	17	0	12	92	6 0 0	0
1989 Seattle Seahawks	15	14	499	286	57.3	3309	6.63	t60	21	20	4.0	74.8	40	160	4.0	18	0	37	289	18 9 -20	0
1990 Seattle Seahawks	16	16	448	265	59.2	3194	7.13	t63	15	20	4.5	73.6	32	115	3.6	25	0	40	360	16 2 0	0
1991 Seattle Seahawks	10	9	285	187	**65.6**	2080	7.30	60	11	12	4.2	82.5	13	59	4.5	24	0	32	216	6 0 0	0
1992 Kansas City Chiefs	16	16	413	230	55.7	3115	7.54	t77	15	12	2.9	79.9	37	74	2.0	17	2	48	323	10 **6** -15	12
1993 Kansas City Chiefs	12	5	189	105	55.6	1238	6.55	t66	7	3	1.6	81.4	21	24	1.1	20	0	22	138	6 1 0	0
1994 Detroit Lions	14	7	212	131	61.8	1629	7.68	t51	14	3	1.4	101.7	23	35	1.5	15	0	14	100	4 2 -1	0
1995 Arizona Cardinals	16	16	521	304	58.3	3554	6.82	48	16	**21**	4.0	72.6	19	29	1.5	17	0	53	**380**	**16** 7 -10	0
1996 Chicago Bears	13	12	377	226	59.9	2278	6.04	t53	14	12	3.2	76.3	16	12	0.8	2	1	14	104	6 3 -9	6
1997 Tennessee Oilers	8	0	2	1	50.0	2	1.00	2	0	0	0.0	56.3	4	-2	-0.5	0	0	0	0	0 0 0	0
18 NFL Seasons	208	175	5290	3093	58.5	37948	7.17	t80	261	199	3.8	81.5	414	1262	3.0	t37	13	492	3779	150 46 -102	78

Other Statistics: 1983–caught 1 pass for 11 yards. 1990–caught 1 pass for -6 yards. 1996–caught 1 pass for 5 yards.

Bob Kuberski

Pos: DT **Rnd:** 7 **College:** Navy **Ht:** 6' 4" **Wt:** 295 **Born:** 4/5/71 **Age:** 27

			Tackles			Miscellaneous				Interceptions				Totals		
Year Team	G	GS	Tk	Ast	Sack	FF	FR	TD	Blk	Int	Yds	Avg	TD	Sfty	TD	Pts
1995 Green Bay Packers	9	0	7	4	2.0	0	0	0	0	0	0	-	0	0	0	0
1996 Green Bay Packers	1	0	1	0	0.0	0	0	0	0	0	0	-	0	0	0	0
1997 Green Bay Packers	11	3	20	9	0.0	0	0	0	0	0	0	-	0	0	0	0
3 NFL Seasons	21	3	28	13	2.0	0	0	0	0	0	0	-	0	0	0	0

Ryan Kuehl

Pos: DT **Rnd:** FA **College:** Virginia **Ht:** 6' 4" **Wt:** 276 **Born:** 1/18/72 **Age:** 26

			Tackles			Miscellaneous				Interceptions				Totals		
Year Team	G	GS	Tk	Ast	Sack	FF	FR	TD	Blk	Int	Yds	Avg	TD	Sfty	TD	Pts
1996 Washington Redskins	2	0	1	0	0.0	0	0	0	0	0	0	-	0	0	0	0
1997 Washington Redskins	12	5	9	3	0.0	0	0	0	0	0	0	-	0	0	0	0
2 NFL Seasons	14	5	10	3	0.0	0	0	0	0	0	0	-	0	0	0	0

Matt LaBounty

Pos: DE **Rnd:** 12 **College:** Oregon **Ht:** 6' 4" **Wt:** 275 **Born:** 1/3/69 **Age:** 29

			Tackles			Miscellaneous				Interceptions				Totals		
Year Team	G	GS	Tk	Ast	Sack	FF	FR	TD	Blk	Int	Yds	Avg	TD	Sfty	TD	Pts
1993 San Francisco 49ers	6	0	1	1	0.0	0	0	0	0	0	0	-	0	0	0	0
1995 Green Bay Packers	14	2	10	1	3.0	0	0	0	0	0	0	-	0	0	0	0
1996 Seattle Seahawks	3	0	0	0	0.0	0	0	0	0	0	0	-	0	0	0	0
1997 Seattle Seahawks	15	6	16	5	3.0	0	0	0	0	0	0	-	0	0	0	0
4 NFL Seasons	38	8	27	7	6.0	0	0	0	0	0	0	-	0	0	0	0

Corbin Lacina

Pos: G **Rnd:** 6 **College:** Augustana (SD) **Ht:** 6' 4" **Wt:** 297 **Born:** 11/2/70 **Age:** 27

Year Team	G	GS	Year Team	G	GS	Year Team	G	GS	Year Team	G	GS
1994 Buffalo Bills	11	10	1995 Buffalo Bills	16	3	1996 Buffalo Bills	12	2	1997 Buffalo Bills	16	13
									4 NFL Seasons	55	28

Other Statistics: 1997–recovered 1 fumble for 0 yards.

David LaFleur

Pos: TE **Rnd:** 1 (22) **College:** Louisiana State **Ht:** 6' 7" **Wt:** 278 **Born:** 1/29/74 **Age:** 24

			Rushing					Receiving				Punt Returns				Kickoff Returns				Totals		
Year Team	G	GS	Att	Yds	Avg	Lg	TD	Rec	Yds	Avg	Lg	TD	Num	Yds	Avg	TD	Num	Yds	Avg	TD	Fum	TD	Pts
1997 Dallas Cowboys	16	5	0	0	-	-	0	18	122	6.8	17	2	0	0	-	0	0	0	-	0	1	2	12

Jeff Lageman

(statistical profile on page 425)

Pos: DE/DT **Rnd:** 1 (14) **College:** Virginia **Ht:** 6' 6" **Wt:** 268 **Born:** 7/18/67 **Age:** 31

			Tackles			Miscellaneous				Interceptions				Totals		
Year Team	G	GS	Tk	Ast	Sack	FF	FR	TD	Blk	Int	Yds	Avg	TD	Sfty	TD	Pts
1989 New York Jets	16	15	43	29	4.5	1	0	0	0	0	0	-	0	0	0	0
1990 New York Jets	16	16	37	26	4.0	1	0	0	0	0	0	-	0	0	0	0
1991 New York Jets	16	16	50	18	10.0	3	0	0	0	0	0	-	0	0	0	0
1992 New York Jets	2	2	4	2	1.0	0	0	0	0	0	0	-	0	0	0	0
1993 New York Jets	16	16	65	24	8.5	0	0	0	0	1	15	15.0	0	0	0	0
1994 New York Jets	16	16	32	19	6.5	2	3	0	0	0	0	-	0	0	0	0

Year Team	G	GS	Tackles			Miscellaneous				Interceptions				Totals		
			Tk	Ast	Sack	FF	FR	TD	Blk	Int	Yds	Avg	TD	Sfty	TD	Pts
1995 Jacksonville Jaguars	11	11	27	11	3.0	2	1	0	0	0	0	-	0	0	0	0
1996 Jacksonville Jaguars	12	9	32	12	4.5	0	0	0	0	0	0	-	0	0	0	0
1997 Jacksonville Jaguars	16	16	22	6	5.0	2	1	0	0	0	0	-	0	0	0	0
9 NFL Seasons	121	117	312	147	47.0	11	5	0	0	1	15	15.0	0	0	0	0

Other Statistics: 1989–rushed 1 time for -5 yards.

Aaron Laing

Pos: TE **Rnd:** 5 **College:** New Mexico State **Ht:** 6'3" **Wt:** 264 **Born:** 7/19/71 **Age:** 27

Year Team	G	GS	Rushing					Receiving					Punt Returns			Kickoff Returns			Totals		
			Att	Yds	Avg	Lg	TD	Rec	Yds	Avg	Lg	TD	Num	Yds	Avg TD	Num	Yds	Avg TD	Fum	TD	Pts
1994 San Diego Chargers	5	1	0	0	-	-	0	0	0	-	-	0	0	0	- 0	0	0	- 0	0	0	0
1996 St. Louis Rams	12	8	0	0	-	-	0	13	116	8.9	22	0	0	0	- 0	1	15	15.0 0	0	0	0
1997 St. Louis Rams	15	3	0	0	-	-	0	5	31	6.2	11	1	0	0	- 0	0	0	- 0	0	1	6
3 NFL Seasons	32	12	0	0	-	-	0	18	147	8.2	22	1	0	0	- 0	1	15	15.0 0	0	1	6

Other Statistics: 1996–recovered 1 fumble for 0 yards.

Carnell Lake

Pos: S/CB **Rnd:** 2 **College:** UCLA *(statistical profile on page 425)* **Ht:** 6'1" **Wt:** 210 **Born:** 7/15/67 **Age:** 31

Year Team	G	GS	Tackles			Miscellaneous				Interceptions				Totals		
			Tk	Ast	Sack	FF	FR	TD	Blk	Int	Yds	Avg	TD	Sfty	TD	Pts
1989 Pittsburgh Steelers	15	15	63	7	1.0	2	6	0	0	1	0	0.0	0	0	0	0
1990 Pittsburgh Steelers	16	16	57	10	1.0	2	1	0	0	1	0	0.0	0	0	0	0
1991 Pittsburgh Steelers	16	16	70	13	1.0	0	0	0	0	0	0	-	0	0	0	0
1992 Pittsburgh Steelers	16	16	66	19	2.0	2	1	0	0	0	0	-	0	0	0	0
1993 Pittsburgh Steelers	14	14	77	14	5.0	1	2	0	0	4	31	7.8	0	0	0	0
1994 Pittsburgh Steelers	16	16	68	14	1.0	3	1	0	0	1	2	2.0	0	0	0	0
1995 Pittsburgh Steelers	16	16	63	10	1.5	1	1	0	0	1	32	32.0	1	0	1	6
1996 Pittsburgh Steelers	13	13	44	10	2.0	2	2	1	0	1	47	47.0	1	0	2	12
1997 Pittsburgh Steelers	16	16	43	17	6.0	2	1	1	0	3	16	5.3	0	0	1	6
9 NFL Seasons	138	138	551	114	20.5	15	15	2	0	12	128	10.7	2	0	4	24

Dan Land

Pos: S **Rnd:** FA **College:** Albany State **Ht:** 6'0" **Wt:** 195 **Born:** 7/3/65 **Age:** 33

Year Team	G	GS	Tackles			Miscellaneous				Interceptions				Punt Returns				Kickoff Returns				Totals	
			Tk	Ast	Sack	FF	FR	TD	Blk	Int	Yds	Avg	TD	Num	Yds	Avg	TD	Num	Yds	Avg	TD	TD	Fum
1987 Tampa Bay Buccaneers	3	2	0	0	0.0	0	0	0	0	0	0	-	0	0	0	-	0	0	0	-	0	0	0
1989 Los Angeles Raiders	10	0	0	0	0.0	0	0	0	0	0	0	-	0	0	0	-	0	0	0	-	0	0	0
1990 Los Angeles Raiders	16	0	0	0	0.0	0	0	0	0	0	0	-	0	0	0	-	0	0	0	-	0	0	0
1991 Los Angeles Raiders	16	0	0	0	0.0	0	0	0	0	0	0	-	0	0	0	-	0	0	0	-	0	0	0
1992 Los Angeles Raiders	16	0	19	2	0.0	0	0	0	0	1	0	0.0	0	0	0	-	0	0	0	-	0	0	0
1993 Los Angeles Raiders	15	0	18	2	0.0	0	0	0	0	0	0	-	0	0	0	-	0	2	27	13.5	0	0	1
1994 Los Angeles Raiders	16	0	5	1	0.0	0	0	0	0	0	0	-	0	0	0	-	0	0	0	-	0	0	0
1995 Oakland Raiders	15	3	19	5	0.0	0	0	0	0	0	0	-	0	0	0	-	0	0	0	-	0	0	0
1996 Oakland Raiders	16	2	7	1	0.0	0	2	0	0	0	0	-	0	0	0	-	0	0	0	-	0	0	0
1997 Oakland Raiders	16	0	6	1	0.0	0	0	0	0	1	13	13.0	0	0	0	-	0	0	0	-	0	0	0
10 NFL Seasons	139	7	74	12	0.0	0	2	0	0	2	13	6.5	0	0	0	-	0	2	27	13.5	0	0	1

Other Statistics: 1987–rushed 9 times for 20 yards.

Sean Landeta

Pos: P **Rnd:** FA **College:** Towson State *(statistical profile on page 479)* **Ht:** 6'0" **Wt:** 210 **Born:** 1/6/62 **Age:** 36

Year Team	G	Net Punts	Yards	Avg	Long	In20	In20%	TotPunts	TB	Blocks	OppRet	RetYds	NetAvg	Rushing		Passing			
														Att	Yards	Att	Com	Yards	Int
1985 New York Giants	16	81	3472	42.9	68	20	24.7	81	14	0	29	247	36.4	0	0	1	0	0	0
1986 New York Giants	16	79	3539	44.8	61	24	30.4	79	11	0	41	386	37.1	0	0	0	0	0	0
1987 New York Giants	12	65	2773	42.7	64	13	20.0	66	6	1	38	606	31.0	0	0	0	0	0	0
1988 New York Giants	1	6	222	37.0	53	1	16.7	6	0	0	2	7	35.8	0	0	0	0	0	0
1989 New York Giants	16	70	3019	43.1	71	19	27.1	70	7	0	29	236	37.8	0	0	0	0	0	0
1990 New York Giants	16	75	3306	44.1	59	24	32.0	75	11	0	41	291	37.3	0	0	0	0	0	0
1991 New York Giants	15	64	2768	43.3	61	16	25.0	64	8	0	35	350	35.3	0	0	0	0	0	0
1992 New York Giants	11	53	2317	43.7	71	13	24.5	55	9	2	30	406	31.5	0	0	0	0	0	0
1993 NYN - LAN	16	75	3215	42.9	66	18	24.0	76	10	1	44	444	33.8	0	0	0	0	0	0
1994 Los Angeles Rams	16	78	3494	44.8	62	23	29.5	78	9	0	47	637	34.3	0	0	0	0	0	0
1995 St. Louis Rams	16	83	3679	44.3	63	23	27.7	83	12	0	38	393	36.7	0	0	0	0	0	0
1996 St. Louis Rams	16	78	3491	44.8	70	23	29.5	78	9	0	41	495	36.1	2	0	0	0	0	0
1997 Tampa Bay Buccaneers	10	54	2274	42.1	74	15	27.8	55	6	1	28	278	34.1	0	0	0	0	0	0
1993 New York Giants	8	33	1390	42.1	57	11	33.3	34	3	1	19	140	35.0	0	0	0	0	0	0
Los Angeles Rams	8	42	1825	43.5	66	7	16.7	42	7	0	25	304	32.9	0	0	0	0	0	0
13 NFL Seasons	177	861	37569	43.6	74	232	26.9	866	112	5	443	4776	35.3	2	0	1	0	0	0

Other Statistics: 1996–recovered 1 fumble for -11 yards; fumbled 1 time.

Eric Lane

Pos: FB **Rnd:** FA **College:** Tennessee **Ht:** 6' 2" **Wt:** 240 **Born:** 3/17/74 **Age:** 24

			Rushing					Receiving				Punt Returns			Kickoff Returns			Totals		
Year Team	G	GS	Att	Yds	Avg	Lg	TD	Rec	Yds	Avg	Lg	TD	Num	Yds	Avg	TD	Num	Yds	Avg	TD	Fum	TD	Pts
1997 New York Giants	15	0	5	13	2.6	6	0	0	0	-	-	0	0	0	-	0	0	0	-	0	0	0	0

Fred Lane
(statistical profile on page 339)

Pos: RB **Rnd:** FA **College:** Lane **Ht:** 5' 10" **Wt:** 205 **Born:** 9/6/75 **Age:** 23

			Rushing					Receiving				Punt Returns			Kickoff Returns			Totals		
Year Team	G	GS	Att	Yds	Avg	Lg	TD	Rec	Yds	Avg	Lg	TD	Num	Yds	Avg	TD	Num	Yds	Avg	TD	Fum	TD	Pts
1997 Carolina Panthers	13	7	182	809	4.4	50	7	8	27	3.4	7	0	0	0	-	0	0	0	-	0	4	7	42

Other Statistics: 1997–recovered 2 fumbles for 0 yards.

Max Lane

Pos: G/T **Rnd:** 6 **College:** Navy **Ht:** 6' 6" **Wt:** 305 **Born:** 2/22/71 **Age:** 27

Year Team	G	GS	Year Team	G	GS	Year Team	G	GS	Year Team	G	GS
1994 New England Patriots	14	0	1995 New England Patriots	16	16	1996 New England Patriots	16	16	1997 New England Patriots	16	16
									4 NFL Seasons	62	48

Other Statistics: 1995–recovered 1 fumble for 30 yards. 1996–recovered 3 fumbles for 0 yards. 1997–recovered 1 fumble for 0 yards.

Kenard Lang

Pos: DE **Rnd:** 1 (17) **College:** Miami (FL) **Ht:** 6' 3" **Wt:** 255 **Born:** 1/31/75 **Age:** 23

			Tackles			Miscellaneous				Interceptions				Totals		
Year Team	G	GS	Tk	Ast	Sack	FF	FR	TD	Blk	Int	Yds	Avg	TD	Sfty	TD	Pts
1997 Washington Redskins	12	11	26	9	1.5	0	2	0	0	0	0	-	0	0	0	0

Jevon Langford

Pos: DE **Rnd:** 4 **College:** Oklahoma State **Ht:** 6' 3" **Wt:** 275 **Born:** 2/16/74 **Age:** 24

			Tackles			Miscellaneous				Interceptions				Totals		
Year Team	G	GS	Tk	Ast	Sack	FF	FR	TD	Blk	Int	Yds	Avg	TD	Sfty	TD	Pts
1996 Cincinnati Bengals	12	3	20	4	2.0	0	1	0	0	1	0	0.0	0	0	0	0
1997 Cincinnati Bengals	15	0	9	5	1.0	0	0	0	0	0	0	-	0	0	0	0
2 NFL Seasons	27	3	29	9	3.0	0	1	0	0	1	0	0.0	0	0	0	0

Antonio Langham
(statistical profile on page 426)

Pos: CB **Rnd:** 1 (9) **College:** Alabama **Ht:** 6' 0" **Wt:** 180 **Born:** 7/31/72 **Age:** 26

			Tackles			Miscellaneous				Interceptions				Totals		
Year Team	G	GS	Tk	Ast	Sack	FF	FR	TD	Blk	Int	Yds	Avg	TD	Sfty	TD	Pts
1994 Cleveland Browns	16	16	55	6	0.0	1	0	0	0	2	2	1.0	0	0	0	0
1995 Cleveland Browns	16	16	66	8	0.0	0	0	0	0	2	29	14.5	0	0	0	0
1996 Baltimore Ravens	15	14	47	4	0.0	0	0	0	0	5	59	11.8	0	0	0	0
1997 Baltimore Ravens	16	15	52	6	0.0	0	0	0	0	3	40	13.3	1	0	1	6
4 NFL Seasons	63	61	220	24	0.0	1	0	0	0	12	130	10.8	1	0	1	6

Other Statistics: 1994–fumbled 1 time for 0 yards.

Kwamie Lassiter

Pos: S **Rnd:** FA **College:** Kansas **Ht:** 5' 11" **Wt:** 180 **Born:** 12/3/69 **Age:** 28

			Tackles			Miscellaneous				Interceptions				Totals		
Year Team	G	GS	Tk	Ast	Sack	FF	FR	TD	Blk	Int	Yds	Avg	TD	Sfty	TD	Pts
1995 Arizona Cardinals	5	0	5	2	0.0	0	0	0	0	0	0	-	0	0	0	0
1996 Arizona Cardinals	14	0	13	3	0.0	0	0	0	0	1	20	20.0	0	0	0	0
1997 Arizona Cardinals	16	*1	24	15	3.0	0	0	0	0	1	10	10.0	0	0	0	0
3 NFL Seasons	35	1	42	20	3.0	0	0	0	0	2	30	15.0	0	0	0	0

Other Statistics: 1995–rushed 1 time for 1 yard.

Lamar Lathon

Pos: LB **Rnd:** 1 (15) **College:** Houston **Ht:** 6' 3" **Wt:** 260 **Born:** 12/23/67 **Age:** 30

			Tackles			Miscellaneous				Interceptions				Totals		
Year Team	G	GS	Tk	Ast	Sack	FF	FR	TD	Blk	Int	Yds	Avg	TD	Sfty	TD	Pts
1990 Houston Oilers	11	1	11	2	0.0	0	1	0	0	0	0	-	0	0	0	0
1991 Houston Oilers	16	16	86	30	2.0	0	0	0	0	3	77	25.7	1	0	1	6
1992 Houston Oilers	11	11	40	14	1.5	0	0	0	0	0	0	-	0	0	0	0
1993 Houston Oilers	13	1	29	10	2.0	1	1	0	0	0	0	-	0	0	0	0
1994 Houston Oilers	16	15	37	16	8.5	3	1	0	0	0	0	-	0	1	0	2
1995 Carolina Panthers	15	15	54	16	8.0	1	1	0	0	0	0	-	0	0	0	0
1996 Carolina Panthers	16	16	54	23	13.5	1	2	0	0	0	0	-	0	0	0	0
1997 Carolina Panthers	15	15	44	11	2.0	2	0	0	0	1	1	1.0	0	0	0	0

Year Team	G	GS	Tackles			Miscellaneous				Interceptions				Totals		
			Tk	Ast	Sack	FF	FR	TD	Blk	Int	Yds	Avg	TD	Sfty	TD	Pts
8 NFL Seasons	113	90	355	122	37.5	8	6	0	0	4	78	19.5	1	1	1	8

Ty Law

Pos: CB **Rnd:** 1 (23) **College:** Michigan *(statistical profile on page 426)*
Ht: 5' 11" **Wt:** 196 **Born:** 2/10/74 **Age:** 24

Year Team	G	GS	Tackles			Miscellaneous				Interceptions				Totals		
			Tk	Ast	Sack	FF	FR	TD	Blk	Int	Yds	Avg	TD	Sfty	TD	Pts
1995 New England Patriots	14	7	40	7	1.0	0	0	0	0	3	47	15.7	0	0	0	0
1996 New England Patriots	13	12	56	6	0.0	0	0	0	0	3	45	15.0	1	0	1	6
1997 New England Patriots	16	16	69	8	0.5	0	1	0	0	3	70	23.3	0	0	0	0
3 NFL Seasons	43	35	165	21	1.5	0	1	0	0	9	162	18.0	1	0	1	6

Other Statistics: 1997–fumbled 1 time.

Jason Layman

Pos: T/G **Rnd:** 2 **College:** Tennessee
Ht: 6' 5" **Wt:** 306 **Born:** 7/29/73 **Age:** 25

Year Team	G	GS	Year Team	G	GS			G	GS
1996 Houston Oilers	16	0	1997 Tennessee Oilers	13	0		2 NFL Seasons	29	0

Other Statistics: 1997–returned 1 kickoff for 5 yards.

Harper Le Bel

Pos: TE/LS **Rnd:** 12 **College:** Colorado State
Ht: 6' 4" **Wt:** 255 **Born:** 7/14/63 **Age:** 35

Year Team	G	GS	Rushing					Receiving					Punt Returns				Kickoff Returns				Totals		
			Att	Yds	Avg	Lg	TD	Rec	Yds	Avg	Lg	TD	Num	Yds	Avg	TD	Num	Yds	Avg	TD	Fum	TD	Pts
1989 Seattle Seahawks	16	0	0	0	-	0	0	0	0	-	0	0	0	0	-	0	0	0	-	0	1	0	0
1990 Philadelphia Eagles	16	0	0	0	-	0	0	1	9	9.0	9	0	0	0	-	0	0	0	-	0	1	0	0
1991 Atlanta Falcons	3	0	0	0	-	0	0	0	0	-	0	0	0	0	-	0	0	0	-	0	0	0	0
1992 Atlanta Falcons	16	2	0	0	-	0	0	0	0	-	0	0	0	0	-	0	0	0	-	0	1	0	0
1993 Atlanta Falcons	16	0	0	0	-	0	0	0	0	-	0	0	0	0	-	0	0	0	-	0	1	0	0
1994 Atlanta Falcons	16	0	0	0	-	0	0	0	0	-	0	0	0	0	-	0	0	0	-	0	1	0	0
1995 Atlanta Falcons	16	0	0	0	-	0	0	0	0	-	0	0	0	0	-	0	0	0	-	0	1	0	0
1996 Atlanta Falcons	16	0	0	0	-	0	0	0	0	-	0	0	0	0	-	0	0	0	-	0	1	0	0
1997 Chicago Bears	16	0	0	0	0.0	0	0	0	0	-	0	0	0	0	-	0	0	0	-	0	1	0	0
9 NFL Seasons	131	2	1	0	0.0	0	0	1	9	9.0	9	0	0	0	-	0	0	0	-	0	7	0	0

Other Statistics: 1996–recovered 1 fumble for 0 yards. 1997–recovered 1 fumble for 0 yards.

Amp Lee

Pos: RB/PR **Rnd:** 2 **College:** Florida State *(statistical profile on page 339)*
Ht: 5' 11" **Wt:** 197 **Born:** 10/1/71 **Age:** 27

Year Team	G	GS	Rushing					Receiving					Punt Returns				Kickoff Returns				Totals		
			Att	Yds	Avg	Lg	TD	Rec	Yds	Avg	Lg	TD	Num	Yds	Avg	TD	Num	Yds	Avg	TD	Fum	TD	Pts
1992 San Francisco 49ers	16	3	91	362	4.0	43	2	20	102	5.1	17	2	0	0	-	0	14	276	19.7	0	1	4	24
1993 San Francisco 49ers	15	3	72	230	3.2	13	1	16	115	7.2	22	2	0	0	-	0	10	160	16.0	0	1	3	18
1994 Minnesota Vikings	13	0	29	104	3.6	16	0	45	368	8.2	35	2	0	0	-	0	3	42	14.0	0	1	2	12
1995 Minnesota Vikings	16	3	69	371	5.4	t66	2	71	558	7.9	33	1	5	50	10.0	0	5	100	20.0	0	3	3	18
1996 Minnesota Vikings	16	3	51	161	3.2	12	0	54	422	7.8	21	2	10	84	8.4	0	5	85	17.0	0	2	2	12
1997 St. Louis Rams	16	1	28	104	3.7	14	0	61	825	13.5	62	3	0	0	-	0	4	71	17.8	0	0	3	18
6 NFL Seasons	92	13	340	1332	3.9	t66	5	267	2390	9.0	62	12	15	134	8.9	0	41	734	17.9	0	8	17	102

Other Statistics: 1992–recovered 3 fumbles for 0 yards. 1994–recovered 1 fumble for 0 yards. 1995–recovered 2 fumbles for 3 yards. 1996–recovered 1 fumble for 0 yards.

Shawn Lee

Pos: DT **Rnd:** 6 **College:** North Alabama
Ht: 6' 2" **Wt:** 300 **Born:** 10/24/66 **Age:** 32

Year Team	G	GS	Tackles			Miscellaneous				Interceptions				Totals		
			Tk	Ast	Sack	FF	FR	TD	Blk	Int	Yds	Avg	TD	Sfty	TD	Pts
1988 Tampa Bay Buccaneers	15	0	10	3	2.0	0	0	0	0	0	0	-	0	0	0	0
1989 Tampa Bay Buccaneers	15	3	14	7	1.0	0	0	0	0	0	0	-	0	0	0	0
1990 Miami Dolphins	13	10	30	4	1.5	0	0	0	0	0	0	-	0	0	0	0
1991 Miami Dolphins	3	2	3	2	0.0	0	0	0	0	1	14	14.0	0	0	0	0
1992 San Diego Chargers	9	1	5	2	0.5	0	1	0	0	0	0	-	0	0	0	0
1993 San Diego Chargers	16	15	36	9	3.0	0	1	0	0	0	0	-	0	0	0	0
1994 San Diego Chargers	15	15	30	9	6.5	1	1	0	0	0	0	-	0	0	0	0
1995 San Diego Chargers	16	15	31	11	8.0	0	1	0	0	0	0	-	0	0	0	0
1996 San Diego Chargers	15	7	13	4	1.0	0	0	0	0	1	-1	-1.0	0	0	0	0
1997 San Diego Chargers	16	15	27	4	3.0	0	0	0	0	0	0	-	0	0	0	0
10 NFL Seasons	133	83	199	55	26.5	1	4	0	0	2	13	6.5	0	0	0	0

Jay Leeuwenburg

Pos: C **Rnd:** 9 **College:** Colorado **Ht:** 6' 3" **Wt:** 297 **Born:** 6/18/69 **Age:** 29

Year	Team	G	GS	Year	Team	G	GS	Year	Team	G	GS		G	GS
1992	Chicago Bears	12	0	1994	Chicago Bears	16	16	1996	Indianapolis Colts	15	7			
1993	Chicago Bears	16	16	1995	Chicago Bears	16	16	1997	Indianapolis Colts	16	16	6 NFL Seasons	91	71

Other Statistics: 1992–returned 1 kickoff for 7 yards. 1995–recovered 1 fumble for 0 yards. 1997–fumbled 1 time for -20 yards.

Tyrone Legette

Pos: CB **Rnd:** 3 **College:** Nebraska **Ht:** 5' 9" **Wt:** 177 **Born:** 2/15/70 **Age:** 28

				Tackles			Miscellaneous				Interceptions				Punt Returns				Kickoff Returns				Totals	
Year	Team	G	GS	Tk	Ast	Sack	FF	FR	TD	Blk	Int	Yds	Avg	TD	Num	Yds	Avg	TD	Num	Yds	Avg	TD	TD	Fum
1992	New Orleans Saints	8	0	2	0	0.0	0	0	0	0	0	0	-	0	0	0	-	0	0	0	-	0	0	0
1993	New Orleans Saints	14	1	9	0	0.0	0	0	0	0	0	0	-	0	0	0	-	0	0	0	-	0	0	0
1994	New Orleans Saints	15	2	30	2	1.0	0	0	0	0	0	0	-	0	1	0	0.0	0	0	0	-	0	0	1
1995	New Orleans Saints	16	1	36	5	1.0	0	0	0	0	1	43	43.0	0	1	6	6.0	0	0	0	-	0	0	0
1996	Tampa Bay Buccaneers	15	0	4	0	0.0	0	0	0	0	0	0	-	0	0	0	-	0	0	0	-	0	0	0
1997	Tampa Bay Buccaneers	16	1	27	4	0.0	1	0	0	0	1	0	0.0	0	0	0	-	0	0	0	-	0	0	0
	6 NFL Seasons	84	5	108	11	2.0	1	0	0	0	2	43	21.5	0	2	6	3.0	0	0	0	-	0	0	1

Tim Lester

Pos: FB **Rnd:** 10 **College:** Eastern Kentucky **Ht:** 5' 9" **Wt:** 227 **Born:** 6/15/68 **Age:** 30

				Rushing					Receiving					Punt Returns				Kickoff Returns				Totals		
Year	Team	G	GS	Att	Yds	Avg	Lg	TD	Rec	Yds	Avg	Lg	TD	Num	Yds	Avg	TD	Num	Yds	Avg	TD	Fum	TD	Pts
1992	Los Angeles Rams	11	0	0	0	-	0	0	0	0	-	0	0	0	0	-	0	0	0	-	0	0	0	0
1993	Los Angeles Rams	16	14	11	74	6.7	26	0	18	154	8.6	21	0	0	0	-	0	0	0	-	0	0	0	0
1994	Los Angeles Rams	14	4	7	14	2.0	8	0	1	1	1.0	1	0	0	0	-	0	1	8	8.0	0	1	0	0
1995	Pittsburgh Steelers	6	1	5	9	1.8	3	1	0	0	-	0	0	0	0	-	0	0	0	-	0	0	1	6
1996	Pittsburgh Steelers	16	13	8	20	2.5	15	1	7	70	10.0	19	0	0	0	-	0	0	0	-	0	1	1	6
1997	Pittsburgh Steelers	16	13	2	9	4.5	6	0	10	51	5.1	14	0	0	0	-	0	0	0	-	0	0	0	0
	6 NFL Seasons	79	45	33	126	3.8	26	2	36	276	7.7	21	0	0	0	-	0	1	8	8.0	0	2	2	12

Other Statistics: 1994–recovered 1 fumble for 0 yards.

Leon Lett

Pos: DT **Rnd:** 7 **College:** Emporia State **Ht:** 6' 6" **Wt:** 291 **Born:** 10/12/68 **Age:** 30

				Tackles			Miscellaneous				Interceptions				Totals		
Year	Team	G	GS	Tk	Ast	Sack	FF	FR	TD	Blk	Int	Yds	Avg	TD	Sfty	TD	Pts
1991	Dallas Cowboys	5	0	1	1	0.0	0	0	0	0	0	0	-	0	0	0	0
1992	Dallas Cowboys	16	0	13	13	3.5	0	1	0	0	0	0	-	0	0	0	0
1993	Dallas Cowboys	11	6	18	14	0.0	0	0	0	0	0	0	-	0	0	0	0
1994	Dallas Cowboys	16	16	36	13	4.0	0	0	0	2	0	0	-	0	0	0	0
1995	Dallas Cowboys	12	12	29	8	3.0	1	2	0	1	0	0	-	0	0	0	0
1996	Dallas Cowboys	13	13	28	8	3.5	2	2	0	1	0	0	-	0	0	0	0
1997	Dallas Cowboys	3	3	10	0	0.0	0	0	0	0	0	0	-	0	0	0	0
	7 NFL Seasons	76	50	135	57	14.0	3	5	0	4	0	0	-	0	0	0	0

Other Statistics: 1993–fumbled 1 time for 0 yards.

Dorsey Levens

(statistical profile on page 340)

Pos: RB **Rnd:** 5 **College:** Georgia Tech **Ht:** 6' 1" **Wt:** 235 **Born:** 5/21/70 **Age:** 28

				Rushing					Receiving					Punt Returns				Kickoff Returns				Totals		
Year	Team	G	GS	Att	Yds	Avg	Lg	TD	Rec	Yds	Avg	Lg	TD	Num	Yds	Avg	TD	Num	Yds	Avg	TD	Fum	TD	Pts
1994	Green Bay Packers	14	0	5	15	3.0	5	0	1	9	9.0	9	0	0	0	-	0	2	31	15.5	0	0	0	0
1995	Green Bay Packers	15	12	36	120	3.3	22	3	48	434	9.0	27	4	0	0	-	0	0	0	-	0	7	7	42
1996	Green Bay Packers	16	1	121	566	4.7	24	5	31	226	7.3	49	5	0	0	-	0	5	84	16.8	0	2	10	60
1997	Green Bay Packers	16	16	329	1435	4.4	t52	7	53	370	7.0	56	5	0	0	-	0	0	0	-	0	5	12	74
	4 NFL Seasons	61	29	491	2136	4.4	t52	15	133	1039	7.8	56	14	0	0	-	0	7	115	16.4	0	7	29	176

Other Statistics: 1996–recovered 1 fumble for 0 yards. 1997–recovered 1 fumble for -7 yards; scored 1 two-point conversion.

Chad Levitt

Pos: FB **Rnd:** 4 **College:** Cornell **Ht:** 6' 1" **Wt:** 236 **Born:** 11/21/75 **Age:** 22

				Rushing					Receiving					Punt Returns				Kickoff Returns				Totals		
Year	Team	G	GS	Att	Yds	Avg	Lg	TD	Rec	Yds	Avg	Lg	TD	Num	Yds	Avg	TD	Num	Yds	Avg	TD	Fum	TD	Pts
1997	Oakland Raiders	10	2	2	3	1.5	2	0	2	24	12.0	22	0	0	0	-	0	1	12	12.0	0	0	0	0

Charles Levy

Pos: RB/KR **Rnd:** 2 **College:** Arizona **Ht:** 6' 0" **Wt:** 197 **Born:** 1/7/72 **Age:** 26

				Rushing					Receiving					Punt Returns				Kickoff Returns				Totals		
Year	Team	G	GS	Att	Yds	Avg	Lg	TD	Rec	Yds	Avg	Lg	TD	Num	Yds	Avg	TD	Num	Yds	Avg	TD	Fum	TD	Pts
1994	Arizona Cardinals	11	0	3	15	5.0	22	0	4	35	8.8	15	0	0	0	-	0	26	513	19.7	0	0	0	0

Year Team	G	GS	Rushing					Receiving					Punt Returns				Kickoff Returns				Totals		
			Att	Yds	Avg	Lg	TD	Rec	Yds	Avg	Lg	TD	Num	Yds	Avg	TD	Num	Yds	Avg	TD	Fum	TD	Pts
1997 San Francisco 49ers	14	0	16	90	5.6	24	0	5	68	13.6	30	0	6	109	18.2	1	36	793	22.0	0	1	1	6
2 NFL Seasons	25	0	19	105	5.5	24	0	9	103	11.4	30	0	6	109	18.2	1	62	1306	21.1	0	1	1	6

Other Statistics: 1994–recovered 1 fumble for 0 yards.

Albert Lewis

Pos: CB **Rnd:** 3 **College:** Grambling **Ht:** 6' 2" **Wt:** 205 **Born:** 10/6/60 **Age:** 38

Year Team	G	GS	Tackles			Miscellaneous				Interceptions				Totals		
			Tk	Ast	Sack	FF	FR	TD	Blk	Int	Yds	Avg	TD	Sfty	TD	Pts
1983 Kansas City Chiefs	16	1	30	6	0.0	0	2	0	0	4	42	10.5	0	0	0	0
1984 Kansas City Chiefs	15	15	61	8	1.0	0	0	0	0	4	57	14.3	0	0	0	0
1985 Kansas City Chiefs	16	16	65	9	1.5	1	1	1	0	8	59	7.4	0	0	1	6
1986 Kansas City Chiefs	15	15	61	8	1.0	1	2	0	0	4	18	4.5	0	0	0	0
1987 Kansas City Chiefs	12	12	34	9	0.0	0	1	0	0	1	0	0.0	0	0	0	0
1988 Kansas City Chiefs	14	12	32	13	0.0	0	1	0	0	1	19	19.0	0	1	0	2
1989 Kansas City Chiefs	16	16	42	15	1.0	3	0	0	0	4	37	9.3	0	0	0	0
1990 Kansas City Chiefs	15	14	44	14	0.0	0	3	0	0	2	15	7.5	0	0	0	0
1991 Kansas City Chiefs	8	6	13	5	0.0	0	0	0	0	3	21	7.0	0	0	0	0
1992 Kansas City Chiefs	9	8	24	6	0.0	1	0	0	0	1	0	0.0	0	0	0	0
1993 Kansas City Chiefs	14	13	44	12	0.0	1	2	1	0	6	61	10.2	0	0	1	6
1994 Los Angeles Raiders	14	9	39	6	1.0	1	0	0	0	0	0	-	0	0	0	0
1995 Oakland Raiders	16	15	49	8	1.0	1	1	0	0	0	0	-	0	0	0	0
1996 Oakland Raiders	16	14	48	6	3.0	1	0	0	0	2	0	0.0	0	0	0	0
1997 Oakland Raiders	14	11	54	9	2.0	2	0	0	0	0	0	-	0	0	0	0
15 NFL Seasons	210	177	640	134	11.5	12	13	2	0	40	329	8.2	0	1	2	14

Chad Lewis

Pos: TE **Rnd:** FA **College:** Brigham Young **Ht:** 6' 6" **Wt:** 253 **Born:** 10/5/71 **Age:** 27

Year Team	G	GS	Rushing					Receiving					Punt Returns				Kickoff Returns				Totals		
			Att	Yds	Avg	Lg	TD	Rec	Yds	Avg	Lg	TD	Num	Yds	Avg	TD	Num	Yds	Avg	TD	Fum	TD	Pts
1997 Philadelphia Eagles	16	3	0	0	-	-	0	12	94	7.8	17	4	0	0	-	0	1	11	11.0	0	0	4	24

Darryll Lewis

(statistical profile on page 426)

Pos: CB **Rnd:** 2 **College:** Arizona **Ht:** 5' 9" **Wt:** 183 **Born:** 12/16/68 **Age:** 29

Year Team	G	GS	Tackles			Miscellaneous				Interceptions				Punt Returns				Kickoff Returns				Totals	
			Tk	Ast	Sack	FF	FR	TD	Blk	Int	Yds	Avg	TD	Num	Yds	Avg	TD	Num	Yds	Avg	TD	TD	Fum
1991 Houston Oilers	16	1	22	10	1.0	0	1	0	0	1	33	33.0	1	0	0	-	0	0	0	-	0	1	0
1992 Houston Oilers	13	0	30	8	1.0	0	1	0	0	0	0	-	0	0	0	-	0	8	171	21.4	0	0	0
1993 Houston Oilers	4	4	13	1	0.0	0	0	0	0	1	47	47.0	1	0	0	-	0	0	0	-	0	1	0
1994 Houston Oilers	16	15	43	12	0.0	1	0	0	0	5	57	11.4	0	0	0	-	0	0	0	-	0	0	0
1995 Houston Oilers	16	15	50	8	1.0	0	0	0	0	6	145	24.2	1	0	0	-	0	0	0	-	0	1	0
1996 Houston Oilers	16	16	56	13	0.0	1	0	0	0	5	103	20.6	1	0	0	-	0	0	0	-	0	1	0
1997 Tennessee Oilers	16	14	48	11	0.0	1	3	0	0	5	115	23.0	1	0	0	-	0	0	0	-	0	1	1
7 NFL Seasons	97	65	262	63	3.0	2	5	0	0	23	500	21.7	5	0	0	-	0	8	171	21.4	0	5	1

Jeff Lewis

Pos: QB **Rnd:** 4 **College:** Northern Arizona **Ht:** 6' 2" **Wt:** 215 **Born:** 4/17/73 **Age:** 25

Year Team	G	GS	Passing									Rushing					Miscellaneous			
			Att	Com	Pct	Yards	Yds/Att	Lg	TD	Int	Int%	Rating	Att	Yds	Avg	Lg	TD	Sckd	Yds	Fum Recv Yds	Pts
1996 Denver Broncos	2	0	17	9	52.9	58	3.41	11	0	1	5.9	35.9	4	39	9.8	18	0	1	7	0 0 0	0
1997 Denver Broncos	3	0	2	1	50.0	21	10.50	21	0	0	0.0	87.5	5	2	0.4	5	0	1	7	0 0 0	0
2 NFL Seasons	5	0	19	10	52.6	79	4.16	21	0	1	5.3	41.3	9	41	4.6	18	0	2	14	0 0 0	0

Jermaine Lewis

(statistical profile on page 340)

Pos: WR/KR **Rnd:** 5 **College:** Maryland **Ht:** 5' 7" **Wt:** 172 **Born:** 10/16/74 **Age:** 24

Year Team	G	GS	Rushing					Receiving					Punt Returns				Kickoff Returns				Totals		
			Att	Yds	Avg	Lg	TD	Rec	Yds	Avg	Lg	TD	Num	Yds	Avg	TD	Num	Yds	Avg	TD	Fum	TD	Pts
1996 Baltimore Ravens	16	1	1	-3	-3.0	-3	0	5	78	15.6	24	1	36	339	9.4	0	41	883	21.5	0	4	1	6
1997 Baltimore Ravens	14	7	3	35	11.7	24	0	42	648	15.4	t42	6	28	437	15.6	2	41	905	22.1	0	3	8	48
2 NFL Seasons	30	8	4	32	8.0	24	0	47	726	15.4	t42	7	64	776	12.1	2	82	1788	21.8	0	7	9	54

Other Statistics: 1996–recovered 1 fumble for 0 yards. 1997–recovered 2 fumbles for 0 yards.

Mo Lewis

(statistical profile on page 427)

Pos: LB **Rnd:** 3 **College:** Georgia **Ht:** 6' 3" **Wt:** 255 **Born:** 10/21/69 **Age:** 29

Year Team	G	GS	Tackles			Miscellaneous				Interceptions				Totals		
			Tk	Ast	Sack	FF	FR	TD	Blk	Int	Yds	Avg	TD	Sfty	TD	Pts
1991 New York Jets	16	16	48	28	1.0	3	1	0	0	0	0	-	0	0	0	0
1992 New York Jets	16	16	105	40	2.0	3	4	0	0	1	1	1.0	0	0	0	0

(continued)

Year Team	G	GS	Tackles			Miscellaneous				Interceptions				Totals		
			Tk	Ast	Sack	FF	FR	TD	Blk	Int	Yds	Avg	TD	Sfty	TD	Pts
1993 New York Jets	16	16	95	63	4.0	4	0	0	0	2	4	2.0	0	0	0	0
1994 New York Jets	16	16	103	27	6.0	3	1	0	1	4	106	26.5	2	0	2	12
1995 New York Jets	16	16	82	29	5.0	2	0	0	0	2	22	11.0	1	0	1	6
1996 New York Jets	9	9	32	11	0.5	0	0	0	0	0	0	-	0	0	0	0
1997 New York Jets	16	16	45	27	8.0	2	1	0	0	1	43	43.0	1	0	1	6
7 NFL Seasons	105	105	510	225	26.5	17	7	0	1	10	176	17.6	4	0	4	24

Ray Lewis
(statistical profile on page 427)

Pos: LB **Rnd:** 1 (26) **College:** Miami (FL) **Ht:** 6' 1" **Wt:** 235 **Born:** 5/15/75 **Age:** 23

Year Team	G	GS	Tackles			Miscellaneous				Interceptions				Totals		
			Tk	Ast	Sack	FF	FR	TD	Blk	Int	Yds	Avg	TD	Sfty	TD	Pts
1996 Baltimore Ravens	14	13	95	15	2.5	0	0	0	0	1	0	0.0	0	0	0	0
1997 Baltimore Ravens	16	16	156	28	4.0	1	1	0	0	1	18	18.0	0	0	0	0
2 NFL Seasons	30	29	251	43	6.5	1	1	0	0	2	18	9.0	0	0	0	0

Roderick Lewis

Pos: TE **Rnd:** 5 **College:** Arizona **Ht:** 6' 5" **Wt:** 254 **Born:** 6/9/71 **Age:** 27

Year Team	G	GS	Rushing					Receiving					Punt Returns				Kickoff Returns				Totals		
			Att	Yds	Avg	Lg	TD	Rec	Yds	Avg	Lg	TD	Num	Yds	Avg	TD	Num	Yds	Avg	TD	Fum	TD	Pts
1994 Houston Oilers	4	1	0	0	-	-	0	4	48	12.0	19	0	0	0	-	0	0	0	-	0	0	0	0
1995 Houston Oilers	15	8	0	0	-	-	0	16	116	7.3	16	0	0	0	-	0	1	5	5.0	0	0	0	0
1996 Houston Oilers	16	8	0	0	-	-	0	7	50	7.1	18	0	0	0	-	0	0	0	-	0	0	0	0
1997 Tennessee Oilers	10	1	0	0	-	-	0	1	7	7.0	7	0	0	0	-	0	0	0	-	0	0	0	0
4 NFL Seasons	45	18	0	0	-	-	0	28	221	7.9	19	0	0	0	-	0	1	5	5.0	0	0	0	0

Thomas Lewis

Pos: WR/PR **Rnd:** 1 (24) **College:** Indiana **Ht:** 6' 1" **Wt:** 195 **Born:** 1/10/72 **Age:** 26

Year Team	G	GS	Rushing					Receiving					Punt Returns				Kickoff Returns				Totals		
			Att	Yds	Avg	Lg	TD	Rec	Yds	Avg	Lg	TD	Num	Yds	Avg	TD	Num	Yds	Avg	TD	Fum	TD	Pts
1994 New York Giants	10	0	0	0	-	-	0	4	46	11.5	23	0	5	64	12.8	0	26	509	19.6	0	2	0	0
1995 New York Giants	8	2	0	0	-	-	0	12	208	17.3	t46	1	6	46	7.7	0	9	257	28.6	1	1	2	12
1996 New York Giants	13	10	0	0	-	-	0	53	694	13.1	34	4	10	36	3.6	0	4	107	26.8	0	0	4	24
1997 New York Giants	4	2	0	0	-	-	0	5	84	16.8	34	0	0	0	-	0	14	364	26.0	0	0	0	0
4 NFL Seasons	35	14	0	0	-	-	0	74	1032	13.9	t46	5	21	146	7.0	0	53	1237	23.3	1	3	6	36

Other Statistics: 1994—recovered 2 fumbles for 0 yards.

Jeremy Lincoln

Pos: CB **Rnd:** 3 **College:** Tennessee **Ht:** 5' 10" **Wt:** 182 **Born:** 4/7/69 **Age:** 29

Year Team	G	GS	Tackles			Miscellaneous				Interceptions				Totals		
			Tk	Ast	Sack	FF	FR	TD	Blk	Int	Yds	Avg	TD	Sfty	TD	Pts
1993 Chicago Bears	16	7	26	11	0.0	0	0	0	0	3	109	36.3	1	0	1	6
1994 Chicago Bears	15	14	36	1	0.0	1	0	0	0	1	5	5.0	0	0	0	0
1995 Chicago Bears	16	14	65	7	1.0	0	0	0	0	1	32	32.0	0	0	0	0
1996 St. Louis Rams	13	1	20	1	0.0	0	1	0	0	1	3	3.0	0	0	0	0
1997 Seattle Seahawks	13	3	17	2	0.0	0	1	0	0	0	0	-	0	0	0	0
5 NFL Seasons	73	39	164	22	1.0	1	2	0	0	6	149	24.8	1	0	1	6

Everett Lindsay

Pos: G/C **Rnd:** 5 **College:** Mississippi **Ht:** 6' 4" **Wt:** 305 **Born:** 9/18/70 **Age:** 28

Year Team	G	GS	Year Team	G	GS	Year Team	G	GS		G	GS
1993 Minnesota Vikings	12	12	1995 Minnesota Vikings	16	0	1997 Minnesota Vikings	16	3	3 NFL Seasons	44	15

Greg Lloyd

Pos: LB **Rnd:** 6 **College:** Fort Valley State **Ht:** 6' 2" **Wt:** 228 **Born:** 5/26/65 **Age:** 33

Year Team	G	GS	Tackles			Miscellaneous				Interceptions				Totals		
			Tk	Ast	Sack	FF	FR	TD	Blk	Int	Yds	Avg	TD	Sfty	TD	Pts
1988 Pittsburgh Steelers	9	4	24	9	0.5	2	1	0	0	0	0	-	0	0	0	0
1989 Pittsburgh Steelers	16	16	82	10	7.0	1	3	0	0	3	49	16.3	0	0	0	0
1990 Pittsburgh Steelers	15	14	55	7	4.5	1	0	0	0	1	9	9.0	0	0	0	0
1991 Pittsburgh Steelers	16	16	64	12	8.0	6	2	0	0	1	0	0.0	0	0	0	0
1992 Pittsburgh Steelers	16	16	66	30	6.5	5	4	0	0	1	35	35.0	0	0	0	0
1993 Pittsburgh Steelers	15	15	67	44	6.0	5	1	0	0	0	0	-	0	0	0	0
1994 Pittsburgh Steelers	15	15	69	18	10.0	5	1	0	0	1	8	8.0	0	0	0	0
1995 Pittsburgh Steelers	16	16	88	28	6.5	6	0	0	0	3	85	28.3	0	0	0	0
1996 Pittsburgh Steelers	1	1	2	0	1.0	0	0	0	0	0	0	-	0	0	0	0
1997 Pittsburgh Steelers	12	12	30	22	3.5	3	3	0	0	0	0	-	0	0	0	0
10 NFL Seasons	131	125	547	180	53.5	34	15	0	0	10	186	18.6	0	0	0	0

Other Statistics: 1989—fumbled 1 time. 1991—fumbled 1 time. 1992—fumbled 1 time. 1997—fumbled 1 time.

Kevin Lockett

Pos: WR Rnd: 2 College: Kansas State Ht: 6' 1" Wt: 180 Born: 9/8/74 Age: 24

Year Team	G	GS	Rushing					Receiving					Punt Returns				Kickoff Returns				Totals		
			Att	Yds	Avg	Lg	TD	Rec	Yds	Avg	Lg	TD	Num	Yds	Avg	TD	Num	Yds	Avg	TD	Fum	TD	Pts
1997 Kansas City Chiefs	9	0	0	0	-	0	0	1	35	35.0	35	0	0	0	-	0	0	0	-	0	0	0	0

Mike Lodish

Pos: DT Rnd: 10 College: UCLA Ht: 6' 3" Wt: 280 Born: 8/11/67 Age: 31

Year Team	G	GS	Tackles			Miscellaneous				Interceptions				Totals		
			Tk	Ast	Sack	FF	FR	TD	Blk	Int	Yds	Avg	TD	Sfty	TD	Pts
1990 Buffalo Bills	12	0	6	0	2.0	0	0	0	0	0	0	-	0	0	0	0
1991 Buffalo Bills	16	6	28	9	1.5	0	0	0	0	0	0	-	0	0	0	0
1992 Buffalo Bills	16	0	5	2	0.0	0	1	1	0	0	0	-	0	0	1	6
1993 Buffalo Bills	15	1	7	0	0.5	0	1	0	0	0	0	-	0	0	0	0
1994 Buffalo Bills	16	5	11	6	0.0	0	1	1	0	0	0	-	0	0	1	6
1995 Denver Broncos	16	0	7	1	0.0	0	0	0	0	0	0	-	0	0	0	0
1996 Denver Broncos	16	16	16	6	1.5	0	0	0	0	0	0	-	0	0	0	0
1997 Denver Broncos	16	0	9	5	1.0	0	1	0	0	0	0	-	0	0	0	0
8 NFL Seasons	123	28	89	29	6.5	0	4	2	0	0	0	-	0	0	2	12

Steve Lofton

Pos: CB Rnd: FA College: Texas A&M Ht: 5' 9" Wt: 177 Born: 11/26/68 Age: 29

Year Team	G	GS	Tackles			Miscellaneous				Interceptions				Punt Returns				Kickoff Returns				Totals	
			Tk	Ast	Sack	FF	FR	TD	Blk	Int	Yds	Avg	TD	Num	Yds	Avg	TD	Num	Yds	Avg	TD	TD	Fum
1991 Phoenix Cardinals	11	1	3	1	0.0	0	0	0	0	0	0	-	0	0	0	-	0	0	0	-	0	0	0
1992 Phoenix Cardinals	4	0	3	0	0.0	0	0	0	0	0	0	-	0	0	0	-	0	0	0	-	0	0	0
1993 Phoenix Cardinals	13	0	5	1	0.0	0	0	0	0	0	0	-	0	0	0	-	0	1	18	18.0	0	0	0
1995 Carolina Panthers	9	2	6	1	0.0	0	0	0	0	0	0	-	0	0	0	-	0	0	0	-	0	0	0
1996 Carolina Panthers	11	2	8	2	0.0	0	0	0	0	1	42	42.0	0	0	0	-	0	0	0	-	0	0	0
1997 New England Patriots	4	0	0	0	0.0	0	0	0	0	0	0	-	0	0	0	-	0	0	0	-	0	0	0
6 NFL Seasons	52	5	25	5	0.0	0	0	0	0	1	42	42.0	0	0	0	-	0	1	18	18.0	0	0	0

Ernie Logan

Pos: NT Rnd: 9 College: East Carolina Ht: 6' 3" Wt: 288 Born: 5/18/68 Age: 30

Year Team	G	GS	Tackles			Miscellaneous				Interceptions				Totals		
			Tk	Ast	Sack	FF	FR	TD	Blk	Int	Yds	Avg	TD	Sfty	TD	Pts
1991 Cleveland Browns	15	5	9	12	0.5	0	1	0	0	0	0	-	0	0	0	0
1992 Cleveland Browns	16	0	5	2	1.0	0	0	0	0	0	0	-	0	0	0	0
1993 Atlanta Falcons	8	1	3	5	1.0	0	0	0	0	0	0	-	0	0	0	0
1995 Jacksonville Jaguars	15	1	9	4	3.0	0	0	0	0	0	0	-	0	0	0	0
1996 Jacksonville Jaguars	4	0	1	1	0.0	0	0	0	0	0	0	-	0	0	0	0
1997 New York Jets	15	14	35	10	0.0	0	0	0	0	0	0	-	0	0	0	0
6 NFL Seasons	73	21	62	34	5.5	0	1	0	0	0	0	-	0	0	0	0

James Logan

Pos: LB Rnd: FA College: Baylor Ht: 6' 2" Wt: 214 Born: 12/6/72 Age: 25

Year Team	G	GS	Tackles			Miscellaneous				Interceptions				Totals		
			Tk	Ast	Sack	FF	FR	TD	Blk	Int	Yds	Avg	TD	Sfty	TD	Pts
1995 Hou - Cin - Sea	10	0	1	0	0.0	0	0	0	0	0	0	-	0	0	0	0
1996 Seattle Seahawks	6	0	0	0	0.0	0	0	0	0	0	0	-	0	0	0	0
1997 Seattle Seahawks	14	1	2	2	0.0	0	1	0	0	0	0	-	0	0	0	0
1995 Houston Oilers	3	0	1	0	0.0	0	0	0	0	0	0	-	0	0	0	0
Cincinnati Bengals	1	0	0	0	0.0	0	0	0	0	0	0	-	0	0	0	0
Seattle Seahawks	6	0	0	0	0.0	0	0	0	0	0	0	-	0	0	0	0
3 NFL Seasons	30	1	3	2	0.0	0	1	0	0	0	0	-	0	0	0	0

Marc Logan

Pos: FB Rnd: 5 College: Kentucky Ht: 6' 0" Wt: 218 Born: 5/9/65 Age: 33

Year Team	G	GS	Rushing					Receiving					Punt Returns				Kickoff Returns				Totals		
			Att	Yds	Avg	Lg	TD	Rec	Yds	Avg	Lg	TD	Num	Yds	Avg	TD	Num	Yds	Avg	TD	Fum	TD	Pts
1987 Cincinnati Bengals	3	3	37	203	5.5	51	1	3	14	4.7	18	0	0	0	-	0	3	31	10.3	0	0	1	6
1988 Cincinnati Bengals	9	0	2	10	5.0	9	0	2	20	10.0	17	0	0	0	-	0	4	80	20.0	0	1	0	0
1989 Miami Dolphins	10	4	57	201	3.5	14	0	5	34	6.8	11	0	0	0	-	0	24	613	25.5	1	1	2	12
1990 Miami Dolphins	16	0	79	317	4.0	17	2	7	54	7.7	12	0	0	0	-	0	20	367	18.4	0	4	2	12
1991 Miami Dolphins	16	0	4	5	1.3	2	0	0	0	-	-	0	0	0	-	0	12	191	15.9	0	1	0	0
1992 San Francisco 49ers	16	1	8	44	5.5	26	1	2	17	8.5	13	0	0	0	-	0	22	478	21.7	0	0	1	6
1993 San Francisco 49ers	14	12	58	280	4.8	45	7	37	348	9.4	24	0	0	0	-	0	0	0	-	0	2	7	42
1994 San Francisco 49ers	10	5	33	143	4.3	22	1	16	97	6.1	15	1	0	0	-	0	0	0	-	0	0	2	12
1995 Washington Redskins	16	9	23	72	3.1	13	1	25	276	11.0	32	2	0	0	-	0	0	0	-	0	1	3	18
1996 Washington Redskins	14	9	20	111	5.6	t36	2	23	269	11.7	26	0	0	0	-	0	0	0	-	0	1	2	12

Year Team	G	GS	Rushing Att	Yds	Avg	Lg	TD	Receiving Rec	Yds	Avg	Lg	TD	Punt Returns Num	Yds	Avg	TD	Kickoff Returns Num	Yds	Avg	TD	Totals Fum	TD	Pts
1997 Washington Redskins	15	1	4	5	1.3	4	0	3	6	2.0	5	0	0	0	-	0	4	70	17.5	0	1	0	0
11 NFL Seasons	139	44	325	1391	4.3	51	15	123	1135	9.2	32	3	0	0	-	0	89	1830	20.6	1	12	20	120

Other Statistics: 1989–recovered 2 fumbles for -1 yard. 1990–recovered 1 fumble for 0 yards. 1993–recovered 1 fumble for 0 yards. 1997–recovered 1 fumble for 0 yards.

Mike Logan

Pos: DB **Rnd:** 2 **College:** West Virginia **Ht:** 6' 1" **Wt:** 200 **Born:** 9/15/74 **Age:** 24

Year Team	G	GS	Tackles Tk	Ast	Sack	Miscellaneous FF	FR	TD	Blk	Interceptions Int	Yds	Avg	TD	Punt Returns Num	Yds	Avg	TD	Kickoff Returns Num	Yds	Avg	TD	Totals TD	Fum
1997 Jacksonville Jaguars	11	0	5	0	0.0	0	0	0	0	0	0	-	0	0	0	-	0	10	236	23.6	0	0	0

Antonio London

Pos: LB/DE **Rnd:** 3 **College:** Alabama **Ht:** 6' 2" **Wt:** 234 **Born:** 4/14/71 **Age:** 27

Year Team	G	GS	Tackles Tk	Ast	Sack	Miscellaneous FF	FR	TD	Blk	Interceptions Int	Yds	Avg	TD	Totals Sfty	TD	Pts
1993 Detroit Lions	14	0	2	0	1.0	0	0	0	0	0	0	-	0	0	0	0
1994 Detroit Lions	16	0	0	1	0.0	0	0	0	0	0	0	-	0	0	0	0
1995 Detroit Lions	15	0	12	2	7.0	4	0	0	0	0	0	-	0	0	0	0
1996 Detroit Lions	14	12	45	23	3.0	2	0	0	0	0	0	-	0	0	0	0
1997 Detroit Lions	16	6	19	15	2.0	1	0	0	0	0	0	-	0	0	0	0
5 NFL Seasons	75	18	78	41	13.0	7	0	0	0	0	0	-	0	0	0	0

Ryan Longwell

(statistical profile on page 479)

Pos: K **Rnd:** FA **College:** California **Ht:** 5' 11" **Wt:** 185 **Born:** 8/16/74 **Age:** 24

Year Team	G	1-29 Yds	Pct	30-39 Yds	Pct	40-49 Yds	Pct	50+ Yds	Pct	Overall	Pct	Long	PAT Made	Att	Tot Pts
1997 Green Bay Packers	16	11-12	91.7	10-13	76.9	2-4	50.0	1-1	100.0	24-30	80.0	50	48	48	120

Anthone Lott

Pos: CB **Rnd:** FA **College:** Florida **Ht:** 5' 9" **Wt:** 194 **Born:** 7/22/74 **Age:** 24

Year Team	G	GS	Tackles Tk	Ast	Sack	Miscellaneous FF	FR	TD	Blk	Interceptions Int	Yds	Avg	TD	Totals Sfty	TD	Pts
1997 Cincinnati Bengals	5	0	1	0	0.0	0	1	0	0	0	0	-	0	0	0	0

Corey Louchiey

Pos: T **Rnd:** 3 **College:** South Carolina **Ht:** 6' 8" **Wt:** 305 **Born:** 10/10/71 **Age:** 27

Year Team	G	GS	Year Team	G	GS	Year Team	G	GS		G	GS
1995 Buffalo Bills	13	3	1996 Buffalo Bills	15	4	1997 Buffalo Bills	16	6	3 NFL Seasons	44	13

Other Statistics: 1995–returned 1 kickoff for 13 yards. 1996–caught 1 pass for 0 yards.

Derek Loville

Pos: RB/KR **Rnd:** FA **College:** Oregon **Ht:** 5' 10" **Wt:** 205 **Born:** 7/4/68 **Age:** 30

Year Team	G	GS	Rushing Att	Yds	Avg	Lg	TD	Receiving Rec	Yds	Avg	Lg	TD	Punt Returns Num	Yds	Avg	TD	Kickoff Returns Num	Yds	Avg	TD	Totals Fum	TD	Pts
1990 Seattle Seahawks	11	0	7	12	1.7	4	0	0	0	-	-	0	0	0	-	0	18	359	19.9	0	1	0	0
1991 Seattle Seahawks	16	0	22	69	3.1	22	0	0	0	-	-	0	3	16	5.3	0	18	412	22.9	0	0	0	0
1994 San Francisco 49ers	14	0	31	99	3.2	13	0	2	26	13.0	19	0	0	0	-	0	2	34	17.0	0	0	0	0
1995 San Francisco 49ers	16	16	218	723	3.3	27	10	87	662	7.6	31	3	0	0	-	0	0	0	-	0	1	13	80
1996 San Francisco 49ers	12	6	70	229	3.3	16	2	16	138	8.6	t44	2	0	0	-	0	10	229	22.9	0	0	4	24
1997 Denver Broncos	16	0	25	124	5.0	17	1	2	10	5.0	7	0	0	0	-	0	5	136	27.2	0	1	1	6
6 NFL Seasons	85	23	373	1256	3.4	27	13	107	836	7.8	t44	5	3	16	5.3	0	53	1170	22.1	0	3	18	110

Other Statistics: 1991–recovered 1 fumble for 0 yards. 1995–scored 1 two-point conversion.

Michael Lowery

Pos: LB **Rnd:** FA **College:** Mississippi **Ht:** 6' 0" **Wt:** 224 **Born:** 2/14/74 **Age:** 24

Year Team	G	GS	Tackles Tk	Ast	Sack	Miscellaneous FF	FR	TD	Blk	Interceptions Int	Yds	Avg	TD	Totals Sfty	TD	Pts
1996 Chicago Bears	16	0	2	0	0.0	0	1	1	0	0	0	-	0	0	1	6
1997 Chicago Bears	16	0	2	3	0.0	0	0	0	0	0	0	-	0	0	0	0
2 NFL Seasons	32	0	4	3	0.0	0	1	1	0	0	0	-	0	0	1	6

Ray Lucas

Pos: QB **Rnd:** FA **College:** Rutgers **Ht:** 6' 2" **Wt:** 201 **Born:** 8/6/72 **Age:** 26

Year Team	G	GS	Passing Att	Com	Pct	Yards	Yds/Att	Lg	TD	Int	Int%	Rating	Rushing Att	Yds	Avg	Lg	TD	Miscellaneous Sckd	Yds	Fum	Recv	Yds	Pts
1996 New England Patriots	2	0	0	0	-	0	-	-	0	0	-	0.0	0	0	-	-	0	0	0	0	0	0	0
1997 New York Jets	5	0	4	3	75.0	28	7.00	19	0	1	25.0	54.2	6	55	9.2	17	0	0	0	0	0	0	0

Year Team	G	GS	Passing									Rushing					Miscellaneous				
			Att	Com	Pct	Yards	Yds/Att	Lg	TD	Int	Int%	Rating	Att	Yds	Avg	Lg	TD	Sckd	Yds	Fum	Recv Yds	Pts
2 NFL Seasons	7	0	4	3	75.0	28	7.00	19	0	1	25.0	54.2	6	55	9.2	17	0	0	0	0	0 0	0

Todd Lyght
(statistical profile on page 428)

Pos: CB **Rnd:** 1 (5) **College:** Notre Dame **Ht:** 6' 0" **Wt:** 186 **Born:** 2/9/69 **Age:** 29

Year Team	G	GS	Tackles			Miscellaneous				Interceptions				Punt Returns				Kickoff Returns				Totals	
			Tk	Ast	Sack	FF	FR	TD	Blk	Int	Yds	Avg	TD	Num	Yds	Avg	TD	Num	Yds	Avg	TD	TD	Fum
1991 Los Angeles Rams	12	8	37	-	0.0	0	1	0	0	1	0	0.0	0	0	0	-	0	0	0	-	0	0	1
1992 Los Angeles Rams	12	12	59	6	0.0	0	0	0	0	3	80	26.7	0	0	0	-	0	0	0	-	0	0	0
1993 Los Angeles Rams	9	9	39	5	0.0	0	1	0	0	2	0	0.0	0	0	0	-	0	0	0	-	0	0	0
1994 Los Angeles Rams	16	16	73	12	0.0	0	1	1	0	1	14	14.0	0	1	29	29.0	0	0	0	-	0	1	0
1995 St. Louis Rams	16	16	73	9	0.0	1	0	0	0	4	34	8.5	1	0	16	-	0	0	0	-	0	1	0
1996 St. Louis Rams	16	16	69	13	0.0	0	0	0	0	5	43	8.6	1	0	0	-	0	0	0	-	0	1	1
1997 St. Louis Rams	16	16	72	13	1.0	1	2	0	0	4	25	6.3	0	0	0	-	0	0	0	-	0	0	0
7 NFL Seasons	97	93	422	58	1.0	2	5	1	0	20	196	9.8	2	1	45	45.0	0	0	0	-	0	3	2

Keith Lyle
(statistical profile on page 428)

Pos: S **Rnd:** 3 **College:** Virginia **Ht:** 6' 2" **Wt:** 204 **Born:** 4/17/72 **Age:** 26

Year Team	G	GS	Tackles			Miscellaneous				Interceptions				Totals		
			Tk	Ast	Sack	FF	FR	TD	Blk	Int	Yds	Avg	TD	Sfty	TD	Pts
1994 Los Angeles Rams	16	0	13	2	0.0	0	0	0	0	2	1	0.5	0	0	0	0
1995 St. Louis Rams	16	16	73	18	0.0	1	0	0	0	3	42	14.0	0	0	0	0
1996 St. Louis Rams	16	16	63	16	0.0	1	0	0	0	9	152	16.9	0	0	0	0
1997 St. Louis Rams	16	16	70	14	2.0	3	0	0	0	8	102	12.8	0	0	0	0
4 NFL Seasons	64	48	219	50	2.0	5	0	0	0	22	297	13.5	0	0	0	0

Other Statistics: 1995–rushed 1 time for 4 yards. 1996–rushed 3 times for 39 yards; fumbled 1 time for 0 yards.

Rick Lyle

Pos: DE **Rnd:** FA **College:** Missouri **Ht:** 6' 5" **Wt:** 280 **Born:** 2/26/71 **Age:** 27

Year Team	G	GS	Tackles			Miscellaneous				Interceptions				Totals		
			Tk	Ast	Sack	FF	FR	TD	Blk	Int	Yds	Avg	TD	Sfty	TD	Pts
1994 Cleveland Browns	3	0	2	0	0.0	0	0	0	0	0	0	-	0	0	0	0
1996 Baltimore Ravens	11	3	6	1	1.0	0	0	0	0	0	0	-	0	0	0	0
1997 New York Jets	16	16	30	12	3.0	0	1	0	0	0	0	-	0	0	0	0
3 NFL Seasons	30	19	38	13	4.0	0	1	0	0	0	0	-	0	0	0	0

John Lynch
(statistical profile on page 428)

Pos: S **Rnd:** 3 **College:** Stanford **Ht:** 6' 2" **Wt:** 210 **Born:** 9/25/71 **Age:** 27

Year Team	G	GS	Tackles			Miscellaneous				Interceptions				Totals		
			Tk	Ast	Sack	FF	FR	TD	Blk	Int	Yds	Avg	TD	Sfty	TD	Pts
1993 Tampa Bay Buccaneers	15	4	8	5	0.0	1	0	0	0	0	0	-	0	0	0	0
1994 Tampa Bay Buccaneers	16	0	11	4	0.0	0	0	0	0	0	0	-	0	0	0	0
1995 Tampa Bay Buccaneers	9	6	27	10	0.0	0	0	0	0	3	3	1.0	0	0	0	0
1996 Tampa Bay Buccaneers	16	14	74	29	1.0	2	1	0	0	3	26	8.7	0	0	0	0
1997 Tampa Bay Buccaneers	16	16	75	34	0.0	1	2	0	0	2	28	14.0	0	0	0	0
5 NFL Seasons	72	40	195	82	1.0	4	3	0	0	8	57	7.1	0	0	0	0

Other Statistics: 1996–rushed 1 time for 40 yards; fumbled 1 time.

Lorenzo Lynch

Pos: S **Rnd:** FA **College:** California State-Sacramento **Ht:** 5' 11" **Wt:** 200 **Born:** 4/6/63 **Age:** 35

Year Team	G	GS	Tackles			Miscellaneous				Interceptions				Punt Returns				Kickoff Returns				Totals	
			Tk	Ast	Sack	FF	FR	TD	Blk	Int	Yds	Avg	TD	Num	Yds	Avg	TD	Num	Yds	Avg	TD	TD	Fum
1987 Chicago Bears	2	2	5	1	0.0	0	0	0	0	0	0	-	0	0	0	-	0	3	66	22.0	0	0	0
1988 Chicago Bears	11	0	2	0	0.0	0	0	0	0	0	0	-	0	0	0	-	0	0	0	-	0	0	0
1989 Chicago Bears	16	2	21	17	0.0	0	0	0	0	3	55	18.3	0	0	0	-	0	0	0	-	0	0	0
1990 Phoenix Cardinals	16	0	14	7	0.0	0	0	0	0	0	0	-	0	0	0	-	0	0	0	-	0	0	0
1991 Phoenix Cardinals	16	14	62	15	0.0	0	1	0	0	3	59	19.7	1	0	0	-	0	0	0	-	0	1	0
1992 Phoenix Cardinals	16	9	47	13	0.0	0	1	0	0	0	0	-	0	0	0	-	0	0	0	-	0	0	0
1993 Phoenix Cardinals	16	15	65	22	1.0	2	3	1	0	3	13	4.3	0	0	0	-	0	0	0	-	0	1	0
1994 Arizona Cardinals	15	15	65	28	0.5	1	0	0	0	2	35	17.5	0	0	0	-	0	0	0	-	0	0	0
1995 Arizona Cardinals	12	11	52	18	1.0	4	1	0	0	1	72	72.0	1	0	0	-	0	0	0	-	0	1	0
1996 Oakland Raiders	16	16	70	24	0.0	1	0	0	0	3	75	25.0	0	0	0	-	0	0	0	-	0	0	0
1997 Oakland Raiders	15	0	27	8	1.0	0	1	0	0	2	6	3.0	0	0	0	-	0	0	0	-	0	0	0
11 NFL Seasons	151	84	430	153	3.5	8	6	1	0	17	315	18.5	2	0	0	-	0	3	66	22.0	0	3	0

Anthony Lynn

Pos: RB **Rnd:** FA **College:** Texas Tech **Ht:** 6' 3" **Wt:** 230 **Born:** 12/21/68 **Age:** 29

			Rushing				Receiving					Punt Returns				Kickoff Returns				Totals		
Year Team	G	GS	Att	Yds	Avg	Lg	TD	Rec	Yds	Avg	Lg	TD	Num	Yds	Avg	TD	Num	Yds	Avg	TD	Fum	TD	Pts
1993 Denver Broncos	13	0	0	0	-	-	0	0	0	-	-	0	0	0	-	0	0	0	-	0	0	0	0
1995 San Francisco 49ers	6	0	2	11	5.5	6	0	0	0	-	-	0	0	0	-	0	0	0	-	0	0	0	0
1996 San Francisco 49ers	16	1	24	164	6.8	67	0	2	14	7.0	8	0	0	0	-	0	0	0	-	0	0	0	0
1997 Denver Broncos	16	0	0	0	-	-	0	1	21	21.0	21	0	0	0	-	0	0	0	-	0	0	0	0
4 NFL Seasons	51	1	26	175	6.7	67	0	3	35	11.7	21	0	0	0	-	0	0	0	-	0	0	0	0

Lamar Lyons

Pos: S **Rnd:** FA **College:** Washington **Ht:** 6' 3" **Wt:** 210 **Born:** 3/25/73 **Age:** 25

			Tackles			Miscellaneous				Interceptions				Totals		
Year Team	G	GS	Tk	Ast	Sack	FF	FR	TD	Blk	Int	Yds	Avg	TD	Sfty	TD	Pts
1996 Oakland Raiders	6	0	0	0	0.0	0	0	0	0	0	0	-	0	0	0	0
1997 Baltimore Ravens	1	0	0	0	0.0	0	0	0	0	0	0	-	0	0	0	0
2 NFL Seasons	7	0	0	0	0.0	0	0	0	0	0	0	-	0	0	0	0

Mitch Lyons

Pos: TE **Rnd:** 6 **College:** Michigan State **Ht:** 6' 4" **Wt:** 265 **Born:** 5/13/70 **Age:** 28

			Rushing				Receiving					Punt Returns				Kickoff Returns				Totals		
Year Team	G	GS	Att	Yds	Avg	Lg	TD	Rec	Yds	Avg	Lg	TD	Num	Yds	Avg	TD	Num	Yds	Avg	TD	Fum	TD	Pts
1993 Atlanta Falcons	16	0	0	0	-	-	0	8	63	7.9	14	0	0	0	-	0	0	0	-	0	0	0	0
1994 Atlanta Falcons	7	2	0	0	-	-	0	7	54	7.7	10	0	0	0	-	0	0	0	-	0	0	0	0
1995 Atlanta Falcons	13	5	0	0	-	-	0	5	83	16.6	34	0	0	0	-	0	0	0	-	0	0	0	0
1996 Atlanta Falcons	14	4	0	0	-	-	0	4	16	4.0	5	1	0	0	-	0	0	0	-	0	0	1	6
1997 Pittsburgh Steelers	10	3	0	0	-	-	0	4	29	7.3	13	0	0	0	-	0	0	0	-	0	0	0	0
5 NFL Seasons	60	22	0	0	-	-	0	28	245	8.8	34	1	0	0	-	0	0	0	-	0	0	1	6

Pratt Lyons

Pos: DE/DT **Rnd:** 4 **College:** Troy State **Ht:** 6' 5" **Wt:** 278 **Born:** 9/17/74 **Age:** 24

			Tackles			Miscellaneous				Interceptions				Totals		
Year Team	G	GS	Tk	Ast	Sack	FF	FR	TD	Blk	Int	Yds	Avg	TD	Sfty	TD	Pts
1997 Tennessee Oilers	16	0	12	8	2.5	0	0	0	1	0	0	-	0	0	0	0

Tremain Mack

Pos: S **Rnd:** 4 **College:** Miami (FL) **Ht:** 5' 11" **Wt:** 200 **Born:** 11/21/74 **Age:** 23

			Tackles			Miscellaneous				Interceptions				Totals		
Year Team	G	GS	Tk	Ast	Sack	FF	FR	TD	Blk	Int	Yds	Avg	TD	Sfty	TD	Pts
1997 Cincinnati Bengals	4	4	14	4	0.0	0	0	0	0	1	29	29.0	0	0	0	0

Mark Maddox

Pos: LB **Rnd:** 9 **College:** Northern Michigan **Ht:** 6' 1" **Wt:** 233 **Born:** 3/23/68 **Age:** 30

			Tackles			Miscellaneous				Interceptions				Totals		
Year Team	G	GS	Tk	Ast	Sack	FF	FR	TD	Blk	Int	Yds	Avg	TD	Sfty	TD	Pts
1992 Buffalo Bills	15	1	18	7	0.0	0	0	0	0	0	0	-	0	0	0	0
1993 Buffalo Bills	11	8	34	28	0.0	1	2	0	0	0	0	-	0	0	0	0
1994 Buffalo Bills	15	14	52	26	0.0	0	1	0	0	1	11	11.0	0	0	0	0
1995 Buffalo Bills	4	4	13	5	0.0	0	0	0	0	0	0	-	0	0	0	0
1996 Buffalo Bills	14	14	46	25	0.0	2	0	0	0	0	0	-	0	0	0	0
1997 Buffalo Bills	8	1	10	8	0.0	0	0	0	0	1	25	25.0	0	0	0	0
6 NFL Seasons	67	42	173	99	0.0	3	3	0	0	2	36	18.0	0	0	0	0

Sam Madison

Pos: CB **Rnd:** 3 **College:** Louisville **Ht:** 5' 11" **Wt:** 174 **Born:** 4/23/74 **Age:** 24

			Tackles			Miscellaneous				Interceptions				Totals		
Year Team	G	GS	Tk	Ast	Sack	FF	FR	TD	Blk	Int	Yds	Avg	TD	Sfty	TD	Pts
1997 Miami Dolphins	14	3	16	5	0.0	1	0	0	0	1	21	21.0	0	0	0	0

Siupeli Malamala

Pos: T **Rnd:** 3 **College:** Washington **Ht:** 6' 5" **Wt:** 305 **Born:** 1/15/69 **Age:** 29

Year	Team	G	GS	Year	Team	G	GS	Year	Team	G	GS		G	GS
1992	New York Jets	9	5	1994	New York Jets	12	10	1996	New York Jets	4	1			
1993	New York Jets	15	15	1995	New York Jets	6	4	1997	New York Jets	10	5	6 NFL Seasons	56	40

Other Statistics: 1993–recovered 1 fumble for 0 yards.

Van Malone

Pos: S Rnd: 2 College: Texas Ht: 5' 11" Wt: 186 Born: 7/1/70 Age: 28

Year	Team	G	GS	Tackles			Miscellaneous				Interceptions				Punt Returns				Kickoff Returns				Totals	
				Tk	Ast	Sack	FF	FR	TD	Blk	Int	Yds	Avg	TD	Num	Yds	Avg	TD	Num	Yds	Avg	TD	TD	Fum
1994	Detroit Lions	16	0	0	1	0.0	0	0	0	0	0	0	-	0	0	0	-	0	3	38	12.7	0	0	1
1995	Detroit Lions	16	0	3	3	0.0	0	0	0	0	1	0	0.0	0	0	0	-	0	0	0	-	0	0	0
1996	Detroit Lions	15	15	48	27	0.0	2	0	0	0	1	5	5.0	0	0	0	-	0	0	0	-	0	0	0
1997	Detroit Lions	8	4	11	9	0.0	1	0	0	0	1	-5	-5.0	0	0	0	-	0	0	0	-	0	0	1
	4 NFL Seasons	55	19	62	40	0.0	3	0	0	0	3	0	0.0	0	0	0	-	0	3	38	12.7	0	0	2

Mike Mamula

(statistical profile on page 429)

Pos: DE Rnd: 1 (7) College: Boston College Ht: 6' 4" Wt: 252 Born: 8/14/73 Age: 25

Year	Team	G	GS	Tackles			Miscellaneous				Interceptions				Totals		
				Tk	Ast	Sack	FF	FR	TD	Blk	Int	Yds	Avg	TD	Sfty	TD	Pts
1995	Philadelphia Eagles	14	13	33	8	5.5	1	1	0	0	0	0	-	0	0	0	0
1996	Philadelphia Eagles	16	16	42	10	8.0	3	3	1	0	0	0	-	0	0	1	6
1997	Philadelphia Eagles	16	16	35	18	4.0	1	0	0	0	0	0	-	0	0	0	0
	3 NFL Seasons	46	45	110	36	17.5	5	4	1	0	0	0	-	0	0	1	6

Tony Mandarich

Pos: T Rnd: 1 (2) College: Michigan State Ht: 6' 5" Wt: 317 Born: 9/23/66 Age: 32

Year	Team	G	GS	Year	Team	G	GS	Year	Team	G	GS		G	GS
1989	Green Bay Packers	14	0	1991	Green Bay Packers	15	15	1997	Indianapolis Colts	16	16			
1990	Green Bay Packers	16	16	1996	Indianapolis Colts	15	6					5 NFL Seasons	76	53

Other Statistics: 1989–returned 1 kickoff for 0 yards. 1990–recovered 1 fumble for 0 yards. 1997–recovered 1 fumble for 0 yards.

John Mangum

(statistical profile on page 429)

Pos: S Rnd: 6 College: Alabama Ht: 5' 10" Wt: 190 Born: 3/16/67 Age: 31

Year	Team	G	GS	Tackles			Miscellaneous				Interceptions				Punt Returns				Kickoff Returns				Totals	
				Tk	Ast	Sack	FF	FR	TD	Blk	Int	Yds	Avg	TD	Num	Yds	Avg	TD	Num	Yds	Avg	TD	TD	Fum
1990	Chicago Bears	10	0	9	4	0.0	1	1	0	0	0	0	-	0	0	0	-	0	0	0	-	0	0	0
1991	Chicago Bears	16	1	49	19	1.0	1	2	0	0	1	5	5.0	0	0	0	-	0	0	0	-	0	0	0
1992	Chicago Bears	5	1	8	2	0.0	0	0	0	0	0	0	-	0	0	0	-	0	0	0	-	0	0	0
1993	Chicago Bears	12	1	19	19	0.0	0	0	0	0	1	0	0.0	0	0	0	-	0	1	0	0.0	0	0	0
1994	Chicago Bears	16	3	28	9	0.5	0	0	0	0	0	0	-	0	0	0	-	0	0	0	-	0	0	0
1995	Chicago Bears	11	1	28	3	1.0	0	0	0	0	1	2	2.0	0	0	0	-	0	0	0	-	0	0	0
1996	Chicago Bears	16	2	16	1	1.0	0	0	0	0	0	0	-	0	0	0	-	0	0	0	-	0	0	0
1997	Chicago Bears	16	16	68	21	1.0	0	3	0	0	2	4	2.0	0	0	0	-	0	0	0	-	0	0	0
	8 NFL Seasons	102	25	225	78	4.5	2	6	0	0	5	11	2.2	0	0	0	-	0	1	0	0.0	0	0	0

Kris Mangum

Pos: TE Rnd: 7 College: Mississippi Ht: 6' 4" Wt: 249 Born: 8/15/73 Age: 25

Year	Team	G	GS	Rushing					Receiving					Punt Returns				Kickoff Returns				Totals		
				Att	Yds	Avg	Lg	TD	Rec	Yds	Avg	Lg	TD	Num	Yds	Avg	TD	Num	Yds	Avg	TD	Fum	TD	Pts
1997	Carolina Panthers	2	1	0	0	-	-	0	4	56	14.0	22	0	0	0	-	0	0	0	-	0	0	0	0

Jason Maniecki

Pos: DT Rnd: 5 College: Wisconsin Ht: 6' 4" Wt: 295 Born: 8/15/72 Age: 26

Year	Team	G	GS	Tackles			Miscellaneous				Interceptions				Totals		
				Tk	Ast	Sack	FF	FR	TD	Blk	Int	Yds	Avg	TD	Sfty	TD	Pts
1996	Tampa Bay Buccaneers	5	0	2	0	0.0	1	0	0	0	0	0	-	0	0	0	0
1997	Tampa Bay Buccaneers	10	0	2	0	1.0	0	1	0	0	0	0	-	0	0	0	0
	2 NFL Seasons	15	0	4	0	1.0	1	1	0	0	0	0	-	0	0	0	0

Brian Manning

Pos: WR Rnd: 6 College: Stanford Ht: 5' 11" Wt: 187 Born: 4/22/75 Age: 23

Year	Team	G	GS	Rushing					Receiving					Punt Returns				Kickoff Returns				Totals		
				Att	Yds	Avg	Lg	TD	Rec	Yds	Avg	Lg	TD	Num	Yds	Avg	TD	Num	Yds	Avg	TD	Fum	TD	Pts
1997	Miami Dolphins	7	0	0	0	-	-	0	7	85	12.1	21	0	0	0	-	0	0	0	-	0	0	0	0

Other Statistics: 1997–recovered 1 fumble for -1 yard.

Rod Manuel

Pos: DE Rnd: 6 College: Oklahoma Ht: 6' 5" Wt: 290 Born: 10/8/74 Age: 24

Year	Team	G	GS	Tackles			Miscellaneous				Interceptions				Totals		
				Tk	Ast	Sack	FF	FR	TD	Blk	Int	Yds	Avg	TD	Sfty	TD	Pts
1997	Pittsburgh Steelers	1	0	0	0	0.0	0	0	0	0	0	0	-	0	0	0	0

Greg Manusky

Pos: LB **Rnd:** FA **College:** Colgate **Ht:** 6' 1" **Wt:** 243 **Born:** 8/18/66 **Age:** 32

			Tackles			Miscellaneous				Interceptions				Punt Returns				Kickoff Returns				Totals	
Year Team	G	GS	Tk	Ast	Sack	FF	FR	TD	Blk	Int	Yds	Avg	TD	Num	Yds	Avg	TD	Num	Yds	Avg	TD	TD	Fum
1988 Washington Redskins	7	0	1	0	0.0	0	0	0	0	0	0	-	0	0	0	-	0	0	0	-	0	0	0
1989 Washington Redskins	16	7	53	19	0.0	0	1	0	0	0	0	-	0	0	0	-	0	0	0	-	0	0	0
1990 Washington Redskins	16	8	52	36	0.0	0	0	0	0	0	0	-	0	0	0	-	0	0	0	-	0	0	0
1991 Minnesota Vikings	16	0	1	0	0.0	0	0	0	0	0	0	-	0	0	0	-	0	0	0	-	0	0	0
1992 Minnesota Vikings	11	0	5	2	0.0	0	0	0	0	0	0	-	0	0	0	-	0	0	0	-	0	0	0
1993 Minnesota Vikings	16	0	0	0	0.0	0	0	0	0	0	0	-	0	0	0	-	0	0	0	-	0	0	0
1994 Kansas City Chiefs	16	2	6	2	0.0	0	2	0	0	0	0	-	0	0	0	-	0	0	0	-	0	0	0
1995 Kansas City Chiefs	16	1	5	0	0.0	0	0	0	0	0	0	-	0	0	0	-	0	0	0	-	0	0	0
1996 Kansas City Chiefs	16	1	12	3	0.0	0	3	0	0	0	0	-	0	0	0	-	0	2	32	16.0	0	0	1
1997 Kansas City Chiefs	16	1	5	0	0.0	1	1	0	0	0	0	-	0	0	0	-	0	1	16	16.0	0	0	0
10 NFL Seasons	146	20	140	62	0.0	1	7	0	0	0	0	-	0	0	0	-	0	3	48	16.0	0	0	1

Olindo Mare

(statistical profile on page 480)

Pos: K **Rnd:** FA **College:** Syracuse **Ht:** 5' 10" **Wt:** 178 **Born:** 6/6/73 **Age:** 25

			Field Goals									PAT		Tot
Year Team	G	1-29 Yds	Pct	30-39 Yds	Pct	40-49 Yds	Pct	50+ Yds	Pct	Overall	Pct	Long	Made	Att	Pts
1997 Miami Dolphins	16	16-17	94.1	8-10	80.0	3-6	50.0	1-3	33.3	28-36	77.8	50	33	33	117

Other Statistics: 1997–punted 5 times for 235 yards.

Dan Marino

(statistical profile on page 341)

Pos: QB **Rnd:** 1 (27) **College:** Pittsburgh **Ht:** 6' 4" **Wt:** 224 **Born:** 9/15/61 **Age:** 37

			Passing										Rushing					Miscellaneous			
Year Team	G	GS	Att	Com	Pct	Yards	Yds/Att	Lg	TD	Int	Int%	Rating	Att	Yds	Avg	Lg	TD	Sckd	Yds	Fum	Recv	Yds	Pts
1983 Miami Dolphins	11	9	296	173	58.4	2210	7.47	t85	20	6	2.0	96.0	28	45	1.6	15	2	10	80	5	2	0	12
1984 Miami Dolphins	16	16	564	362	64.2	5084	9.01	t80	48	17	3.0	108.9	28	-7	-0.3	10	0	13	120	6	2	-3	0
1985 Miami Dolphins	16	16	567	336	59.3	4137	7.30	73	30	21	3.7	84.1	26	-24	-0.9	6	0	18	157	9	2	-4	0
1986 Miami Dolphins	16	16	623	378	60.7	4746	7.62	t85	44	23	3.7	92.5	12	-3	-0.3	13	0	17	119	8	4	-12	0
1987 Miami Dolphins	12	12	444	263	59.2	3245	7.31	t59	26	13	2.9	89.2	12	-5	-0.4	15	1	9	77	5	4	-25	6
1988 Miami Dolphins	16	16	606	354	58.4	4434	7.32	t80	28	23	3.8	80.8	20	-17	-0.9	6	0	6	31	10	8	-31	0
1989 Miami Dolphins	16	16	550	308	56.0	3997	7.27	t78	24	22	4.0	76.9	14	-7	-0.5	2	2	10	86	7	0	-4	12
1990 Miami Dolphins	16	16	531	306	57.6	3563	6.71	t69	21	11	2.1	82.6	16	29	1.8	15	0	15	90	3	2	0	0
1991 Miami Dolphins	16	16	549	318	57.9	3970	7.23	54	25	13	2.4	85.8	27	32	1.2	11	1	27	182	6	3	-8	6
1992 Miami Dolphins	16	16	554	330	59.6	4116	7.43	t62	24	16	2.9	85.1	20	66	3.3	12	0	28	173	5	2	-12	0
1993 Miami Dolphins	5	5	150	91	60.7	1218	8.12	t80	8	3	2.0	95.9	9	-4	-0.4	14	1	7	42	4	2	-13	6
1994 Miami Dolphins	16	16	615	385	62.6	4453	7.24	t64	30	17	2.8	89.2	22	-6	-0.3	10	1	18	113	9	3	-1	6
1995 Miami Dolphins	14	14	482	309	64.1	3668	7.61	t67	24	15	3.1	90.8	11	14	1.3	12	0	22	153	7	3	-7	0
1996 Miami Dolphins	13	13	373	221	59.2	2795	7.49	t74	17	9	2.4	87.8	11	-3	-0.3	7	0	18	131	4	1	-3	0
1997 Miami Dolphins	16	16	548	319	58.2	3780	6.90	55	16	11	2.0	80.7	17	-14	-0.8	1	0	21	142	8	3	-7	0
15 NFL Seasons	215	213	7452	4453	59.8	55416	7.44	t85	385	220	3.0	87.8	273	96	0.4	15	8	239	1696	96	41	-130	48

Other Statistics: 1995–caught 1 pass for -6 yards.

Brock Marion

(statistical profile on page 429)

Pos: S **Rnd:** 7 **College:** Nevada **Ht:** 5' 11" **Wt:** 193 **Born:** 6/11/70 **Age:** 28

			Tackles			Miscellaneous				Interceptions				Punt Returns				Kickoff Returns				Totals	
Year Team	G	GS	Tk	Ast	Sack	FF	FR	TD	Blk	Int	Yds	Avg	TD	Num	Yds	Avg	TD	Num	Yds	Avg	TD	TD	Fum
1993 Dallas Cowboys	15	0	11	5	0.0	2	1	0	0	1	2	2.0	0	0	0	-	0	0	0	-	0	0	0
1994 Dallas Cowboys	14	1	22	4	1.0	0	0	0	0	1	11	11.0	0	0	0	-	0	2	39	19.5	0	0	0
1995 Dallas Cowboys	16	16	64	16	0.0	0	0	0	0	6	40	6.7	1	0	0	-	0	1	16	16.0	0	1	0
1996 Dallas Cowboys	10	10	41	10	0.0	0	1	0	0	0	0	-	0	0	0	-	0	3	68	22.7	0	0	1
1997 Dallas Cowboys	16	16	100	17	0.0	0	1	0	0	0	0	-	0	0	0	-	0	10	311	31.1	0	0	0
5 NFL Seasons	71	43	238	52	1.0	2	3	0	0	8	53	6.6	1	0	0	-	0	16	434	27.1	0	1	1

Curtis Marsh

Pos: WR **Rnd:** 7 **College:** Utah **Ht:** 6' 2" **Wt:** 206 **Born:** 11/24/70 **Age:** 27

			Rushing					Receiving					Punt Returns				Kickoff Returns				Totals		
Year Team	G	GS	Att	Yds	Avg	Lg	TD	Rec	Yds	Avg	Lg	TD	Num	Yds	Avg	TD	Num	Yds	Avg	TD	Fum	TD	Pts
1995 Jacksonville Jaguars	9	0	0	0	-	0	0	7	127	18.1	34	0	0	0	-	0	15	323	21.5	0	2	0	0
1996 Jacksonville Jaguars	1	0	0	0	-	0	0	0	0	-	0	0	0	0	-	0	0	0	-	0	0	0	0
1997 Pittsburgh Steelers	5	0	1	2	2.0	2	0	2	14	7.0	8	0	0	0	-	0	0	0	-	0	0	0	0
3 NFL Seasons	15	0	1	2	2.0	2	0	9	141	15.7	34	0	0	0	-	0	15	323	21.5	0	2	0	0

Other Statistics: 1995–recovered 1 fumble for 0 yards.

Anthony Marshall

Pos: S **Rnd:** FA **College:** Louisiana State **Ht:** 6' 1" **Wt:** 212 **Born:** 9/16/70 **Age:** 28

Year Team	G	GS	Tackles			Miscellaneous				Interceptions				Punt Returns				Kickoff Returns				Totals	
			Tk	Ast	Sack	FF	FR	TD	Blk	Int	Yds	Avg	TD	Num	Yds	Avg	TD	Num	Yds	Avg	TD	TD	Fum
1994 Chicago Bears	3	0	0	0	0.0	0	0	0	0	0	0	-	0	0	0	-	0	0	0	-	0	0	0
1995 Chicago Bears	16	2	9	7	0.0	1	0	1	2	1	0	0.0	0	0	0	-	0	0	0	-	0	1	0
1996 Chicago Bears	13	3	10	6	0.0	0	0	0	0	2	20	10.0	0	0	0	-	0	0	75	-	0	0	0
1997 Chicago Bears	14	1	26	6	3.0	1	2	0	0	2	0	0.0	0	0	0	-	0	0	3	-	0	0	1
4 NFL Seasons	46	6	45	19	3.0	2	2	1	2	5	20	4.0	0	0	0	-	0	0	78	-	0	1	1

Curtis Martin

(statistical profile on page 341)

Pos: RB **Rnd:** 3 **College:** Pittsburgh **Ht:** 5' 11" **Wt:** 203 **Born:** 5/1/73 **Age:** 25

Year Team	G	GS	Rushing					Receiving					Punt Returns				Kickoff Returns				Totals		
			Att	Yds	Avg	Lg	TD	Rec	Yds	Avg	Lg	TD	Num	Yds	Avg	TD	Num	Yds	Avg	TD	Fum	TD	Pts
1995 New England Patriots	16	15	368	1487	4.0	49	14	30	261	8.7	27	1	0	0	-	0	0	0	-	0	5	15	92
1996 New England Patriots	16	15	316	1152	3.6	57	14	46	333	7.2	41	3	0	0	-	0	0	0	-	0	4	17	104
1997 New England Patriots	13	13	274	1160	4.2	t70	4	41	296	7.2	22	1	0	0	-	0	0	0	-	0	3	5	30
3 NFL Seasons	45	43	958	3799	4.0	t70	32	117	890	7.6	41	5	0	0	-	0	0	0	-	0	12	37	226

Other Statistics: 1995–recovered 3 fumbles for 0 yards; scored 1 two-point conversion. 1996–recovered 1 fumble for 0 yards; scored 1 two-point conversion.

Emanuel Martin

Pos: CB/S **Rnd:** FA **College:** Alabama State **Ht:** 5' 11" **Wt:** 184 **Born:** 7/31/69 **Age:** 29

Year Team	G	GS	Tackles			Miscellaneous				Interceptions				Totals		
			Tk	Ast	Sack	FF	FR	TD	Blk	Int	Yds	Avg	TD	Sfty	TD	Pts
1993 Houston Oilers	1	0	0	0	0.0	0	0	0	0	0	0	-	0	0	0	0
1996 Buffalo Bills	16	1	20	9	0.0	0	0	0	0	2	35	17.5	0	0	0	0
1997 Buffalo Bills	16	2	17	1	0.0	0	0	0	0	1	12	12.0	0	0	0	0
3 NFL Seasons	33	3	37	10	0.0	0	0	0	0	3	47	15.7	0	0	0	0

Steve Martin

Pos: DT/DE **Rnd:** 5 **College:** Missouri **Ht:** 6' 4" **Wt:** 292 **Born:** 5/31/74 **Age:** 24

Year Team	G	GS	Tackles			Miscellaneous				Interceptions				Totals		
			Tk	Ast	Sack	FF	FR	TD	Blk	Int	Yds	Avg	TD	Sfty	TD	Pts
1996 Indianapolis Colts	14	5	25	11	1.0	0	1	0	0	0	0	-	0	0	0	0
1997 Indianapolis Colts	12	0	9	7	0.0	0	0	0	0	0	0	-	0	0	0	0
2 NFL Seasons	26	5	34	18	1.0	0	1	0	0	0	0	-	0	0	0	0

Tony Martin

(statistical profile on page 342)

Pos: WR **Rnd:** 5 **College:** Mesa **Ht:** 6' 1" **Wt:** 181 **Born:** 9/5/65 **Age:** 33

Year Team	G	GS	Rushing					Receiving					Punt Returns				Kickoff Returns				Totals		
			Att	Yds	Avg	Lg	TD	Rec	Yds	Avg	Lg	TD	Num	Yds	Avg	TD	Num	Yds	Avg	TD	Fum	TD	Pts
1990 Miami Dolphins	16	5	1	8	8.0	8	0	29	388	13.4	45	2	26	140	5.4	0	0	0	-	0	4	2	12
1991 Miami Dolphins	16	0	0	0	-	0	0	27	434	16.1	54	2	1	10	10.0	0	0	0	-	0	2	2	12
1992 Miami Dolphins	16	3	1	-2	-2.0	-2	0	33	553	16.8	t55	3	1	0	0.0	0	0	0	-	0	2	2	12
1993 Miami Dolphins	12	0	1	6	6.0	6	0	20	347	17.4	t80	3	0	0	-	0	0	0	-	0	1	3	18
1994 San Diego Chargers	16	1	2	-9	-4.5	4	0	50	885	17.7	t99	7	0	0	-	0	8	167	20.9	0	2	7	42
1995 San Diego Chargers	16	16	0	0	-	0	0	90	1224	13.6	t51	6	0	0	-	0	0	0	-	0	3	6	36
1996 San Diego Chargers	16	16	0	0	-	0	0	85	1171	13.8	55	14	0	0	-	0	0	0	-	0	0	14	84
1997 San Diego Chargers	16	16	0	0	-	0	0	63	904	14.3	t72	6	0	0	-	0	0	0	-	0	0	6	36
8 NFL Seasons	124	57	5	3	0.6	8	0	397	5906	14.9	t99	42	28	150	5.4	0	8	167	20.9	0	14	42	252

Other Statistics: 1990–recovered 2 fumbles for 0 yards. 1992–recovered 1 fumble for 0 yards; attempted 1 pass with 0 completions for 0 yards. 1994–attempted 1 pass with 0 completions for 0 yards and 1 interception. 1995–attempted 1 pass with 0 completions for 0 yards.

Wayne Martin

(statistical profile on page 430)

Pos: DT **Rnd:** 1 (19) **College:** Arkansas **Ht:** 6' 5" **Wt:** 275 **Born:** 10/26/65 **Age:** 33

Year Team	G	GS	Tackles			Miscellaneous				Interceptions				Totals		
			Tk	Ast	Sack	FF	FR	TD	Blk	Int	Yds	Avg	TD	Sfty	TD	Pts
1989 New Orleans Saints	16	0	13	5	2.5	0	2	0	0	0	0	-	0	0	0	0
1990 New Orleans Saints	11	11	24	6	4.0	1	0	0	0	0	0	-	0	0	0	0
1991 New Orleans Saints	16	16	21	1	3.5	1	1	0	0	0	0	-	0	0	0	0
1992 New Orleans Saints	16	16	53	17	15.5	3	2	0	0	0	0	-	0	0	0	0
1993 New Orleans Saints	16	16	55	13	5.0	1	2	0	0	0	0	-	0	0	0	0
1994 New Orleans Saints	16	16	59	14	10.0	1	0	0	0	0	0	-	0	0	0	0
1995 New Orleans Saints	16	16	64	13	13.0	1	1	0	0	1	12	12.0	0	0	0	0
1996 New Orleans Saints	16	16	73	15	11.0	3	1	0	0	0	0	-	0	0	0	0
1997 New Orleans Saints	16	16	54	9	10.5	1	1	0	0	0	0	-	0	0	0	0
9 NFL Seasons	139	123	416	93	75.0	12	10	0	0	1	12	12.0	0	0	0	0

Lonnie Marts

Pos: LB Rnd: FA College: Tulane Ht: 6' 2" Wt: 240 Born: 11/10/68 Age: 29

			Tackles			Miscellaneous				Interceptions				Punt Returns				Kickoff Returns				Totals	
Year Team	G	GS	Tk	Ast	Sack	FF	FR	TD	Blk	Int	Yds	Avg	TD	Num	Yds	Avg	TD	Num	Yds	Avg	TD	TD	Fum
1991 Kansas City Chiefs	16	2	15	6	1.0	0	1	0	0	0	0	-	0	0	0	-	0	0	0	-	0	0	0
1992 Kansas City Chiefs	15	3	28	13	0.0	0	1	0	0	1	36	36.0	1	0	0	-	0	0	0	-	0	1	0
1993 Kansas City Chiefs	16	15	47	26	2.0	6	1	0	0	1	20	20.0	0	0	0	-	0	1	0	0.0	0	0	0
1994 Tampa Bay Buccaneers	16	14	36	19	0.0	1	2	0	0	0	0	-	0	0	0	-	0	0	0	-	0	0	0
1995 Tampa Bay Buccaneers	15	13	48	21	0.0	0	1	0	0	1	8	8.0	0	0	0	-	0	0	0	-	0	0	0
1996 Tampa Bay Buccaneers	16	13	52	21	7.0	3	2	0	0	0	0	-	0	0	0	-	0	0	0	-	0	0	0
1997 Tennessee Oilers	14	14	39	11	1.0	2	1	0	0	0	0	-	0	0	0	-	0	0	0	-	0	0	0
7 NFL Seasons	108	74	265	117	11.0	12	9	0	0	3	64	21.3	1	0	0	-	0	1	0	0.0	0	1	0

Russell Maryland

(statistical profile on page 430)

Pos: DT Rnd: 1 (1) College: Miami (FL) Ht: 6' 1" Wt: 280 Born: 3/22/69 Age: 29

			Tackles			Miscellaneous				Interceptions				Totals		
Year Team	G	GS	Tk	Ast	Sack	FF	FR	TD	Blk	Int	Yds	Avg	TD	Sfty	TD	Pts
1991 Dallas Cowboys	16	7	20	13	4.5	3	0	0	0	0	0	-	0	0	0	0
1992 Dallas Cowboys	14	13	26	23	2.5	1	2	1	0	0	0	-	0	0	1	6
1993 Dallas Cowboys	16	12	32	24	2.5	2	2	0	0	0	0	-	0	0	0	0
1994 Dallas Cowboys	16	16	28	2	3.0	0	1	0	0	0	0	-	0	0	0	0
1995 Dallas Cowboys	13	13	25	6	2.0	1	0	0	0	0	0	-	0	0	0	0
1996 Oakland Raiders	16	16	41	11	2.0	0	0	0	0	0	0	-	0	0	0	0
1997 Oakland Raiders	16	16	56	23	4.5	1	0	0	1	0	0	-	0	0	0	0
7 NFL Seasons	107	93	228	102	21.0	8	5	1	1	0	0	-	0	0	1	6

Derrick Mason

Pos: WR/KR Rnd: 4 College: Michigan State Ht: 5' 11" Wt: 193 Born: 1/17/74 Age: 24

			Rushing					Receiving				Punt Returns				Kickoff Returns				Totals		
Year Team	G	GS	Att	Yds	Avg	Lg	TD	Rec	Yds	Avg	Lg	TD	Num	Yds	Avg	TD	Num	Yds	Avg	TD	Fum	TD	Pts
1997 Tennessee Oilers	16	2	1	-7	-7.0	-7	0	14	186	13.3	38	0	13	95	7.3	0	26	551	21.2	0	5	0	0

Robert Massey

Pos: CB Rnd: 2 College: North Carolina Central Ht: 5' 11" Wt: 198 Born: 2/17/67 Age: 31

			Tackles			Miscellaneous				Interceptions				Punt Returns				Kickoff Returns				Totals	
Year Team	G	GS	Tk	Ast	Sack	FF	FR	TD	Blk	Int	Yds	Avg	TD	Num	Yds	Avg	TD	Num	Yds	Avg	TD	TD	Fum
1989 New Orleans Saints	16	16	79	8	0.0	0	0	0	0	5	26	5.2	0	0	54	-	0	0	0	-	0	0	0
1990 New Orleans Saints	16	16	67	11	0.0	0	2	0	0	0	0	-	0	0	0	-	0	0	0	-	0	0	0
1991 Phoenix Cardinals	12	5	13	9	0.0	0	1	0	0	0	0	-	0	0	0	-	0	0	0	-	0	0	0
1992 Phoenix Cardinals	15	12	32	8	0.0	0	0	0	0	5	147	29.4	3	0	0	-	0	0	0	-	0	3	0
1993 Phoenix Cardinals	10	0	41	6	0.0	1	2	0	0	0	0	-	0	0	0	-	0	0	0	-	0	0	0
1994 Detroit Lions	16	15	53	15	0.0	0	0	0	0	4	25	6.3	0	1	3	3.0	0	0	0	-	0	0	1
1995 Detroit Lions	16	3	40	10	0.0	0	0	0	0	0	0	-	0	0	0	-	0	0	0	-	0	0	0
1996 Jacksonville Jaguars	16	2	28	4	0.0	0	0	0	0	0	0	-	0	0	0	-	0	0	0	-	0	0	0
1997 New York Giants	16	0	8	0	0.0	0	0	0	0	0	0	-	0	0	0	-	0	0	0	-	0	0	0
9 NFL Seasons	133	79	361	71	0.0	1	5	0	0	14	198	14.1	3	1	57	57.0	0	0	0	-	0	3	1

Jason Mathews

Pos: T Rnd: 3 College: Texas A&M Ht: 6' 5" Wt: 290 Born: 2/9/71 Age: 27

Year Team	G	GS	Year Team	G	GS	Year Team	G	GS	Year Team	G	GS
1994 Indianapolis Colts	10	0	1995 Indianapolis Colts	16	16	1996 Indianapolis Colts	16	15	1997 Indianapolis Colts	16	0
									4 NFL Seasons	58	31

Other Statistics: 1996–recovered 1 fumble for 0 yards.

Dedric Mathis

Pos: CB Rnd: 2 College: Houston Ht: 5' 10" Wt: 196 Born: 9/26/73 Age: 25

			Tackles			Miscellaneous				Interceptions				Totals		
Year Team	G	GS	Tk	Ast	Sack	FF	FR	TD	Blk	Int	Yds	Avg	TD	Sfty	TD	Pts
1996 Indianapolis Colts	16	6	43	8	0.0	0	0	0	0	0	0	-	0	0	0	0
1997 Indianapolis Colts	13	4	27	7	0.0	0	0	0	0	1	31	31.0	0	0	0	0
2 NFL Seasons	29	10	70	15	0.0	0	0	0	0	1	31	31.0	0	0	0	0

Kevin Mathis

Pos: CB Rnd: FA College: Texas A&M-Commerce Ht: 5' 9" Wt: 172 Born: 4/29/74 Age: 24

			Tackles			Miscellaneous				Interceptions				Punt Returns				Kickoff Returns				Totals	
Year Team	G	GS	Tk	Ast	Sack	FF	FR	TD	Blk	Int	Yds	Avg	TD	Num	Yds	Avg	TD	Num	Yds	Avg	TD	TD	Fum
1997 Dallas Cowboys	16	3	15	1	0.0	0	2	0	0	0	0	-	0	11	91	8.3	0	0	0	-	0	0	2

Terance Mathis

(statistical profile on page 342)

Pos: WR **Rnd:** 6 **College:** New Mexico **Ht:** 5' 10" **Wt:** 180 **Born:** 6/7/67 **Age:** 31

Year Team	G	GS	Rushing					Receiving					Punt Returns				Kickoff Returns				Totals		
			Att	Yds	Avg	Lg	TD	Rec	Yds	Avg	Lg	TD	Num	Yds	Avg	TD	Num	Yds	Avg	TD	Fum	TD	Pts
1990 New York Jets	16	1	2	9	4.5	10	0	19	245	12.9	23	0	11	165	15.0	1	43	787	18.3	0	1	1	6
1991 New York Jets	16	0	1	19	19.0	19	0	28	329	11.8	39	1	23	157	6.8	0	29	599	20.7	0	4	1	6
1992 New York Jets	16	0	3	25	8.3	t10	1	22	316	14.4	t55	3	2	24	12.0	0	28	492	17.6	0	2	4	24
1993 New York Jets	16	3	2	20	10.0	t17	1	24	352	14.7	46	0	14	99	7.1	0	7	102	14.6	0	5	1	6
1994 Atlanta Falcons	16	16	0	0	-	-	0	111	1342	12.1	81	11	0	0	-	0	0	0	-	0	0	11	70
1995 Atlanta Falcons	14	12	0	0	-	-	0	78	1039	13.3	t54	9	0	0	-	0	0	0	-	0	1	9	60
1996 Atlanta Falcons	16	16	0	0	-	-	0	69	771	11.2	55	7	3	19	6.3	0	0	0	-	0	0	7	44
1997 Atlanta Falcons	16	16	3	35	11.7	16	0	62	802	12.9	49	6	0	0	-	0	0	0	-	0	0	6	36
8 NFL Seasons	126	64	11	108	9.8	19	2	413	5196	12.6	81	37	53	464	8.8	1	107	1980	18.5	0	13	40	252

Other Statistics: 1991–recovered 1 fumble for 0 yards. 1992–recovered 1 fumble for 0 yards. 1993–recovered 1 fumble for 0 yards. 1994–recovered 1 fumble for 0 yards; scored 2 two-point conversions. 1995–scored 3 two-point conversions. 1996–recovered 1 fumble for 0 yards; scored 1 two-point conversion.

Bruce Matthews

Pos: G/LS **Rnd:** 1 (9) **College:** Southern California **Ht:** 6' 5" **Wt:** 298 **Born:** 8/8/61 **Age:** 37

Year	Team	G	GS	Year	Team	G	GS	Year	Team	G	GS	Year	Team	G	GS
1983	Houston Oilers	16	15	1987	Houston Oilers	8	5	1991	Houston Oilers	16	16	1995	Houston Oilers	16	16
1984	Houston Oilers	16	16	1988	Houston Oilers	16	16	1992	Houston Oilers	16	16	1996	Houston Oilers	16	16
1985	Houston Oilers	16	16	1989	Houston Oilers	16	16	1993	Houston Oilers	16	16	1997	Tennessee Oilers	16	16
1986	Houston Oilers	16	16	1990	Houston Oilers	16	16	1994	Houston Oilers	16	16	15 NFL Seasons		232	228

Other Statistics: 1985–recovered 3 fumbles for 0 yards. 1986–recovered 1 fumble for 7 yards. 1989–recovered 1 fumble for -29 yards; fumbled 2 times. 1990–recovered 1 fumble for 0 yards. 1991–recovered 1 fumble for -3 yards; fumbled 1 time. 1994–fumbled 2 times for -7 yards. 1997–recovered 2 fumbles for 0 yards.

Steve Matthews

Pos: QB **Rnd:** 7 **College:** Memphis **Ht:** 6' 3" **Wt:** 209 **Born:** 10/13/70 **Age:** 28

Year Team	G	GS	Passing										Rushing					Miscellaneous			
			Att	Com	Pct	Yards	Yds/Att	Lg	TD	Int	Int%	Rating	Att	Yds	Avg	Lg	TD	Sckd	Yds	Fum Rec Yds	Pts
1997 Jacksonville Jaguars	2	1	40	26	65.0	275	6.88	43	0	0	0.0	84.9	1	10	10.0	10	0	1	0	1 0 0	0

Kevin Mawae

Pos: C/LS **Rnd:** 2 **College:** Louisiana State **Ht:** 6' 4" **Wt:** 293 **Born:** 1/23/71 **Age:** 27

Year	Team	G	GS	Year	Team	G	GS	Year	Team	G	GS	Year	Team	G	GS
1994	Seattle Seahawks	14	11	1995	Seattle Seahawks	16	16	1996	Seattle Seahawks	16	16	1997	Seattle Seahawks	16	16
												4 NFL Seasons		62	59

Other Statistics: 1994–recovered 1 fumble for 0 yards. 1996–recovered 2 fumbles for 0 yards. 1997–recovered 2 fumbles for 0 yards.

Brett Maxie

Pos: S **Rnd:** FA **College:** Texas Southern **Ht:** 6' 2" **Wt:** 210 **Born:** 1/13/62 **Age:** 36

Year Team	G	GS	Tackles			Miscellaneous				Interceptions				Punt Returns				Kickoff Returns				Totals	
			Tk	Ast	Sack	FF	FR	TD	Blk	Int	Yds	Avg	TD	Num	Yds	Avg	TD	Num	Yds	Avg	TD	TD Fum
1985 New Orleans Saints	16	1	31	6	0.0	0	0	0	0	0	0	-	0	0	0	-	0	0	0	-	0	0 0
1986 New Orleans Saints	15	0	37	11	0.0	0	1	0	0	2	15	7.5	0	0	0	-	0	0	0	-	0	0 0
1987 New Orleans Saints	12	10	35	13	2.0	0	0	0	0	3	17	5.7	0	1	12	12.0	0	0	0	-	0	0 0
1988 New Orleans Saints	16	16	57	21	0.0	0	0	0	0	0	0	-	0	0	0	-	0	0	0	-	0	0 0
1989 New Orleans Saints	16	2	35	6	0.0	0	0	0	0	3	41	13.7	1	0	0	-	0	0	0	-	0	1 0
1990 New Orleans Saints	16	16	58	15	0.0	0	0	0	0	2	88	44.0	1	0	0	-	0	0	0	-	0	1 0
1991 New Orleans Saints	16	16	43	15	0.0	0	1	0	0	3	33	11.0	1	0	0	-	0	0	0	-	0	1 0
1992 New Orleans Saints	10	10	37	11	1.0	0	0	0	0	2	12	6.0	0	0	0	-	0	0	0	-	0	0 0
1993 New Orleans Saints	1	1	4	3	0.0	0	0	0	0	0	0	-	0	0	0	-	0	0	0	-	0	0 0
1994 Atlanta Falcons	4	2	3	3	0.0	0	0	0	0	0	0	-	0	0	0	-	0	0	0	-	0	0 0
1995 Carolina Panthers	16	16	71	18	0.0	1	1	0	0	6	59	9.8	0	0	0	-	0	0	0	-	0	0 0
1996 Carolina Panthers	13	13	39	9	0.0	0	1	0	0	1	35	35.0	0	0	0	-	0	0	0	-	0	0 0
1997 San Francisco 49ers	2	1	5	2	1.0	0	0	0	0	1	0	0.0	0	0	0	-	0	0	0	-	0	0 0
13 NFL Seasons	153	104	455	133	4.0	1	6	0	0	23	300	13.0	3	1	12	12.0	0	0	0	-	0	3 0

Other Statistics: 1987–credited with 1 safety.

Deems May

Pos: TE **Rnd:** 7 **College:** North Carolina **Ht:** 6' 4" **Wt:** 263 **Born:** 3/6/69 **Age:** 29

Year Team	G	GS	Rushing					Receiving					Punt Returns				Kickoff Returns				Totals		
			Att	Yds	Avg	Lg	TD	Rec	Yds	Avg	Lg	TD	Num	Yds	Avg	TD	Num	Yds	Avg	TD	Fum	TD	Pts
1992 San Diego Chargers	16	6	0	0	-	-	0	0	0	-	-	0	0	0	-	0	0	0	-	0	0	0	0
1993 San Diego Chargers	15	1	0	0	-	-	0	0	0	-	-	0	0	0	-	0	0	0	-	0	0	0	0
1994 San Diego Chargers	5	2	0	0	-	-	0	2	22	11.0	18	0	0	0	-	0	0	0	-	0	0	0	0
1995 San Diego Chargers	5	0	0	0	-	-	0	0	0	-	-	0	0	0	-	0	0	0	-	0	0	0	0
1996 San Diego Chargers	16	12	0	0	-	-	0	19	188	9.9	39	0	0	0	-	0	0	0	-	0	0	0	0

Year Team	G	GS	Rushing Att	Yds	Avg	Lg	TD	Receiving Rec	Yds	Avg	Lg	TD	Punt Returns Num	Yds	Avg	TD	Kickoff Returns Num	Yds	Avg	TD	Totals Fum	TD	Pts
1997 Seattle Seahawks	16	0	0	0	-	-	0	2	21	10.5	11	0	0	0	-	0	1	8	8.0	0	0	0	0
6 NFL Seasons	73	21	0	0	-	-	0	23	231	10.0	39	0	0	0	-	0	1	8	8.0	0	0	0	0

Other Statistics: 1996–recovered 1 fumble for 0 yards.

Jermane Mayberry

Pos: T   Rnd: 1 (25)   College: Texas A&M-Kingsville   Ht: 6' 4"   Wt: 325   Born: 8/29/73   Age: 25

Year	Team	G	GS	Year	Team	G	GS		G	GS
1996	Philadelphia Eagles	3	1	1997	Philadelphia Eagles	16	16	2 NFL Seasons	19	17

Other Statistics: 1997–recovered 1 fumble for 0 yards.

Tony Mayberry

Pos: C   Rnd: 4   College: Wake Forest   Ht: 6' 4"   Wt: 292   Born: 12/8/67   Age: 30

Year	Team	G	GS	Year	Team	G	GS	Year	Team	G	GS	Year	Team	G	GS
1990	Tampa Bay Buccaneers	16	1	1992	Tampa Bay Buccaneers	16	16	1994	Tampa Bay Buccaneers	16	16	1996	Tampa Bay Buccaneers	16	16
1991	Tampa Bay Buccaneers	16	16	1993	Tampa Bay Buccaneers	16	16	1995	Tampa Bay Buccaneers	16	16	1997	Tampa Bay Buccaneers	16	16
													8 NFL Seasons	128	113

Other Statistics: 1991–fumbled 3 times for -17 yards. 1993–recovered 1 fumble for -6 yards; fumbled 1 time. 1994–recovered 1 fumble for 0 yards. 1996–recovered 1 fumble for 0 yards.

Derrick Mayes

Pos: WR/PR   Rnd: 2   College: Notre Dame   Ht: 6' 0"   Wt: 200   Born: 1/28/74   Age: 24

Year Team	G	GS	Rushing Att	Yds	Avg	Lg	TD	Receiving Rec	Yds	Avg	Lg	TD	Punt Returns Num	Yds	Avg	TD	Kickoff Returns Num	Yds	Avg	TD	Totals Fum	TD	Pts
1996 Green Bay Packers	7	0	0	0	-	-	0	6	46	7.7	12	2	0	0	-	0	0	0	-	0	0	2	12
1997 Green Bay Packers	12	3	0	0	-	-	0	18	290	16.1	74	0	14	141	10.1	0	0	0	-	0	0	0	0
2 NFL Seasons	19	3	0	0	-	-	0	24	336	14.0	74	2	14	141	10.1	0	0	0	-	0	0	2	12

Brad Maynard

(statistical profile on page 480)

Pos: P   Rnd: 3   College: Ball State   Ht: 6' 1"   Wt: 176   Born: 2/9/74   Age: 24

Year Team	G	NetPunts	Yards	Avg	Long	In20	In20%	TotPunts	TB	Blocks	OppRet	RetYds	NetAvg	Rushing Att	Yards	Passing Att	Com	Yards	Int
1997 New York Giants	16	111	4531	40.8	57	33	29.7	112	14	1	40	378	34.6	0	0	0	0	0	0

Fred McAfee

Pos: RB   Rnd: 6   College: Mississippi College   Ht: 5' 10"   Wt: 193   Born: 6/20/68   Age: 30

Year Team	G	GS	Rushing Att	Yds	Avg	Lg	TD	Receiving Rec	Yds	Avg	Lg	TD	Punt Returns Num	Yds	Avg	TD	Kickoff Returns Num	Yds	Avg	TD	Totals Fum	TD	Pts
1991 New Orleans Saints	9	0	109	494	4.5	34	2	1	8	8.0	8	0	0	0	-	0	1	14	14.0	0	2	2	12
1992 New Orleans Saints	14	1	39	114	2.9	19	1	1	16	16.0	16	0	0	0	-	0	19	393	20.7	0	0	1	6
1993 New Orleans Saints	15	4	51	160	3.1	27	1	1	3	3.0	3	0	0	0	-	0	28	580	20.7	0	3	1	6
1994 Ari - Pit	13	0	18	51	2.8	13	2	1	4	4.0	4	0	0	0	-	0	7	113	16.1	0	1	2	12
1995 Pittsburgh Steelers	16	1	39	156	4.0	t22	1	15	88	5.9	18	0	0	0	-	0	5	56	11.2	0	0	1	6
1996 Pittsburgh Steelers	14	0	7	17	2.4	5	0	5	21	4.2	9	0	0	0	-	0	0	0	-	0	0	0	0
1997 Pittsburgh Steelers	14	0	13	41	3.2	9	0	2	44	22.0	30	0	0	0	-	0	0	0	-	0	1	0	0
1994 Arizona Cardinals	7	0	2	-5	-2.5	t2	1	1	4	4.0	4	0	0	0	-	0	7	113	16.1	0	1	1	6
Pittsburgh Steelers	6	0	16	56	3.5	13	1	0	0	-	-	0	0	0	-	0	0	0	-	0	0	1	6
7 NFL Seasons	95	6	276	1033	3.7	34	7	26	184	7.1	30	0	0	0	-	0	60	1156	19.3	0	7	7	42

Other Statistics: 1995–recovered 1 fumble for 0 yards.

Gerald McBurrows

Pos: S   Rnd: 7   College: Kansas   Ht: 5' 11"   Wt: 201   Born: 10/7/73   Age: 25

Year Team	G	GS	Tackles Tk	Ast	Sack	Miscellaneous FF	FR	TD	Blk	Interceptions Int	Yds	Avg	TD	Totals Sfty	TD	Pts
1995 St. Louis Rams	14	3	23	4	1.0	0	0	0	0	0	0	-	0	0	0	0
1996 St. Louis Rams	16	7	55	7	0.0	0	0	0	0	1	3	3.0	0	0	0	0
1997 St. Louis Rams	8	3	16	3	0.0	0	0	0	0	0	0	-	0	0	0	0
3 NFL Seasons	38	13	94	14	1.0	0	0	0	0	1	3	3.0	0	0	0	0

Ed McCaffrey

(statistical profile on page 343)

Pos: WR   Rnd: 3   College: Stanford   Ht: 6' 5"   Wt: 215   Born: 8/17/68   Age: 30

Year Team	G	GS	Rushing Att	Yds	Avg	Lg	TD	Receiving Rec	Yds	Avg	Lg	TD	Punt Returns Num	Yds	Avg	TD	Kickoff Returns Num	Yds	Avg	TD	Totals Fum	TD	Pts
1991 New York Giants	16	0	0	0	-	-	0	16	146	9.1	26	0	0	0	-	0	0	0	-	0	0	0	0
1992 New York Giants	16	3	0	0	-	-	0	49	610	12.4	44	5	0	0	-	0	0	0	-	0	2	5	30
1993 New York Giants	16	1	0	0	-	-	0	27	335	12.4	31	2	0	0	-	0	0	0	-	0	0	2	12
1994 San Francisco 49ers	16	0	0	0	-	-	0	11	131	11.9	32	2	0	0	-	0	0	0	-	0	0	2	12

Year Team	G	GS	Rushing Att	Yds	Avg	Lg	TD	Receiving Rec	Yds	Avg	Lg	TD	Punt Returns Num	Yds	Avg	TD	Kickoff Returns Num	Yds	Avg	TD	Totals Fum	TD	Pts
1995 Denver Broncos	16	5	1	-1	-1.0	-1	0	39	477	12.2	35	2	0	0	-	0	0	0	-	0	1	2	14
1996 Denver Broncos	15	15	0	0	-	-	0	48	553	11.5	t39	7	0	0	-	0	0	0	-	0	0	7	42
1997 Denver Broncos	15	15	0	0	-	-	0	45	590	13.1	35	8	0	0	-	0	0	0	-	0	0	8	48
7 NFL Seasons	110	39	1	-1	-1.0	-1	0	235	2842	12.1	44	26	0	0	-	0	0	0	-	0	3	26	158

Other Statistics: 1995–scored 1 two-point conversion. 1997–recovered 2 fumbles for 0 yards.

Keenan McCardell
(statistical profile on page 343)

Pos: WR **Rnd:** 12 **College:** UNLV **Ht:** 6' 1" **Wt:** 186 **Born:** 1/6/70 **Age:** 28

Year Team	G	GS	Rushing Att	Yds	Avg	Lg	TD	Receiving Rec	Yds	Avg	Lg	TD	Punt Returns Num	Yds	Avg	TD	Kickoff Returns Num	Yds	Avg	TD	Totals Fum	TD	Pts
1992 Cleveland Browns	2	0	0	0	-	-	0	1	8	8.0	8	0	0	0	-	0	0	0	-	0	0	0	0
1993 Cleveland Browns	4	3	0	0	-	-	0	13	234	18.0	43	4	0	0	-	0	0	0	-	0	1	4	24
1994 Cleveland Browns	14	3	0	0	-	-	0	10	182	18.2	34	0	0	0	-	0	0	0	-	0	0	0	0
1995 Cleveland Browns	16	5	0	0	-	-	0	56	709	12.7	36	4	13	93	7.2	0	9	161	17.9	0	0	4	24
1996 Jacksonville Jaguars	16	15	0	0	-	-	0	85	1129	13.3	52	3	1	2	2.0	0	0	0	-	0	1	3	22
1997 Jacksonville Jaguars	16	16	0	0	-	-	0	85	1164	13.7	60	5	0	0	-	0	0	0	-	0	0	5	30
6 NFL Seasons	68	42	0	0	-	-	0	250	3426	13.7	60	16	14	95	6.8	0	9	161	17.9	0	1	16	100

Other Statistics: 1996–recovered 3 fumbles for 0 yards; scored 2 two-point conversions.

Dexter McCleon

Pos: CB **Rnd:** 2 **College:** Clemson **Ht:** 5' 10" **Wt:** 196 **Born:** 10/9/73 **Age:** 25

Year Team	G	GS	Tackles Tk	Ast	Sack	Miscellaneous FF	FR	TD	Blk	Interceptions Int	Yds	Avg	TD	Totals Sfty	TD	Pts
1997 St. Louis Rams	16	1	13	0	1.0	0	0	0	0	1	0	0.0	0	0	0	0

J.J. McCleskey

Pos: CB **Rnd:** FA **College:** Tennessee **Ht:** 5' 7" **Wt:** 177 **Born:** 4/10/70 **Age:** 28

Year Team	G	GS	Tackles Tk	Ast	Sack	Miscellaneous FF	FR	TD	Blk	Interceptions Int	Yds	Avg	TD	Punt Returns Num	Yds	Avg	TD	Kickoff Returns Num	Yds	Avg	TD	Totals TD	Fum
1994 New Orleans Saints	13	0	0	0	0.0	0	1	0	0	0	0	-	0	0	0	-	0	0	0	-	0	0	0
1995 New Orleans Saints	14	1	1	0	0.0	0	1	0	0	1	0	0.0	0	0	0	-	0	1	0	0.0	0	0	0
1996 NO - Ari	10	0	0	0	0.0	0	0	0	0	0	0	-	0	0	0	-	0	1	18	18.0	0	0	0
1997 Arizona Cardinals	13	0	21	4	1.0	0	0	0	0	1	15	15.0	0	0	0	-	0	0	0	-	0	0	0
1996 New Orleans Saints	5	0	0	0	0.0	0	0	0	0	0	0	-	0	0	0	-	0	1	18	18.0	0	0	0
Arizona Cardinals	5	0	0	0	0.0	0	0	0	0	0	0	-	0	0	0	-	0	0	0	-	0	0	0
4 NFL Seasons	50	1	22	4	1.0	0	2	0	0	2	15	7.5	0	0	0	-	0	2	18	9.0	0	0	0

Tyrus McCloud

Pos: LB **Rnd:** 4 **College:** Louisville **Ht:** 6' 1" **Wt:** 254 **Born:** 11/23/74 **Age:** 23

Year Team	G	GS	Tackles Tk	Ast	Sack	Miscellaneous FF	FR	TD	Blk	Interceptions Int	Yds	Avg	TD	Punt Returns Num	Yds	Avg	TD	Kickoff Returns Num	Yds	Avg	TD	Totals TD	Fum
1997 Baltimore Ravens	16	0	5	3	0.0	0	1	0	0	0	0	-	0	0	0	-	0	1	0	0.0	0	0	1

Andy McCollum

Pos: C **Rnd:** FA **College:** Toledo **Ht:** 6' 4" **Wt:** 295 **Born:** 6/6/70 **Age:** 28

Year Team	G	GS	Year Team	G	GS	Year Team	G	GS		G	GS
1995 New Orleans Saints	11	9	1996 New Orleans Saints	16	16	1997 New Orleans Saints	16	16	3 NFL Seasons	43	41

Other Statistics: 1996–recovered 1 fumble for 0 yards.

Tony McCombs

Pos: LB **Rnd:** 6 **College:** Eastern Kentucky **Ht:** 6' 2" **Wt:** 240 **Born:** 8/24/74 **Age:** 24

Year Team	G	GS	Tackles Tk	Ast	Sack	Miscellaneous FF	FR	TD	Blk	Interceptions Int	Yds	Avg	TD	Totals Sfty	TD	Pts
1997 Arizona Cardinals	12	0	0	0	0.0	0	0	0	1	0	0	-	0	0	0	0

Hurvin McCormack

Pos: DT/DE **Rnd:** FA **College:** Indiana **Ht:** 6' 5" **Wt:** 278 **Born:** 4/6/72 **Age:** 26

Year Team	G	GS	Tackles Tk	Ast	Sack	Miscellaneous FF	FR	TD	Blk	Interceptions Int	Yds	Avg	TD	Totals Sfty	TD	Pts
1994 Dallas Cowboys	3	0	0	0	0.0	0	0	0	0	0	0	-	0	0	0	0
1995 Dallas Cowboys	14	2	14	3	2.0	0	0	0	0	0	0	-	0	0	0	0
1996 Dallas Cowboys	16	4	9	7	2.5	1	0	0	0	0	0	-	0	0	0	0
1997 Dallas Cowboys	13	0	8	5	0.5	0	0	0	0	0	0	-	0	0	0	0
4 NFL Seasons	46	6	31	15	5.0	1	0	0	0	0	0	-	0	0	0	0

Kez McCorvey

Pos: WR   Rnd: 5   College: Florida State   Ht: 6' 0"   Wt: 180   Born: 1/23/72   Age: 26

			Rushing					Receiving				Punt Returns				Kickoff Returns				Totals		
Year Team	G	GS	Att	Yds	Avg	Lg	TD	Rec	Yds	Avg	Lg	TD	Num	Yds	Avg	TD	Num	Yds	Avg	TD	Fum	TD	Pts
1995 Detroit Lions	2	0	0	0	-	-	0	0	0	-	-	0	0	0	-	0	0	0	-	0	0	0	0
1996 Detroit Lions	1	0	0	0	-	-	0	0	0	-	-	0	0	0	-	0	0	0	-	0	0	0	0
1997 Detroit Lions	7	0	0	0	-	-	0	2	9	4.5	6	0	0	0	-	0	0	0	-	0	0	0	0
3 NFL Seasons	10	0	0	0	-	-	0	2	9	4.5	6	0	0	0	-	0	0	0	-	0	0	0	0

Tony McCoy

Pos: DT   Rnd: 4   College: Florida   Ht: 6' 0"   Wt: 282   Born: 6/10/69   Age: 29

			Tackles			Miscellaneous				Interceptions				Totals		
Year Team	G	GS	Tk	Ast	Sack	FF	FR	TD	Blk	Int	Yds	Avg	TD	Sfty	TD	Pts
1992 Indianapolis Colts	16	3	5	5	1.0	0	1	0	0	0	0	-	0	0	0	0
1993 Indianapolis Colts	6	0	1	0	0.0	0	0	0	0	0	0	-	0	0	0	0
1994 Indianapolis Colts	15	15	56	15	6.0	1	1	0	0	0	0	-	0	0	0	0
1995 Indianapolis Colts	16	16	50	18	2.5	2	0	0	0	0	0	-	0	0	0	0
1996 Indianapolis Colts	15	15	36	14	5.0	0	1	0	0	0	0	-	0	0	0	0
1997 Indianapolis Colts	16	11	35	18	2.5	0	0	0	0	0	0	-	0	0	0	0
6 NFL Seasons	84	60	183	70	17.0	3	3	0	0	0	0	-	0	0	0	0

Fred McCrary

Pos: FB   Rnd: 6   College: Mississippi State   Ht: 6' 0"   Wt: 219   Born: 9/19/72   Age: 26

			Rushing					Receiving				Punt Returns				Kickoff Returns				Totals		
Year Team	G	GS	Att	Yds	Avg	Lg	TD	Rec	Yds	Avg	Lg	TD	Num	Yds	Avg	TD	Num	Yds	Avg	TD	Fum	TD	Pts
1995 Philadelphia Eagles	13	5	3	1	0.3	t1	1	9	60	6.7	11	0	0	0	-	0	1	1	1.0	0	0	1	6
1997 New Orleans Saints	7	0	8	15	1.9	8	0	4	17	4.3	11	0	0	0	-	0	2	26	13.0	0	0	0	0
2 NFL Seasons	20	5	11	16	1.5	8	1	13	77	5.9	11	0	0	0	-	0	3	27	9.0	0	0	1	6

Michael McCrary

(statistical profile on page 430)

Pos: DE   Rnd: 7   College: Wake Forest   Ht: 6' 4"   Wt: 267   Born: 7/7/70   Age: 28

			Tackles			Miscellaneous				Interceptions				Totals		
Year Team	G	GS	Tk	Ast	Sack	FF	FR	TD	Blk	Int	Yds	Avg	TD	Sfty	TD	Pts
1993 Seattle Seahawks	15	0	7	1	4.0	2	0	0	0	0	0	-	0	0	0	0
1994 Seattle Seahawks	16	0	9	2	1.5	0	0	0	0	0	0	-	0	0	0	0
1995 Seattle Seahawks	11	0	7	2	1.0	0	0	0	0	0	0	-	0	0	0	0
1996 Seattle Seahawks	16	13	57	19	13.5	1	1	0	1	0	0	-	0	0	0	0
1997 Baltimore Ravens	15	15	56	13	9.0	1	2	0	0	0	0	-	0	0	0	0
5 NFL Seasons	73	28	136	37	29.0	4	3	0	1	0	0	-	0	0	0	0

George McCullough

Pos: CB   Rnd: 5   College: Baylor   Ht: 5' 10"   Wt: 190   Born: 2/18/75   Age: 23

			Tackles			Miscellaneous				Interceptions				Totals		
Year Team	G	GS	Tk	Ast	Sack	FF	FR	TD	Blk	Int	Yds	Avg	TD	Sfty	TD	Pts
1997 Tennessee Oilers	2	0	4	0	0.0	1	0	0	0	0	0	-	0	0	0	0

Ed McDaniel

(statistical profile on page 431)

Pos: LB   Rnd: 5   College: Clemson   Ht: 5' 11"   Wt: 230   Born: 2/23/69   Age: 29

			Tackles			Miscellaneous				Interceptions				Totals		
Year Team	G	GS	Tk	Ast	Sack	FF	FR	TD	Blk	Int	Yds	Avg	TD	Sfty	TD	Pts
1992 Minnesota Vikings	8	0	8	1	0.0	0	0	0	0	0	0	-	0	0	0	0
1993 Minnesota Vikings	7	1	16	5	0.0	0	0	0	0	0	0	-	0	0	0	0
1994 Minnesota Vikings	16	16	89	30	1.5	1	0	0	0	1	0	0.0	0	0	0	0
1995 Minnesota Vikings	16	16	87	30	4.5	6	1	0	0	1	3	3.0	0	0	0	0
1997 Minnesota Vikings	16	16	65	25	1.5	2	0	0	0	1	18	18.0	0	0	0	0
5 NFL Seasons	63	49	265	91	7.5	9	1	0	0	3	21	7.0	0	0	0	0

Emmanuel McDaniel

Pos: CB   Rnd: 4   College: East Carolina   Ht: 5' 9"   Wt: 182   Born: 7/27/72   Age: 26

			Tackles			Miscellaneous				Interceptions				Totals		
Year Team	G	GS	Tk	Ast	Sack	FF	FR	TD	Blk	Int	Yds	Avg	TD	Sfty	TD	Pts
1996 Carolina Panthers	2	0	0	1	0.0	0	0	0	0	0	0	-	0	0	0	0
1997 Indianapolis Colts	3	0	0	0	0.0	0	0	0	0	0	0	-	0	0	0	0
2 NFL Seasons	5	0	0	1	0.0	0	0	0	0	0	0	-	0	0	0	0

Randall McDaniel

Pos: G **Rnd:** 1 (19) **College:** Arizona State **Ht:** 6' 3" **Wt:** 277 **Born:** 12/19/64 **Age:** 33

Year	Team	G	GS	Year	Team	G	GS	Year	Team	G	GS	Year	Team	G	GS
1988	Minnesota Vikings	16	15	1991	Minnesota Vikings	16	16	1994	Minnesota Vikings	16	16	1997	Minnesota Vikings	16	16
1989	Minnesota Vikings	14	13	1992	Minnesota Vikings	16	16	1995	Minnesota Vikings	16	16				
1990	Minnesota Vikings	16	16	1993	Minnesota Vikings	16	16	1996	Minnesota Vikings	16	16		10 NFL Seasons	158	156

Other Statistics: 1991–recovered 1 fumble for 0 yards. 1994–recovered 1 fumble for 0 yards. 1996–rushed 2 times for 1 yard.

Terry McDaniel

Pos: CB **Rnd:** 1 (9) **College:** Tennessee **Ht:** 5' 10" **Wt:** 180 **Born:** 2/8/65 **Age:** 33

				Tackles			Miscellaneous				Interceptions				Totals		
Year	Team	G	GS	Tk	Ast	Sack	FF	FR	TD	Blk	Int	Yds	Avg	TD	Sfty	TD	Pts
1988	Los Angeles Raiders	2	2	0	0	0.0	0	0	0	0	0	0	-	0	0	0	0
1989	Los Angeles Raiders	16	15	68	-	1.0	0	0	0	0	3	21	7.0	0	0	0	0
1990	Los Angeles Raiders	16	13	0	-	2.0	0	2	1	0	3	20	6.7	0	0	1	6
1991	Los Angeles Raiders	16	16	77	-	0.0	2	1	0	0	0	0	-	0	0	0	0
1992	Los Angeles Raiders	16	16	63	-	0.0	0	1	0	0	4	180	45.0	0	0	0	0
1993	Los Angeles Raiders	16	16	62	6	0.0	2	0	0	0	5	87	17.4	1	0	1	6
1994	Los Angeles Raiders	16	16	50	11	0.0	1	3	1	0	7	103	14.7	2	0	3	18
1995	Oakland Raiders	16	16	51	5	0.0	0	0	0	0	6	46	7.7	1	0	1	6
1996	Oakland Raiders	16	15	46	2	0.0	0	0	0	0	5	150	30.0	1	0	1	6
1997	Oakland Raiders	13	12	44	6	0.0	0	0	0	0	1	17	17.0	0	0	0	0
	10 NFL Seasons	143	137	461	30	3.0	5	7	2	0	34	624	18.4	5	0	7	42

Other Statistics: 1997–fumbled 1 time for 0 yards.

Pellom McDaniels

Pos: DE **Rnd:** FA **College:** Oregon State **Ht:** 6' 3" **Wt:** 292 **Born:** 2/21/68 **Age:** 30

				Tackles			Miscellaneous				Interceptions				Punt Returns				Kickoff Returns				Totals	
Year	Team	G	GS	Tk	Ast	Sack	FF	FR	TD	Blk	Int	Yds	Avg	TD	Num	Yds	Avg	TD	Num	Yds	Avg	TD	TD	Fum
1993	Kansas City Chiefs	10	0	8	0	0.0	0	0	0	0	0	0	-	0	0	0	-	0	0	0	-	0	0	0
1994	Kansas City Chiefs	12	3	11	1	2.0	1	1	0	0	0	0	-	0	0	0	-	0	0	0	-	0	0	0
1995	Kansas City Chiefs	16	2	16	1	2.0	0	0	0	0	0	0	-	0	0	0	-	0	1	0	0.0	0	0	0
1996	Kansas City Chiefs	9	1	7	1	0.0	0	0	0	0	0	0	-	0	0	0	-	0	0	0	-	0	0	0
1997	Kansas City Chiefs	16	6	20	3	3.5	1	1	0	0	0	0	-	0	0	0	-	0	0	0	-	0	0	0
	5 NFL Seasons	63	12	62	6	7.5	2	2	0	0	0	0	-	0	0	0	-	0	1	0	0.0	0	0	0

Ricardo McDonald

(statistical profile on page 431)

Pos: LB **Rnd:** 4 **College:** Pittsburgh **Ht:** 6' 2" **Wt:** 240 **Born:** 11/8/69 **Age:** 28

				Tackles			Miscellaneous				Interceptions				Totals		
Year	Team	G	GS	Tk	Ast	Sack	FF	FR	TD	Blk	Int	Yds	Avg	TD	Sfty	TD	Pts
1992	Cincinnati Bengals	16	13	71	24	0.0	0	1	0	0	1	0	0.0	0	0	0	0
1993	Cincinnati Bengals	14	12	87	15	1.0	1	0	0	0	0	0	-	0	0	0	0
1994	Cincinnati Bengals	13	13	30	15	1.0	1	0	0	0	0	0	-	0	0	0	0
1995	Cincinnati Bengals	16	15	46	17	5.0	1	1	0	0	0	0	-	0	0	0	0
1996	Cincinnati Bengals	16	16	47	14	5.0	1	0	0	0	0	0	-	0	0	0	0
1997	Cincinnati Bengals	13	12	50	14	1.0	0	0	0	0	0	0	-	0	0	0	0
	6 NFL Seasons	88	80	331	99	13.0	4	2	0	0	1	0	0.0	0	0	0	0

Tim McDonald

(statistical profile on page 431)

Pos: S **Rnd:** 2 **College:** Southern California **Ht:** 6' 2" **Wt:** 215 **Born:** 1/6/65 **Age:** 33

				Tackles			Miscellaneous				Interceptions				Totals		
Year	Team	G	GS	Tk	Ast	Sack	FF	FR	TD	Blk	Int	Yds	Avg	TD	Sfty	TD	Pts
1987	St. Louis Cardinals	3	0	7	0	0.0	0	0	0	0	0	0	-	0	0	0	0
1988	Phoenix Cardinals	16	15	101	14	2.0	4	1	0	0	2	11	5.5	0	0	0	0
1989	Phoenix Cardinals	16	16	102	53	0.0	0	0	0	0	7	170	24.3	1	0	1	6
1990	Phoenix Cardinals	16	16	101	31	0.0	1	1	0	0	4	63	15.8	0	0	0	0
1991	Phoenix Cardinals	13	13	81	15	0.0	0	1	0	0	5	36	7.2	0	0	0	0
1992	Phoenix Cardinals	16	16	89	18	0.5	1	3	0	0	2	35	17.5	0	0	0	0
1993	San Francisco 49ers	16	16	76	15	0.0	0	1	0	0	3	23	7.7	0	0	0	0
1994	San Francisco 49ers	16	16	67	5	0.0	1	1	1	0	2	79	39.5	1	0	2	12
1995	San Francisco 49ers	16	16	61	14	0.0	2	0	0	1	4	135	33.8	2	0	2	12
1996	San Francisco 49ers	16	16	81	17	1.0	0	1	0	0	2	14	7.0	0	0	0	0
1997	San Francisco 49ers	15	15	51	11	0.0	0	3	0	0	3	34	11.3	0	0	0	0
	11 NFL Seasons	159	155	817	193	3.5	9	13	1	1	34	600	17.6	4	0	5	30

O.J. McDuffie

(statistical profile on page 344)

Pos: WR **Rnd:** 1 (25) **College:** Penn State **Ht:** 5' 10" **Wt:** 188 **Born:** 12/2/69 **Age:** 28

				Rushing					Receiving				Punt Returns				Kickoff Returns				Totals		
Year	Team	G	GS	Att	Yds	Avg	Lg	TD	Rec	Yds	Avg	Lg	TD	Num	Yds	Avg	TD	Num	Yds	Avg	TD	Fum	TD	Pts
1993	Miami Dolphins	16	0	1	-4	-4.0	-4	0	19	197	10.4	18	0	28	317	11.3	2	32	755	23.6	0	4	2	12

			Rushing					Receiving					Punt Returns				Kickoff Returns				Totals		
Year Team	G	GS	Att	Yds	Avg	Lg	TD	Rec	Yds	Avg	Lg	TD	Num	Yds	Avg	TD	Num	Yds	Avg	TD	Fum	TD	Pts
1994 Miami Dolphins	15	3	5	32	6.4	12	0	37	488	13.2	30	3	32	228	7.1	0	36	767	21.3	0	3	3	18
1995 Miami Dolphins	16	16	3	6	2.0	11	0	62	819	13.2	48	8	24	163	6.8	0	23	564	24.5	0	4	8	50
1996 Miami Dolphins	16	16	2	7	3.5	7	0	74	918	12.4	36	8	22	212	9.6	0	0	0	-	0	6	8	48
1997 Miami Dolphins	16	16	0	0	-	-	0	76	943	12.4	55	1	2	4	2.0	0	0	0	-	0	0	2	12
5 NFL Seasons	79	51	11	41	3.7	12	0	268	3365	12.6	55	20	108	924	8.6	2	91	2086	22.9	0	17	23	140

Other Statistics: 1993–recovered 1 fumble for 0 yards. 1994–recovered 1 fumble for 0 yards. 1995–recovered 2 fumbles for 0 yards; scored 1 two-point conversion. 1996–recovered 3 fumbles for 0 yards. 1997–recovered 2 fumbles for 3 yards and 1 touchdown.

Leeland McElroy
(statistical profile on page 344)

Pos: RB **Rnd:** 2 **College:** Texas A&M **Ht:** 5' 9" **Wt:** 198 **Born:** 6/25/74 **Age:** 24

			Rushing					Receiving					Punt Returns				Kickoff Returns				Totals		
Year Team	G	GS	Att	Yds	Avg	Lg	TD	Rec	Yds	Avg	Lg	TD	Num	Yds	Avg	TD	Num	Yds	Avg	TD	Fum	TD	Pts
1996 Arizona Cardinals	16	6	89	305	3.4	32	1	5	41	8.2	t22	1	0	0	-	0	54	1148	21.3	0	3	2	12
1997 Arizona Cardinals	14	8	135	424	3.1	18	2	7	32	4.6	17	0	0	0	-	0	0	0	-	0	3	2	12
2 NFL Seasons	30	14	224	729	3.3	32	3	12	73	6.1	t22	1	0	0	-	0	54	1148	21.3	0	6	4	24

Other Statistics: 1996–recovered 1 fumble for 0 yards.

Ray McElroy

Pos: S **Rnd:** 4 **College:** Eastern Illinois **Ht:** 5' 11" **Wt:** 207 **Born:** 7/31/72 **Age:** 26

			Tackles			Miscellaneous				Interceptions				Totals		
Year Team	G	GS	Tk	Ast	Sack	FF	FR	TD	Blk	Int	Yds	Avg	TD	Sfty	TD	Pts
1995 Indianapolis Colts	16	0	2	1	0.0	0	0	0	0	0	0	-	0	0	0	0
1996 Indianapolis Colts	16	5	30	9	0.0	0	0	0	0	0	0	-	0	0	0	0
1997 Indianapolis Colts	16	4	24	9	0.0	1	0	1	0	0	0	-	0	0	1	6
3 NFL Seasons	48	9	56	19	0.0	1	0	1	0	0	0	-	0	0	1	6

Tony McGee
(statistical profile on page 345)

Pos: TE **Rnd:** 2 **College:** Michigan **Ht:** 6' 3" **Wt:** 246 **Born:** 4/21/71 **Age:** 27

			Rushing					Receiving					Punt Returns				Kickoff Returns				Totals		
Year Team	G	GS	Att	Yds	Avg	Lg	TD	Rec	Yds	Avg	Lg	TD	Num	Yds	Avg	TD	Num	Yds	Avg	TD	Fum	TD	Pts
1993 Cincinnati Bengals	15	15	0	0	-	-	0	44	525	11.9	37	0	0	0	-	0	0	0	-	0	1	0	0
1994 Cincinnati Bengals	16	16	0	0	-	-	0	40	492	12.3	54	1	0	0	-	0	1	4	4.0	0	0	1	6
1995 Cincinnati Bengals	16	16	0	0	-	-	0	55	754	13.7	41	4	0	0	-	0	0	0	-	0	2	4	24
1996 Cincinnati Bengals	16	16	0	0	-	-	0	38	446	11.7	22	4	0	0	-	0	0	0	-	0	0	4	24
1997 Cincinnati Bengals	16	16	0	0	-	-	0	34	414	12.2	37	6	0	0	-	0	0	0	-	0	0	6	38
5 NFL Seasons	79	79	0	0	-	-	0	211	2631	12.5	54	15	0	0	-	0	1	4	4.0	0	3	15	92

Other Statistics: 1997–scored 1 two-point conversion.

Lenny McGill

Pos: CB **Rnd:** FA **College:** Arizona State **Ht:** 6' 1" **Wt:** 198 **Born:** 5/31/71 **Age:** 27

			Tackles			Miscellaneous				Interceptions				Totals		
Year Team	G	GS	Tk	Ast	Sack	FF	FR	TD	Blk	Int	Yds	Avg	TD	Sfty	TD	Pts
1994 Green Bay Packers	6	0	4	2	0.0	0	0	0	0	2	16	8.0	0	0	0	0
1995 Green Bay Packers	15	1	17	10	0.0	0	1	0	0	0	0	-	0	0	0	0
1996 Atlanta Falcons	16	8	34	5	0.0	0	1	0	0	0	0	-	0	0	0	0
1997 Atlanta Falcons	15	0	12	0	0.0	0	0	0	0	1	7	7.0	0	0	0	0
4 NFL Seasons	52	9	67	17	0.0	0	2	0	0	3	23	7.7	0	0	0	0

Willie McGinest

Pos: DE **Rnd:** 1 (4) **College:** Southern California **Ht:** 6' 5" **Wt:** 255 **Born:** 12/11/71 **Age:** 26

			Tackles			Miscellaneous				Interceptions				Totals		
Year Team	G	GS	Tk	Ast	Sack	FF	FR	TD	Blk	Int	Yds	Avg	TD	Sfty	TD	Pts
1994 New England Patriots	16	7	29	14	4.5	2	2	0	0	0	0	-	0	0	0	0
1995 New England Patriots	16	16	70	18	11.0	4	0	0	0	0	0	-	0	0	0	0
1996 New England Patriots	16	16	49	18	9.5	2	2	1	0	1	46	46.0	1	0	2	12
1997 New England Patriots	11	11	25	10	2.0	0	3	0	0	0	0	-	0	0	0	0
4 NFL Seasons	59	50	173	60	27.0	8	7	1	0	1	46	46.0	1	0	2	12

Chester McGlockton
(statistical profile on page 432)

Pos: DT **Rnd:** 1 (16) **College:** Clemson **Ht:** 6' 4" **Wt:** 320 **Born:** 9/16/69 **Age:** 29

			Tackles			Miscellaneous				Interceptions				Totals		
Year Team	G	GS	Tk	Ast	Sack	FF	FR	TD	Blk	Int	Yds	Avg	TD	Sfty	TD	Pts
1992 Los Angeles Raiders	10	0	18	-	3.0	0	0	0	0	0	0	-	0	0	0	0
1993 Los Angeles Raiders	16	16	63	15	7.0	0	1	0	0	1	19	19.0	0	0	0	0
1994 Los Angeles Raiders	16	16	48	14	9.5	3	1	0	0	0	0	-	0	0	0	0
1995 Oakland Raiders	16	16	47	8	7.5	2	0	0	0	0	0	-	0	0	0	0
1996 Oakland Raiders	16	16	59	4	8.0	4	0	0	0	0	0	-	0	0	0	0

Year	Team	G	GS	Tackles			Miscellaneous				Interceptions				Totals		
				Tk	Ast	Sack	FF	FR	TD	Blk	Int	Yds	Avg	TD	Sfty	TD	Pts
1997	Oakland Raiders	16	16	54	10	4.5	1	1	0	0	0	0	-	0	0	0	0
	6 NFL Seasons	90	80	289	51	39.5	10	5	0	0	1	19	19.0	0	0	0	0

Michael McGruder

Pos: CB Rnd: FA College: Kent State Ht: 5' 10" Wt: 178 Born: 5/6/64 Age: 34

Year	Team	G	GS	Tackles			Miscellaneous				Interceptions				Totals		
				Tk	Ast	Sack	FF	FR	TD	Blk	Int	Yds	Avg	TD	Sfty	TD	Pts
1989	Green Bay Packers	2	0	2	0	0.0	0	1	0	0	0	0	-	0	0	0	0
1990	Miami Dolphins	1	0	0	0	0.0	0	0	0	0	0	0	-	0	0	0	0
1991	Miami Dolphins	16	5	26	1	0.0	0	1	0	0	0	0	-	0	0	0	0
1992	San Francisco 49ers	9	2	18	1	0.0	0	1	0	0	0	0	-	0	0	0	0
1993	San Francisco 49ers	16	5	32	5	0.0	0	0	0	0	5	89	17.8	1	0	1	6
1994	Tampa Bay Buccaneers	15	3	25	4	0.0	1	0	0	0	1	0	0.0	0	0	0	0
1995	Tampa Bay Buccaneers	16	2	18	5	0.0	0	1	0	0	0	0	-	0	0	0	0
1996	New England Patriots	14	0	18	3	0.5	0	0	0	0	0	0	-	0	0	0	0
1997	New England Patriots	3	0	4	0	1.0	0	0	0	0	0	0	-	0	0	0	0
	9 NFL Seasons	92	17	143	19	1.5	1	4	0	0	6	89	14.8	1	0	1	6

Kaipo McGuire

Pos: WR Rnd: FA College: Brigham Young Ht: 5' 10" Wt: 182 Born: 1/16/74 Age: 24

Year	Team	G	GS	Rushing					Receiving				Punt Returns				Kickoff Returns				Totals		
				Att	Yds	Avg	Lg	TD	Rec	Yds	Avg	Lg	TD	Num	Yds	Avg	TD	Num	Yds	Avg	TD	Fum	TD	Pts
1997	Indianapolis Colts	3	0	0	0	-	-	0	0	0	-	-	0	0	0	-	0	0	0	-	0	0	0	0

Everette McIver

Pos: G Rnd: FA College: Elizabeth City State Ht: 6' 6" Wt: 315 Born: 8/5/70 Age: 28

Year	Team	G	GS	Year	Team	G	GS	Year	Team	G	GS	Year	Team	G	GS
1994	New York Jets	4	0	1995	New York Jets	14	4	1996	Miami Dolphins	7	5	1997	Miami Dolphins	14	14
													4 NFL Seasons	39	23

James McKeehan

Pos: TE/LS Rnd: FA College: Texas A&M Ht: 6' 3" Wt: 251 Born: 8/9/73 Age: 25

Year	Team	G	GS	Rushing					Receiving					Punt Returns				Kickoff Returns				Totals		
				Att	Yds	Avg	Lg	TD	Rec	Yds	Avg	Lg	TD	Num	Yds	Avg	TD	Num	Yds	Avg	TD	Fum	TD	Pts
1996	Houston Oilers	14	0	0	0	-	-	0	0	0	-	-	0	0	0	-	0	0	0	-	0	0	0	0
1997	Tennessee Oilers	10	0	0	0	-	-	0	0	0	-	-	0	0	0	-	0	2	6	3.0	0	0	0	0
	2 NFL Seasons	24	0	0	0	-	-	0	0	0	-	-	0	0	0	-	0	2	6	3.0	0	0	0	0

Keith McKenzie

Pos: DE/LB Rnd: 7 College: Ball State Ht: 6' 2" Wt: 242 Born: 10/17/73 Age: 25

Year	Team	G	GS	Tackles			Miscellaneous				Interceptions				Totals		
				Tk	Ast	Sack	FF	FR	TD	Blk	Int	Yds	Avg	TD	Sfty	TD	Pts
1996	Green Bay Packers	10	0	3	3	1.0	0	0	0	0	0	0	-	0	0	0	0
1997	Green Bay Packers	16	0	2	1	1.5	0	0	0	0	0	0	-	0	0	0	0
	2 NFL Seasons	26	0	5	4	2.5	0	0	0	0	0	0	-	0	0	0	0

Raleigh McKenzie

Pos: C Rnd: 11 College: Tennessee Ht: 6' 2" Wt: 283 Born: 2/8/63 Age: 35

Year	Team	G	GS	Year	Team	G	GS	Year	Team	G	GS	Year	Team	G	GS
1985	Washington Redskins	6	0	1989	Washington Redskins	15	8	1993	Washington Redskins	16	16	1997	San Diego Chargers	16	16
1986	Washington Redskins	16	5	1990	Washington Redskins	16	12	1994	Washington Redskins	16	16				
1987	Washington Redskins	12	12	1991	Washington Redskins	16	14	1995	Philadelphia Eagles	16	16				
1988	Washington Redskins	16	14	1992	Washington Redskins	16	16	1996	Philadelphia Eagles	16	16		13 NFL Seasons	193	161

Other Statistics: 1994–recovered 1 fumble for 0 yards. 1995–recovered 1 fumble for 0 yards. 1997–recovered 1 fumble for 0 yards.

Ronald McKinnon

(statistical profile on page 432)

Pos: LB Rnd: FA College: North Alabama Ht: 5' 11" Wt: 230 Born: 9/20/73 Age: 25

Year	Team	G	GS	Tackles			Miscellaneous				Interceptions				Totals		
				Tk	Ast	Sack	FF	FR	TD	Blk	Int	Yds	Avg	TD	Sfty	TD	Pts
1996	Arizona Cardinals	16	0	6	1	0.0	0	0	0	0	0	0	-	0	0	0	0
1997	Arizona Cardinals	16	16	61	36	1.0	1	0	0	0	3	40	13.3	0	0	0	0
	2 NFL Seasons	32	16	67	37	1.0	1	0	0	0	3	40	13.3	0	0	0	0

Other Statistics: 1996–rushed 1 time for -4 yards. 1997–rushed 1 time for 3 yards.

James McKnight

(statistical profile on page 345)

Pos: WR Rnd: FA College: Liberty Ht: 6' 0" Wt: 186 Born: 6/17/72 Age: 26

			Rushing					Receiving				Punt Returns				Kickoff Returns				Totals		
Year Team	G	GS	Att	Yds	Avg	Lg	TD	Rec	Yds	Avg	Lg	TD	Num	Yds	Avg	TD	Num	Yds	Avg	TD	Fum	TD	Pts
1994 Seattle Seahawks	2	0	0	0	-	-	0	1	25	25.0	t25	1	0	0	-	0	0	0	-	0	0	1	6
1995 Seattle Seahawks	16	0	0	0	-	-	0	6	91	15.2	24	0	0	0	-	0	1	4	4.0	0	1	0	0
1996 Seattle Seahawks	16	0	0	0	-	-	0	1	73	73.0	73	0	0	0	-	0	3	86	28.7	0	0	0	0
1997 Seattle Seahawks	12	5	0	0	-	-	0	34	637	18.7	t60	6	0	0	-	0	1	14	14.0	0	1	6	36
4 NFL Seasons	46	5	0	0	-	-	0	42	826	19.7	73	7	0	0	-	0	5	104	20.8	0	2	7	42

Other Statistics: 1995–recovered 1 fumble for 0 yards. 1996–recovered 1 fumble for 0 yards.

Tim McKyer

Pos: CB Rnd: 3 College: Texas-Arlington Ht: 6' 0" Wt: 178 Born: 9/5/63 Age: 35

			Tackles			Miscellaneous				Interceptions				Punt Returns				Kickoff Returns				Totals	
Year Team	G	GS	Tk	Ast	Sack	FF	FR	TD	Blk	Int	Yds	Avg	TD	Num	Yds	Avg	TD	Num	Yds	Avg	TD	TD	Fum
1986 San Francisco 49ers	16	16	45	7	0.0	0	0	0	0	6	33	5.5	1	1	5	5.0	0	1	15	15.0	0	1	0
1987 San Francisco 49ers	12	12	29	6	0.0	0	0	0	0	2	0	0.0	0	0	0	-	0	0	0	-	0	0	0
1988 San Francisco 49ers	16	16	37	2	0.0	0	0	0	0	7	11	1.6	0	0	0	-	0	0	0	-	0	0	0
1989 San Francisco 49ers	7	1	11	1	0.0	0	0	0	0	1	18	18.0	0	0	0	-	0	0	0	-	0	0	0
1990 Miami Dolphins	16	16	37	7	0.0	0	0	0	0	4	40	10.0	0	0	0	-	0	0	0	-	0	0	0
1991 Atlanta Falcons	16	16	47	14	0.0	0	0	0	0	6	24	4.0	0	0	0	-	0	0	0	-	0	0	0
1992 Atlanta Falcons	16	16	43	16	1.0	0	0	0	0	1	0	0.0	0	0	0	-	0	0	0	-	0	0	0
1993 Detroit Lions	15	3	26	1	0.0	0	1	0	0	2	10	5.0	0	0	0	-	0	0	0	-	0	0	0
1994 Pittsburgh Steelers	16	2	26	3	0.0	0	0	0	0	0	0	-	0	0	0	-	0	0	0	-	0	0	0
1995 Carolina Panthers	16	16	57	5	0.0	0	2	0	0	3	99	33.0	1	0	0	-	0	0	0	-	0	1	0
1996 Atlanta Falcons	8	7	31	3	1.0	0	2	0	0	0	0	-	0	0	0	-	0	0	0	-	0	0	0
1997 Denver Broncos	16	1	12	4	1.0	1	0	0	0	1	0	0.0	0	0	0	-	0	0	0	-	0	0	0
12 NFL Seasons	170	122	401	69	3.0	1	5	0	0	33	235	7.1	2	1	5	5.0	0	1	15	15.0	0	2	0

Mark McMillian

Pos: CB Rnd: 10 College: Alabama Ht: 5' 7" Wt: 148 Born: 4/29/70 Age: 28

			Tackles			Miscellaneous				Interceptions				Totals		
Year Team	G	GS	Tk	Ast	Sack	FF	FR	TD	Blk	Int	Yds	Avg	TD	Sfty	TD	Pts
1992 Philadelphia Eagles	16	3	18	3	0.0	0	0	0	0	1	0	0.0	0	0	0	0
1993 Philadelphia Eagles	16	12	42	7	0.0	0	1	0	0	2	25	12.5	0	0	0	0
1994 Philadelphia Eagles	16	16	44	5	0.0	0	1	0	0	2	2	1.0	0	0	0	0
1995 Philadelphia Eagles	16	16	63	-	0.0	0	2	0	0	3	27	9.0	0	0	0	0
1996 New Orleans Saints	16	16	62	5	0.0	0	1	0	0	2	4	2.0	0	0	0	0
1997 Kansas City Chiefs	16	2	42	1	0.0	1	0	0	0	8	274	34.3	3	0	3	18
6 NFL Seasons	96	65	271	21	0.0	1	5	0	0	18	332	18.4	3	0	3	18

Other Statistics: 1993–fumbled 1 time.

Steve McNair

(statistical profile on page 346)

Pos: QB Rnd: 1 (3) College: Alcorn State Ht: 6' 2" Wt: 224 Born: 2/14/73 Age: 25

			Passing									Rushing					Miscellaneous			
Year Team	G	GS	Att	Com	Pct	Yards	Yds/Att	Lg	TD	Int	Int%	Rating	Att	Yds	Avg	Lg	TD	Sckd	Yds	Fum	Rec Yds	Pts
1995 Houston Oilers	6	2	80	41	51.3	569	7.11	53	3	1	1.3	81.7	11	38	3.5	13	0	6	63	3	2 0	0
1996 Houston Oilers	10	4	143	88	61.5	1197	8.37	t83	6	4	2.8	90.6	31	169	5.5	t24	2	9	45	7	4 0	12
1997 Tennessee Oilers	16	16	415	216	52.0	2665	6.42	t55	14	13	3.1	70.4	101	674	6.7	47	8	31	190	16	7 -2	48
3 NFL Seasons	32	22	638	345	54.1	4431	6.95	t83	23	18	2.8	76.3	143	881	6.2	47	10	46	298	26	13 -2	60

Ryan McNeil

(statistical profile on page 433)

Pos: CB Rnd: 2 College: Miami (FL) Ht: 6' 2" Wt: 192 Born: 10/4/70 Age: 28

			Tackles			Miscellaneous				Interceptions				Totals		
Year Team	G	GS	Tk	Ast	Sack	FF	FR	TD	Blk	Int	Yds	Avg	TD	Sfty	TD	Pts
1993 Detroit Lions	16	2	29	4	0.0	0	0	0	0	2	19	9.5	0	0	0	0
1994 Detroit Lions	14	13	51	7	0.0	0	0	0	0	1	14	14.0	0	0	0	0
1995 Detroit Lions	16	16	69	17	0.0	0	2	0	0	2	26	13.0	0	0	0	0
1996 Detroit Lions	16	16	68	18	0.0	0	2	0	0	5	14	2.8	0	0	0	0
1997 St. Louis Rams	16	16	62	9	0.0	0	1	0	0	9	127	14.1	1	0	1	6
5 NFL Seasons	78	63	279	55	0.0	0	5	0	0	19	200	10.5	1	0	1	6

Other Statistics: 1997–fumbled 1 time.

Jerris McPhail

(statistical profile on page 346)

Pos: KR/RB Rnd: 5 College: East Carolina Ht: 5' 11" Wt: 201 Born: 6/26/72 Age: 26

			Rushing					Receiving				Punt Returns				Kickoff Returns				Totals		
Year Team	G	GS	Att	Yds	Avg	Lg	TD	Rec	Yds	Avg	Lg	TD	Num	Yds	Avg	TD	Num	Yds	Avg	TD	Fum	TD	Pts
1996 Miami Dolphins	9	1	6	28	4.7	10	0	20	282	14.1	52	0	0	0	-	0	15	335	22.3	0	2	0	0
1997 Miami Dolphins	14	1	17	146	8.6	t71	1	34	262	7.7	19	1	0	0	-	0	15	314	20.9	0	0	2	12

Year Team	G	GS	Rushing Att	Yds	Avg	Lg	TD	Receiving Rec	Yds	Avg	Lg	TD	Punt Returns Num	Yds	Avg	TD	Kickoff Returns Num	Yds	Avg	TD	Totals Fum	TD	Pts
2 NFL Seasons	23	2	23	174	7.6	t71	1	54	544	10.1	52	1	0	0	-	0	30	649	21.6	0	2	2	12

Other Statistics: 1996–recovered 1 fumble for 0 yards. 1997–recovered 0 fumbles for 4 yards.

Tim McTyer

Pos: CB **Rnd:** FA **College:** Brigham Young **Ht:** 5' 11" **Wt:** 181 **Born:** 12/14/75 **Age:** 22

Year Team	G	GS	Tackles Tk	Ast	Sack	Miscellaneous FF	FR	TD	Blk	Interceptions Int	Yds	Avg	TD	Totals Sfty	TD	Pts
1997 Philadelphia Eagles	10	0	2	0	0.0	0	0	0	0	0	0	-	0	0	0	0

Johnny McWilliams

Pos: TE **Rnd:** 3 **College:** Southern California **Ht:** 6' 4" **Wt:** 261 **Born:** 12/14/72 **Age:** 25

Year Team	G	GS	Rushing Att	Yds	Avg	Lg	TD	Receiving Rec	Yds	Avg	Lg	TD	Punt Returns Num	Yds	Avg	TD	Kickoff Returns Num	Yds	Avg	TD	Totals Fum	TD	Pts
1996 Arizona Cardinals	12	1	0	0	-	-	0	7	80	11.4	21	1	0	0	-	0	0	0	-	0	0	1	6
1997 Arizona Cardinals	16	7	0	0	-	-	0	7	75	10.7	15	0	0	0	-	0	0	0	-	0	0	0	0
2 NFL Seasons	28	8	0	0	-	-	0	14	155	11.1	21	1	0	0	-	0	0	0	-	0	0	1	6

Adam Meadows

Pos: OT **Rnd:** 2 **College:** Georgia **Ht:** 6' 7" **Wt:** 280 **Born:** 1/25/74 **Age:** 24

Year Team	G	GS
1997 Indianapolis Colts	16	16
1 NFL Season	16	16

Natrone Means

(statistical profile on page 347)

Pos: RB **Rnd:** 2 **College:** North Carolina **Ht:** 5' 10" **Wt:** 240 **Born:** 4/26/72 **Age:** 26

Year Team	G	GS	Rushing Att	Yds	Avg	Lg	TD	Receiving Rec	Yds	Avg	Lg	TD	Kickoff Returns Num	Yds	Avg	TD	Passing Att	Com	Yds	Int	Totals Fum	TD	Pts
1993 San Diego Chargers	16	0	160	645	4.0	t65	8	10	59	5.9	11	0	2	22	11.0	0	1	0	0	0	1	8	48
1994 San Diego Chargers	16	16	343	1350	3.9	25	12	39	235	6.0	22	0	0	0	-	0	1	0	0	0	5	12	72
1995 San Diego Chargers	10	9	186	730	3.9	36	5	7	46	6.6	14	0	0	0	-	0	0	0	0	0	2	5	30
1996 Jacksonville Jaguars	14	4	152	507	3.3	35	2	7	45	6.4	t11	1	0	0	-	0	0	0	0	0	3	3	18
1997 Jacksonville Jaguars	14	11	244	823	3.4	20	9	15	104	6.9	21	0	0	0	-	0	0	0	0	0	5	9	54
5 NFL Seasons	70	40	1085	4055	3.7	t65	36	78	489	6.3	22	1	2	22	11.0	0	2	0	0	0	16	37	222

Other Statistics: 1993–recovered 1 fumble for 0 yards. 1996–recovered 1 fumble for 0 yards.

David Meggett

Pos: KR/RB **Rnd:** 5 **College:** Towson State **Ht:** 5' 7" **Wt:** 195 **Born:** 4/30/66 **Age:** 32

Year Team	G	GS	Rushing Att	Yds	Avg	Lg	TD	Receiving Rec	Yds	Avg	Lg	TD	Punt Returns Num	Yds	Avg	TD	Kickoff Returns Num	Yds	Avg	TD	Totals Fum	TD	Pts
1989 New York Giants	16	2	28	117	4.2	18	0	34	531	15.6	t62	4	46	582	12.7	1	27	577	21.4	0	8	5	30
1990 New York Giants	16	1	22	164	7.5	51	0	39	410	10.5	38	1	43	467	10.9	1	21	492	23.4	0	3	2	12
1991 New York Giants	16	2	29	153	5.3	t30	1	50	412	8.2	22	3	28	287	10.3	1	25	514	20.6	0	8	5	30
1992 New York Giants	16	0	32	167	5.2	30	0	38	229	6.0	24	2	27	240	8.9	0	20	455	22.8	1	5	3	18
1993 New York Giants	16	1	69	329	4.8	23	0	38	319	8.4	50	0	32	331	10.3	1	24	403	16.8	0	1	1	6
1994 New York Giants	16	3	91	298	3.3	t26	4	32	293	9.2	34	0	26	323	12.4	2	29	548	18.9	0	6	6	36
1995 New England Patriots	16	0	60	250	4.2	25	2	52	334	6.4	19	0	45	383	8.5	0	38	964	25.4	0	5	2	16
1996 New England Patriots	16	1	40	122	3.1	12	0	33	292	8.8	54	0	52	588	11.3	1	34	781	23.0	0	7	1	6
1997 New England Patriots	16	2	20	60	3.0	10	1	19	203	10.7	t49	1	45	467	10.4	0	33	816	24.7	0	2	2	12
9 NFL Seasons	144	12	391	1660	4.2	51	8	335	3023	9.0	t62	11	344	3668	10.7	7	251	5550	22.1	1	45	27	166

Other Statistics: 1989–recovered 3 fumbles for 0 yards. 1990–recovered 2 fumbles for 0 yards. 1991–recovered 3 fumbles for 0 yards; attempted 1 pass with 0 completions for 0 yards. 1992–recovered 3 fumbles for 0 yards. 1993–recovered 1 fumble for 0 yards; attempted 2 passes with 2 completions for 63 yards and 2 touchdowns. 1994–recovered 5 fumbles for 0 yards; attempted 2 passes with 1 completion for 16 yards and 1 touchdown. 1995–attempted 1 pass with 0 completions for 0 yards; scored 2 two-point conversions. 1996–recovered 4 fumbles for 0 yards; attempted 1 pass with 0 completions for 0 yards. 1997–recovered 1 fumble for 0 yards; attempted 1 pass with 1 completion for 35 yards and 1 touchdown.

Eric Metcalf

(statistical profile on page 347)

Pos: WR/KR **Rnd:** 1 (13) **College:** Texas **Ht:** 5' 10" **Wt:** 188 **Born:** 1/23/68 **Age:** 30

Year Team	G	GS	Rushing Att	Yds	Avg	Lg	TD	Receiving Rec	Yds	Avg	Lg	TD	Punt Returns Num	Yds	Avg	TD	Kickoff Returns Num	Yds	Avg	TD	Totals Fum	TD	Pts
1989 Cleveland Browns	16	11	187	633	3.4	t43	6	54	397	7.4	t68	4	0	0	-	0	31	718	23.2	0	5	10	60
1990 Cleveland Browns	16	9	80	248	3.1	17	1	57	452	7.9	35	1	0	0	-	0	52	1052	20.2	2	8	4	24
1991 Cleveland Browns	8	3	30	107	3.6	15	0	29	294	10.1	45	0	12	100	8.3	0	23	351	15.3	0	1	0	0
1992 Cleveland Browns	16	5	73	301	4.1	31	1	47	614	13.1	t69	5	44	429	9.8	1	9	157	17.4	0	6	7	42
1993 Cleveland Browns	16	9	129	611	4.7	55	1	63	539	8.6	49	2	36	464	12.9	2	15	318	21.2	0	4	5	30
1994 Cleveland Browns	16	8	93	329	3.5	t37	2	47	436	9.3	t57	3	35	348	9.9	2	9	210	23.3	0	6	7	42
1995 Atlanta Falcons	16	14	28	133	4.8	t23	1	104	1189	11.4	t62	8	39	383	9.8	1	12	278	23.2	0	4	10	60
1996 Atlanta Falcons	16	11	3	8	2.7	4	0	54	599	11.1	67	6	27	296	11.0	0	49	1034	21.1	0	3	6	36
1997 San Diego Chargers	16	1	3	-5	-1.7	2	0	40	576	14.4	62	2	45	489	10.9	3	16	355	22.2	0	4	5	30

Year Team	G	GS	Rushing Att	Yds	Avg	Lg	TD	Receiving Rec	Yds	Avg	Lg	TD	Punt Returns Num	Yds	Avg	TD	Kickoff Returns Num	Yds	Avg	TD	Totals Fum	TD	Pts
9 NFL Seasons	136	71	626	2365	3.8	55	12	495	5096	10.3	t69	31	238	2509	10.5	9	216	4473	20.7	2	41	54	324

Other Statistics: 1989–attempted 2 passes with 1 completion for 32 yards and 1 touchdown. 1990–recovered 1 fumble for 0 yards. 1992–recovered 2 fumbles for 0 yards; attempted 1 pass with 0 completions for 0 yards. 1994–attempted 1 pass with 0 completions for 0 yards. 1995–recovered 2 fumbles for 0 yards; attempted 1 pass with 0 completions for 0 yards. 1997–recovered 2 fumbles for 0 yards.

Pete Metzelaars

Pos: TE **Rnd:** 3 **College:** Wabash **Ht:** 6' 7" **Wt:** 254 **Born:** 5/24/60 **Age:** 38

Year Team	G	GS	Rushing Att	Yds	Avg	Lg	TD	Receiving Rec	Yds	Avg	Lg	TD	Punt Returns Num	Yds	Avg	TD	Kickoff Returns Num	Yds	Avg	TD	Totals Fum	TD	Pts
1982 Seattle Seahawks	9	2	0	0	-	-	0	15	152	10.1	26	0	0	0	-	0	0	0	-	0	2	0	0
1983 Seattle Seahawks	16	7	0	0	-	-	0	7	72	10.3	t17	1	0	0	-	0	1	0	0.0	0	0	1	6
1984 Seattle Seahawks	9	4	0	0	-	-	0	5	80	16.0	25	0	0	0	-	0	0	0	-	0	1	0	0
1985 Buffalo Bills	16	8	0	0	-	-	0	12	80	6.7	13	1	0	0	-	0	0	0	-	0	0	1	6
1986 Buffalo Bills	16	16	0	0	-	-	0	49	485	9.9	t44	3	0	0	-	0	0	0	-	0	2	4	24
1987 Buffalo Bills	12	12	0	0	-	-	0	28	290	10.4	34	0	0	0	-	0	0	0	-	0	3	0	0
1988 Buffalo Bills	16	16	0	0	-	-	0	33	438	13.3	35	1	0	0	-	0	0	0	-	0	0	1	6
1989 Buffalo Bills	16	16	0	0	-	-	0	18	179	9.9	23	2	0	0	-	0	0	0	-	0	0	2	12
1990 Buffalo Bills	16	4	0	0	-	-	0	10	60	6.0	12	1	0	0	-	0	0	0	-	0	1	1	6
1991 Buffalo Bills	16	1	0	0	-	-	0	5	54	10.8	t51	2	0	0	-	0	0	0	-	0	0	2	12
1992 Buffalo Bills	16	7	0	0	-	-	0	30	298	9.9	t53	6	0	0	-	0	0	0	-	0	0	6	36
1993 Buffalo Bills	16	16	0	0	-	-	0	68	609	9.0	51	4	0	0	-	0	0	0	-	0	1	4	24
1994 Buffalo Bills	16	16	0	0	-	-	0	49	428	8.7	t35	5	0	0	-	0	0	0	-	0	0	5	30
1995 Carolina Panthers	14	14	0	0	-	-	0	20	171	8.6	27	3	0	0	-	0	0	0	-	0	0	3	18
1996 Detroit Lions	15	11	0	0	-	-	0	17	146	8.6	20	0	0	0	-	0	1	1	1.0	0	0	0	0
1997 Detroit Lions	16	6	0	0	-	-	0	17	144	8.5	22	0	0	0	-	0	0	0	-	0	0	0	0
16 NFL Seasons	235	156	0	0	-	-	0	383	3686	9.6	t53	29	0	0	-	0	2	1	0.5	0	10	30	180

Other Statistics: 1982–recovered 1 fumble for 0 yards. 1985–recovered 1 fumble for 2 yards. 1986–recovered 1 fumble for 0 yards and 1 touchdown. 1987–recovered 1 fumble for 0 yards. 1988–recovered 1 fumble for 0 yards.

John Michels

Pos: T **Rnd:** 1 (27) **College:** Southern California **Ht:** 6' 7" **Wt:** 290 **Born:** 3/19/73 **Age:** 25

Year Team	G	GS	Year Team	G	GS									G	GS
1996 Green Bay Packers	15	9	1997 Green Bay Packers	9	5							2 NFL Seasons		24	14

Darren Mickell

Pos: DE **Rnd:** 2 **College:** Florida **Ht:** 6' 4" **Wt:** 284 **Born:** 8/3/70 **Age:** 28

Year Team	G	GS	Tackles Tk	Ast	Sack	Miscellaneous FF	FR	TD	Blk	Interceptions Int	Yds	Avg	TD	Totals Sfty	TD	Pts
1992 Kansas City Chiefs	1	0	1	0	0.0	0	0	0	0	0	0	-	0	0	0	0
1993 Kansas City Chiefs	16	1	16	5	1.0	2	1	0	0	0	0	-	0	0	0	0
1994 Kansas City Chiefs	16	13	35	4	7.0	4	1	0	0	0	0	-	0	0	0	0
1995 Kansas City Chiefs	12	6	14	3	5.5	2	1	0	0	0	0	-	0	0	0	0
1996 New Orleans Saints	12	12	26	7	3.0	1	0	0	0	0	0	-	0	0	0	0
1997 New Orleans Saints	14	13	20	13	3.5	0	1	0	1	0	0	-	0	0	0	0
6 NFL Seasons	71	45	112	31	20.0	9	4	0	1	0	0	-	0	0	0	0

Ray Mickens

Pos: CB **Rnd:** 3 **College:** Texas A&M **Ht:** 5' 8" **Wt:** 180 **Born:** 1/4/73 **Age:** 25

Year Team	G	GS	Tackles Tk	Ast	Sack	Miscellaneous FF	FR	TD	Blk	Interceptions Int	Yds	Avg	TD	Totals Sfty	TD	Pts
1996 New York Jets	15	12	37	7	0.0	0	0	0	0	0	0	-	0	0	0	0
1997 New York Jets	16	0	25	1	1.0	2	0	1	0	4	2	0.5	0	0	1	6
2 NFL Seasons	31	12	62	8	1.0	2	0	1	0	4	2	0.5	0	0	1	6

Terry Mickens

Pos: WR **Rnd:** 5 **College:** Florida A&M **Ht:** 6' 0" **Wt:** 198 **Born:** 2/21/71 **Age:** 27

Year Team	G	GS	Rushing Att	Yds	Avg	Lg	TD	Receiving Rec	Yds	Avg	Lg	TD	Punt Returns Num	Yds	Avg	TD	Kickoff Returns Num	Yds	Avg	TD	Totals Fum	TD	Pts
1994 Green Bay Packers	12	0	0	0	-	-	0	4	31	7.8	11	0	0	0	-	0	0	0	-	0	0	0	0
1995 Green Bay Packers	16	0	0	0	-	-	0	3	50	16.7	24	0	0	0	-	0	1	0	0.0	0	0	0	0
1996 Green Bay Packers	8	5	0	0	-	-	0	18	161	8.9	19	2	0	0	-	0	0	0	-	0	0	2	12
1997 Green Bay Packers	11	0	0	0	-	-	0	1	2	2.0	t2	1	0	0	-	0	1	0	0.0	0	0	1	6
4 NFL Seasons	47	5	0	0	-	-	0	26	244	9.4	24	3	0	0	-	0	2	0	0.0	0	0	3	18

Other Statistics: 1996–recovered 1 fumble for 0 yards.

Frank Middleton

Pos: G **Rnd:** 3 **College:** Arizona **Ht:** 6' 3" **Wt:** 320 **Born:** 10/25/74 **Age:** 24

Year Team	G	GS					G	GS
1997 Tampa Bay Buccaneers	15	2				1 NFL Season	15	2

Glyn Milburn

Pos: KR/PR **Rnd:** 2 **College:** Stanford **Ht:** 5' 8" **Wt:** 177 **Born:** 2/19/71 **Age:** 27

Year	Team	G	GS	Rushing					Receiving					Punt Returns				Kickoff Returns				Totals		
				Att	Yds	Avg	Lg	TD	Rec	Yds	Avg	Lg	TD	Num	Yds	Avg	TD	Num	Yds	Avg	TD	Fum	TD	Pts
1993	Denver Broncos	16	2	52	231	4.4	26	0	38	300	7.9	50	3	40	425	10.6	0	12	188	15.7	0	9	3	18
1994	Denver Broncos	16	5	58	201	3.5	20	1	77	549	7.1	33	3	41	379	9.2	0	37	793	21.4	0	4	4	24
1995	Denver Broncos	16	1	49	266	5.4	29	0	22	191	8.7	23	0	31	354	11.4	0	47	1269	27.0	0	2	0	0
1996	Detroit Lions	16	0	0	0	-	-	0	0	0	-	-	0	34	284	8.4	0	64	1627	25.4	0	0	0	0
1997	Detroit Lions	16	1	0	0	-	-	0	5	77	15.4	43	0	47	433	9.2	0	55	1315	23.9	0	3	0	0
	5 NFL Seasons	80	9	159	698	4.4	29	1	142	1117	7.9	50	6	193	1875	9.7	0	215	5192	24.1	0	18	7	42

Other Statistics: 1993–recovered 1 fumble for 0 yards. 1994–recovered 1 fumble for 0 yards. 1997–recovered 2 fumbles for 0 yards.

Anthony Miller

(statistical profile on page 348)

Pos: WR **Rnd:** 1 (15) **College:** Tennessee **Ht:** 5' 11" **Wt:** 190 **Born:** 4/15/65 **Age:** 33

Year	Team	G	GS	Rushing					Receiving					Punt Returns				Kickoff Returns				Totals		
				Att	Yds	Avg	Lg	TD	Rec	Yds	Avg	Lg	TD	Num	Yds	Avg	TD	Num	Yds	Avg	TD	Fum	TD	Pts
1988	San Diego Chargers	16	15	7	45	6.4	20	0	36	526	14.6	49	3	0	0	-	0	25	648	25.9	1	1	4	24
1989	San Diego Chargers	16	16	4	21	5.3	24	0	75	1252	16.7	t69	10	0	0	-	0	21	533	25.4	1	1	11	66
1990	San Diego Chargers	16	16	3	13	4.3	10	0	63	933	14.8	t31	7	0	0	-	0	1	13	13.0	0	2	7	42
1991	San Diego Chargers	13	12	0	0	-	-	0	44	649	14.8	58	3	0	0	-	0	0	0	-	0	1	3	18
1992	San Diego Chargers	16	16	1	-1	-1.0	-1	0	72	1060	14.7	t67	7	0	0	-	0	1	33	33.0	0	0	8	48
1993	San Diego Chargers	16	16	1	0	0.0	0	0	84	1162	13.8	t66	7	0	0	-	0	2	42	21.0	0	0	7	42
1994	Denver Broncos	16	14	1	3	3.0	3	0	60	1107	18.5	76	5	0	0	-	0	0	0	-	0	0	5	32
1995	Denver Broncos	14	14	1	5	5.0	5	0	59	1079	18.3	t62	14	0	0	-	0	0	0	-	0	1	14	84
1996	Denver Broncos	16	16	3	39	13.0	t26	1	56	735	13.1	46	3	0	0	-	0	0	0	-	0	0	4	24
1997	Dallas Cowboys	16	16	1	6	6.0	6	0	46	645	14.0	54	4	0	0	-	0	0	0	-	0	1	4	24
	10 NFL Seasons	155	151	22	131	6.0	t26	1	595	9148	15.4	76	63	0	0	-	0	50	1269	25.4	2	7	67	404

Other Statistics: 1990–recovered 1 fumble for 0 yards. 1991–recovered 1 fumble for 0 yards. 1992–recovered 1 fumble for 0 yards and 1 touchdown. 1994–scored 1 two-point conversion. 1995–recovered 1 fumble for 9 yards. 1997–recovered 1 fumble for 0 yards.

Bubba Miller

Pos: C **Rnd:** FA **College:** Tennessee **Ht:** 6' 1" **Wt:** 300 **Born:** 1/24/73 **Age:** 25

Year	Team	G	GS
1997	Philadelphia Eagles	13	3
	1 NFL Season	13	3

Corey Miller

Pos: LB **Rnd:** 6 **College:** South Carolina **Ht:** 6' 2" **Wt:** 245 **Born:** 10/25/68 **Age:** 30

Year	Team	G	GS	Tackles			Miscellaneous				Interceptions				Totals		
				Tk	Ast	Sack	FF	FR	TD	Blk	Int	Yds	Avg	TD	Sfty	TD	Pts
1991	New York Giants	16	1	5	1	2.5	0	1	0	0	0	0	-	0	0	0	0
1992	New York Giants	16	7	25	9	2.0	0	0	0	0	2	10	5.0	0	0	0	0
1993	New York Giants	16	14	45	16	6.5	4	2	0	0	2	18	9.0	0	0	0	0
1994	New York Giants	15	13	32	10	0.0	0	1	0	0	2	6	3.0	0	0	0	0
1995	New York Giants	14	9	20	5	0.0	0	0	0	0	0	0	-	0	0	0	0
1996	New York Giants	14	13	40	10	2.0	1	0	0	0	0	0	-	0	0	0	0
1997	New York Giants	14	13	14	9	1.0	1	0	0	0	0	0	-	0	0	0	0
	7 NFL Seasons	105	70	181	60	14.0	6	4	0	0	6	34	5.7	0	0	0	0

Other Statistics: 1993–fumbled 1 time.

Fred Miller

Pos: T **Rnd:** 5 **College:** Baylor **Ht:** 6' 7" **Wt:** 305 **Born:** 2/6/73 **Age:** 25

Year	Team	G	GS	Year	Team	G	GS			G	GS
1996	St. Louis Rams	14	0	1997	St. Louis Rams	15	7		2 NFL Seasons	29	7

Jamir Miller

(statistical profile on page 433)

Pos: LB **Rnd:** 1 (6) **College:** UCLA **Ht:** 6' 4" **Wt:** 242 **Born:** 11/19/73 **Age:** 24

Year	Team	G	GS	Tackles			Miscellaneous				Interceptions				Totals		
				Tk	Ast	Sack	FF	FR	TD	Blk	Int	Yds	Avg	TD	Sfty	TD	Pts
1994	Arizona Cardinals	16	0	16	3	3.0	1	0	0	0	0	0	-	0	0	0	0
1995	Arizona Cardinals	11	8	29	23	1.0	1	2	0	0	0	0	-	0	0	0	0
1996	Arizona Cardinals	16	16	55	37	1.0	0	1	1	0	0	0	-	0	0	1	6
1997	Arizona Cardinals	16	16	58	33	5.5	1	0	0	0	0	0	-	0	0	0	0
	4 NFL Seasons	59	40	158	96	10.5	3	3	1	0	0	0	-	0	0	1	6

Other Statistics: 1995–fumbled 1 time.

Josh Miller
(statistical profile on page 480)

Pos: P **Rnd:** FA **College:** Arizona **Ht:** 6' 3" **Wt:** 215 **Born:** 7/14/70 **Age:** 28

		Punting											Rushing		Passing			
Year Team	G	NetPunts	Yards	Avg	Long	In20	In20%	TotPunts	TB	Blocks	OppRet	RetYds	NetAvg	Att	Yards	Att	Com	Yards	Int
1996 Pittsburgh Steelers	12	55	2256	41.0	61	18	32.7	55	8	0	24	248	33.6	0	0	0	0	0	0
1997 Pittsburgh Steelers	16	64	2729	42.6	72	17	26.6	64	11	0	23	271	35.0	1	-7	0	0	0	0
2 NFL Seasons	28	119	4985	41.9	72	35	29.4	119	19	0	47	519	34.3	1	-7	0	0	0	0

Les Miller

Pos: DE **Rnd:** FA **College:** Fort Hays State **Ht:** 6' 7" **Wt:** 305 **Born:** 3/1/65 **Age:** 33

			Tackles			Miscellaneous				Interceptions				Totals		
Year Team	G	GS	Tk	Ast	Sack	FF	FR	TD	Blk	Int	Yds	Avg	TD	Sfty	TD	Pts
1987 San Diego Chargers	9	4	21	-	3.0	0	2	1	0	0	0	-	0	0	1	6
1988 San Diego Chargers	13	0	6	2	0.0	0	0	0	0	0	0	-	0	0	0	0
1989 San Diego Chargers	15	0	15	3	2.5	0	1	0	0	0	0	-	0	0	0	0
1990 San Diego Chargers	14	9	23	5	1.0	0	3	2	0	0	0	-	0	0	2	12
1991 New Orleans Saints	16	0	10	3	1.0	0	0	0	0	0	0	-	0	0	0	0
1992 New Orleans Saints	16	2	15	4	1.0	0	1	0	0	0	0	-	0	0	0	0
1993 New Orleans Saints	13	11	33	8	2.5	1	0	0	0	0	0	-	0	0	0	0
1994 NO - SD	12	5	12	9	0.5	0	0	0	0	0	0	-	0	0	0	0
1996 Carolina Panthers	15	5	18	11	3.0	1	1	0	0	0	0	-	0	0	0	0
1997 Carolina Panthers	16	11	45	7	5.5	0	1	0	0	0	0	-	0	0	0	0
1994 New Orleans Saints	8	5	11	8	0.0	0	0	0	0	0	0	-	0	0	0	0
San Diego Chargers	4	0	1	1	0.5	0	0	0	0	0	0	-	0	0	0	0
10 NFL Seasons	139	47	198	52	20.0	2	9	3	0	0	0	-	0	0	3	18

Nate Miller

Pos: G/T **Rnd:** FA **College:** Louisiana State **Ht:** 6' 3" **Wt:** 310 **Born:** 10/8/71 **Age:** 27

Year Team	G	GS						G	GS
1997 Atlanta Falcons	13	0					1 NFL Season	13	0

Lawyer Milloy
(statistical profile on page 433)

Pos: S **Rnd:** 2 **College:** Washington **Ht:** 6' 0" **Wt:** 208 **Born:** 11/14/73 **Age:** 24

			Tackles			Miscellaneous				Interceptions				Totals		
Year Team	G	GS	Tk	Ast	Sack	FF	FR	TD	Blk	Int	Yds	Avg	TD	Sfty	TD	Pts
1996 New England Patriots	16	10	54	30	1.0	2	1	0	0	2	14	7.0	0	0	0	0
1997 New England Patriots	16	16	82	30	0.0	2	2	0	0	3	15	5.0	0	0	0	0
2 NFL Seasons	32	26	136	60	1.0	4	3	0	0	5	29	5.8	0	0	0	0

Ernie Mills

Pos: WR **Rnd:** 3 **College:** Florida **Ht:** 5' 11" **Wt:** 192 **Born:** 10/28/68 **Age:** 30

			Rushing				Receiving				Punt Returns				Kickoff Returns				Totals		
Year Team	G	GS	Att	Yds	Avg	Lg	TD	Rec	Yds	Avg	Lg	TD	Num	Yds	Avg	TD	Num	Yds	Avg	TD	Fum	TD	Pts
1991 Pittsburgh Steelers	16	0	0	0	-	-	0	3	79	26.3	t35	1	1	0	0.0	0	11	284	25.8	0	0	2	12
1992 Pittsburgh Steelers	16	4	1	20	20.0	20	0	30	383	12.8	22	3	0	0	-	0	1	11	11.0	0	2	3	18
1993 Pittsburgh Steelers	14	5	3	12	4.0	19	0	29	386	13.3	30	1	0	0	-	0	0	0	-	0	0	1	6
1994 Pittsburgh Steelers	15	6	3	18	6.0	17	0	19	384	20.2	43	1	0	0	-	0	2	6	3.0	0	1	1	6
1995 Pittsburgh Steelers	16	4	5	39	7.8	20	0	39	679	17.4	t62	8	0	0	-	0	54	1306	24.2	0	2	8	48
1996 Pittsburgh Steelers	9	2	2	24	12.0	15	0	7	92	13.1	22	1	0	0	-	0	8	146	18.3	0	0	1	6
1997 Carolina Panthers	10	5	0	0	-	-	0	11	127	11.5	37	1	0	0	-	0	4	65	16.3	0	0	1	6
7 NFL Seasons	96	28	14	113	8.1	20	0	138	2130	15.4	t62	16	1	0	0.0	1	80	1818	22.7	0	5	17	102

Other Statistics: 1991–recovered 1 fumble for 0 yards. 1995–recovered 1 fumble for 0 yards. 1996–recovered 1 fumble for 5 yards.

Jim Mills

Pos: G **Rnd:** 6 **College:** Idaho **Ht:** 6' 4" **Wt:** 290 **Born:** 3/30/73 **Age:** 25

Year Team	G	GS	Year Team	G	GS			G	GS
1996 San Diego Chargers	1	0	1997 San Diego Chargers	1	0		2 NFL Seasons	2	0

John Henry Mills

Pos: LB/TE **Rnd:** 5 **College:** Wake Forest **Ht:** 6' 0" **Wt:** 222 **Born:** 10/31/69 **Age:** 29

			Tackles			Miscellaneous				Interceptions				Punt Returns				Kickoff Returns				Totals	
Year Team	G	GS	Tk	Ast	Sack	FF	FR	TD	Blk	Int	Yds	Avg	TD	Num	Yds	Avg	TD	Num	Yds	Avg	TD	TD	Fum
1993 Houston Oilers	16	0	0	0	0.0	0	0	0	0	0	0	-	0	0	0	-	0	11	230	20.9	0	0	0
1994 Houston Oilers	16	1	0	0	0.0	0	0	0	0	0	0	-	0	0	0	-	0	15	282	18.8	0	0	1
1995 Houston Oilers	16	0	0	0	0.0	0	0	0	0	0	0	-	0	0	0	-	0	0	0	-	0	0	0
1996 Houston Oilers	16	0	3	2	0.0	0	2	0	0	0	0	-	0	0	0	-	0	0	0	-	0	0	0
1997 Oakland Raiders	16	0	0	0	0.0	0	0	0	0	0	0	-	0	0	0	-	0	0	0	-	0	0	0
5 NFL Seasons	80	1	3	2	0.0	0	2	0	0	0	0	-	0	0	0	-	0	26	512	19.7	0	0	1

Other Statistics: 1994–caught 1 pass for 4 yards.

Sam Mills

(statistical profile on page 434)

Pos: LB **Rnd:** FA **College:** Montclair State **Ht:** 5' 9" **Wt:** 232 **Born:** 6/3/59 **Age:** 39

Year	Team	G	GS	Tackles			Miscellaneous				Interceptions				Punt Returns				Kickoff Returns				Totals	
				Tk	Ast	Sack	FF	FR	TD	Blk	Int	Yds	Avg	TD	Num	Yds	Avg	TD	Num	Yds	Avg	TD	TD	Fum
1986	New Orleans Saints	16	13	69	23	0.0	1	1	0	0	0	0	-	0	0	0	-	0	0	0	-	0	0	0
1987	New Orleans Saints	12	12	41	17	0.0	1	3	0	0	0	0	-	0	0	0	-	0	0	0	-	0	0	0
1988	New Orleans Saints	16	16	77	28	0.0	0	4	0	0	0	0	-	0	0	0	-	0	0	0	-	0	0	0
1989	New Orleans Saints	16	15	80	15	3.0	2	1	0	0	0	0	-	0	0	0	-	0	0	0	-	0	0	0
1990	New Orleans Saints	16	14	101	11	0.5	2	1	0	0	0	0	-	0	0	0	-	0	0	0	-	0	0	0
1991	New Orleans Saints	16	16	79	23	1.0	2	2	0	0	2	13	6.5	0	0	0	-	0	0	0	-	0	0	0
1992	New Orleans Saints	16	16	96	34	3.0	4	3	1	0	1	10	10.0	0	0	0	-	0	0	0	-	0	0	0
1993	New Orleans Saints	9	7	65	20	2.0	2	1	1	0	0	0	-	0	0	0	-	0	0	0	-	0	1	0
1994	New Orleans Saints	16	16	115	40	1.0	2	1	0	0	1	10	10.0	0	0	0	-	0	0	0	-	0	0	0
1995	Carolina Panthers	16	16	86	24	4.5	5	4	0	0	5	58	11.6	1	0	0	-	0	0	0	-	0	1	0
1996	Carolina Panthers	16	16	90	32	5.5	0	2	1	0	1	10	10.0	0	0	0	-	0	0	0	-	0	1	0
1997	Carolina Panthers	16	16	72	27	0.0	1	0	0	0	1	18	18.0	0	0	0	-	0	2	12	6.0	0	0	1
	12 NFL Seasons	181	173	971	294	20.5	22	23	3	0	11	119	10.8	1	0	0	-	0	2	12	6.0	0	4	1

Brian Milne

Pos: FB **Rnd:** 4 **College:** Penn State **Ht:** 6' 3" **Wt:** 257 **Born:** 1/7/73 **Age:** 25

Year	Team	G	GS	Rushing					Receiving					Punt Returns				Kickoff Returns				Totals		
				Att	Yds	Avg	Lg	TD	Rec	Yds	Avg	Lg	TD	Num	Yds	Avg	TD	Num	Yds	Avg	TD	Fum	TD	Pts
1996	Cincinnati Bengals	6	4	8	22	2.8	5	1	3	29	9.7	15	0	0	0	-	0	0	0	-	0	0	1	6
1997	Cincinnati Bengals	16	16	13	32	2.5	5	2	23	138	6.0	20	0	0	0	-	0	0	0	-	0	0	2	12
	2 NFL Seasons	22	20	21	54	2.6	5	3	26	167	6.4	20	0	0	0	-	0	0	0	-	0	0	3	18

Rod Milstead

Pos: G **Rnd:** 5 **College:** Delaware State **Ht:** 6' 2" **Wt:** 290 **Born:** 11/10/69 **Age:** 28

Year	Team	G	GS	Year	Team	G	GS	Year	Team	G	GS	Year	Team	G	GS
1994	San Francisco 49ers	6	0	1995	San Francisco 49ers	16	12	1996	San Francisco 49ers	11	0	1997	San Francisco 49ers	4	0
													4 NFL Seasons	37	12

Chris Mims

Pos: DT/DE **Rnd:** 1 (23) **College:** Tennessee **Ht:** 6' 5" **Wt:** 282 **Born:** 9/29/70 **Age:** 28

Year	Team	G	GS	Tackles			Miscellaneous				Interceptions				Totals		
				Tk	Ast	Sack	FF	FR	TD	Blk	Int	Yds	Avg	TD	Sfty	TD	Pts
1992	San Diego Chargers	16	4	41	12	10.0	1	1	0	0	0	0	-	0	1	0	2
1993	San Diego Chargers	16	7	28	4	7.0	2	2	0	0	0	0	-	0	0	0	0
1994	San Diego Chargers	16	16	35	7	11.0	3	2	0	0	0	0	-	0	0	0	0
1995	San Diego Chargers	15	15	28	4	2.0	1	1	0	0	0	0	-	0	0	0	0
1996	San Diego Chargers	15	15	20	8	6.0	2	2	0	1	0	0	-	0	0	0	0
1997	Washington Redskins	11	7	16	6	4.0	1	0	0	0	0	0	-	0	0	0	0
	6 NFL Seasons	89	64	168	41	40.0	10	8	0	1	0	0	-	0	1	0	2

Charles Mincy

Pos: S **Rnd:** 5 **College:** Washington **Ht:** 5' 11" **Wt:** 197 **Born:** 12/16/69 **Age:** 28

Year	Team	G	GS	Tackles			Miscellaneous				Interceptions				Punt Returns				Kickoff Returns				Totals	
				Tk	Ast	Sack	FF	FR	TD	Blk	Int	Yds	Avg	TD	Num	Yds	Avg	TD	Num	Yds	Avg	TD	TD	Fum
1992	Kansas City Chiefs	16	16	52	44	0.0	0	1	1	0	4	128	32.0	2	1	4	4.0	0	0	0	-	0	3	0
1993	Kansas City Chiefs	16	4	37	29	0.0	0	2	0	0	5	44	8.8	0	2	9	4.5	0	0	0	-	0	0	0
1994	Kansas City Chiefs	16	8	39	6	0.0	0	0	0	0	3	49	16.3	0	0	0	-	0	0	0	-	0	0	0
1995	Minnesota Vikings	16	9	48	15	0.0	0	2	0	0	3	37	12.3	0	4	22	5.5	0	0	0	-	0	0	0
1996	Tampa Bay Buccaneers	2	0	6	3	0.0	1	0	0	0	1	26	26.0	0	0	0	-	0	0	0	-	0	0	0
1997	Tampa Bay Buccaneers	16	9	34	10	0.0	0	1	0	0	1	14	14.0	0	0	0	-	0	0	0	-	0	0	0
	6 NFL Seasons	82	46	216	107	0.0	1	6	1	0	17	298	17.5	2	7	35	5.0	0	0	0	-	0	3	0

Kevin Miniefield

Pos: CB/LB **Rnd:** 8 **College:** Arizona State **Ht:** 5' 9" **Wt:** 182 **Born:** 3/2/70 **Age:** 28

Year	Team	G	GS	Tackles			Miscellaneous				Interceptions				Totals		
				Tk	Ast	Sack	FF	FR	TD	Blk	Int	Yds	Avg	TD	Sfty	TD	Pts
1993	Chicago Bears	9	0	2	0	0.0	1	0	0	0	0	0	-	0	0	0	0
1994	Chicago Bears	12	0	6	4	0.0	0	1	0	0	0	0	-	0	0	0	0
1995	Chicago Bears	15	7	48	7	0.0	0	0	0	0	3	37	12.3	0	0	0	0
1996	Chicago Bears	13	3	31	2	1.5	1	0	0	1	0	0	-	0	0	0	0
1997	Arizona Cardinals	3	0	0	0	0.0	0	0	0	0	0	0	-	0	0	0	0
	5 NFL Seasons	52	10	87	13	1.5	2	1	0	1	3	37	12.3	0	0	0	0

Barry Minter

(statistical profile on page 434)

Pos: LB **Rnd:** 6 **College:** Tulsa **Ht:** 6' 2" **Wt:** 242 **Born:** 1/28/70 **Age:** 28

			Tackles			Miscellaneous				Interceptions				Totals		
Year Team	G	GS	Tk	Ast	Sack	FF	FR	TD	Blk	Int	Yds	Avg	TD	Sfty	TD	Pts
1993 Chicago Bears	2	0	0	0	0.0	0	0	0	0	0	0	-	0	0	0	0
1994 Chicago Bears	13	1	23	9	0.0	0	1	0	0	0	0	-	0	0	0	0
1995 Chicago Bears	16	3	42	13	0.0	1	0	0	0	1	2	2.0	1	0	1	6
1996 Chicago Bears	16	8	35	21	1.5	0	0	0	0	1	5	5.0	0	0	0	0
1997 Chicago Bears	16	16	65	27	6.0	1	3	0	0	0	0	-	0	0	0	0
5 NFL Seasons	63	28	165	70	7.5	2	4	0	0	2	7	3.5	1	0	1	6

Mike Minter

Pos: S **Rnd:** 2 **College:** Nebraska **Ht:** 5' 10" **Wt:** 190 **Born:** 1/15/74 **Age:** 24

			Tackles			Miscellaneous				Interceptions				Totals		
Year Team	G	GS	Tk	Ast	Sack	FF	FR	TD	Blk	Int	Yds	Avg	TD	Sfty	TD	Pts
1997 Carolina Panthers	16	11	53	16	4.0	1	2	0	0	0	0	-	0	0	0	0

Rick Mirer

(statistical profile on page 348)

Pos: QB **Rnd:** 1 (2) **College:** Notre Dame **Ht:** 6' 2" **Wt:** 214 **Born:** 3/19/70 **Age:** 28

			Passing									Rushing				Miscellaneous			
Year Team	G	GS	Att	Com	Pct	Yards	Yds/Att	Lg	TD	Int	Int%	Rating	Att	Yds	Avg	Lg	TD	Sckd	Yds	Fum	Recv	Yds	Pts
1993 Seattle Seahawks	16	16	486	274	56.4	2833	5.83	t53	12	17	3.5	67.0	68	343	5.0	33	3	47	235	13	5	-14	18
1994 Seattle Seahawks	13	13	381	195	51.2	2151	5.65	51	11	7	1.8	70.2	34	153	4.5	14	0	27	145	2	1	-7	0
1995 Seattle Seahawks	15	13	391	209	53.5	2564	6.56	t59	13	20	5.1	63.7	43	193	4.5	24	1	42	255	5	1	-2	6
1996 Seattle Seahawks	11	9	265	136	51.3	1546	5.83	60	5	12	4.5	56.6	33	191	5.8	33	2	22	84	4	0	0	12
1997 Chicago Bears	7	3	103	53	51.5	420	4.08	34	0	6	5.8	37.7	20	78	3.9	20	1	16	92	4	1	-4	8
5 NFL Seasons	62	54	1626	867	53.3	9514	5.85	60	41	62	3.8	63.4	198	958	4.8	33	7	154	811	28	8	-27	44

Other Statistics: 1997–scored 1 two-point conversion.

Brandon Mitchell

Pos: DE/DT **Rnd:** 2 **College:** Texas A&M **Ht:** 6' 4" **Wt:** 285 **Born:** 6/19/75 **Age:** 23

			Tackles			Miscellaneous				Interceptions				Totals		
Year Team	G	GS	Tk	Ast	Sack	FF	FR	TD	Blk	Int	Yds	Avg	TD	Sfty	TD	Pts
1997 New England Patriots	11	0	6	3	0.0	0	0	0	0	0	0	-	0	0	0	0

Brian Mitchell

(statistical profile on page 349)

Pos: KR/RB **Rnd:** 5 **College:** Southwestern Louisiana **Ht:** 5' 10" **Wt:** 220 **Born:** 8/18/68 **Age:** 30

			Rushing					Receiving					Punt Returns				Kickoff Returns				Totals		
Year Team	G	GS	Att	Yds	Avg	Lg	TD	Rec	Yds	Avg	Lg	TD	Num	Yds	Avg	TD	Num	Yds	Avg	TD	Fum	TD	Pts
1990 Washington Redskins	15	0	15	81	5.4	21	1	2	5	2.5	5	0	12	107	8.9	0	18	365	20.3	0	2	1	6
1991 Washington Redskins	16	0	3	14	4.7	8	0	0	0	-	-	0	45	600	13.3	2	29	583	20.1	0	8	2	12
1992 Washington Redskins	16	0	6	70	11.7	33	0	3	30	10.0	17	0	29	271	9.3	1	23	492	21.4	0	4	1	6
1993 Washington Redskins	16	4	63	246	3.9	t29	3	20	157	7.9	18	0	29	193	6.7	0	33	678	20.5	0	3	3	18
1994 Washington Redskins	16	7	78	311	4.0	33	0	26	236	9.1	t46	1	32	452	14.1	2	58	1478	25.5	0	4	3	20
1995 Washington Redskins	16	1	46	301	6.5	t36	1	38	324	8.5	t22	1	25	315	12.6	1	55	1408	25.6	0	2	3	18
1996 Washington Redskins	16	2	39	193	4.9	32	0	32	286	8.9	20	0	23	258	11.2	0	56	1258	22.5	0	1	0	0
1997 Washington Redskins	16	1	23	107	4.7	26	1	36	438	12.2	69	1	38	442	11.6	1	47	1094	23.3	0	3	4	24
8 NFL Seasons	127	15	273	1323	4.8	t36	6	157	1476	9.4	69	3	233	2638	11.3	7	319	7356	23.1	0	27	17	104

Other Statistics: 1990–attempted 6 passes with 3 completions for 40 yards. 1991–recovered 1 fumble for 0 yards. 1992–recovered 2 fumbles for 0 yards; attempted 1 pass with 0 completions for 0 yards. 1993–recovered 1 fumble for 0 yards; attempted 2 passes with 1 completion for 50 yards and 1 interception. 1994–attempted 1 pass with 0 completions for 0 yards and 1 interception; scored 1 two-point conversion. 1995–recovered 1 fumble for 0 yards. 1996–recovered 2 fumbles for 0 yards; attempted 1 pass with 0 completions for 0 yards.

Keith Mitchell

Pos: LB **Rnd:** FA **College:** Texas A&M **Ht:** 6' 2" **Wt:** 240 **Born:** 7/24/74 **Age:** 24

			Tackles			Miscellaneous				Interceptions				Totals		
Year Team	G	GS	Tk	Ast	Sack	FF	FR	TD	Blk	Int	Yds	Avg	TD	Sfty	TD	Pts
1997 New Orleans Saints	16	2	20	4	4.0	0	0	0	0	0	0	-	0	0	0	0

Kevin Mitchell

Pos: LB **Rnd:** 2 **College:** Syracuse **Ht:** 6' 1" **Wt:** 250 **Born:** 1/1/71 **Age:** 27

			Tackles			Miscellaneous				Interceptions				Totals		
Year Team	G	GS	Tk	Ast	Sack	FF	FR	TD	Blk	Int	Yds	Avg	TD	Sfty	TD	Pts
1994 San Francisco 49ers	16	0	6	0	0.0	0	0	0	0	0	0	-	0	0	0	0
1995 San Francisco 49ers	15	0	4	0	0.0	0	0	0	0	0	0	-	0	0	0	0
1996 San Francisco 49ers	12	3	15	1	1.0	0	1	0	0	0	0	-	0	0	0	0
1997 San Francisco 49ers	16	0	4	2	0.0	0	0	0	0	0	0	-	0	0	0	0
4 NFL Seasons	59	3	29	3	1.0	0	1	0	0	0	0	-	0	0	0	0

Pete Mitchell
(statistical profile on page 349)

Pos: TE **Rnd:** 4 **College:** Boston College **Ht:** 6' 2" **Wt:** 241 **Born:** 10/9/71 **Age:** 27

Year Team	G	GS	Rushing Att	Yds	Avg	Lg	TD	Receiving Rec	Yds	Avg	Lg	TD	Punt Returns Num	Yds	Avg	TD	Kickoff Returns Num	Yds	Avg	TD	Totals Fum	TD	Pts
1995 Jacksonville Jaguars	16	4	0	0	-	-	0	41	527	12.9	35	2	0	0	-	0	0	0	-	0	0	2	12
1996 Jacksonville Jaguars	16	6	0	0	-	-	0	52	575	11.1	30	1	0	0	-	0	0	0	-	0	1	1	6
1997 Jacksonville Jaguars	16	12	0	0	-	-	0	35	380	10.9	33	4	0	0	-	0	2	17	8.5	0	0	4	24
3 NFL Seasons	48	22	0	0	-	-	0	128	1482	11.6	35	7	0	0	-	0	2	17	8.5	0	1	7	42

Other Statistics: 1997–recovered 1 fumble for 0 yards.

Scott Mitchell
(statistical profile on page 350)

Pos: QB **Rnd:** 4 **College:** Utah **Ht:** 6' 6" **Wt:** 230 **Born:** 1/2/68 **Age:** 30

Year Team	G	GS	Passing Att	Com	Pct	Yards	Yds/Att	Lg	TD	Int	Int%	Rating	Rushing Att	Yds	Avg	Lg	TD	Miscellaneous Sckd	Yds	Fum	Recv	Yds	Pts
1991 Miami Dolphins	2	0	0	0	-	0	-	-	0	0	-	0.0	0	0	-	-	0	0	0	0	0	0	0
1992 Miami Dolphins	16	0	8	2	25.0	32	4.00	18	0	1	12.5	4.2	8	10	1.3	8	0	0	0	1	0	-1	0
1993 Miami Dolphins	13	7	233	133	57.1	1773	7.61	t77	12	8	3.4	84.2	21	89	4.2	32	0	7	49	3	1	-4	0
1994 Detroit Lions	9	9	246	119	48.4	1456	5.92	34	10	11	4.5	62.0	15	24	1.6	7	1	12	63	8	2	-5	6
1995 Detroit Lions	16	16	583	346	59.3	4338	7.44	t91	32	12	2.1	92.3	36	104	2.9	18	4	31	145	8	1	0	24
1996 Detroit Lions	14	14	437	253	57.9	2917	6.68	t62	17	17	3.9	74.9	37	83	2.2	9	4	36	199	9	5	-3	24
1997 Detroit Lions	16	16	509	293	57.6	3484	6.84	79	19	14	2.8	79.6	37	83	2.2	13	1	41	271	15	4	-15	6
7 NFL Seasons	86	62	2016	1146	56.8	14000	6.94	t91	90	63	3.1	80.2	154	393	2.6	32	10	127	727	44	13	-28	60

Shannon Mitchell

Pos: TE **Rnd:** FA **College:** Georgia **Ht:** 6' 2" **Wt:** 245 **Born:** 3/28/72 **Age:** 26

Year Team	G	GS	Rushing Att	Yds	Avg	Lg	TD	Receiving Rec	Yds	Avg	Lg	TD	Punt Returns Num	Yds	Avg	TD	Kickoff Returns Num	Yds	Avg	TD	Totals Fum	TD	Pts
1994 San Diego Chargers	16	6	0	0	-	-	0	11	105	9.5	36	0	0	0	-	0	1	18	18.0	0	0	0	0
1995 San Diego Chargers	15	2	0	0	-	-	0	3	31	10.3	24	1	0	0	-	0	0	0	-	0	0	1	6
1996 San Diego Chargers	16	13	0	0	-	-	0	10	57	5.7	25	0	0	0	-	0	0	0	-	0	1	0	0
1997 San Diego Chargers	4	1	0	0	-	-	0	1	14	14.0	14	0	0	0	-	0	0	0	-	0	0	0	0
4 NFL Seasons	51	22	0	0	-	-	0	25	207	8.3	36	1	0	0	-	0	1	18	18.0	0	1	1	6

Bryant Mix

Pos: DT **Rnd:** 2 **College:** Alcorn State **Ht:** 6' 3" **Wt:** 301 **Born:** 7/28/72 **Age:** 26

Year Team	G	GS	Tackles Tk	Ast	Sack	Miscellaneous FF	FR	TD	Blk	Interceptions Int	Yds	Avg	TD	Totals Sfty	TD	Pts
1996 Houston Oilers	6	2	6	2	1.0	0	0	0	0	0	0	-	0	0	0	0
1997 Tennessee Oilers	1	0	0	0	0.0	0	0	0	0	0	0	-	0	0	0	0
2 NFL Seasons	7	2	6	2	1.0	0	0	0	0	0	0	-	0	0	0	0

John Mobley
(statistical profile on page 434)

Pos: LB **Rnd:** 1 (15) **College:** Kutztown **Ht:** 6' 1" **Wt:** 230 **Born:** 10/10/73 **Age:** 25

Year Team	G	GS	Tackles Tk	Ast	Sack	Miscellaneous FF	FR	TD	Blk	Interceptions Int	Yds	Avg	TD	Totals Sfty	TD	Pts
1996 Denver Broncos	16	16	49	12	1.5	0	0	0	0	1	8	8.0	0	0	0	0
1997 Denver Broncos	16	16	96	36	4.0	2	1	0	0	1	13	13.0	1	0	1	6
2 NFL Seasons	32	32	145	48	5.5	2	1	0	0	2	21	10.5	1	0	1	6

Singor Mobley

Pos: S **Rnd:** FA **College:** Washington State **Ht:** 5' 11" **Wt:** 195 **Born:** 10/12/72 **Age:** 26

Year Team	G	GS	Tackles Tk	Ast	Sack	Miscellaneous FF	FR	TD	Blk	Interceptions Int	Yds	Avg	TD	Totals Sfty	TD	Pts
1997 Dallas Cowboys	12	0	2	0	0.0	0	0	0	0	0	0	-	0	0	0	0

Chris Mohr
(statistical profile on page 481)

Pos: P **Rnd:** 6 **College:** Alabama **Ht:** 6' 5" **Wt:** 215 **Born:** 5/11/66 **Age:** 32

Year Team	G	NetPunts	Yards	Avg	Long	In20	In20%	TotPunts	TB	Blocks	OppRet	RetYds	NetAvg	Rushing Att	Yards	Passing Att	Com	Yards	Int
1989 Tampa Bay Buccaneers	16	84	3311	39.4	58	10	11.9	86	3	2	54	492	32.1	0	0	0	0	0	0
1991 Buffalo Bills	16	54	2085	38.6	58	12	22.2	54	4	0	15	53	36.1	0	0	1	1	-9	0
1992 Buffalo Bills	15	60	2531	42.2	61	12	20.0	60	7	0	22	185	36.8	1	11	0	0	0	0
1993 Buffalo Bills	16	74	2991	40.4	58	19	25.7	74	4	0	29	247	36.0	0	0	0	0	0	0
1994 Buffalo Bills	16	67	2799	41.8	71	13	19.4	67	3	0	37	324	36.0	1	-9	0	0	0	0
1995 Buffalo Bills	16	86	3473	40.4	60	23	26.7	86	7	0	23	224	36.2	0	0	0	0	0	0
1996 Buffalo Bills	16	101	4194	41.5	**80**	27	26.7	101	13	0	40	246	36.5	0	0	0	0	0	0
1997 Buffalo Bills	16	90	3764	41.8	59	24	26.7	91	6	1	44	366	36.0	1	0	1	1	29	0
8 NFL Seasons	127	616	25148	40.8	80	140	22.7	619	47	3	264	2137	35.7	3	2	2	2	20	0

Other Statistics: 1989–scored 1 one-point conversion. 1992–recovered 1 fumble for 0 yards. 1993–recovered 1 fumble for 0 yards; fumbled 1 time. 1997–recovered 1 fumble for 0 yards; fumbled 1 time.

Mike Mohring

Pos: DT **Rnd:** FA **College:** Pittsburgh **Ht:** 6' 5" **Wt:** 295 **Born:** 3/22/74 **Age:** 24

			Tackles			Miscellaneous				Interceptions				Totals		
Year Team	G	GS	Tk	Ast	Sack	FF	FR	TD	Blk	Int	Yds	Avg	TD	Sfty	TD	Pts
1997 San Diego Chargers	2	0	2	0	0.0	0	0	0	0	0	0	-	0	0	0	0

Alex Molden

(statistical profile on page 435)

Pos: CB **Rnd:** 1 (11) **College:** Oregon **Ht:** 5' 10" **Wt:** 190 **Born:** 8/4/73 **Age:** 25

			Tackles			Miscellaneous				Interceptions				Totals		
Year Team	G	GS	Tk	Ast	Sack	FF	FR	TD	Blk	Int	Yds	Avg	TD	Sfty	TD	Pts
1996 New Orleans Saints	14	2	17	4	2.0	0	0	0	0	2	2	1.0	0	0	0	0
1997 New Orleans Saints	16	15	57	11	4.0	3	2	0	0	0	0	-	0	0	0	0
2 NFL Seasons	30	17	74	15	6.0	3	2	0	0	2	2	1.0	0	0	0	0

Delmonico Montgomery

Pos: CB **Rnd:** 4 **College:** Houston **Ht:** 5' 11" **Wt:** 189 **Born:** 12/8/73 **Age:** 24

			Tackles			Miscellaneous				Interceptions				Totals		
Year Team	G	GS	Tk	Ast	Sack	FF	FR	TD	Blk	Int	Yds	Avg	TD	Sfty	TD	Pts
1997 Indianapolis Colts	16	3	19	4	1.0	1	0	0	0	0	0	-	0	0	0	0

Greg Montgomery

(statistical profile on page 481)

Pos: P **Rnd:** 3 **College:** Michigan State **Ht:** 6' 4" **Wt:** 215 **Born:** 10/29/64 **Age:** 34

		Punting											Rushing		Passing			
Year Team	G	NetPunts	Yards	Avg	Long	In20	In20%	TotPunts	TB	Blocks	OppRet	RetYds	NetAvg	Att	Yards	Att	Com	Yards	Int
1988 Houston Oilers	16	65	2523	38.8	61	12	18.5	65	5	0	35	206	34.1	0	0	0	0	0	0
1989 Houston Oilers	16	56	2422	43.3	63	15	26.8	58	7	2	24	191	36.1	3	17	0	0	0	0
1990 Houston Oilers	16	34	1530	45.0	60	7	20.6	34	5	0	23	186	36.6	0	0	0	0	0	0
1991 Houston Oilers	15	48	2105	43.9	60	13	27.1	50	4	2	28	183	36.8	0	0	0	0	0	0
1992 Houston Oilers	16	53	2487	46.9	66	14	26.4	55	9	2	31	255	37.3	2	-14	0	0	0	0
1993 Houston Oilers	15	54	2462	45.6	77	13	24.1	54	5	0	28	249	39.1	0	0	0	0	0	0
1994 Detroit Lions	16	63	2782	44.2	64	19	30.2	64	8	1	36	431	34.2	0	0	0	0	0	0
1996 Baltimore Ravens	16	68	2980	43.8	67	23	33.8	69	5	1	27	273	37.8	1	0	0	0	0	0
1997 Baltimore Ravens	16	83	3540	42.7	60	24	28.9	83	2	0	53	460	36.6	1	11	0	0	0	0
9 NFL Seasons	142	524	22831	43.6	77	140	26.7	532	50	8	285	2434	36.5	7	14	0	0	0	0

Other Statistics: 1989–fumbled 1 time for 0 yards; 1992–recovered 1 fumble for -15 yards; fumbled 1 time. 1996–recovered 1 fumble for 0 yards; fumbled 1 time.

Mark Montreuil

Pos: CB **Rnd:** 7 **College:** Concordia **Ht:** 6' 2" **Wt:** 200 **Born:** 12/29/71 **Age:** 26

			Tackles			Miscellaneous				Interceptions				Totals		
Year Team	G	GS	Tk	Ast	Sack	FF	FR	TD	Blk	Int	Yds	Avg	TD	Sfty	TD	Pts
1995 San Diego Chargers	16	0	0	0	0.0	0	1	0	0	0	0	-	0	0	0	0
1996 San Diego Chargers	13	0	6	0	0.0	0	0	0	0	0	0	-	0	0	0	0
1997 San Diego Chargers	6	1	11	3	0.0	0	0	0	0	0	0	-	0	0	0	0
3 NFL Seasons	35	1	17	3	0.0	0	1	0	0	0	0	-	0	0	0	0

Pete Monty

Pos: LB **Rnd:** 4 **College:** Wisconsin **Ht:** 6' 1" **Wt:** 252 **Born:** 7/13/74 **Age:** 24

			Tackles			Miscellaneous				Interceptions				Totals		
Year Team	G	GS	Tk	Ast	Sack	FF	FR	TD	Blk	Int	Yds	Avg	TD	Sfty	TD	Pts
1997 New York Giants	3	0	1	0	0.0	0	0	0	0	0	0	-	0	0	0	0

Warren Moon

(statistical profile on page 350)

Pos: QB **Rnd:** FA **College:** Washington **Ht:** 6' 3" **Wt:** 213 **Born:** 11/18/56 **Age:** 41

			Passing									Rushing				Miscellaneous				
Year Team	G	GS	Att	Com	Pct	Yards	Yds/Att	Lg	TD	Int	Int%	Rating	Att	Yds	Avg	Lg	TD	Sckd	Yds	Fum	Recv	Yds	Pts
1984 Houston Oilers	16	16	450	259	57.6	3338	7.42	76	12	14	3.1	76.9	58	211	3.6	31	1	47	371	17	7	-1	6
1985 Houston Oilers	14	14	377	200	53.1	2709	7.19	t80	15	19	5.0	68.5	39	130	3.3	17	0	46	366	12	5	-8	0
1986 Houston Oilers	15	15	488	256	52.5	3489	7.15	t81	13	26	5.3	62.3	42	157	3.7	19	2	41	332	11	3	-4	12
1987 Houston Oilers	12	12	368	184	50.0	2806	7.63	t83	21	18	4.9	74.2	34	112	3.3	20	3	25	198	8	6	-7	18
1988 Houston Oilers	11	11	294	160	54.4	2327	7.91	t57	17	8	2.7	88.4	33	88	2.7	14	5	12	120	8	4	-12	30
1989 Houston Oilers	16	16	464	280	60.3	3631	7.83	55	23	14	3.0	88.9	70	268	3.8	19	4	35	267	11	6	-13	24
1990 Houston Oilers	15	15	584	362	62.0	4689	8.03	t87	33	13	2.2	96.8	55	215	3.9	17	2	36	252	18	4	0	12
1991 Houston Oilers	16	16	655	404	61.7	4690	7.16	t61	23	21	3.2	81.7	33	68	2.1	12	2	23	174	11	4	-4	12
1992 Houston Oilers	11	10	346	224	64.7	2521	7.29	72	18	12	3.5	89.3	27	147	5.4	23	1	16	105	7	0	-6	6
1993 Houston Oilers	15	14	520	303	58.3	3485	6.70	t80	21	21	4.0	75.2	48	145	3.0	35	1	34	218	13	5	-7	6
1994 Minnesota Vikings	15	15	601	371	61.7	4264	7.09	t65	18	19	3.2	79.9	27	55	2.0	12	0	29	235	9	2	-5	0
1995 Minnesota Vikings	16	16	606	377	62.2	4228	6.98	t85	33	14	2.3	91.5	33	82	2.5	16	0	38	277	13	5	-12	0
1996 Minnesota Vikings	8	8	247	134	54.3	1610	6.52	t54	7	9	3.6	68.7	9	6	0.7	5	0	19	122	7	2	0	0

Dave Moore

Pos: TE/LS **Rnd:** 7 **College:** Pittsburgh **Ht:** 6' 2" **Wt:** 248 **Born:** 11/11/69 **Age:** 28

Year Team	G	GS	Passing Att	Com	Pct	Yards	Yds/Att	Lg	TD	Int	Int%	Rating	Rushing Att	Yds	Avg	Lg	TD	Miscellaneous Sckd	Yds	Fum	Recv	Yds	Pts
1997 Seattle Seahawks	15	14	528	313	59.3	3678	6.97	60	25	16	3.0	83.7	17	40	2.4	17	1	30	192	7	1	-2	6
14 NFL Seasons	195	192	6528	3827	58.6	47465	7.27	t87	279	224	3.4	81.2	525	1724	3.3	35	22	431	3229	152	54	-81	132

Year Team	G	GS	Rushing Att	Yds	Avg	Lg	TD	Receiving Rec	Yds	Avg	Lg	TD	Kickoff Returns Num	Yds	Avg	TD	Passing Att	Com	Yds	Int	Totals Fum	TD	Pts
1992 Mia - TB	5	2	0	0	-	-	0	1	10	10.0	10	0	0	0	-	0	0	0	0	0	0	0	0
1993 Tampa Bay Buccaneers	15	1	0	0	-	-	0	4	47	11.8	t19	1	0	0	-	0	1	0	0	0	0	1	6
1994 Tampa Bay Buccaneers	15	5	0	0	-	-	0	4	57	14.3	18	0	2	27	13.5	0	0	0	0	0	0	0	0
1995 Tampa Bay Buccaneers	16	9	1	4	4.0	4	0	13	102	7.8	21	0	0	0	-	0	0	0	0	0	0	0	0
1996 Tampa Bay Buccaneers	16	8	0	0	-	-	0	27	237	8.8	23	3	0	0	-	0	0	0	0	0	0	3	18
1997 Tampa Bay Buccaneers	16	7	0	0	-	-	0	19	217	11.4	28	4	0	0	-	0	0	0	0	0	0	4	24
1992 Miami Dolphins	1	0	0	0	-	-	0	0	0	-	0	0	0	0	-	0	0	0	0	0	0	0	0
Tampa Bay Buccaneers	4	2	0	0	-	-	0	1	10	10.0	10	0	0	0	-	0	0	0	0	0	0	0	0
6 NFL Seasons	83	32	1	4	4.0	4	0	68	670	9.9	28	8	2	27	13.5	0	1	0	0	0	0	8	48

Other Statistics: 1993—recovered 1 fumble for 0 yards.

Herman Moore

Pos: WR **Rnd:** 1 (10) **College:** Virginia **Ht:** 6' 3" **Wt:** 210 **Born:** 10/20/69 **Age:** 29

(statistical profile on page 351)

Year Team	G	GS	Rushing Att	Yds	Avg	Lg	TD	Receiving Rec	Yds	Avg	Lg	TD	Punt Returns Num	Yds	Avg	TD	Kickoff Returns Num	Yds	Avg	TD	Totals Fum	TD	Pts
1991 Detroit Lions	15	1	0	0	-	-	0	11	135	12.3	21	0	0	0	-	0	0	0	-	0	0	0	0
1992 Detroit Lions	12	11	0	0	-	-	0	51	966	18.9	t77	4	0	0	-	0	0	0	-	0	0	4	24
1993 Detroit Lions	15	15	0	0	-	-	0	61	935	15.3	t93	6	0	0	-	0	0	0	-	0	2	6	36
1994 Detroit Lions	16	16	0	0	-	-	0	72	1173	16.3	t51	11	0	0	-	0	0	0	-	0	1	11	66
1995 Detroit Lions	16	16	0	0	-	-	0	123	1686	13.7	t69	14	0	0	-	0	0	0	-	0	2	14	84
1996 Detroit Lions	16	16	0	0	-	-	0	106	1296	12.2	t50	9	0	0	-	0	0	0	-	0	0	9	56
1997 Detroit Lions	16	16	0	0	-	-	0	104	1293	12.4	79	8	0	0	-	0	0	0	-	0	0	8	50
7 NFL Seasons	106	91	0	0	-	-	0	528	7484	14.2	t93	52	0	0	-	0	0	0	-	0	5	52	316

Other Statistics: 1996—scored 1 two-point conversion. 1997—scored 1 two-point conversion.

Jerald Moore

Pos: RB **Rnd:** 3 **College:** Oklahoma **Ht:** 5' 9" **Wt:** 233 **Born:** 11/20/74 **Age:** 23

(statistical profile on page 351)

Year Team	G	GS	Rushing Att	Yds	Avg	Lg	TD	Receiving Rec	Yds	Avg	Lg	TD	Punt Returns Num	Yds	Avg	TD	Kickoff Returns Num	Yds	Avg	TD	Totals Fum	TD	Pts
1996 St. Louis Rams	11	4	11	32	2.9	14	0	3	13	4.3	7	0	0	0	-	0	0	0	-	0	0	0	0
1997 St. Louis Rams	9	5	104	380	3.7	26	3	8	69	8.6	19	0	0	0	-	0	0	0	-	0	4	3	18
2 NFL Seasons	20	9	115	412	3.6	26	3	11	82	7.5	19	0	0	0	-	0	0	0	-	0	4	3	18

Other Statistics: 1997—recovered 2 fumbles for 0 yards.

Marty Moore

Pos: LB **Rnd:** 7 **College:** Kentucky **Ht:** 6' 1" **Wt:** 244 **Born:** 3/19/71 **Age:** 27

Year Team	G	GS	Tackles Tk	Ast	Sack	Miscellaneous FF	FR	TD	Blk	Interceptions Int	Yds	Avg	TD	Totals Sfty	TD	Pts
1994 New England Patriots	16	4	16	9	0.0	2	0	0	0	0	0	-	0	0	0	0
1995 New England Patriots	16	3	14	1	0.0	0	0	0	0	0	0	-	0	0	0	0
1996 New England Patriots	16	0	2	0	0.0	0	0	0	0	0	0	-	0	0	0	0
1997 New England Patriots	16	0	6	2	0.0	0	0	0	0	2	7	3.5	0	0	0	0
4 NFL Seasons	64	7	38	12	0.0	2	0	0	0	2	7	3.5	0	0	0	0

Rob Moore

Pos: WR **Rnd:** 1(S) **College:** Syracuse **Ht:** 6' 3" **Wt:** 205 **Born:** 9/27/68 **Age:** 30

(statistical profile on page 352)

Year Team	G	GS	Rushing Att	Yds	Avg	Lg	TD	Receiving Rec	Yds	Avg	Lg	TD	Kickoff Returns Num	Yds	Avg	TD	Passing Att	Com	Yds	Int	Totals Fum	TD	Pts
1990 New York Jets	15	14	2	-4	-2.0	-	0	44	692	15.7	t69	6	0	0	-	0	0	0	0	0	1	6	36
1991 New York Jets	16	16	0	0	-	-	0	70	987	14.1	53	5	0	0	-	0	0	0	0	0	2	5	30
1992 New York Jets	16	16	1	21	21.0	21	0	50	726	14.5	t48	4	0	0	-	0	0	0	0	0	0	4	24
1993 New York Jets	13	13	1	-6	-6.0	-6	0	64	843	13.2	51	1	0	0	-	0	0	0	0	0	2	1	6
1994 New York Jets	16	16	1	-3	-3.0	-3	0	78	1010	12.9	t41	6	0	0	-	0	0	0	0	0	0	6	40
1995 Arizona Cardinals	15	15	0	0	-	-	0	63	907	14.4	45	5	0	0	-	0	2	1	33	1	0	5	32
1996 Arizona Cardinals	16	16	0	0	-	-	0	58	1016	17.5	69	4	0	0	-	0	0	0	0	0	0	4	26
1997 Arizona Cardinals	16	16	0	0	-	-	0	97	1584	16.3	t47	8	0	0	-	0	0	0	0	0	0	8	50
8 NFL Seasons	123	121	5	8	1.6	21	0	524	7765	14.8	t69	39	0	0	-	0	2	1	33	1	5	39	244

Other Statistics: 1994—recovered 1 fumble for 0 yards; scored 2 two-point conversions. 1995—scored 1 two-point conversion. 1996—scored 1 two-point conversion. 1997—scored 1 two-point conversion.

Ronald Moore
(statistical profile on page 352)

Pos: RB **Rnd:** 4 **College:** Pittsburg State **Ht:** 5' 10" **Wt:** 225 **Born:** 1/26/70 **Age:** 28

			Rushing					Receiving				Kickoff Returns			Passing				Totals		
Year Team	G	GS	Att	Yds	Avg	Lg	TD	Rec	Yds	Avg	Lg	TD	Num	Yds	Avg	TD	Att	Com	Yds	Int	Fum	TD	Pts
1993 Phoenix Cardinals	16	11	263	1018	3.9	20	9	3	16	5.3	6	0	1	9	9.0	0	0	0	0	0	3	9	54
1994 Arizona Cardinals	16	16	232	780	3.4	24	4	8	52	6.5	18	1	0	0	-	0	1	0	0	0	2	5	32
1995 New York Jets	15	3	43	121	2.8	14	0	8	50	6.3	13	0	8	166	20.8	0	0	0	0	0	3	0	0
1996 New York Jets	16	0	1	1	1.0	1	0	0	0	-	-	0	8	118	14.8	0	0	0	0	0	0	0	0
1997 StL - Ari	13	4	81	278	3.4	t27	1	4	34	8.5	13	0	1	17	17.0	0	0	0	0	0	0	1	6
1997 St. Louis Rams	7	2	24	103	4.3	t27	1	4	34	8.5	13	0	1	17	17.0	0	0	0	0	0	0	1	6
Arizona Cardinals	6	2	57	175	3.1	16	0	0	0	-	-	0	0	0	-	0	0	0	0	0	0	0	0
5 NFL Seasons	76	34	620	2198	3.5	t27	14	23	152	6.6	18	1	18	310	17.2	0	1	0	0	0	8	15	92

Other Statistics: 1993—recovered 1 fumble for 0 yards. 1994—recovered 1 fumble for 0 yards; scored 1 two-point conversion. 1995—recovered 1 fumble for 0 yards.

Stevon Moore
(statistical profile on page 435)

Pos: S **Rnd:** 7 **College:** Mississippi **Ht:** 5' 11" **Wt:** 210 **Born:** 2/9/67 **Age:** 31

			Tackles			Miscellaneous				Interceptions				Totals		
Year Team	G	GS	Tk	Ast	Sack	FF	FR	TD	Blk	Int	Yds	Avg	TD	Sfty	TD	Pts
1990 Miami Dolphins	7	0	1	0	0.0	0	1	0	0	0	0	-	0	0	0	0
1992 Cleveland Browns	13	3	29	28	2.0	1	3	1	0	0	0	-	0	0	1	6
1993 Cleveland Browns	16	16	96	59	0.0	3	1	1	0	0	0	-	0	0	1	6
1994 Cleveland Browns	16	16	65	19	0.0	0	6	0	0	0	0	-	0	0	0	0
1995 Cleveland Browns	16	16	79	13	1.0	0	0	0	0	5	55	11.0	0	0	0	0
1996 Baltimore Ravens	16	16	82	15	0.0	0	1	0	0	1	10	10.0	0	0	0	0
1997 Baltimore Ravens	13	12	58	15	0.0	0	0	0	0	4	56	14.0	0	0	0	0
7 NFL Seasons	97	79	410	149	3.0	4	12	2	0	10	121	12.1	0	0	2	12

Will Moore

Pos: WR **Rnd:** FA **College:** Texas Southern **Ht:** 6' 2" **Wt:** 180 **Born:** 2/21/70 **Age:** 28

			Rushing					Receiving				Punt Returns				Kickoff Returns				Totals		
Year Team	G	GS	Att	Yds	Avg	Lg	TD	Rec	Yds	Avg	Lg	TD	Num	Yds	Avg	TD	Num	Yds	Avg	TD	Fum	TD	Pts
1995 New England Patriots	14	13	0	0	-	-	0	43	502	11.7	33	1	0	0	-	0	0	0	-	0	0	1	6
1996 New England Patriots	2	1	0	0	-	-	0	3	37	12.3	16	0	0	0	-	0	0	0	-	0	0	0	0
1997 Jacksonville Jaguars	11	0	0	0	-	-	0	1	10	10.0	10	0	0	0	-	0	1	36	36.0	0	0	0	0
3 NFL Seasons	27	14	0	0	-	-	0	47	549	11.7	33	1	0	0	-	0	1	36	36.0	0	0	1	6

Tim Morabito

Pos: DT **Rnd:** FA **College:** Boston College **Ht:** 6' 3" **Wt:** 288 **Born:** 10/12/73 **Age:** 25

			Tackles			Miscellaneous				Interceptions				Totals		
Year Team	G	GS	Tk	Ast	Sack	FF	FR	TD	Blk	Int	Yds	Avg	TD	Sfty	TD	Pts
1996 Cincinnati Bengals	6	1	5	1	0.5	0	0	0	0	0	0	-	0	0	0	0
1997 Carolina Panthers	8	0	3	3	0.0	0	1	0	0	0	0	-	0	0	0	0
2 NFL Seasons	14	1	8	4	0.5	0	1	0	0	0	0	-	0	0	0	0

Sean Moran

Pos: DE **Rnd:** 4 **College:** Colorado State **Ht:** 6' 3" **Wt:** 255 **Born:** 6/5/73 **Age:** 25

			Tackles			Miscellaneous				Interceptions				Totals		
Year Team	G	GS	Tk	Ast	Sack	FF	FR	TD	Blk	Int	Yds	Avg	TD	Sfty	TD	Pts
1996 Buffalo Bills	16	0	4	1	0.0	0	0	0	0	0	0	-	0	0	0	0
1997 Buffalo Bills	16	7	24	13	4.5	0	1	0	0	2	12	6.0	0	0	0	0
2 NFL Seasons	32	7	28	14	4.5	0	1	0	0	2	12	6.0	0	0	0	0

Bam Morris
(statistical profile on page 353)

Pos: RB **Rnd:** 3 **College:** Texas Tech **Ht:** 6' 0" **Wt:** 246 **Born:** 1/13/72 **Age:** 26

			Rushing					Receiving				Punt Returns				Kickoff Returns				Totals		
Year Team	G	GS	Att	Yds	Avg	Lg	TD	Rec	Yds	Avg	Lg	TD	Num	Yds	Avg	TD	Num	Yds	Avg	TD	Fum	TD	Pts
1994 Pittsburgh Steelers	15	6	198	836	4.2	20	7	22	204	9.3	49	0	0	0	-	0	4	114	28.5	0	3	7	42
1995 Pittsburgh Steelers	13	4	148	559	3.8	t30	9	8	36	4.5	13	0	0	0	-	0	0	0	-	0	3	9	54
1996 Baltimore Ravens	11	7	172	737	4.3	19	4	25	242	9.7	t52	1	0	0	-	0	1	3	3.0	0	0	5	30
1997 Baltimore Ravens	11	8	204	774	3.8	25	4	29	176	6.1	15	0	0	0	-	0	1	23	23.0	0	4	4	24
4 NFL Seasons	50	25	722	2906	4.0	t30	24	84	658	7.8	t52	1	0	0	-	0	6	140	23.3	0	10	25	150

Other Statistics: 1994—recovered 1 fumble for 0 yards. 1997—recovered 4 fumbles for 7 yards.

Mike Morris

Pos: C/LS **Rnd:** FA **College:** Northeast Missouri State **Ht:** 6' 5" **Wt:** 275 **Born:** 2/22/61 **Age:** 37

Year	Team	G	GS	Year	Team	G	GS	Year	Team	G	GS	Year	Team	G	GS
1987	St. Louis Cardinals	14	0	1990	Seattle Seahawks	4	0	1992	Minnesota Vikings	16	0	1995	Minnesota Vikings	16	0
1989	Kansas City Chiefs	5	0	1990	Cleveland Browns	10	0	1993	Minnesota Vikings	16	0	1996	Minnesota Vikings	16	0
1989	New England Patriots	11	0	1991	Minnesota Vikings	16	0	1994	Minnesota Vikings	16	0	1997	Minnesota Vikings	16	0
													10 NFL Seasons	156	0

Other Statistics: 1990–fumbled 1 time for -23 yards.

Steve Morrison

Pos: LB **Rnd:** FA **College:** Michigan **Ht:** 6' 3" **Wt:** 243 **Born:** 12/28/71 **Age:** 26

				Tackles			Miscellaneous				Interceptions				Punt Returns				Kickoff Returns				Totals		
Year	Team	G	GS	Tk	Ast	Sack	FF	FR	TD	Blk	Int	Yds	Avg	TD	Num	Yds	Avg	TD	Num	Yds	Avg	TD	TD	Fum
1995	Indianapolis Colts	10	0	0	0	0.0	0	0	0	0	0	0	-	0	0	0	-	0	2	6	3.0	0	0	0
1996	Indianapolis Colts	16	8	38	10	0.0	0	2	0	0	1	20	20.0	0	0	0	-	0	0	0	-	0	0	0
1997	Indianapolis Colts	16	9	22	17	1.0	0	2	0	0	1	2	2.0	0	0	0	-	0	0	0	-	0	0	0
	3 NFL Seasons	42	17	60	27	1.0	0	4	0	0	2	22	11.0	0	0	0	-	0	2	6	3.0	0	0	0

Harold Morrow

Pos: FB **Rnd:** FA **College:** Auburn **Ht:** 5' 11" **Wt:** 210 **Born:** 2/24/73 **Age:** 25

				Rushing					Receiving					Punt Returns				Kickoff Returns				Totals		
Year	Team	G	GS	Att	Yds	Avg	Lg	TD	Rec	Yds	Avg	Lg	TD	Num	Yds	Avg	TD	Num	Yds	Avg	TD	Fum	TD	Pts
1996	Minnesota Vikings	8	0	0	0	-	0	0	0	0	-	0	0	0	0	-	0	6	117	19.5	0	0	0	0
1997	Minnesota Vikings	16	0	0	0	-	0	0	0	0	-	0	0	0	0	-	0	5	99	19.8	0	0	0	0
	2 NFL Seasons	24	0	0	0	-	0	0	0	0	-	0	0	0	0	-	0	11	216	19.6	0	0	0	0

Johnnie Morton

(statistical profile on page 353)

Pos: WR **Rnd:** 1 (21) **College:** Southern California **Ht:** 5' 11" **Wt:** 190 **Born:** 10/7/71 **Age:** 27

				Rushing					Receiving					Punt Returns				Kickoff Returns				Totals		
Year	Team	G	GS	Att	Yds	Avg	Lg	TD	Rec	Yds	Avg	Lg	TD	Num	Yds	Avg	TD	Num	Yds	Avg	TD	Fum	TD	Pts
1994	Detroit Lions	14	0	0	0	-	0	0	3	39	13.0	t18	1	0	0	-	0	4	143	35.8	1	1	2	12
1995	Detroit Lions	16	14	3	33	11.0	18	0	44	590	13.4	132	8	0	0	-	0	18	390	21.7	0	1	8	48
1996	Detroit Lions	16	15	9	35	3.9	18	0	55	714	13.0	t62	6	0	0	-	0	0	0	-	0	1	6	36
1997	Detroit Lions	16	16	3	33	11.0	20	0	80	1057	13.2	t73	6	0	0	-	0	0	0	-	0	2	6	36
	4 NFL Seasons	62	45	15	101	6.7	20	0	182	2400	13.2	t73	21	7	48	6.9	0	22	533	24.2	1	5	22	132

Other Statistics: 1994–recovered 1 fumble for 0 yards.

Mike Morton

Pos: LB **Rnd:** 4 **College:** North Carolina **Ht:** 6' 4" **Wt:** 235 **Born:** 3/28/72 **Age:** 26

				Tackles			Miscellaneous				Interceptions				Punt Returns				Kickoff Returns				Totals	
Year	Team	G	GS	Tk	Ast	Sack	FF	FR	TD	Blk	Int	Yds	Avg	TD	Num	Yds	Avg	TD	Num	Yds	Avg	TD	TD	Fum
1995	Oakland Raiders	12	0	3	0	0.0	0	1	0	0	0	0	-	0	0	0	-	0	0	0	-	0	0	0
1996	Oakland Raiders	16	6	29	14	1.0	0	0	0	0	2	13	6.5	0	0	0	-	0	0	0	-	0	0	0
1997	Oakland Raiders	11	11	52	23	0.0	0	1	0	0	0	0	-	0	0	0	-	0	1	14	14.0	0	0	0
	3 NFL Seasons	39	17	84	37	1.0	0	2	0	0	2	13	6.5	0	0	0	-	0	1	14	14.0	0	0	0

Winston Moss

Pos: LB **Rnd:** 2 **College:** Miami (FL) **Ht:** 6' 3" **Wt:** 245 **Born:** 12/24/65 **Age:** 32

				Tackles			Miscellaneous				Interceptions				Totals		
Year	Team	G	GS	Tk	Ast	Sack	FF	FR	TD	Blk	Int	Yds	Avg	TD	Sfty	TD	Pts
1987	Tampa Bay Buccaneers	12	6	0	-	1.5	0	1	1	0	0	0	-	0	0	1	6
1988	Tampa Bay Buccaneers	16	15	0	-	0.0	0	0	0	0	0	0	-	0	0	0	0
1989	Tampa Bay Buccaneers	16	16	0	-	5.5	0	0	0	0	0	0	-	0	0	0	0
1990	Tampa Bay Buccaneers	16	15	0	-	3.5	0	1	0	0	1	31	31.0	0	0	0	0
1991	Los Angeles Raiders	16	16	0	-	3.0	0	2	0	0	0	0	-	0	0	0	0
1992	Los Angeles Raiders	15	15	0	-	2.0	0	0	0	0	0	0	-	0	0	0	0
1993	Los Angeles Raiders	16	16	81	21	0.0	0	0	0	0	0	0	-	0	0	0	0
1994	Los Angeles Raiders	16	14	55	19	2.0	0	0	0	0	0	0	-	0	0	0	0
1995	Seattle Seahawks	16	16	65	23	2.0	1	2	0	0	1	0	0.0	0	0	0	0
1996	Seattle Seahawks	16	16	77	29	1.0	0	0	0	0	1	1	1.0	0	0	0	0
1997	Seattle Seahawks	14	14	48	13	0.0	1	1	0	0	0	0	-	0	0	0	0
	11 NFL Seasons	169	159	326	105	20.5	2	7	1	0	3	32	10.7	0	0	1	6

Zefross Moss

Pos: T **Rnd:** FA **College:** Alabama State **Ht:** 6' 6" **Wt:** 324 **Born:** 8/17/66 **Age:** 32

Year	Team	G	GS	Year	Team	G	GS	Year	Team	G	GS			G	GS
1989	Indianapolis Colts	16	0	1992	Indianapolis Colts	13	13	1995	Detroit Lions	15	14				
1990	Indianapolis Colts	16	16	1993	Indianapolis Colts	16	16	1996	Detroit Lions	15	15				
1991	Indianapolis Colts	11	10	1994	Indianapolis Colts	11	11	1997	New England Patriots	15	15		9 NFL Seasons	128	110

Eric Moulds
(statistical profile on page 354)

Pos: WR/KR **Rnd:** 1 (24) **College:** Mississippi State **Ht:** 6' 1" **Wt:** 204 **Born:** 7/17/73 **Age:** 25

				Rushing				Receiving				Punt Returns				Kickoff Returns				Totals		
Year Team	G	GS	Att	Yds	Avg	Lg	TD	Rec	Yds	Avg	Lg	TD	Num	Yds	Avg	TD	Num	Yds	Avg	TD	Fum	TD	Pts
1996 Buffalo Bills	16	6	12	44	3.7	11	0	20	279	14.0	47	2	0	0	-	0	52	1205	23.2	1	1	3	18
1997 Buffalo Bills	16	8	4	59	14.8	29	0	29	294	10.1	32	0	2	20	10.0	0	43	921	21.4	0	3	0	2
2 NFL Seasons	32	14	16	103	6.4	29	0	49	573	11.7	47	2	2	20	10.0	0	95	2126	22.4	1	4	3	20

Other Statistics: 1997–recovered 1 fumble for 0 yards; scored 1 two-point conversion.

Muhsin Muhammad
(statistical profile on page 354)

Pos: WR **Rnd:** 2 **College:** Michigan State **Ht:** 6' 2" **Wt:** 220 **Born:** 5/5/73 **Age:** 25

				Rushing				Receiving				Punt Returns				Kickoff Returns				Totals		
Year Team	G	GS	Att	Yds	Avg	Lg	TD	Rec	Yds	Avg	Lg	TD	Num	Yds	Avg	TD	Num	Yds	Avg	TD	Fum	TD	Pts
1996 Carolina Panthers	9	5	1	-1	-1.0	-1	0	25	407	16.3	t54	1	0	0	-	0	0	0	-	0	0	1	6
1997 Carolina Panthers	13	5	0	0	-	0	0	27	317	11.7	38	0	0	0	-	0	0	0	-	0	0	0	2
2 NFL Seasons	22	10	1	-1	-1.0	-1	0	52	724	13.9	t54	1	0	0	-	0	0	0	-	0	0	1	8

Other Statistics: 1997–scored 1 two-point conversion.

Roderick Mullen

Pos: CB **Rnd:** 5 **College:** Grambling **Ht:** 6' 1" **Wt:** 204 **Born:** 12/5/72 **Age:** 25

			Tackles			Miscellaneous				Interceptions				Totals		
Year Team	G	GS	Tk	Ast	Sack	FF	FR	TD	Blk	Int	Yds	Avg	TD	Sfty	TD	Pts
1995 Green Bay Packers	8	0	3	1	0.0	0	0	0	0	0	0	-	0	0	0	0
1996 Green Bay Packers	14	0	4	0	0.0	0	0	0	0	0	0	-	0	0	0	0
1997 Green Bay Packers	16	1	23	2	0.0	0	1	0	0	1	17	17.0	0	0	0	0
3 NFL Seasons	38	1	30	3	0.0	0	1	0	0	1	17	17.0	0	0	0	0

Eddie Murray
(statistical profile on page 481)

Pos: K **Rnd:** 7 **College:** Tulane **Ht:** 5' 11" **Wt:** 195 **Born:** 8/29/56 **Age:** 42

		Field Goals												PAT		Tot
Year Team	G	1-29 Yds	Pct	30-39 Yds	Pct	40-49 Yds	Pct	50+ Yds	Pct	Overall	Pct	Long		Made	Att	
1980 Detroit Lions	16	9-10	90.0	10-13	76.9	7-15	46.7	1-4	25.0	27-42	64.3	52		35	36	116
1981 Detroit Lions	16	6-6	100.0	9-14	64.3	7-11	63.6	3-4	75.0	25-35	71.4	53		46	46	121
1982 Detroit Lions	7	6-6	100.0	2-2	100.0	3-4	75.0	0-0	-	11-12	91.7	40		10	16	40
1983 Detroit Lions	16	6-6	100.0	13-15	86.7	3-7	42.9	3-4	75.0	25-32	78.1	54		38	38	113
1984 Detroit Lions	16	2-3	66.7	5-7	71.4	12-13	92.3	1-4	25.0	20-27	74.1	52		31	31	91
1985 Detroit Lions	16	7-10	70.0	11-11	100.0	6-7	85.7	2-3	66.7	26-31	83.9	51		31	33	109
1986 Detroit Lions	16	3-4	75.0	7-8	87.5	6-8	75.0	2-5	40.0	18-25	72.0	52		31	32	85
1987 Detroit Lions	12	7-7	100.0	7-12	58.3	5-11	45.5	1-2	50.0	20-32	62.5	53		21	21	81
1988 Detroit Lions	16	8-8	100.0	9-9	100.0	3-3	100.0	0-1	0.0	20-21	95.2	48		22	23	82
1989 Detroit Lions	16	3-3	100.0	8-9	88.9	8-8	100.0	1-1	100.0	20-21	95.2	50		36	36	96
1990 Detroit Lions	11	6-6	100.0	4-6	66.7	3-5	60.0	0-2	0.0	13-19	68.4	47		34	34	73
1991 Detroit Lions	16	4-5	80.0	0-10	80.0	5-0	55.6	2-4	50.0	19-28	67.9	50		40	40	97
1992 KC - TB	8	0-0	-	2-4	50.0	2-4	50.0	1-1	100.0	5-9	55.6	52		13	13	28
1993 Dallas Cowboys	14	8-8	100.0	9-12	75.0	8-8	100.0	3-5	60.0	28-33	84.8	52		38	38	122
1994 Philadelphia Eagles	16	9-9	100.0	10-10	100.0	2-6	33.3	0-0	-	21-25	84.0	42		33	33	96
1995 Washington Redskins	16	10-10	100.0	10-13	76.9	6-11	54.5	1-2	50.0	27-36	75.0	52		33	33	114
1997 Minnesota Vikings	12	7-7	100.0	1-3	33.3	4-6	66.7	0-1	0.0	12-17	70.6	49		23	24	59
1992 Kansas City Chiefs	1	0-0	-	0-0	-	0-0	-	1-1	100.0	1-1	100.0	52		0	0	3
Tampa Bay Buccaneers	7	0-0	-	2-4	50.0	2-4	50.0	0-0	-	4-8	50.0	47		13	13	25
17 NFL Seasons	240	101-108	93.5	125-158	79.1	90-136	66.2	21-43	48.8	337-445	75.7	54		521	527	1532

Other Statistics: 1986–punted 1 time for 37 yards. 1987–punted 4 times for 155 yards.

Adrian Murrell
(statistical profile on page 355)

Pos: RB **Rnd:** 5 **College:** West Virginia **Ht:** 5' 11" **Wt:** 214 **Born:** 10/16/70 **Age:** 28

				Rushing				Receiving				Punt Returns				Kickoff Returns				Totals		
Year Team	G	GS	Att	Yds	Avg	Lg	TD	Rec	Yds	Avg	Lg	TD	Num	Yds	Avg	TD	Num	Yds	Avg	TD	Fum	TD	Pts
1993 New York Jets	16	0	34	157	4.6	t37	1	5	12	2.4	8	0	0	0	-	0	23	342	14.9	0	4	1	6
1994 New York Jets	10	1	33	160	4.8	19	0	7	76	10.9	20	0	0	0	-	0	14	268	19.1	0	1	0	0
1995 New York Jets	15	9	192	795	4.1	30	1	71	465	6.5	43	2	0	0	-	0	1	5	5.0	0	2	3	18
1996 New York Jets	16	16	301	1249	4.1	78	6	17	81	4.8	30	1	0	0	-	0	0	0	-	0	6	7	42
1997 New York Jets	16	15	300	1086	3.6	t43	7	27	106	3.9	23	0	0	0	-	0	0	0	-	0	4	7	42

Year	Team	G	GS	Rushing					Receiving					Punt Returns				Kickoff Returns				Totals		
				Att	Yds	Avg	Lg	TD	Rec	Yds	Avg	Lg	TD	Num	Yds	Avg	TD	Num	Yds	Avg	TD	Fum	TD	Pts
5 NFL Seasons		73	41	860	3447	4.0	78	15	127	740	5.8	43	3	0	0	-	0	38	615	16.2	0	17	18	108

Other Statistics: 1993–recovered 2 fumbles for 0 yards. 1995–recovered 2 fumbles for 0 yards. 1996–recovered 2 fumbles for -16 yards. 1997–recovered 2 fumbles for -7 yards.

Greg Myers
(statistical profile on page 435)

Pos: S **Rnd:** 4 **College:** Colorado State **Ht:** 6' 1" **Wt:** 197 **Born:** 9/30/72 **Age:** 26

Year	Team	G	GS	Tackles			Miscellaneous				Interceptions				Punt Returns				Kickoff Returns				Totals	
				Tk	Ast	Sack	FF	FR	TD	Blk	Int	Yds	Avg	TD	Num	Yds	Avg	TD	Num	Yds	Avg	TD	TD	Fum
1996	Cincinnati Bengals	14	0	17	1	0.0	0	0	0	0	2	10	5.0	0	9	51	5.7	0	0	0	-	0	0	1
1997	Cincinnati Bengals	16	14	67	15	0.0	0	2	0	0	1	25	25.0	0	26	201	7.7	0	0	0	-	0	0	3
2 NFL Seasons		30	14	84	16	0.0	0	2	0	0	3	35	11.7	0	35	252	7.2	0	0	0	-	0	0	4

Tom Myslinski

Pos: G **Rnd:** 4 **College:** Tennessee **Ht:** 6' 3" **Wt:** 287 **Born:** 12/7/68 **Age:** 29

Year	Team	G	GS	Year	Team	G	GS	Year	Team	G	GS	Year	Team	G	GS
1992	Washington Redskins	1	0	1993	Chicago Bears	1	0	1995	Jacksonville Jaguars	9	9	1997	Pittsburgh Steelers	16	7
1993	Buffalo Bills	1	0	1994	Chicago Bears	4	0	1996	Pittsburgh Steelers	8	6	6 NFL Seasons		40	22

Chris Naeole

Pos: G **Rnd:** 1 (10) **College:** Colorado **Ht:** 6' 4" **Wt:** 300 **Born:** 12/25/74 **Age:** 23

Year	Team	G	GS
1997	New Orleans Saints	4	0
1 NFL Season		4	0

Jamie Nails

Pos: T **Rnd:** 4 **College:** Florida A&M **Ht:** 6' 6" **Wt:** 354 **Born:** 6/3/75 **Age:** 23

Year	Team	G	GS
1997	Buffalo Bills	2	0
1 NFL Season		2	0

Tom Nalen

Pos: C **Rnd:** 7 **College:** Boston College **Ht:** 6' 3" **Wt:** 280 **Born:** 5/13/71 **Age:** 27

Year	Team	G	GS	Year	Team	G	GS	Year	Team	G	GS	Year	Team	G	GS
1994	Denver Broncos	8	1	1995	Denver Broncos	15	15	1996	Denver Broncos	16	16	1997	Denver Broncos	16	16
												4 NFL Seasons		55	48

Other Statistics: 1997–caught 1 pass for -1 yard.

Leon Neal

Pos: RB **Rnd:** 6 **College:** Washington **Ht:** 5' 9" **Wt:** 185 **Born:** 9/11/72 **Age:** 26

Year	Team	G	GS	Rushing					Receiving					Punt Returns				Kickoff Returns				Totals		
				Att	Yds	Avg	Lg	TD	Rec	Yds	Avg	Lg	TD	Num	Yds	Avg	TD	Num	Yds	Avg	TD	Fum	TD	Pts
1997	Indianapolis Colts	1	0	0	0	-	-	0	0	0	-	-	0	0	0	-	0	1	23	23.0	0	0	0	0

Lorenzo Neal

Pos: FB **Rnd:** 4 **College:** Fresno State **Ht:** 5' 11" **Wt:** 240 **Born:** 12/27/70 **Age:** 27

Year	Team	G	GS	Rushing					Receiving					Punt Returns				Kickoff Returns				Totals		
				Att	Yds	Avg	Lg	TD	Rec	Yds	Avg	Lg	TD	Num	Yds	Avg	TD	Num	Yds	Avg	TD	Fum	TD	Pts
1993	New Orleans Saints	2	2	21	175	8.3	t74	1	0	0	-	-	0	0	0	-	0	0	0	-	0	1	1	6
1994	New Orleans Saints	16	7	30	90	3.0	12	1	2	9	4.5	5	0	0	0	-	0	1	17	17.0	0	1	1	6
1995	New Orleans Saints	16	7	5	3	0.6	3	0	12	123	10.3	t69	1	0	0	-	0	2	28	14.0	0	2	1	6
1996	New Orleans Saints	16	11	21	58	2.8	11	1	31	194	6.3	23	0	0	0	-	0	0	0	-	0	1	2	12
1997	New York Jets	16	3	10	28	2.8	8	0	8	40	5.0	14	1	0	0	-	0	2	22	11.0	0	0	1	6
5 NFL Seasons		66	30	87	354	4.1	t74	3	53	366	6.9	t69	3	0	0	-	0	5	67	13.4	0	5	6	36

Other Statistics: 1996–recovered 2 fumbles for 0 yards.

Ray Nealy

Pos: FB **Rnd:** FA **College:** Arkansas-Pine Bluff **Ht:** 5' 11" **Wt:** 220 **Born:** 4/30/75 **Age:** 23

Year	Team	G	GS	Rushing					Receiving					Punt Returns				Kickoff Returns				Totals		
				Att	Yds	Avg	Lg	TD	Rec	Yds	Avg	Lg	TD	Num	Yds	Avg	TD	Num	Yds	Avg	TD	Fum	TD	Pts
1997	Miami Dolphins	1	0	1	2	2.0	2	0	0	0	-	-	0	0	0	-	0	0	0	-	0	0	0	0

Joe Nedney
(statistical profile on page 482)

Pos: K **Rnd:** FA **College:** San Jose State **Ht:** 6' 4" **Wt:** 205 **Born:** 3/22/73 **Age:** 25

Year	Team	G	Field Goals											PAT		Tot
			1-29 Yds	Pct	30-39 Yds	Pct	40-49 Yds	Pct	50+ Yds	Pct	Overall	Pct	Long	Made	Att	Pts
1996	Miami Dolphins	16	8-8	100.0	7-11	63.6	3-8	37.5	0-2	0.0	18-29	62.1	44	35	36	89
1997	Arizona Cardinals	10	4-4	100.0	4-4	100.0	3-7	42.9	0-2	0.0	11-17	64.7	45	19	19	52

		Field Goals										PAT		Tot
Year Team	G	1-29 Yds	Pct	30-39 Yds	Pct	40-49 Yds	Pct	50+ Yds	Pct	Overall	Pct	Long	Made Att	Pts
2 NFL Seasons	26	12-12	100.0	11-15	73.3	6-15	40.0	0-4	0.0	29-46	63.0	45	54 55	141

Dan Neil

Pos: C   Rnd: 3   College: Texas   Ht: 6' 2"   Wt: 283   Born: 10/21/73   Age: 25

Year	Team	G	GS			
1997	Denver Broncos	3	0	1 NFL Season	G: 3	GS: 0

Quentin Neujahr

Pos: G/C   Rnd: FA   College: Kansas State   Ht: 6' 4"   Wt: 285   Born: 1/30/71   Age: 27

Year	Team	G	GS	Year	Team	G	GS		G	GS
1996	Baltimore Ravens	5	0	1997	Baltimore Ravens	9	7	2 NFL Seasons	14	7

Other Statistics: 1996–recovered 1 fumble for 0 yards.

Anthony Newman
(statistical profile on page 436)

Pos: S   Rnd: 2   College: Oregon   Ht: 6' 0"   Wt: 199   Born: 11/21/65   Age: 32

				Tackles			Miscellaneous				Interceptions				Totals		
Year Team	G	GS	Tk	Ast	Sack	FF	FR	TD	Blk	Int	Yds	Avg	TD	Sfty	TD	Pts
1988 Los Angeles Rams	16	0	13	1	0.0	0	1	0	0	2	27	13.5	0	0	0	0
1989 Los Angeles Rams	15	1	42	3	0.0	0	0	0	0	0	0	-	0	0	0	0
1990 Los Angeles Rams	16	6	38	9	0.0	0	1	0	0	2	0	0.0	0	0	0	0
1991 Los Angeles Rams	16	1	27	4	1.0	0	1	1	0	1	58	58.0	0	0	1	6
1992 Los Angeles Rams	16	16	60	11	0.0	0	3	0	0	4	33	8.3	0	0	0	0
1993 Los Angeles Rams	16	16	47	17	0.0	0	0	0	0	0	0	-	0	0	0	0
1994 Los Angeles Rams	16	14	29	9	0.0	0	1	0	0	2	46	23.0	1	0	1	6
1995 New Orleans Saints	13	1	3	2	0.0	0	0	0	0	0	0	-	0	0	0	0
1996 New Orleans Saints	16	16	60	21	0.0	1	2	0	0	3	40	13.3	0	0	0	0
1997 New Orleans Saints	12	12	53	10	0.0	0	1	0	0	3	19	6.3	0	0	0	0
10 NFL Seasons	152	83	372	87	1.0	1	10	1	0	17	223	13.1	1	0	2	12

Other Statistics: 1995–caught 1 pass for 18 yards.

Craig Newsome

Pos: CB   Rnd: 1 (32)   College: Arizona State   Ht: 5' 11"   Wt: 190   Born: 8/10/71   Age: 27

			Tackles			Miscellaneous				Interceptions				Totals		
Year Team	G	GS	Tk	Ast	Sack	FF	FR	TD	Blk	Int	Yds	Avg	TD	Sfty	TD	Pts
1995 Green Bay Packers	16	16	54	21	0.0	0	0	0	0	1	3	3.0	0	0	0	0
1996 Green Bay Packers	16	16	61	10	0.0	1	1	0	0	2	22	11.0	0	0	0	0
1997 Green Bay Packers	1	1	0	0	0.0	0	0	0	0	0	0	-	0	0	0	0
3 NFL Seasons	33	33	115	31	0.0	1	1	0	0	3	25	8.3	0	0	0	0

Nate Newton

Pos: G   Rnd: FA   College: Florida A&M   Ht: 6' 3"   Wt: 320   Born: 12/20/61   Age: 36

Year	Team	G	GS	Year	Team	G	GS	Year	Team	G	GS	Year	Team	G	GS
1986	Dallas Cowboys	11	0	1989	Dallas Cowboys	16	16	1992	Dallas Cowboys	15	15	1995	Dallas Cowboys	16	16
1987	Dallas Cowboys	11	11	1990	Dallas Cowboys	16	16	1993	Dallas Cowboys	16	16	1996	Dallas Cowboys	16	16
1988	Dallas Cowboys	15	15	1991	Dallas Cowboys	14	14	1994	Dallas Cowboys	16	16	1997	Dallas Cowboys	13	13
													12 NFL Seasons	175	164

Other Statistics: 1988–caught 1 pass for 2 yards. 1990–recovered 2 fumbles for 0 yards. 1991–recovered 1 fumble for 0 yards. 1992–recovered 1 fumble for 0 yards. 1997–recovered 1 fumble for 0 yards.

Hardy Nickerson
(statistical profile on page 436)

Pos: LB   Rnd: 5   College: California   Ht: 6' 2"   Wt: 233   Born: 9/1/65   Age: 33

			Tackles			Miscellaneous				Interceptions				Totals		
Year Team	G	GS	Tk	Ast	Sack	FF	FR	TD	Blk	Int	Yds	Avg	TD	Sfty	TD	Pts
1987 Pittsburgh Steelers	12	0	10	7	0.0	0	1	0	0	0	0	-	0	0	0	0
1988 Pittsburgh Steelers	15	10	73	26	3.5	1	1	0	0	1	0	0.0	0	0	0	0
1989 Pittsburgh Steelers	10	8	26	9	1.0	0	0	0	0	0	0	-	0	0	0	0
1990 Pittsburgh Steelers	16	14	58	9	2.0	2	0	0	0	0	0	-	0	0	0	0
1991 Pittsburgh Steelers	16	14	70	24	1.0	2	0	0	0	0	0	-	0	0	0	0
1992 Pittsburgh Steelers	15	15	68	46	2.0	0	2	0	0	0	0	-	0	0	0	0
1993 Tampa Bay Buccaneers	16	16	124	90	1.0	1	1	0	0	1	6	6.0	0	0	0	0
1994 Tampa Bay Buccaneers	14	14	86	36	1.0	1	0	0	0	2	9	4.5	0	0	0	0
1995 Tampa Bay Buccaneers	16	16	89	54	1.5	3	3	0	0	0	0	-	0	0	0	0
1996 Tampa Bay Buccaneers	16	16	76	44	3.0	2	2	0	0	2	24	12.0	0	0	0	0
1997 Tampa Bay Buccaneers	16	16	105	42	1.0	2	2	0	1	0	0	-	0	0	0	0
11 NFL Seasons	162	139	785	387	17.0	14	12	0	1	6	39	6.5	0	0	0	0

Erik Norgard

Pos: G **Rnd:** FA **College:** Colorado **Ht:** 6' 1" **Wt:** 282 **Born:** 11/4/65 **Age:** 32

Year	Team	G	GS	Year	Team	G	GS	Year	Team	G	GS	Year	Team	G	GS
1990	Houston Oilers	16	0	1993	Houston Oilers	16	4	1995	Houston Oilers	12	0	1997	Tennessee Oilers	15	0
1992	Houston Oilers	15	0	1994	Houston Oilers	16	7	1996	Houston Oilers	13	0		7 NFL Seasons	103	11

Other Statistics: 1990–returned 2 kickoffs for 0 yards. 1993–recovered 1 fumble for 0 yards; caught 1 pass for 13 yards. 1996–caught 1 pass for 1 yard and 1 touchdown. 1997–recovered 1 fumble for 0 yards; caught 1 pass for 2 yards and 1 touchdown.

Gabe Northern

Pos: DE/LB **Rnd:** 2 **College:** Louisiana State **Ht:** 6' 3" **Wt:** 240 **Born:** 6/8/74 **Age:** 24

				Tackles			Miscellaneous				Interceptions				Totals		
Year Team	G	GS	Tk	Ast	Sack	FF	FR	TD	Blk	Int	Yds	Avg	TD	Sfty	TD	Pts
1996 Buffalo Bills	16	2	16	3	5.0	0	0	1	1	0	0	-	0	0	1	6
1997 Buffalo Bills	16	1	15	9	0.0	0	0	0	0	0	0	-	0	0	0	0
2 NFL Seasons	32	3	31	12	5.0	0	0	1	1	0	0	-	0	0	1	6

Ken Norton
(statistical profile on page 436)

Pos: LB **Rnd:** 2 **College:** UCLA **Ht:** 6' 2" **Wt:** 241 **Born:** 9/29/66 **Age:** 32

			Tackles			Miscellaneous				Interceptions				Totals		
Year Team	G	GS	Tk	Ast	Sack	FF	FR	TD	Blk	Int	Yds	Avg	TD	Sfty	TD	Pts
1988 Dallas Cowboys	3	0	0	0	0.0	0	1	0	0	0	0	-	0	0	0	0
1989 Dallas Cowboys	13	13	56	31	2.5	1	0	0	0	0	0	-	0	0	0	0
1990 Dallas Cowboys	15	15	79	40	2.5	3	2	0	0	0	0	-	0	0	0	0
1991 Dallas Cowboys	16	16	54	40	0.0	1	0	0	0	0	0	-	0	0	0	0
1992 Dallas Cowboys	16	16	64	56	0.0	2	2	0	0	0	0	-	0	0	0	0
1993 Dallas Cowboys	16	16	93	66	2.0	0	1	0	0	1	25	25.0	0	0	0	0
1994 San Francisco 49ers	16	16	75	11	0.0	1	0	0	0	1	0	0.0	0	0	0	0
1995 San Francisco 49ers	16	16	82	14	1.0	1	3	0	0	3	102	34.0	2	0	2	12
1996 San Francisco 49ers	16	16	106	21	0.0	0	1	0	0	0	0	-	0	0	0	0
1997 San Francisco 49ers	16	16	72	24	1.5	1	2	0	0	0	0	-	0	0	0	0
10 NFL Seasons	143	140	681	303	9.5	9	9	0	0	5	127	25.4	2	0	2	12

Dexter Nottage

Pos: DE/LB **Rnd:** 6 **College:** Florida A&M **Ht:** 6' 4" **Wt:** 291 **Born:** 11/14/70 **Age:** 27

			Tackles			Miscellaneous				Interceptions				Totals		
Year Team	G	GS	Tk	Ast	Sack	FF	FR	TD	Blk	Int	Yds	Avg	TD	Sfty	TD	Pts
1994 Washington Redskins	15	1	17	4	1.0	0	0	0	0	0	0	-	0	0	0	0
1995 Washington Redskins	16	0	17	4	0.0	1	3	0	0	0	0	-	0	0	0	0
1996 Washington Redskins	16	4	24	5	5.0	0	0	0	0	0	0	-	0	0	0	0
1997 Kansas City Chiefs	1	0	0	0	0.0	0	0	0	0	0	0	-	0	0	0	0
4 NFL Seasons	48	5	58	13	6.0	1	3	0	0	0	0	-	0	0	0	0

Jeff Novak

Pos: G **Rnd:** 7 **College:** Southwest Texas State **Ht:** 6' 6" **Wt:** 297 **Born:** 7/27/67 **Age:** 31

Year	Team	G	GS	Year	Team	G	GS	Year	Team	G	GS	Year	Team	G	GS
1994	Miami Dolphins	7	0	1995	Jacksonville Jaguars	16	13	1996	Jacksonville Jaguars	6	0	1997	Jacksonville Jaguars	7	2
													4 NFL Seasons	36	15

Doug Nussmeier

Pos: QB **Rnd:** 4 **College:** Idaho **Ht:** 6' 3" **Wt:** 211 **Born:** 12/11/70 **Age:** 27

			Passing									Rushing				Miscellaneous			
Year Team	G	GS	Att	Com	Pct	Yards	Yds/Att	Lg	TD	Int	Int%	Rating	Att	Yds	Avg	Lg TD	Sckd Yds	Fum Recv Yds	Pts
1996 New Orleans Saints	3	1	50	28	56.0	272	5.44	t57	1	1	2.0	69.8	3	6	2.0	6 0	3 17	2 0 0	0
1997 New Orleans Saints	4	1	32	18	56.3	183	5.72	24	0	3	9.4	33.7	8	30	3.8	15 0	6 32	1 0 -4	0
2 NFL Seasons	7	2	82	46	56.1	455	5.55	t57	1	4	4.9	55.7	11	36	3.3	15 0	9 49	3 0 -4	0

Neil O'Donnell
(statistical profile on page 355)

Pos: QB **Rnd:** 3 **College:** Maryland **Ht:** 6' 3" **Wt:** 228 **Born:** 7/3/66 **Age:** 32

			Passing									Rushing				Miscellaneous			
Year Team	G	GS	Att	Com	Pct	Yards	Yds/Att	Lg	TD	Int	Int%	Rating	Att	Yds	Avg	Lg TD	Sckd Yds	Fum Recv Yds	Pts
1991 Pittsburgh Steelers	12	8	286	156	54.5	1963	6.86	t89	11	7	2.4	78.8	18	82	4.6	22 1	30 214	11 2 -3	6
1992 Pittsburgh Steelers	12	12	313	185	59.1	2283	7.29	51	13	9	2.9	83.6	27	5	0.2	9 1	27 208	6 4 -20	6
1993 Pittsburgh Steelers	16	15	486	270	55.6	3208	6.60	t71	14	7	1.4	79.5	26	111	4.3	27 0	41 331	5 0 -2	0
1994 Pittsburgh Steelers	14	14	370	212	57.3	2443	6.60	t60	13	9	2.4	78.9	31	80	2.6	18 1	35 250	6 1 0	6
1995 Pittsburgh Steelers	12	12	416	246	59.1	2970	7.14	t71	17	7	1.7	87.7	24	45	1.9	14 0	15 126	2 1 0	6
1996 New York Jets	6	6	188	110	58.5	1147	6.10	t78	4	7	3.7	67.8	6	30	5.0	17 0	18 127	2 0 0	0
1997 New York Jets	15	14	460	259	56.3	2796	6.08	70	17	7	1.5	80.3	32	36	1.1	19 1	45 289	9 2 -1	6
7 NFL Seasons	87	81	2519	1438	57.1	16810	6.67	t89	89	53	2.1	80.5	164	389	2.4	27 4	211 1545	39 10 -26	24

Matt O'Dwyer

Pos: G **Rnd:** 2 **College:** Northwestern **Ht:** 6'5" **Wt:** 294 **Born:** 9/1/72 **Age:** 26

Year	Team	G	GS	Year	Team	G	GS	Year	Team	G	GS		G	GS
1995	New York Jets	12	2	1996	New York Jets	16	16	1997	New York Jets	16	16	3 NFL Seasons	44	34

Leslie O'Neal

(statistical profile on page 437)

Pos: DE **Rnd:** 1 (8) **College:** Oklahoma State **Ht:** 6'4" **Wt:** 270 **Born:** 5/7/64 **Age:** 34

				Tackles			Miscellaneous				Interceptions				Totals		
Year	Team	G	GS	Tk	Ast	Sack	FF	FR	TD	Blk	Int	Yds	Avg	TD	Sfty	TD	Pts
1986	San Diego Chargers	13	13	61	21	12.5	3	2	0	0	2	22	11.0	1	0	1	6
1988	San Diego Chargers	9	1	22	6	4.0	1	0	0	0	0	0	-	0	0	0	0
1989	San Diego Chargers	16	16	78	18	12.5	2	2	0	0	0	0	-	0	0	0	0
1990	San Diego Chargers	16	16	64	17	13.5	2	2	0	0	0	0	-	0	0	0	0
1991	San Diego Chargers	16	16	63	5	9.0	2	0	0	0	0	0	-	0	0	0	0
1992	San Diego Chargers	15	15	68	10	17.0	0	1	0	0	0	0	-	0	0	0	0
1993	San Diego Chargers	16	16	49	7	12.0	2	1	0	0	0	0	-	0	0	0	0
1994	San Diego Chargers	16	16	47	13	12.5	2	1	0	0	0	0	-	0	0	0	0
1995	San Diego Chargers	16	16	36	12	12.5	4	0	0	0	0	0	-	0	0	0	0
1996	St. Louis Rams	16	16	39	15	7.0	0	3	0	0	0	0	-	0	0	0	0
1997	St. Louis Rams	15	14	35	8	10.0	1	2	1	0	1	5	5.0	0	0	1	6
	11 NFL Seasons	164	155	562	132	122.5	19	14	1	0	3	27	9.0	1	0	2	12

Other Statistics: 1990–fumbled 1 time.

Roman Oben

Pos: T **Rnd:** 3 **College:** Louisville **Ht:** 6'4" **Wt:** 297 **Born:** 10/9/72 **Age:** 26

Year	Team	G	GS	Year	Team	G	GS		G	GS
1996	New York Giants	2	0	1997	New York Giants	16	16	2 NFL Seasons	18	16

Jason Odom

Pos: T **Rnd:** 4 **College:** Florida **Ht:** 6'5" **Wt:** 296 **Born:** 3/31/74 **Age:** 24

Year	Team	G	GS	Year	Team	G	GS		G	GS
1996	Tampa Bay Buccaneers	12	7	1997	Tampa Bay Buccaneers	16	16	2 NFL Seasons	28	23

Other Statistics: 1996–recovered 1 fumble for 0 yards.

A.J. Ofodile

Pos: TE **Rnd:** 5 **College:** Missouri **Ht:** 6'7" **Wt:** 260 **Born:** 10/9/73 **Age:** 25

				Rushing					Receiving					Punt Returns				Kickoff Returns				Totals		
Year	Team	G	GS	Att	Yds	Avg	Lg	TD	Rec	Yds	Avg	Lg	TD	Num	Yds	Avg	TD	Num	Yds	Avg	TD	Fum	TD	Pts
1997	Baltimore Ravens	12	0	0	0	-	-	0	0	0	-	-	0	0	0	-	0	0	0	-	0	0	0	0

Jonathan Ogden

Pos: T **Rnd:** 1 (4) **College:** UCLA **Ht:** 6'8" **Wt:** 320 **Born:** 7/31/74 **Age:** 24

Year	Team	G	GS	Year	Team	G	GS		G	GS
1996	Baltimore Ravens	16	16	1997	Baltimore Ravens	16	16	2 NFL Seasons	32	32

Other Statistics: 1996–caught 1 pass for 1 yard and 1 touchdown.

Chris Oldham

Pos: CB **Rnd:** 4 **College:** Oregon **Ht:** 5'9" **Wt:** 193 **Born:** 10/26/68 **Age:** 30

				Tackles			Miscellaneous				Interceptions				Punt Returns				Kickoff Returns				Totals	
Year	Team	G	GS	Tk	Ast	Sack	FF	FR	TD	Blk	Int	Yds	Avg	TD	Num	Yds	Avg	TD	Num	Yds	Avg	TD	TD	Fum
1990	Detroit Lions	16	0	23	2	0.0	0	0	0	0	1	28	28.0	0	0	0	-	0	13	234	18.0	0	0	2
1991	Buf - Pho	4	0	0	0	0.0	0	0	0	0	0	0	-	0	0	0	-	0	0	0	-	0	0	0
1992	Phoenix Cardinals	1	0	3	0	0.0	0	0	0	0	0	0	-	0	0	0	-	0	0	0	-	0	0	0
1993	Phoenix Cardinals	16	6	42	8	1.0	3	0	0	0	1	0	0.0	0	0	0	-	0	0	0	-	0	0	0
1994	Arizona Cardinals	11	1	1	0	0.0	0	0	0	0	0	0	-	0	0	0	-	0	0	0	-	0	0	0
1995	Pittsburgh Steelers	15	0	10	5	0.0	0	1	1	0	1	12	12.0	0	0	0	-	0	0	0	-	0	1	0
1996	Pittsburgh Steelers	16	0	7	0	2.0	0	0	0	0	0	0	-	0	0	0	-	0	0	0	-	0	0	0
1997	Pittsburgh Steelers	16	0	21	3	4.5	3	0	0	0	2	16	8.0	0	0	0	-	0	0	0	-	0	0	0
1991	Buffalo Bills	2	0	0	0	0.0	0	0	0	0	0	0	-	0	0	0	-	0	0	0	-	0	0	0
	Phoenix Cardinals	2	0	0	0	0.0	0	0	0	0	0	0	-	0	0	0	-	0	0	0	-	0	0	0
	8 NFL Seasons	95	7	107	18	7.5	6	1	1	0	5	56	11.2	0	0	0	-	0	13	234	18.0	0	1	2

Winslow Oliver

Pos: PR/RB **Rnd:** 3 **College:** New Mexico **Ht:** 5'7" **Wt:** 180 **Born:** 3/3/73 **Age:** 25

				Rushing					Receiving					Punt Returns				Kickoff Returns				Totals		
Year	Team	G	GS	Att	Yds	Avg	Lg	TD	Rec	Yds	Avg	Lg	TD	Num	Yds	Avg	TD	Num	Yds	Avg	TD	Fum	TD	Pts
1996	Carolina Panthers	16	0	47	183	3.9	16	0	15	144	9.6	29	0	52	598	11.5	1	7	160	22.9	0	4	1	6
1997	Carolina Panthers	6	0	1	0	0.0	0	0	6	47	7.8	11	0	14	111	7.9	0	0	0	-	0	2	0	0

Year Team	G	GS	Rushing Att	Yds	Avg	Lg	TD	Receiving Rec	Yds	Avg	Lg	TD	Punt Returns Num	Yds	Avg	TD	Kickoff Returns Num	Yds	Avg	TD	Totals Fum	TD	Pts
2 NFL Seasons	22	0	48	183	3.8	16	0	21	191	9.1	29	0	66	709	10.7	1	7	160	22.9	0	6	1	6

Jerry Olsavsky

Pos: LB **Rnd:** 10 **College:** Pittsburgh **Ht:** 6' 1" **Wt:** 221 **Born:** 3/29/67 **Age:** 31

Year Team	G	GS	Tackles Tk	Ast	Sack	Miscellaneous FF	FR	TD	Blk	Interceptions Int	Yds	Avg	TD	Totals Sfty	TD	Pts
1989 Pittsburgh Steelers	16	8	37	4	1.0	0	0	0	0	0	0	-	0	0	0	0
1990 Pittsburgh Steelers	15	0	6	0	0.0	2	0	0	0	0	0	-	0	0	0	0
1991 Pittsburgh Steelers	16	4	25	7	0.0	0	0	0	0	0	0	-	0	0	0	0
1992 Pittsburgh Steelers	7	0	1	2	0.0	1	0	0	0	0	0	-	0	0	0	0
1993 Pittsburgh Steelers	7	7	24	15	0.0	0	0	0	0	0	0	-	0	0	0	0
1994 Pittsburgh Steelers	1	0	0	0	0.0	0	0	0	0	0	0	-	0	0	0	0
1995 Pittsburgh Steelers	15	5	24	10	1.0	0	0	0	0	0	0	-	0	0	0	0
1996 Pittsburgh Steelers	15	13	46	17	0.5	0	1	0	0	1	5	5.0	0	0	0	0
1997 Pittsburgh Steelers	16	0	3	1	0.0	0	0	0	0	0	0	-	0	0	0	0
9 NFL Seasons	108	37	166	56	2.5	3	1	0	0	1	5	5.0	0	0	0	0

Bo Orlando

Pos: S **Rnd:** 6 **College:** West Virginia **Ht:** 5' 10" **Wt:** 180 **Born:** 4/3/66 **Age:** 32

Year Team	G	GS	Tackles Tk	Ast	Sack	Miscellaneous FF	FR	TD	Blk	Interceptions Int	Yds	Avg	TD	Totals Sfty	TD	Pts
1990 Houston Oilers	16	0	11	5	0.0	0	0	0	0	0	0	-	0	0	0	0
1991 Houston Oilers	16	16	38	21	0.0	0	2	0	0	4	18	4.5	0	0	0	0
1992 Houston Oilers	6	1	3	3	0.0	0	0	0	0	0	0	-	0	0	0	0
1993 Houston Oilers	16	3	16	2	0.0	0	0	0	0	3	68	22.7	1	0	1	6
1994 Houston Oilers	16	0	5	1	0.0	0	0	0	0	0	0	-	0	0	0	0
1995 San Diego Chargers	16	16	69	16	0.0	1	0	0	0	0	37	-	0	0	0	0
1996 Cincinnati Bengals	16	16	72	12	1.0	1	1	0	0	2	0	0.0	0	0	0	0
1997 Cincinnati Bengals	16	2	20	4	1.0	1	1	0	0	1	3	3.0	0	0	0	0
8 NFL Seasons	118	54	234	64	2.0	3	4	0	0	10	126	12.6	1	0	1	6

Jerry Ostroski

Pos: T/G **Rnd:** 10 **College:** Tulsa **Ht:** 6' 4" **Wt:** 310 **Born:** 7/12/70 **Age:** 28

Year	Team	G	GS	Year	Team	G	GS	Year	Team	G	GS	Year	Team	G	GS
1994	Buffalo Bills	4	3	1995	Buffalo Bills	16	13	1996	Buffalo Bills	16	16	1997	Buffalo Bills	16	16
												4 NFL Seasons		52	48

Other Statistics: 1996–recovered 1 fumble for 0 yards. 1997–recovered 3 fumbles for 0 yards.

Brad Ottis

Pos: DT **Rnd:** 2 **College:** Wayne State (NE) **Ht:** 6' 4" **Wt:** 280 **Born:** 8/2/72 **Age:** 26

Year Team	G	GS	Tackles Tk	Ast	Sack	Miscellaneous FF	FR	TD	Blk	Interceptions Int	Yds	Avg	TD	Totals Sfty	TD	Pts
1994 Los Angeles Rams	13	0	8	1	1.0	0	0	0	0	0	0	-	0	0	0	0
1995 St. Louis Rams	12	0	0	0	0.0	0	0	0	0	0	0	-	0	0	0	0
1996 Arizona Cardinals	11	1	16	8	1.0	0	0	0	0	0	0	-	0	0	0	0
1997 Arizona Cardinals	16	4	16	6	0.0	0	0	0	0	0	0	-	0	0	0	0
4 NFL Seasons	52	5	40	15	2.0	0	0	0	0	0	0	-	0	0	0	0

Dan Owens

(statistical profile on page 437)

Pos: DT **Rnd:** 2 **College:** Southern California **Ht:** 6' 3" **Wt:** 280 **Born:** 3/16/67 **Age:** 31

Year Team	G	GS	Tackles Tk	Ast	Sack	Miscellaneous FF	FR	TD	Blk	Interceptions Int	Yds	Avg	TD	Punt Returns Num	Yds	Avg	TD	Kickoff Returns Num	Yds	Avg	TD	Totals TD	Fum
1990 Detroit Lions	16	12	32	14	3.0	0	0	0	0	0	0	-	0	0	0	-	0	0	0	-	0	0	0
1991 Detroit Lions	16	16	40	11	5.5	0	2	0	0	0	0	-	0	0	0	-	0	0	0	-	0	0	0
1992 Detroit Lions	16	4	20	5	2.0	0	1	0	0	0	0	-	0	0	0	-	0	0	0	-	0	0	0
1993 Detroit Lions	15	11	21	10	3.0	1	2	0	0	1	1	1.0	0	0	0	-	0	0	0	-	0	0	0
1994 Detroit Lions	16	8	26	15	3.0	0	0	0	0	0	0	-	0	0	0	-	0	0	0	-	0	0	0
1995 Detroit Lions	16	0	3	1	0.0	0	0	0	0	0	0	-	0	0	0	-	0	0	0	-	0	0	0
1996 Atlanta Falcons	16	9	29	6	5.5	0	1	0	0	0	0	-	0	0	0	-	0	1	9	9.0	0	0	0
1997 Atlanta Falcons	15	15	41	10	8.0	1	1	0	0	1	14	14.0	0	0	0	-	0	1	9	9.0	0	0	1
8 NFL Seasons	126	75	212	72	30.0	2	7	0	0	2	15	7.5	0	0	0	-	0	2	18	9.0	0	0	1

Rich Owens

Pos: DE **Rnd:** 5 **College:** Lehigh **Ht:** 6' 6" **Wt:** 263 **Born:** 5/22/72 **Age:** 26

Year Team	G	GS	Tackles Tk	Ast	Sack	Miscellaneous FF	FR	TD	Blk	Interceptions Int	Yds	Avg	TD	Totals Sfty	TD	Pts
1995 Washington Redskins	10	3	15	5	3.0	1	0	0	0	0	0	-	0	0	0	0

Year	Team	G	GS	Tackles			Miscellaneous				Interceptions				Totals		
				Tk	Ast	Sack	FF	FR	TD	Blk	Int	Yds	Avg	TD	Sfty	TD	Pts
1996	Washington Redskins	16	16	35	11	11.0	4	0	0	0	0	0	-	0	0	0	0
1997	Washington Redskins	16	15	28	12	2.5	1	1	0	0	0	0	-	0	0	0	0
	3 NFL Seasons	42	34	78	28	16.5	6	1	0	0	0	0	-	0	0	0	0

Terrell Owens
(statistical profile on page 356)

Pos: WR **Rnd:** 3 **College:** Tennessee-Chattanooga **Ht:** 6' 3" **Wt:** 213 **Born:** 12/7/73 **Age:** 24

Year	Team	G	GS	Rushing					Receiving					Punt Returns				Kickoff Returns				Totals		
				Att	Yds	Avg	Lg	TD	Rec	Yds	Avg	Lg	TD	Num	Yds	Avg	TD	Num	Yds	Avg	TD	Fum	TD	Pts
1996	San Francisco 49ers	16	10	0	0	-	-	0	35	520	14.9	t46	4	0	0	-	0	3	47	15.7	0	1	4	24
1997	San Francisco 49ers	16	15	0	0	-	-	0	60	936	15.6	t56	8	0	0	-	0	2	31	15.5	0	1	8	48
	2 NFL Seasons	32	25	0	0	-	-	0	95	1456	15.3	t56	12	0	0	-	0	5	78	15.6	0	2	12	72

Other Statistics: 1997—recovered 1 fumble for 0 yards.

Orlando Pace

Pos: T **Rnd:** 1 (1) **College:** Ohio State **Ht:** 6' 7" **Wt:** 334 **Born:** 11/4/75 **Age:** 22

Year	Team	G	GS				Year	Team	G	GS
1997	St. Louis Rams	13	9					1 NFL Season	13	9

Other Statistics: 1997—recovered 1 fumble for 0 yards.

Lonnie Palelei

Pos: G **Rnd:** 5 **College:** UNLV **Ht:** 6' 3" **Wt:** 315 **Born:** 10/15/70 **Age:** 28

Year	Team	G	GS	Year	Team	G	GS	Year	Team	G	GS			G	GS
1993	Pittsburgh Steelers	3	0	1995	Pittsburgh Steelers	1	0	1997	New York Jets	15	14		3 NFL Seasons	19	14

Other Statistics: 1997—recovered 1 fumble for 0 yards.

David Palmer
(statistical profile on page 356)

Pos: RB/KR **Rnd:** 2 **College:** Alabama **Ht:** 5' 8" **Wt:** 169 **Born:** 11/19/72 **Age:** 25

Year	Team	G	GS	Rushing					Receiving					Punt Returns				Kickoff Returns				Totals		
				Att	Yds	Avg	Lg	TD	Rec	Yds	Avg	Lg	TD	Num	Yds	Avg	TD	Num	Yds	Avg	TD	Fum	TD	Pts
1994	Minnesota Vikings	13	1	1	1	1.0	1	0	6	90	15.0	39	0	30	193	6.4	0	0	0	-	0	2	0	0
1995	Minnesota Vikings	14	0	7	15	2.1	9	0	12	100	8.3	19	0	26	342	13.2	1	17	354	20.8	0	1	1	6
1996	Minnesota Vikings	11	1	2	9	4.5	8	0	6	40	6.7	20	0	22	216	9.8	1	13	292	22.5	0	3	1	6
1997	Minnesota Vikings	16	0	11	36	3.3	10	1	26	193	7.4	23	1	34	444	13.1	0	32	711	22.2	0	2	2	12
	4 NFL Seasons	54	2	21	61	2.9	10	1	50	423	8.5	39	1	112	1195	10.7	2	62	1357	21.9	0	8	4	24

Other Statistics: 1996—recovered 1 fumble for 0 yards.

Joe Panos

Pos: G **Rnd:** 3 **College:** Wisconsin **Ht:** 6' 2" **Wt:** 293 **Born:** 1/24/71 **Age:** 27

Year	Team	G	GS	Year	Team	G	GS	Year	Team	G	GS	Year	Team	G	GS
1994	Philadelphia Eagles	16	2	1995	Philadelphia Eagles	9	9	1996	Philadelphia Eagles	16	16	1997	Philadelphia Eagles	13	13
													4 NFL Seasons	54	40

Other Statistics: 1997—recovered 1 fumble for 0 yards.

Anthony Parker
(statistical profile on page 437)

Pos: CB **Rnd:** FA **College:** Arizona State **Ht:** 5' 10" **Wt:** 181 **Born:** 2/11/66 **Age:** 32

Year	Team	G	GS	Tackles			Miscellaneous				Interceptions				Punt Returns				Kickoff Returns				Totals	
				Tk	Ast	Sack	FF	FR	TD	Blk	Int	Yds	Avg	TD	Num	Yds	Avg	TD	Num	Yds	Avg	TD	TD	Fum
1989	Indianapolis Colts	1	0	1	0	0.0	0	0	0	0	0	0	-	0	0	0	-	0	0	0	-	0	0	0
1991	Kansas City Chiefs	2	0	2	0	0.0	0	0	0	0	0	0	-	0	0	0	-	0	0	0	-	0	0	0
1992	Minnesota Vikings	16	3	19	10	0.0	0	2	1	0	3	23	7.7	0	33	336	10.2	0	2	30	15.0	0	1	2
1993	Minnesota Vikings	14	0	15	5	0.0	0	0	0	0	1	1	1.0	0	9	64	7.1	0	0	0	-	0	0	0
1994	Minnesota Vikings	15	15	61	15	0.0	0	1	1	0	4	99	24.8	2	4	31	7.8	0	0	0	-	0	3	1
1995	St. Louis Rams	16	16	55	4	0.0	1	4	1	0	2	-5	-2.5	0	0	0	-	0	0	0	-	0	1	0
1996	St. Louis Rams	14	14	53	7	0.0	0	1	0	0	4	128	32.0	2	0	0	-	0	0	0	-	0	2	0
1997	Tampa Bay Buccaneers	15	14	57	23	1.0	0	0	0	0	1	5	5.0	0	0	0	-	0	0	0	-	0	0	1
	8 NFL Seasons	93	62	263	64	1.0	1	8	3	0	15	251	16.7	4	46	431	9.4	0	2	30	15.0	0	7	4

Chris Parker

Pos: RB **Rnd:** FA **College:** Marshall **Ht:** 6' 0" **Wt:** 201 **Born:** 12/31/72 **Age:** 25

Year	Team	G	GS	Rushing					Receiving					Punt Returns				Kickoff Returns				Totals		
				Att	Yds	Avg	Lg	TD	Rec	Yds	Avg	Lg	TD	Num	Yds	Avg	TD	Num	Yds	Avg	TD	Fum	TD	Pts
1997	Jacksonville Jaguars	1	0	0	0	-	-	0	0	0	-	-	0	0	0	-	0	1	9	9.0	0	0	0	0

Glenn Parker

Pos: T **Rnd:** 3 **College:** Arizona **Ht:** 6' 5" **Wt:** 305 **Born:** 4/22/66 **Age:** 32

Year	Team	G	GS	Year	Team	G	GS	Year	Team	G	GS	Year	Team	G	GS
1990	Buffalo Bills	16	3	1992	Buffalo Bills	13	13	1994	Buffalo Bills	16	16	1996	Buffalo Bills	14	13
1991	Buffalo Bills	16	5	1993	Buffalo Bills	16	9	1995	Buffalo Bills	13	13	1997	Kansas City Chiefs	15	15
												8 NFL Seasons		119	87

Other Statistics: 1992–recovered 1 fumble for 0 yards. 1995–recovered 1 fumble for 0 yards. 1996–recovered 2 fumbles for 0 yards.

Ricky Parker

Pos: S **Rnd:** 6 **College:** San Diego State **Ht:** 6' 1" **Wt:** 205 **Born:** 12/4/74 **Age:** 23

				Tackles			Miscellaneous				Interceptions			Totals		
Year	Team	G	GS	Tk	Ast	Sack	FF	FR	TD	Blk	Int	Yds	Avg	TD	Sfty	TD	Pts
1997	Jacksonville Jaguars	12	0	0	1	0.0	0	0	0	0	0	0	-	0	0	0	0

Riddick Parker

Pos: DT **Rnd:** FA **College:** North Carolina **Ht:** 6' 3" **Wt:** 274 **Born:** 11/20/72 **Age:** 25

				Tackles			Miscellaneous				Interceptions			Totals		
Year	Team	G	GS	Tk	Ast	Sack	FF	FR	TD	Blk	Int	Yds	Avg	TD	Sfty	TD	Pts
1997	Seattle Seahawks	11	0	2	1	0.0	0	0	0	0	0	0	-	0	0	0	0

Vaughn Parker

Pos: T **Rnd:** 2 **College:** UCLA **Ht:** 6' 3" **Wt:** 296 **Born:** 6/5/71 **Age:** 27

Year	Team	G	GS	Year	Team	G	GS	Year	Team	G	GS	Year	Team	G	GS
1994	San Diego Chargers	6	0	1995	San Diego Chargers	14	7	1996	San Diego Chargers	16	16	1997	San Diego Chargers	16	16
												4 NFL Seasons		52	39

Other Statistics: 1994–returned 1 kickoff for 1 yard. 1996–recovered 1 fumble for 0 yards. 1997–recovered 2 fumbles for 0 yards.

Nathan Parks

Pos: T **Rnd:** 7 **College:** Stanford **Ht:** 6' 5" **Wt:** 303 **Born:** 10/25/74 **Age:** 24

Year	Team	G	GS					G	GS
1997	Kansas City Chiefs	1	0				1 NFL Season	1	0

Bernie Parmalee

(statistical profile on page 357)

Pos: RB **Rnd:** FA **College:** Ball State **Ht:** 5' 11" **Wt:** 196 **Born:** 9/16/67 **Age:** 31

				Rushing					Receiving					Punt Returns				Kickoff Returns				Totals		
Year	Team	G	GS	Att	Yds	Avg	Lg	TD	Rec	Yds	Avg	Lg	TD	Num	Yds	Avg	TD	Num	Yds	Avg	TD	Fum	TD	Pts
1992	Miami Dolphins	10	0	6	38	6.3	20	0	0	0	-	-	0	0	0	-	0	14	289	20.6	0	3	0	0
1993	Miami Dolphins	16	0	4	16	4.0	12	0	1	1	1.0	1	0	0	0	-	0	0	0	-	0	0	0	0
1994	Miami Dolphins	15	10	216	868	4.0	t47	6	34	249	7.3	22	1	0	0	-	0	2	0	0.0	0	5	7	44
1995	Miami Dolphins	16	12	236	878	3.7	40	9	39	345	8.8	35	1	0	0	-	0	0	0	-	0	5	10	60
1996	Miami Dolphins	16	0	25	80	3.2	17	0	21	189	9.0	17	0	0	0	-	0	0	0	-	0	1	0	0
1997	Miami Dolphins	16	4	18	59	3.3	12	0	28	301	10.8	29	1	0	0	-	0	0	0	-	0	1	1	6
6 NFL Seasons		89	26	505	1939	3.8	t47	15	123	1085	8.8	35	3	0	0	-	0	16	289	18.1	0	15	18	110

Other Statistics: 1994–recovered 3 fumbles for 15 yards; scored 1 two-point conversion.

John Parrella

Pos: DT **Rnd:** 2 **College:** Nebraska **Ht:** 6' 3" **Wt:** 290 **Born:** 11/22/69 **Age:** 28

				Tackles			Miscellaneous				Interceptions			Totals		
Year	Team	G	GS	Tk	Ast	Sack	FF	FR	TD	Blk	Int	Yds	Avg	TD	Sfty	TD	Pts
1993	Buffalo Bills	10	0	1	1	1.0	0	0	0	0	0	0	-	0	0	0	0
1994	San Diego Chargers	13	1	4	3	1.0	0	0	0	0	0	0	-	0	0	0	0
1995	San Diego Chargers	16	1	9	4	2.0	0	0	0	0	0	0	-	0	0	0	0
1996	San Diego Chargers	16	9	31	7	2.0	0	1	0	0	0	0	-	0	0	0	0
1997	San Diego Chargers	16	16	32	7	3.5	0	1	0	0	0	0	-	0	0	0	0
5 NFL Seasons		71	27	77	22	9.5	0	1	0	0	0	0	-	0	0	0	0

Ty Parten

Pos: DE **Rnd:** 3 **College:** Arizona **Ht:** 6' 4" **Wt:** 272 **Born:** 10/13/69 **Age:** 29

				Tackles			Miscellaneous				Interceptions			Totals		
Year	Team	G	GS	Tk	Ast	Sack	FF	FR	TD	Blk	Int	Yds	Avg	TD	Sfty	TD	Pts
1993	Cincinnati Bengals	11	1	5	3	0.0	0	0	0	0	0	0	-	0	0	0	0
1994	Cincinnati Bengals	14	4	16	4	0.0	0	0	0	0	0	0	-	0	0	0	0
1995	Cincinnati Bengals	1	1	1	2	0.0	0	0	0	0	0	0	-	0	0	0	0
1997	Kansas City Chiefs	2	0	1	0	0.0	0	0	0	0	0	0	-	0	0	0	0
4 NFL Seasons		28	6	23	9	0.0	0	0	0	0	0	0	-	0	0	0	0

David Patten

Pos: WR **Rnd:** FA **College:** Western Carolina **Ht:** 5' 9" **Wt:** 182 **Born:** 8/19/74 **Age:** 24

			Rushing					Receiving				Punt Returns				Kickoff Returns				Totals		
Year Team	G	GS	Att	Yds	Avg	Lg	TD	Rec	Yds	Avg	Lg TD	Num	Yds	Avg	TD	Num	Yds	Avg	TD	Fum	TD	Pts
1997 New York Giants	16	3	1	2	2.0	2	0	13	226	17.4	t40 2	0	0	-	0	8	123	15.4	0	2	2	12

Other Statistics: 1997–recovered 1 fumble for 0 yards.

Joe Patton

Pos: T/G **Rnd:** 3 **College:** Alabama A&M **Ht:** 6' 5" **Wt:** 308 **Born:** 1/5/72 **Age:** 26

Year Team	G	GS	Year Team	G	GS	Year Team	G	GS	Year Team	G	GS
1994 Washington Redskins	4	0	1995 Washington Redskins	16	13	1996 Washington Redskins	16	15	1997 Washington Redskins	16	16
									4 NFL Seasons	52	44

Other Statistics: 1995–recovered 1 fumble for 0 yards. 1996–recovered 1 fumble for 0 yards. 1997–recovered 1 fumble for 0 yards.

Marvcus Patton

(statistical profile on page 438)

Pos: LB **Rnd:** 8 **College:** UCLA **Ht:** 6' 2" **Wt:** 246 **Born:** 5/1/67 **Age:** 31

			Tackles			Miscellaneous				Interceptions				Punt Returns				Kickoff Returns				Totals	
Year Team	G	GS	Tk	Ast	Sack	FF	FR	TD	Blk	Int	Yds	Avg	TD	Num	Yds	Avg	TD	Num	Yds	Avg	TD	TD	Fum
1990 Buffalo Bills	16	0	8	4	0.5	0	0	0	0	0	0	-	0	0	0	-	0	0	0	-	0	0	0
1991 Buffalo Bills	16	2	9	1	0.0	0	0	0	0	0	0	-	0	0	0	-	0	0	0	-	0	0	0
1992 Buffalo Bills	16	4	20	5	2.0	0	0	0	0	0	0	-	0	0	0	-	0	0	0	-	0	0	0
1993 Buffalo Bills	16	16	76	42	1.0	2	3	0	0	2	0	0.0	0	0	0	-	0	0	0	-	0	0	0
1994 Buffalo Bills	16	16	62	33	0.0	0	1	0	0	2	8	4.0	0	0	0	-	0	0	0	-	0	0	1
1995 Washington Redskins	16	16	94	19	2.0	3	1	0	0	2	7	3.5	0	0	0	-	0	0	0	-	0	0	0
1996 Washington Redskins	16	16	96	19	2.0	0	0	0	0	2	26	13.0	0	0	0	-	0	0	0	-	0	0	0
1997 Washington Redskins	16	16	98	37	4.5	3	1	0	0	2	5	2.5	0	0	0	-	0	1	10	10.0	0	0	0
8 NFL Seasons	128	86	463	160	12.0	8	6	0	0	10	46	4.6	0	0	0	-	0	1	10	10.0	0	0	1

Tito Paul

Pos: CB **Rnd:** 5 **College:** Ohio State **Ht:** 6' 0" **Wt:** 195 **Born:** 5/24/72 **Age:** 26

			Tackles			Miscellaneous				Interceptions				Totals		
Year Team	G	GS	Tk	Ast	Sack	FF	FR	TD	Blk	Int	Yds	Avg	TD	Sfty	TD	Pts
1995 Arizona Cardinals	15	4	19	1	0.0	0	0	0	0	1	4	4.0	0	0	0	0
1996 Arizona Cardinals	16	3	28	5	0.0	0	1	0	0	0	0	-	0	0	0	0
1997 Ari - Cin	15	5	43	7	0.0	0	1	0	0	0	0	-	0	0	0	0
1997 Arizona Cardinals	1	0	1	1	0.0	0	0	0	0	0	0	-	0	0	0	0
Cincinnati Bengals	14	5	42	6	0.0	0	1	0	0	0	0	-	0	0	0	0
3 NFL Seasons	46	12	90	13	0.0	0	2	0	0	1	4	4.0	0	0	0	0

Bryce Paup

(statistical profile on page 438)

Pos: LB **Rnd:** 6 **College:** Northern Iowa **Ht:** 6' 5" **Wt:** 247 **Born:** 2/29/68 **Age:** 30

			Tackles			Miscellaneous				Interceptions				Totals		
Year Team	G	GS	Tk	Ast	Sack	FF	FR	TD	Blk	Int	Yds	Avg	TD	Sfty	TD	Pts
1990 Green Bay Packers	5	0	1	0	0.0	0	0	0	0	0	0	-	0	0	0	0
1991 Green Bay Packers	12	1	24	4	7.5	3	0	0	0	0	0	-	0	1	0	2
1992 Green Bay Packers	16	10	22	21	6.5	1	2	0	0	0	0	-	0	0	0	0
1993 Green Bay Packers	15	14	51	23	11.0	2	0	0	0	1	8	8.0	0	0	0	0
1994 Green Bay Packers	16	16	47	32	7.5	2	2	0	0	3	47	15.7	1	0	1	6
1995 Buffalo Bills	15	15	70	19	17.5	3	1	0	1	2	0	0.0	0	0	0	0
1996 Buffalo Bills	12	11	38	10	6.0	2	0	0	0	0	0	-	0	0	0	0
1997 Buffalo Bills	16	16	58	20	9.5	2	1	0	0	0	0	-	0	0	0	0
8 NFL Seasons	107	83	311	129	65.5	15	6	0	1	6	55	9.2	1	1	1	8

Seth Payne

Pos: DT **Rnd:** 4 **College:** Cornell **Ht:** 6' 4" **Wt:** 304 **Born:** 2/12/75 **Age:** 23

			Tackles			Miscellaneous				Interceptions				Totals		
Year Team	G	GS	Tk	Ast	Sack	FF	FR	TD	Blk	Int	Yds	Avg	TD	Sfty	TD	Pts
1997 Jacksonville Jaguars	12	5	12	2	0.0	0	0	0	0	0	0	-	0	0	0	0

Doug Pederson

Pos: QB **Rnd:** FA **College:** Northeast Louisiana **Ht:** 6' 3" **Wt:** 215 **Born:** 1/31/68 **Age:** 30

			Passing									Rushing					Miscellaneous			
Year Team	G	GS	Att	Com	Pct	Yards	Yds/Att	Lg	TD	Int	Int%	Rating	Att	Yds	Avg	Lg	TD	Sckd Yds	Fum Recv Yds	Pts
1993 Miami Dolphins	7	0	8	4	50.0	41	5.13	12	0	0	0.0	65.1	2	-1	-0.5	0	0	1 4	2 1 -1	0
1996 Green Bay Packers	1	0	0	0	-	0	-	-	0	0	-	0.0	0	0	-	0	0	0 0	0 0 0	0
1997 Green Bay Packers	1	0	0	0	-	0	-	-	0	0	-	0.0	3	-4	-1.3	-1	0	0 0	0 0 0	0
3 NFL Seasons	9	0	8	4	50.0	41	5.13	12	0	0	0.0	65.1	5	-5	-1.0	0	0	1 4	2 1 -1	0

Rodney Peete

(statistical profile on page 357)

Pos: QB Rnd: 6 College: Southern California Ht: 6' 0" Wt: 225 Born: 3/16/66 Age: 32

Year Team	G	GS	Passing									Rushing				Miscellaneous				
			Att	Com	Pct	Yards	Yds/Att	Lg	TD	Int	Int%	Rating	Att	Yds	Avg	Lg	TD	Sckd	Yds	Fum	Recv	Yds	Pts
1989 Detroit Lions	8	8	195	103	52.8	1479	7.58	69	5	9	4.6	67.0	33	148	4.5	t14	4	27	164	9	3	0	24
1990 Detroit Lions	11	11	271	142	52.4	1974	7.28	t68	13	8	3.0	79.8	47	363	7.7	37	6	27	173	9	1	0	36
1991 Detroit Lions	8	8	194	116	59.8	1339	6.90	t68	5	9	4.6	69.9	25	125	5.0	26	2	11	42	2	1	-1	12
1992 Detroit Lions	10	10	213	123	57.7	1702	7.99	t78	9	9	4.2	80.0	21	83	4.0	12	0	28	170	6	2	-7	0
1993 Detroit Lions	10	10	252	157	62.3	1670	6.63	93	6	14	5.6	66.4	45	165	3.7	28	1	34	174	11	4	-8	6
1994 Dallas Cowboys	7	1	56	33	58.9	470	8.39	t65	4	1	1.8	102.5	9	-2	-0.2	2	0	4	21	3	2	1	0
1995 Philadelphia Eagles	15	12	375	215	57.3	2326	6.20	137	8	14	3.7	67.3	32	147	4.6	18	1	33	166	13	5	0	6
1996 Philadelphia Eagles	5	5	134	80	59.7	992	7.40	62	3	5	3.7	74.6	20	31	1.6	11	1	11	53	2	1	0	6
1997 Philadelphia Eagles	5	3	118	68	57.6	869	7.36	38	4	4	3.4	78.0	8	37	4.6	16	0	17	85	5	2	-2	0
9 NFL Seasons	79	68	1808	1037	57.4	12821	7.09	t93	57	73	4.0	73.1	240	1097	4.6	37	15	192	1048	60	21	-17	90

Erric Pegram

Pos: RB/KR Rnd: 6 College: North Texas Ht: 5' 10" Wt: 195 Born: 1/7/69 Age: 29

Year Team	G	GS	Rushing					Receiving				Punt Returns				Kickoff Returns				Totals		
			Att	Yds	Avg	Lg	TD	Rec	Yds	Avg	Lg	TD	Num	Yds	Avg	TD	Num	Yds	Avg	TD	Fum	TD	Pts
1991 Atlanta Falcons	16	7	101	349	3.5	34	1	1	-1	-1.0	-1	0	0	0	-	0	16	260	16.3	0	1	1	6
1992 Atlanta Falcons	16	1	21	89	4.2	15	0	2	25	12.5	19	0	0	0	-	0	9	161	17.9	0	0	0	0
1993 Atlanta Falcons	16	14	292	1185	4.1	29	3	33	302	9.2	30	0	0	0	-	0	4	63	15.8	0	6	3	18
1994 Atlanta Falcons	13	5	103	358	3.5	25	1	16	99	6.2	28	0	0	0	-	0	9	145	16.1	0	2	1	6
1995 Pittsburgh Steelers	15	11	213	813	3.8	38	5	26	206	7.9	22	1	0	0	-	0	4	85	21.3	0	9	6	38
1996 Pittsburgh Steelers	12	4	97	509	5.2	27	1	17	112	6.6	14	0	0	0	-	0	17	419	24.6	1	1	2	12
1997 SD - NYN	15	0	28	95	3.4	t18	2	21	90	4.3	14	0	0	0	-	0	22	382	17.4	0	1	2	12
1997 San Diego Chargers	4	0	9	23	2.6	t6	2	2	7	3.5	4	0	0	0	-	0	0	0	-	0	0	1	6
New York Giants	11	0	19	72	3.8	t18	1	19	83	4.4	14	0	0	0	-	0	22	382	17.4	0	1	1	6
7 NFL Seasons	103	42	855	3398	4.0	38	13	116	833	7.2	30	1	0	0	-	0	81	1515	18.7	1	20	15	92

Other Statistics: 1992–recovered 3 fumbles for 1 yard. 1993–recovered 4 fumbles for 0 yards. 1994–recovered 1 fumble for 0 yards. 1995–recovered 1 fumble for 0 yards; scored 1 two-point conversion. 1996–recovered 1 fumble for 0 yards. 1997–recovered 1 fumble for 0 yards.

Doug Pelfrey

(statistical profile on page 482)

Pos: K Rnd: 8 College: Kentucky Ht: 5' 11" Wt: 185 Born: 9/25/70 Age: 28

Year Team	G	Field Goals												PAT		Tot
		1-29 Yds	Pct	30-39 Yds	Pct	40-49 Yds	Pct	50+ Yds	Pct	Overall	Pct	Long	Made	Att	Pts
1993 Cincinnati Bengals	15	8-8	100.0	6-10	60.0	8-10	80.0	2-3	66.7	24-31	77.4	53	13	16	85
1994 Cincinnati Bengals	16	9-9	100.0	8-10	80.0	9-10	90.0	2-4	50.0	28-33	84.8	54	24	25	108
1995 Cincinnati Bengals	16	8-9	88.9	10-11	90.9	10-14	71.4	1-2	50.0	29-36	80.6	51	34	34	121
1996 Cincinnati Bengals	16	8-8	100.0	10-11	90.9	5-9	55.6	0-0	-	23-28	82.1	49	41	41	110
1997 Cincinnati Bengals	16	4-4	100.0	3-3	100.0	5-7	71.4	0-2	0.0	12-16	75.0	46	41	43	77
5 NFL Seasons	79	37-38	97.4	37-45	82.2	37-50	74.0	5-11	45.5	116-144	80.6	54	153	159	501

Other Statistics: 1995–punted 2 times for 52 yards. 1996–punted 1 time for 4 yards.

Chris Penn

(statistical profile on page 358)

Pos: WR/PR Rnd: 3 College: Tulsa Ht: 6' 0" Wt: 198 Born: 4/20/71 Age: 27

Year Team	G	GS	Rushing					Receiving				Punt Returns				Kickoff Returns				Totals		
			Att	Yds	Avg	Lg	TD	Rec	Yds	Avg	Lg	TD	Num	Yds	Avg	TD	Num	Yds	Avg	TD	Fum	TD	Pts
1994 Kansas City Chiefs	8	0	0	0	-	-	0	3	24	8.0	13	0	0	0	-	0	9	194	21.6	0	0	0	0
1995 Kansas City Chiefs	2	0	0	0	-	-	0	1	12	12.0	12	0	4	12	3.0	0	2	26	13.0	0	0	0	0
1996 Kansas City Chiefs	16	16	0	0	-	-	0	49	628	12.8	22	5	14	148	10.6	0	0	0	-	0	3	5	30
1997 Chicago Bears	14	4	1	-1	-1.0	-1	0	47	576	12.3	33	3	0	0	-	0	0	0	-	0	1	3	18
4 NFL Seasons	40	20	1	-1	-1.0	-1	0	100	1240	12.4	33	8	18	160	8.9	0	11	220	20.0	0	4	8	48

Brett Perriman

(statistical profile on page 358)

Pos: WR Rnd: 2 College: Miami (FL) Ht: 5' 9" Wt: 180 Born: 10/10/65 Age: 33

Year Team	G	GS	Rushing					Receiving				Punt Returns				Kickoff Returns				Totals		
			Att	Yds	Avg	Lg	TD	Rec	Yds	Avg	Lg	TD	Num	Yds	Avg	TD	Num	Yds	Avg	TD	Fum	TD	Pts
1988 New Orleans Saints	16	0	3	17	5.7	17	0	16	215	13.4	33	2	0	0	-	0	0	0	-	0	1	2	12
1989 New Orleans Saints	14	1	1	-10	-10.0	-10	0	20	356	17.8	47	0	1	10	10.0	0	0	0	-	0	0	0	0
1990 New Orleans Saints	16	15	0	0	-	-	0	36	382	10.6	29	2	0	0	-	0	0	0	-	0	2	2	12
1991 Detroit Lions	15	14	4	10	2.5	6	0	52	668	12.8	42	1	0	0	-	0	0	0	-	0	0	1	6
1992 Detroit Lions	16	16	0	0	-	-	0	69	810	11.7	t40	4	0	0	-	0	4	59	14.8	0	1	4	24
1993 Detroit Lions	15	15	4	16	4.0	16	0	49	496	10.1	34	2	0	0	-	0	0	0	-	0	1	2	12
1994 Detroit Lions	16	14	9	86	9.6	25	0	56	761	13.6	39	4	0	0	-	0	0	0	-	0	1	4	28
1995 Detroit Lions	16	16	5	48	9.6	16	0	108	1488	13.8	t91	9	5	50	10.0	0	5	65	13.0	0	1	9	56
1996 Detroit Lions	16	16	1	13	13.0	13	0	94	1021	10.9	44	5	0	0	-	0	0	0	-	0	0	5	30
1997 KC - Mia	13	9	0	0	-	-	0	25	392	15.7	27	1	0	0	-	0	0	0	-	0	0	1	6
1997 Kansas City Chiefs	5	4	0	0	-	-	0	6	83	13.8	27	0	0	0	-	0	0	0	-	0	0	0	0
Miami Dolphins	8	5	0	0	-	-	0	19	309	16.3	26	1	0	0	-	0	0	0	-	0	0	1	6

Year Team	G	GS	Rushing Att	Yds	Avg	Lg	TD	Receiving Rec	Yds	Avg	Lg	TD	Punt Returns Num	Yds	Avg	TD	Kickoff Returns Num	Yds	Avg	TD	Totals Fum	TD	Pts
10 NFL Seasons	153	116	27	180	6.7	25	0	525	6589	12.6	t91	30	6	60	10.0	0	9	124	13.8	0	/	30	186

Other Statistics: 1990–recovered 1 fumble for 0 yards. 1994–attempted 1 pass with 0 completions for 0 yards; scored 2 two-point conversions. 1995–recovered 1 fumble for 0 yards; scored 1 two-point conversion.

Darren Perry
(statistical profile on page 438)

Pos: S **Rnd:** 8 **College:** Penn State **Ht:** 5' 11" **Wt:** 196 **Born:** 12/29/68 **Age:** 29

Year Team	G	GS	Tackles Tk	Ast	Sack	Miscellaneous FF	FR	TD	Blk	Interceptions Int	Yds	Avg	TD	Punt Returns Num	Yds	Avg	TD	Kickoff Returns Num	Yds	Avg	TD	Totals TD	Fum
1992 Pittsburgh Steelers	16	16	43	18	0.0	0	1	0	0	6	69	11.5	0	0	0	-	0	0	0	-	0	0	0
1993 Pittsburgh Steelers	16	16	62	32	0.0	0	0	0	0	4	61	15.3	0	0	0	-	0	0	0	-	0	0	0
1994 Pittsburgh Steelers	16	16	49	16	0.0	0	2	0	0	7	112	16.0	0	0	0	-	0	0	0	-	0	0	0
1995 Pittsburgh Steelers	16	16	61	9	0.0	0	2	0	0	4	71	17.8	0	0	0	-	0	0	0	-	0	0	1
1996 Pittsburgh Steelers	16	16	61	18	1.0	2	2	0	0	5	115	23.0	1	0	0	-	0	1	8	8.0	0	1	1
1997 Pittsburgh Steelers	16	16	68	10	1.0	1	0	0	0	4	77	19.3	0	0	0	-	0	0	0	-	0	0	0
6 NFL Seasons	96	96	344	103	2.0	3	7	0	0	30	505	16.8	1	0	0	-	0	1	8	8.0	0	1	2

Ed Perry

Pos: TE **Rnd:** 6 **College:** James Madison **Ht:** 6' 4" **Wt:** 245 **Born:** 9/1/74 **Age:** 24

Year Team	G	GS	Rushing Att	Yds	Avg	Lg	TD	Receiving Rec	Yds	Avg	Lg	TD	Punt Returns Num	Yds	Avg	TD	Kickoff Returns Num	Yds	Avg	TD	Totals Fum	TD	Pts
1997 Miami Dolphins	16	4	0	0	-	-	0	11	45	4.1	10	1	0	0	-	0	1	7	7.0	0	0	1	6

Other Statistics: 1997–recovered 1 fumble for 0 yards.

Marlo Perry

Pos: LB **Rnd:** 3 **College:** Jackson State **Ht:** 6' 4" **Wt:** 250 **Born:** 8/25/72 **Age:** 26

Year Team	G	GS	Tackles Tk	Ast	Sack	Miscellaneous FF	FR	TD	Blk	Interceptions Int	Yds	Avg	TD	Totals Sfty	TD	Pts
1994 Buffalo Bills	2	0	1	0	0.0	0	0	0	0	0	0	-	0	0	0	0
1995 Buffalo Bills	16	11	44	15	0.0	0	0	0	0	0	0	-	0	0	0	0
1996 Buffalo Bills	13	0	15	6	0.0	0	0	0	0	1	6	6.0	0	0	0	0
1997 Buffalo Bills	13	0	9	3	0.0	0	1	0	0	1	4	4.0	0	0	0	0
4 NFL Seasons	44	11	69	24	0.0	0	1	0	0	2	10	5.0	0	0	0	0

Michael Dean Perry

Pos: DT **Rnd:** 2 **College:** Clemson **Ht:** 6' 1" **Wt:** 290 **Born:** 8/27/65 **Age:** 33

Year Team	G	GS	Tackles Tk	Ast	Sack	Miscellaneous FF	FR	TD	Blk	Interceptions Int	Yds	Avg	TD	Punt Returns Num	Yds	Avg	TD	Kickoff Returns Num	Yds	Avg	TD	Totals TD	Fum
1988 Cleveland Browns	16	2	20	5	6.0	2	2	1	0	0	0	-	0	0	0	-	0	1	13	13.0	0	1	0
1989 Cleveland Browns	16	16	62	30	7.0	2	2	0	0	0	0	-	0	0	0	-	0	0	0	-	0	0	0
1990 Cleveland Browns	16	16	85	22	11.5	2	1	0	0	0	0	-	0	0	0	-	0	0	0	-	0	0	0
1991 Cleveland Browns	16	15	64	17	8.5	2	0	0	0	0	0	-	0	0	0	-	0	0	0	-	0	0	0
1992 Cleveland Browns	14	14	39	12	8.5	0	0	0	0	0	0	-	0	0	0	-	0	0	0	-	0	0	0
1993 Cleveland Browns	16	13	63	18	6.0	2	2	0	0	0	0	-	0	0	0	-	0	0	0	-	0	0	0
1994 Cleveland Browns	15	14	33	10	4.0	0	0	0	0	0	0	-	0	0	0	-	0	0	0	-	0	0	0
1995 Denver Broncos	14	14	33	6	6.0	1	0	0	0	0	0	-	0	0	0	-	0	0	0	-	0	0	0
1996 Denver Broncos	15	15	22	9	3.5	1	1	0	0	0	0	-	0	0	0	-	0	0	0	-	0	0	0
1997 Den - KC	9	8	9	3	0.0	1	0	0	0	0	0	-	0	0	0	-	0	0	0	-	0	0	0
1997 Denver Broncos	8	8	8	3	0.0	1	0	0	0	0	0	-	0	0	0	-	0	0	0	-	0	0	0
Kansas City Chiefs	1	0	1	0	0.0	0	0	0	0	0	0	-	0	0	0	-	0	0	0	-	0	0	0
10 NFL Seasons	147	127	430	132	61.0	13	8	1	0	0	0	-	0	0	0	-	0	1	13	13.0	0	1	0

Todd Perry

Pos: G **Rnd:** 4 **College:** Kentucky **Ht:** 6' 5" **Wt:** 312 **Born:** 11/28/70 **Age:** 27

Year Team	G	GS	Year Team	G	GS	Year Team	G	GS		G	GS
1993 Chicago Bears	13	3	1995 Chicago Bears	15	15	1997 Chicago Bears	11	11			
1994 Chicago Bears	15	4	1996 Chicago Bears	16	16				5 NFL Seasons	70	49

Other Statistics: 1996–recovered 1 fumble for 0 yards.

Christian Peter

Pos: DT **Rnd:** 5 **College:** Nebraska **Ht:** 6' 3" **Wt:** 300 **Born:** 10/5/72 **Age:** 26

Year Team	G	GS	Tackles Tk	Ast	Sack	Miscellaneous FF	FR	TD	Blk	Interceptions Int	Yds	Avg	TD	Totals Sfty	TD	Pts
1997 New York Giants	7	0	1	0	0.0	0	0	0	0	0	0	-	0	0	0	0

Tyrell Peters

Pos: LB **Rnd:** FA **College:** Oklahoma **Ht:** 6' 0" **Wt:** 230 **Born:** 8/4/74 **Age:** 24

Year Team	G	GS	Tackles			Miscellaneous				Interceptions				Totals		
			Tk	Ast	Sack	FF	FR	TD	Blk	Int	Yds	Avg	TD	Sfty	TD	Pts
1997 Baltimore Ravens	4	0	0	0	0.0	0	0	0	0	0	0	-	0	0	0	0

Todd Peterson

(statistical profile on page 482)

Pos: K **Rnd:** 7 **College:** Georgia **Ht:** 5' 10" **Wt:** 180 **Born:** 2/4/70 **Age:** 28

Year Team	G	Field Goals										PAT		Tot
		1-29 Yds	Pct	30-39 Yds	Pct	40-49 Yds	Pct	50+ Yds	Pct	Overall	Pct	Long	Made	Att	Pts
1994 Arizona Cardinals	2	1-1	100.0	1-1	100.0	0-2	0.0	0-0	-	2-4	50.0	35	4	4	10
1995 Seattle Seahawks	16	6-6	100.0	9-10	90.0	8-10	80.0	0-2	0.0	23-28	82.1	49	40	40	109
1996 Seattle Seahawks	16	11-13	84.6	7-7	100.0	8-11	72.7	2-3	66.7	28-34	82.4	52	27	27	111
1997 Seattle Seahawks	16	9-9	100.0	7-10	70.0	5-7	71.4	1-2	50.0	22-28	78.6	54	37	37	103
4 NFL Seasons	50	27-29	93.1	24-28	85.7	21-30	70.0	3-7	42.9	75-94	79.8	54	108	108	333

Tony Peterson

Pos: LB **Rnd:** 5 **College:** Notre Dame **Ht:** 6' 0" **Wt:** 223 **Born:** 1/23/72 **Age:** 26

Year Team	G	GS	Tackles			Miscellaneous				Interceptions				Totals		
			Tk	Ast	Sack	FF	FR	TD	Blk	Int	Yds	Avg	TD	Sfty	TD	Pts
1994 San Francisco 49ers	14	0	5	1	0.0	0	0	0	0	0	0	-	0	0	0	0
1995 San Francisco 49ers	15	0	1	0	0.0	0	0	0	0	0	0	-	0	0	0	0
1996 San Francisco 49ers	13	0	1	0	0.0	0	0	0	0	0	0	-	0	0	0	0
1997 Chicago Bears	16	0	0	0	0.0	0	1	0	0	0	0	-	0	0	0	0
4 NFL Seasons	58	0	7	1	0.0	0	1	0	0	0	0	-	0	0	0	0

Roman Phifer

(statistical profile on page 439)

Pos: LB **Rnd:** 2 **College:** UCLA **Ht:** 6' 2" **Wt:** 230 **Born:** 3/5/68 **Age:** 30

Year Team	G	GS	Tackles			Miscellaneous				Interceptions				Totals		
			Tk	Ast	Sack	FF	FR	TD	Blk	Int	Yds	Avg	TD	Sfty	TD	Pts
1991 Los Angeles Rams	12	5	21	3	2.0	0	0	0	0	0	0	-	0	0	0	0
1992 Los Angeles Rams	16	14	51	15	0.0	0	2	0	0	1	3	3.0	0	0	0	0
1993 Los Angeles Rams	16	16	96	21	0.0	0	2	0	0	0	0	-	0	0	0	0
1994 Los Angeles Rams	16	16	79	17	1.5	1	0	0	0	2	7	3.5	0	0	0	0
1995 St. Louis Rams	16	16	87	28	3.0	1	0	0	0	3	52	17.3	0	0	0	0
1996 St. Louis Rams	15	15	104	18	1.5	0	0	0	0	0	0	-	0	0	0	0
1997 St. Louis Rams	16	15	57	18	2.0	0	0	0	0	0	0	-	0	0	0	0
7 NFL Seasons	107	97	495	120	10.0	2	4	0	0	6	62	10.3	0	0	0	0

Other Statistics: 1995—fumbled 1 time for 0 yards.

Todd Philcox

Pos: QB **Rnd:** FA **College:** Syracuse **Ht:** 6' 4" **Wt:** 223 **Born:** 9/25/66 **Age:** 32

Year Team	G	GS	Passing										Rushing					Miscellaneous			
			Att	Com	Pct	Yards	Yds/Att	Lg	TD	Int	Int%	Rating	Att	Yds	Avg	Lg	TD	Sckd	Yds	Fum Recv Yds	Pts
1990 Cincinnati Bengals	2	?	2	0	0.0	0	0.00	-	0	1	50.0	0.0	0	0	-	-	0	2	9	0 0 0	0
1991 Cleveland Browns	5	0	8	4	50.0	49	6.13	28	0	1	12.5	29.7	1	-1	-1.0	-1	0	0	0	0 0 0	0
1992 Cleveland Browns	2	1	27	13	48.1	217	8.04	t69	3	1	3.7	97.3	0	0	-	-	0	1	6	0 0 0	0
1993 Cleveland Browns	5	4	108	52	48.1	699	6.47	56	4	7	6.5	54.5	2	3	1.5	t3	1	7	60	2 0 -1	6
1997 San Diego Chargers	2	0	28	16	57.1	173	6.18	29	0	1	3.6	60.6	1	3	3.0	3	0	8	44	2 0 0	0
5 NFL Seasons	16	5	173	85	49.1	1138	6.58	t69	7	11	6.4	57.4	4	5	1.3	t3	1	18	119	4 0 -1	6

Joe Phillips

Pos: DT **Rnd:** 4 **College:** Southern Methodist **Ht:** 6' 5" **Wt:** 310 **Born:** 7/15/63 **Age:** 35

Year Team	G	GS	Tackles			Miscellaneous				Interceptions				Totals		
			Tk	Ast	Sack	FF	FR	TD	Blk	Int	Yds	Avg	TD	Sfty	TD	Pts
1986 Minnesota Vikings	16	1	5	0	0.0	0	1	0	0	0	0	-	0	0	0	0
1987 San Diego Chargers	13	7	43	10	5.0	0	0	0	0	0	0	-	0	0	0	0
1988 San Diego Chargers	16	16	33	8	2.0	0	0	0	0	0	0	-	0	0	0	0
1989 San Diego Chargers	16	15	29	8	1.0	0	0	0	0	0	0	-	0	0	0	0
1990 San Diego Chargers	3	3	6	3	0.5	0	0	0	0	0	0	-	0	0	0	0
1991 San Diego Chargers	16	16	32	4	1.0	0	1	0	0	0	0	-	0	0	0	0
1992 Kansas City Chiefs	12	10	26	11	2.5	0	1	0	0	0	0	-	0	0	0	0
1993 Kansas City Chiefs	16	16	36	9	1.5	0	0	0	0	0	0	-	0	0	0	0
1994 Kansas City Chiefs	16	16	38	2	3.0	0	1	0	0	0	0	-	0	0	0	0
1995 Kansas City Chiefs	16	16	25	9	4.5	0	1	0	0	1	2	2.0	0	0	0	0
1996 Kansas City Chiefs	16	16	20	7	2.0	0	0	0	0	0	0	-	0	0	0	0
1997 Kansas City Chiefs	15	15	7	3	0.5	0	1	0	0	0	0	-	0	1	0	2
12 NFL Seasons	171	147	300	74	23.5	0	6	0	0	1	2	2.0	0	1	0	2

Lawrence Phillips
(statistical profile on page 359)

Pos: RB **Rnd:** 1 (6) **College:** Nebraska **Ht:** 6' 0" **Wt:** 229 **Born:** 5/12/75 **Age:** 23

Year Team	G	GS	Rushing					Receiving					Punt Returns				Kickoff Returns				Totals		
			Att	Yds	Avg	Lg	TD	Rec	Yds	Avg	Lg	TD	Num	Yds	Avg	TD	Num	Yds	Avg	TD	Fum	TD	Pts
1996 St. Louis Rams	15	11	193	632	3.3	38	4	8	28	3.5	t11	1	0	0	-	0	4	74	18.5	0	2	5	30
1997 StL - Mia	12	9	201	677	3.4	28	8	11	39	3.5	17	0	0	0	-	0	0	0	-	0	3	8	48
1997 St. Louis Rams	10	9	183	633	3.5	28	8	10	33	3.3	17	0	0	0	-	0	0	0	-	0	3	8	48
Miami Dolphins	2	0	18	44	2.4	8	0	1	6	6.0	6	0	0	0	-	0	0	0	-	0	0	0	0
2 NFL Seasons	27	20	394	1309	3.3	38	12	19	67	3.5	17	1	0	0	-	0	4	74	18.5	0	5	13	78

Other Statistics: 1996—recovered 1 fumble for 0 yards.

Ryan Phillips

Pos: LB **Rnd:** 3 **College:** Idaho **Ht:** 6' 4" **Wt:** 251 **Born:** 2/7/74 **Age:** 24

Year Team	G	GS	Tackles			Miscellaneous				Interceptions				Totals		
			Tk	Ast	Sack	FF	FR	TD	Blk	Int	Yds	Avg	TD	Sfty	TD	Pts
1997 New York Giants	10	0	1	0	1.0	0	0	0	0	0	0	-	0	0	0	0

Carl Pickens
(statistical profile on page 359)

Pos: WR **Rnd:** 2 **College:** Tennessee **Ht:** 6' 2" **Wt:** 206 **Born:** 3/23/70 **Age:** 28

Year Team	G	GS	Rushing					Receiving					Punt Returns				Passing				Totals		
			Att	Yds	Avg	Lg	TD	Rec	Yds	Avg	Lg	TD	Num	Yds	Avg	TD	Att	Com	Yds	Int	Fum	TD	Pts
1992 Cincinnati Bengals	16	10	0	0	-	-	0	26	326	12.5	38	1	18	229	12.7	1	0	0	0	0	3	2	12
1993 Cincinnati Bengals	13	12	0	0	-	-	0	43	565	13.1	36	6	4	16	4.0	0	1	0	0	0	1	6	36
1994 Cincinnati Bengals	15	15	0	0	-	-	0	71	1127	15.9	t70	11	9	62	6.9	0	0	0	0	0	1	11	66
1995 Cincinnati Bengals	16	16	1	6	6.0	6	0	99	1234	12.5	t68	17	5	-2	-0.4	0	0	0	0	0	1	17	102
1996 Cincinnati Bengals	16	16	2	2	1.0	2	0	100	1180	11.8	t61	12	1	2	2.0	0	1	1	12	0	0	12	74
1997 Cincinnati Bengals	12	12	1	-6	-6.0	-6	0	52	695	13.4	t50	5	0	0	-	0	0	0	0	0	1	5	30
6 NFL Seasons	88	81	4	2	0.5	6	0	391	5127	13.1	t70	52	37	307	8.3	1	2	1	12	0	7	53	320

Other Statistics: 1992—recovered 2 fumbles for 0 yards. 1994—recovered 1 fumble for 0 yards. 1996—scored 1 two-point conversion.

Aaron Pierce

Pos: TE **Rnd:** 3 **College:** Washington **Ht:** 6' 5" **Wt:** 250 **Born:** 9/6/69 **Age:** 29

Year Team	G	GS	Rushing					Receiving					Punt Returns				Kickoff Returns				Totals		
			Att	Yds	Avg	Lg	TD	Rec	Yds	Avg	Lg	TD	Num	Yds	Avg	TD	Num	Yds	Avg	TD	Fum	TD	Pts
1992 New York Giants	1	0	0	0	-	-	0	0	0	-	-	0	0	0	-	0	0	0	-	0	0	0	0
1993 New York Giants	13	6	0	0	-	-	0	12	212	17.7	54	0	0	0	-	0	0	0	-	0	2	0	0
1994 New York Giants	16	11	0	0	-	-	0	20	214	10.7	29	4	0	0	-	0	0	0	-	0	0	4	24
1995 New York Giants	16	11	1	6	6.0	6	0	33	310	9.4	26	0	0	0	-	0	0	0	-	0	0	0	0
1996 New York Giants	10	4	1	1	1.0	t1	1	11	144	13.1	30	1	0	0	-	0	0	0	-	0	0	2	12
1997 New York Giants	16	4	0	0	-	-	0	10	47	4.7	14	0	0	0	-	0	1	10	10.0	0	0	0	0
6 NFL Seasons	72	36	2	7	3.5	6	1	86	927	10.8	54	5	0	0	-	0	1	10	10.0	0	2	6	36

Other Statistics: 1995—recovered 1 fumble for 0 yards. 1996—recovered 1 fumble for 0 yards.

Damon Pieri

Pos: S **Rnd:** FA **College:** San Diego State **Ht:** 6' 0" **Wt:** 190 **Born:** 9/25/70 **Age:** 28

Year Team	G	GS	Tackles			Miscellaneous				Interceptions				Totals		
			Tk	Ast	Sack	FF	FR	TD	Blk	Int	Yds	Avg	TD	Sfty	TD	Pts
1993 New York Jets	5	0	1	1	0.0	0	0	0	0	0	0	-	0	0	0	0
1996 Carolina Panthers	16	1	9	0	0.0	0	0	0	0	1	0	0.0	0	0	0	0
1997 Carolina Panthers	16	0	0	0	0.0	0	0	0	0	0	0	-	0	0	0	0
3 NFL Seasons	37	1	10	1	0.0	0	0	0	0	1	0	0.0	0	0	0	0

Pete Pierson

Pos: T **Rnd:** 5 **College:** Washington **Ht:** 6' 5" **Wt:** 295 **Born:** 2/4/71 **Age:** 27

Year Team	G	GS	Year Team	G	GS	Year Team	G	GS	Year Team	G	GS
1994 Tampa Bay Buccaneers	1	0	1995 Tampa Bay Buccaneers	11	4	1996 Tampa Bay Buccaneers	10	2	1997 Tampa Bay Buccaneers	15	0
									4 NFL Seasons	37	6

Other Statistics: 1995—recovered 1 fumble for 0 yards.

Mark Pike

Pos: DE **Rnd:** 7 **College:** Georgia Tech **Ht:** 6' 4" **Wt:** 272 **Born:** 12/27/63 **Age:** 34

Year Team	G	GS	Tackles			Miscellaneous				Interceptions				Punt Returns				Kickoff Returns				Totals	
			Tk	Ast	Sack	FF	FR	TD	Blk	Int	Yds	Avg	TD	Num	Yds	Avg	TD	Num	Yds	Avg	TD	TD	Fum
1987 Buffalo Bills	3	0	0	0	0.0	0	0	0	0	0	0	-	0	0	0	-	0	0	0	-	0	0	0
1988 Buffalo Bills	16	0	3	4	0.0	0	0	0	0	0	0	-	0	0	0	-	0	1	5	5.0	0	0	0
1989 Buffalo Bills	16	0	2	1	0.0	0	1	0	0	0	0	-	0	0	0	-	0	0	0	-	0	0	0
1990 Buffalo Bills	16	0	2	7	0.0	0	0	0	0	0	0	-	0	0	0	-	0	0	0	-	0	0	0
1991 Buffalo Bills	16	1	5	1	0.0	0	0	0	0	0	0	-	0	0	0	-	0	0	0	-	0	0	0

Year Team	G	GS	Tackles			Miscellaneous				Interceptions				Punt Returns				Kickoff Returns				Totals	
			Tk	Ast	Sack	FF	FR	TD	Blk	Int	Yds	Avg	TD	Num	Yds	Avg	TD	Num	Yds	Avg	TD	Fum
1992 Buffalo Bills	16	0	3	2	1.0	0	0	0	0	0	0	-	0	0	0	-	0	0	0	-	0	0
1993 Buffalo Bills	14	0	2	3	0.0	0	0	0	0	0	0	-	0	0	0	-	0	0	0	-	0	0
1994 Buffalo Bills	16	0	0	0	0.0	0	0	0	0	0	0	-	0	0	0	-	0	2	9	4.5	0	0
1995 Buffalo Bills	16	0	3	3	0.0	0	0	0	0	0	0	-	0	0	0	-	0	1	20	20.0	0	0
1996 Buffalo Bills	16	0	0	0	0.0	0	0	0	0	0	0	-	0	0	0	-	0	0	0	-	0	0
1997 Buffalo Bills	15	0	0	0	0.0	0	0	0	0	0	0	-	0	0	0	-	0	1	11	11.0	0	0
11 NFL Seasons	160	1	20	21	1.0	0	1	0	0	0	0	-	0	0	0	-	0	5	45	9.0	0	0

Evan Pilgrim

Pos: C/G **Rnd:** 3 **College:** Brigham Young **Ht:** 6' 4" **Wt:** 304 **Born:** 8/14/72 **Age:** 26

Year Team	G	GS	Year Team	G	GS		G	GS
1996 Chicago Bears	4	0	1997 Chicago Bears	13	6	2 NFL Seasons	17	6

Other Statistics: 1997–recovered 1 fumble for 0 yards.

Kavika Pittman

Pos: DE **Rnd:** 2 **College:** McNeese State **Ht:** 6' 6" **Wt:** 263 **Born:** 10/9/74 **Age:** 24

Year Team	G	GS	Tackles			Miscellaneous				Interceptions				Punt Returns				Kickoff Returns				Totals	
			Tk	Ast	Sack	FF	FR	TD	Blk	Int	Yds	Avg	TD	Num	Yds	Avg	TD	Num	Yds	Avg	TD	Fum
1996 Dallas Cowboys	15	0	2	0	0.0	0	0	0	0	0	0	-	0	0	0	-	0	0	0	-	0	0
1997 Dallas Cowboys	15	0	4	1	1.0	0	0	0	0	0	0	-	0	1	0	0.0	0	0	0	-	0	0
2 NFL Seasons	30	0	6	1	1.0	0	0	0	0	0	0	-	0	1	0	0.0	0	0	0	-	0	0

Anthony Pleasant

Pos: DE **Rnd:** 3 **College:** Tennessee State **Ht:** 6' 5" **Wt:** 280 **Born:** 1/27/68 **Age:** 30

Year Team	G	GS	Tackles			Miscellaneous				Interceptions				Totals		
			Tk	Ast	Sack	FF	FR	TD	Blk	Int	Yds	Avg	TD	Sfty	TD	Pts
1990 Cleveland Browns	16	7	38	12	3.5	1	0	0	0	0	0	-	0	0	0	0
1991 Cleveland Browns	16	7	12	9	2.5	0	1	0	0	0	0	-	0	0	0	0
1992 Cleveland Browns	16	14	35	16	4.0	1	0	0	0	0	0	-	0	0	0	0
1993 Cleveland Browns	16	13	43	23	11.0	1	0	0	0	0	0	-	0	1	0	2
1994 Cleveland Browns	14	14	44	14	4.5	0	0	0	0	0	0	-	0	0	0	0
1995 Cleveland Browns	16	16	41	10	8.0	6	0	0	0	0	0	-	0	0	0	0
1996 Baltimore Ravens	12	12	22	3	4.0	0	1	0	0	0	0	-	0	0	0	0
1997 Atlanta Falcons	11	0	9	1	0.5	0	0	0	0	0	0	-	0	0	0	0
8 NFL Seasons	117	83	244	88	38.0	9	2	0	0	0	0	-	0	1	0	2

Gary Plummer

(statistical profile on page 439)

Pos: LB **Rnd:** FA **College:** California **Ht:** 6' 2" **Wt:** 247 **Born:** 1/26/60 **Age:** 38

Year Team	G	GS	Tackles			Miscellaneous				Interceptions				Punt Returns				Kickoff Returns				Totals	
			Tk	Ast	Sack	FF	FR	TD	Blk	Int	Yds	Avg	TD	Num	Yds	Avg	TD	Num	Yds	Avg	TD	Fum
1986 San Diego Chargers	15	13	78	20	2.5	1	2	0	0	0	0	-	0	0	0	-	0	1	0	0.0	0	0
1987 San Diego Chargers	8	7	48	14	0.0	1	0	0	0	1	2	2.0	0	0	0	-	0	0	0	-	0	0
1988 San Diego Chargers	16	12	97	21	0.0	1	0	0	0	0	0	-	0	0	0	-	0	0	0	-	0	0
1989 San Diego Chargers	16	16	111	35	0.0	0	1	0	0	0	0	-	0	0	0	-	0	0	0	-	0	0
1990 San Diego Chargers	16	15	86	25	0.0	1	0	2	0	0	0	-	0	0	0	-	0	0	0	-	0	2
1991 San Diego Chargers	16	15	88	23	1.0	1	1	0	0	0	0	-	0	0	0	-	0	0	0	-	0	0
1992 San Diego Chargers	16	13	41	12	0.0	1	2	0	0	2	40	20.0	0	0	0	-	0	0	0	-	0	0
1993 San Diego Chargers	16	15	78	15	0.0	2	0	0	0	2	7	3.5	0	0	0	-	0	0	0	-	0	0
1994 San Francisco 49ers	16	16	56	8	0.0	0	1	0	0	1	1	1.0	0	0	0	-	0	0	0	-	0	0
1995 San Francisco 49ers	16	15	56	6	1.0	1	0	0	0	0	0	-	0	0	0	-	0	0	0	-	0	0
1996 San Francisco 49ers	13	11	45	4	0.0	0	0	0	0	0	0	-	0	0	0	-	0	0	0	-	0	0
1997 San Francisco 49ers	16	16	48	14	0.0	0	0	0	0	0	0	-	0	0	0	-	0	0	0	-	0	0
12 NFL Seasons	180	164	832	197	4.5	9	7	2	0	6	50	8.3	0	0	0	-	0	1	0	0.0	0	2

Other Statistics: 1989–rushed 1 time for 6 yards. 1990–rushed 2 times for 3 yards and 1 touchdown; caught 1 pass for 2 yards and 1 touchdown.

Jake Plummer

(statistical profile on page 360)

Pos: QB **Rnd:** 2 **College:** Arizona State **Ht:** 6' 2" **Wt:** 195 **Born:** 12/18/74 **Age:** 23

Year Team	G	GS	Passing										Rushing					Miscellaneous				
			Att	Com	Pct	Yards	Yds/Att	Lg	TD	Int	Int%	Rating	Att	Yds	Avg	Lg	TD	Sckd	Yds	Fum	Recv	Yds	Pts
1997 Arizona Cardinals	10	9	296	157	53.0	2203	7.44	t70	15	15	5.1	73.1	39	216	5.5	31	2	52	291	6	1	-1	14

Other Statistics: 1997–caught 1 pass for 2 yards; scored 1 two-point conversion.

Frank Pollack

Pos: T **Rnd:** 6 **College:** Northern Arizona **Ht:** 6' 5" **Wt:** 285 **Born:** 11/5/67 **Age:** 30

Year Team	G	GS	Year Team	G	GS	Year Team	G	GS		G	GS
1990 San Francisco 49ers	15	0	1994 San Francisco 49ers	12	4	1996 San Francisco 49ers	16	2			
1991 San Francisco 49ers	15	0	1995 San Francisco 49ers	15	0	1997 San Francisco 49ers	16	0	6 NFL Seasons	89	6

Marcus Pollard

Pos: TE **Rnd:** FA **College:** Bradley **Ht:** 6' 4" **Wt:** 257 **Born:** 2/8/72 **Age:** 26

Year Team	G	GS	Rushing Att	Yds	Avg	Lg	TD	Receiving Rec	Yds	Avg	Lg	TD	Punt Returns Num	Yds	Avg	TD	Kickoff Returns Num	Yds	Avg	TD	Totals Fum	TD	Pts
1995 Indianapolis Colts	8	0	0	0	-	-	0	0	0	-	-	0	0	0	-	0	0	0	-	0	0	0	0
1996 Indianapolis Colts	16	2	0	0	-	-	0	6	86	14.3	t48	1	0	0	-	0	0	0	-	0	0	1	6
1997 Indianapolis Colts	16	5	0	0	-	-	0	10	116	11.6	28	0	0	0	-	0	0	0	-	0	0	0	2
3 NFL Seasons	40	7	0	0	-	-	0	16	202	12.6	t48	1	0	0	-	0	0	0	-	0	0	1	8

Other Statistics: 1996–recovered 1 fumble for 0 yards. 1997–scored 1 two-point conversion.

Keith Poole

Pos: WR **Rnd:** 4 **College:** Arizona State **Ht:** 6' 2" **Wt:** 185 **Born:** 6/18/74 **Age:** 24

Year Team	G	GS	Rushing Att	Yds	Avg	Lg	TD	Receiving Rec	Yds	Avg	Lg	TD	Punt Returns Num	Yds	Avg	TD	Kickoff Returns Num	Yds	Avg	TD	Totals Fum	TD	Pts
1997 New Orleans Saints	3	0	0	0	-	-	0	4	98	24.5	49	2	0	0	-	0	0	0	-	0	0	2	12

Tyrone Poole

Pos: CB **Rnd:** 1 (22) **College:** Fort Valley State **Ht:** 5' 9" **Wt:** 185 **Born:** 2/3/72 **Age:** 26

Year Team	G	GS	Tackles Tk	Ast	Sack	Misc FF	FR	TD	Blk	Interceptions Int	Yds	Avg	TD	Punt Returns Num	Yds	Avg	TD	Kickoff Returns Num	Yds	Avg	TD	Totals TD	Fum
1995 Carolina Panthers	16	13	59	9	2.0	3	0	0	0	2	8	4.0	0	0	0	-	0	0	0	-	0	0	0
1996 Carolina Panthers	15	15	57	11	0.0	0	1	0	0	1	35	35.0	0	3	26	8.7	0	0	0	-	0	0	0
1997 Carolina Panthers	16	16	48	4	1.0	1	3	0	1	2	0	0.0	0	26	191	7.3	0	1	5	5.0	0	0	3
3 NFL Seasons	47	44	164	24	3.0	4	4	0	1	5	43	8.6	0	29	217	7.5	0	1	5	5.0	0	0	3

Marquez Pope

Pos: CB **Rnd:** 2 **College:** Fresno State **Ht:** 5' 11" **Wt:** 193 **Born:** 10/29/70 **Age:** 28

Year Team	G	GS	Tackles Tk	Ast	Sack	Misc FF	FR	TD	Blk	Interceptions Int	Yds	Avg	TD	Totals Sfty	TD	Pts
1992 San Diego Chargers	7	0	0	0	0.0	0	0	0	0	0	0	-	0	0	0	0
1993 San Diego Chargers	16	1	32	6	0.5	2	0	0	0	2	14	7.0	0	0	0	0
1994 Los Angeles Rams	16	16	81	14	0.0	2	0	0	0	3	66	22.0	0	0	0	0
1995 San Francisco 49ers	16	16	59	5	0.0	2	0	0	0	1	-7	-7.0	0	0	0	0
1996 San Francisco 49ers	16	16	61	6	0.0	1	1	0	0	6	98	16.3	1	0	1	6
1997 San Francisco 49ers	5	5	19	3	0.0	0	0	0	0	1	7	7.0	0	0	0	0
6 NFL Seasons	76	54	252	34	0.5	7	1	0	0	13	178	13.7	1	0	1	6

Ted Popson

(statistical profile on page 360)

Pos: TE **Rnd:** 11 **College:** Portland State **Ht:** 6' 4" **Wt:** 250 **Born:** 9/10/66 **Age:** 32

Year Team	G	GS	Rushing Att	Yds	Avg	Lg	TD	Receiving Rec	Yds	Avg	Lg	TD	Punt Returns Num	Yds	Avg	TD	Kickoff Returns Num	Yds	Avg	TD	Totals Fum	TD	Pts
1994 San Francisco 49ers	16	1	0	0	-	-	0	13	141	10.8	24	0	0	0	-	0	0	0	-	0	0	0	0
1995 San Francisco 49ers	12	0	0	0	-	-	0	16	128	8.0	16	0	0	0	-	0	0	0	-	0	1	0	0
1996 San Francisco 49ers	15	6	0	0	-	-	0	26	301	11.6	t39	6	0	0	-	0	0	0	-	0	0	6	36
1997 Kansas City Chiefs	13	12	0	0	-	-	0	35	320	9.1	21	2	0	0	-	0	0	0	-	0	0	2	12
4 NFL Seasons	56	19	0	0	-	-	0	90	890	9.9	t39	8	0	0	-	0	0	0	-	0	1	8	48

Other Statistics: 1996–recovered 1 fumble for 0 yards.

Robert Porcher

(statistical profile on page 439)

Pos: DE **Rnd:** 1 (26) **College:** South Carolina State **Ht:** 6' 3" **Wt:** 283 **Born:** 7/30/69 **Age:** 29

Year Team	G	GS	Tackles Tk	Ast	Sack	Misc FF	FR	TD	Blk	Interceptions Int	Yds	Avg	TD	Totals Sfty	TD	Pts
1992 Detroit Lions	16	1	11	10	1.0	0	0	0	0	0	0	-	0	0	0	0
1993 Detroit Lions	16	4	37	10	8.5	0	0	0	0	0	0	-	0	0	0	0
1994 Detroit Lions	15	15	47	22	3.0	2	1	0	0	0	0	-	0	0	0	0
1995 Detroit Lions	16	16	29	22	5.0	1	0	0	0	0	0	-	0	0	0	0
1996 Detroit Lions	16	16	45	21	10.0	3	2	0	0	0	0	-	0	0	0	0
1997 Detroit Lions	16	15	40	32	12.5	2	0	0	0	1	5	5.0	0	0	0	0
6 NFL Seasons	95	67	209	117	40.0	8	3	0	0	1	5	5.0	0	0	0	0

Daryl Porter

Pos: CB **Rnd:** 6 **College:** Boston College **Ht:** 5' 9" **Wt:** 188 **Born:** 1/16/74 **Age:** 24

Year Team	G	GS	Tackles Tk	Ast	Sack	Misc FF	FR	TD	Blk	Interceptions Int	Yds	Avg	TD	Totals Sfty	TD	Pts
1997 Detroit Lions	7	0	0	0	0.0	0	0	0	0	0	0	-	0	0	0	0

Rufus Porter

Pos: LB **Rnd:** FA **College:** Southern **Ht:** 6' 1" **Wt:** 230 **Born:** 5/18/65 **Age:** 33

Year	Team	G	GS	Tackles			Miscellaneous				Interceptions				Totals		
				Tk	Ast	Sack	FF	FR	TD	Blk	Int	Yds	Avg	TD	Sfty	TD	Pts
1988	Seattle Seahawks	16	0	17	-	0.0	1	1	0	0	0	0	-	0	0	0	0
1989	Seattle Seahawks	16	3	40	9	10.5	0	0	0	0	0	0	-	0	0	0	0
1990	Seattle Seahawks	12	12	42	9	5.0	0	4	0	0	0	0	-	0	0	0	0
1991	Seattle Seahawks	15	15	64	21	10.0	0	0	0	0	1	0	0.0	0	0	0	0
1992	Seattle Seahawks	16	16	68	22	9.5	0	0	0	0	0	0	-	0	0	0	0
1993	Seattle Seahawks	7	6	16	5	1.0	0	0	0	0	1	4	4.0	0	0	0	0
1994	Seattle Seahawks	15	15	61	14	1.5	0	0	0	0	1	33	33.0	0	0	0	0
1995	New Orleans Saints	14	12	48	12	3.0	1	1	0	0	0	0	-	0	0	0	0
1996	New Orleans Saints	13	9	34	9	0.0	0	0	0	0	0	0	-	0	0	0	0
1997	Tampa Bay Buccaneers	11	10	26	6	0.5	0	0	0	0	0	0	-	0	0	0	0
	10 NFL Seasons	135	98	416	107	41.0	2	6	0	0	3	37	12.3	0	0	0	0

Roosevelt Potts

Pos: FB **Rnd:** 2 **College:** Northeast Louisiana **Ht:** 6' 0" **Wt:** 250 **Born:** 1/8/71 **Age:** 27

Year	Team	G	GS	Rushing					Receiving					Punt Returns				Kickoff Returns				Totals		
				Att	Yds	Avg	Lg	TD	Rec	Yds	Avg	Lg	TD	Num	Yds	Avg	TD	Num	Yds	Avg	TD	Fum	TD	Pts
1993	Indianapolis Colts	16	15	179	711	4.0	34	0	26	189	7.3	24	0	0	0	-	0	0	0	-	0	8	0	0
1994	Indianapolis Colts	16	16	77	336	4.4	52	1	26	251	9.7	30	1	0	0	-	0	0	0	-	0	5	2	12
1995	Indianapolis Colts	15	15	65	309	4.8	37	0	21	228	10.9	52	1	0	0	-	0	0	0	-	0	0	1	6
1997	Ind - Mia	7	1	2	4	2.0	3	0	3	27	9.0	13	0	0	0	-	0	1	16	16.0	0	0	0	0
1997	Indianapolis Colts	1	0	1	1	1.0	1	0	0	0	-	-	0	0	0	-	0	0	0	-	0	0	0	0
	Miami Dolphins	6	1	1	3	3.0	3	0	3	27	9.0	13	0	0	0	-	0	1	16	16.0	0	0	0	0
	4 NFL Seasons	54	47	323	1360	4.2	52	1	76	695	9.1	52	2	0	0	-	0	1	16	16.0	0	13	3	18

Other Statistics: 1993–recovered 2 fumbles for 0 yards. 1994–recovered 1 fumble for 0 yards.

Darryl Pounds

Pos: CB/S **Rnd:** 3 **College:** Nicholls State **Ht:** 5' 10" **Wt:** 179 **Born:** 7/21/72 **Age:** 26

Year	Team	G	GS	Tackles			Miscellaneous				Interceptions				Totals		
				Tk	Ast	Sack	FF	FR	TD	Blk	Int	Yds	Avg	TD	Sfty	TD	Pts
1995	Washington Redskins	9	0	3	1	0.0	0	0	0	0	1	26	26.0	0	0	0	0
1996	Washington Redskins	12	1	16	-	0.0	1	1	0	0	2	11	5.5	0	0	0	0
1997	Washington Redskins	16	0	29	1	2.0	1	3	1	0	3	42	14.0	1	0	2	12
	3 NFL Seasons	37	1	48	2	2.0	2	4	1	0	6	79	13.2	1	0	2	12

Other Statistics: 1995–fumbled 1 time for 0 yards.

Shar Pourdanesh

Pos: T **Rnd:** FA **College:** Nevada **Ht:** 6' 6" **Wt:** 313 **Born:** 7/19/70 **Age:** 28

Year	Team	G	GS	Year	Team	G	GS
1996	Washington Redskins	16	8	1997	Washington Redskins	16	14
					2 NFL Seasons	32	22

Carl Powell

Pos: DE **Rnd:** 5 **College:** Louiseville **Ht:** 6' 3" **Wt:** 265 **Born:** 1/4/74 **Age:** 24

Year	Team	G	GS	Tackles			Miscellaneous				Interceptions				Totals		
				Tk	Ast	Sack	FF	FR	TD	Blk	Int	Yds	Avg	TD	Sfty	TD	Pts
1997	Indianapolis Colts	11	0	3	0	0.0	0	0	0	0	0	0	-	0	0	0	0

Roell Preston

Pos: KR/WR **Rnd:** 5 **College:** Mississippi **Ht:** 5' 10" **Wt:** 185 **Born:** 6/23/72 **Age:** 26

Year	Team	G	GS	Rushing					Receiving					Punt Returns				Kickoff Returns				Totals		
				Att	Yds	Avg	Lg	TD	Rec	Yds	Avg	Lg	TD	Num	Yds	Avg	TD	Num	Yds	Avg	TD	Fum	TD	Pts
1995	Atlanta Falcons	14	0	0	0	-	-	0	7	129	18.4	t61	1	0	0	-	0	30	627	20.9	0	1	1	6
1996	Atlanta Falcons	15	2	0	0	-	-	0	21	208	9.9	t17	1	0	0	-	0	32	681	21.3	0	0	1	6
1997	Green Bay Packers	1	0	0	0	-	-	0	0	0	-	-	0	1	0	0.0	0	7	211	30.1	0	0	0	0
	3 NFL Seasons	30	2	0	0	-	-	0	28	337	12.0	t61	2	1	0	0.0	0	69	1519	22.0	0	1	2	12

Daryl Price

Pos: DE **Rnd:** 4 **College:** Colorado **Ht:** 6' 3" **Wt:** 274 **Born:** 10/23/72 **Age:** 26

Year	Team	G	GS	Tackles			Miscellaneous				Interceptions				Totals		
				Tk	Ast	Sack	FF	FR	TD	Blk	Int	Yds	Avg	TD	Sfty	TD	Pts
1996	San Francisco 49ers	13	0	1	0	0.0	0	1	0	0	0	0	-	0	0	0	0
1997	San Francisco 49ers	4	0	1	0	0.0	0	0	0	0	0	0	-	0	0	0	0
	2 NFL Seasons	17	0	2	0	0.0	0	1	0	0	0	0	-	0	0	0	0

Marcus Price

Pos: T **Rnd:** 6 **College:** Louisiana State **Ht:** 6' 6" **Wt:** 318 **Born:** 3/3/72 **Age:** 26

Year	Team	G	GS
1997	San Diego Chargers	2	0
	1 NFL Season	2	0

Shawn Price

Pos: DE **Rnd:** FA **College:** Pacific **Ht:** 6' 5" **Wt:** 260 **Born:** 3/28/70 **Age:** 28

				Tackles			Miscellaneous				Interceptions				Totals		
Year	Team	G	GS	Tk	Ast	Sack	FF	FR	TD	Blk	Int	Yds	Avg	TD	Sfty	TD	Pts
1993	Tampa Bay Buccaneers	9	6	11	14	3.0	0	0	0	0	0	0	-	0	0	0	0
1994	Tampa Bay Buccaneers	8	0	2	0	0.0	0	0	0	0	0	0	-	0	0	0	0
1995	Carolina Panthers	16	0	14	1	1.0	0	0	0	0	0	0	-	0	0	0	0
1996	Buffalo Bills	15	0	5	3	0.0	0	0	0	0	0	0	-	0	0	0	0
1997	Buffalo Bills	10	0	12	9	0.0	0	0	0	0	0	0	-	0	0	0	0
	5 NFL Seasons	58	6	44	27	4.0	0	0	0	0	0	0	-	0	0	0	0

Anthony Prior

Pos: CB **Rnd:** 9 **College:** Washington State **Ht:** 5' 11" **Wt:** 185 **Born:** 3/27/70 **Age:** 28

				Tackles			Miscellaneous				Interceptions				Punt Returns				Kickoff Returns				Totals	
Year	Team	G	GS	Tk	Ast	Sack	FF	FR	TD	Blk	Int	Yds	Avg	TD	Num	Yds	Avg	TD	Num	Yds	Avg	TD	TD	Fum
1993	New York Jets	16	0	3	1	0.0	0	1	0	0	0	0	-	0	0	0	-	0	9	126	14.0	0	0	0
1994	New York Jets	13	0	4	1	0.0	0	0	0	0	0	0	-	0	0	0	-	0	16	316	19.8	0	0	0
1995	New York Jets	11	0	1	0	0.0	0	0	0	0	0	0	-	0	0	0	-	0	0	0	-	0	0	0
1996	Minnesota Vikings	3	0	0	0	0.0	0	0	0	0	0	0	-	0	0	0	-	0	0	0	-	0	0	0
1997	Minnesota Vikings	12	0	0	0	0.0	0	0	0	0	0	0	-	0	0	0	-	0	0	0	-	0	0	0
	5 NFL Seasons	55	0	8	2	0.0	0	1	0	0	0	0	-	0	0	0	-	0	25	442	17.7	0	0	0

Mike Prior

Pos: S **Rnd:** 7 **College:** Illinois State **Ht:** 6' 0" **Wt:** 208 **Born:** 11/14/63 **Age:** 34

				Tackles			Miscellaneous				Interceptions				Punt Returns				Kickoff Returns				Totals	
Year	Team	G	GS	Tk	Ast	Sack	FF	FR	TD	Blk	Int	Yds	Avg	TD	Num	Yds	Avg	TD	Num	Yds	Avg	TD	TD	Fum
1985	Tampa Bay Buccaneers	16	0	4	0	0.0	0	3	0	0	0	0	-	0	13	105	8.1	0	10	131	13.1	0	0	4
1987	Indianapolis Colts	13	7	44	24	1.0	1	3	0	0	6	57	9.5	0	0	0	-	0	3	47	15.7	0	0	0
1988	Indianapolis Colts	16	16	69	29	1.0	1	1	0	0	3	46	15.3	0	1	0	0.0	0	0	0	-	0	0	1
1989	Indianapolis Colts	16	16	74	24	0.0	1	1	0	0	6	88	14.7	1	0	0	-	0	0	0	-	0	1	0
1990	Indianapolis Colts	16	16	81	32	0.0	1	2	0	0	3	66	22.0	0	2	0	0.0	0	0	0	-	0	0	1
1991	Indianapolis Colts	9	7	36	9	0.0	0	1	0	0	3	50	16.7	0	0	0	-	0	0	0	-	0	0	0
1992	Indianapolis Colts	16	16	74	17	0.0	1	1	0	0	6	44	7.3	0	1	7	7.0	0	0	0	-	0	0	0
1993	Green Bay Packers	16	4	19	12	0.0	0	2	0	0	1	1	1.0	0	17	194	11.4	0	0	0	-	0	0	3
1994	Green Bay Packers	16	0	14	3	0.0	0	2	0	0	1	0	-	0	8	62	7.8	0	0	0	-	0	0	3
1995	Green Bay Packers	16	2	39	14	1.5	1	1	0	0	1	9	9.0	0	1	10	10.0	0	0	0	-	0	0	0
1996	Green Bay Packers	16	0	21	8	0.0	1	0	0	0	1	7	7.0	0	0	0	-	0	0	0	-	0	0	0
1997	Green Bay Packers	16	0	16	9	0.0	0	0	0	0	4	72	18.0	0	1	0	0.0	0	0	0	-	0	0	1
	12 NFL Seasons	182	84	491	181	3.5	7	17	0	0	34	440	12.9	1	44	378	8.6	0	13	178	13.7	0	1	13

Other Statistics: 1990–caught 1 pass for 40 yards. 1992–caught 1 pass for 17 yards.

Mike Pritchard

(statistical profile on page 361)

Pos: WR **Rnd:** 1 (13) **College:** Colorado **Ht:** 5' 11" **Wt:** 186 **Born:** 10/26/69 **Age:** 29

				Rushing					Receiving					Punt Returns				Kickoff Returns				Totals		
Year	Team	G	GS	Att	Yds	Avg	Lg	TD	Rec	Yds	Avg	Lg	TD	Num	Yds	Avg	TD	Num	Yds	Avg	TD	Fum	TD	Pts
1991	Atlanta Falcons	16	11	0	0	-	-	0	50	624	12.5	29	2	0	0	-	0	1	18	18.0	0	2	2	12
1992	Atlanta Falcons	16	15	5	37	7.4	22	0	77	827	10.7	t38	5	0	0	-	0	0	0	-	0	3	5	30
1993	Atlanta Falcons	15	14	2	4	2.0	4	0	74	736	9.9	34	7	0	0	-	0	0	0	-	0	1	7	42
1994	Denver Broncos	3	0	0	0	-	-	0	19	271	14.3	t50	1	0	0	-	0	0	0	-	0	1	1	6
1995	Denver Broncos	15	13	6	17	2.8	9	0	33	441	13.4	t45	3	0	0	-	0	0	0	-	0	1	3	18
1996	Seattle Seahawks	16	5	2	13	6.5	7	0	21	328	15.6	44	1	0	0	-	0	0	0	-	0	0	1	6
1997	Seattle Seahawks	16	15	1	14	14.0	14	0	64	843	13.2	61	2	0	0	-	0	0	0	-	0	2	2	12
	7 NFL Seasons	97	73	16	85	5.3	22	0	338	4070	12.0	61	21	0	0	-	0	1	18	18.0	0	10	21	126

Kelvin Pritchett

Pos: DT/DE **Rnd:** 1 (20) **College:** Mississippi **Ht:** 6' 3" **Wt:** 296 **Born:** 10/24/69 **Age:** 29

				Tackles			Miscellaneous				Interceptions				Totals		
Year	Team	G	GS	Tk	Ast	Sack	FF	FR	TD	Blk	Int	Yds	Avg	TD	Sfty	TD	Pts
1991	Detroit Lions	16	0	20	6	1.5	0	0	0	0	0	0	-	0	0	0	0
1992	Detroit Lions	16	15	38	21	6.5	0	0	0	0	0	0	-	0	0	0	0
1993	Detroit Lions	16	5	33	9	4.0	0	1	0	0	0	0	-	0	0	0	0
1994	Detroit Lions	16	15	41	33	5.5	0	1	0	0	0	0	-	0	0	0	0
1995	Jacksonville Jaguars	16	16	41	22	1.5	0	0	0	0	0	0	-	0	0	0	0
1996	Jacksonville Jaguars	13	4	16	7	2.0	0	2	0	0	0	0	-	0	0	0	0
1997	Jacksonville Jaguars	8	5	20	12	3.0	0	1	0	0	0	0	-	0	0	0	0
	7 NFL Seasons	101	60	209	110	24.0	0	4	0	0	0	0	-	0	0	0	0

Stanley Pritchett

Pos: FB Rnd: 4 College: South Carolina Ht: 6' 1" Wt: 232 Born: 12/22/73 Age: 24

Year Team	G	GS	Rushing					Receiving					Punt Returns				Kickoff Returns				Totals		
			Att	Yds	Avg	Lg	TD	Rec	Yds	Avg	Lg	TD	Num	Yds	Avg	TD	Num	Yds	Avg	TD	Fum	TD	Pts
1996 Miami Dolphins	16	16	7	27	3.9	16	0	33	354	10.7	t74	2	0	0	-	0	0	0	-	0	3	2	12
1997 Miami Dolphins	6	5	3	7	2.3	4	0	5	35	7.0	17	0	0	0	-	0	0	0	-	0	0	0	0
2 NFL Seasons	22	21	10	34	3.4	16	0	38	389	10.2	t74	2	0	0	-	0	0	0	-	0	3	2	12

Other Statistics: 1996–recovered 1 fumble for 0 yards.

Ricky Proehl

(statistical profile on page 361)

Pos: WR Rnd: 3 College: Wake Forest Ht: 6' 0" Wt: 190 Born: 3/7/68 Age: 30

Year Team	G	GS	Rushing					Receiving					Punt Returns				Kickoff Returns				Totals		
			Att	Yds	Avg	Lg	TD	Rec	Yds	Avg	Lg	TD	Num	Yds	Avg	TD	Num	Yds	Avg	TD	Fum	TD	Pts
1990 Phoenix Cardinals	16	2	1	4	4.0	4	0	56	802	14.3	t45	4	1	2	2.0	0	4	53	13.3	0	0	4	24
1991 Phoenix Cardinals	16	16	3	21	7.0	17	0	55	766	13.9	t62	2	4	26	6.5	0	0	0	-	0	0	2	12
1992 Phoenix Cardinals	16	15	3	23	7.7	10	0	60	744	12.4	t63	3	0	0	-	0	0	0	-	0	5	3	18
1993 Phoenix Cardinals	16	16	8	47	5.9	17	0	65	877	13.5	t51	7	0	0	-	0	0	0	-	0	1	7	42
1994 Arizona Cardinals	16	16	0	0	-	-	0	51	651	12.8	63	5	0	0	-	0	0	0	-	0	2	5	30
1995 Seattle Seahawks	8	0	0	0	-	-	0	5	29	5.8	9	0	0	0	-	0	0	0	-	0	0	0	0
1996 Seattle Seahawks	16	7	0	0	-	-	0	23	309	13.4	56	2	0	0	-	0	0	0	-	0	0	2	12
1997 Chicago Bears	15	10	0	0	-	-	0	58	753	13.0	t78	7	8	59	7.4	0	0	0	-	0	2	7	44
8 NFL Seasons	119	82	15	95	6.3	17	0	373	4931	13.2	t78	30	13	87	6.7	0	4	53	13.3	0	10	30	182

Other Statistics: 1991–recovered 1 fumble for 0 yards. 1992–attempted 1 pass with 0 completions for 0 yards and 1 interception. 1994–recovered 2 fumbles for 0 yards. 1997–scored 1 two-point conversion.

Trevor Pryce

Pos: DT Rnd: 1 (28) College: Clemson Ht: 6' 5" Wt: 278 Born: 8/3/75 Age: 23

Year Team	G	GS	Tackles			Miscellaneous				Interceptions				Totals		
			Tk	Ast	Sack	FF	FR	TD	Blk	Int	Yds	Avg	TD	Sfty	TD	Pts
1997 Denver Broncos	8	3	16	8	2.0	0	0	0	0	0	0	-	0	0	0	0

Alfred Pupunu

Pos: TE Rnd: FA College: Weber State Ht: 6' 2" Wt: 265 Born: 10/17/69 Age: 29

Year Team	G	GS	Rushing					Receiving					Punt Returns				Kickoff Returns				Totals		
			Att	Yds	Avg	Lg	TD	Rec	Yds	Avg	Lg	TD	Num	Yds	Avg	TD	Num	Yds	Avg	TD	Fum	TD	Pts
1992 San Diego Chargers	15	2	0	0	-	-	0	0	0	-	-	0	0	0	-	0	0	0	-	0	0	0	0
1993 San Diego Chargers	16	7	0	0	-	-	0	13	142	10.9	28	0	0	0	-	0	0	0	-	0	0	0	0
1994 San Diego Chargers	13	10	0	0	-	-	0	21	214	10.2	25	2	0	0	-	0	0	0	-	0	0	2	12
1995 San Diego Chargers	15	14	0	0	-	-	0	35	315	9.0	26	0	0	0	-	0	0	0	-	0	1	0	0
1996 San Diego Chargers	9	7	0	0	-	-	0	24	271	11.3	41	1	0	0	-	0	1	15	15.0	0	1	1	6
1997 SD - KC	9	1	0	0	-	-	0	1	7	7.0	7	0	0	0	-	0	0	0	-	0	0	0	0
1997 San Diego Chargers	8	1	0	0	-	-	0	1	7	7.0	7	0	0	0	-	0	0	0	-	0	0	0	0
Kansas City Chiefs	1	0	0	0	-	-	0	0	0	-	-	0	0	0	-	0	0	0	-	0	0	0	0
6 NFL Seasons	77	41	0	0	-	-	0	94	949	10.1	41	3	0	0	-	0	1	15	15.0	0	2	3	18

Other Statistics: 1993–recovered 1 fumble for 0 yards. 1996–recovered 2 fumbles for 0 yards. 1997–recovered 1 fumble for 0 yards.

Lovett Purnell

Pos: TE Rnd: 7 College: West Virginia Ht: 6' 2" Wt: 250 Born: 4/7/72 Age: 26

Year Team	G	GS	Rushing					Receiving					Punt Returns				Kickoff Returns				Totals		
			Att	Yds	Avg	Lg	TD	Rec	Yds	Avg	Lg	TD	Num	Yds	Avg	TD	Num	Yds	Avg	TD	Fum	TD	Pts
1996 New England Patriots	2	0	0	0	-	-	0	0	0	-	-	0	0	0	-	0	0	0	-	0	0	0	0
1997 New England Patriots	16	2	0	0	-	-	0	5	57	11.4	t20	3	0	0	-	0	0	0	-	0	0	3	18
2 NFL Seasons	18	2	0	0	-	-	0	5	57	11.4	t20	3	0	0	-	0	0	0	-	0	0	3	18

Other Statistics: 1997–recovered 1 fumble for 0 yards.

Andre Purvis

Pos: NT Rnd: 5 College: North Carolina Ht: 6' 4" Wt: 302 Born: 7/14/73 Age: 25

Year Team	G	GS	Tackles			Miscellaneous				Interceptions				Totals		
			Tk	Ast	Sack	FF	FR	TD	Blk	Int	Yds	Avg	TD	Sfty	TD	Pts
1997 Cincinnati Bengals	7	1	2	1	0.0	0	0	0	0	0	0	-	0	0	0	0

Jim Pyne

Pos: G Rnd: 7 College: Virginia Tech Ht: 6' 2" Wt: 290 Born: 11/23/71 Age: 26

Year Team	G	GS	Year Team	G	GS	Year Team	G	GS		G	GS
1995 Tampa Bay Buccaneers	15	13	1996 Tampa Bay Buccaneers	12	11	1997 Tampa Bay Buccaneers	15	14	3 NFL Seasons	42	38

Other Statistics: 1995–recovered 1 fumble for 0 yards. 1997–fumbled 1 time for 0 yards.

Shelton Quarles

Pos: LB Rnd: FA College: Vanderbilt Ht: 6' 1" Wt: 236 Born: 9/11/71 Age: 27

			Tackles			Miscellaneous				Interceptions				Totals		
Year Team	G	GS	Tk	Ast	Sack	FF	FR	TD	Blk	Int	Yds	Avg	TD	Sfty	TD	Pts
1997 Tampa Bay Buccaneers	16	0	1	3	0.0	0	2	0	0	0	0	-	0	0	0	0

Mike Quinn

Pos: QB Rnd: FA College: Stephen F. Austin Ht: 6' 3" Wt: 220 Born: 4/15/74 Age: 24

			Passing									Rushing				Miscellaneous			
Year Team	G	GS	Att	Com	Pct	Yards	Yds/Att	Lg	TD	Int	Int%	Rating	Att	Yds	Avg	Lg TD	Sckd Yds	Fum Recv Yds	Pts
1997 Pittsburgh Steelers	1	0	2	1	50.0	10	5.00	10	0	0	0.0	64.6	0	0	-	- 0	0 0	0 0 0	0

Latorio Rachal

Pos: WR Rnd: FA College: Fresno State Ht: 5' 11" Wt: 183 Born: 1/31/73 Age: 25

			Rushing					Receiving					Punt Returns				Kickoff Returns				Totals		
Year Team	G	GS	Att	Yds	Avg	Lg	TD	Rec	Yds	Avg	Lg	TD	Num	Yds	Avg	TD	Num	Yds	Avg	TD	Fum	TD	Pts
1997 San Diego Chargers	14	0	0	0	-	-	0	0	0	-	-	0	0	0	-	0	15	336	22.4	0	1	0	0

Other Statistics: 1997–recovered 1 fumble for 0 yards.

Tony Ramirez

Pos: T Rnd: 6 College: Northern Colorado Ht: 6' 6" Wt: 296 Born: 1/26/73 Age: 25

Year Team	G	GS			G	GS
1997 Detroit Lions	2	0		1 NFL Season	2	0

John Randle

(statistical profile on page 440)

Pos: DT Rnd: FA College: Texas A&M-Kingsville Ht: 6' 1" Wt: 277 Born: 12/12/67 Age: 30

			Tackles			Miscellaneous				Interceptions				Totals		
Year Team	G	GS	Tk	Ast	Sack	FF	FR	TD	Blk	Int	Yds	Avg	TD	Sfty	TD	Pts
1990 Minnesota Vikings	16	0	12	9	1.0	1	0	0	0	0	0	-	0	0	0	0
1991 Minnesota Vikings	16	8	32	26	9.5	2	0	0	0	0	0	-	0	0	0	0
1992 Minnesota Vikings	16	14	45	11	11.5	0	1	0	0	0	0	-	0	0	0	0
1993 Minnesota Vikings	16	16	54	5	12.5	3	0	0	0	0	0	-	0	0	0	0
1994 Minnesota Vikings	16	16	30	12	13.5	3	2	0	0	0	0	-	0	0	0	0
1995 Minnesota Vikings	16	16	33	11	10.5	1	0	0	0	0	0	-	0	0	0	0
1996 Minnesota Vikings	16	16	35	11	11.5	4	0	0	0	0	0	-	0	0	0	0
1997 Minnesota Vikings	16	16	47	11	**15.5**	2	2	0	0	0	0	-	0	0	0	0
8 NFL Seasons	128	102	288	96	85.5	16	5	0	0	0	0	-	0	0	0	0

Thomas Randolph

Pos: CB Rnd: 2 College: Kansas State Ht: 5' 9" Wt: 178 Born: 10/5/70 Age: 28

			Tackles			Miscellaneous				Interceptions				Totals		
Year Team	G	GS	Tk	Ast	Sack	FF	FR	TD	Blk	Int	Yds	Avg	TD	Sfty	TD	Pts
1994 New York Giants	16	10	32	7	0.0	0	0	0	0	1	0	0.0	0	0	0	0
1995 New York Giants	16	16	52	6	0.0	0	1	0	0	2	15	7.5	0	0	0	0
1996 New York Giants	16	2	31	6	0.0	0	1	0	0	0	0	-	0	0	0	0
1997 New York Giants	16	4	32	1	0.0	1	0	0	0	1	1	1.0	0	0	0	0
4 NFL Seasons	64	32	147	20	0.0	1	2	0	0	4	16	4.0	0	0	0	0

Walter Rasby

Pos: TE Rnd: FA College: Wake Forest Ht: 6' 3" Wt: 260 Born: 9/7/72 Age: 26

			Rushing					Receiving					Punt Returns				Kickoff Returns				Totals		
Year Team	G	GS	Att	Yds	Avg	Lg	TD	Rec	Yds	Avg	Lg	TD	Num	Yds	Avg	TD	Num	Yds	Avg	TD	Fum	TD	Pts
1994 Pittsburgh Steelers	2	0	0	0	-	-	0	0	0	-	-	0	0	0	-	0	0	0	-	0	0	0	0
1995 Carolina Panthers	9	2	0	0	-	-	0	5	47	9.4	15	0	0	0	-	0	0	0	-	0	0	0	2
1996 Carolina Panthers	15	1	0	0	-	-	0	0	0	-	-	0	0	0	-	0	0	0	-	0	0	0	0
1997 Carolina Panthers	14	2	0	0	-	-	0	1	1	1.0	1	0	0	0	-	0	3	32	10.7	0	0	0	0
4 NFL Seasons	40	5	0	0	-	-	0	6	48	8.0	15	0	0	0	-	0	3	32	10.7	0	0	0	2

Other Statistics: 1995–scored 1 two-point conversion. 1996–recovered 1 fumble for 0 yards.

Israel Raybon

Pos: DE Rnd: 5 College: North Alabama Ht: 6' 6" Wt: 293 Born: 2/5/73 Age: 25

			Tackles			Miscellaneous				Interceptions				Totals		
Year Team	G	GS	Tk	Ast	Sack	FF	FR	TD	Blk	Int	Yds	Avg	TD	Sfty	TD	Pts
1996 Pittsburgh Steelers	2	0	1	0	1.0	0	0	0	0	0	0	-	0	0	0	0
1997 Carolina Panthers	9	0	5	1	0.5	0	0	0	0	0	0	-	0	0	0	0
2 NFL Seasons	11	0	6	1	1.5	0	0	0	0	0	0	-	0	0	0	0

Cory Raymer

Pos: C **Rnd:** 2 **College:** Wisconsin **Ht:** 6' 2" **Wt:** 300 **Born:** 3/3/73 **Age:** 25

Year	Team	G	GS	Year	Team	G	GS	Year	Team	G	GS			G	GS
1995	Washington Redskins	3	2	1996	Washington Redskins	6	5	1997	Washington Redskins	6	3		3 NFL Seasons	15	10

Other Statistics: 1996–recovered 1 fumble for 0 yards.

Corey Raymond

Pos: CB **Rnd:** FA **College:** Louisiana State **Ht:** 5' 11" **Wt:** 185 **Born:** 7/28/69 **Age:** 29

				Tackles			Miscellaneous				Interceptions				Totals		
Year Team		G	GS	Tk	Ast	Sack	FF	FR	TD	Blk	Int	Yds	Avg	TD	Sfty	TD	Pts
1992 New York Giants		16	0	8	1	1.0	0	0	0	0	0	0	-	0	0	0	0
1993 New York Giants		16	8	33	7	0.0	1	0	0	0	2	11	5.5	0	0	0	0
1994 New York Giants		16	12	47	6	0.0	0	0	0	0	1	0	0.0	0	0	0	0
1995 Detroit Lions		16	15	59	9	2.0	1	1	0	0	6	44	7.3	0	0	0	0
1996 Detroit Lions		13	13	59	7	0.0	1	0	0	0	1	24	24.0	1	0	1	6
1997 Detroit Lions		13	12	45	7	0.0	0	0	0	0	1	17	17.0	0	0	0	0
6 NFL Seasons		90	60	251	36	3.0	3	1	0	0	11	96	8.7	1	0	1	6

Anthony Redmon

Pos: G **Rnd:** 5 **College:** Auburn **Ht:** 6' 4" **Wt:** 308 **Born:** 4/9/71 **Age:** 27

Year	Team	G	GS	Year	Team	G	GS	Year	Team	G	GS	Year	Team	G	GS
1994	Arizona Cardinals	6	5	1995	Arizona Cardinals	13	9	1996	Arizona Cardinals	16	16	1997	Arizona Cardinals	16	16
													4 NFL Seasons	51	46

Other Statistics: 1996–recovered 1 fumble for 0 yards.

Andre Reed

(statistical profile on page 362)

Pos: WR **Rnd:** 4 **College:** Kutztown **Ht:** 6' 2" **Wt:** 190 **Born:** 1/29/64 **Age:** 34

				Rushing					Receiving				Punt Returns				Passing				Totals		
Year Team		G	GS	Att	Yds	Avg	Lg	TD	Rec	Yds	Avg	Lg	TD	Num	Yds	Avg	TD	Att	Com	Yds	Int	Fum	TD	Pts
1985 Buffalo Bills		16	15	3	-1	-0.3	t14	1	48	637	13.3	32	4	5	12	2.4	0	0	0	0	0	2	5	30
1986 Buffalo Bills		15	15	3	-8	-2.7	4	0	53	739	13.9	t55	7	0	0	-	0	0	0	0	0	2	7	42
1987 Buffalo Bills		12	12	1	1	1.0	1	0	57	752	13.2	40	5	0	0	-	0	0	0	0	0	0	5	30
1988 Buffalo Bills		15	14	6	64	10.7	36	0	71	968	13.6	t65	6	0	0	-	0	0	0	0	0	1	6	36
1989 Buffalo Bills		16	16	2	31	15.5	23	0	88	1312	14.9	t78	9	0	0	-	0	0	0	0	0	4	9	54
1990 Buffalo Bills		16	16	3	23	7.7	26	0	71	945	13.3	t56	8	0	0	-	0	0	0	0	0	1	8	48
1991 Buffalo Bills		16	16	12	136	11.3	46	0	81	1113	13.7	55	10	0	0	-	0	0	0	0	0	1	10	60
1992 Buffalo Bills		16	16	8	65	8.1	24	0	65	913	14.0	51	3	0	0	-	0	0	0	0	0	4	3	18
1993 Buffalo Bills		15	15	9	21	2.3	15	0	52	854	16.4	t65	6	0	0	-	0	0	0	0	0	3	6	36
1994 Buffalo Bills		16	16	10	87	8.7	20	0	90	1303	14.5	t83	8	0	0	-	0	1	1	32	0	3	8	48
1995 Buffalo Bills		6	6	7	48	6.9	14	0	24	312	13.0	t41	3	0	0	-	0	0	0	0	0	2	3	18
1996 Buffalo Bills		16	16	8	22	2.8	13	0	66	1036	15.7	t67	6	0	0	-	0	0	0	0	0	1	6	36
1997 Buffalo Bills		15	15	3	11	3.7	9	0	60	880	14.7	t77	5	0	0	-	0	0	0	0	0	1	5	30
13 NFL Seasons		190	188	75	500	6.7	46	1	826	11764	14.2	t83	80	5	12	2.4	0	1	1	32	0	25	81	486

Other Statistics: 1985–recovered 2 fumbles for 0 yards. 1986–recovered 2 fumbles for 2 yards. 1990–recovered 1 fumble for 0 yards. 1994–recovered 2 fumbles for 0 yards.

Jake Reed

(statistical profile on page 362)

Pos: WR **Rnd:** 3 **College:** Grambling **Ht:** 6' 3" **Wt:** 216 **Born:** 9/28/67 **Age:** 31

				Rushing					Receiving				Punt Returns				Kickoff Returns				Totals		
Year Team		G	GS	Att	Yds	Avg	Lg	TD	Rec	Yds	Avg	Lg	TD	Num	Yds	Avg	TD	Num	Yds	Avg	TD	Fum	TD	Pts
1991 Minnesota Vikings		1	0	0	0	-	-	0	0	0	-	-	0	0	0	-	0	0	0	-	0	0	0	0
1992 Minnesota Vikings		16	0	0	0	-	-	0	6	142	23.7	51	0	0	0	-	0	1	1	1.0	0	0	0	0
1993 Minnesota Vikings		10	1	0	0	-	-	0	5	65	13.0	18	0	0	0	-	0	0	0	-	0	0	0	0
1994 Minnesota Vikings		16	16	0	0	-	-	0	85	1175	13.8	59	4	0	0	-	0	0	0	-	0	3	4	24
1995 Minnesota Vikings		16	16	0	0	-	-	0	72	1167	16.2	t55	9	0	0	-	0	0	0	-	0	1	9	54
1996 Minnesota Vikings		16	15	0	0	-	-	0	72	1320	18.3	t82	7	0	0	-	0	0	0	-	0	0	7	42
1997 Minnesota Vikings		16	16	0	0	-	-	0	68	1138	16.7	56	6	0	0	-	0	0	0	-	0	0	6	36
7 NFL Seasons		91	64	0	0	-	-	0	308	5007	16.3	t82	26	0	0	-	0	1	1	1.0	0	4	26	156

Other Statistics: 1995–recovered 1 fumble for 0 yards.

Albert Reese

Pos: DT **Rnd:** FA **College:** Grambling **Ht:** 6' 6" **Wt:** 275 **Born:** 4/29/73 **Age:** 25

				Tackles			Miscellaneous				Interceptions				Totals		
Year Team		G	GS	Tk	Ast	Sack	FF	FR	TD	Blk	Int	Yds	Avg	TD	Sfty	TD	Pts
1997 San Francisco 49ers		5	0	1	1	0.0	0	0	0	0	0	0	-	0	0	0	0

Jerry Reese

Pos: WR **Rnd:** FA **College:** San Jose State **Ht:** 5' 11" **Wt:** 190 **Born:** 3/18/73 **Age:** 25

			Rushing					Receiving				Punt Returns				Kickoff Returns				Totals		
Year Team	G	GS	Att	Yds	Avg	Lg	TD	Rec	Yds	Avg	Lg	TD	Num	Yds	Avg	TD	Num	Yds	Avg	TD	Fum	TD	Pts
1997 Buffalo Bills	5	0	0	0	-	-	0	1	13	13.0	13	0	0	0	-	0	0	0	-	0	0	0	0

Carl Reeves

Pos: DE **Rnd:** 6 **College:** North Carolina State **Ht:** 6' 4" **Wt:** 265 **Born:** 12/17/71 **Age:** 26

			Tackles			Miscellaneous				Interceptions				Totals		
Year Team	G	GS	Tk	Ast	Sack	FF	FR	TD	Blk	Int	Yds	Avg	TD	Sfty	TD	Pts
1996 Chicago Bears	5	0	0	1	0.0	1	0	0	0	0	0	-	0	0	0	0
1997 Chicago Bears	15	11	20	7	0.5	0	1	0	0	0	0	-	0	0	0	0
2 NFL Seasons	20	11	20	8	0.5	1	1	0	0	0	0	-	0	0	0	0

Scott Rehberg

Pos: T **Rnd:** 7 **College:** Central Michigan **Ht:** 6' 8" **Wt:** 336 **Born:** 11/17/73 **Age:** 24

Year Team	G	GS					G	GS
1997 New England Patriots	6	0				1 NFL Season	6	0

Frank Reich

Pos: QB **Rnd:** 3 **College:** Maryland **Ht:** 6' 4" **Wt:** 210 **Born:** 12/4/61 **Age:** 36

			Passing									Rushing					Miscellaneous			
Year Team	G	GS	Att	Com	Pct	Yards	Yds/Att	Lg	TD	Int	Int%	Rating	Att	Yds	Avg	Lg TD	Sckd	Yds	Fum Recv Yds	Pts
1985 Buffalo Bills	1	0	1	1	100.0	19	19.00	19	0	0	0.0	118.8	0	0	-	- 0	0	0	0 0 0	0
1986 Buffalo Bills	3	0	19	9	47.4	104	5.47	37	0	2	10.5	24.8	1	0	0.0	0 0	2	4	1 0 0	0
1988 Buffalo Bills	3	0	0	0	-	0	-	-	0	0	-	0.0	3	-3	-1.0	-1 0	0	0	0 0 0	0
1989 Buffalo Bills	7	3	87	53	60.9	701	8.06	t63	7	2	2.3	103.7	9	30	3.3	9 0	4	24	2 0 0	0
1990 Buffalo Bills	16	2	63	36	57.1	469	7.44	43	2	0	0.0	91.3	15	24	1.6	9 0	6	41	1 0 0	0
1991 Buffalo Bills	16	1	41	27	65.9	305	7.44	29	6	2	4.9	107.2	13	6	0.5	8 0	4	42	0 0 0	0
1992 Buffalo Bills	16	0	47	24	51.1	221	4.70	21	0	2	4.3	46.5	9	-9	-1.0	-1 0	9	76	3 2 -4	0
1993 Buffalo Bills	15	0	26	16	61.5	153	5.88	t30	2	0	0.0	103.5	6	-6	-1.0	-1 0	6	47	0 0 0	0
1994 Buffalo Bills	16	2	93	56	60.2	568	6.11	47	1	4	4.3	63.4	6	3	0.5	5 0	7	57	1 1 0	0
1995 Carolina Panthers	3	3	84	37	44.0	441	5.25	46	2	2	2.4	58.7	1	3	3.0	3 0	12	100	3 1 0	0
1996 New York Jets	11	7	331	175	52.9	2205	6.66	t52	15	16	4.8	68.9	18	31	1.7	10 0	14	94	9 1 -70	0
1997 Detroit Lions	6	0	30	11	36.7	121	4.03	27	0	2	6.7	21.7	4	-4	-1.0	-1 0	0	0	0 0 0	0
12 NFL Seasons	113	18	822	445	54.1	5307	6.46	t63	35	32	3.9	72.1	85	75	0.9	10 0	64	485	20 5 -74	0

Jerry Reynolds

Pos: T/G **Rnd:** 6 **College:** UNLV **Ht:** 6' 6" **Wt:** 315 **Born:** 4/2/70 **Age:** 28

Year Team	G	GS	Year Team	G	GS	Year Team	G	GS		G	GS
1994 Dallas Cowboys	1	0	1996 New York Giants	8	0	1997 New York Giants	5	0	3 NFL Seasons	14	0

Errict Rhett

Pos: RB **Rnd:** 2 **College:** Florida **Ht:** 5' 11" **Wt:** 211 **Born:** 12/11/70 **Age:** 27

			Rushing					Receiving					Punt Returns				Kickoff Returns				Totals		
Year Team	G	GS	Att	Yds	Avg	Lg	TD	Rec	Yds	Avg	Lg	TD	Num	Yds	Avg	TD	Num	Yds	Avg	TD	Fum	TD	Pts
1994 Tampa Bay Buccaneers	16	8	284	1011	3.6	27	7	22	119	5.4	12	0	0	0	-	0	0	0	-	0	2	7	44
1995 Tampa Bay Buccaneers	16	16	332	1207	3.6	21	11	14	110	7.9	18	0	0	0	-	0	0	0	-	0	2	11	66
1996 Tampa Bay Buccaneers	9	7	176	539	3.1	35	3	4	11	2.8	t5	1	0	0	-	0	0	0	-	0	3	4	24
1997 Tampa Bay Buccaneers	11	0	31	96	3.1	21	3	0	0	-	-	0	0	0	-	0	1	16	16.0	0	0	3	18
4 NFL Seasons	52	31	823	2853	3.5	35	24	40	240	6.0	18	1	0	0	-	0	1	16	16.0	0	7	25	152

Other Statistics: 1994–recovered 1 fumble for 0 yards; scored 1 two-point conversion. 1995–recovered 1 fumble for 0 yards. 1996–recovered 1 fumble for 0 yards.

Jerry Rice

Pos: WR **Rnd:** 1 (16) **College:** Mississippi Valley State **Ht:** 6' 2" **Wt:** 200 **Born:** 10/13/62 **Age:** 36

			Rushing					Receiving					Kickoff Returns				Passing					Totals		
Year Team	G	GS	Att	Yds	Avg	Lg	TD	Rec	Yds	Avg	Lg	TD	Num	Yds	Avg	TD	Att	Com	Yds	Int	Fum	TD	Pts
1985 San Francisco 49ers	16	4	6	26	4.3	t15	1	49	927	18.9	t66	3	1	6	6.0	0	0	0	0	0	1	4	24
1986 San Francisco 49ers	16	15	10	72	7.2	18	1	86	1570	18.3	t66	15	0	0	-	0	2	1	16	0	2	16	96
1987 San Francisco 49ers	12	12	8	51	6.4	17	1	65	1078	16.6	t57	22	0	0	-	0	0	0	0	0	2	23	138
1988 San Francisco 49ers	16	16	13	107	8.2	29	1	64	1306	20.4	t96	9	0	0	-	0	3	1	14	1	2	10	60
1989 San Francisco 49ers	16	16	5	33	6.6	17	0	82	1483	18.1	t68	17	0	0	-	0	0	0	0	0	1	17	102
1990 San Francisco 49ers	16	16	2	0	0.0	2	0	100	1502	15.0	t64	13	0	0	-	0	0	0	0	0	1	13	78
1991 San Francisco 49ers	16	16	1	2	2.0	2	0	80	1206	15.1	t73	14	0	0	-	0	0	0	0	0	1	14	84
1992 San Francisco 49ers	16	16	9	58	6.4	t26	1	84	1201	14.3	t80	10	0	0	-	0	0	0	0	0	2	11	66
1993 San Francisco 49ers	16	16	3	69	23.0	t43	1	98	1503	15.3	t80	15	0	0	-	0	0	0	0	0	3	16	96
1994 San Francisco 49ers	16	16	7	93	13.3	t28	2	112	1499	13.4	t69	13	0	0	-	0	0	0	0	0	1	15	92
1995 San Francisco 49ers	16	16	5	36	7.2	t20	1	122	1848	15.1	t81	15	0	0	-	0	1	1	41	0	3	17	104
1996 San Francisco 49ers	16	16	11	77	7.0	38	1	108	1254	11.6	39	8	0	0	-	0	0	0	0	0	0	9	54

Year Team	G	GS	Rushing Att	Yds	Avg	Lg	TD	Receiving Rec	Yds	Avg	Lg	TD	Kickoff Returns Num	Yds	Avg	TD	Passing Att	Com	Yds	Int	Totals Fum	TD	Pts
1997 San Francisco 49ers	2	1	1	-10	-10.0	-10	0	7	78	11.1	16	1	0	0	-	0	0	0	0	0	0	1	6
13 NFL Seasons	190	176	81	614	7.6	t43	10	1057	16455	15.6	t96	155	1	6	6.0	0	7	3	71	1	18	166	1000

Other Statistics: 1986–recovered 3 fumbles for 0 yards. 1987–recovered 1 fumble for 0 yards. 1988–recovered 1 fumble for 0 yards. 1993–recovered 1 fumble for 0 yards. 1994–scored 1 two-point conversion. 1995–recovered 1 fumble for 0 yards and 1 touchdown; scored 1 two-point conversion; passed for 1 touchdown.

Ron Rice

Pos: S   Rnd: FA   College: Eastern Michigan   Ht: 6' 1"   Wt: 206   Born: 11/9/72   Age: 25

Year Team	G	GS	Tackles Tk	Ast	Sack	Miscellaneous FF	FR	TD	Blk	Interceptions Int	Yds	Avg	TD	Totals Sfty	TD	Pts
1996 Detroit Lions	13	2	26	13	0.0	0	0	0	0	0	0	-	0	0	0	0
1997 Detroit Lions	12	8	38	11	1.0	0	0	0	0	1	18	18.0	0	0	0	0
2 NFL Seasons	25	10	64	24	1.0	0	0	0	0	1	18	18.0	0	0	0	0

Simeon Rice

Pos: DE   Rnd: 1 (3)   College: Illinois   Ht: 6' 5"   Wt: 265   Born: 2/24/74   Age: 24   *(statistical profile on page 440)*

Year Team	G	GS	Tackles Tk	Ast	Sack	Miscellaneous FF	FR	TD	Blk	Interceptions Int	Yds	Avg	TD	Totals Sfty	TD	Pts
1996 Arizona Cardinals	16	16	42	10	12.5	1	1	0	0	0	0	-	0	0	0	0
1997 Arizona Cardinals	16	15	33	14	5.0	1	0	0	0	1	0	0.0	0	0	0	0
2 NFL Seasons	32	31	75	24	17.5	2	1	0	0	1	0	0.0	0	0	0	0

Stanley Richard

Pos: S   Rnd: 1 (9)   College: Texas   Ht: 6' 2"   Wt: 195   Born: 10/21/67   Age: 31   *(statistical profile on page 440)*

Year Team	G	GS	Tackles Tk	Ast	Sack	Miscellaneous FF	FR	TD	Blk	Interceptions Int	Yds	Avg	TD	Totals Sfty	TD	Pts
1991 San Diego Chargers	15	14	50	9	0.0	1	0	0	0	2	5	2.5	0	0	0	0
1992 San Diego Chargers	14	14	59	20	0.0	0	1	0	0	3	26	8.7	0	0	0	0
1993 San Diego Chargers	16	16	69	8	2.0	1	1	0	0	1	-2	-2.0	0	0	0	0
1994 San Diego Chargers	16	16	69	10	0.0	1	0	0	0	4	224	56.0	2	0	2	12
1995 Washington Redskins	16	16	82	12	0.0	0	1	0	0	3	24	8.0	0	0	0	0
1996 Washington Redskins	16	15	82	24	0.0	1	0	0	0	3	47	15.7	0	0	0	0
1997 Washington Redskins	16	16	98	28	0.0	0	1	0	0	4	28	7.0	0	0	0	0
7 NFL Seasons	109	107	509	111	2.0	4	4	0	0	20	352	17.6	2	0	2	12

C.J. Richardson

Pos: S   Rnd: 7   College: Miami (FL)   Ht: 5' 10"   Wt: 209   Born: 6/10/72   Age: 26

Year Team	G	GS	Tackles Tk	Ast	Sack	Miscellaneous FF	FR	TD	Blk	Interceptions Int	Yds	Avg	TD	Totals Sfty	TD	Pts
1995 Arizona Cardinals	1	0	0	0	0.0	0	0	0	0	0	0	-	0	0	0	0
1997 Seattle Seahawks	14	0	0	0	0.0	0	0	0	0	0	0	-	0	0	0	0
2 NFL Seasons	15	0	0	0	0.0	0	0	0	0	0	0	-	0	0	0	0

Kyle Richardson

Pos: P   Rnd: FA   College: Arkansas State   Ht: 6' 2"   Wt: 192   Born: 2/3/73   Age: 25   *(statistical profile on page 483)*

Year Team	G	NetPunts	Yards	Avg	Long	In20	In20%	TotPunts	TB	Blocks	OppRet	RetYds	NetAvg	Rushing Att	Yards	Passing Att	Com	Yards	Int
1997 Mia - Sea	5	19	804	42.3	54	2	10.5	21	3	2	12	142	28.7	1	0	0	0	0	0
1997 Miami Dolphins	3	11	480	43.6	54	0	0.0	11	2	0	7	76	33.1	0	0	0	0	0	0
Seattle Seahawks	2	8	324	40.5	52	2	25.0	10	1	2	5	66	23.8	1	0	0	0	0	0

Other Statistics: 1997–fumbled 1 time for -13 yards.

Tony Richardson

Pos: FB   Rnd: FA   College: Auburn   Ht: 6' 1"   Wt: 232   Born: 12/17/71   Age: 26

Year Team	G	GS	Rushing Att	Yds	Avg	Lg	TD	Receiving Rec	Yds	Avg	Lg	TD	Punt Returns Num	Yds	Avg	TD	Kickoff Returns Num	Yds	Avg	TD	Totals Fum	TD	Pts
1995 Kansas City Chiefs	14	1	8	18	2.3	5	0	0	0	-	-	0	0	0	-	0	0	0	-	0	0	0	0
1996 Kansas City Chiefs	13	0	4	10	2.5	4	0	2	18	9.0	17	1	0	0	-	0	0	0	-	0	0	1	6
1997 Kansas City Chiefs	14	0	2	11	5.5	6	0	3	6	2.0	t3	3	0	0	-	0	0	0	-	0	0	3	18
3 NFL Seasons	41	1	14	39	2.8	6	0	5	24	4.8	17	4	0	0	-	0	0	0	-	0	0	4	24

Other Statistics: 1996–recovered 1 fumble for 0 yards.

Wally Richardson

Pos: QB   Rnd: 7   College: Penn State   Ht: 6' 4"   Wt: 225   Born: 2/11/74   Age: 24

Year Team	G	GS	Passing Att	Com	Pct	Yards	Yds/Att	Lg	TD	Int	Int%	Rating	Rushing Att	Yds	Avg	Lg	TD	Miscellaneous Sckd	Yds	Fum	Recv	Yds	Pts
1997 Baltimore Ravens	1	0	0	0	-	0	-	-	0	0	-	0.0	0	0	-	-	0	0	0	0	0	0	0

David Richie

Pos: DT **Rnd:** FA **College:** Washington **Ht:** 6'4" **Wt:** 270 **Born:** 9/26/73 **Age:** 25

			Tackles			Miscellaneous				Interceptions				Totals		
Year Team	G	GS	Tk	Ast	Sack	FF	FR	TD	Blk	Int	Yds	Avg	TD	Sfty	TD	Pts
1997 Denver Broncos	2	0	0	1	0.5	0	0	0	0	0	0	-	0	0	0	0

Jay Riemersma

(statistical profile on page 363)

Pos: TE **Rnd:** 7 **College:** Michigan **Ht:** 6'5" **Wt:** 254 **Born:** 5/17/73 **Age:** 25

			Rushing					Receiving					Punt Returns				Kickoff Returns				Totals		
Year Team	G	GS	Att	Yds	Avg	Lg	TD	Rec	Yds	Avg	Lg	TD	Num	Yds	Avg	TD	Num	Yds	Avg	TD	Fum	TD	Pts
1997 Buffalo Bills	16	8	0	0	-	-	0	26	208	8.0	22	2	0	0	-	0	0	0	-	0	1	2	14

Other Statistics: 1997–scored 1 two-point conversion.

Andre Rison

(statistical profile on page 363)

Pos: WR **Rnd:** 1 (22) **College:** Michigan State **Ht:** 6'1" **Wt:** 188 **Born:** 3/18/67 **Age:** 31

			Rushing					Receiving					Punt Returns				Kickoff Returns				Totals		
Year Team	G	GS	Att	Yds	Avg	Lg	TD	Rec	Yds	Avg	Lg	TD	Num	Yds	Avg	TD	Num	Yds	Avg	TD	Fum	TD	Pts
1989 Indianapolis Colts	16	13	3	18	6.0	18	0	52	820	15.8	61	4	2	20	10.0	0	8	150	18.8	0	1	4	24
1990 Atlanta Falcons	16	15	0	0	-	-	0	82	1208	14.7	t75	10	2	10	5.0	0	0	0	-	0	2	10	60
1991 Atlanta Falcons	16	15	1	-9	-9.0	-9	0	81	976	12.0	t39	12	0	0	-	0	0	0	-	0	1	12	72
1992 Atlanta Falcons	15	13	0	0	-	-	0	93	1119	12.0	t71	11	0	0	-	0	0	0	-	0	2	11	66
1993 Atlanta Falcons	16	16	0	0	-	-	0	86	1242	14.4	t53	15	0	0	-	0	0	0	-	0	2	15	90
1994 Atlanta Falcons	15	14	0	0	-	-	0	81	1088	13.4	t69	8	0	0	-	0	0	0	-	0	1	8	50
1995 Cleveland Browns	16	14	2	0	0.0	5	0	47	701	14.9	59	3	0	0	-	0	0	0	-	0	1	3	18
1996 Jac - GB	15	13	0	0	-	-	0	47	593	12.6	t61	3	0	0	-	0	0	0	-	0	1	3	18
1997 Kansas City Chiefs	16	16	1	2	2.0	2	0	72	1092	15.2	45	7	0	0	-	0	0	0	-	0	0	7	42
1996 Jacksonville Jaguars	10	9	0	0	-	-	0	34	458	13.5	t61	2	0	0	-	0	0	0	-	0	0	2	12
Green Bay Packers	5	4	0	0	-	-	0	13	135	10.4	t22	1	0	0	-	0	0	0	-	0	1	1	6
9 NFL Seasons	141	129	7	11	1.6	18	0	641	8839	13.8	t75	73	4	30	7.5	0	8	150	18.8	0	11	73	440

Other Statistics: 1994–scored 1 two-point conversion. 1995–recovered 1 fumble for 0 yards.

James Ritchey

Pos: QB **Rnd:** FA **College:** Stephen F. Austin **Ht:** 6'2" **Wt:** 218 **Born:** 7/10/73 **Age:** 25

			Passing									Rushing					Miscellaneous			
Year Team	G	GS	Att	Com	Pct	Yards	Yds/Att	Lg	TD	Int	Int%	Rating	Att	Yds	Avg	Lg	TD	Sckd	Yds	Fum	Recv	Yds	Pts
1997 Tennessee Oilers	1	0	2	2	100.0	15	7.50	11	0	0	0.0	97.9	1	6	6.0	6	0	1	9	0	0	0	0

Marco Rivera

Pos: G **Rnd:** 6 **College:** Penn State **Ht:** 6'4" **Wt:** 295 **Born:** 4/26/72 **Age:** 26

Year Team	G	GS
1997 Green Bay Packers	14	0
1 NFL Season	14	0

Ron Rivers

Pos: RB **Rnd:** FA **College:** Fresno State **Ht:** 5'8" **Wt:** 205 **Born:** 11/13/71 **Age:** 26

			Rushing					Receiving					Punt Returns				Kickoff Returns				Totals		
Year Team	G	GS	Att	Yds	Avg	Lg	TD	Rec	Yds	Avg	Lg	TD	Num	Yds	Avg	TD	Num	Yds	Avg	TD	Fum	TD	Pts
1995 Detroit Lions	16	0	18	73	4.1	19	1	1	5	5.0	5	0	0	0	-	0	19	420	22.1	0	2	1	6
1996 Detroit Lions	15	0	19	86	4.5	26	0	2	28	14.0	19	0	0	0	-	0	1	8	8.0	0	0	0	0
1997 Detroit Lions	16	0	29	166	5.7	31	1	0	0	-	-	0	0	0	-	0	2	34	17.0	0	0	1	6
3 NFL Seasons	47	0	66	325	4.9	31	2	3	33	11.0	19	0	0	0	-	0	22	462	21.0	0	2	2	12

Other Statistics: 1995–recovered 1 fumble for 0 yards. 1997–recovered 1 fumble for 0 yards.

William Roaf

Pos: T **Rnd:** 1 (8) **College:** Louisiana Tech **Ht:** 6'5" **Wt:** 300 **Born:** 4/18/70 **Age:** 28

Year	Team	G	GS	Year	Team	G	GS	Year	Team	G	GS		G	GS
1993	New Orleans Saints	16	16	1995	New Orleans Saints	16	16	1997	New Orleans Saints	16	16			
1994	New Orleans Saints	16	16	1996	New Orleans Saints	13	13					5 NFL Seasons	77	77

Other Statistics: 1994–recovered 1 fumble for 0 yards. 1996–recovered 1 fumble for 0 yards.

Michael Roan

Pos: TE **Rnd:** 4 **College:** Wisconsin **Ht:** 6'3" **Wt:** 251 **Born:** 8/29/72 **Age:** 26

			Rushing					Receiving					Punt Returns				Kickoff Returns				Totals		
Year Team	G	GS	Att	Yds	Avg	Lg	TD	Rec	Yds	Avg	Lg	TD	Num	Yds	Avg	TD	Num	Yds	Avg	TD	Fum	TD	Pts
1995 Houston Oilers	5	2	0	0	-	-	0	8	46	5.8	11	0	0	0	-	0	0	0	-	0	1	0	0
1996 Houston Oilers	15	1	0	0	-	-	0	0	0	-	-	0	0	0	-	0	1	13	13.0	0	0	0	0
1997 Tennessee Oilers	14	13	0	0	-	-	0	12	159	13.3	26	0	0	0	-	0	2	20	10.0	0	0	0	0
3 NFL Seasons	34	16	0	0	-	-	0	20	205	10.3	26	0	0	0	-	0	3	33	11.0	0	1	0	0

Other Statistics: 1995–recovered 1 fumble for 0 yards.

Austin Robbins

Pos: DT **Rnd:** 4 **College:** North Carolina **Ht:** 6' 6" **Wt:** 285 **Born:** 3/1/71 **Age:** 27

			Tackles			Miscellaneous				Interceptions				Totals		
Year Team	G	GS	Tk	Ast	Sack	FF	FR	TD	Blk	Int	Yds	Avg	TD	Sfty	TD	Pts
1994 Los Angeles Raiders	3	0	2	0	0.0	0	0	0	0	0	0	-	0	0	0	0
1995 Oakland Raiders	16	0	18	3	2.0	0	2	1	0	0	0	-	0	0	1	6
1996 New Orleans Saints	15	7	21	7	1.0	0	0	0	0	0	0	-	0	0	0	0
1997 New Orleans Saints	12	0	6	0	0.0	0	0	0	0	0	0	-	0	0	0	0
4 NFL Seasons	46	7	47	10	3.0	0	2	1	0	0	0	-	0	0	1	6

Barret Robbins

Pos: C **Rnd:** 2 **College:** Texas Christian **Ht:** 6' 3" **Wt:** 305 **Born:** 8/26/73 **Age:** 25

Year Team	G	GS	Year Team	G	GS	Year Team	G	GS		G	GS
1995 Oakland Raiders	16	0	1996 Oakland Raiders	14	14	1997 Oakland Raiders	16	16	3 NFL Seasons	46	30

Other Statistics: 1996—recovered 1 fumble for 0 yards.

James Roberson

Pos: DE **Rnd:** FA **College:** Florida State **Ht:** 6' 3" **Wt:** 275 **Born:** 5/3/71 **Age:** 27

			Tackles			Miscellaneous				Interceptions				Totals		
Year Team	G	GS	Tk	Ast	Sack	FF	FR	TD	Blk	Int	Yds	Avg	TD	Sfty	TD	Pts
1996 Houston Oilers	15	5	14	12	3.0	1	1	0	0	0	0	-	0	0	0	0
1997 Tennessee Oilers	15	11	16	9	2.0	0	1	0	0	0	0	-	0	0	0	0
2 NFL Seasons	30	16	30	21	5.0	1	2	0	0	0	0	-	0	0	0	0

Ray Roberts

Pos: T **Rnd:** 1 (10) **College:** Virginia **Ht:** 6' 6" **Wt:** 308 **Born:** 6/3/69 **Age:** 29

Year Team	G	GS	Year Team	G	GS	Year Team	G	GS		G	GS
1992 Seattle Seahawks	16	16	1994 Seattle Seahawks	14	14	1996 Detroit Lions	16	16			
1993 Seattle Seahawks	16	16	1995 Seattle Seahawks	11	0	1997 Detroit Lions	14	14	6 NFL Seasons	87	76

Other Statistics: 1993—caught 1 pass for 4 yards. 1996—recovered 2 fumbles for 0 yards; caught 0 passes for 5 yards. 1997—recovered 2 fumbles for 4 yards.

William Roberts

Pos: G **Rnd:** 1 (27) **College:** Ohio State **Ht:** 6' 5" **Wt:** 298 **Born:** 8/5/62 **Age:** 36

Year Team	G	GS	Year Team	G	GS	Year Team	G	GS	Year Team	G	GS
1984 New York Giants	11	8	1989 New York Giants	16	16	1993 New York Giants	16	16	1997 New York Jets	12	0
1986 New York Giants	16	0	1990 New York Giants	16	16	1994 New York Giants	16	15			
1987 New York Giants	12	12	1991 New York Giants	16	16	1995 New England Patriots	16	11			
1988 New York Giants	16	13	1992 New York Giants	16	15	1996 New England Patriots	16	16	13 NFL Seasons	195	154

Other Statistics: 1984—recovered 1 fumble for 0 yards. 1988—recovered 2 fumbles for 0 yards. 1993—recovered 1 fumble for 0 yards.

Marcus Robertson

(statistical profile on page 441)

Pos: S **Rnd:** 4 **College:** Iowa State **Ht:** 5' 11" **Wt:** 197 **Born:** 10/2/69 **Age:** 29

			Tackles			Miscellaneous				Interceptions				Punt Returns				Kickoff Returns				Totals	
Year Team	G	GS	Tk	Ast	Sack	FF	FR	TD	Blk	Int	Yds	Avg	TD	Num	Yds	Avg	TD	Num	Yds	Avg	TD	TD	Fum
1991 Houston Oilers	16	0	28	5	1.0	0	0	0	0	0	0	-	0	1	0	0.0	0	0	0	-	0	0	1
1992 Houston Oilers	16	14	44	35	0.0	0	0	0	0	1	27	27.0	0	0	0	-	0	0	0	-	0	0	0
1993 Houston Oilers	13	13	62	20	0.0	2	3	1	0	7	137	19.6	0	0	0	-	0	0	0	-	0	1	0
1994 Houston Oilers	16	16	80	31	0.0	2	1	0	0	3	90	30.0	0	1	0	0.0	0	0	0	-	0	0	1
1995 Houston Oilers	2	2	2	0	0.0	0	0	0	0	0	0	-	0	0	0	-	0	0	0	-	0	0	0
1996 Houston Oilers	16	16	57	25	0.0	0	1	0	0	4	44	11.0	0	0	0	-	0	0	0	-	0	0	0
1997 Tennessee Oilers	14	14	44	18	0.0	0	3	2	0	5	127	25.4	0	1	0	0.0	0	0	0	-	0	2	0
7 NFL Seasons	93	75	317	134	1.0	4	8	3	0	20	425	21.3	0	3	0	0.0	0	0	0	-	0	3	2

Bryan Robinson

Pos: DT **Rnd:** FA **College:** Fresno State **Ht:** 6' 4" **Wt:** 295 **Born:** 6/22/74 **Age:** 24

			Tackles			Miscellaneous				Interceptions				Totals		
Year Team	G	GS	Tk	Ast	Sack	FF	FR	TD	Blk	Int	Yds	Avg	TD	Sfty	TD	Pts
1997 St. Louis Rams	11	0	10	0	1.0	0	0	0	0	0	0	-	0	0	0	0

Eddie Robinson

(statistical profile on page 441)

Pos: LB **Rnd:** 2 **College:** Alabama State **Ht:** 6' 1" **Wt:** 243 **Born:** 4/13/70 **Age:** 28

			Tackles			Miscellaneous				Interceptions				Totals		
Year Team	G	GS	Tk	Ast	Sack	FF	FR	TD	Blk	Int	Yds	Avg	TD	Sfty	TD	Pts
1992 Houston Oilers	16	11	39	25	1.0	0	0	0	0	0	0	-	0	0	0	0
1993 Houston Oilers	16	15	42	15	1.0	0	0	0	0	0	0	-	0	0	0	0
1994 Houston Oilers	15	15	41	25	0.0	0	0	0	0	0	0	-	0	0	0	0
1995 Houston Oilers	16	16	48	24	3.5	1	1	0	0	1	49	49.0	1	0	1	6
1996 Jacksonville Jaguars	16	15	57	30	1.0	0	1	0	0	0	0	-	0	0	0	0

Year Team	G	GS	Tackles			Miscellaneous				Interceptions				Totals		
			Tk	Ast	Sack	FF	FR	TD	Blk	Int	Yds	Avg	TD	Sfty	TD	Pts
1997 Jacksonville Jaguars	16	14	55	20	2.0	0	2	0	0	1	0	0.0	0	0	0	0
6 NFL Seasons	95	86	282	139	8.5	1	4	0	0	2	49	24.5	1	0	1	6

Eugene Robinson

(statistical profile on page 441)

Pos: S **Rnd:** FA **College:** Colgate **Ht:** 6' 0" **Wt:** 195 **Born:** 5/28/63 **Age:** 35

Year Team	G	GS	Tackles			Miscellaneous				Interceptions				Punt Returns				Kickoff Returns				Totals	
			Tk	Ast	Sack	FF	FR	TD	Blk	Int	Yds	Avg	TD	Num	Yds	Avg	TD	Num	Yds	Avg	TD	TD	Fum
1985 Seattle Seahawks	16	0	18	10	0.0	0	0	0	0	2	47	23.5	0	0	0	-	0	1	10	10.0	0	0	0
1986 Seattle Seahawks	16	16	81	18	0.0	0	3	0	0	3	39	13.0	0	0	0	-	0	0	0	-	0	0	0
1987 Seattle Seahawks	12	12	50	19	0.0	0	1	1	0	3	75	25.0	0	0	0	-	0	0	0	-	0	1	0
1988 Seattle Seahawks	16	16	86	29	1.0	1	0	0	0	1	0	0.0	0	0	0	-	0	0	0	-	0	0	0
1989 Seattle Seahawks	16	14	76	31	0.0	2	1	0	0	5	24	4.8	0	0	0	-	0	0	0	-	0	0	1
1990 Seattle Seahawks	16	16	63	19	0.0	1	4	1	0	3	89	29.7	0	0	0	-	0	0	0	-	0	1	0
1991 Seattle Seahawks	16	16	69	24	1.0	1	1	0	0	5	56	11.2	0	0	0	-	0	0	0	-	0	0	0
1992 Seattle Seahawks	16	16	64	30	0.0	2	1	0	0	7	126	18.0	0	0	0	-	0	0	0	-	0	0	0
1993 Seattle Seahawks	16	16	84	27	0.0	3	2	0	0	9	80	8.9	0	0	0	-	0	0	0	-	0	0	0
1994 Seattle Seahawks	14	14	65	15	1.0	0	1	0	0	3	18	6.0	0	0	0	-	0	0	0	-	0	0	0
1995 Seattle Seahawks	16	16	79	26	0.0	0	1	0	0	1	32	32.0	0	1	1	1.0	0	0	0	-	0	0	0
1996 Green Bay Packers	16	16	55	26	0.0	0	2	0	0	6	107	17.8	0	0	0	-	0	0	0	-	0	0	1
1997 Green Bay Packers	16	16	75	37	2.5	1	2	0	0	1	26	26.0	0	0	0	-	0	0	0	-	0	0	0
13 NFL Seasons	202	184	865	311	7.5	11	17	2	0	49	719	14.7	0	1	1	1.0	0	1	10	10.0	0	2	2

Jeff Robinson

Pos: DE/LS **Rnd:** 4 **College:** Idaho **Ht:** 6' 4" **Wt:** 265 **Born:** 2/20/70 **Age:** 28

Year Team	G	GS	Tackles			Miscellaneous				Interceptions				Punt Returns				Kickoff Returns				Totals	
			Tk	Ast	Sack	FF	FR	TD	Blk	Int	Yds	Avg	TD	Num	Yds	Avg	TD	Num	Yds	Avg	TD	TD	Fum
1993 Denver Broncos	16	0	7	6	3.5	1	1	0	0	0	0	-	0	0	0	-	0	0	0	-	0	0	1
1994 Denver Broncos	16	0	7	1	1.0	0	0	0	0	0	0	-	0	0	0	-	0	0	0	-	0	0	0
1995 Denver Broncos	16	0	6	1	1.0	0	1	0	0	0	0	-	0	0	0	-	0	1	14	14.0	0	0	0
1996 Denver Broncos	16	0	0	1	0.5	0	1	0	0	0	0	-	0	0	0	-	0	0	0	-	0	0	0
1997 St. Louis Rams	16	0	4	2	0.5	0	0	0	0	0	0	-	0	0	0	-	0	0	0	-	0	0	0
5 NFL Seasons	80	0	24	11	6.5	1	3	0	0	0	0	-	0	0	0	-	0	1	14	14.0	0	0	1

Rafael Robinson

Pos: S **Rnd:** FA **College:** Wisconsin **Ht:** 5' 11" **Wt:** 200 **Born:** 6/19/69 **Age:** 29

Year Team	G	GS	Tackles			Miscellaneous				Interceptions				Totals		
			Tk	Ast	Sack	FF	FR	TD	Blk	Int	Yds	Avg	TD	Sfty	TD	Pts
1992 Seattle Seahawks	6	0	13	2	0.0	0	0	0	0	0	0	-	0	0	0	0
1993 Seattle Seahawks	16	1	35	7	1.5	2	1	0	0	0	0	-	0	0	0	0
1994 Seattle Seahawks	16	1	38	14	0.0	0	1	0	0	1	0	0.0	0	0	0	0
1995 Seattle Seahawks	13	3	30	8	0.0	1	0	0	0	0	0	-	0	0	0	0
1996 Houston Oilers	16	2	22	9	0.0	0	1	0	0	1	2	2.0	0	0	0	0
1997 Tennessee Oilers	3	0	7	1	0.0	0	0	0	0	0	0	-	0	0	0	0
6 NFL Seasons	70	7	145	41	1.5	3	3	0	0	2	2	1.0	0	0	0	0

Reggie Roby

(statistical profile on page 483)

Pos: P **Rnd:** 6 **College:** Iowa **Ht:** 6' 3" **Wt:** 258 **Born:** 7/30/61 **Age:** 37

Year Team	G	Punting											Rushing		Passing			
		NetPunts	Yards	Avg	Long	In20	In20%	TotPunts	TB	Blocks	OppRet	RetYds	NetAvg	All Yards		Att	Com	Yards	Int
1983 Miami Dolphins	16	74	3189	43.1	64	26	35.1	75	11	1	32	229	36.5	0	0	0	0	0	0
1984 Miami Dolphins	16	51	2281	44.7	69	15	29.4	51	10	0	17	138	**38.1**	0	0	0	0	0	0
1985 Miami Dolphins	16	59	2576	43.7	63	19	32.2	59	8	0	27	371	34.7	0	0	0	0	0	0
1986 Miami Dolphins	15	56	2476	44.2	73	13	23.2	56	9	0	23	200	**37.4**	2	-8	0	0	0	0
1987 Miami Dolphins	10	32	1371	42.8	77	8	25.0	32	3	0	16	87	38.3	1	0	0	0	0	0
1988 Miami Dolphins	15	64	2754	43.0	64	18	28.1	64	9	0	35	318	35.3	0	0	0	0	0	0
1989 Miami Dolphins	16	58	2458	42.4	58	18	31.0	59	6	1	26	256	35.3	2	0	0	0	0	0
1990 Miami Dolphins	16	72	3022	42.0	62	20	27.8	72	3	0	40	397	35.6	0	0	0	0	0	0
1991 Miami Dolphins	16	54	2466	**45.7**	64	17	31.5	55	7	1	29	324	36.4	0	0	0	0	0	0
1992 Miami Dolphins	9	35	1443	41.2	60	11	31.4	35	3	0	16	183	34.3	0	0	0	0	0	0
1993 Washington Redskins	15	78	3447	44.2	60	25	32.1	78	10	0	31	343	37.2	1	0	0	0	0	0
1994 Washington Redskins	16	82	3639	44.4	65	21	25.6	82	12	0	45	441	36.1	0	0	0	0	0	0
1995 Tampa Bay Buccaneers	16	77	3296	42.8	61	23	29.9	78	7	1	41	335	36.2	1	0	1	1	48	0
1996 Houston Oilers	16	67	2973	44.4	68	25	37.3	68	7	1	31	251	38.0	0	0	0	0	0	0
1997 Tennessee Oilers	16	73	3049	41.8	59	25	34.2	73	1	0	36	430	35.6	1	12	0	0	0	0
15 NFL Seasons	224	932	40440	43.4	77	284	30.5	937	106	5	445	4303	36.3	8	4	1	1	48	0

Other Statistics: 1986—recovered 2 fumbles for -11 yards; fumbled 2 times. 1987—recovered 1 fumble for 0 yards. 1989—recovered 2 fumbles for 0 yards. 1993—recovered 1 fumble for 0 yards. 1994—recovered 1 fumble for 0 yards; fumbled 1 time.

Brian Roche

Pos: TE **Rnd:** 3 **College:** San Jose State **Ht:** 6' 4" **Wt:** 255 **Born:** 5/5/73 **Age:** 25

Year	Team	G	GS	Rushing					Receiving					Punt Returns				Kickoff Returns				Totals		
				Att	Yds	Avg	Lg	TD	Rec	Yds	Avg	Lg	TD	Num	Yds	Avg	TD	Num	Yds	Avg	TD	Fum	TD	Pts
1996	San Diego Chargers	13	0	0	0	-	-	0	13	111	8.5	19	0	0	0	-	0	0	0	-	0	0	0	0
1997	San Diego Chargers	5	0	0	0	-	-	0	0	0	-	-	0	0	0	-	0	0	0	-	0	0	0	0
	2 NFL Seasons	18	0	0	0	-	-	0	13	111	8.5	19	0	0	0	-	0	0	0	-	0	0	0	0

Mike Rockwood

Pos: T **Rnd:** FA **College:** Nevada **Ht:** 6' 10" **Wt:** 345 **Born:** 6/5/73 **Age:** 25

Year	Team	G	GS
1997	Buffalo Bills	1	0
	1 NFL Season	1	0

Mark Rodenhauser

Pos: C/LS **Rnd:** FA **College:** Illinois State **Ht:** 6' 5" **Wt:** 280 **Born:** 6/1/61 **Age:** 37

Year	Team	G	GS	Year	Team	G	GS	Year	Team	G	GS	Year	Team	G	GS
1987	Chicago Bears	10	3	1991	San Diego Chargers	10	0	1994	Detroit Lions	16	0	1997	Carolina Panthers	16	0
1989	Minnesota Vikings	16	0	1992	Chicago Bears	13	0	1995	Carolina Panthers	16	0				
1990	San Diego Chargers	16	0	1993	Detroit Lions	16	0	1996	Carolina Panthers	16	0		10 NFL Seasons	145	3

Derrick Rodgers

(statistical profile on page 442)

Pos: LB **Rnd:** 3 **College:** Arizona State **Ht:** 6' 2" **Wt:** 220 **Born:** 10/14/71 **Age:** 27

Year	Team	G	GS	Tackles			Miscellaneous				Interceptions				Totals		
				Tk	Ast	Sack	FF	FR	TD	Blk	Int	Yds	Avg	TD	Sfty	TD	Pts
1997	Miami Dolphins	15	14	56	24	5.0	3	1	0	0	0	0	-	0	0	0	0

James Roe

Pos: WR **Rnd:** 6 **College:** Norfolk State **Ht:** 6' 2" **Wt:** 185 **Born:** 8/23/74 **Age:** 24

Year	Team	G	GS	Rushing					Receiving					Punt Returns				Kickoff Returns				Totals		
				Att	Yds	Avg	Lg	TD	Rec	Yds	Avg	Lg	TD	Num	Yds	Avg	TD	Num	Yds	Avg	TD	Fum	TD	Pts
1996	Baltimore Ravens	1	0	0	0	-	-	0	0	0	-	-	0	0	0	-	0	0	0	-	0	0	0	0
1997	Baltimore Ravens	12	4	0	0	-	-	0	7	124	17.7	29	0	8	72	9.0	0	9	189	21.0	0	1	0	0
	2 NFL Seasons	13	4	0	0	-	-	0	7	124	17.7	29	0	8	72	9.0	0	9	189	21.0	0	1	0	0

Other Statistics: 1997–recovered 1 fumble for 0 yards.

Sam Rogers

Pos: LB **Rnd:** 2 **College:** Colorado **Ht:** 6' 3" **Wt:** 245 **Born:** 5/30/70 **Age:** 28

Year	Team	G	GS	Tackles			Miscellaneous				Interceptions				Totals		
				Tk	Ast	Sack	FF	FR	TD	Blk	Int	Yds	Avg	TD	Sfty	TD	Pts
1994	Buffalo Bills	14	0	0	0	0.0	0	0	0	0	0	0	-	0	0	0	0
1995	Buffalo Bills	16	8	32	13	2.0	1	1	0	0	0	0	-	0	0	0	0
1996	Buffalo Bills	14	14	38	20	3.5	0	2	0	0	0	0	-	0	0	0	0
1997	Buffalo Bills	15	15	39	14	3.5	1	0	0	0	0	0	-	0	0	0	0
	4 NFL Seasons	59	37	109	47	9.0	2	3	0	0	0	0	-	0	0	0	0

Bill Romanowski

(statistical profile on page 442)

Pos: LB **Rnd:** 3 **College:** Boston College **Ht:** 6' 4" **Wt:** 241 **Born:** 4/2/66 **Age:** 32

Year	Team	G	GS	Tackles			Miscellaneous				Interceptions				Punt Returns				Kickoff Returns				Totals	
				Tk	Ast	Sack	FF	FR	TD	Blk	Int	Yds	Avg	TD	Num	Yds	Avg	TD	Num	Yds	Avg	TD	TD	Fum
1988	San Francisco 49ers	16	8	38	15	0.0	3	1	0	0	0	0	-	0	0	0	-	0	0	0	-	0	0	0
1989	San Francisco 49ers	16	4	47	6	1.0	1	2	0	0	1	13	13.0	0	1	0	0.0	0	0	0	-	0	0	1
1990	San Francisco 49ers	16	16	68	11	1.0	0	0	0	0	0	0	-	0	0	0	-	0	0	0	-	0	0	0
1991	San Francisco 49ers	16	16	67	9	1.0	0	2	0	0	1	7	7.0	0	0	0	-	0	0	0	-	0	0	0
1992	San Francisco 49ers	16	16	65	15	1.0	1	1	0	0	0	0	-	0	0	0	-	0	0	0	-	0	0	0
1993	San Francisco 49ers	16	16	81	23	3.0	2	1	0	0	0	0	-	0	0	0	-	0	0	0	-	0	0	0
1994	Philadelphia Eagles	16	15	49	17	2.5	0	1	0	0	2	8	4.0	0	0	0	-	0	0	0	-	0	0	0
1995	Philadelphia Eagles	16	16	50	13	1.0	0	1	0	0	2	5	2.5	0	0	0	-	0	0	0	-	0	0	0
1996	Denver Broncos	16	16	56	21	3.0	0	3	0	0	3	1	0.3	0	0	0	-	0	0	0	-	0	0	0
1997	Denver Broncos	16	16	56	14	2.0	1	0	0	0	1	7	7.0	0	0	0	-	0	0	0	-	0	0	0
	10 NFL Seasons	160	139	577	144	15.5	8	12	0	0	10	41	4.1	0	1	0	0.0	0	0	0	-	0	0	1

Juan Roque

Pos: T **Rnd:** 2 **College:** Arizona State **Ht:** 6' 8" **Wt:** 319 **Born:** 1/6/74 **Age:** 24

Year	Team	G	GS
1997	Detroit Lions	13	1
	1 NFL Season	13	1

Robert Rosenstiel

Pos: TE Rnd: FA College: Eastern Illinois Ht: 6' 3" Wt: 240 Born: 2/7/74 Age: 24

			Rushing				Receiving				Punt Returns				Kickoff Returns				Totals		
Year Team	G	GS	Att	Yds	Avg	Lg	TD	Rec	Yds	Avg	Lg	TD	Num	Yds	Avg	TD	Num	Yds	Avg	TD	Fum	TD	Pts
1997 Oakland Raiders	4	0	0	0	-	-	0	0	0	-	-	0	0	0	-	0	0	0	-	0	0	0	0

Jermaine Ross

Pos: WR Rnd: FA College: Purdue Ht: 6' 0" Wt: 192 Born: 4/27/71 Age: 27

			Rushing					Receiving					Punt Returns				Kickoff Returns				Totals		
Year Team	G	GS	Att	Yds	Avg	Lg	TD	Rec	Yds	Avg	Lg	TD	Num	Yds	Avg	TD	Num	Yds	Avg	TD	Fum	TD	Pts
1994 Los Angeles Rams	4	0	0	0	-	-	0	1	36	36.0	t36	1	0	0	-	0	0	0	-	0	0	1	6
1996 St. Louis Rams	15	0	1	3	3.0	t3	1	15	160	10.7	28	0	0	0	-	0	0	0	-	0	0	1	6
1997 St. Louis Rams	4	0	0	0	-	-	0	3	37	12.3	14	0	2	12	6.0	0	6	130	21.7	0	0	0	0
3 NFL Seasons	23	0	1	3	3.0	t3	1	19	233	12.3	t36	1	2	12	6.0	0	6	130	21.7	0	0	2	12

Other Statistics: 1996–recovered 1 fumble for 0 yards.

Kevin Ross

Pos: S Rnd: 7 College: Temple Ht: 5' 9" Wt: 185 Born: 1/16/62 Age: 36

			Tackles			Miscellaneous				Interceptions				Punt Returns				Kickoff Returns				Totals	
Year Team	G	GS	Tk	Ast	Sack	FF	FR	TD	Blk	Int	Yds	Avg	TD	Num	Yds	Avg	TD	Num	Yds	Avg	TD	TD	Fum
1984 Kansas City Chiefs	16	16	77	21	0.0	0	1	0	0	6	124	20.7	1	0	0	-	0	0	0	-	0	1	0
1985 Kansas City Chiefs	16	15	81	30	0.0	0	1	0	0	3	47	15.7	0	0	0	-	0	0	0	-	0	0	0
1986 Kansas City Chiefs	16	16	76	17	2.0	0	3	1	0	4	66	16.5	0	0	0	-	0	0	0	-	0	1	0
1987 Kansas City Chiefs	12	11	46	12	1.0	0	0	1	0	3	40	13.3	0	0	0	-	0	0	0	-	0	0	0
1988 Kansas City Chiefs	15	14	61	38	0.0	0	0	0	0	1	0	0.0	0	0	0	-	0	0	0	-	0	0	0
1989 Kansas City Chiefs	15	13	57	18	0.0	0	0	0	0	4	29	7.3	0	2	0	0.0	0	0	0	-	0	0	1
1990 Kansas City Chiefs	16	15	53	11	0.0	0	3	1	0	5	97	19.4	0	0	0	-	0	0	0	-	0	1	0
1991 Kansas City Chiefs	14	13	54	14	0.0	0	1	0	0	1	0	0.0	0	0	0	-	0	0	0	-	0	0	0
1992 Kansas City Chiefs	16	16	44	14	0.5	1	2	0	0	1	99	99.0	1	0	0	-	0	0	0	-	0	1	0
1993 Kansas City Chiefs	15	15	70	32	0.5	1	1	0	0	2	49	24.5	0	0	0	-	0	0	0	-	0	0	0
1994 Atlanta Falcons	16	16	80	24	1.0	2	0	0	0	3	26	8.7	0	0	0	-	0	0	0	-	0	1	0
1995 Atlanta Falcons	16	15	72	18	0.0	0	2	1	0	3	70	23.3	0	0	0	-	0	0	0	-	0	0	0
1996 San Diego Chargers	16	16	67	11	0.0	2	1	0	0	2	7	3.5	0	0	0	-	0	0	0	-	0	0	0
1997 Kansas City Chiefs	5	0	1	0	0.0	0	0	0	0	0	0	-	0	0	0	-	0	0	0	-	0	0	0
14 NFL Seasons	204	191	839	260	5.0	6	15	4	0	38	654	17.2	2	2	0	0.0	0	0	0	-	0	6	1

Tom Rouen

(statistical profile on page 483)

Pos: P Rnd: FA College: Colorado Ht: 6' 3" Wt: 215 Born: 6/9/68 Age: 30

		Punting												Rushing		Passing			
Year Team	G	NetPunts	Yards	Avg	Long	In20	In20%	TotPunts	TB	Blocks	OppRet	RetYds	NetAvg	Att	Yards	Att	Com	Yards	Int
1993 Denver Broncos	16	67	3017	45.0	62	17	25.4	68	8	1	33	337	37.1	1	0	0	0	0	0
1994 Denver Broncos	16	76	3258	42.9	60	23	30.3	76	8	0	39	275	37.1	0	0	0	0	0	0
1995 Denver Broncos	16	52	2192	42.2	61	22	42.3	53	3	1	25	137	37.6	0	0	0	0	0	0
1996 Denver Broncos	16	65	2714	41.8	57	16	24.6	65	5	0	23	261	36.2	0	0	0	0	0	0
1997 Denver Broncos	16	60	2598	43.3	57	22	36.7	60	4	0	26	235	38.1	1	0	0	0	0	0
5 NFL Seasons	80	320	13779	43.1	62	100	31.3	322	28	2	146	1245	37.2	1	0	0	0	0	0

Joe Rowe

Pos: CB Rnd: FA College: Virginia Ht: 6' 0" Wt: 195 Born: 12/8/73 Age: 24

			Tackles			Miscellaneous				Interceptions				Totals		
Year Team	G	GS	Tk	Ast	Sack	FF	FR	TD	Blk	Int	Yds	Avg	TD	Sfty	TD	Pts
1997 St. Louis Rams	2	0	0	0	0.0	0	0	0	0	0	0	-	0	0	0	0

Andre Royal

(statistical profile on page 442)

Pos: LB Rnd: FA College: Alabama Ht: 6' 2" Wt: 240 Born: 12/1/72 Age: 25

			Tackles			Miscellaneous				Interceptions				Totals		
Year Team	G	GS	Tk	Ast	Sack	FF	FR	TD	Blk	Int	Yds	Avg	TD	Sfty	TD	Pts
1995 Carolina Panthers	12	0	2	0	0.0	0	0	0	0	0	0	-	0	0	0	0
1996 Carolina Panthers	16	0	3	3	0.0	0	1	0	0	0	0	-	0	0	0	0
1997 Carolina Panthers	16	13	60	13	5.0	3	1	0	0	0	0	-	0	0	0	0
3 NFL Seasons	44	13	65	16	5.0	3	2	0	0	0	0	-	0	0	0	0

Mark Royals

(statistical profile on page 484)

Pos: P Rnd: FA College: Appalachian State Ht: 6' 5" Wt: 215 Born: 6/22/65 Age: 33

		Punting												Rushing		Passing			
Year Team	G	NetPunts	Yards	Avg	Long	In20	In20%	TotPunts	TB	Blocks	OppRet	RetYds	NetAvg	Att	Yards	Att	Com	Yards	Int
1987 StL - Phi	2	11	431	39.2	48	3	27.3	11	1	0	6	155	23.3	0	0	0	0	0	0
1990 Tampa Bay Buccaneers	16	72	2902	40.3	62	8	11.1	72	5	0	39	352	34.0	0	0	0	0	0	0

Year	Team	G	NetPunts	Yards	Avg	Long	In20	In20%	TotPunts	TB	Blocks	OppRet	RetYds	NetAvg	Att	Yards	Att	Com	Yards	Int
															Rushing		Passing			
1991	Tampa Bay Buccaneers	16	84	3389	40.3	56	22	26.2	84	6	0	49	559	32.3	0	0	0	0	0	0
1992	Pittsburgh Steelers	16	73	3119	42.7	58	22	30.1	74	9	1	39	308	35.6	0	0	1	1	44	0
1993	Pittsburgh Steelers	16	89	3781	42.5	61	28	31.5	89	3	0	50	678	34.2	0	0	0	0	0	0
1994	Pittsburgh Steelers	16	97	3849	39.7	64	35	36.1	97	6	0	39	263	35.7	1	-13	0	0	0	0
1995	Detroit Lions	16	57	2393	42.0	69	15	26.3	59	6	0	29	442	31.0	1	-7	0	0	0	0
1996	Detroit Lions	16	69	3020	43.8	60	11	15.9	70	8	1	42	519	33.4	0	0	1	1	-8	0
1997	New Orleans Saints	16	88	4038	45.9	66	21	23.9	88	13	0	50	706	34.9	0	0	0	0	0	0
1987	St. Louis Cardinals	1	6	222	37.0	48	2	33.3	6	0	0	4	119	17.2	0	0	0	0	0	0
	Philadelphia Eagles	1	5	209	41.8	48	1	20.0	5	1	0	2	36	30.6	0	0	0	0	0	0
	9 NFL Seasons	130	640	26922	42.1	69	165	25.8	644	57	4	343	3982	33.9	2	-20	2	2	36	0

Other Statistics: 1996–recovered 1 fumble for 0 yards.

Orpheus Roye

Pos: DE **Rnd:** 6 **College:** Florida State **Ht:** 6' 3" **Wt:** 295 **Born:** 1/21/74 **Age:** 24

Year	Team	G	GS	Tk	Ast	Sack	FF	FR	TD	Blk	Int	Yds	Avg	TD	Sfty	TD	Pts
				Tackles			Miscellaneous				Interceptions				Totals		
1996	Pittsburgh Steelers	13	1	1	2	0.0	0	1	0	0	0	0	-	0	0	0	0
1997	Pittsburgh Steelers	16	0	3	1	1.0	1	0	0	0	0	0	-	0	0	0	0
	2 NFL Seasons	29	1	4	3	1.0	1	1	0	0	0	0	-	0	0	0	0

Todd Rucci

Pos: G **Rnd:** 2 **College:** Penn State **Ht:** 6' 5" **Wt:** 291 **Born:** 7/14/70 **Age:** 28

Year	Team	G	GS	Year	Team	G	GS	Year	Team	G	GS			G	GS
1993	New England Patriots	2	1	1995	New England Patriots	6	5	1997	New England Patriots	16	16				
1994	New England Patriots	13	10	1996	New England Patriots	16	12					5 NFL Seasons		53	44

Keith Rucker

Pos: DT **Rnd:** FA **College:** Ohio Wesleyan **Ht:** 6' 4" **Wt:** 332 **Born:** 11/20/68 **Age:** 29

Year	Team	G	GS	Tk	Ast	Sack	FF	FR	TD	Blk	Int	Yds	Avg	TD	Sfty	TD	Pts
				Tackles			Miscellaneous				Interceptions				Totals		
1992	Phoenix Cardinals	14	4	24	12	2.0	0	0	0	0	0	0	-	0	0	0	0
1993	Phoenix Cardinals	16	15	29	19	0.0	1	1	0	0	0	0	-	0	0	0	0
1994	Cincinnati Bengals	16	14	52	6	2.0	1	0	0	0	0	0	-	0	0	0	0
1995	Cincinnati Bengals	15	15	32	9	2.0	1	0	0	0	0	0	-	0	0	0	0
1997	Washington Redskins	2	0	1	3	0.0	0	0	0	0	0	0	-	0	0	0	0
	5 NFL Seasons	63	48	138	49	6.0	3	1	0	0	0	0	-	0	0	0	0

Dwayne Rudd

Pos: LB **Rnd:** 1 (20) **College:** Alabama **Ht:** 6' 2" **Wt:** 245 **Born:** 2/3/76 **Age:** 22

Year	Team	G	GS	Tk	Ast	Sack	FF	FR	TD	Blk	Int	Yds	Avg	TD	Sfty	TD	Pts
				Tackles			Miscellaneous				Interceptions				Totals		
1997	Minnesota Vikings	16	2	31	15	5.0	1	0	0	0	0	0	-	0	0	0	0

Tim Ruddy

Pos: C **Rnd:** 2 **College:** Notre Dame **Ht:** 6' 3" **Wt:** 290 **Born:** 4/27/72 **Age:** 26

Year	Team	G	GS	Year	Team	G	GS	Year	Team	G	GS	Year	Team	G	GS
1994	Miami Dolphins	16	0	1995	Miami Dolphins	16	16	1996	Miami Dolphins	16	16	1997	Miami Dolphins	15	15
												4 NFL Seasons		63	47

Other Statistics: 1995–fumbled 1 time for 0 yards. 1996–fumbled 1 time for -14 yards.

Joe Rudolph

Pos: G **Rnd:** FA **College:** Wisconsin **Ht:** 6' 1" **Wt:** 285 **Born:** 7/21/72 **Age:** 26

Year	Team	G	GS	Year	Team	G	GS			G	GS
1995	Philadelphia Eagles	4	0	1997	San Francisco 49ers	6	1	2 NFL Seasons		10	1

Jon Runyan

Pos: T **Rnd:** 4 **College:** Michigan **Ht:** 6' 7" **Wt:** 308 **Born:** 11/27/73 **Age:** 24

Year	Team	G	GS	Year	Team	G	GS			G	GS
1996	Houston Oilers	10	0	1997	Tennessee Oilers	16	16	2 NFL Seasons		26	16

Reggie Rusk

Pos: CB **Rnd:** 7 **College:** Kentucky **Ht:** 5' 10" **Wt:** 182 **Born:** 10/19/72 **Age:** 26

Year	Team	G	GS	Tk	Ast	Sack	FF	FR	TD	Blk	Int	Yds	Avg	TD	Sfty	TD	Pts
				Tackles			Miscellaneous				Interceptions				Totals		
1996	Tampa Bay Buccaneers	1	0	0	0	0.0	0	0	0	0	0	0	-	0	0	0	0
1997	TB - Sea	6	0	7	0	0.0	0	0	0	0	0	0	-	0	0	0	0

				Tackles			Miscellaneous				Interceptions				Totals		
Year Team	G	GS	Tk	Ast	Sack	FF	FR	TD	Blk	Int	Yds	Avg	TD	Sfty	TD	Pts
1997 Tampa Bay Buccaneers	4	0	7	0	0.0	0	0	0	0	0	0	-	0	0	0	0
Seattle Seahawks	2	0	0	0	0.0	0	0	0	0	0	0	-	0	0	0	0
2 NFL Seasons	7	0	7	0	0.0	0	0	0	0	0	0	-	0	0	0	0

Bernard Russ

Pos: LB **Rnd:** FA **College:** West Virginia **Ht:** 6' 0" **Wt:** 225 **Born:** 11/4/73 **Age:** 24

			Tackles			Miscellaneous				Interceptions				Totals		
Year Team	G	GS	Tk	Ast	Sack	FF	FR	TD	Blk	Int	Yds	Avg	TD	Sfty	TD	Pts
1997 New England Patriots	2	0	0	0	0.0	0	0	0	0	0	0	-	0	0	0	0

Steve Russ

Pos: LB **Rnd:** 7 **College:** Air Force **Ht:** 6' 4" **Wt:** 237 **Born:** 9/16/72 **Age:** 26

			Tackles			Miscellaneous				Interceptions				Totals		
Year Team	G	GS	Tk	Ast	Sack	FF	FR	TD	Blk	Int	Yds	Avg	TD	Sfty	TD	Pts
1997 Denver Broncos	14	0	0	0	0.0	0	0	0	0	0	0	-	0	0	0	0

Darrell Russell

Pos: DE/DT **Rnd:** 1 (2) **College:** Southern California **Ht:** 6' 4" **Wt:** 305 **Born:** 5/27/76 **Age:** 22

			Tackles			Miscellaneous				Interceptions				Totals		
Year Team	G	GS	Tk	Ast	Sack	FF	FR	TD	Blk	Int	Yds	Avg	TD	Sfty	TD	Pts
1997 Oakland Raiders	16	10	35	9	3.5	1	0	0	0	0	0	-	0	0	0	0

Derek Russell

Pos: WR **Rnd:** 4 **College:** Arkansas **Ht:** 6' 0" **Wt:** 195 **Born:** 7/22/69 **Age:** 29

			Rushing					Receiving				Punt Returns				Kickoff Returns				Totals		
Year Team	G	GS	Att	Yds	Avg	Lg	TD	Rec	Yds	Avg	Lg	TD	Num	Yds	Avg	TD	Num	Yds	Avg	TD	Fum	TD	Pts
1991 Denver Broncos	13	5	0	0	-	-	0	21	317	15.1	40	1	0	0	-	0	7	120	17.1	0	0	1	6
1992 Denver Broncos	12	7	0	0	-	-	0	12	140	11.7	22	0	0	0	-	0	7	154	22.0	0	0	0	0
1993 Denver Broncos	13	12	0	0	-	-	0	44	719	16.3	43	3	0	0	-	0	18	374	20.8	0	1	4	24
1994 Denver Broncos	12	12	1	6	6.0	6	0	25	342	13.7	43	1	0	0	-	0	5	105	21.0	0	0	1	6
1995 Houston Oilers	11	5	0	0	-	-	0	24	321	13.4	57	0	0	0	-	0	0	0	-	0	0	0	0
1996 Houston Oilers	16	5	0	0	-	-	0	34	421	12.4	29	2	0	0	-	0	0	0	-	0	0	2	12
1997 Tennessee Oilers	11	2	0	0	-	-	0	12	141	11.8	23	1	0	0	-	0	0	0	-	0	0	1	6
7 NFL Seasons	88	48	1	6	6.0	6	0	172	2401	14.0	57	8	0	0	-	0	37	753	20.4	0	1	9	54

Other Statistics: 1993—recovered 1 fumble for 0 yards and 1 touchdown.

Matt Russell

Pos: LB **Rnd:** 4 **College:** Colorado **Ht:** 6' 1" **Wt:** 250 **Born:** 4/5/73 **Age:** 25

			Tackles			Miscellaneous				Interceptions				Punt Returns				Kickoff Returns				Totals	
Year Team	G	GS	Tk	Ast	Sack	FF	FR	TD	Blk	Int	Yds	Avg	TD	Num	Yds	Avg	TD	Num	Yds	Avg	TD	TD	Fum
1997 Detroit Lions	14	0	13	6	0.0	1	1	0	0	0	0	-	0	0	0	-	0	1	0	0.0	0	0	0

Twan Russell

Pos: LB/DE **Rnd:** 5 **College:** Miami **Ht:** 6' 2" **Wt:** 220 **Born:** 4/25/74 **Age:** 24

			Tackles			Miscellaneous				Interceptions				Totals		
Year Team	G	GS	Tk	Ast	Sack	FF	FR	TD	Blk	Int	Yds	Avg	TD	Sfty	TD	Pts
1997 Washington Redskins	14	0	3	0	0.0	0	0	0	0	0	0	-	0	0	0	0

Mark Rypien

Pos: QB **Rnd:** 6 **College:** Washington State **Ht:** 6' 4" **Wt:** 231 **Born:** 10/2/62 **Age:** 36

			Passing									Rushing					Miscellaneous				
Year Team	G	GS	Att	Com	Pct	Yards	Yds/Att	Lg	TD	Int	Int%	Rating	Att	Yds	Avg	Lg	TD	Sckd	Yds	Fum	Recv Yds	Pts
1988 Washington Redskins	9	6	208	114	54.8	1730	8.32	t60	18	13	6.3	85.2	9	31	3.4	t19	1	14	115	6	0 0	6
1989 Washington Redskins	14	14	476	280	58.8	3768	7.92	t80	22	13	2.7	88.1	26	56	2.2	15	1	16	108	14	2 0	6
1990 Washington Redskins	10	10	304	166	54.6	2070	6.81	t53	16	11	3.6	78.4	15	4	0.3	8	0	6	33	2	0 -3	0
1991 Washington Redskins	16	16	421	249	59.1	3564	8.47	t82	28	11	2.6	97.9	15	6	0.4	11	1	7	59	9	3 -5	6
1992 Washington Redskins	16	16	479	269	56.2	3282	6.85	t62	13	17	3.5	71.7	36	50	1.4	12	0	23	176	4	2 0	12
1993 Washington Redskins	12	10	319	166	52.0	1514	4.75	43	4	10	3.1	56.3	9	4	0.4	5	3	16	87	7	0 -2	18
1994 Cleveland Browns	7	3	128	59	46.1	694	5.42	43	4	3	2.3	63.7	7	4	0.6	2	0	2	11	2	0 -1	0
1995 St. Louis Rams	11	3	217	129	59.4	1448	6.67	50	9	8	3.7	77.9	9	10	1.1	5	0	11	60	1	0 0	0
1996 Philadelphia Eagles	1	0	13	10	76.9	76	5.85	16	1	0	0.0	116.2	0	0	-	0	0	0	0	0	0 0	0
1997 St. Louis Rams	5	0	39	19	48.7	270	6.92	62	0	2	5.1	50.2	1	1	1.0	1	0	1	9	0	0 0	0
10 NFL Seasons	101	78	2604	1461	56.1	18416	7.07	t82	115	88	3.4	78.9	127	166	1.3	t19	8	96	658	45	7 -11	48

Troy Sadowski

Pos: TE Rnd: 6 College: Georgia Ht: 6' 5" Wt: 250 Born: 12/8/65 Age: 32

Year Team	G	GS	Rushing					Receiving					Punt Returns				Kickoff Returns				Totals		
			Att	Yds	Avg	Lg	TD	Rec	Yds	Avg	Lg	TD	Num	Yds	Avg	TD	Num	Yds	Avg	TD	Fum	TD	Pts
1990 Atlanta Falcons	13	1	0	0	-	-	0	0	0	-	-	0	0	0	-	0	0	0	-	0	0	0	0
1991 Kansas City Chiefs	14	1	0	0	-	-	0	0	0	-	-	0	0	0	-	0	0	0	-	0	0	0	0
1992 New York Jets	6	2	0	0	-	-	0	1	20	20.0	20	0	0	0	-	0	0	0	-	0	0	0	0
1993 New York Jets	13	1	0	0	-	-	0	2	14	7.0	11	0	0	0	-	0	1	0	0.0	0	0	0	0
1994 Cincinnati Bengals	15	1	0	0	-	-	0	11	54	4.9	11	0	0	0	-	0	0	0	-	0	0	0	0
1995 Cincinnati Bengals	12	1	0	0	-	-	0	5	37	7.4	12	0	0	0	-	0	0	0	-	0	0	0	0
1996 Cincinnati Bengals	16	2	0	0	-	-	0	3	15	5.0	8	0	0	0	-	0	2	7	3.5	0	0	0	0
1997 Pittsburgh Steelers	5	0	0	0	-	-	0	1	12	12.0	12	0	0	0	-	0	0	0	-	0	0	0	0
8 NFL Seasons	94	9	0	0	-	-	0	23	152	6.6	20	0	0	0	-	0	3	7	2.3	0	0	0	0

Other Statistics: 1994–recovered 1 fumble for 0 yards. 1995–recovered 1 fumble for 0 yards.

Pio Sagapolutele

Pos: DT Rnd: 4 College: San Diego State Ht: 6' 6" Wt: 297 Born: 11/28/69 Age: 28

Year Team	G	GS	Tackles			Miscellaneous				Interceptions				Totals		
			Tk	Ast	Sack	FF	FR	TD	Blk	Int	Yds	Avg	TD	Sfty	TD	Pts
1991 Cleveland Browns	15	8	8	6	1.5	0	0	0	0	0	0	-	0	0	0	0
1992 Cleveland Browns	14	0	4	2	0.0	0	0	0	0	0	0	-	0	0	0	0
1993 Cleveland Browns	8	0	3	3	0.0	0	0	0	0	0	0	-	0	0	0	0
1994 Cleveland Browns	12	0	5	3	0.0	0	0	0	0	0	0	-	0	0	0	0
1995 Cleveland Browns	15	3	14	8	0.5	0	0	0	0	0	0	-	0	0	0	0
1996 New England Patriots	15	10	20	8	3.0	0	0	0	0	0	0	-	0	0	0	0
1997 New Orleans Saints	15	13	24	11	2.0	0	0	0	0	0	0	-	0	0	0	0
7 NFL Seasons	94	34	78	41	7.0	0	0	0	0	0	0	-	0	0	0	0

Rashaan Salaam

Pos: RB Rnd: 1 (21) College: Colorado Ht: 6' 1" Wt: 224 Born: 10/8/74 Age: 24

Year Team	G	GS	Rushing					Receiving					Punt Returns				Kickoff Returns				Totals		
			Att	Yds	Avg	Lg	TD	Rec	Yds	Avg	Lg	TD	Num	Yds	Avg	TD	Num	Yds	Avg	TD	Fum	TD	Pts
1995 Chicago Bears	16	12	296	1074	3.6	42	10	7	56	8.0	18	0	0	0	-	0	0	0	-	0	9	10	60
1996 Chicago Bears	12	6	143	496	3.5	32	3	7	44	6.3	t11	1	0	0	-	0	0	0	-	0	3	4	24
1997 Chicago Bears	3	3	31	112	3.6	17	0	2	20	10.0	18	0	0	0	-	0	0	0	-	0	2	0	0
3 NFL Seasons	31	21	470	1682	3.6	42	13	16	120	7.5	18	1	0	0	-	0	0	0	-	0	14	14	84

Other Statistics: 1995–recovered 1 fumble for 0 yards. 1996–recovered 1 fumble for 0 yards.

Dan Saleaumua

Pos: DT Rnd: 7 College: Arizona State Ht: 6' 0" Wt: 315 Born: 11/25/64 Age: 33

Year Team	G	GS	Tackles			Miscellaneous				Interceptions				Punt Returns				Kickoff Returns				Totals	
			Tk	Ast	Sack	FF	FR	TD	Blk	Int	Yds	Avg	TD	Num	Yds	Avg	TD	Num	Yds	Avg	TD	TD	Fum
1987 Detroit Lions	9	0	13	3	2.0	0	0	0	0	0	0	-	0	0	0	-	0	3	57	19.0	0	0	0
1988 Detroit Lions	16	0	10	1	2.0	0	0	0	0	0	0	-	0	0	0	-	0	1	0	0.0	0	0	1
1989 Kansas City Chiefs	16	8	56	17	2.0	0	5	0	0	1	21	21.0	0	0	0	-	0	1	8	8.0	0	0	0
1990 Kansas City Chiefs	16	16	59	29	7.0	0	6	1	0	0	0	-	0	0	0	-	0	0	0	-	0	1	0
1991 Kansas City Chiefs	16	16	50	26	1.5	0	2	0	0	0	0	-	0	0	0	-	0	0	0	-	0	0	0
1992 Kansas City Chiefs	16	16	62	19	6.0	0	1	0	0	0	0	-	0	0	0	-	0	0	0	-	0	0	0
1993 Kansas City Chiefs	16	16	47	14	3.5	1	1	1	0	1	13	13.0	0	0	0	-	0	0	0	-	0	1	0
1994 Kansas City Chiefs	14	14	23	5	1.0	0	1	0	0	0	0	-	0	0	0	-	0	0	0	-	0	0	0
1995 Kansas City Chiefs	16	16	47	8	7.0	2	1	0	0	1	0	0.0	0	0	0	-	0	0	0	-	0	0	0
1996 Kansas City Chiefs	15	14	28	5	0.0	0	0	0	0	0	0	-	0	0	0	-	0	0	0	-	0	0	0
1997 Seattle Seahawks	16	8	30	12	3.5	1	1	0	0	0	0	-	0	0	0	-	0	0	0	-	0	0	0
11 NFL Seasons	166	124	425	139	35.5	4	18	2	0	3	34	11.3	0	0	0	-	0	5	65	13.0	0	2	1

Other Statistics: 1991–credited with 1 safety. 1997–credited with 1 safety.

Tarek Saleh

Pos: LB Rnd: 4 College: Wisconsin Ht: 6' 1" Wt: 240 Born: 11/7/74 Age: 23

Year Team	G	GS	Tackles			Miscellaneous				Interceptions				Totals		
			Tk	Ast	Sack	FF	FR	TD	Blk	Int	Yds	Avg	TD	Sfty	TD	Pts
1997 Carolina Panthers	3	0	0	1	0.5	0	0	0	0	0	0	-	0	0	0	0

Mike Salmon

Pos: S Rnd: FA College: Southern California Ht: 6' 1" Wt: 207 Born: 12/27/70 Age: 27

Year Team	G	GS	Tackles			Miscellaneous				Interceptions				Totals		
			Tk	Ast	Sack	FF	FR	TD	Blk	Int	Yds	Avg	TD	Sfty	TD	Pts
1997 San Francisco 49ers	1	0	0	0	0.0	0	0	0	0	0	0	-	0	0	0	0

Barry Sanders
(statistical profile on page 364)

Pos: RB **Rnd:** 1 (3) **College:** Oklahoma State **Ht:** 5'8" **Wt:** 203 **Born:** 7/16/68 **Age:** 30

Year Team	G	GS	Rushing						Receiving						Kickoff Returns				Passing				Totals		
			Att	Yds	Avg	Lg	TD	Rec	Yds	Avg	Lg	TD	Num	Yds	Avg	TD	Att	Com	Yds	Int	Fum	TD	Pts
1989 Detroit Lions	15	13	280	1470	5.3	34	14	24	282	11.8	46	0	5	118	23.6	0	0	0	0	0	10	14	84
1990 Detroit Lions	16	16	255	1304	5.1	t45	13	36	480	13.3	t47	3	0	0	-	0	0	0	0	0	4	16	96
1991 Detroit Lions	15	15	342	1548	4.5	t69	16	41	307	7.5	34	1	0	0	-	0	0	0	0	0	5	17	102
1992 Detroit Lions	16	16	312	1352	4.3	t55	9	29	225	7.8	48	1	0	0	-	0	1	0	0	0	6	10	60
1993 Detroit Lions	11	11	243	1115	4.6	42	3	36	205	5.7	17	0	0	0	-	0	0	0	0	0	3	3	18
1994 Detroit Lions	16	16	331	**1883**	5.7	85	7	44	283	6.4	22	1	0	0	-	0	0	0	0	0	0	8	48
1995 Detroit Lions	16	16	314	1500	4.8	t75	11	48	398	8.3	40	1	0	0	-	0	2	1	11	0	3	12	72
1996 Detroit Lions	16	16	307	**1553**	5.1	t54	11	24	147	6.1	28	0	0	0	-	0	1	0	0	1	4	11	66
1997 Detroit Lions	16	16	335	**2053**	6.1	t82	11	33	305	9.2	66	3	0	0	-	0	0	0	0	0	3	14	84
9 NFL Seasons	137	135	2719	13778	5.1	85	95	315	2632	8.4	t66	10	5	118	23.6	0	4	1	11	1	38	105	630

Other Statistics: 1990–recovered 2 fumbles for 0 yards. 1991–recovered 1 fumble for 0 yards. 1992–recovered 2 fumbles for 0 yards. 1993–recovered 3 fumbles for 0 yards. 1995–recovered 1 fumble for 0 yards. 1996–recovered 2 fumbles for 0 yards. 1997–recovered 1 fumble for 0 yards.

Brandon Sanders

Pos: S **Rnd:** FA **College:** Arizona **Ht:** 5'9" **Wt:** 185 **Born:** 6/10/73 **Age:** 25

Year Team	G	GS	Tackles			Miscellaneous				Interceptions				Totals		
			Tk	Ast	Sack	FF	FR	TD	Blk	Int	Yds	Avg	TD	Sfty	TD	Pts
1997 New York Giants	12	0	2	0	0.0	0	0	0	0	0	0	-	0	0	0	0

Chris Sanders
(statistical profile on page 364)

Pos: WR **Rnd:** 3 **College:** Ohio State **Ht:** 6'1" **Wt:** 184 **Born:** 5/8/72 **Age:** 26

Year Team	G	GS	Rushing					Receiving					Punt Returns				Kickoff Returns				Totals		
			Att	Yds	Avg	Lg	TD	Rec	Yds	Avg	Lg	TD	Num	Yds	Avg	TD	Num	Yds	Avg	TD	Fum	TD	Pts
1995 Houston Oilers	16	10	2	-19	-9.5	-6	0	35	823	23.5	t76	9	0	0	-	0	0	0	-	0	0	9	54
1996 Houston Oilers	16	15	0	0	-	0	0	48	882	18.4	83	4	0	0	-	0	0	0	-	0	0	4	24
1997 Tennessee Oilers	15	14	1	-8	-8.0	-8	0	31	498	16.1	t55	3	0	0	-	0	0	0	-	0	1	3	18
3 NFL Seasons	47	39	3	-27	-9.0	-6	0	114	2203	19.3	t83	16	0	0	-	0	0	0	-	0	1	16	96

Chris "Aggie" Sanders

Pos: RB **Rnd:** FA **College:** Texas A&M **Ht:** 6'2" **Wt:** 221 **Born:** 4/22/73 **Age:** 25

Year Team	G	GS	Rushing					Receiving					Punt Returns				Kickoff Returns				Totals		
			Att	Yds	Avg	Lg	TD	Rec	Yds	Avg	Lg	TD	Num	Yds	Avg	TD	Num	Yds	Avg	TD	Fum	TD	Pts
1997 Washington Redskins	1	0	0	0	-	0	0	0	0	-	0	0	0	0	-	0	0	0	-	0	0	0	0

Deion Sanders

Pos: CB/WR **Rnd:** 1 (5) **College:** Florida State **Ht:** 6'1" **Wt:** 196 **Born:** 8/9/67 **Age:** 31

Year Team	G	GS	Tackles			Miscellaneous				Interceptions				Punt Returns				Kickoff Returns				Totals	
			Tk	Ast	Sack	FF	FR	TD	Blk	Int	Yds	Avg	TD	Num	Yds	Avg	TD	Num	Yds	Avg	TD	TD	Fum
1989 Atlanta Falcons	15	10	28	11	0.0	2	1	0	0	5	52	10.4	0	28	307	11.0	1	35	725	20.7	0	1	2
1990 Atlanta Falcons	16	16	31	19	0.0	0	2	0	0	3	153	51.0	2	29	250	8.6	1	39	851	21.8	0	3	4
1991 Atlanta Falcons	15	15	35	14	1.0	2	1	0	0	6	119	19.8	1	21	170	8.1	0	26	576	22.2	1	2	1
1992 Atlanta Falcons	13	12	44	22	0.0	2	2	1	0	3	105	35.0	0	13	41	3.2	0	40	**1067**	26.7	2	3	3
1993 Atlanta Falcons	11	10	27	7	0.0	1	0	1	0	7	91	13.0	0	2	21	10.5	0	7	169	24.1	0	1	0
1994 San Francisco 49ers	14	12	*34*	2	0.0	0	1	0	0	6	303	50.5	3	0	0	-	0	0	0	-	0	3	0
1995 Dallas Cowboys	9	9	25	*1*	0.0	0	0	0	0	2	34	17.0	0	1	54	54.0	0	1	15	15.0	0	0	0
1996 Dallas Cowboys	16	15	*31*	2	0.0	1	3	2	0	2	3	1.5	0	1	4	4.0	0	0	0	-	0	2	2
1997 Dallas Cowboys	13	12	30	3	0.0	0	0	0	0	2	81	40.5	1	33	407	12.3	1	1	18	18.0	0	2	1
9 NFL Seasons	122	111	285	81	1.0	8	10	4	0	36	941	26.1	7	128	1254	9.8	3	149	3421	23.0	3	17	13

Other Statistics: 1989–caught 1 pass for -8 yards. 1991–caught 1 pass for 17 yards. 1992–rushed 1 time for -4 yards; caught 3 passes for 45 yards and 1 touchdown. 1993–attempted 1 pass with 0 completions for 0 yards. 1995–rushed 2 times for 9 yards; caught 2 passes for 25 yards. 1996–rushed 3 times for 2 yards; caught 36 passes for 475 yards and 1 touchdown. 1997–rushed 1 time for -11 yards.

Frank Sanders
(statistical profile on page 365)

Pos: WR **Rnd:** 2 **College:** Auburn **Ht:** 6'1" **Wt:** 202 **Born:** 2/17/73 **Age:** 25

Year Team	G	GS	Rushing					Receiving					Kickoff Returns				Passing				Totals		
			Att	Yds	Avg	Lg	TD	Rec	Yds	Avg	Lg	TD	Num	Yds	Avg	TD	Att	Com	Yds	Int	Fum	TD	Pts
1995 Arizona Cardinals	16	15	1	1	1.0	1	0	52	883	17.0	48	2	0	0	-	0	0	0	0	0	0	2	16
1996 Arizona Cardinals	16	16	2	-4	-2.0	0	0	69	813	11.8	34	4	0	0	-	0	0	0	0	0	1	4	24
1997 Arizona Cardinals	16	16	1	5	5.0	5	0	75	1017	13.6	t70	4	0	0	-	0	1	1	26	0	3	4	26
3 NFL Seasons	48	47	4	2	0.5	5	0	196	2713	13.8	t70	10	0	0	-	0	1	1	26	0	4	10	66

Other Statistics: 1995–scored 2 two-point conversions. 1996–recovered 1 fumble for 0 yards. 1997–scored 1 two-point conversion.

Scott Sanderson

Pos: T **Rnd:** 3 **College:** Washington State **Ht:** 6' 6" **Wt:** 296 **Born:** 7/25/74 **Age:** 24

Year	Team	G	GS
1997	Tennessee Oilers	10	0
	1 NFL Season	10	0

O.J. Santiago

Pos: TE **Rnd:** 3 **College:** Kent **Ht:** 6' 7" **Wt:** 270 **Born:** 4/4/74 **Age:** 24

				Rushing					Receiving					Punt Returns				Kickoff Returns				Totals		
Year	Team	G	GS	Att	Yds	Avg	Lg	TD	Rec	Yds	Avg	Lg	TD	Num	Yds	Avg	TD	Num	Yds	Avg	TD	Fum	TD	Pts
1997	Atlanta Falcons	11	11	0	0	-	-	0	17	217	12.8	30	2	0	0	-	0	0	0	-	0	1	2	12

Jesse Sapolu

Pos: C **Rnd:** 11 **College:** Hawaii **Ht:** 6' 4" **Wt:** 278 **Born:** 3/10/61 **Age:** 37

Year	Team	G	GS	Year	Team	G	GS	Year	Team	G	GS	Year	Team	G	GS
1983	San Francisco 49ers	16	1	1989	San Francisco 49ers	16	16	1993	San Francisco 49ers	16	16	1997	San Francisco 49ers	12	3
1984	San Francisco 49ers	1	0	1990	San Francisco 49ers	16	16	1994	San Francisco 49ers	14	13				
1987	San Francisco 49ers	12	9	1991	San Francisco 49ers	16	16	1995	San Francisco 49ers	16	16				
1988	San Francisco 49ers	16	16	1992	San Francisco 49ers	16	16	1996	San Francisco 49ers	16	16		13 NFL Seasons	183	154

Other Statistics: 1994–recovered 1 fumble for 0 yards.

Bob Sapp

Pos: G **Rnd:** 3 **College:** Washington **Ht:** 6' 5" **Wt:** 295 **Born:** 9/22/73 **Age:** 25

Year	Team	G	GS
1997	Minnesota Vikings	1	0
	1 NFL Season	1	0

Patrick Sapp

Pos: LB **Rnd:** 2 **College:** Clemson **Ht:** 6' 4" **Wt:** 258 **Born:** 5/11/73 **Age:** 25

				Tackles			Miscellaneous				Interceptions				Totals		
Year	Team	G	GS	Tk	Ast	Sack	FF	FR	TD	Blk	Int	Yds	Avg	TD	Sfty	TD	Pts
1996	San Diego Chargers	16	0	6	0	0.0	0	0	0	0	0	0	-	0	0	0	0
1997	San Diego Chargers	16	9	24	8	0.0	0	0	0	0	0	0	-	0	0	0	0
	2 NFL Seasons	32	9	30	8	0.0	0	0	0	0	0	0	-	0	0	0	0

Warren Sapp

(statistical profile on page 443)

Pos: DT **Rnd:** 1 (12) **College:** Miami (FL) **Ht:** 6' 2" **Wt:** 288 **Born:** 12/19/72 **Age:** 25

				Tackles			Miscellaneous				Interceptions				Totals		
Year	Team	G	GS	Tk	Ast	Sack	FF	FR	TD	Blk	Int	Yds	Avg	TD	Sfty	TD	Pts
1995	Tampa Bay Buccaneers	16	8	17	10	3.0	1	0	0	0	1	5	5.0	1	0	1	6
1996	Tampa Bay Buccaneers	15	14	41	10	9.0	1	1	0	1	0	0	-	0	0	0	0
1997	Tampa Bay Buccaneers	15	15	47	11	10.5	3	1	0	0	0	0	-	0	0	0	0
	3 NFL Seasons	46	37	105	31	22.5	5	2	0	1	1	5	5.0	1	0	1	6

Kevin Sargent

Pos: T **Rnd:** FA **College:** Eastern Washington **Ht:** 6' 6" **Wt:** 284 **Born:** 3/31/69 **Age:** 29

Year	Team	G	GS	Year	Team	G	GS	Year	Team	G	GS			G	GS
1992	Cincinnati Bengals	16	8	1994	Cincinnati Bengals	15	15	1997	Cincinnati Bengals	10	8				
1993	Cincinnati Bengals	1	1	1995	Cincinnati Bengals	15	15						5 NFL Seasons	57	47

Other Statistics: 1992–recovered 2 fumbles for 0 yards. 1995–recovered 1 fumble for 0 yards.

Don Sasa

Pos: DT **Rnd:** 3 **College:** Washington State **Ht:** 6' 2" **Wt:** 286 **Born:** 9/16/72 **Age:** 26

				Tackles			Miscellaneous				Interceptions				Totals		
Year	Team	G	GS	Tk	Ast	Sack	FF	FR	TD	Blk	Int	Yds	Avg	TD	Sfty	TD	Pts
1995	San Diego Chargers	5	0	0	0	0.0	0	0	0	0	0	0	-	0	0	0	0
1996	San Diego Chargers	4	1	0	0	0.0	0	0	0	0	0	0	-	0	0	0	0
1997	Washington Redskins	1	0	0	0	0.0	0	0	0	0	0	0	-	0	0	0	0
	3 NFL Seasons	10	1	0	0	0.0	0	0	0	0	0	0	-	0	0	0	0

Craig Sauer

Pos: LB **Rnd:** 6 **College:** Minnesota **Ht:** 6' 1" **Wt:** 232 **Born:** 12/13/72 **Age:** 25

				Tackles			Miscellaneous				Interceptions				Totals		
Year	Team	G	GS	Tk	Ast	Sack	FF	FR	TD	Blk	Int	Yds	Avg	TD	Sfty	TD	Pts
1996	Atlanta Falcons	16	1	7	4	0.0	1	0	0	0	0	0	-	0	0	0	0
1997	Atlanta Falcons	16	1	8	1	0.0	0	1	0	0	0	0	-	0	0	0	0
	2 NFL Seasons	32	2	15	5	0.0	1	1	0	0	0	0	-	0	0	0	0

Todd Sauerbrun
(statistical profile on page 484)

Pos: P **Rnd:** 2 **College:** West Virginia **Ht:** 5' 10" **Wt:** 209 **Born:** 1/20/71 **Age:** 27

Year Team	G	Punting										Rushing		Passing			
		NetPunts	Yards	Avg	Long	In20	In20%	TotPunts	TB	Blocks	OppRet	RetYds	NetAvg	Att	Yards	Att Com	Yards	Int
1995 Chicago Bears	15	55	2080	37.8	61	16	29.1	55	6	0	27	248	31.1	0	0	0 0	0	0
1996 Chicago Bears	16	78	3491	44.8	72	15	19.2	78	12	0	42	527	34.9	1	3	2 2	63	0
1997 Chicago Bears	16	95	4059	42.7	67	26	27.4	95	11	0	52	727	32.8	2	8	0 0	0	0
3 NFL Seasons	47	228	9630	42.2	72	57	25.0	228	29	0	121	1502	33.1	3	11	2 2	63	0

Other Statistics: 1997–fumbled 1 time for -29 yards.

Nicky Savoie

Pos: TE **Rnd:** 6 **College:** Lousiana State **Ht:** 6' 5" **Wt:** 253 **Born:** 9/21/73 **Age:** 25

Year Team	G	GS	Rushing					Receiving					Punt Returns				Kickoff Returns				Totals		
			Att	Yds	Avg	Lg	TD	Rec	Yds	Avg	Lg	TD	Num	Yds	Avg	TD	Num	Yds	Avg	TD	Fum	TD	Pts
1997 New Orleans Saints	1	0	0	0	-	-	0	1	14	14.0	14	0	0	0	-	0	0	0	-	0	0	0	0

Corey Sawyer

Pos: CB/S **Rnd:** 4 **College:** Florida State **Ht:** 5' 11" **Wt:** 171 **Born:** 10/4/71 **Age:** 27

Year Team	G	GS	Tackles			Miscellaneous				Interceptions				Punt Returns				Kickoff Returns				Totals	
			Tk	Ast	Sack	FF	FR	TD	Blk	Int	Yds	Avg	TD	Num	Yds	Avg	TD	Num	Yds	Avg	TD	TD	Fum
1994 Cincinnati Bengals	15	0	26	5	0.0	0	1	0	0	2	0	0.0	0	26	307	11.8	1	1	14	14.0	0	1	2
1995 Cincinnati Bengals	12	8	49	4	2.0	2	0	0	0	2	61	30.5	0	9	58	6.4	0	2	50	25.0	0	0	1
1996 Cincinnati Bengals	15	2	32	6	1.5	1	1	0	0	2	0	0.0	0	15	117	7.8	0	12	241	20.1	0	0	2
1997 Cincinnati Bengals	15	2	28	3	0.0	0	0	0	0	4	44	11.0	0	0	0	-	0	0	0	-	0	0	0
4 NFL Seasons	57	12	135	18	3.5	3	2	0	0	10	105	10.5	0	50	482	9.6	1	15	305	20.3	0	1	5

Brian Saxton

Pos: TE **Rnd:** FA **College:** Boston College **Ht:** 6' 6" **Wt:** 256 **Born:** 3/13/72 **Age:** 26

Year Team	G	GS	Rushing					Receiving					Punt Returns				Kickoff Returns				Totals		
			Att	Yds	Avg	Lg	TD	Rec	Yds	Avg	Lg	TD	Num	Yds	Avg	TD	Num	Yds	Avg	TD	Fum	TD	Pts
1996 New York Giants	16	2	0	0	-	-	0	4	31	7.8	14	0	0	0	-	0	3	31	10.3	0	0	0	0
1997 Atlanta Falcons	3	0	0	0	-	-	0	0	0	-	-	0	0	0	-	0	0	0	-	0	0	0	0
2 NFL Seasons	19	2	0	0	-	-	0	4	31	7.8	14	0	0	0	-	0	3	31	10.3	0	0	0	0

Other Statistics: 1996–recovered 1 fumble for 0 yards.

Mark Schlereth

Pos: G **Rnd:** 10 **College:** Idaho **Ht:** 6' 3" **Wt:** 278 **Born:** 1/25/66 **Age:** 32

Year	Team	G	GS	Year	Team	G	GS	Year	Team	G	GS	Year	Team	G	GS
1989	Washington Redskins	6	6	1992	Washington Redskins	16	16	1995	Denver Broncos	16	16				
1990	Washington Redskins	12	7	1993	Washington Redskins	9	8	1996	Denver Broncos	14	14				
1991	Washington Redskins	16	16	1994	Washington Redskins	16	7	1997	Denver Broncos	11	11	9 NFL Seasons		116	101

Other Statistics: 1989–recovered 1 fumble for 0 yards. 1993–recovered 1 fumble for 0 yards. 1997–recovered 1 fumble for 0 yards.

Cory Schlesinger

Pos: FB **Rnd:** 6 **College:** Nebraska **Ht:** 6' 0" **Wt:** 230 **Born:** 6/23/72 **Age:** 26

Year Team	G	GS	Rushing					Receiving					Punt Returns				Kickoff Returns				Totals		
			Att	Yds	Avg	Lg	TD	Rec	Yds	Avg	Lg	TD	Num	Yds	Avg	TD	Num	Yds	Avg	TD	Fum	TD	Pts
1995 Detroit Lions	16	1	1	1	1.0	1	0	1	2	2.0	2	0	0	0	-	0	0	0	-	0	0	0	0
1996 Detroit Lions	16	1	0	0	-	-	0	0	0	-	-	0	0	0	-	0	0	0	-	0	0	0	0
1997 Detroit Lions	16	2	7	11	1.6	4	0	5	69	13.8	33	1	0	0	-	0	0	0	-	0	0	1	6
3 NFL Seasons	48	4	8	12	1.5	4	0	6	71	11.8	33	1	0	0	-	0	0	0	-	0	0	1	6

Other Statistics: 1995–recovered 1 fumble for 11 yards.

Adam Schreiber

Pos: C/LS **Rnd:** 9 **College:** Texas **Ht:** 6' 4" **Wt:** 298 **Born:** 2/20/62 **Age:** 36

Year	Team	G	GS	Year	Team	G	GS	Year	Team	G	GS	Year	Team	G	GS
1984	Seattle Seahawks	6	0	1988	Philadelphia Eagles	6	0	1991	Minnesota Vikings	15	0	1995	New York Giants	16	0
1985	New Orleans Saints	1	0	1988	New York Jets	7	0	1992	Minnesota Vikings	16	1	1996	New York Giants	15	2
1986	Philadelphia Eagles	9	0	1989	New York Jets	15	0	1993	Minnesota Vikings	16	16	1997	Atlanta Falcons	16	0
1987	Philadelphia Eagles	12	12	1990	Minnesota Vikings	16	0	1994	New York Giants	16	2	14 NFL Seasons		182	33

Other Statistics: 1990–returned 1 kickoff for 5 yards. 1992–recovered 1 fumble for 0 yards.

Bill Schroeder

Pos: WR/KR **Rnd:** 6 **College:** Wisconsin-La Crosse **Ht:** 6' 2" **Wt:** 198 **Born:** 1/9/71 **Age:** 27

Year Team	G	GS	Rushing					Receiving					Punt Returns				Kickoff Returns				Totals		
			Att	Yds	Avg	Lg	TD	Rec	Yds	Avg	Lg	TD	Num	Yds	Avg	TD	Num	Yds	Avg	TD	Fum	TD	Pts
1997 Green Bay Packers	15	1	0	0	-	-	0	2	15	7.5	8	1	33	342	10.4	0	24	562	23.4	0	4	1	6

Other Statistics: 1997–recovered 1 fumble for 0 yards.

William Schultz

Pos: G **Rnd:** 4 **College:** Southern California **Ht:** 6' 5" **Wt:** 305 **Born:** 5/1/67 **Age:** 31

Year	Team	G	GS	Year	Team	G	GS	Year	Team	G	GS	Year	Team	G	GS
1990	Indianapolis Colts	12	0	1992	Indianapolis Colts	10	2	1994	Houston Oilers	2	0	1997	Chicago Bears	8	3
1991	Indianapolis Colts	10	9	1993	Indianapolis Colts	14	14	1995	Denver Broncos	2	0		7 NFL Seasons	58	28

Other Statistics: 1991–recovered 2 fumbles for 0 yards. 1992–caught 1 pass for 3 yards and 1 touchdown.

Kurt Schulz

Pos: S **Rnd:** 7 **College:** Eastern Washington **Ht:** 6' 1" **Wt:** 208 **Born:** 12/12/68 **Age:** 29

				Tackles			Miscellaneous				Interceptions				Totals		
Year	Team	G	GS	Tk	Ast	Sack	FF	FR	TD	Blk	Int	Yds	Avg	TD	Sfty	TD	Pts
1992	Buffalo Bills	8	1	7	7	0.0	0	2	0	0	0	0	-	0	0	0	0
1993	Buffalo Bills	12	0	7	3	0.0	0	0	0	0	0	0	-	0	0	0	0
1994	Buffalo Bills	16	0	13	10	0.0	0	0	0	0	0	0	-	0	0	0	0
1995	Buffalo Bills	13	13	39	16	0.0	2	0	0	0	6	48	8.0	1	0	1	6
1996	Buffalo Bills	15	15	53	15	0.0	0	0	0	0	4	24	6.0	0	0	0	0
1997	Buffalo Bills	15	14	44	18	0.0	2	0	0	0	2	23	11.5	0	0	0	0
	6 NFL Seasons	79	43	163	69	0.0	4	2	0	0	12	95	7.9	1	0	1	6

Jim Schwantz

Pos: LB **Rnd:** FA **College:** Purdue **Ht:** 6' 2" **Wt:** 240 **Born:** 1/23/70 **Age:** 28

				Tackles			Miscellaneous				Interceptions				Punt Returns			Kickoff Returns			Totals	
Year	Team	G	GS	Tk	Ast	Sack	FF	FR	TD	Blk	Int	Yds	Avg	TD	Num	Yds	Avg	Num	Yds	Avg	TD	Fum
1992	Chicago Bears	1	0	0	0	0.0	0	0	0	0	0	0	-	0	0	0	-	0	0	-	0	0
1994	Dallas Cowboys	7	0	3	1	0.0	0	0	0	0	0	0	-	0	0	0	-	0	0	-	0	0
1995	Dallas Cowboys	16	0	10	2	0.0	0	0	0	0	0	0	-	0	0	0	-	1	9	9.0	0	0
1996	Dallas Cowboys	16	0	12	4	0.0	0	0	0	0	0	0	-	0	0	0	-	0	0	-	0	0
1997	San Francisco 49ers	16	0	4	0	0.0	0	0	0	0	0	0	-	0	0	0	-	0	0	-	0	0
	5 NFL Seasons	56	0	29	7	0.0	0	0	0	0	0	0	-	0	0	0	-	1	9	9.0	0	0

Bryan Schwartz

Pos: LB **Rnd:** 2 **College:** Augustana (SD) **Ht:** 6' 4" **Wt:** 255 **Born:** 12/5/71 **Age:** 26 *(statistical profile on page 443)*

				Tackles			Miscellaneous				Interceptions				Totals		
Year	Team	G	GS	Tk	Ast	Sack	FF	FR	TD	Blk	Int	Yds	Avg	TD	Sfty	TD	Pts
1995	Jacksonville Jaguars	14	9	72	26	0.0	2	1	0	0	0	0	-	0	0	0	0
1996	Jacksonville Jaguars	4	3	19	3	0.0	0	0	0	0	0	0	-	0	0	0	0
1997	Jacksonville Jaguars	16	16	58	21	0.5	0	1	0	0	0	0	-	0	0	0	0
	3 NFL Seasons	34	28	149	50	0.5	2	2	0	0	0	0	-	0	0	0	0

Steve Scifres

Pos: T/G **Rnd:** 3 **College:** Wyoming **Ht:** 6' 5" **Wt:** 290 **Born:** 1/22/72 **Age:** 26

Year	Team	G	GS																G	GS
1997	Dallas Cowboys	5	0															1 NFL Season	5	0

Chad Scott

Pos: CB **Rnd:** 1 (24) **College:** Maryland **Ht:** 6' 1" **Wt:** 189 **Born:** 9/6/74 **Age:** 24

				Tackles			Miscellaneous				Interceptions				Totals		
Year	Team	G	GS	Tk	Ast	Sack	FF	FR	TD	Blk	Int	Yds	Avg	TD	Sfty	TD	Pts
1997	Pittsburgh Steelers	13	9	45	2	0.0	0	0	0	0	2	-4	-2.0	0	0	0	0

Darnay Scott

Pos: WR **Rnd:** 2 **College:** San Diego State **Ht:** 6' 1" **Wt:** 180 **Born:** 7/7/72 **Age:** 26 *(statistical profile on page 365)*

				Rushing					Receiving					Kickoff Returns				Passing				Totals		
Year	Team	G	GS	Att	Yds	Avg	Lg	TD	Rec	Yds	Avg	Lg	TD	Num	Yds	Avg	TD	Att	Com	Yds	Int	Fum	TD	Pts
1994	Cincinnati Bengals	16	13	10	106	10.6	23	0	46	866	18.8	76	5	15	342	22.8	0	1	1	53	0	0	5	30
1995	Cincinnati Bengals	16	16	5	11	2.2	9	0	52	821	15.8	t88	5	0	0	-	0	0	0	0	0	0	5	30
1996	Cincinnati Bengals	16	16	3	4	1.3	8	0	58	833	14.4	t50	5	0	0	-	0	0	0	0	0	0	5	30
1997	Cincinnati Bengals	16	15	1	6	6.0	6	0	54	797	14.8	t77	5	0	0	-	0	0	0	0	0	0	5	30
	4 NFL Seasons	64	60	19	127	6.7	23	0	210	3317	15.8	t88	20	15	342	22.8	0	1	1	53	0	0	20	120

Freddie Scott

Pos: WR **Rnd:** FA **College:** Penn State **Ht:** 5' 10" **Wt:** 189 **Born:** 8/26/74 **Age:** 24

				Rushing					Receiving					Punt Returns				Kickoff Returns				Totals		
Year	Team	G	GS	Att	Yds	Avg	Lg	TD	Rec	Yds	Avg	Lg	TD	Num	Yds	Avg	TD	Num	Yds	Avg	TD	Fum	TD	Pts
1996	Atlanta Falcons	10	0	0	0	-	-	0	7	80	11.4	27	0	0	0	-	0	0	0	-	0	0	0	0
1997	Atlanta Falcons	2	0	0	0	-	-	0	0	0	-	-	0	0	0	-	0	0	0	-	0	0	0	0
	2 NFL Seasons	12	0	0	0	-	-	0	7	80	11.4	27	0	0	0	-	0	0	0	-	0	0	0	0

Lance Scott

Pos: C/LS **Rnd:** 5 **College:** Utah **Ht:** 6' 3" **Wt:** 285 **Born:** 2/15/72 **Age:** 26

Year	Team	G	GS	Year	Team	G	GS				G	GS
1995	Arizona Cardinals	1	0	1997	New York Giants	16	11			2 NFL Seasons	17	11

Todd Scott

Pos: S **Rnd:** 6 **College:** Southwestern Louisiana **Ht:** 5' 11" **Wt:** 205 **Born:** 1/23/68 **Age:** 30

				Tackles			Miscellaneous				Interceptions				Totals		
Year	Team	G	GS	Tk	Ast	Sack	FF	FR	TD	Blk	Int	Yds	Avg	TD	Sfty	TD	Pts
1991	Minnesota Vikings	16	1	25	8	0.0	0	0	0	0	0	0	-	0	0	0	0
1992	Minnesota Vikings	16	16	62	11	1.0	0	0	0	0	5	79	15.8	1	0	1	6
1993	Minnesota Vikings	13	12	44	17	0.0	0	1	0	0	2	26	13.0	0	0	0	0
1994	Minnesota Vikings	16	15	44	16	0.0	1	0	0	0	0	0	-	0	0	0	0
1995	NYA - TB	11	9	51	17	0.0	0	0	0	0	0	0	-	0	0	0	0
1996	Tampa Bay Buccaneers	2	2	3	1	0.0	0	1	0	0	0	0	-	0	0	0	0
1997	Kansas City Chiefs	10	0	0	0	0.0	0	0	0	0	0	0	-	0	0	0	0
1995	New York Jets	10	9	45	16	0.0	0	0	0	0	0	0	-	0	0	0	0
	Tampa Bay Buccaneers	1	0	6	1	0.0	0	0	0	0	0	0	-	0	0	0	0
	7 NFL Seasons	84	55	229	70	1.0	1	2	0	0	7	105	15.0	1	0	1	6

Kirk Scrafford

Pos: T **Rnd:** FA **College:** Montana **Ht:** 6' 6" **Wt:** 275 **Born:** 3/15/67 **Age:** 31

Year	Team	G	GS	Year	Team	G	GS	Year	Team	G	GS	Year	Team	G	GS
1990	Cincinnati Bengals	2	0	1992	Cincinnati Bengals	8	4	1994	Denver Broncos	16	8	1996	San Francisco 49ers	6	1
1991	Cincinnati Bengals	9	5	1993	Denver Broncos	16	0	1995	San Francisco 49ers	15	11	1997	San Francisco 49ers	16	16
													8 NFL Seasons	88	45

Other Statistics: 1994–recovered 1 fumble for 0 yards.

Tracy Scroggins

Pos: DE **Rnd:** 2 **College:** Tulsa **Ht:** 6' 2" **Wt:** 255 **Born:** 9/11/69 **Age:** 29

				Tackles			Miscellaneous				Interceptions				Totals		
Year	Team	G	GS	Tk	Ast	Sack	FF	FR	TD	Blk	Int	Yds	Avg	TD	Sfty	TD	Pts
1992	Detroit Lions	16	7	25	3	7.5	0	0	0	0	0	0	-	0	0	0	0
1993	Detroit Lions	16	16	10	7	8.0	2	1	0	0	1	0	0.0	0	0	0	0
1994	Detroit Lions	16	9	28	8	2.5	0	1	0	0	0	0	-	0	0	0	0
1995	Detroit Lions	16	16	35	10	9.5	2	1	1	0	0	0	-	0	0	1	6
1996	Detroit Lions	6	6	13	3	2.0	0	1	0	0	0	0	-	0	0	0	0
1997	Detroit Lions	15	6	30	12	7.5	1	1	1	0	0	0	-	0	1	1	8
	6 NFL Seasons	85	44	141	43	37.0	5	5	2	0	1	0	0.0	0	1	2	14

Mike Scurlock

Pos: S **Rnd:** 5 **College:** Arizona **Ht:** 5' 10" **Wt:** 200 **Born:** 2/26/72 **Age:** 26

				Tackles			Miscellaneous				Interceptions				Totals		
Year	Team	G	GS	Tk	Ast	Sack	FF	FR	TD	Blk	Int	Yds	Avg	TD	Sfty	TD	Pts
1995	St. Louis Rams	14	1	7	1	0.0	0	1	0	0	1	13	13.0	0	0	0	0
1996	St. Louis Rams	16	0	8	2	0.0	0	0	0	0	0	0	-	0	0	0	0
1997	St. Louis Rams	5	0	0	0	0.0	0	0	0	0	0	0	-	0	0	0	0
	3 NFL Seasons	35	1	15	3	0.0	0	1	0	0	1	13	13.0	0	0	0	0

Ray Seals

Pos: DE **Rnd:** FA **College:** NONE **Ht:** 6' 3" **Wt:** 306 **Born:** 6/17/65 **Age:** 33

				Tackles			Miscellaneous				Interceptions				Totals		
Year	Team	G	GS	Tk	Ast	Sack	FF	FR	TD	Blk	Int	Yds	Avg	TD	Sfty	TD	Pts
1989	Tampa Bay Buccaneers	2	0	1	0	1.0	0	0	0	0	0	0	-	0	0	0	0
1990	Tampa Bay Buccaneers	8	0	3	3	0.0	0	0	0	0	0	0	-	0	0	0	0
1991	Tampa Bay Buccaneers	10	9	28	4	1.0	0	2	0	0	0	0	-	0	0	0	0
1992	Tampa Bay Buccaneers	11	8	34	3	5.0	0	0	0	0	0	0	-	0	0	0	0
1993	Tampa Bay Buccaneers	16	11	19	16	8.5	0	1	0	0	1	0	0.0	1	0	1	6
1994	Pittsburgh Steelers	13	11	28	8	7.0	0	2	0	0	0	0	-	0	0	0	0
1995	Pittsburgh Steelers	16	16	33	14	8.5	2	1	0	0	1	0	0.0	0	0	0	0
1997	Carolina Panthers	14	7	19	2	1.0	1	0	0	0	0	0	-	0	0	0	0
	8 NFL Seasons	90	62	165	50	32.0	3	6	0	0	2	0	0.0	1	0	1	6

Leon Searcy

Pos: T **Rnd:** 1 (11) **College:** Miami (FL) **Ht:** 6' 4" **Wt:** 313 **Born:** 12/21/69 **Age:** 28

Year	Team	G	GS	Year	Team	G	GS	Year	Team	G	GS		G	GS
1992	Pittsburgh Steelers	15	0	1994	Pittsburgh Steelers	16	16	1996	Jacksonville Jaguars	16	16			
1993	Pittsburgh Steelers	16	16	1995	Pittsburgh Steelers	16	16	1997	Jacksonville Jaguars	16	16	6 NFL Seasons	95	80

Other Statistics: 1993–recovered 1 fumble for 0 yards. 1995–recovered 1 fumble for 0 yards. 1996–recovered 1 fumble for 0 yards.

Junior Seau
(statistical profile on page 444)

Pos: LB **Rnd:** 1 (5) **College:** Southern California **Ht:** 6' 3" **Wt:** 255 **Born:** 1/19/69 **Age:** 29

Year Team	G	GS	Tackles			Miscellaneous				Interceptions				Totals		
			Tk	Ast	Sack	FF	FR	TD	Blk	Int	Yds	Avg	TD	Sfty	TD	Pts
1990 San Diego Chargers	16	15	61	24	1.0	0	0	0	0	0	0	-	0	0	0	0
1991 San Diego Chargers	16	16	111	18	7.0	0	0	0	0	0	0	-	0	0	0	0
1992 San Diego Chargers	15	15	79	23	4.5	1	1	0	0	2	51	25.5	0	0	0	0
1993 San Diego Chargers	16	16	108	21	0.0	1	1	0	0	2	58	29.0	0	0	0	0
1994 San Diego Chargers	16	16	124	31	5.5	1	3	0	0	0	0	-	0	0	0	0
1995 San Diego Chargers	16	16	111	19	2.0	1	3	1	0	2	5	2.5	0	0	1	6
1996 San Diego Chargers	15	15	110	28	7.0	1	3	0	0	2	18	9.0	0	0	0	0
1997 San Diego Chargers	15	15	84	13	7.0	1	2	0	1	2	33	16.5	0	0	0	0
8 NFL Seasons	125	124	788	177	34.0	6	13	1	1	10	165	16.5	0	0	1	6

Other Statistics: 1997–fumbled 1 time.

Mark Seay

Pos: PR/WR **Rnd:** FA **College:** Long Beach State **Ht:** 6' 0" **Wt:** 175 **Born:** 4/11/67 **Age:** 31

Year Team	G	GS	Rushing					Receiving					Punt Returns				Kickoff Returns				Totals		
			Att	Yds	Avg	Lg	TD	Rec	Yds	Avg	Lg	TD	Num	Yds	Avg	TD	Num	Yds	Avg	TD	Fum	TD	Pts
1993 San Diego Chargers	1	0	0	0	-	-	0	0	0	-	-	0	0	0	-	0	0	0	-	0	0	0	0
1994 San Diego Chargers	16	14	0	0	-	-	0	58	645	11.1	t49	6	0	0	-	0	0	0	-	0	0	6	36
1995 San Diego Chargers	16	0	0	0	-	-	0	45	537	11.9	t38	3	0	0	-	0	0	0	-	0	0	3	20
1996 Philadelphia Eagles	16	0	0	0	-	-	0	19	260	13.7	35	0	35	305	8.7	0	4	51	12.8	0	2	0	0
1997 Philadelphia Eagles	12	2	0	0	-	-	0	13	187	14.4	38	1	16	172	10.8	0	0	0	-	0	3	1	6
5 NFL Seasons	61	16	0	0	-	-	0	135	1629	12.1	t49	10	51	477	9.4	0	4	51	12.8	0	5	10	62

Other Statistics: 1995–scored 1 two-point conversion. 1997–recovered 1 fumble for 0 yards.

Jason Sehorn
(statistical profile on page 444)

Pos: CB **Rnd:** 2 **College:** Southern California **Ht:** 6' 2" **Wt:** 210 **Born:** 4/15/71 **Age:** 27

Year Team	G	GS	Tackles			Miscellaneous				Interceptions				Punt Returns				Kickoff Returns				Totals	
			Tk	Ast	Sack	FF	FR	TD	Blk	Int	Yds	Avg	TD	Num	Yds	Avg	TD	Num	Yds	Avg	TD	TD	Fum
1994 New York Giants	8	0	1	0	0.0	0	0	0	0	0	0	-	0	0	0	-	0	0	0	-	0	0	0
1995 New York Giants	14	0	4	2	0.0	1	0	0	0	0	0	-	0	0	0	-	0	0	0	-	0	0	0
1996 New York Giants	16	15	83	14	3.0	5	1	0	0	5	61	12.2	1	1	0	0.0	0	0	0	-	0	1	1
1997 New York Giants	16	16	75	11	1.5	2	1	0	0	6	74	12.3	1	0	0	-	0	0	0	-	0	1	0
4 NFL Seasons	54	31	163	27	4.5	8	2	0	0	11	135	12.3	2	1	0	0.0	0	0	0	-	0	2	1

Dexter Seigler

Pos: CB **Rnd:** FA **College:** Miami (FL) **Ht:** 5' 9" **Wt:** 178 **Born:** 1/11/72 **Age:** 26

Year Team	G	GS	Tackles			Miscellaneous				Interceptions				Totals		
			Tk	Ast	Sack	FF	FR	TD	Blk	Int	Yds	Avg	TD	Sfty	TD	Pts
1996 Seattle Seahawks	12	0	3	3	0.0	0	0	0	0	0	0	-	0	0	0	0
1997 Seattle Seahawks	2	0	0	0	0.0	0	0	0	0	0	0	-	0	0	0	0
2 NFL Seasons	14	0	3	3	0.0	0	0	0	0	0	0	-	0	0	0	0

Rob Selby

Pos: G **Rnd:** 3 **College:** Auburn **Ht:** 6' 3" **Wt:** 286 **Born:** 10/11/67 **Age:** 31

Year	Team	G	GS	Year	Team	G	GS	Year	Team	G	GS	Year	Team	G	GS
1991	Philadelphia Eagles	12	0	1993	Philadelphia Eagles	1	0	1995	Arizona Cardinals	7	4	1997	Arizona Cardinals	10	9
1992	Philadelphia Eagles	16	1	1994	Philadelphia Eagles	2	0	1996	Arizona Cardinals	13	5		7 NFL Seasons	61	19

Tony Semple

Pos: G/LS **Rnd:** 5 **College:** Memphis **Ht:** 6' 4" **Wt:** 286 **Born:** 12/20/70 **Age:** 27

Year	Team	G	GS	Year	Team	G	GS	Year	Team	G	GS	Year	Team	G	GS
1995	Detroit Lions	16	0	1996	Detroit Lions	15	1	1997	Detroit Lions	16	1		3 NFL Seasons	47	2

Sam Shade
(statistical profile on page 444)

Pos: S **Rnd:** 4 **College:** Alabama **Ht:** 6' 1" **Wt:** 191 **Born:** 6/14/73 **Age:** 25

Year Team	G	GS	Tackles			Miscellaneous				Interceptions				Totals		
			Tk	Ast	Sack	FF	FR	TD	Blk	Int	Yds	Avg	TD	Sfty	TD	Pts
1995 Cincinnati Bengals	16	2	14	2	0.0	0	0	0	0	0	0	-	0	0	0	0
1996 Cincinnati Bengals	12	1	5	2	0.0	0	0	0	0	0	0	-	0	0	0	0
1997 Cincinnati Bengals	16	12	81	15	4.0	1	1	0	0	1	21	21.0	0	0	0	0
3 NFL Seasons	44	15	100	19	4.0	1	1	0	0	1	21	21.0	0	0	0	0

Other Statistics: 1997–fumbled 1 time.

Shannon Sharpe
(statistical profile on page 366)

Pos: TE **Rnd:** 7 **College:** Savannah State **Ht:** 6' 2" **Wt:** 230 **Born:** 6/26/68 **Age:** 30

			Rushing					Receiving				Punt Returns				Kickoff Returns				Totals		
Year Team	G	GS	Att	Yds	Avg	Lg	TD	Rec	Yds	Avg	Lg	TD	Num	Yds	Avg	TD	Num	Yds	Avg	TD	Fum	TD	Pts
1990 Denver Broncos	16	2	0	0	-	-	0	7	99	14.1	33	1	0	0	-	0	0	0	-	0	1	1	6
1991 Denver Broncos	16	9	1	15	15.0	15	0	22	322	14.6	37	1	0	0	-	0	0	0	-	0	0	1	6
1992 Denver Broncos	16	11	2	-6	-3.0	-3	0	53	640	12.1	55	2	0	0	-	0	0	0	-	0	1	2	12
1993 Denver Broncos	16	12	0	0	-	-	0	81	995	12.3	63	9	0	0	-	0	1	0	0.0	0	1	9	54
1994 Denver Broncos	15	13	0	0	-	-	0	87	1010	11.6	44	4	0	0	-	0	0	0	-	0	1	4	28
1995 Denver Broncos	13	12	0	0	-	-	0	63	756	12.0	49	4	0	0	-	0	0	0	-	0	1	4	24
1996 Denver Broncos	15	15	0	0	-	-	0	80	1062	13.3	51	10	0	0	-	0	0	0	-	0	1	10	60
1997 Denver Broncos	16	16	0	0	-	-	0	72	1107	15.4	t68	3	0	0	-	0	0	0	-	0	1	3	20
8 NFL Seasons	123	90	3	9	3.0	15	0	465	5991	12.9	t68	34	0	0	-	0	1	0	0.0	0	7	34	210

Other Statistics: 1991–recovered 1 fumble for 0 yards. 1994–scored 2 two-point conversions. 1995–recovered 1 fumble for 0 yards. 1997–scored 1 two-point conversion.

Darren Sharper

Pos: CB/S **Rnd:** 2 **College:** William and Mary **Ht:** 6' 3" **Wt:** 215 **Born:** 11/3/75 **Age:** 22

			Tackles			Miscellaneous				Interceptions				Punt Returns				Kickoff Returns				Totals	
Year Team	G	GS	Tk	Ast	Sack	FF	FR	TD	Blk	Int	Yds	Avg	TD	Num	Yds	Avg	TD	Num	Yds	Avg	TD	TD	Fum
1997 Green Bay Packers	14	0	12	1	0.0	1	1	1	0	2	70	35.0	2	7	32	4.6	0	1	3	3.0	0	3	1

Jamie Sharper
(statistical profile on page 445)

Pos: LB **Rnd:** 2 **College:** Virginia **Ht:** 6' 3" **Wt:** 238 **Born:** 11/23/74 **Age:** 23

			Tackles			Miscellaneous				Interceptions				Totals		
Year Team	G	GS	Tk	Ast	Sack	FF	FR	TD	Blk	Int	Yds	Avg	TD	Sfty	TD	Pts
1997 Baltimore Ravens	16	15	52	14	3.0	1	0	0	0	1	4	4.0	0	0	0	0

Other Statistics: 1997–fumbled 1 time for 0 yards.

Sedrick Shaw

Pos: RB **Rnd:** 3 **College:** Iowa **Ht:** 6' 1" **Wt:** 210 **Born:** 11/16/73 **Age:** 24

			Rushing					Receiving				Punt Returns				Kickoff Returns				Totals		
Year Team	G	GS	Att	Yds	Avg	Lg	TD	Rec	Yds	Avg	Lg	TD	Num	Yds	Avg	TD	Num	Yds	Avg	TD	Fum	TD	Pts
1997 New England Patriots	1	0	0	0	-	-	0	0	0	-	-	0	0	0	-	0	0	0	-	0	0	0	0

Terrance Shaw
(statistical profile on page 445)

Pos: CB **Rnd:** 2 **College:** Stephen F. Austin **Ht:** 5' 11" **Wt:** 190 **Born:** 11/11/73 **Age:** 24

			Tackles			Miscellaneous				Interceptions				Totals		
Year Team	G	GS	Tk	Ast	Sack	FF	FR	TD	Blk	Int	Yds	Avg	TD	Sfty	TD	Pts
1995 San Diego Chargers	16	14	53	5	0.0	0	0	0	0	1	31	31.0	0	0	0	0
1996 San Diego Chargers	16	16	72	13	0.0	0	0	0	0	3	78	26.0	0	0	0	0
1997 San Diego Chargers	16	16	66	5	0.0	0	1	0	0	1	11	11.0	0	0	0	0
3 NFL Seasons	48	46	191	23	0.0	0	1	0	0	5	120	24.0	0	0	0	0

Kenny Shedd

Pos: WR **Rnd:** 5 **College:** Northern Iowa **Ht:** 5' 10" **Wt:** 170 **Born:** 2/14/71 **Age:** 27

			Rushing					Receiving				Punt Returns				Kickoff Returns				Totals		
Year Team	G	GS	Att	Yds	Avg	Lg	TD	Rec	Yds	Avg	Lg	TD	Num	Yds	Avg	TD	Num	Yds	Avg	TD	Fum	TD	Pts
1996 Oakland Raiders	16	1	0	0	-	-	0	3	87	29.0	51	1	0	0	-	0	3	51	17.0	0	0	1	8
1997 Oakland Raiders	16	0	0	0	-	-	0	10	115	11.5	19	0	0	0	-	0	2	38	19.0	0	0	1	6
2 NFL Seasons	32	1	0	0	-	-	0	13	202	15.5	51	1	0	0	-	0	5	89	17.8	0	0	2	14

Other Statistics: 1996–credited with 1 safety. 1997–recovered 2 fumbles for 25 yards and 1 touchdown.

Mike Sheldon

Pos: T/G **Rnd:** FA **College:** Grand Valley State **Ht:** 6' 4" **Wt:** 295 **Born:** 6/8/73 **Age:** 25

Year Team	G	GS
1997 Miami Dolphins	11	0
1 NFL Season	11	0

Chris Shelling

Pos: S **Rnd:** FA **College:** Auburn **Ht:** 5' 10" **Wt:** 180 **Born:** 11/3/72 **Age:** 25

			Tackles			Miscellaneous				Interceptions				Totals		
Year Team	G	GS	Tk	Ast	Sack	FF	FR	TD	Blk	Int	Yds	Avg	TD	Sfty	TD	Pts
1995 Cincinnati Bengals	13	0	15	0	0.0	0	0	0	0	0	0	-	0	0	0	0
1996 Cincinnati Bengals	1	0	0	0	0.0	0	0	0	0	0	0	-	0	0	0	0
1997 Atlanta Falcons	2	0	0	0	0.0	0	0	0	0	0	0	-	0	0	0	0
3 NFL Seasons	16	0	15	0	0.0	0	0	0	0	0	0	-	0	0	0	0

Kendel Shello

Pos: DT **Rnd:** FA **College:** Southern **Ht:** 6' 3" **Wt:** 301 **Born:** 11/24/73 **Age:** 24

			Tackles			Miscellaneous				Interceptions				Totals		
Year Team	G	GS	Tk	Ast	Sack	FF	FR	TD	Blk	Int	Yds	Avg	TD	Sfty	TD	Pts
1997 Indianapolis Colts	6	0	3	1	1.0	0	0	0	0	0	0	-	0	0	0	0

Daimon Shelton

Pos: FB **Rnd:** 6 **College:** Cal State-Sacramento **Ht:** 6' 0" **Wt:** 250 **Born:** 9/15/72 **Age:** 26

			Rushing					Receiving					Punt Returns				Kickoff Returns				Totals		
Year Team	G	GS	Att	Yds	Avg	Lg	TD	Rec	Yds	Avg	Lg	TD	Num	Yds	Avg	TD	Num	Yds	Avg	TD	Fum	TD	Pts
1997 Jacksonville Jaguars	13	0	6	4	0.7	2	0	0	0	-	-	0	0	0	-	0	0	0	-	0	1	0	0

Leslie Shepherd

(statistical profile on page 366)

Pos: WR **Rnd:** FA **College:** Temple **Ht:** 5' 11" **Wt:** 178 **Born:** 11/3/69 **Age:** 28

			Rushing					Receiving					Punt Returns				Kickoff Returns				Totals		
Year Team	G	GS	Att	Yds	Avg	Lg	TD	Rec	Yds	Avg	Lg	TD	Num	Yds	Avg	TD	Num	Yds	Avg	TD	Fum	TD	Pts
1994 Washington Redskins	3	0	0	0	-	-	0	1	8	8.0	8	0	0	0	-	0	0	0	-	0	0	0	0
1995 Washington Redskins	14	4	7	63	9.0	26	1	29	486	16.8	t73	2	0	0	-	0	3	85	28.3	0	0	3	18
1996 Washington Redskins	12	6	6	96	16.0	t32	2	23	344	15.0	t52	3	0	0	-	0	0	0	-	0	0	5	30
1997 Washington Redskins	11	9	4	27	6.8	17	0	29	562	19.4	48	5	0	0	-	0	0	0	-	0	0	5	30
4 NFL Seasons	40	19	17	186	10.9	t32	3	82	1400	17.1	t73	10	0	0	-	0	3	85	28.3	0	0	13	78

Other Statistics: 1995–recovered 1 fumble for 0 yards. 1996–recovered 1 fumble for 0 yards.

Will Shields

Pos: G **Rnd:** 3 **College:** Nebraska **Ht:** 6' 3" **Wt:** 308 **Born:** 9/15/71 **Age:** 27

Year	Team	G	GS	Year	Team	G	GS	Year	Team	G	GS		G	GS
1993	Kansas City Chiefs	16	15	1995	Kansas City Chiefs	16	16	1997	Kansas City Chiefs	16	16	5 NFL Seasons	80	79
1994	Kansas City Chiefs	16	16	1996	Kansas City Chiefs	16	16							

Other Statistics: 1993–recovered 2 fumbles for 0 yards. 1994–recovered 1 fumble for 0 yards. 1995–recovered 1 fumble for 0 yards.

Clay Shiver

Pos: C **Rnd:** 3 **College:** Florida State **Ht:** 6' 2" **Wt:** 294 **Born:** 12/7/72 **Age:** 25

Year	Team	G	GS	Year	Team	G	GS		G	GS
1996	Dallas Cowboys	14	0	1997	Dallas Cowboys	16	16	2 NFL Seasons	30	16

Other Statistics: 1997–recovered 1 fumble for 0 yards; fumbled 2 times.

Heath Shuler

(statistical profile on page 367)

Pos: QB **Rnd:** 1 (3) **College:** Tennessee **Ht:** 6' 2" **Wt:** 216 **Born:** 12/31/71 **Age:** 26

			Passing									Rushing					Miscellaneous				
Year Team	G	GS	Att	Com	Pct	Yards	Yds/Att	Lg	TD	Int	Int%	Rating	Att	Yds	Avg	Lg	TD	Sckd	Yds	Fum	Recv Yds	Pts
1994 Washington Redskins	11	8	265	120	45.3	1658	6.26	t81	10	12	4.5	59.6	26	103	4.0	26	0	12	83	3	0 -9	0
1995 Washington Redskins	7	5	125	66	52.8	745	5.96	44	3	7	5.6	55.6	18	57	3.2	13	0	13	76	1	1 0	0
1996 Washington Redskins	1	0	0	0	0	0	-	-	0	0	-	0.0	1	0	0.0	0	0	0	0	1	0 -14	0
1997 New Orleans Saints	10	9	203	106	52.2	1288	6.34	t89	2	14	6.9	46.6	22	38	1.7	8	1	21	132	8	3 -20	6
4 NFL Seasons	29	22	593	292	49.2	3691	6.22	t89	15	33	5.6	54.3	67	198	3.0	26	1	46	291	13	4 -43	6

Troy Sienkiewicz

Pos: T/G **Rnd:** 6 **College:** New Mexico State **Ht:** 6' 5" **Wt:** 310 **Born:** 5/27/72 **Age:** 26

Year	Team	G	GS	Year	Team	G	GS		G	GS
1996	San Diego Chargers	7	0	1997	San Diego Chargers	14	6	2 NFL Seasons	21	6

Other Statistics: 1997–recovered 2 fumbles for 7 yards.

Ricky Siglar

Pos: T **Rnd:** FA **College:** San Jose State **Ht:** 6' 7" **Wt:** 307 **Born:** 6/14/66 **Age:** 32

Year	Team	G	GS	Year	Team	G	GS	Year	Team	G	GS		G	GS
1990	San Francisco 49ers	16	0	1994	Kansas City Chiefs	16	8	1996	Kansas City Chiefs	16	16	6 NFL Seasons	94	51
1993	Kansas City Chiefs	14	14	1995	Kansas City Chiefs	16	12	1997	New Orleans Saints	16	1			

Tracy Simien

Pos: LB **Rnd:** FA **College:** Texas Christian **Ht:** 6' 1" **Wt:** 255 **Born:** 5/21/67 **Age:** 31

			Tackles			Miscellaneous				Interceptions				Totals		
Year Team	G	GS	Tk	Ast	Sack	FF	FR	TD	Blk	Int	Yds	Avg	TD	Sfty	TD	Pts
1991 Kansas City Chiefs	15	12	48	32	2.0	0	1	0	0	0	0	-	0	0	0	0
1992 Kansas City Chiefs	15	15	56	41	1.0	0	0	0	0	3	18	6.0	0	0	0	0
1993 Kansas City Chiefs	16	14	68	37	0.0	0	0	0	0	0	0	-	0	0	0	0
1994 Kansas City Chiefs	15	15	58	14	0.0	0	2	0	0	0	0	-	0	0	0	0
1995 Kansas City Chiefs	16	16	64	8	1.0	0	3	0	0	0	0	-	0	0	0	0

			Tackles			Miscellaneous				Interceptions				Totals		
Year Team	G	GS	Tk	Ast	Sack	FF	FR	TD	Blk	Int	Yds	Avg	TD	Sfty	TD	Pts
1996 Kansas City Chiefs	16	13	64	12	0.0	0	1	0	0	1	2	2.0	0	0	0	0
1997 Kansas City Chiefs	16	0	2	0	0.0	0	0	0	0	0	0	-	0	0	0	0
7 NFL Seasons	109	85	360	144	4.0	0	7	0	0	4	20	5.0	0	0	0	0

Clyde Simmons
(statistical profile on page 445)

Pos: DE **Rnd:** 9 **College:** Western Carolina **Ht:** 6' 6" **Wt:** 280 **Born:** 8/4/64 **Age:** 34

			Tackles			Miscellaneous				Interceptions				Punt Returns				Kickoff Returns				Totals	
Year Team	G	GS	Tk	Ast	Sack	FF	FR	TD	Blk	Int	Yds	Avg	TD	Num	Yds	Avg	TD	Num	Yds	Avg	TD	TD	Fum
1986 Philadelphia Eagles	16	0	3	0	2.0	0	0	0	0	0	0	-	0	0	0	-	0	1	0	0.0	0	0	0
1987 Philadelphia Eagles	12	12	59	16	6.0	1	1	0	0	0	0	-	0	0	0	-	0	0	0	-	0	0	0
1988 Philadelphia Eagles	16	16	64	25	8.0	1	3	1	0	0	0	-	0	0	0	-	0	0	0	-	0	1	0
1989 Philadelphia Eagles	16	16	85	50	15.5	3	0	0	0	1	60	60.0	1	0	0	-	0	0	0	-	0	0	0
1990 Philadelphia Eagles	16	16	69	40	7.5	1	2	1	0	0	0	-	0	0	0	-	0	0	0	-	0	1	0
1991 Philadelphia Eagles	16	16	75	40	13.0	2	3	1	0	0	0	-	0	0	0	-	0	0	0	-	0	1	0
1992 Philadelphia Eagles	16	16	69	27	19.0	2	1	0	0	0	0	-	0	0	0	-	0	0	0	-	0	0	0
1993 Philadelphia Eagles	16	16	64	34	5.0	2	0	0	0	1	0	0.0	0	0	0	-	0	0	0	-	0	0	0
1994 Arizona Cardinals	16	16	33	12	6.0	0	0	0	0	0	0	-	0	0	0	-	0	0	0	-	0	0	0
1995 Arizona Cardinals	16	16	40	14	11.0	6	1	0	1	1	25	25.0	1	0	0	-	0	0	0	-	0	1	0
1996 Jacksonville Jaguars	16	14	29	9	7.5	3	1	0	2	0	0	-	0	0	0	-	0	0	0	-	0	0	0
1997 Jacksonville Jaguars	16	13	34	6	8.5	2	0	0	1	0	0	-	0	0	0	-	0	0	0	-	0	0	0
12 NFL Seasons	188	167	624	273	109.0	23	12	3	4	3	85	28.3	2	0	0	-	0	1	0	0.0	0	5	0

Other Statistics: 1988–credited with 1 safety.

Ed Simmons

Pos: T **Rnd:** 6 **College:** Eastern Washington **Ht:** 6' 5" **Wt:** 336 **Born:** 12/31/63 **Age:** 34

Year	Team	G	GS	Year	Team	G	GS	Year	Team	G	GS	Year	Team	G	GS
1987	Washington Redskins	6	3	1990	Washington Redskins	13	11	1993	Washington Redskins	13	13	1996	Washington Redskins	11	11
1988	Washington Redskins	16	0	1991	Washington Redskins	6	2	1994	Washington Redskins	16	16	1997	Washington Redskins	14	13
1989	Washington Redskins	16	8	1992	Washington Redskins	16	11	1995	Washington Redskins	16	16		11 NFL Seasons	143	104

Other Statistics: 1993–recovered 1 fumble for 0 yards. 1995–recovered 2 fumbles for 0 yards.

Wayne Simmons

Pos: LB **Rnd:** 1 (15) **College:** Clemson **Ht:** 6' 2" **Wt:** 248 **Born:** 12/15/69 **Age:** 28

			Tackles			Miscellaneous				Interceptions				Totals		
Year Team	G	GS	Tk	Ast	Sack	FF	FR	TD	Blk	Int	Yds	Avg	TD	Sfty	TD	Pts
1993 Green Bay Packers	14	8	18	16	1.0	0	1	0	0	2	21	10.5	0	0	0	0
1994 Green Bay Packers	12	1	8	5	0.0	0	0	0	0	0	0	-	0	0	0	0
1995 Green Bay Packers	16	16	68	23	4.0	1	1	0	0	0	0	-	0	0	0	0
1996 Green Bay Packers	16	16	47	19	2.5	2	0	0	0	1	0	0.0	0	0	0	0
1997 GB - KC	16	14	35	16	3.5	0	0	0	0	0	0	-	0	0	0	0
1997 Green Bay Packers	6	6	18	9	0.0	0	0	0	0	0	0	-	0	0	0	0
Kansas City Chiefs	10	8	17	7	3.5	0	0	0	0	0	0	-	0	0	0	0
5 NFL Seasons	74	55	176	79	11.0	3	2	0	0	3	21	7.0	0	0	0	0

Carl Simpson
(statistical profile on page 446)

Pos: DT **Rnd:** 2 **College:** Florida State **Ht:** 6' 2" **Wt:** 292 **Born:** 4/18/70 **Age:** 28

			Tackles			Miscellaneous				Interceptions				Totals		
Year Team	G	GS	Tk	Ast	Sack	FF	FR	TD	Blk	Int	Yds	Avg	TD	Sfty	TD	Pts
1993 Chicago Bears	11	0	2	5	0.5	0	0	0	0	0	0	-	0	0	0	0
1994 Chicago Bears	15	8	16	9	0.0	0	0	0	0	0	0	-	0	0	0	0
1995 Chicago Bears	16	8	14	6	1.0	1	2	0	0	0	0	-	0	0	0	0
1996 Chicago Bears	16	16	24	12	1.5	1	2	0	0	0	0	-	0	0	0	0
1997 Chicago Bears	16	16	24	10	4.5	0	0	0	0	0	0	-	0	0	0	0
5 NFL Seasons	74	48	80	42	7.5	2	4	0	0	0	0	-	0	0	0	0

Keith Sims

Pos: G **Rnd:** 2 **College:** Iowa State **Ht:** 6' 3" **Wt:** 309 **Born:** 6/17/67 **Age:** 31

Year	Team	G	GS	Year	Team	G	GS	Year	Team	G	GS	Year	Team	G	GS
1990	Miami Dolphins	14	13	1992	Miami Dolphins	16	16	1994	Miami Dolphins	16	16	1996	Miami Dolphins	15	15
1991	Miami Dolphins	12	12	1993	Miami Dolphins	16	16	1995	Miami Dolphins	16	16	1997	Miami Dolphins	8	4
													8 NFL Seasons	113	108

Other Statistics: 1990–recovered 1 fumble for 0 yards; returned 1 kickoff for 9 yards. 1991–caught 1 pass for 9 yards. 1993–recovered 1 fumble for 0 yards. 1994–recovered 2 fumbles for 0 yards. 1995–recovered 1 fumble for 0 yards.

Michael Sinclair
(statistical profile on page 446)

Pos: DE Rnd: 6 College: Eastern New Mexico Ht: 6' 4" Wt: 267 Born: 1/31/68 Age: 30

			Tackles			Miscellaneous				Interceptions				Totals		
Year Team	G	GS	Tk	Ast	Sack	FF	FR	TD	Blk	Int	Yds	Avg	TD	Sfty	TD	Pts
1992 Seattle Seahawks	12	1	9	1	1.0	0	0	0	0	0	0	-	0	0	0	0
1993 Seattle Seahawks	9	1	12	-	8.0	1	0	0	0	0	0	-	0	0	0	0
1994 Seattle Seahawks	12	3	10	2	4.5	0	0	0	0	0	0	-	0	0	0	0
1995 Seattle Seahawks	16	15	37	9	5.5	2	2	0	0	0	0	-	0	0	0	0
1996 Seattle Seahawks	16	16	39	8	13.0	4	0	0	0	0	0	-	0	0	0	0
1997 Seattle Seahawks	16	16	35	10	12.0	5	1	1	0	0	0	-	0	0	1	6
6 NFL Seasons	81	52	142	30	44.0	12	3	1	0	0	0	-	0	0	1	6

Alsheemond Singleton

Pos: LB Rnd: 4 College: Temple Ht: 6' 2" Wt: 228 Born: 8/7/75 Age: 23

			Tackles			Miscellaneous				Interceptions				Totals		
Year Team	G	GS	Tk	Ast	Sack	FF	FR	TD	Blk	Int	Yds	Avg	TD	Sfty	TD	Pts
1997 Tampa Bay Buccaneers	12	0	0	0	0.0	0	0	1	1	0	0	-	0	0	1	6

Nate Singleton

Pos: WR Rnd: 11 College: Grambling Ht: 5' 11" Wt: 190 Born: 7/5/68 Age: 30

			Rushing					Receiving				Punt Returns				Kickoff Returns				Totals		
Year Team	G	GS	Att	Yds	Avg	Lg	TD	Rec	Yds	Avg	Lg	TD	Num	Yds	Avg	TD	Num	Yds	Avg	TD	Fum	TD	Pts
1993 San Francisco 49ers	16	0	0	0	-	-	0	8	126	15.8	33	1	0	0	-	0	0	0	-	0	0	1	6
1994 San Francisco 49ers	16	1	0	0	-	-	0	21	294	14.0	t43	2	2	13	6.5	0	2	23	11.5	0	0	2	12
1995 San Francisco 49ers	6	2	0	0	-	-	0	8	108	13.5	23	1	5	27	5.4	0	0	0	-	0	1	1	6
1996 San Francisco 49ers	2	0	0	0	-	-	0	1	11	11.0	11	0	2	32	16.0	0	1	10	10.0	0	0	0	0
1997 Baltimore Ravens	5	0	0	0	-	-	0	0	0	-	-	0	0	0	-	0	4	64	16.0	0	0	0	0
5 NFL Seasons	45	3	0	0	-	-	0	38	539	14.2	t43	4	9	72	8.0	0	7	97	13.9	0	1	4	24

Other Statistics: 1995–recovered 1 fumble for 0 yards.

Tony Siragusa

Pos: DT Rnd: FA College: Pittsburgh Ht: 6' 3" Wt: 320 Born: 5/14/67 Age: 31

			Tackles			Miscellaneous				Interceptions				Totals		
Year Team	G	GS	Tk	Ast	Sack	FF	FR	TD	Blk	Int	Yds	Avg	TD	Sfty	TD	Pts
1990 Indianapolis Colts	13	6	24	12	1.0	0	1	0	0	0	0	-	0	0	0	0
1991 Indianapolis Colts	13	6	24	22	2.0	0	1	0	0	0	0	-	0	0	0	0
1992 Indianapolis Colts	16	12	47	18	3.0	0	1	0	0	0	0	-	0	0	0	0
1993 Indianapolis Colts	14	14	51	25	1.5	1	0	0	0	0	0	-	0	0	0	0
1994 Indianapolis Colts	16	16	62	26	5.0	2	1	0	0	0	0	-	0	0	0	0
1995 Indianapolis Colts	14	14	41	8	2.0	1	0	0	1	0	0	-	0	0	0	0
1996 Indianapolis Colts	10	10	36	9	2.0	0	1	0	0	0	0	-	0	0	0	0
1997 Baltimore Ravens	14	13	22	5	0.0	0	1	0	0	0	0	-	0	0	0	0
8 NFL Seasons	110	91	307	125	16.5	4	6	0	1	0	0	-	0	0	0	0

Greg Skrepenak

Pos: G Rnd: 2 College: Michigan Ht: 6' 7" Wt: 330 Born: 1/31/70 Age: 28

Year	Team	G	GS	Year	Team	G	GS	Year	Team	G	GS
1992	Los Angeles Raiders	10	0	1995	Oakland Raiders	14	14	1997	Carolina Panthers	16	16
1994	Los Angeles Raiders	12	10	1996	Carolina Panthers	16	16		5 NFL Seasons	68	56

Chris Slade
(statistical profile on page 446)

Pos: LB Rnd: 2 College: Virginia Ht: 6' 5" Wt: 245 Born: 1/30/71 Age: 27

			Tackles			Miscellaneous				Interceptions				Totals		
Year Team	G	GS	Tk	Ast	Sack	FF	FR	TD	Blk	Int	Yds	Avg	TD	Sfty	TD	Pts
1993 New England Patriots	16	5	25	13	9.0	3	1	0	0	0	0	-	0	0	0	0
1994 New England Patriots	16	16	63	42	9.5	4	0	0	0	0	0	-	0	0	0	0
1995 New England Patriots	16	16	71	24	4.0	1	2	0	1	0	0	-	1	0	1	6
1996 New England Patriots	16	9	50	19	7.0	3	0	0	0	1	2	2.0	0	0	0	0
1997 New England Patriots	16	16	62	26	9.0	2	0	0	0	1	1	1.0	1	0	1	6
5 NFL Seasons	80	62	271	124	38.5	13	3	0	1	2	3	1.5	2	0	2	12

Other Statistics: 1996–fumbled 1 time for 0 yards.

David Sloan
(statistical profile on page 367)

Pos: TE Rnd: 3 College: New Mexico Ht: 6' 6" Wt: 254 Born: 6/8/72 Age: 26

			Rushing					Receiving				Punt Returns				Kickoff Returns				Totals		
Year Team	G	GS	Att	Yds	Avg	Lg	TD	Rec	Yds	Avg	Lg	TD	Num	Yds	Avg	TD	Num	Yds	Avg	TD	Fum	TD	Pts
1995 Detroit Lions	16	8	0	0	-	-	0	17	184	10.8	24	1	0	0	-	0	1	14	14.0	0	0	1	6
1996 Detroit Lions	4	4	0	0	-	-	0	7	51	7.3	18	0	0	0	-	0	0	0	-	0	0	0	0

		Rushing					Receiving					Punt Returns				Kickoff Returns				Totals		
Year Team	G GS	Att	Yds	Avg	Lg	TD	Rec	Yds	Avg	Lg	TD	Num	Yds	Avg	TD	Num	Yds	Avg	TD	Fum	TD	Pts
1997 Detroit Lions	14 12	0	0	-	-	0	29	264	9.1	25	0	0	0	-	0	0	0	-	0	0	0	0
3 NFL Seasons	34 24	0	0	-	-	0	53	499	9.4	25	1	0	0	-	0	1	14	14.0	0	0	1	6

Other Statistics: 1996–recovered 1 fumble for 0 yards.

Scott Slutzker

Pos: TE **Rnd:** 3 **College:** Iowa **Ht:** 6' 4" **Wt:** 254 **Born:** 12/20/72 **Age:** 25

		Rushing					Receiving					Punt Returns				Kickoff Returns				Totals		
Year Team	G GS	Att	Yds	Avg	Lg	TD	Rec	Yds	Avg	Lg	TD	Num	Yds	Avg	TD	Num	Yds	Avg	TD	Fum	TD	Pts
1996 Indianapolis Colts	15 0	0	0	-	-	0	0	0	-	-	0	0	0	-	0	0	0	-	0	0	0	0
1997 Indianapolis Colts	12 2	0	0	-	-	0	3	22	7.3	11	0	0	0	-	0	0	0	-	0	0	0	0
2 NFL Seasons	27 2	0	0	-	-	0	3	22	7.3	11	0	0	0	-	0	0	0	-	0	0	0	0

Other Statistics: 1997–recovered 2 fumbles for 0 yards.

Torrance Small *(statistical profile on page 368)*

Pos: WR **Rnd:** 5 **College:** Alcorn State **Ht:** 6' 3" **Wt:** 201 **Born:** 9/6/70 **Age:** 28

		Rushing					Receiving					Punt Returns				Kickoff Returns				Totals		
Year Team	G GS	Att	Yds	Avg	Lg	TD	Rec	Yds	Avg	Lg	TD	Num	Yds	Avg	TD	Num	Yds	Avg	TD	Fum	TD	Pts
1992 New Orleans Saints	13 2	0	0	-	-	0	23	278	12.1	33	3	0	0	-	0	0	0	-	0	0	3	18
1993 New Orleans Saints	11 0	0	0	-	-	0	16	164	10.3	17	1	0	0	-	0	0	0	-	0	0	1	6
1994 New Orleans Saints	16 0	0	0	-	-	0	49	719	14.7	t75	5	0	0	-	0	0	0	-	0	0	5	32
1995 New Orleans Saints	16 1	6	75	12.5	t44	1	38	461	12.1	t32	5	0	0	-	0	0	0	-	0	0	6	36
1996 New Orleans Saints	16 13	4	51	12.8	22	1	50	558	11.2	41	2	0	0	-	0	0	0	-	0	1	3	18
1997 St. Louis Rams	13 7	0	0	-	-	0	32	488	15.3	46	1	0	0	-	0	0	0	-	0	0	1	6
6 NFL Seasons	85 23	10	126	12.6	t44	2	208	2668	12.8	t75	17	0	0	-	0	0	0	-	0	1	19	116

Other Statistics: 1994–recovered 1 fumble for 1 yard; scored 1 two-point conversion. 1995–recovered 1 fumble for 0 yards.

Eric Smedley

Pos: S **Rnd:** 7 **College:** Indiana **Ht:** 5' 11" **Wt:** 199 **Born:** 7/23/73 **Age:** 25

		Tackles			Miscellaneous				Interceptions				Totals		
Year Team	G	GS	Tk	Ast	Sack	FF	FR	TD	Blk	Int	Yds	Avg	TD	Sfty	TD	Pts
1996 Buffalo Bills	6	0	0	0	0.0	0	0	0	0	0	0	-	0	0	0	0
1997 Buffalo Bills	13	1	9	1	0.0	0	0	0	0	0	0	-	0	0	0	0
2 NFL Seasons	19	1	9	1	0.0	0	0	0	0	0	0	-	0	0	0	0

Joel Smeenge

Pos: DE **Rnd:** 3 **College:** Western Michigan **Ht:** 6' 6" **Wt:** 270 **Born:** 4/1/68 **Age:** 30

		Tackles			Miscellaneous				Interceptions				Totals		
Year Team	G	GS	Tk	Ast	Sack	FF	FR	TD	Blk	Int	Yds	Avg	TD	Sfty	TD	Pts
1990 New Orleans Saints	15	0	1	0	0.0	0	0	0	0	0	0	-	0	0	0	0
1991 New Orleans Saints	14	0	2	0	0.0	0	1	0	0	0	0	-	0	0	0	0
1992 New Orleans Saints	11	0	5	2	0.5	0	1	0	0	0	0	-	0	0	0	0
1993 New Orleans Saints	16	2	13	2	1.0	0	0	0	0	0	0	-	0	0	0	0
1994 New Orleans Saints	16	2	6	2	0.0	0	0	0	0	0	0	-	0	0	0	0
1995 Jacksonville Jaguars	15	15	31	7	4.0	4	0	0	0	1	12	12.0	0	0	0	0
1996 Jacksonville Jaguars	10	10	17	6	5.0	2	0	0	0	0	0	-	0	0	0	0
1997 Jacksonville Jaguars	16	0	29	3	6.5	0	2	0	0	0	0	-	0	0	0	0
8 NFL Seasons	113	29	104	22	17.0	6	4	0	0	1	12	12.0	0	0	0	0

Other Statistics: 1995–fumbled 1 time for 0 yards.

Anthony Smith *(statistical profile on page 447)*

Pos: DE **Rnd:** 1 (11) **College:** Arizona **Ht:** 6' 3" **Wt:** 265 **Born:** 6/28/67 **Age:** 31

		Tackles			Miscellaneous				Interceptions				Totals		
Year Team	G	GS	Tk	Ast	Sack	FF	FR	TD	Blk	Int	Yds	Avg	TD	Sfty	TD	Pts
1991 Los Angeles Raiders	16	2	0	-	10.5	0	1	0	0	0	0	-	0	0	0	0
1992 Los Angeles Raiders	15	1	31	-	13.0	6	0	0	0	0	0	-	0	0	0	0
1993 Los Angeles Raiders	16	2	39	13	12.5	1	0	0	0	0	0	-	0	0	0	0
1994 Los Angeles Raiders	16	16	34	13	6.0	0	1	1	0	0	0	-	0	0	1	6
1995 Oakland Raiders	16	11	28	14	7.0	1	3	0	0	0	0	-	0	0	0	0
1996 Oakland Raiders	6	4	12	1	2.0	1	1	0	0	0	0	-	0	0	0	0
1997 Oakland Raiders	13	13	33	10	6.5	2	1	0	0	0	0	-	0	1	0	2
7 NFL Seasons	98	49	177	51	57.5	11	7	1	0	0	0	-	0	1	1	8

Antowain Smith *(statistical profile on page 368)*

Pos: RB **Rnd:** 1 (23) **College:** Houston **Ht:** 6' 2" **Wt:** 224 **Born:** 3/14/72 **Age:** 26

		Rushing					Receiving					Punt Returns				Kickoff Returns				Totals		
Year Team	G GS	Att	Yds	Avg	Lg	TD	Rec	Yds	Avg	Lg	TD	Num	Yds	Avg	TD	Num	Yds	Avg	TD	Fum	TD	Pts
1997 Buffalo Bills	16 0	194	840	4.3	t56	8	28	177	6.3	19	0	0	0	-	0	0	0	-	0	4	8	48

Brady Smith

Pos: DE **Rnd:** 3 **College:** Colorado State **Ht:** 6'5" **Wt:** 260 **Born:** 6/5/73 **Age:** 25

			Tackles			Miscellaneous				Interceptions				Punt Returns				Kickoff Returns				Totals	
Year Team	G	GS	Tk	Ast	Sack	FF	FR	TD	Blk	Int	Yds	Avg	TD	Num	Yds	Avg	TD	Num	Yds	Avg	TD	TD	Fum
1996 New Orleans Saints	16	4	15	2	2.0	0	0	0	0	0	0	-	0	0	0	-	0	2	14	7.0	0	0	0
1997 New Orleans Saints	16	2	22	8	5.0	0	0	0	0	0	0	-	0	0	0	-	0	0	0	-	0	0	0
2 NFL Seasons	32	6	37	10	7.0	0	0	0	0	0	0	-	0	0	0	-	0	2	14	7.0	0	0	0

Bruce Smith
(statistical profile on page 447)

Pos: DE **Rnd:** 1 (1) **College:** Virginia Tech **Ht:** 6'4" **Wt:** 273 **Born:** 6/18/63 **Age:** 35

			Tackles			Miscellaneous				Interceptions				Totals		
Year Team	G	GS	Tk	Ast	Sack	FF	FR	TD	Blk	Int	Yds	Avg	TD	Sfty	TD	Pts
1985 Buffalo Bills	16	13	32	16	6.5	0	4	0	0	0	0	-	0	0	0	0
1986 Buffalo Bills	16	15	36	27	15.0	3	0	0	0	0	0	-	0	0	0	0
1987 Buffalo Bills	12	12	60	18	12.0	3	2	1	0	0	0	-	0	0	1	6
1988 Buffalo Bills	12	12	39	17	11.0	3	0	0	0	0	0	-	0	1	0	2
1989 Buffalo Bills	16	16	66	22	13.0	0	0	0	0	0	0	-	0	0	0	0
1990 Buffalo Bills	16	16	82	19	19.0	4	0	0	0	0	0	-	0	0	0	0
1991 Buffalo Bills	5	5	13	5	1.5	0	0	0	0	0	0	-	0	0	0	0
1992 Buffalo Bills	15	15	66	23	14.0	3	0	0	0	0	0	-	0	0	0	0
1993 Buffalo Bills	16	16	87	21	14.0	3	1	0	0	1	0	0.0	0	0	0	0
1994 Buffalo Bills	15	15	57	24	10.0	5	2	0	0	1	0	0.0	0	0	0	0
1995 Buffalo Bills	15	15	52	22	10.5	1	1	0	0	0	0	-	0	0	0	0
1996 Buffalo Bills	16	16	69	21	13.5	5	1	0	3	0	0	-	0	0	0	0
1997 Buffalo Bills	16	16	49	16	14.0	0	0	0	0	0	0	-	0	0	0	0
13 NFL Seasons	186	182	708	251	154.0	30	11	1	3	2	0	0.0	0	1	1	8

Other Statistics: 1985–rushed 1 time for 0 yards.

Cedric Smith

Pos: FB **Rnd:** 5 **College:** Florida **Ht:** 5'10" **Wt:** 222 **Born:** 5/27/68 **Age:** 30

			Rushing					Receiving					Punt Returns				Kickoff Returns				Totals		
Year Team	G	GS	Att	Yds	Avg	Lg	TD	Rec	Yds	Avg	Lg	TD	Num	Yds	Avg	TD	Num	Yds	Avg	TD	Fum	TD	Pts
1990 Minnesota Vikings	15	1	9	19	2.1	7	0	0	0	-	-	0	0	0	-	0	1	16	16.0	0	0	0	0
1991 New Orleans Saints	6	0	0	0	-	-	0	0	0	-	-	0	0	0	-	0	0	0	-	0	0	0	0
1994 Washington Redskins	14	8	10	48	4.8	13	0	15	118	7.9	28	1	0	0	-	0	0	0	-	0	1	1	6
1995 Washington Redskins	6	0	3	13	4.3	5	0	0	0	-	-	0	0	0	-	0	0	0	-	0	0	0	0
1996 Arizona Cardinals	15	2	14	15	1.1	3	1	3	3	1.0	2	1	0	0	-	0	1	14	14.0	0	0	2	12
1997 Arizona Cardinals	16	3	4	5	1.3	2	1	2	20	10.0	18	0	0	0	-	0	3	50	16.7	0	0	1	6
6 NFL Seasons	72	14	40	100	2.5	13	2	20	141	7.1	28	2	0	0	-	0	5	80	16.0	0	1	4	24

Other Statistics: 1997–recovered 1 fumble for 0 yards.

Chuck Smith
(statistical profile on page 447)

Pos: DE **Rnd:** 2 **College:** Tennessee **Ht:** 6'2" **Wt:** 262 **Born:** 12/21/69 **Age:** 28

			Tackles			Miscellaneous				Interceptions				Totals		
Year Team	G	GS	Tk	Ast	Sack	FF	FR	TD	Blk	Int	Yds	Avg	TD	Sfty	TD	Pts
1992 Atlanta Falcons	16	0	13	17	2.0	0	0	0	0	0	0	-	0	0	0	0
1993 Atlanta Falcons	15	1	16	14	3.5	4	2	0	0	0	0	-	0	0	0	0
1994 Atlanta Falcons	15	10	26	5	11.0	1	2	0	0	1	36	36.0	1	0	1	6
1995 Atlanta Falcons	14	13	34	6	5.5	4	2	0	0	0	0	-	0	0	0	0
1996 Atlanta Falcons	15	15	33	7	6.0	0	1	0	0	1	21	21.0	0	0	0	0
1997 Atlanta Falcons	16	15	42	12	12.0	4	0	0	0	1	4	4.0	0	0	0	0
6 NFL Seasons	91	54	164	61	40.0	13	7	0	0	3	61	20.3	1	0	1	6

Darrin Smith

Pos: LB **Rnd:** 2 **College:** Miami (FL) **Ht:** 6'1" **Wt:** 230 **Born:** 4/15/70 **Age:** 28

			Tackles			Miscellaneous				Interceptions				Totals		
Year Team	G	GS	Tk	Ast	Sack	FF	FR	TD	Blk	Int	Yds	Avg	TD	Sfty	TD	Pts
1993 Dallas Cowboys	16	13	49	44	1.0	0	1	0	0	0	0	-	0	0	0	0
1994 Dallas Cowboys	16	16	46	21	4.0	0	2	0	0	2	13	6.5	1	0	1	6
1995 Dallas Cowboys	9	9	40	6	3.0	0	1	0	0	0	0	-	0	0	0	0
1996 Dallas Cowboys	16	16	54	27	1.0	0	0	0	0	0	0	-	0	0	0	0
1997 Philadelphia Eagles	7	7	9	4	1.0	0	1	0	0	0	0	-	0	0	0	0
5 NFL Seasons	64	61	198	102	10.0	0	5	0	0	2	13	6.5	1	0	1	6

Derek Smith
(statistical profile on page 448)

Pos: LB **Rnd:** 3 **College:** Arizona State **Ht:** 6'2" **Wt:** 232 **Born:** 1/18/75 **Age:** 23

			Tackles			Miscellaneous				Interceptions				Totals		
Year Team	G	GS	Tk	Ast	Sack	FF	FR	TD	Blk	Int	Yds	Avg	TD	Sfty	TD	Pts
1997 Washington Redskins	16	16	59	28	2.0	0	2	0	0	0	0	-	0	0	0	0

Detron Smith

Pos: FB **Rnd:** 3 **College:** Texas A&M **Ht:** 5' 10" **Wt:** 234 **Born:** 2/25/74 **Age:** 24

			Rushing					Receiving				Punt Returns				Kickoff Returns				Totals		
Year Team	G	GS	Att	Yds	Avg	Lg	TD	Rec	Yds	Avg	Lg	TD	Num	Yds	Avg	TD	Num	Yds	Avg	TD	Fum	TD	Pts
1996 Denver Broncos	13	0	0	0	-	-	0	0	0	-	-	0	0	0	-	0	0	0	-	0	0	0	0
1997 Denver Broncos	16	0	4	10	2.5	11	0	4	41	10.3	t17	1	0	0	-	0	1	0	0.0	0	0	1	6
2 NFL Seasons	29	0	4	10	2.5	11	0	4	41	10.3	t17	1	0	0	-	0	1	0	0.0	0	0	1	6

Ed Smith

Pos: TE **Rnd:** FA **College:** NONE **Ht:** 6' 4" **Wt:** 254 **Born:** 6/5/69 **Age:** 29

			Rushing					Receiving				Punt Returns				Kickoff Returns				Totals		
Year Team	G	GS	Att	Yds	Avg	Lg	TD	Rec	Yds	Avg	Lg	TD	Num	Yds	Avg	TD	Num	Yds	Avg	TD	Fum	TD	Pts
1997 Atlanta Falcons	5	1	0	0	-	-	0	1	2	2.0	2	0	0	0	-	0	0	0	-	0	0	0	0

Emmitt Smith

(statistical profile on page 369)

Pos: RB **Rnd:** 1 (17) **College:** Florida **Ht:** 5' 9" **Wt:** 209 **Born:** 5/15/69 **Age:** 29

			Rushing					Receiving				Punt Returns				Kickoff Returns				Totals		
Year Team	G	GS	Att	Yds	Avg	Lg	TD	Rec	Yds	Avg	Lg	TD	Num	Yds	Avg	TD	Num	Yds	Avg	TD	Fum	TD	Pts
1990 Dallas Cowboys	16	15	241	937	3.9	t48	11	24	228	9.5	57	0	0	0	-	0	0	0	-	0	7	11	66
1991 Dallas Cowboys	16	16	365	1563	4.3	t75	12	49	258	5.3	14	1	0	0	-	0	0	0	-	0	8	13	78
1992 Dallas Cowboys	16	16	373	1713	4.6	t68	18	59	335	5.7	t26	1	0	0	-	0	0	0	-	0	4	19	114
1993 Dallas Cowboys	14	13	283	1486	5.3	t62	9	57	414	7.3	86	1	0	0	-	0	0	0	-	0	4	10	60
1994 Dallas Cowboys	15	15	368	1484	4.0	46	21	50	341	6.8	68	1	0	0	-	0	0	0	-	0	1	22	132
1995 Dallas Cowboys	16	16	377	1773	4.7	t60	25	62	375	6.0	40	0	0	0	-	0	0	0	-	0	7	25	150
1996 Dallas Cowboys	15	15	327	1204	3.7	42	12	47	249	5.3	21	3	0	0	-	0	0	0	-	0	5	15	90
1997 Dallas Cowboys	16	16	261	1074	4.1	44	4	40	234	5.9	24	0	0	0	-	0	0	0	-	0	1	4	26
8 NFL Seasons	124	122	2595	11234	4.3	t75	112	388	2434	6.3	86	7	0	0	-	0	0	0	-	0	37	119	716

Other Statistics: 1991–recovered 1 fumble for 0 yards. 1992–recovered 1 fumble for 0 yards. 1993–recovered 3 fumbles for 0 yards. 1996–recovered 1 fumble for 0 yards. 1997–recovered 1 fumble for 0 yards; scored 1 two-point conversion.

Eric Smith

Pos: WR **Rnd:** FA **College:** Louisiana State **Ht:** 5' 11" **Wt:** 183 **Born:** 1/5/71 **Age:** 27

			Rushing					Receiving				Punt Returns				Kickoff Returns				Totals		
Year Team	G	GS	Att	Yds	Avg	Lg	TD	Rec	Yds	Avg	Lg	TD	Num	Yds	Avg	TD	Num	Yds	Avg	TD	Fum	TD	Pts
1997 Chicago Bears	7	0	1	12	12.0	12	0	2	22	11.0	12	0	0	0	-	0	10	196	19.6	0	0	0	0

Fernando Smith

Pos: DE **Rnd:** 2 **College:** Jackson State **Ht:** 6' 6" **Wt:** 283 **Born:** 8/2/71 **Age:** 27

			Tackles			Miscellaneous				Interceptions				Totals		
Year Team	G	GS	Tk	Ast	Sack	FF	FR	TD	Blk	Int	Yds	Avg	TD	Sfty	TD	Pts
1994 Minnesota Vikings	7	0	3	1	0.0	0	0	0	0	0	0	-	0	0	0	0
1995 Minnesota Vikings	12	1	5	3	2.5	1	0	0	2	0	0	-	0	0	0	0
1996 Minnesota Vikings	16	16	41	24	9.5	3	2	0	0	0	0	-	0	0	0	0
1997 Minnesota Vikings	12	11	23	18	4.0	1	1	0	0	0	0	-	0	0	0	0
4 NFL Seasons	47	28	72	46	16.0	5	3	0	2	0	0	-	0	0	0	0

Frankie Smith

Pos: CB **Rnd:** 4 **College:** Baylor **Ht:** 5' 9" **Wt:** 182 **Born:** 10/8/68 **Age:** 30

			Tackles			Miscellaneous				Interceptions				Totals		
Year Team	G	GS	Tk	Ast	Sack	FF	FR	TD	Blk	Int	Yds	Avg	TD	Sfty	TD	Pts
1993 Miami Dolphins	5	1	9	0	0.0	0	0	0	0	0	0	-	0	0	0	0
1994 Miami Dolphins	13	2	21	7	1.0	0	0	0	0	0	0	-	0	0	0	0
1995 Miami Dolphins	11	1	15	2	0.0	0	0	0	0	0	0	-	0	0	0	0
1996 San Francisco 49ers	14	0	2	0	0.0	0	0	0	0	0	0	-	0	0	0	0
1997 San Francisco 49ers	16	0	12	0	0.0	0	1	0	0	0	0	-	0	0	0	0
5 NFL Seasons	59	4	59	9	1.0	0	1	0	0	0	0	-	0	0	0	0

Irv Smith

Pos: TE **Rnd:** 1 (20) **College:** Notre Dame **Ht:** 6' 3" **Wt:** 246 **Born:** 10/13/71 **Age:** 27

			Rushing					Receiving				Punt Returns				Kickoff Returns				Totals		
Year Team	G	GS	Att	Yds	Avg	Lg	TD	Rec	Yds	Avg	Lg	TD	Num	Yds	Avg	TD	Num	Yds	Avg	TD	Fum	TD	Pts
1993 New Orleans Saints	16	8	0	0	-	-	0	16	180	11.3	23	2	0	0	-	0	0	0	-	0	1	2	12
1994 New Orleans Saints	16	16	0	0	-	-	0	41	330	8.0	19	3	0	0	-	0	2	10	5.0	0	0	3	18
1995 New Orleans Saints	16	16	0	0	-	-	0	45	466	10.4	43	3	0	0	-	0	1	6	6.0	0	1	3	20
1996 New Orleans Saints	7	7	0	0	-	-	0	15	144	9.6	37	0	0	0	-	0	0	0	-	0	0	0	0
1997 New Orleans Saints	11	8	0	0	-	-	0	17	180	10.6	25	1	0	0	-	0	0	0	-	0	1	1	6
5 NFL Seasons	66	55	0	0	-	-	0	134	1300	9.7	43	9	0	0	-	0	3	16	5.3	0	3	9	56

Other Statistics: 1993–recovered 1 fumble for 0 yards. 1995–scored 1 two-point conversion.

Jeff Smith

Pos: C Rnd: 7 College: Tennessee Ht: 6' 3" Wt: 334 Born: 5/25/73 Age: 25

Year	Team	G	GS	Year	Team	G	GS				G	GS
1996	Kansas City Chiefs	1	0	1997	Kansas City Chiefs	3	0			2 NFL Seasons	4	0

Jermaine Smith

Pos: DT Rnd: 4 College: Georgia Ht: 6' 3" Wt: 289 Born: 2/3/72 Age: 26

				Tackles			Miscellaneous				Interceptions				Totals		
Year	Team	G	GS	Tk	Ast	Sack	FF	FR	TD	Blk	Int	Yds	Avg	TD	Sfty	TD	Pts
1997	Green Bay Packers	9	0	2	0	1.0	0	0	0	0	0	0	-	0	0	0	0

Jimmy Smith

(statistical profile on page 369)

Pos: WR Rnd: 2 College: Jackson State Ht: 6' 1" Wt: 201 Born: 2/9/69 Age: 29

				Rushing					Receiving				Punt Returns			Kickoff Returns			Totals		
Year	Team	G	GS	Att	Yds	Avg	Lg	TD	Rec	Yds	Avg	Lg	TD	Num	Yds	Avg	TD	Num	Yds	Avg	TD	Fum	TD	Pts
1992	Dallas Cowboys	7	0	0	0	-	-	0	0	0	-	-	0	0	0	-	0	0	0	-	0	0	0	0
1994	Philadelphia Eagles	1	0	0	0	-	-	0	0	0	-	-	0	0	0	-	0	0	0	-	0	0	0	0
1995	Jacksonville Jaguars	16	4	0	0	-	-	0	22	288	13.1	33	3	0	0	-	0	24	540	22.5	1	2	5	30
1996	Jacksonville Jaguars	16	8	0	0	-	-	0	83	1244	15.0	62	7	0	0	-	0	2	49	24.5	0	1	7	42
1997	Jacksonville Jaguars	16	16	0	0	-	-	0	82	1324	16.1	75	4	0	0	-	0	0	0	-	0	1	4	24
	5 NFL Seasons	56	28	0	0	-	-	0	187	2856	15.3	75	14	0	0	-	0	26	589	22.7	1	4	16	96

Other Statistics: 1995–recovered 1 fumble for 0 yards. 1997–recovered 1 fumble for 0 yards.

Kevin Smith

Pos: CB Rnd: 1 (17) College: Texas A&M Ht: 5' 11" Wt: 188 Born: 4/7/70 Age: 28

				Tackles			Miscellaneous				Interceptions				Punt Returns				Kickoff Returns				Totals	
Year	Team	G	GS	Tk	Ast	Sack	FF	FR	TD	Blk	Int	Yds	Avg	TD	Num	Yds	Avg	TD	Num	Yds	Avg	TD	TD	Fum
1992	Dallas Cowboys	16	6	22	9	0.0	1	0	0	0	2	10	5.0	0	1	17	17.0	0	1	9	9.0	0	0	0
1993	Dallas Cowboys	16	16	73	17	0.0	3	1	0	0	6	56	9.3	1	0	0	-	0	1	33	33.0	0	1	0
1994	Dallas Cowboys	16	16	53	9	0.0	0	0	0	0	2	11	5.5	0	0	0	-	0	0	0	-	0	0	0
1995	Dallas Cowboys	1	1	3	0	0.0	0	0	0	0	0	0	-	0	0	0	-	0	0	0	-	0	0	0
1996	Dallas Cowboys	16	16	48	3	0.0	0	0	0	0	5	45	9.0	0	0	0	-	0	0	0	-	0	0	0
1997	Dallas Cowboys	16	16	47	7	0.0	3	0	0	0	1	21	21.0	0	0	0	-	0	0	0	-	0	0	0
	6 NFL Seasons	81	71	246	45	0.0	7	1	0	0	16	143	8.9	1	1	17	17.0	0	2	42	21.0	0	1	0

Lamar Smith

(statistical profile on page 370)

Pos: RB Rnd: 3 College: Houston Ht: 5' 11" Wt: 223 Born: 11/29/70 Age: 27

				Rushing					Receiving				Punt Returns			Kickoff Returns			Totals		
Year	Team	G	GS	Att	Yds	Avg	Lg	TD	Rec	Yds	Avg	Lg	TD	Num	Yds	Avg	TD	Num	Yds	Avg	TD	Fum	TD	Pts
1994	Seattle Seahawks	2	0	2	-1	-0.5	0	0	0	0	-	-	0	0	0	-	0	0	0	-	0	0	0	0
1995	Seattle Seahawks	13	0	36	215	6.0	68	0	1	10	10.0	10	0	0	0	-	0	1	20	20.0	0	1	0	0
1996	Seattle Seahawks	16	2	153	680	4.4	29	8	9	58	6.4	22	0	0	0	-	0	0	0	-	0	4	8	54
1997	Seattle Seahawks	12	2	91	392	4.3	35	2	23	183	8.0	22	0	0	0	-	0	1	14	14.0	0	0	2	14
	4 NFL Seasons	43	4	282	1286	4.6	68	10	33	251	7.6	22	0	0	0	-	0	2	34	17.0	0	5	10	68

Other Statistics: 1996–recovered 1 fumble for 0 yards; scored 3 two-point conversions. 1997–scored 1 two-point conversion.

Mark Smith

Pos: DE Rnd: 7 College: Auburn Ht: 6' 4" Wt: 273 Born: 8/28/74 Age: 24

				Tackles			Miscellaneous				Interceptions				Totals		
Year	Team	G	GS	Tk	Ast	Sack	FF	FR	TD	Blk	Int	Yds	Avg	TD	Sfty	TD	Pts
1997	Arizona Cardinals	16	4	26	12	6.0	1	0	0	0	0	0	-	0	0	0	0

Neil Smith

(statistical profile on page 448)

Pos: DE Rnd: 1 (2) College: Nebraska Ht: 6' 4" Wt: 273 Born: 4/10/66 Age: 32

				Tackles			Miscellaneous				Interceptions				Totals		
Year	Team	G	GS	Tk	Ast	Sack	FF	FR	TD	Blk	Int	Yds	Avg	TD	Sfty	TD	Pts
1988	Kansas City Chiefs	13	7	31	22	2.5	1	0	0	0	0	0	-	0	0	0	0
1989	Kansas City Chiefs	15	15	50	17	6.5	4	2	1	0	0	0	-	0	0	1	6
1990	Kansas City Chiefs	16	15	51	17	9.5	4	1	0	0	0	0	-	0	0	0	0
1991	Kansas City Chiefs	16	16	41	24	8.0	3	2	0	0	0	0	-	0	0	0	0
1992	Kansas City Chiefs	16	16	62	15	14.5	2	2	0	0	1	22	22.0	1	0	1	6
1993	Kansas City Chiefs	16	15	43	12	15.0	4	3	0	0	1	3	3.0	0	0	0	0
1994	Kansas City Chiefs	14	13	42	4	11.5	5	2	0	0	1	41	41.0	0	0	0	0
1995	Kansas City Chiefs	16	14	42	13	12.0	4	1	0	0	0	0	-	0	0	0	0
1996	Kansas City Chiefs	16	16	34	7	6.0	1	0	0	1	0	0	-	0	0	0	0
1997	Denver Broncos	14	13	29	5	8.5	1	0	0	0	0	0	-	0	0	0	0
	10 NFL Seasons	152	140	425	136	94.0	29	12	1	1	3	66	22.0	1	0	2	12

Otis Smith
(statistical profile on page 448)

Pos: CB **Rnd:** FA **College:** Missouri **Ht:** 5' 11" **Wt:** 190 **Born:** 10/22/65 **Age:** 33

			Tackles			Miscellaneous				Interceptions				Punt Returns				Kickoff Returns				Totals	
Year Team	G	GS	Tk	Ast	Sack	FF	FR	TD	Blk	Int	Yds	Avg	TD	Num	Yds	Avg	TD	Num	Yds	Avg	TD	TD	Fum
1991 Philadelphia Eagles	15	1	7	3	0.0	1	1	0	0	2	74	37.0	1	0	0	-	0	0	0	-	0	1	0
1992 Philadelphia Eagles	16	1	16	8	0.0	1	0	0	0	1	0	0.0	0	0	0	-	0	0	0	-	0	0	0
1993 Philadelphia Eagles	15	0	3	2	0.0	0	0	0	0	1	0	0.0	0	0	9	-	0	0	24	-	0	0	0
1994 Philadelphia Eagles	16	2	19	1	1.0	0	0	0	0	0	0	-	0	0	0	-	0	1	14	14.0	0	0	0
1995 New York Jets	11	10	34	7	0.0	0	0	0	0	6	101	16.8	1	0	0	-	0	1	6	6.0	0	1	0
1996 NYA - NE	13	6	26	5	1.0	0	0	0	0	2	20	10.0	0	0	0	-	0	0	0	-	0	0	0
1997 New York Jets	16	16	57	13	0.0	1	2	0	0	6	158	26.3	3	0	0	-	0	0	0	-	0	3	0
1996 New York Jets	2	0	0	0	0.0	0	0	0	0	0	0	-	0	0	0	-	0	0	0	-	0	0	0
New England Patriots	11	6	26	5	1.0	0	0	0	0	2	20	10.0	0	0	0	-	0	0	0	-	0	0	0
7 NFL Seasons	102	36	162	39	2.0	3	3	0	0	18	353	19.6	5	0	9	-	0	2	44	22.0	0	5	0

Robert Smith
(statistical profile on page 370)

Pos: RB **Rnd:** 1 (21) **College:** Ohio State **Ht:** 6' 2" **Wt:** 212 **Born:** 3/4/72 **Age:** 26

			Rushing					Receiving					Punt Returns				Kickoff Returns				Totals		
Year Team	G	GS	Att	Yds	Avg	Lg	TD	Rec	Yds	Avg	Lg	TD	Num	Yds	Avg	TD	Num	Yds	Avg	TD	Fum	TD	Pts
1993 Minnesota Vikings	10	2	82	399	4.9	t26	2	24	111	4.6	12	0	1	4	4.0	0	3	41	13.7	0	0	2	12
1994 Minnesota Vikings	14	0	31	106	3.4	t14	1	15	105	7.0	15	0	0	0	-	0	16	419	26.2	0	0	1	6
1995 Minnesota Vikings	9	7	139	632	4.5	t58	5	7	35	5.0	11	0	0	0	-	0	0	0	-	0	1	5	32
1996 Minnesota Vikings	8	7	162	692	4.3	57	3	7	39	5.6	16	0	0	0	-	0	0	0	-	0	2	3	18
1997 Minnesota Vikings	14	14	232	1266	5.5	t78	6	37	197	5.3	20	1	0	0	-	0	0	0	-	0	0	7	42
5 NFL Seasons	55	30	646	3095	4.8	t78	17	90	487	5.4	20	1	1	4	4.0	0	19	460	24.2	0	3	18	110

Other Statistics: 1995–scored 1 two-point conversion. 1996–recovered 1 fumble for 0 yards. 1997–recovered 1 fumble for 0 yards.

Rod Smith

Pos: CB **Rnd:** 2 **College:** Notre Dame **Ht:** 5' 11" **Wt:** 187 **Born:** 3/12/70 **Age:** 28

			Tackles			Miscellaneous				Interceptions				Punt Returns				Kickoff Returns				Totals	
Year Team	G	GS	Tk	Ast	Sack	FF	FR	TD	Blk	Int	Yds	Avg	TD	Num	Yds	Avg	TD	Num	Yds	Avg	TD	TD	Fum
1992 New England Patriots	16	1	34	9	0.0	0	0	0	0	1	0	0.0	0	0	0	-	0	0	0	-	0	0	0
1993 New England Patriots	16	9	33	10	0.0	1	0	0	0	0	0	-	0	1	0	0.0	0	0	0	-	0	0	0
1994 New England Patriots	16	7	53	8	0.5	0	0	0	0	2	10	5.0	0	0	0	-	0	0	0	-	0	0	0
1995 Carolina Panthers	16	5	34	10	0.0	0	0	0	0	0	0	-	0	0	0	-	0	0	0	-	0	0	0
1996 Carolina Panthers	8	1	9	4	1.0	0	0	0	0	0	0	-	0	0	0	-	0	0	0	-	0	0	0
1997 Carolina Panthers	16	2	16	0	0.0	0	0	0	0	0	0	-	0	0	0	-	0	0	0	-	0	0	0
6 NFL Seasons	88	25	179	41	1.5	1	0	0	0	3	10	3.3	0	1	0	0.0	0	0	0	-	0	0	0

Rod Smith
(statistical profile on page 371)

Pos: WR **Rnd:** FA **College:** Missouri Southern **Ht:** 6' 0" **Wt:** 190 **Born:** 5/15/70 **Age:** 28

			Rushing					Receiving					Punt Returns				Kickoff Returns				Totals		
Year Team	G	GS	Att	Yds	Avg	Lg	TD	Rec	Yds	Avg	Lg	TD	Num	Yds	Avg	TD	Num	Yds	Avg	TD	Fum	TD	Pts
1995 Denver Broncos	16	1	0	0	-	-	0	6	152	25.3	t43	1	0	0	-	0	4	54	13.5	0	0	1	6
1996 Denver Broncos	10	1	1	1	1.0	1	0	16	237	14.8	t49	2	23	283	12.3	0	1	29	29.0	0	1	2	12
1997 Denver Broncos	16	16	5	16	3.2	21	0	70	1180	16.9	78	12	1	12	12.0	0	0	0	-	0	3	12	72
3 NFL Seasons	42	18	6	17	2.8	21	0	92	1569	17.1	78	15	24	295	12.3	0	5	83	16.6	0	4	15	90

Other Statistics: 1997–recovered 1 fumble for 0 yards.

Thomas Smith

Pos: CB **Rnd:** 1 (28) **College:** North Carolina **Ht:** 5' 11" **Wt:** 188 **Born:** 12/5/70 **Age:** 27

			Tackles			Miscellaneous				Interceptions				Totals		
Year Team	G	GS	Tk	Ast	Sack	FF	FR	TD	Blk	Int	Yds	Avg	TD	Sfty	TD	Pts
1993 Buffalo Bills	16	1	7	0	0.0	0	1	0	0	0	0	-	0	0	0	0
1994 Buffalo Bills	16	16	41	7	0.0	1	0	0	0	1	4	4.0	0	0	0	0
1995 Buffalo Bills	16	16	37	4	0.0	0	0	0	1	2	23	11.5	0	0	0	0
1996 Buffalo Bills	16	16	38	5	0.0	1	0	0	0	1	0	0.0	0	0	0	0
1997 Buffalo Bills	16	16	35	4	0.0	0	1	0	0	0	0	-	0	0	0	0
5 NFL Seasons	80	65	158	20	0.0	2	2	0	1	4	27	6.8	0	0	0	0

Other Statistics: 1997–fumbled 1 time.

Vernice Smith

Pos: C/G **Rnd:** FA **College:** Florida A&M **Ht:** 6' 3" **Wt:** 298 **Born:** 10/24/65 **Age:** 33

Year	Team	G	GS	Year	Team	G	GS	Year	Team	G	GS	Year	Team	G	GS
1990	Phoenix Cardinals	15	1	1992	Phoenix Cardinals	12	2	1993	Washington Redskins	8	3	1995	Washington Redskins	9	5
1991	Phoenix Cardinals	14	7	1993	Chicago Bears	5	5	1994	Washington Redskins	4	0	1997	St. Louis Rams	11	2
													7 NFL Seasons	78	25

Other Statistics: 1995–recovered 1 fumble for 0 yards.

Vinson Smith

Pos: LB **Rnd:** FA **College:** East Carolina **Ht:** 6' 2" **Wt:** 248 **Born:** 7/3/65 **Age:** 33

				Tackles			Miscellaneous				Interceptions				Totals		
Year	Team	G	GS	Tk	Ast	Sack	FF	FR	TD	Blk	Int	Yds	Avg	TD	Sfty	TD	Pts
1988	Atlanta Falcons	3	0	0	0	0.0	0	0	0	0	0	0	-	0	0	0	0
1990	Dallas Cowboys	16	1	15	8	0.0	1	2	0	0	0	0	-	0	0	0	0
1991	Dallas Cowboys	13	12	37	34	0.0	0	0	0	0	0	0	-	0	0	0	0
1992	Dallas Cowboys	16	13	33	36	1.0	0	2	0	0	0	0	-	0	0	0	0
1993	Chicago Bears	16	13	49	34	0.0	0	0	0	0	0	0	-	0	0	0	0
1994	Chicago Bears	12	10	18	8	1.0	1	0	0	0	0	0	-	0	0	0	0
1995	Chicago Bears	16	13	59	12	4.0	1	1	0	0	0	0	-	0	0	0	0
1996	Chicago Bears	15	12	40	9	1.0	0	2	0	0	0	0	-	0	0	0	0
1997	Dallas Cowboys	14	3	14	5	1.0	1	0	0	0	0	0	-	0	0	0	0
	9 NFL Seasons	121	77	265	146	8.0	4	7	0	0	0	0	-	0	0	0	0

Other Statistics: 1995–fumbled 1 time.

Freddie Solomon

(statistical profile on page 371)

Pos: WR **Rnd:** FA **College:** South Carolina State **Ht:** 5' 10" **Wt:** 180 **Born:** 8/15/72 **Age:** 26

				Rushing					Receiving					Punt Returns				Kickoff Returns				Totals		
Year	Team	G	GS	Att	Yds	Avg	Lg	TD	Rec	Yds	Avg	Lg	TD	Num	Yds	Avg	TD	Num	Yds	Avg	TD	Fum	TD	Pts
1996	Philadelphia Eagles	12	0	0	0	-	0	0	8	125	15.6	23	0	5	27	5.4	0	0	0	-	0	0	0	0
1997	Philadelphia Eagles	15	5	0	0	-	0	0	29	455	15.7	56	3	10	55	5.5	0	0	0	-	0	3	3	20
	2 NFL Seasons	27	5	0	0	-	0	0	37	580	15.7	56	3	15	82	5.5	0	0	0	-	0	3	3	20

Other Statistics: 1997–recovered 1 fumble for 0 yards; scored 1 two-point conversion.

Jerald Sowell

Pos: FB **Rnd:** 7 **College:** Tulane **Ht:** 6' 0" **Wt:** 248 **Born:** 1/21/74 **Age:** 24

				Rushing					Receiving					Punt Returns				Kickoff Returns				Totals		
Year	Team	G	GS	Att	Yds	Avg	Lg	TD	Rec	Yds	Avg	Lg	TD	Num	Yds	Avg	TD	Num	Yds	Avg	TD	Fum	TD	Pts
1997	New York Jets	9	0	7	35	5.0	10	0	1	8	8.0	8	0	0	0	-	0	0	0	-	0	0	0	0

Phillippi Sparks

(statistical profile on page 449)

Pos: CB **Rnd:** 2 **College:** Arizona State **Ht:** 5' 11" **Wt:** 190 **Born:** 4/15/69 **Age:** 29

				Tackles			Miscellaneous				Interceptions				Punt Returns				Kickoff Returns				Totals	
Year	Team	G	GS	Tk	Ast	Sack	FF	FR	TD	Blk	Int	Yds	Avg	TD	Num	Yds	Avg	TD	Num	Yds	Avg	TD		TD	Fum
1992	New York Giants	16	2	30	-	0.0	0	0	0	0	1	0	0.0	0	0	0	-	0	2	23	11.5	0		0	0
1993	New York Giants	5	3	10	1	0.0	0	0	0	0	0	0	-	0	0	0	-	0	0	0	-	0		0	0
1994	New York Giants	11	11	42	5	0.0	0	0	0	0	3	4	1.3	0	0	0	-	0	0	0	-	0		0	0
1995	New York Giants	16	16	71	5	0.0	0	0	0	0	5	11	2.2	0	0	0	-	0	0	0	-	0		0	0
1996	New York Giants	14	14	52	9	0.0	1	0	0	0	3	23	7.7	0	0	0	-	0	0	0	-	0		0	0
1997	New York Giants	13	13	64	10	1.0	1	0	0	0	5	72	14.4	0	0	0	-	0	1	8	8.0	0		0	0
	6 NFL Seasons	75	59	269	30	1.0	2	0	0	0	17	110	6.5	0	0	0	-	0	3	31	10.3	0		0	0

Marcus Spears

Pos: T **Rnd:** 2 **College:** Northwestern Louisiana **Ht:** 6' 4" **Wt:** 305 **Born:** 9/28/71 **Age:** 27

Year	Team	G	GS	Year	Team	G	GS			G	GS
1996	Chicago Bears	9	0	1997	Kansas City Chiefs	3	0		2 NFL Seasons	12	0

Other Statistics: 1996–caught 1 pass for 1 yard and 1 touchdown.

Alonzo Spellman

Pos: DE **Rnd:** 1 (22) **College:** Ohio State **Ht:** 6' 4" **Wt:** 292 **Born:** 9/27/71 **Age:** 27

				Tackles			Miscellaneous				Interceptions				Totals		
Year	Team	G	GS	Tk	Ast	Sack	FF	FR	TD	Blk	Int	Yds	Avg	TD	Sfty	TD	Pts
1992	Chicago Bears	15	0	15	15	4.0	0	0	0	0	0	0	-	0	0	0	0
1993	Chicago Bears	16	0	15	13	2.5	0	0	0	0	0	0	-	0	0	0	0
1994	Chicago Bears	16	16	27	12	7.0	1	0	0	1	1	31	31.0	0	0	0	0
1995	Chicago Bears	16	16	32	17	8.5	4	1	0	0	0	0	-	0	0	0	0
1996	Chicago Bears	16	15	38	8	8.0	2	0	0	0	0	0	-	0	0	0	0
1997	Chicago Bears	7	5	8	4	2.0	0	0	0	0	0	0	-	0	0	0	0
	6 NFL Seasons	86	52	135	69	32.0	7	1	0	1	1	31	31.0	0	0	0	0

Jimmy Spencer

Pos: CB **Rnd:** 8 **College:** Florida **Ht:** 5' 9" **Wt:** 180 **Born:** 3/29/69 **Age:** 29

				Tackles			Miscellaneous				Interceptions				Totals		
Year	Team	G	GS	Tk	Ast	Sack	FF	FR	TD	Blk	Int	Yds	Avg	TD	Sfty	TD	Pts
1992	New Orleans Saints	16	4	37	6	0.0	0	1	0	0	0	0	-	0	0	0	0
1993	New Orleans Saints	16	3	15	5	0.0	0	3	0	0	0	0	-	0	0	0	0
1994	New Orleans Saints	16	16	56	7	0.0	1	1	0	0	5	24	4.8	0	0	0	0

Year Team	G	GS	Tackles			Miscellaneous				Interceptions				Totals		
			Tk	Ast	Sack	FF	FR	TD	Blk	Int	Yds	Avg	TD	Sfty	TD	Pts
1995 New Orleans Saints	16	15	59	7	0.0	0	0	0	0	4	11	2.8	0	0	0	0
1996 Cincinnati Bengals	15	13	55	8	0.0	0	1	1	0	5	48	9.6	0	0	1	6
1997 Cincinnati Bengals	16	9	36	2	0.0	0	0	0	0	1	-2	-2.0	0	0	0	0
6 NFL Seasons	95	60	258	35	0.0	1	6	1	0	15	81	5.4	0	0	1	6

Chris Spielman

Pos: LB **Rnd:** 2 **College:** Ohio State **Ht:** 6' 0" **Wt:** 247 **Born:** 10/11/65 **Age:** 33

Year Team	G	GS	Tackles			Miscellaneous				Interceptions				Totals		
			Tk	Ast	Sack	FF	FR	TD	Blk	Int	Yds	Avg	TD	Sfty	TD	Pts
1988 Detroit Lions	16	16	118	35	0.0	1	1	0	0	0	0	-	0	0	0	0
1989 Detroit Lions	16	16	89	36	5.0	1	2	0	0	0	0	-	0	0	0	0
1990 Detroit Lions	12	12	79	29	2.0	1	2	0	0	1	12	12.0	0	0	0	0
1991 Detroit Lions	16	16	84	42	1.0	3	3	0	0	0	0	-	0	0	0	0
1992 Detroit Lions	16	16	94	52	1.0	0	1	0	0	0	0	-	0	0	0	0
1993 Detroit Lions	16	16	97	51	0.5	1	2	0	0	2	-2	-1.0	0	0	0	0
1994 Detroit Lions	16	16	124	71	0.0	3	3	1	0	0	0	-	0	0	1	6
1995 Detroit Lions	16	16	90	47	1.0	2	3	0	0	1	4	4.0	0	0	0	0
1996 Buffalo Bills	16	16	111	46	0.0	1	2	0	0	1	14	14.0	0	0	0	0
1997 Buffalo Bills	8	8	50	18	0.0	0	0	0	0	1	8	8.0	0	0	0	0
10 NFL Seasons	148	148	936	427	10.5	13	19	1	0	6	36	6.0	0	0	1	6

Irving Spikes

Pos: RB/KR **Rnd:** FA **College:** Northeast Louisiana **Ht:** 5' 8" **Wt:** 206 **Born:** 12/21/70 **Age:** 27

Year Team	G	GS	Rushing					Receiving					Punt Returns				Kickoff Returns				Totals		
			Att	Yds	Avg	Lg	TD	Rec	Yds	Avg	Lg	TD	Num	Yds	Avg	TD	Num	Yds	Avg	TD	Fum	TD	Pts
1994 Miami Dolphins	12	1	70	312	4.5	40	2	4	16	4.0	9	0	0	0	-	0	19	434	22.8	0	1	2	12
1995 Miami Dolphins	9	0	32	126	3.9	t17	1	5	18	3.6	13	1	0	0	-	0	18	378	21.0	0	0	2	12
1996 Miami Dolphins	15	1	87	316	3.6	49	3	8	81	10.1	19	1	0	0	-	0	28	681	24.3	0	1	4	24
1997 Miami Dolphins	12	1	63	180	2.9	14	2	7	70	10.0	24	0	0	0	-	0	24	565	23.5	0	3	2	12
4 NFL Seasons	48	3	252	934	3.7	49	8	24	185	7.7	24	2	0	0	-	0	89	2058	23.1	0	5	10	60

Other Statistics: 1997–recovered 2 fumbles for 0 yards.

Marc Spindler

Pos: DT **Rnd:** 3 **College:** Pittsburgh **Ht:** 6' 5" **Wt:** 295 **Born:** 11/28/69 **Age:** 28

Year Team	G	GS	Tackles			Miscellaneous				Interceptions				Totals		
			Tk	Ast	Sack	FF	FR	TD	Blk	Int	Yds	Avg	TD	Sfty	TD	Pts
1990 Detroit Lions	3	2	9	2	1.0	0	0	0	0	0	0	-	0	0	0	0
1991 Detroit Lions	16	16	33	16	3.5	0	1	0	0	0	0	-	0	0	0	0
1992 Detroit Lions	13	13	25	9	2.5	0	0	0	0	0	0	-	0	0	0	0
1993 Detroit Lions	16	16	32	17	2.0	0	0	0	0	0	0	-	0	0	0	0
1994 Detroit Lions	9	8	11	4	0.0	0	0	0	0	0	0	-	0	0	0	0
1995 New York Jets	10	4	13	4	0.0	0	0	0	0	0	0	-	0	0	0	0
1996 New York Jets	15	5	22	12	0.5	0	1	0	0	1	-1	-1.0	0	0	0	0
1997 Detroit Lions	10	0	0	4	0.0	0	0	0	0	0	0	-	0	0	0	0
8 NFL Seasons	92	64	145	68	9.5	0	4	0	0	1	-1	-1.0	0	0	0	0

Marcus Spriggs

Pos: T **Rnd:** 6 **College:** Houston **Ht:** 6' 4" **Wt:** 295 **Born:** 5/17/74 **Age:** 24

Year	Team	G	GS
1997	Buffalo Bills	2	0
	1 NFL Season	2	0

Shawn Springs

Pos: CB **Rnd:** 1 (3) **College:** Ohio State **Ht:** 6' 0" **Wt:** 197 **Born:** 3/11/75 **Age:** 23

Year Team	G	GS	Tackles			Miscellaneous				Interceptions				Totals		
			Tk	Ast	Sack	FF	FR	TD	Blk	Int	Yds	Avg	TD	Sfty	TD	Pts
1997 Seattle Seahawks	10	10	34	5	0.0	1	0	0	0	1	0	0.0	0	0	0	0

Brian Stablein

(statistical profile on page 372)

Pos: WR/PR **Rnd:** 8 **College:** Ohio State **Ht:** 6' 1" **Wt:** 193 **Born:** 4/14/70 **Age:** 28

Year Team	G	GS	Rushing					Receiving					Punt Returns				Kickoff Returns				Totals		
			Att	Yds	Avg	Lg	TD	Rec	Yds	Avg	Lg	TD	Num	Yds	Avg	TD	Num	Yds	Avg	TD	Fum	TD	Pts
1994 Indianapolis Colts	1	0	0	0	-	-	0	0	0	-	-	0	0	0	-	0	0	0	-	0	0	0	0
1995 Indianapolis Colts	15	0	0	0	-	-	0	8	95	11.9	16	0	0	0	-	0	0	0	-	0	0	0	0
1996 Indianapolis Colts	16	0	0	0	-	-	0	18	192	10.7	t30	1	6	56	9.3	0	0	0	-	0	0	1	6
1997 Indianapolis Colts	16	0	0	0	-	-	0	25	253	10.1	30	1	17	133	7.8	0	0	0	-	0	0	1	8
4 NFL Seasons	48	0	0	0	-	-	0	51	540	10.6	t30	2	23	189	8.2	0	0	0	-	0	0	2	14

Other Statistics: 1997–scored 1 two-point conversion.

Brenden Stai

Pos: G Rnd: 3 College: Nebraska Ht: 6' 4" Wt: 307 Born: 3/30/72 Age: 26

Year	Team	G	GS	Year	Team	G	GS	Year	Team	G	GS		G	GS
1995	Pittsburgh Steelers	15	9	1996	Pittsburgh Steelers	9	9	1997	Pittsburgh Steelers	10	9	3 NFL Seasons	34	27

Duce Staley

Pos: RB/KR Rnd: 3 College: South Carolina Ht: 5' 11" Wt: 207 Born: 2/27/75 Age: 23

				Rushing					Receiving				Punt Returns				Kickoff Returns				Totals		
Year	Team	G	GS	Att	Yds	Avg	Lg	TD	Rec	Yds	Avg	Lg	TD	Num	Yds	Avg	TD	Num	Yds	Avg	TD	Fum	TD	Pts
1997	Philadelphia Eagles	16	0	7	29	4.1	12	0	2	22	11.0	22	0	0	0	-	0	47	1139	24.2	0	0	0	0

Other Statistics: 1997–recovered 1 fumble for 0 yards.

Dennis Stallings

Pos: LB Rnd: 6 College: Illinois Ht: 6' 0" Wt: 234 Born: 5/25/74 Age: 24

				Tackles			Miscellaneous				Interceptions				Totals		
Year	Team	G	GS	Tk	Ast	Sack	FF	FR	TD	Blk	Int	Yds	Avg	TD	Sfty	TD	Pts
1997	Tennessee Oilers	13	0	0	0	0.0	0	0	0	0	0	0	-	0	0	0	0

Ramondo Stallings

Pos: DE Rnd: 7 College: San Diego State Ht: 6' 7" Wt: 285 Born: 11/21/71 Age: 26

				Tackles			Miscellaneous				Interceptions				Totals		
Year	Team	G	GS	Tk	Ast	Sack	FF	FR	TD	Blk	Int	Yds	Avg	TD	Sfty	TD	Pts
1994	Cincinnati Bengals	6	0	1	0	0.0	0	0	0	0	0	0	-	0	0	0	0
1995	Cincinnati Bengals	13	2	14	2	1.0	1	1	0	0	0	0	-	0	0	0	0
1996	Cincinnati Bengals	12	3	13	2	2.0	2	0	0	0	0	0	-	0	0	0	0
1997	Cincinnati Bengals	6	0	6	0	0.0	0	0	0	0	0	0	-	0	0	0	0
	4 NFL Seasons	37	5	34	4	3.0	3	1	0	0	0	0	-	0	0	0	0

Other Statistics: 1995–fumbled 1 time.

Tony Stargell

Pos: CB/LB Rnd: 3 College: Tennessee State Ht: 5' 11" Wt: 186 Born: 8/7/66 Age: 32

				Tackles			Miscellaneous				Interceptions				Totals		
Year	Team	G	GS	Tk	Ast	Sack	FF	FR	TD	Blk	Int	Yds	Avg	TD	Sfty	TD	Pts
1990	New York Jets	16	16	46	43	0.0	0	1	0	0	2	-3	-1.5	0	0	0	0
1991	New York Jets	16	7	40	17	0.0	0	1	0	0	0	0	-	0	0	0	0
1992	Indianapolis Colts	13	3	20	8	0.0	0	0	0	0	2	26	13.0	0	0	0	0
1993	Indianapolis Colts	16	1	20	3	1.0	2	0	0	0	0	0	-	0	0	0	0
1994	Tampa Bay Buccaneers	10	2	13	2	0.0	0	1	0	0	1	0	0.0	0	0	0	0
1995	Tampa Bay Buccaneers	14	6	45	12	0.0	4	0	0	0	0	0	-	0	0	0	0
1996	Kansas City Chiefs	8	4	18	4	0.0	1	0	0	0	1	9	9.0	0	0	0	0
1997	Chicago Bears	1	0	0	0	0.0	0	0	0	0	0	0	-	0	0	0	0
	8 NFL Seasons	94	39	202	89	1.0	7	3	0	0	6	32	5.3	0	0	0	0

Rohn Stark

(statistical profile on page 484)

Pos: P Rnd: 2 College: Florida State Ht: 6' 3" Wt: 203 Born: 5/4/59 Age: 39

						Punting								Rushing		Passing			
Year	Team	G	NetPunts	Yards	Avg	Long	In20	In20%	TotPunts	TB	Blocks	OppRet	RetYds	NetAvg	Att	Yards	Att	Com	Yards	Int
1982	Baltimore Colts	9	46	2044	44.4	60	8	17.4	46	12	0	26	226	34.3	1	8	1	0	0	0
1983	Baltimore Colts	16	91	4124	45.3	68	20	22.0	91	9	0	55	642	36.3	1	8	1	0	0	0
1984	Indianapolis Colts	16	98	4383	44.7	72	21	21.4	98	7	0	62	600	37.2	2	0	1	0	0	1
1985	Indianapolis Colts	16	78	3584	45.9	68	12	15.4	80	14	2	43	572	34.2	0	0	1	0	0	0
1986	Indianapolis Colts	16	76	3432	45.2	63	22	28.9	76	5	0	48	502	37.2	0	0	0	0	0	0
1987	Indianapolis Colts	12	61	2440	40.0	63	12	19.7	63	7	2	33	353	30.9	0	0	0	0	0	0
1988	Indianapolis Colts	16	64	2784	43.5	65	15	23.4	64	8	0	37	418	34.5	0	0	0	0	0	0
1989	Indianapolis Colts	16	79	3392	42.9	64	14	17.7	80	10	1	51	558	32.9	1	-11	0	0	0	0
1990	Indianapolis Colts	16	71	3084	43.4	61	24	33.8	72	3	1	42	334	37.4	0	0	1	1	40	0
1991	Indianapolis Colts	16	82	3492	42.6	65	14	17.1	82	6	0	47	516	34.8	1	-13	0	0	0	0
1992	Indianapolis Colts	16	83	3716	44.8	64	22	26.5	83	7	0	45	313	39.3	0	0	1	1	17	0
1993	Indianapolis Colts	16	83	3595	43.3	65	18	21.7	83	13	0	41	352	35.9	1	11	0	0	0	0
1994	Indianapolis Colts	16	73	3092	42.4	60	22	30.1	74	10	1	40	366	34.1	0	0	0	0	0	0
1995	Pittsburgh Steelers	16	59	2368	40.1	64	20	33.9	59	11	0	22	186	33.3	0	0	0	0	0	0
1996	Carolina Panthers	16	77	3128	40.6	60	21	27.3	77	9	0	32	173	36.0	0	0	0	0	0	0
1997	Seattle Seahawks	4	20	813	40.7	52	7	35.0	20	2	0	10	236	26.9	0	0	0	0	0	0
	16 NFL Seasons	233	1141	49471	43.4	72	272	23.8	1148	133	7	634	6347	35.2	7	3	6	2	57	1

Other Statistics: 1982–fumbled 1 time for 0 yards. 1984–recovered 1 fumble for 0 yards. 1985–recovered 1 fumble for 0 yards. 1986–recovered 1 fumble for 0 yards; fumbled 1 time. 1991–recovered 2 fumbles for 0 yards; fumbled 1 time.

Ralph Staten

Pos: S **Rnd:** 7 **College:** Alabama **Ht:** 6' 3" **Wt:** 205 **Born:** 12/3/74 **Age:** 23

			Tackles			Miscellaneous				Interceptions				Totals		
Year Team	G	GS	Tk	Ast	Sack	FF	FR	TD	Blk	Int	Yds	Avg	TD	Sfty	TD	Pts
1997 Baltimore Ravens	10	3	16	2	0.0	0	0	0	0	2	12	6.0	0	0	0	0

Joel Steed

Pos: NT **Rnd:** 3 **College:** Colorado **Ht:** 6' 2" **Wt:** 300 **Born:** 2/17/69 **Age:** 29

			Tackles			Miscellaneous				Interceptions				Totals		
Year Team	G	GS	Tk	Ast	Sack	FF	FR	TD	Blk	Int	Yds	Avg	TD	Sfty	TD	Pts
1992 Pittsburgh Steelers	11	4	6	2	0.0	0	0	0	0	0	0	-	0	0	0	0
1993 Pittsburgh Steelers	14	12	25	16	1.5	1	1	0	0	0	0	-	0	0	0	0
1994 Pittsburgh Steelers	16	16	40	12	2.0	2	0	0	0	0	0	-	0	0	0	0
1995 Pittsburgh Steelers	12	11	23	7	1.0	0	0	0	0	0	0	-	0	0	0	0
1996 Pittsburgh Steelers	16	14	32	13	0.0	0	1	0	0	0	0	-	0	0	0	0
1997 Pittsburgh Steelers	16	16	27	21	1.0	0	1	0	0	0	0	-	0	0	0	0
6 NFL Seasons	85	73	153	71	5.5	3	3	0	0	0	0	-	0	0	0	0

Steve Stenstrom

Pos: QB **Rnd:** 4 **College:** Stanford **Ht:** 6' 1" **Wt:** 202 **Born:** 12/23/71 **Age:** 26

			Passing									Rushing				Miscellaneous			
Year Team	G	GS	Att	Com	Pct	Yards	Yds/Att	Lg	TD	Int	Int%	Rating	Att	Yds	Avg	Lg TD	Sckd	Yds	Fum Recv Yds	Pts
1995 Chicago Bears	2	0	0	0	-	0	-	-	0	0	-	0.0	0	0	-	0	0	0	0 0	0
1996 Chicago Bears	1	0	4	3	75.0	37	9.25	28	0	0	0.0	103.1	0	0	-	0	1	5	0 0	0
1997 Chicago Bears	3	0	14	8	57.1	70	5.00	18	0	2	14.3	31.0	1	6	6.0	6 0	2	19	1 0	0
3 NFL Seasons	6	0	18	11	61.1	107	5.94	28	0	2	11.1	38.2	1	6	6.0	6 0	3	24	1 0	0

Jamain Stephens

Pos: T **Rnd:** 1 (29) **College:** North Carolina A&T **Ht:** 6' 5" **Wt:** 315 **Born:** 1/9/74 **Age:** 24

Year Team	G GS	Year Team	G GS			G GS
1996 Pittsburgh Steelers	1 0	1997 Pittsburgh Steelers	7 1		2 NFL Seasons	8 1

Mark Stepnoski

Pos: C **Rnd:** 3 **College:** Pittsburgh **Ht:** 6' 2" **Wt:** 269 **Born:** 1/20/67 **Age:** 31

Year Team	G GS	Year Team	G GS	Year Team	G GS		G GS
1989 Dallas Cowboys	16 4	1992 Dallas Cowboys	14 14	1995 Houston Oilers	16 16		
1990 Dallas Cowboys	16 16	1993 Dallas Cowboys	13 13	1996 Houston Oilers	16 16		
1991 Dallas Cowboys	16 16	1994 Dallas Cowboys	16 16	1997 Tennessee Oilers	16 16	9 NFL Seasons	139 127

Other Statistics: 1989–recovered 3 fumbles for 0 yards. 1990–returned 1 kickoff for 15 yards. 1992–recovered 1 fumble for 0 yards. 1993–fumbled 1 time for -1 yard. 1994–fumbled 4 times for -3 yards. 1997–recovered 1 fumble for 0 yards; fumbled 2 times.

Todd Steussie

Pos: T **Rnd:** 1 (19) **College:** California **Ht:** 6' 6" **Wt:** 313 **Born:** 12/1/70 **Age:** 27

Year Team	G GS	Year Team	G GS	Year Team	G GS	Year Team	G GS
1994 Minnesota Vikings	16 16	1995 Minnesota Vikings	16 16	1996 Minnesota Vikings	16 16	1997 Minnesota Vikings	16 16
						4 NFL Seasons	64 64

Other Statistics: 1994–recovered 1 fumble for 0 yards. 1996–recovered 1 fumble for 0 yards.

Matt Stevens

Pos: S **Rnd:** 3 **College:** Appalachian State **Ht:** 6' 0" **Wt:** 206 **Born:** 6/15/73 **Age:** 25

			Tackles			Miscellaneous				Interceptions				Totals		
Year Team	G	GS	Tk	Ast	Sack	FF	FR	TD	Blk	Int	Yds	Avg	TD	Sfty	TD	Pts
1996 Buffalo Bills	13	11	26	7	0.0	0	1	0	0	2	0	0.0	0	0	0	0
1997 Philadelphia Eagles	11	0	9	0	0.0	0	1	0	0	1	0	0.0	0	0	0	0
2 NFL Seasons	24	11	35	7	0.0	0	2	0	0	3	0	0.0	0	0	0	0

James Stewart

(statistical profile on page 372)

Pos: RB **Rnd:** 1 (19) **College:** Tennessee **Ht:** 6' 1" **Wt:** 224 **Born:** 12/27/71 **Age:** 26

			Rushing					Receiving					Punt Returns				Kickoff Returns				Totals		
Year Team	G	GS	Att	Yds	Avg	Lg	TD	Rec	Yds	Avg	Lg	TD	Num	Yds	Avg	TD	Num	Yds	Avg	TD	Fum	TD	Pts
1995 Jacksonville Jaguars	14	7	137	525	3.8	22	2	21	190	9.0	38	1	0	0	-	0	0	0	-	0	1	3	18
1996 Jacksonville Jaguars	13	11	190	723	3.8	34	8	30	177	5.9	t21	2	0	0	-	0	0	0	-	0	2	10	60
1997 Jacksonville Jaguars	16	5	136	555	4.1	33	8	41	336	8.2	40	1	0	0	-	0	0	0	-	0	0	9	54
3 NFL Seasons	43	23	463	1803	3.9	34	18	92	703	7.6	40	4	0	0	-	0	0	0	-	0	3	22	132

Other Statistics: 1996–recovered 1 fumble for 0 yards.

Kordell Stewart

(statistical profile on page 373)

Pos: QB **Rnd:** 2 **College:** Colorado **Ht:** 6' 1" **Wt:** 212 **Born:** 10/16/72 **Age:** 26

			Passing									Rushing				Miscellaneous				
Year Team	G	GS	Att	Com	Pct	Yards	Yds/Att	Lg	TD	Int	Int%	Rating	Att	Yds	Avg	Lg TD	Sckd	Yds	Fum Recv Yds	Pts
1995 Pittsburgh Steelers	10	2	7	5	71.4	60	8.57	32	1	0	0.0	136.9	15	86	5.7	t22 1	1	0	0 0 0	12
1996 Pittsburgh Steelers	16	2	30	11	36.7	100	3.33	15	0	2	6.7	18.7	39	171	4.4	t80 5	3	37	1 0 0	48
1997 Pittsburgh Steelers	16	16	440	236	53.6	3020	6.86	t69	21	17	3.9	75.2	88	476	5.4	t74 11	20	152	6 1 0	66
3 NFL Seasons	42	20	477	252	52.8	3180	6.67	t69	22	19	4.0	72.7	142	733	5.2	t80 17	24	189	7 1 0	126

Other Statistics: 1995–caught 14 passes for 235 yards and 1 touchdown. 1996–caught 17 passes for 293 yards and 3 touchdowns.

Rayna Stewart

Pos: S/CB **Rnd:** 5 **College:** Northern Arizona **Ht:** 5' 10" **Wt:** 192 **Born:** 6/18/73 **Age:** 25

			Tackles			Miscellaneous				Interceptions				Totals		
Year Team	G	GS	Tk	Ast	Sack	FF	FR	TD	Blk	Int	Yds	Avg	TD	Sfty	TD	Pts
1996 Houston Oilers	15	0	5	0	0.0	0	0	0	0	0	0	-	0	0	0	0
1997 Tennessee Oilers	16	5	26	6	0.5	0	1	0	0	0	0	-	0	0	0	0
2 NFL Seasons	31	5	31	6	0.5	0	1	0	0	0	0	-	0	0	0	0

Ryan Stewart

Pos: S **Rnd:** 3 **College:** Georgia Tech **Ht:** 6' 1" **Wt:** 207 **Born:** 9/30/73 **Age:** 25

			Tackles			Miscellaneous				Interceptions				Totals		
Year Team	G	GS	Tk	Ast	Sack	FF	FR	TD	Blk	Int	Yds	Avg	TD	Sfty	TD	Pts
1996 Detroit Lions	14	2	16	9	0.0	0	0	0	0	1	14	14.0	0	0	0	0
1997 Detroit Lions	8	0	0	0	0.0	0	0	0	0	0	0	-	0	0	0	0
2 NFL Seasons	22	2	16	9	0.0	0	0	0	0	1	14	14.0	0	0	0	0

Bryan Still

Pos: WR **Rnd:** 2 **College:** Virginia Tech **Ht:** 5' 11" **Wt:** 174 **Born:** 6/3/74 **Age:** 24

			Rushing					Receiving					Punt Returns				Kickoff Returns				Totals		
Year Team	G	GS	Att	Yds	Avg	Lg	TD	Rec	Yds	Avg	Lg	TD	Num	Yds	Avg	TD	Num	Yds	Avg	TD	Fum	TD	Pts
1996 San Diego Chargers	16	0	0	0	-	-	0	6	142	23.7	56	0	1	1	1.0	0	4	113	28.3	0	2	0	0
1997 San Diego Chargers	15	4	0	0	-	-	0	24	324	13.5	39	0	0	0	-	0	0	0	-	0	0	0	0
2 NFL Seasons	31	4	0	0	-	-	0	30	466	15.5	56	0	1	1	1.0	0	4	113	28.3	0	2	0	0

Eric Stocz

Pos: TE **Rnd:** FA **College:** Westminster **Ht:** 6' 3" **Wt:** 278 **Born:** 5/25/74 **Age:** 24

			Rushing					Receiving					Punt Returns				Kickoff Returns				Totals		
Year Team	G	GS	Att	Yds	Avg	Lg	TD	Rec	Yds	Avg	Lg	TD	Num	Yds	Avg	TD	Num	Yds	Avg	TD	Fum	TD	Pts
1996 Detroit Lions	1	0	0	0	-	-	0	0	0	-	-	0	0	0	-	0	0	0	-	0	0	0	0
1997 Detroit Lions	6	0	0	0	-	-	0	0	0	-	-	0	0	0	-	0	0	0	-	0	0	0	0
2 NFL Seasons	7	0	0	0	-	-	0	0	0	-	-	0	0	0	-	0	0	0	-	0	0	0	0

Eric Stokes

Pos: S **Rnd:** 5 **College:** Nebraska **Ht:** 5' 11" **Wt:** 200 **Born:** 12/18/73 **Age:** 24

			Tackles			Miscellaneous				Interceptions				Totals		
Year Team	G	GS	Tk	Ast	Sack	FF	FR	TD	Blk	Int	Yds	Avg	TD	Sfty	TD	Pts
1997 Seattle Seahawks	7	0	10	1	0.0	0	0	0	0	0	0	-	0	0	0	0

J.J. Stokes

(statistical profile on page 373)

Pos: WR **Rnd:** 1 (10) **College:** UCLA **Ht:** 6' 4" **Wt:** 217 **Born:** 10/6/72 **Age:** 26

			Rushing					Receiving					Punt Returns				Kickoff Returns				Totals		
Year Team	G	GS	Att	Yds	Avg	Lg	TD	Rec	Yds	Avg	Lg	TD	Num	Yds	Avg	TD	Num	Yds	Avg	TD	Fum	TD	Pts
1995 San Francisco 49ers	12	2	0	0	-	-	0	38	517	13.6	t41	4	0	0	-	0	0	0	-	0	0	4	24
1996 San Francisco 49ers	6	6	0	0	-	-	0	18	249	13.8	40	0	0	0	-	0	0	0	-	0	0	0	0
1997 San Francisco 49ers	16	16	0	0	-	-	0	58	733	12.6	36	4	0	0	-	0	0	0	-	0	1	4	24
3 NFL Seasons	34	24	0	0	-	-	0	114	1499	13.1	t41	8	0	0	-	0	0	0	-	0	1	8	48

Other Statistics: 1997–recovered 2 fumbles for 0 yards.

Bryan Stoltenberg

Pos: C **Rnd:** 6 **College:** Colorado **Ht:** 6' 1" **Wt:** 293 **Born:** 8/25/72 **Age:** 26

Year Team	G	GS	Year Team	G	GS			G	GS
1996 San Diego Chargers	9	0	1997 New York Giants	3	0		2 NFL Seasons	12	0

Other Statistics: 1997–fumbled 1 time for 0 yards.

Dwight Stone

Pos: WR **Rnd:** FA **College:** Middle Tennessee State **Ht:** 6' 0" **Wt:** 198 **Born:** 1/28/64 **Age:** 34

			Rushing					Receiving				Punt Returns				Kickoff Returns				Totals		
Year Team	G	GS	Att	Yds	Avg	Lg	TD	Rec	Yds	Avg	Lg	TD	Num	Yds	Avg	TD	Num	Yds	Avg	TD	Fum	TD	Pts
1987 Pittsburgh Steelers	14	0	17	135	7.9	51	0	1	22	22.0	22	0	0	0	-	0	28	568	20.3	0	0	0	0
1988 Pittsburgh Steelers	16	6	40	127	3.2	11	0	11	196	17.8	t72	1	0	0	-	0	29	610	21.0	1	5	2	12
1989 Pittsburgh Steelers	16	8	10	53	5.3	32	0	7	92	13.1	16	0	0	0	-	0	7	173	24.7	0	2	0	0
1990 Pittsburgh Steelers	16	2	2	-6	-3.0	10	0	19	332	17.5	90	1	0	0	-	0	5	91	18.2	0	1	1	6
1991 Pittsburgh Steelers	16	8	1	2	2.0	2	0	32	649	20.3	t89	5	0	0	-	0	6	75	12.5	0	0	5	30
1992 Pittsburgh Steelers	15	13	12	118	9.8	30	0	34	501	14.7	49	3	0	0	-	0	12	219	18.3	0	0	3	18
1993 Pittsburgh Steelers	16	15	12	121	10.1	t38	1	41	587	14.3	44	2	0	0	-	0	11	168	15.3	0	2	3	18
1994 Pittsburgh Steelers	15	1	2	7	3.5	4	0	7	81	11.6	25	0	0	0	-	0	11	182	16.5	0	0	0	2
1995 Carolina Panthers	16	0	1	3	3.0	3	0	0	0	-	-	0	0	0	-	0	12	269	22.4	0	0	0	0
1996 Carolina Panthers	15	0	1	6	6.0	6	0	1	11	11.0	11	0	0	0	-	0	0	0	-	0	0	0	0
1997 Carolina Panthers	16	0	0	0	-	-	0	0	0	-	-	0	0	0	-	0	3	76	25.3	0	0	0	2
11 NFL Seasons	171	53	98	566	5.8	51	1	153	2471	16.2	90	12	0	0	-	0	124	2431	19.6	1	10	14	88

Other Statistics: 1987–recovered 1 fumble for 0 yards. 1989–recovered 1 fumble for 0 yards. 1990–recovered 2 fumbles for 0 yards. 1993–recovered 1 fumble for 0 yards. 1994–scored 1 two-point conversion. 1997–credited with 1 safety; recovered 1 fumble for 0 yards.

Ron Stone

Pos: G **Rnd:** 4 **College:** Boston College **Ht:** 6' 5" **Wt:** 325 **Born:** 7/20/71 **Age:** 27

Year Team	G	GS	Year Team	G	GS	Year Team	G	GS	Year Team	G	GS
1994 Dallas Cowboys	15	0	1995 Dallas Cowboys	16	1	1996 New York Giants	16	16	1997 New York Giants	16	16
									4 NFL Seasons	63	33

Other Statistics: 1994–recovered 1 fumble for 0 yards. 1997–recovered 1 fumble for 0 yards.

Omar Stoutmire

Pos: S **Rnd:** 7 **College:** Fresno State **Ht:** 5' 11" **Wt:** 198 **Born:** 7/9/74 **Age:** 24

			Tackles			Miscellaneous				Interceptions				Totals		
Year Team	G	GS	Tk	Ast	Sack	FF	FR	TD	Blk	Int	Yds	Avg	TD	Sfty	TD	Pts
1997 Dallas Cowboys	16	2	38	8	2.0	0	1	0	0	2	8	4.0	0	0	0	0

Matt Stover

(statistical profile on page 485)

Pos: K **Rnd:** 12 **College:** Louisiana Tech **Ht:** 5' 11" **Wt:** 178 **Born:** 1/27/68 **Age:** 30

		Field Goals										PAT		Tot
Year Team	G	1-29 Yds	Pct	30-39 Yds	Pct	40-49 Yds	Pct	50+ Yds	Pct	Overall	Pct	Long	Made	Att	Pts
1991 Cleveland Browns	16	3-5	60.0	8-9	88.9	3-6	50.0	2-2	100.0	16-22	72.7	55	33	34	81
1992 Cleveland Browns	16	12-12	100.0	6-8	75.0	2-6	33.3	1-3	33.3	21-29	72.4	51	29	30	92
1993 Cleveland Browns	16	4-4	100.0	5-6	83.3	6-8	75.0	1-4	25.0	16-22	72.7	53	36	36	84
1994 Cleveland Browns	16	8-8	100.0	10-11	90.9	8-8	100.0	0-1	0.0	26-28	92.9	45	32	32	110
1995 Cleveland Browns	16	13-13	100.0	9-10	90.0	7-9	77.8	0-1	0.0	29-33	87.9	47	26	26	113
1996 Baltimore Ravens	16	8-8	100.0	5-6	83.3	5-10	50.0	1-1	100.0	19-25	76.0	50	34	35	91
1997 Baltimore Ravens	16	8-9	88.9	12-12	100.0	6-11	54.5	0-2	0.0	26-34	76.5	49	32	32	110
7 NFL Seasons	112	56-59	94.9	55-62	88.7	37-58	63.8	5-14	35.7	153-193	79.3	55	222	225	681

Other Statistics: 1992–attempted 1 pass with 0 completions for 0 yards and 1 interception.

Pete Stoyanovich

(statistical profile on page 485)

Pos: K **Rnd:** 8 **College:** Indiana **Ht:** 5' 11" **Wt:** 195 **Born:** 4/28/67 **Age:** 31

		Field Goals										PAT		Tot
Year Team	G	1-29 Yds	Pct	30-39 Yds	Pct	40-49 Yds	Pct	50+ Yds	Pct	Overall	Pct	Long	Made	Att	Pts
1989 Miami Dolphins	16	9-9	100.0	5-6	83.3	4-8	50.0	1-3	33.3	19-26	73.1	59	38	39	95
1990 Miami Dolphins	16	9-10	90.0	6-7	85.7	4-5	80.0	2-3	66.7	21-25	84.0	53	37	37	100
1991 Miami Dolphins	14	10-10	100.0	11-12	91.7	7-10	70.0	3-5	60.0	31-37	83.8	53	28	29	121
1992 Miami Dolphins	16	9-9	100.0	14-16	87.5	4-4	100.0	3-8	37.5	30-37	81.1	53	34	36	124
1993 Miami Dolphins	16	11-12	91.7	7-11	63.6	4-7	57.1	2-2	100.0	24-32	75.0	52	37	37	109
1994 Miami Dolphins	16	9-9	100.0	6-10	60.0	8-10	80.0	1-2	50.0	24-31	77.4	50	35	35	107
1995 Miami Dolphins	16	8-11	72.7	11-11	100.0	6-7	85.7	2-5	40.0	27-34	79.4	51	37	37	118
1996 Kansas City Chiefs	16	8-9	88.9	5-7	71.4	4-7	57.1	0-1	0.0	17-24	70.8	45	34	34	85
1997 Kansas City Chiefs	16	9-9	100.0	3-3	100.0	12-13	92.3	2-2	100.0	26-27	96.3	54	35	36	113
9 NFL Seasons	142	82-88	93.2	68-83	81.9	53-71	74.6	16-31	51.6	219-273	80.2	59	315	320	972

Other Statistics: 1991–punted 2 times for 85 yards. 1992–punted 2 times for 90 yards. 1997–punted 1 time for 24 yards.

Michael Strahan

(statistical profile on page 449)

Pos: DE **Rnd:** 2 **College:** Texas Southern **Ht:** 6' 4" **Wt:** 268 **Born:** 11/21/71 **Age:** 26

			Tackles			Miscellaneous				Interceptions				Totals		
Year Team	G	GS	Tk	Ast	Sack	FF	FR	TD	Blk	Int	Yds	Avg	TD	Sfty	TD	Pts
1993 New York Giants	9	0	1	2	1.0	0	0	0	0	0	0	-	0	0	0	0
1994 New York Giants	15	15	27	13	4.5	1	0	0	0	0	0	-	0	0	0	0
1995 New York Giants	15	15	48	10	7.5	3	0	0	1	2	56	28.0	0	1	0	2

Year Team	G	GS	Tackles			Miscellaneous				Interceptions				Totals		
			Tk	Ast	Sack	FF	FR	TD	Blk	Int	Yds	Avg	TD	Sfty	TD	Pts
1996 New York Giants	16	16	54	9	5.0	1	0	0	0	0	0	-	0	0	0	0
1997 New York Giants	16	16	49	19	14.0	2	1	0	0	0	0	-	0	0	0	0
5 NFL Seasons	71	62	179	53	32.0	7	1	0	1	2	56	28.0	0	1	0	2

Fred Strickland
(statistical profile on page 449)

Pos: LB **Rnd:** 2 **College:** Purdue **Ht:** 6' 2" **Wt:** 250 **Born:** 8/15/66 **Age:** 32

Year Team	G	GS	Tackles			Miscellaneous				Interceptions				Totals		
			Tk	Ast	Sack	FF	FR	TD	Blk	Int	Yds	Avg	TD	Sfty	TD	Pts
1988 Los Angeles Rams	16	0	34	9	4.0	0	2	0	0	0	0	-	0	0	0	0
1989 Los Angeles Rams	12	12	53	10	2.0	0	1	0	0	2	56	28.0	0	0	0	0
1990 Los Angeles Rams	5	5	17	8	0.0	0	0	0	0	0	0	-	0	0	0	0
1991 Los Angeles Rams	14	10	23	6	1.0	0	0	0	0	0	0	-	0	0	0	0
1992 Los Angeles Rams	16	0	7	0	0.0	0	0	0	0	0	0	-	0	0	0	0
1993 Minnesota Vikings	16	15	81	56	0.0	0	4	0	0	0	0	-	0	0	0	0
1994 Green Bay Packers	16	14	40	33	0.0	0	1	0	0	1	7	7.0	0	0	0	0
1995 Green Bay Packers	14	10	34	17	0.0	0	0	0	0	0	0	-	0	0	0	0
1996 Dallas Cowboys	16	16	79	24	1.0	1	1	0	0	1	0	0.0	0	0	0	0
1997 Dallas Cowboys	15	14	69	26	0.5	0	2	0	0	0	0	-	0	0	0	0
10 NFL Seasons	140	96	437	189	8.5	1	11	0	0	4	63	15.8	0	0	0	0

Korey Stringer

Pos: T **Rnd:** 1 (24) **College:** Ohio State **Ht:** 6' 4" **Wt:** 339 **Born:** 5/8/74 **Age:** 24

Year Team	G	GS	Year Team	G	GS	Year Team	G	GS		G	GS
1995 Minnesota Vikings	16	15	1996 Minnesota Vikings	16	15	1997 Minnesota Vikings	15	15	3 NFL Seasons	47	45

Other Statistics: 1995–recovered 2 fumbles for 0 yards; caught 1 pass for -1 yard.

Mack Strong

Pos: FB **Rnd:** FA **College:** Georgia **Ht:** 6' 0" **Wt:** 222 **Born:** 9/11/71 **Age:** 27

Year Team	G	GS	Rushing					Receiving					Punt Returns				Kickoff Returns				Totals		
			Att	Yds	Avg	Lg	TD	Rec	Yds	Avg	Lg	TD	Num	Yds	Avg	TD	Num	Yds	Avg	TD	Fum	TD	Pts
1994 Seattle Seahawks	8	1	27	114	4.2	14	2	3	3	1.0	5	0	0	0	-	0	0	0	-	0	1	2	12
1995 Seattle Seahawks	16	1	8	23	2.9	9	1	12	117	9.8	25	3	0	0	-	0	4	65	16.3	0	2	4	24
1996 Seattle Seahawks	14	8	5	8	1.6	4	0	9	78	8.7	20	0	0	0	-	0	0	0	-	0	0	0	0
1997 Seattle Seahawks	16	10	4	8	2.0	6	0	13	91	7.0	20	2	0	0	-	0	1	16	16.0	0	0	2	12
4 NFL Seasons	54	20	44	153	3.5	14	3	37	289	7.8	25	5	0	0	-	0	5	81	16.2	0	3	8	48

Other Statistics: 1995–recovered 1 fumble for 0 yards. 1996–recovered 1 fumble for 0 yards. 1997–recovered 1 fumble for 0 yards.

Dan Stryzinski
(statistical profile on page 485)

Pos: P **Rnd:** FA **College:** Indiana **Ht:** 6' 2" **Wt:** 200 **Born:** 5/15/65 **Age:** 33

Year Team	G	Punting												Rushing		Passing			
		NetPunts	Yards	Avg	Long	In20	In20%	TotPunts	TB	Blocks	OppRet	RetYds	NetAvg	Att	Yards	Att	Com	Yards	Int
1990 Pittsburgh Steelers	16	65	2454	37.8	51	18	27.7	66	5	1	16	105	34.1	3	17	0	0	0	0
1991 Pittsburgh Steelers	16	74	2996	40.5	63	10	13.5	75	3	1	29	210	36.3	4	-11	0	0	0	0
1992 Tampa Bay Buccaneers	16	74	3015	40.7	57	15	20.3	74	11	0	22	117	36.2	1	7	2	2	14	0
1993 Tampa Bay Buccaneers	16	93	3772	40.6	57	24	25.8	94	3	1	53	394	35.3	0	0	0	0	0	0
1994 Tampa Bay Buccaneers	16	72	2800	38.9	53	20	27.8	72	6	0	18	94	35.9	0	0	1	1	21	0
1995 Atlanta Falcons	16	67	2759	41.2	64	21	31.3	67	5	0	28	236	36.2	1	0	0	0	0	0
1996 Atlanta Falcons	16	75	3152	42.0	58	22	29.3	75	4	0	32	413	35.5	0	0	0	0	0	0
1997 Atlanta Falcons	16	89	3498	39.3	57	20	22.5	89	9	0	21	55	36.7	0	0	0	0	0	0
8 NFL Seasons	128	609	24446	40.1	64	150	24.6	612	46	3	219	1624	35.8	9	13	3	3	35	0

Other Statistics: 1990–recovered 1 fumble for 0 yards. 1991–recovered 2 fumbles for 0 yards; fumbled 1 time.

Justin Strzelczyk

Pos: T **Rnd:** 11 **College:** Maine **Ht:** 6' 6" **Wt:** 291 **Born:** 8/18/68 **Age:** 30

Year Team	G	GS	Year Team	G	GS	Year Team	G	GS	Year Team	G	GS
1990 Pittsburgh Steelers	16	0	1992 Pittsburgh Steelers	16	7	1994 Pittsburgh Steelers	15	5	1996 Pittsburgh Steelers	16	16
1991 Pittsburgh Steelers	16	0	1993 Pittsburgh Steelers	16	12	1995 Pittsburgh Steelers	16	14	1997 Pittsburgh Steelers	14	14
									8 NFL Seasons	125	68

Other Statistics: 1993–recovered 1 fumble for 0 yards.

Dana Stubblefield
(statistical profile on page 450)

Pos: DT **Rnd:** 1 (26) **College:** Kansas **Ht:** 6' 2" **Wt:** 290 **Born:** 11/14/70 **Age:** 27

Year Team	G	GS	Tackles			Miscellaneous				Interceptions				Totals		
			Tk	Ast	Sack	FF	FR	TD	Blk	Int	Yds	Avg	TD	Sfty	TD	Pts
1993 San Francisco 49ers	16	14	55	9	10.5	1	0	0	0	0	0	-	0	0	0	0
1994 San Francisco 49ers	14	14	34	4	8.5	2	0	0	0	0	0	-	0	0	0	0
1995 San Francisco 49ers	16	16	27	7	4.5	0	0	0	1	1	12	12.0	0	0	0	0

Year Team	G	GS	Tk	Ast	Sack	FF	FR	TD	Blk	Int	Yds	Avg	TD	Sfty	TD	Pts
			Tackles			**Miscellaneous**				**Interceptions**				**Totals**		
1996 San Francisco 49ers	15	15	26	7	1.0	1	1	0	0	1	15	15.0	0	0	0	0
1997 San Francisco 49ers	16	16	48	13	15.0	3	0	0	0	0	0	-	0	0	0	0
5 NFL Seasons	77	75	190	40	39.5	7	1	0	1	2	27	13.5	0	0	0	0

Daniel Stubbs

Pos: DE **Rnd:** 2 **College:** Miami (FL) **Ht:** 6' 4" **Wt:** 272 **Born:** 1/3/65 **Age:** 33

Year Team	G	GS	Tk	Ast	Sack	FF	FR	TD	Blk	Int	Yds	Avg	TD	Sfty	TD	Pts
			Tackles			**Miscellaneous**				**Interceptions**				**Totals**		
1988 San Francisco 49ers	16	1	20	5	6.0	1	1	0	0	0	0	-	0	0	0	0
1989 San Francisco 49ers	16	0	12	1	4.5	0	0	0	0	0	0	-	0	0	0	0
1990 Dallas Cowboys	16	15	29	30	7.5	2	2	0	0	0	0	-	0	0	0	0
1991 Dal - Cin	16	0	8	3	4.0	1	1	0	0	0	0	-	0	0	0	0
1992 Cincinnati Bengals	16	12	24	8	9.0	2	1	0	0	0	0	-	0	0	0	0
1993 Cincinnati Bengals	16	0	20	4	5.0	0	1	0	0	0	0	-	0	0	0	0
1995 Philadelphia Eagles	16	5	19	2	5.5	1	1	0	0	0	0	-	0	0	0	0
1996 Miami Dolphins	16	15	32	3	9.0	2	0	0	0	0	0	-	0	0	0	0
1997 Miami Dolphins	1	0	3	0	1.0	0	0	0	0	0	0	-	0	0	0	0
1991 Dallas Cowboys	9	0	5	3	1.0	0	1	0	0	0	0	-	0	0	0	0
Cincinnati Bengals	7	0	3	0	3.0	1	0	0	0	0	0	-	0	0	0	0
9 NFL Seasons	129	48	167	56	51.5	9	7	0	0	0	0	-	0	0	0	0

Lorenzo Styles

Pos: LB **Rnd:** 3 **College:** Ohio State **Ht:** 6' 1" **Wt:** 245 **Born:** 1/31/74 **Age:** 24

Year Team	G	GS	Tackles			Miscellaneous				Interceptions				Punt Returns				Kickoff Returns				Totals		
			Tk	Ast	Sack	FF	FR	TD	Blk	Int	Yds	Avg	TD	Num	Yds	Avg	TD	Num	Yds	Avg	TD	TD	Fum	
1995 Atlanta Falcons	12	0	0	0	0.0	0	0	0	0	0	0	-	0	0	0	-	0	0	0	-	0	0	0	
1996 Atlanta Falcons	16	0	15	1	0.0	0	0	0	0	0	0	-	0	0	0	-	0	1	12	12.0	0	0	0	
1997 St. Louis Rams	3	0	0	0	0.0	0	0	0	0	0	0	-	0	0	0	-	0	0	0	-	0	0	0	
3 NFL Seasons	31	0	15	1	0.0	0	0	0	0	0	0	-	0	0	0	-	0	1	12	12.0	0	0	0	

Nicky Sualua

Pos: FB **Rnd:** 4 **College:** Ohio State **Ht:** 5' 11" **Wt:** 257 **Born:** 4/15/75 **Age:** 23

Year Team	G	GS	Rushing					Receiving					Punt Returns				Kickoff Returns				Totals		
			Att	Yds	Avg	Lg	TD	Rec	Yds	Avg	Lg	TD	Num	Yds	Avg	TD	Num	Yds	Avg	TD	Fum	TD	Pts
1997 Dallas Cowboys	10	1	0	0	-	-	0	0	0	-	-	0	0	0	-	0	0	0	-	0	0	0	0

Chris Sullivan

Pos: DE **Rnd:** 4 **College:** Boston College **Ht:** 6' 4" **Wt:** 279 **Born:** 3/14/73 **Age:** 25

Year Team	G	GS	Tk	Ast	Sack	FF	FR	TD	Blk	Int	Yds	Avg	TD	Sfty	TD	Pts
			Tackles			**Miscellaneous**				**Interceptions**				**Totals**		
1996 New England Patriots	16	0	3	0	0.0	0	1	0	0	0	0	-	0	0	0	0
1997 New England Patriots	16	10	16	9	0.0	0	0	0	0	0	0	-	0	0	0	0
2 NFL Seasons	32	10	19	9	0.0	0	1	0	0	0	0	-	0	0	0	0

Eddie Sutter

Pos: LB **Rnd:** FA **College:** Northwestern **Ht:** 6' 3" **Wt:** 235 **Born:** 10/3/69 **Age:** 29

Year Team	G	GS	Tk	Ast	Sack	FF	FR	TD	Blk	Int	Yds	Avg	TD	Sfty	TD	Pts
			Tackles			**Miscellaneous**				**Interceptions**				**Totals**		
1993 Cleveland Browns	15	0	0	0	0.0	0	0	0	0	0	0	-	0	0	0	0
1994 Cleveland Browns	16	0	2	1	0.0	0	0	0	0	0	0	-	0	0	0	0
1995 Cleveland Browns	16	0	0	0	0.0	0	0	0	0	0	0	-	0	0	0	0
1996 Baltimore Ravens	16	4	30	5	0.0	0	1	0	0	0	0	-	0	0	0	0
1997 Atlanta Falcons	16	0	0	0	0.0	0	0	0	0	0	0	-	0	0	0	0
5 NFL Seasons	79	4	32	6	0.0	0	1	0	0	0	0	-	0	0	0	0

Eric Swann

(statistical profile on page 450)

Pos: DT **Rnd:** 1 (6) **College:** Wake Technical College **Ht:** 6' 5" **Wt:** 295 **Born:** 8/16/70 **Age:** 28

Year Team	G	GS	Tk	Ast	Sack	FF	FR	TD	Blk	Int	Yds	Avg	TD	Sfty	TD	Pts
			Tackles			**Miscellaneous**				**Interceptions**				**Totals**		
1991 Phoenix Cardinals	12	3	19	3	4.0	0	0	0	0	0	0	-	0	0	0	0
1992 Phoenix Cardinals	16	11	51	19	2.0	0	0	0	0	0	0	-	0	1	0	2
1993 Phoenix Cardinals	9	9	35	12	3.5	1	1	0	0	0	0	-	0	1	0	2
1994 Arizona Cardinals	16	16	46	25	7.5	1	1	0	0	1	0	0.0	0	1	0	2
1995 Arizona Cardinals	13	12	45	8	8.5	1	2	0	3	0	0	-	0	0	0	0
1996 Arizona Cardinals	16	15	60	21	5.0	0	3	0	0	0	0	-	0	0	0	0
1997 Arizona Cardinals	13	13	52	16	7.5	1	1	0	0	0	0	-	0	0	0	0
7 NFL Seasons	95	79	308	104	38.0	4	8	0	3	1	0	0.0	0	3	0	6

Other Statistics: 1997–rushed 1 time for 0 yards; fumbled 1 time.

Harry Swayne

Pos: T **Rnd:** 7 **College:** Rutgers **Ht:** 6' 5" **Wt:** 295 **Born:** 2/2/65 **Age:** 33

Year	Team	G	GS	Year	Team	G	GS	Year	Team	G	GS	Year	Team	G	GS
1987	Tampa Bay Buccaneers	8	2	1990	Tampa Bay Buccaneers	10	0	1993	San Diego Chargers	11	11	1996	San Diego Chargers	16	3
1988	Tampa Bay Buccaneers	10	1	1991	San Diego Chargers	12	12	1994	San Diego Chargers	16	16	1997	Denver Broncos	7	0
1989	Tampa Bay Buccaneers	16	0	1992	San Diego Chargers	16	16	1995	San Diego Chargers	16	16		11 NFL Seasons	138	77

Jim Sweeney

Pos: C **Rnd:** 2 **College:** Pittsburgh **Ht:** 6' 4" **Wt:** 295 **Born:** 8/8/62 **Age:** 36

Year	Team	G	GS	Year	Team	G	GS	Year	Team	G	GS	Year	Team	G	GS
1984	New York Jets	10	2	1988	New York Jets	16	16	1992	New York Jets	16	16	1996	Pittsburgh Steelers	16	0
1985	New York Jets	16	16	1989	New York Jets	16	16	1993	New York Jets	16	16	1997	Pittsburgh Steelers	16	1
1986	New York Jets	16	16	1990	New York Jets	16	16	1994	New York Jets	16	16				
1987	New York Jets	12	12	1991	New York Jets	16	16	1995	Seattle Seahawks	16	16		14 NFL Seasons	214	175

Other Statistics: 1990–recovered 1 fumble for 0 yards. 1994–recovered 1 fumble for 0 yards.

Michael Swift

Pos: CB **Rnd:** FA **College:** Austin Peay **Ht:** 5' 10" **Wt:** 165 **Born:** 2/28/74 **Age:** 24

				Tackles			Miscellaneous				Interceptions				Totals		
Year	Team	G	GS	Tk	Ast	Sack	FF	FR	TD	Blk	Int	Yds	Avg	TD	Sfty	TD	Pts
1997	San Diego Chargers	12	1	13	2	0.0	0	1	0	0	0	0	-	0	0	0	0

Rashod Swinger

Pos: DT **Rnd:** FA **College:** Rutgers **Ht:** 6' 3" **Wt:** 294 **Born:** 11/27/74 **Age:** 23

				Tackles			Miscellaneous				Interceptions				Totals		
Year	Team	G	GS	Tk	Ast	Sack	FF	FR	TD	Blk	Int	Yds	Avg	TD	Sfty	TD	Pts
1997	Arizona Cardinals	1	0	4	1	0.0	0	0	0	0	0	0	-	0	0	0	0

David Szott

Pos: G **Rnd:** 7 **College:** Penn State **Ht:** 6' 4" **Wt:** 290 **Born:** 12/12/67 **Age:** 30

Year	Team	G	GS	Year	Team	G	GS	Year	Team	G	GS	Year	Team	G	GS
1990	Kansas City Chiefs	16	11	1992	Kansas City Chiefs	16	16	1994	Kansas City Chiefs	16	16	1996	Kansas City Chiefs	16	16
1991	Kansas City Chiefs	16	16	1993	Kansas City Chiefs	14	13	1995	Kansas City Chiefs	16	16	1997	Kansas City Chiefs	16	16
													8 NFL Seasons	126	120

Other Statistics: 1990–recovered 1 fumble for 0 yards. 1991–recovered 1 fumble for 0 yards. 1997–recovered 1 fumble for 0 yards.

Ralph Tamm

Pos: G/LS **Rnd:** 9 **College:** West Chester **Ht:** 6' 4" **Wt:** 280 **Born:** 3/11/66 **Age:** 32

Year	Team	G	GS	Year	Team	G	GS	Year	Team	G	GS	Year	Team	G	GS
1990	Cleveland Browns	16	12	1991	Cincinnati Bengals	1	0	1994	San Francisco 49ers	1	1	1997	Kansas City Chiefs	16	0
1991	Cleveland Browns	1	0	1992	San Francisco 49ers	14	1	1995	Denver Broncos	13	1				
1991	Washington Redskins	2	0	1993	San Francisco 49ers	16	16	1996	Denver Broncos	10	0		8 NFL Seasons	90	31

Other Statistics: 1993–recovered 1 fumble for 1 yard and 1 touchdown. 1995–recovered 1 fumble for 0 yards.

Barron Tanner

Pos: DT **Rnd:** 5 **College:** Oklahoma **Ht:** 6' 3" **Wt:** 310 **Born:** 9/14/73 **Age:** 25

				Tackles			Miscellaneous				Interceptions				Totals		
Year	Team	G	GS	Tk	Ast	Sack	FF	FR	TD	Blk	Int	Yds	Avg	TD	Sfty	TD	Pts
1997	Miami Dolphins	16	0	16	6	0.0	0	0	0	0	0	0	-	0	0	0	0

Maa Tanuvasa

Pos: DT **Rnd:** 8 **College:** Hawaii **Ht:** 6' 2" **Wt:** 277 **Born:** 11/6/70 **Age:** 27

				Tackles			Miscellaneous				Interceptions				Totals		
Year	Team	G	GS	Tk	Ast	Sack	FF	FR	TD	Blk	Int	Yds	Avg	TD	Sfty	TD	Pts
1995	Denver Broncos	1	0	0	0	0.0	0	0	0	0	0	0	-	0	0	0	0
1996	Denver Broncos	16	1	12	4	5.0	0	1	0	0	0	0	-	0	0	0	0
1997	Denver Broncos	15	5	17	6	8.5	0	0	0	0	0	0	-	0	0	0	0
	3 NFL Seasons	32	6	29	10	13.5	0	1	0	0	0	0	-	0	0	0	0

Steve Tasker

Pos: WR **Rnd:** 9 **College:** Northwestern **Ht:** 5' 9" **Wt:** 181 **Born:** 4/10/62 **Age:** 36

				Rushing					Receiving					Punt Returns				Kickoff Returns				Totals		
Year	Team	G	GS	Att	Yds	Avg	Lg	TD	Rec	Yds	Avg	Lg	TD	Num	Yds	Avg	TD	Num	Yds	Avg	TD	Fum	TD	Pts
1985	Houston Oilers	7	0	2	16	8.0	13	0	2	19	9.5	14	0	0	0	-	0	17	447	26.3	0	0	0	0
1986	Hou - Buf	9	0	0	0	-	0	0	0	0	-	0	0	0	0	-	0	12	213	17.8	0	0	0	0
1987	Buffalo Bills	12	0	0	0	-	0	0	0	0	-	0	0	0	0	-	0	11	197	17.9	0	2	0	2
1988	Buffalo Bills	14	0	0	0	-	0	0	0	0	-	0	0	0	0	-	0	0	0	-	0	0	0	0
1989	Buffalo Bills	16	0	0	0	-	0	0	0	0	-	0	0	0	0	-	0	2	39	19.5	0	0	0	0

			Rushing					Receiving					Punt Returns				Kickoff Returns				Totals		
Year Team	G	GS	Att	Yds	Avg	Lg	TD	Rec	Yds	Avg	Lg	TD	Num	Yds	Avg	TD	Num	Yds	Avg	TD	Fum	TD	Pts
1990 Buffalo Bills	16	0	0	0	-	-	0	2	44	22.0	t24	2	0	0	-	0	0	0	-	0	0	2	12
1991 Buffalo Bills	16	0	0	0	-	-	0	2	39	19.5	t20	1	0	0	-	0	0	0	-	0	0	1	6
1992 Buffalo Bills	15	2	1	9	9.0	9	0	2	24	12.0	17	0	0	0	-	0	0	0	-	0	0	0	0
1993 Buffalo Bills	15	0	0	0	-	-	0	2	26	13.0	22	0	1	0	0.0	0	0	0	-	0	1	0	0
1994 Buffalo Bills	14	0	0	0	-	-	0	0	0	-	-	0	0	0	-	0	1	2	2.0	0	0	0	0
1995 Buffalo Bills	13	3	8	74	9.3	17	0	20	255	12.8	43	3	17	204	12.0	0	0	0	-	0	0	3	18
1996 Buffalo Bills	8	5	9	31	3.4	11	0	21	372	17.7	62	3	2	18	9.0	0	0	0	-	0	3	3	18
1997 Buffalo Bills	14	0	0	0	-	-	0	0	0	-	-	0	12	113	9.4	0	1	12	12.0	0	1	0	0
1986 Houston Oilers	2	0	0	0	-	-	0	0	0	-	-	0	0	0	-	0	3	65	21.7	0	0	0	0
Buffalo Bills	7	0	0	0	-	-	0	0	0	-	-	0	0	0	-	0	9	148	16.4	0	0	0	0
13 NFL Seasons	169	10	20	130	6.5	17	0	51	779	15.3	62	9	32	335	10.5	0	44	910	20.7	0	7	9	56

Other Statistics: 1987–credited with 1 safety. 1990–recovered 2 fumbles for 5 yards. 1992–recovered 1 fumble for 0 yards. 1993–recovered 1 fumble for 0 yards. 1997–recovered 2 fumbles for 0 yards.

David Tate

Pos: S **Rnd:** 8 **College:** Colorado **Ht:** 6' 1" **Wt:** 209 **Born:** 11/22/64 **Age:** 33

			Tackles			Miscellaneous				Interceptions				Punt Returns				Kickoff Returns				Totals	
Year Team	G	GS	Tk	Ast	Sack	FF	FR	TD	Blk	Int	Yds	Avg	TD	Num	Yds	Avg	TD	Num	Yds	Avg	TD	TD	Fum
1988 Chicago Bears	16	4	20	25	0.0	0	0	0	0	4	35	8.8	0	0	0	-	0	0	0	-	0	0	0
1989 Chicago Bears	14	4	28	32	0.0	0	0	0	0	1	0	0.0	0	0	0	-	0	1	12	12.0	0	0	0
1990 Chicago Bears	16	1	30	24	0.0	0	0	0	0	0	0	-	0	0	0	-	0	0	0	-	0	0	0
1991 Chicago Bears	16	0	14	16	0.0	0	0	0	0	2	35	17.5	0	0	0	-	0	0	0	-	0	0	0
1992 Chicago Bears	16	3	22	27	0.0	1	1	0	0	0	0	-	0	0	0	-	0	0	0	-	0	0	0
1993 New York Giants	14	1	25	5	0.0	0	0	0	0	1	12	12.0	0	0	0	-	0	0	0	-	0	0	1
1994 Indianapolis Colts	16	8	29	19	0.0	0	0	0	0	3	51	17.0	0	0	0	-	0	0	0	-	0	0	0
1995 Indianapolis Colts	16	16	61	22	0.0	1	1	0	0	0	0	-	0	0	0	-	0	0	0	-	0	0	0
1996 Indianapolis Colts	10	10	28	19	1.0	1	0	0	0	0	0	-	0	0	0	-	0	0	0	-	0	0	0
1997 Indianapolis Colts	8	2	6	3	0.0	0	0	0	0	0	0	-	0	0	0	-	0	0	0	-	0	0	0
10 NFL Seasons	142	49	263	192	1.0	3	2	0	0	11	133	12.1	0	0	0	-	0	1	12	12.0	0	0	1

Robert Tate

Pos: WR **Rnd:** 6 **College:** Cincinnati **Ht:** 5' 10" **Wt:** 185 **Born:** 10/19/73 **Age:** 25

			Rushing					Receiving					Punt Returns				Kickoff Returns				Totals		
Year Team	G	GS	Att	Yds	Avg	Lg	TD	Rec	Yds	Avg	Lg	TD	Num	Yds	Avg	TD	Num	Yds	Avg	TD	Fum	TD	Pts
1997 Minnesota Vikings	4	0	0	0	-	-	0	0	0	-	-	0	0	0	-	0	10	196	19.6	0	0	0	0

Kinnon Tatum

Pos: LB **Rnd:** 3 **College:** Notre Dame **Ht:** 6' 0" **Wt:** 224 **Born:** 7/19/75 **Age:** 23

			Tackles			Miscellaneous				Interceptions				Totals		
Year Team	G	GS	Tk	Ast	Sack	FF	FR	TD	Blk	Int	Yds	Avg	TD	Sfty	TD	Pts
1997 Carolina Panthers	16	0	3	0	0.0	0	0	0	0	0	0	-	0	0	0	0

Aaron Taylor

Pos: G **Rnd:** 1 (16) **College:** Notre Dame **Ht:** 6' 4" **Wt:** 305 **Born:** 11/14/72 **Age:** 25

Year	Team	G	GS	Year	Team	G	GS	Year	Team	G	GS			G	GS
1995	Green Bay Packers	16	16	1996	Green Bay Packers	16	16	1997	Green Bay Packers	14	14		3 NFL Seasons	46	46

Other Statistics: 1995–recovered 2 fumbles for 0 yards. 1996–recovered 1 fumble for 0 yards.

Bobby Taylor

Pos: CB **Rnd:** 2 **College:** Notre Dame **Ht:** 6' 3" **Wt:** 216 **Born:** 12/28/73 **Age:** 24

			Tackles			Miscellaneous				Interceptions				Totals		
Year Team	G	GS	Tk	Ast	Sack	FF	FR	TD	Blk	Int	Yds	Avg	TD	Sfty	TD	Pts
1995 Philadelphia Eagles	16	12	47	5	0.0	0	0	0	0	2	52	26.0	0	0	0	0
1996 Philadelphia Eagles	16	16	55	7	1.0	0	2	0	0	3	-1	-0.3	0	0	0	0
1997 Philadelphia Eagles	6	5	14	4	2.0	2	0	0	0	0	0	-	0	0	0	0
3 NFL Seasons	38	33	116	16	3.0	2	2	0	0	5	51	10.2	0	0	0	0

Other Statistics: 1996–fumbled 1 time.

Jason Taylor

Pos: DE **Rnd:** 3 **College:** Akron **Ht:** 6' 5" **Wt:** 240 **Born:** 9/1/74 **Age:** 24

			Tackles			Miscellaneous				Interceptions				Totals		
Year Team	G	GS	Tk	Ast	Sack	FF	FR	TD	Blk	Int	Yds	Avg	TD	Sfty	TD	Pts
1997 Miami Dolphins	13	11	30	12	5.0	2	2	0	0	0	0	-	0	0	0	0

Leland Taylor

Pos: DT **Rnd:** 7 **College:** Louisville **Ht:** 6' 3" **Wt:** 305 **Born:** 10/25/72 **Age:** 26

Year Team	G	GS	Tackles			Miscellaneous				Interceptions				Totals		
			Tk	Ast	Sack	FF	FR	TD	Blk	Int	Yds	Avg	TD	Sfty	TD	Pts
1997 Baltimore Ravens	1	0	0	0	0.0	0	0	0	0	0	0	-	0	0	0	0

George Teague

Pos: S **Rnd:** 1 (29) **College:** Alabama **Ht:** 6' 1" **Wt:** 195 **Born:** 2/18/71 **Age:** 27

Year Team	G	GS	Tackles			Miscellaneous				Interceptions				Punt Returns				Kickoff Returns				Totals	
			Tk	Ast	Sack	FF	FR	TD	Blk	Int	Yds	Avg	TD	Num	Yds	Avg	TD	Num	Yds	Avg	TD	TD	Fum
1993 Green Bay Packers	16	12	27	9	0.0	1	2	0	0	1	22	22.0	0	1	-1	-1.0	0	0	0	-	0	0	0
1994 Green Bay Packers	16	16	41	12	0.0	0	0	0	0	3	33	11.0	0	0	0	-	0	0	0	-	0	0	0
1995 Green Bay Packers	15	15	42	15	0.0	0	1	0	0	2	100	50.0	0	0	0	-	0	0	0	-	0	0	0
1996 Dallas Cowboys	16	8	47	10	0.0	0	0	0	0	4	47	11.8	0	0	0	-	0	0	0	-	0	0	0
1997 Miami Dolphins	15	6	20	19	0.0	1	0	0	0	2	25	12.5	0	0	0	-	0	0	0	-	0	0	0
5 NFL Seasons	78	57	177	65	0.0	2	3	0	0	12	227	18.9	0	1	-1	-1.0	0	0	0	-	0	0	0

Pat Terrell

Pos: S **Rnd:** 2 **College:** Notre Dame **Ht:** 6' 2" **Wt:** 218 **Born:** 3/18/68 **Age:** 30

Year Team	G	GS	Tackles			Miscellaneous				Interceptions				Totals		
			Tk	Ast	Sack	FF	FR	TD	Blk	Int	Yds	Avg	TD	Sfty	TD	Pts
1990 Los Angeles Rams	15	1	7	4	0.0	0	1	0	0	1	6	6.0	0	0	0	0
1991 Los Angeles Rams	16	16	64	10	0.0	0	1	0	0	1	4	4.0	0	0	0	0
1992 Los Angeles Rams	15	11	45	10	0.0	0	0	0	0	0	0	-	0	0	0	0
1993 Los Angeles Rams	13	3	24	5	0.0	0	0	0	0	2	1	0.5	0	0	0	0
1994 New York Jets	16	2	18	8	0.0	0	0	0	0	0	0	-	0	0	0	0
1995 Carolina Panthers	16	13	45	16	0.0	0	1	0	0	3	33	11.0	0	0	0	0
1996 Carolina Panthers	16	16	50	10	0.0	0	0	0	0	3	6	2.0	0	0	0	0
1997 Carolina Panthers	16	5	30	13	0.0	0	0	0	0	0	0	-	0	0	0	0
8 NFL Seasons	123	67	283	76	0.0	0	4	0	0	10	50	5.0	0	0	0	0

Rick Terry

Pos: DT **Rnd:** 2 **College:** North Carolina **Ht:** 6' 4" **Wt:** 290 **Born:** 4/5/74 **Age:** 24

Year Team	G	GS	Tackles			Miscellaneous				Interceptions				Totals		
			Tk	Ast	Sack	FF	FR	TD	Blk	Int	Yds	Avg	TD	Sfty	TD	Pts
1997 New York Jets	14	0	15	6	1.0	0	0	0	0	0	0	-	0	0	0	0

Tim Terry

Pos: LB **Rnd:** FA **College:** Temple **Ht:** 6' 3" **Wt:** 235 **Born:** 7/26/74 **Age:** 24

Year Team	G	GS	Tackles			Miscellaneous				Interceptions				Totals		
			Tk	Ast	Sack	FF	FR	TD	Blk	Int	Yds	Avg	TD	Sfty	TD	Pts
1997 Cincinnati Bengals	5	0	2	1	0.0	0	0	0	0	0	0	-	0	0	0	0

Vinny Testaverde

(statistical profile on page 374)

Pos: QB **Rnd:** 1 (1) **College:** Miami (FL) **Ht:** 6' 5" **Wt:** 227 **Born:** 11/13/63 **Age:** 34

Year Team	G	GS	Passing									Rushing				Miscellaneous			
			Att	Com	Pct	Yards	Yds/Att	Lg	TD	Int	Int%	Rating	Att	Yds	Avg	Lg	TD	Sckd	Yds	Fum	Recv Yds	Pts
1987 Tampa Bay Buccaneers	6	4	165	71	43.0	1081	6.55	40	5	6	3.6	60.2	13	50	3.8	17	1	18	140	7	4	-3	6
1988 Tampa Bay Buccaneers	15	15	466	222	47.6	3240	6.95	t59	13	35	7.5	48.8	28	138	4.9	24	1	33	292	8	2	0	6
1989 Tampa Bay Buccaneers	14	14	480	258	53.8	3133	6.53	t78	20	22	4.6	68.9	25	139	5.6	16	0	38	294	4	2	0	0
1990 Tampa Bay Buccaneers	14	13	365	203	55.6	2818	7.72	t89	17	18	4.9	75.6	38	280	7.4	t48	1	38	330	10	3	0	6
1991 Tampa Bay Buccaneers	13	12	326	166	50.9	1994	6.12	t87	8	15	4.6	59.0	32	101	3.2	19	0	35	234	5	3	0	0
1992 Tampa Bay Buccaneers	14	14	358	206	57.5	2554	7.13	t81	14	16	4.5	74.2	36	197	5.5	18	2	35	259	4	4	-8	12
1993 Cleveland Browns	10	6	230	130	56.5	1797	7.81	t62	14	9	3.9	85.7	18	74	4.1	14	0	17	101	4	0	0	0
1994 Cleveland Browns	14	13	376	207	55.1	2575	6.85	t81	16	18	4.8	70.7	21	37	1.8	12	2	12	83	3	2	2	12
1995 Cleveland Browns	13	12	392	241	61.5	2883	7.35	t70	17	10	2.6	87.8	18	62	3.4	14	2	17	87	4	0	-5	12
1996 Baltimore Ravens	16	16	549	325	59.2	4177	7.61	t86	33	19	3.5	88.7	34	188	5.5	22	2	34	270	9	0	-11	14
1997 Baltimore Ravens	13	13	470	271	57.7	2971	6.32	t54	18	15	3.2	75.9	34	138	4.1	16	0	20	129	11	5	-9	0
11 NFL Seasons	142	132	4177	2300	55.1	29223	7.00	t89	175	183	4.4	72.8	297	1404	4.7	t48	11	297	2219	69	25	-34	68

Other Statistics: 1990–caught 1 pass for 3 yards. 1995–caught 1 pass for 7 yards. 1996–scored 1 two-point conversion. 1997–caught 1 pass for -4 yards.

Larry Tharpe

Pos: T **Rnd:** 6 **College:** Tennessee State **Ht:** 6' 4" **Wt:** 300 **Born:** 11/19/70 **Age:** 27

Year Team	G	GS	Year Team	G	GS	Year Team	G	GS	Year Team	G	GS
1992 Detroit Lions	11	0	1993 Detroit Lions	5	3	1995 Arizona Cardinals	16	16	1997 Detroit Lions	16	15
									4 NFL Seasons	48	34

Other Statistics: 1995–recovered 1 fumble for 0 yards.

Keith Thibodeaux

Pos: CB   Rnd: 5   College: N.W. Louisiana   Ht: 5' 11"   Wt: 185   Born: 5/16/74   Age: 24

			Tackles			Miscellaneous				Interceptions			Totals		
Year Team	G	GS	Tk	Ast	Sack	FF	FR	TD	Blk	Int	Yds	Avg TD	Sfty	TD	Pts
1997 Washington Redskins	15	0	11	0	0.0	0	0	0	0	0	0	- 0	0	0	0

John Thierry

Pos: DE   Rnd: 1 (11)   College: Alcorn State   Ht: 6' 4"   Wt: 265   Born: 9/4/71   Age: 27

			Tackles			Miscellaneous				Interceptions				Punt Returns				Kickoff Returns				Totals	
Year Team	G	GS	Tk	Ast	Sack	FF	FR	TD	Blk	Int	Yds	Avg	TD	Num	Yds	Avg	TD	Num	Yds	Avg	TD	TD	Fum
1994 Chicago Bears	16	1	3	2	0.0	0	0	0	0	0	0	-	0	0	0	-	0	1	0	0.0	0	0	0
1995 Chicago Bears	16	7	20	5	4.0	0	4	0	0	0	0	-	0	0	0	-	0	0	0	-	0	0	0
1996 Chicago Bears	16	2	10	3	2.0	0	0	0	0	0	0	-	0	0	0	-	0	0	0	-	0	0	0
1997 Chicago Bears	9	9	9	6	3.0	2	0	0	0	0	0	-	0	0	0	-	0	0	0	-	0	0	0
4 NFL Seasons	57	19	42	16	9.0	2	4	0	0	0	0	-	0	0	0	-	0	1	0	0.0	0	0	0

Yancey Thigpen

(statistical profile on page 374)

Pos: WR   Rnd: 4   College: Winston-Salem State   Ht: 6' 1"   Wt: 206   Born: 8/15/69   Age: 29

			Rushing					Receiving					Punt Returns				Kickoff Returns				Totals		
Year Team	G	GS	Att	Yds	Avg	Lg	TD	Rec	Yds	Avg	Lg	TD	Num	Yds	Avg	TD	Num	Yds	Avg	TD	Fum	TD	Pts
1991 San Diego Chargers	4	1	0	0	-	-	0	0	0	-	-	0	0	0	-	0	0	0	-	0	0	0	0
1992 Pittsburgh Steelers	12	0	0	0	-	-	0	1	2	2.0	2	0	0	0	-	0	2	44	22.0	0	0	0	0
1993 Pittsburgh Steelers	12	0	0	0	-	-	0	9	154	17.1	t39	3	0	0	-	0	1	23	23.0	0	0	3	18
1994 Pittsburgh Steelers	15	6	0	0	-	-	0	36	546	15.2	t60	4	0	0	-	0	5	121	24.2	0	0	4	24
1995 Pittsburgh Steelers	16	15	1	1	1.0	1	0	85	1307	15.4	43	5	0	0	-	0	0	0	-	0	1	5	30
1996 Pittsburgh Steelers	6	2	0	0	-	-	0	12	244	20.3	39	2	0	0	-	0	0	0	-	0	0	2	12
1997 Pittsburgh Steelers	16	15	1	3	3.0	3	0	79	1398	17.7	t69	7	0	0	-	0	0	0	-	0	1	7	44
7 NFL Seasons	81	39	2	4	2.0	3	0	222	3651	16.4	t69	21	0	0	-	0	8	188	23.5	0	2	21	128

Other Statistics: 1997—recovered 1 fumble for 0 yards; scored 1 two-point conversion.

Broderick Thomas

Pos: DE   Rnd: 1 (6)   College: Nebraska   Ht: 6' 4"   Wt: 242   Born: 2/20/67   Age: 31

			Tackles			Miscellaneous				Interceptions			Totals		
Year Team	G	GS	Tk	Ast	Sack	FF	FR	TD	Blk	Int	Yds	Avg	TD	Sfty	TD	Pts
1989 Tampa Bay Buccaneers	16	0	18	9	2.0	1	0	0	0	0	0	-	0	0	0	0
1990 Tampa Bay Buccaneers	16	15	48	24	7.5	2	2	0	0	0	0	-	0	0	0	0
1991 Tampa Bay Buccaneers	16	16	98	76	11.0	7	2	0	0	0	0	-	0	0	0	0
1992 Tampa Bay Buccaneers	16	16	62	51	5.0	1	3	0	0	2	81	40.5	1	0	1	6
1993 Tampa Bay Buccaneers	16	8	43	32	1.0	0	1	0	0	0	0	-	0	0	0	0
1994 Detroit Lions	16	16	64	24	7.0	2	2	0	0	0	0	-	0	0	0	0
1995 Minnesota Vikings	16	16	57	15	6.0	1	1	0	0	0	0	-	0	0	0	0
1996 Dallas Cowboys	16	9	43	10	4.5	1	3	0	0	0	0	-	0	0	0	0
1997 Dallas Cowboys	16	0	18	5	3.5	0	1	0	0	0	0	-	0	0	0	0
9 NFL Seasons	144	96	451	246	47.5	15	15	0	0	2	81	40.5	1	0	1	6

Chris Thomas

Pos: WR   Rnd: FA   College: California State Poly-S.L.O.   Ht: 6' 1"   Wt: 180   Born: 7/16/71   Age: 27

			Rushing					Receiving					Punt Returns				Kickoff Returns				Totals		
Year Team	G	GS	Att	Yds	Avg	Lg	TD	Rec	Yds	Avg	Lg	TD	Num	Yds	Avg	TD	Num	Yds	Avg	TD	Fum	TD	Pts
1995 San Francisco 49ers	14	0	0	0	-	-	0	6	73	12.2	23	0	1	25	25.0	0	3	49	16.3	0	0	0	0
1997 Washington Redskins	13	0	0	0	-	-	0	11	93	8.5	17	0	0	0	-	0	0	0	-	0	0	0	0
2 NFL Seasons	27	0	0	0	-	-	0	17	166	9.8	23	0	1	25	25.0	0	3	49	16.3	0	0	0	0

Dave Thomas

(statistical profile on page 451)

Pos: CB   Rnd: 8   College: Tennessee   Ht: 6' 3"   Wt: 215   Born: 8/25/68   Age: 30

			Tackles			Miscellaneous				Interceptions				Punt Returns				Kickoff Returns				Totals	
Year Team	G	GS	Tk	Ast	Sack	FF	FR	TD	Blk	Int	Yds	Avg	TD	Num	Yds	Avg	TD	Num	Yds	Avg	TD	TD	Fum
1993 Dallas Cowboys	12	0	0	0	0.0	0	0	0	0	0	0	-	0	0	0	-	0	0	0	-	0	0	0
1994 Dallas Cowboys	16	0	2	0	0.0	0	0	0	0	0	0	-	0	0	0	-	0	0	0	-	0	0	0
1995 Jacksonville Jaguars	15	2	28	11	0.0	0	1	0	0	0	0	-	0	0	0	-	0	0	0	-	0	0	0
1996 Jacksonville Jaguars	9	5	28	6	0.0	0	0	0	0	2	7	3.5	0	1	1	1.0	0	0	0	-	0	0	1
1997 Jacksonville Jaguars	16	15	76	12	0.0	2	1	0	1	2	34	17.0	0	0	0	-	0	0	0	-	0	0	0
5 NFL Seasons	68	22	134	29	0.0	2	2	0	1	4	41	10.3	0	1	1	1.0	0	0	0	-	0	0	1

Derrick Thomas

Pos: LB/DE **Rnd:** 1 (4) **College:** Alabama **Ht:** 6' 3" **Wt:** 247 **Born:** 1/1/67 **Age:** 31

Year Team	G	GS	Tackles			Miscellaneous				Interceptions				Totals		
			Tk	Ast	Sack	FF	FR	TD	Blk	Int	Yds	Avg	TD	Sfty	TD	Pts
1989 Kansas City Chiefs	16	16	56	19	10.0	3	1	0	0	0	0	-	0	0	0	0
1990 Kansas City Chiefs	15	15	47	16	20.0	6	2	0	0	0	0	-	0	0	0	0
1991 Kansas City Chiefs	16	15	60	19	13.5	4	4	1	0	0	0	-	0	0	1	6
1992 Kansas City Chiefs	16	16	54	13	14.5	8	3	1	0	0	0	-	0	0	1	6
1993 Kansas City Chiefs	16	15	32	11	8.0	4	1	1	0	0	0	-	0	0	1	6
1994 Kansas City Chiefs	16	16	65	6	11.0	3	3	0	0	0	0	-	0	1	0	2
1995 Kansas City Chiefs	15	15	48	5	8.0	2	1	0	0	0	0	-	0	0	0	0
1996 Kansas City Chiefs	16	14	47	8	13.0	4	1	0	1	0	0	-	0	1	0	2
1997 Kansas City Chiefs	12	10	28	6	9.5	3	0	0	0	0	0	-	0	1	0	2
9 NFL Seasons	138	131	437	103	107.5	37	16	3	1	0	0	-	0	3	3	24

Fred Thomas

Pos: CB **Rnd:** 2 **College:** Tennessee-Martin **Ht:** 5' 9" **Wt:** 172 **Born:** 9/11/73 **Age:** 25

Year Team	G	GS	Tackles			Miscellaneous				Interceptions				Totals		
			Tk	Ast	Sack	FF	FR	TD	Blk	Int	Yds	Avg	TD	Sfty	TD	Pts
1996 Seattle Seahawks	15	0	4	1	0.0	0	0	0	0	0	0	-	0	0	0	0
1997 Seattle Seahawks	16	3	24	4	0.0	0	0	0	0	0	0	-	0	0	0	0
2 NFL Seasons	31	3	28	5	0.0	0	0	0	0	0	0	-	0	0	0	0

Henry Thomas

(statistical profile on page 451)

Pos: NT/DT **Rnd:** 3 **College:** Louisiana State **Ht:** 6' 2" **Wt:** 277 **Born:** 1/12/65 **Age:** 33

Year Team	G	GS	Tackles			Miscellaneous				Interceptions				Totals		
			Tk	Ast	Sack	FF	FR	TD	Blk	Int	Yds	Avg	TD	Sfty	TD	Pts
1987 Minnesota Vikings	12	12	56	25	2.5	0	1	0	0	1	0	0.0	0	0	0	0
1988 Minnesota Vikings	15	15	53	27	6.0	4	1	1	0	1	7	7.0	0	0	1	6
1989 Minnesota Vikings	14	14	68	26	9.0	3	3	1	0	0	0	-	0	0	1	6
1990 Minnesota Vikings	16	16	64	45	8.5	1	1	0	0	0	0	-	0	0	0	0
1991 Minnesota Vikings	16	15	61	39	8.0	1	0	0	0	0	0	-	0	0	0	0
1992 Minnesota Vikings	16	16	50	19	6.0	0	0	0	0	0	0	-	0	0	0	0
1993 Minnesota Vikings	13	13	60	6	9.0	1	0	0	0	0	0	-	0	1	0	2
1994 Minnesota Vikings	16	16	41	14	7.0	2	1	0	0	0	0	-	0	0	0	0
1995 Detroit Lions	16	16	45	23	10.5	2	2	0	2	0	0	-	0	0	0	0
1996 Detroit Lions	15	15	31	16	6.0	2	1	0	0	0	0	-	0	0	0	0
1997 New England Patriots	16	16	44	25	7.0	2	1	0	0	0	0	-	0	0	0	0
11 NFL Seasons	165	164	573	265	79.5	17	12	2	2	2	7	3.5	0	1	2	14

Hollis Thomas

Pos: DT **Rnd:** FA **College:** Northern Illinois **Ht:** 6' 0" **Wt:** 306 **Born:** 1/10/74 **Age:** 24

Year Team	G	GS	Tackles			Miscellaneous				Interceptions				Totals		
			Tk	Ast	Sack	FF	FR	TD	Blk	Int	Yds	Avg	TD	Sfty	TD	Pts
1996 Philadelphia Eagles	16	5	32	10	1.0	0	0	0	0	0	0	-	0	0	0	0
1997 Philadelphia Eagles	16	16	40	22	3.5	2	1	0	0	0	0	-	0	0	0	0
2 NFL Seasons	32	21	72	32	4.5	2	1	0	0	0	0	-	0	0	0	0

J.T. Thomas

Pos: KR/WR **Rnd:** 7 **College:** Arizona State **Ht:** 5' 10" **Wt:** 173 **Born:** 7/11/71 **Age:** 27

Year Team	G	GS	Rushing					Receiving				Punt Returns				Kickoff Returns				Totals		
			Att	Yds	Avg	Lg	TD	Rec	Yds	Avg	Lg	TD	Num	Yds	Avg	TD	Num	Yds	Avg	TD	Fum	TD	Pts
1995 St. Louis Rams	15	1	0	0	-	-	0	5	42	8.4	12	0	0	61	-	0	32	752	23.5	0	1	0	0
1996 St. Louis Rams	16	1	1	-1	-1.0	-1	0	7	46	6.6	11	0	0	0	-	0	30	643	21.4	0	1	0	0
1997 St. Louis Rams	5	0	0	0	-	-	0	2	25	12.5	16	0	0	0	-	0	5	97	19.4	0	0	0	0
3 NFL Seasons	36	2	1	-1	-1.0	-1	0	14	113	8.1	16	0	0	61	-	0	67	1492	22.3	0	2	0	0

Other Statistics: 1995–recovered 1 fumble for 5 yards.

Lamar Thomas

(statistical profile on page 375)

Pos: WR **Rnd:** 3 **College:** Miami (FL) **Ht:** 6' 2" **Wt:** 173 **Born:** 2/12/70 **Age:** 28

Year Team	G	GS	Rushing					Receiving				Punt Returns				Kickoff Returns				Totals		
			Att	Yds	Avg	Lg	TD	Rec	Yds	Avg	Lg	TD	Num	Yds	Avg	TD	Num	Yds	Avg	TD	Fum	TD	Pts
1993 Tampa Bay Buccaneers	14	2	0	0	-	-	0	8	186	23.3	t62	2	0	0	-	0	0	0	-	0	0	2	12
1994 Tampa Bay Buccaneers	10	0	0	0	-	-	0	7	94	13.4	27	0	0	0	-	0	0	0	-	0	0	0	0
1995 Tampa Bay Buccaneers	11	0	1	5	5.0	5	0	10	107	10.7	24	0	0	0	-	0	0	0	-	0	0	0	0
1996 Miami Dolphins	9	3	0	0	-	-	0	10	166	16.6	34	1	0	0	-	0	0	0	-	0	0	1	6
1997 Miami Dolphins	12	6	0	0	-	-	0	28	402	14.4	26	2	0	0	-	0	0	0	-	0	1	2	12
5 NFL Seasons	56	11	1	5	5.0	5	0	63	955	15.2	t62	5	0	0	-	0	0	0	-	0	1	5	30

Mark Thomas

Pos: DE **Rnd:** 4 **College:** North Carolina State **Ht:** 6' 5" **Wt:** 280 **Born:** 5/6/69 **Age:** 29

			Tackles			Miscellaneous				Interceptions				Totals		
Year Team	G	GS	Tk	Ast	Sack	FF	FR	TD	Blk	Int	Yds	Avg	TD	Sfty	TD	Pts
1993 San Francisco 49ers	11	1	13	2	0.5	0	1	0	0	0	0	-	0	0	0	0
1994 San Francisco 49ers	8	0	2	0	1.0	0	0	0	0	0	0	-	0	0	0	0
1995 Carolina Panthers	10	0	10	4	2.0	0	0	0	0	0	0	-	0	0	0	0
1996 Carolina Panthers	12	0	7	1	4.0	0	1	0	0	0	0	-	0	0	0	0
1997 Chicago Bears	16	7	25	7	4.5	1	1	0	0	0	0	-	0	0	0	0
5 NFL Seasons	57	8	57	14	12.0	1	3	0	0	0	0	-	0	0	0	0

Orlando Thomas

(statistical profile on page 452)

Pos: S **Rnd:** 2 **College:** Southwestern Louisiana **Ht:** 6' 1" **Wt:** 210 **Born:** 10/21/72 **Age:** 26

			Tackles			Miscellaneous				Interceptions				Totals		
Year Team	G	GS	Tk	Ast	Sack	FF	FR	TD	Blk	Int	Yds	Avg	TD	Sfty	TD	Pts
1995 Minnesota Vikings	16	11	41	10	0.0	1	4	1	0	9	108	12.0	1	0	2	12
1996 Minnesota Vikings	16	16	65	18	0.0	2	1	0	0	5	57	11.4	0	0	0	0
1997 Minnesota Vikings	15	13	57	13	0.0	1	2	1	0	2	1	0.5	0	0	1	6
3 NFL Seasons	47	40	163	41	0.0	4	7	2	0	16	166	10.4	1	0	3	18

Other Statistics: 1995–fumbled 1 time. 1997–fumbled 1 time.

Robb Thomas

Pos: WR **Rnd:** 6 **College:** Oregon State **Ht:** 5' 11" **Wt:** 175 **Born:** 3/29/66 **Age:** 32

			Rushing					Receiving					Punt Returns				Kickoff Returns				Totals		
Year Team	G	GS	Att	Yds	Avg	Lg	TD	Rec	Yds	Avg	Lg	TD	Num	Yds	Avg	TD	Num	Yds	Avg	TD	Fum	TD	Pts
1989 Kansas City Chiefs	8	1	0	0	-	-	0	8	58	7.3	12	2	0	0	-	0	0	0	-	0	1	2	12
1990 Kansas City Chiefs	16	12	0	0	-	-	0	41	545	13.3	t47	4	0	0	-	0	0	0	-	0	0	4	24
1991 Kansas City Chiefs	15	12	0	0	-	-	0	43	495	11.5	39	1	0	0	-	0	0	0	-	0	0	1	6
1992 Seattle Seahawks	15	0	1	-1	-1.0	-1	0	11	136	12.4	31	0	0	0	-	0	0	0	-	0	1	0	0
1993 Seattle Seahawks	16	0	0	0	-	-	0	7	67	9.6	16	0	0	0	-	0	0	0	-	0	0	0	0
1994 Seattle Seahawks	16	1	0	0	-	-	0	4	70	17.5	35	0	0	0	-	0	0	0	-	0	0	0	0
1995 Seattle Seahawks	15	2	0	0	-	-	0	12	239	19.9	t50	1	0	0	-	0	0	0	-	0	0	1	6
1996 Tampa Bay Buccaneers	12	8	0	0	-	-	0	33	427	12.9	t31	2	0	0	-	0	0	0	-	0	0	2	12
1997 Tampa Bay Buccaneers	16	1	0	0	-	-	0	13	129	9.9	21	0	0	0	-	0	0	0	-	0	0	0	0
9 NFL Seasons	129	37	1	-1	-1.0	-1	0	172	2166	12.6	t50	10	0	0	-	0	0	0	-	0	2	10	60

Rodney Thomas

Pos: RB **Rnd:** 3 **College:** Texas A&M **Ht:** 5' 10" **Wt:** 213 **Born:** 3/30/73 **Age:** 25

			Rushing					Receiving					Punt Returns				Kickoff Returns				Totals		
Year Team	G	GS	Att	Yds	Avg	Lg	TD	Rec	Yds	Avg	Lg	TD	Num	Yds	Avg	TD	Num	Yds	Avg	TD	Fum	TD	Pts
1995 Houston Oilers	16	10	251	947	3.8	t74	5	39	204	5.2	19	2	0	0	-	0	3	48	16.0	0	8	7	44
1996 Houston Oilers	16	2	49	151	3.1	t24	1	13	128	9.8	33	0	0	0	-	0	5	80	16.0	0	1	1	6
1997 Tennessee Oilers	16	1	67	310	4.6	t25	3	14	111	7.9	22	0	0	0	-	0	17	346	20.4	0	1	3	18
3 NFL Seasons	48	13	367	1408	3.8	t74	9	66	443	6.7	33	2	0	0	-	0	25	474	19.0	0	9	11	68

Other Statistics: 1995–scored 1 two-point conversion.

Thurman Thomas

(statistical profile on page 375)

Pos: RB **Rnd:** 2 **College:** Oklahoma State **Ht:** 5' 10" **Wt:** 198 **Born:** 5/16/66 **Age:** 32

			Rushing					Receiving					Kickoff Returns				Passing					Totals		
Year Team	G	GS	Att	Yds	Avg	Lg	TD	Rec	Yds	Avg	Lg	TD	Num	Yds	Avg	TD	Att	Com	Yds	Int	Fum	TD	Pts
1988 Buffalo Bills	15	15	207	881	4.3	t37	2	18	208	11.6	34	0	0	0	-	0	0	0	0	0	9	2	12
1989 Buffalo Bills	16	16	298	1244	4.2	38	6	60	669	11.2	t74	6	0	0	-	0	0	0	0	0	7	12	72
1990 Buffalo Bills	16	16	271	1297	4.8	t80	11	49	532	10.9	63	2	0	0	-	0	0	0	0	0	5	13	78
1991 Buffalo Bills	15	15	288	1407	4.9	33	7	62	631	10.2	t50	5	0	0	-	0	0	0	0	0	6	12	72
1992 Buffalo Bills	16	16	312	1487	4.8	44	9	58	626	10.8	43	3	0	0	-	0	0	0	0	0	6	12	72
1993 Buffalo Bills	16	16	355	1315	3.7	27	6	48	387	8.1	37	0	0	0	-	0	1	0	0	0	1	6	36
1994 Buffalo Bills	15	15	287	1093	3.8	29	7	50	349	7.0	28	2	0	0	-	0	0	0	0	0	1	9	54
1995 Buffalo Bills	14	14	267	1005	3.8	49	6	26	220	8.5	60	2	0	0	-	0	0	0	0	0	6	8	48
1996 Buffalo Bills	15	15	281	1033	3.7	36	8	26	254	9.8	69	0	0	0	-	0	0	0	0	0	1	8	48
1997 Buffalo Bills	16	16	154	643	4.2	24	1	30	208	6.9	30	0	0	0	-	0	0	0	0	0	2	1	6
10 NFL Seasons	154	154	2720	11405	4.2	t80	63	427	4084	9.6	t74	20	0	0	-	0	1	0	0	0	49	83	498

Other Statistics: 1988–recovered 1 fumble for 0 yards. 1989–recovered 2 fumbles for 0 yards. 1990–recovered 2 fumbles for 0 yards. 1992–recovered 1 fumble for 0 yards. 1993–recovered 1 fumble for 0 yards. 1994–recovered 2 fumbles for 0 yards. 1996–recovered 1 fumble for 0 yards.

William Thomas

(statistical profile on page 452)

Pos: LB **Rnd:** 4 **College:** Texas A&M **Ht:** 6' 2" **Wt:** 223 **Born:** 8/13/68 **Age:** 30

			Tackles			Miscellaneous				Interceptions				Totals		
Year Team	G	GS	Tk	Ast	Sack	FF	FR	TD	Blk	Int	Yds	Avg	TD	Sfty	TD	Pts
1991 Philadelphia Eagles	16	7	21	19	2.0	0	1	0	0	0	0	-	0	0	0	0

			Tackles			Miscellaneous				Interceptions				Totals		
Year Team	G	GS	Tk	Ast	Sack	FF	FR	TD	Blk	Int	Yds	Avg	TD	Sfty	TD	Pts
1992 Philadelphia Eagles	16	15	68	26	1.5	0	2	0	0	2	4	2.0	0	0	0	0
1993 Philadelphia Eagles	16	16	67	40	6.5	4	3	0	0	2	39	19.5	0	0	0	0
1994 Philadelphia Eagles	16	16	60	27	6.0	0	0	0	0	1	7	7.0	0	0	0	0
1995 Philadelphia Eagles	16	16	62	12	2.0	1	1	0	0	7	104	14.9	1	0	1	6
1996 Philadelphia Eagles	16	16	54	17	5.5	0	1	1	0	3	47	15.7	0	0	1	6
1997 Philadelphia Eagles	14	14	59	21	5.0	0	1	1	0	2	11	5.5	0	0	1	6
7 NFL Seasons	110	100	391	162	28.5	5	9	2	0	17	212	12.5	1	0	3	18

Zach Thomas

(statistical profile on page 452)

Pos: LB **Rnd:** 5 **College:** Texas Tech **Ht:** 5' 11" **Wt:** 231 **Born:** 9/1/73 **Age:** 25

			Tackles			Miscellaneous				Interceptions				Punt Returns				Kickoff Returns				Totals	
Year Team	G	GS	Tk	Ast	Sack	FF	FR	TD	Blk	Int	Yds	Avg	TD	Num	Yds	Avg	TD	Num	Yds	Avg	TD	TD	Fum
1996 Miami Dolphins	16	16	120	34	2.0	2	2	0	0	3	64	21.3	1	0	0	-	0	1	17	17.0	0	1	0
1997 Miami Dolphins	15	15	78	50	0.5	2	0	0	0	1	10	10.0	0	0	0	-	0	0	0	-	0	0	0
2 NFL Seasons	31	31	198	84	2.5	4	2	0	0	4	74	18.5	1	0	0	-	0	1	17	17.0	0	1	0

Jeff Thomason

Pos: TE **Rnd:** FA **College:** Oregon **Ht:** 6' 4" **Wt:** 250 **Born:** 12/30/69 **Age:** 28

			Rushing					Receiving					Punt Returns				Kickoff Returns				Totals		
Year Team	G	GS	Att	Yds	Avg	Lg	TD	Rec	Yds	Avg	Lg	TD	Num	Yds	Avg	TD	Num	Yds	Avg	TD	Fum	TD	Pts
1992 Cincinnati Bengals	4	1	0	0	-	-	0	2	14	7.0	10	0	0	0	-	0	0	0	-	0	0	0	0
1993 Cincinnati Bengals	3	0	0	0	-	-	0	2	8	4.0	5	0	0	0	-	0	0	0	-	0	0	0	0
1995 Green Bay Packers	16	1	0	0	-	-	0	3	32	10.7	15	0	0	0	-	0	1	16	16.0	0	0	0	0
1996 Green Bay Packers	16	1	0	0	-	-	0	3	45	15.0	24	0	0	0	-	0	1	20	20.0	0	0	0	0
1997 Green Bay Packers	13	1	0	0	-	-	0	9	115	12.8	27	1	0	0	-	0	0	0	-	0	1	1	6
5 NFL Seasons	52	4	0	0	-	-	0	19	214	11.3	27	1	0	0	-	0	2	36	18.0	0	1	1	6

Other Statistics: 1995—recovered 1 fumble for 0 yards.

Bennie Thompson

Pos: S **Rnd:** FA **College:** Grambling **Ht:** 6' 0" **Wt:** 214 **Born:** 2/10/63 **Age:** 35

			Tackles			Miscellaneous				Interceptions				Totals		
Year Team	G	GS	Tk	Ast	Sack	FF	FR	TD	Blk	Int	Yds	Avg	TD	Sfty	TD	Pts
1989 New Orleans Saints	2	0	3	0	0.0	0	0	0	0	0	0	-	0	0	0	0
1990 New Orleans Saints	16	2	29	8	0.0	0	0	0	0	2	0	0.0	0	0	0	0
1991 New Orleans Saints	16	0	7	2	0.0	0	2	0	0	1	14	14.0	0	0	0	0
1992 Kansas City Chiefs	16	0	34	10	1.5	0	0	0	0	4	26	6.5	0	0	0	0
1993 Kansas City Chiefs	16	0	16	10	0.5	0	0	0	0	0	0	-	0	0	0	0
1994 Cleveland Browns	16	0	5	1	1.0	1	1	0	0	0	0	-	0	0	0	0
1995 Cleveland Browns	13	0	3	2	0.0	0	0	0	0	0	0	-	0	0	0	0
1996 Baltimore Ravens	16	0	11	2	3.0	0	0	0	0	0	0	-	0	0	0	0
1997 Baltimore Ravens	16	1	3	1	0.0	0	2	0	0	0	0	-	0	0	0	0
9 NFL Seasons	127	3	111	36	6.0	1	5	0	0	7	40	5.7	0	0	0	0

David Thompson

Pos: RB/KR **Rnd:** FA **College:** Oklahoma State **Ht:** 5' 8" **Wt:** 196 **Born:** 1/13/75 **Age:** 23

			Rushing					Receiving					Punt Returns				Kickoff Returns				Totals		
Year Team	G	GS	Att	Yds	Avg	Lg	TD	Rec	Yds	Avg	Lg	TD	Num	Yds	Avg	TD	Num	Yds	Avg	TD	Fum	TD	Pts
1997 St. Louis Rams	11	0	16	30	1.9	9	1	0	0	-	-	0	0	0	-	0	49	1110	22.7	0	2	1	6

Other Statistics: 1997—recovered 1 fumble for 0 yards.

Tommy Thompson

(statistical profile on page 486)

Pos: P **Rnd:** FA **College:** Oregon **Ht:** 5' 10" **Wt:** 192 **Born:** 4/27/72 **Age:** 26

		Punting										Rushing		Passing			
Year Team	G	NetPunts	Yards	Avg	Long	In20	In20%	TotPunts	TB	Blocks	OppRet	RetYds	NetAvg	Att	Yards	Att	Com	Yards	Int
1995 San Francisco 49ers	16	57	2312	40.6	65	13	22.8	57	5	0	26	292	33.7	0	0	0	0	0	0
1996 San Francisco 49ers	16	73	3217	44.1	65	20	27.4	75	6	2	36	235	38.2	0	0	0	0	0	0
1997 San Francisco 49ers	16	78	3182	40.8	55	22	28.2	79	7	1	41	307	34.6	0	0	0	0	0	0
3 NFL Seasons	48	208	8711	41.9	65	55	26.4	211	18	3	103	834	35.6	0	0	0	0	0	0

James Thrash

Pos: WR **Rnd:** FA **College:** Missouri Southern **Ht:** 6' 1" **Wt:** 206 **Born:** 4/28/75 **Age:** 23

			Rushing					Receiving					Punt Returns				Kickoff Returns				Totals		
Year Team	G	GS	Att	Yds	Avg	Lg	TD	Rec	Yds	Avg	Lg	TD	Num	Yds	Avg	TD	Num	Yds	Avg	TD	Fum	TD	Pts
1997 Washington Redskins	4	0	0	0	-	-	0	2	24	12.0	17	0	0	0	-	0	0	0	-	0	0	0	0

Jabbar Threats

Pos: DE **Rnd:** FA **College:** Michigan State **Ht:** 6' 5" **Wt:** 255 **Born:** 4/26/75 **Age:** 23

			Tackles			Miscellaneous				Interceptions				Totals		
Year Team	G	GS	Tk	Ast	Sack	FF	FR	TD	Blk	Int	Yds	Avg	TD	Sfty	TD	Pts
1997 Jacksonville Jaguars	1	0	0	0	0.0	0	0	0	0	0	0	-	0	0	0	0

Adam Timmerman

Pos: G **Rnd:** 7 **College:** South Dakota State **Ht:** 6' 4" **Wt:** 295 **Born:** 8/14/71 **Age:** 27

Year Team	G	GS	Year Team	G	GS	Year Team	G	GS		G	GS
1995 Green Bay Packers	13	0	1996 Green Bay Packers	16	16	1997 Green Bay Packers	16	16	3 NFL Seasons	45	32

Michael Timpson *(statistical profile on page 376)*

Pos: WR **Rnd:** 4 **College:** Penn State **Ht:** 5' 10" **Wt:** 185 **Born:** 6/6/67 **Age:** 31

			Rushing					Receiving					Punt Returns				Kickoff Returns				Totals		
Year Team	G	GS	Att	Yds	Avg	Lg	TD	Rec	Yds	Avg	Lg	TD	Num	Yds	Avg	TD	Num	Yds	Avg	TD	Fum	TD	Pts
1989 New England Patriots	2	0	0	0	-	-	0	0	0	-	-	0	0	0	-	0	2	13	6.5	0	1	0	0
1990 New England Patriots	5	0	0	0	-	-	0	5	91	18.2	42	0	0	0	-	0	3	62	20.7	0	0	0	0
1991 New England Patriots	16	2	1	-4	-4.0	-4	0	25	471	18.8	t60	2	0	0	-	0	2	37	18.5	0	2	2	12
1992 New England Patriots	16	2	0	0	-	-	0	26	315	12.1	25	1	8	47	5.9	0	2	28	14.0	0	0	1	6
1993 New England Patriots	16	7	0	0	-	-	0	42	654	15.6	48	2	0	0	-	0	0	0	-	0	1	2	12
1994 New England Patriots	15	14	2	14	7.0	10	0	74	941	12.7	37	3	0	0	-	0	1	28	28.0	0	3	3	18
1995 Chicago Bears	16	0	3	28	9.3	16	1	24	289	12.0	36	2	0	0	-	0	18	420	23.3	0	1	3	18
1996 Chicago Bears	15	15	3	21	7.0	13	0	62	802	12.9	49	0	0	0	-	0	0	0	-	0	2	0	0
1997 Philadelphia Eagles	15	10	0	0	-	-	0	42	484	11.5	26	2	0	0	-	0	0	0	-	0	1	2	12
9 NFL Seasons	116	50	9	59	6.6	16	1	300	4047	13.5	t60	12	8	47	5.9	0	28	588	21.0	0	8	13	78

Other Statistics: 1995–recovered 1 fumble for 0 yards. 1996–recovered 1 fumble for 0 yards.

Tim Tindale

Pos: RB **Rnd:** FA **College:** Western Ontario **Ht:** 5' 11" **Wt:** 220 **Born:** 4/15/71 **Age:** 27

			Rushing					Receiving					Punt Returns				Kickoff Returns				Totals		
Year Team	G	GS	Att	Yds	Avg	Lg	TD	Rec	Yds	Avg	Lg	TD	Num	Yds	Avg	TD	Num	Yds	Avg	TD	Fum	TD	Pts
1995 Buffalo Bills	16	0	5	16	3.2	6	0	0	0	-	-	0	0	0	-	0	6	62	10.3	0	0	0	0
1996 Buffalo Bills	14	3	14	49	3.5	15	0	1	-1	-1.0	-1	0	0	0	-	0	0	0	-	0	1	0	0
1997 Buffalo Bills	7	0	0	0	-	-	0	4	105	26.3	45	0	0	0	-	0	0	0	-	0	0	0	0
3 NFL Seasons	37	3	19	65	3.4	15	0	5	104	20.8	45	0	0	0	-	0	6	62	10.3	0	1	0	0

Other Statistics: 1995–recovered 1 fumble for 2 yards.

Robbie Tobeck

Pos: G **Rnd:** FA **College:** Washington State **Ht:** 6' 4" **Wt:** 295 **Born:** 3/6/70 **Age:** 28

Year Team	G	GS	Year Team	G	GS	Year Team	G	GS	Year Team	G	GS
1994 Atlanta Falcons	6	0	1995 Atlanta Falcons	16	16	1996 Atlanta Falcons	16	16	1997 Atlanta Falcons	16	15
									4 NFL Seasons	54	47

Other Statistics: 1996–caught 2 passes for 15 yards and 1 touchdown. 1997–recovered 1 fumble for 0 yards.

Tony Tolbert *(statistical profile on page 453)*

Pos: DE **Rnd:** 4 **College:** Texas-El Paso **Ht:** 6' 6" **Wt:** 263 **Born:** 12/29/67 **Age:** 30

			Tackles			Miscellaneous				Interceptions				Totals		
Year Team	G	GS	Tk	Ast	Sack	FF	FR	TD	Blk	Int	Yds	Avg	TD	Sfty	TD	Pts
1989 Dallas Cowboys	16	5	33	19	2.0	0	0	0	0	0	0	-	0	0	0	0
1990 Dallas Cowboys	16	4	30	25	6.0	0	0	0	0	0	0	-	0	0	0	0
1991 Dallas Cowboys	16	16	38	35	7.0	0	1	0	0	0	0	-	0	0	0	0
1992 Dallas Cowboys	16	16	46	41	8.5	0	0	0	0	0	0	-	0	0	0	0
1993 Dallas Cowboys	16	16	42	42	7.5	0	0	0	0	0	0	-	0	0	0	0
1994 Dallas Cowboys	16	15	53	10	5.5	0	1	0	0	1	54	54.0	1	0	1	6
1995 Dallas Cowboys	16	16	52	10	5.5	2	0	0	0	0	0	-	0	0	0	0
1996 Dallas Cowboys	16	16	45	16	12.0	3	2	0	0	0	0	-	0	0	0	0
1997 Dallas Cowboys	16	16	30	13	5.0	2	0	0	0	0	0	-	0	0	0	0
9 NFL Seasons	144	120	369	211	59.0	7	4	0	0	1	54	54.0	1	0	1	6

Billy Joe Tolliver *(statistical profile on page 376)*

Pos: QB **Rnd:** 2 **College:** Texas Tech **Ht:** 6' 1" **Wt:** 218 **Born:** 2/7/66 **Age:** 32

			Passing									Rushing					Miscellaneous			
Year Team	G	GS	Att	Com	Pct	Yards	Yds/Att	Lg	TD	Int	Int%	Rating	Att	Yds	Avg	Lg	TD	Sckd	Yds	Fum	Recv	Yds	Pts
1989 San Diego Chargers	5	5	185	89	48.1	1097	5.93	49	5	8	4.3	57.9	7	0	0.0	3	0	9	75	4	1	-6	0
1990 San Diego Chargers	15	14	410	216	52.7	2574	6.28	t45	16	16	3.9	68.9	14	22	1.6	9	0	19	150	6	2	0	0
1991 Atlanta Falcons	7	2	82	40	48.8	531	6.48	t75	4	2	2.4	75.8	9	6	0.7	7	0	7	29	3	0	-4	0
1992 Atlanta Falcons	9	5	131	73	55.7	787	6.01	t30	5	5	3.8	70.4	4	15	3.8	15	0	16	98	5	0	0	0
1993 Atlanta Falcons	8	2	76	39	51.3	464	6.11	t42	3	5	6.6	56.0	7	48	6.9	24	0	3	15	0	0	0	0

			Passing								Rushing				Miscellaneous				
Year Team	G	GS	Att	Com	Pct	Yards	Yds/Att	Lg	TD	Int	Int%	Rating	Att	Yds	Avg	Lg TD	Sckd Yds	Fum Recv Yds	Pts
1994 Houston Oilers	11	7	240	121	50.4	1287	5.36	44	6	7	2.9	62.6	12	37	3.1	10 2	27 166	7 0 0	12
1997 Atl - KC	9	1	116	64	55.2	677	5.84	t47	5	1	0.9	83.2	9	7	0.8	12 0	14 104	7 2 0	0
1997 Atlanta Falcons	6	1	115	63	54.8	685	5.96	t47	5	1	0.9	83.4	7	8	1.1	12 0	14 104	6 1 1	0
Kansas City Chiefs	3	0	1	1	100.0	-8	-8.00	-8	0	0	0.0	79.2	2	-1	-0.5	0 0	0 0	1 1 -1	0
7 NFL Seasons	64	36	1240	642	51.8	7417	5.98	t75	44	44	3.5	67.2	62	135	2.2	24 2	95 637	32 5 -10	12

Mike Tomczak

Pos: QB **Rnd:** FA **College:** Ohio State **Ht:** 6' 1" **Wt:** 202 **Born:** 10/23/62 **Age:** 36

			Passing								Rushing				Miscellaneous				
Year Team	G	GS	Att	Com	Pct	Yards	Yds/Att	Lg	TD	Int	Int%	Rating	Att	Yds	Avg	Lg TD	Sckd Yds	Fum Recv Yds	Pts
1985 Chicago Bears	6	0	6	2	33.3	33	5.50	24	0	0	0.0	52.8	2	3	1.5	3 0	0 0	1 1 -13	0
1986 Chicago Bears	13	7	151	74	49.0	1105	7.32	85	2	10	6.6	50.2	23	117	5.1	16 3	4 30	2 0 0	18
1987 Chicago Bears	12	6	178	97	54.5	1220	6.85	t56	5	10	5.6	62.0	18	54	3.0	10 1	9 59	6 1 0	6
1988 Chicago Bears	14	5	170	86	50.6	1310	7.71	t76	7	6	3.5	75.4	13	40	3.1	17 1	5 47	1 0 -3	6
1989 Chicago Bears	16	11	306	156	51.0	2058	6.73	t79	16	16	5.2	68.2	24	71	3.0	18 1	10 68	2 0 0	6
1990 Chicago Bears	16	2	104	39	37.5	521	5.01	48	3	5	4.8	43.8	12	41	3.4	14 2	11 70	2 0 -2	12
1991 Green Bay Packers	12	7	238	128	53.8	1490	6.26	t75	11	9	3.8	72.6	17	93	5.5	48 1	13 105	5 2 -1	6
1992 Cleveland Browns	12	8	211	120	56.9	1693	8.02	52	7	7	3.3	80.1	24	39	1.6	16 0	12 85	5 0 -7	0
1993 Pittsburgh Steelers	7	1	54	29	53.7	398	7.37	t39	2	5	9.3	51.3	5	-4	-0.8	2 0	7 43	2 1 0	0
1994 Pittsburgh Steelers	6	2	93	54	58.1	804	8.65	t84	4	0	0.0	100.8	4	22	5.5	13 0	4 33	2 0 -1	0
1995 Pittsburgh Steelers	7	4	113	65	57.5	666	5.89	29	1	9	8.0	44.3	11	25	2.3	11 0	6 42	2 1 0	0
1996 Pittsburgh Steelers	16	15	401	222	55.4	2767	6.90	t70	15	17	4.2	71.8	22	-7	-0.3	6 0	16 105	7 2 0	0
1997 Pittsburgh Steelers	16	0	24	16	66.7	185	7.71	t28	1	2	8.3	68.9	7	13	1.9	17 0	0 0	0 0 0	0
13 NFL Seasons	153	68	2049	1088	53.1	14250	6.95	85	74	96	4.7	67.8	182	507	2.8	48 9	97 687	37 8 -27	54

Other Statistics: 1990–caught 1 pass for 5 yards.

Jared Tomich

Pos: DE **Rnd:** 2 **College:** Nebraska **Ht:** 6' 2" **Wt:** 260 **Born:** 4/24/74 **Age:** 24

			Tackles			Miscellaneous				Interceptions				Punt Returns				Kickoff Returns				Totals	
Year Team	G	GS	Tk	Ast	Sack	FF	FR	TD	Blk	Int	Yds	Avg	TD	Num	Yds	Avg	TD	Num	Yds	Avg	TD	TD	Fum
1997 New Orleans Saints	16	1	11	1	1.0	0	1	0	0	0	0	-	0	0	0	-	0	1	0	0.0	0	0	1

Reggie Tongue

(statistical profile on page 453)

Pos: S **Rnd:** 2 **College:** Oregon State **Ht:** 6' 0" **Wt:** 201 **Born:** 4/11/73 **Age:** 25

			Tackles			Miscellaneous				Interceptions				Totals		
Year Team	G	GS	Tk	Ast	Sack	FF	FR	TD	Blk	Int	Yds	Avg	TD	Sfty	TD	Pts
1996 Kansas City Chiefs	16	0	4	0	0.0	0	0	0	0	0	0	-	0	0	0	0
1997 Kansas City Chiefs	16	16	67	21	2.5	2	0	0	0	1	0	0.0	0	0	0	0
2 NFL Seasons	32	16	71	21	2.5	2	0	0	0	1	0	0.0	0	0	0	0

Amani Toomer

Pos: WR/PR **Rnd:** 2 **College:** Michigan **Ht:** 6' 2" **Wt:** 202 **Born:** 9/8/74 **Age:** 24

			Rushing					Receiving					Punt Returns				Kickoff Returns				Totals		
Year Team	G	GS	Att	Yds	Avg	Lg	TD	Rec	Yds	Avg	Lg	TD	Num	Yds	Avg	TD	Num	Yds	Avg	TD	Fum	TD	Pts
1996 New York Giants	7	0	0	0	-	0	0	1	12	12.0	12	0	18	298	16.6	2	11	191	17.4	0	1	2	12
1997 New York Giants	16	0	0	0	-	0	0	16	263	16.4	t56	1	47	455	9.7	1	0	0	-	0	0	2	12
2 NFL Seasons	23	0	0	0	-	0	0	17	275	16.2	t56	1	65	753	11.6	3	11	191	17.4	0	1	4	24

Other Statistics: 1996–recovered 2 fumbles for 0 yards.

Steve Tovar

Pos: LB **Rnd:** 3 **College:** Ohio State **Ht:** 6' 3" **Wt:** 244 **Born:** 4/25/70 **Age:** 28

			Tackles			Miscellaneous				Interceptions				Punt Returns				Kickoff Returns				Totals	
Year Team	G	GS	Tk	Ast	Sack	FF	FR	TD	Blk	Int	Yds	Avg	TD	Num	Yds	Avg	TD	Num	Yds	Avg	TD	TD	Fum
1993 Cincinnati Bengals	16	9	72	13	0.0	0	1	0	0	1	0	0.0	0	0	0	-	0	0	0	-	0	0	0
1994 Cincinnati Bengals	16	16	95	27	3.0	3	2	0	0	1	14	14.0	0	0	0	-	0	1	8	8.0	0	0	0
1995 Cincinnati Bengals	14	13	77	22	1.0	2	0	0	0	1	13	13.0	0	0	0	-	0	0	0	-	0	0	0
1996 Cincinnati Bengals	13	13	74	20	3.0	0	0	0	0	4	42	10.5	0	0	0	-	0	0	0	-	0	0	1
1997 Cincinnati Bengals	14	5	30	6	0.0	0	0	0	0	0	0	-	0	0	0	-	0	0	0	-	0	0	0
5 NFL Seasons	73	56	348	88	7.0	5	3	0	0	7	69	9.9	0	0	0	-	0	1	8	8.0	0	0	1

Greg Townsend

Pos: DE **Rnd:** 4 **College:** Texas Christian **Ht:** 6' 3" **Wt:** 270 **Born:** 11/3/61 **Age:** 36

			Tackles			Miscellaneous				Interceptions				Totals		
Year Team	G	GS	Tk	Ast	Sack	FF	FR	TD	Blk	Int	Yds	Avg	TD	Sfty	TD	Pts
1983 Los Angeles Raiders	16	2	0	-	10.5	0	1	0	0	0	0	-	0	1	1	8
1984 Los Angeles Raiders	16	2	0	-	7.0	0	0	0	0	0	0	-	0	0	0	0
1985 Los Angeles Raiders	16	4	0	-	10.0	0	1	0	0	0	0	-	0	0	0	0

Year Team	G	GS	Tackles			Miscellaneous				Interceptions				Totals		
			Tk	Ast	Sack	FF	FR	TD	Blk	Int	Yds	Avg	TD	Sfty	TD	Pts
1986 Los Angeles Raiders	15	4	37	-	11.5	0	0	0	0	0	0	-	0	1	0	2
1987 Los Angeles Raiders	13	1	0	-	8.5	0	0	0	0	0	0	-	0	0	0	0
1988 Los Angeles Raiders	16	11	57	-	11.5	0	1	1	0	1	86	86.0	1	0	2	12
1989 Los Angeles Raiders	16	11	67	-	10.5	6	1	0	0	0	0	-	0	0	0	0
1990 Los Angeles Raiders	16	16	67	-	12.5	0	1	1	0	1	0	0.0	0	0	1	6
1991 Los Angeles Raiders	16	16	55	-	13.0	3	1	0	0	1	31	31.0	0	0	0	0
1992 Los Angeles Raiders	14	14	22	6	5.0	2	1	0	0	0	0	-	0	0	0	0
1993 Los Angeles Raiders	16	16	22	5	7.5	2	0	0	0	0	0	-	0	0	0	0
1994 Philadelphia Eagles	16	12	21	4	2.0	2	1	0	0	0	0	-	0	0	0	0
1997 Oakland Raiders	4	0	1	0	0.0	0	0	0	0	0	0	-	0	0	0	0
13 NFL Seasons	190	109	349	15	109.5	15	8	3	0	3	117	39.0	1	2	4	28

James Trapp

(statistical profile on page 453)

Pos: S   Rnd: 3   College: Clemson   Ht: 6' 0"   Wt: 185   Born: 12/28/69   Age: 28

Year Team	G	GS	Tackles			Miscellaneous				Interceptions				Totals		
			Tk	Ast	Sack	FF	FR	TD	Blk	Int	Yds	Avg	TD	Sfty	TD	Pts
1993 Los Angeles Raiders	14	2	19	2	0.0	0	0	0	0	1	7	7.0	0	0	0	0
1994 Los Angeles Raiders	16	2	23	6	1.0	0	0	0	0	0	0	-	0	0	0	0
1995 Oakland Raiders	14	2	23	2	0.0	0	1	0	0	0	0	-	0	0	0	0
1996 Oakland Raiders	12	3	21	2	0.0	0	0	0	0	1	23	23.0	0	0	0	0
1997 Oakland Raiders	16	16	82	21	0.0	0	2	0	0	2	24	12.0	0	0	0	0
5 NFL Seasons	72	25	168	33	1.0	0	3	0	0	4	54	13.5	0	0	0	0

Keith Traylor

Pos: DT   Rnd: 3   College: Central Oklahoma   Ht: 6' 2"   Wt: 315   Born: 9/3/69   Age: 29

Year Team	G	GS	Tackles			Miscellaneous				Interceptions				Punt Returns				Kickoff Returns				Totals	
			Tk	Ast	Sack	FF	FR	TD	Blk	Int	Yds	Avg	TD	Num	Yds	Avg	TD	Num	Yds	Avg	TD	TD	Fum
1991 Denver Broncos	16	2	12	15	0.0	0	0	0	0	0	0	-	0	0	0	-	0	0	0	-	0	0	0
1992 Denver Broncos	16	2	21	18	1.0	1	0	0	0	0	0	-	0	0	0	-	0	1	13	13.0	0	0	0
1993 Green Bay Packers	5	0	0	1	0.0	0	0	0	0	0	0	-	0	0	0	-	0	0	0	-	0	0	0
1995 Kansas City Chiefs	16	0	9	2	1.5	1	1	0	0	0	0	-	0	0	0	-	0	0	0	-	0	0	0
1996 Kansas City Chiefs	15	2	21	6	1.0	1	0	0	1	0	0	-	0	0	0	-	0	0	0	-	0	0	0
1997 Denver Broncos	16	16	28	11	2.0	0	0	0	0	1	62	62.0	1	0	0	-	0	0	0	-	0	1	0
6 NFL Seasons	84	22	91	53	5.5	3	1	0	1	1	62	62.0	1	0	0	-	0	1	13	13.0	0	1	0

Adam Treu

Pos: G/LS   Rnd: 3   College: Nebraska   Ht: 6' 6"   Wt: 300   Born: 6/24/74   Age: 24

Year	Team	G	GS									G	GS
1997	Oakland Raiders	16	0								1 NFL Season	16	0

Greg Truitt

Pos: C/LS   Rnd: FA   College: Penn State   Ht: 6' 0"   Wt: 235   Born: 12/8/65   Age: 32

Year	Team	G	GS	Year	Team	G	GS	Year	Team	G	GS	Year	Team	G	GS
1994	Cincinnati Bengals	16	0	1995	Cincinnati Bengals	16	0	1996	Cincinnati Bengals	16	0	1997	Cincinnati Bengals	16	0
													4 NFL Seasons	64	0

Other Statistics: 1997–fumbled 2 times for 0 yards.

Olanda Truitt

Pos: WR   Rnd: 5   College: Mississippi State   Ht: 6' 0"   Wt: 195   Born: 1/4/71   Age: 27

Year Team	G	GS	Rushing					Receiving					Punt Returns				Kickoff Returns				Totals		
			Att	Yds	Avg	Lg	TD	Rec	Yds	Avg	Lg	TD	Num	Yds	Avg	TD	Num	Yds	Avg	TD	Fum	TD	Pts
1993 Minnesota Vikings	8	0	0	0	-	-	0	4	40	10.0	13	0	0	0	-	0	0	0	-	0	0	0	0
1994 Washington Redskins	9	0	0	0	-	-	0	2	89	44.5	t77	1	0	0	-	0	0	0	-	0	0	1	6
1995 Washington Redskins	5	2	0	0	-	-	0	9	154	17.1	47	1	0	0	-	0	0	0	-	0	1	1	6
1996 Oakland Raiders	10	0	0	0	-	-	0	0	0	-	-	0	0	0	-	0	0	0	-	0	0	0	0
1997 Oakland Raiders	14	0	0	0	-	-	0	7	91	13.0	t19	1	0	0	-	0	2	51	25.5	0	1	1	6
5 NFL Seasons	46	2	0	0	-	-	0	22	374	17.0	t77	3	0	0	-	0	2	51	25.5	0	2	3	18

Esera Tuaolo

Pos: NT/DT   Rnd: 2   College: Oregon State   Ht: 6' 2"   Wt: 276   Born: 7/11/68   Age: 30

Year Team	G	GS	Tackles			Miscellaneous				Interceptions				Totals		
			Tk	Ast	Sack	FF	FR	TD	Blk	Int	Yds	Avg	TD	Sfty	TD	Pts
1991 Green Bay Packers	16	16	30	18	3.5	0	0	0	0	1	23	23.0	0	0	0	0
1992 GB - Min	7	0	4	1	1.0	0	0	0	0	0	0	-	0	0	0	0
1993 Minnesota Vikings	11	3	15	1	0.0	0	0	0	0	0	0	-	0	0	0	0
1994 Minnesota Vikings	16	0	4	5	0.0	0	0	0	0	0	0	-	0	0	0	0
1995 Minnesota Vikings	16	16	24	21	3.0	2	2	0	0	0	0	-	0	0	0	0
1996 Minnesota Vikings	14	9	15	14	2.5	0	0	0	0	0	0	-	0	0	0	0

Year	Team	G	GS	Tackles			Miscellaneous				Interceptions				Totals		
				Tk	Ast	Sack	FF	FR	TD	Blk	Int	Yds	Avg	TD	Sfty	TD	Pts
1997	Jacksonville Jaguars	6	1	13	3	1.0	0	0	0	0	0	0	-	0	0	0	0
1992	Green Bay Packers	4	0	4	1	1.0	0	0	0	0	0	0	-	0	0	0	0
	Minnesota Vikings	3	0	0	0	0.0	0	0	0	0	0	0	-	0	0	0	0
	7 NFL Seasons	86	45	105	63	11.0	2	2	0	0	1	23	23.0	0	0	0	0

Winfred Tubbs
(statistical profile on page 454)

Pos: LB **Rnd:** 3 **College:** Texas **Ht:** 6'4" **Wt:** 250 **Born:** 9/24/70 **Age:** 28

Year	Team	G	GS	Tackles			Miscellaneous				Interceptions				Totals		
				Tk	Ast	Sack	FF	FR	TD	Blk	Int	Yds	Avg	TD	Sfty	TD	Pts
1994	New Orleans Saints	13	7	41	13	1.0	0	0	0	0	1	0	0.0	0	0	0	0
1995	New Orleans Saints	7	6	44	15	1.0	1	1	0	0	1	6	6.0	0	0	0	0
1996	New Orleans Saints	16	13	84	28	1.0	1	1	0	0	1	11	11.0	0	0	0	0
1997	New Orleans Saints	16	16	116	44	2.5	2	2	0	0	2	21	10.5	0	0	0	0
	4 NFL Seasons	52	42	285	100	5.5	4	4	0	0	5	38	7.6	0	0	0	0

Ryan Tucker

Pos: C **Rnd:** 4 **College:** Texas Christian **Ht:** 6'5" **Wt:** 285 **Born:** 6/12/75 **Age:** 23

Year	Team	G	GS
1997	St. Louis Rams	7	0
	1 NFL Season	7	0

Jessie Tuggle
(statistical profile on page 454)

Pos: LB **Rnd:** FA **College:** Valdosta State **Ht:** 5'11" **Wt:** 230 **Born:** 2/14/65 **Age:** 33

Year	Team	G	GS	Tackles			Miscellaneous				Interceptions				Totals		
				Tk	Ast	Sack	FF	FR	TD	Blk	Int	Yds	Avg	TD	Sfty	TD	Pts
1987	Atlanta Falcons	12	4	18	17	1.0	0	0	0	0	0	0	-	0	0	0	0
1988	Atlanta Falcons	16	8	60	43	0.0	1	1	1	0	0	0	-	0	0	1	6
1989	Atlanta Falcons	16	16	112	71	1.0	0	1	0	0	0	0	-	0	0	0	0
1990	Atlanta Falcons	16	14	99	102	5.0	3	2	1	0	0	0	-	0	0	1	6
1991	Atlanta Falcons	16	16	106	101	1.0	1	2	1	0	1	21	21.0	0	0	1	6
1992	Atlanta Falcons	15	15	98	95	1.0	1	1	1	0	1	1	1.0	0	0	1	6
1993	Atlanta Falcons	16	16	120	65	2.0	1	1	0	0	0	0	-	0	0	0	0
1994	Atlanta Falcons	16	16	93	36	0.0	0	0	0	0	1	0	0.0	0	0	0	0
1995	Atlanta Falcons	16	16	111	41	1.0	1	0	0	0	3	84	28.0	1	0	1	6
1996	Atlanta Falcons	16	16	96	18	1.0	1	0	0	0	0	0	-	0	0	0	0
1997	Atlanta Falcons	16	15	69	23	1.5	0	0	0	0	0	0	-	0	0	0	0
	11 NFL Seasons	171	152	982	612	14.5	9	9	4	0	6	106	17.7	1	0	5	30

Other Statistics: 1994–fumbled 1 time.

Mark Tuinei

Pos: T **Rnd:** FA **College:** Hawaii **Ht:** 6'5" **Wt:** 314 **Born:** 3/31/60 **Age:** 38

Year	Team	G	GS	Year	Team	G	GS	Year	Team	G	GS	Year	Team	G	GS
1983	Dallas Cowboys	10	0	1987	Dallas Cowboys	8	8	1991	Dallas Cowboys	12	12	1995	Dallas Cowboys	16	16
1984	Dallas Cowboys	16	0	1988	Dallas Cowboys	5	4	1992	Dallas Cowboys	15	15	1996	Dallas Cowboys	15	15
1985	Dallas Cowboys	16	0	1989	Dallas Cowboys	16	16	1993	Dallas Cowboys	16	16	1997	Dallas Cowboys	6	6
1986	Dallas Cowboys	16	11	1990	Dallas Cowboys	13	13	1994	Dallas Cowboys	15	15		15 NFL Seasons	195	147

Other Statistics: 1986–recovered 3 fumbles for 0 yards; returned 1 kickoff for 0 yards; fumbled 1 time. 1987–recovered 1 fumble for 0 yards. 1993–recovered 1 fumble for 0 yards.

Van Tuinei

Pos: DE **Rnd:** FA **College:** Arizona **Ht:** 6'3" **Wt:** 275 **Born:** 2/16/71 **Age:** 27

Year	Team	G	GS	Tackles			Miscellaneous				Interceptions				Totals		
				Tk	Ast	Sack	FF	FR	TD	Blk	Int	Yds	Avg	TD	Sfty	TD	Pts
1997	San Diego Chargers	3	0	0	1	0.0	0	0	0	0	0	0	-	0	0	0	0

Tom Tumulty

Pos: LB **Rnd:** 6 **College:** Pittsburgh **Ht:** 6'2" **Wt:** 242 **Born:** 2/11/73 **Age:** 25

Year	Team	G	GS	Tackles			Miscellaneous				Interceptions				Totals		
				Tk	Ast	Sack	FF	FR	TD	Blk	Int	Yds	Avg	TD	Sfty	TD	Pts
1996	Cincinnati Bengals	16	3	18	8	0.0	0	0	0	0	0	0	-	0	0	0	0
1997	Cincinnati Bengals	11	11	40	16	1.0	0	0	0	0	0	0	-	0	0	0	0
	2 NFL Seasons	27	14	58	24	1.0	0	0	0	0	0	0	-	0	0	0	0

Tom Tupa
(statistical profile on page 486)

Pos: P **Rnd:** 3 **College:** Ohio State **Ht:** 6'4" **Wt:** 220 **Born:** 2/6/66 **Age:** 32

Year	Team	G	Punting										Rushing		Passing			
			NetPunts	Yards	Avg	Long	In20	In20%	TotPunts	TB	Blocks	OppRet	RetYds	NetAvg	Att	Yards	Att	Com	Yards	Int
1988	Phoenix Cardinals	2	0	0	-	-	-	-	0	0	0	0	0	-	0	0	6	4	49	0
1989	Phoenix Cardinals	14	6	280	46.7	51	2	33.3	6	0	0	4	41	39.8	15	75	134	65	973	9

Year Team	G	Punting											Rushing		Passing			
		NetPunts	Yards	Avg	Long	In20	In20%	TotPunts	TB	Blocks	OppRet	RetYds	NetAvg	Att	Yards	Att	Com	Yards	Int
1990 Phoenix Cardinals	15	0	0	-	-	-	-	0	-	0	0	0	-	1	0	0	0	0	0
1991 Phoenix Cardinals	11	0	0	-	-	-	-	0	-	0	0	0	-	28	97	315	165	2053	13
1992 Indianapolis Colts	3	0	0	-	-	-	-	0	-	0	0	0	-	3	9	33	17	156	2
1994 Cleveland Browns	16	80	3211	40.1	65	28	35.0	80	8	0	38	220	35.4	0	0	0	0	0	0
1995 Cleveland Browns	16	65	2831	43.6	64	18	27.7	65	9	0	34	296	36.2	1	9	1	1	25	0
1996 New England Patriots	16	63	2739	43.5	62	14	22.2	63	7	0	34	334	36.0	0	0	2	0	0	0
1997 New England Patriots	16	78	3569	45.8	73	24	30.8	79	14	1	38	437	36.1	0	0	0	0	0	0
9 NFL Seasons	109	292	12630	43.3	73	86	29.5	293	38	1	148	1328	36.0	48	190	491	252	3256	24

Other Statistics: 1989–recovered 1 fumble for -6 yards; fumbled 2 times; passed for 3 touchdowns. 1990–fumbled 1 time for -7 yards. 1991–recovered 2 fumbles for 0 yards; fumbled 8 times; passed for 6 touchdowns. 1992–recovered 1 fumble for -1 yard; fumbled 1 time; passed for 1 touchdown. 1994–scored 3 two-point conversions.

Dan Turk

Pos: C/LS Rnd: 4 College: Wisconsin Ht: 6' 4" Wt: 290 Born: 6/25/62 Age: 36

Year	Team	G	GS	Year	Team	G	GS	Year	Team	G	GS	Year	Team	G	GS
1985	Pittsburgh Steelers	1	0	1989	Los Angeles Raiders	16	4	1993	Los Angeles Raiders	16	0	1997	Washington Redskins	16	0
1986	Pittsburgh Steelers	16	4	1990	Los Angeles Raiders	16	0	1994	Los Angeles Raiders	16	0				
1987	Tampa Bay Buccaneers	13	3	1991	Los Angeles Raiders	16	0	1995	Oakland Raiders	16	16				
1988	Tampa Bay Buccaneers	12	10	1992	Los Angeles Raiders	16	0	1996	Oakland Raiders	16	2		13 NFL Seasons	186	39

Other Statistics: 1988–recovered 1 fumble for -19 yards; fumbled 1 time. 1989–returned 1 kickoff for 2 yards; fumbled 1 time for -8 yards. 1990–returned 1 kickoff for 7 yards. 1991–returned 1 kickoff for 0 yards. 1992–returned 1 kickoff for 3 yards. 1993–recovered 1 fumble for 0 yards; returned 1 kickoff for 0 yards. 1996–recovered 1 fumble for -29 yards; fumbled 1 time.

Matt Turk

(statistical profile on page 486)

Pos: P Rnd: FA College: Wisconsin-Whitewater Ht: 6' 5" Wt: 229 Born: 6/16/68 Age: 30

Year Team	G	Punting											Rushing		Passing			
		NetPunts	Yards	Avg	Long	In20	In20%	TotPunts	TB	Blocks	OppRet	RetYds	NetAvg	Att	Yards	Att	Com	Yards	Int
1995 Washington Redskins	16	74	3140	42.4	60	29	39.2	74	9	0	26	173	37.7	0	0	0	0	0	0
1996 Washington Redskins	16	75	3386	45.1	63	25	33.3	75	11	0	34	224	39.2	1	0	0	0	0	0
1997 Washington Redskins	16	84	3788	45.1	62	32	38.1	85	11	1	33	237	39.2	1	0	0	0	0	0
3 NFL Seasons	48	233	10314	44.3	63	86	36.9	234	31	1	93	634	38.7	2	0	0	0	0	0

Other Statistics: 1996–fumbled 1 time for -5 yards. 1997–fumbled 1 time for -16 yards.

Renaldo Turnbull

Pos: LB/DE Rnd: 1 (14) College: West Virginia Ht: 6' 4" Wt: 250 Born: 1/5/66 Age: 32

Year Team	G	GS	Tackles			Miscellaneous				Interceptions				Totals		
			Tk	Ast	Sack	FF	FR	TD	Blk	Int	Yds	Avg	TD	Sfty	TD	Pts
1990 New Orleans Saints	16	6	26	5	9.0	1	1	0	0	0	0	-	0	0	0	0
1991 New Orleans Saints	16	0	17	3	1.0	1	1	0	0	0	0	-	0	0	0	0
1992 New Orleans Saints	14	0	8	1	1.5	0	0	0	0	0	0	-	0	0	0	0
1993 New Orleans Saints	15	14	51	12	13.0	5	2	0	0	1	2	2.0	0	0	0	0
1994 New Orleans Saints	16	16	45	9	6.0	2	0	0	0	0	0	-	0	0	0	0
1995 New Orleans Saints	15	15	30	9	7.0	0	2	0	2	0	0	-	0	0	0	0
1996 New Orleans Saints	12	7	11	2	6.5	1	1	0	0	0	0	-	0	0	0	0
1997 Carolina Panthers	16	2	11	5	1.0	0	0	0	0	0	0	-	0	0	0	0
8 NFL Seasons	120	60	199	46	45.0	9	7	0	2	1	2	2.0	0	0	0	0

Eric Turner

(statistical profile on page 454)

Pos: S Rnd: 1 (2) College: UCLA Ht: 6' 1" Wt: 207 Born: 9/20/68 Age: 30

Year Team	G	GS	Tackles			Miscellaneous				Interceptions				Punt Returns				Kickoff Returns				Totals	
			Tk	Ast	Sack	FF	FR	TD	Blk	Int	Yds	Avg	TD	Num	Yds	Avg	TD	Num	Yds	Avg	TD	TD	Fum
1991 Cleveland Browns	8	7	52	32	0.0	0	1	0	0	2	42	21.0	1	0	0	-	0	0	0	-	0	1	0
1992 Cleveland Browns	15	13	67	52	1.0	0	2	0	0	1	6	6.0	0	0	0	-	0	0	0	-	0	0	0
1993 Cleveland Browns	16	16	80	79	0.0	0	0	0	0	5	25	5.0	0	0	7	-	0	0	0	-	0	0	0
1994 Cleveland Browns	16	16	82	23	1.0	1	1	0	0	9	199	22.1	1	1	0	0.0	0	0	0	-	0	1	0
1995 Cleveland Browns	8	8	40	17	0.0	0	0	0	0	0	0	-	0	0	0	-	0	0	0	-	0	0	0
1996 Baltimore Ravens	14	14	68	13	0.0	0	0	0	0	5	1	0.2	0	0	0	-	0	0	0	-	0	0	0
1997 Oakland Raiders	16	15	89	19	0.0	1	3	1	0	2	45	22.5	0	0	0	-	0	0	0	-	0	1	1
7 NFL Seasons	93	89	478	235	2.0	2	7	1	0	24	318	13.3	2	1	7	7.0	0	0	0	-	0	3	1

Kevin Turner

(statistical profile on page 377)

Pos: FB Rnd: 3 College: Alabama Ht: 6' 1" Wt: 231 Born: 6/12/69 Age: 29

Year Team	G	GS	Rushing					Receiving					Kickoff Returns				Passing				Totals		
			Att	Yds	Avg	Lg	TD	Rec	Yds	Avg	Lg	TD	Num	Yds	Avg	TD	Att	Com	Yds	Int	Fum	TD	Pts
1992 New England Patriots	16	1	10	40	4.0	11	0	7	52	7.4	t19	1	11	11.0	0	0	0	0	0	0	2	2	12
1993 New England Patriots	16	9	50	231	4.6	49	0	39	333	8.5	26	2	0	0	-	0	1	0	0	0	1	2	12
1994 New England Patriots	16	9	36	111	3.1	13	1	52	471	9.1	32	2	0	0	-	0	0	0	0	0	4	3	18
1995 Philadelphia Eagles	2	2	2	9	4.5	12	0	4	29	7.3	11	0	0	0	-	0	0	0	0	0	0	0	0

Year Team	G	GS	Rushing Att	Yds	Avg	Lg	TD	Receiving Rec	Yds	Avg	Lg	TD	Kickoff Returns Num	Yds	Avg	TD	Passing Att	Com	Yds	Int	Totals Fum	TD	Pts
1996 Philadelphia Eagles	16	13	18	39	2.2	7	0	43	409	9.5	41	1	0	0	-	0	0	0	0	0	1	1	6
1997 Philadelphia Eagles	16	10	18	96	5.3	29	0	48	443	9.2	36	3	3	48	16.0	0	0	0	0	0	1	3	18
6 NFL Seasons	82	44	134	526	3.9	49	1	193	1737	9.0	41	10	4	59	14.8	0	1	0	0	0	9	11	66

Other Statistics: 1992–recovered 2 fumbles for 0 yards. 1993–recovered 2 fumbles for 6 yards. 1994–recovered 2 fumbles for -3 yards.

Scott Turner

Pos: CB Rnd: 7 College: Illinois Ht: 5' 10" Wt: 178 Born: 2/26/72 Age: 26

Year Team	G	GS	Tackles Tk	Ast	Sack	Miscellaneous FF	FR	TD	Blk	Interceptions Int	Yds	Avg	TD	Punt Returns Num	Yds	Avg	TD	Kickoff Returns Num	Yds	Avg	TD	Totals TD	Fum
1995 Washington Redskins	16	0	27	3	1.0	1	1	0	0	1	0	0.0	0	1	0	0.0	0	0	0	-	0	0	1
1996 Washington Redskins	16	0	23	2	0.0	0	1	1	0	2	16	8.0	0	0	0	-	0	0	0	-	0	1	0
1997 Washington Redskins	9	0	0	0	0.0	0	0	0	0	0	0	-	0	0	0	-	0	0	0	-	0	0	0
3 NFL Seasons	41	0	50	5	1.0	1	2	1	0	3	16	5.3	0	1	0	0.0	0	0	0	-	0	1	1

Rick Tuten

(statistical profile on page 487)

Pos: P Rnd: FA College: Florida State Ht: 6' 2" Wt: 221 Born: 1/5/65 Age: 33

Year Team	G	NetPunts	Yards	Avg	Long	In20	In20%	TotPunts	TB	Blocks	OppRet	RetYds	NetAvg	Rushing Att	Yards	Passing Att	Com	Yards	Int
1989 Philadelphia Eagles	2	7	256	36.6	45	1	14.3	7	1	0	1	1	33.6	0	0	0	0	0	0
1990 Buffalo Bills	14	53	2107	39.8	55	12	22.6	53	4	0	26	214	34.2	0	0	0	0	0	0
1991 Seattle Seahawks	10	49	2106	43.0	60	8	16.3	49	3	0	29	239	36.9	0	0	0	0	0	0
1992 Seattle Seahawks	16	108	4760	44.1	65	29	26.9	108	8	0	56	416	38.7	1	0	1	0	0	0
1993 Seattle Seahawks	16	90	4007	44.5	64	21	23.3	91	7	1	47	475	37.3	0	0	1	0	0	0
1994 Seattle Seahawks	16	91	3905	42.9	64	33	36.3	91	7	0	43	426	36.7	1	0	0	0	0	0
1995 Seattle Seahawks	16	83	3735	45.0	73	21	25.3	83	8	0	48	549	36.5	0	0	0	0	0	0
1996 Seattle Seahawks	16	85	3746	44.1	66	20	23.5	86	7	1	52	640	34.5	0	0	0	0	0	0
1997 Seattle Seahawks	11	48	2007	41.8	65	15	31.3	48	5	0	23	161	36.4	0	0	0	0	0	0
9 NFL Seasons	117	614	26629	43.4	73	160	26.1	616	50	2	325	3121	36.5	1	0	3	0	0	0

Other Statistics: 1992–recovered 2 fumbles for -9 yards; fumbled 2 times. 1994–scored 1 two-point conversion.

Gunnard Twyner

Pos: WR Rnd: FA College: Western Illinois Ht: 5' 10" Wt: 167 Born: 7/14/73 Age: 25

Year Team	G	GS	Rushing Att	Yds	Avg	Lg	TD	Receiving Rec	Yds	Avg	Lg	TD	Punt Returns Num	Yds	Avg	TD	Kickoff Returns Num	Yds	Avg	TD	Totals Fum	TD	Pts
1997 Cin - NO	4	0	0	0	-	0	0	4	45	11.3	16	0	0	0	-	0	4	72	18.0	0	0	0	0
1997 Cincinnati Bengals	2	0	0	0	-	0	0	4	45	11.3	16	0	0	0	-	0	4	72	18.0	0	0	0	0
New Orleans Saints	2	0	0	0	-	0	0	0	0	-	0	0	0	0	-	0	0	0	-	0	0	0	0

Rich Tylski

Pos: G Rnd: FA College: Utah State Ht: 6' 5" Wt: 309 Born: 2/27/71 Age: 27

Year Team	G	GS	Year Team	G	GS			G	GS
1996 Jacksonville Jaguars	16	7	1997 Jacksonville Jaguars	13	13		2 NFL Seasons	29	20

Jeff Uhlenhake

Pos: C Rnd: 5 College: Ohio State Ht: 6' 3" Wt: 284 Born: 1/28/66 Age: 32

Year Team	G	GS	Year Team	G	GS	Year Team	G	GS		G	GS
1989 Miami Dolphins	16	15	1992 Miami Dolphins	13	13	1995 New Orleans Saints	14	14			
1990 Miami Dolphins	16	16	1993 Miami Dolphins	5	5	1996 Washington Redskins	12	11			
1991 Miami Dolphins	13	10	1994 New Orleans Saints	16	15	1997 Washington Redskins	14	13	9 NFL Seasons	119	112

Other Statistics: 1989–fumbled 1 time for -19 yards. 1992–recovered 2 fumbles for -4 yards; fumbled 1 time.

Morris Unutoa

Pos: C/LS Rnd: FA College: Brigham Young Ht: 6' 1" Wt: 284 Born: 3/10/71 Age: 27

Year Team	G	GS	Year Team	G	GS			G	GS
1996 Philadelphia Eagles	16	0	1997 Philadelphia Eagles	16	0		2 NFL Seasons	32	0

Other Statistics: 1996–fumbled 1 time for 0 yards.

Jeff Uhlenhake

Pos: C Rnd: 5 College: Ohio State Ht: 6' 3" Wt: 284 Born: 1/28/66 Age: 32

Year Team	G	GS	Year Team	G	GS	Year Team	G	GS		G	GS
1989 Miami Dolphins	16	15	1992 Miami Dolphins	13	13	1995 New Orleans Saints	14	14			
1990 Miami Dolphins	16	16	1993 Miami Dolphins	5	5	1996 Washington Redskins	12	11			
1991 Miami Dolphins	13	10	1994 New Orleans Saints	16	15	1997 Washington Redskins	14	13	9 NFL Seasons	119	112

Other Statistics: 1989–fumbled 1 time for -19 yards. 1992–recovered 2 fumbles for -4 yards; fumbled 1 time.

Morris Unutoa

Pos: C/LS **Rnd:** FA **College:** Brigham Young **Ht:** 6' 1" **Wt:** 284 **Born:** 3/10/71 **Age:** 27

Year	Team	G	GS	Year	Team	G	GS				G	GS
1996	Philadelphia Eagles	16	0	1997	Philadelphia Eagles	16	0			2 NFL Seasons	32	0

Other Statistics: 1996–fumbled 1 time for 0 yards.

Eric Unverzagt

Pos: LB **Rnd:** 4 **College:** Wisconsin **Ht:** 6' 1" **Wt:** 236 **Born:** 12/18/72 **Age:** 25

				Tackles			Miscellaneous				Interceptions				Totals		
Year Team	G	GS	Tk	Ast	Sack	FF	FR	TD	Blk	Int	Yds	Avg	TD	Sfty	TD	Pts
1996 Seattle Seahawks	7	0	0	1	0.0	0	0	0	0	0	0	-	0	0	0	0
1997 Seattle Seahawks	1	0	0	0	0.0	0	0	0	0	0	0	-	0	0	0	0
2 NFL Seasons	8	0	0	1	0.0	0	0	0	0	0	0	-	0	0	0	0

Regan Upshaw

(statistical profile on page 455)

Pos: DE **Rnd:** 1 (12) **College:** California **Ht:** 6' 4" **Wt:** 264 **Born:** 8/12/75 **Age:** 23

			Tackles			Miscellaneous				Interceptions				Totals		
Year Team	G	GS	Tk	Ast	Sack	FF	FR	TD	Blk	Int	Yds	Avg	TD	Sfty	TD	Pts
1996 Tampa Bay Buccaneers	16	16	20	5	4.0	1	1	0	0	0	0	-	0	0	0	0
1997 Tampa Bay Buccaneers	15	15	23	5	7.5	1	1	0	0	0	0	-	0	0	0	0
2 NFL Seasons	31	31	43	10	11.5	2	2	0	0	0	0	-	0	0	0	0

Iheanyi Uwaezuoke

Pos: WR/PR **Rnd:** 5 **College:** California **Ht:** 6' 2" **Wt:** 195 **Born:** 7/24/73 **Age:** 25

			Rushing					Receiving				Punt Returns				Kickoff Returns				Totals		
Year Team	G	GS	Att	Yds	Avg	Lg	TD	Rec	Yds	Avg	Lg	TD	Num	Yds	Avg	TD	Num	Yds	Avg	TD	Fum	TD	Pts
1996 San Francisco 49ers	14	0	0	0	-	-	0	7	91	13.0	t29	1	0	0	-	0	1	21	21.0	0	0	1	6
1997 San Francisco 49ers	14	0	0	0	-	-	0	14	165	11.8	25	0	34	373	11.0	0	6	131	21.8	0	4	0	0
2 NFL Seasons	28	0	0	0	-	-	0	21	256	12.2	t29	1	34	373	11.0	0	7	152	21.7	0	4	1	6

Other Statistics: 1997–recovered 2 fumbles for 0 yards.

Alex Van Dyke

Pos: WR/KR **Rnd:** 2 **College:** Nevada **Ht:** 6' 0" **Wt:** 200 **Born:** 7/24/74 **Age:** 24

			Rushing					Receiving				Punt Returns				Kickoff Returns				Totals		
Year Team	G	GS	Att	Yds	Avg	Lg	TD	Rec	Yds	Avg	Lg	TD	Num	Yds	Avg	TD	Num	Yds	Avg	TD	Fum	TD	Pts
1996 New York Jets	15	1	0	0	-	-	0	17	118	6.9	12	1	0	0	-	0	15	289	19.3	0	0	1	6
1997 New York Jets	5	0	0	0	-	-	0	3	53	17.7	t18	2	0	0	-	0	6	138	23.0	0	0	2	12
2 NFL Seasons	20	1	0	0	-	-	0	20	171	8.6	t18	3	0	0	-	0	21	427	20.3	0	0	3	18

Alex Van Pelt

(statistical profile on page 377)

Pos: QB **Rnd:** 8 **College:** Pittsburgh **Ht:** 6' 1" **Wt:** 219 **Born:** 5/1/70 **Age:** 28

			Passing									Rushing					Miscellaneous			
Year Team	G	GS	Att	Com	Pct	Yards	Yds/Att	Lg	TD	Int	Int%	Rating	Att	Yds	Avg	Lg	TD	Sckd	Yds	Fum Recv Yds	Pts
1995 Buffalo Bills	1	0	18	10	55.6	106	5.89	t19	2	0	0.0	110.0	0	0	-	-	0	0	0	0 0	0
1996 Buffalo Bills	1	0	5	2	40.0	9	1.80	5	0	0	0.0	47.9	3	-5	-1.7	-1	0	0	0	0 0	0
1997 Buffalo Bills	6	3	124	60	48.4	684	5.52	39	2	10	8.1	37.2	11	33	3.0	9	1	4	33	3 3 -7	6
3 NFL Seasons	8	3	147	72	49.0	799	5.44	39	4	10	6.8	46.3	14	28	2.0	9	1	4	33	3 3 -7	6

Tamarick Vanover

Pos: KR/WR **Rnd:** 3 **College:** Florida State **Ht:** 5' 11" **Wt:** 213 **Born:** 2/25/74 **Age:** 24

			Rushing					Receiving				Punt Returns				Kickoff Returns				Totals		
Year Team	G	GS	Att	Yds	Avg	Lg	TD	Rec	Yds	Avg	Lg	TD	Num	Yds	Avg	TD	Num	Yds	Avg	TD	Fum	TD	Pts
1995 Kansas City Chiefs	15	0	6	31	5.2	13	0	11	231	21.0	57	2	51	540	10.6	1	43	1095	25.5	2	1	5	30
1996 Kansas City Chiefs	13	6	4	6	1.5	6	0	21	241	11.5	24	1	17	116	6.8	0	33	854	25.9	1	1	2	12
1997 Kansas City Chiefs	16	0	5	50	10.0	17	0	7	92	13.1	42	0	35	383	10.9	1	50	1283	25.7	1	6	2	14
3 NFL Seasons	44	6	15	87	5.8	17	0	39	564	14.5	57	3	103	1039	10.1	2	126	3232	25.7	4	8	9	56

Other Statistics: 1997–recovered 1 fumble for 0 yards; scored 1 two-point conversion.

Tommy Vardell

Pos: FB **Rnd:** 1 (9) **College:** Stanford **Ht:** 6' 2" **Wt:** 230 **Born:** 2/20/69 **Age:** 29

			Rushing					Receiving				Punt Returns				Kickoff Returns				Totals		
Year Team	G	GS	Att	Yds	Avg	Lg	TD	Rec	Yds	Avg	Lg	TD	Num	Yds	Avg	TD	Num	Yds	Avg	TD	Fum	TD	Pts
1992 Cleveland Browns	14	9	99	369	3.7	35	0	13	128	9.8	23	0	0	0	-	0	2	14	7.0	0	0	0	0
1993 Cleveland Browns	16	12	171	644	3.8	54	3	19	151	7.9	t28	1	0	0	-	0	4	58	14.5	0	3	4	24
1994 Cleveland Browns	5	5	15	48	3.2	9	0	16	137	8.6	19	1	0	0	-	0	0	0	-	0	0	1	6
1995 Cleveland Browns	5	0	4	9	2.3	6	0	6	18	3.0	7	0	0	0	-	0	0	0	-	0	0	0	0
1996 San Francisco 49ers	11	7	58	192	3.3	17	2	28	179	6.4	22	0	0	0	-	0	0	0	-	0	0	2	12

Year Team	G	GS	Rushing					Receiving					Punt Returns				Kickoff Returns				Totals		
			Att	Yds	Avg	Lg	TD	Rec	Yds	Avg	Lg	TD	Num	Yds	Avg	TD	Num	Yds	Avg	TD	Fum	TD	Pts
1997 Detroit Lions	16	10	32	122	3.8	41	6	16	218	13.6	37	0	0	0	-	0	1	15	15.0	0	1	6	36
6 NFL Seasons	67	44	379	1384	3.7	54	11	98	831	8.5	37	2	0	0	-	0	7	87	12.4	0	4	13	78

Other Statistics: 1997—recovered 1 fumble for 0 yards.

Tony Veland

Pos: S **Rnd:** 6 **College:** Nebraska **Ht:** 6' 0" **Wt:** 205 **Born:** 3/11/73 **Age:** 25

Year Team	G	GS	Tackles			Miscellaneous				Interceptions				Totals		
			Tk	Ast	Sack	FF	FR	TD	Blk	Int	Yds	Avg	TD	Sfty	TD	Pts
1997 Denver Broncos	12	0	2	0	0.0	0	1	0	0	0	0	-	0	0	0	0

Ross Verba

Pos: T **Rnd:** 1 (30) **College:** Iowa **Ht:** 6' 4" **Wt:** 295 **Born:** 10/31/73 **Age:** 25

Year Team	G	GS
1997 Green Bay Packers	16	11
1 NFL Season	16	11

Mike Verstegen

Pos: G/T **Rnd:** 3 **College:** Wisconsin **Ht:** 6' 6" **Wt:** 311 **Born:** 10/24/71 **Age:** 27

Year Team	G	GS	Year Team	G	GS					Year Team	G	GS
1996 New Orleans Saints	9	4	1997 New Orleans Saints	14	8					2 NFL Seasons	23	12

Kipp Vickers

Pos: T **Rnd:** FA **College:** Miami (FL) **Ht:** 6' 2" **Wt:** 297 **Born:** 8/27/69 **Age:** 29

Year Team	G	GS	Year Team	G	GS	Year Team	G	GS	Year Team	G	GS
1995 Indianapolis Colts	9	0	1996 Indianapolis Colts	10	6	1997 Indianapolis Colts	9	0	3 NFL Seasons	28	6

Danny Villa

Pos: G/LS **Rnd:** 5 **College:** Arizona State **Ht:** 6' 5" **Wt:** 308 **Born:** 9/21/64 **Age:** 34

Year Team	G	GS	Year Team	G	GS	Year Team	G	GS	Year Team	G	GS
1987 New England Patriots	11	7	1990 New England Patriots	16	16	1993 Kansas City Chiefs	14	3	1996 Kansas City Chiefs	16	0
1988 New England Patriots	16	14	1991 New England Patriots	10	10	1994 Kansas City Chiefs	14	0	1997 New England Patriots	7	0
1989 New England Patriots	15	15	1992 Phoenix Cardinals	16	12	1995 Kansas City Chiefs	16	0	11 NFL Seasons	151	77

Other Statistics: 1987—fumbled 1 time for -13 yards. 1988—fumbled 1 time for -39 yards. 1990—recovered 1 fumble for 0 yards. 1991—recovered 2 fumbles for 0 yards.

Chris Villarrial

Pos: C/G **Rnd:** 5 **College:** Indiana (PA) **Ht:** 6' 4" **Wt:** 305 **Born:** 6/9/73 **Age:** 25

Year Team	G	GS	Year Team	G	GS					Year Team	G	GS
1996 Chicago Bears	14	8	1997 Chicago Bears	11	11					2 NFL Seasons	25	19

Adam Vinatieri

(statistical profile on page 487)

Pos: K **Rnd:** FA **College:** South Dakota State **Ht:** 6' 0" **Wt:** 200 **Born:** 12/28/72 **Age:** 25

Year Team	G	Field Goals												PAT		Tot
		1-29 Yds	Pct	30-39 Yds	Pct	40-49 Yds	Pct	50+ Yds	Pct	Overall	Pct	Long		Made	Att	Pts
1996 New England Patriots	16	10-11	90.9	8-8	100.0	8-14	57.1	1-2	50.0	27-35	77.1	50		39	42	120
1997 New England Patriots	16	11-11	100.0	7-9	77.8	6-8	75.0	1-1	100.0	25-29	86.2	52		40	40	115
2 NFL Seasons	32	21-22	95.5	15-17	88.2	14-22	63.6	2-3	66.7	52-64	81.3	52		79	82	235

Other Statistics: 1996—punted 1 time for 27 yards.

Troy Vincent

(statistical profile on page 455)

Pos: CB **Rnd:** 1 (7) **College:** Wisconsin **Ht:** 6' 0" **Wt:** 194 **Born:** 6/8/70 **Age:** 28

Year Team	G	GS	Tackles			Miscellaneous				Interceptions				Punt Returns				Kickoff Returns				Totals	
			Tk	Ast	Sack	FF	FR	TD	Blk	Int	Yds	Avg	TD	Num	Yds	Avg	TD	Num	Yds	Avg	TD	TD	Fum
1992 Miami Dolphins	15	14	56	21	0.0	1	2	0	0	2	47	23.5	0	5	16	3.2	0	0	0	-	0	0	2
1993 Miami Dolphins	13	13	58	10	0.0	0	1	0	0	2	29	14.5	0	0	9	-	0	0	2	-	0	0	0
1994 Miami Dolphins	13	12	41	11	0.0	0	0	0	0	5	113	22.6	1	0	0	-	0	0	0	-	0	1	0
1995 Miami Dolphins	16	16	52	10	0.0	0	0	0	0	5	95	19.0	1	0	0	-	0	0	0	-	0	1	0
1996 Philadelphia Eagles	16	16	45	7	0.0	3	0	0	0	3	144	48.0	1	0	-2	-	0	0	0	-	0	1	0
1997 Philadelphia Eagles	16	16	50	15	0.0	1	2	0	0	3	14	4.7	0	1	-8	-8.0	0	0	0	-	0	0	0
6 NFL Seasons	89	87	302	74	0.0	5	5	0	0	20	442	22.1	3	6	15	2.5	0	0	2	-	0	3	3

Tony Vinson

Pos: RB **Rnd:** 5 **College:** Towson State **Ht:** 6' 1" **Wt:** 230 **Born:** 3/13/71 **Age:** 27

Year Team	G	GS	Rushing					Receiving					Punt Returns				Kickoff Returns				Totals		
			Att	Yds	Avg	Lg	TD	Rec	Yds	Avg	Lg	TD	Num	Yds	Avg	TD	Num	Yds	Avg	TD	Fum	TD	Pts
1997 Baltimore Ravens	13	0	0	0	-	0	0	0	0	-	0	0	0	0	-	0	0	0	-	0	0	0	0

Scott Von Der Ahe

Pos: LB **Rnd:** 6 **College:** Saddleback Community College **Ht:** 5' 11" **Wt:** 242 **Born:** 10/12/73 **Age:** 25

			Tackles			Miscellaneous				Interceptions				Totals		
Year Team	G	GS	Tk	Ast	Sack	FF	FR	TD	Blk	Int	Yds	Avg	TD	Sfty	TD	Pts
1997 Indianapolis Colts	9	2	14	2	0.0	0	0	0	0	0	0	-	0	0	0	0

Kimo von Oelhoffen

Pos: DT **Rnd:** 6 **College:** Boise State **Ht:** 6' 4" **Wt:** 300 **Born:** 1/30/71 **Age:** 27

			Tackles			Miscellaneous				Interceptions				Punt Returns				Kickoff Returns				Totals	
Year Team	G	GS	Tk	Ast	Sack	FF	FR	TD	Blk	Int	Yds	Avg	TD	Num	Yds	Avg	TD	Num	Yds	Avg	TD	TD	Fum
1994 Cincinnati Bengals	7	0	2	0	0.0	0	0	0	0	0	0	-	0	0	0	-	0	0	0	-	0	0	0
1995 Cincinnati Bengals	16	0	7	1	0.0	0	0	0	0	0	0	-	0	0	0	-	0	1	10	10.0	0	0	0
1996 Cincinnati Bengals	10	1	11	4	1.0	0	0	0	0	0	0	-	0	0	0	-	0	0	0	-	0	0	0
1997 Cincinnati Bengals	13	12	32	10	0.0	0	0	0	0	0	0	-	0	0	0	-	0	0	0	-	0	0	0
4 NFL Seasons	46	13	52	15	1.0	0	0	0	0	0	0	-	0	0	0	-	0	1	10	10.0	0	0	0

Mike Vrabel

Pos: DE **Rnd:** 3 **College:** Ohio State **Ht:** 6' 3" **Wt:** 271 **Born:** 8/14/75 **Age:** 23

			Tackles			Miscellaneous				Interceptions				Punt Returns				Kickoff Returns				Totals	
Year Team	G	GS	Tk	Ast	Sack	FF	FR	TD	Blk	Int	Yds	Avg	TD	Num	Yds	Avg	TD	Num	Yds	Avg	TD	TD	Fum
1997 Pittsburgh Steelers	15	0	14	3	1.5	2	1	0	0	0	0	-	0	0	0	-	0	1	0	0.0	0	0	0

Frank Wainright

Pos: TE/LS **Rnd:** 8 **College:** Northern Colorado **Ht:** 6' 3" **Wt:** 245 **Born:** 10/10/67 **Age:** 31

			Rushing					Receiving					Punt Returns				Kickoff Returns				Totals		
Year Team	G	GS	Att	Yds	Avg	Lg	TD	Rec	Yds	Avg	Lg	TD	Num	Yds	Avg	TD	Num	Yds	Avg	TD	Fum	TD	Pts
1991 New Orleans Saints	14	2	0	0	-	-	0	1	3	3.0	3	0	0	0	-	0	0	0	-	0	0	0	0
1992 New Orleans Saints	13	4	0	0	-	-	0	9	143	15.9	29	0	0	0	-	0	0	0	-	0	0	0	0
1993 New Orleans Saints	16	2	0	0	-	-	0	0	0	-	-	0	0	0	-	0	0	0	-	0	0	0	0
1995 Phi - Mia	13	0	0	0	-	-	0	0	0	-	-	0	0	0	-	0	0	0	-	0	0	0	0
1996 Miami Dolphins	16	0	0	0	-	-	0	1	2	2.0	t2	1	0	0	-	0	1	10	10.0	0	0	1	6
1997 Miami Dolphins	9	0	0	0	-	-	0	0	0	-	-	0	0	0	-	0	0	0	-	0	0	0	0
1995 Philadelphia Eagles	7	0	0	0	-	-	0	0	0	-	-	0	0	0	-	0	0	0	-	0	0	0	0
Miami Dolphins	6	0	0	0	-	-	0	0	0	-	-	0	0	0	-	0	0	0	-	0	0	0	0
6 NFL Seasons	81	8	0	0	-	-	0	11	148	13.5	29	1	0	0	-	0	1	10	10.0	0	0	1	6

Other Statistics: 1995–recovered 1 fumble for 0 yards.

Kerwin Waldroup

Pos: DE/DT **Rnd:** 5 **College:** Central State **Ht:** 6' 3" **Wt:** 260 **Born:** 8/1/74 **Age:** 24

			Tackles			Miscellaneous				Interceptions				Totals		
Year Team	G	GS	Tk	Ast	Sack	FF	FR	TD	Blk	Int	Yds	Avg	TD	Sfty	TD	Pts
1996 Detroit Lions	16	10	29	16	2.5	0	0	0	0	0	0	-	0	0	0	0
1997 Detroit Lions	11	11	19	14	1.0	0	1	0	0	0	0	-	0	0	0	0
2 NFL Seasons	27	21	48	30	3.5	0	1	0	0	0	0	-	0	0	0	0

Bracey Walker

Pos: S **Rnd:** 4 **College:** North Carolina **Ht:** 6' 0" **Wt:** 200 **Born:** 10/28/70 **Age:** 28

			Tackles			Miscellaneous				Interceptions				Totals		
Year Team	G	GS	Tk	Ast	Sack	FF	FR	TD	Blk	Int	Yds	Avg	TD	Sfty	TD	Pts
1994 KC - Cin	10	0	1	1	0.0	0	0	0	0	0	0	-	0	0	0	0
1995 Cincinnati Bengals	14	14	60	25	0.0	1	2	0	0	4	56	14.0	0	0	0	0
1996 Cincinnati Bengals	16	15	57	13	0.0	1	0	0	0	2	35	17.5	0	0	0	0
1997 Miami Dolphins	12	0	2	0	0.0	0	1	0	0	0	0	-	0	0	0	0
1994 Kansas City Chiefs	2	0	0	0	0.0	0	0	0	0	0	0	-	0	0	0	0
Cincinnati Bengals	8	0	1	1	0.0	0	0	0	0	0	0	-	0	0	0	0
4 NFL Seasons	52	29	120	39	0.0	2	3	0	0	6	91	15.2	0	0	0	0

Bryan Walker

Pos: S **Rnd:** FA **College:** Washington State **Ht:** 6' 2" **Wt:** 186 **Born:** 5/31/72 **Age:** 26

			Tackles			Miscellaneous				Interceptions				Totals		
Year Team	G	GS	Tk	Ast	Sack	FF	FR	TD	Blk	Int	Yds	Avg	TD	Sfty	TD	Pts
1996 Washington Redskins	16	4	29	9	1.0	0	0	0	0	0	0	-	0	0	0	0
1997 Washington Redskins	5	0	0	0	0.0	0	0	0	0	0	0	-	0	0	0	0
2 NFL Seasons	21	4	29	9	1.0	0	0	0	0	0	0	-	0	0	0	0

Darnell Walker

Pos: CB Rnd: 7 College: Oklahoma Ht: 5' 8" Wt: 168 Born: 1/17/70 Age: 28

Year	Team	G	GS	Tackles			Miscellaneous				Interceptions				Totals		
				Tk	Ast	Sack	FF	FR	TD	Blk	Int	Yds	Avg	TD	Sfty	TD	Pts
1993	Atlanta Falcons	15	8	36	12	0.0	0	0	0	0	3	7	2.3	0	0	0	0
1994	Atlanta Falcons	16	5	37	3	1.0	1	0	0	0	3	105	35.0	1	0	1	6
1995	Atlanta Falcons	16	7	45	5	0.0	0	0	0	0	0	0	-	0	0	0	0
1996	Atlanta Falcons	15	9	46	4	0.0	1	1	0	0	1	0	0.0	0	0	0	0
1997	San Francisco 49ers	16	11	33	5	1.0	0	0	0	0	3	49	16.3	0	0	0	0
	5 NFL Seasons	78	40	197	29	2.0	2	1	0	0	10	161	16.1	1	0	1	6

Denard Walker

Pos: CB Rnd: 3 College: Louisiana State Ht: 6' 1" Wt: 187 Born: 7/9/73 Age: 25

Year	Team	G	GS	Tackles			Miscellaneous				Interceptions				Totals		
				Tk	Ast	Sack	FF	FR	TD	Blk	Int	Yds	Avg	TD	Sfty	TD	Pts
1997	Tennessee Oilers	15	11	56	12	0.0	0	0	0	0	2	53	26.5	1	0	1	6

Derrick Walker

Pos: TE Rnd: 6 College: Michigan Ht: 6' 0" Wt: 249 Born: 6/23/67 Age: 31

Year	Team	G	GS	Rushing					Receiving					Punt Returns				Kickoff Returns				Totals		
				Att	Yds	Avg	Lg	TD	Rec	Yds	Avg	Lg	TD	Num	Yds	Avg	TD	Num	Yds	Avg	TD	Fum	TD	Pts
1990	San Diego Chargers	16	13	0	0	-	-	0	23	240	10.4	23	1	0	0	-	0	0	0	-	0	1	1	6
1991	San Diego Chargers	16	16	0	0	-	-	0	20	134	6.7	14	0	0	0	-	0	0	0	-	0	0	0	0
1992	San Diego Chargers	16	16	0	0	-	-	0	34	393	11.6	59	2	0	0	-	0	0	0	-	0	0	2	12
1993	San Diego Chargers	12	11	0	0	-	-	0	21	212	10.1	t25	1	0	0	-	0	0	0	-	0	0	1	6
1994	Kansas City Chiefs	15	11	0	0	-	-	0	36	382	10.6	t57	2	0	0	-	0	0	0	-	0	1	2	12
1995	Kansas City Chiefs	16	3	0	0	-	-	0	25	205	8.2	t18	1	0	0	-	0	0	0	-	0	0	1	6
1996	Kansas City Chiefs	11	9	0	0	-	-	0	9	73	8.1	24	1	0	0	-	0	0	0	-	0	0	1	6
1997	Kansas City Chiefs	16	5	0	0	-	-	0	5	60	12.0	22	0	0	0	-	0	0	0	-	0	0	0	0
	8 NFL Seasons	118	84	0	0	-	-	0	173	1699	9.8	59	8	0	0	-	0	0	0	-	0	2	8	48

Other Statistics: 1991–recovered 1 fumble for 0 yards. 1996–recovered 1 fumble for 0 yards.

Gary Walker

Pos: DT/NT Rnd: 5 College: Auburn Ht: 6' 2" Wt: 285 Born: 2/28/73 Age: 25 *(statistical profile on page 455)*

Year	Team	G	GS	Tackles			Miscellaneous				Interceptions				Totals		
				Tk	Ast	Sack	FF	FR	TD	Blk	Int	Yds	Avg	TD	Sfty	TD	Pts
1995	Houston Oilers	15	9	22	10	2.5	1	0	0	0	0	0	-	0	0	0	0
1996	Houston Oilers	16	16	30	15	5.5	1	1	0	0	0	0	-	0	0	0	0
1997	Tennessee Oilers	15	15	31	13	7.0	1	0	0	0	0	0	-	0	0	0	0
	3 NFL Seasons	46	40	83	38	15.0	3	1	0	0	0	0	-	0	0	0	0

Herschel Walker

Pos: KR/RB Rnd: 5 College: Georgia Ht: 6' 1" Wt: 225 Born: 3/3/62 Age: 36

Year	Team	G	GS	Rushing					Receiving					Kickoff Returns				Passing				Totals		
				Att	Yds	Avg	Lg	TD	Rec	Yds	Avg	Lg	TD	Num	Yds	Avg	TD	Att	Com	Yds	Int	Fum	TD	Pts
1986	Dallas Cowboys	16	9	151	737	4.9	t84	12	76	837	11.0	t84	2	0	0	-	0	0	0	0	0	5	14	84
1987	Dallas Cowboys	12	11	209	891	4.3	t60	7	60	715	11.9	44	1	0	0	-	0	0	0	0	0	4	8	48
1988	Dallas Cowboys	16	16	361	1514	4.2	38	5	53	505	9.5	50	2	0	0	-	0	0	0	0	0	6	7	42
1989	Dal - Min	16	15	250	915	3.7	47	7	40	423	10.6	52	2	13	374	28.8	1	0	0	0	0	7	10	60
1990	Minnesota Vikings	16	16	184	770	4.2	t58	5	35	315	9.0	32	4	44	966	22.0	0	2	1	12	0	4	9	54
1991	Minnesota Vikings	15	15	198	825	4.2	t71	10	33	204	6.2	19	0	5	83	16.6	0	0	0	0	0	2	10	60
1992	Philadelphia Eagles	16	16	267	1070	4.0	38	8	38	278	7.3	41	2	3	69	23.0	0	1	0	0	0	6	10	60
1993	Philadelphia Eagles	16	16	174	746	4.3	35	1	75	610	8.1	55	3	11	184	16.7	0	0	0	0	0	3	4	24
1994	Philadelphia Eagles	16	14	113	528	4.7	t91	5	50	500	10.0	93	2	21	581	27.7	1	0	0	0	0	4	8	48
1995	New York Giants	16	3	31	126	4.1	36	0	31	234	7.5	34	1	41	881	21.5	0	0	0	0	0	0	1	6
1996	Dallas Cowboys	16	1	10	83	8.3	t39	1	7	89	12.7	24	0	27	779	28.9	0	0	0	0	0	0	1	6
1997	Dallas Cowboys	16	6	6	20	3.3	11	0	14	149	10.6	t64	2	50	1167	23.3	0	0	0	0	0	0	2	12
1989	Dallas Cowboys	5	5	81	246	3.0	t20	2	22	261	11.9	52	1	0	0	-	0	0	0	0	0	2	3	18
	Minnesota Vikings	11	10	169	669	4.0	47	5	18	162	9.0	24	1	13	374	28.8	1	0	0	0	0	5	7	42
	12 NFL Seasons	187	138	1954	8225	4.2	t91	61	512	4859	9.5	93	21	215	5084	23.6	2	3	1	12	0	41	84	504

Other Statistics: 1986–recovered 2 fumbles for 0 yards. 1987–recovered 1 fumble for 0 yards. 1988–recovered 3 fumbles for 0 yards. 1991–recovered 1 fumble for 0 yards. 1992–recovered 2 fumbles for 0 yards. 1993–recovered 2 fumbles for 0 yards. 1994–recovered 1 fumble for 0 yards. 1996–recovered 1 fumble for 0 yards. 1997–recovered 2 fumbles for 0 yards.

Marquis Walker

Pos: CB Rnd: FA College: Southeast Missouri State Ht: 5' 10" Wt: 173 Born: 7/6/72 Age: 26

Year	Team	G	GS	Tackles			Miscellaneous				Interceptions				Totals		
				Tk	Ast	Sack	FF	FR	TD	Blk	Int	Yds	Avg	TD	Sfty	TD	Pts
1996	StL - Was	9	4	18	1	0.0	0	0	0	0	1	0	0.0	0	0	0	0

Year	Team	G	GS	Tackles			Miscellaneous				Interceptions				Totals		
				Tk	Ast	Sack	FF	FR	TD	Blk	Int	Yds	Avg	TD	Sfty	TD	Pts
1997	St. Louis Rams	10	0	1	0	0.0	0	1	0	0	0	0	-	0	0	0	0
1996	St. Louis Rams	8	4	18	1	0.0	0	0	0	0	1	0	0.0	0	0	0	0
	Washington Redskins	1	0	0	0	0.0	0	0	0	0	0	0	-	0	0	0	0
	2 NFL Seasons	19	4	19	1	0.0	0	1	0	0	1	0	0.0	0	0	0	0

Aaron Wallace
Pos: DE/LB **Rnd:** 2 **College:** Texas A&M **Ht:** 6' 3" **Wt:** 245 **Born:** 4/17/67 **Age:** 31

Year	Team	G	GS	Tackles			Miscellaneous				Interceptions				Totals		
				Tk	Ast	Sack	FF	FR	TD	Blk	Int	Yds	Avg	TD	Sfty	TD	Pts
1990	Los Angeles Raiders	16	0	0	-	9.0	0	0	0	0	0	0	-	0	0	0	0
1991	Los Angeles Raiders	16	0	0	-	2.0	0	0	0	0	0	0	-	0	0	0	0
1992	Los Angeles Raiders	16	16	73	-	4.0	0	2	0	0	0	0	-	0	0	0	0
1993	Los Angeles Raiders	16	14	45	16	2.0	1	2	0	0	0	0	-	0	0	0	0
1994	Los Angeles Raiders	16	6	13	8	2.0	0	0	0	0	0	0	-	0	0	0	0
1995	Oakland Raiders	13	0	6	1	2.0	0	1	0	0	0	0	-	0	0	0	0
1997	Oakland Raiders	5	0	0	0	0.0	0	0	0	0	0	0	-	0	0	0	0
	7 NFL Seasons	98	36	137	25	21.0	1	5	0	0	0	0	-	0	0	0	0

Al Wallace
Pos: DE **Rnd:** FA **College:** Maryland **Ht:** 6' 5" **Wt:** 243 **Born:** 3/25/74 **Age:** 24

Year	Team	G	GS	Tackles			Miscellaneous				Interceptions				Totals		
				Tk	Ast	Sack	FF	FR	TD	Blk	Int	Yds	Avg	TD	Sfty	TD	Pts
1997	Philadelphia Eagles	1	0	0	0	0.0	0	0	0	0	0	0	-	0	0	0	0

Steve Wallace
Pos: T **Rnd:** 4 **College:** Auburn **Ht:** 6' 5" **Wt:** 302 **Born:** 12/27/64 **Age:** 33

Year	Team	G	GS	Year	Team	G	GS	Year	Team	G	GS	Year	Team	G	GS
1986	San Francisco 49ers	16	0	1989	San Francisco 49ers	16	1	1992	San Francisco 49ers	16	16	1995	San Francisco 49ers	13	12
1987	San Francisco 49ers	11	4	1990	San Francisco 49ers	16	16	1993	San Francisco 49ers	15	15	1996	San Francisco 49ers	16	16
1988	San Francisco 49ers	16	16	1991	San Francisco 49ers	16	16	1994	San Francisco 49ers	15	15	1997	Kansas City Chiefs	10	0
													12 NFL Seasons	176	127

Other Statistics: 1987–recovered 1 fumble for 0 yards. 1992–recovered 1 fumble for 0 yards. 1993–recovered 1 fumble for 0 yards. 1994–recovered 2 fumbles for 0 yards.

Brett Wallerstedt
Pos: LB **Rnd:** 6 **College:** Arizona State **Ht:** 6' 1" **Wt:** 240 **Born:** 11/24/70 **Age:** 27

Year	Team	G	GS	Tackles			Miscellaneous				Interceptions				Totals		
				Tk	Ast	Sack	FF	FR	TD	Blk	Int	Yds	Avg	TD	Sfty	TD	Pts
1993	Phoenix Cardinals	7	0	9	2	0.0	0	0	0	0	0	0	-	0	0	0	0
1994	Cincinnati Bengals	10	0	3	2	0.0	0	0	0	0	0	0	-	0	0	0	0
1995	Cincinnati Bengals	11	2	20	2	0.0	0	0	0	0	0	0	-	0	0	0	0
1997	St. Louis Rams	2	0	0	0	0.0	0	0	0	0	0	0	-	0	0	0	0
	4 NFL Seasons	30	2	32	6	0.0	0	0	0	0	0	0	-	0	0	0	0

Wesley Walls
(statistical profile on page 378)
Pos: TE **Rnd:** 2 **College:** Mississippi **Ht:** 6' 5" **Wt:** 250 **Born:** 2/26/66 **Age:** 32

Year	Team	G	GS	Rushing					Receiving					Punt Returns				Kickoff Returns				Totals		
				Att	Yds	Avg	Lg	TD	Rec	Yds	Avg	Lg	TD	Num	Yds	Avg	TD	Num	Yds	Avg	TD	Fum	TD	Pts
1989	San Francisco 49ers	16	0	0	0	-	-	0	4	16	4.0	9	1	0	0	-	0	1	16	16.0	0	1	1	0
1990	San Francisco 49ers	16	0	0	0	-	-	0	5	27	5.4	11	0	0	0	-	0	0	0	-	0	0	0	0
1991	San Francisco 49ers	15	0	0	0	-	-	0	2	24	12.0	21	0	0	0	-	0	0	0	-	0	0	0	0
1993	San Francisco 49ers	6	0	0	0	-	-	0	0	0	-	-	0	0	0	-	0	0	0	-	0	0	0	0
1994	New Orleans Saints	15	7	0	0	-	-	0	38	406	10.7	31	4	0	0	-	0	0	0	-	0	0	4	26
1995	New Orleans Saints	16	10	0	0	-	-	0	57	694	12.2	29	4	0	0	-	0	1	6	6.0	0	1	4	26
1996	Carolina Panthers	16	15	0	0	-	-	0	61	713	11.7	t40	10	0	0	-	0	0	0	-	0	0	10	60
1997	Carolina Panthers	15	15	0	0	-	-	0	58	746	12.9	52	6	0	0	-	0	0	0	-	0	0	6	36
	8 NFL Seasons	115	47	0	0	-	-	0	225	2626	11.7	52	25	0	0	-	0	2	22	11.0	0	2	25	154

Other Statistics: 1989–recovered 1 fumble for 0 yards. 1993–recovered 1 fumble for 0 yards. 1994–scored 1 two-point conversion. 1995–recovered 1 fumble for 0 yards; scored 1 two-point conversion.

Chris Walsh
Pos: WR **Rnd:** 9 **College:** Stanford **Ht:** 6' 1" **Wt:** 194 **Born:** 12/12/68 **Age:** 29

Year	Team	G	GS	Rushing					Receiving					Kickoff Returns				Passing				Totals		
				Att	Yds	Avg	Lg	TD	Rec	Yds	Avg	Lg	TD	Num	Yds	Avg	TD	Att	Com	Yds	Int	Fum	TD	Pts
1992	Buffalo Bills	2	0	0	0	-	-	0	0	0	-	-	0	0	0	-	0	0	0	0	0	0	0	0
1993	Buffalo Bills	3	0	0	0	-	-	0	0	0	-	-	0	0	0	-	0	0	0	0	0	0	0	0
1994	Minnesota Vikings	10	0	0	0	-	-	0	0	0	-	-	0	1	6	6.0	0	0	0	0	0	0	0	0

Year Team	G	GS	Rushing					Receiving					Kickoff Returns				Passing				Totals		
			Att	Yds	Avg	Lg	TD	Rec	Yds	Avg	Lg	TD	Num	Yds	Avg	TD	Att	Com	Yds	Int	Fum	TD	Pts
1995 Minnesota Vikings	16	0	0	0	-	-	0	7	66	9.4	16	0	3	42	14.0	0	0	0	0	0	0	0	0
1996 Minnesota Vikings	15	0	0	0	-	-	0	4	39	9.8	17	1	0	0	-	0	1	0	0	0	0	1	8
1997 Minnesota Vikings	14	0	0	0	-	-	0	11	114	10.4	19	1	1	10	10.0	0	0	0	0	0	0	1	6
6 NFL Seasons	60	0	0	0	-	-	0	22	219	10.0	19	2	5	58	11.6	0	1	0	0	0	0	2	14

Other Statistics: 1996–scored 1 two-point conversion.

Steve Walsh

Pos: QB **Rnd:** 1(S) **College:** Miami (FL) **Ht:** 6' 3" **Wt:** 205 **Born:** 12/1/66 **Age:** 31

Year Team	G	GS	Passing										Rushing					Miscellaneous				
			Att	Com	Pct	Yards	Yds/Att	Lg	TD	Int	Int%	Rating	Att	Yds	Avg	Lg	TD	Sckd	Yds	Fum	Recv	Yds	Pts
1989 Dallas Cowboys	8	5	219	110	50.2	1371	6.26	46	5	9	4.1	60.5	6	16	2.7	14	0	11	84	3	2	-14	0
1990 Dal - NO	13	11	336	179	53.3	2010	5.98	58	12	13	3.9	67.2	20	25	1.3	18	0	10	76	6	2	0	0
1991 New Orleans Saints	8	7	255	141	55.3	1638	6.42	41	11	6	2.4	79.5	8	0	0.0	3	0	3	26	3	1	-20	0
1993 New Orleans Saints	2	1	38	20	52.6	271	7.13	t54	2	3	7.9	60.3	4	-4	-1.0	-1	0	0	0	0	0	0	0
1994 Chicago Bears	12	11	343	208	60.6	2078	6.06	50	10	8	2.3	77.9	30	4	0.1	12	1	11	52	7	3	-8	6
1995 Chicago Bears	1	0	0	0	-	0	-	-	0	0	-	0.0	0	0	-	-	0	0	0	0	0	0	0
1996 St. Louis Rams	3	3	77	33	42.9	344	4.47	32	0	5	6.5	29.4	6	10	1.7	13	0	4	27	1	1	0	0
1997 Tampa Bay Buccaneers	13	0	17	6	35.3	58	3.41	38	0	1	5.9	21.2	6	-4	-0.7	0	0	0	0	1	2	0	0
1990 Dallas Cowboys	1	0	9	4	44.4	40	4.44	20	0	0	0.0	57.6	1	0	0.0	0	0	0	0	1	0	0	0
New Orleans Saints	12	11	327	175	53.5	1970	6.02	58	12	13	4.0	67.5	19	25	1.3	18	0	10	76	5	2	0	0
8 NFL Seasons	60	38	1285	697	54.2	7770	6.05	58	40	45	3.5	68.3	80	47	0.6	18	1	39	265	21	11	-42	6

Joe Walter

Pos: T **Rnd:** 7 **College:** Texas Tech **Ht:** 6' 7" **Wt:** 292 **Born:** 6/18/63 **Age:** 35

Year	Team	G	GS	Year	Team	G	GS	Year	Team	G	GS	Year	Team	G	GS
1985	Cincinnati Bengals	14	0	1988	Cincinnati Bengals	16	16	1991	Cincinnati Bengals	15	14	1995	Cincinnati Bengals	16	16
1986	Cincinnati Bengals	15	8	1989	Cincinnati Bengals	10	7	1992	Cincinnati Bengals	16	16	1996	Cincinnati Bengals	16	15
1987	Cincinnati Bengals	12	12	1990	Cincinnati Bengals	16	16	1993	Cincinnati Bengals	16	16	1997	Cincinnati Bengals	5	0
												12	NFL Seasons	167	136

Other Statistics: 1987–recovered 2 fumbles for 0 yards. 1991–recovered 1 fumble for 0 yards. 1992–recovered 1 fumble for 0 yards. 1996–recovered 1 fumble for 0 yards.

Ken Walter

(statistical profile on page 487)

Pos: P **Rnd:** FA **College:** Kent State **Ht:** 6' 1" **Wt:** 195 **Born:** 8/15/72 **Age:** 26

Year Team	G	Punting											Rushing		Passing			
		NetPunts	Yards	Avg	Long	In20	In20%	TotPunts	TB	Blocks	OppRet	RetYds	NetAvg	Att	Yards	Att	Com	Yards	Int
1997 Carolina Panthers	16	85	3604	42.4	62	29	34.1	85	4	0	38	428	36.4	1	-5	0	0	0	0

Chris Ward

Pos: DE **Rnd:** 7 **College:** Kentucky **Ht:** 6' 3" **Wt:** 275 **Born:** 2/4/74 **Age:** 24

Year Team	G	GS	Tackles			Miscellaneous				Interceptions				Totals		
			Tk	Ast	Sack	FF	FR	TD	Blk	Int	Yds	Avg	TD	Sfty	TD	Pts
1997 Baltimore Ravens	5	0	2	0	0.0	0	0	0	0	0	0	-	0	0	0	0

Dedric Ward

Pos: WR **Rnd:** 3 **College:** Northern Iowa **Ht:** 5' 9" **Wt:** 179 **Born:** 9/29/74 **Age:** 24

Year Team	G	GS	Rushing					Receiving					Punt Returns				Kickoff Returns				Totals		
			Att	Yds	Avg	Lg	TD	Rec	Yds	Avg	Lg	TD	Num	Yds	Avg	TD	Num	Yds	Avg	TD	Fum	TD	Pts
1997 New York Jets	11	1	2	25	12.5	21	0	18	212	11.8	33	1	8	55	6.9	0	2	10	5.0	0	1	1	6

Ronnie Ward

Pos: LB **Rnd:** 3 **College:** Kansas **Ht:** 6' 0" **Wt:** 225 **Born:** 2/11/74 **Age:** 24

Year Team	G	GS	Tackles			Miscellaneous				Interceptions				Totals		
			Tk	Ast	Sack	FF	FR	TD	Blk	Int	Yds	Avg	TD	Sfty	TD	Pts
1997 Miami Dolphins	4	0	0	0	0.0	0	0	0	0	0	0	-	0	0	0	0

Chris Warren

(statistical profile on page 378)

Pos: RB **Rnd:** 4 **College:** Ferrum **Ht:** 6' 2" **Wt:** 226 **Born:** 1/24/67 **Age:** 31

Year Team	G	GS	Rushing					Receiving					Punt Returns				Kickoff Returns				Totals		
			Att	Yds	Avg	Lg	TD	Rec	Yds	Avg	Lg	TD	Num	Yds	Avg	TD	Num	Yds	Avg	TD	Fum	TD	Pts
1990 Seattle Seahawks	16	0	6	11	1.8	4	1	0	0	-	-	0	28	269	9.6	0	23	478	20.8	0	3	1	6
1991 Seattle Seahawks	16	1	11	13	1.2	7	0	2	9	4.5	12	0	32	298	9.3	1	35	792	22.6	0	3	1	6
1992 Seattle Seahawks	16	16	223	1017	4.6	52	3	16	134	8.4	33	0	34	252	7.4	0	28	524	18.7	0	2	3	18
1993 Seattle Seahawks	14	14	273	1072	3.9	t45	7	15	99	6.6	21	0	0	0	-	0	0	0	-	0	3	7	42
1994 Seattle Seahawks	16	15	333	1545	4.6	41	9	41	323	7.9	51	2	0	0	-	0	0	0	-	0	5	11	68
1995 Seattle Seahawks	16	16	310	1346	4.3	52	15	35	247	7.1	t20	1	0	0	-	0	0	0	-	0	5	16	96

			Rushing					Receiving					Punt Returns				Kickoff Returns				Totals		
Year Team	G	GS	Att	Yds	Avg	Lg	TD	Rec	Yds	Avg	Lg	TD	Num	Yds	Avg	TD	Num	Yds	Avg	TD	Fum	TD	Pts
1996 Seattle Seahawks	14	14	203	855	4.2	51	5	40	273	6.8	33	0	0	0	-	0	0	0	-	0	3	5	32
1997 Seattle Seahawks	15	13	200	847	4.2	t36	4	45	257	5.7	20	0	0	0	-	0	0	0	-	0	2	4	24
8 NFL Seasons	123	89	1559	6706	4.3	52	44	194	1342	6.9	51	3	94	819	8.7	1	86	1794	20.9	0	26	48	292

Other Statistics: 1990–recovered 1 fumble for 0 yards. 1991–recovered 1 fumble for 0 yards. 1992–recovered 2 fumbles for 0 yards. 1994–recovered 2 fumbles for 0 yards; scored 1 two-point conversion. 1995–recovered 2 fumbles for 0 yards. 1996–recovered 2 fumbles for 4 yards; scored 1 two-point conversion.

Lamont Warren

Pos: RB **Rnd:** 6 **College:** Colorado **Ht:** 5' 11" **Wt:** 211 **Born:** 1/4/73 **Age:** 25

			Rushing					Receiving					Kickoff Returns				Passing				Totals		
Year Team	G	GS	Att	Yds	Avg	Lg	TD	Rec	Yds	Avg	Lg	TD	Num	Yds	Avg	TD	Att	Com	Yds	Int	Fum	TD	Pts
1994 Indianapolis Colts	11	0	18	80	4.4	34	0	3	47	15.7	29	0	2	56	28.0	0	1	0	0	0	0	0	0
1995 Indianapolis Colts	12	1	47	152	3.2	42	1	17	159	9.4	18	0	15	315	21.0	0	0	0	0	0	1	1	6
1996 Indianapolis Colts	13	3	67	230	3.4	53	1	22	174	7.9	17	0	3	54	18.0	0	0	0	0	0	3	1	6
1997 Indianapolis Colts	13	0	28	80	2.9	11	2	20	192	9.6	31	0	1	19	19.0	0	1	0	0	0	0	2	12
4 NFL Seasons	49	4	160	542	3.4	53	4	62	572	9.2	31	0	21	444	21.1	0	2	0	0	0	4	4	24

Other Statistics: 1996–recovered 1 fumble for 0 yards. 1997–recovered 1 fumble for 0 yards.

Dewayne Washington

(statistical profile on page 456)

Pos: CB **Rnd:** 1 (18) **College:** North Carolina State **Ht:** 5' 11" **Wt:** 191 **Born:** 12/27/72 **Age:** 25

			Tackles			Miscellaneous				Interceptions				Totals		
Year Team	G	GS	Tk	Ast	Sack	FF	FR	TD	Blk	Int	Yds	Avg	TD	Sfty	TD	Pts
1994 Minnesota Vikings	16	16	68	7	0.0	0	2	1	0	3	135	45.0	2	0	3	18
1995 Minnesota Vikings	15	15	54	8	0.0	0	0	0	0	1	25	25.0	0	0	0	0
1996 Minnesota Vikings	16	16	69	6	0.0	0	0	0	1	2	27	13.5	1	0	1	6
1997 Minnesota Vikings	16	16	74	10	0.0	0	0	0	0	4	71	17.8	0	0	0	0
4 NFL Seasons	63	63	265	31	0.0	0	2	1	1	10	258	25.8	3	0	4	24

Keith Washington

Pos: DE **Rnd:** FA **College:** UNLV **Ht:** 6' 4" **Wt:** 270 **Born:** 12/18/73 **Age:** 24

			Tackles			Miscellaneous				Interceptions				Punt Returns				Kickoff Returns				Totals	
Year Team	G	GS	Tk	Ast	Sack	FF	FR	TD	Blk	Int	Yds	Avg	TD	Num	Yds	Avg	TD	Num	Yds	Avg	TD	TD	Fum
1996 Detroit Lions	12	0	7	0	0.0	1	0	0	0	0	0	-	0	0	0	-	0	1	14	14.0	0	0	0
1997 Baltimore Ravens	10	1	14	4	2.0	1	0	0	0	0	0	-	0	0	0	-	0	0	0	-	0	0	0
2 NFL Seasons	22	1	21	4	2.0	2	0	0	0	0	0	-	0	0	0	-	0	1	14	14.0	0	0	0

Lionel Washington

Pos: CB **Rnd:** 4 **College:** Tulane **Ht:** 6' 0" **Wt:** 185 **Born:** 10/21/60 **Age:** 38

			Tackles			Miscellaneous				Interceptions				Totals		
Year Team	G	GS	Tk	Ast	Sack	FF	FR	TD	Blk	Int	Yds	Avg	TD	Sfty	TD	Pts
1983 St. Louis Cardinals	16	8	67	-	0.0	0	1	0	0	8	92	11.5	0	0	0	0
1984 St. Louis Cardinals	15	15	67	-	0.0	0	1	0	0	5	42	8.4	0	0	0	0
1985 St. Louis Cardinals	5	2	0	-	0.0	0	0	0	0	1	48	48.0	1	0	1	6
1986 St. Louis Cardinals	16	12	0	-	0.0	0	1	0	0	2	19	9.5	0	0	0	0
1987 Los Angeles Raiders	11	10	37	-	0.0	0	0	0	0	1	0	0.0	0	0	0	0
1988 Los Angeles Raiders	12	0	0	-	0.0	0	0	0	0	1	0	0.0	0	0	0	0
1989 Los Angeles Raiders	16	16	67	-	0.0	0	3	1	0	3	46	15.3	1	0	2	12
1990 Los Angeles Raiders	15	15	62	-	0.0	0	0	0	0	1	2	2.0	0	0	0	0
1991 Los Angeles Raiders	16	16	51	21	0.0	0	0	0	0	5	22	4.4	0	0	0	0
1992 Los Angeles Raiders	16	16	63	-	0.0	0	0	0	0	2	21	10.5	0	0	0	0
1993 Los Angeles Raiders	16	16	45	10	1.0	0	0	0	0	2	0	0.0	0	0	0	0
1994 Los Angeles Raiders	12	7	22	3	0.0	0	0	0	0	3	65	21.7	1	0	1	6
1995 Denver Broncos	16	16	49	10	0.0	0	0	0	0	0	0	-	0	0	0	0
1996 Denver Broncos	14	12	41	2	0.0	0	0	0	0	2	17	8.5	0	0	0	0
1997 Oakland Raiders	9	3	25	1	0.0	0	0	0	0	2	44	22.0	1	0	1	6
15 NFL Seasons	205	164	596	47	1.0	0	7	1	0	37	418	11.3	4	0	5	30

Other Statistics: 1995–fumbled 1 time.

Marvin Washington

Pos: DE/DT **Rnd:** 6 **College:** Idaho **Ht:** 6' 6" **Wt:** 280 **Born:** 10/22/65 **Age:** 33

			Tackles			Miscellaneous				Interceptions				Punt Returns				Kickoff Returns				Totals	
Year Team	G	GS	Tk	Ast	Sack	FF	FR	TD	Blk	Int	Yds	Avg	TD	Num	Yds	Avg	TD	Num	Yds	Avg	TD	TD	Fum
1989 New York Jets	16	0	6	5	1.5	0	1	0	0	0	0	-	0	0	0	-	0	1	11	11.0	0	0	0
1990 New York Jets	16	0	25	23	4.5	0	0	0	0	0	0	-	0	0	0	-	0	0	0	-	0	0	0
1991 New York Jets	15	15	33	12	6.0	0	0	0	0	0	0	-	0	0	0	-	0	0	0	-	0	0	0
1992 New York Jets	16	14	39	23	8.5	0	0	0	0	0	0	-	0	0	0	-	0	0	0	-	0	0	0
1993 New York Jets	16	16	48	15	9.0	3	0	0	0	0	0	-	0	0	0	-	0	0	0	-	0	0	0
1994 New York Jets	15	15	28	16	3.0	1	1	0	1	1	7	7.0	0	0	0	-	0	0	0	-	0	0	1
1995 New York Jets	16	16	57	23	6.0	5	0	1	0	0	0	-	0	0	0	-	0	0	0	-	0	0	0

Year Team	G	GS	Tackles			Miscellaneous				Interceptions				Punt Returns				Kickoff Returns				Totals	
			Tk	Ast	Sack	FF	FR	TD	Blk	Int	Yds	Avg	TD	Num	Yds	Avg	TD	Num	Yds	Avg	TD	TD	Fum
1996 New York Jets	14	14	36	20	2.5	1	0	0	0	0	0	-	0	0	0	-	0	0	0	-	0	0	0
1997 San Francisco 49ers	10	1	6	3	1.0	0	1	0	0	0	0	-	0	0	0	-	0	0	0	-	0	0	0
9 NFL Seasons	134	91	278	148	38.5	10	3	0	1	1	7	7.0	0	0	0	-	0	1	11	11.0	0	0	1

Other Statistics: 1992–credited with 1 safety.

Mickey Washington

Pos: CB **Rnd:** 8 **College:** Texas A&M **Ht:** 5' 9" **Wt:** 195 **Born:** 7/8/68 **Age:** 30

Year Team	G	GS	Tackles			Miscellaneous				Interceptions				Totals		
			Tk	Ast	Sack	FF	FR	TD	Blk	Int	Yds	Avg	TD	Sfty	TD	Pts
1990 New England Patriots	9	0	4	3	0.0	0	0	0	0	0	0	-	0	0	0	0
1991 New England Patriots	16	4	42	24	0.0	0	0	0	0	2	0	0.0	0	0	0	0
1992 Washington Redskins	3	0	0	0	0.0	0	0	0	0	0	0	-	0	0	0	0
1993 Buffalo Bills	16	6	34	7	0.5	0	2	0	0	1	27	27.0	1	0	1	6
1994 Buffalo Bills	16	16	65	12	0.5	0	1	0	0	3	63	21.0	0	0	0	0
1995 Jacksonville Jaguars	16	16	50	12	0.0	1	2	0	0	1	48	48.0	1	0	1	6
1996 Jacksonville Jaguars	16	16	57	12	0.0	0	0	1	0	1	1	1.0	0	0	1	6
1997 New Orleans Saints	16	2	40	5	0.0	1	0	0	0	2	30	15.0	0	0	0	0
8 NFL Seasons	108	60	292	75	1.0	2	5	1	0	10	169	16.9	2	0	3	18

Ted Washington

(statistical profile on page 456)

Pos: NT **Rnd:** 1 (25) **College:** Louisville **Ht:** 6' 4" **Wt:** 325 **Born:** 4/13/68 **Age:** 30

Year Team	G	GS	Tackles			Miscellaneous				Interceptions				Totals		
			Tk	Ast	Sack	FF	FR	TD	Blk	Int	Yds	Avg	TD	Sfty	TD	Pts
1991 San Francisco 49ers	16	0	20	1	1.0	0	0	0	0	0	0	-	0	0	0	0
1992 San Francisco 49ers	16	6	27	8	2.0	0	0	0	0	0	0	-	0	0	0	0
1993 San Francisco 49ers	12	12	36	5	3.0	0	1	0	0	0	0	-	0	0	0	0
1994 Denver Broncos	16	16	44	12	2.5	2	0	0	0	1	5	5.0	0	0	0	0
1995 Buffalo Bills	16	15	42	11	2.5	0	0	0	0	0	0	-	0	0	0	0
1996 Buffalo Bills	16	16	70	22	3.5	0	0	0	0	0	0	-	0	0	0	0
1997 Buffalo Bills	16	16	63	17	4.0	1	1	0	0	0	0	-	0	0	0	0
7 NFL Seasons	108	81	302	76	18.5	3	2	0	0	1	5	5.0	0	0	0	0

Tim Watson

Pos: S **Rnd:** 6 **College:** Howard **Ht:** 6' 1" **Wt:** 215 **Born:** 8/13/70 **Age:** 28

Year Team	G	GS	Tackles			Miscellaneous				Interceptions				Totals		
			Tk	Ast	Sack	FF	FR	TD	Blk	Int	Yds	Avg	TD	Sfty	TD	Pts
1993 Kansas City Chiefs	4	0	0	0	0.0	0	0	0	0	0	0	-	0	0	0	0
1994 Kansas City Chiefs	1	0	0	0	0.0	0	0	0	0	0	0	-	0	0	0	0
1995 KC - NYN	5	0	1	2	0.0	0	0	0	0	0	0	-	0	0	0	0
1997 Philadelphia Eagles	3	0	3	0	0.0	0	0	0	0	0	0	-	0	0	0	0
1995 Kansas City Chiefs	4	0	1	2	0.0	0	0	0	0	0	0	-	0	0	0	0
New York Giants	1	0	0	0	0.0	0	0	0	0	0	0	-	0	0	0	0
4 NFL Seasons	13	0	4	2	0.0	0	0	0	0	0	0	-	0	0	0	0

Ricky Watters

(statistical profile on page 379)

Pos: RB **Rnd:** 2 **College:** Notre Dame **Ht:** 6' 1" **Wt:** 217 **Born:** 4/7/69 **Age:** 29

Year Team	G	GS	Rushing					Receiving					Kickoff Returns				Passing				Totals		
			Att	Yds	Avg	Lg	TD	Rec	Yds	Avg	Lg	TD	Num	Yds	Avg	TD	Att	Com	Yds	Int	Fum	TD	Pts
1992 San Francisco 49ers	14	13	206	1013	4.9	43	9	43	405	9.4	35	2	0	0	-	0	1	0	0	0	2	11	66
1993 San Francisco 49ers	13	13	208	950	4.6	39	10	31	326	10.5	t48	1	0	0	-	0	0	0	0	0	5	11	66
1994 San Francisco 49ers	16	16	239	877	3.7	23	6	66	719	10.9	t65	5	0	0	-	0	0	0	0	0	8	11	66
1995 Philadelphia Eagles	16	16	337	1273	3.8	57	11	62	434	7.0	24	1	0	0	-	0	0	0	0	0	6	12	72
1996 Philadelphia Eagles	16	16	353	1411	4.0	t56	13	51	444	8.7	36	0	0	0	-	0	0	0	0	0	5	13	78
1997 Philadelphia Eagles	16	16	285	1110	3.9	28	7	48	440	9.2	37	0	0	0	-	0	0	0	0	0	3	7	42
6 NFL Seasons	91	90	1628	6634	4.1	57	56	301	2768	9.2	t65	9	0	0	-	0	1	0	0	0	29	65	390

Other Statistics: 1992–recovered 1 fumble for 0 yards. 1993–recovered 1 fumble for 0 yards. 1994–recovered 2 fumbles for 0 yards. 1997–recovered 1 fumble for 0 yards.

Damon Watts

Pos: CB **Rnd:** FA **College:** Indiana **Ht:** 5' 10" **Wt:** 175 **Born:** 4/8/72 **Age:** 26

Year Team	G	GS	Tackles			Miscellaneous				Interceptions				Totals		
			Tk	Ast	Sack	FF	FR	TD	Blk	Int	Yds	Avg	TD	Sfty	TD	Pts
1994 Indianapolis Colts	16	8	45	13	0.0	0	0	0	0	1	0	0.0	0	0	0	0
1995 Indianapolis Colts	13	0	10	1	0.0	0	0	0	0	1	9	9.0	0	0	0	0
1996 Indianapolis Colts	10	0	3	2	0.0	0	0	0	0	1	21	21.0	0	0	0	0
1997 Indianapolis Colts	8	6	17	7	0.0	0	0	0	0	0	0	-	0	0	0	0
4 NFL Seasons	47	14	75	23	0.0	0	0	0	0	3	30	10.0	0	0	0	0

Charles Way
(statistical profile on page 379)

Pos: FB **Rnd:** 6 **College:** Virginia **Ht:** 6' 0" **Wt:** 245 **Born:** 12/27/72 **Age:** 25

			Rushing				Receiving				Punt Returns				Kickoff Returns				Totals		
Year Team	G	GS	Att	Yds	Avg	Lg	TD	Rec	Yds	Avg	Lg	TD	Num	Yds	Avg	TD	Num	Yds	Avg	TD	Fum	TD	Pts
1995 New York Giants	16	4	2	6	3.0	6	0	7	76	10.9	34	1	0	0	-	0	1	8	8.0	0	0	1	6
1996 New York Giants	16	12	22	79	3.6	18	1	32	328	10.3	t37	1	0	0	-	0	2	19	9.5	0	0	2	12
1997 New York Giants	16	16	151	698	4.6	42	4	37	304	8.2	62	1	0	0	-	0	2	46	23.0	0	3	5	30
3 NFL Seasons	48	32	175	783	4.5	42	5	76	708	9.3	62	3	0	0	-	0	5	73	14.6	0	3	8	48

Other Statistics: 1996–recovered 3 fumbles for 0 yards. 1997–recovered 5 fumbles for 0 yards.

Richmond Webb

Pos: T **Rnd:** 1 (9) **College:** Texas A&M **Ht:** 6' 6" **Wt:** 303 **Born:** 1/11/67 **Age:** 31

Year	Team	G	GS	Year	Team	G	GS	Year	Team	G	GS	Year	Team	G	GS
1990	Miami Dolphins	16	16	1992	Miami Dolphins	16	16	1994	Miami Dolphins	16	16	1996	Miami Dolphins	16	16
1991	Miami Dolphins	14	14	1993	Miami Dolphins	16	16	1995	Miami Dolphins	16	16	1997	Miami Dolphins	16	16
												8 NFL Seasons		126	126

Other Statistics: 1995–recovered 1 fumble for 0 yards.

Larry Webster

Pos: DT/DE **Rnd:** 3 **College:** Maryland **Ht:** 6' 5" **Wt:** 288 **Born:** 1/18/69 **Age:** 29

			Tackles			Miscellaneous				Interceptions				Totals		
Year Team	G	GS	Tk	Ast	Sack	FF	FR	TD	Blk	Int	Yds	Avg	TD	Sfty	TD	Pts
1992 Miami Dolphins	16	0	7	6	1.5	0	0	0	0	0	0	-	0	0	0	0
1993 Miami Dolphins	13	9	18	12	0.0	0	1	0	0	0	0	-	0	0	0	0
1994 Miami Dolphins	15	7	15	10	0.0	0	0	0	0	0	0	-	0	0	0	0
1995 Cleveland Browns	10	0	20	1	0.0	0	0	0	0	0	0	-	0	0	0	0
1997 Baltimore Ravens	16	3	18	6	0.0	0	0	0	0	0	0	-	0	0	0	0
5 NFL Seasons	70	19	78	35	1.5	0	1	0	0	0	0	-	0	0	0	0

Dean Wells
(statistical profile on page 456)

Pos: LB **Rnd:** 4 **College:** Kentucky **Ht:** 6' 3" **Wt:** 244 **Born:** 7/20/70 **Age:** 28

			Tackles			Miscellaneous				Interceptions				Totals		
Year Team	G	GS	Tk	Ast	Sack	FF	FR	TD	Blk	Int	Yds	Avg	TD	Sfty	TD	Pts
1993 Seattle Seahawks	14	1	13	2	0.0	0	0	0	0	0	0	-	0	0	0	0
1994 Seattle Seahawks	15	0	7	1	0.0	0	0	0	0	0	0	-	0	0	0	0
1995 Seattle Seahawks	14	10	38	19	0.0	0	1	0	0	0	0	-	0	0	0	0
1996 Seattle Seahawks	16	15	82	25	1.0	0	2	0	0	0	0	-	0	0	0	0
1997 Seattle Seahawks	16	16	74	18	1.0	1	1	0	0	0	0	-	0	0	0	0
5 NFL Seasons	75	42	214	65	2.0	1	4	0	0	0	0	-	0	0	0	0

Mike Wells

Pos: NT/DT **Rnd:** 4 **College:** Iowa **Ht:** 6' 3" **Wt:** 287 **Born:** 1/6/71 **Age:** 27

			Tackles			Miscellaneous				Interceptions				Totals		
Year Team	G	GS	Tk	Ast	Sack	FF	FR	TD	Blk	Int	Yds	Avg	TD	Sfty	TD	Pts
1994 Detroit Lions	3	0	0	0	0.0	0	0	0	0	0	0	-	0	0	0	0
1995 Detroit Lions	15	0	3	3	0.5	0	0	0	0	0	0	-	0	0	0	0
1996 Detroit Lions	16	1	16	14	0.0	0	1	1	0	0	0	-	0	0	1	6
1997 Detroit Lions	16	16	30	36	1.0	0	1	0	0	0	0	-	0	0	0	0
4 NFL Seasons	50	17	49	53	1.5	0	2	1	0	0	0	-	0	0	1	6

Derek West

Pos: T **Rnd:** 5 **College:** Colorado **Ht:** 6' 8" **Wt:** 312 **Born:** 3/28/72 **Age:** 26

Year	Team	G	GS	Year	Team	G	GS	Year	Team	G	GS		G	GS
1995	Indianapolis Colts	3	0	1996	Indianapolis Colts	1	0	1997	Indianapolis Colts	1	0	3 NFL Seasons	5	0

Ed West

Pos: TE **Rnd:** FA **College:** Auburn **Ht:** 6' 1" **Wt:** 250 **Born:** 8/2/61 **Age:** 37

			Rushing				Receiving				Punt Returns				Kickoff Returns				Totals		
Year Team	G	GS	Att	Yds	Avg	Lg	TD	Rec	Yds	Avg	Lg	TD	Num	Yds	Avg	TD	Num	Yds	Avg	TD	Fum	TD	Pts
1984 Green Bay Packers	16	0	1	2	2.0	t2	1	6	54	9.0	t29	4	0	0	-	0	0	0	-	0	0	5	30
1985 Green Bay Packers	16	0	1	0	0.0	0	0	8	95	11.9	30	1	0	0	-	0	0	0	-	0	1	1	6
1986 Green Bay Packers	16	6	0	0	-	-	0	15	199	13.3	t46	1	0	0	-	0	0	0	-	0	0	1	6
1987 Green Bay Packers	12	11	0	0	-	-	0	19	261	13.7	40	1	0	0	-	0	0	0	-	0	0	1	6
1988 Green Bay Packers	16	16	0	0	-	-	0	30	276	9.2	35	3	0	0	-	0	0	0	-	0	1	3	18
1989 Green Bay Packers	13	12	0	0	-	-	0	22	269	12.2	31	5	0	0	-	0	0	0	-	0	0	5	30
1990 Green Bay Packers	16	16	0	0	-	-	0	27	356	13.2	50	5	0	0	-	0	1	0	0.0	0	3	5	30
1991 Green Bay Packers	16	16	0	0	-	-	0	15	151	10.1	21	3	0	0	-	0	0	0	-	0	0	3	18
1992 Green Bay Packers	16	8	0	0	-	-	0	4	30	7.5	10	0	0	0	-	0	1	0	0.0	0	0	0	0
1993 Green Bay Packers	16	7	0	0	-	-	0	25	253	10.1	24	0	0	0	-	0	0	0	-	0	0	0	0

Year Team	G	GS	Rushing Att	Yds	Avg	Lg	TD	Receiving Rec	Yds	Avg	Lg	TD	Punt Returns Num	Yds	Avg	TD	Kickoff Returns Num	Yds	Avg	TD	Totals Fum	TD	Pts
1994 Green Bay Packers	14	12	0	0	-	-	0	31	377	12.2	26	2	0	0	-	0	0	0	-	0	1	2	14
1995 Philadelphia Eagles	16	14	0	0	-	-	0	20	190	9.5	26	1	0	0	-	0	0	0	-	0	0	1	6
1996 Philadelphia Eagles	16	4	0	0	-	-	0	8	91	11.4	29	0	0	0	-	0	0	0	-	0	0	0	0
1997 Atlanta Falcons	12	3	0	0	-	-	0	7	63	9.0	23	1	0	0	-	0	0	0	-	0	0	1	6
14 NFL Seasons	211	125	2	2	1.0	t2	1	237	2665	11.2	50	27	0	0	-	0	2	0	0.0	0	6	28	170

Other Statistics: 1984–recovered 1 fumble for 0 yards. 1986–recovered 1 fumble for 0 yards. 1994–scored 1 two-point conversion. 1995–recovered 1 fumble for 0 yards.

Bryant Westbrook

Pos: CB Rnd: 1 (5) College: Texas Ht: 6' 0" Wt: 195 Born: 12/19/74 Age: 23

Year Team	G	GS	Tackles Tk	Ast	Sack	Miscellaneous FF	FR	TD	Blk	Interceptions Int	Yds	Avg	TD	Totals Sfty	TD	Pts
1997 Detroit Lions	15	14	41	4	0.0	0	0	0	0	2	64	32.0	1	0	1	6

Michael Westbrook
(statistical profile on page 380)

Pos: WR Rnd: 1 (4) College: Colorado Ht: 6' 3" Wt: 215 Born: 7/7/72 Age: 26

Year Team	G	GS	Rushing Att	Yds	Avg	Lg	TD	Receiving Rec	Yds	Avg	Lg	TD	Punt Returns Num	Yds	Avg	TD	Kickoff Returns Num	Yds	Avg	TD	Totals Fum	TD	Pts
1995 Washington Redskins	11	9	6	114	19.0	t58	1	34	522	15.4	45	1	0	0	-	0	0	0	-	0	0	2	12
1996 Washington Redskins	11	6	2	2	1.0	2	0	34	505	14.9	45	1	0	0	-	0	0	0	-	0	0	1	6
1997 Washington Redskins	13	9	3	-11	-3.7	7	0	34	559	16.4	t40	3	0	0	-	0	0	0	-	0	0	3	18
3 NFL Seasons	35	24	11	105	9.5	t58	1	102	1586	15.5	45	5	0	0	-	0	0	0	-	0	0	6	36

Ryan Wetnight
(statistical profile on page 380)

Pos: TE Rnd: FA College: Stanford Ht: 6' 2" Wt: 235 Born: 11/5/70 Age: 27

Year Team	G	GS	Rushing Att	Yds	Avg	Lg	TD	Receiving Rec	Yds	Avg	Lg	TD	Punt Returns Num	Yds	Avg	TD	Kickoff Returns Num	Yds	Avg	TD	Totals Fum	TD	Pts
1993 Chicago Bears	10	1	0	0	-	-	0	9	93	10.3	t25	1	0	0	-	0	0	0	-	0	0	1	6
1994 Chicago Bears	11	0	0	0	-	-	0	11	104	9.5	19	1	0	0	-	0	0	0	-	0	0	1	6
1995 Chicago Bears	12	2	0	0	-	-	0	24	193	8.0	22	2	0	0	-	0	0	0	-	0	0	2	12
1996 Chicago Bears	11	5	0	0	-	-	0	21	223	10.6	38	1	0	0	-	0	0	0	-	0	0	1	6
1997 Chicago Bears	16	3	0	0	-	-	0	46	464	10.1	34	1	0	0	-	0	1	9	9.0	0	1	1	6
5 NFL Seasons	60	11	0	0	-	-	0	111	1077	9.7	38	6	0	0	-	0	1	9	9.0	0	1	6	36

Tyrone Wheatley
(statistical profile on page 381)

Pos: RB Rnd: 1 (17) College: Michigan Ht: 6' 0" Wt: 228 Born: 1/19/72 Age: 26

Year Team	G	GS	Rushing Att	Yds	Avg	Lg	TD	Receiving Rec	Yds	Avg	Lg	TD	Kickoff Returns Num	Yds	Avg	TD	Passing Att	Com	Yds	Int	Totals Fum	TD	Pts
1995 New York Giants	13	1	78	245	3.1	t19	3	5	27	5.4	16	0	10	186	18.6	0	0	0	0	0	2	3	18
1996 New York Giants	14	1	112	400	3.6	37	1	12	51	4.3	13	2	23	503	21.9	0	1	1	24	0	6	3	18
1997 New York Giants	14	7	152	583	3.8	38	4	16	140	8.8	27	0	0	0	-	0	0	0	0	0	3	4	24
3 NFL Seasons	41	9	342	1228	3.6	38	8	33	218	6.6	27	2	33	689	20.9	0	1	1	24	0	11	10	60

Other Statistics: 1996–recovered 1 fumble for -18 yards; passed for 1 touchdown. 1997–recovered 3 fumbles for 0 yards.

Kenny Wheaton

Pos: DB Rnd: 3 College: Oregon Ht: 5' 9" Wt: 191 Born: 3/8/75 Age: 23

Year Team	G	GS	Tackles Tk	Ast	Sack	Miscellaneous FF	FR	TD	Blk	Interceptions Int	Yds	Avg	TD	Totals Sfty	TD	Pts
1997 Dallas Cowboys	2	0	2	1	0.0	0	0	0	0	0	0	-	0	0	0	0

Leonard Wheeler

Pos: CB Rnd: 3 College: Troy State Ht: 6' 0" Wt: 198 Born: 1/15/69 Age: 29

Year Team	G	GS	Tackles Tk	Ast	Sack	Miscellaneous FF	FR	TD	Blk	Interceptions Int	Yds	Avg	TD	Totals Sfty	TD	Pts
1992 Cincinnati Bengals	16	2	17	4	0.0	0	0	0	0	1	12	12.0	0	0	0	0
1993 Cincinnati Bengals	16	3	22	7	0.0	0	1	0	0	0	24	-	0	0	0	0
1995 Cincinnati Bengals	16	1	21	7	0.0	0	0	0	0	0	0	-	0	0	0	0
1996 Cincinnati Bengals	13	0	1	0	0.0	0	0	0	0	0	0	-	0	0	0	0
1997 Minnesota Vikings	15	0	23	4	2.0	0	1	0	0	0	0	-	0	0	0	0
5 NFL Seasons	76	6	84	22	2.0	0	2	0	0	1	36	36.0	0	0	0	0

Mark Wheeler
(statistical profile on page 457)

Pos: DT Rnd: 3 College: Texas A&M Ht: 6' 3" Wt: 285 Born: 4/1/70 Age: 28

Year Team	G	GS	Tackles Tk	Ast	Sack	Miscellaneous FF	FR	TD	Blk	Interceptions Int	Yds	Avg	TD	Totals Sfty	TD	Pts
1992 Tampa Bay Buccaneers	16	16	42	19	5.0	0	0	0	0	0	0	-	0	0	0	0

Year Team	G	GS	Tackles			Miscellaneous				Interceptions				Totals		
			Tk	Ast	Sack	FF	FR	TD	Blk	Int	Yds	Avg	TD	Sfty	TD	Pts
1993 Tampa Bay Buccaneers	10	10	16	10	2.0	0	0	0	0	0	0	-	0	0	0	0
1994 Tampa Bay Buccaneers	15	8	24	6	3.0	0	0	0	0	0	0	-	0	0	0	0
1995 Tampa Bay Buccaneers	14	12	22	10	1.0	0	0	0	0	0	0	-	0	0	0	0
1996 New England Patriots	16	15	36	26	1.0	0	1	0	0	0	0	-	0	0	0	0
1997 New England Patriots	14	14	26	10	4.0	1	0	0	0	0	0	-	0	0	0	0
6 NFL Seasons	85	75	166	81	16.0	1	1	0	0	0	0	-	0	0	0	0

Craig Whelihan
(statistical profile on page 381)

Pos: QB **Rnd:** 6 **College:** Pacific **Ht:** 6' 5" **Wt:** 220 **Born:** 4/15/71 **Age:** 27

Year Team	G	GS	Passing									Rushing				Miscellaneous			
			Att	Com	Pct	Yards	Yds/Att	Lg	TD	Int	Int%	Rating	Att	Yds	Avg	Lg TD	Sckd Yds	Fum Recv Yds	Pts
1997 San Diego Chargers	9	7	237	118	49.8	1357	5.73	t61	6	10	4.2	58.3	13	29	2.2	7 0	21 168	7 2 0	0

Larry Whigham

Pos: S **Rnd:** 4 **College:** Northeast Louisiana **Ht:** 6' 2" **Wt:** 202 **Born:** 6/23/72 **Age:** 26

Year Team	G	GS	Tackles			Miscellaneous				Interceptions				Totals		
			Tk	Ast	Sack	FF	FR	TD	Blk	Int	Yds	Avg	TD	Sfty	TD	Pts
1994 New England Patriots	12	0	2	0	0.0	0	0	0	0	1	21	21.0	0	0	0	0
1995 New England Patriots	16	0	4	0	0.0	0	1	0	0	0	0	-	0	0	0	0
1996 New England Patriots	16	1	9	6	0.0	0	1	0	1	0	0	-	0	0	0	0
1997 New England Patriots	16	0	15	4	2.0	1	0	0	0	2	60	30.0	1	0	1	6
4 NFL Seasons	60	1	30	10	2.0	1	2	0	1	3	81	27.0	1	0	1	6

Other Statistics: 1994–fumbled 1 time for 0 yards.

Jose White

Pos: DT **Rnd:** 7 **College:** Howard **Ht:** 6' 3" **Wt:** 274 **Born:** 3/2/73 **Age:** 25

Year Team	G	GS	Tackles			Miscellaneous				Interceptions				Totals		
			Tk	Ast	Sack	FF	FR	TD	Blk	Int	Yds	Avg	TD	Sfty	TD	Pts
1997 Jacksonville Jaguars	3	0	3	2	0.0	0	0	0	0	0	0	-	0	0	0	0

Reggie White
(statistical profile on page 457)

Pos: DE **Rnd:** 1(S) **College:** Tennessee **Ht:** 6' 5" **Wt:** 300 **Born:** 12/19/61 **Age:** 36

Year Team	G	GS	Tackles			Miscellaneous				Interceptions				Totals		
			Tk	Ast	Sack	FF	FR	TD	Blk	Int	Yds	Avg	TD	Sfty	TD	Pts
1985 Philadelphia Eagles	13	12	62	38	13.0	0	2	0	0	0	0	-	0	0	0	0
1986 Philadelphia Eagles	16	16	83	15	18.0	1	0	0	0	0	0	-	0	0	0	0
1987 Philadelphia Eagles	12	12	62	14	21.0	4	1	1	0	0	0	-	0	0	1	6
1988 Philadelphia Eagles	16	16	96	37	18.0	1	2	0	0	0	0	-	0	0	0	0
1989 Philadelphia Eagles	16	16	82	41	11.0	3	1	0	0	0	0	-	0	0	0	0
1990 Philadelphia Eagles	16	16	59	24	14.0	4	1	0	0	1	33	33.0	0	0	0	0
1991 Philadelphia Eagles	16	16	72	28	15.0	2	3	0	0	0	0	0.0	0	0	0	0
1992 Philadelphia Eagles	16	16	54	27	14.0	3	1	1	0	0	0	-	0	0	1	6
1993 Green Bay Packers	16	16	48	31	13.0	3	2	0	0	0	0	-	0	0	0	0
1994 Green Bay Packers	16	15	35	14	8.0	2	1	0	0	0	0	-	0	0	0	0
1995 Green Bay Packers	15	13	31	11	12.0	2	0	0	0	0	0	-	0	0	0	0
1996 Green Bay Packers	16	16	30	9	8.5	3	3	0	1	1	46	46.0	0	0	0	0
1997 Green Bay Packers	16	16	31	15	11.0	0	2	0	0	0	0	-	0	0	0	0
13 NFL Seasons	200	196	745	304	176.5	28	19	2	1	3	79	26.3	0	0	2	12

Other Statistics: 1996–fumbled 2 times.

Steve White

Pos: DE **Rnd:** 6 **College:** Tennessee **Ht:** 6' 2" **Wt:** 246 **Born:** 10/25/73 **Age:** 25

Year Team	G	GS	Tackles			Miscellaneous				Interceptions				Punt Returns				Kickoff Returns				Totals	
			Tk	Ast	Sack	FF	FR	TD	Blk	Int	Yds	Avg	TD	Num	Yds	Avg	TD	Num	Yds	Avg	TD	TD	Fum
1996 Tampa Bay Buccaneers	4	0	1	0	0.0	0	0	0	0	0	0	-	0	0	0	-	0	0	0	-	0	0	0
1997 Tampa Bay Buccaneers	15	1	6	2	0.0	0	0	0	0	0	0	-	0	0	0	-	0	1	0	0.0	0	0	0
2 NFL Seasons	19	1	7	2	0.0	0	0	0	0	0	0	-	0	0	0	-	0	1	0	0.0	0	0	0

William White
(statistical profile on page 457)

Pos: S **Rnd:** 4 **College:** Ohio State **Ht:** 5' 10" **Wt:** 205 **Born:** 2/19/66 **Age:** 32

Year Team	G	GS	Tackles			Miscellaneous				Interceptions				Totals		
			Tk	Ast	Sack	FF	FR	TD	Blk	Int	Yds	Avg	TD	Sfty	TD	Pts
1988 Detroit Lions	16	0	15	1	0.0	0	1	0	0	0	0	-	0	0	0	0
1989 Detroit Lions	15	15	64	17	1.0	0	1	1	0	1	0	0.0	0	0	1	6
1990 Detroit Lions	16	16	78	28	0.0	0	0	0	0	5	120	24.0	1	0	1	6
1991 Detroit Lions	16	16	64	23	0.0	0	0	1	0	2	35	17.5	0	0	1	6
1992 Detroit Lions	16	16	57	19	0.0	0	0	0	0	4	54	13.5	0	0	0	0

				Tackles			Miscellaneous				Interceptions				Totals		
Year	Team	G	GS	Tk	Ast	Sack	FF	FR	TD	Blk	Int	Yds	Avg	TD	Sfty	TD	Pts
1993	Detroit Lions	16	16	53	31	1.5	1	0	0	0	1	5	5.0	0	0	0	0
1994	Kansas City Chiefs	15	13	47	13	0.0	0	0	0	0	2	0	0.0	0	0	0	0
1995	Kansas City Chiefs	16	5	37	5	1.0	0	0	0	0	2	48	24.0	0	0	0	0
1996	Kansas City Chiefs	11	2	17	4	0.0	0	0	0	0	0	0	-	0	0	0	0
1997	Atlanta Falcons	16	16	63	16	0.0	0	0	0	0	1	11	11.0	0	0	0	0
	10 NFL Seasons	153	115	495	157	3.5	1	2	2	0	18	273	15.2	1	0	3	18

Other Statistics: 1992–fumbled 1 time for 0 yards.

Bob Whitfield

Pos: T **Rnd:** 1 (8) **College:** Stanford **Ht:** 6' 5" **Wt:** 310 **Born:** 10/18/71 **Age:** 27

Year	Team	G	GS	Year	Team	G	GS	Year	Team	G	GS		G	GS
1992	Atlanta Falcons	11	0	1994	Atlanta Falcons	16	16	1996	Atlanta Falcons	16	16			
1993	Atlanta Falcons	16	16	1995	Atlanta Falcons	16	16	1997	Atlanta Falcons	16	16	6 NFL Seasons	91	80

Other Statistics: 1993–recovered 2 fumbles for 0 yards. 1996–recovered 1 fumble for 0 yards.

Curtis Whitley

Pos: C **Rnd:** 5 **College:** Clemson **Ht:** 6' 1" **Wt:** 295 **Born:** 5/10/69 **Age:** 29

Year	Team	G	GS	Year	Team	G	GS	Year	Team	G	GS		G	GS
1992	San Diego Chargers	3	0	1994	San Diego Chargers	12	2	1996	Carolina Panthers	11	8			
1993	San Diego Chargers	15	0	1995	Carolina Panthers	16	16	1997	Oakland Raiders	15	1	6 NFL Seasons	72	27

Other Statistics: 1994–recovered 1 fumble for 0 yards. 1995–recovered 1 fumble for 0 yards.

Bernard Whittington

Pos: DE/DT **Rnd:** FA **College:** Indiana **Ht:** 6' 6" **Wt:** 283 **Born:** 8/20/71 **Age:** 27

				Tackles			Miscellaneous				Interceptions				Totals		
Year	Team	G	GS	Tk	Ast	Sack	FF	FR	TD	Blk	Int	Yds	Avg	TD	Sfty	TD	Pts
1994	Indianapolis Colts	13	8	22	14	0.0	1	0	0	0	0	0	-	0	0	0	0
1995	Indianapolis Colts	16	13	32	16	2.0	1	1	0	1	0	0	-	0	0	0	0
1996	Indianapolis Colts	16	14	46	20	3.0	1	0	0	0	0	0	-	0	0	0	0
1997	Indianapolis Colts	15	6	35	10	0.0	0	0	0	0	0	0	-	0	0	0	0
	4 NFL Seasons	60	41	135	60	5.0	3	1	0	1	0	0	-	0	0	0	0

Dave Widell

Pos: C **Rnd:** 4 **College:** Boston College **Ht:** 6' 7" **Wt:** 318 **Born:** 5/14/65 **Age:** 33

Year	Team	G	GS	Year	Team	G	GS	Year	Team	G	GS	Year	Team	G	GS
1988	Dallas Cowboys	14	9	1991	Denver Broncos	16	2	1994	Denver Broncos	16	16	1997	Jacksonville Jaguars	16	12
1989	Dallas Cowboys	15	2	1992	Denver Broncos	16	1	1995	Jacksonville Jaguars	16	16				
1990	Denver Broncos	16	5	1993	Denver Broncos	15	15	1996	Jacksonville Jaguars	15	14		10 NFL Seasons	155	92

Other Statistics: 1988–recovered 1 fumble for 0 yards. 1991–fumbled 1 time for -15 yards. 1994–fumbled 1 time for -1 yard. 1997–recovered 1 fumble for 0 yards.

Doug Widell

Pos: G **Rnd:** 2 **College:** Boston College **Ht:** 6' 4" **Wt:** 291 **Born:** 9/23/66 **Age:** 32

Year	Team	G	GS	Year	Team	G	GS	Year	Team	G	GS		G	GS
1989	Denver Broncos	16	10	1992	Denver Broncos	16	10	1995	Detroit Lions	12	10			
1990	Denver Broncos	16	16	1993	Green Bay Packers	16	9	1996	Indianapolis Colts	16	16			
1991	Denver Broncos	16	16	1994	Detroit Lions	16	16	1997	Indianapolis Colts	16	16	9 NFL Seasons	140	125

Other Statistics: 1990–recovered 1 fumble for 0 yards. 1991–recovered 1 fumble for 0 yards. 1992–recovered 2 fumbles for 0 yards; caught 1 pass for -7 yards.

Corey Widmer

(statistical profile on page 458)

Pos: LB **Rnd:** 7 **College:** Montana State **Ht:** 6' 3" **Wt:** 250 **Born:** 12/25/68 **Age:** 29

				Tackles			Miscellaneous				Interceptions				Punt Returns				Kickoff Returns				Totals		
Year	Team	G	GS	Tk	Ast	Sack	FF	FR	TD	Blk	Int	Yds	Avg	TD	Num	Yds	Avg	TD	Num	Yds	Avg	TD	TD	Fum
1992	New York Giants	8	0	5	0	0.0	0	0	0	0	0	0	-	0	0	0	-	0	0	0	-	0	0	0
1993	New York Giants	11	0	0	0	0.0	0	0	0	0	0	0	-	0	0	0	-	0	0	0	-	0	0	0
1994	New York Giants	16	5	22	10	1.0	0	0	0	0	0	0	-	0	0	0	-	0	1	0	0.0	0	0	0
1995	New York Giants	16	0	8	0	0.0	0	0	0	0	0	0	-	0	0	0	-	0	0	0	-	0	0	0
1996	New York Giants	16	16	68	35	2.0	2	1	0	0	2	8	4.0	0	0	0	-	0	0	0	-	0	0	1
1997	New York Giants	16	15	69	20	1.5	0	0	0	0	2	0	0.0	0	0	0	-	0	0	0	-	0	0	0
	6 NFL Seasons	83	36	172	65	4.5	2	1	0	0	4	8	2.0	0	0	0	-	0	1	0	0.0	0	0	1

Zach Wiegert

Pos: G **Rnd:** 2 **College:** Nebraska **Ht:** 6' 4" **Wt:** 305 **Born:** 8/16/72 **Age:** 26

Year	Team	G	GS	Year	Team	G	GS	Year	Team	G	GS		G	GS
1995	St. Louis Rams	5	2	1996	St. Louis Rams	16	16	1997	St. Louis Rams	15	15	3 NFL Seasons	36	33

Other Statistics: 1996–recovered 2 fumbles for 0 yards. 1997–recovered 4 fumbles for 0 yards and 1 touchdown; caught 1 pass for 1 yard.

Casey Wiegmann

Pos: C **Rnd:** FA **College:** Iowa **Ht:** 6' 3" **Wt:** 290 **Born:** 7/20/73 **Age:** 25

Year	Team	G	GS	Year	Team	G	GS	Year	Team	G	GS		G	GS
1996	Indianapolis Colts	1	0	1997	New York Jets	3	0	1997	Chicago Bears	1	0	2 NFL Seasons	5	0

Paul Wiggins

Pos: C **Rnd:** 3 **College:** Oregon **Ht:** 6' 4" **Wt:** 315 **Born:** 7/17/73 **Age:** 25

Year	Team	G	GS		G	GS
1997	Pittsburgh Steelers	1	0	1 NFL Season	1	0

Marcellus Wiley

Pos: DE **Rnd:** 2 **College:** Columbia **Ht:** 6' 5" **Wt:** 270 **Born:** 11/30/74 **Age:** 23

				Tackles			Miscellaneous				Interceptions				Punt Returns				Kickoff Returns				Totals		
Year	Team	G	GS	Tk	Ast	Sack	FF	FR	TD	Blk	Int	Yds	Avg	TD	Num	Yds	Avg	TD	Num	Yds	Avg	TD	TD	Fum
1997	Buffalo Bills	16	0	12	4	0.0	1	2	0	0	0	0	-	0	0	0	-	0	1	12	12.0	0	0	1

Bruce Wilkerson

Pos: T **Rnd:** 2 **College:** Tennessee **Ht:** 6' 5" **Wt:** 305 **Born:** 7/28/64 **Age:** 34

Year	Team	G	GS	Year	Team	G	GS	Year	Team	G	GS	Year	Team	G	GS
1987	Los Angeles Raiders	11	5	1990	Los Angeles Raiders	8	1	1993	Los Angeles Raiders	14	14	1996	Green Bay Packers	14	2
1988	Los Angeles Raiders	16	16	1991	Los Angeles Raiders	16	16	1994	Los Angeles Raiders	11	6	1997	Green Bay Packers	16	3
1989	Los Angeles Raiders	16	16	1992	Los Angeles Raiders	15	15	1995	Jacksonville Jaguars	10	0	11 NFL Seasons		147	94

Other Statistics: 1989–recovered 2 fumbles for 0 yards. 1992–recovered 1 fumble for 0 yards. 1993–recovered 1 fumble for 0 yards. 1994–recovered 1 fumble for 0 yards.

Gabe Wilkins

(statistical profile on page 458)

Pos: DE **Rnd:** 4 **College:** Gardner-Webb **Ht:** 6' 4" **Wt:** 305 **Born:** 9/1/71 **Age:** 27

				Tackles			Miscellaneous				Interceptions				Totals		
Year	Team	G	GS	Tk	Ast	Sack	FF	FR	TD	Blk	Int	Yds	Avg	TD	Sfty	TD	Pts
1994	Green Bay Packers	15	0	3	1	1.0	0	0	0	0	0	0	-	0	0	0	0
1995	Green Bay Packers	13	8	12	3	3.0	0	0	0	0	0	0	-	0	0	0	0
1996	Green Bay Packers	16	1	12	7	3.0	2	0	0	0	0	0	-	0	0	0	0
1997	Green Bay Packers	16	16	30	20	5.5	1	3	1	0	1	77	77.0	1	0	2	12
	4 NFL Seasons	60	25	57	31	12.5	3	3	1	0	1	77	77.0	1	0	2	12

Jeff Wilkins

(statistical profile on page 488)

Pos: K **Rnd:** FA **College:** Youngstown State **Ht:** 6' 2" **Wt:** 192 **Born:** 4/19/72 **Age:** 26

			Field Goals										PAT		Tot
Year Team	G	1-29 Yds	Pct	30-39 Yds	Pct	40-49 Yds	Pct	50+ Yds	Pct	Overall	Pct	Long	Made	Att	Pts
1994 Philadelphia Eagles	6	0-0	-	0-0	-	0-0	-	0-0	-	0-0	-	-	0	0	0
1995 San Francisco 49ers	7	6-6	100.0	5-5	100.0	1-2	50.0	0-0	-	12-13	92.3	40	27	29	63
1996 San Francisco 49ers	16	16-16	100.0	7-8	87.5	7-10	70.0	0-0	-	30-34	88.2	49	40	40	130
1997 St. Louis Rams	16	8-9	88.9	8-12	66.7	7-14	50.0	2-2	100.0	25-37	67.6	52	32	32	107
4 NFL Seasons	45	30-31	96.8	20-25	80.0	15-26	57.7	2-2	100.0	67-84	79.8	52	99	101	300

Dan Wilkinson

(statistical profile on page 458)

Pos: DE **Rnd:** 1 (1) **College:** Ohio State **Ht:** 6' 5" **Wt:** 313 **Born:** 3/13/73 **Age:** 25

				Tackles			Miscellaneous				Interceptions				Totals		
Year Team	G	GS		Tk	Ast	Sack	FF	FR	TD	Blk	Int	Yds	Avg	TD	Sfty	TD	Pts
1994 Cincinnati Bengals	16	14		37	7	5.5	0	0	0	0	0	0	-	0	0	0	0
1995 Cincinnati Bengals	14	14		30	10	8.0	1	0	0	0	0	0	-	0	0	0	0
1996 Cincinnati Bengals	16	16		37	7	6.5	0	1	0	0	1	7	7.0	0	0	0	0
1997 Cincinnati Bengals	15	15		24	10	5.0	1	0	0	0	0	0	-	0	0	0	0
4 NFL Seasons	61	59		128	34	25.0	2	1	0	0	1	7	7.0	0	0	0	0

Other Statistics: 1996–fumbled 1 time.

Aeneas Williams

(statistical profile on page 459)

Pos: CB **Rnd:** 3 **College:** Southern **Ht:** 5' 10" **Wt:** 190 **Born:** 1/29/68 **Age:** 30

			Tackles			Miscellaneous				Interceptions				Totals		
Year Team	G	GS	Tk	Ast	Sack	FF	FR	TD	Blk	Int	Yds	Avg	TD	Sfty	TD	Pts
1991 Phoenix Cardinals	16	15	38	10	0.0	0	2	0	0	6	60	10.0	0	0	0	0
1992 Phoenix Cardinals	16	16	40	8	0.0	0	1	0	0	3	25	8.3	0	0	0	0
1993 Phoenix Cardinals	16	16	37	5	0.0	0	2	0	0	2	87	43.5	1	0	2	12
1994 Arizona Cardinals	16	16	40	1	0.0	0	1	0	1	9	89	9.9	0	0	0	0
1995 Arizona Cardinals	16	16	52	10	0.0	0	3	1	0	6	86	14.3	2	0	3	18
1996 Arizona Cardinals	16	16	65	12	1.0	0	1	0	0	6	89	14.8	1	0	1	6
1997 Arizona Cardinals	16	16	49	14	0.0	1	0	0	0	6	95	15.8	2	0	2	12
7 NFL Seasons	112	111	321	60	1.0	1	10	2	1	38	531	14.0	6	0	8	48

Other Statistics: 1991–fumbled 1 time. 1995–fumbled 1 time.

Alfred Williams

Pos: DE **Rnd:** 1 (18) **College:** Colorado **Ht:** 6' 6" **Wt:** 265 **Born:** 11/6/68 **Age:** 29

(statistical profile on page 459)

Year	Team	G	GS	Tackles Tk	Ast	Sack	Miscellaneous FF	FR	TD	Blk	Interceptions Int	Yds	Avg	TD	Totals Sfty	TD	Pts
1991	Cincinnati Bengals	16	15	33	5	3.0	0	2	0	0	0	0	-	0	0	0	0
1992	Cincinnati Bengals	15	6	38	5	10.0	0	0	0	0	0	0	-	0	0	0	0
1993	Cincinnati Bengals	16	16	22	6	4.0	1	0	0	0	0	0	-	0	1	0	2
1994	Cincinnati Bengals	16	16	40	8	9.5	1	1	0	0	0	0	-	0	1	0	2
1995	San Francisco 49ers	16	0	22	6	4.5	1	1	0	0	0	0	-	0	0	0	0
1996	Denver Broncos	16	16	45	11	13.0	3	1	0	0	0	0	-	0	0	0	0
1997	Denver Broncos	16	16	36	10	8.5	1	1	1	0	0	0	-	0	0	1	6
	7 NFL Seasons	111	85	236	51	52.5	7	6	1	0	0	0	-	0	2	1	10

Armon Williams

Pos: S **Rnd:** 7 **College:** Arizona **Ht:** 6' 1" **Wt:** 221 **Born:** 8/13/73 **Age:** 25

Year	Team	G	GS	Tackles Tk	Ast	Sack	Miscellaneous FF	FR	TD	Blk	Interceptions Int	Yds	Avg	TD	Totals Sfty	TD	Pts
1997	Tennessee Oilers	6	0	0	0	0.0	0	0	0	0	0	0	-	0	0	0	0

Brian Williams

Pos: LB **Rnd:** 3 **College:** Southern California **Ht:** 6' 1" **Wt:** 235 **Born:** 12/17/72 **Age:** 25

(statistical profile on page 459)

Year	Team	G	GS	Tackles Tk	Ast	Sack	Miscellaneous FF	FR	TD	Blk	Interceptions Int	Yds	Avg	TD	Totals Sfty	TD	Pts
1995	Green Bay Packers	13	0	0	0	0.0	0	0	0	0	0	0	-	0	0	0	0
1996	Green Bay Packers	16	16	52	31	0.5	0	3	0	0	0	0	-	0	0	0	0
1997	Green Bay Packers	16	16	62	38	1.0	0	1	0	0	2	30	15.0	0	0	0	0
	3 NFL Seasons	45	32	114	69	1.5	0	4	0	0	2	30	15.0	0	0	0	0

Charlie Williams

Pos: S **Rnd:** 3 **College:** Bowling Green **Ht:** 6' 0" **Wt:** 189 **Born:** 2/2/72 **Age:** 26

Year	Team	G	GS	Tackles Tk	Ast	Sack	Miscellaneous FF	FR	TD	Blk	Interceptions Int	Yds	Avg	TD	Punt Returns Num	Yds	Avg	TD	Kickoff Returns Num	Yds	Avg	TD	Totals TD	Fum
1995	Dallas Cowboys	16	0	0	1	0.0	0	0	0	0	0	0	-	0	0	0	-	0	0	0	-	0	0	0
1996	Dallas Cowboys	7	0	5	0	0.0	0	0	0	0	0	0	-	0	0	0	-	0	0	0	-	0	0	0
1997	Dallas Cowboys	16	0	8	3	2.0	0	0	0	0	0	0	-	0	0	0	-	0	2	21	10.5	0	0	1
	3 NFL Seasons	39	0	13	4	2.0	0	0	0	0	0	0	-	0	0	0	-	0	2	21	10.5	0	0	1

Dan Williams

Pos: DE **Rnd:** 1 (11) **College:** Toledo **Ht:** 6' 4" **Wt:** 290 **Born:** 12/15/69 **Age:** 28

Year	Team	G	GS	Tackles Tk	Ast	Sack	Miscellaneous FF	FR	TD	Blk	Interceptions Int	Yds	Avg	TD	Totals Sfty	TD	Pts
1993	Denver Broncos	13	11	18	19	1.0	0	1	0	0	0	0	-	0	0	0	0
1994	Denver Broncos	13	8	8	3	0.0	0	0	0	0	1	-3	-3.0	0	0	0	0
1995	Denver Broncos	6	6	11	2	2.0	0	0	0	0	0	0	-	0	0	0	0
1996	Denver Broncos	15	15	14	2	1.0	0	1	0	0	0	0	-	0	0	0	0
1997	Kansas City Chiefs	15	6	35	12	10.5	2	2	0	0	0	0	-	0	0	0	0
	5 NFL Seasons	62	46	86	38	14.5	2	4	0	0	1	-3	-3.0	0	0	0	0

Darryl Williams

Pos: S **Rnd:** 1 (28) **College:** Miami (FL) **Ht:** 6' 0" **Wt:** 191 **Born:** 1/7/70 **Age:** 28

(statistical profile on page 460)

Year	Team	G	GS	Tackles Tk	Ast	Sack	Miscellaneous FF	FR	TD	Blk	Interceptions Int	Yds	Avg	TD	Punt Returns Num	Yds	Avg	TD	Kickoff Returns Num	Yds	Avg	TD	Totals TD	Fum
1992	Cincinnati Bengals	16	12	70	8	2.0	0	1	0	0	4	65	16.3	0	0	0	-	0	0	0	-	0	0	0
1993	Cincinnati Bengals	16	16	95	28	2.0	1	2	0	0	2	126	63.0	1	0	0	-	0	0	0	-	0	1	0
1994	Cincinnati Bengals	16	16	87	15	1.0	2	5	0	0	2	45	22.5	0	1	4	4.0	0	0	0	-	0	0	0
1995	Cincinnati Bengals	16	16	78	20	1.0	0	3	0	1	1	1	1.0	0	0	0	-	0	0	0	-	0	0	0
1996	Seattle Seahawks	16	16	67	13	0.0	0	1	0	0	5	148	29.6	1	0	0	-	0	0	0	-	0	1	0
1997	Seattle Seahawks	16	16	68	25	0.0	1	1	0	0	8	172	21.5	1	0	0	-	0	0	0	-	0	1	0
	6 NFL Seasons	96	92	465	109	6.0	4	10	0	1	22	557	25.3	3	1	4	4.0	0	0	0	-	0	3	0

Other Statistics: 1995–credited with 1 safety.

David Williams

Pos: T **Rnd:** 1 (23) **College:** Florida **Ht:** 6' 5" **Wt:** 300 **Born:** 6/21/66 **Age:** 32

Year	Team	G	GS	Year	Team	G	GS	Year	Team	G	GS		G	GS
1989	Houston Oilers	14	0	1992	Houston Oilers	16	16	1995	Houston Oilers	10	9			
1990	Houston Oilers	15	9	1993	Houston Oilers	15	15	1996	New York Jets	14	14			
1991	Houston Oilers	16	16	1994	Houston Oilers	16	16	1997	New York Jets	12	11	9 NFL Seasons	128	106

Other Statistics: 1989–returned 2 kickoffs for 8 yards. 1990–recovered 1 fumble for 0 yards. 1991–recovered 1 fumble for 0 yards. 1992–recovered 1 fumble for 0 yards. 1993–recovered 1 fumble for 7 yards. 1994–recovered 1 fumble for 0 yards.

Erik Williams

Pos: T **Rnd:** 3 **College:** Central State **Ht:** 6' 6" **Wt:** 324 **Born:** 9/7/68 **Age:** 30

Year	Team	G	GS	Year	Team	G	GS	Year	Team	G	GS	Year	Team	G	GS
1991	Dallas Cowboys	11	3	1993	Dallas Cowboys	16	16	1995	Dallas Cowboys	15	15	1997	Dallas Cowboys	15	15
1992	Dallas Cowboys	16	16	1994	Dallas Cowboys	7	7	1996	Dallas Cowboys	16	16		7 NFL Seasons	96	88

Other Statistics: 1991–recovered 1 fumble for 0 yards.

Gene Williams

Pos: G **Rnd:** 5 **College:** Iowa State **Ht:** 6' 2" **Wt:** 306 **Born:** 10/14/68 **Age:** 30

Year	Team	G	GS	Year	Team	G	GS	Year	Team	G	GS	Year	Team	G	GS
1991	Miami Dolphins	10	0	1993	Cleveland Browns	16	14	1995	Atlanta Falcons	12	3	1997	Atlanta Falcons	15	15
1992	Miami Dolphins	5	0	1994	Cleveland Browns	16	9	1996	Atlanta Falcons	10	0		7 NFL Seasons	84	41

Other Statistics: 1997–recovered 2 fumbles for 0 yards.

Gerald Williams

Pos: DE **Rnd:** 2 **College:** Auburn **Ht:** 6' 3" **Wt:** 293 **Born:** 9/8/63 **Age:** 35

				Tackles			Miscellaneous				Interceptions				Totals		
Year	Team	G	GS	Tk	Ast	Sack	FF	FR	TD	Blk	Int	Yds	Avg	TD	Sfty	TD	Pts
1986	Pittsburgh Steelers	16	0	10	4	3.5	0	0	0	0	0	0	-	0	0	0	0
1987	Pittsburgh Steelers	9	1	15	2	1.0	0	1	0	0	0	0	-	0	0	0	0
1988	Pittsburgh Steelers	16	16	31	10	3.5	0	1	0	0	0	0	-	0	0	0	0
1989	Pittsburgh Steelers	16	16	46	8	3.0	1	1	0	0	0	0	-	0	0	0	0
1990	Pittsburgh Steelers	16	15	45	4	6.0	1	0	0	0	0	0	-	0	0	0	0
1991	Pittsburgh Steelers	16	15	40	10	2.0	0	0	0	0	0	0	-	0	0	0	0
1992	Pittsburgh Steelers	10	10	26	17	3.0	1	0	0	0	0	0	-	0	0	0	0
1993	Pittsburgh Steelers	10	8	19	8	1.0	0	0	0	0	0	0	-	0	0	0	0
1994	Pittsburgh Steelers	11	11	26	13	1.5	0	1	1	0	0	0	-	0	0	1	6
1995	Carolina Panthers	16	16	20	5	0.0	0	0	0	0	0	0	-	0	0	0	0
1996	Carolina Panthers	16	15	21	12	1.0	2	0	0	0	0	0	-	0	0	0	0
1997	Car - GB	9	5	1	3	0.0	0	0	0	0	0	0	-	0	0	0	0
1997	Carolina Panthers	5	5	0	2	0.0	0	0	0	0	0	0	-	0	0	0	0
	Green Bay Packers	4	0	1	1	0.0	0	0	0	0	0	0	-	0	0	0	0
	12 NFL Seasons	161	128	300	96	25.5	5	4	1	0	0	0	-	0	0	1	6

Gerome Williams

Pos: S **Rnd:** FA **College:** Houston **Ht:** 6' 2" **Wt:** 210 **Born:** 7/9/73 **Age:** 25

				Tackles			Miscellaneous				Interceptions				Totals		
Year	Team	G	GS	Tk	Ast	Sack	FF	FR	TD	Blk	Int	Yds	Avg	TD	Sfty	TD	Pts
1997	San Diego Chargers	6	0	4	0	0.0	0	0	0	0	0	0	-	0	0	0	0

Grant Williams

Pos: T **Rnd:** FA **College:** Louisiana Tech **Ht:** 6' 7" **Wt:** 323 **Born:** 5/10/74 **Age:** 24

Year	Team	G	GS	Year	Team	G	GS							G	GS
1996	Seattle Seahawks	8	0	1997	Seattle Seahawks	16	8						2 NFL Seasons	24	8

Other Statistics: 1997–recovered 2 fumbles for 0 yards.

Harvey Williams

Pos: RB **Rnd:** 1 (21) **College:** Louisiana State **Ht:** 6' 2" **Wt:** 220 **Born:** 4/22/68 **Age:** 30

				Rushing					Receiving					Kickoff Returns				Passing					Totals		
Year	Team	G	GS	Att	Yds	Avg	Lg	TD	Rec	Yds	Avg	Lg	TD	Num	Yds	Avg	TD	Att	Com	Yds	Int	Fum	TD	Pts
1991	Kansas City Chiefs	14	1	97	447	4.6	21	1	16	147	9.2	17	2	24	524	21.8	0	1	0	0	0	1	3	18
1992	Kansas City Chiefs	14	0	78	262	3.4	11	1	5	24	4.8	12	0	21	405	19.3	0	0	0	0	0	1	1	6
1993	Kansas City Chiefs	7	6	42	149	3.5	19	0	7	42	6.0	14	0	3	53	17.7	0	0	0	0	0	3	0	0
1994	Los Angeles Raiders	16	10	282	983	3.5	28	4	47	391	8.3	t27	3	8	153	19.1	0	0	0	0	0	4	7	44
1995	Oakland Raiders	16	16	255	1114	4.4	60	9	54	375	6.9	28	0	0	0	-	0	1	1	13	0	5	9	54
1996	Oakland Raiders	13	5	121	431	3.6	44	0	22	143	6.5	20	0	0	0	-	0	2	1	18	0	3	0	0
1997	Oakland Raiders	14	6	18	70	3.9	13	3	16	147	9.2	t32	2	0	0	-	0	0	0	0	0	0	5	32
	7 NFL Seasons	94	44	893	3456	3.9	60	18	167	1269	7.6	t32	7	56	1135	20.3	0	4	2	31	0	17	25	154

Other Statistics: 1994–recovered 2 fumbles for 0 yards; scored 1 two-point conversion. 1995–recovered 1 fumble for 0 yards; passed for 1 touchdown. 1996–passed for 1 touchdown. 1997–scored 1 two-point conversion.

Jamel Williams

Pos: S **Rnd:** 5 **College:** Nebraska **Ht:** 6' 1" **Wt:** 205 **Born:** 12/22/73 **Age:** 24

				Tackles			Miscellaneous				Interceptions				Totals		
Year	Team	G	GS	Tk	Ast	Sack	FF	FR	TD	Blk	Int	Yds	Avg	TD	Sfty	TD	Pts
1997	Washington Redskins	16	0	10	3	0.0	0	0	0	0	0	0	-	0	0	0	0

James Williams

Pos: LB **Rnd:** 6 **College:** Mississippi State **Ht:** 6' 0" **Wt:** 240 **Born:** 10/10/68 **Age:** 30

Year	Team	G	GS	Tackles			Miscellaneous				Interceptions				Totals		
				Tk	Ast	Sack	FF	FR	TD	Blk	Int	Yds	Avg	TD	Sfty	TD	Pts
1990	New Orleans Saints	14	0	1	0	0.0	0	0	0	0	0	0	-	0	0	0	0
1991	New Orleans Saints	16	4	23	6	1.0	0	1	0	0	0	0	-	0	0	0	0
1992	New Orleans Saints	16	0	14	2	0.0	0	0	0	0	0	0	-	0	0	0	0
1993	New Orleans Saints	16	9	65	24	2.0	1	0	0	0	0	0	-	0	0	0	0
1994	New Orleans Saints	16	7	59	12	0.0	1	0	0	0	2	42	21.0	1	0	1	6
1995	Jacksonville Jaguars	12	6	47	15	0.0	2	0	0	0	2	19	9.5	0	0	0	0
1997	San Francisco 49ers	16	0	2	1	0.0	0	1	0	0	0	0	-	0	0	0	0
	7 NFL Seasons	106	26	211	60	3.0	4	2	0	0	4	61	15.3	1	0	1	6

James Williams

Pos: T **Rnd:** FA **College:** Cheyney State **Ht:** 6' 7" **Wt:** 340 **Born:** 3/29/68 **Age:** 30

Year	Team	G	GS	Year	Team	G	GS	Year	Team	G	GS	Year	Team	G	GS
1991	Chicago Bears	14	0	1993	Chicago Bears	3	0	1995	Chicago Bears	16	16	1997	Chicago Bears	16	16
1992	Chicago Bears	5	0	1994	Chicago Bears	16	15	1996	Chicago Bears	16	16		7 NFL Seasons	86	63

Other Statistics: 1996–recovered 2 fumbles for 0 yards.

Jay Williams

Pos: DE **Rnd:** FA **College:** Wake Forest **Ht:** 6' 3" **Wt:** 280 **Born:** 10/13/71 **Age:** 27

Year	Team	G	GS	Tackles			Miscellaneous				Interceptions				Punt Returns				Kickoff Returns				Totals	
				Tk	Ast	Sack	FF	FR	TD	Blk	Int	Yds	Avg	TD	Num	Yds	Avg	TD	Num	Yds	Avg	TD	TD	Fum
1995	St. Louis Rams	6	0	0	0	0.0	0	0	0	0	0	0	-	0	0	0	-	0	0	0	-	0	0	0
1996	St. Louis Rams	2	0	0	0	0.0	0	0	0	0	0	0	-	0	0	0	-	0	0	0	-	0	0	0
1997	St. Louis Rams	16	2	4	3	1.0	0	0	0	0	0	0	-	0	0	0	-	0	1	10	10.0	0	0	0
	3 NFL Seasons	24	2	4	3	1.0	0	0	0	0	0	0	-	0	0	0	-	0	1	10	10.0	0	0	0

John Williams

Pos: CB **Rnd:** FA **College:** Southern University **Ht:** 5' 7" **Wt:** 165 **Born:** 7/26/74 **Age:** 24

Year	Team	G	GS	Tackles			Miscellaneous				Interceptions				Totals		
				Tk	Ast	Sack	FF	FR	TD	Blk	Int	Yds.	Avg	TD	Sfty	TD	Pts
1997	Baltimore Ravens	4	0	1	1	0.0	0	0	0	0	0	0	-	0	0	0	0

Karl Williams

(statistical profile on page 382)

Pos: WR/KR **Rnd:** FA **College:** Texas A&M-Kingsville **Ht:** 5' 10" **Wt:** 163 **Born:** 4/10/71 **Age:** 27

Year	Team	G	GS	Rushing					Receiving					Punt Returns				Kickoff Returns				Totals		
				Att	Yds	Avg	Lg	TD	Rec	Yds	Avg	Lg	TD	Num	Yds	Avg	TD	Num	Yds	Avg	TD	Fum	TD	Pts
1996	Tampa Bay Buccaneers	16	0	1	-3	-3.0	-3	0	22	246	11.2	25	0	13	274	21.1	1	14	383	27.4	0	2	1	6
1997	Tampa Bay Buccaneers	16	8	1	5	5.0	5	0	33	486	14.7	55	4	46	597	13.0	1	15	277	18.5	0	5	5	30
	2 NFL Seasons	32	8	2	2	1.0	5	0	55	732	13.3	55	4	59	871	14.8	2	29	660	22.8	0	7	6	36

Other Statistics: 1996–recovered 1 fumble for 0 yards. 1997–recovered 1 fumble for 0 yards.

Kevin Williams

Pos: WR/KR **Rnd:** 2 **College:** Miami (FL) **Ht:** 5' 9" **Wt:** 194 **Born:** 1/25/71 **Age:** 27

Year	Team	G	GS	Rushing					Receiving					Punt Returns				Kickoff Returns				Totals		
				Att	Yds	Avg	Lg	TD	Rec	Yds	Avg	Lg	TD	Num	Yds	Avg	TD	Num	Yds	Avg	TD	Fum	TD	Pts
1993	Dallas Cowboys	16	1	7	26	3.7	12	2	20	151	7.6	33	2	36	381	10.6	2	31	689	22.2	0	8	6	36
1994	Dallas Cowboys	15	2	6	20	3.3	8	0	13	181	13.9	29	0	39	349	8.9	1	43	1148	26.7	1	4	2	12
1995	Dallas Cowboys	16	16	10	53	5.3	14	0	38	613	16.1	t48	2	18	166	9.2	0	49	1108	22.6	0	3	2	12
1996	Dallas Cowboys	10	9	4	11	2.8	9	0	27	323	12.0	31	1	2	17	8.5	0	21	471	22.4	0	0	1	6
1997	Arizona Cardinals	16	0	1	-2	-2.0	-2	0	20	273	13.7	t31	1	40	462	11.6	0	59	**1458**	24.7	0	3	1	6
	5 NFL Seasons	73	28	28	108	3.9	14	2	118	1541	13.1	t48	6	135	1375	10.2	3	203	4874	24.0	1	18	12	72

Other Statistics: 1993–recovered 4 fumbles for 0 yards. 1994–recovered 3 fumbles for 0 yards. 1997–recovered 1 fumble for 0 yards.

Moe Williams

Pos: RB **Rnd:** 3 **College:** Kentucky **Ht:** 6' 1" **Wt:** 203 **Born:** 7/26/74 **Age:** 24

Year	Team	G	GS	Rushing					Receiving					Punt Returns				Kickoff Returns				Totals		
				Att	Yds	Avg	Lg	TD	Rec	Yds	Avg	Lg	TD	Num	Yds	Avg	TD	Num	Yds	Avg	TD	Fum	TD	Pts
1996	Minnesota Vikings	9	0	0	0	-	0	0	0	0	-	0	0	0	0	-	0	0	0	-	0	0	0	0
1997	Minnesota Vikings	14	0	22	59	2.7	8	1	4	14	3.5	7	0	0	0	-	0	16	388	24.3	0	0	1	6
	2 NFL Seasons	23	0	22	59	2.7	8	1	4	14	3.5	7	0	0	0	-	0	16	388	24.3	0	0	1	6

Pat Williams

Pos: DT **Rnd:** FA **College:** Texas **Ht:** 6' 3" **Wt:** 270 **Born:** 10/24/72 **Age:** 26

			Tackles			Miscellaneous				Interceptions				Totals		
Year Team	G	GS	Tk	Ast	Sack	FF	FR	TD	Blk	Int	Yds	Avg	TD	Sfty	TD	Pts
1997 Buffalo Bills	1	0	0	0	0.0	0	0	0	0	0	0	-	0	0	0	0

Sherman Williams

(statistical profile on page 382)

Pos: RB **Rnd:** 2 **College:** Alabama **Ht:** 5' 8" **Wt:** 191 **Born:** 8/13/73 **Age:** 25

			Rushing					Receiving				Kickoff Returns				Passing				Totals		
Year Team	G	GS	Att	Yds	Avg	Lg	TD	Rec	Yds	Avg	Lg	TD	Num	Yds	Avg	TD	Att	Com	Yds	Int	Fum	TD	Pts
1995 Dallas Cowboys	12	0	48	205	4.3	t44	1	3	28	9.3	24	0	0	0	-	0	0	0	0	0	2	1	6
1996 Dallas Cowboys	15	1	69	269	3.9	27	0	5	41	8.2	13	0	0	0	-	0	1	0	0	0	2	0	0
1997 Dallas Cowboys	16	0	121	468	3.9	18	2	21	159	7.6	18	0	0	0	-	0	0	0	0	0	5	2	12
3 NFL Seasons	43	1	238	942	4.0	t44	3	29	228	7.9	24	0	0	0	-	0	1	0	0	0	9	3	18

Other Statistics: 1997–recovered 1 fumble for 0 yards.

Stepfret Williams

(statistical profile on page 383)

Pos: WR **Rnd:** 3 **College:** Northeast Louisiana **Ht:** 6' 0" **Wt:** 170 **Born:** 6/14/73 **Age:** 25

			Rushing					Receiving				Punt Returns				Kickoff Returns				Totals		
Year Team	G	GS	Att	Yds	Avg	Lg	TD	Rec	Yds	Avg	Lg	TD	Num	Yds	Avg	TD	Num	Yds	Avg	TD	Fum	TD	Pts
1996 Dallas Cowboys	4	0	0	0	-	-	0	1	32	32.0	32	0	0	0	-	0	0	0	-	0	0	0	0
1997 Dallas Cowboys	16	0	0	0	-	-	0	30	308	10.3	20	1	2	14	7.0	0	0	0	-	0	0	1	6
2 NFL Seasons	20	0	0	0	-	-	0	31	340	11.0	32	1	2	14	7.0	0	0	0	-	0	0	1	6

Tony Williams

Pos: DT **Rnd:** 5 **College:** Memphis **Ht:** 6' 1" **Wt:** 288 **Born:** 7/9/75 **Age:** 23

			Tackles			Miscellaneous				Interceptions				Totals		
Year Team	G	GS	Tk	Ast	Sack	FF	FR	TD	Blk	Int	Yds	Avg	TD	Sfty	TD	Pts
1997 Minnesota Vikings	6	2	9	3	0.0	0	0	0	0	0	0	-	0	0	0	0

Tyrone Williams

(statistical profile on page 460)

Pos: CB **Rnd:** 3 **College:** Nebraska **Ht:** 5' 11" **Wt:** 195 **Born:** 5/31/73 **Age:** 25

			Tackles			Miscellaneous				Interceptions				Totals		
Year Team	G	GS	Tk	Ast	Sack	FF	FR	TD	Blk	Int	Yds	Avg	TD	Sfty	TD	Pts
1996 Green Bay Packers	16	0	22	3	0.0	0	1	0	0	0	0	-	0	0	0	0
1997 Green Bay Packers	16	15	49	17	0.0	2	0	0	0	1	0	0.0	0	0	0	0
2 NFL Seasons	32	15	71	20	0.0	2	1	0	0	1	0	0.0	0	0	0	0

Tyrone Williams

Pos: DT **Rnd:** FA **College:** Wyoming **Ht:** 6' 4" **Wt:** 275 **Born:** 10/22/72 **Age:** 26

			Tackles			Miscellaneous				Interceptions				Totals		
Year Team	G	GS	Tk	Ast	Sack	FF	FR	TD	Blk	Int	Yds	Avg	TD	Sfty	TD	Pts
1997 Chicago Bears	3	0	2	1	0.0	0	0	0	0	0	0	-	0	0	0	0

Wally Williams

Pos: C/G **Rnd:** FA **College:** Florida A&M **Ht:** 6' 2" **Wt:** 305 **Born:** 2/19/71 **Age:** 27

Year	Team	G	GS	Year	Team	G	GS	Year	Team	G	GS		G	GS
1993	Cleveland Browns	2	0	1995	Cleveland Browns	10	10	1997	Baltimore Ravens	10	10			
1994	Cleveland Browns	12	7	1996	Baltimore Ravens	15	13					5 NFL Seasons	55	46

Other Statistics: 1994–recovered 1 fumble for 0 yards.

Willie Williams

(statistical profile on page 461)

Pos: CB **Rnd:** 6 **College:** Western Carolina **Ht:** 5' 9" **Wt:** 180 **Born:** 12/26/70 **Age:** 27

			Tackles			Miscellaneous				Interceptions				Punt Returns				Kickoff Returns				Totals	
Year Team	G	GS	Tk	Ast	Sack	FF	FR	TD	Blk	Int	Yds	Avg	TD	Num	Yds	Avg	TD	Num	Yds	Avg	TD	TD	Fum
1993 Pittsburgh Steelers	16	0	7	2	0.0	1	0	0	0	0	0	-	0	0	0	-	0	1	19	19.0	0	0	0
1994 Pittsburgh Steelers	16	1	3	0	0.0	0	0	0	0	0	0	-	0	0	0	-	0	0	0	-	0	0	0
1995 Pittsburgh Steelers	16	15	69	8	0.0	1	1	0	0	7	122	17.4	1	0	0	-	0	0	0	-	0	1	0
1996 Pittsburgh Steelers	15	14	66	10	1.0	2	1	0	0	1	1	1.0	0	0	0	-	0	0	0	-	0	0	0
1997 Seattle Seahawks	16	16	58	9	0.0	2	0	0	0	1	0	0.0	0	0	0	-	0	0	0	-	0	0	0
5 NFL Seasons	79	46	203	29	1.0	6	2	0	0	9	123	13.7	1	0	0	-	0	1	19	19.0	0	1	0

Matt Willig

Pos: T **Rnd:** FA **College:** Southern California **Ht:** 6' 8" **Wt:** 317 **Born:** 1/21/69 **Age:** 29

Year	Team	G	GS	Year	Team	G	GS	Year	Team	G	GS		G	GS
1993	New York Jets	3	0	1995	New York Jets	15	12	1997	Atlanta Falcons	16	13			
1994	New York Jets	16	3	1996	Atlanta Falcons	13	0					5 NFL Seasons	63	28

James Willis

Pos: LB **Rnd:** 5 **College:** Auburn **Ht:** 6' 2" **Wt:** 237 **Born:** 9/2/72 **Age:** 26

(statistical profile on page 461)

Year Team	G	GS	Tackles			Miscellaneous				Interceptions				Totals		
			Tk	Ast	Sack	FF	FR	TD	Blk	Int	Yds	Avg	TD	Sfty	TD	Pts
1993 Green Bay Packers	13	0	7	6	0.0	0	1	0	0	0	0	-	0	0	0	0
1994 Green Bay Packers	12	0	23	8	0.0	0	1	0	0	2	20	10.0	0	0	0	0
1995 Philadelphia Eagles	5	0	0	0	0.0	0	0	0	0	0	0	-	0	0	0	0
1996 Philadelphia Eagles	16	14	53	24	0.0	1	0	0	0	1	14	14.0	0	0	0	0
1997 Philadelphia Eagles	15	15	51	31	2.0	1	2	0	0	1	0	0.0	0	0	0	0
5 NFL Seasons	61	29	134	69	2.0	2	4	0	0	4	34	8.5	0	0	0	0

Other Statistics: 1994–fumbled 1 time.

Bernard Wilson

Pos: DT **Rnd:** FA **College:** Tennessee State **Ht:** 6' 2" **Wt:** 295 **Born:** 8/17/70 **Age:** 28

Year Team	G	GS	Tackles			Miscellaneous				Interceptions				Totals		
			Tk	Ast	Sack	FF	FR	TD	Blk	Int	Yds	Avg	TD	Sfty	TD	Pts
1993 Tampa Bay Buccaneers	13	2	12	10	0.0	0	0	0	0	0	0	-	0	0	0	0
1994 TB - Ari	14	12	21	12	1.0	0	0	0	0	0	0	-	0	0	0	0
1995 Arizona Cardinals	16	14	27	12	1.0	0	0	0	0	0	0	-	0	0	0	0
1996 Arizona Cardinals	16	16	36	20	1.0	1	1	0	0	0	0	-	0	0	0	0
1997 Arizona Cardinals	16	14	33	18	0.0	0	0	0	0	1	66	66.0	1	0	1	6
1994 Tampa Bay Buccaneers	1	0	0	0	0.0	0	0	0	0	0	0	-	0	0	0	0
Arizona Cardinals	13	12	21	12	1.0	0	0	0	0	0	0	-	0	0	0	0
5 NFL Seasons	75	58	129	72	3.0	1	1	0	0	1	66	66.0	1	0	1	6

Jerry Wilson

Pos: CB **Rnd:** 4 **College:** Southern **Ht:** 5' 10" **Wt:** 184 **Born:** 7/17/73 **Age:** 25

Year Team	G	GS	Tackles			Miscellaneous				Interceptions				Totals		
			Tk	Ast	Sack	FF	FR	TD	Blk	Int	Yds	Avg	TD	Sfty	TD	Pts
1996 Miami Dolphins	2	0	0	0	0.0	0	0	0	0	0	0	-	0	0	0	0
1997 Miami Dolphins	16	0	9	1	2.0	0	1	0	0	0	0	-	0	0	0	0
2 NFL Seasons	18	0	9	1	2.0	0	1	0	0	0	0	-	0	0	0	0

Reinard Wilson

Pos: LB **Rnd:** 1 (14) **College:** Florida State **Ht:** 6' 2" **Wt:** 255 **Born:** 12/17/73 **Age:** 24

Year Team	G	GS	Tackles			Miscellaneous				Interceptions				Totals		
			Tk	Ast	Sack	FF	FR	TD	Blk	Int	Yds	Avg	TD	Sfty	TD	Pts
1997 Cincinnati Bengals	16	4	22	2	3.0	1	0	0	0	0	0	-	0	0	0	0

Sir Mahn Wilson

Pos: WR **Rnd:** FA **College:** Syracuse **Ht:** 6' 2" **Wt:** 210 **Born:** 6/4/73 **Age:** 25

Year Team	G	GS	Rushing					Receiving				Punt Returns				Kickoff Returns				Totals		
			Att	Yds	Avg	Lg	TD	Rec	Yds	Avg	Lg	TD	Num	Yds	Avg	TD	Num	Yds	Avg	TD	Fum	TD	Pts
1997 Denver Broncos	1	0	0	0	-	-	0	0	0	-	-	0	0	0	-	0	0	0	-	0	0	0	0

Wade Wilson

Pos: QB **Rnd:** 8 **College:** East Texas State **Ht:** 6' 3" **Wt:** 206 **Born:** 2/1/59 **Age:** 39

Year Team	G	GS	Passing									Rushing					Miscellaneous				
			Att	Com	Pct	Yards	Yds/Att	Lg	TD	Int	Int%	Rating	Att	Yds	Avg	Lg	TD	Sckd	Yds	Fum	Recv Yds	Pts
1981 Minnesota Vikings	3	0	13	6	46.2	48	3.69	22	0	2	15.4	16.3	0	0	-	-	0	2	19	2	1 0	0
1983 Minnesota Vikings	1	1	28	16	57.1	124	4.43	36	1	2	7.1	50.3	3	-3	-1.0	2	0	3	22	1	0 0	0
1984 Minnesota Vikings	8	5	195	102	52.3	1019	5.23	38	5	11	5.6	52.5	9	30	3.3	12	0	20	159	2	0 0	0
1985 Minnesota Vikings	4	1	60	33	55.0	404	6.73	t42	3	3	5.0	71.8	0	0	-	-	0	4	28	0	0 0	0
1986 Minnesota Vikings	9	3	143	80	55.9	1165	8.15	39	7	5	3.5	84.4	13	9	0.7	13	1	13	94	3	1 -2	6
1987 Minnesota Vikings	12	7	264	140	53.0	2106	7.98	t73	14	13	4.9	76.7	41	263	6.4	38	5	26	194	3	0 -3	30
1988 Minnesota Vikings	14	10	332	204	61.4	2746	8.27	t68	15	9	2.7	91.5	36	136	3.8	15	2	33	227	4	4 -9	12
1989 Minnesota Vikings	14	12	362	194	53.6	2543	7.02	50	9	12	3.3	70.5	32	132	4.1	23	1	27	194	5	2 -7	6
1990 Minnesota Vikings	6	4	146	82	56.2	1155	7.91	t9	9	8	5.5	79.6	12	79	6.6	24	0	15	90	3	1 -2	0
1991 Minnesota Vikings	5	5	122	72	59.0	825	6.76	t46	3	10	8.2	53.5	13	33	2.5	15	0	8	42	3	1 -3	0
1992 Atlanta Falcons	9	3	163	111	68.1	1366	8.38	t60	13	4	2.5	110.1	15	62	4.1	12	0	8	58	0	0 0	0
1993 New Orleans Saints	14	14	388	221	57.0	2457	6.33	t42	12	15	3.9	70.1	31	230	7.4	44	0	37	225	9	4 -3	0
1994 New Orleans Saints	4	0	28	20	71.4	172	6.14	16	0	0	0.0	87.2	7	15	2.1	9	0	3	17	1	0 0	0
1995 Dallas Cowboys	7	0	57	38	66.7	391	6.86	38	1	3	5.3	70.1	10	12	1.2	11	0	4	29	1	1 0	0
1996 Dallas Cowboys	3	1	18	8	44.4	79	4.39	20	0	1	5.6	34.7	4	5	1.3	8	0	1	7	1	0 0	0
1997 Dallas Cowboys	7	0	21	12	57.1	115	5.48	32	0	0	0.0	72.5	6	-2	-0.3	3	0	4	26	0	0 0	0
16 NFL Seasons	120	66	2340	1339	57.2	16715	7.14	t75	92	98	4.2	75.2	232	1001	4.3	44	9	208	1431	37	15 -29	54

Other Statistics: 1986–punted 2 times for 76 yards.

Marcus Wimberly

Pos: S **Rnd:** 5 **College:** Miami (FL) **Ht:** 5' 11" **Wt:** 192 **Born:** 7/8/74 **Age:** 24

			Tackles			Miscellaneous				Interceptions			Totals		
Year Team	G	GS	Tk	Ast	Sack	FF	FR	TD	Blk	Int	Yds	Avg	TD	Sfty	TD	Pts
1997 Atlanta Falcons	6	0	0	0	0.0	0	0	0	0	0	0	-	0	0	0	0

Chris Wing

Pos: LB **Rnd:** FA **College:** Boise State **Ht:** 6' 2" **Wt:** 235 **Born:** 5/28/71 **Age:** 27

			Tackles			Miscellaneous				Interceptions			Totals		
Year Team	G	GS	Tk	Ast	Sack	FF	FR	TD	Blk	Int	Yds	Avg	TD	Sfty	TD	Pts
1997 New York Jets	2	0	0	0	0.0	0	0	0	0	0	0	-	0	0	0	0

Frank Winters

Pos: C **Rnd:** 10 **College:** Western Illinois **Ht:** 6' 3" **Wt:** 295 **Born:** 1/23/64 **Age:** 34

Year	Team	G	GS	Year	Team	G	GS	Year	Team	G	GS	Year	Team	G	GS
1987	Cleveland Browns	12	0	1990	Kansas City Chiefs	16	6	1993	Green Bay Packers	16	16	1996	Green Bay Packers	16	16
1988	Cleveland Browns	16	0	1991	Kansas City Chiefs	16	0	1994	Green Bay Packers	16	16	1997	Green Bay Packers	13	13
1989	New York Giants	15	0	1992	Green Bay Packers	16	11	1995	Green Bay Packers	16	16		11 NFL Seasons	168	94

Other Statistics: 1987–fumbled 1 time for 0 yards. 1990–recovered 2 fumbles for 0 yards. 1992–fumbled 1 time for 0 yards. 1994–recovered 2 fumbles for -2 yards; fumbled 1 time. 1996–recovered 1 fumble for 0 yards.

Steve Wisniewski

Pos: G **Rnd:** 2 **College:** Penn State **Ht:** 6' 4" **Wt:** 295 **Born:** 4/7/67 **Age:** 31

Year	Team	G	GS	Year	Team	G	GS	Year	Team	G	GS		G	GS
1989	Los Angeles Raiders	15	15	1992	Los Angeles Raiders	16	16	1995	Oakland Raiders	16	16			
1990	Los Angeles Raiders	16	16	1993	Los Angeles Raiders	16	16	1996	Oakland Raiders	16	16			
1991	Los Angeles Raiders	15	15	1994	Los Angeles Raiders	16	16	1997	Oakland Raiders	16	16	9 NFL Seasons	142	142

Other Statistics: 1989–recovered 3 fumbles for 0 yards. 1995–recovered 1 fumble for 0 yards.

Derrick Witherspoon

Pos: KR/RB **Rnd:** FA **College:** Clemson **Ht:** 5' 10" **Wt:** 196 **Born:** 2/14/71 **Age:** 27

			Rushing					Receiving				Punt Returns				Kickoff Returns				Totals		
Year Team	G	GS	Att	Yds	Avg	Lg	TD	Rec	Yds	Avg	Lg	TD	Num	Yds	Avg	TD	Num	Yds	Avg	TD	Fum	TD	Pts
1995 Philadelphia Eagles	15	0	2	7	3.5	5	0	0	0	-	-	0	0	0	-	0	18	459	25.5	1	0	1	6
1996 Philadelphia Eagles	16	0	0	0	-	-	0	0	0	-	-	0	0	0	-	0	53	1271	24.0	2	1	2	12
1997 Philadelphia Eagles	3	0	0	0	-	-	0	0	0	-	-	0	0	0	-	0	9	171	19.0	0	0	0	0
3 NFL Seasons	34	0	2	7	3.5	5	0	0	0	-	-	0	0	0	-	0	80	1901	23.8	3	1	3	18

Jon Witman

Pos: FB **Rnd:** 3 **College:** Penn State **Ht:** 6' 2" **Wt:** 242 **Born:** 6/1/72 **Age:** 26

			Rushing					Receiving				Punt Returns				Kickoff Returns				Totals		
Year Team	G	GS	Att	Yds	Avg	Lg	TD	Rec	Yds	Avg	Lg	TD	Num	Yds	Avg	TD	Num	Yds	Avg	TD	Fum	TD	Pts
1996 Pittsburgh Steelers	16	4	17	69	4.1	15	0	2	15	7.5	11	0	0	0	-	0	1	20	20.0	0	0	0	0
1997 Pittsburgh Steelers	16	2	5	11	2.2	4	0	1	3	3.0	3	0	0	0	-	0	0	0	-	0	0	0	0
2 NFL Seasons	32	6	22	80	3.6	15	0	3	18	6.0	11	0	0	0	-	0	1	20	20.0	0	0	0	0

Dave Wohlabaugh

Pos: C **Rnd:** 4 **College:** Syracuse **Ht:** 6' 3" **Wt:** 292 **Born:** 4/13/72 **Age:** 26

Year	Team	G	GS	Year	Team	G	GS	Year	Team	G	GS		G	GS
1995	New England Patriots	11	11	1996	New England Patriots	16	16	1997	New England Patriots	14	14	3 NFL Seasons	41	41

Other Statistics: 1995–recovered 1 fumble for 0 yards. 1996–recovered 2 fumbles for 1 yard.

Joe Wolf

Pos: T **Rnd:** 1 (17) **College:** Boston College **Ht:** 6' 6" **Wt:** 296 **Born:** 12/28/66 **Age:** 31

Year	Team	G	GS	Year	Team	G	GS	Year	Team	G	GS		G	GS
1989	Phoenix Cardinals	16	15	1992	Phoenix Cardinals	3	2	1995	Arizona Cardinals	7	1			
1990	Phoenix Cardinals	15	0	1993	Phoenix Cardinals	8	5	1996	Arizona Cardinals	16	15			
1991	Phoenix Cardinals	8	6	1994	Arizona Cardinals	8	6	1997	Arizona Cardinals	15	9	9 NFL Seasons	96	59

Other Statistics: 1996–recovered 2 fumbles for 0 yards. 1997–recovered 1 fumble for 0 yards.

Will Wolford

Pos: G **Rnd:** 1 (20) **College:** Vanderbilt **Ht:** 6' 5" **Wt:** 295 **Born:** 5/18/64 **Age:** 34

Year	Team	G	GS	Year	Team	G	GS	Year	Team	G	GS	Year	Team	G	GS
1986	Buffalo Bills	16	16	1989	Buffalo Bills	16	16	1992	Buffalo Bills	16	16	1995	Indianapolis Colts	16	16
1987	Buffalo Bills	9	9	1990	Buffalo Bills	14	14	1993	Indianapolis Colts	12	12	1996	Pittsburgh Steelers	16	16
1988	Buffalo Bills	16	16	1991	Buffalo Bills	15	15	1994	Indianapolis Colts	16	16	1997	Pittsburgh Steelers	16	16
													12 NFL Seasons	178	178

Other Statistics: 1988–recovered 1 fumble for 0 yards. 1994–recovered 1 fumble for 0 yards.

Lee Woodall

Pos: LB Rnd: 6 College: West Chester Ht: 6' 0" Wt: 220 Born: 10/31/69 Age: 29

Year Team	G	GS	Tk	Ast	Sack	FF	FR	TD	Blk	Int	Yds	Avg	TD	Sfty	TD	Pts
1994 San Francisco 49ers	15	13	45	15	1.0	1	1	0	0	0	0	-	0	0	0	0
1995 San Francisco 49ers	16	16	50	11	3.0	2	2	1	0	2	0	0.0	0	0	1	6
1996 San Francisco 49ers	16	13	41	14	2.5	0	0	0	0	0	0	-	0	0	0	0
1997 San Francisco 49ers	16	16	42	15	0.0	2	0	0	0	2	55	27.5	0	0	0	0
4 NFL Seasons	63	58	178	55	6.5	5	3	1	0	4	55	13.8	0	0	1	6

Shawn Wooden

(statistical profile on page 462)

Pos: S Rnd: 6 College: Notre Dame Ht: 5' 11" Wt: 186 Born: 10/23/73 Age: 25

Year Team	G	GS	Tk	Ast	Sack	FF	FR	TD	Blk	Int	Yds	Avg	TD	Sfty	TD	Pts
1996 Miami Dolphins	16	11	54	13	0.0	0	2	0	0	2	15	7.5	0	0	0	0
1997 Miami Dolphins	16	15	56	27	0.0	0	2	0	0	2	10	5.0	0	0	0	0
2 NFL Seasons	32	26	110	40	0.0	0	4	0	0	4	25	6.3	0	0	0	0

Other Statistics: 1997—fumbled 1 time.

Terry Wooden

Pos: LB Rnd: 2 College: Syracuse Ht: 6' 3" Wt: 239 Born: 1/14/67 Age: 31

Year Team	G	GS	Tk	Ast	Sack	FF	FR	TD	Blk	Int	Yds	Avg	TD	Sfty	TD	Pts
1990 Seattle Seahawks	8	8	26	13	0.0	0	0	0	0	0	0	-	0	0	0	0
1991 Seattle Seahawks	16	15	80	25	2.0	0	4	0	0	0	0	-	0	0	0	0
1992 Seattle Seahawks	8	8	38	18	0.0	0	0	0	0	1	3	3.0	0	0	0	0
1993 Seattle Seahawks	16	16	73	33	2.5	3	1	0	0	0	0	-	0	0	0	0
1994 Seattle Seahawks	16	15	94	33	1.5	1	2	0	0	3	78	26.0	1	0	1	6
1995 Seattle Seahawks	16	16	114	21	0.0	1	1	0	1	1	9	9.0	0	0	0	0
1996 Seattle Seahawks	9	9	43	14	0.0	0	2	0	0	1	13	13.0	0	0	0	0
1997 Kansas City Chiefs	15	8	26	4	2.0	1	1	0	0	0	0	-	0	0	0	0
8 NFL Seasons	104	95	494	161	8.0	6	11	0	1	6	103	17.2	1	0	1	6

Jerome Woods

(statistical profile on page 462)

Pos: S Rnd: 1 (28) College: Memphis Ht: 6' 2" Wt: 198 Born: 3/17/73 Age: 25

Year Team	G	GS	Tk	Ast	Sack	FF	FR	TD	Blk	Int	Yds	Avg	TD	Num	Yds	Avg	TD	Num	Yds	Avg	TD	TD	Fum
1996 Kansas City Chiefs	16	0	5	1	0.0	0	1	0	0	0	0	-	0	0	0	-	0	25	581	23.2	0	0	1
1997 Kansas City Chiefs	16	16	67	19	1.0	2	2	0	0	4	57	14.3	0	0	0	-	0	0	0	-	0	0	0
2 NFL Seasons	32	16	72	20	1.0	2	3	0	0	4	57	14.3	0	0	0	-	0	25	581	23.2	0	0	1

Darren Woodson

(statistical profile on page 462)

Pos: S Rnd: 2 College: Arizona State Ht: 6' 1" Wt: 216 Born: 4/25/69 Age: 29

Year Team	G	GS	Tk	Ast	Sack	FF	FR	TD	Blk	Int	Yds	Avg	TD	Sfty	TD	Pts
1992 Dallas Cowboys	16	2	28	5	1.0	1	0	0	0	0	0	-	0	0	0	0
1993 Dallas Cowboys	16	15	89	66	0.0	1	3	0	0	0	0	-	0	0	0	0
1994 Dallas Cowboys	16	16	58	19	0.0	0	1	0	0	5	140	28.0	0	0	1	6
1995 Dallas Cowboys	16	16	84	11	0.0	1	0	0	0	2	46	23.0	1	0	1	6
1996 Dallas Cowboys	16	16	62	16	3.0	1	1	0	0	5	43	8.6	0	0	0	0
1997 Dallas Cowboys	14	14	53	20	2.0	2	2	0	0	1	14	14.0	0	0	0	0
6 NFL Seasons	94	79	374	137	6.0	6	7	0	0	13	243	18.7	2	0	2	12

Other Statistics: 1996—fumbled 1 time. 1997—fumbled 1 time.

Rod Woodson

(statistical profile on page 463)

Pos: CB Rnd: 1 (10) College: Purdue Ht: 6' 0" Wt: 200 Born: 3/10/65 Age: 33

Year Team	G	GS	Tk	Ast	Sack	FF	FR	TD	Blk	Int	Yds	Avg	TD	Num	Yds	Avg	TD	Num	Yds	Avg	TD	TD	Fum
1987 Pittsburgh Steelers	8	0	15	5	0.0	0	2	0	0	1	45	45.0	1	16	135	8.4	0	13	290	22.3	0	1	3
1988 Pittsburgh Steelers	16	16	78	10	0.5	1	3	0	0	4	98	24.5	0	33	281	8.5	0	37	850	23.0	1	1	3
1989 Pittsburgh Steelers	15	14	67	13	0.0	4	4	0	0	3	39	13.0	0	29	207	7.1	0	36	982	27.3	1	1	3
1990 Pittsburgh Steelers	16	16	54	12	0.0	1	3	0	0	5	67	13.4	0	38	398	10.5	1	35	764	21.8	0	1	3
1991 Pittsburgh Steelers	15	15	60	11	1.0	1	3	0	0	3	72	24.0	0	28	320	11.4	0	44	880	20.0	0	1	2
1992 Pittsburgh Steelers	16	16	85	15	6.0	4	1	0	0	4	90	22.5	0	32	364	11.4	1	25	469	18.8	0	1	2
1993 Pittsburgh Steelers	16	16	79	16	2.0	2	1	0	0	8	138	17.3	1	42	338	8.0	0	15	294	19.6	0	1	2
1994 Pittsburgh Steelers	15	15	67	16	3.0	3	1	0	0	4	109	27.3	2	39	319	8.2	0	15	365	24.3	0	2	2
1995 Pittsburgh Steelers	1	1	0	1	0.0	0	0	0	0	0	0	-	0	0	0	-	0	0	0	-	0	0	0
1996 Pittsburgh Steelers	16	16	57	10	1.0	0	3	1	0	6	121	20.2	1	0	0	-	0	0	0	-	0	2	1
1997 San Francisco 49ers	14	14	43	5	0.0	1	1	0	0	3	81	27.0	0	1	0	0.0	0	0	0	-	0	0	0

				Tackles			Miscellaneous				Interceptions				Punt Returns				Kickoff Returns				Totals	
Year Team		G	GS	Tk	Ast	Sack	FF	FR	TD	Blk	Int	Yds	Avg	TD	Num	Yds	Avg	TD	Num	Yds	Avg	TD	TD	Fum
11 NFL Seasons		148	139	605	114	13.5	17	22	1	0	41	860	21.0	5	258	2362	9.2	2	220	4894	22.2	2	10	22

Other Statistics: 1993–rushed 1 time for 0 yards.

Sean Woodson

Pos: S **Rnd:** 5 **College:** Jackson State **Ht:** 6' 0" **Wt:** 214 **Born:** 8/27/74 **Age:** 24

			Tackles			Miscellaneous				Interceptions				Totals		
Year Team	G	GS	Tk	Ast	Sack	FF	FR	TD	Blk	Int	Yds	Avg	TD	Sfty	TD	Pts
1997 Buffalo Bills	1	0	0	0	0.0	0	0	0	0	0	0	-	0	0	0	0

Donnell Woolford

(statistical profile on page 463)

Pos: CB **Rnd:** 1 (11) **College:** Clemson **Ht:** 5' 9" **Wt:** 192 **Born:** 1/6/66 **Age:** 32

			Tackles			Miscellaneous				Interceptions				Punt Returns				Kickoff Returns				Totals	
Year Team	G	GS	Tk	Ast	Sack	FF	FR	TD	Blk	Int	Yds	Avg	TD	Num	Yds	Avg	TD	Num	Yds	Avg	TD	TD	Fum
1989 Chicago Bears	11	11	36	20	0.0	0	0	0	0	3	0	0.0	0	1	12	12.0	0	0	0	-	0	0	0
1990 Chicago Bears	13	13	38	32	2.0	0	0	0	0	3	18	6.0	0	0	0	-	0	0	0	-	0	0	0
1991 Chicago Bears	15	15	52	25	1.0	0	1	0	0	2	21	10.5	0	0	0	-	0	0	0	-	0	0	0
1992 Chicago Bears	16	16	69	25	0.0	2	1	0	0	7	67	9.6	0	12	127	10.6	0	0	0	-	0	0	2
1993 Chicago Bears	16	16	86	15	0.0	0	0	0	0	2	18	9.0	0	0	0	-	0	0	0	-	0	0	0
1994 Chicago Bears	16	16	52	5	0.0	1	0	0	0	5	30	6.0	0	0	0	-	0	1	28	28.0	0	0	1
1995 Chicago Bears	9	9	29	4	0.0	0	0	0	0	4	21	5.3	0	0	0	-	0	0	0	-	0	0	0
1996 Chicago Bears	15	15	57	7	0.0	0	0	0	0	6	37	6.2	1	0	0	-	0	0	0	-	0	1	0
1997 Pittsburgh Steelers	15	12	46	5	0.0	0	0	0	0	4	91	22.8	0	0	0	-	0	0	0	-	0	0	0
9 NFL Seasons	126	123	465	138	3.0	3	2	0	0	36	303	8.4	1	13	139	10.7	0	1	28	28.0	0	1	3

Tito Wooten

(statistical profile on page 463)

Pos: S **Rnd:** 4(S) **College:** Northeast Louisiana **Ht:** 6' 0" **Wt:** 195 **Born:** 12/12/71 **Age:** 26

			Tackles			Miscellaneous				Interceptions				Totals		
Year Team	G	GS	Tk	Ast	Sack	FF	FR	TD	Blk	Int	Yds	Avg	TD	Sfty	TD	Pts
1994 New York Giants	16	2	16	4	0.0	0	0	0	0	0	0	-	0	0	0	0
1995 New York Giants	16	3	36	12	0.0	0	1	1	0	1	38	38.0	0	0	1	6
1996 New York Giants	13	12	49	16	0.0	1	1	1	1	1	35	35.0	0	1	1	8
1997 New York Giants	16	16	60	29	0.0	0	1	0	0	5	146	29.2	1	0	1	6
4 NFL Seasons	61	33	161	61	0.0	1	3	2	1	7	219	31.3	1	1	3	20

Other Statistics: 1997–fumbled 1 time.

Barron Wortham

(statistical profile on page 464)

Pos: LB **Rnd:** 6 **College:** Texas-El Paso **Ht:** 5' 11" **Wt:** 244 **Born:** 11/1/69 **Age:** 28

			Tackles			Miscellaneous				Interceptions				Punt Returns				Kickoff Returns				Totals	
Year Team	G	GS	Tk	Ast	Sack	FF	FR	TD	Blk	Int	Yds	Avg	TD	Num	Yds	Avg	TD	Num	Yds	Avg	TD	TD	Fum
1994 Houston Oilers	16	1	15	7	0.0	0	1	0	0	0	0	-	0	0	0	-	0	0	0	-	0	0	0
1995 Houston Oilers	16	5	23	15	1.0	1	0	0	0	0	0	-	0	0	0	-	0	1	-3	-3.0	0	0	0
1996 Houston Oilers	15	14	49	29	2.0	1	2	0	0	0	0	-	0	0	0	-	0	0	0	-	0	0	0
1997 Tennessee Oilers	16	16	61	36	0.0	1	0	0	0	0	0	-	0	0	0	-	0	0	0	-	0	0	0
4 NFL Seasons	63	36	148	87	3.0	3	3	0	0	0	0	-	0	0	0	-	0	1	-3	-3.0	0	0	0

Lawrence Wright

Pos: S **Rnd:** FA **College:** Florida **Ht:** 6' 0" **Wt:** 209 **Born:** 9/6/73 **Age:** 25

			Tackles			Miscellaneous				Interceptions				Totals		
Year Team	G	GS	Tk	Ast	Sack	FF	FR	TD	Blk	Int	Yds	Avg	TD	Sfty	TD	Pts
1997 Cincinnati Bengals	4	0	0	0	0.0	0	0	0	0	0	0	-	0	0	0	0

Toby Wright

Pos: S **Rnd:** 2 **College:** Nebraska **Ht:** 5' 11" **Wt:** 208 **Born:** 11/19/70 **Age:** 27

			Tackles			Miscellaneous				Interceptions				Totals		
Year Team	G	GS	Tk	Ast	Sack	FF	FR	TD	Blk	Int	Yds	Avg	TD	Sfty	TD	Pts
1994 Los Angeles Rams	16	2	12	5	0.0	1	1	1	0	0	0	-	0	0	1	6
1995 St. Louis Rams	16	16	98	17	1.0	1	1	1	0	6	79	13.2	0	0	1	6
1996 St. Louis Rams	12	12	45	10	0.0	1	0	0	0	1	19	19.0	1	0	1	6
1997 St. Louis Rams	11	11	60	15	0.0	1	1	0	0	0	0	-	0	0	0	0
4 NFL Seasons	55	41	215	47	1.0	4	3	2	1	7	98	14.0	1	0	3	18

Other Statistics: 1995–rushed 1 time for 9 yards.

Danny Wuerffel

(statistical profile on page 383)

Pos: QB **Rnd:** 4 **College:** Florida **Ht:** 6' 2" **Wt:** 212 **Born:** 5/27/74 **Age:** 24

			Passing									Rushing				Miscellaneous				
Year Team	G	GS	Att	Com	Pct	Yards	Yds/Att	Lg	TD	Int	Int%	Rating	Att	Yds	Avg	Lg TD	Sckd	Yds	Fum	Recv Yds	Pts
1997 New Orleans Saints	7	2	91	42	46.2	518	5.69	47	4	8	8.8	42.3	6	26	4.3	10 0	18	116	2	2 0	0

Jerry Wunsch

Pos: T Rnd: 2 College: Wisconsin Ht: 6' 6" Wt: 325 Born: 1/21/74 Age: 24

Year	Team	G	GS
1997	Tampa Bay Buccaneers	16	0
	1 NFL Season	16	0

Other Statistics: 1997–recovered 1 fumble for 0 yards.

Antwuan Wyatt

Pos: RB Rnd: 6 College: Bethune-Cookman Ht: 5' 10" Wt: 199 Born: 7/18/75 Age: 23

				Rushing				Receiving				Punt Returns				Kickoff Returns				Totals		
Year	Team	G	GS	Att	Yds	Avg	Lg TD	Rec	Yds	Avg	Lg TD	Num	Yds	Avg	TD	Num	Yds	Avg	TD	Fum	TD	Pts
1997	Philadelphia Eagles	1	0	0	0	-	- 0	0	0	-	- 0	2	-2	-1.0	0	2	50	25.0	0	0	0	0

Frank Wycheck

(statistical profile on page 384)

Pos: TE Rnd: 6 College: Maryland Ht: 6' 3" Wt: 247 Born: 10/14/71 Age: 27

				Rushing				Receiving				Punt Returns				Kickoff Returns				Totals		
Year	Team	G	GS	Att	Yds	Avg	Lg TD	Rec	Yds	Avg	Lg TD	Num	Yds	Avg	TD	Num	Yds	Avg	TD	Fum	TD	Pts
1993	Washington Redskins	9	7	0	0	-	- 0	16	113	7.1	20 0	0	0	-	0	0	0	-	0	1	0	0
1994	Washington Redskins	9	1	0	0	-	- 0	7	55	7.9	20 1	0	0	-	0	4	84	21.0	0	0	1	6
1995	Houston Oilers	16	11	1	1	1.0	t1 1	40	471	11.8	t36 1	0	0	-	0	0	0	-	0	0	2	12
1996	Houston Oilers	16	16	2	3	1.5	3 0	53	511	9.6	29 6	0	0	-	0	2	5	2.5	0	2	6	36
1997	Tennessee Oilers	16	16	0	0	-	- 0	63	748	11.9	42 4	0	0	-	0	1	3	3.0	0	0	4	26
	5 NFL Seasons	66	51	3	4	1.3	3 1	179	1898	10.6	42 12	0	0	-	0	7	92	13.1	0	3	13	80

Other Statistics: 1993–recovered 1 fumble for 0 yards. 1995–recovered 1 fumble for -6 yards. 1997–recovered 1 fumble for 0 yards; scored 1 two-point conversion.

Devin Wyman

Pos: DT Rnd: 6 College: Kentucky State Ht: 6' 7" Wt: 307 Born: 8/29/73 Age: 25

				Tackles			Miscellaneous				Interceptions				Totals		
Year	Team	G	GS	Tk	Ast	Sack	FF	FR	TD	Blk	Int	Yds	Avg	TD	Sfty	TD	Pts
1996	New England Patriots	9	4	11	4	1.0	1	0	0	0	0	0	-	0	0	0	0
1997	New England Patriots	6	0	1	2	0.0	0	0	0	0	0	0	-	0	0	0	0
	2 NFL Seasons	15	4	12	6	1.0	1	0	0	0	0	0	-	0	0	0	0

Renaldo Wynn

Pos: DT Rnd: 1 (21) College: Notre Dame Ht: 6' 3" Wt: 275 Born: 9/3/74 Age: 24

				Tackles			Miscellaneous				Interceptions				Totals		
Year	Team	G	GS	Tk	Ast	Sack	FF	FR	TD	Blk	Int	Yds	Avg	TD	Sfty	TD	Pts
1997	Jacksonville Jaguars	16	8	23	5	2.5	0	1	0	0	0	0	-	0	0	0	0

Ryan Yarborough

Pos: WR Rnd: 2 College: Wyoming Ht: 6' 2" Wt: 195 Born: 4/26/71 Age: 27

				Rushing				Receiving				Punt Returns				Kickoff Returns				Totals		
Year	Team	G	GS	Att	Yds	Avg	Lg TD	Rec	Yds	Avg	Lg TD	Num	Yds	Avg	TD	Num	Yds	Avg	TD	Fum	TD	Pts
1994	New York Jets	13	0	0	0	-	- 0	6	42	7.0	12 1	0	0	-	0	0	0	-	0	0	1	6
1995	New York Jets	16	2	0	0	-	- 0	18	230	12.8	38 2	0	0	-	0	0	0	-	0	0	2	12
1997	Baltimore Ravens	16	3	0	0	-	- 0	16	183	11.4	26 0	0	0	-	0	0	0	-	0	3	0	0
	3 NFL Seasons	45	5	0	0	-	- 0	40	455	11.4	38 3	0	0	-	0	0	0	-	0	3	3	18

Bryant Young

(statistical profile on page 464)

Pos: DT Rnd: 1 (7) College: Notre Dame Ht: 6' 2" Wt: 280 Born: 1/27/72 Age: 26

				Tackles			Miscellaneous				Interceptions				Totals		
Year	Team	G	GS	Tk	Ast	Sack	FF	FR	TD	Blk	Int	Yds	Avg	TD	Sfty	TD	Pts
1994	San Francisco 49ers	16	16	45	4	6.0	1	0	0	0	0	0	-	0	0	0	0
1995	San Francisco 49ers	12	12	25	3	6.0	0	2	0	0	0	0	-	0	0	0	0
1996	San Francisco 49ers	16	16	61	15	11.5	1	1	0	0	0	0	-	0	2	0	4
1997	San Francisco 49ers	12	12	39	6	4.0	0	1	0	0	0	0	-	0	0	0	0
	4 NFL Seasons	56	56	170	28	27.5	2	4	0	0	0	0	-	0	2	0	4

Floyd Young

Pos: CB Rnd: FA College: Texas A&M-Kingsville Ht: 6' 0" Wt: 175 Born: 11/23/75 Age: 22

				Tackles			Miscellaneous				Interceptions				Totals		
Year	Team	G	GS	Tk	Ast	Sack	FF	FR	TD	Blk	Int	Yds	Avg	TD	Sfty	TD	Pts
1997	Tampa Bay Buccaneers	12	1	15	2	0.0	0	0	0	0	0	0	-	0	0	0	0

Rodney Young

Pos: S **Rnd:** 3 **College:** Louisiana State **Ht:** 6' 1" **Wt:** 212 **Born:** 1/25/73 **Age:** 25

			Tackles			Miscellaneous				Interceptions				Punt Returns				Kickoff Returns				Totals	
Year Team	G	GS	Tk	Ast	Sack	FF	FR	TD	Blk	Int	Yds	Avg	TD	Num	Yds	Avg	TD	Num	Yds	Avg	TD	TD	Fum
1995 New York Giants	10	0	0	0	0.0	0	0	0	0	0	0	-	0	1	0	0.0	0	0	0	-	0	0	1
1996 New York Giants	12	0	0	0	0.0	0	0	0	0	0	0	-	0	0	0	-	0	0	0	-	0	0	0
1997 New York Giants	9	0	6	0	0.0	0	0	0	0	0	0	-	0	0	0	-	0	0	0	-	0	0	0
3 NFL Seasons	31	0	6	0	0.0	0	0	0	0	0	0	-	0	1	0	0.0	0	0	0	-	0	0	1

Steve Young

(statistical profile on page 384)

Pos: QB **Rnd:** 1(S) **College:** Brigham Young **Ht:** 6' 2" **Wt:** 205 **Born:** 10/11/61 **Age:** 37

			Passing										Rushing					Miscellaneous				
Year Team	G	GS	Att	Com	Pct	Yards	Yds/Att	Lg	TD	Int	Int%	Rating	Att	Yds	Avg	Lg	TD	Sckd	Yds	Fum	Recv Yds	Pts
1985 Tampa Bay Buccaneers	5	5	138	72	52.2	935	6.78	59	3	8	5.8	56.9	40	233	5.8	20	1	21	158	4	1 -1	6
1986 Tampa Bay Buccaneers	14	14	363	195	53.7	2282	6.29	46	8	13	3.6	65.5	74	425	5.7	31	5	47	326	11	4 -24	30
1987 San Francisco 49ers	8	3	69	37	53.6	570	8.26	t50	10	0	0.0	120.8	26	190	7.3	t29	1	3	25	0	0 0	6
1988 San Francisco 49ers	11	3	101	54	53.5	680	6.73	t73	3	3	3.0	72.2	27	184	6.8	t49	1	13	75	5	2 -10	6
1989 San Francisco 49ers	10	3	92	64	69.6	1001	10.88	t50	8	3	3.3	120.8	38	126	3.3	22	2	12	84	2	1 0	12
1990 San Francisco 49ers	6	1	62	38	61.3	427	6.89	134	2	0	0.0	92.6	15	159	10.6	31	0	8	41	1	0 0	0
1991 San Francisco 49ers	11	10	279	180	64.5	2517	9.02	t97	17	8	2.9	101.8	66	415	6.3	21	4	13	79	3	1 -6	24
1992 San Francisco 49ers	16	16	402	268	66.7	3465	8.62	t80	25	7	1.7	107.0	76	537	7.1	t39	4	29	152	9	3 -13	24
1993 San Francisco 49ers	16	16	462	314	68.0	4023	8.71	t80	29	16	3.5	101.5	69	407	5.9	35	2	31	160	8	2 -4	12
1994 San Francisco 49ers	16	16	461	324	70.3	3969	8.61	t69	35	10	2.2	112.8	58	293	5.1	27	7	31	163	4	1 -4	42
1995 San Francisco 49ers	11	11	447	299	66.9	3200	7.16	57	20	11	2.5	92.3	50	250	5.0	29	3	25	115	3	0 0	18
1996 San Francisco 49ers	12	12	316	214	67.7	2410	7.63	52	14	6	1.9	97.2	52	310	6.0	33	4	34	160	3	1 0	26
1997 San Francisco 49ers	15	15	356	241	67.7	3029	8.51	82	19	6	1.7	104.7	50	199	4.0	13	3	35	220	4	2 -10	18
13 NFL Seasons	151	125	3548	2300	64.8	28508	8.03	t97	193	91	2.6	97.0	641	3728	5.8	t49	37	302	1758	57	18 -72	224

Other Statistics: 1993–caught 2 passes for 2 yards. 1996–scored 1 two-point conversion.

Mike Zandofsky

Pos: G **Rnd:** 3 **College:** Washington **Ht:** 6' 2" **Wt:** 308 **Born:** 11/30/65 **Age:** 32

Year	Team	G	GS	Year	Team	G	GS	Year	Team	G	GS		G	GS
1989	Phoenix Cardinals	15	7	1992	San Diego Chargers	15	0	1995	Atlanta Falcons	12	12			
1990	San Diego Chargers	13	0	1993	San Diego Chargers	16	16	1996	Atlanta Falcons	14	14			
1991	San Diego Chargers	10	5	1994	Atlanta Falcons	16	16	1997	Philadelphia Eagles	4	2	9 NFL Seasons	115	72

Other Statistics: 1995–recovered 1 fumble for 0 yards.

Rob Zatechka

Pos: G **Rnd:** 4 **College:** Nebraska **Ht:** 6' 4" **Wt:** 315 **Born:** 12/1/71 **Age:** 26

Year	Team	G	GS	Year	Team	G	GS	Year	Team	G	GS		G	GS
1995	New York Giants	16	3	1996	New York Giants	15	6	1997	New York Giants	16	0	3 NFL Seasons	47	9

Other Statistics: 1995–returned 1 kickoff for 5 yards.

Eric Zeier

(statistical profile on page 385)

Pos: QB **Rnd:** 3 **College:** Georgia **Ht:** 6' 0" **Wt:** 205 **Born:** 9/6/72 **Age:** 26

			Passing										Rushing					Miscellaneous				
Year Team	G	GS	Att	Com	Pct	Yards	Yds/Att	Lg	TD	Int	Int%	Rating	Att	Yds	Avg	Lg	TD	Sckd	Yds	Fum	Recv Yds	Pts
1995 Cleveland Browns	7	4	161	82	50.9	864	5.37	59	4	9	5.6	51.9	15	80	5.3	17	0	15	91	3	0 -5	2
1996 Baltimore Ravens	1	0	21	10	47.6	97	4.62	15	1	1	4.8	57.0	2	8	4.0	5	0	4	26	2	1 0	0
1997 Baltimore Ravens	5	3	116	67	57.8	958	8.26	92	7	1	0.9	101.1	10	17	1.7	12	0	17	98	3	0 -12	0
3 NFL Seasons	13	7	298	159	53.4	1919	6.44	92	12	11	3.7	71.4	27	105	3.9	17	0	36	215	8	1 -17	2

Other Statistics: 1995–scored 1 two-point conversion.

Dusty Zeigler

Pos: C **Rnd:** 6 **College:** Notre Dame **Ht:** 6' 5" **Wt:** 298 **Born:** 9/27/73 **Age:** 25

Year	Team	G	GS	Year	Team	G	GS		G	GS
1996	Buffalo Bills	2	0	1997	Buffalo Bills	13	13	2 NFL Seasons	15	13

Other Statistics: 1997–recovered 1 fumble for -12 yards; fumbled 1 time.

Ray Zellars

(statistical profile on page 385)

Pos: FB **Rnd:** 2 **College:** Notre Dame **Ht:** 5' 11" **Wt:** 233 **Born:** 3/25/73 **Age:** 25

			Rushing					Receiving					Punt Returns				Kickoff Returns				Totals		
Year Team	G	GS	Att	Yds	Avg	Lg	TD	Rec	Yds	Avg	Lg	TD	Num	Yds	Avg	TD	Num	Yds	Avg	TD	Fum	TD	Pts
1995 New Orleans Saints	12	0	50	162	3.2	11	2	7	33	4.7	9	0	0	0	-	0	0	0	-	0	1	2	12
1996 New Orleans Saints	9	6	120	475	4.0	63	4	9	45	5.0	12	0	0	0	-	0	0	0	-	0	2	4	24
1997 New Orleans Saints	16	16	156	552	3.5	27	4	31	263	8.5	38	0	0	0	-	0	0	0	-	0	6	4	24
3 NFL Seasons	37	22	326	1189	3.6	63	10	47	341	7.3	38	0	0	0	-	0	0	0	-	0	9	10	60

Other Statistics: 1997–recovered 2 fumbles for 0 yards.

Jeff Zgonina

Pos: DT **Rnd:** 7 **College:** Purdue **Ht:** 6' 1" **Wt:** 282 **Born:** 5/24/70 **Age:** 28

Year Team	G	GS	Tackles			Miscellaneous				Interceptions				Punt Returns				Kickoff Returns				Totals	
			Tk	Ast	Sack	FF	FR	TD	Blk	Int	Yds	Avg	TD	Num	Yds	Avg	TD	Num	Yds	Avg	TD	TD	Fum
1993 Pittsburgh Steelers	5	0	11	5	0.0	0	1	0	0	0	0	-	0	0	0	-	0	0	0	-	0	0	0
1994 Pittsburgh Steelers	16	0	6	5	0.0	0	1	0	0	0	0	-	0	0	0	-	0	0	0	-	0	0	0
1995 Carolina Panthers	2	0	2	0	0.0	0	0	0	0	0	0	-	0	0	0	-	0	2	8	4.0	0	0	1
1996 Atlanta Falcons	8	0	7	5	1.0	0	1	0	0	0	0	-	0	0	0	-	0	0	0	-	0	0	0
1997 St. Louis Rams	15	0	19	2	2.0	0	0	0	0	0	0	-	0	0	0	-	0	1	5	5.0	0	0	0
5 NFL Seasons	46	0	45	17	3.0	0	3	0	0	0	0	-	0	0	0	-	0	3	13	4.3	0	0	1

Gary Zimmerman

Pos: T **Rnd:** 1(S) **College:** Oregon **Ht:** 6' 6" **Wt:** 294 **Born:** 12/13/61 **Age:** 36

Year	Team	G	GS	Year	Team	G	GS	Year	Team	G	GS	Year	Team	G	GS
1986	Minnesota Vikings	16	16	1989	Minnesota Vikings	16	16	1992	Minnesota Vikings	16	16	1995	Denver Broncos	16	16
1987	Minnesota Vikings	12	12	1990	Minnesota Vikings	16	16	1993	Denver Broncos	16	16	1996	Denver Broncos	14	14
1988	Minnesota Vikings	16	16	1991	Minnesota Vikings	16	16	1994	Denver Broncos	16	16	1997	Denver Broncos	14	14
												12 NFL Seasons		184	184

Other Statistics: 1986—recovered 2 fumbles for 0 yards. 1987—recovered 1 fumble for 4 yards. 1993—recovered 1 fumble for 0 yards.

Scott Zolak

Pos: QB **Rnd:** 4 **College:** Maryland **Ht:** 6' 5" **Wt:** 235 **Born:** 12/13/67 **Age:** 30

Year Team	G	GS	Passing									Rushing					Miscellaneous			
			Att	Com	Pct	Yards	Yds/Att	Lg	TD	Int	Int%	Rating	Att	Yds	Avg	Lg	TD	Sckd	Yds	Fum	Recv	Yds	Pts
1992 New England Patriots	6	4	100	52	52.0	561	5.61	t65	2	4	4.0	58.8	18	71	3.9	19	0	17	137	5	3	-21	0
1993 New England Patriots	3	0	2	0	0.0	0	0.00	-	0	0	0.0	39.6	1	0	0.0	0	0	0	0	0	0	0	0
1994 New England Patriots	16	0	8	5	62.5	28	3.50	13	0	0	0.0	68.8	1	-1	-1.0	-1	0	0	0	0	0	0	0
1995 New England Patriots	16	1	49	28	57.1	282	5.76	72	1	0	0.0	80.5	4	19	4.8	12	0	4	28	4	1	-2	0
1996 New England Patriots	3	0	1	1	100.0	5	5.00	5	0	0	0.0	87.5	4	-3	-0.8	0	0	0	0	0	0	0	0
1997 New England Patriots	4	0	9	6	66.7	67	7.44	t20	2	0	0.0	128.2	3	-3	-1.0	-1	0	0	0	0	0	0	0
6 NFL Seasons	48	5	169	92	54.4	943	5.58	72	5	4	2.4	70.7	31	83	2.7	19	0	21	165	9	4	-23	0

Michael Zordich

(statistical profile on page 464)

Pos: S **Rnd:** 9 **College:** Penn State **Ht:** 6' 1" **Wt:** 212 **Born:** 10/12/63 **Age:** 35

Year Team	G	GS	Tackles			Miscellaneous				Interceptions				Punt Returns				Kickoff Returns				Totals	
			Tk	Ast	Sack	FF	FR	TD	Blk	Int	Yds	Avg	TD	Num	Yds	Avg	TD	Num	Yds	Avg	TD	TD	Fum
1987 New York Jets	10	0	6	2	1.0	0	0	0	0	0	0	-	0	0	0	-	0	0	0	-	0	0	0
1988 New York Jets	16	0	9	1	0.0	0	0	0	0	1	35	35.0	1	0	0	-	0	0	0	-	0	1	0
1989 Phoenix Cardinals	16	6	43	17	1.0	0	0	0	0	1	16	16.0	1	0	0	-	0	0	0	-	0	1	0
1990 Phoenix Cardinals	16	1	17	10	0.0	0	1	0	0	1	25	25.0	0	0	0	-	0	0	0	-	0	0	0
1991 Phoenix Cardinals	16	16	65	22	0.0	0	3	0	0	1	27	27.0	0	0	0	-	0	0	0	-	0	0	0
1992 Phoenix Cardinals	16	16	41	20	0.0	0	0	0	0	3	37	12.3	0	0	0	-	0	0	0	-	0	0	0
1993 Phoenix Cardinals	16	9	34	20	0.0	2	0	0	0	1	0	0.0	0	0	0	-	0	0	0	-	0	0	0
1994 Philadelphia Eagles	16	16	51	27	1.0	2	3	0	0	4	39	9.8	1	0	0	-	0	1	0	0.0	0	1	0
1995 Philadelphia Eagles	15	15	60	14	1.0	2	2	1	0	1	10	10.0	0	0	0	-	0	0	0	-	0	1	0
1996 Philadelphia Eagles	16	16	64	32	0.0	0	0	0	0	4	54	13.5	0	0	0	-	0	0	0	-	0	0	0
1997 Philadelphia Eagles	16	16	51	29	2.0	0	1	0	0	1	21	21.0	0	0	0	-	0	0	0	-	0	0	0
11 NFL Seasons	169	111	441	194	6.0	6	10	1	0	18	264	14.7	3	0	0	-	0	1	0	0.0	0	4	0

Chris Zorich

Pos: DT **Rnd:** 2 **College:** Notre Dame **Ht:** 6' 1" **Wt:** 282 **Born:** 3/13/69 **Age:** 29

Year Team	G	GS	Tackles			Miscellaneous				Interceptions				Totals		
			Tk	Ast	Sack	FF	FR	TD	Blk	Int	Yds	Avg	TD	Sfty	TD	Pts
1991 Chicago Bears	12	0	3	7	0.0	0	0	0	0	0	0	-	0	0	0	0
1992 Chicago Bears	16	2	26	27	2.0	0	1	1	0	0	0	-	0	0	1	6
1993 Chicago Bears	16	16	63	58	7.0	1	2	0	0	0	0	-	0	0	0	0
1994 Chicago Bears	16	16	51	21	5.5	1	1	0	0	0	0	-	0	0	0	0
1995 Chicago Bears	16	15	43	15	1.0	1	2	0	0	0	0	-	0	0	0	0
1997 Chi - Was	9	0	6	1	1.0	1	0	0	0	0	0	-	0	0	0	0
1997 Chicago Bears	3	0	2	0	0.0	0	0	0	0	0	0	-	0	0	0	0
Washington Redskins	6	0	4	1	1.0	1	0	0	0	0	0	-	0	0	0	0
6 NFL Seasons	85	49	192	129	16.5	4	6	1	0	0	0	-	0	0	1	6

Rushing, Returns and Overall Scoring

Team	Rushing							Punt Returns					Kickoff Returns					Scoring	
	Rush	Yds	Avg	Lg	TD	Stf	StfYds	Fum	Num	Yds	Avg	TD	Fum	Num	Yds	Avg	TD	Fum	TD	Pts
Arizona Cardinals	395	1255	3.2	31	9	49	103	6	41	461	11.2	0	3	70	1696	24.2	0	**0**	32	283
Atlanta Falcons	442	1643	3.7	77	8	61	118	16	52	483	9.3	0	5	51	1198	23.5	**2**	1	36	320
Baltimore Ravens	420	1589	3.8	25	7	52	97	12	42	564	13.4	2	4	71	1435	20.2	0	5	35	326
Buffalo Bills	422	1782	4.2	t56	12	45	119	13	39	346	8.9	0	7	78	1538	19.7	0	3	26	255
Carolina Panthers	441	1759	4.0	50	11	41	91	10	41	310	7.6	0	5	64	1500	23.4	0	4	28	265
Chicago Bears	490	1746	3.6	t68	14	**35**	87	13	46	321	7.0	0	3	79	1694	21.4	0	**0**	28	263
Cincinnati Bengals	452	1966	4.3	t79	**23**	53	99	6	26	201	7.7	0	3	74	**1708**	23.1	1	2	46	355
Dallas Cowboys	423	1637	3.9	44	6	45	94	7	47	512	10.9	1	3	63	1520	24.1	0	**0**	29	304
Denver Broncos	520	2378	4.6	t50	18	42	99	11	41	555	**13.5**	3	3	54	1203	22.3	0	3	**55**	**472**
Detroit Lions	447	2464	**5.5**	t82	19	62	126	10	48	433	9.0	0	2	59	1364	23.1	0	2	43	379
Green Bay Packers	459	1909	4.2	t52	9	71	112	7	56	515	9.2	0	5	49	1119	22.8	0	2	50	422
Indianapolis Colts	450	1727	3.8	45	10	57	121	12	31	248	8.0	0	1	68	1442	21.2	0	2	31	313
Jacksonville Jaguars	454	1720	3.8	33	20	51	92	7	36	412	11.4	0	1	58	1233	21.3	1	2	43	394
Kansas City Chiefs	529	2171	4.1	43	15	62	133	8	35	383	10.9	1	4	54	1345	24.9	1	3	42	375
Miami Dolphins	429	1343	3.1	t71	18	66	124	8	32	335	10.5	0	**0**	63	1298	20.6	0	3	37	339
Minnesota Vikings	449	2041	4.5	t78	14	48	98	**4**	34	444	13.1	0	**0**	65	1414	21.8	0	**0**	42	354
New England Patriots	398	1464	3.7	t70	6	51	109	6	45	467	10.4	0	2	53	1337	**25.2**	1	3	42	369
New Orleans Saints	417	1461	3.5	t74	9	68	151	17	48	496	10.3	0	2	58	1374	23.7	1	3	24	237
New York Giants	521	1988	3.8	42	14	65	147	12	47	455	9.7	1	**0**	51	963	18.9	0	3	35	307
New York Jets	431	1485	3.4	t43	10	74	160	9	**59**	**674**	11.4	1	4	54	1236	22.9	**2**	2	38	348
Oakland Raiders	360	1588	4.4	t83	9	68	161	11	27	210	7.8	0	1	**81**	1699	21.0	0	2	41	324
Philadelphia Eagles	465	1943	4.2	30	11	45	78	8	31	234	7.5	0	6	69	1520	22.0	1	1	36	317
Pittsburgh Steelers	**572**	**2479**	4.3	t74	19	61	139	12	32	222	6.9	0	1	67	1493	22.3	1	4	44	372
San Diego Chargers	409	1416	3.5	32	5	46	86	9	47	489	10.4	3	2	75	1613	21.5	1	2	27	266
San Francisco 49ers	523	1969	3.8	51	16	72	143	9	41	482	11.8	1	4	50	1133	22.7	1	**0**	41	375
Seattle Seahawks	404	1800	4.5	t77	13	66	138	7	37	248	6.7	0	4	76	1550	20.4	0	4	43	365
St. Louis Rams	443	1563	3.5	28	15	51	123	19	40	274	6.9	0	1	68	1454	21.4	0	2	32	299
Tampa Bay Buccaneers	479	1934	4.0	76	15	45	**73**	14	51	645	12.6	1	4	51	1075	21.1	0	2	38	299
Tennessee Oilers	541	2414	4.5	47	17	50	107	13	32	244	7.6	0	4	58	1150	19.8	0	2	36	333
Washington Redskins	454	1615	3.6	34	12	59	132	9	38	442	11.6	1	1	59	1283	21.7	1	2	40	327
NFL Totals	13639	54249	4.0	t83	384	1661	3460	305	1222	12105	9.9	15	85	1890	41587	22.0	14	63	1120	9957

Passing and Receiving

Team	Passing												Receiving					
	Att	Com	Pct	Yards	Yds/Att	Lg	TD	Int	Int%	Rating	Sckd	Yds	Rec	Yds	Avg	Lg	Fum	TD
Arizona Cardinals	602	317	52.7	3953	6.57	t70	19	22	3.7	68.6	78	495	317	3953	12.5	t70	5	19
Atlanta Falcons	484	273	56.4	3445	7.12	56	26	11	2.3	87.2	54	372	273	3445	12.6	56	6	26
Baltimore Ravens	586	338	57.7	3929	6.70	**92**	25	16	2.7	80.9	37	227	338	3929	11.6	**92**	7	25
Buffalo Bills	546	293	53.7	3213	5.88	t77	14	25	4.6	60.8	46	338	293	3213	11.0	t77	4	14
Carolina Panthers	534	289	54.1	3156	5.91	t59	17	24	4.5	63.7	44	311	289	3156	10.9	t59	4	17
Chicago Bears	595	336	56.5	3501	5.88	t78	14	22	3.7	66.1	43	260	336	3501	10.4	t78	6	14
Cincinnati Bengals	504	302	59.9	3603	7.15	t77	21	**9**	**1.8**	88.3	46	287	302	3603	11.9	t77	5	21
Dallas Cowboys	553	314	56.8	3454	6.25	t64	19	12	2.2	77.8	39	313	314	3454	11.0	t64	7	19
Denver Broncos	513	287	55.9	3704	7.22	78	27	11	2.1	87.4	35	210	287	3704	12.9	78	4	27
Detroit Lions	540	304	56.3	3605	6.68	79	19	17	3.1	75.4	41	271	304	3605	11.9	79	3	19
Green Bay Packers	523	309	59.1	3896	7.45	74	**35**	16	3.1	91.9	26	191	309	3896	12.6	74	4	**35**
Indianapolis Colts	523	317	60.6	3560	6.81	58	16	17	3.3	77.6	62	418	317	3560	11.2	58	3	16
Jacksonville Jaguars	504	313	62.1	3922	7.78	75	20	**9**	**1.8**	92.0	40	218	313	3922	12.5	75	2	20
Kansas City Chiefs	493	281	57.0	3129	6.35	t55	20	10	2.0	81.1	32	236	281	3129	11.1	t55	**1**	20
Miami Dolphins	576	332	57.6	3945	6.85	55	16	12	2.1	79.2	23	163	332	3945	11.9	55	3	16
Minnesota Vikings	540	319	59.1	3537	6.55	56	26	16	3.0	82.3	33	224	319	3537	11.1	56	5	26
New England Patriots	532	321	60.3	3808	7.16	76	31	15	2.8	89.9	30	258	321	3808	11.9	76	3	31
New Orleans Saints	458	228	49.8	2901	6.33	t89	13	33	7.2	49.4	50	317	228	2901	12.7	t89	2	13
New York Giants	474	249	52.5	2763	5.83	t68	16	12	2.5	70.9	32	238	249	2763	11.1	t68	2	16
New York Jets	564	319	56.6	3555	6.30	70	20	10	**1.8**	79.9	48	313	319	3555	11.1	70	3	20
Oakland Raiders	529	294	55.6	3944	7.46	76	29	10	1.9	89.9	58	430	294	3944	**13.4**	76	4	29
Philadelphia Eagles	587	330	56.2	4009	6.83	t72	22	16	2.7	78.5	64	362	330	4009	12.1	t72	4	22
Pittsburgh Steelers	466	253	54.3	3215	6.90	t69	22	19	4.1	74.8	**20**	**152**	253	3215	12.7	t69	4	22
San Diego Chargers	565	291	51.5	3475	6.15	t72	12	21	3.7	62.2	51	386	291	3475	11.9	t72	3	12
San Francisco 49ers	432	278	**64.4**	3432	**7.94**	82	20	11	2.5	**93.6**	44	289	278	3432	12.3	82	5	20
Seattle Seahawks	**609**	359	58.9	**4187**	6.88	61	26	21	3.4	79.7	36	228	359	**4187**	11.7	61	5	26
St. Louis Rams	526	271	51.5	3524	6.70	76	14	15	2.9	69.9	44	326	271	3524	13.0	76	**1**	14
Tampa Bay Buccaneers	404	224	55.4	2638	6.53	t59	21	12	3.0	80.4	32	196	224	2638	11.8	t59	5	21
Tennessee Oilers	420	220	52.4	2704	6.44	t55	15	13	3.1	71.6	32	199	220	2704	12.3	t55	2	15
Washington Redskins	547	283	51.7	3581	6.55	69	22	22	4.0	69.1	33	198	283	3581	12.7	69	2	22
NFL Totals	15729	8844	56.2	105288	6.69	92	617	479	3.0	77.2	1253	8426	8844	105288	11.9	92	114	617

Kicking

Team	1-29 Yds	Pct	30-39 Yds	Pct	40-49 Yds	Pct	50+ Yds	Pct	Overall	Pct	Long	PAT Made	PAT Att	Tot Pts
Arizona Cardinals	8-8	100.0	6-8	75.0	5-11	45.5	0-2	0.0	19-29	65.5	49	28	29	85
Atlanta Falcons	11-11	100.0	7-7	100.0	3-6	50.0	2-3	66.7	23-27	85.2	55	35	35	104
Baltimore Ravens	8-9	88.9	12-12	100.0	6-11	54.5	0-2	0.0	26-34	76.5	49	32	32	110
Buffalo Bills	6-6	100.0	9-12	75.0	8-10	80.0	1-2	50.0	24-30	80.0	55	21	21	93
Carolina Panthers	7-8	87.5	8-8	100.0	4-4	100.0	3-6	50.0	22-26	84.6	54	25	25	91
Chicago Bears	8-9	88.9	8-10	80.0	4-6	66.7	1-1	100.0	21-26	80.8	52	20	20	83
Cincinnati Bengals	4-4	100.0	3-3	100.0	5-7	71.4	0-2	0.0	12-16	75.0	46	41	43	77
Dallas Cowboys	17-17	100.0	9-9	100.0	7-10	70.0	1-2	50.0	34-38	89.5	53	24	24	126
Denver Broncos	11-12	91.7	11-13	84.6	3-9	33.3	3-5	60.0	28-39	71.8	53	50	50	134
Detroit Lions	10-10	100.0	8-9	88.9	5-5	100.0	3-5	60.0	26-29	89.7	55	39	40	117
Green Bay Packers	11-12	91.7	10-13	76.9	2-4	50.0	1-1	100.0	24-30	80.0	50	48	48	120
Indianapolis Colts	9-9	100.0	12-14	85.7	10-15	66.7	1-3	33.3	32-41	78.0	50	21	21	117
Jacksonville Jaguars	14-16	87.5	8-9	88.9	7-9	77.8	2-2	100.0	31-36	86.1	52	41	41	134
Kansas City Chiefs	9-9	100.0	3-3	100.0	12-13	92.3	2-2	100.0	26-27	96.3	54	35	36	113
Miami Dolphins	16-17	94.1	8-10	80.0	3-6	50.0	1-3	33.3	28-36	77.8	50	33	33	117
Minnesota Vikings	11-12	91.7	3-5	60.0	5-9	55.6	0-1	0.0	19-27	70.4	49	33	34	90
New England Patriots	11-11	100.0	7-9	77.8	6-8	75.0	1-1	100.0	25-29	86.2	52	40	40	115
New Orleans Saints	3-3	100.0	10-10	100.0	6-9	66.7	4-5	80.0	23-27	85.2	53	22	22	91
New York Giants	7-7	100.0	6-7	85.7	8-14	57.1	1-4	25.0	22-32	68.8	52	27	29	93
New York Jets	11-12	91.7	11-17	64.7	2-6	33.3	4-6	66.7	28-41	68.3	55	36	36	120
Oakland Raiders	3-5	60.0	4-6	66.7	5-10	50.0	1-1	100.0	13-22	59.1	53	33	35	72
Philadelphia Eagles	7-7	100.0	11-12	91.7	4-11	36.4	0-1	0.0	22-31	71.0	49	33	33	99
Pittsburgh Steelers	7-7	100.0	8-8	100.0	6-8	75.0	1-2	50.0	22-25	88.0	52	40	40	106
San Diego Chargers	7-8	87.5	12-12	100.0	7-11	63.6	0-0	-	26-31	83.9	45	26	27	104
San Francisco 49ers	11-11	100.0	9-12	75.0	8-10	80.0	1-3	33.3	29-36	80.6	51	38	38	125
Seattle Seahawks	9-9	100.0	7-10	70.0	5-7	71.4	1-2	50.0	22-28	78.6	52	37	37	103
St. Louis Rams	8-9	88.9	8-12	66.7	7-14	50.0	2-2	100.0	25-37	67.6	52	32	32	107
Tampa Bay Buccaneers	5-5	100.0	2-3	66.7	5-6	83.3	1-3	33.3	13-17	76.5	54	32	35	71
Tennessee Oilers	8-8	100.0	10-11	90.9	7-14	50.0	2-2	100.0	27-35	77.1	52	32	32	113
Washington Redskins	6-6	100.0	5-6	83.3	4-8	50.0	1-4	25.0	16-24	66.7	50	39	39	87
NFL Totals	263-277	94.9	235-280	83.9	169-271	62.4	41-78	52.6	708-906	78.1	55	993	1007	3117

Punting

Team	NetPunts	Yards	Avg	Long	In20	In20%	TotPunts	TB	TB%	Blocks	OppRet	RetYds	NetAvg
Arizona Cardinals	91	4028	43.8	62	24	26.4	92	10	11.0	1	40	441	36.8
Atlanta Falcons	89	3498	39.3	57	20	22.5	89	9	10.1	0	21	55	36.7
Baltimore Ravens	83	3540	42.7	60	24	28.9	83	2	2.4	0	53	460	36.6
Buffalo Bills	90	3764	41.4	59	24	26.7	91	6	6.7	1	44	366	36.0
Carolina Panthers	85	3604	42.4	62	29	34.1	85	4	4.7	0	38	428	36.4
Chicago Bears	96	4077	42.5	67	26	27.1	96	11	11.5	0	52	727	32.6
Cincinnati Bengals	81	3471	42.9	66	27	33.3	81	8	9.9	0	35	407	35.9
Dallas Cowboys	86	3592	41.8	72	26	30.2	86	9	10.5	0	40	365	35.4
Denver Broncos	60	2598	43.3	57	22	36.7	60	4	6.7	0	26	235	38.1
Detroit Lions	84	3576	41.6	60	24	28.6	86	4	4.8	2	51	434	35.6
Green Bay Packers	75	3378	45.0	65	26	34.7	75	21	28.0	0	32	255	36.0
Indianapolis Colts	67	3034	45.3	72	18	26.9	67	6	9.0	0	43	491	36.2
Jacksonville Jaguars	66	2964	44.9	64	27	40.9	66	8	12.1	0	29	241	38.8
Kansas City Chiefs	83	3489	42.0	65	29	34.9	83	4	4.8	0	39	255	38.0
Miami Dolphins	68	2962	43.6	58	15	22.1	68	6	8.8	0	43	323	37.0
Minnesota Vikings	81	3407	42.1	65	25	30.9	81	5	6.2	0	49	566	33.8
New England Patriots	78	3569	45.2	73	24	30.8	79	14	17.9	1	38	437	36.1
New Orleans Saints	88	4038	45.9	66	21	23.9	88	13	14.8	0	50	706	34.9
New York Giants	111	4531	40.5	57	33	29.7	112	14	12.6	1	40	378	34.6
New York Jets	74	3212	42.8	58	21	28.4	75	5	6.8	1	47	459	35.4
Oakland Raiders	93	4189	45.0	63	28	30.1	93	6	6.5	0	52	431	39.1
Philadelphia Eagles	87	3660	41.6	61	19	21.8	88	5	5.7	1	48	515	34.6
Pittsburgh Steelers	64	2729	42.6	72	17	26.6	64	11	17.2	0	23	271	35.0
San Diego Chargers	89	3972	44.1	66	26	29.2	90	8	9.0	1	39	416	37.7
San Francisco 49ers	78	3182	40.3	55	22	28.2	79	7	9.0	1	41	307	34.6
Seattle Seahawks	76	3144	40.3	65	24	31.6	78	8	10.5	2	38	463	32.3
St. Louis Rams	94	3985	41.9	61	16	17.0	95	8	8.5	1	60	618	33.8
Tampa Bay Buccaneers	83	3578	42.6	74	27	32.5	84	9	10.8	1	42	388	35.8
Tennessee Oilers	74	3081	41.6	59	25	33.8	74	2	2.7	0	36	430	35.3
Washington Redskins	84	3788	44.6	62	32	38.1	85	11	13.1	1	33	237	39.2
NFL Totals	2458	105640	42.7	74	721	29.3	2473	238	9.7	15	1222	12105	35.9

Opponents' Rushing, Returns, and Overall Scoring

Team	Rush	Yds	Avg	Lg	TD	Stf	StfYds	Fum	Num	Yds	Avg	TD	Fum	Num	Yds	Avg	TD	Fum	TD	Pts
Arizona Cardinals	524	2180	4.2	44	13	43	75	6	40	441	11.0	1	1	42	945	22.5	1	0	42	379
Atlanta Falcons	409	1666	4.1	t61	18	46	104	10	21	55	2.6	0	4	52	1167	22.4	0	1	45	361
Baltimore Ravens	471	1690	3.6	t74	17	66	137	7	53	460	8.7	0	6	58	1323	22.8	1	1	39	345
Buffalo Bills	493	1792	3.6	t78	11	77	130	9	44	366	8.3	0	3	55	1385	25.2	3	3	37	367
Carolina Panthers	497	1973	4.0	26	12	45	84	10	38	428	11.3	2	4	55	1276	23.2	1	1	36	314
Chicago Bears	421	1858	4.4	76	18	82	175	10	52	727	14.0	2	3	52	1237	23.8	0	1	50	421
Cincinnati Bengals	514	2223	4.3	t50	15	55	109	14	35	407	11.6	2	3	67	1406	21.0	0	2	48	405
Dallas Cowboys	511	1994	3.9	31	12	46	82	11	40	365	9.1	0	3	65	1172	18.0	0	4	36	314
Denver Broncos	381	1803	4.7	t83	10	55	143	7	26	235	9.0	1	3	89	1827	20.5	0	6	35	287
Detroit Lions	471	1833	3.9	t74	15	57	125	8	51	434	8.5	1	2	61	1269	20.8	0	1	33	306
Green Bay Packers	443	1876	4.2	t68	16	32	61	11	32	255	8.0	0	3	78	1599	20.5	0	1	30	282
Indianapolis Colts	438	2034	4.6	t80	18	43	112	7	43	491	11.4	0	3	64	1544	24.1	1	1	46	401
Jacksonville Jaguars	455	1734	3.8	30	12	51	127	8	29	241	8.3	0	1	77	1730	22.5	0	1	39	318
Kansas City Chiefs	413	1621	3.9	45	8	65	166	10	39	255	6.5	0	4	80	1672	20.9	0	1	23	232
Miami Dolphins	443	1813	4.1	t43	9	47	123	15	43	323	7.5	0	3	53	1018	19.2	0	2	36	327
Minnesota Vikings	442	1983	4.5	60	13	66	112	13	49	566	11.6	1	2	67	1398	20.9	0	1	42	359
New England Patriots	435	1616	3.7	34	16	45	98	8	38	437	11.5	0	3	75	1651	22.0	1	2	33	289
New Orleans Saints	496	1764	3.6	50	11	66	141	12	50	706	14.1	1	1	51	1139	22.3	0	5	35	327
New York Giants	432	1451	3.4	37	17	49	93	15	40	378	9.5	0	3	49	1163	23.7	1	1	30	265
New York Jets	470	1899	4.0	53	9	47	92	12	47	459	9.8	0	3	54	1134	21.0	0	3	33	287
Oakland Raiders	525	2246	4.3	77	19	75	143	12	52	431	8.3	0	2	48	1124	23.4	0	2	44	419
Philadelphia Eagles	476	2009	4.2	53	16	48	100	9	48	515	10.7	1	3	66	1548	23.5	0	3	43	372
Pittsburgh Steelers	403	1318	3.3	47	5	71	145	4	23	271	11.8	0	1	74	1556	21.0	1	3	31	307
San Diego Chargers	453	1698	3.7	t71	12	62	117	10	39	416	10.7	0	5	63	1517	24.1	1	3	50	425
San Francisco 49ers	386	1366	3.5	46	5	37	90	10	41	307	7.5	0	2	82	1746	21.3	0	3	31	265
Seattle Seahawks	455	1731	3.8	t55	10	52	98	13	38	463	12.2	2	3	77	1779	23.1	1	4	38	362
St. Louis Rams	440	1676	3.8	65	10	66	135	13	60	618	10.3	1	3	54	1262	23.4	1	1	39	359
Tampa Bay Buccaneers	420	1617	3.9	t82	10	47	98	6	42	388	9.2	0	3	44	957	21.8	1	2	29	263
Tennessee Oilers	414	1573	3.8	t77	12	67	138	10	36	430	11.9	0	3	71	1528	21.5	0	2	35	310
Washington Redskins	508	2212	4.4	t51	15	53	107	15	33	237	7.2	0	3	67	1515	22.6	0	2	32	289
NFL Totals	13639	54249	4.0	t83	384	1661	3460	305	1222	12105	9.9	15	85	1890	41587	22.0	14	63	1120	9957

Opponents' Passing and Receiving

Team	Att	Com	Pct	Yards	Yds/Att	Lg	TD	Int	Int%	Rating	Sckd	Yds	Rec	Yds	Avg	Lg	Fum	TD
Arizona Cardinals	491	279	56.8	3461	7.05	69	23	15	3.1	81.7	34	215	279	3461	12.4	69	3	23
Atlanta Falcons	496	275	55.4	3794	7.65	82	24	18	3.6	81.2	55	354	275	3794	13.8	82	2	24
Baltimore Ravens	556	332	59.7	3966	7.13	t77	20	17	3.1	80.8	42	293	332	3966	11.9	t77	3	20
Buffalo Bills	502	287	57.2	3405	6.78	60	17	15	3.0	76.8	46	344	287	3405	11.9	60	4	17
Carolina Panthers	490	260	53.1	3253	6.64	59	17	11	2.2	70.2	36	246	260	3253	12.5	59	4	17
Chicago Bears	476	273	57.4	3289	6.91	t89	25	13	2.7	84.8	38	259	273	3289	12.0	t89	4	25
Cincinnati Bengals	542	309	57.0	3668	6.77	t83	30	13	2.4	86.2	35	209	309	3668	11.9	t83	1	30
Dallas Cowboys	473	253	53.5	2717	5.74	61	20	7	1.5	78.5	38	195	253	2717	10.7	61	3	20
Denver Broncos	526	290	55.1	3166	6.02	t69	20	18	3.4	71.5	44	298	290	3166	10.9	t69	3	20
Detroit Lions	507	281	55.4	3401	6.71	t78	15	17	3.4	72.1	43	287	281	3401	12.1	t78	2	15
Green Bay Packers	563	288	51.2	3225	5.73	62	10	21	3.7	59.0	41	274	288	3225	11.2	62	4	10
Indianapolis Colts	453	261	57.6	3067	6.77	74	26	12	2.6	86.4	37	247	261	3067	11.8	74	2	26
Jacksonville Jaguars	532	320	60.2	3835	7.21	t64	24	14	2.6	86.3	48	331	320	3835	12.0	t64	7	24
Kansas City Chiefs	507	271	53.5	3618	7.14	70	15	21	4.1	69.0	54	359	271	3618	13.4	78	2	15
Miami Dolphins	530	329	62.1	3782	7.14	70	23	10	1.9	90.1	31	231	329	3782	11.5	70	6	23
Minnesota Vikings	542	336	62.0	3957	7.30	76	28	12	2.2	92.2	44	253	336	3957	11.8	76	6	28
New England Patriots	619	368	59.5	3772	6.09	51	14	19	3.1	71.8	46	313	368	3772	10.3	51	4	14
New Orleans Saints	518	293	56.6	3289	6.35	52	21	16	3.1	76.3	59	408	293	3289	11.2	52	7	21
New York Giants	596	325	54.5	3957	6.64	t72	10	27	4.5	61.9	54	341	325	3957	12.2	t72	2	10
New York Jets	558	304	54.5	3663	6.56	67	23	18	3.2	75.1	29	242	304	3663	12.0	67	6	23
Oakland Raiders	552	324	58.7	4109	7.44	61	21	10	1.8	87.1	31	239	324	4109	12.7	61	6	21
Philadelphia Eagles	490	259	52.9	3201	6.53	62	20	14	2.9	75.1	43	278	259	3201	12.4	62	2	20
Pittsburgh Steelers	554	295	53.2	3681	6.64	55	24	20	3.6	73.5	48	294	295	3681	12.5	55	6	24
San Diego Chargers	568	297	52.3	3632	6.39	t70	31	15	2.6	79.5	27	164	297	3632	12.2	t70	1	31
San Francisco 49ers	509	258	50.7	3011	5.92	69	23	25	4.9	63.6	54	364	258	3011	11.7	69	1	23
Seattle Seahawks	462	276	59.7	3356	7.26	92	19	13	2.8	84.1	42	238	276	3356	12.2	92	5	19
St. Louis Rams	543	288	53.0	3675	6.77	t72	26	25	4.6	71.3	38	296	288	3675	12.8	t72	1	26
Tampa Bay Buccaneers	518	325	62.7	3342	6.45	79	13	13	2.5	79.2	44	334	325	3342	10.3	79	4	13
Tennessee Oilers	543	321	59.1	3898	7.18	t59	21	14	2.6	83.4	35	240	321	3898	12.1	t59	12	21
Washington Redskins	513	267	52.0	3098	6.04	52	14	16	3.1	66.7	37	280	267	3098	11.6	52	5	14
NFL Totals	15729	8844	56.2	105288	6.69	92	617	479	3.0	77.2	1253	8426	8844	105288	11.9	92	114	617

Offensive Profiles

The following section provides statistical breakdowns and game logs for every significant 1997 offensive player. To be deemed "significant," a player had to either catch 25 passes, throw 50 passes or run the ball 75 times. A total of 228 players met the criteria, which works out to close to eight per team. To determine whether non-quarterbacks received the rushing or the receiving profile, we used a simple test: if a player had more receiving yards than rushing yards, he got a receiving profile, and vice versa. That's why Arizona fullback Larry Centers, for example, has a receiving rather than a rushing profile. However, even players with rushing profiles have some receiving data, and those with receiving profiles have rushing data, if applicable.

Many of the statistics here are STATS exclusives, and the abbreviations might be unfamiliar to you. Here are those abbreviations and what they stand for:

For ALL OFFENSIVE PLAYERS, **G** = Games; **Yds** = Yards; **Avg** = Average; **Lg** = Long; **1st** = First downs gained; In addition, there might be some question about a few of the breakdown categories. **Inside 20** refers to all plays inside the opposition 20-yard line, the so-called "red zone." **Inside 10** breaks down the red-zone performance even further, analyzing all plays inside the opposition 10-yard line. On the right side of the passing splits, the 10 lines beginning with **Rec Behind Line** (Received Behind Line) refer to the location of an intended receiver. And finally, **F-L** in the game logs refers to the number of fumbles and fumbles lost.

For QUARTERBACKS, **Att** = Attempts; **Com** = Completions; **Yds/Att** = Yards per Attempt; **Int** = Interceptions; **1st** = Number of First Downs Gained; **YAC** = Yards Gained by Receiver After Catch; **Big**= Big Pass Plays; **Sck** = Times Sacked; **Rtg** = Quarterback Rating.

For RECEIVERS, **Rec** = Receptions; **Trgt** = Target; **YAC** = Yards Gained After Catch; **Y@C** = Yards at Catch; **1st** = Number of First Downs Gained; **1st%** = First Downs Divided by Total Catches.

For RUNNERS, **Rush** = Rushing Attempts; **1st** = Number of First Downs Gained; **Stf** = Stuffs; **YdL** = Yards Lost on Stuffs;

TOUCHDOWNS in the game-by-game logs at the bottom of each profile are total TDs, including rushing, receiving and return touchdowns scored in a given game.

For definitions of statistical categories, please consult the Glossary.

Karim Abdul-Jabbar — Miami Dolphins — RB

1997 Rushing and Receiving Splits

	G	Rush	Yds	Avg	Lg	TD	1st	Stf	YdL	Rec	Yds	Avg	TD		Rush	Yds	Avg	Lg	TD	1st	Stf	YdL	Rec	Yds	Avg	TD
Total	16	283	892	3.2	22	15	64	38	79	29	261	9.0	1	Inside 20	65	143	2.2	13	15	19	10	22	0	0	-	0
vs. Playoff	6	102	264	2.6	21	6	24	15	42	15	98	6.5	0	Inside 10	32	46	1.4	9	14	14	5	9	0	0	-	0
vs. Non-playoff	10	181	628	3.5	22	9	40	23	37	14	163	11.6	1	1st Down	161	498	3.1	21	6	14	24	47	11	118	10.7	1
vs. Own Division	8	137	430	3.1	22	7	32	16	34	20	192	9.6	1	2nd Down	88	288	3.3	14	3	29	10	25	17	139	8.2	0
Home	8	147	448	3.0	22	7	30	24	47	14	149	10.6	0	3rd Down Overall	27	93	3.4	22	4	16	2	4	1	4	4.0	0
Away	8	136	444	3.3	21	8	34	14	32	15	112	7.5	1	3rd D 0-2 to Go	21	62	3.0	22	2	11	2	4	0	0	-	0
Games 1-8	8	131	419	3.2	22	7	27	19	40	13	126	9.7	1	3rd D 3-7 to Go	6	31	5.2	7	2	5	0	0	1	4	4.0	0
Games 9-16	8	152	473	3.1	17	8	37	19	39	16	135	8.4	0	3rd D 8+ to Go	0	0	-	0	0	0	0	0	0	0	-	0
Aug/Sept	4	63	173	2.7	22	2	11	12	25	8	57	7.1	0	4th Down	7	13	1.9	6	2	5	2	4	0	0	-	0
October	4	68	246	3.6	15	5	16	7	15	5	69	13.8	1	Left Sideline	21	125	6.0	22	2	9	3	9	7	98	14.0	1
November	5	108	343	3.2	17	7	27	15	27	9	71	7.9	0	Left Side	86	281	3.3	17	2	20	12	22	9	40	4.4	0
December	3	44	130	3.0	9	1	10	4	12	7	64	9.1	0	Middle	120	363	3.0	15	6	26	12	24	6	65	10.8	0
Grass	13	241	764	3.2	22	15	57	36	74	24	201	8.4	0	Right Side	47	92	2.0	6	6	9	19	6	50	8.3	0	
Turf	3	42	128	3.0	14	0	7	2	5	5	60	12.0	1	Right Sideline	9	31	3.4	9	3	2	5	1	8	8.0	0	
Indoor	1	8	27	3.4	6	0	0	0	0	1	4	4.0	0	0 Tight Ends	3	2	0.7	1	0	0	0	0	2	23	11.5	0
Outdoor	15	275	865	3.1	22	15	64	38	79	28	257	9.2	1	1 Tight End	203	646	3.2	22	9	44	30	67	17	122	7.2	0
1st Half	-	151	567	3.8	22	7	37	14	32	10	121	12.1	1	2 Tight Ends	66	239	3.6	17	0	14	6	9	10	116	11.6	1
2nd Half/OT	-	132	325	2.5	15	8	27	24	47	19	140	7.4	0	3+ Tight Ends	11	5	0.5	2	6	6	2	3	0	0	-	0
Last 2 Min. Half	-	4	12	3.0	7	1	2	0	0	0	0	-	0	Carries 1-5	80	330	4.1	22	1	20	7	12	0	0	-	0
4th qtr. +/-7 pts	-	21	42	2.0	13	0	1	5	10	3	10	3.3	0	Carries 6-10	78	240	3.1	14	6	18	10	24	0	0	-	0
Winning	-	134	415	3.1	15	7	29	20	39	7	55	7.9	0	Carries 11-15	67	186	2.8	21	4	17	11	22	0	0	-	0
Tied	-	66	210	3.2	22	2	9	9	18	4	52	13.0	1	Carries 16-20	39	82	2.1	13	3	6	7	14	0	0	-	0
Trailing	-	83	267	3.2	21	6	26	9	22	18	154	8.6	1	Carries 21+	19	54	2.8	11	1	3	3	7	0	0	-	0

1997 Incompletions

Type	Num	%of Inc	% Att
Pass Dropped	6	30.0	12.2
Poor Throw	11	55.0	22.4
Pass Defensed	1	5.0	2.0
Pass Hit at Line	0	0.0	0.0
Other	2	10.0	4.1
Total	20	100.0	40.8

Game Logs (1-8)

Date	Opp	Result	Rush	Yds	Rec	Yds	Trgt	F-L	TD
08/31	Ind	W 16-10	13	50	1	10	3	0-0	1
09/07	Ten	W 16-13	19	33	2	23	2	0-0	0
09/14	@GB	L 18-23	15	45	2	2	3	0-0	0
09/21	@TB	L 21-31	16	45	3	22	4	0-0	1
10/05	KC	W 17-14	17	38	0	0	2	0-0	1
10/12	@NYA	W 31-20	18	62	3	47	5	0-0	2
10/19	@Bal	W 24-13	22	108	1	14	2	2-1	3
10/27	Chi	L 33-36	11	38	1	8	3	0-0	1

Game Logs (9-16)

Date	Opp	Result	Rush	Yds	Rec	Yds	Trgt	F-L	TD
11/02	@Buf	L 6-9	16	39	1	9	2	0-0	0
11/09	NYA	W 24-17	25	103	2	19	2	0-0	2
11/17	Buf	W 30-13	26	83	2	29	3	0-0	1
11/23	@NE	L 24-27	18	33	4	14	4	0-0	3
11/30	@Oak	W 34-16	23	85	0	0	3	1-1	1
12/07	Det	W 33-30	23	70	0	0	2	0-0	1
12/14	@Ind	L 0-41	8	27	1	4	2	0-0	0
12/22	NE	L 12-14	13	33	6	60	7	0-0	0

Troy Aikman — Dallas Cowboys — QB

1997 Passing Splits

	G	Att	Cm	Pct	Yds	Y/Att	TD	Int	1st	YAC	Big	Sk	Rtg		Att	Cm	Pct	Yds	Y/Att	TD	Int	1st	YAC	Big	Sk	Rtg
Total	16	518	292	56.4	3283	6.3	19	12	163	1295	23	33	78.0	Inside 20	66	35	53.0	255	3.9	14	1	18	85	0	1	95.6
vs. Playoff	6	190	114	60.0	1295	6.8	8	5	65	489	11	10	83.6	Inside 10	22	8	36.4	29	1.3	5	0	5	8	0	0	84.5
vs. Non-playoff	10	328	178	54.3	1988	6.1	11	7	98	806	12	23	74.8	1st Down	217	116	53.5	1362	6.3	4	4	56	537	11	8	71.2
vs. Own Division	8	248	137	55.2	1413	5.7	5	4	72	553	8	16	71.9	2nd Down	140	83	59.3	919	6.6	3	3	40	408	5	9	91.3
Home	8	246	137	55.7	1653	6.7	10	6	76	725	13	18	79.9	3rd Down Overall	154	88	57.1	960	6.2	6	5	64	337	6	16	75.1
Away	8	272	155	57.0	1630	6.0	9	6	87	570	10	15	76.4	3rd D 0-5 to Go	60	39	65.0	430	7.2	3	2	36	168	2	5	88.9
Games 1-8	8	254	143	56.3	1608	6.3	11	3	83	608	12	16	84.9	3rd D 6+ to Go	94	49	52.1	530	5.6	3	3	28	169	4	11	66.4
Games 9-16	8	264	149	56.4	1675	6.3	8	9	80	687	11	17	71.4	4th Down	7	5	71.4	42	6.0	0	0	3	13	1	1	86.6
Aug/Sept	4	133	69	51.9	815	6.1	7	4	42	294	7	8	85.3	Rec Behind Line	74	49	66.2	304	4.1	1	1	9	439	0	0	73.3
October	4	121	74	61.2	793	6.6	4	2	41	314	5	8	84.5	1-10 yds	252	164	65.1	1376	5.5	9	8	78	598	4	9	77.7
November	5	169	101	59.8	1137	6.7	5	6	52	455	9	10	75.0	11-20 yds	120	8	52.5	1053	8.8	7	1	61	138	5	0	98.4
December	3	95	48	50.5	538	5.7	3	0	28	232	2	7	65.2	21-30 yds	35	9	25.7	285	8.1	0	1	9	77	8	0	49.1
Grass	4	131	72	55.0	712	5.4	2	2	35	244	5	11	69.3	31+	35	6	17.1	261	7.5	2	1	6	43	6	0	65.3
Turf	12	387	220	56.8	2571	6.6	17	10	128	1051	18	22	81.0	Left Sideline	135	76	56.3	892	6.6	4	2	42	388	6	1	80.2
Indoor	0	0	0	-	0	-	0	0	0	0	0	0	-	Left Side	92	44	47.8	491	5.3	4	4	26	153	4	3	60.6
Outdoor	16	518	292	56.4	3283	6.3	19	12	163	1295	23	33	78.0	Middle	81	51	63.0	625	7.7	5	2	25	218	5	27	97.0
1st Half	-	268	144	53.7	1507	5.6	6	6	79	495	10	16	68.4	Right Side	113	76	67.3	726	6.4	2	1	39	341	5	1	87.1
2nd Half/OT	-	250	148	59.2	1776	7.1	13	6	84	800	13	17	88.4	Right Sideline	96	44	45.8	545	5.7	4	3	31	195	3	1	64.8
Last 2 Min. Half	-	75	46	61.3	493	6.6	4	1	23	162	2	3	92.8	2 Wide Receivers	247	135	54.7	1585	6.4	9	5	77	500	12	13	73.0
4th qtr. +/-7 pts	-	51	29	56.9	322	6.3	2	3	15	136	2	4	64.3	3+ WR	257	151	58.8	1642	6.4	8	4	83	564	11	18	81.6
Winning	-	135	75	55.6	859	6.4	3	3	44	338	5	12	78.0	Attempts 1-10	156	79	50.6	783	5.0	2	3	42	276	4	6	61.5
Tied	-	104	61	58.7	618	5.9	3	1	33	222	5	7	81.3	Attempts 11-20	146	83	56.8	993	6.8	4	4	47	380	8	0	75.5
Trailing	-	279	156	55.9	1806	6.5	11	8	86	735	13	14	76.3	Attempts 21+	216	130	60.2	1507	7.0	13	5	73	639	11	0	91.7

1997 Incompletions

Type	Num	%of Inc	%of Att
Pass Dropped	27	11.9	5.2
Poor Throw	100	44.2	19.3
Pass Defensed	54	23.9	10.4
Pass Hit at Line	10	4.4	1.9
Other	35	15.5	6.8
Total	226	100.0	43.6

Game Logs (1-8)

Date	Opp	Result	Att	Cm	Pct	Yds	TD	Int	Lg	Sk	F-L
08/31	@Pit	W 37-7	30	19	63.3	295	4	0	55	0-0	0-0
09/07	@Ari	L 22-25	42	21	52.5	171	0	0	29	3-0	0-0
09/15	Phi	W 21-20	36	17	47.2	205	1	0	27	2-2	0-0
09/28	Chi	W 27-3	27	12	44.4	144	2	1	26	3-0	0-0
10/05	@NYN	L 17-20	52	34	65.4	317	1	2	53	1-0	0-0
10/13	@Was	W 16-21	31	17	54.8	193	1	0	42	3-1	0-0
10/19	Jac	W 26-22	32	21	65.6	262	2	0	64	2-0	0-0
10/26	@Phi	L 12-13	6	2	33.3	21	0	0	13	2-0	0-0

Game Logs (9-16)

Date	Opp	Result	Att	Cm	Pct	Yds	TD	Int	Lg	Sk	F-L
11/02	@SF	L 10-17	36	22	61.1	218	1	2	54	4-0	0-0
11/09	Ari	W 24-6	22	15	68.2	216	1	1	51	2-0	0-0
11/16	Was	W 17-14	45	25	55.6	217	0	1	31	1-0	0-0
11/23	@GB	L 17-45	24	12	50.0	130	0	0	35	1-1	0-0
11/27	Ten	L 14-27	42	27	64.3	356	2	3	37	2-0	0-0
12/08	Car	L 13-23	26	14	53.8	180	1	0	52	4-1	0-0
12/14	@Cin	L 24-31	53	28	52.8	285	2	2	20	1-0	0-0
12/21	NYN	L 7-20	16	6	37.5	73	0	1	26	2-0	0-0

Derrick Alexander — Baltimore Ravens — WR

1997 Receiving Splits

	G	Rec	Yds	Avg	TD	Lg	Big	YAC	Trgt	Y@C	1st	1st%		Rec	Yds	Avg	TD	Lg	Big	YAC	Trgt	Y@C	1st	1st%
Total	15	65	1009	15.5	9	92	7	334	124	10.4	39	60.0	Inside 20	6	74	12.3	5	16	0	11	11	10.5	5	83.3
vs. Playoff	5	22	285	13.0	3	34	1	52	39	10.6	13	59.1	Inside 10	1	5	5.0	1	5	0	0	3	5.0	1	100.0
vs. Non-playoff	10	43	724	16.8	6	92	6	282	85	10.3	26	60.5	1st Down	30	449	15.0	3	92	4	133	59	10.5	16	53.3
vs. Own Division	7	31	477	15.4	5	83	4	165	52	10.1	20	64.5	2nd Down	23	327	14.2	4	25	1	118	39	9.1	14	60.9
Home	8	37	569	15.4	3	92	4	187	63	10.3	21	56.8	3rd Down Overall	11	217	19.7	1	83	2	83	22	12.2	8	72.7
Away	7	28	440	15.7	6	83	3	147	61	10.5	18	64.3	3rd D 0-2 to Go	2	12	6.0	0	6	0	4	2	4.0	2	100.0
Games 1-8	8	37	498	13.5	6	45	4	129	67	10.0	24	64.9	3rd D 3-7 to Go	2	97	48.5	1	83	1	64	6	16.5	2	100.0
Games 9-16	7	28	511	18.3	3	92	3	205	57	10.9	15	53.6	3rd D 8+ to Go	7	108	15.4	0	33	1	15	14	13.3	4	57.1
Aug/Sept	5	22	282	12.8	3	45	2	88	44	8.8	14	63.6	4th Down	1	16	16.0	1	16	0	0	4	16.0	1	100.0
October	3	15	216	14.4	3	34	2	41	23	11.7	10	66.7	Rec Behind Line	1	11	11.0	0	11	0	11	2	0.0	0	0.0
November	4	15	203	13.5	1	23	0	53	36	10.0	6	40.0	1-10 yds	36	321	8.9	4	25	1	120	57	5.6	16	44.4
December	3	13	308	23.7	2	92	3	152	21	12.0	9	69.2	11-20 yds	21	336	16.0	2	23	0	50	42	13.6	16	76.2
Grass	11	47	725	15.4	6	92	6	235	89	10.4	29	61.7	21-30 yds	6	249	41.5	3	83	5	94	14	25.8	6	100.0
Turf	4	18	284	15.8	3	83	1	99	35	10.3	10	55.6	31+	1	92	92.0	0	92	1	59	8	33.0	1	100.0
Indoor	0	0	0	-	0	0	0	0	0	-	0	-	Left Sideline	14	214	15.3	3	83	1	79	26	9.6	8	57.1
Outdoor	15	65	1009	15.5	9	92	7	334	124	10.4	39	60.0	Left Side	5	100	20.0	0	33	1	21	15	15.8	5	100.0
1st Half	-	33	429	13.0	4	33	3	109	59	9.7	21	63.6	Middle	5	73	14.6	2	22	0	17	19	11.2	4	80.0
2nd Half/OT	-	32	580	18.1	5	92	4	225	65	11.1	18	56.3	Right Side	19	246	12.9	1	45	1	64	28	9.6	9	47.4
Last 2 Min. Half	-	11	136	12.4	1	17	0	24	21	10.2	6	54.5	Right Sideline	22	376	17.1	3	92	4	153	40	10.1	13	59.1
4th qtr, +/-7 pts	-	13	236	18.2	2	92	1	96	26	10.8	6	46.2	Shotgun	0	0	-	0	0	0	0	0	-	0	-
Winning	-	21	262	12.5	2	33	2	80	33	8.7	12	57.1	2 Wide Receivers	7	174	24.9	0	92	1	83	18	13.0	5	71.4
Tied	-	10	218	21.8	2	92	1	93	21	12.5	8	80.0	3 Wide Receivers	58	835	14.4	9	83	6	251	106	10.1	34	58.6
Trailing	-	34	529	15.6	5	83	4	161	70	10.8	19	55.9	4+ WR	0	0	-	0	0	0	0	0	-	0	-

1997 Incompletions

Type	Num	%of Inc	%of Att
Pass Dropped	9	15.3	7.3
Poor Throw	23	39.0	18.5
Pass Defensed	14	23.7	11.3
Pass Hit at Line	2	3.4	1.6
Other	11	18.6	8.9
Total	59	100.0	47.6

Game Logs (1-8)

Date	Opp	Result	Rush	Yds	Rec	Yds	Trgt	F-L	TD
08/31	Jac	L 27-28	0	0	2	23	5	0-0	0
09/07	Cin	W 23-10	0	0	8	104	9	0-0	0
09/14	@NYN	W 24-23	0	0	5	57	9	0-0	1
09/21	@Ten	W 36-10	0	0	5	66	11	0-0	2
09/28	@SD	L 17-21	0	0	2	32	10	0-0	0
10/05	Pit	L 34-42	0	0	6	79	8	0-0	0
10/19	Mia	L 13-24	0	0	2	79	10	1-1	1
10/26	@Was	W 20-17	0	0	3	58	5	0-0	1

Game Logs (9-16)

Date	Opp	Result	Rush	Yds	Rec	Yds	Trgt	F-L	TD
11/02	@NYA	L 16-19	0	0	5	69	12	0-0	1
11/09	@Pit	L 0-37	0	0	3	47	7	0-0	0
11/16	Phi	T 10-10	0	0	4	39	8	0-0	0
11/23	Ari	L 13-16	0	0	3	48	9	0-0	0
11/30	@Jac	L 27-29	-	-	-	-	-	-	-
12/07	Sea	W 31-24	1	0	6	150	9	0-0	1
12/14	Ten	W 21-19	0	0	2	47	5	0-0	1
12/21	@Cin	L 14-16	0	0	5	111	7	0-0	1

Marcus Allen — Kansas City Chiefs — RB

1997 Rushing and Receiving Splits

	G	Rush	Yds	Avg	Lg	TD	1st	Stf	YdL	Rec	Yds	Avg	TD		Rush	Yds	Avg	Lg	TD	1st	Stf	YdL	Rec	Yds	Avg	TD
Total	16	124	505	4.1	30	11	42	3	9	11	86	7.8	0	Inside 20	39	99	2.5	8	11	18	0	0	0	0	-	0
vs. Playoff	6	52	200	3.8	30	3	18	3	9	5	26	5.2	0	Inside 10	31	75	2.4	8	11	16	0	0	0	0	-	0
vs. Non-playoff	10	72	305	4.2	14	8	24	0	0	6	60	10.0	0	1st Down	64	193	3.0	9	8	8	3	9	3	26	8.7	0
vs. Own Division	8	69	250	3.6	14	7	21	3	9	6	64	10.7	0	2nd Down	35	227	6.5	30	2	16	0	0	2	3	1.5	0
Home	8	81	331	4.1	30	7	26	2	3	6	55	9.2	0	3rd Down Overall	20	80	4.0	30	1	16	0	0	5	56	11.2	0
Away	8	43	174	4.0	30	4	16	1	6	5	31	6.2	0	3rd D 0-2 to Go	17	73	4.3	30	0	15	0	0	0	0	-	0
Games 1-8	8	52	189	3.6	11	5	16	1	7	5	55	7.9	0	3rd D 3-7 to Go	3	7	2.3	3	1	1	0	0	5	56	11.2	0
Games 9-16	8	72	316	4.4	30	6	26	2	3	4	31	7.8	0	3rd D 8+ to Go	0	0	-	0	0	0	0	0	0	0	-	0
Aug/Sept	5	35	128	3.7	11	3	11	1	6	3	32	10.7	0	4th Down	5	5	1.0	3	0	2	0	0	1	1	1.0	0
October	3	17	61	3.6	10	2	5	0	0	4	23	5.8	0	Left Sideline	5	19	3.8	9	0	1	0	0	2	14	7.0	0
November	5	49	196	4.0	30	4	18	2	3	3	26	8.7	0	Left Side	16	66	4.1	30	3	6	1	2	2	17	8.5	0
December	3	23	120	5.2	14	2	8	0	0	1	5	5.0	0	Middle	86	312	3.6	11	8	28	0	0	7	21	3.0	0
Grass	14	114	479	4.2	30	9	37	3	9	10	76	7.6	0	Right Side	12	75	6.3	30	0	4	2	7	4	21	5.3	0
Turf	2	10	26	2.6	5	2	5	0	0	1	10	10.0	0	Right Sideline	5	33	6.6	11	0	3	0	0	3	34	11.3	0
Indoor	2	10	26	2.6	5	2	5	0	0	1	10	10.0	0	0 Tight Ends	6	37	6.2	9	1	2	0	0	1	13	13.0	0
Outdoor	14	114	479	4.2	30	9	37	3	9	10	76	7.6	0	1 Tight End	40	210	5.3	30	1	10	2	7	9	74	8.2	0
1st Half	-	62	276	4.5	30	5	22	2	3	3	32	10.7	0	2 Tight Ends	45	165	3.7	14	2	9	1	2	0	0	-	0
2nd Half/OT	-	62	229	3.7	30	6	20	1	6	8	54	6.8	0	3+ Tight Ends	33	93	2.8	30	7	21	0	0	0	0	-	0
Last 2 Min. Half	-	7	22	3.1	6	0	1	0	0	3	32	10.7	0	Carries 1-5	68	302	4.4	30	4	25	3	9	-	-	-	-
4th qtr, +/-7 pts	-	18	56	3.1	11	1	3	0	0	4	19	4.8	0	Carries 6-10	38	134	3.5	14	7	13	0	0	-	-	-	-
Winning	-	68	260	3.8	14	6	22	2	3	5	28	9.3	0	Carries 11-15	13	59	4.5	11	0	3	0	0	-	-	-	-
Tied	-	21	74	3.5	11	2	6	0	0	1	4	4.0	0	Carries 16-20	5	10	2.0	4	0	1	0	0	-	-	-	-
Trailing	-	35	171	4.9	30	3	14	1	6	7	54	7.7	0	Carries 21+	0	0	-	0	0	0	0	0	-	-	-	-

1997 Incompletions

Type	Num	%of Inc	% Att
Pass Dropped	1	33.3	7.1
Poor Throw	1	33.3	7.1
Pass Defensed	0	0.0	0.0
Pass Hit at Line	0	0.0	0.0
Other	1	33.3	7.1
Total	3	100.0	21.4

Game Logs (1-8)

Date	Opp	Result	Rush	Yds	Rec	Yds	Trgt	F-L	TD
08/31	@Den	L 3-19	3	-2	0	0	0	0-0	0
09/08	@Oak	W 28-27	3	13	1	14	1	1-0	0
09/14	Buf	W 22-16	1	8	0	0	0	0-0	0
09/21	@Car	W 35-14	9	31	0	0	0	0-0	1
09/28	Sea	W 20-17	19	74	2	18	3	0-0	2
10/05	@Mia	L 14-17	7	25	2	0	2	0-0	0
10/16	SD	W 31-3	7	29	1	13	1	1-1	0
10/26	@StL	W 28-20	3	7	1	10	1	0-0	1

Game Logs (9-16)

Date	Opp	Result	Rush	Yds	Rec	Yds	Trgt	F-L	TD
11/03	Pit	W 13-10	10	49	0	0	0	1-0	0
11/09	@Jac	L 10-24	3	37	1	7	2	0-0	0
11/16	Den	W 24-22	16	43	2	19	2	0-0	2
11/23	@Sea	W 19-14	7	19	0	0	0	0-0	1
11/30	SF	W 44-9	13	48	0	0	0	1-0	1
12/07	Oak	W 30-0	6	23	0	0	0	0-0	0
12/14	@SD	W 29-7	8	44	0	0	1	0-0	1
12/21	NO	W 25-13	9	50	1	5	1	0-0	1

Terry Allen — Washington Redskins — RB

1997 Rushing and Receiving Splits

	G	Rush	Yds	Avg	Lg	TD	1st	Stf	YdL	Rec	Yds	Avg	TD		Rush	Yds	Avg	Lg	TD	1st	Stf	YdL	Rec	Yds	Avg	TD
Total	10	210	724	3.4	34	4	32	24	52	20	172	8.6	1	Inside 20	38	78	2.1	13	4	8	6	12	2	21	10.5	1
vs. Playoff	3	94	280	3.0	29	1	13	10	21	6	59	9.8	0	Inside 10	22	12	0.5	4	4	4	4	7	1	5	5.0	1
vs. Non-playoff	7	116	444	3.8	34	3	19	14	31	14	113	8.1	1	1st Down	127	500	3.9	34	1	11	17	35	12	78	6.5	1
vs. Own Division	5	86	219	2.5	29	1	6	8	18	13	85	6.5	1	2nd Down	66	197	3.0	14	2	13	7	17	7	88	12.6	0
Home	6	135	371	2.7	29	1	16	16	38	9	88	9.8	0	3rd Down Overall	15	25	1.7	7	1	7	0	0	1	6	6.0	0
Away	4	75	353	4.7	34	3	16	8	14	11	84	7.6	1	3rd D 0-2 to Go	11	8	0.7	3	1	5	0	0	0	0	-	0
Games 1-8	5	102	361	3.5	23	2	17	8	18	8	87	10.9	1	3rd D 3-7 to Go	4	17	4.3	7	0	2	0	0	1	6	6.0	0
Games 9-16	5	108	363	3.4	34	2	15	16	34	12	85	7.1	0	3rd D 8+ to Go	0	0	-	0	0	0	0	0	0	0	-	0
Aug/Sept	3	86	319	3.7	23	2	16	7	16	4	55	13.8	0	4th Down	2	2	1.0	2	0	1	0	0	0	0	-	0
October	2	16	42	2.6	8	0	1	1	2	4	32	8.0	1	Left Sideline	12	91	7.6	29	0	3	0	0	5	57	11.4	0
November	5	108	363	3.4	34	2	15	16	34	12	85	7.1	0	Left Side	36	124	3.4	18	0	5	6	14	0	0	-	0
December	0	0	0	-	0	0	0	0	0	0	0	-	0	Middle	121	327	2.7	16	1	15	12	23	3	19	6.3	0
Grass	8	180	637	3.5	34	3	29	22	49	11	113	10.3	0	Right Side	33	84	2.5	15	2	5	5	13	6	61	10.2	1
Turf	2	30	87	2.9	13	1	3	2	3	9	59	6.6	1	Right Sideline	8	98	12.3	34	1	4	1	2	6	35	5.8	0
Indoor	0	0	0	-	0	0	0	0	0	0	0	-	0	0 Tight Ends	3	8	2.7	4	0	0	0	0	2	3	1.5	0
Outdoor	10	210	724	3.4	34	4	32	24	52	20	172	8.6	1	1 Tight End	132	492	3.7	34	0	16	15	36	16	155	9.7	1
1st Half	-	109	371	3.4	34	1	12	10	23	10	106	10.6	0	2 Tight Ends	56	217	3.9	29	1	9	7	14	2	14	7.0	0
2nd Half/OT	-	101	353	3.5	29	3	20	14	29	10	66	6.6	1	3+ Tight Ends	19	7	0.4	2	3	7	2	2	0	0	-	0
Last 2 Min. Half	-	11	39	3.5	8	1	4	0	0	1	3	3.0	0	Carries 1-5	49	181	3.7	30	0	5	1	3	0	0	-	0
4th qtr, +/-7 pts	-	29	109	3.8	29	1	6	4	9	2	12	6.0	0	Carries 6-10	45	140	3.1	34	0	4	6	15	0	0	-	0
Winning	-	94	358	3.8	34	1	17	15	30	5	31	6.2	0	Carries 11-15	39	119	3.1	15	2	6	7	11	0	0	-	0
Tied	-	80	264	3.3	30	2	12	7	19	6	48	8.0	0	Carries 16-20	33	151	4.6	29	0	7	5	9	0	0	-	0
Trailing	-	36	102	2.8	8	1	3	2	3	9	93	10.3	1	Carries 21+	44	133	3.0	23	2	10	5	14	0	0	-	0

1997 Incompletions

Type	Num	%of Inc	% Att
Pass Dropped	3	33.3	10.3
Poor Throw	3	33.3	10.3
Pass Defensed	0	0.0	0.0
Pass Hit at Line	0	0.0	0.0
Other	3	33.3	10.3
Total	9	100.0	31.0

Game Logs (1-8)

Date	Opp	Result	Rush	Yds	Rec	Yds	Trgt	F-L	TD
08/31	@Car	W 24-10	25	141	0	0	4	0-0	2
09/07	@Pit	L 13-14	-	-	-	-	-	-	-
09/14	Ari	W 19-13	25	56	2	14	4	0-0	0
09/28	Jac	W 24-12	36	122	2	41	4	1-1	0
10/05	@Phi	L 10-24	12	30	3	17	3	0-0	1
10/13	Dal	W 21-16	4	12	1	15	1	0-0	0
10/19	@Ten	L 14-28	-	-	-	-	-	-	-
10/26	Bal	L 17-20	-	-	-	-	-	-	-

Game Logs (9-16)

Date	Opp	Result	Rush	Yds	Rec	Yds	Trgt	F-L	TD
11/02	@Chi	W 31-8	20	125	2	25	2	0-0	0
11/09	Det	W 30-7	31	94	3	21	4	0-0	1
11/16	@Dal	L 14-17	18	57	6	42	6	0-0	0
11/23	NYN	T 7-7	27	64	1	-3	1	1-0	0
11/30	StL	L 20-23	12	23	0	0	0	0-0	0
12/07	@Ari	W 38-28	-	-	-	-	-	-	-
12/13	@NYN	L 10-30	-	-	-	-	-	-	-
12/21	Phi	W 35-32	-	-	-	-	-	-	-

Mike Alstott — Tampa Bay Buccaneers — FB

1997 Rushing and Receiving Splits

	G	Rush	Yds	Avg	Lg	TD	1st	Stf	YdL	Rec	Yds	Avg	TD		Rush	Yds	Avg	Lg	TD	1st	Stf	YdL	Rec	Yds	Avg	TD
Total	15	176	665	3.8	47	7	34	11	17	23	178	7.7	3	Inside 20	37	94	2.5	14	6	8	2	4	7	43	6.1	3
vs. Playoff	10	126	486	3.9	35	5	26	6	9	20	163	8.2	3	Inside 10	22	38	1.7	9	6	6	2	4	4	9	2.3	3
vs. Non-playoff	5	50	179	3.6	47	2	8	5	8	3	15	5.0	0	1st Down	93	312	3.4	16	1	7	4	5	5	36	7.2	1
vs. Own Division	7	79	231	2.9	20	3	10	4	5	11	64	5.8	0	2nd Down	71	299	4.2	47	3	18	6	11	14	124	8.9	1
Home	8	89	376	4.2	35	1	16	5	6	13	116	8.9	2	3rd Down Overall	12	54	4.5	35	3	9	1	1	3	17	5.7	1
Away	7	87	289	3.3	47	6	18	6	11	10	62	6.2	1	3rd D 0-2 to Go	10	55	5.5	35	3	9	0	0	2	12	6.0	1
Games 1-8	8	97	358	3.7	35	3	15	3	4	15	119	7.9	2	3rd D 3-7 to Go	2	-1	-0.5	0	0	0	1	1	1	5	5.0	0
Games 9-16	7	79	307	3.9	47	4	19	8	13	8	59	7.4	1	3rd D 8+ to Go	0	0	-	0	0	0	0	0	0	0	-	0
Aug/Sept	5	62	254	4.1	35	2	11	1	1	9	79	8.8	2	4th Down	0	0	-	0	0	0	0	0	1	1	1.0	0
October	3	35	104	3.0	20	1	4	2	3	6	40	6.7	0	Left Sideline	1	4	4.0	4	0	1	0	0	8	68	8.5	1
November	5	64	261	4.1	47	4	18	6	11	7	54	7.7	1	Left Side	30	118	3.9	20	1	9	2	2	4	18	4.5	1
December	2	15	46	3.1	6	0	1	2	2	1	5	5.0	0	Middle	135	506	3.7	47	6	23	8	12	1	9	9.0	0
Grass	10	113	450	4.0	35	2	20	5	6	19	160	8.4	2	Right Side	10	37	3.7	11	0	2	1	3	9	73	8.1	1
Turf	5	63	215	3.4	47	5	14	6	11	4	18	4.5	1	Right Sideline	0	0	-	0	0	0	0	0	1	10	10.0	0
Indoor	4	52	185	3.6	47	4	11	4	7	2	9	4.5	0	0 Tight Ends	1	2	2.0	2	0	0	0	0	0	0	-	0
Outdoor	11	124	480	3.9	35	3	23	7	10	21	169	8.0	3	1 Tight End	60	269	4.5	47	3	12	5	8	14	102	7.3	1
1st Half	-	92	385	4.2	47	3	16	7	11	17	118	6.9	3	2 Tight Ends	107	387	3.6	35	0	17	6	9	9	76	8.4	2
2nd Half/OT	-	84	280	3.3	16	4	18	4	6	6	60	10.0	0	3+ Tight Ends	8	7	0.9	2	4	5	0	0	0	0	-	0
Last 2 Min. Half	-	11	25	2.3	7	0	2	3	3	3	15	5.0	0	Carries 1-5	75	343	4.6	47	3	13	6	9	0	0	-	0
4th qtr, +/-7 pts	-	19	33	1.7	7	1	2	3	5	4	51	12.8	0	Carries 6-10	59	187	3.2	14	2	11	1	1	0	0	-	0
Winning	-	90	341	3.8	14	4	21	4	5	10	76	7.6	1	Carries 11-15	35	108	3.1	16	2	9	3	6	0	0	-	0
Tied	-	45	206	4.6	47	2	7	5	10	8	40	5.0	2	Carries 16-20	7	27	3.9	8	0	1	1	1	0	0	-	0
Trailing	-	41	118	2.9	16	1	6	2	2	5	62	12.4	0	Carries 21+	0	0	-	0	0	0	0	0	0	0	-	0

1997 Incompletions

Type	Num	%of Inc	% Att
Pass Dropped	4	40.0	12.1
Poor Throw	4	40.0	12.1
Pass Defensed	0	0.0	0.0
Pass Hit at Line	2	20.0	6.1
Other	0	0.0	0.0
Total	10	100.0	30.3

Game Logs (1-8)

Date	Opp	Result	Rush	Yds	Rec	Yds	Trgt	F-L	TD
08/31	SF	W 13-6	14	69	3	50	3	0-0	0
09/07	@Det	W 24-17	14	34	0	0	2	0-0	1
09/14	@Min	W 28-14	8	29	2	9	2	0-0	0
09/21	Mia	W 31-21	18	95	4	20	4	1-0	2
09/28	Ari	W 19-18	8	27	0	0	0	0-0	0
10/05	@GB	L 16-21	17	56	4	34	6	0-0	0
10/12	Det	L 9-27	12	40	0	0	1	0-0	0
10/26	Min	L 6-10	6	8	2	6	2	0-0	0

Game Logs (9-16)

Date	Opp	Result	Rush	Yds	Rec	Yds	Trgt	F-L	TD
11/02	@Ind	W 31-28	16	45	0	0	0	1-1	1
11/09	@Atl	W 31-10	14	77	0	0	1	0-0	1
11/16	NE	W 27-7	16	91	3	35	3	0-0	0
11/23	@Chi	L 7-13	7	18	2	10	3	1-1	0
11/30	@NYN	W 20-8	11	30	2	9	4	0-0	2
12/07	@GB	L 6-17	10	34	0	0	0	1-1	0
12/14	@NYA	L 0-31	-	-	-	-	-	-	-
12/21	Chi	W 31-15	5	12	1	5	1	0-0	0

Kimble Anders — Kansas City Chiefs — FB

1997 Receiving Splits

	G	Rec	Yds	Avg	TD	Lg	Big	YAC	Trgt	Y@C	1st	1st%		Rec	Yds	Avg	TD	Lg	Big	YAC	Trgt	Y@C	1st	1st%
Total	15	59	453	7.7	2	55	2	505	72	-0.9	22	37.3	Inside 20	3	16	5.3	1	6	0	7	3	3.0	2	66.7
vs. Playoff	5	30	164	5.5	0	14	0	177	37	-0.4	7	23.3	Inside 10	1	5	5.0	1	5	0	2	1	3.0	1	100.0
vs. Non-playoff	10	29	289	10.0	2	55	2	328	35	-1.3	15	51.7	1st Down	13	72	5.5	0	15	0	67	17	0.4	3	23.1
vs. Own Division	8	22	161	7.3	1	23	0	160	26	0.0	10	45.5	2nd Down	15	116	7.7	1	20	0	134	19	-1.2	5	26.3
Home	7	26	198	7.6	0	27	1	240	31	-1.6	11	42.3	3rd Down Overall	29	257	8.9	1	55	2	284	34	-0.9	11	37.9
Away	8	33	255	7.7	2	55	1	265	41	-0.3	11	33.3	3rd D 0-2 to Go	0	0	-	0	0	0	0	1	-	0	-
Games 1-8	8	34	299	8.8	2	55	1	314	40	-0.4	13	38.2	3rd D 3-7 to Go	16	161	10.1	1	55	2	172	18	-0.7	7	43.8
Games 9-16	7	25	154	6.2	0	27	1	191	32	1.5	9	36.0	3rd D 8+ to Go	13	96	7.4	0	23	0	112	15	1.2	4	30.8
Aug/Sept	5	23	218	9.5	2	55	1	230	26	-0.5	10	43.5	4th Down	2	8	4.0	0	14	0	20	2	-6.0	1	50.0
October	3	11	81	7.4	0	23	0	84	14	-0.3	3	27.3	Rec Behind Line	36	311	8.6	1	55	2	422	44	-3.1	14	38.9
November	4	17	117	6.9	0	14	0	136	24	-1.1	6	35.3	1-10 yds	23	142	6.2	1	14	0	83	28	2.6	8	34.8
December	3	8	37	4.6	0	27	1	55	8	-2.3	3	37.5	11-20 yds	0	0	-	0	0	0	0	0	-	0	-
Grass	13	56	432	7.7	2	55	2	483	67	-0.9	21	37.5	21-30 yds	0	0	-	0	0	0	0	0	-	0	-
Turf	2	3	21	7.0	0	9	0	22	5	-0.3	1	33.3	31+	0	0	-	0	0	0	0	0	-	0	-
Indoor	2	3	21	7.0	0	9	0	22	5	-0.3	1	33.3	Left Sideline	10	76	7.6	0	55	1	82	11	-0.6	2	20.0
Outdoor	13	56	432	7.7	2	55	2	483	67	-0.9	21	37.5	Left Side	5	69	13.8	0	27	1	81	5	-2.4	3	60.0
1st Half	-	34	309	9.1	2	55	2	335	41	-0.8	13	38.2	Middle	7	46	6.6	0	14	0	36	10	1.4	2	28.6
2nd Half/OT	-	25	144	5.8	0	20	0	170	31	-1.0	9	36.0	Right Side	21	140	6.7	1	23	0	168	26	-1.3	8	38.1
Last 2 Min. Half	-	4	35	8.8	0	14	0	43	7	-2.0	2	50.0	Right Sideline	16	122	7.6	0	19	0	138	20	-1.0	7	43.8
4th qtr, +/-7 pts	-	5	11	2.2	0	5	0	17	6	-1.2	0	0.0	Shotgun	0	0	-	0	0	0	0	0	-	0	-
Winning	-	16	88	5.5	0	19	0	113	23	-1.6	5	31.3	2 Wide Receivers	18	116	6.4	1	15	0	116	23	0.0	6	33.3
Tied	-	17	195	11.5	1	55	2	193	18	0.1	8	47.1	3 Wide Receivers	33	250	7.6	0	27	1	287	38	-1.1	14	42.4
Trailing	-	26	170	6.5	1	20	0	199	31	-1.1	9	34.6	4+ WR	7	81	11.6	1	55	1	93	10	-1.7	2	28.6

1997 Incompletions

Type	Num	%of Inc	%of Att
Pass Dropped	7	53.8	9.7
Poor Throw	5	38.5	6.9
Pass Defensed	0	0.0	0.0
Pass Hit at Line	0	0.0	0.0
Other	1	7.7	1.4
Total	13	100.0	18.1

Game Logs (1-8)

Date	Opp	Result	Rush	Yds	Rec	Yds	Trgt	F-L	TD
08/31	@Den	L 3-19	6	27	7	29	7	0-0	0
09/08	@Oak	W 28-27	5	55	3	21	4	0-0	1
09/14	Buf	W 22-16	5	25	5	31	7	0-0	0
09/21	@Car	W 35-14	7	42	4	94	4	0-0	1
09/28	Sea	W 20-17	7	36	4	43	4	0-0	0
10/05	@Mia	L 14-17	7	25	7	27	8	0-0	0
10/16	SD	W 31-3	3	1	2	42	3	0-0	0
10/26	@StL	W 28-20	2	13	2	12	3	0-0	0

Game Logs (9-16)

Date	Opp	Result	Rush	Yds	Rec	Yds	Trgt	F-L	TD
11/03	Pit	W 13-10	5	17	7	40	8	1-1	0
11/09	@Jac	L 10-24	7	32	8	62	12	1-0	0
11/16	Den	W 24-22	2	6	1	6	2	1-0	0
11/23	@Sea	W 19-14	5	7	1	9	2	0-0	0
11/30	SF	W 44-9	-	-	-	-	-	-	-
12/07	Oak	W 30-0	10	64	3	10	3	0-0	0
12/14	@SD	W 29-7	5	43	1	1	1	0-0	0
12/21	NO	W 25-13	3	4	4	26	4	0-0	0

Jamal Anderson — Atlanta Falcons — RB

1997 Rushing and Receiving Splits

	G	Rush	Yds	Avg	Lg	TD	1st	Stf	YdL	Rec	Yds	Avg	TD		Rush	Yds	Avg	Lg	TD	1st	Stf	YdL	Rec	Yds	Avg	TD
Total	16	290	1002	3.5	39	7	54	41	84	29	284	9.8	3	Inside 20	55	94	1.7	13	7	12	9	22	4	37	9.3	2
vs. Playoff	5	76	192	2.5	16	1	10	15	31	15	174	11.6	1	Inside 10	31	31	1.0	5	7	8	7	16	0	0	-	0
vs. Non-playoff	11	214	810	3.8	39	6	44	26	53	14	110	7.9	2	1st Down	184	701	3.8	39	1	19	28	58	11	131	11.9	3
vs. Own Division	8	142	518	3.6	39	4	27	18	42	11	93	8.5	2	2nd Down	87	259	3.0	13	4	24	11	24	12	81	6.8	0
Home	8	128	486	3.8	39	2	26	14	28	17	172	10.1	1	3rd Down Overall	16	32	2.0	6	2	8	2	2	6	72	12.0	0
Away	8	162	516	3.2	20	5	28	27	56	12	112	9.3	2	3rd D 0-2 to Go	13	18	1.4	4	2	8	2	2	0	0	-	0
Games 1-8	8	124	323	2.6	16	2	15	22	47	14	164	11.7	2	3rd D 3-7 to Go	2	11	5.5	6	0	0	0	0	2	16	8.0	0
Games 9-16	8	166	679	4.1	39	5	39	19	37	15	120	8.0	1	3rd D 8+ to Go	1	3	3.0	3	0	0	0	0	4	56	14.0	0
Aug/Sept	5	75	192	2.6	16	1	9	11	23	9	112	12.4	1	4th Down	3	10	3.3	5	0	2	0	0	0	0	-	0
October	3	49	131	2.7	12	1	6	11	24	5	52	10.4	1	Left Sideline	21	115	5.5	31	3	8	2	2	9	67	7.4	1
November	5	90	389	4.3	39	4	24	11	21	11	84	7.6	1	Left Side	46	143	3.1	14	1	5	7	9	1	15	15.0	0
December	3	76	290	3.8	20	1	15	8	16	4	36	9.0	0	Middle	166	469	2.8	13	3	29	26	56	4	42	10.5	0
Grass	4	86	308	3.6	20	0	13	9	23	6	55	9.2	0	Right Side	46	201	4.4	39	0	10	6	17	12	129	10.8	2
Turf	12	204	694	3.4	39	7	41	32	61	23	229	10.0	2	Right Sideline	9	51	5.7	13	0	1	0	0	3	31	10.3	0
Indoor	12	204	694	3.4	39	7	41	32	61	23	229	10.0	2	0 Tight Ends	4	16	4.0	9	0	1	0	0	4	44	11.0	0
Outdoor	4	86	308	3.6	20	0	13	9	23	6	55	9.2	0	1 Tight End	181	669	3.7	39	2	28	25	53	13	107	8.2	1
1st Half	-	150	490	3.3	31	2	26	22	43	10	107	10.7	1	2 Tight Ends	60	166	2.8	16	1	10	9	19	10	118	11.8	2
2nd Half/OT	-	140	512	3.7	39	5	28	19	41	19	177	9.3	2	3+ Tight Ends	18	18	1.0	5	6	10	4	7	0	0	-	0
Last 2 Min. Half	-	21	99	4.7	12	0	6	1	1	1	10	10.0	0	Carries 1-5	80	256	3.2	17	0	13	11	14	0	0	-	0
4th qtr, +/-7 pts	-	36	94	2.6	15	1	6	8	18	3	21	7.0	0	Carries 6-10	79	290	3.7	31	1	15	11	27	0	0	-	0
Winning	-	129	450	3.5	39	2	22	18	45	8	61	7.6	1	Carries 11-15	70	257	3.7	39	4	14	9	17	0	0	-	0
Tied	-	65	238	3.7	17	3	16	6	10	5	55	11.0	0	Carries 16-20	43	120	2.8	17	1	7	8	23	0	0	-	0
Trailing	-	96	314	3.3	31	2	16	17	29	16	168	10.5	2	Carries 21+	18	79	4.4	20	0	5	2	3	0	0	-	0

1997 Incompletions

Type	Num	%of Inc	% Att
Pass Dropped	1	12.5	2.7
Poor Throw	3	37.5	8.1
Pass Defensed	1	12.5	2.7
Pass Hit at Line	0	0.0	0.0
Other	3	37.5	8.1
Total	8	100.0	21.6

Game Logs (1-8)

Date	Opp	Result	Rush	Yds	Rec	Yds	Trgt	F-L	TD
08/31	@Det	L 17-28	20	33	2	26	3	1-0	1
09/07	Car	L 6-9	17	42	2	12	2	0-0	0
09/14	Oak	L 31-36	9	26	1	1	1	0-0	0
09/21	@SF	L 7-34	16	46	1	5	1	0-0	0
09/28	Den	L 21-29	13	45	3	68	4	0-0	1
10/12	@NO	W 23-17	21	62	2	10	3	1-1	0
10/19	SF	L 28-35	13	19	2	28	3	0-0	0
10/26	@Car	L 12-21	15	50	1	14	2	1-0	1

Game Logs (9-16)

Date	Opp	Result	Rush	Yds	Rec	Yds	Trgt	F-L	TD
11/02	StL	W 34-31	20	162	0	0	1	0-0	1
11/09	TB	L 10-31	14	49	7	47	7	0-0	0
11/16	@StL	W 27-21	19	72	1	8	2	0-0	2
11/23	NO	W 20-3	21	65	2	16	2	1-1	0
11/30	@Sea	W 24-17	16	41	1	13	1	0-0	2
12/07	@SD	W 14-3	22	60	0	0	1	0-0	0
12/14	Phi	W 20-17	21	78	0	0	0	0-0	0
12/21	@Ari	L 26-29	33	152	4	36	5	0-0	0

Richie Anderson — New York Jets — FB

1997 Receiving Splits

	G	Rec	Yds	Avg	TD	Lg	Big	YAC	Trgt	Y@C	1st	1st%		Rec	Yds	Avg	TD	Lg	Big	YAC	Trgt	Y@C	1st	1st%
Total	16	26	150	5.8	1	19	0	166	35	-0.6	6	23.1	Inside 20	3	7	2.3	1	7	0	13	4	-2.0	1	33.3
vs. Playoff	7	8	25	3.1	0	8	0	22	10	0.4	1	12.5	Inside 10	2	8	4.0	1	7	0	8	2	0.0	1	50.0
vs. Non-playoff	9	18	125	6.9	1	19	0	144	25	-1.1	5	27.8	1st Down	15	81	5.4	0	19	0	79	19	0.1	3	20.0
vs. Own Division	8	12	62	5.2	0	13	0	56	15	0.5	2	16.7	2nd Down	6	39	6.5	1	13	0	45	10	-1.0	1	16.7
Home	8	12	71	5.9	0	19	0	84	19	-1.1	1	8.3	3rd Down Overall	5	30	6.0	0	11	0	42	6	-2.4	2	40.0
Away	8	14	79	5.6	1	13	0	82	16	-0.2	5	35.7	3rd D 0-2 to Go	1	8	8.0	0	8	0	7	1	1.0	1	100.0
Games 1-8	8	22	139	6.3	1	19	0	137	26	0.1	6	27.3	3rd D 3-7 to Go	1	11	11.0	0	11	0	12	2	-1.0	1	100.0
Games 9-16	8	4	11	2.8	0	13	0	29	9	-4.5	0	0.0	3rd D 8+ to Go	3	11	3.7	0	7	0	23	4	-4.0	0	0.0
Aug/Sept	5	16	109	6.8	1	19	0	119	19	-0.6	5	31.3	4th Down	0	0	-	0	0	0	0	0	-	0	-
October	3	6	30	5.0	0	13	0	18	7	2.0	1	16.7	Rec Behind Line	16	97	6.1	1	19	0	132	18	-2.2	4	25.0
November	5	2	15	7.5	0	13	0	24	5	-4.5	0	0.0	1-10 yds	9	56	6.2	0	13	0	34	14	2.4	2	22.2
December	3	2	-4	-2.0	0	0	0	5	4	-4.5	0	0.0	11-20 yds	0	0	-	0	0	0	0	2	-	0	-
Grass	3	4	27	6.8	0	13	0	27	5	0.0	1	25.0	21-30 yds	0	0	-	0	0	0	0	0	-	0	-
Turf	13	22	123	5.6	1	19	0	139	30	-0.7	5	22.7	31+	0	0	-	0	0	0	0	0	-	0	-
Indoor	3	6	24	4.0	0	13	0	23	7	0.2	2	33.3	Left Sideline	4	30	7.5	1	13	0	34	4	-1.0	3	75.0
Outdoor	13	20	126	6.3	1	19	0	143	28	-0.9	4	20.0	Left Side	4	28	7.0	0	13	0	32	6	-1.0	0	0.0
1st Half	-	14	81	5.8	0	19	0	107	14	-1.9	2	14.3	Middle	0	0	-	0	0	0	0	1	-	0	-
2nd Half/OT	-	12	69	5.8	1	13	0	59	21	0.8	4	33.3	Right Side	8	34	4.3	0	7	0	48	8	-1.8	0	0.0
Last 2 Min. Half	-	3	10	3.3	0	7	0	19	3	-3.0	0	0.0	Right Sideline	9	61	6.8	0	19	0	52	14	1.0	3	33.3
4th qtr, +/-7 pts	-	2	15	7.5	0	13	0	15	3	0.0	1	50.0	Shotgun	1	2	2.0	0	2	0	7	2	-5.0	0	0.0
Winning	-	13	64	4.9	1	13	0	89	16	-1.9	4	30.8	2 Wide Receivers	12	64	5.3	0	13	0	70	16	-0.5	2	16.7
Tied	-	4	20	5.0	0	7	0	17	5	0.8	0	0.0	3 Wide Receivers	11	82	7.5	1	19	0	84	14	-0.2	3	27.3
Trailing	-	9	66	7.3	0	19	0	60	14	0.7	2	22.2	4+ WR	0	0	-	0	0	0	0	1	-	0	-

1997 Incompletions

Type	Num	%of Inc	%of Att
Pass Dropped	4	44.4	11.4
Poor Throw	1	11.1	2.9
Pass Defensed	1	11.1	2.9
Pass Hit at Line	0	0.0	0.0
Other	3	33.3	8.6
Total	9	100.0	25.7

Game Logs (1-8)

Date	Opp	Result	Rush	Yds	Rec	Yds	Trgt	F-L	TD
08/31	@Sea	W 41-3	2	1	2	12	2	0-0	0
09/07	Buf	L 22-28	1	0	3	18	4	0-0	0
09/14	@NE	L 24-27	0	0	3	14	3	1-1	0
09/21	Oak	W 23-22	1	-5	4	37	6	1-0	0
09/28	@Cin	W 31-14	1	15	4	28	4	0-0	0
10/05	@Ind	W 16-12	1	9	3	15	3	0-0	0
10/12	Mia	L 20-31	4	28	1	4	1	0-0	0
10/19	NE	W 24-19	1	2	2	11	3	0-0	0

Game Logs (9-16)

Date	Opp	Result	Rush	Yds	Rec	Yds	Trgt	F-L	TD
11/02	Bal	W 19-16	0	0	1	2	3	0-0	0
11/09	@Mia	L 17-24	0	0	0	0	0	0-0	0
11/16	@Chi	W 23-15	2	6	1	13	4	0-0	0
11/23	Min	W 23-21	0	0	0	0	0	0-0	0
11/30	@Buf	L 10-20	1	-1	0	0	1	0-0	0
12/07	Ind	L 14-22	2	6	0	0	1	0-0	0
12/14	TB	W 31-0	2	3	1	-1	1	0-0	0
12/21	@Det	L 10-13	3	6	1	-3	2	0-0	0

Reidel Anthony — Tampa Bay Buccaneers — WR

1997 Receiving Splits

	G	Rec	Yds	Avg	TD	Lg	Big	YAC	Trgt	Y@C	1st	1st%		Rec	Yds	Avg	TD	Lg	Big	YAC	Trgt	Y@C	1st	1st%
Total	16	35	448	12.8	4	38	4	50	79	11.4	23	65.7	Inside 20	5	31	6.2	3	12	0	7	6.2	4	80.0	
vs. Playoff	10	23	316	13.7	2	38	3	25	56	12.7	16	69.6	Inside 10	3	12	4.0	2	8	0	0	4.0	2	66.7	
vs. Non-playoff	6	12	132	11.0	2	27	1	25	23	8.9	7	58.3	1st Down	17	258	15.2	2	38	3	21	28	13.9	10	58.8
vs. Own Division	8	22	302	13.7	2	30	3	38	49	12.0	16	72.7	2nd Down	7	92	13.1	0	27	1	15	27	11.0	4	57.1
Home	8	20	252	12.6	3	38	2	27	47	11.3	13	65.0	3rd Down Overall	10	79	7.9	2	15	0	12	22	6.7	8	80.0
Away	8	15	196	13.1	1	28	2	23	32	11.5	10	66.7	3rd D 0-2 to Go	2	9	4.5	1	9	0	3	2	3.0	2	100.0
Games 1-8	8	25	341	13.6	3	38	3	47	47	12.4	18	72.0	3rd D 3-7 to Go	6	42	7.0	1	10	0	4	12	6.3	5	83.3
Games 9-16	8	10	107	10.7	1	27	1	19	32	8.8	5	50.0	3rd D 8+ to Go	2	28	14.0	0	15	0	5	8	11.5	4	50.0
Aug/Sept	5	14	183	13.1	2	38	2	6	24	12.6	8	57.1	4th Down	1	19	19.0	0	19	0	2	2	17.0	1	100.0
October	3	11	158	14.4	1	30	1	25	23	12.1	10	90.9	Rec Behind Line	0	0	-	0	0	0	0	2	-	0	-
November	5	9	99	11.0	1	27	1	19	20	8.9	5	55.6	1-10 yds	19	134	7.1	2	13	0	19	31	6.1	7	36.8
December	3	1	8	8.0	0	8	0	0	12	8.0	0	0.0	11-20 yds	13	218	16.8	1	27	1	28	26	14.6	13	100.0
Grass	10	27	355	13.1	4	38	3	43	59	11.6	19	70.4	21-30 yds	2	58	29.0	0	30	2	3	7	27.5	2	100.0
Turf	6	8	93	11.6	0	28	1	7	20	10.8	4	50.0	31+	1	38	38.0	1	38	1	0	15	38.0	1	100.0
Indoor	4	8	93	11.6	0	28	1	7	14	10.8	4	50.0	Left Sideline	13	154	11.8	1	28	1	13	33	10.8	9	69.2
Outdoor	12	27	355	13.1	4	38	3	43	65	11.6	19	70.4	Left Side	7	83	11.9	1	19	0	11	14	10.3	4	57.1
1st Half	-	16	169	10.6	1	27	1	23	36	9.1	8	50.0	Middle	5	76	15.2	1	38	2	8	7	13.6	2	40.0
2nd Half/OT	-	19	279	14.7	3	38	3	27	43	13.3	15	78.9	Right Side	8	108	13.5	1	30	1	7	16	12.6	7	87.5
Last 2 Min. Half	-	7	96	13.7	0	27	1	14	11	11.7	3	42.9	Right Sideline	2	27	13.5	0	22	0	11	9	8.0	1	50.0
4th qtr, +/-7 pts	-	6	91	15.2	0	20	0	13	15	13.0	5	83.3	Shotgun	0	0	-	0	0	0	0	0	-	0	-
Winning	-	14	175	12.5	2	38	2	4	28	12.2	7	50.0	2 Wide Receivers	17	252	14.8	3	38	3	20	41	13.6	12	70.6
Tied	-	6	65	10.8	0	22	0	17	14	8.4	2	14.3	3 Wide Receivers	5	51	10.2	0	19	0	9	17	8.4	1	20.0
Trailing	-	15	208	13.9	2	30	2	29	37	11.9	9	80.0	4+ WR	13	145	11.2	1	27	1	21	20	9.5	10	76.9

1997 Incompletions

Type	Num	%of Inc	%of Att
Pass Dropped	7	15.9	8.9
Poor Throw	19	43.2	24.1
Pass Defensed	8	18.2	10.1
Pass Hit at Line	0	0.0	0.0
Other	10	22.7	12.7
Total	44	100.0	55.7

Game Logs (1-8)

Date	Opp	Result	Rush	Yds	Rec	Yds	Trgt	F-L	TD
08/31	SF	W 13-6	0	0	1	7	4	0-0	0
09/07	@Det	W 24-17	0	0	2	19	5	0-0	0
09/14	@Min	W 28-14	1	26	4	58	5	0-0	0
09/21	Mia	W 31-21	0	0	2	50	3	0-0	0
09/28	Ari	W 19-18	0	0	5	49	7	0-0	0
10/05	@GB	L 16-21	1	18	3	44	5	0-0	0
10/12	Det	L 9-27	0	0	3	22	9	0-0	0
10/26	Min	L 6-10	0	0	5	92	9	0-0	0

Game Logs (9-16)

Date	Opp	Result	Rush	Yds	Rec	Yds	Trgt	F-L	TD
11/02	@Ind	W 31-28	1	17	2	16	4	0-0	0
11/09	@Atl	W 31-10	0	0	3	24	6	0-0	0
11/16	NE	W 27-7	0	0	3	24	6	0-0	0
11/23	@Chi	L 7-13	1	0	4	59	7	0-0	1
11/30	@NYN	W 20-8	0	0	0	0	7	0-0	0
12/07	GB	L 6-17	0	0	0	0	7	0-0	0
12/14	@NYA	L 0-31	0	0	0	0	3	0-0	0
12/21	Chi	W 31-15	0	0	1	23	1	8	0-0	0

Jamie Asher — Washington Redskins — TE

1997 Receiving Splits

	G	Rec	Yds	Avg	TD	Lg	Big	YAC	Trgt	Y@C	1st	1st%		Rec	Yds	Avg	TD	Lg	Big	YAC	Trgt	Y@C	1st	1st%
Total	16	49	474	9.7	1	24	0	184	99	5.9	28	57.1	Inside 20	3	28	9.3	1	12	0	8	13	6.7	1	33.3
vs. Playoff	5	17	174	10.2	1	20	0	57	32	6.9	12	70.6	Inside 10	1	8	8.0	1	8	0	0	5	8.0	1	100.0
vs. Non-playoff	11	32	300	9.4	0	24	0	127	67	5.4	16	50.0	1st Down	14	161	11.5	0	24	0	68	30	6.6	6	42.9
vs. Own Division	8	23	226	9.8	0	24	0	81	47	6.3	13	56.5	2nd Down	13	122	9.4	1	16	0	36	35	6.6	9	69.2
Home	8	24	240	10.0	1	24	0	98	42	5.9	12	50.0	3rd Down Overall	21	187	8.9	0	23	0	80	32	5.1	12	57.1
Away	8	25	234	9.4	0	20	0	86	57	5.9	16	64.0	3rd D 0-2 to Go	1	5	5.0	0	5	0	3	1	2.0	1	100.0
Games 1-8	8	27	235	8.7	1	23	0	83	54	5.4	15	55.6	3rd D 3-7 to Go	9	71	7.9	0	11	0	19	12	5.8	7	77.8
Games 9-16	8	22	239	10.9	0	24	0	101	45	6.3	13	59.1	3rd D 8+ to Go	11	111	10.1	0	23	0	58	19	4.8	4	36.4
Aug/Sept	4	16	134	8.4	1	16	0	44	26	5.6	10	62.5	4th Down	1	4	4.0	0	4	0	0	1	4.0	1	100.0
October	4	11	101	9.2	0	23	0	39	28	5.6	5	45.5	Rec Behind Line	2	8	4.0	0	8	0	8	2	0.0	0	
November	5	13	143	11.0	0	20	0	68	26	5.8	8	61.5	1-10 yds	38	303	8.0	1	15	0	122	66	4.8	19	50.0
December	3	9	96	10.7	0	24	0	33	19	7.0	5	55.6	11-20 yds	9	163	18.1	0	24	0	54	25	12.1	9	100.0
Grass	12	34	327	9.6	1	24	0	135	66	5.6	17	50.0	21-30 yds	0	0	-	0	0	0	0	5	-	0	
Turf	4	15	147	9.8	0	20	0	49	33	6.5	11	73.3	31+	0	0	-	0	0	0	0	1	-	0	
Indoor	0	0	0	-	0	0	0	0	0	-	0		Left Sideline	6	61	10.2	0	20	0	26	12	5.8	3	50.0
Outdoor	16	49	474	9.7	1	24	0	184	99	5.9	28	57.1	Left Side	14	149	10.6	0	24	0	49	18	7.1	9	64.3
1st Half	-	24	220	9.2	1	24	0	87	45	5.5	12	50.0	Middle	8	116	14.5	0	23	0	49	22	8.4	6	75.0
2nd Half/OT	-	25	254	10.2	0	23	0	97	54	6.3	16	64.0	Right Side	13	77	5.9	0	12	0	24	25	4.1	4	30.8
Last 2 Min. Half	-	3	22	7.3	1	8	0	5	10	5.7	1	33.3	Right Sideline	8	71	8.9	1	15	0	36	22	4.4	6	75.0
4th qtr. +/- pts	-	7	59	8.4	0	16	0	24	17	5.0	5	71.4	Shotgun	4	22	5.5	0	8	0	8	6	3.5	1	25.0
Winning	-	16	164	10.3	0	24	0	70	29	5.9	9	56.3	2 Wide Receivers	15	165	11.0	1	20	0	61	36	6.9	10	66.7
Tied	-	13	119	9.2	0	16	0	51	24	5.2	7	53.8	3 Wide Receivers	27	262	9.7	0	24	0	111	50	5.6	15	55.6
Trailing	-	20	191	9.6	1	23	0	63	46	6.4	12	60.0	4+ WR	6	42	7.0	0	12	0	10	10	5.3	2	33.3

1997 Incompletions

Type	Num	%of Inc	%of Att
Pass Dropped	7	14.0	7.1
Poor Throw	21	42.0	21.2
Pass Defensed	13	26.0	13.1
Pass Hit at Line	0	0.0	0.0
Other	9	18.0	9.1
Total	50	100.0	50.5

Game Logs (1-8)

Date	Opp	Result	Rec	Yds	Trgt	F-L	TD
08/31	@Car	W 24-10	4	35	8	0-0	0
09/07	@Pit	L 13-14	6	48	11	0-0	0
09/14	Ari	W 19-13	4	29	4	0-0	0
09/28	Jac	W 24-12	2	22	3	0-0	1
10/05	@Phi	L 10-24	3	30	11	0-0	0
10/13	Dal	W 21-16	1	5	2	0-0	0
10/19	@Ten	L 14-28	2	14	4	0-0	0
10/26	Bal	L 17-20	5	52	11	0-0	0

Game Logs (9-16)

Date	Opp	Result	Rec	Yds	Trgt	F-L	TD
11/02	@Chi	W 31-8	3	35	5	0-0	0
11/09	Det	W 30-7	1	11	4	0-0	0
11/16	@Dal	L 14-17	2	21	4	0-0	0
11/23	NYN	T 7-7	4	45	7	0-0	0
11/30	StL	L 20-23	3	31	6	0-0	0
12/07	@Ari	W 38-28	1	3	7	0-0	0
12/13	@NYN	L 10-30	4	48	7	0-0	0
12/21	Phi	W 35-32	4	45	5	0-0	0

Darnell Autry — Chicago Bears — RB

1997 Rushing and Receiving Splits

	G	Rush	Yds	Avg	Lg	TD	1st	Stf	YdL	Rec	Yds	Avg	TD		Rush	Yds	Avg	Lg	TD	1st	Stf	YdL	Rec	Yds	Avg	TD
Total	13	112	319	2.8	17	1	12	8	23	9	59	6.6	0	Inside 20	10	23	2.3	4	1	0	0	0	0	0	-	0
vs. Playoff	7	50	156	3.1	17	1	7	5	12	5	16	3.2	0	Inside 10	4	11	2.8	3	1	1	0	0	0	0	-	0
vs. Non-playoff	6	62	163	2.6	11	0	5	3	11	4	43	10.8	0	1st Down	53	153	2.9	17	1	3	3	7	5	29	5.8	0
vs. Own Division	5	42	132	3.1	17	1	5	3	3	4	8	2.0	0	2nd Down	47	132	2.8	16	0	5	4	12	2	8	4.0	0
Home	6	40	97	2.4	7	0	1	2	6	3	35	11.7	0	3rd Down Overall	12	34	2.8	8	0	4	1	4	2	22	11.0	0
Away	7	72	222	3.1	17	1	11	6	17	6	24	4.0	0	3rd D 0-2 to Go	4	3	0.8	3	0	1	0	0	0	0	-	0
Games 1-8	5	13	53	4.1	16	0	4	2	9	1	8	8.0	0	3rd D 3-7 to Go	5	25	5.0	8	0	3	0	0	0	0	-	0
Games 9-16	8	99	266	2.7	17	1	8	6	14	8	51	6.4	0	3rd D 8+ to Go	3	6	2.0	7	0	0	1	4	2	22	11.0	0
Aug/Sept	2	4	25	6.3	11	0	2	0	0	0	0	-	0	4th Down	0	0	-	0	0	0	0	0	0	0	-	0
October	3	9	28	3.1	16	0	2	2	9	1	8	8.0	0	Left Sideline	9	22	2.4	6	0	0	0	0	2	20	10.0	0
November	5	43	119	2.8	17	0	3	4	5	5	39	7.8	0	Left Side	29	63	2.2	9	1	3	1	5	1	0	0.0	0
December	3	56	147	2.6	8	1	5	2	9	3	12	4.0	0	Middle	63	198	3.1	17	0	8	5	12	1	8	8.0	0
Grass	9	64	166	2.6	16	1	5	4	15	6	47	7.8	0	Right Side	9	36	4.0	11	0	1	1	5	3	13	4.3	0
Turf	4	48	153	3.2	17	0	7	4	8	3	12	4.0	0	Right Sideline	2	0	0.0	1	0	0	1	1	2	18	9.0	0
Indoor	3	45	131	2.9	17	0	5	4	8	3	12	4.0	0	0 Tight Ends	7	14	2.0	7	0	2	2	9	2	22	11.0	0
Outdoor	10	67	188	2.8	16	1	7	4	15	6	47	7.8	0	1 Tight End	61	199	3.3	17	1	7	4	8	3	16	5.3	0
1st Half	-	38	92	2.4	11	0	4	2	6	2	12	6.0	0	2 Tight Ends	42	106	2.5	10	0	3	2	6	4	21	5.3	0
2nd Half/OT	-	74	227	3.1	17	0	8	6	17	7	47	6.7	0	3+ Tight Ends	2	0	0.0	1	0	0	0	0	0	0	-	0
Last 2 Min. Half	-	9	27	3.0	8	0	1	0	2	2	26	13.0	0	Carries 1-5	46	143	3.1	16	0	6	2	6	0	0	-	0
4th qtr. +/- pts	-	23	88	3.8	17	0	4	3	9	0	0	-	0	Carries 6-10	28	76	2.7	17	1	2	4	12	0	0	-	0
Winning	-	29	100	3.4	16	0	5	2	6	0	0	-	0	Carries 11-15	22	48	2.2	7	0	3	2	6	0	0	-	0
Tied	-	24	53	2.2	8	0	2	2	10	1	8	8.0	0	Carries 16-20	10	32	3.2	7	0	0	0	0	0	0	-	0
Trailing	-	59	166	2.8	17	1	5	4	8	8	51	6.4	0	Carries 21+	6	20	3.3	8	0	1	0	0	0	0	-	0

1997 Incompletions

Type	Num	%of Inc	% Att
Pass Dropped	1	20.0	7.1
Poor Throw	3	60.0	21.4
Pass Defensed	0	0.0	0.0
Pass Hit at Line	1	20.0	7.1
Other	0	0.0	0.0
Total	5	100.0	35.7

Game Logs (1-8)

Date	Opp	Result	Rush	Yds	Rec	Yds	Trgt	F-L	TD
09/01	@GB	L 24-38	-	-	-	-	-	-	-
09/07	Min	L 24-27	-	-	-	-	-	-	-
09/14	Det	L 7-32	-	-	-	-	-	-	-
09/21	@NE	L 3-31	1	3	0	0	0	0-0	0
09/28	@Dal	L 3-27	3	22	0	0	0	0-0	0
10/05	NO	L 17-20	0	0	0	0	0	0-0	0
10/12	GB	L 23-24	2	7	0	0	0	0-0	0
10/27	@Mia	W 36-33	7	21	1	8	1	0-0	0

Game Logs (9-16)

Date	Opp	Result	Rush	Yds	Rec	Yds	Trgt	F-L	TD
11/02	Was	L 8-31	0	0	1	12	1	0-0	0
11/09	@Min	L 22-29	13	59	1	0	1	0-0	0
11/16	NYA	L 15-23	19	39	2	23	4	1-0	0
11/23	TB	W 13-7	5	11	0	0	1	0-0	0
11/27	@Det	L 20-55	6	10	1	4	1	1-1	0
12/07	Buf	W 20-3	14	40	0	0	0	0-0	0
12/14	@StL	W 13-10	26	62	1	8	1	0-0	0
12/21	@TB	L 15-31	16	45	2	4	4	0-0	0

Aaron Bailey — Indianapolis Colts — WR

1997 Receiving Splits

	G	Rec	Yds	Avg	TD	Lg	Big	YAC	Trgt	Y@C	1st	1st%		Rec	Yds	Avg	TD	Lg	Big	YAC	Trgt	Y@C	1st	1st%
Total	13	26	329	12.7	3	22	0	97	57	8.9	19	73.1	Inside 20	3	38	12.7	3	18	0	15	6	7.7	3	100.0
vs. Playoff	7	11	147	13.4	1	20	0	52	22	8.6	9	81.8	Inside 10	0	0	-	0	0	0	0	2	-	0	-
vs. Non-playoff	6	15	182	12.1	2	22	0	45	35	9.1	10	66.7	1st Down	11	148	13.5	0	22	0	47	19	9.2	8	72.7
vs. Own Division	6	16	213	13.3	2	22	0	64	33	9.3	12	75.0	2nd Down	3	43	14.3	0	20	0	14	14	9.7	1	33.3
Home	7	10	105	10.5	0	18	0	27	25	7.8	6	60.0	3rd Down Overall	11	128	11.6	2	20	0	33	21	8.6	9	81.8
Away	6	16	224	14.0	3	22	0	70	32	9.6	13	81.3	3rd D 0-2 to Go	1	12	12.0	0	12	0	1	1	11.0	1	100.0
Games 1-8	8	22	268	12.2	2	22	0	60	45	9.5	15	68.2	3rd D 3-7 to Go	6	74	12.3	1	20	0	18	9	9.3	6	100.0
Games 9-16	5	4	61	15.3	1	18	0	37	12	6.0	4	100.0	3rd D 8+ to Go	4	42	10.5	1	18	0	14	11	7.0	2	50.0
Aug/Sept	4	15	184	12.3	1	22	0	53	29	8.7	8	53.3	4th Down	1	10	10.0	1	10	0	3	3	7.0	1	100.0
October	4	7	84	12.0	1	18	0	7	18	11.0	7	100.0	Rec Behind Line	0	0	-	0	0	0	0	1	-	0	-
November	5	4	61	15.3	1	18	0	37	12	6.0	4	100.0	1-10 yds	18	204	11.3	3	22	0	77	31	7.1	12	66.7
December	0	0	0	-	0	0	0	0	0	-	0	-	11-20 yds	8	125	15.6	0	20	0	20	18	13.1	7	87.5
Grass	3	7	107	15.3	2	20	0	32	11	10.7	6	85.7	21-30 yds	0	0	-	0	0	0	0	3	-	0	-
Turf	10	19	222	11.7	1	22	0	65	46	8.3	13	68.4	31+	0	0	-	0	0	0	0	3	-	0	-
Indoor	8	10	105	10.5	0	18	0	27	28	7.8	6	60.0	Left Sideline	5	52	10.4	2	18	0	23	12	5.8	3	60.0
Outdoor	5	16	224	14.0	3	22	0	70	29	9.6	13	81.3	Left Side	4	43	10.8	0	14	0	13	8	7.5	2	50.0
1st Half	-	14	145	10.4	1	18	0	40	23	7.5	9	64.3	Middle	9	125	13.9	0	22	0	51	12	8.2	6	66.7
2nd Half/OT	-	12	184	15.3	2	22	0	57	34	10.6	10	83.3	Right Side	5	63	12.6	1	20	0	4	11	11.8	5	100.0
Last 2 Min. Half	-	8	122	15.3	0	20	0	33	21	11.1	6	75.0	Right Sideline	3	46	15.3	0	18	0	6	14	13.3	3	100.0
4th qtr, +/-7 pts	-	2	34	17.0	0	20	0	15	10	9.5	1	50.0	Shotgun	21	271	12.9	3	22	0	70	42	9.6	17	81.0
Winning	-	6	72	12.0	0	18	0	27	11	7.5	4	66.7	2 Wide Receivers	1	8	8.0	0	8	0	1	8	7.0	0	0.0
Tied	-	1	10	10.0	1	10	0	1	5	9.0	1	100.0	3 Wide Receivers	7	86	12.3	0	18	0	37	12	7.0	5	71.4
Trailing	-	19	247	13.0	2	22	0	69	41	9.4	14	73.7	4+ WR	18	235	13.1	3	22	0	59	37	9.8	14	77.8

1997 Incompletions

Type	Num	%of Inc	%of Att
Pass Dropped	0	0.0	0.0
Poor Throw	14	45.2	24.6
Pass Defensed	7	22.6	12.3
Pass Hit at Line	1	3.2	1.8
Other	9	29.0	15.8
Total	31	100.0	54.4

Game Logs (1-8)

Date	Opp	Result	Rush	Yds	Rec	Yds	Trgt	F-L	TD
08/31	@Mia	L 10-16	0	0	2	40	4	0-0	0
09/07	NE	L 6-31	0	0	3	25	4	0-0	0
09/14	Sea	L 3-31	0	0	3	23	7	0-0	0
09/21	@Buf	L 35-37	1	-1	7	96	14	1-0	1
10/05	NYA	L 12-16	0	0	1	12	7	0-0	0
10/12	@Pit	L 22-24	0	0	2	21	4	0-0	0
10/20	Buf	L 6-9	0	0	1	12	1	0-0	0
10/26	@SD	L 19-35	0	0	3	39	4	0-0	1

Game Logs (9-16)

Date	Opp	Result	Rush	Yds	Rec	Yds	Trgt	F-L	TD
11/02	TB	L 28-31	1	18	0	0	1	1-0	0
11/09	Cin	L 13-28	0	0	0	0	2	0-0	0
11/16	GB	W 41-38	0	0	2	33	3	0-0	0
11/23	@Det	L 10-32	1	3	0	0	0	0-0	0
11/30	@NE	L 17-20	0	0	2	28	3	0-0	1
12/07	@NYA	W 22-14	-	-	-	-	-	-	-
12/14	Mia	W 41-0	-	-	-	-	-	-	-
12/21	@Min	L 28-39	-	-	-	-	-	-	-

Tony Banks — St. Louis Rams — QB

1997 Passing Splits

	G	Att	Cm	Pct	Yds	Y/Att	TD	Int	1st	YAC	Big	Sk	Rtg		Att	Cm	Pct	Yds	Y/Att	TD	Int	1st	YAC	Big	Sk	Rtg
Total	16	487	252	51.7	3254	6.7	14	13	153	1461	28	43	71.5	Inside 20	51	23	45.1	153	3.0	9	2	16	62	0	3	75.4
vs. Playoff	6	169	78	46.2	1006	6.0	1	2	44	443	7	21	62.4	Inside 10	18	9	50.0	34	1.9	6	0	7	2	0	1	95.8
vs. Non-playoff	10	318	174	54.7	2248	7.1	13	11	109	1018	21	22	76.3	1st Down	186	100	53.8	1215	6.5	1	4	49	537	10	16	66.9
vs. Own Division	8	220	119	54.1	1626	7.4	10	4	80	757	15	21	85.5	2nd Down	143	75	52.4	983	6.9	5	5	49	488	8	12	71.5
Home	8	221	112	50.7	1431	6.5	5	6	65	604	12	23	67.5	3rd Down Overall	156	77	49.4	1056	6.8	8	4	55	436	10	15	77.8
Away	8	266	140	52.6	1823	6.9	9	7	88	857	16	20	74.8	3rd D 0-5 to Go	45	26	57.8	262	5.8	7	1	23	111	2	2	104.8
Games 1-8	8	247	123	49.8	1548	6.3	5	7	68	745	13	22	64.6	3rd D 6+ to Go	111	51	45.9	794	7.2	1	3	32	325	8	13	61.9
Games 9-16	8	240	129	53.8	1706	7.1	9	6	85	716	15	21	78.6	4th Down	2	0	0.0	0	0.0	0	0	0	0	0	0	39.6
Aug/Sept	5	163	79	48.5	997	6.1	4	4	48	492	8	15	60.8	Rec Behind Line	68	37	54.4	298	4.4	0	1	14	394	2	0	59.6
October	3	84	44	52.4	551	6.6	1	1	24	253	5	7	72.1	1-10 yds	247	151	61.1	1509	6.1	9	2	77	750	7	0	87.3
November	5	146	78	53.4	1129	7.7	5	2	51	484	11	10	84.5	11-20 yds	97	50	51.5	896	9.2	2	3	48	197	6	0	77.5
December	3	94	51	54.3	577	6.1	4	34	232	4	11	69.3		21-30 yds	41	8	19.5	240	5.9	3	4	8	44	7	0	36.3
Grass	6	191	95	49.7	1155	6.0	4	7	56	620	9	14	64.8	31+	34	6	17.6	311	9.1	0	3	6	76	4	0	28.4
Turf	10	296	157	53.0	2099	7.1	10	8	97	841	19	29	75.8	Left Sideline	137	73	53.3	1013	7.4	3	5	49	403	12	1	69.4
Indoor	10	296	157	53.0	2099	7.1	10	8	97	841	19	29	75.8	Left Side	78	40	51.3	616	7.9	2	2	26	352	5	5	75.6
Outdoor	6	191	95	49.7	1155	6.0	4	7	56	620	9	14	64.8	Middle	88	46	52.3	664	7.5	4	1	25	344	5	33	87.5
1st Half	-	260	131	50.4	1595	6.1	9	6	76	667	14	20	71.6	Right Side	93	47	50.5	442	4.8	1	2	22	265	1	4	45.2
2nd Half/OT	-	227	121	53.3	1659	7.3	5	7	77	794	16	23	71.4	Right Sideline	91	46	50.5	519	5.7	4	0	31	97	5	0	61.8
Last 2 Min. Half	-	69	34	49.3	542	7.9	4	4	24	222	6	7	83.1	2 Wide Receivers	151	77	51.0	1043	6.9	1	5	42	471	11	16	61.8
4th qtr, +/-7 pts	-	62	36	58.1	523	8.4	2	2	23	236	7	11	82.9	3+ WR	320	166	51.9	2161	6.8	10	8	104	966	17	27	73.5
Winning	-	101	57	56.4	772	7.6	4	3	40	301	8	10	81.8	Attempts 1-10	160	81	50.6	823	5.1	1	3	39	343	4	0	60.0
Tied	-	126	59	46.8	635	5.0	2	3	25	274	13	17	57.5	Attempts 11-20	153	80	52.3	1215	7.9	8	5	56	588	11	0	82.6
Trailing	-	260	136	52.3	1847	7.1	8	7	88	886	17	26	74.3	Attempts 21+	174	91	52.3	1216	7.0	5	5	58	530	13	0	72.4

1997 Incompletions

Type	Num	%of Inc	%of Att
Pass Dropped	32	13.6	6.6
Poor Throw	87	37.0	17.9
Pass Defensed	46	19.6	9.4
Pass Hit at Line	13	5.5	2.7
Other	57	24.3	11.7
Total	235	100.0	48.3

Game Logs (1-8)

Date	Opp	Result	Att	Cm	Pct	Yds	TD	Int	Lg	Sk	F-L
08/31	NO	W 38-24	21	13	61.9	226	2	1	46	2	0-0
09/07	SF	L 12-15	25	9	36.0	123	0	0	36	3	3-2
09/14	@Den	L 14-35	33	18	54.5	217	0	2	29	5	0-0
09/21	NYN	W 13-3	35	15	42.9	176	0	0	31	5	2-1
09/28	@Oak	L 17-35	49	24	49.0	255	2	3	35	0	0-0
10/12	@SF	L 10-30	23	9	39.1	119	0	0	69	4	1-1
10/19	Sea	L 9-17	31	17	54.8	164	1	0	32	2	1-0
10/26	KC	L 20-28	30	18	60.0	268	1	0	51	1	2-2

Game Logs (9-16)

Date	Opp	Result	Att	Cm	Pct	Yds	TD	Int	Lg	Sk	F-L
11/02	@Atl	L 31-34	34	23	67.6	401	2	1	59	1	0-0
11/09	@GB	L 7-17	23	9	39.1	103	0	0	18	3	1-0
11/16	Atl	L 21-27	38	21	55.3	266	2	0	76	3	0-0
11/23	Car	L 10-16	13	6	46.2	61	0	1	17	3	0-0
11/30	@Was	W 23-20	38	19	50.0	298	1	0	45	1	2-0
12/07	@NO	W 34-27	41	22	53.7	267	3	1	38	5	1-0
12/14	Chi	L 10-13	28	13	46.4	147	0	3	25	5	2-1
12/20	@Car	W 30-18	25	16	64.0	163	1	0	26	1	0-0

Tiki Barber
New York Giants — RB

1997 Rushing and Receiving Splits

	G	Rush	Yds	Avg	Lg	TD	1st	Stf	YdL	Rec	Yds	Avg	TD		Rush	Yds	Avg	Lg	TD	1st	Stf	YdL	Rec	Yds	Avg	TD
Total	12	136	511	3.8	42	3	31	17	39	34	299	8.8	1	Inside 20	19	27	1.4	7	3	4	4	7	3	17	5.7	1
vs. Playoff	2	14	21	1.5	8	1	2	3	14	4	50	12.5	0	Inside 10	8	17	2.1	7	3	3	1	1	0	0	-	0
vs. Non-playoff	10	122	490	4.0	42	2	29	14	25	30	249	8.3	1	1st Down	68	262	3.9	21	1	8	6	12	14	114	8.1	0
vs. Own Division	6	84	381	4.5	42	1	21	6	8	20	178	8.9	1	2nd Down	49	190	3.9	42	2	13	7	14	6	41	6.8	0
Home	6	70	272	3.9	21	2	18	6	11	16	146	9.1	0	3rd Down Overall	17	53	3.1	16	0	10	3	12	14	144	10.3	1
Away	6	66	239	3.6	42	1	13	11	28	18	153	8.5	1	3rd D 0-2 to Go	10	22	2.2	10	0	8	2	10	0	0	-	0
Games 1-8	5	67	215	3.2	21	3	14	10	28	16	146	9.1	0	3rd D 3-7 to Go	4	7	1.8	7	0	1	1	2	8	106	13.3	1
Games 9-16	7	69	296	4.3	42	0	17	7	11	18	153	8.5	1	3rd D 8+ to Go	3	24	8.0	16	0	1	0	0	6	38	6.3	0
Aug/Sept	5	67	215	3.2	21	3	14	10	28	16	146	9.1	0	4th Down	2	6	3.0	7	0	0	1	1	0	0	-	0
October	0	0	0	-	0	0	0	0	0	0	0	-	0	Left Sideline	17	136	8.0	42	0	6	1	1	15	115	7.7	0
November	4	18	68	3.8	14	0	4	3	7	12	116	9.7	0	Left Side	19	61	3.2	16	1	4	2	10	1	8	8.0	0
December	3	51	228	4.5	42	0	13	4	4	6	37	6.2	1	Middle	52	145	2.8	21	1	9	7	17	9	89	9.9	0
Grass	3	19	39	2.1	8	1	2	3	16	10	108	10.8	0	Right Side	37	118	3.2	16	1	8	6	10	5	49	9.8	0
Turf	9	117	472	4.0	42	2	29	14	23	24	191	8.0	1	Right Sideline	11	51	4.6	14	0	4	1	1	4	38	9.5	1
Indoor	1	9	4	0.4	5	0	0	4	8	3	15	5.0	0	0 Tight Ends	14	68	4.9	16	0	4	2	3	18	176	9.8	1
Outdoor	11	127	507	4.0	42	3	31	13	31	31	284	9.2	1	1 Tight End	84	328	3.9	42	1	16	7	13	14	114	8.1	0
1st Half	-	74	241	3.3	21	2	17	9	27	19	170	8.9	1	2 Tight Ends	27	93	3.4	18	0	6	5	12	1	4	4.0	0
2nd Half/OT	-	62	270	4.4	42	1	14	8	12	15	129	8.6	0	3+ Tight Ends	6	1	0.2	7	2	4	2	10	0	0	-	0
Last 2 Min. Half	-	13	58	4.5	21	0	3	2	4	9	75	8.3	0	Carries 1-5	55	144	2.6	14	0	9	8	24	0	0	-	0
4th qtr, +/-7 pts	-	9	59	6.6	42	0	2	1	1	5	46	9.2	0	Carries 6-10	42	180	4.3	21	2	12	5	11	0	0	-	0
Winning	-	77	328	4.3	42	1	18	6	8	9	79	8.8	0	Carries 11-15	25	104	4.2	16	1	6	1	1	0	0	-	0
Tied	-	33	104	3.2	15	1	7	5	17	12	124	10.3	1	Carries 16-20	13	76	5.8	42	0	3	3	3	0	0	-	0
Trailing	-	26	79	3.0	16	1	6	6	14	13	96	7.4	0	Carries 21+	1	7	7.0	7	0	1	0	0	0	0	-	0

1997 Incompletions

Type	Num	%of Inc	% Att
Pass Dropped	5	25.0	9.3
Poor Throw	6	30.0	11.1
Pass Defensed	2	10.0	3.7
Pass Hit at Line	2	10.0	3.7
Other	5	25.0	9.3
Total	20	100.0	37.0

Game Logs (1-8)

Date	Opp	Result	Rush	Yds	Rec	Yds	Trgt	F-L	TD
08/31	Phi	W 31-17	20	88	3	32	5	0-0	1
09/07	@Jac	L 13-40	11	17	3	43	4	1-1	1
09/14	Bal	L 23-24	16	64	5	27	7	1-0	1
09/21	@StL	L 3-13	9	4	3	15	5	1-0	0
09/28	NO	W 14-9	11	42	2	29	3	0-0	0
10/05	Dal	W 20-17	-	-	-	-	-	-	-
10/12	@Ari	W 27-13	-	-	-	-	-	-	-
10/19	@Det	W 26-20	-	-	-	-	-	-	-

Game Logs (9-16)

Date	Opp	Result	Rush	Yds	Rec	Yds	Trgt	F-L	TD
10/26	Cin	W 29-27	-	-	-	-	-	-	-
11/09	@Ten	L 6-10	2	-1	0	0	0	0-0	0
11/16	Ari	W 19-10	7	42	4	44	4	0-0	0
11/23	@Was	T 7-7	6	23	7	65	8	0-0	0
11/30	TB	L 8-20	3	4	1	7	4	0-0	0
12/07	@Phi	W 31-21	21	114	4	28	6	0-0	1
12/13	Was	W 30-10	13	32	1	7	3	0-0	0
12/21	@Dal	W 20-7	17	82	1	2	5	0-0	0

Mario Bates
New Orleans Saints — RB

1997 Rushing and Receiving Splits

	G	Rush	Yds	Avg	Lg	TD	1st	Stf	YdL	Rec	Yds	Avg	TD		Rush	Yds	Avg	Lg	TD	1st	Stf	YdL	Rec	Yds	Avg	TD
Total	12	119	440	3.7	74	4	22	17	44	5	42	8.4	0	Inside 20	14	19	1.4	9	2	4	2	10	0	0	-	0
vs. Playoff	4	60	272	4.5	74	2	14	5	18	3	13	4.3	0	Inside 10	6	6	1.0	2	2	3	0	0	0	0	-	0
vs. Non-playoff	8	59	168	2.8	49	2	8	12	26	2	29	14.5	0	1st Down	69	273	4.0	74	1	6	12	31	2	20	10.0	0
vs. Own Division	5	35	105	3.0	16	1	8	5	11	2	21	10.5	0	2nd Down	34	113	3.3	49	2	6	5	13	2	21	10.5	0
Home	6	63	231	3.7	74	3	14	7	26	1	14	14.0	0	3rd Down Overall	13	50	3.8	9	0	7	0	0	1	1	1.0	0
Away	6	56	209	3.7	49	1	8	10	18	4	28	7.0	0	3rd D 0-2 to Go	8	35	4.4	9	0	6	0	0	0	0	-	0
Games 1-8	7	89	375	4.2	74	4	20	13	33	5	42	8.4	0	3rd D 3-7 to Go	3	10	3.3	6	0	1	0	0	0	0	-	0
Games 9-16	5	30	65	2.2	11	0	2	4	11	0	0	-	0	3rd D 8+ to Go	2	5	2.5	4	0	0	0	0	1	1	1.0	0
Aug/Sept	5	65	286	4.4	74	2	14	6	19	3	13	4.3	0	4th Down	3	4	1.3	2	1	3	0	0	0	0	-	0
October	3	29	107	3.7	49	2	7	7	14	2	29	14.5	0	Left Sideline	23	192	8.3	74	2	5	4	11	1	14	14.0	0
November	3	24	46	1.9	11	0	1	4	11	0	0	-	0	Left Side	36	110	3.1	16	1	10	3	7	3	21	7.0	0
December	1	1	1	1.0	1	0	0	0	0	0	0	-	0	Middle	41	86	2.1	14	1	7	7	21	1	7	7.0	0
Grass	4	31	117	3.8	49	1	3	6	10	2	22	11.0	0	Right Side	12	37	3.1	6	0	2	3	6	0	0	-	0
Turf	8	88	323	3.7	74	3	19	11	34	3	20	6.7	0	Right Sideline	7	15	2.1	7	0	0	1	2	0	0	-	0
Indoor	7	70	259	3.7	74	3	18	8	27	1	14	14.0	0	0 Tight Ends	15	50	3.3	8	0	2	1	2	2	8	4.0	0
Outdoor	5	49	181	3.7	49	1	7	9	17	4	28	7.0	0	1 Tight End	100	300	3.0	74	2	18	16	42	3	34	11.3	0
1st Half	-	50	209	4.2	74	1	7	5	10	1	1	1.0	0	2 Tight Ends	1	7	7.0	7	0	0	0	0	0	0	-	0
2nd Half/OT	-	69	231	3.3	49	3	15	12	34	4	41	10.3	0	3+ Tight Ends	3	3	1.0	2	2	2	0	0	0	0	-	0
Last 2 Min. Half	-	8	4	0.5	4	0	2	2	5	0	0	-	0	Carries 1-5	49	184	3.8	49	1	7	5	10	0	0	-	0
4th qtr, +/-7 pts	-	14	15	1.1	11	0	1	5	13	0	0	-	0	Carries 6-10	34	153	4.5	74	1	6	5	7	0	0	-	0
Winning	-	30	135	4.5	74	2	6	5	17	0	0	-	0	Carries 11-15	19	64	3.4	14	1	5	4	14	0	0	-	0
Tied	-	31	135	4.4	49	1	4	4	5	2	16	8.0	0	Carries 16-20	8	4	0.5	2	0	2	2	11	0	0	-	0
Trailing	-	58	170	2.9	16	1	12	8	22	3	26	8.7	0	Carries 21+	9	35	3.9	10	1	4	1	2	0	0	-	0

1997 Incompletions

Type	Num	%of Inc	% Att
Pass Dropped	0	0.0	0.0
Poor Throw	2	33.3	18.2
Pass Defensed	1	16.7	9.1
Pass Hit at Line	1	16.7	9.1
Other	2	33.3	18.2
Total	6	100.0	54.5

Game Logs (1-8)

Date	Opp	Result	Rush	Yds	Rec	Yds	Trgt	F-L	TD
08/31	@StL	L 24-38	7	28	0	0	2	0-0	0
09/07	SD	L 6-20	3	4	0	0	0	0-0	0
09/14	@SF	L 7-33	8	28	1	7	1	0-0	0
09/21	Det	W 35-17	29	162	0	0	1	0-0	2
09/28	@NYN	L 9-14	18	64	2	6	3	0-0	0
10/05	@Chi	W 20-17	29	58	1	15	2	1-1	2
10/12	Atl	L 17-23	15	31	1	14	1	0-0	1
10/19	Car	L 0-13	-	-	-	-	-	-	-

Game Logs (9-16)

Date	Opp	Result	Rush	Yds	Rec	Yds	Trgt	F-L	TD
10/26	SF	L 0-23	5	18	0	0	1	0-0	0
11/09	@Oak	W 13-10	14	31	0	0	0	0-0	0
11/16	Sea	W 20-17	10	15	0	0	0	1-1	0
11/23	@Atl	L 3-20	-	-	-	-	-	-	-
11/30	@Car	W 16-13	0	0	0	0	0	0-0	0
12/07	StL	L 27-34	-	-	-	-	-	-	-
12/14	Ari	W 27-10	1	1	0	0	0	0-0	0
12/21	@KC	L 13-25	-	-	-	-	-	-	-

Fred Baxter — New York Jets — TE

1997 Receiving Splits

	G	Rec	Yds	Avg	TD	Lg	Big	YAC	Trgt	Y@C	1st	1st%		Rec	Yds	Avg	TD	Lg	Big	YAC	Trgt	Y@C	1st	1st%
Total	16	27	276	10.2	3	37	2	130	34	5.4	14	51.9	Inside 20	5	33	6.6	3	13	0	12	5	4.2	5	100.0
vs. Playoff	7	17	151	8.9	1	19	0	76	20	4.4	7	41.2	Inside 10	2	5	2.5	2	3	0	0	2	2.5	2	100.0
vs. Non-playoff	9	10	125	12.5	2	37	2	54	14	7.1	7	70.0	1st Down	14	158	11.3	2	37	1	52	17	7.6	8	57.1
vs. Own Division	8	12	124	10.3	0	26	1	71	16	4.4	5	41.7	2nd Down	7	51	7.3	1	26	1	20	9	4.4	3	42.9
Home	8	11	92	8.4	2	15	0	49	14	3.9	6	54.5	3rd Down Overall	6	67	11.2	0	17	0	58	8	1.5	3	50.0
Away	8	16	184	11.5	1	37	2	81	20	6.4	8	50.0	3rd D 0-2 to Go	0	0	-	0	0	0	0	0	-	0	-
Games 1-8	8	11	108	9.8	1	37	1	43	13	5.9	6	54.5	3rd D 3-7 to Go	2	22	11.0	0	12	0	14	2	4.0	2	100.0
Games 9-16	8	16	168	10.5	2	26	1	87	21	5.1	8	50.0	3rd D 8+ to Go	4	45	11.3	0	17	0	44	6	0.3	1	25.0
Aug/Sept	5	6	55	9.2	1	37	1	23	6	5.3	3	50.0	4th Down	0	0	-	0	0	0	0	0	-	0	-
October	3	5	53	10.6	0	24	0	20	7	6.6	3	60.0	Rec Behind Line	3	26	8.7	0	12	0	31	4	-1.7	1	33.3
November	5	10	110	11.0	2	26	1	62	12	4.8	5	50.0	1-10 yds	16	129	8.1	2	26	1	70	17	3.7	8	50.0
December	3	6	58	9.7	0	19	0	25	9	5.5	3	50.0	11-20 yds	4	89	22.3	1	37	1	29	6	15.0	4	100.0
Grass	3	4	41	10.3	0	17	0	27	4	3.5	1	25.0	21-30 yds	0	0	-	0	0	0	0	1	-	0	-
Turf	13	23	235	10.2	3	37	2	103	30	5.7	13	56.5	31+	0	0	-	0	0	0	0	0	-	0	-
Indoor	3	8	75	9.4	0	24	0	10	11	8.1	4	50.0	Left Sideline	7	53	7.6	1	15	0	31	8	3.1	4	57.1
Outdoor	13	19	201	10.6	3	37	2	120	23	4.3	10	52.6	Left Side	2	37	18.5	0	26	1	27	4	5.0	1	25.0
1st Half	-	18	183	10.2	3	37	2	71	20	6.2	10	55.6	Middle	2	43	21.5	0	37	1	20	2	11.5	1	50.0
2nd Half/OT	-	9	93	10.3	0	17	0	59	14	3.8	4	44.4	Right Side	7	59	8.4	1	24	0	28	9	4.4	4	57.1
Last 2 Min. Half	-	0	0	-	0	0	0	0	0	-	0	-	Right Sideline	5	52	10.4	1	17	0	24	5	5.6	3	60.0
4th qtr. +/-7 pts	-	2	11	5.5	0	6	0	8	3	1.5	1	50.0	Shotgun	4	36	9.0	0	17	0	22	5	3.5	1	25.0
Winning	-	14	112	8.0	1	19	0	46	17	4.7	7	50.0	2 Wide Receivers	13	176	13.5	1	37	2	94	16	6.3	8	61.5
Tied	-	6	93	15.5	2	37	1	33	8	10.0	5	83.3	3 Wide Receivers	4	41	10.3	0	17	0	26	4	3.8	1	25.0
Trailing	-	7	71	10.1	0	26	1	51	9	2.9	2	28.6	4+ WR	3	19	6.3	0	10	0	10	5	3.0	1	33.3

1997 Incompletions

Type	Num	%of Inc	%of Att
Pass Dropped	0	0.0	0.0
Poor Throw	2	28.6	5.9
Pass Defensed	2	28.6	5.9
Pass Hit at Line	1	14.3	2.9
Other	2	28.6	5.9
Total	7	100.0	20.6

Game Logs (1-8)

Date	Opp	Result	Rec	Yds	Trgt	F-L	TD
08/31	@Sea	W 41-3	2	9	2	1-0	0
09/07	Buf	L 22-28	1	1	1	0-0	0
09/14	@NE	L 24-27	1	6	1	0-0	0
09/21	Oak	W 23-22	0	0	0	0-0	0
09/28	@Cin	W 31-14	2	39	2	0-0	1
10/05	@Ind	W 16-12	2	34	3	0-0	0
10/12	Mia	L 20-31	1	6	1	0-0	0
10/19	NE	W 24-19	2	13	3	0-0	0

Game Logs (9-16)

Date	Opp	Result	Rec	Yds	Trgt	F-L	TD
11/02	Bal	W 19-16	1	13	2	0-0	1
11/09	@Mia	L 17-24	3	35	3	0-0	0
11/16	@Chi	W 23-15	0	0	0	0-0	0
11/23	Min	W 23-21	4	33	4	0-0	1
11/30	@Buf	L 10-20	2	29	3	0-0	0
12/07	Ind	L 14-22	0	0	1	0-0	0
12/14	TB	W 31-0	2	26	2	0-0	0
12/21	@Det	L 10-13	4	32	6	0-0	0

Donnell Bennett — Kansas City Chiefs — FB

1997 Rushing and Receiving Splits

	G	Rush	Yds	Avg	Lg	TD	1st	Stf	YdL	Rec	Yds	Avg	TD		Rush	Yds	Avg	Lg	TD	1st	Stf	YdL	Rec	Yds	Avg	TD
Total	14	94	369	3.9	14	1	19	10	21	7	5	0.7	0	Inside 20	10	43	4.3	10	1	2	2	4	0	0	-	0
vs. Playoff	5	25	102	4.1	14	0	7	2	6	2	2	1.0	0	Inside 10	5	16	3.2	9	1	1	1	1	0	0	-	0
vs. Non-playoff	9	69	267	3.9	11	1	12	8	15	5	3	0.6	0	1st Down	51	195	3.8	10	0	3	4	8	1	1	1.0	0
vs. Own Division	6	46	165	3.6	10	1	8	7	14	3	5	1.7	0	2nd Down	35	150	4.3	14	1	12	4	9	4	5	1.3	0
Home	8	58	209	3.6	14	1	11	8	19	4	-3	-0.8	0	3rd Down Overall	7	27	3.9	8	0	4	1	4	2	-1	-0.5	0
Away	6	36	160	4.4	9	0	8	2	2	3	8	2.7	0	3rd D 0-2 to Go	3	13	4.3	8	0	3	0	0	0	0	-	0
Games 1-8	6	24	91	3.8	8	0	5	2	5	2	4	2.0	0	3rd D 3-7 to Go	2	9	4.5	5	0	1	0	1	1	4	4.0	0
Games 9-16	8	70	278	4.0	14	1	14	8	16	5	1	0.2	0	3rd D 8+ to Go	2	5	2.5	6	0	0	1	1	1	-5	-5.0	0
Aug/Sept	3	8	32	4.0	8	0	1	1	1	0	0	-	0	4th Down	1	-3	-3.0	-3	0	0	1	3	0	0	-	0
October	3	16	59	3.7	8	0	4	1	4	2	4	2.0	0	Left Sideline	3	14	4.7	7	0	0	0	0	0	0	-	0
November	5	30	124	4.1	14	0	7	2	6	3	6	2.0	0	Left Side	17	76	4.5	14	0	4	2	4	1	1	1.0	0
December	3	40	154	3.9	11	1	7	6	10	2	-5	-2.5	0	Middle	65	235	3.6	13	1	12	7	14	0	0	-	0
Grass	12	79	302	3.8	14	1	16	10	21	4	-3	-0.8	0	Right Side	6	25	4.2	9	0	2	1	3	6	4	0.7	0
Turf	2	15	67	4.5	9	0	3	0	0	3	8	2.7	0	Right Sideline	3	19	6.3	10	0	1	0	0	0	0	-	0
Indoor	2	15	67	4.5	9	0	3	0	0	3	8	2.7	0	0 Tight Ends	4	10	2.5	9	1	1	1	1	0	0	-	0
Outdoor	12	79	302	3.8	14	1	16	10	21	4	-3	-0.8	0	1 Tight End	14	64	4.6	10	0	5	1	3	6	4	0.7	0
1st Half	-	29	107	3.7	10	1	8	2	7	1	0	0.5	0	2 Tight Ends	75	293	3.9	14	0	12	8	17	1	1	1.0	0
2nd Half/OT	-	65	262	4.0	14	0	11	8	14	5	4	0.7	0	3+ Tight Ends	1	2	2.0	2	0	1	0	0	0	0	-	0
Last 2 Min. Half	-	3	6	2.0	4	0	0	1	1	0	0	-	0	Carries 1-5	55	229	4.2	11	1	13	3	10	0	0	-	0
4th qtr. +/-7 pts	-	7	32	4.6	14	0	1	0	3	0	0	0.0	0	Carries 6-10	25	107	4.3	14	0	4	3	5	0	0	-	0
Winning	-	69	283	4.1	14	1	12	8	14	6	4	0.7	0	Carries 11-15	5	5	1.0	4	0	0	1	3	0	0	-	0
Tied	-	10	28	2.8	9	0	3	-2	7	1	1	1.0	0	Carries 16-20	5	11	2.2	9	0	1	3	0	0	0	-	0
Trailing	-	15	58	3.9	9	0	4	0	0	0	0	-	0	Carries 21+	4	17	4.3	9	0	1	0	0	0	0	-	0

1997 Incompletions

Type	Num	%of Inc	%Att
Pass Dropped	1	50.0	11.1
Poor Throw	1	50.0	11.1
Pass Defensed	0	0.0	0.0
Pass Hit at Line	0	0.0	0.0
Other	0	0.0	0.0
Total	2	100.0	22.2

Game Logs (1-8)

Date	Opp	Result	Rush	Yds	Rec	Yds	Trgt	F-L	TD
08/31	@Den	L 3-19	-	-	-	-	-	-	-
09/08	@Oak	W 28-27	-	-	-	-	-	-	-
09/14	Buf	W 22-16	-	-	-	-	-	-	-
09/21	@Car	W 35-14	8	32	0	0	0	0-0	0
09/28	Sea	W 20-17	0	0	0	0	0	0-0	0
10/05	@Mia	L 14-17	2	13	0	0	0	0-0	0
10/16	SD	W 31-3	6	14	0	0	0	0-0	0
10/26	@StL	W 28-20	8	32	2	4	2	0-0	0

Game Logs (9-16)

Date	Opp	Result	Rush	Yds	Rec	Yds	Trgt	F-L	TD
11/03	Pit	W 13-10	8	38	0	0	0	0-0	0
11/09	@Jac	L 10-24	5	16	0	0	0	0-0	0
11/16	Den	W 24-22	3	-1	1	1	1	0-0	0
11/23	@Sea	W 19-14	7	35	1	4	1	0-0	0
11/30	SF	W 44-9	7	36	1	1	2	0-0	0
12/07	Oak	W 30-0	24	85	1	0	1	0-0	0
12/14	@SD	W 29-7	6	32	0	0	0	0-0	0
12/21	NO	W 25-13	10	37	1	-5	2	0-0	0

Jerome Bettis — Pittsburgh Steelers — RB

1997 Rushing and Receiving Splits

	G	Rush	Yds	Avg	Lg	TD	1st	Stf	YdL	Rec	Yds	Avg	TD		Rush	Yds	Avg	Lg	TD	1st	Stf	YdL	Rec	Yds	Avg	TD
Total	15	375	1665	4.4	34	7	94	33	70	15	110	7.3	2	Inside 20	51	184	3.6	16	7	18	5	11	4	34	8.5	2
vs. Playoff	5	118	521	4.4	30	0	23	13	27	9	54	6.0	1	Inside 10	20	28	1.4	7	6	7	3	6	0	0	-	0
vs. Non-playoff	10	257	1144	4.5	34	7	71	20	43	6	56	9.3	1	1st Down	205	887	4.3	20	1	24	18	33	7	40	5.7	0
vs. Own Division	7	178	774	4.3	33	2	43	18	41	4	30	7.5	1	2nd Down	150	720	4.8	34	2	55	14	34	6	44	7.3	1
Home	8	191	874	4.6	34	3	46	22	44	6	53	8.8	1	3rd Down Overall	16	54	3.4	18	3	12	1	3	2	26	13.0	1
Away	7	184	791	4.3	30	4	48	11	26	9	57	6.3	1	3rd D 0-2 to Go	15	54	3.6	18	3	12	1	3	1	17	17.0	1
Games 1-8	8	201	920	4.6	34	3	49	17	32	5	58	11.6	1	3rd D 3-7 to Go	1	0	0.0	0	0	0	0	0	1	9	9.0	0
Games 9-16	7	174	745	4.3	33	4	45	16	38	10	52	5.2	1	3rd D 8+ to Go	0	0	-	0	0	0	0	0	0	0	-	0
Aug/Sept	4	81	385	4.8	19	1	20	8	13	1	9	9.0	0	4th Down	4	4	1.0	2	1	3	0	0	0	0	-	0
October	4	120	535	4.5	34	2	29	9	19	4	49	12.3	1	Left Sideline	31	175	5.6	34	0	10	5	12	6	31	5.2	1
November	5	122	540	4.4	33	4	34	7	17	6	40	6.7	1	Left Side	90	362	4.0	17	0	18	8	16	2	19	9.5	0
December	2	52	205	3.9	24	0	11	9	21	4	12	3.0	0	Middle	152	652	4.3	33	2	37	8	13	3	34	11.3	1
Grass	5	130	576	4.4	30	3	34	9	23	8	38	4.8	0	Right Side	87	375	4.3	20	5	24	11	26	4	26	6.5	0
Turf	10	245	1089	4.4	34	4	60	24	47	7	72	10.3	2	Right Sideline	15	101	6.7	30	0	5	1	3	0	0	-	0
Indoor	0	0	0	-	0	0	0	0	0	0	0	-	0	0 Tight Ends	1	-4	-4.0	-4	0	0	1	4	1	3	3.0	0
Outdoor	15	375	1665	4.4	34	7	94	33	70	15	110	7.3	2	1 Tight End	246	1135	4.6	33	3	57	20	41	12	107	8.9	2
1st Half	-	179	714	4.0	30	4	43	19	39	5	26	5.2	0	2 Tight Ends	113	510	4.5	34	0	31	11	24	2	0	0.0	0
2nd Half/OT	-	196	951	4.9	34	3	51	14	31	10	84	8.4	2	3+ Tight Ends	15	24	1.6	8	4	6	1	1	0	0	-	0
Last 2 Min. Half	-	8	26	3.3	16	0	1	1	3	3	30	10.0	1	Carries 1-5	75	267	3.6	30	1	11	11	22	0	0	-	0
4th qtr. +/-7 pts	-	53	179	3.4	19	1	11	7	14	1	5	5.0	0	Carries 6-10	75	360	4.8	18	1	25	7	11	0	0	-	0
Winning	-	140	672	4.8	34	0	34	10	24	2	28	14.0	0	Carries 11-15	75	299	4.0	19	2	16	4	10	0	0	-	0
Tied	-	83	267	3.2	30	4	18	13	26	4	17	4.3	1	Carries 16-20	65	390	6.0	33	0	22	4	10	0	0	-	0
Trailing	-	152	726	4.8	20	3	42	10	20	9	65	7.2	1	Carries 21+	85	349	4.1	34	3	20	7	17	0	0	-	0

1997 Incompletions

Type	Num	%of Inc	% Att
Pass Dropped	3	33.3	12.5
Poor Throw	4	44.4	16.7
Pass Defensed	1	11.1	4.2
Pass Hit at Line	0	0.0	0.0
Other	1	11.1	4.2
Total	9	100.0	37.5

Game Logs (1-8)

Date	Opp	Result	Rush	Yds	Rec	Yds	Trgt	F-L	TD
08/31	Dal	L 7-37	15	63	0	0	0	1-1	0
09/07	Was	W 14-13	27	134	1	9	4	0-0	1
09/22	@Jac	L 21-30	21	114	0	0	1	0-0	0
09/28	Ten	W 37-24	18	74	0	0	0	1-1	0
10/05	@Bal	W 42-34	28	137	0	0	2	0-0	2
10/12	Ind	W 24-22	30	164	1	14	2	2-2	1
10/19	@Cin	W 26-10	34	135	0	0	0	0-0	1
10/26	Jac	W 23-17	28	99	3	35	3	1-1	1

Game Logs (9-16)

Date	Opp	Result	Rush	Yds	Rec	Yds	Trgt	F-L	TD
11/03	@KC	L 10-13	17	103	2	7	2	0-0	0
11/09	Bal	W 37-0	24	114	0	0	0	0-0	1
11/16	Cin	W 20-3	25	101	1	-5	1	0-0	0
11/23	@Phi	L 20-23	20	80	1	19	2	1-1	0
11/30	@Ari	W 26-20	36	142	2	19	2	0-0	0
12/07	Den	W 35-24	24	125	0	0	1	0-0	0
12/13	@NE	W 24-21	28	80	4	12	4	0-0	0
12/21	@Ten	L 6-16	-	-	-	-	-	-	-

Steve Beuerlein — Carolina Panthers — QB

1997 Passing Splits

	G	Att	Cm	Pct	Yds	Y/Att	TD	Int	1st	YAC	Big	Sk	Rtg		Att	Cm	Pct	Yds	Y/Att	TD	Int	1st	YAC	Big	Sk	Rtg
Total	7	153	89	58.2	1032	6.7	6	3	52	355	7	17	83.6	Inside 20	21	14	66.7	84	4.0	4	0	6	19	0	1	113.9
vs. Playoff	2	46	28	60.9	321	7.0	4	0	15	81	2	5	110.9	Inside 10	9	5	55.6	20	2.2	3	0	3	7	0	1	100.5
vs. Non-playoff	5	107	61	57.0	711	6.6	2	3	37	274	5	12	71.8	1st Down	65	39	60.0	426	6.6	2	1	18	156	3	5	83.2
vs. Own Division	4	90	57	63.3	659	7.3	3	1	37	249	4	11	91.9	2nd Down	42	25	59.5	291	6.9	2	1	13	123	2	5	86.5
Home	4	81	48	59.3	499	6.2	4	3	24	191	6	6	78.2	3rd Down Overall	43	23	53.5	276	6.4	2	1	20	53	1	7	79.2
Away	3	72	41	56.9	533	7.4	2	0	28	164	5	11	89.6	3rd D 0-5 to Go	21	10	47.6	78	3.7	2	0	8	5	0	1	89.0
Games 1-8	4	107	61	57.0	697	6.5	5	2	36	247	4	12	84.5	3rd D 6+ to Go	22	13	59.1	198	9.0	0	1	12	48	1	6	69.9
Games 9-16	3	46	28	60.9	335	7.3	1	1	16	108	3	5	81.3	4th Down	3	2	66.7	39	13.0	0	0	1	23	1	0	109.7
Aug/Sept	3	72	42	58.3	470	6.5	3	2	26	198	2	7	80.2	Rec Behind Line	13	8	61.5	19	1.5	0	0	0	34	0	0	65.9
October	1	35	19	54.3	227	6.5	2	0	10	49	2	5	93.4	1-10 yds	85	58	68.2	475	5.6	2	1	30	161	0	9	85.2
November	1	27	17	63.0	168	6.2	0	1	9	62	1	2	65.0	11-20 yds	32	19	59.4	422	13.2	2	2	18	145	5	0	124.5
December	2	19	11	57.9	167	8.8	1	0	7	46	2	3	104.5	21-30 yds	12	1	8.3	24	2.0	1	1	1	0	0	0	32.6
Grass	4	81	48	59.3	499	6.2	4	3	24	191	6	6	78.2	31+	10	2	20.0	90	9.0	0	1	2	14	2	0	25.0
Turf	3	72	41	56.9	533	7.4	2	0	28	164	5	11	89.6	Left Sideline	38	22	57.9	219	5.8	0	0	13	55	1	0	74.3
Indoor	2	70	40	57.1	495	7.1	2	0	27	161	4	11	88.7	Left Side	24	17	70.8	199	8.3	1	0	10	75	1	3	109.5
Outdoor	5	83	49	59.0	537	6.5	4	3	25	194	3	6	79.2	Middle	19	13	68.4	185	9.7	2	0	10	63	2	13	134.8
1st Half	-	47	24	51.1	250	5.3	1	2	14	73	1	7	56.2	Right Side	35	18	51.4	205	5.9	2	1	10	71	1	1	76.5
2nd Half/OT	-	106	65	61.3	782	7.4	5	1	38	282	6	10	95.7	Right Sideline	37	19	51.4	224	6.1	1	2	9	91	2	0	56.6
Last 2 Min. Half	-	25	15	60.0	146	5.8	1	0	9	51	0	2	89.8	2 Wide Receivers	58	35	60.3	422	7.3	1	1	18	171	4	4	81.6
4th qtr. +/-7 pts	-	43	28	65.1	320	7.4	2	0	15	108	2	3	102.9	3+ WR	86	48	55.8	550	6.4	4	2	29	166	3	13	81.1
Winning	-	3	1	33.3	38	12.7	0	1	1	3	1	0	42.4	Attempts 1-10	62	37	59.7	397	6.4	3	2	21	114	2	0	81.2
Tied	-	41	20	48.8	195	4.8	0	0	11	61	1	4	62.6	Attempts 11-20	48	26	54.2	323	6.7	1	1	16	133	3	0	73.5
Trailing	-	109	68	62.4	799	7.3	6	2	40	291	5	13	95.3	Attempts 21+	43	26	60.5	312	7.3	2	0	15	108	2	0	98.2

1997 Incompletions

Type	Num	%of Inc	%of Att
Pass Dropped	3	4.7	2.0
Poor Throw	25	39.1	16.3
Pass Defensed	16	25.0	10.5
Pass Hit at Line	5	7.8	3.3
Other	15	23.4	9.8
Total	64	100.0	41.8

Game Logs (1-8)

Date	Opp	Result	Att	Cm	Pct	Yds	TD	Int	Lg	Sk	F-L
08/31	Was	L 10-24	26	12	46.2	108	1	2	24	1	0-0
09/07	@Atl	W 9-6	35	21	60.0	268	0	0	52	6	1-1
09/14	@SD	W 26-7	-	-	-	-	-	-	-	-	-
09/21	KC	L 14-35	-	-	-	-	-	-	-	-	-
09/29	SF	L 21-34	11	9	81.8	94	2	0	24	0	0-0
10/12	@Min	L 14-21	35	19	54.3	227	2	0	52	5	0-0
10/19	@NO	W 13-0	-	-	-	-	-	-	-	-	-
10/26	Atl	W 21-12	-	-	-	-	-	-	-	-	-

Game Logs (9-16)

Date	Opp	Result	Att	Cm	Pct	Yds	TD	Int	Lg	Sk	F-L
11/02	Oak	W 38-14	-	-	-	-	-	-	-	-	-
11/09	@Den	L 0-34	-	-	-	-	-	-	-	-	-
11/16	@SF	L 19-27	-	-	-	-	-	-	-	-	-
11/23	@StL	W 16-10	-	-	-	-	-	-	-	-	-
11/30	NO	L 13-16	27	17	63.0	168	0	1	35	2	0-0
12/08	@Dal	W 23-13	2	1	50.0	38	0	0	38	0	0-0
12/14	GB	L 10-31	-	-	-	-	-	-	-	-	-
12/20	StL	L 18-30	17	10	58.8	129	1	0	37	3	0-0

Tim Biakabutuka
Carolina Panthers — RB

1997 Rushing and Receiving Splits

	G	Rush	Yds	Avg	Lg	TD	1st	Stf	YdL	Rec	Yds	Avg	TD		Rush	Yds	Avg	Lg	TD	1st	Stf	YdL	Rec	Yds	Avg	TD
Total	8	75	299	4.0	26	2	12	7	11	0	0	-	0	Inside 20	7	18	2.6	12	1	1	1	3	0	0	-	0
vs. Playoff	3	21	86	4.1	13	0	6	2	2	0	0	-	0	Inside 10	0	0	-	0	0	0	0	0	0	0	-	0
vs. Non-playoff	5	54	213	3.9	26	2	6	5	9	0	0	-	0	1st Down	36	157	4.4	17	1	4	3	5	0	0	-	0
vs. Own Division	3	36	148	4.1	26	2	4	3	4	0	0	-	0	2nd Down	32	124	3.9	26	1	5	3	3	0	0	-	0
Home	4	35	146	4.2	26	2	6	4	5	0	0	-	0	3rd Down Overall	6	14	2.3	11	0	3	1	3	0	0	-	0
Away	4	40	153	3.8	17	0	6	3	6	0	0	-	0	3rd D 0-2 to Go	3	5	1.7	3	0	2	0	0	0	0	-	0
Games 1-8	6	65	280	4.3	26	2	12	4	5	0	0	-	0	3rd D 3-7 to Go	2	8	4.0	11	0	1	1	3	0	0	-	0
Games 9-16	2	10	19	1.9	7	0	0	3	6	0	0	-	0	3rd D 8+ to Go	1	1	1.0	1	0	0	0	0	0	0	-	0
Aug/Sept	3	21	90	4.3	13	0	5	1	1	0	0	-	0	4th Down	1	4	4.0	4	0	0	0	0	0	0	-	0
October	3	44	190	4.3	26	2	7	3	4	0	0	-	0	Left Sideline	9	37	4.1	11	0	2	2	5	0	0	-	0
November	1	3	6	2.0	7	0	0	1	1	0	0	-	0	Left Side	8	17	2.1	10	0	1	2	2	0	0	-	0
December	1	7	13	1.9	7	0	0	2	5	0	0	-	0	Middle	46	194	4.2	26	2	8	2	2	0	0	-	0
Grass	5	47	200	4.3	26	2	8	4	5	0	0	-	0	Right Side	9	33	3.7	9	0	1	1	2	0	0	-	0
Turf	3	28	99	3.5	17	0	4	3	6	0	0	-	0	Right Sideline	2	11	5.5	8	0	0	0	0	0	0	-	0
Indoor	2	21	86	4.1	17	0	4	1	1	0	0	-	0	0 Tight Ends	1	3	3.0	3	0	1	0	1	0	0	-	0
Outdoor	6	54	213	3.9	26	2	8	6	10	0	0	-	0	1 Tight End	64	279	4.4	26	2	11	6	10	0	0	-	0
1st Half	-	31	122	3.9	12	1	6	4	4	0	0	-	0	2 Tight Ends	9	10	1.1	4	0	0	1	1	0	0	-	0
2nd Half/OT	-	44	177	4.0	26	1	6	3	7	0	0	-	0	3+ Tight Ends	0	0	-	0	0	0	0	0	0	0	-	0
Last 2 Min. Half	-	2	5	2.5	4	0	0	0	0	0	0	-	0	Carries 1-5	37	146	3.9	13	0	8	4	5	0	0	-	0
4th qtr, +/-7 pts	-	4	12	3.0	8	0	0	0	0	0	0	-	0	Carries 6-10	21	79	3.8	17	1	3	2	4	0	0	-	0
Winning	-	45	167	3.7	26	1	4	4	8	0	0	-	0	Carries 11-15	9	32	3.6	9	0	0	0	0	0	0	-	0
Tied	-	14	62	4.4	12	1	2	2	2	0	0	-	0	Carries 16-20	5	15	3.0	6	0	0	0	0	0	0	-	0
Trailing	-	16	70	4.4	13	0	6	1	1	0	0	-	0	Carries 21+	3	27	9.0	26	1	1	1	2	0	0	-	0

1997 Incompletions

Type	Num	%of Inc	%Att
Pass Dropped	1	33.3	33.3
Poor Throw	1	33.3	33.3
Pass Defensed	0	0.0	0.0
Pass Hit at Line	0	0.0	0.0
Other	1	33.3	33.3
Total	3	100.0	100.0

Game Logs (1-8)

Date	Opp	Result	Rush	Yds	Rec	Yds	Trgt	F-L	TD
08/31	Was	L 10-24	-	-	-	-	-	-	-
09/07	@Atl	W 9-6	-	-	-	-	-	-	-
09/14	@SD	W 26-7	12	54	0	0	0	0-0	0
09/21	KC	L 14-35	5	28	0	0	1	0-0	0
09/29	SF	L 21-34	4	8	0	0	0	0-0	0
10/12	@Min	L 14-21	12	50	0	0	1	0-0	0
10/19	@NO	W 13-0	9	36	0	0	0	0-0	0
10/26	Atl	W 21-12	23	104	0	0	1-1	2	

Game Logs (9-16)

Date	Opp	Result	Rush	Yds	Rec	Yds	Trgt	F-L	TD
11/02	Oak	W 38-14	3	6	0	0	0	0-0	0
11/09	@Den	L 0-34	-	-	-	-	-	-	-
11/16	@SF	W 19-27	-	-	-	-	-	-	-
11/23	@StL	W 16-10	-	-	-	-	-	-	-
11/30	NO	L 13-16	-	-	-	-	-	-	-
12/08	@Dal	W 23-13	7	13	0	0	0	0-0	0
12/14	GB	L 10-31	-	-	-	-	-	-	-
12/20	StL	L 18-30	-	-	-	-	-	-	-

Eric Bieniemy
Cincinnati Bengals — RB

1997 Receiving Splits

	G	Rec	Yds	Avg	TD	Lg	Big	YAC	Trgt	Y@C	1st	1st%		Rec	Yds	Avg	TD	Lg	Big	YAC	Trgt	Y@C	1st	1st%
Total	16	31	249	8.0	0	21	0	264	37	-0.5	13	41.9	Inside 20	3	7	2.3	0	6	0	18	3	-3.7	0	0.0
vs. Playoff	6	6	49	8.2	0	21	0	60	9	-1.8	2	33.3	Inside 10	1	-1	-1.0	0	-1	0	2	1	-3.0	0	0.0
vs. Non-playoff	10	25	200	8.0	0	17	0	204	28	-0.2	11	44.0	1st Down	11	92	8.4	0	15	0	86	15	0.5	4	36.4
vs. Own Division	8	18	150	8.3	0	21	0	149	19	0.1	8	44.4	2nd Down	6	37	6.2	0	12	0	41	8	-0.7	2	33.3
Home	8	14	112	8.0	0	21	0	130	16	-1.3	5	35.7	3rd Down Overall	14	120	8.6	0	21	0	137	14	-1.2	7	50.0
Away	8	17	137	8.1	0	15	0	134	21	0.2	8	47.1	3rd D 0-2 to Go	0	0	-	0	0	0	0	0	-	0	-
Games 1-8	8	19	153	8.1	0	21	0	146	22	0.4	7	36.8	3rd D 3-7 to Go	7	68	9.7	0	21	0	81	7	-1.9	5	71.4
Games 9-16	8	12	96	8.0	0	17	0	118	15	-1.8	6	50.0	3rd D 8+ to Go	7	52	7.4	0	13	0	56	7	-0.6	2	28.6
Aug/Sept	4	9	61	6.8	0	15	0	56	11	0.6	2	22.2	4th Down	0	0	-	0	0	0	0	0	-	0	-
October	4	10	92	9.2	0	21	0	90	11	0.2	5	50.0	Rec Behind Line	17	121	7.1	0	21	0	183	22	-3.6	7	41.2
November	5	7	51	7.3	0	15	0	61	9	-1.4	4	57.1	1-10 yds	14	128	9.1	0	15	0	81	15	3.4	6	42.9
December	3	5	45	9.0	0	17	0	57	6	-2.4	2	40.0	11-20 yds	0	0	-	0	0	0	0	0	-	0	-
Grass	4	11	98	8.9	0	15	0	78	14	1.8	5	45.5	21-30 yds	0	0	-	0	0	0	0	0	-	0	-
Turf	12	20	151	7.6	0	21	0	186	23	-1.8	8	40.0	31+	0	0	-	0	0	0	0	0	-	0	-
Indoor	1	1	15	15.0	0	15	0	14	1	1.0	1	100.0	Left Sideline	6	28	4.7	0	13	0	51	6	-3.8	3	50.0
Outdoor	15	30	234	7.8	0	21	0	250	36	-0.5	12	40.0	Left Side	5	44	8.8	0	15	0	51	5	-1.4	3	60.0
1st Half	-	16	149	9.3	0	21	0	149	17	0	9	56.3	Middle	6	54	9.0	0	15	0	32	6	3.7	2	33.3
2nd Half/OT	-	15	100	6.7	0	17	0	115	20	-1.0	4	26.7	Right Side	6	73	12.2	0	21	0	76	8	-0.5	3	50.0
Last 2 Min. Half	-	9	68	7.6	0	15	0	73	12	1.7	5	55.6	Right Sideline	8	50	6.3	0	11	0	54	10	-0.5	2	25.0
4th qtr, +/-7 pts	-	2	27	13.5	0	17	0	31	3	-2.0	1	50.0	Shotgun	0	0	-	0	0	0	0	0	-	0	-
Winning	-	7	59	8.4	0	17	0	73	8	-2.0	3	42.9	2 Wide Receivers	2	8	4.0	0	6	0	20	3	-6.0	0	0.0
Tied	-	3	45	15.0	0	21	0	45	4	0.0	2	66.7	3 Wide Receivers	28	236	8.4	0	21	0	238	33	-0.1	12	42.9
Trailing	-	21	145	6.9	0	15	0	146	25	-0.0	8	38.1	4+ WR	0	0	-	0	0	0	0	0	-	0	-

1997 Incompletions

Type	Num	%of Inc	%of Att
Pass Dropped	1	16.7	2.7
Poor Throw	1	16.7	2.7
Pass Defensed	1	16.7	2.7
Pass Hit at Line	2	33.3	5.4
Other	1	16.7	2.7
Total	6	100.0	16.2

Game Logs (1-8)

Date	Opp	Result	Rush	Yds	Rec	Yds	Trgt	F-L	TD
08/31	Ari	W 24-21	2	5	3	2	3	0-0	0
09/07	@Bal	L 10-23	1	0	4	41	4	0-0	0
09/21	@Den	L 20-38	3	4	0	0	2	0-0	0
09/28	NYA	L 14-31	1	3	2	18	2	0-0	0
10/05	@Jac	L 13-21	2	12	2	15	3	0-0	0
10/12	@Ten	W 31-24	0	0	5	42	5	0-0	0
10/19	Pit	L 10-26	9	35	3	20	3	0-0	0
10/26	@NYN	L 27-29	3	12	0	0	0	0-0	0

Game Logs (9-16)

Date	Opp	Result	Rush	Yds	Rec	Yds	Trgt	F-L	TD
11/02	SD	W 38-31	1	3	1	12	2	1-1	0
11/09	@Ind	W 28-13	1	10	1	15	1	0-0	0
11/16	@Pit	L 3-20	2	15	1	-1	1	0-0	0
11/23	Jac	W 31-26	1	2	0	0	0	0-0	0
11/30	@Phi	L 42-44	1	3	4	25	5	1-1	0
12/04	Ten	W 41-14	1	0	3	18	3	0-0	0
12/14	Dal	W 31-24	2	28	2	27	3	0-0	1
12/21	Bal	W 16-14	2	5	1	1	1	0-0	0

Eric Bjornson — Dallas Cowboys — TE

1997 Receiving Splits

	G	Rec	Yds	Avg	TD	Lg	Big	YAC	Trgt	Y@C	1st	1st%		Rec	Yds	Avg	TD	Lg	Big	YAC	Trgt	Y@C	1st	1st%
Total	14	47	442	9.4	0	32	3	138	68	6.5	22	46.8	Inside 20	1	2	2.0	0	2	0	1	4	1.0	0	0.0
vs. Playoff	5	22	176	8.0	0	32	1	51	32	5.7	10	45.5	Inside 10	1	2	2.0	0	2	0	1	2	1.0	0	0.0
vs. Non-playoff	9	25	266	10.6	0	29	2	87	36	7.2	12	48.0	1st Down	20	184	9.2	0	29	2	63	29	6.1	6	30.0
vs. Own Division	7	26	270	10.4	0	32	2	64	36	7.9	13	50.0	2nd Down	14	150	10.7	0	32	1	38	20	8.0	7	50.0
Home	7	23	219	9.5	0	27	1	81	32	6.0	11	47.8	3rd Down Overall	12	102	8.5	0	15	0	37	17	5.4	8	66.7
Away	7	24	223	9.3	0	32	2	57	36	6.9	11	45.8	3rd D 0-2 to Go	1	5	5.0	0	5	0	0	2	5.0	1	100.0
Games 1-8	8	26	248	9.5	0	32	2	50	37	7.6	12	46.2	3rd D 3-7 to Go	8	69	8.6	0	15	0	22	11	5.9	7	87.5
Games 9-16	6	21	194	9.2	0	27	1	88	31	5.0	10	47.6	3rd D 8+ to Go	3	28	9.3	0	11	0	15	4	4.3	0	0.0
Aug/Sept	4	10	117	11.7	0	29	1	12	15	10.5	7	70.0	4th Down	1	6	6.0	0	6	0	0	2	6.0	1	100.0
October	4	16	131	8.2	0	32	1	38	22	5.8	5	31.3	Rec Behind Line	1	11	11.0	0	11	0	11	2	0.0	0	0.0
November	5	21	194	9.2	0	27	1	88	31	5.0	10	47.6	1-10 yds	36	233	6.5	0	15	0	80	45	4.3	13	36.1
December	1	0	0	-	0	0	0	0	0	-	0	-	11-20 yds	7	141	20.1	0	32	2	38	14	14.7	7	100.0
Grass	4	14	136	9.7	0	29	1	39	21	6.9	7	50.0	21-30 yds	2	53	26.5	0	29	1	9	6	22.0	2	100.0
Turf	10	33	306	9.3	0	32	2	99	47	6.3	15	45.5	31+	0	0	-	0	0	0	0	0	-	0	-
Indoor	0	0	0	-	0	0	0	0	0	-	0	-	Left Sideline	12	77	6.4	0	11	0	39	20	3.2	4	33.3
Outdoor	14	47	442	9.4	0	32	3	138	68	6.5	22	46.8	Left Side	11	88	8.0	0	24	0	8	13	7.3	5	45.5
1st Half	-	22	181	8.2	0	29	1	58	32	5.6	10	45.5	Middle	7	105	15.0	0	32	1	26	9	11.3	5	71.4
2nd Half/OT	-	25	261	10.4	0	32	2	80	36	7.2	12	48.0	Right Side	11	107	9.7	0	29	1	33	18	6.7	5	45.5
Last 2 Min. Half	-	9	106	11.8	0	32	1	44	12	6.4	4	44.4	Right Sideline	5	61	12.2	0	27	1	32	7	5.8	3	60.0
4th qtr, +/-7 pts	-	4	63	15.8	0	32	1	15	7	12.0	2	50.0	Shotgun	0	0	-	0	0	0	0	0	-	0	-
Winning	-	9	79	8.8	0	18	0	23	13	6.2	5	55.6	2 Wide Receivers	24	246	10.3	0	29	2	62	35	7.7	12	50.0
Tied	-	12	97	8.1	0	29	1	14	14	6.9	6	50.0	3 Wide Receivers	18	165	9.2	0	32	1	74	28	5.1	7	38.9
Trailing	-	26	266	10.2	0	32	2	101	41	6.3	11	42.3	4+ WR	4	27	6.8	0	9	0	2	4	6.3	3	75.0

1997 Incompletions

Type	Num	%of Inc	%of Att
Pass Dropped	2	9.5	2.9
Poor Throw	12	57.1	17.6
Pass Defensed	4	19.0	5.9
Pass Hit at Line	1	4.8	1.5
Other	2	9.5	2.9
Total	21	100.0	30.9

Game Logs (1-8)

Date	Opp	Result	Rec	Yds	Trgt	F-L	TD
08/31	@Pit	W 37-7	2	9	4	0-0	0
09/07	@Ari	L 22-25	3	59	4	0-0	0
09/15	Phi	W 21-20	4	48	5	0-0	0
09/28	Chi	W 27-3	1	1	2	0-0	0
10/05	@NYN	L 17-20	7	71	10	0-0	0
10/13	@Was	L 16-21	3	17	5	0-0	0
10/19	Jac	W 26-22	5	36	6	0-0	0
10/26	@Phi	L 12-13	1	7	1	0-0	0

Game Logs (9-16)

Date	Opp	Result	Rec	Yds	Trgt	F-L	TD
11/02	@SF	L 10-17	4	22	5	0-0	0
11/09	Ari	W 24-6	2	26	2	0-0	0
11/16	Was	W 17-14	6	42	9	1-0	0
11/23	@GB	L 17-45	4	38	7	0-0	0
11/27	Ten	L 14-27	5	66	8	1-1	0
12/08	Car	L 13-23	0	0	0	0-0	0
12/14	@Cin	L 24-31	-	-	-	-	-
12/21	NYN	L 7-20	-	-	-	-	-

Brian Blades — Seattle Seahawks — WR

1997 Receiving Splits

	G	Rec	Yds	Avg	TD	Lg	Big	YAC	Trgt	Y@C	1st	1st%		Rec	Yds	Avg	TD	Lg	Big	YAC	Trgt	Y@C	1st	1st%
Total	11	30	319	10.6	2	27	1	79	56	8.0	20	66.7	Inside 20	5	59	11.8	2	18	0	20	8	7.8	5	100.0
vs. Playoff	3	6	50	8.3	1	10	0	7	10	7.2	4	66.7	Inside 10	2	15	7.5	2	8	0	2	3	6.5	2	100.0
vs. Non-playoff	8	24	269	11.2	1	27	1	72	46	8.2	16	66.7	1st Down	10	127	12.7	1	27	1	49	18	7.8	7	70.0
vs. Own Division	6	14	155	11.1	2	27	1	30	27	8.3	10	71.4	2nd Down	12	99	8.3	0	18	0	20	20	6.6	6	50.0
Home	5	11	130	11.8	1	27	1	26	24	9.5	9	81.8	3rd Down Overall	8	93	11.6	1	16	0	10	17	10.4	7	87.5
Away	6	19	189	9.9	1	18	0	53	32	7.2	11	57.9	3rd D 0-2 to Go	0	0	-	0	0	0	0	0	-	0	-
Games 1-8	8	20	215	10.8	1	27	1	55	34	8.0	15	75.0	3rd D 3-7 to Go	3	21	7.0	1	7	0	0	8	7.0	3	100.0
Games 9-16	3	10	104	10.4	1	16	0	24	22	8.0	5	50.0	3rd D 8+ to Go	5	72	14.4	0	16	0	10	9	12.4	4	80.0
Aug/Sept	5	8	86	10.8	0	18	0	21	19	8.1	7	87.5	4th Down	0	0	-	0	0	0	0	1	-	0	-
October	3	12	129	10.8	1	27	1	34	15	7.9	8	66.7	Rec Behind Line	0	0	-	0	0	0	0	1	-	0	-
November	3	10	104	10.4	1	16	0	24	22	8.0	5	50.0	1-10 yds	24	211	8.8	2	18	0	61	38	6.3	15	62.5
December	0	0	0	-	0	0	0	0	0	-	0	-	11-20 yds	6	108	18.0	0	27	1	18	15	15.0	5	83.3
Grass	3	9	90	10.0	1	16	0	19	18	7.9	6	66.7	21-30 yds	0	0	-	0	0	0	0	2	-	0	-
Turf	8	21	229	10.9	1	27	1	60	38	8.0	14	66.7	31+	0	0	-	0	0	0	0	0	-	0	-
Indoor	8	21	229	10.9	1	27	1	60	38	8.0	14	66.7	Left Sideline	4	34	8.5	1	10	0	9	12	6.3	2	50.0
Outdoor	3	9	90	10.0	1	16	0	19	18	7.9	6	66.7	Left Side	7	70	10.0	0	16	0	13	14	8.1	3	42.9
1st Half	-	14	137	9.8	1	18	0	35	28	7.3	9	64.3	Middle	7	99	14.1	0	19	0	33	10	9.4	7	100.0
2nd Half/OT	-	16	182	11.4	1	27	1	44	28	8.6	11	68.8	Right Side	8	81	10.1	1	27	1	21	11	7.5	5	62.5
Last 2 Min. Half	-	1	9	9.0	0	9	0	2	8	7.0	0	0.0	Right Sideline	4	35	8.8	0	16	0	3	9	8.0	3	75.0
4th qtr, +/-7 pts	-	6	76	12.7	1	27	1	11	10	10.8	3	50.0	Shotgun	5	46	9.2	0	16	0	7	11	7.8	3	60.0
Winning	-	7	59	8.4	0	18	0	16	10	6.1	5	71.4	2 Wide Receivers	2	19	9.5	0	10	0	9	3	5.0	1	50.0
Tied	-	7	74	10.6	0	19	0	22	9	7.4	3	42.9	3 Wide Receivers	20	228	11.4	1	27	1	50	43	8.9	14	70.0
Trailing	-	16	186	11.6	2	27	1	41	37	9.1	12	75.0	4+ WR	8	72	9.0	1	15	0	20	10	6.5	5	62.5

1997 Incompletions

Type	Num	%of Inc	%of Att
Pass Dropped	6	23.1	10.7
Poor Throw	9	34.6	16.1
Pass Defensed	4	15.4	7.1
Pass Hit at Line	1	3.8	1.8
Other	6	23.1	10.7
Total	26	100.0	46.4

Game Logs (1-8)

Date	Opp	Result	Rec	Yds	Trgt	F-L	TD
08/31	NYA	L 3-41	3	33	10	0-0	1
09/07	Den	L 14-35	1	7	2	0-0	0
09/14	@Ind	W 31-3	2	30	3	0-0	0
09/21	SD	W 26-22	0	0	2	0-0	0
09/28	@KC	L 17-20	2	16	2	0-0	0
10/05	Ten	W 16-13	3	32	5	0-0	0
10/19	@StL	W 17-9	5	39	5	0-0	0
10/26	Oak	W 45-34	4	58	5	0-0	1

Game Logs (9-16)

Date	Opp	Result	Rec	Yds	Trgt	F-L	TD
11/02	@Den	L 27-30	3	27	6	0-0	0
11/09	@SD	W 37-31	4	47	10	0-0	0
11/16	@NO	L 17-20	3	30	6	1-1	0

Jeff Blake
Cincinnati Bengals — QB

1997 Passing Splits

	G	Att	Cm	Pct	Yds	Y/Att	TD	Int	1st	YAC	Big	Sk	Rtg		Att	Cm	Pct	Yds	Y/Att	TD	Int	1st	YAC	Big	Sk	Rtg
Total	11	317	184	58.0	2125	6.7	8	7	96	1043	15	39	77.6	Inside 20	31	17	54.8	130	4.2	5	1	9	50	0	1	91.4
vs. Playoff	5	141	83	58.9	1025	7.3	2	3	45	531	8	17	77.3	Inside 10	14	7	50.0	39	2.8	3	0	5	4	0	0	95.8
vs. Non-playoff	6	176	101	57.4	1100	6.3	6	4	51	512	7	22	77.8	1st Down	117	66	56.4	795	6.8	2	3	33	422	6	14	72.4
vs. Own Division	5	150	85	56.7	1015	6.8	1	4	47	528	7	21	68.6	2nd Down	105	68	64.8	669	6.4	1	2	27	348	3	12	77.8
Home	4	117	68	58.1	768	6.6	4	4	30	365	5	11	75.0	3rd Down Overall	89	46	51.7	587	6.6	4	2	32	241	5	12	78.3
Away	7	200	116	58.0	1357	6.8	4	3	66	678	10	28	79.1	3rd D 0-5 to Go	31	17	54.8	172	5.5	2	0	16	58	1	4	92.4
Games 1-8	8	249	141	56.6	1732	7.0	6	7	78	887	15	29	74.6	3rd D 6+ to Go	58	29	50.0	415	7.2	2	2	16	183	4	8	70.7
Games 9-16	3	68	43	63.2	393	5.8	2	0	18	156	0	10	88.7	4th Down	6	4	66.7	74	12.3	1	0	4	32	1	1	148.6
Aug/Sept	4	131	79	60.3	955	7.3	5	4	41	427	10	15	82.7	Rec Behind Line	55	40	72.7	259	4.7	0	0	11	393	1	0	82.3
October	4	118	62	52.5	777	6.6	1	3	37	460	5	14	65.5	1-10 yds	160	101	63.1	965	6.0	3	1	47	469	2	0	83.5
November	3	68	43	63.2	393	5.8	2	0	18	156	0	10	88.7	11-20 yds	70	35	50.0	669	9.6	3	4	30	167	6	0	74.0
December	0	0	0	-	0	-	0	0	0	0	0	0	-	21-30 yds	18	7	38.9	182	10.1	1	1	7	14	5	0	72.0
Grass	4	130	75	57.7	899	6.9	2	2	40	451	9	19	77.7	31+	13	1	7.7	50	3.8	1	1	1	0	1	0	36.7
Turf	7	187	109	58.3	1226	6.6	6	5	56	592	6	20	77.5	Left Sideline	67	36	53.7	439	6.6	2	0	15	311	4	1	84.1
Indoor	1	15	9	60.0	63	4.2	1	0	4	40	0	3	91.8	Left Side	43	29	67.4	290	6.7	2	0	18	151	0	6	101.9
Outdoor	10	302	175	57.9	2062	6.8	7	7	92	1003	15	36	76.9	Middle	54	33	61.1	546	10.1	3	2	25	176	7	27	98.2
1st Half	-	159	92	57.9	1042	6.6	6	4	48	515	7	21	79.7	Right Side	72	39	54.2	396	5.5	4	1	18	182	2	3	51.6
2nd Half/OT	-	158	92	58.2	1083	6.9	2	3	48	528	8	18	75.5	Right Sideline	81	47	58.0	454	5.6	0	1	20	223	2	2	68.6
Last 2 Min. Half	-	55	33	60.0	422	7.7	2	4	18	194	2	7	65.9	2 Wide Receivers	133	74	55.6	820	6.2	5	2	34	427	5	11	80.4
4th qtr, +/- pts	-	18	12	66.7	115	6.4	1	0	6	27	0	2	102.8	3+ WR	184	110	59.8	1305	7.1	3	5	62	616	10	27	75.6
Winning	-	61	31	50.8	333	5.5	1	3	16	135	1	8	52.2	Attempts 1-10	110	66	60.0	741	6.7	4	3	33	339	6	0	80.9
Tied	-	64	40	62.5	433	6.8	3	0	20	242	4	9	98.0	Attempts 11-20	105	66	62.9	774	7.4	3	1	34	407	4	0	90.7
Trailing	-	192	113	58.9	1359	7.1	4	4	60	666	10	22	78.9	Attempts 21+	102	52	51.0	610	6.0	1	3	29	297	5	0	60.5

1997 Incompletions					Game Logs (1-8)									Game Logs (9-16)							
Type	Num	%of Inc	%of Att	Date	Opp	Result	Att	Cm	Pct	Yds	TD	Int	Lg	Sk	F-L	Date	Opp	Result	Att	Cm	Pct	Yds	TD	Int	Lg	Sk	F-L
Pass Dropped	17	12.8	5.4	08/31	Ari	W 24-21	35	24	68.6	252	1	1	35	4	0-0	11/02	SD	W 38-31	32	19	59.4	172	1	0	17	3	0-0
Poor Throw	54	40.6	17.0	09/07	@Bal	L 10-23	45	25	55.6	317	1	2	36	5	0-0	11/09	@Ind	W 28-13	15	9	60.0	63	1	0	15	3	1-0
Pass Defensed	26	19.5	8.2	09/21	@Den	L 20-38	30	20	66.7	220	1	0	48	4	1-1	11/16	@Pit	L 20-26	21	15	71.4	158	0	0	23	4	3-3
Pass Hit at Line	8	6.0	2.5	09/28	NYA	L 14-31	21	10	47.6	166	2	1	50	2	0-0	11/23	Jac	W 31-26	-	-	-	-	-	-	-	-	-
Other	28	21.1	8.8	10/05	@Jac	L 13-21	27	16	59.3	232	0	0	37	5	0-0	11/30	@Phi	L 42-44	-	-	-	-	-	-	-	-	-
Total	133	100.0	42.0	10/12	@Ten	L 7-30	28	12	42.9	132	0	0	19	5	0-0	12/04	Ten	W 41-14	-	-	-	-	-	-	-	-	-
				10/19	Pit	L 10-26	29	15	51.7	178	0	2	48	2	0-0	12/14	Dal	W 31-24	-	-	-	-	-	-	-	-	-
				10/26	@NYN	L 27-29	34	17	50.0	237	1	1	39	2	2-1	12/21	Bal	W 16-14	-	-	-	-	-	-	-	-	-

Drew Bledsoe
New England Patriots — QB

1997 Passing Splits

	G	Att	Cm	Pct	Yds	Y/Att	TD	Int	1st	YAC	Big	Sk	Rtg		Att	Cm	Pct	Yds	Y/Att	TD	Int	1st	YAC	Big	Sk	Rtg
Total	16	522	314	60.2	3706	7.1	28	15	168	1545	27	30	87.7	Inside 20	67	36	53.7	288	4.3	18	0	25	88	0	3	104.4
vs. Playoff	8	267	160	59.9	1757	6.6	9	10	77	691	11	18	75.1	Inside 10	30	13	43.3	63	2.1	13	0	13	3	0	0	90.3
vs. Non-playoff	8	255	154	60.4	1949	7.6	19	5	91	854	16	12	100.9	1st Down	195	117	60.0	1316	6.7	12	7	49	485	9	14	85.8
vs. Own Division	8	231	137	59.3	1688	7.3	13	6	72	707	12	13	91.7	2nd Down	153	95	62.1	1148	7.5	6	2	53	572	8	6	92.7
Home	8	268	156	58.2	1874	7.0	16	9	97	731	14	8	85.6	3rd Down Overall	170	102	60.0	1242	7.3	10	6	66	488	10	9	87.4
Away	8	254	158	62.2	1832	7.2	12	6	71	814	13	22	89.9	3rd D 0-5 to Go	67	41	61.2	606	9.0	7	1	39	265	9	4	119.4
Games 1-8	8	277	159	57.4	2047	7.4	18	9	94	821	17	12	88.8	3rd D 6+ to Go	103	61	59.2	636	6.2	3	5	27	223	1	5	66.6
Games 9-16	8	245	155	63.3	1659	6.8	10	6	74	724	10	18	86.4	4th Down	4	0	0.0	0	0.0	0	0	0	0	0	1	39.6
Aug/Sept	4	135	81	60.0	1070	7.9	12	3	52	429	10	3	105.5	Rec Behind Line	66	45	68.2	247	3.7	2	1	11	331	0	0	78.3
October	4	142	78	54.9	977	6.9	6	4	42	392	7	9	73.0	1-10 yds	318	202	63.5	1892	5.9	18	6	96	901	7	0	90.8
November	5	148	90	60.8	1041	7.0	5	3	44	420	7	14	84.9	11-20 yds	88	52	59.1	1002	11.4	3	4	48	235	8	8	91.2
December	3	97	65	67.0	618	6.4	5	3	30	304	3	4	88.8	21-30 yds	23	7	30.4	181	7.9	2	2	5	24	4	0	53.0
Grass	12	395	233	59.0	2632	6.7	19	13	127	1034	18	20	81.3	31+	27	8	29.6	384	14.2	3	2	8	54	8	0	85.3
Turf	4	127	81	63.8	1074	8.5	9	2	41	511	9	10	107.5	Left Sideline	86	48	55.8	626	7.3	5	2	26	169	5	0	62.5
Indoor	2	67	42	62.7	580	8.7	6	1	23	217	5	4	114.0	Left Side	81	54	66.7	634	7.8	7	2	28	249	4	7	108.8
Outdoor	14	455	272	59.8	3126	6.9	22	14	145	1328	22	26	83.8	Middle	92	50	54.3	557	6.1	5	1	28	247	4	19	86.2
1st Half	-	293	180	61.4	2128	7.3	18	8	92	883	18	17	92.6	Right Side	150	106	70.7	1102	7.3	10	4	52	619	7	3	102.7
2nd Half/OT	-	229	134	58.5	1578	6.9	10	7	76	662	9	13	81.4	Right Sideline	113	56	49.6	787	7.0	4	3	34	261	7	1	73.1
Last 2 Min. Half	-	51	34	66.7	384	7.5	4	3	18	207	2	1	90.6	2 Wide Receivers	202	122	60.4	1463	7.2	14	6	66	573	14	12	95.4
4th qtr, +/- pts	-	33	19	57.6	215	6.5	3	0	12	94	1	2	107.5	3+ WR	290	174	60.0	1989	6.9	10	9	91	883	11	17	79.2
Winning	-	247	146	59.1	1872	7.6	16	5	85	894	17	11	96.1	Attempts 1-10	160	98	61.3	1055	6.6	9	4	48	366	7	0	88.9
Tied	-	102	72	70.6	741	7.3	8	2	38	258	4	3	109.2	Attempts 11-20	160	95	59.4	1309	8.2	6	5	53	586	12	0	85.1
Trailing	-	173	96	55.5	1093	6.3	4	8	45	393	6	16	63.1	Attempts 21+	202	121	59.9	1342	6.6	13	6	67	593	8	0	88.8

1997 Incompletions					Game Logs (1-8)									Game Logs (9-16)							
Type	Num	%of Inc	%of Att	Date	Opp	Result	Att	Cm	Pct	Yds	TD	Int	Lg	Sk	F-L	Date	Opp	Result	Att	Cm	Pct	Yds	TD	Int	Lg	Sk	F-L
Pass Dropped	24	11.5	4.6	08/31	SD	W 41-7	39	26	66.7	340	4	0	40	0	0-0	11/02	@Min	L 18-23	42	27	64.3	313	2	1	76	3	0-0
Poor Throw	78	37.5	14.9	09/07	@Ind	W 31-6	25	15	60.0	267	4	0	64	1	0-0	11/09	@Buf	W 31-10	22	15	68.2	200	1	0	50	3	0-0
Pass Defensed	39	18.8	7.5	09/14	NYA	W 27-24	34	16	47.1	162	2	2	32	0	0-0	11/16	@TB	L 7-27	25	13	52.0	117	0	2	21	5	2-1
Pass Hit at Line	12	5.8	2.3	09/21	Chi	W 31-3	37	24	64.9	301	1	52	2	0-0	11/23	Mia	W 27-24	26	15	57.7	207	0	0	51	1	0-0
Other	55	26.4	10.5	10/06	@Den	L 13-34	41	20	48.8	234	1	1	44	3	1-0	11/30	Ind	W 20-17	33	20	60.6	204	2	0	28	2	0-0
Total	208	100.0	39.8	10/12	Buf	W 33-6	27	15	51.9	181	2	1	30	1	0-0	12/07	@Jac	W 26-20	35	26	74.3	234	2	0	27	2	0-0
				10/19	@NYA	L 19-24	38	24	63.2	294	2	1	67	3	0-0	12/13	Pit	L 21-24	39	21	58.3	211	3	2	49	0	0-0
				10/27	GB	L 10-28	36	20	55.6	268	1	3	50	2	1-0	12/22	@Mia	W 14-12	26	18	69.2	173	0	1	22	2	0-0

Larry Bowie — Washington Redskins — FB

1997 Receiving Splits

	G	Rec	Yds	Avg	TD	Lg	Big	YAC	Trgt	Y@C	1st	1st%		Rec	Yds	Avg	TD	Lg	Big	YAC	Trgt	Y@C	1st	1st%
Total	15	34	388	11.4	2	39	3	323	40	1.9	19	55.9	Inside 20	4	36	9.0	1	15	0	28	5	2.0	4	100.0
vs. Playoff	4	6	71	11.8	0	19	0	56	7	2.5	3	50.0	Inside 10	1	3	3.0	1	3	0	1	2	2.0	1	100.0
vs. Non-playoff	11	28	317	11.3	2	39	3	267	33	1.8	16	57.1	1st Down	13	181	13.9	1	39	2	152	14	2.2	8	61.5
vs. Own Division	7	14	111	7.9	1	26	1	89	18	1.6	6	42.9	2nd Down	18	183	10.2	0	26	1	147	21	2.0	9	50.0
Home	7	20	251	12.6	1	39	1	205	23	2.3	12	60.0	3rd Down Overall	3	24	8.0	1	15	0	24	5	0.0	2	66.7
Away	8	14	137	9.8	1	26	2	118	17	1.4	7	50.0	3rd D 0-2 to Go	2	18	9.0	1	15	0	14	3	2.0	2	100.0
Games 1-8	8	17	165	9.7	0	22	0	123	21	2.5	8	47.1	3rd D 3-7 to Go	1	6	6.0	0	6	0	10	1	-4.0	0	0.0
Games 9-16	7	17	223	13.1	2	39	3	200	19	1.4	11	64.7	3rd D 8+ to Go	0	0	-	0	0	0	0	1	-	0	-
Aug/Sept	4	8	108	13.5	0	19	0	83	10	3.1	7	87.5	4th Down	0	0	-	0	0	0	0	0	-	0	-
October	4	9	57	6.3	0	22	0	40	11	1.9	1	11.1	Rec Behind Line	8	60	7.5	0	25	1	66	9	-0.8	3	37.5
November	4	12	168	14.0	1	39	2	152	13	1.3	8	66.7	1-10 yds	26	328	12.6	2	39	2	257	31	2.7	16	61.5
December	3	5	55	11.0	1	26	1	48	6	1.4	3	60.0	11-20 yds	0	0	-	0	0	0	0	0	-	0	-
Grass	11	30	371	12.4	2	39	3	309	34	2.1	19	63.3	21-30 yds	0	0	-	0	0	0	0	0	-	0	-
Turf	4	4	17	4.3	0	10	0	14	6	0.8	0	0.0	31+	0	0	-	0	0	0	0	0	-	0	-
Indoor	0	0	0	-	0	0	0	0	0	-	0	-	Left Sideline	9	123	13.7	1	39	2	105	10	2.0	4	44.4
Outdoor	15	34	388	11.4	2	39	3	323	40	1.9	19	55.9	Left Side	6	82	13.7	0	22	0	62	8	3.3	5	83.3
1st Half	-	19	208	10.9	2	39	3	187	21	1.1	10	52.6	Middle	4	30	7.5	0	17	0	23	4	1.8	1	25.0
2nd Half/OT	-	15	180	12.0	0	22	0	136	19	2.9	9	60.0	Right Side	9	99	11.0	0	25	1	90	9	1.0	5	55.6
Last 2 Min. Half	-	2	18	9.0	0	13	0	12	3	3.0	1	50.0	Right Sideline	6	54	9.0	0	19	0	43	9	1.8	4	66.7
4th qtr, +/- pts	-	6	70	11.7	0	22	0	52	8	3.0	3	50.0	Shotgun	0	0	-	0	0	0	0	0	-	0	-
Winning	-	18	194	10.8	1	26	2	170	19	1.3	10	55.6	2 Wide Receivers	27	297	11.0	1	26	1	236	30	2.3	16	59.3
Tied	-	6	101	16.8	1	39	1	77	8	4.0	5	83.3	3 Wide Receivers	7	91	13.0	1	39	2	87	9	0.6	3	42.9
Trailing	-	10	93	9.3	0	22	0	76	13	1.7	4	40.0	4+ WR	0	0	-	0	0	0	0	0	-	0	-

1997 Incompletions

Type	Num	%of Inc	%of Att
Pass Dropped	2	33.3	5.0
Poor Throw	3	50.0	7.5
Pass Defensed	1	16.7	2.5
Pass Hit at Line	0	0.0	0.0
Other	0	0.0	0.0
Total	6	100.0	15.0

Game Logs (1-8)

Date	Opp	Result	Rush	Yds	Rec	Yds	Trgt	F-L	TD
08/31	@Car	W 24-10	0	0	2	27	3	0-0	0
09/07	@Pit	L 13-14	0	0	1	10	1	0-0	0
09/14	Ari	W 19-13	0	0	3	43	4	0-0	0
09/28	Jac	W 24-12	1	2	2	28	2	0-0	0
10/05	@Phi	L 10-24	0	0	2	9	3	0-0	0
10/13	TB	W 21-16	0	0	3	6	4	0-0	0
10/19	@Ten	L 14-28	0	0	1	6	1	0-0	0
10/26	Bal	L 17-20	1	3	3	36	3	1-0	0

Game Logs (9-16)

Date	Opp	Result	Rush	Yds	Rec	Yds	Trgt	F-L	TD
11/02	@Chi	W 31-8	5	17	4	53	4	0-0	1
11/09	Det	W 30-7	4	17	3	33	3	0-0	0
11/16	@Dal	L 14-17	4	15	1	-2	1	0-0	0
11/23	NYN	T 7-7	-	-	-	-	-	-	-
11/30	StL	L 20-23	3	9	4	84	5	0-0	1
12/07	@Ari	W 38-28	6	14	3	34	3	0-0	1
12/13	@NYN	L 10-30	1	0	0	0	0	-	-
12/21	Phi	W 35-32	3	23	2	21	2	1-0	0

Robert Brooks — Green Bay Packers — WR

1997 Receiving Splits

	G	Rec	Yds	Avg	TD	Lg	Big	YAC	Trgt	Y@C	1st	1st%		Rec	Yds	Avg	TD	Lg	Big	YAC	Trgt	Y@C	1st	1st%
Total	15	60	1010	16.8	7	48	11	269	118	12.4	44	73.3	Inside 20	3	55	18.3	3	19	0	0	8	18.3	3	100.0
vs. Playoff	8	38	615	16.2	5	48	6	189	69	11.2	28	73.7	Inside 10	0	0	-	0	0	0	0	1	-	0	-
vs. Non-playoff	7	22	395	18.0	2	44	5	80	49	14.3	16	72.7	1st Down	22	394	17.9	4	48	7	112	43	12.8	13	59.1
vs. Own Division	8	33	571	17.3	5	45	6	175	64	12.0	25	75.8	2nd Down	27	453	16.8	3	45	3	105	48	12.9	21	77.8
Home	8	30	508	16.9	3	48	6	161	50	11.6	20	66.7	3rd Down Overall	11	163	14.8	0	44	1	52	27	10.1	10	90.9
Away	7	30	502	16.7	4	45	5	108	68	13.1	24	80.0	3rd D 0-2 to Go	2	50	25.0	0	44	1	32	2	9.0	2	100.0
Games 1-8	8	39	609	15.6	3	48	5	181	71	11.0	28	71.8	3rd D 3-7 to Go	5	50	10.0	0	23	0	5	15	9.0	4	80.0
Games 9-16	7	21	401	19.1	4	43	6	88	47	14.9	16	76.2	3rd D 8+ to Go	4	63	15.8	0	21	0	15	10	12.0	4	100.0
Aug/Sept	5	27	489	18.1	2	48	5	154	47	12.4	19	70.4	4th Down	0	0	-	0	0	0	0	0	-	0	-
October	3	12	120	10.0	1	20	0	27	24	7.8	9	75.0	Rec Behind Line	1	2	2.0	0	2	0	4	1	-2.0	0	0.0
November	3	10	161	16.1	1	36	3	42	15	11.9	5	50.0	1-10 yds	32	329	10.3	0	48	2	157	53	5.4	18	56.3
December	4	11	240	21.8	3	43	3	46	32	17.6	11	100.0	11-20 yds	16	324	20.3	5	44	1	67	35	16.1	15	93.8
Grass	12	43	713	16.6	6	48	7	190	83	12.2	32	74.4	21-30 yds	9	274	30.4	1	45	6	43	22	25.7	9	100.0
Turf	3	17	297	17.5	1	45	4	79	35	12.8	12	70.6	31+	2	81	40.5	1	43	2	-2	7	41.5	2	100.0
Indoor	2	11	207	18.8	1	45	3	72	24	12.3	8	72.7	Left Sideline	5	77	15.4	2	21	0	11	14	13.2	4	80.0
Outdoor	13	49	803	16.4	6	48	8	197	94	12.4	36	73.5	Left Side	9	130	14.4	0	48	1	65	20	7.2	5	55.6
1st Half	-	40	749	18.7	6	48	10	193	75	13.9	31	77.5	Middle	11	237	21.5	0	44	3	71	16	15.1	10	90.9
2nd Half/OT	-	20	261	13.1	1	34	1	76	43	9.3	13	65.0	Right Side	19	345	18.2	5	43	4	62	37	14.9	16	84.2
Last 2 Min. Half	-	11	231	21.0	1	48	3	105	17	11.5	9	81.8	Right Sideline	16	221	13.8	0	45	3	60	31	10.1	9	56.3
4th qtr, +/- pts	-	6	60	10.0	0	21	0	25	12	5.8	1	16.7	Shotgun	0	0	-	0	0	0	0	0	-	0	-
Winning	-	31	476	15.4	2	38	5	116	62	11.6	21	67.7	2 Wide Receivers	38	718	18.9	4	48	8	190	77	13.9	30	78.9
Tied	-	12	221	18.4	2	44	4	74	24	12.3	9	75.0	3 Wide Receivers	13	183	14.1	1	44	2	52	23	10.1	6	46.2
Trailing	-	17	313	18.4	3	48	4	79	32	13.8	14	82.4	4+ WR	7	94	13.4	2	26	1	23	16	10.1	6	85.7

1997 Incompletions

Type	Num	%of Inc	%of Att
Pass Dropped	7	12.1	5.9
Poor Throw	31	53.4	26.3
Pass Defensed	8	13.8	6.8
Pass Hit at Line	0	0.0	0.0
Other	12	20.7	10.2
Total	58	100.0	49.2

Game Logs (1-8)

Date	Opp	Result	Rush	Yds	Rec	Yds	Trgt	F-L	TD
09/01	Chi	W 38-24	0	0	3	71	5	0-0	1
09/07	@Phi	L 9-10	0	0	6	90	11	0-0	0
09/14	Mia	W 23-18	0	0	4	72	8	0-0	0
09/21	Min	W 38-32	0	0	5	92	9	0-0	1
09/28	@Det	L 15-26	0	0	9	164	14	0-0	0
10/05	@Min	W 38-32	0	0	4	29	5	0-0	0
10/12	@Chi	W 24-23	0	0	2	24	8	0-0	0
10/27	@NE	W 28-10	0	0	6	67	10	0-0	1

Game Logs (9-16)

Date	Opp	Result	Rush	Yds	Rec	Yds	Trgt	F-L	TD
11/02	Det	W 20-10	0	0	5	77	6	0-0	1
11/09	StL	W 17-7	0	0	4	48	7	0-0	0
11/16	@Ind	L 38-41	-	-	-	-	-	-	-
11/23	Dal	W 45-17	0	0	1	36	2	0-0	0
12/01	@Min	W 27-11	0	0	2	43	10	0-0	0
12/07	@TB	W 17-6	1	4	3	71	6	0-0	1
12/14	@Car	W 31-10	1	15	2	43	9	0-0	1
12/20	Buf	W 31-21	0	0	4	83	7	0-0	1

Dave Brown — New York Giants — QB

1997 Passing Splits

	G	Att	Cm	Pct	Yds	Y/Att	TD	Int	1st	YAC	Big	Sk	Rtg		Att	Cm	Pct	Yds	Y/Att	TD	Int	1st	YAC	Big	Sk	Rtg
Total	8	180	93	51.7	1023	5.7	5	3	47	505	7	13	71.1	Inside 20	12	8	66.7	51	4.3	4	0	5	13	0	0	114.9
vs. Playoff	1	35	16	45.7	182	5.2	1	1	8	75	1	2	59.5	Inside 10	5	3	60.0	18	3.6	3	0	3	1	0	0	106.7
vs. Non-playoff	7	145	77	53.1	841	5.8	4	2	39	430	6	11	74.0	1st Down	68	41	60.3	457	6.7	3	1	19	261	3	2	88.9
vs. Own Division	4	43	17	39.5	215	5.0	1	0	8	96	3	4	63.6	2nd Down	52	24	46.2	249	4.8	0	2	10	106	1	4	44.5
Home	4	105	59	56.2	664	6.3	4	1	29	331	6	5	84.0	3rd Down Overall	59	27	45.8	305	5.2	2	0	17	121	3	6	73.1
Away	4	75	34	45.3	359	4.8	1	2	18	174	1	8	53.1	3rd D 0-5 to Go	13	7	53.8	55	4.2	0	0	5	25	0	1	64.6
Games 1-8	6	171	91	53.2	1009	5.9	5	3	45	504	7	10	73.5	3rd D 6+ to Go	46	20	43.5	250	5.4	2	0	12	96	3	5	75.5
Games 9-16	2	9	2	22.2	14	1.6	0	0	2	1	0	3	39.6	4th Down	1	1	100.0	12	12.0	0	0	1	17	0	1	116.7
Aug/Sept	5	164	89	54.3	1001	6.1	5	3	45	501	7	10	75.3	Rec Behind Line	47	30	63.8	181	3.9	1	0	10	257	0	0	78.4
October	1	7	2	28.6	8	1.1	0	0	0	3	0	0	39.6	1-10 yds	74	44	59.5	444	6.0	2	0	19	211	2	0	85.6
November	0	0	0	-	0	-	0	0	0	0	0	0	-	11-20 yds	32	14	43.8	254	7.9	1	0	13	18	1	0	82.0
December	2	9	2	22.2	14	1.6	0	0	2	1	0	3	39.6	21-30 yds	16	4	25.0	112	7.0	0	2	4	19	3	0	16.7
Grass	1	35	16	45.7	182	5.2	1	1	8	75	1	2	59.5	31+	9	1	11.1	32	3.6	1	1	0	1	0	0	39.4
Turf	7	145	77	53.1	841	5.8	4	2	39	430	6	11	74.0	Left Sideline	55	27	49.1	335	6.1	1	3	17	144	5	5	51.7
Indoor	1	31	16	51.6	163	5.3	0	1	8	98	1	3	53.6	Left Side	18	11	61.1	115	6.4	0	0	6	76	0	1	79.6
Outdoor	7	149	77	51.7	860	5.8	5	2	39	407	7	10	74.8	Middle	39	19	48.7	183	4.7	2	0	9	82	0	10	79.3
1st Half	-	84	45	53.6	526	6.3	4	0	23	274	5	5	88.7	Right Side	35	24	68.6	223	6.4	1	0	10	117	1	1	95.3
2nd Half/OT	-	96	48	50.0	497	5.2	1	3	24	231	2	8	55.8	Right Sideline	33	12	36.4	167	5.1	1	0	5	86	1	2	63.6
Last 2 Min. Half	-	23	15	65.2	127	5.5	2	0	7	71	1	1	108.4	2 Wide Receivers	57	25	43.9	319	5.6	2	1	12	170	3	5	66.3
4th qtr, +/-7 pts	-	18	10	55.6	102	5.7	0	0	6	31	0	1	72.0	3+ WR	119	66	55.5	698	5.9	2	2	34	325	4	8	71.3
Winning	-	69	35	50.7	394	5.7	2	1	21	184	3	5	71.8	Attempts 1-10	66	27	40.9	380	5.8	1	0	15	187	3	0	65.2
Tied	-	16	6	37.5	148	9.3	1	0	4	61	2	4	92.7	Attempts 11-20	50	30	60.0	297	5.9	2	1	14	155	1	0	81.8
Trailing	-	95	52	54.7	481	5.1	2	2	22	260	2	4	67.0	Attempts 21+	64	36	56.3	346	5.4	2	2	18	163	1	0	68.9

1997 Incompletions

Type	Num	%of Inc	%of Att
Pass Dropped	11	12.6	6.1
Poor Throw	35	40.2	19.4
Pass Defensed	11	12.6	6.1
Pass Hit at Line	4	4.6	2.2
Other	26	29.9	14.4
Total	87	100.0	48.3

Game Logs (1-8)

Date	Opp	Result	Att	Cm	Pct	Yds	TD	Int	Lg	Sk	F-L
08/31	Phi	W 31-17	27	13	48.1	193	1	0	62	1	0-0
09/07	@Jac	L 13-40	35	16	45.7	182	1	1	29	2	0-0
09/14	Bal	L 23-24	46	28	60.9	269	1	0	27	0	0-0
09/21	@StL	L 3-13	31	16	51.6	163	0	1	21	3	0-0
09/28	NO	W 14-9	25	16	64.0	194	2	1	32	4	1-1
10/05	Dal	W 20-17	7	2	28.6	8	0	0	6	0	0-0
10/12	@Ari	W 27-13	-	-	-	-	-	-	-	-	-
10/19	@Det	W 26-20	-	-	-	-	-	-	-	-	-

Game Logs (9-16)

Date	Opp	Result	Att	Cm	Pct	Yds	TD	Int	Lg	Sk	F-L
10/26	Cin	W 29-27	-	-	-	-	-	-	-	-	-
11/09	@Ten	L 6-10	-	-	-	-	-	-	-	-	-
11/16	Ari	W 19-10	-	-	-	-	-	-	-	-	-
11/23	@Was	T 7-7	-	-	-	-	-	-	-	-	-
11/30	TB	L 8-20	-	-	-	-	-	-	-	-	-
12/07	@Phi	W 31-21	0	0	-	0	0	0	0	0	0-0
12/13	Was	W 30-10	-	-	-	-	-	-	-	-	-
12/21	@Dal	W 20-7	9	2	22.2	14	0	0	7	3	0-0

Gary Brown — San Diego Chargers — RB

1997 Rushing and Receiving Splits

	G	Rush	Yds	Avg	Lg	TD	1st	Stf	YdL	Rec	Yds	Avg	TD		Rush	Yds	Avg	Lg	TD	1st	Stf	YdL	Rec	Yds	Avg	TD
Total	15	253	945	3.7	32	4	47	23	39	21	137	6.5	0	Inside 20	35	91	2.6	12	4	9	2	2	2	-5	-2.5	0
vs. Playoff	5	60	213	3.6	18	1	13	5	5	6	35	5.8	0	Inside 10	18	21	1.2	4	4	5	2	2	2	-5	-2.5	0
vs. Non-playoff	10	193	732	3.8	32	3	34	18	34	15	102	6.8	0	1st Down	144	620	4.3	32	0	15	10	14	7	45	6.4	0
vs. Own Division	8	139	530	3.8	32	2	27	13	22	13	81	6.2	0	2nd Down	92	265	2.9	15	3	24	10	22	12	87	7.3	0
Home	8	134	503	3.8	31	2	25	10	17	10	70	7.0	0	3rd Down Overall	16	58	3.6	31	1	7	3	3	2	5	2.5	0
Away	7	119	442	3.7	32	2	22	13	22	11	67	6.1	0	3rd D 0-2 to Go	13	44	3.4	31	1	6	3	3	0	0	-	0
Games 1-8	8	153	643	4.2	32	3	33	12	18	13	104	8.0	0	3rd D 3-7 to Go	1	8	8.0	8	0	1	0	0	0	0	-	0
Games 9-16	7	100	302	3.0	24	1	14	11	21	8	33	4.1	0	3rd D 8+ to Go	2	6	3.0	4	0	0	0	0	2	5	2.5	0
Aug/Sept	5	77	234	3.0	10	0	10	7	11	10	72	7.2	0	4th Down	1	2	2.0	2	0	1	0	0	0	0	-	0
October	3	76	409	5.4	32	2	23	5	7	3	32	10.7	0	Left Sideline	22	155	7.0	31	0	6	1	1	9	49	5.4	0
November	4	65	194	3.0	24	2	10	10	20	3	3	1.0	0	Left Side	57	147	2.6	11	1	9	11	20	5	33	6.6	0
December	3	35	108	3.1	14	0	4	1	1	5	30	6.0	0	Middle	133	465	3.5	24	1	22	9	13	4	20	5.0	0
Grass	12	202	819	4.1	32	3	43	15	23	16	103	6.4	0	Right Side	39	176	4.5	32	1	9	2	5	1	27	27.0	0
Turf	3	51	126	2.5	12	1	4	8	16	5	34	6.8	0	Right Sideline	2	2	1.0	1	1	0	0	0	2	8	4.0	0
Indoor	2	37	92	2.5	9	0	2	5	9	5	34	6.8	0	0 Tight Ends	9	46	5.1	10	0	1	0	0	3	21	7.0	0
Outdoor	13	216	853	3.9	32	4	45	18	30	16	103	6.4	0	1 Tight End	76	254	3.3	24	0	9	5	9	12	84	7.0	0
1st Half	-	139	512	3.7	29	1	25	11	16	12	90	7.5	0	2 Tight Ends	148	581	3.9	32	0	28	15	26	6	32	5.3	0
2nd Half/OT	-	114	433	3.8	32	3	22	12	23	9	47	5.2	0	3+ Tight Ends	19	61	3.2	31	4	9	2	3	0	0	-	0
Last 2 Min. Half	-	10	69	6.9	24	0	3	0	0	5	16	3.2	0	Carries 1-5	75	227	3.0	12	0	9	7	8	6	32	5.3	0
4th qtr, +/-7 pts	-	22	68	3.1	10	0	2	3	5	2	12	6.0	0	Carries 6-10	73	318	4.4	29	1	16	6	6	0	0	-	0
Winning	-	113	481	4.3	32	2	24	11	17	3	8	2.7	0	Carries 11-15	51	159	3.1	15	1	10	5	10	0	0	-	0
Tied	-	55	157	2.9	12	1	4	3	7	7	74	10.6	0	Carries 16-20	28	170	6.1	32	1	5	4	4	0	0	-	0
Trailing	-	85	307	3.6	24	1	19	9	15	11	55	5.0	0	Carries 21+	26	71	2.7	17	1	6	1	11	0	0	-	0

1997 Incompletions

Type	Num	%of Inc	%Att
Pass Dropped	3	33.3	10.0
Poor Throw	3	33.3	10.0
Pass Defensed	0	0.0	0.0
Pass Hit at Line	1	11.1	3.3
Other	2	22.2	6.7
Total	9	100.0	30.0

Game Logs (1-8)

Date	Opp	Result	Rush	Yds	Rec	Yds	Trgt	F-L	TD
08/31	@NE	L 7-41	12	49	2	0	3	0-0	0
09/07	@NO	W 20-6	21	46	0	0	1	0-0	0
09/14	Car	L 7-26	10	35	2	11	3	0-0	0
09/21	@Sea	L 22-26	16	46	5	34	7	1-0	0
09/28	Bal	W 21-17	18	58	1	27	1	1-0	0
10/05	@Oak	W 25-10	36	181	1	9	2	1-0	1
10/16	@KC	L 3-31	12	59	1	8	1	0-0	0
10/26	Ind	W 35-19	28	169	1	15	2	0-0	2

Game Logs (9-16)

Date	Opp	Result	Rush	Yds	Rec	Yds	Trgt	F-L	TD
11/02	@Cin	L 31-38	14	34	0	0	1	0-0	1
11/09	Sea	L 31-37	18	53	1	-1	1	0-0	0
11/16	Oak	L 13-38	21	86	2	4	2	0-0	0
11/23	@SF	L 10-17	-	-	-	-	-	-	-
11/30	Den	L 28-38	12	21	0	0	0	0-0	0
12/07	Atl	L 3-14	11	24	2	3	2	0-0	0
12/14	KC	L 7-29	16	57	1	11	1	0-0	0
12/21	@Den	L 3-38	8	27	1	16	3	0-0	0

Tim Brown — Oakland Raiders — WR

1997 Receiving Splits

	G	Rec	Yds	Avg	TD	Lg	Big	YAC	Trgt	Y@C	1st	1st%		Rec	Yds	Avg	TD	Lg	Big	YAC	Trgt	Y@C	1st	1st%
Total	16	104	1408	13.5	5	59	10	437	162	9.3	65	62.5	Inside 20	4	36	9.0	0	16	0	21	14	3.8	1	25.0
vs. Playoff	6	45	554	12.3	1	36	2	198	62	7.9	27	60.0	Inside 10	0	0	-	0	0	0	0	3	-	0	-
vs. Non-playoff	10	59	854	14.5	4	59	8	239	100	10.4	38	64.4	1st Down	46	651	14.2	2	59	5	217	67	9.4	29	63.0
vs. Own Division	8	41	477	11.6	0	26	2	124	68	8.6	23	56.1	2nd Down	38	529	13.9	1	41	5	159	56	9.7	20	52.6
Home	8	51	651	12.8	1	36	3	238	86	8.1	29	56.9	3rd Down Overall	18	200	11.1	0	24	0	57	35	7.9	14	77.8
Away	8	53	757	14.3	4	59	7	199	76	10.5	36	67.9	3rd D 0-2 to Go	2	17	8.5	0	9	0	2	2	7.5	2	100.0
Games 1-8	8	49	749	15.3	4	59	6	191	83	11.4	36	73.5	3rd D 3-7 to Go	7	90	12.9	1	24	0	42	16	6.9	7	100.0
Games 9-16	8	55	659	12.0	1	41	4	246	79	7.5	29	52.7	3rd D 8+ to Go	9	93	10.3	0	16	0	13	17	8.9	5	55.6
Aug/Sept	5	37	591	16.0	4	59	6	154	57	11.8	27	73.0	4th Down	2	28	14.0	1	16	0	4	4	12.0	2	100.0
October	3	12	158	13.2	0	24	0	37	26	10.1	9	75.0	Rec Behind Line	1	2	2.0	0	2	0	9	3	-7.0	0	0.0
November	5	35	416	11.9	1	41	3	149	56	7.6	19	54.3	1-10 yds	67	661	9.9	1	36	1	264	90	5.9	31	46.3
December	3	20	243	12.2	0	25	1	97	23	7.3	10	50.0	11-20 yds	29	508	17.5	2	27	3	104	52	13.9	27	93.1
Grass	13	83	1079	13.0	4	59	7	363	134	8.6	48	57.8	21-30 yds	7	237	33.9	2	59	6	60	13	25.3	7	100.0
Turf	3	21	329	15.7	1	33	3	74	28	12.1	17	81.0	31+	0	0	-	0	0	0	0	4	-	0	-
Indoor	2	11	176	16.0	0	33	1	48	14	11.6	10	90.9	Left Sideline	17	215	12.6	1	25	1	52	31	9.6	11	64.7
Outdoor	14	93	1232	13.2	5	59	9	389	148	9.1	55	59.1	Left Side	19	252	13.3	0	36	1	88	28	8.6	13	68.4
1st Half	-	56	790	14.1	2	36	6	226	80	10.1	36	64.3	Middle	29	430	14.8	2	33	3	123	41	10.6	22	75.9
2nd Half/OT	-	48	618	12.9	3	59	4	211	82	8.5	29	60.4	Right Side	19	270	14.2	1	59	2	104	31	8.7	10	52.6
Last 2 Min. Half	-	22	256	11.6	1	36	2	52	30	9.3	11	50.0	Right Sideline	20	241	12.1	1	29	3	70	31	8.6	9	45.0
4th qtr, +/-7 pts	-	17	214	12.6	2	27	2	54	27	9.4	11	64.7	Shotgun	0	0	-	0	0	0	0	0	-	0	-
Winning	-	20	286	14.3	1	29	2	63	33	11.2	13	65.0	2 Wide Receivers	57	848	14.9	3	59	8	282	93	9.9	38	66.7
Tied	-	19	222	11.7	1	26	1	80	29	7.5	11	57.9	3 Wide Receivers	44	512	11.6	2	25	1	149	66	8.3	25	56.8
Trailing	-	65	900	13.8	3	59	7	294	100	9.3	41	63.1	4+ WR	3	48	16.0	0	33	1	6	3	14.0	2	66.7

1997 Incompletions

Type	Num	%of Inc	%of Att
Pass Dropped	9	15.5	5.6
Poor Throw	22	37.9	13.6
Pass Defensed	16	27.6	9.9
Pass Hit at Line	4	6.9	2.5
Other	7	12.1	4.3
Total	58	100.0	35.8

Game Logs (1-8)

Date	Opp	Result	Rush	Yds	Rec	Yds	Trgt	F-L	TD
08/31	@Ten	L 21-24	0	0	8	158	12	0-0	3
09/08	KC	L 27-28	2	19	11	155	16	0-0	0
09/14	@Atl	W 36-31	1	2	4	69	6	0-0	0
09/21	NYA	L 22-23	0	0	10	153	14	0-0	1
09/28	StL	W 35-17	0	0	4	56	9	0-0	0
10/05	SD	L 10-25	0	0	3	18	14	0-0	0
10/19	Den	W 28-25	1	-3	2	33	4	0-0	0
10/26	@Sea	L 34-45	0	0	7	107	8	0-0	0

Game Logs (9-16)

Date	Opp	Result	Rush	Yds	Rec	Yds	Trgt	F-L	TD
11/02	@Car	L 14-38	0	0	5	163	15	0-0	0
11/09	NO	L 10-13	1	1	5	43	9	0-0	0
11/16	@SD	W 38-13	0	0	4	30	8	0-0	0
11/24	@Den	L 3-31	0	0	8	55	10	0-0	0
11/30	Mia	L 16-34	0	0	8	125	14	0-0	1
12/07	@KC	L 0-30	0	0	2	22	3	0-0	0
12/14	Sea	L 21-22	0	0	4	57	5	1-1	0
12/21	Jac	L 9-20	0	0	14	164	15	0-0	0

Troy Brown — New England Patriots — WR

1997 Receiving Splits

	G	Rec	Yds	Avg	TD	Lg	Big	YAC	Trgt	Y@C	1st	1st%		Rec	Yds	Avg	TD	Lg	Big	YAC	Trgt	Y@C	1st	1st%
Total	16	41	607	14.8	3	67	6	285	69	7.9	23	56.5	Inside 20	4	42	10.5	2	18	0	4	9	9.5	2	50.0
vs. Playoff	8	17	209	12.3	2	35	2	50	33	9.4	10	58.8	Inside 10	1	9	9.0	1	9	0	0	3	9.0	1	100.0
vs. Non-playoff	8	24	398	16.6	4	67	4	235	36	6.8	13	54.2	1st Down	14	161	11.5	4	35	1	27	19	9.6	7	50.0
vs. Own Division	8	17	296	17.4	4	67	3	145	27	8.9	9	52.9	2nd Down	11	185	16.8	1	67	2	123	20	5.6	6	54.5
Home	8	20	255	12.8	3	52	3	95	36	8.0	10	50.0	3rd Down Overall	16	261	16.3	1	52	3	135	29	7.9	10	62.5
Away	8	21	352	16.8	3	67	3	190	33	7.7	13	61.9	3rd D 0-2 to Go	5	141	28.2	1	52	3	105	5	7.2	5	100.0
Games 1-8	8	20	312	15.5	3	67	3	190	34	6.1	12	60.0	3rd D 3-7 to Go	2	23	11.5	0	19	0	11	12	6.0	2	100.0
Games 9-16	8	21	295	14.0	3	50	3	95	35	9.5	11	52.4	3rd D 8+ to Go	9	97	10.8	0	21	0	19	12	8.7	3	33.3
Aug/Sept	4	14	177	12.6	2	52	2	91	25	6.1	6	42.9	4th Down	0	0	-	0	0	0	0	1	-	0	-
October	4	6	135	22.5	1	67	1	99	9	6.0	6	100.0	Rec Behind Line	0	0	-	0	0	0	0	1	-	0	-
November	5	15	237	15.8	2	50	3	87	23	10.0	6	40.0	1-10 yds	35	487	13.9	3	67	5	279	50	5.9	18	51.4
December	3	6	58	9.7	1	13	0	8	12	8.3	5	83.3	11-20 yds	3	43	14.3	1	18	0	3	11	13.3	3	100.0
Grass	12	29	349	12.0	4	52	3	118	55	8.0	14	48.3	21-30 yds	2	42	21.0	1	21	0	0	3	21.0	1	50.0
Turf	4	12	258	21.5	2	67	3	167	14	7.6	9	75.0	31+	1	35	35.0	1	35	1	3	4	32.0	1	100.0
Indoor	2	5	72	14.4	1	26	1	25	7	9.4	3	60.0	Left Sideline	2	42	21.0	0	22	0	29	6	6.5	2	100.0
Outdoor	14	36	535	14.9	5	67	5	260	62	7.6	20	55.6	Left Side	8	173	21.6	2	67	2	104	12	8.6	7	87.5
1st Half	-	17	226	13.3	3	52	2	100	28	7.4	8	47.1	Middle	11	146	13.3	1	52	1	71	16	6.8	5	45.5
2nd Half/OT	-	24	381	15.9	3	67	3	185	41	8.2	15	62.5	Right Side	10	155	15.5	2	50	2	59	19	6.9	7	70.0
Last 2 Min. Half	-	5	92	18.4	1	52	1	61	6	6.2	2	40.0	Right Sideline	10	91	9.1	0	25	1	22	16	6.9	2	20.0
4th qtr, +/- pts	-	4	43	10.8	1	18	0	5	5	9.5	4	100.0	Shotgun	5	57	11.4	0	21	0	9	9	9.6	2	40.0
Winning	-	26	439	16.9	5	67	4	241	42	7.6	15	57.7	2 Wide Receivers	17	271	15.9	5	67	3	111	29	9.4	11	64.7
Tied	-	5	50	10.0	1	35	1	2	9	9.6	2	40.0	3 Wide Receivers	19	281	14.8	1	52	3	149	31	6.9	10	52.6
Trailing	-	10	118	11.8	0	26	1	42	18	7.6	6	60.0	4+ WR	3	26	8.7	0	11	0	9	6	5.7	1	33.3

1997 Incompletions

Type	Num	%of Inc	%of Att
Pass Dropped	4	14.3	5.8
Poor Throw	11	39.3	15.9
Pass Defensed	4	14.3	5.8
Pass Hit at Line	0	0.0	0.0
Other	9	32.1	13.0
Total	28	100.0	40.6

Game Logs (1-8)

Date	Opp	Result	Rush	Yds	Rec	Yds	Trgt	F-L	TD
08/31	SD	W 41-7	0	0	4	24	9	0-0	0
09/07	@Ind	W 31-6	0	0	3	35	5	0-0	1
09/14	NYA	W 27-24	0	0	1	-6	4	0-0	0
09/21	Chi	W 31-3	0	0	6	124	7	0-0	1
10/06	@Den	L 13-34	1	-18	1	10	3	0-0	0
10/12	Buf	W 33-6	0	0	0	0	0	0-0	0
10/19	@NYA	L 19-24	0	0	5	125	6	0-0	1
10/27	GB	L 10-28	0	0	0	0	1	0-0	0

Game Logs (9-16)

Date	Opp	Result	Rush	Yds	Rec	Yds	Trgt	F-L	TD
11/02	@Min	L 18-23	0	0	2	37	7	0-0	0
11/09	@Buf	W 31-10	0	0	2	61	2	0-0	0
11/16	@TB	L 7-27	0	0	5	58	9	0-0	0
11/23	Mia	W 27-24	0	0	3	46	6	0-0	0
11/30	Ind	W 20-17	0	0	9	35	4	0-0	0
12/07	@Jac	W 26-20	0	0	3	26	6	0-0	0
12/13	Pit	L 21-24	0	0	3	32	5	0-0	1
12/22	@Mia	W 14-12	0	0	0	0	1	0-0	0

Isaac Bruce — St. Louis Rams — WR

1997 Receiving Splits

	G	Rec	Yds	Avg	TD	Lg	Big	YAC	Trgt	Y@C	1st	1st%		Rec	Yds	Avg	TD	Lg	Big	YAC	Trgt	Y@C	1st	1st%
Total	12	56	815	14.6	5	59	10	162	119	11.7	38	67.9	Inside 20	6	39	6.5	3	12	0	1	15	6.3	4	66.7
vs. Playoff	4	10	142	14.2	1	51	1	23	29	11.9	8	80.0	Inside 10	3	17	5.7	2	9	0	0	6	5.7	2	66.7
vs. Non-playoff	8	46	673	14.6	4	59	9	139	90	11.6	30	65.2	1st Down	21	308	14.7	0	58	3	57	47	12.0	13	61.9
vs. Own Division	6	34	532	15.6	4	59	7	112	68	12.4	24	70.6	2nd Down	19	246	12.9	2	59	3	45	39	10.6	11	57.9
Home	5	22	306	13.9	1	51	4	44	53	11.9	15	68.2	3rd Down Overall	16	261	16.3	3	38	4	60	33	12.6	14	87.5
Away	7	34	509	15.0	4	59	6	118	66	11.5	23	67.6	3rd D 0-2 to Go	0	0	-	0	0	0	0	0	-	0	-
Games 1-8	4	13	176	13.5	1	51	2	35	31	10.8	8	61.5	3rd D 3-7 to Go	10	176	17.6	3	38	3	52	17	12.4	10	100.0
Games 9-16	8	43	639	14.9	4	59	8	127	88	11.9	30	69.8	3rd D 8+ to Go	6	85	14.2	0	26	1	8	16	12.8	4	66.7
Aug/Sept	1	0	0	-	0	0	0	0	0	-	0	-	4th Down	0	0	-	0	0	0	0	0	-	0	-
October	3	13	176	13.5	1	51	2	35	31	10.8	8	61.5	Rec Behind Line	0	0	-	0	0	0	0	2	-	0	-
November	5	26	406	15.6	1	59	5	76	57	12.7	16	61.5	1-10 yds	34	290	8.5	2	38	1	88	59	5.9	16	47.1
December	3	17	233	13.7	2	38	3	51	31	10.7	14	82.4	11-20 yds	14	215	15.4	1	32	1	28	27	13.4	14	100.0
Grass	5	15	132	8.8	0	19	0	35	36	6.5	8	53.3	21-30 yds	4	110	27.5	2	30	4	10	14	25.0	4	100.0
Turf	7	41	683	16.7	5	59	10	127	83	13.6	30	73.2	31+	4	200	50.0	0	59	4	36	17	41.0	4	100.0
Indoor	7	41	683	16.7	5	59	10	127	83	13.6	30	73.2	Left Sideline	16	250	15.6	1	59	4	41	32	13.1	8	50.0
Outdoor	5	15	132	8.8	0	19	0	35	36	6.5	8	53.3	Left Side	7	158	22.6	0	58	2	63	15	13.6	6	85.7
1st Half	-	34	522	15.4	1	59	6	120	71	11.8	22	64.7	Middle	6	75	12.5	2	20	0	7	16	11.3	6	100.0
2nd Half/OT	-	22	293	13.3	2	32	4	42	48	11.4	16	72.7	Right Side	3	29	9.7	1	10	0	5	12	8.0	2	66.7
Last 2 Min. Half	-	6	62	10.3	1	32	1	13	16	8.2	3	50.0	Right Sideline	24	303	12.6	1	51	4	46	44	10.7	16	66.7
4th qtr, +/-7 pts	-	9	145	16.1	2	30	3	15	18	14.4	8	88.9	Shotgun	0	0	-	0	0	0	0	0	-	0	-
Winning	-	11	200	18.2	1	58	3	40	16	14.5	8	72.7	2 Wide Receivers	23	407	17.7	1	59	5	73	43	14.5	17	73.9
Tied	-	12	112	9.3	1	17	0	6	25	8.8	6	50.0	3 Wide Receivers	29	380	13.1	4	38	5	80	61	10.3	20	69.0
Trailing	-	33	503	15.2	3	59	7	116	78	11.7	24	72.7	4+ WR	2	17	8.5	0	10	0	2	10	7.5	0	0.0

1997 Incompletions

Type	Num	%of Inc	%of Att
Pass Dropped	8	12.7	6.7
Poor Throw	35	55.6	29.4
Pass Defensed	13	20.6	10.9
Pass Hit at Line	0	0.0	0.0
Other	7	11.1	5.9
Total	63	100.0	52.9

Game Logs (1-8)

Date	Opp	Result	Rec	Yds	Trgt	F-L	TD
08/31	NO	W 38-24	-	-	-	-	-
09/07	SF	L 12-15	-	-	-	-	-
09/14	@Den	L 14-35	0	0	0	0-0	0
09/21	NYN	W 13-3	-	-	-	-	-
09/28	@Oak	L 17-35	-	-	-	-	-
10/12	@SF	L 10-30	2	14	9	0-0	0
10/19	Sea	L 9-17	6	68	12	1-0	0
10/26	KC	L 20-28	5	94	10	0-0	1

Game Logs (9-16)

Date	Opp	Result	Rec	Yds	Trgt	F-L	TD
11/02	@Atl	L 31-34	10	233	13	0-0	2
11/09	@GB	L 7-17	3	34	10	0-0	0
11/16	Atl	L 21-27	3	50	12	0-0	0
11/23	Car	L 10-16	5	48	11	0-0	0
11/30	@Was	W 23-20	5	41	11	0-0	0
12/07	@NO	W 34-27	9	144	17	0-0	2
12/14	Chi	L 10-13	3	46	8	0-0	0
12/20	@Car	W 30-18	5	43	6	0-0	0

Mark Brunell — Jacksonville Jaguars — QB

1997 Passing Splits

	G	Att	Cm	Pct	Yds	Y/Att	TD	Int	1st	YAC	Big	Sk	Rtg		Att	Cm	Pct	Yds	Y/Att	TD	Int	1st	YAC	Big	Sk	Rtg
Total	14	435	264	60.7	3281	7.5	18	7	160	1370	24	33	91.2	Inside 20	65	30	46.2	225	3.5	13	0	17	89	0	3	94.6
vs. Playoff	4	134	73	54.5	970	7.2	6	0	46	373	8	12	92.6	Inside 10	27	10	37.0	46	1.7	8	0	8	22	0	2	85.0
vs. Non-playoff	10	301	191	63.5	2311	7.7	12	7	114	997	16	21	90.6	1st Down	168	103	61.3	1323	7.9	7	1	57	488	11	9	97.4
vs. Own Division	7	233	137	58.8	1723	7.4	10	3	85	669	13	17	90.8	2nd Down	155	99	63.9	1289	8.3	7	2	60	533	10	8	99.6
Home	7	220	133	60.5	1657	7.5	9	1	81	747	10	17	95.6	3rd Down Overall	109	62	56.9	669	6.1	4	4	43	349	3	15	72.0
Away	7	215	131	60.9	1624	7.6	9	6	79	623	14	16	86.7	3rd D 0-5 to Go	39	22	56.4	262	6.7	2	1	19	160	2	5	82.5
Games 1-8	6	180	104	57.8	1232	6.8	9	3	63	552	8	18	88.5	3rd D 6+ to Go	70	40	57.1	407	5.8	2	3	24	189	1	10	65.6
Games 9-16	8	255	160	62.7	2049	8.0	9	4	97	818	16	15	93.1	4th Down	3	0	0.0	0	0.0	0	0	0	0	0	1	39.6
Aug/Sept	2	73	40	54.8	459	6.3	1	2	23	194	3	6	67.1	Rec Behind Line	72	53	73.6	367	5.1	2	0	14	514	2	0	93.9
October	4	107	64	59.8	773	7.2	8	1	40	358	5	12	103.1	1-10 yds	203	141	69.5	1346	6.6	9	4	77	574	4	0	94.2
November	5	154	93	60.4	1238	8.0	5	3	57	500	10	8	88.6	11-20 yds	92	51	55.4	929	10.1	4	1	50	191	3	0	100.3
December	3	101	67	66.3	811	8.0	4	1	40	318	6	7	99.9	21-30 yds	22	7	31.8	221	10.0	1	1	7	39	6	0	66.7
Grass	10	309	184	59.5	2222	7.2	12	4	111	1027	14	24	89.2	31+	35	9	25.7	377	10.8	1	1	9	52	9	0	69.6
Turf	4	126	80	63.5	1059	8.4	6	3	49	343	10	9	96.0	Left Sideline	149	80	53.7	1187	8.0	4	4	55	421	11	4	86.2
Indoor	0	0	0	0.0	0	-	0	0	0	0	0	0	-	Left Side	79	57	72.2	696	8.8	8	2	35	339	6	5	122.1
Outdoor	14	435	264	60.7	3281	7.5	18	7	160	1370	24	33	91.2	Middle	48	28	58.3	432	9.0	1	1	16	176	3	19	86.5
1st Half	-	236	144	61.0	1864	7.9	11	4	90	810	12	15	94.3	Right Side	78	53	67.9	573	7.3	1	0	29	226	1	4	84.0
2nd Half/OT	-	199	120	60.3	1417	7.1	7	3	70	560	12	15	87.4	Right Sideline	80	45	56.3	380	4.8	5	2	24	208	3	1	79.2
Last 2 Min. Half	-	58	28	48.3	350	6.0	1	1	17	107	3	3	66.0	2 Wide Receivers	133	88	66.2	1128	8.5	6	1	50	447	9	9	104.5
4th qtr, +/-7 pts	-	64	38	59.4	439	6.9	3	2	23	185	2	5	82.7	3+ WR	293	171	58.4	2119	7.2	10	6	107	916	15	23	83.7
Winning	-	195	115	59.0	1456	7.5	4	2	66	720	13	15	84.9	Attempts 1-10	140	94	67.1	1176	8.4	8	3	59	521	6	0	103.2
Tied	-	68	47	69.1	602	8.9	7	2	36	225	2	7	118.6	Attempts 11-20	139	77	55.4	1038	7.5	5	1	46	435	9	0	88.4
Trailing	-	172	102	59.3	1223	7.1	7	3	58	425	9	11	87.4	Attempts 21+	156	93	59.6	1067	6.8	5	3	55	414	9	0	82.9

1997 Incompletions

Type	Num	%of Inc	%of Att
Pass Dropped	21	12.3	4.8
Poor Throw	53	31.0	12.2
Pass Defensed	36	21.1	8.3
Pass Hit at Line	7	4.1	1.6
Other	54	31.6	12.4
Total	171	100.0	39.3

Game Logs (1-8)

Date	Opp	Result	Att	Cm	Pct	Yds	TD	Int	Lg	Sk	F-L
08/31	@Bal	W 28-27	-	-	-	-	-	-	-	-	-
09/07	NYN	W 40-13	-	-	-	-	-	-	-	-	-
09/22	Pit	W 30-21	42	24	57.1	306	1	0	41	3	0-0
09/28	@Was	L 12-24	31	16	51.6	153	0	2	22	3	0-0
10/05	Cin	W 21-13	27	14	51.9	164	3	0	24	3	0-0
10/12	Phi	W 38-21	19	14	73.7	153	0	0	22	3	1-0
10/19	Dal	L 22-26	31	21	67.7	242	3	1	39	2	0-0
10/26	@Pit	L 17-23	30	15	50.0	214	2	0	41	4	1-0

Game Logs (9-16)

Date	Opp	Result	Att	Cm	Pct	Yds	TD	Int	Lg	Sk	F-L
11/02	@Ten	W 30-24	31	17	54.8	169	1	1	40	3	0-0
11/09	KC	W 24-10	20	9	45.0	199	1	0	75	3	0-0
11/16	Ten	W 17-9	30	22	73.3	267	1	0	35	2	1-1
11/23	@Cin	L 26-31	33	20	60.6	286	1	1	46	1	0-0
11/30	Bal	W 29-27	40	25	62.5	317	1	1	44	1	0-0
12/07	NE	L 20-26	42	25	59.5	251	2	0	34	4	1-1
12/14	@Buf	W 20-14	32	24	75.0	317	0	1	60	2	0-0
12/21	@Oak	W 20-9	27	18	66.7	243	2	0	35	1	0-0

Earnest Byner — Baltimore Ravens — RB

1997 Rushing and Receiving Splits

	G	Rush	Yds	Avg	Lg	TD	1st	Stf	YdL	Rec	Yds	Avg	TD		Rush	Yds	Avg	Lg	TD	1st	Stf	YdL	Rec	Yds	Avg	TD
Total	16	84	313	3.7	19	0	18	9	14	21	128	6.1	0	Inside 20	9	35	3.9	8	0	3	1	2	0	0	-	0
vs. Playoff	6	35	146	4.2	19	0	10	3	4	11	63	5.7	0	Inside 10	3	8	2.7	3	0	1	0	0	0	0	-	0
vs. Non-playoff	10	49	167	3.4	12	0	8	6	10	10	65	6.5	0	1st Down	36	134	3.7	19	0	2	4	7	8	38	4.8	0
vs. Own Division	8	57	196	3.4	19	0	11	9	14	11	87	7.9	0	2nd Down	32	121	3.8	11	0	10	3	4	5	31	6.2	0
Home	8	38	166	4.4	19	0	9	2	3	11	69	6.3	0	3rd Down Overall	16	58	3.6	12	0	6	2	3	7	42	6.0	0
Away	8	46	147	3.2	12	0	9	7	11	10	59	5.9	0	3rd D 0-2 to Go	9	16	1.8	6	0	6	0	0	3	10	3.3	0
Games 1-8	8	70	262	3.7	19	0	13	7	12	14	81	5.8	0	3rd D 3-7 to Go	3	0	0.0	0	0	0	2	3	1	4	4.0	0
Games 9-16	8	14	51	3.6	11	0	5	2	2	7	47	6.7	0	3rd D 8+ to Go	4	42	10.5	12	0	0	0	0	3	28	9.3	0
Aug/Sept	5	68	255	3.8	19	0	13	7	12	11	69	6.3	0	4th Down	0	0	-	0	0	0	0	0	1	17	17.0	0
October	3	2	7	3.5	6	0	0	0	0	3	12	4.0	0	Left Sideline	9	49	5.4	12	0	0	1	2	3	15	5.0	0
November	5	12	49	4.1	11	0	5	1	1	5	21	4.2	0	Left Side	13	54	4.2	19	0	4	1	1	5	43	8.6	0
December	3	2	2	1.0	3	0	0	1	1	2	26	13.0	0	Middle	47	160	3.4	12	0	14	5	8	3	16	5.3	0
Grass	12	69	258	3.7	19	0	14	7	12	13	86	6.6	0	Right Side	14	52	3.7	9	0	0	1	1	8	56	7.0	0
Turf	4	15	55	3.7	12	0	4	2	2	8	42	5.3	0	Right Sideline	1	-2	-2.0	-2	0	0	1	2	2	-2	-1.0	0
Indoor	0	0	0	-	0	0	0	0	0	0	0	-	0	1 Tight End	79	299	3.8	19	0	18	9	14	21	128	6.1	0
Outdoor	16	84	313	3.7	19	0	18	9	14	21	128	6.1	0	2 Tight Ends	5	14	2.8	5	0	0	0	0	0	0	-	0
1st Half	-	43	162	3.8	12	0	8	2	2	10	86	8.6	0	3+ Tight Ends	0	0	-	0	0	0	0	0	0	0	-	0
2nd Half/OT	-	41	151	3.7	19	0	10	7	12	11	42	3.8	0	Carries 1-5	40	139	3.5	11	0	10	2	2	0	0	-	0
Last 2 Min. Half	-	7	27	3.9	8	0	2	0	0	6	40	6.7	0	Carries 6-10	24	100	4.2	12	0	4	2	2	0	0	-	0
4th qtr, +/-7 pts	-	8	51	6.4	19	0	3	0	0	4	28	7.0	0	Carries 11-15	17	71	4.2	19	0	3	4	8	0	0	-	0
Winning	-	26	77	3.0	19	0	2	6	11	5	39	7.8	0	Carries 16-20	3	3	1.0	3	0	1	1	2	0	0	-	0
Tied	-	22	78	3.5	12	0	6	1	1	4	30	7.5	0	Carries 21+	0	0	-	0	0	0	0	0	0	0	-	0
Trailing	-	36	158	4.4	12	0	10	2	2	12	59	4.9	0													

1997 Incompletions

Type	Num	%of Inc	% Att
Pass Dropped	2	20.0	6.5
Poor Throw	3	30.0	9.7
Pass Defensed	1	10.0	3.2
Pass Hit at Line	0	0.0	0.0
Other	4	40.0	12.9
Total	10	100.0	32.3

Game Logs (1-8)

Date	Opp	Result	Rush	Yds	Rec	Yds	Trgt	F-L	TD
08/31	Jac	L 27-28	14	63	3	31	3	0-0	0
09/07	Cin	W 23-10	17	75	1	1	3	1-1	0
09/14	@NYN	W 24-23	13	57	5	20	6	0-0	0
09/21	@Ten	W 36-10	16	30	2	17	2	0-0	0
09/28	@SD	L 17-21	8	30	0	0	1	0-0	0
10/05	Pit	L 34-42	1	1	3	12	4	0-0	0
10/19	Mia	L 13-24	0	0	0	0	0	0-0	0
10/26	@Was	W 20-17	1	6	0	0	0	0-0	0

Game Logs (9-16)

Date	Opp	Result	Rush	Yds	Rec	Yds	Trgt	F-L	TD
11/02	@NYA	L 16-19	0	0	2	13	3	0-0	0
11/09	@Pit	L 0-37	1	-1	0	0	0	0-0	0
11/16	Phi	T 10-10	2	2	2	13	2	1-0	0
11/23	Ari	L 13-16	3	22	1	-5	3	0-0	0
11/30	@Jac	L 27-29	6	26	0	0	0	0-0	0
12/07	Sea	W 31-24	0	0	0	0	0	0-0	0
12/14	Ten	W 21-19	1	3	1	17	1	0-0	0
12/21	@Cin	L 14-16	1	-1	1	9	2	0-0	0

Chris Calloway — New York Giants — WR

1997 Receiving Splits

	G	Rec	Yds	Avg	TD	Lg	Big	YAC	Trgt	Y@C	1st	1st%		Rec	Yds	Avg	TD	Lg	Big	YAC	Trgt	Y@C	1st	1st%
Total	16	58	849	14.6	8	68	6	252	98	10.3	42	72.4	Inside 20	8	65	8.1	6	14	0	10	15	6.9	7	87.5
vs. Playoff	3	11	240	21.8	2	68	3	93	18	13.4	8	72.7	Inside 10	5	33	6.6	5	9	0	8	6.6	5	100.0	
vs. Non-playoff	13	47	609	13.0	6	47	3	159	80	9.6	34	72.3	1st Down	22	414	18.8	2	68	3	156	30	11.7	17	77.3
vs. Own Division	8	22	293	13.3	5	47	2	73	38	10.0	17	77.3	2nd Down	19	209	11.0	2	27	1	34	32	9.2	12	63.2
Home	8	30	354	11.8	3	27	1	126	57	7.6	19	63.3	3rd Down Overall	17	226	13.3	4	39	1	62	36	9.6	13	76.5
Away	8	28	495	17.7	5	68	5	126	41	13.2	23	82.1	3rd D 0-2 to Go	0	0	-	0	0	0	0	0	-	0	-
Games 1-8	8	32	499	15.6	4	68	3	160	50	10.6	21	65.6	3rd D 3-7 to Go	10	143	14.3	2	39	1	48	21	9.5	9	90.0
Games 9-16	8	26	350	13.5	4	41	3	92	48	9.9	21	80.8	3rd D 8+ to Go	7	83	11.9	2	21	0	14	15	9.9	4	57.1
Aug/Sept	5	23	276	12.0	3	21	0	58	34	9.5	15	65.2	4th Down	0	0	-	0	0	0	0	0	-	0	-
October	4	14	279	19.9	1	68	3	131	26	10.6	10	71.4	Rec Behind Line	1	0	0.0	0	0	0	0	2	0.0	0	0.0
November	4	12	165	13.8	0	27	2	37	24	10.7	8	66.7	1-10 yds	33	309	9.4	5	23	0	122	54	5.7	19	57.6
December	3	9	129	14.3	4	41	1	26	14	11.4	9	100.0	11-20 yds	19	365	19.2	2	68	2	85	32	14.7	18	94.7
Grass	4	12	185	15.4	2	47	2	29	22	13.0	10	83.3	21-30 yds	4	128	32.0	1	41	3	33	7	23.8	4	100.0
Turf	12	46	664	14.4	6	68	4	223	76	9.6	32	69.6	31+	1	47	47.0	0	47	1	12	3	35.0	1	100.0
Indoor	2	9	198	22.0	1	68	2	74	10	13.8	6	66.7	Left Sideline	7	131	18.7	0	47	1	20	17	15.9	6	85.7
Outdoor	14	49	651	13.3	7	47	4	178	88	9.7	36	73.5	Left Side	11	170	10.2	1	41	0	63	13	10.5	9	81.8
1st Half	-	30	465	15.5	4	41	4	139	58	10.9	24	80.0	Middle	15	153	10.2	2	22	0	48	26	7.0	9	60.0
2nd Half/OT	-	28	384	13.7	4	68	2	113	40	9.7	18	64.3	Right Side	15	201	13.4	2	27	1	31	19	11.3	11	73.3
Last 2 Min. Half	-	9	114	12.7	1	27	1	27	13	9.7	6	66.7	Right Sideline	10	186	18.6	3	68	2	90	23	9.6	7	70.0
4th qtr, +/-7 pts	-	9	101	11.2	1	23	0	29	15	8.0	5	55.6	Shotgun	22	302	13.7	2	39	2	72	36	10.5	14	63.6
Winning	-	17	211	12.9	5	41	1	48	29	9.6	13	76.5	2 Wide Receivers	18	351	19.5	3	68	4	128	34	12.4	16	88.9
Tied	-	16	306	19.1	1	68	3	109	25	12.3	12	75.0	3 Wide Receivers	28	339	12.1	5	39	1	71	45	9.6	19	67.9
Trailing	-	25	332	13.3	2	39	2	95	44	9.5	17	68.0	4+ WR	12	159	13.3	0	27	1	53	19	8.8	7	58.3

1997 Incompletions

Type	Num	%of Inc	%of Att
Pass Dropped	3	7.5	3.1
Poor Throw	17	42.5	17.3
Pass Defensed	11	27.5	11.2
Pass Hit at Line	2	5.0	2.0
Other	7	17.5	7.1
Total	40	100.0	40.8

Game Logs (1-8)

Date	Opp	Result	Rush	Yds	Rec	Yds	Trgt	F-L	TD
08/31	Phi	W 31-17	0	0	4	42	6	0-0	1
09/07	@Jac	L 13-40	0	0	3	39	5	0-0	1
09/14	Bal	L 23-24	1	-1	8	79	11	0-0	0
09/21	@StL	L 3-13	0	0	4	53	5	0-0	0
09/28	NO	W 14-9	0	0	4	63	7	0-0	0
10/05	@Phi	W 20-17	0	0	2	19	8	0-0	0
10/12	@Ari	W 27-13	0	0	2	59	3	0-0	1
10/19	@Det	W 26-20	0	0	5	145	5	0-0	1

Game Logs (9-16)

Date	Opp	Result	Rush	Yds	Rec	Yds	Trgt	F-L	TD
10/26	Cin	W 29-27	0	0	5	56	10	0-0	0
11/09	@Ten	L 6-10	0	0	4	65	9	0-0	0
11/16	Ari	W 19-10	0	0	2	22	5	0-0	0
11/23	@Was	T 7-7	0	0	3	22	5	0-0	1
11/30	TB	L 8-20	0	0	3	56	8	0-0	0
12/07	@Phi	W 31-21	0	0	4	38	6	0-0	1
12/13	Was	W 30-10	0	0	2	17	5	0-0	1
12/21	@Dal	W 20-7	0	0	3	74	3	0-0	0

Mark Carrier — Carolina Panthers — WR

1997 Receiving Splits

	G	Rec	Yds	Avg	TD	Lg	Big	YAC	Trgt	Y@C	1st	1st%		Rec	Yds	Avg	TD	Lg	Big	YAC	Trgt	Y@C	1st	1st%
Total	9	33	436	13.2	2	36	2	137	51	9.1	26	78.8	Inside 20	5	44	8.8	1	16	0	3	5	8.2	3	60.0
vs. Playoff	5	23	321	14.0	1	36	2	102	37	9.5	18	78.3	Inside 10	0	0	-	0	0	0	0	0	-	0	-
vs. Non-playoff	4	10	115	11.5	1	20	0	35	14	8.0	8	80.0	1st Down	9	97	10.8	0	19	0	25	16	8.0	3	33.3
vs. Own Division	5	21	269	12.8	2	26	1	81	32	9.0	18	85.7	2nd Down	9	148	16.4	1	36	2	47	14	11.2	8	88.9
Home	4	13	180	13.8	2	36	1	56	19	9.5	10	76.9	3rd Down Overall	15	191	12.7	1	24	0	65	21	8.4	15	100.0
Away	5	20	256	12.8	0	26	1	81	32	6.6	16	80.0	3rd D 0-2 to Go	3	49	16.3	0	24	0	35	3	4.7	3	100.0
Games 1-8	5	21	257	12.2	2	36	1	69	31	9.0	16	76.2	3rd D 3-7 to Go	9	101	11.2	0	20	0	27	11	8.2	9	100.0
Games 9-16	4	12	179	14.9	0	26	1	68	20	9.3	10	83.3	3rd D 8+ to Go	3	41	13.7	1	16	0	3	7	12.7	3	100.0
Aug/Sept	2	9	136	15.1	1	36	1	44	13	10.2	7	77.8	4th Down	0	0	-	0	0	0	0	0	-	0	-
October	3	12	121	10.1	1	16	0	25	18	8.0	9	75.0	Rec Behind Line	0	0	-	0	0	0	0	1	-	0	-
November	4	12	179	14.9	0	26	1	68	20	9.3	10	83.3	1-10 yds	21	219	10.4	0	24	0	89	28	6.2	14	66.7
December	0	0	0	-	0	0	0	0	0	-	0	-	11-20 yds	11	191	17.4	2	36	1	44	19	13.4	11	100.0
Grass	6	23	329	14.3	2	36	2	109	37	9.6	19	82.6	21-30 yds	1	26	26.0	0	26	1	4	2	22.0	1	100.0
Turf	3	10	107	10.7	0	20	0	28	14	7.9	7	70.0	31+	0	0	-	0	0	0	0	0	-	0	-
Indoor	3	10	107	10.7	0	20	0	28	14	7.9	7	70.0	Left Sideline	11	137	12.5	0	24	0	51	18	7.8	7	63.6
Outdoor	6	23	329	14.3	2	36	2	109	37	9.6	19	82.6	Left Side	7	97	13.9	1	26	1	18	10	11.3	7	100.0
1st Half	-	17	232	13.6	1	26	1	63	26	9.9	16	94.1	Middle	5	79	15.8	0	20	0	26	7	10.6	5	100.0
2nd Half/OT	-	16	204	12.8	1	36	1	74	25	8.1	10	62.5	Right Side	8	93	11.6	1	36	1	33	11	7.5	5	62.5
Last 2 Min. Half	-	6	88	14.7	1	26	1	16	9	12.0	5	83.3	Right Sideline	2	30	15.0	0	18	0	9	5	10.5	2	100.0
4th qtr, +/-7 pts	-	1	7	7.0	0	7	0	2	7.0	0	0.0		Shotgun	0	0	-	0	0	0	0	0	-	0	-
Winning	-	7	77	11.0	1	16	0	14	9	9.0	5	71.4	2 Wide Receivers	9	120	13.3	0	24	0	52	15	7.6	5	55.6
Tied	-	6	67	11.2	0	20	0	26	9	6.8	5	83.3	3 Wide Receivers	17	228	13.4	0	36	2	78	24	8.8	14	82.4
Trailing	-	20	292	14.6	1	36	2	97	32	9.8	16	80.0	4+ WR	6	78	13.0	0	20	0	5	11	12.2	6	100.0

1997 Incompletions

Type	Num	%of Inc	%of Att
Pass Dropped	1	5.6	2.0
Poor Throw	9	50.0	17.6
Pass Defensed	5	27.8	9.8
Pass Hit at Line	1	5.6	2.0
Other	2	11.1	3.9
Total	18	100.0	35.3

Game Logs (1-8)

Date	Opp	Result	Rec	Yds	Trgt	F-L	TD
09/21	KC	L 14-35	3	59	4	0-0	0
09/29	SF	L 21-34	6	77	9	0-0	1
10/12	@Min	L 14-21	4	36	6	0-0	0
10/19	@NO	W 13-0	5	51	7	0-0	0
10/26	Atl	W 21-12	3	34	5	0-0	1
11/02	Oak	W 38-14	1	10	1	1-0	0
11/09	@Den	L 0-34	4	62	8	0-0	0
11/16	@SF	L 19-27	6	87	10	0-0	0

Game Logs (9-16)

Date	Opp	Result	Rec	Yds	Trgt	F-L	TD
11/23	@StL	W 16-10	1	20	1	0-0	0
11/30	NO	L 13-16	-	-	-	-	-

Rae Carruth — Carolina Panthers — WR

1997 Receiving Splits

	G	Rec	Yds	Avg	TD	Lg	Big	YAC	Trgt	Y@C	1st	1st%		Rec	Yds	Avg	TD	Lg	Big	YAC	Trgt	Y@C	1st	1st%
Total	15	44	545	12.4	4	52	4	130	81	9.4	27	61.4	Inside 20	4	48	12.0	3	17	0	6	5	10.5	3	75.0
vs. Playoff	6	26	354	13.6	2	52	3	95	46	10.0	16	61.5	Inside 10	1	5	5.0	1	5	0	1	2	4.0	1	100.0
vs. Non-playoff	9	18	191	10.6	2	35	1	35	35	8.7	11	61.1	1st Down	17	226	13.3	1	52	2	50	35	10.4	8	47.1
vs. Own Division	7	20	244	12.2	2	35	1	50	36	9.7	12	60.0	2nd Down	14	163	11.6	0	30	1	47	23	8.3	7	50.0
Home	7	23	304	13.2	2	36	2	83	44	9.6	14	60.9	3rd Down Overall	13	156	12.0	3	36	1	33	23	9.5	12	92.3
Away	8	21	241	11.5	2	52	2	47	37	9.2	13	61.9	3rd D 0-2 to Go	2	15	7.5	0	8	0	6	3	4.5	2	100.0
Games 1-8	8	26	361	13.9	2	52	3	97	47	10.2	19	73.1	3rd D 3-7 to Go	7	55	7.9	2	15	0	4	12	7.3	7	100.0
Games 9-16	7	18	184	10.2	2	35	1	33	34	8.4	8	44.4	3rd D 8+ to Go	4	86	21.5	1	36	1	23	8	15.8	3	75.0
Aug/Sept	5	15	208	13.9	1	36	1	60	27	9.9	12	80.0	4th Down	0	0	-	0	0	0	0	0	-	0	-
October	3	11	153	13.9	1	52	2	37	20	10.5	7	63.6	Rec Behind Line	0	0	-	0	0	0	0	0	-	0	-
November	4	6	54	9.0	0	14	0	13	15	6.8	2	33.3	1-10 yds	34	296	8.7	1	20	0	78	47	6.4	18	52.9
December	3	12	130	10.8	2	35	1	20	19	9.2	6	50.0	11-20 yds	7	126	18.0	2	30	1	27	14	14.1	6	85.7
Grass	10	27	339	12.6	2	36	2	87	53	9.3	15	55.6	21-30 yds	2	71	35.5	1	36	2	14	14	28.5	2	100.0
Turf	5	17	206	12.1	2	52	2	43	28	9.6	12	70.6	31+	1	52	52.0	0	52	1	11	6	41.0	1	100.0
Indoor	4	13	170	13.1	1	52	2	38	24	10.2	9	69.2	Left Sideline	6	59	9.8	0	14	0	26	9	5.5	4	66.7
Outdoor	11	31	375	12.1	3	36	2	92	57	9.1	18	58.1	Left Side	3	18	6.0	0	7	0	1	5	5.7	1	33.3
1st Half	-	20	257	12.9	2	52	2	63	34	9.7	13	65.0	Middle	2	36	18.0	0	31	1	12	7	12.0	1	50.0
2nd Half/OT	-	24	288	12.0	2	35	2	67	47	9.2	14	58.3	Right Side	14	141	10.1	1	24	0	39	21	7.3	8	57.1
Last 2 Min. Half	-	4	25	6.3	0	9	0	-3	7	7.0	2	50.0	Right Sideline	19	291	15.3	3	52	3	52	39	12.6	13	68.4
4th qtr, +/-7 pts	-	4	45	11.3	1	30	1	12	5	8.3	2	50.0	Shotgun	0	0	-	0	0	0	0	0	-	0	-
Winning	-	9	90	10.0	1	17	0	21	15	7.7	8	88.9	2 Wide Receivers	16	207	12.9	1	52	2	52	30	9.7	9	56.3
Tied	-	5	76	15.2	0	52	1	13	13	12.6	1	20.0	3 Wide Receivers	19	269	14.2	2	36	2	73	35	10.3	13	68.4
Trailing	-	30	379	12.6	3	36	3	96	53	9.0	18	60.0	4+ WR	9	69	7.7	1	10	0	5	15	7.1	5	55.6

1997 Incompletions

Type	Num	%of Inc	%of Att
Pass Dropped	4	10.8	4.9
Poor Throw	13	35.1	16.0
Pass Defensed	10	27.0	12.3
Pass Hit at Line	0	0.0	0.0
Other	10	27.0	12.3
Total	37	100.0	45.7

Game Logs (1-8)

Date	Opp	Result	Rush	Yds	Rec	Yds	Trgt	F-L	TD
08/31	Was	L 10-24	0	0	1	6	5	0-0	0
09/07	@Atl	W 9-6	0	0	2	18	5	0-0	0
09/14	@SD	W 26-7	0	0	5	50	6	0-0	0
09/21	KC	L 14-35	0	0	8	110	11	0-0	0
09/29	SF	L 21-34	0	0	4	74	6	0-0	0
10/12	@Min	L 14-21	1	3	6	107	12	1-1	0
10/19	@NO	W 13-0	0	0	4	40	5	0-0	0
10/26	Atl	W 21-12	0	0	1	6	3	0-0	0

Game Logs (9-16)

Date	Opp	Result	Rush	Yds	Rec	Yds	Trgt	F-L	TD
11/02	Oak	W 38-14	1	2	1	14	4	0-0	0
11/09	@Den	L 0-34	2	9	0	0	1	0-0	0
11/16	@SF	L 19-27	0	0	4	35	6	0-0	0
11/23	@StL	W 16-10	0	0	1	5	2	0-0	0
11/30	NO	L 13-16	0	0	0	0	0	0-0	0
12/08	@Dal	W 23-13	0	0	4	36	4	0-0	0
12/14	GB	L 10-31	1	6	4	28	8	1-1	0
12/20	StL	L 18-30	1	3	4	66	7	0-0	0

Cris Carter
Minnesota Vikings — WR

1997 Receiving Splits

	G	Rec	Yds	Avg	TD	Lg	Big	YAC	Trgt	Y@C	1st	1st%		Rec	Yds	Avg	TD	Lg	Big	YAC	Trgt	Y@C	1st	1st%
Total	16	89	1069	12.0	13	43	8	294	158	8.7	54	60.7	Inside 20	15	114	7.6	9	18	0	16	26	6.5	11	73.3
vs. Playoff	8	40	438	11.0	5	43	3	115	79	8.1	22	55.0	Inside 10	6	22	3.7	5	6	0	2	13	3.3	6	100.0
vs. Non-playoff	8	49	631	12.9	8	35	5	179	79	9.2	32	65.3	1st Down	31	340	11.0	2	43	3	106	54	7.5	12	38.7
vs. Own Division	8	46	455	9.9	2	30	1	148	84	6.7	21	45.7	2nd Down	30	351	11.7	5	33	2	119	49	7.7	21	70.0
Home	8	41	479	11.7	7	43	4	121	80	8.7	23	56.1	3rd Down Overall	27	357	13.2	6	35	3	69	54	10.7	20	74.1
Away	8	48	590	12.3	6	35	4	173	78	8.7	31	64.6	3rd D 0-2 to Go	3	63	21.0	1	28	1	6	8	19.0	3	100.0
Games 1-8	8	48	549	11.4	7	35	3	146	82	8.4	29	60.4	3rd D 3-7 to Go	15	144	9.6	3	34	1	23	25	8.1	12	80.0
Games 9-16	8	41	520	12.7	6	43	5	148	76	9.1	25	61.0	3rd D 8+ to Go	9	150	16.7	2	35	1	40	21	12.2	5	55.6
Aug/Sept	5	33	387	11.7	5	35	2	96	58	8.8	19	57.6	4th Down	1	21	21.0	0	21	0	0	1	21.0	1	100.0
October	3	15	162	10.8	2	26	1	50	24	7.5	10	66.7	Rec Behind Line	4	24	6.0	0	12	0	34	5	-2.5	2	50.0
November	4	26	328	12.6	1	43	4	133	43	7.5	15	57.0	1-10 yds	56	451	8.1	4	20	0	203	81	4.4	24	42.9
December	4	15	192	12.8	5	34	1	15	33	11.8	10	66.7	11-20 yds	18	326	18.1	2	33	3	58	30	14.9	17	94.4
Grass	5	30	326	10.9	4	26	1	74	48	8.4	19	63.3	21-30 yds	3	79	26.3	2	30	2	0	16	26.3	3	100.0
Turf	11	59	743	12.6	9	43	7	220	110	8.9	35	59.3	31+	3	100	33.3	2	43	2	-1	18	33.7	3	100.0
Indoor	9	45	517	11.5	7	43	4	132	89	8.6	25	55.6	Left Sideline	23	284	12.3	3	35	3	63	39	9.6	12	52.2
Outdoor	7	44	552	12.5	6	35	4	162	69	8.9	29	65.5	Left Side	13	182	14.0	2	30	2	51	21	10.1	7	53.8
1st Half	-	44	542	12.3	6	43	3	174	71	8.4	28	63.6	Middle	8	94	11.8	2	43	1	24	19	8.8	3	37.5
2nd Half/OT	-	45	527	11.7	7	35	5	120	87	9.0	26	57.8	Right Side	23	224	9.7	2	20	0	86	39	6.0	17	73.9
Last 2 Min. Half	-	17	218	12.8	1	33	2	58	27	9.4	10	58.8	Right Sideline	17	196	11.5	1	33	1	70	33	7.4	10	58.8
4th qtr, +/-7 pts	-	13	158	12.2	2	28	1	26	21	10.2	7	53.8	Shotgun	0	0	-	0	0	0	0	1	-	0	-
Winning	-	17	240	14.1	4	43	3	60	33	10.6	12	70.6	2 Wide Receivers	30	347	11.6	4	35	3	86	56	8.7	15	50.0
Tied	-	24	275	11.5	2	34	2	97	39	7.4	14	58.3	3 Wide Receivers	43	509	11.8	5	43	4	158	70	8.2	27	62.8
Trailing	-	48	554	11.5	7	33	3	137	86	8.7	28	58.3	4+ WR	9	106	11.8	1	20	0	50	20	6.2	6	66.7

1997 Incompletions

Type	Num	%of Inc	%of Att
Pass Dropped	2	2.9	1.3
Poor Throw	41	59.4	25.9
Pass Defensed	23	33.3	14.6
Pass Hit at Line	1	1.4	0.6
Other	2	2.9	1.3
Total	69	100.0	43.7

Game Logs (1-8)

Date	Opp	Result	Rec	Yds	Trgt	F-L	TD
08/31	Buf	W 34-13	8	121	11	0-0	2
09/07	@Chi	W 27-24	9	107	12	0-0	1
09/14	TB	L 14-28	6	69	15	1-1	1
09/21	@GB	L 32-38	5	32	9	0-0	1
09/28	Phi	W 28-19	5	58	11	0-0	1
10/05	@Ari	W 20-19	6	64	9	0-0	1
10/12	Car	W 21-14	2	18	6	0-0	1
10/26	@TB	W 10-6	7	80	9	0-0	1

Game Logs (9-16)

Date	Opp	Result	Rec	Yds	Trgt	F-L	TD
11/02	NE	W 23-18	8	116	11	1-0	1
11/09	Chi	W. 29-22	8	69	13	0-0	0
11/16	@Det	L 15-38	4	38	9	0-0	0
11/23	@NYA	L 21-23	6	105	10	1-0	0
12/01	GB	L 11-27	6	52	14	0-0	0
12/07	@SF	L 17-28	3	43	9	0-0	2
12/14	Det	L 13-14	1	8	3	0-0	0
12/21	Ind	W 39-28	5	89	7	0-0	3

Ki-Jana Carter
Cincinnati Bengals — RB

1997 Rushing and Receiving Splits

	G	Rush	Yds	Avg	Lg	TD	1st	Stf	YdL	Rec	Yds	Avg	TD		Rush	Yds	Avg	Lg	TD	1st	Stf	YdL	Rec	Yds	Avg	TD
Total	15	128	464	3.6	79	7	21	16	34	21	157	7.5	0	Inside 20	18	33	1.8	11	6	9	3	4	1	16	16.0	0
vs. Playoff	6	62	282	4.5	79	4	13	7	16	9	69	7.7	0	Inside 10	9	16	1.8	6	6	6	0	0	0	0	-	0
vs. Non-playoff	9	66	182	2.8	15	3	8	9	18	12	88	7.3	0	1st Down	75	356	4.7	79	2	9	5	10	7	65	9.3	0
vs. Own Division	8	59	180	3.1	14	3	8	8	18	12	78	6.5	0	2nd Down	39	80	2.1	8	2	5	8	18	10	61	6.1	0
Home	7	64	213	3.3	15	4	12	10	17	12	108	9.0	0	3rd Down Overall	10	32	3.2	11	3	7	1	2	4	31	7.8	0
Away	8	64	251	3.9	79	3	9	6	17	9	49	5.4	0	3rd D 0-2 to Go	5	5	1.0	3	3	4	1	2	0	0	-	0
Games 1-8	7	89	375	4.2	79	5	16	9	20	11	97	8.8	0	3rd D 3-7 to Go	5	27	5.4	11	0	3	0	0	2	17	8.5	0
Games 9-16	8	39	89	2.3	10	2	5	7	14	10	60	6.0	0	3rd D 8+ to Go	0	0	-	0	0	0	0	0	2	14	7.0	0
Aug/Sept	3	42	202	4.8	79	3	9	4	9	5	46	9.2	0	4th Down	4	-4	-1.0	0	0	0	2	4	0	0	-	0
October	4	47	173	3.7	26	2	7	5	11	6	51	8.5	0	Left Sideline	23	171	7.4	79	4	9	2	6	10	79	7.9	0
November	5	24	51	2.1	10	2	4	4	9	6	44	7.3	0	Left Side	20	54	2.7	7	1	3	2	4	4	29	7.3	0
December	3	15	38	2.5	7	0	1	3	5	4	16	4.0	0	Middle	42	137	3.3	15	1	5	5	10	2	6	3.0	0
Grass	4	37	166	4.5	79	2	6	4	11	5	15	3.0	0	Right Side	31	69	2.2	13	0	2	6	12	1	-3	-3.0	0
Turf	11	91	298	3.3	26	5	15	12	23	16	142	8.9	0	Right Sideline	12	33	2.8	8	1	2	1	2	4	46	11.5	0
Indoor	1	4	7	1.8	6	0	0	0	1	1	1	1.0	0	0 Tight Ends	5	4	0.8	7	0	1	2	5	7	60	8.6	0
Outdoor	14	124	457	3.7	79	7	21	16	34	20	156	7.8	0	1 Tight End	80	294	3.7	26	2	10	9	20	11	75	6.8	0
1st Half	-	76	242	3.2	15	3	12	10	24	11	67	6.1	0	2 Tight Ends	34	78	2.3	11	0	4	5	9	3	22	7.3	0
2nd Half/OT	-	52	222	4.3	79	4	9	6	10	10	90	9.0	0	3+ Tight Ends	8	88	11.0	79	5	6	0	0	0	0	-	0
Last 2 Min. Half	-	1	7	7.0	7	0	0	0	0	1	5	5.0	0	Carries 1-5	64	199	3.1	14	3	10	8	20	0	0	-	0
4th qtr, +/-7 pts	-	4	3	0.8	2	0	0	0	0	3	5	1.7	0	Carries 6-10	38	181	4.8	79	2	6	5	10	0	0	-	0
Winning	-	43	126	2.9	26	0	3	7	16	7	33	4.7	0	Carries 11-15	19	73	3.8	26	0	3	3	4	0	0	-	0
Tied	-	33	101	3.1	14	2	9	5	12	4	22	5.5	0	Carries 16-20	7	11	1.6	4	2	2	0	0	0	0	-	0
Trailing	-	52	237	4.6	79	5	9	4	6	10	102	10.2	0	Carries 21+	0	0	-	0	0	0	0	0	0	0	-	0

1997 Incompletions

Type	Num	%of Inc	% Att
Pass Dropped	3	30.0	9.7
Poor Throw	6	60.0	19.4
Pass Defensed	0	0.0	0.0
Pass Hit at Line	0	0.0	0.0
Other	1	10.0	3.2
Total	10	100.0	32.3

Game Logs (1-8)

Date	Opp	Result	Rush	Yds	Rec	Yds	Trgt	F-L	TD
08/31	Ari	W 24-21	19	76	2	40	4	0-0	2
09/07	@Bal	L 10-23	10	22	2	9	4	0-0	1
09/21	@Den	L 20-38	13	104	1	-3	2	0-0	2
09/28	NYA	L 14-31	-	-	-	-	-	-	-
10/05	@Jac	L 13-21	9	26	2	9	2	0-0	1
10/12	@Ten	L 7-30	5	14	0	0	1	1-0	0
10/19	Pit	L 10-26	16	63	3	26	3	1-0	0
10/26	@NYN	L 27-29	17	70	1	16	2	0-0	1

Game Logs (9-16)

Date	Opp	Result	Rush	Yds	Rec	Yds	Trgt	F-L	TD
11/02	SD	W 38-31	9	25	1	5	2	0-0	0
11/09	@Ind	W 28-13	4	7	1	1	1	0-0	0
11/16	@Pit	L 3-20	2	8	0	0	0	0-0	0
11/23	Jac	W 31-26	5	11	2	21	2	0-0	1
11/30	@Phi	L 42-44	4	0	2	17	3	1-0	1
12/04	Ten	W 41-14	11	29	1	5	1	0-0	0
12/14	Dal	W 31-24	3	1	1	3	1	0-0	0
12/21	Bal	W 16-14	1	7	2	8	2	0-0	0

Stoney Case — Arizona Cardinals — QB

1997 Passing Splits

	G	Att	Cm	Pct	Yds	Y/Att	TD	Int	1st	YAC	Big	Sk	Rtg		Att	Cm	Pct	Yds	Y/Att	TD	Int	1st	YAC	Big	Sk	Rtg
Total	3	55	29	52.7	316	5.7	0	2	16	74	1	10	54.8	Inside 20	4	2	50.0	26	6.5	0	1	1	11	0	2	31.3
vs. Playoff	1	33	18	54.5	222	6.7	0	2	11	65	1	5	50.3	Inside 10	0	0	-	0	-	0	0	0	0	0	1	-
vs. Non-playoff	2	22	11	50.0	94	4.3	0	0	5	9	0	5	61.6	1st Down	22	14	63.6	153	7.0	0	0	8	18	1	3	84.1
vs. Own Division	2	55	29	52.7	316	5.7	0	2	16	74	1	10	54.8	2nd Down	16	7	43.8	63	3.9	0	1	2	11	0	4	28.9
Home	2	33	18	54.5	222	6.7	0	2	11	65	1	5	50.3	3rd Down Overall	16	8	50.0	100	6.3	0	0	6	45	0	3	69.8
Away	1	22	11	50.0	94	4.3	0	0	5	9	0	5	61.6	3rd D 0-5 to Go	4	2	50.0	10	2.5	0	0	2	11	0	0	56.3
Games 1-8	3	55	29	52.7	316	5.7	0	2	16	74	1	10	54.8	3rd D 6+ to Go	12	6	50.0	90	7.5	0	0	4	34	0	3	75.0
Games 9-16	0	0	0	-	0	-	0	0	0	0	0	0	-	4th Down	0	0	-	0	-	0	0	0	0	0	0	-
Aug/Sept	0	0	0	-	0	-	0	0	0	0	0	0	-	Rec Behind Line	7	4	57.1	6	0.9	0	0	1	25	0	0	62.2
October	3	55	29	52.7	316	5.7	0	2	16	74	1	10	54.8	1-10 yds	22	15	68.2	124	5.6	0	1	5	32	0	5	63.4
November	0	0	0	-	0	-	0	0	0	0	0	0	-	11-20 yds	18	9	50.0	156	8.7	0	0	9	13	0	5	79.9
December	0	0	0	-	0	-	0	0	0	0	0	0	-	21-30 yds	2	1	50.0	30	15.0	0	0	1	4	1	0	95.8
Grass	2	33	18	54.5	222	6.7	0	2	11	65	1	5	50.3	31+	6	0	0.0	0	0.0	0	1	0	0	0	0	39.6
Turf	1	22	11	50.0	94	4.3	0	0	5	9	0	5	61.6	Left Sideline	12	5	41.7	80	6.7	0	1	5	11	1	0	29.9
Indoor	0	0	0	-	0	-	0	0	0	0	0	0	-	Left Side	11	5	45.5	38	3.5	0	0	2	34	0	1	54.4
Outdoor	3	55	29	52.7	316	5.7	0	2	16	74	1	10	54.8	Middle	6	3	50.0	31	5.2	0	0	2	10	0	3	65.3
1st Half	-	15	8	53.3	62	4.1	0	0	4	7	0	2	63.8	Right Side	14	8	57.1	82	5.9	0	1	3	19	0	1	44.3
2nd Half/OT	-	40	21	52.5	254	6.4	0	2	12	67	1	8	51.5	Right Sideline	12	8	66.7	85	7.1	0	0	4	0	0	6	87.2
Last 2 Min. Half	-	8	3	37.5	51	6.4	0	1	3	9	0	1	20.3	2 Wide Receivers	15	8	53.3	54	3.6	0	2	7	0	3	61.5
4th qtr. +/-7 pts	-	0	0	-	0	-	0	0	0	0	0	0	-	3+ WR	40	21	52.5	262	6.6	0	2	14	67	1	7	52.3
Winning	-	0	0	-	0	-	0	0	0	0	0	0	-	Attempts 1-10	20	10	50.0	107	5.4	0	0	5	14	1	0	66.0
Tied	-	12	5	41.7	32	2.7	0	0	1	5	0	2	49.3	Attempts 11-20	20	12	60.0	101	5.1	0	0	5	32	0	5	73.1
Trailing	-	43	24	55.8	284	6.6	0	2	15	69	1	8	57.0	Attempts 21+	15	7	46.7	108	7.2	0	2	6	28	0	5	31.4

1997 Incompletions

Type	Num	%of Inc	%of Att
Pass Dropped	2	7.7	3.6
Poor Throw	8	30.8	14.5
Pass Defensed	11	42.3	20.0
Pass Hit at Line	2	7.7	3.6
Other	3	11.5	5.5
Total	26	100.0	47.3

Game Logs (1-8)

Date	Opp	Result	Att	Cm	Pct	Yds	TD	Int	Lg	Sk	F-L
08/31	@Cin	L 21-24	-	-	-	-	-	-	-	-	-
09/07	Dal	W25-22	-	-	-	-	-	-	-	-	-
09/14	@Was	L 13-19	-	-	-	-	-	-	-	-	-
09/28	@TB	L 18-19	-	-	-	-	-	-	-	-	-
10/05	Min	L 19-20	-	-	-	-	-	-	-	-	-
10/12	NYN	L 13-27	33	18	54.5	222	0	2	30	5	2-1
10/19	@Phi	L 10-13	22	11	50.0	94	0	0	18	5	1-1
10/26	Ten	L 14-41	0	0	-	0	0	0	0	0	0-0

Game Logs (9-16)

Date	Opp	Result	Att	Cm	Pct	Yds	TD	Int	Lg	Sk	F-L
11/02	Phi	W31-21	-	-	-	-	-	-	-	-	-
11/09	@Dal	L 6-24	-	-	-	-	-	-	-	-	-
11/16	@NYN	L 10-19	-	-	-	-	-	-	-	-	-
11/23	@Bal	W16-13	-	-	-	-	-	-	-	-	-
11/30	Pit	L 20-26	-	-	-	-	-	-	-	-	-
12/07	Was	L 28-38	-	-	-	-	-	-	-	-	-
12/14	@NO	L 10-27	-	-	-	-	-	-	-	-	-
12/21	Atl	W29-26	-	-	-	-	-	-	-	-	-

Larry Centers — Arizona Cardinals — FB

1997 Receiving Splits

	G	Rec	Yds	Avg	TD	Lg	Big	YAC	Trgt	Y@C	1st	1st%		Rec	Yds	Avg	TD	Lg	Big	YAC	Trgt	Y@C	1st	1st%
Total	15	54	409	7.6	1	29	1	404	75	0.1	20	37.0	Inside 20	4	27	6.8	1	17	0	16	5	2.8	2	50.0
vs. Playoff	4	15	114	7.6	0	17	0	100	20	0.9	5	33.3	Inside 10	1	1	1.0	1	1	0	1	1	0.0	1	100.0
vs. Non-playoff	11	39	295	7.6	1	29	1	304	55	-0.2	15	38.5	1st Down	26	184	7.1	1	18	0	166	34	0.7	7	26.9
vs. Own Division	8	25	192	7.7	0	29	1	210	38	-0.7	8	32.0	2nd Down	13	119	9.2	0	29	1	129	18	-0.8	7	53.8
Home	7	23	179	7.8	1	29	1	176	33	0.1	8	34.8	3rd Down Overall	14	94	6.7	0	13	0	95	21	-0.1	5	35.7
Away	8	31	230	7.4	0	16	0	228	42	0.1	12	38.7	3rd D 0-2 to Go	1	8	8.0	0	8	0	8	2	4.0	1	100.0
Games 1-8	7	30	235	7.8	0	29	1	225	38	0.3	11	36.7	3rd D 3-7 to Go	4	13	3.3	0	6	0	14	6	-0.3	1	25.0
Games 9-16	8	24	174	7.3	1	18	0	179	37	-0.2	9	37.5	3rd D 8+ to Go	9	73	8.1	0	13	0	77	13	-0.4	3	33.3
Aug/Sept	4	22	160	7.3	0	29	1	149	29	0.5	7	31.8	4th Down	1	12	12.0	0	12	0	14	2	-2.0	1	100.0
October	3	8	75	9.4	0	17	0	76	9	-0.1	4	50.0	Rec Behind Line	26	180	6.9	1	18	0	276	34	-3.7	10	38.5
November	5	14	92	6.6	0	14	0	119	22	-1.9	6	42.9	1-10 yds	26	213	8.2	0	29	1	128	35	3.3	9	34.6
December	3	10	82	8.2	1	18	0	60	15	2.2	3	30.0	11-20 yds	0	0	-	0	0	0	0	1	-	0	-
Grass	10	43	328	7.6	1	29	1	327	59	0.0	16	37.2	21-30 yds	0	0	-	0	0	0	0	2	-	0	-
Turf	5	11	81	7.4	0	16	0	77	16	0.4	4	36.4	31+	0	0	-	0	0	0	0	0	-	0	-
Indoor	1	1	9	9.0	0	9	0	1	2	8.0	0	0.0	Left Sideline	10	69	6.9	0	12	0	72	12	-0.3	2	20.0
Outdoor	14	53	400	7.5	1	29	1	403	73	-0.1	20	37.7	Left Side	17	130	7.6	0	17	0	167	24	-2.2	8	47.1
1st Half	-	22	174	7.9	0	18	0	179	35	-0.2	7	31.8	Middle	3	16	5.3	0	6	0	6	4	3.3	0	0.0
2nd Half/OT	-	32	235	7.3	1	29	1	225	40	0.3	13	40.6	Right Side	10	89	8.9	0	29	1	76	13	1.3	4	40.0
Last 2 Min. Half	-	14	104	7.4	1	18	0	74	19	2.1	6	42.9	Right Sideline	14	105	7.5	1	18	0	83	22	1.6	6	42.9
4th qtr. +/-7 pts	-	11	71	6.5	1	16	0	64	12	0.6	5	45.5	Shotgun	27	199	7.4	0	18	0	184	37	0.6	10	37.0
Winning	-	9	59	6.6	0	11	0	50	12	1.0	3	33.3	2 Wide Receivers	16	113	7.1	0	29	1	125	21	-0.8	6	37.5
Tied	-	10	99	9.9	0	29	1	110	15	-1.1	5	50.0	3 Wide Receivers	10	87	8.7	0	16	0	90	15	-0.3	4	40.0
Trailing	-	35	251	7.2	1	18	0	244	48	0.1	12	34.3	4+ WR	22	163	7.4	0	18	0	161	30	0.1	8	36.4

1997 Incompletions

Type	Num	%of Inc	%of Att
Pass Dropped	3	14.3	4.0
Poor Throw	11	52.4	14.7
Pass Defensed	2	9.5	2.7
Pass Hit at Line	0	0.0	0.0
Other	5	23.8	6.7
Total	21	100.0	28.0

Game Logs (1-8)

Date	Opp	Result	Rush	Yds	Rec	Yds	Trgt	F-L	TD
08/31	@Cin	L 21-24	11	20	5	32	5	1-1	1
09/07	Dal	W25-22	3	5	3	28	6	0-0	0
09/14	@Was	L 13-19	6	20	6	42	8	0-0	0
09/28	@TB	L 18-19	4	4	8	58	10	0-0	0
10/05	Min	L 19-20	-	-	-	-	-	-	-
10/12	NYN	L 13-27	4	12	4	37	4	0-0	0
10/19	@Phi	L 10-13	11	37	1	16	2	0-0	0
10/26	Ten	L 14-41	14	57	3	22	5	0-0	0

Game Logs (9-16)

Date	Opp	Result	Rush	Yds	Rec	Yds	Trgt	F-L	TD
11/02	Phi	W31-21	9	1	2	4	3	0-0	0
11/09	@Dal	L 6-24	7	18	3	20	5	0-0	0
11/16	@NYN	L 10-19	10	34	1	4	2	0-0	0
11/23	@Bal	W16-13	8	36	6	49	8	0-0	0
11/30	Pit	L 20-26	5	-4	2	15	4	0-0	0
12/07	Was	L 28-38	3	5	5	41	8	0-0	0
12/14	@NO	L 10-27	3	11	1	9	2	0-0	0
12/21	Atl	W29-26	3	20	4	32	5	0-0	1

Chris Chandler — Atlanta Falcons — QB

1997 Passing Splits

	G	Att	Cm	Pct	Yds	Y/Att	TD	Int	1st	YAC	Big	Sk	Rtg		Att	Cm	Pct	Yds	Y/Att	TD	Int	1st	YAC	Big	Sk	Rtg
Total	14	342	202	59.1	2692	7.9	20	7	128	1084	23	39	95.1	Inside 20	38	26	68.4	204	5.4	13	0	16	66	0	3	121.1
vs. Playoff	4	115	66	57.4	869	7.6	6	4	39	436	8	13	84.3	Inside 10	14	9	64.3	38	2.7	8	0	8	7	0	1	107.7
vs. Non-playoff	10	227	136	59.9	1823	8.0	14	3	89	648	15	26	100.5	1st Down	120	76	63.3	1075	9.0	10	3	46	480	12	11	109.5
vs. Own Division	6	146	85	58.2	1149	7.9	9	2	55	398	12	16	98.2	2nd Down	116	68	58.6	707	6.1	6	2	38	287	4	15	86.4
Home	8	189	114	60.3	1558	8.2	13	2	74	694	14	23	105.2	3rd Down Overall	104	56	53.8	870	8.4	4	2	42	306	7	13	86.6
Away	6	153	88	57.5	1134	7.4	7	5	54	390	9	16	82.5	3rd D 0-5 to Go	33	14	42.4	148	4.5	2	2	12	65	1	2	51.1
Games 1-8	6	141	77	54.6	1056	7.5	8	4	46	502	10	15	85.9	3rd D 6+ to Go	71	42	59.2	722	10.2	2	0	30	241	6	11	103.1
Games 9-16	8	201	125	62.2	1636	8.1	12	3	82	582	13	24	101.5	4th Down	2	2	100.0	40	20.0	0	0	2	11	0	0	118.8
Aug/Sept	4	89	52	58.4	709	8.0	5	4	29	378	6	8	84.0	Rec Behind Line	51	36	70.6	362	7.1	1	0	16	449	2	0	97.0
October	2	52	25	48.1	347	6.7	3	0	17	124	4	7	89.2	1-10 yds	144	99	68.8	904	6.3	10	2	49	399	1	0	102.9
November	5	138	90	65.2	1135	8.2	8	2	56	433	10	15	104.0	11-20 yds	82	49	59.8	900	11.0	3	3	45	183	8	0	94.6
December	3	63	35	55.6	501	8.0	4	1	26	149	3	9	96.1	21-30 yds	20	6	30.0	182	9.1	2	1	6	36	5	0	77.5
Grass	2	42	23	54.8	291	6.9	3	1	17	54	1	4	90.5	31+	32	6	18.8	240	7.5	3	1	6	0	7	0	76.6
Turf	12	300	179	59.7	2401	8.0	17	6	111	1030	22	35	95.7	Left Sideline	115	67	58.3	764	6.6	9	2	41	337	6	2	97.2
Indoor	12	300	179	59.7	2401	8.0	17	6	111	1030	22	35	95.7	Left Side	38	24	63.2	314	8.3	1	3	15	81	2	7	65.0
Outdoor	2	42	23	54.8	291	6.9	3	1	17	54	1	4	90.5	Middle	54	32	59.3	538	10.0	3	1	27	182	5	29	103.8
1st Half	-	199	114	57.3	1564	7.9	13	2	75	542	14	16	100.2	Right Side	58	37	63.8	473	8.2	3	0	22	268	3	1	106.5
2nd Half/OT	-	143	88	61.5	1128	7.9	7	5	53	542	9	23	88.0	Right Sideline	75	41	54.7	586	7.8	3	1	22	207	7	0	88.0
Last 2 Min. Half	-	45	30	66.7	440	9.8	2	0	20	239	4	4	113.2	2 Wide Receivers	167	106	63.5	1371	8.2	8	3	63	615	11	19	97.7
4th qtr, +/-7 pts	-	38	25	65.8	318	8.4	1	3	12	165	3	4	67.7	3+ WR	151	80	53.0	1189	7.9	7	4	53	438	12	17	83.5
Winning	-	120	65	54.2	786	6.6	4	3	38	252	5	16	75.2	Attempts 1-10	136	84	61.8	1182	8.7	10	2	59	412	10	0	108.1
Tied	-	91	52	57.1	769	8.5	5	1	36	333	7	7	98.6	Attempts 11-20	129	65	50.4	779	6.0	5	1	35	258	5	0	78.9
Trailing	-	131	85	64.9	1137	8.7	11	3	54	499	11	16	110.8	Attempts 21+	77	53	68.8	731	9.5	5	4	34	414	8	0	99.0

1997 Incompletions

Type	Num	%of Inc	%of Att
Pass Dropped	16	11.4	4.7
Poor Throw	54	38.6	15.8
Pass Defensed	32	22.9	9.4
Pass Hit at Line	8	5.7	2.3
Other	30	21.4	8.8
Total	140	100.0	40.9

Game Logs (1-8)

Date	Opp	Result	Att	Cm	Pct	Yds	TD	Int	Lg	Sk	F-L
08/31	@Det	L 17-28	36	20	55.6	290	1	3	56	4	3-1
09/07	Car	L 6-9	6	4	66.7	83	0	0	42	0	0-0
09/14	Oak	L 31-36	25	16	64.0	199	2	0	54	2	1-1
09/21	@SF	L 7-34	-	-	-	-	-	-	-	-	-
09/28	Den	L 21-29	22	12	54.5	137	2	1	49	2	0-0
10/12	@NO	W 23-17	22	10	45.5	117	1	0	26	5	0-0
10/19	SF	L 28-35	30	15	50.0	230	2	0	53	2	0-0
10/26	@Car	L 12-21	-	-	-	-	-	-	-	-	-

Game Logs (9-16)

Date	Opp	Result	Att	Cm	Pct	Yds	TD	Int	Lg	Sk	F-L
11/02	StL	W 34-31	32	19	59.4	276	3	1	33	2	0-0
11/09	TB	L 10-31	27	19	70.4	212	1	0	30	5	0-0
11/16	@StL	W 27-21	30	20	66.7	232	1	1	44	2	1-1
11/23	NO	W 20-3	26	17	65.4	211	2	0	41	5	1-0
11/30	@Sea	W 24-17	23	15	65.2	204	1	0	28	1	0-0
12/07	@SD	W 14-3	23	10	43.5	115	1	1	22	1	0-0
12/14	Phi	W 20-17	21	12	57.1	210	1	0	47	5	2-1
12/21	@Ari	L 26-29	19	13	68.4	176	2	0	38	3	1-0

Mark Chmura — Green Bay Packers — TE

1997 Receiving Splits

	G	Rec	Yds	Avg	TD	Lg	Big	YAC	Trgt	Y@C	1st	1st%		Rec	Yds	Avg	TD	Lg	Big	YAC	Trgt	Y@C	1st	1st%
Total	15	38	417	11.0	6	32	4	133	56	7.5	25	65.8	Inside 20	8	46	5.8	5	12	0	8	10	4.8	7	87.5
vs. Playoff	8	22	234	10.6	2	32	2	80	31	7.0	14	63.6	Inside 10	5	13	2.6	4	4	0	0	6	2.6	4	80.0
vs. Non-playoff	7	16	183	11.4	4	30	2	53	25	8.1	11	68.8	1st Down	15	187	12.5	2	32	2	51	21	9.1	10	66.7
vs. Own Division	8	16	161	10.1	3	30	2	79	22	5.1	15	68.8	2nd Down	19	206	10.8	3	30	2	74	26	6.9	12	63.2
Home	8	21	254	12.1	3	30	3	95	32	7.6	16	76.2	3rd Down Overall	3	15	5.0	1	9	0	1	8	4.7	2	66.7
Away	7	17	163	9.6	3	32	1	38	24	7.4	9	52.9	3rd D 0-2 to Go	1	2	2.0	1	2	0	0	2	2.0	1	100.0
Games 1-8	7	18	204	11.3	4	32	2	76	27	7.1	12	66.7	3rd D 3-7 to Go	1	4	4.0	0	4	0	1	3	4.0	1	100.0
Games 9-16	8	20	213	10.7	2	30	2	57	29	7.8	13	65.0	3rd D 8+ to Go	1	9	9.0	0	9	0	1	3	8.0	0	0.0
Aug/Sept	4	9	107	11.9	1	30	1	49	13	6.4	7	77.8	4th Down	1	9	9.0	0	9	0	7	1	2.0	1	100.0
October	3	9	97	10.8	3	32	1	27	14	7.8	5	55.6	Rec Behind Line	4	13	3.3	0	6	0	20	5	-1.8	1	25.0
November	4	11	139	12.6	2	30	2	33	16	9.6	8	72.7	1-10 yds	28	268	9.6	5	30	1	101	36	6.0	19	67.9
December	4	9	74	8.2	0	20	0	24	13	5.6	5	55.6	11-20 yds	3	46	15.3	0	20	0	5	10	13.7	2	66.7
Grass	12	33	376	11.4	6	32	4	118	48	7.8	23	69.7	21-30 yds	2	58	29.0	0	30	2	7	4	25.5	2	100.0
Turf	3	5	41	8.2	0	15	0	15	8	5.2	2	40.0	31+	1	32	32.0	1	32	1	0	1	-	1	100.0
Indoor	3	5	41	8.2	0	15	0	15	8	5.2	2	40.0	Left Sideline	2	15	7.5	0	8	0	1	4	7.0	1	50.0
Outdoor	12	33	376	11.4	6	32	4	118	48	7.8	23	69.7	Left Side	1	4	4.0	1	4	0	0	3	4.0	1	100.0
1st Half	-	20	265	13.3	2	32	2	72	32	9.7	14	70.0	Middle	11	197	17.9	1	32	3	62	15	12.3	9	81.8
2nd Half/OT	-	18	152	8.4	4	20	0	61	24	5.1	11	61.1	Right Side	20	166	8.3	3	30	1	58	29	5.4	12	60.0
Last 2 Min. Half	-	6	99	16.5	1	32	2	14	6	14.2	5	83.3	Right Sideline	4	35	8.8	1	13	0	12	5	5.8	2	50.0
4th qtr, +/-7 pts	-	1	4	4.0	0	4	0	0	1	4.0	1	100.0	Shotgun	0	0	-	0	0	0	0	0	-	0	-
Winning	-	21	175	8.3	2	20	0	70	29	5.0	12	57.1	2 Wide Receivers	23	256	11.1	1	30	3	90	32	7.2	15	65.2
Tied	-	5	58	11.6	1	28	1	14	13	8.8	4	80.0	3 Wide Receivers	11	143	13.0	2	32	1	39	16	9.5	6	54.5
Trailing	-	12	184	15.3	3	32	3	49	16	11.3	9	75.0	4+ WR	0	0	-	0	0	0	0	3	-	0	-

1997 Incompletions

Type	Num	%of Inc	%of Att
Pass Dropped	5	27.8	8.9
Poor Throw	8	44.4	14.3
Pass Defensed	4	22.2	7.1
Pass Hit at Line	1	5.6	1.8
Other	0	0.0	0.0
Total	18	100.0	32.1

Game Logs (1-8)

Date	Opp	Result	Rec	Yds	Trgt	F-L	TD
09/01	Chi	W 38-24	1	30	2	0-0	0
09/07	@Phi	L 9-10	-	-	-	-	-
09/14	Mia	W 23-18	5	57	7	0-0	0
09/21	Min	W 38-32	1	2	2	0-0	1
09/28	@Det	L 15-26	2	18	2	0-0	0
10/05	TB	W 21-16	3	23	4	0-0	2
10/12	@Chi	W 24-23	2	14	3	0-0	2
10/27	@NE	W 28-10	4	60	4	0-0	1

Game Logs (9-16)

Date	Opp	Result	Rec	Yds	Trgt	F-L	TD
11/02	Det	W 20-10	1	28	1	0-0	0
11/09	StL	W 17-7	3	45	5	0-0	0
11/16	@Ind	L 38-41	2	14	3	0-0	0
11/23	Dal	W 45-17	5	52	7	0-0	2
12/01	@Min	W 27-11	1	9	3	0-0	0
12/07	@TB	W 17-6	5	37	5	1-1	0
12/14	Car	W 31-10	1	11	1	0-0	0
12/20	Buf	W 31-21	2	17	4	0-0	0

Wayne Chrebet — New York Jets — WR

1997 Receiving Splits

	G	Rec	Yds	Avg	TD	Lg	Big	YAC	Trgt	Y@C	1st	1st%		Rec	Yds	Avg	TD	Lg	Big	YAC	Trgt	Y@C	1st	1st%
Total	16	58	799	13.8	3	70	7	280	102	8.9	34	58.6	Inside 20	1	8	8.0	1	8	0	0	11	8.0	1	100.0
vs. Playoff	7	25	388	15.5	1	70	4	139	43	10.0	15	60.0	Inside 10	1	8	8.0	1	8	0	0	5	8.0	1	100.0
vs. Non-playoff	9	33	411	12.5	2	35	3	141	59	8.2	19	57.6	1st Down	15	175	11.7	0	30	1	50	30	8.3	7	46.7
vs. Own Division	8	30	419	14.0	1	70	3	167	61	8.4	15	50.0	2nd Down	14	227	16.2	1	70	2	89	24	9.9	8	57.1
Home	8	23	342	14.9	1	70	2	138	44	8.9	15	65.2	3rd Down Overall	29	397	13.7	1	39	4	141	45	8.8	19	65.5
Away	8	35	457	13.1	2	39	5	142	58	9.0	19	54.3	3rd D 0-2 to Go	0	0	-	0	0	0	0	0	-	0	-
Games 1-8	8	33	492	14.9	3	70	4	191	54	9.1	19	57.6	3rd D 3-7 to Go	9	116	12.9	1	31	2	64	16	5.8	8	88.9
Games 9-16	8	25	307	12.3	0	33	3	89	48	8.7	15	60.0	3rd D 8+ to Go	20	281	14.1	0	39	2	77	29	10.2	11	55.0
Aug/Sept	5	22	310	14.1	2	39	3	97	36	9.7	12	54.5	4th Down	0	0	-	0	0	0	0	3	-	0	-
October	3	11	182	16.5	1	70	1	94	18	8.0	7	63.6	Rec Behind Line	3	2	0.7	0	3	0	12	6	-3.3	0	0.0
November	5	21	240	11.4	0	30	2	89	41	7.2	13	61.9	1-10 yds	41	461	11.2	2	31	3	190	60	6.6	23	56.1
December	3	4	67	16.8	0	33	1	0	7	16.8	2	50.0	11-20 yds	6	103	17.2	0	21	0	23	15	13.3	5	83.3
Grass	3	12	124	10.3	0	39	1	32	25	7.7	5	41.7	21-30 yds	2	92	46.0	0	70	1	44	8	24.0	2	100.0
Turf	13	46	675	14.7	3	70	6	248	77	9.3	29	63.0	31+	2	74	37.0	1	39	2	11	8	31.5	2	100.0
Indoor	3	11	179	16.3	2	35	3	51	16	11.6	7	63.6	Left Sideline	6	68	11.3	0	19	0	36	14	5.3	3	50.0
Outdoor	13	47	620	13.2	1	70	4	229	86	8.3	27	57.4	Left Side	13	188	14.5	0	30	2	94	21	7.2	9	69.2
1st Half	-	28	423	15.1	1	70	3	172	54	9.0	18	64.3	Middle	9	189	21.0	1	70	2	95	16	10.4	6	66.7
2nd Half/OT	-	30	376	12.5	2	39	4	108	48	8.9	16	53.3	Right Side	10	113	11.3	1	35	1	29	14	8.4	6	60.0
Last 2 Min. Half	-	10	126	12.6	1	30	1	53	19	7.3	6	60.0	Right Sideline	16	174	10.9	1	39	1	26	33	9.3	8	50.0
4th qtr, +/-7 pts	-	10	157	15.7	0	39	2	32	20	12.5	6	60.0	Shotgun	33	386	11.7	2	39	4	162	51	6.8	17	51.5
Winning	-	22	263	12.0	1	31	2	113	34	6.8	14	63.6	2 Wide Receivers	9	90	10.0	0	17	0	11	22	8.8	6	66.7
Tied	-	11	217	19.7	1	70	2	73	20	13.1	9	81.8	3 Wide Receivers	15	283	18.9	1	70	2	130	29	10.2	11	73.3
Trailing	-	25	319	12.8	1	39	3	94	48	9.0	11	44.0	4+ WR	29	337	11.6	2	39	4	138	46	6.9	14	48.3

1997 Incompletions

Type	Num	%of Inc	%of Att
Pass Dropped	2	4.5	2.0
Poor Throw	24	54.5	23.5
Pass Defensed	8	18.2	7.8
Pass Hit at Line	2	4.5	2.0
Other	8	18.2	7.8
Total	44	100.0	43.1

Game Logs (1-8)

Date	Opp	Result	Rec	Yds	Trgt	F-L	TD
08/31	@Sea	W 41-3	3	73	6	0-0	2
09/07	Buf	L 22-28	7	39	10	0-0	0
09/14	@NE	L 24-27	6	82	8	0-0	0
09/21	Oak	W 23-22	4	48	6	0-0	0
09/28	@Cin	W 31-14	6	68	6	0-0	0
10/05	@Ind	W 16-12	4	39	6	0-0	0
10/12	Mia	L 20-31	5	104	7	0-0	1
10/19	NE	W 24-19	2	39	5	0-0	0

Game Logs (9-16)

Date	Opp	Result	Rec	Yds	Trgt	F-L	TD
11/02	Bal	W 19-16	5	46	7	0-0	0
11/09	@Mia	L 17-24	4	30	12	0-0	0
11/16	@Chi	W 23-15	2	12	5	0-0	0
11/23	Min	W 23-21	4	66	6	0-0	0
11/30	@Buf	L 10-20	6	86	11	0-0	0
12/07	Ind	L 14-22	0	0	2	0-0	0
12/14	TB	W 31-0	0	0	1	0-0	0
12/21	@Det	L 10-13	4	67	4	0-0	0

Ben Coates — New England Patriots — TE

1997 Receiving Splits

	G	Rec	Yds	Avg	TD	Lg	Big	YAC	Trgt	Y@C	1st	1st%		Rec	Yds	Avg	TD	Lg	Big	YAC	Trgt	Y@C	1st	1st%
Total	16	66	737	11.2	8	35	6	265	98	7.2	37	56.1	Inside 20	11	92	8.4	6	18	0	24	19	6.2	9	81.8
vs. Playoff	8	34	324	9.5	3	33	2	120	52	6.0	14	41.2	Inside 10	4	23	5.8	4	8	0	10	5	5.8	4	100.0
vs. Non-playoff	8	32	413	12.9	5	35	4	145	46	8.4	23	71.9	1st Down	26	322	12.4	4	32	3	126	35	7.5	13	50.0
vs. Own Division	8	29	359	12.4	4	32	3	105	42	8.8	17	58.6	2nd Down	21	227	10.8	1	35	2	77	28	7.1	12	57.1
Home	8	32	386	12.1	5	35	3	135	47	7.8	21	65.6	3rd Down Overall	18	188	10.4	3	31	1	62	35	6.6	12	63.2
Away	8	34	351	10.3	3	33	3	130	47	6.5	16	47.1	3rd D 0-2 to Go	3	73	24.3	1	31	1	30	4	14.3	3	100.0
Games 1-8	8	32	434	13.6	5	35	5	148	48	8.9	22	68.8	3rd D 3-7 to Go	10	61	6.1	1	12	0	15	18	4.6	7	70.0
Games 9-16	8	34	303	8.9	3	27	1	117	50	5.5	14	44.1	3rd D 8+ to Go	6	54	9.0	1	17	0	17	13	6.2	2	33.3
Aug/Sept	4	16	215	13.4	2	35	2	85	26	8.1	13	81.3	4th Down	0	0	-	0	0	0	0	0	-	0	-
October	4	16	219	13.7	3	33	3	63	22	9.8	9	56.3	Rec Behind Line	5	20	4.0	0	12	0	24	7	-0.8	1	20.0
November	5	19	182	9.6	1	18	0	54	30	6.7	11	57.9	1-10 yds	47	395	8.4	6	27	1	158	68	5.0	22	46.8
December	3	15	121	8.1	2	27	1	63	20	3.9	4	26.7	11-20 yds	12	257	21.4	1	35	2	74	15	15.3	12	100.0
Grass	12	50	560	11.2	6	35	5	200	75	7.2	28	56.0	21-30 yds	1	33	33.0	0	33	1	9	6	24.0	1	100.0
Turf	4	16	177	11.1	2	31	1	65	23	7.0	9	56.3	31+	1	32	32.0	1	32	1	0	2	32.0	1	100.0
Indoor	2	9	112	12.4	0	21	0	45	15	7.4	6	66.7	Left Sideline	5	73	14.6	0	32	1	23	8	10.0	3	60.0
Outdoor	14	57	625	11.0	8	35	6	220	83	7.1	31	54.4	Left Side	10	92	9.2	1	21	0	23	12	6.9	5	50.0
1st Half	-	45	519	11.5	7	35	5	185	63	7.4	25	55.6	Middle	16	204	12.8	1	33	2	66	31	8.6	10	62.5
2nd Half/OT	-	21	218	10.4	1	33	1	80	35	6.6	12	57.1	Right Side	26	271	10.4	5	35	4	115	32	6.0	13	50.0
Last 2 Min. Half	-	6	50	8.3	1	18	0	20	7	5.0	2	50.0	Right Sideline	9	97	10.8	0	24	0	38	15	6.6	6	66.7
4th qtr, +/-7 pts	-	2	17	8.5	0	9	0	5	3	6.0	1	50.0	Shotgun	13	121	9.3	0	33	1	53	16	5.2	5	38.5
Winning	-	26	294	11.3	3	35	3	125	41	6.5	16	61.5	2 Wide Receivers	28	376	13.4	3	35	5	141	37	8.4	16	57.1
Tied	-	24	274	11.4	4	32	2	82	30	8.0	13	54.2	3 Wide Receivers	28	280	10.0	4	33	1	106	48	6.2	19	67.9
Trailing	-	16	169	10.6	1	33	1	58	22	6.9	8	50.0	4+ WR	5	31	6.2	0	8	0	9	5	5.0	0	0.0

1997 Incompletions

Type	Num	%of Inc	%of Att
Pass Dropped	1	3.1	1.0
Poor Throw	10	31.3	10.2
Pass Defensed	10	31.3	10.2
Pass Hit at Line	2	6.3	2.0
Other	9	28.1	9.2
Total	32	100.0	32.7

Game Logs (1-8)

Date	Opp	Result	Rec	Yds	Trgt	F-L	TD
08/31	SD	W 41-7	4	60	7	0-0	1
09/07	@Ind	W 31-6	4	54	6	0-0	0
09/14	NYA	W 27-24	2	40	5	0-0	1
09/21	Chi	W 31-3	6	61	8	0-0	1
10/06	@Den	L 13-34	6	65	9	0-0	0
10/12	Buf	W 33-6	4	92	5	0-0	1
10/19	@NYA	L 19-24	2	48	5	0-0	0
10/27	GB	L 10-28	3	14	6	0-0	1

Game Logs (9-16)

Date	Opp	Result	Rec	Yds	Trgt	F-L	TD
11/02	@Min	L 18-23	5	58	9	0-0	0
11/09	@Buf	W 31-10	3	17	3	0-0	0
11/16	@TB	L 7-27	3	27	5	0-0	0
11/23	Mia	W 27-24	3	39	4	0-0	1
11/30	Ind	W 20-17	5	41	7	0-0	1
12/07	@Jac	W 26-20	6	54	8	0-0	1
12/13	Pit	L 21-24	5	39	7	0-0	0
12/22	@Mia	W 14-12	4	28	5	0-0	0

Kerry Collins — Carolina Panthers — QB

1997 Passing Splits

	G	Att	Cm	Pct	Yds	Y/Att	TD	Int	1st	YAC	Big	Sk	Rtg		Att	Cm	Pct	Yds	Y/Att	TD	Int	1st	YAC	Big	Sk	Rtg
Total	13	381	200	52.5	2124	5.6	11	21	118	804	11	27	55.7	Inside 20	39	20	51.3	169	4.3	9	1	12	50	0	3	91.8
vs. Playoff	5	159	73	45.9	841	5.3	3	13	44	310	5	17	34.6	Inside 10	12	5	41.7	20	1.7	4	0	5	3	0	1	88.9
vs. Non-playoff	8	222	127	57.2	1283	5.8	8	8	74	494	6	10	70.8	1st Down	137	69	50.4	738	5.4	4	7	32	263	3	12	54.9
vs. Own Division	7	183	105	57.4	1127	6.2	6	13	62	371	5	13	56.9	2nd Down	118	68	57.6	677	5.7	2	10	35	298	6	5	44.4
Home	7	194	90	46.4	1029	5.3	4	13	55	424	7	14	41.8	3rd Down Overall	125	62	49.6	704	5.6	4	4	50	243	2	10	64.2
Away	6	187	110	58.8	1095	5.9	7	8	63	380	4	13	70.2	3rd D 0-5 to Go	50	31	62.0	276	5.5	0	0	28	109	0	1	76.8
Games 1-8	5	163	87	53.4	903	5.5	6	10	52	357	5	11	56.4	3rd D 6+ to Go	75	31	41.3	428	5.7	4	4	22	134	2	9	55.9
Games 9-16	8	218	113	51.8	1221	5.6	5	11	66	447	6	16	55.2	4th Down	1	1	100.0	5	5.0	1	0	1	0	0	0	127.1
Aug/Sept	3	107	52	48.6	592	5.5	4	8	32	226	5	7	46.9	Rec Behind Line	51	26	51.0	144	2.8	1	1	6	198	2	0	55.4
October	2	56	35	62.5	311	5.6	2	2	20	131	0	4	74.3	1-10 yds	203	132	65.0	1183	5.8	4	8	73	461	1	0	70.7
November	5	139	79	56.8	897	6.5	2	8	46	338	5	12	57.1	11-20 yds	85	34	40.0	555	6.5	4	6	31	94	2	0	48.9
December	3	79	34	43.0	324	4.1	3	3	20	109	1	4	51.9	21-30 yds	26	7	26.9	231	8.9	2	4	7	51	6	0	50.2
Grass	10	292	138	47.3	1498	5.1	7	20	82	553	9	21	42.3	31+	9	0	0.0	0	0.0	0	2	0	0	0	0	0.0
Turf	3	89	62	69.7	626	7.0	4	1	36	251	2	6	99.7	Left Sideline	101	45	44.6	495	4.9	0	7	29	207	2	0	30.8
Indoor	2	61	46	75.4	490	8.0	2	1	26	190	2	5	102.5	Left Side	58	32	55.2	313	5.4	5	5	23	156	1	0	63.4
Outdoor	11	320	154	48.1	1634	5.1	9	20	92	614	9	22	46.8	Middle	44	19	43.2	263	6.0	1	2	10	113	1	22	51.6
1st Half	-	228	116	50.9	1305	5.7	6	9	71	511	8	18	60.7	Right Side	90	60	66.7	590	6.6	2	3	28	231	5	5	78.5
2nd Half/OT	-	153	84	54.9	819	5.4	5	12	47	293	3	9	48.4	Right Sideline	87	43	49.4	452	5.2	3	4	27	97	2	0	57.3
Last 2 Min. Half	-	45	22	48.9	191	4.2	0	3	11	44	1	3	32.7	2 Wide Receivers	160	84	52.5	883	5.5	3	6	40	378	4	11	64.1
4th qtr, +/-7 pts	-	11	6	54.5	31	2.8	0	1	2	6	0	0	22.2	3+ WR	208	106	51.0	1205	5.8	5	14	73	424	7	16	48.7
Winning	-	133	80	60.2	705	5.3	5	3	46	315	1	6	77.4	Attempts 1-10	130	63	48.5	656	5.0	3	5	35	256	4	0	55.2
Tied	-	64	32	50.0	343	5.4	0	2	17	134	2	7	53.1	Attempts 11-20	125	72	57.6	889	7.1	3	5	48	353	4	0	71.1
Trailing	-	184	88	47.8	1076	5.8	6	16	55	355	8	14	40.9	Attempts 21+	126	65	51.6	579	4.6	5	11	35	195	3	0	41.1

1997 Incompletions

Type	Num	%of Inc	%of Att
Pass Dropped	24	13.3	6.3
Poor Throw	69	38.1	18.1
Pass Defensed	33	18.2	8.7
Pass Hit at Line	10	5.5	2.6
Other	45	24.9	11.8
Total	181	100.0	47.5

Game Logs (1-8)

Date	Opp	Result	Att	Cm	Pct	Yds	TD	Int	Lg	Sk F-L
08/31	Was	L 10-24	-	-	-	-	-	-	-	-
09/07	@Atl	W 9-6	-	-	-	-	-	-	-	-
09/14	@SD	W 26-7	36	17	47.2	138	2	1	25	0 0-0
09/21	KC	L 14-35	47	24	51.1	328	1	4	36	5 2-1
09/29	SF	L 21-34	24	11	45.8	126	1	3	19	2 1-1
10/12	@Min	L 14-21	-	-	-	-	-	-	-	-
10/19	@NO	W 13-0	31	23	74.2	204	1	1	23	1 0-0
10/26	Atl	W 21-12	25	12	48.0	107	1	1	16	3 0-0

Game Logs (9-16)

Date	Opp	Result	Att	Cm	Pct	Yds	TD	Int	Lg	Sk F-L
11/02	Oak	W 38-14	32	18	56.3	198	0	0	25	1 0-0
11/09	@Den	L 0-34	29	13	44.8	141	0	3	24	4 1-0
11/16	@SF	L 19-27	33	18	54.5	190	1	3	26	3 0-0
11/23	@StL	W 16-10	30	23	76.7	286	1	0	59	4 1-1
11/30	NO	L 13-16	15	7	46.7	82	0	2	29	0 0-0
12/08	@Dal	W 23-13	28	16	57.1	136	2	0	21	1 1-1
12/14	GB	L 10-31	26	7	26.9	56	0	0	22	3 1-0
12/20	StL	L 18-30	25	11	44.0	132	1	3	35	0 1-0

Todd Collins — Buffalo Bills — QB

1997 Passing Splits

	G	Att	Cm	Pct	Yds	Y/Att	TD	Int	1st	YAC	Big	Sk	Rtg		Att	Cm	Pct	Yds	Y/Att	TD	Int	1st	YAC	Big	Sk	Rtg
Total	14	391	215	55.0	2367	6.1	12	13	107	996	16	39	69.5	Inside 20	41	19	46.3	144	3.5	7	1	12	44	0	2	84.8
vs. Playoff	8	206	110	53.4	1110	5.4	3	8	49	406	5	20	57.7	Inside 10	10	3	30.0	18	1.8	3	1	3	0	0	1	39.6
vs. Non-playoff	6	185	105	56.8	1257	6.8	9	5	58	590	11	19	82.6	1st Down	147	87	59.2	860	5.9	2	1	31	415	7	11	77.5
vs. Own Division	7	175	99	56.6	1083	6.2	7	6	52	580	9	19	74.1	2nd Down	133	79	59.4	932	7.0	9	5	45	426	6	9	87.7
Home	7	191	103	53.9	1091	5.7	6	7	50	481	5	21	66.0	3rd Down Overall	97	46	47.4	527	5.4	0	6	28	143	2	19	38.5
Away	7	200	112	56.0	1276	6.4	6	6	57	515	11	18	72.8	3rd D 0-5 to Go	29	13	44.8	128	4.4	0	3	11	32	0	6	18.2
Games 1-8	8	204	121	59.3	1431	7.0	8	9	62	641	11	25	75.4	3rd D 6+ to Go	68	33	48.5	399	5.9	0	3	17	111	2	13	48.6
Games 9-16	6	187	94	50.3	936	5.0	4	4	45	355	5	14	63.0	4th Down	14	3	21.4	48	3.4	1	1	3	12	1	0	35.4
Aug/Sept	4	142	85	59.9	1081	7.6	7	4	46	485	8	15	79.6	Rec Behind Line	72	44	61.1	275	3.8	0	3	11	412	2	0	51.6
October	4	62	36	58.1	350	5.6	1	2	16	156	3	10	65.9	1-10 yds	183	118	64.5	897	4.9	5	5	45	365	1	0	74.0
November	4	129	68	52.7	691	5.4	4	4	31	281	5	7	65.7	11-20 yds	84	42	50.0	793	9.4	4	4	41	161	4	0	79.1
December	2	58	26	44.8	245	4.2	0	3	14	74	0	7	57.0	21-30 yds	24	4	16.7	105	4.4	0	1	4	7	3	0	28.0
Grass	5	156	80	51.3	882	5.7	3	4	38	277	6	13	64.1	31+	26	6	23.1	290	11.2	3	0	6	51	6	0	112.0
Turf	9	235	135	57.4	1485	6.3	9	9	69	719	10	26	73.1	Left Sideline	81	38	46.9	420	5.2	2	4	23	169	3	0	50.4
Indoor	1	22	17	77.3	184	8.4	0	0	10	94	2	3	101.3	Left Side	65	43	66.2	417	6.4	3	2	20	182	3	6	86.5
Outdoor	13	369	198	53.7	2183	5.9	12	13	97	902	14	36	67.6	Middle	55	28	50.9	387	7.0	2	5	16	158	3	25	48.1
1st Half	-	169	92	54.4	901	5.3	6	4	44	395	4	23	71.6	Right Side	89	51	57.3	543	6.1	2	2	23	327	3	3	73.4
2nd Half/OT	-	222	123	55.4	1466	6.6	6	9	63	601	12	16	67.9	Right Sideline	101	55	54.5	600	5.9	3	0	25	160	4	2	82.1
Last 2 Min. Half	-	57	27	47.4	276	4.8	1	3	14	120	1	5	45.7	2 Wide Receivers	157	92	58.6	1112	7.1	8	3	46	401	8	16	89.5
4th qtr, +/-7 pts	-	51	26	51.0	385	7.5	2	2	16	225	4	3	72.8	3+ WR	218	113	51.8	1120	5.1	4	10	57	456	6	23	53.7
Winning	-	56	27	48.2	225	4.0	1	3	11	141	2	10	42.6	Attempts 1-10	134	77	57.5	761	5.7	5	5	37	353	4	0	70.5
Tied	-	49	28	57.1	357	7.3	3	2	14	160	3	6	72.5	Attempts 11-20	126	65	51.6	797	6.3	3	3	34	276	5	0	69.4
Trailing	-	286	160	55.9	1785	6.2	8	8	82	695	11	23	72.4	Attempts 21+	131	73	55.7	809	6.2	4	5	36	367	7	0	68.5

1997 Incompletions

Type	Num	%of Inc	%of Att
Pass Dropped	17	9.7	4.3
Poor Throw	82	46.6	21.0
Pass Defensed	23	13.1	5.9
Pass Hit at Line	7	4.0	1.8
Other	47	26.7	12.0
Total	176	100.0	45.0

Game Logs (1-8)

Date	Opp	Result	Att	Cm	Pct	Yds	TD	Int	Lg	Sk F-L
08/31	Min	L 13-34	39	25	64.1	299	1	2	43	3 0-0
09/07	@NYA	W 28-22	22	15	68.2	210	3	2	45	2 1-1
09/14	@KC	L 16-22	43	22	51.2	297	1	2	77	4 0-0
09/21	Ind	W 37-35	38	23	60.5	275	2	1	46	6 3-2
10/05	Det	W 22-13	18	11	61.1	122	0	1	43	3 1-0
10/12	@NE	L 6-33	4	1	25.0	9	0	0	9	1 1-0
10/20	@Ind	W 9-6	22	17	77.3	184	0	0	32	3 1-0
10/26	Den	L 20-23	18	7	38.9	35	0	2	12	3 0-0

Game Logs (9-16)

Date	Opp	Result	Att	Cm	Pct	Yds	TD	Int	Lg	Sk F-L
11/02	Mia	W 9-6	-	-	-	-	-	-	-	-
11/09	NE	L 10-31	21	12	57.1	89	0	1	17	1 0-0
11/17	@Mia	L 13-30	37	19	51.4	152	0	1	30	3 0-0
11/23	@Ten	L 14-31	40	25	62.5	286	2	1	45	0 0-0
11/30	NYA	W 20-10	31	12	38.7	164	2	1	62	3 2-0
12/07	@Chi	L 3-20	32	13	40.6	138	0	0	23	5 0-0
12/14	Jac	L 14-20	26	13	50.0	107	0	0	18	2 1-0
12/20	@GB	L 21-31	-	-	-	-	-	-	-	-

Curtis Conway
Chicago Bears — WR

1997 Receiving Splits

	G	Rec	Yds	Avg	TD	Lg	Big	YAC	Trgt	Y@C	1st	1st%		Rec	Yds	Avg	TD	Lg	Big	YAC	Trgt	Y@C	1st	1st%
Total	7	30	476	15.9	1	55	5	140	52	11.2	18	60.0	Inside 20	1	14	14.0	0	14	0	6	3	8.0	1	100.0
vs. Playoff	4	13	195	15.0	0	54	2	78	25	9.0	8	61.5	Inside 10	0	0	-	0	0	0	0	0	-	0	-
vs. Non-playoff	3	17	281	16.5	1	55	3	62	27	12.9	10	58.8	1st Down	16	254	15.9	0	54	3	88	24	10.4	8	50.0
vs. Own Division	3	7	95	13.6	0	37	1	14	17	11.6	5	71.4	2nd Down	5	80	16.0	0	37	1	16	11	12.8	3	60.0
Home	3	15	249	16.6	0	42	3	41	25	13.9	10	66.7	3rd Down Overall	8	124	15.5	1	55	1	34	16	11.3	6	75.0
Away	4	15	227	15.1	1	55	2	99	27	8.5	8	53.3	3rd D 0-2 to Go	2	24	12.0	0	14	0	7	3	8.5	2	100.0
Games 1-8	2	11	177	16.1	0	54	2	71	17	9.6	7	63.6	3rd D 3-7 to Go	4	37	9.3	0	14	0	5	7	8.0	3	75.0
Games 9-16	5	19	299	15.7	1	55	3	69	35	12.1	11	57.9	3rd D 8+ to Go	2	63	31.5	1	55	1	22	6	20.5	1	50.0
Aug/Sept	0	0	0	-	0	0	0	0	0	-	0	-	4th Down	1	18	18.0	0	18	0	2	1	16.0	1	100.0
October	2	11	177	16.1	0	54	2	71	17	9.6	7	63.6	Rec Behind Line	0	0	-	0	0	0	4	-	0	-	
November	2	3	57	19.0	0	31	1	13	10	14.7	2	66.7	1-10 yds	18	150	8.3	0	17	0	49	23	5.6	7	38.9
December	3	16	242	15.1	1	55	2	56	25	11.6	9	56.3	11-20 yds	8	161	20.1	0	54	1	56	13	13.1	7	87.5
Grass	5	23	367	16.0	0	54	4	112	37	11.1	14	60.9	21-30 yds	1	31	31.0	0	31	1	8	4	23.0	1	100.0
Turf	2	7	109	15.6	1	55	1	28	15	11.6	4	57.1	31+	3	134	44.7	1	55	3	27	6	35.7	3	100.0
Indoor	2	7	109	15.6	1	55	1	28	15	11.6	4	57.1	Left Sideline	4	32	8.0	0	15	0	15	0	6	0	25.0
Outdoor	5	23	367	16.0	0	54	4	112	37	11.1	14	60.9	Left Side	3	59	19.7	0	37	1	4	4	18.3	2	66.7
1st Half	-	22	317	14.4	1	55	3	80	34	10.8	13	59.1	Middle	4	88	22.0	0	42	1	21	8	16.8	4	100.0
2nd Half/OT	-	8	159	19.9	0	54	2	60	18	12.4	5	62.5	Right Side	11	179	16.3	0	54	2	85	17	8.5	6	54.5
Last 2 Min. Half	-	2	23	11.5	0	18	0	3	5	10.0	1	50.0	Right Sideline	8	118	14.8	1	55	1	30	18	11.0	5	62.5
4th qtr, +/-7 pts	-	1	15	15.0	0	15	0	0	2	15.0	1	100.0	Shotgun	0	0	-	0	0	0	0	0	-	0	-
Winning	-	10	101	10.1	0	19	0	22	18	7.9	6	60.0	2 Wide Receivers	15	222	14.8	0	42	3	43	31	11.9	8	53.3
Tied	-	9	122	13.6	0	42	1	33	15	9.9	4	44.4	3 Wide Receivers	12	227	18.9	1	55	2	91	16	11.3	8	66.7
Trailing	-	11	253	23.0	1	55	4	85	19	15.3	8	72.7	4+ WR	3	27	9.0	0	15	0	6	5	7.0	2	66.7

1997 Incompletions

Type	Num	%of Inc	%of Att
Pass Dropped	3	13.6	5.8
Poor Throw	7	31.8	13.5
Pass Defensed	4	18.2	7.7
Pass Hit at Line	1	4.5	1.9
Other	7	31.8	13.5
Total	22	100.0	42.3

Game Logs (1-8)

Date	Opp	Result	Rush	Yds	Rec	Yds	Trgt	F-L	TD
09/01	@GB	L 24-38	-	-	-	-	-	-	-
09/07	Min	L 24-27	-	-	-	-	-	-	-
09/14	Det	L 7-32	-	-	-	-	-	-	-
09/21	@NE	L 3-31	-	-	-	-	-	-	-
09/28	@Dal	L 3-27	-	-	-	-	-	-	-
10/05	NO	L 17-20	-	-	-	-	-	-	-
10/12	GB	L 23-24	1	6	5	77	9	0-0	0
10/27	@Mia	W 36-33	0	0	6	100	8	0-0	0

Game Logs (9-16)

Date	Opp	Result	Rush	Yds	Rec	Yds	Trgt	F-L	TD
11/02	Was	L 8-31	0	0	3	57	6	0-0	0
11/09	@Min	L 22-29	-	-	-	-	-	-	-
11/16	NYA	L 15-23	-	-	-	-	-	-	-
11/23	TB	W 13-7	-	-	-	-	-	-	-
11/27	@Det	L 20-55	1	0	0	0	4	0-0	0
12/07	Buf	W 20-3	1	10	7	115	10	0-0	0
12/14	@StL	W 13-10	0	0	7	109	11	0-0	1
12/21	@TB	L 15-31	0	0	2	18	4	0-0	0

Ernie Conwell
St. Louis Rams — TE

1997 Receiving Splits

	G	Rec	Yds	Avg	TD	Lg	Big	YAC	Trgt	Y@C	1st	1st%		Rec	Yds	Avg	TD	Lg	Big	YAC	Trgt	Y@C	1st	1st%
Total	16	38	404	10.6	4	46	4	277	60	3.3	20	52.6	Inside 20	10	57	5.7	3	11	0	20	14	3.7	7	70.0
vs. Playoff	6	11	87	7.9	0	18	0	46	18	3.7	3	27.3	Inside 10	5	14	2.8	3	6	0	5	5	2.4	4	80.0
vs. Non-playoff	10	27	317	11.7	4	46	4	231	42	3.2	17	63.0	1st Down	12	128	10.7	0	26	2	82	20	3.8	4	33.3
vs. Own Division	8	22	258	11.7	4	46	3	191	35	3.0	15	68.2	2nd Down	13	147	11.3	1	34	1	109	21	2.9	8	61.5
Home	8	26	274	10.5	2	46	2	177	36	3.7	12	46.2	3rd Down Overall	13	129	9.9	3	46	1	86	19	3.3	8	61.5
Away	8	12	130	10.8	2	26	2	100	24	2.5	8	66.7	3rd D 0-2 to Go	3	18	6.0	1	11	0	4	3	4.7	3	100.0
Games 1-8	8	18	189	10.5	1	46	1	133	26	3.1	7	38.9	3rd D 3-7 to Go	6	25	4.2	1	9	0	7	8	3.0	4	50.0
Games 9-16	8	20	215	10.8	3	34	3	144	34	3.6	13	65.0	3rd D 8+ to Go	4	86	21.5	1	46	1	75	8	2.8	2	50.0
Aug/Sept	5	14	150	10.7	1	46	1	107	19	3.1	6	42.9	4th Down	0	0	-	0	0	0	0	0	-	0	-
October	3	4	39	9.8	0	21	0	26	7	3.3	1	25.0	Rec Behind Line	2	18	9.0	0	12	0	25	7	-3.5	2	100.0
November	5	12	138	11.5	1	34	2	89	22	4.1	8	66.7	1-10 yds	36	386	10.7	4	46	4	252	50	3.7	18	50.0
December	3	8	77	9.6	2	26	1	55	12	2.8	5	62.5	11-20 yds	0	0	-	0	0	0	0	1	-	0	-
Grass	6	8	97	12.1	1	26	2	74	17	2.9	5	62.5	21-30 yds	0	0	-	0	0	0	0	2	-	0	-
Turf	10	30	307	10.2	3	46	2	203	43	3.5	15	50.0	31+	0	0	-	0	0	0	0	0	-	0	-
Indoor	10	30	307	10.2	3	46	2	203	43	3.5	15	50.0	Left Sideline	10	123	12.3	1	26	2	88	15	3.5	6	60.0
Outdoor	6	8	97	12.1	1	26	2	74	17	2.9	5	62.5	Left Side	7	125	17.9	1	46	2	96	9	4.1	6	85.7
1st Half	-	18	146	8.1	2	26	1	94	30	2.9	9	50.0	Middle	8	50	6.3	1	11	0	13	14	4.6	2	25.0
2nd Half/OT	-	20	258	12.9	2	46	3	183	30	3.8	11	55.0	Right Side	12	105	8.8	0	15	0	80	17	2.1	5	41.7
Last 2 Min. Half	-	5	27	5.4	1	8	0	12	7	3.0	2	40.0	Right Sideline	1	1	1.0	1	1	0	0	3	1.0	1	100.0
4th qtr, +/-7 pts	-	8	99	12.4	0	34	1	64	12	4.4	5	62.5	Shotgun	0	0	-	0	0	0	0	0	-	0	-
Winning	-	9	70	7.8	1	18	0	35	15	3.9	4	66.7	2 Wide Receivers	11	114	10.4	0	26	2	72	20	3.8	4	36.4
Tied	-	8	94	11.8	0	26	2	57	13	4.6	2	25.0	3 Wide Receivers	25	288	11.5	2	46	2	205	36	3.3	14	56.0
Trailing	-	21	240	11.4	3	46	2	185	32	2.6	12	57.1	4+ WR	0	0	-	0	0	0	0	1	-	0	-

1997 Incompletions

Type	Num	%of Inc	%of Att
Pass Dropped	6	27.3	10.0
Poor Throw	8	36.4	13.3
Pass Defensed	2	9.1	3.3
Pass Hit at Line	3	13.6	5.0
Other	3	13.6	5.0
Total	22	100.0	36.7

Game Logs (1-8)

Date	Opp	Result	Rec	Yds	Trgt	F-L	TD
08/31	NO	W 38-24	3	63	4	0-0	1
09/07	SF	L 12-15	3	28	6	0-0	0
09/14	@Den	L 14-35	2	19	2	0-0	0
09/21	NYN	W 13-3	4	26	4	0-0	0
09/28	@Oak	L 17-35	2	14	3	0-0	0
10/12	@SF	L 10-30	0	0	1	0-0	0
10/19	Sea	L 9-17	2	25	3	0-0	0
10/26	KC	L 20-28	2	14	3	0-0	0

Game Logs (9-16)

Date	Opp	Result	Rec	Yds	Trgt	F-L	TD
11/02	@Atl	L 31-34	2	18	4	0-0	0
11/09	@GB	L 7-17	0	0	2	0-0	0
11/16	Atl	L 21-27	5	20	7	0-0	1
11/23	Car	L 10-16	4	75	5	0-0	0
11/30	@Was	L 23-20	1	25	4	0-0	0
12/07	@NO	W 34-27	2	15	3	0-0	0
12/14	Chi	L 10-13	2	23	3	0-0	0
12/20	@Car	W 30-18	3	39	5	0-0	1

Horace Copeland — Tampa Bay Buccaneers — WR

1997 Receiving Splits

	G	Rec	Yds	Avg	TD	Lg	Big	YAC	Trgt	Y@C	1st	1st%		Rec	Yds	Avg	TD	Lg	Big	YAC	Trgt	Y@C	1st	1st%
Total	13	33	431	13.1	1	49	3	72	61	10.9	19	57.6	Inside 20	1	7	7.0	0	7	0	3	2	4.0	0	0.0
vs. Playoff	7	26	360	13.8	1	49	3	50	43	11.9	15	57.7	Inside 10	0	0	-	0	0	0	0	1	-	-	-
vs. Non-playoff	6	7	71	10.1	0	14	0	22	18	7.0	4	57.1	1st Down	15	213	14.2	0	49	1	41	25	11.5	9	60.0
vs. Own Division	7	21	306	14.6	1	49	3	42	37	12.6	12	57.1	2nd Down	7	64	9.1	0	15	0	6	12	8.3	4	57.1
Home	6	15	188	12.5	0	46	1	35	30	10.2	6	40.0	3rd Down Overall	11	154	14.0	1	46	2	25	24	11.7	6	54.5
Away	7	18	243	13.5	1	49	2	37	31	11.4	13	72.2	3rd D 0-2 to Go	0	0	-	0	0	0	0	0	-	0	-
Games 1-8	7	24	350	14.6	1	49	3	60	44	12.1	14	58.3	3rd D 3-7 to Go	6	66	11.0	1	27	1	7	16	9.8	3	50.0
Games 9-16	6	9	81	9.0	0	14	0	12	17	7.7	5	55.6	3rd D 8+ to Go	5	88	17.6	0	46	1	18	8	14.0	3	60.0
Aug/Sept	4	11	178	16.2	1	49	2	31	19	13.4	8	72.7	4th Down	0	0	-	0	0	0	0	0	-	0	-
October	3	13	172	13.2	0	46	1	29	25	11.0	6	46.2	Rec Behind Line	2	9	4.5	0	10	0	11	2	-1.0	0	0.0
November	4	8	73	9.1	0	14	0	12	13	7.6	5	62.5	1-10 yds	18	154	8.6	0	14	0	30	29	6.9	7	38.9
December	2	1	8	8.0	0	8	0	4	8.0	0	0.0		11-20 yds	10	146	14.6	0	22	0	12	20	13.4	9	90.0
Grass	8	21	246	11.7	0	46	1	44	38	9.6	9	42.9	21-30 yds	1	27	27.0	0	27	1	2	2	25.0	1	100.0
Turf	5	12	185	15.4	1	49	2	28	23	13.1	10	43.5	31+	2	95	47.5	0	49	2	17	8	39.0	2	100.0
Indoor	4	11	177	16.1	0	49	1	28	19	13.5	10	90.9	Left Sideline	8	149	18.6	0	49	2	22	11	15.9	6	75.0
Outdoor	9	22	254	11.5	0	46	1	44	42	9.5	9	40.9	Left Side	8	76	9.5	0	14	0	3	11	9.1	4	50.0
1st Half	-	15	226	15.1	0	49	2	34	29	12.8	9	60.0	Middle	0	0	-	0	0	0	0	1	-	0	-
2nd Half/OT	-	18	205	11.4	1	27	1	38	32	9.3	10	55.6	Right Side	9	80	8.9	0	15	0	17	15	7.0	4	44.4
Last 2 Min. Half	-	0	0	-	0	0	0	0	3	-	0	-	Right Sideline	8	126	15.8	1	27	1	30	23	12.0	5	62.5
4th qtr, +/-7 pts	-	4	46	11.5	0	14	0	11	9	8.8	4	100.0	Shotgun	0	0	-	0	0	0	0	0	-	0	-
Winning	-	13	186	14.3	1	46	2	24	22	12.5	10	76.9	2 Wide Receivers	20	231	11.6	0	49	1	36	34	9.8	11	55.0
Tied	-	5	51	10.2	0	14	0	11	10	8.0	2	40.0	3 Wide Receivers	6	111	18.5	0	46	1	18	12	15.5	4	66.7
Trailing	-	15	194	12.9	0	49	1	37	26	10.5	7	46.7	4+ WR	7	89	12.7	1	35	1	18	15	10.1	4	57.1

1997 Incompletions

Type	Num	%of Inc	%of Att
Pass Dropped	2	7.1	3.3
Poor Throw	16	57.1	26.2
Pass Defensed	4	14.3	6.6
Pass Hit at Line	0	0.0	0.0
Other	6	21.4	9.8
Total	28	100.0	45.9

Game Logs (1-8)

Date	Opp	Result	Rec	Yds	Trgt	F-L	TD
08/31	SF	W 13-6	-	-	-	-	-
09/07	@Det	W 24-17	4	44	6	0-0	0
09/14	@Min	W 28-14	3	85	5	1-0	1
09/21	Mia	W 31-21	3	39	3	0-0	0
09/28	Ari	W 19-18	1	10	5	0-0	0
10/05	@GB	L 16-21	5	53	7	0-0	0
10/12	Det	L 9-27	6	105	10	0-0	0
10/26	Min	L 6-10	2	14	8	0-0	0

Game Logs (9-16)

Date	Opp	Result	Rec	Yds	Trgt	F-L	TD
11/02	@Ind	W 31-28	2	25	5	0-0	0
11/09	@Atl	W 31-10	2	23	3	0-0	0
11/16	NE	W 27-7	3	20	4	1-1	0
11/23	@Chi	L 7-13	1	5	1	1-1	0
11/30	@NYN	W 20-8	-	-	-	-	-
12/07	GB	L 6-17	-	-	-	-	-
12/14	@NYA	L 0-31	1	8	4	0-0	0
12/21	Chi	W 31-15	0	0	0	0-0	0

Zack Crockett — Indianapolis Colts — FB

1997 Rushing and Receiving Splits

	G	Rush	Yds	Avg	Lg	TD	1st	Stf	YdL	Rec	Yds	Avg	TD		Rush	Yds	Avg	Lg	TD	1st	Stf	YdL	Rec	Yds	Avg	TD
Total	16	95	300	3.2	20	1	18	10	20	15	112	7.5	0	Inside 20	19	59	3.1	15	1	4	2	3	0	0	-	0
vs. Playoff	9	52	180	3.5	20	0	11	7	14	10	71	7.1	0	Inside 10	11	22	2.0	5	1	1	1	2	0	0	-	0
vs. Non-playoff	7	43	120	2.8	12	1	7	3	6	5	41	8.2	0	1st Down	55	180	3.3	15	1	6	6	14	9	70	7.8	0
vs. Own Division	8	48	139	2.9	12	1	7	5	9	6	35	5.8	0	2nd Down	34	122	3.6	20	0	11	2	3	6	42	7.0	0
Home	8	43	160	3.7	20	1	9	3	4	9	0.0	0	3rd Down Overall	4	2	0.5	1	0	1	2	3	0	0	-	0
Away	8	52	140	2.7	11	1	9	7	16	6	23	3.8	0	3rd D 0-2 to Go	4	-2	-0.5	1	0	1	2	3	0	0	-	0
Games 1-8	8	35	109	3.1	12	0	7	2	4	8	42	5.3	0	3rd D 3-7 to Go	0	0	-	0	0	0	0	0	0	0	-	0
Games 9-16	8	60	191	3.2	20	1	11	8	16	7	70	10.0	0	3rd D 8+ to Go	0	0	-	0	0	0	0	0	0	0	-	0
Aug/Sept	4	16	54	3.4	10	0	4	1	2	6	22	3.7	0	4th Down	2	0	0.0	0	0	0	0	0	0	0	-	0
October	4	19	55	2.9	12	0	3	1	2	2	20	10.0	0	Left Sideline	2	-3	-1.5	-1	0	0	2	3	4	30	7.5	0
November	5	36	132	3.7	20	0	9	5	10	7	70	10.0	0	Left Side	11	41	3.7	20	0	2	3	5	1	4	4.0	0
December	3	24	59	2.5	11	2	3	6	0	0	-	0	Middle	57	163	2.9	15	0	8	3	8	4	35	8.8	0
Grass	3	15	44	2.9	8	0	3	3	5	4	15	3.8	0	Right Side	19	71	3.7	12	0	5	2	4	4	22	5.5	0
Turf	13	80	256	3.2	20	1	15	7	15	11	97	8.8	0	Right Sideline	3	15	5.0	12	1	2	0	0	2	21	10.5	0
Indoor	10	48	100	3.5	20	0	10	5	11	11	97	8.8	0	0 Tight Ends	9	36	4.0	12	0	2	2	5	4	29	7.3	0
Outdoor	6	47	134	2.9	10	1	8	5	9	4	15	3.8	0	1 Tight End	60	218	3.6	20	0	13	5	10	11	83	7.5	0
1st Half	-	51	154	3.0	15	1	8	4	11	4	30	7.5	0	2 Tight Ends	18	29	1.6	5	0	1	2	3	0	0	-	0
2nd Half/OT	-	44	146	3.3	20	0	10	6	9	11	82	7.5	0	3+ Tight Ends	5	4	0.8	2	1	1	1	2	0	0	-	0
Last 2 Min. Half	-	2	10	5.0	8	1	2	0	0	1	0	0.0	0	Carries 1-5	61	195	3.2	15	0	10	6	16	0	0	-	0
4th qtr, +/-7 pts	-	8	31	3.9	12	0	3	1	1	3	34	11.3	0	Carries 6-10	25	64	2.6	20	1	6	2	2	0	0	-	0
Winning	-	26	75	2.9	9	1	3	1	1	0	0	-	0	Carries 11-15	9	41	4.6	12	0	2	2	2	0	0	-	0
Tied	-	24	54	2.3	12	0	3	4	10	1	8	8.0	0	Carries 16-20	0	0	-	0	0	0	0	0	0	0	-	0
Trailing	-	45	171	3.8	20	0	12	5	9	14	104	7.4	0	Carries 21+	0	0	-	0	0	0	0	0	0	0	-	0

1997 Incompletions

Type	Num	%of Inc	% Att
Pass Dropped	3	33.3	12.5
Poor Throw	2	22.2	8.3
Pass Defensed	0	0.0	0.0
Pass Hit at Line	0	0.0	0.0
Other	4	44.4	16.7
Total	9	100.0	37.5

Game Logs (1-8)

Date	Opp	Result	Rush	Yds	Rec	Yds	Trgt	F-L	TD
08/31	@Mia	L 10-16	3	12	4	15	6	0-0	0
09/07	NE	L 6-31	0	0	0	0	0	0-0	0
09/14	Sea	L 3-31	3	9	2	7	3	0-0	0
09/21	@Buf	L 35-37	10	33	0	0	0	0-0	0
10/05	NYA	L 12-16	2	5	2	20	2	0-0	0
10/12	@Pit	L 22-24	7	21	0	0	2	0-0	0
10/20	Buf	L 6-9	5	20	0	0	1	0-0	0
10/26	@SD	L 19-35	5	9	0	0	1	0-0	0

Game Logs (9-16)

Date	Opp	Result	Rush	Yds	Rec	Yds	Trgt	F-L	TD
11/02	TB	L 28-31	14	81	3	29	3	1-0	0
11/09	Cin	L 13-28	3	8	1	14	2	0-0	0
11/16	GB	W 41-38	10	27	1	19	1	0-0	0
11/23	@Det	L 10-32	2	-2	2	8	2	0-0	0
11/30	@NE	L 17-20	7	23	0	0	0	0-0	0
12/07	@NYA	W 22-14	15	36	0	0	1	0-0	1
12/14	Mia	W 41-0	6	10	0	0	1	0-0	0
12/21	@Min	L 28-39	3	13	0	0	0	0-0	0

Carlester Crumpler — Seattle Seahawks — TE

1997 Receiving Splits

	G	Rec	Yds	Avg	TD	Lg	Big	YAC	Trgt	Y@C	1st	1st%		Rec	Yds	Avg	TD	Lg	Big	YAC	Trgt	Y@C	1st	1st%
Total	15	31	361	11.6	1	30	2	130	44	7.5	16	51.6	Inside 20	2	20	10.0	1	12	0	0	3	10.0	1	50.0
vs. Playoff	5	16	152	9.5	1	24	0	72	23	5.0	6	37.5	Inside 10	0	0	-	0	0	0	0	0	-	0	-
vs. Non-playoff	10	15	209	13.9	0	30	2	58	21	10.1	10	66.7	1st Down	10	125	12.5	0	30	1	62	16	6.3	5	50.0
vs. Own Division	8	19	217	11.4	1	30	1	86	28	6.9	9	47.4	2nd Down	12	125	10.4	0	24	0	40	17	7.1	7	58.3
Home	7	15	205	13.7	1	30	2	88	22	7.8	8	53.3	3rd Down Overall	9	111	12.3	1	25	1	28	11	9.2	4	44.4
Away	8	16	156	9.8	0	20	0	42	22	7.1	8	50.0	3rd D 0-2 to Go	0	0	-	0	0	0	0	0	-	0	-
Games 1-8	7	16	183	11.4	1	30	2	62	21	7.6	8	50.0	3rd D 3-7 to Go	1	14	14.0	0	14	0	2	2	12.0	1	100.0
Games 9-16	8	15	178	11.9	0	24	0	68	23	7.3	8	53.3	3rd D 8+ to Go	8	97	12.1	1	25	1	26	9	8.9	3	37.5
Aug/Sept	4	11	92	8.4	1	12	0	34	15	5.3	4	36.4	4th Down	0	0	-	0	0	0	0	0	-	0	-
October	3	5	91	18.2	0	30	2	28	6	12.6	4	80.0	Rec Behind Line	0	0	-	0	0	0	0	0	-	0	-
November	5	10	112	11.2	0	24	0	30	16	8.2	4	40.0	1-10 yds	23	200	8.7	0	15	0	93	31	4.7	8	34.8
December	3	5	66	13.2	0	15	0	38	7	5.6	4	80.0	11-20 yds	7	136	19.4	1	30	1	33	10	14.7	7	100.0
Grass	5	11	104	9.5	0	20	0	34	15	6.4	5	45.5	21-30 yds	1	25	25.0	0	25	1	4	2	21.0	1	100.0
Turf	10	20	257	12.9	1	30	2	96	29	8.1	11	55.0	31+	0	0	-	0	0	0	0	0	-	0	-
Indoor	10	20	257	12.9	1	30	2	96	29	8.1	11	55.0	Left Sideline	6	50	8.3	1	20	0	13	8	6.2	3	50.0
Outdoor	5	11	104	9.5	0	20	0	34	15	6.4	5	45.5	Left Side	5	83	16.6	0	24	0	26	9	11.4	4	80.0
1st Half	-	17	171	10.1	1	18	0	53	20	6.9	4	52.9	Middle	3	51	17.0	0	30	1	16	5	11.7	2	66.7
2nd Half/OT	-	14	190	13.6	0	30	2	77	24	8.1	7	50.0	Right Side	8	91	11.4	0	25	1	31	11	7.5	4	50.0
Last 2 Min. Half	-	3	27	9.0	1	12	0	7	4	6.7	1	33.3	Right Sideline	9	86	9.6	0	20	0	44	11	4.7	3	33.3
4th qtr. +/-7 pts	-	5	64	12.8	0	24	0	21	9	8.6	2	40.0	Shotgun	4	50	12.5	0	20	0	17	4	8.3	1	25.0
Winning	-	8	72	9.0	0	15	0	36	12	4.5	4	50.0	2 Wide Receivers	12	143	11.9	1	24	0	49	18	7.8	8	66.7
Tied	-	5	72	14.4	0	18	0	21	7	10.2	5	100.0	3 Wide Receivers	19	218	11.5	0	30	2	81	25	7.2	8	42.1
Trailing	-	18	217	12.1	1	30	2	73	25	8.0	7	38.9	4+ WR	0	0	-	0	0	0	0	0	-	0	-

1997 Incompletions				Game Logs (1-8)							Game Logs (9-16)					
Type	Num	%of Inc	%of Att	Date	Opp	Result	Rec	Yds	Trgt	F-L	TD	Date	Opp	Result	Rec	Yds	Trgt	F-L	TD
Pass Dropped	1	7.7	2.3	08/31	NYA	L 3-41	-	-	-	-	-	11/02	@Den	L 27-30	3	19	3	0-0	0
Poor Throw	6	46.2	13.6	09/07	Den	L 14-35	5	50	6	0-0	1	11/09	@SD	W 37-31	3	41	4	0-0	0
Pass Defensed	3	23.1	6.8	09/14	@Ind	W 31-3	3	26	3	0-0	0	11/16	@NO	L 17-20	1	18	3	0-0	0
Pass Hit at Line	2	15.4	4.5	09/21	SD	W 26-22	0	0	1	0-0	0	11/23	KC	L 14-19	2	29	5	0-0	0
Other	1	7.7	2.3	09/28	@KC	L 17-20	3	16	5	0-0	0	11/30	Atl	L 17-24	1	5	1	0-0	0
Total	13	100.0	29.5	10/05	Ten	W 16-13	2	35	3	0-0	0	12/07	@Bal	L 24-31	1	14	1	0-0	0
				10/19	@StL	W 17-9	2	8	1	0-0	0	12/14	@Oak	W 22-21	1	14	2	0-0	0
				10/26	Oak	W 45-34	2	48	3	0-0	0	12/21	SF	W 38-9	3	38	6	0-0	0

Randall Cunningham — Minnesota Vikings — QB

1997 Passing Splits

	G	Att	Cm	Pct	Yds	Y/Att	TD	Int	1st	YAC	Big	Sk	Rtg		Att	Cm	Pct	Yds	Y/Att	TD	Int	1st	YAC	Big	Sk	Rtg
Total	6	88	44	50.0	501	5.7	6	4	27	124	3	7	71.3	Inside 20	12	7	58.3	68	5.7	5	0	6	4	0	1	113.9
vs. Playoff	3	61	31	50.8	327	5.4	2	1	17	124	2	6	70.9	Inside 10	2	1	50.0	3	1.5	1	0	1	0	0	1	95.8
vs. Non-playoff	3	27	13	48.1	174	6.4	4	3	10	0	1	1	69.1	1st Down	31	19	61.3	223	7.2	2	0	12	54	1	1	104.6
vs. Own Division	3	30	15	50.0	149	5.0	0	0	7	72	2	6	64.4	2nd Down	31	15	48.4	139	4.5	3	2	7	53	1	2	66.5
Home	3	57	28	49.1	323	5.7	4	3	17	72	2	3	68.1	3rd Down Overall	26	10	38.5	139	5.3	1	2	8	17	1	4	37.2
Away	3	31	16	51.6	178	5.7	2	1	10	52	1	4	77.1	3rd D 0-5 to Go	7	4	57.1	33	4.7	1	2	4	3	0	1	69.3
Games 1-8	2	0	0	-	0	-	0	0	0	0	0	0	-	3rd D 6+ to Go	19	6	31.6	106	5.6	1	2	4	14	1	3	29.6
Games 9-16	4	88	44	50.0	501	5.7	6	4	27	124	3	7	71.3	4th Down	0	0	-	0	-	0	0	0	0	0	0	-
Aug/Sept	2	0	0	-	0	-	0	0	0	0	0	0	-	Rec Behind Line	8	5	62.5	36	4.5	0	2	60	0	1	72.9	
October	0	0	0	-	0	-	0	0	0	0	0	0	-	1-10 yds	27	17	63.0	128	4.7	0	0	6	47	0	1	74.3
November	0	0	0	-	0	-	0	0	0	0	0	0	-	11-20 yds	14	8	57.1	141	10.1	1	0	8	26	2	0	115.5
December	4	88	44	50.0	501	5.7	6	4	27	124	3	7	71.3	21-30 yds	6	0	0.0	0	0.0	0	1	0	0	0	0	39.6
Grass	2	31	16	51.6	178	5.7	2	1	10	52	1	4	77.1	31+	6	1	16.7	22	3.7	1	1	1	-9	0	0	42.4
Turf	4	57	28	49.1	323	5.7	4	3	17	72	2	3	68.1	Left Sideline	14	6	42.9	58	4.1	0	0	5	38	0	0	55.1
Indoor	3	57	28	49.1	323	5.7	4	3	17	72	2	3	68.1	Left Side	8	6	75.0	80	10.0	1	0	5	21	0	2	145.8
Outdoor	3	31	16	51.6	178	5.7	2	1	10	52	1	4	77.1	Middle	10	4	40.0	60	6.0	0	0	4	10	1	4	60.4
1st Half	-	40	26	65.0	285	7.1	5	2	15	64	1	3	104.7	Right Side	21	13	61.9	119	5.7	1	1	5	49	1	0	93.2
2nd Half/OT	-	48	18	37.5	216	4.5	1	2	12	60	2	4	41.7	Right Sideline	8	2	25.0	10	1.3	0	1	5	6	0	0	0.0
Last 2 Min. Half	-	22	8	36.4	91	4.1	2	5	32	1	2	26.9	2 Wide Receivers	7	5	71.4	153	7.3	2	0	8	50	0	2	123.7	
4th qtr. +/-7 pts	-	5	0	0.0	0	0.0	0	0	0	0	0	2	39.6	3+ WR	40	16	40.0	174	4.4	0	1	9	74	2	4	43.1
Winning	-	27	10	37.0	97	3.6	2	2	6	7	0	2	41.7	Attempts 1-10	40	29	72.5	327	8.2	4	1	16	92	2	0	119.5
Tied	-	13	8	61.5	100	7.7	1	1	5	32	1	0	79.0	Attempts 11-20	30	10	33.3	97	3.2	1	1	7	20	0	0	40.6
Trailing	-	48	26	54.2	304	6.3	3	1	16	85	2	5	85.8	Attempts 21+	18	5	27.8	77	4.3	1	2	4	12	1	0	23.8

1997 Incompletions				Game Logs (1-8)									Game Logs (9-16)							
Type	Num	%of Inc	%of Att	Date	Opp	Result	Att	Cm	Pct	Yds	TD	Int	Lg	Sk	F-L	Date	Opp	Result	Att	Cm	Pct	Yds	TD	Int	Lg	Sk	F-L
Pass Dropped	5	11.4	5.7	08/31	@Buf	W34-13	0	0	-	0	0	0	0	0-0		11/02	NE	W23-18	-	-	-	-	-	-	-	-	-
Poor Throw	19	43.2	21.6	09/07	@Chi	W27-24	0	0	-	0	0	0	0	0-0		11/09	Chi	W29-22	-	-	-	-	-	-	-	-	-
Pass Defensed	14	31.8	15.9	09/14	TB	L 14-28	-	-	-	-	-	-	-	-	-	11/16	@Det	L 15-38	-	-	-	-	-	-	-	-	-
Pass Hit at Line	0	0.0	0.0	09/21	@GB	L 32-38	-	-	-	-	-	-	-	-	-	11/23	@NYA	L 21-23	-	-	-	-	-	-	-	-	-
Other	6	13.6	6.8	09/28	Phi	W28-19	-	-	-	-	-	-	-	-	-	12/01	GB	L 11-27	12	6	50.0	72	0	0	25	0	0-0
Total	44	100.0	50.0	10/05	@Ari	W20-19	-	-	-	-	-	-	-	-	-	12/07	@SF	L 17-28	31	16	51.6	178	2	1	31	4	2-1
				10/12	Car	W21-14	-	-	-	-	-	-	-	-	-	12/14	Ind	L 13-14	18	9	50.0	77	0	0	19	2	2-0
				10/26	@TB	W10-6	-	-	-	-	-	-	-	-	-	12/21	Ind	W39-28	27	13	48.1	174	4	3	34	1	0-0

Stephen Davis — Washington Redskins — RB

1997 Rushing and Receiving Splits

	G	Rush	Yds	Avg	Lg	TD	1st	Stf	YdL	Rec	Yds	Avg	TD		Rush	Yds	Avg	Lg	TD	1st	Stf	YdL	Rec	Yds	Avg	TD
Total	14	141	567	4.0	18	3	31	16	33	18	134	7.4	0	Inside 20	23	46	2.0	8	3	8	4	12	0	0	-	0
vs. Playoff	4	30	109	3.6	18	0	3	2	4	6	62	10.3	0	Inside 10	10	8	0.8	4	3	4	3	8	0	0	-	0
vs. Non-playoff	10	111	458	4.1	18	3	28	14	29	12	72	6.0	0	1st Down	81	344	4.2	18	2	8	8	15	8	38	4.8	0
vs. Own Division	7	64	292	4.6	18	3	14	3	7	12	51	4.3	0	2nd Down	46	169	3.7	18	1	13	6	13	10	96	9.6	0
Home	7	57	227	4.0	18	3	14	7	15	5	35	7.0	0	3rd Down Overall	13	54	4.2	18	0	10	2	5	0	0	-	0
Away	7	84	340	4.0	18	0	17	9	18	13	99	7.6	0	3rd D 0-2 to Go	9	34	3.8	18	0	7	1	1	0	0	-	0
Games 1-8	6	81	319	3.9	18	2	21	13	26	5	53	10.6	0	3rd D 3-7 to Go	3	11	3.7	8	0	2	1	4	0	0	-	0
Games 9-16	8	60	248	4.1	18	1	10	3	7	13	81	6.2	0	3rd D 8+ to Go	1	9	9.0	9	0	1	0	0	0	0	-	0
Aug/Sept	3	29	121	4.2	18	0	7	3	5	2	20	10.0	0	4th Down	1	0	0.0	0	0	0	0	0	0	0	-	0
October	3	52	198	3.8	18	2	14	10	21	3	33	11.0	0	Left Sideline	16	120	7.5	18	1	9	2	5	3	37	12.3	0
November	5	18	50	2.8	10	0	3	2	5	2	34	17.0	0	Left Side	32	129	4.0	18	0	7	4	11	0	0	-	0
December	3	42	198	4.7	18	1	7	1	2	11	47	4.3	0	Middle	69	254	3.7	18	1	14	6	9	4	53	13.3	0
Grass	11	114	460	4.0	18	3	28	14	29	13	91	7.0	0	Right Side	20	52	2.6	9	1	3	6	5	5	34	6.8	0
Turf	3	27	107	4.0	18	0	3	2	4	5	43	8.6	0	Right Sideline	4	12	3.0	8	0	0	1	2	6	61	1.7	0
Indoor	0	0	0	-	0	0	0	0	0	0	0	-	0	0 Tight Ends	1	1	1.0	1	0	0	0	0	2	19	9.5	0
Outdoor	14	141	567	4.0	18	3	31	16	33	18	134	7.4	0	1 Tight End	77	283	3.7	18	0	13	12	23	14	116	8.3	0
1st Half	-	57	282	4.9	18	2	13	5	11	10	61	6.1	0	2 Tight Ends	56	253	4.5	18	1	13	4	10	2	-1	-0.5	0
2nd Half/OT	-	84	285	3.4	18	1	18	11	22	8	73	9.1	0	3+ Tight Ends	7	30	4.3	18	2	5	0	0	0	0	-	0
Last 2 Min. Half	-	4	8	2.0	9	0	1	4	1	6	6.0		0	Carries 1-5	51	247	4.8	18	2	12	2	4	0	0	-	0
4th qtr, +/-7 pts	-	14	25	1.8	9	0	1	3	5	2	5	2.5	0	Carries 6-10	45	170	3.8	18	0	8	6	11	0	0	-	0
Winning	-	80	359	4.5	18	2	21	6	13	9	43	4.8	0	Carries 11-15	29	116	4.0	18	0	7	3	6	0	0	-	0
Tied	-	13	85	6.5	18	0	3	1	3	2	19	9.5	0	Carries 16-20	14	34	2.4	16	1	2	3	6	0	0	-	0
Trailing	-	48	123	2.6	13	1	7	9	17	7	72	10.3	0	Carries 21+	2	0	0.0	3	0	0	1	3	0	0	-	0

1997 Incompletions

Type	Num	%of Inc	% Att
Pass Dropped	3	50.0	12.5
Poor Throw	2	33.3	8.3
Pass Defensed	0	0.0	0.0
Pass Hit at Line	0	0.0	0.0
Other	1	16.7	4.2
Total	6	100.0	25.0

Game Logs (1-8)

Date	Opp	Result	Rush	Yds	Rec	Yds	Trgt	F-L	TD
08/31	@Car	W 24-10	12	55	0	0	0	0-0	0
09/07	@Pit	L 13-14	17	66	2	20	3	0-0	0
09/14	Ari	W 19-13	0	0	0	0	0	0-0	0
09/28	Jac	W 24-12	-	-	-	-	-	-	-
10/05	@Phi	L 10-24	0	0	0	0	0	0-0	0
10/13	Dal	W 21-16	22	94	1	4	1	0-0	2
10/19	@Ten	L 14-28	13	45	2	29	2	0-0	0
10/26	Bal	L 17-20	17	59	0	0	1	0-0	0

Game Logs (9-16)

Date	Opp	Result	Rush	Yds	Rec	Yds	Trgt	F-L	TD
11/02	@Chi	W 31-8	12	41	0	0	1	0-0	0
11/09	Det	W 30-7	3	2	1	19	1	0-0	0
11/16	@Dal	L 14-17	0	0	0	0	0	0-0	0
11/23	NYN	T 7-7	0	0	0	0	0	0-0	0
11/30	StL	L 20-23	3	7	1	15	2	1-0	0
12/07	@Ari	W 38-28	20	92	6	27	7	0-0	0
12/13	@NYN	L 10-30	10	41	3	23	4	0-0	0
12/21	Phi	W 35-32	12	65	2	-3	2	0-0	1

Terrell Davis — Denver Broncos — RB

1997 Rushing and Receiving Splits

	G	Rush	Yds	Avg	Lg	TD	1st	Stf	YdL	Rec	Yds	Avg	TD		Rush	Yds	Avg	Lg	TD	1st	Stf	YdL	Rec	Yds	Avg	TD
Total	15	369	1750	4.7	50	15	99	18	43	42	287	6.8	0	Inside 20	67	241	3.6	19	14	22	3	7	4	7	1.8	0
vs. Playoff	5	123	502	4.1	34	5	33	8	23	12	60	5.0	0	Inside 10	31	78	2.5	9	11	12	1	1	1	-3	-3.0	0
vs. Non-playoff	10	246	1248	5.1	50	10	66	10	20	30	227	7.6	0	1st Down	202	970	4.8	34	8	29	7	15	22	129	5.9	0
vs. Own Division	7	172	768	4.5	24	8	46	10	30	26	196	7.5	0	2nd Down	127	572	4.5	34	5	49	7	11	13	88	6.8	0
Home	7	169	864	5.1	50	7	53	7	17	19	113	5.9	0	3rd Down Overall	36	201	5.6	50	2	18	4	17	7	70	10.0	0
Away	8	200	886	4.4	29	8	46	11	26	23	174	7.6	0	3rd D 0-2 to Go	15	36	2.4	14	0	8	2	2	1	0.5		0
Games 1-8	8	215	1068	5.0	50	9	58	8	9	20	137	6.9	0	3rd D 3-7 to Go	15	131	8.7	50	2	10	1	10	2	26	13.0	0
Games 9-16	7	154	682	4.4	24	6	41	10	34	22	150	6.8	0	3rd D 8+ to Go	6	34	5.7	13	0	0	1	5	3	43	14.3	0
Aug/Sept	5	118	605	5.1	50	4	33	6	7	6	31	5.2	0	4th Down	4	7	1.8	4	0	2	0	0	0	0	-	0
October	3	97	463	4.8	34	5	25	2	2	14	106	7.6	0	Left Sideline	51	406	8.0	50	3	20	2	12	10	109	10.9	0
November	5	123	579	4.7	24	4	34	8	28	17	124	7.3	0	Left Side	105	421	4.0	24	4	25	7	7	10	61	6.1	0
December	2	31	103	3.3	8	2	7	2	6	5	26	5.2	0	Middle	136	580	4.3	15	6	41	6	19	5	28	5.6	0
Grass	11	262	1282	4.9	50	11	79	13	36	34	232	6.8	0	Right Side	72	315	4.4	19	2	13	3	5	15	92	6.1	0
Turf	4	107	468	4.4	29	4	20	5	7	8	55	6.9	0	Right Sideline	5	28	5.6	8	0	0	0	0	2	-3	-1.5	0
Indoor	2	44	186	4.2	14	2	8	3	3	0	0	-	0	0 Tight Ends	10	37	3.7	7	0	2	0	0	9	74	8.2	0
Outdoor	13	325	1564	4.8	50	13	91	15	40	42	287	6.8	0	1 Tight End	273	1354	5.0	34	10	76	16	32	25	173	6.9	0
1st Half	-	196	947	4.8	29	9	58	9	15	27	212	7.9	0	2 Tight Ends	83	357	4.3	34	5	21	2	11	8	40	5.0	0
2nd Half/OT	-	173	803	4.6	50	6	41	9	28	15	75	5.0	0	3+ Tight Ends	3	2	0.7	2	0	0	0	0	0	0	-	0
Last 2 Min. Half	-	26	125	4.8	19	3	9	1	2	6	63	10.5	0	Carries 1-5	75	342	4.6	29	2	18	6	11	0	0	-	0
4th qtr, +/-7 pts	-	28	140	5.0	50	2	2	2	15	5	14	2.8	0	Carries 6-10	75	313	4.2	19	3	21	1	1	0	0	-	0
Winning	-	209	1074	5.1	50	9	55	9	18	19	139	7.3	0	Carries 11-15	70	367	5.2	19	3	20	1	1	0	0	-	0
Tied	-	102	457	4.5	29	4	28	5	10	11	53	4.8	0	Carries 16-20	70	329	4.7	19	5	22	5	6	0	0	-	0
Trailing	-	58	219	3.8	19	2	16	4	15	12	95	7.9	0	Carries 21+	79	399	5.1	50	2	18	6	25	0	0	-	0

1997 Incompletions

Type	Num	%of Inc	% Att
Pass Dropped	6	37.5	10.3
Poor Throw	6	37.5	10.3
Pass Defensed	1	6.3	1.7
Pass Hit at Line	1	6.3	1.7
Other	2	12.5	3.4
Total	16	100.0	27.6

Game Logs (1-8)

Date	Opp	Result	Rush	Yds	Rec	Yds	Trgt	F-L	TD
08/31	KC	W 19-3	26	101	3	14	3	0-0	1
09/07	@Sea	W 35-14	21	107	0	0	0	0-0	1
09/14	StL	W 35-14	21	103	1	4	3	0-0	1
09/21	Cin	W 38-20	27	215	2	13	2	0-0	2
09/28	@Atl	W 29-21	23	79	0	0	2	0-0	0
10/06	NE	W 34-13	32	171	2	7	2	1-0	2
10/19	@Oak	L 25-28	23	85	7	70	8	2-0	1
10/26	@Buf	W 23-20	42	207	5	29	8	0-0	1

Game Logs (9-16)

Date	Opp	Result	Rush	Yds	Rec	Yds	Trgt	F-L	TD
11/02	Sea	W 30-27	21	101	6	17	6	1-0	0
11/09	Car	W 34-0	21	104	1	12	4	0-0	1
11/16	@KC	L 22-24	34	127	2	13	2	0-0	0
11/24	Oak	W 31-3	21	69	4	46	4	0-0	3
11/30	@SD	W 38-28	26	178	4	36	5	0-0	1
12/07	@Pit	L 24-35	21	75	3	26	4	0-0	1
12/15	SF	L 17-34	10	28	2	0	3	0-0	0
12/21	SD	W 38-3	-	-	-	-	-	-	-

Troy Davis — New Orleans Saints — RB

1997 Rushing and Receiving Splits

	G	Rush	Yds	Avg	Lg	TD	1st	Stf	YdL	Rec	Yds	Avg	TD		Rush	Yds	Avg	Lg	TD	1st	Stf	YdL	Rec	Yds	Avg	TD
Total	16	75	271	3.6	20	0	12	14	22	13	85	6.5	0	Inside 20	4	9	2.3	8	0	0	2	2	0	0	-	0
vs. Playoff	5	17	59	3.5	15	0	2	2	3	1	4	4.0	0	Inside 10	1	3	3.0	3	0	0	0	0	0	0	-	0
vs. Non-playoff	11	58	212	3.7	20	0	10	12	19	12	81	6.8	0	1st Down	42	189	4.5	20	0	5	5	8	3	23	7.7	0
vs. Own Division	8	38	164	4.3	20	0	7	4	6	6	26	4.3	0	2nd Down	23	61	2.7	10	0	3	6	10	4	20	5.0	0
Home	8	40	137	3.4	20	0	4	9	15	8	51	6.4	0	3rd Down Overall	9	13	1.4	12	0	3	3	4	6	42	7.0	0
Away	8	35	134	3.8	15	0	8	5	7	5	34	6.8	0	3rd D 0-2 to Go	6	-2	-0.3	1	0	2	3	4	0	0	-	0
Games 1-8	8	44	153	3.5	13	0	5	8	12	9	69	7.7	0	3rd D 3-7 to Go	1	0	0.0	0	0	0	0	0	3	31	10.3	0
Games 9-16	8	31	118	3.8	20	0	7	6	10	4	16	4.0	0	3rd D 8+ to Go	2	15	7.5	12	0	1	0	0	3	11	3.7	0
Aug/Sept	5	24	79	3.3	12	0	2	4	7	5	64	12.8	0	4th Down	1	8	8.0	8	0	1	0	0	0	0	-	0
October	4	22	77	3.5	13	0	3	4	5	4	5	1.3	0	Left Sideline	6	42	7.0	20	0	3	1	1	4	11	2.8	0
November	4	14	38	2.7	12	0	4	3	5	3	12	4.0	0	Left Side	20	62	3.1	13	0	2	4	7	2	21	10.5	0
December	3	15	77	5.1	20	0	3	3	5	1	4	4.0	0	Middle	30	86	2.9	14	0	4	5	9	3	33	11.0	0
Grass	5	30	104	3.5	15	0	7	5	7	3	13	4.3	0	Right Side	18	82	4.6	15	0	3	3	4	3	21	7.0	0
Turf	11	45	167	3.7	20	0	5	9	15	10	72	7.2	0	Right Sideline	1	-1	-1.0	-1	0	0	1	1	1	-1	-1.0	0
Indoor	10	44	167	3.8	20	0	5	9	15	10	72	7.2	0	0 Tight Ends	13	73	5.6	14	0	3	1	1	6	41	6.8	0
Outdoor	6	31	104	3.4	15	0	7	5	7	3	13	4.3	0	1 Tight End	60	178	3.0	20	0	8	13	21	7	44	6.3	0
1st Half	-	53	210	4.0	20	0	7	8	12	8	60	7.5	0	2 Tight Ends	2	20	10.0	12	0	1	0	0	0	0	-	0
2nd Half/OT	-	22	61	2.8	14	0	5	6	10	5	25	5.0	0	3+ Tight Ends	0	0	-	0	0	0	0	0	0	0	-	0
Last 2 Min. Half	-	3	18	6.0	8	0	1	0	0	5	26	5.2	0	Carries 1-5	57	234	4.1	20	0	10	10	15	0	0	-	0
4th qtr, +/-7 pts	-	0	0	-	0	0	0	0	0	0	0	-	0	Carries 6-10	16	29	1.8	8	0	1	4	7	0	0	-	0
Winning	-	14	55	3.9	20	0	2	2	3	1	18	18.0	0	Carries 11-15	2	8	4.0	8	0	1	0	0	0	0	-	0
Tied	-	12	46	3.8	12	0	3	2	3	0	0	-	0	Carries 16-20	0	0	-	0	0	0	0	0	0	0	-	0
Trailing	-	49	170	3.5	15	0	7	10	16	12	67	5.6	0	Carries 21+	0	0	-	0	0	0	0	0	0	0	-	0

1997 Incompletions

Type	Num	%of Inc	% Att
Pass Dropped	0	0.0	0.0
Poor Throw	4	80.0	22.2
Pass Defensed	0	0.0	0.0
Pass Hit at Line	0	0.0	0.0
Other	1	20.0	5.6
Total	5	100.0	27.8

Game Logs (1-8)

Date	Opp	Result	Rush	Yds	Rec	Yds	Trgt	F-L	TD
08/31	@StL	L 24-38	4	30	1	18	2	1-1	0
09/07	SD	L 6-20	10	34	4	46	5	1-1	0
09/14	@SF	L 7-33	5	11	0	0	0	0-0	0
09/21	Det	W 35-17	4	4	0	0	0	0-0	0
09/28	@NYN	W 9-14	1	0	0	0	0	0-0	0
10/05	@Chi	W 20-17	6	14	0	0	2	0-0	0
10/12	Atl	L 17-23	2	15	2	2	2	0-0	0
10/19	Car	L 0-13	12	45	2	3	2	0-0	0

Game Logs (9-16)

Date	Opp	Result	Rush	Yds	Rec	Yds	Trgt	F-L	TD
10/26	SF	L 0-23	2	3	0	0	0	0-0	0
11/09	@Oak	W 13-10	5	1	2	9	2	0-0	0
11/16	Sea	W 20-17	0	0	0	0	0	0-0	0
11/23	@Atl	L 3-20	0	0	1	3	1	0-0	0
11/30	@Car	W 16-13	9	37	0	0	0	0-0	0
12/07	StL	L 27-34	4	23	0	0	0	0-0	0
12/14	Ari	W 27-10	6	13	0	0	1	0-0	0
12/21	@KC	L 13-25	5	41	1	4	1	1-1	0

Willie Davis — Tennessee Oilers — WR

1997 Receiving Splits

	G	Rec	Yds	Avg	TD	Lg	Big	YAC	Trgt	Y@C	1st	1st%		Rec	Yds	Avg	TD	Lg	Big	YAC	Trgt	Y@C	1st	1st%
Total	16	43	564	13.1	4	46	1	121	89	10.3	33	76.7	Inside 20	6	59	9.8	4	14	0	10	15	8.2	5	83.3
vs. Playoff	6	15	224	14.9	1	46	1	53	35	11.4	10	66.7	Inside 10	2	14	7.0	2	9	0	0	5	7.0	2	100.0
vs. Non-playoff	10	28	340	12.1	3	24	0	68	54	9.7	23	82.1	1st Down	17	201	11.8	2	22	0	34	39	9.8	13	76.5
vs. Own Division	8	29	375	12.9	4	46	1	61	60	10.8	21	72.4	2nd Down	12	168	14.0	1	21	0	46	23	10.2	8	66.7
Home	8	26	374	14.4	2	46	1	83	49	11.2	21	80.8	3rd Down Overall	14	195	13.9	1	46	1	41	27	11.0	12	85.7
Away	8	17	190	11.2	2	22	0	38	40	8.9	12	70.6	3rd D 0-2 to Go	1	10	10.0	0	10	0	7	1	3.0	1	100.0
Games 1-8	8	25	289	11.6	3	24	0	80	49	8.4	19	76.0	3rd D 3-7 to Go	7	102	14.6	1	46	1	24	13	11.1	7	100.0
Games 9-16	8	18	275	15.3	1	46	1	41	40	13.0	14	77.8	3rd D 8+ to Go	6	83	13.8	0	24	0	10	13	12.2	4	66.7
Aug/Sept	4	12	119	9.9	1	21	0	47	24	6.0	8	66.7	4th Down	0	0	-	0	0	0	0	0	-	0	-
October	4	13	170	13.1	2	24	0	33	25	10.5	11	84.6	Rec Behind Line	0	0	-	0	0	0	0	2	-	0	-
November	5	11	200	18.2	0	46	1	34	20	15.1	8	72.7	1-10 yds	26	242	9.3	4	21	0	90	38	5.8	17	65.4
December	3	7	75	10.7	1	19	0	7	20	9.7	6	85.7	11-20 yds	13	207	15.9	0	22	0	18	27	14.5	12	92.3
Grass	12	33	466	14.1	2	46	1	94	64	11.3	27	81.8	21-30 yds	3	69	23.0	0	24	0	1	7	22.7	3	100.0
Turf	4	10	98	9.8	2	19	0	27	25	7.1	6	60.0	31+	1	46	46.0	0	46	1	12	14	34.0	1	100.0
Indoor	1	1	14	14.0	0	14	0	5	6	9.0	1	100.0	Left Sideline	7	111	15.9	0	24	0	22	17	12.7	6	85.7
Outdoor	15	42	550	13.1	4	46	1	116	83	10.3	32	76.2	Left Side	5	63	12.6	0	19	0	11	12	10.4	3	60.0
1st Half	-	25	363	14.5	1	46	1	84	49	11.2	19	76.0	Middle	9	152	16.9	0	46	1	40	13	12.4	7	77.8
2nd Half/OT	-	18	201	11.2	3	23	0	37	40	9.1	14	77.8	Right Side	7	75	10.7	1	17	0	22	16	7.6	6	85.7
Last 2 Min. Half	-	4	58	14.5	0	19	0	7	10	12.8	4	100.0	Right Sideline	15	163	10.9	3	19	0	26	31	9.1	11	73.3
4th qtr, +/-7 pts	-	3	45	15.0	0	23	0	7	6	12.7	2	66.7	Shotgun	3	22	7.3	0	13	0	3	6	6.3	1	33.3
Winning	-	16	230	14.4	1	24	0	53	37	11.1	14	87.5	2 Wide Receivers	21	268	12.8	3	24	0	56	42	10.1	16	76.2
Tied	-	6	71	11.8	1	22	0	25	12	7.7	5	83.3	3 Wide Receivers	20	270	13.5	1	46	1	62	43	10.4	16	80.0
Trailing	-	21	263	12.5	2	46	1	43	40	10.5	14	70.0	4+ WR	1	14	14.0	0	14	0	0	2	3	12.0	0.0

1997 Incompletions

Type	Num	%of Inc	%of Att
Pass Dropped	7	15.2	7.9
Poor Throw	22	47.8	24.7
Pass Defensed	9	19.6	10.1
Pass Hit at Line	2	4.3	2.2
Other	6	13.0	6.7
Total	46	100.0	51.7

Game Logs (1-8)

Date	Opp	Result	Rec	Yds	Trgt	F-L	TD
08/31	Oak	W 24-21	2	27	5	0-0	0
09/07	@Mia	L 13-16	1	11	2	0-0	0
09/21	Bal	L 10-36	4	42	6	0-0	0
10/05	@Pit	L 24-37	5	39	11	0-0	1
10/05	@Sea	L 13-16	1	14	6	0-0	0
10/12	Cin	W 30-7	6	79	11	0-0	2
10/19	Was	W 28-14	5	72	5	0-0	0
10/26	@Ari	W 41-14	1	5	3	0-0	0

Game Logs (9-16)

Date	Opp	Result	Rec	Yds	Trgt	F-L	TD
11/02	Jac	L 24-30	4	83	8	0-0	0
11/09	NYN	W 10-6	1	23	2	0-0	0
11/16	@Jac	L 9-17	3	57	4	0-0	0
11/23	Buf	W 31-14	3	37	4	0-0	0
11/27	@Dal	W 27-14	0	2	4	0-0	0
12/04	@Cin	L 14-41	4	45	6	0-0	1
12/14	@Bal	L 19-21	2	19	6	0-0	0
12/21	Pit	W 16-6	1	11	8	0-0	0

Sean Dawkins — Indianapolis Colts — WR

1997 Receiving Splits

	G	Rec	Yds	Avg	TD	Lg	Big	YAC	Trgt	Y@C	1st	1st%		Rec	Yds	Avg	TD	Lg	Big	YAC	Trgt	Y@C	1st	1st%
Total	14	68	804	11.8	2	51	4	174	111	9.3	39	57.4	Inside 20	7	57	8.1	1	11	0	10	11	6.7	3	42.9
vs. Playoff	9	48	567	11.8	1	51	3	141	80	8.9	25	52.1	Inside 10	0	0	-	0	0	0	0	2	-	0	-
vs. Non-playoff	5	20	237	11.9	1	36	1	33	31	10.2	14	70.0	1st Down	23	261	11.3	0	44	1	48	39	9.3	10	43.5
vs. Own Division	7	33	369	11.2	1	51	1	103	51	8.1	21	63.6	2nd Down	28	304	10.9	1	36	1	56	43	8.9	16	57.1
Home	7	30	352	11.7	0	44	1	76	43	9.2	19	63.3	3rd Down Overall	16	228	14.3	0	51	2	70	28	9.9	12	75.0
Away	7	38	452	11.9	2	51	3	98	68	9.3	20	52.6	3rd D 0-2 to Go	0	0	-	0	0	0	0	2	-	0	-
Games 1-8	6	28	317	11.3	1	36	1	46	51	9.7	16	57.1	3rd D 3-7 to Go	9	134	14.9	0	51	1	54	13	8.9	8	88.9
Games 9-16	8	40	487	12.2	1	51	3	128	60	9.0	23	57.5	3rd D 8+ to Go	7	94	13.4	0	34	1	16	13	11.1	4	57.1
Aug/Sept	2	11	90	8.2	0	14	0	19	19	6.5	4	36.4	4th Down	1	11	11.0	1	11	0	0	1	11.0	1	100.0
October	4	17	227	13.4	1	36	1	27	32	11.8	12	70.6	Rec Behind Line	0	0	-	0	0	0	0	3	-	0	-
November	5	24	345	14.4	1	51	3	112	35	9.7	13	54.2	1-10 yds	45	407	9.0	0	20	0	129	62	6.2	21	46.7
December	3	16	142	8.9	0	15	0	16	25	7.9	10	62.5	11-20 yds	12	194	16.2	1	51	1	35	21	13.3	10	83.3
Grass	3	16	233	14.6	2	51	2	74	31	9.9	11	68.8	21-30 yds	2	57	28.5	0	34	1	7	4	25.0	2	100.0
Turf	11	52	571	11.0	0	44	2	100	80	9.1	28	53.8	31+	2	80	40.0	1	44	2	3	6	38.5	2	100.0
Indoor	9	41	473	11.5	0	44	2	86	63	9.4	24	58.5	Left Sideline	33	380	11.5	1	44	2	70	58	9.4	18	54.5
Outdoor	5	27	331	12.3	2	51	2	88	48	9.0	15	55.6	Left Side	18	234	13.0	0	51	1	83	23	8.4	12	66.7
1st Half	-	32	367	11.5	0	44	2	52	51	9.8	16	50.0	Middle	3	36	12.0	0	14	0	4	7	10.7	2	66.7
2nd Half/OT	-	36	437	12.1	2	51	2	122	60	8.8	23	63.9	Right Side	3	59	19.7	1	36	1	14	3	15.0	2	66.7
Last 2 Min. Half	-	13	157	12.1	1	34	1	33	21	9.5	7	53.8	Right Sideline	4	29	7.3	0	16	0	3	6	6.5	1	25.0
4th qtr, +/-7 pts	-	2	19	9.5	0	10	0	5	4	7.0	1	50.0	Shotgun	28	343	12.3	1	51	2	101	48	8.6	17	60.7
Winning	-	8	104	13.0	0	44	1	14	10	11.3	6	75.0	2 Wide Receivers	15	244	16.3	1	44	3	37	21	13.8	11	73.3
Tied	-	13	106	8.2	0	15	0	21	19	6.5	5	38.5	3 Wide Receivers	16	140	8.8	0	14	0	30	31	6.9	7	43.8
Trailing	-	47	594	12.6	2	51	3	139	82	9.7	28	59.6	4+ WR	29	346	11.9	1	51	1	102	44	8.4	17	58.6

1997 Incompletions

Type	Num	%of Inc	%of Att
Pass Dropped	3	7.0	2.7
Poor Throw	17	39.5	15.3
Pass Defensed	7	16.3	6.3
Pass Hit at Line	2	4.7	1.8
Other	14	32.6	12.6
Total	43	100.0	38.7

Game Logs (1-8)

Date	Opp	Result	Rec	Yds	Trgt	F-L	TD
08/31	@Mia	L 10-16	4	29	8	0-0	0
09/07	NE	L 6-31	7	61	11	0-0	0
09/14	Sea	L 3-31	-	-	-	-	-
09/21	@Buf	L 35-37	-	-	-	-	-
10/05	NYA	L 12-16	4	59	7	0-0	0
10/12	@Pit	L 22-24	6	60	12	0-0	0
10/20	Buf	L 6-9	2	24	2	0-0	0
10/26	@SD	L 19-35	5	84	11	0-0	1

Game Logs (9-16)

Date	Opp	Result	Rec	Yds	Trgt	F-L	TD
11/02	TB	L 28-31	4	55	6	0-0	0
11/09	Cin	L 13-28	4	32	6	0-0	0
11/16	GB	W 41-38	5	83	5	0-0	0
11/23	@Det	L 10-32	4	55	6	0-0	0
11/30	@NE	L 17-20	7	120	12	0-0	1
12/07	@NYA	W 22-14	5	38	5	0-0	0
12/14	Mia	W 41-0	4	38	6	0-0	0
12/21	@Min	L 28-39	7	66	14	0-0	0

Ty Detmer — Philadelphia Eagles — QB

1997 Passing Splits

	G	Att	Cm	Pct	Yds	Y/Att	TD	Int	1st	YAC	Big	Sk	Rtg		Att	Cm	Pct	Yds	Y/Att	TD	Int	1st	YAC	Big	Sk	Rtg
Total	8	244	134	54.9	1567	6.4	7	6	80	761	12	19	73.9	Inside 20	17	7	41.2	76	4.5	5	0	6	20	0	1	94.6
vs. Playoff	5	160	84	52.5	913	5.7	4	4	47	486	6	17	67.5	Inside 10	5	2	40.0	8	1.6	2	0	2	-1	0	0	87.5
vs. Non-playoff	3	84	50	59.5	654	7.8	3	2	33	275	6	2	86.1	1st Down	79	52	65.8	625	7.9	1	1	28	394	6	3	88.8
vs. Own Division	4	109	59	54.1	757	6.9	3	2	37	346	7	4	77.7	2nd Down	89	47	46.1	515	5.8	2	3	23	206	6	6	58.0
Home	3	90	49	54.4	556	6.2	1	1	30	253	4	9	72.3	3rd Down Overall	73	39	53.4	405	5.5	3	2	27	157	0	9	72.0
Away	5	154	85	55.2	1011	6.6	6	5	50	508	8	11	74.9	3rd D 0-5 to Go	23	10	43.5	121	5.3	2	0	10	53	0	2	89.2
Games 1-8	6	186	106	57.0	1206	6.5	5	3	61	605	9	14	78.8	3rd D 6+ to Go	50	29	58.0	284	5.7	1	2	17	104	0	7	64.1
Games 9-16	2	58	28	48.3	361	6.2	2	3	19	156	3	5	58.2	4th Down	3	2	66.7	22	7.3	1	0	2	4	0	1	127.8
Aug/Sept	4	132	74	56.1	758	5.7	2	3	37	340	5	12	76.5	Rec Behind Line	52	30	57.7	250	4.8	0	0	11	317	1	0	70.2
October	2	54	32	59.3	448	8.3	1	1	24	265	4	2	84.5	1-10 yds	111	73	65.8	671	6.0	4	3	41	306	2	0	82.8
November	2	58	28	48.3	361	6.2	2	3	19	156	3	5	58.2	11-20 yds	58	23	39.7	394	6.8	2	3	20	81	3	0	53.4
December	0	0	0	-	0	-	0	0	0	0	0	0	-	21-30 yds	16	8	50.0	252	15.8	1	0	8	57	6	0	116.7
Grass	2	54	30	55.6	426	7.9	3	3	23	230	4	2	76.6	31+	7	0	0.0	0	0.0	0	0	0	0	0	0	39.6
Turf	6	190	104	54.7	1141	6.0	4	3	57	531	8	17	73.2	Left Sideline	40	24	60.0	224	5.6	1	1	11	114	1	0	73.3
Indoor	1	45	28	62.2	298	6.6	2	2	15	135	1	5	77.8	Left Side	53	30	56.6	358	6.8	1	2	16	196	5	2	68.0
Outdoor	7	199	106	53.3	1269	6.4	5	4	65	626	11	14	73.0	Middle	45	19	42.2	265	5.9	1	3	15	94	3	16	41.4
1st Half	-	131	70	53.4	805	6.1	3	2	45	430	5	14	74.4	Right Side	67	37	55.2	394	5.9	2	0	23	179	0	1	82.6
2nd Half/OT	-	113	64	56.6	762	6.7	4	4	35	331	7	5	74.4	Right Sideline	39	24	61.5	326	8.4	2	0	15	178	3	0	105.3
Last 2 Min. Half	-	30	16	53.3	241	8.0	1	1	11	82	4	7	77.2	2 Wide Receivers	94	52	55.3	585	6.2	1	1	27	320	4	5	73.2
4th qtr, +/-7 pts	-	23	12	52.2	223	9.7	1	2	11	65	3	0	64.2	3+ WR	145	80	55.2	948	6.5	5	5	51	434	8	13	72.4
Winning	-	50	30	60.0	350	7.0	1	1	18	136	2	0	79.6	Attempts 1-10	80	45	56.3	531	6.6	0	1	31	291	3	0	71.4
Tied	-	39	22	56.4	257	6.6	0	1	13	144	2	4	65.9	Attempts 11-20	80	44	55.0	517	6.5	5	1	26	266	4	0	90.5
Trailing	-	155	82	52.9	960	6.2	6	4	49	481	8	15	74.1	Attempts 21+	84	45	53.6	519	6.2	2	4	23	204	5	0	60.6

1997 Incompletions

Type	Num	%of Inc	%of Att
Pass Dropped	10	9.1	4.1
Poor Throw	43	39.1	17.6
Pass Defensed	16	14.5	6.6
Pass Hit at Line	14	12.7	5.7
Other	27	24.5	11.1
Total	110	100.0	45.1

Game Logs (1-8)

Date	Opp	Result	Att	Cm	Pct	Yds	TD	Int	Lg	Sk	F-L
08/31	@NYN	L 17-31	25	9	36.0	103	0	0	26	2	0-0
09/07	GB	W 10-9	32	19	59.4	173	1	0	57	3	1-1
09/15	@Dal	L 20-21	30	18	60.0	184	1	0	46	2	0-0
09/28	@Min	L 19-28	45	28	62.2	298	2	2	36	5	3-0
10/05	Was	W 24-10	27	17	63.0	246	0	0	33	0	1-0
10/12	@Jac	L 21-38	27	15	55.6	202	1	1	37	2	1-0
10/26	Dal	W 13-12	-	-	-	-	-	-	-	-	-
11/02	@Ari	L 21-31	27	15	55.6	224	2	2	29	0	0-0

Game Logs (9-16)

Date	Opp	Result	Att	Cm	Pct	Yds	TD	Int	Lg	Sk	F-L
11/10	SF	L 12-24	31	13	41.9	137	0	1	29	5	0-0
11/16	@Bal	T 10-10	-	-	-	-	-	-	-	-	-
11/23	Pit	W 23-20	-	-	-	-	-	-	-	-	-
11/30	Cin	W 44-42	-	-	-	-	-	-	-	-	-
12/07	NYN	L 21-31	-	-	-	-	-	-	-	-	-
12/14	@Atl	L 17-20	-	-	-	-	-	-	-	-	-
12/21	@Was	L 32-35	-	-	-	-	-	-	-	-	-

Trent Dilfer
Tampa Bay Buccaneers — QB

1997 Passing Splits

	G	Att	Cm	Pct	Yds	Y/Att	TD	Int	1st	YAC	Big	Sk	Rtg		Att	Cm	Pct	Yds	Y/Att	TD	Int	1st	YAC	Big	Sk	Rtg
Total	16	386	217	56.2	2555	6.6	21	11	132	1128	20	32	82.8	Inside 20	47	31	66.0	194	4.1	14	3	21	72	0	1	87.2
vs. Playoff	10	251	146	58.2	1752	7.0	12	8	91	765	15	20	82.3	Inside 10	23	15	65.2	51	2.2	12	1	12	4	0	0	90.4
vs. Non-playoff	6	135	71	52.6	803	5.9	9	3	41	363	5	12	83.7	1st Down	131	78	59.5	940	7.2	4	5	39	365	4	11	75.9
vs. Own Division	8	201	110	54.7	1319	6.6	7	3	67	454	11	20	80.4	2nd Down	120	66	55.0	625	5.2	5	2	37	341	3	9	76.6
Home	8	198	113	57.1	1318	6.7	11	5	64	622	11	17	85.4	3rd Down Overall	128	70	54.7	939	7.3	11	4	54	388	8	18	93.8
Away	8	188	104	55.3	1237	6.6	10	6	68	506	9	15	80.0	3rd D 0-5 to Go	56	32	57.1	294	5.3	7	2	28	98	2	4	96.3
Games 1-8	8	207	119	57.5	1434	6.9	12	6	74	589	12	18	86.1	3rd D 6+ to Go	72	38	52.8	645	9.0	4	2	26	290	6	14	90.3
Games 9-16	8	179	98	54.7	1121	6.3	9	5	58	539	8	14	78.9	4th Down	7	3	42.9	51	7.3	1	0	2	34	1	1	107.7
Aug/Sept	5	118	71	60.2	830	7.0	10	3	43	353	8	9	99.2	Rec Behind Line	60	35	58.3	275	4.6	2	2	11	405	2	0	67.0
October	3	89	48	53.9	604	6.8	2	3	31	236	4	9	68.8	1-10 yds	187	126	67.4	1091	5.8	14	4	67	503	2	0	98.6
November	5	129	80	62.0	922	7.1	8	3	47	454	7	6	94.5	11-20 yds	88	44	50.0	735	8.4	2	1	42	127	5	0	81.4
December	3	50	18	36.0	199	4.0	1	2	11	85	1	8	38.7	21-30 yds	20	7	35.0	229	11.5	2	2	7	59	6	0	72.7
Grass	10	260	148	56.9	1744	6.7	12	6	85	777	14	22	83.2	31+	31	5	16.1	225	7.3	1	2	5	34	5	0	41.2
Turf	6	126	69	54.8	811	6.4	9	5	47	351	6	10	81.8	Left Sideline	92	48	52.2	671	7.3	6	1	31	268	8	1	79.6
Indoor	4	89	55	61.8	621	7.0	8	0	38	231	4	7	112.6	Left Side	68	39	57.4	397	5.8	2	4	21	199	0	7	59.5
Outdoor	12	297	162	54.5	1934	6.5	13	11	94	897	16	25	73.8	Middle	50	29	58.0	388	7.8	6	1	21	107	5	21	114.0
1st Half	-	206	120	58.3	1401	6.8	11	9	74	629	11	21	78.6	Right Side	107	76	71.0	683	6.4	4	1	42	356	3	1	96.4
2nd Half/OT	-	180	97	53.9	1154	6.4	10	2	58	499	9	11	87.6	Right Sideline	69	25	36.2	416	6.0	3	1	17	198	4	2	65.9
Last 2 Min. Half	-	55	36	65.5	357	6.5	3	3	20	162	2	6	79.1	2 Wide Receivers	202	109	54.0	1230	6.1	10	5	63	503	10	9	78.6
4th qtr, +/-7 pts	-	71	37	52.1	429	6.0	3	0	26	233	2	1	84.8	3+ WR	174	101	58.0	1296	7.4	7	6	63	603	10	22	80.5
Winning	-	145	86	59.3	960	6.6	10	4	53	423	6	11	90.6	Attempts 1-10	160	86	53.8	1113	7.0	8	6	56	487	10	0	76.9
Tied	-	88	47	53.4	537	6.1	3	2	30	267	4	6	73.9	Attempts 11-20	150	87	58.0	955	6.4	9	5	51	403	8	0	83.1
Trailing	-	153	84	54.9	1058	6.9	8	5	49	438	10	15	80.5	Attempts 21+	76	44	57.9	487	6.4	4	0	25	238	2	0	94.6

1997 Incompletions				Game Logs (1-8)									Game Logs (9-16)								
Type	Num	%of Inc	%of Att	Date	Opp	Result	Att	Cm	Pct	Yds	TD	Int	Lg	Sk F-L	Date	Opp	Result	Att	Cm	Pct	Yds	TD	Int	Lg	Sk F-L
Pass Dropped	24	14.2	6.2	08/31	SF	W13-6	26	14	53.8	165	1	1	55	2 0-0	11/02	@Ind	W31-28	25	16	64.0	164	3	0	27	3 0-0
Poor Throw	71	42.0	18.4	09/07	@Det	W24-17	24	12	50.0	115	1	0	18	3 0-0	11/09	@Atl	W31-10	20	12	60.0	150	2	0	24	0 0-0
Pass Defensed	26	15.4	6.7	09/14	@Min	W28-14	20	15	75.0	192	2	0	49	1 2-0	11/16	NE	W27-7	29	21	72.4	209	1	0	25	1 1-0
Pass Hit at Line	12	7.1	3.1	09/21	Min	W31-21	24	18	75.0	248	4	1	58	0 0-0	11/23	@Chi	L 7-13	33	19	57.6	247	1	0	39	2 0-0
Other	36	21.3	9.3	09/28	Ari	W19-18	24	12	50.0	110	2	1	31	3 2-0	11/30	@NYN	W20-8	22	12	54.5	152	1	3	53	1 0-0
Total	169	100.0	43.8	10/05	@GB	L 16-21	29	16	55.2	179	2	1	20	5 0-0	12/07	GB	L 6-17	17	6	35.3	67	0	0	35	4 0-0
				10/12	Det	L 9-27	31	17	54.8	237	1	2	59	3 1-0	12/14	@NYA	L 0-31	15	2	13.3	38	0	2	22	3 1-1
				10/26	Min	L 6-10	29	15	51.7	188	1	0	30	3 1-0	12/21	Chi	W31-15	18	10	55.6	94	1	0	17	1 0-0

Ken Dilger
Indianapolis Colts — TE

1997 Receiving Splits

	G	Rec	Yds	Avg	TD	Lg	Big	YAC	Trgt	Y@C	1st	1st%		Rec	Yds	Avg	TD	Lg	Big	YAC	Trgt	Y@C	1st	1st%
Total	14	27	380	14.1	3	43	5	118	36	9.7	16	59.3	Inside 20	3	20	6.7	2	8	0	3	4	5.7	2	66.7
vs. Playoff	8	20	290	14.5	3	43	5	91	26	10.0	13	65.0	Inside 10	2	15	7.5	2	8	0	2	2	6.5	2	100.0
vs. Non-playoff	6	7	90	12.9	0	22	0	27	10	9.0	3	42.9	1st Down	11	165	15.0	1	31	3	51	16	10.4	6	54.5
vs. Own Division	7	12	178	14.8	3	43	2	50	18	10.7	8	66.7	2nd Down	15	172	11.5	2	28	1	54	19	7.9	9	60.0
Home	7	20	292	14.6	3	43	5	89	23	10.2	13	65.0	3rd Down Overall	1	43	43.0	0	43	1	13	1	30.0	1	100.0
Away	7	7	88	12.6	0	22	0	29	13	8.4	3	42.9	3rd D 0-2 to Go	1	43	43.0	0	43	1	13	1	30.0	1	100.0
Games 1-8	6	8	70	8.8	0	22	0	36	12	4.3	2	25.0	3rd D 3-7 to Go	0	0	-	0	0	0	0	0	-	0	-
Games 9-16	8	19	310	16.3	3	43	5	82	24	12.0	14	73.7	3rd D 8+ to Go	0	0	-	0	0	0	0	0	-	0	-
Aug/Sept	4	6	58	9.7	0	22	0	29	10	4.8	2	33.3	4th Down	0	0	-	0	0	0	0	0	-	0	-
October	2	2	12	6.0	0	6	0	7	2	2.5	0	0	Rec Behind Line	3	14	4.7	0	6	0	14	4	0.0	0	0.0
November	5	14	210	15.0	0	28	3	66	17	10.3	9	64.3	1-10 yds	14	133	9.5	2	27	1	50	17	5.9	6	42.9
December	3	5	100	20.0	3	43	2	16	7	16.8	5	100.0	11-20 yds	7	133	19.0	0	28	1	36	11	13.9	7	100.0
Grass	3	4	41	10.3	0	20	0	16	7	6.3	1	25.0	21-30 yds	3	100	33.3	1	43	3	18	3	27.3	3	100.0
Turf	11	23	339	14.7	3	43	5	102	29	10.3	15	65.2	31+	0	0	-	0	0	0	0	0	-	0	-
Indoor	9	21	305	14.5	3	43	5	90	25	10.2	14	66.7	Left Sideline	2	38	19.0	0	27	1	27	2	5.5	2	100.0
Outdoor	5	6	75	12.5	0	22	0	28	11	7.8	2	33.3	Left Side	3	34	11.3	0	12	0	9	3	8.3	2	66.7
1st Half	-	17	202	11.9	3	43	2	52	24	8.8	9	52.9	Middle	14	190	13.6	3	43	3	43	18	10.5	7	50.0
2nd Half/OT	-	10	178	17.8	0	28	3	66	12	11.2	7	70.0	Right Side	4	71	17.8	0	28	1	27	6	11.0	3	75.0
Last 2 Min. Half	-	3	67	22.3	2	31	2	18	4	16.3	3	100.0	Right Sideline	4	47	11.8	0	20	0	12	6	8.8	2	50.0
4th qtr, +/-7 pts	-	3	66	22.0	0	28	2	37	3	9.7	3	100.0	Shotgun	0	0	-	0	0	0	0	0	-	0	-
Winning	-	9	150	16.7	3	43	2	32	11	13.1	7	77.8	2 Wide Receivers	14	182	13.0	0	27	2	66	20	8.3	8	57.1
Tied	-	3	60	20.0	0	28	2	35	4	8.3	2	66.7	3 Wide Receivers	11	150	13.6	3	31	2	38	13	10.2	7	63.6
Trailing	-	15	170	11.3	0	26	1	51	21	7.9	7	40.0	4+ WR	1	5	5.0	0	5	0	1	1	4.0	0	0.0

1997 Incompletions				Game Logs (1-8)								Game Logs (9-16)						
Type	Num	%of Inc	%of Att	Date	Opp	Result	Rec	Yds	Trgt	F-L	TD	Date	Opp	Result	Rec	Yds	Trgt	F-L	TD
Pass Dropped	1	11.1	2.8	08/31	@Mia	L 10-16	1	9	3	0-0	0	11/02	TB	L 28-31	3	37	4	0-0	0
Poor Throw	3	33.3	8.3	09/07	NE	L 6-31	3	15	4	0-0	0	11/09	Cin	L 13-33	3	44	4	0-0	0
Pass Defensed	1	11.1	2.8	09/14	Sea	L 3-31	0	0	0	0-0	0	11/16	GB	W 41-38	6	96	6	0-0	0
Pass Hit at Line	1	11.1	2.8	09/21	@Buf	L 35-37	2	34	3	0-0	0	11/23	@Det	L 10-32	1	13	1	0-0	0
Other	3	33.3	8.3	10/05	NYA	L 12-16	-	-	-	-	-	11/30	@NE	L 17-20	1	20	2	0-0	0
Total	9	100.0	25.0	10/12	@Pit	L 22-24	-	-	-	-	-	12/07	@NYA	W 22-14	0	0	0	0-0	0
				10/20	Buf	L 6-9	0	0	0	0-0	0	12/14	Mia	L 41-0	5	100	5	0-0	3
				10/26	@SD	L 19-35	2	12	2	0-0	0	12/21	@Min	L 28-39	0	0	1	0-0	0

Corey Dillon — Cincinnati Bengals — RB

1997 Rushing and Receiving Splits

	G	Rush	Yds	Avg	Lg	TD	1st	Stf	YdL	Rec	Yds	Avg	TD		Rush	Yds	Avg	Lg	TD	1st	Stf	YdL	Rec	Yds	Avg	TD
Total	16	233	1129	4.8	71	10	57	25	48	27	259	9.6	0	Inside 20	23	48	2.1	14	6	6	1	2	1	2	2.0	0
vs. Playoff	6	67	275	4.1	28	2	18	9	16	13	141	10.8	0	Inside 10	13	13	1.0	3	5	5	1	2	0	0	-	0
vs. Non-playoff	10	166	854	5.1	71	8	39	16	32	14	118	8.4	0	1st Down	128	581	4.5	59	4	17	13	27	12	92	7.7	0
vs. Own Division	8	128	554	4.3	59	6	33	17	35	14	145	10.4	0	2nd Down	86	404	4.7	46	4	25	10	19	12	126	10.5	0
Home	8	148	700	4.7	71	7	39	13	25	16	146	9.1	0	3rd Down Overall	17	130	7.6	71	2	13	2	2	3	41	13.7	0
Away	8	85	429	5.0	46	3	18	12	23	11	113	10.3	0	3rd D 0-2 to Go	13	119	9.2	71	2	12	1	1	0	0	-	0
Games 1-8	8	39	196	5.0	28	2	10	5	6	10	112	11.2	0	3rd D 3-7 to Go	3	12	4.0	5	0	1	0	0	2	32	16.0	0
Games 9-16	8	194	933	4.8	71	8	47	20	42	17	147	8.6	0	3rd D 8+ to Go	1	-1	-1.0	-1	0	0	1	1	1	9	9.0	0
Aug/Sept	4	14	106	7.6	28	0	5	1	1	6	60	10.0	0	4th Down	2	14	7.0	11	0	2	0	0	0	0	-	0
October	4	25	90	3.6	21	2	5	4	5	4	52	13.0	0	Left Sideline	35	265	7.6	71	2	11	6	12	5	44	8.8	0
November	5	105	500	4.8	71	3	24	12	24	10	95	9.5	0	Left Side	35	152	4.3	16	2	13	6	11	2	32	16.0	0
December	3	89	433	4.9	59	5	23	8	18	7	52	7.4	0	Middle	82	298	3.6	31	3	11	5	10	10	86	8.6	0
Grass	4	20	132	6.6	28	1	4	4	5	6	49	8.2	0	Right Side	60	340	5.7	59	3	19	6	12	5	47	9.4	0
Turf	12	213	997	4.7	71	9	53	21	43	21	210	10.0	0	Right Sideline	21	74	3.5	12	0	3	2	3	5	50	10.0	0
Indoor	1	22	97	4.4	46	1	4	3	6	1	5	5.0	0	0 Tight Ends	4	49	12.3	31	1	2	0	0	5	36	7.2	0
Outdoor	15	211	1032	4.9	71	9	53	22	42	26	254	9.8	0	1 Tight End	145	722	5.0	59	5	35	13	25	16	151	9.4	0
1st Half	-	116	521	4.5	59	5	31	14	27	12	86	7.2	0	2 Tight Ends	78	350	4.5	71	3	19	11	22	5	56	11.2	0
2nd Half/OT	-	117	608	5.2	71	5	26	11	21	15	173	11.5	0	3+ Tight Ends	4	1	0.3	1	1	1	1	1	0	0	-	0
Last 2 Min. Half	-	6	39	6.5	21	0	1	1	1	3	26	8.7	0	Carries 1-5	70	256	3.7	28	2	14	10	18	0	0	-	0
4th qtr, +/-7 pts	-	23	58	2.5	9	0	3	2	4	3	37	12.3	0	Carries 6-10	49	323	6.6	71	4	13	5	9	0	0	-	0
Winning	-	124	611	4.9	71	6	30	9	18	11	100	9.1	0	Carries 11-15	40	311	7.8	59	2	16	3	6	0	0	-	0
Tied	-	39	116	3.0	14	1	10	7	13	6	40	6.7	0	Carries 16-20	37	107	2.9	16	1	5	3	5	0	0	-	0
Trailing	-	70	402	5.7	46	3	17	9	17	10	119	11.9	0	Carries 21+	37	132	3.6	12	1	9	4	10	0	0	-	0

1997 Incompletions

Type	Num	%of Inc	% Att
Pass Dropped	4	66.7	12.1
Poor Throw	1	16.7	3.0
Pass Defensed	0	0.0	0.0
Pass Hit at Line	0	0.0	0.0
Other	1	16.7	3.0
Total	6	100.0	18.2

Game Logs (1-8)

Date	Opp	Result	Rush	Yds	Rec	Yds	Trgt	F-L	TD
08/31	Ari	W 24-21	0	0	0	0	0	0-0	0
09/07	@Bal	L 10-23	0	0	0	0	0	0-0	0
09/21	@Den	L 20-38	5	58	4	30	4	0-0	0
09/28	NYA	L 14-31	9	48	2	30	3	0-0	0
10/05	@Jac	L 13-21	7	35	1	9	2	0-0	0
10/12	@Ten	L 7-30	8	39	1	10	1	0-0	0
10/19	Pit	L 10-26	5	8	1	12	1	0-0	0
10/26	@NYN	L 27-29	5	8	1	21	1	0-0	1

Game Logs (9-16)

Date	Opp	Result	Rush	Yds	Rec	Yds	Trgt	F-L	TD
11/02	SD	W 38-31	19	123	1	4	1	0-0	1
11/09	@Ind	W 28-13	22	97	1	5	2	0-0	1
11/16	@Pit	L 3-20	19	78	1	21	1	0-0	0
11/23	Jac	W 31-26	26	88	5	48	5	1-0	1
11/30	@Phi	L 42-44	19	114	2	17	4	0-0	0
12/04	Ten	W 41-14	39	246	2	30	2	0-0	4
12/14	Dal	W 31-24	26	127	2	7	3	0-0	1
12/21	Bal	W 16-14	24	60	3	15	3	0-0	0

Troy Drayton — Miami Dolphins — TE

1997 Receiving Splits

	G	Rec	Yds	Avg	TD	Lg	Big	YAC	Trgt	Y@C	1st	1st%		Rec	Yds	Avg	TD	Lg	Big	YAC	Trgt	Y@C	1st	1st%
Total	16	39	558	14.3	4	30	7	226	50	8.5	25	64.1	Inside 20	3	22	7.3	0	10	0	17	5	1.7	1	33.3
vs. Playoff	6	17	245	14.4	2	28	3	74	24	10.1	11	64.7	Inside 10	2	12	6.0	0	8	0	13	3	-0.5	0	0.0
vs. Non-playoff	10	22	313	14.2	2	30	4	152	26	7.3	14	63.6	1st Down	16	248	15.5	2	28	1	97	21	9.4	12	75.0
vs. Own Division	8	17	252	14.8	1	30	4	117	23	7.9	11	64.7	2nd Down	18	295	16.4	2	30	6	123	24	9.6	10	55.6
Home	8	19	293	15.4	4	30	5	150	25	7.5	13	68.4	3rd Down Overall	5	15	3.0	0	7	0	6	5	1.8	3	60.0
Away	8	20	265	13.3	0	27	2	76	25	9.5	12	60.0	3rd D 0-2 to Go	3	12	4.0	0	7	0	6	3	2.0	3	100.0
Games 1-8	8	20	317	15.9	1	29	4	112	27	10.3	14	70.0	3rd D 3-7 to Go	2	3	1.5	0	2	0	0	2	1.5	0	0.0
Games 9-16	8	19	241	12.7	3	30	3	114	23	6.7	11	57.9	3rd D 8+ to Go	0	0	-	0	0	0	0	0	-	0	-
Aug/Sept	4	7	109	15.6	0	29	1	39	12	10.0	5	71.4	4th Down	0	0	-	0	0	0	0	0	-	0	-
October	4	13	208	16.0	1	28	3	73	15	10.4	9	69.2	Rec Behind Line	4	33	8.3	0	14	0	34	4	-0.3	1	25.0
November	5	14	170	12.1	1	30	2	84	16	6.1	9	64.3	1-10 yds	20	190	9.5	1	29	2	115	25	3.8	11	55.0
December	3	5	71	14.2	2	27	1	30	7	8.2	2	40.0	11-20 yds	11	235	21.4	2	30	3	66	15	15.4	9	81.8
Grass	13	33	442	13.4	4	30	5	195	43	7.5	21	63.6	21-30 yds	4	100	25.0	1	28	2	11	5	22.3	4	100.0
Turf	3	6	116	19.3	0	27	2	31	7	14.2	4	66.7	31+	0	0	-	0	0	0	0	0	-	0	-
Indoor	1	0	0	-	0	0	0	0	1	-	0	-	Left Sideline	7	164	23.4	1	20	1	80	9	10.7	6	85.7
Outdoor	15	39	558	14.3	4	30	7	226	49	8.5	25	64.1	Left Side	10	90	9.0	0	27	1	52	16	3.8	4	40.0
1st Half	-	19	286	15.1	1	29	4	114	25	9.1	12	63.2	Middle	8	154	19.3	2	27	1	34	10	15.0	8	100.0
2nd Half/OT	-	20	272	13.6	3	30	3	112	25	8.0	13	65.0	Right Side	12	129	10.8	1	30	1	43	12	7.2	6	50.0
Last 2 Min. Half	-	0	0	-	0	0	0	0	0	-	0	-	Right Sideline	2	21	10.5	0	14	0	8	3	6.5	1	50.0
4th qtr, +/-7 pts	-	7	143	20.4	3	30	2	60	8	11.9	5	71.4	Shotgun	0	0	-	0	0	0	0	0	-	0	-
Winning	-	18	242	13.4	3	30	2	114	22	7.1	11	61.1	2 Wide Receivers	33	503	15.2	4	30	7	215	42	8.7	23	69.7
Tied	-	10	136	13.6	1	29	2	54	13	8.2	6	60.0	3 Wide Receivers	6	55	9.2	0	23	0	11	8	7.3	2	33.3
Trailing	-	11	180	16.4	0	28	3	58	15	11.8	8	72.7	4+ WR	0	0	-	0	0	0	0	0	-	0	-

1997 Incompletions

Type	Num	%of Inc	%of Att
Pass Dropped	2	18.2	4.0
Poor Throw	7	63.6	14.0
Pass Defensed	2	18.2	4.0
Pass Hit at Line	0	0.0	0.0
Other	0	0.0	0.0
Total	11	100.0	22.0

Game Logs (1-8)

Date	Opp	Result	Rec	Yds	Trgt	F-L	TD
08/31	Ind	W 16-10	1	29	3	0-0	0
09/07	Ten	W 16-13	1	4	1	0-0	0
09/14	@GB	L 18-23	2	31	5	0-0	0
09/21	@TB	L 21-31	3	45	3	0-0	0
10/05	KC	W 17-14	4	80	6	0-0	0
10/12	@NYA	W 31-20	4	66	4	0-0	0
10/19	@Bal	W 24-13	3	33	3	0-0	0
10/27	Chi	L 33-36	2	29	2	0-0	1

Game Logs (9-16)

Date	Opp	Result	Rec	Yds	Trgt	F-L	TD
11/02	@Buf	L 6-9	2	50	2	0-0	0
11/09	NYA	W 24-17	2	18	3	0-0	0
11/17	Buf	W 30-13	4	62	4	0-0	1
11/23	@NE	L 24-27	3	18	4	0-0	0
11/30	@Oak	W 34-16	3	22	5	0-0	0
12/07	Det	W 33-30	4	62	4	0-0	2
12/14	@Ind	L 0-41	0	0	1	0-0	0
12/22	NE	L 12-14	1	9	2	0-0	0

Jim Druckenmiller — San Francisco 49ers — QB

1997 Passing Splits

	G	Att	Cm	Pct	Yds	Y/Att	TD	Int	1st	YAC	Big	Sk	Rtg		Att	Cm	Pct	Yds	Y/Att	TD	Int	1st	YAC	Big	Sk	Rtg
Total	4	52	21	40.4	239	4.6	1	4	10	78	3	4	29.2	Inside 20	6	2	33.3	10	1.7	0	1	0	14	0	0	2.8
vs. Playoff	0	0	0	-	0	-	0	0	0	0	0	0	-	Inside 10	2	1	50.0	3	1.5	0	0	0	5	0	0	56.3
vs. Non-playoff	4	52	21	40.4	239	4.6	1	4	10	78	3	4	29.2	1st Down	17	5	29.4	58	3.4	0	1	2	12	1	0	16.8
vs. Own Division	3	41	16	39.0	175	4.3	1	3	8	64	2	3	30.0	2nd Down	15	10	66.7	108	7.2	0	0	5	54	1	2	87.6
Home	2	13	6	46.2	73	5.6	0	0	3	30	1	2	63.9	3rd Down Overall	20	6	30.0	73	3.7	1	3	3	12	1	2	19.4
Away	2	39	15	38.5	166	4.3	1	4	7	48	2	2	20.8	3rd D 0-5 to Go	2	0	0.0	0	0.0	0	0	0	0	0	0	39.6
Games 1-8	3	41	16	39.0	175	4.3	1	3	8	64	2	3	30.0	3rd D 6+ to Go	18	6	33.3	73	4.1	1	3	3	12	1	2	25.7
Games 9-16	1	11	5	45.5	64	5.8	0	1	2	14	1	1	26.3	4th Down	0	0	-	0	-	0	0	0	0	0	0	-
Aug/Sept	3	41	16	39.0	175	4.3	1	3	8	64	2	3	30.0	Rec Behind Line	8	6	75.0	21	2.6	0	0	0	33	0	0	77.1
October	0	0	0	-	0	-	0	0	0	0	0	0	-	1-10 yds	24	9	37.5	81	3.4	0	3	4	29	0	0	7.8
November	0	0	0	-	0	-	0	0	0	0	0	0	-	11-20 yds	11	3	27.3	54	4.9	0	1	3	12	0	0	9.7
December	1	11	5	45.5	64	5.8	0	1	2	14	1	1	26.3	21-30 yds	5	2	40.0	50	10.0	1	0	2	2	2	0	116.7
Grass	2	13	6	46.2	73	5.6	0	0	3	30	1	2	63.9	31+	4	1	25.0	33	8.3	0	0	1	2	1	0	61.5
Turf	2	39	15	38.5	166	4.3	1	4	7	48	2	2	20.8	Left Sideline	11	4	36.4	22	2.0	0	2	1	17	0	1	5.3
Indoor	2	39	15	38.5	166	4.3	1	4	7	48	2	2	20.8	Left Side	3	2	66.7	24	8.0	1	0	1	3	1	0	91.0
Outdoor	2	13	6	46.2	73	5.6	0	0	3	30	1	2	63.9	Middle	8	3	37.5	29	3.6	0	1	1	20	0	4	8.9
1st Half	-	14	6	42.9	66	4.7	1	2	3	12	1	0	41.7	Right Side	13	7	53.8	96	7.4	0	0	5	16	1	0	77.7
2nd Half/OT	-	38	15	39.5	173	4.6	0	2	7	66	2	4	32.0	Right Sideline	17	5	29.4	68	4.0	0	1	3	22	1	0	43.8
Last 2 Min. Half	-	4	1	25.0	5	1.3	0	1	0	5	0	0	0.0	2 Wide Receivers	30	12	40.0	157	5.2	1	0	6	43	3	2	68.3
4th qtr, +/-7 pts	-	0	0	0.0	0	0.0	0	1	0	0	0	0	0.0	3+ WR	22	9	40.9	82	3.7	0	4	4	35	0	2	12.1
Winning	-	16	7	43.8	72	4.5	0	1	3	33	1	2	31.3	Attempts 1-10	33	17	51.5	203	6.2	1	0	8	56	3	2	80.7
Tied	-	0	0	-	0	-	0	0	0	0	0	0	-	Attempts 11-20	11	3	27.3	19	1.7	0	3	1	12	0	0	0.0
Trailing	-	36	14	38.9	167	4.6	1	3	7	45	2	2	28.4	Attempts 21+	8	1	12.5	17	2.1	0	1	1	10	0	0	0.0

1997 Incompletions

Type	Num	%of Inc	%of Att
Pass Dropped	2	6.5	3.8
Poor Throw	17	54.8	32.7
Pass Defensed	3	9.7	5.8
Pass Hit at Line	3	9.7	5.8
Other	6	19.4	11.5
Total	31	100.0	59.6

Game Logs (1-8)

Date	Opp	Result	Att	Cm	Pct	Yds	TD	Int	Lg	Sk	F-L
08/31	@TB	L 6-13	-	-	-	-	-	-	-	-	-
09/07	@StL	W15-12	28	10	35.7	102	1	3	25	1	0-0
09/14	NO	W33-7	6	4	66.7	41	0	0	18	1	0-0
09/21	Atl	W34-7	7	2	28.6	32	0	0	25	1	0-0
09/29	@Car	W34-21	-	-	-	-	-	-	-	-	-
10/12	StL	W30-10	-	-	-	-	-	-	-	-	-
10/19	@Atl	W35-28	-	-	-	-	-	-	-	-	-
10/26	@NO	W23-0	-	-	-	-	-	-	-	-	-

Game Logs (9-16)

Date	Opp	Result	Att	Cm	Pct	Yds	TD	Int	Lg	Sk	F-L
11/02	Dal	W17-10	-	-	-	-	-	-	-	-	-
11/10	@Phi	W24-12	-	-	-	-	-	-	-	-	-
11/16	Car	W27-19	-	-	-	-	-	-	-	-	-
11/23	SD	W17-10	-	-	-	-	-	-	-	-	-
11/30	@KC	L 9-44	-	-	-	-	-	-	-	-	-
12/07	Min	W28-17	-	-	-	-	-	-	-	-	-
12/15	Den	W34-17	-	-	-	-	-	-	-	-	-
12/21	@Sea	L 9-38	11	5	45.5	64	0	1	33	1	0-0

Rickey Dudley — Oakland Raiders — TE

1997 Receiving Splits

	G	Rec	Yds	Avg	TD	Lg	Big	YAC	Trgt	Y@C	1st	1st%		Rec	Yds	Avg	TD	Lg	Big	YAC	Trgt	Y@C	1st	1st%
Total	16	48	787	16.4	7	76	11	257	91	11.0	35	72.9	Inside 20	7	44	6.3	5	16	0	14	14	4.3	6	85.7
vs. Playoff	6	13	166	12.8	4	37	2	32	25	10.3	8	61.5	Inside 10	4	17	4.3	4	5	0	1	8	4.0	4	100.0
vs. Non-playoff	10	35	621	17.7	3	76	9	225	66	11.3	27	77.1	1st Down	23	409	17.8	3	76	5	136	44	11.9	16	69.6
vs. Own Division	8	27	387	14.3	4	37	4	90	45	11.0	19	70.4	2nd Down	11	207	18.8	3	52	4	68	22	12.6	9	81.8
Home	8	29	458	15.8	7	52	7	133	53	11.2	21	72.4	3rd Down Overall	14	171	12.2	1	31	2	53	24	8.4	10	71.4
Away	8	19	329	17.3	0	76	4	124	38	10.8	14	73.7	3rd D 0-2 to Go	2	15	7.5	0	14	0	9	5	3.0	1	50.0
Games 1-8	8	24	440	18.3	5	76	6	158	42	11.8	18	75.0	3rd D 3-7 to Go	7	70	10.0	1	20	0	33	11	5.3	6	85.7
Games 9-16	8	24	347	14.5	2	55	5	99	49	10.1	17	70.8	3rd D 8+ to Go	5	86	17.2	0	31	2	11	8	15.0	3	60.0
Aug/Sept	5	13	317	24.4	4	76	5	126	26	14.7	11	84.6	4th Down	0	0	-	0	0	0	0	1	0.0	0	0
October	3	11	123	11.2	1	25	1	32	16	8.3	7	63.6	Rec Behind Line	1	5	5.0	0	5	0	14	5	-9.0	0	0.0
November	5	15	241	16.1	0	52	3	73	33	11.2	11	73.3	1-10 yds	24	164	6.8	4	14	0	56	45	4.5	12	50.0
December	3	9	106	11.8	2	29	2	26	16	8.9	6	66.7	11-20 yds	16	331	20.7	2	34	4	71	22	16.3	16	100.0
Grass	13	42	643	15.3	7	52	9	180	79	11.0	30	71.4	21-30 yds	7	287	41.0	1	76	7	116	16	24.4	7	100.0
Turf	3	6	144	24.0	0	76	2	77	12	11.5	5	83.3	31+	0	0	-	0	0	0	0	2	0.0	0	-
Indoor	2	5	139	27.8	0	76	2	63	9	15.2	5	100.0	Left Sideline	4	31	7.8	1	26	1	7	6	6.0	2	50.0
Outdoor	14	43	648	15.1	7	52	9	194	82	10.6	30	69.8	Left Side	10	98	9.8	0	36	1	36	16	6.2	5	50.0
1st Half	-	24	430	17.9	3	52	8	144	40	11.9	19	75.0	Middle	12	163	13.6	2	26	1	30	22	11.1	9	75.0
2nd Half/OT	-	24	357	14.9	4	76	3	113	51	10.2	16	66.7	Right Side	13	234	18.0	4	39	5	83	24	11.6	11	84.6
Last 2 Min. Half	-	6	84	14.0	2	34	1	41	11	7.2	4	66.7	Right Sideline	9	261	29.0	0	76	3	101	23	17.8	8	88.9
4th qtr, +/-7 pts	-	3	93	31.0	0	53	1	17	13.3	2	66.7	Shotgun	0	0	-	0	0	0	0	0	-	0	-
Winning	-	10	106	10.6	3	24	0	25	21	8.1	7	70.0	2 Wide Receivers	20	424	21.2	3	76	6	136	42	14.4	17	85.0
Tied	-	9	256	28.4	1	76	5	98	20	17.6	9	100.0	3 Wide Receivers	27	361	13.4	3	39	5	121	48	8.9	17	63.0
Trailing	-	29	425	14.7	3	39	6	134	50	19	65.5	4+ WR	0	0	-	0	0	0	0	0	-	0	-

1997 Incompletions

Type	Num	%of Inc	%of Att
Pass Dropped	6	14.0	6.6
Poor Throw	14	32.6	15.4
Pass Defensed	12	27.9	13.2
Pass Hit at Line	0	0.0	0.0
Other	11	25.6	12.1
Total	43	100.0	47.3

Game Logs (1-8)

Date	Opp	Result	Rec	Yds	Trgt	F-L	TD
08/31	@Ten	L 21-24	1	26	5	0-0	0
09/08	KC	L 27-28	4	90	8	0-0	2
09/14	@Atl	W 36-31	2	90	3	0-0	0
09/21	@NYA	L 22-23	1	5	3	0-0	0
09/28	StL	W 35-17	5	106	7	0-0	2
10/05	SD	L 10-25	6	68	7	0-0	0
10/19	Den	W 28-25	2	6	3	0-0	1
10/26	@Sea	L 34-45	3	49	6	0-0	0

Game Logs (9-16)

Date	Opp	Result	Rec	Yds	Trgt	F-L	TD
11/02	@Car	L 14-38	5	51	9	0-0	0
11/09	NO	L 10-13	5	116	13	0-0	0
11/16	@SD	W 38-13	2	44	4	0-0	0
11/24	@Den	L 3-31	2	26	5	0-0	0
12/07	@KC	L 0-30	3	38	5	0-0	0
12/14	Sea	L 21-22	5	66	9	0-0	0
12/21	Jac	L 9-20	1	2	3	0-0	1

David Dunn — Cincinnati Bengals — KR

1997 Receiving Splits

	G	Rec	Yds	Avg	TD	Lg	Big	YAC	Trgt	Y@C	1st	1st%		Rec	Yds	Avg	TD	Lg	Big	YAC	Trgt	Y@C	1st	1st%
Total	14	27	414	15.3	2	39	5	128	53	10.6	21	77.8	Inside 20	1	8	8.0	0	8	0	5	4	3.0	0	0.0
vs. Playoff	6	9	165	18.3	1	39	3	53	15	12.4	8	88.9	Inside 10	0	0	-	0	0	0	2	2	-	0	-
vs. Non-playoff	8	18	249	13.8	1	32	2	75	38	9.7	13	72.2	1st Down	6	61	10.2	0	16	0	28	13	5.5	3	50.0
vs. Own Division	7	12	153	12.8	0	37	2	48	25	8.8	8	66.7	2nd Down	9	125	13.9	1	32	1	32	17	10.3	6	66.7
Home	7	10	144	14.4	1	32	2	42	25	10.2	7	70.0	3rd Down Overall	11	189	17.2	0	37	3	48	21	12.8	11	100.0
Away	7	17	270	15.9	1	39	3	86	28	10.8	14	82.4	3rd D 0-2 to Go	0	0	-	0	0	0	0	0	-	0	-
Games 1-8	6	9	179	19.9	1	39	3	60	21	13.2	8	88.9	3rd D 3-7 to Go	8	125	15.6	0	37	2	38	13	10.9	8	100.0
Games 9-16	8	18	235	13.1	1	32	2	68	32	9.3	13	72.2	3rd D 8+ to Go	3	64	21.3	0	31	1	10	8	18.0	3	100.0
Aug/Sept	2	3	58	19.3	0	31	1	17	7	13.7	3	100.0	4th Down	1	39	39.0	0	39	1	20	2	19.0	1	100.0
October	4	6	121	20.2	1	39	2	43	14	13.0	5	83.3	Rec Behind Line	3	15	5.0	0	10	0	15	3	0.0	0	0.0
November	5	9	110	12.2	0	22	0	33	15	8.6	7	77.8	1-10 yds	9	74	8.2	0	13	0	30	21	4.9	7	77.8
December	3	9	125	13.9	1	32	2	35	17	10.0	6	66.7	11-20 yds	12	232	19.3	1	39	2	63	21	14.1	11	91.7
Grass	3	5	99	19.8	0	37	2	31	9	13.6	4	80.0	21-30 yds	3	93	31.0	1	32	3	20	6	24.3	3	100.0
Turf	11	22	315	14.3	2	39	3	97	44	9.9	17	77.3	31+	0	0	-	0	0	0	0	2	-	0	-
Indoor	1	3	43	14.3	0	20	0	19	5	8.0	2	66.7	Left Sideline	2	40	20.0	0	30	1	4	9	18.0	2	100.0
Outdoor	13	24	371	15.5	2	39	5	109	48	10.9	19	79.2	Left Side	6	81	13.5	0	22	0	31	11	8.3	5	83.3
1st Half	-	11	198	18.0	1	39	3	68	23	11.8	10	90.9	Middle	10	215	21.5	2	39	4	67	14	14.8	10	100.0
2nd Half/OT	-	16	216	13.5	1	32	2	60	30	9.8	11	68.8	Right Side	5	46	9.2	0	16	0	25	8	4.2	2	40.0
Last 2 Min. Half	-	4	90	22.5	1	39	1	31	9	14.8	4	100.0	Right Sideline	4	32	8.0	0	15	0	1	11	7.8	2	50.0
4th qtr, +/- 7 pts	-	2	16	8.0	0	16	0	3	4	6.5	1	50.0	Shotgun	0	0	-	0	0	0	0	0	-	0	-
Winning	-	10	170	17.0	2	39	3	54	20	11.6	7	70.0	2 Wide Receivers	8	92	11.5	0	22	0	24	16	8.5	5	62.5
Tied	-	2	36	18.0	0	31	1	12	5	12.0	1	50.0	3 Wide Receivers	15	237	15.8	1	39	3	72	31	11.0	12	80.0
Trailing	-	15	208	13.9	0	37	1	62	28	9.7	13	86.7	4+ WR	3	53	17.7	0	37	1	24	5	9.7	3	100.0

1997 Incompletions

Type	Num	%of Inc	%of Att
Pass Dropped	1	3.8	1.9
Poor Throw	11	42.3	20.8
Pass Defensed	8	30.8	15.1
Pass Hit at Line	0	0.0	0.0
Other	6	23.1	11.3
Total	26	100.0	49.1

Game Logs (1-8)

Date	Opp	Result	Rec	Yds	Trgt	F-L	TD
08/31	Ari	W 24-21	-	-	-	-	-
09/07	@Bal	L 10-23	-	-	-	-	-
09/21	@Den	L 20-38	2	39	2	0-0	0
09/28	NYA	L 14-31	1	19	5	0-0	0
10/05	@Jac	L 13-21	2	52	4	0-0	0
10/12	@Ten	L 7-30	1	8	3	0-0	0
10/19	Pit	L 10-26	0	0	2	0-0	0
10/26	@NYN	L 27-29	3	61	5	0-0	1

Game Logs (9-16)

Date	Opp	Result	Rec	Yds	Trgt	F-L	TD
11/02	SD	W 38-31	0	0	1	1-0	0
11/09	@Ind	W 28-13	3	43	5	0-0	0
11/16	@Pit	L 3-20	2	13	2	0-0	0
11/23	Jac	W 31-26	0	0	0	0-0	0
11/30	@Phi	L 42-44	4	54	7	0-0	0
12/04	Ten	W 41-14	2	44	4	0-0	0
12/14	Dal	W 31-24	2	45	3	0-0	1
12/21	Bal	W 16-14	5	36	10	0-0	0

Warrick Dunn — Tampa Bay Buccaneers — RB

1997 Rushing and Receiving Splits

	G	Rush	Yds	Avg	Lg	TD	1st	Stf	YdL	Rec	Yds	Avg	TD		Rush	Yds	Avg	Lg	TD	1st	Stf	YdL	Rec	Yds	Avg	TD
Total	16	224	978	4.4	76	4	34	18	39	39	462	11.8	3	Inside 20	22	89	4.0	17	2	5	1	3	3	7	2.3	0
vs. Playoff	10	145	647	4.5	52	3	26	15	29	25	303	12.1	2	Inside 10	8	21	2.6	6	2	2	0	0	1	1	1.0	0
vs. Non-playoff	6	79	331	4.2	76	1	8	3	10	14	159	11.4	1	1st Down	123	502	4.1	49	1	10	12	28	17	96	5.6	0
vs. Own Division	8	113	560	5.0	76	3	18	14	33	16	155	9.7	1	2nd Down	79	329	4.2	76	1	17	5	8	10	99	9.9	0
Home	8	91	317	3.5	76	0	8	9	18	24	257	10.7	2	3rd Down Overall	22	147	6.7	52	2	7	1	3	12	267	22.3	3
Away	8	133	661	5.0	52	4	26	9	21	15	205	13.7	1	3rd D 0-2 to Go	5	7	1.4	4	1	3	1	3	0	0	-	0
Games 1-8	8	105	485	4.6	52	3	17	14	28	19	235	12.4	2	3rd D 3-7 to Go	5	67	13.4	52	1	3	0	0	4	65	16.3	1
Games 9-16	8	119	493	4.1	76	1	17	4	11	20	227	11.4	1	3rd D 8+ to Go	12	73	6.1	14	0	1	0	0	8	202	25.3	2
Aug/Sept	5	69	312	4.5	52	2	12	9	16	13	141	10.8	1	4th Down	0	0	-	0	0	0	0	0	0	0	-	0
October	3	36	173	4.8	44	1	5	5	12	6	94	15.7	0	Left Sideline	7	61	8.7	44	0	2	1	3	5	118	23.6	2
November	5	68	253	3.7	30	1	10	2	9	14	178	12.7	1	Left Side	43	200	4.7	30	1	7	4	6	7	53	7.6	0
December	3	51	240	4.7	76	0	7	2	2	6	49	8.2	0	Middle	143	574	4.0	76	3	22	10	19	7	76	10.9	1
Grass	10	116	446	3.8	76	1	12	11	27	27	274	10.1	2	Right Side	25	68	2.7	11	0	1	3	11	16	127	7.9	0
Turf	6	108	532	4.9	52	3	22	7	12	12	188	15.7	1	Right Sideline	6	75	12.5	49	0	2	0	1	4	88	22.0	0
Indoor	4	61	284	5.3	52	3	14	6	11	9	117	13.0	1	0 Tight Ends	20	107	0.4	52	1	5	1	3	24	360	14.6	3
Outdoor	12	163	654	4.0	76	1	23	12	28	30	345	11.5	2	1 Tight End	188	714	3.8	49	3	26	16	28	13	106	8.2	0
1st Half	-	123	442	3.6	49	1	17	12	24	22	284	12.9	1	2 Tight Ends	15	96	6.4	76	0	3	1	8	1	2	2.0	0
2nd Half/OT	-	101	536	5.3	76	3	17	6	15	17	178	10.5	1	3+ Tight Ends	0	0	-	0	0	0	0	0	0	0	-	0
Last 2 Min. Half	-	10	44	4.1	8	0	2	0	1	10	94	9.4	1	Carries 1-5	80	312	3.9	49	0	10	10	22	0	0	-	0
4th qtr, +/- 7 pts	-	17	63	3.7	17	0	3	2	6	17	118	6.9	1	Carries 6-10	74	297	4.0	76	0	11	5	10	0	0	-	0
Winning	-	113	565	5.0	76	3	19	8	15	16	178	11.1	1	Carries 11-15	41	209	5.1	44	3	8	0	0	0	0	-	0
Tied	-	43	131	3.0	16	0	6	4	5	9	141	15.7	1	Carries 16-20	18	106	5.9	52	1	2	1	1	0	0	-	0
Trailing	-	68	282	4.1	44	1	9	6	19	14	143	10.2	1	Carries 21+	11	54	4.9	17	0	3	2	6	0	0	-	0

1997 Incompletions

Type	Num	%of Inc	% Att
Pass Dropped	3	17.6	5.4
Poor Throw	6	35.3	10.7
Pass Defensed	1	5.9	1.8
Pass Hit at Line	1	5.9	1.8
Other	6	35.3	10.7
Total	17	100.0	30.4

Game Logs (1-8)

Date	Opp	Result	Rush	Yds	Rec	Yds	Trgt	F-L	TD
08/31	SF	W 13-6	8	37	2	4	4	0-0	0
09/07	@Det	W 24-17	24	130	2	20	3	0-0	1
09/14	@Min	W 28-14	16	101	1	1	1	0-0	0
09/21	Mia	W 31-21	11	17	6	106	7	0-0	1
09/28	Ari	W 19-18	10	27	2	10	3	0-0	0
10/05	@GB	L 16-21	9	125	1	4	3	1-1	2
10/12	Det	L 9-27	10	9	3	71	3	0-0	0
10/26	Min	L 6-10	10	39	2	19	3	0-0	0

Game Logs (9-16)

Date	Opp	Result	Rush	Yds	Rec	Yds	Trgt	F-L	TD
11/02	@Ind	W 31-28	7	17	3	39	3	0-0	0
11/09	@Atl	W 31-10	14	76	3	57	4	0-0	2
11/16	NE	W 27-7	14	36	4	20	2-1	0
11/23	@Chi	L 7-13	9	4	2	13	4	0-0	0
11/30	@NYN	W 20-8	24	120	2	49	2	0-0	0
12/07	GB	L 6-17	12	33	2	9	5	0-0	0
12/14	@NYA	L 0-31	23	88	1	22	3	0-0	0
12/21	Chi	W 31-15	16	119	3	18	4	0-0	0

Quinn Early — Buffalo Bills — WR

1997 Receiving Splits

	G	Rec	Yds	Avg	TD	Lg	Big	YAC	Trgt	Y@C	1st	1st%		Rec	Yds	Avg	TD	Lg	Big	YAC	Trgt	Y@C	1st	1st%
Total	16	60	853	14.2	5	45	9	138	122	11.9	42	70.0	Inside 20	5	43	8.6	3	17	0	10	13	6.6	5	100.0
vs. Playoff	10	39	509	13.1	1	45	5	88	79	10.8	23	59.0	Inside 10	3	18	6.0	3	9	0	0	4	6.0	3	100.0
vs. Non-playoff	6	21	344	16.4	4	43	4	50	43	14.0	19	90.5	1st Down	23	312	13.6	1	45	3	30	44	12.3	13	56.5
vs. Own Division	8	30	370	12.3	2	43	3	83	59	9.6	22	73.3	2nd Down	22	330	15.0	3	43	4	80	48	11.4	17	77.3
Home	8	22	303	13.8	2	43	3	57	51	11.2	16	72.7	3rd Down Overall	11	156	14.2	0	39	1	12	22	13.1	8	72.7
Away	8	38	550	14.5	3	45	6	81	71	12.3	26	68.4	3rd D 0-2 to Go	0	0	-	0	0	0	0	2	-	0	-
Games 1-8	8	24	400	16.7	3	45	5	61	53	14.1	17	70.8	3rd D 3-7 to Go	4	60	15.0	0	39	1	2	7	14.5	4	100.0
Games 9-16	8	36	453	12.6	2	39	4	77	69	10.4	25	69.4	3rd D 8+ to Go	7	96	13.7	0	21	0	10	13	12.3	4	57.1
Aug/Sept	4	8	180	22.5	2	45	3	35	19	18.1	7	87.5	4th Down	4	55	13.8	1	26	1	16	8	9.8	4	100.0
October	4	16	220	13.8	1	31	2	26	34	12.1	10	62.5	Rec Behind Line	3	2	0.7	0	6	0	10	4	-2.7	0	0.0
November	5	23	231	10.0	2	26	1	33	40	8.6	16	69.6	1-10 yds	29	255	8.8	3	29	1	61	44	6.7	15	51.7
December	3	13	222	17.1	0	39	3	44	29	13.7	9	69.2	11-20 yds	20	354	17.7	0	43	1	48	43	15.3	19	95.0
Grass	6	33	443	13.4	2	45	4	71	61	11.3	21	63.6	21-30 yds	3	82	27.3	0	29	3	9	13	24.3	3	100.0
Turf	10	27	410	15.2	3	43	5	67	61	12.7	21	77.8	31+	4	152	38.0	2	45	4	10	17	35.5	4	100.0
Indoor	1	4	70	17.5	0	27	1	7	8	15.8	4	100.0	Left Sideline	7	119	17.0	1	39	2	13	27	15.1	6	85.7
Outdoor	15	56	783	14.0	5	45	8	131	114	11.6	38	67.9	Left Side	15	236	15.7	2	37	2	33	25	13.5	12	80.0
1st Half	-	19	177	9.3	1	23	0	23	42	8.1	9	47.4	Middle	7	85	12.1	1	29	1	15	14	10.0	5	71.4
2nd Half/OT	-	41	676	16.5	4	45	9	115	80	13.7	33	80.5	Right Side	9	160	17.8	0	43	2	58	16	11.3	7	77.8
Last 2 Min. Half	-	8	93	11.6	1	23	0	16	16	9.6	5	62.5	Right Sideline	22	253	11.5	1	45	2	19	40	10.6	12	54.5
4th qtr, +/-7 pts	-	8	164	20.5	0	45	2	36	19	16.0	6	75.0	Shotgun	0	0	-	0	0	0	0	0	-	0	-
Winning	-	7	103	14.7	1	37	2	7	16	13.7	7	100.0	2 Wide Receivers	18	257	14.3	3	45	2	15	44	13.4	12	66.7
Tied	-	4	58	14.5	0	20	0	6	13	13.0	3	75.0	3 Wide Receivers	34	483	14.2	2	43	6	103	67	11.2	24	70.6
Trailing	-	49	692	14.1	4	45	7	125	93	11.6	32	65.3	4+ WR	6	105	17.5	0	39	1	20	9	14.2	5	83.3

1997 Incompletions

Type	Num	%of Inc	%of Att
Pass Dropped	5	8.1	4.1
Poor Throw	30	48.4	24.6
Pass Defensed	14	22.6	11.5
Pass Hit at Line	1	1.6	0.8
Other	12	19.4	9.8
Total	62	100.0	50.8

Game Logs (1-8)

Date	Opp	Result	Rec	Yds	Trgt	F-L	TD
08/31	Min	L 13-34	0	0	2	0-0	0
09/07	@NYA	W 28-22	1	37	4	0-0	0
09/14	@KC	L 16-22	3	67	7	0-0	0
09/21	Ind	W 37-35	4	76	8	0-0	1
10/05	Det	W 22-13	0	0	2	0-0	0
10/12	@NE	L 6-33	6	59	11	0-0	0
10/20	@Ind	W 9-6	4	70	8	0-0	0
10/26	Den	L 20-23	6	91	13	0-0	1

Game Logs (9-16)

Date	Opp	Result	Rec	Yds	Trgt	F-L	TD
11/02	Mia	W 9-6	3	25	5	0-0	0
11/09	NE	L 10-31	3	25	9	0-0	0
11/17	@Mia	L 13-30	7	57	11	0-0	0
11/23	@Ten	L 14-31	8	103	10	0-0	2
11/30	NYA	W 20-10	2	21	5	0-0	0
12/07	@Chi	L 3-20	2	37	10	0-0	0
12/14	Jac	L 14-20	4	65	7	0-0	0
12/20	@GB	L 21-31	7	120	11	0-0	0

Henry Ellard — Washington Redskins — WR

1997 Receiving Splits

	G	Rec	Yds	Avg	TD	Lg	Big	YAC	Trgt	Y@C	1st	1st%		Rec	Yds	Avg	TD	Lg	Big	YAC	Trgt	Y@C	1st	1st%
Total	16	32	485	15.2	4	27	2	54	65	13.5	29	90.6	Inside 20	4	42	10.5	2	13	0	1	6	10.3	4	100.0
vs. Playoff	5	14	196	14.0	0	27	2	23	26	12.4	11	78.6	Inside 10	0	0	-	0	0	0	0	1	-	0	-
vs. Non-playoff	11	18	289	16.1	4	24	0	31	39	14.3	18	100.0	1st Down	10	177	17.7	1	25	1	13	27	16.4	10	100.0
vs. Own Division	8	16	232	14.5	2	24	0	21	30	13.2	13	81.3	2nd Down	11	153	13.9	1	24	0	18	18	12.3	10	90.9
Home	8	15	203	13.5	2	21	0	16	38	12.5	8	80.0	3rd Down Overall	10	136	13.6	2	27	1	16	19	12.0	8	80.0
Away	8	17	282	16.6	4	27	2	38	27	14.4	17	100.0	3rd D 0-2 to Go	0	0	-	0	0	0	0	1	-	0	-
Games 1-8	8	17	273	16.1	2	27	2	28	31	14.4	17	100.0	3rd D 3-7 to Go	4	42	10.5	0	16	0	2	6	10.0	4	100.0
Games 9-16	8	15	212	14.1	2	24	0	26	34	12.4	12	80.0	3rd D 8+ to Go	6	94	15.7	2	27	1	14	12	13.3	4	66.7
Aug/Sept	4	7	125	17.9	0	27	2	16	11	15.6	7	100.0	4th Down	1	19	19.0	0	19	0	7	1	12.0	1	100.0
October	4	10	148	14.8	2	21	0	12	20	13.6	10	100.0	Rec Behind Line	0	0	-	0	0	0	0	0	-	0	-
November	5	13	176	13.5	1	24	0	23	29	11.8	9	76.9	1-10 yds	10	95	9.5	1	16	0	20	20	7.5	8	80.0
December	3	2	36	18.0	1	23	0	3	5	16.5	2	100.0	11-20 yds	20	343	17.2	1	27	2	34	37	15.5	19	95.0
Grass	12	22	310	14.1	3	23	0	24	52	13.0	19	86.4	21-30 yds	2	47	23.5	0	24	0	0	7	23.5	2	100.0
Turf	4	10	175	17.5	1	27	2	30	13	14.5	10	100.0	31+	0	0	-	0	0	0	0	1	-	0	-
Indoor	0	0	0	-	0	0	0	0	-	0	-	-	Left Sideline	5	77	15.4	0	25	1	12	15	13.0	5	100.0
Outdoor	16	32	485	15.2	4	27	2	54	65	13.5	29	90.6	Left Side	3	33	11.0	0	20	0	4	7	9.7	2	66.7
1st Half	-	9	150	16.7	0	25	1	10	22	15.6	8	88.9	Middle	5	75	15.0	1	21	0	4	11	14.2	5	100.0
2nd Half/OT	-	23	335	14.6	4	27	1	44	43	12.7	21	91.3	Right Side	7	100	14.3	1	23	0	13	10	13.0	7	100.0
Last 2 Min. Half	-	4	56	14.0	0	21	0	6	6	12.5	2	50.0	Right Sideline	12	200	16.7	2	27	1	25	22	14.6	10	83.3
4th qtr, +/-7 pts	-	9	151	16.8	2	27	1	20	18	14.6	9	100.0	Shotgun	1	12	12.0	0	12	0	0	2	12.0	1	100.0
Winning	-	5	73	14.6	2	24	0	3	13	14.0	4	80.0	2 Wide Receivers	11	169	15.4	2	24	0	14	26	14.1	10	90.9
Tied	-	10	138	13.8	0	18	0	4	20	13.4	8	80.0	3 Wide Receivers	15	234	15.6	2	27	1	31	29	13.5	14	93.3
Trailing	-	17	274	16.1	2	27	2	47	32	13.4	17	100.0	4+ WR	4	50	12.5	0	25	1	9	7	10.3	3	75.0

1997 Incompletions

Type	Num	%of Inc	%of Att
Pass Dropped	6	18.2	9.2
Poor Throw	16	48.5	24.6
Pass Defensed	8	24.2	12.3
Pass Hit at Line	0	0.0	0.0
Other	3	9.1	4.6
Total	33	100.0	50.8

Game Logs (1-8)

Date	Opp	Result	Rec	Yds	Trgt	F-L	TD
08/31	@Car	W 24-10	0	0	1	0-0	0
09/07	@Pit	L 13-14	4	78	6	0-0	0
09/14	Ari	W 19-13	2	35	3	0-0	0
09/28	Jac	W 24-12	1	12	1	0-0	0
10/05	@Phi	L 10-24	1	20	4	0-0	0
10/13	Dal	W 21-16	3	60	6	0-0	0
10/19	@Ten	L 14-28	6	84	9	0-0	2
10/26	Bal	L 17-20	3	44	5	0-0	0

Game Logs (9-16)

Date	Opp	Result	Rec	Yds	Trgt	F-L	TD
11/02	@Chi	W 31-8	0	0	0	0-0	0
11/09	Det	W 30-7	1	16	3	0-0	0
11/16	@Dal	L 14-17	4	64	5	0-0	0
11/23	NYN	L 7-7	7	77	15	0-0	0
11/30	StL	L 20-23	1	19	6	0-0	0
12/07	@Ari	W 38-28	1	23	4	0-0	0
12/13	@NYN	L 10-30	1	13	1	0-0	0
12/21	Phi	W 35-32	0	0	0	0-0	0

John Elway — Denver Broncos — QB

1997 Passing Splits

	G	Att	Cm	Pct	Yds	Y/Att	TD	Int	1st	YAC	Big	Sk	Rtg		Att	Cm	Pct	Yds	Y/Att	TD	Int	1st	YAC	Big	Sk	Rtg
Total	16	502	280	55.8	3635	7.2	27	11	169	1471	33	34	87.5	Inside 20	53	23	43.4	162	3.1	13	0	15	43	0	3	90.6
vs. Playoff	5	169	81	47.9	1072	6.3	3	5	45	414	11	12	62.0	Inside 10	22	8	36.4	18	0.8	5	0	5	6	0	2	84.5
vs. Non-playoff	11	333	199	59.8	2563	7.7	24	6	124	1057	22	22	100.5	1st Down	202	109	54.0	1374	6.8	7	5	51	594	15	10	76.6
vs. Own Division	8	252	156	61.9	2029	8.1	14	1	97	856	15	16	104.1	2nd Down	166	96	57.8	1295	7.8	11	2	60	493	10	9	99.8
Home	8	220	131	59.5	1883	8.6	15	5	79	761	18	12	100.6	3rd Down Overall	129	73	56.6	950	7.4	8	4	57	382	8	15	87.7
Away	8	282	149	52.8	1752	6.2	12	6	90	710	15	22	77.3	3rd D 0-5 to Go	49	25	51.0	207	4.2	2	1	21	98	2	2	67.3
Games 1-8	8	244	138	56.6	1733	7.1	13	7	78	690	14	19	84.6	3rd D 6+ to Go	80	48	60.0	743	9.3	6	3	36	284	6	13	100.2
Games 9-16	8	258	142	55.0	1902	7.4	14	4	91	781	19	15	90.3	4th Down	5	2	40.0	16	3.2	1	0	1	2	0	0	88.3
Aug/Sept	5	141	83	58.9	1095	7.8	12	3	48	392	7	10	103.0	Rec Behind Line	60	35	58.3	133	2.2	0	0	7	219	0	0	63.2
October	3	103	55	53.4	638	6.2	1	4	30	298	7	9	59.4	1-10 yds	271	171	63.1	1692	6.2	8	6	91	775	6	9	81.3
November	5	149	92	61.7	1231	8.3	8	0	60	481	12	12	105.9	11-20 yds	97	53	54.6	1039	10.7	9	1	50	307	10	0	118.9
December	3	109	50	45.9	671	6.2	6	4	31	300	7	13	69.0	21-30 yds	44	14	31.8	431	9.8	8	2	14	97	10	0	90.1
Grass	12	371	211	56.9	2814	7.6	20	7	127	1162	26	22	91.2	31+	26	7	26.9	340	13.1	2	2	7	73	7	0	72.8
Turf	4	131	69	52.7	821	6.3	7	4	42	309	7	12	77.2	Left Sideline	125	65	55.2	926	7.4	7	0	43	486	9	1	97.6
Indoor	2	59	36	61.0	440	7.5	5	1	22	148	2	5	105.2	Left Side	80	52	65.0	607	7.6	3	6	31	216	4	9	69.1
Outdoor	14	443	244	55.1	3195	7.2	22	10	147	1323	31	29	85.2	Middle	67	42	62.7	613	9.1	4	0	28	223	5	25	112.3
1st Half	-	287	162	56.4	2101	7.3	16	7	103	869	20	18	88.0	Right Side	130	73	56.2	912	7.0	5	5	41	424	8	4	74.9
2nd Half/OT	-	215	118	54.9	1534	7.1	11	4	66	602	13	16	86.9	Right Sideline	99	43	43.4	570	5.8	8	0	25	119	7	0	89.2
Last 2 Min. Half	-	43	22	51.2	384	8.9	1	2	17	222	4	4	70.3	2 Wide Receivers	218	113	51.8	1523	7.0	10	5	69	614	16	9	80.1
4th qtr, +/-7 pts	-	34	18	52.9	211	6.2	0	1	8	113	3	2	59.8	3+ WR	278	165	59.4	2068	7.4	16	6	98	852	16	25	92.7
Winning	-	237	134	56.5	1752	7.4	14	6	81	644	15	20	89.1	Attempts 1-10	160	92	57.5	1223	7.6	9	2	57	499	13	0	95.4
Tied	-	131	72	55.0	1006	7.7	8	3	47	402	10	7	90.7	Attempts 11-20	160	91	56.9	1087	6.8	8	6	55	471	9	0	78.8
Trailing	-	134	74	55.2	877	6.5	5	2	41	425	8	7	81.6	Attempts 21+	182	97	53.3	1325	7.3	10	3	57	501	11	0	88.3

1997 Incompletions

Type	Num	%of Inc	%of Att
Pass Dropped	35	15.8	7.0
Poor Throw	77	34.7	15.3
Pass Defensed	42	18.9	8.4
Pass Hit at Line	15	6.8	3.0
Other	53	23.9	10.6
Total	222	100.0	44.2

Game Logs (1-8)

Date	Opp	Result	Att	Cm	Pct	Yds	TD	Int	Lg	Sk	F-L
08/31	KC	W 19-3	28	17	60.7	246	0	0	78	2	1-0
09/07	@Sea	W 35-14	26	18	69.2	197	2	0	26	2	1-1
09/14	StL	W 35-14	28	16	57.1	247	4	1	72	1	2-1
09/21	Cin	W 38-20	26	14	53.8	162	3	1	32	2	0-0
09/28	@Atl	W 29-21	33	18	54.5	243	3	1	65	3	0-0
10/06	NE	W 34-13	27	13	48.1	196	0	2	47	1	0-0
10/19	@Oak	L 25-28	46	26	56.5	309	1	0	28	3	1-1
10/26	@Buf	W 23-20	30	16	53.3	133	0	2	25	5	0-0

Game Logs (9-16)

Date	Opp	Result	Att	Cm	Pct	Yds	TD	Int	Lg	Sk	F-L
11/02	Sea	W 30-27	30	19	63.3	252	2	0	59	1	1-1
11/09	Car	W 34-0	23	14	60.9	227	1	0	36	3	2-1
11/16	@KC	L 22-24	31	18	58.1	232	1	0	43	6	1-1
11/24	Oak	W 31-3	32	21	65.6	280	1	0	35	2	1-1
11/30	@SD	W 38-28	33	20	60.6	240	3	0	29	0	0-0
12/07	@Pit	L 24-35	42	17	40.5	248	2	1	41	2	0-0
12/15	@SF	L 17-34	41	16	39.0	150	0	2	26	1	1-1
12/21	SD	W 38-3	26	17	65.4	273	4	1	68	0	0-0

Bert Emanuel — Atlanta Falcons — WR

1997 Receiving Splits

	G	Rec	Yds	Avg	TD	Lg	Big	YAC	Trgt	Y@C	1st	1st%		Rec	Yds	Avg	TD	Lg	Big	YAC	Trgt	Y@C	1st	1st%
Total	16	65	991	15.2	9	56	11	168	140	12.7	49	75.4	Inside 20	5	36	7.2	3	16	0	2	10	6.8	3	60.0
vs. Playoff	5	24	311	13.0	4	56	3	47	52	11.0	18	75.0	Inside 10	2	12	6.0	2	9	0	1	3	5.5	2	100.0
vs. Non-playoff	11	41	680	16.6	5	54	8	121	88	13.6	31	75.6	1st Down	23	442	19.2	5	54	8	85	42	15.5	17	73.9
vs. Own Division	8	34	516	15.2	6	41	6	73	78	13.0	24	70.6	2nd Down	22	260	11.8	2	38	1	45	56	9.8	16	72.7
Home	8	32	523	16.3	6	54	7	115	67	12.8	25	78.1	3rd Down Overall	19	272	14.3	2	56	2	37	41	12.4	15	78.9
Away	8	33	468	14.2	3	56	4	53	73	12.6	24	72.7	3rd D 0-2 to Go	4	29	7.3	0	13	0	5	5	6.0	3	75.0
Games 1-8	8	37	498	13.5	4	56	3	110	84	10.5	26	70.3	3rd D 3-7 to Go	3	14	4.7	1	6	0	-1	3	5.0	3	100.0
Games 9-16	8	28	493	17.6	5	41	8	58	56	15.5	23	82.1	3rd D 8+ to Go	12	229	19.1	1	56	2	33	23	16.3	9	75.0
Aug/Sept	5	25	350	14.0	2	56	2	101	50	10.0	17	68.0	4th Down	1	17	17.0	0	17	0	1	1	16.0	1	100.0
October	3	12	148	12.3	2	27	1	9	34	11.6	9	75.0	Rec Behind Line	1	1	1.0	0	1	0	1	1	0.0	0	0.0
November	5	19	370	19.5	4	41	7	47	36	17.0	16	84.2	1-10 yds	32	310	9.7	2	54	1	121	53	5.9	20	62.5
December	3	9	123	13.7	1	38	1	11	20	12.4	7	77.8	11-20 yds	22	353	16.0	1	29	1	36	43	14.4	19	86.4
Grass	4	19	217	11.4	2	38	1	25	45	10.1	13	68.4	21-30 yds	3	80	26.7	2	28	3	1	12	26.3	3	100.0
Turf	12	46	774	16.8	7	56	10	143	95	13.7	36	78.3	31+	5	196	39.2	3	56	5	9	25	37.4	5	100.0
Indoor	12	46	774	16.8	7	56	10	143	95	13.7	36	78.3	Left Sideline	23	284	12.3	4	30	3	12	49	11.8	20	07.0
Outdoor	4	19	217	11.4	2	38	1	25	45	10.1	13	68.4	Left Side	8	117	14.6	0	29	1	32	16	10.6	7	87.5
1st Half	-	36	607	16.9	6	56	8	104	72	14.0	27	75.0	Middle	10	175	17.5	1	41	2	25	15	15.0	8	80.0
2nd Half/OT	-	29	384	13.2	3	41	3	64	68	11.0	22	75.9	Right Side	13	237	18.2	2	54	3	85	25	11.7	6	46.2
Last 2 Min. Half	-	5	75	15.0	0	19	0	13	13	12.4	4	80.0	Right Sideline	11	178	16.2	2	56	2	14	34	14.9	8	72.7
4th qtr, +/-7 pts	-	4	50	12.5	0	19	0	15	13	8.8	2	50.0	Shotgun	0	0	-	0	0	0	0	0	-	0	-
Winning	-	20	325	16.3	2	41	4	50	42	13.8	14	70.0	2 Wide Receivers	29	460	15.9	4	54	5	115	73	11.9	21	72.4
Tied	-	13	288	22.2	2	56	4	72	29	16.6	11	84.6	3 Wide Receivers	21	375	17.9	4	56	6	36	37	16.1	16	76.2
Trailing	-	32	378	11.8	5	33	3	46	69	14.0	24	75.0	4+ WR	11	119	10.8	1	19	0	16	23	9.4	9	81.8

1997 Incompletions

Type	Num	%of Inc	%of Att
Pass Dropped	4	5.3	2.9
Poor Throw	40	53.3	28.6
Pass Defensed	17	22.7	12.1
Pass Hit at Line	0	0.0	0.0
Other	14	18.7	10.0
Total	75	100.0	53.6

Game Logs (1-8)

Date	Opp	Result	Rec	Yds	Trgt	F-L	TD
08/31	@Det	L 17-28	4	88	8	0-0	0
09/07	Car	L 6-9	3	50	8	1-1	0
09/14	Oak	L 31-36	4	92	9	1-0	0
09/21	@SF	L 7-34	6	62	13	0-0	1
09/28	Den	L 21-29	8	58	12	0-0	1
10/12	@NO	W 23-17	3	40	5	0-0	0
10/19	SF	L 28-35	4	60	13	0-0	0
10/26	@Car	L 12-21	5	48	16	0-0	1

Game Logs (9-16)

Date	Opp	Result	Rec	Yds	Trgt	F-L	TD
11/02	StL	W 34-31	6	108	9	0-0	2
11/09	TB	L 10-31	2	43	6	0-0	1
11/16	@StL	W 27-21	3	52	8	0-0	0
11/23	NO	W 20-3	4	96	6	0-0	0
11/30	@Sea	W 24-17	4	71	7	0-0	0
12/07	@SD	W 14-3	3	32	7	0-0	0
12/14	Phi	W 20-17	1	16	4	0-0	0
12/21	@Ari	L 26-29	5	75	9	0-0	1

Bobby Engram — Chicago Bears — WR

1997 Receiving Splits

	G	Rec	Yds	Avg	TD	Lg	Big	YAC	Trgt	Y@C	1st	1st%		Rec	Yds	Avg	TD	Lg	Big	YAC	Trgt	Y@C	1st	1st%
Total	11	45	399	8.9	2	23	0	118	76	6.2	22	48.9	Inside 20	7	60	8.6	2	12	0	23	10	5.3	5	71.4
vs. Playoff	8	34	309	9.1	2	23	0	95	60	6.3	17	50.0	Inside 10	1	8	8.0	1	8	0	0	1	8.0	1	100.0
vs. Non-playoff	3	11	90	8.2	0	16	0	23	16	6.1	5	45.5	1st Down	19	132	6.9	0	16	0	39	31	4.9	5	26.3
vs. Own Division	6	21	199	9.5	1	18	0	57	43	6.8	10	47.6	2nd Down	14	126	9.0	2	16	0	27	27	7.1	9	64.3
Home	5	22	215	9.8	1	18	0	60	38	7.0	12	54.5	3rd Down Overall	9	106	11.8	0	23	0	42	14	7.1	6	66.7
Away	6	23	184	8.0	1	23	0	58	38	5.5	10	43.5	3rd D 0-2 to Go	1	15	15.0	0	15	0	6	2	9.0	1	100.0
Games 1-8	8	39	348	8.9	2	23	0	91	67	6.6	20	51.3	3rd D 3-7 to Go	4	44	11.0	0	23	0	13	6	7.8	3	75.0
Games 9-16	3	6	51	8.5	0	15	0	27	9	4.0	2	33.3	3rd D 8+ to Go	4	47	11.8	0	18	0	23	6	6.0	2	50.0
Aug/Sept	5	22	209	9.5	1	18	0	55	42	7.0	12	54.5	4th Down	3	35	11.7	0	13	0	10	4	8.3	2	66.7
October	3	17	139	8.2	1	23	0	36	25	6.1	8	47.1	Rec Behind Line	2	12	6.0	0	6	0	12	3	0.0	1	50.0
November	2	4	39	9.8	0	15	0	24	6	3.8	2	50.0	1-10 yds	37	302	8.2	2	15	0	92	59	5.7	17	45.9
December	1	2	12	6.0	0	8	0	3	4.5	0	0.0		11-20 yds	5	82	16.4	0	23	0	14	11	13.6	4	80.0
Grass	9	40	361	9.0	2	23	0	103	67	6.5	20	50.0	21-30 yds	0	0	-	0	0	0	0	1	0	-	
Turf	2	5	38	7.6	0	15	0	15	9	4.6	2	40.0	31+	0	0	-	0	0	0	0	0	-	0	-
Indoor	1	2	23	11.5	0	15	0	13	3	5.0	1	50.0	Left Sideline	11	97	8.8	0	16	0	45	18	4.7	5	45.5
Outdoor	10	43	376	8.7	2	23	0	105	73	6.3	21	48.8	Left Side	4	43	10.8	1	14	0	10	6	8.3	3	75.0
1st Half	-	17	155	9.1	0	16	0	64	35	5.4	9	52.9	Middle	4	45	11.3	1	15	0	17	8	7.0	4	100.0
2nd Half/OT	-	28	244	8.7	2	23	0	54	41	6.8	13	46.4	Right Side	12	123	10.3	0	23	0	28	20	7.9	6	50.0
Last 2 Min. Half	-	4	29	7.3	0	13	0	3	4	6.5	0	0.0	Right Sideline	13	88	6.8	0	13	0	18	22	5.4	4	30.8
4th qtr, +/-7 pts	-	5	39	7.8	0	13	0	10	5	5.8	1	20.0	Shotgun	0	0	-	0	0	0	0	0	-	0	-
Winning	-	3	18	6.0	0	9	0	-1	11	6.3	1	33.3	2 Wide Receivers	22	199	9.0	1	16	0	55	39	6.5	14	63.6
Tied	-	10	86	8.6	0	16	0	37	14	4.9	6	60.0	3 Wide Receivers	16	133	8.3	1	23	0	39	24	5.9	4	25.0
Trailing	-	32	295	9.2	2	23	0	82	51	6.7	15	46.9	4+ WR	6	64	10.7	0	18	0	24	11	6.7	4	66.7

1997 Incompletions

Type	Num	%of Inc	%of Att
Pass Dropped	3	9.7	3.9
Poor Throw	13	41.9	17.1
Pass Defensed	4	12.9	5.3
Pass Hit at Line	1	3.2	1.3
Other	10	32.3	13.2
Total	31	100.0	40.8

Game Logs (1-8)

Date	Opp	Result	Rec	Yds	Trgt	F-L	TD
09/01	@GB	L 24-38	3	24	9	0-0	0
09/07	Min	L 24-27	6	63	11	1-0	1
09/14	Det	L 7-32	5	60	10	0-0	0
09/21	@NE	L 3-31	5	47	6	0-0	0
09/28	@Dal	L 3-27	3	15	6	0-0	0
10/05	NO	L 17-20	6	59	7	0-0	0
10/12	GB	L 23-24	3	17	7	0-0	0
10/27	@Mia	W 36-33	8	63	11	0-0	1

Game Logs (9-16)

Date	Opp	Result	Rec	Yds	Trgt	F-L	TD
11/02	Was	L 8-31	2	16	3	0-0	0
11/09	@Min	L 22-29	2	23	3	0-0	0
11/16	NYA	L 15-23	-	-	-	-	-
11/23	TB	W 13-7	-	-	-	-	-
11/27	@Det	L 20-55	-	-	-	-	-
12/07	Buf	W 20-3	-	-	-	-	-
12/14	@StL	W 13-10	-	-	-	-	-
12/21	@TB	L 15-31	2	12	3	0-0	0

Boomer Esiason — Cincinnati Bengals — QB

1997 Passing Splits

	G	Att	Cm	Pct	Yds	Y/Att	TD	Int	1st	YAC	Big	Sk	Rtg		Att	Cm	Pct	Yds	Y/Att	TD	Int	1st	YAC	Big	Sk	Rtg
Total	7	186	118	63.4	1478	7.9	13	2	75	640	12	7	106.9	Inside 20	27	18	66.7	153	5.7	9	0	15	38	0	1	120.8
vs. Playoff	1	36	26	72.2	211	5.9	2	0	13	100	0	1	105.2	Inside 10	11	6	54.5	37	3.4	6	0	6	0	0	1	101.1
vs. Non-playoff	6	150	92	61.3	1267	8.4	11	2	62	540	12	6	107.3	1st Down	69	40	58.0	393	5.7	3	0	17	158	2	0	88.6
vs. Own Division	4	104	71	68.3	749	7.2	5	0	42	364	4	5	105.0	2nd Down	60	42	70.0	555	9.3	8	0	29	236	4	5	138.5
Home	4	123	80	65.0	979	8.0	7	1	47	444	8	6	105.0	3rd Down Overall	56	35	62.5	520	9.3	2	2	28	245	6	2	89.9
Away	3	63	38	60.3	499	7.9	6	1	28	196	4	1	110.5	3rd D 0-5 to Go	22	15	68.2	224	10.2	1	0	14	130	4	0	116.5
Games 1-8	1	6	4	66.7	39	6.5	0	0	3	13	0	0	84.7	3rd D 6+ to Go	34	20	58.8	296	8.7	1	2	14	115	2	2	77.7
Games 9-16	6	180	114	63.3	1439	8.0	13	2	72	627	12	7	107.6	4th Down	1	1	100.0	10	10.0	0	0	1	1	0	0	108.3
Aug/Sept	0	0	0	-	0	-	0	0	0	0	0	0	-	Rec Behind Line	36	26	72.2	168	4.7	0	0	7	242	0	0	81.7
October	1	6	4	66.7	39	6.5	0	0	3	13	0	0	84.7	1-10 yds	84	60	71.4	584	7.0	8	1	37	257	3	0	117.4
November	3	93	60	64.5	671	7.2	8	1	38	283	4	2	110.1	11-20 yds	40	24	60.0	369	9.2	4	0	24	57	1	0	98.9
December	3	87	54	62.1	768	8.8	5	1	34	344	8	5	105.0	21-30 yds	11	4	36.4	130	11.8	1	1	4	24	4	0	121.2
Grass	1	6	4	66.7	39	6.5	0	0	3	13	0	0	84.7	31+	15	4	26.7	227	15.1	2	1	3	60	4	0	91.0
Turf	6	180	114	63.3	1439	8.0	13	2	72	627	12	7	107.6	Left Sideline	38	25	65.8	310	8.2	3	0	17	141	0	1	117.2
Indoor	1	10	7	70.0	82	8.2	2	0	5	29	1	0	134.2	Left Side	40	25	62.5	314	7.9	1	0	16	158	1	0	84.8
Outdoor	6	176	111	63.1	1396	7.9	11	2	70	611	11	7	103.8	Middle	43	29	67.4	349	8.1	6	0	19	90	3	7	131.7
1st Half	-	86	57	66.3	714	8.3	7	0	37	323	9	4	119.0	Right Side	29	20	69.0	234	8.1	0	1	11	118	2	0	78.8
2nd Half/OT	-	100	61	61.0	764	7.6	6	2	38	317	3	3	96.4	Right Sideline	36	19	52.8	271	7.5	3	0	12	133	3	0	105.2
Last 2 Min. Half	-	19	10	52.6	149	7.8	1	0	8	51	1	1	96.2	2 Wide Receivers	89	53	59.6	613	6.9	6	0	35	233	3	3	102.9
4th qtr, +/-7 pts	-	23	16	69.6	194	8.4	1	0	7	96	1	1	109.7	3+ WR	88	56	63.6	732	8.3	5	2	33	332	6	4	99.2
Winning	-	104	67	64.4	730	7.0	7	1	39	350	6	5	103.4	Attempts 1-10	66	47	71.2	601	9.1	7	0	32	255	5	0	134.7
Tied	-	24	18	75.0	262	10.9	3	0	12	97	3	0	149.7	Attempts 11-20	50	29	58.0	348	7.0	3	1	18	144	3	0	91.1
Trailing	-	58	33	56.9	486	8.4	3	1	24	193	3	2	94.5	Attempts 21+	70	42	60.0	529	7.6	3	1	25	241	4	0	91.9

1997 Incompletions

Type	Num	%of Inc	%of Att
Pass Dropped	12	17.6	6.5
Poor Throw	29	42.6	15.6
Pass Defensed	12	17.6	6.5
Pass Hit at Line	2	2.9	1.1
Other	13	19.1	7.0
Total	68	100.0	36.6

Game Logs (1-8)

Date	Opp	Result	Att	Cm	Pct	Yds	TD	Int	Lg	Sk	F-L
08/31	Ari	W 24-21	-	-	-	-	-	-	-	-	-
09/07	@Bal	L 10-23	-	-	-	-	-	-	-	-	-
09/21	@Den	L 20-38	-	-	-	-	-	-	-	-	-
09/28	NYA	L 14-31	-	-	-	-	-	-	-	-	-
10/05	@Jac	L 13-21	-	-	-	-	-	-	-	-	-
10/12	@Ten	L 7-30	6	4	66.7	39	0	0	14	0	0-0
10/19	Pit	L 10-26	-	-	-	-	-	-	-	-	-
10/26	@NYN	L 27-29	-	-	-	-	-	-	-	-	-

Game Logs (9-16)

Date	Opp	Result	Att	Cm	Pct	Yds	TD	Int	Lg	Sk	F-L
11/02	SD	W 38-31	-	-	-	-	-	-	-	-	-
11/09	@Ind	W 28-13	10	7	70.0	82	2	0	29	0	0-0
11/16	@Pit	L 3-20	-	-	-	-	-	-	-	-	-
11/23	Jac	W 31-26	36	26	72.2	211	2	0	17	1	0-0
11/30	@Phi	L 42-44	47	27	57.4	378	4	1	52	1	0-0
12/04	Ten	W 41-14	28	20	71.4	245	1	0	30	1	0-0
12/14	Dal	W 31-24	25	13	52.0	269	2	1	61	1	0-0
12/21	Bal	W 16-14	34	21	61.8	254	2	0	77	3	1-0

Jim Everett — San Diego Chargers — QB

1997 Passing Splits

	G	Att	Cm	Pct	Yds	Y/Att	TD	Int	1st	YAC	Big	Sk	Rtg		Att	Cm	Pct	Yds	Y/Att	TD	Int	1st	YAC	Big	Sk	Rtg
Total	4	75	36	48.0	457	6.1	1	4	19	282	3	4	49.7	Inside 20	18	2	11.1	5	0.3	0	1	0	4	0	0	16.4
vs. Playoff	2	37	15	40.5	200	5.4	0	3	6	150	1	2	24.6	Inside 10	7	1	14.3	-2	-0.3	0	1	0	2	0	0	39.6
vs. Non-playoff	2	38	21	55.3	257	6.8	1	1	13	132	2	2	74.1	1st Down	22	10	45.5	140	6.4	0	2	5	52	1	1	28.6
vs. Own Division	1	25	9	36.0	137	5.5	0	2	3	122	1	2	21.6	2nd Down	26	13	50.0	121	4.7	0	2	4	69	1	0	31.1
Home	1	9	4	44.4	62	6.9	0	0	3	23	1	0	67.8	3rd Down Overall	24	12	50.0	185	7.7	1	0	9	156	1	3	89.8
Away	3	66	32	48.5	395	6.0	1	4	16	259	2	4	47.2	3rd D 0-5 to Go	8	3	37.5	40	5.0	0	0	3	38	0	0	54.2
Games 1-8	4	75	36	48.0	457	6.1	1	4	19	282	3	4	49.7	3rd D 6+ to Go	16	9	56.3	145	9.1	1	0	6	118	1	3	107.6
Games 9-16	0	0	0	-	0	-	0	0	0	0	0	0	-	4th Down	3	1	33.3	11	3.7	0	0	1	5	0	0	45.1
Aug/Sept	3	50	27	54.0	320	6.4	1	2	16	160	2	2	63.8	Rec Behind Line	17	11	64.7	118	6.9	0	0	3	152	1	0	84.9
October	1	25	9	36.0	137	5.5	0	2	3	122	1	2	21.6	1-10 yds	35	17	48.6	158	4.5	0	3	8	92	0	0	25.7
November	0	0	0	-	0	-	0	0	0	0	0	0	-	11-20 yds	15	5	33.3	91	6.1	0	1	5	21	0	0	27.4
December	0	0	0	-	0	-	0	0	0	0	0	0	-	21-30 yds	6	3	50.0	90	15.0	0	0	3	17	2	0	135.4
Grass	3	46	19	41.3	262	5.7	1	3	9	173	2	2	33.1	31+	1	0	0.0	0	0.0	0	0	0	0	0	0	39.6
Turf	1	29	17	58.6	195	6.7	1	1	10	109	1	2	76.1	Left Sideline	13	7	53.8	92	7.1	0	0	4	38	1	0	76.4
Indoor	1	29	17	58.6	195	6.7	1	1	10	109	1	2	76.1	Left Side	8	3	37.5	88	11.0	0	1	2	92	1	0	39.6
Outdoor	3	46	19	41.3	262	5.7	0	3	9	173	2	2	33.1	Middle	18	10	55.6	123	6.8	0	2	6	49	1	3	37.3
1st Half	-	24	12	50.0	151	6.3	0	1	5	99	1	2	52.6	Right Side	25	12	48.0	103	4.1	1	0	5	74	0	1	72.6
2nd Half/OT	-	51	24	47.1	306	6.0	1	3	14	183	2	2	48.3	Right Sideline	11	4	36.4	51	4.6	0	1	2	29	0	0	13.8
Last 2 Min. Half	-	23	9	39.1	109	4.7	0	1	5	47	1	0	36.3	2 Wide Receivers	9	4	44.4	65	7.2	0	1	2	20	1	0	29.6
4th qtr, +/-7 pts	-	8	5	62.5	77	9.6	1	0	5	35	0	0	133.9	3+ WR	64	30	46.9	358	5.6	0	3	15	252	2	4	44.9
Winning	-	24	15	62.5	171	7.1	1	1	9	75	1	2	80.4	Attempts 1-10	39	20	51.3	236	6.1	0	2	9	141	2	0	48.7
Tied	-	2	1	50.0	4	2.0	0	0	0	10	0	0	56.3	Attempts 11-20	22	9	40.9	84	3.8	0	2	4	39	0	0	14.2
Trailing	-	49	20	40.8	282	5.8	0	3	10	197	2	2	34.6	Attempts 21+	14	7	50.0	137	9.8	1	0	6	102	1	0	108.3

1997 Incompletions

Type	Num	%of Inc	%of Att
Pass Dropped	2	5.1	2.7
Poor Throw	19	48.7	25.3
Pass Defensed	8	20.5	10.7
Pass Hit at Line	2	5.1	2.7
Other	8	20.5	10.7
Total	39	100.0	52.0

Game Logs (1-8)

Date	Opp	Result	Att	Cm	Pct	Yds	TD	Int	Lg	Sk	F-L
08/31	@NE	L 7-41	12	6	50.0	63	0	1	24	0	0-0
09/07	@NO	W 20-6	29	17	58.6	195	1	1	36	2	0-0
09/14	Car	L 7-26	9	4	44.4	62	0	0	33	0	0-0
09/21	@Sea	L 22-17	-	-	-	-	-	-	-	-	-
09/28	Bal	W 21-17	-	-	-	-	-	-	-	-	-
10/05	@Oak	W 25-10	-	-	-	-	-	-	-	-	-
10/16	@KC	L 3-31	25	9	36.0	137	0	2	62	2	2-0
10/26	Ind	W 35-19	-	-	-	-	-	-	-	-	-

Game Logs (9-16)

Date	Opp	Result	Att	Cm	Pct	Yds	TD	Int	Lg	Sk	F-L
11/02	@Cin	L 31-38	-	-	-	-	-	-	-	-	-
11/09	Sea	L 31-37	-	-	-	-	-	-	-	-	-

Marshall Faulk — Indianapolis Colts — RB

1997 Rushing and Receiving Splits

	G	Rush	Yds	Avg	Lg	TD	1st	Stf	YdL	Rec	Yds	Avg	TD		Rush	Yds	Avg	Lg	TD	1st	Stf	YdL	Rec	Yds	Avg	TD
Total	16	264	1054	4.0	45	7	65	36	82	47	471	10.0	1	Inside 20	40	99	2.5	11	7	13	4	11	4	23	5.8	1
vs. Playoff	9	152	579	3.8	45	4	39	20	48	24	225	9.4	0	Inside 10	22	32	1.5	7	6	10	4	11	1	-2	-2.0	0
vs. Non-playoff	7	112	475	4.2	37	3	26	16	34	23	246	10.7	0	1st Down	155	684	4.4	45	3	21	20	50	18	168	9.3	1
vs. Own Division	8	135	524	3.9	37	4	32	18	40	31	328	10.6	1	2nd Down	79	284	3.6	22	3	31	12	25	18	168	9.3	0
Home	8	131	500	3.8	45	3	34	14	37	21	214	10.2	1	3rd Down Overall	26	66	2.5	24	1	10	4	7	11	135	12.3	0
Away	8	133	554	4.2	37	4	31	22	45	26	257	9.9	0	3rd D 0-2 to Go	17	50	2.9	24	1	9	3	5	0	0	-	0
Games 1-8	8	125	404	3.2	37	2	24	20	44	25	178	7.1	0	3rd D 3-7 to Go	7	8	1.1	5	0	1	1	2	2	11	5.5	0
Games 9-16	8	139	650	4.7	45	5	41	16	38	22	293	13.3	1	3rd D 8+ to Go	2	8	4.0	6	0	0	0	0	9	124	13.8	0
Aug/Sept	4	67	252	3.8	37	1	15	8	22	11	69	6.3	0	4th Down	4	20	5.0	16	3	0	1	0	0	0	-	0
October	4	58	152	2.6	16	1	9	12	22	14	109	7.8	0	Left Side	10	32	3.2	8	0	2	1	4	12	86	7.2	0
November	5	73	348	4.8	45	1	21	6	18	9	133	14.8	0	Left Sideline	44	150	3.4	17	0	8	4	6	4	19	4.8	0
December	3	66	302	4.6	24	4	20	10	20	13	160	12.3	1	Middle	89	277	3.1	22	3	25	12	33	4	53	13.3	1
Grass	3	39	149	3.8	22	0	8	7	11	10	86	8.6	0	Right Side	80	398	5.0	45	2	19	13	31	8	156	19.5	0
Turf	13	225	905	4.0	45	7	57	29	71	37	385	10.4	0	Right Sideline	18	95	5.3	19	0	4	2	2	16	134	8.4	0
Indoor	10	166	640	3.9	45	5	44	19	53	27	282	10.4	1	0 Tight Ends	9	35	3.9	11	0	1	0	0	13	150	11.5	0
Outdoor	6	98	414	4.2	37	2	21	17	29	20	189	9.5	0	1 Tight End	111	461	4.2	45	2	21	19	45	22	189	8.6	1
1st Half	-	141	573	4.1	45	4	35	21	50	21	250	11.9	1	2 Tight Ends	116	459	4.0	22	1	34	16	22	9	109	12.1	0
2nd Half/OT	-	123	481	3.9	37	4	30	15	32	26	221	8.5	0	3+ Tight Ends	5	-3	-0.6	2	2	2	2	4	0	0	-	0
Last 2 Min. Half	-	6	39	6.5	22	0	2	1	4	4	44	11.0	0	Carries 1-5	80	344	4.3	45	2	19	11	23	0	0	-	0
4th qtr, +/-7 pts	-	11	43	3.9	19	0	2	3	4	1	4	4.0	0	Carries 6-10	78	298	3.8	22	1	17	9	26	0	0	-	0
Winning	-	60	260	4.3	37	3	15	8	15	7	101	14.4	1	Carries 11-15	67	287	4.3	37	2	21	9	18	0	0	-	0
Tied	-	52	245	4.7	18	1	11	5	6	5	40	8.0	0	Carries 16-20	33	117	3.5	24	2	8	6	14	0	0	-	0
Trailing	-	152	549	3.6	45	3	39	23	61	35	330	9.4	0	Carries 21+	6	8	1.3	4	0	0	1	1	0	0	-	0

1997 Incompletions

Type	Num	%of Inc	% Att
Pass Dropped	2	7.7	2.7
Poor Throw	14	53.8	19.2
Pass Defensed	3	11.5	4.1
Pass Hit at Line	1	3.8	1.4
Other	6	23.1	8.2
Total	26	100.0	35.6

Game Logs (1-8)

Date	Opp	Result	Rush	Yds	Rec	Yds	Trgt	F-L	TD
08/31	@Mia	L 10-16	19	94	4	30	7	1-1	0
09/07	NE	L 6-31	15	23	2	22	2	0-0	0
09/14	Sea	L 3-31	17	58	2	9	2	0-0	0
09/21	@Buf	L 35-37	16	77	3	8	5	0-0	1
10/05	NYA	L 12-16	14	32	4	38	4	1-0	1
10/12	@Pit	L 22-24	20	55	2	8	4	0-0	0
10/20	Buf	L 6-9	16	54	5	50	7	0-0	0
10/26	@SD	L 19-35	8	11	3	13	3	0-0	0

Game Logs (9-16)

Date	Opp	Result	Rush	Yds	Rec	Yds	Trgt	F-L	TD
11/02	TB	L 28-31	14	40	1	-1	4	0-0	1
11/09	Cin	L 13-28	18	110	1	41	1	1-1	0
11/16	GB	W 41-38	17	116	1	5	4	1-0	0
11/23	@Det	L 10-32	12	38	3	45	5	0-0	0
11/30	@NE	L 17-20	12	44	3	43	7	1-1	0
12/07	@NYA	W 22-14	23	133	5	87	6	0-0	1
12/14	Mia	W 41-0	20	67	5	50	5	0-0	0
12/21	@Min	L 28-39	23	102	3	23	5	0-0	2

Brett Favre — Green Bay Packers — QB

1997 Passing Splits

	G	Att	Cm	Pct	Yds	Y/Att	TD	Int	1st	YAC	Big	Sk	Rtg		Att	Cm	Pct	Yds	Y/Att	TD	Int	1st	YAC	Big	Sk	Rtg
Total	16	513	304	59.3	3867	7.5	35	16	190	1531	37	25	92.6	Inside 20	79	46	58.2	341	4.3	24	0	34	154	0	5	108.2
vs. Playoff	8	266	163	61.3	1901	7.1	17	7	95	771	15	12	93.3	Inside 10	39	23	59.0	83	2.1	17	0	17	44	0	3	103.3
vs. Non-playoff	8	247	141	57.1	1966	8.0	18	9	95	760	22	13	91.9	1st Down	216	124	57.4	1494	6.9	15	4	66	639	14	5	94.2
vs. Own Division	8	252	150	59.5	1812	7.2	17	9	91	745	16	12	89.3	2nd Down	173	113	65.3	1506	8.7	12	6	71	583	14	10	101.5
Home	8	239	145	60.7	1782	7.5	19	7	87	698	17	14	98.0	3rd Down Overall	122	65	53.3	830	6.8	8	6	51	291	8	10	76.2
Away	8	274	159	58.0	2085	7.6	16	9	103	833	20	11	87.9	3rd D 0-5 to Go	47	28	59.6	276	5.9	5	1	25	107	2	2	102.8
Games 1-8	8	274	161	58.8	1926	7.0	18	8	102	807	13	12	90.1	3rd D 6+ to Go	75	37	49.3	554	7.4	3	5	26	184	6	8	59.5
Games 9-16	8	239	143	59.8	1941	8.1	17	8	88	724	24	13	95.5	4th Down	2	2	100.0	37	18.5	0	0	2	18	1	0	118.8
Aug/Sept	5	174	98	56.3	1319	7.6	10	7	64	521	11	8	83.0	Rec Behind Line	74	55	74.3	341	4.6	1	6	17	458	2	0	53.9
October	3	100	63	63.0	607	6.1	8	1	38	286	2	4	102.4	1-10 yds	250	161	64.4	1457	5.8	18	4	88	684	5	0	97.4
November	4	125	73	58.4	1053	8.4	9	6	44	421	16	9	89.8	11-20 yds	114	62	54.4	1192	10.5	9	3	59	256	10	0	106.3
December	4	114	70	61.4	888	7.8	8	2	44	303	8	4	101.8	21-30 yds	52	20	38.5	587	11.3	4	3	20	81	14	0	82.8
Grass	12	375	230	61.3	2734	7.3	30	10	143	1046	22	18	99.1	31+	23	6	26.1	290	12.6	3	0	6	52	6	0	118.8
Turf	4	138	74	53.6	1133	8.2	5	6	47	485	15	7	74.9	Left Sideline	97	47	48.5	667	6.9	5	1	31	280	7	0	66.8
Indoor	3	97	55	56.7	854	8.8	5	5	34	386	12	6	81.7	Left Side	77	43	55.8	532	6.9	4	1	24	268	3	2	89.3
Outdoor	13	416	249	59.9	3013	7.2	30	11	156	1145	25	19	95.2	Middle	89	61	68.5	968	10.9	8	6	45	332	12	17	106.4
1st Half	-	308	174	56.5	2278	7.4	23	12	107	836	23	19	88.6	Right Side	161	99	61.5	1089	6.8	12	4	59	408	9	5	96.0
2nd Half/OT	-	205	130	63.4	1589	7.8	12	4	83	695	14	6	98.6	Right Sideline	89	54	60.7	611	6.9	6	0	31	243	6	1	103.7
Last 2 Min. Half	-	76	46	60.5	617	8.1	6	5	31	202	7	3	85.3	2 Wide Receivers	289	176	61.6	2394	8.3	13	11	108	1026	25	14	87.1
4th qtr, +/- 7 pts	-	37	25	67.6	300	8.1	3	0	13	141	3	1	119.2	3+ WR	210	116	55.2	1428	6.8	16	5	72	496	12	9	91.9
Winning	-	274	171	62.4	1980	7.2	14	10	103	760	13	17	86.0	Attempts 1-10	160	86	53.8	1125	7.0	11	5	54	475	12	6	86.1
Tied	-	112	57	50.9	807	7.2	8	2	34	356	11	2	90.9	Attempts 11-20	158	96	60.8	1291	8.2	11	7	57	468	13	0	91.5
Trailing	-	127	76	59.8	1080	8.5	13	4	53	415	13	6	108.4	Attempts 21+	195	122	62.6	1451	7.4	13	4	79	588	12	0	98.9

1997 Incompletions

Type	Num	%of Inc	%of Att
Pass Dropped	30	14.4	5.8
Poor Throw	92	44.0	17.9
Pass Defensed	40	19.1	7.8
Pass Hit at Line	9	4.3	1.8
Other	38	18.2	7.4
Total	209	100.0	40.7

Game Logs (1-8)

Date	Opp	Result	Att	Cm	Pct	Yds	TD	Int	Lg	Sk	F-L
09/01	Chi	W38-24	22	15	68.2	226	2	1	44	2	0-0
09/07	@Phi	L 9-10	41	19	46.3	279	0	1	30	1	0-0
09/14	Mia	W23-18	37	24	64.9	253	2	0	48	1	1-1
09/21	Min	W38-32	31	18	58.1	266	5	2	28	2	0-0
09/28	@Det	L 15-26	43	22	51.2	295	1	3	45	2	1-0
10/05	TB	W21-16	31	21	67.7	191	2	0	31	3	1-1
10/12	@Chi	W24-23	35	19	54.3	177	3	1	18	0	0-0
10/27	@NE	W28-10	34	23	67.6	239	3	0	32	1	1-1

Game Logs (9-16)

Date	Opp	Result	Att	Cm	Pct	Yds	TD	Int	Lg	Sk	F-L
11/02	Det	W20-10	28	15	53.6	181	1	1	28	2	1-0
11/09	StL	W17-7	37	18	48.6	306	1	2	45	2	0-0
11/16	@Ind	L 38-41	25	18	72.0	363	3	2	74	3	1-1
11/23	Dal	W45-17	35	22	62.9	203	4	1	36	2	0-0
12/01	@Min	W27-11	29	15	51.7	196	1	0	31	1	0-0
12/07	@TB	W17-6	33	25	75.8	280	2	1	43	0	0-0
12/14	@Car	W31-10	34	18	52.9	256	3	1	58	3	1-0
12/20	Buf	W31-21	18	12	66.7	156	0	0	38	0	0-0

Terrell Fletcher — San Diego Chargers — RB

1997 Receiving Splits

	G	Rec	Yds	Avg	TD	Lg	Big	YAC	Trgt	Y@C	1st	1st%		Rec	Yds	Avg	TD	Lg	Big	YAC	Trgt	Y@C	1st	1st%
Total	13	39	292	7.5	0	25	1	331	48	-1.0	17	43.6	Inside 20	1	7	7.0	0	7	0	2	2	5.0	0	0.0
vs. Playoff	4	13	125	9.6	0	25	1	130	17	-0.4	6	46.2	Inside 10	0	0	-	0	0	0	0	0	-	0	-
vs. Non-playoff	9	26	167	6.4	0	20	0	201	31	-1.3	11	42.3	1st Down	7	55	7.9	0	15	0	55	11	0.0	2	28.6
vs. Own Division	5	12	117	9.8	0	25	1	139	18	-1.8	7	58.3	2nd Down	12	44	3.7	0	15	0	55	15	-0.9	3	25.0
Home	7	19	93	4.9	0	25	1	118	23	-1.3	7	36.8	3rd Down Overall	20	193	9.7	0	25	1	221	22	-1.4	12	60.0
Away	6	20	199	10.0	0	20	0	213	25	-0.7	10	50.0	3rd D 0-2 to Go	1	8	8.0	0	8	0	6	2	2.0	1	100.0
Games 1-8	7	25	176	7.0	0	20	0	191	29	-0.6	11	44.0	3rd D 3-7 to Go	10	98	9.8	0	20	0	114	11	-1.6	8	80.0
Games 9-16	6	14	116	8.3	0	25	1	140	19	-1.7	6	42.9	3rd D 8+ to Go	9	87	9.7	0	25	1	101	9	-1.6	3	33.3
Aug/Sept	4	15	90	6.0	0	20	0	100	15	-0.7	6	40.0	4th Down	0	0	-	0	0	0	0	0	-	0	-
October	3	10	86	8.6	0	20	0	91	14	-0.5	5	50.0	Rec Behind Line	24	59	3.0	0	25	0	276	27	-3.5	12	50.0
November	5	11	89	8.1	0	25	1	99	14	-0.9	5	45.5	1-10 yds	15	99	6.6	0	18	0	55	20	2.5	5	33.3
December	1	3	27	9.0	0	15	0	41	5	-4.7	1	33.3	11-20 yds	0	0	-	0	0	0	0	1	-	0	-
Grass	11	31	221	7.1	0	25	1	246	39	-0.8	13	41.9	21-30 yds	0	0	-	0	0	0	0	0	-	0	-
Turf	2	8	71	8.9	0	20	0	85	9	-1.8	4	50.0	31+	0	0	-	0	0	0	0	0	-	0	-
Indoor	1	4	35	8.8	0	20	0	51	4	-4.0	2	50.0	Left Sideline	10	73	7.3	0	15	0	72	12	0.1	6	60.0
Outdoor	12	35	257	7.3	0	25	1	280	44	-0.7	15	42.9	Left Side	7	56	8.0	0	25	1	73	8	-2.4	3	42.9
1st Half	-	17	138	8.1	0	20	0	152	23	-0.8	7	41.2	Middle	6	32	5.3	0	15	0	42	7	-1.7	2	33.3
2nd Half/OT	-	22	154	7.0	0	25	1	179	25	-1.1	10	45.5	Right Side	13	94	7.2	0	20	0	114	14	-1.5	4	30.8
Last 2 Min. Half	-	4	34	8.5	0	15	0	19	5	3.8	2	50.0	Right Sideline	3	37	12.3	0	18	0	30	7	2.3	2	66.7
4th qtr, +/- 7 pts	-	4	7	1.8	0	7	0	9	5	-0.5	1	25.0	Shotgun	11	99	9.0	0	20	0	99	12	0.0	6	54.5
Winning	-	10	60	6.0	0	20	0	69	11	-0.9	5	50.0	2 Wide Receivers	0	0	-	0	0	0	0	1	-	0	-
Tied	-	4	22	5.5	0	14	0	35	8	-3.3	1	25.0	3 Wide Receivers	28	198	7.1	0	25	1	204	33	-0.2	12	42.9
Trailing	-	25	210	8.4	0	25	1	227	29	-0.7	11	44.0	4+ WR	11	94	8.5	0	20	0	127	14	-3.0	5	45.5

1997 Incompletions

Type	Num	%of Inc	%of Att
Pass Dropped	2	22.2	4.2
Poor Throw	5	55.6	10.4
Pass Defensed	0	0.0	0.0
Pass Hit at Line	1	11.1	2.1
Other	1	11.1	2.1
Total	9	100.0	18.8

Game Logs (1-8)

Date	Opp	Result	Rush	Yds	Rec	Yds	Trgt	F-L	TD
08/31	@NE	L 7-41	7	31	3	32	3	1-1	0
09/07	@NO	W 20-6	4	3	4	35	4	1-1	0
09/14	Oak	L 7-26	5	33	4	8	4	1-1	0
09/21	@Sea	L 22-26	-	-	-	-	1	-	-
09/28	Bal	W 21-17	4	17	4	15	4	0-0	0
10/05	@Oak	W 25-10	3	-3	2	35	3	2-1	0
10/16	@KC	L 3-31	0	14	0	35	8	0-0	0
10/26	Ind	W 35-19	1	10	3	6	3	0-0	0

Game Logs (9-16)

Date	Opp	Result	Rush	Yds	Rec	Yds	F-L	TD
11/02	@Cin	L 31-38	2	7	4	36	5	0-0	0
11/09	Sea	L 31-37	2	5	1	5	2	0-0	0
11/16	Oak	L 13-38	4	5	1	0	1	0-0	0
11/30	Den	L 28-38	6	17	3	32	4	1-0	0
12/07	Atl	L 3-14	5	16	3	27	5	0-0	0
12/14	KC	L 7-29	-	-	-	-	-	-	-

William Floyd — San Francisco 49ers — FB

1997 Receiving Splits

	G	Rec	Yds	Avg	TD	Lg	Big	YAC	Trgt	Y@C	1st	1st%		Rec	Yds	Avg	TD	Lg	Big	YAC	Trgt	Y@C	1st	1st%
Total	15	37	321	8.7	1	44	2	278	54	1.2	13	35.1	Inside 20	1	7	7.0	0	7	0	10	4	-3.0	0	0.0
vs. Playoff	4	11	93	8.5	0	30	1	70	15	2.1	3	27.3	Inside 10	0	0	-	0	0	0	0	1	-	0	-
vs. Non-playoff	11	26	228	8.8	1	44	1	208	39	0.8	10	38.5	1st Down	18	194	10.8	1	44	2	162	24	1.8	6	33.3
vs. Own Division	8	18	197	10.9	1	44	1	178	29	1.1	9	50.0	2nd Down	13	90	6.9	0	12	0	71	20	1.5	5	38.5
Home	8	25	263	10.5	1	44	1	218	35	1.8	12	48.0	3rd Down Overall	6	37	6.2	0	11	0	45	10	-1.3	2	33.3
Away	7	12	58	4.8	0	9	0	60	19	-0.2	1	8.3	3rd D 0-2 to Go	1	11	11.0	0	11	0	11	1	0.0	1	100.0
Games 1-8	8	16	143	8.9	0	21	0	142	26	0.1	7	43.8	3rd D 3-7 to Go	3	12	4.0	0	6	0	14	6	-0.7	1	33.3
Games 9-16	7	21	178	8.5	1	44	2	136	28	2.0	6	28.6	3rd D 8+ to Go	2	14	7.0	0	7	0	20	3	-3.0	0	0
Aug/Sept	5	12	113	9.4	0	21	0	101	17	1.0	5	41.7	4th Down	0	0	-	0	0	0	0	0	-	0	-
October	3	4	30	7.5	0	11	0	41	9	-2.8	2	50.0	Rec Behind Line	16	101	6.3	0	12	0	149	18	-3.0	5	31.3
November	5	15	108	7.2	1	44	1	87	20	1.4	3	20.0	1-10 yds	17	113	6.6	0	18	0	73	30	2.4	4	23.5
December	2	6	70	11.7	0	30	1	49	8	3.5	3	50.0	11-20 yds	4	107	26.8	1	44	2	56	6	12.8	4	100.0
Grass	11	31	295	9.5	1	44	2	246	43	1.6	12	38.7	21-30 yds	0	0	-	0	0	0	0	0	-	0	-
Turf	4	6	26	4.3	0	9	0	32	11	-1.0	1	16.7	31+	0	0	-	0	0	0	0	0	-	0	-
Indoor	3	4	24	6.0	0	9	0	31	8	-1.8	1	25.0	Left Sideline	11	110	10.0	1	44	2	89	17	1.9	3	27.3
Outdoor	12	33	297	9.0	1	44	2	247	46	1.5	12	36.4	Left Side	5	55	11.0	0	18	0	50	10	1.0	4	80.0
1st Half	-	23	221	9.6	1	44	1	201	31	0.9	9	39.1	Middle	5	33	6.6	0	9	0	18	7	3.0	1	20.0
2nd Half/OT	-	14	100	7.1	0	30	1	77	23	1.6	4	28.6	Right Side	11	81	7.4	0	12	0	90	13	-0.8	3	27.3
Last 2 Min. Half	-	4	37	9.3	0	12	0	42	5	-1.3	2	50.0	Right Sideline	5	42	8.4	0	21	0	31	7	2.2	2	40.0
4th qtr, +/-7 pts	-	1	8	8.0	0	8	0	4	2	4.0	1	100.0	Shotgun	0	0	-	0	0	0	0	0	-	0	-
Winning	-	22	229	10.4	1	44	2	204	32	1.1	10	45.5	2 Wide Receivers	28	272	9.7	1	44	2	225	40	1.7	13	46.4
Tied	-	5	39	7.8	0	11	0	35	8	0.8	1	20.0	3 Wide Receivers	9	49	5.4	0	9	0	53	13	-0.4	0	0.0
Trailing	-	10	53	5.3	0	12	0	39	14	1.4	2	20.0	4+ WR	0	0	-	0	0	0	0	1	-	0	-

1997 Incompletions

Type	Num	%of Inc	%of Att
Pass Dropped	4	23.5	7.4
Poor Throw	5	29.4	9.3
Pass Defensed	2	11.8	3.7
Pass Hit at Line	0	0.0	0.0
Other	6	35.3	11.1
Total	17	100.0	31.5

Game Logs (1-8)

Date	Opp	Result	Rush	Yds	Rec	Yds	Trgt	F-L	TD
08/31	@TB	L 6-13	2	6	1	5	2	0-0	0
09/07	@StL	W 15-12	5	21	1	5	2	1-1	0
09/14	NO	W 33-7	4	3	2	9	4	0-0	0
09/21	Atl	W 34-7	4	20	7	85	8	0-0	0
09/29	@Car	W 34-21	7	21	1	9	1	1-1	0
10/12	StL	W 30-10	7	13	1	11	3	0-0	0
10/19	@Atl	W 35-28	7	39	2	15	4	0-0	1
10/26	@NO	W 23-0	3	4	1	4	2	0-0	0

Game Logs (9-16)

Date	Opp	Result	Rush	Yds	Rec	Yds	Trgt	F-L	TD
11/02	Dal	W 17-10	4	8	3	14	4	0-0	1
11/10	@Phi	W 24-12	4	2	2	3	0-0	0
11/16	Car	W 27-19	5	21	3	59	5	0-0	1
11/23	SD	W 17-10	6	19	3	15	3	0-0	0
11/30	@KC	L 9-44	3	7	4	18	5	0-0	0
12/07	Min	W 28-17	10	28	3	49	3	0-0	1
12/15	Den	W 34-17	7	19	3	21	5	0-0	0
12/21	@Sea	L 9-38							

Glenn Foley — New York Jets — QB

1997 Passing Splits

	G	Att	Cm	Pct	Yds	Y/Att	TD	Int	1st	YAC	Big	Sk	Rtg		Att	Cm	Pct	Yds	Y/Att	TD	Int	1st	YAC	Big	Sk	Rtg
Total	6	97	56	57.7	705	7.3	3	1	37	220	4	3	86.5	Inside 20	13	5	38.5	36	2.8	2	0	2	15	0	0	86.2
vs. Playoff	3	71	42	59.2	522	7.4	2	1	27	156	3	1	85.5	Inside 10	2	1	50.0	5	2.5	1	0	1	3	0	0	95.8
vs. Non-playoff	3	26	14	53.8	183	7.0	1	0	10	64	1	2	89.1	1st Down	43	25	58.1	339	7.9	1	0	17	116	3	2	91.1
vs. Own Division	3	71	42	59.2	522	7.4	2	1	27	156	3	2	85.5	2nd Down	28	15	53.6	187	6.7	1	0	9	57	0	1	86.5
Home	3	36	23	63.9	272	7.6	1	0	16	83	1	0	96.1	3rd Down Overall	24	16	66.7	179	7.5	1	1	11	47	1	0	85.2
Away	3	61	33	54.1	433	7.1	2	1	21	137	3	3	80.8	3rd D 0-5 to Go	4	2	50.0	12	3.0	0	0	2	4	0	0	95.8
Games 1-8	3	23	17	73.9	200	8.7	1	0	11	63	1	0	114.4	3rd D 6+ to Go	20	14	70.0	167	8.4	0	1	9	43	1	0	74.4
Games 9-16	3	74	39	52.7	505	6.8	2	1	26	157	3	3	77.8	4th Down	2	0	0	0	0	0	0	0	0	0	0	39.6
Aug/Sept	1	0	0	0	0	0	0	0	0	0	0	0	-	Rec Behind Line	12	6	50.0	58	4.8	0	0	2	76	0	0	63.9
October	2	23	17	73.9	200	8.7	1	0	11	63	1	0	114.4	1-10 yds	44	29	65.9	239	5.4	1	0	14	74	0	0	87.2
November	3	74	39	52.7	505	6.8	2	1	26	157	3	3	77.8	11-20 yds	29	19	65.5	340	11.7	1	1	19	66	2	0	102.7
December	0	0	0	0	0	-	0	0	0	0	0	0	-	21-30 yds	7	1	14.3	33	4.7	0	0	1	3	1	0	46.7
Grass	2	61	33	54.1	433	7.1	2	1	21	137	3	3	80.8	31+	5	1	20.0	35	7.0	1	0	1	1	1	0	95.8
Turf	4	36	23	63.9	272	7.6	1	0	16	83	1	0	96.1	Left Sideline	18	9	50.0	97	5.4	0	0	4	27	1	0	66.2
Indoor	1	0	0	0	0	-	0	0	0	0	0	0	-	Left Side	14	9	64.3	109	7.8	0	0	5	56	0	0	88.1
Outdoor	5	97	56	57.7	705	7.3	3	1	37	220	4	3	86.5	Middle	21	12	57.1	162	7.7	0	1	9	27	0	3	62.0
1st Half	-	37	19	51.4	276	7.5	2	0	12	82	3	1	94.0	Right Side	24	14	58.3	193	8.0	3	0	11	66	2	0	123.8
2nd Half/OT	-	60	37	61.7	429	7.2	1	1	25	138	1	2	81.9	Right Sideline	20	12	60.0	144	7.2	0	0	8	44	1	0	82.1
Last 2 Min. Half	-	8	3	37.5	53	6.6	1	0	3	11	0	0	60.9	2 Wide Receivers	42	25	59.5	357	8.5	1	0	19	114	3	2	95.0
4th qtr, +/-7 pts	-	29	16	55.2	190	6.6	1	1	12	57	1	0	72.5	3+ WR	51	29	56.9	338	6.6	1	1	17	102	1	1	75.4
Winning	-	15	8	53.3	114	7.6	1	0	6	30	2	1	100.4	Attempts 1-10	40	22	55.0	288	7.2	1	0	15	93	1	0	86.3
Tied	-	16	9	56.3	107	6.7	0	0	6	17	0	1	76.8	Attempts 11-20	26	16	61.5	184	7.1	1	0	10	62	2	0	95.7
Trailing	-	66	39	59.1	484	7.3	2	1	25	136	2	2	85.7	Attempts 21+	31	18	58.1	233	7.5	1	1	12	65	1	0	79.1

1997 Incompletions

Type	Num	%of Inc	%of Att
Pass Dropped	7	17.1	7.2
Poor Throw	16	39.0	16.5
Pass Defensed	3	7.3	3.1
Pass Hit at Line	3	7.3	3.1
Other	12	29.3	12.4
Total	41	100.0	42.3

Game Logs (1-8)

Date	Opp	Result	Att	Cm	Pct	Yds	TD	Int	Lg	Sk	F-L
08/31	@Sea	W 41-3	0	0	-	0	0	0	0	0-0	
09/07	Buf	L 22-28	-	-	-	-	-	-	-	-	-
09/14	@NE	L 24-27	-	-	-	-	-	-	-	-	-
09/21	Oak	W 23-22	-	-	-	-	-	-	-	-	-
09/28	@Cin	W 31-14	-	-	-	-	-	-	-	-	-
10/05	@Ind	W 16-12	-	-	-	-	-	-	-	-	-
10/12	Mia	L 20-31	0	0	-	0	0	0	0	0-0	
10/19	NE	W 24-19	23	17	73.9	200	1	0	27	0	0-0

Game Logs (9-16)

Date	Opp	Result	Att	Cm	Pct	Yds	TD	Int	Lg	Sk	F-L
11/02	Bal	W 19-16	13	6	46.2	72	0	0	21	0	0-0
11/09	@Mia	L 17-24	48	25	52.1	322	1	1	33	2	1-1
11/16	@Chi	W 23-15	13	8	61.5	111	1	0	35	1	0-0
11/23	Min	W 23-15	-	-	-	-	-	-	-	-	-
11/30	@Buf	L 10-20	-	-	-	-	-	-	-	-	-
12/07	Ind	L 14-22	-	-	-	-	-	-	-	-	-
12/14	TB	W 31-0	-	-	-	-	-	-	-	-	-
12/21	@Det	L 10-13	-	-	-	-	-	-	-	-	-

Antonio Freeman — Green Bay Packers — WR

1997 Receiving Splits

	G	Rec	Yds	Avg	TD	Lg	Big	YAC	Trgt	Y@C	1st	1st%		Rec	Yds	Avg	TD	Lg	Big	YAC	Trgt	Y@C	1st	1st%
Total	16	81	1243	15.3	12	58	12	286	137	11.8	62	76.5	Inside 20	9	78	8.7	6	16	0	4	19	8.2	7	77.8
vs. Playoff	8	39	556	14.3	5	36	5	118	62	11.2	28	71.8	Inside 10	4	18	4.5	4	6	0	0	4.5	4	100.0
vs. Non-playoff	8	42	687	16.4	7	58	7	168	75	12.4	34	81.0	1st Down	30	452	15.1	4	58	3	116	61	11.2	20	66.7
vs. Own Division	8	38	558	14.7	4	36	5	108	63	11.8	27	71.1	2nd Down	22	335	15.2	4	45	4	53	33	12.8	17	77.3
Home	8	36	554	15.4	8	45	5	104	62	12.5	27	75.0	3rd Down Overall	29	456	15.7	4	36	5	117	43	11.7	25	86.2
Away	8	45	689	15.3	4	58	7	182	75	11.3	35	77.8	3rd D 0-2 to Go	2	10	5.0	1	8	0	1	2	4.5	2	100.0
Games 1-8	8	34	503	14.8	5	36	3	119	65	11.3	28	82.4	3rd D 3-7 to Go	14	207	14.8	3	31	2	64	19	10.2	13	92.9
Games 9-16	8	47	740	15.7	7	58	9	167	72	12.2	34	72.3	3rd D 8+ to Go	13	239	18.4	0	36	3	52	22	14.4	10	76.9
Aug/Sept	5	21	328	15.6	3	36	2	73	42	12.1	18	85.7	4th Down	0	0	-	0	0	0	0	0	-	0	-
October	3	13	175	13.5	2	31	1	46	23	9.9	10	76.9	Rec Behind Line	2	13	6.5	0	7	0	14	4	-0.5	0	0.0
November	4	20	353	17.7	4	45	5	64	35	14.5	16	80.0	1-10 yds	36	309	8.6	3	31	1	104	56	5.7	19	52.8
December	4	27	387	14.3	3	58	4	103	37	10.5	18	66.7	11-20 yds	34	612	18.0	4	31	4	110	50	14.8	34	100.0
Grass	12	61	911	14.9	10	58	8	210	100	11.5	46	75.4	21-30 yds	7	206	29.4	3	44	5	29	18	25.3	7	100.0
Turf	4	20	332	16.6	2	36	4	76	37	12.8	16	80.0	31+	2	103	51.5	1	58	2	29	9	37.0	2	100.0
Indoor	3	16	269	16.8	2	36	4	55	25	13.4	12	75.0	Left Sideline	20	294	14.7	2	44	3	70	42	11.2	15	75.0
Outdoor	13	65	974	15.0	10	58	8	231	112	11.4	50	76.9	Left Side	15	215	14.3	2	31	1	45	25	11.3	11	73.3
1st Half	-	43	672	15.6	8	58	7	160	75	11.9	32	74.4	Middle	11	240	21.8	3	36	3	47	16	17.5	11	100.0
2nd Half/OT	-	38	571	15.0	4	45	5	126	62	11.7	30	78.9	Right Side	21	247	11.8	3	27	2	49	32	9.4	14	66.7
Last 2 Min. Half	-	11	146	13.3	2	27	1	28	17	10.7	7	63.6	Right Sideline	14	247	17.6	2	58	3	75	22	12.3	11	78.6
4th qtr, +/-7 pts	-	9	137	15.2	2	26	1	34	12	11.4	8	88.9	Shotgun	0	0	-	0	0	0	0	0	-	0	-
Winning	-	50	693	13.9	6	45	5	139	77	11.1	37	74.0	2 Wide Receivers	46	684	14.9	5	45	6	172	75	11.1	34	73.9
Tied	-	11	274	24.9	2	58	5	71	26	18.5	10	90.9	3 Wide Receivers	19	366	19.3	3	58	5	83	38	14.9	15	78.9
Trailing	-	20	276	13.8	4	31	2	76	34	10.0	15	75.0	4+ WR	15	186	12.4	4	31	1	30	22	10.4	12	80.0

1997 Incompletions

Type	Num	%of Inc	%of Att
Pass Dropped	8	14.3	5.8
Poor Throw	28	50.0	20.4
Pass Defensed	12	21.4	8.8
Pass Hit at Line	1	1.8	0.7
Other	7	12.5	5.1
Total	56	100.0	40.9

Game Logs (1-8)

Date	Opp	Result	Rush	Yds	Rec	Yds	Trgt	F-L	TD
09/01	Chi	W 38-24	0	0	0	1	0-0	0	
09/07	@Phi	L 9-10	0	0	4	63	12	0-0	0
09/14	Mia	W 23-18	0	0	5	52	9	0-0	0
09/21	Min	W 38-32	0	0	7	122	11	0-0	2
09/28	@Det	L 15-26	0	0	5	91	9	0-0	0
10/05	TB	W 21-16	0	0	3	57	6	0-0	2
10/12	@Chi	W 24-23	0	0	7	86	13	0-0	0
10/27	@NE	W 28-10	0	0	3	32	4	0-0	1

Game Logs (9-16)

Date	Opp	Result	Rush	Yds	Rec	Yds	Trgt	F-L	TD
11/02	Det	W 20-10	0	0	5	44	8	0-0	0
11/09	StL	W 17-7	0	0	7	160	14	0-0	1
11/16	@Ind	L 38-41	0	0	5	93	7	0-0	2
11/23	Dal	W 45-17	0	0	3	56	6	0-0	1
12/01	@Min	W 27-11	1	14	6	85	9	0-0	0
12/07	@TB	W 17-6	0	0	5	73	6	0-0	0
12/14	@Car	W 31-10	0	0	10	166	15	0-0	2
12/20	Buf	W 31-21	0	0	6	63	7	1-1	0

Gus Frerotte — Washington Redskins — QB

1997 Passing Splits

	G	Att	Cm	Pct	Yds	Y/Att	TD	Int	1st	YAC	Big	Sk	Rtg		Att	Cm	Pct	Yds	Y/Att	TD	Int	1st	YAC	Big	Sk	Rtg
Total	13	402	204	50.7	2682	6.7	17	12	142	1276	20	23	73.8	Inside 20	44	26	59.1	234	5.3	1	3	23	74	0	2	103.6
vs. Playoff	4	119	64	53.8	865	7.3	4	4	46	403	9	5	74.4	Inside 10	17	8	47.1	42	2.5	1	1	7	12	0	2	68.9
vs. Non-playoff	9	283	140	49.5	1817	6.4	13	8	96	876	11	18	73.6	1st Down	140	68	48.6	931	6.7	6	6	42	460	8	7	66.7
vs. Own Division	5	146	72	49.3	897	6.1	5	2	46	400	4	9	74.5	2nd Down	136	68	50.0	861	6.3	6	5	48	430	5	11	69.5
Home	7	221	113	51.1	1472	6.7	10	5	77	714	10	16	78.1	3rd Down Overall	120	64	53.3	841	7.0	5	1	48	369	7	5	86.1
Away	6	181	91	50.3	1210	6.7	7	7	65	565	10	7	68.6	3rd D 0-5 to Go	27	17	63.0	119	4.4	3	0	15	32	0	1	110.0
Games 1-8	8	246	125	50.8	1724	7.0	12	10	89	706	13	17	73.0	3rd D 6+ to Go	93	47	50.5	722	7.8	2	1	33	337	7	5	79.2
Games 9-16	5	156	79	50.6	958	6.1	5	2	53	573	7	6	75.2	4th Down	6	4	66.7	49	8.2	0	0	4	20	0	0	91.7
Aug/Sept	4	122	64	52.5	926	7.6	6	5	48	396	9	4	76.7	Rec Behind Line	55	37	67.3	318	5.8	1	1	12	423	1	0	80.7
October	4	124	61	49.2	798	6.4	6	5	41	310	4	9	69.2	1-10 yds	181	109	60.2	1107	6.1	9	4	73	586	2	10	85.1
November	5	156	79	50.6	958	6.1	5	2	53	573	7	6	75.2	11-20 yds	114	48	42.1	886	7.8	4	3	47	209	10	7	70.3
December	0	0	0	-	0	-	0	0	0	0	0	0	-	21-30 yds	25	5	20.0	156	6.2	2	3	5	38	4	0	40.2
Grass	10	299	153	51.2	2039	6.8	15	8	108	1001	14	20	78.7	31+	27	5	18.5	215	8.0	1	1	5	23	5	0	57.2
Turf	3	103	51	49.5	643	6.2	2	4	34	278	6	3	59.6	Left Sideline	79	40	50.6	630	8.0	3	1	27	304	7	2	84.9
Indoor	0	0	0	-	0	-	0	0	0	0	0	0	-	Left Side	60	33	55.0	392	6.5	0	4	21	178	0	2	47.4
Outdoor	13	402	204	50.7	2682	6.7	17	12	142	1276	20	23	73.8	Middle	70	37	52.9	562	8.0	3	2	27	282	4	18	71.2
1st Half	-	204	101	49.5	1340	6.6	8	7	67	689	12	10	69.5	Right Side	95	51	53.7	573	6.0	3	3	33	335	4	1	69.3
2nd Half/OT	-	198	103	52.0	1342	6.8	9	5	75	590	8	13	78.3	Right Sideline	98	43	43.9	525	5.4	8	1	34	180	3	0	87.3
Last 2 Min. Half	-	48	22	45.8	210	4.4	1	2	12	103	0	0	48.1	2 Wide Receivers	194	102	52.6	1372	7.1	11	6	73	616	9	11	81.4
4th qtr, +/-7 pts	-	85	39	45.9	449	5.3	3	2	26	177	1	5	59.4	3+ WR	198	96	48.5	1250	6.3	6	63	661	11	11	61.2
Winning	-	119	60	50.4	699	5.9	6	2	40	396	4	7	78.4	Attempts 1-10	130	67	51.5	925	7.1	6	4	45	474	9	0	77.2
Tied	-	98	48	49.0	619	6.3	3	1	32	310	4	7	75.2	Attempts 11-20	129	65	50.4	793	6.1	4	4	45	402	4	0	67.1
Trailing	-	185	96	51.9	1364	7.4	8	9	70	573	12	9	70.2	Attempts 21+	143	72	50.3	964	6.7	7	4	52	403	7	0	76.8

1997 Incompletions

Type	Num	%of Inc	%of Att
Pass Dropped	30	15.2	7.5
Poor Throw	102	51.5	25.4
Pass Defensed	28	14.1	7.0
Pass Hit at Line	6	3.0	1.5
Other	32	16.2	8.0
Total	198	100.0	49.3

Game Logs (1-8)

Date	Opp	Result	Att	Cm	Pct	Yds	TD	Int	Lg	Sk	F-L
08/31	@Car	W 24-10	27	10	37.0	147	1	0	43	2	1-0
09/07	@Pit	L 13-14	35	19	54.3	270	0	3	36	0	0-0
09/14	Ari	W 19-13	36	19	52.8	265	2	1	40	2	1-0
09/28	Jac	L 26-28	47	21	44.7	306	3	1	52	2	1-0
10/05	@Phi	L 10-24	37	16	43.2	216	1	1	47	3	0-0
10/13	Dal	W 21-16	23	12	52.2	155	1	0	48	3	0-0
10/19	@Ten	L 14-28	31	16	51.6	228	2	3	37	1	1-0
10/26	Bal	L 17-20	33	17	51.5	199	2	1	23	3	1-0

Game Logs (9-16)

Date	Opp	Result	Att	Cm	Pct	Yds	TD	Int	Lg	Sk	F-L
11/02	@Chi	W 31-8	20	14	70.0	192	2	0	39	1	1-1
11/09	Det	W 30-7	41	20	48.8	247	1	0	33	0	0-0
11/16	@Dal	L 14-17	31	16	51.6	157	1	0	24	1	0-0
11/23	NYN	T 7-7	19	9	47.4	104	0	0	28	1	0-0
11/30	StL	L 20-23	45	20	44.4	258	1	2	39	3	2-0

Irving Fryar — Philadelphia Eagles — WR

1997 Receiving Splits

	G	Rec	Yds	Avg	TD	Lg	Big	YAC	Trgt	Y@C	1st	1st%		Rec	Yds	Avg	TD	Lg	Big	YAC	Trgt	Y@C	1st	1st%
Total	16	86	1316	15.3	6	72	12	434	153	10.3	64	74.4	Inside 20	7	69	9.9	4	15	0	10	11	8.4	6	85.7
vs. Playoff	7	49	741	15.1	6	72	6	280	76	9.4	36	73.5	Inside 10	3	23	7.7	3	9	0	-1	4	8.0	3	100.0
vs. Non-playoff	9	37	575	15.5	0	33	6	154	77	11.4	28	75.7	1st Down	33	584	17.7	1	57	8	233	49	10.6	24	72.7
vs. Own Division	8	27	465	17.2	1	72	5	150	58	11.7	20	74.1	2nd Down	23	314	13.7	1	33	3	62	46	11.0	14	60.9
Home	8	47	795	16.9	2	72	8	283	83	10.9	36	76.6	3rd Down Overall	26	359	13.8	4	72	1	125	53	9.0	22	84.6
Away	8	39	521	13.4	4	36	4	151	70	9.5	28	71.8	3rd D 0-2 to Go	6	110	18.3	1	72	1	72	11	6.3	6	100.0
Games 1-8	8	46	638	13.9	4	57	6	201	81	9.5	34	73.9	3rd D 3-7 to Go	8	96	12.0	1	19	0	27	17	8.6	7	87.5
Games 9-16	8	40	678	17.0	2	72	6	233	72	11.1	30	75.0	3rd D 8+ to Go	12	153	12.8	2	20	0	26	25	10.6	9	75.0
Aug/Sept	4	22	298	13.5	1	57	2	108	39	8.6	16	72.7	4th Down	4	59	14.8	0	24	0	14	5	11.3	4	100.0
October	4	24	340	14.2	3	34	4	93	42	10.3	18	75.0	Rec Behind Line	0	0	-	0	0	0	0	5	-	0	-
November	5	31	500	16.1	1	44	5	153	55	11.2	24	77.4	1-10 yds	53	544	10.3	4	34	2	235	76	5.8	32	60.4
December	3	9	178	19.8	1	72	1	80	17	10.9	6	66.7	11-20 yds	26	516	19.8	2	72	4	129	56	14.9	25	96.2
Grass	4	22	313	14.2	3	34	3	92	35	10.0	16	72.7	21-30 yds	6	212	35.3	0	57	5	59	13	25.5	6	100.0
Turf	12	64	1003	15.7	3	72	9	342	118	10.3	48	75.0	31+	1	44	44.0	0	44	1	11	3	33.0	1	100.0
Indoor	2	12	155	12.9	1	36	1	45	21	9.2	8	66.7	Left Sideline	10	249	24.9	2	72	4	92	18	15.7	9	90.0
Outdoor	14	74	1161	15.7	5	72	11	389	132	10.4	56	75.7	Left Side	29	386	13.3	1	34	0	137	40	8.6	19	65.5
1st Half	-	38	580	15.3	3	57	6	244	72	8.8	28	73.7	Middle	13	140	10.8	0	19	0	51	21	6.8	7	53.8
2nd Half/OT	-	48	736	15.3	3	72	6	190	81	11.4	36	75.0	Right Side	20	265	13.3	3	33	1	67	45	9.9	17	85.0
Last 2 Min. Half	-	12	230	19.2	0	36	4	72	16	13.2	9	75.0	Right Sideline	14	276	19.7	0	57	4	87	29	13.5	12	85.7
4th qtr, +/-7 pts	-	14	231	16.5	0	33	2	45	22	13.3	12	85.7	Shotgun	0	0	-	0	0	0	0	0	-	0	-
Winning	-	17	326	19.2	1	44	4	65	31	15.4	15	88.2	2 Wide Receivers	27	440	16.3	0	57	5	168	47	10.1	20	74.1
Tied	-	14	182	13.0	0	57	1	65	32	8.4	8	57.1	3 Wide Receivers	47	674	14.3	4	72	5	239	86	9.3	33	70.2
Trailing	-	55	808	14.7	5	72	7	304	90	9.2	41	74.5	4+ WR	10	173	17.3	1	33	2	24	16	14.9	9	90.0

1997 Incompletions

Type	Num	%of Inc	%of Att
Pass Dropped	5	7.5	3.3
Poor Throw	34	50.7	22.2
Pass Defensed	13	19.4	8.5
Pass Hit at Line	4	6.0	2.6
Other	11	16.4	7.2
Total	67	100.0	43.8

Game Logs (1-8)

Date	Opp	Result	Rec	Yds	Trgt	F-L	TD
08/31	@NYN	L 17-31	4	40	8	0-0	0
09/07	GB	W 10-9	8	125	13	0-0	0
09/15	@Dal	L 20-21	1	13	6	0-0	0
09/28	@Min	L 19-28	9	120	12	1-0	1
10/05	Was	W 24-10	3	72	5	0-0	0
10/12	@Jac	L 21-38	10	124	13	0-0	3
10/19	Ari	W 13-10	5	85	9	0-0	0
10/26	Dal	W 13-12	6	59	15	0-0	0

Game Logs (9-16)

Date	Opp	Result	Rec	Yds	Trgt	F-L	TD
11/02	@Ari	L 21-31	2	53	7	0-0	0
11/10	SF	L 12-24	9	138	15	0-0	0
11/16	@Bal	T 10-10	6	71	10	0-0	0
11/23	Pit	W 23-20	7	116	12	0-0	1
11/30	Cin	W 44-42	7	122	11	0-0	0
12/07	NYN	L 21-31	2	78	3	0-0	1
12/14	@Atl	L 17-20	3	35	9	0-0	0
12/21	@Was	L 32-35	4	65	5	0-0	0

Joey Galloway — Seattle Seahawks — WR

1997 Receiving Splits

	G	Rec	Yds	Avg	TD	Lg	Big	YAC	Trgt	Y@C	1st	1st%		Rec	Yds	Avg	TD	Lg	Big	YAC	Trgt	Y@C	1st	1st%
Total	15	72	1049	14.6	12	53	10	218	147	11.5	55	76.4	Inside 20	7	62	8.9	4	17	0	2	18	8.6	5	71.4
vs. Playoff	5	22	360	16.4	4	41	4	54	39	13.9	16	72.7	Inside 10	3	15	5.0	2	8	0	1	9	4.7	3	100.0
vs. Non-playoff	10	50	689	13.8	8	53	6	164	108	10.5	39	72.2	1st Down	36	616	17.1	10	53	8	99	69	14.4	27	75.0
vs. Own Division	8	38	648	17.1	9	53	8	142	75	13.3	32	84.2	2nd Down	15	174	11.6	0	29	1	39	36	9.0	8	53.3
Home	7	31	512	16.5	8	53	6	92	65	13.5	23	74.2	3rd Down Overall	20	254	12.7	2	35	1	80	38	8.7	19	95.0
Away	8	41	537	13.1	4	41	4	126	82	10.0	32	78.0	3rd D 0-2 to Go	5	58	11.6	1	35	1	34	9	4.8	5	100.0
Games 1-8	7	34	515	15.1	5	53	5	113	73	11.8	29	85.3	3rd D 3-7 to Go	8	79	9.9	0	17	0	35	14	5.5	8	100.0
Games 9-16	8	38	534	14.1	7	40	5	105	74	11.3	26	68.4	3rd D 8+ to Go	7	117	16.7	1	22	0	11	15	15.1	6	85.7
Aug/Sept	5	19	323	17.0	2	53	3	78	45	12.9	17	89.5	4th Down	1	5	5.0	0	5	0	0	4	5.0	1	100.0
October	2	15	192	12.8	3	45	2	35	28	10.5	12	80.0	Rec Behind Line	2	21	10.5	0	13	0	24	6	-1.5	2	100.0
November	5	22	320	14.5	4	40	2	43	49	12.6	17	77.3	1-10 yds	45	427	9.5	2	35	4	120	76	6.8	28	62.2
December	3	16	214	13.4	3	37	3	62	25	9.5	9	56.3	11-20 yds	17	292	17.2	3	29	1	35	35	15.1	17	100.0
Grass	5	22	336	15.3	4	41	4	77	43	11.8	17	77.3	21-30 yds	2	58	29.0	2	30	2	4	7	27.0	2	100.0
Turf	10	50	713	14.3	8	53	6	141	104	11.4	38	76.0	31+	6	251	41.8	5	53	6	35	23	36.0	6	100.0
Indoor	10	50	713	14.3	8	53	6	141	104	11.4	38	76.0	Left Sideline	25	354	14.2	5	53	4	70	42	11.4	17	68.0
Outdoor	5	22	336	15.3	4	41	4	77	43	11.8	17	77.3	Left Side	13	165	12.7	1	22	0	27	20	10.0	9	69.2
1st Half	-	38	515	13.6	5	41	5	143	69	9.8	24	63.2	Middle	2	23	11.5	0	12	0	7	8	8.0	2	100.0
2nd Half/OT	-	34	534	15.7	7	53	5	75	78	13.5	31	92.9	Right Side	18	220	12.2	2	29	1	45	32	9.9	15	83.3
Last 2 Min. Half	-	5	77	15.4	2	30	1	16	15	12.2	4	80.0	Right Sideline	14	287	20.5	4	41	5	69	38	15.6	12	85.7
4th qtr, +/-7 pts	-	15	263	17.5	3	53	3	37	30	15.1	12	80.0	Shotgun	7	100	14.3	0	22	0	14	21	12.3	5	71.4
Winning	-	18	225	12.5	2	45	2	49	37	9.8	14	77.8	2 Wide Receivers	23	346	15.0	2	45	4	77	45	11.7	17	73.9
Tied	-	11	142	12.9	1	41	1	35	20	9.7	8	72.7	3 Wide Receivers	40	592	14.8	10	53	5	86	86	12.7	32	80.0
Trailing	-	43	682	15.9	9	53	7	134	90	12.7	33	76.7	4+ WR	8	105	13.1	0	35	1	55	15	6.3	5	62.5

1997 Incompletions

Type	Num	%of Inc	%of Att
Pass Dropped	6	8.0	4.1
Poor Throw	38	50.7	25.9
Pass Defensed	13	17.3	8.8
Pass Hit at Line	5	6.7	3.4
Other	13	17.3	8.8
Total	75	100.0	51.0

Game Logs (1-8)

Date	Opp	Result	Rush	Yds	Rec	Yds	Trgt	F-L	TD
08/31	NYA	L 3-41	0	0	3	34	12	0-0	0
09/07	Den	L 14-35	1	-11	4	84	9	0-0	0
09/14	@Ind	W 31-3	0	0	6	58	11	0-0	0
09/21	SD	W 26-22	0	0	5	106	11	0-0	1
09/28	@KC	L 17-20	0	0	1	41	2	0-0	1
10/05	Ten	W 16-13	-	-	-	-	-	-	-
10/19	@StL	W 17-9	0	0	8	75	15	0-0	0
10/26	Oak	W 45-34	1	44	7	117	13	0-0	3

Game Logs (9-16)

Date	Opp	Result	Rush	Yds	Rec	Yds	Trgt	F-L	TD
11/02	@Den	L 27-30	2	16	8	98	14	0-0	0
11/09	@SD	W 37-31	1	9	3	84	10	0-0	2
11/16	@NO	L 17-20	1	-1	5	68	13	0-0	0
11/23	KC	L 14-19	0	0	3	36	6	0-0	1
11/30	Atl	L 17-24	1	-1	3	34	6	0-0	1
12/07	@Bal	L 24-31	1	15	3	31	7	0-0	0
12/14	@Oak	W 22-31	1	1	7	82	10	0-0	1
12/21	SF	W 38-9	0	0	6	101	8	1-0	2

Rich Gannon — Kansas City Chiefs — QB

1997 Passing Splits

	G	Att	Cm	Pct	Yds	Y/Att	TD	Int	1st	YAC	Big	Sk	Rtg		Att	Cm	Pct	Yds	Y/Att	TD	Int	1st	YAC	Big	Sk	Rtg
Total	9	175	98	56.0	1144	6.5	7	4	58	452	11	13	79.8	Inside 20	17	9	52.9	42	2.5	5	0	5	17	0	1	98.3
vs. Playoff	4	97	57	58.8	621	6.4	4	4	29	270	5	7	74.3	Inside 10	8	6	75.0	23	2.9	5	0	3	0	0	0	116.7
vs. Non-playoff	5	78	41	52.6	523	6.7	3	0	29	182	6	6	86.6	1st Down	66	36	54.5	472	7.2	1	2	19	156	5	3	69.8
vs. Own Division	5	95	49	51.6	614	6.5	3	1	34	223	6	7	78.1	2nd Down	59	36	61.0	388	6.6	4	2	24	158	3	4	88.8
Home	6	72	46	63.9	539	7.5	6	2	28	213	5	4	102.7	3rd Down Overall	49	25	51.0	270	5.5	2	0	14	118	3	5	81.2
Away	3	103	52	50.5	605	5.9	1	2	30	239	6	9	63.8	3rd D 0-5 to Go	17	8	47.1	51	3.0	1	0	6	27	0	0	73.4
Games 1-8	1	0	0	-	0	-	0	0	0	0	0	0	-	3rd D 6+ to Go	32	17	53.1	219	6.8	1	0	8	91	3	5	85.3
Games 9-16	8	175	98	56.0	1144	6.5	7	4	58	452	11	13	79.8	4th Down	1	1	100.0	14	14.0	0	0	1	20	0	1	118.8
Aug/Sept	0	0	0	-	0	-	0	0	0	0	0	0	-	Rec Behind Line	33	26	78.8	136	4.1	0	0	5	211	1	0	83.8
October	1	0	0	-	0	-	0	0	0	0	0	0	-	1-10 yds	79	47	59.5	421	5.3	5	2	29	165	0	0	84.4
November	5	125	72	57.6	796	6.4	4	4	41	323	6	9	74.0	11-20 yds	33	16	48.5	286	8.7	0	0	15	47	2	0	78.6
December	3	50	26	52.0	348	7.0	3	0	17	129	5	4	94.4	21-30 yds	15	5	33.3	133	8.9	2	0	5	11	4	0	106.4
Grass	8	147	83	56.5	969	6.6	7	4	46	399	10	11	81.1	31+	12	4	33.3	168	14.0	0	2	4	18	4	0	64.3
Turf	1	28	15	53.6	175	6.3	0	0	12	53	1	2	72.8	Left Sideline	27	17	63.0	269	10.0	3	0	12	115	3	1	133.1
Indoor	1	28	15	53.6	175	6.3	0	0	12	53	1	2	72.8	Left Side	22	13	59.1	149	6.8	0	1	7	60	2	0	60.6
Outdoor	8	147	83	56.5	969	6.6	7	4	46	399	10	11	81.1	Middle	27	12	44.4	155	5.7	0	0	9	63	1	12	56.9
1st Half	-	81	41	50.6	520	6.4	4	1	25	199	7	5	82.3	Right Side	42	27	64.3	215	5.1	2	1	15	116	1	0	82.9
2nd Half/OT	-	94	57	60.6	624	6.6	3	3	33	253	4	8	77.6	Right Sideline	57	29	50.9	356	6.2	2	2	15	98	4	0	67.6
Last 2 Min. Half	-	21	11	52.4	137	6.5	1	1	6	62	1	0	68.9	2 Wide Receivers	76	42	55.3	600	7.9	0	1	28	242	7	7	75.5
4th qtr, +/-7 pts	-	23	16	69.6	113	4.9	0	0	7	59	0	1	80.5	3+ WR	94	52	55.3	531	5.6	4	3	27	201	4	6	72.6
Winning	-	82	44	53.7	524	6.4	4	2	30	157	5	5	79.5	Attempts 1-10	69	43	62.3	447	6.5	5	1	23	203	5	0	99.1
Tied	-	29	17	58.6	230	7.9	2	0	10	97	4	2	107.0	Attempts 11-20	60	28	46.7	404	6.7	1	1	17	112	4	0	67.6
Trailing	-	64	37	57.8	390	6.1	1	2	18	198	2	6	67.8	Attempts 21+	46	27	58.7	293	6.4	1	2	14	137	2	0	66.5

1997 Incompletions

Type	Num	%of Inc	%of Att
Pass Dropped	14	18.2	8.0
Poor Throw	36	46.8	20.6
Pass Defensed	15	19.5	8.6
Pass Hit at Line	1	1.3	0.6
Other	11	14.3	6.3
Total	77	100.0	44.0

Game Logs (1-8)

Date	Opp	Result	Att	Cm	Pct	Yds	TD	Int	Lg	Sk	F-L
08/31	@Den	L 3-19	-	-	-	-	-	-	-	-	-
09/08	@Oak	W 28-27	-	-	-	-	-	-	-	-	-
09/14	Buf	W 22-16	-	-	-	-	-	-	-	-	-
09/21	@Car	W 35-14	-	-	-	-	-	-	-	-	-
09/28	Sea	W 20-17	-	-	-	-	-	-	-	-	-
10/05	@Mia	L 14-17	-	-	-	-	-	-	-	-	-
10/16	SD	W 31-3	0	0	-	0	0	0	0	0	0-0
10/26	@StL	W 28-20	-	-	-	-	-	-	-	-	-

Game Logs (9-16)

Date	Opp	Result	Att	Cm	Pct	Yds	TD	Int	Lg	Sk	F-L
11/03	Pit	W 13-10	5	5	100.0	23	0	0	10	0	0-0
11/09	@Jac	L 10-24	50	29	58.0	314	0	2	47	6	4-3
11/16	Den	W 24-22	21	11	52.4	98	1	1	18	1	0-0
11/23	@Sea	W 19-14	28	15	53.6	175	0	0	29	2	1-0
11/30	SF	W 44-9	21	12	57.1	186	3	1	45	0	0-0
12/07	Oak	W 30-0	21	15	71.4	225	1	0	42	3	0-0
12/14	@SD	W 29-7	25	8	32.0	116	1	0	27	1	0-0
12/21	NO	W 25-13	4	3	75.0	7	1	0	9	0	0-0

Charlie Garner — Philadelphia Eagles — RB

1997 Rushing and Receiving Splits

	G	Rush	Yds	Avg	Lg	TD	1st	Stf	YdL	Rec	Yds	Avg	TD		Rush	Yds	Avg	Lg	TD	1st	Stf	YdL	Rec	Yds	Avg	TD
Total	16	116	547	4.7	26	3	31	12	26	24	225	9.4	0	Inside 20	15	51	3.4	9	3	5	0	0	0	0	-	0
vs. Playoff	7	40	175	4.4	18	0	9	5	10	9	94	10.4	0	Inside 10	7	25	3.6	9	3	5	0	0	0	0	-	0
vs. Non-playoff	9	76	372	4.9	26	3	22	7	16	15	131	8.7	0	1st Down	69	381	5.5	25	3	13	4	11	12	95	7.9	0
vs. Own Division	8	63	347	5.5	26	2	20	5	8	12	124	10.3	0	2nd Down	39	140	3.6	26	0	14	6	9	10	101	10.1	0
Home	8	52	265	5.1	25	0	14	5	10	8	83	10.4	0	3rd Down Overall	7	27	3.9	11	0	4	1	5	2	29	14.5	0
Away	8	64	282	4.4	26	3	17	7	16	16	142	8.9	0	3rd D 0-2 to Go	3	14	4.7	6	0	3	0	0	0	0	-	0
Games 1-8	8	53	285	5.4	25	0	12	3	4	11	110	10.0	0	3rd D 3-7 to Go	2	7	3.5	4	0	1	0	0	1	18	18.0	0
Games 9-16	8	63	262	4.2	26	3	19	9	22	13	115	8.8	0	3rd D 8+ to Go	2	6	3.0	11	0	0	1	5	1	11	11.0	0
Aug/Sept	4	21	108	5.1	23	0	4	1	1	4	46	11.5	0	4th Down	1	-1	-1.0	-1	0	0	1	1	0	0	-	0
October	4	32	177	5.5	25	0	8	2	3	7	64	9.1	0	Left Sideline	20	112	5.6	25	1	6	2	5	5	52	10.4	0
November	5	37	124	3.4	18	1	8	5	13	8	72	9.0	0	Left Side	24	94	3.9	19	0	5	4	8	6	63	10.5	0
December	3	26	138	5.3	26	2	11	4	9	5	43	8.6	0	Middle	59	269	4.6	26	2	17	6	13	1	9	9.0	0
Grass	4	43	187	4.3	26	3	12	5	12	12	94	7.8	0	Right Side	12	70	5.8	23	0	3	0	0	7	60	8.6	0
Turf	12	73	360	4.9	25	0	19	7	14	12	131	10.9	0	Right Sideline	1	2	2.0	2	0	0	0	0	5	41	8.2	0
Indoor	2	10	35	3.5	11	0	3	1	3	2	25	12.5	0	0 Tight Ends	7	57	8.1	22	0	3	1	5	7	76	10.9	0
Outdoor	14	106	512	4.8	26	3	28	11	23	22	200	9.1	0	1 Tight End	62	309	5.0	25	2	15	4	9	13	122	9.4	0
1st Half	-	59	283	4.8	23	1	16	5	13	11	95	8.6	0	2 Tight Ends	45	181	4.0	26	0	12	6	11	4	27	6.8	0
2nd Half/OT	-	57	264	4.6	26	2	15	7	13	13	130	10.0	0	3+ Tight Ends	2	0	0.0	1	1	1	1	1	0	0	-	0
Last 2 Min. Half	-	8	49	6.1	19	1	4	0	0	2	14	7.0	0	Carries 1-5	71	335	4.7	25	1	19	7	15	0	0	-	0
4th qtr, +/-7 pts	-	10	26	2.6	9	1	2	1	2	4	21	7.0	0	Carries 6-10	35	163	4.7	26	1	7	4	9	0	0	-	0
Winning	-	35	183	5.2	23	0	10	6	13	2	11	5.5	0	Carries 11-15	7	41	5.9	17	0	3	1	2	0	0	-	0
Tied	-	12	38	3.2	6	0	3	0	0	7	76	10.9	0	Carries 16-20	3	8	2.7	5	1	2	0	0	0	0	-	0
Trailing	-	69	326	4.7	26	3	18	6	13	15	138	9.2	0	Carries 21+	0	0	-	0	0	0	0	0	0	0	-	0

1997 Incompletions

Type	Num	%of Inc	% Att
Pass Dropped	3	30.0	8.8
Poor Throw	4	40.0	11.8
Pass Defensed	0	0.0	0.0
Pass Hit at Line	0	0.0	0.0
Other	3	30.0	8.8
Total	10	100.0	29.4

Game Logs (1-8)

Date	Opp	Result	Rush	Yds	Rec	Yds	Trgt	F-L	TD
08/31	@NYN	L 17-31	4	12	2	23	3	0-0	0
09/07	GB	W 10-9	3	18	1	5	2	0-0	0
09/15	@Dal	L 20-21	7	48	0	0	1	0-0	0
09/28	@Min	L 19-28	3	7	1	18	1	0-0	0
10/05	Was	W 24-10	12	60	0	0	1-1	0	0
10/12	@Jac	L 21-38	9	37	3	21	3	0-0	0
10/19	Ari	W 13-10	2	25	3	38	3	0-0	0
10/26	Dal	W 13-12	9	55	1	25	1	0-0	0

Game Logs (9-16)

Date	Opp	Result	Rush	Yds	Rec	Yds	Trgt	F-L	TD
11/02	@Ari	L 21-31	6	14	2	22	2	0-0	0
11/10	SF	L 12-24	4	18	1	14	2	0-0	0
11/16	@Bal	T 10-10	10	21	4	28	6	0-0	1
11/23	Pit	W 23-20	8	42	0	0	0	0-0	0
11/30	Cin	W 44-42	9	29	0	8	1	0-0	0
12/07	NYN	L 21-31	5	18	1	13	3	0-0	0
12/14	@Atl	L 17-20	3	5	1	7	1	0-0	0
12/21	@Was	L 32-35	18	115	4	23	6	0-0	0

Eddie George — Tennessee Oilers — RB

1997 Rushing and Receiving Splits

	G	Rush	Yds	Avg	Lg	TD	1st	Stf	YdL	Rec	Yds	Avg	TD		Rush	Yds	Avg	Lg	TD	1st	Stf	YdL	Rec	Yds	Avg	TD
Total	16	357	1399	3.9	30	6	61	29	61	7	44	6.3	1	Inside 20	50	97	1.9	13	5	9	10	19	1	11	11.0	1
vs. Playoff	6	118	382	3.2	13	3	17	13	27	0	0	-	0	Inside 10	27	34	1.3	6	4	4	7	9	0	0	-	0
vs. Non-playoff	10	239	1017	4.3	30	3	44	16	34	7	44	6.3	1	1st Down	203	770	3.8	30	3	17	16	35	2	14	7.0	0
vs. Own Division	8	134	440	3.3	30	1	17	16	31	2	8	4.0	0	2nd Down	133	538	4.0	22	1	31	11	23	5	30	6.0	1
Home	8	196	778	4.0	29	5	38	16	34	3	23	7.7	0	3rd Down Overall	21	91	4.3	29	2	13	2	3	0	0	-	0
Away	8	161	621	3.9	30	1	23	13	27	4	21	5.3	1	3rd D 0-2 to Go	13	26	2.0	5	1	9	2	3	0	0	-	0
Games 1-8	8	184	809	4.4	29	4	36	13	29	5	30	6.0	1	3rd D 3-7 to Go	7	62	8.9	29	1	4	0	0	0	0	-	0
Games 9-16	8	173	590	3.4	30	2	25	16	32	2	14	7.0	0	3rd D 8+ to Go	1	3	3.0	3	0	0	0	0	0	0	-	0
Aug/Sept	4	80	391	4.9	29	2	15	6	10	1	3	3.0	0	4th Down	0	0	-	0	0	0	0	0	0	0	-	0
October	4	104	418	4.0	22	2	21	7	19	4	27	6.8	1	Left Sideline	29	144	5.0	27	2	10	3	7	2	6	3.0	0
November	5	126	425	3.4	27	2	20	9	14	2	14	7.0	0	Left Side	87	383	4.4	30	1	16	10	20	1	15	15.0	0
December	3	47	165	3.5	30	0	5	7	18	0	0	-	0	Middle	168	574	3.4	20	1	22	12	22	1	4	4.0	0
Grass	12	280	1133	4.0	30	6	49	23	44	4	30	7.5	0	Right Side	66	261	4.0	22	2	11	4	12	1	11	11.0	1
Turf	4	77	266	3.5	22	0	12	6	17	3	14	4.7	1	Right Sideline	7	37	5.3	13	0	2	0	0	2	8	4.0	0
Indoor	1	26	116	4.5	22	0	6	1	6	2	15	7.5	0	0 Tight Ends	3	14	4.7	7	0	1	0	0	0	0	-	0
Outdoor	15	331	1283	3.9	30	6	55	28	55	5	29	5.8	0	1 Tight End	163	630	3.9	30	1	25	14	27	2	15	7.5	1
1st Half	-	181	763	4.2	30	3	32	11	20	6	39	6.5	1	2 Tight Ends	185	757	4.1	27	4	34	12	30	5	29	5.8	0
2nd Half/OT	-	176	636	3.6	29	3	29	18	41	1	5	5.0	0	3+ Tight Ends	6	-2	-0.3	1	1	1	3	4	0	0	-	0
Last 2 Min. Half	-	23	108	4.7	13	1	6	1	3	1	4	4.0	0	Carries 1-5	80	321	4.0	30	0	12	4	8	0	0	-	0
4th qtr, +/-7 pts	-	49	240	4.9	29	2	12	4	6	0	0	-	0	Carries 6-10	75	296	3.9	27	1	11	6	10	0	0	-	0
Winning	-	188	746	4.0	27	3	36	12	29	5	42	8.4	1	Carries 11-15	67	258	3.9	25	2	13	7	14	0	0	-	0
Tied	-	71	239	3.4	17	0	9	5	15	1	-1	-1.0	0	Carries 16-20	53	179	3.4	13	1	7	5	15	0	0	-	0
Trailing	-	98	414	4.2	30	3	16	12	17	1	3	3.0	0	Carries 21+	82	345	4.2	29	2	19	7	14	0	0	-	0

1997 Incompletions

Type	Num	%of Inc	% Att
Pass Dropped	2	40.0	16.7
Poor Throw	1	20.0	8.3
Pass Defensed	0	0.0	0.0
Pass Hit at Line	0	0.0	0.0
Other	2	40.0	16.7
Total	5	100.0	41.7

Game Logs (1-8)

Date	Opp	Result	Rush	Yds	Rec	Yds	Trgt	F-L	TD
08/31	Oak	W 24-21	35	216	0	0	0	0-0	1
09/07	@Mia	L 13-16	23	106	0	0	1	0-0	1
09/21	Bal	L 10-36	10	40	1	3	3	0-0	0
09/28	@Pit	L 24-37	12	29	0	0	0	1-0	0
10/05	@Sea	L 13-16	26	116	2	15	3	0-0	0
10/12	Cin	W 30-7	30	106	1	5	1	0-0	0
10/19	Was	W 28-14	31	125	0	0	0	0-0	2
10/26	@Ari	W 41-14	17	71	1	7	1	0-0	0

Game Logs (9-16)

Date	Opp	Result	Rush	Yds	Rec	Yds	Trgt	F-L	TD
11/02	Jac	L 24-30	17	51	0	0	0	1-1	1
11/09	NYN	W 10-6	32	122	0	0	0	0-0	1
11/16	@Jac	L 9-17	18	49	0	0	0	0-0	0
11/23	@Buf	W 31-14	25	93	1	15	1	1-1	0
11/27	@Dal	W 27-14	34	110	1	-1	1	1-1	0
12/04	@Cin	L 14-41	5	11	0	0	0	0-0	0
12/14	@Bal	L 19-21	26	129	0	0	0	0-0	0
12/21	Pit	W 16-6	16	25	0	0	1	0-0	0

Jeff George — Oakland Raiders — QB

1997 Passing Splits

	G	Att	Cm	Pct	Yds	Y/Att	TD	Int	1st	YAC	Big	Sk	Rtg		Att	Cm	Pct	Yds	Y/Att	TD	Int	1st	YAC	Big	Sk	Rtg
Total	16	521	290	55.7	3917	7.5	29	9	167	1548	35	58	91.2	Inside 20	61	24	39.3	215	3.5	15	0	16	80	0	3	89.1
vs. Playoff	6	181	99	54.7	1194	6.6	4	1	53	412	8	25	78.8	Inside 10	25	7	28.0	42	1.7	7	0	7	7	0	1	79.2
vs. Non-playoff	10	340	191	56.2	2723	8.0	22	5	114	1136	27	33	97.7	1st Down	210	123	58.6	1764	8.4	10	4	67	642	16	17	93.8
vs. Own Division	8	246	132	53.7	1709	6.9	13	5	77	589	14	30	89.9	2nd Down	166	98	59.0	1220	7.3	9	1	54	490	12	16	97.5
Home	8	264	143	54.2	1882	7.1	15	6	80	753	16	30	86.4	3rd Down Overall	135	66	48.9	881	6.5	9	3	43	411	7	23	83.0
Away	8	257	147	57.2	2035	7.9	14	3	87	795	19	28	96.0	3rd D 0-5 to Go	38	19	50.0	238	6.3	4	0	18	141	2	5	104.9
Games 1-8	8	249	141	56.6	2099	8.4	18	4	87	829	20	25	101.8	3rd D 6+ to Go	97	47	48.5	643	6.6	5	3	25	270	5	18	74.4
Games 9-16	8	272	149	54.8	1818	6.7	11	5	80	719	15	33	81.4	4th Down	10	3	30.0	52	5.2	1	1	3	5	0	2	42.5
Aug/Sept	5	166	95	57.2	1472	8.9	13	3	60	579	16	12	105.3	Rec Behind Line	72	43	59.7	293	4.1	1	2	10	394	1	0	61.9
October	3	83	46	55.4	627	7.6	5	1	27	250	4	13	94.8	1-10 yds	244	154	63.1	1500	6.1	12	1	69	699	6	0	95.0
November	5	186	96	51.6	1198	6.4	7	3	51	515	11	16	73.3	11-20 yds	122	68	55.7	1184	9.7	8	3	63	198	7	0	100.6
December	3	86	53	61.6	620	7.2	4	0	29	204	4	17	99.0	21-30 yds	47	21	44.7	748	15.9	5	2	21	237	17	0	109.1
Grass	13	432	234	54.2	2997	6.9	23	9	132	1168	25	46	85.2	31+	31	4	12.9	192	6.2	3	1	4	20	4	0	71.7
Turf	3	89	56	62.9	920	10.3	6	0	35	380	10	12	120.1	Left Sideline	113	55	48.7	653	5.8	8	2	30	252	5	1	82.9
Indoor	2	51	30	58.8	546	10.7	3	0	21	236	6	8	115.3	Left Side	81	55	67.9	762	9.4	3	2	32	334	7	16	99.9
Outdoor	14	470	260	55.3	3371	7.2	26	9	146	1312	29	50	88.5	Middle	115	70	60.9	916	8.0	6	1	42	325	6	35	99.8
1st Half	-	269	152	56.5	1976	7.3	15	3	90	731	19	24	93.7	Right Side	108	61	56.5	802	7.4	9	2	37	360	9	4	100.2
2nd Half/OT	-	252	138	54.8	1941	7.7	14	6	77	817	16	34	88.4	Right Sideline	104	49	47.1	784	7.5	3	2	26	277	8	2	74.4
Last 2 Min. Half	-	94	53	56.4	582	6.2	3	2	25	191	4	7	76.6	2 Wide Receivers	271	144	51.7	2145	7.9	19	3	89	843	23	29	96.9
4th qtr, +/-7 pts	-	77	39	50.6	570	7.4	2	2	24	257	5	10	73.0	3+ WR	245	147	60.0	1749	7.1	9	6	76	684	12	29	83.9
Winning	-	120	67	55.8	909	7.6	10	4	39	355	8	15	94.1	Attempts 1-10	160	86	53.8	1169	7.3	9	3	55	465	12	0	88.3
Tied	-	98	50	51.0	738	7.5	5	1	31	287	8	9	87.4	Attempts 11-20	150	95	63.3	1387	9.2	9	0	54	517	12	0	113.4
Trailing	-	303	173	57.1	2270	7.5	14	4	97	906	19	34	90.8	Attempts 21+	211	109	51.7	1361	6.5	11	6	58	566	11	0	77.5

1997 Incompletions

Type	Num	%of Inc	%of Att
Pass Dropped	32	13.9	6.1
Poor Throw	90	39.0	17.3
Pass Defensed	40	17.3	7.7
Pass Hit at Line	9	3.9	1.7
Other	60	26.0	11.5
Total	231	100.0	44.3

Game Logs (1-8)

Date	Opp	Result	Att	Cm	Pct	Yds	TD	Int	Lg	Sk	F-L
08/31	@Ten	L 21-24	37	21	56.8	298	3	0	59	3	2-0
09/08	KC	L 27-28	39	19	48.7	295	2	2	37	1	0-0
09/14	@Atl	W 36-31	22	12	54.5	286	1	0	76	3	0-0
09/21	@NYA	L 22-23	38	26	68.4	374	3	0	56	4	0-0
09/28	StL	W 35-17	30	17	56.7	219	4	1	39	1	2-1
10/05	SD	L 10-25	42	19	45.2	271	1	0	70	6	1-1
10/19	Den	W 28-25	12	9	75.0	96	2	1	22	2	0-0
10/26	@Sea	L 34-45	29	18	62.1	260	2	0	49	5	1-1

Game Logs (9-16)

Date	Opp	Result	Att	Cm	Pct	Yds	TD	Int	Lg	Sk	F-L
11/02	@Car	L 14-38	38	24	63.2	304	2	1	41	2	0-0
11/09	NO	L 10-13	39	17	43.6	211	0	1	52	3	0-0
11/16	@SD	W 38-13	34	16	47.1	226	3	2	33	1	0-0
11/24	@Den	L 3-31	41	22	53.7	185	0	0	26	4	0-0
11/30	Mia	L 16-34	34	17	50.0	272	1	2	50	6	1-1
12/07	@KC	L 0-30	18	8	44.4	102	0	0	29	6	0-0
12/14	Sea	L 21-22	31	21	67.7	274	3	0	37	5	0-0
12/21	Jac	L 9-20	47	24	64.9	244	1	0	24	6	0-0

Terry Glenn — New England Patriots — WR

1997 Receiving Splits

	G	Rec	Yds	Avg	TD	Lg	Big	YAC	Trgt	Y@C	1st	1st%		Rec	Yds	Avg	TD	Lg	Big	YAC	Trgt	Y@C	1st	1st%
Total	9	27	431	16.0	2	50	5	118	49	11.6	17	63.0	Inside 20	2	12	6.0	1	9	0	3	4	4.5	2	100.0
vs. Playoff	4	14	235	16.8	1	50	4	34	29	14.4	10	71.4	Inside 10	1	3	3.0	1	3	0	0	2	3.0	1	100.0
vs. Non-playoff	5	13	196	15.1	1	40	3	84	20	8.6	7	53.8	1st Down	12	177	14.8	1	49	2	35	27	11.8	5	41.7
vs. Own Division	4	10	122	12.2	0	40	1	56	16	6.6	4	25.0	2nd Down	6	114	19.0	1	50	2	41	9	12.2	5	83.3
Home	4	14	287	20.5	1	50	4	69	26	15.6	12	85.7	3rd Down Overall	9	140	15.6	0	40	1	42	13	10.9	7	77.8
Away	5	13	144	11.1	1	40	1	49	23	7.3	5	38.5	3rd D 0-2 to Go	0	0	-	0	0	0	0	0	-	0	-
Games 1-8	6	19	327	17.2	1	50	4	84	37	12.8	13	68.4	3rd D 3-7 to Go	5	84	16.8	0	40	1	37	8	9.4	4	80.0
Games 9-16	3	8	104	13.0	1	40	1	34	12	8.8	4	50.0	3rd D 8+ to Go	4	56	14.0	0	22	0	5	5	12.8	3	75.0
Aug/Sept	2	8	74	24.7	1	40	2	28	4	15.3	1	100.0	4th Down	0	0	-	0	0	0	0	0	-	0	-
October	4	16	253	15.8	0	50	2	56	33	12.3	10	62.5	Rec Behind Line	2	5	2.5	0	8	0	11	2	-3.0	0	0.0
November	2	8	104	13.0	1	40	1	34	12	8.8	4	50.0	1-10 yds	15	164	10.9	1	40	1	71	26	6.2	8	53.3
December	1	0	0	-	0	0	0	0	0	-	0	-	11-20 yds	7	138	19.7	0	40	1	32	12	15.1	6	85.7
Grass	6	16	314	19.6	1	50	4	76	33	14.9	12	75.0	21-30 yds	1	25	25.0	1	25	0	0	4	25.0	1	100.0
Turf	3	11	117	10.6	1	40	1	42	16	6.8	5	45.5	31+	2	99	49.5	0	50	2	4	5	47.5	2	100.0
Indoor	1	5	45	9.0	1	15	0	4	8	8.2	3	60.0	Left Sideline	5	57	11.4	0	21	0	20	9	7.4	3	60.0
Outdoor	8	22	386	17.5	1	50	5	114	41	12.4	14	63.6	Left Side	4	47	11.8	1	25	1	3	6	11.0	2	50.0
1st Half	-	17	285	16.8	1	50	4	108	28	10.4	10	58.8	Middle	1	15	15.0	0	15	0	0	4	15.0	1	100.0
2nd Half/OT	-	10	146	14.6	1	49	1	10	21	13.6	7	70.0	Right Side	8	103	12.9	1	40	1	49	14	6.8	5	62.5
Last 2 Min. Half	-	3	32	10.7	1	15	0	2	5	10.0	3	100.0	Right Sideline	9	209	23.2	0	50	3	46	16	18.1	6	66.7
4th qtr, +/-7 pts	-	0	0	-	0	0	0	0	1	-	0	-	Shotgun	5	73	14.6	0	22	0	5	9	13.6	4	80.0
Winning	-	8	134	16.8	1	40	2	48	14	10.8	4	50.0	2 Wide Receivers	9	133	14.8	1	49	2	30	18	11.4	4	44.4
Tied	-	8	116	14.5	0	41	1	53	12	7.9	5	62.5	3 Wide Receivers	12	229	19.1	1	50	3	78	21	12.6	9	75.0
Trailing	-	11	181	16.5	1	50	2	17	23	14.9	8	72.7	4+ WR	5	57	11.4	0	15	0	4	8	10.6	3	60.0

1997 Incompletions

Type	Num	%of Inc	%of Att
Pass Dropped	2	9.1	4.1
Poor Throw	9	40.9	18.4
Pass Defensed	9	40.9	18.4
Pass Hit at Line	0	0.0	0.0
Other	2	9.1	4.1
Total	22	100.0	44.9

Game Logs (1-8)

Date	Opp	Result	Rec	Yds	Trgt	F-L	TD
08/31	SD	W 41-7	3	74	3	0-0	1
09/07	@Ind	W 31-6	-	-	-	-	-
09/14	NYA	W 27-24	-	-	-	-	-
09/21	Chi	W 31-3	0	0	1	0-0	0
10/06	@Den	L 13-34	2	27	7	1-1	0
10/12	Buf	W 33-6	4	50	8	0-0	0
10/19	@NYA	L 19-24	3	13	4	0-0	0
10/27	GB	L 10-28	7	163	14	0-0	0

Game Logs (9-16)

Date	Opp	Result	Rec	Yds	Trgt	F-L	TD
11/02	@Min	L 18-23	5	45	8	0-0	1
11/09	@Buf	W 31-10	3	59	4	0-0	0
11/16	@TB	L 7-27	-	-	-	-	-
11/23	Mia	W 27-24	-	-	-	-	-
11/30	Ind	W 20-17	-	-	-	-	-
12/07	@Jac	W 26-20	-	-	-	-	-
12/13	Pit	L 21-24	-	-	-	-	-
12/22	@Mia	W 14-12	0	0	0	0-0	0

Andrew Glover — Minnesota Vikings — TE

1997 Receiving Splits

	G	Rec	Yds	Avg	TD	Lg	Big	YAC	Trgt	Y@C	1st	1st%		Rec	Yds	Avg	TD	Lg	Big	YAC	Trgt	Y@C	1st	1st%
Total	13	32	378	11.8	3	43	4	112	55	8.3	15	46.9	Inside 20	4	35	8.8	3	18	0	5	6	7.5	3	75.0
vs. Playoff	7	14	184	13.1	0	28	3	58	28	9.0	7	50.0	Inside 10	1	1	1.0	1	1	0	0	3	1.0	1	100.0
vs. Non-playoff	6	18	194	10.8	3	43	1	54	27	7.8	8	44.4	1st Down	17	220	12.9	2	43	2	55	22	9.7	9	52.9
vs. Own Division	6	13	175	13.5	0	28	3	64	20	8.5	6	46.2	2nd Down	7	90	12.9	1	28	1	31	13	8.4	3	42.9
Home	7	12	131	10.9	1	25	1	29	27	8.5	6	50.0	3rd Down Overall	8	68	8.5	0	26	1	26	20	5.3	3	37.5
Away	6	20	247	12.4	2	43	3	83	28	8.2	9	45.0	3rd D 0-2 to Go	1	2	2.0	0	2	0	4	3	-2.0	0	0.0
Games 1-8	5	13	164	12.6	1	43	2	63	21	7.8	5	38.5	3rd D 3-7 to Go	4	24	6.0	0	9	0	12	8	3.0	2	50.0
Games 9-16	8	19	214	11.3	2	26	2	49	34	8.7	10	52.6	3rd D 8+ to Go	3	42	14.0	0	26	1	10	9	10.7	1	33.3
Aug/Sept	2	2	37	18.5	0	28	1	10	3	13.5	1	50.0	4th Down	0	0	-	0	0	0	0	0	-	0	-
October	3	11	127	11.5	1	43	1	53	18	6.7	4	36.4	Rec Behind Line	2	5	2.5	0	3	0	7	2	-1.0	0	0.0
November	4	10	98	9.8	1	26	1	33	15	6.5	4	40.0	1-10 yds	19	141	7.4	1	17	0	60	30	4.3	5	26.3
December	4	9	116	12.9	1	25	1	16	19	11.1	6	66.7	11-20 yds	6	125	20.8	1	26	2	25	10	16.7	6	100.0
Grass	4	12	169	14.1	1	43	2	59	18	9.2	6	50.0	21-30 yds	2	71	35.5	0	43	2	20	8	25.5	2	100.0
Turf	9	20	209	10.5	2	26	2	53	37	7.8	9	45.0	31+	0	0	-	0	0	0	0	1	-	0	-
Indoor	8	17	181	10.6	1	26	2	47	33	7.9	7	40.7	Left Sideline	3	45	15.0	0	19	0	24	7	7.0	2	66.7
Outdoor	5	15	197	13.1	2	43	2	65	22	8.8	8	53.3	Left Side	8	52	6.5	0	9	0	26	14	3.3	0	0.0
1st Half	-	19	178	9.4	2	20	0	45	29	7.0	7	36.8	Middle	10	183	18.3	0	44	4	45	16	13.8	8	80.0
2nd Half/OT	-	13	200	15.4	1	43	4	67	26	10.2	8	57.1	Right Side	8	62	7.8	2	18	0	17	11	5.6	3	37.5
Last 2 Min. Half	-	7	101	14.4	2	43	2	22	11	11.3	5	71.4	Right Sideline	0	0	-	0	0	0	0	3	-	0	-
4th qtr, +/-7 pts	-	3	87	29.0	0	43	2	26	7	20.3	3	100.0	Shotgun	0	0	-	0	0	0	0	0	-	0	-
Winning	-	8	69	8.6	1	15	0	24	13	5.6	2	25.0	2 Wide Receivers	7	102	14.6	0	28	1	30	13	10.3	4	57.1
Tied	-	10	95	9.5	1	19	0	32	17	6.3	4	40.0	3 Wide Receivers	21	231	11.0	2	43	3	82	34	7.1	9	42.9
Trailing	-	14	214	15.3	1	43	4	56	25	11.3	9	64.3	4+ WR	1	9	9.0	0	9	0	0	3	9.0	0	0.0

1997 Incompletions

Type	Num	%of Inc	%of Att
Pass Dropped	6	26.1	10.9
Poor Throw	10	43.5	18.2
Pass Defensed	2	8.7	3.6
Pass Hit at Line	0	0.0	0.0
Other	5	21.7	9.1
Total	23	100.0	41.8

Game Logs (1-8)

Date	Opp	Result	Rec	Yds	Trgt	F-L	TD
08/31	@Buf	W 34-13	-	-	-	-	-
09/07	@Chi	W 27-24	-	-	-	-	-
09/14	TB	L 14-28	-	-	-	-	-
09/21	@GB	L 32-38	1	28	1	0-0	0
09/28	Phi	W 28-19	1	9	2	0-0	0
10/05	@Ari	W 20-19	6	86	7	0-0	1
10/12	Car	W 21-14	3	15	8	0-0	0
10/26	@TB	L 10-6	2	26	3	0-0	0

Game Logs (9-16)

Date	Opp	Result	Rec	Yds	Trgt	F-L	TD
11/02	NE	W 23-18	0	0	3	0-0	0
11/09	Chi	W 29-22	2	20	3	0-0	0
11/16	@Det	L 15-38	5	50	6	0-0	0
11/23	@NYA	L 21-23	3	28	4	0-0	0
12/01	GB	L 11-27	2	32	6	0-0	1
12/07	@SF	L 17-28	3	29	7	0-0	0
12/14	Det	W 13-14	1	19	2	0-0	0
12/21	Ind	W 39-28	3	36	4	0-0	1

Tony Gonzalez — Kansas City Chiefs — TE

1997 Receiving Splits

	G	Rec	Yds	Avg	TD	Lg	Big	YAC	Trgt	Y@C	1st	1st%		Rec	Yds	Avg	TD	Lg	Big	YAC	Trgt	Y@C	1st	1st%
Total	16	33	368	11.2	2	30	1	147	54	6.7	21	63.6	Inside 20	6	29	4.8	1	11	0	21	10	1.3	2	33.3
vs. Playoff	6	15	187	12.5	2	30	1	75	24	7.5	11	73.3	Inside 10	2	7	3.5	1	5	0	3	3	2.0	1	50.0
vs. Non-playoff	10	18	181	10.1	0	20	0	72	30	6.1	10	55.6	1st Down	12	131	10.9	0	23	0	64	20	5.6	6	50.0
vs. Own Division	8	11	107	9.7	0	22	0	35	22	6.5	7	63.6	2nd Down	16	169	10.6	2	22	0	45	22	7.8	12	75.0
Home	8	11	128	11.6	1	30	1	45	22	7.5	7	63.6	3rd Down Overall	5	68	13.6	0	30	1	38	12	6.0	3	60.0
Away	8	22	240	10.9	1	22	0	102	32	6.3	14	63.6	3rd D 0-2 to Go	0	0	-	0	0	0	0	1	-	0	-
Games 1-8	8	12	163	13.6	1	22	0	43	20	10.0	9	75.0	3rd D 3-7 to Go	1	6	6.0	0	6	0	3	3	3.0	1	100.0
Games 9-16	8	21	205	9.8	1	30	1	104	34	4.8	12	57.1	3rd D 8+ to Go	4	62	15.5	0	30	1	35	8	6.8	2	50.0
Aug/Sept	5	7	89	12.7	0	22	0	16	11	10.4	5	71.4	4th Down	0	0	-	0	0	0	0	0	-	0	-
October	3	5	74	14.8	1	21	0	27	9	9.4	4	80.0	Rec Behind Line	3	2	0.7	0	3	0	17	5	-5.0	0	0.0
November	5	17	181	10.6	1	30	1	82	26	5.8	11	64.7	1-10 yds	21	189	9.0	1	20	0	91	30	4.7	12	57.1
December	3	4	24	6.0	0	9	0	22	8	0.5	1	25.0	11-20 yds	8	147	18.4	1	23	0	33	15	14.3	8	100.0
Grass	14	25	278	11.1	2	30	1	110	43	6.7	16	64.0	21-30 yds	1	30	30.0	0	30	1	6	4	24.0	1	100.0
Turf	2	8	90	11.3	0	20	0	37	11	6.6	5	62.5	31+	0	0	-	0	0	0	0	0	-	0	-
Indoor	2	8	90	11.3	0	20	0	37	11	6.6	5	62.5	Left Sideline	2	27	13.5	0	20	0	21	5	3.0	1	50.0
Outdoor	14	25	278	11.1	2	30	1	110	43	6.7	16	64.0	Left Side	4	29	7.3	0	23	0	27	5	0.5	1	25.0
1st Half	-	15	147	9.8	2	21	0	49	26	6.5	9	60.0	Middle	7	95	13.6	0	30	1	27	14	9.7	6	85.7
2nd Half/OT	-	18	221	12.3	0	30	1	98	28	6.8	12	66.7	Right Side	16	184	11.5	2	22	0	57	22	7.9	11	68.8
Last 2 Min. Half	-	3	29	9.7	0	14	0	8	3	7.0	2	66.7	Right Sideline	4	33	8.3	0	17	0	15	8	4.5	2	50.0
4th qtr, +/-7 pts	-	2	30	15.0	0	16	0	10	2	10.0	2	100.0	Shotgun	0	0	-	0	0	0	0	0	-	0	-
Winning	-	15	183	12.2	1	30	1	66	23	7.8	10	66.7	2 Wide Receivers	14	189	13.5	1	23	0	74	22	8.2	10	71.4
Tied	-	5	47	9.4	1	21	0	8	9	7.8	2	40.0	3 Wide Receivers	16	152	9.5	0	30	1	57	26	5.9	9	56.3
Trailing	-	13	138	10.6	0	22	0	73	22	5.0	9	69.2	4+ WR	2	25	12.5	0	16	0	16	4	4.5	1	50.0

1997 Incompletions

Type	Num	%of Inc	%of Att
Pass Dropped	1	4.8	1.9
Poor Throw	9	42.9	16.7
Pass Defensed	5	23.8	9.3
Pass Hit at Line	1	4.8	1.9
Other	5	23.8	9.3
Total	21	100.0	38.9

Game Logs (1-8)

Date	Opp	Result	Rec	Yds	Trgt	F-L	TD
08/31	@Den	L 3-19	1	22	2	0-0	0
09/08	@Oak	W 28-27	2	23	2	0-0	0
09/14	Buf	W 22-16	3	34	4	0-0	0
09/21	@Car	W 35-14	0	0	0	0-0	0
09/28	Sea	W 20-17	1	10	3	0-0	0
10/05	@Mia	L 14-17	1	21	1	0-0	1
10/16	SD	W 31-3	0	0	2	0-0	0
10/26	@StL	W 28-20	4	53	6	0-0	0

Game Logs (9-16)

Date	Opp	Result	Rec	Yds	Trgt	F-L	TD
11/03	Pit	W 13-10	4	56	5	0-0	0
11/09	@Jac	L 10-24	7	69	11	0-0	0
11/16	Den	W 24-22	0	0	1	0-0	0
11/23	@Sea	W 19-14	4	37	5	0-0	0
11/30	SF	W 44-9	2	19	4	0-0	1
12/07	Oak	W 30-0	0	0	2	0-0	0
12/14	@SD	W 29-7	3	15	5	0-0	0
12/21	NO	W 25-13	1	9	1	0-0	0

Jay Graham — Baltimore Ravens — RB

1997 Rushing and Receiving Splits

	G	Rush	Yds	Avg	Lg	TD	1st	Stf	YdL	Rec	Yds	Avg	TD		Rush	Yds	Avg	Lg	TD	1st	Stf	YdL	Rec	Yds	Avg	TD
Total	13	81	299	3.7	19	2	23	13	29	12	51	4.3	0	Inside 20	14	14	1.0	8	2	3	3	8	1	4	4.0	0
vs. Playoff	6	20	18	0.9	5	1	3	4	10	4	8	2.0	0	Inside 10	4	6	1.5	5	2	2	0	0	0	0	-	0
vs. Non-playoff	7	61	281	4.6	19	1	20	9	19	8	43	5.4	0	1st Down	38	150	3.9	16	1	4	5	10	6	14	2.3	0
vs. Own Division	6	38	146	3.8	19	1	13	6	11	2	23	11.5	0	2nd Down	33	123	3.7	19	0	13	7	15	3	26	8.7	0
Home	6	53	230	4.3	17	1	17	7	17	11	48	4.4	0	3rd Down Overall	9	25	2.8	8	0	5	1	4	3	11	3.7	0
Away	7	28	69	2.5	10	1	6	6	12	1	3	3.0	0	3rd D 0-2 to Go	7	15	2.1	5	0	5	1	4	0	0	-	0
Games 1-8	8	32	120	3.8	19	2	12	6	13	6	31	5.2	0	3rd D 3-7 to Go	1	2	2.0	2	0	0	0	0	1	0	0.0	0
Games 9-16	5	49	179	3.7	17	0	11	7	16	6	20	3.3	0	3rd D 8+ to Go	1	8	8.0	8	0	0	0	0	2	11	5.5	0
Aug/Sept	5	31	120	3.9	19	2	12	6	13	3	26	8.7	0	4th Down	1	1	1.0	1	1	1	0	0	0	0	-	0
October	3	1	0	0.0	0	0	0	0	0	3	5	1.7	0	Left Sideline	6	17	2.8	9	0	1	3	5	3	27	9.0	0
November	5	49	179	3.7	17	0	11	7	16	6	20	3.3	0	Left Side	21	91	4.3	19	0	7	4	9	3	11	3.7	0
December	0	0	0	-	0	0	0	0	0	0	0	-	0	Middle	31	80	2.6	12	2	10	3	9	1	5	5.0	0
Grass	10	71	292	4.1	19	1	21	10	22	11	48	4.4	0	Right Side	22	104	4.7	16	0	5	3	6	5	8	1.6	0
Turf	3	10	7	0.7	5	1	2	3	7	1	3	3.0	0	Right Sideline	1	7	7.0	7	0	0	0	0	0	0	-	0
Indoor	0	0	0	-	0	0	0	0	0	0	0	-	0	1 Tight End	65	266	4.1	19	1	19	10	19	10	47	4.7	0
Outdoor	13	81	299	3.7	10	2	23	13	29	12	51	4.3	0	2 Tight Ends	13	32	2.5	10	0	3	3	10	2	4	2.0	0
1st Half	-	32	80	2.5	16	1	7	6	17	8	33	4.1	0	3+ Tight Ends	3	1	0.3	1	1	1	0	0	0	0	-	0
2nd Half/OT	-	49	219	4.5	19	1	16	7	12	4	18	4.5	0	Carries 1-5	31	88	2.8	19	1	6	7	16	0	0	-	0
Last 2 Min. Half	-	7	44	6.3	16	0	3	0	0	2	9	4.5	0	Carries 6-10	19	69	3.6	16	2	6	2	4	0	0	-	0
4th qtr, +/-7 pts	-	19	96	5.1	16	0	8	2	4	1	5	5.0	0	Carries 11-15	16	60	6.0	16	0	7	0	0	0	0	-	0
Winning	-	53	223	4.2	19	1	18	8	16	4	13	3.3	0	Carries 16-20	6	33	5.5	17	0	2	2	2	0	0	-	0
Tied	-	16	48	3.0	10	0	2	2	7	2	5	2.5	0	Carries 21+	15	49	3.3	14	0	2	2	7	0	0	-	0
Trailing	-	12	28	2.3	9	1	3	3	6	6	33	5.5	0													

1997 Incompletions

Type	Num	%of Inc	% Att
Pass Dropped	1	50.0	7.1
Poor Throw	1	50.0	7.1
Pass Defensed	0	0.0	0.0
Pass Hit at Line	0	0.0	0.0
Other	0	0.0	0.0
Total	2	100.0	14.3

Game Logs (1-8)

Date	Opp	Result	Rush	Yds	Rec	Yds	Trgt	F-L	TD
08/31	Jac	L 27-28	0	0	0	0	0	0-0	0
09/07	Cin	W 23-10	16	73	2	23	2	0-0	1
09/14	@NYN	W 24-23	6	-4	1	3	1	0-0	1
09/21	@Ten	W 36-10	9	51	0	0	0	0-0	0
09/28	@SD	L 17-21	0	0	0	0	0	0-0	0
10/05	Pit	L 34-42	0	0	0	0	0	0-0	0
10/19	Mia	L 13-24	1	0	3	5	5	0-0	0
10/26	@Was	W 20-17	0	0	0	0	0	0-0	0

Game Logs (9-16)

Date	Opp	Result	Rush	Yds	Rec	Yds	Trgt	F-L	TD
11/02	@NYA	L 16-19	0	0	0	0	0	0-0	0
11/09	@Pit	L 0-37	4	11	0	0	0	2-0	0
11/16	Phi	T 10-10	35	154	5	15	5	0-0	0
11/23	Ari	L 13-16	1	3	1	5	5	0-0	0
11/30	@Jac	L 27-29	9	11	0	0	0	0-0	0
12/07	Sea	W 31-24							
12/14	Ten	W 21-19							
12/21	@Cin	L 14-16							

Jeff Graham — New York Jets — WR

1997 Receiving Splits

	G	Rec	Yds	Avg	TD	Lg	Big	YAC	Trgt	Y@C	1st	1st%		Rec	Yds	Avg	TD	Lg	Big	YAC	Trgt	Y@C	1st	1st%
Total	16	42	542	12.9	2	47	5	84	91	10.9	26	61.9	Inside 20	2	14	7.0	0	11	0	6	10	4.0	1	50.0
vs. Playoff	7	25	287	11.5	0	25	1	47	49	9.6	17	68.0	Inside 10	0	0	-	0	0	0	0	3	-	0	-
vs. Non-playoff	9	17	255	15.0	2	47	4	37	42	12.8	9	52.9	1st Down	18	248	13.8	1	47	3	43	39	11.4	11	61.1
vs. Own Division	8	25	278	11.1	0	25	1	46	55	9.3	16	64.0	2nd Down	13	164	12.6	1	36	2	28	30	10.5	7	53.8
Home	8	21	257	12.2	0	36	1	40	45	10.3	14	66.7	3rd Down Overall	10	119	11.9	0	22	0	13	20	10.6	7	70.0
Away	8	21	285	13.6	2	47	4	44	46	11.5	12	57.1	3rd D 0-2 to Go	1	7	7.0	0	7	0	0	1	7.0	0	0.0
Games 1-8	8	26	396	15.2	2	47	5	68	58	12.6	18	69.2	3rd D 3-7 to Go	5	52	10.4	0	17	0	13	8	7.8	4	80.0
Games 9-16	8	16	146	9.1	0	19	0	16	33	8.1	8	50.0	3rd D 8+ to Go	4	60	15.0	0	22	0	0	11	15.0	3	75.0
Aug/Sept	5	13	240	18.5	2	47	5	41	34	15.3	8	61.5	4th Down	1	11	11.0	0	11	0	0	1	11.0	1	100.0
October	3	13	156	12.0	0	22	0	27	24	9.9	10	76.9	Rec Behind Line	0	0	-	0	0	0	0	2	-	0	-
November	5	10	86	8.6	0	17	0	11	20	7.5	4	40.0	1-10 yds	25	199	8.0	0	17	0	41	43	6.3	9	36.0
December	3	6	60	10.0	0	19	0	5	13	9.2	4	66.7	11-20 yds	9	134	14.9	0	18	0	14	22	13.3	9	100.0
Grass	3	11	104	9.5	0	25	1	14	23	8.2	5	45.5	21-30 yds	5	147	29.4	2	47	4	25	8	24.4	5	100.0
Turf	13	31	438	14.1	2	47	4	70	68	11.9	21	67.7	31+	1	36	36.0	0	36	1	4	8	32.0	1	100.0
Indoor	3	5	126	25.2	0	47	3	21	15	21.0	5	100.0	Left Sideline	10	135	13.5	1	36	2	12	20	12.3	7	70.0
Outdoor	13	37	416	11.2	2	36	2	63	76	9.5	21	56.8	Left Side	1	11	11.0	0	11	0	0	5	11.0	1	100.0
1st Half	-	16	209	13.1	1	36	3	31	43	11.1	7	43.8	Middle	7	106	15.1	0	27	1	7	16	14.1	6	85.7
2nd Half/OT	-	26	333	12.8	1	47	2	53	48	10.8	19	73.1	Right Side	8	84	10.5	0	17	0	23	14	7.6	5	62.5
Last 2 Min. Half	-	2	20	10.0	0	11	0	5	4	7.5	1	50.0	Right Sideline	14	180	12.9	1	47	2	42	31	9.9	5	35.7
4th qtr. +/-7 pts	-	9	102	11.3	0	19	0	14	19	9.8	7	77.8	Shotgun	7	85	12.1	0	22	0	7	18	11.1	4	57.1
Winning	-	12	172	14.3	2	47	3	30	25	11.8	6	50.0	2 Wide Receivers	17	277	16.3	1	47	4	55	33	13.1	12	70.6
Tied	-	8	110	13.8	0	25	1	24	18	10.8	5	62.5	3 Wide Receivers	15	165	11.0	1	26	1	22	32	9.5	8	53.3
Trailing	-	22	260	11.8	0	36	1	30	48	10.5	15	68.2	4+ WR	6	56	9.3	0	17	0	7	18	8.2	3	50.0

1997 Incompletions

Type	Num	%of Inc	%of Att
Pass Dropped	6	12.2	6.6
Poor Throw	25	51.0	27.5
Pass Defensed	10	20.4	11.0
Pass Hit at Line	1	2.0	1.1
Other	7	14.3	7.7
Total	49	100.0	53.8

Game Logs (1-8)

Date	Opp	Result	Rec	Yds	Trgt	F-L	TD
08/31	@Sea	W 41-3	3	100	6	0-0	2
09/07	Buf	L 22-28	0	0	4	0-0	0
09/14	@NE	L 24-27	5	54	12	0-0	0
09/21	Oak	W 23-22	2	54	7	0-0	0
09/28	@Cin	W 31-14	3	32	5	0-0	0
10/05	@Ind	W 16-12	0	0	4	0-0	0
10/12	Mia	L 20-31	7	77	13	0-0	0
10/19	NE	W 24-19	6	79	7	0-0	0

Game Logs (9-16)

Date	Opp	Result	Rec	Yds	Trgt	F-L	TD
11/02	Bal	W 19-16	2	13	4	0-0	0
11/09	@Mia	L 17-24	3	31	7	0-0	0
11/16	@Chi	W 23-15	3	19	4	0-0	0
11/23	Min	W 23-21	0	0	2	0-0	0
11/30	@Buf	L 10-20	2	23	3	0-0	0
12/07	Ind	L 14-22	2	14	5	0-0	0
12/14	TB	W 31-0	2	20	3	0-0	0
12/21	@Det	L 10-13	2	26	5	0-0	0

Kent Graham — Arizona Cardinals — QB

1997 Passing Splits

	G	Att	Cm	Pct	Yds	Y/Att	TD	Int	1st	YAC	Big	Sk	Rtg		Att	Cm	Pct	Yds	Y/Att	TD	Int	1st	YAC	Big	Sk	Rtg
Total	8	250	130	52.0	1408	5.6	4	5	68	592	11	16	65.9	Inside 20	22	9	40.9	60	2.7	2	0	5	21	0	6	79.0
vs. Playoff	3	104	57	54.8	672	6.5	2	4	32	245	6	9	65.1	Inside 10	11	3	27.3	14	1.3	2	0	3	6	0	3	79.2
vs. Non-playoff	5	146	73	50.0	736	5.0	2	1	36	347	5	7	66.5	1st Down	99	46	46.5	510	5.2	2	2	20	236	4	6	60.6
vs. Own Division	5	124	57	46.0	528	4.3	2	2	28	257	3	7	56.8	2nd Down	75	43	57.3	415	5.5	1	1	17	197	2	3	71.8
Home	4	108	57	52.8	615	5.7	3	2	32	290	5	7	71.3	3rd Down Overall	72	39	54.2	442	6.1	1	2	29	141	3	8	65.9
Away	4	142	73	51.4	793	5.6	1	3	36	302	6	9	61.7	3rd D 0-5 to Go	23	14	60.9	143	6.2	1	0	13	54	1	2	93.2
Games 1-8	6	227	120	52.9	1301	5.7	4	4	64	568	10	14	66.7	3rd D 6+ to Go	49	25	51.0	299	6.1	0	2	16	87	2	6	53.0
Games 9-16	2	23	10	43.5	107	4.7	0	0	4	24	1	2	57.7	4th Down	4	2	50.0	41	10.3	0	0	2	18	1	0	86.5
Aug/Sept	4	175	94	53.7	968	5.5	3	3	47	436	7	11	68.5	Rec Behind Line	38	18	54.5	103	3.1	0	0	4	150	0	0	60.5
October	2	52	26	50.0	333	6.4	1	2	17	132	3	2	60.8	1-10 yds	143	87	60.8	741	5.2	0	2	41	336	0	9	79.0
November	2	23	10	43.5	107	4.7	0	0	4	24	1	2	57.7	11-20 yds	46	17	37.0	323	7.0	0	2	15	95	2	0	44.0
December	0	0	0	-	0	-	0	0	0	0	0	0	-	21-30 yds	16	5	31.3	130	8.1	1	2	5	7	3	0	43.2
Grass	6	200	105	52.5	1086	5.4	4	4	54	481	8	15	66.8	31+	12	3	25.0	111	9.3	1	1	3	4	3	0	58.7
Turf	2	50	25	50.0	322	6.4	0	1	14	111	3	1	62.3	Left Sideline	58	27	46.6	361	6.2	0	3	16	118	4	0	45.3
Indoor	0	0	0	-	0	-	0	0	0	0	0	0	-	Left Side	41	19	46.3	204	5.0	2	1	11	78	1	3	67.5
Outdoor	8	250	130	52.0	1408	5.6	4	5	68	592	11	16	65.9	Middle	33	18	54.5	303	9.2	0	0	14	155	3	10	95.9
1st Half	-	107	57	53.3	618	5.8	2	4	31	247	4	9	61.2	Right Side	67	39	58.2	320	4.8	1	0	17	180	2	3	75.5
2nd Half/OT	-	143	73	51.0	790	5.5	2	1	37	345	7	7	69.4	Right Sideline	51	27	52.9	220	4.3	1	1	10	61	1	0	56.0
Last 2 Min. Half	-	36	16	44.4	205	5.7	3	1	11	72	2	3	79.1	2 Wide Receivers	92	51	55.4	584	6.3	1	1	27	290	5	5	73.8
4th qtr. +/-7 pts	-	52	23	44.2	219	4.2	0	1	10	110	1	3	48.5	3+ WR	149	74	49.7	793	5.3	2	4	39	288	6	11	58.9
Winning	-	48	25	52.1	318	6.6	0	2	13	142	3	2	55.7	Attempts 1-10	79	38	48.1	374	4.7	0	2	17	157	3	0	51.3
Tied	-	35	16	45.7	183	5.2	0	0	8	90	1	1	62.0	Attempts 11-20	58	35	60.3	366	6.3	1	1	19	112	2	0	77.2
Trailing	-	167	89	53.3	907	5.4	4	3	47	360	7	13	69.6	Attempts 21+	113	57	50.4	668	5.9	3	2	32	323	6	0	70.2

1997 Incompletions

Type	Num	%of Inc	%of Att
Pass Dropped	20	16.7	8.0
Poor Throw	51	42.5	20.4
Pass Defensed	16	13.3	6.4
Pass Hit at Line	8	6.7	3.2
Other	25	20.8	10.0
Total	120	100.0	48.0

Game Logs (1-8)

Date	Opp	Result	Att	Cm	Pct	Yds	TD	Int	Lg	Sk	F-L
08/31	@Cin	L 21-24	36	20	55.6	248	0	1	37	0	0-0
09/07	Dal	W 25-22	47	26	55.3	249	2	0	47	3	3-3
09/14	@Was	L 13-19	40	17	42.5	132	0	1	26	2	1-0
09/28	TB	L 18-19	52	31	59.6	339	1	2	41	6	0-0
10/05	Min	L 19-20	38	22	57.9	293	1	0	42	3	1-1
10/12	NYN	L 13-27	14	4	28.6	40	0	2	18	0	0-0
10/19	@Phi	L 10-13	-	-	-	-	-	-	-	-	-
10/26	Ten	L 14-41	-	-	-	-	-	-	-	-	-

Game Logs (9-16)

Date	Opp	Result	Att	Cm	Pct	Yds	TD	Int	Lg	Sk	F-L
11/02	Phi	W 31-21	9	5	55.6	33	0	0	13	1	0-0
11/09	@Dal	L 6-24	14	5	35.7	74	0	0	29	1	0-0
11/16	@NYN	L 10-19	-	-	-	-	-	-	-	-	-
11/23	@Bal	W 16-13	-	-	-	-	-	-	-	-	-
11/30	Pit	L 20-26	-	-	-	-	-	-	-	-	-
12/07	Was	L 28-38	-	-	-	-	-	-	-	-	-
12/14	@NO	L 10-27	-	-	-	-	-	-	-	-	-
12/21	Atl	W 29-26	-	-	-	-	-	-	-	-	-

Elvis Grbac — Kansas City Chiefs — QB

1997 Passing Splits

	G	Att	Cm	Pct	Yds	Y/Att	TD	Int	1st	YAC	Big	Sk	Rtg		Att	Cm	Pct	Yds	Y/Att	TD	Int	1st	YAC	Big	Sk	Rtg
Total	10	314	179	57.0	1943	6.2	11	6	102	871	9	19	79.1	Inside 20	25	16	64.0	109	4.4	7	2	10	44	0	4	79.8
vs. Playoff	3	84	53	63.1	464	5.5	2	2	23	168	1	5	75.7	Inside 10	10	4	40.0	14	1.4	4	1	4	8	0	2	47.9
vs. Non-playoff	7	230	126	54.8	1479	6.4	9	4	79	703	8	14	80.3	1st Down	111	63	56.8	657	5.9	1	1	26	260	2	3	73.3
vs. Own Division	4	138	79	57.2	936	6.8	4	4	52	359	4	7	75.6	2nd Down	102	57	55.9	575	5.6	7	2	36	239	3	7	86.9
Home	5	158	85	53.8	911	5.8	3	4	51	440	4	8	66.7	3rd Down Overall	98	56	57.1	714	7.3	3	3	40	369	4	9	77.5
Away	5	156	94	60.3	1032	6.6	8	2	51	431	5	11	91.6	3rd D 0-5 to Go	29	18	62.1	144	5.0	1	0	14	75	0	5	86.0
Games 1-8	8	271	158	58.3	1720	6.3	11	5	89	755	7	16	83.0	3rd D 6+ to Go	69	38	55.1	570	8.3	2	3	26	294	4	4	73.9
Games 9-16	2	43	21	48.8	223	5.2	0	1	13	116	2	3	54.7	4th Down	3	3	100.0	-3	-1.0	0	0	0	3	0	0	79.2
Aug/Sept	5	164	95	57.9	1104	6.7	6	5	57	533	7	8	77.9	Rec Behind Line	60	43	71.7	351	5.9	2	0	18	452	3	0	97.3
October	3	107	63	58.9	616	5.8	5	0	32	222	0	8	90.7	1-10 yds	131	93	71.0	805	6.1	4	1	44	322	1	0	93.8
November	1	29	16	55.2	172	5.9	0	1	10	72	1	0	58.4	11-20 yds	81	35	43.2	612	7.6	3	3	33	86	2	0	66.5
December	1	14	5	35.7	51	3.6	0	0	3	44	1	3	47.0	21-30 yds	30	6	20.0	144	4.8	1	2	6	11	2	0	30.4
Grass	9	277	159	57.4	1739	6.3	10	6	91	796	9	15	79.1	31+	10	1	10.0	32	3.2	1	0	1	0	1	0	73.8
Turf	1	37	20	54.1	204	5.5	1	0	11	75	0	4	79.1	Left Sideline	60	34	56.7	368	6.1	1	1	19	179	4	2	73.5
Indoor	1	37	20	54.1	204	5.5	1	0	11	75	0	4	79.1	Left Side	39	29	74.4	393	10.1	1	1	16	167	3	5	103.9
Outdoor	9	277	159	57.4	1739	6.3	10	6	91	796	9	15	79.1	Middle	54	29	53.7	340	6.3	1	1	16	87	2	10	71.5
1st Half	-	180	97	53.9	1141	6.3	8	4	62	553	5	12	79.0	Right Side	90	54	60.0	537	6.0	4	2	33	273	0	2	82.5
2nd Half/OT	-	134	82	61.2	802	6.0	3	2	40	318	4	7	79.3	Right Sideline	71	33	46.5	305	4.3	1	1	18	165	0	1	71.6
Last 2 Min. Half	-	39	20	51.3	305	7.8	1	2	16	113	3	5	64.6	2 Wide Receivers	148	80	54.1	857	5.8	5	1	42	332	3	4	79.7
4th qtr, +/-7 pts	-	31	19	61.3	207	6.7	2	0	10	22	2	4	102.5	3+ WR	161	96	59.6	1083	6.7	4	4	58	535	6	14	77.7
Winning	-	117	61	52.1	635	5.4	4	1	32	269	3	11	76.0	Attempts 1-10	100	56	56.0	629	6.3	2	2	32	369	4	0	73.3
Tied	-	81	45	55.6	518	6.4	3	1	26	309	3	2	82.2	Attempts 11-20	94	49	52.1	545	5.8	5	2	30	198	1	0	78.5
Trailing	-	116	73	62.9	790	6.8	4	4	44	293	3	6	80.0	Attempts 21+	120	74	61.7	769	6.4	4	2	40	304	4	0	84.3

1997 Incompletions

Type	Num	%of Inc	%of Att
Pass Dropped	14	10.4	4.5
Poor Throw	56	41.5	17.8
Pass Defensed	23	17.0	7.3
Pass Hit at Line	2	1.5	0.6
Other	40	29.6	12.7
Total	135	100.0	43.0

Game Logs (1-8)

Date	Opp	Result	Att	Cm	Pct	Yds	TD	Int	Lg	Sk	F-L
08/31	@Den	L 3-19	25	14	56.0	115	0	1	22	3	0-0
09/08	@Oak	W28-27	35	21	60.0	312	2	0	43	1	0-0
09/14	Buf	W22-16	37	20	54.1	179	1	0	34	2	0-0
09/21	@Car	W35-14	29	16	55.2	224	3	1	55	1	0-0
09/28	Sea	W20-17	38	24	63.2	274	0	3	27	1	0-0
10/05	@Mia	L 14-17	30	23	76.7	177	2	0	21	5	0-0
10/16	SD	W31-3	40	20	50.0	235	2	0	23	2	0-0
10/26	@StL	W28-20	37	20	54.1	204	1	0	21	4	1-0

Game Logs (9-16)

Date	Opp	Result	Att	Cm	Pct	Yds	TD	Int	Lg	Sk	F-L
11/03	Pit	W13-10	29	16	55.2	172	0	1	30	0	0-0
11/09	@Jac	L 10-24	-	-	-	-	-	-	-	-	-
11/16	Den	W24-22	-	-	-	-	-	-	-	-	-
11/23	@Sea	W19-14	-	-	-	-	-	-	-	-	-
11/30	SF	W44-9	-	-	-	-	-	-	-	-	-
12/07	Oak	W30-0	-	-	-	-	-	-	-	-	-
12/14	@SD	W29-7	-	-	-	-	-	-	-	-	-
12/21	NO	W25-13	14	5	35.7	51	0	0	27	3	0-0

Eric Green — Baltimore Ravens — TE

1997 Receiving Splits

	G	Rec	Yds	Avg	TD	Lg	Big	YAC	Trgt	Y@C	1st	1st%		Rec	Yds	Avg	TD	Lg	Big	YAC	Trgt	Y@C	1st	1st%
Total	16	65	601	9.2	5	37	2	273	100	5.0	30	46.2	Inside 20	4	45	11.3	3	18	0	10	9	8.8	3	75.0
vs. Playoff	6	32	301	9.4	2	34	2	151	47	4.7	12	37.5	Inside 10	1	7	7.0	1	7	0	3	3	7.0	1	100.0
vs. Non-playoff	10	33	300	9.1	3	37	1	122	53	5.4	18	54.5	1st Down	29	292	10.1	2	34	2	128	40	5.7	9	31.0
vs. Own Division	8	35	348	9.9	3	37	2	150	53	5.7	14	40.0	2nd Down	21	157	7.5	2	22	0	107	35	2.4	9	42.9
Home	8	30	300	10.0	3	37	1	151	47	5.0	13	43.3	3rd Down Overall	14	146	10.4	1	37	1	38	24	7.7	11	78.6
Away	8	35	301	8.6	2	34	1	122	53	5.1	17	48.6	3rd D 0-2 to Go	0	0	-	0	0	0	0	4	-	0	-
Games 1-8	8	31	306	9.9	2	34	1	141	47	5.3	14	45.2	3rd D 3-7 to Go	10	115	11.5	1	37	1	30	14	8.5	10	100.0
Games 9-16	8	34	295	8.7	3	37	1	132	53	4.8	16	47.1	3rd D 8+ to Go	4	31	7.8	0	12	0	8	6	5.8	1	25.0
Aug/Sept	5	18	176	9.8	1	34	1	63	27	6.3	11	61.1	4th Down	1	6	6.0	0	6	0	0	1	6.0	1	100.0
October	3	13	130	10.0	1	29	1	78	20	4.0	3	23.1	Rec Behind Line	5	19	3.8	0	11	0	36	7	-3.4	1	20.0
November	5	23	168	7.3	1	13	0	76	36	4.0	11	47.8	1-10 yds	56	464	8.3	3	22	0	205	79	4.6	26	46.4
December	3	11	127	11.5	2	37	1	56	17	6.5	5	45.5	11-20 yds	2	47	23.5	1	29	1	12	10	17.5	1	50.0
Grass	12	39	364	9.3	4	37	2	179	64	4.7	18	46.2	21-30 yds	2	71	35.5	1	37	1	20	2	25.5	2	100.0
Turf	4	26	237	9.1	1	34	0	94	36	5.5	12	46.2	31+	0	0	-	0	0	0	0	1	-	0	-
Indoor	0	0	0	-	0	0	0	0	0	-	0	-	Left Sideline	12	89	7.4	0	16	0	53	14	3.0	5	41.7
Outdoor	16	65	601	9.2	5	37	2	273	100	5.0	30	46.2	Left Side	15	140	9.3	1	10	0	65	21	5.0	9	60.0
1st Half	-	27	239	8.9	2	37	1	127	46	4.1	13	48.1	Middle	8	97	12.1	1	34	1	20	15	9.6	5	62.5
2nd Half/OT	-	38	362	9.5	3	34	2	146	54	5.7	17	44.7	Right Side	23	185	8.0	0	29	1	84	34	4.4	8	34.8
Last 2 Min. Half	-	14	137	9.8	2	29	1	53	19	6.0	7	50.0	Right Sideline	7	90	12.9	3	37	1	51	15	5.6	3	42.9
4th qtr, +/-7 pts	-	14	129	9.2	1	18	0	47	21	5.9	7	50.0	Shotgun	0	0	-	0	0	0	0	0	-	0	-
Winning	-	18	173	9.6	2	37	1	71	28	5.7	7	38.9	2 Wide Receivers	5	31	6.2	0	13	0	27	10	0.8	2	40.0
Tied	-	5	44	8.8	1	22	0	35	11	1.8	1	20.0	3 Wide Receivers	60	570	9.5	5	37	2	246	89	5.4	28	46.7
Trailing	-	42	384	9.1	2	34	2	167	61	5.2	22	52.4	4+ WR	0	0	-	0	0	0	0	0	-	0	-

1997 Incompletions

Type	Num	%of Inc	%of Att
Pass Dropped	9	25.7	9.0
Poor Throw	11	31.4	11.0
Pass Defensed	8	22.9	8.0
Pass Hit at Line	1	2.9	1.0
Other	6	17.1	6.0
Total	35	100.0	35.0

Game Logs (1-8)

Date	Opp	Result	Rec	Yds	Trgt	F-L	TD
08/31	Jac	L 27-28	4	41	4	0-0	0
09/07	Cin	W 23-10	4	35	7	0-0	1
09/14	@NYN	W 24-23	6	71	9	0-0	0
09/21	@Ten	W 36-10	1	0	1	0-0	0
09/28	@SD	L 17-21	4	29	6	0-0	0
10/05	Pit	L 34-42	8	92	11	1-1	1
10/19	Mia	L 13-24	5	38	7	0-0	0
10/26	@Was	W 20-17	0	0	2	0-0	0

Game Logs (9-16)

Date	Opp	Result	Rec	Yds	Trgt	F-L	TD
11/02	@NYA	L 16-19	9	80	10	0-0	0
11/09	@Pit	L 0-37	4	24	8	0-0	0
11/16	Phi	T 10-10	4	23	6	0-0	0
11/23	Ari	L 13-16	1	6	4	0-0	0
11/30	@Jac	L 27-29	5	35	8	0-0	0
12/07	Sea	W 31-24	1	6	3	0-0	0
12/14	Ten	W 21-19	3	59	5	0-0	0
12/21	@Cin	L 14-16	7	62	9	0-0	1

Harold Green — Atlanta Falcons — RB

1997 Receiving Splits

	G	Rec	Yds	Avg	TD	Lg	Big	YAC	Trgt	Y@C	1st	1st%		Rec	Yds	Avg	TD	Lg	Big	YAC	Trgt	Y@C	1st	1st%
Total	16	29	360	12.4	0	47	3	356	36	0.1	13	44.8	Inside 20	2	9	4.5	0	7	0	10	2	-0.5	0	0.0
vs. Playoff	5	15	141	9.4	0	28	1	157	17	-1.1	5	33.3	Inside 10	0	0	-	0	0	0	0	0	-	0	-
vs. Non-playoff	11	14	219	15.6	0	47	2	199	19	1.4	8	57.1	1st Down	9	160	17.8	0	47	2	177	10	-1.9	6	66.7
vs. Own Division	8	14	145	10.4	0	26	1	144	17	0.1	7	50.0	2nd Down	4	46	11.5	0	15	0	54	5	-2.0	3	75.0
Home	8	12	195	16.3	0	47	1	193	14	0.2	7	58.3	3rd Down Overall	14	114	8.1	0	26	1	105	19	0.6	3	21.4
Away	8	17	165	9.7	0	28	2	163	22	0.1	6	35.3	3rd D 0-2 to Go	0	0	-	0	0	0	0	1	-	0	-
Games 1-8	8	18	182	10.1	0	28	2	183	20	-0.1	6	33.3	3rd D 3-7 to Go	3	7	2.3	0	3	0	13	5	-2.0	0	0.0
Games 9-16	8	11	178	16.2	0	47	1	173	16	0.5	7	63.6	3rd D 8+ to Go	11	107	9.7	0	26	1	92	13	1.4	3	27.3
Aug/Sept	5	13	118	9.1	0	28	1	131	14	-1.0	3	23.1	4th Down	2	40	20.0	0	23	0	20	2	10.0	1	50.0
October	3	5	64	12.8	0	26	1	52	6	2.4	3	60.0	Rec Behind Line	19	210	11.1	0	47	2	269	23	-3.1	8	42.1
November	5	10	131	13.1	0	23	0	120	14	1.1	6	60.0	1-10 yds	8	101	12.6	0	21	0	69	11	4.0	3	37.5
December	3	1	47	47.0	0	47	1	53	2	-6.0	1	100.0	11-20 yds	2	49	24.5	0	26	1	18	2	15.5	2	100.0
Grass	4	7	47	6.7	0	20	0	58	9	-1.6	3	42.9	21-30 yds	0	0	-	0	0	0	0	0	-	0	-
Turf	12	22	313	14.2	0	47	3	298	27	0.7	10	45.5	31+	0	0	-	0	0	0	0	0	-	0	-
Indoor	12	22	313	14.2	0	47	3	298	27	0.7	10	45.5	Left Sideline	8	113	14.1	0	47	2	138	10	-3.1	3	37.5
Outdoor	4	7	47	6.7	0	20	0	58	9	-1.6	3	42.9	Left Side	4	50	12.5	0	21	0	45	5	1.3	2	50.0
1st Half	-	10	111	11.1	0	26	1	92	14	1.9	4	40.0	Middle	5	66	13.2	0	19	0	67	6	-0.2	3	60.0
2nd Half/OT	-	19	249	13.1	0	47	2	264	22	-0.8	9	47.4	Right Side	5	51	10.2	0	20	0	60	7	-1.8	3	60.0
Last 2 Min. Half	-	13	202	15.5	0	47	1	199	15	0.2	7	53.8	Right Sideline	7	80	11.4	0	26	1	46	8	4.9	2	28.6
4th qtr. +/-7 pts	-	5	86	17.2	0	47	1	99	6	-2.6	2	40.0	Shotgun	0	0	-	0	0	0	0	0	-	0	-
Winning	-	7	104	14.9	0	47	1	72	10	4.6	4	57.1	2 Wide Receivers	3	17	5.7	0	19	0	28	3	-3.7	1	33.3
Tied	-	3	73	24.3	0	47	1	85	3	-4.0	2	66.7	3 Wide Receivers	9	163	18.1	0	47	3	131	13	3.6	5	55.6
Trailing	-	19	183	9.6	0	28	1	199	23	-0.8	7	36.8	4+ WR	17	180	10.6	0	21	0	197	20	-1.0	7	41.2

1997 Incompletions

Type	Num	%of Inc	%of Att
Pass Dropped	1	14.3	2.8
Poor Throw	1	14.3	2.8
Pass Defensed	2	28.6	5.6
Pass Hit at Line	1	14.3	2.8
Other	2	28.6	5.6
Total	7	100.0	19.4

Game Logs (1-8)

Date	Opp	Result	Rush	Yds	Rec	Yds	Trgt	F-L	TD
08/31	@Det	L 17-28	2	1	5	55	5	0-0	0
09/07	Car	L 6-9	6	5	1	19	1	0-0	0
09/14	Oak	L 31-36	11	2	2	16	2	0-0	0
09/21	@SF	L 7-34	5	3	4	13	4	0-0	0
09/28	Den	L 21-29	0	0	1	15	2	0-0	0
10/12	@NO	W 23-17	0	0	1	26	1	0-0	0
10/19	SF	L 28-35	0	0	1	4	1	0-0	0
10/26	@Car	L 12-21	0	0	3	34	4	0-0	0

Game Logs (9-16)

Date	Opp	Result	Rush	Yds	Rec	Yds	Trgt	F-L	TD
11/02	StL	W 34-31	3	24	1	19	1	0-0	0
11/09	TB	L 10-31	2	5	4	54	5	0-0	0
11/16	@StL	W 27-21	3	19	2	9	4	0-0	0
11/23	NO	W 20-3	0	0	1	21	1	0-0	0
11/30	@Sea	W 24-17	0	0	2	28	3	0-0	0
12/07	@SD	W 14-3	0	0	0	0	1	0-0	0
12/14	Phi	W 20-17	3	19	1	47	1	0-0	0
12/21	@Ari	L 26-29	1	0	0	0	0	0-0	0

Scott Greene — Carolina Panthers — FB

1997 Receiving Splits

	G	Rec	Yds	Avg	TD	Lg	Big	YAC	Trgt	Y@C	1st	1st%		Rec	Yds	Avg	TD	Lg	Big	YAC	Trgt	Y@C	1st	1st%
Total	16	40	277	6.9	1	25	2	231	57	1.2	13	32.5	Inside 20	4	18	4.5	1	10	0	16	6	0.5	2	50.0
vs. Playoff	6	11	74	6.7	0	25	1	61	17	1.2	2	18.2	Inside 10	2	2	1.0	1	1	0	2	2	0.0	1	50.0
vs. Non-playoff	10	29	203	7.0	1	25	1	170	40	1.1	11	37.9	1st Down	23	170	7.4	1	25	1	136	31	1.5	5	21.7
vs. Own Division	8	19	100	5.3	0	22	0	94	26	0.3	4	21.1	2nd Down	11	54	4.9	0	25	1	55	14	-0.1	3	27.3
Home	8	20	171	8.6	0	25	2	149	28	1.1	8	40.0	3rd Down Overall	6	53	8.8	0	21	0	40	12	2.2	5	83.3
Away	8	20	106	5.3	1	22	0	82	29	1.2	5	25.0	3rd D 0-2 to Go	1	12	12.0	0	12	0	10	3	2.0	1	100.0
Games 1-8	8	19	132	6.9	0	25	1	103	25	1.5	4	21.1	3rd D 3-7 to Go	4	33	8.3	0	21	0	27	7	1.5	3	75.0
Games 9-16	8	21	145	6.9	1	25	1	128	32	0.8	9	42.9	3rd D 8+ to Go	1	8	8.0	0	8	0	3	2	5.0	1	100.0
Aug/Sept	5	12	98	8.2	0	25	1	79	15	1.6	4	33.3	4th Down	0	0	-	0	0	0	0	0	-	0	-
October	3	7	34	4.9	0	9	0	24	10	1.4	0	0.0	Rec Behind Line	12	50	4.2	0	25	1	65	13	-1.3	2	16.7
November	5	15	101	6.7	0	25	1	91	20	0.7	5	33.3	1-10 yds	28	227	8.1	1	25	1	166	38	2.2	11	39.3
December	3	6	44	7.3	1	21	0	37	12	1.2	4	66.7	11-20 yds	0	0	-	0	0	0	5	0	-	0	-
Grass	11	26	197	7.6	0	25	2	163	37	1.3	9	34.6	21-30 yds	0	0	-	0	0	0	1	0	-	0	-
Turf	5	14	80	5.7	1	22	0	68	20	0.9	4	28.6	31+	0	0	-	0	0	0	0	0	-	0	-
Indoor	4	10	49	4.9	0	22	0	43	13	0.6	1	10.0	Left Sideline	9	60	6.7	0	18	0	45	16	1.7	4	44.4
Outdoor	12	30	228	7.6	1	25	2	188	44	1.3	12	40.0	Left Side	6	52	8.7	1	22	0	52	7	0.0	3	50.0
1st Half	-	21	173	8.2	0	25	2	140	32	1.6	8	38.1	Middle	2	11	5.5	0	7	0	3	2	4.0	0	0.0
2nd Half/OT	-	19	104	5.5	1	25	1	91	25	0.7	5	26.3	Right Side	11	83	7.5	0	25	2	75	13	0.7	2	18.2
Last 2 Min. Half	-	0	0	-	0	0	0	0	0	-	0	-	Right Sideline	12	71	5.9	0	11	0	56	21	1.3	4	33.3
4th qtr. +/-7 pts	-	3	14	4.7	0	10	0	17	5	-1.0	1	33.3	Shotgun	0	0	-	0	0	0	0	0	-	0	-
Winning	-	15	103	6.9	1	25	1	85	20	1.2	6	40.0	2 Wide Receivers	32	175	5.5	0	25	1	151	44	0.8	6	18.8
Tied	-	8	66	8.3	0	22	0	58	13	1.0	2	25.0	3 Wide Receivers	6	76	12.7	0	22	0	59	8	2.8	5	83.3
Trailing	-	17	108	6.4	0	25	1	88	24	1.2	5	29.4	4+ WR	1	25	25.0	0	25	1	21	2	4.0	1	100.0

1997 Incompletions

Type	Num	%of Inc	%of Att
Pass Dropped	3	17.6	5.3
Poor Throw	6	35.3	10.5
Pass Defensed	2	11.8	3.5
Pass Hit at Line	0	0.0	0.0
Other	6	35.3	10.5
Total	17	100.0	29.8

Game Logs (1-8)

Date	Opp	Result	Rush	Yds	Rec	Yds	Trgt	F-L	TD
08/31	Was	L 10-24	3	10	3	22	3	0-0	0
09/07	@Atl	W 9-6	2	6	0	0	0	0-0	0
09/14	@SD	W 26-7	5	17	3	18	4	0-0	0
09/21	KC	L 14-35	0	0	5	57	7	0-0	0
09/29	SF	L 21-34	0	0	1	1	1	0-0	0
10/12	@Min	L 14-21	0	0	1	26	1	0-0	0
10/19	@NO	W 13-0	4	15	3	18	3	0-0	0
10/26	Atl	W 21-12	6	27	2	4	1-1	0

Game Logs (9-16)

Date	Opp	Result	Rush	Yds	Rec	Yds	Trgt	F-L	TD
11/02	Oak	W 38-14	4	17	2	35	3	0-0	1
11/09	@Den	L 0-34	1	1	2	6	3	0-0	0
11/16	@SF	L 19-27	5	15	1	2	2	0-0	0
11/23	@StL	W 16-10	3	10	5	23	7	0-0	0
11/30	NO	L 13-16	7	30	5	35	5	0-0	0
12/08	@Dal	W 23-13	1	3	4	31	7	0-0	0
12/14	GB	L 10-31	1	1	0	0	1	0-0	0
12/20	StL	L 18-30	1	2	2	13	4	0-0	0

Eric Guliford — New Orleans Saints — WR

1997 Receiving Splits

	G	Rec	Yds	Avg	TD	Lg	Big	YAC	Trgt	Y@C	1st	1st%		Rec	Yds	Avg	TD	Lg	Big	YAC	Trgt	Y@C	1st	1st%
Total	16	27	362	13.4	1	47	1	106	56	9.5	20	74.1	Inside 20	1	16	16.0	1	16	0	0	2	16.0	1	100.0
vs. Playoff	5	14	199	14.2	0	47	1	49	23	10.7	9	64.3	Inside 10	0	0	-	0	0	0	0	0	-	0	-
vs. Non-playoff	11	13	163	12.5	1	22	0	57	33	8.2	11	84.6	1st Down	9	148	16.4	0	47	1	38	16	12.2	8	88.9
vs. Own Division	8	10	127	12.7	0	47	1	34	27	9.3	6	60.0	2nd Down	5	70	14.0	0	22	0	26	15	8.8	2	40.0
Home	8	11	145	13.2	1	22	0	39	25	9.6	8	72.7	3rd Down Overall	12	138	11.5	1	18	0	39	23	8.3	9	75.0
Away	8	16	217	13.6	0	47	1	67	31	9.4	12	75.0	3rd D 0-2 to Go	0	0	-	0	0	0	0	0	-	0	-
Games 1-8	8	10	151	15.1	0	47	1	46	24	10.5	7	70.0	3rd D 3-7 to Go	6	66	11.0	1	18	0	14	9	8.7	6	100.0
Games 9-16	8	17	211	12.4	1	22	0	60	32	8.9	13	76.5	3rd D 8+ to Go	6	72	12.0	0	17	0	25	14	7.8	3	50.0
Aug/Sept	5	9	141	15.7	0	47	1	38	18	11.4	6	66.7	4th Down	1	6	6.0	0	6	0	3	2	3.0	1	100.0
October	4	3	26	8.7	0	10	0	9	9	5.7	1	33.3	Rec Behind Line	0	0	-	0	0	0	0	4	-	0	-
November	4	9	104	11.6	0	15	0	35	16	7.7	7	77.8	1-10 yds	17	170	10.0	0	18	0	76	26	5.5	10	58.8
December	3	6	91	15.2	1	22	0	24	13	11.2	6	100.0	11-20 yds	9	145	16.1	1	22	0	13	17	14.7	9	100.0
Grass	5	10	151	15.1	0	47	1	54	16	9.7	8	80.0	21-30 yds	1	47	47.0	0	47	1	17	8	30.0	1	100.0
Turf	11	17	211	12.4	1	22	0	52	40	9.4	12	70.6	31+	0	0	-	0	0	0	0	1	-	0	-
Indoor	10	15	185	12.3	1	22	0	47	35	9.2	11	73.3	Left Sideline	10	160	16.0	1	47	1	46	21	11.4	8	80.0
Outdoor	6	12	177	14.8	0	47	1	59	21	9.8	9	75.0	Left Side	4	36	9.0	0	12	0	11	9	6.3	4	100.0
1st Half	-	10	115	11.5	0	18	0	32	21	8.3	9	90.0	Middle	5	82	16.4	0	20	0	18	10	12.8	4	80.0
2nd Half/OT	-	17	247	14.5	1	47	1	74	35	10.2	11	64.7	Right Side	3	30	10.0	0	14	0	6	8	8.0	1	33.3
Last 2 Min. Half	-	6	62	10.3	0	17	0	23	10	6.5	5	83.3	Right Sideline	5	54	10.8	0	14	0	25	8	5.8	3	60.0
4th qtr, +/-7 pts	-	3	43	14.3	1	16	0	5	7	12.7	3	100.0	Shotgun	5	84	16.8	0	47	1	26	10	11.6	3	60.0
Winning	-	4	63	15.8	1	22	0	19	5	11.0	3	75.0	2 Wide Receivers	2	38	19.0	1	22	0	9	6	14.5	2	100.0
Tied	-	4	56	14.0	0	18	0	11	8	11.3	4	100.0	3 Wide Receivers	9	107	11.9	0	20	0	22	19	9.4	7	77.8
Trailing	-	19	243	12.8	0	47	1	76	43	8.8	13	68.4	4+ WR	16	217	13.6	0	47	1	75	31	8.9	11	68.8

1997 Incompletions

Type	Num	%of Inc	%of Att
Pass Dropped	3	10.3	5.4
Poor Throw	13	44.8	23.2
Pass Defensed	7	24.1	12.5
Pass Hit at Line	2	6.9	3.6
Other	4	13.8	7.1
Total	29	100.0	51.8

Game Logs (1-8)

Date	Opp	Result	Rush	Yds	Rec	Yds	Trgt	F-L	TD
08/31	@StL	L 24-38	0	0	0	0	2	0-0	0
09/07	SD	L 6-20	0	0	1	11	2	1-1	0
09/14	@SF	L 7-33	1	-2	3	61	4	0-0	0
09/21	Det	W 35-17	0	0	3	43	5	0-0	0
09/28	@NYN	L 9-14	0	0	2	26	5	0-0	0
10/05	@Chi	W 20-17	0	0	0	0	0	0-0	0
10/12	Atl	L 17-23	0	0	0	1	0-0		0
10/19	Car	L 0-13	0	0	1	10	5	0-0	0

Game Logs (9-16)

Date	Opp	Result	Rush	Yds	Rec	Yds	Trgt	F-L	TD
10/26	SF	L 0-23	0	0	2	16	3	0-0	0
11/09	@Oak	W 13-10	0	0	3	37	5	0-0	0
11/16	Sea	W 20-17	0	0	2	27	2	0-0	0
11/23	@Atl	L 3-20	0	0	4	40	8	0-0	0
11/30	@Car	W 16-13	0	0	0	0	1	0-0	0
12/07	StL	L 27-34	0	0	0	0	3	1-0	0
12/14	Ari	W 27-10	0	0	2	38	4	0-0	1
12/21	@KC	L 13-25	0	0	4	53	6	0-0	0

Jim Harbaugh — Indianapolis Colts — QB

1997 Passing Splits

	G	Att	Cm	Pct	Yds	Y/Att	TD	Int	1st	YAC	Big	Sk	Rtg		Att	Cm	Pct	Yds	Y/Att	TD	Int	1st	YAC	Big	Sk	Rtg
Total	12	309	189	61.2	2060	6.7	10	4	100	742	9	41	86.2	Inside 20	37	18	48.6	147	4.0	9	0	13	67	0	3	98.8
vs. Playoff	7	213	130	61.2	1413	6.6	9	3	70	484	7	25	88.8	Inside 10	16	5	31.3	20	1.3	4	0	4	5	0	1	80.2
vs. Non-playoff	5	96	59	61.5	647	6.7	1	1	30	258	2	16	80.5	1st Down	107	65	60.7	626	5.9	2	2	24	221	2	11	75.5
vs. Own Division	8	213	134	62.9	1485	7.0	7	3	73	576	6	21	88.6	2nd Down	108	70	64.8	687	6.4	2	1	37	266	2	15	84.9
Home	5	105	78	74.3	779	7.4	4	0	38	236	3	20	103.6	3rd Down Overall	88	50	56.8	699	7.9	3	1	35	254	4	15	89.2
Away	7	204	111	54.4	1281	6.3	6	3	62	506	6	21	77.3	3rd D 0-5 to Go	28	15	53.6	234	8.4	2	0	14	86	2	5	105.4
Games 1-8	7	175	107	61.1	1043	6.0	3	4	50	361	2	28	74.1	3rd D 6+ to Go	60	35	58.3	465	7.8	1	1	21	168	2	10	81.6
Games 9-16	5	134	82	61.0	1017	7.6	7	0	50	381	7	13	102.1	4th Down	6	4	66.7	48	8.0	3	0	4	1	1	0	130.6
Aug/Sept	4	115	71	61.7	618	5.4	1	2	26	237	1	18	71.6	Rec Behind Line	39	23	59.0	155	4.0	0	0	7	224	1	0	67.8
October	3	60	36	60.0	425	7.1	2	2	24	124	1	10	78.8	1-10 yds	170	104	69.4	1098	6.5	7	4	54	436	0	11	90.8
November	2	57	32	56.1	422	7.4	2	0	21	198	2	10	91.4	11-20 yds	51	28	54.9	466	9.1	1	0	26	58	2	0	92.4
December	3	77	50	64.9	595	7.7	5	0	29	183	5	3	110.2	21-30 yds	8	4	50.0	133	16.6	1	0	4	21	4	0	135.4
Grass	2	70	36	51.4	419	6.0	2	2	21	208	1	7	67.5	31+	11	1	9.1	41	3.7	0	0	1	3	1	0	42.6
Turf	10	239	153	64.0	1641	6.9	8	3	79	534	8	34	91.7	Left Sideline	77	47	61.0	488	6.3	0	0	26	178	2	0	88.0
Indoor	7	148	103	60.6	1058	7.1	5	1	51	293	5	28	98.3	Left Side	35	28	80.0	301	8.6	0	0	14	137	1	3	90.6
Outdoor	5	161	86	53.4	1002	6.2	5	3	49	449	4	13	75.1	Middle	48	28	58.3	358	7.5	4	1	18	105	2	31	100.9
1st Half	-	164	106	64.6	1198	7.3	6	2	58	445	6	17	93.5	Right Side	59	37	62.7	424	7.2	2	2	20	205	2	3	81.5
2nd Half/OT	-	145	83	57.2	862	5.9	4	2	42	297	3	24	78.0	Right Sideline	63	34	54.0	322	5.1	1	0	14	116	1	1	73.6
Last 2 Min. Half	-	44	25	56.8	323	7.3	3	1	17	87	2	9	93.3	2 Wide Receivers	85	53	62.4	561	6.6	1	1	25	262	2	9	82.5
4th qtr, +/-7 pts	-	11	4	36.4	46	4.2	0	1	2	14	0	2	11.9	3+ WR	193	120	62.2	1289	6.7	8	3	66	467	5	28	89.1
Winning	-	68	39	57.4	501	7.4	4	1	24	173	5	2	94.1	Attempts 1-10	120	81	67.5	903	7.5	3	1	44	337	3	0	94.5
Tied	-	39	26	66.7	229	5.9	2	0	13	97	4	0	99.2	Attempts 11-20	97	59	60.8	668	6.9	1	1	28	285	5	1	90.9
Trailing	-	202	124	61.4	1330	6.6	4	3	63	472	4	36	81.1	Attempts 21+	92	49	53.3	489	5.3	3	2	27	120	1	0	70.4

1997 Incompletions

Type	Num	%of Inc	%of Att
Pass Dropped	8	6.7	2.6
Poor Throw	45	37.5	14.6
Pass Defensed	22	18.3	7.1
Pass Hit at Line	7	5.8	2.3
Other	38	31.7	12.3
Total	120	100.0	38.8

Game Logs (1-8)

Date	Opp	Result	Att	Cm	Pct	Yds	TD	Int	Lg	Sk	F-L
08/31	@Mia	L 10-16	29	14	48.3	109	0	2	18	3	0-0
09/07	NE	L 6-31	38	30	78.9	241	0	0	18	5	1-1
09/14	Sea	L 3-31	17	11	64.7	77	0	0	14	8	1-0
09/21	@Buf	L 35-37	31	16	51.6	191	1	0	25	0	0-0
10/05	NYA	L 12-16	12	8	66.7	98	0	1	23	1	0-0
10/12	@Pit	L 22-24	36	19	52.8	219	2	1	28	4	1-1
10/20	Buf	L 6-9	12	9	75.0	108	0	0	20	5	0-0
10/26	@SD	L 19-35	-	-	-	-	-	-	-	-	-

Game Logs (9-16)

Date	Opp	Result	Att	Cm	Pct	Yds	TD	Int	Lg	Sk	F-L
11/02	TB	L 28-31	-	-	-	-	-	-	-	-	-
11/09	Cin	L 13-28	-	-	-	-	-	-	-	-	-
11/16	GB	W 41-38	-	-	-	-	-	-	-	-	-
11/23	@Det	L 10-32	16	10	62.5	112	0	0	34	6	0-0
11/30	@NE	L 17-20	41	22	53.7	310	2	0	51	4	0-0
12/07	@NYA	W 22-14	24	15	62.5	173	0	0	58	0	0-0
12/14	Mia	W 41-0	26	20	76.9	255	4	0	43	1	1-1
12/21	@Min	L 28-39	27	15	55.6	167	1	0	30	2	0-0

Raymont Harris — Chicago Bears — RB

1997 Rushing and Receiving Splits

	G	Rush	Yds	Avg	Lg	TD	1st	Stf	YdL	Rec	Yds	Avg	TD		Rush	Yds	Avg	Lg	1st	Stf	YdL	Rec	Yds	Avg	TD
Total	13	275	1033	3.8	68	10	52	17	44	28	115	4.1	0	Inside 20	43	111	2.6	9	8	11	2	4	1	3	3.0	0
vs. Playoff	9	181	729	4.0	68	9	37	9	20	21	111	5.3	0	Inside 10	31	65	2.1	7	8	10	1	2	0	0	-	0
vs. Non-playoff	4	94	304	3.2	20	1	15	8	24	7	4	0.6	0	1st Down	135	390	2.9	20	4	9	11	28	11	53	4.8	0
vs. Own Division	7	135	560	4.1	68	8	30	7	16	17	91	5.4	0	2nd Down	102	458	4.5	68	2	26	3	11	12	44	3.7	0
Home	7	155	551	3.6	59	5	30	11	29	15	41	2.7	0	3rd Down Overall	37	181	4.9	59	4	16	3	5	5	18	3.6	0
Away	6	120	482	4.0	68	5	22	6	15	13	74	5.7	0	3rd D 0-2 to Go	17	74	4.4	59	3	9	2	3	1	3	3.0	0
Games 1-8	8	173	744	4.3	68	7	35	7	18	24	94	3.9	0	3rd D 3-7 to Go	12	54	4.5	9	1	5	0	0	2	8	4.0	0
Games 9-16	5	102	289	2.8	20	3	17	10	26	4	21	5.3	0	3rd D 8+ to Go	8	53	6.6	13	0	2	1	2	2	7	3.5	0
Aug/Sept	5	93	455	4.9	68	4	18	3	5	18	83	4.6	0	4th Down	1	4	4.0	4	0	1	0	0	0	0	-	0
October	3	80	289	3.6	13	3	17	4	13	6	11	1.8	0	Left Sideline	20	113	5.7	20	0	7	2	4	4	11	2.8	0
November	4	78	230	2.9	12	3	12	5	13	4	21	5.3	0	Left Side	57	175	3.1	11	2	13	7	21	2	16	8.0	0
December	1	24	59	2.5	20	0	5	5	13	0	0	-	0	Middle	157	609	3.9	68	7	27	6	11	3	8	2.7	0
Grass	10	214	842	3.9	68	8	42	14	35	23	97	4.2	0	Right Side	27	79	2.9	13	1	2	2	8	15	63	4.2	0
Turf	3	61	191	3.1	18	2	10	3	9	5	18	3.6	0	Right Sideline	7	34	4.9	15	0	2	0	0	4	17	4.3	0
Indoor	2	32	71	2.2	8	2	4	3	9	2	16	8.0	0	0 Tight Ends	22	101	4.6	13	0	7	1	2	5	11	2.2	0
Outdoor	11	243	962	4.0	68	8	48	14	35	26	99	3.8	0	1 Tight Ends	145	571	3.9	68	3	20	12	33	20	82	4.1	0
1st Half	-	180	609	3.4	16	7	35	12	29	16	41	2.6	0	2 Tight Ends	90	312	3.5	20	1	16	4	9	3	22	7.3	0
2nd Half/OT	-	95	424	4.5	68	3	17	5	15	12	74	6.2	0	3+ Tight Ends	10	14	1.4	4	6	7	0	0	0	0	-	0
Last 2 Min. Half	-	20	99	5.0	16	0	5	1	2	6	28	4.7	0	Carries 1-5	65	171	2.6	9	4	11	6	16	0	0	-	0
4th qtr, +/-7 pts	-	20	123	6.2	59	2	7	1	5	0	0	-	0	Carries 6-10	63	289	4.6	59	4	14	4	10	0	0	-	0
Winning	-	103	406	3.9	20	0	24	5	11	8	4	0.5	0	Carries 11-15	54	242	4.5	68	1	9	3	8	0	0	-	0
Tied	-	51	131	2.6	13	5	8	4	12	5	17	3.4	0	Carries 16-20	44	136	3.1	16	0	7	4	10	0	0	-	0
Trailing	-	121	496	4.1	68	5	20	8	21	15	94	6.3	0	Carries 21+	49	195	4.0	20	1	11	0	0	0	0	-	0

1997 Incompletions

Type	Num	%of Inc	% Att
Pass Dropped	2	15.4	4.9
Poor Throw	5	38.5	12.2
Pass Defensed	1	7.7	2.4
Pass Hit at Line	1	7.7	2.4
Other	4	30.8	9.8
Total	13	100.0	31.7

Game Logs (1-8)

Date	Opp	Result	Rush	Yds	Rec	Yds	Trgt	F-L	TD
09/01	@GB	L 24-38	13	122	4	36	4	0-0	2
09/07	Min	L 24-27	8	77	6	15	8	1-0	1
09/14	Det	L 7-32	22	73	2	13	3	0-0	1
09/21	@NE	L 3-31	21	63	3	17	4	0-0	0
09/28	@Dal	L 3-27	29	120	3	4	4	0-0	0
10/05	NO	L 17-20	28	82	3	0	6	0-0	0
10/12	GB	L 23-24	27	101	2	8	3	0-0	1
10/27	@Mia	W 36-33	25	106	1	3	2	0-0	1

Game Logs (9-16)

Date	Opp	Result	Rush	Yds	Rec	Yds	Trgt	F-L	TD
11/02	Was	L 8-31	13	43	1	2	1	0-0	
11/09	@Min	L 22-29	13	22	2	16	2	0-0	1
11/16	NYA	L 15-23	-	-	-	-	-	-	-
11/23	TB	W 13-7	33	116	1	3	3	0-0	1
11/27	@Det	L 20-55	19	49	0	0	1	0-0	0
12/07	Buf	W 20-3	24	59	0	0	1	0-0	0

Marvin Harrison — Indianapolis Colts — WR

1997 Receiving Splits

	G	Rec	Yds	Avg	TD	Lg	Big	YAC	Trgt	Y@C	1st	1st%		Rec	Yds	Avg	TD	Lg	Big	YAC	Trgt	Y@C	1st	1st%
Total	16	73	866	11.9	6	44	3	150	117	9.8	46	63.0	Inside 20	5	45	9.0	5	18	0	29	9	3.2	5	100.0
vs. Playoff	9	43	493	11.5	4	44	2	98	64	9.2	24	55.8	Inside 10	3	10	3.3	3	6	0	0	5	3.3	3	100.0
vs. Non-playoff	7	30	373	12.4	2	25	1	52	53	10.7	22	73.3	1st Down	23	242	10.5	0	25	1	23	42	9.5	9	39.1
vs. Own Division	8	33	396	12.0	1	41	2	41	56	10.8	19	57.6	2nd Down	29	320	11.0	1	44	1	56	37	9.1	17	58.6
Home	8	43	506	11.8	2	44	2	102	57	9.4	26	60.5	3rd Down Overall	19	299	15.7	4	41	1	71	35	12.0	18	94.7
Away	8	30	360	12.0	4	35	1	48	60	10.4	20	66.7	3rd D 0-2 to Go	2	8	4.0	1	6	0	0	2	4.0	2	100.0
Games 1-8	8	33	382	11.6	2	25	1	49	60	10.1	18	54.5	3rd D 3-7 to Go	8	121	15.1	3	20	0	49	18	9.0	8	100.0
Games 9-16	8	40	484	12.1	4	44	2	101	57	9.6	28	70.0	3rd D 8+ to Go	9	170	18.9	0	41	1	22	16	16.4	8	88.9
Aug/Sept	4	20	190	9.5	1	25	1	26	30	8.2	9	45.0	4th Down	2	5	2.5	1	3	0	0	3	2.5	2	100.0
October	4	13	192	14.8	1	21	0	23	30	13.0	9	69.2	Rec Behind Line	1	11	11.0	0	11	0	16	1	-5.0	1	100.0
November	5	25	308	12.3	3	44	1	88	36	8.8	20	80.0	1-10 yds	41	350	8.5	5	20	0	111	60	5.8	21	51.2
December	3	15	176	11.7	1	41	1	13	21	10.9	8	53.3	11-20 yds	21	330	15.7	0	21	0	14	33	15.0	18	85.7
Grass	3	9	101	11.2	0	16	0	4	25	10.8	6	66.7	21-30 yds	1	25	25.0	0	25	1	1	2	24.0	1	100.0
Turf	13	64	765	12.0	6	44	3	146	92	9.7	40	62.5	31+	2	85	42.5	0	44	2	8	10	38.5	2	100.0
Indoor	10	53	601	11.3	4	44	2	113	72	9.2	31	58.5	Left Sideline	10	135	13.5	1	25	0	20	13	11.5	8	80.0
Outdoor	6	20	265	13.3	2	25	1	37	45	11.4	15	75.0	Left Side	4	56	14.0	0	19	0	21	6	8.8	3	75.0
1st Half	-	45	522	11.6	4	44	3	97	63	9.4	27	60.0	Middle	7	89	12.7	1	20	0	26	13	9.0	4	57.1
2nd Half/OT	-	28	344	12.3	2	23	0	53	54	10.4	19	67.9	Right Side	28	280	10.0	2	21	0	46	40	8.4	17	60.7
Last 2 Min. Half	-	9	88	9.8	2	18	0	4	17	9.3	7	77.8	Right Sideline	17	241	14.2	1	44	2	37	34	12.0	11	64.7
4th qtr, +/-7 pts	-	6	94	15.7	0	21	0	11	13	13.8	4	66.7	Shotgun	22	292	13.3	3	41	1	59	43	10.6	17	77.3
Winning	-	8	122	15.3	0	41	2	10	13	14.0	5	62.5	2 Wide Receivers	28	291	10.4	1	21	0	38	36	9.0	17	60.7
Tied	-	16	145	9.1	1	18	0	46	20	6.2	9	56.3	3 Wide Receivers	19	289	15.2	3	44	3	63	28	11.9	12	63.2
Trailing	-	49	599	12.2	5	44	1	94	84	10.3	32	65.3	4+ WR	19	221	11.6	1	19	0	49	42	9.1	14	73.7

1997 Incompletions

Type	Num	%of Inc	%of Att
Pass Dropped	4	9.1	3.4
Poor Throw	20	45.5	17.1
Pass Defensed	10	22.7	8.5
Pass Hit at Line	0	0.0	0.0
Other	10	22.7	8.5
Total	44	100.0	37.6

Game Logs (1-8)

Date	Opp	Result	Rush	Yds	Rec	Yds	Trgt	F-L	TD
08/31	@Mia	L 10-16	1	-7	2	14	6	1-0	0
09/07	NE	L 6-31	0	0	9	74	9	0-0	0
09/14	Sea	L 3-31	0	0	4	38	6	0-0	0
09/21	@Buf	L 35-37	0	0	5	64	11	0-0	2
10/05	NYA	L 12-16	0	0	3	36	9	0-0	0
10/12	@Pit	L 22-24	0	0	3	52	5	0-0	0
10/20	Buf	L 6-9	0	0	3	57	4	0-0	0
10/26	@SD	L 19-35	0	0	4	47	12	0-0	0

Game Logs (9-16)

Date	Opp	Result	Rush	Yds	Rec	Yds	Trgt	F-L	TD
11/02	TB	L 28-31	0	0	3	57	6	0-0	0
11/09	Cin	L 13-28	0	0	8	83	9	0-0	0
11/16	GB	W 41-38	0	0	8	98	10	1-0	1
11/23	@Det	L 10-32	0	0	3	30	4	0-0	1
11/30	@NE	L 17-20	0	0	3	40	7	0-0	0
12/07	NYA	W 22-14	0	0	3	48	4	0-0	0
12/14	Mia	W 41-0	1	0	5	63	6	0-0	0
12/21	@Min	L 28-39	0	0	7	65	11	0-0	1

Andre Hastings — New Orleans Saints — WR

1997 Receiving Splits

	G	Rec	Yds	Avg	TD	Lg	Big	YAC	Trgt	Y@C	1st	1st%		Rec	Yds	Avg	TD	Lg	Big	YAC	Trgt	Y@C	1st	1st%
Total	16	48	722	15.0	5	39	9	130	118	12.3	34	70.8	Inside 20	4	30	7.5	2	16	0	0	8	7.5	2	50.0
vs. Playoff	5	16	235	14.7	2	27	2	32	38	12.7	13	81.3	Inside 10	2	12	6.0	1	8	0	2	6.0	1	50.0	
vs. Non-playoff	11	32	487	15.2	3	39	7	98	80	12.2	21	65.6	1st Down	20	335	16.8	3	39	3	55	43	14.0	15	75.0
vs. Own Division	8	24	469	19.5	4	39	8	69	66	16.7	21	87.5	2nd Down	15	184	12.3	1	30	2	37	35	9.8	10	66.7
Home	8	28	414	14.8	3	38	5	82	64	11.9	18	64.3	3rd Down Overall	13	203	15.6	1	38	4	38	38	12.7	9	69.2
Away	8	20	308	15.4	2	39	4	48	54	13.0	16	80.0	3rd D 0-2 to Go	1	28	28.0	0	28	1	2	2	26.0	1	100.0
Games 1-8	8	26	417	16.0	4	39	5	67	65	13.5	21	80.8	3rd D 3-7 to Go	6	56	9.3	0	27	1	14	15	7.0	3	50.0
Games 9-16	8	22	305	13.9	1	36	4	63	53	11.0	13	59.1	3rd D 8+ to Go	6	119	19.8	1	38	2	22	21	16.2	5	83.3
Aug/Sept	5	20	300	15.0	3	39	3	34	45	13.3	16	80.0	4th Down	0	0	-	0	0	0	0	2	-	0	-
October	4	8	150	18.8	1	38	3	39	26	13.9	6	75.0	Rec Behind Line	1	4	4.0	0	4	0	4	3	0.0	0	0.0
November	4	9	112	12.4	0	28	1	32	22	8.9	5	55.6	1-10 yds	24	195	8.1	1	20	0	55	44	5.8	11	45.8
December	3	11	160	14.5	1	36	2	25	25	12.3	7	63.6	11-20 yds	14	246	17.6	1	32	2	38	35	14.9	14	100.0
Grass	5	13	162	12.5	1	28	1	25	32	10.5	9	69.2	21-30 yds	6	168	28.0	2	38	4	24	24	24.0	6	100.0
Turf	11	35	560	16.0	4	39	8	105	86	13.0	25	71.4	31+	3	109	36.3	1	39	3	9	12	33.3	3	100.0
Indoor	10	33	524	15.9	4	39	7	90	78	13.2	23	69.7	Left Sideline	9	115	12.8	1	32	2	25	19	10.0	5	55.6
Outdoor	6	15	198	13.2	1	28	2	40	40	10.5	11	73.3	Left Side	6	118	19.7	1	39	2	13	14	7.5	6	100.0
1st Half	-	23	331	14.4	1	39	4	60	53	11.8	15	65.2	Middle	11	164	14.9	0	27	1	19	23	13.2	7	63.6
2nd Half/OT	-	25	391	15.6	4	36	5	70	65	12.8	19	76.0	Right Side	6	86	14.3	2	25	1	17	17	11.5	6	100.0
Last 2 Min. Half	-	4	45	11.3	0	20	0	24	16	5.3	2	50.0	Right Sideline	16	239	14.9	1	38	3	56	45	11.4	10	62.5
4th qtr, +/-7 pts	-	7	123	17.6	0	36	2	39	13	12.0	5	71.4	Shotgun	5	93	18.6	2	30	2	6	19	17.4	5	100.0
Winning	-	8	138	17.3	0	36	2	13	21	15.6	7	87.5	2 Wide Receivers	24	382	15.9	2	39	5	49	48	13.9	17	70.8
Tied	-	13	190	14.6	2	39	2	40	23	11.5	8	61.5	3 Wide Receivers	13	195	15.0	2	38	2	67	42	9.8	9	69.2
Trailing	-	27	394	14.6	3	38	5	77	74	11.7	19	70.4	4+ WR	10	117	11.7	1	27	1	12	27	10.5	7	70.0

1997 Incompletions

Type	Num	%of Inc	%of Att
Pass Dropped	9	12.9	7.6
Poor Throw	31	44.3	26.3
Pass Defensed	16	22.9	13.6
Pass Hit at Line	2	2.9	1.7
Other	12	17.1	10.2
Total	70	100.0	59.3

Game Logs (1-8)

Date	Opp	Result	Rush	Yds	Rec	Yds	Trgt	F-L	TD
08/31	@StL	L 24-38	0	0	4	95	9	0-0	1
09/07	SD	L 6-20	0	0	5	37	12	0-0	0
09/14	@SF	L 7-33	2	8	4	58	9	0-0	1
09/28	@NYN	W 35-17	0	0	5	74	7	0-0	1
10/05	@Chi	W 9-14	0	0	2	36	8	0-0	0
10/12	Atl	W 20-17	0	0	1	8	3	0-0	0
10/19	Car	L 17-23	1	0	4	96	7	0-0	1
		L 0-13	0	0	1	13	10	0-0	0

Game Logs (9-16)

Date	Opp	Result	Rush	Yds	Rec	Yds	Trgt	F-L	TD
10/26	SF	L 0-23	0	0	2	33	6	0-0	0
11/09	@Oak	W 13-10	0	0	3	23	5	0-0	0
11/16	Sea	W 20-17	0	0	3	35	5	0-0	0
11/23	@Atl	L 3-20	0	0	1	15	5	0-0	0
11/30	@Car	W 16-13	0	0	2	39	7	1-1	0
12/07	StL	L 27-34	0	0	6	120	13	0-0	1
12/14	Ari	W 27-10	1	27	2	6	4	0-0	0
12/21	@KC	L 13-25	0	0	3	34	8	0-0	0

Courtney Hawkins — Pittsburgh Steelers — WR

1997 Receiving Splits

	G	Rec	Yds	Avg	TD	Lg	Big	YAC	Trgt	Y@C	1st	1st%		Rec	Yds	Avg	TD	Lg	Big	YAC	Trgt	Y@C	1st	1st%
Total	15	45	555	12.3	3	44	5	262	69	6.5	30	66.7	Inside 20	7	57	8.1	0	15	0	8	9	7.0	3	42.9
vs. Playoff	5	21	279	13.3	2	44	3	150	33	6.1	14	66.7	Inside 10	1	3	3.0	0	3	0	0	2	3.0	0	0.0
vs. Non-playoff	10	24	276	11.5	1	35	2	112	36	6.8	16	66.7	1st Down	9	104	11.6	0	18	0	42	18	6.9	6	66.7
vs. Own Division	7	23	242	10.5	1	35	2	75	34	7.3	13	56.5	2nd Down	9	150	16.7	2	44	2	46	15	11.6	7	77.8
Home	8	25	273	10.9	2	28	2	99	39	7.0	16	64.0	3rd Down Overall	25	276	11.0	1	41	3	149	34	5.1	16	64.0
Away	7	20	282	14.1	1	44	3	163	30	6.0	14	70.0	3rd D 0-2 to Go	3	12	4.0	0	12	0	8	5	1.3	2	66.7
Games 1-8	8	22	268	12.2	2	35	3	96	34	7.8	17	77.3	3rd D 3-7 to Go	13	131	10.1	1	28	1	57	16	5.7	10	76.9
Games 9-16	7	23	287	12.5	1	44	2	166	35	5.3	13	56.5	3rd D 8+ to Go	9	133	14.8	0	41	2	84	13	5.4	4	44.4
Aug/Sept	4	7	78	11.1	0	14	0	41	9	5.3	6	85.7	4th Down	2	25	12.5	0	20	0	25	2	0.0	1	50.0
October	4	15	190	12.7	2	35	3	55	25	9.0	11	73.3	Rec Behind Line	7	91	13.0	0	41	1	113	9	-3.1	4	57.1
November	5	15	168	11.2	1	44	1	66	25	6.8	7	46.7	1-10 yds	29	254	8.8	0	17	0	100	37	5.3	17	58.6
December	2	8	119	14.9	0	41	1	100	10	2.4	6	75.0	11-20 yds	6	103	17.2	1	28	1	23	16	13.3	6	100.0
Grass	5	15	203	13.5	1	44	2	128	21	5.0	10	66.7	21-30 yds	3	107	35.7	2	44	3	26	6	27.0	3	100.0
Turf	10	30	352	11.7	2	35	3	134	48	7.3	20	66.7	31+	0	0	-	0	0	0	0	1	-	0	-
Indoor	0	0	0	-	0	0	0	0	0	-	0	-	Left Sideline	5	68	13.6	0	41	1	73	7	-1.0	3	60.0
Outdoor	15	45	555	12.3	3	44	5	262	69	6.5	30	66.7	Left Side	10	172	17.2	2	44	2	89	17	8.3	6	60.0
1st Half	-	21	247	11.6	1	44	2	119	30	6.1	13	61.9	Middle	7	115	16.4	1	35	1	33	13	11.7	6	85.7
2nd Half/OT	-	24	308	12.8	2	41	3	143	39	6.9	17	70.8	Right Side	16	149	9.3	0	15	0	64	17	5.3	10	62.5
Last 2 Min. Half	-	6	50	8.3	0	13	0	33	12	2.8	3	50.0	Right Sideline	7	51	7.3	1	28	1	15	6.9	5	71.4	
4th qtr, +/-7 pts	-	8	72	9.0	0	20	0	45	12	3.4	4	50.0	Shotgun	27	317	11.7	1	41	3	197	38	4.4	16	59.3
Winning	-	12	132	11.0	1	28	1	67	18	5.4	7	58.3	2 Wide Receivers	13	179	13.8	2	44	2	48	21	10.1	9	69.2
Tied	-	7	131	18.7	1	44	2	91	11	5.7	4	57.1	3 Wide Receivers	10	170	17.0	0	41	2	113	17	5.7	8	80.0
Trailing	-	26	292	11.2	1	35	2	104	40	7.2	19	73.1	4+ WR	22	206	9.4	1	28	1	101	31	4.8	13	59.1

1997 Incompletions

Type	Num	%of Inc	%of Att
Pass Dropped	1	4.2	1.4
Poor Throw	14	58.3	20.3
Pass Defensed	4	16.7	5.8
Pass Hit at Line	2	8.3	2.9
Other	3	12.5	4.3
Total	24	100.0	34.8

Game Logs (1-8)

Date	Opp	Result	Rush	Yds	Rec	Yds	Trgt	F-L	TD
08/31	Dal	L 7-37	0	0	3	32	5	0-0	0
09/07	Was	W 14-13	1	7	1	11	1	0-0	0
09/22	@Jac	L 21-30	0	0	1	13	1	0-0	0
09/28	Ten	W 37-24	0	0	2	22	2	0-0	0
10/05	@Bal	W 42-34	0	0	3	22	4	0-0	1
10/12	Ind	W 24-22	0	0	2	39	4	0-0	1
10/19	@Cin	W 26-10	0	0	3	58	3	0-0	0
10/26	Jac	W 23-17	0	0	7	71	14	0-0	1

Game Logs (9-16)

Date	Opp	Result	Rush	Yds	Rec	Yds	Trgt	F-L	TD
11/03	@KC	L 10-13	0	0	5	76	8	1-0	1
11/09	Bal	W 37-0	1	3	5	48	8	0-0	0
11/16	Cin	W 20-3	1	11	2	8	2	0-0	0
11/23	@Phi	L 20-23	1	-10	2	21	6	0-0	0
11/30	@Ari	W 26-20	1	6	1	15	1	0-0	0
12/07	Den	W 35-24	0	0	3	42	3	0-0	0
12/13	@NE	W 24-21	0	0	5	77	7	0-0	0
12/21	@Ten	L 6-16	0	0	0	0	0	0-0	0

Garrison Hearst — San Francisco 49ers — RB

1997 Rushing and Receiving Splits

	G	Rush	Yds	Avg	Lg	TD	1st	Stf	YdL	Rec	Yds	Avg	TD		Rush	Yds	Avg	Lg	TD	1st	Stf	YdL	Rec	Yds	Avg	TD
Total	13	234	1019	4.4	51	4	41	28	48	21	194	9.2	2	Inside 20	27	74	2.7	9	3	5	4	5	4	40	10.0	2
vs. Playoff	2	25	169	6.8	45	0	5	2	2	2	6	3.0	0	Inside 10	10	25	2.5	8	3	4	1	1	1	1	1.0	1
vs. Non-playoff	11	209	850	4.1	51	4	36	26	46	19	188	9.9	2	1st Down	145	621	4.3	51	2	16	17	32	9	45	5.0	1
vs. Own Division	8	139	582	4.2	51	2	21	17	32	15	182	12.1	2	2nd Down	82	389	4.7	45	2	23	9	13	10	135	13.5	1
Home	6	104	382	3.7	23	1	16	15	28	12	156	13.0	1	3rd Down Overall	7	9	1.3	8	0	2	2	3	2	14	7.0	0
Away	7	130	637	4.9	51	3	25	13	20	9	38	4.2	1	3rd D 0-2 to Go	3	2	0.7	2	0	1	1	1	1	2	2.0	0
Games 1-8	8	139	618	4.4	51	2	23	9	16	16	175	10.9	2	3rd D 3-7 to Go	3	7	2.3	8	0	1	1	2	0	0	-	0
Games 9-16	5	95	401	4.2	45	2	18	12	19	5	19	3.8	0	3rd D 8+ to Go	1	0	0.0	0	0	0	0	0	1	12	12.0	0
Aug/Sept	5	86	379	4.4	35	2	13	9	13	12	124	10.3	1	4th Down	0	0	-	0	0	0	0	0	0	0	-	0
October	3	53	239	4.5	51	0	10	7	16	4	51	12.8	1	Left Sideline	13	91	7.0	51	0	1	2	6	6	20	3.3	1
November	5	95	401	4.2	45	2	18	12	19	5	19	3.8	0	Left Side	34	99	2.9	15	0	4	10	19	5	53	10.6	0
December	0	0	0	-	0	0	0	0	0	0	0	-	0	Middle	117	467	4.0	35	2	18	8	15	2	8	4.0	0
Grass	9	157	692	4.4	45	2	28	19	33	17	175	10.3	1	Right Side	56	274	4.9	45	0	12	6	6	5	14	2.8	0
Turf	4	77	327	4.2	51	2	13	9	15	4	19	4.8	1	Right Sideline	14	88	6.3	33	2	6	2	2	3	99	33.0	1
Indoor	3	51	250	4.9	51	1	9	6	12	3	23	7.7	1	0 Tight Ends	0	0	-	0	0	0	0	0	0	0	-	0
Outdoor	10	183	769	4.2	45	3	32	22	36	18	171	9.5	1	1 Tight End	196	863	4.4	51	3	34	22	39	15	165	11.0	0
1st Half	-	109	533	4.9	51	1	23	13	24	12	139	11.6	1	2 Tight Ends	36	156	4.3	45	0	6	5	8	3	26	8.7	1
2nd Half/OT	-	125	486	3.9	45	3	18	15	24	9	55	6.1	1	3+ Tight Ends	2	0	0.0	1	1	1	1	1	1	1	1.0	1
Last 2 Min. Half	-	3	0	0.0	1	0	0	1	1	2	1	0.5	0	Carries 1-5	65	286	4.4	30	0	9	4	7	0	0	-	0
4th qtr, +/-7 pts	-	25	101	4.0	35	1	5	4	6	2	8	4.0	0	Carries 6-10	62	374	6.0	51	2	18	9	17	0	0	-	0
Winning	-	166	613	3.7	33	2	25	23	40	15	79	5.3	1	Carries 11-15	54	182	3.4	35	1	5	8	17	0	0	-	0
Tied	-	34	193	5.7	51	0	8	3	6	4	107	26.8	1	Carries 16-20	35	118	3.4	11	1	6	4	4	0	0	-	0
Trailing	-	34	213	6.3	45	2	8	2	2	2	4	2.0	0	Carries 21+	18	59	3.3	13	0	3	3	3	0	0	-	0

1997 Incompletions

Type	Num	%of Inc	% Att
Pass Dropped	0	0.0	0.0
Poor Throw	2	33.3	7.4
Pass Defensed	0	0.0	0.0
Pass Hit at Line	1	16.7	3.7
Other	3	50.0	11.1
Total	6	100.0	22.2

Game Logs (1-8)

Date	Opp	Result	Rush	Yds	Rec	Yds	Trgt	F-L	TD
08/31	@TB	L 6-13	18	84	2	6	3	0-0	0
09/07	@StL	W 15-12	16	92	1	-1	1	0-0	0
09/14	NO	W 33-7	14	29	4	23	4	0-0	1
09/21	Atl	W 34-7	10	33	2	83	3	0-0	1
09/29	@Car	W 34-21	28	141	3	13	4	0-0	1
10/12	StL	W 30-10	18	81	2	27	3	1-0	0
10/19	@Atl	W 35-28	18	105	0	0	1	0-0	1
10/26	@NO	W 23-0	17	53	2	24	3	0-0	1

Game Logs (9-16)

Date	Opp	Result	Rush	Yds	Rec	Yds	Trgt	F-L	TD
11/02	Dal	W 17-10	22	104	1	5	1	0-0	1
11/10	@Phi	W 24-12	26	77	1	-4	1	0-0	1
11/16	Car	W 27-19	18	48	1	13	1	0-0	0
11/23	SD	W 17-10	22	87	2	5	2	1-1	0
11/30	@KC	L 9-44	7	85	0	0	0	0-0	0
12/07	Min	W 28-17	-	-	-	-	-	-	-
12/15	Den	W 34-17	-	-	-	-	-	-	-
12/21	@Sea	L 9-38	-	-	-	-	-	-	-

William Henderson — Green Bay Packers — FB

1997 Receiving Splits

	G	Rec	Yds	Avg	TD	Lg	Big	YAC	Trgt	Y@C	1st	1st%		Rec	Yds	Avg	TD	Lg	Big	YAC	Trgt	Y@C	1st	1st%
Total	16	41	367	9.0	1	25	2	324	48	1.0	17	41.5	Inside 20	7	59	8.4	1	15	0	63	7	-0.6	4	57.1
vs. Playoff	8	17	171	10.1	1	25	1	136	20	2.1	8	47.1	Inside 10	1	6	6.0	0	6	0	7	1	-1.0	0	0.0
vs. Non-playoff	8	24	196	8.2	0	25	1	188	28	0.3	9	37.5	1st Down	24	222	9.3	0	25	1	176	27	1.9	9	37.5
vs. Own Division	8	13	124	9.5	0	25	1	93	14	2.4	5	38.5	2nd Down	12	89	7.4	0	20	0	89	15	0.4	4	33.3
Home	8	23	184	8.0	1	25	1	167	25	0.7	10	43.5	3rd Down Overall	5	56	11.2	0	25	1	59	6	-0.6	4	80.0
Away	8	18	183	10.2	0	25	1	157	23	1.4	7	38.9	3rd D 0-2 to Go	2	9	4.5	0	8	0	10	2	-0.5	1	50.0
Games 1-8	8	23	198	8.6	1	21	0	177	27	0.9	10	43.5	3rd D 3-7 to Go	3	47	15.7	0	25	1	49	4	-0.7	3	100.0
Games 9-16	8	18	169	9.4	0	25	2	147	21	1.2	7	38.9	3rd D 8+ to Go	0	0	-	0	0	0	0	0	-	0	-
Aug/Sept	5	15	137	9.1	1	21	0	111	17	1.7	8	46.7	4th Down	0	0	-	0	0	0	0	0	-	0	-
October	3	8	61	7.6	0	12	0	66	10	-0.6	3	37.5	Rec Behind Line	22	166	7.5	0	25	1	192	24	-1.2	8	36.4
November	4	11	96	8.7	0	25	1	91	12	0.5	4	36.4	1-10 yds	17	155	9.1	1	21	0	111	21	2.6	7	41.2
December	4	7	73	10.4	0	25	1	56	9	2.4	2	42.9	11-20 yds	2	46	23.0	0	25	1	21	3	12.5	2	100.0
Grass	12	30	245	8.2	1	25	1	230	35	0.5	13	43.3	21-30 yds	0	0	-	0	0	0	0	0	-	0	-
Turf	4	11	122	11.1	0	25	1	94	13	2.5	4	36.4	31+	0	0	-	0	0	0	0	0	-	0	-
Indoor	3	7	81	11.6	0	25	1	52	8	4.1	3	42.9	Left Sideline	5	45	9.0	1	14	0	46	5	-0.2	2	40.0
Outdoor	13	34	286	8.4	1	25	1	272	40	0.4	14	41.2	Left Side	6	49	8.2	0	17	0	42	7	1.2	2	33.3
1st Half	-	25	179	7.2	0	20	0	174	27	0.2	8	32.0	Middle	10	130	13.0	0	25	1	80	13	5.0	6	60.0
2nd Half/OT	-	16	188	11.8	1	25	2	150	21	2.4	9	56.3	Right Side	15	100	6.7	0	25	1	109	17	-0.6	4	26.7
Last 2 Min. Half	-	3	14	4.7	0	10	0	7	3	2.3	1	33.3	Right Sideline	5	43	8.6	0	14	0	47	6	-0.8	3	60.0
4th qtr, +/-7 pts	-	2	16	8.0	1	10	0	12	2	2.0	1	50.0	Shotgun	0	0	-	0	0	0	0	0	-	0	-
Winning	-	21	204	9.7	1	25	2	178	25	1.2	9	42.9	2 Wide Receivers	30	255	8.5	0	25	1	217	36	1.3	10	33.3
Tied	-	10	83	8.3	0	20	0	77	12	0.6	4	40.0	3 Wide Receivers	8	77	9.6	0	25	1	74	9	0.4	4	50.0
Trailing	-	10	80	8.0	0	21	0	69	11	1.1	4	40.0	4+ WR	3	35	11.7	1	15	0	33	3	0.7	3	100.0

1997 Incompletions

Type	Num	%of Inc	%of Att
Pass Dropped	1	14.3	2.1
Poor Throw	1	14.3	2.1
Pass Defensed	1	14.3	2.1
Pass Hit at Line	0	0.0	0.0
Other	4	57.1	8.3
Total	7	100.0	14.6

Game Logs (1-8)

Date	Opp	Result	Rush	Yds	Rec	Yds	Trgt	F-L	TD
09/01	Chi	W 38-24	2	9	2	13	2	0-0	0
09/07	@Phi	L 9-10	6	16	4	41	5	1-1	0
09/14	Mia	W 23-18	3	10	7	60	7	0-0	1
09/21	Min	W 38-32	1	4	1	21	1	0-0	0
09/28	@Det	L 15-26	0	0	1	2	2	0-0	0
10/05	TB	W 21-16	0	0	3	21	3	0-0	0
10/12	@Chi	W 24-23	1	2	2	20	3	0-0	0
10/27	@NE	W 28-10	2	-	2	20	2	0-0	0

Game Logs (9-16)

Date	Opp	Result	Rush	Yds	Rec	Yds	Trgt	F-L	TD
11/02	Det	W 20-10	1	9	0	0	0	0-0	0
11/09	StL	W 17-7	0	0	2	39	3	0-0	0
11/16	@Ind	L 38-41	1	4	4	45	4	0-0	0
11/23	Dal	W 45-17	5	9	5	12	5	0-0	0
12/01	@Min	W 27-11	0	0	2	34	2	0-0	0
12/07	@TB	W 17-6	2	11	1	13	1	0-0	0
12/14	@Car	W 31-10	5	32	1	8	2	0-0	0
12/20	Buf	W 31-21	1	3	3	18	4	0-0	0

Greg Hill — Kansas City Chiefs — RB

1997 Rushing and Receiving Splits

	G	Rush	Yds	Avg	Lg	TD	1st	Stf	YdL	Rec	Yds	Avg	TD		Rush	Yds	Avg	Lg	TD	1st	Stf	YdL	Rec	Yds	Avg	TD
Total	16	157	550	3.5	38	0	23	22	57	12	126	10.5	0	Inside 20	15	36	2.4	14	0	2	2	5	3	18	6.0	0
vs. Playoff	6	52	248	4.8	38	0	11	5	21	3	21	7.0	0	Inside 10	7	7	1.0	4	0	1	1	2	0	0	-	0
vs. Non-playoff	10	105	302	2.9	21	0	12	17	36	9	105	11.7	0	1st Down	96	375	3.9	38	0	9	16	38	9	71	7.9	0
vs. Own Division	8	72	306	4.3	38	0	9	10	18	6	87	14.5	0	2nd Down	54	175	3.2	14	0	13	4	10	3	55	18.3	0
Home	8	90	284	3.2	35	0	13	13	38	7	94	13.4	0	3rd Down Overall	6	-1	-0.2	4	0	1	2	9	0	0	-	0
Away	8	67	266	4.0	38	0	10	9	19	5	32	6.4	0	3rd D 0-2 to Go	3	4	1.3	2	0	1	0	0	0	0	-	0
Games 1-8	8	91	318	3.5	38	0	13	14	34	7	60	8.6	0	3rd D 3-7 to Go	2	-9	-4.5	-2	0	0	2	9	0	0	-	0
Games 9-16	8	66	232	3.5	35	0	10	8	23	5	66	13.2	0	3rd D 8+ to Go	1	4	4.0	4	0	0	0	0	0	0	-	0
Aug/Sept	5	64	252	3.9	38	0	9	9	18	4	49	12.3	0	4th Down	1	1	1.0	1	0	0	0	0	0	0	-	0
October	3	27	66	2.4	14	0	4	5	16	3	11	3.7	0	Left Sideline	18	78	4.3	18	0	5	5	15	3	72	24.0	0
November	5	44	173	3.9	35	0	9	5	15	3	21	7.0	0	Left Side	34	94	2.8	21	0	4	4	11	2	12	6.0	0
December	3	22	59	2.7	11	0	1	3	8	2	45	22.5	0	Middle	77	259	3.4	35	0	9	8	14	3	24	8.0	0
Grass	14	142	493	3.5	38	0	21	19	54	11	123	11.2	0	Right Side	19	54	2.8	11	0	4	5	17	2	9	4.5	0
Turf	2	15	57	3.8	12	0	2	3	3	1	3	3.0	0	Right Sideline	9	65	7.2	38	0	1	0	0	2	9	4.5	0
Indoor	2	15	57	3.8	12	0	2	3	3	1	3	3.0	0	0 Tight Ends	4	21	5.3	16	0	1	1	2	0	0	-	0
Outdoor	14	142	493	3.5	38	0	21	19	54	11	123	11.2	0	1 Tight End	126	497	3.9	38	0	21	15	34	11	123	11.2	0
1st Half	-	83	286	3.4	35	0	11	9	25	4	55	13.8	0	2 Tight Ends	25	24	1.0	8	0	1	6	21	1	3	3.0	0
2nd Half/OT	-	74	264	3.6	38	0	12	13	32	8	71	8.9	0	3+ Tight Ends	1	4	4.0	4	0	0	0	0	0	0	-	0
Last 2 Min. Half	-	2	5	2.5	4	0	0	0	0	0	0	-	0	Carries 1-5	78	313	4.0	38	0	9	7	20	0	0	-	0
4th qtr, +/-7 pts	-	15	63	4.2	16	0	3	3	5	0	0	-	0	Carries 6-10	50	171	3.4	21	0	10	9	20	0	0	-	0
Winning	-	63	150	2.4	14	0	6	11	34	5	23	4.6	0	Carries 11-15	21	63	3.0	16	0	4	3	10	0	0	-	0
Tied	-	49	169	3.4	35	0	6	6	15	2	44	22.0	0	Carries 16-20	8	3	0.4	4	0	0	3	7	0	0	-	0
Trailing	-	45	231	5.1	38	0	11	5	8	5	59	11.8	0	Carries 21+	0	0	-	0	0	0	0	0	0	0	-	0

1997 Incompletions

Type	Num	%of Inc	% Att
Pass Dropped	4	33.3	16.7
Poor Throw	3	25.0	12.5
Pass Defensed	1	8.3	4.2
Pass Hit at Line	0	0.0	0.0
Other	4	33.3	16.7
Total	12	100.0	50.0

Game Logs (1-8)

Date	Opp	Result	Rush	Yds	Rec	Yds	Trgt	F-L	TD
08/31	@Den	L 3-19	7	92	0	0	0	0-0	0
09/08	@Oak	W 28-27	16	53	1	7	3	0-0	0
09/14	Buf	W 22-16	17	59	1	9	3	0-0	0
09/21	@Car	W 35-14	8	5	1	6	2	0-0	0
09/28	Sea	W 20-17	16	43	1	27	2	0-0	0
10/05	@Mia	L 14-17	8	10	0	0	0	0-0	0
10/16	SD	W 31-3	11	26	2	8	5	0-0	0
10/26	@StL	W 28-20	8	30	1	3	4	0-0	0

Game Logs (9-16)

Date	Opp	Result	Rush	Yds	Rec	Yds	Trgt	F-L	TD
11/03	Pit	W 13-10	9	18	0	0	0	0-0	0
11/09	@Jac	L 10-24	6	36	2	16	2	0-0	0
11/16	Den	W 24-22	3	38	0	0	0	0-0	0
11/23	@Sea	W 19-14	7	27	0	0	0	0-0	0
11/30	SF	W 44-9	19	54	1	5	1	0-0	0
12/07	Oak	W 30-0	5	14	2	45	2	0-0	0
12/14	@SD	W 29-7	7	13	0	0	0	1-0	0
12/21	NO	W 25-13	10	32	0	0	0	0-0	0

Randal Hill — New Orleans Saints — WR

1997 Receiving Splits

	G	Rec	Yds	Avg	TD	Lg	Big	YAC	Trgt	Y@C	1st	1st%		Rec	Yds	Avg	TD	Lg	Big	YAC	Trgt	Y@C	1st	1st%
Total	15	55	761	13.8	2	89	7	139	95	11.3	33	60.0	Inside 20	1	9	9.0	1	9	0	0	4	9.0	1	100.0
vs. Playoff	4	14	142	10.1	0	37	1	24	24	8.4	8	57.1	Inside 10	1	9	9.0	1	9	0	0	4	9.0	1	100.0
vs. Non-playoff	11	41	619	15.1	2	89	6	115	71	12.3	25	61.0	1st Down	28	394	14.1	1	89	3	58	41	12.0	12	42.9
vs. Own Division	8	24	313	13.0	0	41	4	6	42	12.8	14	58.3	2nd Down	17	225	13.2	0	44	2	71	30	9.1	14	82.4
Home	8	33	437	13.2	1	44	4	73	49	11.0	22	66.7	3rd Down Overall	9	127	14.1	1	41	2	9	22	13.1	6	66.7
Away	7	22	324	14.7	1	89	3	66	46	11.7	11	50.0	3rd D 0-2 to Go	0	0	-	0	0	0	0	0	-	0	-
Games 1-8	8	29	411	14.2	1	89	4	79	54	11.4	17	58.6	3rd D 3-7 to Go	2	23	11.5	0	13	0	6	5	8.5	2	100.0
Games 9-16	7	26	350	13.5	1	44	3	60	41	11.2	16	61.5	3rd D 8+ to Go	7	104	14.9	1	41	2	3	16	14.4	4	57.1
Aug/Sept	5	18	203	11.3	0	37	2	-2	34	10.4	10	55.6	4th Down	1	15	15.0	0	15	0	1	2	14.0	1	100.0
October	4	15	242	16.1	1	89	2	84	26	10.5	9	60.0	Rec Behind Line	0	0	-	0	0	0	0	1	-	0	-
November	4	12	125	10.4	0	15	0	3	21	10.2	7	58.3	1-10 yds	35	309	8.8	1	44	1	83	48	6.5	14	40.0
December	2	10	191	19.1	1	44	3	54	14	13.7	7	70.0	11-20 yds	14	185	13.2	0	17	0	4	26	12.9	13	92.9
Grass	4	17	259	15.2	1	89	2	82	32	10.4	8	47.1	21-30 yds	3	153	51.0	1	89	3	72	9	27.0	3	100.0
Turf	11	38	502	13.2	1	44	5	57	63	11.7	25	65.8	31+	3	114	38.0	0	41	3	-20	11	44.7	3	100.0
Indoor	10	35	476	13.6	1	44	5	50	57	12.2	23	65.7	Left Sideline	37	558	15.1	1	89	6	136	65	11.4	21	56.8
Outdoor	5	20	285	14.3	1	89	2	89	38	9.8	10	50.0	Left Side	8	92	11.5	0	17	0	22	10	8.8	7	87.5
1st Half	-	19	253	13.3	0	41	3	1	39	13.3	11	57.9	Middle	1	32	32.0	0	32	1	-24	2	56.0	1	100.0
2nd Half/OT	-	36	508	14.1	2	89	4	138	56	10.3	22	61.1	Right Side	4	21	5.3	0	11	0	2	5	4.8	1	25.0
Last 2 Min. Half	-	7	103	14.7	0	37	1	13	10	12.9	6	85.7	Right Sideline	5	58	11.6	1	14	0	3	10	11.0	3	60.0
4th qtr, +/-7 pts	-	10	193	19.3	1	89	2	62	14	13.1	6	60.0	Shotgun	5	93	18.6	0	41	2	12	11	16.2	2	40.0
Winning	-	8	97	12.1	0	27	1	3	14	11.8	7	87.5	2 Wide Receivers	27	379	14.0	1	89	3	62	43	11.7	17	63.0
Tied	-	12	170	14.2	0	44	2	23	21	12.3	5	41.7	3 Wide Receivers	21	256	12.2	0	44	2	64	38	9.1	11	52.4
Trailing	-	35	494	14.1	2	89	4	113	60	10.9	21	60.0	4+ WR	7	126	18.0	1	13	1	13	16.1	5	71.4	

1997 Incompletions

Type	Num	%of Inc	%of Att
Pass Dropped	2	5.0	2.1
Poor Throw	24	60.0	25.3
Pass Defensed	7	17.5	7.4
Pass Hit at Line	0	0.0	0.0
Other	7	17.5	7.4
Total	40	100.0	42.1

Game Logs (1-8)

Date	Opp	Result	Rush	Yds	Rec	Yds	Trgt	F-L	TD
08/31	@StL	L 24-38	0	0	1	32	6	0-0	0
09/07	SD	L 6-20	0	0	7	63	10	0-0	0
09/14	@SF	L 7-33	0	0	3	46	7	0-0	0
09/21	Det	W 35-17	0	0	4	36	5	0-0	0
09/28	@NYN	W 9-14	0	0	3	26	6	0-0	0
10/05	@Chi	W 20-17	0	0	5	121	10	0-0	1
10/12	Atl	L 17-23	0	0	1	8	4	0-0	0
10/19	Car	L 0-13	1	11	5	79	6	0-0	0

Game Logs (9-16)

Date	Opp	Result	Rush	Yds	Rec	Yds	Trgt	F-L	TD
10/26	SF	L 0-23	0	0	4	34	6	0-0	0
11/09	@Oak	W 13-10	0	0	5	52	6	0-0	0
11/16	Sea	W 20-17	0	0	2	26	4	0-0	0
11/23	@Atl	L 3-20	0	0	1	7	2	0-0	0
11/30	@Car	W 16-13	0	0	4	40	7	0-0	0
12/07	StL	L 27-34	0	0	5	67	9	0-0	0
12/14	Ari	W 27-10	0	0	5	124	7	0-0	1
12/21	@KC	L 13-25	-	-	-	-	-	-	-

Leroy Hoard — Minnesota Vikings — RB

1997 Rushing and Receiving Splits

	G	Rush	Yds	Avg	Lg	TD	1st	Stf	YdL	Rec	Yds	Avg	TD		Rush	Yds	Avg	Lg	TD	1st	Stf	YdL	Rec	Yds	Avg	TD
Total	12	80	235	2.9	20	4	16	11	25	11	84	7.6	0	Inside 20	15	40	2.7	7	4	5	0	0	1	3	3.0	0
vs. Playoff	6	44	126	2.9	14	2	9	7	15	5	22	4.4	0	Inside 10	8	17	2.1	6	4	4	0	0	1	3	3.0	0
vs. Non-playoff	6	36	109	3.0	20	2	7	4	10	6	62	10.3	0	1st Down	38	80	2.1	9	2	2	5	12	7	41	5.9	0
vs. Own Division	7	54	141	2.6	20	3	11	8	20	10	54	5.4	0	2nd Down	37	133	3.6	20	2	11	6	13	2	33	16.5	0
Home	5	27	65	2.4	20	3	7	5	14	7	34	4.9	0	3rd Down Overall	5	22	4.4	10	0	3	0	0	2	10	5.0	0
Away	7	53	170	3.2	14	1	9	6	11	4	50	12.5	0	3rd D 0-2 to Go	3	11	3.7	9	0	2	0	0	0	0	-	0
Games 1-8	5	34	82	2.4	11	0	2	4	9	5	49	9.8	0	3rd D 3-7 to Go	2	11	5.5	10	0	1	0	0	0	0	-	0
Games 9-16	7	46	153	3.3	20	4	14	7	16	6	35	5.8	0	3rd D 8+ to Go	0	0	-	0	0	0	0	0	2	10	5.0	0
Aug/Sept	3	14	33	2.4	11	0	2	4	4	4	45	11.3	0	4th Down	0	0	-	0	0	0	0	0	0	0	-	0
October	2	20	49	2.5	9	0	0	2	5	1	4	4.0	0	Left Sideline	8	26	3.3	11	0	1	1	1	0	0	-	0
November	3	26	82	3.2	20	2	8	4	10	5	34	6.8	0	Left Side	10	44	4.4	20	0	3	1	3	2	12	6.0	0
December	4	20	71	3.6	11	2	6	3	6	1	1	1.0	0	Middle	33	79	2.4	11	3	6	3	5	2	14	7.0	0
Grass	4	33	103	3.1	11	0	3	4	9	2	11	5.5	0	Right Side	21	57	2.7	14	0	5	6	16	5	51	10.2	0
Turf	8	47	132	2.8	20	4	13	7	16	9	73	8.1	0	Right Sideline	2	10	5.0	7	0	0	0	0	2	7	3.5	0
Indoor	6	37	101	2.7	20	4	11	6	15	8	43	5.4	0	0 Tight Ends	12	54	4.5	11	0	2	2	4	2	10	5.0	0
Outdoor	6	43	134	3.1	11	0	5	5	10	3	41	13.7	0	1 Tight End	49	154	3.1	20	2	10	5	8	8	66	8.3	0
1st Half	-	30	93	3.1	14	1	9	3	6	4	44	11.0	0	2 Tight Ends	11	5	0.5	7	0	2	4	13	1	8	8.0	0
2nd Half/OT	-	50	142	2.8	20	3	7	8	19	7	40	5.7	0	3+ Tight Ends	2	3	1.5	3	1	1	0	0	0	0	-	0
Last 2 Min. Half	-	4	9	2.3	3	1	3	0	0	0	0	-	0	Carries 1-5	48	151	3.1	14	2	11	5	10	0	0	-	0
4th qtr, +/-7 pts	-	11	26	2.4	9	1	2	1	1	2	12	6.0	0	Carries 6-10	21	60	2.9	20	1	3	5	14	0	0	-	0
Winning	-	26	76	2.9	20	1	8	3	7	4	20	5.0	0	Carries 11-15	8	18	2.3	9	1	2	0	0	0	0	-	0
Tied	-	24	58	2.4	11	0	3	3	8	3	14	4.7	0	Carries 16-20	3	6	2.0	6	0	0	1	1	0	0	-	0
Trailing	-	30	101	3.4	14	3	9	5	10	4	50	12.5	0	Carries 21+	0	0	-	0	0	0	0	0	0	0	-	0

1997 Incompletions

Type	Num	%of Inc	% Att
Pass Dropped	2	50.0	13.3
Poor Throw	0	0.0	0.0
Pass Defensed	0	0.0	0.0
Pass Hit at Line	0	0.0	0.0
Other	2	50.0	13.3
Total	4	100.0	26.7

Game Logs (1-8)

Date	Opp	Result	Rush	Yds	Rec	Yds	Trgt	F-L	TD
08/31	@Buf	W 34-13	7	16	1	30	1	0-0	0
09/07	@Chi	W 27-24	5	19	1	7	2	0-0	0
09/14	TB	L 14-28	2	-2	2	8	2	0-0	0
09/21	@GB	L 32-38	-	-	-	-	-	-	-
09/28	Phi	W 28-19	-	-	-	-	-	-	-
10/05	@Ari	W 20-19	2	9	0	0	0	0-0	0
10/12	Car	W 21-14	-	-	-	-	-	-	-
10/26	@TB	W 10-6	18	40	1	4	1	0-0	0

Game Logs (9-16)

Date	Opp	Result	Rush	Yds	Rec	Yds	Trgt	F-L	TD
11/02	NE	W 23-18	-	-	-	-	-	-	-
11/09	Chi	W 29-22	13	31	4	25	5	0-0	1
11/16	@Det	L 15-38	10	36	1	9	1	0-0	1
11/23	@NYA	L 21-23	3	15	0	0	0	0-0	0
12/01	GB	L 11-27	3	2	1	1	3	0-0	0
12/07	@SF	L 17-28	8	35	0	0	0	0-0	0
12/14	Det	L 13-14	3	15	0	0	0	0-0	0
12/21	Ind	W 39-28	6	19	0	0	0	0-0	0

Billy Joe Hobert — Buffalo Bills / New Orleans Saints — QB

1997 Passing Splits

	G	Att	Cm	Pct	Yds	Y/Att	TD	Int	1st	YAC	Big	Sk	Rtg		Att	Cm	Pct	Yds	Y/Att	TD	Int	1st	YAC	Big	Sk	Rtg
Total	7	161	78	48.4	1024	6.4	6	10	45	335	10	6	55.5	Inside 20	11	6	54.5	39	3.5	4	1	4	4	0	0	64.0
vs. Playoff	3	55	28	50.9	274	5.0	1	5	14	96	1	4	33.4	Inside 10	4	3	75.0	18	4.5	3	0	3	4	0	0	122.9
vs. Non-playoff	4	106	50	47.2	750	7.1	5	5	31	239	9	2	66.9	1st Down	65	34	52.3	498	7.7	1	2	21	110	4	2	69.9
vs. Own Division	4	112	53	47.3	631	5.6	2	6	27	201	6	4	48.6	2nd Down	47	27	57.4	255	5.4	4	4	11	146	1	3	44.2
Home	3	66	32	48.5	511	7.7	5	3	20	153	7	2	81.1	3rd Down Overall	43	14	32.6	234	5.4	1	4	10	68	5	1	44.1
Away	4	95	46	48.4	513	5.4	1	7	25	182	3	4	37.7	3rd D 0-5 to Go	16	5	31.3	53	3.3	1	1	4	2	1	0	36.7
Games 1-8	2	30	17	56.7	133	4.4	0	2	5	64	0	2	40.0	3rd D 6+ to Go	27	9	33.3	181	6.7	3	3	6	66	4	1	55.2
Games 9-16	5	131	61	46.6	891	6.8	6	8	40	271	10	4	59.0	4th Down	6	3	50.0	37	6.2	0	0	3	11	0	0	69.4
Aug/Sept	0	0	0	-	0	-	0	0	0	0	0	0	-	Rec Behind Line	24	13	54.2	99	4.1	0	0	2	142	1	0	64.4
October	2	30	17	56.7	133	4.4	0	2	5	64	0	2	40.0	1-10 yds	60	37	61.7	321	5.4	3	1	17	126	1	0	85.5
November	2	40	18	45.0	239	6.0	0	2	11	86	2	0	43.6	11-20 yds	42	20	47.6	332	7.9	1	2	19	51	0	0	62.8
December	3	91	43	47.3	652	7.2	6	6	29	185	8	4	65.8	21-30 yds	21	3	14.3	80	3.8	0	5	2	3	3	0	3.4
Grass	3	85	42	49.4	464	5.5	1	6	22	166	3	4	40.5	31+	13	5	38.5	192	14.8	2	2	5	13	5	0	86.2
Turf	4	76	36	47.4	560	7.4	5	4	23	169	7	2	72.3	Left Sideline	48	30	62.5	472	9.8	2	3	19	149	7	0	83.0
Indoor	3	76	36	47.4	560	7.4	5	4	23	169	7	2	72.3	Left Side	19	13	68.4	137	7.2	0	0	7	86	0	1	89.1
Outdoor	4	85	42	49.4	464	5.5	1	6	22	166	3	4	40.5	Middle	25	7	28.0	81	3.2	0	2	4	27	0	3	7.3
1st Half	-	72	33	45.8	334	4.6	0	4	16	92	2	2	36.5	Right Side	26	10	38.5	97	3.7	2	3	4	31	1	2	35.7
2nd Half/OT	-	89	45	50.6	690	7.8	6	6	29	243	8	4	70.9	Right Sideline	43	18	41.9	237	5.5	2	2	11	42	2	0	56.1
Last 2 Min. Half	-	19	7	36.8	74	3.9	1	2	5	42	1	0	27.0	2 Wide Receivers	54	26	48.1	335	6.2	2	1	15	76	2	1	72.7
4th qtr, +/-7 pts	-	29	14	48.3	222	7.7	2	2	9	51	3	1	68.5	3+ WR	101	47	46.5	653	6.5	3	9	28	246	7	5	40.6
Winning	-	37	19	51.4	337	9.1	3	2	14	104	6	1	87.3	Attempts 1-10	60	24	40.0	286	4.8	0	4	12	67	2	0	27.5
Tied	-	47	23	48.9	278	5.9	1	3	11	83	2	0	48.0	Attempts 11-20	50	30	60.0	403	8.1	2	1	17	202	4	0	90.7
Trailing	-	77	36	46.8	409	5.3	2	5	20	148	2	5	55.2	Attempts 21+	51	24	47.1	335	6.6	4	5	16	66	4	0	55.2

1997 Incompletions

Type	Num	%of Inc	%of Att
Pass Dropped	12	14.5	7.5
Poor Throw	30	36.1	18.6
Pass Defensed	17	20.5	10.6
Pass Hit at Line	2	2.4	1.2
Other	22	26.5	13.7
Total	83	100.0	51.6

Game Logs (1-8)

Date	Opp	Result	Att	Cm	Pct	Yds	TD	Int	Lg	Sk	F-L
08/31	Min	L 13-34	-	-	-	-	-	-	-	-	-
09/07	@NYA	W 28-22	-	-	-	-	-	-	-	-	-
09/14	@KC	L 16-22	-	-	-	-	-	-	-	-	-
09/21	Ind	W 37-35	-	-	-	-	-	-	-	-	-
10/05	Det	W 22-13	0	0	-	0	0	0	0	0-0	-
10/12	@NE	L 6-33	30	17	56.7	133	0	2	20	2 1-0	
11/23	@Atl	L 3-20	10	4	40.0	49	0	1	22	0 0-0	
11/30	@Car	W 16-13	30	14	46.7	190	0	1	38	0 0-0	

Game Logs (9-16)

Date	Opp	Result	Att	Cm	Pct	Yds	TD	Int	Lg	Sk	F-L
12/07	StL	L 27-34	42	18	42.9	259	2	2	36	2 2-1	
12/14	Ari	W 27-10	24	14	58.3	252	3	1	49	0 0-0	
12/21	@KC	L 13-25	25	11	44.0	141	1	3	32	2 0-0	

Kelly Holcomb — Indianapolis Colts — QB

1997 Passing Splits

	G	Att	Cm	Pct	Yds	Y/Att	TD	Int	1st	YAC	Big	Sk	Rtg
Total	5	73	45	61.6	454	6.2	1	8	20	218	2	11	44.3
vs. Playoff	4	41	26	63.4	218	5.3	0	5	6	88	1	4	37.5
vs. Non-playoff	1	32	19	59.3	236	7.4	1	3	14	130	1	7	53.6
vs. Own Division	1	0	0	-	0	-	0	0	0	0	0	0	-
Home	3	62	38	61.3	417	6.7	1	4	19	214	2	9	59.7
Away	2	11	7	63.6	37	3.4	0	4	1	4	0	2	29.5
Games 1-8	0	0	0	-	0	-	0	0	0	0	0	0	-
Games 9-16	5	73	45	61.6	454	6.2	1	8	20	218	2	11	44.3
Aug/Sept	0	0	0	-	0	-	0	0	0	0	0	0	-
October	0	0	0	-	0	-	0	0	0	0	0	0	-
November	3	65	40	61.5	425	6.5	1	5	19	218	2	9	53.7
December	2	8	5	62.5	29	3.6	0	3	1	0	0	2	29.7
Grass	0	0	0	-	0	-	0	0	0	0	0	0	-
Turf	5	73	45	61.6	454	6.2	1	8	20	218	2	11	44.3
Indoor	5	73	45	61.6	454	6.2	1	8	20	218	2	11	44.3
Outdoor	0	0	0	-	0	-	0	0	0	0	0	0	-
1st Half	-	30	18	60.0	163	5.4	1	3	9	71	0	7	46.3
2nd Half/OT	-	43	27	62.8	291	6.8	0	5	11	147	2	4	43.0
Last 2 Min. Half	-	16	9	56.3	80	5.0	1	4	3	44	0	3	51.0
4th qtr, +/-7 pts	-	12	6	50.0	39	3.3	0	1	0	9	0	1	22.6
Winning	-	2	2	100.0	16	8.0	0	0	0	5	0	1	100.0
Tied	-	21	11	52.4	70	3.3	0	1	3	28	0	5	39.8
Trailing	-	50	32	64.0	368	7.4	1	7	17	185	2	5	53.2

	Att	Cm	Pct	Yds	Y/Att	TD	Int	1st	YAC	Big	Sk	Rtg
Inside 20	8	5	62.5	29	3.6	1	1	1	6	0	2	69.3
Inside 10	2	1	50.0	6	3.0	1	1	1	0	0	2	56.3
1st Down	27	17	63.0	167	6.2	0	1	4	94	2	3	64.9
2nd Down	30	20	66.7	214	7.1	1	4	12	80	0	4	58.9
3rd Down Overall	15	7	46.7	70	4.7	0	3	3	44	0	3	20.8
3rd D 0-5 to Go	5	1	20.0	2	0.4	0	3	0	0	0	1	0.0
3rd D 6+ to Go	10	6	60.0	68	6.8	0	0	3	44	0	2	80.4
4th Down	1	1	100.0	3	3.0	0	0	1	0	0	1	79.2
Rec Behind Line	11	8	72.7	101	9.2	0	0	4	123	1	0	100.9
1-10 yds	39	26	66.7	204	5.2	1	4	9	77	0	0	48.4
11-20 yds	10	4	40.0	71	7.1	0	0	4	13	0	0	65.0
21-30 yds	4	2	50.0	49	12.3	0	2	2	5	1	0	94.8
31+	1	0	0.0	0	0.0	0	1	0	0	0	0	0.0
Left Sideline	16	10	62.5	68	4.3	1	2	4	29	0	5	53.1
Left Side	4	3	75.0	41	10.3	0	0	2	8	0	0	107.3
Middle	11	7	63.6	83	7.5	0	1	3	39	1	8	48.7
Right Side	16	12	75.0	152	9.5	0	0	6	100	1	1	104.2
Right Sideline	18	8	44.4	81	4.5	0	2	4	42	0	0	18.3
2 Wide Receivers	20	13	65.0	146	7.3	1	1	10	49	1	2	82.5
3+ WR	44	26	59.1	271	6.2	0	4	9	164	1	7	39.1
Attempts 1-10	31	18	58.1	134	4.3	0	5	5	40	0	0	28.9
Attempts 11-20	20	15	75.0	169	8.5	1	1	10	93	1	0	95.6
Attempts 21+	22	12	54.5	151	6.9	0	2	5	85	1	0	38.3

1997 Incompletions

Type	Num	%of Inc	%of Att
Pass Dropped	2	7.1	2.7
Poor Throw	16	57.1	21.9
Pass Defensed	2	7.1	2.7
Pass Hit at Line	1	3.6	1.4
Other	7	25.0	9.6
Total	28	100.0	38.4

Game Logs (1-8)

Date	Opp	Result	Att	Cm	Pct	Yds	TD	Int	Lg	Sk	F-L
08/31	@Mia	L 10-16	-	-	-	-	-	-	-	-	-
09/07	NE	L 6-31	-	-	-	-	-	-	-	-	-
09/14	Sea	L 3-31	-	-	-	-	-	-	-	-	-
09/21	@Buf	L 35-37	-	-	-	-	-	-	-	-	-
10/05	NYA	L 12-16	-	-	-	-	-	-	-	-	-
10/12	@Pit	L 22-24	-	-	-	-	-	-	-	-	-
10/20	Buf	L 6-9	-	-	-	-	-	-	-	-	-
10/26	@SD	L 19-35	-	-	-	-	-	-	-	-	-

Game Logs (9-16)

Date	Opp	Result	Att	Cm	Pct	Yds	TD	Int	Lg	Sk	F-L
11/02	TB	L 28-31	30	19	63.3	181	0	1	26	2	1-1
11/09	Cin	L 13-28	32	19	59.4	236	1	3	41	7	1-0
11/16	GB	W 41-38	-	-	-	-	-	-	-	-	-
11/23	@Det	L 10-32	3	2	66.7	8	0	1	6	0	0-0
11/30	@NE	L 17-20	-	-	-	-	-	-	-	-	-
12/07	@NYA	W 22-14	-	-	-	-	-	-	-	-	-
12/14	Mia	W 41-0	0	0	-	0	0	0	0	0	0-0
12/21	@Min	L 28-39	8	5	62.5	29	0	3	12	2	2-2

Jeff Hostetler — Washington Redskins — QB

1997 Passing Splits

	G	Att	Cm	Pct	Yds	Y/Att	TD	Int	1st	YAC	Big	Sk	Rtg
Total	8	144	79	54.9	899	6.2	5	10	50	407	3	10	56.5
vs. Playoff	3	85	44	51.8	516	6.1	1	7	30	168	1	7	40.1
vs. Non-playoff	5	59	35	59.3	383	6.5	4	3	20	239	2	3	80.0
vs. Own Division	5	140	76	54.3	887	6.3	5	10	49	404	3	10	55.9
Home	3	64	35	54.7	373	5.8	1	5	22	124	0	6	44.6
Away	5	80	44	55.0	526	6.6	4	5	28	283	3	4	65.9
Games 1-8	4	4	3	75.0	12	3.0	0	0	1	3	0	0	77.1
Games 9-16	4	140	76	54.3	887	6.3	5	10	49	404	3	10	55.9
Aug/Sept	2	4	3	75.0	12	3.0	0	0	1	3	0	0	77.1
October	2	0	0	-	0	-	0	0	0	0	0	0	-
November	1	41	19	46.3	213	5.2	0	3	13	48	0	4	31.9
December	3	99	57	57.6	674	6.8	5	7	36	356	3	6	65.8
Grass	6	100	54	54.0	596	6.0	4	6	33	287	2	7	60.3
Turf	2	44	25	56.8	303	6.9	1	4	17	120	1	3	47.8
Indoor	0	0	0	-	0	-	0	0	0	0	0	0	-
Outdoor	8	144	79	54.9	899	6.2	5	10	50	407	3	10	56.5
1st Half	-	50	31	62.0	343	6.9	1	3	18	243	2	2	64.7
2nd Half/OT	-	94	48	51.1	556	5.9	4	7	32	164	1	8	52.4
Last 2 Min. Half	-	17	9	52.9	108	6.4	0	2	5	60	0	1	33.1
4th qtr, +/-7 pts	-	23	12	52.2	120	5.2	3	0	8	33	0	2	106.9
Winning	-	58	35	60.3	405	7.0	4	3	22	250	2	3	82.9
Tied	-	43	20	46.5	198	4.6	0	3	12	38	0	4	31.0
Trailing	-	43	24	55.8	296	6.9	1	4	16	119	1	3	46.3

	Att	Cm	Pct	Yds	Y/Att	TD	Int	1st	YAC	Big	Sk	Rtg
Inside 20	8	5	62.5	39	4.9	3	0	4	21	0	1	114.1
Inside 10	3	3	100.0	17	5.7	3	0	3	1	0	1	129.9
1st Down	54	28	51.9	322	6.0	1	3	16	171	1	1	53.2
2nd Down	51	29	56.9	304	6.0	1	5	16	134	1	4	41.3
3rd Down Overall	38	22	57.9	273	7.2	3	2	18	102	1	5	84.6
3rd D 0-5 to Go	12	7	58.3	36	3.0	2	1	6	12	0	2	68.1
3rd D 6+ to Go	26	15	57.7	237	9.1	1	1	12	90	1	3	84.9
4th Down	0	0	0.0	0	0.0	0	0	0	0	0	0	39.6
Rec Behind Line	17	12	70.6	48	2.8	0	2	8	88	0	0	73.4
1-10 yds	80	49	61.3	516	6.5	3	5	32	276	2	0	66.5
11-20 yds	37	16	43.2	271	7.3	0	3	14	40	0	0	34.9
21-30 yds	7	1	14.3	23	3.3	1	1	0	0	0	0	40.8
31+	3	1	33.3	41	13.7	1	1	1	3	1	0	81.9
Left Sideline	23	12	52.2	226	9.8	0	0	10	128	2	0	86.5
Left Side	24	15	62.5	100	7.5	0	1	12	71	0	2	68.1
Middle	20	10	50.0	159	8.0	1	1	7	61	0	7	72.7
Right Side	36	20	55.6	174	4.8	2	3	11	71	0	0	52.3
Right Sideline	41	22	53.7	160	3.9	2	5	10	76	0	1	39.7
2 Wide Receivers	54	28	51.9	363	6.7	4	2	19	175	3	3	82.6
3+ WR	87	49	56.3	524	6.0	1	8	30	228	0	6	39.6
Attempts 1-10	44	28	63.6	316	7.2	1	2	19	193	1	0	73.7
Attempts 11-20	40	22	55.0	219	5.5	0	3	12	127	1	0	39.5
Attempts 21+	60	29	48.3	364	6.1	4	5	19	87	1	0	55.1

1997 Incompletions

Type	Num	%of Inc	%of Att
Pass Dropped	5	7.7	3.5
Poor Throw	23	35.4	16.0
Pass Defensed	17	26.2	11.8
Pass Hit at Line	2	3.1	1.4
Other	18	27.7	12.5
Total	65	100.0	45.1

Game Logs (1-8)

Date	Opp	Result	Att	Cm	Pct	Yds	TD	Int	Lg	Sk	F-L
08/31	@Car	W 24-10	2	1	50.0	-3	0	0	-3	0	0-0
09/07	@Pit	L 13-14	2	2	100.0	15	0	0	10	0	0-0
09/14	Ari	W 19-13	-	-	-	-	-	-	-	-	-
09/28	Jac	W 24-12	-	-	-	-	-	-	-	-	-
10/05	@Phi	L 10-24	-	-	-	-	-	-	-	-	-
10/13	Dal	W 21-16	0	0	-	0	0	0	0	0	0-0
10/19	@Ten	L 14-28	-	-	-	-	-	-	-	-	-
10/26	Bal	L 17-20	-	-	-	-	-	-	-	-	-

Game Logs (9-16)

Date	Opp	Result	Att	Cm	Pct	Yds	TD	Int	Lg	Sk	F-L
11/02	@Chi	W 31-8	-	-	-	-	-	-	-	-	-
11/09	Det	W 30-7	-	-	-	-	-	-	-	-	-
11/16	@Dal	L 14-17	-	-	-	-	-	-	-	-	-
11/23	NYN	T 7-7	41	19	46.3	213	0	3	18	4	1-1
11/30	StL	L 20-23	-	-	-	-	-	-	-	-	-
12/07	@Ari	W 38-28	34	18	52.9	226	3	1	69	1	0-0
12/13	@NYN	L 10-30	42	23	54.8	288	1	4	41	3	1-1
12/21	Phi	W 35-32	23	16	69.6	160	1	2	24	2	1-0

Bobby Hoying — Philadelphia Eagles — QB

1997 Passing Splits

	G	Att	Cm	Pct	Yds	Y/Att	TD	Int	1st	YAC	Big	Sk	Rtg		Att	Cm	Pct	Yds	Y/Att	TD	Int	1st	YAC	Big	Sk	Rtg
Total	7	225	128	56.9	1573	7.0	11	6	79	699	10	28	83.8	Inside 20	31	15	48.4	87	2.8	6	1	8	31	0	3	81.0
vs. Playoff	3	80	39	48.8	549	6.9	4	3	25	240	4	10	72.3	Inside 10	8	4	50.0	19	2.4	4	0	4	0	0	2	95.8
vs. Non-playoff	4	145	89	61.4	1024	7.1	7	3	54	459	6	18	90.1	1st Down	81	50	61.7	538	6.6	0	1	23	241	5	7	76.1
vs. Own Division	2	66	37	56.1	464	7.0	3	4	20	243	3	10	68.0	2nd Down	78	40	51.3	489	6.3	3	3	25	297	5	7	67.7
Home	4	122	65	53.3	862	7.1	8	4	45	332	5	12	84.1	3rd Down Overall	60	34	56.7	489	8.2	8	2	27	140	2	13	109.0
Away	3	103	63	61.2	711	6.9	3	2	34	367	5	16	83.4	3rd D 0-5 to Go	19	11	57.9	133	7.0	2	1	9	74	1	5	92.7
Games 1-8	0	0	0	-	0	-	0	0	0	0	0	0	-	3rd D 6+ to Go	41	23	56.1	356	8.7	6	1	18	66	1	8	114.4
Games 9-16	7	225	128	56.9	1573	7.0	11	6	79	699	10	28	83.8	4th Down	6	4	66.7	57	9.5	0	0	4	21	0	1	97.2
Aug/Sept	0	0	0	-	0	-	0	0	0	0	0	0	-	Rec Behind Line	37	23	62.2	143	3.9	0	1	6	187	0	0	58.7
October	0	0	0	-	0	-	0	0	0	0	0	0	-	1-10 yds	119	68	57.1	647	5.4	5	5	37	353	5	0	68.9
November	4	125	75	60.0	929	7.4	7	1	51	352	6	17	98.4	11-20 yds	50	30	60.0	557	11.1	3	0	29	112	3	0	118.5
December	3	100	53	53.0	644	6.4	4	5	28	347	4	11	65.6	21-30 yds	14	5	35.7	126	9.0	3	0	5	12	2	0	108.9
Grass	2	69	47	68.1	531	7.7	2	1	26	263	4	15	94.5	31+	5	2	40.0	100	20.0	0	0	2	35	2	0	87.5
Turf	5	156	81	51.9	1042	6.7	9	5	53	436	6	13	79.1	Left Sideline	53	31	58.5	392	7.4	3	3	19	180	3	1	76.9
Indoor	1	34	16	47.1	180	5.3	1	1	8	104	1	1	60.9	Left Side	49	30	61.2	437	8.9	1	1	19	201	2	5	88.6
Outdoor	6	191	112	58.6	1393	7.3	10	5	71	595	9	27	87.9	Middle	35	20	57.1	181	5.2	3	1	12	70	0	20	87.9
1st Half	-	90	52	57.8	583	6.5	7	3	30	340	5	14	89.3	Right Side	48	28	58.3	327	6.8	2	1	15	206	3	1	84.3
2nd Half/OT	-	135	76	56.3	990	7.3	4	3	49	359	5	14	80.2	Right Sideline	40	19	47.5	236	5.9	2	0	14	42	2	1	82.9
Last 2 Min. Half	-	39	26	66.7	299	7.7	2	0	18	118	1	3	106.7	2 Wide Receivers	75	40	53.3	479	6.4	3	3	23	267	4	5	80.9
4th qtr, +/-7 pts	-	30	17	56.7	238	7.9	0	0	13	74	2	2	82.4	3+ WR	144	86	59.7	1082	7.5	7	5	55	429	6	23	84.9
Winning	-	52	28	53.8	386	7.4	2	0	20	141	2	3	70.1	Attempts 1-10	70	41	58.6	488	7.0	5	3	24	277	5	0	85.9
Tied	-	57	31	54.4	261	4.6	4	3	15	118	1	6	67.9	Attempts 11-20	64	40	62.5	456	7.1	3	1	25	200	2	0	93.0
Trailing	-	116	69	59.5	926	8.0	5	3	44	440	7	19	88.5	Attempts 21+	91	47	51.6	629	6.9	3	2	30	222	3	0	75.8

1997 Incompletions

Type	Num	%of Inc	%of Att
Pass Dropped	16	16.5	7.1
Poor Throw	37	38.1	16.4
Pass Defensed	18	18.6	8.0
Pass Hit at Line	6	6.2	2.7
Other	20	20.6	8.9
Total	97	100.0	43.1

Game Logs (1-8)

Date	Opp	Result	Att	Cm	Pct	Yds	TD	Int	Lg	Sk	F-L
08/31	@NYN	L 17-31	-	-	-	-	-	-	-	-	-
09/07	GB	W 10-9	-	-	-	-	-	-	-	-	-
09/15	@Dal	L 20-21	-	-	-	-	-	-	-	-	-
09/28	@Min	L 19-28	-	-	-	-	-	-	-	-	-
10/05	Was	W 24-10	-	-	-	-	-	-	-	-	-
10/12	@Jac	L 21-38	-	-	-	-	-	-	-	-	-
10/19	Ari	W 13-10	-	-	-	-	-	-	-	-	-
10/26	Dal	W 13-12	-	-	-	-	-	-	-	-	-

Game Logs (9-16)

Date	Opp	Result	Att	Cm	Pct	Yds	TD	Int	Lg	Sk	F-L
11/02	@Ari	L 21-31	-	-	-	-	-	-	-	-	-
11/10	SF	L 12-24	14	8	57.1	94	1	0	22	3	0-0
11/16	@Bal	T 10-10	38	26	68.4	276	0	0	26	9	1-1
11/23	Pit	W 23-20	31	15	48.4	246	2	0	44	3	1-0
11/30	Cin	W 44-42	42	26	61.9	313	4	1	28	2	1-0
12/07	NYN	L 21-31	25	16	45.7	209	1	3	72	4	2-2
12/14	@Atl	L 17-20	34	16	47.1	180	1	1	56	1	0-0
12/21	@Was	L 32-35	31	21	67.7	255	2	1	32	6	2-2

Stan Humphries — San Diego Chargers — QB

1997 Passing Splits

	G	Att	Cm	Pct	Yds	Y/Att	TD	Int	1st	YAC	Big	Sk	Rtg		Att	Cm	Pct	Yds	Y/Att	TD	Int	1st	YAC	Big	Sk	Rtg
Total	8	225	121	53.8	1488	6.6	5	6	71	671	13	18	70.8	Inside 20	20	4	20.0	15	0.8	1	2	2	4	0	0	16.7
vs. Playoff	2	36	15	41.7	176	4.9	1	0	8	74	2	4	66.4	Inside 10	10	1	10.0	2	0.2	1	2	1	0	0	0	33.3
vs. Non-playoff	6	189	106	56.1	1312	6.9	4	6	63	597	11	14	71.6	1st Down	92	46	50.0	665	7.2	3	2	25	290	7	4	75.7
vs. Own Division	3	89	46	51.7	510	5.7	0	3	28	246	3	3	55.0	2nd Down	72	40	55.6	381	6.1	1	3	19	192	4	2	59.9
Home	3	85	51	60.0	732	8.6	4	2	31	308	9	9	93.8	3rd Down Overall	69	38	55.1	398	5.8	0	1	25	157	1	10	66.0
Away	5	140	70	50.0	756	5.4	1	4	40	363	4	9	56.7	3rd D 0-5 to Go	22	13	59.1	97	4.4	0	0	12	28	0	3	66.0
Games 1-8	7	200	109	54.5	1373	6.9	5	5	65	621	13	16	74.0	3rd D 6+ to Go	47	25	53.2	301	6.4	0	1	13	129	1	7	64.2
Games 9-16	1	25	12	48.0	115	4.6	0	1	6	50	0	2	44.6	4th Down	2	2	100.0	44	22.0	1	0	2	32	1	2	158.3
Aug/Sept	4	123	67	54.5	873	7.1	4	5	38	456	9	14	71.0	Rec Behind Line	72	25	78.1	175	5.5	0	0	10	238	1	0	89.5
October	3	77	42	54.5	500	6.5	1	0	27	165	4	2	78.9	1-10 yds	121	72	59.5	670	5.5	2	4	38	291	2	0	66.5
November	1	25	12	48.0	115	4.6	0	1	6	50	0	2	44.6	11-20 yds	45	15	33.3	286	6.4	0	1	14	68	3	0	47.1
December	0	0	0	-	0	-	0	0	0	0	0	0	-	21-30 yds	12	4	33.3	122	10.2	1	1	4	28	2	0	65.3
Grass	6	154	84	54.5	1134	7.4	5	2	49	484	13	14	83.6	31+	15	5	33.3	235	15.7	2	0	5	46	5	0	121.5
Turf	2	71	37	52.1	354	5.0	0	4	22	187	0	4	42.8	Left Sideline	65	35	53.8	353	5.4	0	0	21	141	2	0	69.6
Indoor	1	46	25	54.3	239	5.2	0	3	16	137	0	2	41.8	Left Side	47	24	51.1	300	6.4	2	2	12	148	3	2	67.7
Outdoor	7	179	96	53.6	1249	7.0	5	3	55	534	13	16	78.2	Middle	33	23	69.7	332	10.1	0	3	13	194	3	14	122.3
1st Half	-	143	72	50.3	962	6.7	2	3	40	401	9	6	68.0	Right Side	44	25	56.8	327	7.4	1	0	14	131	3	1	59.6
2nd Half/OT	-	82	49	59.8	526	6.4	3	3	31	270	4	12	75.6	Right Sideline	36	14	38.9	176	4.9	0	1	11	57	2	1	43.3
Last 2 Min. Half	-	33	19	57.6	165	5.0	0	0	11	63	0	2	70.9	2 Wide Receivers	78	39	50.0	574	7.4	2	3	23	204	6	2	66.9
4th qtr, +/-7 pts	-	15	10	66.7	48	3.2	0	1	5	21	0	2	43.2	3+ WR	141	80	56.7	906	6.4	2	3	47	465	7	15	72.0
Winning	-	93	54	58.1	710	7.6	2	4	33	300	6	7	71.5	Attempts 1-10	80	40	50.0	564	7.1	1	1	22	270	6	0	72.1
Tied	-	49	23	46.9	338	6.9	1	0	14	166	4	1	76.7	Attempts 11-20	70	39	55.7	559	8.0	2	3	25	225	6	0	73.5
Trailing	-	83	44	53.0	440	5.3	2	2	24	205	3	10	66.3	Attempts 21+	75	42	56.0	365	4.9	2	2	24	176	1	0	66.8

1997 Incompletions

Type	Num	%of Inc	%of Att
Pass Dropped	14	13.5	6.2
Poor Throw	46	44.2	20.4
Pass Defensed	19	18.3	8.4
Pass Hit at Line	4	3.8	1.8
Other	21	20.2	9.3
Total	104	100.0	46.2

Game Logs (1-8)

Date	Opp	Result	Att	Cm	Pct	Yds	TD	Int	Lg	Sk	F-L
08/31	@NE	L 7-41	26	12	46.2	131	1	0	44	4	2-1
09/07	@NO	W 20-6	-	-	-	-	-	-	-	-	-
09/14	Car	L 7-26	25	13	52.0	145	0	0	59	7	3-3
09/21	@Sea	L 22-26	46	25	54.3	239	0	3	22	2	0-0
09/28	Bal	W 21-17	26	17	65.4	358	3	2	72	1	0-0
10/05	@Oak	W 25-10	33	18	54.5	226	0	0	33	1	1-0
10/16	@KC	L 3-31	10	3	30.0	45	0	0	33	0	0-0
10/26	Ind	W 35-19	34	21	61.8	229	1	0	33	1	0-0

Game Logs (9-16)

Date	Opp	Result	Att	Cm	Pct	Yds	TD	Int	Lg	Sk	F-L
11/02	@Cin	L 31-38	25	12	48.0	115	0	1	22	2	1-1
11/09	Sea	L 31-37	-	-	-	-	-	-	-	-	-
11/16	Oak	L 13-38	-	-	-	-	-	-	-	-	-
11/23	@SF	L 10-17	-	-	-	-	-	-	-	-	-
11/30	Den	L 28-38	-	-	-	-	-	-	-	-	-

Michael Irvin — Dallas Cowboys — WR

1997 Receiving Splits

	G	Rec	Yds	Avg	TD	Lg	Big	YAC	Trgt	Y@C	1st	1st%		Rec	Yds	Avg	TD	Lg	Big	YAC	Trgt	Y@C	1st	1st%
Total	16	75	1180	15.7	9	55	14	220	157	12.8	59	78.7	Inside 20	9	83	9.2	5	19	0	2	21	9.0	6	66.7
vs. Playoff	6	28	417	14.9	3	55	5	45	55	13.3	20	71.4	Inside 10	2	11	5.5	2	6	0	1	5	5.0	2	100.0
vs. Non-playoff	10	47	763	16.2	6	52	9	175	102	12.5	39	83.0	1st Down	30	528	17.6	1	42	7	68	70	15.3	21	70.0
vs. Own Division	8	33	455	13.8	2	42	5	78	68	11.4	24	72.7	2nd Down	19	276	14.5	4	52	2	49	45	11.9	15	78.9
Home	8	31	560	18.1	5	52	8	145	68	13.4	25	80.6	3rd Down Overall	25	345	13.8	4	55	4	93	41	10.1	22	88.0
Away	8	44	620	14.1	4	55	6	75	89	12.4	34	77.3	3rd D 0-2 to Go	3	36	12.0	0	19	0	1	7	11.7	3	100.0
Games 1-8	8	38	630	16.6	4	55	9	108	73	13.7	33	86.8	3rd D 3-7 to Go	14	219	15.6	3	55	3	67	19	10.9	14	100.0
Games 9-16	8	37	550	14.9	5	52	11	112	84	11.8	26	70.3	3rd D 8+ to Go	8	90	11.3	1	26	1	25	15	8.1	5	62.5
Aug/Sept	4	21	349	16.6	3	55	5	65	36	13.5	18	85.7	4th Down	1	31	31.0	0	31	1	10	1	21.0	1	100.0
October	4	17	281	16.5	1	42	4	43	37	14.0	15	88.2	Rec Behind Line	0	0	-	0	0	0	0	3	-	0	-
November	5	24	353	14.7	4	37	4	80	43	11.4	16	66.7	1-10 yds	39	369	9.5	4	37	2	105	63	6.8	23	59.0
December	3	13	197	15.2	1	52	1	32	41	12.7	10	76.9	11-20 yds	26	432	16.6	3	27	2	37	51	15.2	26	100.0
Grass	4	19	207	10.9	2	42	2	13	40	10.2	11	57.9	21-30 yds	5	153	30.6	0	36	5	37	20	23.2	5	100.0
Turf	12	56	973	17.4	7	55	12	207	117	13.7	48	85.7	31+	5	226	45.2	2	55	5	41	19	37.0	5	100.0
Indoor	0	0	0	-	0	0	0	0	0	-	0	-	Left Sideline	27	407	15.1	3	52	4	76	58	12.3	21	77.8
Outdoor	16	75	1180	15.7	9	55	14	220	157	12.8	59	78.7	Left Side	14	245	17.5	2	55	4	65	36	12.9	11	78.6
1st Half	-	40	592	14.8	3	55	6	75	78	12.9	32	80.0	Middle	7	73	10.4	2	20	0	4	11	9.9	5	71.4
2nd Half/OT	-	35	588	16.8	6	52	8	145	79	12.7	27	77.1	Right Side	13	200	15.4	0	36	3	50	18	11.5	10	76.9
Last 2 Min. Half	-	5	125	25.0	1	55	2	32	11	18.6	5	100.0	Right Sideline	14	255	18.2	2	42	3	25	34	16.4	12	85.7
4th qtr, +/-7 pts	-	2	12	6.0	0	7	0	-1	6	6.5	1	50.0	Shotgun	0	0	-	0	0	0	0	0	-	0	-
Winning	-	26	408	15.7	3	55	5	85	51	12.4	20	76.9	2 Wide Receivers	37	637	17.2	4	55	8	99	81	14.5	29	78.4
Tied	-	13	198	15.2	1	42	2	28	28	13.1	11	84.6	3 Wide Receivers	31	447	14.4	4	52	5	109	56	10.9	24	77.4
Trailing	-	36	574	15.9	5	52	7	107	78	13.0	28	75.0	4+ WR	4	69	17.3	0	32	1	10	10	14.8	4	100.0

1997 Incompletions

Type	Num	%of Inc	%of Att
Pass Dropped	11	13.4	7.0
Poor Throw	36	43.9	22.9
Pass Defensed	22	26.8	14.0
Pass Hit at Line	3	3.7	1.9
Other	10	12.2	6.4
Total	82	100.0	52.2

Game Logs (1-8)

Date	Opp	Result	Rec	Yds	Trgt	F-L	TD
08/31	@Pit	W 37-7	7	153	11	0-0	2
09/07	@Ari	L 22-25	4	18	12	0-0	0
09/15	Phi	W 21-20	4	73	4	0-0	0
09/28	Chi	W 27-3	6	105	9	0-0	1
10/05	@NYN	L 17-20	6	86	10	0-0	0
10/13	@Was	L 16-21	5	81	11	0-0	1
10/19	Jac	W 26-22	3	57	9	0-0	0
10/26	@Phi	L 12-13	3	57	7	0-0	0

Game Logs (9-16)

Date	Opp	Result	Rec	Yds	Trgt	F-L	TD
11/02	@SF	L 10-17	6	51	9	0-0	1
11/09	Ari	W 24-6	2	36	4	0-0	0
11/16	Was	W 17-14	7	91	12	0-0	1
11/23	@GB	L 17-45	4	57	8	0-0	0
11/27	Ten	L 14-27	5	118	10	0-0	2
12/08	Car	L 13-23	2	67	12	0-0	1
12/14	@Cin	L 24-31	9	117	21	0-0	0
12/21	NYN	L 7-20	2	13	8	0-0	0

Raghib Ismail — Carolina Panthers — WR

1997 Receiving Splits

	G	Rec	Yds	Avg	TD	Lg	Big	YAC	Trgt	Y@C	1st	1st%		Rec	Yds	Avg	TD	Lg	Big	YAC	Trgt	Y@C	1st	1st%
Total	13	36	419	11.6	2	59	3	109	65	8.6	24	66.7	Inside 20	2	16	8.0	1	8	0	6	4	5.0	1	50.0
vs. Playoff	5	11	87	7.9	1	17	0	17	25	6.4	7	63.6	Inside 10	1	8	8.0	1	8	0	4	1	4.0	1	100.0
vs. Non-playoff	8	25	332	13.3	1	59	3	92	40	9.6	17	68.0	1st Down	10	67	6.7	1	12	0	16	19	5.1	4	40.0
vs. Own Division	7	22	293	13.3	2	59	3	79	36	9.7	16	72.7	2nd Down	9	125	13.9	1	59	1	42	16	9.2	6	66.7
Home	6	20	217	10.9	1	35	2	61	36	7.8	15	75.0	3rd Down Overall	16	192	12.0	0	29	1	28	29	10.3	13	81.3
Away	7	16	202	12.6	1	59	1	48	29	9.6	9	56.3	3rd D 0-2 to Go	0	0	-	0	0	0	0	0	-	0	-
Games 1-8	8	16	146	9.1	1	20	0	31	36	7.2	10	62.5	3rd D 3-7 to Go	6	42	7.0	0	9	0	10	12	5.3	6	100.0
Games 9-16	5	20	273	13.7	1	59	3	78	29	9.8	14	70.0	3rd D 8+ to Go	10	150	15.0	0	29	1	18	17	13.2	7	70.0
Aug/Sept	5	11	94	8.5	1	20	0	14	27	7.3	6	54.5	4th Down	1	35	35.0	0	35	1	23	1	12.0	1	100.0
October	3	5	52	10.4	0	15	0	17	9	7.0	4	80.0	Rec Behind Line	2	-3	-1.5	0	-1	0	1	2	-2.0	0	-
November	5	20	273	13.7	1	59	3	78	29	9.8	14	70.0	1-10 yds	23	182	7.9	1	15	0	49	29	5.8	14	60.9
December	0	0	0	-	0	0	0	0	0	-	0	-	11-20 yds	9	152	16.9	0	35	1	28	21	13.8	8	88.9
Grass	9	26	273	10.5	1	35	2	66	50	8.0	17	65.4	21-30 yds	2	88	44.0	0	59	2	31	7	28.5	2	100.0
Turf	4	10	146	14.6	1	59	1	43	15	10.3	7	70.0	31+	0	0	-	0	0	0	0	0	-	0	-
Indoor	4	10	146	14.6	1	59	1	43	15	10.3	7	70.0	Left Sideline	14	107	7.6	0	18	0	15	26	6.6	8	57.1
Outdoor	9	26	273	10.5	1	35	2	66	50	8.0	17	65.4	Left Side	1	17	17.0	0	17	0	0	4	17.0	1	100.0
1st Half	-	19	237	12.5	1	59	2	55	35	9.6	14	73.7	Middle	5	106	21.2	1	59	1	38	6	13.6	4	80.0
2nd Half/OT	-	17	182	10.7	1	35	0	54	30	7.5	10	58.8	Right Side	11	147	13.4	0	35	0	53	15	8.5	8	72.7
Last 2 Min. Half	-	2	18	9.0	0	12	0	1	7	8.5	2	100.0	Right Sideline	5	42	8.4	1	11	0	3	12	7.8	3	60.0
4th qtr, +/-7 pts	-	4	45	11.3	0	20	0	11	6	8.5	3	75.0	Shotgun	0	0	-	0	0	0	0	0	-	0	-
Winning	-	9	87	9.7	0	15	0	17	14	7.8	5	55.6	2 Wide Receivers	11	120	10.9	1	59	1	39	16	7.4	5	45.5
Tied	-	7	64	9.1	0	29	1	12	13	7.4	4	57.1	3 Wide Receivers	18	206	11.4	1	35	1	53	37	8.5	13	72.2
Trailing	-	20	268	13.4	2	59	2	80	38	7.6	15	75.0	4+ WR	7	93	13.3	0	29	1	17	12	10.9	6	85.7

1997 Incompletions

Type	Num	%of Inc	%of Att
Pass Dropped	4	13.8	6.2
Poor Throw	15	51.7	23.1
Pass Defensed	5	17.2	7.7
Pass Hit at Line	0	0.0	0.0
Other	5	17.2	7.7
Total	29	100.0	44.6

Game Logs (1-8)

Date	Opp	Result	Rush	Yds	Rec	Yds	Trgt	F-L	TD
08/31	Was	L 10-24	0	0	2	17	5	0-0	0
09/07	@Atl	W 9-6	1	-4	2	25	5	0-0	0
09/14	@SD	W 26-7	1	11	2	21	5	0-0	0
09/21	KC	L 14-35	0	0	1	12	3	0-0	0
09/29	SF	L 21-34	0	0	2	19	4	0-0	0
10/12	@Min	L 14-21	0	0	2	21	4	0-0	0
10/19	@NO	W 13-0	0	0	1	7	1	0-0	0
10/26	Atl	W 21-12	0	0	2	24	4	0-0	0

Game Logs (9-16)

Date	Opp	Result	Rush	Yds	Rec	Yds	Trgt	F-L	TD
11/02	Oak	W 38-14	1	7	5	43	7	0-0	0
11/09	@Den	L 0-34	0	0	2	12	5	0-0	0
11/16	@SF	L 19-27	0	0	2	23	4	0-0	0
11/23	@StL	W 16-10	0	0	5	93	5	0-0	1
11/30	NO	L 13-16	1	18	6	102	8	0-0	0
12/08	@Dal	W 23-13	-	-	-	-	-	-	-
12/14	GB	L 10-31	-	-	-	-	-	-	-
12/20	StL	L 18-30	-	-	-	-	-	-	-

Michael Jackson
Baltimore Ravens — WR

1997 Receiving Splits

	G	Rec	Yds	Avg	TD	Lg	Big	YAC	Trgt	Y@C	1st	1st%		Rec	Yds	Avg	TD	Lg	Big	YAC	Trgt	Y@C	1st	1st%
Total	16	69	918	13.3	4	54	6	306	137	8.9	45	65.2	Inside 20	4	26	6.5	2	11	0	4	15	5.5	2	50.0
vs. Playoff	6	30	400	13.3	2	54	2	125	58	9.2	20	66.7	Inside 10	2	9	4.5	1	8	0	3	6	3.0	1	50.0
vs. Non-playoff	10	39	518	13.3	2	40	4	181	79	8.6	25	64.1	1st Down	22	270	12.3	1	34	1	59	51	9.6	13	59.1
vs. Own Division	8	39	551	14.1	2	54	3	220	78	8.5	25	64.1	2nd Down	25	298	11.9	0	40	2	77	45	8.8	14	56.0
Home	8	38	532	14.0	3	54	3	212	78	8.4	28	73.7	3rd Down Overall	17	253	14.9	2	54	1	100	34	9.0	13	76.5
Away	8	31	386	12.5	1	40	3	94	59	9.4	17	54.8	3rd D 0-2 to Go	3	22	7.3	1	13	0	7	4	5.0	2	66.7
Games 1-8	8	39	540	13.8	2	54	3	153	77	9.9	27	69.2	3rd D 3-7 to Go	6	88	14.7	0	18	0	40	12	8.0	5	83.3
Games 9-16	8	30	378	12.6	2	38	3	153	60	7.5	18	60.0	3rd D 8+ to Go	8	143	17.9	1	54	1	53	18	11.3	6	75.0
Aug/Sept	5	26	397	15.3	2	54	3	122	51	10.6	18	69.2	4th Down	5	97	19.4	0	37	2	70	7	5.4	5	100.0
October	3	13	143	11.0	0	22	0	31	26	8.6	9	69.2	Rec Behind Line	5	51	10.2	1	29	1	57	5	-1.2	2	40.0
November	5	15	188	12.5	1	38	2	76	32	7.5	9	60.0	1-10 yds	45	468	10.4	1	37	1	187	71	6.2	24	53.3
December	3	15	190	12.7	1	37	1	77	28	7.5	9	60.0	11-20 yds	14	209	14.9	1	23	0	13	36	14.0	14	100.0
Grass	12	53	707	13.3	3	54	4	236	109	8.9	36	67.9	21-30 yds	4	150	37.5	1	54	3	48	11	25.5	4	100.0
Turf	4	16	211	13.2	1	37	2	70	28	8.8	9	56.3	31+	1	40	40.0	0	40	1	14	39.0	1	100.0
Indoor	0	0	0	-	0	0	0	0	0	-	0	-	Left Sideline	27	348	12.9	2	40	3	109	57	8.9	15	55.6
Outdoor	16	69	918	13.3	4	54	6	306	137	8.9	45	65.2	Left Side	15	190	12.7	0	37	1	81	24	7.3	10	66.7
1st Half	-	33	433	13.1	2	40	3	141	62	8.8	22	66.7	Middle	7	151	21.6	1	54	2	41	17	15.7	6	85.7
2nd Half/OT	-	36	485	13.5	2	54	3	165	75	8.9	23	63.9	Right Side	10	129	12.9	0	24	0	36	18	9.3	8	80.0
Last 2 Min. Half	-	14	187	13.4	0	37	1	68	24	8.5	11	78.6	Right Sideline	10	100	10.0	1	23	0	39	21	6.1	6	60.0
4th qtr, +/-7 pts	-	7	75	10.7	0	15	0	13	19	8.9	4	57.1	Shotgun	0	0	-	0	0	0	0	0	-	0	-
Winning	-	17	241	14.2	0	40	2	90	39	8.9	11	64.7	2 Wide Receivers	6	71	11.8	1	38	1	23	12	8.0	4	66.7
Tied	-	7	77	11.0	2	29	1	46	14	4.4	3	42.9	3 Wide Receivers	62	838	13.5	3	54	5	280	124	9.0	41	66.1
Trailing	-	45	600	13.3	2	54	3	170	84	9.6	31	68.9	4+ WR	1	9	9.0	0	9	0	3	1	6.0	0	0.0

1997 Incompletions

Type	Num	%of Inc	%of Att
Pass Dropped	9	13.2	6.6
Poor Throw	32	47.1	23.4
Pass Defensed	15	22.1	10.9
Pass Hit at Line	0	0.0	0.0
Other	12	17.6	8.8
Total	68	100.0	49.6

Game Logs (1-8)

Date	Opp	Result	Rec	Yds	Trgt	F-L	TD
08/31	Jac	L 27-28	8	143	16	0-0	1
09/07	Cin	W 23-10	6	85	10	1-1	0
09/14	@NYN	W 24-23	5	72	6	0-0	1
09/21	@Ten	W 36-10	4	73	7	0-0	0
09/28	@SD	L 17-21	3	24	12	0-0	0
10/05	Pit	L 34-42	3	30	12	0-0	0
10/19	Mia	L 13-24	7	85	11	0-0	0
10/26	@Was	W 20-17	3	28	3	0-0	0

Game Logs (9-16)

Date	Opp	Result	Rec	Yds	Trgt	F-L	TD
11/02	@NYA	L 16-19	2	25	6	0-0	0
11/09	@Pit	L 0-37	2	20	4	0-0	0
11/16	Phi	T 10-10	2	37	6	0-0	1
11/23	Ari	L 13-16	4	56	7	0-0	0
11/30	@Jac	L 27-29	5	50	9	0-0	0
12/07	Sea	W 31-24	4	40	8	0-0	0
12/14	Ten	W 21-19	4	56	8	1-1	1
12/21	@Cin	L 14-16	7	94	6	0-0	0

Shawn Jefferson
New England Patriots — WR

1997 Receiving Splits

	G	Rec	Yds	Avg	TD	Lg	Big	YAC	Trgt	Y@C	1st	1st%		Rec	Yds	Avg	TD	Lg	Big	YAC	Trgt	Y@C	1st	1st%
Total	16	54	841	15.6	0	76	6	138	93	13.0	37	68.5	Inside 20	5	45	9.0	1	11	0	4	9	8.2	2	40.0
vs. Playoff	8	29	412	14.2	0	76	2	57	46	12.2	20	69.0	Inside 10	1	5	5.0	1	5	0	0	4	5.0	1	100.0
vs. Non-playoff	8	25	429	17.2	0	64	4	81	47	13.9	17	68.0	1st Down	21	307	14.6	0	76	1	55	36	12.0	11	52.4
vs. Own Division	8	26	439	16.9	0	64	4	75	44	14.0	17	65.4	2nd Down	14	206	14.7	0	64	3	39	26	11.9	10	71.4
Home	8	32	433	13.5	0	35	3	73	54	11.3	22	68.8	3rd Down Overall	19	328	17.3	2	35	4	44	30	14.9	16	84.2
Away	8	22	408	18.5	0	76	3	65	39	15.6	15	68.2	3rd D 0-2 to Go	1	35	35.0	0	35	1	2	3	33.0	1	100.0
Games 1-8	8	25	385	15.4	0	64	3	51	47	13.4	15	60.0	3rd D 3-7 to Go	10	165	16.5	2	34	3	24	12	14.1	10	100.0
Games 9-16	8	29	456	15.7	0	76	3	87	46	12.7	22	75.9	3rd D 8+ to Go	8	128	16.0	0	22	0	18	15	13.8	5	62.5
Aug/Sept	4	17	298	17.5	0	64	3	48	30	14.7	11	64.7	4th Down	0	0	-	0	0	0	0	1	-	0	-
October	4	8	87	10.9	0	19	0	3	17	10.5	4	50.0	Rec Behind Line	0	0	-	0	0	0	0	2	-	0	-
November	5	16	314	19.6	0	76	3	60	27	15.9	14	87.5	1-10 yds	28	260	9.3	1	18	0	53	45	7.4	15	53.6
December	3	13	142	10.9	0	22	0	27	19	8.8	8	61.5	11-20 yds	20	322	16.1	0	25	1	37	30	14.3	17	85.0
Grass	12	45	591	13.1	0	35	3	86	75	11.3	30	66.7	21-30 yds	2	50	25.0	0	28	1	8	3	21.0	1	50.0
Turf	4	9	250	27.8	0	76	3	52	18	22.0	7	77.8	31+	4	209	52.3	1	76	4	40	13	42.3	4	100.0
Indoor	2	6	206	34.3	0	76	2	40	12	27.7	5	83.3	Left Sideline	24	381	15.9	0	64	4	56	40	13.5	17	70.8
Outdoor	14	48	635	13.2	0	35	3	98	81	11.2	32	66.7	Left Side	11	140	12.7	0	22	0	15	19	11.4	7	63.6
1st Half	-	29	545	18.8	0	76	5	92	49	15.6	21	72.4	Middle	3	41	13.7	1	20	1	4	12	12.3	3	100.0
2nd Half/OT	-	25	296	11.8	0	25	1	46	44	10.0	16	64.0	Right Side	8	108	13.5	0	20	0	32	15	9.5	5	62.5
Last 2 Min. Half	-	2	38	19.0	0	22	0	3	6	17.5	1	50.0	Right Sideline	8	171	21.4	0	76	2	31	16	17.5	5	62.5
4th qtr, +/-7 pts	-	3	39	13.0	0	17	0	11	7	9.3	2	66.7	Shotgun	11	180	16.4	0	25	1	24	18	14.2	7	63.6
Winning	-	24	396	16.5	0	64	4	80	43	13.2	18	75.0	2 Wide Receivers	24	354	14.8	0	64	3	59	40	12.3	17	70.8
Tied	-	11	153	13.9	0	34	1	21	17	12.0	8	72.7	3 Wide Receivers	27	383	14.2	0	34	2	46	46	12.5	17	63.0
Trailing	-	19	292	15.4	0	76	1	37	33	13.4	11	57.9	4+ WR	2	28	14.0	0	18	0	13	4	7.5	2	100.0

1997 Incompletions

Type	Num	%of Inc	%of Att
Pass Dropped	5	12.8	5.4
Poor Throw	22	56.4	23.7
Pass Defensed	4	10.3	4.3
Pass Hit at Line	2	5.1	2.2
Other	6	15.4	6.5
Total	39	100.0	41.9

Game Logs (1-8)

Date	Opp	Result	Rec	Yds	Trgt	F-L	TD
08/31	SD	W 41-7	5	82	8	0-0	0
09/07	@Ind	W 31-6	2	98	4	0-0	1
09/14	NYA	W 27-24	5	63	11	0-0	0
09/21	Chi	W 31-3	2	55	7	1-1	0
10/06	@Den	L 13-34	3	45	6	0-0	0
10/12	Buf	L 33-6	1	13	4	0-0	0
10/19	@NYA	L 19-24	1	11	4	0-0	0
10/27	GB	L 10-28	3	18	3	0-0	0

Game Logs (9-16)

Date	Opp	Result	Rec	Yds	Trgt	F-L	TD
11/02	@Min	L 18-23	4	108	8	0-0	1
11/09	@Buf	W 31-10	2	33	2	0-0	0
11/16	@TB	L 7-27	2	28	5	0-0	0
11/23	Mia	W 27-24	4	71	5	0-0	0
11/30	Ind	W 20-17	4	74	7	0-0	0
12/07	@Jac	W 26-20	1	9	2	0-0	0
12/13	Pit	L 21-24	5	57	9	0-0	0
12/22	@Mia	W 14-12	7	76	8	1-1	0

James Jett — Oakland Raiders — WR

1997 Receiving Splits

	G	Rec	Yds	Avg	TD	Lg	Big	YAC	Trgt	Y@C	1st	1st%		Rec	Yds	Avg	TD	Lg	Big	YAC	Trgt	Y@C	1st	1st%
Total	16	46	804	17.5	12	56	8	139	101	14.5	35	76.1	Inside 20	9	100	11.1	7	16	0	19	15	9.0	8	88.9
vs. Playoff	6	18	284	15.8	2	50	3	30	40	14.1	12	66.7	Inside 10	2	17	8.5	2	9	0	0	5	8.5	2	100.0
vs. Non-playoff	10	28	520	18.6	10	56	5	109	61	14.7	23	82.1	1st Down	16	365	22.8	4	56	5	37	33	20.5	11	68.8
vs. Own Division	8	26	401	15.4	5	49	3	35	55	14.1	19	73.1	2nd Down	19	257	13.5	4	51	2	53	32	10.7	13	68.4
Home	8	21	317	15.1	5	50	3	21	41	14.1	16	76.2	3rd Down Overall	11	182	16.5	4	53	1	49	34	12.1	11	100.0
Away	8	25	487	19.5	7	56	5	118	60	14.8	19	76.0	3rd D 0-2 to Go	0	0	-	0	0	0	0	1	-	0	-
Games 1-8	8	22	415	18.9	8	56	4	95	43	14.5	16	72.7	3rd D 3-7 to Go	4	35	8.8	1	0	0	14	10	5.3	4	100.0
Games 9-16	8	24	389	16.2	4	50	4	44	58	14.4	19	79.2	3rd D 8+ to Go	7	147	21.0	3	53	1	35	23	16.0	7	100.0
Aug/Sept	5	13	264	20.3	5	56	3	85	28	13.8	9	69.2	4th Down	0	0	-	0	0	0	0	2	-	0	-
October	3	9	151	16.8	3	49	1	10	15	15.7	7	77.8	Rec Behind Line	0	0	-	0	0	0	0	1	-	0	-
November	5	14	234	16.7	3	50	3	27	38	14.8	10	71.4	1-10 yds	22	203	9.2	4	20	0	43	35	7.3	13	59.1
December	3	10	155	15.5	1	37	1	17	20	13.8	9	90.0	11-20 yds	14	209	14.9	3	24	0	16	28	13.8	12	85.7
Grass	13	37	527	14.2	7	50	4	43	83	13.1	27	73.0	21-30 yds	6	200	33.3	2	53	4	60	12	23.3	6	100.0
Turf	3	9	277	30.8	5	56	4	96	18	20.1	8	88.9	31+	4	192	48.0	3	56	4	20	24	43.0	4	100.0
Indoor	2	4	129	32.3	3	51	2	37	9	23.0	4	100.0	Left Sideline	17	257	15.1	4	56	3	55	46	11.9	12	70.6
Outdoor	14	42	675	16.1	9	56	6	102	92	13.6	31	73.8	Left Side	8	216	27.0	2	53	3	37	14	22.4	8	100.0
1st Half	-	24	381	15.9	7	56	3	67	56	13.1	18	75.0	Middle	5	111	22.2	2	37	1	23	12	17.6	3	60.0
2nd Half/OT	-	22	423	19.2	5	53	5	72	45	16.0	17	77.3	Right Side	9	102	11.3	3	20	0	18	14	9.3	7	77.8
Last 2 Min. Half	-	5	56	11.2	0	26	1	4	16	10.4	2	40.0	Right Sideline	7	118	16.9	1	27	1	6	15	16.0	5	71.4
4th qtr, +/-7 pts	-	4	97	24.3	0	53	1	38	7	14.8	4	100.0	Shotgun	0	0	-	0	0	0	0	0	-	0	-
Winning	-	14	277	19.8	5	53	3	59	27	15.6	11	78.6	2 Wide Receivers	24	512	21.3	10	56	6	82	57	17.9	22	91.7
Tied	-	8	150	18.8	2	56	1	25	16	15.6	6	75.0	3 Wide Receivers	22	292	13.3	2	53	2	57	44	10.7	13	59.1
Trailing	-	24	377	15.7	5	51	4	55	58	13.4	18	75.0	4+ WR	0	0	-	0	0	0	0	0	-	0	-

1997 Incompletions

Type	Num	%of Inc	%of Att
Pass Dropped	4	7.3	4.0
Poor Throw	32	58.2	31.7
Pass Defensed	10	18.2	9.9
Pass Hit at Line	0	0.0	0.0
Other	9	16.4	8.9
Total	55	100.0	54.5

Game Logs (1-8)

Date	Opp	Result	Rec	Yds	Trgt	F-L	TD
08/31	@Ten	L 21-24	2	20	5	0-0	0
09/08	KC	L 27-28	1	7	5	0-0	0
09/14	@Atl	W 36-31	1	51	4	0-0	1
09/21	@NYA	L 22-23	5	148	9	0-0	2
09/28	StL	W 35-17	4	38	5	0-0	0
10/05	SD	L 10-25	3	30	7	0-0	0
10/19	Den	W 28-25	3	43	3	0-0	1
10/26	@Sea	L 34-45	3	78	5	0-0	2

Game Logs (9-16)

Date	Opp	Result	Rec	Yds	Trgt	F-L	TD
11/02	@Car	L 14-38	2	22	7	0-0	1
11/09	NO	L 10-13	0	0	4	0-0	0
11/16	@SD	W 38-13	4	58	10	0-0	1
11/24	@Den	L 3-31	5	68	11	1-1	0
11/30	Mia	L 16-34	3	86	6	0-0	0
12/07	@KC	L 0-30	3	42	9	0-0	0
12/14	Sea	L 21-22	4	75	5	0-0	0
12/21	Jac	L 9-20	3	38	6	1-1	0

Anthony Johnson — Carolina Panthers — RB

1997 Rushing and Receiving Splits

	G	Rush	Yds	Avg	Lg	TD	1st	Stf	YdL	Rec	Yds	Avg	TD		Rush	Yds	Avg	Lg	TD	1st	Stf	YdL	Rec	Yds	Avg	TD
Total	16	97	358	3.7	20	0	9	10	16	21	158	7.5	1	Inside 20	10	3	0.3	2	0	0	3	7	3	24	8.0	1
vs. Playoff	6	29	95	3.3	10	0	1	3	4	4	48	12.0	0	Inside 10	3	1	0.3	1	0	0	1	0	-	0	-	0
vs. Non-playoff	10	68	263	3.9	20	0	8	7	12	17	110	6.5	1	1st Down	48	219	4.6	20	0	5	3	4	3	23	7.7	0
vs. Own Division	8	51	133	2.6	12	0	2	7	13	11	67	6.1	1	2nd Down	47	143	3.0	17	0	4	5	8	12	83	6.9	0
Home	8	44	211	4.8	20	0	7	5	8	12	100	8.3	0	3rd Down Overall	2	-4	-2.0	-2	0	0	2	4	6	52	8.7	1
Away	8	53	147	2.8	12	0	2	5	8	9	58	6.4	1	3rd D 0-2 to Go	0	0	-	0	0	0	0	0	0	0	-	0
Games 1-8	8	89	335	3.8	20	0	9	8	12	16	118	7.4	1	3rd D 3-7 to Go	1	-2	-2.0	-2	0	0	1	2	3	24	8.0	1
Games 9-16	8	8	23	2.9	8	0	0	2	4	5	40	8.0	0	3rd D 8+ to Go	1	-2	-2.0	-2	0	0	1	2	3	28	9.3	0
Aug/Sept	5	68	287	4.2	20	0	9	6	6	9	73	8.1	0	4th Down	0	0	-	0	0	0	0	0	0	0	-	0
October	3	21	48	2.3	9	0	0	2	6	7	45	6.4	1	Left Sideline	3	19	6.3	17	0	1	1	1	5	48	9.6	0
November	5	6	16	2.7	8	0	0	2	4	2	12	6.0	0	Left Side	17	56	3.3	11	0	1	1	1	7	53	7.6	1
December	3	2	7	3.5	4	0	0	0	0	3	28	9.3	0	Middle	59	197	3.3	20	0	4	6	8	4	30	7.5	0
Grass	11	52	222	4.3	20	0	7	6	10	13	107	8.2	0	Right Side	15	62	4.1	12	0	1	1	4	4	24	6.0	0
Turf	5	45	136	3.0	12	0	2	4	6	8	51	6.4	1	Right Sideline	3	24	8.0	16	0	2	1	2	1	3	3.0	0
Indoor	4	45	130	3.0	12	0	2	4	6	7	38	5.4	1	0 Tight Ends	3	2	0.7	2	0	0	1	1	9	69	7.7	1
Outdoor	12	52	222	4.3	20	0	7	6	10	14	120	8.6	0	1 Tight End	79	295	3.7	20	0	7	7	13	9	72	8.0	0
1st Half	-	68	248	3.6	20	0	4	6	11	12	100	8.3	1	2 Tight Ends	15	61	4.1	17	0	2	2	10	2	10	5.0	0
2nd Half/OT	-	29	110	3.8	16	0	5	4	5	9	58	6.4	0	3+ Tight Ends	0	0	-	0	0	0	0	0	0	0	-	0
Last 2 Min. Half	-	5	24	4.8	8	0	2	4	5.7	0				Carries 1-5	44	162	3.7	20	0	2	4	9	0	0	-	0
4th qtr, +/-7 pts	-	6	6	1.0	5	0	0	2	0	2	1	1	0	Carries 6-10	24	77	3.2	10	0	2	1	1	0	0	-	0
Winning	-	13	21	1.6	8	0	0	2	6	11	77	7.0	1	Carries 11-15	15	74	4.9	17	0	3	3	4	0	0	-	0
Tied	-	38	173	4.6	20	0	4	1	2	3	14	4.7	0	Carries 16-20	10	43	4.3	11	0	2	1	1	0	0	-	0
Trailing	-	46	164	3.6	16	0	5	7	8	7	67	9.6	0	Carries 21+	4	2	0.5	2	0	0	1	1	0	0	-	0

1997 Incompletions

Type	Num	%of Inc	% Att
Pass Dropped	4	33.3	12.1
Poor Throw	4	33.3	12.1
Pass Defensed	0	0.0	0.0
Pass Hit at Line	2	16.7	6.1
Other	2	16.7	6.1
Total	12	100.0	36.4

Game Logs (1-8)

Date	Opp	Result	Rush	Yds	Rec	Yds	Trgt	F-L	TD
08/31	Was	L 10-24	20	134	2	14	2	0-0	0
09/07	@Atl	W 9-6	24	86	2	7	2	0-0	0
09/14	@SD	W 26-7	5	7	1	7	1	0-0	0
09/21	KC	L 14-35	11	39	4	48	6	0-0	0
09/29	SF	L 21-34	8	21	0	0	0	0-0	0
10/12	@Min	L 14-21	6	27	0	0	0	1-1	0
10/19	@NO	W 13-0	14	25	5	31	5	0-0	1
10/26	Atl	W 21-12	1	-4	2	14	3	1-0	0

Game Logs (9-16)

Date	Opp	Result	Rush	Yds	Rec	Yds	Trgt	F-L	TD
11/02	Oak	W 38-14	1	8	2	12	3	0-0	0
11/09	@Den	L 0-34	2	6	0	0	2	0-0	0
11/16	@SF	L 19-27	1	-2	0	0	0	0-0	0
11/23	@StL	W 16-10	1	7	0	0	0	0-0	0
11/30	NO	L 13-16	1	6	0	0	2	0-0	0
12/08	@Dal	W 23-13	0	0	1	13	1	0-0	0
12/14	GB	L 10-31	1	3	0	0	0	0-0	0
12/20	StL	L 18-30	1	3	2	15	2	0-0	0

Brad Johnson — Minnesota Vikings — QB

1997 Passing Splits

	G	Att	Cm	Pct	Yds	Y/Att	TD	Int	1st	YAC	Big	Sk	Rtg		Att	Cm	Pct	Yds	Y/Att	TD	Int	1st	YAC	Big	Sk	Rtg
Total	13	452	275	60.8	3036	6.7	20	12	150	1254	20	26	84.5	Inside 20	50	34	68.0	228	4.6	14	1	23	104	0	3	109.0
vs. Playoff	6	205	120	58.5	1302	6.4	5	4	63	515	8	16	77.3	Inside 10	25	14	56.0	68	2.7	11	0	13	9	0	1	100.8
vs. Non-playoff	7	247	155	62.8	1734	7.0	15	8	87	739	12	10	90.4	1st Down	145	92	63.4	991	6.8	7	3	37	369	7	6	90.9
vs. Own Division	7	251	157	62.5	1563	6.2	7	7	77	649	5	20	77.8	2nd Down	152	98	64.5	1089	7.2	5	3	54	509	7	9	88.4
Home	6	204	118	57.8	1305	6.4	8	5	60	606	9	12	79.8	3rd Down Overall	149	83	55.7	912	6.1	8	6	57	356	6	11	75.1
Away	7	248	157	63.3	1731	7.0	12	7	90	648	11	14	88.3	3rd D 0-5 to Go	61	35	57.4	282	4.6	3	2	29	100	1	1	71.9
Games 1-8	8	286	177	61.9	2000	7.0	15	8	101	769	13	16	88.6	3rd D 6+ to Go	88	48	54.5	630	7.2	5	4	28	256	5	10	77.4
Games 9-16	5	166	98	59.0	1036	6.2	5	4	49	485	7	10	77.3	4th Down	6	2	33.3	44	7.3	0	0	2	20	0	0	60.4
Aug/Sept	5	184	115	62.5	1275	6.9	11	5	66	469	8	12	91.6	Rec Behind Line	71	52	73.2	303	4.3	2	1	12	464	1	0	84.4
October	3	102	62	60.8	725	7.1	4	3	35	300	5	4	83.2	1-10 yds	225	154	68.4	1261	5.6	10	3	72	578	1	0	91.7
November	4	136	83	61.0	919	6.8	5	3	43	427	7	4	84.2	11-20 yds	85	53	62.4	944	11.1	3	3	50	148	6	0	97.4
December	1	30	15	50.0	117	3.9	0	1	6	58	0	6	46.1	21-30 yds	38	11	28.9	346	9.1	4	3	11	72	8	0	67.2
Grass	4	146	97	66.4	1024	7.0	7	5	56	363	5	10	88.4	31+	29	5	17.2	182	6.3	1	2	5	-8	4	0	36.0
Turf	9	306	178	58.2	2012	6.6	13	7	94	891	15	16	82.6	Left Sideline	111	75	67.6	891	8.0	7	2	46	334	6	0	105.3
Indoor	7	241	137	56.8	1482	6.1	8	6	67	694	10	13	75.8	Left Side	86	52	60.5	492	5.7	3	1	25	269	2	9	83.1
Outdoor	6	211	138	65.4	1554	7.4	12	6	83	560	10	13	94.4	Middle	75	43	57.3	558	7.4	3	4	21	227	7	15	72.0
1st Half	-	212	126	59.4	1431	6.8	7	6	63	626	9	14	79.0	Right Side	98	65	66.3	638	6.5	4	3	35	297	3	1	85.3
2nd Half/OT	-	240	149	62.1	1605	6.7	13	6	87	628	11	12	89.3	Right Sideline	82	40	48.8	457	5.6	3	2	23	127	2	0	68.0
Last 2 Min. Half	-	56	32	57.1	381	6.8	3	2	20	141	3	5	81.0	2 Wide Receivers	173	102	59.0	1094	6.3	6	5	48	428	8	3	77.1
4th qtr, +/-7 pts	-	57	39	68.4	467	8.2	5	0	24	119	4	2	122.5	3+ WR	272	170	62.5	1920	7.1	14	7	101	822	12	23	90.0
Winning	-	103	54	52.4	575	5.6	3	5	29	209	4	5	58.5	Attempts 1-10	130	82	63.1	978	7.5	4	3	38	414	8	0	86.6
Tied	-	131	81	61.8	898	6.9	5	3	40	382	5	6	85.4	Attempts 11-20	130	70	53.8	670	5.2	4	7	39	295	2	0	56.3
Trailing	-	218	140	64.2	1563	7.2	12	4	81	663	11	15	96.2	Attempts 21+	192	123	64.1	1388	7.2	12	2	73	545	10	0	102.1

1997 Incompletions

Type	Num	%of Inc	%of Att
Pass Dropped	19	10.7	4.2
Poor Throw	71	40.1	15.7
Pass Defensed	42	23.7	9.3
Pass Hit at Line	9	5.1	2.0
Other	36	20.3	8.0
Total	177	100.0	39.2

Game Logs (1-8)

Date	Opp	Result	Att	Cm	Pct	Yds	TD	Int	Lg	Sk	F-L
08/31	@Buf	W 34-13	30	17	56.7	218	2	1	35	3	0-0
09/07	@Chi	W 27-24	44	33	75.0	285	2	1	21	3	0-0
09/14	TB	L 14-28	44	29	65.9	334	1	0	56	3	0-0
09/21	@GB	L 32-38	34	19	55.9	217	3	2	28	3	0-0
09/28	Phi	W 28-19	37	17	53.1	221	3	1	48	0	0-0
10/05	@Ari	W 20-19	39	25	64.1	292	2	2	43	2	0-0
10/12	Car	W 21-14	34	17	50.0	203	2	1	56	0	0-0
10/26	@TB	W 10-6	29	20	69.0	230	0	0	23	2	0-0

Game Logs (9-16)

Date	Opp	Result	Att	Cm	Pct	Yds	TD	Int	Lg	Sk	F-L
11/02	NE	W 23-18	31	18	58.1	227	1	0	43	1	0-0
11/09	Chi	W 29-22	33	22	66.7	203	1	2	24	2	0-0
11/16	@Det	L 15-38	37	19	51.4	177	0	1	26	1	0-0
11/23	@NYA	L 21-23	35	24	68.6	312	3	0	49	0	0-0
12/01	GB	L 11-27	30	15	50.0	117	0	1	21	6	2-1

Charles Johnson — Pittsburgh Steelers — WR

1997 Receiving Splits

	G	Rec	Yds	Avg	TD	Lg	Big	YAC	Trgt	Y@C	1st	1st%		Rec	Yds	Avg	TD	Lg	Big	YAC	Trgt	Y@C	1st	1st%
Total	13	46	568	12.3	2	49	6	85	91	10.5	28	60.9	Inside 20	4	34	8.5	2	17	0	0	11	8.5	2	50.0
vs. Playoff	3	14	204	14.6	0	49	4	37	28	11.9	9	64.3	Inside 10	1	8	8.0	1	8	0	0	3	8.0	1	100.0
vs. Non-playoff	10	32	364	11.4	2	29	2	48	63	9.9	19	59.4	1st Down	20	180	9.0	1	29	1	28	38	7.6	7	35.0
Home	7	15	165	11.0	0	29	1	19	37	9.7	9	60.0	2nd Down	17	238	14.0	0	29	4	29	30	12.3	12	70.6
Away	6	31	403	13.0	2	49	5	66	54	10.9	19	61.3	3rd Down Overall	9	150	16.7	1	49	1	28	22	13.6	9	100.0
Games 1-8	6	18	253	14.1	2	49	4	31	33	12.3	11	61.1	3rd D 0-2 to Go	0	0	-	0	0	0	0	0	-	0	-
Games 9-16	7	28	315	11.3	0	29	3	54	58	9.3	17	60.7	3rd D 3-7 to Go	5	101	20.2	0	49	1	26	11	15.0	5	100.0
Aug/Sept	4	10	144	14.4	0	49	2	28	20	11.6	5	50.0	3rd D 8+ to Go	4	49	12.3	1	17	0	2	11	11.8	4	100.0
October	2	8	109	13.6	2	29	1	3	13	13.3	6	75.0	4th Down	0	0	-	0	0	0	0	1	-	0	-
November	4	14	169	12.1	0	27	1	28	29	10.1	9	64.3	Rec Behind Line	1	10	10.0	0	10	0	10	3	0.0	1	100.0
December	3	14	146	10.4	0	29	2	26	29	8.6	8	57.1	1-10 yds	29	232	8.0	1	21	0	37	44	6.7	11	37.9
Grass	5	24	297	12.4	2	49	4	37	43	10.8	13	54.2	11-20 yds	11	169	15.4	1	29	1	12	26	14.3	11	100.0
Turf	8	22	271	12.3	0	29	2	48	48	10.1	15	68.2	21-30 yds	4	108	27.0	0	29	4	13	8	23.8	4	100.0
Indoor	0	0	0	-	0	0	0	0	0	-	0	-	31+	1	49	49.0	0	49	1	13	10	36.0	1	100.0
Outdoor	13	46	568	12.3	2	49	6	85	91	10.5	28	60.9	Left Sideline	10	129	12.9	0	49	1	16	20	11.3	6	60.0
1st Half	-	18	223	12.4	0	29	2	36	42	10.4	9	50.0	Left Side	7	106	15.1	0	29	1	17	13	12.7	6	85.7
2nd Half/OT	-	28	345	12.3	2	29	4	49	49	10.6	19	67.9	Middle	2	56	28.0	0	29	2	15	20.5	2	100.0
Last 2 Min. Half	-	4	43	10.8	0	17	0	6	9	9.3	2	50.0	Right Side	11	86	7.8	1	17	0	5	19	7.4	4	36.4
4th qtr, +/-7 pts	-	4	41	10.3	1	17	0	-4	9	11.3	1	25.0	Right Sideline	16	191	11.9	1	26	2	32	34	9.9	10	62.5
Winning	-	7	63	9.0	0	17	0	3	19	8.6	4	57.1	Shotgun	10	166	16.6	0	49	1	29	27	13.7	10	100.0
Tied	-	8	79	9.9	0	21	0	11	16	8.5	3	37.5	2 Wide Receivers	33	363	11.0	2	29	4	47	54	9.6	17	51.5
Trailing	-	31	426	13.7	1	49	6	71	56	11.5	21	67.7	3 Wide Receivers	5	63	12.6	0	29	1	9	16	10.8	3	60.0
													4+ WR	8	142	17.8	0	49	1	29	17	14.1	8	100.0

1997 Incompletions

Type	Num	%of Inc	%of Att
Pass Dropped	1	2.2	1.1
Poor Throw	20	44.4	22.0
Pass Defensed	14	31.1	15.4
Pass Hit at Line	3	6.7	3.3
Other	7	15.6	7.7
Total	45	100.0	49.5

Game Logs (1-8)

Date	Opp	Result	Rec	Yds	Trgt	F-L	TD
08/31	Dal	L 7-37	2	19	6	0-0	0
09/07	Was	W 14-13	3	33	5	0-0	0
09/22	@Jac	L 21-30	4	88	6	0-0	0
09/28	Ten	W 37-24	1	4	3	0-0	0
10/05	@Bal	W 42-34	5	51	7	0-0	2
10/12	Ind	W 24-22	3	58	6	0-0	0
10/19	@Cin	W 26-10	-	-	-	-	-
10/26	Jac	W 23-17	-	-	-	-	-

Game Logs (9-16)

Date	Opp	Result	Rec	Yds	Trgt	F-L	TD
11/03	@KC	L 10-13	-	-	-	-	-
11/09	Bal	W 37-0	1	10	4	0-0	0
11/16	Cin	W 20-3	1	12	4	0-0	0
11/23	@Phi	L 20-23	7	106	11	0-0	0
11/30	@Ari	W 26-20	5	41	10	0-0	0
12/07	Den	W 35-24	4	29	9	0-0	0
12/13	@NE	W 24-21	6	87	13	0-0	0
12/21	@Ten	L 6-16	4	30	7	0-0	0

Keyshawn Johnson — New York Jets — WR

1997 Receiving Splits

	G	Rec	Yds	Avg	TD	Lg	Big	YAC	Trgt		Y@C	1st	1st%		Rec	Yds	Avg	TD	Lg	Big	YAC	Trgt	Y@C	1st	1st%
Total	16	70	963	13.8	5	39	8	207	135		10.8	50	71.4	Inside 20	7	53	7.6	2	15	0	11	16	6.0	3	42.9
vs. Playoff	7	38	472	12.4	2	31	3	94	65		9.9	24	63.2	Inside 10	1	7	7.0	1	7	0	4	4	7.0	1	100.0
vs. Non-playoff	9	32	491	15.3	3	39	5	113	70		11.8	26	81.3	1st Down	31	411	13.3	2	35	5	94	53	10.2	19	61.3
vs. Own Division	8	36	562	15.6	3	39	7	126	69		12.1	27	75.0	2nd Down	20	258	12.9	2	24	0	51	38	10.4	14	70.0
Home	8	36	522	14.5	1	39	4	126	64		11.0	25	69.4	3rd Down Overall	18	279	15.5	1	39	3	55	43	12.4	16	88.9
Away	8	34	441	13.0	4	35	4	81	71		0.6	25	73.5	3rd D 0-2 to Go	1	5	5.0	0	5	0	0	2	5.0	1	100.0
Games 1-8	8	29	423	14.6	3	39	4	93	56		11.4	21	72.4	3rd D 3-7 to Go	10	161	16.1	1	39	0	45	21	11.6	10	100.0
Games 9-16	8	41	540	13.2	2	35	4	114	79		10.4	29	70.7	3rd D 8+ to Go	7	113	16.1	0	32	2	10	20	14.7	5	71.4
Aug/Sept	5	20	266	13.3	2	39	2	48	41		10.9	13	65.0	4th Down	1	15	15.0	0	15	0	7	1	8.0	1	100.0
October	3	9	157	17.4	1	31	2	45	15		12.4	8	88.9	Rec Behind Line	0	0	-	0	0	0	0	2	-	0	-
November	5	25	380	15.2	2	35	4	97	46		11.3	18	72.0	1-10 yds	39	383	9.8	1	27	1	126	59	6.6	21	53.8
December	3	16	160	10.0	0	18	0	17	33		8.9	11	68.8	11-20 yds	18	307	17.1	1	27	2	63	39	13.6	17	94.4
Grass	3	13	176	13.5	2	35	2	17	27		12.2	7	53.8	21-30 yds	5	148	29.6	2	39	3	17	18	26.2	5	100.0
Turf	13	57	787	13.8	3	39	6	190	108		10.5	43	75.4	31+	2	66	33.0	1	35	2	1	5	32.5	2	100.0
Indoor	3	13	138	10.6	0	15	0	25	22		8.7	11	84.6	Left Sideline	26	362	13.9	1	39	4	58	54	11.7	12	46.2
Outdoor	13	57	825	14.5	5	39	8	182	113		11.3	39	68.4	Left Side	10	137	13.7	0	18	0	39	15	9.8	9	90.0
1st Half	-	39	510	13.1	3	39	3	110	73		10.3	28	71.8	Middle	11	192	17.5	3	29	2	68	16	11.3	11	100.0
2nd Half/OT	-	31	453	14.6	2	37	5	97	62		11.5	22	71.0	Right Side	8	133	16.6	1	35	2	29	14	13.0	7	87.5
Last 2 Min. Half	-	8	119	14.9	2	31	1	9	16		13.8	6	75.0	Right Sideline	9	80	8.9	0	15	0	13	24	7.4	6	66.7
4th qtr, +/-7 pts	-	8	148	18.5	1	32	2	29	19		14.9	7	87.5	Shotgun	19	324	17.1	1	39	4	46	40	14.6	15	78.9
Winning	-	25	326	13.0	2	35	2	83	46		9.7	17	68.0	2 Wide Receivers	29	403	13.9	3	35	4	114	47	10.0	20	69.0
Tied	-	16	216	13.5	1	39	1	58	31		9.9	14	87.5	3 Wide Receivers	19	216	11.4	1	21	0	34	35	9.6	12	63.2
Trailing	-	29	421	14.5	2	32	5	66	58		12.2	19	65.5	4+ WR	15	273	18.2	1	39	4	55	37	14.5	12	80.0

1997 Incompletions

Type	Num	%of Inc	%of Att
Pass Dropped	4	6.2	3.0
Poor Throw	31	47.7	23.0
Pass Defensed	18	27.7	13.3
Pass Hit at Line	3	4.6	2.2
Other	9	13.8	6.7
Total	65	100.0	48.1

Game Logs (1-8)

Date	Opp	Result	Rec	Yds	Trgt	F-L	TD
08/31	@Sea	W 41-3	6	68	6	0-0	0
09/07	Buf	L 22-28	3	86	6	0-0	0
09/14	@NE	L 24-27	6	62	12	0-0	1
09/21	Oak	W 23-22	2	22	6	0-0	0
09/28	@Cin	W 31-14	3	28	11	0-0	1
10/05	@Ind	W 16-12	1	11	4	0-0	0
10/12	Mia	L 20-31	4	80	4	0-0	1
10/19	NE	W 24-19	4	66	7	0-0	0

Game Logs (9-16)

Date	Opp	Result	Rec	Yds	Trgt	F-L	TD
11/02	Bal	W 19-16	4	63	6	0-0	0
11/09	@Mia	L 17-24	6	79	10	0-0	0
11/16	@Chi	W 23-15	1	35	5	0-0	1
11/23	Min	W 23-21	9	104	14	0-0	0
11/30	@Buf	L 10-20	5	99	11	0-0	1
12/07	Ind	L 14-22	7	79	15	0-0	0
12/14	TB	W 31-0	3	22	6	0-0	0
12/21	@Det	L 10-13	6	59	12	0-0	0

Lonnie Johnson — Buffalo Bills — TE

1997 Receiving Splits

	G	Rec	Yds	Avg	TD	Lg	Big	YAC	Trgt	Y@C	1st	1st%		Rec	Yds	Avg	TD	Lg	Big	YAC	Trgt	Y@C	1st	1st%
Total	16	41	340	8.3	2	62	2	222	63	2.9	15	36.6	Inside 20	5	35	7.0	1	16	0	11	10	4.8	3	60.0
vs. Playoff	10	28	200	7.1	0	29	1	131	44	2.5	9	32.1	Inside 10	0	0	-	0	0	0	0	0	-	0	-
vs. Non-playoff	6	13	140	10.8	2	62	1	91	19	3.8	6	46.2	1st Down	12	106	8.8	1	17	0	56	20	4.2	5	41.7
vs. Own Division	8	21	187	8.9	2	62	1	125	28	3.0	11	52.4	2nd Down	20	166	8.3	1	62	1	131	26	1.8	8	40.0
Home	8	22	209	9.5	2	62	1	130	36	3.6	9	40.9	3rd Down Overall	8	39	4.9	0	0	0	24	15	1.9	1	12.5
Away	8	19	131	6.9	0	29	1	92	27	2.1	6	31.6	3rd D 0-2 to Go	1	4	4.0	0	4	0	1	3	3.0	1	100.0
Games 1-8	8	17	102	6.0	1	16	0	69	28	1.9	5	29.4	3rd D 3-7 to Go	3	9	3.0	0	4	0	4	8	1.7	0	0.0
Games 9-16	8	24	238	9.9	1	62	2	153	35	3.5	10	41.7	3rd D 8+ to Go	4	26	6.5	0	8	0	19	4	1.8	0	0.0
Aug/Sept	4	9	71	7.9	1	16	0	42	14	3.2	4	44.4	4th Down	1	29	29.0	0	29	1	11	2	18.0	1	100.0
October	4	8	31	3.9	0	8	0	27	14	0.5	1	12.5	Rec Behind Line	11	48	4.4	0	15	0	67	15	-1.7	2	18.2
November	5	16	158	9.9	1	62	1	122	22	2.3	7	43.8	1-10 yds	26	168	6.5	0	15	0	95	41	2.8	9	34.6
December	3	8	80	10.0	0	29	1	31	13	6.1	3	37.5	11-20 yds	4	124	31.0	2	62	2	60	6	16.0	4	100.0
Grass	6	17	121	7.1	0	29	1	85	24	2.1	5	29.4	21-30 yds	0	0	-	0	0	0	0	0	-	0	-
Turf	10	24	219	9.1	2	62	1	137	39	3.4	10	41.7	31+	0	0	-	0	0	0	0	0	-	0	-
Indoor	1	1	2	2.0	0	2	0	1	1	1.0	0	0.0	Left Sideline	4	36	9.0	0	10	0	21	6	3.8	2	50.0
Outdoor	15	40	338	8.5	2	62	2	221	62	2.9	15	37.5	Left Side	5	47	9.4	0	17	0	26	9	4.2	2	40.0
1st Half	-	14	92	6.6	1	16	0	48	21	3.1	4	28.6	Middle	10	125	12.5	1	62	1	98	12	2.7	5	50.0
2nd Half/OT	-	27	248	9.2	1	62	2	174	42	2.7	11	40.7	Right Side	14	99	7.1	0	29	1	57	21	3.0	5	35.7
Last 2 Min. Half	-	6	41	6.8	0	15	0	32	13	1.5	2	33.3	Right Sideline	8	33	4.1	0	8	0	20	15	1.6	1	12.5
4th qtr, +/-7 pts	-	8	111	13.9	1	62	1	82	12	3.6	4	50.0	Shotgun	0	0	-	0	0	0	0	0	-	0	-
Winning	-	4	21	5.3	0	12	0	14	8	1.8	1	25.0	2 Wide Receivers	14	136	9.7	2	62	1	89	21	3.4	4	28.6
Tied	-	7	98	14.0	1	62	1	64	8	4.9	3	42.9	3 Wide Receivers	23	155	6.7	0	17	0	103	33	2.3	9	39.1
Trailing	-	30	221	7.3	1	29	1	144	47	2.6	11	36.7	4+ WR	2	16	8.0	0	13	0	12	6	2.0	1	50.0

1997 Incompletions

Type	Num	%of Inc	%of Att
Pass Dropped	4	18.2	6.3
Poor Throw	10	45.5	15.9
Pass Defensed	2	9.1	3.2
Pass Hit at Line	0	0.0	0.0
Other	6	27.3	9.5
Total	22	100.0	34.9

Game Logs (1-8)

Date	Opp	Result	Rush	Yds	Rec	Yds	Trgt	F-L	TD
08/31	Min	L 13-34	0	0	1	8	4	0-0	0
09/07	@NYA	W 28-22	0	0	1	8	2	0-0	0
09/14	@KC	L 16-22	0	0	4	30	5	0-0	0
09/21	Ind	W 37-35	0	0	3	25	3	0-0	1
10/05	Det	W 22-13	0	0	0	0	2	0-0	0
10/12	@NE	L 6-33	0	0	3	12	5	0-0	0
10/20	@Ind	W 9-6	0	0	1	2	5	0-0	0
10/26	Den	L 20-23	0	0	4	17	2	0-0	0

Game Logs (9-16)

Date	Opp	Result	Rush	Yds	Rec	Yds	Trgt	F-L	TD
11/02	Mia	W 9-6	0	0	3	14	3	0-0	0
11/09	NE	L 10-31	0	0	4	34	5	0-0	0
11/17	@Mia	L 13-30	0	0	2	11	2	0-0	0
11/23	@Ten	L 14-31	0	0	3	18	5	0-0	0
11/30	NYA	W 20-10	0	0	4	81	7	0-0	1
12/07	@Chi	L 3-20	1	6	1	7	1	0-0	0
12/14	Jac	L 14-20	0	0	3	30	1-1	0
12/20	@GB	L 21-31	0	0	4	44	1-0	0

Brent Jones — San Francisco 49ers — TE

1997 Receiving Splits

	G	Rec	Yds	Avg	TD	Lg	Big	YAC	Trgt	Y@C	1st	1st%		Rec	Yds	Avg	TD	Lg	Big	YAC	Trgt	Y@C	1st	1st%
Total	13	29	383	13.2	2	33	2	130	47	8.7	20	69.0	Inside 20	3	20	6.7	2	18	0	3	9	5.7	2	66.7
vs. Playoff	4	10	144	14.4	0	26	1	38	13	10.6	6	60.0	Inside 10	1	1	1.0	1	1	0	0	1	1.0	1	100.0
vs. Non-playoff	9	19	239	12.6	2	33	1	92	34	7.7	14	73.7	1st Down	12	139	11.6	2	26	1	46	22	7.8	7	58.3
vs. Own Division	5	12	142	11.8	2	18	0	50	21	7.7	9	75.0	2nd Down	10	141	14.1	0	33	1	56	10	8.5	8	80.0
Home	7	19	264	13.9	2	33	1	101	26	8.6	13	68.4	3rd Down Overall	7	103	14.7	0	23	0	28	15	10.7	5	71.4
Away	6	10	119	11.9	0	26	1	29	21	9.0	7	70.0	3rd D 0-2 to Go	1	12	12.0	0	12	0	0	2	12.0	1	100.0
Games 1-8	5	13	151	11.6	2	18	0	42	23	8.4	9	69.2	3rd D 3-7 to Go	4	57	14.3	0	23	0	27	7	7.5	3	75.0
Games 9-16	8	16	232	14.5	0	33	2	88	24	9.0	11	68.8	3rd D 8+ to Go	2	34	17.0	0	18	0	1	6	16.5	1	50.0
Aug/Sept	5	13	151	11.6	2	18	0	42	23	8.4	9	69.2	4th Down	0	-	-	0	-	0	0	0	-	0	-
October	0	0	0	-	0	0	0	0	0	-	0	-	Rec Behind Line	2	10	5.0	0	9	0	13	2	-1.5	1	50.0
November	4	10	129	12.9	0	33	2	59	15	7.0	6	60.0	1-10 yds	12	83	6.9	1	13	0	50	22	2.8	5	41.7
December	3	6	103	17.2	0	24	0	29	9	12.3	5	83.3	11-20 yds	14	264	18.9	1	33	1	65	20	14.2	13	92.9
Grass	10	25	332	13.3	2	33	2	113	35	8.8	16	64.0	21-30 yds	1	26	26.0	0	26	1	2	3	24.0	1	100.0
Turf	3	4	51	12.8	0	17	0	17	12	8.5	4	100.0	31+	0	-	-	0	0	0	0	0	-	0	-
Indoor	2	4	51	12.8	0	17	0	17	9	8.5	4	100.0	Left Sideline	11	88	8.0	2	18	0	38	14	4.5	6	54.5
Outdoor	11	25	332	13.3	2	33	2	113	38	8.8	16	64.0	Left Side	1	14	14.0	0	14	0	1	4	13.0	1	100.0
1st Half	-	21	291	13.9	2	26	1	58	33	11.1	15	71.4	Middle	6	135	22.5	0	33	2	49	12	14.3	5	83.3
2nd Half/OT	-	8	92	11.5	0	33	1	72	14	2.5	5	62.5	Right Side	7	106	15.1	0	23	0	26	11	11.4	7	100.0
Last 2 Min. Half	-	4	42	10.5	1	26	1	10	7	8.0	2	50.0	Right Sideline	4	40	10.0	0	18	0	16	6	6.0	1	25.0
4th qtr, +/-7 pts	-	0	0	-	0	0	0	0	3	-	0	-	Shotgun	0	-	-	0	0	0	0	0	-	0	-
Winning	-	15	184	12.3	2	33	1	73	23	7.4	10	66.7	2 Wide Receivers	14	166	11.9	1	22	0	60	19	7.6	10	71.4
Tied	-	4	63	15.8	0	23	0	12	7	12.8	3	75.0	3 Wide Receivers	11	145	13.2	0	33	1	52	20	8.5	4	54.5
Trailing	-	10	136	13.6	0	26	1	45	17	9.1	7	70.0	4+ WR	3	71	23.7	0	26	1	18	7	17.7	3	100.0

1997 Incompletions

Type	Num	%of Inc	%of Att
Pass Dropped	3	16.7	6.4
Poor Throw	6	33.3	12.8
Pass Defensed	5	27.8	10.6
Pass Hit at Line	0	0.0	0.0
Other	4	22.2	8.5
Total	18	100.0	38.3

Game Logs (1-8)

Date	Opp	Result	Rec	Yds	Trgt	F-L	TD
08/31	@TB	L 6-13	2	20	3	0-0	0
09/07	@StL	W 15-12	3	39	7	0-0	0
09/14	NO	W 33-7	5	58	5	1-1	2
09/21	Atl	W 34-7	2	19	5	0-0	0
09/29	@Car	W 34-21	1	15	3	0-0	0
10/12	StL	W 30-10	-	-	-	-	-
10/19	@Atl	W 35-28	-	-	-	-	-
10/26	@NO	W 23-0	-	-	-	-	-

Game Logs (9-16)

Date	Opp	Result	Rec	Yds	Trgt	F-L	TD
11/02	Dal	W 17-10	1	2	2	0-0	0
11/10	@Phi	W 24-12	0	0	3	0-0	0
11/16	Car	W 27-19	1	11	1	0-0	0
11/23	SD	W 17-10	5	83	6	0-0	0
11/30	@KC	L 9-44	3	33	3	0-0	0
12/07	Min	W 28-17	1	23	1	0-0	0
12/15	Den	W 34-17	4	68	6	0-0	0
12/21	@Sea	L 9-38	1	12	2	0-0	0

Charlie Jones — San Diego Chargers — WR

1997 Receiving Splits

	G	Rec	Yds	Avg	TD	Lg	Big	YAC	Trgt	Y@C	1st	1st%		Rec	Yds	Avg	TD	Lg	Big	YAC	Trgt	Y@C	1st	1st%
Total	16	32	423	13.2	1	44	4	115	80	9.6	17	53.1	Inside 20	1	9	9.0	0	9	0	2	10	7.0	1	100.0
vs. Playoff	6	12	147	12.3	0	33	1	43	28	8.7	5	41.7	Inside 10	0	-	-	0	0	0	0	4	-	0	-
vs. Non-playoff	10	20	276	13.8	1	44	3	72	52	10.2	12	60.0	1st Down	16	223	13.9	1	44	2	67	36	9.8	7	43.8
vs. Own Division	8	21	263	12.5	0	42	3	75	45	9.0	11	52.4	2nd Down	5	46	9.2	0	14	0	19	19	5.4	4	80.0
Home	8	12	185	15.4	0	42	2	57	28	10.7	7	58.3	3rd Down Overall	11	154	14.0	0	37	2	29	25	11.4	6	54.5
Away	8	20	238	11.9	1	44	2	58	52	9.0	10	50.0	3rd D 0-2 to Go	1	8	8.0	0	8	0	1	2	7.0	1	100.0
Games 1-8	8	20	226	11.3	0	33	1	59	52	8.4	11	55.0	3rd D 3-7 to Go	2	25	12.5	0	16	0	5	7	10.0	2	100.0
Games 9-16	8	12	197	16.4	1	44	3	56	28	11.8	6	50.0	3rd D 8+ to Go	8	121	15.1	0	37	2	23	16	12.3	3	37.5
Aug/Sept	5	12	126	10.5	0	24	0	45	26	6.8	5	58.3	4th Down	0	-	-	0	0	0	0	0	-	0	-
October	3	8	100	12.5	0	33	1	14	26	10.8	4	50.0	Rec Behind Line	1	4	4.0	0	4	0	5	2	-1.0	0	0.0
November	5	6	142	23.7	1	44	3	41	17	16.8	3	50.0	1-10 yds	23	189	8.2	0	15	0	61	46	5.6	9	39.1
December	3	6	55	9.2	0	15	0	15	11	6.7	3	50.0	11-20 yds	3	51	17.0	0	24	0	14	21	12.3	3	100.0
Grass	13	25	330	13.2	0	42	3	99	61	9.2	12	48.0	21-30 yds	3	102	34.0	0	42	2	29	4	24.3	3	100.0
Turf	3	7	93	13.3	1	44	1	16	19	11.0	5	71.4	31+	2	77	38.5	1	44	2	6	7	35.5	2	100.0
Indoor	2	6	49	8.2	0	13	0	12	12	6.2	4	66.7	Left Sideline	9	134	14.9	0	37	1	38	18	10.7	6	66.7
Outdoor	14	26	374	14.4	1	44	4	103	68	10.4	13	50.0	Left Side	7	57	8.1	0	16	0	13	13	6.3	3	42.9
1st Half	-	14	190	13.6	0	42	3	46	40	10.3	6	42.9	Middle	2	21	10.5	0	14	0	17	6	2.0	1	50.0
2nd Half/OT	-	18	233	12.9	1	44	1	69	40	9.1	11	61.1	Right Side	7	54	7.7	0	15	0	11	20	6.1	2	28.6
Last 2 Min. Half	-	1	14	14.0	0	14	0	12	7	2.0	1	100.0	Right Sideline	7	157	22.4	1	44	3	36	23	17.3	5	71.4
4th qtr, +/-7 pts	-	2	18	9.0	0	11	0	2	5	8.0	2	100.0	Shotgun	8	128	16.0	0	33	1	41	21	10.9	5	62.5
Winning	-	12	105	8.8	0	23	0	18	27	7.3	5	41.7	2 Wide Receivers	9	99	8.3	0	16	0	23	31	6.3	5	41.7
Tied	-	3	74	24.7	0	37	2	16	11	19.3	2	66.7	3 Wide Receivers	12	223	18.6	1	44	3	75	35	12.3	9	75.0
Trailing	-	17	244	14.4	1	44	2	81	42	9.6	10	52.4	4+ WR	8	101	12.6	0	37	1	17	14	10.5	3	37.5

1997 Incompletions

Type	Num	%of Inc	%of Att
Pass Dropped	5	10.4	6.3
Poor Throw	23	47.9	28.8
Pass Defensed	14	29.2	17.5
Pass Hit at Line	0	0.0	0.0
Other	6	12.5	7.5
Total	48	100.0	60.0

Game Logs (1-8)

Date	Opp	Result	Rush	Yds	Rec	Yds	Trgt	F-L	TD
08/31	@NE	L 7-41	0	0	4	55	5	0-0	0
09/07	@NO	W 20-6	1	9	2	7	6	0-0	0
09/14	Car	L 7-26	0	0	1	14	5	0-0	0
09/21	@Sea	L 22-26	1	11	4	42	6	0-0	0
09/28	Bal	W 21-17	0	0	3	8	4	0-0	0
10/05	@Oak	W 25-10	0	0	5	40	12	0-0	0
10/16	@KC	L 3-31	0	0	2	37	10	0-0	0
10/26	Ind	W 35-19	1	5	1	23	4	0-0	0

Game Logs (9-16)

Date	Opp	Result	Rush	Yds	Rec	Yds	Trgt	F-L	TD
11/02	@Cin	L 31-38	0	0	1	44	7	0-0	1
11/09	Sea	L 31-37	1	17	3	3	2	0-0	0
11/16	Oak	L 13-38	0	0	3	86	4	0-0	0
11/23	@SF	L 10-17	0	0	0	0	4	0-0	0
11/30	Den	L 28-38	0	0	1	9	2	0-0	0
12/07	Atl	L 3-14	0	0	1	9	2	0-0	0
12/14	KC	L 7-29	0	0	3	33	5	0-0	0
12/21	@Den	L 3-38	0	0	2	13	4	0-0	0

Freddie Jones — San Diego Chargers — TE

1997 Receiving Splits

	G	Rec	Yds	Avg	TD	Lg	Big	YAC	Trgt	Y@C	1st	1st%		Rec	Yds	Avg	TD	Lg	Big	YAC	Trgt	Y@C	1st	1st%
Total	13	41	505	12.3	2	62	5	253	69	6.1	19	46.3	Inside 20	2	9	4.5	0	6	0	4	7	2.5	1	50.0
vs. Playoff	4	12	206	17.2	1	62	3	123	29	6.9	7	58.3	Inside 10	0	0	-	0	0	0	2	-	-	0	-
vs. Non-playoff	9	29	299	10.3	1	29	2	130	40	5.8	12	41.4	1st Down	15	230	15.3	1	44	4	97	27	8.9	7	46.7
vs. Own Division	6	19	247	13.0	0	62	2	147	34	5.3	10	52.6	2nd Down	13	77	5.9	0	12	0	37	21	3.1	3	23.1
Home	6	14	136	9.7	0	29	1	50	23	6.1	5	35.7	3rd Down Overall	12	187	15.6	1	62	1	114	19	6.1	8	66.7
Away	7	27	369	13.7	2	62	4	203	46	6.1	14	51.9	3rd D 0-2 to Go	0	0	-	0	0	0	0	0	-	0	-
Games 1-8	8	27	367	13.6	2	62	4	204	42	6.0	15	55.6	3rd D 3-7 to Go	5	70	14.0	1	21	0	12	9	11.6	5	100.0
Games 9-16	5	14	138	9.9	0	26	1	49	27	6.4	4	28.6	3rd D 8+ to Go	7	117	16.7	0	62	1	102	10	2.1	3	42.9
Aug/Sept	5	15	205	13.7	2	44	2	105	24	6.7	10	66.7	4th Down	1	11	11.0	0	11	0	5	2	6.0	1	100.0
October	3	12	162	13.5	0	62	2	99	18	5.3	5	41.7	Rec Behind Line	9	117	13.0	0	62	1	139	12	-2.4	4	33.3
November	5	14	138	9.9	0	26	1	49	27	6.4	4	28.6	1-10 yds	24	189	7.9	0	14	0	53	40	5.7	8	33.3
December	0	0	0	-	0	0	0	0	0	-	0	-	11-20 yds	6	134	22.3	0	29	3	38	12	16.0	6	100.0
Grass	10	29	391	13.5	1	62	5	195	53	6.8	14	48.3	21-30 yds	2	65	32.5	2	44	1	23	5	21.0	2	100.0
Turf	3	12	114	9.5	1	21	0	58	16	4.7	5	41.7	31+	0	0	-	0	0	0	0	0	-	0	-
Indoor	2	7	77	11.0	1	21	0	44	10	4.7	5	71.4	Left Sideline	5	63	12.6	0	29	1	23	9	8.0	2	40.0
Outdoor	11	34	428	12.6	1	62	5	209	59	6.4	14	41.2	Left Side	12	195	16.3	1	62	3	129	19	5.5	5	41.7
1st Half	-	20	218	10.9	0	29	2	71	33	7.4	10	50.0	Middle	13	143	11.0	0	26	1	62	20	6.2	6	46.2
2nd Half/OT	-	21	287	13.7	2	62	3	182	36	5.0	9	42.9	Right Side	10	92	9.2	1	21	0	27	19	6.5	5	50.0
Last 2 Min. Half	-	12	99	8.3	0	18	0	39	21	5.0	5	41.7	Right Sideline	1	12	12.0	0	12	0	12	2	0.0	1	100.0
4th qtr, +/-7 pts	-	9	76	8.4	1	21	0	30	13	5.1	2	22.2	Shotgun	18	171	9.5	0	21	0	74	27	5.4	10	55.6
Winning	-	14	175	12.5	1	29	2	66	16	7.8	7	50.0	2 Wide Receivers	7	95	13.6	0	29	2	49	13	6.6	3	42.9
Tied	-	5	50	10.0	0	18	0	31	11	3.8	3	60.0	3 Wide Receivers	27	329	12.2	1	62	3	183	47	5.4	12	44.4
Trailing	-	22	280	12.7	1	62	3	156	42	5.6	9	40.9	4+ WR	6	60	10.0	0	14	0	21	8	6.5	3	50.0

1997 Incompletions

Type	Num	%of Inc	%of Att
Pass Dropped	4	14.3	5.8
Poor Throw	13	46.4	18.8
Pass Defensed	5	17.9	7.2
Pass Hit at Line	3	10.7	4.3
Other	3	10.7	4.3
Total	28	100.0	40.6

Game Logs (1-8)

Date	Opp	Result	Rec	Yds	Trgt	F-L	TD
08/31	@NE	L 7-41	4	73	9	0-0	1
09/07	@NO	W 20-6	2	17	2	0-0	0
09/14	Car	L 7-26	3	26	4	0-0	0
09/21	@Sea	L 22-26	5	60	8	0-0	0
09/28	Bal	W 21-17	1	29	1	0-0	0
10/05	@Oak	W 25-10	4	53	4	0-0	0
10/16	@KC	L 3-31	4	81	9	0-0	0
10/26	Ind	W 35-19	4	28	5	0-0	0

Game Logs (9-16)

Date	Opp	Result	Rec	Yds	Trgt	F-L	TD
11/02	@Cin	L 31-38	5	37	6	0-0	0
11/09	Sea	L 31-37	4	38	7	0-0	0
11/16	Oak	L 13-38	1	11	3	0-0	0
11/23	@SF	L 10-17	3	48	8	0-0	0
11/30	Den	L 28-38	1	4	3	0-0	0
12/07	Atl	L 3-14	-	-	-	-	-

Charles Jordan — Miami Dolphins — WR

1997 Receiving Splits

	G	Rec	Yds	Avg	TD	Lg	Big	YAC	Trgt	Y@C	1st	1st%		Rec	Yds	Avg	TD	Lg	Big	YAC	Trgt	Y@C	1st	1st%
Total	14	27	471	17.4	3	44	5	155	55	11.7	24	88.9	Inside 20	3	26	8.7	1	13	0	5	9	7.0	2	66.7
vs. Playoff	5	15	248	16.5	1	44	2	61	30	12.5	13	86.7	Inside 10	2	13	6.5	1	8	0	2	8	5.5	1	50.0
vs. Non-playoff	9	12	223	18.6	2	44	3	94	25	10.8	11	91.7	1st Down	9	152	16.9	0	44	1	43	18	12.1	8	88.9
vs. Own Division	6	9	160	17.8	0	25	2	45	21	12.8	9	100.0	2nd Down	6	107	17.8	1	29	2	28	11	13.2	4	66.7
Home	7	9	111	12.3	0	25	1	45	21	7.3	6	66.7	3rd Down Overall	12	212	17.7	2	44	2	84	26	10.7	12	100.0
Away	7	18	360	20.0	3	44	4	110	34	13.9	18	100.0	3rd D 0-2 to Go	1	10	10.0	0	10	0	2	2	8.0	1	100.0
Games 1-8	8	9	176	19.6	1	44	2	49	27	14.1	8	88.9	3rd D 3-7 to Go	5	105	21.0	1	44	2	52	15	10.6	5	100.0
Games 9-16	6	18	295	16.4	2	44	3	106	28	10.5	16	88.9	3rd D 8+ to Go	6	97	16.2	1	23	0	30	9	11.2	6	100.0
Aug/Sept	4	6	131	21.8	1	44	2	36	21	15.8	5	83.3	4th Down	0	0	-	0	0	0	0	0	-	0	-
October	4	3	45	15.0	0	22	0	13	6	10.7	3	100.0	Rec Behind Line	0	0	-	0	0	0	0	0	-	0	-
November	5	13	244	18.8	2	44	3	89	22	11.9	13	100.0	1-10 yds	12	129	10.8	1	21	0	55	24	6.2	9	75.0
December	1	5	51	10.2	0	21	0	17	6	6.8	3	60.0	11-20 yds	13	288	22.2	1	44	3	92	15	15.1	13	100.0
Grass	12	25	424	17.0	3	44	4	143	51	11.2	22	88.0	21-30 yds	2	54	27.0	0	29	2	8	6	23.0	2	100.0
Turf	2	2	47	23.5	0	25	1	12	4	17.5	2	100.0	31+	0	0	-	0	0	0	0	5	-	0	-
Indoor	0	0	0	-	0	0	0	0	0	-	0	-	Left Sideline	4	45	11.3	0	23	0	8	10	9.3	3	75.0
Outdoor	14	27	471	17.4	3	44	5	155	55	11.7	24	88.9	Left Side	6	130	21.7	1	44	2	70	11	10.0	5	83.3
1st Half	-	15	221	14.7	2	44	2	82	24	9.3	13	86.7	Middle	7	115	16.4	2	29	1	25	11	12.9	7	100.0
2nd Half/OT	-	12	250	20.8	1	44	3	73	31	14.8	11	91.7	Right Side	7	112	16.0	0	25	1	20	14	13.1	6	85.7
Last 2 Min. Half	-	6	88	14.7	1	29	1	12	15	12.7	5	83.3	Right Sideline	3	69	23.0	0	44	1	32	9	12.3	3	100.0
4th qtr, +/-7 pts	-	1	22	22.0	0	22	0	8	6	14.0	1	100.0	Shotgun	17	285	16.8	2	29	3	69	34	12.7	16	94.1
Winning	-	12	194	16.2	1	44	1	82	18	9.3	10	83.3	2 Wide Receivers	6	76	12.7	0	21	0	23	10	8.8	5	83.3
Tied	-	2	36	18.0	0	25	1	20	8	8.0	2	100.0	3 Wide Receivers	7	172	24.6	1	44	3	87	15	12.1	6	85.7
Trailing	-	13	241	18.5	2	44	3	53	29	14.5	12	92.3	4+ WR	14	223	15.9	2	32	2	45	30	12.7	13	92.9

1997 Incompletions

Type	Num	%of Inc	%of Att
Pass Dropped	3	10.7	5.5
Poor Throw	13	46.4	23.6
Pass Defensed	10	35.7	18.2
Pass Hit at Line	0	0.0	0.0
Other	2	7.1	3.6
Total	28	100.0	50.9

Game Logs (1-8)

Date	Opp	Result	Rush	Yds	Rec	Yds	Trgt	F-L	TD
08/31	Ind	W 16-10	0	0	0	0	2	0-0	0
09/07	Ten	W 16-13	0	0	1	12	8	0-0	0
09/14	@GB	L 18-23	1	2	4	100	4	0-0	1
09/21	@TB	L 21-31	0	0	1	19	3	0-0	0
10/05	KC	W 17-14	1	16	0	0	1	0-0	0
10/12	@NYA	W 31-20	0	0	1	22	2	1-0	0
10/19	@Bal	W 24-13	1	-6	1	10	2	0-0	0
10/27	Chi	L 33-36	0	0	1	13	1	0-0	0

Game Logs (9-16)

Date	Opp	Result	Rush	Yds	Rec	Yds	Trgt	F-L	TD
11/02	@Buf	L 6-9	0	0	1	25	2	0-0	0
11/09	NYA	W 24-13	0	0	1	10	2	0-0	0
11/17	Buf	W 30-13	0	0	1	25	1	1-0	0
11/23	@NE	L 24-27	0	0	5	78	12	0-0	0
11/30	@Oak	W 34-16	0	0	5	106	5	0-0	2
12/07	Det	W 33-30	0	0	5	51	6	0-0	0
12/14	@Ind	L 0-41	-	-	-	-	-	-	-
12/22	NE	L 12-14	-	-	-	-	-	-	-

Paul Justin — Indianapolis Colts — QB

1997 Passing Splits

	G	Att	Cm	Pct	Yds	Y/Att	TD	Int	1st	YAC	Big	Sk	Rtg		Att	Cm	Pct	Yds	Y/Att	TD	Int	1st	YAC	Big	Sk	Rtg
Total	8	140	83	59.3	1046	7.5	5	5	51	318	6	10	79.6	Inside 20	8	5	62.5	42	5.3	3	0	3	23	0	2	115.6
vs. Playoff	4	54	39	72.2	545	10.1	2	0	25	199	4	6	116.7	Inside 10	3	2	66.7	6	2.0	1	0	1	0	0	1	109.7
vs. Non-playoff	4	86	44	51.2	501	5.8	3	5	26	119	2	4	56.4	1st Down	58	32	55.2	445	7.7	0	1	20	147	3	4	72.8
vs. Own Division	4	60	32	53.3	358	6.0	1	3	19	123	0	3	56.1	2nd Down	44	28	63.6	331	7.5	1	3	12	90	3	3	65.6
Home	4	72	46	63.9	619	8.6	1	2	31	207	4	3	84.2	3rd Down Overall	35	22	62.9	260	7.4	3	1	18	78	0	3	102.1
Away	4	68	37	54.4	427	6.3	4	3	20	111	2	7	74.8	3rd D 0-5 to Go	10	7	70.0	72	7.2	3	0	7	37	0	2	130.0
Games 1-8	5	99	52	52.5	601	6.1	3	5	30	154	2	6	60.2	3rd D 6+ to Go	25	15	60.0	188	7.5	0	1	11	41	0	1	66.8
Games 9-16	3	41	31	75.6	445	10.9	2	0	21	164	4	4	126.6	4th Down	3	1	33.3	10	3.3	1	0	1	3	0	0	83.3
Aug/Sept	2	21	11	52.4	123	5.9	1	1	6	41	0	2	66.2	Rec Behind Line	13	7	53.8	35	2.7	0	0	0	55	0	0	59.5
October	3	78	41	52.6	478	6.1	2	4	24	113	2	4	58.6	1-10 yds	72	46	63.9	441	6.1	4	2	26	192	1	0	87.8
November	3	41	31	75.6	445	10.9	2	0	21	164	4	4	126.6	11-20 yds	42	26	61.9	415	9.9	0	1	21	54	1	0	84.9
December	0	0	0	0	0	0	0	0	0	0	0	0	0	21-30 yds	4	1	25.0	31	7.8	0	0	1	9	1	0	59.4
Grass	2	52	28	53.8	343	6.6	2	2	15	66	2	5	71.2	31+	9	3	33.3	124	13.8	1	2	3	8	3	0	79.4
Turf	6	88	55	62.5	703	8.0	3	3	36	252	4	5	84.6	Left Sideline	31	19	61.3	245	7.9	1	0	12	86	2	0	96.8
Indoor	5	80	52	65.0	680	8.5	2	2	34	246	4	5	89.6	Left Side	15	8	53.3	93	6.2	0	1	6	28	0	1	44.6
Outdoor	3	60	31	51.7	366	6.1	3	3	17	72	2	5	66.4	Middle	24	14	58.3	161	6.7	1	1	6	73	0	7	75.2
1st Half	-	48	33	68.8	412	8.6	2	0	20	110	2	5	109.0	Right Side	32	23	71.9	287	9.0	2	1	16	72	2	7	107.2
2nd Half/OT	-	92	50	54.3	634	6.9	3	5	31	208	4	5	64.3	Right Sideline	38	19	50.0	260	6.8	1	2	11	59	2	0	59.1
Last 2 Min. Half	-	34	17	50.0	207	6.1	1	3	10	66	1	4	42.2	2 Wide Receivers	36	25	69.4	331	9.2	0	1	14	104	3	0	107.5
4th qtr, +/-7 pts	-	28	14	50.0	225	8.0	0	3	11	104	2	1	37.6	3+ WR	104	58	55.8	715	6.9	4	5	37	214	3	9	70.0
Winning	-	6	4	66.7	82	13.7	0	0	4	21	1	1	109.7	Attempts 1-10	65	40	61.5	476	7.3	3	1	23	137	2	0	92.9
Tied	-	9	7	77.8	104	11.6	0	0	5	43	2	1	114.8	Attempts 11-20	33	21	63.6	264	8.0	1	3	12	73	1	0	85.9
Trailing	-	125	72	57.6	860	6.9	5	5	42	254	3	8	75.4	Attempts 21+	42	22	52.4	306	7.3	1	3	16	108	3	0	54.3

1997 Incompletions

Type	Num	%of Inc	%of Att
Pass Dropped	6	10.5	4.3
Poor Throw	22	38.6	15.7
Pass Defensed	11	19.3	7.9
Pass Hit at Line	3	5.3	2.1
Other	15	26.3	10.7
Total	57	100.0	40.7

Game Logs (1-8)

Date	Opp	Result	Att	Cm	Pct	Yds	TD	Int	Lg	Sk	F-L
08/31	@Mia	L 10-16	13	8	61.5	100	0	0	20	2 0	0
09/07	NE	L 6-31	-	-	-	-	-	-	-	-	-
09/14	Sea	L 3-31	-	-	-	-	-	-	-	-	-
09/21	@Buf	L 35-37	8	3	37.5	23	1	1	17	0 0	0
10/05	NYA	L 12-16	33	16	48.5	173	0	2	18	1 0	0
10/12	@Pit	L 22-24	-	-	-	-	-	-	-	-	-
10/20	Buf	L 6-9	6	5	83.3	62	0	0	21	0 0	0
10/26	@SD	L 19-35	39	20	51.3	243	2	2	36	3 0	0

Game Logs (9-16)

Date	Opp	Result	Att	Cm	Pct	Yds	TD	Int	Lg	Sk	F-L
11/02	TB	L 28-31	3	1	33.3	44	0	0	44	0 0	0
11/09	Cin	L 13-28	-	-	-	-	-	-	-	-	-
11/16	GB	W 41-38	30	24	80.0	340	1	0	44	2 1	1
11/23	@Det	L 10-32	8	6	75.0	61	1	0	20	2 0	0
11/30	@NE	L 17-20	-	-	-	-	-	-	-	-	-

Danny Kanell — New York Giants — QB

1997 Passing Splits

	G	Att	Cm	Pct	Yds	Y/Att	TD	Int	1st	YAC	Big	Sk	Rtg		Att	Cm	Pct	Yds	Y/Att	TD	Int	1st	YAC	Big	Sk	Rtg
Total	16	294	156	53.1	1740	5.9	11	9	77	844	15	19	70.7	Inside 20	31	14	45.2	65	2.1	7	1	8	13	0	0	78.4
vs. Playoff	3	62	31	50.0	337	5.4	2	3	12	185	3	3	57.0	Inside 10	10	8	80.0	32	3.2	6	0	6	2	0	0	119.6
vs. Non-playoff	13	232	125	53.9	1403	6.0	9	6	65	659	12	16	74.3	1st Down	88	51	58.0	725	8.2	3	4	23	382	8	5	77.1
vs. Own Division	8	171	92	53.8	1056	6.2	9	5	50	510	10	11	78.0	2nd Down	92	49	53.3	458	5.0	3	2	21	186	5	4	69.0
Home	8	125	69	55.2	739	5.9	3	4	34	378	6	5	67.4	3rd Down Overall	113	55	48.7	548	4.8	5	3	32	275	2	10	66.5
Away	8	169	87	51.5	1001	5.9	8	5	43	466	9	14	73.1	3rd D 0-5 to Go	29	16	55.2	164	5.7	3	0	14	84	0	2	106.1
Games 1-8	8	78	40	51.3	519	6.7	3	2	21	320	6	3	74.7	3rd D 6+ to Go	84	39	46.4	384	4.6	2	3	18	191	2	8	52.9
Games 9-16	8	216	116	53.7	1221	5.7	8	7	56	524	9	16	69.2	4th Down	1	1	100.0	9	9.0	0	0	1	0	0	0	104.2
Aug/Sept	5	2	0	0.0	0	0.0	0	0	0	0	0	0	39.6	Rec Behind Line	62	36	58.1	185	3.0	0	0	4	293	1	0	63.0
October	4	107	58	54.2	733	6.9	3	2	31	416	7	2	77.4	1-10 yds	140	87	62.1	740	5.3	6	4	40	360	1	0	78.3
November	4	117	63	53.8	600	5.1	3	4	27	288	5	12	62.6	11-20 yds	58	24	41.4	477	8.2	2	2	24	126	5	0	68.0
December	3	68	35	51.5	407	6.0	5	3	19	140	3	4	76.0	21-30 yds	21	5	23.8	155	7.4	1	2	5	32	4	0	34.1
Grass	4	93	48	51.6	499	5.4	2	3	22	251	4	10	61.2	31+	13	4	30.8	183	14.1	2	1	4	33	4	0	87.3
Turf	12	201	108	53.7	1241	6.2	9	6	55	593	11	9	75.1	Left Sideline	65	28	43.1	306	4.7	0	1	15	178	3	0	51.2
Indoor	2	33	17	51.5	220	6.7	2	1	8	131	2	2	80.4	Left Side	55	32	58.2	346	6.3	3	1	17	152	2	1	79.9
Outdoor	14	261	139	53.3	1520	5.8	9	8	69	713	13	17	69.5	Middle	49	31	63.3	306	6.2	1	0	13	139	2	15	87.6
1st Half	-	173	88	50.9	1002	5.8	6	4	47	477	8	6	70.5	Right Side	68	43	63.2	426	6.3	3	1	20	193	3	0	89.5
2nd Half/OT	-	121	68	56.2	738	6.1	5	5	30	367	7	13	70.9	Right Sideline	57	22	38.6	356	6.2	4	4	12	182	5	0	54.4
Last 2 Min. Half	-	41	22	53.7	243	5.9	1	2	9	125	3	0	59.3	2 Wide Receivers	115	63	54.8	783	6.8	4	2	31	375	8	5	80.5
4th qtr, +/-7 pts	-	46	26	56.5	301	6.5	2	1	12	154	4	3	81.9	3+ WR	173	89	51.4	947	5.5	5	7	44	459	7	14	60.5
Winning	-	90	44	48.9	547	6.1	5	4	21	252	5	4	68.1	Attempts 1-10	112	65	57.4	728	6.5	4	2	34	393	6	0	79.8
Tied	-	110	60	54.5	716	6.5	5	4	35	349	6	9	74.7	Attempts 11-20	103	52	50.5	494	4.8	4	3	25	219	4	5	64.9
Trailing	-	94	52	55.3	477	5.1	1	1	21	243	4	6	68.4	Attempts 21+	79	42	53.2	518	6.6	3	4	18	232	5	0	65.3

1997 Incompletions

Type	Num	%of Inc	%of Att
Pass Dropped	12	8.7	4.1
Poor Throw	60	43.5	20.4
Pass Defensed	20	14.5	6.8
Pass Hit at Line	10	7.2	3.4
Other	36	26.1	12.2
Total	138	100.0	46.9

Game Logs (1-8)

Date	Opp	Result	Att	Cm	Pct	Yds	TD	Int	Lg	Sk	F-L
08/31	Phi	W 31-17	0	0	0	0	0	0	0	0 0	0
09/07	@Jac	L 13-40	0	0	0	0	0	0	0	0 0	0
09/14	Bal	L 23-24	0	0	0	0	0	0	0	0 0	0
09/21	@StL	L 3-13	2	0	0.0	0	0	0	0	1 1-1	
09/28	NO	W 14-9	0	0	0	0	0	0	0	0 0	0
10/05	Dal	W 20-17	17	10	58.8	101	0	0	27	0 0	0
10/12	@Ari	W 27-13	28	13	46.4	198	1	1	47	1 0-0	
10/19	@Det	W 26-20	31	17	54.8	220	2	1	68	1 0-0	

Game Logs (9-16)

Date	Opp	Result	Att	Cm	Pct	Yds	TD	Int	Lg	Sk	F-L
10/26	Cin	W 29-27	31	18	58.1	214	0	0	40	0 1-0	
11/09	@Ten	L 6-10	28	15	53.6	133	0	1	27	3 0-0	
11/16	Ari	W 19-10	21	14	66.7	182	0	2	56	1 0-0	
11/23	@Was	T 7-7	37	20	54.1	168	1	1	27	6 2-1	
11/30	TB	L 8-20	31	14	45.2	117	0	2	27	2 1-0	
12/07	@Phi	W 31-21	27	14	51.9	153	1	0	40	2 1-1	
12/13	Was	W 30-10	25	13	52.0	125	1	2	22	2 0-0	
12/21	@Dal	W 20-7	16	8	50.0	129	1	0	41	0 0-0	

Napoleon Kaufman — Oakland Raiders — RB

1997 Rushing and Receiving Splits

	G	Rush	Yds	Avg	Lg	TD	1st	Stf	YdL	Rec	Yds	Avg	TD		Rush	Yds	Avg	Lg	TD	1st	Stf	YdL	Rec	Yds	Avg	TD
Total	16	272	1294	4.8	83	6	54	56	142	40	403	10.1	2	Inside 20	24	60	2.5	13	2	4	5	9	2	8	4.0	0
vs. Playoff	6	104	534	5.1	83	2	25	20	60	8	82	10.3	0	Inside 10	7	6	0.9	4	1	1	2	5	0	0	-	0
vs. Non-playoff	10	168	760	4.5	65	4	29	36	82	32	321	10.0	2	1st Down	148	635	4.3	58	3	16	27	78	19	177	9.3	1
vs. Own Division	8	135	641	4.7	83	3	25	33	82	12	189	15.8	1	2nd Down	97	478	4.9	65	1	25	22	45	12	55	4.6	0
Home	8	151	699	4.6	83	3	30	32	77	19	214	11.3	1	3rd Down Overall	25	177	7.1	83	2	12	6	16	9	171	19.0	1
Away	8	121	595	4.9	61	3	24	24	65	21	189	9.0	1	3rd D 0-2 to Go	15	115	7.7	83	1	8	3	6	1	5	5.0	0
Games 1-8	8	157	896	5.7	83	6	36	29	76	17	212	12.5	1	3rd D 3-7 to Go	6	50	8.3	18	1	4	2	7	3	42	14.0	0
Games 9-16	8	115	398	3.5	40	0	18	27	66	23	191	8.3	1	3rd D 8+ to Go	4	12	3.0	8	0	0	1	3	5	124	24.8	1
Aug/Sept	5	101	544	5.4	65	4	24	18	53	14	112	8.0	0	4th Down	2	4	2.0	7	0	1	1	3	0	0	-	0
October	3	56	352	6.3	83	2	12	11	23	3	100	33.3	1	Left Sideline	42	324	7.7	61	4	10	9	22	11	100	9.1	1
November	5	70	261	3.7	40	0	11	13	36	17	165	9.7	1	Left Side	49	151	3.1	16	0	9	9	23	9	128	14.2	1
December	3	45	137	3.0	18	0	7	14	30	6	26	4.3	0	Middle	129	480	3.7	65	1	23	28	70	10	68	6.8	0
Grass	13	214	916	4.3	83	3	37	46	115	33	345	10.5	2	Right Side	44	292	6.6	83	1	10	8	22	8	67	8.4	0
Turf	3	58	378	6.5	61	3	17	10	27	7	58	8.3	0	Right Sideline	8	47	5.9	29	0	2	2	5	2	40	20.0	0
Indoor	2	31	252	8.1	61	3	8	6	18	2	26	13.0	0	0 Tight Ends	7	16	2.3	7	0	0	2	2	1	6	6.0	0
Outdoor	14	241	1042	4.3	83	3	46	50	124	38	377	9.9	2	1 Tight End	194	862	4.4	61	4	32	44	109	34	368	10.8	2
1st Half	-	164	808	4.9	61	3	36	33	87	20	140	7.0	1	2 Tight Ends	68	417	6.1	83	1	21	9	29	4	14	3.5	0
2nd Half/OT	-	108	486	4.5	83	3	18	23	55	20	263	13.2	1	3+ Tight Ends	3	-1	-0.3	1	1	1	1	2	0	0	-	0
Last 2 Min. Half	-	10	41	4.1	18	0	3	3	9	3	5	1.7	0	Carries 1-5	80	480	6.0	61	3	17	12	37	0	0	-	0
4th qtr, +/-7 pts	-	22	126	5.7	83	1	3	4	12	6	70	11.7	0	Carries 6-10	78	240	3.1	18	0	14	22	44	0	0	-	0
Winning	-	113	515	4.6	83	2	23	24	62	13	125	9.6	0	Carries 11-15	57	282	4.9	58	2	12	10	26	0	0	-	0
Tied	-	65	354	5.4	58	2	15	11	31	7	60	8.6	0	Carries 16-20	33	165	5.0	65	0	7	7	24	0	0	-	0
Trailing	-	94	425	4.5	61	2	16	21	49	20	218	10.9	2	Carries 21+	24	127	5.3	83	1	1	5	11	0	0	-	0

1997 Incompletions

Type	Num	%of Inc	% Att
Pass Dropped	3	30.0	6.0
Poor Throw	2	20.0	4.0
Pass Defensed	0	0.0	0.0
Pass Hit at Line	1	10.0	2.0
Other	4	40.0	8.0
Total	10	100.0	20.0

Game Logs (1-8)

Date	Opp	Result	Rush	Yds	Rec	Yds	Trgt	F-L	TD
08/31	@Ten	L 21-24	12	32	3	21	3	1-1	0
09/08	KC	L 27-28	22	84	2	34	2	0-0	1
09/14	@Atl	W 36-31	14	140	2	26	2	0-0	0
09/21	@NYA	L 22-23	27	126	5	32	6	1-1	0
09/28	StL	W 35-17	26	162	2	-1	2	0-0	1
10/05	SD	L 10-25	11	13	3	100	3	1-1	0
10/19	Den	W 28-25	28	227	0	0	0	1-1	0
10/26	@Sea	L 34-45	17	112	0	0	0	0-0	1

Game Logs (9-16)

Date	Opp	Result	Rush	Yds	Rec	Yds	Trgt	F-L	TD
11/02	@Car	L 14-38	10	16	7	70	8	0-0	1
11/09	NO	L 10-13	15	14	4	23	4	1-1	0
11/16	@SD	W 38-13	20	109	3	35	5	0-0	0
11/24	@Den	L 3-31	13	53	1	5	2	1-1	0
11/30	Mia	L 16-34	12	69	2	32	4	0-0	0
12/07	@KC	L 0-30	8	7	0	0	2	1-1	0
12/14	Sea	L 21-22	16	36	3	15	5	0-0	0
12/21	Jac	L 9-20	21	94	3	11	4	0-0	0

Eddie Kennison — St. Louis Rams — WR

1997 Receiving Splits

	G	Rec	Yds	Avg	TD	Lg	Big	YAC	Trgt	Y@C	1st	1st%		Rec	Yds	Avg	TD	Lg	Big	YAC	Trgt	Y@C	1st	1st%
Total	14	25	404	16.2	0	76	4	122	64	11.3	18	72.0	Inside 20	0	0	-	0	0	0	0	1	-	0	-
vs. Playoff	5	7	82	11.7	0	17	0	8	25	10.6	6	85.7	Inside 10	0	0	-	0	0	0	0	0	-	0	-
vs. Non-playoff	9	18	322	17.9	0	76	4	114	39	11.6	12	66.7	1st Down	12	196	16.3	0	76	2	77	24	9.9	5	41.7
vs. Own Division	8	17	290	17.1	0	76	3	114	34	10.4	12	70.6	2nd Down	5	89	17.8	0	41	1	37	18	10.4	5	100.0
Home	6	16	286	17.9	0	76	3	113	34	10.8	12	75.0	3rd Down Overall	8	119	14.9	0	35	1	8	22	13.9	8	100.0
Away	8	9	118	13.1	0	35	1	9	30	12.1	6	66.7	3rd D 0-2 to Go	1	12	12.0	0	12	0	6	2	6.0	1	100.0
Games 1-8	6	10	145	14.5	0	41	1	46	31	9.9	9	90.0	3rd D 3-7 to Go	2	18	9.0	0	11	0	1	3	8.5	2	100.0
Games 9-16	8	15	259	17.3	0	76	3	76	33	12.2	9	60.0	3rd D 8+ to Go	5	89	17.8	0	35	1	1	17	17.6	5	100.0
Aug/Sept	5	10	145	14.5	0	41	1	46	29	9.9	9	90.0	4th Down	0	0	-	0	0	0	0	0	-	0	-
October	1	0	0	-	0	0	0	2	-	-	-	-	Rec Behind Line	0	0	-	0	0	0	0	0	-	0	-
November	5	10	221	22.1	0	76	3	71	24	15.0	8	80.0	1-10 yds	13	103	7.9	0	12	0	32	23	5.5	6	46.2
December	3	5	38	7.6	0	14	0	5	9	6.6	1	20.0	11-20 yds	10	190	19.0	0	41	2	50	27	14.0	10	100.0
Grass	6	5	81	16.2	0	35	1	2	22	15.8	4	80.0	21-30 yds	0	0	-	0	0	0	0	6	-	0	-
Turf	8	20	323	16.2	0	76	3	120	42	10.2	14	70.0	31+	2	111	55.5	0	76	2	40	8	35.5	2	100.0
Indoor	8	20	323	16.2	0	76	3	120	42	10.2	14	70.0	Left Sideline	13	211	16.2	0	76	2	66	31	11.2	9	69.2
Outdoor	6	5	81	16.2	0	35	1	2	22	15.8	4	80.0	Left Side	2	28	14.0	0	14	0	1	9	13.5	2	100.0
1st Half	-	10	186	18.6	0	76	1	62	27	12.4	8	80.0	Middle	2	78	39.0	0	41	2	44	8	17.0	2	100.0
2nd Half/OT	-	15	218	14.5	0	41	3	60	37	10.5	10	66.7	Right Side	2	35	17.5	0	18	0	6	7	14.5	2	100.0
Last 2 Min. Half	-	3	102	34.0	0	76	1	46	6	18.7	3	100.0	Right Sideline	6	52	8.7	0	14	0	5	9	7.8	3	50.0
4th qtr, +/-7 pts	-	6	84	14.0	0	35	1	7	12	12.8	4	66.7	Shotgun	0	0	-	0	0	0	0	0	-	0	-
Winning	-	5	63	12.6	0	35	1	7	15	11.2	3	60.0	2 Wide Receivers	12	224	18.7	0	76	3	97	26	10.6	6	50.0
Tied	-	6	54	9.0	0	17	0	5	18	8.2	2	33.3	3 Wide Receivers	10	152	15.2	0	35	1	20	32	13.2	10	100.0
Trailing	-	14	287	20.5	0	76	3	110	31	12.6	13	92.9	4+ WR	1	12	12.0	0	12	0	0	4	6.0	1	100.0

1997 Incompletions

Type	Num	%of Inc	%of Att
Pass Dropped	3	7.7	4.7
Poor Throw	14	35.9	21.9
Pass Defensed	9	23.1	14.1
Pass Hit at Line	0	0.0	0.0
Other	13	33.3	20.3
Total	39	100.0	60.9

Game Logs (1-8)

Date	Opp	Result	Rush	Yds	Rec	Yds	Trgt	F-L	TD
08/31	NO	W 38-24	0	0	4	80	5	0-0	0
09/07	SF	L 12-15	0	0	1	11	5	1-1	0
09/14	@Den	L 14-35	0	0	2	26	4	0-0	0
09/21	NYN	W 13-3	0	0	3	28	10	0-0	0
09/28	@Oak	L 17-35	1	6	0	0	5	0-0	0
10/12	@SF	L 10-30	0	0	0	0	2	1-1	0
10/19	Sea	L 9-17	-	-	-	-	-	-	-
10/26	KC	L 20-28	-	-	-	-	-	-	-

Game Logs (9-16)

Date	Opp	Result	Rush	Yds	Rec	Yds	Trgt	F-L	TD
11/02	@Atl	L 31-34	1	2	1	10	3	0-0	0
11/09	@GB	L 7-17	0	0	1	17	4	0-0	0
11/16	Atl	L 21-27	0	0	3	97	5	0-0	0
11/23	Car	L 10-16	0	0	4	62	7	0-0	0
11/30	@Was	W 23-20	0	0	1	35	5	0-0	0
12/07	@NO	W 34-27	0	0	3	27	5	0-0	0
12/14	Chi	L 10-13	0	0	1	8	2	0-0	0
12/20	@Car	W 30-18	1	5	1	3	2	0-0	0

Terry Kirby — San Francisco 49ers — RB

1997 Rushing and Receiving Splits

	G	Rush	Yds	Avg	Lg	TD	1st	Stf	YdL	Rec	Yds	Avg	TD		Rush	Yds	Avg	Lg	TD	1st	Stf	YdL	Rec	Yds	Avg	TD
Total	16	125	418	3.3	38	6	24	18	46	23	279	12.1	1	Inside 20	16	46	2.9	15	6	8	3	10	3	26	8.7	1
vs. Playoff	4	46	113	2.5	10	1	7	8	21	9	114	12.7	1	Inside 10	10	33	3.3	7	5	6	0	0	1	7	7.0	0
vs. Non-playoff	12	79	305	3.9	38	5	17	10	25	14	165	11.8	0	1st Down	54	174	3.2	18	2	4	7	13	4	26	6.5	1
vs. Own Division	8	60	238	4.0	38	5	12	8	18	9	121	13.4	0	2nd Down	52	154	3.0	15	3	13	8	26	6	49	8.2	0
Home	8	62	151	2.4	15	3	8	11	30	12	123	10.3	0	3rd Down Overall	17	88	5.2	38	1	6	3	7	13	204	15.7	0
Away	8	63	267	4.2	38	3	16	7	16	11	156	14.2	0	3rd D 0-2 to Go	5	4	0.8	6	1	2	1	4	0	0	-	0
Games 1-8	8	59	249	4.2	38	5	12	7	12	9	127	14.1	0	3rd D 3-7 to Go	6	34	5.7	10	0	3	0	0	5	64	12.8	0
Games 9-16	8	66	169	2.6	18	1	12	11	34	14	152	10.9	1	3rd D 8+ to Go	6	50	8.3	38	0	1	2	3	8	140	17.5	0
Aug/Sept	5	34	149	4.4	15	3	7	3	6	4	31	7.8	0	4th Down	2	2	1.0	2	0	1	0	0	0	0	-	0
October	3	25	100	4.0	38	2	5	4	6	5	96	19.2	0	Left Sideline	9	53	5.9	18	0	3	1	1	4	32	8.0	0
November	5	23	56	2.4	10	0	5	6	21	6	55	9.2	0	Left Side	18	56	3.1	15	1	3	4	13	3	53	17.7	0
December	3	43	113	2.6	18	1	7	5	13	8	97	12.1	1	Middle	58	157	2.7	12	3	8	7	15	4	29	7.3	0
Grass	11	84	239	2.8	15	4	15	14	38	15	148	9.9	0	Right Side	30	80	2.7	10	0	4	4	11	12	165	13.8	1
Turf	5	41	149	4.4	38	2	9	4	8	8	131	16.4	0	Right Sideline	10	72	7.2	38	2	5	2	6	0	0	-	0
Indoor	4	39	169	4.3	38	2	8	4	8	5	99	19.8	0	0 Tight Ends	14	53	3.8	15	2	3	3	13	12	119	9.9	0
Outdoor	12	86	249	2.9	15	4	16	14	38	18	180	10.0	1	1 Tight End	96	328	3.4	38	0	15	12	27	11	160	14.5	1
1st Half	-	63	187	3.0	18	4	11	7	13	15	134	8.9	1	2 Tight Ends	10	29	2.9	11	0	2	3	6	0	0	-	0
2nd Half/OT	-	62	231	3.7	38	2	13	11	33	8	145	18.1	0	3+ Tight Ends	4	6	1.5	3	4	4	0	0	0	0	-	0
Last 2 Min. Half	-	14	58	4.1	8	0	2	1	3	2	8	4.0	0	Carries 1-5	71	209	2.9	18	4	13	12	27	0	0	-	0
4th qtr. +/-7 pts	-	3	15	5.0	5	0	0	0	0	1	7	7.0	0	Carries 6-10	36	163	4.5	38	2	9	4	13	0	0	-	0
Winning	-	84	297	3.5	38	4	15	9	23	15	183	12.2	0	Carries 11-15	16	45	2.8	8	0	2	1	4	0	0	-	0
Tied	-	11	31	2.8	18	1	3	1	6	6	82	13.7	1	Carries 16-20	2	1	0.5	3	0	0	1	2	0	0	-	0
Trailing	-	30	90	3.0	12	1	6	8	17	2	14	7.0	0	Carries 21+	0	0	-	0	0	0	0	0	0	0	-	0

1997 Incompletions

Type	Num	%of Inc	% Att
Pass Dropped	3	27.3	8.8
Poor Throw	2	18.2	5.9
Pass Defensed	2	18.2	5.9
Pass Hit at Line	2	18.2	5.9
Other	2	18.2	5.9
Total	11	100.0	32.4

Game Logs (1-8)

Date	Opp	Result	Rush	Yds	Rec	Yds	Trgt	F-L	TD
08/31	@TB	L 6-13	5	19	2	22	3	0-0	0
09/07	@StL	W 15-12	7	25	0	0	0	0-0	0
09/14	NO	W 33-7	10	43	1	6	1	0-0	0
09/21	Atl	W 34-7	4	21	0	0	0	0-0	2
09/29	@Car	W 34-21	8	41	1	3	1	0-0	1
10/12	StL	W 30-10	4	3	1	2	3	0-0	0
10/19	@Atl	W 35-28	6	24	3	93	5	0-0	2
10/26	@NO	W 23-0	15	73	1	1	2	0-0	0

Game Logs (9-16)

Date	Opp	Result	Rush	Yds	Rec	Yds	Trgt	F-L	TD
11/02	Dal	W 17-10	4	13	0	0	1	0-0	0
11/10	@Phi	W 24-12	1	3	3	32	3	1-0	0
11/16	Car	W 27-19	6	8	2	16	2	0-0	1
11/23	SD	W 17-10	2	-3	1	7	1	0-0	0
11/30	@KC	L 9-44	9	28	0	0	2	0-0	0
12/07	Min	W 28-17	17	39	1	16	2	1-0	1
12/15	Den	W 34-17	15	27	6	76	7	0-0	0
12/21	@Sea	L 9-38	11	47	1	5	1	1-0	0

Erik Kramer — Chicago Bears — QB

1997 Passing Splits

	G	Att	Cm	Pct	Yds	Y/Att	TD	Int	1st	YAC	Big	Sk	Rtg		Att	Cm	Pct	Yds	Y/Att	TD	Int	1st	YAC	Big	Sk	Rtg
Total	15	477	275	57.7	3011	6.3	19	14	158	1295	14	25	74.0	Inside 20	47	18	38.3	103	2.2	6	1	9	39	0	2	77.2
vs. Playoff	9	289	166	57.4	1776	6.1	8	8	91	843	9	15	76.1	Inside 10	13	7	53.8	25	1.9	5	1	5	6	0	0	67.0
vs. Non-playoff	6	188	109	58.0	1235	6.6	6	8	67	452	5	10	70.7	1st Down	186	111	59.7	1240	6.7	6	4	56	557	6	8	81.4
vs. Own Division	8	239	134	56.1	1433	6.0	6	6	75	665	7	14	71.7	2nd Down	147	85	57.8	866	5.9	4	4	43	347	5	6	72.5
Home	8	268	157	58.6	1636	6.1	8	8	95	666	6	14	73.8	3rd Down Overall	131	70	53.4	774	5.9	3	6	52	369	3	10	59.8
Away	7	209	118	56.5	1375	6.6	6	6	63	629	8	11	74.2	3rd D 0-5 to Go	42	29	69.0	288	6.9	2	1	26	112	1	2	94.1
Games 1-8	7	217	122	56.2	1257	5.8	6	6	70	535	4	12	72.7	3rd D 6+ to Go	89	41	46.1	486	5.5	1	5	26	257	2	8	43.6
Games 9-16	8	260	153	58.8	1754	6.7	8	8	88	760	10	13	75.1	4th Down	13	9	69.2	131	10.1	1	0	7	22	0	1	127.4
Aug/Sept	4	112	56	50.0	551	4.9	3	3	34	258	1	9	62.0	Rec Behind Line	72	40	55.6	239	3.3	0	0	12	315	0	0	62.2
October	3	105	66	62.9	706	6.7	3	2	36	277	3	3	84.1	1-10 yds	272	180	66.2	1569	5.8	6	10	95	717	1	0	73.3
November	5	186	104	55.9	1216	6.5	5	5	63	579	7	10	73.7	11-20 yds	83	41	49.4	698	8.4	1	2	37	131	3	0	72.3
December	3	74	49	66.2	538	7.3	3	4	25	181	3	3	78.5	21-30 yds	24	9	37.5	260	10.8	5	1	9	57	0	0	100.7
Grass	11	378	218	57.7	2253	6.0	11	11	126	962	8	20	72.6	31+	17	5	29.4	245	14.4	2	1	5	75	5	0	93.9
Turf	4	99	57	57.6	758	7.7	3	2	32	333	6	5	79.4	Left Sideline	124	69	55.6	741	6.0	5	3	40	332	2	0	76.7
Indoor	3	83	50	60.2	701	8.4	3	2	28	315	6	4	89.5	Left Side	63	33	52.4	489	7.8	1	3	24	156	5	2	63.5
Outdoor	12	394	225	57.1	2310	5.9	11	12	130	980	8	21	70.7	Middle	80	47	58.8	495	6.2	3	4	27	160	1	23	74.7
1st Half	-	229	140	61.1	1580	6.9	5	11	83	738	9	19	69.0	Right Side	105	70	66.7	730	7.0	1	3	37	393	2	0	77.9
2nd Half/OT	-	248	135	54.4	1431	5.8	9	3	75	557	5	16	78.5	Right Sideline	105	56	53.3	556	5.3	5	3	30	254	4	0	72.6
Last 2 Min. Half	-	60	32	53.3	343	5.7	4	1	18	104	2	4	85.6	2 Wide Receivers	240	144	60.0	1586	6.6	7	6	79	719	8	11	78.9
4th qtr. +/-7 pts	-	37	22	59.5	209	5.6	1	0	9	49	0	5	72.9	3+ WR	234	130	55.6	1422	6.1	7	8	78	574	6	14	69.4
Winning	-	106	63	59.4	632	6.0	3	2	31	265	4	2	78.0	Attempts 1-10	150	93	62.0	996	6.6	1	7	52	531	3	0	64.2
Tied	-	79	50	63.3	551	7.0	1	4	29	268	3	3	67.0	Attempts 11-20	144	82	56.9	923	6.4	3	1	6	47	322	6	65.8
Trailing	-	292	162	55.5	1828	6.3	10	8	98	762	7	19	74.4	Attempts 21+	183	100	54.6	1092	6.0	10	6	10	1	59	442	88.4

1997 Incompletions

Type	Num	%of Inc	%of Att
Pass Dropped	26	12.9	5.5
Poor Throw	76	37.6	15.9
Pass Defensed	30	14.9	6.3
Pass Hit at Line	17	8.4	3.6
Other	53	26.2	11.1
Total	202	100.0	42.3

Game Logs (1-8)

Date	Opp	Result	Att	Cm	Pct	Yds	TD	Int	Lg	Sk	F-L
09/01	@GB	L 24-38	41	17	41.5	192	1	2	22	3	1-1
09/07	Min	L 24-27	36	21	58.3	174	2	0	25	2-0	0
09/14	Det	L 7-32	19	11	57.9	128	0	0	18	3	1-1
09/21	@NE	L 3-31	-	-	-	-	-	-	-	-	-
09/28	@Dal	L 3-27	16	7	43.8	57	0	1	14	1-0	0
10/05	NO	L 17-20	20	12	60.0	131	0	2	21	2-0	0
10/12	GB	L 24-35	22	12	62.9	232	1	2	37	0	0-0
10/27	@Mia	W 36-33	50	32	64.0	343	2	0	54	1	2-1

Game Logs (9-16)

Date	Opp	Result	Att	Cm	Pct	Yds	TD	Int	Lg	Sk	F-L
11/02	Was	L 8-31	37	21	56.8	237	1	1	31	2	1-0
11/09	@Min	L 22-29	38	21	55.3	275	1	1	59	2	2-0
11/16	NYA	L 15-23	60	32	53.3	354	2	3	25	4	2-1
11/23	TB	W 13-7	28	15	53.6	110	0	0	14	0	0-0
11/27	@Det	L 20-55	56	30	50.0	259	1	0	78	6-2	0
12/07	Buf	W 20-3	33	23	69.7	270	2	2	42	1	0-0
12/14	@StL	W 13-10	22	14	63.6	186	1	1	55	0	0-0
12/21	TB	L 15-31	19	12	63.2	82	0	1	13	2	0-0

Fred Lane
Carolina Panthers — RB

1997 Rushing and Receiving Splits

	G	Rush	Yds	Avg	Lg	TD	1st	Stf	YdL	Rec	Yds	Avg	TD		Rush	Yds	Avg	Lg	TD	1st	Stf	YdL	Rec	Yds	Avg	TD
Total	13	182	809	4.4	50	7	42	14	35	8	27	3.4	0	Inside 20	26	79	3.0	18	5	6	4	11	0	0	-	0
vs. Playoff	4	49	224	4.6	35	3	12	2	3	2	0	0.0	0	Inside 10	10	21	2.1	8	3	3	1	3	0	0	-	0
vs. Non-playoff	9	133	585	4.4	50	4	30	12	32	6	27	4.5	0	1st Down	100	420	4.2	50	4	9	11	26	3	9	3.0	0
vs. Own Division	6	63	300	4.8	50	2	14	4	8	2	3	1.5	0	2nd Down	68	319	4.7	32	3	22	3	9	5	18	3.6	0
Home	7	87	494	5.7	50	6	27	5	15	3	18	6.0	0	3rd Down Overall	12	61	5.1	12	0	10	0	0	0	0	-	0
Away	6	95	315	3.3	14	1	15	9	20	5	9	1.8	0	3rd D 0-2 to Go	10	52	5.2	12	0	9	0	0	0	0	-	0
Games 1-8	5	31	90	2.9	14	1	10	5	15	2	2	1.0	0	3rd D 3-7 to Go	2	9	4.5	8	0	1	0	0	0	0	-	0
Games 9-16	8	151	719	4.8	50	6	32	9	20	6	25	4.2	0	3rd D 8+ to Go	0	0	-	0	0	0	0	0	0	0	-	0
Aug/Sept	4	30	87	2.9	14	1	10	5	15	2	2	1.0	0	4th Down	2	9	4.5	7	0	1	0	0	0	0	-	0
October	1	1	3	3.0	3	0	0	0	0	0	0	-	0	Left Sideline	19	142	7.5	50	1	5	0	0	1	5	5.0	0
November	5	84	384	4.6	50	5	15	7	16	5	18	3.6	0	Left Side	35	118	3.4	14	0	11	7	18	2	2	1.0	0
December	3	67	335	5.0	35	1	17	2	4	1	7	7.0	0	Middle	89	364	4.1	18	3	20	5	8	2	11	5.5	0
Grass	10	129	630	4.9	50	7	34	11	30	7	20	2.9	0	Right Side	32	149	4.7	35	3	5	1	6	3	9	3.0	0
Turf	3	53	179	3.4	14	0	8	3	5	1	7	7.0	0	Right Sideline	5	30	6.0	15	0	1	1	3	0	0	-	0
Indoor	2	19	41	2.2	9	0	2	2	4	0	0	-	0	0 Tight Ends	1	7	7.0	7	0	0	0	0	0	0	-	0
Outdoor	11	163	768	4.7	50	7	40	12	31	8	27	3.4	0	1 Tight End	153	695	4.5	50	4	33	13	34	8	27	3.4	0
1st Half	-	93	416	4.5	50	3	19	8	18	4	25	6.3	0	2 Tight Ends	20	84	4.2	15	2	8	1	1	0	0	-	0
2nd Half/OT	-	89	393	4.4	35	4	23	6	17	4	2	0.5	0	3+ Tight Ends	3	5	1.7	3	1	1	0	0	0	0	-	0
Last 2 Min. Half	-	6	18	3.0	7	0	0	0	0	0	0	-	0	Carries 1-5	56	244	4.4	18	2	13	6	14	0	0	-	0
4th qtr, +/-7 pts	-	15	58	3.9	12	0	1	0	0	0	0	-	0	Carries 6-10	45	209	4.6	50	1	12	4	9	0	0	-	0
Winning	-	75	285	3.8	32	2	12	7	21	4	14	3.5	0	Carries 11-15	37	135	3.6	14	2	7	1	3	0	0	-	0
Tied	-	44	160	3.6	15	1	10	3	6	2	13	6.5	0	Carries 16-20	22	121	5.5	35	1	5	2	8	0	0	-	0
Trailing	-	63	364	5.8	50	4	20	4	8	2	0	0.0	0	Carries 21+	22	100	4.5	32	1	5	1	1	0	0	-	0

1997 Incompletions

Type	Num	%of Inc	% Att
Pass Dropped	2	40.0	15.4
Poor Throw	1	20.0	7.7
Pass Defensed	1	20.0	7.7
Pass Hit at Line	1	20.0	7.7
Other	0	0.0	0.0
Total	5	100.0	38.5

Game Logs (1-8)

Date	Opp	Result	Rush	Yds	Rec	Yds	Trgt	F-L	TD
08/31	Was	L 10-24	6	14	0	0	0	1-1	0
09/07	@Atl	W 9-6	0	0	0	0	0	0-0	0
09/14	@SD	W 26-7	18	52	2	2	2	0-0	0
09/21	KC	L 14-35	6	21	0	0	0	0-0	0
SF		L 21-34	-	-	-	-	-	-	-
10/12	@Min	L 14-21	-	-	-	-	-	-	-
10/19	@NO	W 13-0	-	-	-	-	-	-	-
10/26	Atl	W 21-12	1	3	0	0	0	0-0	0

Game Logs (9-16)

Date	Opp	Result	Rush	Yds	Rec	Yds	Trgt	F-L	TD
11/02	Oak	W 38-14	28	147	2	11	2	0-0	3
11/09	@Den	L 0-34	8	18	1	4	3	1-1	0
11/16	@SF	L 19-27	16	66	1	-4	2	0-0	1
11/23	@StL	W 16-10	19	41	0	0	0	0-0	0
11/30	NO	L 13-16	1	7	3	1-1	1		
12/08	@Dal	W 23-13	34	138	1	7	1	1-0	0
12/14	GB	L 10-31	19	119	0	0	0	0-0	1
12/20	StL	L 18-30	14	78	0	0	0	0-0	0

Amp Lee
St. Louis Rams — RB

1997 Receiving Splits

	G	Rec	Yds	Avg	TD	Lg	Big	YAC	Trgt	Y@C	1st	1st%		Rec	Yds	Avg	TD	Lg	Big	YAC	Trgt	Y@C	1st	1st%
Total	16	61	825	13.5	3	62	6	565	93	4.3	33	54.1	Inside 20	2	32	16.0	2	19	0	24	3	4.0	2	100.0
vs. Playoff	6	20	303	15.2	0	62	2	202	28	5.1	9	45.0	Inside 10	0	0	-	0	0	0	0	0	0	0	-
vs. Non-playoff	10	41	522	12.7	3	57	4	363	65	3.9	24	58.5	1st Down	16	205	12.8	0	35	2	108	29	6.1	8	50.0
vs. Own Division	8	22	255	11.6	1	57	1	189	37	3.0	12	54.5	2nd Down	20	276	13.8	1	36	1	194	27	4.1	13	65.0
Home	8	21	234	11.1	1	24	0	159	31	3.0	8	38.1	3rd Down Overall	25	344	13.8	2	62	3	263	37	3.2	12	48.0
Away	8	40	591	14.8	2	62	6	406	62	4.6	25	62.5	3rd D 0-2 to Go	1	1	1.0	0	1	0	0	2	1.0	0	0.0
Games 1-8	8	29	343	11.8	1	35	2	228	45	4.0	13	44.8	3rd D 3-7 to Go	10	93	9.3	2	19	0	61	13	3.2	8	80.0
Games 9-16	8	32	482	15.1	2	62	4	337	48	4.5	20	62.5	3rd D 8+ to Go	14	250	17.9	0	62	3	202	22	3.4	4	28.6
Aug/Sept	5	22	286	13.0	1	35	2	175	32	5.0	11	50.0	4th Down	0	0	-	0	0	0	0	0	-	0	-
October	3	7	57	8.1	0	18	0	53	13	0.6	2	28.6	Rec Behind Line	13	159	12.2	0	57	1	187	17	-2.2	6	46.2
November	5	22	389	17.7	2	62	4	280	31	5.0	15	68.2	1-10 yds	42	469	11.2	2	35	2	264	62	4.9	22	52.4
December	3	10	93	9.3	0	24	0	57	17	3.6	5	50.0	11-20 yds	6	197	32.8	1	62	3	114	9	13.8	5	83.3
Grass	6	33	482	14.6	2	62	5	333	50	4.5	21	63.6	21-30 yds	0	0	-	0	0	0	0	4	-	0	-
Turf	10	28	343	12.3	1	57	1	232	43	4.0	12	42.9	31+	0	0	-	0	0	0	0	1	-	0	-
Indoor	10	28	343	12.3	1	57	1	232	43	4.0	12	42.0	Left Sideline	11	83	7.5	0	16	0	41	20	3.8	6	54.5
Outdoor	6	33	482	14.6	2	62	5	333	50	4.5	21	63.6	Left Side	15	191	12.7	1	45	1	122	23	4.6	9	60.0
1st Half	-	32	345	10.8	2	36	2	214	47	4.1	17	53.1	Middle	16	344	21.5	1	62	4	263	24	5.1	8	50.0
2nd Half/OT	-	29	480	16.6	1	62	4	351	46	4.4	16	55.2	Right Side	14	155	11.1	0	35	1	106	16	3.5	7	50.0
Last 2 Min. Half	-	12	216	18.0	1	45	3	128	17	7.3	8	66.7	Right Sideline	5	52	10.4	1	19	0	33	10	3.8	3	60.0
4th qtr, +/-7 pts	-	7	172	24.6	0	57	2	139	9	4.7	5	71.4	Shotgun	0	0	-	0	0	0	0	0	-	0	-
Winning	-	13	179	13.8	0	35	1	117	17	4.8	8	61.5	2 Wide Receivers	6	31	5.2	0	9	0	20	9	1.8	2	33.3
Tied	-	13	159	12.2	1	45	1	100	22	4.5	6	46.2	3 Wide Receivers	51	753	14.8	2	62	6	518	74	4.6	27	52.9
Trailing	-	35	487	13.9	2	62	4	348	54	4.0	19	54.3	4+ WR	3	34	11.3	1	15	0	20	8	4.7	3	100.0

1997 Incompletions

Type	Num	%of Inc	%of Att
Pass Dropped	7	21.9	7.5
Poor Throw	13	40.6	14.0
Pass Defensed	5	15.6	5.4
Pass Hit at Line	2	6.3	2.2
Other	5	15.6	5.4
Total	32	100.0	34.4

Game Logs (1-8)

Date	Opp	Result	Rush	Yds	Rec	Yds	Trgt	F-L	TD
08/31	NO	W 38-24	3	17	1	8	2	0-0	0
09/07	SF	L 12-15	2	9	2	21	2	0-0	0
09/14	@Den	L 14-35	1	4	6	90	8	0-0	0
09/21	NYN	W 13-3	2	4	3	58	4	0-0	0
09/28	@Oak	L 17-35	4	30	10	109	16	0-0	0
10/12	@SF	L 10-30	3	-2	2	14	5	0-0	0
10/19	Sea	L 9-17	1	7	3	27	5	0-0	0
10/26	KC	L 20-28	2	9	4	9	8	0-0	0

Game Logs (9-16)

Date	Opp	Result	Rush	Yds	Rec	Yds	Trgt	F-L	TD
11/02	@Atl	L 31-34	0	0	5	91	8	0-0	0
11/09	@GB	L 7-17	0	0	4	8	5	104	0-0	0
11/16	Atl	L 21-27	0	0	5	61	5	0-0	1
11/23	@Car	L 10-16	1	1	5	4	0-0	0
11/30	@Was	W 23-20	0	0	6	128	4	0-0	0
12/07	@NO	W 34-27	1	7	2	18	4	0-0	0
12/14	Chi	L 10-13	1	0	4	38	6	0-0	0
12/20	@Car	W 30-18	3	10	4	37	7	0-0	0

Dorsey Levens — Green Bay Packers — RB

1997 Rushing and Receiving Splits

	G	Rush	Yds	Avg	Lg	TD	1st	Stf	YdL	Rec	Yds	Avg	TD		Rush	Yds	Avg	Lg	TD	1st	Stf	YdL	Rec	Yds	Avg	TD
Total	16	329	1435	4.4	52	7	68	35	69	53	370	7.0	5	Inside 20	45	139	3.1	11	6	11	4	7	12	64	5.3	5
vs. Playoff	8	166	672	4.0	39	3	32	20	38	37	221	6.0	2	Inside 10	19	36	1.9	5	6	7	1	4	9	34	3.8	5
vs. Non-playoff	8	163	763	4.7	52	4	36	15	31	16	149	9.3	3	1st Down	189	805	4.3	52	5	24	20	35	21	106	5.0	3
vs. Own Division	8	153	605	4.0	39	3	30	20	42	30	188	6.3	2	2nd Down	108	462	4.3	30	1	29	9	25	22	205	9.3	0
Home	8	169	725	4.3	30	2	33	19	42	22	126	5.7	1	3rd Down Overall	31	159	5.1	24	1	14	6	9	10	59	5.9	2
Away	8	160	710	4.4	52	5	35	16	27	31	244	7.9	4	3rd D 0-2 to Go	15	81	5.4	23	0	9	2	3	0	0	-	-
Games 1-8	8	149	696	4.7	39	2	35	16	41	25	150	6.0	2	3rd D 3-7 to Go	11	44	4.0	24	1	4	4	6	4	30	7.5	2
Games 9-16	8	180	739	4.1	52	5	33	19	28	28	220	7.9	3	3rd D 8+ to Go	5	34	6.8	15	0	1	0	0	6	29	4.8	0
Aug/Sept	5	98	478	4.9	39	1	21	8	22	8	38	4.8	0	4th Down	1	9	9.0	9	0	1	0	0	0	0	-	-
October	3	51	218	4.3	20	1	14	8	19	17	112	6.6	2	Left Sideline	36	172	4.8	24	1	9	7	15	10	87	8.7	0
November	4	88	433	4.9	52	3	20	7	10	13	129	9.9	2	Left Side	52	177	3.4	13	0	8	3	8	92	11.5	1	
December	4	92	306	3.3	20	2	13	12	18	15	91	6.1	1	Middle	132	574	4.3	39	3	27	8	13	13	91	7.0	2
Grass	12	246	1026	4.2	30	3	50	31	64	41	241	5.9	4	Right Side	84	318	3.8	20	2	16	13	31	15	81	5.4	1
Turf	4	83	409	4.9	52	4	18	4	5	12	129	10.8	1	Right Sideline	25	194	7.8	52	1	8	4	7	7	19	2.7	1
Indoor	3	61	318	5.2	52	4	15	3	3	11	116	10.5	1	0 Tight Ends	24	128	5.3	15	0	6	2	4	5	18	3.6	0
Outdoor	13	268	1117	4.2	30	3	53	32	66	42	254	6.0	4	1 Tight End	277	1190	4.3	52	3	53	28	57	35	252	7.2	2
1st Half	-	142	648	4.6	52	2	27	13	24	29	204	7.0	4	2 Tight Ends	23	113	4.9	24	3	8	4	5	12	97	8.1	2
2nd Half/OT	-	187	787	4.2	39	5	41	22	45	24	166	6.9	1	3+ Tight Ends	4	2	0.5	1	1	1	1	3	1	3	3.0	1
Last 2 Min. Half	-	25	99	4.0	23	2	6	4	9	7	39	5.6	1	Carries 1-5	80	383	4.8	52	1	14	8	19	0	0	-	-
4th qtr, +/-7 pts	-	32	125	3.9	23	0	7	5	13	5	50	10.0	0	Carries 6-10	80	372	4.7	20	1	17	7	11	0	0	-	-
Winning	-	212	893	4.2	52	6	46	23	45	30	195	6.5	1	Carries 11-15	74	284	3.8	39	1	16	9	17	0	0	-	-
Tied	-	61	212	3.5	12	0	8	7	9	15	127	8.5	3	Carries 16-20	55	175	3.2	24	1	9	7	16	0	0	-	-
Trailing	-	56	330	5.9	39	1	14	5	15	8	48	6.0	1	Carries 21+	40	221	5.5	30	3	12	4	5	0	0	-	-

1997 Incompletions

Type	Num	% of Inc	% Att
Pass Dropped	1	7.1	1.5
Poor Throw	4	28.6	6.0
Pass Defensed	3	21.4	4.5
Pass Hit at Line	2	14.3	3.0
Other	4	28.6	6.0
Total	14	100.0	20.9

Game Logs (1-8)

Date	Opp	Result	Rush	Yds	Rec	Yds	Trgt	F-L	TD
09/01	Chi	W 38-24	22	80	0	0	1	0-0	1
09/07	@Phi	L 9-10	22	91	1	13	2	1-0	0
09/14	Mia	W 23-18	21	121	2	4	2	0-0	0
09/21	Min	W 38-32	17	79	2	22	3	1-0	0
09/28	@Det	L 15-26	16	107	3	-1	4	1-1	0
10/05	TB	W 21-16	13	44	8	61	10	0-0	0
10/12	@Chi	W 24-23	12	74	2	11	2	0-0	1
10/27	@NE	W 28-10	26	100	7	40	7	0-0	2

Game Logs (9-16)

Date	Opp	Result	Rush	Yds	Rec	Yds	Trgt	F-L	TD
11/02	Det	W 20-10	20	59	3	6	6	0-0	0
11/09	StL	W 17-7	21	81	2	14	5	0-0	0
11/16	@Ind	L 38-41	14	103	4	92	4	0-3	0
11/23	Dal	W 45-17	33	190	4	17	4	0-0	2
12/01	@Min	W 27-11	31	108	4	25	5	0-0	0
12/07	@TB	W 17-6	22	54	8	64	9	1-1	0
12/14	@Car	W 31-10	17	73	2	0	2	0-0	0
12/20	Buf	W 31-21	22	91	1	2	1	1-0	0

Jermaine Lewis — Baltimore Ravens — WR

1997 Receiving Splits

	G	Rec	Yds	Avg	TD	Lg	Big	YAC	Trgt	Y@C	1st	1st%		Rec	Yds	Avg	TD	Lg	Big	YAC	Trgt	Y@C	1st	1st%
Total	14	42	648	15.4	6	42	9	207	70	10.5	29	69.0	Inside 20	4	49	12.3	3	17	0	0	8	12.3	3	75.0
vs. Playoff	6	17	225	13.2	3	42	3	57	25	9.9	12	70.6	Inside 10	0	0	-	0	0	0	0	4	-	0	-
vs. Non-playoff	8	25	423	16.9	3	41	6	150	45	10.9	17	68.0	1st Down	16	282	17.6	2	42	5	103	22	11.2	10	62.5
vs. Own Division	7	24	307	12.8	4	42	2	82	38	9.4	16	66.7	2nd Down	9	177	19.7	2	37	3	48	14	14.3	7	77.8
Home	6	20	267	13.4	4	42	4	74	28	9.7	14	70.0	3rd Down Overall	17	189	11.1	2	29	1	56	30	7.8	12	70.6
Away	8	22	381	17.3	3	41	5	133	42	11.3	15	68.2	3rd D 0-2 to Go	2	11	5.5	0	6	0	1	4	5.0	2	100.0
Games 1-8	7	26	448	17.2	4	42	7	129	40	12.3	20	76.9	3rd D 3-7 to Go	6	85	14.2	1	29	1	25	14	10.0	5	83.3
Games 9-16	7	16	200	12.5	2	41	2	78	30	7.6	9	56.3	3rd D 8+ to Go	9	93	10.3	1	18	0	30	12	7.0	5	55.6
Aug/Sept	4	14	267	19.1	4	42	4	69	22	14.1	11	78.6	4th Down	0	0	-	0	0	0	0	0	-	0	-
October	3	12	181	15.1	0	39	3	60	18	10.1	9	75.0	Rec Behind Line	0	0	-	0	0	0	0	1	-	0	-
November	4	9	104	11.6	0	41	1	51	18	5.9	4	44.4	1-10 yds	26	243	9.3	0	41	1	123	43	4.6	14	53.8
December	3	7	96	13.7	1	29	1	27	12	9.9	5	71.4	11-20 yds	9	156	17.3	3	27	0	27	14	14.3	8	88.9
Grass	10	34	525	15.4	6	42	8	146	52	11.1	24	70.6	21-30 yds	5	174	34.8	2	41	5	47	8	25.4	5	100.0
Turf	4	8	123	15.4	0	41	1	61	18	7.8	5	62.5	31+	2	75	37.5	1	42	2	10	4	32.5	2	100.0
Indoor	0	0	0	-	0	0	0	0	0	-	0	-	Left Sideline	11	149	13.5	3	42	1	33	16	10.5	9	81.8
Outdoor	14	42	648	15.4	6	42	9	207	70	10.5	29	69.0	Left Side	10	82	8.2	0	16	0	37	14	4.5	5	50.0
1st Half	-	20	339	17.0	3	42	5	135	31	10.2	14	70.0	Middle	10	182	18.2	0	41	3	77	14	10.0	7	70.0
2nd Half/OT	-	22	309	14.0	3	37	4	72	39	10.8	15	68.2	Right Side	7	165	23.6	2	41	4	50	14	16.4	6	85.7
Last 2 Min. Half	-	4	55	13.8	0	28	1	17	4	9.5	2	50.0	Right Sideline	4	70	17.5	1	39	1	10	8	15.0	2	50.0
4th qtr, +/-7 pts	-	5	30	6.0	0	11	0	2	11	5.6	1	20.0	Shotgun	0	0	-	0	0	0	0	0	-	0	-
Winning	-	11	114	10.4	3	21	0	31	24	7.5	7	63.6	2 Wide Receivers	0	0	-	0	0	0	0	0	-	0	-
Tied	-	4	65	16.3	0	39	1	16	5	12.3	2	50.0	3 Wide Receivers	42	648	15.4	6	42	9	207	69	10.5	29	69.0
Trailing	-	27	469	17.4	4	42	8	160	41	11.4	20	74.1	4+ WR	0	0	-	0	0	0	0	1	-	0	-

1997 Incompletions

Type	Num	% of Inc	% of Att
Pass Dropped	5	17.9	7.1
Poor Throw	6	21.4	8.6
Pass Defensed	10	35.7	14.3
Pass Hit at Line	0	0.0	0.0
Other	7	25.0	10.0
Total	28	100.0	40.0

Game Logs (1-8)

Date	Opp	Result	Rush	Yds	Rec	Yds	Trgt	F-L	TD
08/31	Jac	L 27-28	1	5	4	73	8	0-0	2
09/07	Cin	W 23-10	-	-	0	0	0	-	-
09/14	@NYN	W 24-23	0	0	0	0	0	0-0	0
09/21	@Ten	W 36-10	0	0	8	124	9	0-0	1
09/28	@SD	L 17-21	0	0	2	70	4	0-0	1
10/05	Pit	L 34-42	0	0	4	28	5	0-0	0
10/19	Mia	L 13-24	0	0	6	105	6	0-0	0
10/26	@Was	W 20-17	1	6	2	48	7	1-0	0

Game Logs (9-16)

Date	Opp	Result	Rush	Yds	Rec	Yds	Trgt	F-L	TD
11/02	@NYA	L 16-19	0	0	4	72	10	1-0	0
11/09	@Pit	L 0-37	0	0	1	3	3	0-0	0
11/16	Phi	T 10-10	-	-	-	-	-	-	-
11/23	Ari	L 13-16	0	0	2	13	2	0-0	0
11/30	@Jac	L 27-29	0	0	2	16	3	0-0	1
12/07	Sea	W 31-24	0	0	2	33	3	0-0	3
12/14	Ten	W 21-19	0	0	2	15	5	0-0	0
12/21	@Cin	L 14-16	1	24	3	48	5	1-0	0

Dan Marino — Miami Dolphins — QB

1997 Passing Splits

	G	Att	Cm	Pct	Yds	Y/Att	TD	Int	1st	YAC	Big	Sk	Rtg		Att	Cm	Pct	Yds	Y/Att	TD	Int	1st	YAC	Big	Sk	Rtg
Total	16	548	319	58.2	3780	6.9	16	11	190	1509	22	21	80.7	Inside 20	64	26	40.6	157	2.5	7	3	10	64	0	1	65.4
vs. Playoff	6	258	154	59.7	1708	6.6	7	6	87	637	9	8	78.8	Inside 10	38	12	31.6	61	1.6	5	3	5	32	0	0	47.6
vs. Non-playoff	10	290	165	56.9	2072	7.1	9	5	103	872	13	13	82.4	1st Down	197	117	59.4	1381	7.0	3	2	64	555	6	8	81.6
vs. Own Division	8	251	151	60.2	1708	6.8	6	7	86	727	11	13	76.9	2nd Down	191	119	62.3	1419	7.4	7	2	63	629	11	9	92.8
Home	8	275	159	57.8	1967	7.2	9	5	92	849	14	15	83.4	3rd Down Overall	154	80	51.9	962	6.2	5	6	60	314	5	4	66.0
Away	8	273	160	58.6	1813	6.6	7	6	98	660	8	6	78.0	3rd D 0-5 to Go	57	29	50.9	225	3.9	2	3	22	102	2	1	50.7
Games 1-8	8	288	162	56.3	1998	6.9	8	3	100	744	13	8	82.8	3rd D 6+ to Go	97	51	52.6	737	7.6	3	3	38	212	3	3	75.0
Games 9-16	8	260	157	60.4	1782	6.9	8	8	90	765	9	13	78.4	4th Down	6	3	50.0	18	3.0	1	1	3	11	0	0	56.3
Aug/Sept	4	153	79	51.6	904	5.9	3	2	46	308	5	3	70.8	Rec Behind Line	74	46	62.2	324	4.4	1	1	12	409	1	0	71.0
October	4	135	83	61.5	1094	8.1	5	1	54	436	8	5	96.3	1-10 yds	286	185	64.7	1684	5.9	7	8	101	784	2	0	77.0
November	5	162	98	60.5	1126	7.0	5	6	60	490	6	6	76.3	11-20 yds	136	73	53.7	1398	10.3	4	1	63	307	11	0	96.4
December	3	98	59	60.2	656	6.7	3	2	30	275	3	7	81.8	21-30 yds	35	14	40.0	373	10.7	4	1	14	59	8	0	106.4
Grass	13	480	280	58.3	3261	6.8	14	10	165	1300	18	18	80.0	31+	12	1	8.3	1	0.1	0	0	0	-50	0	0	39.6
Turf	3	68	39	57.4	519	7.6	2	1	25	209	4	3	85.4	Left Sideline	106	55	51.9	710	6.7	5	1	38	286	6	0	85.0
Indoor	1	15	7	46.7	71	4.7	0	0	3	16	0	3	60.7	Left Side	147	88	59.9	983	6.7	2	1	50	404	4	2	81.5
Outdoor	15	533	312	58.5	3709	7.0	16	11	185	1493	22	18	81.3	Middle	98	61	62.2	853	8.7	4	2	38	386	8	18	95.3
1st Half	-	279	161	57.7	2029	7.3	10	5	103	767	15	11	85.0	Right Side	131	81	61.8	800	6.1	3	7	44	351	1	1	64.4
2nd Half/OT	-	269	158	58.7	1751	6.5	6	6	87	742	7	10	76.3	Right Sideline	66	34	51.5	434	6.6	2	0	20	82	3	0	82.5
Last 2 Min. Half	-	79	44	55.7	516	6.5	4	4	28	171	3	3	71.5	2 Wide Receivers	269	162	60.2	1864	6.9	9	2	91	859	13	10	89.2
4th qtr, +/-7 pts	-	61	34	55.7	461	7.6	3	3	20	201	4	3	75.9	3+ WR	277	157	56.7	1916	6.9	7	9	99	650	9	11	73.0
Winning	-	175	102	58.3	1134	6.5	5	4	55	441	6	4	77.7	Attempts 1-10	160	88	55.0	1213	7.6	4	2	59	515	11	0	82.6
Tied	-	104	59	56.7	788	7.6	1	0	39	337	7	6	84.1	Attempts 11-20	150	92	61.3	995	6.6	6	2	52	366	4	0	88.6
Trailing	-	269	158	58.7	1858	6.9	10	7	96	731	9	11	81.4	Attempts 21+	238	139	58.4	1572	6.6	6	7	79	628	7	0	74.4

1997 Incompletions

Type	Num	%of Inc	%of Att
Pass Dropped	41	17.9	7.5
Poor Throw	97	42.4	17.7
Pass Defensed	47	20.5	8.6
Pass Hit at Line	10	4.4	1.8
Other	34	14.8	6.2
Total	229	100.0	41.8

Game Logs (1-8)

Date	Opp	Result	Att	Cm	Pct	Yds	TD	Int	Lg	Sk	F-L
08/31	Ind	W 16-10	26	10	38.5	105	0	1	29	0-0	0-0
09/07	Ten	W 16-13	43	24	55.8	324	0	0	50	3-0	0-0
09/14	@GB	L 18-23	47	21	44.7	240	1	1	44	0-0	0-0
09/21	@TB	L 21-31	37	24	64.9	235	2	0	24	0-0	0-0
10/05	KC	W 17-14	31	19	61.3	259	1	0	28	1	0-0
10/12	@NYA	W 31-20	38	27	71.1	372	2	0	36	1-0	0-0
10/19	@Bal	W 24-13	27	19	70.4	189	0	0	23	0-0	0-0
10/27	Chi	L 33-36	39	18	46.2	274	2	1	55	4 3-2	

Game Logs (9-16)

Date	Opp	Result	Att	Cm	Pct	Yds	TD	Int	Lg	Sk	F-L
11/02	@Buf	L 6-9	15	5	33.3	76	0	1	23	0-0	
11/09	NYA	W 24-17	29	18	62.1	186	1	0	23	1-0	0
11/17	Buf	W 30-13	24	18	75.0	234	2	1	30	2-0	0
11/23	@NE	L 24-27	60	38	63.3	389	0	3	27	2-0	0
11/30	@Oak	W 34-16	34	19	55.9	241	2	1	44	0	1-0
12/07	Det	W 33-30	39	24	61.5	310	2	1	27	0-0	0
12/14	@Ind	L 0-41	15	7	46.7	71	0	0	16	3 2-2	
12/22	NE	L 12-14	44	28	63.6	275	1	1	27	4 1-0	

Curtis Martin — New England Patriots — RB

1997 Rushing and Receiving Splits

	G	Rush	Yds	Avg	Lg	TD	1st	Stf	YdL	Rec	Yds	Avg	TD		Rush	Yds	Avg	Lg	TD	1st	Stf	YdL	Rec	Yds	Avg	TD
Total	13	274	1160	4.2	70	4	46	31	65	41	296	7.2	1	Inside 20	43	75	1.7	11	2	5	8	19	2	22	11.0	0
vs. Playoff	5	84	341	4.1	37	0	17	13	24	19	139	7.3	0	Inside 10	23	21	0.9	7	2	4	7	18	0	0	-	0
vs. Non-playoff	8	190	819	4.3	70	4	29	18	41	22	157	7.1	1	1st Down	141	649	4.6	70	2	17	17	41	15	84	5.6	0
vs. Own Division	7	176	745	4.2	33	3	30	14	28	17	131	7.7	1	2nd Down	119	447	3.8	32	1	24	12	20	16	149	9.3	1
Home	7	158	663	4.2	70	3	26	14	30	19	150	7.9	0	3rd Down Overall	12	64	5.3	32	1	5	2	4	10	63	6.3	0
Away	6	116	497	4.3	37	1	20	17	35	22	146	6.6	1	3rd D 0-2 to Go	8	44	5.5	32	1	4	1	3	2	12	6.0	0
Games 1-8	8	177	791	4.5	70	3	28	19	37	25	188	7.5	1	3rd D 3-7 to Go	2	3	1.5	4	0	0	1	1	0	0	-	0
Games 9-16	5	97	369	3.8	37	1	18	12	28	16	108	6.8	0	3rd D 8+ to Go	2	17	8.5	12	0	1	0	0	8	51	6.4	0
Aug/Sept	4	101	474	4.7	70	2	16	10	24	12	93	7.8	1	4th Down	2	0	0.0	0	0	0	0	0	0	0	-	0
October	4	76	317	4.2	26	1	12	9	13	13	95	7.3	0	Left Sideline	18	125	6.9	37	1	4	2	2	2	12	6.0	0
November	5	97	369	3.8	37	1	18	12	28	16	108	6.8	0	Left Side	71	276	3.9	18	0	7	5	12	8	45	5.6	0
December	0	0	0	-	0	0	0	0	0	0	0	-	0	Middle	124	388	3.1	33	2	19	18	40	10	63	6.3	0
Grass	9	181	755	4.2	70	3	32	21	45	26	183	7.0	0	Right Side	48	203	4.2	20	1	12	6	11	17	124	7.3	1
Turf	4	93	405	4.4	37	1	14	10	20	15	113	7.5	1	Right Sideline	13	168	12.9	70	1	4	0	0	4	52	13.0	0
Indoor	2	46	125	4.9	37	0	8	5	8	9	76	8.4	0	1 Tight End	5	8	1.6	5	0	1	1	2	3	34	5.7	0
Outdoor	11	228	935	4.1	70	4	38	26	57	32	220	7.1	0	1 Tight End	150	692	4.6	70	2	26	20	41	31	248	8.0	1
1st Half	-	128	462	3.6	33	1	18	18	32	27	194	7.2	1	2 Tight Ends	110	426	3.9	26	1	18	9	21	4	14	3.5	0
2nd Half/OT	-	146	698	4.8	70	3	28	13	33	14	102	7.3	0	3+ Tight Ends	9	34	3.8	20	1	2	0	0	0	0	-	0
Last 2 Min. Half	-	8	25	3.1	12	0	1	1	1	9	68	7.6	0	Carries 1-5	65	250	3.8	33	0	10	13	28	0	0	-	0
4th qtr, +/-7 pts	-	15	88	5.9	37	0	3	0	0	4	27	6.8	0	Carries 6-10	63	235	3.7	32	1	12	6	9	0	0	-	0
Winning	-	140	589	4.2	70	3	23	16	32	15	123	8.2	1	Carries 11-15	59	274	4.6	70	2	6	6	14	0	0	-	0
Tied	-	60	279	4.7	33	1	11	2	5	7	53	7.6	0	Carries 16-20	48	246	5.1	37	1	12	4	10	0	0	-	0
Trailing	-	74	292	3.9	37	0	12	13	28	19	120	6.3	0	Carries 21+	39	155	4.0	16	0	6	2	4	0	0	-	0

1997 Incompletions

Type	Num	%of Inc	%Att
Pass Dropped	5	50.0	9.8
Poor Throw	1	10.0	2.0
Pass Defensed	2	20.0	3.9
Pass Hit at Line	0	0.0	0.0
Other	2	20.0	3.9
Total	10	100.0	19.6

Game Logs (1-8)

Date	Opp	Result	Rush	Yds	Rec	Yds	Trgt	F-L	TD
08/31	SD	W 41-7	22	75	4	16	4	0-0	1
09/07	@Ind	W 31-6	25	121	3	34	4	0-0	1
09/14	NYA	W 27-24	40	199	2	15	4	0-0	1
09/21	Chi	W 31-3	14	79	3	28	4	1-1	1
10/06	@Den	L 13-34	15	66	3	10	3	0-0	0
10/12	Buf	W 33-6	22	99	1	4	1	0-0	1
10/19	@NYA	L 19-24	21	87	5	29	6	0-0	0
10/27	GB	L 10-28	18	65	4	52	4	1-1	0

Game Logs (9-16)

Date	Opp	Result	Rush	Yds	Rec	Yds	Trgt	F-L	TD
11/02	@Min	L 18-23	21	104	6	36	7	0-0	1
11/09	@Buf	W 31-10	26	93	1	14	3	1-0	1
11/16	@TB	L 7-27	8	26	4	23	5	0-0	0
11/23	Mia	W 27-24	22	80	2	18	3	0-0	0
11/30	Ind	W 20-17	20	66	3	17	3	0-0	0
12/07	@Jac	W 26-20	0	0	0	0	0	0-0	0
12/13	Pit	L 21-24	0	0	0	0	0	0-0	0
12/22	@Mia	W 14-12	0	0	0	0	0	0-0	0

Tony Martin — San Diego Chargers — WR

1997 Receiving Splits

	G	Rec	Yds	Avg	TD	Lg	Big	YAC	Trgt	Y@C	1st	1st%		Rec	Yds	Avg	TD	Lg	Big	YAC	Trgt	Y@C	1st	1st%
Total	16	63	904	14.3	6	72	7	242	146	10.5	45	71.4	Inside 20	4	26	6.5	2	10	0	9	16	4.3	3	75.0
vs. Playoff	6	22	213	9.7	1	19	0	51	58	7.4	13	59.1	Inside 10	1	4	4.0	1	4	0	0	8	4.0	1	100.0
vs. Non-playoff	10	41	691	16.9	5	72	7	191	88	12.2	32	78.0	1st Down	22	278	12.6	1	59	2	39	52	10.9	11	50.0
vs. Own Division	8	37	485	13.1	3	61	3	122	82	9.8	27	73.0	2nd Down	21	382	18.2	3	72	4	120	43	12.5	17	81.0
Home	8	38	621	16.3	6	72	6	175	79	11.7	29	76.3	3rd Down Overall	17	181	10.6	1	22	0	49	45	7.8	14	82.4
Away	8	25	283	11.3	0	33	1	67	67	8.6	16	64.0	3rd D 0-2 to Go	1	7	7.0	0	7	0	0	3	7.0	1	100.0
Games 1-8	8	26	454	17.5	3	72	5	119	63	12.9	20	76.9	3rd D 3-7 to Go	8	75	9.4	1	16	0	28	17	5.9	8	100.0
Games 9-16	8	37	450	12.2	3	61	2	123	83	8.8	25	67.6	3rd D 8+ to Go	8	99	12.4	0	22	0	21	25	9.8	5	62.5
Aug/Sept	5	15	318	21.2	3	72	4	101	38	14.5	11	73.3	4th Down	3	63	21.0	1	36	1	34	6	9.7	3	100.0
October	3	11	136	12.4	0	33	1	18	25	10.7	9	81.8	Rec Behind Line	2	13	6.5	0	8	0	13	4	0.0	0	0.0
November	5	24	310	12.9	3	61	2	91	54	9.1	15	62.5	1-10 yds	42	422	10.0	3	36	2	162	78	6.2	26	61.9
December	3	13	140	10.8	0	17	0	32	29	8.3	20	76.9	11-20 yds	13	184	14.2	0	22	0	8	36	13.5	13	100.0
Grass	13	50	765	15.3	6	72	7	206	118	11.2	37	74.0	21-30 yds	2	55	27.5	0	33	1	5	15	25.0	2	100.0
Turf	3	13	139	10.7	0	22	0	36	28	7.9	8	61.5	31+	4	230	57.5	3	72	4	54	12	44.0	4	100.0
Indoor	2	6	70	11.7	0	22	0	19	14	8.5	4	66.7	Left Sideline	18	195	10.8	1	33	1	36	47	8.8	12	66.7
Outdoor	14	57	834	14.6	6	72	7	223	132	10.7	41	71.9	Left Side	8	151	18.9	1	72	2	69	23	10.3	6	75.0
1st Half	-	41	625	15.2	4	72	5	182	86	10.8	34	82.9	Middle	13	255	19.6	4	61	3	92	20	12.5	9	69.2
2nd Half/OT	-	22	279	12.7	2	61	2	60	60	10.0	11	50.0	Right Side	15	218	14.5	0	59	1	41	27	11.8	11	73.3
Last 2 Min. Half	-	10	95	9.5	0	14	0	14	30	8.1	7	70.0	Right Sideline	9	85	9.4	0	14	0	4	29	9.0	7	77.8
4th qtr, +/-7 pts	-	4	84	21.0	1	61	1	14	11	17.5	2	50.0	Shotgun	15	172	11.5	0	22	0	35	34	9.1	13	86.7
Winning	-	17	267	15.7	2	72	2	69	28	11.6	13	76.5	2 Wide Receivers	27	498	18.4	4	72	6	132	52	13.6	19	70.4
Tied	-	12	292	24.3	2	61	4	101	34	15.9	11	91.7	3 Wide Receivers	22	279	12.7	1	36	1	83	63	8.9	17	77.3
Trailing	-	34	345	10.1	2	38	1	72	84	8.0	21	61.8	4+ WR	13	113	8.7	1	19	0	27	28	6.6	8	61.5

1997 Incompletions

Type	Num	%of Inc	%of Att
Pass Dropped	4	4.8	2.7
Poor Throw	50	60.2	34.2
Pass Defensed	14	16.9	9.6
Pass Hit at Line	3	3.6	2.1
Other	12	14.5	8.2
Total	83	100.0	56.8

Game Logs (1-8)

Date	Opp	Result	Rec	Yds	Trgt	F-L	TD
08/31	@NE	L 7-41	2	18	10	0-0	0
09/07	@NO	W 20-6	1	8	2	0-0	0
09/14	Car	L 7-26	3	75	6	0-0	0
09/21	@Sea	L 22-26	5	62	12	0-0	0
09/28	Bal	W 21-17	4	155	8	0-0	3
10/05	@Oak	W 25-10	5	75	8	0-0	0
10/16	@KC	L 3-31	0	0	7	0-0	0
10/26	Ind	W 35-19	6	61	10	0-0	0

Game Logs (9-16)

Date	Opp	Result	Rec	Yds	Trgt	F-L	TD
11/02	@Cin	L 31-38	7	69	14	0-0	0
11/09	Sea	L 31-37	5	100	10	0-0	2
11/16	Oak	L 13-38	3	58	9	0-0	0
11/23	@SF	L 10-17	1	5	5	0-0	0
11/30	Den	L 28-38	8	78	16	0-0	1
12/07	Atl	L 3-14	2	28	9	0-0	0
12/14	KC	L 7-29	7	66	11	0-0	0
12/21	@Den	L 3-38	4	46	9	0-0	0

Terance Mathis — Atlanta Falcons — WR

1997 Receiving Splits

	G	Rec	Yds	Avg	TD	Lg	Big	YAC	Trgt	Y@C	1st	1st%		Rec	Yds	Avg	TD	Lg	Big	YAC	Trgt	Y@C	1st	1st%
Total	16	62	802	12.9	6	49	5	189	109	9.9	42	67.7	Inside 20	10	100	10.0	6	19	0	19	12	8.1	6	60.0
vs. Playoff	5	17	208	12.2	1	49	1	72	31	8.0	10	58.8	Inside 10	4	22	5.5	3	8	0	6	4	4.0	3	75.0
vs. Non-playoff	11	45	594	13.2	5	44	3	117	78	10.6	32	71.1	1st Down	25	298	11.9	1	42	1	72	49	9.0	14	56.0
vs. Own Division	8	39	482	12.4	3	44	4	110	63	9.5	25	64.1	2nd Down	22	253	11.5	2	44	1	64	33	8.6	15	68.2
Home	8	33	418	12.7	4	49	3	113	58	9.2	21	63.6	3rd Down Overall	14	247	17.6	2	49	3	53	25	13.9	12	85.7
Away	8	29	384	13.2	2	44	2	76	51	10.6	21	72.4	3rd D 0-2 to Go	1	9	9.0	0	9	0	6	2	3.0	1	100.0
Games 1-8	8	32	415	13.0	2	49	4	112	63	9.5	20	62.5	3rd D 3-7 to Go	6	101	16.8	1	28	2	17	14	14.0	5	83.3
Games 9-16	8	30	387	12.9	4	44	1	77	46	10.3	22	73.3	3rd D 8+ to Go	7	137	19.6	1	49	1	30	9	15.3	6	85.7
Aug/Sept	5	15	203	13.5	1	49	2	79	35	8.3	9	60.0	4th Down	1	4	4.0	0	4	0	1	2	4.0	1	100.0
October	3	17	212	12.5	1	28	2	33	28	10.5	11	64.7	Rec Behind Line	8	8	1.0	0	8	0	9	3	-1.0	1	100.0
November	5	22	262	11.9	2	44	1	50	30	9.6	15	68.2	1-10 yds	38	342	9.0	4	19	0	97	59	6.4	20	52.6
December	3	8	125	15.6	2	19	0	27	16	12.3	7	87.5	11-20 yds	17	274	16.1	2	42	1	44	27	13.5	15	88.2
Grass	4	16	210	13.1	2	28	1	44	30	10.4	12	75.0	21-30 yds	3	102	34.0	0	49	3	31	8	23.7	3	100.0
Turf	12	46	592	12.9	4	49	4	145	79	9.7	30	65.2	31+	1	44	44.0	0	44	1	8	8	36.0	1	100.0
Indoor	12	46	592	12.9	4	49	4	145	79	9.7	30	65.2	Left Sideline	17	204	12.0	1	44	1	56	35	8.7	10	58.8
Outdoor	4	16	210	13.1	2	28	1	44	30	10.4	12	75.0	Left Side	12	164	13.7	0	28	2	7	19	13.1	6	50.0
1st Half	-	32	456	14.3	2	49	3	121	62	10.5	22	68.8	Middle	11	128	11.6	2	16	0	17	17	10.1	11	100.0
2nd Half/OT	-	30	346	11.5	4	44	2	68	47	9.3	20	66.7	Right Side	10	122	12.2	0	18	0	38	16	8.4	7	70.0
Last 2 Min. Half	-	10	150	15.0	1	49	2	41	17	10.9	7	70.0	Right Sideline	11	167	15.2	2	49	2	62	21	9.5	7	63.6
4th qtr, +/-7 pts	-	11	142	12.9	1	44	1	24	16	10.7	7	63.6	Shotgun	1	4	4.0	0	4	0	0	1	4.0	1	100.0
Winning	-	14	147	10.5	1	18	0	16	32	9.4	8	57.1	2 Wide Receivers	39	523	13.4	2	49	3	153	62	9.5	26	66.7
Tied	-	12	177	14.8	3	42	1	53	20	10.3	9	75.0	3 Wide Receivers	8	64	8.0	2	15	0	16	21	6.6	5	62.5
Trailing	-	36	478	13.3	2	49	4	120	57	9.9	25	69.4	4+ WR	11	159	14.5	1	28	2	10	20	13.5	8	72.7

1997 Incompletions

Type	Num	%of Inc	%of Att
Pass Dropped	8	17.0	7.3
Poor Throw	20	42.6	18.3
Pass Defensed	8	17.0	7.3
Pass Hit at Line	2	4.3	1.8
Other	9	19.1	8.3
Total	47	100.0	43.1

Game Logs (1-8)

Date	Opp	Result	Rush	Yds	Rec	Yds	Trgt	F-L	TD
08/31	@Det	L 17-28	0	0	2	17	5	0-0	0
09/07	Car	L 6-9	0	0	2	47	5	0-0	0
09/14	Oak	L 31-36	0	0	6	55	13	0-0	1
09/21	@SF	L 7-34	1	6	4	35	8	0-0	0
09/28	Den	L 21-29	0	0	1	49	4	0-0	0
10/12	@NO	W 23-17	0	0	2	30	4	0-0	0
10/19	SF	L 28-35	0	0	7	75	11	0-0	0
10/26	@Car	L 12-21	0	0	8	107	13	0-0	0

Game Logs (9-16)

Date	Opp	Result	Rush	Yds	Rec	Yds	Trgt	F-L	TD
11/02	StL	W 34-31	0	0	7	73	11	0-0	1
11/09	TB	L 10-31	0	0	3	32	3	0-0	0
11/16	@StL	W 27-21	0	0	6	85	7	0-0	0
11/23	NO	W 20-3	0	0	3	30	4	0-0	1
11/30	@Sea	W 24-17	1	16	3	42	5	0-0	0
12/07	@SD	W 14-3	1	13	1	19	4	0-0	1
12/14	Phi	W 20-17	0	0	4	57	7	0-0	0
12/21	@Ari	L 26-29	0	0	3	49	5	0-0	1

Ed McCaffrey
Denver Broncos — WR

1997 Receiving Splits

	G	Rec	Yds	Avg	TD	Lg	Big	YAC	Trgt	Y@C	1st	1st%		Rec	Yds	Avg	TD	Lg	Big	YAC	Trgt	Y@C	1st	1st%
Total	15	45	590	13.1	8	35	5	126	85	10.3	32	71.1	Inside 20	5	28	5.6	3	14	0	2	12	5.2	4	80.0
vs. Playoff	4	8	84	10.5	0	20	0	33	22	6.4	5	62.5	Inside 10	2	5	2.5	2	4	0	2	4	1.5	2	100.0
vs. Non-playoff	11	37	506	13.7	8	35	5	93	63	11.2	27	73.0	1st Down	16	209	13.1	3	35	3	40	32	10.6	7	43.8
vs. Own Division	8	31	409	13.2	6	35	4	89	49	10.3	24	77.4	2nd Down	19	274	14.4	5	32	2	52	29	11.7	17	89.5
Home	8	19	239	12.6	3	35	2	56	38	9.6	11	57.9	3rd Down Overall	10	107	10.7	0	19	0	34	22	7.3	8	80.0
Away	7	26	351	13.5	5	29	3	70	47	10.8	21	80.8	3rd D 0-2 to Go	2	16	8.0	0	12	0	14	3	1.0	2	100.0
Games 1-8	8	26	367	14.1	5	32	2	91	48	10.6	18	69.2	3rd D 3-7 to Go	2	9	4.5	0	6	0	0	9	4.5	1	50.0
Games 9-16	7	19	223	11.7	3	35	3	35	37	9.9	14	73.7	3rd D 8+ to Go	6	82	13.7	0	19	0	20	10	10.3	5	83.3
Aug/Sept	5	19	263	13.8	4	32	1	61	33	10.6	13	68.4	4th Down	0	0	-	0	0	0	0	2	-	0	-
October	3	7	104	14.9	1	28	1	30	15	10.6	5	71.4	Rec Behind Line	2	23	11.5	0	19	0	27	4	-2.0	2	100.0
November	5	14	186	13.3	2	35	3	26	23	11.4	11	78.6	1-10 yds	26	218	8.4	2	20	0	63	40	6.0	13	50.0
December	2	5	37	7.4	1	12	0	9	14	5.6	3	60.0	11-20 yds	10	156	15.6	2	21	0	13	21	14.3	10	100.0
Grass	12	32	432	13.5	6	35	5	103	64	10.3	23	71.9	21-30 yds	6	158	26.3	4	32	4	19	15	23.2	6	100.0
Turf	3	13	158	12.2	2	21	0	23	21	10.4	9	69.2	31+	1	35	35.0	0	35	1	4	5	31.0	1	100.0
Indoor	2	12	141	11.8	2	21	0	22	18	9.9	8	66.7	Left Sideline	6	52	8.7	1	17	0	16	13	6.0	2	33.3
Outdoor	13	33	449	13.6	6	35	5	104	67	10.5	24	72.7	Left Side	9	88	9.8	2	23	0	16	15	8.0	7	77.8
1st Half	-	28	339	12.1	4	35	4	71	50	9.6	18	64.3	Middle	8	174	21.8	2	35	4	30	12	18.0	7	87.5
2nd Half/OT	-	17	251	14.8	4	28	1	55	35	11.5	14	82.4	Right Side	10	106	10.6	0	19	0	39	19	6.7	6	60.0
Last 2 Min. Half	-	3	40	13.3	0	19	0	20	6	6.7	3	100.0	Right Sideline	12	170	14.2	3	28	1	25	26	12.1	10	83.3
4th qtr, +/-7 pts	-	1	12	12.0	0	12	0	3	5	9.0	1	100.0	Shotgun	12	164	13.7	1	28	1	40	20	10.3	11	91.7
Winning	-	22	264	12.0	4	29	1	52	39	9.6	16	72.7	2 Wide Receivers	19	243	12.8	3	35	2	48	42	10.3	14	73.7
Tied	-	8	117	14.6	1	35	2	12	21	13.1	5	62.5	3 Wide Receivers	21	295	14.0	4	32	3	48	33	11.8	14	66.7
Trailing	-	15	209	13.9	3	32	2	62	25	9.8	11	73.3	4+ WR	4	51	12.8	0	19	0	30	8	5.3	3	75.0

1997 Incompletions

Type	Num	%of Inc	%of Att
Pass Dropped	3	7.5	3.5
Poor Throw	11	27.5	12.9
Pass Defensed	12	30.0	14.1
Pass Hit at Line	2	5.0	2.4
Other	12	30.0	14.1
Total	40	100.0	47.1

Game Logs (1-8)

Date	Opp	Result	Rec	Yds	Trgt	F-L	TD
08/31	KC	W 19-3	2	37	4	0-0	0
09/07	@Sea	W 35-14	8	93	10	0-0	2
09/14	StL	W 35-14	1	23	3	0-0	1
09/21	Cin	W 38-20	4	62	8	0-0	1
09/28	@Atl	W 29-21	4	48	8	0-0	0
10/06	NE	W 34-13	3	26	7	0-0	0
10/19	@Oak	L 25-28	3	61	5	0-0	1
10/26	@Buf	W 23-20	1	17	3	0-0	0

Game Logs (9-16)

Date	Opp	Result	Rec	Yds	Trgt	F-L	TD
11/02	Sea	W 30-27	1	8	4	0-0	0
11/09	Car	W 34-0	0	0	0	0-0	0
11/16	@KC	L 22-24	2	16	4	0-0	0
11/24	Oak	W 31-3	4	51	5	0-0	0
11/30	@SD	W 38-28	7	111	10	0-0	2
12/07	@Pit	L 24-35	-	-	-	-	-
12/15	@SF	L 17-34	1	5	7	0-0	0
12/21	SD	W 38-3	4	32	7	0-0	1

Keenan McCardell
Jacksonville Jaguars — WR

1997 Receiving Splits

	G	Rec	Yds	Avg	TD	Lg	Big	YAC	Trgt	Y@C	1st	1st%		Rec	Yds	Avg	TD	Lg	Big	YAC	Trgt	Y@C	1st	1st%
Total	16	85	1164	13.7	5	60	11	280	129	10.4	55	64.7	Inside 20	8	77	9.6	3	17	0	0	21	9.6	5	62.5
vs. Playoff	5	24	319	13.3	2	43	2	83	44	9.8	13	54.2	Inside 10	1	5	5.0	1	5	0	0	8	5.0	1	100.0
vs. Non-playoff	11	61	845	13.9	3	60	9	197	85	10.6	42	68.9	1st Down	32	520	16.3	3	60	8	123	46	12.4	19	59.4
vs. Own Division	8	41	487	11.9	3	44	4	106	64	9.3	24	58.5	2nd Down	31	374	12.1	2	39	2	38	49	10.8	20	64.5
Home	8	42	560	13.3	3	43	3	147	69	9.8	28	66.7	3rd Down Overall	22	270	12.3	0	34	1	119	33	6.9	16	72.7
Away	8	43	604	14.0	2	60	8	133	60	11.0	27	62.8	3rd D 0-2 to Go	5	55	11.0	0	19	0	35	7	4.0	4	80.0
Games 1-8	8	36	487	13.5	1	43	5	113	57	10.4	22	61.1	3rd D 3-7 to Go	8	102	12.8	0	34	1	52	12	6.3	7	87.5
Games 9-16	8	49	677	13.8	4	60	6	167	72	10.4	33	67.3	3rd D 8+ to Go	9	113	12.6	0	18	0	32	14	9.0	5	55.6
Aug/Sept	4	20	243	12.2	0	43	3	43	35	10.0	11	55.0	4th Down	0	0	-	0	0	0	0	1	-	0	-
October	4	16	244	15.3	1	39	2	70	22	10.9	11	68.8	Rec Behind Line	1	0	0.0	0	0	0	0	4	0.0	0	0.0
November	5	25	315	12.6	1	34	2	64	39	10.0	16	64.0	1-10 yds	55	529	9.6	1	34	2	206	77	5.9	27	49.1
December	3	24	362	15.1	3	60	4	103	33	10.8	17	70.8	11-20 yds	19	292	15.4	3	22	0	29	28	13.8	18	94.7
Grass	12	62	819	13.2	4	43	7	195	98	10.1	40	64.5	21-30 yds	4	109	27.3	0	34	4	18	7	22.8	4	100.0
Turf	4	23	345	15.0	1	60	4	85	31	11.3	15	65.2	31+	5	211	42.2	1	60	5	27	10	36.8	5	100.0
Indoor	0	0	0	-	0	0	0	0	0	-	0	-	Left Sideline	26	454	17.5	1	60	6	92	43	13.9	19	73.1
Outdoor	16	85	1164	13.7	5	60	11	280	129	10.4	55	64.7	Left Side	17	234	13.8	1	34	3	80	22	9.1	11	64.7
1st Half	-	46	681	14.8	3	60	6	142	68	11.7	31	67.4	Middle	9	127	14.1	1	22	0	14	11	11.9	6	66.7
2nd Half/OT	-	39	483	12.4	2	39	5	138	61	8.8	24	61.5	Right Side	20	189	9.5	0	17	0	51	26	6.9	11	55.0
Last 2 Min. Half	-	10	135	13.5	1	34	1	16	18	11.9	6	60.0	Right Sideline	13	160	12.3	2	35	2	37	24	9.5	8	61.5
4th qtr, +/-7 pts	-	10	113	11.3	0	25	1	35	12	7.8	5	50.0	Shotgun	30	391	13.0	2	34	2	127	47	8.8	18	60.0
Winning	-	31	356	11.5	0	26	2	90	51	8.6	20	64.5	2 Wide Receivers	27	418	15.5	1	60	4	81	41	12.5	20	74.1
Tied	-	13	248	19.1	2	60	3	48	21	15.4	12	92.3	3 Wide Receivers	41	498	12.1	3	35	5	132	63	8.9	23	56.1
Trailing	-	41	560	13.7	3	43	6	142	57	10.2	23	56.1	4+ WR	17	248	14.6	1	39	2	67	24	10.6	12	70.6

1997 Incompletions

Type	Num	%of Inc	%of Att
Pass Dropped	4	9.1	3.1
Poor Throw	19	43.2	14.7
Pass Defensed	8	18.2	6.2
Pass Hit at Line	2	4.5	1.6
Other	11	25.0	8.5
Total	44	100.0	34.1

Game Logs (1-8)

Date	Opp	Result	Rec	Yds	Trgt	F-L	TD
08/31	@Bal	W 28-27	6	84	8	0-0	0
09/07	NYN	W 40-13	4	71	10	0-0	0
09/22	Pit	W 30-21	5	51	11	0-0	1
09/28	@Was	L 12-24	4	37	6	0-0	0
10/05	Cin	W 21-13	3	38	7	0-0	0
10/12	Phi	W 38-21	4	64	4	0-0	0
10/19	@Dal	L 22-26	7	120	8	0-0	1
10/26	@Pit	L 17-23	2	22	3	0-0	0

Game Logs (9-16)

Date	Opp	Result	Rec	Yds	Trgt	F-L	TD
11/02	@Ten	W 30-24	3	22	6	0-0	0
11/09	KC	W 24-10	1	23	4	0-0	0
11/16	Ten	W 17-9	6	64	8	0-0	1
11/23	@Cin	L 26-31	8	109	12	0-0	0
11/30	Bal	W 29-27	7	97	9	0-0	0
12/07	NE	L 20-26	7	152	16	0-0	2
12/14	@Buf	W 20-14	6	94	8	0-0	0
12/21	@Oak	W 20-9	7	116	9	0-0	1

O.J. McDuffie — Miami Dolphins — WR

1997 Receiving Splits

	G	Rec	Yds	Avg	TD	Lg	Big	YAC	Trgt	Y@C	1st	1st%		Rec	Yds	Avg	TD	Lg	Big	YAC	Trgt	Y@C	1st	1st%
Total	16	76	943	12.4	1	55	6	235	118	9.3	50	65.8	Inside 20	6	41	6.8	1	10	0	6	14	5.8	2	33.3
vs. Playoff	6	32	376	11.8	0	27	2	107	50	8.4	20	62.5	Inside 10	1	5	5.0	0	5	0	0	7	5.0	0	0.0
vs. Non-playoff	10	44	567	12.9	1	55	4	128	68	10.0	30	68.2	1st Down	32	339	10.6	0	25	1	90	48	7.8	15	46.9
vs. Own Division	8	31	342	11.0	0	27	2	36	49	9.9	19	61.3	2nd Down	23	352	15.3	0	55	3	119	35	10.1	17	73.9
Home	8	37	511	13.8	0	55	4	117	59	10.6	21	56.8	3rd Down Overall	20	247	12.4	1	27	2	26	33	11.1	17	85.0
Away	8	39	432	11.1	1	27	2	118	59	8.1	29	74.4	3rd D 0-2 to Go	2	32	16.0	0	27	1	21	3	5.5	2	100.0
Games 1-8	8	45	612	13.6	1	55	5	137	65	10.6	33	73.3	3rd D 3-7 to Go	8	43	5.4	1	10	0	-43	5	10.8	5	62.5
Games 9-16	8	31	331	10.7	0	27	1	98	53	7.5	17	54.8	3rd D 8+ to Go	10	172	17.2	0	25	1	48	15	12.4	10	100.0
Aug/Sept	4	22	257	11.7	1	50	2	17	33	10.9	13	59.1	4th Down	1	5	5.0	0	5	0	2	5.0		1	100.0
October	4	23	355	15.4	0	55	3	120	32	10.2	20	87.0	Rec Behind Line	0	0	-	0	0	0	0	2	-	0	-
November	5	21	219	10.4	0	27	1	69	36	7.1	12	57.1	1-10 yds	54	510	9.4	1	27	1	190	78	5.9	31	57.4
December	3	10	112	11.2	0	19	0	29	17	8.3	5	50.0	11-20 yds	17	306	18.0	0	55	1	57	30	14.6	15	88.2
Grass	13	67	823	12.3	1	55	5	203	103	9.3	42	62.7	21-30 yds	4	126	31.5	0	50	4	38	6	22.0	4	100.0
Turf	3	9	120	13.3	0	25	1	32	15	9.8	8	88.9	31+	1	1	1.0	0	1	0	-50	2	51.0	0	0
Indoor	1	2	23	11.5	0	13	0	1	3	11.0	2	100.0	Left Sideline	8	80	10.0	1	14	0	23	15	7.1	7	87.5
Outdoor	15	74	920	12.4	1	55	6	234	115	9.3	48	64.9	Left Side	24	298	12.4	0	25	1	78	37	9.2	14	58.3
1st Half	-	36	469	13.0	1	55	4	69	56	11.1	26	72.2	Middle	13	248	19.1	0	55	5	99	19	11.5	8	61.5
2nd Half/OT	-	40	474	11.9	0	50	2	166	62	7.7	24	60.0	Right Side	21	213	10.1	0	21	0	64	34	7.1	15	71.4
Last 2 Min. Half	-	10	110	11.0	0	19	0	41	17	6.9	9	90.0	Right Sideline	10	104	10.4	0	20	0	-29	13	13.3	6	60.0
4th qtr, +/-7 pts	-	9	131	14.6	0	50	1	54	12	8.6	5	55.6	Shotgun	32	410	12.8	1	50	2	102	49	9.6	23	71.9
Winning	-	24	200	8.3	0	18	0	-9	35	8.7	10	41.7	2 Wide Receivers	39	478	12.3	0	55	3	118	63	9.2	23	59.0
Tied	-	13	190	14.6	0	26	2	47	21	11.0	11	84.6	3 Wide Receivers	10	93	9.3	0	19	0	33	15	6.0	6	60.0
Trailing	-	39	553	14.2	1	55	4	197	62	9.1	29	74.4	4+ WR	27	372	13.8	1	50	3	84	40	10.7	21	77.8

1997 Incompletions

Type	Num	%of Inc	%of Att
Pass Dropped	3	7.1	2.5
Poor Throw	16	38.1	13.6
Pass Defensed	16	38.1	13.6
Pass Hit at Line	1	2.4	0.8
Other	6	14.3	5.1
Total	42	100.0	35.6

Game Logs (1-8)

Date	Opp	Result	Rec	Yds	Trgt	F-L	TD
08/31	Ind	W 16-10	4	31	6	0-0	0
09/07	Ten	W 16-13	8	135	13	0-0	0
09/14	@GB	L 18-23	4	36	7	0-0	0
09/21	@TB	L 21-31	6	55	7	0-0	1
10/05	KC	W 17-14	5	86	7	0-0	0
10/12	@NYA	W 31-20	4	55	5	0-0	1
10/19	@Bal	W 24-13	7	77	8	0-0	0
10/27	Chi	L 33-36	7	137	12	0-0	1

Game Logs (9-16)

Date	Opp	Result	Rec	Yds	Trgt	F-L	TD
11/02	@Buf	L 6-9	3	42	7	0-0	0
11/09	NYA	W 24-17	3	23	4	0-0	0
11/17	Buf	W 30-13	2	10	3	0-0	0
11/23	@NE	L 24-27	9	110	15	0-0	0
11/30	@Oak	W 34-16	4	34	7	0-0	0
12/07	Det	W 33-30	4	41	8	0-0	0
12/14	@Ind	L 0-41	2	23	3	0-0	0
12/22	NE	L 12-14	4	48	6	0-0	0

Leeland McElroy — Arizona Cardinals — RB

1997 Rushing and Receiving Splits

	G	Rush	Yds	Avg	Lg	TD	1st	Stf	YdL	Rec	Yds	Avg	TD		Rush	Yds	Avg	Lg	TD	1st	Stf	YdL	Rec	Yds	Avg	TD
Total	14	135	424	3.1	18	2	22	18	42	7	32	4.6	0	Inside 20	13	54	4.2	17	2	4	2	8	0	0	-	0
vs. Playoff	5	46	165	3.6	18	0	10	5	17	3	13	4.3	0	Inside 10	5	3	0.6	0	1	4	1	2	8	0	0	-	0
vs. Non-playoff	9	89	259	2.9	17	2	12	13	25	4	19	4.8	0	1st Down	81	244	3.0	17	2	7	9	21	5	25	5.0	0
vs. Own Division	7	65	181	2.8	17	1	8	10	20	5	21	4.2	0	2nd Down	52	184	3.5	18	0	14	8	14	2	7	3.5	0
Home	7	64	256	4.0	18	1	13	8	22	4	27	6.8	0	3rd Down Overall	2	-4	-2.0	0	0	1	1	7	0	0	-	0
Away	7	71	168	2.4	17	1	9	10	20	3	5	1.7	0	3rd D 0-2 to Go	2	-4	-2.0	0	0	1	1	7	0	0	-	0
Games 1-8	8	91	299	3.3	18	2	16	11	26	7	32	4.6	0	3rd D 3-7 to Go	0	0	-	0	0	0	0	0	0	0	-	0
Games 9-16	6	44	125	2.8	17	0	6	7	16	0	0	-	0	3rd D 8+ to Go	0	0	-	0	0	0	0	0	0	0	-	0
Aug/Sept	4	64	194	3.0	17	2	11	6	11	5	36	7.2	0	4th Down	0	0	-	0	0	0	0	0	0	0	-	0
October	4	27	105	3.9	18	0	5	5	15	2	-4	-2.0	0	Left Sideline	11	38	3.5	17	1	2	2	5	1	22	11.0	0
November	5	43	125	2.9	17	0	6	7	16	0	0	-	0	Left Side	24	86	3.6	18	0	3	5	7	1	2	2.0	0
December	1	1	0	0.0	0	0	0	0	0	0	0	-	0	Middle	60	159	2.7	15	0	9	3	13	1	6	6.0	0
Grass	10	106	361	3.4	18	1	19	13	31	6	38	6.3	0	Right Side	34	116	3.4	17	1	7	8	17	3	2	0.7	0
Turf	4	29	63	2.2	17	1	3	5	11	1	-6	-6.0	0	Right Sideline	6	25	4.2	13	0	1	0	0	0	0	-	0
Indoor	0	0	0	-	0	0	0	0	0	0	0	-	0	Tight Ends	0	0	-	0	0	0	0	0	0	0	-	0
Outdoor	14	135	424	3.1	18	2	22	18	42	7	32	4.6	0	1 Tight End	115	363	3.2	18	2	20	16	34	5	25	5.0	0
1st Half	-	70	240	3.4	17	2	11	9	15	5	10	2.0	0	2 Tight Ends	17	51	3.0	14	0	2	2	8	2	7	3.5	0
2nd Half/OT	-	65	184	2.8	18	0	11	9	27	2	22	11.0	0	3+ Tight Ends	0	0	-	0	0	0	0	0	0	0	-	0
Last 2 Min. Half	-	3	-2	-0.7	3	0	0	1	7	0	0	-	0	Carries 1-5	60	226	3.8	17	2	11	8	14	0	0	-	0
4th qtr, +/-7 pts	-	15	28	1.9	11	0	3	3	11	0	0	-	0	Carries 6-10	42	126	3.0	18	0	6	5	13	0	0	-	0
Winning	-	37	117	3.2	18	0	8	4	13	0	0	-	0	Carries 11-15	27	61	2.3	13	0	5	3	10	0	0	-	0
Tied	-	36	103	2.9	17	1	3	7	15	1	-6	-6.0	0	Carries 16-20	6	11	1.8	7	0	0	2	5	0	0	-	0
Trailing	-	62	204	3.3	15	1	11	7	14	6	38	6.3	0	Carries 21+	0	0	-	0	0	0	0	0	0	0	-	0

1997 Incompletions

Type	Num	%of Inc	% Att
Pass Dropped	4	80.0	33.3
Poor Throw	1	20.0	8.3
Pass Defensed	0	0.0	0.0
Pass Hit at Line	0	0.0	0.0
Other	0	0.0	0.0
Total	5	100.0	41.7

Game Logs (1-8)

Date	Opp	Result	Rush	Yds	Rec	Yds	Trgt	F-L	TD
08/31	@Cin	L 21-24	17	52	0	0	0	0-0	1
09/07	Dal	W 25-22	16	53	3	25	3	1-0	1
09/14	@Was	L 13-19	18	49	0	0	1	1-1	0
09/28	@TB	L 18-19	13	40	2	11	3	0-0	0
10/05	Min	L 19-20	15	87	0	0	1	0-0	0
10/12	NYN	L 13-21	6	1	1	2	1	0-0	0
10/19	@Phi	L 10-13	2	2	1	-6	2	0-0	0
10/26	Ten	L 14-41	4	15	0	0	0	0-0	0

Game Logs (9-16)

Date	Opp	Result	Rush	Yds	Rec	Yds	Trgt	F-L	TD
11/02	Phi	W 31-21	13	67	0	0	0	0-0	0
11/09	@Dal	L 6-24	7	5	0	0	0	0-0	0
11/16	@NYN	L 10-19	2	4	0	0	0	1-1	0
11/23	@Bal	W 16-13	11	16	0	0	0	0-0	0
11/30	Pit	L 20-26	9	33	0	0	0	0-0	0
12/07	Was	L 28-38	-	-	-	-	-	-	-
12/14	@NO	L 10-27	-	-	-	-	-	-	-
12/21	Atl	W 29-26	1	0	0	0	0	0-0	0

Tony McGee — Cincinnati Bengals — TE

1997 Receiving Splits

	G	Rec	Yds	Avg	TD	Lg	Big	YAC	Trgt	Y@C	1st	1st%		Rec	Yds	Avg	TD	Lg	Big	YAC	Trgt	Y@C	1st	1st%
Total	16	34	414	12.2	6	37	3	111	53	8.9	24	70.6	Inside 20	9	84	9.3	6	16	0	12	11	8.0	8	88.9
vs. Playoff	6	10	122	12.2	2	37	1	20	14	10.2	7	70.0	Inside 10	6	39	6.5	5	9	0	1	7	6.3	5	83.3
vs. Non-playoff	10	24	292	12.2	4	33	2	91	39	8.4	17	70.8	1st Down	13	193	14.8	3	37	3	80	22	8.7	10	76.9
vs. Own Division	8	20	243	12.2	2	37	0	73	33	8.5	13	65.0	2nd Down	15	160	10.7	1	23	0	27	22	8.9	9	60.0
Home	8	16	174	10.9	2	23	0	42	26	8.3	11	68.8	3rd Down Overall	5	51	10.2	2	16	0	3	8	9.6	4	80.0
Away	8	18	240	13.3	4	37	3	69	27	9.5	13	72.2	3rd D 0-2 to Go	0	0	-	0	0	0	0	0	-	0	-
Games 1-8	8	16	224	14.0	1	37	3	74	26	9.4	10	62.5	3rd D 3-7 to Go	2	15	7.5	1	9	0	1	2	7.0	2	100.0
Games 9-16	8	18	190	10.6	5	17	0	37	27	8.5	14	77.8	3rd D 8+ to Go	3	36	12.0	1	16	0	2	6	11.3	2	66.7
Aug/Sept	4	8	121	15.1	1	33	2	49	16	9.0	5	62.5	4th Down	1	10	10.0	0	10	0	1	1	9.0	1	100.0
October	4	8	103	12.9	0	37	1	25	10	9.8	5	62.5	Rec Behind Line	1	4	4.0	0	4	0	4	2	0.0	0	0.0
November	5	13	142	10.9	4	17	0	22	18	9.2	10	76.9	1-10 yds	18	131	7.3	5	16	0	44	25	4.8	9	50.0
December	3	5	48	9.6	1	15	0	15	9	6.6	4	80.0	11-20 yds	15	279	18.6	1	37	3	63	23	14.4	15	100.0
Grass	4	11	151	13.7	1	37	3	59	17	8.4	6	54.5	21-30 yds	0	0	-	0	0	0	0	3	-	0	-
Turf	12	23	263	11.4	5	23	0	52	36	9.2	18	78.3	31+	0	0	-	0	0	0	0	0	-	0	-
Indoor	1	2	20	10.0	0	15	0	1	2	9.5	2	100.0	Left Sideline	2	12	6.0	1	7	0	4	4	4.0	1	50.0
Outdoor	15	32	394	12.3	4	37	3	110	51	8.9	22	68.8	Left Side	9	115	12.8	3	23	0	25	15	10.0	7	77.8
1st Half	-	17	161	9.5	4	17	0	32	30	7.6	11	64.7	Middle	14	218	15.6	3	37	3	54	20	11.7	13	92.9
2nd Half/OT	-	17	253	14.9	2	37	3	79	23	10.2	13	76.5	Right Side	7	55	7.9	0	16	0	17	12	5.4	3	42.9
Last 2 Min. Half	-	0	0	-	0	0	0	3	-	0	-		Right Sideline	2	14	7.0	0	9	0	11	2	1.5	0	0.0
4th qtr, +/-7 pts	-	1	5	5.0	0	5	0	2	5.0	0	0.0		Shotgun	0	0	-	0	0	0	0	0	-	0	-
Winning	-	12	108	9.0	3	16	0	30	20	6.5	8	66.7	2 Wide Receivers	23	302	13.1	5	33	2	74	36	9.9	18	78.3
Tied	-	6	52	8.7	2	15	0	5	12	7.8	4	66.7	3 Wide Receivers	7	87	12.4	0	37	1	34	11	7.6	3	42.9
Trailing	-	16	254	15.9	1	37	3	76	21	11.1	12	75.0	4+ WR	3	24	8.0	0	13	0	3	5	7.0	2	66.7

1997 Incompletions

Type	Num	%of Inc	%of Att
Pass Dropped	1	5.3	1.9
Poor Throw	11	57.9	20.8
Pass Defensed	4	21.1	7.5
Pass Hit at Line	0	0.0	0.0
Other	3	15.8	5.7
Total	19	100.0	35.8

Game Logs (1-8)

Date	Opp	Result	Rec	Yds	Trgt	F-L	TD
08/31	Ari	W 24-21	2	28	3	0-0	0
09/07	@Bal	L 10-23	4	71	9	0-0	0
09/14	@Den	L 20-38	1	7	1	0-0	1
09/28	NYA	L 14-31	1	15	3	0-0	0
10/05	@Jac	L 13-21	3	48	3	0-0	0
10/12	@Ten	L 7-30	3	25	4	0-0	0
10/19	Pit	L 10-26	1	14	1	0-0	0
10/26	@NYN	L 27-29	1	16	2	0-0	0

Game Logs (9-16)

Date	Opp	Result	Rec	Yds	Trgt	F-L	TD
11/02	SD	W 38-31	4	44	4	0-0	0
11/09	@Ind	W 28-13	2	20	2	0-0	2
11/16	@Pit	L 3-20	1	12	1	0-0	0
11/23	Jac	W 31-26	3	25	6	0-0	0
11/30	@Phi	L 42-44	3	41	5	0-0	1
12/04	Ten	W 41-14	4	43	5	0-0	1
12/14	Dal	W 31-24	0	0	0	0-0	0
12/21	Bal	W 16-14	1	5	4	0-0	0

James McKnight — Seattle Seahawks — WR

1997 Receiving Splits

	G	Rec	Yds	Avg	TD	Lg	Big	YAC	Trgt	Y@C	1st	1st%		Rec	Yds	Avg	TD	Lg	Big	YAC	Trgt	Y@C	1st	1st%
Total	12	34	637	18.7	6	60	8	215	64	12.4	24	70.6	Inside 20	1	5	5.0	0	5	0	0	6	5.0	0	0.0
vs. Playoff	4	10	213	21.3	3	54	2	60	21	15.3	7	70.0	Inside 10	0	0	-	0	0	0	0	2	-	0	-
vs. Non-playoff	8	24	424	17.7	3	60	6	155	43	11.2	17	70.8	1st Down	13	250	19.2	1	54	4	70	23	13.8	7	53.8
vs. Own Division	6	16	321	20.1	3	54	4	115	32	12.9	11	68.8	2nd Down	9	123	13.7	2	42	1	43	18	8.9	5	55.6
Home	5	19	325	17.1	2	42	4	93	39	12.2	12	63.2	3rd Down Overall	10	223	22.3	2	60	2	77	21	14.6	10	100.0
Away	7	15	312	20.8	4	60	4	122	25	12.7	12	80.0	3rd D 0-2 to Go	0	0	-	0	0	0	0	1	-	0	-
Games 1-8	4	10	225	22.5	2	54	4	98	20	12.7	7	70.0	3rd D 3-7 to Go	6	85	14.2	1	21	0	20	8	10.8	6	100.0
Games 9-16	8	24	412	17.2	4	60	4	117	44	12.3	17	70.8	3rd D 8+ to Go	4	138	34.5	1	60	2	57	12	20.3	4	100.0
Aug/Sept	1	1	54	54.0	1	54	1	25	1	29.0	1	100.0	4th Down	2	41	20.5	1	34	1	25	2	8.0	2	100.0
October	3	9	171	19.0	1	42	3	73	19	10.9	4	66.7	Rec Behind Line	1	11	11.0	0	11	0	17	2	-6.0	1	100.0
November	5	16	262	16.4	2	34	3	64	29	12.4	13	81.3	1-10 yds	18	210	11.7	2	42	2	89	31	6.7	9	50.0
December	3	8	150	18.8	2	60	1	53	15	12.1	4	50.0	11-20 yds	9	215	23.9	2	60	2	63	18	16.9	8	88.9
Grass	5	10	220	22.0	2	60	2	87	18	13.3	7	70.0	21-30 yds	5	160	32.0	2	54	3	40	9	24.0	5	100.0
Turf	7	24	417	17.4	3	42	6	128	46	12.0	17	70.8	31+	1	41	41.0	0	41	0	6	4	35.0	1	100.0
Indoor	7	24	417	17.4	3	42	6	128	46	12.0	17	70.8	Left Sideline	8	128	16.0	1	60	1	67	16	7.6	6	75.0
Outdoor	5	10	220	22.0	3	60	2	87	18	13.3	7	70.0	Left Side	3	41	13.7	0	20	0	4	11	12.3	2	66.7
1st Half	-	11	203	18.5	1	42	2	57	25	13.3	8	72.7	Middle	2	40	20.0	0	27	1	5	3	17.5	2	100.0
2nd Half/OT	-	23	434	18.9	5	60	6	158	39	12.0	16	69.6	Right Side	9	215	23.9	2	42	3	61	13	17.1	7	77.8
Last 2 Min. Half	-	3	81	27.0	1	34	2	31	7	16.7	3	100.0	Right Sideline	12	213	17.8	3	54	3	78	21	11.3	7	58.3
4th qtr, +/-7 pts	-	7	126	18.0	1	34	2	62	15	9.1	5	71.4	Shotgun	6	174	29.0	1	60	2	58	15	19.3	6	100.0
Winning	-	8	93	11.6	1	22	0	31	11	7.8	5	62.5	2 Wide Receivers	4	86	21.5	1	54	1	31	9	13.8	3	75.0
Tied	-	6	145	24.2	1	43	3	57	11	14.7	4	66.7	3 Wide Receivers	25	503	20.1	5	60	7	164	44	13.6	19	76.0
Trailing	-	20	399	20.0	4	54	5	127	42	13.6	15	75.0	4+ WR	5	48	9.6	0	21	0	20	11	5.6	2	40.0

1997 Incompletions

Type	Num	%of Inc	%of Att
Pass Dropped	4	13.3	6.3
Poor Throw	14	46.7	21.9
Pass Defensed	9	30.0	14.1
Pass Hit at Line	0	0.0	0.0
Other	3	10.0	4.7
Total	30	100.0	46.9

Game Logs (1-8)

Date	Opp	Result	Rec	Yds	Trgt	F-L	TD
08/31	NYA	L 3-41	-	-	-	-	-
09/07	Den	L 14-35	-	-	-	-	-
09/14	@Ind	W 31-3	-	-	-	-	-
09/21	SD	W 26-22	-	-	-	-	-
09/28	@KC	L 17-20	1	54	1	0-0	1
10/05	Ten	L 16-13	3	46	8	1-1	0
10/19	@StL	W 17-9	2	25	3	0-0	0
10/26	Oak	W 45-34	4	100	8	0-0	1

Game Logs (9-16)

Date	Opp	Result	Rec	Yds	Trgt	F-L	TD
11/02	@Den	L 27-30	2	41	5	0-0	1
11/09	@SD	W 37-31	2	27	3	0-0	0
11/16	@NO	L 17-20	3	67	4	0-0	1
11/23	KC	L 14-19	4	66	6	0-0	0
11/30	Atl	L 17-24	5	61	8	0-0	0
12/07	@Bal	L 24-31	2	65	3	0-0	1
12/14	@Oak	W 22-21	3	33	6	0-0	0
12/21	SF	W 38-9	3	52	5	0-0	1

Steve McNair — Tennessee Oilers — QB

1997 Passing Splits

	G	Att	Cm	Pct	Yds	Y/Att	TD	Int	1st	YAC	Big	Sk	Rtg		Att	Cm	Pct	Yds	Y/Att	TD	Int	1st	YAC	Big	Sk	Rtg
Total	16	415	216	52.0	2665	6.4	14	13	134	1070	19	31	70.4	Inside 20	59	26	44.1	178	3.0	9	0	13	67	0	2	91.0
vs. Playoff	6	150	73	48.7	1033	6.9	2	8	45	389	10	12	53.6	Inside 10	19	6	31.6	22	1.2	4	0	4	8	0	1	80.5
vs. Non-playoff	10	265	143	54.0	1632	6.2	12	5	89	681	9	19	79.9	1st Down	162	86	53.1	1015	6.3	3	7	47	334	7	12	60.6
vs. Own Division	8	246	125	50.8	1504	6.1	8	8	75	535	10	20	67.2	2nd Down	122	62	50.8	817	6.7	5	3	38	313	7	5	75.8
Home	8	204	113	55.4	1435	7.0	6	5	70	544	11	15	77.1	3rd Down Overall	125	65	52.0	812	6.5	5	2	47	407	5	14	79.1
Away	8	211	103	48.8	1230	5.8	8	8	64	526	8	16	63.9	3rd D 0-5 to Go	48	27	56.3	274	5.7	3	0	24	161	2	3	93.6
Games 1-8	8	211	112	53.1	1394	6.6	10	7	70	561	10	18	75.8	3rd D 6+ to Go	77	38	49.4	538	7.0	2	2	23	246	3	11	70.2
Games 9-16	8	204	104	51.0	1271	6.2	4	6	64	509	9	13	64.8	4th Down	6	3	50.0	21	3.5	1	1	2	16	0	0	58.3
Aug/Sept	4	115	62	53.9	756	6.6	4	5	35	256	5	12	67.9	Rec Behind Line	62	40	64.5	286	4.6	1	2	13	403	0	0	67.0
October	4	96	50	52.1	638	6.6	6	2	35	305	5	6	85.3	1-10 yds	196	117	59.7	1115	5.7	8	2	66	496	5	9	84.9
November	5	108	58	53.7	804	7.4	2	4	38	343	7	5	68.6	11-20 yds	96	44	45.8	776	8.1	2	2	41	131	5	12	72.2
December	3	96	46	47.9	467	4.9	2	2	26	166	2	8	60.5	21-30 yds	27	9	33.3	253	9.4	1	9	46	4	0	65.8
Grass	12	302	159	52.6	2071	6.9	8	9	100	830	18	20	70.9	31+	33	6	18.2	235	7.1	2	6	5	-6	5	0	37.4
Turf	4	113	57	50.4	594	5.3	6	4	34	240	1	11	69.0	Left Sideline	88	47	53.4	681	7.7	4	0	32	250	7	1	82.6
Indoor	1	28	12	42.9	101	3.6	1	2	7	37	0	1	35.0	Left Side	59	33	55.9	309	5.2	1	2	15	120	0	5	62.0
Outdoor	15	387	204	52.7	2564	6.6	13	11	127	1033	19	30	73.0	Middle	67	27	40.3	472	7.0	1	3	20	191	5	21	51.3
1st Half	-	204	111	54.4	1427	7.0	6	8	69	527	12	15	70.0	Right Side	88	47	53.4	496	5.6	5	2	32	296	2	2	79.5
2nd Half/OT	-	211	105	49.8	1238	5.9	8	5	65	543	7	16	70.8	Right Sideline	113	62	54.9	707	6.3	6	6	35	213	5	1	69.5
Last 2 Min. Half	-	54	24	42.6	333	6.2	0	3	15	108	3	2	40.1	2 Wide Receivers	161	88	54.7	1217	7.6	6	5	59	509	10	11	78.6
4th qtr. +/-7 pts	-	36	18	50.0	235	6.5	0	1	9	91	2	3	59.4	3+ WR	247	124	50.2	1402	5.7	7	8	71	558	9	19	63.5
Winning	-	168	84	50.0	1075	6.4	7	6	58	513	7	12	69.4	Attempts 1-10	160	89	55.6	1130	7.1	4	6	54	444	11	0	70.6
Tied	-	65	35	53.8	405	6.2	2	0	18	104	3	3	83.2	Attempts 11-20	148	72	48.6	1038	7.0	5	4	55	405	6	0	71.8
Trailing	-	182	97	53.3	1185	6.5	5	7	58	453	9	16	66.8	Attempts 21+	107	55	51.4	497	4.6	5	3	25	221	2	0	68.2

1997 Incompletions

Type	Num	%of Inc	%of Att
Pass Dropped	28	14.1	6.7
Poor Throw	91	45.7	21.9
Pass Defensed	32	16.1	7.7
Pass Hit at Line	12	6.0	2.9
Other	36	18.1	8.7
Total	199	100.0	48.0

Game Logs (1-8)

Date	Opp	Result	Att	Cm	Pct	Yds	TD	Int	Lg	Sk	F-L
08/31	Oak	W 24-21	25	13	52.0	182	1	1	48	3	0-0
09/07	@Mia	L 13-16	14	7	50.0	109	0	1	46	0	1-0
09/21	Bal	L 10-36	33	20	60.6	199	1	1	36	2	2-2
09/28	@Pit	L 24-37	43	22	51.2	266	2	2	36	7	2-1
10/05	@Sea	L 13-16	28	12	42.9	101	1	2	14	1	1-0
10/12	Cin	W 30-7	30	16	53.3	199	3	0	39	1	0-0
10/19	Was	W 28-14	21	13	61.9	192	0	0	28	2	1-0
10/26	@Ari	W 41-14	17	9	52.9	146	2	0	55	2	0-0

Game Logs (9-16)

Date	Opp	Result	Att	Cm	Pct	Yds	TD	Int	Lg	Sk	F-L
11/02	Jac	L 24-30	22	13	59.1	211	0	1	46	2	1-0
11/09	NYN	W 10-6	23	13	56.5	183	0	1	34	1	2-1
11/16	@Jac	L 9-17	22	8	36.4	162	0	2	42	0	0-0
11/23	Buf	W 31-14	24	15	62.5	167	1	0	26	2	0-0
11/27	@Dal	W 27-14	17	9	52.9	81	0	22	0	0-0
12/04	@Cin	L 14-41	25	14	56.0	146	2	0	19	3	4-0
12/14	@Bal	L 19-21	45	22	48.9	219	0	1	25	3	2-1
12/21	Pit	W 16-6	26	10	38.5	102	0	1	38	2	0-0

Jerris McPhail — Miami Dolphins — KR

1997 Receiving Splits

	G	Rec	Yds	Avg	TD	Lg	Big	YAC	Trgt	Y@C	1st	1st%		Rec	Yds	Avg	TD	Lg	Big	YAC	Trgt	Y@C	1st	1st%
Total	14	34	262	7.7	1	19	0	186	48	2.2	12	35.3	Inside 20	3	13	4.3	1	10	0	9	6	1.3	1	33.3
vs. Playoff	6	19	151	7.9	0	19	0	110	26	2.2	7	36.8	Inside 10	0	0	-	0	0	0	0	1	-	0	-
vs. Non-playoff	8	15	111	7.4	1	13	0	76	22	2.3	5	33.3	1st Down	12	106	8.8	0	15	0	82	14	2.0	4	33.3
vs. Own Division	7	18	136	7.6	0	19	0	110	27	1.4	6	33.3	2nd Down	10	67	6.7	1	11	0	49	12	1.8	5	50.0
Home	6	12	89	7.4	0	19	0	61	15	2.3	4	33.3	3rd Down Overall	11	78	7.1	0	19	0	46	21	2.9	2	18.2
Away	8	22	173	7.9	0	15	0	125	33	2.2	8	36.4	3rd D 0-2 to Go	0	0	-	0	0	0	0	0	-	0	-
Games 1-8	6	14	98	7.0	1	12	0	71	19	1.9	4	28.6	3rd D 3-7 to Go	3	10	3.3	0	12	0	8	4	0.7	1	33.3
Games 9-16	8	20	164	8.2	0	19	0	115	29	2.5	8	40.0	3rd D 8+ to Go	8	68	8.5	0	19	0	38	17	3.8	1	12.5
Aug/Sept	2	7	52	7.4	0	12	0	34	11	2.6	3	42.9	4th Down	1	11	11.0	0	11	0	9	1	2.0	1	100.0
October	4	7	46	6.6	1	10	0	37	8	1.3	1	14.3	Rec Behind Line	7	25	3.6	0	12	0	41	8	-2.3	1	14.3
November	5	13	111	8.5	0	15	0	88	20	1.8	5	38.5	1-10 yds	27	237	8.8	1	19	0	145	37	3.4	11	40.7
December	3	7	53	7.6	0	19	0	27	9	3.7	3	42.9	11-20 yds	0	0	-	0	0	0	0	3	-	0	-
Grass	11	27	206	7.6	1	19	0	149	36	2.1	9	33.3	21-30 yds	0	0	-	0	0	0	0	0	-	0	-
Turf	3	7	56	8.0	0	13	0	37	12	2.7	3	42.9	31+	0	0	-	0	0	0	0	0	-	0	-
Indoor	1	1	7	7.0	0	7	0	3	2	4.0	1	100.0	Left Sideline	5	43	8.6	0	11	0	25	8	3.6	1	20.0
Outdoor	13	33	255	7.7	1	19	0	183	46	2.2	11	33.3	Left Side	7	63	9.0	0	13	0	48	9	2.1	4	57.1
1st Half	-	19	140	7.4	0	12	0	91	27	2.6	6	31.6	Middle	12	78	6.5	0	19	0	61	16	1.4	3	25.0
2nd Half/OT	-	15	122	8.1	0	19	0	95	21	2.6	6	40.0	Right Side	7	52	7.4	0	12	0	40	9	1.7	2	28.6
Last 2 Min. Half	-	12	107	8.9	0	15	0	72	16	2.9	6	50.0	Right Sideline	3	26	8.7	1	12	0	12	6	4.7	2	66.7
4th qtr. +/-7 pts	-	5	54	10.8	0	19	0	39	8	3.0	3	60.0	Shotgun	33	256	7.8	1	19	0	182	47	2.2	12	36.4
Winning	-	9	56	6.2	0	19	0	37	13	2.1	2	22.2	2 Wide Receivers	0	0	-	0	0	0	0	0	-	0	-
Tied	-	4	32	8.0	0	12	0	12	5	5.0	1	25.0	3 Wide Receivers	4	31	7.8	0	19	0	18	5	3.3	1	25.0
Trailing	-	21	174	8.3	1	15	0	137	30	1.8	9	42.9	4+ WR	30	231	7.7	1	15	0	168	43	2.1	11	36.7

1997 Incompletions

Type	Num	%of Inc	%of Att
Pass Dropped	6	42.9	12.5
Poor Throw	6	42.9	12.5
Pass Defensed	1	7.1	2.1
Pass Hit at Line	0	0.0	0.0
Other	1	7.1	2.1
Total	14	100.0	29.2

Game Logs (1-8)

Date	Opp	Result	Rush	Yds	Rec	Yds	Trgt	F-L	TD
08/31	Ind	W 16-10	-	-	-	-	-	-	-
09/07	Ten	W 16-13	-	-	-	-	-	-	-
09/14	@GB	L 18-23	1	2	4	24	8	0-0	0
09/21	@TB	L 21-31	1	3	3	28	3	0-0	0
10/05	KC	W 17-14	1	12	1	6	1	0-0	0
10/12	@NYA	W 31-20	1	9	3	15	3	0-0	0
10/19	@Bal	W 24-13	0	0	1	6	2	0-0	0
10/27	Chi	L 33-36	2	77	2	19	3	0-2	1

Game Logs (9-16)

Date	Opp	Result	Rush	Yds	Rec	Yds	Trgt	F-L	TD
11/02	@Buf	L 6-9	1	8	3	34	7	0-0	0
11/09	NYA	W 24-17	1	1	2	21	3	0-0	0
11/17	Buf	W 30-13	1	4	1	-3	1	0-0	0
11/23	@NE	L 24-27	1	5	4	47	7	0-0	0
11/30	@Oak	W 34-16	1	8	2	12	2	0-0	0
12/07	Det	W 33-30	3	8	3	31	3	0-0	0
12/14	@Ind	L 0-41	3	10	1	7	2	0-0	0
12/22	NE	L 12-14	1	6	3	15	4	0-0	0

Natrone Means — Jacksonville Jaguars — RB

1997 Rushing and Receiving Splits

	G	Rush	Yds	Avg	Lg	TD	1st	Stf	YdL	Rec	Yds	Avg	TD		Rush	Yds	Avg	Lg	TD	1st	Stf	YdL	Rec	Yds	Avg	TD
Total	14	244	823	3.4	20	9	43	22	43	15	104	6.9	0	Inside 20	47	121	2.6	14	9	12	5	10	0	0	-	0
vs. Playoff	4	77	238	3.1	18	4	14	8	18	2	25	12.5	0	Inside 10	23	50	2.2	9	8	9	1	4	0	0	-	0
vs. Non-playoff	10	167	585	3.5	20	5	29	14	25	13	79	6.1	0	1st Down	140	470	3.4	20	3	8	13	26	8	45	5.6	0
vs. Own Division	7	131	396	3.0	20	5	23	17	32	8	22	2.8	0	2nd Down	80	310	3.9	18	4	24	4	5	6	59	9.8	0
Home	8	133	424	3.2	18	6	24	13	24	7	42	6.0	0	3rd Down Overall	23	34	1.5	9	1	10	5	12	1	0	0.0	0
Away	6	111	399	3.6	20	3	19	9	19	8	62	7.8	0	3rd D 0-2 to Go	17	24	1.4	9	1	7	3	3	0	0	-	0
Games 1-8	6	108	342	3.2	18	4	15	11	28	3	25	8.3	0	3rd D 3-7 to Go	5	15	3.0	9	0	3	1	4	0	0	-	0
Games 9-16	8	136	481	3.5	20	5	28	11	15	12	79	6.6	0	3rd D 8+ to Go	1	-5	-5.0	-5	0	0	1	5	1	0	0.0	0
Aug/Sept	4	91	254	2.8	18	4	12	11	28	3	25	8.3	0	4th Down	1	9	9.0	9	1	1	0	0	0	0	-	0
October	2	17	88	5.2	15	0	3	0	0	0	0	-	0	Left Sideline	12	61	5.1	15	1	5	1	1	2	38	19.0	0
November	5	81	276	3.4	20	4	16	8	12	6	17	2.8	0	Left Side	75	231	3.1	18	4	13	7	16	4	41	10.3	0
December	3	55	205	3.7	17	1	12	3	3	6	62	10.3	0	Middle	107	333	3.1	15	2	12	7	12	0	0	-	0
Grass	12	203	653	3.2	18	7	35	20	39	11	52	4.7	0	Right Side	42	131	3.1	14	1	8	7	14	4	18	4.5	0
Turf	2	41	170	4.1	20	2	8	2	4	4	52	13.0	0	Right Sideline	8	67	8.4	20	1	5	0	0	5	7	1.4	0
Indoor	0	0	0	-	0	0	0	0	0	0	0	-	0	0 Tight Ends	16	61	3.8	13	0	2	1	2	1	4	4.0	0
Outdoor	14	244	823	3.4	20	9	43	22	43	15	104	6.9	0	1 Tight End	75	244	3.3	14	2	10	9	17	10	69	6.9	0
1st Half	-	116	405	3.5	20	6	23	13	22	9	75	8.3	0	2 Tight Ends	139	492	3.5	20	2	24	10	22	4	31	7.8	0
2nd Half/OT	-	128	418	3.3	18	3	20	9	21	6	29	4.8	0	3+ Tight Ends	14	26	1.9	9	5	7	2	2	0	0	-	0
Last 2 Min. Half	-	6	6	1.0	5	0	1	1	5	1	21	21.0	0	Carries 1-5	67	265	4.0	20	2	14	8	15	0	0	-	0
4th qtr, +/-7 pts	-	33	88	2.7	15	0	3	2	6	4	24	6.0	0	Carries 6-10	64	199	3.1	12	3	9	4	4	0	0	-	0
Winning	-	132	457	3.5	18	6	23	10	24	10	85	8.5	0	Carries 11-15	59	214	3.6	15	3	14	3	6	0	0	-	0
Tied	-	46	130	2.8	17	1	8	5	10	4	14	3.5	0	Carries 16-20	36	104	2.9	18	0	4	5	12	0	0	-	0
Trailing	-	66	236	3.6	20	2	12	7	9	1	5	5.0	0	Carries 21+	18	41	2.3	9	1	2	2	6	0	0	-	0

1997 Incompletions

Type	Num	%of Inc	% Att
Pass Dropped	3	60.0	15.0
Poor Throw	2	40.0	10.0
Pass Defensed	0	0.0	0.0
Pass Hit at Line	0	0.0	0.0
Other	0	0.0	0.0
Total	5	100.0	25.0

Game Logs (1-8)

Date	Opp	Result	Rush	Yds	Rec	Yds	Trgt	F-L	TD
08/31	@Bal	W 28-27	25	67	2	5	2	1-1	1
09/07	NYN	W 40-13	24	85	1	20	1	0-0	2
09/22	Pit	W 30-21	24	40	0	0	0	0-0	1
09/28	@Was	L 12-24	18	62	0	0	0	0-0	0
10/05	Cin	W 21-13	15	75	0	0	1	1-0	0
10/12	Phi	W 38-21	2	13	0	0	0	0-0	0
10/19	@Dal	L 22-26	-	-	-	-	-	-	-
10/26	@Pit	L 17-23	-	-	-	-	-	-	-

Game Logs (9-16)

Date	Opp	Result	Rush	Yds	Rec	Yds	Trgt	F-L	TD
11/02	@Ten	W 30-24	9	20	1	0	2	0-0	0
11/09	KC	W 24-10	14	62	0	0	0	0-0	1
11/16	Ten	W 17-9	23	64	3	13	4	1-1	1
11/23	@Cin	L 26-31	19	96	0	0	0	0-0	1
11/30	Bal	W 29-27	16	34	2	4	3	0-0	1
12/07	NE	L 20-26	15	51	1	5	2	0-0	0
12/14	@Buf	W 20-14	22	74	4	52	4	0-0	1
12/21	@Oak	W 20-9	18	80	5	16	5	1-0	0

Eric Metcalf — San Diego Chargers — WR

1997 Receiving Splits

	G	Rec	Yds	Avg	TD	Lg	Big	YAC	Trgt	Y@C	1st	1st%		Rec	Yds	Avg	TD	Lg	Big	YAC	Trgt	Y@C	1st	1st%
Total	16	40	576	14.4	2	62	5	196	77	9.5	24	60.0	Inside 20	3	39	13.0	2	15	0	11	12	9.3	3	100.0
vs. Playoff	6	14	187	13.4	2	29	2	51	35	9.7	9	64.3	Inside 10	0	0	-	0	0	0	4	4	-	0	-
vs. Non-playoff	10	26	389	15.0	0	62	3	145	42	9.4	15	57.7	1st Down	8	149	18.6	0	62	2	73	15	9.5	4	50.0
vs. Own Division	8	20	244	12.2	0	29	2	65	46	9.0	9	45.0	2nd Down	8	67	8.4	0	17	0	9	22	7.3	1	12.5
Home	8	26	386	14.8	0	62	4	122	42	10.2	15	57.7	3rd Down Overall	23	351	15.3	2	47	3	113	38	10.3	18	78.3
Away	8	14	190	13.6	0	27	1	74	35	8.3	9	64.3	3rd D 0-2 to Go	2	20	10.0	0	15	0	6	2	7.0	2	100.0
Games 1-8	8	13	238	18.3	1	62	3	126	29	8.6	10	76.9	3rd D 3-7 to Go	10	147	14.7	0	47	1	44	16	10.3	9	90.0
Games 9-16	8	27	338	12.5	2	47	3	70	48	9.9	14	51.9	3rd D 8+ to Go	11	184	16.7	2	29	2	63	20	11.0	7	63.6
Aug/Sept	5	8	171	21.4	0	62	2	91	16	10.0	7	87.5	4th Down	1	9	9.0	0	9	0	1	2	8.0	1	100.0
October	3	5	67	13.4	0	20	0	35	13	6.4	3	60.0	Rec Behind Line	1	7	7.0	0	7	0	9	4	-2.0	0	0
November	5	13	129	9.9	1	27	0	14	28	8.8	6	46.2	1-10 yds	26	283	10.9	2	62	1	134	48	5.7	14	53.8
December	3	14	209	14.9	1	47	3	56	20	10.9	8	57.1	11-20 yds	9	168	18.7	0	27	1	30	18	15.3	7	77.8
Grass	13	34	501	14.7	2	62	5	167	63	9.8	20	58.8	21-30 yds	2	62	31.0	0	33	2	9	5	26.5	2	100.0
Turf	3	6	75	12.5	0	23	0	29	14	7.7	4	66.7	31+	1	47	47.0	0	47	1	14	1	33.0	1	100.0
Indoor	2	5	71	14.2	0	23	0	20	11	8.1	4	80.0	Left Sideline	8	80	10.0	1	16	0	10	17	8.8	6	75.0
Outdoor	14	35	505	14.4	2	62	5	167	66	9.7	20	57.1	Left Side	5	57	11.4	0	15	0	25	12	6.4	3	60.0
1st Half	-	14	202	14.4	1	62	1	89	28	8.1	6	42.9	Middle	15	320	21.3	1	62	4	122	21	13.2	11	73.3
2nd Half/OT	-	26	374	14.4	1	47	4	107	49	10.3	18	69.2	Right Side	8	97	12.1	0	27	1	35	17	7.8	3	37.5
Last 2 Min. Half	-	8	119	14.9	1	33	2	19	17	12.5	5	62.5	Right Sideline	4	22	5.5	0	10	0	4	10	4.5	1	25.0
4th qtr, +/-7 pts	-	4	50	12.5	0	20	0	18	8	8.0	4	100.0	Shotgun	12	167	13.9	1	33	2	45	24	10.2	7	58.3
Winning	-	10	185	18.5	0	62	2	104	18	8.1	9	90.0	2 Wide Receivers	1	9	9.0	0	9	0	1	9.0	0	0	
Tied	-	1	6	6.0	0	6	0	1	4	5.0	0	0.0	3 Wide Receivers	28	445	15.9	1	62	4	154	47	10.4	18	64.3
Trailing	-	29	385	13.3	2	47	4	91	55	10.1	15	51.7	4+ WR	11	122	11.1	1	27	1	42	29	7.3	6	54.5

1997 Incompletions

Type	Num	%of Inc	%of Att
Pass Dropped	6	16.2	7.8
Poor Throw	14	37.8	18.2
Pass Defensed	6	16.2	7.8
Pass Hit at Line	2	5.4	2.6
Other	9	24.3	11.7
Total	37	100.0	48.1

Game Logs (1-8)

Date	Opp	Result	Rush	Yds	Rec	Yds	Trgt	F-L	TD
08/31	@NE	L 7-41	0	0	0	0	1	0-0	0
09/07	@NO	W 20-6	0	0	4	65	5	0-0	0
09/14	Car	L 7-26	0	0	1	33	2	0-0	0
09/21	@Sea	L 22-26	0	0	1	6	6	0-0	0
09/28	Bal	W 21-17	0	0	2	67	2	0-0	0
10/05	@Oak	W 25-10	1	1	1	14	2	0-0	0
10/16	@KC	L 3-31	0	0	2	24	7	1-0	0
10/26	Ind	W 35-19	0	0	2	29	4	0-0	0

Game Logs (9-16)

Date	Opp	Result	Rush	Yds	Rec	Yds	Trgt	F-L	TD
11/02	@Cin	L 31-38	0	0	1	4	3	0-0	2
11/09	Sea	L 31-37	0	0	2	19	4	0-0	0
11/16	Oak	L 13-38	0	0	4	43	5	1-1	0
11/23	@SF	L 10-17	1	2	2	25	5	0-0	0
11/30	Den	L 28-38	0	0	4	38	11	0-0	2
12/07	Atl	L 3-14	0	0	8	109	9	0-0	0
12/14	KC	L 7-29	1	-8	3	48	5	1-0	0
12/21	@Den	L 3-38	0	0	3	52	6	0-0	0

Anthony Miller — Dallas Cowboys — WR

1997 Receiving Splits

	G	Rec	Yds	Avg	TD	Lg	Big	YAC	Trgt	Y@C	1st	1st%		Rec	Yds	Avg	TD	Lg	Big	YAC	Trgt	Y@C	1st	1st%
Total	16	46	645	14.0	4	54	6	155	98	10.7	31	67.4	Inside 20	7	54	7.7	4	14	0	14	10	5.7	5	71.4
vs. Playoff	6	18	269	14.9	2	54	4	76	37	10.7	11	61.1	Inside 10	2	8	4.0	2	6	0	4	5	2.0	2	100.0
vs. Non-playoff	10	28	376	13.4	2	51	2	79	61	10.6	20	71.4	1st Down	19	285	15.0	1	54	2	46	44	12.6	14	73.7
vs. Own Division	8	20	249	12.5	2	51	2	86	46	8.2	11	55.0	2nd Down	14	169	12.1	2	51	1	53	24	8.3	7	50.0
Home	8	22	329	15.0	2	51	3	81	50	11.3	16	72.7	3rd Down Overall	12	188	15.7	1	31	3	58	28	10.8	10	83.3
Away	8	24	316	13.2	2	54	3	74	48	10.1	15	62.5	3rd D 0-2 to Go	0	0	-	0	0	0	0	0	-	0	-
Games 1-8	8	17	202	11.9	4	31	1	28	41	10.2	12	70.6	3rd D 3-7 to Go	4	43	10.8	1	18	0	3	12	10.0	4	100.0
Games 9-16	8	29	443	15.3	0	54	5	127	57	10.9	19	65.5	3rd D 8+ to Go	8	145	18.1	0	31	3	55	16	11.3	6	75.0
Aug/Sept	4	6	95	15.8	3	31	1	14	22	13.5	6	100.0	4th Down	1	3	3.0	0	3	0	-2	2	5.0	0	0.0
October	4	11	107	9.7	1	18	0	14	19	8.5	6	54.5	Rec Behind Line	0	0	-	0	0	0	0	0	-	0	-
November	5	14	282	20.1	0	54	4	89	31	13.8	10	71.4	1-10 yds	25	200	8.0	2	26	1	61	41	5.6	11	44.0
December	3	15	161	10.7	0	26	1	38	26	8.2	9	60.0	11-20 yds	17	299	17.6	2	51	1	52	33	14.5	16	94.1
Grass	4	8	136	17.0	0	54	2	45	18	11.4	3	37.5	21-30 yds	3	111	37.0	0	54	2	40	9	23.7	3	100.0
Turf	12	38	509	13.4	4	51	4	110	80	10.5	28	73.7	31+	1	35	35.0	0	35	1	2	15	33.0	1	100.0
Indoor	0	0	0	-	0	0	0	0	0	-	0	-	Left Sideline	11	206	18.7	0	54	2	77	25	11.7	8	72.7
Outdoor	16	46	645	14.0	4	54	6	155	98	10.7	31	67.4	Left Side	7	62	8.9	2	15	0	12	15	7.1	4	57.1
1st Half	-	21	279	13.3	2	35	4	62	58	10.3	12	57.1	Middle	10	173	17.3	1	35	3	29	16	14.4	7	70.0
2nd Half/OT	-	25	366	14.6	2	54	2	93	40	10.9	19	76.0	Right Side	10	113	11.3	0	26	1	24	16	8.9	6	60.0
Last 2 Min. Half	-	9	95	10.6	2	21	0	12	13	9.2	6	66.7	Right Sideline	8	91	11.4	1	18	0	13	26	9.8	6	75.0
4th qtr. +/-7 pts	-	8	96	12.0	1	21	0	9	9	10.9	7	87.5	Shotgun	0	0	-	0	0	0	0	0	-	0	-
Winning	-	9	139	15.4	0	51	1	58	21	9.0	7	77.8	2 Wide Receivers	15	188	12.5	1	51	1	45	45	9.5	11	73.3
Tied	-	8	135	16.9	1	54	2	38	22	12.1	5	62.5	3 Wide Receivers	26	407	15.7	3	54	5	92	45	12.1	17	65.4
Trailing	-	29	371	12.8	3	35	3	59	55	10.8	19	65.5	4+ WR	4	39	9.8	0	19	0	9	6	7.5	2	50.0

1997 Incompletions

Type	Num	%of Inc	%of Att
Pass Dropped	5	9.6	5.1
Poor Throw	28	53.8	28.6
Pass Defensed	15	28.8	15.3
Pass Hit at Line	0	0.0	0.0
Other	4	7.7	4.1
Total	52	100.0	53.1

Game Logs (1-8)

Date	Opp	Result	Rush	Yds	Rec	Yds	Trgt	F-L	TD
08/31	@Pit	W 37-7	0	0	2	43	6	0-0	1
09/07	@Ari	L 22-25	0	0	0	0	0	0-0	0
09/15	Phi	W 21-20	0	0	3	46	11	0-0	1
09/28	Chi	W 27-3	0	0	1	6	5	0-0	0
10/05	@NYN	L 17-20	0	0	3	28	5	1-0	1
10/13	@Was	L 16-21	0	0	3	25	6	0-0	0
10/19	Jac	W 26-22	0	0	3	38	5	0-0	0
10/26	@Phi	L 12-13	0	0	2	16	3	0-0	0

Game Logs (9-16)

Date	Opp	Result	Rush	Yds	Rec	Yds	Trgt	F-L	TD
11/02	@SF	L 10-17	0	0	4	85	9	0-0	0
11/09	Ari	W 24-6	0	0	3	77	7	0-0	0
11/16	Was	W 17-14	0	0	1	8	5	0-0	0
11/23	@GB	L 17-45	0	0	1	26	3	0-0	0
11/27	Ten	L 14-27	0	0	5	86	7	0-0	0
12/08	Car	L 13-23	0	0	1	19	1	0-0	0
12/14	@Cin	L 24-31	1	6	9	93	16	0-0	0
12/21	NYN	L 7-20	0	0	5	49	9	0-0	0

Rick Mirer — Chicago Bears — QB

1997 Passing Splits

	G	Att	Cm	Pct	Yds	Y/Att	TD	Int	1st	YAC	Big	Sk	Rtg		Att	Cm	Pct	Yds	Y/Att	TD	Int	1st	YAC	Big	Sk	Rtg
Total	7	103	53	51.5	420	4.1	0	6	26	181	1	16	37.7	Inside 20	9	3	33.3	21	2.3	0	1	1	6	0	2	2.8
vs. Playoff	3	56	33	58.9	283	5.1	0	4	17	131	1	8	42.5	Inside 10	3	1	33.3	4	1.3	0	0	0	1	0	1	42.4
vs. Non-playoff	4	47	20	42.6	137	2.9	0	2	9	50	0	8	32.3	1st Down	40	22	55.0	189	4.7	0	2	8	61	0	5	46.8
vs. Own Division	2	31	16	51.6	129	4.2	0	2	9	57	0	3	35.6	2nd Down	35	17	48.6	96	2.7	0	4	9	59	0	4	15.5
Home	3	40	18	45.0	157	3.9	0	1	11	72	0	5	45.5	3rd Down Overall	26	14	53.8	135	5.2	0	0	9	61	1	7	68.6
Away	4	63	35	55.6	263	4.2	0	5	15	109	1	11	32.7	3rd D 0-5 to Go	9	6	66.7	88	9.8	0	0	6	45	1	1	98.4
Games 1-8	4	83	45	54.2	364	4.4	0	4	22	159	1	14	45.5	3rd D 6+ to Go	17	8	47.1	47	2.8	0	0	3	16	0	6	53.8
Games 9-16	3	20	8	40.0	56	2.8	0	2	4	22	0	2	8.3	4th Down	2	0	0.0	0	0.0	0	0	0	0	0	0	39.6
Aug/Sept	3	67	38	56.7	306	4.6	0	4	18	124	1	11	43.5	Rec Behind Line	22	13	59.1	21	1.0	0	0	2	65	0	0	63.8
October	1	16	7	43.8	58	3.6	0	0	4	35	0	3	53.6	1-10 yds	53	31	58.5	284	5.4	0	3	17	102	1	9	49.6
November	0	0	0	0.0	0	-	0	0	0	0	0	0	-	11-20 yds	15	4	26.7	71	4.7	0	1	4	14	0	1	19.0
December	3	20	8	40.0	56	2.8	0	2	4	22	0	2	8.3	21-30 yds	2	0	0.0	0	0.0	0	1	0	0	0	0	0.0
Grass	5	75	41	54.7	350	4.7	0	4	22	166	1	11	44.9	31+	4	0	0.0	0	0.0	0	1	0	0	0	0	0.0
Turf	2	28	12	42.9	70	2.5	0	2	4	15	0	5	20.5	Left Sideline	24	8	33.3	68	2.8	0	0	5	31	0	0	42.4
Indoor	1	7	1	14.3	8	1.1	0	1	0	2	0	1	0.0	Left Side	12	5	41.7	30	2.5	0	1	0	9	0	1	14.6
Outdoor	6	96	52	54.2	412	4.3	0	5	26	179	1	15	43.4	Middle	8	6	75.0	50	6.3	0	1	2	13	0	12	51.0
1st Half	-	38	19	50.0	125	3.3	0	2	9	49	0	7	35.5	Right Side	30	18	60.0	123	4.1	0	3	9	60	0	1	29.6
2nd Half/OT	-	65	34	52.3	295	4.5	0	4	17	132	1	8	38.9	Right Sideline	22	11	50.0	105	4.8	0	1	7	57	1	1	44.7
Last 2 Min. Half	-	13	8	61.5	67	5.2	0	1	5	25	0	3	42.8	2 Wide Receivers	42	21	50.0	146	3.5	0	4	7	73	0	5	17.7
4th qtr. +/-7 pts	-	3	0	0.0	0	0.0	0	0	0	0	0	1	39.6	3+ WR	53	27	50.9	230	4.3	0	2	16	108	1	10	46.9
Winning	-	19	7	36.8	14	0.7	0	1	2	24	0	2	23.4	Attempts 1-10	60	31	51.7	263	4.4	0	3	16	103	1	0	42.6
Tied	-	19	9	47.4	104	5.5	0	1	6	17	0	4	42.4	Attempts 11-20	36	17	47.2	110	3.1	0	2	7	69	0	3	31.0
Trailing	-	65	37	56.9	302	4.6	0	4	18	140	1	10	43.2	Attempts 21+	7	5	71.4	47	6.7	0	1	3	9	0	0	50.0

1997 Incompletions

Type	Num	%of Inc	%of Att
Pass Dropped	10	20.0	9.7
Poor Throw	20	40.0	19.4
Pass Defensed	9	18.0	8.7
Pass Hit at Line	3	6.0	2.9
Other	8	16.0	7.8
Total	50	100.0	48.5

Game Logs (1-8)

Date	Opp	Result	Att	Cm	Pct	Yds	TD	Int	Lg	Sk	F-L
09/01	@GB	L 24-38	-	-	-	-	-	-	-	-	-
09/07	Min	L 24-27	-	-	-	-	-	-	-	-	-
09/14	Det	L 7-32	21	10	47.6	90	0	1	18	2	1-0
09/21	@NE	L 3-31	25	17	68.0	154	0	2	34	5	1-1
09/28	@Dal	L 3-27	21	11	52.4	62	0	1	18	4	0-0
10/05	NO	L 17-20	16	7	43.8	58	0	0	24	3	1-0
10/12	GB	L 23-24	-	-	-	-	-	-	-	-	-
10/27	@Mia	W 36-33	-	-	-	-	-	-	-	-	-

Game Logs (9-16)

Date	Opp	Result	Att	Cm	Pct	Yds	TD	Int	Lg	Sk	F-L
11/02	Was	L 8-31	-	-	-	-	-	-	-	-	-
11/09	@Min	L 22-29	-	-	-	-	-	-	-	-	-
11/16	NYA	L 15-23	-	-	-	-	-	-	-	-	-
11/23	TB	W 13-7	-	-	-	-	-	-	-	-	-
11/27	@Det	L 20-55	-	-	-	-	-	-	-	-	-
12/07	Buf	W 20-3	3	1	33.3	9	0	0	9	0	0-0
12/14	@StL	W 13-10	7	1	14.3	8	0	1	8	0	0-0
12/21	@TB	L 15-31	10	6	60.0	39	0	1	14	1	1-1

Brian Mitchell — Washington Redskins — KR

1997 Receiving Splits

	G	Rec	Yds	Avg	TD	Lg	Big	YAC	Trgt	Y@C	1st	1st%		Rec	Yds	Avg	TD	Lg	Big	YAC	Trgt	Y@C	1st	1st%
Total	16	36	438	12.2	1	69	2	356	50	2.3	20	55.6	Inside 20	3	27	9.0	1	18	0	29	3	-0.7	2	66.7
vs. Playoff	5	14	137	9.8	0	21	0	101	20	2.6	8	57.1	Inside 10	2	9	4.5	1	6	0	9	2	0.0	1	50.0
vs. Non-playoff	11	22	301	13.7	1	69	2	255	30	2.1	12	54.5	1st Down	16	168	10.5	0	21	0	113	18	3.4	9	56.3
vs. Own Division	8	16	260	16.3	0	69	1	216	24	2.8	12	75.0	2nd Down	6	48	8.0	1	18	0	54	10	-1.0	3	50.0
Home	8	20	197	9.9	1	28	1	144	27	2.7	12	60.0	3rd Down Overall	13	209	16.1	0	69	2	180	20	2.2	7	53.8
Away	8	16	241	15.1	0	69	1	212	23	1.8	8	50.0	3rd D 0-2 to Go	0	0	-	0	0	0	0	0	-	0	-
Games 1-8	8	14	143	10.2	1	22	0	131	18	0.9	7	50.0	3rd D 3-7 to Go	1	3	3.0	0	3	0	1	4	2.0	0	0.0
Games 9-16	8	22	295	13.4	0	69	2	225	32	3.2	13	59.1	3rd D 8+ to Go	12	206	17.2	0	69	2	179	16	2.3	7	58.3
Aug/Sept	4	6	56	9.3	0	22	0	45	8	1.8	2	33.3	4th Down	1	13	13.0	0	13	0	9	2	4.0	1	100.0
October	4	8	87	10.9	1	20	0	86	10	0.1	5	62.5	Rec Behind Line	11	90	8.2	1	22	0	128	14	-3.5	4	36.4
November	5	14	128	9.1	0	28	1	82	20	3.3	6	42.9	1-10 yds	23	305	13.3	0	69	1	218	34	3.8	15	65.2
December	3	8	167	20.9	0	69	1	143	12	3.0	7	87.5	11-20 yds	1	15	15.0	0	15	0	4	1	11.0	0	0.0
Grass	12	25	315	12.6	1	69	2	251	35	2.6	15	60.0	21-30 yds	1	28	28.0	0	28	1	6	1	22.0	1	100.0
Turf	4	11	123	11.2	0	21	0	105	15	1.6	5	45.5	31+	0	0	-	0	0	0	0	0	-	0	-
Indoor	0	0	0	-	0	0	0	0	0	-	0	-	Left Sideline	4	97	24.3	0	69	1	98	8	-0.3	2	50.0
Outdoor	16	36	438	12.2	1	69	2	356	50	2.3	20	55.6	Left Side	11	134	12.2	0	28	1	88	13	4.2	6	54.5
1st Half	-	21	301	14.3	0	69	1	242	29	2.8	13	61.9	Middle	10	120	12.0	0	22	0	100	10	2.0	6	60.0
2nd Half/OT	-	15	137	9.1	1	28	1	114	21	1.5	7	46.7	Right Side	7	52	7.4	0	18	0	49	11	0.4	3	42.9
Last 2 Min. Half	-	17	170	10.0	0	21	1	120	20	2.9	10	58.8	Right Sideline	4	35	8.8	1	11	0	21	8	3.5	3	75.0
4th qtr, +/-7 pts	-	6	53	8.8	0	13	0	48	7	0.8	2	33.3	Shotgun	10	88	8.8	0	20	0	74	12	1.4	4	40.0
Winning	-	12	166	13.8	0	69	1	153	17	1.1	7	58.3	2 Wide Receivers	3	84	28.0	0	69	0	74	3	3.3	2	66.7
Tied	-	6	54	9.0	1	15	0	22	9	5.3	3	50.0	3 Wide Receivers	29	328	11.3	1	28	1	262	42	2.3	18	62.1
Trailing	-	18	218	12.1	1	28	1	181	24	2.1	10	55.6	4+ WR	4	26	6.5	0	15	0	20	5	1.5	0	0.0

1997 Incompletions

Type	Num	%of Inc	%of Att
Pass Dropped	4	28.6	8.0
Poor Throw	7	50.0	14.0
Pass Defensed	1	7.1	2.0
Pass Hit at Line	0	0.0	0.0
Other	2	14.3	4.0
Total	14	100.0	28.0

Game Logs (1-8)

Date	Opp	Result	Rush	Yds	Rec	Yds	Trgt	F-L	TD
08/31	@Car	W 24-10	0	0	2	37	3	0-0	0
09/07	@Pit	L 13-14	3	5	2	13	2	1-0	1
09/14	Ari	W 19-13	1	7	1	11	2	0-0	0
09/28	Jac	W 24-12	1	1	1	-5	1	0-0	0
10/05	@Phi	L 10-24	0	0	3	31	4	0-0	0
10/13	Dal	W 21-16	3	11	1	20	1	1-1	0
10/19	@Ten	L 14-28	3	15	0	0	1	0-0	0
10/26	Bal	L 17-20	2	5	4	36	4	0-0	1

Game Logs (9-16)

Date	Opp	Result	Rush	Yds	Rec	Yds	Trgt	F-L	TD
11/02	@Chi	W 31-8	1	0	1	2	1	0-0	0
11/09	Det	W 30-7	2	26	4	37	5	0-0	0
11/16	@Dal	L 14-17	4	29	1	9	1	0-0	0
11/23	NYN	T 7-7	1	7	2	22	4	0-0	0
11/30	StL	L 20-23	1	2	6	58	9	0-0	1
12/07	@Ari	W 38-28	1	9	2	79	3	0-0	1
12/13	@NYN	L 10-30	0	0	5	70	8	1-1	0
12/21	Phi	W 35-32	1	-10	1	18	1	0-0	0

Pete Mitchell — Jacksonville Jaguars — TE

1997 Receiving Splits

	G	Rec	Yds	Avg	TD	Lg	Big	YAC	Trgt	Y@C	1st	1st%		Rec	Yds	Avg	TD	Lg	Big	YAC	Trgt	Y@C	1st	1st%
Total	16	35	380	10.9	4	33	2	162	47	6.2	20	57.1	Inside 20	8	50	6.3	3	13	0	20	9	3.8	5	62.5
vs. Playoff	5	11	115	10.5	2	25	1	56	16	5.4	7	63.6	Inside 10	4	16	4.0	3	6	0	5	5	2.8	3	75.0
vs. Non-playoff	11	24	265	11.0	2	33	1	106	31	6.6	13	54.2	1st Down	9	70	7.8	2	16	0	27	14	4.8	5	55.6
vs. Own Division	8	18	187	10.4	3	24	0	77	24	6.1	10	55.6	2nd Down	17	227	13.4	2	33	2	78	22	8.8	10	58.8
Home	8	12	110	9.2	1	25	1	60	18	4.2	5	41.7	3rd Down Overall	9	83	9.2	0	23	0	57	10	2.9	5	55.6
Away	8	23	270	11.7	3	33	1	102	29	7.3	15	65.2	3rd D 0-2 to Go	1	7	7.0	0	7	0	0	1	7.0	1	100.0
Games 1-8	8	16	181	11.3	1	33	1	76	21	6.6	10	62.5	3rd D 3-7 to Go	4	46	11.5	0	23	0	37	4	2.3	3	75.0
Games 9-16	8	19	199	10.5	3	25	1	86	26	5.9	10	52.6	3rd D 8+ to Go	4	30	7.5	0	13	0	20	5	2.5	1	25.0
Aug/Sept	4	6	64	10.7	0	23	0	24	9	6.7	3	50.0	4th Down	0	0	-	0	0	0	0	1	-	0	-
October	4	10	117	11.7	1	33	1	52	12	6.5	7	70.0	Rec Behind Line	9	61	6.8	0	20	0	69	9	-0.9	2	22.2
November	5	12	124	10.3	3	25	1	53	17	5.9	6	50.0	1-10 yds	17	164	9.6	2	25	1	76	22	5.2	9	52.9
December	3	7	75	10.7	0	21	0	33	9	6.0	4	57.1	11-20 yds	6	93	15.5	0	21	0	12	12	13.5	6	100.0
Grass	12	20	190	9.5	2	25	1	101	30	4.5	10	50.0	21-30 yds	2	57	28.5	1	33	1	5	3	26.0	2	100.0
Turf	4	15	190	12.7	2	33	1	61	17	8.6	10	66.7	31+	0	0	-	0	0	0	0	0	-	0	-
Indoor	0	0	0	-	0	0	0	0	0	-	0	-	Left Sideline	5	37	7.4	0	15	0	9	8	5.6	2	40.0
Outdoor	16	35	380	10.9	4	33	2	162	47	6.2	20	57.1	Left Side	10	108	10.8	4	25	1	57	12	5.1	7	70.0
1st Half	-	20	223	11.2	3	25	1	103	27	6.0	11	55.0	Middle	7	75	10.7	0	21	0	51	10	3.4	3	42.9
2nd Half/OT	-	15	157	10.5	1	33	1	59	20	6.5	9	60.0	Right Side	10	137	13.7	0	33	1	44	13	9.3	6	60.0
Last 2 Min. Half	-	4	75	18.8	0	33	2	31	5	11.0	2	50.0	Right Sideline	3	23	7.7	0	15	0	1	4	7.3	2	66.7
4th qtr, +/-7 pts	-	7	95	13.6	0	33	1	22	8	10.4	6	85.7	Shotgun	11	153	13.9	0	33	2	81	14	6.5	7	63.6
Winning	-	16	170	10.6	3	25	1	96	23	4.6	8	50.0	2 Wide Receivers	13	118	9.1	3	24	0	32	16	6.6	7	53.8
Tied	-	3	23	7.7	1	11	0	1	6	7.3	2	66.7	3 Wide Receivers	18	239	13.3	0	33	2	118	27	6.7	11	61.1
Trailing	-	16	187	11.7	2	33	1	65	18	7.6	10	62.5	4+ WR	3	20	6.7	0	8	0	12	3	2.7	1	33.3

1997 Incompletions

Type	Num	%of Inc	%of Att
Pass Dropped	0	0.0	0.0
Poor Throw	7	58.3	14.9
Pass Defensed	2	16.7	4.3
Pass Hit at Line	0	0.0	0.0
Other	3	25.0	6.4
Total	12	100.0	25.5

Game Logs (1-8)

Date	Opp	Result	Rec	Yds	Trgt	F-L	TD
08/31	@Bal	W 28-27	3	38	4	0-0	0
09/07	NYN	W 40-13	2	11	2	0-0	0
09/22	Pit	W 30-21	1	15	2	0-0	0
09/28	@Was	L 12-24	0	0	1	0-0	0
10/05	Cin	W 21-13	1	4	2	0-0	0
10/12	Phi	W 38-21	1	13	2	0-0	1
10/19	@Dal	L 22-26	5	64	6	0-0	0
10/26	@Pit	L 17-23	3	36	4	0-0	0

Game Logs (9-16)

Date	Opp	Result	Rec	Yds	Trgt	F-L	TD
11/02	@Ten	W 30-24	4	34	5	0-0	1
11/09	KC	W 24-10	2	30	4	0-0	1
11/16	Ten	W 17-9	0	0	2	0-0	0
11/23	@Cin	L 26-31	4	46	4	0-0	0
11/30	Bal	W 29-27	2	14	2	0-0	0
12/07	NE	L 20-26	3	23	3	0-0	0
12/14	@Buf	W 20-14	3	44	3	0-0	0
12/21	@Oak	W 20-9	1	8	2	0-0	0

Scott Mitchell — Detroit Lions — QB

1997 Passing Splits

	G	Att	Cm	Pct	Yds	Y/Att	TD	Int	1st	YAC	Big	Sk	Rtg		Att	Cm	Pct	Yds	Y/Att	TD	Int	1st	YAC	Big	Sk	Rtg
Total	16	509	293	57.6	3484	6.8	19	14	160	1196	25	41	79.6	Inside 20	49	24	49.0	196	4.0	12	2	17	69	0	4	82.1
vs. Playoff	8	272	165	60.7	1983	7.3	11	8	89	702	16	21	84.2	Inside 10	20	9	45.0	37	1.9	7	0	7	10	0	3	91.7
vs. Non-playoff	8	237	128	54.0	1501	6.3	8	6	71	494	9	20	74.2	1st Down	193	116	60.1	1367	7.1	8	3	58	447	9	15	89.0
vs. Own Division	8	267	163	61.0	1949	7.3	12	7	85	714	16	20	87.2	2nd Down	161	96	59.6	1053	6.5	7	3	49	413	7	7	85.8
Home	8	255	149	58.4	1819	7.1	10	3	77	660	13	19	88.7	3rd Down Overall	148	75	50.7	933	6.3	3	7	48	241	7	16	57.6
Away	8	254	144	56.7	1665	6.6	9	11	83	536	12	22	70.4	3rd D 0-5 to Go	44	22	50.0	238	5.4	0	3	20	90	1	2	37.9
Games 1-8	8	265	153	57.7	1905	7.2	11	6	85	756	13	25	84.6	3rd D 6+ to Go	104	53	51.0	695	6.7	3	4	28	151	6	14	66.0
Games 9-16	8	244	140	57.4	1579	6.5	8	8	75	440	12	16	74.1	4th Down	7	6	85.7	131	18.7	1	1	5	95	2	3	118.8
Aug/Sept	5	175	98	56.0	1219	7.0	9	5	53	459	10	14	83.0	Rec Behind Line	49	26	53.1	147	3.0	2	0	8	204	0	0	72.4
October	3	90	55	61.1	686	7.6	2	1	32	297	3	11	87.5	1-10 yds	271	163	67.5	1616	6.0	9	6	78	705	4	0	85.0
November	5	149	83	55.7	914	6.1	4	5	41	324	6	9	69.0	11-20 yds	86	50	58.1	865	10.1	2	4	50	127	3	0	80.8
December	3	95	57	60.0	665	7.0	4	3	34	116	6	7	82.1	21-30 yds	45	11	24.4	419	9.3	4	3	11	143	10	0	67.7
Grass	5	135	77	57.0	936	6.9	5	6	42	332	7	10	72.3	31+	30	8	26.7	315	10.5	2	1	8	17	8	0	79.2
Turf	11	374	216	57.8	2548	6.8	14	8	118	864	18	31	82.2	Left Sideline	175	104	59.4	1308	7.5	9	3	61	485	13	6	92.8
Indoor	10	336	196	58.3	2327	6.9	14	7	109	762	17	27	84.8	Left Side	67	40	59.7	499	7.4	4	2	24	189	3	8	90.3
Outdoor	6	173	97	56.1	1157	6.7	5	7	51	434	8	14	69.4	Middle	73	31	42.5	434	5.9	2	3	19	184	3	23	54.3
1st Half	-	280	162	57.9	1816	6.5	7	6	89	664	10	20	76.7	Right Side	70	46	65.7	447	6.4	1	3	22	157	1	0	76.0
2nd Half/OT	-	229	131	57.2	1668	7.3	12	8	71	532	15	21	83.0	Right Sideline	96	57	59.4	674	7.0	3	3	29	181	5	1	78.2
Last 2 Min. Half	-	106	60	56.6	649	6.1	6	2	35	204	3	7	85.8	2 Wide Receivers	241	141	58.5	1733	7.2	7	5	78	679	12	17	81.8
4th qtr, +/-7 pts	-	57	31	54.4	310	5.4	3	3	15	73	3	5	65.7	3+ WR	234	132	56.4	1575	6.7	9	9	73	477	12	20	73.9
Winning	-	119	71	59.7	914	7.7	5	1	40	320	7	8	94.3	Attempts 1-10	160	96	60.0	1176	7.4	4	5	56	418	7	0	78.0
Tied	-	55	33	60.0	383	7.0	1	4	16	138	3	2	56.9	Attempts 11-20	154	90	58.4	1050	6.8	4	2	48	357	9	0	82.4
Trailing	-	335	189	56.4	2187	6.5	13	9	104	738	15	31	78.0	Attempts 21+	195	107	54.9	1258	6.5	11	7	56	421	9	0	78.5

1997 Incompletions

Type	Num	%of Inc	%of Att
Pass Dropped	24	11.1	4.7
Poor Throw	86	39.8	16.9
Pass Defensed	46	21.3	9.0
Pass Hit at Line	7	3.2	1.4
Other	53	24.5	10.4
Total	216	100.0	42.4

Game Logs (1-8)

Date	Opp	Result	Att	Cm	Pct	Yds	TD	Int	Lg	Sk	F-L
08/31	Atl	W28-17	30	12	40.0	205	2	1	34	4	4-1
09/07	TB	L 17-24	50	29	58.0	331	2	1	73	2	1-0
09/14	@Chi	W32-7	25	16	64.0	215	2	0	37	1	1-1
09/21	@NO	L 17-35	43	24	55.8	253	2	3	38	5	2-1
09/28	GB	W26-15	27	14	51.9	203	1	0	45	2	0-0
10/05	@Buf	L 13-22	38	20	52.6	221	0	1	31	4	1-0
10/12	@TB	W27-9	20	16	80.0	222	1	0	79	4	0-0
10/19	NYN	L 20-26	32	19	59.4	243	1	1	28	3	1-1

Game Logs (9-16)

Date	Opp	Result	Att	Cm	Pct	Yds	TD	Int	Lg	Sk	F-L
11/02	@GB	L 10-20	47	21	44.7	159	0	4	33	1	0-0
11/09	@Was	L 7-30	14	5	35.7	53	0	0	22	6	0-0
11/16	Min	W38-15	29	21	72.4	271	2	0	36	2	0-0
11/23	Ind	W32-10	28	16	57.1	150	0	0	20	1	0-0
11/27	Chi	W55-20	31	20	64.5	282	2	1	50	2	0-0
12/07	@Mia	L 30-33	29	19	65.5	288	2	2	41	1	2-2
12/14	@Min	W14-13	38	23	60.5	255	2	1	32	3	1-0
12/21	NYA	W13-10	28	15	53.6	122	0	0	19	3	1-0

Warren Moon — Seattle Seahawks — QB

1997 Passing Splits

	G	Att	Cm	Pct	Yds	Y/Att	TD	Int	1st	YAC	Big	Sk	Rtg		Att	Cm	Pct	Yds	Y/Att	TD	Int	1st	YAC	Big	Sk	Rtg
Total	15	528	313	59.3	3678	7.0	25	16	179	1565	24	30	83.7	Inside 20	50	23	46.0	194	3.9	8	1	14	69	0	6	87.8
vs. Playoff	5	167	103	61.7	1210	7.2	11	3	52	513	7	14	98.1	Inside 10	19	6	31.6	31	1.6	5	0	5	11	0	2	80.5
vs. Non-playoff	10	361	210	58.2	2468	6.8	14	13	127	1052	17	16	77.0	1st Down	238	150	63.0	1929	8.1	14	7	80	863	17	7	95.7
vs. Own Division	7	265	156	58.9	1935	7.3	16	8	91	826	15	14	89.1	2nd Down	146	80	54.8	705	4.8	3	4	39	282	2	9	63.3
Home	8	272	159	58.5	1953	7.2	15	8	91	755	15	16	86.8	3rd Down Overall	136	79	58.1	992	7.3	7	5	57	387	4	13	82.7
Away	7	256	154	60.2	1725	6.7	10	8	88	810	9	15	80.3	3rd D 0-5 to Go	38	20	52.6	192	5.1	3	3	20	73	0	7	60.4
Games 1-8	8	272	166	61.0	2016	7.4	11	10	103	926	15	9	82.0	3rd D 6+ to Go	98	59	60.2	800	8.2	4	2	37	314	4	6	91.4
Games 9-16	7	256	147	57.4	1662	6.5	14	6	76	639	9	21	85.4	4th Down	8	4	50.0	52	6.5	1	0	3	33	1	1	110.4
Aug/Sept	5	152	87	57.2	1086	7.1	6	6	53	470	6	6	76.3	Rec Behind Line	99	73	73.7	434	4.4	1	0	19	725	0	0	85.2
October	3	120	79	65.8	930	7.8	5	4	50	456	9	3	89.2	1-10 yds	248	162	65.3	1460	5.9	7	8	84	499	3	0	77.0
November	5	212	119	56.1	1290	6.1	9	5	65	522	6	15	78.5	11-20 yds	113	59	52.2	1117	9.9	9	4	57	205	6	0	92.7
December	2	44	28	63.6	372	8.5	5	1	11	117	3	6	118.7	21-30 yds	35	12	34.3	375	10.7	5	2	12	95	8	0	91.1
Grass	4	136	83	61.0	943	6.9	8	3	64	426	6	10	92.2	31+	33	7	21.2	292	8.8	5	2	7	4i	7	0	78.3
Turf	11	392	230	58.7	2735	7.0	17	13	136	1139	18	20	80.7	Left Sideline	133	71	53.4	738	5.5	9	5	37	418	5	0	73.4
Indoor	11	392	230	58.7	2735	7.0	17	13	136	1139	18	20	80.7	Left Side	92	53	57.6	605	6.6	1	4	29	234	1	3	63.0
Outdoor	4	136	83	61.0	943	6.9	8	3	64	426	6	10	92.2	Middle	58	34	58.6	467	8.1	2	0	24	186	4	22	96.0
1st Half	-	246	157	63.8	1747	7.1	12	8	85	771	8	15	89.3	Right Side	112	80	71.4	918	8.2	5	4	46	391	6	4	95.8
2nd Half/OT	-	282	156	55.3	1931	6.8	13	9	94	794	16	15	78.8	Right Sideline	132	74	56.1	944	7.2	8	2	43	334	8	1	92.5
Last 2 Min. Half	-	54	27	50.0	305	5.6	4	3	13	135	3	2	68.8	2 Wide Receivers	140	95	67.9	1011	7.2	6	4	52	478	6	7	88.7
4th qtr, +/-7 pts	-	104	59	56.7	742	7.1	5	1	33	278	7	7	91.1	3+ WR	386	221	57.3	2661	6.9	19	12	126	1087	18	23	82.0
Winning	-	135	83	61.5	860	6.4	5	5	46	379	5	7	76.8	Attempts 1-10	150	99	66.0	1056	7.0	4	3	48	449	4	0	87.0
Tied	-	93	60	64.5	698	7.5	2	4	32	269	6	6	76.4	Attempts 11-20	149	84	56.4	1055	7.1	12	1	52	477	6	0	97.6
Trailing	-	300	170	56.7	2120	7.1	18	7	101	862	16	17	89.0	Attempts 21+	229	130	56.8	1567	6.8	10	11	79	639	14	0	72.4

1997 Incompletions

Type	Num	%of Inc	%of Att
Pass Dropped	31	14.4	5.9
Poor Throw	89	41.4	16.9
Pass Defensed	43	20.0	8.1
Pass Hit at Line	10	4.7	1.9
Other	42	19.5	8.0
Total	215	100.0	40.7

Game Logs (1-8)

Date	Opp	Result	Att	Cm	Pct	Yds	TD	Int	Lg	Sk	F-L
08/31	NYA	L 3-41	21	7	33.3	89	0	1	19	0	0-0
09/07	Den	L 14-35	33	20	60.6	222	1	1	29	1	0-0
09/14	@Ind	W31-3	38	24	63.2	270	1	1	22	1	0-0
09/21	SD	W26-22	34	17	50.0	253	2	2	54	3	1-0
09/28	@KC	L 17-20	26	19	73.1	252	2	1	54	3	1-0
10/05	Ten	W16-13	40	27	67.5	260	0	0	26	2	0-0
10/12	@StL	W17-9	36	24	66.7	261	0	2	34	1	0-0
10/26	Oak	W45-34	44	28	63.6	409	5	2	45	0	0-0

Game Logs (9-16)

Date	Opp	Result	Att	Cm	Pct	Yds	TD	Int	Lg	Sk	F-L
11/02	@Den	L 27-30	46	28	60.9	256	3	0	21	2	1-1
11/09	@SD	W37-31	45	24	53.3	295	2	1	40	2	0-0
11/16	@NO	L 17-20	46	23	50.0	251	1	2	34	3	1-0
11/23	KC	L 14-19	39	20	54.1	248	1	1	34	5	2-1
11/30	Atl	L 17-24	38	24	63.2	240	1	1	25	3	1-0
12/07	@Bal	L 24-31	19	12	63.2	140	1	1	60	3	0-0
12/14	@Oak	W22-21	-	-	-	-	-	-	-	-	-
12/21	SF	W38-9	25	16	64.0	232	4	0	37	3	0-0

Herman Moore — Detroit Lions — WR

1997 Receiving Splits

	G	Rec	Yds	Avg	TD	Lg	Big	YAC	Trgt	Y@C	1st	1st%		Rec	Yds	Avg	TD	Lg	Big	YAC	Trgt	Y@C	1st	1st%
Total	16	104	1293	12.4	8	79	10	293	170	9.6	66	63.5	Inside 20	7	62	8.9	5	18	0	6	13	8.0	6	85.7
vs. Playoff	8	54	673	12.5	3	79	5	158	89	9.5	32	59.3	Inside 10	4	18	4.5	3	8	0	0	6	4.5	3	75.0
vs. Non-playoff	8	50	620	12.4	5	43	5	135	81	9.7	34	68.0	1st Down	40	456	11.4	3	30	3	113	62	8.6	21	52.5
vs. Own Division	8	55	708	12.9	4	79	7	166	83	9.9	33	60.0	2nd Down	31	439	14.2	4	79	5	124	52	10.2	19	61.3
Home	8	48	633	13.2	4	45	6	118	74	10.7	28	58.3	3rd Down Overall	29	366	12.6	1	45	2	55	52	10.7	23	79.3
Away	8	56	660	11.8	4	79	4	175	96	8.7	38	67.9	3rd D 0-2 to Go	4	26	6.5	0	9	0	4	6	5.5	4	100.0
Games 1-8	8	57	804	14.1	4	79	7	214	88	10.4	40	70.2	3rd D 3-7 to Go	12	187	15.6	0	45	2	39	23	12.3	11	91.7
Games 9-16	8	47	489	10.4	4	36	3	79	82	8.7	26	55.3	3rd D 8+ to Go	13	153	11.8	1	22	0	12	23	10.8	8	61.5
Aug/Sept	5	37	480	13.0	4	45	5	74	58	11.0	25	67.6	4th Down	4	32	8.0	0	13	0	1	4	7.8	3	75.0
October	3	20	324	16.2	0	79	2	140	30	9.2	15	75.0	Rec Behind Line	1	2	2.0	0	2	0	2	3	0.0	0	0.0
November	5	32	321	10.0	2	36	2	60	53	8.2	17	53.1	1-10 yds	69	552	8.0	4	21	0	162	96	5.7	35	50.7
December	3	15	168	11.2	2	28	1	19	29	9.9	9	60.0	11-20 yds	21	356	17.0	1	26	1	42	34	15.0	21	100.0
Grass	5	31	368	11.9	2	79	2	106	53	8.5	18	58.1	21-30 yds	7	268	38.3	3	79	7	89	21	25.6	7	100.0
Turf	11	73	925	12.7	6	45	8	187	117	10.1	48	65.8	31+	2	76	38.0	0	45	2	-2	8	39.0	2	100.0
Indoor	10	65	809	12.4	6	45	7	142	104	10.3	42	64.6	Left Sideline	32	409	12.8	4	43	4	74	50	10.5	22	68.8
Outdoor	6	39	484	12.4	2	79	3	151	66	8.5	24	61.5	Left Side	13	150	11.5	0	28	1	43	24	8.2	9	69.2
1st Half	-	54	612	11.3	2	43	3	166	93	8.3	32	59.3	Middle	13	158	12.2	1	27	1	48	24	8.5	9	69.2
2nd Half/OT	-	50	681	13.6	6	79	7	127	77	11.1	34	68.0	Right Side	16	156	9.8	0	17	0	40	22	7.3	9	56.3
Last 2 Min. Half	-	21	225	10.7	2	28	1	27	32	9.4	16	76.2	Right Sideline	26	381	14.7	3	79	4	88	42	11.3	16	61.5
4th qtr, +/-7 pts	-	11	147	13.4	2	31	2	8	18	12.6	8	72.7	Shotgun	0	0	-	0	0	0	0	0	-	0	-
Winning	-	26	404	15.5	2	79	5	104	36	11.5	15	57.7	2 Wide Receivers	48	659	13.7	5	79	6	179	81	10.0	31	64.6
Tied	-	10	104	10.4	0	22	0	19	24	8.5	8	80.0	3 Wide Receivers	48	525	10.9	3	36	3	109	75	8.7	32	66.7
Trailing	-	68	785	11.5	6	43	5	170	110	9.0	43	63.2	4+ WR	3	61	20.3	0	15	1	5	6	20.3	2	66.7

1997 Incompletions

Type	Num	%of Inc	%of Att
Pass Dropped	9	13.6	5.3
Poor Throw	30	45.5	17.6
Pass Defensed	15	22.7	8.8
Pass Hit at Line	1	1.5	0.6
Other	11	16.7	6.5
Total	66	100.0	38.8

Game Logs (1-8)

Date	Opp	Result	Rec	Yds	Trgt	F-L	TD
08/31	Atl	W 28-17	7	115	10	0-0	2
09/07	TB	L 17-24	6	51	12	0-0	0
09/14	@Chi	W 32-7	7	98	8	0-0	1
09/21	@NO	L 17-35	11	111	19	0-0	1
09/28	GB	L 26-15	6	105	9	0-0	0
10/05	@Buf	L 13-22	8	116	13	0-0	0
10/12	@TB	W 27-9	5	120	6	0-0	0
10/19	NYN	L 20-26	7	88	11	0-0	0

Game Logs (9-16)

Date	Opp	Result	Rec	Yds	Trgt	F-L	TD
11/02	@GB	L 10-20	9	50	17	0-0	0
11/09	@Was	L 7-30	5	36	12	0-0	0
11/16	Min	W 38-15	10	130	13	0-0	1
11/23	Ind	W 32-10	2	16	4	0-0	0
11/27	Chi	W 55-20	6	89	7	0-0	0
12/07	@Mia	L 30-33	5	64	10	0-0	1
12/14	@Min	W 14-13	6	65	11	0-0	1
12/21	NYA	W 13-10	4	39	6	0-0	0

Jerald Moore — St. Louis Rams — RB

1997 Rushing and Receiving Splits

	G	Rush	Yds	Avg	Lg	TD	1st	Stf	YdL	Rec	Yds	Avg	TD		Rush	Yds	Avg	Lg	TD	1st	Stf	YdL	Rec	Yds	Avg	TD
Total	9	104	380	3.7	26	3	21	9	23	8	69	8.6	0	Inside 20	20	26	1.3	5	3	3	2	5	1	6	6.0	0
vs. Playoff	2	2	9	4.5	6	0	0	0	0	4	38	9.5	0	Inside 10	13	22	1.7	5	3	3	2	5	-	-	-	0
vs. Non-playoff	7	102	371	3.6	26	3	21	9	23	4	31	7.8	0	1st Down	54	227	4.2	22	2	8	3	6	4	40	10.0	0
vs. Own Division	5	67	244	3.6	26	1	13	3	6	2	6	3.0	0	2nd Down	44	154	3.5	26	0	12	5	14	2	13	6.5	0
Home	4	38	113	3.0	13	1	0	5	10	2	25	12.5	0	3rd Down Overall	6	-1	-0.2	1	1	1	1	3	1	6	6.0	0
Away	5	66	267	4.0	26	2	13	4	13	6	44	7.3	0	3rd D 0-2 to Go	6	-1	-0.2	1	1	1	1	3	0	0	-	0
Games 1-8	1	0	0	-	0	0	0	0	0	0	0	-	0	3rd D 3-7 to Go	0	0	-	0	0	0	0	0	1	6	6.0	0
Games 9-16	8	104	380	3.7	26	3	21	9	23	8	69	8.6	0	3rd D 8+ to Go	0	0	-	0	0	0	0	0	1	10	10.0	0
Aug/Sept	0	0	0	-	0	0	0	0	0	0	0	-	0	4th Down	0	0	-	0	0	0	0	0	1	19	19.0	0
October	1	0	0	-	0	0	0	0	0	0	0	-	0	Left Sideline	6	63	10.5	22	0	3	0	0	2	16	8.0	0
November	5	51	193	3.8	22	1	11	5	15	6	50	8.3	0	Left Side	24	80	3.3	26	2	5	3	10	2	16	8.0	0
December	3	53	187	3.5	26	2	10	4	8	2	19	9.5	0	Middle	47	132	2.8	13	0	7	3	7	4	34	8.5	0
Grass	3	51	214	4.2	26	1	10	3	11	5	44	8.8	0	Right Side	22	80	3.6	15	1	5	3	6	1	0	0.0	0
Turf	6	53	166	3.1	13	2	11	6	12	3	25	8.3	0	Right Sideline	5	25	5.0	13	0	1	0	0	1	0	-	0
Indoor	6	53	166	3.1	13	2	11	6	12	3	25	8.3	0	0 Tight Ends	8	19	2.4	7	0	1	1	3	4	36	9.0	0
Outdoor	3	51	214	4.2	26	1	10	3	11	5	44	8.8	0	1 Tight End	51	230	4.5	26	1	12	5	13	3	14	4.7	0
1st Half	-	49	190	3.9	22	1	9	3	7	1	13	13.0	0	2 Tight Ends	27	70	2.6	11	0	3	2	5	1	19	19.0	0
2nd Half/OT	-	55	190	3.5	26	2	12	6	16	7	56	8.0	0	3+ Tight Ends	7	9	1.3	3	2	2	0	0	0	0	-	0
Last 2 Min. Half	-	10	15	1.5	6	0	1	1	3	0	12	-	0	Carries 1-5	34	122	3.6	13	1	6	2	5	0	0	-	0
4th qtr, +/-7 pts	-	24	50	2.1	15	0	2	4	14	3	12	4.0	0	Carries 6-10	26	95	3.7	22	1	6	2	5	0	0	-	0
Winning	-	34	123	3.6	26	0	5	4	13	1	6	6.0	0	Carries 11-15	21	86	4.1	13	1	5	2	2	0	0	-	0
Tied	-	34	106	3.1	13	2	7	3	6	2	32	16.0	0	Carries 16-20	14	77	5.5	26	0	4	1	3	0	0	-	0
Trailing	-	36	151	4.2	22	1	9	2	4	5	31	6.2	0	Carries 21+	9	0	0.0	0	0	2	0	0	0	0	-	0

1997 Incompletions

Type	Num	%of Inc	% Att
Pass Dropped	1	25.0	8.3
Poor Throw	0	0.0	0.0
Pass Defensed	0	0.0	0.0
Pass Hit at Line	1	25.0	8.3
Other	2	50.0	16.7
Total	4	100.0	33.3

Game Logs (1-8)

Date	Opp	Result	Rush	Yds	Rec	Yds	Trgt	F-L	TD
08/31	NO	W 38-24	-	-	-	-	-	-	-
09/07	SF	L 12-15	-	-	-	-	-	-	-
09/14	@Den	L 14-35	-	-	-	-	-	-	-
09/21	NYN	W 13-3	-	-	-	-	-	-	-
09/28	@Oak	L 17-35	-	-	-	-	-	-	-
10/12	@SF	L 10-30	-	-	-	-	-	-	-
10/19	Sea	L 9-17	-	-	-	-	-	-	-
10/26	KC	L 20-28	0	0	-	-	0-0	0	-

Game Logs (9-16)

Date	Opp	Result	Rush	Yds	Rec	Yds	Trgt	F-L	TD
11/02	@Atl	L 31-34	2	14	0	0	0	0-0	0
11/09	@GB	L 7-17	2	9	4	38	5	0-0	0
11/16	Atl	L 21-27	6	18	1	6	1	0-0	0
11/23	Car	L 10-13	19	60	0	0	0	0-0	0
11/30	@Was	W 23-20	22	92	1	6	1	1-0	1
12/07	@NO	W 34-27	13	39	1	0	2	1-1	1
12/14	Chi	L 10-13	13	35	1	19	2	1-1	0
12/20	@Car	W 30-18	27	113	0	0	0	1-0	1

Rob Moore — Arizona Cardinals — WR

1997 Receiving Splits

	G	Rec	Yds	Avg	TD	Lg	Big	YAC	Trgt	Y@C	1st	1st%		Rec	Yds	Avg	TD	Lg	Big	YAC	Trgt	Y@C	1st	1st%
Total	16	97	1584	16.3	8	47	20	364	208	12.6	68	70.1	Inside 20	9	55	6.1	3	13	0	15	22	4.4	4	44.4
vs. Playoff	5	36	669	18.6	1	44	10	106	65	15.6	29	80.6	Inside 10	3	11	3.7	2	5	0	0	9	3.7	2	66.7
vs. Non-playoff	11	61	915	15.0	7	47	10	258	143	10.8	39	63.9	1st Down	42	770	18.3	4	47	13	185	93	13.9	29	69.0
vs. Own Division	8	41	753	18.4	4	47	10	217	96	13.1	32	78.0	2nd Down	30	416	13.9	2	41	2	93	62	10.8	20	66.7
Home	8	47	836	17.8	7	47	11	186	102	13.8	37	78.7	3rd Down Overall	24	369	15.4	2	44	4	82	50	12.0	18	75.0
Away	8	50	748	15.0	1	41	9	178	106	11.4	31	62.0	3rd D 0-2 to Go	1	2	2.0	1	2	0	0	2	2.0	1	100.0
Games 1-8	8	48	732	15.3	3	47	7	216	104	10.8	33	68.8	3rd D 3-7 to Go	9	90	10.0	1	28	1	23	13	7.4	8	88.9
Games 9-16	8	49	852	17.4	5	47	13	148	104	14.4	35	71.4	3rd D 8+ to Go	14	277	19.8	0	44	3	59	35	15.6	9	64.3
Aug/Sept	4	24	378	15.8	1	47	4	132	51	10.3	15	62.5	4th Down	1	29	29.0	0	29	1	4	3	25.0	1	100.0
October	4	24	354	14.8	2	34	3	84	53	11.3	18	75.0	Rec Behind Line	2	3	1.5	0	3	0	5	5	-1.0	0	0.0
November	5	33	616	18.7	5	44	11	113	65	15.2	23	69.7	1-10 yds	51	542	10.6	2	47	2	239	89	5.9	29	56.9
December	3	16	236	14.8	0	47	2	35	39	12.6	12	75.0	11-20 yds	23	407	17.7	0	38	2	63	59	10.5	19	82.6
Grass	11	66	1122	17.0	8	47	15	245	141	13.3	47	71.2	21-30 yds	9	269	29.9	3	47	8	38	26	25.7	9	100.0
Turf	5	31	462	14.9	0	38	5	119	67	11.1	21	67.7	31+	8	304	38.0	1	44	8	19	19	35.6	8	100.0
Indoor	1	4	31	7.8	0	16	0	11	15	5.0	2	50.0	Left Sideline	22	511	23.2	1	47	10	83	55	19.5	18	81.8
Outdoor	15	93	1553	16.7	8	47	20	353	193	12.9	66	71.0	Left Side	20	344	17.2	2	44	4	91	42	12.7	15	75.0
1st Half	-	41	567	13.8	3	43	5	130	79	10.7	27	65.9	Middle	10	134	13.4	0	47	1	63	17	7.1	5	50.0
2nd Half/OT	-	56	1017	18.2	5	47	15	234	129	14.0	41	73.2	Right Side	24	286	11.9	1	38	2	98	46	7.8	15	62.5
Last 2 Min. Half	-	13	213	16.4	2	36	3	37	23	13.5	11	84.6	Right Sideline	20	297	14.9	4	43	3	29	46	13.4	14	70.0
4th qtr, +/-7 pts	-	16	332	20.8	0	44	6	74	32	16.1	14	87.5	Shotgun	26	525	20.2	1	47	8	128	57	15.3	20	76.9
Winning	-	14	192	13.7	1	37	2	55	35	9.8	6	42.9	2 Wide Receivers	41	580	14.1	2	38	7	146	84	10.6	28	68.3
Tied	-	18	283	15.7	0	38	6	86	36	10.9	14	77.8	3 Wide Receivers	26	453	17.4	5	47	6	80	61	14.3	17	65.4
Trailing	-	65	1109	17.1	7	47	15	223	137	13.6	48	73.8	4+ WR	23	449	19.5	0	47	7	135	61	13.7	17	73.9

1997 Incompletions

Type	Num	%of Inc	%of Att
Pass Dropped	5	4.5	2.4
Poor Throw	52	46.8	25.0
Pass Defensed	31	27.9	14.9
Pass Hit at Line	4	3.6	1.9
Other	19	17.1	9.1
Total	111	100.0	53.4

Game Logs (1-8)

Date	Opp	Result	Rec	Yds	Trgt	F-L	TD
08/31	@Cin	L 21-24	7	96	15	0-0	0
09/07	Dal	W 25-22	6	108	11	0-0	0
09/14	@Was	L 13-19	3	27	11	0-0	0
09/28	@TB	L 18-19	8	147	14	0-0	1
10/05	Min	L 19-20	8	108	14	0-0	0
10/12	NYN	L 13-27	4	87	14	0-0	0
10/19	@Phi	L 10-13	6	101	11	0-0	0
10/26	Ten	L 14-41	6	58	17	0-0	2

Game Logs (9-16)

Date	Opp	Result	Rec	Yds	Trgt	F-L	TD
11/02	Phi	W 31-21	3	82	12	0-0	1
11/09	@Dal	L 6-24	6	95	13	0-0	0
11/16	@NYN	L 10-19	8	139	13	0-0	0
11/23	@Bal	W 16-13	8	112	14	0-0	0
11/30	Pit	L 20-26	8	188	13	0-0	0
12/07	Was	L 28-38	5	114	11	0-0	3
12/14	@NO	L 10-27	4	31	15	0-0	0
12/21	Atl	W 29-26	7	91	16	0-0	1

Ronald Moore — St. Louis Rams / Arizona Cardinals — RB

1997 Rushing and Receiving Splits

	G	Rush	Yds	Avg	Lg	TD	1st	Stf	YdL	Rec	Yds	Avg	TD		Rush	Yds	Avg	Lg	TD	1st	Stf	YdL	Rec	Yds	Avg	TD
Total	13	81	278	3.4	27	1	12	10	26	4	34	8.5	0	Inside 20	8	16	2.0	5	0	0	1	2	0	0	-	0
vs. Playoff	5	20	69	3.5	27	1	3	6	18	4	34	8.5	0	Inside 10	4	7	1.8	5	0	0	1	2	0	0	-	0
vs. Non-playoff	8	61	209	3.4	16	0	9	4	8	0	0	-	0	1st Down	44	159	3.6	27	1	5	8	22	2	20	10.0	0
vs. Own Division	6	38	91	2.4	15	0	4	7	19	1	5	5.0	0	2nd Down	32	107	3.3	13	0	5	2	4	1	9	9.0	0
Home	6	30	80	2.7	16	0	2	3	3	0	0	-	0	3rd Down Overall	4	11	2.8	6	0	2	0	0	1	5	5.0	0
Away	7	51	198	3.9	27	1	10	8	23	4	34	8.5	0	3rd D 0-2 to Go	2	9	4.5	6	0	2	0	0	0	0	-	0
Games 1-8	7	24	103	4.3	27	1	5	3	7	4	34	8.5	0	3rd D 3-7 to Go	1	0	0.0	0	0	0	0	0	1	5	5.0	0
Games 9-16	6	57	175	3.1	16	0	7	7	19	0	0	-	0	3rd D 8+ to Go	1	2	2.0	2	0	0	0	0	0	0	-	0
Aug/Sept	5	16	78	4.9	27	1	4	1	1	3	29	9.7	0	4th Down	1	1	1.0	1	0	0	0	0	0	0	-	0
October	2	8	25	3.1	15	0	1	2	6	1	5	5.0	0	Left Sideline	10	82	8.2	27	1	5	1	1	1	13	13.0	0
November	3	12	22	1.8	8	0	2	4	12	0	0	-	0	Left Side	18	50	2.8	8	0	2	2	7	0	0	-	0
December	3	45	153	3.4	16	0	5	3	7	0	0	-	0	Middle	37	111	3.0	16	0	4	5	12	2	12	6.0	0
Grass	6	40	171	4.3	27	1	7	3	8	4	34	8.5	0	Right Side	15	34	2.3	13	0	1	2	6	1	9	9.0	0
Turf	7	41	107	2.6	13	0	5	7	18	0	0	-	0	Right Sideline	1	1	1.0	1	0	0	0	0	0	0	-	0
Indoor	5	29	85	2.9	13	0	3	3	6	0	0	-	0	0 Tight Ends	6	55	9.2	27	1	2	0	0	3	25	8.3	0
Outdoor	8	52	193	3.7	27	1	9	7	20	4	34	8.5	0	1 Tight End	49	148	3.0	15	0	6	6	18	1	9	9.0	0
1st Half	-	44	148	3.4	16	0	5	4	11	2	14	7.0	0	2 Tight Ends	14	26	1.9	10	0	2	3	6	0	0	-	0
2nd Half/OT	-	37	130	3.5	27	1	7	6	15	2	20	10.0	0	3+ Tight Ends	3	14	4.7	7	0	0	0	0	0	0	-	0
Last 2 Min. Half	-	4	5	1.3	3	0	0	1	1	0	0	-	0	Carries 1-5	47	173	3.7	27	1	8	5	13	0	0	-	0
4th qtr, +/-7 pts	-	2	3	1.5	3	0	0	0	0	0	0	-	0	Carries 6-10	19	57	3.0	16	0	3	3	8	0	0	-	0
Winning	-	15	38	2.5	10	0	1	3	6	0	0	-	0	Carries 11-15	8	16	2.0	6	0	0	2	5	0	0	-	0
Tied	-	16	58	3.6	13	0	2	0	0	0	0	-	0	Carries 16-20	5	32	6.4	13	0	1	0	0	0	0	-	0
Trailing	-	50	182	3.6	27	1	9	7	20	4	34	8.5	0	Carries 21+	2	0	0.0	0	0	0	0	0	0	0	-	0

1997 Incompletions

Type	Num	%of Inc	% Att
Pass Dropped	0	0.0	0.0
Poor Throw	0	0.0	0.0
Pass Defensed	0	0.0	0.0
Pass Hit at Line	0	0.0	0.0
Other	1	100.0	20.0
Total	1	100.0	20.0

Game Logs (1-8)

Date	Opp	Result	Rush	Yds	Rec	Yds	Trgt	F-L	TD
08/31	NO	W 38-24	5	5	0	0	0	0-0	0
09/07	SF	L 12-15	1	1	0	0	0	0-0	0
09/14	@Den	L 14-35	5	48	3	29	4	0-0	1
09/21	NYN	W 13-3	0	0	0	0	0	0-0	0
09/28	@Oak	L 17-35	5	24	0	0	0	0-0	0
10/12	@SF	L 10-30	7	25	1	5	1	0-0	0
10/19	Sea	L 9-17	1	0	0	0	0	0-0	0
10/26	KC	L 20-28							

Game Logs (9-16)

Date	Opp	Result	Rush	Yds	Rec	Yds	Trgt	F-L	TD
11/09	@Dal	L 6-24	5	27	0	0	0	0-0	0
11/16	@NYN	L 10-19	7	-5	0	0	0	0-0	0
11/23	@Bal	W 16-13	0	0	0	0	0	0-0	0
11/30	Pit	L 20-26	-	-	-	-	-	-	-
12/07	Was	L 28-38	13	38	0	0	0	0-0	0
12/14	@NO	L 10-27	22	79	0	0	0	0-0	0
12/21	Atl	W 29-26	10	36	0	0	0	0-0	0

Bam Morris — Baltimore Ravens — RB

1997 Rushing and Receiving Splits

	G	Rush	Yds	Avg	Lg	TD	1st	Stf	YdL	Rec	Yds	Avg	TD		Rush	Yds	Avg	Lg	TD	1st	Stf	YdL	Rec	Yds	Avg	TD
Total	11	204	774	3.8	25	4	43	21	44	29	176	6.1	0	Inside 20	21	36	1.7	9	4	5	5	10	1	4	4.0	0
vs. Playoff	4	45	140	3.1	15	1	11	6	20	9	53	5.9	0	Inside 10	13	20	1.5	5	4	4	2	4	0	0	-	0
vs. Non-playoff	7	159	634	4.0	25	3	32	15	24	20	123	6.2	0	1st Down	102	454	4.5	25	1	10	8	18	14	87	6.2	0
vs. Own Division	5	63	169	2.7	15	1	11	9	25	12	76	6.3	0	2nd Down	81	251	3.1	19	1	23	12	24	10	49	4.9	0
Home	5	90	316	3.5	19	3	15	9	21	15	102	6.8	0	3rd Down Overall	20	68	3.4	10	2	9	1	2	5	40	8.0	0
Away	6	114	458	4.0	25	1	28	12	23	14	74	5.3	0	3rd D 0-2 to Go	12	37	3.1	10	2	9	1	2	0	0	-	0
Games 1-8	4	81	348	4.3	17	2	21	8	18	10	63	6.3	0	3rd D 3-7 to Go	3	9	3.0	5	0	0	0	0	5	40	8.0	0
Games 9-16	7	123	426	3.5	25	2	22	13	26	19	113	5.9	0	3rd D 8+ to Go	5	22	4.4	10	0	0	0	0	0	0	-	0
Aug/Sept	1	17	81	4.8	17	0	4	1	2	2	18	9.0	0	4th Down	1	1	1.0	1	0	1	0	0	0	0	-	0
October	3	64	267	4.2	17	2	17	7	16	8	45	5.6	0	Left Sideline	25	84	3.4	10	0	1	5	12	2	7	3.5	0
November	4	68	267	3.9	25	1	16	6	13	11	58	5.3	0	Left Side	38	130	3.4	10	1	9	3	5	8	20	2.5	0
December	3	55	159	2.9	19	1	6	7	13	8	55	6.9	0	Middle	89	351	3.9	25	1	24	9	15	8	65	8.1	0
Grass	8	146	583	4.0	19	4	31	13	27	21	135	6.4	0	Right Side	47	180	3.8	19	2	8	4	12	9	70	7.8	0
Turf	3	58	191	3.3	25	0	12	8	17	8	41	5.1	0	Right Sideline	5	29	5.8	17	0	1	0	0	1	5	5.0	0
Indoor	0	0	0	-	0	0	0	0	0	0	0	-	0	0 Tight Ends	6	23	3.8	9	1	2	1	2	0	0	-	0
Outdoor	11	204	774	3.8	25	4	43	21	44	29	176	6.1	0	1 Tight End	141	551	3.9	18	0	26	13	31	27	165	6.1	0
1st Half	-	111	429	3.9	25	2	21	13	30	17	112	6.6	0	2 Tight Ends	51	187	3.7	25	0	10	6	9	2	2.0	0	0
2nd Half/OT	-	93	345	3.7	18	2	22	8	14	12	64	5.3	0	3+ Tight Ends	6	13	2.2	9	3	5	1	2	0	0	-	0
Last 2 Min. Half	-	9	4	0.4	3	0	0	2	3	0	0	-	0	Carries 1-5	53	186	3.5	19	1	9	5	15	0	0	-	0
4th qtr, +/-7 pts	-	33	109	3.3	18	1	5	3	5	6	28	4.7	0	Carries 6-10	50	176	3.5	15	0	6	4	11	0	0	-	0
Winning	-	63	222	3.5	17	1	11	8	16	9	60	6.7	0	Carries 11-15	45	220	4.9	25	1	15	4	7	0	0	-	0
Tied	-	35	128	3.7	10	2	10	4	12	2	16	8.0	0	Carries 16-20	25	64	2.6	18	2	6	7	10	0	0	-	0
Trailing	-	106	424	4.0	25	1	22	9	16	18	100	5.6	0	Carries 21+	31	128	4.1	10	0	7	1	1	0	0	-	0

1997 Incompletions

Type	Num	%of Inc	% Att
Pass Dropped	2	22.2	5.3
Poor Throw	0	0.0	0.0
Pass Defensed	2	22.2	5.3
Pass Hit at Line	1	11.1	2.6
Other	4	44.4	10.5
Total	9	100.0	23.7

Game Logs (1-8)

Date	Opp	Result	Rush	Yds	Rec	Yds	Trgt	F-L	TD
09/21	@Ten	W 36-10	-	-	-	-	-	-	-
09/28	@SD	L 17-21	17	81	2	18	2	0-0	0
10/05	Pit	L 34-42	15	47	3	25	4	0-0	1
10/19	Mia	L 13-24	13	44	3	12	4	1-1	0
10/26	@Was	W 20-17	36	176	2	8	3	1-0	1
11/02	@NYA	L 16-19	31	130	2	7	2	1-1	0
11/09	@Pit	L 0-37	14	39	1	9	3	0-0	0
11/16	Phi	T 10-10	-	-	-	-	-	-	-

Game Logs (9-16)

Date	Opp	Result	Rush	Yds	Rec	Yds	Trgt	F-L	TD
11/23	Ari	L 13-16	20	88	6	35	7	0-0	1
11/30	@Jac	L 27-29	3	10	2	7	2	0-0	0
12/07	Sea	W 31-24	24	86	2	20	2	1-1	1
12/14	Ten	W 21-19	18	51	1	10	4	0-0	0
12/21	@Cin	L 14-16	13	22	5	25	5	0-0	0

Johnnie Morton — Detroit Lions — WR

1997 Receiving Splits

	G	Rec	Yds	Avg	TD	Lg	Big	YAC	Trgt	Y@C	1st	1st%		Rec	Yds	Avg	TD	Lg	Big	YAC	Trgt	Y@C	1st	1st%
Total	16	80	1057	13.2	6	73	7	204	148	10.7	51	63.8	Inside 20	8	73	9.1	3	16	0	8	14	8.1	6	75.0
vs. Playoff	8	49	661	13.5	4	73	4	149	76	10.4	32	65.3	Inside 10	1	4	4.0	1	4	0	0	4	4.0	1	100.0
vs. Non-playoff	8	31	396	12.8	2	50	3	55	72	11.0	19	61.3	1st Down	34	498	14.6	4	73	3	136	57	10.6	23	67.6
vs. Own Division	8	46	587	12.8	4	73	3	130	80	9.9	28	60.9	2nd Down	24	254	10.6	0	38	1	35	45	9.1	14	58.3
Home	8	36	473	13.1	4	73	2	116	73	9.9	22	61.1	3rd Down Overall	22	305	13.9	2	50	3	33	45	12.4	14	63.6
Away	8	44	584	13.3	2	41	5	88	75	11.3	29	65.9	3rd D 0-2 to Go	2	15	7.5	0	9	0	2	6	6.5	2	100.0
Games 1-8	8	34	456	13.4	3	73	2	97	68	10.6	21	61.8	3rd D 3-7 to Go	7	57	8.1	0	20	0	8	13	7.0	5	71.4
Games 9-16	8	46	601	13.1	3	50	5	107	80	10.7	30	65.2	3rd D 8+ to Go	13	233	17.9	2	50	3	23	26	16.2	7	53.8
Aug/Sept	5	20	291	14.6	2	73	2	67	48	11.2	12	60.0	4th Down	0	0	-	0	0	0	1	-	0	-
October	3	14	165	11.8	1	21	0	30	20	9.6	9	64.3	Rec Behind Line	2	13	6.5	0	7	0	14	2	-0.5	1	50.0
November	5	27	322	11.9	2	50	2	67	53	9.4	16	59.3	1-10 yds	50	421	8.4	2	21	0	115	73	6.1	23	46.0
December	3	19	279	14.7	1	41	3	40	27	12.6	14	73.7	11-20 yds	18	293	16.3	1	23	0	21	28	15.1	18	100.0
Grass	5	29	390	13.4	2	41	3	75	50	10.9	20	69.0	21-30 yds	3	121	40.3	1	73	2	44	18	25.7	3	100.0
Turf	11	51	667	13.1	4	73	4	129	98	10.5	31	60.8	31+	5	196	39.2	2	50	5	10	20	37.2	5	100.0
Indoor	10	49	640	13.1	4	73	4	127	94	10.5	30	61.2	Left Sideline	30	447	14.9	4	73	4	88	59	12.0	21	70.0
Outdoor	6	31	417	13.5	2	41	3	77	54	11.0	21	67.7	Left Side	10	159	15.9	2	50	1	24	15	13.5	9	90.0
1st Half	-	42	535	12.7	2	41	2	85	72	10.7	29	69.0	Middle	8	121	15.1	0	38	2	12	16	13.6	5	62.5
2nd Half/OT	-	38	522	13.7	4	73	5	119	76	10.6	22	57.9	Right Side	12	151	12.6	0	22	0	55	19	8.0	7	58.3
Last 2 Min. Half	-	17	191	11.2	2	27	1	27	28	9.6	15	88.2	Right Sideline	18	166	9.2	0	21	0	25	32	7.8	8	44.4
4th qtr, +/-7 pts	-	6	39	6.5	1	9	0	4	12	5.8	3	50.0	Shotgun	0	0	-	0	0	0	0	0	-	0	-
Winning	-	22	219	10.0	1	23	0	48	40	7.8	13	59.1	2 Wide Receivers	36	504	14.0	2	73	3	129	72	10.4	22	61.1
Tied	-	10	135	13.5	1	50	1	30	13	10.5	4	30.8	3 Wide Receivers	40	517	12.9	4	50	4	71	65	11.2	27	67.5
Trailing	-	48	703	14.6	4	73	6	124	95	12.0	34	70.8	4+ WR	2	23	11.5	0	13	0	4	4	9.5	1	50.0

1997 Incompletions

Type	Num	%of Inc	%of Att
Pass Dropped	5	7.4	3.4
Poor Throw	32	47.1	21.6
Pass Defensed	22	32.4	14.9
Pass Hit at Line	0	0.0	0.0
Other	9	13.2	6.1
Total	68	100.0	45.9

Game Logs (1-8)

Date	Opp	Result	Rush	Yds	Rec	Yds	Trgt	F-L	TD
08/31	Atl	W 28-17	0	0	1	7	8	0-0	0
09/07	TB	L 17-24	0	0	4	102	10	0-0	1
09/14	@Chi	W 32-7	0	0	4	49	8	0-0	0
09/21	@NO	L 17-35	0	0	5	72	11	1-0	0
09/28	GB	W 26-15	1	20	6	61	11	0-0	0
10/05	@Buf	L 13-22	0	0	2	27	4	0-0	0
10/12	@TB	W 27-9	0	0	7	66	9	0-0	1
10/19	NYN	L 20-26	0	0	5	72	8	0-0	1

Game Logs (9-16)

Date	Opp	Result	Rush	Yds	Rec	Yds	Trgt	F-L	TD
11/02	@GB	L 10-20	0	0	4	35	10	1-0	0
11/09	@Was	L 7-30	0	0	5	69	14	0-0	0
11/16	Min	W 38-15	1	9	6	59	9	0-0	1
11/23	Ind	W 32-10	0	0	5	39	6	0-0	0
11/27	Chi	W 55-20	0	0	7	120	14	0-0	0
12/07	@Mia	L 30-33	0	0	9	171	10	0-0	0
12/14	@Min	W 14-13	1	4	8	95	10	0-0	0
12/21	NYA	W 13-10	0	0	2	13	7	0-0	0

Eric Moulds — Buffalo Bills — WR

1997 Receiving Splits

	G	Rec	Yds	Avg	TD	Lg	Big	YAC	Trgt	Y@C	1st	1st%		Rec	Yds	Avg	TD	Lg	Big	YAC	Trgt	Y@C	1st	1st%
Total	16	29	294	10.1	0	32	1	82	52	7.3	18	62.1	Inside 20	3	31	10.3	0	15	0	5	4	8.7	2	66.7
vs. Playoff	10	22	205	9.3	0	19	0	33	42	7.8	13	59.1	Inside 10	0	0	-	0	0	0	0	1	-	0	-
vs. Non-playoff	6	7	89	12.7	0	32	1	49	10	5.7	5	71.4	1st Down	9	95	10.6	0	19	0	13	15	9.1	5	55.6
vs. Own Division	8	12	104	8.7	0	32	1	53	18	4.3	6	50.0	2nd Down	7	38	5.4	0	13	0	29	14	1.3	3	42.9
Home	8	14	141	10.1	0	19	0	25	24	8.3	9	64.3	3rd Down Overall	12	147	12.3	0	32	1	40	21	8.9	9	75.0
Away	8	15	153	10.2	0	32	1	57	28	6.4	9	60.0	3rd D 0-2 to Go	1	4	4.0	0	4	0	0	1	4.0	1	100.0
Games 1-8	8	13	156	12.0	0	32	1	63	24	7.2	10	76.9	3rd D 3-7 to Go	6	59	9.8	0	18	0	12	9	7.8	5	83.3
Games 9-16	8	16	138	8.6	0	18	0	19	28	7.4	8	50.0	3rd D 8+ to Go	5	84	16.8	0	32	1	28	11	11.2	3	60.0
Aug/Sept	4	5	51	10.2	0	18	0	8	11	8.6	4	80.0	4th Down	1	14	14.0	0	14	0	0	2	14.0	1	100.0
October	4	8	105	13.1	0	32	1	55	13	6.3	6	75.0	Rec Behind Line	4	3	0.8	0	13	0	24	4	-5.3	1	25.0
November	6	6	21	3.5	0	9	0	10	2.5	1	16.7		1-10 yds	13	88	6.8	0	11	0	24	21	4.9	6	46.2
December	3	10	117	11.7	0	18	0	13	18	10.4	7	70.0	11-20 yds	12	203	16.9	0	32	1	34	18	14.1	11	91.7
Grass	6	9	70	7.8	0	18	0	10	22	6.7	4	44.4	21-30 yds	0	0	-	0	0	0	0	4	-	0	-
Turf	10	20	224	11.2	0	32	1	72	30	7.6	14	70.0	31+	0	0	-	0	0	0	0	0	-	0	-
Indoor	1	5	75	15.0	0	32	1	46	5	5.8	4	80.0	Left Sideline	9	98	10.9	0	18	0	11	17	9.7	8	88.9
Outdoor	15	24	219	9.1	0	19	0	36	47	7.6	14	58.3	Left Side	8	50	6.3	0	19	0	23	13	3.4	5	37.5
1st Half	-	15	139	9.3	0	32	1	32	27	7.1	8	53.3	Middle	4	66	16.5	0	32	1	18	8	12.0	3	75.0
2nd Half/OT	-	14	155	11.1	0	19	0	50	25	7.5	10	71.4	Right Side	5	46	9.2	0	15	0	25	6	4.2	2	40.0
Last 2 Min. Half	-	5	37	7.4	0	18	0	7	9	6.0	2	40.0	Right Sideline	3	34	11.3	0	14	0	5	8	9.7	2	66.7
4th qtr, +/-7 pts	-	5	67	13.4	0	18	0	31	9	7.2	5	100.0	Shotgun	0	0	-	0	0	0	0	0	-	0	-
Winning	-	4	35	8.8	0	13	0	25	6	2.5	2	50.0	2 Wide Receivers	6	81	13.5	0	18	0	9	10	12.0	5	83.3
Tied	-	5	54	10.8	0	32	1	24	8	6.0	3	60.0	3 Wide Receivers	23	213	9.3	0	32	1	73	40	6.1	13	56.5
Trailing	-	20	205	10.3	0	19	0	33	38	8.6	13	65.0	4+ WR	0	0	-	0	0	0	0	2	-	0	-

1997 Incompletions

Type	Num	%of Inc	%of Att
Pass Dropped	1	4.3	1.9
Poor Throw	14	60.9	26.9
Pass Defensed	3	13.0	5.8
Pass Hit at Line	0	0.0	0.0
Other	5	21.7	9.6
Total	23	100.0	44.2

Game Logs (1-8)

Date	Opp	Result	Rush	Yds	Rec	Yds	Trgt	F-L	TD
08/31	Min	L 13-34	1	27	1	4	2	0-0	0
09/07	@NYA	W 28-22	0	0	1	8	1	0-0	0
09/14	@KC	L 16-22	0	0	3	39	8	0-0	0
09/21	Ind	W 37-35	0	0	0	0	1	1-0	0
10/05	Det	W 22-13	0	0	0	0	1	0-0	0
10/12	@NE	L 6-33	0	0	0	0	2	0-0	0
10/20	@Ind	W 9-6	0	0	5	75	5	0-0	0
10/26	Den	L 20-23	1	9	3	30	5	1-1	0

Game Logs (9-16)

Date	Opp	Result	Rush	Yds	Rec	Yds	Trgt	F-L	TD
11/02	Mia	W 9-6	1	29	3	18	4	1-0	0
11/09	NE	L 10-31	0	0	1	9	2	0-0	0
11/17	@Mia	L 13-30	1	-6	2	-6	4	0-0	0
11/23	@Ten	L 14-31	0	0	0	0	1	0-0	0
11/30	NYA	W 20-10	0	0	0	0	1	0-0	0
12/07	@Chi	L 3-20	0	0	1	6	4	0-0	0
12/14	Jac	L 14-20	0	0	6	80	10	0-0	0
12/20	@GB	L 21-31	0	0	3	31	4	0-0	0

Muhsin Muhammad — Carolina Panthers — WR

1997 Receiving Splits

	G	Rec	Yds	Avg	TD	Lg	Big	YAC	Trgt	Y@C	1st	1st%		Rec	Yds	Avg	TD	Lg	Big	YAC	Trgt	Y@C	1st	1st%
Total	13	27	317	11.7	0	38	2	88	62	8.5	20	74.1	Inside 20	5	31	6.2	0	12	0	7	13	4.8	1	20.0
vs. Playoff	3	1	6	6.0	0	6	0	4	6	2.0	0	0.0	Inside 10	1	4	4.0	0	4	0	5	4.0	0	-	
vs. Non-playoff	10	26	311	12.0	0	38	2	84	56	8.7	20	76.9	1st Down	6	83	13.8	0	19	0	24	20	9.8	5	83.3
vs. Own Division	7	18	195	10.8	0	25	1	59	33	7.6	14	77.8	2nd Down	11	122	11.1	0	25	1	32	18	8.2	8	72.7
Home	6	8	91	11.4	0	19	0	32	25	7.4	5	62.5	3rd Down Overall	9	108	12.0	0	38	1	32	23	8.4	7	77.8
Away	7	19	226	11.9	0	38	2	56	37	8.9	15	78.9	3rd D 0-2 to Go	0	0	-	0	0	0	0	1	-	0	-
Games 1-8	5	12	114	9.5	0	15	0	35	24	6.6	10	83.3	3rd D 3-7 to Go	5	33	6.6	0	11	0	13	14	4.0	3	60.0
Games 9-16	8	15	203	13.5	0	38	2	53	38	10.0	10	83.3	3rd D 8+ to Go	4	75	18.8	0	38	1	19	8	14.0	4	100.0
Aug/Sept	3	12	114	9.5	0	15	0	35	23	6.6	10	83.3	4th Down	1	4	4.0	0	4	0	0	1	4.0	1	100.0
October	2	0	0	-	0	0	0	1	-	0	-		Rec Behind Line	0	0	-	0	0	0	3	-	0	-	
November	5	6	79	13.2	0	25	1	22	13	9.5	4	66.7	1-10 yds	23	217	9.4	0	15	0	73	38	6.3	16	69.6
December	3	9	124	13.8	0	38	1	31	25	10.3	6	66.7	11-20 yds	3	62	20.7	0	25	1	12	13	16.7	3	100.0
Grass	9	12	134	11.2	0	19	0	47	38	7.3	8	66.7	21-30 yds	0	0	-	0	0	0	0	2	-	0	-
Turf	4	15	183	12.2	0	38	2	41	24	9.5	12	80.0	31+	1	38	38.0	0	38	1	3	6	35.0	1	100.0
Indoor	3	11	110	10.0	0	25	1	31	15	7.2	9	81.8	Left Sideline	10	143	14.3	0	38	2	32	33	11.1	8	80.0
Outdoor	10	16	207	12.9	0	38	1	57	47	9.4	11	68.8	Left Side	8	94	11.8	0	19	0	27	12	8.4	8	100.0
1st Half	-	8	99	12.4	0	25	1	32	30	8.4	6	75.0	Middle	1	3	3.0	0	3	0	0	2	3.0	0	0.0
2nd Half/OT	-	19	218	11.5	0	38	1	56	32	8.5	14	73.7	Right Side	5	40	8.0	0	13	0	14	8	5.2	2	40.0
Last 2 Min. Half	-	6	57	9.5	0	15	0	18	12	6.5	5	83.3	Right Sideline	3	37	12.3	0	15	0	15	7	7.3	2	66.7
4th qtr, +/-7 pts	-	5	32	6.4	0	11	0	8	7	4.8	3	60.0	Shotgun	0	0	-	0	0	0	0	0	-	0	-
Winning	-	9	121	13.4	0	38	1	31	21	10.0	7	77.8	2 Wide Receivers	10	144	14.4	0	38	1	30	24	11.4	7	70.0
Tied	-	4	51	12.8	0	25	1	11	15	10.0	4	100.0	3 Wide Receivers	10	108	10.8	0	25	1	34	26	7.4	9	90.0
Trailing	-	14	145	10.4	0	19	0	46	26	7.1	9	64.3	4+ WR	4	24	6.0	0	10	0	7	8	4.3	1	25.0

1997 Incompletions

Type	Num	%of Inc	%of Att
Pass Dropped	1	2.9	1.6
Poor Throw	19	54.3	30.6
Pass Defensed	7	20.0	11.3
Pass Hit at Line	3	8.6	4.8
Other	5	14.3	8.1
Total	35	100.0	56.5

Game Logs (1-8)

Date	Opp	Result	Rec	Yds	Trgt	F-L	TD
08/31	Was	L 10-24	0	0	0	0-0	0
09/07	@Atl	W 9-6	8	71	10	0-0	0
09/14	@SD	W 26-7	4	43	13	0-0	0
09/21	KC	L 14-35	-	-	-	-	-
09/29	SF	L 21-34	0	0	0	0-0	0
10/12	@Min	L 14-21	0	0	0	0-0	0
10/19	@NO	W 13-0	0	0	0	0-0	0
10/26	Atl	W 21-12	0	0	1	0-0	0

Game Logs (9-16)

Date	Opp	Result	Rec	Yds	Trgt	F-L	TD
11/02	Oak	W 38-14	0	0	1	0-0	0
11/09	@Den	L 0-34	0	0	0	0-0	0
11/16	@SF	L 19-27	0	0	0	0-0	0
11/23	@StL	W 16-10	3	39	5	0-0	0
11/30	NO	L 13-16	3	40	7	0-0	0
12/08	@Dal	W 23-13	4	73	9	0-0	0
12/14	GB	L 10-31	1	6	6	0-0	0
12/20	StL	L 18-30	4	45	10	0-0	0

Adrian Murrell — New York Jets — RB

1997 Rushing and Receiving Splits

	G	Rush	Yds	Avg	Lg	TD	1st	Stf	YdL	Rec	Yds	Avg	TD		Rush	Yds	Avg	Lg	TD	1st	Stf	YdL	Rec	Yds	Avg	TD
Total	16	300	1086	3.6	43	7	61	46	88	27	106	3.9	0	Inside 20	29	105	3.6	16	5	8	4	5	5	11	2.2	0
vs. Playoff	7	123	468	3.8	43	4	22	19	32	13	45	3.5	0	Inside 10	9	24	2.7	7	3	3	2	2	0	0	-	0
vs. Non-playoff	9	177	618	3.5	24	3	39	27	56	14	61	4.4	0	1st Down	169	585	3.5	24	4	20	29	48	12	16	1.3	0
vs. Own Division	8	115	417	3.6	43	3	22	13	28	12	22	1.8	0	2nd Down	101	396	3.9	43	3	25	14	33	12	69	5.8	0
Home	8	134	390	2.9	20	3	21	27	47	12	52	4.3	0	3rd Down Overall	24	78	3.3	12	0	12	3	7	2	7	3.5	0
Away	8	166	696	4.2	43	4	40	19	41	15	54	3.6	0	3rd D 0-2 to Go	16	59	3.7	11	0	11	1	1	0	0	-	0
Games 1-8	8	168	669	4.0	24	4	44	18	31	13	44	3.4	0	3rd D 3-7 to Go	4	1	0.3	3	0	1	1	5	0	0	-	0
Games 9-16	8	132	417	3.2	43	3	17	28	57	14	62	4.4	0	3rd D 8+ to Go	4	18	4.5	12	0	0	1	1	2	7	3.5	0
Aug/Sept	5	111	492	4.4	21	2	35	12	18	7	29	4.1	0	4th Down	6	27	4.5	18	0	4	0	0	1	14	14.0	0
October	3	57	177	3.1	24	2	9	6	13	6	15	2.5	0	Left Sideline	28	146	5.2	21	1	10	5	10	9	35	3.9	0
November	5	89	294	3.3	43	1	13	23	49	9	44	4.9	0	Left Side	69	290	4.2	43	1	15	12	30	5	4	0.8	0
December	3	43	123	2.9	14	2	4	5	8	5	18	3.6	0	Middle	116	373	3.2	24	2	21	15	25	3	12	4.0	0
Grass	3	51	240	4.7	43	1	12	8	16	4	30	7.5	0	Right Side	61	195	3.2	16	1	13	10	16	4	39	9.8	0
Turf	13	249	846	3.4	24	6	49	38	72	23	76	3.3	0	Right Sideline	14	39	2.8	10	1	1	3	6	2	1	0.5	0
Indoor	3	66	273	4.1	24	2	16	4	9	6	17	2.8	0	0 Tight Ends	21	95	4.5	18	1	3	2	3	1	5	5.0	0
Outdoor	13	234	813	3.5	43	5	45	42	79	21	89	4.2	0	1 Tight End	146	525	3.6	43	3	24	27	54	18	77	4.3	0
1st Half	-	169	641	3.8	24	4	36	25	44	15	69	4.6	0	2 Tight Ends	95	320	3.4	21	0	27	13	27	4	9	2.3	0
2nd Half/OT	-	131	445	3.4	43	3	25	21	44	12	37	3.1	0	3+ Tight Ends	26	103	4.0	15	2	6	3	3	0	0	-	0
Last 2 Min. Half	-	15	43	2.9	14	0	3	1	1	1	14	14.0	0	Carries 1-5	80	292	3.7	21	0	14	12	21	0	0	-	0
4th qtr, +/-7 pts	-	31	102	3.3	20	0	6	4	13	6	18	3.0	0	Carries 6-10	74	263	3.6	24	3	16	16	27	0	0	-	0
Winning	-	171	549	3.2	20	2	31	31	58	9	39	4.3	0	Carries 11-15	60	250	4.2	43	3	14	4	9	0	0	-	0
Tied	-	69	272	3.9	24	2	14	10	21	5	36	7.2	0	Carries 16-20	37	127	3.4	17	1	6	6	14	0	0	-	0
Trailing	-	60	265	4.4	43	3	16	5	9	13	31	2.4	0	Carries 21+	49	154	3.1	15	0	11	8	17	0	0	-	0

1997 Incompletions

Type	Num	%of Inc	% Att
Pass Dropped	6	42.9	14.6
Poor Throw	4	28.6	9.8
Pass Defensed	1	7.1	2.4
Pass Hit at Line	1	7.1	2.4
Other	2	14.3	4.9
Total	14	100.0	34.1

Game Logs (1-8)

Date	Opp	Result	Rush	Yds	Rec	Yds	Trgt	F-L	TD
08/31	@Sea	W 41-3	24	131	0	0	0	0-0	0
09/07	Buf	L 22-28	14	27	0	0	0	0-0	0
09/14	@NE	L 24-27	18	110	2	4	3	0-0	0
09/21	Oak	W 23-22	15	68	4	21	6	0-0	1
09/28	@Cin	W 31-14	40	156	1	4	1	1-1	0
10/05	@Ind	W 16-12	30	99	2	2	3	0-0	1
10/12	Mia	L 20-31	13	29	2	6	3	0-0	0
10/19	NE	W 24-19	14	49	2	7	2	0-0	1

Game Logs (9-16)

Date	Opp	Result	Rush	Yds	Rec	Yds	Trgt	F-L	TD
11/02	Bal	W 19-16	19	42	1	5	4	1-0	0
11/09	@Mia	L 17-24	12	69	0	0	0	1-0	1
11/16	@Chi	W 23-15	21	61	2	26	4	0-0	0
11/23	Min	W 23-21	28	95	2	10	2	1-1	0
11/30	@Buf	L 10-20	9	27	4	3	5	0-0	0
12/07	Ind	L 14-22	5	7	0	0	0	0-0	0
12/14	TB	W 31-0	26	73	1	3	1	0-0	1
12/21	@Det	L 10-13	12	43	4	15	7	0-0	1

Neil O'Donnell — New York Jets — QB

1997 Passing Splits

	G	Att	Cm	Pct	Yds	Y/Att	TD	Int	1st	YAC	Big	Sk	Rtg		Att	Cm	Pct	Yds	Y/Att	TD	Int	1st	YAC	Big	Sk	Rtg
Total	15	460	259	56.3	2796	6.1	17	7	133	1079	20	45	80.3	Inside 20	58	29	50.0	183	3.2	11	0	16	65	0	5	96.5
vs. Playoff	6	193	118	61.1	1205	6.2	4	2	58	429	6	20	81.6	Inside 10	16	7	43.8	29	1.8	6	0	6	8	0	0	90.6
vs. Non-playoff	9	267	141	52.8	1591	6.0	13	5	75	650	14	25	79.3	1st Down	169	98	58.0	984	5.8	8	2	42	318	8	14	85.5
vs. Own Division	7	246	130	52.8	1439	5.8	7	5	65	565	11	23	71.5	2nd Down	151	83	55.0	823	5.5	6	3	39	369	5	17	75.6
Home	8	229	126	55.0	1395	6.1	7	4	66	571	7	28	76.2	3rd Down Overall	133	74	55.6	938	7.1	3	2	48	358	7	14	79.1
Away	7	231	133	57.6	1401	6.1	10	3	67	508	13	17	84.4	3rd D 0-5 to Go	29	20	69.0	233	8.0	1	0	16	103	3	6	104.5
Games 1-8	8	258	146	56.6	1676	6.5	12	3	78	680	14	23	87.0	3rd D 6+ to Go	104	54	51.9	705	6.8	2	2	32	255	4	8	72.0
Games 9-16	7	202	113	55.9	1120	5.5	5	4	55	399	6	22	71.8	4th Down	7	4	57.1	51	7.3	0	0	4	34	0	0	80.1
Aug/Sept	5	178	101	56.7	1169	6.6	10	2	52	452	12	16	90.8	Rec Behind Line	74	50	67.6	200	2.7	1	1	9	320	0	0	69.8
October	3	80	45	56.3	507	6.3	2	1	26	228	2	7	78.5	1-10 yds	218	140	64.2	1303	6.0	6	2	69	548	5	0	85.9
November	4	113	64	56.6	655	5.8	3	1	30	309	5	10	77.7	11-20 yds	74	32	43.2	563	7.6	5	1	30	110	2	0	86.7
December	3	89	49	55.1	465	5.2	2	3	25	90	1	12	63.2	21-30 yds	32	12	37.5	387	12.1	4	1	12	86	8	0	110.3
Grass	2	62	34	54.8	296	4.8	1	0	12	112	2	9	73.1	31+	19	4	21.1	141	7.4	1	1	4	15	4	0	53.6
Turf	13	398	225	56.5	2500	6.3	16	7	121	967	18	36	81.4	Left Sideline	123	64	52.0	690	5.6	4	0	33	257	6	2	79.7
Indoor	3	88	54	61.4	601	6.8	5	2	31	170	6	5	91.1	Left Side	66	44	66.7	432	6.5	1	0	25	254	5	6	83.6
Outdoor	12	372	205	55.1	2195	5.9	12	5	102	909	14	40	77.7	Middle	62	35	56.5	602	9.7	6	0	27	235	6	31	121.8
1st Half	-	253	143	56.5	1510	6.0	9	2	72	615	10	21	82.6	Right Side	60	39	65.0	355	5.9	3	4	17	161	1	1	69.8
2nd Half/OT	-	207	116	56.0	1286	6.2	8	5	61	464	10	24	77.5	Right Sideline	114	56	49.1	515	4.5	3	1	22	172	3	1	67.0
Last 2 Min. Half	-	59	34	57.6	361	6.1	4	0	16	143	2	6	98.2	2 Wide Receivers	149	81	54.4	887	6.0	4	2	39	381	8	8	75.5
4th qtr, +/-7 pts	-	63	34	54.0	386	6.1	1	1	16	140	3	9	71.3	3+ WR	254	142	55.9	1613	6.4	10	4	75	656	11	32	81.7
Winning	-	175	105	60.0	1021	5.8	8	3	52	447	6	10	84.5	Attempts 1-10	150	83	55.3	954	6.4	4	0	43	375	7	0	80.8
Tied	-	92	50	54.3	676	7.3	4	1	33	250	5	12	88.0	Attempts 11-20	137	77	56.2	725	5.3	5	1	38	328	4	0	80.1
Trailing	-	193	104	53.9	1099	5.7	3	8	48	382	9	23	72.9	Attempts 21+	173	99	57.2	1117	6.5	8	5	52	376	9	0	80.0

1997 Incompletions

Type	Num	%of Inc	%of Att
Pass Dropped	23	11.4	5.0
Poor Throw	87	43.3	18.9
Pass Defensed	40	19.9	8.7
Pass Hit at Line	9	4.5	2.0
Other	42	20.9	9.1
Total	201	100.0	43.7

Game Logs (1-8)

Date	Opp	Result	Att	Cm	Pct	Yds	TD	Int	Lg	Sk	F-L
08/31	@Sea	W 41-3	25	18	72.0	270	5	0	47	0-0	1
09/07	Buf	L 22-28	37	16	43.2	218	1	2	39	8 0-0	1
09/14	@NE	L 24-27	50	30	60.0	271	1	0	39	7 2-2	0
09/21	Oak	W 23-22	17	9	53.1	198	0	0	36	1 0-0	0
09/28	@Cin	W 31-14	34	20	58.8	212	3	0	37	3 0-0	0
10/05	@Ind	W 16-12	28	15	53.6	129	0	1	24	1 1-0	0
10/12	Mia	L 20-31	37	24	64.9	319	2	0	70	5 1-1	0
10/19	NE	W 24-19	15	6	40.0	59	0	0	19	1 0-0	0

Game Logs (9-16)

Date	Opp	Result	Att	Cm	Pct	Yds	TD	Int	Lg	Sk	F-L
11/02	Bal	W 19-16	20	12	60.0	96	1	0	22	2 0-0	0
11/09	@Mia	L 17-24	-	-	-	-	-	-	-	-	-
11/16	@Chi	W 23-15	12	4	33.3	25	0	0	13	2 0-0	0
11/23	Min	W 23-21	34	23	67.6	242	1	0	25	3 2-1	0
11/30	@Buf	L 10-20	47	25	53.2	292	1	1	30	3 2-1	0
12/07	Ind	L 14-22	32	14	43.8	141	2	1	18	8 1-0	0
12/14	TB	W 31-0	22	14	63.6	112	0	1	18	0 0-0	0
12/21	@Det	L 10-13	35	21	60.0	202	0	1	33	4 0-0	0

Terrell Owens — San Francisco 49ers — WR

1997 Receiving Splits

	G	Rec	Yds	Avg	TD	Lg	Big	YAC	Trgt	Y@C	1st	1st%		Rec	Yds	Avg	TD	Lg	Big	YAC	Trgt	Y@C	1st	1st%
Total	16	60	936	15.6	8	56	9	379	103	9.3	48	80.0	Inside 20	5	47	9.4	4	17	0	3	10	8.8	5	100.0
vs. Playoff	4	16	193	12.1	1	22	0	82	22	6.9	8	50.0	Inside 10	3	18	6.0	3	8	0	0	6	6.0	3	100.0
vs. Non-playoff	12	44	743	16.9	7	56	9	297	81	10.1	40	90.9	1st Down	20	300	15.0	3	33	2	95	41	10.3	15	75.0
vs. Own Division	8	32	515	16.1	6	56	6	177	58	10.6	29	90.6	2nd Down	21	332	15.8	2	56	3	143	30	9.0	16	76.2
Home	8	28	510	18.2	5	56	5	237	48	9.8	25	89.3	3rd Down Overall	19	304	16.0	3	37	4	141	32	8.6	17	89.5
Away	8	32	426	13.3	3	33	4	142	55	8.9	23	71.9	3rd D 0-2 to Go	3	22	7.3	0	12	0	14	5	2.7	3	100.0
Games 1-8	8	30	487	16.2	6	56	6	160	55	10.9	27	90.0	3rd D 3-7 to Go	9	123	13.7	2	27	1	56	12	7.4	9	100.0
Games 9-16	8	30	449	15.0	2	37	3	219	48	7.7	21	70.0	3rd D 8+ to Go	7	159	22.7	1	37	3	71	15	12.6	5	71.4
Aug/Sept	5	12	214	17.8	2	56	2	82	28	11.0	11	91.7	4th Down	0	0	-	0	0	0	0	0	-	0	-
October	3	18	273	15.2	4	31	2	78	27	10.8	16	88.9	Rec Behind Line	1	12	12.0	0	12	0	12	1	0.0	1	100.0
November	5	19	299	15.7	1	37	2	179	29	6.3	14	73.7	1-10 yds	41	474	11.6	3	26	1	249	63	5.5	30	73.2
December	3	11	150	13.6	1	33	1	40	19	10.0	7	63.6	11-20 yds	12	247	20.6	3	37	2	76	21	14.3	11	91.7
Grass	11	40	638	16.0	6	56	5	290	64	8.7	32	80.0	21-30 yds	4	114	28.5	1	31	4	16	8	24.5	4	100.0
Turf	5	20	298	14.9	2	33	4	89	39	10.5	16	80.0	31+	2	89	44.5	1	56	2	26	10	31.5	2	100.0
Indoor	4	17	248	14.6	2	33	4	60	36	11.1	13	76.5	Left Sideline	19	278	14.6	3	56	2	133	33	7.6	15	78.9
Outdoor	12	43	688	16.0	6	56	5	319	67	8.6	35	81.4	Left Side	16	223	13.9	1	29	1	84	21	8.7	12	75.0
1st Half	-	38	573	15.1	6	56	5	276	57	7.8	31	81.6	Middle	10	188	18.8	1	31	3	86	15	10.2	9	90.0
2nd Half/OT	-	22	363	16.5	2	33	4	103	46	11.8	17	77.3	Right Side	9	116	12.9	0	23	0	36	16	8.9	6	66.7
Last 2 Min. Half	-	9	205	22.8	2	56	2	101	14	11.6	8	88.9	Right Sideline	6	131	21.8	3	37	3	40	18	15.2	6	100.0
4th qtr, +/-7 pts	-	0	0	-	0	0	0	0	5	-	0	-	Shotgun	0	0	-	0	0	0	0	0	-	0	-
Winning	-	37	659	17.8	5	56	7	256	62	10.9	33	89.2	2 Wide Receivers	25	389	15.6	1	56	4	104	52	11.4	20	80.0
Tied	-	9	94	10.4	2	26	1	53	12	4.6	8	88.9	3 Wide Receivers	30	469	15.6	3	37	5	229	42	8.0	25	83.3
Trailing	-	14	183	13.1	1	33	1	70	29	8.1	7	50.0	4+ WR	4	62	15.5	0	23	0	38	7	6.0	2	50.0

1997 Incompletions

Type	Num	%of Inc	%of Att
Pass Dropped	5	11.6	4.9
Poor Throw	22	51.2	21.4
Pass Defensed	6	14.0	5.8
Pass Hit at Line	2	4.7	1.9
Other	8	18.6	7.8
Total	43	100.0	41.7

Game Logs (1-8)

Date	Opp	Result	Rec	Yds	Trgt	F-L	TD
08/31	@TB	L 6-13	1	12	1	0-0	0
09/07	@StL	W 15-12	2	24	11	0-0	0
09/14	NO	W 33-7	3	74	4	1-0	0
09/21	Atl	W 34-7	1	56	5	0-0	1
09/29	@Car	W 34-21	5	48	7	0-0	1
10/12	StL	W 30-10	5	86	8	0-0	2
10/19	@Atl	W 35-28	6	93	7	0-0	2
10/26	@NO	W 23-0	7	94	12	0-0	0

Game Logs (9-16)

Date	Opp	Result	Rec	Yds	Trgt	F-L	TD
11/02	Dal	W 17-10	3	57	6	0-0	0
11/10	@Phi	W 24-12	3	50	3	0-0	0
11/16	Car	W 27-19	3	40	4	0-0	0
11/23	SD	W 17-10	4	84	5	0-0	0
11/30	@KC	L 9-44	6	68	8	0-0	0
12/07	Min	W 28-17	6	74	7	0-0	1
12/15	Den	W 34-17	3	39	6	0-0	0
12/21	@Sea	L 9-38	2	37	6	0-0	0

David Palmer — Minnesota Vikings — RB

1997 Receiving Splits

	G	Rec	Yds	Avg	TD	Lg	Big	YAC	Trgt	Y@C	1st	1st%		Rec	Yds	Avg	TD	Lg	Big	YAC	Trgt	Y@C	1st	1st%
Total	16	26	193	7.4	1	23	0	176	40	0.7	9	34.6	Inside 20	7	44	6.3	1	9	0	34	7	1.4	3	42.9
vs. Playoff	8	12	81	6.8	0	12	0	77	21	0.3	3	25.0	Inside 10	1	7	7.0	1	7	0	-6	1	13.0	1	100.0
vs. Non-playoff	8	14	112	8.0	1	23	0	99	19	0.9	6	42.9	1st Down	1	12	12.0	0	12	0	17	1	-5.0	1	100.0
vs. Own Division	8	17	121	7.1	1	23	0	113	25	0.5	6	35.3	2nd Down	10	70	7.0	1	13	0	48	14	2.2	3	30.0
Home	8	15	121	8.1	1	23	0	107	24	0.9	5	33.3	3rd Down Overall	14	88	6.3	0	12	0	91	24	-0.2	4	28.6
Away	8	11	72	6.5	0	12	0	69	16	0.3	4	36.4	3rd D 0-2 to Go	1	6	6.0	0	6	0	1	2	5.0	1	100.0
Games 1-8	8	11	72	6.5	0	13	0	59	14	1.2	3	27.3	3rd D 3-7 to Go	9	42	4.7	0	12	0	36	15	0.7	3	33.3
Games 9-16	8	15	121	8.1	1	23	0	117	26	0.3	6	40.0	3rd D 8+ to Go	4	40	10.0	0	11	0	54	7	-3.5	0	0.0
Aug/Sept	5	8	43	5.4	0	10	0	37	11	0.8	2	25.0	4th Down	1	23	23.0	0	23	0	20	1	3.0	1	100.0
October	3	3	29	9.7	0	13	0	22	3	2.3	1	33.3	Rec Behind Line	11	64	5.8	0	12	0	109	15	-4.1	2	18.2
November	4	5	56	11.2	1	23	0	53	10	0.6	3	60.0	1-10 yds	14	122	8.7	0	23	0	73	21	3.5	6	42.9
December	4	10	65	6.5	0	12	0	64	16	0.1	3	30.0	11-20 yds	1	7	7.0	1	7	0	-6	2	13.0	1	100.0
Grass	5	7	44	6.3	0	12	0	39	9	0.7	2	28.6	21-30 yds	0	0	-	0	0	0	0	0	-	0	-
Turf	11	19	149	7.8	1	23	0	137	31	0.6	7	36.8	31+	0	0	-	0	0	0	0	0	-	0	-
Indoor	9	16	127	7.9	0	23	0	113	26	0.9	5	31.3	Left Sideline	5	52	10.4	0	23	0	61	8	-1.8	2	40.0
Outdoor	7	10	66	6.6	0	12	0	63	14	0.3	4	40.0	Left Side	5	30	6.0	0	10	0	40	10	-2.0	3	60.0
1st Half	-	15	101	6.7	1	23	0	88	21	0.9	6	40.0	Middle	3	24	8.0	0	10	0	20	7	1.3	0	0.0
2nd Half/OT	-	11	92	8.4	0	13	0	88	19	0.4	3	27.3	Right Side	9	71	7.9	0	13	0	56	11	1.7	2	22.2
Last 2 Min. Half	-	5	34	6.8	0	12	0	24	7	2.0	3	60.0	Right Sideline	4	16	4.0	1	9	0	-1	4	4.3	2	50.0
4th qtr, +/-7 pts	-	4	31	7.8	0	13	0	19	6	3.0	1	25.0	Shotgun	0	0	-	0	0	0	0	0	-	0	-
Winning	-	2	2	1.0	0	2	0	6	10	-2.0	0	0.0	2 Wide Receivers	2	9	4.5	0	9	0	20	2	-5.5	1	50.0
Tied	-	11	87	7.9	1	23	0	68	13	1.7	4	36.4	3 Wide Receivers	22	165	7.5	1	23	0	143	34	1.0	8	36.4
Trailing	-	13	104	8.0	0	12	0	102	17	0.2	5	38.5	4+ WR	2	19	9.5	0	10	0	13	3	0.0	0	0.0

1997 Incompletions

Type	Num	%of Inc	%of Att
Pass Dropped	1	7.1	2.5
Poor Throw	4	28.6	10.0
Pass Defensed	4	28.6	10.0
Pass Hit at Line	1	7.1	2.5
Other	4	28.6	10.0
Total	14	100.0	35.0

Game Logs (1-8)

Date	Opp	Result	Rush	Yds	Rec	Yds	Trgt	F-L	TD
08/31	@Buf	W 34-13	1	-2	2	13	4	0-0	0
09/07	@Chi	W 27-24	0	0	4	18	4	0-0	0
09/14	TB	L 14-28	0	0	1	10	1	1-1	0
09/21	@GB	L 32-38	0	0	0	0	0	0-0	0
09/28	Phi	W 28-19	1	6	1	7	1	0-0	0
10/05	@Ari	W 20-19	0	0	1	7	1	0-0	0
10/12	Car	W 21-14	2	22	2	9	2	0-0	0
10/26	@TB	W 10-6	0	0	0	0	1	0-0	0

Game Logs (9-16)

Date	Opp	Result	Rush	Yds	Rec	Yds	Trgt	F-L	TD
11/02	NE	W 23-18	0	0	0	0	2	0-0	0
11/10	@Chi	W 29-22	2	15	3	41	5	0-0	2
11/16	@Det	L 15-38	4	8	1	6	2	0-0	0
11/23	@NYA	L 21-23	1	2	1	9	1	1-1	0
12/01	GB	L 11-27	0	0	5	35	6	0-0	0
12/07	@SF	L 17-28	0	0	2	19	3	0-0	0
12/14	Det	L 13-14	0	0	3	11	6	0-0	0
12/21	Ind	W 39-28	0	0	0	0	1	0-0	0

Bernie Parmalee — Miami Dolphins — RB

1997 Receiving Splits

	G	Rec	Yds	Avg	TD	Lg	Big	YAC	Trgt	Y@C	1st	1st%		Rec	Yds	Avg	TD	Lg	Big	YAC	Trgt	Y@C	1st	1st%
Total	16	28	301	10.8	1	29	1	216	35	3.0	16	57.1	Inside 20	2	14	7.0	1	7	0	8	3	3.0	1	50.0
vs. Playoff	6	10	87	8.7	1	17	0	68	12	1.9	6	60.0	Inside 10	2	14	7.0	1	7	0	8	3	3.0	1	50.0
vs. Non-playoff	10	18	214	11.9	0	29	1	148	23	3.7	10	55.6	1st Down	9	83	9.2	0	20	0	57	13	2.9	3	33.3
vs. Own Division	8	11	146	13.3	0	29	1	108	14	3.5	7	63.6	2nd Down	12	129	10.8	1	29	1	74	15	4.6	7	58.3
Home	8	13	129	9.9	1	17	0	110	17	1.5	7	53.8	3rd Down Overall	6	77	12.8	0	21	0	74	6	0.5	5	83.3
Away	8	15	172	11.5	0	29	1	106	18	4.4	9	60.0	3rd D 0-2 to Go	0	0	-	0	0	0	0	0	-	0	-
Games 1-8	8	20	216	10.8	1	29	1	148	24	3.4	10	50.0	3rd D 3-7 to Go	3	38	12.7	0	21	0	34	3	1.3	3	100.0
Games 9-16	8	8	85	10.6	0	17	0	68	11	2.1	6	75.0	3rd D 8+ to Go	3	39	13.0	0	17	0	40	3	-0.3	2	66.7
Aug/Sept	4	5	50	10.0	0	16	0	47	7	0.6	3	60.0	4th Down	1	12	12.0	0	12	0	11	1	1.0	1	100.0
October	4	15	166	11.1	1	29	1	101	17	4.3	7	46.7	Rec Behind Line	5	41	8.2	0	13	0	50	7	-1.8	1	20.0
November	5	3	33	11.0	0	12	0	24	5	3.0	3	100.0	1-10 yds	21	213	10.1	1	21	0	150	24	3.0	13	61.9
December	3	5	52	10.4	0	17	0	44	6	1.6	3	60.0	11-20 yds	2	47	23.5	0	29	1	16	4	15.5	2	100.0
Grass	13	19	180	9.5	1	18	0	135	26	2.4	10	52.6	21-30 yds	0	0	-	0	0	0	0	0	-	0	-
Turf	3	9	121	13.4	0	29	1	81	9	4.4	6	66.7	31+	0	0	-	0	0	0	0	0	-	0	-
Indoor	1	1	9	9.0	0	9	0	7	1	2.0	1	100.0	Left Sideline	4	32	8.0	0	16	0	26	4	1.5	2	50.0
Outdoor	15	27	292	10.8	1	29	1	209	34	3.1	15	55.6	Left Side	4	60	15.0	0	29	1	42	7	4.5	3	75.0
1st Half	-	15	164	10.9	1	29	1	104	18	4.0	8	53.3	Middle	9	90	15.0	0	21	0	70	6	3.3	4	66.7
2nd Half/OT	-	13	137	10.5	0	21	0	112	17	1.9	8	61.5	Right Side	10	80	8.0	1	13	0	63	10	1.7	5	50.0
Last 2 Min. Half	-	5	65	13.0	0	29	1	33	5	6.4	3	60.0	Right Sideline	4	39	9.8	0	18	0	15	6	6.0	2	50.0
4th qtr, +/-7 pts	-	5	44	8.8	0	17	0	25	6	3.8	3	60.0	Shotgun	15	183	12.2	0	29	1	144	17	2.6	9	60.0
Winning	-	5	61	12.2	0	21	0	46	8	3.0	2	40.0	2 Wide Receivers	13	128	9.8	1	21	0	85	16	3.3	7	53.8
Tied	-	8	101	12.6	0	29	1	70	10	3.9	6	75.0	3 Wide Receivers	10	104	10.4	0	17	0	82	13	2.2	6	60.0
Trailing	-	15	139	9.3	1	20	0	100	17	2.6	8	53.3	4+ WR	5	69	13.8	0	29	1	49	5	4.0	3	60.0

1997 Incompletions

Type	Num	%of Inc	%of Att
Pass Dropped	1	14.3	2.9
Poor Throw	2	28.6	5.7
Pass Defensed	0	0.0	0.0
Pass Hit at Line	1	14.3	2.9
Other	3	42.9	8.6
Total	7	100.0	20.0

Game Logs (1-8)

Date	Opp	Result	Rush	Yds	Rec	Yds	Trgt	F-L	TD
08/31	Ind	W 16-10	0	0	0	0	1	0-0	0
09/07	Ten	W 16-13	1	5	3	38	5	0-0	0
09/14	@GB	L 18-23	1	2	1	11	1	0-0	0
09/21	@TB	L 21-31	0	0	1	1	2	0-0	0
10/05	KC	W 17-14	1	6	4	32	4	0-0	0
10/12	@NYA	W 31-20	0	0	6	91	6	0-0	0
10/19	@Bal	W 24-13	0	0	3	27	4	0-0	0
10/27	Chi	L 33-36	1	0	2	16	3	0-0	0

Game Logs (9-16)

Date	Opp	Result	Rush	Yds	Rec	Yds	Trgt	F-L	TD
11/02	@Buf	L 6-9	0	0	2	21	2	0-0	0
11/09	NYA	W 24-17	0	0	0	0	1	0-0	0
11/17	Buf	W 30-13	0	0	0	0	0	0-0	0
11/23	@NE	L 24-27	1	1	0	0	0	0-0	0
11/30	@Oak	W 34-16	11	46	1	12	2	0-0	0
12/07	Det	W 33-30	1	-1	2	18	2	0-0	0
12/14	@Ind	L 0-41	1	0	1	9	1	1-0	0
12/22	NE	L 12-14	0	0	2	25	3	0-0	0

Rodney Peete — Philadelphia Eagles — QB

1997 Passing Splits

	G	Att	Cm	Pct	Yds	Y/Att	TD	Int	1st	YAC	Big	Sk	Rtg		Att	Cm	Pct	Yds	Y/Att	TD	Int	1st	YAC	Big	Sk	Rtg
Total	5	118	68	57.6	869	7.4	4	4	44	340	6	17	78.0	Inside 20	10	6	60.0	62	6.2	4	0	6	11	0	3	117.5
vs. Playoff	2	38	29	76.3	391	10.3	3	1	21	142	2	9	123.9	Inside 10	2	2	100.0	17	8.5	2	0	2	0	0	1	141.7
vs. Non-playoff	3	80	39	48.8	478	6.0	1	3	23	198	4	8	56.1	1st Down	38	25	65.8	330	8.7	0	1	13	158	2	5	82.1
vs. Own Division	4	103	56	54.4	746	7.2	2	4	37	298	6	15	67.9	2nd Down	45	25	55.6	273	6.1	3	2	15	101	2	5	77.4
Home	2	67	36	53.7	424	6.3	1	2	21	180	3	6	72.3	3rd Down Overall	31	14	45.2	208	6.7	1	1	12	63	2	7	65.0
Away	3	51	32	62.7	445	8.7	3	2	23	160	3	11	94.0	3rd D 0-5 to Go	10	4	40.0	65	6.5	0	0	5	33	0	1	79.2
Games 1-8	4	105	65	61.9	815	7.8	4	3	42	322	5	15	86.8	3rd D 6+ to Go	21	8	38.1	143	6.8	1	1	7	30	2	6	58.2
Games 9-16	1	13	3	23.1	54	4.2	0	1	2	18	1	2	12.3	4th Down	4	4	100.0	58	14.5	0	0	4	18	0	0	118.8
Aug/Sept	1	23	17	73.9	268	11.7	1	1	14	100	2	7	108.6	Rec Behind Line	21	8	38.1	77	3.7	0	1	4	96	0	1	29.3
October	3	82	48	58.5	547	6.7	3	2	28	222	3	8	80.7	1-10 yds	55	37	67.3	352	6.4	2	1	19	177	1	0	89.4
November	1	13	3	23.1	54	4.2	0	1	2	18	1	2	12.3	11-20 yds	31	19	61.3	306	9.9	2	1	17	46	1	0	102.4
December	0	0	0	-	0	-	0	0	0	0	0	0	-	21-30 yds	9	3	33.3	96	10.7	0	1	3	17	3	0	34.7
Grass	2	28	15	53.6	177	6.3	2	1	9	60	1	4	82.0	31+	2	1	50.0	38	19.0	0	0	1	4	1	0	95.8
Turf	3	90	53	58.9	692	7.7	2	3	35	280	5	13	76.7	Left Sideline	12	8	66.7	106	8.8	0	0	5	51	1	0	94.4
Indoor	0	0	0	-	0	-	0	0	0	0	0	0	-	Left Side	23	17	73.9	208	9.0	0	3	9	72	0	5	61.8
Outdoor	5	118	68	57.6	869	7.4	4	4	44	340	6	17	78.0	Middle	29	14	48.3	204	7.0	0	0	11	77	1	11	71.6
1st Half	-	46	19	41.3	241	5.2	0	3	9	85	2	3	31.2	Right Side	34	20	58.8	222	6.5	3	0	13	89	2	0	95.5
2nd Half/OT	-	72	49	68.1	628	8.7	4	1	35	255	4	14	107.9	Right Sideline	20	9	45.0	129	6.5	1	1	6	51	2	1	83.1
Last 2 Min. Half	-	28	14	50.0	184	6.6	1	0	10	45	1	4	83.0	2 Wide Receivers	27	15	55.6	158	5.9	2	0	11	116	1	2	97.5
4th qtr, +/-7 pts	-	21	12	52.4	126	6.0	1	1	7	67	1	3	66.8	3+ WR	85	50	58.8	661	7.8	1	4	30	220	5	13	67.8
Winning	-	15	10	66.7	120	8.0	0	0	6	25	1	3	63.2	Attempts 1-10	50	30	60.0	371	7.4	2	2	18	162	2	0	79.7
Tied	-	23	11	47.8	167	7.3	0	2	7	82	2	0	36.0	Attempts 11-20	38	21	55.3	273	7.2	1	2	14	71	2	0	64.9
Trailing	-	80	47	58.8	582	7.3	4	1	31	233	3	14	79.9	Attempts 21+	30	17	56.7	225	7.5	1	0	12	107	2	0	91.7

1997 Incompletions

Type	Num	%of Inc	%of Att
Pass Dropped	8	16.0	6.8
Poor Throw	18	36.0	15.3
Pass Defensed	6	12.0	5.1
Pass Hit at Line	6	12.0	5.1
Other	12	24.0	10.2
Total	50	100.0	42.4

Game Logs (1-8)

Date	Opp	Result	Att	Cm	Pct	Yds	TD	Int	Lg	Sk	F-L
08/31	@NYN	L 17-31	23	17	73.9	268	1	1	38	7	2-1
09/07	GB	W 10-9	-	-	-	-	-	-	-	-	-
09/15	@Dal	L 20-21	-	-	-	-	-	-	-	-	-
09/28	@Min	L 19-28	-	-	-	-	-	-	-	-	-
10/05	Was	W 24-10	-	-	-	-	-	-	-	-	-
10/12	@Jac	L 21-38	15	12	80.0	123	2	0	19	2	0-0
10/19	Ari	W 13-10	36	23	63.9	298	0	2	33	4	1-0
10/26	Dal	W 13-12	31	13	41.9	126	1	0	27	2	1-0

Game Logs (9-16)

Date	Opp	Result	Att	Cm	Pct	Yds	TD	Int	Lg	Sk	F-L
11/02	@Ari	L 21-31	13	3	23.1	54	0	1	27	2	1-0
11/10	SF	L 12-24	-	-	-	-	-	-	-	-	-
11/16	@Bal	T 10-10	-	-	-	-	-	-	-	-	-
11/23	Pit	W 23-20	-	-	-	-	-	-	-	-	-
11/30	Cin	W 44-42	-	-	-	-	-	-	-	-	-
12/07	NYN	L 21-31	-	-	-	-	-	-	-	-	-
12/14	@Atl	L 17-20	-	-	-	-	-	-	-	-	-
12/21	@Was	L 32-35	-	-	-	-	-	-	-	-	-

Chris Penn — Chicago Bears — WR

1997 Receiving Splits

	G	Rec	Yds	Avg	TD	Lg	Big	YAC	Trgt	Y@C	1st	1st%		Rec	Yds	Avg	TD	Lg	Big	YAC	Trgt	Y@C	1st	1st%
Total	14	47	576	12.3	3	33	2	111	110	9.9	39	83.0	Inside 20	2	8	4.0	1	4	0	0	14	4.0	1	50.0
vs. Playoff	8	28	326	11.6	2	33	2	61	52	9.5	24	85.7	Inside 10	2	8	4.0	1	4	0	0	6	4.0	1	50.0
vs. Non-playoff	6	19	250	13.2	1	22	0	50	58	10.5	15	78.9	1st Down	16	226	14.1	2	22	0	37	33	11.8	14	87.5
vs. Own Division	6	23	263	11.4	1	33	1	55	39	9.0	20	87.0	2nd Down	15	181	12.1	0	33	1	41	37	9.3	11	73.3
Home	8	31	357	11.5	2	22	0	83	67	8.8	26	83.9	3rd Down Overall	16	169	10.6	1	25	1	33	38	8.5	14	87.5
Away	6	16	219	13.7	1	33	2	28	43	11.9	13	81.3	3rd D 0-2 to Go	1	6	6.0	0	6	0	1	4	5.0	1	100.0
Games 1-8	8	22	264	12.0	2	25	1	43	55	10.0	18	81.8	3rd D 3-7 to Go	11	109	9.9	1	25	1	17	17	8.4	9	81.8
Games 9-16	-	25	312	12.5	1	33	1	68	55	9.8	21	84.0	3rd D 8+ to Go	4	54	13.5	0	19	0	15	17	9.8	4	100.0
Aug/Sept	5	11	119	10.8	0	18	0	18	31	9.2	9	81.8	4th Down	0	0	-	0	0	0	0	2	-	0	-
October	3	11	145	13.2	2	25	1	25	24	10.9	9	81.8	Rec Behind Line	0	0	-	0	0	0	0	3	-	0	-
November	4	19	231	12.2	1	33	1	50	42	9.5	17	89.5	1-10 yds	29	267	9.2	1	17	0	83	59	6.3	23	79.3
December	2	6	81	13.5	0	19	0	18	13	10.5	4	66.7	11-20 yds	13	207	15.9	0	22	0	22	30	14.2	12	92.3
Grass	11	38	448	11.8	3	25	0	98	87	9.2	32	84.2	21-30 yds	2	47	23.5	2	25	1	4	8	21.5	2	100.0
Turf	3	9	128	14.2	0	33	1	13	23	12.8	7	77.8	31+	1	33	33.0	0	33	1	2	6	31.0	1	100.0
Indoor	2	7	106	15.1	0	33	1	13	13	13.3	6	85.7	Left Sideline	19	232	12.2	3	25	1	47	56	9.7	17	89.5
Outdoor	12	40	470	11.8	3	25	1	98	97	9.3	33	82.5	Left Side	11	143	13.0	0	33	1	27	26	10.5	8	72.7
1st Half	-	22	269	12.2	0	33	1	54	49	9.8	18	81.8	Middle	3	36	12.0	0	15	0	2	4	11.3	3	100.0
2nd Half/OT	-	25	307	12.3	3	25	1	57	61	10.0	21	84.0	Right Side	7	83	11.9	0	17	0	20	11	9.0	6	85.7
Last 2 Min. Half	-	7	123	17.6	2	25	1	13	22	15.7	7	100.0	Right Sideline	5	60	12.0	0	21	0	15	11	9.0	4	80.0
4th qtr, +/-7 pts	-	4	64	16.0	1	22	0	12	8	13.0	4	100.0	Shotgun	0	0	-	0	0	0	0	0	-	0	-
Winning	-	12	135	11.3	0	33	1	28	21	8.9	9	75.0	2 Wide Receivers	16	204	12.8	1	33	1	39	34	10.3	14	87.5
Tied	-	9	113	12.6	0	19	0	21	15	10.2	7	77.8	3 Wide Receivers	21	245	11.7	1	22	0	53	54	9.1	17	81.0
Trailing	-	26	328	12.6	3	25	1	62	74	10.2	23	88.5	4+ WR	8	105	13.1	1	25	1	19	19	10.8	7	87.5

1997 Incompletions

Type	Num	%of Inc	%of Att
Pass Dropped	9	14.3	8.2
Poor Throw	27	42.9	24.5
Pass Defensed	12	19.0	10.9
Pass Hit at Line	2	3.2	1.8
Other	13	20.6	11.8
Total	63	100.0	57.3

Game Logs (1-8)

Date	Opp	Result	Rush	Yds	Rec	Yds	Trgt	F-L	TD
09/01	@GB	L 24-38	0	0	2	28	7	0-0	0
09/07	Min	L 24-27	0	0	1	8	4	0-0	0
09/14	Det	L 7-32	0	0	3	31	6	0-0	0
09/21	@NE	L 3-31	0	0	3	30	4	0-0	0
09/28	@Dal	L 3-27	1	-1	2	22	10	0-0	0
10/05	NO	L 17-20	0	0	2	35	6	0-0	0
10/12	GB	L 23-24	0	0	7	77	9	0-0	1
10/27	@Mia	W 36-33	0	0	2	33	9	0-0	1

Game Logs (9-16)

Date	Opp	Result	Rush	Yds	Rec	Yds	Trgt	F-L	TD
11/02	Was	L 8-31	0	0	2	27	7	1-1	0
11/09	@Min	L 22-29	-	-	-	-	-	-	-
11/16	NYA	L 15-23	0	0	7	85	22	0-0	1
11/23	TB	W 13-7	0	0	6	53	7	0-0	0
11/27	@Det	L 20-55	0	0	4	66	6	0-0	0
12/07	Buf	W 20-3	0	0	3	41	6	0-0	0
12/14	@StL	W 13-10	0	0	3	40	7	0-0	0
12/21	@TB	L 15-31	-	-	-	-	-	-	-

Brett Perriman — Kansas City Chiefs / Miami Dolphins — WR

1997 Receiving Splits

	G	Rec	Yds	Avg	TD	Lg	Big	YAC	Trgt	Y@C	1st	1st%		Rec	Yds	Avg	TD	Lg	Big	YAC	Trgt	Y@C	1st	1st%
Total	13	25	392	15.7	1	27	2	86	64	12.2	20	80.0	Inside 20	0	0	-	0	0	0	0	2	-	0	-
vs. Playoff	3	8	124	15.5	0	24	0	23	15	12.6	6	75.0	Inside 10	0	0	-	0	0	0	0	2	-	0	-
vs. Non-playoff	10	17	268	15.8	1	27	2	63	49	12.1	14	82.4	1st Down	7	98	14.0	0	24	0	21	20	11.0	5	71.4
vs. Own Division	7	14	221	15.8	1	27	2	62	36	11.4	13	92.9	2nd Down	5	80	16.0	1	23	0	12	11	13.6	4	80.0
Home	7	16	269	16.8	1	26	1	55	38	13.4	8	81.3	3rd Down Overall	13	214	16.5	0	27	2	53	33	12.4	11	84.6
Away	6	9	123	13.7	0	27	1	31	26	10.2	7	77.8	3rd D 0-2 to Go	0	0	-	0	0	0	0	1	-	0	-
Games 1-8	6	9	135	15.0	0	27	1	21	26	12.7	7	77.8	3rd D 3-7 to Go	3	54	18.0	0	26	1	17	11	12.3	3	100.0
Games 9-16	7	16	257	16.1	1	26	1	65	38	12.0	13	81.3	3rd D 8+ to Go	10	160	16.0	0	27	1	36	21	12.4	8	80.0
Aug/Sept	4	4	63	15.8	0	27	1	9	16	13.5	4	100.0	4th Down	0	0	-	0	0	0	0	0	-	0	-
October	2	5	72	14.4	0	23	0	12	10	12.0	3	60.0	Rec Behind Line	0	0	-	0	0	0	0	1	-	0	-
November	4	8	127	15.9	0	26	1	33	20	11.8	6	75.0	1-10 yds	12	137	11.4	0	16	0	54	25	6.9	9	75.0
December	3	8	130	16.3	0	24	0	32	18	12.3	7	87.5	11-20 yds	10	182	18.2	0	26	1	26	23	15.6	8	80.0
Grass	11	22	350	15.9	1	27	2	64	55	13.0	17	77.3	21-30 yds	3	73	24.3	1	27	1	6	13	22.3	3	100.0
Turf	2	3	42	14.0	0	16	0	22	9	6.7	3	100.0	31+	0	0	-	0	0	0	0	2	-	0	-
Indoor	1	2	26	13.0	0	14	0	10	5	8.0	2	100.0	Left Sideline	6	99	16.5	1	27	1	10	17	14.8	4	66.7
Outdoor	12	23	366	15.9	1	27	2	76	59	12.6	18	78.3	Left Side	6	114	19.0	0	24	0	25	15	14.8	6	100.0
1st Half	-	14	216	15.4	0	24	0	39	37	12.6	12	85.7	Middle	4	45	11.3	0	15	0	14	9	7.8	3	75.0
2nd Half/OT	-	11	176	16.0	1	27	2	47	27	11.7	8	72.7	Right Side	6	89	14.8	0	23	0	23	13	11.0	5	83.3
Last 2 Min. Half	-	6	109	18.2	1	27	1	24	11	14.2	5	83.3	Right Sideline	3	45	15.0	0	26	1	14	10	10.3	2	66.7
4th qtr, +/-7 pts	-	6	98	16.3	0	27	2	24	14	12.3	4	66.7	Shotgun	13	201	15.5	1	24	0	46	29	11.9	9	69.2
Winning	-	8	131	16.4	0	26	1	45	23	10.8	7	87.5	2 Wide Receivers	8	126	15.8	0	26	1	33	24	11.6	6	75.0
Tied	-	7	103	14.7	0	23	0	12	15	13.0	4	57.1	3 Wide Receivers	9	125	13.9	0	23	0	22	21	11.4	6	66.7
Trailing	-	10	158	15.8	1	27	1	29	26	12.9	9	90.0	4+ WR	8	141	17.6	1	27	1	31	19	13.8	8	100.0

1997 Incompletions

Type	Num	%of Inc	%of Att
Pass Dropped	3	7.7	4.7
Poor Throw	20	51.3	31.3
Pass Defensed	8	20.5	12.5
Pass Hit at Line	0	0.0	0.0
Other	8	20.5	12.5
Total	39	100.0	60.9

Game Logs (1-8)

Date	Opp	Result	Rec	Yds	Trgt	F-L	TD
08/31	@Den	L 3-19	-	-	-	-	-
09/08	@Oak	W 28-27	2	37	6	0-0	0
09/14	Buf	W 22-16	0	0	3	0-0	0
09/21	@Car	W 35-14	0	0	2	0-0	0
09/28	Sea	W 20-17	2	26	5	0-0	0
10/05	@Mia	L 14-17	2	20	2	0-0	0
10/12	@NYA	W 31-20	-	-	-	-	-
10/19	@Bal	W 24-13	-	-	-	-	-

Game Logs (9-16)

Date	Opp	Result	Rec	Yds	Trgt	F-L	TD
10/27	Chi	L 33-36	3	52	8	0-0	12/22
11/02	@Buf	L 6-9	1	16	4	0-0	0
11/09	NYA	W 24-17	2	39	5	0-0	1
11/17	Buf	W 30-13	3	48	6	0-0	0
11/23	@NE	L 24-27	-	-	-	-	-
11/30	@Oak	W 34-16	2	24	7	0-0	0
12/07	Det	W 33-30	4	75	6	0-0	0
12/14	@Ind	L 0-41	2	26	5	0-0	0

Lawrence Phillips — St. Louis Rams / Miami Dolphins — RB

1997 Rushing and Receiving Splits

	G	Rush	Yds	Avg	Lg	TD	1st	Stf	YdL	Rec	Yds	Avg	TD		Rush	Yds	Avg	Lg	TD	1st	Stf	YdL	Rec	Yds	Avg	TD
Total	12	201	677	3.4	28	8	39	24	57	11	39	3.5	0	Inside 20	33	76	2.3	16	6	10	4	15	1	-1	-1.0	0
vs. Playoff	6	102	320	3.1	28	3	17	12	19	2	-10	-5.0	0	Inside 10	22	21	1.0	8	5	6	3	14	0	0	-	0
vs. Non-playoff	6	99	357	3.6	25	5	22	12	38	9	49	5.4	0	1st Down	104	326	3.1	19	1	4	12	28	8	32	4.0	0
vs. Own Division	6	102	365	3.6	28	5	20	10	33	6	42	7.0	0	2nd Down	82	323	3.9	28	6	27	11	25	3	7	2.3	0
Home	7	122	412	3.4	28	5	23	12	18	8	28	3.5	0	3rd Down Overall	12	26	2.2	9	1	7	1	4	0	0	-	0
Away	5	79	265	3.4	23	3	16	12	39	3	11	3.7	0	3rd D 0-2 to Go	10	23	2.3	9	1	6	1	4	0	0	-	0
Games 1-8	7	133	468	3.5	28	5	27	16	28	7	5	0.7	0	3rd D 3-7 to Go	2	3	1.5	3	0	1	0	0	0	0	-	0
Games 9-16	5	68	209	3.1	17	3	12	8	29	4	34	8.5	0	3rd D 8+ to Go	0	0	-	0	0	0	0	0	0	0	-	0
Aug/Sept	5	101	383	3.8	28	4	22	11	21	5	9	1.8	0	4th Down	3	2	0.7	2	0	1	0	0	0	0	-	0
October	2	32	85	2.7	19	1	5	5	7	2	-4	-2.0	0	Left Sideline	12	73	6.1	25	1	5	2	5	4	24	6.0	0
November	3	50	165	3.3	17	3	11	6	23	3	28	9.3	0	Left Side	51	167	3.3	28	0	8	8	12	2	3	1.5	0
December	2	18	44	2.4	8	0	1	2	6	1	6	6.0	0	Middle	101	266	2.6	19	4	14	14	40	2	7	3.5	0
Grass	4	49	163	3.3	23	2	10	6	13	2	5	2.5	0	Right Side	37	171	4.6	23	3	12	0	0	3	5	1.7	0
Turf	8	152	514	3.4	28	6	29	18	44	9	34	3.8	0	Right Sideline	0	0	-	0	0	0	0	0	0	0	-	0
Indoor	8	152	514	3.4	28	6	29	18	44	9	34	3.8	0	0 Tight Ends	3	5	1.7	3	0	0	0	0	1	1	1.0	0
Outdoor	4	49	163	3.3	23	2	10	6	13	2	5	2.5	0	1 Tight End	114	441	3.9	28	4	19	17	41	9	21	2.3	0
1st Half	-	109	376	3.4	23	4	19	12	26	7	31	4.4	0	2 Tight Ends	65	184	2.8	19	1	15	7	16	1	17	17.0	0
2nd Half/OT	-	92	301	3.3	28	4	20	12	31	4	8	2.0	0	3+ Tight Ends	19	47	2.5	11	3	5	0	0	0	0	-	0
Last 2 Min. Half	-	4	11	2.8	7	1	1	0	0	0	0	-	0	Carries 1-5	60	209	3.5	23	1	9	6	10	0	0	-	0
4th qtr, +/-7 pts	-	19	45	2.4	9	0	3	1	2	1	12	12.0	0	Carries 6-10	54	162	3.0	19	1	8	8	23	0	0	-	0
Winning	-	59	239	4.1	28	2	13	6	15	3	9	3.0	0	Carries 11-15	44	150	3.4	25	5	12	5	15	0	0	-	0
Tied	-	44	127	2.9	17	0	5	4	14	3	23	7.7	0	Carries 16-20	26	92	3.5	28	1	5	5	9	0	0	-	0
Trailing	-	98	311	3.2	23	6	21	14	28	5	7	1.4	0	Carries 21+	17	64	3.8	20	0	5	0	0	0	0	-	0

1997 Incompletions

Type	Num	%of Inc	% Att
Pass Dropped	2	25.0	10.5
Poor Throw	3	37.5	15.8
Pass Defensed	0	0.0	0.0
Pass Hit at Line	1	12.5	5.3
Other	2	25.0	10.5
Total	8	100.0	42.1

Game Logs (1-8)

Date	Opp	Result	Rush	Yds	Rec	Yds	Trgt	F-L	TD
08/31	NO	W 38-24	26	125	2	8	3	0-0	1
09/07	SF	L 12-15	23	72	0	0	2	1-1	0
09/14	@Den	L 14-35	13	60	0	0	0	0-0	1
09/21	NYN	W 13-3	23	72	1	-4	3	0-0	0
09/28	@Oak	L 17-35	16	54	2	5	2	0-0	0
10/12	@SF	L 10-30	-	-	-	-	-	-	-
10/19	Sea	L 9-17	9	18	1	2	1	0-0	0
10/26	KC	L 20-28	23	67	1	-6	1	1-1	1

Game Logs (9-16)

Date	Opp	Result	Rush	Yds	Rec	Yds	Trgt	F-L	TD
11/02	@Atl	L 31-34	22	74	0	0	0	1-0	1
11/09	@GB	L 7-17	15	41	0	0	0	0-0	1
11/16	Atl	L 21-27	13	50	3	28	4	0-0	1
12/07	Det	W 33-30	-	-	-	-	-	-	-
12/14	@Ind	L 0-41	13	36	1	6	3	0-0	0
12/22	NE	L 12-14	5	8	0	0	0	0-0	0

Carl Pickens — Cincinnati Bengals — WR

1997 Receiving Splits

	G	Rec	Yds	Avg	TD	Lg	Big	YAC	Trgt	Y@C	1st	1st%		Rec	Yds	Avg	TD	Lg	Big	YAC	Trgt	Y@C	1st	1st%
Total	12	52	695	13.4	5	50	6	220	95	9.1	29	55.8	Inside 20	10	77	7.7	4	15	0	16	15	6.1	8	80.0
vs. Playoff	6	26	378	14.5	4	48	4	137	46	9.3	14	53.8	Inside 10	4	25	6.3	3	8	0	0	7	6.3	4	100.0
vs. Non-playoff	6	26	317	12.2	5	50	2	83	49	9.0	15	57.7	1st Down	23	310	13.5	1	48	3	115	38	8.5	12	52.2
vs. Own Division	6	27	354	13.1	1	48	3	113	49	8.9	15	55.6	2nd Down	15	153	10.2	1	30	1	48	27	7.0	7	46.7
Home	5	22	304	13.8	3	50	2	85	42	10.0	11	50.0	3rd Down Overall	13	222	17.1	3	50	2	55	28	12.8	9	69.2
Away	7	30	391	13.0	2	48	4	135	53	8.5	18	60.0	3rd D 0-2 to Go	3	20	6.7	0	10	0	10	6	3.3	3	100.0
Games 1-8	8	36	529	14.7	3	50	6	192	69	9.4	20	55.6	3rd D 3-7 to Go	5	102	20.4	2	48	1	42	11	12.0	4	80.0
Games 9-16	4	16	166	10.4	2	23	0	28	26	8.6	9	56.3	3rd D 8+ to Go	5	100	20.0	1	50	1	3	11	19.4	2	40.0
Aug/Sept	4	30	367	14.1	3	50	4	131	40	9.1	15	57.7	4th Down	1	10	10.0	0	10	0	2	2	8.0	1	100.0
October	4	10	162	16.2	0	48	2	61	29	10.1	5	50.0	Rec Behind Line	4	7	7.0	0	7	0	8	2	-1.0	0	0
November	4	16	166	10.4	2	23	0	28	26	8.6	9	56.3	1-10 yds	36	381	10.6	3	48	2	172	55	5.8	18	50.0
December	0	0	0	-	0	0	0	0	-	0	-	-	11-20 yds	11	179	16.3	1	36	1	34	22	13.2	7	63.6
Grass	4	21	292	13.9	4	48	4	114	36	8.5	12	57.1	21-30 yds	3	78	26.0	0	30	2	6	6	24.0	3	100.0
Turf	8	31	403	13.0	4	50	2	106	59	9.6	17	54.8	31+	1	50	50.0	1	50	1	0	9	50.0	1	100.0
Indoor	1	2	15	7.5	1	10	0	2	4	6.5	2	100.0	Left Sideline	16	290	18.1	2	50	4	121	31	10.6	9	56.3
Outdoor	11	50	680	13.6	4	50	6	218	91	9.2	27	54.0	Left Side	10	99	9.9	1	15	0	23	14	7.6	5	50.0
1st Half	-	23	292	12.7	3	50	3	78	46	9.3	12	52.2	Middle	5	83	16.6	2	25	1	7	9	15.2	4	80.0
2nd Half/OT	-	29	403	13.9	2	48	3	142	49	9.0	17	58.6	Right Side	7	87	12.4	0	36	1	38	13	7.0	3	42.9
Last 2 Min. Half	-	7	86	12.3	1	25	1	12	12	10.6	4	57.1	Right Sideline	14	136	9.7	0	23	0	31	28	7.5	8	57.1
4th qtr, +/-7 pts	-	5	44	8.8	1	14	0	4	6	8.0	2	40.0	Shotgun	0	0	-	0	0	0	0	0	-	0	-
Winning	-	6	49	8.2	1	13	0	11	16	6.3	4	66.7	2 Wide Receivers	26	312	12.0	3	48	2	145	47	6.4	15	57.7
Tied	-	15	223	14.9	1	48	3	101	23	8.1	9	60.0	3 Wide Receivers	21	341	16.2	2	50	4	70	41	12.9	11	52.4
Trailing	-	31	423	13.6	3	50	3	108	56	10.2	16	51.6	4+ WR	5	42	8.4	0	11	0	5	7	7.4	3	60.0

1997 Incompletions

Type	Num	%of Inc	%of Att
Pass Dropped	4	9.3	4.2
Poor Throw	17	39.5	17.9
Pass Defensed	11	25.6	11.6
Pass Hit at Line	1	2.3	1.1
Other	10	23.3	10.5
Total	43	100.0	45.3

Game Logs (1-8)

Date	Opp	Result	Rush	Yds	Rec	Yds	Trgt	F-L	TD
08/31	Ari	W 24-21	0	0	8	79	11	0-0	1
09/07	@Bal	L 10-23	0	0	8	99	13	0-0	1
09/21	@Den	L 20-38	0	0	8	125	11	0-0	0
09/28	NYA	L 14-31	1	-6	2	64	5	0-0	1
10/05	@Jac	L 13-21	0	0	3	53	6	0-0	0
10/12	@Ten	L 7-30	0	0	2	15	6	0-0	0
10/19	Pit	L 10-26	0	0	4	81	12	1-1	0
10/26	@NYN	L 27-29	0	0	1	13	5	0-0	0

Game Logs (9-16)

Date	Opp	Result	Rush	Yds	Rec	Yds	Trgt	F-L	TD
11/02	SD	W 38-31	0	0	4	45	10	0-0	1
11/09	@Ind	W 28-13	0	0	2	15	4	0-0	0
11/16	@Pit	L 3-20	0	0	6	71	8	0-0	0
11/23	Jac	L 31-26	0	0	4	35	4	0-0	1
11/30	@Phi	L 42-44	-	-	-	-	-	-	-
12/04	Ten	W 41-14	-	-	-	-	-	-	-
12/14	Dal	W 31-24	-	-	-	-	-	-	-

Jake Plummer — Arizona Cardinals — QB

1997 Passing Splits

	G	Att	Cm	Pct	Yds	Y/Att	TD	Int	1st	YAC	Big	Sk	Rtg		Att	Cm	Pct	Yds	Y/Att	TD	Int	1st	YAC	Big	Sk	Rtg
Total	10	296	157	53.0	2203	7.4	15	15	101	769	25	52	73.1	Inside 20	27	17	63.0	79	2.9	8	0	9	26	0	3	106.6
vs. Playoff	2	59	37	62.7	658	11.2	3	2	29	148	9	18	103.6	Inside 10	13	8	61.5	22	1.7	6	0	6	6	0	1	105.4
vs. Non-playoff	8	237	120	50.6	1545	6.5	12	13	72	621	16	34	65.5	1st Down	131	68	51.9	987	7.5	6	4	45	303	11	15	79.3
vs. Own Division	5	120	66	55.0	1103	9.2	7	5	44	437	15	27	88.3	2nd Down	84	47	56.0	573	6.8	3	6	25	209	4	16	59.3
Home	5	161	81	50.3	1171	7.3	12	9	56	363	14	27	75.9	3rd Down Overall	74	39	52.7	617	8.3	5	5	28	246	10	19	75.1
Away	5	135	76	56.3	1032	7.6	3	6	45	406	11	25	69.7	3rd D 0-5 to Go	23	15	65.2	129	5.6	3	0	12	90	2	5	119.4
Games 1-8	2	49	26	53.1	293	6.0	3	4	16	156	2	8	57.6	3rd D 6+ to Go	51	24	47.1	488	9.6	2	5	16	156	8	14	54.7
Games 9-16	8	247	131	53.0	1910	7.7	12	11	85	613	23	44	76.1	4th Down	7	3	42.9	26	3.7	1	0	3	11	0	2	92.9
Aug/Sept	0	0	0	-	0	-	0	0	0	0	0	0	-	Rec Behind Line	34	17	50.0	111	3.3	1	0	6	172	0	0	67.2
October	2	49	26	53.1	293	6.0	3	4	16	156	2	8	57.6	1-10 yds	131	86	65.6	848	6.5	7	6	47	388	5	0	82.5
November	5	133	76	57.1	1156	8.7	5	5	50	391	16	32	82.8	11-20 yds	61	28	45.9	512	8.4	1	6	26	111	4	0	41.2
December	3	114	55	48.2	754	6.6	7	6	35	222	7	12	68.4	21-30 yds	24	7	29.2	230	9.6	3	1	6	51	7	0	89.2
Grass	6	195	100	51.3	1389	7.1	13	11	65	481	17	29	73.2	31+	17	8	47.1	336	19.8	2	1	8	47	8	0	108.1
Turf	4	101	57	56.4	814	8.1	2	4	36	288	8	23	72.8	Left Sideline	50	20	40.0	304	6.1	2	3	13	77	6	0	49.1
Indoor	1	37	17	45.9	180	4.9	0	2	9	38	1	5	38.1	Left Side	46	28	60.9	422	9.2	1	1	19	179	6	4	89.2
Outdoor	9	259	140	54.1	2023	7.8	15	13	92	731	24	47	78.1	Middle	45	23	51.1	297	6.6	4	1	13	128	3	46	42.5
1st Half	-	129	67	51.9	874	6.8	3	6	41	321	7	24	62.0	Right Side	70	36	51.4	451	6.4	5	6	22	177	4	2	59.9
2nd Half/OT	-	167	90	53.9	1329	8.0	12	9	60	448	18	28	81.6	Right Sideline	80	47	58.8	659	8.2	6	1	31	208	7	0	105.2
Last 2 Min. Half	-	59	36	61.0	443	7.5	2	3	25	119	3	13	74.3	2 Wide Receivers	84	41	48.8	567	6.8	5	3	27	141	9	10	75.8
4th qtr, +/-7 pts	-	41	24	58.5	394	9.6	3	2	19	110	7	8	95.0	3+ WR	174	96	55.2	1384	8.0	7	10	59	588	15	40	70.7
Winning	-	37	16	43.2	186	5.0	1	0	6	55	2	6	68.1	Attempts 1-10	99	53	53.5	758	7.7	3	4	34	300	8	0	71.9
Tied	-	63	36	57.1	459	7.3	0	1	24	199	4	13	73.4	Attempts 11-20	88	50	56.8	826	9.4	6	6	36	295	13	0	82.9
Trailing	-	196	105	53.6	1558	7.9	14	14	71	515	19	39	73.4	Attempts 21+	109	54	49.5	619	5.7	6	5	31	174	4	0	66.3

1997 Incompletions

Type	Num	%of Inc	%of Att
Pass Dropped	8	5.8	2.7
Poor Throw	61	43.9	20.6
Pass Defensed	33	23.7	11.1
Pass Hit at Line	5	3.6	1.7
Other	32	23.0	10.8
Total	139	100.0	47.0

Game Logs (1-8)

Date	Opp	Result	Att	Cm	Pct	Yds	TD	Int	Lg	Sk	F-L
08/31	@Cin	L 21-24	-	-	-	-	-	-	-	-	-
09/07	Dal	W 25-22	-	-	-	-	-	-	-	-	-
09/14	@Was	L 13-19	-	-	-	-	-	-	-	-	-
09/28	@TB	L 18-19	-	-	-	-	-	-	-	-	-
10/05	Min	L 19-20	-	-	-	-	-	-	-	-	-
10/12	NYN	L 13-27	-	-	-	-	-	-	-	-	-
10/19	@Phi	L 10-13	9	5	55.6	98	1	0	34	2	0-0
10/26	Ten	L 14-41	40	21	52.5	195	2	4	19	6	1-1

Game Logs (9-16)

Date	Opp	Result	Att	Cm	Pct	Yds	TD	Int	Lg	Sk	F-L
11/02	Phi	W 31-21	18	7	38.9	132	1	1	38	4	1-1
11/09	@Dal	L 6-24	22	13	59.1	148	0	0	29	8	1-1
11/16	@NYN	L 10-19	33	22	66.7	388	1	2	70	8	1-0
11/23	@Bal	W 16-13	34	19	55.9	218	1	2	34	2	0-0
11/30	Pit	L 20-26	26	15	57.7	270	2	0	44	10	0-0
12/07	Was	L 28-38	33	19	50.0	337	4	2	52	5	1-1
12/14	@NO	L 10-27	37	17	45.9	180	0	2	29	5	1-1
12/21	Atl	W 29-26	39	19	48.7	237	3	2	44	2	0-0

Ted Popson — Kansas City Chiefs — TE

1997 Receiving Splits

	G	Rec	Yds	Avg	TD	Lg	Big	YAC	Trgt	Y@C	1st	1st%		Rec	Yds	Avg	TD	Lg	Big	YAC	Trgt	Y@C	1st	1st%
Total	13	35	320	9.1	2	21	0	127	47	5.5	18	51.4	Inside 20	3	12	4.0	2	8	0	1	4	3.7	2	66.7
vs. Playoff	4	7	44	6.3	1	16	0	29	8	2.1	4	57.1	Inside 10	2	4	2.0	2	3	0	0	2	2.0	2	100.0
vs. Non-playoff	9	28	276	9.9	1	21	0	98	39	6.4	14	50.0	1st Down	13	107	8.2	1	16	0	52	16	4.2	6	46.2
vs. Own Division	6	13	156	12.0	0	21	0	56	20	7.7	9	69.2	2nd Down	13	123	9.5	0	20	0	36	19	6.7	6	46.2
Home	7	19	175	9.2	2	21	0	57	25	6.2	11	57.9	3rd Down Overall	9	90	10.0	1	21	0	39	12	5.7	6	66.7
Away	6	16	145	9.1	0	20	0	70	22	4.7	4	43.8	3rd D 0-2 to Go	2	11	5.5	0	7	0	12	2	-0.5	2	100.0
Games 1-8	8	28	259	9.3	1	21	0	109	35	5.4	13	46.4	3rd D 3-7 to Go	3	23	7.7	1	15	0	4	4	6.3	2	66.7
Games 9-16	5	7	61	8.7	2	20	0	18	12	6.1	5	71.4	3rd D 8+ to Go	4	56	14.0	0	21	0	23	6	8.3	2	50.0
Aug/Sept	5	17	138	8.1	0	20	0	63	21	4.4	7	41.2	4th Down	0	0	-	0	0	0	0	0	-	0	-
October	3	11	121	11.0	0	21	0	46	14	6.8	6	54.5	Rec Behind Line	7	38	5.4	0	16	0	41	7	-0.4	3	42.9
November	2	3	13	4.3	1	8	0	4	4	3.0	2	66.7	1-10 yds	21	165	7.9	2	15	0	65	27	4.8	9	42.9
December	3	4	48	12.0	1	20	0	14	8	8.5	2	75.0	11-20 yds	7	117	16.7	0	21	0	21	11	13.7	6	85.7
Grass	12	30	270	9.0	2	21	0	112	41	5.3	16	53.3	21-30 yds	0	0	-	0	0	0	0	2	-	0	-
Turf	1	5	50	10.0	0	14	0	15	6	7.0	2	40.0	31+	0	0	-	0	0	0	0	0	-	0	-
Indoor	1	5	50	10.0	0	14	0	15	6	7.0	2	40.0	Left Sideline	2	15	7.5	0	13	0	15	2	0.0	1	50.0
Outdoor	12	30	270	9.0	2	21	0	112	41	5.3	16	53.3	Left Side	9	96	10.7	0	15	0	18	10	8.7	4	44.4
1st Half	-	19	191	10.1	1	21	0	85	24	5.6	12	63.2	Middle	6	50	8.3	0	14	0	21	14	4.8	2	33.3
2nd Half/OT	-	16	129	8.1	1	20	0	42	23	5.4	6	37.5	Right Side	9	90	10.0	1	21	0	32	12	6.4	6	66.7
Last 2 Min. Half	-	3	19	6.3	1	15	0	4	3	5.0	2	66.7	Right Sideline	9	69	7.7	1	20	0	41	9	3.1	5	55.6
4th qtr, +/-7 pts	-	1	1	1.0	0	1	0	0	3	1.0	0	0.0	Shotgun	0	0	-	0	0	0	0	0	-	0	-
Winning	-	17	147	8.6	2	21	0	43	23	6.1	7	41.2	2 Wide Receivers	13	110	8.5	0	20	0	42	20	5.2	7	53.8
Tied	-	6	64	10.7	0	16	0	48	10	2.7	4	66.7	3 Wide Receivers	17	185	10.9	0	21	0	74	22	6.5	8	47.1
Trailing	-	12	109	9.1	0	15	0	36	14	5.0	4	28.6	4+ WR	3	21	7.0	0	9	0	11	3	3.3	1	33.3

1997 Incompletions

Type	Num	%of Inc	%of Att
Pass Dropped	4	33.3	8.5
Poor Throw	6	50.0	12.8
Pass Defensed	2	16.7	4.3
Pass Hit at Line	0	0.0	0.0
Other	0	0.0	0.0
Total	12	100.0	25.5

Game Logs (1-8)

Date	Opp	Result	Rec	Yds	Trgt	F-L	TD
08/31	@Den	L 3-19	2	14	2	0-0	0
09/08	@Oak	W 28-27	1	15	3	0-0	0
09/14	Buf	W 22-16	4	20	5	0-0	0
09/21	@Car	W 35-14	6	49	7	0-0	0
09/28	Sea	W 20-17	4	40	4	0-0	0
10/05	@Mia	L 14-17	2	17	2	0-0	0
10/16	SD	W 31-3	4	54	6	0-0	0
10/26	@StL	W 28-20	5	50	6	0-0	1

Game Logs (9-16)

Date	Opp	Result	Rec	Yds	Trgt	F-L	TD
11/03	Pit	W 13-10	2	12	3	0-0	0
11/09	@Jac	L 10-24	-	-	-	-	-
11/16	Den	W 24-22	-	-	-	-	-
11/23	@Sea	W 19-14	-	-	-	-	-
11/30	SF	W 44-9	1	1	1	0-0	1
12/07	Oak	W 30-0	2	33	2	0-0	0
12/14	@SD	W 29-7	0	0	2	0-0	0
12/21	NO	W 25-13	2	15	3	0-0	1

Mike Pritchard — Seattle Seahawks — WR

1997 Receiving Splits

	G	Rec	Yds	Avg	TD	Lg	Big	YAC	Trgt	Y@C	1st	1st%		Rec	Yds	Avg	TD	Lg	Big	YAC	Trgt	Y@C	1st	1st%
Total	16	64	843	13.2	2	61	2	208	115	9.9	43	67.2	Inside 20	3	33	11.0	0	14	0	17	13	5.3	2	66.7
vs. Playoff	5	21	303	14.4	1	50	1	83	36	10.5	14	66.7	Inside 10	0	0	-	0	0	0	0	5	-	0	-
vs. Non-playoff	11	43	540	12.6	1	61	1	125	79	9.7	29	67.4	1st Down	30	436	14.5	2	50	1	101	51	11.2	17	56.7
vs. Own Division	8	30	429	14.3	0	61	2	123	59	10.2	19	63.3	2nd Down	12	162	13.5	0	61	1	57	27	8.8	8	66.7
Home	8	38	455	12.0	1	24	0	103	62	9.3	23	60.5	3rd Down Overall	20	224	11.2	0	22	0	41	35	9.2	16	80.0
Away	8	26	388	14.9	1	61	2	105	53	10.9	20	76.9	3rd D 0-2 to Go	2	16	8.0	0	8	0	5	3	5.5	2	100.0
Games 1-8	8	31	406	13.1	1	50	1	88	57	10.3	18	58.1	3rd D 3-7 to Go	9	84	9.3	0	17	0	22	16	6.9	8	88.9
Games 9-16	8	33	437	13.2	1	61	1	120	58	9.6	25	75.8	3rd D 8+ to Go	9	124	13.8	0	22	0	14	16	12.2	6	66.7
Aug/Sept	5	22	318	14.5	1	50	1	68	40	11.4	19	59.1	4th Down	2	21	10.5	0	11	0	9	2	6.0	2	100.0
October	3	9	88	9.8	0	15	0	20	17	7.6	5	55.6	Rec Behind Line	1	8	8.0	0	8	0	9	2	-1.0	0	0.0
November	5	20	213	10.7	0	24	0	52	40	8.1	13	65.0	1-10 yds	40	349	8.7	0	14	0	88	55	6.5	20	50.0
December	3	13	224	17.2	1	61	1	68	18	12.0	6	92.3	11-20 yds	19	330	17.4	1	24	0	40	39	15.3	19	100.0
Grass	5	17	283	16.6	0	61	2	88	32	11.5	13	76.5	21-30 yds	4	156	39.0	1	61	2	71	14	21.3	4	100.0
Turf	11	47	560	11.9	2	24	0	120	83	9.4	30	63.8	31+	0	0	-	0	0	0	0	5	-	0	-
Indoor	11	47	560	11.9	2	24	0	120	83	9.4	30	63.8	Left Sideline	9	101	11.2	0	21	0	13	32	9.8	7	77.8
Outdoor	5	17	283	16.6	0	61	2	88	32	11.5	13	76.5	Left Side	14	218	15.6	0	50	1	70	19	10.6	9	64.3
1st Half	-	31	461	14.9	1	61	2	141	54	10.3	19	61.3	Middle	5	92	18.4	1	24	0	18	8	14.8	5	100.0
2nd Half/OT	-	33	382	11.6	1	24	0	67	61	9.5	24	72.7	Right Side	14	211	15.1	0	61	1	67	19	10.3	10	71.4
Last 2 Min. Half	-	6	54	9.0	0	14	0	12	13	7.0	2	33.3	Right Sideline	21	215	10.2	0	20	0	38	36	8.4	12	57.1
4th qtr, +/-7 pts	-	11	97	8.8	0	20	0	10	23	7.9	6	54.5	Shotgun	10	135	13.5	0	22	0	21	22	11.4	8	80.0
Winning	-	16	259	16.2	2	50	1	60	25	12.4	13	81.3	2 Wide Receivers	17	305	17.9	0	61	2	100	28	12.1	13	76.5
Tied	-	10	113	11.3	0	20	0	6	23	10.7	6	60.0	3 Wide Receivers	34	398	11.7	1	24	0	70	63	9.6	21	61.8
Trailing	-	38	471	12.4	0	61	1	142	67	7.4	24	63.2	4+ WR	13	140	10.8	1	22	0	38	24	7.8	9	69.2

1997 Incompletions

Type	Num	%of Inc	%of Att
Pass Dropped	6	11.8	5.2
Poor Throw	29	56.9	25.2
Pass Defensed	9	17.6	7.8
Pass Hit at Line	1	2.0	0.9
Other	6	11.8	5.2
Total	51	100.0	44.3

Game Logs (1-8)

Date	Opp	Result	Rush	Yds	Rec	Yds	Trgt	F-L	TD
08/31	NYA	L 3-41	0	0	4	42	6	0-0	0
09/07	Den	L 14-35	0	0	3	36	7	0-0	0
09/14	@Ind	W 31-3	0	0	4	69	8	0-0	0
09/21	SD	W 26-22	0	0	7	83	13	0-0	0
09/28	@KC	L 17-20	1	14	4	88	6	0-0	0
10/05	Ten	W 16-13	0	0	7	75	8	1-0	0
10/19	@StL	W 17-9	0	0	1	6	5	0-0	0
10/26	Oak	W 45-34	0	0	1	7	4	0-0	0

Game Logs (9-16)

Date	Opp	Result	Rush	Yds	Rec	Yds	Trgt	F-L	TD
11/02	@Den	L 27-30	0	0	4	33	9	0-0	0
11/09	@SD	W 37-31	0	0	2	28	6	0-0	0
11/16	@NO	L 17-20	0	0	4	30	8	0-0	0
11/23	KC	L 14-19	0	0	4	56	7	1-1	0
11/30	Atl	L 17-24	0	0	6	66	10	0-0	0
12/07	@Bal	L 24-31	0	0	2	36	4	0-0	0
12/14	@Oak	W 22-21	0	0	5	98	7	0-0	0
12/21	SF	W 38-9	0	0	6	90	7	0-0	0

Ricky Proehl — Chicago Bears — WR

1997 Receiving Splits

	G	Rec	Yds	Avg	TD	Lg	Big	YAC	Trgt	Y@C	1st	1st%		Rec	Yds	Avg	TD	Lg	Big	YAC	Trgt	Y@C	1st	1st%
Total	15	58	753	13.0	7	78	6	294	105	7.9	39	67.2	Inside 20	5	21	4.2	3	6	0	4	10	3.4	3	60.0
vs. Playoff	9	34	516	15.2	4	78	5	225	60	8.6	22	64.7	Inside 10	3	10	3.3	3	5	0	2	4	2.7	3	100.0
vs. Non-playoff	6	24	237	9.9	3	25	1	69	45	7.0	17	70.8	1st Down	19	259	13.6	4	78	3	103	37	8.2	11	57.9
vs. Own Division	7	29	468	16.1	4	78	5	211	52	8.9	20	69.0	2nd Down	20	258	12.9	1	59	2	93	28	8.3	13	65.0
Home	7	30	305	10.2	4	25	2	103	59	6.7	21	70.0	3rd Down Overall	17	198	11.6	0	53	1	97	37	5.9	13	76.5
Away	8	28	448	16.0	3	78	4	191	46	9.2	18	64.3	3rd D 0-2 to Go	4	31	7.8	0	13	0	6	6	6.3	3	75.0
Games 1-8	7	22	247	11.2	2	25	1	50	43	9.0	16	72.7	3rd D 3-7 to Go	8	117	14.6	1	53	1	67	15	6.3	8	100.0
Games 9-16	8	36	506	14.1	5	78	5	244	62	7.3	23	63.9	3rd D 8+ to Go	5	50	10.0	0	11	0	24	16	5.2	2	40.0
Aug/Sept	5	15	168	11.2	2	25	1	34	30	8.9	12	80.0	4th Down	2	38	19.0	1	22	0	1	3	18.5	2	100.0
October	2	7	79	11.3	0	20	0	16	13	9.0	4	57.1	Rec Behind Line	4	17	4.3	0	7	0	19	11	-0.5	1	25.0
November	5	29	442	15.2	4	78	5	223	51	7.6	18	62.1	1-10 yds	41	400	9.8	3	53	1	173	57	5.5	25	61.0
December	3	7	64	9.1	1	11	0	21	11	6.1	5	71.4	11-20 yds	8	141	17.6	1	25	0	16	16	15.6	8	100.0
Grass	11	41	424	10.3	5	25	2	128	76	7.2	28	68.3	21-30 yds	3	110	36.7	2	59	2	40	9	23.3	3	100.0
Turf	4	17	329	19.4	2	78	4	166	29	9.6	11	64.7	31+	1	78	78.0	1	78	1	46	7	32.0	1	100.0
Indoor	3	13	296	22.8	2	78	4	164	22	10.2	8	61.5	Left Sideline	8	145	18.1	2	78	1	70	15	9.4	4	50.0
Outdoor	12	45	457	10.2	5	25	2	130	83	7.3	31	68.9	Left Side	12	194	16.2	0	53	3	71	15	10.3	7	58.3
1st Half	-	21	328	15.6	3	78	4	166	38	7.7	16	76.2	Middle	4	95	11.9	1	20	0	18	16	9.6	5	62.5
2nd Half/OT	-	37	425	11.5	4	59	2	128	67	8.0	23	62.2	Right Side	13	127	9.8	1	16	0	51	22	5.8	11	84.6
Last 2 Min. Half	-	7	75	10.7	2	29	1	20	12	7.9	5	71.4	Right Sideline	16	185	11.6	3	59	2	84	35	6.3	11	68.8
4th qtr, +/-7 pts	-	5	46	9.2	0	14	0	5	9	8.2	2	40.0	Shotgun	0	0	-	0	0	0	0	0	-	0	-
Winning	-	8	144	18.0	2	78	2	71	17	9.1	4	50.0	2 Wide Receivers	28	421	15.0	4	78	3	165	47	9.1	18	64.3
Tied	-	8	131	16.4	1	53	2	68	16	7.9	6	75.0	3 Wide Receivers	19	194	10.2	2	29	2	41	40	8.1	13	68.4
Trailing	-	42	478	11.4	4	59	2	155	72	7.4	29	69.0	4+ WR	10	131	13.1	1	53	1	88	15	4.3	7	70.0

1997 Incompletions

Type	Num	%of Inc	%of Att
Pass Dropped	4	8.5	3.8
Poor Throw	19	40.4	18.1
Pass Defensed	8	17.0	7.6
Pass Hit at Line	4	8.5	3.8
Other	12	25.5	11.4
Total	47	100.0	44.8

Game Logs (1-8)

Date	Opp	Result	Rec	Yds	Trgt	F-L	TD
09/01	@GB	L 24-38	2	30	5	0-0	1
09/07	Min	L 24-27	4	51	7	1-0	0
09/14	Det	L 7-32	4	46	8	0-0	0
09/21	@NE	L 3-31	1	8	3	0-0	0
09/28	@Dal	L 3-27	4	33	7	0-0	0
10/05	NO	L 17-20	3	39	8	0-0	0
10/12	GB	L 23-24	-	-	-	-	-
10/27	@Mia	W 36-33	4	40	5	1-1	1

Game Logs (9-16)

Date	Opp	Result	Rec	Yds	Trgt	F-L	TD
11/02	Was	L 8-31	3	24	7	0-0	1
11/09	@Min	L 22-29	9	132	13	0-0	1
11/16	NYA	L 15-23	11	118	16	0-0	1
11/23	TB	W 13-7	2	4	8	0-0	0
11/27	@Det	L 20-55	4	164	7	0-0	2
12/07	Buf	W 20-3	3	23	5	0-0	0
12/14	@StL	W 13-10	0	0	2	0-0	0
12/21	@TB	L 15-31	4	41	4	0-0	0

Andre Reed — Buffalo Bills — WR

1997 Receiving Splits

	G	Rec	Yds	Avg	TD	Lg	Big	YAC	Trgt	Y@C	1st	1st%		Rec	Yds	Avg	TD	Lg	Big	YAC	Trgt	Y@C	1st	1st%
Total	15	60	880	14.7	5	77	6	210	114	11.2	39	65.0	Inside 20	2	17	8.5	1	10	0	10	7	3.5	1	50.0
vs. Playoff	9	35	560	16.0	3	77	4	122	72	12.5	23	65.7	Inside 10	0	0	-	0	0	0	0	3	-	0	-
vs. Non-playoff	6	25	320	12.8	2	45	2	88	42	9.3	16	64.0	1st Down	21	262	12.5	0	43	2	62	37	9.5	11	52.4
vs. Own Division	8	32	330	10.3	2	23	0	99	63	7.2	17	53.1	2nd Down	22	350	15.9	5	77	3	83	36	12.1	15	68.2
Home	8	32	492	15.4	3	43	3	94	64	12.4	23	71.9	3rd Down Overall	16	250	15.6	0	45	1	58	36	12.0	12	75.0
Away	7	28	388	13.9	2	77	3	116	50	9.7	16	57.1	3rd D 0-2 to Go	0	0	-	0	0	0	0	0	-	0	-
Games 1-8	8	40	627	15.7	4	77	4	160	62	11.7	26	65.0	3rd D 3-7 to Go	9	132	14.7	0	23	0	46	18	9.6	8	88.9
Games 9-16	7	20	253	12.7	1	45	2	50	52	10.2	13	65.0	3rd D 8+ to Go	7	118	16.9	0	45	1	12	18	15.1	4	57.1
Aug/Sept	4	23	385	16.7	2	77	2	86	34	13.0	16	69.6	4th Down	1	18	18.0	0	18	0	7	5	11.0	1	100.0
October	4	17	242	14.2	2	43	2	74	28	9.9	10	58.8	Rec Behind Line	3	20	6.7	0	14	0	25	5	-1.7	1	33.3
November	5	17	216	12.7	1	45	2	47	43	9.9	10	58.8	1-10 yds	32	279	8.7	1	23	0	93	41	5.8	14	43.8
December	2	3	37	12.3	0	15	0	3	9	11.3	3	100.0	11-20 yds	20	346	17.3	1	25	1	48	35	14.9	19	95.0
Grass	5	19	314	16.5	1	77	3	75	38	12.6	11	57.9	21-30 yds	1	27	27.0	1	27	1	0	15	27.0	1	100.0
Turf	10	41	566	13.8	4	43	3	135	76	10.5	28	68.3	31+	4	208	52.0	2	77	4	28	18	41.0	4	100.0
Indoor	1	4	35	8.8	0	14	0	30	5	1.3	2	50.0	Left Sideline	14	168	12.0	0	25	1	39	23	9.2	10	71.4
Outdoor	14	56	845	15.1	5	77	6	180	109	11.9	37	66.1	Left Side	6	87	14.5	1	43	1	17	10	11.7	4	66.7
1st Half	-	28	352	12.6	3	43	1	80	62	9.7	17	60.7	Middle	9	179	19.9	1	45	2	33	19	16.2	7	77.8
2nd Half/OT	-	32	528	16.5	2	77	5	130	52	12.4	22	68.8	Right Side	10	187	18.7	2	77	1	66	21	12.1	7	70.0
Last 2 Min. Half	-	3	54	18.0	0	24	0	11	10	14.3	2	66.7	Right Sideline	21	259	12.3	1	43	1	55	41	9.7	11	52.4
4th qtr, +/-7 pts	-	5	59	11.8	0	24	0	20	8	7.8	4	80.0	Shotgun	0	0	-	0	0	0	0	0	-	0	-
Winning	-	8	90	11.3	0	23	0	43	19	5.9	5	62.5	2 Wide Receivers	29	440	15.2	2	77	3	132	44	10.6	17	58.6
Tied	-	12	149	12.4	2	43	1	39	20	9.2	6	50.0	3 Wide Receivers	27	386	14.3	2	45	2	63	62	12.0	19	70.4
Trailing	-	40	641	16.0	3	77	5	128	75	12.8	28	70.0	4+ WR	2	30	15.0	1	22	0	4	3	13.0	1	50.0

1997 Incompletions

Type	Num	%of Inc	%of Att
Pass Dropped	3	5.6	2.6
Poor Throw	26	48.1	22.8
Pass Defensed	15	27.8	13.2
Pass Hit at Line	0	0.0	0.0
Other	10	18.5	8.8
Total	54	100.0	47.4

Game Logs (1-8)

Date	Opp	Result	Rush	Yds	Rec	Yds	Trgt	F-L	TD
08/31	Min	L 13-34	0	0	7	142	11	0-0	0
09/07	@NYA	W 28-22	0	0	5	39	7	0-0	1
09/14	@KC	L 16-22	1	0	4	113	6	0-0	1
09/21	Ind	W 37-35	0	0	7	91	10	0-0	0
10/05	Det	W 22-13	0	0	5	95	5	0-0	1
10/12	@NE	L 6-33	0	0	4	42	8	0-0	0
10/20	@Ind	W 9-6	0	0	4	35	5	0-0	0
10/26	Den	L 20-23	1	2	4	70	10	1-0	1

Game Logs (9-16)

Date	Opp	Result	Rush	Yds	Rec	Yds	Trgt	F-L	TD
11/02	Mia	W 9-6	0	0	3	32	8	0-0	0
11/09	NE	L 10-31	0	0	3	21	7	0-0	0
11/17	@Mia	L 13-30	1	9	4	37	11	0-0	0
11/23	@Ten	L 14-31	0	0	5	93	10	0-0	0
11/30	NYA	W 20-10	0	0	2	33	7	0-0	1
12/07	@Chi	L 3-20	0	0	2	29	3	0-0	0
12/14	Jac	L 14-20	0	0	1	8	6	0-0	0

Jake Reed — Minnesota Vikings — WR

1997 Receiving Splits

	G	Rec	Yds	Avg	TD	Lg	Big	YAC	Trgt	Y@C	1st	1st%		Rec	Yds	Avg	TD	Lg	Big	YAC	Trgt	Y@C	1st	1st%
Total	16	68	1138	16.7	6	56	9	262	118	12.9	58	85.3	Inside 20	6	54	9.0	3	13	0	8	8	7.7	6	100.0
vs. Playoff	8	34	555	16.3	2	56	4	92	56	13.6	30	88.2	Inside 10	3	20	6.7	3	7	0	-1	4	7.0	3	100.0
vs. Non-playoff	8	34	583	17.1	4	56	5	170	62	12.1	28	82.4	1st Down	25	392	15.7	5	56	3	47	42	13.8	19	76.0
vs. Own Division	8	41	571	13.9	5	56	2	85	62	11.9	33	80.5	2nd Down	22	422	19.2	0	56	4	126	45	13.5	19	86.4
Home	8	24	506	21.1	1	56	5	127	48	15.8	23	95.8	3rd Down Overall	21	324	15.4	1	48	2	89	30	11.2	20	95.2
Away	8	44	632	14.4	5	49	4	135	70	11.3	35	79.5	3rd D 0-2 to Go	1	4	4.0	0	4	0	1	1	3.0	1	100.0
Games 1-8	8	43	693	16.1	4	56	6	161	70	12.4	36	83.7	3rd D 3-7 to Go	12	170	14.2	1	48	1	67	17	8.6	12	100.0
Games 9-16	8	25	445	17.8	2	49	3	101	48	13.8	22	88.0	3rd D 8+ to Go	8	150	18.8	0	33	1	21	12	16.1	7	87.5
Aug/Sept	5	34	521	15.3	4	56	4	110	49	12.1	29	85.3	4th Down	0	0	-	0	0	0	0	1	-	0	-
October	3	9	172	19.1	0	56	2	51	21	13.4	7	77.8	Rec Behind Line	7	0	0.0	0	0	0	0	0	-	0	-
November	4	16	297	18.6	2	49	2	73	27	14.0	14	87.5	1-10 yds	29	316	10.9	4	48	1	123	41	6.7	21	72.4
December	4	9	148	16.4	0	31	1	28	21	13.3	8	88.9	11-20 yds	31	544	17.5	0	49	3	86	45	14.8	29	93.5
Grass	5	31	402	13.0	3	31	3	66	46	10.8	24	77.4	21-30 yds	5	158	31.6	2	56	3	40	15	23.6	5	100.0
Turf	11	37	736	19.9	3	56	6	196	72	14.6	34	91.9	31+	2	99	49.5	0	56	2	13	9	43.0	2	100.0
Indoor	9	28	567	20.3	1	56	5	144	56	15.1	26	92.9	Left Sideline	29	444	15.3	5	56	3	88	40	12.3	22	75.9
Outdoor	7	40	571	14.3	5	49	4	118	62	11.3	32	80.0	Left Side	9	142	15.8	0	20	0	32	16	12.2	9	100.0
1st Half	-	29	587	20.2	2	56	6	172	54	14.3	21	72.4	Middle	7	146	20.9	1	49	2	45	8	14.7	7	100.0
2nd Half/OT	-	39	551	14.1	4	31	3	90	64	11.8	37	94.9	Right Side	12	234	19.5	1	48	3	83	20	12.6	11	91.7
Last 2 Min. Half	-	3	32	10.7	0	21	0	1	9	10.3	1	33.3	Right Sideline	10	151	15.1	1	27	1	14	27	13.7	8	80.0
4th qtr, +/-7 pts	-	10	115	11.5	1	21	0	11	11	10.4	9	90.0	Shotgun	0	0	-	0	0	0	0	1	-	0	-
Winning	-	15	226	15.1	0	43	1	28	35	13.2	14	93.3	2 Wide Receivers	30	505	16.8	3	56	4	97	56	13.6	25	83.3
Tied	-	15	308	20.5	1	43	3	100	30	13.9	11	73.3	3 Wide Receivers	33	566	17.2	3	56	5	163	50	12.2	29	87.9
Trailing	-	38	604	15.9	5	49	5	134	53	12.4	33	86.8	4+ WR	4	46	11.5	0	21	0	2	5	11.0	3	75.0

1997 Incompletions

Type	Num	%of Inc	%of Att
Pass Dropped	3	6.0	2.5
Poor Throw	21	42.0	17.8
Pass Defensed	19	38.0	16.1
Pass Hit at Line	0	0.0	0.0
Other	7	14.0	5.9
Total	50	100.0	42.4

Game Logs (1-8)

Date	Opp	Result	Rec	Yds	Trgt	F-L	TD
08/31	@Buf	W 34-13	1	19	6	0-0	0
09/07	@Chi	W 27-24	12	118	13	0-0	1
09/14	TB	L 14-28	6	131	8	0-0	0
09/21	@GB	L 32-38	9	119	13	0-0	2
09/28	Phi	W 28-19	6	134	9	0-0	0
10/05	@Ari	W 20-19	3	55	9	0-0	0
10/12	Car	W 21-14	2	65	5	0-0	0
10/26	@TB	L 10-6	4	52	7	0-0	0

Game Logs (9-16)

Date	Opp	Result	Rec	Yds	Trgt	F-L	TD
11/09	NE	W 23-18	3	65	6	0-0	0
11/16	Chi	W 29-22	1	21	3	0-0	0
11/23	@Det	L 15-38	4	61	8	0-0	0
11/23	@NYA	L 21-23	8	150	10	0-0	2
12/01	GB	L 11-27	3	50	6	0-0	0
12/07	@SF	L 17-28	3	58	4	0-0	0
12/14	Det	L 13-14	2	19	4	0-0	0
12/21	Ind	W 39-28	1	21	6	0-0	0

Jay Riemersma — Buffalo Bills — TE

1997 Receiving Splits

	G	Rec	Yds	Avg	TD	Lg	Big	YAC	Trgt	Y@C	1st	1st%		Rec	Yds	Avg	TD	Lg	Big	YAC	Trgt	Y@C	1st	1st%
Total	16	26	208	8.0	2	22	0	65	40	5.5	7	26.9	Inside 20	4	31	7.8	2	19	0	0	5	7.8	2	50.0
vs. Playoff	10	15	141	9.4	1	22	0	39	23	6.8	5	33.3	Inside 10	0	0	-	0	0	0	0	0	-	0	-
vs. Non-playoff	6	11	67	6.1	1	16	0	26	17	3.7	2	18.2	1st Down	10	73	7.3	0	22	0	26	16	4.7	2	20.0
vs. Own Division	8	9	51	5.7	1	10	0	19	15	3.6	1	11.1	2nd Down	12	112	9.3	2	19	0	30	12	6.8	5	41.7
Home	8	10	81	8.1	1	22	0	24	16	5.7	2	20.0	3rd Down Overall	4	23	5.8	0	9	0	9	11	3.5	0	0.0
Away	8	16	127	7.9	1	17	0	41	24	5.4	5	31.3	3rd D 0-2 to Go	0	0	-	0	0	0	0	0	-	0	-
Games 1-8	8	13	121	9.3	2	22	0	29	20	7.1	4	30.8	3rd D 3-7 to Go	1	4	4.0	0	4	0	1	7	3.0	0	0.0
Games 9-16	8	13	87	6.7	0	16	0	36	20	3.9	3	23.1	3rd D 8+ to Go	3	19	6.3	0	9	0	8	4	3.7	0	0.0
Aug/Sept	4	9	102	11.3	2	22	0	20	14	9.1	4	44.4	4th Down	0	0	-	0	0	0	0	1	-	0	-
October	4	4	19	4.8	0	8	0	9	6	2.5	0	0.0	Rec Behind Line	2	1	0.5	0	2	0	2	3	-0.5	0	0.0
November	5	8	39	4.9	0	16	0	18	14	2.6	1	12.5	1-10 yds	21	149	7.1	1	16	0	59	31	4.3	4	19.0
December	3	5	48	9.6	0	14	0	18	6	6.0	2	40.0	11-20 yds	3	58	19.3	1	22	0	4	6	18.0	3	100.0
Grass	6	13	104	8.0	0	17	0	33	21	5.5	4	30.8	21-30 yds	0	0	-	0	0	0	0	0	-	0	-
Turf	10	13	104	8.0	2	22	0	32	19	5.5	3	23.1	31+	0	0	-	0	0	0	0	0	-	0	-
Indoor	1	1	4	4.0	0	4	0	3	1	1.0	0	0.0	Left Sideline	3	21	7.0	1	19	0	2	7	6.3	1	33.3
Outdoor	15	25	204	8.2	2	22	0	62	39	5.7	7	28.0	Left Side	4	23	5.8	0	8	0	8	5	3.8	0	0.0
1st Half	-	12	97	8.1	1	19	0	37	17	5.0	3	25.0	Middle	7	53	7.6	0	14	0	20	11	4.7	1	14.3
2nd Half/OT	-	14	111	7.9	1	22	0	28	23	5.9	4	28.6	Right Side	6	59	9.8	1	22	0	20	8	6.5	2	33.3
Last 2 Min. Half	-	1	17	17.0	0	17	0	3	3	17.0	1	100.0	Right Sideline	6	52	8.7	1	17	0	15	9	6.2	3	50.0
4th qtr, +/-7 pts	-	4	38	9.5	1	17	0	2	6	9.0	2	50.0	Shotgun	0	0	-	0	0	0	0	0	-	0	-
Winning	-	2	7	3.5	0	4	0	5	4	1.0	0	0.0	2 Wide Receivers	9	66	7.3	1	19	0	24	15	4.7	1	11.1
Tied	-	1	5	5.0	0	5	0	2	3	3.0	0	0.0	3 Wide Receivers	15	140	9.3	1	22	0	41	22	6.6	6	40.0
Trailing	-	23	196	8.5	2	22	0	58	33	6.0	7	30.4	4+ WR	0	0	-	0	0	0	0	1	-	0	-

1997 Incompletions

Type	Num	%of Inc	%of Att
Pass Dropped	2	14.3	5.0
Poor Throw	4	28.6	10.0
Pass Defensed	2	14.3	5.0
Pass Hit at Line	0	0.0	0
Other	6	42.9	15.0
Total	14	100.0	35.0

Game Logs (1-8)

Date	Opp	Result	Rec	Yds	Trgt	F-L	TD
08/31	Min	L 13-34	4	54	4	0-0	1
09/07	@NYA	W 28-22	2	19	2	0-0	0
09/14	@KC	L 16-22	2	22	6	0-0	0
09/21	Ind	W 37-35	1	7	2	0-0	0
10/05	Det	W 22-13	0	0	0	0-0	0
10/12	@NE	L 6-33	2	11	3	0-0	0
10/20	@Ind	W 9-6	1	4	1	0-0	0
10/26	Den	L 20-23	1	4	2	0-0	0

Game Logs (9-16)

Date	Opp	Result	Rec	Yds	Trgt	F-L	TD
11/02	Mia	W 9-6	0	0	0	0-0	0
11/09	NE	L 10-31	1	2	3	0-0	0
11/17	@Mia	L 13-30	0	0	0	0-0	0
11/23	@Ten	L 14-31	5	29	7	0-0	0
11/30	NYA	W 20-10	2	8	4	0-0	0
12/07	@Chi	L 3-20	0	0	1	0-0	0
12/14	Jac	L 14-20	1	6	1	1-1	0
12/20	@GB	L 21-31	4	22	4	0-0	0

Andre Rison — Kansas City Chiefs — WR

1997 Receiving Splits

	G	Rec	Yds	Avg	TD	Lg	Big	YAC	Trgt	Y@C	1st	1st%		Rec	Yds	Avg	TD	Lg	Big	YAC	Trgt	Y@C	1st	1st%
Total	16	72	1092	15.2	7	45	10	188	151	12.6	54	75.0	Inside 20	6	60	10.0	5	18	0	3	11	9.5	5	83.3
vs. Playoff	6	26	373	14.3	3	45	3	47	53	12.5	16	61.5	Inside 10	2	11	5.5	2	6	0	2	4	4.5	2	100.0
vs. Non-playoff	10	46	719	15.6	4	43	7	141	98	12.6	38	82.6	1st Down	31	467	15.1	1	45	3	81	62	12.5	17	54.8
vs. Own Division	8	42	625	14.9	3	43	5	111	80	12.2	34	81.0	2nd Down	25	374	15.0	4	34	5	80	48	11.8	23	92.0
Home	8	38	545	14.3	4	43	3	101	74	11.7	29	76.3	3rd Down Overall	16	251	15.7	2	34	2	27	41	14.0	14	87.5
Away	8	34	547	16.1	3	43	7	87	77	13.5	25	73.5	3rd D 0-2 to Go	2	11	5.5	0	6	0	0	4	5.5	2	100.0
Games 1-8	8	43	590	13.7	5	43	4	110	81	14.7	29	67.4	3rd D 3-7 to Go	4	70	17.5	1	34	1	19	14	12.8	4	100.0
Games 9-16	8	29	502	17.3	2	45	6	78	70	14.6	25	86.2	3rd D 8+ to Go	10	170	17.0	1	29	1	8	23	16.2	8	80.0
Aug/Sept	5	25	385	15.4	2	43	4	91	49	11.8	17	68.0	4th Down	0	0	-	0	0	0	0	0	-	0	-
October	3	18	205	11.4	3	21	0	19	32	10.3	12	66.7	Rec Behind Line	1	2	2.0	0	2	0	2	2	0.0	0	0.0
November	5	22	357	16.2	2	45	4	54	49	13.8	18	81.8	1-10 yds	38	386	10.2	3	43	1	109	61	7.3	23	60.5
December	3	7	145	20.7	0	27	2	24	21	17.3	7	100.0	11-20 yds	24	442	18.4	2	34	3	56	52	16.1	22	91.7
Grass	14	64	969	15.1	7	45	9	171	132	12.5	46	71.9	21-30 yds	6	151	25.2	1	29	3	9	21	23.7	6	100.0
Turf	2	8	123	15.4	0	29	1	17	19	13.3	8	100.0	31+	3	111	37.0	1	45	3	12	12	33.0	3	100.0
Indoor	2	8	123	15.4	0	29	1	17	19	13.3	8	100.0	Left Sideline	22	302	13.7	1	45	2	56	43	11.2	16	72.7
Outdoor	14	64	969	15.1	7	45	9	171	132	12.5	46	71.9	Left Side	11	177	16.1	1	43	2	44	18	12.1	7	63.6
1st Half	-	37	618	16.7	5	45	7	144	84	12.8	32	86.5	Middle	12	197	16.4	1	34	2	34	21	13.6	9	75.0
2nd Half/OT	-	35	474	13.5	2	34	3	44	67	12.3	22	62.9	Right Side	12	181	15.1	0	29	1	37	31	12.0	10	83.3
Last 2 Min. Half	-	7	152	21.7	1	43	2	41	17	15.9	6	85.7	Right Sideline	15	235	15.7	4	34	3	17	38	14.5	12	80.0
4th qtr, +/-7 pts	-	14	193	13.8	1	32	1	7	18	13.3	10	71.4	Shotgun	0	0	-	0	0	0	0	0	-	0	-
Winning	-	29	475	16.4	4	45	5	72	69	13.9	24	82.8	2 Wide Receivers	44	676	15.4	2	45	6	125	83	12.5	33	75.0
Tied	-	17	248	14.6	1	43	3	80	32	9.9	12	70.6	3 Wide Receivers	18	212	11.8	4	39	1	21	49	10.6	15	83.3
Trailing	-	26	369	14.2	2	34	2	36	50	12.8	18	69.2	4+ WR	10	204	20.4	1	43	3	42	18	16.2	6	60.0

1997 Incompletions

Type	Num	%of Inc	%of Att
Pass Dropped	7	8.9	4.6
Poor Throw	45	57.0	29.8
Pass Defensed	14	17.7	9.3
Pass Hit at Line	2	2.5	1.3
Other	11	13.9	7.3
Total	79	100.0	52.3

Game Logs (1-8)

Date	Opp	Result	Rush	Yds	Rec	Yds	Trgt	F-L	TD
08/31	@Den	L 3-19	0	0	2	20	7	0-0	0
09/08	@Oak	W 28-27	1	2	8	162	10	0-0	1
09/14	Buf	W 22-16	0	0	5	75	11	0-0	0
09/21	@Car	W 35-14	0	0	3	50	11	0-0	1
09/28	Sea	W 20-17	0	0	7	78	10	0-0	0
10/05	@Mia	L 14-17	0	0	5	86	10	0-0	2
10/16	SD	W 31-3	0	0	8	86	16	0-0	2
10/26	@StL	W 28-20	0	0	7	33	6	0-0	0

Game Logs (9-16)

Date	Opp	Result	Rush	Yds	Rec	Yds	Trgt	F-L	TD
11/03	Pit	W 13-10	0	0	4	52	9	0-0	0
11/09	@Jac	L 10-24	0	0	3	54	10	0-0	0
11/16	Den	W 24-22	0	0	4	44	8	0-0	0
11/23	@Sea	W 19-14	0	0	6	90	13	0-0	0
11/30	SF	W 44-9	0	0	5	117	9	0-0	2
12/07	Oak	W 30-0	0	0	5	93	6	0-0	0
12/14	@SD	W 29-7	0	0	2	52	10	0-0	0
12/21	NO	W 25-13	0	0	0	0	5	0-0	0

Barry Sanders — Detroit Lions — RB

1997 Rushing and Receiving Splits

	G	Rush	Yds	Avg	Lg	TD	1st	Stf	YdL	Rec	Yds	Avg	TD		Rush	Yds	Avg	Lg	TD	1st	Stf	YdL	Rec	Yds	Avg	TD
Total	16	335	2053	6.1	82	11	85	48	103	33	305	9.2	3	Inside 20	39	129	3.3	15	5	11	8	19	6	52	8.7	2
vs. Playoff	8	177	967	5.5	82	4	39	28	59	19	223	11.7	2	Inside 10	14	17	1.2	8	3	3	5	12	2	10	5.0	1
vs. Non-playoff	8	158	1086	6.9	80	7	46	20	44	14	82	5.9	1	1st Down	192	1107	5.8	82	7	36	28	61	12	72	6.0	0
vs. Own Division	8	161	1053	6.5	82	5	46	27	58	19	211	11.1	2	2nd Down	119	796	6.7	80	4	36	18	39	12	104	8.7	2
Home	8	162	972	6.0	80	7	41	17	40	21	231	11.0	1	3rd Down Overall	22	151	6.9	47	0	13	1	2	8	63	7.9	0
Away	8	173	1081	6.2	82	4	44	31	63	12	74	6.2	2	3rd D 0-2 to Go	12	65	5.4	28	0	9	0	0	0	-	-	0
Games 1-8	8	163	893	5.5	82	3	38	22	50	18	195	10.8	3	3rd D 3-7 to Go	8	64	8.0	47	0	3	1	2	2	14	7.0	0
Games 9-16	8	172	1160	6.7	80	8	47	26	53	15	110	7.3	0	3rd D 8+ to Go	2	22	11.0	19	0	1	0	0	6	49	8.2	0
Aug/Sept	5	90	466	5.2	46	0	25	9	25	13	168	12.9	2	4th Down	2	-1	-0.5	0	0	1	1	1	1	66	66.0	1
October	3	73	427	5.8	82	3	13	13	25	5	27	5.4	1	Left Sideline	43	289	6.7	40	1	20	4	7	10	56	5.6	0
November	5	100	701	7.0	80	6	32	13	29	6	61	10.2	0	Left Side	74	210	2.8	40	1	12	20	49	5	69	13.8	1
December	3	72	459	6.4	60	2	15	13	24	9	49	5.4	0	Middle	115	586	5.1	80	2	19	18	32	6	120	20.0	1
Grass	5	111	723	6.5	82	4	31	16	39	4	21	5.3	1	Right Side	55	410	7.5	51	2	16	3	11	7	26	3.7	0
Turf	11	224	1330	5.9	80	7	54	32	64	29	284	9.8	2	Right Sideline	23	366	15.9	82	4	13	2	3	2	24	12.0	0
Indoor	10	199	1223	6.1	80	7	49	26	53	27	285	10.6	2	0 Tight Ends	6	28	4.7	11	0	2	1	4	0	0	-	0
Outdoor	6	136	830	6.1	82	4	36	22	50	6	20	3.3	1	1 Tight End	247	1547	6.3	82	9	65	39	80	28	282	10.1	2
1st Half	-	175	956	5.5	80	4	42	27	59	18	137	7.6	2	2 Tight Ends	55	281	5.1	80	1	11	7	18	2	13	6.5	1
2nd Half/OT	-	160	1097	6.9	82	7	43	21	44	15	168	11.2	1	3+ Tight Ends	2	6	3.0	4	0	2	0	0	0	0	-	0
Last 2 Min. Half	-	25	198	7.9	40	2	10	0	0	12	135	11.3	2	Carries 1-5	80	316	4.0	80	1	14	20	45	0	0	-	0
4th qtr, +/-7 pts	-	38	202	5.3	53	1	9	5	10	5	41	8.2	0	Carries 6-10	80	549	6.9	51	1	21	3	6	0	0	-	0
Winning	-	104	823	7.9	82	5	33	10	21	6	83	13.8	1	Carries 11-15	75	643	8.6	82	7	23	10	22	0	0	-	0
Tied	-	42	100	2.4	11	0	6	8	24	3	20	6.7	0	Carries 16-20	59	356	6.0	40	1	17	10	20	0	0	-	0
Trailing	-	189	1130	6.0	80	6	46	30	58	24	202	8.4	2	Carries 21+	41	189	4.6	53	1	10	5	10	0	0	-	0

1997 Incompletions

Type	Num	%of Inc	% Att
Pass Dropped	4	23.5	8.0
Poor Throw	8	47.1	16.0
Pass Defensed	2	11.8	4.0
Pass Hit at Line	1	5.9	2.0
Other	2	11.8	4.0
Total	17	100.0	34.0

Game Logs (1-8)

Date	Opp	Result	Rush	Yds	Rec	Yds	Trgt	F-L	TD
08/31	Atl	W 28-17	15	33	2	26	4	0-0	0
09/07	TB	L 17-24	10	20	8	102	11	0-0	1
09/14	@Chi	W 32-7	19	161	1	3	1	0-0	0
09/21	@NO	L 17-35	18	113	1	17	3	1-0	1
09/28	GB	W 26-15	28	139	1	20	1	0-0	0
10/05	@Buf	L 13-22	25	107	2	-1	5	0-0	0
10/12	@TB	W 27-9	24	215	1	7	1	1-1	3
10/19	NYN	L 20-26	24	105	2	21	3	0-0	1

Game Logs (9-16)

Date	Opp	Result	Rush	Yds	Rec	Yds	Trgt	F-L	TD
11/02	@GB	L 10-20	23	105	0	0	1	0-0	0
11/09	@Was	L 7-30	15	105	1	9	2	1-1	1
11/16	Min	W 38-15	19	108	1	34	1	0-0	0
11/23	Ind	W 32-10	24	216	2	10	4	0-0	2
11/27	Chi	W 55-20	19	167	2	8	2	0-0	3
12/07	@Mia	L 30-33	30	137	1	2	1	0-0	0
12/14	@Min	W 14-13	19	138	5	37	6	0-0	0
12/21	NYA	W 13-10	23	184	3	10	4	0-0	1

Chris Sanders — Tennessee Oilers — WR

1997 Receiving Splits

	G	Rec	Yds	Avg	TD	Lg	Big	YAC	Trgt	Y@C	1st	1st%		Rec	Yds	Avg	TD	Lg	Big	YAC	Trgt	Y@C	1st	1st%
Total	15	31	498	16.1	3	55	6	102	64	12.8	20	64.5	Inside 20	5	23	4.6	0	9	0	14	11	1.8	0	0.0
vs. Playoff	6	10	172	17.2	0	46	3	40	23	13.2	6	60.0	Inside 10	1	6	6.0	0	6	0	8	2	-2.0	0	0.0
vs. Non-playoff	9	21	326	15.5	3	55	3	62	41	12.6	14	66.7	1st Down	17	235	13.8	0	46	3	32	31	11.9	10	58.8
vs. Own Division	8	18	215	11.9	0	36	2	33	37	10.1	11	61.1	2nd Down	8	153	19.1	1	55	2	35	19	14.8	5	62.5
Home	7	12	165	13.8	1	48	2	9	23	13.0	6	50.0	3rd Down Overall	6	110	18.3	2	48	1	35	14	12.5	5	83.3
Away	8	19	333	17.5	2	55	4	93	41	12.6	14	73.7	3rd D 0-2 to Go	1	8	8.0	0	8	0	0	1	8.0	1	100.0
Games 1-8	8	16	297	18.6	3	55	4	83	39	13.4	9	56.3	3rd D 3-7 to Go	4	54	13.5	1	20	0	33	7	5.3	3	75.0
Games 9-16	7	15	201	13.4	0	34	2	19	25	12.1	11	73.3	3rd D 8+ to Go	1	48	48.0	1	48	1	2	6	46.0	1	100.0
Aug/Sept	4	11	189	17.2	1	48	3	45	24	13.1	5	45.5	4th Down	0	0	-	0	0	0	0	1	8.0	0	0.0
October	4	5	108	21.6	2	55	1	38	15	14.0	4	80.0	Rec Behind Line	5	38	7.6	0	20	0	44	6	-1.2	1	20.0
November	4	5	78	15.6	0	34	1	1	11	15.4	4	80.0	1-10 yds	11	92	8.4	0	14	0	15	21	7.0	4	36.4
December	3	10	123	12.3	0	25	1	18	14	10.5	7	70.0	11-20 yds	9	124	13.8	0	19	0	3	19	13.4	9	100.0
Grass	11	24	398	16.6	3	55	5	90	40	12.8	14	58.3	21-30 yds	2	61	30.5	0	36	2	10	7	25.5	2	100.0
Turf	4	7	100	14.3	0	36	1	12	24	12.6	6	85.7	31+	4	183	45.8	2	55	4	30	11	38.3	4	100.0
Indoor	1	2	21	10.5	0	12	0	3	8	9.0	1	50.0	Left Sideline	10	196	19.6	1	48	3	30	20	16.6	7	70.0
Outdoor	14	29	477	16.4	3	55	6	99	56	13.0	19	65.5	Left Side	2	19	9.5	0	10	0	2	5	8.5	1	50.0
1st Half	-	16	241	15.1	1	48	3	37	29	12.8	11	68.8	Middle	0	0	-	0	0	0	0	5	-	0	0.0
2nd Half/OT	-	15	257	17.1	2	55	3	65	35	12.8	9	60.0	Right Side	11	93	8.5	1	20	0	39	16	4.9	4	36.4
Last 2 Min. Half	-	4	68	17.0	0	46	1	6	11.8	2	50.0	Right Sideline	8	190	23.8	1	55	3	31	18	19.9	8	100.0
4th qtr, +/-7 pts	-	1	46	46.0	0	46	1	13	7	33.0	1	100.0	Shotgun	1	48	48.0	1	48	1	2	3	46.0	1	100.0
Winning	-	9	206	22.9	3	55	5	39	17	18.6	7	77.8	2 Wide Receivers	13	230	17.7	0	46	3	44	30	14.3	10	76.9
Tied	-	7	95	13.6	0	46	1	28	15	9.6	3	42.9	3 Wide Receivers	17	259	15.2	3	55	3	57	33	11.9	10	58.8
Trailing	-	15	197	13.1	0	36	2	35	32	10.8	10	66.3	4+ WR	1	9	9.0	0	9	0	1	1	8.0	0	0.0

1997 Incompletions

Type	Num	%of Inc	%of Att
Pass Dropped	2	6.1	3.1
Poor Throw	18	54.5	28.1
Pass Defensed	5	15.2	7.8
Pass Hit at Line	1	3.0	1.6
Other	7	21.2	10.9
Total	33	100.0	51.6

Game Logs (1-8)

Date	Opp	Result	Rush	Yds	Rec	Yds	Trgt	F-L	TD
08/31	Oak	W 24-21	0	0	2	51	3	0-0	1
09/07	@Mia	L 13-16	1	-8	3	58	4	0-0	0
09/21	Bal	L 10-36	0	0	4	34	7	1-1	0
09/28	@Pit	L 24-37	0	0	2	46	10	0-0	0
10/05	@Sea	L 13-16	0	0	2	21	8	0-0	0
10/12	Cin	W 30-7	0	0	1	12	3	0-0	0
10/19	Was	W 28-14	0	0	0	0	1	0-0	0
10/26	@Ari	W 41-14	0	0	2	75	3	0-0	2

Game Logs (9-16)

Date	Opp	Result	Rush	Yds	Rec	Yds	Trgt	F-L	TD
11/02	Jac	L 24-30	0	0	1	0	3	0-0	0
11/09	NYN	W 10-6	0	0	3	64	5	0-0	0
11/16	@Jac	L 9-17	0	0	0	0	1	0-0	0
11/23	Buf	W 31-14	-	-	-	-	-	-	-
11/27	@Dal	W 27-14	0	0	1	14	3	0-0	0
12/04	@Cin	L 14-41	0	0	2	19	3	0-0	0
12/14	@Bal	L 19-21	0	0	7	100	10	0-0	0
12/21	Pit	W 16-6	0	0	1	4	5	0-0	0

Frank Sanders — Arizona Cardinals — WR

1997 Receiving Splits

	G	Rec	Yds	Avg	TD	Lg	Big	YAC	Trgt	Y@C	1st	1st%		Rec	Yds	Avg	TD	Lg	Big	YAC	Trgt	Y@C	1st	1st%
Total	16	75	1017	13.6	4	70	11	333	143	9.1	50	66.7	Inside 20	9	50	5.6	3	10	0	16	14	3.8	6	66.7
vs. Playoff	5	31	477	15.4	2	70	6	158	56	10.3	21	67.7	Inside 10	4	20	5.0	3	7	0	7	5	3.3	4	100.0
vs. Non-playoff	11	44	540	12.3	2	52	5	175	87	8.3	29	65.9	1st Down	21	213	10.1	1	32	1	76	51	6.5	12	57.1
vs. Own Division	8	33	434	13.2	2	70	4	143	70	8.8	19	57.6	2nd Down	22	308	14.0	0	52	4	102	41	9.4	10	45.5
Home	8	42	549	13.1	2	52	6	200	81	8.3	30	71.4	3rd Down Overall	31	492	15.9	2	70	6	155	49	10.9	27	87.1
Away	8	33	468	14.2	2	70	5	133	62	10.2	20	60.6	3rd D 0-2 to Go	1	8	8.0	0	8	0	6	2	2.0	1	100.0
Games 1-8	8	46	505	11.0	1	42	3	199	82	6.7	29	63.0	3rd D 3-7 to Go	16	171	10.7	1	37	2	70	25	6.3	13	81.3
Games 9-16	8	29	512	17.7	3	70	8	134	61	13.0	21	72.4	3rd D 8+ to Go	14	313	22.4	1	70	4	79	22	16.7	13	92.9
Aug/Sept	4	22	241	11.0	1	37	2	85	37	7.1	13	59.1	4th Down	1	4	4.0	1	4	0	0	2	4.0	1	100.0
October	4	24	264	11.0	0	42	1	114	45	6.3	16	66.7	Rec Behind Line	0	0	-	0	0	0	0	6	-	0	-
November	5	18	288	16.0	3	70	4	64	31	12.4	12	66.7	1-10 yds	51	407	8.0	3	29	2	156	80	4.9	27	52.9
December	3	11	224	20.4	0	52	4	70	30	14.0	9	81.8	11-20 yds	15	332	22.1	0	52	3	131	28	13.4	15	100.0
Grass	11	53	654	12.3	3	52	7	239	106	7.8	35	66.0	21-30 yds	3	86	28.7	0	32	3	14	10	24.0	2	66.7
Turf	5	22	363	16.5	1	70	4	94	37	12.2	15	68.2	31+	2	110	55.0	1	70	2	32	7	39.0	2	100.0
Indoor	1	4	55	13.8	0	29	1	10	9	11.3	3	75.0	Left Sideline	11	102	9.3	1	17	0	19	25	7.5	9	81.8
Outdoor	15	71	962	13.5	4	70	10	323	134	9.0	47	66.2	Left Side	4	58	14.5	0	32	1	7	14	12.8	3	75.0
1st Half	-	33	465	14.1	0	52	5	135	66	10.0	21	63.6	Middle	16	308	19.3	1	52	8	138	32	10.6	15	93.8
2nd Half/OT	-	42	552	13.1	4	70	6	198	77	8.4	29	69.0	Right Side	19	191	10.1	1	27	1	80	35	5.8	9	47.4
Last 2 Min. Half	-	13	174	13.4	0	37	1	53	26	9.3	11	84.6	Right Sideline	23	300	13.0	1	70	4	89	34	9.2	12	52.2
4th qtr, +/-7 pts	-	10	118	11.8	1	37	1	42	20	7.5	7	70.0	Shotgun	32	449	14.0	2	70	4	164	58	8.9	24	75.0
Winning	-	9	183	20.3	0	42	3	73	16	12.2	7	77.8	2 Wide Receivers	20	263	13.2	1	42	4	71	44	9.6	10	50.0
Tied	-	12	101	8.4	0	22	0	14	29	7.3	5	41.7	3 Wide Receivers	17	271	15.9	2	70	3	129	30	8.4	13	76.5
Trailing	-	54	733	13.6	4	70	8	246	98	9.0	38	70.4	4+ WR	32	386	12.1	1	37	8	125	55	8.2	22	68.8

1997 Incompletions

Type	Num	%of Inc	%of Att
Pass Dropped	6	8.8	4.2
Poor Throw	26	38.2	18.2
Pass Defensed	16	23.5	11.2
Pass Hit at Line	4	5.9	2.8
Other	16	23.5	11.2
Total	68	100.0	47.6

Game Logs (1-8)

Date	Opp	Result	Rush	Yds	Rec	Yds	Trgt	F-L	TD
08/31	@Cin	L 21-24	0	0	6	105	6	0-0	0
09/07	Dal	W 25-22	0	0	7	44	12	0-0	1
09/14	@Was	L 13-19	0	0	4	32	9	1-1	0
09/28	@TB	L 18-19	0	0	5	60	10	0-0	0
10/05	Min	L 19-20	0	0	7	99	14	0-0	0
10/12	NYN	L 13-27	0	0	6	59	15	0-0	0
10/19	@Phi	L 10-13	0	0	1	8	5	0-0	0
10/26	Ten	L 14-41	0	0	10	98	11	1-1	0

Game Logs (9-16)

Date	Opp	Result	Rush	Yds	Rec	Yds	Trgt	F-L	TD
11/02	Phi	W 31-21	0	0	1	9	3	0-0	0
11/09	@Dal	L 6-24	0	0	2	7	5	0-0	0
11/16	@NYN	L 10-19	0	0	9	188	12	0-0	1
11/23	@Bal	W 16-13	0	0	2	13	6	0-0	1
11/30	Pit	L 20-26	0	0	4	71	5	0-0	1
12/07	Was	L 28-38	1	5	3	87	9	0-0	0
12/14	@NO	L 10-27	0	0	4	55	9	1-1	0
12/21	Atl	W 29-26	0	0	4	82	12	0-0	0

Darnay Scott — Cincinnati Bengals — WR

1997 Receiving Splits

	G	Rec	Yds	Avg	TD	Lg	Big	YAC	Trgt	Y@C	1st	1st%		Rec	Yds	Avg	TD	Lg	Big	YAC	Trgt	Y@C	1st	1st%
Total	16	54	797	14.8	5	77	6	178	97	11.5	41	75.9	Inside 20	5	50	10.0	2	13	0	9	10	8.2	3	60.0
vs. Playoff	6	14	150	10.7	1	19	0	32	26	8.4	8	57.1	Inside 10	0	0	-	0	0	0	0	3	-	0	-
vs. Non-playoff	10	40	647	16.2	4	77	6	146	71	12.5	33	82.5	1st Down	17	248	14.6	1	41	2	45	34	11.9	11	64.7
vs. Own Division	8	27	378	14.0	2	77	1	116	51	9.7	21	77.8	2nd Down	21	350	16.7	4	77	3	94	33	12.2	14	66.7
Home	8	34	529	15.6	4	77	5	125	57	11.9	24	70.6	3rd Down Overall	14	174	12.4	0	27	1	29	28	10.4	14	100.0
Away	8	20	268	13.4	1	41	1	53	40	10.8	17	85.0	3rd D 0-2 to Go	2	13	6.5	0	9	0	4	3	4.5	2	100.0
Games 1-8	8	17	235	13.8	1	27	2	35	34	11.8	14	82.4	3rd D 3-7 to Go	8	108	13.5	0	27	1	10	13	12.3	8	100.0
Games 9-16	8	37	562	15.2	4	77	4	143	63	11.3	27	73.0	3rd D 8+ to Go	4	53	13.3	0	15	0	15	12	9.5	4	100.0
Aug/Sept	4	11	167	15.2	1	27	2	25	18	12.9	9	81.8	4th Down	2	25	12.5	0	14	0	10	2	7.5	2	100.0
October	4	6	68	11.3	0	17	0	10	16	9.7	5	83.3	Rec Behind Line	0	0	-	0	0	0	0	3	-	0	-
November	5	21	298	11.3	2	41	1	47	38	9.1	11	52.4	1-10 yds	36	342	9.5	2	21	0	98	53	6.8	23	63.9
December	3	16	324	20.3	2	77	3	96	25	14.3	16	100.0	11-20 yds	11	184	16.7	0	24	0	29	20	14.1	11	100.0
Grass	4	8	104	13.0	0	17	0	31	19	9.1	8	100.0	21-30 yds	4	105	26.3	1	32	3	6	9	24.8	4	100.0
Turf	12	46	693	15.1	5	77	6	147	78	11.9	33	71.7	31+	3	166	55.3	2	77	3	45	12	40.3	3	100.0
Indoor	1	1	8	8.0	0	8	0	0	2	8.0	1	100.0	Left Sideline	6	81	13.5	1	32	1	15	14	11.0	4	66.7
Outdoor	15	53	789	14.9	5	77	6	178	95	11.5	40	75.5	Left Side	10	120	12.0	0	24	0	47	15	7.3	7	70.0
1st Half	-	29	389	13.4	3	48	2	99	50	10.0	24	82.8	Middle	9	146	16.2	2	48	1	25	18	13.4	8	88.9
2nd Half/OT	-	25	408	16.3	2	77	4	80	47	13.1	17	68.0	Right Side	18	235	13.1	1	41	2	44	31	10.6	13	72.2
Last 2 Min. Half	-	9	166	18.4	1	48	1	31	12	15.0	9	100.0	Right Sideline	11	215	19.5	1	77	2	47	19	15.3	9	81.8
4th qtr, +/-7 pts	-	7	158	22.6	1	77	1	41	8	16.7	6	85.7	Shotgun	0	0	-	0	0	0	0	0	-	0	-
Winning	-	25	348	13.9	2	77	2	88	44	10.4	18	72.0	2 Wide Receivers	24	364	15.2	2	77	3	109	48	10.6	16	66.7
Tied	-	8	146	18.3	1	48	1	36	11	13.8	8	100.0	3 Wide Receivers	25	399	16.0	3	48	3	65	41	13.4	23	92.0
Trailing	-	21	303	14.4	2	41	3	54	42	11.5	15	71.4	4+ WR	4	27	6.8	0	8	0	3	7	6.0	2	50.0

1997 Incompletions

Type	Num	%of Inc	%of Att
Pass Dropped	7	16.3	7.2
Poor Throw	19	44.2	19.6
Pass Defensed	6	14.0	6.2
Pass Hit at Line	3	7.0	3.1
Other	8	18.6	8.2
Total	43	100.0	44.3

Game Logs (1-8)

Date	Opp	Result	Rush	Yds	Rec	Yds	Trgt	F-L	TD
08/31	Ari	W 24-21	0	0	5	77	7	0-0	0
09/07	@Bal	L 10-23	0	0	3	42	7	0-0	0
09/21	@Den	L 20-38	0	0	2	24	3	0-0	0
09/28	NYA	L 14-31	0	0	2	16	1	0-0	1
10/05	@Jac	L 13-21	0	0	1	17	2	0-0	0
10/12	@Ten	L 7-30	0	0	2	21	7	0-0	0
10/19	Pit	L 10-26	0	0	1	7	4	0-0	0
10/26	@NYN	L 27-29	0	0	2	23	3	0-0	0

Game Logs (9-16)

Date	Opp	Result	Rush	Yds	Rec	Yds	Trgt	F-L	TD
11/02	SD	W 38-31	0	0	6	52	11	0-0	0
11/09	@Ind	W 28-13	0	0	1	8	2	0-0	0
11/16	@Pit	L 3-20	0	0	3	34	5	0-0	0
11/23	Jac	W 31-26	0	0	5	45	9	0-0	1
11/30	@Phi	L 42-44	1	6	6	99	11	0-0	1
12/04	Ten	W 41-14	0	0	6	83	10	0-0	0
12/14	Dal	W 31-24	0	0	4	112	8	0-0	1
12/21	Bal	W 16-14	0	0	6	129	7	0-0	1

Shannon Sharpe — Denver Broncos — TE

1997 Receiving Splits

	G	Rec	Yds	Avg	TD	Lg	Big	YAC	Trgt	Y@C	1st	1st%		Rec	Yds	Avg	TD	Lg	Big	YAC	Trgt	Y@C	1st	1st%
Total	16	72	1107	15.4	3	68	11	467	114	8.9	49	68.1	Inside 20	2	9	4.5	1	5	0	0	5	4.5	1	50.0
vs. Playoff	5	14	163	11.6	1	22	0	51	29	8.0	11	78.6	Inside 10	1	5	5.0	1	5	0	0	1	5.0	1	100.0
vs. Non-playoff	11	58	944	16.3	2	68	11	416	85	9.1	38	65.5	1st Down	28	485	17.3	1	68	7	216	50	9.6	16	57.1
vs. Own Division	8	44	659	15.0	2	68	6	300	66	8.2	31	70.5	2nd Down	23	334	14.5	2	65	3	159	33	7.6	15	65.2
Home	8	37	648	17.5	1	68	8	306	45	9.2	26	70.3	3rd Down Overall	20	282	14.1	0	27	1	90	30	9.6	18	90.0
Away	8	35	459	13.1	2	65	3	161	69	8.5	23	65.7	3rd D 0-2 to Go	5	76	15.2	0	27	1	22	6	10.8	5	100.0
Games 1-8	8	30	395	13.2	1	65	3	151	50	8.1	18	60.0	3rd D 3-7 to Go	7	91	13.0	0	22	0	36	12	7.9	7	100.0
Games 9-16	8	42	712	17.0	2	68	8	316	64	9.4	31	73.8	3rd D 8+ to Go	8	115	14.4	0	23	0	32	12	10.4	6	75.0
Aug/Sept	5	17	247	14.5	1	65	2	91	27	9.2	10	58.8	4th Down	1	6	6.0	0	6	0	2	1	4.0	0	0.0
October	3	13	148	11.4	0	27	1	60	21	6.8	8	61.5	Rec Behind Line	0	0	-	0	-50	0	0	0	-	0	-
November	5	28	474	16.9	1	49	6	205	40	9.6	22	78.6	1-10 yds	50	532	10.6	1	36	2	237	71	5.9	28	56.0
December	3	14	238	17.0	1	68	2	111	24	9.1	9	64.3	11-20 yds	18	429	23.8	1	68	6	180	30	13.8	17	94.4
Grass	12	57	875	15.4	2	68	9	380	81	8.7	38	66.7	21-30 yds	4	146	36.5	1	65	3	50	10	24.0	4	100.0
Turf	4	15	232	15.5	1	65	2	87	33	9.7	11	73.3	31+	0	0	-	0	0	0	0	0	-	0	-
Indoor	2	10	181	18.1	1	65	2	72	17	10.9	7	70.0	Left Sideline	18	357	19.8	1	68	5	212	24	8.1	14	77.8
Outdoor	14	62	926	14.9	2	68	9	395	97	8.6	42	67.7	Left Side	10	94	9.4	0	17	0	32	15	6.2	6	60.0
1st Half	-	44	678	15.4	2	65	7	252	61	9.7	32	72.7	Middle	9	133	14.8	0	22	0	38	13	10.6	8	88.9
2nd Half/OT	-	28	429	15.3	1	68	4	215	53	7.6	17	60.7	Right Side	28	420	15.0	2	65	4	167	43	9.0	19	67.9
Last 2 Min. Half	-	6	124	20.7	0	36	2	70	9	9.0	5	83.3	Right Sideline	7	103	14.7	0	27	2	18	19	12.1	2	28.6
4th qtr, +/-7 pts	-	2	56	28.0	0	49	1	35	4	10.5	1	50.0	Shotgun	25	403	16.1	1	65	3	174	35	9.2	19	76.0
Winning	-	38	601	15.8	2	68	9	248	58	9.3	27	71.1	2 Wide Receivers	23	443	19.3	1	68	6	186	45	11.2	17	73.9
Tied	-	19	313	16.5	1	65	3	126	27	9.8	14	73.7	3 Wide Receivers	39	481	12.3	1	36	4	204	54	7.1	24	61.5
Trailing	-	15	193	12.9	0	27	2	93	29	6.7	9	53.3	4+ WR	10	183	18.3	1	65	1	77	14	10.6	8	80.0

1997 Incompletions

Type	Num	%of Inc	%of Att
Pass Dropped	5	11.9	4.4
Poor Throw	18	42.9	15.8
Pass Defensed	10	23.8	8.8
Pass Hit at Line	1	2.4	0.9
Other	8	19.0	7.0
Total	42	100.0	36.8

Game Logs (1-8)

Date	Opp	Result	Rec	Yds	Trgt	F-L	TD
08/31	KC	W 19-3	4	41	6	0-0	0
09/07	@Sea	W 35-14	4	62	7	0-0	0
09/14	StL	W 35-14	2	20	2	0-0	0
09/21	Cin	W 38-20	1	5	2	0-0	0
09/28	@Atl	W 29-21	6	119	10	0-0	1
10/06	NE	W 34-13	1	19	2	0-0	0
10/19	@Oak	L 25-28	8	94	14	1-0	0
10/26	@Buf	W 23-20	4	35	7	0-0	0

Game Logs (9-16)

Date	Opp	Result	Rec	Yds	Trgt	F-L	TD
11/02	Sea	W 30-27	3	85	4	0-0	0
11/09	Car	W 34-0	8	174	9	0-0	0
11/16	@KC	L 22-24	3	27	5	0-0	1
11/24	Oak	W 31-3	10	142	12	0-0	0
11/30	@SD	W 38-28	4	46	10	0-0	0
12/07	@Pit	L 24-35	1	16	9	0-0	0
12/15	@SF	L 17-34	5	60	7	0-0	0
12/21	SD	W 38-3	8	162	8	0-0	0

Leslie Shepherd — Washington Redskins — WR

1997 Receiving Splits

	G	Rec	Yds	Avg	TD	Lg	Big	YAC	Trgt	Y@C	1st	1st%		Rec	Yds	Avg	TD	Lg	Big	YAC	Trgt	Y@C	1st	1st%
Total	11	29	562	19.4	5	48	7	172	68	13.4	27	93.1	Inside 20	6	55	9.2	4	15	0	2	8	8.8	6	100.0
vs. Playoff	3	11	160	14.5	2	36	1	34	22	11.5	10	90.9	Inside 10	1	5	5.0	1	5	0	0	2	5.0	1	100.0
vs. Non-playoff	8	18	402	22.3	3	48	6	138	46	14.7	17	94.4	1st Down	7	236	33.7	1	48	5	73	24	23.3	7	100.0
vs. Own Division	4	7	174	24.9	0	48	3	70	24	14.9	6	85.7	2nd Down	11	162	14.7	3	36	1	45	21	10.6	9	81.8
Home	5	14	231	16.5	3	48	2	48	35	13.1	13	92.9	3rd Down Overall	11	164	14.9	3	43	1	54	23	10.0	11	100.0
Away	6	15	331	22.1	2	47	5	124	33	13.8	14	93.3	3rd D 0-2 to Go	1	8	8.0	0	8	0	0	2	8.0	1	100.0
Games 1-8	8	24	478	19.9	4	48	6	149	50	13.7	22	91.7	3rd D 3-7 to Go	6	89	14.8	2	43	1	40	10	8.2	6	100.0
Games 9-16	3	5	84	16.8	1	39	1	23	18	12.2	5	100.0	3rd D 8+ to Go	4	67	16.8	1	21	0	14	11	13.3	4	100.0
Aug/Sept	4	15	259	17.3	3	43	3	94	27	11.0	13	86.7	4th Down	0	0	-	0	0	0	0	0	-	0	-
October	4	9	219	24.3	1	48	3	55	23	18.2	9	100.0	Rec Behind Line	0	0	-	0	0	0	0	0	-	0	-
November	3	5	84	16.8	1	39	1	23	18	12.2	5	100.0	1-10 yds	11	129	11.7	2	47	1	51	25	7.1	9	81.8
December	0	0	0	-	0	0	0	0	0	-	0	-	11-20 yds	14	273	19.5	2	43	2	90	27	13.1	14	100.0
Grass	8	23	428	18.6	5	48	5	110	52	13.8	22	95.7	21-30 yds	2	75	37.5	1	39	2	24	6	25.5	2	100.0
Turf	3	6	134	22.3	0	47	2	62	16	12.0	5	83.3	31+	2	85	42.5	0	48	2	7	4	39.0	2	100.0
Indoor	0	0	0	-	0	0	0	0	0	-	0	-	Left Sideline	3	108	36.0	1	48	2	20	6	29.3	3	100.0
Outdoor	11	29	562	19.4	5	48	7	172	68	13.4	27	93.1	Left Side	3	39	13.0	0	20	0	12	8	9.0	2	66.7
1st Half	-	13	279	21.5	2	48	4	91	32	14.5	13	100.0	Middle	6	153	25.5	1	47	2	75	11	13.9	6	100.0
2nd Half/OT	-	16	283	17.7	3	47	3	81	36	12.6	14	87.5	Right Side	7	128	18.3	1	36	2	44	20	12.0	7	100.0
Last 2 Min. Half	-	3	43	14.3	0	16	0	6	5	12.3	3	100.0	Right Sideline	10	134	13.4	2	37	1	21	23	11.3	9	90.0
4th qtr, +/-7 pts	-	8	84	10.5	2	16	0	10	20	9.3	6	75.0	Shotgun	2	42	21.0	0	21	0	14	6	14.0	2	100.0
Winning	-	9	140	15.6	3	39	1	28	23	12.4	9	100.0	2 Wide Receivers	21	360	17.1	5	48	4	58	44	14.4	20	95.2
Tied	-	5	82	16.4	0	13	1	39	18	8.6	4	80.0	3 Wide Receivers	8	202	25.3	0	47	3	114	23	11.0	7	87.5
Trailing	-	15	340	22.7	2	48	5	105	27	15.7	14	93.3	4+ WR	0	0	-	0	0	0	0	1	-	0	-

1997 Incompletions

Type	Num	%of Inc	%of Att
Pass Dropped	4	10.3	5.9
Poor Throw	24	61.5	35.3
Pass Defensed	8	20.5	11.8
Pass Hit at Line	1	2.6	1.5
Other	2	5.1	2.9
Total	39	100.0	57.4

Game Logs (1-8)

Date	Opp	Result	Rush	Yds	Rec	Yds	Trgt	F-L	TD
08/31	@Car	W 24-10	1	4	2	48	5	0-0	1
09/07	@Pit	L 13-14	0	0	5	87	7	0-0	0
09/14	Ari	W 19-13	1	4	4	67	10	0-0	0
09/28	Jac	W 24-12	1	4	4	57	5	0-2	2
10/05	@Phi	L 10-24	0	0	1	47	5	0-0	0
10/13	Dal	W 21-16	0	0	2	60	5	0-0	0
10/19	@Ten	L 14-28	0	0	4	81	8	0-0	0
10/26	Bal	L 17-20	0	0	2	31	5	0-0	1

Game Logs (9-16)

Date	Opp	Result	Rush	Yds	Rec	Yds	Trgt	F-L	TD
11/02	@Chi	W 31-8	1	17	3	68	4	0-0	1
11/09	Det	W 30-7	0	0	2	16	10	0-0	0
11/16	@Dal	L 14-17	0	0	0	0	4	0-0	0

Heath Shuler — New Orleans Saints — QB

1997 Passing Splits

	G	Att	Cm	Pct	Yds	Y/Att	TD	Int	1st	YAC	Big	Sk	Rtg		Att	Cm	Pct	Yds	Y/Att	TD	Int	1st	YAC	Big	Sk	Rtg
Total	10	203	106	52.2	1288	6.3	2	14	56	490	8	21	46.6	Inside 20	11	3	27.3	24	2.2	0	1	1	14	0	2	1.7
vs. Playoff	4	64	37	57.8	484	7.6	1	4	23	149	3	5	60.9	Inside 10	4	2	50.0	7	1.8	0	0	0	2	0	1	56.3
vs. Non-playoff	6	139	69	49.6	804	5.8	1	10	33	341	5	16	40.0	1st Down	73	47	64.4	663	9.1	1	4	24	250	5	9	75.3
vs. Own Division	4	42	19	45.2	249	5.9	0	6	8	80	4	6	24.9	2nd Down	64	28	43.8	286	4.5	0	4	16	101	2	8	31.1
Home	5	83	47	56.6	528	6.4	1	6	28	191	1	12	49.7	3rd Down Overall	63	30	47.6	324	5.1	1	6	15	138	1	4	28.9
Away	5	120	59	49.2	760	6.3	1	8	28	299	7	9	44.4	3rd D 0-5 to Go	13	5	38.5	48	3.7	0	2	3	19	0	1	9.9
Games 1-8	7	154	78	50.6	1030	6.7	2	11	43	379	8	14	46.7	3rd D 6+ to Go	50	25	50.0	276	5.5	1	4	12	119	1	3	40.1
Games 9-16	3	49	28	57.1	258	5.3	0	3	13	111	0	7	46.1	4th Down	3	1	33.3	15	5.0	0	0	1	10	0	0	50.7
Aug/Sept	5	122	64	52.5	780	6.4	1	9	37	226	5	9	44.4	Rec Behind Line	33	16	48.5	90	2.7	0	3	1	144	0	0	17.1
October	3	33	15	45.5	263	8.0	1	2	7	153	3	6	58.0	1-10 yds	94	61	64.9	530	5.6	0	3	27	207	0	0	66.4
November	2	48	27	56.3	245	5.1	0	3	12	111	0	6	44.2	11-20 yds	52	22	42.3	368	7.1	1	5	21	49	2	0	33.7
December	0	0	0	0	0	-	0	0	0	0	0	0	-	21-30 yds	18	5	27.8	229	12.7	1	3	5	108	4	0	58.1
Grass	3	68	35	51.5	442	6.5	1	5	15	212	3	5	46.3	31+	6	2	33.3	71	11.8	0	0	2	-18	2	0	79.2
Turf	7	135	71	52.6	846	6.3	1	9	41	278	5	16	46.7	Left Sideline	63	34	54.0	419	6.7	2	3	16	178	2	0	65.5
Indoor	6	104	55	52.9	643	6.2	1	8	32	202	3	14	43.1	Left Side	42	22	52.4	264	6.3	0	2	13	103	1	3	52.1
Outdoor	4	99	51	51.5	645	6.5	1	6	24	288	5	7	50.3	Middle	36	17	47.2	253	7.0	0	5	9	57	2	17	31.1
1st Half	-	121	59	48.8	717	5.9	1	9	31	268	6	10	39.7	Right Side	30	17	56.7	202	6.7	0	3	12	96	2	1	37.8
2nd Half/OT	-	82	47	57.3	571	7.0	1	5	25	222	2	11	57.5	Right Sideline	32	16	50.0	150	4.7	0	1	6	62	1	0	50.3
Last 2 Min. Half	-	32	17	53.1	149	4.7	0	2	8	65	1	3	39.7	2 Wide Receivers	98	56	57.1	764	7.8	1	4	30	274	6	15	68.6
4th qtr, +/-7 pts	-	22	11	50.0	185	8.4	1	1	6	91	1	3	75.0	3+ WR	103	50	48.5	524	5.1	1	10	26	216	2	6	27.4
Winning	-	33	18	54.5	217	6.6	1	2	13	86	0	5	59.8	Attempts 1-10	90	47	52.2	631	7.0	1	8	27	234	6	0	41.5
Tied	-	38	17	44.7	223	5.9	0	1	8	44	2	2	52.9	Attempts 11-20	65	32	49.2	309	4.8	0	3	17	111	0	0	43.7
Trailing	-	132	71	53.8	848	6.4	1	11	35	360	6	14	41.5	Attempts 21+	48	27	56.3	348	7.3	1	3	12	145	2	0	60.1

1997 Incompletions

Type	Num	%of Inc	%of Att
Pass Dropped	9	9.3	4.4
Poor Throw	41	42.3	20.2
Pass Defensed	17	17.5	8.4
Pass Hit at Line	9	9.3	4.4
Other	21	21.6	10.3
Total	97	100.0	47.8

Game Logs (1-8)

Date	Opp	Result	Att	Cm	Pct	Yds	TD	Int	Lg	Sk	F-L
08/31	@StL	L 24-38	21	8	38.1	115	0	2	39	2	0-0
09/07	SD	L 6-20	38	20	52.6	194	0	3	21	3	1-1
09/14	@SF	L 7-33	11	5	45.5	66	0	3	37	0	0-0
09/21	Det	W 35-17	21	15	71.4	202	1	0	23	2	1-0
09/28	@NYN	L 9-14	31	16	51.6	203	0	1	26	2	0-0
10/05	@Chi	W 20-17	23	9	39.1	195	1	1	89	2	1-1
10/12	Atl	L 17-23	9	5	55.6	55	0	1	38	3	3-1
10/19	Car	L 0-13	-	-	-	-	-	-	-	-	-

Game Logs (9-16)

Date	Opp	Result	Att	Cm	Pct	Yds	TD	Int	Lg	Sk	F-L
10/26	SF	L 0-23	1	1	100.0	13	0	0	13	1	1-1
11/09	@Oak	W 13-10	34	21	61.8	181	0	1	15	3	0-0
11/16	Sea	W 20-17	14	6	42.9	64	0	2	17	3	1-1

David Sloan — Detroit Lions — TE

1997 Receiving Splits

	G	Rec	Yds	Avg	TD	Lg	Big	YAC	Trgt	Y@C	1st	1st%		Rec	Yds	Avg	TD	Lg	Big	YAC	Trgt	Y@C	1st	1st%
Total	14	29	264	9.1	0	25	1	121	49	4.9	7	24.1	Inside 20	0	0	-	0	0	0	0	2	-	0	-
vs. Playoff	7	17	133	7.8	0	25	1	60	25	4.3	4	23.5	Inside 10	0	0	-	0	0	0	0	1	-	0	-
vs. Non-playoff	7	12	131	10.9	0	24	0	61	24	5.8	3	25.0	1st Down	15	167	11.1	0	25	1	70	23	6.5	4	26.7
vs. Own Division	8	20	155	7.8	0	24	0	78	30	3.9	4	20.0	2nd Down	10	64	6.4	0	20	0	36	16	2.8	1	10.0
Home	7	16	163	10.2	0	24	0	82	24	5.1	5	31.3	3rd Down Overall	4	33	8.3	0	11	0	15	10	4.5	2	50.0
Away	7	13	101	7.8	0	25	1	39	25	4.8	2	15.4	3rd D 0-2 to Go	0	0	-	0	0	0	0	0	-	0	-
Games 1-8	6	12	86	7.2	0	11	0	47	18	3.3	2	16.7	3rd D 3-7 to Go	1	9	9.0	0	9	0	5	3	4.0	1	100.0
Games 9-16	8	17	178	10.5	0	25	1	74	31	6.1	5	29.4	3rd D 8+ to Go	3	24	8.0	0	11	0	10	7	4.7	1	33.3
Aug/Sept	4	9	63	7.0	0	11	0	29	15	3.8	1	11.1	4th Down	0	0	-	0	0	0	0	0	-	0	-
October	2	3	23	7.7	0	11	0	18	3	1.7	1	33.3	Rec Behind Line	2	18	9.0	0	12	0	18	4	0.0	0	0
November	5	14	127	9.1	0	24	0	64	23	4.5	4	28.6	1-10 yds	23	158	6.9	0	19	0	77	32	3.5	4	17.4
December	3	3	51	17.0	0	25	1	10	8	13.7	1	33.3	11-20 yds	3	69	23.0	0	25	1	26	9	14.3	3	100.0
Grass	5	11	89	8.1	0	25	1	30	21	5.4	2	18.2	21-30 yds	0	0	-	0	0	0	0	1	-	0	-
Turf	9	18	175	9.7	0	24	0	91	28	4.7	5	27.8	31+	0	0	-	0	0	0	0	0	-	0	-
Indoor	8	16	163	10.2	0	24	0	82	26	5.1	5	31.3	Left Sideline	11	82	7.5	0	19	0	61	13	1.9	2	18.2
Outdoor	6	13	101	7.8	0	25	1	39	23	4.8	2	15.4	Left Side	5	54	10.8	0	24	0	22	9	6.4	1	20.0
1st Half	-	15	143	9.5	0	25	1	57	27	5.7	4	26.7	Middle	2	19	9.5	0	11	0	6	6	6.5	1	50.0
2nd Half/OT	-	14	121	8.6	0	24	0	64	22	4.1	3	21.4	Right Side	6	51	8.5	0	20	0	18	12	5.5	2	33.3
Last 2 Min. Half	-	8	73	9.1	0	20	0	25	18	6.0	2	25.0	Right Sideline	4	39	9.8	0	25	1	14	6	6.3	1	25.0
4th qtr, +/-7 pts	-	2	12	6.0	0	8	0	9	5	1.5	0	0.0	Shotgun	0	0	-	0	0	0	0	0	-	0	-
Winning	-	7	87	12.4	0	24	0	44	10	6.1	4	57.1	2 Wide Receivers	16	153	9.6	0	25	1	80	18	4.6	3	18.8
Tied	-	4	25	6.3	0	9	0	6	5	4.8	0	0.0	3 Wide Receivers	12	92	7.7	0	20	0	41	28	4.3	4	33.3
Trailing	-	18	152	8.4	0	25	1	71	34	4.5	3	16.7	4+ WR	0	0	-	0	0	0	0	0	-	0	-

1997 Incompletions

Type	Num	%of Inc	%of Att
Pass Dropped	2	10.0	4.1
Poor Throw	9	45.0	18.4
Pass Defensed	3	15.0	6.1
Pass Hit at Line	1	5.0	2.0
Other	5	25.0	10.2
Total	20	100.0	40.8

Game Logs (1-8)

Date	Opp	Result	Rec	Yds	Trgt	F-L	TD
08/31	Atl	W 28-17	0	0	4	0-0	0
09/07	TB	L 17-24	7	49	9	0-0	0
09/14	@Chi	W 32-7	2	14	4	0-0	0
09/21	@NO	L 17-35	-	-	-	-	-
09/28	GB	W 26-15	0	0	2	0-0	0
10/05	@Buf	L 13-22	2	12	2	0-0	0
10/12	@TB	W 27-9	1	11	1	0-0	0
10/19	NYN	L 20-26	-	-	-	-	-

Game Logs (9-16)

Date	Opp	Result	Rec	Yds	Trgt	F-L	TD
11/02	@GB	L 10-20	5	29	9	0-0	0
11/09	@Was	L 7-30	1	3	4	0-0	0
11/16	Min	W 38-15	2	12	3	0-0	0
11/23	Ind	L 17-35	3	43	3	0-0	0
11/27	Chi	W 55-20	3	40	4	0-0	0
12/07	@Mia	L 30-33	2	32	3	0-0	0
12/14	@Min	W 14-13	1	0	2	0-0	0
12/21	NYA	W 13-10	1	19	3	0-0	0

Torrance Small — St. Louis Rams — WR

1997 Receiving Splits

	G	Rec	Yds	Avg	TD	Lg	Big	YAC	Trgt	Y@C	1st	1st%		Rec	Yds	Avg	TD	Lg	Big	YAC	Trgt	Y@C	1st	1st%
Total	13	32	488	15.3	1	46	4	125	64	11.3	22	68.8	Inside 20	4	27	6.8	0	10	0	8	10	4.8	2	50.0
vs. Playoff	5	12	191	15.9	0	46	3	74	28	9.8	7	58.3	Inside 10	0	0	-	0	0	0	3	-	0	-
vs. Non-playoff	8	20	297	14.9	1	30	1	51	36	12.3	15	75.0	1st Down	12	132	11.0	0	22	0	17	24	9.6	6	50.0
vs. Own Division	6	13	232	17.8	1	46	2	59	21	13.3	12	92.3	2nd Down	9	140	15.6	1	30	2	51	14	9.9	7	77.8
Home	6	9	211	23.4	1	46	4	71	25	15.6	8	88.9	3rd Down Overall	11	216	19.6	0	46	2	57	26	14.5	9	81.8
Away	7	23	277	12.0	0	24	0	54	39	9.7	14	60.9	3rd D 0-2 to Go	1	4	4.0	0	4	0	1	1	3.0	1	100.0
Games 1-8	6	15	264	17.6	1	46	4	79	33	12.3	9	60.0	3rd D 3-7 to Go	1	15	15.0	0	15	0	6	9	9.0	1	100.0
Games 9-16	7	17	224	13.2	0	21	0	46	31	10.5	13	76.5	3rd D 8+ to Go	9	197	21.9	0	46	2	50	16	16.3	7	77.8
Aug/Sept	5	14	234	16.7	1	46	3	61	31	12.4	8	57.1	4th Down	0	0	-	0	0	0	0	0	-	0	-
October	1	1	30	30.0	0	30	1	18	2	12.0	1	100.0	Rec Behind Line	0	0	-	0	0	0	0	4	-	0	-
November	4	12	149	12.4	0	21	0	34	21	9.6	8	66.7	1-10 yds	16	142	8.9	0	16	0	47	25	5.9	7	43.8
December	3	5	75	15.0	0	20	0	12	10	12.6	5	100.0	11-20 yds	13	261	20.1	0	46	2	68	19	14.8	12	92.3
Grass	5	17	196	11.5	0	24	0	40	32	9.2	8	47.1	21-30 yds	3	85	28.3	1	31	2	10	9	25.0	3	100.0
Turf	8	15	292	19.5	1	46	4	85	32	13.8	14	93.3	31+	0	0	-	0	0	0	0	7	-	0	-
Indoor	8	15	292	19.5	1	46	4	85	32	13.8	14	93.3	Left Sideline	9	154	17.1	1	30	2	50	14	11.6	7	77.8
Outdoor	5	17	196	11.5	0	24	0	40	32	9.2	8	47.1	Left Side	5	53	10.6	0	16	0	18	14	7.0	2	40.0
1st Half	-	17	260	15.3	1	30	2	62	39	11.6	12	70.6	Middle	7	138	19.7	0	46	1	43	11	13.6	5	71.4
2nd Half/OT	-	15	228	15.2	0	46	2	63	25	11.0	10	66.7	Right Side	7	73	10.4	0	20	0	13	15	8.6	4	57.1
Last 2 Min. Half	-	8	137	17.1	1	30	1	25	14	14.0	6	75.0	Right Sideline	4	70	17.5	0	31	1	1	10	17.3	4	100.0
4th qtr, +/-7 pts	-	3	48	16.0	0	31	1	5	7	14.3	1	33.3	Shotgun	0	0	-	0	0	0	0	0	-	0	-
Winning	-	9	188	20.9	1	46	3	56	14	14.7	9	100.0	2 Wide Receivers	6	65	10.8	0	22	0	20	19	7.5	3	50.0
Tied	-	11	146	13.3	0	24	0	32	24	10.4	6	54.5	3 Wide Receivers	24	402	16.8	1	46	4	98	41	12.7	18	75.0
Trailing	-	12	154	12.8	0	30	1	37	26	9.8	7	58.3	4+ WR	2	21	10.5	0	15	0	4	4	7.0	1	50.0

1997 Incompletions

Type	Num	%of Inc	%of Att
Pass Dropped	4	12.5	6.3
Poor Throw	8	25.0	12.5
Pass Defensed	11	34.4	17.2
Pass Hit at Line	2	6.3	3.1
Other	7	21.9	10.9
Total	32	100.0	50.0

Game Logs (1-8)

Date	Opp	Result	Rec	Yds	Trgt	F-L	TD
08/31	NO	W 38-24	3	67	7	0-0	1
09/07	SF	L 12-15	2	54	5	0-0	0
09/14	@Den	L 14-35	3	22	5	0-0	0
09/21	NYN	W 13-3	2	47	6	0-0	0
09/28	@Oak	L 17-35	4	44	8	0-0	0
10/12	@SF	L 10-30	-	-	-	-	-
10/19	Sea	L 9-17	-	-	-	-	-
10/26	KC	L 20-28	1	30	2	0-0	0

Game Logs (9-16)

Date	Opp	Result	Rec	Yds	Trgt	F-L	TD
11/02	@Atl	L 31-34	4	49	4	0-0	0
11/09	@GB	L 7-17	4	38	10	0-0	0
11/16	Atl	L 21-27	-	-	-	-	-
11/23	Car	L 10-16	0	0	0	0-0	0
11/30	@Was	W 23-20	4	62	7	0-0	0
12/07	@NO	W 34-27	2	32	3	0-0	0
12/14	Chi	L 10-13	1	13	5	0-0	0
12/20	@Car	W 30-18	2	30	2	0-0	0

Antowain Smith — Buffalo Bills — RB

1997 Rushing and Receiving Splits

	G	Rush	Yds	Avg	Lg	TD	1st	Stf	YdL	Rec	Yds	Avg	TD		Rush	Yds	Avg	Lg	TD	1st	Stf	YdL	Rec	Yds	Avg	TD
Total	16	194	840	4.3	56	8	47	16	62	28	177	6.3	0	Inside 20	27	38	1.4	15	6	6	5	14	1	1	1.0	0
vs. Playoff	10	125	520	4.2	56	5	26	9	36	19	109	5.7	0	Inside 10	14	11	0.8	5	5	5	2	6	0	0	-	0
vs. Non-playoff	6	69	320	4.6	54	3	21	7	26	9	68	7.6	0	1st Down	108	516	4.8	54	5	19	7	29	14	76	5.4	0
vs. Own Division	8	107	461	4.3	54	4	27	10	37	10	54	5.4	0	2nd Down	59	236	4.0	56	1	16	6	17	10	72	7.2	0
Home	8	110	614	5.6	56	6	32	8	32	14	91	6.5	0	3rd Down Overall	22	79	3.6	15	1	9	3	16	4	29	7.3	0
Away	8	84	226	2.7	14	2	15	8	30	14	86	6.1	0	3rd D 0-2 to Go	15	42	2.8	13	0	8	2	14	0	0	-	0
Games 1-8	8	94	505	5.4	56	4	25	5	12	16	100	6.3	0	3rd D 3-7 to Go	1	-2	-2.0	-2	0	1	2	0	0	0	-	0
Games 9-16	8	100	335	3.4	20	4	22	11	50	12	77	6.4	0	3rd D 8+ to Go	6	39	6.5	15	1	1	0	0	4	29	7.3	0
Aug/Sept	4	44	261	5.9	54	3	14	2	5	11	73	6.6	0	4th Down	5	9	1.8	6	1	3	0	0	0	0	-	0
October	4	50	244	4.9	56	1	11	3	7	5	27	5.4	0	Left Sideline	19	130	6.8	18	0	6	1	3	8	66	8.3	0
November	5	69	228	3.3	20	1	13	8	42	5	34	6.8	0	Left Side	66	372	5.6	56	2	15	8	28	7	51	7.3	0
December	3	31	107	3.5	13	3	9	3	8	7	43	6.1	0	Middle	70	185	2.6	20	4	16	5	27	1	8	8.0	0
Grass	6	55	137	2.5	12	2	9	5	23	13	92	7.1	0	Right Side	29	108	3.7	20	1	7	1	3	9	47	5.2	0
Turf	10	139	703	5.1	56	6	38	11	39	15	85	5.7	0	Right Sideline	9	42	4.7	12	1	3	1	1	3	5	1.7	0
Indoor	1	15	42	2.8	11	0	3	2	4	0	0	-	0	0 Tight Ends	15	62	4.1	15	1	3	8	5	26	5.2	0	
Outdoor	15	179	798	4.5	56	8	44	14	58	28	177	6.3	0	1 Tight End	72	350	4.9	27	0	20	5	13	10	62	6.2	0
1st Half	-	89	365	4.1	27	0	19	7	25	13	96	7.4	0	2 Tight Ends	80	346	4.3	56	3	15	7	39	12	85	7.1	0
2nd Half/OT	-	105	475	4.5	56	8	28	9	37	15	81	5.4	0	3+ Tight Ends	26	79	3.0	13	4	11	1	2	1	4	4.0	0
Last 2 Min. Half	-	10	117	11.7	56	2	3	16	2	27	13.5	0	Carries 1-5	80	322	4.0	27	0	16	6	13	0	0	-	0	
4th qtr, +/-7 pts	-	28	211	7.5	56	3	8	1	3	3	1.0	0	Carries 6-10	68	279	4.1	26	3	18	5	23	0	0	-	0	
Winning	-	57	283	5.0	56	2	11	4	23	3	0	0.0	0	Carries 11-15	38	226	5.9	56	5	11	4	12	0	0	-	0
Tied	-	33	152	4.6	20	0	9	3	3	1	6	6.0	0	Carries 16-20	6	11	1.8	11	0	2	1	14	0	0	-	0
Trailing	-	104	405	3.9	27	6	27	9	36	24	171	7.1	0	Carries 21+	2	2	1.0	2	0	0	0	0	0	0	-	0

1997 Incompletions

Type	Num	%of Inc	% Att
Pass Dropped	7	36.8	14.9
Poor Throw	5	26.3	10.6
Pass Defensed	2	10.5	4.3
Pass Hit at Line	1	5.3	2.1
Other	4	21.1	8.5
Total	19	100.0	40.4

Game Logs (1-8)

Date	Opp	Result	Rush	Yds	Rec	Yds	Trgt	F-L	TD
08/31	Min	L 13-34	7	55	5	44	7	0-0	1
09/07	@NYA	W 28-22	14	47	1	-6	1	0-0	0
09/14	@KC	L 16-22	11	30	2	3	4	0-0	0
09/21	Ind	W 37-35	12	129	3	32	6	0-0	3
10/05	Det	W 22-13	13	88	1	6	1	0-0	1
10/12	@NE	L 6-33	6	22	3	21	5	0-0	0
10/20	@Ind	W 9-6	15	42	0	0	0	0-0	0
10/26	Den	L 20-23	16	92	0	0	0	0-0	0

Game Logs (9-16)

Date	Opp	Result	Rush	Yds	Rec	Yds	Trgt	F-L	TD
11/02	Mia	W 9-6	22	59	1	0	1	2-1	0
11/09	NE	L 10-31	12	43	1	1	1	0-0	0
11/17	@Mia	L 13-30	13	41	0	0	2	1-1	0
11/23	@Ten	L 14-31	9	7	2	27	5	0-0	0
11/30	NYA	W 20-10	13	78	1	6	2	0-0	0
12/07	@Chi	L 3-20	6	17	2	9	4	1-1	0
12/14	Jac	L 14-20	15	70	1	2	1	0-0	1
12/20	@GB	L 21-31	10	20	4	32	5	0-0	2

Emmitt Smith — Dallas Cowboys — RB

1997 Rushing and Receiving Splits

	G	Rush	Yds	Avg	Lg	TD	1st	Stf	YdL	Rec	Yds	Avg	TD		Rush	Yds	Avg	Lg	TD	1st	Stf	YdL	Rec	Yds	Avg	TD
Total	16	261	1074	4.1	44	4	47	27	49	40	234	5.9	0	Inside 20	41	102	2.5	15	3	8	8	13	6	28	4.7	0
vs. Playoff	6	100	365	3.7	21	3	16	11	20	16	90	5.6	0	Inside 10	15	15	1.0	5	3	4	5	8	2	6	3.0	0
vs. Non-playoff	10	161	709	4.4	44	1	31	16	29	24	144	6.0	0	1st Down	135	662	4.9	44	4	20	10	22	17	99	5.8	0
vs. Own Division	8	156	704	4.5	44	2	32	17	30	27	162	6.0	0	2nd Down	108	384	3.6	31	0	23	12	19	11	69	6.3	0
Home	8	125	437	3.5	31	3	21	14	25	18	107	5.9	0	3rd Down Overall	18	28	1.6	7	0	4	5	8	11	46	4.2	0
Away	8	136	637	4.7	44	1	26	13	24	22	127	5.8	0	3rd D 0-2 to Go	8	8	1.0	3	0	3	2	3	0	0	-	0
Games 1-8	8	170	688	4.0	44	1	29	19	36	26	148	5.7	0	3rd D 3-7 to Go	5	10	2.0	7	0	1	1	1	3	5	1.7	0
Games 9-16	8	91	386	4.2	31	3	18	8	13	14	86	6.1	0	3rd D 8+ to Go	5	10	2.0	6	0	0	2	4	8	41	5.1	0
Aug/Sept	4	85	335	3.9	44	0	10	8	12	10	47	4.7	0	4th Down	0	0	-	0	0	0	0	0	1	20	20.0	0
October	4	85	353	4.2	20	1	19	11	24	16	101	6.3	0	Left Sideline	31	118	3.8	16	0	4	2	5	12	85	7.1	0
November	5	64	275	4.3	31	2	14	6	10	13	71	5.5	0	Left Side	59	189	3.2	21	1	6	9	13	5	24	4.8	0
December	3	27	111	4.1	15	1	4	2	3	1	15	15.0	0	Middle	113	526	4.7	44	3	28	9	18	8	47	5.9	0
Grass	4	54	283	5.2	44	1	13	4	7	8	42	5.3	0	Right Side	45	184	4.1	17	0	6	5	8	11	47	4.3	0
Turf	12	207	791	3.8	31	3	34	23	42	32	192	6.0	0	Right Sideline	12	53	4.4	15	0	3	2	5	4	31	7.8	0
Indoor	0	0	0	-	0	0	0	0	0	0	0	-	0	0 Tight Ends	13	47	3.6	16	0	2	1	2	12	46	3.8	0
Outdoor	16	261	1074	4.1	44	4	47	27	49	40	234	5.9	0	1 Tight End	182	815	4.5	44	1	30	21	39	23	153	6.7	0
1st Half	-	158	630	4.0	21	1	25	13	26	19	104	5.5	0	2 Tight Ends	59	179	3.0	17	2	13	4	5	5	35	7.0	0
2nd Half/OT	-	103	444	4.3	44	3	22	14	23	21	130	6.2	0	3+ Tight Ends	6	29	4.8	21	1	2	1	3	0	0	-	0
Last 2 Min. Half	-	11	44	4.0	8	0	2	0	0	7	36	5.1	0	Carries 1-5	77	328	4.3	21	0	13	6	12	0	0	-	0
4th qtr, +/-7 pts	-	15	51	3.4	14	0	1	4	5	6	37	6.2	0	Carries 6-10	72	301	4.2	21	1	10	7	14	0	0	-	0
Winning	-	94	450	4.8	44	1	15	10	18	10	54	5.4	0	Carries 11-15	54	209	3.9	31	3	14	5	9	0	0	-	0
Tied	-	70	284	4.1	20	0	13	5	11	11	53	4.8	0	Carries 16-20	35	161	4.6	44	0	9	5	9	0	0	-	0
Trailing	-	97	340	3.5	21	3	19	12	20	19	127	6.7	0	Carries 21+	23	75	3.3	9	0	1	4	5	0	0	-	0

1997 Incompletions

Type	Num	%of Inc	% Att
Pass Dropped	3	37.5	6.3
Poor Throw	3	37.5	6.3
Pass Defensed	1	12.5	2.1
Pass Hit at Line	1	12.5	2.1
Other	0	0.0	0.0
Total	8	100.0	16.7

Game Logs (1-8)

Date	Opp	Result	Rush	Yds	Rec	Yds	Trgt	F-L	TD
08/31	@Pit	W 37-7	26	69	3	25	3	0-0	0
09/07	@Ari	L 22-25	19	132	3	11	4	0-0	0
09/15	Phi	W 21-20	27	91	3	10	4	0-0	0
09/28	Chi	W 27-3	13	43	1	1	1	0-0	0
10/05	@NYN	L 17-20	19	91	6	24	6	0-0	0
10/13	@Was	L 16-21	17	61	2	23	4	0-0	0
10/19	Jac	W 26-22	24	75	3	18	3	0-0	1
10/26	@Phi	L 12-13	25	126	5	36	6	0-0	0

Game Logs (9-16)

Date	Opp	Result	Rush	Yds	Rec	Yds	Trgt	F-L	TD
11/02	@SF	L 10-17	7	31	1	6	1	0-0	0
11/09	Ari	W 24-6	15	64	3	12	3	0-0	1
11/16	Was	W 17-14	21	99	4	31	5	0-0	0
11/23	@GB	L 17-45	11	59	2	2	3	1-1	0
11/27	Ten	L 14-27	10	22	3	20	3	0-0	0
12/08	Car	L 13-23	2	3	0	0	0	0-0	0
12/14	@Cin	L 24-31	12	68	5	9	8	0-0	0
12/21	NYN	L 7-20	13	40	1	15	2	0-0	0

Jimmy Smith — Jacksonville Jaguars — WR

1997 Receiving Splits

	G	Rec	Yds	Avg	TD	Lg	Big	YAC	Trgt	Y@C	1st	1st%		Rec	Yds	Avg	TD	Lg	Big	YAC	Trgt	Y@C	1st	1st%
Total	16	82	1324	16.1	4	75	11	365	152	11.7	64	78.0	Inside 20	8	56	7.0	2	11	0	14	20	5.3	4	50.0
vs. Playoff	5	31	494	15.9	1	75	4	160	60	10.8	25	80.6	Inside 10	1	7	7.0	1	0	4	5	3.0	1	100.0
vs. Non-playoff	11	51	830	16.3	3	46	7	205	92	12.3	39	76.5	1st Down	35	587	16.8	1	44	5	149	61	12.5	28	80.0
vs. Own Division	8	46	784	17.0	3	46	7	185	91	13.0	38	82.6	2nd Down	25	489	19.6	1	75	5	147	43	13.7	21	84.0
Home	8	48	803	16.7	1	75	6	272	81	11.1	39	81.3	3rd Down Overall	22	248	11.3	2	41	1	69	43	8.1	15	68.2
Away	8	34	521	15.3	3	46	5	93	71	12.6	25	73.5	3rd D 0-2 to Go	1	41	41.0	0	41	0	13	5	28.0	1	100.0
Games 1-8	8	43	610	14.2	4	41	4	161	82	10.4	33	76.7	3rd D 3-7 to Go	8	72	9.0	1	21	0	17	15	6.9	6	75.0
Games 9-16	8	39	714	18.3	0	75	7	204	70	13.1	31	79.5	3rd D 8+ to Go	13	135	10.4	1	24	0	39	23	7.4	8	61.5
Aug/Sept	4	28	439	15.7	3	41	4	108	47	11.8	22	78.6	4th Down	0	0	-	0	0	0	0	1	-	0	-
October	4	15	171	11.4	1	24	0	53	35	7.9	11	73.3	Rec Behind Line	3	27	9.0	0	20	0	30	9	-1.0	1	33.3
November	5	26	519	20.0	0	75	5	164	48	13.7	21	80.8	1-10 yds	42	398	9.5	2	24	0	132	61	6.3	26	61.9
December	3	13	195	15.0	0	40	2	40	22	11.9	10	76.9	11-20 yds	26	515	19.8	1	75	2	139	41	14.5	26	100.0
Grass	12	69	1104	16.0	3	75	8	338	118	11.1	54	78.3	21-30 yds	5	166	33.2	1	41	4	39	12	25.4	5	100.0
Turf	4	13	220	16.9	1	46	3	27	34	14.8	10	76.9	31+	4	205	41.0	0	46	5	25	24	36.0	5	100.0
Indoor	0	0	0	-	0	0	0	0	0	-	0	-	Left Sideline	35	575	16.4	2	44	7	108	62	13.3	26	74.3
Outdoor	16	82	1324	16.1	4	75	11	365	152	11.7	64	78.0	Left Side	14	215	15.4	1	46	1	63	24	10.9	10	71.4
1st Half	-	41	614	15.0	3	75	3	206	83	10.0	31	75.6	Middle	8	193	24.1	0	75	3	100	19	11.6	5	62.5
2nd Half/OT	-	41	710	17.3	1	46	8	159	69	13.4	33	80.5	Right Side	10	166	16.6	0	22	0	58	18	10.0	10	100.0
Last 2 Min. Half	-	9	110	12.2	1	22	0	3	18	11.9	6	66.7	Right Sideline	14	162	11.6	1	24	0	36	28	9.0	12	85.7
4th qtr, +/-7 pts	-	11	198	18.0	1	41	2	50	24	13.5	10	90.9	Shotgun	31	381	12.3	0	41	1	86	58	9.5	21	67.7
Winning	-	37	610	16.5	0	75	6	217	71	10.6	26	70.3	2 Wide Receivers	22	457	20.8	0	46	6	118	43	15.4	17	77.3
Tied	-	19	272	14.3	2	23	0	40	28	12.2	18	94.7	3 Wide Receivers	46	608	13.2	4	40	3	153	83	9.9	36	78.3
Trailing	-	26	442	17.0	2	46	5	108	53	12.8	20	76.9	4+ WR	13	246	18.9	0	75	2	94	25	11.7	10	76.9

1997 Incompletions

Type	Num	%of Inc	%of Att
Pass Dropped	10	14.3	6.6
Poor Throw	22	31.4	14.5
Pass Defensed	14	20.0	9.2
Pass Hit at Line	5	7.1	3.3
Other	19	27.1	12.5
Total	70	100.0	46.1

Game Logs (1-8)

Date	Opp	Result	Rec	Yds	Trgt	F-L	TD
08/31	@Bal	W 28-27	6	106	7	0-0	1
09/07	NYN	W 40-13	8	117	11	0-0	0
09/22	Pit	W 30-21	10	164	20	0-0	1
09/28	@Was	L 12-24	4	52	9	0-0	0
10/05	Cin	W 21-13	6	57	9	0-0	0
10/12	Phi	W 38-21	5	51	7	0-0	0
10/19	@Dal	L 22-26	2	13	5	0-0	1
10/26	@Pit	L 17-23	2	50	14	1-0	0

Game Logs (9-16)

Date	Opp	Result	Rec	Yds	Trgt	F-L	TD
11/02	@Ten	W 30-24	5	50	11	0-0	0
11/09	KC	W 24-10	4	112	7	0-0	0
11/16	Ten	W 17-9	8	158	9	0-0	0
11/23	@Cin	L 26-31	5	106	11	0-0	0
11/30	Bal	W 29-27	4	93	10	0-0	0
12/07	NE	L 20-26	5	51	8	0-0	0
12/14	@Buf	W 20-14	2	51	6	0-0	0
12/21	@Oak	W 20-9	6	93	10	0-0	0

Lamar Smith — Seattle Seahawks — RB

1997 Rushing and Receiving Splits

	G	Rush	Yds	Avg	Lg	TD	1st	Stf	YdL	Rec	Yds	Avg	TD		Rush	Yds	Avg	Lg	TD	1st	Stf	YdL	Rec	Yds	Avg	TD
Total	12	91	392	4.3	35	2	25	13	31	23	183	8.0	0	Inside 20	10	11	1.1	5	2	4	2	8	0	0	-	0
vs. Playoff	4	31	148	4.8	35	0	8	5	11	9	52	5.8	0	Inside 10	8	6	0.8	5	2	4	2	8	0	0	-	0
vs. Non-playoff	8	60	244	4.1	18	2	17	8	20	14	131	9.4	0	1st Down	38	142	3.7	25	1	5	6	15	14	106	7.6	0
vs. Own Division	5	37	153	4.1	35	0	6	5	11	10	60	6.0	0	2nd Down	37	181	4.9	18	0	11	3	8	3	5	1.7	0
Home	7	41	148	3.6	25	0	12	6	11	13	110	8.5	0	3rd Down Overall	14	66	4.7	35	1	8	4	8	5	71	14.2	0
Away	5	50	244	4.9	35	2	13	7	20	10	73	7.3	0	3rd D 0-2 to Go	6	16	2.7	7	1	4	1	1	0	0	-	0
Games 1-8	7	60	280	4.7	35	1	15	9	26	19	169	8.9	0	3rd D 3-7 to Go	6	51	8.5	35	0	4	2	5	3	40	13.3	0
Games 9-16	5	31	112	3.6	10	1	10	4	5	4	14	3.5	0	3rd D 8+ to Go	2	-1	-0.5	1	0	0	1	2	2	31	15.5	0
Aug/Sept	5	42	226	5.4	35	1	11	5	12	12	94	7.8	0	4th Down	2	3	1.5	3	0	1	0	1	1	1	1.0	0
October	2	18	54	3.0	13	0	4	4	14	7	75	10.7	0	Left Sideline	8	24	3.0	11	0	1	2	7	9	70	7.8	0
November	2	9	25	2.8	9	0	3	3	4	1	6	6.0	0	Left Side	14	35	2.5	17	0	1	2	2	4	28	7.0	0
December	3	22	87	4.0	10	1	7	1	1	3	8	2.7	0	Middle	42	213	5.1	35	1	13	5	7	1	2	2.0	0
Grass	3	30	147	4.9	35	1	6	2	4	6	36	6.0	0	Right Side	23	112	4.9	25	1	9	3	5	5	46	9.2	0
Turf	9	61	245	4.0	25	1	19	11	27	17	147	8.6	0	Right Sideline	4	8	2.0	10	0	1	1	5	4	37	9.3	0
Indoor	9	61	245	4.0	25	1	19	11	27	17	147	8.6	0	0 Tight Ends	14	72	5.1	13	0	2	7	5	5	20	4.0	0
Outdoor	3	30	147	4.9	35	1	6	2	4	6	36	6.0	0	1 Tight End	58	259	4.5	35	1	13	8	16	12	134	11.2	0
1st Half	-	55	200	3.6	25	2	13	8	21	13	126	9.7	0	2 Tight Ends	17	53	3.1	11	0	5	3	8	6	29	4.8	0
2nd Half/OT	-	36	192	5.3	35	0	12	5	10	10	57	5.7	0	3+ Tight Ends	2	8	4.0	5	0	0	0	0	0	0	-	0
Last 2 Min. Half	-	9	68	7.6	35	0	3	2	5	5	25	5.0	0	Carries 1-5	53	211	4.0	25	1	16	6	13	0	0	-	0
4th qtr, +/-7 pts	-	10	74	7.4	35	0	3	0	0	2	16	8.0	0	Carries 6-10	30	150	5.0	35	1	8	6	15	0	0	-	0
Winning	-	32	147	4.6	18	0	11	5	17	6	44	7.3	0	Carries 11-15	8	31	3.9	18	0	1	1	3	0	0	-	0
Tied	-	25	109	4.4	35	1	6	5	17	5	36	7.2	0	Carries 16-20	0	0	-	0	0	0	0	0	0	0	-	0
Trailing	-	34	136	4.0	25	1	8	3	3	12	103	8.6	0	Carries 21+	0	0	-	0	0	0	0	0	0	0	-	0

1997 Incompletions

Type	Num	%of Inc	% Att
Pass Dropped	1	20.0	3.6
Poor Throw	1	20.0	3.6
Pass Defensed	0	0.0	0.0
Pass Hit at Line	0	0.0	0.0
Other	3	60.0	10.7
Total	5	100.0	17.9

Game Logs (1-8)

Date	Opp	Result	Rush	Yds	Rec	Yds	Trgt	F-L	TD
08/31	NYA	L 3-41	2	17	2	34	3	0-0	0
09/07	Den	L 14-35	4	20	4	20	4	0-0	0
09/14	@Ind	W 31-3	12	76	1	4	2	0-0	1
09/21	SD	W 26-22	4	1	1	6	1	0-0	0
09/28	@KC	L 17-20	12	78	4	30	5	0-0	0
10/05	Ten	W 16-13	10	33	4	42	4	0-0	0
10/19	@StL	W 17-9	8	21	3	33	3	0-0	0
10/26	Oak	W 45-34	-	-	-	-	-	-	-

Game Logs (9-16)

Date	Opp	Result	Rush	Yds	Rec	Yds	Trgt	F-L	TD
11/02	@Den	L 27-30	-	-	-	-	-	-	-
11/09	@SD	L 37-31	-	-	-	-	-	-	-
11/16	@NO	L 17-20	-	-	-	-	-	-	-
11/23	KC	L 14-19	3	-2	0	0	0	0-0	0
11/30	Atl	L 17-24	6	27	1	6	1	0-0	0
12/07	@Bal	L 24-31	12	47	1	2	1	0-0	1
12/14	@Oak	W 22-21	6	22	1	4	3	0-0	0
12/21	SF	W 38-9	4	18	1	2	1	0-0	0

Robert Smith — Minnesota Vikings — RB

1997 Rushing and Receiving Splits

	G	Rush	Yds	Avg	Lg	TD	1st	Stf	YdL	Rec	Yds	Avg	TD		Rush	Yds	Avg	Lg	TD	1st	Stf	YdL	Rec	Yds	Avg	TD
Total	14	232	1266	5.5	78	6	45	15	33	37	197	5.3	1	Inside 20	26	74	2.8	14	3	4	3	4	2	16	8.0	1
vs. Playoff	7	106	501	4.7	50	3	20	8	19	21	118	5.6	1	Inside 10	11	10	0.9	4	2	2	2	2	0	0	-	0
vs. Non-playoff	7	126	765	6.1	78	3	25	7	14	16	79	4.9	1	1st Down	151	767	5.1	76	1	16	11	25	9	43	4.8	0
vs. Own Division	5	108	517	4.8	50	3	19	9	20	20	112	5.6	0	2nd Down	75	490	6.5	78	4	24	4	8	25	150	6.0	1
Home	6	108	614	5.7	76	3	23	7	16	17	85	5.0	1	3rd Down Overall	5	8	1.6	3	1	4	0	0	1	3	1.3	0
Away	8	124	652	5.3	78	3	22	8	17	20	112	5.6	0	3rd D 0-2 to Go	4	7	1.8	3	1	4	0	0	2	1	0.5	0
Games 1-8	8	140	775	5.5	78	4	28	9	19	23	134	5.8	1	3rd D 3-7 to Go	1	1	1.0	1	0	0	0	0	1	3	3.0	0
Games 9-16	6	92	491	5.3	76	2	17	6	14	14	63	4.5	0	3rd D 8+ to Go	0	0	-	0	0	0	0	0	0	0	-	0
Aug/Sept	5	89	565	6.3	78	3	17	8	17	15	82	5.5	1	4th Down	1	1	1.0	1	0	1	0	0	0	0	-	0
October	3	51	210	4.1	20	1	11	1	2	8	52	6.5	0	Left Sideline	22	250	11.4	78	1	8	0	0	11	56	5.1	0
November	2	28	107	3.8	27	1	3	3	6	6	14	2.3	0	Left Side	46	133	2.9	11	0	3	4	11	5	34	6.8	1
December	4	64	384	6.0	76	1	14	3	8	8	49	6.1	0	Middle	99	421	4.3	50	2	17	6	7	10	57	5.7	0
Grass	5	80	376	4.7	50	1	15	4	6	13	93	7.2	0	Right Side	39	211	5.4	46	1	7	3	13	8	32	4.0	0
Turf	9	152	890	5.9	78	5	30	11	27	24	104	4.3	1	Right Sideline	9	91	10.1	24	2	5	0	0	1	3	3.0	0
Indoor	9	118	675	5.7	76	4	25	9	18	20	94	4.7	1	0 Tight Ends	4	17	4.3	6	0	2	0	0	2	10	5.0	0
Outdoor	7	114	591	5.2	78	2	20	6	15	17	103	6.1	0	1 Tight End	131	599	4.6	50	1	18	9	19	24	134	5.6	0
1st Half	-	127	627	4.9	76	3	21	10	24	21	97	4.6	1	2 Tight Ends	69	477	6.9	78	3	17	3	9	8	34	4.3	1
2nd Half/OT	-	105	639	6.1	78	3	24	5	9	16	100	6.3	0	3+ Tight Ends	11	13	1.2	4	2	3	1	4	1	4	4.0	0
Last 2 Min. Half	-	7	5	0.7	2	0	0	0	0	1	6	6.0	0	Carries 1-5	70	343	4.9	76	0	9	6	14	0	0	-	0
4th qtr, +/-7 pts	-	17	115	6.8	78	2	2	0	0	2	8	4.0	0	Carries 6-10	70	447	6.4	50	3	21	6	12	0	0	-	0
Winning	-	57	377	6.6	78	2	12	1	1	3	6	2.0	0	Carries 11-15	50	287	5.7	78	2	8	1	4	0	0	-	0
Tied	-	77	460	6.0	76	3	18	5	15	10	48	4.8	0	Carries 16-20	29	152	5.2	46	0	5	0	0	0	0	-	0
Trailing	-	98	429	4.4	39	1	15	9	17	24	143	6.0	1	Carries 21+	13	37	2.8	11	1	2	2	3	0	0	-	0

1997 Incompletions

Type	Num	%of Inc	% Att
Pass Dropped	0	0.0	0.0
Poor Throw	3	42.9	6.8
Pass Defensed	0	0.0	0.0
Pass Hit at Line	0	0.0	0.0
Other	4	57.1	9.1
Total	7	100.0	15.9

Game Logs (1-8)

Date	Opp	Result	Rush	Yds	Rec	Yds	Trgt	F-L	TD
08/31	@Buf	W 34-13	16	169	1	5	1	0-0	1
09/07	@Chi	W 27-24	13	85	1	2	1	0-0	0
09/14	TB	L 14-28	10	54	6	27	7	0-0	0
09/21	@GB	L 32-38	28	132	4	38	6	0-0	1
09/28	Phi	W 28-19	22	125	3	10	5	0-0	2
10/05	@Ari	W 20-19	17	60	4	35	4	0-0	0
10/12	Car	W 21-14	23	120	2	7	2	0-0	0
10/26	@TB	W 10-6	11	30	2	6	2	0-0	0

Game Logs (9-16)

Date	Opp	Result	Rush	Yds	Rec	Yds	Trgt	F-L	TD
11/02	NE	W 23-18	-	-	-	-	-	-	-
11/09	Chi	W 29-22	-	-	-	-	-	-	-
11/16	@Det	L 15-38	10	61	3	9	3	0-0	1
11/23	@NYA	L 21-23	18	46	3	5	4	0-0	0
12/01	GB	L 11-27	16	54	2	6	2	0-0	0
12/07	@SF	L 17-28	11	69	2	5	3	0-0	0
12/14	Det	L 13-14	20	101	2	20	2	0-0	0
12/21	Ind	W 39-28	17	160	2	15	3	0-0	1

Rod Smith — Denver Broncos — WR

1997 Receiving Splits

	G	Rec	Yds	Avg	TD	Lg	Big	YAC	Trgt	Y@C	1st	1st%		Rec	Yds	Avg	TD	Lg	Big	YAC	Trgt	Y@C	1st	1st%
Total	16	70	1180	16.9	12	78	14	393	131	11.2	54	77.1	Inside 20	7	76	10.9	6	18	0	7	12	9.9	7	100.0
vs. Playoff	5	26	554	21.3	2	78	9	185	53	14.2	19	73.1	Inside 10	2	6	3.0	2	5	0	0	4	3.0	2	100.0
vs. Non-playoff	11	44	626	14.2	10	72	5	208	78	9.5	35	79.5	1st Down	21	342	16.3	3	59	3	107	44	11.2	16	76.2
vs. Own Division	8	35	551	15.7	5	78	4	167	59	11.0	27	77.1	2nd Down	24	445	18.5	2	78	5	131	45	13.1	16	66.7
Home	8	37	708	19.1	9	78	8	230	64	12.9	30	81.1	3rd Down Overall	25	393	15.7	7	72	6	155	41	9.5	22	88.0
Away	8	33	472	14.3	3	43	6	163	67	9.4	24	72.7	3rd D 0-2 to Go	1	1	1.0	1	1	0	0	2	1.0	1	100.0
Games 1-8	8	34	590	17.4	4	78	8	222	55	10.8	25	73.5	3rd D 3-7 to Go	13	129	9.9	2	26	1	50	21	6.1	12	92.3
Games 9-16	8	36	590	16.4	8	59	6	171	76	11.6	29	80.6	3rd D 8+ to Go	11	263	23.9	4	72	5	105	18	14.4	9	81.8
Aug/Sept	5	21	367	17.5	4	78	4	163	31	9.7	15	71.4	4th Down	0	0	-	0	0	0	0	1	-	0	-
October	3	13	223	17.2	0	47	4	59	24	12.6	10	76.9	Rec Behind Line	1	-1	-1.0	0	0	0	2	2	-3.0	0	0.0
November	5	23	349	15.2	4	59	2	98	42	10.9	18	78.3	1-10 yds	40	407	10.2	2	26	2	193	72	5.4	26	65.0
December	3	13	241	18.5	4	41	4	73	34	12.9	11	84.6	11-20 yds	20	366	18.3	6	72	2	32	45	13.2	19	95.0
Grass	12	58	993	17.1	10	78	11	331	108	11.4	45	77.6	21-30 yds	3	103	34.3	2	41	3	27	10	25.3	3	100.0
Turf	4	12	187	15.6	2	43	3	62	23	10.4	9	75.0	31+	6	305	50.8	2	78	6	69	14	39.3	6	100.0
Indoor	2	5	37	7.4	0	11	0	20	8	3.4	3	60.0	Left Sideline	13	208	16.0	3	41	2	50	35	12.2	10	76.9
Outdoor	14	65	1143	17.6	12	78	14	373	123	11.8	51	78.5	Left Side	18	319	17.7	1	78	4	109	24	11.7	14	77.8
1st Half	-	38	637	16.8	7	78	7	242	70	10.4	32	84.2	Middle	12	196	16.3	2	72	1	94	13	8.5	9	75.0
2nd Half/OT	-	32	543	17.0	5	59	7	151	61	12.3	22	68.8	Right Side	13	246	18.9	2	59	4	105	33	10.8	11	84.6
Last 2 Min. Half	-	3	91	30.3	1	78	1	45	6	15.3	3	100.0	Right Sideline	13	204	15.7	4	47	3	32	25	13.2	9	69.2
4th qtr, +/-7 pts	-	2	36	18.0	0	26	1	24	8	6.0	2	100.0	Shotgun	26	438	16.8	7	72	6	173	46	10.2	19	73.1
Winning	-	35	590	16.9	6	78	7	150	61	12.6	27	77.1	2 Wide Receivers	28	544	19.4	4	78	6	152	57	14.0	24	85.7
Tied	-	20	378	18.9	4	72	4	149	35	11.5	17	85.0	3 Wide Receivers	29	471	16.2	7	72	6	187	51	9.8	22	75.9
Trailing	-	15	212	14.1	2	41	3	94	35	7.9	10	66.7	4+ WR	12	122	10.2	1	26	1	49	22	6.1	7	58.3

1997 Incompletions

Type	Num	%of Inc	%of Att
Pass Dropped	15	24.6	11.5
Poor Throw	23	37.7	17.6
Pass Defensed	12	19.7	9.2
Pass Hit at Line	1	1.6	0.8
Other	10	16.4	7.6
Total	61	100.0	46.6

Game Logs (1-8)

Date	Opp	Result	Rush	Yds	Rec	Yds	Trgt	F-L	TD
08/31	KC	W 19-3	0	0	5	122	5	0-0	0
09/07	@Sea	W 35-14	0	0	2	9	2	0-0	0
09/14	StL	W 35-14	0	0	4	126	7	0-0	2
09/21	Cin	W 38-20	0	0	7	82	11	0-0	2
09/28	@Atl	W 29-21	0	0	3	28	6	0-0	0
10/06	NE	W 34-13	0	0	5	130	10	0-0	0
10/19	@Oak	L 25-28	1	14	5	58	9	0-0	0
10/26	@Buf	W 23-20	0	0	3	35	5	1-1	0

Game Logs (9-16)

Date	Opp	Result	Rush	Yds	Rec	Yds	Trgt	F-L	TD
11/02	Sea	W 30-27	1	3	5	114	10	1-0	1
11/09	Car	W 34-0	0	0	4	40	7	0-0	1
11/16	@KC	L 22-24	1	-13	7	114	12	0-0	0
11/24	Oak	W 31-3	0	0	3	41	6	0-0	1
11/30	@SD	W 38-28	1	21	4	40	7	0-0	0
12/07	@Pit	L 24-35	1	-9	4	115	10	1-0	2
12/15	@SF	L 17-34	0	0	5	73	16	0-0	0
12/21	SD	W 38-3	0	0	4	53	8	0-0	2

Freddie Solomon — Philadelphia Eagles — WR

1997 Receiving Splits

	G	Rec	Yds	Avg	TD	Lg	Big	YAC	Trgt	Y@C	1st	1st%		Rec	Yds	Avg	TD	Lg	Big	YAC	Trgt	Y@C	1st	1st%
Total	15	29	455	15.7	3	56	4	132	51	11.1	22	75.9	Inside 20	5	44	8.8	3	18	0	25	9	3.8	4	80.0
vs. Playoff	6	6	50	8.3	1	14	0	7	19	7.2	5	83.3	Inside 10	1	2	2.0	1	2	0	0	1	2.0	1	100.0
vs. Non-playoff	9	23	405	17.6	2	56	4	125	32	12.2	17	73.9	1st Down	6	123	20.5	0	46	2	36	11	14.5	4	66.7
vs. Own Division	7	17	281	16.5	2	46	3	82	26	11.7	12	70.6	2nd Down	6	117	19.5	1	56	1	41	17	12.7	5	83.3
Home	8	16	170	10.6	1	18	0	27	32	8.9	11	68.8	3rd Down Overall	16	213	13.3	1	27	1	55	21	9.9	12	75.0
Away	7	13	285	21.9	2	56	4	105	19	13.8	11	84.6	3rd D 0-2 to Go	0	0	-	0	0	0	0	0	-	0	-
Games 1-8	7	12	183	15.3	1	46	2	45	19	11.5	9	75.0	3rd D 3-7 to Go	5	42	8.4	0	17	0	18	9	4.8	4	80.0
Games 9-16	8	17	272	16.0	2	56	2	87	32	10.9	13	76.5	3rd D 8+ to Go	11	171	15.5	1	27	1	37	12	12.2	8	72.7
Aug/Sept	3	4	81	20.3	1	46	2	29	6	13.0	4	100.0	4th Down	1	2	2.0	0	2	0	0	2	2.0	1	100.0
October	4	8	102	12.8	0	18	0	16	13	10.8	5	62.5	Rec Behind Line	1	8	8.0	0	8	0	11	1	-3.0	1	100.0
November	5	12	178	14.8	1	27	1	44	24	11.2	9	75.0	1-10 yds	11	89	8.1	2	18	0	37	23	4.7	6	54.5
December	3	5	94	18.8	1	56	1	43	8	10.2	4	80.0	11-20 yds	14	252	18.0	0	46	2	58	20	13.9	12	85.7
Grass	4	9	149	16.6	2	27	1	41	13	12.0	7	77.8	21-30 yds	2	50	25.0	0	26	1	2	5	24.0	2	100.0
Turf	11	20	306	15.3	1	56	3	91	38	10.8	15	75.0	31+	1	56	56.0	0	56	1	24	2	32.0	1	100.0
Indoor	2	2	64	32.0	0	56	1	35	4	14.5	2	100.0	Left Sideline	2	26	13.0	1	14	0	6	6	13.0	2	100.0
Outdoor	13	27	391	14.5	3	46	3	97	47	10.9	20	74.1	Left Side	10	170	17.0	0	56	1	46	16	12.4	6	60.0
1st Half	-	9	120	13.3	0	27	1	40	19	8.9	7	77.8	Middle	8	148	18.5	1	46	2	42	11	13.3	8	100.0
2nd Half/OT	-	20	335	16.8	3	56	3	92	32	12.2	15	75.0	Right Side	7	97	13.9	1	27	1	38	11	8.4	5	71.4
Last 2 Min. Half	-	11	185	16.8	2	46	2	48	12	12.5	10	90.9	Right Sideline	2	14	7.0	0	7	0	6	7	4.0	1	50.0
4th qtr, +/-7 pts	-	7	137	19.6	1	42	2	38	10	14.1	7	100.0	Shotgun	0	0	-	0	0	0	0	0	-	0	-
Winning	-	8	93	11.6	0	18	0	7	19	10.8	4	50.0	2 Wide Receivers	2	14	7.0	0	12	0	10	7	7.0	1	50.0
Tied	-	6	86	14.3	0	27	1	37	6	8.2	6	100.0	3 Wide Receivers	16	276	17.3	1	56	3	74	26	12.6	13	81.3
Trailing	-	15	276	18.4	3	56	3	88	26	12.5	12	80.0	4+ WR	11	165	15.0	2	46	1	58	15	9.7	8	72.7

1997 Incompletions

Type	Num	%of Inc	%of Att
Pass Dropped	3	13.6	5.9
Poor Throw	10	45.5	19.6
Pass Defensed	5	22.7	9.8
Pass Hit at Line	1	4.5	2.0
Other	3	13.6	5.9
Total	22	100.0	43.1

Game Logs (1-8)

Date	Opp	Result	Rec	Yds	Trgt	F-L	TD
09/07	GB	W 10-9	2	9	2	0-0	1
09/15	@Dal	L 20-21	2	72	2	0-0	0
09/28	@Min	L 19-28	0	0	2	0-0	0
10/05	Was	W 24-10	4	45	6	0-0	0
10/12	@Jac	L 21-38	0	0	1	0-0	0
10/19	Ari	W 13-10	4	57	6	1-1	0
10/26	Dal	L 13-12	0	0	0	0-0	0
11/02	@Ari	L 21-31	4	77	6	0-0	1

Game Logs (9-16)

Date	Opp	Result	Rec	Yds	Trgt	F-L	TD
11/10	SF	L 12-24	3	29	6	1-1	0
11/16	@Bal	T 10-10	2	42	3	0-0	0
11/23	Pit	W 23-20	1	12	5	0-0	0
11/30	Cin	W 44-42	2	18	4	1-0	0
12/07	NYN	L 21-31	0	0	4	0-0	0
12/14	@Atl	L 17-20	2	64	2	0-0	0
12/21	@Was	L 32-35	3	30	3	0-0	1

Brian Stablein — Indianapolis Colts — WR

1997 Receiving Splits

	G	Rec	Yds	Avg	TD	Lg	Big	YAC	Trgt	Y@C	1st	1st%		Rec	Yds	Avg	TD	Lg	Big	YAC	Trgt	Y@C	1st	1st%
Total	16	25	253	10.1	1	30	1	67	31	7.4	13	52.0	Inside 20	2	9	4.5	1	5	0	1	3	4.0	1	50.0
vs. Playoff	9	14	156	11.1	1	30	1	27	17	9.2	9	64.3	Inside 10	2	9	4.5	1	5	0	1	2	4.0	1	50.0
vs. Non-playoff	7	11	97	8.8	0	23	0	40	14	5.2	4	36.4	1st Down	5	65	13.0	0	23	0	22	5	8.6	2	40.0
vs. Own Division	8	19	186	9.8	0	23	0	63	22	6.5	10	52.6	2nd Down	4	25	6.3	0	15	0	-1	6	6.5	1	25.0
Home	8	14	131	9.4	0	23	0	55	15	5.4	5	35.7	3rd Down Overall	14	128	9.1	0	18	0	45	18	5.9	8	57.1
Away	8	11	122	11.1	1	30	1	12	16	10.0	8	72.7	3rd D 0-2 to Go	0	0	-	0	0	0	0	1	-	0	-
Games 1-8	8	15	167	11.1	1	23	0	65	17	6.8	9	60.0	3rd D 3-7 to Go	5	44	8.8	0	14	0	6	5	7.6	4	80.0
Games 9-16	8	10	86	8.6	0	30	1	2	14	8.4	4	40.0	3rd D 8+ to Go	9	84	9.3	0	18	0	39	12	5.0	4	44.4
Aug/Sept	4	6	74	12.3	0	19	0	24	7	8.3	4	66.7	4th Down	2	35	17.5	1	30	1	1	2	17.0	2	100.0
October	4	9	93	10.3	1	23	0	41	10	5.8	5	55.6	Rec Behind Line	1	-2	-2.0	0	0	0	0	2	-2.0	0	-
November	5	7	54	7.7	0	12	0	2	11	7.4	3	42.9	1-10 yds	19	165	8.7	1	23	0	66	21	5.2	8	42.1
December	3	3	32	10.7	0	30	1	0	3	10.7	1	33.3	11-20 yds	4	60	15.0	0	19	0	1	7	14.8	4	100.0
Grass	3	7	85	12.1	0	19	0	11	10	10.6	6	85.7	21-30 yds	0	0	-	0	0	0	0	0	-	0	-
Turf	13	18	168	9.3	1	30	1	56	21	6.2	7	38.9	31+	0	0	-	0	0	0	0	0	-	0	-
Indoor	10	15	161	10.7	0	30	1	55	17	7.1	6	40.0	Left Sideline	5	26	5.2	0	12	0	0	6	5.2	1	20.0
Outdoor	6	10	92	9.2	1	19	0	12	14	8.0	7	70.0	Left Side	2	35	17.5	0	19	0	10	2	12.5	2	100.0
1st Half	-	11	113	10.3	0	23	0	47	15	6.0	4	54.5	Middle	3	28	9.3	0	15	0	-1	5	9.7	2	66.7
2nd Half/OT	-	14	140	10.0	1	30	1	20	18	8.6	7	50.0	Right Side	7	94	13.4	0	23	0	50	7	6.3	4	57.1
Last 2 Min. Half	-	8	89	11.1	0	23	0	34	9	6.9	4	50.0	Right Sideline	7	40	5.7	1	8	0	10	4.6	3	42.9
4th qtr, +/-7 pts	-	3	26	8.7	0	16	0	14	3	4.0	1	33.3	Shotgun	23	225	9.8	1	23	0	67	29	6.9	12	52.2
Winning	-	2	2	1.0	0	4	0	3	1.0	0	0.0	2 Wide Receivers	0	0	-	0	0	0	0	0	-	0	-
Tied	-	1	10	5.0	0	8	0	1	2	4.5	1	50.0	3 Wide Receivers	4	12	3.0	0	8	0	1	5	2.8	1	25.0
Trailing	-	21	241	11.5	1	30	1	66	26	8.3	12	57.1	4+ WR	20	211	10.6	1	23	0	66	25	7.3	11	55.0

1997 Incompletions

Type	Num	% of Inc	% of Att
Pass Dropped	1	16.7	3.2
Poor Throw	2	33.3	6.5
Pass Defensed	0	0.0	0.0
Pass Hit at Line	1	16.7	3.2
Other	2	33.3	6.5
Total	6	100.0	19.4

Game Logs (1-8)

Date	Opp	Result	Rec	Yds	Trgt	F-L	TD
08/31	@Mia	L 10-16	2	35	2	0-0	0
09/07	NE	L 6-31	3	35	4	0-0	0
09/14	Sea	L 3-31	0	0	0	0-0	0
09/21	@Buf	L 35-37	1	4	2	0-0	0
10/05	NYA	L 12-16	4	47	4	0-0	0
10/12	@Pit	L 22-24	1	5	1	0-0	1
10/20	Buf	L 6-9	3	27	3	0-0	0
10/26	@SD	L 19-35	1	14	2	0-0	0

Game Logs (9-16)

Date	Opp	Result	Rec	Yds	Trgt	F-L	TD
11/02	TB	L 28-31	2	11	2	0-0	0
11/09	Cin	L 13-28	1	7	2	0-0	0
11/16	GB	W 41-38	0	0	0	0-0	0
11/23	@Det	L 10-32	0	0	1	0-0	0
11/30	@NE	L 17-20	4	36	6	0-0	0
12/07	@NYA	W 22-14	1	-2	1	0-0	0
12/14	Mia	W 41-0	1	4	1	0-0	0
12/21	@Min	L 28-39	1	30	1	0-0	0

James Stewart — Jacksonville Jaguars — RB

1997 Rushing and Receiving Splits

	G	Rush	Yds	Avg	Lg	TD	1st	Stf	YdL	Rec	Yds	Avg	TD		Rush	Yds	Avg	Lg	TD	1st	Stf	YdL	Rec	Yds	Avg	TD
Total	16	136	555	4.1	33	8	39	13	22	41	336	8.2	1	Inside 20	35	73	2.1	12	8	13	4	7	4	23	5.8	1
vs. Playoff	5	42	139	3.3	15	3	11	6	7	11	66	6.0	0	Inside 10	24	31	1.3	8	7	8	3	6	2	8	4.0	1
vs. Non-playoff	11	94	416	4.4	33	5	28	7	15	30	270	9.0	1	1st Down	71	313	4.4	33	5	11	7	9	10	71	7.1	0
vs. Own Division	8	67	260	3.9	30	0	16	5	8	22	231	10.5	1	2nd Down	43	171	4.0	21	1	14	4	8	17	150	8.8	0
Home	8	70	312	4.5	21	8	26	6	10	21	153	7.3	1	3rd Down Overall	20	67	3.4	12	2	13	2	5	14	115	8.2	1
Away	8	66	243	3.7	33	0	13	7	12	20	183	9.2	0	3rd D 0-2 to Go	14	36	2.6	10	1	10	3	1	9	9.0	0
Games 1-8	8	75	269	3.6	21	7	25	10	15	22	188	8.5	1	3rd D 3-7 to Go	5	24	4.8	12	1	3	1	2	7	47	6.7	1
Games 9-16	8	61	286	4.7	33	1	14	3	7	19	148	7.8	0	3rd D 8+ to Go	1	7	7.0	7	0	0	0	2	6	59	9.8	0
Aug/Sept	4	14	30	2.1	12	2	6	5	8	13	106	8.2	0	4th Down	2	4	2.0	4	0	1	0	0	0	-	0
October	4	61	239	3.9	21	5	19	5	7	9	82	9.1	1	Left Sideline	14	97	6.9	33	0	3	1	1	9	116	12.9	0
November	5	45	215	4.8	30	1	11	2	4	11	103	9.4	0	Left Side	40	160	4.0	21	3	12	4	8	13	114	8.8	1
December	3	16	71	4.4	33	0	3	1	3	8	45	5.6	0	Middle	59	212	3.6	20	2	17	5	8	2	10	5.0	0
Grass	12	96	459	4.8	33	8	33	9	18	32	278	8.7	1	Right Side	20	50	2.5	8	3	6	3	5	9	43	4.8	0
Turf	4	40	96	2.4	15	0	4	2	4	9	58	6.4	0	Right Sideline	2	30	15.0	30	0	1	0	0	8	53	6.6	0
Indoor	0	0	0	-	0	0	0	0	0	0	0	-	0	Tight Ends	11	62	5.6	16	0	4	2	4	13	130	10.0	0
Outdoor	16	136	555	4.1	33	8	39	13	22	41	336	8.2	1	1 Tight End	52	224	4.3	33	3	17	3	6	23	185	8.0	1
1st Half	-	72	273	3.8	33	5	21	8	12	21	192	9.1	1	2 Tight Ends	55	241	4.4	30	1	9	8	6	5	21	4.2	0
2nd Half/OT	-	64	282	4.4	30	3	18	5	10	20	144	7.2	1	3+ Tight Ends	16	19	1.2	4	1	4	0	4	0	0	-	0
Last 2 Min. Half	-	6	31	5.2	12	1	3	1	3	6	37	6.2	0	Carries 1-5	67	268	4.0	33	3	20	8	12	0	0	-	0
4th qtr, +/-7 pts	-	10	46	4.6	18	0	3	2	2	3	26	8.7	0	Carries 6-10	41	159	3.9	21	3	9	4	3	0	0	-	0
Winning	-	80	407	5.1	33	6	25	5	11	19	198	10.4	1	Carries 11-15	23	112	4.9	30	2	9	3	4	0	0	-	0
Tied	-	24	69	2.9	15	1	4	4	5	6	52	8.7	1	Carries 16-20	5	16	3.2	9	0	1	0	0	0	0	-	0
Trailing	-	32	79	2.5	12	1	10	4	6	16	86	5.4	0	Carries 21+	0	0	-	0	0	0	0	0	0	0	-	0

1997 Incompletions

Type	Num	% of Inc	% Att
Pass Dropped	2	25.0	4.1
Poor Throw	3	37.5	6.1
Pass Defensed	0	0.0	0.0
Pass Hit at Line	0	0.0	0.0
Other	3	37.5	6.1
Total	8	100.0	16.3

Game Logs (1-8)

Date	Opp	Result	Rush	Yds	Rec	Yds	Trgt	F-L	TD
08/31	@Bal	W 28-27	1	2	4	42	4	0-0	1
09/07	NYN	W 40-13	9	24	4	13	4	0-0	2
09/22	Pit	W 30-21	2	0	2	35	4	0-0	0
09/28	@Was	L 12-24	2	4	3	16	4	0-0	0
10/05	Cin	W 21-13	13	58	3	38	5	0-0	1
10/12	Phi	W 38-21	15	102	2	7	3	0-0	5
10/19	@Dal	L 22-26	17	40	2	24	2	0-0	0
10/26	@Pit	L 17-23	16	39	2	13	2	0-0	0

Game Logs (9-16)

Date	Opp	Result	Rush	Yds	Rec	Yds	Trgt	F-L	TD
11/02	@Ten	W 30-24	17	99	2	44	3	0-0	0
11/09	KC	W 24-10	10	54	0	0	2	0-0	1
11/16	Ten	W 17-9	7	12	2	11	3	0-0	0
11/23	@Cin	L 26-31	2	10	2	4	2	0-0	0
11/30	Bal	W 29-27	9	40	5	44	5	0-0	0
12/07	NE	L 20-26	5	22	3	5	4	0-0	0
12/14	@Buf	W 20-14	5	7	3	17	3	0-0	0
12/21	@Oak	W 20-9	6	42	2	3	2	0-0	0

Kordell Stewart — Pittsburgh Steelers — QB

1997 Passing Splits

	G	Att	Cm	Pct	Yds	Y/Att	TD	Int	1st	YAC	Big	Sk	Rtg		Att	Cm	Pct	Yds	Y/Att	TD	Int	1st	YAC	Big	Sk	Rtg
Total	16	440	236	53.6	3020	6.9	21	17	143	1166	28	20	75.2	Inside 20	64	34	53.1	248	3.9	13	4	19	78	0	3	76.0
vs. Playoff	5	156	91	58.3	1142	7.3	9	6	54	483	13	7	84.4	Inside 10	20	10	50.0	40	2.0	7	1	7	-1	0	1	75.0
vs. Non-playoff	11	284	145	51.1	1878	6.6	12	11	89	683	15	13	70.1	1st Down	163	84	51.5	962	5.9	6	6	39	290	7	8	66.6
vs. Own Division	8	208	117	56.3	1619	7.8	13	8	77	566	16	10	86.2	2nd Down	135	73	54.1	1027	7.6	9	3	51	366	11	7	91.8
Home	8	200	110	55.0	1446	7.2	10	4	67	555	14	11	86.4	3rd Down Overall	136	75	55.1	977	7.2	6	8	50	484	10	5	68.2
Away	8	240	126	52.5	1574	6.6	11	13	76	611	14	9	65.9	3rd D 0-5 to Go	47	32	68.1	330	7.0	4	2	25	171	3	0	98.7
Games 1-8	8	199	112	56.3	1466	7.4	11	9	74	511	13	12	79.3	3rd D 6+ to Go	89	43	48.3	647	7.3	2	6	25	313	7	5	52.0
Games 9-16	8	241	124	51.5	1554	6.4	10	8	69	655	15	8	71.8	4th Down	6	4	66.7	54	9.0	0	0	3	26	0	0	95.1
Aug/Sept	4	85	48	56.5	585	6.9	4	3	31	204	5	7	78.8	Rec Behind Line	68	41	60.3	308	4.5	3	0	15	463	3	0	85.9
October	4	114	64	56.1	881	7.7	7	6	43	307	8	5	79.6	1-10 yds	201	129	64.2	1141	5.7	8	8	65	405	2	0	75.9
November	5	148	74	50.0	898	6.1	6	4	41	315	7	7	71.3	11-20 yds	106	46	43.4	800	7.5	4	4	43	116	4	0	66.5
December	3	93	50	53.8	656	7.1	4	4	28	340	8	1	72.7	21-30 yds	34	15	44.1	522	15.4	5	0	15	131	14	0	130.5
Grass	6	164	90	54.9	1034	6.3	7	8	50	378	9	7	68.0	31+	31	5	16.1	249	8.0	1	5	5	51	5	0	31.7
Turf	10	276	146	52.9	1986	7.2	14	9	93	788	19	13	79.5	Left Sideline	107	49	45.8	712	6.7	4	4	29	376	8	1	64.9
Indoor	0	0	0	-	0	-	0	0	0	0	0	0	-	Left Side	78	39	50.0	622	8.0	4	4	24	268	6	2	72.7
Outdoor	16	440	236	53.6	3020	6.9	21	17	143	1166	28	20	75.2	Middle	63	28	44.4	400	6.3	3	4	17	137	3	11	55.0
1st Half	-	230	109	47.4	1369	6.0	6	13	63	586	14	11	51.5	Right Side	88	65	73.9	572	6.5	5	2	39	242	2	5	100.2
2nd Half/OT	-	210	127	60.5	1651	7.9	15	4	80	580	14	9	101.1	Right Sideline	104	55	52.9	714	6.9	5	3	34	143	9	1	78.8
Last 2 Min. Half	-	60	31	51.7	375	6.3	4	2	17	116	4	4	79.5	2 Wide Receivers	213	114	54.9	1560	7.3	14	5	69	515	14	4	90.5
4th qtr, +/-7 pts	-	47	27	57.4	311	6.6	3	1	12	84	2	2	89.9	3+ WR	207	108	52.2	1390	6.7	4	12	67	621	14	14	55.8
Winning	-	123	61	49.6	792	6.4	6	3	35	290	6	7	76.3	Attempts 1-10	160	77	48.1	894	5.6	4	9	47	386	10	0	50.4
Tied	-	87	42	48.3	531	6.1	2	4	22	243	5	3	56.3	Attempts 11-20	140	72	51.4	991	7.1	7	6	42	371	9	0	73.2
Trailing	-	230	133	57.8	1697	7.4	13	10	86	633	17	10	81.7	Attempts 21+	140	87	62.1	1135	8.1	10	2	54	409	9	0	105.5

1997 Incompletions

Type	Num	%of Inc	%of Att
Pass Dropped	17	8.3	3.9
Poor Throw	88	43.1	20.0
Pass Defensed	49	24.0	11.1
Pass Hit at Line	17	8.3	3.9
Other	33	16.2	7.5
Total	204	100.0	46.4

Game Logs (1-8)

Date	Opp	Result	Att	Cm	Pct	Yds	TD	Int	Lg	Sk	F-L
08/31	Dal	L 7-37	28	13	46.4	104	1	1	15	3	0-0
09/07	Was	W 14-13	17	8	47.1	82	0	1	21	1	0-0
09/22	@Jac	L 21-30	16	11	68.8	155	2	1	49	2	1-1
09/28	Ten	W 37-24	24	16	66.7	244	1	0	46	1	0-0
10/05	@Bal	W 42-34	28	18	64.3	246	3	3	63	2	0-0
10/12	Ind	W 24-22	11	5	45.5	72	0	0	29	0	1-1
10/19	@Cin	W 26-10	33	16	48.5	246	2	2	66	0	0-0
10/26	Jac	W 23-17	42	25	59.5	317	2	1	41	3	2-1

Game Logs (9-16)

Date	Opp	Result	Att	Cm	Pct	Yds	TD	Int	Lg	Sk	F-L
11/03	@KC	L 10-13	21	11	52.4	101	1	1	44	1	0-0
11/09	Bal	W 37-0	27	14	51.9	196	1	0	52	1	0-0
11/16	Cin	W 20-3	22	11	50.0	128	2	0	34	1	0-0
11/23	@Phi	L 20-23	43	20	46.5	294	2	3	30	2	0-0
11/30	@Ari	W 26-20	35	18	51.4	179	0	0	22	2	0-0
12/07	Den	W 35-24	29	18	62.1	303	3	1	69	1	1-0
12/13	@NE	W 24-21	48	26	54.2	266	1	2	41	0	0-0
12/21	@Ten	L 6-16	16	6	37.5	87	0	1	30	0	1-1

J.J. Stokes — San Francisco 49ers — WR

1997 Receiving Splits

	G	Rec	Yds	Avg	TD	Lg	Big	YAC	Trgt	Y@C	1st	1st%		Rec	Yds	Avg	TD	Lg	Big	YAC	Trgt	Y@C	1st	1st%
Total	16	58	733	12.6	4	36	8	225	80	8.8	37	63.8	Inside 20	5	41	8.2	3	17	0	2	13	7.8	4	80.0
vs. Playoff	4	13	184	14.2	0	33	2	63	19	9.3	9	69.2	Inside 10	2	8	4.0	2	5	0	0	6	4.0	2	100.0
vs. Non-playoff	12	45	549	12.2	4	36	6	162	61	8.6	28	62.2	1st Down	21	362	17.2	0	33	5	110	29	12.0	14	66.7
vs. Own Division	8	28	429	13.0	3	36	5	135	42	8.9	22	66.7	2nd Down	23	248	10.8	2	36	2	89	31	6.9	15	65.2
Home	8	31	403	13.0	2	36	5	108	42	9.5	20	64.5	3rd Down Overall	14	123	8.8	2	25	1	26	20	6.9	8	57.1
Away	8	27	330	12.2	2	33	3	117	38	7.9	17	63.0	3rd D 0-2 to Go	2	11	5.5	0	6	0	3	2	4.0	2	100.0
Games 1-8	8	28	373	13.3	3	36	5	122	37	9.0	18	64.3	3rd D 3-7 to Go	5	37	7.4	0	9	0	12	7	5.0	4	80.0
Games 9-16	8	30	360	12.0	1	33	3	103	43	8.6	19	63.3	3rd D 8+ to Go	7	75	10.7	2	25	1	11	11	9.1	2	28.6
Aug/Sept	5	14	226	16.1	2	36	4	71	20	11.1	10	71.4	4th Down	0	0	-	0	0	0	0	0	-	0	-
October	3	14	147	10.5	1	30	1	51	17	6.9	8	57.1	Rec Behind Line	1	1	1.0	0	1	0	1	2	0.0	0	0.0
November	5	17	191	11.2	1	33	2	59	24	7.8	11	64.7	1-10 yds	40	342	8.6	3	23	0	142	48	5.0	21	52.5
December	3	13	169	13.0	0	26	1	44	19	9.6	8	61.5	11-20 yds	11	219	19.9	0	36	2	54	18	15.0	10	90.9
Grass	11	39	521	13.4	2	36	6	164	53	9.2	26	66.7	21-30 yds	6	171	28.5	1	31	6	28	9	23.8	6	100.0
Turf	5	19	212	11.2	2	30	2	61	27	7.9	11	57.9	31+	0	0	-	0	0	0	0	3	-	0	-
Indoor	4	16	194	12.1	2	30	2	60	22	8.4	10	62.5	Left Sideline	19	255	13.4	1	33	4	69	26	9.8	11	57.9
Outdoor	12	42	539	12.8	2	36	6	165	58	8.9	27	66.1	Left Side	15	216	14.4	2	36	3	72	23	9.6	11	73.3
1st Half	-	34	448	13.2	2	36	5	127	48	9.4	22	64.7	Middle	6	49	8.2	1	14	0	16	8	5.5	3	50.0
2nd Half/OT	-	24	285	11.9	2	33	3	98	32	7.8	15	62.5	Right Side	9	88	9.8	0	24	0	16	10	6.6	6	66.7
Last 2 Min. Half	-	3	42	7.3	0	10	0	14	6	2.7	0	0.0	Right Sideline	9	125	13.9	0	29	1	34	13	10.1	6	66.7
4th qtr, +/-7 pts	-	2	36	18.0	0	29	1	7	2	14.5	2	100.0	Shotgun	0	0	-	0	0	0	0	0	-	0	-
Winning	-	33	394	11.9	3	36	4	144	46	7.6	21	63.6	2 Wide Receivers	29	405	14.0	1	36	4	118	41	9.9	18	62.1
Tied	-	10	127	12.7	0	24	0	24	14	10.3	7	70.0	3 Wide Receivers	26	291	11.2	3	33	3	100	33	7.3	18	69.2
Trailing	-	15	212	14.1	1	33	4	57	20	10.3	9	60.0	4+ WR	3	37	12.3	0	26	1	7	6	10.0	1	33.3

1997 Incompletions

Type	Num	%of Inc	%of Att
Pass Dropped	3	13.6	3.8
Poor Throw	8	36.4	10.0
Pass Defensed	6	27.3	7.5
Pass Hit at Line	1	4.5	1.3
Other	4	18.2	5.0
Total	22	100.0	27.5

Game Logs (1-8)

Date	Opp	Result	Rec	Yds	Trgt	F-L	TD
08/31	@TB	L 6-13	0	0	1	0-0	0
09/07	@StL	W 15-12	3	35	5	0-0	1
09/14	NO	W 33-7	4	61	4	0-0	0
09/21	Atl	W 34-7	3	77	4	1-0	1
09/29	@Car	W 34-21	4	53	6	0-0	0
10/12	StL	W 30-10	5	38	5	0-0	0
10/19	@Atl	W 35-28	4	52	5	0-0	0
10/26	@NO	W 23-0	5	57	6	0-0	1

Game Logs (9-16)

Date	Opp	Result	Rec	Yds	Trgt	F-L	TD
11/02	Dal	W 17-10	2	31	3	0-0	0
11/10	@Phi	W 24-12	3	18	5	0-0	0
11/16	Car	W 27-19	5	56	6	0-0	0
11/23	SD	W 17-10	3	21	6	0-0	0
11/30	@KC	L 9-44	4	65	4	0-0	0
12/07	Min	W 28-17	6	87	8	0-0	0
12/15	Den	W 34-17	3	32	5	0-0	0
12/21	@Sea	L 9-38	4	50	6	0-0	0

Vinny Testaverde — Baltimore Ravens — QB

1997 Passing Splits

	G	Att	Cm	Pct	Yds	Y/Att	TD	Int	1st	YAC	Big	Sk	Rtg		Att	Cm	Pct	Yds	Y/Att	TD	Int	1st	YAC	Big	Sk	Rtg
Total	13	470	271	57.7	2971	6.3	18	15	139	1278	21	20	75.9	Inside 20	42	16	38.1	164	3.9	9	1	9	34	0	2	79.8
vs. Playoff	6	219	130	59.4	1387	6.3	10	9	64	595	9	10	76.0	Inside 10	12	2	16.7	6	0.5	1	0	1	0	0	0	67.4
vs. Non-playoff	7	251	141	56.2	1584	6.3	8	6	75	683	12	10	75.9	1st Down	197	115	58.4	1214	6.2	6	6	45	491	10	6	73.9
vs. Own Division	6	210	124	59.0	1426	6.8	11	9	66	620	8	11	79.2	2nd Down	142	89	62.7	1011	7.1	8	3	45	443	6	7	94.0
Home	6	240	149	62.1	1551	6.5	9	8	73	733	9	12	79.4	3rd Down Overall	120	62	51.7	673	5.6	2	5	44	308	4	6	56.7
Away	7	230	122	53.0	1420	6.2	9	7	66	545	12	8	72.4	3rd D 0-5 to Go	48	27	56.3	205	4.3	0	2	22	122	0	0	49.4
Games 1-8	8	306	182	59.5	2129	7.0	15	9	102	868	17	14	84.7	3rd D 6+ to Go	72	35	48.6	468	6.5	2	3	22	186	4	6	61.6
Games 9-16	5	164	89	54.3	842	5.1	3	6	37	410	4	6	59.6	4th Down	11	5	45.5	73	6.6	2	1	5	36	1	1	69.3
Aug/Sept	5	191	112	58.6	1366	7.2	10	7	68	575	11	8	82.9	Rec Behind Line	61	46	75.4	213	3.5	1	1	10	376	1	0	78.1
October	3	115	70	60.9	763	6.6	5	2	34	293	6	6	87.7	1-10 yds	253	167	66.0	1483	5.9	5	5	79	662	3	0	79.9
November	5	164	89	54.3	842	5.1	3	6	37	410	4	6	59.6	11-20 yds	95	39	41.1	642	6.8	6	2	32	95	3	0	76.1
December	0	0	0	-	0	-	0	0	0	0	0	0	-	21-30 yds	36	15	41.7	509	14.1	5	6	15	134	11	0	88.9
Grass	10	357	211	59.1	2340	6.6	15	10	112	1019	18	18	81.0	31+	22	3	13.6	115	5.2	1	1	3	11	3	0	45.1
Turf	3	113	60	53.1	631	5.6	3	5	27	259	3	2	60.0	Left Sideline	113	65	57.5	666	5.9	7	6	33	248	5	1	73.1
Indoor	0	0	0	-	0	-	0	0	0	0	0	0	-	Left Side	82	51	62.2	458	5.6	0	1	25	230	1	3	72.1
Outdoor	13	470	271	57.7	2971	6.3	18	15	139	1278	21	20	75.9	Middle	90	47	52.2	669	7.4	4	5	31	239	7	13	68.2
1st Half	-	227	141	62.1	1551	6.8	10	7	76	742	11	7	84.2	Right Side	114	72	63.2	764	6.7	2	2	35	383	5	2	81.2
2nd Half/OT	-	243	130	53.5	1420	5.8	8	8	63	536	10	13	68.3	Right Sideline	69	35	50.7	405	5.9	5	1	15	178	3	1	86.9
Last 2 Min. Half	-	74	45	60.8	456	6.2	1	4	24	153	2	4	60.4	2 Wide Receivers	31	16	51.6	147	4.7	0	0	7	77	1	1	64.9
4th qtr, +/-7 pts	-	79	42	53.2	413	5.2	2	3	18	152	1	9	60.8	3+ WR	436	254	58.3	2815	6.5	18	15	132	1201	20	19	77.0
Winning	-	138	80	58.0	786	5.7	5	3	36	350	4	9	77.1	Attempts 1-10	130	81	62.3	894	6.9	5	2	45	463	7	0	89.1
Tied	-	63	35	55.6	360	5.7	4	3	15	198	2	2	73.5	Attempts 11-20	127	74	58.3	753	5.9	5	7	35	338	4	0	65.5
Trailing	-	269	156	58.0	1825	6.8	9	9	88	730	15	9	75.9	Attempts 21+	213	116	54.5	1324	6.2	8	6	59	477	10	0	74.1

1997 Incompletions				Game Logs (1-8)									Game Logs (9-16)							
Type	Num	%of Inc	%of Att	Date	Opp	Result	Att	Cm	Pct	Yds	TD	Int	Lg	Sk F-L	Date	Opp	Result	Att	Cm	Pct	Yds	TD	Int	Lg	Sk F-L
Pass Dropped	25	12.6	5.3	08/31	Jac	L 27-28	41	24	58.5	322	3	3	54	3 0-0	11/02	@NYA	L 16-19	46	25	54.3	288	1	1	41	0 2-0
Poor Throw	76	38.2	16.2	09/07	Cin	W23-10	36	25	69.4	275	1	1	45	1 0-0	11/09	@Pit	L 0-37	32	13	40.6	120	0	3	20	1 0-0
Pass Defensed	48	24.1	10.2	09/14	@NYN	W24-23	35	22	62.9	223	2	1	34	1 1-0	11/16	Phi	T 10-10	32	19	59.4	140	1	2	29	0 0-0
Pass Hit at Line	9	4.5	1.9	09/21	@Ten	W36-10	37	23	62.2	318	3	0	41	1 0-0	11/23	Ari	L 13-16	37	21	56.8	193	0	0	38	2 1-0
Other	41	20.6	8.7	09/28	@SD	L 17-21	42	18	42.9	228	1	2	37	2 0-0	11/30	@Jac	L 27-29	17	11	64.7	101	1	0	29	1 1-0
Total	199	100.0	42.3	10/05	Pit	L 34-42	47	28	59.6	290	3	2	29	4 2-2	12/07	Sea	W31-24								
				10/19	Mia	L 13-24	47	32	68.1	331	1	0	34	0 1-0	12/14	Ten	W21-19								
				10/26	@Was	W20-17	21	10	47.6	142	1	0	39	2 3-1	12/21	@Cin	L 14-16								

Yancey Thigpen — Pittsburgh Steelers — WR

1997 Receiving Splits

	G	Rec	Yds	Avg	TD	Lg	Big	YAC	Trgt	Y@C	1st	1st%		Rec	Yds	Avg	TD	Lg	Big	YAC	Trgt	Y@C	1st	1st%
Total	16	79	1398	17.7	7	69	13	360	149	13.1	62	78.5	Inside 20	8	67	8.4	2	14	0	4	19	7.9	4	50.0
vs. Playoff	5	28	480	17.1	4	69	5	136	51	12.3	22	78.6	Inside 10	2	11	5.5	1	7	0	0	5	5.5	1	50.0
vs. Non-playoff	11	51	918	18.0	3	66	8	224	98	13.6	40	78.4	1st Down	31	581	18.7	3	69	6	140	64	14.2	23	74.2
vs. Own Division	8	51	935	18.3	4	66	9	239	81	13.6	41	80.4	2nd Down	27	481	17.8	3	66	4	155	50	12.1	23	85.2
Home	8	39	758	19.4	5	69	9	228	69	13.6	31	79.5	3rd Down Overall	19	307	16.2	1	63	3	64	33	12.8	14	73.7
Away	8	40	640	16.0	2	66	4	132	80	12.7	31	77.5	3rd D 0-2 to Go	2	19	9.5	0	11	0	0	3	9.5	2	100.0
Games 1-8	8	40	687	17.2	2	66	6	181	69	12.7	31	77.5	3rd D 3-7 to Go	8	100	12.5	0	25	1	36	12	8.0	7	87.5
Games 9-16	8	39	711	18.2	5	69	7	179	80	13.6	31	79.5	3rd D 8+ to Go	9	188	20.9	1	63	2	28	18	17.8	5	55.6
Aug/Sept	4	14	185	13.2	1	44	1	35	24	10.7	11	78.6	4th Down	2	29	14.5	0	18	0	1	2	14.0	2	100.0
October	4	26	502	19.3	1	66	5	146	45	13.7	20	76.9	Rec Behind Line	0	0	-	0	0	0	0	3	-	0	-
November	5	22	407	18.5	2	52	4	91	48	14.4	18	81.8	1-10 yds	38	434	11.4	2	33	2	161	61	7.2	24	63.2
December	3	17	304	17.9	3	69	3	88	32	12.7	13	76.5	11-20 yds	32	572	17.9	2	66	3	96	56	14.9	29	90.6
Grass	6	29	433	14.9	1	63	2	71	56	12.5	22	75.9	21-30 yds	5	192	38.4	2	69	4	65	16	25.4	5	100.0
Turf	10	50	965	19.3	6	69	11	289	93	13.5	40	80.0	31+	4	200	50.0	1	63	4	38	13	40.5	4	100.0
Indoor	0	0	0	-	0	0	0	0	0	-	0	-	Left Sideline	23	446	19.4	3	69	5	112	50	14.5	19	82.6
Outdoor	16	79	1398	17.7	7	69	13	360	149	13.1	62	78.5	Left Side	12	261	21.8	2	66	2	81	26	15.0	10	83.3
1st Half	-	35	628	17.9	3	69	7	212	78	11.9	27	77.1	Middle	8	128	16.0	0	22	0	32	12	12.0	4	50.0
2nd Half/OT	-	44	770	17.5	4	63	6	148	71	14.1	35	79.5	Right Side	13	182	14.0	0	37	2	63	23	9.2	11	84.6
Last 2 Min. Half	-	10	204	20.4	1	44	3	41	17	16.3	4	80.0	Right Sideline	23	381	16.6	2	63	4	72	38	13.4	18	78.3
4th qtr, +/-7 pts	-	7	167	23.9	0	63	2	19	13	21.1	4	57.1	Shotgun	23	389	16.9	1	63	4	68	36	14.0	17	73.9
Winning	-	24	469	19.5	3	63	5	97	52	15.5	19	79.2	2 Wide Receivers	44	850	19.3	5	69	8	259	89	13.4	35	79.5
Tied	-	11	161	14.6	0	31	1	29	29	12.0	8	72.7	3 Wide Receivers	20	355	17.8	2	63	5	72	35	14.2	15	75.0
Trailing	-	44	768	17.5	4	69	7	234	68	12.1	35	79.5	4+ WR	12	152	12.7	0	18	0	29	21	10.3	9	75.0

1997 Incompletions				Game Logs (1-8)									Game Logs (9-16)							
Type	Num	%of Inc	%of Att	Date	Opp	Result	Rush	Yds	Rec	Yds	Trgt	F-L	TD	Date	Opp	Result	Rush	Yds	Rec	Yds	Trgt	F-L	TD
Pass Dropped	1	1.4	0.7	08/31	Dal	L 7-37	0	0	4	43	8	0-0	0	11/03	@KC	L 10-13	0	0	1	11	6	0-0	0
Poor Throw	40	57.1	26.8	09/07	Was	W 14-13	0	0	0	0	4	0-0	0	11/09	Bal	W 37-0	0	0	6	130	11	0-0	1
Pass Defensed	14	20.0	9.4	09/22	@Jac	L 21-30	0	0	5	53	6	0-0	1	11/16	Cin	W 20-3	0	0	5	101	6	0-0	0
Pass Hit at Line	3	4.3	2.0	09/28	Ten	W 37-24	0	0	5	89	6	0-0	0	11/23	@Phi	L 20-23	0	0	5	87	10	0-0	0
Other	12	17.1	8.1	10/05	@Bal	W 42-34	1	3	7	162	9	0-0	0	11/30	@Ari	W 26-20	0	0	5	78	13	0-0	0
Total	70	100.0	47.0	10/12	Ind	W 24-22	0	0	2	24	6	0-0	0	12/07	Den	W 35-24	0	0	6	175	10	0-0	3
				10/19	@Cin	W 26-10	0	0	6	120	14	0-0	1	12/13	@NE	W 24-21	0	0	5	45	13	0-0	0
				10/26	Jac	W 23-17	0	0	11	196	16	0-0	0	12/21	@Ten	L 6-16	0	0	6	84	9	1-0	0

Lamar Thomas — Miami Dolphins — WR

1997 Receiving Splits

	G	Rec	Yds	Avg	TD	Lg	Big	YAC	Trgt	Y@C	1st	1st%		Rec	Yds	Avg	TD	Lg	Big	YAC	Trgt	Y@C	1st	1st%
Total	12	28	402	14.4	2	26	2	61	52	12.2	21	75.0	Inside 20	2	12	6.0	1	8	0	4	5	4.0	1	50.0
vs. Playoff	4	14	186	13.3	1	26	1	30	20	11.1	10	71.4	Inside 10	2	12	6.0	1	8	0	4	4	4.0	1	50.0
vs. Non-playoff	8	14	216	15.4	1	25	1	31	32	13.2	11	78.6	1st Down	8	112	14.0	0	26	1	6	17	13.3	6	75.0
vs. Own Division	7	20	287	14.4	2	25	1	50	35	11.9	15	75.0	2nd Down	10	154	15.4	1	25	1	29	17	12.5	7	70.0
Home	6	14	212	15.1	1	26	2	39	23	12.4	11	78.6	3rd Down Overall	10	136	13.6	1	24	0	26	17	11.0	8	80.0
Away	6	14	190	13.6	1	23	0	22	29	12.0	10	71.4	3rd D 0-2 to Go	0	0	-	0	0	0	0	1	-	0	-
Games 1-8	4	10	133	13.3	1	22	0	12	20	12.1	7	70.0	3rd D 3-7 to Go	7	93	13.3	1	24	0	26	12	9.6	6	85.7
Games 9-16	8	18	269	14.9	1	26	2	49	32	12.2	14	77.8	3rd D 8+ to Go	3	43	14.3	0	16	0	0	4	14.3	2	66.7
Aug/Sept	0	0	0	-	0	0	0	0	0	-	0	-	4th Down	0	0	-	0	0	0	0	1	-	0	-
October	4	10	133	13.3	1	22	0	12	20	12.1	7	70.0	Rec Behind Line	0	0	-	0	0	0	0	0	-	0	-
November	5	10	163	16.3	0	25	1	34	17	12.9	9	90.0	1-10 yds	12	120	10.0	1	17	0	33	20	7.3	8	66.7
December	3	8	106	13.3	1	26	1	15	15	11.4	5	62.5	11-20 yds	13	210	16.2	0	25	1	24	24	14.3	10	76.9
Grass	9	22	311	14.1	1	26	2	55	37	11.6	17	77.3	21-30 yds	3	72	24.0	0	26	1	4	5	22.7	3	100.0
Turf	3	6	91	15.2	1	22	0	6	15	14.2	4	66.7	31+	0	0	-	0	0	0	0	3	-	0	-
Indoor	1	1	16	16.0	0	16	0	1	4	15.0	0	0.0	Left Sideline	7	83	11.9	1	25	0	11	11	10.3	5	71.4
Outdoor	11	27	386	14.3	2	26	2	60	48	12.1	21	77.8	Left Side	8	109	13.6	0	23	0	22	12	10.9	6	75.0
1st Half	-	15	253	16.9	1	26	2	38	27	14.3	13	86.7	Middle	2	26	13.0	0	16	0	5	5	10.5	2	100.0
2nd Half/OT	-	13	149	11.5	1	23	0	23	25	9.7	8	61.5	Right Side	6	82	13.7	0	18	0	15	13	11.2	4	66.7
Last 2 Min. Half	-	4	48	12.0	0	16	1	4	8	11.0	2	50.0	Right Sideline	5	102	20.4	1	26	1	8	11	18.8	4	80.0
4th qtr, +/- pts	-	2	23	11.5	0	18	0	2	7	10.5	1	50.0	Shotgun	16	235	14.7	0	26	1	27	29	13.0	13	81.3
Winning	-	8	128	16.0	0	26	2	13	16	14.4	5	62.5	2 Wide Receivers	11	153	13.9	2	25	1	34	20	10.8	7	63.6
Tied	-	5	74	14.8	0	17	0	14	7	12.0	4	80.0	3 Wide Receivers	8	113	14.1	0	19	0	16	12	12.1	7	87.5
Trailing	-	15	200	13.3	2	23	0	34	29	11.1	12	80.0	4+ WR	9	136	15.1	0	26	1	11	20	13.9	7	77.8

1997 Incompletions

Type	Num	%of Inc	%of Att
Pass Dropped	5	20.8	9.6
Poor Throw	8	33.3	15.4
Pass Defensed	7	29.2	13.5
Pass Hit at Line	1	4.2	1.9
Other	3	12.5	5.8
Total	24	100.0	46.2

Game Logs (1-8)

Date	Opp	Result	Rec	Yds	Trgt	F-L	TD
08/31	Ind	W 16-10	-	-	-	-	-
09/07	Ten	W 16-13	-	-	-	-	-
09/14	@GB	L 18-23	-	-	-	-	-
09/21	@TB	L 21-31	-	-	-	-	-
10/05	KC	W 17-14	3	43	3	0-0	0
10/12	@NYA	W 31-20	5	75	9	0-0	1
10/19	@Bal	W 24-13	2	15	5	0-0	0
10/27	Chi	L 33-36	0	0	3	0-0	0

Game Logs (9-16)

Date	Opp	Result	Rec	Yds	Trgt	F-L	TD
11/02	@Buf	L 6-9	0	0	2	0-0	0
11/09	NYA	W 24-17	2	30	3	0-0	0
11/17	Buf	W 30-13	2	49	3	0-0	0
11/23	@NE	L 24-27	4	53	6	0-0	0
11/30	@Oak	W 34-16	2	31	3	0-0	0
12/07	Det	W 33-30	1	26	3	0-0	0
12/14	@Ind	L 0-41	1	16	4	0-0	0
12/22	NE	L 12-14	6	64	8	1-0	1

Thurman Thomas — Buffalo Bills — RB

1997 Rushing and Receiving Splits

	G	Rush	Yds	Avg	Lg	TD	1st	Stf	YdL	Rec	Yds	Avg	TD		Rush	Yds	Avg	Lg	TD	1st	Stf	YdL	Rec	Yds	Avg	TD
Total	16	154	643	4.2	24	1	33	18	34	30	208	6.9	0	Inside 20	9	28	3.1	16	1	2	1	1	1	4	4.0	0
vs. Playoff	10	97	434	4.5	24	0	24	11	24	20	141	7.1	0	Inside 10	4	3	0.8	2	1	1	1	1	0	0	-	0
vs. Non-playoff	6	57	209	3.7	18	1	9	7	10	10	67	6.7	0	1st Down	81	291	3.6	24	0	6	11	23	21	170	8.1	0
vs. Own Division	8	83	362	4.4	18	1	18	7	13	11	101	9.2	0	2nd Down	56	251	4.5	14	1	21	4	7	6	19	3.2	0
Home	8	88	448	5.1	24	0	24	9	21	19	133	7.0	0	3rd Down Overall	17	101	5.9	17	0	6	3	4	3	19	6.3	0
Away	8	66	195	3.0	16	1	9	9	13	11	75	6.8	0	3rd D 0-2 to Go	4	14	3.5	17	0	1	2	3	0	0	-	0
Games 1-8	8	81	306	3.8	24	1	18	12	21	23	131	5.7	0	3rd D 3-7 to Go	5	35	7.0	16	0	3	1	1	1	9	9.0	0
Games 9-16	8	73	337	4.6	18	0	15	6	13	7	77	11.0	0	3rd D 8+ to Go	8	52	6.5	10	0	2	0	0	2	10	5.0	0
Aug/Sept	4	43	120	2.8	13	1	9	10	14	15	107	7.1	0	4th Down	0	0	-	0	0	0	0	0	0	0	-	0
October	4	38	186	4.9	24	0	9	2	7	8	24	3.0	0	Left Sideline	6	33	5.5	18	0	1	0	0	9	71	7.9	0
November	5	51	257	5.0	18	0	12	3	8	3	54	18.0	0	Left Side	35	198	5.7	17	1	13	2	4	8	43	5.4	0
December	3	22	80	3.6	13	0	3	3	5	4	23	5.8	0	Middle	85	319	3.8	24	0	15	10	20	0	0	-	0
Grass	6	44	135	3.1	16	0	6	5	8	9	77	8.6	0	Right Side	25	77	3.1	17	0	3	6	10	7	40	5.7	0
Turf	10	110	508	4.6	24	1	27	13	26	21	131	6.2	0	Right Sideline	3	16	5.3	13	0	1	0	0	6	54	9.0	0
Indoor	1	10	42	4.2	8	0	2	0	0	2	-2	-1.0	0	Tight Ends	30	130	4.3	24	0	5	6	15	10	56	5.6	0
Outdoor	15	144	601	4.2	24	1	31	18	34	28	210	7.5	0	1 Tight End	71	338	4.8	18	0	18	6	7	27	3.9	0
1st Half	-	92	358	3.9	16	1	19	11	15	17	118	6.9	0	2 Tight Ends	50	169	3.4	13	0	9	5	11	13	125	9.6	0
2nd Half/OT	-	62	285	4.6	24	0	14	7	19	13	90	6.9	0	3+ Tight Ends	3	6	2.0	5	1	1	1	1	0	0	-	0
Last 2 Min. Half	-	13	69	5.3	16	0	4	1	3	7	68	9.7	0	Carries 1-5	78	313	4.0	16	0	16	11	16	0	0	-	0
4th qtr, +/- pts	-	17	74	4.4	24	0	3	2	4	2	4	2.0	0	Carries 6-10	57	231	4.1	18	1	11	7	18	0	0	-	0
Winning	-	43	203	4.7	18	0	11	3	7	5	18	3.6	0	Carries 11-15	16	84	5.3	24	0	5	0	0	0	0	-	0
Tied	-	41	202	4.9	24	0	9	6	6	40	6.7	0	Carries 16-20	3	15	5.0	10	0	1	0	0	0	0	-	0
Trailing	-	70	238	3.4	17	1	13	10	21	19	150	7.9	0	Carries 21+	0	0	-	0	0	0	0	0	0	0	-	0

1997 Incompletions

Type	Num	%of Inc	%Att
Pass Dropped	2	15.4	4.7
Poor Throw	6	46.2	14.0
Pass Defensed	0	0.0	0.0
Pass Hit at Line	0	0.0	0.0
Other	5	38.5	11.6
Total	13	100.0	30.2

Game Logs (1-8)

Date	Opp	Result	Rush	Yds	Rec	Yds	Trgt	F-L	TD
08/31	Min	L 13-34	14	63	6	40	6	1-1	0
09/07	@NYA	W 28-22	12	18	0	0	2	0-0	1
09/14	@KC	L 16-22	10	17	4	23	4	0-0	0
09/21	Ind	W 37-35	7	22	5	44	6	0-0	0
10/05	Det	W 22-13	13	73	5	21	6	0-0	0
10/12	@NE	L 6-33	6	24	1	5	2	0-0	0
10/20	@Ind	W 9-6	10	42	-2	0	2	0-0	0
10/26	Den	L 20-23	9	47	5	0	2	0-0	0

Game Logs (9-16)

Date	Opp	Result	Rush	Yds	Rec	Yds	Trgt	F-L	TD
11/02	Mia	W 9-6	17	68	0	0	0	0-0	0
11/09	NE	L 10-31	8	41	0	0	0	0-0	0
11/17	@Mia	L 13-30	11	43	2	39	3	0-0	0
11/23	@Ten	L 14-31	3	1	0	0	0	1-1	0
11/30	NYA	W 20-10	18	104	1	15	3	0-0	0
12/07	@Chi	L 3-20	7	22	2	10	4	0-0	0
12/14	Jac	L 14-20	8	30	2	13	3	0-0	0
12/20	@GB	L 21-31	7	28	0	0	0	0-0	0

Michael Timpson — Philadelphia Eagles — WR

1997 Receiving Splits

	G	Rec	Yds	Avg	TD	Lg	Big	YAC	Trgt	Y@C	1st	1st%		Rec	Yds	Avg	TD	Lg	Big	YAC	Trgt	Y@C	1st	1st%
Total	15	42	484	11.5	2	26	1	96	82	9.2	31	73.8	Inside 20	3	19	6.3	1	11	0	11	5	2.7	3	100.0
vs. Playoff	7	24	278	11.6	0	26	1	72	41	8.6	16	66.7	Inside 10	1	3	3.0	1	3	0	0	1	3.0	1	100.0
vs. Non-playoff	8	18	206	11.4	2	23	0	24	41	10.1	15	83.3	1st Down	12	137	11.4	0	17	0	27	21	9.2	9	75.0
vs. Own Division	7	24	296	12.3	0	26	1	74	45	9.3	18	75.0	2nd Down	20	213	10.7	1	26	1	61	36	7.6	14	70.0
Home	7	16	185	11.6	1	23	0	20	31	10.3	12	75.0	3rd Down Overall	8	95	11.9	1	23	0	2	22	11.6	6	75.0
Away	8	26	299	11.5	1	26	1	76	51	8.6	19	73.1	3rd D 0-2 to Go	1	6	6.0	0	6	0	0	1	6.0	1	100.0
Games 1-8	7	24	280	11.7	0	26	1	70	46	8.8	16	66.7	3rd D 3-7 to Go	1	9	9.0	0	9	0	0	6	9.0	1	100.0
Games 9-16	8	18	204	11.3	2	23	0	26	36	9.9	15	83.3	3rd D 8+ to Go	6	80	13.3	1	23	0	2	15	13.0	4	66.7
Aug/Sept	4	21	244	11.6	0	26	1	64	33	8.6	14	66.7	4th Down	2	39	19.5	0	20	0	6	3	16.5	2	100.0
October	3	3	36	12.0	0	22	0	6	13	10.0	2	66.7	Rec Behind Line	1	1	1.0	0	1	0	1	2	0.0	0	0.0
November	5	12	147	12.3	1	23	0	19	21	10.7	11	91.7	1-10 yds	23	197	8.6	1	13	0	71	37	5.5	14	60.9
December	3	6	57	9.5	1	17	0	7	15	8.3	4	66.7	11-20 yds	17	263	15.5	0	26	1	24	33	14.1	16	94.1
Grass	4	6	70	11.7	0	13	0	12	15	9.7	5	83.3	21-30 yds	1	23	23.0	1	23	0	0	8	23.0	1	100.0
Turf	11	36	414	11.5	2	26	1	84	67	9.2	26	72.2	31+	0	0	-	0	0	0	0	2	-	0	-
Indoor	2	7	62	8.9	1	20	0	14	18	6.9	5	71.4	Left Sideline	15	171	11.4	1	23	0	28	27	9.5	12	80.0
Outdoor	13	35	422	12.1	1	26	1	82	64	9.7	26	74.3	Left Side	9	117	13.0	0	26	1	28	18	9.9	5	55.6
1st Half	-	17	191	11.2	2	26	1	41	40	8.8	11	64.7	Middle	1	13	13.0	0	13	0	2	6	11.0	1	100.0
2nd Half/OT	-	25	293	11.7	0	20	0	55	42	9.5	20	80.0	Right Side	11	116	10.5	0	20	0	34	17	7.5	8	72.7
Last 2 Min. Half	-	7	98	14.0	0	19	0	10	13	12.6	6	85.7	Right Sideline	6	67	11.2	1	22	0	4	14	10.5	5	83.3
4th qtr, +/-7 pts	-	3	39	13.0	0	13	0	-1	7	13.3	3	100.0	Shotgun	0	0	-	0	0	0	0	0	-	0	-
Winning	-	8	89	11.1	0	22	0	13	13	9.5	5	62.5	2 Wide Receivers	17	174	10.2	1	23	0	43	33	7.7	12	70.6
Tied	-	7	89	12.7	2	26	1	17	21	10.3	5	71.4	3 Wide Receivers	21	259	12.3	0	26	1	47	39	10.1	15	71.4
Trailing	-	27	306	11.3	0	20	0	66	48	8.9	21	77.8	4+ WR	2	16	8.0	1	13	0	2	8	7.0	2	100.0

1997 Incompletions

Type	Num	%of Inc	%of Att
Pass Dropped	6	15.0	7.3
Poor Throw	17	42.5	20.7
Pass Defensed	9	22.5	11.0
Pass Hit at Line	1	2.5	1.2
Other	7	17.5	8.5
Total	40	100.0	48.8

Game Logs (1-8)

Date	Opp	Result	Rec	Yds	Trgt	F-L	TD
08/31	@NYN	L 17-31	9	125	11	1-0	1
09/07	GB	W 10-9	2	18	3	0-0	0
09/15	@Dal	L 20-21	4	42	7	0-0	0
09/28	@Min	L 19-28	6	59	12	0-0	0
10/05	Was	W 24-10	1	22	5	0-0	0
10/12	@Jac	L 21-38	1	9	3	0-0	0
10/19	Ari	W 13-10	-	-	-	-	-
10/26	Dal	W 13-12	1	5	5	0-0	0

Game Logs (9-16)

Date	Opp	Result	Rec	Yds	Trgt	F-L	TD
11/02	@Ari	L 21-31	4	48	8	0-0	0
11/10	SF	L 12-24	1	13	3	0-0	0
11/16	@Bal	T 10-10	1	13	3	0-0	0
11/23	Pit	W 23-20	0	0	1	0-0	0
11/30	Cin	W 44-42	6	73	6	0-0	1
12/07	NYN	L 21-31	5	54	8	0-0	0
12/14	@Atl	L 17-20	1	3	6	0-0	0
12/21	@Was	L 32-35	0	0	1	0-0	0

Billy Joe Tolliver — Atlanta Falcons / Kansas City Chiefs — QB

1997 Passing Splits

	G	Att	Cm	Pct	Yds	Y/Att	TD	Int	1st	YAC	Big	Sk	Rtg		Att	Cm	Pct	Yds	Y/Att	TD	Int	1st	YAC	Big	Sk	Rtg
Total	9	116	64	55.2	677	5.8	5	1	36	320	4	14	83.2	Inside 20	15	7	46.7	67	4.5	4	0	5	26	0	3	99.2
vs. Playoff	4	53	29	54.7	289	5.5	3	1	16	151	2	9	81.4	Inside 10	7	2	28.6	10	1.4	2	0	2	1	0	2	79.2
vs. Non-playoff	5	63	35	55.6	388	6.2	2	0	20	169	2	5	84.6	1st Down	33	16	48.5	179	5.4	2	1	7	111	1	4	72.7
vs. Own Division	5	89	47	52.8	500	5.6	3	1	26	224	3	8	76.1	2nd Down	47	28	59.6	275	5.9	1	0	16	123	1	3	83.2
Home	7	57	30	52.6	298	5.2	3	0	14	177	2	10	85.3	3rd Down Overall	32	18	56.3	202	6.3	1	0	12	76	2	6	85.7
Away	2	59	34	57.6	379	6.4	2	1	22	143	2	4	81.1	3rd D 0-5 to Go	9	5	55.6	34	3.8	0	0	5	12	0	2	64.1
Games 1-8	6	115	63	54.8	685	6.0	5	1	36	320	4	14	83.4	3rd D 6+ to Go	23	13	56.5	168	7.3	1	0	7	64	2	4	94.1
Games 9-16	3	1	1	100.0	-8	-8.0	0	0	0	0	0	0	79.2	4th Down	4	2	50.0	21	5.3	1	0	1	10	0	1	105.2
Aug/Sept	4	74	40	54.1	426	5.8	3	1	23	241	3	9	79.0	Rec Behind Line	17	13	76.5	109	6.4	1	0	5	150	1	0	112.1
October	2	41	23	56.1	259	6.3	2	0	13	79	1	5	91.4	1-10 yds	64	40	62.5	390	6.1	3	0	23	149	2	0	95.2
November	1	0	0	-	0	-	0	0	0	0	0	0	-	11-20 yds	20	10	50.0	150	7.5	1	0	7	21	0	0	91.7
December	2	1	1	100.0	-8	-8.0	0	0	0	0	0	0	79.2	21-30 yds	6	1	16.7	28	4.7	0	0	1	0	1	0	46.5
Grass	5	60	35	58.3	371	6.2	2	1	22	143	2	4	80.6	31+	9	0	0.0	0	0	0	1	0	0	0	0	0.0
Turf	4	56	29	51.8	306	5.5	3	0	14	177	2	10	85.9	Left Sideline	26	14	53.8	147	5.7	1	0	9	37	1	0	83.3
Indoor	4	56	29	51.8	306	5.5	3	0	14	177	2	10	85.9	Left Side	16	10	62.5	132	8.3	0	0	6	47	2	3	88.5
Outdoor	5	60	35	58.3	371	6.2	2	1	22	143	2	4	80.6	Middle	20	10	50.0	101	5.1	1	1	7	61	0	7	60.6
1st Half	-	20	8	40.0	49	4.5	0	0	4	50	1	2	54.0	Right Side	27	19	70.4	228	8.4	2	0	11	138	1	3	120.6
2nd Half/OT	-	96	56	58.3	588	6.1	5	1	32	270	3	12	89.2	Right Sideline	27	11	40.7	69	2.6	1	0	3	37	0	1	60.9
Last 2 Min. Half	-	18	9	50.0	84	4.7	1	0	3	37	0	2	81.7	2 Wide Receivers	56	32	57.1	363	6.5	3	0	18	188	2	2	94.6
4th qtr, +/-7 pts	-	22	12	54.5	110	5.0	1	0	7	52	0	4	83.5	3+ WR	59	32	54.2	314	5.3	2	1	18	132	2	11	73.7
Winning	-	14	7	50.0	65	4.6	0	0	2	60	1	0	63.1	Attempts 1-10	60	33	55.0	354	5.9	3	0	16	173	1	0	89.2
Tied	-	5	1	20.0	6	1.2	0	0	0	8	0	0	39.6	Attempts 11-20	37	17	45.9	156	4.2	0	0	9	94	0	1	57.9
Trailing	-	97	56	57.7	606	6.2	5	1	34	252	3	14	89.1	Attempts 21+	19	14	73.7	167	8.8	2	1	11	53	1	0	113.3

1997 Incompletions

Type	Num	%of Inc	%of Att
Pass Dropped	6	11.5	5.2
Poor Throw	29	55.8	25.0
Pass Defensed	9	17.3	7.8
Pass Hit at Line	1	1.9	0.9
Other	7	13.5	6.0
Total	52	100.0	44.8

Game Logs (1-8)

Date	Opp	Result	Att	Cm	Pct	Yds	TD	Int	Lg	Sk	F-L
08/31	@Det	L 17-28	-	-	-	-	-	-	-	-	-
09/07	Car	L 6-9	17	7	41.2	79	0	0	26	0	1-0
09/14	Oak	L 31-36	17	10	58.8	100	1	0	17	4	1-0
09/21	@SF	L 7-34	31	17	54.8	162	1	1	28	3	2-0
09/28	Den	L 21-29	9	6	66.7	85	1	0	47	2	0-0
10/12	@NO	W 23-17	-	-	-	-	-	-	-	-	-
10/19	SF	L 28-35	13	6	46.2	42	1	0	13	4	2-0
10/26	@Car	L 12-21	28	17	60.7	217	1	0	28	1	2-1

Game Logs (9-16)

Date	Opp	Result	Att	Cm	Pct	Yds	TD	Int	Lg	Sk	F-L
11/09	@Jac	L 10-24	-	-	-	-	-	-	-	-	-
11/16	Den	W 24-22	-	-	-	-	-	-	-	-	-
11/23	@Sea	W 19-14	-	-	-	-	-	-	-	-	-
11/30	SF	W 44-9	0	0	-	0	0	0	0	0	0-0
12/07	Oak	W 30-0	-	-	-	-	-	-	-	-	-
12/14	@SD	W 29-7	-	-	-	-	-	-	-	-	-
12/21	NO	W 25-13	1	1	100.0	-8	0	0	-8	0	1-0

Kevin Turner — Philadelphia Eagles — FB

1997 Receiving Splits

	G	Rec	Yds	Avg	TD	Lg	Big	YAC	Trgt	Y@C	1st	1st%		Rec	Yds	Avg	TD	Lg	Big	YAC	Trgt	Y@C	1st	1st%
Total	16	48	443	9.2	3	36	3	300	62	3.0	23	47.9	Inside 20	4	18	4.5	1	14	0	7	6	2.8	1	25.0
vs. Playoff	7	18	164	9.1	2	36	1	88	25	4.2	7	38.9	Inside 10	0	0	-	0	0	0	0	1	-	0	-
vs. Non-playoff	9	30	279	9.3	1	27	2	212	37	2.2	16	53.3	1st Down	26	205	7.9	0	36	1	160	30	1.7	9	34.6
vs. Own Division	8	23	239	10.4	1	26	2	186	30	2.3	13	56.5	2nd Down	13	152	11.7	1	27	2	102	21	3.8	9	69.2
Home	8	21	177	8.4	1	27	1	141	33	1.7	10	47.6	3rd Down Overall	8	77	9.6	2	23	0	31	10	5.8	4	50.0
Away	8	27	266	9.9	2	36	2	159	29	4.0	13	48.1	3rd D 0-2 to Go	3	31	10.3	1	20	0	12	3	6.3	3	100.0
Games 1-8	8	26	286	11.0	2	36	2	207	32	3.0	15	57.7	3rd D 3-7 to Go	1	5	5.0	0	5	0	3	1	2.0	0	0
Games 9-16	8	22	157	7.1	1	25	1	93	30	2.9	8	36.4	3rd D 8+ to Go	4	41	10.3	1	23	0	16	6	6.3	1	25.0
Aug/Sept	4	9	107	11.9	2	36	1	40	11	7.4	4	44.4	4th Down	1	9	9.0	0	9	0	7	1	2.0	1	100.0
October	4	17	179	10.5	0	27	1	167	21	0.7	11	64.7	Rec Behind Line	13	79	6.1	0	24	0	114	19	-2.7	4	30.8
November	5	12	101	8.4	1	25	1	39	19	5.2	5	41.7	1-10 yds	30	246	8.2	0	27	1	172	36	2.5	14	46.7
December	3	10	56	5.6	0	24	0	54	11	0.2	3	30.0	11-20 yds	2	34	17.0	2	20	0	4	3	15.0	2	100.0
Grass	4	17	160	9.4	0	25	1	119	17	2.4	9	52.9	21-30 yds	3	84	28.0	1	36	2	10	3	24.7	3	100.0
Turf	12	31	283	9.1	3	36	2	181	45	3.3	14	45.2	31+	0	0	-	0	0	0	0	1	-	0	-
Indoor	2	6	41	6.8	1	20	0	22	6	3.2	1	16.7	Left Sideline	7	35	5.0	0	14	0	29	9	0.9	2	28.6
Outdoor	14	42	402	9.6	2	36	3	278	56	3.0	22	52.4	Left Side	5	48	9.6	0	24	0	49	9	-0.2	4	40.0
1st Half	-	17	116	6.8	0	24	0	124	26	-0.5	8	47.1	Middle	11	95	8.6	0	14	0	67	13	2.5	6	54.5
2nd Half/OT	-	31	327	10.5	3	36	3	176	36	4.9	15	48.4	Right Side	14	102	7.3	1	20	0	84	15	1.3	5	35.7
Last 2 Min. Half	-	9	53	5.9	0	14	0	40	12	1.4	4	44.4	Right Sideline	11	163	14.8	2	36	3	71	16	8.4	8	72.7
4th qtr, +/-7 pts	-	6	78	13.0	0	27	2	46	7	5.3	3	50.0	Shotgun	0	0	-	0	0	0	0	0	-	0	-
Winning	-	11	102	9.3	1	23	0	69	14	3.0	8	72.2	2 Wide Receivers	17	140	8.2	1	27	1	132	24	0.5	6	35.3
Tied	-	6	49	8.2	0	15	0	44	7	0.8	3	50.0	3 Wide Receivers	29	269	9.3	1	36	2	155	35	3.9	15	51.7
Trailing	-	31	292	9.4	2	36	3	187	41	3.4	12	38.7	4+ WR	1	14	14.0	0	14	0	9	1	5.0	1	100.0

1997 Incompletions

Type	Num	%of Inc	%of Att
Pass Dropped	3	21.4	4.8
Poor Throw	4	28.6	6.5
Pass Defensed	1	7.1	1.6
Pass Hit at Line	3	21.4	4.8
Other	3	21.4	4.8
Total	14	100.0	22.6

Game Logs (1-8)

Date	Opp	Result	Rush	Yds	Rec	Yds	Trgt	F-L	TD
08/31	@NYN	L 17-31	1	7	2	50	3	0-0	1
09/07	GB	W 10-9	1	1	1	3	1	0-0	0
09/15	@Dal	L 20-21	1	3	2	15	3	0-0	0
09/28	@Min	L 19-28	0	0	4	39	4	0-0	1
10/05	Was	W 24-10	3	38	4	43	5	0-0	0
10/12	@Jac	L 21-38	0	0	6	59	6	1-1	0
10/19	Ari	W 13-10	3	1	5	43	5	0-0	0
10/26	Dal	W 13-12	1	6	2	34	5	0-0	0

Game Logs (9-16)

Date	Opp	Result	Rush	Yds	Rec	Yds	Trgt	F-L	TD
11/02	@Ari	L 21-31	0	0	0	0	0	0-0	0
11/10	SF	L 12-24	0	0	3	3	7	0-0	0
11/16	@Bal	T 10-10	1	-1	5	57	5	0-0	0
11/23	Pit	W 23-20	2	11	0	0	1	0-0	0
11/30	Cin	W 44-42	1	7	4	41	6	0-0	1
12/07	NYN	L 21-31	2	7	2	10	3	0-0	0
12/14	@Atl	L 17-20	0	0	2	2	2	0-0	0
12/21	@Was	L 32-35	2	16	6	44	6	0-0	0

Alex Van Pelt — Buffalo Bills — QB

1997 Passing Splits

	G	Att	Cm	Pct	Yds	Y/Att	TD	Int	1st	YAC	Big	Sk	Rtg		Att	Cm	Pct	Yds	Y/Att	TD	Int	1st	YAC	Big	Sk	Rtg
Total	6	124	60	48.4	684	5.5	2	10	31	179	6	4	37.2	Inside 20	8	1	12.5	15	1.9	0	0	1	0	0	1	39.6
vs. Playoff	6	124	60	48.4	684	5.5	2	10	31	179	6	4	37.2	Inside 10	3	0	0	0	0	0	0	0	0	0	1	39.6
vs. Non-playoff	0	0	0	-	0	-	0	0	0	0	0	0	-	1st Down	46	24	52.2	265	5.8	0	4	13	77	1	0	33.3
vs. Own Division	3	41	19	46.3	149	3.6	0	5	10	60	1	2	16.3	2nd Down	40	22	55.0	250	6.3	2	2	11	68	4	3	69.8
Home	4	73	34	46.6	407	5.6	2	5	20	76	4	3	44.7	3rd Down Overall	35	12	34.3	148	4.2	0	4	5	30	1	1	8.7
Away	2	51	26	51.0	277	5.4	0	5	11	103	2	1	27.6	3rd D 0-5 to Go	11	3	27.3	48	4.4	0	1	2	5	1	1	7.4
Games 1-8	2	31	15	48.4	199	6.4	2	3	8	61	2	1	51.1	3rd D 6+ to Go	24	9	37.5	100	4.2	0	3	3	25	0	0	11.1
Games 9-16	4	93	45	48.4	485	5.2	0	7	23	118	4	3	32.8	4th Down	3	2	66.7	21	7.0	0	0	2	4	0	0	86.8
Aug/Sept	0	0	0	-	0	-	0	0	0	0	0	0	-	Rec Behind Line	17	9	52.9	24	1.4	0	0	1	50	0	0	58.7
October	2	31	15	48.4	199	6.4	2	3	8	61	2	1	51.1	1-10 yds	49	31	63.3	269	5.5	0	5	12	101	1	0	38.1
November	2	34	16	47.1	127	3.7	0	3	9	32	1	2	20.1	11-20 yds	34	14	41.2	228	6.7	0	3	12	17	0	0	27.6
December	2	59	29	49.2	358	6.1	0	4	14	86	3	1	40.1	21-30 yds	9	3	33.3	85	9.4	1	1	3	8	3	0	66.7
Grass	2	51	26	51.0	277	5.4	0	5	11	103	2	1	16.3	31+	14	2	14.3	70	5.0	1	1	2	3	2	0	42.0
Turf	4	73	34	46.6	407	5.6	2	5	20	76	4	3	44.7	Left Sideline	27	14	51.9	174	6.4	1	2	9	66	2	0	53.6
Indoor	0	0	0	-	0	-	0	0	0	0	0	0	-	Left Side	14	10	71.4	149	10.6	0	1	6	39	1	0	76.2
Outdoor	6	124	60	48.4	684	5.5	2	10	31	179	6	4	37.2	Middle	31	11	35.5	134	4.3	1	4	6	28	2	1	20.8
1st Half	-	39	21	53.8	196	5.0	0	4	8	38	1	3	28.3	Right Side	25	12	48.0	99	4.0	0	1	4	21	0	2	58.6
2nd Half/OT	-	85	39	45.9	488	5.7	2	6	23	141	5	1	42.7	Right Sideline	27	13	48.1	128	4.7	0	4	6	25	1	1	22.4
Last 2 Min. Half	-	18	7	38.9	76	4.2	0	2	3	18	0	1	12.5	2 Wide Receivers	30	14	46.7	133	4.4	0	4	4	32	1	1	19.9
4th qtr, +/-7 pts	-	22	10	45.5	105	4.8	0	1	6	16	0	0	40.9	3+ WR	91	45	49.5	543	6.0	2	6	26	147	5	3	48.0
Winning	-	14	8	57.1	65	4.6	0	0	5	12	0	1	69.0	Attempts 1-10	57	29	50.9	322	5.6	1	4	14	91	3	0	44.6
Tied	-	19	9	47.4	82	4.3	0	0	4	3	1	0	59.5	Attempts 11-20	37	19	51.4	228	6.2	1	4	11	26	1	0	40.0
Trailing	-	91	43	47.3	537	5.9	2	10	22	142	5	3	33.8	Attempts 21+	30	12	40.0	134	4.5	0	2	6	62	2	0	26.2

1997 Incompletions

Type	Num	%of Inc	%of Att
Pass Dropped	7	10.9	5.6
Poor Throw	28	43.8	22.6
Pass Defensed	14	21.9	11.3
Pass Hit at Line	3	4.7	2.4
Other	12	18.8	9.7
Total	64	100.0	51.6

Game Logs (1-8)

Date	Opp	Result	Att	Cm	Pct	Yds	TD	Int	Lg	Sk	F-L
08/31	Min	L 13-34	-	-	-	-	-	-	-	-	-
09/07	@NYA	W 28-22	-	-	-	-	-	-	-	-	-
09/14	@KC	L 16-22	-	-	-	-	-	-	-	-	-
09/21	Ind	W 37-35	-	-	-	-	-	-	-	-	-
10/05	Det	W 22-13	-	-	-	-	-	-	-	-	-
10/12	@NE	L 6-33	7	3	42.9	22	0	2	12	0-0	0-0
10/20	@Ind	W 9-6	-	-	-	-	-	-	-	-	-
10/26	Den	L 20-23	24	12	50.0	177	2	1	31	1-1	0-0

Game Logs (9-16)

Date	Opp	Result	Att	Cm	Pct	Yds	TD	Int	Lg	Sk	F-L
11/02	Mia	W 9-6	22	13	59.1	89	0	0	15	1	2-0
11/09	NE	L 10-31	12	3	25.0	38	0	3	29	1	0-0
11/17	@Mia	L 13-30	-	-	-	-	-	-	-	-	-
11/23	@Ten	L 14-31	-	-	-	-	-	-	-	-	-
11/30	NYA	W 20-10	-	-	-	-	-	-	-	-	-
12/07	@Chi	L 3-20	-	-	-	-	-	-	-	-	-
12/14	Jac	L 14-20	15	6	40.0	103	0	1	39	0	0-0
12/20	@GB	L 21-31	44	23	52.3	255	0	3	29	1	0-0

Wesley Walls — Carolina Panthers — TE

1997 Receiving Splits

	G	Rec	Yds	Avg	TD	Lg	Big	YAC	Trgt	Y@C	1st	1st%		Rec	Yds	Avg	TD	Lg	Big	YAC	Trgt	Y@C	1st	1st%
Total	15	58	746	12.9	6	52	3	198	97	9.4	41	70.7	Inside 20	9	69	7.7	5	19	0	7	17	6.9	6	66.7
vs. Playoff	6	17	202	11.9	3	24	0	35	27	9.8	11	64.7	Inside 10	4	19	4.8	3	8	0	3	8	4.0	4	100.0
vs. Non-playoff	9	41	544	13.3	3	52	3	163	70	9.3	30	73.2	1st Down	30	406	13.5	2	27	2	97	45	10.3	22	73.3
vs. Own Division	7	35	455	13.0	1	52	2	134	50	9.2	24	68.6	2nd Down	17	215	12.6	2	52	1	77	27	8.1	11	64.7
Home	7	21	240	11.4	2	24	0	58	41	8.7	13	61.9	3rd Down Overall	10	120	12.0	1	24	0	24	13	9.6	7	70.0
Away	8	37	506	13.7	4	52	3	140	56	9.9	28	75.7	3rd D 0-2 to Go	2	17	8.5	0	10	0	0	2	8.5	2	100.0
Games 1-8	8	26	387	14.9	5	52	3	113	46	10.5	21	80.8	3rd D 3-7 to Go	5	72	14.4	1	24	0	18	13	10.8	4	80.0
Games 9-16	7	32	359	11.2	1	24	0	85	51	8.6	20	62.5	3rd D 8+ to Go	3	31	10.3	0	13	0	6	8	8.3	1	33.3
Aug/Sept	5	15	264	17.6	4	52	3	93	29	11.4	13	86.7	4th Down	1	5	5.0	1	5	0	0	2	5.0	1	100.0
October	3	11	123	11.2	1	23	0	20	17	9.4	8	72.7	Rec Behind Line	1	0	0.0	0	0	0	4	0.0	0	0.0		
November	5	29	346	11.9	1	24	0	83	43	9.1	19	65.5	1-10 yds	35	326	9.3	3	21	0	90	52	6.7	21	60.0
December	2	3	13	4.3	0	8	0	2	8	3.7	1	33.3	11-20 yds	19	360	18.9	2	52	2	104	32	13.5	17	89.5
Grass	10	32	378	11.8	5	25	1	88	60	9.1	22	68.8	21-30 yds	2	49	24.5	1	25	1	4	5	22.5	2	100.0
Turf	5	26	368	14.2	1	52	2	110	37	9.9	19	73.1	31+	0	0	-	0	0	0	0	1	-	0	-
Indoor	4	24	355	14.8	1	52	2	108	32	10.3	18	75.0	Left Sideline	5	80	16.0	0	23	0	22	8	11.6	5	100.0
Outdoor	11	34	391	11.5	5	25	1	90	65	8.9	23	67.6	Left Side	8	98	12.3	3	24	0	28	12	8.8	8	100.0
1st Half	-	24	294	12.3	2	25	1	62	49	7.9	16	66.7	Middle	9	167	18.6	1	52	1	66	15	11.2	8	88.9
2nd Half/OT	-	34	452	13.3	4	52	2	136	49	9.3	25	73.5	Right Side	18	216	12.0	2	25	1	35	33	10.1	9	50.0
Last 2 Min. Half	-	4	34	8.5	0	14	0	10	8	6.0	1	25.0	Right Sideline	17	174	10.2	0	27	1	47	28	7.5	10	58.8
4th qtr, +/-7 pts	-	15	204	13.6	1	52	1	63	24	9.4	8	53.3	Shotgun	0	0	-	0	0	0	0	0	-	0	-
Winning	-	14	160	11.4	1	23	0	48	30	8.0	11	78.6	2 Wide Receivers	31	481	15.5	2	52	3	145	49	10.8	26	83.9
Tied	-	16	177	11.1	0	21	0	34	24	8.9	11	68.8	3 Wide Receivers	16	151	9.4	0	21	0	46	25	6.6	9	56.3
Trailing	-	28	409	14.6	5	52	3	116	43	10.5	19	67.9	4+ WR	7	90	12.9	2	24	0	7	17	11.9	3	42.9

1997 Incompletions

Type	Num	%of Inc	%of Att
Pass Dropped	5	12.8	5.2
Poor Throw	11	28.2	11.3
Pass Defensed	12	30.8	12.4
Pass Hit at Line	2	5.1	2.1
Other	9	23.1	9.3
Total	39	100.0	40.2

Game Logs (1-8)

Date	Opp	Result	Rec	Yds	Trgt	F-L	TD
08/31	Was	L 10-24	2	40	7	0-0	1
09/07	@Atl	W 9-6	7	147	10	0-0	0
09/14	@SD	W 26-7	3	34	7	0-0	2
09/21	KC	L 14-35	1	19	2	0-0	1
09/29	SF	L 21-34	2	24	3	0-0	0
10/12	@Min	L 14-21	5	55	7	0-0	0
10/19	@NO	W 13-0	4	47	6	0-0	0
10/26	Atl	W 21-12	2	21	4	0-0	0

Game Logs (9-16)

Date	Opp	Result	Rec	Yds	Trgt	F-L	TD
11/02	Oak	W 38-14	5	73	10	0-0	0
11/09	@Den	L 0-34	4	57	6	0-0	0
11/16	@SF	L 19-27	4	47	6	0-0	1
11/23	@StL	W 16-10	8	106	9	0-0	0
11/30	NO	L 13-16	8	63	12	0-0	0
12/08	@Dal	W 23-13	2	13	5	0-0	0
12/14	GB	L 10-31	1	0	3	0-0	0
12/20	StL	L 18-30	-	-	-	-	-

Chris Warren — Seattle Seahawks — RB

1997 Rushing and Receiving Splits

	G	Rush	Yds	Avg	Lg	TD	1st	Stf	YdL	Rec	Yds	Avg	TD		Rush	Yds	Avg	Lg	TD	1st	Stf	YdL	Rec	Yds	Avg	TD
Total	15	200	847	4.2	36	4	39	25	58	45	257	5.7	0	Inside 20	18	31	1.7	9	3	3	2	9	4	19	4.8	0
vs. Playoff	5	58	265	4.6	28	0	14	8	17	15	84	5.6	0	Inside 10	12	31	2.6	9	3	3	0	0	1	-5	-5.0	0
vs. Non-playoff	10	142	582	4.1	36	4	25	17	41	30	173	5.8	0	1st Down	109	449	4.1	28	1	15	16	38	27	162	6.0	0
vs. Own Division	8	98	392	4.0	28	2	22	13	29	23	149	6.5	0	2nd Down	75	296	3.9	27	1	16	9	20	10	39	3.9	0
Home	7	90	405	4.5	28	2	16	11	28	17	88	5.2	0	3rd Down Overall	16	102	6.4	36	2	8	0	0	8	56	7.0	0
Away	8	110	442	4.0	36	2	23	14	30	28	169	6.0	0	3rd D 0-2 to Go	11	76	6.9	36	2	7	0	0	0	0	-	0
Games 1-8	7	78	338	4.3	36	2	14	9	21	18	108	6.0	0	3rd D 3-7 to Go	3	21	7.0	18	0	1	0	0	1	2	2.0	0
Games 9-16	8	122	509	4.2	28	2	25	16	37	27	149	5.5	0	3rd D 8+ to Go	2	5	2.5	5	0	0	0	0	7	54	7.7	0
Aug/Sept	5	52	225	4.3	36	1	8	7	16	13	54	4.2	0	4th Down	0	0	-	0	0	0	0	0	0	0	-	0
October	2	26	113	4.3	20	1	6	2	5	5	54	10.8	0	Left Sideline	16	117	7.3	28	0	6	2	5	13	82	6.3	0
November	5	75	320	4.3	27	1	16	9	24	14	138	5.8	0	Left Side	45	109	2.4	10	1	4	9	21	9	50	5.6	0
December	3	47	189	4.0	28	1	9	7	18	3	11	3.7	0	Middle	78	309	4.0	27	2	14	6	14	5	36	7.2	0
Grass	5	66	257	3.9	28	2	16	9	18	13	61	4.7	0	Right Side	47	205	4.4	36	1	9	6	12	11	56	5.1	0
Turf	10	134	590	4.4	36	2	23	16	40	32	196	6.1	0	Right Sideline	14	107	7.6	28	0	6	2	6	7	33	4.7	0
Indoor	10	134	590	4.4	36	2	23	16	40	32	196	6.1	0	0 Tight Ends	23	121	5.3	27	0	5	3	4	12	98	8.2	0
Outdoor	5	66	257	3.9	28	2	16	9	18	13	61	4.7	0	1 Tight End	126	511	4.1	28	1	21	19	44	19	75	3.9	0
1st Half	-	86	332	3.9	28	0	16	12	29	23	112	4.9	0	2 Tight Ends	43	200	4.7	36	1	11	4	10	14	84	6.0	0
2nd Half/OT	-	114	515	4.5	36	4	23	13	29	22	145	6.6	0	3+ Tight Ends	8	15	1.9	6	2	2	0	0	0	0	-	0
Last 2 Min. Half	-	14	58	4.1	11	0	2	0	0	4	28	7.0	0	Carries 1-5	75	321	4.3	21	1	18	10	26	0	0	-	0
4th qtr, +/-7 pts	-	23	109	4.7	18	0	4	3	4	7	68	9.7	0	Carries 6-10	71	320	4.5	36	2	14	10	21	0	0	-	0
Winning	-	66	322	4.9	36	1	10	8	19	13	77	5.9	0	Carries 11-15	40	152	3.8	19	1	6	3	9	0	0	-	0
Tied	-	27	90	3.3	11	1	6	2	4	6	35	5.8	0	Carries 16-20	12	52	4.3	11	0	1	2	2	0	0	-	0
Trailing	-	107	435	4.1	27	2	23	15	35	26	145	5.6	0	Carries 21+	2	2	1.0	2	0	0	0	0	0	0	-	0

1997 Incompletions

Type	Num	%of Inc	% Att
Pass Dropped	4	44.4	7.4
Poor Throw	2	22.2	3.7
Pass Defensed	2	22.2	3.7
Pass Hit at Line	0	0.0	0.0
Other	1	11.1	1.9
Total	9	100.0	16.7

Game Logs (1-8)

Date	Opp	Result	Rush	Yds	Rec	Yds	Trgt	F-L	TD
08/31	NYA	L 3-41	15	64	2	-13	2	1-1	0
09/07	Den	L 14-35	11	26	2	15	2	0-0	0
09/14	@Ind	W 31-3	9	61	6	45	7	0-0	0
09/21	SD	W 26-22	9	21	5	5	1	0-0	0
09/28	@KC	L 17-20	8	53	2	2	2	0-0	0
10/05	Ten	W 16-13	-	-	-	-	-	-	-
10/19	@StL	W 17-9	13	37	2	25	2	0-0	0
10/26	Oak	W 45-34	13	76	3	29	4	0-0	0

Game Logs (9-16)

Date	Opp	Result	Rush	Yds	Rec	Yds	Trgt	F-L	TD
11/02	@Den	L 27-30	28	6	1-0	0			
11/09	@SD	W 37-31	16	59	4	21	5	0-0	1
11/16	@NO	L 17-20	22	87	7	38	9	0-0	0
11/23	KC	L 14-19	10	32	5	38	8	0-0	0
11/30	Atl	L 17-24	15	87	3	13	3	0-0	0
12/07	@Bal	L 24-31	11	20	1	-1	1	0-0	0
12/14	@Oak	W 22-21	19	70	1	11	2	0-0	1
12/21	SF	W 38-9	17	99	1	1	2	0-0	0

Ricky Watters
Philadelphia Eagles — RB

1997 Rushing and Receiving Splits

	G	Rush	Yds	Avg	Lg	TD	1st	Stf	YdL	Rec	Yds	Avg	TD		Rush	Yds	Avg	Lg	TD	1st	Stf	YdL	Rec	Yds	Avg	TD
Total	16	285	1110	3.9	28	7	55	22	37	48	440	9.2	0	Inside 20	48	98	2.0	16	7	11	4	5	2	12	6.0	0
vs. Playoff	7	115	396	3.4	28	2	21	13	25	23	241	10.5	0	Inside 10	23	30	1.3	16	7	2	2	2	0	0	-	0
vs. Non-playoff	9	170	714	4.2	27	5	34	9	12	25	199	8.0	0	1st Down	178	738	4.1	28	3	21	13	22	21	165	7.9	0
vs. Own Division	8	154	604	3.9	24	5	30	10	14	22	197	9.0	0	2nd Down	80	276	3.5	20	3	19	8	14	19	190	10.0	0
Home	8	164	583	3.6	28	5	34	11	17	18	173	9.6	0	3rd Down Overall	25	93	3.7	27	1	13	1	1	8	85	10.6	0
Away	8	121	527	4.4	27	2	21	11	20	30	267	8.9	0	3rd D 0-2 to Go	18	26	1.4	5	1	11	1	1	0	0	-	0
Games 1-8	8	164	648	4.0	24	4	34	12	21	27	247	9.1	0	3rd D 3-7 to Go	2	33	16.5	27	0	2	0	0	4	36	9.0	0
Games 9-16	8	121	462	3.8	28	3	21	10	16	21	193	9.2	0	3rd D 8+ to Go	5	34	6.8	13	0	0	0	0	4	49	12.3	0
Aug/Sept	4	74	329	4.4	24	1	16	5	7	17	99	5.8	0	4th Down	2	3	1.5	2	0	2	0	0	0	0	-	0
October	4	90	319	3.5	14	3	18	7	14	10	148	14.8	0	Left Sideline	31	168	5.4	27	0	8	3	5	20	149	7.5	0
November	5	86	298	3.5	28	1	12	9	14	14	143	10.2	0	Left Side	89	313	3.5	24	1	18	9	16	9	100	11.1	0
December	3	35	164	4.7	27	2	9	1	2	7	50	7.1	0	Middle	130	457	3.5	16	6	25	8	11	4	44	11.0	0
Grass	4	55	184	3.3	14	0	5	7	14	12	133	11.1	0	Right Side	33	168	5.1	28	0	4	2	5	8	91	11.4	0
Turf	12	230	926	4.0	28	7	50	15	23	36	307	8.5	0	Right Sideline	2	4	2.0	4	0	0	0	0	7	56	8.0	0
Indoor	2	28	156	5.6	27	1	8	2	3	9	62	6.9	0	0 Tight Ends	32	231	7.2	27	0	8	0	1	15	105	7.0	0
Outdoor	14	257	954	3.7	28	6	47	20	34	39	378	9.7	0	1 Tight End	152	590	3.9	24	1	22	11	18	28	294	10.5	0
1st Half	-	155	616	4.0	28	3	30	12	17	20	187	9.4	0	2 Tight Ends	89	279	3.1	28	1	19	10	18	5	41	8.2	0
2nd Half/OT	-	130	494	3.8	24	4	25	10	20	28	253	9.0	0	3+ Tight Ends	12	10	0.8	3	5	6	1	1	0	0	-	0
Last 2 Min. Half	-	12	76	6.3	14	0	3	0	0	7	48	6.9	0	Carries 1-5	80	323	4.0	28	1	17	10	15	0	0	-	0
4th qtr, +/-7 pts	-	39	163	4.2	24	2	10	4	5	3	39	13.0	0	Carries 6-10	78	288	3.7	16	2	13	2	2	0	0	-	0
Winning	-	91	311	3.4	20	3	15	7	12	10	118	11.8	0	Carries 11-15	65	298	4.6	23	2	13	4	12	0	0	-	0
Tied	-	72	341	4.7	28	1	17	6	9	13	75	5.8	0	Carries 16-20	43	157	3.7	24	1	7	4	6	0	0	-	0
Trailing	-	122	458	3.8	24	3	23	9	16	25	247	9.9	0	Carries 21+	19	44	2.3	11	1	5	2	2	0	0	-	0

1997 Incompletions

Type	Num	%of Inc	% Att
Pass Dropped	8	32.0	11.0
Poor Throw	10	40.0	13.7
Pass Defensed	0	0.0	0.0
Pass Hit at Line	1	4.0	1.4
Other	6	24.0	8.2
Total	25	100.0	34.2

Game Logs (1-8)

Date	Opp	Result	Rush	Yds	Rec	Yds	Trgt	F-L	TD
08/31	@NYN	L 17-31	18	81	4	58	9	0-0	1
09/07	GB	W 10-9	23	81	3	0	5	0-0	0
09/15	@Dal	L 20-21	20	106	5	14	5	0-0	0
09/28	@Min	L 19-28	13	61	5	27	6	0-0	0
10/05	Was	W 24-10	31	104	2	36	2	1-0	2
10/12	@Jac	L 21-38	15	44	4	69	6	0-0	0
10/19	Ari	W 13-10	24	83	3	39	5	0-0	1
10/26	Dal	W 13-12	20	88	1	4	3	0-0	0

Game Logs (9-16)

Date	Opp	Result	Rush	Yds	Rec	Yds	Trgt	F-L	TD
11/02	@Ari	L 21-31	21	73	4	31	5	0-0	0
11/10	SF	L 12-24	14	42	2	22	4	1-1	0
11/16	@Bal	T 10-10	11	37	4	33	5	0-0	0
11/23	Pit	W 23-20	20	48	2	50	3	0-0	0
11/30	Cin	W 44-42	20	98	2	7	4	1-1	1
12/07	NYN	L 21-31	12	39	3	15	7	0-0	1
12/14	@Atl	L 17-20	15	95	4	35	5	0-0	1
12/21	@Was	L 32-35	8	30	0	0	1	0-0	0

Charles Way
New York Giants — FB

1997 Rushing and Receiving Splits

	G	Rush	Yds	Avg	Lg	TD	1st	Stf	YdL	Rec	Yds	Avg	TD		Rush	Yds	Avg	Lg	TD	1st	Stf	YdL	Rec	Yds	Avg	TD
Total	16	151	698	4.6	42	4	37	11	24	37	304	8.2	1	Inside 20	16	46	2.9	15	4	4	1	2	3	6	2.0	1
vs. Playoff	3	24	134	5.6	28	0	8	2	4	5	37	7.4	0	Inside 10	8	17	2.1	5	3	3	0	0	2	4	2.0	1
vs. Non-playoff	13	127	564	4.4	42	4	29	9	20	32	267	8.3	1	1st Down	88	371	4.2	28	3	13	5	13	14	165	11.8	1
vs. Own Division	8	87	448	5.1	42	2	20	4	6	14	124	8.9	0	2nd Down	57	311	5.5	42	1	20	6	11	13	65	5.0	0
Home	8	69	298	4.3	42	4	20	5	13	22	186	8.5	1	3rd Down Overall	5	14	2.8	8	0	3	0	0	10	74	7.4	0
Away	8	82	400	4.9	37	0	17	6	11	15	118	7.9	0	3rd D 0-2 to Go	4	11	2.8	8	0	3	0	0	0	0	-	0
Games 1-8	8	53	256	4.8	37	1	13	3	7	22	211	9.6	1	3rd D 3-7 to Go	1	3	3.0	3	0	0	0	0	6	46	7.7	0
Games 9-16	8	98	442	4.5	42	3	24	8	17	15	93	6.2	0	3rd D 8+ to Go	0	0	-	0	0	0	0	0	4	28	7.0	0
Aug/Sept	5	23	61	2.7	13	0	4	3	7	17	178	10.5	1	4th Down	1	2	2.0	2	0	1	0	0	0	0	-	0
October	4	50	270	5.4	37	3	15	2	4	8	76	9.5	0	Left Sideline	10	33	3.3	10	0	1	1	2	5	33	6.6	0
November	4	42	227	5.4	42	0	12	3	9	9	48	5.3	0	Left Side	26	119	4.6	17	1	6	0	0	4	28	7.0	0
December	3	36	140	3.9	22	1	6	3	4	3	22	7.3	0	Middle	78	308	3.9	37	3	18	4	11	9	73	8.1	0
Grass	4	38	192	5.1	37	0	9	3	7	7	36	5.1	0	Right Side	26	126	4.8	42	0	5	5	9	12	78	6.5	1
Turf	12	113	506	4.5	42	4	28	8	17	30	268	8.9	1	Right Sideline	11	112	10.2	19	0	7	1	2	7	92	13.1	0
Indoor	2	19	117	6.2	28	0	5	0	0	7	77	11.0	0	0 Tight Ends	0	0	-	0	0	0	0	0	10	88	8.8	0
Outdoor	14	132	581	4.4	42	4	32	11	24	30	227	7.6	1	1 Tight End	60	284	4.7	37	1	14	7	17	21	177	8.4	0
1st Half	-	68	269	4.0	17	2	16	4	6	20	177	8.9	1	2 Tight Ends	84	400	4.8	42	1	18	7	13	5	38	7.6	0
2nd Half/OT	-	83	429	5.2	42	2	21	7	18	17	127	7.5	0	3+ Tight Ends	6	11	1.8	5	2	2	0	0	1	1	1.0	1
Last 2 Min. Half	-	3	12	4.0	8	0	2	0	0	3	9	3.0	1	Carries 1-5	74	273	3.7	15	2	18	7	15	0	0	-	0
4th qtr, +/-7 pts	-	26	101	3.9	28	1	5	2	5	5	35	7.0	0	Carries 6-10	41	256	6.2	42	1	8	1	3	0	0	-	0
Winning	-	65	335	5.2	42	2	16	3	7	12	80	6.7	0	Carries 11-15	26	150	5.8	37	1	11	2	4	0	0	-	0
Tied	-	52	221	4.3	17	0	12	4	7	8	90	11.3	0	Carries 16-20	10	19	1.9	5	0	0	1	2	0	0	-	0
Trailing	-	34	142	4.2	19	2	9	4	10	17	134	7.9	1	Carries 21+	0	0	-	0	0	0	0	0	0	0	-	0

1997 Incompletions

Type	Num	%of Inc	% Att
Pass Dropped	5	35.7	9.8
Poor Throw	6	42.9	11.8
Pass Defensed	0	0.0	0.0
Pass Hit at Line	0	0.0	0.0
Other	3	21.4	5.9
Total	14	100.0	27.5

Game Logs (1-8)

Date	Opp	Result	Rush	Yds	Rec	Yds	Trgt	F-L	TD
08/31	Phi	W 31-17	3	5	3	63	4	0-0	0
09/07	@Jac	L 13-40	4	16	0	0	0	0-0	0
09/14	Bal	L 23-24	4	11	4	11	6	0-0	1
09/21	@StL	L 3-13	6	27	6	69	6	0-0	0
09/28	NO	W 14-9	6	2	4	35	5	0-0	0
10/05	Dal	W 20-17	4	14	2	8	2	0-0	0
10/12	@Ari	W 27-13	13	91	2	17	5	0-0	0
10/19	@Det	W 26-20	13	90	1	8	2	0-0	0

Game Logs (9-16)

Date	Opp	Result	Rush	Yds	Rec	Yds	Trgt	F-L	TD
10/26	Cin	W 29-27	20	75	3	23	3	1-0	2
11/09	@Ten	L 6-10	4	1	1	5	1	0-0	0
11/16	Ari	W 19-10	14	114	0	0	0	0-0	0
11/23	@Was	T 7-7	17	84	4	14	6	1-0	0
11/30	TB	L 8-20	7	28	4	29	6	0-0	0
12/07	@Phi	W 31-21	18	76	0	0	0	0-0	1
12/13	Was	W 30-10	11	49	2	17	2	0-0	0
12/21	@Dal	W 20-7	7	15	1	5	2	1-0	0

Michael Westbrook — Washington Redskins — WR

1997 Receiving Splits

	G	Rec	Yds	Avg	TD	Lg	Big	YAC	Trgt	Y@C	1st	1st%		Rec	Yds	Avg	TD	Lg	Big	YAC	Trgt	Y@C	1st	1st%
Total	13	34	559	16.4	3	40	6	142	92	12.3	30	88.2	Inside 20	4	20	5.0	2	7	0	0	5	5.0	3	75.0
vs. Playoff	5	16	271	16.9	0	33	4	108	41	10.2	14	87.5	Inside 10	2	12	6.0	2	7	0	0	2	6.0	2	100.0
vs. Non-playoff	8	18	288	16.0	3	40	2	34	51	14.1	16	88.9	1st Down	6	81	13.5	0	16	0	18	29	10.5	6	100.0
vs. Own Division	8	24	373	15.5	3	40	3	68	62	12.7	20	83.3	2nd Down	11	225	20.5	2	40	3	38	30	17.0	9	81.8
Home	7	28	438	15.6	3	40	4	117	61	11.5	24	85.7	3rd Down Overall	16	240	15.0	1	31	3	82	32	9.9	14	87.5
Away	6	6	121	20.2	0	38	2	25	31	16.0	6	100.0	3rd D 0-2 to Go	1	8	8.0	0	8	0	4	2	4.0	1	100.0
Games 1-8	6	11	213	19.4	2	40	3	34	28	16.3	11	100.0	3rd D 3-7 to Go	6	86	14.3	1	31	2	31	13	9.2	5	83.3
Games 9-16	7	23	346	15.0	1	33	3	108	64	10.3	19	82.6	3rd D 8+ to Go	9	146	16.2	0	28	1	47	17	11.0	8	88.9
Aug/Sept	4	6	119	19.8	2	40	2	28	18	15.2	6	100.0	4th Down	1	13	13.0	0	13	0	4	1	9.0	1	100.0
October	2	5	94	18.8	0	38	1	6	10	17.6	5	100.0	Rec Behind Line	0	0	-	0	0	0	0	2	-	0	-
November	4	16	258	16.1	0	33	3	90	46	10.5	14	87.5	1-10 yds	17	178	10.5	2	20	0	66	33	6.6	14	82.4
December	3	7	88	12.6	1	20	0	18	18	10.0	5	71.4	11-20 yds	14	274	19.6	0	33	3	63	43	15.1	13	92.9
Grass	9	30	468	15.6	3	40	4	128	71	11.3	26	86.7	21-30 yds	1	29	29.0	0	29	1	8	9	21.0	1	100.0
Turf	4	4	91	22.8	0	38	2	14	21	19.3	4	100.0	31+	2	78	39.0	1	40	2	5	5	36.5	2	100.0
Indoor	0	0	0	-	0	0	0	0	0	-	0	-	Left Sideline	13	248	19.1	1	40	3	47	31	15.5	12	92.3
Outdoor	13	34	559	16.4	3	40	6	142	92	12.3	30	88.2	Left Side	6	98	16.3	0	33	1	25	16	12.2	5	83.3
1st Half	-	10	161	16.1	1	33	3	50	36	11.1	9	90.0	Middle	5	105	21.0	0	29	2	34	10	14.2	5	100.0
2nd Half/OT	-	24	398	16.6	2	40	3	92	56	12.8	21	87.5	Right Side	7	82	11.7	0	20	0	32	14	7.1	5	71.4
Last 2 Min. Half	-	0	0	0	0	0	0	0	0	10	-	0	Right Sideline	3	26	8.7	2	14	0	4	21	7.3	3	100.0
4th qtr, +/-7 pts	-	8	106	13.3	1	21	0	19	23	10.9	7	87.5	Shotgun	1	20	20.0	0	16	8	4.0	1	100.0		
Winning	-	13	215	16.5	1	33	2	84	30	10.1	11	84.6	2 Wide Receivers	17	320	18.8	3	40	4	83	43	13.9	17	100.0
Tied	-	10	172	17.2	1	40	2	38	29	13.4	8	80.0	3 Wide Receivers	13	198	15.2	0	31	2	38	41	12.3	10	76.9
Trailing	-	11	172	15.6	1	38	2	20	33	13.8	11	100.0	4+ WR	2	29	14.5	0	20	0	17	5	6.0	2	100.0

1997 Incompletions

Type	Num	%of Inc	%of Att
Pass Dropped	4	6.9	4.3
Poor Throw	30	51.7	32.6
Pass Defensed	9	15.5	9.8
Pass Hit at Line	2	3.4	2.2
Other	13	22.4	14.1
Total	58	100.0	63.0

Game Logs (1-8)

Date	Opp	Result	Rush	Yds	Rec	Yds	Trgt	F-L	TD
08/31	@Car	W 24-10	0	0	0	0	3	0-0	0
09/07	@Pit	L 13-14	1	-2	1	29	4	0-0	0
09/14	Ari	W 19-13	0	0	3	66	8	0-0	2
09/28	Jac	W 24-12	1	-16	2	24	3	0-0	0
10/05	@Phi	L 10-24	0	0	3	62	7	0-0	0
10/13	Dal	W 21-16	0	0	2	32	3	0-0	0
10/19	@Ten	L 14-28	-	-	-	-	-	-	-
10/26	Bal	L 17-20	-	-	-	-	-	-	-

Game Logs (9-16)

Date	Opp	Result	Rush	Yds	Rec	Yds	Trgt	F-L	TD
11/02	@Chi	W 31-8							
11/09	Det	W 30-7	0	0	4	93	8	0-0	0
11/16	@Dal	L 14-17	0	0	0	5	0-0	0	
11/23	NYN	T 7-7	0	0	9	125	21	0-0	0
11/30	StL	L 20-23	0	0	3	40	12	0-0	0
12/07	@Ari	W 38-28	1	7	2	30	7	0-0	0
12/13	@NYN	L 10-30	0	0	0	0	5	0-0	0
12/21	Phi	W 35-32	0	0	5	58	5	0-0	1

Ryan Wetnight — Chicago Bears — TE

1997 Receiving Splits

	G	Rec	Yds	Avg	TD	Lg	Big	YAC	Trgt	Y@C	1st	1st%		Rec	Yds	Avg	TD	Lg	Big	YAC	Trgt	Y@C	1st	1st%
Total	16	46	464	10.1	1	34	2	215	65	5.4	23	50.0	Inside 20	4	19	4.8	0	6	0	11	7	2.0	0	0.0
vs. Playoff	10	25	244	9.8	0	34	1	131	36	4.5	11	44.0	Inside 10	1	4	4.0	0	4	0	4	2	0.0	0	0.0
vs. Non-playoff	6	21	220	10.5	1	30	1	84	29	6.5	12	57.1	1st Down	18	186	10.3	0	24	0	76	24	6.1	9	50.0
vs. Own Division	8	16	137	8.6	0	21	0	59	27	4.9	7	43.8	2nd Down	14	121	8.6	1	30	1	58	18	4.5	5	35.7
Home	8	17	200	11.8	1	30	1	86	29	6.7	10	58.8	3rd Down Overall	14	157	11.2	0	34	1	81	23	5.4	9	64.3
Away	8	29	264	9.1	0	34	1	129	36	4.7	13	44.8	3rd D 0-2 to Go	2	37	18.5	0	34	1	33	2	2.0	2	100.0
Games 1-8	8	19	212	11.2	0	34	1	122	29	4.7	10	52.6	3rd D 3-7 to Go	7	80	11.4	0	21	0	33	12	6.7	5	71.4
Games 9-16	8	27	252	9.3	1	30	1	93	36	5.9	13	48.1	3rd D 8+ to Go	5	40	8.0	0	15	0	15	9	5.0	2	40.0
Aug/Sept	5	10	100	10.0	0	34	1	55	15	4.5	4	40.0	4th Down	0	0	-	0	0	0	0	0	-	0	-
October	3	9	112	12.4	0	24	0	67	14	5.0	6	66.7	Rec Behind Line	4	14	3.5	0	6	0	14	4	0.0	0	0.0
November	5	16	130	8.1	0	21	0	62	22	4.3	6	37.5	1-10 yds	34	308	9.1	0	34	1	183	48	3.7	15	44.1
December	3	11	122	11.1	1	30	1	31	14	8.3	7	63.6	11-20 yds	6	91	15.2	0	24	0	13	11	13.0	6	100.0
Grass	12	31	354	11.4	1	34	2	167	47	6.0	17	54.8	21-30 yds	2	51	25.5	1	30	1	5	2	23.0	2	100.0
Turf	4	15	110	7.3	0	21	0	48	18	4.1	6	40.0	31+	0	0	-	0	0	0	0	0	-	0	-
Indoor	3	12	97	8.1	0	21	0	37	15	5.0	5	41.7	Left Sideline	11	90	8.2	0	15	0	43	16	4.3	5	45.5
Outdoor	13	34	367	10.8	1	34	2	178	50	5.6	18	52.9	Left Side	5	61	12.2	0	21	0	21	8	8.0	3	60.0
1st Half	-	27	291	10.8	1	30	1	116	37	6.5	16	59.3	Middle	17	142	8.4	0	21	0	51	22	5.4	7	41.2
2nd Half/OT	-	19	173	9.1	0	34	1	99	28	3.9	7	36.8	Right Side	5	74	14.8	0	24	0	37	9	7.4	4	80.0
Last 2 Min. Half	-	9	88	9.8	0	16	0	35	12	5.9	5	55.6	Right Sideline	8	97	12.1	1	34	2	63	10	4.3	4	50.0
4th qtr, +/-7 pts	-	2	15	7.5	0	9	0	10	4	2.5	0	0.0	Shotgun	0	0	-	0	0	0	0	0	-	0	-
Winning	-	12	122	10.2	1	30	1	50	17	6.0	6	50.0	2 Wide Receivers	19	194	10.2	0	30	1	92	25	5.4	9	47.4
Tied	-	9	106	11.8	0	24	0	47	15	6.6	7	77.8	3 Wide Receivers	22	207	9.4	0	34	1	98	34	5.0	9	40.9
Trailing	-	25	236	9.4	0	34	1	118	33	4.7	10	40.0	4+ WR	4	60	15.0	0	21	0	23	5	9.3	4	100.0

1997 Incompletions

Type	Num	%of Inc	%of Att
Pass Dropped	6	31.6	9.2
Poor Throw	6	31.6	9.2
Pass Defensed	4	21.1	6.2
Pass Hit at Line	0	0.0	0.0
Other	3	15.8	4.6
Total	19	100.0	29.2

Game Logs (1-8)

Date	Opp	Result	Rec	Yds	Trgt	F-L	TD
09/01	@GB	L 24-38	3	32	6	0-0	0
09/07	Min	L 24-27	1	9	2	0-0	0
09/14	Det	L 7-32	0	0	1	0-0	0
09/21	@NE	L 3-31	3	46	3	0-0	0
09/28	@Dal	L 3-27	3	13	3	0-0	0
10/05	NO	L 17-20	2	36	5	0-0	0
10/12	GB	L 23-24	1	15	3	0-0	0
10/27	@Mia	W 36-33	6	61	6	0-0	0

Game Logs (9-16)

Date	Opp	Result	Rec	Yds	Trgt	F-L	TD
11/02	Was	L 8-31	3	32	4	0-0	0
11/09	@Min	L 22-29	3	26	6	0-0	0
11/16	NYA	L 15-23	4	32	6	0-0	0
11/23	TB	W 13-7	1	6	1	0-0	0
11/27	@Det	L 20-55	5	34	6	0-0	0
12/07	Buf	W 20-3	5	70	6	1-0	0
12/14	@StL	W 13-10	4	37	5	0-0	0
12/21	@TB	L 15-31	2	15	3	0-0	0

Tyrone Wheatley — New York Giants — RB

1997 Rushing and Receiving Splits

	G	Rush	Yds	Avg	Lg	TD	1st	Stf	YdL	Rec	Yds	Avg	TD		Rush	Yds	Avg	Lg	TD	1st	Stf	YdL	Rec	Yds	Avg	TD
Total	14	152	583	3.8	38	4	32	15	36	16	140	8.8	0	Inside 20	24	32	1.3	8	4	5	4	6	0	0	-	0
vs. Playoff	3	23	86	3.7	38	0	3	3	9	7	52	7.4	0	Inside 10	15	25	1.7	8	4	4	1	1	0	0	-	0
vs. Non-playoff	11	129	497	3.9	34	4	29	12	27	9	88	9.8	0	1st Down	82	333	4.1	38	3	9	6	10	8	91	11.4	0
vs. Own Division	6	71	261	3.7	18	1	15	6	16	4	56	14.0	0	2nd Down	57	171	3.0	17	0	15	8	23	4	13	3.3	0
Home	7	81	295	3.6	38	3	15	9	18	7	68	9.7	0	3rd Down Overall	11	76	6.9	34	1	7	1	3	3	24	8.0	0
Away	7	71	288	4.1	34	1	17	6	18	9	72	8.0	0	3rd D 0-2 to Go	9	60	6.7	34	1	6	1	3	0	0	-	0
Games 1-8	8	81	279	3.4	18	2	17	7	15	12	120	10.0	0	3rd D 3-7 to Go	1	13	13.0	13	0	1	0	0	0	0	-	0
Games 9-16	6	71	304	4.3	38	2	15	8	21	4	20	5.0	0	3rd D 8+ to Go	1	3	3.0	3	0	0	0	0	3	24	8.0	0
Aug/Sept	5	30	109	3.6	15	1	6	3	3	7	61	8.7	0	4th Down	2	3	1.5	3	0	1	0	0	1	12	12.0	0
October	4	67	209	3.1	18	3	16	7	20	6	63	10.5	0	Left Sideline	22	110	5.0	34	0	5	3	5	5	61	12.2	0
November	4	50	245	4.9	38	0	9	5	13	3	16	5.3	0	Left Side	35	158	4.5	38	1	8	4	11	5	41	8.2	0
December	1	5	20	4.0	7	0	1	0	0	0	0	-	0	Middle	50	116	2.3	10	1	8	5	14	3	18	6.0	0
Grass	4	47	242	5.1	34	1	15	3	9	7	63	9.0	0	Right Side	31	145	4.7	17	1	7	2	2	3	20	6.7	0
Turf	10	105	341	3.2	38	3	17	12	27	9	77	8.6	0	Right Sideline	14	54	3.9	14	1	4	1	4	0	0	-	0
Indoor	2	19	26	1.4	5	0	1	3	9	2	9	4.5	0	0 Tight Ends	2	11	5.5	6	0	1	0	0	7	61	8.7	0
Outdoor	12	133	557	4.2	38	4	31	12	27	14	131	9.4	0	1 Tight End	109	394	3.6	38	2	17	10	22	9	79	8.8	0
1st Half	-	76	284	3.7	18	0	14	5	13	5	36	7.2	0	2 Tight Ends	35	174	5.0	34	0	12	5	14	0	0	-	0
2nd Half/OT	-	76	299	3.9	38	4	18	10	23	11	104	9.5	0	3+ Tight Ends	6	4	0.7	2	2	2	0	0	0	0	-	0
Last 2 Min. Half	-	7	17	2.4	9	0	2	2	4	5	43	8.6	0	Carries 1-5	61	240	3.9	18	0	9	3	8	0	0	-	0
4th qtr, +/-7 pts	-	30	93	3.1	15	3	7	5	12	1	4	4.0	0	Carries 6-10	50	180	3.6	38	1	11	7	14	0	0	-	0
Winning	-	48	163	3.4	15	2	12	6	15	4	28	7.0	0	Carries 11-15	30	127	4.2	34	1	9	3	8	0	0	-	0
Tied	-	51	197	3.9	17	0	8	2	6	1	9	9.0	0	Carries 16-20	9	24	2.7	6	1	2	2	6	0	0	-	0
Trailing	-	53	223	4.2	38	2	12	7	15	11	103	9.4	0	Carries 21+	2	12	6.0	8	1	0	0	0	0	0	-	0

1997 Incompletions

Type	Num	%of Inc	% Att
Pass Dropped	0	0.0	0.0
Poor Throw	3	33.3	12.0
Pass Defensed	0	0.0	0.0
Pass Hit at Line	1	11.1	4.0
Other	5	55.6	20.0
Total	9	100.0	36.0

Game Logs (1-8)

Date	Opp	Result	Rush	Yds	Rec	Yds	Trgt	F-L	TD
08/31	Phi	W 31-17	0	0	0	0	0	0-0	0
09/07	@Jac	L 13-40	1	6	4	39	5	0-0	0
09/14	Bal	L 23-24	12	33	2	16	2	0-0	1
09/21	@StL	L 3-13	6	10	1	6	3	0-0	0
09/28	NO	W 14-9	11	60	0	0	0	0-0	0
10/05	Dal	W 20-17	16	51	2	38	3	0-0	0
10/12	@Ari	W 27-13	22	103	2	18	4	0-0	1
10/19	@Det	W 26-20	13	16	1	3	3	0-0	0

Game Logs (9-16)

Date	Opp	Result	Rush	Yds	Rec	Yds	Trgt	F-L	TD
10/26	Cin	W 29-27	16	39	1	4	1	0-0	2
11/09	@Ten	L 6-10	13	94	1	6	1	0-0	0
11/16	Ari	W 19-10	17	48	0	0	0	0-0	0
11/23	@Was	T 7-7	11	39	0	0	0	1-0	0
11/30	TB	L 8-20	9	64	2	10	2	0-0	0
12/07	@Phi	W 31-21	5	20	0	0	1	2-0	0
12/13	Was	W 30-10	-	-	-	-	-	-	-
12/21	@Dal	W 20-7	-	-	-	-	-	-	-

Craig Whelihan — San Diego Chargers — QB

1997 Passing Splits

	G	Att	Cm	Pct	Yds	Y/Att	TD	Int	1st	YAC	Big	Sk	Rtg		Att	Cm	Pct	Yds	Y/Att	TD	Int	1st	YAC	Big	Sk	Rtg
Total	9	237	118	49.8	1357	5.7	6	10	63	534	10	21	58.3	Inside 20	23	8	34.8	67	2.9	4	2	7	22	0	3	46.9
vs. Playoff	5	125	57	45.6	600	4.8	3	6	30	234	4	6	48.1	Inside 10	9	2	22.2	1	0.1	1	1	1	0	0	2	37.0
vs. Non-playoff	4	112	61	54.5	757	6.8	3	4	33	300	6	15	69.7	1st Down	80	42	52.5	468	5.9	1	4	18	162	3	6	63.5
vs. Own Division	6	162	84	51.9	927	5.7	5	4	44	365	6	13	69.1	2nd Down	79	38	48.1	415	5.3	2	3	20	160	3	5	56.7
Home	5	167	89	53.3	1026	6.1	5	6	49	397	6	15	67.1	3rd Down Overall	73	36	49.3	454	6.2	3	3	24	210	4	8	65.7
Away	4	70	29	41.4	331	4.7	1	4	14	137	4	6	37.3	3rd D 0-5 to Go	13	5	34.2	175	7.3	1	1	13	65	1	2	74.1
Games 1-8	1	8	2	25.0	13	1.6	0	0	1	16	0	0	39.6	3rd D 6+ to Go	49	23	46.9	279	5.7	2	2	11	145	3	6	61.5
Games 9-16	8	229	116	50.7	1344	5.9	6	10	62	518	10	21	59.3	4th Down	5	2	40.0	20	4.0	0	0	1	2	0	1	52.1
Aug/Sept	0	0	0	-	0	-	0	0	0	0	0	0	-	Rec Behind Line	38	21	55.3	137	3.6	0	1	8	214	1	0	52.2
October	1	8	2	25.0	13	1.6	0	0	1	16	0	0	39.6	1-10 yds	121	68	56.2	579	4.8	4	4	30	214	0	6	66.1
November	5	140	66	47.1	801	5.7	5	6	31	278	8	12	59.3	11-20 yds	51	22	43.1	362	7.1	0	1	19	43	2	0	59.4
December	3	89	50	56.2	543	6.1	1	4	31	240	2	9	59.3	21-30 yds	15	2	13.3	79	5.3	0	3	2	29	2	0	9.4
Grass	8	221	110	49.8	1267	5.7	5	10	60	509	9	17	56.1	31+	10	4	40.0	191	19.1	2	1	4	34	4	0	87.5
Turf	1	16	8	50.0	90	5.6	1	0	3	25	1	4	88.0	Left Sideline	54	29	53.7	260	4.8	2	3	14	104	1	1	56.1
Indoor	0	0	0	-	0	-	0	0	0	0	0	0	-	Left Side	42	19	45.2	178	4.2	0	3	9	128	2	4	27.7
Outdoor	9	237	118	49.8	1357	5.7	6	10	63	534	10	21	58.3	Middle	46	27	58.7	388	8.4	3	2	17	143	3	15	89.8
1st Half	-	116	59	50.9	686	5.9	3	6	38	273	5	8	56.2	Right Side	46	24	52.2	238	5.2	0	1	11	87	1	0	58.1
2nd Half/OT	-	121	59	48.8	671	5.5	3	4	25	261	5	13	60.3	Right Sideline	48	19	39.6	293	6.1	1	1	12	72	3	1	58.8
Last 2 Min. Half	-	39	14	35.9	110	2.8	1	5	14	0	4	2	42.4	2 Wide Receivers	68	39	57.4	494	7.3	2	4	24	194	4	7	65.4
4th qtr, +/-7 pts	-	18	7	38.9	99	5.5	1	1	1	19	1	2	52.8	3+ WR	166	78	47.0	849	5.1	4	6	38	340	6	13	55.5
Winning	-	16	12	75.0	115	7.2	1	0	7	52	0	1	115.4	Attempts 1-10	88	45	51.1	601	6.8	3	3	29	257	6	0	70.3
Tied	-	45	17	37.8	284	6.3	1	5	14	125	3	4	27.7	Attempts 11-20	74	34	45.9	271	3.7	1	6	16	106	0	2	26.4
Trailing	-	176	89	50.6	958	5.4	4	5	42	357	7	16	62.6	Attempts 21+	75	39	52.0	485	6.5	2	1	18	171	4	0	75.7

1997 Incompletions

Type	Num	%of Inc	%of Att
Pass Dropped	14	11.8	5.9
Poor Throw	54	45.4	22.8
Pass Defensed	20	16.8	8.4
Pass Hit at Line	11	9.2	4.6
Other	20	16.8	8.4
Total	119	100.0	50.2

Game Logs (1-8)

Date	Opp	Result	Att	Cm	Pct	Yds	TD	Int	Lg	Sk	F-L
08/31	@NE	L 7-41	-	-	-	-	-	-	-	-	-
09/07	@NO	W20-6	-	-	-	-	-	-	-	-	-
09/14	Car	L 7-26	-	-	-	-	-	-	-	-	-
09/21	@Sea	L 22-26	-	-	-	-	-	-	-	-	-
09/28	Bal	W21-17	-	-	-	-	-	-	-	-	-
10/05	@Oak	W25-10	-	-	-	-	-	-	-	-	-
10/16	@KC	L 3-31	8	2	25.0	13	0	0	11	0 0-0	
10/26	Ind	W35-19	-	-	-	-	-	-	-	-	-

Game Logs (9-16)

Date	Opp	Result	Att	Cm	Pct	Yds	TD	Int	Lg	Sk	F-L
11/02	@Cin	L 31-38	16	8	50.0	90	1	0	44	4	0-0
11/09	Sea	L 31-38	29	17	58.6	206	2	1	61	4	3-1
11/16	Oak	L 13-38	26	14	53.8	202	0	0	42	1	0-0
11/23	@SF	L 10-17	18	4	22.2	81	0	3	39	0	0-0
11/30	Den	L 28-38	51	23	45.1	222	2	2	25	1	1-0
12/07	Atl	L 13-41	41	22	53.7	284	0	3	47	4	0-0
12/14	KC	L 7-29	20	13	65.0	137	1	0	16	3	2-1
12/21	@Den	L 3-38	28	15	53.6	147	0	1	27	2	0-0

Karl Williams — Tampa Bay Buccaneers — WR

1997 Receiving Splits

	G	Rec	Yds	Avg	TD	Lg	Big	YAC	Trgt	Y@C	1st	1st%		Rec	Yds	Avg	TD	Lg	Big	YAC	Trgt	Y@C	1st	1st%
Total	16	33	486	14.7	4	55	5	143	55	10.4	25	75.8	Inside 20	5	41	8.2	2	13	0	11	8	6.0	4	80.0
vs. Playoff	10	19	287	15.1	0	55	3	73	28	11.3	15	78.9	Inside 10	2	13	6.5	2	7	0	-1	4	7.0	2	100.0
vs. Non-playoff	6	14	199	14.2	4	37	2	70	27	9.2	10	71.4	1st Down	8	119	14.9	1	55	1	32	15	10.9	2	25.0
vs. Own Division	8	17	247	14.5	1	38	3	53	27	11.4	11	64.7	2nd Down	8	62	7.8	1	10	0	20	10	5.3	6	75.0
Home	8	21	330	15.7	2	55	4	98	28	11.0	16	76.2	3rd Down Overall	16	274	17.1	1	38	3	64	28	13.1	16	100.0
Away	8	12	156	13.0	2	37	1	45	27	9.3	9	75.0	3rd D 0-2 to Go	2	12	6.0	0	8	0	6	2	3.0	2	100.0
Games 1-8	8	10	178	17.8	1	55	2	58	16	12.0	8	80.0	3rd D 3-7 to Go	4	121	15.3	1	35	1	40	15	10.3	8	100.0
Games 9-16	8	23	308	13.4	3	38	3	85	39	9.7	17	73.9	3rd D 8+ to Go	6	140	23.3	0	38	2	18	11	20.3	6	100.0
Aug/Sept	5	6	136	22.7	1	55	2	48	10	14.7	5	83.3	4th Down	1	31	31.0	1	31	1	27	2	4.0	1	100.0
October	3	4	42	10.5	0	15	0	10	6	8.0	3	75.0	Rec Behind Line	1	3	3.0	0	3	0	3	2	0.0	0	0.0
November	5	14	174	12.4	2	37	1	52	25	8.7	11	78.6	1-10 yds	20	198	9.9	4	31	1	88	27	5.5	14	70.0
December	3	9	134	14.9	1	38	2	33	14	11.2	6	66.7	11-20 yds	9	155	17.2	0	35	1	32	15	13.7	8	88.9
Grass	10	24	383	16.0	2	55	5	104	35	11.6	17	70.8	21-30 yds	0	0	-	0	0	0	0	1	0	-	0
Turf	6	9	103	11.4	2	24	0	39	20	7.1	8	88.9	31+	3	130	43.3	0	55	3	20	8	36.7	3	100.0
Indoor	4	7	86	12.3	2	24	0	32	14	7.7	6	85.7	Left Sideline	8	133	16.6	1	37	2	26	14	13.4	6	75.0
Outdoor	12	26	400	15.4	2	55	5	111	41	11.1	19	73.1	Left Side	5	78	15.6	0	38	1	20	8	11.6	4	80.0
1st Half	-	19	246	12.9	2	37	2	65	32	9.5	17	89.5	Middle	7	131	18.7	1	55	1	24	10	15.3	6	85.7
2nd Half/OT	-	14	240	17.1	2	55	3	78	23	11.6	8	57.1	Right Side	10	82	8.2	0	15	0	28	13	5.4	7	70.0
Last 2 Min. Half	-	10	96	9.6	2	18	0	12	11	8.4	8	80.0	Right Sideline	3	62	20.7	2	31	1	45	10	5.7	2	66.7
4th qtr, +/-7 pts	-	5	88	17.6	2	31	1	50	8	7.6	4	80.0	Shotgun	0	0	-	0	0	0	0	0	-	0	
Winning	-	10	109	10.9	2	18	0	16	17	9.3	9	90.0	2 Wide Receivers	12	150	12.5	3	55	1	43	25	8.9	8	66.7
Tied	-	9	127	14.1	0	35	1	58	17	7.7	8	88.9	3 Wide Receivers	8	146	18.3	0	38	2	32	12	14.3	7	87.5
Trailing	-	14	250	17.9	2	55	4	69	21	12.9	8	57.1	4+ WR	13	190	14.6	1	35	2	68	18	9.4	10	76.9

1997 Incompletions

Type	Num	%of Inc	% Att
Pass Dropped	1	4.5	1.8
Poor Throw	11	50.0	20.0
Pass Defensed	8	36.4	14.5
Pass Hit at Line	0	0.0	0.0
Other	2	9.1	3.6
Total	22	100.0	40.0

Game Logs (1-8)

Date	Opp	Result	Rush	Yds	Rec	Yds	Trgt	F-L	TD
08/31	SF	W 13-6	0	0	3	74	4	0-0	0
09/07	@Det	W 24-17	0	0	1	18	3	0-0	0
09/14	@Min	W 28-14	0	0	0	0	0	0-0	0
09/21	Mia	W 31-21	0	0	1	13	1	0-0	0
09/28	Ari	W 19-18	0	0	1	31	2	0-0	1
10/05	@GB	L 16-21	0	0	0	0	1	0-0	0
10/12	Det	L 9-27	0	0	2	20	1	0-0	0
10/26	Min	L 6-10	0	0	2	22	3	0-0	0

Game Logs (9-16)

Date	Opp	Result	Rush	Yds	Rec	Yds	Trgt	F-L	TD
11/02	@Ind	W 31-28	0	0	2	30	4	0-0	2
11/09	@Atl	W 31-10	0	0	4	38	7	0-0	0
11/16	NE	W 27-7	1	5	3	36	4	0-0	0
11/23	@Chi	L 7-13	0	0	3	53	6	1-1	0
11/30	@NYN	W 20-8	0	0	2	17	4	0-0	0
12/07	GB	L 6-17	0	0	5	87	6	0-0	0
12/14	@NYA	L 0-31	0	0	0	0	2	0-0	0
12/21	Chi	W 31-15	0	0	4	47	6	2-1	0

Sherman Williams — Dallas Cowboys — RB

1997 Rushing and Receiving Splits

	G	Rush	Yds	Avg	Lg	TD	1st	Stf	YdL	Rec	Yds	Avg	TD		Rush	Yds	Avg	Lg	TD	1st	Stf	YdL	Rec	Yds	Avg	TD
Total	16	121	468	3.9	18	2	25	9	24	21	159	7.6	0	Inside 20	11	15	1.4	5	2	2	1	2	3	18	6.0	0
vs. Playoff	6	43	168	3.9	17	0	8	4	7	2	16	8.0	0	Inside 10	6	8	1.3	5	2	2	1	2	0	0	-	0
vs. Non-playoff	10	78	300	3.8	18	2	17	5	17	19	143	7.5	0	1st Down	53	232	4.4	18	0	6	2	6	12	77	6.4	0
vs. Own Division	8	49	204	4.2	18	1	12	0	4	15	3.8	0	2nd Down	50	146	2.9	17	2	9	6	16	6	53	8.8	0
Home	8	54	218	4.0	17	1	11	6	15	11	94	8.5	0	3rd Down Overall	17	88	5.2	13	0	9	1	2	3	29	9.7	0
Away	8	67	250	3.7	18	1	14	3	9	10	65	6.5	0	3rd D 0-2 to Go	11	48	4.4	13	0	7	1	2	0	0	-	0
Games 1-8	8	41	167	4.1	18	0	9	3	7	3	10	3.3	0	3rd D 3-7 to Go	4	21	5.3	8	0	1	0	0	3	29	9.7	0
Games 9-16	8	80	301	3.8	17	2	16	6	17	18	149	8.3	0	3rd D 8+ to Go	2	19	9.5	12	0	1	0	0	0	0	-	0
Aug/Sept	4	19	82	4.3	18	0	4	1	4	3	10	3.3	0	4th Down	1	2	2.0	2	0	1	0	0	0	0	-	0
October	4	22	85	3.9	12	0	5	2	3	0	0	-	0	Left Sideline	6	42	7.0	17	1	2	0	0	2	15	7.5	0
November	5	39	134	3.4	13	1	6	2	4	8	67	8.4	0	Left Side	30	103	3.4	16	1	7	2	7	2	11	5.5	0
December	3	41	167	4.1	17	1	10	4	13	10	82	8.2	0	Middle	64	257	4.0	18	0	13	6	15	5	33	6.6	0
Grass	4	36	147	4.1	18	0	6	2	4	4	21	5.3	0	Right Side	16	45	2.8	8	0	2	0	0	7	44	6.3	0
Turf	12	85	321	3.8	17	2	19	7	20	17	138	8.1	0	Right Sideline	4	23	5.8	9	0	1	0	0	5	56	11.2	0
Indoor	0	0	0	-	0	0	0	0	0	0	0	-	0	0 Tight Ends	14	40	2.9	9	0	1	3	0	7	47	6.7	0
Outdoor	16	121	468	3.9	18	2	25	9	24	21	159	7.6	0	1 Tight End	69	311	4.5	18	0	13	6	17	13	103	7.9	0
1st Half	-	45	194	4.3	15	1	12	4	9	4	24	6.0	0	2 Tight Ends	32	118	3.7	11	1	10	0	0	1	9	9.0	0
2nd Half/OT	-	76	274	3.6	18	1	13	5	15	17	135	7.9	0	3+ Tight Ends	4	0	0.0	1	1	1	1	2	0	0	-	0
Last 2 Min. Half	-	13	74	5.7	13	0	4	0	6	50	8.3	0	Carries 1-5	62	280	4.5	18	1	16	5	12	0	0	-	0
4th qtr, +/-7 pts	-	11	48	4.4	16	0	2	0	3	24	8.0	0	Carries 6-10	31	103	3.3	15	1	5	1	5	0	0	-	0
Winning	-	53	162	3.1	16	2	11	4	9	2	17	8.5	0	Carries 11-15	20	47	2.4	7	0	2	3	7	0	0	-	0
Tied	-	18	87	4.8	18	0	5	2	5	3	2	0.7	0	Carries 16-20	8	38	4.8	16	0	0	0	0	0	0	-	0
Trailing	-	50	219	4.4	17	0	9	3	10	16	140	8.8	0	Carries 21+	0	0	-	0	0	0	0	0	0	0	-	0

1997 Incompletions

Type	Num	%of Inc	% Att
Pass Dropped	2	28.6	7.1
Poor Throw	3	42.9	10.7
Pass Defensed	0	0.0	0.0
Pass Hit at Line	1	14.3	3.6
Other	1	14.3	3.6
Total	7	100.0	25.0

Game Logs (1-8)

Date	Opp	Result	Rush	Yds	Rec	Yds	Trgt	F-L	TD
08/31	@Pit	W 37-7	5	16	0	0	0	0-0	0
09/07	@Ari	L 22-25	8	43	3	10	5	1-0	0
09/14	Phi	W 21-20	0	0	0	0	0	0-0	0
09/28	Chi	W 27-3	6	23	0	0	0	0-0	0
10/05	@NYN	L 17-20	8	28	0	0	0	0-0	0
10/13	@Was	L 16-21	6	35	0	0	0	0-0	0
10/19	Jac	W 26-22	4	16	0	0	1	0-0	0
10/26	@Phi	L 12-13	2	6	0	0	0	0-0	0

Game Logs (9-16)

Date	Opp	Result	Rush	Yds	Rec	Yds	Trgt	F-L	TD
11/02	@SF	L 10-17	17	54	1	11	1	0-0	0
11/09	Ari	W 24-6	16	53	0	0	0	0-0	0
11/16	Was	W 17-14	1	0	0	0	0	0-0	0
11/23	@GB	L 17-45	3	15	0	0	0	1-1	0
11/27	Ten	L 14-27	2	12	7	56	9	2-1	0
12/08	Car	L 13-23	19	75	3	33	4	0-0	0
12/14	@Cin	L 24-31	16	53	6	44	8	0-0	0
12/21	NYN	L 7-20	6	39	1	5	1	0-0	0

Stepfret Williams — Dallas Cowboys — WR

1997 Receiving Splits

	G	Rec	Yds	Avg	TD	Lg	Big	YAC	Trgt	Y@C	1st	1st%		Rec	Yds	Avg	TD	Lg	Big	YAC	Trgt	Y@C	1st	1st%
Total	16	30	308	10.3	1	20	0	56	52	8.4	21	70.0	Inside 20	2	10	5.0	1	8	0	0	5	5.0	2	100.0
vs. Playoff	6	14	124	8.9	1	17	0	18	24	7.6	10	71.4	Inside 10	1	2	2.0	1	2	0	0	1	2.0	1	100.0
vs. Non-playoff	10	16	184	11.5	0	20	0	38	28	9.1	11	68.8	1st Down	6	70	11.7	0	18	0	19	9	8.5	3	50.0
vs. Own Division	8	18	208	11.6	0	20	0	41	28	9.3	12	66.7	2nd Down	5	46	9.2	0	12	0	3	6	8.6	3	60.0
Home	8	12	133	11.1	1	20	0	16	22	9.8	9	75.0	3rd Down Overall	19	192	10.1	1	20	0	34	37	8.3	15	78.9
Away	8	18	175	9.7	0	18	0	40	30	7.5	12	66.7	3rd D 0-2 to Go	1	2	2.0	1	2	0	0	1	2.0	1	100.0
Games 1-8	8	16	175	10.9	1	18	0	37	21	8.6	12	75.0	3rd D 3-7 to Go	9	95	10.6	0	18	0	28	17	7.4	9	100.0
Games 9-16	8	14	133	9.5	0	20	0	19	31	8.1	9	64.3	3rd D 8+ to Go	9	95	10.6	0	20	0	6	19	9.9	5	55.6
Aug/Sept	4	6	71	11.8	0	18	0	14	8	9.5	3	50.0	4th Down	0	0	-	0	0	0	0	0	-	0	-
October	4	10	104	10.4	1	18	0	23	13	8.1	9	90.0	Rec Behind Line	0	0	-	0	0	0	0	0	-	0	-
November	5	9	85	9.4	0	20	0	14	19	7.9	7	77.8	1-10 yds	21	175	8.3	1	18	0	44	33	6.2	13	61.9
December	3	5	48	9.6	0	14	0	5	12	8.6	2	40.0	11-20 yds	9	133	14.8	0	20	0	12	17	13.4	8	88.9
Grass	4	14	130	9.3	0	18	0	33	20	6.9	9	64.3	21-30 yds	0	0	-	0	0	0	0	1	-	0	-
Turf	12	16	178	11.1	1	20	0	23	32	9.7	12	75.0	31+	0	0	-	0	0	0	0	0	-	0	-
Indoor	0	0	0	-	0	0	0	0	0	-	0	-	Left Sideline	3	37	12.3	0	17	0	5	6	10.7	2	66.7
Outdoor	16	30	308	10.3	1	20	0	56	52	8.4	21	70.0	Left Side	5	60	12.0	0	18	0	10	11	10.0	5	100.0
1st Half	-	17	170	10.0	0	17	0	28	28	8.4	12	70.6	Middle	7	76	10.9	0	20	0	23	13	7.6	4	57.1
2nd Half/OT	-	13	138	10.6	1	20	0	28	24	8.5	9	69.2	Right Side	13	111	8.5	1	14	0	18	17	7.2	8	61.5
Last 2 Min. Half	-	11	120	10.9	0	15	0	17	15	9.4	6	54.5	Right Sideline	2	24	12.0	0	14	0	0	5	12.0	2	100.0
4th qtr, +/- pts	-	5	49	9.8	0	15	0	4	8	9.0	3	60.0	Shotgun	0	0	-	0	0	0	0	0	-	0	-
Winning	-	11	110	10.0	1	20	0	22	15	8.0	7	63.6	2 Wide Receivers	2	32	16.0	0	18	0	4	2	14.0	2	100.0
Tied	-	5	52	10.4	0	17	0	6	9	9.2	5	100.0	3 Wide Receivers	22	219	10.0	1	20	0	34	38	8.4	15	68.2
Trailing	-	14	146	10.4	0	18	0	28	28	8.4	9	64.3	4+ WR	6	57	9.5	0	18	0	18	11	6.5	4	66.7

1997 Incompletions

Type	Num	%of Inc	%of Att
Pass Dropped	4	18.2	7.7
Poor Throw	8	36.4	15.4
Pass Defensed	8	36.4	15.4
Pass Hit at Line	0	0.0	0.0
Other	2	9.1	3.8
Total	22	100.0	42.3

Game Logs (1-8)

Date	Opp	Result	Rec	Yds	Trgt	F-L	TD
08/31	@Pit	W 37-7	0	0	0	0-0	0
09/07	@Ari	L 22-25	5	53	6	0-0	0
09/15	Phi	W 21-20	1	18	1	0-0	0
09/28	Chi	W 27-3	0	0	0	0-0	0
10/05	@NYN	L 17-20	3	40	6	0-0	0
10/13	@Was	L 16-21	3	34	3	0-0	0
10/19	Jac	W 26-22	3	25	3	0-0	1
10/26	@Phi	L 12-13	1	5	1	0-0	0

Game Logs (9-16)

Date	Opp	Result	Rec	Yds	Trgt	F-L	TD
11/02	@SF	L 10-17	5	36	7	0-0	0
11/09	Ari	W 24-6	1	20	1	0-0	0
11/16	Was	W 17-14	2	22	6	0-0	0
11/23	@GB	L 17-45	1	7	4	0-0	0
11/27	Ten	L 14-27	0	0	0	0-0	0
12/08	Car	L 13-23	3	32	5	0-0	0
12/14	@Cin	L 24-31	0	0	3	0-0	0
12/21	NYN	L 7-20	2	16	4	0-0	0

Danny Wuerffel — New Orleans Saints — QB

1997 Passing Splits

	G	Att	Cm	Pct	Yds	Y/Att	TD	Int	1st	YAC	Big	Sk	Rtg		Att	Cm	Pct	Yds	Y/Att	TD	Int	1st	YAC	Big	Sk	Rtg
Total	7	91	42	46.2	518	5.7	4	8	22	160	5	18	42.3	Inside 20	3	3	100.0	38	12.7	3	0	3	0	0	0	158.3
vs. Playoff	3	34	16	47.1	197	5.8	2	4	7	54	2	3	45.5	Inside 10	1	1	100.0	8	8.0	1	0	1	0	0	0	139.6
vs. Non-playoff	4	57	26	45.6	321	5.6	2	4	15	106	3	15	46.0	1st Down	34	18	52.9	244	7.2	3	3	10	61	2	4	68.8
vs. Own Division	6	87	40	46.0	500	5.7	3	8	21	158	5	18	37.5	2nd Down	34	14	41.2	143	4.2	1	2	6	68	1	4	39.2
Home	3	60	29	48.3	312	5.2	1	4	12	123	3	16	41.8	3rd Down Overall	21	10	47.6	131	6.2	0	2	6	31	2	9	28.2
Away	4	31	13	41.9	206	6.6	3	4	10	37	2	2	57.4	3rd D 0-5 to Go	4	2	50.0	30	7.5	0	1	1	9	1	2	35.4
Games 1-8	4	72	33	45.8	440	6.1	3	7	20	134	4	16	40.0	3rd D 6+ to Go	17	8	47.1	101	5.9	0	1	5	22	1	7	41.5
Games 9-16	3	19	9	47.4	78	4.1	1	1	2	26	1	2	54.3	4th Down	2	0	0.0	0	0.0	0	1	0	0	0	1	0.0
Aug/Sept	2	27	11	40.7	188	7.0	2	4	9	35	2	2	50.2	Rec Behind Line	11	6	54.5	41	3.7	0	0	1	53	0	0	63.1
October	3	60	29	48.3	312	5.2	1	4	12	123	3	16	41.8	1-10 yds	36	23	63.9	177	4.9	1	2	8	67	0	0	61.9
November	0	0	0	-	0	-	0	0	0	0	0	0	-	11-20 yds	23	8	34.8	131	5.7	2	2	8	13	1	0	47.6
December	1	4	2	50.0	18	4.5	1	0	1	2	0	0	102.1	21-30 yds	12	4	33.3	128	10.7	1	1	4	24	3	0	67.4
Grass	2	19	9	47.4	137	7.2	2	3	6	30	1	1	67.1	31+	9	1	11.1	41	4.6	0	3	1	0	1	0	6.5
Turf	5	72	33	45.8	381	5.3	2	5	16	130	4	17	42.7	Left Sideline	28	15	53.6	224	8.0	2	1	10	65	3	1	89.0
Indoor	5	72	33	45.8	381	5.3	2	5	16	130	4	17	42.7	Left Side	6	4	66.7	65	10.8	1	0	4	5	1	4	142.4
Outdoor	2	19	9	47.4	137	7.2	2	3	6	30	1	1	67.1	Middle	23	12	52.2	157	6.8	0	4	5	48	1	13	34.4
1st Half	-	14	7	50.0	80	5.7	0	3	2	25	1	4	28.0	Right Side	18	6	33.3	35	1.9	1	1	1	27	0	0	37.7
2nd Half/OT	-	77	35	45.5	438	5.7	4	5	20	135	4	14	53.9	Right Sideline	16	5	31.3	37	2.3	0	2	2	15	0	0	33.1
Last 2 Min. Half	-	8	0	0.0	0	0.0	0	3	0	0	0	4	0.0	2 Wide Receivers	42	22	52.4	244	5.8	1	2	10	100	2	5	58.0
4th qtr, +/- pts	-	4	2	50.0	42	10.5	0	1	1	16	1	3	47.9	3+ WR	49	20	40.8	274	5.6	3	6	12	60	3	13	40.2
Winning	-	0	0	-	0	-	0	0	0	0	0	0	-	Attempts 1-10	54	28	51.9	378	7.0	3	5	16	122	4	0	54.4
Tied	-	2	0	0.0	0	0.0	0	0	0	0	0	0	39.6	Attempts 11-20	25	11	44.0	121	4.8	1	3	5	35	1	0	32.7
Trailing	-	89	42	47.2	518	5.8	4	8	22	160	5	18	43.2	Attempts 21+	12	3	25.0	19	1.6	0	0	1	3	0	0	39.6

1997 Incompletions

Type	Num	%of Inc	%of Att
Pass Dropped	2	4.1	2.2
Poor Throw	31	63.3	34.1
Pass Defensed	8	16.3	8.8
Pass Hit at Line	4	8.2	4.4
Other	4	8.2	4.4
Total	49	100.0	53.8

Game Logs (1-8)

Date	Opp	Result	Att	Cm	Pct	Yds	TD	Int	Lg	Sk	F-L
08/31	@StL	L 24-38	12	4	33.3	69	1	1	30	1	0-0
09/07	SD	L 6-20	-	-	-	-	-	-	-	-	-
09/14	@SF	L 7-33	15	7	46.7	119	1	3	47	1	0-0
09/21	Det	W35-17	-	-	-	-	-	-	-	-	-
09/28	@NYN	L 9-14	-	-	-	-	-	-	-	-	-
10/05	@Chi	W20-17	-	-	-	-	-	-	-	-	-
10/12	Atl	L 17-23	13	9	69.2	120	1	1	32	7	2-1
10/19	Car	L 0-13	32	13	40.6	132	0	2	41	7	0-0

Game Logs (9-16)

Date	Opp	Result	Att	Cm	Pct	Yds	TD	Int	Lg	Sk	F-L
10/26	SF	L 0-23	15	7	46.7	60	0	1	27	2	0-0
11/09	@Oak	W13-10	-	-	-	-	-	-	-	-	-
11/16	Sea	W20-17	-	-	-	-	-	-	-	-	-
11/23	@Atl	L 3-20	0	0	-	0	0	0	0	0	0-0
11/30	@Car	W16-13	-	-	-	-	-	-	-	-	-
12/07	StL	L 27-34	-	-	-	-	-	-	-	-	-
12/14	Ari	L 27-19	-	-	-	-	-	-	-	-	-
12/21	@KC	L 13-25	4	2	50.0	18	1	0	14	0	0-0

Frank Wycheck — Tennessee Oilers — TE

1997 Receiving Splits

Split	G	Rec	Yds	Avg	TD	Lg	Big	YAC	Trgt	Y@C	1st	1st%
Total	16	63	748	11.9	4	42	6	365	99	6.1	38	60.3
vs. Playoff	6	21	251	12.0	2	42	2	96	30	7.4	11	52.4
vs. Non-playoff	10	42	497	11.8	2	39	4	269	69	5.4	27	64.3
vs. Own Division	8	36	445	12.4	4	42	4	201	57	6.8	22	61.1
Home	8	28	383	13.7	2	39	4	195	45	6.7	20	71.4
Away	8	35	365	10.4	2	42	2	170	54	5.6	18	51.4
Games 1-8	8	33	409	12.4	3	39	4	197	44	6.4	23	69.7
Games 9-16	8	30	339	11.3	1	42	2	168	55	5.7	15	50.0
Aug/Sept	4	16	177	11.1	2	36	1	70	24	6.7	10	62.5
October	4	17	232	13.6	1	39	3	127	20	6.2	13	76.5
November	5	18	246	13.7	1	42	2	105	30	7.8	10	55.6
December	3	12	93	7.8	0	19	0	63	25	2.5	5	41.7
Grass	12	45	575	12.8	3	42	6	290	74	6.3	29	64.4
Turf	4	18	173	9.6	1	22	0	75	25	5.4	9	50.0
Indoor	1	4	41	10.3	0	14	0	19	4	5.5	3	75.0
Outdoor	15	59	707	12.0	4	42	6	346	95	6.1	35	59.3
1st Half	-	28	356	12.7	2	39	4	177	47	6.4	20	71.4
2nd Half/OT	-	35	392	11.2	2	42	2	188	52	5.8	18	51.4
Last 2 Min. Half	-	6	39	6.5	0	11	0	20	15	3.2	1	16.7
4th qtr, +/-7 pts	-	6	68	11.3	0	29	1	21	10	7.8	2	33.3
Winning	-	26	273	10.5	1	39	1	159	39	4.4	16	61.5
Tied	-	8	132	16.5	0	34	2	52	13	10.0	6	75.0
Trailing	-	29	343	11.8	3	42	3	154	47	6.5	16	55.2

Split	Rec	Yds	Avg	TD	Lg	Big	YAC	Trgt	Y@C	1st	1st%
Inside 20	3	15	5.0	1	10	0	1	11	4.7	2	66.7
Inside 10	1	-2	-2.0	0	0	0	5	5	-2.0	0	0.0
1st Down	27	321	11.9	1	42	2	172	37	5.5	14	51.9
2nd Down	20	278	13.9	2	39	4	114	31	8.2	14	70.0
3rd Down Overall	14	130	9.3	1	22	0	63	28	4.8	9	64.3
3rd D 0-2 to Go	1	4	4.0	0	4	0	7	3	-3.0	1	100.0
3rd D 3-7 to Go	6	53	8.8	0	17	0	27	14	4.3	5	83.3
3rd D 8+ to Go	7	73	10.4	1	22	0	29	11	6.3	3	42.9
4th Down	2	19	9.5	0	21	0	16	3	1.5	1	50.0
Rec Behind Line	16	108	6.8	0	18	0	137	22	-1.8	5	31.3
1-10 yds	33	303	9.2	1	28	1	130	50	5.2	19	57.6
11-20 yds	11	237	21.5	1	39	3	63	22	15.8	11	100.0
21-30 yds	3	100	33.3	2	42	2	35	5	21.7	3	100.0
31+	0	0	0	0	0	0	0	0	0	0	-
Left Sideline	11	171	15.5	0	34	3	69	15	9.3	7	63.6
Left Side	11	66	6.0	1	13	0	26	17	3.6	4	36.4
Middle	8	152	19.0	1	42	2	71	20	10.1	6	75.0
Right Side	16	156	9.8	0	21	0	78	26	4.9	11	68.8
Right Sideline	17	203	11.9	2	39	1	121	21	4.8	10	58.8
Shotgun	7	32	4.6	1	11	0	20	8	1.7	2	28.6
2 Wide Receivers	26	431	16.6	2	42	5	210	37	8.5	19	73.1
3 Wide Receivers	32	268	8.4	1	36	1	146	55	3.8	16	50.0
4+ WR	3	17	5.7	1	10	0	7	3	3.3	1	33.3

1997 Incompletions

Type	Num	%of Inc	%of Att
Pass Dropped	7	19.4	7.1
Poor Throw	12	33.3	12.1
Pass Defensed	9	25.0	9.1
Pass Hit at Line	3	8.3	3.0
Other	5	13.9	5.1
Total	36	100.0	36.4

Game Logs (1-8)

Date	Opp	Result	Rec	Yds	Trgt	F-L	TD
08/31	Oak	W 24-21	3	43	8	0-0	0
09/07	@Mia	L 13-16	1	7	1	0-0	0
09/21	Bal	L 10-36	3	55	4	0-0	1
09/28	@Pit	L 24-37	9	72	11	0-0	1
10/05	@Sea	L 13-16	4	41	4	0-0	0
10/12	Cin	W 30-7	4	78	4	0-0	1
10/19	Was	W 28-14	4	54	6	0-0	0
10/26	@Ari	W 41-14	5	59	6	0-0	0

Game Logs (9-16)

Date	Opp	Result	Rec	Yds	Trgt	F-L	TD
11/02	Jac	L 24-30	5	77	7	0-0	0
11/09	NYN	W 10-6	1	9	1	0-0	0
11/16	@Jac	L 9-17	3	70	6	0-0	1
11/23	Buf	W 31-14	6	51	11	0-0	0
11/27	@Dal	W 27-14	3	39	5	0-0	0
12/04	@Cin	L 14-41	2	21	5	0-0	0
12/14	@Bal	L 19-21	8	56	16	0-0	0
12/21	Pit	W 16-6	2	16	4	0-0	0

Steve Young — San Francisco 49ers — QB

1997 Passing Splits

Split	G	Att	Cm	Pct	Yds	Y/Att	TD	Int	1st	YAC	Big	Sk	Rtg
Total	15	356	241	67.7	3029	8.5	19	6	147	1622	24	35	104.7
vs. Playoff	4	90	63	70.0	773	8.6	3	2	33	364	5	12	98.1
vs. Non-playoff	11	266	178	66.9	2256	8.5	16	4	114	1258	19	23	107.0
vs. Own Division	7	178	123	69.1	1641	9.2	14	3	85	909	13	19	119.6
Home	8	209	148	70.8	1981	9.5	14	2	95	1053	17	18	118.9
Away	7	147	93	63.3	1048	7.1	5	4	52	569	7	17	84.5
Games 1-8	7	164	110	67.1	1453	8.9	13	3	72	776	12	23	113.7
Games 9-16	8	192	131	68.2	1576	8.2	6	3	75	846	12	12	97.0
Aug/Sept	4	77	55	71.4	741	9.6	6	1	36	376	6	13	122.3
October	3	87	55	63.2	712	8.2	7	2	36	400	6	10	106.1
November	5	121	82	67.8	933	7.7	3	3	44	531	9	8	88.6
December	3	71	49	69.0	643	9.1	3	0	31	315	4	4	111.4
Grass	11	264	185	70.1	2350	8.9	15	4	113	1223	19	28	110.2
Turf	4	92	56	60.9	679	7.4	4	2	34	399	5	7	89.0
Indoor	3	69	43	62.3	576	8.3	4	1	28	335	5	6	102.1
Outdoor	12	287	198	69.0	2453	8.5	15	5	119	1287	19	29	105.3
1st Half	-	215	151	70.2	1942	9.0	14	3	94	1010	14	20	114.1
2nd Half/OT	-	141	90	63.8	1087	7.7	5	3	53	612	10	15	90.4
Last 2 Min. Half	-	41	25	61.0	345	8.4	3	0	13	185	4	5	112.3
4th qtr, +/-7 pts	-	19	7	36.8	70	3.7	0	1	3	27	1	5	26.2
Winning	-	229	152	66.4	1926	8.4	13	3	97	1074	16	25	105.9
Tied	-	56	40	71.4	541	9.7	4	1	26	328	3	2	118.2
Trailing	-	71	49	69.0	562	7.9	2	2	24	220	5	8	90.2

Split	Att	Cm	Pct	Yds	Y/Att	TD	Int	1st	YAC	Big	Sk	Rtg
Inside 20	49	25	51.0	236	4.8	14	0	18	111	0	5	104.3
Inside 10	18	8	44.4	35	1.9	7	0	7	9	0	3	91.2
1st Down	129	85	65.9	1096	8.5	8	2	49	569	9	12	106.6
2nd Down	117	85	72.6	1064	9.1	7	2	53	565	9	13	113.3
3rd Down Overall	108	71	65.7	869	8.0	4	2	45	488	6	10	95.0
3rd D 0-5 to Go	36	25	65.8	212	5.6	1	0	19	134	1	5	88.9
3rd D 6+ to Go	70	46	65.7	657	9.4	3	2	26	354	5	5	98.3
4th Down	2	0	0	0	0	0	0	0	0	0	0	39.6
Rec Behind Line	65	49	75.4	478	7.4	2	1	21	626	3	0	99.4
1-10 yds	184	133	72.3	1202	6.5	9	2	72	626	1	0	101.3
11-20 yds	72	46	63.9	908	12.6	6	1	41	253	7	0	129.4
21-20 yds	23	12	52.2	385	16.7	1	1	12	93	12	0	94.0
31+	12	1	8.3	56	4.7	1	1	1	24	1	0	39.6
Left Sideline	110	75	68.2	862	7.8	8	1	46	447	8	3	112.0
Left Side	78	50	64.1	677	8.7	4	2	39	349	4	7	98.1
Middle	53	38	71.7	521	9.8	2	1	21	205	6	20	107.5
Right Side	68	50	73.5	546	8.0	1	1	24	418	2	2	95.6
Right Sideline	47	28	59.6	423	9.0	4	1	17	203	4	3	108.7
2 Wide Receivers	167	118	70.7	1404	8.4	10	1	72	788	9	17	113.5
3+ WR	185	120	64.9	1607	8.7	7	5	72	826	15	18	93.7
Attempts 1-10	148	109	73.6	1306	8.8	9	3	63	661	8	0	112.0
Attempts 11-20	132	85	64.4	1087	8.2	6	3	57	599	7	0	95.7
Attempts 21+	76	47	61.8	636	8.4	4	0	27	362	9	0	106.0

1997 Incompletions

Type	Num	%of Inc	%of Att
Pass Dropped	17	14.8	4.8
Poor Throw	40	34.8	11.2
Pass Defensed	22	19.1	6.2
Pass Hit at Line	4	3.5	1.1
Other	32	27.8	9.0
Total	115	100.0	32.3

Game Logs (1-8)

Date	Opp	Result	Att	Cm	Pct	Yds	TD	Int	Lg	Sk	F-L
08/31	@TB	L 6-13	8	4	50.0	33	0	1	13	4	0-0
09/07	@StL	W 15-12	-	-	-	-	-	-	-	-	-
09/14	NO	W 33-7	21	18	85.7	220	3	0	34	5	0-0
09/21	Atl	W 34-7	24	17	70.8	336	2	0	69	2	0-0
09/29	@Car	W 34-21	24	16	66.7	152	0	0	23	2	0-0
10/12	StL	W 30-10	19	16	63.3	223	3	1	29	4	0-0
10/19	@Atl	W 35-28	25	16	64.0	259	2	1	82	3	0-0
10/26	@NO	W 23-0	32	20	62.5	230	2	0	27	3	0-0

Game Logs (9-16)

Date	Opp	Result	Att	Cm	Pct	Yds	TD	Int	Lg	Sk	F-L
11/02	Dal	W 17-10	23	15	65.2	180	0	1	30	1	1-0
11/10	@Phi	W 24-12	23	13	56.5	103	0	1	23	1	0-0
11/16	Car	W 27-19	23	17	73.9	271	1	0	44	0	0-0
11/23	SD	W 17-10	30	20	66.7	245	2	0	37	2	1-0
11/30	@KC	L 9-44	23	17	73.9	184	0	1	33	4	2-0
12/07	Min	W 28-17	25	20	80.0	280	2	0	30	2	0-0
12/15	Den	W 34-17	34	22	64.7	276	1	0	23	1	0-0
12/21	@Sea	L 9-38	12	7	58.3	87	0	0	23	0	0-0

Eric Zeier — Baltimore Ravens — QB

1997 Passing Splits

	G	Att	Cm	Pct	Yds	Y/Att	TD	Int	1st	YAC	Big	Sk	Rtg		Att	Cm	Pct	Yds	Y/Att	TD	Int	1st	YAC	Big	Sk	Rtg
Total	5	116	67	57.8	958	8.3	7	1	37	445	8	17	101.1	Inside 20	10	5	50.0	43	4.3	4	0	4	5	0	0	101.3
vs. Playoff	2	19	9	47.4	103	5.4	1	1	4	40	1	5	59.8	Inside 10	5	2	40.0	15	3.0	2	0	2	3	0	0	87.5
vs. Non-playoff	3	97	58	59.8	855	8.8	6	0	33	405	7	12	109.3	1st Down	44	29	65.9	399	9.1	2	0	15	168	3	7	109.9
vs. Own Division	4	88	50	56.8	656	7.5	6	1	27	310	5	14	98.5	2nd Down	34	15	44.1	146	4.3	1	1	7	70	0	5	54.3
Home	2	56	30	53.6	506	9.0	4	0	20	228	5	5	108.2	3rd Down Overall	35	20	57.1	350	10.0	4	0	12	161	4	5	129.5
Away	3	60	37	61.7	452	7.5	3	1	17	217	3	12	94.6	3rd D 0-5 to Go	8	4	50.0	93	11.6	3	0	4	15	2	1	131.8
Games 1-8	0	0	0	-	0	-	0	0	0	0	0	0	-	3rd D 6+ to Go	27	16	59.3	257	9.5	1	0	8	146	2	4	103.5
Games 9-16	5	116	67	57.8	958	8.3	7	1	37	445	8	17	101.1	4th Down	3	3	100.0	63	21.0	0	0	3	46	1	0	118.8
Aug/Sept	0	0	0	-	0	-	0	0	0	0	0	0	-	Rec Behind Line	10	6	60.0	36	3.6	0	0	1	54	0	0	67.1
October	0	0	0	-	0	-	0	0	0	0	0	0	-	1-10 yds	71	45	63.4	435	6.1	3	1	21	210	1	0	88.6
November	2	19	9	47.4	103	5.4	1	1	4	40	1	5	59.8	11-20 yds	19	11	57.9	214	11.3	1	0	10	43	2	0	114.8
December	3	97	58	59.8	855	8.8	6	0	33	405	7	12	109.3	21-30 yds	7	4	57.1	181	25.9	3	0	4	79	4	0	141.4
Grass	3	68	37	54.4	593	8.7	5	0	24	260	6	8	108.3	31+	9	1	11.1	92	10.2	0	0	1	59	1	0	69.7
Turf	2	48	30	62.5	365	7.6	2	1	13	185	2	9	91.1	Left Sideline	28	17	60.7	278	9.9	1	0	10	128	1	0	106.0
Indoor	0	0	0	-	0	-	0	0	0	0	0	0	-	Left Side	18	15	83.3	161	8.9	1	0	7	89	1	3	122.5
Outdoor	5	116	67	57.8	958	8.3	7	1	37	445	8	17	101.1	Middle	16	4	25.0	33	2.1	0	1	2	18	0	12	13.5
1st Half	-	49	27	55.1	351	7.2	2	1	16	145	3	10	83.0	Right Side	25	17	68.0	199	8.0	2	0	7	101	1	1	118.6
2nd Half/OT	-	67	40	59.7	607	9.1	5	0	21	300	5	7	114.5	Right Sideline	29	14	48.3	287	9.9	3	0	11	109	4	1	118.0
Last 2 Min. Half	-	15	10	66.7	158	10.5	2	0	7	72	1	2	141.1	2 Wide Receivers	19	9	47.4	191	10.1	1	0	6	94	2	4	101.0
4th qtr, +/- pts	-	22	12	54.5	188	8.5	1	0	6	99	1	2	98.3	3+ WR	97	58	59.8	767	7.9	6	1	31	351	6	13	101.2
Winning	-	31	15	48.4	230	7.4	2	0	11	126	2	2	94.8	Attempts 1-10	47	24	51.1	267	5.7	1	1	13	129	2	0	66.5
Tied	-	9	5	55.6	135	15.0	1	0	3	75	1	1	137.5	Attempts 11-20	32	20	62.5	345	10.8	3	0	12	157	3	0	130.3
Trailing	-	76	47	61.8	593	7.8	4	1	23	244	5	14	98.2	Attempts 21+	37	23	62.2	346	9.4	3	0	12	159	3	0	119.9

1997 Incompletions

Type	Num	% of Inc	% of Att
Pass Dropped	15	30.6	12.9
Poor Throw	15	30.6	12.9
Pass Defensed	10	20.4	8.6
Pass Hit at Line	0	0.0	0.0
Other	9	18.4	7.8
Total	49	100.0	42.2

Game Logs (1-8)

Date	Opp	Result	Att	Cm	Pct	Yds	TD	Int	Lg	Sk	F-L
08/31	Jac	L 27-28	-	-	-	-	-	-	-	-	-
09/07	Cin	W 23-10	-	-	-	-	-	-	-	-	-
09/14	@NYN	W 24-23	-	-	-	-	-	-	-	-	-
09/21	@Ten	W 36-10	-	-	-	-	-	-	-	-	-
09/28	@SD	L 17-21	-	-	-	-	-	-	-	-	-
10/05	Pit	L 34-42	-	-	-	-	-	-	-	-	-
10/19	Mia	L 13-24	-	-	-	-	-	-	-	-	-
10/26	@Was	W 20-17	-	-	-	-	-	-	-	-	-

Game Logs (9-16)

Date	Opp	Result	Att	Cm	Pct	Yds	TD	Int	Lg	Sk	F-L
11/02	@NYA	L 16-19	-	-	-	-	-	-	-	-	-
11/09	@Pit	L 0-37	7	2	28.6	16	0	1	13	2	2-2
11/16	Phi	T 10-10	-	-	-	-	-	-	-	-	-
11/23	Ari	L 13-16	-	-	-	-	-	-	-	-	-
11/30	@Jac	L 27-29	12	7	58.3	87	1	0	29	3	0-0
12/07	Sea	W 31-24	28	17	60.7	302	5	0	92	3	1-1
12/14	Ten	W 21-19	28	13	46.4	204	3	0	37	2	0-0
12/21	@Cin	L 14-16	41	28	68.3	349	2	0	83	7	0-0

Ray Zellars — New Orleans Saints — FB

1997 Rushing and Receiving Splits

	G	Rush	Yds	Avg	Lg	TD	1st	Stf	YdL	Rec	Yds	Avg	TD		Rush	Yds	Avg	Lg	TD	1st	Stf	YdL	Rec	Yds	Avg	TD
Total	16	156	552	3.5	27	4	30	24	60	31	263	8.5	0	Inside 20	20	59	3.0	15	4	7	2	9	1	17	17.0	0
vs. Playoff	5	33	105	3.2	12	0	4	7	22	8	66	8.3	0	Inside 10	10	17	1.7	4	3	4	1	4	0	0	-	0
vs. Non-playoff	11	123	447	3.6	27	4	26	17	38	23	197	8.6	0	1st Down	73	266	3.6	15	3	8	11	30	12	102	8.5	0
vs. Own Division	8	71	267	3.8	13	1	15	6	19	18	144	8.0	0	2nd Down	54	208	3.9	27	0	10	6	11	9	57	6.3	0
Home	8	70	241	3.4	15	2	13	8	16	16	135	8.4	0	3rd Down Overall	25	59	2.4	14	0	8	7	19	10	104	10.4	0
Away	8	86	311	3.6	27	2	17	16	44	15	128	8.5	0	3rd D 0-2 to Go	14	28	2.0	13	0	6	4	9	0	0	-	0
Games 1-8	8	50	192	3.8	27	0	9	14	13	13	85	6.5	0	3rd D 3-7 to Go	6	18	3.0	12	0	2	1	2	2	13	6.5	0
Games 9-16	8	106	360	3.4	15	4	21	18	46	18	178	9.9	0	3rd D 8+ to Go	5	13	2.6	14	0	0	2	8	8	91	11.4	0
Aug/Sept	5	21	69	3.3	12	0	2	3	5	9	57	6.3	0	4th Down	4	19	4.8	9	1	4	0	0	0	0	-	0
October	4	37	150	4.1	27	0	8	5	12	7	49	7.0	0	Left Sideline	19	86	4.5	11	0	5	4	12	9	114	12.7	0
November	4	53	193	3.6	15	4	14	6	15	10	118	11.8	0	Left Side	36	78	2.2	13	1	7	8	13	9	75	8.3	0
December	3	45	140	3.1	11	0	6	11	28	5	39	7.8	0	Middle	78	279	3.6	15	2	14	9	22	5	36	7.2	0
Grass	5	65	264	4.1	27	2	16	14	38	7	90	12.9	0	Right Side	21	91	4.3	27	0	3	13	6	31	5.2	0	
Turf	11	91	288	3.2	15	2	14	10	22	24	173	7.2	0	Right Sideline	2	18	9.0	10	1	1	0	0	2	7	3.5	0
Indoor	10	88	282	3.2	15	2	14	10	22	22	161	7.3	0	0 Tight Ends	14	57	4.1	14	0	2	3	7	10	62	6.2	0
Outdoor	6	68	270	4.0	27	2	16	14	38	9	102	11.3	0	1 Tight End	91	302	3.3	27	0	12	15	39	19	181	9.5	0
1st Half	-	85	263	3.1	15	2	13	16	42	13	70	5.4	0	2 Tight Ends	47	189	4.0	13	1	13	6	14	2	20	10.0	0
2nd Half/OT	-	71	289	4.1	27	2	17	8	18	18	193	10.7	0	3+ Tight Ends	4	4	1.0	2	3	3	0	0	0	0	-	0
Last 2 Min. Half	-	5	6	1.2	8	1	2	2	7	1	3	3.0	0	Carries 1-5	71	247	3.5	15	1	11	11	27	0	0	-	0
4th qtr, +/- pts	-	20	79	4.0	14	2	5	3	7	5	60	12.0	0	Carries 6-10	50	145	2.9	27	2	10	10	26	0	0	-	0
Winning	-	35	150	4.3	27	1	6	3	8	7	84	12.0	0	Carries 11-15	25	104	4.2	14	1	4	3	7	0	0	-	0
Tied	-	37	143	3.9	14	0	7	4	7	5	43	8.6	0	Carries 16-20	10	56	5.6	12	0	5	0	0	0	0	-	0
Trailing	-	84	259	3.1	15	3	17	17	45	19	136	7.2	0	Carries 21+	0	0	-	0	0	0	0	0	0	0	-	0

1997 Incompletions

Type	Num	% of Inc	% Att
Pass Dropped	3	25.0	7.0
Poor Throw	3	25.0	7.0
Pass Defensed	1	8.3	2.3
Pass Hit at Line	1	8.3	2.3
Other	4	33.3	9.3
Total	12	100.0	27.9

Game Logs (1-8)

Date	Opp	Result	Rush	Yds	Rec	Yds	Trgt	F-L	TD
08/31	@StL	L 24-38	8	24	4	13	5	1-1	0
09/07	SD	L 6-20	6	14	1	5	1	0-0	0
09/14	@SF	L 7-33	4	25	0	0	1	1-1	0
09/21	Det	W 35-17	0	0	2	27	2	0-0	0
09/28	@NYN	L 9-14	3	6	2	12	2	0-0	0
10/05	@Chi	W 20-17	14	65	0	0	1	1-0	0
10/12	Atl	L 17-23	4	18	2	15	2	0-0	0
10/19	Car	L 0-13	11	40	2	13	5	0-0	0

Game Logs (9-16)

Date	Opp	Result	Rush	Yds	Rec	Yds	Trgt	F-L	TD
10/26	SF	L 0-23	8	27	3	21	4	0-0	0
11/09	@Oak	W 13-10	11	32	3	26	3	0-0	0
11/16	Sea	W 20-17	14	49	2	21	2	0-0	2
11/23	@Atl	L 3-20	10	17	2	13	2	2-1	0
11/30	@Car	W 16-13	18	95	3	58	5	0-0	0
12/07	StL	L 27-34	8	21	2	11	4	0-0	0
12/14	Ari	W 27-10	19	72	2	22	2	0-0	0
12/21	@KC	L 13-25	18	47	1	6	2	1-1	0

Defensive Profiles

The following section provides statistical breakdowns and game logs for nearly every significant defensive player in 1997. To be included in this section, a defender had to meet two criteria: (1) he had to start at least 12 games, and (2) he had to register a minimum of either 50 tackles (special teams included), four sacks, or three interceptions. In addition, we added profiles of the following defenders: Tony Brackens, Duane Clemons, Dan Footman, Kevin Greene, Kenny Holmes, Greg Lloyd, Mark McMillian, Tracy Scroggins, Derrick Thomas, Maa Tanuvasa, Dan Williams and Lee Woodall.

Many of the statistics used here are STATS exclusives, and the abbreviations might be unfamiliar. Here are those abbreviations and what they stand for:

G = Games; **Tk** = Tackles; **Ast** = Tackles Assisted; **Yds** = Yards, which refer to stuff yards when appearing after "Stuff," and interception-return yards when appearing after "Int"; **PD** = Passes Defensed; **FF** = Fumbles Forced; **FR** = Fumbles Recovered; **TD** = Touchdowns, which includes all touchdowns scored by the player, including those while on special teams.

For definitions of statistical categories, please see the Glossary.

Donnie Abraham — Tampa Bay Buccaneers – CB

1997 Defensive Splits

	G	Tk	Ast	Sack	Yds	Stuff	Yds	Int	Yds	PD	TD
Total	16	45	11	0.0	0.0	1.0	1.0	5	16	18	0
vs. Playoff	10	25	9	0.0	0.0	1.0	1.0	2	16	11	0
vs. Non-Playoff	6	20	2	0.0	0.0	0.0	0.0	3	0	7	0
vs. Own Division	8	24	8	0.0	0.0	1.0	1.0	1	0	7	0
Home	8	22	7	0.0	0.0	0.0	0.0	3	0	10	0
Away	8	23	4	0.0	0.0	1.0	1.0	2	16	8	0
Games 1-8	8	20	8	0.0	0.0	1.0	1.0	1	0	11	0
Games 9-16	8	25	3	0.0	0.0	0.0	0.0	4	16	7	0
Aug/Sept	5	14	4	0.0	0.0	1.0	1.0	1	0	7	0
October	3	6	4	0.0	0.0	0.0	0.0	0	0	4	0
November	5	13	1	0.0	0.0	0.0	0.0	3	16	6	0
December	3	12	2	0.0	0.0	0.0	0.0	1	0	1	0
Grass	10	27	8	0.0	0.0	0.0	0.0	3	0	11	0
Turf	6	18	3	0.0	0.0	1.0	1.0	2	16	7	0
Indoor	4	13	3	0.0	0.0	1.0	1.0	1	0	5	0
Outdoor	12	32	8	0.0	0.0	0.0	0.0	4	16	13	0

Game Logs

Date	Opp	Result	Tk	Ast	Sack	Yds	Stuff	Yds	Int	Yds	PD	FF	FR	TD
08/31	SF	W 13-6	1	1	0.0	0.0	0.0	0.0	0	0	1	0	0	0
09/07	@Det	W 24-17	3	1	0.0	0.0	0.0	0.0	0	0	1	0	0	0
09/14	@Min	W 28-14	4	1	0.0	0.0	1.0	1.0	0	0	0	0	0	0
09/21	Mia	W 31-21	2	1	0.0	0.0	0.0	0.0	0	0	1	0	0	0
09/28	Ari	W 19-18	4	0	0.0	0.0	0.0	0.0	1	0	3	0	0	0
10/05	@GB	L 16-21	2	1	0.0	0.0	0.0	0.0	0	0	1	0	0	0
10/12	Det	L 9-27	3	0	0.0	0.0	0.0	0.0	0	0	1	0	0	0
10/26	Min	L 6-10	1	3	0.0	0.0	0.0	0.0	0	0	3	0	0	0
11/02	@Ind	W 31-28	6	0	0.0	0.0	0.0	0.0	1	0	3	0	0	0
11/09	@Atl	W 31-10	0	1	0.0	0.0	0.0	0.0	0	0	0	0	0	0
11/16	NE	W 27-7	3	0	0.0	0.0	0.0	0.0	1	0	1	0	0	0
11/23	@Chi	L 7-13	3	0	0.0	0.0	0.0	0.0	0	0	0	0	0	0
11/30	@NYN	W 20-8	1	0	0.0	0.0	0.0	0.0	1	16	2	0	0	0
12/07	GB	L 6-17	5	1	0.0	0.0	0.0	0.0	0	0	0	0	1	0
12/14	@NYA	L 0-31	4	0	0.0	0.0	0.0	0.0	0	0	0	0	0	0
12/21	Chi	W 31-15	3	1	0.0	0.0	0.0	0.0	1	0	1	0	0	0

Sam Adams — Seattle Seahawks – DT

1997 Defensive Splits

	G	Tk	Ast	Sack	Yds	Stuff	Yds	Int	Yds	PD	TD
Total	16	37	15	7.0	41.0	1.5	2.0	0	0	4	0
vs. Playoff	5	10	6	0.0	0.0	0.5	0.5	0	0	1	0
vs. Non-Playoff	11	27	9	7.0	41.0	1.0	1.5	0	0	3	0
vs. Own Division	8	17	9	3.0	19.0	0.5	0.5	0	0	1	0
Home	8	20	9	2.0	11.0	0.5	1.0	0	0	2	0
Away	8	17	6	5.0	30.0	1.0	1.0	0	0	2	0
Games 1-8	8	26	7	4.0	25.0	1.5	2.0	0	0	2	0
Games 9-16	8	11	8	3.0	16.0	0.0	0.0	0	0	2	0
Aug/Sept	5	15	7	1.0	8.0	1.0	1.5	0	0	1	0
October	3	11	0	3.0	17.0	0.5	0.5	0	0	1	0
November	5	10	6	2.5	12.0	0.0	0.0	0	0	2	0
December	3	1	2	0.5	4.0	0.0	0.0	0	0	0	0
Grass	5	5	5	1.0	8.0	0.5	0.5	0	0	0	0
Turf	11	32	10	6.0	33.0	1.0	1.5	0	0	4	0
Indoor	11	32	10	6.0	33.0	1.0	1.5	0	0	4	0
Outdoor	5	5	5	1.0	8.0	0.5	0.5	0	0	0	0

Game Logs

Date	Opp	Result	Tk	Ast	Sack	Yds	Stuff	Yds	Int	Yds	PD	FF	FR	TD
08/31	NYA	L 3-41	1	2	0.0	0.0	0.5	1.0	0	0	0	0	0	0
09/07	Den	L 14-35	1	0	0.0	0.0	0.0	0.0	0	0	0	0	0	0
09/14	@Ind	W 31-3	3	1	1.0	8.0	0.0	0.0	0	0	1	0	0	0
09/21	SD	W 26-22	4	2	0.0	0.0	0.0	0.0	0	0	0	0	0	0
09/28	@KC	L 17-20	4	2	0.0	0.0	0.5	0.5	0	0	0	0	0	0
10/05	Ten	W 16-13	0	0	0.0	0.0	0.0	0.0	0	0	1	0	0	0
10/19	@StL	W 17-9	4	0	1.0	6.0	0.5	0.5	0	0	0	0	0	0
10/26	Oak	W 45-34	3	0	2.0	11.0	0.0	0.0	0	0	0	0	0	0
11/02	@Den	L 27-30	1	0	0.0	0.0	0.0	0.0	0	0	0	0	0	0
11/09	@SD	W 37-31	1	1	0.5	4.0	0.0	0.0	0	0	0	0	0	0
11/16	@NO	L 17-20	5	2	2.0	8.0	0.0	0.0	0	0	1	1	0	0
11/23	KC	L 14-19	2	2	0.0	0.0	0.0	0.0	0	0	1	0	0	0
11/30	Atl	L 17-24	2	2	0.0	0.0	0.0	0.0	0	0	0	0	0	0
12/07	@Bal	L 24-31	0	0	0.0	0.0	0.0	0.0	0	0	0	0	0	0
12/14	@Oak	W 22-21	0	1	0.5	4.0	0.0	0.0	0	0	0	0	0	0
12/21	SF	W 38-9	1	1	0.0	0.0	0.0	0.0	0	0	0	0	0	0

Chidi Ahanotu — Tampa Bay Buccaneers – DE

1997 Defensive Splits

	G	Tk	Ast	Sack	Yds	Stuff	Yds	Int	Yds	PD	TD
Total	16	38	10	10.0	79.0	5.0	11.5	0	0	3	0
vs. Playoff	10	22	6	7.0	53.0	4.5	11.0	0	0	2	0
vs. Non-Playoff	6	16	4	3.0	26.0	0.5	0.5	0	0	1	0
vs. Own Division	8	19	3	5.0	39.0	2.0	4.0	0	0	2	0
Home	8	23	4	4.0	35.0	4.5	11.0	0	0	0	0
Away	8	15	6	6.0	44.0	0.5	0.5	0	0	3	0
Games 1-8	8	22	4	7.0	60.0	3.0	7.0	0	0	1	0
Games 9-16	8	16	6	3.0	19.0	2.0	4.5	0	0	2	0
Aug/Sept	5	15	2	3.0	32.0	2.0	5.0	0	0	1	0
October	3	7	2	4.0	28.0	1.0	2.0	0	0	0	0
November	5	11	5	3.0	19.0	0.5	2.0	0	0	2	0
December	3	5	1	0.0	0.0	1.5	2.5	0	0	0	0
Grass	10	29	4	6.0	49.0	4.5	11.0	0	0	1	0
Turf	6	9	6	4.0	30.0	0.5	0.5	0	0	2	0
Indoor	4	6	4	2.0	16.0	0.0	0.0	0	0	1	0
Outdoor	12	32	6	8.0	63.0	5.0	11.5	0	0	2	0

Game Logs

Date	Opp	Result	Tk	Ast	Sack	Yds	Stuff	Yds	Int	Yds	PD	FF	FR	TD
08/31	SF	W 13-6	4	0	0.0	0.0	1.0	1.0	0	0	0	0	0	0
09/07	@Det	W 24-17	1	0	0.0	0.0	0.0	0.0	0	0	1	0	0	0
09/14	@Min	W 28-14	2	0	1.0	11.0	0.0	0.0	0	0	0	0	0	0
09/21	Mia	W 31-21	1	1	0.0	0.0	1.0	4.0	0	0	0	0	0	0
09/28	Ari	W 19-18	7	0	2.0	21.0	0.0	0.0	0	0	0	0	1	0
10/05	@GB	L 16-21	2	0	2.0	14.0	0.0	0.0	0	0	0	0	0	0
10/12	Det	L 9-27	2	1	1.0	8.0	0.0	0.0	0	0	0	0	0	0
10/26	Min	L 6-10	3	1	1.0	6.0	1.0	2.0	0	0	0	0	0	0
11/02	@Ind	W 31-28	1	0	0.0	0.0	0.0	0.0	0	0	0	0	1	0
11/09	@Atl	W 31-10	2	3	1.0	5.0	0.0	0.0	0	0	0	0	0	0
11/16	NE	W 27-7	1	0	0.0	0.5	2.0	0.0	0	0	0	0	0	0
11/23	@Chi	L 7-13	4	1	0.0	0.0	0.0	0.0	0	0	1	0	0	0
11/30	@NYN	W 20-8	3	1	2.0	14.0	0.0	0.0	0	0	0	0	0	0
12/07	GB	L 6-17	3	0	0.0	0.0	1.0	2.0	0	0	0	0	0	0
12/14	@NYA	L 0-31	0	1	0.0	0.0	0.5	0.5	0	0	0	0	0	0
12/21	Chi	W 31-15	2	0	0.0	0.0	0.0	0.0	0	0	0	0	0	0

Brent Alexander — Arizona Cardinals – S

1997 Defensive Splits

	G	Tk	Ast	Sack	Yds	Stuff	Yds	Int	Yds	PD	TD
Total	16	54	22	0.0	0.0	0.0	0.0	0	0	2	0
vs. Playoff	5	18	6	0.0	0.0	0.0	0.0	0	0	1	0
vs. Non-Playoff	11	36	16	0.0	0.0	0.0	0.0	0	0	1	0
vs. Own Division	8	25	12	0.0	0.0	0.0	0.0	0	0	1	0
Home	8	26	14	0.0	0.0	0.0	0.0	0	0	1	0
Away	8	28	8	0.0	0.0	0.0	0.0	0	0	1	0
Games 1-8	8	21	11	0.0	0.0	0.0	0.0	0	0	1	0
Games 9-16	8	33	11	0.0	0.0	0.0	0.0	0	0	1	0
Aug/Sept	4	10	5	0.0	0.0	0.0	0.0	0	0	0	0
October	4	11	6	0.0	0.0	0.0	0.0	0	0	1	0
November	5	25	7	0.0	0.0	0.0	0.0	0	0	1	0
December	3	8	4	0.0	0.0	0.0	0.0	0	0	0	0
Grass	11	39	16	0.0	0.0	0.0	0.0	0	0	1	0
Turf	5	15	6	0.0	0.0	0.0	0.0	0	0	1	0
Indoor	1	2	1	0.0	0.0	0.0	0.0	0	0	0	0
Outdoor	15	52	21	0.0	0.0	0.0	0.0	0	0	2	0

Game Logs

Date	Opp	Result	Tk	Ast	Sack	Yds	Stuff	Yds	Int	Yds	PD	FF	FR	TD
08/31	@Cin	L 21-24	3	1	0.0	0.0	0.0	0.0	0	0	0	0	0	0
09/07	Dal	W 25-22	4	2	0.0	0.0	0.0	0.0	0	0	0	0	0	0
09/14	@Was	L 13-19	2	2	0.0	0.0	0.0	0.0	0	0	0	0	0	0
09/28	@TB	L 18-19	1	0	0.0	0.0	0.0	0.0	0	0	0	0	0	0
10/05	Min	L 19-20	0	2	0.0	0.0	0.0	0.0	0	0	0	0	0	0
10/12	NYN	L 13-27	6	0	0.0	0.0	0.0	0.0	0	0	0	0	0	0
10/19	@Phi	L 10-13	1	3	0.0	0.0	0.0	0.0	0	0	1	1	0	0
10/26	Ten	L 14-41	4	1	0.0	0.0	0.0	0.0	0	0	0	0	0	0
11/02	Phi	W 31-21	2	3	0.0	0.0	0.0	0.0	0	0	0	0	0	0
11/09	@Dal	L 6-24	2	0	0.0	0.0	0.0	0.0	0	0	0	0	0	0
11/16	@NYN	L 10-19	7	1	0.0	0.0	0.0	0.0	0	0	0	0	0	0
11/23	@Bal	W 16-13	10	0	0.0	0.0	0.0	0.0	0	0	0	0	0	0
11/30	Pit	L 20-26	4	3	0.0	0.0	0.0	0.0	0	0	1	0	0	0
12/07	Was	L 28-38	1	1	0.0	0.0	0.0	0.0	0	0	0	0	0	0
12/14	@NO	L 10-27	2	1	0.0	0.0	0.0	0.0	0	0	0	0	0	0
12/21	Atl	W 29-26	5	2	0.0	0.0	0.0	0.0	0	0	0	0	0	0

Derrick Alexander — Minnesota Vikings – DE

1997 Defensive Splits

	G	Tk	Ast	Sack	Yds	Stuff	Yds	Int	Yds	PD	TD
Total	14	35	16	4.5	26.5	1.0	2.5	0	0	0	0
vs. Playoff	7	14	6	0.5	4.5	0.5	2.0	0	0	0	0
vs. Non-Playoff	7	21	10	4.0	22.0	0.5	0.5	0	0	0	0
vs. Own Division	7	18	7	2.5	20.5	0.5	2.0	0	0	0	0
Home	6	17	7	2.5	10.5	0.5	0.5	0	0	0	0
Away	8	18	9	2.0	16.0	0.5	2.0	0	0	0	0
Games 1-8	8	21	8	4.0	22.0	1.0	2.5	0	0	0	0
Games 9-16	6	14	8	0.5	4.5	0.0	0.0	0	0	0	0
Aug/Sept	5	19	5	4.0	22.0	1.0	2.5	0	0	0	0
October	3	2	3	0.0	0.0	0.0	0.0	0	0	0	0
November	4	10	4	0.0	0.0	0.0	0.0	0	0	0	0
December	2	4	4	0.5	4.5	0.0	0.0	0	0	0	0
Grass	5	10	7	2.0	16.0	0.5	2.0	0	0	0	0
Turf	9	25	9	2.5	10.5	0.5	0.5	0	0	0	0
Indoor	7	19	7	2.5	10.5	0.5	0.5	0	0	0	0
Outdoor	7	16	9	2.0	16.0	0.5	2.0	0	0	0	0

Game Logs

Date	Opp	Result	Tk	Ast	Sack	Yds	Stuff	Yds	Int	Yds	PD	FF	FR	TD
08/31	@Buf	W 34-13	2	1	0.0	0.0	0.0	0.0	0	0	0	0	0	0
09/07	@Chi	W 27-24	5	2	2.0	16.0	0.0	0.0	0	0	0	1	1	0
09/14	TB	L 14-28	3	1	0.0	0.0	0.0	0.0	0	0	0	0	0	0
09/21	@GB	L 32-38	3	0	0.0	0.0	0.5	2.0	0	0	0	0	0	0
09/28	Phi	W 28-19	6	1	2.0	6.0	0.5	0.5	0	0	0	2	0	0
10/05	@Ari	W 20-19	1	3	0.0	0.0	0.0	0.0	0	0	0	0	0	0
10/12	Car	W 21-14	1	0	0.0	0.0	0.0	0.0	0	0	0	0	0	0
10/26	@TB	W 10-6	0	0	0.0	0.0	0.0	0.0	0	0	0	0	0	0
11/02	NE	W 23-18	2	1	0.0	0.0	0.0	0.0	0	0	0	0	0	0
11/09	Chi	W 29-22	2	2	0.0	0.0	0.0	0.0	0	0	0	0	0	0
11/16	@Det	L 15-38	2	0	0.0	0.0	0.0	0.0	0	0	0	0	0	0
11/23	@NYA	L 21-23	4	1	0.0	0.0	0.0	0.0	0	0	0	0	0	0
12/01	GB	L 11-27	3	2	0.5	4.5	0.0	0.0	0	0	0	0	0	0
12/07	@SF	L 17-28	1	2	0.0	0.0	0.0	0.0	0	0	0	0	0	0
12/14	Det	L 13-14	-	-	-	-	-	-	-	-	-	-	-	-
12/21	Ind	W 39-28	-	-	-	-	-	-	-	-	-	-	-	-

Ashley Ambrose — Cincinnati Bengals – CB

1997 Defensive Splits

	G	Tk	Ast	Sack	Yds	Stuff	Yds	Int	Yds	PD	TD
Total	16	57	2	1.0	10.0	1.0	1.0	3	56	26	0
vs. Playoff	6	16	0	0.0	0.0	0.0	0.0	0	0	7	0
vs. Non-Playoff	10	41	2	1.0	10.0	1.0	1.0	3	56	19	0
vs. Own Division	8	30	0	0.0	0.0	0.0	0.0	1	0	12	0
Home	8	30	0	0.0	0.0	1.0	1.0	0	0	20	0
Away	8	27	2	1.0	10.0	0.0	0.0	3	56	6	0
Games 1-8	8	31	0	0.0	0.0	1.0	1.0	1	0	7	0
Games 9-16	8	26	2	1.0	10.0	0.0	0.0	2	56	19	0
Aug/Sept	4	16	0	0.0	0.0	1.0	1.0	1	0	3	0
October	4	15	0	0.0	0.0	0.0	0.0	0	0	4	0
November	5	16	2	1.0	10.0	0.0	0.0	2	56	8	0
December	3	10	0	0.0	0.0	0.0	0.0	0	0	11	0
Grass	4	16	0	0.0	0.0	0.0	0.0	1	0	2	0
Turf	12	41	2	1.0	10.0	1.0	1.0	2	56	24	0
Indoor	1	4	1	1.0	10.0	0.0	0.0	2	56	2	0
Outdoor	15	53	1	0.0	0.0	1.0	1.0	1	0	24	0

Game Logs

Date	Opp	Result	Tk	Ast	Sack	Yds	Stuff	Yds	Int	Yds	PD	FF	FR	TD
08/31	Ari	W 24-21	3	0	0.0	0.0	0.0	0.0	0	0	0	0	0	0
09/07	@Bal	L 10-23	4	0	0.0	0.0	0.0	0.0	1	0	1	0	1	0
09/21	@Den	L 20-38	1	0	0.0	0.0	0.0	0.0	0	0	0	0	0	0
09/28	NYA	L 14-31	8	0	0.0	0.0	1.0	1.0	0	0	2	0	0	0
10/05	@Jac	L 13-21	3	0	0.0	0.0	0.0	0.0	0	0	1	0	0	0
10/12	@Ten	L 7-30	8	0	0.0	0.0	0.0	0.0	0	0	0	0	0	0
10/19	Pit	L 10-26	3	0	0.0	0.0	0.0	0.0	0	0	2	0	0	0
10/26	@NYN	L 27-29	1	0	0.0	0.0	0.0	0.0	0	0	1	0	0	0
11/02	SD	W 38-31	0	0	0.0	0.0	0.0	0.0	0	0	3	0	0	0
11/09	@Ind	W 28-13	4	1	1.0	10.0	0.0	0.0	2	56	2	0	0	0
11/16	@Pit	L 3-20	2	0	0.0	0.0	0.0	0.0	0	0	1	0	0	0
11/23	Jac	W 31-26	6	0	0.0	0.0	0.0	0.0	0	0	2	0	0	0
11/30	@Phi	L 42-44	4	1	0.0	0.0	0.0	0.0	0	0	0	0	1	0
12/04	Ten	W 41-14	2	0	0.0	0.0	0.0	0.0	0	0	1	0	0	0
12/14	Dal	W 31-24	6	0	0.0	0.0	0.0	0.0	0	0	6	0	0	0
12/21	Bal	W 16-14	2	0	0.0	0.0	0.0	0.0	0	0	4	0	0	0

Lester Archambeau
Atlanta Falcons – DE

1997 Defensive Splits	G	Tk	Ast	Sack	Yds	Stuff	Yds	Int	Yds	PD	TD	Game Logs Date	Opp	Result	Tk	Ast	Sack	Yds	Stuff	Yds	Int	Yds	PD	FF	FR	TD
Total	16	33	11	8.5	62.0	5.5	16.5	1	0	4	0	08/31	@Det	L 17-28	6	1	2.0	23.0	1.0	2.0	0	0	0	2	2	0
vs. Playoff	5	9	1	2.0	23.0	1.0	2.0	0	0	1	0	09/07	Car	L 6-9	4	2	2.0	8.0	1.0	1.0	0	0	0	1	0	0
vs. Non-Playoff	11	24	10	6.5	39.0	4.5	14.5	1	0	3	0	09/14	Oak	L 31-36	2	1	0.0	0.0	0.5	1.5	0	0	0	0	0	0
vs. Own Division	8	16	7	3.5	15.5	3.5	11.5	0	0	0	0	09/21	@SF	L 7-34	0	0	0.0	0.0	0.0	0.0	0	0	0	0	0	0
Home	8	14	6	3.5	17.5	3.0	8.0	1	0	2	0	09/28	Den	L 21-29	0	0	0.0	0.0	0.0	0.0	0	0	1	0	0	0
Away	8	19	5	5.0	44.5	2.5	8.5	0	0	2	0	10/12	@NO	W 23-17	3	2	0.0	0.0	1.0	5.0	0	0	0	0	0	0
Games 1-8	8	18	7	4.5	33.5	3.5	9.5	0	0	1	0	10/19	SF	L 28-35	1	0	0.0	0.0	0.0	0.0	0	0	0	0	0	0
Games 9-16	8	15	4	4.0	28.5	2.0	7.0	1	0	3	0	10/26	@Car	L 12-21	2	1	0.5	2.5	0.0	0.0	0	0	0	1	0	0
Aug/Sept	5	12	4	4.0	31.0	2.5	4.5	0	0	1	0	11/02	StL	W 34-31	2	1	0.0	0.0	1.5	5.5	0	0	0	0	0	0
October	3	6	3	0.5	2.5	1.0	5.0	0	0	0	0	11/09	TB	L 10-31	2	0	0.0	0.0	0.0	0.0	0	0	0	0	0	0
November	5	10	3	2.5	9.0	2.0	7.0	0	0	0	0	11/16	@StL	W 27-21	2	0	0.0	0.0	0.0	0.0	0	0	0	0	0	0
December	3	5	1	1.5	19.5	0.0	0.0	1	0	3	0	11/23	NO	W 20-3	2	1	0.0	5.0	0.0	0.0	0	0	0	0	0	0
Grass	4	6	1	1.5	17.5	0.0	0.0	0	0	2	0	11/30	@Sea	W 24-17	2	1	1.5	4.0	0.5	1.5	0	0	0	0	0	0
Turf	12	27	10	7.0	44.5	5.5	16.5	1	0	2	0	12/07	@SD	W 14-3	3	0	1.0	15.0	0.0	0.0	0	0	1	0	0	0
Indoor	12	27	10	7.0	44.5	5.5	16.5	1	0	2	0	12/14	Phi	W 20-17	1	1	0.5	4.5	0.0	0.0	1	0	1	0	0	0
Outdoor	4	6	1	1.5	17.5	0.0	0.0	0	0	2	0	12/21	@Ari	L 26-29	1	0	0.0	0.0	0.0	0.0	0	0	0	0	0	0

Jesse Armstead
New York Giants – LB

1997 Defensive Splits	G	Tk	Ast	Sack	Yds	Stuff	Yds	Int	Yds	PD	TD	Game Logs Date	Opp	Result	Tk	Ast	Sack	Yds	Stuff	Yds	Int	Yds	PD	FF	FR	TD
Total	16	104	31	3.5	22.0	9.0	19.5	2	57	11	1	08/31	Phi	W 31-17	8	5	0.0	0.0	0.5	0.5	0	0	0	0	0	0
vs. Playoff	3	17	5	0.0	0.0	0.0	0.0	0	0	2	0	09/07	@Jac	L 13-40	6	0	0.0	0.0	0.0	0.0	0	0	1	0	0	0
vs. Non-Playoff	13	87	26	3.5	22.0	9.0	19.5	2	57	9	1	09/14	Bal	L 23-24	5	1	0.0	0.0	0.0	0.0	0	0	0	0	0	0
vs. Own Division	8	54	21	2.5	14.0	4.5	11.0	2	57	7	1	09/21	@StL	L 3-13	12	0	1.0	8.0	3.0	4.0	0	0	0	0	0	0
Home	8	56	23	2.0	12.0	3.0	8.5	0	0	4	0	09/28	NO	W 14-9	2	1	0.0	0.0	1.0	3.0	0	0	1	0	0	0
Away	8	48	8	1.5	10.0	6.0	11.0	2	57	7	1	10/05	Dal	W 20-17	12	6	0.0	0.0	0.5	1.5	0	0	0	0	0	0
Games 1-8	8	51	15	1.0	8.0	5.0	9.0	0	0	4	0	10/12	@Ari	W 27-13	2	0	0.0	0.0	0.0	0.0	0	0	0	0	0	0
Games 9-16	8	53	16	2.5	14.0	4.0	10.5	2	57	7	1	10/19	@Det	W 26-20	4	2	0.0	0.0	0.0	0.0	0	0	1	0	0	0
Aug/Sept	5	33	7	1.0	8.0	4.5	7.5	0	0	3	0	10/26	Cin	W 29-27	7	2	0.0	0.0	0.5	1.5	0	0	1	0	0	0
October	4	25	10	0.0	0.0	1.0	3.0	0	0	1	0	11/09	@Ten	L 6-10	7	1	0.0	0.0	0.0	0.0	0	0	0	0	0	0
November	4	28	10	2.0	12.0	2.5	8.0	0	0	2	0	11/16	Ari	W 19-10	8	3	2.0	12.0	0.5	2.0	0	0	0	0	0	0
December	3	18	4	0.5	2.0	1.0	1.0	2	57	5	1	11/23	@Was	T 7-7	6	3	0.0	0.0	2.0	6.0	0	0	2	0	0	0
Grass	4	21	4	0.0	0.0	2.0	6.0	0	0	3	0	11/30	TB	L 8-20	7	3	0.0	0.0	0.0	0.0	0	0	0	0	0	0
Turf	12	83	27	3.5	22.0	7.0	13.5	2	57	8	1	12/07	@Phi	W 31-21	8	2	0.5	2.0	0.0	0.0	2	57	3	0	0	1
Indoor	2	16	2	1.0	8.0	3.0	4.0	0	0	1	0	12/13	Was	W 30-10	7	2	0.0	0.0	0.0	0.0	0	0	2	0	1	0
Outdoor	14	88	29	2.5	14.0	6.0	15.5	2	57	10	1	12/21	@Dal	W 20-7	3	0	0.0	0.0	1.0	1.0	0	0	0	0	0	0

Trace Armstrong
Miami Dolphins – DE

1997 Defensive Splits	G	Tk	Ast	Sack	Yds	Stuff	Yds	Int	Yds	PD	TD	Game Logs Date	Opp	Result	Tk	Ast	Sack	Yds	Stuff	Yds	Int	Yds	PD	FF	FR	TD
Total	16	25	22	5.5	45.0	6.0	18.5	0	0	2	0	08/31	Ind	W 16-10	3	2	1.0	5.0	1.0	1.0	0	0	0	0	0	0
vs. Playoff	6	9	6	2.0	13.0	1.5	3.5	0	0	1	0	09/07	Ten	W 16-13	0	2	0.0	0.0	0.0	0.0	0	0	1	0	0	0
vs. Non-Playoff	10	16	16	3.5	32.0	4.5	15.0	0	0	1	0	09/14	@GB	L 18-23	1	1	0.0	0.0	0.0	0.0	0	0	0	0	0	0
vs. Own Division	8	15	8	3.0	18.0	2.0	4.0	0	0	0	0	09/21	@TB	L 21-31	1	0	0.0	0.0	0.0	0.0	0	0	1	0	0	0
Home	8	12	17	4.0	27.0	5.0	14.5	0	0	1	0	10/05	KC	W 17-14	0	2	0.0	0.0	0.0	0.0	0	0	0	0	0	0
Away	8	13	5	1.5	18.0	1.0	4.0	0	0	1	0	10/12	@NYA	W 31-20	1	0	0.0	0.0	0.0	0.0	0	0	0	1	0	0
Games 1-8	8	10	12	1.0	5.0	3.5	12.0	0	0	2	0	10/19	@Bal	W 24-13	3	1	0.0	0.0	1.0	4.0	0	0	0	1	0	0
Games 9-16	8	15	10	4.5	40.0	2.5	6.5	0	0	0	0	10/27	Chi	L 33-36	1	0	0.0	0.0	1.5	7.0	0	0	0	0	0	0
Aug/Sept	4	5	4	1.0	5.0	1.0	1.0	0	0	2	0	11/02	@Buf	L 6-9	2	1	0.0	0.0	0.0	0.0	0	0	1	0	0	0
October	4	5	8	0.0	0.0	2.5	11.0	0	0	0	0	11/09	NYA	W 24-17	1	2	0.0	0.0	1.0	3.0	0	0	0	0	0	0
November	5	9	6	2.5	27.0	1.0	3.0	0	0	0	0	11/17	Buf	W 30-13	2	1	0.0	9.0	0.0	0.0	0	0	0	0	0	0
December	3	6	4	2.0	13.0	1.5	3.5	0	0	0	0	11/23	@NE	L 24-27	1	1	0.0	0.0	0.0	0.0	0	0	0	0	0	0
Grass	13	21	20	5.5	45.0	6.0	18.5	0	0	2	0	11/30	@Oak	W 34-16	2	1	1.5	18.0	0.0	0.0	0	0	0	0	0	0
Turf	3	4	2	0.0	0.0	0.0	0.0	0	0	0	0	12/07	Det	W 33-30	2	3	1.0	9.0	1.5	3.5	0	0	1	0	0	0
Indoor	1	1	1	0.0	0.0	0.0	0.0	0	0	0	0	12/14	@Ind	L 0-41	1	1	0.0	0.0	0.0	0.0	0	0	0	0	0	0
Outdoor	15	24	21	5.5	45.0	6.0	18.5	0	0	2	0	12/22	NE	L 12-14	3	0	1.0	4.0	0.0	0.0	0	0	0	0	0	0

Steve Atwater
Denver Broncos – S

1997 Defensive Splits

	G	Tk	Ast	Sack	Yds	Stuff	Yds	Int	Yds	PD	TD
Total	15	53	15	1.0	18.0	2.0	4.0	2	42	7	1
vs. Playoff	5	23	4	0.0	0.0	0.0	0.0	0	0	0	0
vs. Non-Playoff	10	30	11	1.0	18.0	2.0	4.0	2	42	7	1
vs. Own Division	8	31	6	1.0	18.0	1.5	3.5	2	42	5	1
Home	7	25	9	1.0	18.0	0.5	0.5	1	20	4	0
Away	8	28	6	0.0	0.0	1.5	3.5	1	22	3	1
Games 1-8	7	24	8	0.0	0.0	2.0	4.0	0	0	2	0
Games 9-16	8	29	7	1.0	18.0	0.0	0.0	2	42	5	1
Aug/Sept	4	11	5	0.0	0.0	0.5	0.5	0	0	2	0
October	3	13	3	0.0	0.0	1.5	3.5	0	0	0	0
November	5	18	5	1.0	18.0	0.0	0.0	1	22	4	1
December	3	11	2	0.0	0.0	0.0	0.0	1	20	1	0
Grass	11	41	11	1.0	18.0	2.0	4.0	2	42	7	1
Turf	4	12	4	0.0	0.0	0.0	0.0	0	0	0	0
Indoor	2	4	1	0.0	0.0	0.0	0.0	0	0	0	0
Outdoor	13	49	14	1.0	18.0	2.0	4.0	2	42	7	1

Game Logs

Date	Opp	Result	Tk	Ast	Sack	Yds	Stuff	Yds	Int	Yds	PD	FF	FR	TD
08/31	KC	W 19-3	5	1	0.0	0.0	0.0	0.0	0	0	0	0	0	0
09/07	@Sea	W 35-14	3	1	0.0	0.0	0.0	0.0	0	0	0	0	0	0
09/14	StL	W 35-14	2	3	0.0	0.0	0.5	0.5	0	0	2	0	0	0
09/21	Cin	W 38-20	-	-	-	-	-	-	-	-	-	-	-	-
09/28	@Atl	W 29-21	1	0	0.0	0.0	0.0	0.0	0	0	0	0	0	0
10/06	NE	W 34-13	5	1	0.0	0.0	0.0	0.0	0	0	0	0	1	0
10/19	@Oak	L 25-28	6	1	0.0	0.0	1.5	3.5	0	0	0	0	0	0
10/26	@Buf	W 23-20	2	1	0.0	0.0	0.0	0.0	0	0	0	0	1	0
11/02	Sea	W 30-27	6	1	0.0	0.0	0.0	0.0	0	0	0	0	0	0
11/09	Car	W 34-0	3	2	0.0	0.0	0.0	0.0	0	0	0	0	0	0
11/16	@KC	L 22-24	4	0	0.0	0.0	0.0	0.0	0	0	0	0	0	0
11/24	Oak	L 31-3	2	1	1.0	18.0	0.0	0.0	0	0	1	0	0	0
11/30	@SD	W 38-28	3	1	0.0	0.0	0.0	0.0	1	22	3	0	0	1
12/07	@Pit	L 24-35	6	2	0.0	0.0	0.0	0.0	0	0	0	0	0	0
12/15	@SF	L 17-34	3	0	0.0	0.0	0.0	0.0	0	0	0	0	0	0
12/21	SD	W 38-3	2	0	0.0	0.0	0.0	0.0	1	20	1	0	0	0

Michael Bankston
Arizona Cardinals – DE

1997 Defensive Splits

	G	Tk	Ast	Sack	Yds	Stuff	Yds	Int	Yds	PD	TD
Total	16	67	28	2.0	17.0	3.0	3.0	0	0	1	0
vs. Playoff	5	21	13	1.0	10.0	0.0	0.0	0	0	0	0
vs. Non-Playoff	11	46	15	1.0	7.0	3.0	3.0	0	0	1	0
vs. Own Division	8	36	13	2.0	17.0	1.0	1.0	0	0	0	0
Home	8	34	15	0.0	0.0	0.0	0.0	0	0	1	0
Away	8	33	13	2.0	17.0	3.0	3.0	0	0	0	0
Games 1-8	8	21	12	0.0	0.0	2.0	2.0	0	0	0	0
Games 9-16	8	46	16	2.0	17.0	1.0	1.0	0	0	1	0
Aug/Sept	4	14	0	0.0	0.0	2.0	2.0	0	0	0	0
October	4	11	8	0.0	0.0	0.0	0.0	0	0	0	0
November	5	31	9	2.0	17.0	0.0	0.0	0	0	1	0
December	3	15	7	0.0	0.0	1.0	1.0	0	0	0	0
Grass	11	44	18	0.0	0.0	1.0	1.0	0	0	0	1
Turf	5	23	10	2.0	17.0	2.0	2.0	0	0	1	0
Indoor	1	4	3	0.0	0.0	1.0	1.0	0	0	0	0
Outdoor	15	63	25	2.0	17.0	2.0	2.0	0	0	1	0

Game Logs

Date	Opp	Result	Tk	Ast	Sack	Yds	Stuff	Yds	Int	Yds	PD	FF	FR	TD
08/31	@Cin	L 21-24	3	0	0.0	0.0	1.0	1.0	0	0	0	0	0	0
09/07	Dal	W 25-22	2	1	0.0	0.0	0.0	0.0	0	0	0	0	0	0
09/14	@Was	L 13-19	4	0	0.0	0.0	1.0	1.0	0	0	0	0	0	0
09/28	@TB	L 18-19	1	3	0.0	0.0	0.0	0.0	0	0	0	0	0	0
10/05	Min	L 19-20	4	3	0.0	0.0	0.0	0.0	0	0	0	0	0	0
10/12	NYN	L 13-27	3	0	0.0	0.0	0.0	0.0	0	0	0	0	0	0
10/19	@Phi	L 10-13	3	3	0.0	0.0	0.0	0.0	0	0	0	0	0	0
10/26	Ten	L 14-41	1	2	0.0	0.0	0.0	0.0	0	0	0	0	0	0
11/02	Phi	W 31-21	6	1	0.0	0.0	0.0	0.0	0	0	0	0	0	0
11/09	@Dal	L 6-24	7	1	1.0	7.0	0.0	0.0	0	0	0	0	0	0
11/16	@NYN	L 10-19	6	3	1.0	10.0	0.0	0.0	0	0	0	0	0	0
11/23	@Bal	W 16-13	5	0	0.0	0.0	0.0	0.0	0	0	0	0	0	0
11/30	Pit	L 20-26	7	4	0.0	0.0	0.0	0.0	0	0	1	0	0	0
12/07	Was	L 28-38	5	4	0.0	0.0	0.0	0.0	0	0	0	0	0	0
12/14	@NO	L 10-27	4	3	0.0	0.0	1.0	1.0	0	0	0	0	0	0
12/21	Atl	W 29-26	6	0	0.0	0.0	0.0	0.0	0	0	0	0	0	0

Roy Barker
San Francisco 49ers – DE

1997 Defensive Splits

	G	Tk	Ast	Sack	Yds	Stuff	Yds	Int	Yds	PD	TD
Total	13	24	4	5.5	36.5	4.0	7.0	0	0	3	0
vs. Playoff	4	4	2	0.0	0.0	1.0	1.0	0	0	0	0
vs. Non-Playoff	9	20	2	5.5	36.5	3.0	6.0	0	0	3	0
vs. Own Division	7	18	2	4.5	31.5	3.0	6.0	0	0	3	0
Home	6	5	4	0.5	2.5	1.5	4.5	0	0	2	0
Away	7	19	0	5.0	34.0	2.5	2.5	0	0	1	0
Games 1-8	8	21	2	4.5	31.5	4.0	7.0	0	0	3	0
Games 9-16	5	3	2	1.0	5.0	0.0	0.0	0	0	0	0
Aug/Sept	5	14	1	0.5	2.5	2.0	2.0	0	0	1	0
October	3	7	1	4.0	29.0	2.0	5.0	0	0	2	0
November	2	0	0	0.0	0.0	0.0	0.0	0	0	0	0
December	3	3	2	1.0	5.0	0.0	0.0	0	0	0	0
Grass	9	10	4	0.5	2.5	2.5	5.5	0	0	2	0
Turf	4	14	0	5.0	34.0	1.5	1.5	0	0	1	0
Indoor	4	14	0	5.0	34.0	1.5	1.5	0	0	1	0
Outdoor	9	10	4	0.5	2.5	2.5	5.5	0	0	2	0

Game Logs

Date	Opp	Result	Tk	Ast	Sack	Yds	Stuff	Yds	Int	Yds	PD	FF	FR	TD
08/31	@TB	L 6-13	3	0	0.0	0.0	1.0	1.0	0	0	1	0	0	0
09/07	@StL	W 15-12	6	0	0.0	0.0	1.0	1.0	0	0	0	0	0	0
09/14	NO	W 33-7	2	0	0.0	0.0	0.0	0.0	0	0	1	1	0	0
09/21	Atl	W 34-7	1	1	0.5	2.5	0.0	0.0	0	0	0	0	0	0
09/29	@Car	W 34-21	2	0	0.0	0.0	0.0	0.0	0	0	0	0	0	0
10/12	StL	W 30-10	1	1	0.0	0.0	1.5	4.5	0	0	1	0	0	0
10/19	@Atl	W 35-28	4	0	3.0	21.0	0.5	0.5	0	0	1	0	0	0
10/26	@NO	W 23-0	2	0	1.0	8.0	0.0	0.0	0	0	0	0	0	0
11/02	Dal	W 17-10	0	0	0.0	0.0	0.0	0.0	0	0	0	0	0	0
11/10	@Phi	W 24-12	-	-	-	-	-	-	-	-	-	-	-	-
11/16	Car	W 27-19	-	-	-	-	-	-	-	-	-	-	-	-
11/23	SD	W 17-10	-	-	-	-	-	-	-	-	-	-	-	-
11/30	@KC	L 9-44	0	0	0.0	0.0	0.0	0.0	0	0	0	0	0	0
12/07	Min	W 28-17	0	1	0.0	0.0	0.0	0.0	0	0	0	0	0	0
12/15	Den	W 34-17	1	1	0.0	0.0	0.0	0.0	0	0	0	0	0	0
12/21	@Sea	L 9-38	2	0	1.0	5.0	0.0	0.0	0	0	0	0	0	0

Micheal Barrow
Carolina Panthers – LB

1997 Defensive Splits

	G	Tk	Ast	Sack	Yds	Stuff	Yds	Int	Yds	PD	TD
Total	16	68	21	8.5	54.5	7.5	16.5	0	0	1	0
vs. Playoff	6	29	11	3.0	15.0	4.0	9.5	0	0	0	0
vs. Non-Playoff	10	39	10	5.5	39.5	3.5	7.0	0	0	1	0
vs. Own Division	8	34	12	3.5	11.5	6.0	14.5	0	0	0	0
Home	8	27	11	2.0	9.0	3.0	6.0	0	0	1	0
Away	8	41	10	6.5	45.5	4.5	10.5	0	0	0	0
Games 1-8	8	40	8	5.0	31.0	2.5	5.0	0	0	1	0
Games 9-16	8	28	13	3.5	23.5	5.0	11.5	0	0	0	0
Aug/Sept	5	24	3	3.0	23.0	0.5	0.5	0	0	1	0
October	3	16	5	2.0	8.0	2.0	4.5	0	0	0	0
November	5	18	10	1.5	8.5	4.5	10.5	0	0	0	0
December	3	10	3	2.0	15.0	0.5	1.0	0	0	0	0
Grass	11	43	17	5.0	37.0	6.0	14.0	0	0	1	0
Turf	5	25	4	3.5	17.5	1.5	2.5	0	0	0	0
Indoor	4	21	4	2.5	10.5	1.5	2.5	0	0	0	0
Outdoor	12	47	17	6.0	44.0	6.0	14.0	0	0	1	0

Game Logs

Date	Opp	Result	Tk	Ast	Sack	Yds	Stuff	Yds	Int	Yds	PD	FF	FR	TD
08/31	Was	L 10-24	7	0	0.0	0.0	0.0	0.0	0	0	1	0	0	0
09/07	@Atl	W 9-6	3	0	0.0	0.0	0.0	0.0	0	0	0	0	0	0
09/14	@SD	W 26-7	5	1	2.0	22.0	0.0	0.0	0	0	0	1	1	0
09/21	KC	L 14-35	4	0	0.0	0.0	0.0	0.0	0	0	0	0	0	0
09/29	SF	L 21-34	5	2	1.0	1.0	0.5	0.5	0	0	0	1	0	0
10/12	@Min	L 14-21	5	0	0.0	0.0	0.0	0.0	0	0	0	0	0	0
10/19	@NO	W 13-0	8	1	2.0	8.0	1.5	2.5	0	0	0	0	0	0
10/26	Atl	W 21-12	3	2	0.0	0.0	0.5	2.0	0	0	0	0	0	0
11/02	Oak	W 38-14	1	3	0.0	0.0	1.0	1.0	0	0	0	0	0	0
11/09	@Den	L 0-34	4	1	1.0	6.0	0.0	0.0	0	0	0	0	0	0
11/16	@SF	L 19-27	7	4	0.0	0.0	3.0	8.0	0	0	0	0	0	0
11/23	@StL	W 16-10	5	1	0.5	2.5	0.0	0.0	0	0	0	0	0	0
11/30	NO	L 13-16	1	1	0.0	0.0	0.5	1.5	0	0	0	0	0	0
12/08	@Dal	W 23-13	4	0	1.0	7.0	0.0	0.0	0	0	0	2	0	0
12/14	GB	L 10-31	4	2	1.0	8.0	0.5	1.0	0	0	0	0	0	0
12/20	StL	L 18-30	2	1	0.0	0.0	0.0	0.0	0	0	0	0	0	0

Jason Belser
Indianapolis Colts – S

1997 Defensive Splits

	G	Tk	Ast	Sack	Yds	Stuff	Yds	Int	Yds	PD	TD
Total	16	70	27	1.0	7.0	3.0	7.0	2	121	7	1
vs. Playoff	9	41	15	1.0	7.0	2.0	4.0	2	121	4	1
vs. Non-Playoff	7	29	12	0.0	0.0	1.0	3.0	0	0	3	0
vs. Own Division	8	33	10	1.0	7.0	0.5	1.5	0	0	2	0
Home	8	33	18	1.0	7.0	2.0	6.0	0	50	3	1
Away	8	37	9	0.0	0.0	1.0	1.0	2	71	4	0
Games 1-8	8	39	12	1.0	7.0	1.0	3.0	1	37	3	0
Games 9-16	8	31	15	0.0	0.0	2.0	4.0	1	84	4	1
Aug/Sept	4	18	5	1.0	7.0	0.5	1.5	0	0	1	0
October	4	21	7	0.0	0.0	0.5	1.5	1	37	2	0
November	5	21	11	0.0	0.0	1.0	3.0	0	50	1	1
December	3	10	4	0.0	0.0	1.0	1.0	1	34	3	0
Grass	3	15	1	0.0	0.0	0.0	0.0	0	0	0	0
Turf	13	55	26	1.0	7.0	3.0	7.0	2	121	7	1
Indoor	10	44	24	1.0	7.0	3.0	7.0	1	84	5	1
Outdoor	6	26	3	0.0	0.0	0.0	0.0	1	37	2	0

Game Logs

Date	Opp	Result	Tk	Ast	Sack	Yds	Stuff	Yds	Int	Yds	PD	FF	FR	TD
08/31	@Mia	L 10-16	4	0	0.0	0.0	0.0	0.0	0	0	0	0	0	0
09/07	NE	L 6-31	6	1	1.0	7.0	0.0	0.0	0	0	0	0	0	0
09/14	Sea	L 3-31	2	5	0.0	0.0	0.5	1.5	0	0	1	0	0	0
09/21	@Buf	L 35-37	6	0	0.0	0.0	0.0	0.0	0	0	0	0	0	0
10/05	NYA	L 12-16	4	1	0.0	0.0	0.0	0.0	0	0	1	0	0	0
10/12	@Pit	L 22-24	4	1	0.0	0.0	0.0	0.0	1	37	1	0	0	0
10/20	Buf	L 6-9	5	5	0.0	0.0	0.5	1.5	0	0	0	0	0	0
10/26	@SD	L 19-35	8	0	0.0	0.0	0.0	0.0	0	0	0	0	0	0
11/02	TB	L 28-31	6	4	0.0	0.0	1.0	3.0	0	0	0	1	0	0
11/09	Cin	L 13-28	3	0	0.0	0.0	0.0	0.0	0	0	0	0	0	0
11/16	GB	W 41-38	3	1	0.0	0.0	0.0	0.0	0	50	1	0	0	1
11/23	@Det	L 10-32	6	5	0.0	0.0	0.0	0.0	0	0	0	0	0	0
11/30	@NE	L 17-20	3	1	0.0	0.0	0.0	0.0	0	0	1	0	0	0
12/07	@NYA	W 22-14	1	1	0.0	0.0	0.0	0.0	0	0	1	0	0	0
12/14	Mia	W 41-0	4	2	0.0	0.0	0.0	0.0	0	0	0	0	0	0
12/21	@Min	L 28-39	5	1	0.0	0.0	1.0	1.0	1	34	2	0	0	0

Cornelius Bennett
Atlanta Falcons – LB

1997 Defensive Splits

	G	Tk	Ast	Sack	Yds	Stuff	Yds	Int	Yds	PD	TD
Total	16	68	22	7.0	48.0	2.0	2.0	0	0	3	0
vs. Playoff	5	23	11	2.0	13.0	1.5	1.5	0	0	0	0
vs. Non-Playoff	11	45	11	5.0	35.0	0.5	0.5	0	0	1	0
vs. Own Division	8	43	15	5.0	35.0	0.5	0.5	0	0	2	0
Home	8	41	11	2.0	14.0	1.0	1.0	0	0	2	0
Away	8	27	11	5.0	34.0	1.0	1.0	0	0	1	0
Games 1-8	8	38	15	5.0	34.0	1.5	1.5	0	0	2	0
Games 9-16	8	30	7	2.0	14.0	0.5	0.5	0	0	1	0
Aug/Sept	5	25	7	2.0	13.0	1.5	1.5	0	0	1	0
October	3	13	8	3.0	21.0	0.0	0.0	0	0	0	0
November	5	22	6	1.0	8.0	0.5	0.5	0	0	1	0
December	3	5	1	1.0	6.0	0.0	0.0	0	0	1	0
Grass	4	11	8	3.0	17.0	0.0	0.0	0	0	2	0
Turf	12	57	14	4.0	31.0	2.0	2.0	0	0	1	0
Indoor	12	57	14	4.0	31.0	2.0	2.0	0	0	1	0
Outdoor	4	11	8	3.0	17.0	0.0	0.0	0	0	2	0

Game Logs

Date	Opp	Result	Tk	Ast	Sack	Yds	Stuff	Yds	Int	Yds	PD	FF	FR	TD
08/31	@Det	L 17-28	3	1	0.0	0.0	1.0	1.0	0	0	0	0	0	0
09/07	Car	L 6-9	11	1	0.0	0.0	0.5	0.5	0	0	0	0	0	0
09/14	Oak	L 31-36	2	0	1.0	7.0	0.0	0.0	0	0	0	0	0	0
09/21	@SF	L 7-34	4	3	1.0	6.0	0.0	0.0	0	0	2	1	0	0
09/28	Den	L 21-29	5	2	0.0	0.0	0.0	0.0	0	0	0	0	0	0
10/12	@NO	W 23-17	5	1	1.0	9.0	0.0	0.0	0	0	1	0	0	0
10/19	SF	L 28-35	4	3	1.0	7.0	0.0	0.0	0	0	0	0	0	0
10/26	@Car	L 12-21	4	4	1.0	5.0	0.0	0.0	0	0	0	0	0	0
11/02	StL	W 34-31	5	0	0.0	0.0	0.0	0.0	0	0	0	0	0	0
11/09	TB	L 10-31	7	2	0.0	0.0	0.5	0.5	0	0	0	0	0	0
11/16	@StL	W 27-21	5	0	1.0	8.0	0.0	0.0	0	0	0	0	0	0
11/23	NO	W 20-3	5	3	0.0	0.0	0.0	0.0	0	0	0	0	1	0
11/30	@Sea	W 24-17	3	1	0.0	0.0	0.0	0.0	0	0	0	0	0	0
12/07	@SD	W 14-3	3	1	1.0	6.0	0.0	0.0	0	0	0	0	0	0
12/14	Phi	W 20-17	2	0	0.0	0.0	0.0	0.0	0	0	1	0	0	0
12/21	@Ari	L 26-29	0	0	0.0	0.0	0.0	0.0	0	0	0	0	0	0

Greg Biekert — Oakland Raiders – LB

1997 Defensive Splits

	G	Tk	Ast	Sack	Yds	Stuff	Yds	Int	Yds	PD	TD
Total	16	78	29	2.5	21.5	5.5	15.0	0	0	8	0
vs. Playoff	6	36	12	1.5	14.5	0.0	0.0	0	0	4	0
vs. Non-Playoff	10	42	17	1.0	7.0	5.5	15.0	0	0	4	0
vs. Own Division	8	37	9	1.5	14.5	0.0	0.0	0	0	5	0
Home	8	37	12	0.5	4.5	3.5	8.0	0	0	7	0
Away	8	41	17	2.0	17.0	2.0	7.0	0	0	1	0
Games 1-8	8	36	17	1.5	11.5	1.0	1.0	0	0	7	0
Games 9-16	8	42	12	1.0	10.0	4.5	14.0	0	0	1	0
Aug/Sept	5	21	11	1.0	7.0	1.0	1.0	0	0	2	0
October	3	15	6	0.5	4.5	0.0	0.0	0	0	5	0
November	5	28	6	0.0	0.0	4.5	14.0	0	0	1	0
December	3	14	6	1.0	10.0	0.0	0.0	0	0	0	0
Grass	13	64	21	1.5	14.5	4.5	14.0	0	0	7	0
Turf	3	14	8	1.0	7.0	1.0	1.0	0	0	1	0
Indoor	2	5	5	1.0	7.0	0.0	0.0	0	0	1	0
Outdoor	14	73	24	1.5	14.5	5.5	15.0	0	0	7	0

Game Logs

Date	Opp	Result	Tk	Ast	Sack	Yds	Stuff	Yds	Int	Yds	PD	FF	FR	TD
08/31	@Ten	L 21-24	2	4	0.0	0.0	0.0	0.0	0	0	0	0	0	0
09/08	KC	L 27-28	3	0	0.0	0.0	0.0	0.0	0	0	0	0	0	0
09/14	@Atl	W 36-31	4	3	1.0	7.0	0.0	0.0	0	0	1	0	0	0
09/21	@NYA	L 22-23	9	3	0.0	0.0	1.0	1.0	0	0	0	0	0	0
09/28	StL	W 35-17	3	1	0.0	0.0	0.0	0.0	0	0	1	0	0	0
10/05	SD	L 10-25	5	1	0.0	0.0	0.0	0.0	0	0	1	0	0	0
10/19	Den	W 28-25	9	3	0.5	4.5	0.0	0.0	0	0	4	0	0	0
10/26	@Sea	L 34-45	1	2	0.0	0.0	0.0	0.0	0	0	0	0	0	0
11/02	@Car	L 14-38	7	2	0.0	0.0	1.0	6.0	0	0	0	0	0	0
11/09	NO	L 10-13	6	1	0.0	0.0	3.5	8.0	0	0	1	0	0	0
11/16	@SD	W 38-13	4	0	0.0	0.0	0.0	0.0	0	0	0	0	0	0
11/24	@Den	L 3-31	6	2	0.0	0.0	0.0	0.0	0	0	0	0	0	0
11/30	Mia	L 16-34	5	1	0.0	0.0	0.0	0.0	0	0	0	0	0	0
12/07	@KC	L 0-30	8	1	1.0	10.0	0.0	0.0	0	0	0	0	0	0
12/14	Sea	L 21-22	1	0	0.0	0.0	0.0	0.0	0	0	0	0	0	0
12/21	Jac	L 9-20	5	5	0.0	0.0	0.0	0.0	0	0	0	0	0	0

Blaine Bishop — Tennessee Oilers – S

1997 Defensive Splits

	G	Tk	Ast	Sack	Yds	Stuff	Yds	Int	Yds	PD	TD
Total	14	67	14	1.5	13.5	3.0	6.5	0	0	6	0
vs. Playoff	5	22	7	0.0	0.0	0.0	0.0	0	0	2	0
vs. Non-Playoff	9	45	7	1.5	13.5	3.0	6.5	0	0	4	0
vs. Own Division	7	37	6	0.0	0.0	0.0	0.0	0	0	4	0
Home	7	26	8	0.0	0.0	2.0	4.5	0	0	5	0
Away	7	41	6	1.5	13.5	1.0	2.0	0	0	1	0
Games 1-8	6	30	8	0.5	4.5	3.0	6.5	0	0	2	0
Games 9-16	8	37	6	1.0	9.0	0.0	0.0	0	0	4	0
Aug/Sept	2	8	4	0.0	0.0	0.0	0.0	0	0	1	0
October	4	22	4	0.5	4.5	3.0	6.5	0	0	1	0
November	5	21	5	1.0	9.0	0.0	0.0	0	0	2	0
December	3	16	1	0.0	0.0	0.0	0.0	0	0	2	0
Grass	10	42	10	0.5	4.5	2.0	4.5	0	0	5	0
Turf	4	25	4	1.0	9.0	1.0	2.0	0	0	1	0
Indoor	1	5	1	0.0	0.0	1.0	2.0	0	0	0	0
Outdoor	13	62	13	1.5	13.5	2.0	4.5	0	0	6	0

Game Logs

Date	Opp	Result	Tk	Ast	Sack	Yds	Stuff	Yds	Int	Yds	PD	FF	FR	TD
08/31	Oak	W 24-21	3	2	0.0	0.0	0.0	0.0	0	0	1	0	0	0
09/07	@Mia	L 13-16	-	-	-	-	-	-	-	-	-	-	-	-
09/21	Bal	L 10-36	-	-	-	-	-	-	-	-	-	-	-	-
09/28	@Pit	L 24-37	5	2	0.0	0.0	0.0	0.0	0	0	0	0	0	0
10/05	@Sea	L 13-16	5	1	0.0	0.0	1.0	2.0	0	0	0	1	2	0
10/12	Cin	W 30-7	5	1	0.0	0.0	0.0	0.0	0	0	1	0	0	0
10/19	Was	W 28-14	4	0	0.0	0.0	2.0	4.5	0	0	0	0	0	0
10/26	@Ari	W 41-14	8	2	0.5	4.5	0.0	0.0	0	0	0	0	0	0
11/02	Jac	L 24-30	5	2	0.0	0.0	0.0	0.0	0	0	1	0	0	0
11/09	NYN	W 10-6	2	2	0.0	0.0	0.0	0.0	0	0	0	0	0	0
11/16	@Jac	L 9-17	6	0	0.0	0.0	0.0	0.0	0	0	0	0	0	0
11/23	Buf	W 31-14	3	0	0.0	0.0	0.0	0.0	0	0	1	0	0	0
11/27	@Dal	W 27-14	5	1	1.0	9.0	0.0	0.0	0	0	0	1	0	0
12/04	@Cin	L 14-41	10	0	0.0	0.0	0.0	0.0	0	0	1	0	0	0
12/14	@Bal	L 19-21	2	0	0.0	0.0	0.0	0.0	0	0	0	0	0	0
12/21	Pit	W 16-6	4	1	0.0	0.0	0.0	0.0	0	0	1	1	0	0

Vaughn Booker — Kansas City Chiefs – DT

1997 Defensive Splits

	G	Tk	Ast	Sack	Yds	Stuff	Yds	Int	Yds	PD	TD
Total	13	25	5	4.0	14.0	3.5	6.0	0	0	0	0
vs. Playoff	6	6	2	0.0	0.0	1.5	4.0	0	0	0	0
vs. Non-Playoff	7	19	3	4.0	14.0	2.0	2.0	0	0	0	0
vs. Own Division	6	16	1	4.0	14.0	2.0	3.0	0	0	0	0
Home	6	15	2	2.0	6.0	2.0	3.0	0	0	0	0
Away	7	10	3	2.0	8.0	1.5	3.0	0	0	0	0
Games 1-8	7	14	5	1.0	2.0	2.5	4.0	0	0	0	0
Games 9-16	6	11	0	3.0	12.0	1.0	2.0	0	0	0	0
Aug/Sept	4	8	2	0.0	0.0	1.0	1.0	0	0	0	0
October	3	6	3	1.0	2.0	1.5	3.0	0	0	0	0
November	5	10	0	2.0	8.0	1.0	2.0	0	0	0	0
December	1	1	0	1.0	4.0	0.0	0.0	0	0	0	0
Grass	11	20	5	2.0	6.0	3.5	6.0	0	0	0	0
Turf	2	5	0	2.0	8.0	0.0	0.0	0	0	0	0
Indoor	2	5	0	2.0	8.0	0.0	0.0	0	0	0	0
Outdoor	11	20	5	2.0	6.0	3.5	6.0	0	0	0	0

Game Logs

Date	Opp	Result	Tk	Ast	Sack	Yds	Stuff	Yds	Int	Yds	PD	FF	FR	TD
08/31	@Den	L 3-19	0	0	0.0	0.0	0.0	0.0	0	0	0	0	0	0
09/08	@Oak	W 28-27	2	0	0.0	0.0	0.0	0.0	0	0	0	0	0	0
09/14	Buf	W 22-16	3	1	0.0	0.0	0.0	0.0	0	0	0	0	0	0
09/21	@Car	W 35-14	3	1	0.0	0.0	1.0	1.0	0	0	0	0	0	0
09/28	Sea	W 20-17	-	-	-	-	-	-	-	-	-	-	-	-
10/05	@Mia	L 14-17	0	2	0.0	0.0	0.5	2.0	0	0	0	0	0	0
10/16	SD	W 31-3	5	1	1.0	2.0	1.0	1.0	0	0	0	0	0	0
10/26	@StL	W 28-20	1	0	0.0	0.0	0.0	0.0	0	0	0	0	0	0
11/03	Pit	W 13-10	1	0	0.0	0.0	0.0	0.0	0	0	0	0	0	0
11/09	@Jac	L 10-24	0	0	0.0	0.0	0.0	0.0	0	0	0	0	0	0
11/16	Den	W 24-22	4	0	0.0	0.0	1.0	2.0	0	0	0	0	0	0
11/23	@Sea	W 19-14	4	0	2.0	8.0	0.0	0.0	0	0	0	0	0	0
11/30	SF	W 44-9	1	0	0.0	0.0	0.0	0.0	0	0	0	0	0	0
12/07	Oak	W 30-0	1	0	1.0	4.0	0.0	0.0	0	0	0	0	1	0
12/14	@SD	W 29-7	-	-	-	-	-	-	-	-	-	-	-	-
12/21	NO	W 25-13	-	-	-	-	-	-	-	-	-	-	-	-

Peter Boulware — Baltimore Ravens – LB

1997 Defensive Splits	G	Tk	Ast	Sack	Yds	Stuff	Yds	Int	Yds	PD	TD
Total	16	43	15	11.5	70.5	2.5	10.0	0	0	0	0
vs. Playoff	6	15	6	1.0	3.0	0.5	1.5	0	0	0	0
vs. Non-Playoff	10	28	9	10.5	67.5	2.0	8.5	0	0	0	0
vs. Own Division	8	19	6	5.0	24.0	0.0	0.0	0	0	0	0
Home	8	22	2	8.5	54.0	0.5	1.5	0	0	0	0
Away	8	21	13	3.0	16.5	2.0	8.5	0	0	0	0
Games 1-8	8	24	10	4.5	20.5	1.0	2.5	0	0	0	0
Games 9-16	8	19	5	7.0	50.0	1.5	7.5	0	0	0	0
Aug/Sept	5	19	7	4.0	19.0	0.5	1.5	0	0	0	0
October	3	5	3	0.5	1.5	0.5	1.0	0	0	0	0
November	5	13	4	4.0	30.0	1.0	6.0	0	0	0	0
December	3	6	1	3.0	20.0	0.5	1.5	0	0	0	0
Grass	12	35	9	10.5	65.5	1.0	2.5	0	0	0	0
Turf	4	8	6	1.0	5.0	1.5	7.5	0	0	0	0
Indoor	0	0	0	0.0	0.0	0.0	0.0	0	0	0	0
Outdoor	16	43	15	11.5	70.5	2.5	10.0	0	0	0	0

Game Logs													
Date	Opp	Result	Tk	Ast	Sack	Yds	Stuff	Yds	Int	Yds	PD	FF	FR	TD
08/31	Jac	L 27-28	3	0	1.0	3.0	0.0	0.0	0	0	0	0	0	0
09/07	Cin	W 23-10	1	1	1.5	6.0	0.0	0.0	0	0	0	0	0	0
09/14	@NYN	W 24-23	5	3	0.0	0.0	0.5	1.5	0	0	0	0	0	0
09/21	@Ten	W 36-10	4	2	1.5	10.0	0.0	0.0	0	0	0	0	0	0
09/28	@SD	L 17-21	5	1	0.0	0.0	0.0	0.0	0	0	0	0	0	0
10/05	Pit	L 34-42	4	0	0.0	0.0	0.0	0.0	0	0	0	0	0	0
10/19	Mia	L 13-24	0	0	0.0	0.0	0.0	0.0	0	0	0	0	0	0
10/26	@Was	W 20-17	1	3	0.5	1.5	0.5	1.0	0	0	0	0	0	0
11/02	@NYA	L 16-19	2	1	1.0	5.0	1.0	6.0	0	0	0	1	0	0
11/09	@Pit	L 0-37	0	2	0.0	0.0	0.0	0.0	0	0	0	0	0	0
11/16	Phi	T 10-10	5	0	2.0	17.0	0.0	0.0	0	0	0	0	0	0
11/23	Ari	L 13-16	3	0	1.0	8.0	0.0	0.0	0	0	0	0	0	0
11/30	@Jac	L 27-29	3	1	0.0	0.0	0.0	0.0	0	0	0	0	0	0
12/07	Sea	W 31-24	3	1	2.0	15.0	0.5	1.5	0	0	0	0	0	0
12/14	Ten	W 21-19	2	0	1.0	5.0	0.0	0.0	0	0	0	0	0	0
12/21	@Cin	L 14-16	1	0	0.0	0.0	0.0	0.0	0	0	0	0	0	0

Joe Bowden — Tennessee Oilers – LB

1997 Defensive Splits	G	Tk	Ast	Sack	Yds	Stuff	Yds	Int	Yds	PD	TD
Total	16	54	31	2.5	17.5	4.5	6.0	1	9	4	0
vs. Playoff	6	22	12	0.0	0.0	3.0	4.0	1	9	3	0
vs. Non-Playoff	10	32	19	2.5	17.5	1.5	2.0	0	0	1	0
vs. Own Division	8	27	10	0.0	0.0	3.5	4.5	1	9	3	0
Home	8	29	13	1.0	2.0	3.0	4.5	1	9	3	0
Away	8	25	18	1.5	15.5	1.5	1.5	0	0	1	0
Games 1-8	8	26	21	2.5	17.5	2.5	3.0	0	0	2	0
Games 9-16	8	28	10	0.0	0.0	2.0	3.0	1	9	2	0
Aug/Sept	4	17	10	1.0	2.0	2.0	2.0	0	0	1	0
October	4	9	11	1.5	15.5	0.5	1.0	0	0	1	0
November	5	19	10	0.0	0.0	1.5	2.5	0	0	0	0
December	3	9	0	0.0	0.0	0.5	0.5	1	9	2	0
Grass	12	44	22	1.5	2.5	4.0	5.5	1	9	4	0
Turf	4	10	9	1.0	15.0	0.5	0.5	0	0	0	0
Indoor	1	4	1	1.0	15.0	0.0	0.0	0	0	0	0
Outdoor	15	50	30	1.5	2.5	4.5	6.0	1	9	4	0

Game Logs													
Date	Opp	Result	Tk	Ast	Sack	Yds	Stuff	Yds	Int	Yds	PD	FF	FR	TD
08/31	Oak	W 24-21	5	1	1.0	2.0	0.0	0.0	0	0	1	0	0	0
09/07	@Mia	L 13-16	5	3	0.0	0.0	0.5	0.5	0	0	1	0	0	0
09/21	Bal	L 10-36	5	1	0.0	0.0	1.0	1.0	0	0	0	0	0	0
09/28	@Pit	L 24-37	2	5	0.0	0.0	0.5	0.5	0	0	0	0	0	0
10/05	@Sea	L 13-16	4	1	1.0	15.0	0.0	0.0	0	0	0	0	0	0
10/12	Cin	W 30-7	2	1	0.0	0.0	0.0	0.0	0	0	1	1	0	0
10/19	Was	W 28-14	0	4	0.0	0.0	0.5	1.0	0	0	0	0	0	0
10/26	@Ari	W 41-14	3	5	0.5	0.5	0.0	0.0	0	0	0	0	0	0
11/02	Jac	L 24-30	6	2	0.0	0.0	1.0	2.0	0	0	0	0	0	0
11/09	NYN	W 10-6	2	1	0.0	0.0	0.0	0.0	0	0	0	0	0	0
11/16	@Jac	L 9-17	3	1	0.0	0.0	0.5	0.5	0	0	0	0	0	0
11/23	Buf	W 31-14	5	3	0.0	0.0	0.0	0.0	0	0	0	0	0	0
11/27	@Dal	W 27-14	3	3	0.0	0.0	0.0	0.0	0	0	0	0	0	0
12/04	@Cin	L 14-41	1	0	0.0	0.0	0.0	0.0	0	0	0	0	0	0
12/14	@Bal	L 19-21	4	0	0.0	0.0	0.0	0.0	0	0	0	0	0	0
12/21	Pit	W 16-6	4	0	0.0	0.0	0.5	0.5	1	9	2	0	0	0

Tim Bowens — Miami Dolphins – DT

1997 Defensive Splits	G	Tk	Ast	Sack	Yds	Stuff	Yds	Int	Yds	PD	TD
Total	16	34	14	5.0	43.5	8.0	22.0	0	0	3	1
vs. Playoff	6	9	5	1.0	6.0	2.0	8.0	0	0	1	0
vs. Non-Playoff	10	25	9	4.0	37.5	6.0	14.0	0	0	2	1
vs. Own Division	8	16	6	2.0	17.0	3.0	7.0	0	0	2	1
Home	8	19	9	2.5	23.5	7.0	20.0	0	0	2	0
Away	8	15	5	2.5	20.0	1.0	2.0	0	0	1	1
Games 1-8	8	18	5	3.5	26.5	6.0	16.0	0	0	0	0
Games 9-16	8	16	9	1.5	17.0	2.0	6.0	0	0	3	1
Aug/Sept	4	7	1	1.0	14.0	4.0	8.0	0	0	0	0
October	4	11	4	2.5	12.5	2.0	8.0	0	0	0	0
November	5	13	6	1.5	17.0	2.0	6.0	0	0	2	1
December	3	3	3	0.0	0.0	0.0	0.0	0	0	1	0
Grass	13	28	12	4.0	40.5	8.0	22.0	0	0	3	1
Turf	3	6	2	1.0	3.0	0.0	0.0	0	0	0	0
Indoor	1	1	0	0.0	0.0	0.0	0.0	0	0	0	0
Outdoor	15	33	14	5.0	43.5	8.0	22.0	0	0	3	1

Game Logs													
Date	Opp	Result	Tk	Ast	Sack	Yds	Stuff	Yds	Int	Yds	PD	FF	FR	TD
08/31	Ind	W 16-10	2	0	1.0	14.0	1.0	1.0	0	0	0	0	0	0
09/07	Ten	W 16-13	3	0	0.0	0.0	2.0	5.0	0	0	0	0	0	0
09/14	@GB	L 18-23	1	1	0.0	0.0	1.0	2.0	0	0	0	0	0	0
09/21	@TB	L 21-31	1	0	0.0	0.0	0.0	0.0	0	0	0	0	0	0
10/05	KC	W 17-14	3	1	1.0	6.0	1.0	6.0	0	0	0	0	0	0
10/12	@NYA	W 31-20	1	0	1.0	3.0	0.0	0.0	0	0	0	0	0	0
10/19	@Bal	W 24-13	2	0	0.0	0.0	0.0	0.0	0	0	0	0	0	0
10/27	Chi	L 33-36	5	3	0.5	3.5	1.0	2.0	0	0	0	0	0	0
11/02	@Buf	L 6-9	4	2	0.0	0.0	0.0	0.0	0	0	0	0	0	0
11/09	NYA	W 24-17	2	0	0.0	0.0	1.0	1.0	0	0	1	1	0	0
11/17	Buf	W 30-13	2	2	0.0	0.0	1.0	5.0	0	0	0	0	0	0
11/23	@NE	L 24-27	2	0	0.0	0.0	0.0	0.0	0	0	0	0	0	0
11/30	@Oak	W 34-16	3	2	1.5	17.0	0.0	0.0	0	0	1	0	1	1
12/07	Det	W 33-30	1	0	0.0	0.0	0.0	0.0	0	0	0	0	0	0
12/14	@Ind	L 0-41	1	1	0.0	0.0	0.0	0.0	0	0	0	0	0	0
12/22	NE	L 12-14	1	2	0.0	0.0	0.0	0.0	0	0	1	0	0	0

Stephen Boyd — Detroit Lions – LB

1997 Defensive Splits

	G	Tk	Ast	Sack	Yds	Stuff	Yds	Int	Yds	PD	TD
Total	16	89	49	0.0	0.0	9.5	18.5	1	4	6	1
vs. Playoff	8	46	25	0.0	0.0	6.0	8.5	0	0	4	0
vs. Non-Playoff	8	43	24	0.0	0.0	3.5	10.0	1	4	2	1
vs. Own Division	8	46	23	0.0	0.0	4.5	6.0	0	0	2	0
Home	8	38	31	0.0	0.0	4.5	12.5	1	4	6	1
Away	8	51	18	0.0	0.0	5.0	6.0	0	0	0	0
Games 1-8	8	40	24	0.0	0.0	4.5	6.5	1	4	6	1
Games 9-16	8	49	25	0.0	0.0	5.0	12.0	0	0	0	0
Aug/Sept	5	22	14	0.0	0.0	3.5	5.5	1	4	4	1
October	3	18	10	0.0	0.0	1.0	1.0	0	0	2	0
November	5	28	16	0.0	0.0	3.5	9.5	0	0	0	0
December	3	21	9	0.0	0.0	1.5	2.5	0	0	0	0
Grass	5	33	13	0.0	0.0	5.0	6.0	0	0	0	0
Turf	11	56	36	0.0	0.0	4.5	12.5	1	4	6	1
Indoor	10	51	32	0.0	0.0	4.5	12.5	1	4	6	1
Outdoor	6	38	17	0.0	0.0	5.0	6.0	0	0	0	0

Game Logs

Date	Opp	Result	Tk	Ast	Sack	Yds	Stuff	Yds	Int	Yds	PD	FF	FR	TD
08/31	Atl	W 28-17	6	7	0.0	0.0	1.5	2.0	1	4	2	1	1	1
09/07	TB	L 17-24	5	5	0.0	0.0	2.0	3.5	0	0	0	0	0	0
09/14	@Chi	W 32-7	6	2	0.0	0.0	0.0	0.0	0	0	0	0	0	0
09/21	@NO	L 17-35	2	0	0.0	0.0	0.0	0.0	0	0	0	0	0	0
09/28	GB	W 26-15	3	0	0.0	0.0	0.0	0.0	0	0	2	0	0	0
10/05	@Buf	L 13-22	5	4	0.0	0.0	0.0	0.0	0	0	0	0	0	0
10/12	@TB	W 27-9	8	2	0.0	0.0	1.0	1.0	0	0	0	0	0	0
10/19	NYN	L 20-26	5	4	0.0	0.0	0.0	0.0	0	0	2	0	0	0
11/02	@GB	L 10-20	4	3	0.0	0.0	1.5	1.5	0	0	0	0	0	0
11/09	@Was	L 7-30	10	0	0.0	0.0	1.0	1.0	0	0	0	0	0	0
11/16	Min	W 38-15	5	4	0.0	0.0	0.0	0.0	0	0	0	0	0	0
11/23	Ind	W 32-10	5	3	0.0	0.0	1.0	7.0	0	0	0	0	0	0
11/27	Chi	W 55-20	4	6	0.0	0.0	0.0	0.0	0	0	0	0	0	0
12/07	@Mia	L 30-33	5	6	0.0	0.0	1.5	2.5	0	0	0	0	0	0
12/14	@Min	W 14-13	11	1	0.0	0.0	0.0	0.0	0	0	0	0	0	0
12/21	NYA	W 13-10	5	2	0.0	0.0	0.0	0.0	0	0	0	0	0	0

Tony Brackens — Jacksonville Jaguars – DE

1997 Defensive Splits

	G	Tk	Ast	Sack	Yds	Stuff	Yds	Int	Yds	PD	TD
Total	15	41	3	7.0	48.0	8.0	17.5	0	0	7	0
vs. Playoff	5	19	1	4.0	33.0	1.5	3.0	0	0	0	0
vs. Non-Playoff	10	22	2	3.0	15.0	6.5	14.5	0	0	7	0
vs. Own Division	7	20	0	4.0	27.0	1.5	3.0	0	0	3	0
Home	7	16	2	4.0	26.0	2.0	5.0	0	0	4	0
Away	8	25	1	3.0	22.0	6.0	12.5	0	0	3	0
Games 1-8	8	28	2	6.0	36.0	5.5	13.0	0	0	3	0
Games 9-16	7	13	1	1.0	12.0	2.5	4.5	0	0	4	0
Aug/Sept	4	6	0	2.0	5.0	0.0	0.0	0	0	0	0
October	4	22	2	4.0	31.0	5.5	13.0	0	0	3	0
November	4	5	0	1.0	12.0	0.0	0.0	0	0	3	0
December	3	8	1	0.0	0.0	2.5	4.5	0	0	1	0
Grass	11	21	2	5.0	29.0	2.5	5.5	0	0	7	0
Turf	4	20	1	2.0	19.0	5.5	12.0	0	0	0	0
Indoor	0	0	0	0.0	0.0	0.0	0.0	0	0	0	0
Outdoor	15	41	3	7.0	48.0	8.0	17.5	0	0	7	0

Game Logs

Date	Opp	Result	Tk	Ast	Sack	Yds	Stuff	Yds	Int	Yds	PD	FF	FR	TD
08/31	@Bal	W 28-27	0	0	0.0	0.0	0.0	0.0	0	0	0	0	0	0
09/07	NYN	W 40-13	1	0	0.0	0.0	0.0	0.0	0	0	0	0	0	0
09/22	Pit	W 30-21	4	0	1.0	2.0	0.0	0.0	0	0	0	1	0	0
09/28	@Was	L 12-24	1	0	1.0	3.0	0.0	0.0	0	0	0	0	0	0
10/05	Cin	W 21-13	2	0	1.0	6.0	0.0	0.0	0	0	0	0	0	0
10/12	Phi	W 38-21	6	1	1.0	6.0	2.0	5.0	0	0	3	1	0	0
10/19	@Dal	L 22-26	3	1	0.0	0.0	2.0	5.0	0	0	0	0	0	0
10/26	@Pit	L 17-23	11	0	2.0	19.0	1.5	3.0	0	0	2	0	0	0
11/02	@Ten	W 30-24	3	0	0.0	0.0	0.0	0.0	0	0	2	0	0	0
11/09	KC	W 24-10	2	0	1.0	12.0	0.0	0.0	0	0	0	1	1	0
11/16	Ten	W 17-9	-	-	-	-	-	-	-	-	-	-	-	-
11/23	@Cin	L 26-31	0	0	0.0	0.0	0.0	0.0	0	0	1	0	0	0
11/30	Bal	W 29-27	0	0	0.0	0.0	0.0	0.0	0	0	1	0	0	0
12/07	NE	L 20-26	1	1	0.0	0.0	0.0	0.0	0	0	0	0	0	0
12/14	@Buf	W 20-14	6	0	0.0	0.0	2.0	4.0	0	0	1	0	0	0
12/21	@Oak	W 20-9	1	0	0.0	0.0	0.5	0.5	0	0	1	0	0	0

Ronnie Bradford — Atlanta Falcons – CB

1997 Defensive Splits

	G	Tk	Ast	Sack	Yds	Stuff	Yds	Int	Yds	PD	TD
Total	16	47	8	0.0	0.0	1.5	2.5	4	9	15	0
vs. Playoff	5	14	2	0.0	0.0	0.0	0.0	3	0	8	0
vs. Non-Playoff	11	33	6	0.0	0.0	1.5	2.5	1	9	7	0
vs. Own Division	8	24	1	0.0	0.0	1.0	1.0	2	9	6	0
Home	8	16	4	0.0	0.0	0.0	0.0	3	9	9	0
Away	8	31	4	0.0	0.0	1.5	2.5	1	0	6	0
Games 1-8	8	24	4	0.0	0.0	1.0	1.0	3	0	9	0
Games 9-16	8	23	4	0.0	0.0	0.5	1.5	1	9	6	0
Aug/Sept	5	12	3	0.0	0.0	0.0	0.0	2	0	6	0
October	3	12	1	0.0	0.0	1.0	1.0	1	0	3	0
November	5	15	4	0.0	0.0	0.5	1.5	1	9	2	0
December	3	8	0	0.0	0.0	0.0	0.0	0	0	4	0
Grass	4	15	0	0.0	0.0	1.0	1.0	0	0	3	0
Turf	12	32	8	0.0	0.0	0.5	1.5	4	9	12	0
Indoor	12	32	8	0.0	0.0	0.5	1.5	4	9	12	0
Outdoor	4	15	0	0.0	0.0	1.0	1.0	0	0	3	0

Game Logs

Date	Opp	Result	Tk	Ast	Sack	Yds	Stuff	Yds	Int	Yds	PD	FF	FR	TD
08/31	@Det	L 17-28	2	0	0.0	0.0	0.0	0.0	1	0	2	0	0	0
09/07	Car	L 6-9	1	0	0.0	0.0	0.0	0.0	0	0	1	0	0	0
09/14	Oak	L 31-36	1	2	0.0	0.0	0.0	0.0	0	0	0	0	0	0
09/21	@SF	L 7-34	3	0	0.0	0.0	0.0	0.0	0	0	1	0	0	0
09/28	Den	L 21-29	5	1	0.0	0.0	0.0	0.0	1	0	2	0	0	0
10/12	@NO	W 23-17	6	0	0.0	0.0	1.5	2.5	1	0	3	0	0	0
10/19	SF	L 28-35	2	1	0.0	0.0	0.0	0.0	1	0	3	0	0	0
10/26	@Car	L 12-21	4	0	0.0	0.0	1.0	1.0	0	0	1	0	0	0
11/02	StL	W 34-31	3	0	0.0	0.0	0.0	0.0	0	0	0	0	0	0
11/09	TB	L 10-31	2	0	0.0	0.0	0.0	0.0	0	0	0	0	0	0
11/16	@StL	W 27-21	3	0	0.0	0.0	0.0	0.0	0	0	0	0	0	0
11/23	NO	W 20-3	2	0	0.0	0.0	0.0	0.0	1	9	1	0	0	0
11/30	@Sea	W 24-17	5	4	0.0	0.0	0.5	1.5	0	0	1	0	0	0
12/07	@SD	W 14-3	6	0	0.0	0.0	0.0	0.0	0	0	1	0	0	0
12/14	Phi	W 20-17	0	0	0.0	0.0	0.0	0.0	0	0	2	0	0	0
12/21	@Ari	L 26-29	2	0	0.0	0.0	0.0	0.0	0	0	1	0	0	0

Jeff Brady — Minnesota Vikings – LB

1997 Defensive Splits

	G	Tk	Ast	Sack	Yds	Stuff	Yds	Int	Yds	PD	TD
Total	15	62	16	0.0	0.0	4.5	6.5	0	0	5	1
vs. Playoff	7	21	9	0.0	0.0	2.0	3.0	0	0	3	0
vs. Non-Playoff	8	41	7	0.0	0.0	2.5	3.5	0	0	2	1
vs. Own Division	7	26	7	0.0	0.0	3.0	5.0	0	0	2	0
Home	7	28	10	0.0	0.0	2.0	3.0	0	0	3	0
Away	8	34	6	0.0	0.0	2.5	3.5	0	0	2	1
Games 1-8	8	37	5	0.0	0.0	3.0	5.0	0	0	1	0
Games 9-16	7	25	11	0.0	0.0	1.5	1.5	0	0	4	1
Aug/Sept	5	25	4	0.0	0.0	3.0	5.0	0	0	1	0
October	3	12	1	0.0	0.0	0.0	0.0	0	0	0	0
November	4	16	10	0.0	0.0	1.5	1.5	0	0	3	0
December	3	9	1	0.0	0.0	0.0	0.0	0	0	1	1
Grass	5	21	2	0.0	0.0	2.0	3.0	0	0	0	0
Turf	10	41	14	0.0	0.0	2.5	3.5	0	0	5	1
Indoor	8	29	11	0.0	0.0	2.0	3.0	0	0	4	0
Outdoor	7	33	5	0.0	0.0	2.5	3.5	0	0	1	1

Game Logs

Date	Opp	Result	Tk	Ast	Sack	Yds	Stuff	Yds	Int	Yds	PD	FF	FR	TD
08/31	@Buf	W 34-13	6	0	0.0	0.0	0.0	0.0	0	0	0	0	1	1
09/07	@Chi	W 27-24	10	0	0.0	0.0	2.0	3.0	0	0	1	0	0	0
09/14	TB	L 14-28	4	2	0.0	0.0	1.0	2.0	0	0	0	0	0	0
09/21	@GB	L 32-38	1	1	0.0	0.0	0.0	0.0	0	0	0	0	0	0
09/28	Phi	W 28-19	4	1	0.0	0.0	0.0	0.0	0	0	1	0	0	0
10/05	@Ari	W 20-19	5	1	0.0	0.0	0.0	0.0	0	0	0	0	0	0
10/12	Car	W 21-14	4	0	0.0	0.0	0.0	0.0	0	0	0	1	1	0
10/26	@TB	W 10-6	3	0	0.0	0.0	0.0	0.0	0	0	0	0	0	0
11/02	NE	W 23-18	6	4	0.0	0.0	1.0	1.0	0	0	1	0	0	0
11/09	Chi	W 29-22	3	2	0.0	0.0	0.0	0.0	0	0	0	0	1	0
11/16	@Det	L 15-38	1	1	0.0	0.0	0.0	0.0	0	0	0	0	0	0
11/23	@NYA	L 21-23	6	3	0.0	0.0	0.5	0.5	0	0	1	0	0	0
12/01	GB	L 11-27	4	1	0.0	0.0	0.0	0.0	0	0	0	0	0	0
12/07	@SF	L 17-28	2	0	0.0	0.0	0.0	0.0	0	0	0	0	0	0
12/14	Det	L 13-14	-	-	-	-	-	-	-	-	-	-	-	-
12/21	Ind	W 39-28	3	0	0.0	0.0	0.0	0.0	0	0	0	0	0	0

Tyrone Braxton — Denver Broncos – S

1997 Defensive Splits

	G	Tk	Ast	Sack	Yds	Stuff	Yds	Int	Yds	PD	TD
Total	16	62	17	0.5	0.5	2.0	13.5	4	113	12	1
vs. Playoff	5	16	6	0.0	0.0	0.0	0.0	1	43	1	0
vs. Non-Playoff	11	46	11	0.5	0.5	2.0	13.5	3	70	11	1
vs. Own Division	8	30	6	0.5	0.5	2.0	13.5	2	63	8	0
Home	8	29	4	0.5	0.5	0.0	0.0	2	70	7	1
Away	8	33	13	0.0	0.0	2.0	13.5	2	43	5	0
Games 1-8	8	31	12	0.0	0.0	0.0	0.0	2	66	4	0
Games 9-16	8	31	5	0.5	0.5	0.0	0.0	2	47	8	1
Aug/Sept	5	18	9	0.0	0.0	2.0	13.5	1	43	2	0
October	3	13	3	0.0	0.0	0.0	0.0	1	23	2	0
November	5	18	0	0.5	0.5	0.0	0.0	2	47	7	1
December	3	13	5	0.0	0.0	0.0	0.0	0	0	1	0
Grass	12	41	5	0.5	0.5	0.0	0.0	3	90	11	1
Turf	4	21	12	0.0	0.0	2.0	13.5	1	23	1	0
Indoor	2	12	5	0.0	0.0	2.0	13.5	0	0	0	0
Outdoor	14	50	12	0.5	0.5	0.0	0.0	4	113	12	1

Game Logs

Date	Opp	Result	Tk	Ast	Sack	Yds	Stuff	Yds	Int	Yds	PD	FF	FR	TD
08/31	KC	W 19-3	2	1	0.0	0.0	0.0	0.0	1	43	1	0	0	0
09/07	@Sea	W 35-14	6	5	0.0	0.0	2.0	13.5	0	0	0	0	0	0
09/14	StL	W 35-14	3	0	0.0	0.0	0.0	0.0	0	0	0	0	0	0
09/21	Cin	W 38-20	1	3	0.0	0.0	0.0	0.0	0	0	1	0	0	0
09/28	@Atl	W 29-21	6	0	0.0	0.0	0.0	0.0	0	0	0	0	0	0
10/06	NE	W 34-13	5	0	0.0	0.0	0.0	0.0	0	0	0	0	0	0
10/19	@Oak	L 25-28	3	0	0.0	0.0	0.0	0.0	0	0	1	0	1	0
10/26	@Buf	W 23-20	5	3	0.0	0.0	0.0	0.0	1	23	1	0	0	0
11/02	Sea	W 30-27	6	0	0.5	0.5	0.0	0.0	0	0	1	0	0	0
11/09	Car	W 34-0	3	0	0.0	0.0	0.0	0.0	1	27	2	0	0	1
11/16	@KC	L 22-24	0	0	0.0	0.0	0.0	0.0	0	0	2	0	0	0
11/24	Oak	W 31-3	5	0	0.0	0.0	0.0	0.0	1	20	3	0	0	0
11/30	@SD	W 38-28	4	0	0.0	0.0	0.0	0.0	1	20	3	0	0	0
12/07	@Pit	L 24-35	4	4	0.0	0.0	0.0	0.0	0	0	0	0	1	0
12/15	@SF	L 17-34	5	1	0.0	0.0	0.0	0.0	0	0	1	0	0	0
12/21	SD	W 38-3	4	0	0.0	0.0	0.0	0.0	0	0	1	0	0	0

Derrick Brooks — Tampa Bay Buccaneers – LB

1997 Defensive Splits

	G	Tk	Ast	Sack	Yds	Stuff	Yds	Int	Yds	PD	TD
Total	16	102	43	1.5	7.0	8.5	17.0	2	13	11	0
vs. Playoff	10	66	22	1.5	7.0	8.5	17.0	2	13	7	0
vs. Non-Playoff	6	36	21	0.0	0.0	0.0	0.0	0	0	4	0
vs. Own Division	8	54	16	1.5	7.0	4.5	6.5	0	0	5	0
Home	8	52	27	0.5	0.0	7.0	13.5	1	13	8	0
Away	8	50	16	1.0	7.0	1.5	3.5	1	0	3	0
Games 1-8	8	50	23	1.5	7.0	2.5	3.5	0	0	5	0
Games 9-16	8	52	20	0.0	0.0	6.0	13.5	2	13	6	0
Aug/Sept	5	26	17	1.5	7.0	1.0	1.0	0	0	3	0
October	3	24	6	0.0	0.0	1.5	2.5	0	0	2	0
November	5	28	11	0.0	0.0	3.0	9.5	2	13	4	0
December	3	24	9	0.0	0.0	3.0	4.0	0	0	2	0
Grass	10	68	31	0.5	0.0	7.0	13.5	1	13	8	0
Turf	6	34	12	1.0	7.0	1.5	3.5	1	0	3	0
Indoor	4	19	7	1.0	7.0	0.0	0.0	0	0	1	0
Outdoor	12	83	36	0.5	0.0	8.5	17.0	2	13	10	0

Game Logs

Date	Opp	Result	Tk	Ast	Sack	Yds	Stuff	Yds	Int	Yds	PD	FF	FR	TD
08/31	SF	W 13-6	6	5	0.5	0.0	1.0	1.0	0	0	0	0	0	0
09/07	@Det	W 24-17	4	2	0.0	0.0	0.0	0.0	0	0	1	0	0	0
09/14	@Min	W 28-14	5	0	1.0	7.0	0.0	0.0	0	0	0	0	1	0
09/21	Mia	W 31-21	6	4	0.0	0.0	0.0	0.0	0	0	0	0	0	0
09/28	Ari	W 19-18	5	6	0.0	0.0	0.0	0.0	0	0	2	0	0	0
10/05	@GB	L 16-21	10	5	0.0	0.0	1.5	3.5	1	0	3	0	0	0
10/12	Det	L 9-27	8	3	0.0	0.0	1.0	2.0	0	0	1	1	0	0
10/26	Min	L 6-10	6	1	0.0	0.0	0.5	0.5	0	0	1	0	0	0
11/02	@Ind	W 31-28	5	2	0.0	0.0	0.0	0.0	0	0	0	0	0	0
11/09	@Atl	W 31-10	5	3	0.0	0.0	0.0	0.0	0	0	0	0	0	0
11/16	NE	W 27-7	6	2	0.0	0.0	1.5	6.0	1	13	2	0	0	0
11/23	@Chi	L 7-13	6	2	0.0	0.0	0.0	0.0	0	0	0	0	0	0
11/30	@NYN	W 20-8	6	2	0.0	0.0	1.5	3.5	1	0	2	0	0	0
12/07	GB	L 6-17	9	1	0.0	0.0	3.0	4.0	0	0	0	0	0	0
12/14	@NYA	L 0-31	9	3	0.0	0.0	0.0	0.0	0	0	0	0	0	0
12/21	Chi	W 31-15	6	5	0.0	0.0	0.0	0.0	0	0	2	0	0	0

Chad Brown — Seattle Seahawks – LB

1997 Defensive Splits

	G	Tk	Ast	Sack	Yds	Stuff	Yds	Int	Yds	PD	TD
Total	15	75	29	6.5	43.0	6.0	19.5	0	0	3	2
vs. Playoff	5	32	10	0.0	0.0	2.5	12.0	0	0	1	1
vs. Non-Playoff	10	43	19	6.5	43.0	3.5	7.5	0	0	2	1
vs. Own Division	7	39	14	2.5	13.0	4.0	14.5	0	0	1	1
Home	8	32	17	1.0	8.0	2.5	4.5	0	0	2	1
Away	7	43	12	5.5	35.0	3.5	15.0	0	0	1	1
Games 1-8	8	42	16	5.0	38.0	3.0	5.5	0	0	2	1
Games 9-16	7	33	13	1.5	5.0	3.0	14.0	0	0	1	1
Aug/Sept	5	23	8	3.0	27.0	2.5	4.0	0	0	1	1
October	3	19	8	2.0	11.0	0.5	1.5	0	0	1	0
November	5	26	10	1.5	5.0	3.0	14.0	0	0	0	0
December	2	7	3	0.0	0.0	0.0	0.0	0	0	1	1
Grass	4	26	7	1.5	5.0	2.5	12.0	0	0	0	1
Turf	11	49	22	5.0	38.0	3.5	7.5	0	0	3	1
Indoor	11	49	22	5.0	38.0	3.5	7.5	0	0	3	1
Outdoor	4	26	7	1.5	5.0	2.5	12.0	0	0	0	1

Game Logs

Date	Opp	Result	Tk	Ast	Sack	Yds	Stuff	Yds	Int	Yds	PD	FF	FR	TD
08/31	NYA	L 3-41	2	1	0.0	0.0	1.0	2.0	0	0	0	1	0	0
09/07	Den	L 14-35	7	1	0.0	0.0	1.0	1.0	0	0	0	1	0	1
09/14	@Ind	W 31-3	5	1	3.0	27.0	0.0	0.0	0	0	0	0	0	0
09/21	SD	W 26-22	0	3	0.0	0.0	0.0	0.0	0	0	1	0	0	0
09/28	@KC	L 17-20	9	2	0.0	0.0	0.5	1.0	0	0	0	0	0	0
10/05	Ten	W 16-13	7	5	0.0	0.0	0.0	0.0	0	0	0	0	0	0
10/19	@StL	W 17-9	7	1	1.0	3.0	0.0	0.0	0	0	1	0	0	0
10/26	Oak	W 45-34	5	2	1.0	8.0	0.5	1.5	0	0	0	0	0	0
11/02	@Den	L 27-30	8	3	0.0	0.0	1.0	10.0	0	0	0	0	0	0
11/09	@SD	W 37-31	7	2	1.5	5.0	1.0	1.0	0	0	0	0	0	0
11/16	@NO	L 17-20	5	3	0.0	0.0	1.0	3.0	0	0	0	0	2	0
11/23	KC	L 14-19	3	1	0.0	0.0	0.0	0.0	0	0	0	0	0	0
11/30	Atl	L 17-24	3	1	0.0	0.0	0.0	0.0	0	0	0	0	0	0
12/07	@Bal	L 24-31	2	0	0.0	0.0	0.0	0.0	0	0	0	0	1	1
12/14	@Oak	W 22-21	-	-	-	-	-	-	-	-	-	-	-	-
12/21	SF	W 38-9	5	3	0.0	0.0	0.0	0.0	0	0	1	0	0	0

Reggie Brown — Detroit Lions – LB

1997 Defensive Splits

	G	Tk	Ast	Sack	Yds	Stuff	Yds	Int	Yds	PD	TD
Total	16	63	39	2.5	18.0	9.5	19.5	2	83	8	2
vs. Playoff	8	33	18	0.5	2.0	8.0	16.0	1	45	6	1
vs. Non-Playoff	8	30	21	2.0	16.0	1.5	3.5	1	38	2	1
vs. Own Division	8	39	21	2.5	18.0	5.5	13.0	1	45	5	1
Home	8	28	28	0.5	2.0	5.5	10.5	2	83	6	2
Away	8	35	11	2.0	16.0	4.0	9.0	0	0	2	0
Games 1-8	8	29	21	2.5	18.0	5.0	13.0	2	83	6	2
Games 9-16	8	34	18	0.0	0.0	4.5	6.5	0	0	2	0
Aug/Sept	5	17	16	2.5	18.0	2.5	4.5	2	83	3	2
October	3	12	5	0.0	0.0	2.5	8.5	0	0	3	0
November	5	22	11	0.0	0.0	2.0	2.0	0	0	1	0
December	3	12	7	0.0	0.0	2.5	4.5	0	0	1	0
Grass	5	23	4	2.0	16.0	3.0	6.0	0	0	1	0
Turf	11	40	35	0.5	2.0	6.5	13.5	2	83	7	2
Indoor	10	35	34	0.5	2.0	6.5	13.5	2	83	7	2
Outdoor	6	28	5	2.0	16.0	3.0	6.0	0	0	1	0

Game Logs

Date	Opp	Result	Tk	Ast	Sack	Yds	Stuff	Yds	Int	Yds	PD	FF	FR	TD
08/31	Atl	W 28-17	1	4	0.0	0.0	1.5	3.5	1	38	1	0	0	1
09/07	TB	L 17-24	3	5	0.5	2.0	0.5	0.5	0	0	0	0	0	0
09/14	@Chi	W 32-7	8	1	2.0	16.0	0.0	0.0	0	0	0	0	1	0
09/21	@NO	L 17-35	1	3	0.0	0.0	0.0	0.0	0	0	0	0	0	0
09/28	GB	W 26-15	4	3	0.0	0.0	0.5	0.5	1	45	2	0	0	1
10/05	@Buf	L 13-22	5	1	0.0	0.0	0.0	0.0	0	0	1	0	0	0
10/12	@TB	W 27-9	4	1	0.0	0.0	1.5	4.5	0	0	1	1	0	0
10/19	NYN	L 20-26	3	3	0.0	0.0	1.0	4.0	0	0	2	0	0	0
11/02	@GB	L 10-20	5	0	0.0	0.0	0.0	0.0	0	0	0	0	0	0
11/09	@Was	L 7-30	5	0	0.0	0.0	0.0	0.0	0	0	0	0	0	0
11/16	Min	W 38-15	7	1	0.0	0.0	2.0	2.0	0	0	0	0	0	0
11/23	Ind	W 32-10	3	3	0.0	0.0	0.0	0.0	0	0	0	0	0	0
11/27	Chi	W 55-20	2	7	0.0	0.0	0.0	0.0	0	0	1	0	0	0
12/07	@Mia	L 30-33	1	2	0.0	0.0	1.5	1.5	0	0	0	0	0	0
12/14	@Min	W 14-13	6	3	0.0	0.0	1.0	3.0	0	0	1	0	0	0
12/21	NYA	W 13-10	5	2	0.0	0.0	0.0	0.0	0	0	0	0	0	0

John Browning — Kansas City Chiefs – DE

1997 Defensive Splits

	G	Tk	Ast	Sack	Yds	Stuff	Yds	Int	Yds	PD	TD
Total	14	29	4	4.0	17.5	5.0	8.5	0	0	0	0
vs. Playoff	5	10	3	2.0	6.5	1.0	2.0	0	0	0	0
vs. Non-Playoff	9	19	1	2.0	11.0	4.0	6.5	0	0	0	0
vs. Own Division	7	17	2	2.5	12.5	3.5	7.0	0	0	0	0
Home	7	10	0	2.0	10.0	0.0	0.0	0	0	0	0
Away	7	19	4	2.0	7.5	5.0	8.5	0	0	0	0
Games 1-8	8	18	3	1.5	3.5	4.0	7.5	0	0	0	0
Games 9-16	6	11	1	2.5	14.0	1.0	1.0	0	0	0	0
Aug/Sept	5	15	2	1.5	3.5	2.5	6.0	0	0	0	0
October	3	3	1	0.0	0.0	1.5	1.5	0	0	0	0
November	3	5	1	1.5	4.0	0.0	0.0	0	0	0	0
December	3	6	0	1.0	10.0	1.0	1.0	0	0	0	0
Grass	13	27	3	4.0	17.5	3.5	7.0	0	0	0	0
Turf	1	2	1	0.0	0.0	1.5	1.5	0	0	0	0
Indoor	1	2	1	0.0	0.0	1.5	1.5	0	0	0	0
Outdoor	13	27	3	4.0	17.5	3.5	7.0	0	0	0	0

Game Logs

Date	Opp	Result	Tk	Ast	Sack	Yds	Stuff	Yds	Int	Yds	PD	FF	FR	TD
08/31	@Den	L 3-19	4	2	0.5	2.5	1.0	2.0	0	0	0	0	0	0
09/08	@Oak	W 28-27	3	0	0.0	0.0	1.5	4.0	0	0	0	0	0	0
09/14	Buf	W 22-16	1	0	0.0	0.0	0.0	0.0	0	0	0	0	0	0
09/21	@Car	W 35-14	5	0	1.0	1.0	0.0	0.0	0	0	0	0	0	0
09/28	Sea	W 20-17	2	0	0.0	0.0	0.0	0.0	0	0	0	0	0	0
10/05	@Mia	L 14-17	1	0	0.0	0.0	0.0	0.0	0	0	0	0	0	0
10/16	SD	W 31-3	0	0	0.0	0.0	0.0	0.0	0	0	0	0	0	0
10/26	@StL	W 28-20	2	1	0.0	0.0	1.5	1.5	0	0	0	0	1	0
11/03	Pit	W 13-10	1	0	0.0	0.0	0.0	0.0	0	0	0	0	0	0
11/09	@Jac	L 10-24	1	1	0.5	4.0	0.0	0.0	0	0	0	0	0	0
11/16	Den	W 24-22	3	0	1.0	0.0	0.0	0.0	0	0	0	0	0	0
11/23	@Sea	W 19-14	0	0	0.0	0.0	0.0	0.0	0	0	0	0	0	0
11/30	SF	W 44-9	-	-	-	-	-	-	-	-	-	-	-	-
12/07	Oak	W 30-0	2	0	1.0	10.0	0.0	0.0	0	0	0	0	0	0
12/14	@SD	W 29-7	3	0	0.0	0.0	1.0	1.0	0	0	0	0	0	0
12/21	NO	W 25-13	1	0	0.0	0.0	0.0	0.0	0	0	0	0	0	0

Ray Buchanan
Atlanta Falcons – CB

1997 Defensive Splits	G	Tk	Ast	Sack	Yds	Stuff	Yds	Int	Yds	PD	TD
Total	16	48	4	0.0	0.0	1.0	3.0	5	49	18	0
vs. Playoff	5	12	0	0.0	0.0	0.0	0.0	0	0	1	0
vs. Non-Playoff	11	36	4	0.0	0.0	1.0	3.0	5	49	17	0
vs. Own Division	8	25	3	0.0	0.0	0.0	0.0	3	18	9	0
Home	8	28	1	0.0	0.0	1.0	3.0	2	18	8	0
Away	8	20	3	0.0	0.0	0.0	0.0	3	31	10	0
Games 1-8	8	14	3	0.0	0.0	0.0	0.0	1	0	6	0
Games 9-16	8	34	1	0.0	0.0	1.0	3.0	4	49	12	0
Aug/Sept	5	8	1	0.0	0.0	0.0	0.0	0	0	5	0
October	3	6	2	0.0	0.0	0.0	0.0	1	0	1	0
November	5	23	1	0.0	0.0	0.0	0.0	2	18	6	0
December	3	11	0	0.0	0.0	1.0	3.0	2	31	6	0
Grass	4	9	1	0.0	0.0	0.0	0.0	3	31	6	0
Turf	12	39	3	0.0	0.0	1.0	3.0	2	18	12	0
Indoor	12	39	3	0.0	0.0	1.0	3.0	2	18	12	0
Outdoor	4	9	1	0.0	0.0	0.0	0.0	3	31	6	0

Game Logs Date	Opp	Result	Tk	Ast	Sack	Yds	Stuff	Yds	Int	Yds	PD	FF	FR	TD
08/31	@Det	L 17-28	2	0	0.0	0.0	0.0	0.0	0	0	1	0	0	0
09/07	Car	L 6-9	1	1	0.0	0.0	0.0	0.0	0	0	2	0	0	0
09/14	Oak	L 31-36	2	0	0.0	0.0	0.0	0.0	0	0	2	0	0	0
09/21	@SF	L 7-34	2	0	0.0	0.0	0.0	0.0	0	0	0	0	0	0
09/28	Den	L 21-29	1	0	0.0	0.0	0.0	0.0	0	0	0	0	0	0
10/12	@NO	W 23-17	1	1	0.0	0.0	0.0	0.0	0	0	0	0	0	0
10/19	SF	L 28-35	3	0	0.0	0.0	0.0	0.0	0	0	0	0	0	0
10/26	@Car	L 12-21	2	1	0.0	0.0	0.0	0.0	1	0	1	0	0	0
11/02	StL	W 34-31	10	0	0.0	0.0	0.0	0.0	1	14	1	0	0	0
11/09	TB	L 10-31	4	0	0.0	0.0	0.0	0.0	0	0	0	0	0	0
11/16	@StL	W 27-21	5	0	0.0	0.0	0.0	0.0	0	0	3	0	0	0
11/23	NO	W 20-3	1	0	0.0	0.0	0.0	0.0	1	4	2	0	0	0
11/30	@Sea	W 24-17	3	1	0.0	0.0	0.0	0.0	0	0	0	0	0	0
12/07	@SD	W 14-3	2	0	0.0	0.0	0.0	0.0	2	31	3	0	0	0
12/14	Phi	W 20-17	6	0	0.0	0.0	1.0	3.0	0	0	1	0	0	0
12/21	@Ari	L 26-29	3	0	0.0	0.0	0.0	0.0	0	0	2	0	0	0

Terrell Buckley
Miami Dolphins – CB

1997 Defensive Splits	G	Tk	Ast	Sack	Yds	Stuff	Yds	Int	Yds	PD	TD
Total	16	67	18	0.0	0.0	0.0	0.0	4	26	10	1
vs. Playoff	6	24	8	0.0	0.0	0.0	0.0	3	25	4	0
vs. Non-Playoff	10	43	10	0.0	0.0	0.0	0.0	1	1	6	1
vs. Own Division	8	38	12	0.0	0.0	0.0	0.0	1	7	6	0
Home	8	34	9	0.0	0.0	0.0	0.0	4	26	7	1
Away	8	33	9	0.0	0.0	0.0	0.0	0	0	3	0
Games 1-8	8	30	6	0.0	0.0	0.0	0.0	1	1	3	1
Games 9-16	8	37	12	0.0	0.0	0.0	0.0	3	25	7	0
Aug/Sept	4	11	6	0.0	0.0	0.0	0.0	1	1	2	0
October	4	19	0	0.0	0.0	0.0	0.0	0	0	1	0
November	5	27	8	0.0	0.0	0.0	0.0	0	0	3	0
December	3	10	4	0.0	0.0	0.0	0.0	3	25	4	0
Grass	13	55	15	0.0	0.0	0.0	0.0	4	26	8	1
Turf	3	12	3	0.0	0.0	0.0	0.0	0	0	2	0
Indoor	1	3	2	0.0	0.0	0.0	0.0	0	0	0	0
Outdoor	15	64	16	0.0	0.0	0.0	0.0	4	26	10	1

Game Logs Date	Opp	Result	Tk	Ast	Sack	Yds	Stuff	Yds	Int	Yds	PD	FF	FR	TD
08/31	Ind	W 16-10	4	1	0.0	0.0	0.0	0.0	0	0	1	0	0	0
09/07	Ten	W 16-13	1	0	0.0	0.0	0.0	0.0	1	1	1	0	0	0
09/14	@GB	L 18-23	5	2	0.0	0.0	0.0	0.0	0	0	0	0	0	0
09/21	@TB	L 21-31	1	3	0.0	0.0	0.0	0.0	0	0	0	0	0	0
10/05	KC	W 17-14	5	0	0.0	0.0	0.0	0.0	0	0	0	0	0	0
10/12	@NYA	W 31-20	3	0	0.0	0.0	0.0	0.0	0	0	0	0	0	0
10/19	@Bal	W 24-13	7	0	0.0	0.0	0.0	0.0	0	0	1	0	0	0
10/27	Chi	L 33-36	4	0	0.0	0.0	0.0	0.0	0	0	0	1	1	1
11/02	@Buf	L 6-9	6	1	0.0	0.0	0.0	0.0	0	0	2	0	0	0
11/09	NYA	W 24-17	7	4	0.0	0.0	0.0	0.0	0	0	1	0	0	0
11/17	Buf	W 30-13	6	2	0.0	0.0	0.0	0.0	0	0	0	0	0	0
11/23	@NE	L 24-27	6	1	0.0	0.0	0.0	0.0	0	0	0	0	0	0
11/30	@Oak	W 34-16	2	0	0.0	0.0	0.0	0.0	0	0	0	0	0	0
12/07	Det	W 33-30	4	0	0.0	0.0	0.0	0.0	2	18	2	0	0	0
12/14	@Ind	L 0-41	3	2	0.0	0.0	0.0	0.0	0	0	0	1	0	0
12/22	NE	L 12-14	3	1	0.0	0.0	0.0	0.0	1	7	2	0	0	0

Rob Burnett
Baltimore Ravens – DE

1997 Defensive Splits	G	Tk	Ast	Sack	Yds	Stuff	Yds	Int	Yds	PD	TD
Total	15	33	7	4.0	36.0	4.5	8.5	0	0	1	0
vs. Playoff	6	13	3	2.0	11.0	2.0	4.5	0	0	0	0
vs. Non-Playoff	9	20	4	2.0	25.0	2.5	4.5	0	0	1	0
vs. Own Division	7	13	3	3.0	26.0	2.0	4.0	0	0	0	0
Home	8	24	3	3.0	21.0	4.5	8.5	0	0	1	0
Away	7	9	4	1.0	15.0	0.0	0.0	0	0	0	0
Games 1-8	8	17	5	3.0	26.0	2.0	4.0	0	0	1	0
Games 9-16	7	16	2	1.0	10.0	2.5	4.5	0	0	0	0
Aug/Sept	5	10	4	3.0	26.0	1.0	1.0	0	0	0	0
October	3	7	1	0.0	0.0	1.0	3.0	0	0	1	0
November	5	11	2	1.0	10.0	2.0	3.0	0	0	0	0
December	2	5	0	0.0	0.0	0.5	1.5	0	0	0	0
Grass	12	31	6	4.0	36.0	4.5	8.5	0	0	1	0
Turf	3	2	1	0.0	0.0	0.0	0.0	0	0	0	0
Indoor	0	0	0	0	0	0	0	0	0	0	0
Outdoor	15	33	7	4.0	36.0	4.5	8.5	0	0	1	0

Game Logs Date	Opp	Result	Tk	Ast	Sack	Yds	Stuff	Yds	Int	Yds	PD	FF	FR	TD
08/31	Jac	L 27-28	5	1	2.0	11.0	1.0	1.0	0	0	0	0	0	0
09/07	Cin	W 23-10	0	0	0.0	0.0	0.0	0.0	0	0	0	0	0	0
09/14	@NYN	W 24-23	0	0	0.0	0.0	0.0	0.0	0	0	0	0	0	0
09/21	@Ten	W 36-10	3	0	1.0	15.0	0.0	0.0	0	0	0	0	1	0
09/28	@SD	L 17-21	2	3	0.0	0.0	0.0	0.0	0	0	0	0	0	0
10/05	Pit	L 34-42	3	1	0.0	0.0	1.0	3.0	0	0	0	0	0	0
10/19	Mia	L 13-24	3	0	0.0	0.0	0.0	0.0	0	0	1	0	0	0
10/26	@Was	W 20-17	1	0	0.0	0.0	0.0	0.0	0	0	0	0	0	0
11/02	@NYA	W 16-19	1	0	0.0	0.0	0.0	0.0	0	0	0	0	0	0
11/09	@Pit	L 0-37	1	0	0.0	0.0	0.0	0.0	0	0	0	0	0	0
11/16	Phi	T 10-10	5	1	1.0	10.0	1.0	1.0	0	0	0	0	0	0
11/23	Ari	L 13-16	3	0	0.0	0.0	1.0	2.0	0	0	0	0	0	0
11/30	@Jac	L 27-29	1	0	0.0	0.0	0.0	0.0	0	0	0	0	0	0
12/07	Sea	W 31-24	5	0	0.0	0.0	0.5	1.5	0	0	0	0	0	0
12/14	Ten	W 21-19	0	0	0.0	0.0	0.0	0.0	0	0	0	0	0	0
12/21	@Cin	L 14-16	-	-	-	-	-	-	-	-	-	-	-	-

Devin Bush
Atlanta Falcons – S

1997 Defensive Splits

	G	Tk	Ast	Sack	Yds	Stuff	Yds	Int	Yds	PD	TD
Total	16	73	15	0.0	0.0	0.5	0.5	1	4	7	0
vs. Playoff	5	15	3	0.0	0.0	0.5	0.5	0	0	2	0
vs. Non-Playoff	11	58	12	0.0	0.0	0.0	0.0	1	4	5	0
vs. Own Division	8	36	7	0.0	0.0	0.0	0.0	1	4	3	0
Home	8	37	8	0.0	0.0	0.5	0.5	1	4	4	0
Away	8	36	7	0.0	0.0	0.0	0.0	0	0	3	0
Games 1-8	8	29	3	0.0	0.0	0.0	0.0	0	0	2	0
Games 9-16	8	44	12	0.0	0.0	0.5	0.5	1	4	5	0
Aug/Sept	5	12	2	0.0	0.0	0.0	0.0	0	0	1	0
October	3	17	1	0.0	0.0	0.0	0.0	0	0	1	0
November	5	27	9	0.0	0.0	0.5	0.5	1	4	4	0
December	3	17	3	0.0	0.0	0.0	0.0	0	0	1	0
Grass	4	16	2	0.0	0.0	0.0	0.0	0	0	1	0
Turf	12	57	13	0.0	0.0	0.5	0.5	1	4	6	0
Indoor	12	57	13	0.0	0.0	0.5	0.5	1	4	6	0
Outdoor	4	16	2	0.0	0.0	0.0	0.0	0	0	1	0

Game Logs

Date	Opp	Result	Tk	Ast	Sack	Yds	Stuff	Yds	Int	Yds	PD	FF	FR	TD
08/31	@Det	L 17-28	1	0	0.0	0.0	0.0	0.0	0	0	0	0	0	0
09/07	Car	L 6-9	3	1	0.0	0.0	0.0	0.0	0	0	1	0	0	0
09/14	Oak	L 31-36	5	0	0.0	0.0	0.0	0.0	0	0	0	0	0	0
09/21	@SF	L 7-34	1	0	0.0	0.0	0.0	0.0	0	0	0	0	0	0
09/28	Den	L 21-29	2	1	0.0	0.0	0.0	0.0	0	0	0	0	0	0
10/12	@NO	W 23-17	5	1	0.0	0.0	0.0	0.0	0	0	0	0	0	0
10/19	SF	L 28-35	8	0	0.0	0.0	0.0	0.0	0	0	1	0	0	0
10/26	@Car	L 12-21	4	0	0.0	0.0	0.0	0.0	0	0	0	1	0	0
11/02	StL	W 34-31	5	2	0.0	0.0	0.0	0.0	0	0	0	0	0	0
11/09	TB	L 10-31	3	2	0.0	0.0	0.5	0.5	0	0	1	0	0	0
11/16	@StL	W 27-21	5	2	0.0	0.0	0.0	0.0	0	0	0	0	0	0
11/23	NO	W 20-3	5	1	0.0	0.0	0.0	0.0	1	4	1	0	0	0
11/30	@Sea	W 24-17	9	2	0.0	0.0	0.0	0.0	0	0	2	0	0	0
12/07	@SD	W 14-3	7	1	0.0	0.0	0.0	0.0	0	0	0	0	0	0
12/14	Phi	W 20-17	6	1	0.0	0.0	0.0	0.0	0	0	0	0	0	0
12/21	@Ari	L 26-29	4	1	0.0	0.0	0.0	0.0	0	0	1	0	0	0

Lewis Bush
San Diego Chargers – LB

1997 Defensive Splits

	G	Tk	Ast	Sack	Yds	Stuff	Yds	Int	Yds	PD	TD
Total	14	52	5	0.0	0.0	2.0	6.0	0	0	3	0
vs. Playoff	5	20	3	0.0	0.0	1.0	5.0	0	0	1	0
vs. Non-Playoff	9	32	2	0.0	0.0	1.0	1.0	0	0	2	0
vs. Own Division	7	24	2	0.0	0.0	1.0	5.0	0	0	1	0
Home	7	24	1	0.0	0.0	0.0	0.0	0	0	0	0
Away	7	28	4	0.0	0.0	2.0	6.0	0	0	3	0
Games 1-8	8	32	5	0.0	0.0	2.0	6.0	0	0	3	0
Games 9-16	6	20	0	0.0	0.0	0.0	0.0	0	0	0	0
Aug/Sept	5	22	2	0.0	0.0	1.0	1.0	0	0	2	0
October	3	10	3	0.0	0.0	1.0	5.0	0	0	1	0
November	3	5	0	0.0	0.0	0.0	0.0	0	0	0	0
December	3	15	0	0.0	0.0	0.0	0.0	0	0	0	0
Grass	11	40	5	0.0	0.0	1.0	5.0	0	0	2	0
Turf	3	12	0	0.0	0.0	1.0	1.0	0	0	1	0
Indoor	2	8	0	0.0	0.0	1.0	1.0	0	0	1	0
Outdoor	12	44	5	0.0	0.0	1.0	5.0	0	0	2	0

Game Logs

Date	Opp	Result	Tk	Ast	Sack	Yds	Stuff	Yds	Int	Yds	PD	FF	FR	TD
08/31	@NE	L 7-41	3	2	0.0	0.0	0.0	0.0	0	0	1	0	0	0
09/07	@NO	L 20-6	2	0	0.0	0.0	1.0	1.0	0	0	1	0	0	0
09/14	Car	L 7-26	4	0	0.0	0.0	0.0	0.0	0	0	0	0	0	0
09/21	@Sea	L 22-26	6	0	0.0	0.0	0.0	0.0	0	0	0	0	0	0
09/28	Bal	W 21-17	7	0	0.0	0.0	0.0	0.0	0	0	0	0	0	0
10/05	@Oak	W 25-10	1	1	0.0	0.0	0.0	0.0	0	0	1	0	0	0
10/16	@KC	L 3-31	4	1	0.0	0.0	1.0	5.0	0	0	0	0	0	0
10/26	Ind	W 35-19	5	1	0.0	0.0	0.0	0.0	0	0	0	0	0	0
11/02	@Cin	L 31-38	4	0	0.0	0.0	0.0	0.0	0	0	0	0	0	0
11/09	Sea	L 31-37	0	0	0.0	0.0	0.0	0.0	0	0	0	0	0	0
11/16	Oak	L 13-38	-	-	-	-	-	-	-	-	-	-	-	-
11/23	@SF	L 10-17	-	-	-	-	-	-	-	-	-	-	-	-
11/30	Den	L 28-38	1	0	0.0	0.0	0.0	0.0	0	0	0	0	0	0
12/07	Atl	L 3-14	3	0	0.0	0.0	0.0	0.0	0	0	0	0	0	0
12/14	KC	L 7-29	4	0	0.0	0.0	0.0	0.0	0	0	0	0	0	0
12/21	@Den	L 3-38	8	0	0.0	0.0	0.0	0.0	0	0	0	0	0	0

LeRoy Butler
Green Bay Packers – S

1997 Defensive Splits

	G	Tk	Ast	Sack	Yds	Stuff	Yds	Int	Yds	PD	TD
Total	16	71	32	3.0	20.0	4.5	16.5	5	4	10	0
vs. Playoff	8	39	15	1.0	6.0	3.0	12.0	5	4	6	0
vs. Non-Playoff	8	32	17	2.0	14.0	1.5	4.5	0	0	4	0
vs. Own Division	8	33	21	0.0	0.0	3.5	12.5	4	2	8	0
Home	8	39	17	1.0	7.0	3.5	10.5	4	2	6	0
Away	8	32	15	2.0	13.0	1.0	6.0	1	2	4	0
Games 1-8	8	31	18	1.0	6.0	3.5	10.5	3	4	6	0
Games 9-16	8	40	14	2.0	14.0	1.0	6.0	2	0	4	0
Aug/Sept	5	20	13	0.0	0.0	3.5	10.5	2	2	3	0
October	3	11	5	1.0	6.0	0.0	0.0	1	2	3	0
November	4	23	7	1.0	7.0	0.0	0.0	2	0	3	0
December	4	17	7	1.0	7.0	1.0	6.0	0	0	1	0
Grass	12	53	23	3.0	20.0	3.5	10.5	5	4	10	0
Turf	4	18	9	0.0	0.0	1.0	6.0	0	0	0	0
Indoor	3	15	7	0.0	0.0	1.0	6.0	0	0	0	0
Outdoor	13	56	25	3.0	20.0	3.5	10.5	5	4	10	0

Game Logs

Date	Opp	Result	Tk	Ast	Sack	Yds	Stuff	Yds	Int	Yds	PD	FF	FR	TD
09/01	Chi	W 38-24	3	6	0.0	0.0	1.5	4.5	0	0	1	0	0	0
09/07	@Phi	W 9-10	3	2	0.0	0.0	0.0	0.0	0	0	0	0	0	0
09/14	Mia	W 23-18	8	0	0.0	0.0	1.0	4.0	0	0	0	0	0	0
09/21	Min	W 38-32	3	3	0.0	0.0	1.0	2.0	2	2	2	0	0	0
09/28	@Det	L 15-26	3	2	0.0	0.0	0.0	0.0	0	0	0	0	0	0
10/05	TB	W 21-16	4	1	0.0	0.0	0.0	0.0	0	0	0	0	0	0
10/12	@Chi	W 24-23	3	2	0.0	0.0	0.0	0.0	0	0	2	0	0	0
10/27	@NE	W 28-10	4	2	1.0	6.0	0.0	0.0	1	2	1	0	1	0
11/02	Det	W 20-10	7	2	0.0	0.0	0.0	0.0	2	0	2	1	0	0
11/09	StL	W 17-7	8	1	1.0	7.0	0.0	0.0	0	0	1	0	0	0
11/16	@Ind	L 38-41	7	1	0.0	0.0	0.0	0.0	0	0	0	0	0	0
11/23	Dal	W 45-17	1	3	0.0	0.0	0.0	0.0	0	0	1	0	0	0
12/01	@Min	W 27-11	5	4	0.0	0.0	1.0	6.0	0	0	0	0	0	0
12/07	@TB	W 17-6	5	1	0.0	0.0	0.0	0.0	0	0	1	0	0	0
12/14	@Car	W 31-10	2	1	1.0	7.0	0.0	0.0	0	0	0	0	0	0
12/20	Buf	W 31-21	5	1	0.0	0.0	0.0	0.0	0	0	0	0	0	0

Jesse Campbell
Washington Redskins – S

1997 Defensive Splits										Game Logs											
	G	Tk	Ast	Sack	Yds	Stuff	Yds	Int	Yds	PD	TD	Date	Opp	Result	Tk	Ast	Sack	Yds	Stuff	Yds	Int	Yds	PD	FF	FR	TD
Total	16	94	15	0.0	0.0	3.0	6.0	1	7	6	0	08/31	@Car	W 24-10	5	1	0.0	0.0	0.0	0.0	0	0	0	0	1	0
vs. Playoff	5	32	4	0.0	0.0	1.0	3.0	1	7	1	0	09/07	@Pit	L 13-14	5	2	0.0	0.0	0.0	0.0	0	0	0	0	0	0
vs. Non-Playoff	11	62	11	0.0	0.0	2.0	3.0	0	0	5	0	09/14	Ari	W 19-13	7	2	0.0	0.0	0.0	0.0	0	0	1	0	0	0
vs. Own Division	8	61	8	0.0	0.0	2.5	5.0	0	0	5	0	09/28	Jac	W 24-12	4	0	0.0	0.0	0.0	0.0	0	0	0	0	0	0
Home	8	46	8	0.0	0.0	2.0	5.0	1	7	4	0	10/05	@Phi	L 10-24	12	0	0.0	0.0	0.0	0.0	0	0	1	0	0	0
Away	8	48	7	0.0	0.0	1.0	1.0	0	0	2	0	10/13	Dal	W 21-16	5	2	0.0	0.0	0.5	1.0	0	0	1	0	0	0
Games 1-8	8	45	10	0.0	0.0	1.0	2.0	0	0	3	0	10/19	@Ten	L 14-28	0	1	0.0	0.0	0.0	0.0	0	0	0	0	0	0
Games 9-16	8	49	5	0.0	0.0	2.0	4.0	1	7	3	0	10/26	Bal	L 17-20	7	2	0.0	0.0	0.5	1.0	0	0	0	0	0	0
Aug/Sept	4	21	5	0.0	0.0	0.0	0.0	0	0	1	0	11/02	@Chi	W 31-8	6	1	0.0	0.0	0.0	0.0	0	0	0	0	0	0
October	4	24	5	0.0	0.0	1.0	2.0	0	0	2	0	11/09	Det	W 30-7	4	0	0.0	0.0	0.0	0.0	1	7	1	0	0	0
November	5	26	1	0.0	0.0	2.0	4.0	1	7	1	0	11/16	@Dal	L 14-17	5	0	0.0	0.0	1.0	1.0	0	0	0	0	0	0
December	3	23	4	0.0	0.0	0.0	0.0	0	0	2	0	11/23	NYN	T 7-7	9	0	0.0	0.0	1.0	3.0	0	0	0	0	0	0
Grass	12	62	11	0.0	0.0	2.0	5.0	1	7	5	0	11/30	StL	L 20-23	2	0	0.0	0.0	0.0	0.0	0	0	0	0	0	0
Turf	4	32	4	0.0	0.0	1.0	1.0	0	0	1	0	12/07	@Ari	W 38-28	5	0	0.0	0.0	0.0	0.0	0	0	1	0	0	0
Indoor	0	0	0	0.0	0.0	0.0	0.0	0	0	0	0	12/13	@NYN	L 10-30	10	2	0.0	0.0	0.0	0.0	0	0	0	0	1	0
Outdoor	16	94	15	0.0	0.0	3.0	6.0	1	7	6	0	12/21	Phi	W 35-32	8	2	0.0	0.0	0.0	0.0	0	0	1	0	0	0

Mark Carrier
Detroit Lions – S

1997 Defensive Splits										Game Logs											
	G	Tk	Ast	Sack	Yds	Stuff	Yds	Int	Yds	PD	TD	Date	Opp	Result	Tk	Ast	Sack	Yds	Stuff	Yds	Int	Yds	PD	FF	FR	TD
Total	16	54	21	0.0	0.0	0.0	0.0	5	94	14	0	08/31	Atl	W 28-17	0	1	0.0	0.0	0.0	0.0	0	0	0	0	0	0
vs. Playoff	8	27	13	0.0	0.0	0.0	0.0	3	83	8	0	09/07	TB	L 17-24	1	3	0.0	0.0	0.0	0.0	0	0	3	0	0	0
vs. Non-Playoff	8	27	8	0.0	0.0	0.0	0.0	2	11	6	0	09/14	@Chi	W 32-7	4	0	0.0	0.0	0.0	0.0	1	0	3	0	0	0
vs. Own Division	8	27	10	0.0	0.0	0.0	0.0	4	83	11	0	09/21	@NO	L 17-35	5	1	0.0	0.0	0.0	0.0	0	0	0	0	0	0
Home	8	22	11	0.0	0.0	0.0	0.0	3	77	8	0	09/28	GB	W 26-15	3	2	0.0	0.0	0.0	0.0	1	0	3	0	0	0
Away	8	32	10	0.0	0.0	0.0	0.0	2	17	6	0	10/05	@Buf	L 13-22	2	1	0.0	0.0	0.0	0.0	0	0	0	0	0	0
Games 1-8	8	21	11	0.0	0.0	0.0	0.0	2	0	9	0	10/12	@TB	W 27-9	3	0	0.0	0.0	0.0	0.0	0	0	0	0	0	0
Games 9-16	8	33	10	0.0	0.0	0.0	0.0	3	94	5	0	10/19	NYN	L 20-26	3	2	0.0	0.0	0.0	0.0	0	0	0	0	0	0
Aug/Sept	5	13	8	0.0	0.0	0.0	0.0	2	0	9	0	11/02	@GB	L 10-20	3	0	0.0	0.0	0.0	0.0	1	17	1	0	0	0
October	3	8	3	0.0	0.0	0.0	0.0	0	0	0	0	11/09	@Was	L 7-30	7	1	0.0	0.0	0.0	0.0	0	0	2	0	0	0
November	5	21	4	0.0	0.0	0.0	0.0	2	83	4	0	11/16	Min	W 38-15	6	0	0.0	0.0	0.0	0.0	1	66	1	0	0	0
December	3	12	6	0.0	0.0	0.0	0.0	1	11	1	0	11/23	Ind	W 32-10	2	1	0.0	0.0	0.0	0.0	0	0	0	0	0	0
Grass	5	21	6	0.0	0.0	0.0	0.0	2	17	6	0	11/27	Chi	W 55-20	3	2	0.0	0.0	0.0	0.0	0	0	0	0	0	0
Turf	11	33	15	0.0	0.0	0.0	0.0	3	77	8	0	12/07	@Mia	L 30-33	4	4	0.0	0.0	0.0	0.0	0	0	0	0	0	0
Indoor	10	31	14	0.0	0.0	0.0	0.0	3	77	8	0	12/14	@Min	W 14-13	4	2	0.0	0.0	0.0	0.0	0	0	0	0	0	0
Outdoor	6	23	7	0.0	0.0	0.0	0.0	2	17	6	0	12/21	NYA	W 13-10	4	0	0.0	0.0	0.0	0.0	1	11	1	0	0	0

Dale Carter
Kansas City Chiefs – CB

1997 Defensive Splits										Game Logs											
	G	Tk	Ast	Sack	Yds	Stuff	Yds	Int	Yds	PD	TD	Date	Opp	Result	Tk	Ast	Sack	Yds	Stuff	Yds	Int	Yds	PD	FF	FR	TD
Total	16	51	7	0.0	0.0	2.0	6.0	2	9	7	0	08/31	@Den	L 3-19	2	1	0.0	0.0	0.0	0.0	0	0	3	0	0	0
vs. Playoff	6	15	2	0.0	0.0	0.0	0.0	1	0	4	0	09/08	@Oak	W 28-27	5	1	0.0	0.0	1.0	4.0	1	9	2	0	0	0
vs. Non-Playoff	10	36	5	0.0	0.0	2.0	6.0	1	9	3	0	09/14	Buf	W 22-16	4	0	0.0	0.0	0.0	0.0	0	0	0	0	0	0
vs. Own Division	8	32	4	0.0	0.0	2.0	6.0	1	9	6	0	09/21	@Car	W 35-14	4	2	0.0	0.0	0.0	0.0	0	0	0	0	0	0
Home	8	25	1	0.0	0.0	0.5	1.5	1	0	1	0	09/28	Sea	W 20-17	4	0	0.0	0.0	0.5	1.5	0	0	0	0	0	0
Away	8	26	6	0.0	0.0	1.5	4.5	1	9	6	0	10/05	@Mia	L 14-17	3	0	0.0	0.0	0.0	0.0	0	0	1	0	0	0
Games 1-8	8	26	5	0.0	0.0	1.5	5.5	1	9	5	0	10/16	SD	W 31-3	2	1	0.0	0.0	0.0	0.0	0	0	0	0	0	0
Games 9-16	8	25	2	0.0	0.0	0.5	0.5	1	0	2	0	10/26	@StL	W 28-20	2	0	0.0	0.0	0.0	0.0	0	0	0	0	0	0
Aug/Sept	5	19	4	0.0	0.0	1.5	5.5	1	9	5	0	11/03	Pit	W 13-10	2	0	0.0	0.0	0.0	0.0	0	0	0	0	0	0
October	3	7	1	0.0	0.0	0.0	0.0	0	0	1	0	11/09	@Jac	L 10-24	1	0	0.0	0.0	0.0	0.0	0	0	0	0	0	0
November	5	14	2	0.0	0.0	0.5	0.5	1	0	1	0	11/16	Den	W 24-22	5	0	0.0	0.0	0.0	0.0	0	0	0	0	0	0
December	3	11	0	0.0	0.0	0.0	0.0	0	0	1	0	11/23	@Sea	W 19-14	4	1	0.0	0.0	0.5	0.5	0	0	0	0	0	0
Grass	14	45	6	0.0	0.0	1.5	5.5	2	9	7	0	11/30	SF	W 44-9	2	0	0.0	0.0	0.0	0.0	1	0	1	0	0	0
Turf	2	6	1	0.0	0.0	0.5	0.5	0	0	0	0	12/07	Oak	W 30-0	5	0	0.0	0.0	0.0	0.0	0	0	1	0	0	0
Indoor	2	6	1	0.0	0.0	0.5	0.5	0	0	0	0	12/14	@SD	W 29-7	5	0	0.0	0.0	0.0	0.0	0	0	1	0	0	0
Outdoor	14	45	6	0.0	0.0	1.5	5.5	2	9	7	0	12/21	NO	W 25-13	1	0	0.0	0.0	0.0	0.0	0	0	0	0	0	0

Kevin Carter
St. Louis Rams – DE

1997 Defensive Splits

	G	Tk	Ast	Sack	Yds	Stuff	Yds	Int	Yds	PD	TD
Total	16	32	10	7.5	58.5	10.0	30.0	0	0	2	0
vs. Playoff	6	9	3	2.0	10.0	2.5	6.0	0	0	0	0
vs. Non-Playoff	10	23	7	5.5	48.5	7.5	24.0	0	0	2	0
vs. Own Division	8	21	5	5.5	52.5	5.5	16.0	0	0	1	0
Home	8	24	5	4.5	28.5	7.5	21.0	0	0	0	0
Away	8	8	5	3.0	30.0	2.5	9.0	0	0	2	0
Games 1-8	8	15	5	2.5	14.5	4.5	13.0	0	0	1	0
Games 9-16	8	17	5	5.0	44.0	5.5	17.0	0	0	1	0
Aug/Sept	5	12	2	1.5	5.5	2.5	9.0	0	0	1	0
October	3	3	3	1.0	9.0	2.0	4.0	0	0	0	0
November	5	10	1	2.0	18.0	3.0	7.0	0	0	1	0
December	3	7	4	3.0	26.0	2.5	10.0	0	0	0	0
Grass	6	6	4	3.0	30.0	0.0	0.0	0	0	1	0
Turf	10	26	6	4.5	28.5	10.0	30.0	0	0	1	0
Indoor	10	26	6	4.5	28.5	10.0	30.0	0	0	1	0
Outdoor	6	6	4	3.0	30.0	0.0	0.0	0	0	1	0

Game Logs

Date	Opp	Result	Tk	Ast	Sack	Yds	Stuff	Yds	Int	Yds	PD	FF	FR	TD
08/31	NO	W 38-24	3	1	0.5	4.5	1.0	4.0	0	0	0	0	0	0
09/07	SF	L 12-15	3	0	0.0	0.0	0.0	0.0	0	0	0	0	0	0
09/14	@Den	L 14-35	0	0	0.0	0.0	0.0	0.0	0	0	0	0	0	0
09/21	NYN	W 13-3	4	1	1.0	1.0	1.5	5.0	0	0	1	0	0	0
09/28	@Oak	L 17-35	2	0	0.0	0.0	0.0	0.0	0	0	1	0	1	0
10/12	@SF	L 10-30	1	1	1.0	9.0	0.0	0.0	0	0	0	0	0	0
10/19	Sea	L 9-17	1	2	0.0	0.0	1.0	3.0	0	0	0	0	0	0
10/26	KC	L 20-28	1	0	0.0	0.0	1.0	1.0	0	0	0	0	0	0
11/02	@Atl	L 31-34	1	0	0.0	0.0	1.0	4.0	0	0	1	0	0	0
11/09	@GB	L 7-17	0	1	0.0	0.0	0.0	0.0	0	0	0	0	0	0
11/16	Atl	L 21-27	3	0	1.0	12.0	1.0	1.0	0	0	0	1	1	0
11/23	Car	L 10-16	6	0	1.0	6.0	1.0	2.0	0	0	0	1	0	0
11/30	@Was	W 23-20	0	0	0.0	0.0	0.0	0.0	0	0	0	0	0	0
12/07	@NO	W 34-27	1	1	0.0	0.0	1.5	5.0	0	0	0	0	0	0
12/14	Chi	L 10-13	3	1	1.0	5.0	1.0	5.0	0	0	0	0	0	0
12/20	@Car	W 30-18	3	2	2.0	21.0	0.0	0.0	0	0	0	0	0	0

Marty Carter
Chicago Bears – S

1997 Defensive Splits

	G	Tk	Ast	Sack	Yds	Stuff	Yds	Int	Yds	PD	TD
Total	15	71	26	1.0	1.0	1.5	6.0	1	14	4	0
vs. Playoff	9	45	17	0.0	0.0	1.5	6.0	1	14	2	0
vs. Non-Playoff	6	26	9	1.0	1.0	0.0	0.0	0	0	2	0
vs. Own Division	8	45	16	0.0	0.0	1.5	6.0	1	14	2	0
Home	8	42	13	0.0	0.0	1.5	6.0	0	0	3	0
Away	7	29	13	1.0	1.0	0.0	0.0	1	14	1	0
Games 1-8	7	30	14	0.0	0.0	1.5	6.0	1	14	2	0
Games 9-16	8	41	12	1.0	1.0	0.0	0.0	0	0	2	0
Aug/Sept	4	21	7	0.0	0.0	1.5	6.0	1	14	1	0
October	3	9	7	0.0	0.0	0.0	0.0	0	0	1	0
November	5	24	8	0.0	0.0	0.0	0.0	0	0	1	0
December	3	17	4	1.0	1.0	0.0	0.0	0	0	1	0
Grass	11	54	18	0.0	0.0	1.5	6.0	1	14	4	0
Turf	4	17	8	1.0	1.0	0.0	0.0	0	0	0	0
Indoor	3	14	6	1.0	1.0	0.0	0.0	0	0	0	0
Outdoor	12	57	20	0.0	0.0	1.5	6.0	1	14	4	0

Game Logs

Date	Opp	Result	Tk	Ast	Sack	Yds	Stuff	Yds	Int	Yds	PD	FF	FR	TD
09/01	@GB	L 24-38	5	2	0.0	0.0	0.0	0.0	1	14	1	0	0	0
09/07	Min	L 24-27	10	1	0.0	0.0	0.0	0.0	0	0	0	0	0	0
09/14	Det	L 7-32	3	2	0.0	0.0	1.5	6.0	0	0	0	0	0	0
09/21	@NE	L 3-31	-	-	-	-	-	-	-	-	-	-	-	-
09/28	@Dal	L 3-27	3	2	0.0	0.0	0.0	0.0	0	0	0	0	0	0
10/05	NO	L 17-20	1	1	0.0	0.0	0.0	0.0	0	0	0	0	0	0
10/12	GB	L 23-24	7	3	0.0	0.0	0.0	0.0	0	0	1	0	0	0
10/27	@Mia	W 36-33	0	1	0.0	0.0	0.0	0.0	0	0	0	0	0	0
11/02	Was	L 8-31	7	2	0.0	0.0	0.0	0.0	0	0	1	0	0	0
11/09	@Min	L 22-29	4	2	0.0	0.0	0.0	0.0	0	0	0	0	0	0
11/16	NYA	L 15-23	4	0	0.0	0.0	0.0	0.0	0	0	0	0	0	0
11/23	TB	W 13-7	6	0	0.0	0.0	0.0	0.0	0	0	0	0	0	0
11/27	@Det	L 20-55	3	4	0.0	0.0	0.0	0.0	0	0	1	0	0	0
12/07	Buf	W 20-3	3	2	0.0	0.0	0.0	0.0	0	0	0	0	0	0
12/14	@StL	W 13-10	7	0	1.0	1.0	0.0	0.0	0	0	0	0	0	0
12/21	@TB	L 15-31	7	2	0.0	0.0	0.0	0.0	0	0	0	0	0	0

Tom Carter
Chicago Bears – CB

1997 Defensive Splits

	G	Tk	Ast	Sack	Yds	Stuff	Yds	Int	Yds	PD	TD
Total	16	44	5	0.0	0.0	0.0	0.0	3	12	17	0
vs. Playoff	10	30	4	0.0	0.0	0.0	0.0	1	12	10	0
vs. Non-Playoff	6	14	1	0.0	0.0	0.0	0.0	2	0	7	0
vs. Own Division	8	25	3	0.0	0.0	0.0	0.0	1	12	9	0
Home	8	29	1	0.0	0.0	0.0	0.0	0	0	8	0
Away	8	15	4	0.0	0.0	0.0	0.0	3	12	9	0
Games 1-8	8	33	5	0.0	0.0	0.0	0.0	1	0	9	0
Games 9-16	8	11	0	0.0	0.0	0.0	0.0	2	12	8	0
Aug/Sept	5	23	4	0.0	0.0	0.0	0.0	1	0	3	0
October	3	10	1	0.0	0.0	0.0	0.0	0	0	6	0
November	5	6	0	0.0	0.0	0.0	0.0	1	12	6	0
December	3	5	0	0.0	0.0	0.0	0.0	1	0	2	0
Grass	12	39	4	0.0	0.0	0.0	0.0	0	0	9	0
Turf	4	5	1	0.0	0.0	0.0	0.0	3	12	8	0
Indoor	3	4	0	0.0	0.0	0.0	0.0	2	12	6	0
Outdoor	13	40	5	0.0	0.0	0.0	0.0	1	0	11	0

Game Logs

Date	Opp	Result	Tk	Ast	Sack	Yds	Stuff	Yds	Int	Yds	PD	FF	FR	TD
09/01	@GB	L 24-38	5	2	0.0	0.0	0.0	0.0	0	0	0	0	0	0
09/07	Min	L 24-27	8	0	0.0	0.0	0.0	0.0	0	0	1	0	0	0
09/14	Det	L 7-32	6	0	0.0	0.0	0.0	0.0	0	0	0	0	0	0
09/21	@NE	L 3-31	3	1	0.0	0.0	0.0	0.0	0	0	0	0	0	0
09/28	@Dal	L 3-27	1	1	0.0	0.0	0.0	0.0	1	0	2	0	0	0
10/05	NO	L 17-20	5	0	0.0	0.0	0.0	0.0	0	0	3	0	0	0
10/12	GB	L 23-24	3	1	0.0	0.0	0.0	0.0	0	0	2	0	0	0
10/27	@Mia	W 36-33	2	0	0.0	0.0	0.0	0.0	0	0	1	0	0	0
11/02	Was	L 8-31	2	0	0.0	0.0	0.0	0.0	0	0	0	0	0	0
11/09	@Min	L 22-29	0	0	0.0	0.0	0.0	0.0	0	0	0	0	0	0
11/16	NYA	L 15-23	1	0	0.0	0.0	0.0	0.0	0	0	0	0	0	0
11/23	TB	W 13-7	2	0	0.0	0.0	0.0	0.0	1	0	1	0	0	0
11/27	@Det	L 20-55	1	0	0.0	0.0	0.0	0.0	1	12	5	0	0	0
12/07	Buf	W 20-3	2	0	0.0	0.0	0.0	0.0	0	0	1	0	0	0
12/14	@StL	W 13-10	3	0	0.0	0.0	0.0	0.0	1	0	1	0	0	0
12/21	@TB	L 15-31	0	0	0.0	0.0	0.0	0.0	0	0	0	0	0	0

Shante Carver
Dallas Cowboys – DE

1997 Defensive Splits

	G	Tk	Ast	Sack	Yds	Stuff	Yds	Int	Yds	PD	TD
Total	16	28	12	6.0	28.0	2.5	6.0	0	0	2	0
vs. Playoff	6	8	6	1.0	6.0	1.0	1.0	0	0	2	0
vs. Non-Playoff	10	20	6	5.0	22.0	1.5	5.0	0	0	0	0
vs. Own Division	8	14	7	3.0	15.0	1.5	5.0	0	0	1	0
Home	8	18	5	6.0	28.0	1.0	4.0	0	0	1	0
Away	8	10	7	0.0	0.0	1.5	2.0	0	0	1	0
Games 1-8	8	13	7	3.0	11.0	0.5	1.0	0	0	1	0
Games 9-16	8	15	5	3.0	17.0	2.0	5.0	0	0	1	0
Aug/Sept	4	8	5	2.0	5.0	0.5	1.0	0	0	0	0
October	4	5	2	1.0	6.0	0.0	0.0	0	0	1	0
November	5	12	2	2.0	12.0	2.0	5.0	0	0	1	0
December	3	3	3	1.0	5.0	0.0	0.0	0	0	0	0
Grass	4	7	2	0.0	0.0	1.5	2.0	0	0	0	0
Turf	12	21	10	6.0	28.0	1.0	4.0	0	0	2	0
Indoor	0	0	0	0	0	0	0	0	0	0	0
Outdoor	16	28	12	6.0	28.0	2.5	6.0	0	0	2	0

Game Logs

Date	Opp	Result	Tk	Ast	Sack	Yds	Stuff	Yds	Int	Yds	PD	FF	FR	TD
08/31	@Pit	W 37-7	2	3	0.0	0.0	0.0	0.0	0	0	0	0	0	0
09/07	@Ari	L 22-25	1	2	0.0	0.0	0.5	1.0	0	0	0	0	0	0
09/15	Phi	W 21-20	3	0	1.0	3.0	0.0	0.0	0	0	0	0	0	0
09/28	Chi	W 27-3	2	0	1.0	2.0	0.0	0.0	0	0	0	0	0	0
10/05	@NYN	L 17-20	0	2	0.0	0.0	0.0	0.0	0	0	0	0	0	0
10/13	@Was	L 16-21	2	0	0.0	0.0	0.0	0.0	0	0	0	0	0	0
10/19	Jac	W 26-22	2	1	0.0	6.0	0.0	0.0	0	0	1	0	0	0
10/26	@Phi	L 12-13	1	0	0.0	0.0	0.0	0.0	0	0	0	0	0	0
11/02	@SF	L 10-17	3	0	0.0	0.0	1.0	1.0	0	0	1	0	0	0
11/09	Ari	W 24-6	5	1	2.0	12.0	1.0	4.0	0	0	0	0	0	0
11/16	Was	W 17-14	2	1	0.0	0.0	0.0	0.0	0	0	0	0	0	0
11/23	@GB	L 17-45	1	0	0.0	0.0	0.0	0.0	0	0	0	0	0	0
11/27	Ten	L 14-27	1	0	0.0	0.0	0.0	0.0	0	0	0	0	0	0
12/08	Car	L 13-23	3	2	1.0	5.0	0.0	0.0	0	0	0	0	1	0
12/14	@Cin	L 24-31	0	0	0.0	0.0	0.0	0.0	0	0	0	0	0	0
12/21	NYN	L 7-20	0	1	0.0	0.0	0.0	0.0	0	0	0	0	0	0

Willie Clay
New England Patriots – S

1997 Defensive Splits

	G	Tk	Ast	Sack	Yds	Stuff	Yds	Int	Yds	PD	TD
Total	16	68	27	0.0	0.0	1.5	1.5	6	109	11	1
vs. Playoff	8	40	13	0.0	0.0	0.0	0.0	3	30	6	0
vs. Non-Playoff	8	28	14	0.0	0.0	1.5	1.5	3	79	5	1
vs. Own Division	8	32	9	0.0	0.0	1.5	1.5	2	26	5	0
Home	8	34	19	0.0	0.0	0.0	0.0	3	79	4	1
Away	8	34	8	0.0	0.0	1.5	1.5	3	30	7	0
Games 1-8	8	33	15	0.0	0.0	0.5	0.5	4	109	6	1
Games 9-16	8	35	12	0.0	0.0	1.0	1.0	2	0	5	0
Aug/Sept	4	9	8	0.0	0.0	0.0	0.0	1	53	1	1
October	4	24	7	0.0	0.0	0.5	0.5	3	56	5	0
November	5	28	7	0.0	0.0	1.0	1.0	1	0	3	0
December	3	7	5	0.0	0.0	0.0	0.0	1	0	2	0
Grass	12	51	24	0.0	0.0	0.0	0.0	5	109	9	1
Turf	4	17	3	0.0	0.0	1.5	1.5	1	0	2	0
Indoor	2	8	1	0.0	0.0	0.0	0.0	0	0	0	0
Outdoor	14	60	26	0.0	0.0	1.5	1.5	6	109	11	1

Game Logs

Date	Opp	Result	Tk	Ast	Sack	Yds	Stuff	Yds	Int	Yds	PD	FF	FR	TD
08/31	SD	W 41-7	1	4	0.0	0.0	0.0	0.0	1	53	1	0	0	1
09/07	@Ind	W 31-6	2	1	0.0	0.0	0.0	0.0	0	0	0	0	0	0
09/14	NYA	W 27-24	4	0	0.0	0.0	0.0	0.0	0	0	0	0	0	0
09/21	Chi	W 31-3	2	3	0.0	0.0	0.0	0.0	0	0	0	0	0	0
10/06	@Den	L 13-34	6	2	0.0	0.0	0.0	0.0	2	30	3	1	0	0
10/12	Buf	W 33-6	4	1	0.0	0.0	0.0	0.0	1	26	2	0	0	0
10/19	@NYA	L 19-24	6	2	0.0	0.0	0.5	0.5	0	0	0	0	0	0
10/27	GB	L 10-28	8	2	0.0	0.0	0.0	0.0	0	0	0	0	0	0
11/02	@Min	L 18-23	6	0	0.0	0.0	0.0	0.0	0	0	0	0	0	0
11/09	@Buf	W 31-10	3	0	0.0	0.0	1.0	1.0	1	0	2	0	0	0
11/16	@TB	L 7-27	8	2	0.0	0.0	0.0	0.0	0	0	1	0	1	0
11/23	Mia	W 27-24	5	2	0.0	0.0	0.0	0.0	0	0	0	0	0	0
11/30	Ind	W 20-17	6	3	0.0	0.0	0.0	0.0	0	0	0	0	1	0
12/07	@Jac	W 26-20	1	1	0.0	0.0	0.0	0.0	0	0	0	0	0	0
12/13	Pit	L 21-24	4	4	0.0	0.0	0.0	0.0	1	0	1	0	0	0
12/22	@Mia	W 14-12	2	0	0.0	0.0	0.0	0.0	0	0	1	0	0	0

Duane Clemons
Minnesota Vikings – DE

1997 Defensive Splits

	G	Tk	Ast	Sack	Yds	Stuff	Yds	Int	Yds	PD	TD
Total	13	23	1	7.0	33.0	6.0	8.0	0	0	1	0
vs. Playoff	7	13	0	3.0	10.0	3.0	3.0	0	0	0	0
vs. Non-Playoff	6	10	1	4.0	23.0	3.0	5.0	0	0	1	0
vs. Own Division	7	8	1	1.0	3.0	3.0	3.0	0	0	1	0
Home	6	12	1	4.0	23.0	4.0	4.0	0	0	0	0
Away	7	11	0	3.0	10.0	2.0	4.0	0	0	1	0
Games 1-8	5	2	0	0.0	0.0	0.5	0.5	0	0	1	0
Games 9-16	8	21	1	7.0	33.0	5.5	7.5	0	0	0	0
Aug/Sept	2	1	0	0.0	0.0	0.0	0.0	0	0	1	0
October	3	1	0	0.0	0.0	0.5	0.5	0	0	0	0
November	4	9	1	5.0	19.0	1.5	3.5	0	0	0	0
December	4	12	0	2.0	14.0	4.0	4.0	0	0	0	0
Grass	5	6	0	1.0	2.0	0.5	0.5	0	0	1	0
Turf	8	17	1	6.0	31.0	5.5	7.5	0	0	0	0
Indoor	7	12	1	4.0	23.0	4.0	4.0	0	0	0	0
Outdoor	6	11	0	3.0	10.0	2.0	4.0	0	0	1	0

Game Logs

Date	Opp	Result	Tk	Ast	Sack	Yds	Stuff	Yds	Int	Yds	PD	FF	FR	TD
08/31	@Buf	W 34-13	-	-	-	-	-	-	-	-	-	-	-	-
09/07	@Chi	W 27-24	1	0	0.0	0.0	0.0	0.0	0	0	1	0	0	0
09/14	TB	L 14-28	-	-	-	-	-	-	-	-	-	-	-	-
09/21	@GB	L 32-38	0	0	0.0	0.0	0.0	0.0	0	0	0	0	0	0
09/28	Phi	W 28-19	-	-	-	-	-	-	-	-	-	-	-	-
10/05	@Ari	W 20-19	1	0	0.0	0.0	0.5	0.5	0	0	0	0	0	0
10/12	Car	W 21-14	0	0	0.0	0.0	0.0	0.0	0	0	0	0	0	0
10/26	@TB	W 10-6	0	0	0.0	0.0	0.0	0.0	0	0	0	0	0	0
11/02	NE	W 23-18	3	0	2.0	8.0	0.0	0.0	0	0	0	0	0	0
11/09	Chi	W 29-22	1	1	1.0	3.0	0.0	0.0	0	0	0	0	0	0
11/16	@Det	L 15-38	0	0	0.0	0.0	0.0	0.0	0	0	0	0	0	0
11/23	@NYA	L 21-23	5	0	2.0	8.0	1.5	3.5	0	0	0	0	2	1	0
12/01	GB	L 11-27	5	0	0.0	0.0	2.0	2.0	0	0	0	0	0	0
12/07	@SF	L 17-28	4	0	1.0	2.0	0.0	0.0	0	0	0	0	0	0
12/14	Det	L 13-14	1	0	0.0	0.0	1.0	1.0	0	0	0	0	0	0
12/21	Ind	W 39-28	2	0	1.0	12.0	1.0	1.0	0	0	0	0	0	0

Dexter Coakley — Dallas Cowboys – LB

1997 Defensive Splits

	G	Tk	Ast	Sack	Yds	Stuff	Yds	Int	Yds	PD	TD
Total	16	72	23	2.5	18.5	6.5	7.5	1	6	2	1
vs. Playoff	6	29	6	1.0	10.0	3.0	4.0	1	6	1	0
vs. Non-Playoff	10	43	17	1.5	8.5	3.5	3.5	0	0	1	1
vs. Own Division	8	37	11	1.5	8.5	4.5	4.5	0	0	1	1
Home	8	36	12	0.5	1.5	2.0	2.0	0	0	0	0
Away	8	36	11	2.0	17.0	4.5	5.5	1	6	2	1
Games 1-8	8	32	10	1.0	7.0	2.5	2.5	1	6	2	1
Games 9-16	8	40	13	1.5	11.5	4.0	5.0	0	0	0	0
Aug/Sept	4	17	6	1.0	7.0	1.5	1.5	1	6	2	0
October	4	15	4	0.0	0.0	1.0	1.0	0	0	0	1
November	5	29	9	1.5	11.5	3.0	4.0	0	0	0	0
December	3	11	4	0.0	0.0	1.0	1.0	0	0	0	0
Grass	4	27	7	2.0	17.0	3.5	4.5	0	0	1	0
Turf	12	45	16	0.5	1.5	3.0	3.0	1	6	1	1
Indoor	0	0	0	0	0	0	0	0	0	0	0
Outdoor	16	72	23	2.5	18.5	6.5	7.5	1	6	2	1

Game Logs

Date	Opp	Result	Tk	Ast	Sack	Yds	Stuff	Yds	Int	Yds	PD	FF	FR	TD
08/31	@Pit	W 37-7	1	1	0.0	0.0	0.0	0.0	1	6	1	0	0	0
09/07	@Ari	L 22-25	7	2	1.0	7.0	1.5	1.5	0	0	1	1	0	0
09/15	Phi	W 21-20	3	1	0.0	0.0	0.0	0.0	0	0	0	0	0	0
09/28	Chi	W 27-3	6	2	0.0	0.0	0.0	0.0	0	0	0	0	0	0
10/05	@NYN	L 17-20	4	1	0.0	0.0	0.0	0.0	0	0	0	0	0	0
10/13	@Was	L 16-21	5	2	0.0	0.0	0.0	0.0	0	0	0	0	1	1
10/19	Jac	W 26-22	3	0	0.0	0.0	0.0	0.0	0	0	0	0	0	0
10/26	@Phi	L 12-13	3	1	0.0	0.0	1.0	1.0	0	0	0	0	0	0
11/02	@SF	L 10-17	7	1	0.0	0.0	0.0	0.0	0	0	0	0	0	0
11/09	Ari	W 24-6	2	3	0.5	1.5	0.0	0.0	0	0	0	0	0	0
11/16	Was	W 17-14	7	0	0.0	0.0	1.0	1.0	0	0	0	0	0	0
11/23	@GB	L 17-45	8	2	1.0	10.0	2.0	3.0	0	0	0	0	0	0
11/27	Ten	L 14-27	5	3	0.0	0.0	0.0	0.0	0	0	0	0	0	0
12/08	Car	L 13-23	4	2	0.0	0.0	0.0	0.0	0	0	0	0	0	0
12/14	@Cin	L 24-31	1	1	0.0	0.0	0.0	0.0	0	0	0	0	0	0
12/21	NYN	L 7-20	6	1	0.0	0.0	1.0	1.0	0	0	0	0	0	0

Todd Collins — New England Patriots – LB

1997 Defensive Splits

	G	Tk	Ast	Sack	Yds	Stuff	Yds	Int	Yds	PD	TD
Total	15	64	35	1.5	5.5	6.0	14.5	0	0	4	0
vs. Playoff	8	38	27	1.5	5.5	2.5	10.0	0	0	3	0
vs. Non-Playoff	7	26	8	0.0	0.0	3.5	4.5	0	0	1	0
vs. Own Division	7	32	12	1.0	3.0	2.5	3.5	0	0	1	0
Home	8	37	16	0.0	0.0	5.0	12.5	0	0	2	0
Away	7	27	19	1.5	5.5	1.0	2.0	0	0	2	0
Games 1-8	7	29	13	0.0	0.0	3.5	8.0	0	0	2	0
Games 9-16	8	35	22	1.5	5.5	2.5	6.5	0	0	2	0
Aug/Sept	3	10	1	0.0	0.0	1.0	1.0	0	0	0	0
October	4	19	12	0.0	0.0	2.5	7.0	0	0	1	0
November	5	24	15	0.5	2.5	1.5	1.5	0	0	1	0
December	3	11	7	1.0	3.0	1.0	5.0	0	0	1	0
Grass	12	55	28	1.0	3.0	5.0	12.5	0	0	4	0
Turf	3	9	7	0.5	2.5	1.0	2.0	0	0	0	0
Indoor	1	2	3	0.5	2.5	0.0	0.0	0	0	0	0
Outdoor	14	62	32	1.0	3.0	6.0	14.5	0	0	4	0

Game Logs

Date	Opp	Result	Tk	Ast	Sack	Yds	Stuff	Yds	Int	Yds	PD	FF	FR	TD
08/31	SD	W 41-7	2	0	0.0	0.0	1.0	1.0	0	0	1	0	0	0
09/07	@Ind	W 31-6	-	-	-	-	-	-	-	-	-	-	-	-
09/14	NYA	W 27-24	5	0	0.0	0.0	0.0	0.0	0	0	1	0	0	0
09/21	Chi	W 31-3	3	1	0.0	0.0	0.0	0.0	0	0	0	0	0	0
10/05	@Den	L 13-34	4	3	0.0	0.0	0.0	0.0	0	0	1	0	0	0
10/12	Buf	W 33-6	3	2	0.0	0.0	0.0	0.0	0	0	0	0	0	0
10/19	@NYA	L 19-24	2	3	0.0	0.0	1.0	2.0	0	0	0	0	0	0
10/27	GB	L 10-28	10	4	0.0	0.0	1.5	5.0	0	0	0	0	0	0
11/02	@Min	L 18-23	2	3	0.5	2.5	0.0	0.0	0	0	0	0	0	0
11/09	@Buf	W 31-10	5	1	0.0	0.0	0.0	0.0	0	0	0	0	0	0
11/16	@TB	L 7-27	6	6	0.0	0.0	0.0	0.0	0	0	0	0	0	0
11/23	Mia	W 27-24	5	4	0.0	0.0	0.0	0.0	0	0	1	0	0	0
11/30	Ind	W 20-17	6	1	0.0	0.0	1.5	1.5	0	0	0	1	0	0
12/07	@Jac	W 26-20	2	2	0.0	0.0	0.0	0.0	0	0	1	0	0	0
12/13	Pit	L 21-24	3	4	0.0	0.0	1.0	5.0	0	0	0	0	0	0
12/22	@Mia	W 14-12	6	1	1.0	3.0	0.0	0.0	0	0	0	0	0	0

Quentin Coryatt — Indianapolis Colts – LB

1997 Defensive Splits

	G	Tk	Ast	Sack	Yds	Stuff	Yds	Int	Yds	PD	TD
Total	15	59	21	2.0	7.0	4.5	8.5	2	3	3	0
vs. Playoff	8	27	11	0.0	0.0	2.0	2.5	2	3	3	0
vs. Non-Playoff	7	32	10	2.0	7.0	2.5	6.0	0	0	0	0
vs. Own Division	8	35	13	1.0	7.0	2.0	4.5	0	0	1	0
Home	7	32	11	1.0	0.0	1.5	3.5	1	0	2	0
Away	8	27	10	1.0	7.0	3.0	5.0	1	3	1	0
Games 1-8	8	41	7	1.0	0.0	2.5	4.5	0	0	0	0
Games 9-16	7	18	14	1.0	7.0	2.0	4.0	2	3	3	0
Aug/Sept	4	18	1	1.0	0.0	1.5	3.5	0	0	0	0
October	4	23	6	0.0	0.0	1.0	1.0	0	0	0	0
November	4	7	10	0.0	0.0	0.5	1.0	1	0	1	0
December	3	11	4	1.0	7.0	1.5	3.0	1	3	2	0
Grass	3	10	4	0.0	0.0	0.0	0.0	0	0	0	0
Turf	12	49	17	2.0	7.0	4.5	8.5	2	3	3	0
Indoor	9	35	14	1.0	0.0	2.0	4.0	2	3	3	0
Outdoor	6	24	7	1.0	7.0	2.5	4.5	0	0	0	0

Game Logs

Date	Opp	Result	Tk	Ast	Sack	Yds	Stuff	Yds	Int	Yds	PD	FF	FR	TD
08/31	@Mia	L 10-16	6	0	0.0	0.0	0.0	0.0	0	0	0	0	0	0
09/07	NE	L 6-31	2	0	0.0	0.0	0.0	0.0	0	0	0	0	0	0
09/14	Sea	L 3-31	8	1	1.0	0.0	0.5	1.5	0	0	0	0	0	0
09/21	@Buf	L 35-37	2	0	0.0	0.0	1.0	2.0	0	0	0	0	0	0
10/05	NYA	L 12-16	9	3	0.0	0.0	0.0	0.0	0	0	0	0	0	0
10/12	@Pit	L 22-24	8	1	0.0	0.0	1.0	1.0	0	0	0	0	2	0
10/20	Buf	L 6-9	5	2	0.0	0.0	0.0	0.0	0	0	0	0	0	0
10/26	@SD	L 19-35	1	0	0.0	0.0	0.0	0.0	0	0	0	0	0	0
11/02	TB	L 28-31	-	-	-	-	-	-	-	-	-	-	-	-
11/09	Cin	L 13-28	3	2	0.0	0.0	0.5	1.0	0	0	0	0	0	0
11/16	GB	W 41-38	1	1	0.0	0.0	0.0	0.0	1	0	1	0	0	0
11/23	@Det	L 10-32	0	3	0.0	0.0	0.0	0.0	0	0	0	0	0	0
11/30	@NE	L 17-20	3	4	0.0	0.0	0.0	0.0	0	0	0	0	0	0
12/07	@NYA	W 22-14	4	2	1.0	7.0	0.5	1.5	0	0	0	0	0	0
12/14	Mia	W 41-0	4	2	0.0	0.0	0.5	1.0	0	0	1	0	0	0
12/21	@Min	L 28-39	3	0	0.0	0.0	0.5	0.5	1	3	1	0	0	0

Chad Cota — Carolina Panthers – S

1997 Defensive Splits

	G	Tk	Ast	Sack	Yds	Stuff	Yds	Int	Yds	PD	TD
Total	16	92	32	1.0	25.0	5.0	11.5	2	28	5	0
vs. Playoff	6	38	11	0.0	0.0	2.5	6.5	1	15	2	0
vs. Non-Playoff	10	54	21	1.0	25.0	2.5	5.0	1	13	3	0
vs. Own Division	8	45	15	0.0	0.0	2.0	3.5	1	13	1	0
Home	8	48	15	0.0	0.0	3.5	10.0	2	28	5	0
Away	8	44	17	1.0	25.0	1.5	1.5	0	0	0	0
Games 1-8	8	42	16	0.0	0.0	3.0	7.5	1	13	2	0
Games 9-16	8	50	16	1.0	25.0	2.0	4.0	1	15	3	0
Aug/Sept	5	30	11	0.0	0.0	2.0	5.0	0	0	1	0
October	3	12	5	0.0	0.0	1.0	2.5	1	13	1	0
November	5	29	13	0.0	0.0	1.0	2.0	0	0	2	0
December	3	21	3	1.0	25.0	1.0	2.0	1	15	1	0
Grass	11	69	27	0.0	0.0	4.0	10.5	2	28	5	0
Turf	5	23	5	1.0	25.0	1.0	1.0	0	0	0	0
Indoor	4	18	5	0.0	0.0	1.0	1.0	0	0	0	0
Outdoor	12	74	27	1.0	25.0	4.0	10.5	2	28	5	0

Game Logs

Date	Opp	Result	Tk	Ast	Sack	Yds	Stuff	Yds	Int	Yds	PD	FF	FR	TD
08/31	Was	L 10-24	6	2	0.0	0.0	0.0	0.0	0	0	0	0	0	0
09/07	@Atl	W 9-6	6	1	0.0	0.0	0.0	0.0	0	0	0	1	0	0
09/14	@SD	W 26-7	6	5	0.0	0.0	0.5	0.5	0	0	0	0	0	0
09/21	KC	L 14-35	5	1	0.0	0.0	1.0	4.0	0	0	1	0	0	0
09/29	SF	L 21-34	7	2	0.0	0.0	0.5	0.5	0	0	0	0	0	0
10/12	@Min	L 14-21	3	1	0.0	0.0	0.0	0.0	0	0	0	0	0	0
10/19	@NO	W 13-0	6	2	0.0	0.0	0.5	0.5	0	0	0	0	0	0
10/26	Atl	W 21-12	3	2	0.0	0.0	0.5	2.0	1	13	1	0	0	0
11/02	Oak	W 38-14	6	4	0.0	0.0	0.5	1.5	0	0	2	0	0	0
11/09	@Den	L 0-34	8	4	0.0	0.0	0.0	0.0	0	0	0	0	0	0
11/16	@SF	L 19-27	7	3	0.0	0.0	0.5	0.5	0	0	0	0	0	0
11/23	@StL	W 16-10	3	1	0.0	0.0	0.5	0.5	0	0	0	0	0	0
11/30	NO	L 13-16	5	1	0.0	0.0	0.0	0.0	0	0	0	0	0	0
12/08	@Dal	W 23-13	5	0	1.0	25.0	0.0	0.0	0	0	0	0	0	0
12/14	GB	L 10-31	8	0	0.0	0.0	1.0	2.0	1	15	1	0	0	0
12/20	StL	L 18-30	8	3	0.0	0.0	0.0	0.0	0	0	0	0	0	0

Bryan Cox — Chicago Bears – LB

1997 Defensive Splits

	G	Tk	Ast	Sack	Yds	Stuff	Yds	Int	Yds	PD	TD
Total	16	68	33	5.0	36.5	13.0	20.5	0	0	6	0
vs. Playoff	10	44	19	2.0	16.0	6.0	8.0	0	0	4	0
vs. Non-Playoff	6	24	14	3.0	20.5	7.0	12.5	0	0	2	0
vs. Own Division	8	41	12	2.0	16.0	3.0	3.0	0	0	4	0
Home	8	39	15	2.5	16.5	9.0	14.5	0	0	4	0
Away	8	29	18	2.5	20.0	4.0	6.0	0	0	2	0
Games 1-8	8	29	18	1.0	9.0	6.5	9.0	0	0	4	0
Games 9-16	8	39	15	4.0	27.5	6.5	11.5	0	0	2	0
Aug/Sept	5	21	11	1.0	9.0	2.5	4.0	0	0	2	0
October	3	8	7	0.0	0.0	4.0	5.0	0	0	2	0
November	5	26	10	1.5	10.5	5.0	10.0	0	0	0	0
December	3	13	5	2.5	17.0	1.5	1.5	0	0	2	0
Grass	12	54	27	2.5	16.5	12.0	19.5	0	0	4	0
Turf	4	14	6	2.5	20.0	1.0	1.0	0	0	2	0
Indoor	3	13	4	2.5	20.0	1.0	1.0	0	0	0	0
Outdoor	13	55	29	2.5	16.5	12.0	19.5	0	0	4	0

Game Logs

Date	Opp	Result	Tk	Ast	Sack	Yds	Stuff	Yds	Int	Yds	PD	FF	FR	TD
09/01	@GB	L 24-38	5	3	0.0	0.0	0.0	0.0	0	0	0	0	0	0
09/07	Min	L 24-27	9	1	1.0	9.0	1.0	1.0	0	0	1	0	0	0
09/14	Det	L 7-32	4	1	0.0	0.0	0.0	0.0	0	0	1	0	0	0
09/21	@NE	L 3-31	2	4	0.0	0.0	1.5	3.0	0	0	0	0	0	0
09/28	@Dal	L 3-27	1	2	0.0	0.0	0.0	0.0	0	0	0	0	0	0
10/05	NO	L 17-20	4	2	0.0	0.0	1.5	2.0	0	0	0	0	0	0
10/12	GB	L 23-24	3	2	0.0	0.0	1.0	1.0	0	0	2	0	0	0
10/27	@Mia	W 36-33	1	3	0.0	0.0	1.5	2.0	0	0	0	1	0	0
11/02	Was	L 8-31	6	6	0.0	0.0	1.5	4.5	0	0	0	0	0	0
11/09	@Min	L 22-29	8	1	1.0	7.0	0.0	0.0	0	0	0	0	0	0
11/16	NYA	L 15-23	7	0	0.5	3.5	2.5	4.5	0	0	0	0	0	0
11/23	TB	W 13-7	3	1	0.0	0.0	0.0	0.0	0	0	0	0	0	0
11/27	@Det	L 20-55	2	1	0.0	0.0	1.0	1.0	0	0	0	0	0	0
12/07	Buf	W 20-3	3	1	1.0	4.0	1.5	1.5	0	0	0	0	0	0
12/14	@StL	W 13-10	3	2	1.5	13.0	0.0	0.0	0	0	2	1	0	0
12/21	@TB	L 15-31	7	2	0.0	0.0	0.0	0.0	0	0	0	0	0	0

Ray Crockett — Denver Broncos – CB

1997 Defensive Splits

	G	Tk	Ast	Sack	Yds	Stuff	Yds	Int	Yds	PD	TD
Total	16	68	14	0.0	0.0	1.5	3.5	4	18	20	0
vs. Playoff	5	18	4	0.0	0.0	1.5	3.5	0	0	2	0
vs. Non-Playoff	11	50	10	0.0	0.0	0.0	0.0	4	18	18	0
vs. Own Division	8	34	8	0.0	0.0	1.0	3.0	0	0	8	0
Home	8	29	6	0.0	0.0	1.0	3.0	3	8	17	0
Away	8	39	8	0.0	0.0	0.5	0.5	1	10	3	0
Games 1-8	8	33	6	0.0	0.0	1.0	3.0	2	14	12	0
Games 9-16	8	35	8	0.0	0.0	0.5	0.5	2	4	8	0
Aug/Sept	5	21	5	0.0	0.0	1.0	3.0	1	4	10	0
October	3	12	1	0.0	0.0	0.0	0.0	1	10	2	0
November	5	21	5	0.0	0.0	0.0	0.0	2	4	5	0
December	3	14	3	0.0	0.0	0.5	0.5	0	0	3	0
Grass	12	48	7	0.0	0.0	1.0	3.0	3	8	17	0
Turf	4	20	7	0.0	0.0	0.5	0.5	1	10	3	0
Indoor	2	9	3	0.0	0.0	0.0	0.0	0	0	1	0
Outdoor	14	59	11	0.0	0.0	1.5	3.5	4	18	19	0

Game Logs

Date	Opp	Result	Tk	Ast	Sack	Yds	Stuff	Yds	Int	Yds	PD	FF	FR	TD
08/31	KC	W 19-3	4	1	0.0	0.0	1.0	3.0	0	0	2	0	0	0
09/07	@Sea	W 35-14	4	3	0.0	0.0	0.0	0.0	0	0	0	0	0	0
09/14	StL	W 35-14	3	0	0.0	0.0	0.0	0.0	1	4	5	0	0	0
09/21	Cin	W 38-20	5	1	0.0	0.0	0.0	0.0	0	0	2	0	0	0
09/28	@Atl	W 29-21	5	0	0.0	0.0	0.0	0.0	0	0	1	0	0	0
10/06	NE	W 34-13	1	0	0.0	0.0	0.0	0.0	0	0	0	0	0	0
10/19	@Oak	L 25-28	6	0	0.0	0.0	0.0	0.0	0	0	0	0	0	0
10/26	@Buf	W 23-20	5	1	0.0	0.0	0.0	0.0	1	10	2	0	0	0
11/02	Sea	W 30-27	7	3	0.0	0.0	0.0	0.0	0	0	0	0	0	0
11/09	Car	W 34-0	3	1	0.0	0.0	0.0	0.0	2	4	3	0	0	0
11/16	@KC	L 22-24	3	0	0.0	0.0	0.0	0.0	0	0	1	0	0	0
11/24	Oak	W 31-3	4	0	0.0	0.0	0.0	0.0	0	0	1	1	0	0
11/30	@SD	W 38-28	6	1	0.0	0.0	0.0	0.0	0	0	0	0	0	0
12/07	@Pit	L 24-35	6	3	0.0	0.0	0.5	0.5	0	0	0	0	0	0
12/15	@SF	L 17-34	2	0	0.0	0.0	0.0	0.0	0	0	0	0	0	0
12/21	SD	W 38-3	2	0	0.0	0.0	0.0	0.0	0	0	3	0	0	0

Brad Culpepper
Tampa Bay Buccaneers – NT

	1997 Defensive Splits											Game Logs										
	G	Tk	Ast	Sack	Yds	Stuff	Yds	Int	Yds	PD	TD	Date	Opp	Result	Tk	Ast	Sack	Yds	Stuff	Yds	Int	Yds	PD	FF	FR	TD
Total	16	43	16	8.5	65.0	3.0	7.0	0	0	0	0	08/31	SF	W 13-6	2	1	0.5	5.0	0.0	0.0	0	0	0	0	0	0
vs. Playoff	10	22	12	2.5	18.0	3.0	7.0	0	0	0	0	09/07	@Det	W 24-17	3	1	0.0	0.0	0.0	0.0	0	0	0	0	0	0
vs. Non-Playoff	6	21	4	6.0	47.0	0.0	0.0	0	0	0	0	09/14	@Min	W 28-14	0	0	0.0	0.0	0.0	0.0	0	0	0	0	0	0
vs. Own Division	8	19	9	1.0	3.0	1.0	4.0	0	0	0	0	09/21	Mia	W 31-21	1	1	0.0	0.0	0.0	0.0	0	0	0	0	0	0
Home	8	21	11	5.5	37.0	2.0	3.0	0	0	0	0	09/28	Ari	W 19-18	3	0	3.0	19.0	0.0	0.0	0	0	0	0	0	0
Away	8	22	5	3.0	28.0	1.0	4.0	0	0	0	0	10/05	@GB	L 16-21	1	0	0.0	0.0	1.0	4.0	0	0	0	0	0	0
Games 1-8	8	13	8	4.5	27.0	1.0	4.0	0	0	0	0	10/12	Det	L 9-27	1	3	1.0	3.0	0.0	0.0	0	0	0	0	0	0
Games 9-16	8	30	8	4.0	38.0	2.0	3.0	0	0	0	0	10/26	Min	L 6-10	2	2	0.0	0.0	0.0	0.0	0	0	0	0	0	0
Aug/Sept	5	9	3	3.5	24.0	0.0	0.0	0	0	0	0	11/02	@Ind	W 31-28	3	0	0.0	0.0	0.0	0.0	0	0	0	0	0	0
October	3	4	5	1.0	3.0	1.0	4.0	0	0	0	0	11/09	@Atl	W 31-10	6	1	3.0	28.0	0.0	0.0	0	0	0	0	0	0
November	5	18	4	4.0	38.0	2.0	3.0	0	0	0	0	11/16	NE	W 27-7	3	1	1.0	10.0	2.0	3.0	0	0	0	0	0	0
December	3	12	4	0.0	0.0	0.0	0.0	0	0	0	0	11/23	@Chi	L 7-13	3	0	0.0	0.0	0.0	0.0	0	0	0	0	0	0
Grass	10	25	11	5.5	37.0	3.0	7.0	0	0	0	0	11/30	@NYN	W 20-8	3	2	0.0	0.0	0.0	0.0	0	0	0	0	0	0
Turf	6	18	5	3.0	28.0	0.0	0.0	0	0	0	0	12/07	GB	L 6-17	6	1	0.0	0.0	0.0	0.0	0	0	0	0	0	0
Indoor	4	12	2	3.0	28.0	0.0	0.0	0	0	0	0	12/14	@NYA	L 0-31	3	1	0.0	0.0	0.0	0.0	0	0	0	0	0	0
Outdoor	12	31	14	5.5	37.0	3.0	7.0	0	0	0	0	12/21	Chi	W 31-15	3	2	0.0	0.0	0.0	0.0	0	0	0	0	0	0

Anthony Davis
Kansas City Chiefs – LB

	1997 Defensive Splits											Game Logs										
	G	Tk	Ast	Sack	Yds	Stuff	Yds	Int	Yds	PD	TD	Date	Opp	Result	Tk	Ast	Sack	Yds	Stuff	Yds	Int	Yds	PD	FF	FR	TD
Total	15	70	19	3.5	25.5	6.0	16.0	0	0	4	0	08/31	@Den	L 3-19	5	0	0.0	0.0	0.0	0.0	0	0	0	0	0	0
vs. Playoff	6	28	8	1.0	6.0	1.5	3.5	0	0	2	0	09/08	@Oak	W 28-27	5	2	0.0	0.0	0.0	0.0	0	0	1	0	0	0
vs. Non-Playoff	9	42	11	2.5	19.5	4.5	12.5	0	0	2	0	09/14	Buf	W 22-16	12	0	1.0	10.0	1.0	1.0	0	0	0	0	0	0
vs. Own Division	8	30	10	2.0	12.5	3.5	9.5	0	0	3	0	09/21	@Car	W 35-14	6	0	0.0	0.0	1.0	5.0	0	0	0	0	0	0
Home	7	33	5	1.5	13.0	4.5	10.5	0	0	3	0	09/28	Sea	W 20-17	2	1	0.0	0.0	1.0	4.0	0	0	0	0	0	0
Away	8	37	14	2.0	12.5	1.5	5.5	0	0	1	0	10/05	@Mia	L 14-17	6	3	0.0	0.0	0.5	0.5	0	0	0	0	0	0
Games 1-8	8	44	10	1.0	10.0	3.5	10.5	0	0	2	0	10/12	SD	W 31-3	3	2	0.0	0.0	0.0	0.0	0	0	1	0	0	0
Games 9-16	7	26	9	2.5	15.5	2.5	5.5	0	0	2	0	10/26	@StL	W 28-20	5	2	0.0	0.0	0.0	0.0	0	0	0	0	1	0
Aug/Sept	5	30	3	1.0	10.0	3.0	10.0	0	0	1	0	11/03	Pit	W 13-10	5	1	0.0	0.0	0.0	0.0	0	0	1	0	0	0
October	3	14	7	0.0	0.0	0.5	0.5	0	0	1	0	11/09	@Jac	L 10-24	5	3	0.0	0.0	3.0	3.0	0	0	0	0	0	0
November	5	19	7	1.5	8.5	1.0	3.0	0	0	2	0	11/16	Den	W 24-22	6	1	0.5	3.0	1.0	3.0	0	0	1	0	0	0
December	2	7	2	1.0	7.0	1.5	2.5	0	0	0	0	11/23	@Sea	W 19-14	2	2	0.5	2.5	0.0	0.0	0	0	0	0	0	0
Grass	13	63	15	3.0	23.0	6.0	16.0	0	0	4	0	11/30	SF	W 44-9	1	0	0.0	0.0	0.0	0.0	0	0	0	0	0	0
Turf	2	7	4	0.5	2.5	0.0	0.0	0	0	0	0	12/07	Oak	W 30-0	4	0	0.0	0.0	1.5	2.5	0	0	0	0	0	0
Indoor	2	7	4	0.5	2.5	0.0	0.0	0	0	0	0	12/14	@SD	W 29-7	3	2	1.0	7.0	0.0	0.0	0	0	0	1	0	0
Outdoor	13	63	15	3.0	23.0	6.0	16.0	0	0	4	0	12/21	NO	W 25-13	-	-	-	-	-	-	-	-	-	-	-	-

Eric Davis
Carolina Panthers – CB

	1997 Defensive Splits											Game Logs										
	G	Tk	Ast	Sack	Yds	Stuff	Yds	Int	Yds	PD	TD	Date	Opp	Result	Tk	Ast	Sack	Yds	Stuff	Yds	Int	Yds	PD	FF	FR	TD
Total	14	35	6	0.0	0.0	0.0	0.0	5	25	12	0	08/31	Was	L 10-24	1	0	0.0	0.0	0.0	0.0	0	0	0	0	0	0
vs. Playoff	5	13	3	0.0	0.0	0.0	0.0	0	0	3	0	09/07	@Atl	W 9-6	2	1	0.0	0.0	0.0	0.0	0	0	1	0	0	0
vs. Non-Playoff	9	22	3	0.0	0.0	0.0	0.0	5	25	9	0	09/14	@SD	W 26-7	4	0	0.0	0.0	0.0	0.0	0	0	2	0	0	0
vs. Own Division	7	15	5	0.0	0.0	0.0	0.0	5	25	8	0	09/21	KC	L 14-35	4	0	0.0	0.0	0.0	0.0	0	0	0	0	0	0
Home	6	17	1	0.0	0.0	0.0	0.0	2	17	6	0	09/29	SF	L 21-34	2	0	0.0	0.0	0.0	0.0	0	0	0	0	0	0
Away	8	18	5	0.0	0.0	0.0	0.0	3	8	6	0	10/12	@Min	L 14-21	2	0	0.0	0.0	0.0	0.0	0	0	1	0	0	0
Games 1-8	8	21	2	0.0	0.0	0.0	0.0	3	27	7	0	10/19	@NO	W 13-0	0	1	0.0	0.0	0.0	0.0	2	10	2	0	0	0
Games 9-16	6	14	4	0.0	0.0	0.0	0.0	2	-2	5	0	10/26	Atl	W 21-12	6	0	0.0	0.0	0.0	0.0	1	17	1	0	1	0
Aug/Sept	5	13	1	0.0	0.0	0.0	0.0	0	0	3	0	11/02	Oak	W 38-14	2	1	0.0	0.0	0.0	0.0	0	0	0	0	0	0
October	3	8	1	0.0	0.0	0.0	0.0	3	27	4	0	11/09	@Den	L 0-34	4	0	0.0	0.0	0.0	0.0	0	0	0	0	0	0
November	5	11	4	0.0	0.0	0.0	0.0	2	-2	4	0	11/16	@SF	L 19-27	1	3	0.0	0.0	0.0	0.0	0	0	0	0	0	0
December	1	3	0	0.0	0.0	0.0	0.0	0	0	1	0	11/23	@StL	W 16-10	2	0	0.0	0.0	0.0	0.0	1	-2	1	0	0	0
Grass	9	26	4	0.0	0.0	0.0	0.0	2	17	6	0	11/30	@Atl	L 13-16	2	0	0.0	0.0	0.0	0.0	1	0	3	0	0	0
Turf	5	9	2	0.0	0.0	0.0	0.0	3	8	6	0	12/08	@Dal	W 23-13	3	0	0.0	0.0	0.0	0.0	0	0	1	0	0	0
Indoor	4	6	2	0.0	0.0	0.0	0.0	3	8	5	0	12/14	GB	L 10-31	-	-	-	-	-	-	-	-	-	-	-	-
Outdoor	10	29	4	0.0	0.0	0.0	0.0	2	17	7	0	12/20	StL	L 18-30	-	-	-	-	-	-	-	-	-	-	-	-

Travis Davis
Jacksonville Jaguars – S

1997 Defensive Splits	G	Tk	Ast	Sack	Yds	Stuff	Yds	Int	Yds	PD	TD
Total	16	72	22	2.0	15.0	0.0	0.0	1	23	6	0
vs. Playoff	5	20	13	0.0	0.0	0.0	0.0	1	23	5	0
vs. Non-Playoff	11	52	9	2.0	15.0	0.0	0.0	0	0	1	0
vs. Own Division	8	26	10	1.0	8.0	0.0	0.0	0	0	0	0
Home	8	28	14	1.0	8.0	0.0	0.0	1	23	5	0
Away	8	44	8	1.0	7.0	0.0	0.0	0	0	1	0
Games 1-8	8	36	12	0.0	0.0	0.0	0.0	1	23	2	0
Games 9-16	8	36	10	2.0	15.0	0.0	0.0	0	0	4	0
Aug/Sept	4	19	5	0.0	0.0	0.0	0.0	1	23	2	0
October	4	17	7	0.0	0.0	0.0	0.0	0	0	0	0
November	5	14	4	1.0	8.0	0.0	0.0	0	0	2	0
December	3	22	6	1.0	7.0	0.0	0.0	0	0	2	0
Grass	12	48	16	2.0	15.0	0.0	0.0	1	23	5	0
Turf	4	24	6	0.0	0.0	0.0	0.0	0	0	1	0
Indoor	0	0	0	0.0	0.0	0.0	0.0	0	0	0	0
Outdoor	16	72	22	2.0	15.0	0.0	0.0	1	23	6	0

Game Logs Date	Opp	Result	Tk	Ast	Sack	Yds	Stuff	Yds	Int	Yds	PD	FF	FR	TD
08/31	@Bal	W 28-27	6	1	0.0	0.0	0.0	0.0	0	0	0	0	0	0
09/07	NYN	W 40-13	4	1	0.0	0.0	0.0	0.0	1	23	2	0	1	0
09/22	Pit	W 30-21	3	3	0.0	0.0	0.0	0.0	0	0	0	0	0	0
09/28	@Was	L 12-24	6	0	0.0	0.0	0.0	0.0	0	0	0	0	1	0
10/05	Cin	W 21-13	4	2	0.0	0.0	0.0	0.0	0	0	1	0	0	0
10/12	Phi	W 38-21	6	1	0.0	0.0	0.0	0.0	0	0	0	0	0	0
10/19	@Dal	L 22-26	3	1	0.0	0.0	0.0	0.0	0	0	0	0	0	0
10/26	@Pit	L 17-23	4	3	0.0	0.0	0.0	0.0	0	0	0	0	1	0
11/02	@Ten	W 30-24	0	0	0.0	0.0	0.0	0.0	0	0	0	0	0	0
11/09	KC	W 24-10	5	3	0.0	0.0	0.0	0.0	0	0	2	0	0	0
11/16	Ten	W 17-9	1	1	0.0	0.0	0.0	0.0	0	0	0	0	0	0
11/23	@Cin	L 26-31	7	0	0.0	0.0	0.0	0.0	0	0	0	0	0	0
11/30	Bal	W 29-27	1	0	1.0	8.0	0.0	0.0	0	0	0	0	0	0
12/07	NE	L 20-26	4	3	0.0	0.0	0.0	0.0	0	0	1	0	0	0
12/14	@Buf	W 20-14	10	2	0.0	0.0	0.0	0.0	0	0	1	0	0	0
12/21	@Oak	W 20-9	8	1	1.0	7.0	0.0	0.0	0	0	1	0	0	0

Brian Dawkins
Philadelphia Eagles – S

1997 Defensive Splits	G	Tk	Ast	Sack	Yds	Stuff	Yds	Int	Yds	PD	TD
Total	15	67	15	0.0	0.0	0.0	0.0	3	76	11	1
vs. Playoff	7	33	7	0.0	0.0	0.0	0.0	1	64	4	1
vs. Non-Playoff	8	34	8	0.0	0.0	0.0	0.0	2	12	7	0
vs. Own Division	7	30	5	0.0	0.0	0.0	0.0	3	76	7	1
Home	7	29	10	0.0	0.0	0.0	0.0	1	64	7	1
Away	8	38	5	0.0	0.0	0.0	0.0	2	12	4	0
Games 1-8	7	29	8	0.0	0.0	0.0	0.0	0	0	3	0
Games 9-16	8	38	7	0.0	0.0	0.0	0.0	3	76	8	1
Aug/Sept	4	20	4	0.0	0.0	0.0	0.0	0	0	1	0
October	3	9	4	0.0	0.0	0.0	0.0	0	0	2	0
November	5	22	6	0.0	0.0	0.0	0.0	1	0	6	0
December	3	16	1	0.0	0.0	0.0	0.0	2	76	2	1
Grass	4	18	4	0.0	0.0	0.0	0.0	2	12	3	0
Turf	11	49	11	0.0	0.0	0.0	0.0	1	64	8	1
Indoor	2	12	1	0.0	0.0	0.0	0.0	0	0	0	0
Outdoor	13	55	14	0.0	0.0	0.0	0.0	3	76	11	1

Game Logs Date	Opp	Result	Tk	Ast	Sack	Yds	Stuff	Yds	Int	Yds	PD	FF	FR	TD
08/31	@NYN	L 17-31	3	0	0.0	0.0	0.0	0.0	0	0	1	0	0	0
09/07	GB	W 10-9	5	3	0.0	0.0	0.0	0.0	0	0	0	0	0	0
09/15	@Dal	L 20-21	5	0	0.0	0.0	0.0	0.0	0	0	0	0	0	0
09/28	@Min	L 19-28	7	1	0.0	0.0	0.0	0.0	0	0	0	0	0	0
10/05	Was	W 24-10	4	2	0.0	0.0	0.0	0.0	0	0	1	0	0	0
10/12	@Jac	L 21-38	3	1	0.0	0.0	0.0	0.0	0	0	0	0	0	0
10/19	Ari	W 13-10	-	-	-	-	-	-	-	-	-	-	-	-
10/26	Dal	W 13-12	2	1	0.0	0.0	0.0	0.0	0	0	1	0	0	0
11/02	@Ari	L 21-31	5	1	0.0	0.0	0.0	0.0	1	0	2	0	0	0
11/10	SF	L 12-24	2	2	0.0	0.0	0.0	0.0	0	0	2	0	0	0
11/16	@Bal	T 10-10	8	1	0.0	0.0	0.0	0.0	0	0	1	0	0	0
11/23	Pit	W 23-20	6	0	0.0	0.0	0.0	0.0	0	0	0	0	0	0
11/30	Cin	W 44-42	3	2	0.0	0.0	0.0	0.0	0	0	2	0	0	0
12/07	NYN	L 21-31	7	0	0.0	0.0	0.0	0.0	1	64	1	0	1	0
12/14	@Atl	L 17-20	5	0	0.0	0.0	0.0	0.0	0	0	0	0	0	0
12/21	@Was	L 32-35	4	1	0.0	0.0	0.0	0.0	1	12	1	0	0	0

Cris Dishman
Washington Redskins – CB

1997 Defensive Splits	G	Tk	Ast	Sack	Yds	Stuff	Yds	Int	Yds	PD	TD
Total	16	56	8	1.5	10.5	0.0	0.0	4	47	17	1
vs. Playoff	5	16	1	0.0	0.0	0.0	0.0	0	0	4	0
vs. Non-Playoff	11	40	7	1.5	10.5	0.0	0.0	4	47	13	1
vs. Own Division	8	30	5	1.0	9.0	0.0	0.0	2	29	6	1
Home	8	27	2	1.0	9.0	0.0	0.0	0	0	7	0
Away	8	29	6	0.5	1.5	0.0	0.0	4	47	10	1
Games 1-8	8	31	5	0.5	1.5	0.0	0.0	1	11	9	0
Games 9-16	8	25	3	1.0	9.0	0.0	0.0	3	36	8	1
Aug/Sept	4	14	2	0.0	0.0	0.0	0.0	1	11	5	0
October	4	17	3	0.5	1.5	0.0	0.0	0	0	4	0
November	5	17	1	0.0	0.0	0.0	0.0	1	7	6	0
December	3	8	2	1.0	9.0	0.0	0.0	2	29	2	1
Grass	12	38	5	1.5	10.5	0.0	0.0	4	47	15	1
Turf	4	18	3	0.0	0.0	0.0	0.0	0	0	2	0
Indoor	0	0	0	0	0	0	0	0	0	0	0
Outdoor	16	56	8	1.5	10.5	0.0	0.0	4	47	17	1

Game Logs Date	Opp	Result	Tk	Ast	Sack	Yds	Stuff	Yds	Int	Yds	PD	FF	FR	TD
08/31	@Car	W 24-10	2	0	0.0	0.0	0.0	0.0	1	11	2	0	0	0
09/07	@Pit	L 13-14	4	0	0.0	0.0	0.0	0.0	0	0	0	0	0	0
09/14	Ari	W 19-13	2	1	0.0	0.0	0.0	0.0	0	0	1	1	0	0
09/28	Jac	W 24-12	6	0	0.0	0.0	0.0	0.0	0	0	1	0	0	0
10/05	@Phi	L 10-24	4	2	0.0	0.0	0.0	0.0	0	0	1	0	0	0
10/13	Dal	W 21-16	7	0	0.0	0.0	0.0	0.0	0	0	2	0	0	0
10/19	@Ten	L 14-28	3	1	0.5	1.5	0.0	0.0	0	0	1	0	0	0
10/26	Bal	L 17-20	3	0	0.0	0.0	0.0	0.0	0	0	0	0	0	0
11/02	@Chi	W 31-8	2	1	0.0	0.0	0.0	0.0	1	7	3	0	0	0
11/09	Det	W 30-7	3	0	0.0	0.0	0.0	0.0	0	0	2	0	0	0
11/16	@Dal	L 14-17	8	0	0.0	0.0	0.0	0.0	0	0	0	0	0	0
11/23	NYN	T 7-7	1	0	0.0	0.0	0.0	0.0	0	0	1	0	0	0
11/30	StL	L 20-23	3	0	0.0	0.0	0.0	0.0	0	0	1	0	0	0
12/07	@Ari	W 38-28	4	1	0.0	0.0	0.0	0.0	2	29	2	0	0	1
12/13	@NYN	L 10-30	2	0	0.0	0.0	0.0	0.0	0	0	0	0	0	0
12/21	Phi	W 35-32	2	1	1.0	9.0	0.0	0.0	0	0	1	1	0	0

Gerald Dixon
Cincinnati Bengals – LB

	1997 Defensive Splits											Game Logs										
	G	Tk	Ast	Sack	Yds	Stuff	Yds	Int	Yds	PD	TD	Date	Opp	Result	Tk	Ast	Sack	Yds	Stuff	Yds	Int	Yds	PD	FF	FR	TD
Total	15	56	9	8.5	55.5	1.5	5.0	0	0	2	0	08/31	Ari	W 24-21	3	0	0.0	0.0	0.0	0.0	0	0	0	1	0	0
vs. Playoff	6	20	2	2.0	9.0	1.0	4.0	0	0	0	0	09/07	@Bal	L 10-23	3	0	0.0	0.0	0.0	0.0	0	0	0	0	0	0
vs. Non-Playoff	9	36	7	6.5	46.5	0.5	1.0	0	0	2	0	09/21	@Den	L 20-38	2	2	1.0	4.0	0.0	0.0	0	0	0	0	0	0
vs. Own Division	8	34	3	5.5	35.5	1.0	4.0	0	0	1	0	09/28	NYA	L 14-31	-	-	-	-	-	-	-	-	-	-	-	-
Home	7	32	3	6.5	46.5	0.0	0.0	0	0	1	0	10/05	@Jac	L 13-21	3	0	1.0	5.0	0.0	0.0	0	0	0	0	0	0
Away	8	24	6	2.0	9.0	1.5	5.0	0	0	1	0	10/12	@Ten	L 7-30	3	0	0.0	0.0	0.0	0.0	0	0	1	0	0	0
Games 1-8	7	21	2	2.0	9.0	0.0	0.0	0	0	1	0	10/19	Pit	L 10-26	2	0	0.0	0.0	0.0	0.0	0	0	0	0	0	0
Games 9-16	8	35	7	6.5	46.5	1.5	5.0	0	0	1	0	10/26	@NYN	L 27-29	2	0	0.0	0.0	0.0	0.0	0	0	0	0	0	0
Aug/Sept	3	8	2	1.0	4.0	0.0	0.0	0	0	0	0	11/02	SD	W 38-31	5	0	2.0	16.0	0.0	0.0	0	0	0	0	0	0
October	4	13	0	1.0	5.0	0.0	0.0	0	0	1	0	11/09	@Ind	W 28-13	7	1	0.0	0.0	0.5	1.0	0	0	0	0	0	0
November	5	21	4	2.0	16.0	1.5	5.0	0	0	0	0	11/16	@Pit	L 3-20	3	0	0.0	0.0	1.0	4.0	0	0	0	0	0	0
December	3	14	3	4.5	30.5	0.0	0.0	0	0	1	0	11/23	Jac	W 31-26	5	0	0.0	0.0	0.0	0.0	0	0	0	0	0	0
Grass	4	11	2	2.0	9.0	0.0	0.0	0	0	1	0	11/30	@Phi	L 42-44	1	3	0.0	0.0	0.0	0.0	0	0	0	0	0	0
Turf	11	45	7	6.5	46.5	1.5	5.0	0	0	1	0	12/04	Ten	W 41-14	4	0	1.0	8.0	0.0	0.0	0	0	0	0	0	0
Indoor	1	7	1	0.0	0.0	0.5	1.0	0	0	0	0	12/14	Dal	W 31-24	2	0	0.0	0.0	0.0	0.0	0	0	1	0	0	0
Outdoor	14	49	8	8.5	55.5	1.0	4.0	0	0	2	0	12/21	Bal	W 16-14	8	3	3.5	22.5	0.0	0.0	0	0	0	0	0	0

Chris Doleman
San Francisco 49ers – DE

	1997 Defensive Splits											Game Logs										
	G	Tk	Ast	Sack	Yds	Stuff	Yds	Int	Yds	PD	TD	Date	Opp	Result	Tk	Ast	Sack	Yds	Stuff	Yds	Int	Yds	PD	FF	FR	TD
Total	16	39	7	12.0	71.5	2.5	9.5	0	0	1	0	08/31	@TB	L 6-13	1	0	1.0	0.0	0.0	0.0	0	0	0	0	0	0
vs. Playoff	4	9	1	3.5	13.5	1.0	6.0	0	0	0	0	09/07	@StL	W 15-12	8	0	1.0	2.0	0.0	0.0	0	0	0	1	0	0
vs. Non-Playoff	12	30	6	8.5	58.0	1.5	3.5	0	0	1	0	09/14	NO	W 33-7	0	0	0.0	0.0	0.0	0.0	0	0	0	0	0	0
vs. Own Division	8	23	1	5.0	31.0	1.0	3.0	0	0	0	0	09/21	Atl	W 34-7	5	0	0.0	0.0	0.0	0.0	0	0	1	0	0	0
Home	8	18	5	6.5	45.5	1.5	6.5	0	0	1	0	09/29	@Car	W 34-21	2	0	1.0	4.0	0.0	0.0	0	0	0	0	0	0
Away	8	21	2	5.5	26.0	1.0	3.0	0	0	0	0	10/12	StL	W 30-10	2	0	2.0	20.0	0.0	0.0	0	0	0	0	0	0
Games 1-8	8	21	0	5.0	26.0	1.0	3.0	0	0	1	0	10/19	@Atl	W 35-28	1	0	0.0	0.0	0.0	0.0	0	0	0	0	0	0
Games 9-16	8	18	7	7.0	45.5	1.5	6.5	0	0	0	0	10/26	@NO	W 23-0	2	0	0.0	0.0	1.0	3.0	0	0	0	0	0	0
Aug/Sept	5	16	0	3.0	6.0	0.0	0.0	0	0	1	0	11/02	Dal	W 17-10	1	0	1.0	7.0	0.0	0.0	0	0	0	0	0	0
October	3	5	0	2.0	20.0	1.0	3.0	0	0	0	0	11/10	@Phi	W 24-12	3	1	1.5	5.0	0.0	0.0	0	0	0	0	0	0
November	5	10	3	3.5	17.0	0.5	0.5	0	0	0	0	11/16	Car	W 27-19	1	0	1.0	5.0	0.0	0.0	0	0	0	0	0	0
December	3	8	2	3.5	28.5	1.0	6.0	0	0	0	0	11/23	SD	W 17-10	1	3	0.0	0.0	0.5	0.5	0	0	0	0	0	0
Grass	11	23	5	8.5	49.5	1.5	6.5	0	0	1	0	11/30	@KC	L 9-44	2	0	0.0	0.0	0.0	0.0	0	0	0	0	0	0
Turf	5	16	2	3.5	22.0	1.0	3.0	0	0	0	0	12/07	Min	W 28-17	3	1	2.5	13.5	1.0	6.0	0	0	0	2	1	0
Indoor	4	13	1	2.0	17.0	1.0	3.0	0	0	0	0	12/15	Den	W 34-17	3	0	0.0	0.0	0.0	0.0	0	0	0	0	0	0
Outdoor	12	26	6	10.0	54.5	1.5	6.5	0	0	1	0	12/21	@Sea	L 9-38	2	1	1.0	15.0	0.0	0.0	0	0	0	0	0	0

Santana Dotson
Green Bay Packers – DT

	1997 Defensive Splits											Game Logs										
	G	Tk	Ast	Sack	Yds	Stuff	Yds	Int	Yds	PD	TD	Date	Opp	Result	Tk	Ast	Sack	Yds	Stuff	Yds	Int	Yds	PD	FF	FR	TD
Total	16	38	33	5.5	42.5	5.0	7.0	0	0	2	0	09/01	Chi	W 38-24	1	3	1.0	7.0	0.0	0.0	0	0	0	1	0	0
vs. Playoff	8	19	19	1.5	6.5	3.0	4.0	0	0	0	0	09/07	@Phi	L 9-10	4	2	0.0	0.0	0.0	0.0	0	0	0	0	0	0
vs. Non-Playoff	8	19	14	4.0	36.0	2.0	3.0	0	0	2	0	09/14	Mia	W 23-18	0	0	0.0	0.0	0.0	0.0	0	0	0	0	0	0
vs. Own Division	8	19	22	2.5	13.5	3.5	4.5	0	0	1	0	09/21	Min	W 38-32	4	2	1.0	3.0	0.0	0.0	0	0	0	0	0	0
Home	8	16	19	3.0	19.0	2.0	3.0	0	0	1	0	09/28	@Det	L 15-26	3	5	0.0	0.0	2.5	3.5	0	0	0	0	0	0
Away	8	22	14	2.5	23.5	3.0	4.0	0	0	2	0	10/05	TB	W 21-16	4	5	0.0	0.0	0.0	0.0	0	0	0	0	0	0
Games 1-8	8	19	19	2.0	10.0	3.0	4.0	0	0	1	0	10/12	@Chi	W 24-23	1	1	0.0	0.0	0.5	0.5	0	0	1	0	0	0
Games 9-16	8	19	14	3.5	32.5	2.0	3.0	0	0	1	0	10/27	@NE	W 28-10	2	1	0.0	0.0	0.0	0.0	0	0	0	0	0	0
Aug/Sept	5	12	12	2.0	10.0	2.5	3.5	0	0	0	0	11/02	Det	W 20-10	1	2	0.0	0.0	0.5	0.5	0	0	0	0	0	0
October	3	7	7	0.0	0.0	0.5	0.5	0	0	1	0	11/09	StL	W 17-7	1	5	1.0	9.0	0.5	0.5	0	0	0	0	0	0
November	4	12	9	3.0	29.0	2.0	3.0	0	0	0	0	11/16	@Ind	L 38-41	5	1	2.0	20.0	0.0	0.0	0	0	0	1	0	0
December	4	7	5	0.5	3.5	0.0	0.0	0	0	1	0	11/23	Dal	W 45-17	4	1	0.0	0.0	1.0	2.0	0	0	0	0	0	0
Grass	12	24	23	3.0	19.0	2.5	3.5	0	0	2	0	12/01	@Min	W 27-11	2	2	0.5	3.5	0.0	0.0	0	0	0	0	0	0
Turf	4	14	10	2.5	23.5	2.5	3.5	0	0	0	0	12/07	@TB	W 17-6	3	2	0.0	0.0	0.0	0.0	0	0	0	0	0	0
Indoor	3	10	8	2.5	23.5	2.5	3.5	0	0	0	0	12/14	@Car	W 31-10	2	1	0.0	0.0	0.0	0.0	0	0	1	0	0	0
Outdoor	13	28	25	3.0	19.0	2.5	3.5	0	0	2	0	12/20	Buf	W 31-21	0	1	0.0	0.0	0.0	0.0	0	0	0	0	0	0

Hugh Douglas
New York Jets – DE

1997 Defensive Splits	G	Tk	Ast	Sack	Yds	Stuff	Yds	Int	Yds	PD	TD	Date	Opp	Result	Tk	Ast	Sack	Yds	Stuff	Yds	Int	Yds	PD	FF	FR	TD
Total	15	31	8	4.0	20.0	4.5	14.0	0	0	1	0	08/31	@Sea	W 41-3	2	0	0.0	0.0	0.5	1.0	0	0	1	0	0	0
vs. Playoff	6	9	6	0.0	0.0	2.0	6.0	0	0	0	0	09/07	Buf	L 22-28	5	1	1.0	4.0	1.0	2.0	0	0	0	1	0	0
vs. Non-Playoff	9	22	2	4.0	20.0	2.5	8.0	0	0	1	0	09/14	@NE	L 24-27	-	-	-	-	-	-	-	-	-	-	-	-
vs. Own Division	7	11	4	2.0	7.0	2.0	4.0	0	0	0	0	09/21	Oak	W 23-22	3	0	0.0	0.0	0.0	0.0	0	0	0	0	0	0
Home	8	17	8	1.0	4.0	2.0	6.0	0	0	0	0	09/28	@Cin	W 31-14	1	0	0.0	0.0	0.0	0.0	0	0	0	0	0	0
Away	7	14	0	3.0	16.0	2.5	8.0	0	0	1	0	10/05	@Ind	W 16-12	0	0	0.0	0.0	0.0	0.0	0	0	0	0	0	0
Games 1-8	7	12	3	1.0	4.0	1.5	3.0	0	0	0	0	10/12	Mia	L 20-31	0	0	0.0	0.0	0.0	0.0	0	0	0	0	0	0
Games 9-16	8	19	5	3.0	16.0	3.0	11.0	0	0	1	0	10/19	NE	W 24-19	1	2	0.0	0.0	0.0	0.0	0	0	0	0	0	0
Aug/Sept	4	11	1	1.0	4.0	1.5	3.0	0	0	1	0	11/02	Bal	W 19-16	2	0	0.0	0.0	0.0	0.0	0	0	0	0	0	0
October	3	1	2	0.0	0.0	0.0	0.0	0	0	0	0	11/09	@Mia	L 17-24	1	0	0.0	0.0	1.0	2.0	0	0	0	0	0	0
November	5	12	2	3.0	16.0	3.0	11.0	0	0	0	0	11/16	@Chi	W 23-15	5	0	2.0	13.0	1.0	5.0	0	0	0	1	0	0
December	3	7	3	0.0	0.0	0.0	0.0	0	0	0	0	11/23	Min	W 23-21	1	2	0.0	0.0	1.0	4.0	0	0	0	0	0	0
Grass	2	6	0	2.0	13.0	2.0	7.0	0	0	0	0	11/30	@Buf	L 10-20	3	0	1.0	3.0	0.0	0.0	0	0	0	1	0	0
Turf	13	25	8	2.0	7.0	2.5	7.0	0	0	1	0	12/07	Ind	L 14-22	1	1	0.0	0.0	0.0	0.0	0	0	0	0	0	0
Indoor	3	4	0	0.0	0.0	0.5	1.0	0	0	0	1	12/14	TB	W 31-0	4	2	0.0	0.0	0.0	0.0	0	0	0	0	0	0
Outdoor	12	27	8	4.0	20.0	4.0	13.0	0	0	0	0	12/21	@Det	L 10-13	2	0	0.0	0.0	0.0	0.0	0	0	0	0	0	0

Mike Dumas
San Diego Chargers – S

1997 Defensive Splits	G	Tk	Ast	Sack	Yds	Stuff	Yds	Int	Yds	PD	TD	Date	Opp	Result	Tk	Ast	Sack	Yds	Stuff	Yds	Int	Yds	PD	FF	FR	TD
Total	16	80	16	1.0	4.0	3.0	3.0	1	0	6	0	08/31	@NE	L 7-41	5	0	0.0	0.0	0.0	0.0	0	0	0	0	0	0
vs. Playoff	6	40	6	1.0	4.0	2.0	2.0	0	0	2	0	09/07	@NO	W 20-6	2	1	0.0	0.0	0.0	0.0	0	0	0	1	0	0
vs. Non-Playoff	10	40	10	0.0	0.0	1.0	1.0	1	0	4	0	09/14	Car	L 7-26	5	0	0.0	0.0	0.0	0.0	0	0	0	0	0	0
vs. Own Division	8	38	11	1.0	4.0	1.0	1.0	0	0	3	0	09/21	@Sea	L 22-26	5	5	0.0	0.0	0.0	0.0	0	0	0	0	0	0
Home	8	45	6	0.0	0.0	1.0	1.0	1	0	4	0	09/28	Bal	W 21-17	4	1	0.0	0.0	0.0	0.0	1	0	2	1	0	0
Away	8	35	10	1.0	4.0	2.0	2.0	0	0	2	0	10/05	@Oak	W 25-10	0	0	0.0	0.0	0.0	0.0	0	0	0	0	0	0
Games 1-8	8	30	7	1.0	4.0	0.0	0.0	1	0	3	0	10/16	@KC	L 3-31	3	0	1.0	4.0	0.0	0.0	0	0	1	0	0	0
Games 9-16	8	50	9	0.0	0.0	3.0	3.0	0	0	3	0	10/26	Ind	W 35-19	6	0	0.0	0.0	0.0	0.0	0	0	0	0	0	0
Aug/Sept	5	21	7	0.0	0.0	0.0	0.0	1	0	2	0	11/02	@Cin	L 31-38	5	0	0.0	0.0	1.0	1.0	0	0	1	0	0	0
October	3	9	0	1.0	4.0	0.0	0.0	0	0	1	0	11/09	Sea	L 31-37	6	0	0.0	0.0	0.0	0.0	0	0	0	0	0	0
November	5	38	2	0.0	0.0	3.0	3.0	0	0	2	0	11/16	Oak	L 13-38	2	1	0.0	0.0	0.0	0.0	0	0	0	0	0	0
December	3	12	7	0.0	0.0	0.0	0.0	0	0	1	0	11/23	@SF	L 10-17	10	1	0.0	0.0	1.0	1.0	0	0	0	0	0	0
Grass	13	68	10	1.0	4.0	2.0	2.0	1	0	5	0	11/30	Den	L 28-38	15	5	0.0	0.0	1.0	1.0	0	0	0	0	0	0
Turf	3	12	6	0.0	0.0	1.0	1.0	0	0	1	0	12/07	Atl	L 3-14	5	2	0.0	0.0	0.0	0.0	0	0	0	0	0	0
Indoor	2	7	6	0.0	0.0	0.0	0.0	0	0	0	0	12/14	KC	W 7-29	2	2	0.0	0.0	0.0	0.0	0	0	1	0	0	0
Outdoor	14	73	10	1.0	4.0	3.0	3.0	1	0	6	0	12/21	@Den	L 3-38	5	3	0.0	0.0	0.0	0.0	0	0	0	0	0	0

Donnie Edwards
Kansas City Chiefs – LB

1997 Defensive Splits	G	Tk	Ast	Sack	Yds	Stuff	Yds	Int	Yds	PD	TD	Date	Opp	Result	Tk	Ast	Sack	Yds	Stuff	Yds	Int	Yds	PD	FF	FR	TD
Total	16	83	20	2.5	20.0	6.0	12.0	2	15	8	0	08/31	@Den	L 3-19	8	2	0.0	0.0	0.0	0.0	0	0	1	0	0	0
vs. Playoff	6	29	8	0.5	5.5	0.5	1.0	0	0	1	0	09/08	@Oak	W 28-27	9	2	0.0	0.0	2.5	7.0	0	0	1	0	0	0
vs. Non-Playoff	10	54	12	2.0	14.5	5.5	11.0	2	15	7	0	09/14	Buf	W 22-16	3	1	0.0	0.0	0.0	0.0	0	0	0	0	0	0
vs. Own Division	8	49	11	2.0	20.0	4.5	10.0	1	3	6	0	09/21	@Car	W 35-14	4	2	0.0	0.0	0.0	0.0	1	12	1	0	0	0
Home	8	36	8	2.0	20.0	2.5	4.0	1	3	4	0	09/28	Sea	W 20-17	6	2	0.5	10.5	1.5	2.5	0	0	0	0	0	0
Away	8	47	12	0.5	0.0	3.5	8.0	1	12	4	0	10/05	@Mia	L 14-17	4	1	0.0	0.0	0.0	0.0	0	0	0	0	0	0
Games 1-8	8	49	12	1.5	14.5	5.0	10.5	2	15	3	0	10/16	SD	W 31-3	9	0	1.0	4.0	0.0	0.0	1	3	1	1	0	0
Games 9-16	8	34	8	1.0	5.5	1.0	1.5	0	0	5	0	10/26	@StL	W 28-20	6	2	0.0	0.0	1.0	1.0	0	0	1	0	0	0
Aug/Sept	5	30	9	0.5	10.5	4.0	9.5	1	12	2	0	11/03	Pit	W 13-10	2	1	0.0	0.0	0.0	0.0	0	0	1	0	0	0
October	3	19	3	1.0	4.0	1.0	1.0	1	3	1	0	11/09	@Jac	L 10-24	5	1	0.0	0.0	0.0	0.0	0	0	0	0	0	0
November	5	18	6	1.0	5.5	0.5	1.0	0	0	2	0	11/16	Den	W 24-22	4	2	0.5	5.5	0.0	0.0	0	0	1	1	0	0
December	3	16	2	0.0	0.0	0.5	0.5	0	0	3	0	11/23	@Sea	W 19-14	1	1	0.5	0.0	0.0	0.0	0	0	1	0	0	0
Grass	14	76	17	2.0	20.0	5.0	11.0	2	15	7	0	11/30	SF	W 44-9	6	1	0.0	0.0	0.5	1.0	0	0	0	0	0	0
Turf	2	7	3	0.5	0.0	1.0	1.0	0	0	1	0	12/07	Oak	W 30-0	2	1	0.0	0.0	0.5	0.5	0	0	2	0	0	0
Indoor	2	7	3	0.5	0.0	1.0	1.0	0	0	1	0	12/14	@SD	W 29-7	10	1	0.0	0.0	1.0	1.0	0	0	1	0	0	0
Outdoor	14	76	17	2.0	20.0	5.0	11.0	2	15	7	0	12/21	NO	W 25-13	4	0	0.0	0.0	0.0	0.0	0	0	0	0	0	0

Luther Elliss
Detroit Lions – DT

	1997 Defensive Splits										Game Logs											
	G	Tk	Ast	Sack	Yds	Stuff	Yds	Int	Yds	PD	TD	Date	Opp	Result	Tk	Ast	Sack	Yds	Stuff	Yds	Int	Yds	PD	FF	FR	TD
Total	16	35	28	8.5	47.5	7.0	14.0	0	0	4	0	08/31	Atl	W 28-17	2	5	1.0	5.5	1.0	2.0	0	0	0	0	0	0
vs. Playoff	8	16	13	4.0	19.5	4.0	7.0	0	0	1	0	09/07	TB	L 17-24	5	3	1.5	9.5	3.0	4.0	0	0	0	0	0	0
vs. Non-Playoff	8	19	15	4.5	28.0	3.0	7.0	0	0	3	0	09/14	@Chi	W 32-7	1	2	0.0	0.0	0.0	0.0	0	0	0	0	0	0
vs. Own Division	8	15	15	4.0	19.5	4.0	7.0	0	0	3	0	09/21	@NO	L 17-35	3	2	1.0	4.0	1.0	2.0	0	0	0	0	0	0
Home	8	20	17	6.0	36.5	5.0	9.0	0	0	4	0	09/28	GB	W 26-15	0	0	0.0	0.0	0.0	0.0	0	0	0	0	0	0
Away	8	15	11	2.5	11.0	2.0	5.0	0	0	0	0	10/05	@Buf	L 13-22	4	1	0.0	0.0	0.0	0.0	0	0	0	0	0	0
Games 1-8	8	19	17	4.0	23.0	5.0	8.0	0	0	1	0	10/12	@TB	W 27-9	1	2	0.5	4.0	0.0	0.0	0	0	0	0	0	0
Games 9-16	8	16	11	4.5	24.5	2.0	6.0	0	0	3	0	10/19	NYN	L 20-26	3	2	0.0	0.0	0.0	0.0	0	1	0	1	0	0
Aug/Sept	5	11	12	3.5	19.0	5.0	8.0	0	0	0	0	11/02	@GB	L 10-20	2	2	1.0	3.0	0.0	0.0	0	0	0	0	0	0
October	3	8	5	0.5	4.0	0.0	0.0	0	0	1	0	11/09	@Was	L 7-30	1	0	0.0	0.0	0.0	0.0	0	0	0	0	0	0
November	5	11	9	3.5	18.5	1.0	3.0	0	0	3	0	11/16	Min	W 38-41	2	2	1.0	3.0	0.0	0.0	0	0	0	0	0	0
December	3	5	2	1.0	6.0	1.0	3.0	0	0	0	0	11/23	Ind	W 32-10	3	2	1.5	12.5	1.0	3.0	0	0	0	0	0	0
Grass	5	7	7	1.5	7.0	0.0	0.0	0	0	0	0	11/27	Chi	W 55-20	3	3	0.0	0.0	0.0	0.0	0	0	3	0	2	0
Turf	11	28	21	7.0	40.5	7.0	14.0	0	0	4	0	12/07	@Mia	L 30-33	2	1	0.0	0.0	0.0	0.0	0	0	0	0	0	0
Indoor	10	24	20	7.0	40.5	7.0	14.0	0	0	4	0	12/14	@Min	W 14-13	1	0	0.0	0.0	1.0	3.0	0	0	0	0	0	0
Outdoor	6	11	8	1.5	7.0	0.0	0.0	0	0	0	0	12/21	NYA	W 13-10	2	0	1.0	6.0	0.0	0.0	0	0	0	0	0	0

Doug Evans
Green Bay Packers – CB

	1997 Defensive Splits										Game Logs											
	G	Tk	Ast	Sack	Yds	Stuff	Yds	Int	Yds	PD	TD	Date	Opp	Result	Tk	Ast	Sack	Yds	Stuff	Yds	Int	Yds	PD	FF	FR	TD
Total	15	66	10	1.0	6.0	0.5	0.5	3	33	11	0	09/01	Chi	W 38-24	3	0	0.0	0.0	0.0	0.0	1	27	1	0	0	0
vs. Playoff	7	24	7	0.0	0.0	0.5	0.5	2	6	8	0	09/07	@Phi	L 9-10	6	0	0.0	0.0	0.0	0.0	0	0	0	0	0	0
vs. Non-Playoff	8	42	3	1.0	6.0	0.0	0.0	1	27	3	0	09/14	Mia	W 23-18	2	0	0.0	0.0	0.0	0.0	0	0	0	0	0	0
vs. Own Division	7	23	5	0.0	0.0	0.0	0.0	3	33	7	0	09/21	Min	W 38-32	1	2	0.0	0.0	0.0	0.0	0	0	0	0	0	0
Home	8	30	5	0.0	0.0	0.0	0.0	2	33	7	0	09/28	@Det	L 15-26	-	-	-	-	-	-	-	-	-	-	-	-
Away	7	36	5	1.0	6.0	0.5	0.5	1	0	4	0	10/05	TB	W 21-16	2	1	0.0	0.0	0.0	0.0	0	0	0	0	0	0
Games 1-8	7	24	5	0.0	0.0	0.5	0.5	1	27	3	0	10/12	@Chi	W 24-23	4	0	0.0	0.0	0.0	0.0	0	0	0	0	0	0
Games 9-16	8	42	5	1.0	6.0	0.0	0.0	2	6	8	0	10/27	@NE	W 28-10	6	2	0.0	0.0	0.5	0.5	0	0	2	0	0	0
Aug/Sept	4	12	2	0.0	0.0	0.0	0.0	1	27	1	0	11/02	Det	W 20-10	8	1	0.0	0.0	0.0	0.0	1	6	4	0	0	0
October	3	12	3	0.0	0.0	0.5	0.5	0	0	2	0	11/09	StL	W 17-7	4	0	0.0	0.0	0.0	0.0	0	0	2	0	0	0
November	4	26	3	0.0	0.0	0.0	0.0	1	6	6	0	11/16	@Ind	L 38-41	10	2	0.0	0.0	0.0	0.0	0	0	0	1	0	0
December	4	16	2	1.0	6.0	0.0	0.0	1	0	2	0	11/23	Dal	W 45-17	4	0	0.0	0.0	0.0	0.0	0	0	0	0	0	0
Grass	12	47	7	1.0	6.0	0.5	0.5	2	33	9	0	12/01	@Min	W 27-11	3	1	0.0	0.0	0.0	0.0	1	0	2	0	0	0
Turf	3	19	3	0.0	0.0	0.0	0.0	1	0	2	0	12/07	@TB	W 17-6	2	0	0.0	0.0	0.0	0.0	0	0	0	0	0	0
Indoor	2	13	3	0.0	0.0	0.0	0.0	1	0	2	0	12/14	@Car	W 31-10	5	0	1.0	6.0	0.0	0.0	0	0	0	1	0	0
Outdoor	13	53	7	1.0	6.0	0.5	0.5	2	33	9	0	12/20	Buf	W 31-21	6	1	0.0	0.0	0.0	0.0	0	0	0	0	0	0

James Farrior
New York Jets – LB

	1997 Defensive Splits										Game Logs											
	G	Tk	Ast	Sack	Yds	Stuff	Yds	Int	Yds	PD	TD	Date	Opp	Result	Tk	Ast	Sack	Yds	Stuff	Yds	Int	Yds	PD	FF	FR	TD
Total	16	59	18	1.5	16.5	4.5	11.5	0	0	1	0	08/31	@Sea	W 41-3	3	0	0.0	0.0	0.0	0.0	0	0	0	0	0	0
vs. Playoff	7	29	10	0.5	4.5	2.0	6.0	0	0	0	0	09/07	Buf	L 22-28	2	1	0.0	0.0	1.0	1.0	0	0	0	0	0	0
vs. Non-Playoff	9	30	8	1.0	12.0	2.5	5.5	0	0	1	0	09/14	@NE	L 24-27	8	3	0.0	0.0	1.0	5.0	0	0	0	0	0	0
vs. Own Division	8	26	10	0.0	0.0	3.0	10.0	0	0	0	0	09/21	Oak	W 23-22	2	1	1.0	12.0	0.0	0.0	0	0	1	0	0	0
Home	8	24	13	1.5	16.5	1.5	1.5	0	0	1	0	09/28	@Cin	W 31-14	2	0	0.0	0.0	0.0	0.0	0	0	0	0	0	0
Away	8	35	5	0.0	0.0	3.0	10.0	0	0	0	0	10/05	@Ind	W 16-12	2	1	0.0	0.0	0.0	0.0	0	0	0	0	0	0
Games 1-8	8	23	10	1.0	12.0	2.0	6.0	0	0	1	0	10/12	Mia	L 20-31	3	2	0.0	0.0	0.0	0.0	0	0	0	0	0	0
Games 9-16	8	36	8	0.5	4.5	2.5	5.5	0	0	0	0	10/19	NE	W 24-19	1	2	0.0	0.0	0.0	0.0	0	0	0	0	0	0
Aug/Sept	5	17	5	1.0	12.0	2.0	6.0	0	0	1	0	11/02	Bal	W 19-16	5	3	0.0	0.0	0.5	0.5	0	0	0	0	0	0
October	3	6	5	0.0	0.0	0.0	0.0	0	0	0	0	11/09	@Mia	L 17-24	2	0	0.0	0.0	0.0	0.0	0	0	0	0	0	0
November	5	25	4	0.0	0.0	1.5	4.5	0	0	0	0	11/16	@Chi	W 23-15	7	1	0.0	0.0	0.0	0.0	0	0	0	1	0	0
December	3	11	4	0.5	4.5	1.0	1.0	0	0	0	0	11/23	Min	W 23-21	6	0	0.0	0.0	0.0	0.0	0	0	0	0	0	0
Grass	3	18	4	0.0	0.0	1.0	5.0	0	0	0	0	11/30	@Buf	L 10-20	4	0	0.0	0.0	1.0	4.0	0	0	0	0	0	0
Turf	13	41	14	1.5	16.5	3.5	6.5	0	0	1	0	12/07	Ind	L 14-22	3	0	0.0	0.0	0.0	0.0	0	0	0	0	1	0
Indoor	3	11	1	0.0	0.0	1.0	1.0	0	0	0	0	12/14	TB	W 31-0	2	3	0.5	4.5	0.0	0.0	0	0	0	0	0	0
Outdoor	13	48	17	1.5	16.5	3.5	10.5	0	0	1	0	12/21	@Det	L 10-13	6	0	0.0	0.0	1.0	1.0	0	0	0	0	0	0

Mark Fields

New Orleans Saints – LB

1997 Defensive Splits	G	Tk	Ast	Sack	Yds	Stuff	Yds	Int	Yds	PD	TD	Date	Opp	Result	Tk	Ast	Sack	Yds	Stuff	Yds	Int	Yds	PD	FF	FR	TD
Total	16	88	20	8.0	77.0	7.5	14.0	0	0	3	1	08/31	@StL	L 24-38	6	1	1.0	8.0	0.0	0.0	0	0	1	0	0	0
vs. Playoff	5	29	10	3.0	30.0	3.5	8.0	0	0	0	0	09/07	SD	L 6-20	6	1	1.0	12.0	0.0	0.0	0	0	0	0	0	0
vs. Non-Playoff	11	59	10	5.0	47.0	4.0	6.0	0	0	3	1	09/14	@SF	L 7-33	4	1	0.0	0.0	0.0	0.0	0	0	0	0	0	0
vs. Own Division	8	42	8	4.0	34.0	3.0	4.0	0	0	1	1	09/21	Det	W 35-17	5	1	0.0	0.0	0.0	0.0	0	0	1	0	0	0
Home	8	48	7	4.0	38.0	3.0	5.0	0	0	1	1	09/28	@NYN	L 9-14	7	4	0.0	0.0	1.5	2.0	0	0	0	0	0	0
Away	8	40	13	4.0	39.0	4.5	9.0	0	0	2	0	10/05	@Chi	W 20-17	5	4	0.0	0.0	0.0	0.0	0	0	0	0	0	0
Games 1-8	8	49	14	4.0	37.0	3.5	5.0	0	0	1	0	10/12	Atl	L 17-23	9	0	2.0	17.0	2.0	3.0	0	0	1	0	0	0
Games 9-16	8	39	6	4.0	40.0	4.0	9.0	0	0	2	1	10/19	Car	L 0-13	7	2	0.0	0.0	0.0	0.0	0	0	0	0	0	0
Aug/Sept	5	28	8	2.0	20.0	1.5	2.0	0	0	1	0	10/26	SF	L 0-23	6	3	1.0	9.0	0.0	0.0	0	0	0	0	0	0
October	4	27	9	3.0	26.0	2.0	3.0	0	0	0	0	11/09	@Oak	W 13-10	5	1	1.0	10.0	0.0	0.0	0	0	1	0	0	0
November	4	16	2	1.0	10.0	1.0	1.0	0	0	1	0	11/16	Sea	W 20-17	5	0	0.0	0.0	0.0	0.0	0	0	0	0	0	0
December	3	17	1	2.0	21.0	3.0	8.0	0	0	1	1	11/23	@Atl	L 3-20	2	1	0.0	0.0	0.0	0.0	0	0	0	1	0	0
Grass	5	25	7	3.0	31.0	3.0	7.0	0	0	1	0	11/30	@Car	W 16-13	4	0	0.0	0.0	1.0	1.0	0	0	1	0	0	0
Turf	11	63	13	5.0	46.0	4.5	7.0	0	0	2	1	12/07	StL	L 27-34	4	0	0.0	0.0	0.0	0.0	0	0	1	1	1	1
Indoor	10	56	9	5.0	46.0	3.0	5.0	0	0	2	1	12/14	Ari	W 27-10	6	0	0.0	0.0	1.0	2.0	0	0	1	0	0	0
Outdoor	6	32	11	3.0	31.0	4.5	9.0	0	0	1	0	12/21	@KC	L 13-25	7	1	2.0	21.0	2.0	6.0	0	0	0	0	0	0

Deon Figures

Jacksonville Jaguars – CB

1997 Defensive Splits	G	Tk	Ast	Sack	Yds	Stuff	Yds	Int	Yds	PD	TD	Date	Opp	Result	Tk	Ast	Sack	Yds	Stuff	Yds	Int	Yds	PD	FF	FR	TD
Total	16	58	2	0.0	0.0	0.0	0.0	5	48	10	0	08/31	@Bal	W 28-27	4	0	0.0	0.0	0.0	0.0	2	0	4	0	0	0
vs. Playoff	5	22	1	0.0	0.0	0.0	0.0	1	1	2	0	09/07	NYN	W 40-13	7	0	0.0	0.0	0.0	0.0	0	0	0	0	0	0
vs. Non-Playoff	11	36	1	0.0	0.0	0.0	0.0	4	47	8	0	09/22	Pit	W 30-21	0	0	0.0	0.0	0.0	0.0	0	0	0	0	0	0
vs. Own Division	8	21	1	0.0	0.0	0.0	0.0	2	0	7	0	09/28	@Was	L 12-24	0	0	0.0	0.0	0.0	0.0	0	0	0	0	0	0
Home	8	25	0	0.0	0.0	0.0	0.0	2	33	3	0	10/05	Cin	W 21-13	1	0	0.0	0.0	0.0	0.0	0	0	0	0	0	0
Away	8	33	2	0.0	0.0	0.0	0.0	3	15	7	0	10/12	Phi	W 38-21	3	0	0.0	0.0	0.0	0.0	1	32	1	0	0	0
Games 1-8	8	26	1	0.0	0.0	0.0	0.0	3	32	6	0	10/19	@Dal	L 22-26	6	0	0.0	0.0	0.0	0.0	0	0	0	0	0	0
Games 9-16	8	32	1	0.0	0.0	0.0	0.0	2	16	4	0	10/26	@Pit	L 17-23	5	1	0.0	0.0	0.0	0.0	0	0	1	0	0	0
Aug/Sept	4	11	0	0.0	0.0	0.0	0.0	2	0	4	0	11/02	@Ten	W 30-24	0	0	0.0	0.0	0.0	0.0	0	0	0	0	0	0
October	4	15	1	0.0	0.0	0.0	0.0	1	32	2	0	11/09	KC	W 24-10	4	0	0.0	0.0	0.0	0.0	1	1	1	0	0	0
November	5	15	0	0.0	0.0	0.0	0.0	1	1	3	0	11/16	Ten	W 17-9	2	0	0.0	0.0	0.0	0.0	0	0	1	0	0	0
December	3	17	1	0.0	0.0	0.0	0.0	1	15	1	0	11/23	@Cin	L 26-31	7	0	0.0	0.0	0.0	0.0	0	0	1	0	0	0
Grass	12	35	0	0.0	0.0	0.0	0.0	4	33	7	0	11/30	Bal	W 29-27	2	0	0.0	0.0	0.0	0.0	0	0	0	0	0	0
Turf	4	23	2	0.0	0.0	0.0	0.0	1	15	3	0	12/07	NE	L 20-26	6	0	0.0	0.0	0.0	0.0	0	0	0	0	0	0
Indoor	0	0	0	0	0	0	0	0	0	0	0	12/14	@Buf	W 20-14	5	1	0.0	0.0	0.0	0.0	1	15	1	0	0	0
Outdoor	16	58	2	0.0	0.0	0.0	0.0	5	48	10	0	12/21	@Oak	W 20-9	6	0	0.0	0.0	0.0	0.0	0	0	0	0	0	0

Jim Flanigan

Chicago Bears – DT

1997 Defensive Splits	G	Tk	Ast	Sack	Yds	Stuff	Yds	Int	Yds	PD	TD	Date	Opp	Result	Tk	Ast	Sack	Yds	Stuff	Yds	Int	Yds	PD	FF	FR	TD
Total	16	38	12	6.0	46.0	13.0	39.0	0	0	0	0	09/01	@GB	L 24-38	1	0	0.0	0.0	0.0	0.0	0	0	0	0	0	0
vs. Playoff	10	19	8	2.0	20.0	5.5	14.0	0	0	0	0	09/07	Min	L 24-27	2	0	1.0	8.0	1.0	2.0	0	0	0	0	0	0
vs. Non-Playoff	6	19	4	4.0	26.0	7.5	25.0	0	0	0	0	09/14	Det	L 7-32	0	0	0.0	0.0	0.0	0.0	0	0	0	0	0	0
vs. Own Division	8	14	6	1.0	8.0	4.0	11.0	0	0	0	0	09/21	@NE	L 3-31	5	1	1.0	12.0	1.5	3.0	0	0	0	0	0	0
Home	8	22	7	3.0	22.0	7.5	17.0	0	0	0	0	09/28	@Dal	L 3-27	3	0	0.0	0.0	1.0	11.0	0	0	0	0	0	0
Away	8	16	5	3.0	24.0	5.5	22.0	0	0	0	0	10/05	NO	L 17-20	3	3	0.0	0.0	1.5	1.5	0	0	0	1	1	0
Games 1-8	8	20	7	3.0	24.0	7.5	22.5	0	0	0	0	10/12	GB	L 23-24	2	1	0.0	0.0	2.5	5.0	0	0	0	0	0	0
Games 9-16	8	18	5	3.0	22.0	5.5	16.5	0	0	0	0	10/27	@Mia	W 36-33	0	1	0.0	0.0	0.0	0.0	0	0	0	0	0	0
Aug/Sept	5	11	1	3.0	24.0	3.5	16.0	0	0	0	0	11/02	Was	L 8-31	4	0	0.0	0.0	1.0	2.0	0	0	0	1	0	0
October	3	9	6	0.0	0.0	4.0	6.5	0	0	0	0	11/09	@Min	L 22-29	1	2	0.0	0.0	0.0	0.0	0	0	0	0	0	0
November	5	13	5	1.0	5.0	2.5	8.5	0	0	0	0	11/16	NYA	L 15-23	4	1	1.0	5.0	1.0	2.5	0	0	0	0	0	0
December	3	5	0	2.0	17.0	3.0	8.0	0	0	0	0	11/23	TB	W 13-7	2	1	0.0	0.5	4.0		0	0	0	0	0	0
Grass	12	28	9	4.0	34.0	9.0	20.0	0	0	0	0	11/27	@Det	L 20-55	2	1	0.0	0.0	0.0	0.0	0	0	0	1	0	0
Turf	4	10	3	2.0	12.0	4.0	19.0	0	0	0	0	12/07	Buf	W 20-3	1	0	1.0	9.0	0.0	0.0	0	0	0	0	0	0
Indoor	3	7	3	1.0	8.0	3.0	8.0	0	0	0	0	12/14	@StL	W 13-10	4	0	1.0	8.0	3.0	8.0	0	0	0	0	1	0
Outdoor	13	31	9	5.0	38.0	10.0	31.0	0	0	0	0	12/21	@TB	L 15-31	0	0	0.0	0.0	0.0	0.0	0	0	0	0	0	0

Al Fontenot — Indianapolis Colts – DE

1997 Defensive Splits

	G	Tk	Ast	Sack	Yds	Stuff	Yds	Int	Yds	PD	TD
Total	16	22	24	4.5	28.0	2.0	3.0	0	0	1	1
vs. Playoff	9	12	18	2.5	9.0	0.0	0.0	0	0	0	1
vs. Non-Playoff	7	10	6	2.0	19.0	2.0	3.0	0	0	1	0
vs. Own Division	8	15	13	4.0	27.5	0.0	0.0	0	0	0	1
Home	8	9	12	1.5	0.5	1.0	1.0	0	0	1	1
Away	8	13	12	3.0	27.5	1.0	2.0	0	0	0	0
Games 1-8	8	10	6	1.0	10.0	1.5	2.5	0	0	0	0
Games 9-16	8	12	18	3.5	18.0	0.5	0.5	0	0	0	1
Aug/Sept	4	8	3	1.0	10.0	0.5	0.5	0	0	0	0
October	4	2	3	0.0	0.0	1.0	2.0	0	0	0	1
November	5	8	13	1.5	9.0	0.5	0.5	0	0	0	0
December	3	4	5	2.0	9.0	0.0	0.0	0	0	0	0
Grass	3	7	5	1.0	8.5	1.0	2.0	0	0	0	0
Turf	13	15	19	3.5	19.5	1.0	1.0	0	0	0	1
Indoor	10	10	14	1.5	0.5	1.0	1.0	0	0	0	1
Outdoor	6	12	10	3.0	27.5	1.0	2.0	0	0	0	0

Game Logs

Date	Opp	Result	Tk	Ast	Sack	Yds	Stuff	Yds	Int	Yds	PD	FF	FR	TD
08/31	@Mia	L 10-16	2	0	0.0	0.0	0.0	0.0	0	0	0	0	0	0
09/07	NE	L 6-31	1	3	0.0	0.0	0.0	0.0	0	0	0	0	0	0
09/14	Sea	L 3-31	1	0	0.0	0.0	0.5	0.5	0	0	0	0	0	0
09/21	@Buf	L 35-37	4	0	1.0	10.0	0.0	0.0	0	0	0	1	1	0
10/05	NYA	L 12-16	1	0	0.0	0.0	0.0	0.0	0	0	1	0	0	0
10/12	@Pit	L 22-24	0	2	0.0	0.0	0.0	0.0	0	0	0	0	1	0
10/20	Buf	L 6-9	0	1	0.0	0.0	0.0	0.0	0	0	0	0	0	0
10/26	@SD	L 19-35	1	0	0.0	0.0	1.0	2.0	0	0	0	0	0	0
11/02	TB	L 28-31	1	4	0.5	0.5	0.0	0.0	0	0	0	0	0	0
11/09	Cin	L 13-28	2	2	0.0	0.0	0.5	0.5	0	0	0	0	0	0
11/16	GB	W 41-38	1	1	0.0	0.0	0.0	0.0	0	0	0	0	1	1
11/23	@Det	L 10-32	0	1	0.0	0.0	0.0	0.0	0	0	0	0	0	0
11/30	@NE	L 17-20	4	5	1.0	8.5	0.0	0.0	0	0	0	0	0	0
12/07	@NYA	W 22-14	1	3	1.0	9.0	0.0	0.0	0	0	0	0	0	0
12/14	Mia	W 41-0	2	1	1.0	0.0	0.0	0.0	0	0	0	1	0	0
12/21	@Min	L 28-39	1	1	0.0	0.0	0.0	0.0	0	0	0	0	0	0

Dan Footman — Indianapolis Colts – DE

1997 Defensive Splits

	G	Tk	Ast	Sack	Yds	Stuff	Yds	Int	Yds	PD	TD
Total	16	36	8	10.5	65.5	2.0	5.5	0	0	3	0
vs. Playoff	9	13	5	4.5	30.5	0.0	0.0	0	0	1	0
vs. Non-Playoff	7	23	3	6.0	35.0	2.0	5.5	0	0	2	0
vs. Own Division	8	15	3	5.0	34.0	0.5	1.5	0	0	0	0
Home	8	21	5	6.5	40.5	2.0	5.5	0	0	2	0
Away	8	15	3	4.0	25.0	0.0	0.0	0	0	1	0
Games 1-8	8	17	3	3.0	23.0	1.0	3.0	0	0	1	0
Games 9-16	8	19	5	7.5	42.5	1.0	2.5	0	0	2	0
Aug/Sept	4	4	1	0.0	0.0	1.5	1.5	0	0	1	0
October	4	13	2	3.0	23.0	0.5	1.5	0	0	0	0
November	5	12	5	4.5	24.5	1.0	2.5	0	0	2	0
December	3	7	0	3.0	18.0	0.0	0.0	0	0	0	0
Grass	3	6	1	1.0	7.0	0.0	0.0	0	0	0	0
Turf	13	30	7	9.5	58.5	2.0	5.5	0	0	2	0
Indoor	10	24	7	7.5	48.5	2.0	5.5	0	0	2	0
Outdoor	6	12	1	3.0	17.0	0.0	0.0	0	0	1	0

Game Logs

Date	Opp	Result	Tk	Ast	Sack	Yds	Stuff	Yds	Int	Yds	PD	FF	FR	TD
08/31	@Mia	L 10-16	1	0	0.0	0.0	0.0	0.0	0	0	0	0	0	0
09/07	NE	L 6-31	0	0	0.0	0.0	0.0	0.0	0	0	0	0	0	0
09/14	Sea	L 3-31	2	1	0.0	0.0	0.5	1.5	0	0	1	0	0	0
09/21	@Buf	L 35-37	1	0	0.0	0.0	0.0	0.0	0	0	0	0	0	0
10/05	NYA	L 12-16	1	0	0.0	0.0	0.0	0.0	0	0	0	0	0	0
10/12	@Pit	L 22-24	1	0	0.0	0.0	0.0	0.0	0	0	0	0	1	0
10/20	Buf	L 6-9	6	2	2.0	16.0	0.5	1.5	0	0	0	1	0	0
10/26	@SD	L 19-35	5	0	1.0	7.0	0.0	0.0	0	0	0	0	0	0
11/02	TB	L 28-31	3	1	1.5	9.5	0.0	0.0	0	0	0	0	0	0
11/09	Cin	L 13-28	4	0	2.0	12.0	1.0	2.5	0	0	1	0	0	0
11/16	GB	W 41-38	3	1	1.0	5.0	0.0	0.0	0	0	0	0	0	0
11/23	@Det	L 10-32	2	2	1.0	8.0	0.0	0.0	0	0	0	0	0	0
11/30	@NE	L 17-20	0	1	0.0	0.0	0.0	0.0	0	0	1	0	0	0
12/07	@NYA	W 22-14	4	0	2.0	10.0	0.0	0.0	0	0	0	0	0	0
12/14	Mia	W 41-0	2	0	1.0	8.0	0.0	0.0	0	0	0	1	0	0
12/21	@Min	L 28-39	1	0	0.0	0.0	0.0	0.0	0	0	0	0	0	0

Henry Ford — Tennessee Oilers – DT

1997 Defensive Splits

	G	Tk	Ast	Sack	Yds	Stuff	Yds	Int	Yds	PD	TD
Total	16	38	12	5.0	31.0	7.5	14.5	0	0	0	0
vs. Playoff	6	11	7	3.0	22.0	2.0	5.0	0	0	0	0
vs. Non-Playoff	10	27	5	2.0	9.0	5.5	9.5	0	0	0	0
vs. Own Division	8	23	7	2.0	8.0	6.0	11.0	0	0	0	0
Home	8	18	4	4.0	24.0	5.5	10.5	0	0	0	0
Away	8	20	8	1.0	7.0	2.0	4.0	0	0	0	0
Games 1-8	8	15	9	2.0	9.0	3.5	5.5	0	0	0	0
Games 9-16	8	23	3	3.0	22.0	4.0	9.0	0	0	0	0
Aug/Sept	4	6	6	0.0	0.0	2.5	3.5	0	0	0	0
October	4	9	3	2.0	9.0	1.0	2.0	0	0	0	0
November	5	11	0	3.0	22.0	1.0	2.0	0	0	0	0
December	3	12	3	0.0	0.0	3.0	7.0	0	0	0	0
Grass	12	27	9	4.0	24.0	6.5	12.5	0	0	0	0
Turf	4	11	3	1.0	7.0	1.0	2.0	0	0	0	0
Indoor	1	4	0	1.0	7.0	0.0	0.0	0	0	0	0
Outdoor	15	34	12	4.0	24.0	7.5	14.5	0	0	0	0

Game Logs

Date	Opp	Result	Tk	Ast	Sack	Yds	Stuff	Yds	Int	Yds	PD	FF	FR	TD
08/31	Oak	W 24-21	1	1	0.0	0.0	0.5	1.5	0	0	0	0	0	0
09/07	@Mia	L 13-16	1	2	0.0	0.0	0.0	0.0	0	0	0	0	0	0
09/21	Bal	L 10-36	3	0	0.0	0.0	2.0	2.0	0	0	0	0	0	0
09/28	@Pit	L 24-37	1	3	0.0	0.0	0.0	0.0	0	0	0	0	0	0
10/05	@Sea	L 13-16	4	0	1.0	7.0	0.0	0.0	0	0	0	0	0	0
10/12	Cin	W 30-7	2	1	1.0	2.0	0.0	0.0	0	0	0	0	0	0
10/19	Was	W 28-14	2	0	0.0	0.0	1.0	2.0	0	0	0	0	0	0
10/26	@Ari	W 41-14	1	2	0.0	0.0	0.0	0.0	0	0	0	0	0	0
11/02	Jac	L 24-30	3	0	1.0	6.0	1.0	2.0	0	0	0	0	0	0
11/09	NYN	W 10-6	2	0	2.0	16.0	0.0	0.0	0	0	0	0	0	0
11/16	@Jac	L 9-17	2	0	0.0	0.0	0.0	0.0	0	0	0	0	1	0
11/23	Buf	W 31-14	3	0	0.0	0.0	0.0	0.0	0	0	0	0	0	0
11/27	@Dal	W 27-14	1	0	0.0	0.0	0.0	0.0	0	0	0	0	0	0
12/04	@Cin	L 14-41	5	0	0.0	0.0	1.0	2.0	0	0	0	0	0	0
12/14	@Bal	L 19-21	5	1	0.0	0.0	1.0	2.0	0	0	0	0	0	0
12/21	Pit	W 16-6	2	2	0.0	0.0	1.0	3.0	0	0	0	0	1	0

Rob Fredrickson — Oakland Raiders – LB

1997 Defensive Splits

	G	Tk	Ast	Sack	Yds	Stuff	Yds	Int	Yds	PD	TD
Total	16	60	15	2.0	13.0	3.5	4.5	0	0	6	0
vs. Playoff	6	26	4	1.0	3.0	1.0	1.0	0	0	3	0
vs. Non-Playoff	10	34	11	1.0	10.0	2.5	3.5	0	0	3	0
vs. Own Division	8	28	8	1.0	3.0	1.5	2.0	0	0	5	0
Home	8	25	6	0.0	0.0	0.5	1.0	0	0	5	0
Away	8	35	9	2.0	13.0	3.0	3.5	0	0	1	0
Games 1-8	8	30	9	1.0	10.0	2.5	3.5	0	0	5	0
Games 9-16	8	30	6	1.0	3.0	1.0	1.0	0	0	1	0
Aug/Sept	5	24	5	1.0	10.0	2.0	2.5	0	0	1	0
October	3	6	4	0.0	0.0	0.5	1.0	0	0	4	0
November	5	15	1	0.0	0.0	1.0	1.0	0	0	0	0
December	3	15	5	1.0	3.0	0.0	0.0	0	0	1	0
Grass	13	49	9	1.0	3.0	1.5	2.0	0	0	5	0
Turf	3	11	6	1.0	10.0	2.0	2.5	0	0	1	0
Indoor	2	10	4	1.0	10.0	2.0	2.5	0	0	0	0
Outdoor	14	50	11	1.0	3.0	1.5	2.0	0	0	6	0

Game Logs

Date	Opp	Result	Tk	Ast	Sack	Yds	Stuff	Yds	Int	Yds	PD	FF	FR	TD
08/31	@Ten	L 21-24	7	0	0.0	0.0	0.0	0.0	0	0	0	0	0	0
09/08	KC	L 27-28	4	0	0.0	0.0	0.0	0.0	0	0	0	0	0	0
09/14	@Atl	W 36-31	7	3	1.0	10.0	2.0	2.5	0	0	0	0	0	0
09/21	@NYA	L 22-23	1	2	0.0	0.0	0.0	0.0	0	0	1	0	0	0
09/28	StL	W 35-17	5	0	0.0	0.0	0.0	0.0	0	0	0	0	0	0
10/05	SD	L 10-25	0	2	0.0	0.0	0.5	1.0	0	0	1	0	0	0
10/19	Den	W 28-25	3	1	0.0	0.0	0.0	0.0	0	0	3	0	0	0
10/26	@Sea	L 34-45	3	1	0.0	0.0	0.0	0.0	0	0	0	0	0	0
11/02	@Car	L 14-38	3	1	0.0	0.0	0.0	0.0	0	0	0	0	0	0
11/09	NO	L 10-13	0	0	0.0	0.0	0.0	0.0	0	0	0	0	0	0
11/16	@SD	W 38-13	4	0	0.0	0.0	0.0	0.0	0	0	0	0	0	0
11/24	@Den	L 3-31	2	0	0.0	0.0	1.0	1.0	0	0	0	0	0	0
11/30	Mia	L 16-34	6	0	0.0	0.0	0.0	0.0	0	0	0	0	0	0
12/07	@KC	L 0-30	8	2	1.0	3.0	0.0	0.0	0	0	0	0	0	0
12/14	Sea	L 21-22	4	2	0.0	0.0	0.0	0.0	0	0	1	0	0	0
12/21	Jac	L 9-20	3	1	0.0	0.0	0.0	0.0	0	0	0	0	0	0

Corey Fuller — Minnesota Vikings – CB

1997 Defensive Splits

	G	Tk	Ast	Sack	Yds	Stuff	Yds	Int	Yds	PD	TD
Total	16	84	9	0.0	0.0	1.0	1.0	2	24	15	0
vs. Playoff	8	39	4	0.0	0.0	1.0	1.0	0	0	7	0
vs. Non-Playoff	8	45	5	0.0	0.0	0.0	0.0	2	24	8	0
vs. Own Division	8	45	3	0.0	0.0	1.0	1.0	1	2	9	0
Home	8	42	5	0.0	0.0	1.0	1.0	2	24	8	0
Away	8	42	4	0.0	0.0	0.0	0.0	0	0	7	0
Games 1-8	8	34	6	0.0	0.0	0.0	0.0	0	0	8	0
Games 9-16	8	50	3	0.0	0.0	1.0	1.0	2	24	7	0
Aug/Sept	5	19	4	0.0	0.0	0.0	0.0	0	0	3	0
October	3	15	2	0.0	0.0	0.0	0.0	0	0	5	0
November	4	28	2	0.0	0.0	0.0	0.0	1	2	3	0
December	4	22	1	0.0	0.0	1.0	1.0	1	22	4	0
Grass	5	24	1	0.0	0.0	0.0	0.0	0	0	4	0
Turf	11	60	8	0.0	0.0	1.0	1.0	2	24	11	0
Indoor	9	55	6	0.0	0.0	1.0	1.0	2	24	9	0
Outdoor	7	29	3	0.0	0.0	0.0	0.0	0	0	6	0

Game Logs

Date	Opp	Result	Tk	Ast	Sack	Yds	Stuff	Yds	Int	Yds	PD	FF	FR	TD
08/31	@Buf	W 34-13	1	2	0.0	0.0	0.0	0.0	0	0	1	0	0	0
09/07	@Chi	W 27-24	9	0	0.0	0.0	0.0	0.0	0	0	1	1	0	0
09/14	TB	L 14-28	0	1	0.0	0.0	0.0	0.0	0	0	0	0	0	0
09/21	@GB	L 32-38	2	0	0.0	0.0	0.0	0.0	0	0	0	0	0	0
09/28	Phi	W 28-19	7	1	0.0	0.0	0.0	0.0	0	0	1	1	0	0
10/05	@Ari	W 20-19	7	1	0.0	0.0	0.0	0.0	0	0	1	0	0	0
10/12	Car	W 21-14	6	1	0.0	0.0	0.0	0.0	0	0	2	0	0	0
10/26	@TB	W 10-6	2	0	0.0	0.0	0.0	0.0	0	0	3	0	0	0
11/02	NE	W 23-18	5	1	0.0	0.0	0.0	0.0	0	0	0	0	0	0
11/09	Chi	W 29-22	6	0	0.0	0.0	0.0	0.0	1	2	1	0	0	0
11/16	@Det	L 15-38	13	1	0.0	0.0	0.0	0.0	0	0	1	0	0	0
11/23	@NYA	L 21-23	4	1	0.0	0.0	0.0	0.0	0	0	1	0	0	0
12/01	GB	L 11-27	2	1	0.0	0.0	0.0	0.0	0	0	3	0	0	0
12/07	@SF	L 17-28	4	0	0.0	0.0	0.0	0.0	0	0	1	0	0	0
12/14	Det	L 13-14	11	0	0.0	0.0	1.0	1.0	0	0	0	0	0	0
12/21	Ind	W 39-28	5	0	0.0	0.0	0.0	0.0	1	22	1	0	0	0

Jason Gildon — Pittsburgh Steelers – LB

1997 Defensive Splits

	G	Tk	Ast	Sack	Yds	Stuff	Yds	Int	Yds	PD	TD
Total	16	41	12	4.5	31.0	5.0	18.0	0	0	12	1
vs. Playoff	5	12	3	1.0	4.0	1.0	9.0	0	0	3	0
vs. Non-Playoff	11	29	9	3.5	27.0	4.0	9.0	0	0	9	1
vs. Own Division	8	20	4	3.5	22.0	2.0	5.0	0	0	7	1
Home	8	17	7	2.0	14.0	3.5	14.5	0	0	6	1
Away	8	24	5	2.5	17.0	1.5	3.5	0	0	6	0
Games 1-8	8	17	6	3.0	18.0	2.5	4.5	0	0	6	1
Games 9-16	8	24	6	1.5	13.0	2.5	13.5	0	0	6	0
Aug/Sept	4	6	4	1.0	10.0	1.0	2.0	0	0	3	1
October	4	11	2	2.0	8.0	1.5	2.5	0	0	3	0
November	5	17	2	1.0	9.0	1.5	4.5	0	0	5	0
December	3	7	4	0.5	4.0	1.0	9.0	0	0	1	0
Grass	6	20	4	2.5	17.0	0.5	1.5	0	0	3	0
Turf	10	21	8	2.0	14.0	4.5	16.5	0	0	9	1
Indoor	0	0	0	0.0	0.0	0.0	0.0	0	0	0	0
Outdoor	16	41	12	4.5	31.0	5.0	18.0	0	0	12	1

Game Logs

Date	Opp	Result	Tk	Ast	Sack	Yds	Stuff	Yds	Int	Yds	PD	FF	FR	TD
08/31	Dal	L 7-37	1	1	0.0	0.0	0.0	0.0	0	0	0	0	0	0
09/07	Was	W 14-13	3	2	0.0	0.0	1.0	2.0	0	0	1	0	0	0
09/22	@Jac	L 21-30	0	1	0.0	0.0	0.0	0.0	0	0	1	0	0	0
09/28	Ten	W 37-24	2	0	1.0	10.0	0.0	0.0	0	0	1	0	1	1
10/05	@Bal	W 42-34	5	0	1.0	4.0	0.0	0.0	0	0	1	0	0	0
10/12	Ind	W 24-22	1	2	0.0	0.0	0.5	0.5	0	0	1	0	0	0
10/19	@Cin	W 26-10	4	0	0.0	0.0	1.0	2.0	0	0	1	0	0	0
10/26	Jac	W 23-17	1	0	1.0	4.0	0.0	0.0	0	0	1	0	0	0
11/03	@KC	L 10-13	5	0	0.0	0.0	0.0	0.0	0	0	1	0	0	0
11/09	Bal	W 37-0	2	0	0.0	0.0	1.0	3.0	0	0	1	0	0	0
11/16	Cin	W 20-3	5	1	0.0	0.0	0.0	0.0	0	0	1	0	1	0
11/23	@Phi	L 20-23	0	1	0.0	0.0	0.0	0.0	0	0	2	0	0	0
11/30	@Ari	W 26-20	5	0	1.0	9.0	0.5	1.5	0	0	0	0	0	0
12/07	Den	W 35-24	2	1	0.0	0.0	1.0	9.0	0	0	0	0	0	0
12/13	@NE	W 24-21	4	1	0.0	0.0	0.0	0.0	0	0	0	0	0	0
12/21	@Ten	L 6-16	1	2	0.5	4.0	0.0	0.0	0	0	1	0	0	0

Aaron Glenn — New York Jets – CB

1997 Defensive Splits

	G	Tk	Ast	Sack	Yds	Stuff	Yds	Int	Yds	PD	TD
Total	16	54	11	0.0	0.0	1.5	4.5	1	5	12	0
vs. Playoff	7	28	5	0.0	0.0	0.5	0.5	0	0	1	0
vs. Non-Playoff	9	26	6	0.0	0.0	1.0	4.0	1	5	11	0
vs. Own Division	8	30	9	0.0	0.0	1.5	4.5	1	5	3	0
Home	8	32	6	0.0	0.0	0.5	0.5	0	0	4	0
Away	8	22	5	0.0	0.0	1.0	4.0	1	5	8	0
Games 1-8	8	34	3	0.0	0.0	1.5	4.5	1	5	9	0
Games 9-16	8	20	8	0.0	0.0	0.0	0.0	0	0	3	0
Aug/Sept	5	15	2	0.0	0.0	0.0	0.0	0	0	8	0
October	3	19	1	0.0	0.0	1.5	4.5	1	5	1	0
November	5	17	5	0.0	0.0	0.0	0.0	0	0	2	0
December	3	3	3	0.0	0.0	0.0	0.0	0	0	1	0
Grass	3	10	4	0.0	0.0	0.0	0.0	0	0	2	0
Turf	13	44	7	0.0	0.0	1.5	4.5	1	5	10	0
Indoor	3	9	1	0.0	0.0	1.0	4.0	1	5	5	0
Outdoor	13	45	10	0.0	0.0	0.5	0.5	0	0	7	0

Game Logs

Date	Opp	Result	Tk	Ast	Sack	Yds	Stuff	Yds	Int	Yds	PD	FF	FR	TD
08/31	@Sea	W 41-3	2	0	0.0	0.0	0.0	0.0	0	0	4	0	0	0
09/07	Buf	L 22-28	4	1	0.0	0.0	0.0	0.0	0	0	2	0	0	0
09/14	@NE	L 24-27	3	1	0.0	0.0	0.0	0.0	0	0	0	0	0	0
09/21	Oak	W 23-22	4	0	0.0	0.0	0.0	0.0	0	0	1	0	0	0
09/28	@Cin	W 31-14	2	0	0.0	0.0	0.0	0.0	0	0	1	0	0	0
10/05	@Ind	W 16-12	5	1	0.0	0.0	1.0	4.0	1	5	1	0	0	0
10/12	Mia	L 20-31	6	0	0.0	0.0	0.0	0.0	0	0	0	0	0	0
10/19	NE	W 24-19	8	0	0.0	0.0	0.5	0.5	0	0	0	0	0	0
11/02	Bal	W 19-16	4	1	0.0	0.0	0.0	0.0	0	0	1	0	0	0
11/09	@Mia	L 17-24	3	3	0.0	0.0	0.0	0.0	0	0	0	0	0	0
11/16	@Chi	W 23-15	4	0	0.0	0.0	0.0	0.0	0	0	2	0	0	0
11/23	Min	W 23-21	5	1	0.0	0.0	0.0	0.0	0	0	0	0	0	0
11/30	@Buf	L 10-20	1	0	0.0	0.0	0.0	0.0	0	0	0	0	0	0
12/07	Ind	L 14-22	0	3	0.0	0.0	0.0	0.0	0	0	0	0	0	0
12/14	TB	W 31-0	1	0	0.0	0.0	0.0	0.0	0	0	1	0	0	0
12/21	@Det	L 10-13	2	0	0.0	0.0	0.0	0.0	0	0	0	0	0	0

Randall Godfrey — Dallas Cowboys – LB

1997 Defensive Splits

	G	Tk	Ast	Sack	Yds	Stuff	Yds	Int	Yds	PD	TD
Total	16	67	31	1.0	4.5	4.0	6.0	0	0	1	0
vs. Playoff	6	21	17	0.0	0.0	3.0	5.0	0	0	0	0
vs. Non-Playoff	10	46	14	1.0	4.5	1.0	1.0	0	0	1	0
vs. Own Division	8	36	15	1.0	4.5	3.5	4.5	0	0	1	0
Home	8	34	10	0.0	0.0	2.0	2.0	0	0	0	0
Away	8	33	21	1.0	4.5	2.0	4.0	0	0	1	0
Games 1-8	8	28	18	1.0	4.5	1.5	2.5	0	0	1	0
Games 9-16	8	39	13	0.0	0.0	2.5	3.5	0	0	0	0
Aug/Sept	4	16	9	0.0	0.0	0.0	0.0	0	0	0	0
October	4	12	9	1.0	4.5	1.5	2.5	0	0	1	0
November	5	23	10	0.0	0.0	1.5	2.5	0	0	0	0
December	3	16	3	0.0	0.0	1.0	1.0	0	0	0	0
Grass	4	20	12	1.0	4.5	0.5	1.5	0	0	0	0
Turf	12	47	19	0.0	0.0	3.5	4.5	0	0	1	0
Indoor	0	0	0	0	0	0	0	0	0	0	0
Outdoor	16	67	31	1.0	4.5	4.0	6.0	0	0	1	0

Game Logs

Date	Opp	Result	Tk	Ast	Sack	Yds	Stuff	Yds	Int	Yds	PD	FF	FR	TD
08/31	@Pit	W 37-7	3	0	0.0	0.0	0.0	0.0	0	0	0	0	0	0
09/07	@Ari	L 22-25	8	3	0.0	0.0	0.0	0.0	0	0	0	0	1	0
09/15	Phi	W 21-20	1	1	0.0	0.0	0.0	0.0	0	0	0	0	0	0
09/28	Chi	W 27-3	6	2	0.0	0.0	0.0	0.0	0	0	0	0	0	0
10/05	@NYN	L 17-20	4	5	0.0	0.0	1.5	2.5	0	0	0	0	0	0
10/13	@Was	L 16-21	3	2	1.0	4.5	0.0	0.0	0	0	0	0	0	0
10/19	Jac	W 26-22	1	1	0.0	0.0	0.0	0.0	0	0	1	0	0	0
10/26	@Phi	L 12-13	4	1	0.0	0.0	0.0	0.0	0	0	0	0	0	0
11/02	@SF	L 10-17	3	1	0.0	0.0	0.5	1.5	0	0	0	0	0	0
11/09	Ari	W 24-6	6	1	0.0	0.0	1.0	1.0	0	0	0	0	0	0
11/16	Was	W 17-14	4	1	0.0	0.0	0.0	0.0	0	0	0	0	0	0
11/23	@GB	L 17-45	6	6	0.0	0.0	0.0	0.0	0	0	0	0	0	0
11/27	Ten	L 14-27	4	1	0.0	0.0	0.0	0.0	0	0	0	0	0	0
12/08	Car	L 13-23	6	2	0.0	0.0	0.0	0.0	0	0	0	0	0	0
12/14	@Cin	L 24-31	4	0	0.0	0.0	0.0	0.0	0	0	0	0	0	0
12/21	NYN	L 7-20	6	1	0.0	0.0	1.0	1.0	0	0	0	0	0	0

Darrien Gordon — Denver Broncos – CB

1997 Defensive Splits

	G	Tk	Ast	Sack	Yds	Stuff	Yds	Int	Yds	PD	TD
Total	16	52	11	2.0	2.0	0.0	2.0	4	64	11	1
vs. Playoff	5	16	8	1.0	0.0	0.0	0.0	2	12	7	0
vs. Non-Playoff	11	36	3	1.0	2.0	1.0	2.0	2	52	4	1
vs. Own Division	8	31	3	0.0	0.0	1.0	2.0	2	44	5	1
Home	8	22	5	1.0	0.0	0.0	2.0	0	0	4	0
Away	8	30	6	1.0	2.0	0.0	0.0	4	64	7	1
Games 1-8	8	28	6	2.0	2.0	0.0	0.0	2	52	7	1
Games 9-16	8	24	5	0.0	0.0	1.0	2.0	2	12	4	0
Aug/Sept	5	19	5	2.0	2.0	0.0	0.0	2	52	6	1
October	3	9	1	0.0	0.0	0.0	0.0	0	0	1	0
November	5	17	0	0.0	0.0	1.0	2.0	1	12	1	0
December	3	7	5	0.0	0.0	0.0	0.0	1	0	3	0
Grass	12	36	5	1.0	0.0	1.0	2.0	1	12	6	0
Turf	4	16	6	1.0	2.0	0.0	0.0	3	52	5	1
Indoor	2	9	1	1.0	2.0	0.0	0.0	2	52	3	1
Outdoor	14	43	10	1.0	0.0	1.0	2.0	2	12	8	0

Game Logs

Date	Opp	Result	Tk	Ast	Sack	Yds	Stuff	Yds	Int	Yds	PD	FF	FR	TD
08/31	KC	W 19-3	4	2	1.0	0.0	0.0	0.0	0	0	2	0	0	0
09/07	@Sea	W 35-14	6	1	0.0	0.0	0.0	0.0	1	32	2	0	0	1
09/14	StL	W 35-14	2	0	0.0	0.0	0.0	0.0	0	0	1	0	1	0
09/21	Cin	W 38-20	4	2	0.0	0.0	0.0	0.0	0	0	0	0	0	0
09/28	@Atl	W 29-21	3	0	1.0	2.0	0.0	0.0	1	20	1	0	0	0
10/06	NE	W 34-13	3	1	0.0	0.0	0.0	0.0	0	0	1	0	2	0
10/19	@Oak	L 25-28	2	0	0.0	0.0	0.0	0.0	0	0	0	0	0	0
10/26	@Buf	W 23-20	4	0	0.0	0.0	0.0	0.0	0	0	0	0	0	0
11/02	Sea	W 30-27	4	0	0.0	0.0	1.0	2.0	0	0	0	0	1	0
11/09	Car	W 34-0	0	0	0.0	0.0	0.0	0.0	0	0	0	0	0	0
11/16	@KC	L 22-24	4	0	0.0	0.0	0.0	0.0	1	12	1	0	0	0
11/24	Oak	W 31-3	3	0	0.0	0.0	0.0	0.0	0	0	0	0	0	0
11/30	@SD	W 38-28	6	0	0.0	0.0	0.0	0.0	0	0	0	0	0	0
12/07	@Pit	L 24-35	3	5	0.0	0.0	0.0	0.0	1	0	2	1	0	0
12/15	@SF	L 17-34	2	0	0.0	0.0	0.0	0.0	0	0	1	0	0	0
12/21	SD	W 38-3	2	0	0.0	0.0	0.0	0.0	0	0	0	0	0	0

Victor Green — New York Jets – S

1997 Defensive Splits

	G	Tk	Ast	Sack	Yds	Stuff	Yds	Int	Yds	PD	TD
Total	16	90	34	2.0	27.0	2.5	5.5	3	89	8	0
vs. Playoff	7	42	12	2.0	27.0	0.0	0.0	0	0	2	0
vs. Non-Playoff	9	48	22	0.0	0.0	2.5	5.5	3	89	6	0
vs. Own Division	8	41	19	1.0	9.0	1.0	2.5	1	39	4	0
Home	8	47	24	1.0	9.0	2.0	4.5	0	0	2	0
Away	8	43	10	1.0	18.0	0.5	1.0	3	89	6	0
Games 1-8	8	41	14	1.0	9.0	1.0	2.0	1	39	3	0
Games 9-16	8	49	20	1.0	18.0	1.5	3.5	2	50	5	0
Aug/Sept	5	21	10	0.0	0.0	1.0	2.0	0	0	2	0
October	3	20	4	1.0	9.0	0.0	0.0	1	39	1	0
November	5	33	9	0.0	0.0	1.0	2.0	2	50	3	0
December	3	16	11	1.0	18.0	0.5	1.5	0	0	2	0
Grass	3	19	4	0.0	0.0	0.0	0.0	2	50	3	0
Turf	13	71	30	2.0	27.0	2.5	5.5	1	39	5	0
Indoor	3	14	4	1.0	18.0	0.0	0.0	1	39	2	0
Outdoor	13	76	30	1.0	9.0	2.5	5.5	2	50	6	0

Game Logs

Date	Opp	Result	Tk	Ast	Sack	Yds	Stuff	Yds	Int	Yds	PD	FF	FR	TD
08/31	@Sea	W 41-3	3	1	0.0	0.0	0.0	0.0	0	0	0	0	0	0
09/07	Buf	L 22-28	2	4	0.0	0.0	0.0	0.0	0	0	0	0	0	0
09/14	@NE	L 24-27	5	2	0.0	0.0	0.0	0.0	0	0	1	0	0	0
09/21	Oak	W 23-22	8	3	0.0	0.0	1.0	2.0	0	0	1	0	0	0
09/28	@Cin	W 31-14	3	0	0.0	0.0	0.0	0.0	0	0	0	0	0	0
10/05	@Ind	W 16-12	5	1	0.0	0.0	0.0	0.0	1	39	1	0	0	0
10/12	Mia	L 20-31	9	1	0.0	0.0	0.0	0.0	0	0	0	0	0	0
10/19	NE	W 24-19	6	2	1.0	9.0	0.0	0.0	0	0	0	0	0	0
11/02	Bal	W 19-16	7	4	0.0	0.0	0.5	1.0	0	0	0	0	0	0
11/09	@Mia	L 17-24	4	1	0.0	0.0	0.0	0.0	0	0	0	0	0	0
11/16	@Chi	W 23-15	10	1	0.0	0.0	0.0	0.0	2	50	2	1	0	0
11/23	Min	W 23-21	5	1	0.0	0.0	0.0	0.0	0	0	0	0	0	0
11/30	@Buf	L 10-20	7	2	0.0	0.0	0.5	1.0	0	0	1	0	0	0
12/07	Ind	L 14-22	3	6	0.0	0.0	0.5	1.5	0	0	1	0	0	0
12/14	TB	W 31-0	7	3	0.0	0.0	0.0	0.0	0	0	0	0	0	0
12/21	@Det	L 10-13	6	2	1.0	18.0	0.0	0.0	0	0	1	1	0	0

Kevin Greene — San Francisco 49ers – LB

1997 Defensive Splits

	G	Tk	Ast	Sack	Yds	Stuff	Yds	Int	Yds	PD	TD
Total	14	18	8	10.5	72.5	1.0	1.5	0	0	3	1
vs. Playoff	4	5	1	2.5	12.5	0.0	0.0	0	0	1	1
vs. Non-Playoff	10	13	7	8.0	60.0	1.0	1.5	0	0	2	0
vs. Own Division	6	5	3	2.0	23.0	0.5	0.5	0	0	2	0
Home	7	10	3	6.5	41.5	0.5	1.0	0	0	3	1
Away	7	8	5	4.0	31.0	0.5	0.5	0	0	0	0
Games 1-8	6	3	3	1.0	13.0	0.5	0.5	0	0	0	1
Games 9-16	8	15	5	9.5	59.5	0.5	1.0	0	0	2	0
Aug/Sept	3	1	2	0.0	0.0	0.5	0.5	0	0	0	0
October	3	2	1	1.0	13.0	0.0	0.0	0	0	0	1
November	5	9	2	5.0	35.0	0.5	1.0	0	0	1	0
December	3	6	3	4.5	24.5	0.0	0.0	0	0	1	0
Grass	10	12	6	6.5	41.5	1.0	1.5	0	0	3	1
Turf	4	6	4	4.0	31.0	0.0	0.0	0	0	0	0
Indoor	3	5	3	3.0	25.0	0.0	0.0	0	0	0	0
Outdoor	11	13	5	7.5	47.5	1.0	1.5	0	0	3	1

Game Logs

Date	Opp	Result	Tk	Ast	Sack	Yds	Stuff	Yds	Int	Yds	PD	FF	FR	TD
08/31	@TB	L 6-13	1	0	0.0	0.0	0.0	0.0	0	0	0	0	0	0
09/07	@StL	W 15-12	-	-	-	-	-	-	-	-	-	-	-	-
09/14	NO	W 33-7	0	1	0.0	0.0	0.0	0.0	0	0	0	0	0	0
09/21	Atl	W 34-7	-	-	-	-	-	-	-	-	-	-	-	-
09/29	@Car	W 34-21	0	1	0.0	0.0	0.5	0.5	0	0	0	0	0	0
10/12	StL	W 30-10	0	0	0.0	0.0	0.0	0.0	0	0	1	0	1	0
10/19	@Atl	W 35-28	2	1	1.0	13.0	0.0	0.0	0	0	0	0	0	1
10/26	@NO	W 23-0	0	0	0.0	0.0	0.0	0.0	0	0	0	0	0	0
11/02	Dal	W 17-10	1	1	1.0	10.0	0.5	1.0	0	0	0	0	0	0
11/10	@Phi	W 24-12	1	1	1.0	6.0	0.0	0.0	0	0	0	0	0	0
11/16	Car	W 27-19	3	0	1.0	10.0	0.0	0.0	0	0	1	0	0	0
11/23	SD	W 17-10	3	0	2.0	9.0	0.0	0.0	0	0	0	0	0	0
11/30	@KC	L 9-44	1	0	0.0	0.0	0.0	0.0	0	0	0	0	0	0
12/07	Min	W 28-17	2	1	1.5	3.5	0.0	0.0	0	0	0	0	0	0
12/15	Den	W 34-17	1	0	1.0	9.0	0.0	0.0	0	0	1	1	1	1
12/21	@Sea	L 9-38	3	2	2.0	12.0	0.0	0.0	0	0	0	0	0	0

Robert Griffith — Minnesota Vikings – S

1997 Defensive Splits

	G	Tk	Ast	Sack	Yds	Stuff	Yds	Int	Yds	PD	TD
Total	16	90	25	0.0	0.0	4.0	11.0	2	26	4	0
vs. Playoff	8	44	12	0.0	0.0	2.0	5.0	0	0	0	0
vs. Non-Playoff	8	46	13	0.0	0.0	2.0	6.0	2	26	4	0
vs. Own Division	8	46	12	0.0	0.0	2.5	7.5	0	0	0	0
Home	8	52	11	0.0	0.0	2.5	8.5	2	26	3	0
Away	8	38	14	0.0	0.0	1.5	2.5	0	0	1	0
Games 1-8	8	33	15	0.0	0.0	1.0	1.5	0	0	2	0
Games 9-16	8	57	10	0.0	0.0	3.0	9.5	2	26	2	0
Aug/Sept	5	17	11	0.0	0.0	0.0	0.0	0	0	2	0
October	3	16	4	0.0	0.0	1.0	1.5	0	0	0	0
November	4	36	7	0.0	0.0	3.0	9.5	0	0	0	0
December	4	21	3	0.0	0.0	0.0	0.0	2	26	2	0
Grass	5	21	8	0.0	0.0	1.5	1.5	0	0	0	0
Turf	11	69	17	0.0	0.0	3.0	9.5	2	26	4	0
Indoor	9	56	12	0.0	0.0	3.0	9.5	2	26	3	0
Outdoor	7	34	13	0.0	0.0	1.0	1.5	0	0	1	0

Game Logs

Date	Opp	Result	Tk	Ast	Sack	Yds	Stuff	Yds	Int	Yds	PD	FF	FR	TD
08/31	@Buf	W 34-13	3	0	0.0	0.0	0.0	0.0	0	0	1	0	0	0
09/07	@Chi	W 27-24	3	1	0.0	0.0	0.0	0.0	0	0	0	0	0	0
09/14	TB	L 14-28	3	3	0.0	0.0	0.0	0.0	0	0	0	0	0	0
09/21	@GB	L 32-38	3	3	0.0	0.0	0.0	0.0	0	0	1	0	0	0
09/28	Phi	W 28-19	5	4	0.0	0.0	0.0	0.0	0	0	1	0	0	0
10/05	@Ari	W 20-19	3	2	0.0	0.0	0.5	0.5	0	0	0	0	0	0
10/12	Car	W 21-14	4	0	0.0	0.0	0.0	0.0	0	0	0	0	0	0
10/26	@TB	W 10-6	9	2	0.0	0.0	0.5	1.0	0	0	0	0	0	0
11/02	NE	W 23-18	10	1	0.0	0.0	1.0	3.0	0	0	0	0	0	0
11/09	Chi	W 29-22	12	0	0.0	0.0	1.5	5.5	0	0	0	0	1	0
11/16	@Det	L 15-38	4	1	0.0	0.0	0.5	1.0	0	0	0	0	0	0
11/23	@NYA	L 21-23	10	5	0.0	0.0	0.0	0.0	0	0	0	0	0	0
12/01	GB	L 11-27	10	2	0.0	0.0	0.0	0.0	0	0	0	0	0	0
12/07	@SF	L 17-28	3	0	0.0	0.0	0.0	0.0	0	0	0	0	0	0
12/14	Det	L 13-14	2	1	0.0	0.0	0.0	0.0	0	0	0	0	0	0
12/21	Ind	W 39-28	6	1	0.0	0.0	0.0	0.0	2	26	2	0	0	0

Rhett Hall — Philadelphia Eagles – DT

1997 Defensive Splits

	G	Tk	Ast	Sack	Yds	Stuff	Yds	Int	Yds	PD	TD
Total	15	48	16	8.0	50.0	6.5	13.5	1	39	4	0
vs. Playoff	7	16	6	1.0	6.0	0.0	0.0	1	39	2	0
vs. Non-Playoff	8	32	10	7.0	44.0	6.5	13.5	0	0	2	0
vs. Own Division	7	26	7	6.5	39.0	5.5	12.5	0	0	1	0
Home	8	31	11	5.5	34.0	3.0	8.0	1	39	3	0
Away	7	17	5	2.5	16.0	3.5	5.5	0	0	1	0
Games 1-8	8	19	7	6.5	40.0	4.0	9.0	1	39	2	0
Games 9-16	7	29	9	1.5	10.0	2.5	4.5	0	0	2	0
Aug/Sept	4	4	2	0.0	0.0	1.0	1.0	1	39	2	0
October	4	15	5	6.5	40.0	3.0	8.0	0	0	0	0
November	5	23	7	1.5	10.0	1.5	3.5	0	0	2	0
December	2	6	2	0.0	0.0	1.0	1.0	0	0	0	0
Grass	3	11	3	2.5	16.0	1.5	3.5	0	0	0	0
Turf	12	37	13	5.5	34.0	5.0	10.0	1	39	4	0
Indoor	2	2	2	0.0	0.0	1.0	1.0	0	0	0	0
Outdoor	13	46	14	8.0	50.0	5.5	12.5	1	39	4	0

Game Logs

Date	Opp	Result	Tk	Ast	Sack	Yds	Stuff	Yds	Int	Yds	PD	FF	FR	TD
08/31	@NYN	L 17-31	2	0	0.0	0.0	0.0	0.0	0	0	0	0	0	0
09/07	GB	W 10-9	0	1	0.0	0.0	0.0	0.0	1	39	1	0	0	0
09/15	@Dal	L 20-21	2	0	0.0	0.0	1.0	1.0	0	0	1	0	0	0
09/28	@Min	L 19-28	0	1	0.0	0.0	0.0	0.0	0	0	0	0	0	0
10/05	Was	W 24-10	2	2	1.0	8.0	0.0	0.0	0	0	0	0	0	0
10/12	@Jac	L 21-38	2	0	1.0	6.0	0.0	0.0	0	0	0	0	0	0
10/19	Ari	W 13-10	2	1	1.0	6.0	0.0	0.0	0	0	0	0	0	0
10/26	Dal	W 13-12	9	2	3.5	20.0	3.0	8.0	0	0	0	0	0	0
11/02	@Ari	L 21-31	5	1	0.0	0.0	1.5	3.5	0	0	0	0	0	0
11/10	SF	L 12-24	4	3	0.0	0.0	0.0	0.0	0	0	0	0	0	0
11/16	@Bal	T 10-10	4	2	0.5	5.0	0.0	0.0	0	0	0	0	0	0
11/23	Pit	W 23-20	4	0	0.0	0.0	0.0	0.0	0	0	1	0	0	0
11/30	Cin	W 44-42	6	1	0.0	0.0	0.0	0.0	0	0	1	0	0	0
12/07	NYN	L 21-31	4	1	0.0	0.0	0.0	0.0	0	0	1	0	0	0
12/14	@Atl	L 17-20	2	1	0.0	0.0	1.0	1.0	0	0	0	0	0	0
12/21	@Was	L 32-35	-	-	-	-	-	-	-	-	-	-	-	-

Travis Hall — Atlanta Falcons – DT

1997 Defensive Splits

	G	Tk	Ast	Sack	Yds	Stuff	Yds	Int	Yds	PD	TD
Total	16	61	17	10.5	62.5	4.5	13.0	0	0	4	0
vs. Playoff	5	16	3	1.0	5.0	0.0	0.0	0	0	0	0
vs. Non-Playoff	11	45	14	9.5	57.5	4.5	13.0	0	0	4	0
vs. Own Division	8	29	6	6.0	36.5	2.5	9.5	0	0	0	0
Home	8	31	5	6.5	37.0	0.5	2.0	0	0	1	0
Away	8	30	12	4.0	25.5	4.0	11.0	0	0	3	0
Games 1-8	8	31	6	5.5	37.5	1.0	3.5	0	0	0	0
Games 9-16	8	30	11	5.0	25.0	3.5	9.5	0	0	4	0
Aug/Sept	5	20	2	3.0	19.0	0.5	2.0	0	0	0	0
October	3	11	4	2.5	18.5	0.5	1.5	0	0	0	0
November	5	20	9	4.0	19.0	3.5	9.5	0	0	1	0
December	3	10	2	1.0	6.0	0.0	0.0	0	0	3	0
Grass	4	13	4	1.0	6.0	0.0	0.0	0	0	2	0
Turf	12	48	13	9.5	56.5	4.5	13.0	0	0	2	0
Indoor	12	48	13	9.5	56.5	4.5	13.0	0	0	2	0
Outdoor	4	13	4	1.0	6.0	0.0	0.0	0	0	2	0

Game Logs

Date	Opp	Result	Tk	Ast	Sack	Yds	Stuff	Yds	Int	Yds	PD	FF	FR	TD
08/31	@Det	L 17-28	1	1	0.0	0.0	0.0	0.0	0	0	0	0	0	0
09/07	Car	L 6-9	4	0	0.0	0.0	0.0	0.0	0	0	0	0	0	0
09/14	Oak	L 31-36	7	1	2.0	14.0	0.5	2.0	0	0	0	0	0	0
09/21	@SF	L 7-34	3	0	0.0	0.0	0.0	0.0	0	0	0	0	0	0
09/28	Den	L 21-29	5	0	1.0	5.0	0.0	0.0	0	0	0	0	0	0
10/12	@NO	W 23-17	6	1	2.5	18.5	0.5	1.5	0	0	0	0	1	0
10/19	SF	L 28-35	3	1	0.0	0.0	0.0	0.0	0	0	0	0	0	0
10/26	@Car	L 12-21	2	2	0.0	0.0	0.0	0.0	0	0	0	0	0	0
11/02	StL	W 34-31	4	1	0.0	0.0	0.0	0.0	0	0	0	0	0	0
11/09	TB	L 10-31	4	1	0.0	0.0	0.0	0.0	0	0	0	0	0	0
11/16	@StL	W 27-21	5	0	0.0	0.0	2.0	8.0	0	0	0	0	0	0
11/23	NO	W 20-3	2	1	3.5	18.0	0.0	0.0	0	0	0	0	0	0
11/30	@Sea	W 24-17	5	6	0.5	1.0	1.5	1.5	0	0	1	0	0	0
12/07	@SD	W 14-3	5	1	1.0	6.0	0.0	0.0	0	0	1	0	0	0
12/14	Phi	W 20-17	2	1	0.0	0.0	0.0	0.0	0	0	1	0	0	0
12/21	@Ari	L 26-29	3	1	0.0	0.0	0.0	0.0	0	0	1	0	0	0

Keith Hamilton — New York Giants – DT

1997 Defensive Splits

	G	Tk	Ast	Sack	Yds	Stuff	Yds	Int	Yds	PD	TD
Total	16	40	17	8.0	47.5	3.0	5.0	0	0	3	0
vs. Playoff	3	5	3	1.0	0.0	1.0	1.0	0	0	1	0
vs. Non-Playoff	13	35	14	7.0	47.5	2.0	4.0	0	0	2	0
vs. Own Division	8	19	8	4.5	20.5	2.0	4.0	0	0	1	0
Home	8	22	9	2.5	21.0	0.0	0.0	0	0	2	0
Away	8	18	8	5.5	26.5	3.0	5.0	0	0	1	0
Games 1-8	8	23	10	4.5	31.0	1.0	1.0	0	0	3	0
Games 9-16	8	17	7	3.5	16.5	2.0	4.0	0	0	0	0
Aug/Sept	5	19	5	4.0	27.0	1.0	1.0	0	0	3	0
October	4	6	7	1.0	8.0	0.0	0.0	0	0	0	0
November	4	7	3	1.5	9.5	0.0	0.0	0	0	0	0
December	3	8	2	1.5	3.0	2.0	4.0	0	0	0	0
Grass	4	8	5	3.0	13.5	1.0	1.0	0	0	0	1
Turf	12	32	12	5.0	34.0	2.0	4.0	0	0	2	0
Indoor	2	4	3	1.0	10.0	0.0	0.0	0	0	0	0
Outdoor	14	36	14	7.0	37.5	3.0	5.0	0	0	3	0

Game Logs

Date	Opp	Result	Tk	Ast	Sack	Yds	Stuff	Yds	Int	Yds	PD	FF	FR	TD
08/31	Phi	W 31-17	4	1	1.0	4.0	0.0	0.0	0	0	1	0	1	0
09/07	@Jac	L 13-40	3	1	1.0	0.0	1.0	1.0	0	0	1	1	0	0
09/14	Bal	L 23-24	6	1	1.0	13.0	0.0	0.0	0	0	1	0	0	0
09/21	@StL	L 3-13	3	1	1.0	10.0	0.0	0.0	0	0	0	0	0	0
09/28	NO	W 14-9	3	1	0.0	0.0	0.0	0.0	0	0	0	0	1	0
10/05	Dal	W 20-17	3	1	0.0	0.0	0.0	0.0	0	0	0	0	0	0
10/12	@Ari	W 27-13	0	2	0.5	4.0	0.0	0.0	0	0	0	0	0	0
10/19	@Det	W 26-20	1	2	0.0	0.0	0.0	0.0	0	0	0	0	0	0
10/26	Cin	W 29-27	2	2	0.5	4.0	0.0	0.0	0	0	0	0	0	0
11/09	@Ten	L 6-10	2	1	0.0	0.0	0.0	0.0	0	0	0	0	0	0
11/16	Ari	W 19-10	1	1	0.0	0.0	0.0	0.0	0	0	0	0	0	0
11/23	@Was	T 7-7	3	1	1.5	9.5	0.0	0.0	0	0	0	0	0	0
11/30	TB	L 8-20	1	0	0.0	0.0	0.0	0.0	0	0	0	0	0	0
12/07	@Phi	W 31-21	4	0	1.5	3.0	1.0	2.0	0	0	0	0	1	0
12/13	Was	W 30-10	2	0	0.0	0.0	1.0	2.0	0	0	0	0	0	0
12/21	@Dal	W 20-7	2	1	0.0	0.0	0.0	0.0	0	0	0	0	0	0

Merton Hanks — San Francisco 49ers – S

1997 Defensive Splits	G	Tk	Ast	Sack	Yds	Stuff	Yds	Int	Yds	PD	TD	Date	Opp	Result	Tk	Ast	Sack	Yds	Stuff	Yds	Int	Yds	PD	FF	FR	TD
Total	16	51	10	0.0	0.0	0.0	0.0	6	103	13	2	08/31	@TB	L 6-13	4	0	0.0	0.0	0.0	0.0	0	0	0	0	1	0
vs. Playoff	4	12	5	0.0	0.0	0.0	0.0	1	55	4	1	09/07	@StL	W 15-12	5	0	0.0	0.0	0.0	0.0	0	0	0	0	0	0
vs. Non-Playoff	12	39	5	0.0	0.0	0.0	0.0	5	48	9	1	09/14	NO	W 33-7	4	0	0.0	0.0	0.0	0.0	0	0	1	0	0	0
vs. Own Division	8	24	4	0.0	0.0	0.0	0.0	3	45	6	0	09/21	Atl	W 34-7	1	0	0.0	0.0	0.0	0.0	0	0	1	0	0	0
Home	8	25	6	0.0	0.0	0.0	0.0	4	58	10	1	09/29	@Car	W 34-21	2	1	0.0	0.0	0.0	0.0	2	45	3	0	0	0
Away	8	26	4	0.0	0.0	0.0	0.0	2	45	3	1	10/12	StL	W 30-10	3	0	0.0	0.0	0.0	0.0	0	0	0	0	0	0
Games 1-8	8	24	3	0.0	0.0	0.0	0.0	2	45	5	0	10/19	@Atl	W 35-28	4	0	0.0	0.0	0.0	0.0	0	0	0	0	0	0
Games 9-16	8	27	7	0.0	0.0	0.0	0.0	4	58	8	2	10/26	@NO	W 23-0	1	0	0.0	0.0	0.0	0.0	0	0	0	0	0	0
Aug/Sept	5	16	2	0.0	0.0	0.0	0.0	2	45	5	0	11/02	Dal	W 17-10	4	1	0.0	0.0	0.0	0.0	0	0	0	0	0	0
October	3	8	1	0.0	0.0	0.0	0.0	0	0	0	0	11/10	@Phi	W 24-12	4	0	0.0	0.0	0.0	0.0	0	0	0	1	1	0
November	5	21	4	0.0	0.0	0.0	0.0	3	3	4	1	11/16	Car	W 27-19	4	1	0.0	0.0	0.0	0.0	1	0	1	0	0	0
December	3	6	3	0.0	0.0	0.0	0.0	1	55	4	1	11/23	SD	W 17-10	5	0	0.0	0.0	0.0	0.0	2	3	3	0	0	0
Grass	11	35	9	0.0	0.0	0.0	0.0	6	103	13	1	11/30	@KC	L 9-44	4	2	0.0	0.0	0.0	0.0	0	0	0	0	0	0
Turf	5	16	1	0.0	0.0	0.0	0.0	0	0	0	1	12/07	Min	W 28-17	1	0	0.0	0.0	0.0	0.0	0	0	1	0	0	0
Indoor	4	12	1	0.0	0.0	0.0	0.0	0	0	0	0	12/15	Den	W 34-17	3	3	0.0	0.0	0.0	0.0	1	55	3	0	0	1
Outdoor	12	39	9	0.0	0.0	0.0	0.0	6	103	13	2	12/21	@Sea	L 9-38	2	0	0.0	0.0	0.0	0.0	0	0	0	0	0	0

Phil Hansen — Buffalo Bills – DE

1997 Defensive Splits	G	Tk	Ast	Sack	Yds	Stuff	Yds	Int	Yds	PD	TD	Date	Opp	Result	Tk	Ast	Sack	Yds	Stuff	Yds	Int	Yds	PD	FF	FR	TD
Total	16	58	21	6.0	40.5	4.0	5.0	0	0	2	4	08/31	Min	L 13-34	3	1	0.0	0.0	0.0	0.0	0	0	0	0	0	0
vs. Playoff	10	37	12	3.0	11.5	4.0	5.0	0	0	2	0	09/07	@NYA	W 28-22	2	0	1.0	7.0	0.0	0.0	0	0	0	0	0	0
vs. Non-Playoff	6	21	9	3.0	29.0	0.0	0.0	0	0	2	0	09/14	@KC	L 16-22	2	1	0.5	2.5	1.0	2.0	0	0	0	0	0	0
vs. Own Division	8	29	7	3.5	35.0	2.5	2.5	0	0	0	0	09/21	Ind	W 37-35	4	2	1.0	8.0	0.0	0.0	0	0	0	0	0	0
Home	8	32	11	4.5	31.0	2.0	2.0	0	0	2	0	10/05	Det	W 22-13	1	1	0.0	0.0	0.5	0.5	0	0	0	0	0	0
Away	8	26	10	1.5	9.5	2.0	3.0	0	0	2	0	10/12	@NE	L 6-33	3	0	0.0	0.0	0.0	0.0	0	0	0	0	0	0
Games 1-8	8	25	7	4.5	20.5	1.5	2.5	0	0	2	0	10/20	@Ind	W 9-6	5	0	0.0	0.0	0.0	0.0	0	0	0	0	0	0
Games 9-16	8	33	14	1.5	20.0	2.5	2.5	0	0	2	0	10/26	Den	L 20-23	5	2	2.0	3.0	0.0	0.0	0	0	2	0	0	0
Aug/Sept	4	11	4	2.5	17.5	1.0	2.0	0	0	0	0	11/02	Mia	W 9-6	2	1	0.0	0.0	0.0	0.0	0	0	0	0	0	0
October	4	14	3	2.0	3.0	0.5	0.5	0	0	2	0	11/09	NE	L 10-31	6	3	0.5	6.0	1.5	1.5	0	0	0	1	0	0
November	5	19	9	1.5	20.0	2.5	2.5	0	0	0	0	11/17	@Mia	L 13-30	4	1	0.0	0.0	1.0	1.0	0	0	0	0	0	0
December	3	14	5	0.0	0.0	0.0	0.0	0	0	0	1	11/23	@Ten	L 14-31	4	4	0.0	0.0	0.0	0.0	0	0	1	0	0	0
Grass	6	19	10	0.5	2.5	2.0	3.0	0	0	2	0	11/30	NYA	W 20-10	3	0	1.0	14.0	0.0	0.0	0	0	0	1	0	0
Turf	10	39	11	5.5	38.0	2.0	2.0	0	0	2	0	12/07	@Chi	L 3-20	3	3	0.0	0.0	0.0	0.0	0	0	1	0	0	0
Indoor	1	5	0	0.0	0.0	0.0	0.0	0	0	0	0	12/14	Jac	L 14-20	8	1	0.0	0.0	0.0	0.0	0	0	0	0	0	0
Outdoor	15	53	21	6.0	40.5	4.0	5.0	0	0	4	0	12/20	@GB	L 21-31	3	1	0.0	0.0	0.0	0.0	0	0	0	0	0	0

Anthony Harris — Miami Dolphins – LB

1997 Defensive Splits	G	Tk	Ast	Sack	Yds	Stuff	Yds	Int	Yds	PD	TD	Date	Opp	Result	Tk	Ast	Sack	Yds	Stuff	Yds	Int	Yds	PD	FF	FR	TD
Total	16	50	17	1.0	4.0	3.5	5.5	0	0	1	0	08/31	Ind	W 16-10	4	1	0.0	0.0	0.0	0.0	0	0	0	0	0	0
vs. Playoff	6	18	6	0.0	0.0	1.5	1.5	0	0	1	0	09/07	Ten	W 16-13	2	3	0.0	0.0	0.0	0.0	0	0	0	0	0	0
vs. Non-Playoff	10	32	11	1.0	4.0	2.0	4.0	0	0	0	0	09/14	@GB	L 18-23	4	1	0.0	0.0	0.0	0.0	0	0	0	0	0	0
vs. Own Division	8	24	7	1.0	4.0	2.5	4.5	0	0	0	0	09/21	@TB	L 21-31	2	2	0.0	0.0	1.0	1.0	0	0	0	0	0	0
Home	8	29	8	1.0	4.0	1.0	2.0	0	0	1	0	10/05	KC	W 17-14	3	1	0.0	0.0	0.0	0.0	0	0	1	0	0	0
Away	8	21	9	0.0	0.0	2.5	3.5	0	0	0	0	10/12	@NYA	W 31-20	2	1	0.0	0.0	0.0	0.0	0	0	0	0	0	0
Games 1-8	8	27	11	0.0	0.0	1.0	1.0	0	0	1	0	10/19	@Bal	W 24-13	3	1	0.0	0.0	0.0	0.0	0	0	0	0	0	0
Games 9-16	8	23	6	1.0	4.0	2.5	4.5	0	0	0	0	10/27	Chi	L 33-36	7	1	0.0	0.0	0.0	0.0	0	0	0	0	0	0
Aug/Sept	4	12	7	0.0	0.0	1.0	1.0	0	0	0	0	11/02	@Buf	L 6-9	1	3	0.0	0.0	0.0	0.0	0	0	0	0	0	0
October	4	15	4	0.0	0.0	0.0	0.0	0	0	1	0	11/09	NYA	W 24-17	2	1	0.0	0.0	1.0	2.0	0	0	0	0	0	0
November	5	18	5	1.0	4.0	1.5	2.5	0	0	0	0	11/17	Buf	W 30-13	4	0	1.0	4.0	0.0	0.0	0	0	0	0	0	0
December	3	5	1	0.0	0.0	1.0	2.0	0	0	0	0	11/23	@NE	L 24-27	5	1	0.0	0.0	0.5	0.5	0	0	0	0	0	0
Grass	13	46	13	1.0	4.0	2.5	3.5	0	0	0	1	11/30	@Oak	W 34-16	3	0	0.0	0.0	0.0	0.0	0	0	0	0	0	0
Turf	3	4	4	0.0	0.0	1.0	2.0	0	0	0	0	12/07	Det	W 33-30	2	1	0.0	0.0	0.0	0.0	0	0	0	0	0	0
Indoor	1	1	0	0.0	0.0	1.0	2.0	0	0	0	0	12/14	@Ind	L 0-41	1	0	0.0	0.0	1.0	2.0	0	0	0	0	0	0
Outdoor	15	49	17	1.0	4.0	2.5	3.5	0	0	1	0	12/22	NE	L 12-14	2	0	0.0	0.0	0.0	0.0	0	0	0	0	0	0

Bernardo Harris — Green Bay Packers – LB

1997 Defensive Splits

	G	Tk	Ast	Sack	Yds	Stuff	Yds	Int	Yds	PD	TD
Total	16	66	48	1.0	10.0	4.0	4.5	1	0	5	0
vs. Playoff	8	41	26	0.0	0.0	3.0	3.5	0	0	0	0
vs. Non-Playoff	8	25	22	1.0	10.0	1.0	1.0	1	0	5	0
vs. Own Division	8	46	29	0.0	0.0	3.0	3.0	1	0	2	0
Home	8	32	28	1.0	10.0	2.0	2.5	0	0	3	0
Away	8	34	20	0.0	0.0	2.0	2.0	1	0	2	0
Games 1-8	8	38	31	0.0	0.0	2.5	3.0	1	0	3	0
Games 9-16	8	28	17	1.0	10.0	1.5	1.5	0	0	2	0
Aug/Sept	5	21	22	0.0	0.0	2.0	2.5	0	0	1	0
October	3	17	9	0.0	0.0	0.5	0.5	1	0	1	0
November	4	13	8	1.0	10.0	0.5	0.5	0	0	2	0
December	4	15	9	0.0	0.0	1.0	1.0	0	0	1	0
Grass	12	51	35	1.0	10.0	3.5	4.0	1	0	4	0
Turf	4	15	13	0.0	0.0	0.5	0.5	0	0	1	0
Indoor	3	14	8	0.0	0.0	0.0	0.0	0	0	0	0
Outdoor	13	52	40	1.0	10.0	4.0	4.5	1	0	5	0

Game Logs

Date	Opp	Result	Tk	Ast	Sack	Yds	Stuff	Yds	Int	Yds	PD	FF	FR	TD
09/01	Chi	W 38-24	4	5	0.0	0.0	0.0	0.0	0	0	1	0	0	0
09/07	@Phi	L 9-10	1	5	0.0	0.0	0.5	0.5	0	0	1	0	0	0
09/14	Mia	W 23-18	2	2	0.0	0.0	0.5	1.0	0	0	0	0	0	0
09/21	Min	W 38-32	8	5	0.0	0.0	1.0	1.0	0	0	0	0	0	0
09/28	@Det	L 15-26	6	5	0.0	0.0	0.0	0.0	0	0	0	0	0	0
10/05	TB	W 21-16	6	5	0.0	0.0	0.0	0.0	0	0	0	0	0	0
10/12	@Chi	W 24-23	7	2	0.0	0.0	0.5	0.5	1	0	1	0	0	0
10/27	@NE	W 28-10	4	2	0.0	0.0	0.0	0.0	0	0	0	0	0	0
11/02	Det	W 20-10	5	2	0.0	0.0	0.5	0.5	0	0	0	0	0	0
11/09	StL	W 17-7	2	4	0.0	0.0	0.0	0.0	0	0	1	0	0	0
11/16	@Ind	L 38-41	4	1	0.0	0.0	0.0	0.0	0	0	1	0	0	0
11/23	Dal	W 45-17	2	1	1.0	10.0	0.0	0.0	0	0	0	0	0	0
12/01	@Min	W 27-11	4	2	0.0	0.0	0.0	0.0	0	0	0	0	0	0
12/07	@TB	W 17-6	6	3	0.0	0.0	1.0	1.0	0	0	0	0	0	0
12/14	@Car	W 31-10	2	0	0.0	0.0	0.0	0.0	0	0	0	0	0	0
12/20	Buf	W 31-21	3	4	0.0	0.0	0.0	0.0	0	0	0	0	0	0

Robert Harris — New York Giants – DT

1997 Defensive Splits

	G	Tk	Ast	Sack	Yds	Stuff	Yds	Int	Yds	PD	TD
Total	16	38	20	10.0	54.0	5.0	9.5	0	0	3	0
vs. Playoff	3	6	7	2.0	16.0	1.0	4.0	0	0	0	0
vs. Non-Playoff	13	32	13	8.0	38.0	4.0	5.5	0	0	3	0
vs. Own Division	8	21	7	7.0	32.0	1.5	3.0	0	0	2	0
Home	8	12	8	4.5	19.5	0.5	2.0	0	0	0	0
Away	8	26	12	5.5	34.5	4.5	7.5	0	0	3	0
Games 1-8	8	19	7	6.5	34.5	3.0	6.0	0	0	0	0
Games 9-16	8	19	13	3.5	19.5	2.0	3.5	0	0	3	0
Aug/Sept	5	11	5	2.5	11.5	3.0	6.0	0	0	0	0
October	4	9	3	4.0	23.0	0.0	0.0	0	0	0	0
November	4	14	11	1.5	5.5	2.0	3.5	0	0	2	0
December	3	4	1	2.0	14.0	0.0	0.0	0	0	1	0
Grass	4	17	9	1.5	4.5	2.5	5.5	0	0	2	0
Turf	12	21	11	8.5	49.5	2.5	4.0	0	0	1	0
Indoor	2	6	2	3.0	22.0	2.0	2.0	0	0	0	0
Outdoor	14	32	18	7.0	32.0	3.0	7.5	0	0	3	0

Game Logs

Date	Opp	Result	Tk	Ast	Sack	Yds	Stuff	Yds	Int	Yds	PD	FF	FR	TD
08/31	Phi	W 31-17	4	1	1.5	5.5	0.0	0.0	0	0	0	0	0	0
09/07	@Jac	L 13-40	3	3	0.0	0.0	1.0	4.0	0	0	0	0	0	0
09/14	Bal	L 23-24	0	1	0.0	0.0	0.0	0.0	0	0	0	0	0	0
09/21	@StL	L 3-13	3	0	1.0	6.0	2.0	2.0	0	0	0	0	0	0
09/28	NO	W 14-9	1	0	0.0	0.0	0.0	0.0	0	0	0	0	0	0
10/05	Dal	W 20-17	1	0	1.0	7.0	0.0	0.0	0	0	0	0	0	0
10/12	@Ari	W 27-13	4	0	1.0	0.0	0.0	0.0	0	0	0	0	1	0
10/19	@Det	W 26-20	3	2	2.0	16.0	0.0	0.0	0	0	0	0	1	0
10/26	Cin	W 29-27	1	1	0.0	0.0	0.0	0.0	0	0	0	0	0	0
11/09	@Ten	L 6-10	6	4	0.0	0.0	0.5	0.5	0	0	1	0	0	0
11/16	Ari	W 19-10	4	3	1.0	1.0	0.5	2.0	0	0	0	0	0	0
11/23	@Was	T 7-7	4	2	0.5	4.5	1.0	1.0	0	0	1	0	1	0
11/30	TB	L 8-20	0	2	0.0	0.0	0.0	0.0	0	0	0	0	0	0
12/07	@Phi	W 31-21	0	1	0.0	0.0	0.0	0.0	0	0	0	0	0	0
12/13	Was	W 30-10	1	0	1.0	6.0	0.0	0.0	0	0	1	0	0	0
12/21	@Dal	W 20-7	3	0	1.0	8.0	0.0	0.0	0	0	0	0	0	0

Walt Harris — Chicago Bears – CB

1997 Defensive Splits

	G	Tk	Ast	Sack	Yds	Stuff	Yds	Int	Yds	PD	TD
Total	16	77	8	0.0	0.0	0.0	0.0	5	30	15	0
vs. Playoff	10	56	7	0.0	0.0	0.0	0.0	3	8	11	0
vs. Non-Playoff	6	21	1	0.0	0.0	0.0	0.0	2	22	4	0
vs. Own Division	8	46	6	0.0	0.0	0.0	0.0	3	8	11	0
Home	8	46	4	0.0	0.0	0.0	0.0	2	8	9	0
Away	8	31	4	0.0	0.0	0.0	0.0	3	22	6	0
Games 1-8	8	44	4	0.0	0.0	0.0	0.0	2	8	9	0
Games 9-16	8	33	4	0.0	0.0	0.0	0.0	3	22	6	0
Aug/Sept	5	30	4	0.0	0.0	0.0	0.0	1	0	5	0
October	3	14	0	0.0	0.0	0.0	0.0	1	8	4	0
November	5	27	4	0.0	0.0	0.0	0.0	1	0	3	0
December	3	6	0	0.0	0.0	0.0	0.0	2	22	3	0
Grass	12	61	5	0.0	0.0	0.0	0.0	2	8	10	0
Turf	4	16	3	0.0	0.0	0.0	0.0	3	22	5	0
Indoor	3	12	3	0.0	0.0	0.0	0.0	3	22	5	0
Outdoor	13	65	5	0.0	0.0	0.0	0.0	2	8	10	0

Game Logs

Date	Opp	Result	Tk	Ast	Sack	Yds	Stuff	Yds	Int	Yds	PD	FF	FR	TD
09/01	@GB	L 24-38	2	0	0.0	0.0	0.0	0.0	0	0	1	0	0	0
09/07	Min	L 24-27	12	2	0.0	0.0	0.0	0.0	1	0	3	0	0	0
09/14	Det	L 7-32	9	1	0.0	0.0	0.0	0.0	0	0	1	0	0	0
09/21	@NE	L 3-31	3	1	0.0	0.0	0.0	0.0	0	0	0	1	0	0
09/28	@Dal	L 3-27	4	0	0.0	0.0	0.0	0.0	0	0	0	1	0	0
10/05	NO	L 17-20	3	0	0.0	0.0	0.0	0.0	0	0	0	1	0	0
10/12	GB	L 23-24	4	0	0.0	0.0	0.0	0.0	1	8	4	0	0	0
10/27	@Mia	W 36-33	7	0	0.0	0.0	0.0	0.0	0	0	0	0	0	0
11/02	Was	L 8-31	5	1	0.0	0.0	0.0	0.0	0	0	0	0	0	0
11/09	@Min	L 22-29	7	1	0.0	0.0	0.0	0.0	1	0	2	0	0	0
11/16	TB	L 13-7	6	0	0.0	0.0	0.0	0.0	0	0	1	0	0	0
11/23	TB	W 13-7	5	0	0.0	0.0	0.0	0.0	0	0	0	1	1	0
11/27	@Det	L 20-55	4	2	0.0	0.0	0.0	0.0	0	0	0	0	0	0
12/07	Buf	W 20-3	2	0	0.0	0.0	0.0	0.0	0	0	0	0	0	0
12/14	@StL	W 13-10	1	0	0.0	0.0	0.0	0.0	2	22	3	0	0	0
12/21	@TB	L 15-31	3	0	0.0	0.0	0.0	0.0	0	0	0	0	0	0

Nolan Harrison
Pittsburgh Steelers – DE

1997 Defensive Splits

	G	Tk	Ast	Sack	Yds	Stuff	Yds	Int	Yds	PD	TD
Total	16	22	9	4.0	22.0	5.0	10.5	0	0	3	0
vs. Playoff	5	6	6	1.0	10.0	0.5	0.5	0	0	1	0
vs. Non-Playoff	11	16	3	3.0	12.0	4.5	10.0	0	0	2	0
vs. Own Division	8	13	2	3.0	19.0	2.5	6.0	0	0	0	0
Home	8	12	4	3.0	19.0	2.0	4.0	0	0	2	0
Away	8	10	5	1.0	3.0	3.0	6.5	0	0	1	0
Games 1-8	8	10	2	1.0	10.0	2.0	2.0	0	0	3	0
Games 9-16	8	12	7	3.0	12.0	3.0	8.5	0	0	0	0
Aug/Sept	4	3	1	0.0	0.0	0.5	0.5	0	0	3	0
October	4	7	1	1.0	10.0	1.5	1.5	0	0	0	0
November	5	11	1	3.0	12.0	2.5	6.5	0	0	0	0
December	3	1	6	0.0	0.0	0.5	2.0	0	0	0	0
Grass	6	7	5	1.0	3.0	2.5	6.0	0	0	1	0
Turf	10	15	4	3.0	19.0	2.5	4.5	0	0	2	0
Indoor	0	0	0	0.0	0.0	0.0	0.0	0	0	0	0
Outdoor	16	22	9	4.0	22.0	5.0	10.5	0	0	3	0

Game Logs

Date	Opp	Result	Tk	Ast	Sack	Yds	Stuff	Yds	Int	Yds	PD	FF	FR	TD
08/31	Dal	L 7-37	2	0	0.0	0.0	0.0	0.0	0	0	0	0	0	0
09/07	Was	W 14-13	0	0	0.0	0.0	0.0	0.0	0	0	1	0	0	0
09/14	@Jac	L 21-30	1	1	0.0	0.0	0.5	0.5	0	0	1	0	0	0
09/28	Ten	W 37-24	0	0	0.0	0.0	0.0	0.0	0	0	1	0	0	0
10/05	@Bal	W 42-34	0	0	0.0	0.0	0.0	0.0	0	0	0	0	0	0
10/12	Ind	W 24-22	2	1	0.0	0.0	1.0	1.0	0	0	0	0	0	0
10/19	@Cin	W 26-10	3	0	0.0	0.0	0.5	0.5	0	0	0	0	0	0
10/26	Jac	W 23-17	2	1	0.0	10.0	0.0	0.0	0	0	1	0	0	0
11/03	@KC	L 10-13	3	0	0.0	0.0	0.0	0.0	0	0	0	0	0	0
11/09	Bal	W 37-0	3	1	0.0	5.0	0.0	0.0	0	0	0	0	0	0
11/16	Cin	W 20-3	3	1	0.0	4.0	1.0	3.0	0	0	1	0	0	0
11/23	@Phi	L 20-23	0	0	0.0	0.0	0.0	0.0	0	0	0	0	0	0
11/30	@Ari	W 26-20	2	1	3.0	1.5	3.5	0	0	0	0	0	0	0	
12/07	Den	W 35-24	0	3	0.0	0.0	0.0	0.0	0	0	0	0	0	0
12/13	@NE	W 24-21	0	2	0.0	0.0	0.0	0.0	0	0	0	0	0	0
12/21	@Ten	L 6-16	1	1	0.0	0.0	0.5	2.0	0	0	0	0	0	0

Rodney Harrison
San Diego Chargers – S

1997 Defensive Splits

	G	Tk	Ast	Sack	Yds	Stuff	Yds	Int	Yds	PD	TD
Total	16	97	36	4.0	25.0	2.0	6.0	2	75	8	2
vs. Playoff	6	32	13	1.0	8.0	1.0	3.0	0	0	3	0
vs. Non-Playoff	10	65	23	3.0	17.0	1.0	3.0	2	75	5	2
vs. Own Division	8	46	21	1.0	1.0	0.5	0.5	1	75	3	1
Home	8	53	21	3.0	17.0	1.0	3.0	1	0	6	0
Away	8	44	15	1.0	8.0	1.0	3.0	1	75	2	2
Games 1-8	8	43	18	1.0	9.0	0.5	2.5	1	75	5	2
Games 9-16	8	54	18	3.0	16.0	1.5	3.5	1	0	3	0
Aug/Sept	5	31	14	0.0	0.0	0.5	2.5	1	75	5	2
October	3	12	4	1.0	9.0	0.0	0.0	0	0	0	0
November	5	39	13	2.0	9.0	1.5	3.5	0	0	2	0
December	3	15	5	1.0	7.0	0.0	0.0	1	0	1	0
Grass	13	77	30	4.0	25.0	2.0	6.0	1	0	7	0
Turf	3	20	6	0.0	0.0	0.0	0.0	1	75	1	2
Indoor	2	10	5	0.0	0.0	0.0	0.0	1	75	1	2
Outdoor	14	87	31	4.0	25.0	2.0	6.0	1	0	7	0

Game Logs

Date	Opp	Result	Tk	Ast	Sack	Yds	Stuff	Yds	Int	Yds	PD	FF	FR	TD
08/31	@NE	L 7-41	9	3	0.0	0.0	0.0	0.0	0	0	1	0	0	0
09/07	@NO	W 20-6	4	1	0.0	0.0	0.0	0.0	0	0	0	1	1	1
09/14	Car	L 7-26	2	4	0.0	0.0	0.5	2.5	0	0	1	0	0	0
09/21	@Sea	L 22-26	6	4	0.0	0.0	0.0	0.0	1	75	1	0	1	1
09/28	Bal	W 21-17	10	2	0.0	0.0	0.0	0.0	0	0	2	0	0	0
10/05	@Oak	W 25-10	4	1	0.0	0.0	0.0	0.0	0	0	0	0	0	0
10/16	@KC	L 3-31	2	2	0.0	0.0	0.0	0.0	0	0	0	0	0	0
10/26	Ind	W 35-19	6	1	1.0	9.0	0.0	0.0	0	0	0	0	0	0
11/02	@Cin	L 31-38	10	1	0.0	0.0	0.0	0.0	0	0	0	0	1	0
11/09	Sea	L 31-37	7	3	0.0	0.0	0.0	0.0	0	0	0	0	0	0
11/16	Oak	L 13-38	12	4	1.0	1.0	0.5	0.5	0	0	0	0	0	0
11/23	@SF	L 10-17	6	1	1.0	8.0	1.0	3.0	0	0	0	0	0	0
11/30	Den	L 28-38	4	4	0.0	0.0	0.0	0.0	0	0	2	0	0	0
12/07	Atl	L 3-14	4	2	1.0	7.0	0.0	0.0	1	0	1	1	0	0
12/14	KC	L 7-29	8	1	0.0	0.0	0.0	0.0	0	0	0	0	1	0
12/21	@Den	L 3-38	3	2	0.0	0.0	0.0	0.0	0	0	0	0	0	0

Ken Harvey
Washington Redskins – LB

1997 Defensive Splits

	G	Tk	Ast	Sack	Yds	Stuff	Yds	Int	Yds	PD	TD
Total	15	55	16	9.5	74.0	9.5	21.5	0	0	3	0
vs. Playoff	5	24	4	5.0	42.0	2.0	3.0	0	0	0	0
vs. Non-Playoff	10	31	12	4.5	32.0	7.5	18.5	0	0	3	0
vs. Own Division	8	39	8	9.5	74.0	5.5	9.0	0	0	2	0
Home	8	30	5	7.0	49.0	5.5	14.0	0	0	3	0
Away	7	25	11	2.5	25.0	4.0	7.5	0	0	0	0
Games 1-8	8	20	11	1.0	5.0	6.0	10.5	0	0	3	0
Games 9-16	7	35	5	8.5	69.0	3.5	11.0	0	0	0	0
Aug/Sept	4	9	7	0.0	0.0	2.5	3.0	0	0	2	0
October	4	11	8	1.0	5.0	3.5	7.5	0	0	1	0
November	4	17	1	4.0	31.0	1.5	7.0	0	0	0	0
December	3	18	4	4.5	38.0	2.0	4.0	0	0	0	0
Grass	11	37	10	8.5	63.0	7.0	18.5	0	0	3	0
Turf	4	18	6	1.0	11.0	2.5	3.0	0	0	0	0
Indoor	0	0	0	0.0	0.0	0.0	0.0	0	0	0	0
Outdoor	15	55	16	9.5	74.0	9.5	21.5	0	0	3	0

Game Logs

Date	Opp	Result	Tk	Ast	Sack	Yds	Stuff	Yds	Int	Yds	PD	FF	FR	TD
08/31	@Car	W 24-10	3	0	0.0	0.0	0.0	0.0	0	0	0	0	0	0
09/07	@Pit	L 13-14	3	2	0.0	0.0	1.5	2.0	0	0	0	0	0	0
09/14	Ari	W 19-13	2	0	0.0	0.0	1.0	1.0	0	0	2	0	0	0
09/28	Jac	W 24-12	1	1	0.0	0.0	0.0	0.0	0	0	0	0	0	0
10/05	@Phi	L 10-24	3	3	0.0	0.0	1.0	1.0	0	0	0	0	0	0
10/13	Dal	W 21-16	3	1	1.0	5.0	1.0	2.0	0	0	1	0	0	0
10/19	@Ten	L 14-28	2	2	0.0	0.0	1.5	4.5	0	0	0	0	0	0
10/26	Bal	L 17-20	3	2	0.0	0.0	0.0	0.0	0	0	1	0	0	0
11/02	@Chi	W 31-8	-	-	-	-	-	-	-	-	-	-	-	-
11/09	Det	W 30-7	1	0	0.0	0.0	0.0	0.0	0	0	0	0	0	0
11/16	@Dal	L 14-17	3	0	0.0	0.0	0.0	0.0	0	0	0	0	0	0
11/23	NYN	T 7-7	10	0	4.0	31.0	0.5	1.0	0	0	1	0	0	0
11/30	StL	L 20-23	0	1	0.0	0.0	1.0	6.0	0	0	0	0	0	0
12/07	@Ari	W 38-28	2	3	1.5	14.0	0.0	0.0	0	0	0	0	0	0
12/13	@NYN	L 10-30	9	1	1.0	11.0	0.0	0.0	0	0	0	0	0	0
12/21	Phi	W 35-32	7	0	2.0	13.0	2.0	4.0	0	0	0	0	0	0

James Hasty — Kansas City Chiefs – CB

1997 Defensive Splits

	G	Tk	Ast	Sack	Yds	Stuff	Yds	Int	Yds	PD	TD
Total	16	62	12	2.0	18.0	2.0	5.0	3	22	9	0
vs. Playoff	6	26	4	0.0	0.0	0.0	0.0	0	0	5	0
vs. Non-Playoff	10	36	8	2.0	18.0	2.0	5.0	3	22	4	0
vs. Own Division	8	35	10	1.0	14.0	2.0	5.0	1	0	4	0
Home	8	31	4	1.0	4.0	0.0	0.0	0	0	2	0
Away	8	31	8	1.0	14.0	2.0	5.0	3	22	7	0
Games 1-8	8	23	8	2.0	18.0	0.0	0.0	2	22	5	0
Games 9-16	8	39	4	0.0	0.0	2.0	5.0	1	0	4	0
Aug/Sept	5	21	4	2.0	18.0	0.0	0.0	1	19	3	0
October	3	2	4	0.0	0.0	0.0	0.0	1	3	2	0
November	5	28	3	0.0	0.0	2.0	5.0	1	0	4	0
December	3	11	1	0.0	0.0	0.0	0.0	0	0	0	0
Grass	14	54	9	2.0	18.0	0.0	0.0	1	19	7	0
Turf	2	8	3	0.0	0.0	2.0	5.0	2	3	2	0
Indoor	2	8	3	0.0	0.0	2.0	5.0	2	3	2	0
Outdoor	14	54	9	2.0	18.0	0.0	0.0	1	19	7	0

Game Logs

Date	Opp	Result	Tk	Ast	Sack	Yds	Stuff	Yds	Int	Yds	PD	FF	FR	TD
08/31	@Den	L 3-19	5	2	0.0	0.0	0.0	0.0	0	0	1	0	0	0
09/08	@Oak	W 28-27	4	1	1.0	14.0	0.0	0.0	0	0	1	0	0	0
09/14	Buf	W 22-16	5	0	1.0	4.0	0.0	0.0	0	0	0	0	0	0
09/21	@Car	W 35-14	4	0	0.0	0.0	0.0	0.0	1	19	1	0	0	0
09/28	Sea	W 20-17	3	1	0.0	0.0	0.0	0.0	0	0	0	0	0	0
10/05	@Mia	L 14-17	1	1	0.0	0.0	0.0	0.0	0	0	1	0	0	0
10/16	SD	W 31-3	1	2	0.0	0.0	0.0	0.0	0	0	0	0	0	0
10/26	@StL	W 28-20	0	1	0.0	0.0	0.0	0.0	1	3	1	0	0	0
11/03	Pit	W 13-10	3	0	0.0	0.0	0.0	0.0	0	0	1	0	0	0
11/09	@Jac	L 10-24	3	0	0.0	0.0	0.0	0.0	0	0	1	0	0	0
11/16	Den	W 24-22	6	1	0.0	0.0	0.0	0.0	0	0	1	0	0	0
11/23	@Sea	W 19-14	8	2	0.0	0.0	2.0	5.0	1	0	1	0	0	0
11/30	SF	W 44-9	8	0	0.0	0.0	0.0	0.0	0	0	0	0	0	0
12/07	Oak	W 30-0	2	0	0.0	0.0	0.0	0.0	0	0	0	0	0	0
12/14	@SD	W 29-7	6	1	0.0	0.0	0.0	0.0	0	0	0	0	0	0
12/21	NO	W 25-13	3	0	0.0	0.0	0.0	0.0	0	0	0	0	1	0

Jerome Henderson — New York Jets – S

1997 Defensive Splits

	G	Tk	Ast	Sack	Yds	Stuff	Yds	Int	Yds	PD	TD
Total	16	58	19	0.0	0.0	0.5	1.0	1	45	5	0
vs. Playoff	7	22	10	0.0	0.0	0.0	0.0	1	45	3	0
vs. Non-Playoff	9	36	9	0.0	0.0	0.5	1.0	0	0	2	0
vs. Own Division	8	30	13	0.0	0.0	0.5	1.0	1	45	2	0
Home	8	27	10	0.0	0.0	0.0	0.0	1	45	3	0
Away	8	31	9	0.0	0.0	0.5	1.0	0	0	2	0
Games 1-8	8	29	8	0.0	0.0	0.0	0.0	1	45	2	0
Games 9-16	8	29	11	0.0	0.0	0.5	1.0	0	0	3	0
Aug/Sept	5	19	4	0.0	0.0	0.0	0.0	0	0	0	0
October	3	10	4	0.0	0.0	0.0	0.0	1	45	2	0
November	5	18	9	0.0	0.0	0.5	1.0	0	0	2	0
December	3	11	2	0.0	0.0	0.0	0.0	0	0	1	0
Grass	3	16	5	0.0	0.0	0.0	0.0	0	0	1	0
Turf	13	42	14	0.0	0.0	0.5	1.0	1	45	4	0
Indoor	3	11	1	0.0	0.0	0.0	0.0	0	0	1	0
Outdoor	13	47	18	0.0	0.0	0.5	1.0	1	45	4	0

Game Logs

Date	Opp	Result	Tk	Ast	Sack	Yds	Stuff	Yds	Int	Yds	PD	FF	FR	TD
08/31	@Sea	W 41-3	4	0	0.0	0.0	0.0	0.0	0	0	0	0	0	0
09/07	Buf	L 22-28	0	0	0.0	0.0	0.0	0.0	0	0	0	0	0	0
09/14	@NE	L 24-27	7	2	0.0	0.0	0.0	0.0	0	0	0	0	0	0
09/21	Oak	W 23-22	6	2	0.0	0.0	0.0	0.0	0	0	0	0	0	0
09/28	@Cin	W 31-14	2	0	0.0	0.0	0.0	0.0	0	0	0	0	0	0
10/05	@Ind	W 16-12	4	1	0.0	0.0	0.0	0.0	0	0	1	0	0	0
10/12	Mia	L 20-31	2	2	0.0	0.0	0.0	0.0	0	0	0	0	0	0
10/19	NE	W 24-19	4	1	0.0	0.0	0.0	0.0	1	45	1	0	0	0
11/02	Bal	W 19-16	4	2	0.0	0.0	0.0	0.0	0	0	0	0	0	0
11/09	@Mia	L 17-24	3	3	0.0	0.0	0.0	0.0	0	0	1	0	0	0
11/16	@Chi	W 23-15	6	0	0.0	0.0	0.0	0.0	0	0	1	0	0	0
11/23	Min	W 23-21	3	1	0.0	0.0	0.0	0.0	0	0	0	0	0	0
11/30	@Buf	L 10-20	2	3	0.0	0.0	0.5	1.0	0	0	0	0	0	0
12/07	Ind	L 14-22	8	1	0.0	0.0	0.0	0.0	0	0	0	0	0	0
12/14	TB	W 31-0	0	1	0.0	0.0	0.0	0.0	0	0	1	0	0	0
12/21	@Det	L 10-13	3	0	0.0	0.0	0.0	0.0	0	0	0	0	0	0

Kevin Henry — Pittsburgh Steelers – DE

1997 Defensive Splits

	G	Tk	Ast	Sack	Yds	Stuff	Yds	Int	Yds	PD	TD
Total	16	35	16	4.5	23.0	7.0	20.5	1	36	9	0
vs. Playoff	5	10	5	0.0	0.0	0.5	2.0	1	36	4	0
vs. Non-Playoff	11	25	11	4.5	23.0	6.5	18.5	0	0	5	0
vs. Own Division	8	17	8	2.0	14.0	3.0	10.5	0	0	4	0
Home	8	15	13	1.0	7.0	1.5	3.5	0	0	6	0
Away	8	20	3	3.5	16.0	5.5	17.0	1	36	3	0
Games 1-8	8	13	8	1.0	7.0	0.5	2.0	0	0	3	0
Games 9-16	8	22	8	3.5	16.0	6.5	18.5	1	36	6	0
Aug/Sept	4	4	4	0.0	0.0	0.5	2.0	0	0	1	0
October	4	9	4	1.0	7.0	0.0	0.0	0	0	2	0
November	5	12	6	3.5	16.0	5.5	13.5	0	0	3	0
December	3	10	2	0.0	0.0	1.0	5.0	1	36	3	0
Grass	6	11	3	1.5	2.0	1.5	7.0	1	36	3	0
Turf	10	24	13	3.0	21.0	5.5	13.5	0	0	6	0
Indoor	0	0	0	0.0	0.0	0.0	0.0	0	0	0	0
Outdoor	16	35	16	4.5	23.0	7.0	20.5	1	36	9	0

Game Logs

Date	Opp	Result	Tk	Ast	Sack	Yds	Stuff	Yds	Int	Yds	PD	FF	FR	TD
08/31	Dal	L 7-37	0	1	0.0	0.0	0.0	0.0	0	0	0	0	0	0
09/07	Was	W 14-13	0	2	0.0	0.0	0.0	0.0	0	0	0	0	0	0
09/22	@Jac	L 21-30	1	1	0.0	0.0	0.5	2.0	0	0	0	0	0	0
09/28	Ten	W 37-24	3	0	0.0	0.0	0.0	0.0	0	0	1	0	0	0
10/05	@Bal	W 42-34	0	0	0.0	0.0	0.0	0.0	0	0	1	0	1	0
10/12	Ind	W 24-22	4	2	0.0	0.0	0.0	0.0	0	0	1	0	0	0
10/19	@Cin	W 26-10	4	0	1.0	7.0	0.0	0.0	0	0	0	0	0	0
10/26	Jac	W 23-17	1	2	0.0	0.0	0.0	0.0	0	0	0	0	0	0
11/03	@KC	L 10-13	3	0	0.0	0.0	0.0	0.0	0	0	1	0	0	0
11/09	Bal	W 37-0	0	2	0.0	0.0	0.5	2.5	0	0	1	0	0	0
11/16	Cin	W 20-3	3	3	1.0	7.0	1.0	1.0	0	0	1	0	1	0
11/23	@Phi	L 20-23	5	0	1.0	7.0	4.0	10.0	0	0	0	0	0	0
11/30	@Ari	W 26-20	1	1	1.5	2.0	0.0	0.0	0	0	0	0	0	0
12/07	NE	W 35-24	4	1	0.0	0.0	0.0	0.0	0	2	Den	0	0	0
12/13	@NE	W 24-21	1	1	0.0	0.0	0.0	0.0	1	36	1	0	0	0
12/21	@Ten	L 6-16	5	0	0.0	0.0	1.0	5.0	0	0	0	0	0	0

Jimmy Hitchcock — New England Patriots – CB

1997 Defensive Splits

	G	Tk	Ast	Sack	Yds	Stuff	Yds	Int	Yds	PD	TD
Total	15	65	18	0.0	0.0	0.5	2.0	2	104	6	1
vs. Playoff	7	30	13	0.0	0.0	0.5	2.0	1	100	4	1
vs. Non-Playoff	8	35	5	0.0	0.0	0.0	0.0	1	4	2	0
vs. Own Division	8	39	7	0.0	0.0	0.0	0.0	2	104	4	1
Home	8	35	9	0.0	0.0	0.5	2.0	1	100	3	1
Away	7	30	9	0.0	0.0	0.0	0.0	1	4	3	0
Games 1-8	8	33	12	0.0	0.0	0.5	2.0	0	0	1	0
Games 9-16	7	32	6	0.0	0.0	0.0	0.0	2	104	5	1
Aug/Sept	4	19	2	0.0	0.0	0.0	0.0	0	0	1	0
October	4	14	10	0.0	0.0	0.5	2.0	0	0	0	0
November	4	19	4	0.0	0.0	0.0	0.0	2	104	2	1
December	3	13	2	0.0	0.0	0.0	0.0	0	0	3	0
Grass	12	50	15	0.0	0.0	0.5	2.0	1	100	5	1
Turf	3	15	3	0.0	0.0	0.0	0.0	1	4	1	0
Indoor	1	7	0	0.0	0.0	0.0	0.0	0	0	0	0
Outdoor	14	58	18	0.0	0.0	0.5	2.0	2	104	6	1

Game Logs

Date	Opp	Result	Tk	Ast	Sack	Yds	Stuff	Yds	Int	Yds	PD	FF	FR	TD
08/31	SD	W 41-7	2	1	0.0	0.0	0.0	0.0	0	0	0	0	0	0
09/07	@Ind	W 31-6	7	0	0.0	0.0	0.0	0.0	0	0	0	0	0	0
09/14	NYA	W 27-24	7	1	0.0	0.0	0.0	0.0	0	0	1	0	0	0
09/21	Chi	W 31-3	3	0	0.0	0.0	0.0	0.0	0	0	0	0	0	0
10/06	@Den	L 13-34	4	3	0.0	0.0	0.0	0.0	0	0	0	0	0	0
10/12	Buf	W 33-6	3	0	0.0	0.0	0.0	0.0	0	0	0	0	0	0
10/19	@NYA	L 19-24	4	3	0.0	0.0	0.0	0.0	0	0	1	0	0	0
10/27	GB	L 10-28	3	4	0.0	0.0	0.5	2.0	0	0	0	0	0	0
11/02	@Min	L 18-23	-	-	-	-	-	-	-	-	-	-	-	-
11/09	@Buf	W 31-10	4	0	0.0	0.0	0.0	0.0	1	4	1	0	0	0
11/16	@TB	L 7-27	4	1	0.0	0.0	0.0	0.0	0	0	0	1	0	0
11/23	Mia	W 27-24	6	3	0.0	0.0	0.0	0.0	1	100	1	0	0	1
11/30	Ind	W 20-17	5	0	0.0	0.0	0.0	0.0	0	0	0	0	0	0
12/07	@Jac	W 26-20	4	2	0.0	0.0	0.0	0.0	0	0	1	0	0	0
12/13	Pit	L 21-24	6	0	0.0	0.0	0.0	0.0	0	0	1	0	0	0
12/22	@Mia	W 14-12	3	0	0.0	0.0	0.0	0.0	0	0	1	0	0	0

Earl Holmes — Pittsburgh Steelers – LB

1997 Defensive Splits

	G	Tk	Ast	Sack	Yds	Stuff	Yds	Int	Yds	PD	TD
Total	16	67	29	4.0	36.0	8.5	15.5	0	0	6	0
vs. Playoff	5	24	14	0.0	0.0	5.0	11.5	0	0	1	0
vs. Non-Playoff	11	43	15	4.0	36.0	3.5	4.0	0	0	5	0
vs. Own Division	8	22	12	2.0	25.0	2.5	4.0	0	0	3	0
Home	8	33	17	3.0	32.0	5.0	7.5	0	0	5	0
Away	8	34	12	1.0	4.0	3.5	8.0	0	0	1	0
Games 1-8	8	32	18	2.0	16.0	5.5	7.5	0	0	3	0
Games 9-16	8	35	11	2.0	20.0	3.0	8.0	0	0	3	0
Aug/Sept	4	16	13	1.0	9.0	5.0	7.0	0	0	1	0
October	4	16	5	1.0	7.0	0.5	0.5	0	0	2	0
November	5	23	4	2.0	20.0	2.0	5.0	0	0	2	0
December	3	12	7	0.0	0.0	1.0	3.0	0	0	1	0
Grass	6	26	11	1.0	4.0	3.5	8.0	0	0	0	0
Turf	10	41	18	3.0	32.0	5.0	7.5	0	0	6	0
Indoor	0	0	0	0.0	0.0	0.0	0.0	0	0	0	0
Outdoor	16	67	29	4.0	36.0	8.5	15.5	0	0	6	0

Game Logs

Date	Opp	Result	Tk	Ast	Sack	Yds	Stuff	Yds	Int	Yds	PD	FF	FR	TD
08/31	Dal	L 7-37	6	4	0.0	0.0	2.5	3.0	0	0	1	0	0	0
09/07	Was	W 14-13	4	3	0.0	0.0	0.5	0.5	0	0	0	0	0	0
09/22	@Jac	L 21-30	4	4	0.0	0.0	1.5	3.0	0	0	0	0	0	0
09/28	Ten	W 37-24	2	2	1.0	9.0	0.5	0.5	0	0	0	0	0	0
10/05	@Bal	W 42-34	1	0	0.0	0.0	0.0	0.0	0	0	0	0	0	0
10/12	Ind	W 24-22	9	2	1.0	7.0	0.0	0.0	0	0	1	0	0	0
10/19	@Cin	W 26-10	3	0	0.0	0.0	0.0	0.0	0	0	1	0	0	0
10/26	Jac	W 23-17	3	3	0.0	0.0	0.5	0.5	0	0	0	0	0	0
11/03	@KC	L 10-13	9	1	0.0	0.0	2.0	5.0	0	0	0	0	0	0
11/09	Bal	W 37-0	3	1	1.0	16.0	0.0	0.0	0	0	0	0	1	0
11/16	Cin	W 20-3	2	1	0.0	0.0	0.0	0.0	0	0	2	0	0	0
11/23	@Phi	L 20-23	5	1	0.0	0.0	0.0	0.0	0	0	0	0	0	0
11/30	@Ari	W 26-20	4	0	1.0	4.0	0.0	0.0	0	0	0	0	0	0
12/07	Den	W 35-24	4	1	0.0	0.0	1.0	3.0	0	0	1	0	0	0
12/13	@NE	W 24-21	4	5	0.0	0.0	0.0	0.0	0	0	0	0	0	0
12/21	@Ten	L 6-16	4	1	0.0	0.0	0.0	0.0	0	0	0	0	0	0

Kenny Holmes — Tennessee Oilers – DE

1997 Defensive Splits

	G	Tk	Ast	Sack	Yds	Stuff	Yds	Int	Yds	PD	TD
Total	16	28	5	7.0	44.0	5.5	25.0	0	0	2	0
vs. Playoff	6	12	2	2.0	15.0	2.5	8.0	0	0	0	0
vs. Non-Playoff	10	16	3	5.0	29.0	3.0	17.0	0	0	2	0
vs. Own Division	8	13	3	2.0	18.0	1.0	2.0	0	0	0	0
Home	8	17	3	3.0	17.0	4.5	23.0	0	0	1	0
Away	8	11	2	4.0	27.0	1.0	2.0	0	0	1	0
Games 1-8	8	7	0	5.0	29.0	0.0	0.0	0	0	1	0
Games 9-16	8	21	5	2.0	15.0	5.5	25.0	0	0	1	0
Aug/Sept	4	3	0	2.0	11.0	0.0	0.0	0	0	1	0
October	4	4	0	3.0	18.0	0.0	0.0	0	0	0	0
November	5	12	2	2.0	15.0	4.5	23.0	0	0	1	0
December	3	9	3	0.0	0.0	1.0	2.0	0	0	0	0
Grass	12	25	4	7.0	44.0	4.5	23.0	0	0	1	0
Turf	4	3	1	0.0	0.0	1.0	2.0	0	0	1	0
Indoor	1	0	0	0.0	0.0	0.0	0.0	0	0	0	0
Outdoor	15	28	5	7.0	44.0	5.5	25.0	0	0	2	0

Game Logs

Date	Opp	Result	Tk	Ast	Sack	Yds	Stuff	Yds	Int	Yds	PD	FF	FR	TD
08/31	Oak	W 24-21	1	0	1.0	2.0	0.0	0.0	0	0	1	0	0	0
09/07	@Mia	L 13-16	0	0	0.0	0.0	0.0	0.0	0	0	0	0	0	0
09/21	Bal	L 10-36	2	0	1.0	9.0	0.0	0.0	0	0	0	0	0	0
09/28	@Pit	L 24-37	0	0	0.0	0.0	0.0	0.0	0	0	0	0	0	0
10/05	@Sea	L 13-16	0	0	0.0	0.0	0.0	0.0	0	0	0	0	0	0
10/12	Cin	W 30-7	0	0	0.0	0.0	0.0	0.0	0	0	0	0	0	0
10/19	Was	W 28-14	0	0	0.0	0.0	0.0	0.0	0	0	0	0	0	0
10/26	@Ari	W 41-14	4	0	3.0	18.0	0.0	0.0	0	0	0	1	1	0
11/02	Jac	L 24-30	1	0	0.0	0.0	0.0	0.0	0	0	0	0	0	0
11/09	NYN	W 10-6	5	0	1.0	6.0	1.5	6.0	0	0	0	0	0	0
11/16	@Jac	L 9-17	1	0	1.0	9.0	0.0	0.0	0	0	0	0	0	0
11/23	Buf	W 31-14	3	1	0.0	0.0	2.0	15.0	0	0	0	0	0	0
11/27	@Dal	W 27-14	2	1	0.0	0.0	1.0	2.0	0	0	1	0	0	0
12/04	@Cin	L 14-41	1	0	0.0	0.0	0.0	0.0	0	0	0	0	0	0
12/14	@Bal	L 19-21	3	1	0.0	0.0	0.0	0.0	0	0	0	0	0	0
12/21	Pit	W 16-6	5	2	0.0	0.0	1.0	2.0	0	0	0	0	0	0

Chris Hudson
Jacksonville Jaguars – S

1997 Defensive Splits												Game Logs											
	G	Tk	Ast	Sack	Yds	Stuff	Yds	Int	Yds	PD	TD	Date	Opp	Result	Tk	Ast	Sack	Yds	Stuff	Yds	Int	Yds	PD	FF	FR	TD
Total	16	60	13	0.0	0.0	3.5	9.0	3	26	6	2	08/31	@Bal	W 28-27	2	2	0.0	0.0	0.0	0.0	1	23	1	0	0	0
vs. Playoff	5	14	5	0.0	0.0	0.5	1.0	1	-3	1	1	09/07	NYN	W 40-13	3	1	0.0	0.0	0.0	0.0	0	0	0	0	0	1
vs. Non-Playoff	11	46	8	0.0	0.0	3.0	8.0	2	29	5	1	09/22	Pit	W 30-21	5	0	0.0	0.0	0.0	0.0	0	0	0	0	0	0
vs. Own Division	8	27	8	0.0	0.0	1.5	4.0	2	29	4	2	09/28	@Was	L 12-24	4	0	0.0	0.0	0.0	0.0	0	0	0	1	0	0
Home	8	36	5	0.0	0.0	2.0	6.0	1	-3	3	1	10/05	Cin	W 21-13	5	1	0.0	0.0	0.0	0.0	0	0	1	0	0	0
Away	8	24	8	0.0	0.0	1.5	3.0	2	29	3	1	10/12	Phi	W 38-21	10	0	0.0	0.0	1.0	3.0	0	0	0	0	0	0
Games 1-8	8	30	6	0.0	0.0	1.5	4.0	1	23	2	1	10/19	@Dal	L 22-26	0	0	0.0	0.0	0.0	0.0	0	0	0	0	0	0
Games 9-16	8	30	7	0.0	0.0	2.0	5.0	2	3	4	1	10/26	@Pit	L 17-23	1	2	0.0	0.0	0.5	1.0	0	0	0	0	0	0
Aug/Sept	4	14	3	0.0	0.0	0.0	0.0	1	23	1	1	11/02	@Ten	W 30-24	4	2	0.0	0.0	0.0	0.0	1	6	1	0	1	1
October	4	16	3	0.0	0.0	1.5	4.0	0	0	1	0	11/09	KC	W 24-10	3	2	0.0	0.0	0.0	0.0	1	-3	1	0	0	0
November	5	17	5	0.0	0.0	1.0	3.0	2	3	3	1	11/16	Ten	W 17-9	3	1	0.0	0.0	0.0	0.0	0	0	1	0	0	0
December	3	13	2	0.0	0.0	1.0	2.0	0	0	1	0	11/23	@Cin	L 26-31	2	0	0.0	0.0	0.0	0.0	0	0	0	0	0	0
Grass	12	52	9	0.0	0.0	2.0	6.0	3	26	5	2	11/30	Bal	W 29-27	5	0	0.0	0.0	1.0	3.0	0	0	0	0	0	0
Turf	4	8	4	0.0	0.0	1.5	3.0	0	0	1	0	12/07	NE	L 20-26	2	0	0.0	0.0	0.0	0.0	0	0	0	0	0	0
Indoor	0	0	0	0	0	0	0	0	0	0	0	12/14	@Buf	W 20-14	5	2	0.0	0.0	1.0	2.0	0	0	1	0	0	0
Outdoor	16	60	13	0.0	0.0	3.5	9.0	3	26	6	2	12/21	@Oak	W 20-9	6	0	0.0	0.0	0.0	0.0	0	0	0	0	1	0

Calvin Jackson
Miami Dolphins – CB

1997 Defensive Splits												Game Logs											
	G	Tk	Ast	Sack	Yds	Stuff	Yds	Int	Yds	PD	TD	Date	Opp	Result	Tk	Ast	Sack	Yds	Stuff	Yds	Int	Yds	PD	FF	FR	TD
Total	16	61	15	0.5	6.0	0.0	0.0	0	0	7	0	08/31	Ind	W 16-10	2	3	0.0	0.0	0.0	0.0	0	0	2	0	1	0
vs. Playoff	6	21	5	0.0	0.0	0.0	0.0	0	0	0	0	09/07	Ten	W 16-13	3	1	0.0	0.0	0.0	0.0	0	0	1	0	0	0
vs. Non-Playoff	10	40	10	0.5	6.0	0.0	0.0	0	0	7	0	09/14	@GB	L 18-23	4	0	0.0	0.0	0.0	0.0	0	0	0	0	0	0
vs. Own Division	8	27	12	0.0	0.0	0.0	0.0	0	0	3	0	09/21	@TB	L 21-31	4	0	0.0	0.0	0.0	0.0	0	0	0	0	0	0
Home	8	25	10	0.0	0.0	0.0	0.0	0	0	4	0	10/05	KC	W 17-14	4	0	0.0	0.0	0.0	0.0	0	0	0	0	0	0
Away	8	36	5	0.5	6.0	0.0	0.0	0	0	3	0	10/12	@NYA	W 31-20	3	0	0.0	0.0	0.0	0.0	0	0	1	0	0	0
Games 1-8	8	33	5	0.0	0.0	0.0	0.0	0	0	5	0	10/19	@Bal	W 24-13	7	0	0.0	0.0	0.0	0.0	0	0	1	0	0	0
Games 9-16	8	28	10	0.5	6.0	0.0	0.0	0	0	2	0	10/27	Chi	L 33-36	6	1	0.0	0.0	0.0	0.0	0	0	1	0	0	0
Aug/Sept	4	13	4	0.0	0.0	0.0	0.0	0	0	3	0	11/02	@Buf	L 6-9	8	2	0.0	0.0	0.0	0.0	0	0	1	0	0	0
October	4	20	1	0.0	0.0	0.0	0.0	0	0	2	0	11/09	NYA	W 24-17	2	0	0.0	0.0	0.0	0.0	0	0	0	0	0	0
November	5	18	4	0.5	6.0	0.0	0.0	0	0	2	0	11/17	Buf	W 30-13	2	1	0.0	0.0	0.0	0.0	0	0	0	0	0	0
December	3	10	6	0.0	0.0	0.0	0.0	0	0	0	0	11/23	@NE	L 24-27	3	1	0.0	0.0	0.0	0.0	0	0	0	0	0	0
Grass	13	46	11	0.5	6.0	0.0	0.0	0	0	6	0	11/30	@Oak	W 34-16	3	0	0.5	6.0	0.0	0.0	0	0	1	0	0	0
Turf	3	15	4	0.0	0.0	0.0	0.0	0	0	1	0	12/07	Det	W 33-30	3	1	0.0	0.0	0.0	0.0	0	0	0	0	0	0
Indoor	1	4	2	0.0	0.0	0.0	0.0	0	0	0	0	12/14	@Ind	L 0-41	4	2	0.0	0.0	0.0	0.0	0	0	0	0	0	0
Outdoor	15	57	13	0.5	6.0	0.0	0.0	0	0	7	0	12/22	NE	L 12-14	3	3	0.0	0.0	0.0	0.0	0	0	0	0	0	0

Bill Johnson
St. Louis Rams – DT

1997 Defensive Splits												Game Logs											
	G	Tk	Ast	Sack	Yds	Stuff	Yds	Int	Yds	PD	TD	Date	Opp	Result	Tk	Ast	Sack	Yds	Stuff	Yds	Int	Yds	PD	FF	FR	TD
Total	16	44	9	4.0	34.0	15.0	20.0	0	0	2	0	08/31	NO	W 38-24	0	0	0.0	0.0	0.0	0.0	0	0	0	0	0	0
vs. Playoff	6	23	5	4.0	34.0	9.0	13.0	0	0	0	0	09/07	SF	L 12-15	4	0	0.0	0.0	3.0	3.0	0	0	0	0	0	0
vs. Non-Playoff	10	21	4	0.0	0.0	6.0	7.0	0	0	2	0	09/14	@Den	L 14-35	1	0	0.0	0.0	0.0	0.0	0	0	0	0	0	0
vs. Own Division	8	18	5	1.0	5.0	8.0	11.0	0	0	1	0	09/21	NYN	W 13-3	2	1	1.0	10.0	1.5	1.5	0	0	0	0	0	0
Home	8	29	4	2.0	20.0	12.5	13.5	0	0	0	0	09/28	@Oak	L 17-35	0	0	0.0	0.0	0.0	0.0	0	0	0	0	0	0
Away	8	15	5	2.0	14.0	2.5	6.5	0	0	2	0	10/12	@SF	L 10-30	3	2	1.0	5.0	1.0	4.0	0	0	0	0	0	0
Games 1-8	8	19	4	3.0	25.0	8.5	12.5	0	0	0	0	10/19	Sea	L 9-17	2	1	0.0	0.0	0.0	0.0	0	0	0	0	0	0
Games 9-16	8	25	5	1.0	9.0	6.5	7.5	0	0	2	0	10/26	KC	L 20-28	7	0	1.0	10.0	3.0	4.0	0	0	0	0	0	0
Aug/Sept	5	7	1	1.0	10.0	4.5	4.5	0	0	0	0	11/02	@Atl	L 31-34	1	0	0.0	0.0	0.0	0.0	0	0	0	0	0	0
October	3	12	3	2.0	15.0	4.0	8.0	0	0	0	0	11/09	@GB	L 7-17	6	2	1.0	9.0	0.5	0.5	0	0	0	0	0	0
November	5	17	4	1.0	9.0	5.5	6.5	0	0	1	0	11/16	Atl	L 21-27	4	1	0.0	0.0	2.0	2.0	0	0	0	0	0	0
December	3	8	1	0.0	0.0	1.0	1.0	0	0	1	0	11/23	Car	L 10-16	4	1	0.0	0.0	2.0	2.0	0	0	0	0	0	0
Grass	6	14	4	2.0	14.0	2.5	6.5	0	0	2	0	11/30	@Was	W 23-20	2	0	0.0	0.0	1.0	2.0	0	0	1	0	0	0
Turf	10	30	5	2.0	20.0	12.5	13.5	0	0	0	0	12/07	@NO	W 34-27	0	1	0.0	0.0	0.0	0.0	0	0	0	0	0	0
Indoor	10	30	5	2.0	20.0	12.5	13.5	0	0	0	0	12/14	Chi	L 10-13	6	0	0.0	0.0	1.0	1.0	0	0	0	0	1	0
Outdoor	6	14	4	2.0	14.0	2.5	6.5	0	0	2	0	12/20	@Car	W 30-18	2	0	0.0	0.0	0.0	0.0	0	0	1	0	0	0

Ellis Johnson
Indianapolis Colts – DT

1997 Defensive Splits

	G	Tk	Ast	Sack	Yds	Stuff	Yds	Int	Yds	PD	TD
Total	15	38	18	4.5	38.0	3.0	12.0	1	18	1	0
vs. Playoff	8	19	9	0.5	4.0	2.0	10.0	0	0	0	0
vs. Non-Playoff	7	19	9	4.0	34.0	1.0	2.0	1	18	1	0
vs. Own Division	8	23	12	3.5	29.0	2.0	6.0	1	18	1	0
Home	7	21	10	1.0	9.0	2.0	6.0	0	0	0	0
Away	8	17	8	3.5	29.0	1.0	6.0	1	18	1	0
Games 1-8	8	17	12	0.0	0.0	1.0	2.0	1	18	1	0
Games 9-16	7	21	6	4.5	38.0	2.0	10.0	0	0	0	0
Aug/Sept	4	7	4	0.0	0.0	0.0	0.0	1	18	1	0
October	4	10	8	0.0	0.0	1.0	2.0	0	0	0	0
November	4	11	4	1.5	13.0	0.0	0.0	0	0	0	0
December	3	10	2	3.0	25.0	2.0	10.0	0	0	0	0
Grass	3	6	2	0.5	4.0	0.0	0.0	0	0	0	0
Turf	12	32	16	4.0	34.0	3.0	12.0	1	18	1	0
Indoor	9	26	11	1.0	9.0	3.0	12.0	0	0	0	0
Outdoor	6	12	7	3.5	29.0	0.0	0.0	1	18	1	0

Game Logs

Date	Opp	Result	Tk	Ast	Sack	Yds	Stuff	Yds	Int	Yds	PD	FF	FR	TD
08/31	@Mia	L 10-16	1	0	0.0	0.0	0.0	0.0	0	0	0	0	0	0
09/07	NE	L 6-31	2	3	0.0	0.0	0.0	0.0	0	0	0	0	0	0
09/14	Sea	L 3-31	2	1	0.0	0.0	0.0	0.0	0	0	0	0	0	0
09/21	@Buf	L 35-37	2	0	0.0	0.0	0.0	0.0	1	18	1	0	0	0
10/05	NYA	L 12-16	4	2	0.0	0.0	1.0	2.0	0	0	0	0	0	0
10/12	@Pit	L 22-24	1	3	0.0	0.0	0.0	0.0	0	0	0	0	1	0
10/20	Buf	L 6-9	3	3	0.0	0.0	0.0	0.0	0	0	0	0	0	0
10/26	@SD	L 19-35	2	0	0.0	0.0	0.0	0.0	0	0	0	0	0	0
11/02	TB	L 28-31	2	0	0.0	0.0	0.0	0.0	0	0	0	0	0	0
11/09	Cin	L 13-28	3	1	1.0	9.0	0.0	0.0	0	0	0	0	0	0
11/16	GB	W 41-38	-	-	-	-	-	-	-	-	-	-	-	-
11/23	@Det	L 10-32	3	1	0.0	0.0	0.0	0.0	0	0	0	0	0	0
11/30	@NE	L 17-20	3	2	0.5	4.0	0.0	0.0	0	0	0	0	0	0
12/07	@NYA	W 22-14	3	2	3.0	25.0	0.0	0.0	0	0	0	0	1	0
12/14	Mia	W 41-0	5	0	0.0	0.0	1.0	4.0	0	0	0	0	1	0
12/21	@Min	L 28-39	2	0	0.0	0.0	1.0	6.0	0	0	0	0	0	0

Joe Johnson
New Orleans Saints – DE

1997 Defensive Splits

	G	Tk	Ast	Sack	Yds	Stuff	Yds	Int	Yds	PD	TD
Total	16	39	7	8.5	68.0	9.5	25.0	0	0	3	0
vs. Playoff	5	14	4	2.0	18.0	5.5	12.0	0	0	0	0
vs. Non-Playoff	11	25	3	6.5	50.0	4.0	13.0	0	0	3	0
vs. Own Division	8	22	3	6.0	52.0	4.0	8.0	0	0	2	0
Home	8	21	4	5.5	42.0	5.0	12.0	0	0	2	0
Away	8	18	3	3.0	26.0	4.5	13.0	0	0	1	0
Games 1-8	8	18	3	4.0	32.0	6.5	16.0	0	0	0	0
Games 9-16	8	21	4	4.5	36.0	3.0	9.0	0	0	3	0
Aug/Sept	5	11	3	2.0	18.0	4.5	8.0	0	0	0	0
October	4	11	0	2.0	14.0	3.0	11.0	0	0	0	0
November	4	7	1	2.0	17.0	1.0	3.0	0	0	1	0
December	3	10	3	2.5	19.0	1.0	3.0	0	0	2	0
Grass	5	12	2	2.0	18.0	3.0	10.0	0	0	0	0
Turf	11	27	5	6.5	50.0	6.5	15.0	0	0	3	0
Indoor	10	27	4	6.5	50.0	6.0	14.0	0	0	3	0
Outdoor	6	12	3	2.0	18.0	3.5	11.0	0	0	0	0

Game Logs

Date	Opp	Result	Tk	Ast	Sack	Yds	Stuff	Yds	Int	Yds	PD	FF	FR	TD
08/31	@StL	L 24-38	4	0	0.0	0.0	1.0	2.0	0	0	0	0	0	0
09/07	SD	L 6-20	1	0	0.0	0.0	0.0	0.0	0	0	0	0	0	0
09/14	@SF	L 7-33	4	1	2.0	18.0	1.0	1.0	0	0	0	0	0	0
09/21	Det	W 35-17	2	1	0.0	0.0	2.0	4.0	0	0	0	0	0	0
09/28	@NYN	L 9-14	0	1	0.0	0.0	0.5	1.0	0	0	0	0	0	0
10/05	@Chi	W 20-17	2	0	0.0	0.0	1.0	6.0	0	0	0	0	0	0
10/12	Atl	L 17-23	3	0	1.0	6.0	0.0	0.0	0	0	0	0	1	0
10/19	Car	L 0-13	2	0	1.0	8.0	1.0	2.0	0	0	0	0	0	0
10/26	SF	L 0-23	4	0	0.0	0.0	1.0	3.0	0	0	0	0	0	0
11/09	@Oak	W 13-10	2	0	0.0	0.0	0.0	0.0	0	0	0	0	0	0
11/16	Sea	W 20-17	3	1	1.0	9.0	1.0	3.0	0	0	0	1	0	0
11/23	@Atl	L 3-20	2	0	1.0	8.0	0.0	0.0	0	0	1	0	0	0
11/30	@Car	W 16-13	0	0	0.0	0.0	0.0	0.0	0	0	0	0	0	0
12/07	StL	L 27-34	3	2	1.0	12.0	0.0	0.0	0	0	1	0	0	0
12/14	Ari	W 27-10	3	0	1.5	7.0	0.0	0.0	0	0	1	0	0	0
12/21	@KC	L 13-25	4	1	0.0	0.0	1.0	3.0	0	0	0	0	0	0

Ted Johnson
New England Patriots – LB

1997 Defensive Splits

	G	Tk	Ast	Sack	Yds	Stuff	Yds	Int	Yds	PD	TD
Total	16	95	32	4.0	30.0	5.0	21.0	0	0	1	0
vs. Playoff	8	54	18	2.0	15.0	3.0	9.5	0	0	0	0
vs. Non-Playoff	8	41	14	2.0	15.0	2.0	11.5	0	0	1	0
vs. Own Division	8	47	15	3.0	25.0	3.5	17.5	0	0	1	0
Home	8	49	20	2.0	15.0	2.5	5.5	0	0	1	0
Away	8	46	12	2.0	15.0	2.5	15.5	0	0	0	0
Games 1-8	8	40	11	2.0	15.0	1.5	10.5	0	0	0	0
Games 9-16	8	55	21	2.0	15.0	3.5	10.5	0	0	1	0
Aug/Sept	4	21	5	2.0	15.0	1.0	10.0	0	0	0	0
October	4	19	6	0.0	0.0	0.5	0.5	0	0	0	0
November	5	35	14	0.0	0.0	1.5	2.5	0	0	1	0
December	3	20	7	2.0	15.0	2.0	8.0	0	0	0	0
Grass	12	74	28	4.0	30.0	4.0	11.0	0	0	1	0
Turf	4	21	4	0.0	0.0	1.0	10.0	0	0	0	0
Indoor	2	13	3	0.0	0.0	1.0	10.0	0	0	0	0
Outdoor	14	82	29	4.0	30.0	4.0	11.0	0	0	1	0

Game Logs

Date	Opp	Result	Tk	Ast	Sack	Yds	Stuff	Yds	Int	Yds	PD	FF	FR	TD
08/31	SD	W 41-7	4	0	0.0	0.0	0.0	0.0	0	0	0	0	0	0
09/07	@Ind	W 31-6	6	1	0.0	0.0	1.0	10.0	0	0	0	0	0	0
09/14	NYA	W 27-24	4	2	2.0	15.0	0.0	0.0	0	0	0	1	0	0
09/21	Chi	W 31-3	7	2	0.0	0.0	0.0	0.0	0	0	0	0	0	0
10/06	@Den	L 13-34	2	2	0.0	0.0	0.5	0.5	0	0	0	0	0	0
10/12	Buf	W 33-6	8	1	0.0	0.0	0.0	0.0	0	0	0	0	0	0
10/19	@NYA	L 19-24	5	1	0.0	0.0	0.0	0.0	0	0	0	0	0	0
10/27	GB	L 10-28	4	2	0.0	0.0	0.0	0.0	0	0	0	0	0	0
11/02	@Min	L 18-23	7	2	0.0	0.0	0.0	0.0	0	0	0	0	0	0
11/09	@Buf	W 31-10	3	0	0.0	0.0	0.0	0.0	0	0	0	0	0	0
11/16	@TB	L 7-27	11	2	0.0	0.0	0.0	0.0	0	0	0	0	0	0
11/23	Mia	W 27-24	10	3	0.0	0.0	0.5	1.0	0	0	0	0	0	0
11/30	Ind	W 20-17	4	7	0.0	0.0	1.0	1.5	0	0	1	0	0	0
12/07	@Jac	W 26-20	5	4	1.0	5.0	0.0	0.0	0	0	0	0	0	0
12/13	Pit	L 21-24	8	3	0.0	0.0	1.0	3.0	0	0	0	0	0	0
12/22	@Mia	W 14-12	7	0	1.0	10.0	1.0	5.0	0	0	0	0	0	0

Henry Jones
Buffalo Bills – S

1997 Defensive Splits

	G	Tk	Ast	Sack	Yds	Stuff	Yds	Int	Yds	PD	TD
Total	15	64	17	2.0	23.0	2.0	3.0	0	0	8	0
vs. Playoff	9	41	12	2.0	23.0	2.0	3.0	0	0	4	0
vs. Non-Playoff	6	23	5	0.0	0.0	0.0	0.0	0	0	4	0
vs. Own Division	8	23	9	0.0	0.0	1.0	1.0	0	0	5	0
Home	8	39	10	2.0	23.0	0.0	0.0	0	0	5	0
Away	7	25	7	0.0	0.0	2.0	3.0	0	0	3	0
Games 1-8	7	30	12	1.0	10.0	0.0	0.0	0	0	7	0
Games 9-16	8	34	5	1.0	13.0	2.0	3.0	0	0	1	0
Aug/Sept	3	10	4	0.0	0.0	0.0	0.0	0	0	4	0
October	4	20	8	1.0	10.0	0.0	0.0	0	0	3	0
November	5	18	4	0.0	0.0	1.0	1.0	0	0	1	0
December	3	16	1	1.0	13.0	1.0	2.0	0	0	0	0
Grass	5	20	3	0.0	0.0	2.0	3.0	0	0	1	0
Turf	10	44	14	2.0	23.0	0.0	0.0	0	0	7	0
Indoor	1	5	1	0.0	0.0	0.0	0.0	0	0	0	0
Outdoor	14	59	16	2.0	23.0	2.0	3.0	0	0	8	0

Game Logs

Date	Opp	Result	Tk	Ast	Sack	Yds	Stuff	Yds	Int	Yds	PD	FF	FR	TD
08/31	Min	L 13-34	7	1	0.0	0.0	0.0	0.0	0	0	1	0	0	0
09/07	@NYA	W 28-22	0	3	0.0	0.0	0.0	0.0	0	0	2	0	0	0
09/14	@KC	L 16-22	-	-	-	-	-	-	-	-	-	-	-	-
09/21	Ind	W 37-35	3	0	0.0	0.0	0.0	0.0	0	0	1	0	0	0
10/05	Det	W 22-13	9	1	1.0	10.0	0.0	0.0	0	0	2	0	0	0
10/12	@NE	L 6-33	1	2	0.0	0.0	0.0	0.0	0	0	1	0	0	0
10/20	@Ind	W 9-6	5	1	0.0	0.0	0.0	0.0	0	0	0	0	0	0
10/26	Den	L 20-23	5	4	0.0	0.0	0.0	0.0	0	0	0	0	0	0
11/02	Mia	W 9-6	2	0	0.0	0.0	0.0	0.0	0	0	0	0	0	0
11/09	NE	L 10-31	4	3	0.0	0.0	0.0	0.0	0	0	0	0	0	0
11/17	@Mia	L 13-30	4	0	0.0	0.0	1.0	1.0	0	0	0	0	0	0
11/23	@Ten	L 14-31	4	1	0.0	0.0	0.0	0.0	0	0	0	0	0	0
11/30	NYA	W 20-10	4	0	0.0	0.0	0.0	0.0	0	0	1	0	1	0
12/07	@Chi	L 3-20	7	0	0.0	0.0	0.0	0.0	0	0	0	0	0	0
12/14	Jac	L 14-20	5	1	1.0	13.0	0.0	0.0	0	0	0	0	0	0
12/20	@GB	L 21-31	4	0	0.0	0.0	1.0	2.0	0	0	0	0	0	0

James Jones
Baltimore Ravens – DT

1997 Defensive Splits

	G	Tk	Ast	Sack	Yds	Stuff	Yds	Int	Yds	PD	TD
Total	16	48	4	6.0	44.0	5.5	11.5	0	0	1	0
vs. Playoff	6	17	2	1.0	21.0	3.5	7.5	0	0	0	0
vs. Non-Playoff	10	31	2	5.0	23.0	2.0	4.0	0	0	1	0
vs. Own Division	8	26	3	3.0	37.0	2.0	5.0	0	0	0	0
Home	8	28	1	5.0	41.0	2.0	5.0	0	0	0	0
Away	8	20	3	1.0	3.0	3.5	6.5	0	0	1	0
Games 1-8	8	21	3	2.0	30.0	4.0	8.5	0	0	0	0
Games 9-16	8	27	1	4.0	14.0	1.5	3.0	0	0	1	0
Aug/Sept	5	13	3	1.0	9.0	1.5	2.5	0	0	0	0
October	3	8	0	1.0	21.0	2.5	6.0	0	0	0	0
November	5	14	1	3.0	7.0	0.5	1.0	0	0	1	0
December	3	13	0	1.0	7.0	1.0	2.0	0	0	0	0
Grass	12	34	2	5.0	41.0	2.5	6.0	0	0	0	0
Turf	4	14	2	1.0	3.0	3.0	5.5	0	0	1	0
Indoor	0	0	0	0	0	0	0	0	0	0	0
Outdoor	16	48	4	6.0	44.0	5.5	11.5	0	0	1	0

Game Logs

Date	Opp	Result	Tk	Ast	Sack	Yds	Stuff	Yds	Int	Yds	PD	FF	FR	TD
08/31	Jac	L 27-28	2	0	0.0	0.0	0.0	0.0	0	0	0	0	0	0
09/07	Cin	W 23-10	3	1	1.0	9.0	0.0	0.0	0	0	0	0	0	0
09/14	@NYN	W 24-23	4	1	0.0	0.0	1.5	2.5	0	0	0	0	0	0
09/21	@Ten	W 36-10	2	1	0.0	0.0	0.0	0.0	0	0	0	0	0	0
09/28	@SD	L 17-21	2	0	0.0	0.0	0.0	0.0	0	0	1	0	0	0
10/05	Pit	L 34-42	4	0	1.0	21.0	1.0	3.0	0	0	0	0	0	0
10/19	Mia	L 13-24	3	0	0.0	0.0	1.0	2.0	0	0	0	0	0	0
10/26	@Was	W 20-17	1	0	0.0	0.0	0.5	1.0	0	0	0	0	0	0
11/02	@NYA	L 16-19	3	0	1.0	3.0	0.5	1.0	0	0	1	0	0	0
11/09	@Pit	L 0-37	3	1	0.0	0.0	0.0	0.0	0	0	0	1	0	0
11/16	Phi	T 10-10	4	0	2.0	4.0	0.0	0.0	0	0	0	0	0	0
11/23	Ari	L 13-16	3	0	0.0	0.0	0.0	0.0	0	0	0	0	0	0
11/30	@Jac	L 27-29	1	0	0.0	0.0	0.0	0.0	0	0	0	0	0	0
12/07	Sea	W 31-24	2	0	0.0	0.0	0.0	0.0	0	0	0	0	0	0
12/14	Ten	W 21-19	7	0	1.0	7.0	0.0	0.0	0	0	0	0	1	0
12/21	@Cin	L 14-16	4	0	0.0	0.0	1.0	2.0	0	0	0	0	0	0

Marvin Jones
New York Jets – LB

1997 Defensive Splits

	G	Tk	Ast	Sack	Yds	Stuff	Yds	Int	Yds	PD	TD
Total	16	87	40	3.0	33.0	2.5	7.0	0	0	4	0
vs. Playoff	7	35	24	0.0	0.0	0.5	0.5	0	0	1	0
vs. Non-Playoff	9	52	16	3.0	33.0	2.0	6.5	0	0	3	0
vs. Own Division	8	43	26	0.0	0.0	1.0	1.0	0	0	3	0
Home	8	49	27	1.0	9.0	2.0	6.0	0	0	0	0
Away	8	38	13	2.0	24.0	0.5	1.0	0	0	4	0
Games 1-8	8	50	18	2.0	14.0	2.5	7.0	0	0	2	0
Games 9-16	8	37	22	1.0	19.0	0.0	0.0	0	0	2	0
Aug/Sept	5	33	7	2.0	14.0	2.0	6.5	0	0	1	0
October	3	17	11	0.0	0.0	0.5	0.5	0	0	1	0
November	5	27	10	1.0	19.0	0.0	0.0	0	0	2	0
December	3	10	12	0.0	0.0	0.0	0.0	0	0	0	0
Grass	3	17	8	1.0	19.0	0.0	0.0	0	0	1	0
Turf	13	70	32	2.0	14.0	2.5	7.0	0	0	3	0
Indoor	3	15	3	1.0	5.0	0.5	1.0	0	0	2	0
Outdoor	13	72	37	2.0	28.0	2.0	6.0	0	0	2	0

Game Logs

Date	Opp	Result	Tk	Ast	Sack	Yds	Stuff	Yds	Int	Yds	PD	FF	FR	TD
08/31	@Sea	W 41-3	6	2	1.0	5.0	0.5	1.0	0	0	1	0	0	0
09/07	Buf	L 22-28	10	0	0.0	0.0	0.5	0.5	0	0	0	0	0	0
09/14	@NE	L 24-27	5	3	0.0	0.0	0.0	0.0	0	0	0	0	0	0
09/21	Oak	W 23-22	10	1	1.0	9.0	1.0	5.0	0	0	0	1	0	0
09/28	@Cin	W 31-14	2	1	0.0	0.0	0.0	0.0	0	0	1	0	0	0
10/05	@Ind	W 16-12	4	0	0.0	0.0	0.0	0.0	0	0	0	0	0	0
10/12	Mia	L 20-31	4	5	0.0	0.0	0.0	0.0	0	0	0	0	0	0
10/19	NE	W 24-19	9	6	0.0	0.0	0.5	0.5	0	0	1	0	0	0
11/02	Bal	W 19-16	7	3	0.0	0.0	0.0	0.0	0	0	0	0	0	0
11/09	@Mia	L 17-24	5	4	0.0	0.0	0.0	0.0	0	0	1	0	0	0
11/16	@Chi	W 23-15	7	1	1.0	19.0	0.0	0.0	0	0	1	0	0	0
11/23	Min	W 23-21	4	1	0.0	0.0	0.0	0.0	0	0	0	0	0	0
11/30	@Buf	L 10-20	4	1	0.0	0.0	0.0	0.0	0	0	0	0	0	0
12/07	Ind	L 14-22	2	7	0.0	0.0	0.0	0.0	0	0	0	0	0	0
12/14	TB	W 31-0	3	4	0.0	0.0	0.0	0.0	0	0	0	0	1	0
12/21	@Det	L 10-13	5	1	0.0	0.0	0.0	0.0	0	0	0	0	0	0

Mike Jones — St. Louis Rams – LB

	1997 Defensive Splits										Game Logs										
	G	Tk	Ast	Sack	Yds	Stuff	Yds	Int	Yds	PD	TD	Date	Opp	Result	Tk	Ast	Sack	Yds	Stuff	Yds	Int	Yds	PD	FF	FR	TD
Total	16	72	19	2.0	23.0	6.0	14.0	1	0	8	0	08/31	NO	W 38-24	2	0	0.0	0.0	0.0	0.0	0	0	1	0	0	0
vs. Playoff	6	24	5	1.0	13.0	2.0	2.0	0	0	1	0	09/07	SF	L 12-15	9	0	0.0	0.0	1.0	1.0	0	0	0	0	0	0
vs. Non-Playoff	10	48	14	1.0	10.0	4.0	12.0	1	0	7	0	09/14	@Den	L 14-35	1	0	0.0	0.0	0.0	0.0	0	0	0	0	0	0
vs. Own Division	8	31	10	2.0	23.0	3.5	5.5	1	0	5	0	09/21	NYN	W 13-3	5	3	0.0	0.0	0.0	0.0	0	0	0	0	0	0
Home	8	43	13	1.0	10.0	4.0	10.0	0	0	5	0	09/28	@Oak	L 17-35	8	1	0.0	0.0	1.0	3.0	0	0	0	0	0	0
Away	8	29	6	1.0	13.0	2.0	4.0	1	0	3	0	10/12	@SF	L 10-30	4	0	1.0	13.0	1.0	1.0	0	0	0	0	0	0
Games 1-8	8	40	6	1.0	13.0	4.5	10.5	0	0	1	0	10/19	Sea	L 9-17	8	2	0.0	0.0	1.5	5.5	0	0	0	0	0	0
Games 9-16	8	32	13	1.0	10.0	1.5	3.5	1	0	7	0	10/26	KC	L 20-28	3	0	0.0	0.0	0.5	0.5	0	0	0	0	0	0
Aug/Sept	5	25	4	0.0	0.0	2.0	4.0	0	0	1	0	11/02	@Atl	L 31-34	1	1	0.0	0.0	0.0	0.0	0	0	0	0	0	0
October	3	15	2	1.0	13.0	2.5	6.5	0	0	0	0	11/09	@GB	L 7-17	2	2	0.0	0.0	0.0	0.0	0	0	1	0	0	0
November	5	21	10	1.0	10.0	1.5	3.5	0	0	3	0	11/16	Atl	L 21-27	6	3	0.0	0.0	0.5	0.5	0	0	2	0	0	0
December	3	11	3	0.0	0.0	0.0	0.0	1	0	4	0	11/23	Car	L 10-16	4	4	0.0	0.0	1.0	3.0	0	0	0	0	0	0
Grass	6	27	3	1.0	13.0	2.0	4.0	1	0	3	0	11/30	@Was	W 23-20	8	0	0.0	0.0	0.0	0.0	0	0	0	0	0	0
Turf	10	45	16	1.0	10.0	4.0	10.0	0	0	5	0	12/07	@NO	W 34-27	1	2	0.0	0.0	0.0	0.0	0	0	0	0	0	0
Indoor	10	45	16	1.0	10.0	4.0	10.0	0	0	5	0	12/14	Chi	L 10-13	6	1	0.0	0.0	0.0	0.0	0	0	2	0	0	0
Outdoor	6	27	3	1.0	13.0	2.0	4.0	1	0	3	0	12/20	@Car	W 30-18	4	0	0.0	0.0	0.0	0.0	1	0	2	0	0	0

Robert Jones — St. Louis Rams – LB

	1997 Defensive Splits										Game Logs										
	G	Tk	Ast	Sack	Yds	Stuff	Yds	Int	Yds	PD	TD	Date	Opp	Result	Tk	Ast	Sack	Yds	Stuff	Yds	Int	Yds	PD	FF	FR	TD
Total	16	61	17	1.0	8.0	3.5	5.5	0	0	4	0	08/31	NO	W 38-24	2	0	0.0	0.0	0.0	0.0	0	0	0	0	0	0
vs. Playoff	6	30	11	0.0	0.0	1.5	1.5	0	0	4	0	09/07	SF	L 12-15	6	1	0.0	0.0	0.0	0.0	0	0	1	0	0	0
vs. Non-Playoff	10	31	6	1.0	8.0	2.0	4.0	0	0	0	0	09/14	@Den	L 14-35	4	2	0.0	0.0	1.0	1.0	0	0	1	0	0	0
vs. Own Division	8	31	4	1.0	8.0	1.0	1.0	0	0	3	0	09/21	NYN	W 13-3	5	2	0.0	0.0	0.5	0.5	0	0	0	0	0	0
Home	8	36	8	1.0	8.0	1.5	1.5	0	0	1	0	09/28	@Oak	L 17-35	3	0	0.0	0.0	0.0	0.0	0	0	0	0	0	0
Away	8	25	9	0.0	0.0	2.0	4.0	0	0	3	0	10/12	@SF	L 10-30	3	2	0.0	0.0	0.0	0.0	0	0	0	0	0	0
Games 1-8	8	31	11	0.0	0.0	1.5	1.5	0	0	4	0	10/19	Sea	L 9-17	1	3	0.0	0.0	0.0	0.0	0	0	0	0	0	0
Games 9-16	8	30	6	1.0	8.0	2.0	4.0	0	0	0	0	10/26	KC	L 20-28	7	1	0.0	0.0	0.0	0.0	0	0	0	0	0	0
Aug/Sept	5	20	5	0.0	0.0	1.5	1.5	0	0	2	0	11/02	@Atl	L 31-34	3	0	0.0	0.0	0.0	0.0	0	0	0	0	0	0
October	3	11	6	0.0	0.0	0.0	0.0	0	0	2	0	11/09	@GB	L 7-17	5	3	0.0	0.0	0.0	0.0	0	0	0	0	0	0
November	5	24	4	1.0	8.0	2.0	4.0	0	0	0	0	11/16	Atl	L 21-27	4	0	0.0	0.0	1.0	1.0	0	0	0	0	0	0
December	3	6	2	0.0	0.0	0.0	0.0	0	0	0	0	11/23	Car	L 10-16	9	1	0.0	8.0	0.0	0.0	0	0	0	0	0	0
Grass	6	20	9	0.0	0.0	2.0	4.0	0	0	3	0	11/30	@Was	W 23-20	3	1	0.0	0.0	1.0	3.0	0	0	0	0	0	0
Turf	10	41	8	1.0	8.0	1.5	1.5	0	0	1	0	12/07	@NO	W 34-27	2	0	0.0	0.0	0.0	0.0	0	0	0	0	0	0
Indoor	10	41	8	1.0	8.0	1.5	1.5	0	0	1	0	12/14	Chi	L 10-13	2	1	0.0	0.0	0.0	0.0	0	0	0	0	0	0
Outdoor	6	20	9	0.0	0.0	2.0	4.0	0	0	3	0	12/20	@Car	W 30-18	2	1	0.0	0.0	0.0	0.0	0	0	0	0	0	0

Levon Kirkland — Pittsburgh Steelers – LB

	1997 Defensive Splits										Game Logs										
	G	Tk	Ast	Sack	Yds	Stuff	Yds	Int	Yds	PD	TD	Date	Opp	Result	Tk	Ast	Sack	Yds	Stuff	Yds	Int	Yds	PD	FF	FR	TD
Total	16	95	31	5.0	25.0	7.5	13.5	2	14	7	0	08/31	Dal	L 7-37	7	2	0.0	0.0	0.0	0.0	0	0	1	0	0	0
vs. Playoff	5	34	6	2.0	17.0	1.5	3.0	0	0	1	0	09/07	Was	W 14-13	3	4	0.0	0.0	0.5	0.5	1	11	1	0	0	0
vs. Non-Playoff	11	61	25	3.0	8.0	6.0	10.5	2	14	6	0	09/22	@Jac	L 21-30	11	1	1.0	11.0	1.5	3.0	0	0	0	0	0	0
vs. Own Division	8	48	13	3.0	17.0	3.5	7.0	1	3	2	0	09/28	Ten	W 37-24	5	3	1.0	0.0	0.0	0.0	1	3	1	0	0	0
Home	8	46	20	2.0	6.0	3.0	7.0	2	14	5	0	10/05	@Bal	W 42-34	7	1	0.0	0.0	0.0	0.0	0	0	0	0	0	0
Away	8	49	11	3.0	19.0	4.5	6.5	0	0	2	0	10/12	Ind	W 24-22	8	2	0.0	0.0	2.0	4.0	0	0	1	0	0	0
Games 1-8	8	54	15	3.0	17.0	5.5	9.0	2	14	5	0	10/19	@Cin	W 26-10	7	1	0.0	0.0	1.5	1.5	0	0	0	0	0	0
Games 9-16	8	41	16	2.0	8.0	2.0	4.5	0	0	2	0	10/26	Jac	W 23-17	6	1	1.0	6.0	0.0	0.0	0	0	1	0	0	0
Aug/Sept	4	26	10	2.0	11.0	2.0	3.5	2	14	3	0	11/03	@KC	L 10-13	6	0	0.0	0.0	0.0	0.0	0	0	0	0	1	0
October	4	28	5	1.0	6.0	3.5	5.5	0	0	2	0	11/09	Bal	W 37-0	5	1	0.0	0.0	0.5	2.5	0	0	0	0	0	0
November	5	29	12	2.0	8.0	2.0	4.5	0	0	2	0	11/16	Cin	W 20-3	6	5	0.0	0.0	0.0	0.0	0	0	0	0	0	0
December	3	12	4	0.0	0.0	0.0	0.0	0	0	0	0	11/23	@Phi	L 20-23	6	3	1.0	1.0	1.0	1.0	0	0	2	0	0	0
Grass	6	36	7	2.0	18.0	2.0	4.0	0	0	0	0	11/30	@Ari	W 26-20	6	3	1.0	7.0	0.5	1.0	0	0	0	0	0	0
Turf	10	59	24	3.0	7.0	5.5	9.5	2	14	7	0	12/07	Den	W 35-24	6	2	0.0	0.0	0.0	0.0	0	0	1	0	0	0
Indoor	0	0	0	0	0	0	0	0	0	0	0	12/13	@NE	W 24-21	5	2	0.0	0.0	0.0	0.0	0	0	0	0	0	0
Outdoor	16	95	31	5.0	25.0	7.5	13.5	2	14	7	0	12/21	@Ten	L 6-16	1	0	0.0	0.0	0.0	0.0	0	0	0	0	0	0

Sammy Knight
New Orleans Saints – S

1997 Defensive Splits

	G	Tk	Ast	Sack	Yds	Stuff	Yds	Int	Yds	PD	TD
Total	16	76	17	0.0	0.0	1.0	3.0	5	75	12	0
vs. Playoff	5	25	5	0.0	0.0	1.0	3.0	1	32	2	0
vs. Non-Playoff	11	51	12	0.0	0.0	0.0	0.0	4	43	10	0
vs. Own Division	8	36	4	0.0	0.0	1.0	3.0	3	4	5	0
Home	8	38	8	0.0	0.0	1.0	3.0	1	0	5	0
Away	8	38	9	0.0	0.0	0.0	0.0	4	75	7	0
Games 1-8	8	28	8	0.0	0.0	0.0	0.0	2	32	3	0
Games 9-16	8	48	9	0.0	0.0	1.0	3.0	3	43	9	0
Aug/Sept	5	13	4	0.0	0.0	0.0	0.0	1	32	2	0
October	4	25	5	0.0	0.0	1.0	3.0	1	0	1	0
November	4	22	5	0.0	0.0	0.0	0.0	3	43	7	0
December	3	16	3	0.0	0.0	0.0	0.0	0	0	2	0
Grass	5	28	3	0.0	0.0	0.0	0.0	3	43	4	0
Turf	11	48	14	0.0	0.0	1.0	3.0	2	32	8	0
Indoor	10	41	10	0.0	0.0	1.0	3.0	1	0	6	0
Outdoor	6	35	7	0.0	0.0	0.0	0.0	4	75	6	0

Game Logs

Date	Opp	Result	Tk	Ast	Sack	Yds	Stuff	Yds	Int	Yds	PD	FF	FR	TD
08/31	@StL	L 24-38	1	0	0.0	0.0	0.0	0.0	0	0	0	0	0	0
09/07	SD	L 6-20	1	0	0.0	0.0	0.0	0.0	0	0	0	0	0	0
09/14	@SF	L 7-33	2	0	0.0	0.0	0.0	0.0	0	0	0	0	0	0
09/21	Det	W 35-17	2	0	0.0	0.0	0.0	0.0	0	0	0	0	0	0
09/28	@NYN	L 9-14	7	4	0.0	0.0	0.0	0.0	1	32	2	0	0	0
10/05	@Chi	W 20-17	7	3	0.0	0.0	0.0	0.0	0	0	0	0	0	0
10/12	Atl	L 17-23	3	0	0.0	0.0	0.0	0.0	0	0	0	0	0	0
10/19	Car	L 0-13	5	1	0.0	0.0	0.0	0.0	1	0	1	0	0	0
10/26	SF	L 0-23	10	1	0.0	0.0	1.0	3.0	0	0	0	0	0	0
11/09	@Oak	W 13-10	7	0	0.0	0.0	0.0	0.0	1	39	1	0	1	0
11/16	Sea	W 20-17	5	3	0.0	0.0	0.0	0.0	0	0	2	0	0	0
11/23	@Atl	L 3-20	2	2	0.0	0.0	0.0	0.0	0	0	1	0	0	0
11/30	@Car	W 16-13	8	0	0.0	0.0	0.0	0.0	2	4	3	0	0	0
12/07	StL	L 27-34	5	0	0.0	0.0	0.0	0.0	0	0	0	0	0	0
12/14	Ari	W 27-10	7	3	0.0	0.0	0.0	0.0	0	0	2	0	0	0
12/21	@KC	L 13-25	4	0	0.0	0.0	0.0	0.0	0	0	0	0	0	0

Jeff Lageman
Jacksonville Jaguars – DE

1997 Defensive Splits

	G	Tk	Ast	Sack	Yds	Stuff	Yds	Int	Yds	PD	TD
Total	16	22	6	5.0	30.0	3.0	6.0	0	0	2	0
vs. Playoff	5	9	2	3.0	13.0	1.0	1.0	0	0	0	0
vs. Non-Playoff	11	13	4	2.0	17.0	2.0	5.0	0	0	2	0
vs. Own Division	8	13	3	1.0	0.0	2.0	5.0	0	0	1	0
Home	8	11	4	3.0	19.0	2.5	5.5	0	0	2	0
Away	8	11	2	2.0	11.0	0.5	0.5	0	0	0	0
Games 1-8	8	8	2	2.0	6.0	2.5	5.5	0	0	2	0
Games 9-16	8	14	4	3.0	24.0	0.5	0.5	0	0	0	0
Aug/Sept	4	4	1	0.0	0.0	1.0	1.0	0	0	0	0
October	4	4	1	2.0	6.0	1.5	4.5	0	0	2	0
November	5	12	3	2.0	13.0	0.5	0.5	0	0	0	0
December	3	2	1	1.0	11.0	0.0	0.0	0	0	0	0
Grass	12	18	6	4.0	30.0	3.0	6.0	0	0	2	0
Turf	4	4	0	1.0	0.0	0.0	0.0	0	0	0	0
Indoor	0	0	0	0	0	0	0	0	0	0	0
Outdoor	16	22	6	5.0	30.0	3.0	6.0	0	0	2	0

Game Logs

Date	Opp	Result	Tk	Ast	Sack	Yds	Stuff	Yds	Int	Yds	PD	FF	FR	TD
08/31	@Bal	W 28-27	1	0	0.0	0.0	0.0	0.0	0	0	0	0	0	0
09/07	NYN	W 40-13	1	0	0.0	0.0	1.0	1.0	0	0	0	0	0	0
09/22	Pit	W 30-21	1	0	0.0	0.0	0.0	0.0	0	0	0	0	0	0
09/28	@Was	L 12-24	1	1	0.0	0.0	0.0	0.0	0	0	0	0	0	0
10/05	Cin	W 21-13	1	1	0.0	0.0	1.5	4.5	0	0	1	0	0	0
10/12	Phi	W 38-21	1	0	1.0	6.0	0.0	0.0	0	0	1	0	0	0
10/19	@Dal	L 22-26	0	0	0.0	0.0	0.0	0.0	0	0	0	0	0	0
10/26	@Pit	L 17-23	2	0	1.0	0.0	0.0	0.0	0	0	0	1	0	0
11/02	@Ten	W 30-24	4	1	0.0	0.0	0.5	0.5	0	0	0	0	0	0
11/09	KC	W 24-10	4	1	2.0	13.0	0.0	0.0	0	0	0	1	1	0
11/16	Ten	W 17-9	1	0	0.0	0.0	0.0	0.0	0	0	0	0	0	0
11/23	@Cin	L 26-31	2	0	0.0	0.0	0.0	0.0	0	0	0	0	0	0
11/30	Bal	W 29-27	1	1	0.0	0.0	0.0	0.0	0	0	0	0	0	0
12/07	NE	L 20-26	1	1	0.0	0.0	0.0	0.0	0	0	0	0	0	0
12/14	@Buf	W 20-14	0	0	0.0	0.0	0.0	0.0	0	0	0	0	0	0
12/21	@Oak	W 20-9	1	0	1.0	11.0	0.0	0.0	0	0	0	0	0	0

Carnell Lake
Pittsburgh Steelers – S

1997 Defensive Splits

	G	Tk	Ast	Sack	Yds	Stuff	Yds	Int	Yds	PD	TD
Total	16	44	18	6.0	44.0	0.5	1.0	3	16	9	1
vs. Playoff	5	14	6	2.0	17.0	0.0	0.0	0	0	1	0
vs. Non-Playoff	11	30	12	4.0	27.0	0.5	1.0	3	16	8	1
vs. Own Division	8	19	8	0.0	0.0	0.0	0.0	3	16	8	0
Home	8	21	16	3.0	26.0	0.5	1.0	1	1	4	1
Away	8	23	2	3.0	18.0	0.0	0.0	2	15	5	0
Games 1-8	8	26	12	1.0	9.0	0.5	1.0	2	15	6	1
Games 9-16	8	18	6	5.0	35.0	0.0	0.0	1	1	3	0
Aug/Sept	4	15	10	0.0	0.0	0.5	1.0	0	0	2	0
October	4	11	2	1.0	9.0	0.0	0.0	2	15	4	1
November	5	9	2	3.0	18.0	0.0	0.0	1	1	3	0
December	3	9	4	2.0	17.0	0.0	0.0	0	0	0	0
Grass	6	19	2	3.0	18.0	0.0	0.0	1	11	2	0
Turf	10	25	16	3.0	26.0	0.5	1.0	2	5	7	1
Indoor	0	0	0	0	0	0	0	0	0	0	0
Outdoor	16	44	18	6.0	44.0	0.5	1.0	3	16	9	1

Game Logs

Date	Opp	Result	Tk	Ast	Sack	Yds	Stuff	Yds	Int	Yds	PD	FF	FR	TD
08/31	Dal	L 7-37	3	2	0.0	0.0	0.0	0.0	0	0	0	0	0	0
09/07	Was	W 14-13	3	4	0.0	0.0	0.5	1.0	0	0	1	0	0	0
09/22	@Jac	L 21-30	5	1	0.0	0.0	0.0	0.0	0	0	1	0	0	0
09/28	Ten	W 37-24	4	3	0.0	0.0	0.0	0.0	0	0	0	0	0	0
10/05	@Bal	W 42-34	3	1	0.0	0.0	0.0	0.0	1	11	1	0	0	0
10/12	Ind	W 24-22	5	0	1.0	9.0	0.0	0.0	0	0	1	1	1	1
10/19	@Cin	W 26-10	2	0	0.0	0.0	0.0	0.0	1	4	3	0	0	0
10/26	Jac	W 23-17	1	1	0.0	0.0	0.0	0.0	0	0	1	0	0	0
11/03	@KC	L 10-13	1	0	0.0	0.0	0.0	0.0	0	0	0	0	0	0
11/09	Bal	W 37-0	1	2	0.0	0.0	0.0	0.0	1	1	3	0	0	0
11/16	Cin	W 20-3	1	0	0.0	0.0	0.0	0.0	0	0	0	0	0	0
11/23	@Phi	L 20-23	2	0	0.0	0.0	0.0	0.0	0	0	0	0	0	0
11/30	@Ari	W 26-20	4	0	3.0	18.0	0.0	0.0	0	0	0	0	0	0
12/07	Den	W 35-24	3	4	2.0	17.0	0.0	0.0	0	0	0	0	0	0
12/13	@NE	W 24-21	4	0	0.0	0.0	0.0	0.0	0	0	0	0	0	0
12/21	@Ten	L 6-16	2	0	0.0	0.0	0.0	0.0	0	0	0	0	0	0

Antonio Langham
Baltimore Ravens – CB

1997 Defensive Splits

	G	Tk	Ast	Sack	Yds	Stuff	Yds	Int	Yds	PD	TD
Total	16	54	6	0.0	0.0	0.5	0.5	3	40	13	1
vs. Playoff	6	15	3	0.0	0.0	0.5	0.5	1	40	2	1
vs. Non-Playoff	10	39	3	0.0	0.0	0.0	0.0	2	0	11	0
vs. Own Division	8	29	2	0.0	0.0	0.0	0.0	2	40	5	1
Home	8	33	0	0.0	0.0	0.0	0.0	1	0	9	0
Away	8	21	6	0.0	0.0	0.5	0.5	2	40	4	1
Games 1-8	8	18	3	0.0	0.0	0.5	0.5	1	0	3	0
Games 9-16	8	36	3	0.0	0.0	0.0	0.0	2	40	10	1
Aug/Sept	5	12	3	0.0	0.0	0.5	0.5	1	0	2	0
October	3	6	0	0.0	0.0	0.0	0.0	0	0	1	0
November	5	20	1	0.0	0.0	0.0	0.0	1	40	4	1
December	3	16	2	0.0	0.0	0.0	0.0	1	0	6	0
Grass	12	40	0	0.0	0.0	0.0	0.0	3	40	12	1
Turf	4	14	6	0.0	0.0	0.5	0.5	0	0	1	0
Indoor	0	0	0	0	0	0	0	0	0	0	0
Outdoor	16	54	6	0.0	0.0	0.5	0.5	3	40	13	1

Game Logs

Date	Opp	Result	Tk	Ast	Sack	Yds	Stuff	Yds	Int	Yds	PD	FF	FR	TD
08/31	Jac	L 27-28	4	0	0.0	0.0	0.0	0.0	0	0	0	0	0	0
09/07	Cin	W 23-10	4	0	0.0	0.0	0.0	0.0	0	0	0	0	0	0
09/14	@NYN	W 24-23	1	3	0.0	0.0	0.5	0.5	0	0	0	0	0	0
09/21	@Ten	W 36-10	1	0	0.0	0.0	0.0	0.0	0	0	0	0	0	0
09/28	@SD	L 17-21	2	0	0.0	0.0	0.0	0.0	1	0	2	0	0	0
10/05	Pit	L 34-42	2	0	0.0	0.0	0.0	0.0	0	0	1	0	0	0
10/19	Mia	L 13-24	2	0	0.0	0.0	0.0	0.0	0	0	0	0	0	0
10/26	@Was	W 20-17	2	0	0.0	0.0	0.0	0.0	0	0	0	0	0	0
11/02	@NYA	L 16-19	4	1	0.0	0.0	0.0	0.0	0	0	1	0	0	0
11/09	@Pit	L 0-37	4	0	0.0	0.0	0.0	0.0	0	0	0	0	0	0
11/16	Phi	T 10-10	6	0	0.0	0.0	0.0	0.0	0	0	0	0	0	0
11/23	Ari	L 13-16	4	0	0.0	0.0	0.0	0.0	0	0	1	0	0	0
11/30	@Jac	L 27-29	2	0	0.0	0.0	0.0	0.0	1	40	1	0	0	1
12/07	Sea	W 31-24	4	0	0.0	0.0	0.0	0.0	0	0	3	0	0	0
12/14	Ten	W 21-19	7	0	0.0	0.0	0.0	0.0	1	0	3	0	0	0
12/21	@Cin	L 14-16	5	2	0.0	0.0	0.0	0.0	0	0	0	0	0	0

Ty Law
New England Patriots – CB

1997 Defensive Splits

	G	Tk	Ast	Sack	Yds	Stuff	Yds	Int	Yds	PD	TD
Total	16	69	8	0.5	2.5	1.0	1.0	3	70	11	0
vs. Playoff	8	33	4	0.5	2.5	1.0	1.0	0	0	6	0
vs. Non-Playoff	8	36	4	0.0	0.0	0.0	0.0	3	70	5	0
vs. Own Division	8	33	2	0.0	0.0	0.0	0.0	2	40	5	0
Home	8	38	3	0.0	0.0	0.0	0.0	2	70	5	0
Away	8	31	5	0.5	2.5	1.0	1.0	1	0	6	0
Games 1-8	8	36	4	0.0	0.0	0.0	0.0	2	70	7	0
Games 9-16	8	33	4	0.5	2.5	1.0	1.0	1	0	4	0
Aug/Sept	4	20	3	0.0	0.0	0.0	0.0	1	30	1	0
October	4	16	1	0.0	0.0	0.0	0.0	1	40	6	0
November	5	15	3	0.5	2.5	0.0	0.0	1	0	2	0
December	3	18	1	0.0	0.0	1.0	1.0	0	0	2	0
Grass	12	54	3	0.0	0.0	1.0	1.0	2	70	10	0
Turf	4	15	5	0.5	2.5	0.0	0.0	1	0	1	0
Indoor	2	10	4	0.5	2.5	0.0	0.0	0	0	0	0
Outdoor	14	59	4	0.0	0.0	1.0	1.0	3	70	11	0

Game Logs

Date	Opp	Result	Tk	Ast	Sack	Yds	Stuff	Yds	Int	Yds	PD	FF	FR	TD
08/31	SD	W 41-7	5	0	0.0	0.0	0.0	0.0	0	0	0	0	0	0
09/07	@Ind	W 31-6	8	1	0.0	0.0	0.0	0.0	0	0	0	0	0	0
09/14	NYA	W 27-24	4	0	0.0	0.0	0.0	0.0	0	0	0	1	0	0
09/21	Chi	W 31-3	5	2	0.0	0.0	0.0	0.0	1	30	1	0	0	0
10/06	@Den	L 13-34	3	0	0.0	0.0	0.0	0.0	0	0	3	0	0	0
10/12	Buf	W 33-6	4	0	0.0	0.0	0.0	0.0	1	40	3	0	0	0
10/19	@NYA	L 19-24	4	1	0.0	0.0	0.0	0.0	0	0	0	0	0	0
10/27	GB	L 10-28	2	0	0.0	0.0	0.0	0.0	0	0	0	0	0	0
11/02	@Min	L 18-23	2	3	0.5	2.5	0.0	0.0	0	0	0	0	0	0
11/09	@Buf	W 31-10	1	0	0.0	0.0	0.0	0.0	1	0	1	0	0	0
11/16	@TB	L 7-27	2	0	0.0	0.0	0.0	0.0	0	0	1	0	0	0
11/23	Mia	W 27-24	3	0	0.0	0.0	0.0	0.0	0	0	0	0	0	0
11/30	Ind	W 20-17	7	0	0.0	0.0	0.0	0.0	0	0	0	0	0	0
12/07	@Jac	W 26-20	9	0	0.0	0.0	1.0	1.0	0	0	0	0	0	0
12/13	Pit	L 21-24	7	0	0.0	0.0	0.0	0.0	0	0	1	0	0	0
12/22	@Mia	W 14-12	2	0	0.0	0.0	0.0	0.0	0	0	1	0	0	0

Darryll Lewis
Tennessee Oilers – CB

1997 Defensive Splits

	G	Tk	Ast	Sack	Yds	Stuff	Yds	Int	Yds	PD	TD
Total	16	49	11	0.0	0.0	1.0	2.0	5	115	25	1
vs. Playoff	6	19	7	0.0	0.0	1.0	2.0	1	47	6	1
vs. Non-Playoff	10	30	4	0.0	0.0	0.0	0.0	4	68	19	0
vs. Own Division	8	20	5	0.0	0.0	1.0	2.0	1	47	10	1
Home	8	20	7	0.0	0.0	0.0	0.0	2	51	15	0
Away	8	29	4	0.0	0.0	1.0	2.0	3	64	10	1
Games 1-8	8	26	3	0.0	0.0	1.0	2.0	2	8	17	0
Games 9-16	8	23	8	0.0	0.0	0.0	0.0	3	107	8	1
Aug/Sept	4	14	1	0.0	0.0	1.0	2.0	0	0	6	0
October	4	12	2	0.0	0.0	0.0	0.0	2	8	11	0
November	5	14	5	0.0	0.0	0.0	0.0	3	107	7	1
December	3	9	3	0.0	0.0	0.0	0.0	0	0	1	0
Grass	12	34	8	0.0	0.0	0.0	0.0	3	55	20	1
Turf	4	15	3	0.0	0.0	1.0	2.0	2	60	5	0
Indoor	1	4	0	0.0	0.0	0.0	0.0	0	0	3	0
Outdoor	15	45	11	0.0	0.0	1.0	2.0	5	115	22	1

Game Logs

Date	Opp	Result	Tk	Ast	Sack	Yds	Stuff	Yds	Int	Yds	PD	FF	FR	TD
08/31	Oak	W 24-21	4	0	0.0	0.0	0.0	0.0	0	0	1	0	0	0
09/07	@Mia	L 13-16	7	0	0.0	0.0	0.0	0.0	0	0	2	0	0	0
09/21	Bal	L 10-36	1	0	0.0	0.0	0.0	0.0	0	0	3	0	0	0
09/28	@Pit	L 24-37	2	1	0.0	0.0	1.0	2.0	0	0	0	0	0	0
10/05	@Sea	L 13-16	2	0	0.0	0.0	0.0	0.0	0	0	3	1	0	0
10/12	Cin	W 30-7	2	0	0.0	0.0	0.0	0.0	0	0	3	0	0	0
10/19	Was	W 28-14	4	1	0.0	0.0	0.0	0.0	1	4	4	0	0	0
10/26	@Ari	W 41-14	4	1	0.0	0.0	0.0	0.0	1	4	1	0	2	0
11/02	Jac	L 24-30	2	1	0.0	0.0	0.0	0.0	1	47	2	0	0	1
11/09	NYN	W 10-6	2	3	0.0	0.0	0.0	0.0	0	0	1	0	0	0
11/16	@Jac	L 9-17	4	0	0.0	0.0	0.0	0.0	0	0	1	0	0	0
11/23	Buf	W 31-14	3	0	0.0	0.0	0.0	0.0	0	0	1	0	0	0
11/27	@Dal	W 27-14	3	1	0.0	0.0	0.0	0.0	2	60	2	0	0	0
12/07	@Cin	L 14-41	6	1	0.0	0.0	0.0	0.0	0	0	0	0	0	0
12/14	@Bal	L 19-21	1	0	0.0	0.0	0.0	0.0	0	0	1	0	0	0
12/21	Pit	W 16-6	2	2	0.0	0.0	0.0	0.0	0	0	0	0	1	0

Mo Lewis
New York Jets – LB

1997 Defensive Splits

	G	Tk	Ast	Sack	Yds	Stuff	Yds	Int	Yds	PD	TD
Total	16	46	27	8.0	66.0	2.0	9.0	1	43	12	1
vs. Playoff	7	16	14	2.0	18.0	0.0	0.0	1	43	7	1
vs. Non-Playoff	9	30	13	6.0	48.0	2.0	9.0	0	0	5	0
vs. Own Division	8	25	15	4.5	39.5	1.0	3.0	1	43	5	1
Home	8	24	24	3.0	27.0	1.0	3.0	0	0	5	0
Away	8	22	3	5.0	39.0	1.0	6.0	1	43	7	1
Games 1-8	8	20	13	4.5	32.5	1.0	6.0	1	43	6	1
Games 9-16	8	26	14	3.5	33.5	1.0	3.0	0	0	6	0
Aug/Sept	5	13	6	2.0	15.0	1.0	6.0	1	43	5	1
October	3	7	7	2.5	17.5	0.0	0.0	0	0	1	0
November	5	21	8	3.0	29.0	0.0	0.0	0	0	4	0
December	3	5	6	0.5	4.5	1.0	3.0	0	0	2	0
Grass	3	8	1	1.0	7.0	0.0	0.0	1	43	4	0
Turf	13	38	26	7.0	59.0	2.0	9.0	0	0	8	1
Indoor	3	5	2	1.0	4.0	0.0	0.0	0	0	3	0
Outdoor	13	41	25	7.0	62.0	2.0	9.0	1	43	9	1

Game Logs

Date	Opp	Result	Tk	Ast	Sack	Yds	Stuff	Yds	Int	Yds	PD	FF	FR	TD
08/31	@Sea	W 41-3	2	1	0.0	0.0	0.0	0.0	0	0	1	1	0	0
09/07	Buf	L 22-28	2	3	0.0	0.0	0.0	0.0	0	0	1	0	1	0
09/14	@NE	L 24-27	3	1	0.0	0.0	0.0	0.0	1	43	3	0	0	1
09/21	Oak	W 23-22	4	1	1.0	9.0	0.0	0.0	0	0	0	0	0	0
09/28	@Cin	W 31-14	2	0	1.0	6.0	1.0	6.0	0	0	0	0	0	0
10/05	@Ind	W 16-12	2	1	1.0	4.0	0.0	0.0	0	0	1	0	0	0
10/12	Mia	L 20-31	2	2	0.0	0.0	0.0	0.0	0	0	0	0	0	0
10/19	NE	W 24-19	3	4	1.5	13.5	0.0	0.0	0	0	1	0	0	0
11/02	Bal	W 19-16	4	3	0.0	0.0	0.0	0.0	0	0	1	0	0	0
11/09	@Mia	L 17-24	2	0	0.0	0.0	0.0	0.0	0	0	0	0	0	0
11/16	@Chi	W 23-15	3	0	1.0	7.0	0.0	0.0	0	0	1	0	0	0
11/23	Min	W 23-21	5	5	0.0	0.0	0.0	0.0	0	0	2	0	0	0
11/30	@Buf	L 10-20	7	0	2.0	22.0	0.0	0.0	0	0	1	0	0	0
12/07	Ind	L 14-22	4	4	0.0	0.0	1.0	3.0	0	0	0	0	0	0
12/14	TB	W 31-0	0	2	0.5	4.5	0.0	0.0	0	0	1	0	0	0
12/21	@Det	L 10-13	1	0	0.0	0.0	0.0	0.0	0	0	0	0	0	0

Ray Lewis
Baltimore Ravens – LB

1997 Defensive Splits

	G	Tk	Ast	Sack	Yds	Stuff	Yds	Int	Yds	PD	TD
Total	16	156	28	4.0	27.0	8.0	12.0	1	18	10	0
vs. Playoff	6	70	16	1.0	8.0	3.0	6.0	0	0	5	0
vs. Non-Playoff	10	86	12	3.0	19.0	5.0	6.0	1	18	5	0
vs. Own Division	8	71	13	3.0	23.0	3.0	6.0	0	0	3	0
Home	8	73	10	1.0	7.0	1.0	1.0	0	0	5	0
Away	8	83	18	3.0	20.0	7.0	11.0	1	18	5	0
Games 1-8	8	81	17	2.0	11.0	2.5	3.0	1	18	7	0
Games 9-16	8	75	11	2.0	16.0	5.5	9.0	0	0	3	0
Aug/Sept	5	49	10	1.0	7.0	1.0	1.0	0	0	4	0
October	3	32	7	1.0	4.0	1.5	2.0	1	18	3	0
November	5	57	7	1.0	8.0	4.5	8.0	0	0	0	0
December	3	18	4	1.0	8.0	1.0	1.0	0	0	3	0
Grass	12	111	13	2.0	11.0	3.5	5.0	1	18	6	0
Turf	4	45	15	2.0	16.0	4.5	7.0	0	0	4	0
Indoor	0	0	0	0	0	0	0	0	0	0	0
Outdoor	16	156	28	4.0	27.0	8.0	12.0	1	18	10	0

Game Logs

Date	Opp	Result	Tk	Ast	Sack	Yds	Stuff	Yds	Int	Yds	PD	FF	FR	TD
08/31	Jac	L 27-28	12	1	0.0	0.0	0.0	0.0	0	0	0	0	0	0
09/07	Cin	W 23-10	9	1	1.0	7.0	0.0	0.0	0	0	1	0	0	0
09/14	@NYN	W 24-23	14	7	0.0	0.0	1.0	1.0	0	0	3	0	0	0
09/21	@Ten	W 36-10	6	1	0.0	0.0	0.0	0.0	0	0	0	1	0	0
09/28	@SD	L 17-21	8	0	0.0	0.0	0.0	0.0	0	0	0	0	0	0
10/05	Pit	L 34-42	7	3	0.0	0.0	0.0	0.0	0	0	2	1	0	0
10/19	Mia	L 13-24	12	2	0.0	0.0	0.0	0.0	0	0	0	0	0	0
10/26	@Was	W 20-17	13	2	1.0	4.0	1.5	2.0	1	18	1	0	0	0
11/02	@NYA	L 16-19	11	3	0.0	0.0	2.5	3.0	0	0	0	0	0	0
11/09	@Pit	L 0-37	14	3	1.0	8.0	1.0	3.0	0	0	0	0	0	0
11/16	Phi	T 10-10	10	1	0.0	0.0	0.0	0.0	0	0	0	0	0	0
11/23	Ari	L 13-16	11	0	0.0	0.0	0.0	0.0	0	0	0	0	0	0
11/30	@Jac	L 27-29	11	0	0.0	0.0	1.0	2.0	0	0	0	0	0	0
12/07	Sea	W 31-24	6	0	0.0	0.0	0.0	0.0	0	0	1	0	0	0
12/14	Ten	W 21-19	6	2	0.0	0.0	1.0	1.0	0	0	1	0	0	0
12/21	@Cin	L 14-16	6	2	1.0	8.0	0.0	0.0	0	0	1	0	0	0

Greg Lloyd
Pittsburgh Steelers – LB

1997 Defensive Splits

	G	Tk	Ast	Sack	Yds	Stuff	Yds	Int	Yds	PD	TD
Total	12	30	22	3.5	19.5	6.5	11.0	0	0	1	0
vs. Playoff	3	5	5	0.0	0.0	1.0	1.0	0	0	1	0
vs. Non-Playoff	9	25	17	3.5	19.5	5.5	10.0	0	0	0	0
vs. Own Division	7	16	8	2.5	10.5	3.5	5.5	0	0	1	0
Home	7	21	16	2.5	10.5	5.5	10.0	0	0	0	0
Away	5	9	6	1.0	9.0	1.0	1.0	0	0	1	0
Games 1-8	8	20	16	0.5	1.5	4.0	6.5	0	0	1	0
Games 9-16	4	10	6	3.0	18.0	2.5	4.5	0	0	0	0
Aug/Sept	4	10	11	0.5	1.5	2.5	5.0	0	0	1	0
October	4	10	5	0.0	0.0	1.5	1.5	0	0	0	0
November	4	10	6	3.0	18.0	2.5	4.5	0	0	0	0
December	0	0	0	0	0	0	0	0	0	0	0
Grass	3	6	4	0.0	0.0	0.5	0.5	0	0	1	0
Turf	9	24	18	3.5	19.5	6.0	10.5	0	0	0	0
Indoor	0	0	0	0	0	0	0	0	0	0	0
Outdoor	12	30	22	3.5	19.5	6.5	11.0	0	0	1	0

Game Logs

Date	Opp	Result	Tk	Ast	Sack	Yds	Stuff	Yds	Int	Yds	PD	FF	FR	TD
08/31	Dal	L 7-37	3	6	0.0	0.0	0.5	1.0	0	0	0	0	0	0
09/07	Was	W 14-13	3	2	0.0	0.0	1.0	3.0	0	0	1	0	0	0
09/22	@Jac	L 21-30	1	1	0.0	0.0	0.5	0.5	0	0	1	0	0	0
09/28	Ten	W 37-24	3	2	0.5	1.5	0.5	0.5	0	0	0	0	1	0
10/05	@Bal	W 42-34	3	1	0.0	0.0	0.0	0.0	0	0	0	0	0	0
10/12	Ind	W 24-22	4	2	0.0	0.0	1.0	1.0	0	0	0	1	1	0
10/19	@Cin	W 26-10	1	0	0.0	0.0	0.0	0.0	0	0	1	1	0	0
10/26	Jac	W 23-17	2	2	0.0	0.0	0.5	0.5	0	0	0	0	0	0
11/03	@KC	L 10-13	2	2	0.0	0.0	0.0	0.0	0	0	0	1	0	0
11/09	Bal	W 37-0	3	0	1.0	3.0	0.0	0.0	0	0	0	0	0	0
11/16	Cin	W 20-3	3	2	1.0	6.0	2.0	4.0	0	0	0	1	1	0
11/23	@Phi	L 20-23	2	2	1.0	9.0	0.5	0.5	0	0	0	0	0	0
11/30	@Ari	W 26-20	-	-	-	-	-	-	-	-	-	-	-	-
12/07	Den	W 35-24	-	-	-	-	-	-	-	-	-	-	-	-
12/13	@NE	W 24-21	-	-	-	-	-	-	-	-	-	-	-	-
12/21	@Ten	L 6-16	-	-	-	-	-	-	-	-	-	-	-	-

Todd Lyght
St. Louis Rams – CB

1997 Defensive Splits

	G	Tk	Ast	Sack	Yds	Stuff	Yds	Int	Yds	PD	TD
Total	16	78	13	1.0	7.0	2.0	4.5	4	25	16	0
vs. Playoff	6	25	6	0.0	0.0	0.5	1.0	0	0	2	0
vs. Non-Playoff	10	53	7	1.0	7.0	1.5	3.5	4	25	14	0
vs. Own Division	8	37	4	1.0	7.0	1.0	1.0	3	12	10	0
Home	8	44	9	1.0	0.0	1.0	3.5	2	13	9	0
Away	8	34	4	1.0	7.0	1.0	1.0	2	12	7	0
Games 1-8	8	39	8	0.0	0.0	1.0	3.5	1	0	6	0
Games 9-16	8	39	5	1.0	7.0	1.0	1.0	3	25	10	0
Aug/Sept	5	20	4	0.0	0.0	0.5	1.0	1	0	3	0
October	3	19	4	0.0	0.0	0.5	2.5	0	0	3	0
November	5	26	4	0.0	0.0	0.0	0.0	1	0	5	0
December	3	13	1	1.0	7.0	1.0	1.0	2	25	5	0
Grass	6	24	4	0.0	0.0	0.0	0.0	0	0	3	0
Turf	10	54	9	1.0	7.0	2.0	4.5	4	25	13	0
Indoor	10	54	9	1.0	7.0	2.0	4.5	4	25	13	0
Outdoor	6	24	4	0.0	0.0	0.0	0.0	0	0	3	0

Game Logs

Date	Opp	Result	Tk	Ast	Sack	Yds	Stuff	Yds	Int	Yds	PD	FF	FR	TD
08/31	NO	W 38-24	3	0	0.0	0.0	0.0	0.0	1	0	2	1	0	0
09/07	SF	L 12-15	4	0	0.0	0.0	0.0	0.0	0	0	1	0	1	0
09/14	@Den	L 14-35	2	2	0.0	0.0	0.0	0.0	0	0	0	0	0	0
09/21	NYN	W 13-3	7	2	0.0	0.0	0.5	1.0	0	0	0	0	0	0
09/28	@Oak	L 17-35	4	0	0.0	0.0	0.0	0.0	0	0	0	0	0	0
10/12	@SF	L 10-30	4	1	0.0	0.0	0.0	0.0	0	0	0	0	0	0
10/19	Sea	L 9-17	11	3	0.0	0.0	0.5	2.5	0	0	2	0	0	0
10/26	KC	L 20-28	4	0	0.0	0.0	0.0	0.0	0	0	1	0	0	0
11/02	@Atl	L 31-34	4	0	0.0	0.0	0.0	0.0	1	0	1	0	0	0
11/09	@GB	L 7-17	4	1	0.0	0.0	0.0	0.0	0	0	1	0	0	0
11/16	Atl	L 21-27	5	2	0.0	0.0	0.0	0.0	0	0	2	0	0	0
11/23	Car	L 10-16	7	1	0.0	0.0	0.0	0.0	0	0	1	0	0	0
11/30	@Was	W 23-20	6	0	0.0	0.0	0.0	0.0	0	0	2	0	0	0
12/07	@NO	W 34-27	6	0	1.0	7.0	1.0	1.0	1	12	3	1	1	0
12/14	Chi	L 10-13	3	1	0.0	0.0	0.0	0.0	1	13	1	0	0	0
12/20	@Car	W 30-18	4	0	0.0	0.0	0.0	0.0	0	0	1	0	0	0

Keith Lyle
St. Louis Rams – S

1997 Defensive Splits

	G	Tk	Ast	Sack	Yds	Stuff	Yds	Int	Yds	PD	TD
Total	16	78	14	1.0	15.0	0.5	1.0	8	102	11	0
vs. Playoff	6	25	6	1.0	7.0	0.0	0.0	2	69	3	0
vs. Non-Playoff	10	53	8	1.0	8.0	0.5	1.0	6	33	8	0
vs. Own Division	8	43	2	2.0	15.0	0.5	1.0	6	45	7	0
Home	8	38	8	0.0	0.0	0.0	0.0	4	75	5	0
Away	8	40	6	2.0	15.0	0.5	1.0	4	27	6	0
Games 1-8	8	42	7	1.0	7.0	0.0	0.0	4	75	5	0
Games 9-16	8	36	7	1.0	8.0	0.5	1.0	4	27	6	0
Aug/Sept	5	21	4	0.0	0.0	0.0	0.0	4	75	4	0
October	3	21	3	1.0	7.0	0.0	0.0	0	0	1	0
November	5	19	2	1.0	8.0	0.0	0.0	1	18	2	0
December	3	17	5	0.0	0.0	0.5	1.0	3	9	4	0
Grass	6	29	6	1.0	7.0	0.0	0.0	3	27	5	0
Turf	10	49	8	1.0	8.0	0.5	1.0	5	75	6	0
Indoor	10	49	8	1.0	8.0	0.5	1.0	5	75	6	0
Outdoor	6	29	6	1.0	7.0	0.0	0.0	3	27	5	0

Game Logs

Date	Opp	Result	Tk	Ast	Sack	Yds	Stuff	Yds	Int	Yds	PD	FF	FR	TD
08/31	NO	W 38-24	5	0	0.0	0.0	0.0	0.0	2	6	2	1	0	0
09/07	SF	L 12-15	4	0	0.0	0.0	0.0	0.0	1	30	1	0	0	0
09/14	@Den	L 14-35	4	4	0.0	0.0	0.0	0.0	0	0	0	0	0	0
09/21	NYN	W 13-3	1	0	0.0	0.0	0.0	0.0	1	39	1	0	0	0
09/28	@Oak	L 17-35	7	0	0.0	0.0	0.0	0.0	0	0	0	0	0	0
10/12	@SF	L 10-30	9	0	1.0	7.0	0.0	0.0	0	0	0	1	0	0
10/19	Sea	L 9-17	7	1	0.0	0.0	0.0	0.0	0	0	1	0	0	0
10/26	KC	L 20-28	5	2	0.0	0.0	0.0	0.0	0	0	0	0	0	0
11/02	@Atl	L 31-34	6	0	1.0	8.0	0.0	0.0	0	0	0	0	0	0
11/09	@GB	L 7-17	2	0	0.0	0.0	0.0	0.0	0	0	1	0	0	0
11/16	Atl	L 21-27	4	0	0.0	0.0	0.0	0.0	0	0	0	0	0	0
11/23	Car	L 10-16	5	1	0.0	0.0	0.0	0.0	0	0	0	0	0	0
11/30	@Was	W 23-20	2	1	0.0	0.0	0.0	0.0	1	18	1	0	0	0
12/07	@NO	W 34-27	5	0	0.0	0.0	0.5	1.0	1	0	1	1	0	0
12/14	Chi	L 10-13	7	4	0.0	0.0	0.0	0.0	0	0	0	0	0	0
12/20	@Car	W 30-18	5	1	0.0	0.0	0.0	0.0	2	9	3	0	0	0

John Lynch
Tampa Bay Buccaneers – S

1997 Defensive Splits

	G	Tk	Ast	Sack	Yds	Stuff	Yds	Int	Yds	PD	TD
Total	16	76	36	0.0	0.0	6.5	16.0	2	28	2	0
vs. Playoff	10	40	19	0.0	0.0	4.0	12.0	1	28	1	0
vs. Non-Playoff	6	36	17	0.0	0.0	2.5	3.0	1	0	1	0
vs. Own Division	8	41	14	0.0	0.0	4.0	12.0	1	28	1	0
Home	8	43	18	0.0	0.0	3.0	7.0	2	28	2	0
Away	8	33	18	0.0	0.0	3.5	8.0	0	0	0	0
Games 1-8	8	33	20	0.0	0.0	3.0	11.0	1	0	1	0
Games 9-16	8	43	16	0.0	0.0	3.5	4.0	1	28	1	0
Aug/Sept	5	16	11	0.0	0.0	1.0	5.0	1	0	1	0
October	3	17	9	0.0	0.0	2.0	6.0	0	0	0	0
November	5	26	11	0.0	0.0	1.0	1.0	0	0	0	0
December	3	17	5	0.0	0.0	2.5	3.0	1	28	1	0
Grass	10	52	22	0.0	0.0	3.0	7.0	2	28	2	0
Turf	6	24	14	0.0	0.0	3.5	8.0	0	0	0	0
Indoor	4	15	8	0.0	0.0	2.0	6.0	0	0	0	0
Outdoor	12	61	28	0.0	0.0	4.5	9.0	2	28	2	0

Game Logs

Date	Opp	Result	Tk	Ast	Sack	Yds	Stuff	Yds	Int	Yds	PD	FF	FR	TD
08/31	SF	W 13-6	3	2	0.0	0.0	0.0	0.0	0	0	0	0	0	0
09/07	@Det	W 24-17	1	1	0.0	0.0	0.0	0.0	0	0	0	0	0	0
09/14	@Min	W 28-14	3	1	0.0	0.0	1.0	5.0	0	0	0	0	1	0
09/21	Mia	W 31-21	2	3	0.0	0.0	0.0	0.0	0	0	0	0	0	0
09/28	Ari	W 19-18	7	4	0.0	0.0	0.0	0.0	1	0	1	0	0	0
10/05	@GB	L 16-21	1	2	0.0	0.0	0.0	0.0	0	0	0	0	0	0
10/12	Det	L 9-27	7	3	0.0	0.0	1.0	2.0	0	0	0	0	1	0
10/26	Min	L 6-10	9	4	0.0	0.0	1.0	4.0	0	0	0	0	0	0
11/02	@Ind	W 31-28	6	5	0.0	0.0	0.0	0.0	0	0	0	0	0	0
11/09	@Atl	W 31-10	5	1	0.0	0.0	1.0	1.0	0	0	0	0	0	0
11/16	NE	W 27-7	3	1	0.0	0.0	0.0	0.0	0	0	0	0	0	0
11/23	@Chi	L 7-13	8	2	0.0	0.0	0.0	0.0	0	0	0	0	0	0
11/30	@NYN	W 20-8	4	2	0.0	0.0	0.0	0.0	0	0	0	0	0	0
12/07	GB	L 6-17	7	0	0.0	0.0	1.0	1.0	1	28	1	1	0	0
12/14	@NYA	L 0-31	5	4	0.0	0.0	1.5	2.0	0	0	0	0	0	0
12/21	Chi	W 31-15	5	1	0.0	0.0	0.0	0.0	0	0	0	0	0	0

Mike Mamula — Philadelphia Eagles – DE

1997 Defensive Splits

	G	Tk	Ast	Sack	Yds	Stuff	Yds	Int	Yds	PD	TD
Total	16	35	18	4.0	27.5	6.0	19.0	0	0	2	0
vs. Playoff	7	13	14	0.5	3.5	2.5	13.5	0	0	0	0
vs. Non-Playoff	9	22	4	3.5	24.0	3.5	5.5	0	0	2	0
vs. Own Division	8	17	7	1.5	12.0	2.5	4.5	0	0	1	0
Home	8	17	12	1.5	8.5	2.5	11.5	0	0	2	0
Away	8	18	6	2.5	19.0	3.5	7.5	0	0	0	0
Games 1-8	8	14	8	0.0	0.0	3.0	6.0	0	0	1	0
Games 9-16	8	21	10	4.0	27.5	3.0	13.0	0	0	1	0
Aug/Sept	4	6	7	0.0	0.0	1.0	2.0	0	0	0	0
October	4	8	1	0.0	0.0	2.0	4.0	0	0	1	0
November	5	16	9	2.0	14.5	3.0	13.0	0	0	1	0
December	3	5	1	2.0	13.0	0.0	0.0	0	0	0	0
Grass	4	11	2	1.0	12.0	2.5	5.5	0	0	0	0
Turf	12	24	16	2.5	15.5	3.5	13.5	0	0	2	0
Indoor	2	2	1	1.0	7.0	0.0	0.0	0	0	0	0
Outdoor	14	33	17	3.0	20.5	6.0	19.0	0	0	2	0

Game Logs

Date	Opp	Result	Tk	Ast	Sack	Yds	Stuff	Yds	Int	Yds	PD	FF	FR	TD
08/31	@NYN	L 17-31	2	3	0.0	0.0	0.0	0.0	0	0	0	0	0	0
09/07	GB	W 10-9	1	3	0.0	0.0	0.0	0.0	0	0	1	0	0	0
09/15	@Dal	L 20-21	3	0	0.0	0.0	1.0	2.0	0	0	0	0	0	0
09/28	@Min	L 19-28	0	1	0.0	0.0	0.0	0.0	0	0	0	0	0	0
10/05	Was	W 24-10	0	0	0.0	0.0	0.0	0.0	0	0	0	0	0	0
10/12	@Jac	L 21-38	2	0	0.0	0.0	1.0	3.0	0	0	0	0	0	0
10/19	Ari	W 13-10	4	0	0.0	0.0	1.0	1.0	0	0	1	0	0	0
10/26	Dal	W 13-12	2	1	0.0	0.0	0.0	0.0	0	0	0	0	0	0
11/02	@Ari	L 21-31	3	2	0.5	6.0	0.5	1.5	0	0	0	0	0	0
11/10	SF	L 12-24	5	3	0.0	0.0	0.5	0.5	0	0	0	0	0	0
11/16	@Bal	T 10-10	4	0	0.0	0.0	1.0	1.0	0	0	0	0	0	0
11/23	Pit	W 23-20	2	3	0.5	3.5	1.0	10.0	0	0	0	0	0	0
11/30	Cin	W 44-42	2	1	1.0	5.0	0.0	0.0	0	0	1	0	0	0
12/07	NYN	L 21-31	1	1	0.0	0.0	0.0	0.0	0	0	0	0	0	0
12/14	@Atl	L 17-20	2	0	1.0	7.0	0.0	0.0	0	0	0	0	0	0
12/21	@Was	L 32-35	2	0	1.0	6.0	0.0	0.0	0	0	0	0	0	0

John Mangum — Chicago Bears – S

1997 Defensive Splits

	G	Tk	Ast	Sack	Yds	Stuff	Yds	Int	Yds	PD	TD
Total	16	72	22	1.0	8.0	2.5	5.5	2	4	6	0
vs. Playoff	10	48	18	1.0	8.0	1.0	2.0	1	4	3	0
vs. Non-Playoff	6	24	4	0.0	0.0	1.5	3.5	1	0	3	0
vs. Own Division	8	40	13	1.0	8.0	0.5	1.5	1	4	2	0
Home	8	35	11	0.0	0.0	0.5	0.5	1	0	2	0
Away	8	37	11	1.0	8.0	2.0	5.0	1	4	4	0
Games 1-8	8	36	13	0.0	0.0	2.5	5.5	1	0	3	0
Games 9-16	8	36	9	1.0	8.0	0.0	0.0	1	4	3	0
Aug/Sept	5	26	11	0.0	0.0	2.0	5.0	0	0	1	0
October	3	10	2	0.0	0.0	0.5	0.5	1	0	2	0
November	5	25	7	0.0	0.0	0.0	0.0	1	4	3	0
December	3	11	2	1.0	8.0	0.0	0.0	0	0	0	0
Grass	12	53	20	1.0	8.0	1.5	2.5	1	0	3	0
Turf	4	19	2	0.0	0.0	1.0	3.0	1	4	3	0
Indoor	3	15	2	0.0	0.0	0.0	0.0	1	4	2	0
Outdoor	13	57	20	1.0	8.0	2.5	5.5	1	0	4	0

Game Logs

Date	Opp	Result	Tk	Ast	Sack	Yds	Stuff	Yds	Int	Yds	PD	FF	FR	TD
09/01	@GB	L 24-38	5	2	0.0	0.0	0.5	1.5	0	0	0	0	0	0
09/07	Min	L 24-27	3	1	0.0	0.0	0.0	0.0	0	0	0	0	0	0
09/14	Det	L 7-32	8	3	0.0	0.0	0.0	0.0	0	0	0	0	1	0
09/21	@NE	L 3-31	6	5	0.0	0.0	0.5	0.5	0	0	0	0	1	0
09/28	@Dal	L 3-27	4	0	0.0	0.0	1.0	3.0	0	0	1	0	0	0
10/05	NO	L 17-20	4	1	0.0	0.0	0.5	0.5	1	0	1	0	0	0
10/12	GB	L 23-24	4	1	0.0	0.0	0.0	0.0	0	0	1	0	0	0
10/27	@Mia	W 36-33	2	0	0.0	0.0	0.0	0.0	0	0	1	0	0	0
11/02	Was	L 8-31	6	1	0.0	0.0	0.0	0.0	0	0	0	0	0	0
11/09	@Min	L 22-29	5	0	0.0	0.0	0.0	0.0	1	4	1	0	0	0
11/16	NYA	L 15-23	4	2	0.0	0.0	0.0	0.0	0	0	1	0	0	0
11/23	TB	W 13-7	3	2	0.0	0.0	0.0	0.0	0	0	1	0	0	0
11/27	@Det	L 20-55	7	2	0.0	0.0	0.0	0.0	0	0	1	0	0	0
12/07	Buf	W 20-3	3	0	0.0	0.0	0.0	0.0	0	0	0	0	1	0
12/14	@StL	W 13-10	3	0	0.0	0.0	0.0	0.0	0	0	0	0	0	0
12/21	@TB	L 15-31	5	2	1.0	8.0	0.0	0.0	0	0	0	0	0	0

Brock Marion — Dallas Cowboys – S

1997 Defensive Splits

	G	Tk	Ast	Sack	Yds	Stuff	Yds	Int	Yds	PD	TD
Total	16	106	18	0.0	0.0	0.0	0.0	0	0	6	0
vs. Playoff	6	36	6	0.0	0.0	0.0	0.0	0	0	2	0
vs. Non-Playoff	10	70	12	0.0	0.0	0.0	0.0	0	0	4	0
vs. Own Division	8	54	6	0.0	0.0	0.0	0.0	0	0	3	0
Home	8	50	8	0.0	0.0	0.0	0.0	0	0	1	0
Away	8	56	10	0.0	0.0	0.0	0.0	0	0	5	0
Games 1-8	8	55	11	0.0	0.0	0.0	0.0	0	0	4	0
Games 9-16	8	51	7	0.0	0.0	0.0	0.0	0	0	2	0
Aug/Sept	4	28	5	0.0	0.0	0.0	0.0	0	0	2	0
October	4	27	6	0.0	0.0	0.0	0.0	0	0	2	0
November	5	35	5	0.0	0.0	0.0	0.0	0	0	1	0
December	3	16	2	0.0	0.0	0.0	0.0	0	0	1	0
Grass	4	31	6	0.0	0.0	0.0	0.0	0	0	1	0
Turf	12	75	12	0.0	0.0	0.0	0.0	0	0	5	0
Indoor	0	0	0	0	0	0	0	0	0	0	0
Outdoor	16	106	18	0.0	0.0	0.0	0.0	0	0	6	0

Game Logs

Date	Opp	Result	Tk	Ast	Sack	Yds	Stuff	Yds	Int	Yds	PD	FF	FR	TD
08/31	@Pit	W 37-7	3	0	0.0	0.0	0.0	0.0	0	0	1	0	1	0
09/07	@Ari	L 22-25	9	1	0.0	0.0	0.0	0.0	0	0	0	0	0	0
09/15	Phi	W 21-20	8	1	0.0	0.0	0.0	0.0	0	0	1	0	0	0
09/28	Chi	W 27-3	8	3	0.0	0.0	0.0	0.0	0	0	0	0	0	0
10/05	@NYN	L 17-20	7	0	0.0	0.0	0.0	0.0	0	0	0	0	0	0
10/13	@Was	L 16-21	5	1	0.0	0.0	0.0	0.0	0	0	0	0	0	0
10/19	Jac	W 26-22	5	2	0.0	0.0	0.0	0.0	0	0	0	0	0	0
10/26	@Phi	L 12-13	10	3	0.0	0.0	0.0	0.0	0	0	2	0	0	0
11/02	@SF	L 10-17	6	2	0.0	0.0	0.0	0.0	0	0	0	0	0	0
11/09	Ari	W 24-6	7	0	0.0	0.0	0.0	0.0	0	0	0	0	0	0
11/16	Was	W 17-14	4	0	0.0	0.0	0.0	0.0	0	0	0	0	0	0
11/23	@GB	L 17-45	11	2	0.0	0.0	0.0	0.0	0	0	1	0	0	0
11/27	Ten	L 14-27	7	1	0.0	0.0	0.0	0.0	0	0	0	0	0	0
12/08	Car	L 13-23	7	1	0.0	0.0	0.0	0.0	0	0	0	0	0	0
12/14	@Cin	L 24-31	5	1	0.0	0.0	0.0	0.0	0	0	1	0	0	0
12/21	NYN	L 7-20	4	0	0.0	0.0	0.0	0.0	0	0	0	0	0	0

Wayne Martin — New Orleans Saints – DT

1997 Defensive Splits	G	Tk	Ast	Sack	Yds	Stuff	Yds	Int	Yds	PD	TD
Total	16	54	9	10.5	60.0	7.5	18.5	0	0	7	0
vs. Playoff	5	19	3	6.5	34.0	3.5	10.5	0	0	1	0
vs. Non-Playoff	11	35	6	4.0	26.0	4.0	8.0	0	0	6	0
vs. Own Division	8	28	6	2.0	16.0	5.5	13.5	0	0	3	0
Home	8	28	4	7.0	35.0	1.5	1.5	0	0	2	0
Away	8	26	5	3.5	25.0	6.0	17.0	0	0	5	0
Games 1-8	8	31	4	7.5	40.0	5.0	14.0	0	0	2	0
Games 9-16	8	23	5	3.0	20.0	2.5	4.5	0	0	5	0
Aug/Sept	5	20	2	6.5	34.0	5.0	14.0	0	0	1	0
October	4	14	4	1.0	6.0	0.5	0.5	0	0	2	0
November	4	8	1	1.0	6.0	2.0	4.0	0	0	4	0
December	3	12	2	2.0	14.0	0.0	0.0	0	0	0	0
Grass	5	12	3	2.0	15.0	2.0	6.0	0	0	5	0
Turf	11	42	6	8.5	45.0	5.5	12.5	0	0	2	0
Indoor	10	36	5	7.0	35.0	4.5	8.5	0	0	2	0
Outdoor	6	18	4	3.5	25.0	3.0	10.0	0	0	5	0

Date	Opp	Result	Tk	Ast	Sack	Yds	Stuff	Yds	Int	Yds	PD	FF	FR	TD
08/31	@StL	L 24-38	5	1	0.0	0.0	2.0	4.0	0	0	0	0	0	0
09/07	SD	L 6-20	1	0	0.0	0.0	0.0	0.0	0	0	1	0	0	0
09/14	@SF	L 7-33	4	0	1.0	9.0	2.0	6.0	0	0	0	0	0	0
09/21	Det	W 35-17	4	0	4.0	15.0	0.0	0.0	0	0	0	1	0	0
09/28	@NYN	L 9-14	6	1	1.5	10.0	1.0	4.0	0	0	0	0	0	0
10/05	@Chi	W 20-17	5	2	1.0	6.0	0.0	0.0	0	0	1	0	0	0
10/12	Atl	L 17-23	1	0	0.0	0.0	0.0	0.0	0	0	0	0	0	0
10/19	Car	L 0-13	5	0	0.0	0.0	0.0	0.0	0	0	0	0	0	0
10/26	SF	L 0-23	3	2	0.0	0.0	0.5	0.5	0	0	0	0	0	0
11/09	@Oak	W 13-10	1	0	0.0	0.0	0.0	0.0	0	0	0	0	0	0
11/16	Sea	W 20-17	4	0	1.0	6.0	1.0	1.0	0	0	1	0	0	0
11/23	@Atl	L 3-20	3	0	0.0	0.0	1.0	3.0	0	0	0	0	0	0
11/30	@Car	W 16-13	0	1	0.0	0.0	0.0	0.0	0	0	3	0	0	0
12/07	StL	L 27-34	7	2	1.0	7.0	0.0	0.0	0	0	0	0	0	0
12/14	Ari	W 27-10	3	0	1.0	7.0	0.0	0.0	0	0	0	0	1	0
12/21	@KC	L 13-25	2	0	0.0	0.0	0.0	0.0	0	0	1	0	0	0

Russell Maryland — Oakland Raiders – DT

1997 Defensive Splits	G	Tk	Ast	Sack	Yds	Stuff	Yds	Int	Yds	PD	TD
Total	16	56	23	4.5	56.5	10.0	15.5	0	0	2	0
vs. Playoff	6	22	9	1.5	13.5	4.0	6.5	0	0	0	0
vs. Non-Playoff	10	34	14	3.0	43.0	6.0	9.0	0	0	2	0
vs. Own Division	8	29	15	2.5	38.5	5.0	6.5	0	0	1	0
Home	8	29	13	1.5	13.5	7.0	11.0	0	0	1	0
Away	8	27	10	3.0	43.0	3.0	4.5	0	0	1	0
Games 1-8	8	22	12	1.5	13.5	5.0	8.0	0	0	0	0
Games 9-16	8	34	11	3.0	43.0	5.0	7.5	0	0	2	0
Aug/Sept	5	12	6	1.0	9.0	2.5	4.5	0	0	0	0
October	3	10	6	0.5	4.5	2.5	3.5	0	0	0	0
November	5	19	7	2.0	34.0	3.0	3.5	0	0	1	0
December	3	15	4	1.0	9.0	2.0	4.0	0	0	1	0
Grass	13	52	19	4.5	56.5	8.5	13.0	0	0	2	0
Turf	3	4	4	0.0	0.0	1.5	2.5	0	0	0	0
Indoor	2	2	3	0.0	0.0	1.5	2.5	0	0	0	0
Outdoor	14	54	20	4.5	56.5	8.5	13.0	0	0	2	0

Date	Opp	Result	Tk	Ast	Sack	Yds	Stuff	Yds	Int	Yds	PD	FF	FR	TD
08/31	@Ten	L 21-24	4	2	1.0	9.0	0.0	0.0	0	0	0	0	0	0
09/07	KC	L 27-28	2	0	0.0	0.0	0.0	0.0	0	0	0	0	0	0
09/14	@Atl	W 36-31	2	1	0.0	0.0	1.5	2.5	0	0	0	0	0	0
09/21	@NYA	L 22-23	2	1	0.0	0.0	0.0	0.0	0	0	0	0	0	0
09/28	StL	W 35-17	4	0	0.0	0.0	1.0	2.0	0	0	0	0	0	0
10/05	SD	L 10-25	6	2	0.0	0.0	2.5	3.5	0	0	0	0	0	0
10/19	Den	W 28-25	4	2	0.5	4.5	0.0	0.0	0	0	0	0	0	0
10/26	@Sea	L 34-45	0	2	0.0	0.0	0.0	0.0	0	0	0	0	0	0
11/02	@Car	L 14-38	3	0	0.0	0.0	0.0	0.0	0	0	1	0	0	0
11/09	NO	L 10-13	3	2	0.0	0.0	0.0	0.0	0	0	0	0	0	0
11/16	@SD	W 38-13	7	1	2.0	34.0	0.0	0.0	0	0	0	1	0	0
11/24	@Den	L 3-31	3	2	0.0	0.0	1.5	2.0	0	0	0	0	0	0
11/30	Mia	L 16-34	3	2	0.0	0.0	1.5	1.5	0	0	0	0	0	0
12/07	@KC	L 0-30	6	1	0.0	0.0	0.0	0.0	0	0	0	0	0	0
12/14	Sea	L 21-22	3	3	0.0	0.0	1.0	1.0	0	0	1	0	0	0
12/21	Jac	L 9-20	6	0	1.0	9.0	1.0	3.0	0	0	0	0	0	0

Michael McCrary — Baltimore Ravens – DE

1997 Defensive Splits	G	Tk	Ast	Sack	Yds	Stuff	Yds	Int	Yds	PD	TD
Total	15	56	13	9.0	70.5	10.0	28.0	0	0	2	0
vs. Playoff	5	19	8	1.0	8.0	2.5	12.0	0	0	0	0
vs. Non-Playoff	10	37	5	8.0	62.5	7.5	16.0	0	0	2	0
vs. Own Division	7	23	7	2.5	20.0	4.5	12.0	0	0	1	0
Home	7	27	5	7.5	63.0	4.0	18.0	0	0	1	0
Away	8	29	8	1.5	7.5	6.0	10.0	0	0	1	0
Games 1-8	7	29	5	4.0	27.5	6.0	18.5	0	0	0	0
Games 9-16	8	27	8	5.0	43.0	4.0	9.5	0	0	2	0
Aug/Sept	4	14	3	2.5	18.0	3.0	6.0	0	0	0	0
October	3	15	2	1.5	9.5	3.0	12.5	0	0	0	0
November	5	15	6	4.0	35.0	3.0	8.5	0	0	2	0
December	3	12	2	1.0	8.0	1.0	1.0	0	0	0	0
Grass	11	43	7	9.0	70.5	7.0	22.5	0	0	1	0
Turf	4	13	6	0.0	0.0	3.0	5.5	0	0	1	0
Indoor	0	0	0	0	0	0	0	0	0	0	0
Outdoor	15	56	13	9.0	70.5	10.0	28.0	0	0	2	0

Date	Opp	Result	Tk	Ast	Sack	Yds	Stuff	Yds	Int	Yds	PD	FF	FR	TD
08/31	Jac	L 27-28	-	-	-	-	-	-	-	-	-	-	-	-
09/07	Cin	W 23-10	3	1	1.5	12.0	1.0	4.0	0	0	0	0	0	0
09/14	@NYN	W 24-23	2	0	0.0	0.0	0.0	0.0	0	0	0	0	0	0
09/21	@Ten	W 36-10	2	0	0.0	0.0	1.0	1.0	0	0	0	0	0	0
09/28	@SD	L 17-21	7	0	1.0	6.0	1.0	1.0	0	0	0	0	0	0
10/05	Pit	L 34-42	7	1	1.0	8.0	1.0	4.0	0	0	0	0	0	0
10/19	Mia	L 13-24	5	0	0.0	0.0	1.0	6.0	0	0	0	1	1	0
10/26	@Was	W 20-17	3	1	0.5	1.5	1.0	2.5	0	0	0	0	0	0
11/02	@NYA	L 16-19	4	0	0.0	0.0	1.5	2.5	0	0	0	0	0	0
11/09	@Pit	L 0-37	1	4	0.0	0.0	0.5	2.0	0	0	0	0	0	0
11/16	Phi	T 10-10	5	1	3.0	27.0	1.0	4.0	0	0	0	0	1	0
11/23	Ari	L 13-16	1	0	1.0	8.0	0.0	0.0	0	0	2	0	0	0
11/30	@Jac	L 27-29	4	1	0.0	0.0	0.0	0.0	0	0	0	0	0	0
12/07	Sea	W 31-24	6	2	1.0	8.0	0.0	0.0	0	0	1	0	0	0
12/14	Ten	W 21-19	0	0	0.0	0.0	0.0	0.0	0	0	0	0	0	0
12/21	@Cin	L 14-16	6	0	0.0	0.0	1.0	1.0	0	0	1	0	0	0

Ed McDaniel — Minnesota Vikings – LB

1997 Defensive Splits

	G	Tk	Ast	Sack	Yds	Stuff	Yds	Int	Yds	PD	TD
Total	16	65	25	1.5	12.5	11.0	23.5	1	18	3	0
vs. Playoff	8	30	10	1.5	12.5	2.0	3.0	1	18	3	0
vs. Non-Playoff	8	35	15	0.0	0.0	9.0	20.5	0	0	0	0
vs. Own Division	8	36	10	1.5	12.5	3.5	5.5	1	18	3	0
Home	8	33	11	0.5	4.5	6.5	12.5	1	18	3	0
Away	8	32	14	1.0	8.0	4.5	11.0	0	0	0	0
Games 1-8	8	37	13	1.0	8.0	5.5	12.5	0	0	1	0
Games 9-16	8	28	12	0.5	4.5	5.5	11.0	1	18	2	0
Aug/Sept	5	25	5	1.0	8.0	3.0	4.0	0	0	0	1
October	3	12	8	0.0	0.0	2.5	8.5	0	0	0	0
November	4	14	5	0.0	0.0	2.5	4.0	0	0	0	0
December	4	14	7	0.5	4.5	3.0	7.0	1	18	2	0
Grass	5	23	8	1.0	8.0	2.5	8.5	0	0	0	0
Turf	11	42	17	0.5	4.5	8.5	15.0	1	18	3	0
Indoor	9	36	11	0.5	4.5	6.5	12.5	1	18	3	0
Outdoor	7	29	14	1.0	8.0	4.5	11.0	0	0	0	0

Game Logs

Date	Opp	Result	Tk	Ast	Sack	Yds	Stuff	Yds	Int	Yds	PD	FF	FR	TD
08/31	@Buf	W 34-13	4	2	0.0	0.0	1.0	1.0	0	0	0	0	0	0
09/07	@Chi	W 27-24	5	0	0.0	0.0	0.0	0.0	0	0	1	0	0	0
09/14	TB	L 14-28	7	1	0.0	0.0	0.0	0.0	0	0	1	0	0	0
09/21	@GB	L 32-38	7	1	1.0	8.0	1.0	1.0	0	0	0	0	0	0
09/28	Phi	W 28-19	2	1	0.0	0.0	1.0	2.0	0	0	0	0	0	0
10/05	@Ari	W 20-19	5	4	0.0	0.0	1.5	7.5	0	0	0	0	0	0
10/12	Car	W 21-14	5	2	0.0	0.0	1.0	1.0	0	0	1	0	0	0
10/26	@TB	W 10-6	2	2	0.0	0.0	0.0	0.0	0	0	0	0	0	0
11/02	NE	W 23-18	2	0	0.0	0.0	0.0	0.0	0	0	0	0	0	0
11/09	Chi	W 29-22	7	1	0.0	0.0	1.5	2.5	0	0	0	0	0	0
11/16	@Det	L 15-38	3	0	0.0	0.0	0.0	0.0	0	0	0	0	0	0
11/23	@NYA	L 21-23	2	4	0.0	0.0	1.0	1.5	0	0	0	0	0	0
12/01	GB	L 11-27	3	3	0.5	4.5	0.0	0.0	0	0	1	0	0	0
12/07	@SF	L 17-28	4	1	0.0	0.0	0.0	0.0	0	0	0	0	0	0
12/14	Det	L 13-14	2	2	0.0	0.0	1.0	2.0	1	18	1	0	0	0
12/21	Ind	W 39-28	5	1	0.0	0.0	2.0	5.0	0	0	0	0	0	0

Ricardo McDonald — Cincinnati Bengals – LB

1997 Defensive Splits

	G	Tk	Ast	Sack	Yds	Stuff	Yds	Int	Yds	PD	TD
Total	13	52	14	1.0	5.0	1.0	1.0	0	0	3	0
vs. Playoff	5	20	7	0.0	0.0	0.0	0.0	0	0	1	0
vs. Non-Playoff	8	32	7	1.0	5.0	1.0	1.0	0	0	2	0
vs. Own Division	6	19	4	0.0	0.0	0.0	0.0	0	0	0	0
Home	5	29	4	0.0	0.0	1.0	1.0	0	0	1	0
Away	8	23	10	1.0	5.0	0.0	0.0	0	0	2	0
Games 1-8	8	39	11	0.0	0.0	1.0	1.0	0	0	2	0
Games 9-16	5	13	3	1.0	5.0	0.0	0.0	0	0	1	0
Aug/Sept	4	20	8	0.0	0.0	1.0	1.0	0	0	1	0
October	4	19	3	0.0	0.0	0.0	0.0	0	0	1	0
November	3	5	2	1.0	5.0	0.0	0.0	0	0	1	0
December	2	8	1	0.0	0.0	0.0	0.0	0	0	0	0
Grass	4	15	7	0.0	0.0	0.0	0.0	0	0	0	0
Turf	9	37	7	1.0	5.0	1.0	1.0	0	0	3	0
Indoor	1	1	0	1.0	5.0	0.0	0.0	0	0	0	0
Outdoor	12	51	14	0.0	0.0	1.0	1.0	0	0	3	0

Game Logs

Date	Opp	Result	Tk	Ast	Sack	Yds	Stuff	Yds	Int	Yds	PD	FF	FR	TD
08/31	Ari	W 24-21	6	2	0.0	0.0	0.0	0.0	0	0	0	0	0	0
09/07	@Bal	L 10-23	1	0	0.0	0.0	0.0	0.0	0	0	0	0	0	0
09/21	@Den	L 20-38	5	5	0.0	0.0	0.0	0.0	0	0	0	0	0	0
09/28	NYA	L 14-31	8	1	0.0	0.0	1.0	1.0	0	0	1	0	0	0
10/05	@Jac	L 13-21	4	0	0.0	0.0	0.0	0.0	0	0	0	0	0	0
10/12	@Ten	L 7-30	5	2	0.0	0.0	0.0	0.0	0	0	0	0	0	0
10/19	Pit	L 10-26	7	0	0.0	0.0	0.0	0.0	0	0	0	0	0	0
10/26	@NYN	L 27-29	3	1	0.0	0.0	0.0	0.0	0	0	1	0	0	0
11/02	SD	W 38-31	-	-	-	-	-	-	-	-	-	-	-	-
11/09	@Ind	W 28-13	1	0	1.0	5.0	0.0	0.0	0	0	0	0	0	0
11/16	@Pit	L 3-20	1	1	0.0	0.0	0.0	0.0	0	0	0	0	0	0
11/23	Jac	W 31-26	-	-	-	-	-	-	-	-	-	-	-	-
11/30	@Phi	L 42-44	3	1	0.0	0.0	0.0	0.0	0	0	1	0	0	0
12/04	Ten	W 41-14	1	1	0.0	0.0	0.0	0.0	0	0	0	0	0	0
12/14	Dal	W 31-24	7	0	0.0	0.0	0.0	0.0	0	0	0	0	0	0
12/21	Bal	W 16-14	-	-	-	-	-	-	-	-	-	-	-	-

Tim McDonald — San Francisco 49ers – S

1997 Defensive Splits

	G	Tk	Ast	Sack	Yds	Stuff	Yds	Int	Yds	PD	TD
Total	15	51	11	0.0	0.0	1.0	2.0	3	34	7	0
vs. Playoff	4	22	2	0.0	0.0	1.0	2.0	0	0	0	0
vs. Non-Playoff	11	29	9	0.0	0.0	0.0	0.0	3	34	7	0
vs. Own Division	8	16	6	0.0	0.0	0.0	0.0	2	19	4	0
Home	7	27	10	0.0	0.0	0.0	0.0	3	34	5	0
Away	8	24	1	0.0	0.0	1.0	2.0	0	0	2	0
Games 1-8	8	22	5	0.0	0.0	1.0	2.0	1	17	3	0
Games 9-16	7	29	6	0.0	0.0	0.0	0.0	2	17	4	0
Aug/Sept	5	18	3	0.0	0.0	1.0	2.0	1	17	2	0
October	3	4	2	0.0	0.0	0.0	0.0	0	0	1	0
November	4	17	4	0.0	0.0	0.0	0.0	2	17	4	0
December	3	12	2	0.0	0.0	0.0	0.0	0	0	0	0
Grass	10	39	10	0.0	0.0	1.0	2.0	3	34	5	0
Turf	5	12	1	0.0	0.0	0.0	0.0	0	0	2	0
Indoor	4	7	1	0.0	0.0	0.0	0.0	0	0	1	0
Outdoor	11	44	10	0.0	0.0	1.0	2.0	3	34	6	0

Game Logs

Date	Opp	Result	Tk	Ast	Sack	Yds	Stuff	Yds	Int	Yds	PD	FF	FR	TD
08/31	@TB	L 6-13	7	0	0.0	0.0	1.0	2.0	0	0	0	0	0	0
09/07	@StL	W 15-12	2	1	0.0	0.0	0.0	0.0	0	0	0	0	2	0
09/14	NO	W 33-7	3	0	0.0	0.0	0.0	0.0	1	17	1	0	0	0
09/21	Atl	W 34-7	5	2	0.0	0.0	0.0	0.0	0	0	1	0	0	0
09/29	@Car	W 34-21	1	0	0.0	0.0	0.0	0.0	0	0	0	1	0	0
10/12	StL	W 30-10	0	2	0.0	0.0	0.0	0.0	0	0	0	0	0	0
10/19	@Atl	W 35-28	1	0	0.0	0.0	0.0	0.0	0	0	1	0	0	0
10/26	@NO	W 23-0	3	0	0.0	0.0	0.0	0.0	0	0	0	0	0	0
11/02	Dal	W 17-10	7	3	0.0	0.0	0.0	0.0	1	15	2	0	0	0
11/10	@Phi	W 24-12	5	0	0.0	0.0	0.0	0.0	0	0	1	0	0	0
11/16	Car	W 27-19	1	1	0.0	0.0	0.0	0.0	1	2	1	0	0	0
11/23	SD	W 17-10	-	-	-	-	-	-	-	-	-	-	-	-
11/30	@KC	L 9-44	4	0	0.0	0.0	0.0	0.0	0	0	0	0	0	0
12/07	Min	W 28-17	7	1	0.0	0.0	0.0	0.0	0	0	0	0	0	0
12/15	Den	W 34-17	4	1	0.0	0.0	0.0	0.0	0	0	0	0	0	0
12/21	@Sea	L 9-38	1	0	0.0	0.0	0.0	0.0	0	0	0	0	0	0

Chester McGlockton
Oakland Raiders – DT

	1997 Defensive Splits									Game Logs											
	G	Tk	Ast	Sack	Yds	Stuff	Yds	Int	Yds	PD	TD	Date	Opp	Result	Tk	Ast	Sack	Yds	Stuff	Yds	Int	Yds	PD	FF	FR	TD
Total	16	54	10	4.5	27.0	7.0	15.5	0	0	5	0	08/31	@Ten	L 21-24	2	1	0.0	0.0	0.0	0.0	0	0	0	0	0	0
vs. Playoff	6	24	2	3.0	15.0	4.5	9.0	0	0	1	0	09/08	KC	L 27-28	3	1	0.0	0.0	1.5	3.0	0	0	0	0	1	0
vs. Non-Playoff	10	30	8	1.5	12.0	2.5	6.5	0	0	4	0	09/14	@Atl	W 36-31	3	1	0.5	4.0	0.0	0.0	0	0	0	0	0	0
vs. Own Division	8	32	4	4.0	23.0	2.5	6.0	0	0	3	0	09/21	@NYA	L 22-23	3	2	0.0	0.0	1.5	5.5	0	0	0	0	0	0
Home	8	27	4	2.0	12.0	3.5	6.0	0	0	3	0	09/28	StL	W 35-17	1	1	0.0	0.0	0.0	0.0	0	0	1	1	0	0
Away	8	27	6	2.5	15.0	3.5	9.5	0	0	2	0	10/05	SD	L 10-25	3	1	1.0	8.0	0.0	0.0	0	0	1	0	0	0
Games 1-8	8	29	8	2.5	16.0	3.0	8.5	0	0	5	0	10/19	Den	W 28-25	5	0	1.0	4.0	0.0	0.0	0	0	1	0	0	0
Games 9-16	8	25	2	2.0	11.0	4.0	7.0	0	0	0	0	10/26	@Sea	L 34-45	9	1	0.0	0.0	0.0	0.0	0	0	1	0	0	0
Aug/Sept	5	12	6	0.5	4.0	3.0	8.5	0	0	2	0	11/02	@Car	L 14-38	1	0	0.0	0.0	1.0	-1.0	0	0	0	0	0	0
October	3	17	2	2.0	12.0	0.0	0.0	0	0	3	0	11/09	NO	L 10-13	3	1	0.0	0.0	0.0	0.0	0	0	0	0	0	0
November	5	14	2	1.0	3.0	3.0	4.0	0	0	0	0	11/16	@SD	W 38-13	2	0	0.0	0.0	0.0	0.0	0	0	0	0	0	0
December	3	11	0	1.0	8.0	1.0	3.0	0	0	0	0	11/24	@Den	L 3-31	2	1	1.0	3.0	0.0	0.0	0	0	0	0	0	0
Grass	13	39	6	4.0	23.0	5.5	10.0	0	0	3	0	11/30	Mia	L 16-34	6	0	0.0	0.0	2.0	3.0	0	0	0	0	0	0
Turf	3	15	4	0.5	4.0	1.5	5.5	0	0	2	0	12/07	@KC	L 0-30	5	0	1.0	8.0	1.0	3.0	0	0	0	0	0	0
Indoor	2	12	2	0.5	4.0	0.0	0.0	0	0	1	0	12/14	Sea	L 21-22	3	0	0.0	0.0	0.0	0.0	0	0	0	0	0	0
Outdoor	14	42	8	4.0	23.0	7.0	15.5	0	0	4	0	12/21	Jac	L 9-20	3	0	0.0	0.0	0.0	0.0	0	0	0	0	0	0

Ronald McKinnon
Arizona Cardinals – LB

	1997 Defensive Splits									Game Logs											
	G	Tk	Ast	Sack	Yds	Stuff	Yds	Int	Yds	PD	TD	Date	Opp	Result	Tk	Ast	Sack	Yds	Stuff	Yds	Int	Yds	PD	FF	FR	TD
Total	16	65	38	1.0	3.0	2.5	6.0	3	40	5	0	08/31	@Cin	L 21-24	2	0	0.0	0.0	0.0	0.0	0	0	0	0	0	0
vs. Playoff	5	25	19	0.0	0.0	0.5	2.0	0	0	1	0	09/07	Dal	W 25-22	3	3	0.0	0.0	0.0	0.0	0	0	0	1	0	0
vs. Non-Playoff	11	40	19	1.0	3.0	2.0	4.0	3	40	4	0	09/14	@Was	L 13-19	2	0	0.0	0.0	0.0	0.0	1	17	1	0	0	0
vs. Own Division	8	33	20	0.0	0.0	2.5	6.0	3	40	4	0	09/28	@TB	L 18-19	4	0	0.0	0.0	0.0	0.0	0	0	0	0	0	0
Home	8	36	31	1.0	3.0	0.5	2.0	1	6	2	0	10/05	Min	L 19-20	4	6	0.0	0.0	0.0	0.0	0	0	0	0	0	0
Away	8	29	7	0.0	0.0	2.0	4.0	2	34	3	0	10/12	NYN	L 13-27	6	5	0.0	0.0	0.5	2.0	0	0	0	0	0	0
Games 1-8	8	37	18	0.0	0.0	1.5	4.0	1	17	2	0	10/19	@Phi	L 10-13	8	0	0.0	0.0	1.0	2.0	0	0	0	0	0	0
Games 9-16	8	28	20	1.0	3.0	1.0	2.0	2	23	3	0	10/26	Ten	L 14-41	8	4	0.0	0.0	0.0	0.0	0	0	0	0	0	0
Aug/Sept	4	11	3	0.0	0.0	0.0	0.0	1	17	2	0	11/02	Phi	W 31-21	0	6	0.0	0.0	0.0	0.0	1	6	1	0	0	0
October	4	26	15	0.0	0.0	1.5	4.0	0	0	0	0	11/09	@Dal	L 6-24	4	0	0.0	0.0	1.0	2.0	1	17	1	0	0	0
November	5	16	17	0.0	0.0	1.0	2.0	2	23	2	0	11/16	@NYN	L 10-19	4	4	0.0	0.0	0.0	0.0	0	0	0	0	0	0
December	3	12	3	1.0	3.0	0.0	0.0	0	0	1	0	11/23	@Bal	W 16-13	1	3	0.0	0.0	0.0	0.0	0	0	0	0	0	0
Grass	11	43	34	1.0	3.0	0.5	2.0	2	23	4	0	11/30	Pit	L 20-26	7	4	0.0	0.0	0.0	0.0	0	0	0	0	0	0
Turf	5	22	4	0.0	0.0	2.0	4.0	1	17	1	0	12/07	Was	L 28-38	6	2	0.0	0.0	0.0	0.0	0	0	1	0	0	0
Indoor	1	4	0	0.0	0.0	0.0	0.0	0	0	0	0	12/14	@NO	L 10-27	4	0	0.0	0.0	0.0	0.0	0	0	0	0	0	0
Outdoor	15	61	38	1.0	3.0	2.5	6.0	3	40	5	0	12/21	Atl	W 29-26	2	1	1.0	3.0	0.0	0.0	0	0	0	0	0	0

Mark McMillian
Kansas City Chiefs – CB

	1997 Defensive Splits									Game Logs											
	G	Tk	Ast	Sack	Yds	Stuff	Yds	Int	Yds	PD	TD	Date	Opp	Result	Tk	Ast	Sack	Yds	Stuff	Yds	Int	Yds	PD	FF	FR	TD
Total	16	46	1	0.0	0.0	0.0	0.0	8	274	21	3	08/31	@Den	L 3-19	4	0	0.0	0.0	0.0	0.0	0	0	1	0	0	0
vs. Playoff	6	18	1	0.0	0.0	0.0	0.0	2	34	6	1	09/08	@Oak	W 28-27	0	0	0.0	0.0	0.0	0.0	0	0	2	0	0	0
vs. Non-Playoff	10	28	0	0.0	0.0	0.0	0.0	6	240	15	2	09/14	Buf	W 22-16	3	0	0.0	0.0	0.0	0.0	1	27	0	0	0	0
vs. Own Division	8	24	0	0.0	0.0	0.0	0.0	2	89	10	1	09/21	@Car	W 35-14	1	0	0.0	0.0	0.0	0.0	1	62	2	0	0	1
Home	8	20	0	0.0	0.0	0.0	0.0	5	103	11	1	09/28	Sea	W 20-17	7	0	0.0	0.0	0.0	0.0	0	0	0	0	0	0
Away	8	26	1	0.0	0.0	0.0	0.0	3	171	10	2	10/05	@Mia	L 14-17	3	1	0.0	0.0	0.0	0.0	0	0	0	0	0	0
Games 1-8	8	25	1	0.0	0.0	0.0	0.0	3	91	12	1	10/16	SD	W 31-3	1	0	0.0	0.0	0.0	0.0	1	2	4	0	0	0
Games 9-16	8	21	0	0.0	0.0	0.0	0.0	5	183	9	2	10/26	@StL	W 28-20	6	0	0.0	0.0	0.0	0.0	0	0	1	0	0	0
Aug/Sept	5	15	0	0.0	0.0	0.0	0.0	2	89	7	1	11/03	Pit	W 13-10	3	0	0.0	0.0	0.0	0.0	0	0	0	0	0	0
October	3	10	1	0.0	0.0	0.0	0.0	1	2	5	0	11/09	@Jac	L 10-24	4	0	0.0	0.0	0.0	0.0	1	22	3	0	0	0
November	5	15	0	0.0	0.0	0.0	0.0	2	34	5	1	11/16	Den	W 24-22	3	0	0.0	0.0	0.0	0.0	0	0	0	0	0	0
December	3	6	0	0.0	0.0	0.0	0.0	3	149	4	1	11/23	@Sea	W 19-14	4	0	0.0	0.0	0.0	0.0	0	0	0	0	0	0
Grass	14	36	1	0.0	0.0	0.0	0.0	8	274	20	3	11/30	SF	W 44-9	1	0	0.0	0.0	0.0	0.0	1	12	1	0	0	1
Turf	2	10	0	0.0	0.0	0.0	0.0	0	0	1	0	12/07	Oak	W 30-0	1	0	0.0	0.0	0.0	0.0	0	0	1	0	0	0
Indoor	2	10	0	0.0	0.0	0.0	0.0	0	0	1	0	12/14	@SD	W 29-7	4	0	0.0	0.0	0.0	0.0	1	87	1	0	0	1
Outdoor	14	36	1	0.0	0.0	0.0	0.0	8	274	20	3	12/21	NO	W 25-13	1	0	0.0	0.0	0.0	0.0	2	62	2	0	0	0

Ryan McNeil — St. Louis Rams – CB

1997 Defensive Splits

	G	Tk	Ast	Sack	Yds	Stuff	Yds	Int	Yds	PD	TD
Total	16	62	9	0.0	0.0	1.0	1.0	9	127	20	1
vs. Playoff	6	17	4	0.0	0.0	0.0	0.0	5	96	11	0
vs. Non-Playoff	10	45	5	0.0	0.0	1.0	1.0	4	31	9	0
vs. Own Division	8	32	4	0.0	0.0	1.0	1.0	4	100	8	1
Home	8	34	4	0.0	0.0	1.0	1.0	5	45	9	0
Away	8	28	5	0.0	0.0	0.0	0.0	4	82	11	1
Games 1-8	8	27	3	0.0	0.0	1.0	1.0	6	103	9	1
Games 9-16	8	35	6	0.0	0.0	0.0	0.0	3	24	11	0
Aug/Sept	5	14	1	0.0	0.0	1.0	1.0	4	28	6	0
October	3	13	2	0.0	0.0	0.0	0.0	2	75	3	0
November	5	21	4	0.0	0.0	0.0	0.0	2	4	7	0
December	3	14	2	0.0	0.0	0.0	0.0	1	20	4	0
Grass	6	19	5	0.0	0.0	0.0	0.0	4	82	9	0
Turf	10	43	4	0.0	0.0	1.0	1.0	5	45	11	1
Indoor	10	43	4	0.0	0.0	1.0	1.0	5	45	11	1
Outdoor	6	19	5	0.0	0.0	0.0	0.0	4	82	9	0

Game Logs

Date	Opp	Result	Tk	Ast	Sack	Yds	Stuff	Yds	Int	Yds	PD	FF	FR	TD
08/31	NO	W 38-24	4	0	0.0	0.0	1.0	1.0	0	0	0	0	0	0
09/07	SF	L 12-15	2	0	0.0	0.0	0.0	0.0	2	21	3	0	0	0
09/14	@Den	L 14-35	3	0	0.0	0.0	0.0	0.0	1	0	1	0	0	0
09/21	NYN	W 13-3	2	0	0.0	0.0	0.0	0.0	0	0	1	0	0	0
09/28	@Oak	L 17-35	3	1	0.0	0.0	0.0	0.0	1	7	1	0	0	0
10/12	@SF	L 10-30	2	2	0.0	0.0	0.0	0.0	1	75	1	0	0	1
10/19	Sea	L 9-17	7	0	0.0	0.0	0.0	0.0	1	0	2	0	0	0
10/26	KC	L 20-28	4	0	0.0	0.0	0.0	0.0	0	0	0	0	0	0
11/02	@Atl	L 31-34	5	0	0.0	0.0	0.0	0.0	0	0	1	0	0	0
11/09	@GB	L 7-17	4	2	0.0	0.0	0.0	0.0	1	5	0	0	0	0
11/16	Atl	L 21-27	6	2	0.0	0.0	0.0	0.0	1	4	1	0	0	0
11/23	Car	L 10-16	4	0	0.0	0.0	0.0	0.0	0	0	0	0	0	0
11/30	@Was	W 23-20	2	0	0.0	0.0	0.0	0.0	0	0	0	0	0	0
12/07	@NO	W 34-27	4	0	0.0	0.0	0.0	0.0	0	0	1	0	0	0
12/14	Chi	L 10-13	5	2	0.0	0.0	0.0	0.0	1	20	2	0	1	0
12/20	@Car	W 30-18	5	0	0.0	0.0	0.0	0.0	0	0	1	0	0	0

Jamir Miller — Arizona Cardinals – LB

1997 Defensive Splits

	G	Tk	Ast	Sack	Yds	Stuff	Yds	Int	Yds	PD	TD
Total	16	58	33	5.5	46.5	3.5	10.0	0	0	5	0
vs. Playoff	5	15	9	1.0	13.0	0.5	2.0	0	0	1	0
vs. Non-Playoff	11	43	24	4.5	33.5	3.0	8.0	0	0	4	0
vs. Own Division	8	28	16	2.0	15.0	1.5	4.0	0	0	2	0
Home	8	28	23	2.5	24.5	2.5	8.0	0	0	0	0
Away	8	30	10	3.0	22.0	1.0	2.0	0	0	5	0
Games 1-8	8	34	16	4.5	41.5	2.5	8.0	0	0	3	0
Games 9-16	8	24	17	1.0	5.0	1.0	2.0	0	0	2	0
Aug/Sept	4	21	4	2.0	17.0	1.0	2.0	0	0	3	0
October	4	13	12	2.5	24.5	1.5	6.0	0	0	0	0
November	5	14	7	1.0	5.0	0.0	0.0	0	0	2	0
December	3	10	10	0.0	0.0	1.0	2.0	0	0	0	0
Grass	11	42	26	3.5	34.5	2.5	8.0	0	0	5	0
Turf	5	16	7	2.0	12.0	1.0	2.0	0	0	0	0
Indoor	1	2	0	0.0	0.0	0.0	0.0	0	0	0	0
Outdoor	15	56	33	5.5	46.5	3.5	10.0	0	0	5	0

Game Logs

Date	Opp	Result	Tk	Ast	Sack	Yds	Stuff	Yds	Int	Yds	PD	FF	FR	TD
08/31	@Cin	L 21-24	7	0	1.0	7.0	1.0	2.0	0	0	0	0	0	0
09/07	Dal	W 25-22	5	1	0.0	0.0	0.0	0.0	0	0	0	0	0	0
09/14	@Was	L 13-19	5	2	1.0	10.0	0.0	0.0	0	0	2	0	0	0
09/28	@TB	L 18-19	4	1	0.0	0.0	0.0	0.0	0	0	1	0	0	0
10/05	Min	L 19-20	5	2	1.0	13.0	0.0	0.0	0	0	1	0	0	0
10/12	NYN	L 13-27	3	2	0.0	0.0	0.5	2.0	0	0	0	0	0	0
10/19	@Phi	L 10-13	2	3	0.0	0.0	0.0	0.0	0	0	0	0	0	0
10/26	Ten	L 14-41	3	5	1.5	11.5	1.0	4.0	0	0	0	0	0	0
11/02	Phi	W 31-21	2	1	0.0	0.0	0.0	0.0	0	0	0	0	0	0
11/09	@Dal	L 6-24	4	2	1.0	5.0	0.0	0.0	0	0	0	0	0	0
11/16	@NYN	L 10-19	1	2	0.0	0.0	0.0	0.0	0	0	0	0	0	0
11/23	@Bal	W 16-13	5	0	0.0	0.0	0.0	0.0	0	0	2	0	0	0
11/30	Pit	L 20-26	2	2	0.0	0.0	0.0	0.0	0	0	0	0	0	0
12/07	Was	L 28-38	6	3	0.0	0.0	1.0	2.0	0	0	0	0	0	0
12/14	@NO	L 10-27	2	0	0.0	0.0	0.0	0.0	0	0	0	0	0	0
12/21	Atl	W 29-26	2	7	0.0	0.0	0.0	0.0	0	0	0	0	0	0

Lawyer Milloy — New England Patriots – S

1997 Defensive Splits

	G	Tk	Ast	Sack	Yds	Stuff	Yds	Int	Yds	PD	TD
Total	16	82	31	0.0	0.0	1.0	1.0	3	15	11	0
vs. Playoff	8	51	21	0.0	0.0	0.0	0.0	2	15	5	0
vs. Non-Playoff	8	31	10	0.0	0.0	1.0	1.0	1	0	6	0
vs. Own Division	8	36	11	0.0	0.0	1.0	1.0	2	0	8	0
Home	8	40	15	0.0	0.0	0.5	0.5	2	15	5	0
Away	8	42	16	0.0	0.0	0.5	0.5	1	0	6	0
Games 1-8	8	36	14	0.0	0.0	1.0	1.0	1	0	4	0
Games 9-16	8	46	17	0.0	0.0	0.0	0.0	2	15	7	0
Aug/Sept	4	17	3	0.0	0.0	0.5	0.5	0	0	1	0
October	4	19	11	0.0	0.0	0.5	0.5	1	0	3	0
November	5	32	13	0.0	0.0	0.0	0.0	0	0	4	0
December	3	14	4	0.0	0.0	0.0	0.0	2	15	3	0
Grass	12	64	25	0.0	0.0	0.5	0.5	3	15	8	0
Turf	4	18	6	0.0	0.0	0.5	0.5	0	0	3	0
Indoor	2	9	3	0.0	0.0	0.0	0.0	0	0	1	0
Outdoor	14	73	28	0.0	0.0	1.0	1.0	3	15	10	0

Game Logs

Date	Opp	Result	Tk	Ast	Sack	Yds	Stuff	Yds	Int	Yds	PD	FF	FR	TD
08/31	SD	W 41-7	7	0	0.0	0.0	0.0	0.0	0	0	0	0	1	0
09/07	@Ind	W 31-6	2	0	0.0	0.0	0.0	0.0	0	0	1	0	0	0
09/14	NYA	W 27-24	6	2	0.0	0.0	0.5	0.5	0	0	0	0	0	0
09/21	Chi	W 31-3	2	1	0.0	0.0	0.0	0.0	0	0	0	0	0	0
10/06	@Den	L 13-34	6	4	0.0	0.0	0.0	0.0	0	0	0	0	0	0
10/12	Buf	W 33-6	2	1	0.0	0.0	0.0	0.0	1	0	1	0	0	0
10/19	@NYA	L 19-24	5	2	0.0	0.0	0.5	0.5	0	0	2	1	0	0
10/27	GB	L 10-28	6	4	0.0	0.0	0.0	0.0	0	0	2	0	0	0
11/02	@Min	L 18-23	7	3	0.0	0.0	0.0	0.0	0	0	1	0	0	0
11/09	@Buf	W 31-10	4	1	0.0	0.0	0.0	0.0	0	0	1	0	1	0
11/16	@TB	L 7-27	8	4	0.0	0.0	0.0	0.0	0	0	1	0	0	0
11/23	Mia	W 27-24	10	2	0.0	0.0	0.0	0.0	0	0	1	0	0	0
11/30	Ind	W 20-17	3	3	0.0	0.0	0.0	0.0	0	0	2	0	0	0
12/07	@Jac	W 26-20	6	2	0.0	0.0	0.0	0.0	0	0	1	0	0	0
12/13	Pit	L 21-24	4	2	0.0	0.0	0.0	0.0	1	15	1	0	0	0
12/22	@Mia	W 14-12	4	0	0.0	0.0	0.0	0.0	1	0	1	0	0	0

Sam Mills
Carolina Panthers – LB

1997 Defensive Splits	G	Tk	Ast	Sack	Yds	Stuff	Yds	Int	Yds	PD	TD	Game Logs Date	Opp	Result	Tk	Ast	Sack	Yds	Stuff	Yds	Int	Yds	PD	FF	FR	TD
Total	16	72	27	0.0	0.0	4.5	7.0	1	18	1	0	08/31	Was	L 10-24	6	2	0.0	0.0	0.0	0.0	0	0	0	0	0	0
vs. Playoff	6	28	11	0.0	0.0	1.5	2.0	0	0	0	0	09/07	@Atl	W 9-6	4	0	0.0	0.0	0.5	1.0	0	0	0	0	0	0
vs. Non-Playoff	10	44	16	0.0	0.0	3.0	5.0	1	18	1	0	09/14	@SD	W 26-7	2	0	0.0	0.0	0.0	0.0	0	0	0	0	0	0
vs. Own Division	8	45	15	0.0	0.0	2.5	3.5	0	0	0	0	09/21	KC	L 14-35	1	1	0.0	0.0	0.0	0.0	0	0	0	0	0	0
Home	8	42	16	0.0	0.0	3.5	5.5	1	18	1	0	09/29	SF	L 21-34	9	3	0.0	0.0	0.0	0.0	0	0	0	0	0	0
Away	8	30	11	0.0	0.0	1.0	1.5	0	0	0	0	10/12	@Min	L 14-21	4	2	0.0	0.0	0.0	0.0	0	0	0	0	0	0
Games 1-8	8	37	13	0.0	0.0	1.0	2.0	0	0	0	0	10/19	@NO	W 13-0	8	0	0.0	0.0	0.0	0.0	0	0	0	0	0	0
Games 9-16	8	35	14	0.0	0.0	3.5	5.0	1	18	1	0	10/26	Atl	W 21-12	3	3	0.0	0.0	0.5	1.0	0	0	0	0	0	0
Aug/Sept	5	22	8	0.0	0.0	0.5	1.0	0	0	0	0	11/02	Oak	W 38-14	3	2	0.0	0.0	0.5	1.5	1	18	1	0	0	0
October	3	15	5	0.0	0.0	0.5	1.0	0	0	0	0	11/09	@Den	L 0-34	3	2	0.0	0.0	0.0	0.0	0	0	0	0	0	0
November	5	17	8	0.0	0.0	1.0	2.0	1	18	1	0	11/16	@SF	L 19-27	5	1	0.0	0.0	0.0	0.0	0	0	0	0	0	0
December	3	18	6	0.0	0.0	2.5	3.0	0	0	0	0	11/23	@StL	W 16-10	2	3	0.0	0.0	0.5	0.5	0	0	0	0	0	0
Grass	11	52	19	0.0	0.0	3.5	5.5	1	18	1	0	11/30	NO	L 13-16	4	0	0.0	0.0	0.0	0.0	0	0	0	0	0	0
Turf	5	20	8	0.0	0.0	1.0	1.5	0	0	0	0	12/08	@Dal	W 23-13	2	1	0.0	0.0	0.0	0.0	0	0	0	0	0	0
Indoor	4	18	7	0.0	0.0	1.0	1.5	0	0	0	0	12/14	GB	L 10-31	6	0	0.0	0.0	1.5	2.0	0	0	0	0	0	0
Outdoor	12	54	20	0.0	0.0	3.5	5.5	1	18	1	0	12/20	StL	L 18-30	10	3	0.0	0.0	1.0	1.0	0	0	0	1	0	0

Barry Minter
Chicago Bears – LB

1997 Defensive Splits	G	Tk	Ast	Sack	Yds	Stuff	Yds	Int	Yds	PD	TD	Game Logs Date	Opp	Result	Tk	Ast	Sack	Yds	Stuff	Yds	Int	Yds	PD	FF	FR	TD
Total	16	65	27	6.0	35.0	5.0	14.0	0	0	2	0	09/01	@GB	L 24-38	0	4	0.0	0.0	0.5	4.0	0	0	0	1	0	0
vs. Playoff	10	34	19	2.0	11.0	3.0	11.0	0	0	0	0	09/07	Min	L 24-27	3	3	0.0	0.0	0.0	0.0	0	0	0	0	0	0
vs. Non-Playoff	6	31	8	4.0	24.0	2.0	3.0	0	0	2	0	09/14	Det	L 7-32	2	1	0.0	0.0	0.0	0.0	0	0	0	0	0	0
vs. Own Division	8	26	18	1.0	1.0	1.5	5.5	0	0	0	0	09/21	@NE	L 3-31	4	0	0.0	0.0	1.5	5.5	0	0	0	1	0	0
Home	8	34	14	3.0	18.0	3.0	4.5	0	0	2	0	09/28	@Dal	L 3-27	3	2	1.0	6.0	0.0	0.0	0	0	0	0	0	0
Away	8	31	13	3.0	17.0	2.0	9.5	0	0	0	0	10/05	NO	L 17-20	9	1	2.0	10.0	0.0	0.0	0	0	2	0	0	0
Games 1-8	8	28	15	4.0	26.0	3.0	11.0	0	0	2	0	10/12	GB	L 23-24	3	3	0.0	0.0	1.0	1.5	0	0	0	0	0	0
Games 9-16	8	37	12	2.0	9.0	2.0	3.0	0	0	0	0	10/27	@Mia	W 36-33	4	1	1.0	10.0	0.0	0.0	0	0	0	1	0	0
Aug/Sept	5	12	10	1.0	6.0	2.0	9.5	0	0	0	0	11/02	Was	L 8-31	6	2	0.0	0.0	1.5	2.5	0	0	0	0	0	0
October	3	16	5	3.0	20.0	1.0	1.5	0	0	2	0	11/09	@Min	L 22-29	8	4	0.0	0.0	0.0	0.0	0	0	0	0	0	0
November	5	25	8	2.0	9.0	1.5	2.5	0	0	0	0	11/16	NYA	L 15-23	6	1	1.0	8.0	0.0	0.0	0	0	0	0	0	0
December	3	12	4	0.0	0.0	0.5	0.5	0	0	0	0	11/23	TB	W 13-7	0	1	0.0	0.0	0.0	0.0	0	0	0	0	1	0
Grass	12	47	21	4.0	28.0	5.0	14.0	0	0	2	0	11/27	@Det	L 20-55	5	0	1.0	1.0	0.0	0.0	0	0	0	0	0	0
Turf	4	18	6	2.0	7.0	0.0	0.0	0	0	0	0	12/07	Buf	W 20-3	5	2	0.0	0.0	0.5	0.5	0	0	0	0	0	0
Indoor	3	15	4	1.0	1.0	0.0	0.0	0	0	0	0	12/14	@StL	W 13-10	2	0	0.0	0.0	0.0	0.0	0	0	0	0	0	0
Outdoor	13	50	23	5.0	34.0	5.0	14.0	0	0	2	0	12/21	@TB	L 15-31	5	2	0.0	0.0	0.0	0.0	0	0	0	0	0	0

John Mobley
Denver Broncos – LB

1997 Defensive Splits	G	Tk	Ast	Sack	Yds	Stuff	Yds	Int	Yds	PD	TD	Game Logs Date	Opp	Result	Tk	Ast	Sack	Yds	Stuff	Yds	Int	Yds	PD	FF	FR	TD
Total	16	100	39	4.0	23.0	11.5	36.0	1	13	9	1	08/31	KC	W 19-3	6	2	0.0	0.0	1.0	1.0	0	0	1	0	0	0
vs. Playoff	5	37	14	0.0	0.0	4.5	15.0	1	13	4	1	09/07	@Sea	W 35-14	2	2	0.0	0.0	0.0	0.0	0	0	1	0	0	0
vs. Non-Playoff	11	63	25	4.0	23.0	7.0	21.0	0	0	5	0	09/14	StL	W 35-14	5	1	1.0	4.0	0.0	0.0	0	0	1	0	0	0
vs. Own Division	8	49	17	1.0	4.0	7.5	20.5	0	0	5	0	09/21	Cin	W 38-20	9	0	1.0	3.0	1.0	1.0	0	0	1	0	0	0
Home	8	57	20	4.0	23.0	4.5	18.0	1	13	8	1	09/28	@Atl	W 29-21	6	4	0.0	0.0	0.5	0.5	0	0	0	0	0	0
Away	8	43	19	0.0	0.0	7.0	18.0	0	0	1	0	10/06	NE	W 34-13	10	4	0.0	0.0	0.5	9.0	1	13	3	1	0	1
Games 1-8	8	49	16	2.0	7.0	6.0	23.5	1	13	6	1	10/19	@Oak	L 25-28	7	1	0.0	0.0	2.0	9.0	0	0	0	0	0	0
Games 9-16	8	51	23	2.0	16.0	5.5	12.5	0	0	3	0	10/26	@Buf	W 23-20	4	2	0.0	0.0	1.0	3.0	0	0	0	0	0	0
Aug/Sept	5	28	9	2.0	7.0	2.5	2.5	0	0	3	0	11/02	Sea	W 30-27	6	5	0.0	0.0	0.0	0.0	0	0	0	0	0	0
October	3	21	7	0.0	0.0	3.5	21.0	1	13	3	1	11/09	Car	W 34-0	4	1	1.0	12.0	0.0	0.0	0	0	0	1	0	0
November	5	29	11	2.0	16.0	4.5	10.5	0	0	3	0	11/16	@KC	L 22-24	8	0	0.0	0.0	2.0	3.0	0	0	0	0	0	0
December	3	22	12	0.0	0.0	1.0	2.0	0	0	0	0	11/24	Oak	W 31-3	8	1	1.0	4.0	2.0	7.0	0	0	2	0	0	0
Grass	12	83	26	4.0	23.0	9.0	30.5	1	13	9	1	11/30	@SD	W 38-28	3	2	0.0	0.0	0.5	0.5	0	0	1	0	0	0
Turf	4	17	13	0.0	0.0	2.5	5.5	0	0	0	0	12/07	@Pit	L 24-35	5	5	0.0	0.0	1.0	2.0	0	0	0	0	0	0
Indoor	2	8	6	0.0	0.0	0.5	0.5	0	0	0	0	12/15	@SF	L 17-34	8	3	0.0	0.0	0.0	0.0	0	0	0	0	0	0
Outdoor	14	92	33	4.0	23.0	11.0	35.5	1	13	9	1	12/21	SD	W 38-3	9	4	0.0	0.0	0.0	0.0	0	0	0	0	0	0

Alex Molden
New Orleans Saints – CB

1997 Defensive Splits

	G	Tk	Ast	Sack	Yds	Stuff	Yds	Int	Yds	PD	TD
Total	16	60	11	4.0	36.0	2.5	5.0	0	0	13	0
vs. Playoff	5	22	5	1.0	14.0	0.0	0.0	0	0	3	0
vs. Non-Playoff	11	38	6	3.0	22.0	2.5	5.0	0	0	10	0
vs. Own Division	8	33	6	2.0	13.0	2.5	5.0	0	0	7	0
Home	8	28	8	0.0	0.0	2.5	5.0	0	0	8	0
Away	8	32	3	4.0	36.0	0.0	0.0	0	0	5	0
Games 1-8	8	29	6	2.0	18.0	1.0	2.0	0	0	9	0
Games 9-16	8	31	5	2.0	18.0	1.5	3.0	0	0	4	0
Aug/Sept	5	22	4	2.0	18.0	0.0	0.0	0	0	7	0
October	4	9	3	0.0	0.0	1.0	2.0	0	0	2	0
November	4	16	1	2.0	18.0	0.0	0.0	0	0	1	0
December	3	13	3	0.0	0.0	1.5	3.0	0	0	3	0
Grass	5	23	2	2.0	18.0	0.0	0.0	0	0	1	0
Turf	11	37	9	2.0	18.0	2.5	5.0	0	0	12	0
Indoor	10	33	8	1.0	4.0	2.5	5.0	0	0	11	0
Outdoor	6	27	3	3.0	32.0	0.0	0.0	0	0	2	0

Game Logs

Date	Opp	Result	Tk	Ast	Sack	Yds	Stuff	Yds	Int	Yds	PD	FF	FR	TD
08/31	@StL	L 24-38	3	0	1.0	4.0	0.0	0.0	0	0	3	0	0	0
09/07	SD	L 6-20	4	0	0.0	0.0	0.0	0.0	0	0	1	0	0	0
09/14	@SF	L 7-33	6	1	0.0	0.0	0.0	0.0	0	0	1	1	0	0
09/21	Det	W 35-17	5	2	0.0	0.0	0.0	0.0	0	0	2	0	0	0
09/28	@NYN	L 9-14	4	1	1.0	14.0	0.0	0.0	0	0	1	1	0	0
10/05	@Chi	W 20-17	0	0	0.0	0.0	0.0	0.0	0	0	0	0	0	0
10/12	Atl	L 17-23	0	1	0.0	0.0	0.0	0.0	0	0	1	0	0	0
10/19	Car	L 0-13	7	1	0.0	0.0	1.0	2.0	0	0	1	0	0	0
10/26	SF	L 0-23	2	1	0.0	0.0	0.0	0.0	0	0	0	0	0	0
11/09	@Oak	W 13-10	2	1	1.0	9.0	0.0	0.0	0	0	1	0	0	0
11/16	Sea	W 20-17	2	0	0.0	0.0	0.0	0.0	0	0	0	0	0	0
11/23	@Atl	L 3-20	2	0	0.0	0.0	0.0	0.0	0	0	0	0	0	0
11/30	@Car	W 16-13	10	0	1.0	9.0	0.0	0.0	0	0	0	0	0	0
12/07	StL	L 27-34	3	2	0.0	0.0	1.5	3.0	0	0	2	1	0	0
12/14	Ari	W 27-10	5	1	0.0	0.0	0.0	0.0	0	0	1	0	1	0
12/21	@KC	L 13-25	5	0	0.0	0.0	0.0	0.0	0	0	0	0	0	0

Stevon Moore
Baltimore Ravens – S

1997 Defensive Splits

	G	Tk	Ast	Sack	Yds	Stuff	Yds	Int	Yds	PD	TD
Total	13	61	15	0.0	0.0	0.0	0.0	4	56	8	0
vs. Playoff	6	33	10	0.0	0.0	0.0	0.0	1	38	4	0
vs. Non-Playoff	7	28	5	0.0	0.0	0.0	0.0	3	18	4	0
vs. Own Division	6	22	6	0.0	0.0	0.0	0.0	3	56	6	0
Home	6	27	4	0.0	0.0	0.0	0.0	4	56	6	0
Away	7	34	11	0.0	0.0	0.0	0.0	0	0	2	0
Games 1-8	8	36	5	0.0	0.0	0.0	0.0	3	56	4	0
Games 9-16	5	25	10	0.0	0.0	0.0	0.0	1	0	4	0
Aug/Sept	5	22	4	0.0	0.0	0.0	0.0	2	18	3	0
October	3	14	1	0.0	0.0	0.0	0.0	1	38	1	0
November	5	25	10	0.0	0.0	0.0	0.0	1	0	4	0
December	0	0	0	0	0	0	0	0	0	0	0
Grass	10	44	8	0.0	0.0	0.0	0.0	4	56	8	0
Turf	3	17	7	0.0	0.0	0.0	0.0	0	0	0	0
Indoor	0	0	0	0	0	0	0	0	0	0	0
Outdoor	13	61	15	0.0	0.0	0.0	0.0	4	56	8	0

Game Logs

Date	Opp	Result	Tk	Ast	Sack	Yds	Stuff	Yds	Int	Yds	PD	FF	FR	TD
08/31	Jac	L 27-28	5	1	0.0	0.0	0.0	0.0	0	0	1	0	0	0
09/07	Cin	W 23-10	1	0	0.0	0.0	0.0	0.0	2	18	2	0	0	0
09/14	@NYN	W 24-23	7	3	0.0	0.0	0.0	0.0	0	0	0	0	0	0
09/21	@Ten	W 36-10	3	0	0.0	0.0	0.0	0.0	0	0	0	0	0	0
09/28	@SD	L 17-21	6	0	0.0	0.0	0.0	0.0	0	0	0	0	0	0
10/05	Pit	L 34-42	3	0	0.0	0.0	0.0	0.0	1	38	1	0	0	0
10/19	Mia	L 13-24	8	1	0.0	0.0	0.0	0.0	0	0	0	0	0	0
10/26	@Was	W 20-17	3	0	0.0	0.0	0.0	0.0	0	0	0	0	0	0
11/02	@NYA	L 16-19	5	3	0.0	0.0	0.0	0.0	0	0	0	0	0	0
11/09	@Pit	L 0-37	2	1	0.0	0.0	0.0	0.0	0	0	0	0	0	0
11/16	Phi	T 10-10	5	1	0.0	0.0	0.0	0.0	0	0	0	0	0	0
11/23	Ari	L 13-16	5	1	0.0	0.0	0.0	0.0	1	0	2	0	0	0
11/30	@Den	L 27-29	5	4	0.0	0.0	0.0	0.0	0	0	2	0	0	0
12/07	Sea	W 31-24	-	-	-	-	-	-	-	-	-	-	-	-
12/14	Ten	W 21-19	-	-	-	-	-	-	-	-	-	-	-	-
12/21	@Cin	L 14-16	-	-	-	-	-	-	-	-	-	-	-	-

Greg Myers
Cincinnati Bengals – S

1997 Defensive Splits

	G	Tk	Ast	Sack	Yds	Stuff	Yds	Int	Yds	PD	TD
Total	16	72	16	0.0	0.0	4.0	15.0	1	25	6	0
vs. Playoff	6	25	7	0.0	0.0	1.0	4.0	1	25	4	0
vs. Non-Playoff	10	47	9	0.0	0.0	3.0	11.0	0	0	2	0
vs. Own Division	8	32	4	0.0	0.0	1.0	4.0	1	25	2	0
Home	8	40	10	0.0	0.0	2.0	7.0	1	25	4	0
Away	8	32	6	0.0	0.0	2.0	8.0	0	0	2	0
Games 1-8	8	31	6	0.0	0.0	3.0	10.0	1	26	3	0
Games 9-16	8	41	10	0.0	0.0	1.0	5.0	0	0	3	0
Aug/Sept	4	20	2	0.0	0.0	2.0	6.0	0	0	1	0
October	4	11	4	0.0	0.0	1.0	4.0	1	25	2	0
November	5	28	7	0.0	0.0	0.0	0.0	0	0	1	0
December	3	13	3	0.0	0.0	1.0	5.0	0	0	2	0
Grass	4	10	1	0.0	0.0	1.0	4.0	0	0	1	0
Turf	12	62	15	0.0	0.0	3.0	11.0	1	25	5	0
Indoor	1	7	1	0.0	0.0	0.0	0.0	0	0	0	0
Outdoor	15	65	15	0.0	0.0	4.0	15.0	1	25	6	0

Game Logs

Date	Opp	Result	Tk	Ast	Sack	Yds	Stuff	Yds	Int	Yds	PD	FF	FR	TD
08/31	Ari	W 24-21	8	0	0.0	0.0	1.0	2.0	0	0	0	0	0	0
09/07	@Bal	L 10-23	4	0	0.0	0.0	1.0	4.0	0	0	0	0	0	0
09/21	@Den	L 20-38	4	1	0.0	0.0	0.0	0.0	0	0	1	0	0	0
09/28	NYA	L 14-31	4	1	0.0	0.0	0.0	0.0	0	0	0	0	0	0
10/05	@Jac	L 13-21	0	0	0.0	0.0	0.0	0.0	0	0	0	0	0	0
10/12	@Ten	L 7-30	4	2	0.0	0.0	0.0	0.0	0	0	0	0	0	0
10/19	Pit	L 10-26	6	1	0.0	0.0	0.0	0.0	1	26	2	0	0	0
10/26	@NYN	L 27-29	3	3	0.0	0.0	1.0	4.0	0	0	0	0	1	0
11/02	SD	W 38-31	3	0	0.0	0.0	0.0	0.0	0	0	0	0	1	0
11/09	@Ind	W 28-13	7	1	0.0	0.0	0.0	0.0	0	0	0	0	0	0
11/16	@Pit	L 3-20	6	0	0.0	0.0	0.0	0.0	0	0	1	0	0	0
11/23	Jac	W 31-26	6	2	0.0	0.0	0.0	0.0	0	0	0	0	0	0
11/30	@Phi	L 42-44	6	1	0.0	0.0	0.0	0.0	0	0	0	0	0	0
12/04	Ten	W 41-14	1	1	0.0	0.0	0.0	0.0	0	0	1	0	0	0
12/14	Dal	W 31-24	5	2	0.0	0.0	1.0	5.0	0	0	1	0	0	0
12/21	Bal	W 16-14	7	0	0.0	0.0	0.0	0.0	0	0	0	0	0	0

Anthony Newman
New Orleans Saints – S

1997 Defensive Splits

	G	Tk	Ast	Sack	Yds	Stuff	Yds	Int	Yds	PD	TD
Total	12	53	10	0.0	0.0	1.5	4.5	3	19	7	0
vs. Playoff	4	19	1	0.0	0.0	0.0	0.0	2	2	3	0
vs. Non-Playoff	8	34	9	0.0	0.0	1.5	4.5	1	17	4	0
vs. Own Division	6	22	5	0.0	0.0	0.5	0.5	1	17	1	0
Home	6	25	8	0.0	0.0	0.5	0.5	2	2	3	0
Away	6	28	2	0.0	0.0	1.0	4.0	1	17	4	0
Games 1-8	8	38	7	0.0	0.0	0.5	0.5	2	2	5	0
Games 9-16	4	15	3	0.0	0.0	1.0	4.0	1	17	2	0
Aug/Sept	5	28	2	0.0	0.0	0.0	0.0	2	2	3	0
October	4	15	5	0.0	0.0	0.5	0.5	0	0	2	0
November	3	10	3	0.0	0.0	1.0	4.0	1	17	2	0
December	0	0	0	0	0	0	0	0	0	0	0
Grass	4	15	2	0.0	0.0	1.0	4.0	1	17	4	0
Turf	8	38	8	0.0	0.0	0.5	0.5	2	2	3	0
Indoor	7	32	8	0.0	0.0	0.5	0.5	2	2	3	0
Outdoor	5	21	2	0.0	0.0	1.0	4.0	1	17	4	0

Game Logs

Date	Opp	Result	Tk	Ast	Sack	Yds	Stuff	Yds	Int	Yds	PD	FF	FR	TD
08/31	@StL	L 24-38	7	0	0.0	0.0	0.0	0.0	0	0	0	0	0	0
09/07	SD	L 6-20	7	1	0.0	0.0	0.0	0.0	0	0	0	0	0	0
09/14	@SF	L 7-33	2	0	0.0	0.0	0.0	0.0	0	0	0	0	0	0
09/21	Det	W 35-17	6	1	0.0	0.0	0.0	0.0	2	2	3	0	1	0
09/28	@NYN	L 9-14	6	0	0.0	0.0	0.0	0.0	0	0	0	0	0	0
10/05	@Chi	W 20-17	5	1	0.0	0.0	0.0	0.0	0	0	2	0	0	0
10/12	Atl	L 17-23	3	2	0.0	0.0	0.5	0.5	0	0	0	0	0	0
10/19	Car	L 0-13	2	2	0.0	0.0	0.0	0.0	0	0	0	0	0	0
10/26	SF	L 0-23	5	0	0.0	0.0	0.0	0.0	0	0	0	0	0	0
11/09	@Oak	W 13-10	5	0	0.0	0.0	1.0	4.0	0	0	1	0	0	0
11/16	Sea	W 20-17	2	2	0.0	0.0	0.0	0.0	0	0	0	0	0	0
11/23	@Atl	L 3-20	-	-	-	-	-	-	-	-	-	-	-	-
11/30	@Car	W 16-13	3	1	0.0	0.0	0.0	0.0	1	17	1	0	0	0
12/07	StL	L 27-34	-	-	-	-	-	-	-	-	-	-	-	-
12/14	Ari	W 27-10	-	-	-	-	-	-	-	-	-	-	-	-
12/21	@KC	L 13-25	-	-	-	-	-	-	-	-	-	-	-	-

Hardy Nickerson
Tampa Bay Buccaneers – LB

1997 Defensive Splits

	G	Tk	Ast	Sack	Yds	Stuff	Yds	Int	Yds	PD	TD
Total	16	105	42	1.0	6.0	3.5	3.5	0	0	6	0
vs. Playoff	10	61	25	1.0	6.0	2.0	2.0	0	0	5	0
vs. Non-Playoff	6	44	17	0.0	0.0	1.5	1.5	0	0	1	0
vs. Own Division	8	57	23	0.0	0.0	1.0	1.0	0	0	2	0
Home	8	54	22	1.0	6.0	2.0	2.0	0	0	4	0
Away	8	51	20	0.0	0.0	1.5	1.5	0	0	2	0
Games 1-8	8	49	22	1.0	6.0	1.0	1.0	0	0	4	0
Games 9-16	8	56	20	0.0	0.0	2.5	2.5	0	0	2	0
Aug/Sept	5	28	11	1.0	6.0	1.0	1.0	0	0	3	0
October	3	21	11	0.0	0.0	0.0	0.0	0	0	1	0
November	5	39	12	0.0	0.0	1.0	1.0	0	0	2	0
December	3	17	8	0.0	0.0	1.5	1.5	0	0	0	0
Grass	10	70	26	1.0	6.0	2.0	2.0	0	0	5	0
Turf	6	35	16	0.0	0.0	1.5	1.5	0	0	1	0
Indoor	4	25	11	0.0	0.0	0.0	0.0	0	0	1	0
Outdoor	12	80	31	1.0	6.0	3.5	3.5	0	0	5	0

Game Logs

Date	Opp	Result	Tk	Ast	Sack	Yds	Stuff	Yds	Int	Yds	PD	FF	FR	TD
08/31	SF	W 13-6	5	2	1.0	6.0	0.0	0.0	0	0	0	0	0	0
09/07	@Det	W 24-17	6	1	0.0	0.0	0.0	0.0	0	0	1	0	0	0
09/14	@Min	W 28-14	3	3	0.0	0.0	0.0	0.0	0	0	0	0	0	0
09/21	Mia	W 31-21	6	4	0.0	0.0	0.0	0.0	0	0	1	0	0	0
09/28	Ari	W 19-18	8	1	0.0	0.0	1.0	1.0	0	0	1	0	0	0
10/05	@GB	L 16-21	3	1	0.0	0.0	0.0	0.0	0	0	1	0	0	0
10/12	Det	L 9-27	6	3	0.0	0.0	0.0	0.0	0	0	0	0	0	0
10/26	Min	L 6-10	12	7	0.0	0.0	0.0	0.0	0	0	0	0	0	0
11/02	@Ind	W 31-28	6	2	0.0	0.0	0.0	0.0	0	0	1	0	0	0
11/09	@Atl	W 31-10	10	5	0.0	0.0	0.0	0.0	0	0	0	0	0	0
11/16	NE	W 27-7	3	0	0.0	0.0	0.0	0.0	0	0	2	0	1	0
11/23	@Chi	L 7-13	13	3	0.0	0.0	0.0	0.0	0	0	0	0	0	0
11/30	@NYN	W 20-8	7	2	0.0	0.0	1.0	1.0	0	0	0	0	0	0
12/07	GB	L 6-17	10	2	0.0	0.0	1.0	1.0	0	0	0	0	1	0
12/14	@NYA	L 0-31	3	3	0.0	0.0	0.5	0.5	0	0	0	0	0	0
12/21	Chi	W 31-15	4	3	0.0	0.0	0.0	0.0	0	0	0	0	0	0

Ken Norton
San Francisco 49ers – LB

1997 Defensive Splits

	G	Tk	Ast	Sack	Yds	Stuff	Yds	Int	Yds	PD	TD
Total	16	72	24	1.5	10.5	2.0	6.0	0	0	8	0
vs. Playoff	4	22	8	0.0	0.0	1.0	4.0	0	0	1	0
vs. Non-Playoff	12	50	16	1.5	10.5	1.0	2.0	0	0	7	0
vs. Own Division	8	30	15	1.5	10.5	0.0	0.0	0	0	4	0
Home	8	38	15	0.5	2.5	1.0	2.0	0	0	1	0
Away	8	34	9	1.0	8.0	1.0	4.0	0	0	7	0
Games 1-8	8	29	11	1.5	10.5	0.0	0.0	0	0	5	0
Games 9-16	8	43	13	0.0	0.0	2.0	6.0	0	0	3	0
Aug/Sept	5	24	6	1.5	10.5	0.0	0.0	0	0	4	0
October	3	5	5	0.0	0.0	0.0	0.0	0	0	1	0
November	5	30	7	0.0	0.0	2.0	6.0	0	0	3	0
December	3	13	6	0.0	0.0	0.0	0.0	0	0	0	0
Grass	11	53	18	0.5	2.5	2.0	6.0	0	0	3	0
Turf	5	19	6	1.0	8.0	0.0	0.0	0	0	5	0
Indoor	4	14	5	1.0	8.0	0.0	0.0	0	0	3	0
Outdoor	12	58	19	0.5	2.5	2.0	6.0	0	0	5	0

Game Logs

Date	Opp	Result	Tk	Ast	Sack	Yds	Stuff	Yds	Int	Yds	PD	FF	FR	TD
08/31	@TB	L 6-13	4	0	0.0	0.0	0.0	0.0	0	0	1	0	0	0
09/07	@StL	W 15-12	8	2	1.0	8.0	0.0	0.0	0	0	2	1	0	0
09/14	NO	W 33-7	4	0	0.0	0.0	0.0	0.0	0	0	0	0	1	0
09/21	Atl	W 34-7	4	3	0.5	2.5	0.0	0.0	0	0	0	0	0	0
09/29	@Car	W 34-21	4	1	0.0	0.0	0.0	0.0	0	0	1	0	0	0
10/12	StL	W 30-10	1	2	0.0	0.0	0.0	0.0	0	0	0	0	0	0
10/19	@Atl	W 35-28	0	2	0.0	0.0	0.0	0.0	0	0	0	0	0	0
10/26	@NO	W 23-0	4	1	0.0	0.0	0.0	0.0	0	0	1	0	1	0
11/02	Dal	W 17-10	8	0	0.0	0.0	1.0	2.0	0	0	0	0	0	0
11/10	@Phi	W 24-12	5	1	0.0	0.0	0.0	0.0	0	0	2	0	0	0
11/16	Car	W 27-19	5	4	0.0	0.0	0.0	0.0	0	0	0	0	0	0
11/23	SD	W 17-10	5	0	0.0	0.0	0.0	0.0	0	0	1	0	0	0
11/30	@KC	L 9-44	7	2	0.0	0.0	1.0	4.0	0	0	0	0	0	0
12/07	Min	W 28-17	7	4	0.0	0.0	0.0	0.0	0	0	0	0	0	0
12/15	Den	W 34-17	4	2	0.0	0.0	0.0	0.0	0	0	0	0	0	0
12/21	@Sea	L 9-38	2	0	0.0	0.0	0.0	0.0	0	0	0	0	0	0

Leslie O'Neal — St. Louis Rams – DE

1997 Defensive Splits

	G	Tk	Ast	Sack	Yds	Stuff	Yds	Int	Yds	PD	TD
Total	15	35	8	10.0	80.0	3.0	5.0	1	5	6	1
vs. Playoff	6	18	5	6.0	55.0	3.0	5.0	1	5	4	0
vs. Non-Playoff	9	17	3	4.0	25.0	0.0	0.0	0	0	2	1
vs. Own Division	7	13	3	3.0	19.0	3.0	5.0	0	0	1	1
Home	7	18	3	5.0	42.0	2.0	4.0	0	0	4	1
Away	8	17	5	5.0	38.0	1.0	1.0	1	5	2	0
Games 1-8	8	23	6	7.0	62.0	3.0	5.0	0	0	5	0
Games 9-16	7	12	2	3.0	18.0	0.0	0.0	1	5	1	1
Aug/Sept	5	13	4	4.0	36.0	2.0	4.0	0	0	4	0
October	3	10	2	3.0	26.0	1.0	1.0	0	0	1	0
November	4	7	1	3.0	18.0	0.0	0.0	1	5	1	1
December	3	5	1	0.0	0.0	0.0	0.0	0	0	0	0
Grass	6	14	4	4.0	35.0	1.0	1.0	1	5	2	0
Turf	9	21	4	6.0	45.0	2.0	4.0	0	0	4	1
Indoor	9	21	4	6.0	45.0	2.0	4.0	0	0	4	1
Outdoor	6	14	4	4.0	35.0	1.0	1.0	1	5	2	0

Game Logs

Date	Opp	Result	Tk	Ast	Sack	Yds	Stuff	Yds	Int	Yds	PD	FF	FR	TD
08/31	NO	W 38-24	1	0	1.0	7.0	0.0	0.0	0	0	1	0	1	0
09/07	SF	L 12-15	4	1	1.0	9.0	2.0	4.0	0	0	0	0	0	0
09/14	@Den	L 14-35	4	0	1.0	14.0	0.0	0.0	0	0	0	0	0	0
09/21	NYN	W 13-3	2	1	0.0	0.0	0.0	0.0	0	0	2	0	0	0
09/28	@Oak	L 17-35	2	2	1.0	6.0	0.0	0.0	0	0	1	0	0	0
10/12	@SF	L 10-30	2	1	0.0	0.0	1.0	1.0	0	0	0	0	0	0
10/19	Sea	L 9-17	4	0	0.0	0.0	0.0	0.0	0	0	0	0	0	0
10/26	KC	L 20-28	4	1	3.0	26.0	0.0	0.0	0	0	1	0	0	0
11/02	@Atl	L 31-34	2	0	1.0	3.0	0.0	0.0	0	0	0	0	0	0
11/09	@GB	L 7-17	2	1	1.0	6.0	0.0	0.0	1	5	0	0	0	0
11/16	Atl	L 21-27	-	-	-	-	-	-	-	-	-	-	-	-
11/23	Car	L 10-16	1	0	0.0	0.0	0.0	0.0	0	0	0	0	1	1
11/30	@Was	W 23-20	2	0	1.0	9.0	0.0	0.0	0	0	0	1	0	0
12/07	@NO	W 34-27	1	1	0.0	0.0	0.0	0.0	0	0	0	0	0	0
12/14	Chi	L 10-13	2	0	0.0	0.0	0.0	0.0	0	0	0	0	0	0
12/20	@Car	W 30-18	2	0	0.0	0.0	0.0	0.0	0	0	0	0	0	0

Dan Owens — Atlanta Falcons – DT

1997 Defensive Splits

	G	Tk	Ast	Sack	Yds	Stuff	Yds	Int	Yds	PD	TD
Total	15	41	10	8.0	39.5	5.0	14.0	1	14	4	0
vs. Playoff	5	18	4	3.5	18.0	3.0	5.0	0	0	2	0
vs. Non-Playoff	10	23	6	4.5	21.5	2.0	9.0	1	14	2	0
vs. Own Division	7	23	4	5.0	29.5	4.0	13.0	0	0	1	0
Home	7	14	5	4.0	24.0	1.0	8.0	0	0	2	0
Away	8	27	5	4.0	15.5	4.0	6.0	1	14	2	0
Games 1-8	8	23	6	6.0	33.5	3.0	5.0	0	0	0	0
Games 9-16	7	18	4	2.0	6.0	2.0	9.0	1	14	4	0
Aug/Sept	5	13	3	2.5	16.0	3.0	5.0	0	0	0	0
October	3	10	3	3.5	17.5	0.0	0.0	0	0	0	0
November	4	13	2	0.0	0.0	2.0	9.0	0	0	3	0
December	3	5	2	2.0	6.0	0.0	0.0	1	14	1	0
Grass	4	14	2	2.5	9.0	3.0	5.0	1	14	1	0
Turf	11	27	8	5.5	30.5	2.0	9.0	0	0	3	0
Indoor	11	27	8	5.5	30.5	2.0	9.0	0	0	3	0
Outdoor	4	14	2	2.5	9.0	3.0	5.0	1	14	1	0

Game Logs

Date	Opp	Result	Tk	Ast	Sack	Yds	Stuff	Yds	Int	Yds	PD	FF	FR	TD
08/31	@Det	L 17-28	3	1	0.0	0.0	0.0	0.0	0	0	0	0	0	0
09/07	Car	L 6-9	3	0	1.0	9.0	0.0	0.0	0	0	0	0	0	0
09/14	Oak	L 31-36	0	0	0.0	0.0	0.0	0.0	0	0	0	0	0	0
09/21	@SF	L 7-34	6	0	0.5	3.0	3.0	5.0	0	0	0	0	0	0
09/28	Den	L 21-29	1	2	1.0	4.0	0.0	0.0	0	0	0	0	0	0
10/12	@NO	W 23-17	3	1	1.5	6.5	0.0	0.0	0	0	0	0	1	0
10/19	SF	L 28-35	4	1	2.0	11.0	0.0	0.0	0	0	0	0	0	0
10/26	@Car	L 12-21	3	1	0.0	0.0	0.0	0.0	0	0	0	0	0	0
11/02	StL	W 34-31	2	1	0.0	0.0	1.0	8.0	0	0	1	0	0	0
11/09	TB	L 10-31	4	0	0.0	0.0	0.0	0.0	0	0	2	0	0	0
11/16	@StL	W 27-21	2	0	0.0	0.0	0.0	0.0	0	0	1	0	0	0
11/23	NO	W 20-3	-	-	-	-	-	-	-	-	-	-	-	-
11/30	@Sea	W 24-17	5	1	0.0	0.0	1.0	1.0	0	0	0	0	0	0
12/07	@SD	W 14-3	1	0	0.0	0.0	0.0	0.0	1	14	1	0	0	0
12/14	Phi	W 20-17	0	1	0.0	0.0	0.0	0.0	0	0	0	0	0	0
12/21	@Ari	L 26-29	4	1	2.0	6.0	0.0	0.0	0	0	0	0	0	0

Anthony Parker — Tampa Bay Buccaneers – CB

1997 Defensive Splits

	G	Tk	Ast	Sack	Yds	Stuff	Yds	Int	Yds	PD	TD
Total	15	58	23	1.0	7.0	0.0	0.0	1	5	12	0
vs. Playoff	10	33	9	1.0	7.0	0.0	0.0	0	0	10	0
vs. Non-Playoff	5	25	14	0.0	0.0	0.0	0.0	1	5	2	0
vs. Own Division	8	34	17	0.0	0.0	0.0	0.0	0	0	6	0
Home	7	28	11	1.0	7.0	0.0	0.0	0	0	7	0
Away	8	30	12	0.0	0.0	0.0	0.0	1	5	5	0
Games 1-8	7	24	8	0.0	0.0	0.0	0.0	0	0	9	0
Games 9-16	8	34	15	1.0	7.0	0.0	0.0	1	5	3	0
Aug/Sept	4	12	4	0.0	0.0	0.0	0.0	0	0	7	0
October	3	12	4	0.0	0.0	0.0	0.0	0	0	2	0
November	5	23	7	1.0	7.0	0.0	0.0	0	0	1	0
December	3	11	8	0.0	0.0	0.0	0.0	1	5	2	0
Grass	9	37	16	1.0	7.0	0.0	0.0	0	0	9	0
Turf	6	21	7	0.0	0.0	0.0	0.0	1	5	3	0
Indoor	4	20	6	0.0	0.0	0.0	0.0	0	0	2	0
Outdoor	11	38	17	1.0	7.0	0.0	0.0	1	5	10	0

Game Logs

Date	Opp	Result	Tk	Ast	Sack	Yds	Stuff	Yds	Int	Yds	PD	FF	FR	TD
08/31	SF	W 13-6	2	1	0.0	0.0	0.0	0.0	0	0	0	0	0	0
09/07	@Det	W 24-17	1	1	0.0	0.0	0.0	0.0	0	0	1	0	0	0
09/14	@Min	W 28-14	5	2	0.0	0.0	0.0	0.0	0	0	1	0	0	0
09/21	Mia	W 31-21	4	0	0.0	0.0	0.0	0.0	0	0	5	0	0	0
09/28	Ari	W 19-18	-	-	-	-	-	-	-	-	-	-	-	-
10/05	@GB	L 16-21	4	2	0.0	0.0	0.0	0.0	0	0	1	0	0	0
10/12	Det	L 9-27	7	0	0.0	0.0	0.0	0.0	0	0	1	0	0	0
10/26	Min	L 6-10	1	2	0.0	0.0	0.0	0.0	0	0	0	0	0	0
11/02	@Ind	W 31-28	9	0	0.0	0.0	0.0	0.0	0	0	0	0	0	0
11/09	@Atl	W 31-10	5	3	0.0	0.0	0.0	0.0	0	0	0	0	0	0
11/16	NE	W 27-7	3	1	1.0	7.0	0.0	0.0	0	0	1	0	0	0
11/23	@Chi	L 7-13	5	3	0.0	0.0	0.0	0.0	0	0	0	0	0	0
11/30	@NYN	W 20-8	1	0	0.0	0.0	0.0	0.0	0	0	0	0	0	0
12/07	GB	L 6-17	5	0	0.0	0.0	0.0	0.0	0	0	0	0	0	0
12/14	@NYA	L 0-31	0	1	0.0	0.0	0.0	0.0	1	5	1	0	0	0
12/21	Chi	W 31-15	6	7	0.0	0.0	0.0	0.0	0	0	0	0	0	0

Marvcus Patton — Washington Redskins – LB

1997 Defensive Splits

	G	Tk	Ast	Sack	Yds	Stuff	Yds	Int	Yds	PD	TD
Total	16	98	37	4.5	36.5	2.0	3.0	2	5	6	0
vs. Playoff	5	22	7	0.0	0.0	0.5	1.0	2	5	3	0
vs. Non-Playoff	11	76	30	4.5	36.5	1.5	2.0	0	0	3	0
vs. Own Division	8	50	17	3.0	21.0	0.5	1.0	1	0	4	0
Home	8	46	11	2.0	21.0	1.0	2.0	1	0	2	0
Away	8	52	26	2.5	15.5	1.0	1.0	1	5	4	0
Games 1-8	8	55	26	1.5	8.5	1.0	1.5	1	5	2	0
Games 9-16	8	43	11	3.0	28.0	1.0	1.5	1	0	4	0
Aug/Sept	4	27	11	0.0	0.0	0.0	0.0	1	5	1	0
October	4	28	15	1.5	8.5	1.0	1.5	0	0	1	0
November	5	30	6	2.0	24.0	1.0	1.5	1	0	2	0
December	3	13	5	1.0	4.0	0.0	0.0	0	0	2	0
Grass	12	74	25	3.5	26.5	2.0	3.0	1	0	3	0
Turf	4	24	12	1.0	10.0	0.0	0.0	1	5	3	0
Indoor	0	0	0	0	0	0	0	0	0	0	0
Outdoor	16	98	37	4.5	36.5	2.0	3.0	2	5	6	0

Game Logs

Date	Opp	Result	Tk	Ast	Sack	Yds	Stuff	Yds	Int	Yds	PD	FF	FR	TD
08/31	@Car	W 24-10	5	2	0.0	0.0	0.0	0.0	0	0	0	0	0	0
09/07	@Pit	L 13-14	4	4	0.0	0.0	0.0	0.0	1	5	1	0	0	0
09/14	Ari	W 19-13	12	4	0.0	0.0	0.0	0.0	0	0	1	0	0	0
09/28	Jac	W 24-12	6	1	0.0	0.0	0.0	0.0	0	0	0	1	0	0
10/05	@Phi	L 10-24	8	7	0.0	0.0	0.0	0.0	0	0	0	0	0	0
10/13	Dal	W 21-16	4	0	1.0	7.0	0.0	0.0	0	0	0	0	0	0
10/19	@Ten	L 14-28	10	6	0.5	1.5	0.5	0.5	0	0	0	0	0	0
10/26	Dal	W 17-20	6	2	0.0	0.0	0.5	1.0	0	0	1	0	1	0
11/02	@Chi	W 31-8	6	3	0.0	0.0	0.5	0.5	0	0	1	0	0	0
11/09	Det	W 30-7	3	0	0.0	0.0	0.0	0.0	0	0	0	0	0	0
11/16	@Dal	L 14-17	8	0	1.0	10.0	0.0	0.0	0	0	1	1	0	0
11/23	NYN	T 7-7	5	1	0.0	0.0	0.5	1.0	1	0	1	0	0	0
11/30	StL	L 20-23	8	2	1.0	14.0	0.0	0.0	0	0	0	0	0	0
12/07	@Ari	W 38-28	7	3	1.0	4.0	0.0	0.0	0	0	1	0	0	0
12/13	@NYN	L 10-30	4	1	0.0	0.0	0.0	0.0	0	0	1	0	0	0
12/21	Phi	W 35-32	2	1	0.0	0.0	0.0	0.0	0	0	0	0	0	0

Bryce Paup — Buffalo Bills – LB

1997 Defensive Splits

	G	Tk	Ast	Sack	Yds	Stuff	Yds	Int	Yds	PD	TD
Total	16	58	20	9.5	63.0	7.5	24.0	0	0	3	0
vs. Playoff	10	31	11	3.5	25.5	4.5	13.0	0	0	2	0
vs. Non-Playoff	6	27	9	6.0	37.5	3.0	11.0	0	0	1	0
vs. Own Division	8	25	12	6.5	55.0	3.5	8.0	0	0	2	0
Home	8	27	11	4.5	31.5	3.0	11.0	0	0	2	0
Away	8	31	9	5.0	31.5	4.5	13.0	0	0	1	0
Games 1-8	8	29	11	5.0	30.5	3.0	9.0	0	0	2	0
Games 9-16	8	29	9	4.5	32.5	4.5	15.0	0	0	1	0
Aug/Sept	4	15	7	3.0	20.5	1.0	5.0	0	0	0	0
October	4	14	4	2.0	10.0	2.0	4.0	0	0	2	0
November	5	14	7	3.5	25.5	2.5	6.0	0	0	1	0
December	3	15	2	1.0	7.0	2.0	9.0	0	0	0	0
Grass	6	23	6	1.0	1.0	3.5	11.0	0	0	0	0
Turf	10	35	14	8.5	62.0	4.0	13.0	0	0	3	0
Indoor	1	4	0	1.0	10.0	1.0	2.0	0	0	1	0
Outdoor	15	54	20	8.5	53.0	6.5	22.0	0	0	2	0

Game Logs

Date	Opp	Result	Tk	Ast	Sack	Yds	Stuff	Yds	Int	Yds	PD	FF	FR	TD
08/31	Min	L 13-34	2	0	0.0	0.0	1.0	5.0	0	0	0	0	0	0
09/07	@NYA	W 28-22	4	3	3.0	20.5	0.0	0.0	0	0	0	0	0	0
09/14	@KC	L 16-22	5	1	0.0	0.0	0.0	0.0	0	0	0	0	0	0
09/21	Ind	W 37-35	4	3	0.0	0.0	0.0	0.0	0	0	0	0	0	0
10/05	Det	W 22-13	6	1	1.0	0.0	1.0	2.0	0	0	1	1	0	0
10/12	@NE	L 6-33	2	0	0.0	0.0	0.0	0.0	0	0	0	0	0	0
10/20	@Ind	W 9-6	4	0	1.0	10.0	1.0	2.0	0	0	1	1	0	0
10/26	Den	L 20-23	2	3	0.0	0.0	0.0	0.0	0	0	0	0	0	0
11/02	Mia	W 9-6	4	1	0.0	0.0	1.0	4.0	0	0	1	0	0	0
11/09	NE	L 10-31	1	1	1.5	18.5	0.0	0.0	0	0	0	0	0	0
11/17	@Mia	L 13-30	2	3	0.0	0.0	1.5	2.0	0	0	0	0	0	0
11/23	@Ten	L 14-31	3	1	1.0	0.0	0.0	0.0	0	0	0	0	0	0
11/30	NYA	W 20-10	4	1	0.0	6.0	0.0	0.0	0	0	0	0	0	0
12/07	@Chi	L 3-20	8	0	0.0	0.0	2.0	9.0	0	0	0	0	0	0
12/14	Jac	L 14-20	4	1	1.0	7.0	0.0	0.0	0	0	0	0	0	0
12/20	@GB	L 21-31	3	0	0.0	0.0	0.0	0.0	0	0	0	0	1	0

Darren Perry — Pittsburgh Steelers – S

1997 Defensive Splits

	G	Tk	Ast	Sack	Yds	Stuff	Yds	Int	Yds	PD	TD
Total	16	69	10	1.0	6.0	1.5	3.5	4	77	6	0
vs. Playoff	5	18	2	0.0	0.0	0.0	0.0	1	18	2	0
vs. Non-Playoff	11	51	8	1.0	6.0	1.5	3.5	3	59	4	0
vs. Own Division	8	29	7	1.0	6.0	1.0	3.0	2	42	3	0
Home	8	35	6	1.0	6.0	1.0	3.0	2	59	2	0
Away	8	34	4	0.0	0.0	0.5	0.5	2	18	4	0
Games 1-8	8	37	5	1.0	6.0	0.0	0.0	2	17	3	0
Games 9-16	8	32	5	0.0	0.0	1.5	3.5	2	60	3	0
Aug/Sept	4	20	2	1.0	6.0	0.0	0.0	1	17	2	0
October	4	17	3	0.0	0.0	0.0	0.0	1	0	1	0
November	5	22	3	0.0	0.0	1.5	3.5	1	42	2	0
December	3	10	2	0.0	0.0	0.0	0.0	1	18	1	0
Grass	6	23	3	0.0	0.0	0.5	0.5	1	18	2	0
Turf	10	46	7	1.0	6.0	1.0	3.0	3	59	4	0
Indoor	0	0	0	0	0	0	0	0	0	0	0
Outdoor	16	69	10	1.0	6.0	1.5	3.5	4	77	6	0

Game Logs

Date	Opp	Result	Tk	Ast	Sack	Yds	Stuff	Yds	Int	Yds	PD	FF	FR	TD
08/31	Dal	L 7-37	6	0	0.0	0.0	0.0	0.0	0	0	0	0	0	0
09/07	Was	W 14-13	8	0	0.0	0.0	0.0	0.0	1	17	1	0	0	0
09/22	@Jac	L 21-30	1	0	0.0	0.0	0.0	0.0	0	0	1	0	0	0
09/28	Ten	W 37-24	5	2	1.0	6.0	0.0	0.0	0	0	0	0	0	0
10/05	@Bal	W 42-34	5	1	0.0	0.0	0.0	0.0	0	0	0	0	0	0
10/12	Ind	W 24-22	3	1	0.0	0.0	0.0	0.0	0	0	0	0	0	0
10/19	@Cin	W 26-10	4	1	0.0	0.0	0.0	0.0	1	0	1	0	0	0
10/26	Jac	W 23-17	5	0	0.0	0.0	0.0	0.0	0	0	0	0	0	0
11/03	@KC	L 10-13	5	1	0.0	0.0	0.0	0.0	0	0	1	0	0	0
11/09	Bal	W 37-0	4	0	0.0	0.0	0.0	0.0	1	42	1	0	0	0
11/16	Cin	W 20-3	2	0	0.0	0.0	1.0	3.0	0	0	0	0	0	0
11/23	@Phi	L 20-23	7	0	0.0	0.0	0.0	0.0	0	0	1	0	0	0
11/30	@Ari	W 26-20	4	0	0.0	0.0	0.5	0.5	0	0	0	0	0	0
12/07	Den	W 35-24	2	1	0.0	0.0	0.0	0.0	0	0	0	0	0	0
12/13	@NE	W 24-21	5	2	0.0	0.0	0.0	0.0	1	18	1	0	0	0
12/21	@Ten	L 6-16	3	1	0.0	0.0	0.0	0.0	0	0	0	0	0	0

Roman Phifer — St. Louis Rams – LB

1997 Defensive Splits

	G	Tk	Ast	Sack	Yds	Stuff	Yds	Int	Yds	PD	TD
Total	16	58	18	2.0	9.0	4.5	8.5	0	0	7	0
vs. Playoff	6	27	11	1.0	0.0	2.5	2.5	0	0	2	0
vs. Non-Playoff	10	31	7	1.0	9.0	2.0	6.0	0	0	5	0
vs. Own Division	8	26	8	1.0	9.0	1.0	1.0	0	0	4	0
Home	8	28	10	2.0	9.0	2.0	2.0	0	0	1	0
Away	8	30	8	0.0	0.0	2.5	6.5	0	0	6	0
Games 1-8	8	31	12	2.0	9.0	3.0	4.0	0	0	2	0
Games 9-16	8	27	6	0.0	0.0	1.5	4.5	0	0	5	0
Aug/Sept	5	22	7	2.0	9.0	3.0	4.0	0	0	1	0
October	3	9	5	0.0	0.0	0.0	0.0	0	0	1	0
November	5	16	3	0.0	0.0	1.5	4.5	0	0	1	0
December	3	11	3	0.0	0.0	0.0	0.0	0	0	4	0
Grass	6	22	7	0.0	0.0	2.5	6.5	0	0	4	0
Turf	10	36	11	2.0	9.0	2.0	2.0	0	0	3	0
Indoor	10	36	11	2.0	9.0	2.0	2.0	0	0	3	0
Outdoor	6	22	7	0.0	0.0	2.5	6.5	0	0	4	0

Game Logs

Date	Opp	Result	Tk	Ast	Sack	Yds	Stuff	Yds	Int	Yds	PD	FF	FR	TD
08/31	NO	W 38-24	5	1	1.0	9.0	0.0	0.0	0	0	0	0	0	0
09/07	SF	L 12-15	3	2	0.0	0.0	1.0	1.0	0	0	0	0	0	0
09/14	@Den	L 14-35	6	3	0.0	0.0	0.0	0.0	0	0	1	0	0	0
09/21	NYN	W 13-3	6	1	1.0	0.0	1.0	1.0	0	0	0	0	0	0
09/28	@Oak	L 17-35	2	0	0.0	0.0	1.0	2.0	0	0	0	0	0	0
10/12	@SF	L 10-30	5	2	0.0	0.0	0.0	0.0	0	0	0	0	0	0
10/19	Sea	L 9-17	0	1	0.0	0.0	0.0	0.0	0	0	0	0	0	0
10/26	KC	L 20-28	4	2	0.0	0.0	0.0	0.0	0	0	1	0	0	0
11/02	@Atl	L 31-34	4	1	0.0	0.0	0.0	0.0	0	0	0	0	0	0
11/09	@GB	L 7-17	3	1	0.0	0.0	0.5	0.5	0	0	0	0	0	0
11/16	Atl	L 21-27	3	0	0.0	0.0	0.0	0.0	0	0	0	0	0	0
11/23	Car	L 10-16	1	1	0.0	0.0	0.0	0.0	0	0	0	0	0	0
11/30	@Was	W 23-20	5	0	0.0	0.0	1.0	4.0	0	0	1	0	0	0
12/07	@NO	W 34-27	4	0	0.0	0.0	0.0	0.0	0	0	2	0	0	0
12/14	Chi	L 10-13	6	2	0.0	0.0	0.0	0.0	0	0	0	0	0	0
12/20	@Car	W 30-18	1	1	0.0	0.0	0.0	0.0	0	0	2	0	0	0

Gary Plummer — San Francisco 49ers – LB

1997 Defensive Splits

	G	Tk	Ast	Sack	Yds	Stuff	Yds	Int	Yds	PD	TD
Total	16	53	15	0.0	0.0	2.0	9.0	0	0	1	0
vs. Playoff	4	13	5	0.0	0.0	0.0	0.0	0	0	0	0
vs. Non-Playoff	12	40	10	0.0	0.0	2.0	9.0	0	0	1	0
vs. Own Division	8	25	7	0.0	0.0	2.0	9.0	0	0	0	0
Home	8	25	7	0.0	0.0	1.0	8.0	0	0	0	0
Away	8	28	8	0.0	0.0	1.0	1.0	0	0	1	0
Games 1-8	8	24	7	0.0	0.0	2.0	9.0	0	0	0	0
Games 9-16	8	29	8	0.0	0.0	0.0	0.0	0	0	1	0
Aug/Sept	5	15	3	0.0	0.0	0.0	0.0	0	0	0	0
October	3	9	4	0.0	0.0	2.0	9.0	0	0	0	0
November	5	26	4	0.0	0.0	0.0	0.0	0	0	1	0
December	3	3	4	0.0	0.0	0.0	0.0	0	0	0	0
Grass	11	35	8	0.0	0.0	1.0	8.0	0	0	0	0
Turf	5	18	7	0.0	0.0	1.0	1.0	0	0	1	0
Indoor	4	13	5	0.0	0.0	1.0	1.0	0	0	0	0
Outdoor	12	40	10	0.0	0.0	1.0	8.0	0	0	1	0

Game Logs

Date	Opp	Result	Tk	Ast	Sack	Yds	Stuff	Yds	Int	Yds	PD	FF	FR	TD
08/31	@TB	L 6-13	3	1	0.0	0.0	0.0	0.0	0	0	0	0	0	0
09/07	@StL	W 15-12	6	1	0.0	0.0	0.0	0.0	0	0	0	0	0	0
09/14	NO	W 33-7	5	0	0.0	0.0	0.0	0.0	0	0	0	0	0	0
09/21	Atl	W 34-7	1	1	0.0	0.0	0.0	0.0	0	0	0	0	0	0
09/29	@Car	W 34-21	0	0	0.0	0.0	0.0	0.0	0	0	0	0	0	0
10/12	StL	W 30-10	2	0	0.0	0.0	1.0	8.0	0	0	0	0	0	0
10/19	@Atl	W 35-28	2	2	0.0	0.0	1.0	1.0	0	0	0	0	0	0
10/26	@NO	W 23-0	5	2	0.0	0.0	0.0	0.0	0	0	0	0	0	0
11/02	Dal	W 17-10	6	0	0.0	0.0	0.0	0.0	0	0	0	0	0	0
11/10	@Phi	W 24-12	5	2	0.0	0.0	0.0	0.0	0	0	1	0	0	0
11/16	Car	W 27-19	4	1	0.0	0.0	0.0	0.0	0	0	0	0	0	0
11/23	SD	W 17-10	4	1	0.0	0.0	0.0	0.0	0	0	0	0	0	0
11/30	@KC	L 9-44	7	0	0.0	0.0	0.0	0.0	0	0	0	0	0	0
12/07	Min	W 28-17	2	1	0.0	0.0	0.0	0.0	0	0	0	0	0	0
12/15	Den	W 34-17	1	3	0.0	0.0	0.0	0.0	0	0	0	0	0	0
12/21	@Sea	L 9-38	0	0	0.0	0.0	0.0	0.0	0	0	0	0	0	0

Robert Porcher — Detroit Lions – DE

1997 Defensive Splits

	G	Tk	Ast	Sack	Yds	Stuff	Yds	Int	Yds	PD	TD
Total	16	40	32	12.5	76.0	13.5	43.0	1	5	5	0
vs. Playoff	8	16	16	4.5	26.0	6.0	14.0	1	5	4	0
vs. Non-Playoff	8	24	16	8.0	50.0	7.5	29.0	0	0	1	0
vs. Own Division	8	15	16	3.5	16.0	5.0	10.0	1	5	3	0
Home	8	20	16	8.5	55.0	6.0	15.5	1	5	3	0
Away	8	20	16	4.0	21.0	7.5	27.5	0	0	2	0
Games 1-8	8	18	18	8.0	41.5	8.5	30.5	1	5	4	0
Games 9-16	8	22	14	4.5	34.5	5.0	12.5	0	0	1	0
Aug/Sept	5	11	10	4.0	16.5	4.5	17.5	1	5	3	0
October	3	7	8	4.0	25.0	4.0	13.0	0	0	1	0
November	5	15	9	3.5	28.5	5.0	12.5	0	0	0	0
December	3	7	5	1.0	6.0	0.0	0.0	0	0	1	0
Grass	5	15	5	1.5	10.5	5.5	14.5	0	0	2	0
Turf	11	25	27	11.0	65.5	8.0	28.5	1	5	3	0
Indoor	10	23	23	9.5	61.0	7.0	24.5	1	5	3	0
Outdoor	6	17	9	3.0	15.0	6.5	18.5	0	0	2	0

Game Logs

Date	Opp	Result	Tk	Ast	Sack	Yds	Stuff	Yds	Int	Yds	PD	FF	FR	TD
08/31	Atl	W 28-17	5	4	1.0	5.0	3.0	8.0	0	0	1	1	0	0
09/07	TB	L 17-24	1	1	1.0	4.5	0.0	0.0	0	0	0	0	0	0
09/14	@Chi	W 32-7	2	0	0.0	0.0	0.0	0.0	0	0	0	0	0	0
09/21	@NO	L 17-35	2	2	1.0	6.0	1.0	9.0	0	0	0	0	0	0
09/28	GB	W 26-15	1	3	1.0	1.0	0.5	0.5	1	5	2	0	0	0
10/05	@Buf	L 13-22	2	4	1.5	4.5	1.0	4.0	0	0	0	0	0	0
10/12	@TB	W 27-9	4	1	1.5	10.5	2.0	5.0	0	0	1	1	0	0
10/19	NYN	L 20-26	1	3	1.0	10.0	1.0	4.0	0	0	0	0	0	0
11/02	@GB	L 10-20	2	3	0.0	0.0	1.5	3.5	0	0	0	0	0	0
11/09	@Was	L 7-30	5	1	0.0	0.0	2.0	6.0	0	0	0	0	0	0
11/16	Min	W 38-15	4	0	0.0	0.0	1.0	1.0	0	0	0	0	0	0
11/23	Ind	W 32-10	4	2	3.5	28.5	0.5	2.0	0	0	0	0	0	0
11/27	Chi	W 55-20	0	3	0.0	0.0	0.0	0.0	0	0	0	0	0	0
12/07	@Mia	L 30-33	2	0	0.0	0.0	0.0	0.0	0	0	0	1	0	0
12/14	@Min	W 14-13	1	5	0.0	0.0	0.0	0.0	0	0	0	0	0	0
12/21	NYA	W 13-10	4	0	1.0	6.0	0.0	0.0	0	0	0	0	0	0

John Randle — Minnesota Vikings – DT

1997 Defensive Splits

	G	Tk	Ast	Sack	Yds	Stuff	Yds	Int	Yds	PD	TD
Total	16	47	11	15.5	105.0	9.0	14.5	0	0	0	0
vs. Playoff	8	20	6	4.5	40.0	5.5	10.0	0	0	0	0
vs. Non-Playoff	8	27	5	11.0	65.0	3.5	4.5	0	0	0	0
vs. Own Division	8	16	8	4.5	30.0	6.0	10.5	0	0	0	0
Home	8	28	9	11.5	79.0	4.0	4.0	0	0	0	0
Away	8	19	2	4.0	26.0	5.0	10.5	0	0	0	0
Games 1-8	8	18	5	8.5	55.0	3.0	3.5	0	0	0	0
Games 9-16	8	29	6	7.0	50.0	6.0	11.0	0	0	0	0
Aug/Sept	5	8	3	3.5	20.0	1.5	1.5	0	0	0	0
October	3	10	2	5.0	35.0	1.5	2.0	0	0	0	0
November	4	14	4	2.0	14.0	3.0	8.0	0	0	0	0
December	4	15	2	5.0	36.0	3.0	3.0	0	0	0	0
Grass	5	10	2	2.0	15.0	2.5	3.0	0	0	0	0
Turf	11	37	9	13.5	90.0	6.5	11.5	0	0	0	0
Indoor	9	31	9	11.5	79.0	5.0	9.0	0	0	0	0
Outdoor	7	16	2	4.0	26.0	4.0	5.5	0	0	0	0

Game Logs

Date	Opp	Result	Tk	Ast	Sack	Yds	Stuff	Yds	Int	Yds	PD	FF	FR	TD
08/31	@Buf	W 34-13	3	0	2.0	11.0	0.0	0.0	0	0	0	0	0	0
09/07	@Chi	W 27-24	0	0	0.0	0.0	0.0	0.0	0	0	0	0	0	0
09/14	TB	L 14-28	0	1	0.0	0.0	0.0	0.0	0	0	0	0	0	0
09/21	@GB	L 32-38	2	0	0.0	0.0	1.0	1.0	0	0	0	0	0	0
09/28	Phi	W 28-19	3	2	1.5	9.0	0.5	0.5	0	0	0	0	0	0
10/05	@Ari	W 20-19	3	0	1.5	11.0	0.0	0.0	0	0	0	0	1	0
10/12	Car	W 21-14	6	0	3.0	20.0	0.0	0.0	0	0	0	0	0	0
10/26	@TB	W 10-6	1	2	0.5	4.0	1.5	2.0	0	0	0	0	0	0
11/02	NE	W 23-18	4	1	1.0	12.0	0.0	0.0	0	0	0	0	0	0
11/09	Chi	W 29-22	4	3	1.0	2.0	0.5	0.5	0	0	0	1	0	0
11/16	@Det	L 15-38	3	0	0.0	0.0	1.0	5.0	0	0	0	0	0	0
11/23	@NYA	L 21-23	3	0	0.0	0.0	1.5	2.5	0	0	0	1	1	0
12/01	GB	L 11-27	2	2	0.0	0.0	1.0	1.0	0	0	0	0	0	0
12/07	@SF	L 17-28	4	0	0.0	0.0	0.0	0.0	0	0	0	0	0	0
12/14	Det	L 13-14	4	0	3.0	24.0	1.0	1.0	0	0	0	0	0	0
12/21	Ind	W 39-28	5	0	2.0	12.0	1.0	1.0	0	0	0	0	0	0

Simeon Rice — Arizona Cardinals – DE

1997 Defensive Splits

	G	Tk	Ast	Sack	Yds	Stuff	Yds	Int	Yds	PD	TD
Total	16	33	14	5.0	33.0	4.5	11.5	1	0	9	0
vs. Playoff	5	8	4	1.0	7.0	1.0	3.0	0	0	4	0
vs. Non-Playoff	11	25	10	4.0	26.0	3.5	8.5	1	0	5	0
vs. Own Division	8	20	9	3.0	25.0	3.5	9.5	1	0	8	0
Home	8	20	8	4.0	32.0	2.0	3.0	0	0	4	0
Away	8	13	6	1.0	1.0	2.5	8.5	1	0	5	0
Games 1-8	8	22	10	4.0	24.0	2.5	7.5	1	0	4	0
Games 9-16	8	11	4	1.0	9.0	2.0	4.0	0	0	5	0
Aug/Sept	4	9	2	3.0	17.0	1.0	5.0	0	0	1	0
October	4	13	8	1.0	7.0	1.5	2.5	1	0	3	0
November	5	11	3	1.0	9.0	2.0	4.0	0	0	5	0
December	3	0	1	0.0	0.0	0.0	0.0	0	0	0	0
Grass	11	24	10	4.0	32.0	3.0	8.0	0	0	5	0
Turf	5	9	4	1.0	1.0	1.5	3.5	1	0	4	0
Indoor	1	0	0	0.0	0.0	0.0	0.0	0	0	0	0
Outdoor	15	33	14	5.0	33.0	4.5	11.5	1	0	9	0

Game Logs

Date	Opp	Result	Tk	Ast	Sack	Yds	Stuff	Yds	Int	Yds	PD	FF	FR	TD
08/31	@Cin	L 21-24	3	0	1.0	1.0	0.0	0.0	0	0	0	0	0	0
09/07	Dal	W 25-22	4	1	2.0	16.0	0.0	0.0	0	0	0	0	0	0
09/14	@Was	L 13-19	1	1	0.0	0.0	1.0	5.0	0	0	1	0	0	0
09/28	@TB	L 18-19	1	0	0.0	0.0	0.0	0.0	0	0	0	0	0	0
10/05	Min	L 19-20	2	0	1.0	7.0	0.0	0.0	0	0	0	0	0	0
10/12	NYN	L 13-27	3	2	0.0	0.0	0.0	0.0	0	0	1	0	0	0
10/19	@Phi	L 10-13	3	3	0.0	0.0	0.5	0.5	1	0	1	0	0	0
10/26	Ten	L 14-41	5	3	0.0	0.0	1.0	2.0	0	0	1	0	0	0
11/02	Phi	W 31-21	6	0	1.0	9.0	1.0	1.0	0	0	2	1	0	0
11/09	@Dal	L 6-24	1	0	0.0	0.0	0.0	0.0	0	0	0	0	0	0
11/16	@NYN	L 10-19	2	1	0.0	0.0	1.0	3.0	0	0	3	0	0	0
11/23	@Bal	W 16-13	2	1	0.0	0.0	0.0	0.0	0	0	0	0	0	0
11/30	Pit	L 20-26	0	1	0.0	0.0	0.0	0.0	0	0	0	0	0	0
12/07	Was	L 28-38	0	1	0.0	0.0	0.0	0.0	0	0	0	0	0	0
12/14	@NO	L 10-27	0	0	0.0	0.0	0.0	0.0	0	0	0	0	0	0
12/21	Atl	W 29-26	0	0	0.0	0.0	0.0	0.0	0	0	0	0	0	0

Stanley Richard — Washington Redskins – S

1997 Defensive Splits

	G	Tk	Ast	Sack	Yds	Stuff	Yds	Int	Yds	PD	TD
Total	16	103	28	0.0	0.0	0.0	0.0	4	28	10	0
vs. Playoff	5	30	12	0.0	0.0	0.0	0.0	3	28	4	0
vs. Non-Playoff	11	73	16	0.0	0.0	0.0	0.0	1	0	6	0
vs. Own Division	8	50	14	0.0	0.0	0.0	0.0	2	5	4	0
Home	8	58	10	0.0	0.0	0.0	0.0	1	23	4	0
Away	8	45	18	0.0	0.0	0.0	0.0	3	5	6	0
Games 1-8	8	58	18	0.0	0.0	0.0	0.0	1	23	7	0
Games 9-16	8	45	10	0.0	0.0	0.0	0.0	3	5	3	0
Aug/Sept	4	21	8	0.0	0.0	0.0	0.0	1	23	6	0
October	4	37	10	0.0	0.0	0.0	0.0	0	0	1	0
November	5	30	5	0.0	0.0	0.0	0.0	1	0	1	0
December	3	15	5	0.0	0.0	0.0	0.0	2	5	2	0
Grass	12	82	17	0.0	0.0	0.0	0.0	2	23	8	0
Turf	4	21	11	0.0	0.0	0.0	0.0	2	5	2	0
Indoor	0	0	0	0	0	0	0	0	0	0	0
Outdoor	16	103	28	0.0	0.0	0.0	0.0	4	28	10	0

Game Logs

Date	Opp	Result	Tk	Ast	Sack	Yds	Stuff	Yds	Int	Yds	PD	FF	FR	TD
08/31	@Car	W 24-10	4	2	0.0	0.0	0.0	0.0	0	0	2	0	0	0
09/07	@Pit	L 13-14	7	5	0.0	0.0	0.0	0.0	0	0	2	0	0	0
09/14	Ari	W 19-13	4	0	0.0	0.0	0.0	0.0	0	0	2	0	0	0
09/28	Jac	W 24-12	6	1	0.0	0.0	0.0	0.0	1	23	2	0	0	0
10/05	@Phi	L 10-24	8	4	0.0	0.0	0.0	0.0	0	0	0	0	0	0
10/13	Dal	W 21-16	8	2	0.0	0.0	0.0	0.0	0	0	0	0	0	0
10/19	@Ten	L 14-28	11	3	0.0	0.0	0.0	0.0	0	0	1	0	0	0
10/26	Bal	L 17-20	10	1	0.0	0.0	0.0	0.0	0	0	0	0	0	0
11/02	@Chi	W 31-8	5	0	0.0	0.0	0.0	0.0	1	0	1	0	1	0
11/09	Det	W 30-7	4	1	0.0	0.0	0.0	0.0	0	0	0	0	0	0
11/16	@Dal	L 14-17	3	1	0.0	0.0	0.0	0.0	0	0	0	0	0	0
11/23	NYN	T 7-7	11	3	0.0	0.0	0.0	0.0	0	0	0	0	0	0
11/30	StL	L 20-23	6	1	0.0	0.0	0.0	0.0	0	0	0	0	0	0
12/07	@Ari	W 38-28	4	2	0.0	0.0	0.0	0.0	0	0	0	0	0	0
12/13	@NYN	L 10-30	2	1	0.0	0.0	0.0	0.0	2	5	2	0	0	0
12/21	Phi	W 35-32	9	1	0.0	0.0	0.0	0.0	0	0	0	0	0	0

Marcus Robertson — Tennessee Oilers – S

1997 Defensive Splits

	G	Tk	Ast	Sack	Yds	Stuff	Yds	Int	Yds	PD	TD
Total	14	44	18	0.0	0.0	1.0	1.0	5	127	13	2
vs. Playoff	5	17	12	0.0	0.0	1.0	1.0	1	15	5	0
vs. Non-Playoff	9	27	6	0.0	0.0	0.0	0.0	4	112	8	2
vs. Own Division	6	18	4	0.0	0.0	0.5	0.5	0	0	1	0
Home	7	28	7	0.0	0.0	0.0	0.0	2	40	7	1
Away	7	16	11	0.0	0.0	1.0	1.0	3	87	6	1
Games 1-8	8	27	12	0.0	0.0	1.0	1.0	3	64	8	0
Games 9-16	6	17	6	0.0	0.0	0.0	0.0	2	63	5	2
Aug/Sept	4	15	9	0.0	0.0	1.0	1.0	0	0	3	0
October	4	12	3	0.0	0.0	0.0	0.0	3	64	5	0
November	5	15	6	0.0	0.0	0.0	0.0	2	63	5	2
December	1	2	0	0.0	0.0	0.0	0.0	0	0	0	0
Grass	11	38	14	0.0	0.0	0.5	0.5	4	79	12	1
Turf	3	6	4	0.0	0.0	0.5	0.5	1	48	1	1
Indoor	1	3	1	0.0	0.0	0.0	0.0	0	0	0	0
Outdoor	13	41	17	0.0	0.0	1.0	1.0	5	127	13	2

Game Logs

Date	Opp	Result	Tk	Ast	Sack	Yds	Stuff	Yds	Int	Yds	PD	FF	FR	TD
08/31	Oak	W 24-21	3	1	0.0	0.0	0.0	0.0	0	0	1	0	0	0
09/07	@Mia	L 13-16	2	5	0.0	0.0	0.5	0.5	0	0	2	0	0	0
09/21	Bal	L 10-36	7	0	0.0	0.0	0.0	0.0	0	0	0	0	0	0
09/28	@Pit	L 24-37	3	3	0.0	0.0	0.5	0.5	0	0	0	0	1	0
10/05	@Sea	L 13-16	3	1	0.0	0.0	0.0	0.0	0	0	0	0	0	0
10/12	Cin	W 30-7	1	0	0.0	0.0	0.0	0.0	0	0	0	0	0	0
10/19	Was	W 28-14	4	0	0.0	0.0	0.0	0.0	1	25	3	0	0	0
10/26	@Ari	W 41-14	4	2	0.0	0.0	0.0	0.0	2	39	2	0	0	0
11/02	Jac	L 24-30	3	1	0.0	0.0	0.0	0.0	0	0	0	0	0	0
11/09	NYN	W 10-6	7	3	0.0	0.0	0.0	0.0	1	15	2	0	0	0
11/16	@Jac	L 9-17	2	0	0.0	0.0	0.0	0.0	0	0	1	0	0	0
11/23	Buf	W 31-14	3	2	0.0	0.0	0.0	0.0	0	0	1	0	1	1
11/27	@Dal	W 27-14	0	0	0.0	0.0	0.0	0.0	1	48	1	0	1	1
12/04	@Cin	L 14-41	-	-	-	-	-	-	-	-	-	-	-	-
12/14	@Bal	L 19-21	2	0	0.0	0.0	0.0	0.0	0	0	0	0	0	0
12/21	Pit	W 16-6	-	-	-	-	-	-	-	-	-	-	-	-

Eddie Robinson — Jacksonville Jaguars – LB

1997 Defensive Splits

	G	Tk	Ast	Sack	Yds	Stuff	Yds	Int	Yds	PD	TD
Total	16	55	20	2.0	19.0	3.5	9.5	1	0	6	0
vs. Playoff	5	20	8	0.0	0.0	2.0	6.0	0	0	2	0
vs. Non-Playoff	11	35	12	2.0	19.0	1.5	3.5	1	0	4	0
vs. Own Division	8	31	7	1.0	8.0	1.0	3.0	1	0	3	0
Home	8	25	9	0.0	0.0	2.0	6.0	1	0	5	0
Away	8	30	11	2.0	19.0	1.5	3.5	0	0	1	0
Games 1-8	8	27	7	1.0	8.0	3.5	9.5	0	0	3	0
Games 9-16	8	28	13	1.0	11.0	0.0	0.0	1	0	3	0
Aug/Sept	4	11	3	1.0	8.0	2.5	6.5	0	0	1	0
October	4	16	4	0.0	0.0	1.0	3.0	0	0	2	0
November	5	21	9	0.0	0.0	0.0	0.0	1	0	3	0
December	3	7	4	1.0	11.0	0.0	0.0	0	0	0	0
Grass	12	37	16	1.0	8.0	2.5	6.5	1	0	5	0
Turf	4	18	4	1.0	11.0	1.0	3.0	0	0	1	0
Indoor	0	0	0	0	0	0	0	0	0	0	0
Outdoor	16	55	20	2.0	19.0	3.5	9.5	1	0	6	0

Game Logs

Date	Opp	Result	Tk	Ast	Sack	Yds	Stuff	Yds	Int	Yds	PD	FF	FR	TD
08/31	@Bal	W 28-27	2	0	1.0	8.0	0.0	0.0	0	0	0	0	0	0
09/07	NYN	W 40-13	1	0	0.0	0.0	1.0	3.0	0	0	0	0	0	0
09/22	Pit	W 30-21	6	1	0.0	0.0	1.0	3.0	0	0	1	0	1	0
09/28	@Was	L 12-24	2	2	0.0	0.0	0.5	0.5	0	0	0	0	0	0
10/05	Cin	W 21-13	4	0	0.0	0.0	0.0	0.0	0	0	0	0	0	0
10/12	Phi	W 38-21	2	0	0.0	0.0	0.0	0.0	0	0	1	0	0	0
10/19	@Dal	L 22-26	6	3	0.0	0.0	1.0	3.0	0	0	1	0	0	0
10/26	@Pit	L 17-23	4	1	0.0	0.0	0.0	0.0	0	0	0	0	0	0
11/02	@Ten	W 30-24	5	3	0.0	0.0	0.0	0.0	0	0	0	0	0	0
11/09	KC	W 24-10	6	4	0.0	0.0	0.0	0.0	0	0	1	0	0	0
11/16	Ten	W 17-9	2	2	0.0	0.0	0.0	0.0	1	0	2	0	0	0
11/23	@Cin	L 26-31	7	0	0.0	0.0	0.0	0.0	0	0	0	0	0	0
11/30	Bal	W 29-27	1	0	0.0	0.0	0.0	0.0	0	0	0	0	0	0
12/07	NE	L 20-26	3	2	0.0	0.0	0.0	0.0	0	0	0	0	0	0
12/14	@Buf	W 20-14	1	0	1.0	11.0	0.0	0.0	0	0	0	0	1	0
12/21	@Oak	W 20-9	3	2	0.0	0.0	0.0	0.0	0	0	0	0	0	0

Eugene Robinson — Green Bay Packers – S

1997 Defensive Splits

	G	Tk	Ast	Sack	Yds	Stuff	Yds	Int	Yds	PD	TD
Total	16	75	37	2.5	19.0	1.0	2.5	1	26	5	0
vs. Playoff	8	43	25	1.5	11.0	1.0	2.5	1	26	3	0
vs. Non-Playoff	8	32	12	1.0	8.0	0.0	0.0	0	0	2	0
vs. Own Division	8	43	19	1.5	11.0	0.0	0.0	0	0	2	0
Home	8	29	26	1.5	11.0	0.5	2.5	0	0	3	0
Away	8	46	11	1.0	8.0	0.5	0.5	1	26	2	0
Games 1-8	8	40	26	0.0	0.0	1.0	2.5	1	26	2	0
Games 9-16	8	35	11	2.5	19.0	0.0	0.0	0	0	3	0
Aug/Sept	5	21	18	0.0	0.0	0.5	2.0	0	0	0	0
October	3	19	8	0.0	0.0	0.5	0.5	1	26	2	0
November	4	16	8	1.5	11.0	0.0	0.0	0	0	2	0
December	4	19	3	1.0	8.0	0.0	0.0	0	0	1	0
Grass	12	53	31	2.5	19.0	1.0	2.5	1	26	4	0
Turf	4	22	6	0.0	0.0	0.0	0.0	0	0	1	0
Indoor	3	16	5	0.0	0.0	0.0	0.0	0	0	1	0
Outdoor	13	59	32	2.5	19.0	1.0	2.5	1	26	4	0

Game Logs

Date	Opp	Result	Tk	Ast	Sack	Yds	Stuff	Yds	Int	Yds	PD	FF	FR	TD
09/01	Chi	W 38-24	4	3	0.0	0.0	0.0	0.0	0	0	0	0	0	0
09/07	@Phi	L 9-10	6	1	0.0	0.0	0.0	0.0	0	0	0	0	0	0
09/14	Mia	W 23-18	2	6	0.0	0.0	0.5	2.0	0	0	0	0	0	0
09/21	Min	W 38-32	4	5	0.0	0.0	0.0	0.0	0	0	0	0	0	0
09/28	@Det	L 15-26	5	3	0.0	0.0	0.0	0.0	0	0	0	0	0	0
10/05	TB	W 21-16	7	3	0.0	0.0	0.0	0.0	0	0	1	0	0	0
10/12	@Chi	W 24-23	5	1	0.0	0.0	0.0	0.0	0	0	0	0	0	0
10/27	@NE	W 28-10	7	4	0.0	0.0	0.5	0.5	1	26	1	1	0	0
11/02	Det	W 20-10	4	4	0.5	3.0	0.0	0.0	0	0	0	0	0	0
11/09	StL	W 17-7	4	1	1.0	8.0	0.0	0.0	0	0	2	0	0	0
11/16	@Ind	L 38-41	5	2	0.0	0.0	0.0	0.0	0	0	0	0	0	0
11/23	Dal	W 45-17	3	1	0.0	0.0	0.0	0.0	0	0	0	0	1	0
12/01	@Min	W 27-11	6	0	0.0	0.0	0.0	0.0	0	0	1	0	0	0
12/07	@TB	W 17-6	8	0	1.0	8.0	0.0	0.0	0	0	0	0	1	0
12/14	@Car	W 31-10	4	0	0.0	0.0	0.0	0.0	0	0	0	0	0	0
12/20	Buf	W 31-21	1	3	0.0	0.0	0.0	0.0	0	0	0	0	0	0

Derrick Rodgers — Miami Dolphins – LB

1997 Defensive Splits

	G	Tk	Ast	Sack	Yds	Stuff	Yds	Int	Yds	PD	TD
Total	15	56	24	5.0	32.0	3.5	8.0	0	0	5	0
vs. Playoff	6	21	9	1.0	3.0	2.5	7.0	0	0	1	0
vs. Non-Playoff	9	35	15	4.0	29.0	1.0	1.0	0	0	4	0
vs. Own Division	7	21	11	4.0	29.0	1.0	1.0	0	0	1	0
Home	7	21	18	2.0	17.0	2.0	6.0	0	0	4	0
Away	8	35	6	3.0	15.0	1.5	2.0	0	0	1	0
Games 1-8	8	41	18	4.0	26.0	0.5	1.0	0	0	4	0
Games 9-16	7	15	6	1.0	6.0	3.0	7.0	0	0	1	0
Aug/Sept	4	23	10	2.0	14.0	0.5	1.0	0	0	2	0
October	4	18	8	2.0	12.0	0.0	0.0	0	0	2	0
November	4	8	1	1.0	6.0	1.0	1.0	0	0	1	0
December	3	7	5	0.0	0.0	2.0	6.0	0	0	0	0
Grass	12	43	21	3.0	20.0	2.5	7.0	0	0	5	0
Turf	3	13	3	2.0	12.0	1.0	1.0	0	0	0	0
Indoor	1	5	1	0.0	0.0	0.0	0.0	0	0	0	0
Outdoor	14	51	23	5.0	32.0	3.5	8.0	0	0	5	0

Game Logs

Date	Opp	Result	Tk	Ast	Sack	Yds	Stuff	Yds	Int	Yds	PD	FF	FR	TD
08/31	Ind	W 16-10	6	4	1.0	11.0	0.0	0.0	0	0	1	2	0	0
09/07	Ten	W 16-13	4	4	0.0	0.0	0.0	0.0	0	0	1	0	0	0
09/14	@GB	L 18-23	7	2	1.0	3.0	0.0	0.0	0	0	0	0	0	0
09/21	@TB	L 21-31	6	0	0.0	0.0	0.5	1.0	0	0	0	0	0	0
10/05	KC	W 17-14	5	3	0.0	0.0	0.0	0.0	0	0	1	0	0	0
10/12	@NYA	W 31-20	6	2	2.0	12.0	0.0	0.0	0	0	0	1	0	0
10/19	@Bal	W 24-13	4	1	0.0	0.0	0.0	0.0	0	0	0	0	1	0
10/27	Chi	L 33-36	3	2	0.0	0.0	0.0	0.0	0	0	1	0	0	0
11/02	@Buf	L 6-9	2	0	0.0	0.0	1.0	1.0	0	0	0	0	0	0
11/09	NYA	W 24-17	1	1	1.0	6.0	0.0	0.0	0	0	0	0	0	0
11/17	Buf	W 30-13	-	-	-	-	-	-	-	-	-	-	-	-
11/23	@NE	L 24-27	1	0	0.0	0.0	0.0	0.0	0	0	0	0	0	0
11/30	@Oak	W 34-16	4	0	0.0	0.0	0.0	0.0	0	0	1	0	0	0
12/07	Det	W 33-30	2	1	0.0	0.0	2.0	6.0	0	0	0	0	0	0
12/14	@Ind	L 0-41	5	1	0.0	0.0	0.0	0.0	0	0	0	0	0	0
12/22	NE	L 12-14	0	3	0.0	0.0	0.0	0.0	0	0	0	0	0	0

Bill Romanowski — Denver Broncos – LB

1997 Defensive Splits

	G	Tk	Ast	Sack	Yds	Stuff	Yds	Int	Yds	PD	TD
Total	16	56	14	2.0	18.0	3.0	4.0	1	7	5	0
vs. Playoff	5	12	4	0.0	0.0	0.0	0.0	0	0	3	0
vs. Non-Playoff	11	44	10	2.0	18.0	3.0	4.0	1	7	2	0
vs. Own Division	8	23	7	0.0	0.0	2.0	2.0	1	7	1	0
Home	8	23	8	1.0	8.0	2.0	3.0	0	0	3	0
Away	8	33	6	1.0	10.0	1.0	1.0	1	7	2	0
Games 1-8	8	28	9	2.0	18.0	1.0	2.0	1	7	5	0
Games 9-16	8	28	5	0.0	0.0	2.0	2.0	0	0	0	0
Aug/Sept	5	18	3	2.0	18.0	1.0	2.0	0	0	1	0
October	3	10	6	0.0	0.0	0.0	0.0	1	7	4	0
November	5	16	3	0.0	0.0	1.0	1.0	0	0	0	0
December	3	12	2	0.0	0.0	1.0	1.0	0	0	0	0
Grass	12	41	9	1.0	8.0	3.0	4.0	1	7	4	0
Turf	4	15	5	1.0	10.0	0.0	0.0	0	0	1	0
Indoor	2	7	0	1.0	10.0	0.0	0.0	0	0	1	0
Outdoor	14	49	14	1.0	8.0	3.0	4.0	1	7	4	0

Game Logs

Date	Opp	Result	Tk	Ast	Sack	Yds	Stuff	Yds	Int	Yds	PD	FF	FR	TD
08/31	KC	W 19-3	0	2	0.0	0.0	0.0	0.0	0	0	0	0	0	0
09/07	@Sea	W 35-14	5	0	0.0	0.0	0.0	0.0	0	0	0	0	0	0
09/14	StL	W 35-14	4	1	0.0	0.0	0.0	0.0	0	0	0	0	0	0
09/21	Cin	W 38-20	7	0	1.0	8.0	1.0	2.0	0	0	0	0	0	0
09/28	@Atl	W 29-21	2	0	1.0	10.0	0.0	0.0	0	0	1	0	0	0
10/06	NE	W 34-13	1	1	0.0	0.0	0.0	0.0	0	0	3	0	0	0
10/19	@Oak	L 25-28	2	1	0.0	0.0	0.0	0.0	1	7	1	0	0	0
10/26	@Buf	W 23-20	7	4	0.0	0.0	0.0	0.0	0	0	0	0	0	0
11/02	Sea	W 30-27	3	2	0.0	0.0	0.0	0.0	0	0	0	1	0	0
11/09	Car	W 34-0	2	0	0.0	0.0	0.0	0.0	0	0	0	0	0	0
11/16	@KC	L 22-24	1	0	0.0	0.0	0.0	0.0	0	0	0	0	0	0
11/24	Oak	W 31-3	4	1	0.0	0.0	0.0	0.0	0	0	0	0	0	0
11/30	@SD	W 38-28	6	0	0.0	0.0	1.0	1.0	0	0	0	0	0	0
12/07	@Pit	L 24-35	1	1	0.0	0.0	0.0	0.0	0	0	0	0	0	0
12/15	@SF	L 17-34	9	0	0.0	0.0	0.0	0.0	0	0	0	0	0	0
12/21	SD	W 38-3	2	1	0.0	0.0	1.0	1.0	0	0	0	0	0	0

Andre Royal — Carolina Panthers – LB

1997 Defensive Splits

	G	Tk	Ast	Sack	Yds	Stuff	Yds	Int	Yds	PD	TD
Total	16	61	13	5.0	40.0	3.5	9.0	0	0	3	0
vs. Playoff	6	23	6	0.0	0.0	0.0	0.0	0	0	0	0
vs. Non-Playoff	10	38	7	5.0	40.0	3.5	9.0	0	0	3	0
vs. Own Division	8	21	9	1.0	9.0	1.5	4.0	0	0	0	0
Home	8	35	5	1.0	7.0	1.0	3.0	0	0	3	0
Away	8	26	8	4.0	33.0	2.5	6.0	0	0	0	0
Games 1-8	8	38	4	4.0	33.0	2.5	7.0	0	0	2	0
Games 9-16	8	23	9	1.0	7.0	1.0	2.0	0	0	1	0
Aug/Sept	5	31	1	3.0	24.0	1.5	4.0	0	0	2	0
October	3	7	3	1.0	9.0	1.0	3.0	0	0	0	0
November	5	14	7	1.0	7.0	0.0	0.0	0	0	1	0
December	3	9	2	0.0	0.0	1.0	2.0	0	0	0	0
Grass	11	49	9	4.0	31.0	1.0	3.0	0	0	3	0
Turf	5	12	4	1.0	9.0	2.5	6.0	0	0	0	0
Indoor	4	10	4	1.0	9.0	1.5	4.0	0	0	0	0
Outdoor	12	51	9	4.0	31.0	2.0	5.0	0	0	3	0

Game Logs

Date	Opp	Result	Tk	Ast	Sack	Yds	Stuff	Yds	Int	Yds	PD	FF	FR	TD
08/31	Was	L 10-24	7	0	0.0	0.0	1.0	3.0	0	0	2	0	0	0
09/07	@Atl	W 9-6	5	0	0.0	0.0	0.5	1.0	0	0	0	0	0	0
09/14	@SD	W 26-7	8	0	3.0	24.0	0.0	0.0	0	0	0	0	1	0
09/21	KC	L 14-35	7	1	0.0	0.0	0.0	0.0	0	0	0	0	0	0
09/29	SF	L 21-34	4	0	0.0	0.0	0.0	0.0	0	0	0	0	0	0
10/12	@Min	L 14-21	1	1	0.0	0.0	0.0	0.0	0	0	0	0	0	0
10/19	@NO	W 13-0	3	2	1.0	9.0	1.0	3.0	0	0	0	0	0	0
10/26	Atl	W 21-12	3	0	0.0	0.0	0.0	0.0	0	0	0	0	1	0
11/02	Oak	W 38-14	5	1	1.0	7.0	0.0	0.0	0	0	1	0	0	0
11/09	@Den	L 0-34	5	1	0.0	0.0	0.0	0.0	0	0	0	1	1	0
11/16	@SF	L 19-27	1	3	0.0	0.0	0.0	0.0	0	0	0	0	0	0
11/23	@StL	W 16-10	1	1	0.0	0.0	0.0	0.0	0	0	0	0	0	0
11/30	NO	L 13-16	2	1	0.0	0.0	0.0	0.0	0	0	0	0	0	0
12/08	@Dal	W 23-13	2	0	0.0	0.0	1.0	2.0	0	0	0	0	0	0
12/14	GB	L 10-31	5	0	0.0	0.0	0.0	0.0	0	0	0	0	0	0
12/20	StL	L 18-30	2	2	0.0	0.0	0.0	0.0	0	0	0	0	0	0

Warren Sapp
Tampa Bay Buccaneers – DT

1997 Defensive Splits

	G	Tk	Ast	Sack	Yds	Stuff	Yds	Int	Yds	PD	TD
Total	15	47	11	10.5	89.0	7.0	25.0	0	0	2	0
vs. Playoff	9	27	6	6.5	59.0	5.5	21.5	0	0	2	0
vs. Non-Playoff	6	20	5	4.0	30.0	1.5	3.5	0	0	0	0
vs. Own Division	8	21	5	5.0	45.0	5.0	13.0	0	0	1	0
Home	7	25	6	8.5	78.0	3.0	14.0	0	0	1	0
Away	8	22	6	2.0	11.0	4.0	11.0	0	0	1	0
Games 1-8	7	24	5	6.5	53.0	5.0	20.0	0	0	2	0
Games 9-16	8	23	6	4.0	36.0	2.0	5.0	0	0	0	0
Aug/Sept	4	14	3	4.5	30.0	2.0	13.0	0	0	2	0
October	3	10	2	2.0	23.0	3.0	7.0	0	0	0	0
November	5	14	3	2.0	18.0	2.0	5.0	0	0	0	0
December	3	9	3	2.0	18.0	0.0	0.0	0	0	0	0
Grass	9	33	6	8.5	78.0	5.0	20.0	0	0	1	0
Turf	6	14	5	2.0	11.0	2.0	5.0	0	0	1	0
Indoor	4	6	2	2.0	11.0	1.5	3.5	0	0	1	0
Outdoor	11	41	9	8.5	78.0	5.5	21.5	0	0	1	0

Game Logs

Date	Opp	Result	Tk	Ast	Sack	Yds	Stuff	Yds	Int	Yds	PD	FF	FR	TD
08/31	SF	W 13-6	9	2	2.5	21.0	1.0	10.0	0	0	1	0	0	0
09/07	@Det	W 24-17	1	1	1.0	4.0	0.0	0.0	0	0	0	1	0	0
09/14	@Min	W 28-14	1	0	0.0	0.0	1.0	3.0	0	0	1	0	0	0
09/21	Mia	W 31-21	-	-	-	-	-	-	-	-	-	-	-	-
09/28	Ari	W 19-18	3	0	1.0	5.0	0.0	0.0	0	0	0	0	0	0
10/05	@GB	L 16-21	4	0	0.0	0.0	1.0	3.0	0	0	0	0	0	0
10/12	Det	L 9-27	4	2	1.0	13.0	2.0	4.0	0	0	0	0	0	0
10/26	Min	L 6-10	2	0	1.0	10.0	0.0	0.0	0	0	0	0	0	0
11/02	@Ind	W 31-28	2	1	1.0	7.0	0.5	0.5	0	0	0	0	0	0
11/09	@Atl	W 31-10	2	0	0.0	0.0	0.0	0.0	0	0	0	0	0	0
11/16	NE	W 27-7	2	0	1.0	11.0	0.0	0.0	0	0	0	1	0	0
11/23	@Chi	L 7-13	4	1	0.0	0.0	1.0	3.0	0	0	0	0	0	0
11/30	@NYN	W 20-8	4	1	0.0	0.0	0.5	1.5	0	0	0	0	0	0
12/07	GB	L 6-17	0	0	0.0	0.0	0.0	0.0	0	0	0	0	0	0
12/14	@NYA	L 0-31	4	2	0.0	0.0	0.0	0.0	0	0	0	0	0	0
12/21	Chi	W 31-15	5	1	2.0	18.0	0.0	0.0	0	0	0	1	1	0

Bryan Schwartz
Jacksonville Jaguars – LB

1997 Defensive Splits

	G	Tk	Ast	Sack	Yds	Stuff	Yds	Int	Yds	PD	TD
Total	16	58	21	0.5	3.5	4.0	4.0	0	0	1	0
vs. Playoff	5	16	3	0.0	0.0	1.5	1.5	0	0	0	0
vs. Non-Playoff	11	42	18	0.5	3.5	2.5	2.5	0	0	1	0
vs. Own Division	8	27	10	0.0	0.0	2.0	2.0	0	0	1	0
Home	8	22	8	0.0	0.0	0.5	0.5	0	0	0	0
Away	8	36	13	0.5	3.5	3.5	3.5	0	0	1	0
Games 1-8	8	30	10	0.0	0.0	2.0	2.0	0	0	0	0
Games 9-16	8	28	11	0.5	3.5	2.0	2.0	0	0	1	0
Aug/Sept	4	14	4	0.0	0.0	1.0	1.0	0	0	0	0
October	4	19	6	0.0	0.0	1.0	1.0	0	0	0	0
November	5	18	7	0.0	0.0	1.0	1.0	0	0	1	0
December	3	10	4	0.5	3.5	1.0	1.0	0	0	0	0
Grass	12	35	14	0.0	0.0	2.0	2.0	0	0	0	0
Turf	4	23	7	0.5	3.5	2.0	2.0	0	0	1	0
Indoor	0	0	0	0	0	0	0	0	0	0	0
Outdoor	16	58	21	0.5	3.5	4.0	4.0	0	0	1	0

Game Logs

Date	Opp	Result	Tk	Ast	Sack	Yds	Stuff	Yds	Int	Yds	PD	FF	FR	TD
08/31	@Bal	W 28-27	0	0	0.0	0.0	0.0	0.0	0	0	0	0	0	0
09/07	NYN	W 40-13	2	0	0.0	0.0	0.0	0.0	0	0	0	0	0	0
09/22	Pit	W 30-21	1	2	0.0	0.0	0.0	0.0	0	0	0	0	0	0
09/28	@Was	L 12-24	8	2	0.0	0.0	1.0	1.0	0	0	0	0	0	0
10/05	Cin	W 21-13	3	0	0.0	0.0	0.0	0.0	0	0	0	0	0	0
10/12	Phi	W 38-21	3	2	0.0	0.0	0.0	0.0	0	0	0	0	1	0
10/19	@Dal	L 22-26	6	3	0.0	0.0	0.0	0.0	0	0	0	0	0	0
10/26	@Pit	L 17-23	7	1	0.0	0.0	1.0	1.0	0	0	0	0	0	0
11/02	@Ten	W 30-24	1	2	0.0	0.0	0.0	0.0	0	0	0	0	0	0
11/09	KC	W 24-10	2	0	0.0	0.0	0.0	0.0	0	0	0	0	0	0
11/16	Ten	W 17-9	4	1	0.0	0.0	0.0	0.0	0	0	1	0	0	0
11/23	@Cin	L 26-31	8	1	0.0	0.0	1.0	1.0	0	0	0	0	0	0
11/30	Bal	W 29-23	3	3	0.0	0.0	0.0	0.0	0	0	0	0	0	0
12/07	NE	L 20-26	4	0	0.0	0.0	0.5	0.5	0	0	0	0	0	0
12/14	@Buf	W 20-14	2	2	0.5	3.5	0.0	0.0	0	0	0	0	0	0
12/21	@Oak	W 20-9	4	2	0.0	0.0	0.5	0.5	0	0	0	0	0	0

Tracy Scroggins
Detroit Lions – DE

1997 Defensive Splits

	G	Tk	Ast	Sack	Yds	Stuff	Yds	Int	Yds	PD	TD
Total	15	30	12	7.5	42.0	3.5	7.0	0	0	3	1
vs. Playoff	8	17	6	0.5	4.0	1.0	1.0	0	0	1	0
vs. Non-Playoff	7	13	6	7.0	38.0	2.5	6.0	0	0	2	1
vs. Own Division	8	22	8	3.5	12.0	2.0	3.0	0	0	2	1
Home	7	16	10	6.0	36.0	3.5	7.0	0	0	3	1
Away	8	14	2	1.5	6.0	0.0	0.0	0	0	0	0
Games 1-8	7	11	5	1.5	6.0	0.0	0.0	0	0	0	0
Games 9-16	8	19	7	6.0	36.0	3.5	7.0	0	0	3	1
Aug/Sept	4	7	4	1.0	2.0	0.0	0.0	0	0	0	0
October	3	4	1	0.5	4.0	0.0	0.0	0	0	0	0
November	5	12	6	5.0	26.0	3.5	7.0	0	0	2	1
December	3	7	1	1.0	10.0	0.0	0.0	0	0	1	0
Grass	5	8	2	1.5	6.0	0.0	0.0	0	0	0	0
Turf	10	22	10	6.0	36.0	3.5	7.0	0	0	3	1
Indoor	9	21	10	6.0	36.0	3.5	7.0	0	0	3	1
Outdoor	6	9	2	1.5	6.0	0.0	0.0	0	0	0	0

Game Logs

Date	Opp	Result	Tk	Ast	Sack	Yds	Stuff	Yds	Int	Yds	PD	FF	FR	TD
08/31	Atl	W 28-17	3	-	-	-	-	-	-	-	-	-	-	-
09/07	TB	L 17-24	3	0	0.0	0.0	0.0	0.0	0	0	0	0	0	0
09/14	@Chi	W 32-7	4	0	1.0	2.0	0.0	0.0	0	0	0	0	0	0
09/21	@NO	L 17-35	0	0	0.0	0.0	0.0	0.0	0	0	0	0	0	0
09/28	GB	W 26-15	1	0	0.0	0.0	0.0	0.0	0	0	0	0	0	0
10/05	@Buf	L 13-22	1	0	0.0	0.0	0.0	0.0	0	0	0	0	0	0
10/12	@TB	W 27-9	2	1	0.5	4.0	0.0	0.0	0	0	0	0	0	0
10/19	NYN	L 20-26	1	0	0.0	0.0	0.0	0.0	0	0	0	0	0	0
11/02	@GB	L 10-20	1	1	0.0	0.0	0.0	0.0	0	0	0	0	0	0
11/09	@Was	L 7-30	0	0	0.0	0.0	1.0	1.0	0	0	1	0	0	0
11/16	Min	W 38-15	4	0	0.0	0.0	0.0	0.0	0	0	1	0	0	0
11/23	Ind	W 32-10	4	3	3.0	20.0	1.5	4.0	0	0	0	0	0	0
11/27	Chi	W 55-20	3	2	2.0	6.0	1.0	2.0	0	0	1	1	1	1
12/07	@Mia	L 30-33	1	0	0.0	0.0	0.0	0.0	0	0	0	0	0	0
12/14	@Min	W 14-13	5	0	0.0	0.0	0.0	0.0	0	0	0	0	0	0
12/21	NYA	W 13-10	1	1	1.0	10.0	0.0	0.0	0	0	1	0	0	0

Junior Seau — San Diego Chargers – LB

1997 Defensive Splits

	G	Tk	Ast	Sack	Yds	Stuff	Yds	Int	Yds	PD	TD
Total	15	85	13	7.0	38.0	9.0	20.0	2	33	6	0
vs. Playoff	5	24	6	1.0	9.0	3.0	6.0	1	7	2	0
vs. Non-Playoff	10	61	7	6.0	29.0	6.0	14.0	1	26	4	0
vs. Own Division	8	38	8	3.0	17.0	3.0	5.0	1	7	2	0
Home	8	43	5	2.0	14.0	6.0	14.0	1	26	3	0
Away	7	42	8	5.0	24.0	3.0	6.0	1	7	3	0
Games 1-8	7	39	4	4.0	22.0	2.0	6.0	1	26	4	0
Games 9-16	8	46	9	3.0	16.0	7.0	14.0	1	7	2	0
Aug/Sept	4	21	3	3.0	14.0	0.0	0.0	1	26	1	0
October	3	18	1	1.0	8.0	2.0	6.0	0	0	3	0
November	5	37	6	3.0	16.0	6.0	11.0	0	0	1	0
December	3	9	3	0.0	0.0	1.0	3.0	1	7	1	0
Grass	12	68	9	4.0	31.0	9.0	20.0	2	33	5	0
Turf	3	17	4	3.0	7.0	0.0	0.0	0	0	1	0
Indoor	2	11	3	2.0	7.0	0.0	0.0	0	0	0	0
Outdoor	13	74	10	5.0	31.0	9.0	20.0	2	33	6	0

Game Logs

Date	Opp	Result	Tk	Ast	Sack	Yds	Stuff	Yds	Int	Yds	PD	FF	FR	TD
08/31	@NE	L 7-41	-	-	-	-	-	-	-	-	-	-	-	-
09/07	@NO	W 20-6	9	2	1.0	5.0	0.0	0.0	0	0	0	0	1	0
09/14	Car	L 7-26	6	0	0.0	0.0	0.0	0.0	1	26	1	0	0	0
09/21	@Sea	L 22-26	2	1	1.0	2.0	0.0	0.0	0	0	0	0	0	0
09/28	Bal	W 21-17	4	0	1.0	7.0	0.0	0.0	0	0	0	0	1	0
10/05	@Oak	W 25-10	8	1	1.0	8.0	0.0	0.0	0	0	0	1	0	0
10/16	@KC	L 3-31	4	0	0.0	0.0	0.0	0.0	0	0	1	0	0	0
10/26	Ind	W 35-19	6	0	0.0	0.0	2.0	6.0	0	0	2	0	0	0
11/02	@Cin	L 31-38	6	1	1.0	0.0	0.0	0.0	0	0	1	0	0	0
11/09	Sea	L 31-37	6	1	1.0	7.0	2.5	4.5	0	0	0	0	0	0
11/16	Oak	L 13-38	9	1	0.0	0.0	0.5	0.5	0	0	1	0	0	0
11/23	@SF	L 10-17	11	2	1.0	9.0	3.0	6.0	0	0	0	0	0	0
11/30	Den	L 28-38	5	1	0.0	0.0	0.0	0.0	0	0	0	0	0	0
12/07	Atl	L 3-14	5	0	0.0	0.0	1.0	3.0	0	0	0	0	0	0
12/14	KC	L 7-29	2	2	0.0	0.0	0.0	0.0	0	0	0	0	0	0
12/21	@Den	L 3-38	2	1	0.0	0.0	0.0	0.0	1	7	1	0	0	0

Jason Sehorn — New York Giants – CB

1997 Defensive Splits

	G	Tk	Ast	Sack	Yds	Stuff	Yds	Int	Yds	PD	TD
Total	16	77	13	1.5	6.0	5.0	11.5	6	74	19	1
vs. Playoff	3	12	2	0.0	0.0	0.5	1.0	0	0	2	0
vs. Non-Playoff	13	65	11	1.5	6.0	4.5	10.5	6	74	17	1
vs. Own Division	8	36	5	1.5	6.0	2.0	5.0	6	74	13	1
Home	8	47	9	1.5	6.0	4.5	11.0	3	76	12	1
Away	8	30	4	0.0	0.0	0.5	0.5	3	-2	7	0
Games 1-8	8	43	9	1.0	2.0	2.5	4.5	1	0	7	0
Games 9-16	8	34	4	0.5	4.0	2.5	7.0	5	74	12	1
Aug/Sept	5	26	4	1.0	2.0	2.0	4.0	0	0	4	0
October	4	22	7	0.0	0.0	1.0	2.0	1	0	4	0
November	4	27	1	0.5	4.0	2.0	5.5	2	39	6	0
December	3	2	1	0.0	0.0	0.0	0.0	3	35	5	1
Grass	4	18	2	0.0	0.0	0.5	0.5	2	-2	2	0
Turf	12	59	11	1.5	6.0	4.5	11.0	4	76	17	1
Indoor	2	10	2	0.0	0.0	0.0	0.0	0	0	3	0
Outdoor	14	67	11	1.5	6.0	5.0	11.5	6	74	16	1

Game Logs

Date	Opp	Result	Tk	Ast	Sack	Yds	Stuff	Yds	Int	Yds	PD	FF	FR	TD
08/31	Phi	W 31-17	4	1	1.0	2.0	0.0	0.0	0	0	1	0	0	0
09/07	@Jac	L 13-40	2	0	0.0	0.0	0.0	0.0	0	0	0	0	0	0
09/14	Bal	L 23-24	4	1	0.0	0.0	1.0	2.0	0	0	0	0	0	0
09/21	@StL	L 3-13	5	0	0.0	0.0	0.0	0.0	0	0	2	0	0	0
09/28	NO	W 14-9	11	2	0.0	0.0	1.0	2.0	0	0	1	0	0	0
10/05	Dal	W 20-17	8	2	0.0	0.0	0.0	0.0	0	0	1	0	0	0
10/12	@Ari	W 27-13	4	1	0.0	0.0	0.5	0.5	1	0	1	0	0	0
10/19	@Det	W 26-20	5	2	0.0	0.0	0.0	0.0	0	0	1	0	0	0
10/26	Cin	W 29-27	5	2	0.0	0.0	0.5	1.5	0	0	1	0	0	0
11/09	@Ten	L 6-10	4	1	0.0	0.0	0.0	0.0	0	0	0	0	0	0
11/16	Ari	W 19-10	10	0	0.5	4.0	1.5	4.5	1	41	4	1	1	0
11/23	@Was	T 7-7	8	0	0.0	0.0	0.0	0.0	1	-2	1	0	0	0
11/30	TB	L 8-20	5	0	0.0	0.0	0.5	1.0	0	0	1	0	0	0
12/07	@Phi	W 31-21	2	0	0.0	0.0	0.0	0.0	1	0	1	0	0	0
12/13	Was	W 30-10	0	1	0.0	0.0	0.0	0.0	2	35	3	0	0	1
12/21	@Dal	W 20-7	0	0	0.0	0.0	0.0	0.0	1	0	1	0	0	0

Sam Shade — Cincinnati Bengals – S

1997 Defensive Splits

	G	Tk	Ast	Sack	Yds	Stuff	Yds	Int	Yds	PD	TD
Total	16	96	17	4.0	25.0	2.5	7.5	1	21	7	0
vs. Playoff	6	42	6	0.0	0.0	0.5	0.5	0	0	2	0
vs. Non-Playoff	10	54	11	4.0	25.0	2.0	7.0	1	21	5	0
vs. Own Division	8	48	5	3.0	20.0	1.0	2.0	0	0	3	0
Home	8	41	6	2.0	14.0	1.0	5.0	0	0	4	0
Away	8	55	11	2.0	11.0	1.5	2.5	1	21	3	0
Games 1-8	8	41	5	1.0	6.0	2.5	7.5	0	0	1	0
Games 9-16	8	55	12	3.0	19.0	0.0	0.0	1	21	6	0
Aug/Sept	4	7	1	0.0	0.0	1.0	5.0	0	0	0	0
October	4	34	4	1.0	6.0	1.5	2.5	0	0	1	0
November	5	37	9	1.0	5.0	0.0	0.0	1	21	3	0
December	3	18	3	2.0	14.0	0.0	0.0	0	0	3	0
Grass	4	18	2	1.0	6.0	1.0	2.0	0	0	0	0
Turf	12	78	15	3.0	19.0	1.5	5.5	1	21	7	0
Indoor	1	8	2	1.0	5.0	0.0	0.0	0	0	0	0
Outdoor	15	88	15	3.0	20.0	2.5	7.5	1	21	7	0

Game Logs

Date	Opp	Result	Tk	Ast	Sack	Yds	Stuff	Yds	Int	Yds	PD	FF	FR	TD
08/31	Ari	W 24-21	1	0	0.0	0.0	0.0	0.0	0	0	0	0	0	0
09/07	@Bal	L 10-23	0	0	0.0	0.0	0.0	0.0	0	0	0	0	0	0
09/14	@Den	L 20-38	2	0	0.0	0.0	0.0	0.0	0	0	0	0	0	0
09/28	NYA	L 14-31	3	1	0.0	0.0	1.0	5.0	0	0	0	0	1	0
10/05	@Jac	L 13-21	8	1	0.0	0.0	0.0	0.0	0	0	0	0	0	0
10/12	@Ten	L 7-30	7	1	1.0	6.0	1.0	2.0	0	0	0	0	0	0
10/19	Pit	L 10-26	9	0	0.0	0.0	0.0	0.0	0	0	0	0	0	0
10/26	@NYN	L 27-29	10	2	0.0	0.0	0.5	0.5	0	0	1	0	0	0
11/02	SD	W 38-31	5	0	0.0	0.0	0.0	0.0	0	0	0	0	0	0
11/09	@Ind	W 28-13	8	2	1.0	5.0	0.0	0.0	0	0	1	0	0	0
11/16	@Pit	L 3-20	8	1	0.0	0.0	0.0	0.0	0	0	1	0	0	0
11/23	Jac	W 31-26	5	2	0.0	0.0	0.0	0.0	1	0	1	0	0	0
11/30	@Phi	L 42-44	11	4	0.0	0.0	0.0	0.0	1	21	2	0	0	0
12/04	Ten	W 41-14	7	0	1.0	6.0	0.0	0.0	0	0	1	0	0	0
12/14	Dal	W 31-24	8	3	0.0	0.0	0.0	0.0	0	0	1	0	0	0
12/21	Bal	W 16-14	3	0	1.0	8.0	0.0	0.0	0	0	1	0	0	0

Jamie Sharper — Baltimore Ravens – LB

1997 Defensive Splits

	G	Tk	Ast	Sack	Yds	Stuff	Yds	Int	Yds	PD	TD
Total	16	54	14	3.0	24.0	12.0	22.5	1	4	2	0
vs. Playoff	6	25	5	0.0	0.0	5.0	11.5	0	0	0	0
vs. Non-Playoff	10	29	9	3.0	24.0	7.0	11.0	1	4	2	0
vs. Own Division	8	28	2	0.0	0.0	4.5	12.0	1	4	1	0
Home	8	30	4	2.0	14.0	8.0	14.0	0	0	0	0
Away	8	24	10	1.0	10.0	4.0	8.5	1	4	2	0
Games 1-8	8	21	4	1.0	10.0	3.5	6.5	1	4	2	0
Games 9-16	8	33	10	2.0	14.0	8.5	16.0	0	0	0	0
Aug/Sept	5	10	3	0.0	0.0	1.5	1.5	1	4	1	0
October	3	11	1	1.0	10.0	2.0	5.0	0	0	1	0
November	5	22	8	1.0	8.0	5.5	11.0	0	0	0	0
December	3	11	2	1.0	6.0	3.0	5.0	0	0	0	0
Grass	12	37	4	3.0	24.0	8.0	14.0	1	4	2	0
Turf	4	17	10	0.0	0.0	4.0	8.5	0	0	0	0
Indoor	0	0	0	0	0	0	0	0	0	0	0
Outdoor	16	54	14	3.0	24.0	12.0	22.5	1	4	2	0

Game Logs

Date	Opp	Result	Tk	Ast	Sack	Yds	Stuff	Yds	Int	Yds	PD	FF	FR	TD
08/31	Jac	L 27-28	5	0	0.0	0.0	1.0	1.0	0	0	0	0	0	0
09/07	Cin	W 23-10	2	0	0.0	0.0	0.0	0.0	0	0	0	0	0	0
09/14	@NYN	W 24-23	2	3	0.0	0.0	0.5	0.5	0	0	0	0	0	0
09/21	@Ten	W 36-10	0	0	0.0	0.0	0.0	0.0	1	4	1	0	0	0
09/28	@SD	L 17-21	1	0	0.0	0.0	0.0	0.0	0	0	0	0	0	0
10/05	Pit	L 34-42	6	0	0.0	0.0	1.0	4.0	0	0	0	0	0	0
10/19	Mia	L 13-24	2	1	0.0	0.0	1.0	1.0	0	0	0	0	0	0
10/26	@Was	W 20-17	3	0	1.0	10.0	0.0	0.0	0	0	1	1	0	0
11/02	@NYA	L 16-19	5	6	0.0	0.0	1.0	1.0	0	0	0	0	0	0
11/09	@Pit	L 0-37	7	1	0.0	0.0	1.5	5.0	0	0	0	0	0	0
11/16	Phi	T 10-10	4	0	1.0	8.0	1.0	1.0	0	0	0	0	0	0
11/23	Ari	L 13-16	3	1	0.0	0.0	2.0	4.0	0	0	0	0	0	0
11/30	@Jac	L 27-29	3	0	0.0	0.0	0.0	0.0	0	0	0	0	0	0
12/07	Sea	W 31-24	6	1	1.0	6.0	2.0	3.0	0	0	0	0	0	0
12/14	Ten	W 21-19	2	1	0.0	0.0	0.0	0.0	0	0	0	0	0	0
12/21	@Cin	L 14-16	3	0	0.0	0.0	1.0	2.0	0	0	0	0	0	0

Terrance Shaw — San Diego Chargers – CB

1997 Defensive Splits

	G	Tk	Ast	Sack	Yds	Stuff	Yds	Int	Yds	PD	TD
Total	16	66	5	0.0	0.0	1.5	3.5	1	11	22	0
vs. Playoff	6	26	2	0.0	0.0	1.0	3.0	0	0	5	0
vs. Non-Playoff	10	40	3	0.0	0.0	0.5	0.5	1	11	17	0
vs. Own Division	8	33	2	0.0	0.0	1.5	3.5	1	11	13	0
Home	8	33	1	0.0	0.0	1.5	3.5	0	0	7	0
Away	8	33	4	0.0	0.0	0.0	0.0	1	11	15	0
Games 1-8	8	36	3	0.0	0.0	0.0	0.0	1	11	12	0
Games 9-16	8	30	2	0.0	0.0	1.5	3.5	0	0	10	0
Aug/Sept	5	24	2	0.0	0.0	0.0	0.0	1	11	7	0
October	3	12	1	0.0	0.0	0.0	0.0	0	0	5	0
November	5	17	1	0.0	0.0	0.5	0.5	0	0	7	0
December	3	13	1	0.0	0.0	1.0	3.0	0	0	3	0
Grass	13	54	3	0.0	0.0	1.5	3.5	0	0	14	0
Turf	3	12	2	0.0	0.0	0.0	0.0	1	11	8	0
Indoor	2	10	1	0.0	0.0	0.0	0.0	1	11	5	0
Outdoor	14	56	4	0.0	0.0	1.5	3.5	0	0	17	0

Game Logs

Date	Opp	Result	Tk	Ast	Sack	Yds	Stuff	Yds	Int	Yds	PD	FF	FR	TD
08/31	@NE	L 7-41	3	1	0.0	0.0	0.0	0.0	0	0	0	0	0	0
09/07	@NO	W 20-6	8	0	0.0	0.0	0.0	0.0	0	0	0	0	0	0
09/14	Car	L 7-26	6	0	0.0	0.0	0.0	0.0	0	0	1	0	0	0
09/21	@Sea	L 22-26	2	1	0.0	0.0	0.0	0.0	1	11	5	0	0	0
09/28	Bal	W 21-17	5	0	0.0	0.0	0.0	0.0	0	0	1	0	0	0
10/05	@Oak	W 25-10	4	0	0.0	0.0	0.0	0.0	0	0	3	0	0	0
10/16	@KC	L 3-31	5	1	0.0	0.0	0.0	0.0	0	0	1	0	0	0
10/26	Ind	W 35-19	3	0	0.0	0.0	0.0	0.0	0	0	1	0	0	0
11/02	@Cin	L 31-38	2	1	0.0	0.0	0.0	0.0	0	0	3	0	0	0
11/09	Sea	L 31-37	4	0	0.0	0.0	0.5	0.5	0	0	1	0	0	0
11/16	Oak	L 13-38	3	0	0.0	0.0	0.0	0.0	0	0	1	0	0	0
11/23	@SF	L 10-17	3	0	0.0	0.0	0.0	0.0	0	0	2	0	0	0
11/30	Den	L 28-38	5	0	0.0	0.0	0.0	0.0	0	0	0	0	0	0
12/07	Atl	L 3-14	3	1	0.0	0.0	0.0	0.0	0	0	1	0	0	0
12/14	KC	L 7-29	4	0	0.0	0.0	1.0	3.0	0	0	1	0	1	0
12/21	@Den	L 3-38	6	0	0.0	0.0	0.0	0.0	0	0	1	0	0	0

Clyde Simmons — Jacksonville Jaguars – DE

1997 Defensive Splits

	G	Tk	Ast	Sack	Yds	Stuff	Yds	Int	Yds	PD	TD
Total	16	34	6	8.5	65.0	3.0	8.0	0	0	2	0
vs. Playoff	5	10	2	3.0	26.0	0.0	0.0	0	0	2	0
vs. Non-Playoff	11	24	4	5.5	39.0	3.0	8.0	0	0	0	0
vs. Own Division	8	14	2	3.0	27.0	1.0	1.0	0	0	0	1
Home	8	16	2	4.0	28.0	2.0	3.0	0	0	1	0
Away	8	18	4	4.5	37.0	1.0	5.0	0	0	1	0
Games 1-8	8	16	1	4.5	25.0	1.0	2.0	0	0	2	0
Games 9-16	8	18	5	4.0	40.0	2.0	6.0	0	0	0	0
Aug/Sept	4	10	0	3.5	23.0	0.0	0.0	0	0	0	1
October	4	6	1	1.0	2.0	1.0	2.0	0	0	0	0
November	5	12	3	3.0	32.0	1.0	1.0	0	0	0	0
December	3	6	2	1.0	8.0	1.0	5.0	0	0	0	0
Grass	12	30	3	8.5	65.0	2.0	3.0	0	0	0	1
Turf	4	4	3	0.0	0.0	1.0	5.0	0	0	0	1
Indoor	0	0	0	0	0	0	0	0	0	0	0
Outdoor	16	34	6	8.5	65.0	3.0	8.0	0	0	2	0

Game Logs

Date	Opp	Result	Tk	Ast	Sack	Yds	Stuff	Yds	Int	Yds	PD	FF	FR	TD
08/31	@Bal	W 28-27	4	0	2.0	13.0	0.0	0.0	0	0	0	0	0	0
09/07	NYN	W 40-13	1	0	1.0	8.0	0.0	0.0	0	0	1	0	0	0
09/22	Pit	W 30-21	1	0	0.0	0.0	0.0	0.0	0	0	0	0	0	0
09/28	@Was	L 12-24	4	0	0.5	2.0	0.0	0.0	0	0	0	0	0	1
10/05	Cin	W 21-13	0	0	0.0	0.0	0.0	0.0	0	0	0	0	0	0
10/12	Phi	W 38-21	4	0	1.0	2.0	1.0	2.0	0	0	0	0	0	0
10/19	@Dal	L 22-26	0	1	0.0	0.0	0.0	0.0	0	0	1	0	0	0
10/26	@Pit	L 17-23	2	0	0.0	0.0	0.0	0.0	0	0	0	0	0	0
11/02	@Ten	W 30-24	3	1	1.0	14.0	0.0	0.0	0	0	0	0	0	0
11/09	KC	W 24-10	5	1	2.0	18.0	0.0	0.0	0	0	0	1	0	0
11/16	Ten	W 17-9	2	0	0.0	0.0	1.0	1.0	0	0	0	0	0	0
11/23	@Cin	L 26-31	0	1	0.0	0.0	0.0	0.0	0	0	0	0	0	0
11/30	Bal	W 29-27	2	0	0.0	0.0	0.0	0.0	0	0	0	0	0	0
12/07	@Buf	L 20-26	1	0	0.0	0.0	0.0	0.0	0	0	0	0	0	0
12/14	@Buf	W 20-14	2	1	0.0	0.0	1.0	5.0	0	0	0	1	0	0
12/21	@Oak	W 20-9	3	0	1.0	8.0	0.0	0.0	0	0	0	0	0	0

Carl Simpson
Chicago Bears – DT

1997 Defensive Splits

	G	Tk	Ast	Sack	Yds	Stuff	Yds	Int	Yds	PD	TD
Total	16	24	10	4.5	29.0	3.5	5.0	0	0	5	0
vs. Playoff	10	15	8	3.5	19.0	1.5	3.0	0	0	4	0
vs. Non-Playoff	6	9	2	1.0	10.0	2.0	2.0	0	0	1	0
vs. Own Division	8	14	5	3.5	19.0	1.0	2.0	0	0	3	0
Home	8	13	1	1.0	4.0	3.0	4.0	0	0	4	0
Away	8	11	9	3.5	25.0	0.5	1.0	0	0	1	0
Games 1-8	8	10	7	1.5	15.0	2.5	4.0	0	0	3	0
Games 9-16	8	14	3	3.0	14.0	1.0	1.0	0	0	2	0
Aug/Sept	5	8	6	1.5	15.0	1.5	3.0	0	0	0	0
October	3	2	1	0.0	0.0	1.0	1.0	0	0	3	0
November	5	10	2	3.0	14.0	1.0	1.0	0	0	2	0
December	3	4	1	0.0	0.0	0.0	0.0	0	0	0	0
Grass	12	16	8	1.5	9.0	3.5	5.0	0	0	5	0
Turf	4	8	2	3.0	20.0	0.0	0.0	0	0	0	0
Indoor	3	5	1	2.0	10.0	0.0	0.0	0	0	0	0
Outdoor	13	19	9	2.5	19.0	3.5	5.0	0	0	5	0

Game Logs

Date	Opp	Result	Tk	Ast	Sack	Yds	Stuff	Yds	Int	Yds	PD	FF	FR	TD
09/01	@GB	L 24-38	0	3	0.5	5.0	0.0	0.0	0	0	0	0	0	0
09/07	Min	L 24-27	2	0	0.0	0.0	0.0	0.0	0	0	0	0	0	0
09/14	Det	L 7-32	2	0	0.0	0.0	1.0	2.0	0	0	0	0	0	0
09/21	@NE	L 3-31	1	2	0.0	0.0	0.5	1.0	0	0	0	0	0	0
09/28	@Dal	L 3-27	3	1	1.0	10.0	0.0	0.0	0	0	0	0	0	0
10/05	NO	L 17-20	1	0	0.0	0.0	1.0	1.0	0	0	1	0	0	0
10/12	GB	L 23-24	1	0	0.0	0.0	0.0	0.0	0	0	1	0	0	0
10/27	@Mia	W 36-33	0	1	0.0	0.0	0.0	0.0	0	0	1	0	0	0
11/02	Was	L 8-31	3	1	0.0	0.0	1.0	1.0	0	0	0	0	0	0
11/09	@Min	L 22-29	2	1	1.0	3.0	0.0	0.0	0	0	0	0	0	0
11/16	NYA	L 15-23	0	0	0.0	0.0	0.0	0.0	0	0	0	0	0	0
11/23	TB	W 13-7	3	0	1.0	4.0	0.0	0.0	0	0	2	0	0	0
11/27	@Det	L 20-55	2	0	1.0	7.0	0.0	0.0	0	0	0	0	0	0
12/07	Buf	W 20-3	1	0	0.0	0.0	0.0	0.0	0	0	0	0	0	0
12/14	@StL	W 13-10	1	0	0.0	0.0	0.0	0.0	0	0	0	0	0	0
12/21	@TB	L 15-31	2	1	0.0	0.0	0.0	0.0	0	0	0	0	0	0

Michael Sinclair
Seattle Seahawks – DE

1997 Defensive Splits

	G	Tk	Ast	Sack	Yds	Stuff	Yds	Int	Yds	PD	TD
Total	16	35	10	12.0	68.0	3.0	6.5	0	0	4	1
vs. Playoff	5	12	1	5.0	30.0	0.0	0.0	0	0	2	0
vs. Non-Playoff	11	23	9	7.0	38.0	3.0	6.5	0	0	2	1
vs. Own Division	8	18	2	7.0	36.0	0.0	0.0	0	0	3	1
Home	8	14	6	9.0	42.0	1.0	3.5	0	0	2	0
Away	8	21	4	3.0	26.0	2.0	3.0	0	0	2	1
Games 1-8	8	17	6	6.0	26.0	3.0	6.5	0	0	1	0
Games 9-16	8	18	4	6.0	42.0	0.0	0.0	0	0	3	1
Aug/Sept	5	12	4	4.0	21.0	1.5	2.5	0	0	0	0
October	3	5	3	2.0	5.0	1.5	4.0	0	0	1	0
November	5	11	2	3.0	16.0	0.0	0.0	0	0	2	0
December	3	7	1	3.0	26.0	0.0	0.0	0	0	1	1
Grass	5	13	2	2.0	18.0	0.0	0.0	0	0	2	1
Turf	11	22	8	10.0	50.0	3.0	6.5	0	0	2	0
Indoor	11	22	8	10.0	50.0	3.0	6.5	0	0	2	0
Outdoor	5	13	2	2.0	18.0	0.0	0.0	0	0	2	1

Game Logs

Date	Opp	Result	Tk	Ast	Sack	Yds	Stuff	Yds	Int	Yds	PD	FF	FR	TD
08/31	NYA	L 3-41	4	3	0.0	0.0	0.5	0.5	0	0	0	0	0	0
09/07	Den	L 14-35	2	0	2.0	9.0	0.0	0.0	0	0	0	1	0	0
09/14	@Ind	W 31-3	4	1	1.0	8.0	1.0	2.0	0	0	0	1	0	0
09/21	SD	W 26-22	2	0	1.0	4.0	0.0	0.0	0	0	0	0	0	0
09/28	@KC	L 17-20	4	0	0.0	0.0	0.0	0.0	0	0	0	0	0	0
10/05	Ten	W 16-13	2	3	1.0	4.0	0.5	3.0	0	0	0	0	0	0
10/19	@StL	W 17-9	2	0	0.0	0.0	1.0	1.0	0	0	0	0	0	0
10/26	Oak	W 45-34	0	1	0.0	0.0	0.0	0.0	0	0	1	1	0	0
11/02	@Den	L 27-30	1	1	0.0	0.0	0.0	0.0	0	0	1	0	0	0
11/09	@SD	W 37-31	3	0	1.0	9.0	0.0	0.0	0	0	1	0	1	1
11/16	@NO	L 17-20	2	1	0.0	0.0	0.0	0.0	0	0	1	0	0	0
11/23	KC	L 14-19	3	0	1.0	4.0	0.0	0.0	0	0	0	0	0	0
11/30	Atl	L 17-24	2	1	3.0	26.0	0.0	0.0	0	0	0	0	0	0
12/07	@Bal	L 24-31	3	0	0.0	0.0	0.0	0.0	0	0	0	0	0	0
12/14	@Oak	W 22-21	2	1	1.0	9.0	0.0	0.0	0	0	1	0	0	0
12/21	SF	W 38-9	2	0	2.0	17.0	0.0	0.0	0	0	1	1	0	0

Chris Slade
New England Patriots – LB

1997 Defensive Splits

	G	Tk	Ast	Sack	Yds	Stuff	Yds	Int	Yds	PD	TD
Total	16	62	26	9.0	46.0	5.0	16.0	1	1	8	1
vs. Playoff	8	33	16	3.0	13.0	4.0	13.0	0	0	2	0
vs. Non-Playoff	8	29	10	6.0	33.0	1.0	3.0	1	1	6	1
vs. Own Division	8	32	11	8.0	46.0	2.5	6.5	1	1	6	1
Home	8	29	18	7.0	36.0	3.0	6.0	0	0	4	0
Away	8	33	8	2.0	10.0	2.0	10.0	1	1	4	1
Games 1-8	8	26	13	6.0	33.0	2.0	4.5	0	0	2	0
Games 9-16	8	36	13	3.0	13.0	3.0	11.5	1	1	6	1
Aug/Sept	4	16	4	4.0	26.0	1.0	3.0	0	0	2	0
October	4	10	9	2.0	7.0	1.0	1.5	0	0	0	0
November	5	19	8	2.0	13.0	1.5	3.5	1	1	6	0
December	3	17	5	1.0	0.0	1.5	8.0	0	0	0	1
Grass	12	47	23	8.0	36.0	4.0	13.0	0	0	5	0
Turf	4	15	3	1.0	10.0	1.0	3.0	1	1	3	1
Indoor	2	7	2	1.0	10.0	1.0	3.0	0	0	1	0
Outdoor	14	55	24	8.0	36.0	4.0	13.0	1	1	7	1

Game Logs

Date	Opp	Result	Tk	Ast	Sack	Yds	Stuff	Yds	Int	Yds	PD	FF	FR	TD
08/31	SD	W 41-7	3	0	0.0	0.0	0.0	0.0	0	0	0	0	0	0
09/07	@Ind	W 31-6	5	1	1.0	10.0	1.0	3.0	0	0	1	0	0	0
09/14	NYA	W 27-24	4	1	3.0	16.0	0.0	0.0	0	0	2	1	0	0
09/21	Chi	W 31-3	4	2	0.0	0.0	0.0	0.0	0	0	0	0	0	0
10/06	@Den	L 13-34	1	0	0.0	0.0	0.0	0.0	0	0	0	0	0	0
10/12	Buf	W 33-6	3	3	2.0	7.0	0.0	0.0	0	0	0	0	0	0
10/19	@NYA	L 19-24	3	1	0.0	0.0	0.0	0.0	0	0	0	0	0	0
10/27	GB	L 10-28	3	5	0.0	0.0	1.0	1.5	0	0	0	0	0	0
11/02	@Min	L 18-23	2	1	0.0	0.0	0.0	0.0	0	0	1	0	0	0
11/09	@Buf	W 31-10	5	0	0.0	0.0	0.0	0.0	1	1	2	0	0	1
11/16	@TB	L 7-27	6	3	0.0	0.0	0.0	0.0	0	0	1	0	0	0
11/23	Mia	W 27-24	4	2	2.0	13.0	1.5	3.5	0	0	2	0	0	0
11/30	Ind	W 20-17	2	2	0.0	0.0	0.0	0.0	0	0	2	0	0	0
12/07	@Jac	W 26-20	5	1	1.0	0.0	1.0	7.0	0	0	0	0	0	0
12/13	Pit	L 21-24	6	3	0.0	0.0	0.5	1.0	0	0	0	0	0	0
12/22	@Mia	W 14-12	6	1	0.0	0.0	0.0	0.0	0	0	0	0	0	0

Anthony Smith — Oakland Raiders – DE

1997 Defensive Splits

	G	Tk	Ast	Sack	Yds	Stuff	Yds	Int	Yds	PD	TD
Total	13	33	10	6.5	40.0	5.0	13.5	0	0	4	0
vs. Playoff	4	2	3	0.0	0.0	0.0	0.0	0	0	1	0
vs. Non-Playoff	9	31	7	6.5	40.0	5.0	13.5	0	0	3	0
vs. Own Division	6	6	5	0.0	0.0	2.0	8.0	0	0	2	0
Home	6	10	4	1.0	6.0	3.0	5.5	0	0	2	0
Away	7	23	6	5.5	34.0	2.0	8.0	0	0	2	0
Games 1-8	8	19	4	5.5	34.0	1.0	2.0	0	0	3	0
Games 9-16	5	14	6	1.0	6.0	4.0	11.5	0	0	1	0
Aug/Sept	5	17	2	5.5	34.0	0.0	0.0	0	0	3	0
October	3	2	2	0.0	0.0	1.0	2.0	0	0	0	0
November	5	14	6	1.0	6.0	4.0	11.5	0	0	1	0
December	0	0	0	0	0	0	0	0	0	0	0
Grass	10	24	8	2.5	12.0	5.0	13.5	0	0	4	0
Turf	3	9	2	4.0	28.0	0.0	0.0	0	0	0	0
Indoor	2	6	2	3.0	24.0	0.0	0.0	0	0	0	0
Outdoor	11	27	8	3.5	16.0	5.0	13.5	0	0	4	0

Game Logs

Date	Opp	Result	Tk	Ast	Sack	Yds	Stuff	Yds	Int	Yds	PD	FF	FR	TD
08/31	@Ten	L 21-24	5	1	1.5	6.0	0.0	0.0	0	0	1	0	0	0
09/08	KC	L 27-28	0	0	0.0	0.0	0.0	0.0	0	0	1	0	0	0
09/14	@Atl	W 36-31	6	0	3.0	24.0	0.0	0.0	0	0	0	1	0	0
09/21	@NYA	L 22-23	3	0	1.0	4.0	0.0	0.0	0	0	0	0	0	0
09/28	StL	W 35-17	3	1	0.0	0.0	0.0	0.0	0	0	1	0	0	0
10/05	SD	L 10-25	1	0	0.0	0.0	1.0	2.0	0	0	0	0	0	0
10/19	Den	W 28-25	1	0	0.0	0.0	0.0	0.0	0	0	0	0	0	0
10/26	@Sea	L 34-45	0	2	0.0	0.0	0.0	0.0	0	0	0	0	0	0
11/02	@Car	L 14-38	5	0	0.0	0.0	1.0	2.0	0	0	0	0	0	0
11/09	NO	L 10-13	5	2	1.0	6.0	2.0	3.5	0	0	0	0	0	0
11/16	@SD	W 38-13	3	1	0.0	0.0	1.0	6.0	0	0	1	1	0	0
11/24	@Den	L 3-31	1	2	0.0	0.0	0.0	0.0	0	0	0	0	0	0
11/30	Mia	L 16-34	0	1	0.0	0.0	0.0	0.0	0	0	0	0	0	0
12/07	@KC	L 0-30	-	-	-	-	-	-	-	-	-	-	-	-
12/14	Sea	L 21-22	-	-	-	-	-	-	-	-	-	-	-	-
12/21	Jac	L 9-20	-	-	-	-	-	-	-	-	-	-	-	-

Bruce Smith — Buffalo Bills – DE

1997 Defensive Splits

	G	Tk	Ast	Sack	Yds	Stuff	Yds	Int	Yds	PD	TD
Total	16	49	16	14.0	97.5	12.0	22.0	0	0	1	0
vs. Playoff	10	30	10	8.5	62.0	8.0	15.0	0	0	0	0
vs. Non-Playoff	6	19	6	5.5	35.5	4.0	7.0	0	0	1	0
vs. Own Division	8	29	9	9.5	75.5	8.5	16.5	0	0	0	0
Home	8	28	6	7.5	52.0	7.5	17.5	0	0	0	0
Away	8	21	10	6.5	45.5	4.5	4.5	0	0	1	0
Games 1-8	8	23	12	10.0	59.5	3.0	5.0	0	0	0	0
Games 9-16	8	26	4	4.0	38.0	9.0	17.0	0	0	1	0
Aug/Sept	4	7	4	4.5	31.5	0.0	0.0	0	0	0	0
October	4	16	8	5.5	28.0	3.0	5.0	0	0	0	0
November	5	18	2	4.0	38.0	7.0	15.0	0	0	0	0
December	3	8	2	0.0	0.0	2.0	2.0	0	0	1	0
Grass	6	15	5	3.0	26.0	3.5	3.5	0	0	1	0
Turf	10	34	11	11.0	71.5	8.5	18.5	0	0	0	0
Indoor	1	4	2	2.0	10.0	1.0	1.0	0	0	0	0
Outdoor	15	45	14	12.0	87.5	11.0	21.0	0	0	1	0

Game Logs

Date	Opp	Result	Tk	Ast	Sack	Yds	Stuff	Yds	Int	Yds	PD	FF	FR	TD
08/31	Min	L 13-34	2	0	2.0	14.0	0.0	0.0	0	0	0	0	0	0
09/07	@NYA	W 28-22	2	3	1.5	9.5	0.0	0.0	0	0	0	0	0	0
09/14	@KC	L 16-22	1	1	0.0	0.0	0.0	0.0	0	0	0	0	0	0
09/21	Ind	W 37-35	2	0	1.0	8.0	0.0	0.0	0	0	0	0	0	0
10/05	Det	W 22-13	4	2	1.0	5.0	1.5	3.5	0	0	0	0	0	0
10/12	@NE	L 6-33	4	2	1.0	10.0	0.5	0.5	0	0	0	0	0	0
10/20	@Ind	W 9-6	4	2	0.0	0.0	1.0	1.0	0	0	0	0	0	0
10/26	Den	L 20-23	4	2	1.5	3.0	0.0	0.0	0	0	0	0	0	0
11/02	Mia	W 9-6	6	1	1.0	14.0	2.0	2.0	0	0	0	0	0	0
11/09	NE	L 10-31	2	0	0.0	0.0	1.0	6.0	0	0	0	0	0	0
11/17	@Mia	L 13-30	4	1	2.0	16.0	2.0	2.0	0	0	0	0	0	0
11/23	@Ten	L 14-31	1	0	0.0	0.0	0.0	0.0	0	0	0	0	0	0
11/30	NYA	W 20-10	5	0	1.0	8.0	2.0	5.0	0	0	0	0	0	0
12/07	@Chi	L 3-20	5	1	0.0	0.0	1.0	1.0	0	0	1	0	0	0
12/14	Jac	L 14-20	3	1	0.0	0.0	1.0	1.0	0	0	0	0	0	0
12/20	@GB	L 21-31	0	0	0.0	0.0	0.0	0.0	0	0	0	0	0	0

Chuck Smith — Atlanta Falcons – DE

1997 Defensive Splits

	G	Tk	Ast	Sack	Yds	Stuff	Yds	Int	Yds	PD	TD
Total	16	42	12	12.0	82.0	3.5	8.0	1	4	5	0
vs. Playoff	5	9	1	3.0	15.0	2.0	4.0	0	0	1	0
vs. Non-Playoff	11	33	11	9.0	67.0	1.5	4.0	1	4	5	0
vs. Own Division	8	27	7	8.5	58.5	1.5	4.0	0	0	4	0
Home	8	21	3	2.5	14.5	3.5	8.0	0	0	1	0
Away	8	21	9	9.5	67.5	0.0	0.0	1	4	4	0
Games 1-8	8	23	6	9.5	63.5	2.0	6.0	0	0	3	0
Games 9-16	8	19	6	2.5	18.5	1.5	2.0	1	4	2	0
Aug/Sept	5	11	1	4.0	19.0	1.0	3.0	0	0	1	0
October	3	12	5	5.5	44.5	1.0	3.0	0	0	2	0
November	5	14	4	2.0	14.0	1.5	2.0	0	0	1	0
December	3	5	2	0.5	4.5	0.0	0.0	1	4	1	0
Grass	4	10	3	1.5	5.5	0.0	0.0	1	4	2	0
Turf	12	32	9	10.5	76.5	3.5	8.0	0	0	3	0
Indoor	12	32	9	10.5	76.5	3.5	8.0	0	0	3	0
Outdoor	4	10	3	1.5	5.5	0.0	0.0	1	4	2	0

Game Logs

Date	Opp	Result	Tk	Ast	Sack	Yds	Stuff	Yds	Int	Yds	PD	FF	FR	TD
08/31	@Det	L 17-28	1	0	1.0	6.0	0.0	0.0	0	0	0	0	0	0
09/07	Car	L 6-9	3	0	1.0	4.0	0.0	0.0	0	0	1	1	0	0
09/14	Oak	L 31-36	3	0	0.0	0.0	1.0	3.0	0	0	0	0	0	0
09/21	@SF	L 7-34	2	0	1.0	3.0	0.0	0.0	0	0	0	0	0	0
09/28	Den	L 21-29	2	1	1.0	6.0	0.0	0.0	0	0	0	0	0	0
10/12	@NO	W 23-17	7	3	5.0	42.0	0.0	0.0	0	0	1	3	0	0
10/19	SF	L 28-35	1	0	0.0	0.0	1.0	3.0	0	0	0	0	0	0
10/26	@Car	L 12-21	4	2	0.5	2.5	0.0	0.0	0	0	1	0	0	0
11/02	StL	W 34-31	7	0	0.0	0.0	0.5	1.0	0	0	0	0	0	0
11/09	TB	L 10-31	3	0	0.0	0.0	1.0	1.0	0	0	0	0	0	0
11/16	@StL	W 27-21	2	1	1.0	7.0	0.0	0.0	0	0	1	0	0	0
11/23	NO	W 20-3	1	1	0.0	0.0	0.0	0.0	0	0	0	0	0	0
11/30	@Sea	W 24-17	1	2	1.0	7.0	0.0	0.0	0	0	0	0	0	0
12/07	@SD	W 14-3	2	1	0.0	0.0	0.0	0.0	0	0	0	0	0	0
12/14	Phi	W 20-17	1	1	0.5	4.5	0.0	0.0	0	0	0	0	0	0
12/21	@Ari	L 26-29	2	0	0.0	0.0	0.0	0.0	1	4	1	0	0	0

Derek Smith — Washington Redskins – LB

1997 Defensive Splits

	G	Tk	Ast	Sack	Yds	Stuff	Yds	Int	Yds	PD	TD
Total	16	61	30	2.0	17.0	3.0	7.0	0	0	1	0
vs. Playoff	5	21	12	2.0	17.0	0.0	0.0	0	0	0	0
vs. Non-Playoff	11	40	18	0.0	0.0	3.0	7.0	0	0	0	0
vs. Own Division	8	35	14	0.0	0.0	2.0	4.0	0	0	0	0
Home	8	22	8	1.0	8.0	2.0	5.0	0	0	0	0
Away	8	39	22	1.0	9.0	1.0	2.0	0	0	1	0
Games 1-8	8	31	20	2.0	17.0	1.0	2.0	0	0	1	0
Games 9-16	8	30	10	0.0	0.0	2.0	5.0	0	0	0	0
Aug/Sept	4	17	10	2.0	17.0	1.0	2.0	0	0	1	0
October	4	14	10	0.0	0.0	0.0	0.0	0	0	0	0
November	5	14	4	0.0	0.0	1.0	3.0	0	0	0	0
December	3	16	6	0.0	0.0	1.0	2.0	0	0	0	0
Grass	12	35	17	1.0	8.0	3.0	7.0	0	0	0	0
Turf	4	26	13	1.0	9.0	0.0	0.0	0	0	1	0
Indoor	0	0	0	0.0	0	0	0	0	0	0	0
Outdoor	16	61	30	2.0	17.0	3.0	7.0	0	0	1	0

Game Logs

Date	Opp	Result	Tk	Ast	Sack	Yds	Stuff	Yds	Int	Yds	PD	FF	FR	TD
08/31	@Car	W 24-10	5	2	0.0	0.0	0.0	0.0	0	0	0	0	0	0
09/07	@Pit	L 13-14	5	6	1.0	9.0	0.0	0.0	0	0	1	0	0	0
09/14	Ari	W 19-13	5	0	0.0	0.0	1.0	2.0	0	0	0	0	1	0
09/28	Jac	W 24-12	2	2	1.0	8.0	0.0	0.0	0	0	0	0	0	0
10/05	@Phi	L 10-24	5	5	0.0	0.0	0.0	0.0	0	0	0	0	1	0
10/13	Dal	W 21-16	2	2	0.0	0.0	0.0	0.0	0	0	0	0	0	0
10/19	@Ten	L 14-28	2	3	0.0	0.0	0.0	0.0	0	0	0	0	0	0
10/26	Bal	L 17-20	5	0	0.0	0.0	0.0	0.0	0	0	0	0	0	0
11/02	@Chi	W 31-8	3	2	0.0	0.0	0.0	0.0	0	0	0	0	0	0
11/09	Det	W 30-7	1	1	0.0	0.0	0.0	0.0	0	0	0	0	0	0
11/16	@Dal	L 14-17	5	0	0.0	0.0	0.0	0.0	0	0	0	0	0	0
11/23	NYN	T 7-7	2	1	0.0	0.0	0.0	0.0	0	0	0	0	0	0
11/30	StL	L 20-23	3	0	0.0	0.0	1.0	3.0	0	0	0	0	0	0
12/07	@Ari	W 38-28	3	2	0.0	0.0	1.0	2.0	0	0	0	0	0	0
12/13	@NYN	L 10-30	11	2	0.0	0.0	0.0	0.0	0	0	0	0	0	0
12/21	Phi	W 35-32	2	2	0.0	0.0	0.0	0.0	0	0	0	0	0	0

Neil Smith — Denver Broncos – DE

1997 Defensive Splits

	G	Tk	Ast	Sack	Yds	Stuff	Yds	Int	Yds	PD	TD
Total	14	29	5	8.5	39.5	1.5	4.0	0	0	7	0
vs. Playoff	5	10	3	0.0	0.0	0.5	1.5	0	0	2	0
vs. Non-Playoff	9	19	2	8.5	39.5	1.0	2.5	0	0	5	0
vs. Own Division	7	15	2	3.5	8.5	0.5	2.0	0	0	3	0
Home	6	12	2	4.0	23.0	0.0	0.0	0	0	4	0
Away	8	17	3	4.5	16.5	1.5	4.0	0	0	3	0
Games 1-8	8	14	2	6.5	35.5	1.0	2.5	0	0	5	0
Games 9-16	6	15	3	2.0	4.0	0.5	1.5	0	0	2	0
Aug/Sept	5	9	1	4.0	21.0	1.0	2.5	0	0	4	0
October	3	5	1	2.5	14.5	0.0	0.0	0	0	1	0
November	3	7	0	2.0	4.0	0.0	0.0	0	0	1	0
December	3	8	3	0.0	0.0	0.5	1.5	0	0	1	0
Grass	10	19	2	5.5	25.5	0.0	0.0	0	0	5	0
Turf	4	10	3	3.0	14.0	1.5	4.0	0	0	2	0
Indoor	2	4	1	1.0	2.0	1.0	2.5	0	0	1	0
Outdoor	12	25	4	7.5	37.5	0.5	1.5	0	0	5	0

Game Logs

Date	Opp	Result	Tk	Ast	Sack	Yds	Stuff	Yds	Int	Yds	PD	FF	FR	TD
08/31	KC	W 19-3	1	0	0.0	0.0	0.0	0.0	0	0	1	0	0	0
09/07	@Sea	W 35-14	3	1	1.0	2.0	0.5	2.0	0	0	0	0	0	0
09/14	StL	W 35-14	2	0	2.0	8.0	0.0	0.0	0	0	0	0	0	0
09/21	Cin	W 38-20	2	0	1.0	11.0	0.0	0.0	0	0	1	1	0	0
09/28	@Atl	W 29-21	1	0	0.0	0.0	0.5	0.5	0	0	2	0	0	0
10/06	NE	W 34-13	2	1	0.0	0.0	0.0	0.0	0	0	1	0	0	0
10/19	@Oak	L 25-28	1	0	0.5	2.5	0.0	0.0	0	0	0	0	0	0
10/26	@Buf	W 23-20	2	0	2.0	12.0	0.0	0.0	0	0	0	0	0	0
11/02	Sea	W 30-27	-	-	-	-	-	-	-	-	-	-	-	-
11/09	Car	W 34-0	-	-	-	-	-	-	-	-	-	-	-	-
11/16	@KC	L 22-24	2	0	0.0	0.0	0.0	0.0	0	0	0	0	0	0
11/24	Oak	W 31-3	0	1	0.0	4.0	0.0	0.0	0	0	1	0	0	0
11/30	@SD	W 38-28	3	0	1.0	0.0	0.0	0.0	0	0	1	0	0	0
12/07	@Pit	L 24-35	4	2	0.0	0.0	0.5	1.5	0	0	0	0	0	0
12/15	@SF	L 17-34	1	0	0.0	0.0	0.0	0.0	0	0	0	0	0	0
12/21	SD	W 38-3	3	1	0.0	0.0	0.0	0.0	0	0	1	0	0	0

Otis Smith — New York Jets – CB

1997 Defensive Splits

	G	Tk	Ast	Sack	Yds	Stuff	Yds	Int	Yds	PD	TD
Total	16	57	13	0.0	0.0	1.5	3.5	6	158	18	3
vs. Playoff	7	21	7	0.0	0.0	0.0	0.0	3	96	5	2
vs. Non-Playoff	9	36	6	0.0	0.0	1.5	3.5	3	62	13	1
vs. Own Division	8	37	8	0.0	0.0	1.5	3.5	1	0	6	0
Home	8	33	8	0.0	0.0	1.5	3.5	3	121	7	2
Away	8	24	5	0.0	0.0	0.0	0.0	3	37	11	1
Games 1-8	8	27	8	0.0	0.0	1.5	3.5	1	0	5	0
Games 9-16	8	30	5	0.0	0.0	0.0	0.0	5	158	13	3
Aug/Sept	5	15	5	0.0	0.0	1.5	3.5	1	0	3	0
October	3	12	3	0.0	0.0	0.0	0.0	0	0	2	0
November	5	20	4	0.0	0.0	0.0	0.0	3	62	10	1
December	3	10	1	0.0	0.0	0.0	0.0	2	96	3	2
Grass	3	11	5	0.0	0.0	0.0	0.0	3	37	5	1
Turf	13	46	8	0.0	0.0	1.5	3.5	3	121	13	2
Indoor	3	7	0	0.0	0.0	0.0	0.0	0	0	2	0
Outdoor	13	50	13	0.0	0.0	1.5	3.5	6	158	16	3

Game Logs

Date	Opp	Result	Tk	Ast	Sack	Yds	Stuff	Yds	Int	Yds	PD	FF	FR	TD
08/31	@Sea	W 41-3	2	0	0.0	0.0	0.0	0.0	0	0	1	0	0	0
09/07	Buf	L 22-28	4	2	0.0	0.0	1.5	3.5	0	0	0	0	0	0
09/14	@NE	L 24-27	5	1	0.0	0.0	0.0	0.0	1	0	1	0	0	0
09/21	Oak	W 23-22	2	2	0.0	0.0	0.0	0.0	0	0	0	0	0	0
09/28	@Cin	W 31-14	2	0	0.0	0.0	0.0	0.0	0	0	1	0	0	0
10/05	@Ind	W 16-12	4	0	0.0	0.0	0.0	0.0	0	0	1	1	0	0
10/12	Mia	L 20-31	6	2	0.0	0.0	0.0	0.0	0	0	1	0	0	0
10/19	NE	W 24-19	2	1	0.0	0.0	0.0	0.0	0	0	0	0	0	0
11/02	Bal	W 19-16	6	0	0.0	0.0	0.0	0.0	1	25	3	0	1	0
11/09	@Mia	L 17-24	3	2	0.0	0.0	0.0	0.0	0	0	0	0	0	0
11/16	@Chi	W 23-15	3	2	0.0	0.0	0.0	0.0	2	37	4	0	1	1
11/23	Min	W 23-21	4	0	0.0	0.0	0.0	0.0	0	0	1	0	0	0
11/30	@Buf	L 10-20	4	0	0.0	0.0	0.0	0.0	0	0	3	0	0	0
12/07	Ind	L 14-22	9	0	0.0	0.0	0.0	0.0	0	0	0	0	0	0
12/14	TB	W 31-0	0	1	0.0	0.0	0.0	0.0	2	96	3	0	0	2
12/21	@Det	L 10-13	1	0	0.0	0.0	0.0	0.0	0	0	0	0	0	0

Phillippi Sparks — New York Giants – CB

1997 Defensive Splits

	G	Tk	Ast	Sack	Yds	Stuff	Yds	Int	Yds	PD	TD
Total	13	64	10	1.0	7.0	2.0	4.0	5	72	15	0
vs. Playoff	2	8	4	0.0	0.0	0.0	0.0	2	68	4	0
vs. Non-Playoff	11	56	6	1.0	7.0	2.0	4.0	3	4	11	0
vs. Own Division	6	31	4	1.0	7.0	1.0	2.0	2	0	7	0
Home	7	39	6	0.0	0.0	1.0	2.0	3	72	7	0
Away	6	25	4	1.0	7.0	1.0	2.0	2	0	8	0
Games 1-8	6	25	7	0.0	0.0	2.0	4.0	0	0	6	0
Games 9-16	7	39	3	1.0	7.0	0.0	0.0	5	72	9	0
Aug/Sept	3	12	1	0.0	0.0	1.0	2.0	0	0	3	0
October	4	22	7	0.0	0.0	1.0	2.0	1	4	4	0
November	4	27	2	1.0	7.0	0.0	0.0	4	68	7	0
December	2	3	0	0.0	0.0	0.0	0.0	0	0	1	0
Grass	3	19	1	1.0	7.0	1.0	2.0	2	0	6	0
Turf	10	45	9	0.0	0.0	1.0	2.0	3	72	9	0
Indoor	2	5	3	0.0	0.0	0.0	0.0	0	0	2	0
Outdoor	11	59	7	1.0	7.0	2.0	4.0	5	72	13	0

Game Logs

Date	Opp	Result	Tk	Ast	Sack	Yds	Stuff	Yds	Int	Yds	PD	FF	FR	TD
08/31	Phi	W 31-17	-	-	-	-	-	-	-	-	-	-	-	-
09/07	@Jac	L 13-40	-	-	-	-	-	-	-	-	-	-	-	-
09/14	Bal	L 23-24	6	0	0.0	0.0	0.0	0.0	0	0	1	0	0	0
09/21	@StL	L 3-13	3	1	0.0	0.0	0.0	0.0	0	0	2	0	0	0
09/28	NO	W 14-9	3	0	0.0	0.0	1.0	2.0	0	0	0	0	0	0
10/05	Dal	W 20-17	5	3	0.0	0.0	0.0	0.0	0	0	1	0	0	0
10/12	@Ari	W 27-13	6	1	0.0	0.0	1.0	2.0	0	0	3	0	0	0
10/19	@Det	W 26-20	2	2	0.0	0.0	0.0	0.0	0	0	0	0	0	0
10/26	Cin	W 29-27	9	1	0.0	0.0	0.0	0.0	1	4	1	0	0	0
11/09	@Ten	L 6-10	4	0	0.0	0.0	0.0	0.0	0	0	0	0	0	0
11/16	Ari	W 19-10	8	0	0.0	0.0	0.0	0.0	0	0	0	0	0	0
11/23	@Was	T 7-7	9	0	1.0	7.0	0.0	0.0	2	0	3	0	0	0
11/30	TB	L 8-20	6	2	0.0	0.0	0.0	0.0	2	68	4	0	0	0
12/07	@Phi	W 31-21	1	0	0.0	0.0	0.0	0.0	0	0	0	0	0	0
12/13	Was	W 30-10	2	0	0.0	0.0	0.0	0.0	0	0	1	0	0	0
12/21	@Dal	W 20-7	-	-	-	-	-	-	-	-	-	-	-	-

Michael Strahan — New York Giants – DE

1997 Defensive Splits

	G	Tk	Ast	Sack	Yds	Stuff	Yds	Int	Yds	PD	TD
Total	16	49	19	14.0	62.0	5.5	12.5	0	0	2	0
vs. Playoff	3	14	3	1.0	1.0	2.0	2.0	0	0	0	0
vs. Non-Playoff	13	35	16	13.0	61.0	3.5	10.5	0	0	2	0
vs. Own Division	8	20	7	10.0	49.0	2.0	6.0	0	0	1	0
Home	8	25	10	8.5	38.0	2.0	6.0	0	0	1	0
Away	8	24	9	5.5	24.0	3.5	6.5	0	0	1	0
Games 1-8	8	28	12	7.0	34.5	4.0	10.0	0	0	1	0
Games 9-16	8	21	7	7.0	27.5	1.5	2.5	0	0	1	0
Aug/Sept	5	17	7	4.5	21.5	3.0	6.0	0	0	0	0
October	4	16	6	3.5	17.0	1.0	4.0	0	0	2	0
November	4	13	5	5.0	16.5	1.5	2.5	0	0	0	0
December	3	3	1	1.0	7.0	0.0	0.0	0	0	0	0
Grass	4	15	4	3.5	17.0	3.5	6.5	0	0	1	0
Turf	12	34	15	10.5	45.0	2.0	6.0	0	0	1	0
Indoor	2	8	4	2.0	7.0	0.0	0.0	0	0	0	0
Outdoor	14	41	15	12.0	55.0	5.5	12.5	0	0	2	0

Game Logs

Date	Opp	Result	Tk	Ast	Sack	Yds	Stuff	Yds	Int	Yds	PD	FF	FR	TD
08/31	Phi	W 31-17	3	1	2.5	13.5	0.0	0.0	0	0	0	0	0	0
09/07	@Jac	L 13-40	6	0	0.0	0.0	2.0	2.0	0	0	0	0	0	0
09/14	Bal	L 23-24	3	4	0.0	0.0	1.0	4.0	0	0	0	0	0	0
09/21	@StL	L 3-13	3	2	1.0	6.0	0.0	0.0	0	0	0	0	0	0
09/28	NO	W 14-9	2	0	1.0	2.0	0.0	0.0	0	0	0	0	0	0
10/05	Dal	W 20-17	3	1	0.0	0.0	0.0	0.0	0	0	0	0	0	0
10/12	@Ari	W 27-13	3	2	1.5	12.0	1.0	4.0	0	0	1	0	0	0
10/19	@Det	W 26-20	5	2	1.0	1.0	0.0	0.0	0	0	0	0	0	0
10/26	Cin	W 29-27	5	1	1.0	4.0	0.0	0.0	0	0	1	1	0	0
11/09	@Ten	L 6-10	2	2	0.0	0.0	0.5	0.5	0	0	0	0	0	0
11/16	Ari	W 19-10	4	2	3.0	11.5	1.0	2.0	0	0	0	0	0	0
11/23	@Was	T 7-7	4	0	2.0	5.0	0.0	0.0	0	0	0	0	1	0
11/30	TB	L 8-20	3	1	0.0	0.0	0.0	0.0	0	0	0	0	0	0
12/07	@Phi	W 31-21	1	1	0.0	0.0	0.0	0.0	0	0	0	0	1	0
12/13	Was	W 30-10	2	0	1.0	7.0	0.0	0.0	0	0	0	0	0	0
12/21	@Dal	W 20-7	0	0	0.0	0.0	0.0	0.0	0	0	0	0	0	0

Fred Strickland — Dallas Cowboys – LB

1997 Defensive Splits

	G	Tk	Ast	Sack	Yds	Stuff	Yds	Int	Yds	PD	TD
Total	15	69	26	0.5	2.5	2.5	5.0	0	0	1	0
vs. Playoff	6	22	9	0.0	0.0	1.0	1.0	0	0	0	0
vs. Non-Playoff	9	47	17	0.5	2.5	1.5	4.0	0	0	1	0
vs. Own Division	7	35	12	0.5	2.5	1.5	4.0	0	0	1	0
Home	7	34	12	0.0	0.0	1.0	1.0	0	0	0	0
Away	8	35	14	0.5	2.5	1.5	4.0	0	0	1	0
Games 1-8	7	31	12	0.5	2.5	2.5	5.0	0	0	1	0
Games 9-16	8	38	14	0.0	0.0	0.0	0.0	0	0	0	0
Aug/Sept	3	10	1	0.0	0.0	0.5	1.0	0	0	0	0
October	4	21	11	0.5	2.5	2.0	4.0	0	0	1	0
November	5	26	11	0.0	0.0	0.0	0.0	0	0	0	0
December	3	12	3	0.0	0.0	0.0	0.0	0	0	0	0
Grass	4	22	9	0.5	2.5	1.5	4.0	0	0	0	0
Turf	11	47	17	0.0	0.0	1.0	1.0	0	0	1	0
Indoor	0	0	0	0.0	0.0	0.0	0.0	0	0	0	0
Outdoor	15	69	26	0.5	2.5	2.5	5.0	0	0	1	0

Game Logs

Date	Opp	Result	Tk	Ast	Sack	Yds	Stuff	Yds	Int	Yds	PD	FF	FR	TD
08/31	@Pit	W 37-7	1	0	0.0	0.0	0.0	0.0	0	0	0	0	0	0
09/07	@Ari	L 22-25	6	1	0.0	0.0	0.5	1.0	0	0	0	0	0	0
09/15	Phi	W 21-20	-	-	-	-	-	-	-	-	-	-	-	-
09/28	Chi	W 27-3	3	0	0.0	0.0	0.0	0.0	0	0	0	0	0	0
10/05	@NYN	L 17-20	4	1	0.0	0.0	0.0	0.0	0	0	1	0	0	0
10/13	@Was	L 16-21	7	3	0.5	2.5	1.0	3.0	0	0	0	0	0	0
10/19	Jac	W 26-22	5	3	0.0	0.0	1.0	1.0	0	0	0	0	0	0
10/26	@Phi	L 12-13	5	4	0.0	0.0	0.0	0.0	0	0	0	0	0	0
11/02	@SF	L 10-17	4	2	0.0	0.0	0.0	0.0	0	0	0	0	0	0
11/09	Ari	W 24-6	3	0	0.0	0.0	0.0	0.0	0	0	0	0	1	0
11/16	Was	W 17-14	7	3	0.0	0.0	0.0	0.0	0	0	0	0	0	0
11/23	@GB	L 17-45	5	3	0.0	0.0	0.0	0.0	0	0	0	0	0	0
11/27	Ten	L 14-27	7	3	0.0	0.0	0.0	0.0	0	0	0	0	0	0
12/08	Car	L 13-23	6	3	0.0	0.0	0.0	0.0	0	0	0	0	0	0
12/14	@Cin	L 24-31	3	0	0.0	0.0	0.0	0.0	0	0	0	0	0	0
12/21	NYN	L 7-20	3	0	0.0	0.0	0.0	0.0	0	0	0	0	1	0

Dana Stubblefield — San Francisco 49ers – DT

1997 Defensive Splits	G	Tk	Ast	Sack	Yds	Stuff	Yds	Int	Yds	PD	TD	Date	Opp	Result	Tk	Ast	Sack	Yds	Stuff	Yds	Int	Yds	PD	FF	FR	TD
Total	16	48	13	15.0	99.0	2.0	9.0	0	0	2	0	08/31	@TB	L 6-13	0	1	0.0	0.0	0.0	0.0	0	0	1	0	0	0
vs. Playoff	4	7	1	0.0	0.0	0.0	0.0	0	0	1	0	09/07	@StL	W 15-12	3	3	1.0	9.0	0.0	0.0	0	0	0	1	0	0
vs. Non-Playoff	12	41	12	15.0	99.0	2.0	9.0	0	0	1	0	09/14	NO	W 33-7	2	1	0.0	0.0	0.0	0.0	0	0	0	0	0	0
vs. Own Division	8	32	7	7.0	41.0	2.0	9.0	0	0	1	0	09/21	Atl	W 34-7	8	0	1.0	8.0	1.0	4.0	0	0	0	0	0	0
Home	8	26	4	6.0	49.0	1.0	4.0	0	0	0	0	09/29	@Car	W 34-21	5	0	1.0	6.0	0.0	0.0	0	0	0	0	0	0
Away	8	22	9	9.0	50.0	1.0	5.0	0	0	2	0	10/12	StL	W 30-10	4	1	1.0	6.0	0.0	0.0	0	0	0	0	0	0
Games 1-8	8	31	7	7.0	41.0	2.0	9.0	0	0	1	0	10/19	@Atl	W 35-28	4	0	1.0	5.0	1.0	5.0	0	0	0	1	0	0
Games 9-16	8	17	6	8.0	58.0	0.0	0.0	0	0	1	0	10/26	@NO	W 23-0	5	1	2.0	7.0	0.0	0.0	0	0	0	1	0	0
Aug/Sept	5	18	5	3.0	23.0	1.0	4.0	0	0	1	0	11/02	Dal	W 17-10	2	1	2.0	17.0	0.0	0.0	0	0	0	0	0	0
October	3	13	2	4.0	18.0	1.0	5.0	0	0	0	0	11/10	@Phi	W 24-12	4	1	4.0	23.0	0.0	0.0	0	0	0	1	0	0
November	5	11	3	8.0	58.0	0.0	0.0	0	0	1	0	11/16	Car	W 27-19	1	1	0.0	0.0	0.0	0.0	0	0	0	0	0	0
December	3	6	3	0.0	0.0	0.0	0.0	0	0	0	0	11/23	SD	W 17-10	3	0	2.0	18.0	0.0	0.0	0	0	0	0	0	0
Grass	11	32	5	7.0	55.0	1.0	4.0	0	0	1	0	11/30	@KC	L 9-44	1	0	0.0	0.0	0.0	0.0	0	0	0	0	0	0
Turf	5	16	8	8.0	44.0	1.0	5.0	0	0	1	0	12/07	Min	W 28-17	2	0	0.0	0.0	0.0	0.0	0	0	0	0	0	0
Indoor	4	12	7	4.0	21.0	1.0	5.0	0	0	0	0	12/15	Den	W 34-17	4	0	0.0	0.0	0.0	0.0	0	0	0	0	0	0
Outdoor	12	36	6	11.0	78.0	1.0	4.0	0	0	2	0	12/21	@Sea	L 9-38	0	3	0.0	0.0	0.0	0.0	0	0	0	0	0	0

Eric Swann — Arizona Cardinals – DT

1997 Defensive Splits	G	Tk	Ast	Sack	Yds	Stuff	Yds	Int	Yds	PD	TD	Date	Opp	Result	Tk	Ast	Sack	Yds	Stuff	Yds	Int	Yds	PD	FF	FR	TD
Total	13	52	16	7.5	40.5	4.5	4.5	0	0	5	0	08/31	@Cin	L 21-24	5	0	2.0	14.0	0.0	0.0	0	0	0	0	0	0
vs. Playoff	4	20	8	2.0	12.0	1.0	1.0	0	0	2	0	09/07	Dal	W 25-22	4	2	0.0	0.0	0.0	0.0	0	0	0	0	0	0
vs. Non-Playoff	9	32	8	5.5	28.5	3.5	3.5	0	0	3	0	09/14	@Was	L 13-19	5	0	1.0	3.0	0.0	0.0	0	0	1	0	0	0
vs. Own Division	6	26	8	2.0	7.0	2.5	2.5	0	0	2	0	09/28	@TB	L 18-19	5	1	2.0	12.0	0.0	0.0	0	0	0	0	0	0
Home	7	31	12	1.5	5.5	3.0	3.0	0	0	3	0	10/05	Min	L 19-20	2	4	0.0	0.0	0.0	0.0	0	0	1	0	0	0
Away	6	21	4	6.0	35.0	1.5	1.5	0	0	2	0	10/12	NYN	L 13-27	6	2	0.0	0.0	0.0	0.0	0	0	1	0	0	0
Games 1-8	8	32	12	5.5	30.5	2.5	2.5	0	0	2	0	10/19	@Phi	L 10-13	2	2	0.0	0.0	1.5	1.5	0	0	1	1	0	0
Games 9-16	5	20	4	2.0	10.0	2.0	2.0	0	0	3	0	10/26	Ten	L 14-41	3	1	0.5	1.5	1.0	1.0	0	0	0	0	0	0
Aug/Sept	4	19	3	5.0	29.0	0.0	0.0	0	0	0	0	11/02	Phi	W 31-21	5	1	1.0	4.0	1.0	1.0	0	0	1	0	0	0
October	4	13	9	0.5	1.5	2.5	2.5	0	0	2	0	11/09	@Dal	L 6-24	-	-	-	-	-	-	-	-	-	-	-	-
November	3	15	2	2.0	10.0	2.0	2.0	0	0	3	0	11/16	@NYN	L 10-19	-	-	-	-	-	-	-	-	-	-	-	-
December	2	5	2	0.0	0.0	0.0	0.0	0	0	1	0	11/23	@Bal	W 16-13	3	0	1.0	6.0	0.0	0.0	0	0	0	0	0	0
Grass	10	44	13	5.5	26.5	3.0	3.0	0	0	3	0	11/30	Pit	L 20-26	7	1	0.0	0.0	1.0	1.0	0	0	1	0	0	0
Turf	3	8	3	2.0	14.0	1.5	1.5	0	0	2	0	12/07	Was	L 28-38	4	1	0.0	0.0	0.0	0.0	0	0	0	0	0	0
Indoor	1	1	1	0.0	0.0	0.0	0.0	0	0	1	0	12/14	@NO	L 10-27	1	1	0.0	0.0	0.0	0.0	0	0	1	0	0	0
Outdoor	12	51	15	7.5	40.5	4.5	4.5	0	0	4	0															

Maa Tanuvasa — Denver Broncos – DT

1997 Defensive Splits	G	Tk	Ast	Sack	Yds	Stuff	Yds	Int	Yds	PD	TD	Date	Opp	Result	Tk	Ast	Sack	Yds	Stuff	Yds	Int	Yds	PD	FF	FR	TD
Total	15	17	6	8.5	44.5	0.0	0.0	0	0	0	0	08/31	KC	W 19-3	3	1	2.0	7.0	0.0	0.0	0	0	0	0	0	0
vs. Playoff	4	10	1	6.0	32.0	0.0	0.0	0	0	0	0	09/07	@Sea	W 35-14	0	1	0.0	0.0	0.0	0.0	0	0	0	0	0	0
vs. Non-Playoff	11	7	5	2.5	12.5	0.0	0.0	0	0	0	0	09/14	StL	W 35-14	1	0	0.0	0.0	0.0	0.0	0	0	0	0	0	0
vs. Own Division	8	8	4	3.5	11.5	0.0	0.0	0	0	0	0	09/21	Cin	W 38-20	2	1	1.0	4.0	0.0	0.0	0	0	0	0	0	0
Home	8	12	3	7.0	40.0	0.0	0.0	0	0	0	0	09/28	@Atl	W 29-21	1	0	0.0	0.0	0.0	0.0	0	0	0	0	0	0
Away	7	5	3	1.5	4.5	0.0	0.0	0	0	0	0	10/06	NE	W 34-13	3	0	3.0	23.0	0.0	0.0	0	0	0	0	0	0
Games 1-8	8	10	5	6.5	36.5	0.0	0.0	0	0	0	0	10/19	@Oak	L 25-28	0	1	0.5	2.5	0.0	0.0	0	0	0	0	0	0
Games 9-16	7	7	1	2.0	8.0	0.0	0.0	0	0	0	0	10/26	@Buf	W 23-20	0	1	0.0	0.0	0.0	0.0	0	0	0	0	0	0
Aug/Sept	5	7	3	3.0	11.0	0.0	0.0	0	0	0	0	11/02	Sea	W 30-27	1	1	0.0	0.0	0.0	0.0	0	0	0	0	0	0
October	3	3	2	3.5	25.5	0.0	0.0	0	0	0	0	11/09	Car	W 34-0	2	0	1.0	6.0	0.0	0.0	0	0	0	0	0	0
November	5	7	1	2.0	8.0	0.0	0.0	0	0	0	0	11/16	@KC	L 22-24	4	0	1.0	2.0	0.0	0.0	0	0	0	0	0	0
December	2	0	0	0.0	0.0	0.0	0.0	0	0	0	0	11/24	Oak	W 31-3	0	0	0.0	0.0	0.0	0.0	0	0	0	0	0	0
Grass	12	16	4	8.5	44.5	0.0	0.0	0	0	0	0	11/30	@SD	W 38-28	0	0	0.0	0.0	0.0	0.0	0	0	0	0	0	0
Turf	3	1	2	0.0	0.0	0.0	0.0	0	0	0	0	12/07	@Pit	L 24-35	-	-	-	-	-	-	-	-	-	-	-	-
Indoor	2	1	1	0.0	0.0	0.0	0.0	0	0	0	0	12/15	@SF	L 17-34	0	0	0.0	0.0	0.0	0.0	0	0	0	0	0	0
Outdoor	13	16	5	8.5	44.5	0.0	0.0	0	0	0	0	12/21	SD	W 38-3	0	0	0.0	0.0	0.0	0.0	0	0	0	0	0	0

Dave Thomas — Jacksonville Jaguars – CB

1997 Defensive Splits

	G	Tk	Ast	Sack	Yds	Stuff	Yds	Int	Yds	PD	TD
Total	16	76	12	0.0	0.0	0.0	0.0	2	34	16	0
vs. Playoff	5	26	5	0.0	0.0	0.0	0.0	0	0	5	0
vs. Non-Playoff	11	50	7	0.0	0.0	0.0	0.0	2	34	11	0
vs. Own Division	8	47	8	0.0	0.0	0.0	0.0	1	11	8	0
Home	8	40	7	0.0	0.0	0.0	0.0	1	11	8	0
Away	8	36	5	0.0	0.0	0.0	0.0	1	23	8	0
Games 1-8	8	38	6	0.0	0.0	0.0	0.0	1	23	10	0
Games 9-16	8	38	6	0.0	0.0	0.0	0.0	1	11	6	0
Aug/Sept	4	16	1	0.0	0.0	0.0	0.0	1	23	4	0
October	4	22	5	0.0	0.0	0.0	0.0	0	0	6	0
November	5	30	5	0.0	0.0	0.0	0.0	1	11	5	0
December	3	8	1	0.0	0.0	0.0	0.0	0	0	1	0
Grass	12	56	7	0.0	0.0	0.0	0.0	2	34	11	0
Turf	4	20	5	0.0	0.0	0.0	0.0	0	0	5	0
Indoor	0	0	0	0	0	0	0	0	0	0	0
Outdoor	16	76	12	0.0	0.0	0.0	0.0	2	34	16	0

Game Logs

Date	Opp	Result	Tk	Ast	Sack	Yds	Stuff	Yds	Int	Yds	PD	FF	FR	TD
08/31	@Bal	W 28-27	9	0	0.0	0.0	0.0	0.0	0	0	2	0	0	0
09/07	NYN	W 40-13	2	0	0.0	0.0	0.0	0.0	0	0	1	0	0	0
09/22	Pit	W 30-21	3	1	0.0	0.0	0.0	0.0	0	0	0	0	0	0
09/28	@Was	L 12-24	2	0	0.0	0.0	0.0	0.0	1	23	1	0	0	0
10/05	Cin	W 21-13	8	1	0.0	0.0	0.0	0.0	0	0	1	0	0	0
10/12	Phi	W 38-21	4	0	0.0	0.0	0.0	0.0	0	0	2	1	0	0
10/19	@Dal	L 22-26	2	0	0.0	0.0	0.0	0.0	0	0	1	0	0	0
10/26	@Pit	L 17-23	8	2	0.0	0.0	0.0	0.0	0	0	2	0	0	0
11/02	@Ten	W 30-24	3	0	0.0	0.0	0.0	0.0	0	0	0	1	0	0
11/09	KC	W 24-10	11	1	0.0	0.0	0.0	0.0	0	0	2	0	0	0
11/16	Ten	W 17-9	4	2	0.0	0.0	0.0	0.0	1	11	2	0	0	0
11/23	@Cin	L 26-31	6	1	0.0	0.0	0.0	0.0	0	0	1	0	0	0
11/30	Bal	W 29-27	6	1	0.0	0.0	0.0	0.0	0	0	0	0	0	0
12/07	NE	L 20-26	2	1	0.0	0.0	0.0	0.0	0	0	0	0	0	0
12/14	@Buf	W 20-14	4	0	0.0	0.0	0.0	0.0	0	0	1	0	1	0
12/21	@Oak	W 20-9	2	0	0.0	0.0	0.0	0.0	0	0	0	0	0	0

Derrick Thomas — Kansas City Chiefs – LB

1997 Defensive Splits

	G	Tk	Ast	Sack	Yds	Stuff	Yds	Int	Yds	PD	TD
Total	12	28	6	9.5	56.0	11.5	38.0	0	0	0	0
vs. Playoff	5	7	2	3.5	27.0	1.0	13.0	0	0	0	0
vs. Non-Playoff	7	21	4	6.0	29.0	10.5	25.0	0	0	0	0
vs. Own Division	7	20	2	6.0	34.0	8.5	29.0	0	0	0	0
Home	6	13	1	5.0	36.0	5.0	23.0	0	0	0	0
Away	6	15	5	4.5	20.0	6.5	15.0	0	0	0	0
Games 1-8	4	6	1	1.0	7.0	3.0	9.0	0	0	0	0
Games 9-16	8	22	5	8.5	49.0	8.5	29.0	0	0	0	0
Aug/Sept	2	3	0	0.0	0.0	3.0	9.0	0	0	0	0
October	2	3	1	1.0	7.0	0.0	0.0	0	0	0	0
November	5	11	2	3.5	27.0	3.0	17.0	0	0	0	0
December	3	11	3	5.0	22.0	5.5	12.0	0	0	0	0
Grass	10	21	5	8.5	49.0	9.5	34.0	0	0	0	0
Turf	2	7	1	1.0	7.0	2.0	4.0	0	0	0	0
Indoor	2	7	1	1.0	7.0	2.0	4.0	0	0	0	0
Outdoor	10	21	5	8.5	49.0	9.5	34.0	0	0	0	0

Game Logs

Date	Opp	Result	Tk	Ast	Sack	Yds	Stuff	Yds	Int	Yds	PD	FF	FR	TD
08/31	@Den	L 3-19	0	0	0.0	0.0	0.0	0.0	0	0	0	0	0	0
09/08	@Oak	W 28-27	3	0	0.0	0.0	3.0	9.0	0	0	0	0	0	0
09/14	Buf	W 22-16	-	-	-	-	-	-	-	-	-	-	-	-
09/21	@Car	W 35-14	-	-	-	-	-	-	-	-	-	-	-	-
09/28	Sea	W 20-17	-	-	-	-	-	-	-	-	-	-	-	-
10/05	@Mia	L 14-17	-	-	-	-	-	-	-	-	-	-	-	-
10/16	SD	W 31-3	0	0	0.0	0.0	0.0	0.0	0	0	0	0	0	0
10/26	@StL	W 28-20	3	1	1.0	7.0	0.0	0.0	0	0	0	2	0	0
11/03	Pit	W 13-10	0	0	0.0	0.0	0.0	0.0	0	0	0	0	0	0
11/09	@Jac	L 10-24	0	2	0.5	4.0	0.0	0.0	0	0	0	0	0	0
11/16	Den	W 24-22	6	0	2.0	18.0	1.0	13.0	0	0	0	0	0	0
11/23	@Sea	W 19-14	4	0	0.0	0.0	2.0	4.0	0	0	0	0	0	0
11/30	SF	W 44-9	1	0	1.0	5.0	0.0	0.0	0	0	0	0	0	0
12/07	Oak	W 30-0	2	0	1.0	7.0	1.0	1.0	0	0	0	0	0	0
12/14	@SD	W 29-7	5	2	3.0	9.0	1.5	2.0	0	0	0	1	0	0
12/21	NO	W 25-13	4	1	1.0	6.0	3.0	9.0	0	0	0	0	0	0

Henry Thomas — New England Patriots – NT

1997 Defensive Splits

	G	Tk	Ast	Sack	Yds	Stuff	Yds	Int	Yds	PD	TD
Total	16	44	25	7.0	40.0	2.0	2.5	0	0	1	0
vs. Playoff	8	18	16	1.0	8.0	1.5	1.5	0	0	0	0
vs. Non-Playoff	8	26	9	6.0	32.0	0.5	1.0	0	0	1	0
vs. Own Division	8	19	11	3.0	13.0	0.0	0.0	0	0	1	0
Home	8	28	9	5.0	32.0	1.0	1.5	0	0	0	0
Away	8	16	16	2.0	8.0	1.0	1.0	0	0	1	0
Games 1-8	8	26	11	4.0	27.0	0.5	1.0	0	0	1	0
Games 9-16	8	18	14	3.0	13.0	1.5	1.5	0	0	0	0
Aug/Sept	4	15	4	3.0	19.0	0.5	1.0	0	0	0	0
October	4	11	7	1.0	8.0	0.0	0.0	0	0	1	0
November	5	13	9	3.0	13.0	1.0	1.0	0	0	0	0
December	3	5	5	0.0	0.0	0.5	0.5	0	0	0	0
Grass	12	33	18	6.0	40.0	1.0	1.5	0	0	1	0
Turf	4	11	7	1.0	0.0	1.0	1.0	0	0	0	0
Indoor	2	7	4	0.0	0.0	1.0	1.0	0	0	0	0
Outdoor	14	37	21	7.0	40.0	1.0	1.5	0	0	1	0

Game Logs

Date	Opp	Result	Tk	Ast	Sack	Yds	Stuff	Yds	Int	Yds	PD	FF	FR	TD
08/31	SD	W 41-7	2	1	1.0	11.0	0.0	0.0	0	0	0	1	1	0
09/07	@Ind	W 31-6	2	1	0.0	0.0	0.0	0.0	0	0	0	0	0	0
09/14	NYA	W 27-24	4	0	0.0	0.0	0.0	0.0	0	0	0	0	0	0
09/21	Chi	W 31-3	7	2	2.0	8.0	0.5	1.0	0	0	0	1	0	0
10/06	@Den	L 13-34	2	3	1.0	8.0	0.0	0.0	0	0	0	0	0	0
10/12	Buf	W 33-6	4	1	0.0	0.0	0.0	0.0	0	0	1	0	0	0
10/19	@NYA	L 19-24	2	3	0.0	0.0	0.0	0.0	0	0	0	0	0	0
10/27	CB	L 10-28	3	0	0.0	0.0	0.0	0.0	0	0	0	0	0	0
11/02	@Min	L 18-23	5	3	0.0	0.0	1.0	1.0	0	0	0	0	0	0
11/09	@Buf	W 31-10	2	1	0.0	0.0	0.0	0.0	0	0	0	0	0	0
11/16	@TB	L 7-27	2	3	0.0	0.0	0.0	0.0	0	0	0	0	0	0
11/23	Mia	W 27-24	1	2	0.0	0.0	0.0	0.0	0	0	0	0	0	0
11/30	Ind	W 20-17	3	0	2.0	13.0	0.0	0.0	0	0	0	1	0	0
12/07	@Jac	W 26-20	0	0	0.0	0.0	0.0	0.0	0	0	0	0	0	0
12/13	Pit	L 21-24	4	2	0.0	0.0	0.5	0.5	0	0	0	0	0	0
12/22	@Mia	W 14-12	1	3	0.0	0.0	0.0	0.0	0	0	0	0	0	0

Orlando Thomas
Minnesota Vikings – S

1997 Defensive Splits

	G	Tk	Ast	Sack	Yds	Stuff	Yds	Int	Yds	PD	TD
Total	15	57	13	0.0	0.0	0.0	0.0	2	1	6	1
vs. Playoff	8	29	7	0.0	0.0	0.0	0.0	1	1	1	0
vs. Non-Playoff	7	28	6	0.0	0.0	0.0	0.0	1	0	5	1
vs. Own Division	8	33	4	0.0	0.0	0.0	0.0	0	0	1	0
Home	7	20	7	0.0	0.0	0.0	0.0	1	1	4	0
Away	8	37	6	0.0	0.0	0.0	0.0	1	0	2	1
Games 1-8	7	30	8	0.0	0.0	0.0	0.0	1	0	3	1
Games 9-16	8	27	5	0.0	0.0	0.0	0.0	1	1	3	0
Aug/Sept	5	26	6	0.0	0.0	0.0	0.0	1	0	2	1
October	2	4	2	0.0	0.0	0.0	0.0	0	0	1	0
November	4	17	3	0.0	0.0	0.0	0.0	1	1	2	0
December	4	10	2	0.0	0.0	0.0	0.0	0	0	1	0
Grass	5	17	5	0.0	0.0	0.0	0.0	0	0	1	0
Turf	10	40	8	0.0	0.0	0.0	0.0	2	1	5	1
Indoor	8	27	7	0.0	0.0	0.0	0.0	1	1	4	0
Outdoor	7	30	6	0.0	0.0	0.0	0.0	1	0	2	1

Game Logs

Date	Opp	Result	Tk	Ast	Sack	Yds	Stuff	Yds	Int	Yds	PD	FF	FR	TD
08/31	@Buf	W 34-13	5	0	0.0	0.0	0.0	0.0	1	0	1	0	0	0
09/07	@Chi	W 27-24	5	1	0.0	0.0	0.0	0.0	0	0	0	1	2	1
09/14	TB	L 14-28	5	2	0.0	0.0	0.0	0.0	0	0	0	0	0	0
09/21	@GB	L 32-38	7	0	0.0	0.0	0.0	0.0	0	0	0	0	0	0
09/28	Phi	W 28-19	4	3	0.0	0.0	0.0	0.0	0	0	1	0	0	0
10/05	@Ari	W 20-19	3	1	0.0	0.0	0.0	0.0	0	0	1	0	0	0
10/12	Car	W 21-14	-	-	-	-	-	-	-	-	-	-	-	-
10/26	@TB	W 10-6	1	1	0.0	0.0	0.0	0.0	0	0	0	0	0	0
11/02	NE	W 23-18	1	2	0.0	0.0	0.0	0.0	1	1	1	0	0	0
11/09	Chi	W 29-22	1	0	0.0	0.0	0.0	0.0	0	0	1	0	0	0
11/16	@Det	L 15-38	7	0	0.0	0.0	0.0	0.0	0	0	0	0	0	0
11/23	@NYA	L 21-23	8	1	0.0	0.0	0.0	0.0	0	0	0	0	0	0
12/01	GB	L 11-27	5	0	0.0	0.0	0.0	0.0	0	0	0	0	0	0
12/07	@SF	L 17-28	1	2	0.0	0.0	0.0	0.0	0	0	0	0	0	0
12/14	Det	L 13-14	2	0	0.0	0.0	0.0	0.0	0	0	0	0	0	0
12/21	Ind	W 39-28	2	0	0.0	0.0	0.0	0.0	0	0	1	0	0	0

William Thomas
Philadelphia Eagles – LB

1997 Defensive Splits

	G	Tk	Ast	Sack	Yds	Stuff	Yds	Int	Yds	PD	TD
Total	14	59	21	5.0	33.0	3.0	7.0	2	11	9	1
vs. Playoff	7	26	11	1.0	6.0	1.0	1.0	0	0	4	0
vs. Non-Playoff	7	33	10	4.0	27.0	2.0	6.0	2	11	5	1
vs. Own Division	7	28	10	3.0	22.0	0.0	0.0	0	0	3	1
Home	8	32	13	4.0	28.0	1.0	1.0	1	0	7	0
Away	6	27	8	1.0	5.0	2.0	6.0	1	11	2	1
Games 1-8	8	38	10	4.0	28.0	0.0	0.0	0	0	3	1
Games 9-16	6	21	11	1.0	5.0	3.0	7.0	2	11	6	0
Aug/Sept	4	18	6	1.0	6.0	0.0	0.0	0	0	1	0
October	4	20	4	3.0	22.0	0.0	0.0	0	0	2	0
November	5	17	9	1.0	5.0	3.0	7.0	2	11	6	0
December	1	4	2	0.0	0.0	0.0	0.0	0	0	0	0
Grass	3	13	5	1.0	5.0	2.0	6.0	1	11	2	0
Turf	11	46	16	4.0	28.0	1.0	1.0	1	0	7	1
Indoor	1	6	0	0.0	0.0	0.0	0.0	0	0	0	0
Outdoor	13	53	21	5.0	33.0	3.0	7.0	2	11	9	1

Game Logs

Date	Opp	Result	Tk	Ast	Sack	Yds	Stuff	Yds	Int	Yds	PD	FF	FR	TD
08/31	@NYN	L 17-31	3	1	0.0	0.0	0.0	0.0	0	0	0	0	0	0
09/07	GB	W 10-9	4	3	1.0	6.0	0.0	0.0	0	0	1	0	0	0
09/15	@Dal	L 20-21	5	2	0.0	0.0	0.0	0.0	0	0	0	0	1	1
09/28	@Min	L 19-28	6	0	0.0	0.0	0.0	0.0	0	0	0	0	0	0
10/05	Was	W 24-10	2	1	0.0	0.0	0.0	0.0	0	0	1	0	0	0
10/12	@Jac	L 21-38	4	1	0.0	0.0	0.0	0.0	0	0	1	0	0	0
10/19	Ari	W 13-10	8	0	1.0	8.0	0.0	0.0	0	0	1	0	0	0
10/26	Dal	W 13-12	6	2	2.0	14.0	0.0	0.0	0	0	0	0	0	0
11/02	@Ari	L 21-31	0	2	0.0	0.0	0.0	0.0	0	0	1	0	0	0
11/10	SF	L 12-24	1	0	0.0	0.0	0.0	0.0	0	0	1	0	0	0
11/16	@Bal	T 10-10	9	2	1.0	5.0	2.0	6.0	1	11	1	0	0	0
11/23	Pit	W 23-20	4	2	0.0	0.0	1.0	1.0	0	0	2	0	0	0
11/30	Cin	W 44-42	3	1	0.0	0.0	0.0	0.0	1	0	1	0	0	0
12/07	NYN	L 21-31	4	2	0.0	0.0	0.0	0.0	0	0	0	0	0	0
12/14	@Atl	L 17-20	-	-	-	-	-	-	-	-	-	-	-	-
12/21	@Was	L 32-35	-	-	-	-	-	-	-	-	-	-	-	-

Zach Thomas
Miami Dolphins – LB

1997 Defensive Splits

	G	Tk	Ast	Sack	Yds	Stuff	Yds	Int	Yds	PD	TD
Total	15	79	50	0.5	5.0	4.5	7.5	1	10	8	0
vs. Playoff	6	32	20	0.0	0.0	0.0	0.0	1	10	2	0
vs. Non-Playoff	9	47	30	0.5	5.0	4.5	7.5	0	0	6	0
vs. Own Division	7	34	21	0.0	0.0	4.5	7.5	0	0	3	0
Home	7	28	31	0.0	0.0	1.0	3.0	0	0	5	0
Away	8	51	19	0.5	5.0	3.5	4.5	1	10	3	0
Games 1-8	7	35	29	0.0	0.0	1.0	1.0	1	10	5	0
Games 9-16	8	44	21	0.5	5.0	3.5	6.5	0	0	3	0
Aug/Sept	3	20	10	0.0	0.0	0.0	0.0	1	10	1	0
October	4	15	19	0.0	0.0	1.0	1.0	0	0	2	0
November	5	26	12	0.5	5.0	1.5	3.5	0	0	2	0
December	3	18	9	0.0	0.0	2.0	3.0	0	0	1	0
Grass	12	60	41	0.5	5.0	1.0	3.0	1	10	8	0
Turf	3	19	9	0.0	0.0	3.5	4.5	0	0	0	0
Indoor	1	9	2	0.0	0.0	2.0	3.0	0	0	0	0
Outdoor	14	70	48	0.5	5.0	2.5	4.5	1	10	8	0

Game Logs

Date	Opp	Result	Tk	Ast	Sack	Yds	Stuff	Yds	Int	Yds	PD	FF	FR	TD
08/31	Ind	W 16-10	-	-	-	-	-	-	-	-	-	-	-	-
09/07	Ten	W 16-13	4	3	0.0	0.0	0.0	0.0	0	0	0	0	0	0
09/14	@GB	L 18-23	7	4	0.0	0.0	0.0	0.0	0	0	0	0	0	0
09/21	@TB	L 21-31	9	3	0.0	0.0	0.0	0.0	1	10	1	0	0	0
10/05	KC	W 17-14	3	4	0.0	0.0	0.0	0.0	0	0	0	0	0	0
10/12	@NYA	W 31-20	5	6	0.0	0.0	1.0	1.0	0	0	0	0	0	0
10/19	@Bal	W 24-13	3	1	0.0	0.0	0.0	0.0	0	0	2	0	0	0
10/27	Chi	L 33-36	4	8	0.0	0.0	0.0	0.0	0	0	2	0	0	0
11/02	@Buf	L 6-9	5	1	0.0	0.0	0.5	0.5	0	0	0	0	0	0
11/09	NYA	W 24-17	6	4	0.0	0.0	0.0	0.0	0	0	2	0	0	0
11/17	Buf	W 30-13	2	5	0.0	0.0	1.0	3.0	0	0	1	0	0	0
11/23	@NE	L 24-27	4	2	0.0	0.0	0.0	0.0	0	0	0	0	0	0
11/30	@Oak	W 34-16	9	0	0.5	5.0	0.0	0.0	0	0	1	0	0	0
12/07	Det	W 33-30	6	6	0.0	0.0	0.0	0.0	0	0	0	0	0	0
12/14	@Ind	L 0-41	9	2	0.0	0.0	2.0	3.0	0	0	0	0	0	0
12/22	NE	L 12-14	3	1	0.0	0.0	0.0	0.0	0	0	1	0	0	0

Tony Tolbert — Dallas Cowboys – DE

1997 Defensive Splits

	G	Tk	Ast	Sack	Yds	Stuff	Yds	Int	Yds	PD	TD
Total	16	30	13	5.0	23.0	1.0	8.0	0	0	0	0
vs. Playoff	6	9	6	0.0	0.0	1.0	8.0	0	0	0	0
vs. Non-Playoff	10	21	7	5.0	23.0	0.0	0.0	0	0	0	0
vs. Own Division	8	14	6	3.0	16.0	1.0	8.0	0	0	0	0
Home	8	17	4	4.0	19.0	0.0	0.0	0	0	0	0
Away	8	13	9	1.0	4.0	1.0	8.0	0	0	0	0
Games 1-8	8	17	9	3.0	11.0	1.0	8.0	0	0	0	0
Games 9-16	8	13	4	2.0	12.0	0.0	0.0	0	0	0	0
Aug/Sept	4	11	5	3.0	11.0	0.0	0.0	0	0	0	0
October	4	6	4	0.0	0.0	1.0	8.0	0	0	0	0
November	5	8	4	2.0	12.0	0.0	0.0	0	0	0	0
December	3	5	0	0.0	0.0	0.0	0.0	0	0	0	0
Grass	4	8	3	1.0	4.0	0.0	0.0	0	0	0	0
Turf	12	22	10	4.0	19.0	1.0	8.0	0	0	0	0
Indoor	0	0	0	0	0	0	0	0	0	0	0
Outdoor	16	30	13	5.0	23.0	1.0	8.0	0	0	0	0

Game Logs

Date	Opp	Result	Tk	Ast	Sack	Yds	Stuff	Yds	Int	Yds	PD	FF	FR	TD
08/31	@Pit	W 37-7	1	3	0.0	0.0	0.0	0.0	0	0	0	0	0	0
09/07	@Ari	L 22-25	4	1	1.0	4.0	0.0	0.0	0	0	1	0	0	0
09/15	Phi	W 21-20	1	1	0.0	0.0	0.0	0.0	0	0	0	0	0	0
09/28	Chi	W 27-3	5	0	2.0	7.0	0.0	0.0	0	0	0	0	0	0
10/05	@NYN	L 17-20	2	0	0.0	0.0	1.0	8.0	0	0	0	0	0	0
10/13	@Was	L 16-21	1	0	0.0	0.0	0.0	0.0	0	0	0	0	0	0
10/19	Jac	W 26-22	1	1	0.0	0.0	0.0	0.0	0	0	0	0	0	0
10/26	@Phi	L 12-13	2	3	0.0	0.0	0.0	0.0	0	0	0	0	0	0
11/02	@SF	L 10-17	2	1	0.0	0.0	0.0	0.0	0	0	0	0	0	0
11/09	Ari	W 24-6	2	0	2.0	12.0	0.0	0.0	0	0	1	0	0	0
11/16	Was	W 17-14	0	1	0.0	0.0	0.0	0.0	0	0	0	0	0	0
11/23	@GB	L 17-45	1	0	0.0	0.0	0.0	0.0	0	0	0	0	0	0
11/27	Ten	L 14-27	3	1	0.0	0.0	0.0	0.0	0	0	0	0	0	0
12/08	Car	L 13-23	3	0	0.0	0.0	0.0	0.0	0	0	0	0	0	0
12/14	@Cin	L 24-31	0	0	0.0	0.0	0.0	0.0	0	0	0	0	0	0
12/21	NYN	L 7-20	2	0	0.0	0.0	0.0	0.0	0	0	0	0	0	0

Reggie Tongue — Kansas City Chiefs – S

1997 Defensive Splits

	G	Tk	Ast	Sack	Yds	Stuff	Yds	Int	Yds	PD	TD
Total	16	83	21	2.5	27.5	2.5	7.0	1	0	7	0
vs. Playoff	6	34	11	0.0	0.0	2.5	7.0	0	0	2	0
vs. Non-Playoff	10	49	10	2.5	27.5	0.0	0.0	1	0	5	0
vs. Own Division	8	37	12	1.5	22.5	0.0	0.0	0	0	4	0
Home	8	41	7	1.5	15.5	2.0	6.0	1	0	3	0
Away	8	42	14	1.0	12.0	0.5	1.0	0	0	4	0
Games 1-8	8	32	13	1.5	15.5	0.5	1.0	1	0	5	0
Games 9-16	8	51	8	1.0	12.0	2.0	6.0	0	0	2	0
Aug/Sept	5	19	6	1.5	15.5	0.0	0.0	1	0	5	0
October	3	13	7	0.0	0.0	0.5	1.0	0	0	0	0
November	5	34	5	1.0	12.0	2.0	6.0	0	0	1	0
December	3	17	3	0.0	0.0	0.0	0.0	0	0	1	0
Grass	14	69	18	1.5	15.5	2.5	7.0	1	0	7	0
Turf	2	14	3	1.0	12.0	0.0	0.0	0	0	0	0
Indoor	2	14	3	1.0	12.0	0.0	0.0	0	0	0	0
Outdoor	14	69	18	1.5	15.5	2.5	7.0	1	0	7	0

Game Logs

Date	Opp	Result	Tk	Ast	Sack	Yds	Stuff	Yds	Int	Yds	PD	FF	FR	TD
08/31	@Den	L 3-19	4	3	0.0	0.0	0.0	0.0	0	0	1	0	0	0
09/08	@Oak	W 28-27	5	0	0.0	0.0	0.0	0.0	0	0	1	0	0	0
09/14	Buf	W 22-16	4	0	1.0	5.0	0.0	0.0	1	0	2	0	0	0
09/21	@Car	W 35-14	4	0	0.0	0.0	0.0	0.0	0	0	1	0	0	0
09/28	Sea	W 20-17	2	2	0.5	10.5	0.0	0.0	0	0	1	0	0	0
10/05	@Mia	L 14-17	4	4	0.0	0.0	0.5	1.0	0	0	0	0	0	0
10/16	SD	W 31-3	3	1	0.0	0.0	0.0	0.0	0	0	0	0	0	0
10/26	@StL	W 28-20	6	2	0.0	0.0	0.0	0.0	0	0	0	0	0	0
11/03	Pit	W 13-10	5	1	0.0	0.0	0.0	0.0	0	0	0	0	0	0
11/09	@Jac	L 10-24	6	1	0.0	0.0	0.0	0.0	0	0	1	0	0	0
11/16	Den	W 24-22	6	2	0.0	0.0	0.0	0.0	0	0	0	0	0	0
11/23	@Sea	W 19-14	8	1	1.0	12.0	0.0	0.0	0	0	0	0	1	0
11/30	SF	W 44-9	9	0	0.0	0.0	2.0	6.0	0	0	0	0	0	0
12/07	Oak	W 30-0	4	0	0.0	0.0	0.0	0.0	0	0	0	0	0	0
12/14	@SD	W 29-7	5	2	0.0	0.0	0.0	0.0	0	0	1	0	0	0
12/21	NO	W 25-13	8	1	0.0	0.0	0.0	0.0	0	0	0	0	0	0

James Trapp — Oakland Raiders – S

1997 Defensive Splits

	G	Tk	Ast	Sack	Yds	Stuff	Yds	Int	Yds	PD	TD
Total	16	82	21	0.0	0.0	2.5	6.0	2	24	8	0
vs. Playoff	6	36	9	0.0	0.0	1.0	1.0	0	0	0	0
vs. Non-Playoff	10	46	12	0.0	0.0	1.5	5.0	2	24	8	0
vs. Own Division	8	44	14	0.0	0.0	2.0	5.0	1	25	3	0
Home	8	37	11	0.0	0.0	0.5	0.5	1	25	2	0
Away	8	45	10	0.0	0.0	2.0	5.5	1	-1	6	0
Games 1-8	8	41	8	0.0	0.0	0.5	1.0	1	-1	5	0
Games 9-16	8	41	13	0.0	0.0	2.0	5.0	1	25	3	0
Aug/Sept	5	28	3	0.0	0.0	1.0	1.0	1	-1	3	0
October	3	13	5	0.0	0.0	0.0	0.0	0	0	2	0
November	5	26	6	0.0	0.0	1.5	4.5	0	0	2	0
December	3	15	7	0.0	0.0	0.5	0.5	1	25	1	0
Grass	13	66	17	0.0	0.0	2.0	5.0	2	24	6	0
Turf	3	16	4	0.0	0.0	0.5	1.0	0	0	2	0
Indoor	2	12	3	0.0	0.0	0.5	1.0	0	0	1	0
Outdoor	14	70	18	0.0	0.0	2.0	5.0	2	24	7	0

Game Logs

Date	Opp	Result	Tk	Ast	Sack	Yds	Stuff	Yds	Int	Yds	PD	FF	FR	TD
08/31	@Ten	L 21-24	3	1	0.0	0.0	0.0	0.0	1	-1	2	0	0	0
09/07	KC	L 27-28	7	1	0.0	0.0	0.0	0.0	0	0	0	0	0	0
09/14	@Atl	W 36-31	9	0	0.0	0.0	0.5	1.0	0	0	0	0	0	0
09/21	@NYA	L 22-23	4	1	0.0	0.0	0.0	0.0	0	0	1	0	0	0
09/28	StL	W 35-17	5	0	0.0	0.0	0.0	0.0	0	0	0	0	0	0
10/05	SD	L 10-25	2	1	0.0	0.0	0.0	0.0	0	0	1	0	0	0
10/19	Den	W 28-25	8	1	0.0	0.0	0.0	0.0	0	0	0	0	0	0
10/26	@Sea	L 34-45	3	3	0.0	0.0	0.0	0.0	0	0	1	0	0	0
11/02	@Car	L 14-38	7	1	0.0	0.0	0.0	0.0	0	0	2	0	0	0
11/09	NO	L 10-13	3	0	0.0	0.0	0.0	0.0	0	0	0	0	0	0
11/16	@SD	W 38-13	5	1	0.0	0.0	0.5	3.5	0	0	0	0	1	0
11/24	@Den	L 3-31	8	1	0.0	0.0	1.0	1.0	0	0	0	0	0	0
11/30	Mia	L 16-34	3	3	0.0	0.0	0.0	0.0	0	0	0	0	0	0
12/07	@KC	L 0-30	6	2	0.0	0.0	0.0	0.0	0	0	0	0	0	0
12/14	Sea	L 21-22	5	4	0.0	0.0	0.5	0.5	1	25	1	0	1	0
12/21	Jac	L 9-20	4	1	0.0	0.0	0.0	0.0	0	0	0	0	0	0

Winfred Tubbs
New Orleans Saints – LB

1997 Defensive Splits

	G	Tk	Ast	Sack	Yds	Stuff	Yds	Int	Yds	PD	TD
Total	16	118	46	2.5	20.0	8.0	18.0	2	21	9	0
vs. Playoff	5	34	15	1.5	12.0	2.0	5.0	0	0	4	0
vs. Non-Playoff	11	84	31	1.0	8.0	6.0	13.0	2	21	5	0
vs. Own Division	8	61	28	1.0	8.0	3.0	6.0	0	0	3	0
Home	8	59	30	1.0	8.0	5.0	9.0	2	21	6	0
Away	8	59	16	1.5	12.0	3.0	9.0	0	0	3	0
Games 1-8	8	58	28	0.5	3.0	6.0	15.0	1	6	4	0
Games 9-16	8	60	18	2.0	17.0	2.0	3.0	1	15	5	0
Aug/Sept	5	32	14	0.5	3.0	4.0	9.0	1	6	4	0
October	4	36	17	0.0	0.0	2.0	6.0	0	0	2	0
November	4	30	6	0.0	0.0	0.0	0.0	1	15	3	0
December	3	20	9	2.0	17.0	2.0	3.0	0	0	0	0
Grass	5	41	8	1.0	9.0	3.0	9.0	0	0	2	0
Turf	11	77	38	1.5	11.0	5.0	9.0	2	21	7	0
Indoor	10	73	32	1.0	8.0	5.0	9.0	2	21	6	0
Outdoor	6	45	14	1.5	12.0	3.0	9.0	0	0	3	0

Game Logs

Date	Opp	Result	Tk	Ast	Sack	Yds	Stuff	Yds	Int	Yds	PD	FF	FR	TD
08/31	@StL	L 24-38	7	0	0.0	0.0	0.0	0.0	0	0	0	0	0	0
09/07	SD	L 6-20	12	3	0.0	0.0	3.0	6.0	1	6	2	0	0	0
09/14	@SF	L 7-33	5	3	0.0	0.0	1.0	3.0	0	0	1	0	0	0
09/21	Det	W 35-17	4	2	0.0	0.0	0.0	0.0	0	0	1	0	0	0
09/28	@NYN	L 9-14	4	6	0.5	3.0	0.0	0.0	0	0	1	0	0	0
10/05	@Chi	W 20-17	9	1	0.0	0.0	1.0	4.0	0	0	0	0	0	0
10/12	Atl	L 17-23	7	6	0.0	0.0	1.0	2.0	0	0	0	0	0	0
10/19	Car	L 0-13	10	7	0.0	0.0	0.0	0.0	0	0	0	0	0	0
10/26	SF	L 0-23	10	3	0.0	0.0	0.0	0.0	0	2	0	0	0	0
11/09	@Oak	W 13-10	7	2	0.0	0.0	0.0	0.0	0	0	1	1	0	0
11/16	Sea	W 20-17	7	1	0.0	0.0	0.0	0.0	1	15	2	0	1	0
11/23	@Atl	L 3-20	7	2	0.0	0.0	0.0	0.0	0	0	1	0	0	0
11/30	@Car	W 16-13	9	1	0.0	0.0	0.0	0.0	0	0	0	0	1	0
12/07	StL	L 27-34	6	6	1.0	8.0	1.0	1.0	0	0	0	0	0	0
12/14	Ari	W 27-10	3	2	0.0	0.0	0.0	0.0	0	0	0	0	0	0
12/21	@KC	L 13-25	11	1	1.0	9.0	1.0	2.0	0	0	0	0	0	0

Jessie Tuggle
Atlanta Falcons – LB

1997 Defensive Splits

	G	Tk	Ast	Sack	Yds	Stuff	Yds	Int	Yds	PD	TD
Total	16	69	23	1.5	14.0	4.5	9.0	0	0	4	0
vs. Playoff	5	26	11	0.5	3.0	0.0	0.0	0	0	1	0
vs. Non-Playoff	11	43	12	1.0	11.0	4.5	9.0	0	0	3	0
vs. Own Division	8	39	11	0.5	3.0	3.5	6.5	0	0	0	0
Home	8	29	11	0.0	0.0	1.5	5.0	0	0	3	0
Away	8	40	12	1.5	14.0	3.0	4.0	0	0	1	0
Games 1-8	8	40	13	0.5	3.0	2.0	3.5	0	0	2	0
Games 9-16	8	29	10	1.0	11.0	2.5	5.5	0	0	2	0
Aug/Sept	5	23	7	0.5	3.0	0.5	2.0	0	0	1	0
October	3	17	6	0.0	0.0	1.5	1.5	0	0	0	0
November	5	16	6	0.0	0.0	2.5	5.5	0	0	1	0
December	3	13	4	1.0	11.0	0.0	0.0	0	0	2	0
Grass	4	21	6	1.5	14.0	0.0	0.0	0	0	1	0
Turf	12	48	17	0.0	0.0	4.5	9.0	0	0	3	0
Indoor	12	48	17	0.0	0.0	4.5	9.0	0	0	3	0
Outdoor	4	21	6	1.5	14.0	0.0	0.0	0	0	1	0

Game Logs

Date	Opp	Result	Tk	Ast	Sack	Yds	Stuff	Yds	Int	Yds	PD	FF	FR	TD
08/31	@Det	L 17-28	4	2	0.0	0.0	0.0	0.0	0	0	0	0	0	0
09/07	Car	L 6-9	5	2	0.0	0.0	0.0	0.0	0	0	0	0	0	0
09/14	Oak	L 31-36	3	1	0.0	0.0	0.5	2.0	0	0	1	0	0	0
09/21	@SF	L 7-34	8	1	0.5	3.0	0.0	0.0	0	0	0	0	0	0
09/28	Den	L 21-29	3	1	0.0	0.0	0.0	0.0	0	0	1	0	0	0
10/12	@NO	W 23-17	7	1	0.0	0.0	1.5	1.5	0	0	0	0	0	0
10/19	SF	L 28-35	6	4	0.0	0.0	0.0	0.0	0	0	0	0	0	0
10/26	@Car	L 12-21	4	1	0.0	0.0	0.0	0.0	0	0	0	0	0	0
11/02	StL	W 34-31	1	0	0.0	0.0	0.0	0.0	0	0	0	0	0	0
11/09	TB	L 10-31	5	3	0.0	0.0	0.0	0.0	0	0	0	0	0	0
11/16	@StL	W 27-21	6	2	0.0	0.0	1.0	2.0	0	0	0	0	0	0
11/23	NO	W 20-3	2	0	0.0	0.0	1.0	3.0	0	0	0	0	0	0
11/30	@Sea	W 24-17	2	1	0.0	0.0	0.5	0.5	0	0	1	0	0	0
12/07	@SD	W 14-3	7	2	1.0	11.0	0.0	0.0	0	0	0	0	0	0
12/14	Phi	W 20-17	4	0	0.0	0.0	0.0	0.0	0	0	1	0	0	0
12/21	@Ari	L 26-29	2	2	0.0	0.0	0.0	0.0	0	0	1	0	0	0

Eric Turner
Oakland Raiders – S

1997 Defensive Splits

	G	Tk	Ast	Sack	Yds	Stuff	Yds	Int	Yds	PD	TD
Total	16	89	19	0.0	0.0	1.5	2.5	2	45	9	1
vs. Playoff	6	32	6	0.0	0.0	0.0	0.0	0	0	2	1
vs. Non-Playoff	10	57	13	0.0	0.0	1.5	2.5	2	45	7	0
vs. Own Division	8	54	12	0.0	0.0	1.5	2.5	0	0	1	0
Home	8	44	9	0.0	0.0	0.0	0.0	2	45	5	1
Away	8	45	10	0.0	0.0	1.5	2.5	0	0	4	0
Games 1-8	8	48	12	0.0	0.0	1.0	2.0	2	45	5	1
Games 9-16	8	41	7	0.0	0.0	0.5	0.5	0	0	4	0
Aug/Sept	5	24	6	0.0	0.0	0.0	0.0	2	45	5	0
October	3	24	6	0.0	0.0	1.0	2.0	0	0	0	0
November	5	22	4	0.0	0.0	0.5	0.5	0	0	2	0
December	3	19	3	0.0	0.0	0.0	0.0	0	0	2	1
Grass	13	74	14	0.0	0.0	0.5	0.5	2	45	8	1
Turf	3	15	5	0.0	0.0	1.0	2.0	0	0	1	0
Indoor	2	13	4	0.0	0.0	1.0	2.0	0	0	0	0
Outdoor	14	76	15	0.0	0.0	0.5	0.5	2	45	9	1

Game Logs

Date	Opp	Result	Tk	Ast	Sack	Yds	Stuff	Yds	Int	Yds	PD	FF	FR	TD
08/31	@Ten	L 21-24	9	0	0.0	0.0	0.0	0.0	0	0	2	0	0	0
09/08	KC	L 27-28	5	2	0.0	0.0	0.0	0.0	0	0	0	0	0	0
09/14	@Atl	W 36-31	3	3	0.0	0.0	0.0	0.0	0	0	0	0	1	0
09/21	@NYA	L 22-23	2	1	0.0	0.0	0.0	0.0	0	0	1	0	0	0
09/28	StL	W 35-17	5	0	0.0	0.0	0.0	0.0	2	45	2	0	0	0
10/05	SD	L 10-25	8	3	0.0	0.0	1.5	2.5	0	0	0	1	0	0
10/19	Den	W 28-25	6	2	0.0	0.0	0.0	0.0	0	0	0	0	1	1
10/26	@Sea	L 34-45	10	1	0.0	0.0	1.0	2.0	0	0	0	0	0	0
11/02	@Car	L 14-38	6	2	0.0	0.0	0.0	0.0	0	0	0	0	0	0
11/09	NO	L 10-13	1	1	0.0	0.0	0.0	0.0	0	0	2	0	0	0
11/16	@SD	W 38-13	3	1	0.0	0.0	0.5	0.5	0	0	0	0	0	0
11/24	@Den	L 3-31	8	0	0.0	0.0	0.0	0.0	0	0	0	0	0	0
11/30	Mia	L 16-34	4	0	0.0	0.0	0.0	0.0	0	0	0	0	1	0
12/07	@KC	L 0-30	4	2	0.0	0.0	0.0	0.0	0	0	1	0	0	0
12/14	Sea	L 21-22	10	1	0.0	0.0	0.0	0.0	0	0	0	0	0	0
12/21	Jac	L 9-20	5	0	0.0	0.0	0.0	0.0	0	0	1	0	0	0

Regan Upshaw — Tampa Bay Buccaneers – DE

1997 Defensive Splits

	G	Tk	Ast	Sack	Yds	Stuff	Yds	Int	Yds	PD	TD
Total	15	23	5	7.5	50.0	0.5	0.5	0	0	2	0
vs. Playoff	9	15	5	5.5	42.0	0.0	0.0	0	0	1	0
vs. Non-Playoff	6	8	0	2.0	8.0	0.5	0.5	0	0	1	0
vs. Own Division	7	8	2	3.5	22.0	0.0	0.0	0	0	1	0
Home	7	11	5	5.0	34.0	0.0	0.0	0	0	2	0
Away	8	12	5	2.5	16.0	0.5	0.5	0	0	0	0
Games 1-8	7	12	2	4.5	29.0	0.0	0.0	0	0	0	0
Games 9-16	8	11	3	3.0	21.0	0.5	0.5	0	0	2	0
Aug/Sept	5	7	2	2.5	12.0	0.0	0.0	0	0	0	0
October	2	5	0	2.0	17.0	0.0	0.0	0	0	0	0
November	5	7	3	2.0	19.0	0.0	0.0	0	0	1	0
December	3	4	0	1.0	2.0	0.5	0.5	0	0	1	0
Grass	9	12	2	6.0	41.0	0.0	0.0	0	0	2	0
Turf	6	11	5	1.5	9.0	0.5	0.5	0	0	0	0
Indoor	4	5	2	1.5	9.0	0.0	0.0	0	0	0	0
Outdoor	11	18	3	6.0	41.0	0.5	0.5	0	0	2	0

Game Logs

Date	Opp	Result	Tk	Ast	Sack	Yds	Stuff	Yds	Int	Yds	PD	FF	FR	TD
08/31	SF	W 13-6	3	0	2.0	9.0	0.0	0.0	0	0	0	1	0	0
09/07	@Det	W 24-17	0	1	0.0	0.0	0.0	0.0	0	0	0	0	0	0
09/14	@Min	W 28-14	2	1	0.5	3.0	0.0	0.0	0	0	0	0	0	0
09/21	Mia	W 31-21	1	0	0.0	0.0	0.0	0.0	0	0	0	0	0	0
09/28	Ari	W 19-18	1	0	0.0	0.0	0.0	0.0	0	0	0	0	0	0
10/05	@GB	L 16-21	1	0	1.0	7.0	0.0	0.0	0	0	0	0	0	0
10/12	Det	L 9-27	4	0	1.0	10.0	0.0	0.0	0	0	0	0	0	0
10/26	Min	L 6-10	-	-	-	-	-	-	-	-	-	-	-	-
11/02	@Ind	W 31-28	2	0	1.0	6.0	0.0	0.0	0	0	0	1	0	0
11/09	@Atl	W 31-10	1	0	0.0	0.0	0.0	0.0	0	0	0	0	0	0
11/16	NE	W 27-7	1	0	1.0	13.0	0.0	0.0	0	0	1	0	0	0
11/23	@Chi	L 7-13	0	0	0.0	0.0	0.0	0.0	0	0	0	0	0	0
11/30	@NYN	W 20-8	3	3	0.0	0.0	0.0	0.0	0	0	0	0	0	0
12/07	GB	L 6-17	0	0	0.0	0.0	0.0	0.0	0	0	0	0	0	0
12/14	@NYA	L 0-31	3	0	0.0	0.0	0.5	0.5	0	0	0	0	0	0
12/21	Chi	W 31-15	1	0	1.0	2.0	0.0	0.0	0	0	1	0	0	0

Troy Vincent — Philadelphia Eagles – CB

1997 Defensive Splits

	G	Tk	Ast	Sack	Yds	Stuff	Yds	Int	Yds	PD	TD
Total	16	50	15	0.0	0.0	0.0	0.0	3	14	24	0
vs. Playoff	7	24	9	0.0	0.0	0.0	0.0	2	0	10	0
vs. Non-Playoff	9	26	6	0.0	0.0	0.0	0.0	1	14	14	0
vs. Own Division	8	20	7	0.0	0.0	0.0	0.0	1	14	13	0
Home	8	22	13	0.0	0.0	0.0	0.0	1	0	14	0
Away	8	28	2	0.0	0.0	0.0	0.0	2	14	10	0
Games 1-8	8	23	9	0.0	0.0	0.0	0.0	1	0	14	0
Games 9-16	8	27	6	0.0	0.0	0.0	0.0	2	14	10	0
Aug/Sept	4	16	3	0.0	0.0	0.0	0.0	1	0	9	0
October	4	7	6	0.0	0.0	0.0	0.0	0	0	5	0
November	5	14	5	0.0	0.0	0.0	0.0	1	0	7	0
December	3	13	1	0.0	0.0	0.0	0.0	1	14	3	0
Grass	4	11	2	0.0	0.0	0.0	0.0	1	14	4	0
Turf	12	39	13	0.0	0.0	0.0	0.0	2	0	20	0
Indoor	2	11	0	0.0	0.0	0.0	0.0	1	0	3	0
Outdoor	14	39	15	0.0	0.0	0.0	0.0	2	14	21	0

Game Logs

Date	Opp	Result	Tk	Ast	Sack	Yds	Stuff	Yds	Int	Yds	PD	FF	FR	TD
08/31	@NYN	L 17-31	4	0	0.0	0.0	0.0	0.0	0	0	0	0	0	0
09/07	GB	L 10-9	4	3	0.0	0.0	0.0	0.0	0	0	3	0	0	0
09/15	@Dal	L 20-21	2	0	0.0	0.0	0.0	0.0	0	0	3	0	0	0
09/28	@Min	L 19-28	6	0	0.0	0.0	0.0	0.0	1	0	3	0	0	0
10/05	Was	W 24-10	0	1	0.0	0.0	0.0	0.0	0	0	1	0	1	0
10/12	@Jac	L 21-38	2	1	0.0	0.0	0.0	0.0	0	0	0	0	1	0
10/19	Ari	W 13-10	2	1	0.0	0.0	0.0	0.0	0	0	1	0	0	0
10/26	Dal	W 13-12	3	3	0.0	0.0	0.0	0.0	0	0	3	0	0	0
11/02	@Ari	L 21-31	1	0	0.0	0.0	0.0	0.0	0	0	2	0	0	0
11/10	SF	L 12-24	4	1	0.0	0.0	0.0	0.0	0	0	1	0	0	0
11/16	@Bal	T 10-10	2	0	0.0	0.0	0.0	0.0	0	0	1	0	0	0
11/23	Pit	W 23-20	2	3	0.0	0.0	0.0	0.0	1	0	2	0	0	0
11/30	Cin	W 44-42	5	0	0.0	0.0	0.0	0.0	0	0	2	0	0	0
12/07	NYN	L 21-31	2	1	0.0	0.0	0.0	0.0	0	0	2	1	0	0
12/14	@Atl	L 17-20	5	0	0.0	0.0	0.0	0.0	0	0	0	0	0	0
12/21	@Was	L 32-35	6	0	0.0	0.0	0.0	0.0	1	14	1	0	0	0

Gary Walker — Tennessee Oilers – DT

1997 Defensive Splits

	G	Tk	Ast	Sack	Yds	Stuff	Yds	Int	Yds	PD	TD
Total	15	31	13	7.0	56.0	4.0	8.0	0	0	2	0
vs. Playoff	5	12	9	1.0	9.0	3.0	6.0	0	0	1	0
vs. Non-Playoff	10	19	4	6.0	47.0	1.0	2.0	0	0	1	0
vs. Own Division	7	22	11	4.0	31.0	4.0	8.0	0	0	2	0
Home	7	12	5	2.0	18.0	1.5	4.5	0	0	1	0
Away	8	19	8	5.0	38.0	2.5	3.5	0	0	1	0
Games 1-8	8	15	7	3.0	28.0	2.0	3.0	0	0	0	0
Games 9-16	7	16	6	4.0	28.0	2.0	5.0	0	0	2	0
Aug/Sept	4	4	4	0.0	0.0	2.0	3.0	0	0	0	0
October	4	11	3	3.0	28.0	0.0	0.0	0	0	0	0
November	4	7	4	2.0	16.0	1.5	2.5	0	0	0	0
December	3	9	2	2.0	12.0	0.5	2.5	0	0	2	0
Grass	11	23	9	6.0	49.0	3.0	7.0	0	0	2	0
Turf	4	8	4	1.0	7.0	1.0	1.0	0	0	0	0
Indoor	1	2	0	0.0	0.0	0.0	0.0	0	0	0	0
Outdoor	14	29	13	7.0	56.0	4.0	8.0	0	0	2	0

Game Logs

Date	Opp	Result	Tk	Ast	Sack	Yds	Stuff	Yds	Int	Yds	PD	FF	FR	TD
08/31	Oak	W 24-21	0	0	0.0	0.0	0.0	0.0	0	0	0	0	0	0
09/07	@Mia	L 13-16	1	0	0.0	0.0	0.0	0.0	0	0	0	0	0	0
09/21	Bal	L 10-36	1	0	0.0	0.0	1.0	2.0	0	0	0	0	0	0
09/28	@Pit	L 24-37	2	4	0.0	0.0	1.0	1.0	0	0	0	0	0	0
10/05	@Sea	L 13-16	2	0	0.0	0.0	0.0	0.0	0	0	0	0	1	0
10/12	Cin	W 30-7	5	2	1.0	10.0	0.0	0.0	0	0	0	0	1	0
10/19	Was	W 28-14	2	1	1.0	8.0	0.0	0.0	0	0	0	0	0	0
10/26	@Ari	W 41-14	2	0	1.0	10.0	0.0	0.0	0	0	0	0	0	0
11/02	Jac	L 24-30	-	-	-	-	-	-	-	-	-	-	-	-
11/09	NYN	W 10-6	0	1	0.0	0.0	0.0	0.0	0	0	0	0	0	0
11/16	@Jac	W 9-17	5	3	1.0	9.0	1.5	2.5	0	0	0	0	0	0
11/23	Buf	W 31-14	0	0	0.0	0.0	0.0	0.0	0	0	0	0	0	0
11/27	@Dal	W 27-14	2	0	1.0	7.0	0.0	0.0	0	0	0	0	0	0
12/04	@Cin	L 14-41	2	0	0.0	0.0	0.0	0.0	0	0	0	0	0	0
12/14	@Bal	L 19-21	3	1	2.0	12.0	0.0	0.0	0	0	1	0	0	0
12/21	Pit	W 16-6	4	1	0.0	0.0	0.5	2.5	0	0	1	0	0	0

Dewayne Washington — Minnesota Vikings – CB

1997 Defensive Splits	G	Tk	Ast	Sack	Yds	Stuff	Yds	Int	Yds	PD	TD	Date	Opp	Result	Tk	Ast	Sack	Yds	Stuff	Yds	Int	Yds	PD	FF	FR	TD
Total	16	74	10	0.0	0.0	2.0	3.5	4	71	10	0	08/31	@Buf	W 34-13	6	0	0.0	0.0	0.0	0.0	1	5	1	0	0	0
vs. Playoff	8	35	7	0.0	0.0	1.5	3.0	1	26	5	0	09/07	@Chi	W 27-24	2	1	0.0	0.0	0.0	0.0	0	0	0	0	0	0
vs. Non-Playoff	8	39	3	0.0	0.0	0.5	0.5	3	45	5	0	09/14	TB	L 14-28	6	2	0.0	0.0	0.0	0.0	0	0	0	0	0	0
vs. Own Division	8	30	9	0.0	0.0	1.5	3.0	1	26	3	0	09/21	@GB	L 32-38	3	2	0.0	0.0	0.5	2.0	1	26	1	0	0	0
Home	8	37	5	0.0	0.0	0.0	0.0	2	40	5	0	09/28	Phi	W 28-19	7	0	0.0	0.0	0.0	0.0	2	40	2	0	0	0
Away	8	37	5	0.0	0.0	2.0	3.5	2	31	5	0	10/05	@Ari	W 20-19	7	0	0.0	0.0	0.0	0.0	0	0	0	0	0	0
Games 1-8	8	39	5	0.0	0.0	0.5	2.0	4	71	6	0	10/12	Car	W 21-14	3	0	0.0	0.0	0.0	0.0	0	0	0	0	0	0
Games 9-16	8	35	5	0.0	0.0	1.5	1.5	0	0	4	0	10/26	@TB	W 10-6	5	0	0.0	0.0	0.0	0.0	0	0	1	0	0	0
Aug/Sept	5	24	5	0.0	0.0	0.5	2.0	4	71	4	0	11/02	NE	W 23-18	5	0	0.0	0.0	0.0	0.0	0	0	2	0	0	0
October	3	15	0	0.0	0.0	0.0	0.0	0	0	2	0	11/09	Chi	W 29-22	4	1	0.0	0.0	0.0	0.0	0	0	0	0	0	0
November	4	17	3	0.0	0.0	1.5	1.5	0	0	3	0	11/16	@Det	L 15-38	4	1	0.0	0.0	1.0	1.0	0	0	0	0	0	0
December	4	18	2	0.0	0.0	0.0	0.0	0	0	1	0	11/23	@NYA	L 21-23	4	1	0.0	0.0	0.5	0.5	0	1	0	0	0	0
Grass	5	23	3	0.0	0.0	0.5	2.0	1	26	3	0	12/01	GB	L 11-27	2	0	0.0	0.0	0.0	0.0	0	0	0	0	0	0
Turf	11	51	7	0.0	0.0	1.5	1.5	3	45	7	0	12/07	@SF	L 17-28	6	0	0.0	0.0	0.0	0.0	0	0	0	0	0	0
Indoor	9	41	6	0.0	0.0	1.0	1.0	2	40	5	0	12/14	Det	L 13-14	4	1	0.0	0.0	0.0	0.0	0	0	1	0	0	0
Outdoor	7	33	4	0.0	0.0	1.0	2.5	2	31	5	0	12/21	Ind	W 39-28	6	0	0.0	0.0	0.0	0.0	0	0	0	0	0	0

Ted Washington — Buffalo Bills – NT

1997 Defensive Splits	G	Tk	Ast	Sack	Yds	Stuff	Yds	Int	Yds	PD	TD	Date	Opp	Result	Tk	Ast	Sack	Yds	Stuff	Yds	Int	Yds	PD	FF	FR	TD
Total	16	63	17	4.0	21.5	6.5	9.0	0	0	6	0	08/31	Min	L 13-34	4	1	1.0	4.0	1.0	2.0	0	0	0	0	0	0
vs. Playoff	10	36	10	1.5	10.0	2.5	5.0	0	0	6	0	09/07	@NYA	W 28-22	3	2	0.5	2.5	0.0	0.0	0	0	0	0	0	0
vs. Non-Playoff	6	27	7	2.5	11.5	4.0	4.0	0	0	0	0	09/14	@KC	L 16-22	2	0	0.0	0.0	0.0	0.0	0	0	0	0	0	0
vs. Own Division	8	25	8	2.0	10.5	1.5	2.0	0	0	3	0	09/21	Ind	W 37-35	2	1	0.0	0.0	0.0	0.0	0	0	0	0	0	0
Home	8	26	6	1.5	10.0	2.0	4.0	0	0	5	0	10/05	Det	W 22-13	4	1	0.0	0.0	1.0	2.0	0	0	1	0	0	0
Away	8	37	11	2.5	11.5	4.5	5.0	0	0	1	0	10/12	@NE	L 6-33	4	2	0.0	0.0	0.0	0.0	0	0	0	0	0	0
Games 1-8	8	23	9	2.5	8.5	3.0	5.0	0	0	3	0	10/20	@Ind	W 9-6	3	0	1.0	2.0	1.0	1.0	0	0	0	0	0	0
Games 9-16	8	40	8	1.5	13.0	3.5	4.0	0	0	3	0	10/26	Den	L 20-23	1	2	0.0	0.0	0.0	0.0	0	0	2	0	0	0
Aug/Sept	4	11	4	1.5	6.5	1.0	2.0	0	0	0	0	11/02	Mia	W 9-6	4	0	0.0	0.0	0.0	0.0	0	0	1	0	0	0
October	4	12	5	1.0	2.0	2.0	3.0	0	0	3	0	11/09	NE	L 10-31	2	1	0.5	6.0	0.0	0.0	0	0	1	0	0	0
November	5	21	4	1.5	13.0	3.0	3.5	0	0	3	0	11/17	@Mia	L 13-30	4	2	0.0	0.0	0.5	0.5	0	0	1	0	0	0
December	3	19	4	0.0	0.0	0.5	0.5	0	0	0	0	11/23	@Ten	L 14-31	8	1	1.0	7.0	2.5	2.5	0	0	1	0	0	0
Grass	6	31	9	1.0	7.0	3.5	4.0	0	0	1	0	11/30	NYA	W 20-10	3	0	0.0	0.0	0.0	0.0	0	0	0	0	0	0
Turf	10	32	8	3.0	14.5	3.0	5.0	0	0	5	0	12/07	@Chi	L 3-20	8	3	0.0	0.0	0.5	0.5	0	0	0	0	0	0
Indoor	1	3	0	1.0	2.0	1.0	1.0	0	0	0	0	12/14	Jac	L 14-20	6	0	0.0	0.0	0.0	0.0	0	0	0	0	0	0
Outdoor	15	60	17	3.0	19.5	5.5	8.0	0	0	6	0	12/20	@GB	L 21-31	5	1	0.0	0.0	0.0	0.0	0	0	0	1	0	0

Dean Wells — Seattle Seahawks – LB

1997 Defensive Splits	G	Tk	Ast	Sack	Yds	Stuff	Yds	Int	Yds	PD	TD	Date	Opp	Result	Tk	Ast	Sack	Yds	Stuff	Yds	Int	Yds	PD	FF	FR	TD
Total	16	74	18	1.0	2.0	3.0	5.0	0	0	2	0	08/31	NYA	L 3-41	4	3	0.0	0.0	0.5	0.5	0	0	0	0	0	0
vs. Playoff	5	25	5	1.0	2.0	1.5	2.0	0	0	1	0	09/07	Den	L 14-35	4	2	0.0	0.0	0.0	0.0	0	0	0	0	0	0
vs. Non-Playoff	11	49	13	0.0	0.0	1.5	3.0	0	0	1	0	09/14	@Ind	W 31-3	2	2	0.0	0.0	0.0	0.0	0	0	0	0	0	0
vs. Own Division	8	40	11	1.0	2.0	2.5	4.5	0	0	1	0	09/21	SD	W 26-22	8	5	0.0	0.0	0.0	0.0	0	0	0	0	0	0
Home	8	44	15	1.0	2.0	2.0	3.0	0	0	0	0	09/28	@KC	L 17-20	6	1	0.0	0.0	0.5	0.5	0	0	0	0	0	0
Away	8	30	3	0.0	0.0	1.0	2.0	0	0	2	0	10/05	Ten	W 16-13	5	1	0.0	0.0	0.0	0.0	0	0	0	0	0	0
Games 1-8	8	37	15	0.0	0.0	1.5	3.0	0	0	0	0	10/19	@StL	W 17-9	4	0	0.0	0.0	0.0	0.0	0	0	0	0	0	0
Games 9-16	8	37	3	1.0	2.0	1.5	2.0	0	0	2	0	10/26	Oak	W 45-34	4	1	0.0	0.0	0.5	1.5	0	0	0	1	0	0
Aug/Sept	5	24	13	0.0	0.0	1.0	1.5	0	0	1	0	11/02	@Den	L 27-30	1	0	0.0	0.0	0.0	0.0	0	0	1	0	0	0
October	3	13	2	0.0	0.0	0.5	1.5	0	0	0	0	11/09	@SD	W 37-31	6	0	0.0	0.0	0.0	0.0	0	0	0	0	0	0
November	5	23	3	1.0	2.0	1.0	1.0	0	0	0	0	11/16	@NO	L 17-20	4	0	0.0	0.0	0.0	0.0	0	0	0	0	0	0
December	3	14	0	0.0	0.0	0.5	1.0	0	0	1	0	11/23	KC	L 14-19	7	2	1.0	2.0	1.0	1.0	0	0	1	0	0	0
Grass	5	20	1	0.0	0.0	1.0	2.0	0	0	2	0	11/30	Atl	L 17-24	5	1	0.0	0.0	0.0	0.0	0	0	0	0	0	0
Turf	11	54	17	1.0	2.0	2.0	3.0	0	0	0	0	12/07	@Bal	L 24-31	3	0	0.0	0.0	0.0	0.0	0	1	0	0	0	0
Indoor	11	54	17	1.0	2.0	2.0	3.0	0	0	0	0	12/14	@Oak	W 22-21	4	0	0.0	0.0	0.5	1.0	0	0	0	0	0	0
Outdoor	5	20	1	0.0	0.0	1.0	2.0	0	0	2	0	12/21	SF	W 38-9	7	0	0.0	0.0	0.0	0.0	0	0	0	0	0	0

Mark Wheeler — New England Patriots – DT

1997 Defensive Splits

	G	Tk	Ast	Sack	Yds	Stuff	Yds	Int	Yds	PD	TD
Total	14	26	10	4.0	39.0	0.5	0.5	0	0	1	0
vs. Playoff	6	10	2	0.0	0.0	0.5	0.5	0	0	0	0
vs. Non-Playoff	8	16	8	4.0	39.0	0.0	0.0	0	0	1	0
vs. Own Division	7	16	6	3.0	20.0	0.0	0.0	0	0	1	0
Home	7	15	7	3.0	34.0	0.5	0.5	0	0	1	0
Away	7	11	3	1.0	5.0	0.0	0.0	0	0	0	0
Games 1-8	8	15	5	4.0	39.0	0.5	0.5	0	0	1	0
Games 9-16	6	11	5	0.0	0.0	0.0	0.0	0	0	0	0
Aug/Sept	4	7	3	3.0	34.0	0.0	0.0	0	0	0	0
October	4	8	2	1.0	5.0	0.5	0.5	0	0	1	0
November	5	9	5	0.0	0.0	0.0	0.0	0	0	0	0
December	1	2	0	0.0	0.0	0.0	0.0	0	0	0	0
Grass	10	20	7	3.0	34.0	0.5	0.5	0	0	1	0
Turf	4	6	3	1.0	5.0	0.0	0.0	0	0	0	0
Indoor	2	1	1	0.0	0.0	0.0	0.0	0	0	0	0
Outdoor	12	25	9	4.0	39.0	0.5	0.5	0	0	1	0

Game Logs

Date	Opp	Result	Tk	Ast	Sack	Yds	Stuff	Yds	Int	Yds	PD	FF	FR	TD
08/31	SD	W 41-7	1	0	1.0	19.0	0.0	0.0	0	0	0	1	0	0
09/07	@Ind	W 31-6	1	0	0.0	0.0	0.0	0.0	0	0	0	0	0	0
09/14	NYA	W 27-24	3	1	2.0	15.0	0.0	0.0	0	0	0	0	0	0
09/21	Chi	W 31-3	2	2	0.0	0.0	0.0	0.0	0	0	0	0	0	0
10/06	@Den	L 13-34	1	0	0.0	0.0	0.0	0.0	0	0	0	0	0	0
10/12	Buf	W 33-6	1	1	0.0	0.0	0.0	0.0	0	0	1	0	0	0
10/19	@NYA	L 19-24	4	0	1.0	5.0	0.0	0.0	0	0	0	0	0	0
10/27	GB	L 10-28	2	1	0.0	0.0	0.5	0.5	0	0	0	0	0	0
11/02	@Min	L 18-23	0	1	0.0	0.0	0.0	0.0	0	0	0	0	0	0
11/09	@Buf	W 31-10	1	2	0.0	0.0	0.0	0.0	0	0	0	0	0	0
11/16	@TB	L 7-27	2	0	0.0	0.0	0.0	0.0	0	0	0	0	0	0
11/23	Mia	W 27-24	3	0	0.0	0.0	0.0	0.0	0	0	0	0	0	0
11/30	Ind	W 20-17	3	2	0.0	0.0	0.0	0.0	0	0	0	0	0	0
12/07	@Jac	W 26-20	2	0	0.0	0.0	0.0	0.0	0	0	0	0	0	0
12/13	Pit	L 21-24	-	-	-	-	-	-	-	-	-	-	-	-
12/22	@Mia	W 14-12												

Reggie White — Green Bay Packers – DE

1997 Defensive Splits

	G	Tk	Ast	Sack	Yds	Stuff	Yds	Int	Yds	PD	TD
Total	16	31	16	11.0	73.5	0.0	0.0	0	0	6	0
vs. Playoff	8	18	7	8.5	54.5	0.0	0.0	0	0	1	0
vs. Non-Playoff	8	13	8	2.5	19.0	0.0	0.0	0	0	5	0
vs. Own Division	8	21	10	9.0	58.5	0.0	0.0	0	0	4	0
Home	8	18	8	5.5	44.0	0.0	0.0	0	0	2	0
Away	8	13	7	5.5	29.5	0.0	0.0	0	0	4	0
Games 1-8	8	21	11	5.5	35.0	0.0	0.0	0	0	5	0
Games 9-16	8	10	4	5.5	38.5	0.0	0.0	0	0	1	0
Aug/Sept	5	11	9	3.5	15.0	0.0	0.0	0	0	4	0
October	3	10	2	2.0	20.0	0.0	0.0	0	0	1	0
November	4	5	1	1.0	8.0	0.0	0.0	0	0	0	0
December	4	5	3	4.5	30.5	0.0	0.0	0	0	1	0
Grass	12	24	10	6.5	51.0	0.0	0.0	0	0	3	0
Turf	4	7	5	4.5	22.5	0.0	0.0	0	0	3	0
Indoor	3	6	3	3.5	17.5	0.0	0.0	0	0	1	0
Outdoor	13	25	12	7.5	56.0	0.0	0.0	0	0	5	0

Game Logs

Date	Opp	Result	Tk	Ast	Sack	Yds	Stuff	Yds	Int	Yds	PD	FF	FR	TD
08/31	Chi	W 38-24	3	3	0.5	4.0	0.0	0.0	0	0	2	0	0	0
09/07	@Phi	L 9-10	1	2	1.0	5.0	0.0	0.0	0	0	2	0	1	0
09/14	Mia	W 23-18	3	1	0.0	0.0	0.0	0.0	0	0	0	0	0	0
09/21	Min	W 38-32	2	1	1.0	2.0	0.0	0.0	0	0	0	0	0	0
09/28	@Det	L 15-26	2	2	1.0	4.0	0.0	0.0	0	0	0	0	0	0
10/05	TB	W 21-16	5	1	2.0	20.0	0.0	0.0	0	0	0	0	0	0
10/12	@Chi	W 24-23	4	1	0.0	0.0	0.0	0.0	0	0	1	0	0	0
10/27	@NE	W 28-10	1	0	0.0	0.0	0.0	0.0	0	0	0	0	1	0
11/02	Det	W 20-10	2	0	1.0	8.0	0.0	0.0	0	0	0	0	0	0
11/09	StL	W 17-7	1	1	0.0	0.0	0.0	0.0	0	0	0	0	0	0
11/16	@Ind	L 38-41	2	0	0.0	0.0	0.0	0.0	0	0	0	0	0	0
11/23	Dal	W 45-17	0	0	0.0	0.0	0.0	0.0	0	0	0	0	0	0
12/01	@Min	W 27-11	2	1	2.5	13.5	0.0	0.0	0	0	1	0	0	0
12/07	@TB	W 17-6	1	1	1.0	7.0	0.0	0.0	0	0	0	0	0	0
12/14	@Car	W 31-10	0	0	0.0	0.0	0.0	0.0	0	0	0	0	0	0
12/20	Buf	W 31-21	2	1	1.0	10.0	0.0	0.0	0	0	0	0	0	0

William White — Atlanta Falcons – S

1997 Defensive Splits

	G	Tk	Ast	Sack	Yds	Stuff	Yds	Int	Yds	PD	TD
Total	16	63	16	0.0	0.0	5.0	12.0	1	11	4	0
vs. Playoff	5	24	3	0.0	0.0	2.0	2.0	0	0	2	0
vs. Non-Playoff	11	39	13	0.0	0.0	3.0	10.0	1	11	2	0
vs. Own Division	8	28	8	0.0	0.0	2.5	9.0	0	0	2	0
Home	8	32	10	0.0	0.0	3.5	7.0	0	0	2	0
Away	8	31	6	0.0	0.0	1.5	5.0	1	11	2	0
Games 1-8	8	35	6	0.0	0.0	4.0	10.0	0	0	2	0
Games 9-16	8	28	10	0.0	0.0	1.0	2.0	1	11	2	0
Aug/Sept	5	23	5	0.0	0.0	3.0	6.0	0	0	2	0
October	3	12	1	0.0	0.0	1.0	4.0	0	0	0	0
November	5	15	7	0.0	0.0	0.5	1.0	0	0	1	0
December	3	13	3	0.0	0.0	0.5	1.0	1	11	1	0
Grass	4	17	4	0.0	0.0	1.5	5.0	1	11	2	0
Turf	12	46	12	0.0	0.0	3.5	7.0	0	0	2	0
Indoor	12	46	12	0.0	0.0	3.5	7.0	0	0	2	0
Outdoor	4	17	4	0.0	0.0	1.5	5.0	1	11	2	0

Game Logs

Date	Opp	Result	Tk	Ast	Sack	Yds	Stuff	Yds	Int	Yds	PD	FF	FR	TD
08/31	@Det	L 17-28	3	0	0.0	0.0	0.0	0.0	0	0	0	0	0	0
09/07	Car	L 6-9	4	1	0.0	0.0	1.0	4.0	0	0	0	0	0	0
09/14	Oak	L 31-36	2	1	0.0	0.0	0.0	0.0	0	0	0	0	0	0
09/21	@SF	L 7-34	5	1	0.0	0.0	0.0	0.0	0	0	1	0	0	0
09/28	Den	L 21-29	9	2	0.0	0.0	2.0	2.0	0	0	1	0	0	0
10/12	@NO	W 23-17	5	0	0.0	0.0	0.0	0.0	0	0	0	0	0	0
10/19	SF	L 28-35	3	0	0.0	0.0	0.0	0.0	0	0	0	0	0	0
10/26	@Car	L 12-21	4	1	0.0	0.0	1.0	4.0	0	0	0	0	0	0
11/02	StL	W 34-31	2	4	0.0	0.0	0.5	1.0	0	0	1	0	0	0
11/09	TB	L 10-31	4	0	0.0	0.0	0.0	0.0	0	0	0	0	0	0
11/16	@StL	W 27-21	2	0	0.0	0.0	0.0	0.0	0	0	0	0	0	0
11/23	NO	W 20-3	3	1	0.0	0.0	0.0	0.0	0	0	0	0	0	0
11/30	@Sea	W 24-17	4	2	0.0	0.0	0.0	0.0	0	0	0	0	0	0
12/07	@SD	W 14-3	3	1	0.0	0.0	0.0	0.0	0	0	0	0	0	0
12/14	Phi	W 20-17	5	1	0.0	0.0	0.0	0.0	0	0	0	0	0	0
12/21	@Ari	L 26-29	5	2	0.0	0.0	0.5	1.0	1	11	1	0	0	0

Corey Widmer
New York Giants – LB

1997 Defensive Splits

	G	Tk	Ast	Sack	Yds	Stuff	Yds	Int	Yds	PD	TD
Total	16	70	20	1.5	9.5	3.5	5.5	2	0	4	0
vs. Playoff	3	17	9	0.0	0.0	3.5	5.5	0	0	1	0
vs. Non-Playoff	13	53	11	1.5	9.5	0.0	0.0	2	0	3	0
vs. Own Division	8	31	7	0.5	1.5	0.0	0.0	1	0	2	0
Home	8	38	10	1.5	9.5	1.0	2.0	1	0	1	0
Away	8	32	10	0.0	0.0	2.5	3.5	1	0	3	0
Games 1-8	8	32	9	1.0	8.0	2.5	3.5	0	0	1	0
Games 9-16	8	38	11	0.5	1.5	1.0	2.0	2	0	3	0
Aug/Sept	5	19	4	1.0	8.0	1.0	2.0	0	0	0	0
October	4	19	7	0.0	0.0	1.5	1.5	0	0	1	0
November	4	23	6	0.5	1.5	1.0	2.0	1	0	1	0
December	3	9	3	0.0	0.0	0.0	0.0	1	0	2	0
Grass	4	21	6	0.0	0.0	1.0	2.0	1	0	1	0
Turf	12	49	14	1.5	9.5	2.5	3.5	1	0	3	0
Indoor	2	6	3	0.0	0.0	1.5	1.5	0	0	0	0
Outdoor	14	64	17	1.5	9.5	2.0	4.0	2	0	3	0

Game Logs

Date	Opp	Result	Tk	Ast	Sack	Yds	Stuff	Yds	Int	Yds	PD	FF	FR	TD
08/31	Phi	W 31-17	5	0	0.0	0.0	0.0	0.0	0	0	0	0	0	0
09/07	@Jac	L 13-40	5	3	0.0	0.0	1.0	2.0	0	0	0	0	0	0
09/14	Bal	L 23-24	0	1	0.0	0.0	0.0	0.0	0	0	0	0	0	0
09/21	@StL	L 3-13	3	0	0.0	0.0	0.0	0.0	0	0	0	0	0	0
09/28	NO	W 14-9	6	0	1.0	8.0	0.0	0.0	0	0	0	0	0	0
10/05	Dal	W 20-17	6	1	0.0	0.0	0.0	0.0	0	0	0	0	0	0
10/12	@Ari	W 27-13	4	1	0.0	0.0	0.0	0.0	0	0	0	0	0	0
10/19	@Det	W 26-20	3	3	0.0	0.0	1.5	1.5	0	0	1	0	0	0
10/26	Cin	W 29-27	6	2	0.0	0.0	0.0	0.0	0	0	0	0	0	0
11/09	@Ten	L 6-10	7	1	0.0	0.0	0.0	0.0	1	0	1	0	0	0
11/16	Ari	W 19-10	2	1	0.5	1.5	0.0	0.0	0	0	0	0	0	0
11/23	@Was	T 7-7	5	1	0.0	0.0	0.0	0.0	0	0	0	0	0	0
11/30	TB	L 8-20	9	3	0.0	0.0	1.0	2.0	0	0	0	0	0	0
12/07	@Phi	W 31-21	3	1	0.0	0.0	0.0	0.0	0	0	1	0	0	0
12/13	Was	W 30-10	4	2	0.0	0.0	0.0	0.0	1	0	1	0	0	0
12/21	@Dal	W 20-7	2	0	0.0	0.0	0.0	0.0	0	0	0	0	0	0

Gabe Wilkins
Green Bay Packers – DE

1997 Defensive Splits

	G	Tk	Ast	Sack	Yds	Stuff	Yds	Int	Yds	PD	TD
Total	16	30	20	5.5	26.5	1.0	1.0	1	77	1	2
vs. Playoff	8	13	10	4.0	20.5	0.0	0.0	1	77	1	1
vs. Non-Playoff	8	17	10	1.5	6.0	1.0	1.0	0	0	0	1
vs. Own Division	8	12	10	4.0	21.0	0.0	0.0	1	77	1	2
Home	8	14	9	2.5	12.0	0.5	0.5	1	77	1	2
Away	8	16	11	3.0	14.5	0.5	0.5	0	0	0	0
Games 1-8	8	18	17	5.0	25.5	0.0	0.0	1	77	1	2
Games 9-16	8	12	3	0.5	1.0	1.0	1.0	0	0	0	0
Aug/Sept	5	13	12	3.5	18.0	0.0	0.0	0	0	0	1
October	3	5	5	1.5	7.5	0.0	0.0	1	77	1	1
November	4	7	3	0.0	0.0	1.0	1.0	0	0	0	0
December	4	5	0	0.5	1.0	0.0	0.0	0	0	0	0
Grass	12	21	13	3.5	16.5	0.5	0.5	1	77	1	2
Turf	4	9	7	2.0	10.0	0.5	0.5	0	0	0	0
Indoor	3	5	4	1.0	8.0	0.5	0.5	0	0	0	0
Outdoor	13	25	16	4.5	18.5	0.5	0.5	1	77	1	2

Game Logs

Date	Opp	Result	Tk	Ast	Sack	Yds	Stuff	Yds	Int	Yds	PD	FF	FR	TD
09/01	Chi	W 38-24	1	4	0.5	4.0	0.0	0.0	0	0	0	1	1	1
09/07	@Phi	L 9-10	4	3	1.0	2.0	0.0	0.0	0	0	0	0	0	0
09/14	Mia	W 23-18	2	0	0.0	0.0	0.0	0.0	0	0	0	0	0	0
09/21	Min	W 38-32	4	3	1.0	4.0	0.0	0.0	0	0	0	0	0	0
09/28	@Det	L 15-26	2	2	1.0	8.0	0.0	0.0	0	0	0	0	0	0
10/05	TB	W 21-16	1	1	1.0	4.0	0.0	0.0	1	77	1	0	0	1
10/12	@Chi	W 24-23	2	0	0.0	0.0	0.0	0.0	0	0	0	0	0	0
10/27	@NE	W 28-10	2	4	0.5	3.5	0.0	0.0	0	0	0	0	0	0
11/02	Det	W 20-10	0	0	0.0	0.0	0.0	0.0	0	0	0	0	0	0
11/09	StL	W 17-7	2	0	0.0	0.0	0.5	0.5	0	0	0	0	0	0
11/16	@Ind	L 38-41	3	2	0.0	0.0	0.5	0.5	0	0	0	1	1	0
11/23	Dal	W 45-17	2	1	0.0	0.0	0.0	0.0	0	0	0	0	0	0
12/01	@Min	W 27-11	0	0	0.0	0.0	0.0	0.0	0	0	0	0	0	0
12/07	@TB	W 17-6	2	0	0.5	1.0	0.0	0.0	0	0	0	0	0	0
12/14	@Car	W 31-10	1	0	0.0	0.0	0.0	0.0	0	0	0	0	0	0
12/20	Buf	W 31-21	2	0	0.0	0.0	0.0	0.0	0	0	0	0	0	0

Dan Wilkinson
Cincinnati Bengals – DE

1997 Defensive Splits

	G	Tk	Ast	Sack	Yds	Stuff	Yds	Int	Yds	PD	TD
Total	15	24	10	5.0	29.0	3.0	5.0	0	0	2	0
vs. Playoff	6	12	7	2.0	11.0	1.5	3.5	0	0	1	0
vs. Non-Playoff	9	12	3	3.0	18.0	1.5	1.5	0	0	1	0
vs. Own Division	8	14	3	3.0	20.0	2.5	4.5	0	0	1	0
Home	7	11	2	0.0	0.0	1.5	3.5	0	0	1	0
Away	8	13	8	5.0	29.0	1.5	1.5	0	0	1	0
Games 1-8	8	17	4	3.0	20.0	1.0	1.0	0	0	1	0
Games 9-16	7	7	6	2.0	9.0	2.0	4.0	0	0	1	0
Aug/Sept	4	8	2	1.0	9.0	1.0	1.0	0	0	0	0
October	4	9	2	2.0	11.0	0.0	0.0	0	0	1	0
November	5	5	6	2.0	9.0	2.0	4.0	0	0	1	0
December	2	2	0	0.0	0.0	0.0	0.0	0	0	0	0
Grass	4	8	2	3.0	20.0	1.0	1.0	0	0	0	0
Turf	11	16	8	2.0	9.0	2.0	4.0	0	0	2	0
Indoor	1	1	1	1.0	8.0	0.0	0.0	0	0	0	0
Outdoor	14	23	9	4.0	21.0	3.0	5.0	0	0	1	0

Game Logs

Date	Opp	Result	Tk	Ast	Sack	Yds	Stuff	Yds	Int	Yds	PD	FF	FR	TD
08/31	Ari	W 24-21	2	0	0.0	0.0	0.0	0.0	0	0	0	0	0	0
09/07	@Bal	L 10-23	3	0	1.0	9.0	1.0	1.0	0	0	0	0	0	0
09/21	@Den	L 20-38	2	2	0.0	0.0	0.0	0.0	0	0	0	0	0	0
09/28	NYA	L 14-31	1	0	0.0	0.0	0.0	0.0	0	0	0	0	0	0
10/05	@Jac	L 13-21	2	0	2.0	11.0	0.0	0.0	0	0	0	0	0	0
10/12	@Ten	L 7-30	1	0	0.0	0.0	0.0	0.0	0	0	0	0	0	0
10/19	Pit	L 10-26	4	0	0.0	0.0	0.0	0.0	0	0	1	0	0	0
10/26	@NYN	L 27-29	2	2	0.0	0.0	0.0	0.0	0	0	0	0	0	0
11/02	SD	W 38-31	1	1	0.0	0.0	0.5	0.5	0	0	0	0	0	0
11/09	@Ind	W 28-13	1	1	1.0	8.0	0.0	0.0	0	0	1	0	0	0
11/16	@Pit	L 3-20	2	0	0.0	0.0	0.5	0.5	0	0	0	0	0	0
11/23	Jac	W 31-26	1	0	0.0	0.0	1.0	3.0	0	0	0	0	0	0
11/30	@Phi	L 42-44	1	1	1.0	9.0	0.0	0.0	0	0	0	1	0	0
12/04	Ten	W 41-14	0	0	0.0	0.0	0.0	0.0	0	0	0	0	0	0
12/14	Dal	W 31-24	-	-	-	-	-	-	-	-	-	-	-	-
12/21	Bal	W 16-14	2	0	0.0	0.0	0.0	0.0	0	0	0	0	0	0

Aeneas Williams

Arizona Cardinals – CB

1997 Defensive Splits

	G	Tk	Ast	Sack	Yds	Stuff	Yds	Int	Yds	PD	TD
Total	16	49	14	0.0	0.0	0.0	0.0	6	95	17	2
vs. Playoff	5	17	5	0.0	0.0	0.0	0.0	3	91	7	2
vs. Non-Playoff	11	32	9	0.0	0.0	0.0	0.0	3	4	10	0
vs. Own Division	8	26	10	0.0	0.0	0.0	0.0	2	34	9	1
Home	8	21	11	0.0	0.0	0.0	0.0	3	53	10	1
Away	8	28	3	0.0	0.0	0.0	0.0	3	42	7	1
Games 1-8	8	30	6	0.0	0.0	0.0	0.0	4	91	11	2
Games 9-16	8	19	8	0.0	0.0	0.0	0.0	2	4	6	0
Aug/Sept	4	17	0	0.0	0.0	0.0	0.0	2	42	8	1
October	4	13	6	0.0	0.0	0.0	0.0	2	49	3	1
November	5	13	4	0.0	0.0	0.0	0.0	0	0	3	0
December	3	6	4	0.0	0.0	0.0	0.0	2	4	3	0
Grass	11	34	11	0.0	0.0	0.0	0.0	4	95	14	2
Turf	5	15	3	0.0	0.0	0.0	0.0	2	0	3	0
Indoor	1	2	0	0.0	0.0	0.0	0.0	1	0	1	0
Outdoor	15	47	14	0.0	0.0	0.0	0.0	5	95	16	2

Game Logs

Date	Opp	Result	Tk	Ast	Sack	Yds	Stuff	Yds	Int	Yds	PD	FF	FR	TD
08/31	@Cin	L 21-24	3	0	0.0	0.0	0.0	0.0	1	0	1	0	0	0
09/07	Dal	W 25-22	4	0	0.0	0.0	0.0	0.0	0	0	3	0	0	0
09/14	@Was	L 13-19	5	0	0.0	0.0	0.0	0.0	0	0	1	0	0	0
09/28	@TB	L 18-19	5	0	0.0	0.0	0.0	0.0	1	42	3	0	0	1
10/05	Min	L 19-20	3	1	0.0	0.0	0.0	0.0	1	19	1	1	0	0
10/12	NYN	L 13-27	4	2	0.0	0.0	0.0	0.0	1	30	1	0	0	1
10/19	@Phi	L 10-13	4	3	0.0	0.0	0.0	0.0	0	0	1	0	0	0
10/26	Ten	L 14-41	2	0	0.0	0.0	0.0	0.0	0	0	0	0	0	0
11/02	Phi	W 31-21	1	2	0.0	0.0	0.0	0.0	0	0	1	0	0	0
11/09	@Dal	L 6-24	4	0	0.0	0.0	0.0	0.0	0	0	0	0	0	0
11/16	@NYN	L 10-19	2	0	0.0	0.0	0.0	0.0	0	0	0	0	0	0
11/23	@Bal	W 16-13	3	0	0.0	0.0	0.0	0.0	0	0	0	0	0	0
11/30	Pit	L 20-26	3	2	0.0	0.0	0.0	0.0	0	0	2	0	0	0
12/07	Was	L 28-38	2	3	0.0	0.0	0.0	0.0	1	4	2	0	0	0
12/14	@NO	L 10-27	2	0	0.0	0.0	0.0	0.0	1	0	1	0	0	0
12/21	Atl	W 29-26	2	1	0.0	0.0	0.0	0.0	0	0	0	0	0	0

Alfred Williams

Denver Broncos – DE

1997 Defensive Splits

	G	Tk	Ast	Sack	Yds	Stuff	Yds	Int	Yds	PD	TD
Total	16	36	10	8.5	74.0	8.0	32.5	0	0	3	1
vs. Playoff	5	7	4	2.0	11.0	2.5	17.0	0	0	1	0
vs. Non-Playoff	11	29	6	6.5	63.0	5.5	15.5	0	0	2	1
vs. Own Division	8	19	4	3.0	27.0	3.5	13.5	0	0	2	0
Home	8	11	7	2.5	19.0	4.5	27.0	0	0	3	1
Away	8	25	3	6.0	55.0	3.5	5.5	0	0	0	0
Games 1-8	8	22	6	4.0	44.0	6.0	24.5	0	0	1	0
Games 9-16	8	14	4	4.5	30.0	2.0	8.0	0	0	2	1
Aug/Sept	5	14	3	2.0	14.0	4.5	14.5	0	0	1	0
October	3	8	3	2.0	30.0	1.5	10.0	0	0	1	0
November	5	10	2	1.5	11.0	1.0	6.0	0	0	1	0
December	3	4	2	3.0	19.0	1.0	2.0	0	0	0	1
Grass	12	21	8	5.5	40.0	5.5	28.0	0	0	3	1
Turf	4	15	2	3.0	34.0	2.5	4.5	0	0	0	0
Indoor	2	9	1	2.0	14.0	1.5	2.5	0	0	0	0
Outdoor	14	27	9	6.5	60.0	6.5	30.0	0	0	3	1

Game Logs

Date	Opp	Result	Tk	Ast	Sack	Yds	Stuff	Yds	Int	Yds	PD	FF	FR	TD
08/31	KC	W 19-3	1	1	0.0	0.0	1.0	6.0	0	0	0	0	0	0
09/07	@Sea	W 35-14	4	1	0.0	0.0	0.5	0.5	0	0	0	0	0	0
09/14	StL	W 35-14	3	1	0.0	0.0	2.0	6.0	0	0	0	0	0	0
09/21	Cin	W 38-20	1	0	0.0	0.0	0.0	0.0	0	0	0	1	1	1
09/28	@Atl	W 29-21	5	0	2.0	14.0	1.0	2.0	0	0	1	0	0	0
10/06	NE	W 34-13	0	2	0.0	0.0	0.5	9.0	0	0	1	0	0	0
10/19	@Oak	L 25-28	3	1	1.0	10.0	1.0	1.0	0	0	0	0	0	0
10/26	@Buf	W 23-20	5	0	1.0	20.0	0.0	0.0	0	0	0	1	0	0
11/02	Sea	W 30-27	0	0	0.0	0.0	0.0	0.0	0	0	1	0	0	0
11/09	Car	W 34-0	0	2	0.5	2.0	0.0	0.0	0	0	0	0	0	0
11/16	@KC	L 22-24	3	0	0.0	0.0	0.0	0.0	0	0	0	0	0	0
11/24	Oak	W 31-3	5	0	1.0	9.0	1.0	6.0	0	0	1	0	0	0
11/30	@SD	W 38-28	2	0	0.0	0.0	0.0	0.0	0	0	0	0	0	0
12/07	@Pit	L 24-35	1	1	0.0	0.0	1.0	2.0	0	0	0	0	0	0
12/15	@SF	L 17-34	2	0	2.0	11.0	0.0	0.0	0	0	0	0	0	0
12/21	SD	W 38-3	1	1	1.0	8.0	0.0	0.0	0	0	0	0	0	0

Brian Williams

Green Bay Packers – LB

1997 Defensive Splits

	G	Tk	Ast	Sack	Yds	Stuff	Yds	Int	Yds	PD	TD
Total	16	62	38	1.0	11.0	3.5	9.0	2	30	6	0
vs. Playoff	8	29	22	0.0	0.0	3.0	6.5	1	5	3	0
vs. Non-Playoff	8	33	16	1.0	11.0	0.5	2.5	1	25	3	0
vs. Own Division	8	25	23	0.0	0.0	1.0	4.0	1	25	3	0
Home	8	24	23	0.0	0.0	3.0	7.5	0	0	2	0
Away	8	38	15	1.0	11.0	0.5	1.5	2	30	4	0
Games 1-8	8	31	27	0.0	0.0	3.5	9.0	2	30	5	0
Games 9-16	8	31	11	1.0	11.0	0.0	0.0	0	0	1	0
Aug/Sept	5	14	22	0.0	0.0	3.5	9.0	0	0	0	0
October	3	17	5	0.0	0.0	0.0	0.0	2	30	5	0
November	4	14	6	0.0	0.0	0.0	0.0	0	0	0	0
December	4	17	5	1.0	11.0	0.0	0.0	0	0	1	0
Grass	12	45	27	1.0	11.0	3.0	7.5	2	30	6	0
Turf	4	17	11	0.0	0.0	0.5	1.5	0	0	0	0
Indoor	3	14	8	0.0	0.0	0.5	1.5	0	0	0	0
Outdoor	13	48	30	1.0	11.0	3.0	7.5	2	30	6	0

Game Logs

Date	Opp	Result	Tk	Ast	Sack	Yds	Stuff	Yds	Int	Yds	PD	FF	FR	TD
09/01	Chi	W 38-24	1	5	0.0	0.0	0.5	2.5	0	0	0	0	0	0
09/07	@Phi	L 9-10	3	3	0.0	0.0	0.0	0.0	0	0	0	0	0	0
09/14	Mia	W 23-18	6	4	0.0	0.0	2.5	5.0	0	0	0	0	0	0
09/21	Min	W 38-32	1	4	0.0	0.0	0.0	0.0	0	0	0	0	0	0
09/28	@Det	L 15-26	3	6	0.0	0.0	0.5	1.5	0	0	1	0	1	0
10/05	TB	W 21-16	2	3	0.0	0.0	0.0	0.0	0	0	0	0	0	0
10/12	@Chi	W 24-23	8	1	0.0	0.0	0.0	0.0	1	25	3	0	0	0
10/27	@NE	W 20-10	7	1	0.0	0.0	0.0	0.0	1	5	2	0	0	0
11/02	Det	W 20-10	2	1	0.0	0.0	0.0	0.0	0	0	0	0	0	0
11/09	StL	W 17-7	4	2	0.0	0.0	0.0	0.0	0	0	0	0	0	0
11/16	@Ind	L 38-41	5	1	0.0	0.0	0.0	0.0	0	0	0	0	0	0
11/23	Dal	W 45-17	3	2	0.0	0.0	0.0	0.0	0	0	0	0	0	0
12/01	@Min	W 27-11	6	1	0.0	0.0	0.0	0.0	0	0	0	0	0	0
12/07	@TB	W 17-6	2	2	0.0	0.0	0.0	0.0	0	0	0	0	0	0
12/14	@Car	W 31-10	4	0	1.0	11.0	0.0	0.0	0	0	0	0	0	0
12/20	Buf	W 31-21	5	2	0.0	0.0	0.0	0.0	0	0	1	0	0	0

Dan Williams
Kansas City Chiefs – DE

1997 Defensive Splits

	G	Tk	Ast	Sack	Yds	Stuff	Yds	Int	Yds	PD	TD
Total	15	35	12	10.5	58.0	4.0	14.0	0	0	2	0
vs. Playoff	6	15	5	5.0	30.5	2.0	7.0	0	0	1	0
vs. Non-Playoff	9	20	7	5.5	27.5	2.0	7.0	0	0	1	0
vs. Own Division	8	13	11	4.5	26.0	1.0	5.0	0	0	2	0
Home	7	20	6	6.0	34.5	3.0	12.0	0	0	1	0
Away	8	15	6	4.5	23.5	1.0	2.0	0	0	1	0
Games 1-8	7	13	3	2.0	11.0	1.0	2.0	0	0	0	0
Games 9-16	8	22	9	8.5	47.0	3.0	12.0	0	0	2	0
Aug/Sept	4	5	3	1.0	6.0	0.0	0.0	0	0	0	0
October	3	8	0	1.0	5.0	1.0	2.0	0	0	0	0
November	5	10	9	4.5	28.0	1.0	5.0	0	0	2	0
December	3	12	0	4.0	19.0	2.0	7.0	0	0	0	0
Grass	13	32	8	10.0	55.5	4.0	14.0	0	0	1	0
Turf	2	3	4	0.5	2.5	0.0	0.0	0	0	1	0
Indoor	2	3	4	0.5	2.5	0.0	0.0	0	0	1	0
Outdoor	13	32	8	10.0	55.5	4.0	14.0	0	0	1	0

Game Logs

Date	Opp	Result	Tk	Ast	Sack	Yds	Stuff	Yds	Int	Yds	PD	FF	FR	TD
08/31	@Den	L 3-19	1	0	0.0	0.0	0.0	0.0	0	0	0	0	0	0
09/08	@Oak	W 28-27	0	1	0.0	0.0	0.0	0.0	0	0	0	0	0	0
09/14	Buf	W 22-16	-	-	-	-	-	-	-	-	-	-	-	-
09/21	@Car	W 35-14	3	0	1.0	6.0	0.0	0.0	0	0	0	1	0	0
09/28	Sea	W 20-17	1	2	0.0	0.0	0.0	0.0	0	0	0	0	0	0
10/05	@Mia	L 14-17	5	0	1.0	5.0	1.0	2.0	0	0	0	0	0	0
10/16	SD	W 31-3	1	0	0.0	0.0	0.0	0.0	0	0	0	0	0	0
10/26	@StL	W 28-20	2	0	0.0	0.0	0.0	0.0	0	0	0	0	0	0
11/03	Pit	W 13-10	3	0	1.0	8.0	0.0	0.0	0	0	0	0	0	0
11/09	@Jac	L 10-24	0	1	0.0	0.0	0.0	0.0	0	0	0	0	0	0
11/16	Den	W 24-22	3	4	1.0	8.5	1.0	5.0	0	0	0	1	0	0
11/23	@Sea	W 19-14	1	4	0.5	2.5	0.0	0.0	0	0	0	1	1	0
11/30	SF	W 44-9	3	0	2.0	9.0	0.0	0.0	0	0	0	1	0	0
12/07	Oak	W 30-0	3	0	1.0	5.0	0.0	0.0	0	0	0	0	0	0
12/14	@SD	W 29-7	3	0	2.0	10.0	0.0	0.0	0	0	0	0	0	0
12/21	NO	W 25-13	6	0	1.0	4.0	2.0	7.0	0	0	0	0	1	0

Darryl Williams
Seattle Seahawks – S

1997 Defensive Splits

	G	Tk	Ast	Sack	Yds	Stuff	Yds	Int	Yds	PD	TD
Total	16	68	25	0.0	0.0	0.0	0.0	8	172	13	1
vs. Playoff	5	29	7	0.0	0.0	0.0	0.0	1	27	2	0
vs. Non-Playoff	11	39	18	0.0	0.0	0.0	0.0	7	145	11	1
vs. Own Division	8	36	9	0.0	0.0	0.0	0.0	5	104	10	0
Home	8	37	19	0.0	0.0	0.0	0.0	4	48	6	0
Away	8	31	6	0.0	0.0	0.0	0.0	4	124	7	1
Games 1-8	8	34	17	0.0	0.0	0.0	0.0	5	75	7	1
Games 9-16	8	34	8	0.0	0.0	0.0	0.0	3	97	6	1
Aug/Sept	5	24	12	0.0	0.0	0.0	0.0	4	75	5	0
October	3	10	5	0.0	0.0	0.0	0.0	1	0	2	0
November	5	23	5	0.0	0.0	0.0	0.0	3	97	6	1
December	3	11	3	0.0	0.0	0.0	0.0	0	0	0	0
Grass	5	21	2	0.0	0.0	0.0	0.0	2	56	5	0
Turf	11	47	23	0.0	0.0	0.0	0.0	6	116	8	1
Indoor	11	47	23	0.0	0.0	0.0	0.0	6	116	8	1
Outdoor	5	21	2	0.0	0.0	0.0	0.0	2	56	5	0

Game Logs

Date	Opp	Result	Tk	Ast	Sack	Yds	Stuff	Yds	Int	Yds	PD	FF	FR	TD
08/31	NYA	L 3-41	7	5	0.0	0.0	0.0	0.0	0	0	0	0	0	0
09/07	Den	L 14-35	6	2	0.0	0.0	0.0	0.0	0	0	0	0	0	0
09/14	@Ind	W 31-3	4	1	0.0	0.0	0.0	0.0	0	0	0	0	0	0
09/21	SD	W 26-22	2	3	0.0	0.0	0.0	0.0	3	48	4	0	0	0
09/28	@KC	L 17-20	5	1	0.0	0.0	0.0	0.0	1	27	1	0	0	0
10/05	Ten	W 16-13	3	3	0.0	0.0	0.0	0.0	1	0	1	0	0	0
10/19	@StL	W 17-9	3	1	0.0	0.0	0.0	0.0	0	0	0	0	0	0
10/26	Oak	W 45-34	4	1	0.0	0.0	0.0	0.0	0	0	1	0	0	0
11/02	@Den	L 27-30	7	0	0.0	0.0	0.0	0.0	0	0	1	0	0	0
11/09	@SD	W 37-31	1	0	0.0	0.0	0.0	0.0	1	29	3	0	0	0
11/16	@NO	L 17-20	3	2	0.0	0.0	0.0	0.0	2	68	2	0	0	1
11/23	KC	L 14-19	8	2	0.0	0.0	0.0	0.0	0	0	0	0	0	0
11/30	Atl	L 17-24	4	1	0.0	0.0	0.0	0.0	0	0	2	0	0	0
12/07	@Bal	L 24-31	5	1	0.0	0.0	0.0	0.0	0	0	0	1	0	0
12/14	@Oak	W 22-21	3	0	0.0	0.0	0.0	0.0	0	0	0	0	0	0
12/21	SF	W 38-9	3	2	0.0	0.0	0.0	0.0	0	0	0	0	1	0

Tyrone Williams
Green Bay Packers – CB

1997 Defensive Splits

	G	Tk	Ast	Sack	Yds	Stuff	Yds	Int	Yds	PD	TD
Total	16	50	17	0.0	0.0	0.5	2.0	1	0	13	0
vs. Playoff	8	26	12	0.0	0.0	0.5	2.0	0	0	12	0
vs. Non-Playoff	8	24	5	0.0	0.0	0.0	0.0	1	0	1	0
vs. Own Division	8	30	12	0.0	0.0	0.0	0.0	0	0	7	0
Home	8	28	7	0.0	0.0	0.5	2.0	1	0	5	0
Away	8	22	10	0.0	0.0	0.0	0.0	0	0	8	0
Games 1-8	8	32	12	0.0	0.0	0.5	2.0	0	0	6	0
Games 9-16	8	18	5	0.0	0.0	0.0	0.0	1	0	7	0
Aug/Sept	5	19	9	0.0	0.0	0.5	2.0	0	0	3	0
October	3	13	3	0.0	0.0	0.0	0.0	0	0	3	0
November	4	10	3	0.0	0.0	0.0	0.0	0	0	2	0
December	4	8	2	0.0	0.0	0.0	0.0	1	0	5	0
Grass	12	38	8	0.0	0.0	0.5	2.0	1	0	10	0
Turf	4	12	9	0.0	0.0	0.0	0.0	0	0	3	0
Indoor	3	8	7	0.0	0.0	0.0	0.0	0	0	3	0
Outdoor	13	42	10	0.0	0.0	0.5	2.0	1	0	10	0

Game Logs

Date	Opp	Result	Tk	Ast	Sack	Yds	Stuff	Yds	Int	Yds	PD	FF	FR	TD
09/01	Chi	W 38-24	4	0	0.0	0.0	0.0	0.0	0	0	0	0	0	0
09/07	@Phi	L 9-10	4	2	0.0	0.0	0.0	0.0	0	0	0	0	0	0
09/14	Mia	W 23-18	3	1	0.0	0.0	0.5	2.0	0	0	2	0	0	0
09/21	Min	W 38-32	2	0	0.0	0.0	0.0	0.0	0	0	0	0	0	0
09/28	@Det	L 15-26	5	4	0.0	0.0	0.0	0.0	0	0	1	0	0	0
10/05	TB	W 21-16	6	2	0.0	0.0	0.0	0.0	0	0	0	1	0	0
10/12	@Chi	W 24-23	5	1	0.0	0.0	0.0	0.0	0	0	0	0	0	0
10/27	@NE	W 28-10	2	0	0.0	0.0	0.0	0.0	0	0	3	0	0	0
11/02	Det	W 20-10	5	1	0.0	0.0	0.0	0.0	0	0	2	0	0	0
11/09	StL	W 17-7	3	1	0.0	0.0	0.0	0.0	0	0	0	0	0	0
11/16	@Ind	L 38-41	2	0	0.0	0.0	0.0	0.0	0	0	0	0	0	0
11/23	Dal	W 45-17	0	1	0.0	0.0	0.0	0.0	0	0	0	0	0	0
12/01	@Min	W 27-11	1	2	0.0	0.0	0.0	0.0	0	0	2	0	0	0
12/07	@TB	W 17-6	3	0	0.0	0.0	0.0	0.0	0	0	2	0	0	0
12/14	@Car	W 31-10	2	0	0.0	0.0	0.0	0.0	0	0	1	0	0	0
12/20	Buf	W 31-21	4	0	0.0	0.0	0.0	0.0	1	0	1	0	0	0

Willie Williams — Seattle Seahawks – CB

1997 Defensive Splits

	G	Tk	Ast	Sack	Yds	Stuff	Yds	Int	Yds	PD	TD
Total	16	59	9	0.0	0.0	2.0	6.0	1	0	6	0
vs. Playoff	5	17	5	0.0	0.0	0.0	0.0	1	0	5	0
vs. Non-Playoff	11	42	4	0.0	0.0	2.0	6.0	0	0	1	0
vs. Own Division	8	39	4	0.0	0.0	0.0	0.0	0	0	2	0
Home	8	28	6	0.0	0.0	0.0	0.0	1	0	5	0
Away	8	31	3	0.0	0.0	2.0	6.0	0	0	1	0
Games 1-8	8	31	6	0.0	0.0	0.0	0.0	0	0	2	0
Games 9-16	8	28	3	0.0	0.0	2.0	6.0	1	0	4	0
Aug/Sept	5	21	5	0.0	0.0	0.0	0.0	0	0	2	0
October	3	10	1	0.0	0.0	0.0	0.0	0	0	0	0
November	5	17	1	0.0	0.0	1.0	5.0	0	0	0	0
December	3	11	2	0.0	0.0	1.0	1.0	1	0	4	0
Grass	5	24	2	0.0	0.0	1.0	1.0	0	0	1	0
Turf	11	35	7	0.0	0.0	1.0	5.0	1	0	5	0
Indoor	11	35	7	0.0	0.0	1.0	5.0	1	0	5	0
Outdoor	5	24	2	0.0	0.0	1.0	1.0	0	0	1	0

Game Logs

Date	Opp	Result	Tk	Ast	Sack	Yds	Stuff	Yds	Int	Yds	PD	FF	FR	TD
08/31	NYA	L 3-41	1	1	0.0	0.0	0.0	0.0	0	0	0	0	0	0
09/07	Den	L 14-35	1	1	0.0	0.0	0.0	0.0	0	0	0	0	0	0
09/14	@Ind	W 31-3	1	1	0.0	0.0	0.0	0.0	0	0	0	0	0	0
09/21	SD	W 26-22	11	1	0.0	0.0	0.0	0.0	0	0	1	0	0	0
09/28	@KC	L 17-20	7	1	0.0	0.0	0.0	0.0	0	0	1	0	0	0
10/05	Ten	W 16-13	2	1	0.0	0.0	0.0	0.0	0	0	0	0	0	0
10/19	@StL	W 17-9	2	0	0.0	0.0	0.0	0.0	0	0	0	0	0	0
10/26	Oak	W 45-34	6	0	0.0	0.0	0.0	0.0	0	0	0	0	0	0
11/02	@Den	L 27-30	4	1	0.0	0.0	0.0	0.0	0	0	0	1	0	0
11/09	@SD	W 37-31	4	0	0.0	0.0	0.0	0.0	0	0	0	0	0	0
11/16	@NO	L 17-20	4	0	0.0	0.0	1.0	5.0	0	0	0	0	0	0
11/23	KC	L 14-19	3	0	0.0	0.0	0.0	0.0	0	0	0	0	0	0
11/30	Atl	L 17-24	2	0	0.0	0.0	0.0	0.0	0	0	0	0	0	0
12/07	@Bal	L 24-31	6	0	0.0	0.0	1.0	1.0	0	0	0	0	0	0
12/14	@Oak	W 22-21	3	0	0.0	0.0	0.0	0.0	0	0	1	0	0	0
12/21	SF	W 38-9	2	2	0.0	0.0	0.0	0.0	1	0	4	0	0	0

James Willis — Philadelphia Eagles – LB

1997 Defensive Splits

	G	Tk	Ast	Sack	Yds	Stuff	Yds	Int	Yds	PD	TD
Total	15	51	31	2.0	5.0	2.0	5.0	1	0	2	0
vs. Playoff	7	24	20	0.0	0.0	1.0	1.0	0	0	0	0
vs. Non-Playoff	8	27	11	2.0	5.0	1.0	4.0	1	0	2	0
vs. Own Division	7	26	16	2.0	5.0	1.0	4.0	0	0	1	0
Home	8	25	24	1.0	5.0	1.0	1.0	0	0	0	0
Away	7	26	7	1.0	0.0	1.0	4.0	1	0	2	0
Games 1-8	8	30	16	1.0	5.0	0.0	0.0	0	0	0	0
Games 9-16	7	21	15	1.0	0.0	2.0	5.0	1	0	2	0
Aug/Sept	4	19	9	0.0	0.0	0.0	0.0	0	0	0	0
October	4	11	7	1.0	5.0	0.0	0.0	0	0	0	0
November	5	16	9	1.0	0.0	2.0	5.0	1	0	2	0
December	2	5	6	0.0	0.0	0.0	0.0	0	0	0	0
Grass	3	11	4	1.0	0.0	1.0	4.0	0	0	0	0
Turf	12	40	27	1.0	5.0	1.0	1.0	1	0	2	0
Indoor	2	7	1	0.0	0.0	0.0	0.0	0	0	0	0
Outdoor	13	44	30	2.0	5.0	2.0	5.0	1	0	2	0

Game Logs

Date	Opp	Result	Tk	Ast	Sack	Yds	Stuff	Yds	Int	Yds	PD	FF	FR	TD
08/31	@NYN	L 17-31	2	1	0.0	0.0	0.0	0.0	0	0	0	0	0	0
09/07	GB	W 10-9	5	6	0.0	0.0	0.0	0.0	0	0	0	1	0	0
09/15	@Dal	L 20-21	6	1	0.0	0.0	0.0	0.0	0	0	0	0	0	0
09/28	@Min	L 19-28	6	1	0.0	0.0	0.0	0.0	0	0	0	0	0	0
10/05	Was	W 24-10	4	0	0.0	0.0	0.0	0.0	0	0	0	0	0	0
10/12	@Jac	L 21-38	2	1	0.0	0.0	0.0	0.0	0	0	0	1	0	0
10/19	Ari	W 13-10	4	2	1.0	5.0	0.0	0.0	0	0	0	0	0	0
10/26	Dal	W 13-12	1	4	0.0	0.0	0.0	0.0	0	0	0	0	0	0
11/02	@Ari	L 21-31	5	2	1.0	0.0	1.0	4.0	0	0	1	0	0	0
11/10	SF	L 12-24	4	2	0.0	0.0	1.0	1.0	0	0	0	0	0	0
11/16	@Bal	T 10-10	4	1	0.0	0.0	0.0	0.0	1	0	1	0	0	0
11/23	Pit	W 23-20	1	3	0.0	0.0	0.0	0.0	0	0	0	0	1	0
11/30	Cin	W 44-42	2	1	0.0	0.0	0.0	0.0	0	0	0	0	0	0
12/07	NYN	L 21-31	4	6	0.0	0.0	0.0	0.0	0	0	0	0	0	0
12/14	@Atl	L 17-20	1	0	0.0	0.0	0.0	0.0	0	0	0	0	0	0
12/21	@Was	L 32-35	-	-	-	-	-	-	-	-	-	-	-	-

Lee Woodall — San Francisco 49ers – LB

1997 Defensive Splits

	G	Tk	Ast	Sack	Yds	Stuff	Yds	Int	Yds	PD	TD
Total	16	42	15	0.0	0.0	3.0	3.5	2	55	5	0
vs. Playoff	4	17	3	0.0	0.0	0.0	0.0	1	55	3	0
vs. Non-Playoff	12	25	12	0.0	0.0	3.0	3.5	1	0	2	0
vs. Own Division	8	15	7	0.0	0.0	2.0	2.0	1	0	2	0
Home	8	27	8	0.0	0.0	2.0	2.5	2	55	5	0
Away	8	15	7	0.0	0.0	1.0	1.0	0	0	0	0
Games 1-8	8	18	8	0.0	0.0	2.0	2.0	0	0	1	0
Games 9-16	8	24	7	0.0	0.0	1.0	1.5	2	55	4	0
Aug/Sept	5	13	5	0.0	0.0	1.5	1.5	0	0	1	0
October	3	5	3	0.0	0.0	0.5	0.5	0	0	0	0
November	5	17	5	0.0	0.0	1.0	1.5	1	0	1	0
December	3	7	2	0.0	0.0	0.0	0.0	1	55	3	0
Grass	11	38	11	0.0	0.0	2.5	3.0	2	55	5	0
Turf	5	4	4	0.0	0.0	0.5	0.5	0	0	0	0
Indoor	4	2	2	0.0	0.0	0.5	0.5	0	0	0	0
Outdoor	12	40	13	0.0	0.0	2.5	3.0	2	55	5	0

Game Logs

Date	Opp	Result	Tk	Ast	Sack	Yds	Stuff	Yds	Int	Yds	PD	FF	FR	TD
08/31	@TB	L 6-13	5	1	0.0	0.0	0.0	0.0	0	0	0	0	0	0
09/07	@StL	W 15-12	1	0	0.0	0.0	0.0	0.0	0	0	0	1	0	0
09/14	NO	W 33-7	2	0	0.0	0.0	0.0	0.0	0	0	0	0	0	0
09/21	Atl	W 34-7	4	2	0.0	0.0	1.0	1.0	0	0	1	0	0	0
09/29	@Car	W 34-21	1	2	0.0	0.0	0.5	0.5	0	0	0	0	0	0
10/12	StL	W 30-10	4	1	0.0	0.0	0.0	0.0	0	0	0	0	0	0
10/19	@Atl	W 35-28	0	2	0.0	0.0	0.5	0.5	0	0	0	0	0	0
10/26	@NO	W 23-0	1	0	0.0	0.0	0.0	0.0	0	0	0	0	0	0
11/02	Dal	W 17-10	2	2	0.0	0.0	0.5	1.0	0	0	0	1	0	0
11/10	@Phi	W 24-12	2	2	0.0	0.0	0.0	0.0	0	0	0	1	0	0
11/16	Car	W 27-19	2	0	0.0	0.0	0.0	0.0	1	0	1	0	0	0
11/23	SD	W 17-10	6	1	0.0	0.0	0.5	0.5	0	0	0	0	0	0
11/30	@KC	L 9-44	5	0	0.0	0.0	0.0	0.0	0	0	0	0	0	0
12/07	Min	W 28-17	3	1	0.0	0.0	0.0	0.0	0	0	0	0	0	0
12/15	Den	W 34-17	4	1	0.0	0.0	0.0	0.0	1	55	3	0	0	0
12/21	@Sea	L 9-38	0	0	0.0	0.0	0.0	0.0	0	0	0	0	0	0

Shawn Wooden
Miami Dolphins – S

1997 Defensive Splits

	G	Tk	Ast	Sack	Yds	Stuff	Yds	Int	Yds	PD	TD
Total	16	62	27	0.0	0.0	0.0	0.0	2	10	5	0
vs. Playoff	6	23	8	0.0	0.0	0.0	0.0	0	0	0	0
vs. Non-Playoff	10	39	19	0.0	0.0	0.0	0.0	2	10	5	0
vs. Own Division	8	29	14	0.0	0.0	0.0	0.0	2	10	5	0
Home	8	27	20	0.0	0.0	0.0	0.0	2	10	5	0
Away	8	35	7	0.0	0.0	0.0	0.0	0	0	0	0
Games 1-8	8	38	14	0.0	0.0	0.0	0.0	2	10	2	0
Games 9-16	8	24	13	0.0	0.0	0.0	0.0	0	0	3	0
Aug/Sept	4	19	8	0.0	0.0	0.0	0.0	2	10	2	0
October	4	19	6	0.0	0.0	0.0	0.0	0	0	0	0
November	5	19	9	0.0	0.0	0.0	0.0	0	0	3	0
December	3	7	4	0.0	0.0	0.0	0.0	0	0	0	0
Grass	13	49	25	0.0	0.0	0.0	0.0	2	10	5	0
Turf	3	13	2	0.0	0.0	0.0	0.0	0	0	0	0
Indoor	1	6	†	0.0	0.0	0.0	0.0	0	0	0	0
Outdoor	15	56	26	0.0	0.0	0.0	0.0	2	10	5	0

Game Logs

Date	Opp	Result	Tk	Ast	Sack	Yds	Stuff	Yds	Int	Yds	PD	FF	FR	TD
08/31	Ind	W 16-10	4	2	0.0	0.0	0.0	0.0	2	10	2	0	1	0
09/07	Ten	W 16-13	6	2	0.0	0.0	0.0	0.0	0	0	0	0	0	0
09/14	@GB	L 18-23	6	1	0.0	0.0	0.0	0.0	0	0	0	0	0	0
09/21	@TB	L 21-31	3	3	0.0	0.0	0.0	0.0	0	0	0	0	0	0
10/05	KC	W 17-14	7	1	0.0	0.0	0.0	0.0	0	0	0	0	0	0
10/12	@NYA	W 31-20	4	0	0.0	0.0	0.0	0.0	0	0	0	0	0	0
10/19	@Bal	W 24-13	5	1	0.0	0.0	0.0	0.0	0	0	0	0	0	0
10/27	Chi	L 33-36	3	4	0.0	0.0	0.0	0.0	0	0	0	0	0	0
11/02	@Buf	L 6-9	3	1	0.0	0.0	0.0	0.0	0	0	0	0	1	0
11/09	NYA	W 24-17	3	2	0.0	0.0	0.0	0.0	0	0	2	0	0	0
11/17	Buf	W 30-13	3	6	0.0	0.0	0.0	0.0	0	0	1	0	0	0
11/23	@NE	L 24-27	6	0	0.0	0.0	0.0	0.0	0	0	0	0	0	0
11/30	@Oak	W 34-16	2	0	0.0	0.0	0.0	0.0	0	0	0	0	0	0
12/07	Det	W 33-30	1	1	0.0	0.0	0.0	0.0	0	0	0	0	0	0
12/14	@Ind	L 0-41	6	1	0.0	0.0	0.0	0.0	0	0	0	0	0	0
12/22	NE	L 12-14	0	2	0.0	0.0	0.0	0.0	0	0	0	0	0	0

Jerome Woods
Kansas City Chiefs – S

1997 Defensive Splits

	G	Tk	Ast	Sack	Yds	Stuff	Yds	Int	Yds	PD	TD
Total	16	69	20	1.0	2.0	5.0	11.5	4	57	5	0
vs. Playoff	6	30	8	0.0	0.0	1.5	6.0	1	17	1	0
vs. Non-Playoff	10	39	12	1.0	2.0	3.5	5.5	3	40	4	0
vs. Own Division	8	41	11	1.0	2.0	2.5	7.0	1	13	2	0
Home	8	34	10	1.0	2.0	3.5	10.0	3	30	3	0
Away	8	35	10	0.0	0.0	1.5	1.5	1	27	2	0
Games 1-8	8	38	8	1.0	2.0	1.5	1.5	2	40	3	0
Games 9-16	8	31	12	0.0	0.0	3.5	10.0	2	17	2	0
Aug/Sept	5	27	6	1.0	2.0	1.0	1.0	2	40	3	0
October	3	11	2	0.0	0.0	0.5	0.5	0	0	0	0
November	5	26	7	0.0	0.0	2.5	7.0	1	17	1	0
December	3	5	5	0.0	0.0	1.0	3.0	1	0	1	0
Grass	14	59	18	1.0	2.0	3.5	10.0	4	57	5	0
Turf	2	10	2	0.0	0.0	1.5	1.5	0	0	0	0
Indoor	2	10	2	0.0	0.0	1.5	1.5	0	0	0	0
Outdoor	14	59	18	1.0	2.0	3.5	10.0	4	57	5	0

Game Logs

Date	Opp	Result	Tk	Ast	Sack	Yds	Stuff	Yds	Int	Yds	PD	FF	FR	TD
08/31	@Den	L 3-19	6	2	0.0	0.0	0.0	0.0	0	0	0	0	0	0
09/08	@Oak	W 28-27	8	1	0.0	0.0	0.0	0.0	0	0	1	0	0	0
09/14	Buf	W 22-16	4	0	0.0	0.0	1.0	1.0	0	0	0	0	0	0
09/21	@Car	W 35-14	2	2	0.0	0.0	0.0	0.0	1	27	1	0	0	0
09/28	Sea	W 20-17	7	1	1.0	2.0	0.0	0.0	1	13	1	0	0	0
10/05	@Mia	L 14-17	4	0	0.0	0.0	0.0	0.0	0	0	0	0	0	0
10/16	SD	W 31-3	3	1	0.0	0.0	0.0	0.0	0	0	0	0	0	0
10/26	@StL	W 28-20	4	1	0.0	0.0	0.5	0.5	0	0	0	0	0	0
11/03	Pit	W 13-10	6	0	0.0	0.0	0.0	0.0	1	17	1	0	0	0
11/09	@Jac	L 10-24	2	2	0.0	0.0	0.0	0.0	0	0	0	0	0	0
11/16	Den	W 24-22	8	3	0.0	0.0	1.5	6.0	0	0	0	0	0	0
11/23	@Sea	W 19-14	6	1	0.0	0.0	1.0	1.0	0	0	0	1	1	0
11/30	SF	W 44-9	4	0	0.0	0.0	0.0	0.0	0	0	0	0	0	0
12/07	Oak	W 30-0	0	1	0.0	0.0	0.0	0.0	0	0	0	0	0	0
12/14	@SD	W 29-7	3	1	0.0	0.0	0.0	0.0	0	0	0	0	0	0
12/21	NO	W 25-13	2	3	0.0	0.0	1.0	3.0	1	0	1	0	0	0

Darren Woodson
Dallas Cowboys – S

1997 Defensive Splits

	G	Tk	Ast	Sack	Yds	Stuff	Yds	Int	Yds	PD	TD
Total	14	60	21	2.0	24.0	3.5	5.5	1	14	6	0
vs. Playoff	6	22	7	0.0	0.0	0.5	1.5	0	0	3	0
vs. Non-Playoff	8	38	14	2.0	24.0	3.0	4.0	1	14	3	0
vs. Own Division	7	32	14	2.0	24.0	3.5	5.5	0	0	3	0
Home	7	33	8	1.0	6.0	2.5	3.5	1	14	2	0
Away	7	27	13	1.0	18.0	1.0	2.0	0	0	4	0
Games 1-8	7	35	12	1.0	18.0	2.0	4.0	1	14	4	0
Games 9-16	7	25	9	1.0	6.0	1.5	1.5	0	0	2	0
Aug/Sept	4	23	8	1.0	18.0	1.5	2.5	1	14	1	0
October	3	12	4	0.0	0.0	0.5	1.5	0	0	3	0
November	4	16	6	1.0	6.0	1.5	1.5	0	0	0	0
December	3	9	3	0.0	0.0	0.0	0.0	0	0	2	0
Grass	4	15	10	1.0	18.0	0.5	0.5	0	0	0	0
Turf	10	45	11	1.0	6.0	3.0	5.0	1	14	6	0
Indoor	0	0	0	0	0	0	0	0	0	0	0
Outdoor	14	60	21	2.0	24.0	3.5	5.5	1	14	6	0

Game Logs

Date	Opp	Result	Tk	Ast	Sack	Yds	Stuff	Yds	Int	Yds	PD	FF	FR	TD
08/31	@Pit	W 37-7	3	1	0.0	0.0	0.0	0.0	0	0	0	0	0	0
09/07	@Ari	L 22-25	5	5	1.0	18.0	0.5	0.5	0	0	0	2	1	0
09/15	Phi	W 21-20	9	2	0.0	0.0	1.0	2.0	0	0	0	0	0	0
09/28	Chi	W 27-3	6	0	0.0	0.0	0.0	0.0	1	14	1	0	0	0
10/05	@NYN	L 17-20	7	1	0.0	0.0	0.5	1.5	0	0	3	0	0	0
10/13	@Was	L 16-21	2	2	0.0	0.0	0.0	0.0	0	0	0	0	0	0
10/19	Jac	W 26-22	3	1	0.0	0.0	0.0	0.0	0	0	0	0	0	0
10/26	@Phi	L 12-13	-	-	-	-	-	-	-	-	-	-	-	-
11/02	@SF	L 10-17	6	1	0.0	0.0	0.0	0.0	0	0	0	0	1	0
11/09	Ari	W 24-6	6	2	1.0	6.0	0.5	0.5	0	0	0	0	0	0
11/16	Was	W 17-14	2	1	0.0	0.0	1.0	1.0	0	0	0	0	0	0
11/23	@GB	L 17-45	2	2	0.0	0.0	0.0	0.0	0	0	0	0	0	0
11/27	Ten	L 14-27	-	-	-	-	-	-	-	-	-	-	-	-
12/08	Car	L 13-23	6	1	0.0	0.0	0.0	0.0	0	0	1	0	0	0
12/14	@Cin	L 24-31	2	1	0.0	0.0	0.0	0.0	0	0	1	0	0	0
12/21	NYN	L 7-20	1	1	0.0	0.0	0.0	0.0	0	0	0	0	0	0

Rod Woodson — San Francisco 49ers – CB

1997 Defensive Splits

	G	Tk	Ast	Sack	Yds	Stuff	Yds	Int	Yds	PD	TD
Total	14	43	5	0.0	0.0	2.0	2.0	3	81	21	0
vs. Playoff	4	14	1	0.0	0.0	1.0	1.0	0	0	8	0
vs. Non-Playoff	10	29	4	0.0	0.0	1.0	1.0	3	81	13	0
vs. Own Division	7	16	2	0.0	0.0	1.0	1.0	3	81	9	0
Home	7	21	3	0.0	0.0	2.0	2.0	3	81	15	0
Away	7	22	2	0.0	0.0	0.0	0.0	0	0	6	0
Games 1-8	7	16	2	0.0	0.0	1.0	1.0	3	81	10	0
Games 9-16	7	27	3	0.0	0.0	1.0	1.0	0	0	11	0
Aug/Sept	4	11	1	0.0	0.0	1.0	1.0	3	81	5	0
October	3	5	1	0.0	0.0	0.0	0.0	0	0	5	0
November	5	22	3	0.0	0.0	0.0	0.0	0	0	5	0
December	2	5	0	0.0	0.0	1.0	1.0	0	0	6	0
Grass	10	34	5	0.0	0.0	2.0	2.0	3	81	17	0
Turf	4	9	0	0.0	0.0	0.0	0.0	0	0	4	0
Indoor	3	5	0	0.0	0.0	0.0	0.0	0	0	3	0
Outdoor	11	38	5	0.0	0.0	2.0	2.0	3	81	18	0

Game Logs

Date	Opp	Result	Tk	Ast	Sack	Yds	Stuff	Yds	Int	Yds	PD	FF	FR	TD
08/31	@TB	L 6-13	4	0	0.0	0.0	0.0	0.0	0	0	1	0	0	0
09/07	@StL	W 15-12	0	0	0.0	0.0	0.0	0.0	0	0	1	0	0	0
09/14	NO	W 33-7	3	0	0.0	0.0	1.0	1.0	3	81	3	1	1	0
09/21	Atl	W 34-7	-	-	-	-	-	-	-	-	-	-	-	-
09/29	@Car	W 34-21	4	1	0.0	0.0	0.0	0.0	0	0	0	0	0	0
10/12	StL	W 30-10	0	1	0.0	0.0	0.0	0.0	0	0	3	0	0	0
10/19	@Atl	W 35-28	2	0	0.0	0.0	0.0	0.0	0	0	2	0	0	0
10/26	@NO	W 23-0	3	0	0.0	0.0	0.0	0.0	0	0	0	0	0	0
11/02	Dal	W 17-10	7	1	0.0	0.0	0.0	0.0	0	0	1	0	0	0
11/10	@Phi	W 24-12	4	0	0.0	0.0	0.0	0.0	0	0	1	0	0	0
11/16	Car	W 27-19	4	0	0.0	0.0	0.0	0.0	0	0	0	0	0	0
11/23	SD	W 17-10	2	1	0.0	0.0	0.0	0.0	0	0	2	0	0	0
11/30	@KC	L 9-44	5	1	0.0	0.0	0.0	0.0	0	0	1	0	0	0
12/07	Min	W 28-17	3	0	0.0	0.0	0.0	0.0	0	0	2	0	0	0
12/15	Den	W 34-17	2	0	0.0	0.0	1.0	1.0	0	0	4	0	0	0
12/21	@Sea	L 9-38	-	-	-	-	-	-	-	-	-	-	-	-

Donnell Woolford — Pittsburgh Steelers – CB

1997 Defensive Splits

	G	Tk	Ast	Sack	Yds	Stuff	Yds	Int	Yds	PD	TD
Total	15	46	5	0.0	0.0	3.5	5.5	4	91	8	0
vs. Playoff	4	12	1	0.0	0.0	1.0	1.0	1	33	2	0
vs. Non-Playoff	11	34	4	0.0	0.0	2.5	4.5	3	58	6	0
vs. Own Division	8	20	2	0.0	0.0	2.0	3.0	2	24	5	0
Home	8	23	4	0.0	0.0	3.5	5.5	2	58	3	0
Away	7	23	1	0.0	0.0	0.0	0.0	2	33	5	0
Games 1-8	8	32	3	0.0	0.0	3.5	5.5	3	58	6	0
Games 9-16	7	14	2	0.0	0.0	0.0	0.0	1	33	2	0
Aug/Sept	4	18	3	0.0	0.0	2.0	3.0	1	24	3	0
October	4	14	0	0.0	0.0	1.5	2.5	2	34	3	0
November	5	14	2	0.0	0.0	0.0	0.0	1	33	2	0
December	2	0	0	0.0	0.0	0.0	0.0	0	0	0	0
Grass	5	18	1	0.0	0.0	0.0	0.0	2	33	3	0
Turf	10	28	4	0.0	0.0	3.5	5.5	2	58	5	0
Indoor	0	0	0	0	0	0	0	0	0	0	0
Outdoor	15	46	5	0.0	0.0	3.5	5.5	4	91	8	0

Game Logs

Date	Opp	Result	Tk	Ast	Sack	Yds	Stuff	Yds	Int	Yds	PD	FF	FR	TD
08/31	Dal	L 7-37	3	0	0.0	0.0	1.0	1.0	0	0	0	0	0	0
09/07	Was	W 14-13	5	2	0.0	0.0	0.0	0.0	0	0	1	0	0	0
09/22	@Jac	L 21-30	6	0	0.0	0.0	0.0	0.0	0	0	1	0	0	0
09/28	Ten	W 37-24	4	1	0.0	0.0	1.0	2.0	1	24	2	0	0	0
10/05	@Bal	W 42-34	3	0	0.0	0.0	0.0	0.0	1	0	1	0	0	0
10/12	Ind	W 24-22	7	0	0.0	0.0	0.5	1.5	1	34	1	0	0	0
10/19	@Cin	W 26-10	3	0	0.0	0.0	0.0	0.0	0	0	1	0	0	0
10/26	Jac	W 23-17	1	0	0.0	0.0	1.0	1.0	0	0	0	0	0	0
11/03	@KC	L 10-13	5	1	0.0	0.0	0.0	0.0	1	33	1	0	0	0
11/09	Bal	W 37-0	1	0	0.0	0.0	0.0	0.0	0	0	0	0	0	0
11/16	Cin	W 20-3	2	1	0.0	0.0	0.0	0.0	0	0	0	0	0	0
11/23	@Phi	L 20-23	2	0	0.0	0.0	0.0	0.0	0	0	1	0	0	0
11/30	@Ari	W 26-20	4	0	0.0	0.0	0.0	0.0	0	0	0	0	0	0
12/07	Den	W 35-24	0	0	0.0	0.0	0.0	0.0	0	0	0	0	0	0
12/13	@NE	W 24-21	-	-	-	-	-	-	-	-	-	-	-	-
12/21	@Ten	L 6-16	0	0	0.0	0.0	0.0	0.0	0	0	0	0	0	0

Tito Wooten — New York Giants – S

1997 Defensive Splits

	G	Tk	Ast	Sack	Yds	Stuff	Yds	Int	Yds	PD	TD
Total	16	60	29	0.0	0.0	0.5	0.5	5	146	11	1
vs. Playoff	3	10	9	0.0	0.0	0.5	0.5	1	53	1	0
vs. Non-Playoff	13	50	20	0.0	0.0	0.0	0.0	4	93	10	1
vs. Own Division	8	30	11	0.0	0.0	0.0	0.0	4	93	8	1
Home	8	31	17	0.0	0.0	0.0	0.0	4	141	8	1
Away	8	29	12	0.0	0.0	0.5	0.5	1	5	3	0
Games 1-8	8	32	18	0.0	0.0	0.5	0.5	3	64	7	1
Games 9-16	8	28	11	0.0	0.0	0.0	0.0	2	82	4	0
Aug/Sept	5	21	8	0.0	0.0	0.0	0.0	0	0	3	0
October	4	14	12	0.0	0.0	0.5	0.5	3	64	4	1
November	4	18	6	0.0	0.0	0.0	0.0	2	82	2	0
December	3	7	3	0.0	0.0	0.0	0.0	0	0	2	0
Grass	4	17	7	0.0	0.0	0.0	0.0	1	5	1	0
Turf	12	43	22	0.0	0.0	0.5	0.5	4	141	10	1
Indoor	2	8	5	0.0	0.0	0.5	0.5	0	0	0	0
Outdoor	14	52	24	0.0	0.0	0.0	0.0	5	146	11	1

Game Logs

Date	Opp	Result	Tk	Ast	Sack	Yds	Stuff	Yds	Int	Yds	PD	FF	FR	TD
08/31	Phi	W 31-17	6	1	0.0	0.0	0.0	0.0	0	0	1	0	0	0
09/07	@Jac	L 13-40	3	1	0.0	0.0	0.0	0.0	0	0	0	0	0	0
09/14	Bal	L 23-24	3	2	0.0	0.0	0.0	0.0	0	0	0	0	0	0
09/21	@StL	L 3-13	5	1	0.0	0.0	0.0	0.0	0	0	0	0	0	0
09/28	NO	W 14-9	4	3	0.0	0.0	0.0	0.0	0	0	2	0	0	0
10/05	Dal	W 20-17	5	2	0.0	0.0	0.5	0.5	2	64	3	0	0	1
10/12	@Ari	W 27-13	3	4	0.0	0.0	0.0	0.0	1	0	1	0	0	0
10/19	@Det	W 26-20	3	4	0.0	0.0	0.5	0.5	0	0	0	0	0	0
10/26	Cin	W 29-27	3	2	0.0	0.0	0.0	0.0	0	0	0	0	1	0
11/09	@Ten	L 6-10	5	1	0.0	0.0	0.0	0.0	1	24	1	0	0	0
11/16	Ari	W 19-10	3	0	0.0	0.0	0.0	0.0	0	0	0	0	0	0
11/23	@Was	T 7-7	6	1	0.0	0.0	0.0	0.0	0	0	0	0	0	0
11/30	TB	L 8-20	4	4	0.0	0.0	0.0	0.0	1	53	1	0	0	0
12/07	@Phi	W 31-21	4	0	0.0	0.0	0.0	0.0	0	0	2	0	0	0
12/13	Was	W 30-10	3	3	0.0	0.0	0.0	0.0	0	0	0	0	0	0
12/21	@Dal	W 20-7	0	0	0.0	0.0	0.0	0.0	0	0	0	0	0	0

Barron Wortham — Tennessee Oilers – LB

1997 Defensive Splits

	G	Tk	Ast	Sack	Yds	Stuff	Yds	Int	Yds	PD	TD
Total	16	61	36	0.0	0.0	6.5	13.5	0	0	1	0
vs. Playoff	6	30	23	0.0	0.0	3.0	5.0	0	0	1	0
vs. Non-Playoff	10	31	13	0.0	0.0	3.5	8.5	0	0	0	0
vs. Own Division	8	31	22	0.0	0.0	4.5	9.5	0	0	1	0
Home	8	26	13	0.0	0.0	2.5	5.0	0	0	1	0
Away	8	35	23	0.0	0.0	4.0	8.5	0	0	0	0
Games 1-8	8	26	13	0.0	0.0	4.0	5.5	0	0	0	0
Games 9-16	8	35	23	0.0	0.0	2.5	8.0	0	0	1	0
Aug/Sept	4	10	9	0.0	0.0	2.0	2.5	0	0	0	0
October	4	16	4	0.0	0.0	2.0	3.0	0	0	0	0
November	5	26	18	0.0	0.0	1.0	2.5	0	0	0	0
December	3	9	5	0.0	0.0	1.5	5.5	0	0	1	0
Grass	12	43	25	0.0	0.0	3.5	7.5	0	0	1	0
Turf	4	18	11	0.0	0.0	3.0	6.0	0	0	0	0
Indoor	1	6	1	0.0	0.0	0.5	0.5	0	0	0	0
Outdoor	15	55	35	0.0	0.0	6.0	13.0	0	0	1	0

Game Logs

Date	Opp	Result	Tk	Ast	Sack	Yds	Stuff	Yds	Int	Yds	PD	FF	FR	TD
08/31	Oak	W 24-21	3	0	0.0	0.0	0.0	0.0	0	0	0	0	0	0
09/07	@Mia	L 13-16	2	2	0.0	0.0	0.5	1.0	0	0	0	0	0	0
09/21	Bal	L 10-36	0	0	0.0	0.0	0.0	0.0	0	0	0	0	0	0
09/28	@Pit	L 24-37	5	7	0.0	0.0	1.5	1.5	0	0	0	0	0	0
10/05	@Sea	L 13-16	6	1	0.0	0.0	0.5	0.5	0	0	0	1	0	0
10/12	Cin	W 30-7	2	1	0.0	0.0	1.0	2.0	0	0	0	0	0	0
10/19	Was	W 28-14	4	1	0.0	0.0	0.5	0.5	0	0	0	0	0	0
10/26	@Ari	W 41-14	4	1	0.0	0.0	0.0	0.0	0	0	0	0	0	0
11/02	Jac	L 24-30	6	3	0.0	0.0	0.5	0.5	0	0	0	0	0	0
11/09	NYN	W 10-6	5	4	0.0	0.0	0.5	2.0	0	0	0	0	0	0
11/16	@Jac	L 9-17	9	6	0.0	0.0	0.0	0.0	0	0	0	0	0	0
11/23	Buf	W 31-14	3	3	0.0	0.0	0.0	0.0	0	0	0	0	0	0
11/27	@Dal	W 27-14	3	2	0.0	0.0	0.0	0.0	0	0	0	0	0	0
12/04	@Cin	L 14-41	4	1	0.0	0.0	1.0	4.0	0	0	0	0	0	0
12/14	@Bal	L 19-21	2	3	0.0	0.0	0.5	1.5	0	0	0	0	0	0
12/21	Pit	W 16-6	3	1	0.0	0.0	0.0	0.0	0	0	0	1	0	0

Bryant Young — San Francisco 49ers – DT

1997 Defensive Splits

	G	Tk	Ast	Sack	Yds	Stuff	Yds	Int	Yds	PD	TD
Total	12	39	6	4.0	35.0	9.5	25.5	0	0	2	0
vs. Playoff	4	16	1	0.0	0.0	5.0	17.0	0	0	0	0
vs. Non-Playoff	8	23	5	4.0	35.0	4.5	8.5	0	0	2	0
vs. Own Division	7	22	5	4.0	35.0	4.5	8.5	0	0	2	0
Home	7	18	5	3.0	28.0	5.5	15.5	0	0	0	0
Away	5	21	1	1.0	7.0	4.0	10.0	0	0	2	0
Games 1-8	7	22	4	3.0	29.0	5.5	9.5	0	0	2	0
Games 9-16	5	17	2	1.0	6.0	4.0	16.0	0	0	0	0
Aug/Sept	5	16	1	1.0	12.0	5.0	8.0	0	0	1	0
October	2	6	3	2.0	17.0	0.5	1.5	0	0	0	0
November	3	10	1	1.0	6.0	1.0	7.0	0	0	0	0
December	2	7	1	0.0	0.0	3.0	9.0	0	0	1	0
Grass	10	31	5	3.0	28.0	8.5	24.5	0	0	1	0
Turf	2	8	1	1.0	7.0	1.0	1.0	0	0	1	0
Indoor	2	8	1	1.0	7.0	1.0	1.0	0	0	1	0
Outdoor	10	31	5	3.0	28.0	8.5	24.5	0	0	1	0

Game Logs

Date	Opp	Result	Tk	Ast	Sack	Yds	Stuff	Yds	Int	Yds	PD	FF	FR	TD
08/31	@TB	L 6-13	4	0	0.0	0.0	1.0	1.0	0	0	0	0	0	0
09/07	@StL	W 15-12	3	0	0.0	0.0	1.0	1.0	0	0	0	0	0	0
09/14	NO	W 33-7	2	0	0.0	0.0	1.0	2.0	0	0	0	0	0	0
09/21	Atl	W 34-7	3	1	1.0	12.0	1.0	3.0	0	0	0	0	0	0
09/29	@Car	W 34-21	4	0	0.0	0.0	1.0	1.0	0	0	1	0	0	0
10/12	StL	W 30-10	2	1	2.0	10.0	0.5	1.5	0	0	0	0	0	0
10/19	@Atl	W 35-28	5	1	1.0	7.0	0.0	0.0	0	0	1	0	0	0
10/26	@NO	W 23-0	-	-	-	-	-	-	-	-	-	-	-	-
11/02	Dal	W 17-10	-	-	-	-	-	-	-	-	-	-	-	-
11/10	@Phi	W 24-12	-	-	-	-	-	-	-	-	-	-	-	-
11/16	Car	W 27-19	4	1	1.0	6.0	0.0	0.0	0	0	0	0	0	0
11/23	SD	W 17-10	1	0	0.0	0.0	0.0	0.0	0	0	0	0	0	0
11/30	@KC	L 9-44	5	0	0.0	0.0	1.0	7.0	0	0	0	0	0	0
12/07	Min	W 28-17	3	0	0.0	0.0	1.0	3.0	0	0	0	0	0	0
12/15	Den	W 34-17	4	1	0.0	0.0	2.0	6.0	0	0	0	0	0	0
12/21	@Sea	L 9-38	-	-	-	-	-	-	-	-	-	-	-	-

Michael Zordich — Philadelphia Eagles – S

1997 Defensive Splits

	G	Tk	Ast	Sack	Yds	Stuff	Yds	Int	Yds	PD	TD
Total	16	55	29	2.0	25.0	2.5	12.0	1	21	3	0
vs. Playoff	7	22	15	1.0	15.0	0.0	0.0	0	0	0	0
vs. Non-Playoff	9	33	14	1.0	10.0	2.5	12.0	1	21	3	0
vs. Own Division	8	22	18	1.0	10.0	1.5	11.0	1	21	3	0
Home	8	28	21	2.0	25.0	0.5	1.0	1	21	2	0
Away	8	27	8	0.0	0.0	2.0	11.0	0	0	1	0
Games 1-8	8	27	19	1.0	10.0	0.5	1.0	1	21	2	0
Games 9-16	8	28	10	1.0	15.0	2.0	11.0	0	0	1	0
Aug/Sept	4	11	8	0.0	0.0	0.0	0.0	0	0	0	0
October	4	16	11	1.0	10.0	0.5	1.0	1	21	2	0
November	5	20	8	1.0	15.0	0.0	0.0	0	0	1	0
December	3	8	2	0.0	0.0	2.0	11.0	0	0	0	0
Grass	4	16	1	0.0	0.0	1.0	10.0	0	0	1	0
Turf	12	39	28	2.0	25.0	1.5	2.0	1	21	2	0
Indoor	2	6	3	0.0	0.0	1.0	1.0	0	0	0	0
Outdoor	14	49	26	2.0	25.0	1.5	11.0	1	21	3	0

Game Logs

Date	Opp	Result	Tk	Ast	Sack	Yds	Stuff	Yds	Int	Yds	PD	FF	FR	TD
08/31	@NYN	L 17-31	1	4	0.0	0.0	0.0	0.0	0	0	0	0	0	0
09/07	GB	W 10-9	4	1	0.0	0.0	0.0	0.0	0	0	0	0	0	0
09/15	@Dal	L 20-21	4	0	0.0	0.0	0.0	0.0	0	0	0	0	0	0
09/28	@Min	L 19-28	2	3	0.0	0.0	0.0	0.0	0	0	0	0	0	0
10/05	Was	W 24-10	1	2	0.0	0.0	0.0	0.0	1	21	2	0	0	0
10/12	@Jac	L 21-38	2	3	0.0	0.0	0.0	0.0	0	0	0	0	0	0
10/19	Ari	W 13-10	5	3	1.0	10.0	0.5	1.0	0	0	0	0	0	0
10/26	Dal	W 13-12	4	6	0.0	0.0	0.0	0.0	0	0	0	0	0	0
11/02	@Ari	L 21-31	3	1	0.0	0.0	0.0	0.0	0	0	1	0	0	0
11/10	SF	L 12-24	4	4	0.0	0.0	0.0	0.0	0	0	0	0	0	0
11/16	@Bal	T 10-10	6	0	0.0	0.0	0.0	0.0	0	0	0	0	0	0
11/23	Pit	W 23-20	2	1	1.0	15.0	0.0	0.0	0	0	0	0	0	0
11/30	Cin	W 44-42	5	2	0.0	0.0	0.0	0.0	0	0	0	0	1	0
12/07	NYN	L 21-31	3	2	0.0	0.0	0.0	0.0	0	0	0	0	0	0
12/14	@Atl	L 17-20	4	0	0.0	0.0	1.0	1.0	0	0	0	0	0	0
12/21	@Was	L 32-35	1	0	0.0	0.0	1.0	10.0	0	0	0	0	0	0

Kicking & Punting Profiles

The following section provides statistical breakdowns and game logs for each regular punter and kicker for all 30 teams.

Some of the statistics used here aren't seen too often, and the abbreviations might be unfamiliar. Here are those abbreviations and what they stand for:

For KICKERS, **1-29 Yd**, for example, refers to the number of field goal attempts and field goals made at that distance. The **Pct** appearing after a distance, and after "Overall," gives the percentage of field goals made at that distance. **Lg** = Longest Field Goal Made. For the kickoff splits, **Num** = Number of Kickoffs; **Avg** = Average Length of Kickoff; **TB** = Touchbacks; **TD** = Kickoffs Returned for Touchdowns; **NetAvg** = Kickoff Net Average.

For PUNTERS, **NPunts** = Net Punts; **Lg** = Longest Punt; **In20** = Punts Inside 20; **FC** = Fair Catches; **TPunts** = Total Punts; **TB** = Touchbacks; **BLK** = Punts Blocked; **Ret** = Punts Returned; **Yds** = Return Yards; **NetAvg** = Net Punting Average.

For definitions of statistical categories, please consult the Glossary.

Louie Aguiar
Kansas City Chiefs — P

1997 Punter Splits

	G	NPunts	Avg	Lg	In20	FC	TPunts	TB	Blk	Ret	Yds	NetAvg
Total	16	82	42.3	65	28	16	82	4	0	39	255	38.2
vs. Playoff	6	29	41.1	56	11	7	29	1	0	9	77	37.7
vs. Non-playoff	10	53	42.9	65	17	9	53	3	0	30	178	38.4
vs. Own Division	8	41	40.8	65	16	8	41	3	0	18	129	36.2
Home	8	37	40.2	60	14	6	37	0	0	15	84	37.9
Away	8	45	44.0	65	14	10	45	4	0	24	171	38.4
Aug/Sept	5	30	44.1	65	12	9	30	1	0	15	126	39.2
October	3	15	44.2	60	3	2	15	1	0	9	48	39.7
November	5	23	41.0	60	9	5	23	1	0	7	32	38.8
December	3	14	38.2	49	4	0	14	1	0	8	49	33.3
Grass	14	73	41.7	65	25	14	73	3	0	34	234	37.7
Turf	2	9	46.8	60	3	2	9	1	0	5	21	42.2
Indoor	2	9	46.8	60	3	2	9	1	0	5	21	42.2
Outdoor	14	73	41.7	65	25	14	73	3	0	34	234	37.7
Outdoors, Temp < 40	4	17	38.6	56	4	2	17	0	0	5	27	37.0
Outdoors, Temp 40-80	8	45	42.6	65	17	8	45	2	0	25	151	38.3
Outdoors, Temp > 80	2	11	43.0	56	4	4	11	1	0	4	56	36.1
Winning	-	45	42.0	65	13	7	45	1	0	22	114	39.0
Tied	-	19	40.9	57	6	4	19	2	0	10	54	35.9
Trailing	-	18	44.3	60	9	5	18	1	0	7	87	38.3

Game Logs

Date	Opp	Result	NPunts	Avg	In20	TPunts	TB	Blk	Ret	Yds	NetAvg
08/31	@Den	L 3-19	5	42.8	3	5	0	0	2	43	34.2
09/08	@Oak	W 28-27	6	42.5	3	6	1	0	2	23	35.3
09/14	Buf	W 22-16	7	47.6	3	7	0	0	3	25	44.0
09/21	@Car	W 35-14	8	46.8	0	8	0	0	6	31	42.9
09/28	Sea	W 20-17	4	36.8	3	4	0	0	2	4	35.8
10/05	@Mia	L 14-17	6	43.2	1	6	1	0	2	13	37.7
10/16	SD	W 31-3	5	41.8	1	5	0	0	4	25	36.8
10/26	@StL	W 28-20	4	48.8	1	4	0	0	3	10	46.3
11/03	Pit	W 13-10	3	37.7	1	3	0	0	1	3	36.7
11/09	@Jac	L 10-24	4	46.0	2	4	0	0	2	16	42.0
11/16	Den	W 24-22	7	40.0	1	7	0	0	1	-1	40.1
11/23	@Sea	W 19-14	5	45.2	2	5	1	0	2	11	39.0
11/30	SF	W 44-9	4	35.3	3	4	0	0	1	3	34.5
12/07	Oak	W 30-0	2	35.0	1	2	0	0	0	0	35.0
12/14	@SD	W 29-7	7	38.9	2	7	1	0	5	24	32.6
12/21	NO	W 25-13	5	38.6	1	5	0	0	3	25	33.6

Morten Andersen
Atlanta Falcons — K

1997 Field Goal Splits

	G	1-29 Yd	30-39 Yd	40-49 Yd	50+ Yd	Overall	Pct	Lg
Total	16	11-11	7-7	3-6	2-3	23-27	85.2	55
vs. Playoff	5	0-0	2-2	0-1	0-1	2-4	50.0	34
vs. Non-playoff	11	11-11	5-5	3-5	2-2	21-23	91.3	55
vs. Own Division	8	6-6	3-3	3-4	1-1	13-14	92.9	55
Home	8	5-5	3-3	1-3	1-2	10-13	76.9	51
Away	8	6-6	4-4	2-3	1-1	13-14	92.9	55
Games 1-8	8	3-3	3-3	1-2	2-3	9-11	81.8	55
Games 9-16	8	8-8	4-4	2-4	0-0	14-16	87.5	44
Aug/Sept	5	2-2	1-1	0-1	1-2	4-6	66.7	51
October	3	1-1	2-2	1-1	1-1	5-5	100.0	55
November	5	4-4	2-2	2-3	0-0	8-9	88.9	44
December	3	4-4	2-2	0-1	0-0	6-7	85.7	33
Grass	4	3-3	2-2	1-1	0-0	6-6	100.0	44
Turf	12	8-8	5-5	2-5	2-3	17-21	81.0	55
Indoor	12	8-8	5-5	2-5	2-3	17-21	81.0	55
Outdoor	4	3-3	2-2	1-1	0-0	6-6	100.0	44
4th qtr, +/-3 pts	-	1-1	1-1	1-1	0-0	3-3	100.0	44
Winning	-	8-8	2-2	1-2	1-1	12-13	92.3	55
Tied	-	3-3	2-2	1-2	0-0	6-7	85.7	43
Trailing	-	0-0	3-3	1-2	1-2	5-7	71.4	51

1997 Kickoff Splits

	Num	Avg	TB	TD	NetAvg
	59	69.8	17	0	47.0
	16	67.0	2	0	44.6
	43	70.9	15	0	48.0
	33	71.4	3	0	49.8
	31	68.2	12	0	47.7
	28	71.6	5	0	46.3
	29	71.1	12	0	47.9
	30	68.5	5	0	46.2
	17	68.8	6	0	0.0
	12	74.4	6	0	0.0
	23	68.8	5	0	0.0
	7	67.6	0	0	0.0
	11	69.5	0	0	40.7
	48	69.9	17	0	48.5
	48	69.9	17	0	48.5
	11	69.5	0	0	40.7
	4	62.5	0	0	40.3
	36	70.8	12	0	47.7
	12	70.5	3	0	46.8
	11	65.9	2	0	45.2

Game Logs

Date	Opp	Result	1-39 Yd	40-49 Yd	50+ Yd	Lg
08/31	@Det	L 17-28	1-1	0-1	0-0	30
09/07	Car	L 6-9	2-2	0-0	0-0	28
09/14	Oak	L 31-36	0-0	0-0	1-1	51
09/21	@SF	L 7-34	0-0	0-0	0-0	0
09/28	Den	L 21-29	0-0	0-0	0-1	0
10/12	@NO	W 23-17	2-2	0-0	1-1	55
10/19	SF	L 28-35	0-0	0-0	0-0	0
10/26	@Car	L 12-21	1-1	1-1	0-0	44
11/02	StL	W 34-31	2-2	0-0	0-0	37
11/09	TB	L 10-31	1-1	0-0	0-0	34
11/16	@StL	W 27-21	1-1	0-0	0-0	44
11/23	NO	W 20-3	1-1	1-2	0-0	43
11/30	@Sea	W 24-17	1-1	0-0	0-0	18
12/07	@SD	W 14-3	0-0	0-0	0-0	0
12/14	Phi	W 20-17	2-2	0-1	0-0	33
12/21	@Ari	L 26-29	4-4	0-0	0-0	31

Gary Anderson
San Francisco 49ers — K

1997 Field Goal Splits

	G	1-29 Yd	30-39 Yd	40-49 Yd	50+ Yd	Overall	Pct	Lg
Total	16	11-11	9-12	8-10	1-3	29-36	80.6	51
vs. Playoff	4	1-1	4-7	2-2	0-1	7-11	63.6	40
vs. Non-playoff	12	10-10	5-5	6-8	1-2	22-25	88.0	51
vs. Own Division	8	7-7	3-3	5-6	1-2	16-18	88.9	51
Home	8	8-8	3-5	4-5	0-1	15-19	78.9	46
Away	8	3-3	6-7	4-5	1-2	14-17	82.4	51
Games 1-8	8	6-6	4-5	5-5	1-2	16-18	88.9	51
Games 9-16	8	5-5	5-7	3-5	0-1	13-18	72.2	43
Aug/Sept	5	3-3	3-4	4-4	0-1	10-12	83.3	48
October	3	3-3	1-1	1-1	1-1	6-6	100.0	54
November	5	3-3	3-3	2-4	0-0	8-10	80.0	43
December	3	2-2	2-4	1-1	0-1	5-8	62.5	40
Grass	11	9-9	6-9	7-8	0-1	22-27	81.5	48
Turf	5	2-2	3-3	1-2	1-2	7-9	77.8	51
Indoor	4	2-2	2-2	1-1	1-2	6-7	85.7	51
Outdoor	12	9-9	7-10	7-9	0-1	23-29	79.3	48
4th qtr, +/-3 pts	-	0-0	0-0	0-0	0-0	0-0	-	0
Winning	-	7-7	4-6	6-8	1-2	18-23	78.3	51
Tied	-	3-3	2-3	1-1	0-0	6-7	85.7	43
Trailing	-	1-1	3-3	1-1	0-1	5-6	83.3	40

1997 Kickoff Splits

	Num	Avg	TB	TD	NetAvg
	8	60.1	0	0	42.9
	0	-	0	0	-
	8	60.1	0	0	42.9
	8	60.1	0	0	42.9
	8	60.1	0	0	42.9
	0	-	0	0	-
	8	60.1	0	0	42.9
	0	-	0	0	-
	8	60.1	0	0	0.0
	0	-	0	0	-
	0	-	0	0	-
	0	-	0	0	-
	8	60.1	0	0	42.9
	0	-	0	0	-
	0	-	0	0	-
	8	60.1	0	0	42.9
	0	-	0	0	-
	8	60.1	0	0	42.9
	0	-	0	0	-
	0	-	0	0	-

Game Logs

Date	Opp	Result	1-39 Yd	40-49 Yd	50+ Yd	Lg
08/31	@TB	L 6-13	1-2	1-1	0-0	40
09/07	@StL	W 15-12	0-0	0-0	0-1	0
09/14	NO	W 33-7	2-2	2-2	0-0	43
09/21	Atl	W 34-7	2-2	0-0	0-0	32
09/29	@Car	W 34-21	1-1	0-0	0-0	48
10/12	StL	W 30-10	2-2	1-1	0-0	46
10/19	Atl	W 35-28	0-0	0-0	0-0	0
10/26	@NO	W 23-0	2-2	0-0	1-1	51
11/02	Dal	W 17-10	1-1	0-0	0-0	28
11/10	@Phi	W 24-12	1-1	0-0	0-0	31
11/16	Car	W 27-19	1-1	1-2	0-0	43
11/23	SD	W 17-10	1-1	0-0	0-0	29
11/30	@KC	L 9-44	2-2	2-2	0-0	40
12/07	Min	W 28-17	0-1	0-0	0-1	0
12/15	Den	W 34-17	2-3	0-0	0-0	32
12/21	@Sea	L 9-38	2-2	1-1	0-0	40

Leo Araguz — Oakland Raiders — P

1997 Punter Splits

	G	NPunts	Avg	Lg	In20	FC	TPunts	TB	Blk	Ret	Yds	NetAvg
Total	16	93	45.0	63	28	26	93	6	0	52	431	39.1
vs. Playoff	6	36	45.0	60	9	11	36	3	0	19	143	39.4
vs. Non-playoff	10	57	45.1	63	19	15	57	3	0	33	288	39.0
vs. Own Division	8	45	45.7	63	12	12	45	3	0	26	169	40.6
Home	8	48	46.0	63	13	13	48	3	0	29	246	39.6
Away	8	45	44.0	58	15	13	45	3	0	23	185	38.6
Aug/Sept	5	31	44.9	61	11	10	31	5	0	14	125	37.7
October	3	18	44.7	59	3	5	18	0	0	11	75	40.6
November	5	30	44.5	60	7	6	30	1	0	20	205	37.0
December	3	14	46.9	63	7	5	14	0	0	7	26	45.0
Grass	13	76	45.3	63	24	21	76	5	0	42	340	39.5
Turf	3	17	44.0	58	4	5	17	1	0	10	91	37.5
Indoor	2	13	43.4	58	4	5	13	0	0	7	71	37.9
Outdoor	14	80	45.3	63	24	21	80	6	0	45	360	39.3
Outdoors, Temp < 40	2	13	45.2	56	4	4	13	1	0	6	28	41.5
Outdoors, Temp 40-80	11	60	45.2	63	17	14	60	4	0	37	316	38.6
Outdoors, Temp > 80	1	7	46.7	61	3	3	7	1	0	2	16	41.6
Winning	-	30	43.8	63	9	10	30	2	0	17	141	37.7
Tied	-	20	46.6	61	5	5	20	2	0	13	138	37.7
Trailing	-	43	45.2	59	14	11	43	2	0	22	152	40.8

Game Logs

Date	Opp	Result	NPunts	Avg	In20	TPunts	TB	Blk	Ret	Yds	NetAvg
08/31	@Ten	L 21-24	6	41.5	3	6	1	0	2	23	34.3
09/08	KC	L 27-28	7	45.0	2	7	2	0	3	31	34.9
09/14	@Atl	W36-31	7	45.4	3	7	0	0	4	35	40.4
09/21	@NYA	L 22-23	4	46.0	0	4	1	0	3	20	36.0
09/28	StL	W35-17	7	46.7	3	7	1	0	2	16	41.6
10/05	SD	L 10-25	7	46.7	2	7	0	0	4	8	45.6
10/19	Den	W28-25	5	46.4	0	5	0	0	4	31	40.2
10/26	@Sea	L 34-45	6	41.0	1	6	0	0	3	36	35.0
11/02	@Car	L 14-38	5	42.6	1	5	0	0	2	25	37.6
11/09	NO	L 10-13	8	44.5	3	8	0	0	7	90	33.3
11/16	@SD	W38-13	4	45.8	3	4	0	0	3	18	41.3
11/24	@Den	L 3-31	8	43.8	0	8	1	0	4	31	37.4
11/30	Mia	L 16-34	5	46.6	0	5	0	0	4	41	38.4
12/07	@KC	L 0-30	5	47.6	4	5	0	0	2	-3	48.2
12/14	Sea	L 21-22	3	55.3	0	3	0	0	3	17	49.7
12/21	Jac	L 9-20	6	42.0	3	6	0	0	2	12	40.0

Bryan Barker — Jacksonville Jaguars — P

1997 Punter Splits

	G	NPunts	Avg	Lg	In20	FC	TPunts	TB	Blk	Ret	Yds	NetAvg
Total	16	66	44.9	64	27	7	66	8	0	29	241	38.8
vs. Playoff	5	24	42.1	64	13	4	24	0	0	12	75	39.0
vs. Non-playoff	11	42	46.5	64	14	3	42	8	0	17	166	38.7
vs. Own Division	8	30	44.7	64	13	6	30	5	0	9	33	40.3
Home	8	33	45.9	64	16	2	33	5	0	14	105	39.7
Away	8	33	43.9	64	11	5	33	3	0	15	136	38.0
Aug/Sept	4	15	47.4	64	6	1	15	0	0	9	93	41.2
October	4	21	46.1	62	5	3	21	4	0	9	106	37.3
November	5	19	45.7	64	12	3	19	2	0	9	39	41.5
December	3	11	37.8	52	4	0	11	2	0	2	3	33.9
Grass	12	49	45.6	64	22	4	49	7	0	21	156	39.5
Turf	4	17	43.1	62	5	3	17	1	0	8	85	36.9
Indoor	0	0	-	0	0	0	0	0	0	0	0	-
Outdoor	16	66	44.9	64	27	7	66	8	0	29	241	38.8
Outdoors, Temp < 40	2	5	42.0	56	2	0	5	1	0	1	1	37.8
Outdoors, Temp 40-80	11	45	43.7	64	19	6	45	4	0	21	179	37.9
Outdoors, Temp > 80	3	16	49.3	64	6	1	16	3	0	7	61	41.7
Winning	-	39	45.6	64	14	5	39	7	0	17	122	38.9
Tied	-	14	43.0	57	6	1	14	0	0	6	39	38.8
Trailing	-	13	44.9	56	7	1	13	0	0	6	80	38.8

Game Logs

Date	Opp	Result	NPunts	Avg	In20	TPunts	TB	Blk	Ret	Yds	NetAvg
08/31	@Bal	W28-27	5	45.2	2	5	0	0	3	19	41.4
09/07	NYN	W40-13	6	51.5	3	6	0	0	4	42	44.5
09/22	Pit	W30-21	1	38.0	0	1	0	0	0	0	38.0
09/28	@Was	L 12-24	3	46.0	1	3	0	0	2	32	35.3
10/05	Cin	W21-13	5	50.6	1	5	3	0	0	0	38.6
10/12	Phi	W38-21	4	48.5	1	4	1	0	2	22	38.0
10/19	@Dal	L 22-26	5	53.8	0	5	0	0	5	81	37.6
10/26	@Pit	L 17-23	7	36.1	3	7	0	0	2	3	35.7
11/02	@Ten	W30-24	4	51.8	2	4	1	0	2	0	46.8
11/09	KC	W24-10	7	42.3	5	7	0	0	5	28	38.3
11/16	Ten	W17-9	5	45.2	3	5	1	0	1	-2	41.6
11/23	@Cin	L 26-31	1	56.0	1	1	0	0	0	0	56.0
11/30	Bal	W29-27	2	41.5	1	2	0	0	1	13	35.0
12/07	NE	L 20-26	3	38.3	2	3	0	0	1	2	37.7
12/14	@Buf	W20-14	4	38.5	1	4	1	0	1	1	33.3
12/21	@Oak	W20-9	4	36.8	1	4	1	0	0	0	31.8

Tommy Barnhardt — Tampa Bay Buccaneers — P

1997 Punter Splits

	G	NPunts	Avg	Lg	In20	FC	TPunts	TB	Blk	Ret	Yds	NetAvg
Total	6	29	45.0	61	12	7	29	3	0	14	110	39.1
vs. Playoff	5	21	43.3	59	9	6	21	2	0	12	89	37.1
vs. Non-playoff	1	8	49.4	61	3	1	8	1	0	2	21	44.3
vs. Own Division	3	17	42.8	59	8	5	17	1	0	10	69	37.5
Home	3	12	48.1	61	4	2	12	2	0	4	41	41.3
Away	3	17	42.8	59	8	5	17	1	0	10	69	37.5
Aug/Sept	5	24	44.8	61	9	6	24	3	0	10	69	39.4
October	1	5	45.8	59	3	1	5	0	0	4	41	37.6
November	0	0	-	0	0	0	0	0	0	0	0	-
December	0	0	-	0	0	0	0	0	0	0	0	-
Grass	4	17	47.4	61	7	3	17	2	0	8	82	40.2
Turf	2	12	41.5	53	5	4	12	1	0	6	28	37.5
Indoor	2	12	41.5	53	5	4	12	1	0	6	28	37.5
Outdoor	4	17	47.4	61	7	3	17	2	0	8	82	40.2
Outdoors, Temp < 40	0	0	-	0	0	0	0	0	0	0	0	-
Outdoors, Temp 40-80	1	5	45.8	59	3	1	5	0	0	4	41	37.6
Outdoors, Temp > 80	3	12	48.1	61	4	2	12	2	0	4	41	41.3
Winning	-	15	43.0	61	6	4	15	3	0	4	19	37.7
Tied	-	4	44.8	51	1	1	4	0	0	3	12	41.8
Trailing	-	10	48.0	59	5	2	10	0	0	7	79	40.1

Game Logs

Date	Opp	Result	NPunts	Avg	In20	TPunts	TB	Blk	Ret	Yds	NetAvg
08/31	SF	W13-6	4	45.5	1	4	1	0	2	20	35.5
09/07	@Det	W24-17	7	41.6	4	7	0	0	4	14	39.6
09/14	@Min	W28-14	5	41.4	1	5	1	0	2	14	34.6
09/21	Mia	W31-21	0	0	0	0	0	0	0	0	0
09/28	Ari	W19-18	8	49.4	3	8	1	0	2	21	44.3
10/05	@GB	L 16-21	5	45.8	3	5	0	0	4	41	37.6

467

Darren Bennett — San Diego Chargers — P

1997 Punter Splits

	G	NPunts	Avg	Lg	In20	FC	TPunts	TB	Blk	Ret	Yds	NetAvg
Total	16	89	44.6	66	26	20	90	8	1	39	416	37.7
vs. Playoff	6	36	44.9	66	11	7	36	1	0	20	256	37.3
vs. Non-playoff	10	53	44.4	66	15	13	54	7	1	19	160	38.1
vs. Own Division	8	45	42.3	66	11	9	45	5	0	15	126	37.3
Home	8	37	43.5	60	7	7	38	4	1	13	123	37.1
Away	8	52	45.4	66	19	13	52	4	0	26	293	38.2
Aug/Sept	5	26	48.2	66	5	4	27	4	1	14	195	36.3
October	3	14	40.4	58	5	4	14	1	0	4	34	36.6
November	5	33	44.9	58	9	8	33	2	0	17	142	39.4
December	3	16	41.9	53	7	4	16	1	0	4	45	37.9
Grass	13	68	44.1	66	20	13	69	5	1	30	356	36.9
Turf	3	21	46.2	66	6	7	21	3	0	9	60	40.5
Indoor	2	11	44.0	66	3	3	11	2	0	4	34	37.3
Outdoor	14	78	44.6	66	23	17	79	6	1	35	382	37.8
Outdoors, Temp < 40	1	6	45.7	53	3	3	6	0	0	2	40	39.0
Outdoors, Temp 40-80	12	68	44.3	66	20	14	69	6	1	30	281	37.8
Outdoors, Temp > 80	1	4	50.5	60	0	0	4	0	0	3	61	35.3
Winning	-	20	44.8	66	8	7	20	2	0	7	90	38.3
Tied	-	19	39.8	59	5	5	20	2	1	4	11	35.3
Trailing	-	50	46.4	66	13	8	50	4	0	28	315	38.5

Game Logs

Date	Opp	Result	NPunts	Avg	In20	TPunts	TB	Blk	Ret	Yds	NetAvg
08/31	@NE	L 7-41	7	52.1	1	7	0	0	6	99	38.0
09/07	@NO	W 20-6	7	39.1	3	7	0	0	3	37	33.9
09/14	Car	L 7-26	4	50.8	1	5	2	1	1		32.4
09/21	@Sea	L 22-26	4	52.5	0	4	2	0	1	-3	43.3
09/28	Bal	W 21-17	4	50.5	0	4	0	0	3	61	35.3
10/05	@Oak	W 25-10	5	38.0	3	5	1	0	0	0	34.0
10/16	@KC	L 3-31	7	39.7	2	7	0	0	4	34	34.9
10/26	Ind	W 35-19	2	49.0	0	2	0	0	0	0	49.0
11/02	@Cin	L 31-38	10	48.6	3	10	1	0	5	26	46.0
11/09	Sea	L 31-37	6	43.0	2	6	1	0	1	9	38.2
11/16	Oak	L 13-38	7	39.7	0	7	0	0	4	23	36.4
11/23	@SF	L 10-17	6	47.3	4	6	0	0	5	60	37.3
11/30	Den	L 28-38	4	43.8	0	4	0	0	2	24	37.8
12/07	Atl	L 3-14	4	39.0	3	4	0	0	1	6	37.5
12/14	KC	L 7-29	6	40.2	1	6	0	1	1	-1	37.0
12/21	@Den	L 3-38	6	45.7	3	6	0	0	2	40	39.0

Scott Bentley — Denver Broncos / Atlanta Falcons — K

1997 Field Goal Splits

	G	1-29 Yd	30-39 Yd	40-49 Yd	50+ Yd	Overall	Pct	Lg
Total	3	1-1	1-1	0-1	0-0	2-3	66.7	33
vs. Playoff	1	1-1	1-1	0-1	0-0	2-3	66.7	33
vs. Non-playoff	2	0-0	0-0	0-0	0-0	-	-	0
vs. Own Division	0	0-0	0-0	0-0	0-0	-	-	0
Home	2	1-1	1-1	0-1	0-0	2-3	66.7	33
Away	1	0-0	0-0	0-0	0-0	-	-	0
Games 1-8	1	1-1	1-1	0-1	0-0	2-3	66.7	33
Games 9-16	2	0-0	0-0	0-0	0-0	-	-	0
Aug/Sept	0	0-0	0-0	0-0	0-0	-	-	0
October	1	1-1	1-1	0-1	0-0	2-3	66.7	33
November	0	0-0	0-0	0-0	0-0	-	-	0
December	2	0-0	0-0	0-0	0-0	-	-	0
Grass	2	1-1	1-1	0-1	0-0	2-3	66.7	33
Turf	1	0-0	0-0	0-0	0-0	-	-	0
Indoor	1	0-0	0-0	0-0	0-0	-	-	0
Outdoor	2	1-1	1-1	0-1	0-0	2-3	66.7	33
4th qtr, +/-3 pts	-	0-0	0-0	0-0	0-0	-	-	0
Winning	-	1-1	1-1	0-1	0-0	2-3	66.7	33
Tied	-	0-0	0-0	0-0	0-0	-	-	0
Trailing	-	0-0	0-0	0-0	0-0	-	-	0

1997 Kickoff Splits

	Num	Avg	TB	TD	NetAvg
Total	14	68.5	1	0	48.1
vs. Playoff	7	71.0	1	0	51.1
vs. Non-playoff	7	66.0	0	0	45.0
vs. Own Division	0	-	0	0	-
Home	11	70.6	1	0	50.0
Away	3	60.7	0	0	41.0
Games 1-8	7	71.0	1	0	51.1
Games 9-16	7	66.0	0	0	45.0
Aug/Sept	0	-	0	0	-
October	7	71.0	1	0	0.0
November	0	-	0	0	-
December	7	66.0	0	0	0.0
Grass	10	67.9	1	0	48.1
Turf	4	70.0	0	0	48.0
Indoor	4	70.0	0	0	48.0
Outdoor	10	67.9	1	0	48.1
4th qtr, +/-3 pts	0	-	0	0	-
Winning	10	67.7	1	0	47.8
Tied	4	70.5	0	0	48.8
Trailing	0	-	0	0	-

Game Logs

Date	Opp	Result	1-39 Yd	40-49 Yd	50+ Yd	Lg
10/06	NE	W 34-13	2-2	0-1	0-0	33
12/07	@SD	W 14-3	0-0	0-0	0-0	0
12/14	Phi	W 20-17	0-0	0-0	0-0	0
12/21	@Ari	L 26-29	-	-	-	-

Mitch Berger — Minnesota Vikings — P

1997 Punter Splits

	G	NPunts	Avg	Lg	In20	FC	TPunts	TB	Blk	Ret	Yds	NetAvg
Total	14	73	42.9	65	22	8	73	5	0	46	545	34.1
vs. Playoff	8	45	42.5	62	15	6	45	2	0	27	318	34.6
vs. Non-playoff	6	28	43.6	65	7	2	28	3	0	19	227	33.3
vs. Own Division	7	41	43.8	62	13	3	41	1	0	28	300	36.0
Home	8	46	43.1	62	15	6	46	2	0	29	316	35.3
Away	6	27	42.7	65	7	2	27	3	0	17	229	32.0
Aug/Sept	3	15	45.3	57	5	3	15	0	0	9	147	35.5
October	3	15	41.8	65	6	0	15	1	0	11	81	35.1
November	4	21	42.0	55	5	5	21	2	0	12	147	33.1
December	4	22	43.0	62	6	0	22	2	0	14	170	33.4
Grass	4	16	43.3	65	5	0	16	1	0	12	136	33.6
Turf	10	57	42.8	62	17	8	57	4	0	34	409	34.2
Indoor	9	52	43.1	62	17	8	52	3	0	31	328	35.7
Outdoor	5	21	42.4	65	5	0	21	2	0	15	217	30.2
Outdoors, Temp < 40	0	0	-	0	0	0	0	0	0	0	0	-
Outdoors, Temp 40-80	3	13	41.2	54	1	0	13	2	0	8	172	24.9
Outdoors, Temp > 80	2	8	44.4	65	4	0	8	0	0	7	45	38.8
Winning	-	29	44.8	65	11	5	29	1	0	20	190	37.6
Tied	-	19	40.6	54	6	1	19	1	0	12	193	29.4
Trailing	-	25	42.5	55	5	2	25	3	0	14	162	33.6

Game Logs

Date	Opp	Result	NPunts	Avg	In20	TPunts	TB	Blk	Ret	Yds	NetAvg
08/31	@Buf	W 34-13	-	-	-	-	-	-	-	-	-
09/07	@Chi	W 27-24	-	-	-	-	-	-	-	-	-
09/14	TB	L 14-28	5	40.8	2	5	0	0	3	39	33.0
09/21	@GB	L 32-38	4	49.5	0	4	0	0	3	65	33.3
09/28	Phi	W 28-19	6	46.2	3	6	0	0	3	43	39.0
10/05	@Ari	W 20-19	2	58.5	1	2	0	0	2	22	47.5
10/12	Car	W 21-14	7	38.9	2	7	1	0	4	36	30.4
10/26	@TB	W 10-6	6	39.7	3	6	0	0	5	23	35.8
11/02	NE	W 23-18	5	40.0	2	5	0	0	2	23	35.4
11/21-23		L 21-23	5	44.6	1	5	0	0	5	31	38.4
11/16	@Det	L 15-38	6	43.5	2	6	1	0	2	12	38.2
11/23	@NYA	L 14-17	5	39.6	0	5	1	0	3	81	19.4
12/01	GB	L 11-27	8	46.5	2	8	0	0	6	78	36.8
12/07	@SF	L 17-28	4	35.0	1	4	0	0	2	26	23.5
12/14	Det	L 13-14	7	42.9	3	7	0	0	4	52	35.4
12/21	Ind	W 39-28	8	44.3	0	8	3	0	2	14	33.0

Cary Blanchard — Indianapolis Colts — K

1997 Field Goal Splits / 1997 Kickoff Splits / Game Logs

	G	1-29 Yd	30-39 Yd	40-49 Yd	50+ Yd	Overall	Pct	Lg	Num	Avg	TB	TD	NetAvg	Date	Opp	Result	1-39 Yd	40-49 Yd	50+ Yd	Lg
Total	16	9-9	12-14	10-15	1-3	32-41	78.0	50	1	72.0	0	0	29.0	08/31	@Mia	L 10-16	1-1	0-2	0-1	35
vs. Playoff	9	6-6	7-8	4-9	1-2	18-25	72.0	50	1	72.0	0	0	29.0	09/07	NE	L 6-31	1-1	1-1	0-0	45
vs. Non-playoff	7	3-3	5-6	6-6	0-1	14-16	87.5	49	0	-	0	0	-	09/14	Sea	L 3-31	0-0	1-1	0-0	46
vs. Own Division	8	5-5	7-7	4-7	1-3	17-22	77.3	50	0	-	0	0	-	09/21	@Buf	L 35-37	4-4	1-1	0-0	49
Home	8	2-2	5-7	8-9	1-2	16-20	80.0	50	1	72.0	0	0	29.0	10/05	NYA	L 12-16	0-0	1-1	0-0	48
Away	8	7-7	7-7	2-6	0-1	16-21	76.2	49	0	-	0	0	-	10/12	@Pit	L 22-24	3-3	0-1	0-0	37
Games 1-8	8	3-3	8-8	4-7	0-2	15-20	75.0	49	0	-	0	0	-	10/20	Buf	L 6-9	2-2	0-0	0-1	39
Games 9-16	8	6-6	4-6	6-8	1-1	17-21	81.0	50	1	72.0	0	0	29.0	10/26	@SD	L 19-35	0-0	0-0	0-0	0
Aug/Sept	4	2-2	4-4	3-5	0-1	9-12	75.0	49	0	-	0	0	-	11/02	TB	L 28-31	1-2	1-1	0-0	43
October	4	1-1	4-4	1-2	0-1	6-8	75.0	48	0	-	0	0	-	11/09	Cin	L 13-28	0-1	2-2	0-0	45
November	5	2-2	3-5	5-7	0-0	10-14	71.4	49	1	72.0	0	0	0.0	11/16	GB	W 41-38	2-2	2-3	0-0	42
December	3	4-4	1-1	1-1	1-1	7-7	100.0	50	0	-	0	0	-	11/23	@Det	L 10-32	1-1	0-0	0-0	35
Grass	3	1-1	1-1	0-3	0-1	2-6	33.3	35	0	-	0	0	-	11/30	@NE	L 17-20	1-1	0-1	0-0	24
Turf	13	8-8	11-13	10-12	1-2	30-35	85.7	50	1	72.0	0	0	29.0	12/07	NYA	L 22-24	2-2	1-1	0-0	42
Indoor	10	4-4	6-8	8-9	1-2	19-23	82.6	50	1	72.0	0	0	29.0	12/14	Mia	W 41-0	1-1	0-0	1-1	50
Outdoor	6	5-5	6-6	2-6	0-1	13-18	72.2	49	0	-	0	0	-	12/21	@Min	L 28-39	2-2	0-0	0-0	27
4th qtr, +/-3 pts	-	1-1	1-2	0-1	0-0	2-4	50.0	32	0	-	0	0	-							
Winning	-	3-3	3-3	2-3	1-1	9-10	90.0	50	1	72.0	0	0	29.0							
Tied	-	2-2	1-3	2-3	0-0	5-8	62.5	46	0	-	0	0	-							
Trailing	-	4-4	8-8	6-9	0-2	18-23	78.3	48	0	-	0	0	-							

Scott Blanton — Washington Redskins — K

1997 Field Goal Splits / 1997 Kickoff Splits / Game Logs

	G	1-29 Yd	30-39 Yd	40-49 Yd	50+ Yd	Overall	Pct	Lg	Num	Avg	TB	TD	NetAvg	Date	Opp	Result	1-39 Yd	40-49 Yd	50+ Yd	Lg
Total	15	6-6	5-6	4-8	1-4	16-24	66.7	50	65	62.8	2	0	40.6	08/31	@Car	W 24-10	1-1	0-0	0-0	38
vs. Playoff	5	2-2	2-3	2-5	1-2	7-12	58.3	50	20	62.7	1	0	41.1	09/07	@Pit	L 13-14	2-2	0-0	0-0	37
vs. Non-playoff	10	4-4	3-3	2-3	0-2	9-12	75.0	49	45	62.8	1	0	40.4	09/14	Ari	W 19-13	2-2	0-0	0-2	20
vs. Own Division	7	2-2	2-2	1-2	0-3	5-9	55.6	40	27	65.1	1	0	41.4	09/28	Jac	W 24-12	0-1	1-1	0-0	41
Home	7	5-5	0-1	3-6	1-4	9-16	56.3	50	31	61.8	2	0	39.9	10/05	@Phi	L 10-24	1-1	0-0	0-0	37
Away	8	1-1	5-5	1-2	0-0	7-8	87.5	40	34	63.6	0	0	41.3	10/13	Dal	W 21-16	0-0	0-0	0-0	0
Games 1-8	8	4-4	3-4	1-2	0-2	8-12	66.7	41	33	62.7	1	0	41.4	10/19	@Ten	L 14-28	0-0	0-1	0-0	0
Games 9-16	7	2-2	2-2	3-6	1-2	8-12	66.7	50	32	62.8	1	0	39.8	10/26	Bal	L 17-20	1-1	0-0	0-0	26
Aug/Sept	4	3-3	2-3	1-1	0-2	6-9	66.7	41	19	62.2	0	0	0.0	11/02	@Chi	W 31-8	1-1	0-0	0-0	38
October	4	1-1	1-1	0-1	0-0	2-3	66.7	37	14	63.5	1	0	0.0	11/09	Det	W 30-7	1-1	1-3	1-1	50
November	5	2-2	1-1	2-5	1-2	6-10	60.0	50	22	61.8	1	0	0.0	11/16	GB	L 14-17	0-0	0-0	0-0	0
December	2	0-0	1-1	1-1	0-0	2-2	100.0	40	10	65.1	0	0	0.0	11/23	NYN	T 7-7	0-0	0-1	0-1	0
Grass	11	5-5	2-3	4-8	1-4	12-20	60.0	50	52	62.3	2	0	40.7	11/30	StL	L 20-23	1-1	1-1	0-0	43
Turf	4	1-1	3-3	0-0	0-0	4-4	100.0	37	13	64.8	0	0	40.3	12/07	@Ari	W 38-28	0-0	0-0	0-0	40
Indoor	0	0-0	0-0	0-0	0-0	0-0	-	0	0	-	0	0	-	12/13	@NYN	L 10-30	1-1	0-0	0-0	33
Outdoor	15	6-6	5-6	4-8	1-4	16-24	66.7	50	65	62.8	2	0	40.6	12/21	Phi	W 35-32	-	-	-	-
4th qtr, +/-3 pts	-	1-1	0-0	1-2	0-1	2-4	50.0	41	3	56.3	0	0	34.0							
Winning	-	1-1	1-1	4-6	1-2	7-10	70.0	50	41	63.0	2	0	40.9							
Tied	-	3-3	0-0	0-2	0-2	3-7	42.9	22	10	63.8	0	0	41.5							
Trailing	-	2-2	4-5	0-0	0-0	6-7	85.7	38	14	61.6	0	0	39.3							

Chris Boniol — Philadelphia Eagles — K

1997 Field Goal Splits / 1997 Kickoff Splits / Game Logs

	G	1-29 Yd	30-39 Yd	40-49 Yd	50+ Yd	Overall	Pct	Lg	Num	Avg	TB	TD	NetAvg	Date	Opp	Result	1-39 Yd	40-49 Yd	50+ Yd	Lg
Total	16	7-7	11-12	4-11	0-1	22-31	71.0	49	59	61.7	1	0	38.1	08/31	@NYN	L 17-31	0-0	1-1	0-0	48
vs. Playoff	7	4-4	3-3	2-5	0-0	9-12	75.0	42	21	62.5	1	0	39.3	09/07	Was	W 10-9	1-1	0-0	0-0	32
vs. Non-playoff	9	3-3	8-9	2-6	0-1	13-19	68.4	49	38	61.2	0	0	37.5	09/15	@Dal	L 20-21	0-0	2-3	0-0	49
vs. Own Division	8	2-2	4-5	3-7	0-1	9-15	60.0	49	30	61.5	0	0	33.3	09/28	@Min	L 19-28	1-1	1-1	0-0	47
Home	8	6-6	8-8	0-4	0-1	14-19	73.7	38	36	61.1	0	0	38.4	10/05	Was	W 24-10	1-1	0-0	0-0	34
Away	8	1-1	3-4	4-7	0-0	8-12	66.7	49	23	62.6	1	0	37.7	10/12	@Jac	L 21-38	0-0	0-0	0-0	0
Games 1-8	8	3-3	4-4	4-9	0-1	11-17	64.7	49	27	63.3	0	0	32.6	10/19	Ari	W 13-10	2-2	0-1	0-0	38
Games 9-16	8	4-4	7-8	0-2	0-0	11-14	78.6	39	32	60.3	0	0	42.8	10/26	Dal	W 13-12	2-2	0-0	0-1	37
Aug/Sept	4	1-1	1-1	4-6	0-0	6-8	75.0	49	12	64.3	0	0	0.0	11/02	@Ari	L 21-31	0-1	0-0	0-0	0
October	4	2-2	3-3	0-3	0-1	5-9	55.6	38	15	62.4	1	0	0.0	11/10	SF	L 12-24	2-2	0-0	0-0	34
November	5	4-4	5-6	0-1	0-0	9-11	81.8	35	20	59.6	0	0	0.0	11/16	@Bal	T 10-10	1-1	0-1	0-0	33
December	3	0-0	2-2	0-1	0-0	2-3	66.7	39	12	61.6	0	0	0.0	11/23	Pit	W 23-20	3-3	0-0	0-0	35
Grass	4	0-0	2-3	0-2	0-0	2-5	40.0	33	10	60.1	0	0	41.1	11/30	Cin	W 44-42	3-3	0-0	0-0	33
Turf	12	7-7	9-9	4-9	0-1	20-26	76.9	49	49	62.0	0	0	37.5	12/07	NYN	L 21-38	0-0	0-1	0-0	0
Indoor	2	1-1	1-1	1-1	0-0	3-3	100.0	47	4	66.3	0	0	48.8	12/14	@Atl	L 17-20	1-1	0-0	0-0	39
Outdoor	14	6-6	10-11	3-10	0-1	19-28	67.9	49	55	61.3	1	0	37.4	12/21	@Was	L 32-35	1-1	0-0	0-0	33
4th qtr, +/-3 pts	-	0-0	3-3	0-0	0-0	3-3	100.0	39	8	60.5	0	0	32.3							
Winning	-	3-3	3-4	1-3	0-0	7-10	70.0	49					37.6							
Tied	-	1-1	0-0	1-2	0-0	2-3	66.7	49	11	63.8	1	0	42.7							
Trailing	-	3-3	8-8	2-6	0-1	13-18	72.2	48	21	61.9	0	0	36.4							

Will Brice
St. Louis Rams — P

1997 Punter Splits

	G	NPunts	Avg	Lg	In20	FC	TPunts	TB	Blk	Ret	Yds	NetAvg
Total	6	41	41.8	61	6	7	42	4	1	27	352	30.5
vs. Playoff	4	27	42.6	61	4	2	28	3	1	20	261	29.6
vs. Non-playoff	2	14	40.1	48	2	5	14	1	0	7	91	32.2
vs. Own Division	3	18	41.0	59	1	3	19	2	1	13	148	28.9
Home	3	19	42.3	60	4	3	19	2	0	13	141	32.7
Away	3	22	41.4	61	2	4	23	2	1	14	211	28.7
Aug/Sept	5	34	42.1	61	6	6	34	4	0	21	289	31.3
October	1	7	40.0	49	0	1	8	0	1	6	63	27.1
November	0	0	-	0	0	0	0	0	0	0	0	-
December	0	0	-	0	0	0	0	0	0	0	0	-
Grass	3	22	41.4	61	2	4	23	2	1	14	211	28.7
Turf	3	19	42.3	60	4	3	19	2	0	13	141	32.7
Indoor	3	19	42.3	60	4	3	19	2	0	13	141	32.7
Outdoor	3	22	41.4	61	2	4	23	2	1	14	211	28.7
Outdoors, Temp < 40	1	7	40.0	49	0	1	8	0	1	6	63	27.1
Outdoors, Temp 40-80	0	0	-	0	0	0	0	0	0	0	0	-
Outdoors, Temp > 80	2	15	42.0	61	2	3	15	2	0	8	148	29.5
Winning	-	10	44.5	60	2	1	10	2	0	6	69	33.6
Tied	-	11	40.3	49	3	3	11	0	0	8	73	33.6
Trailing	-	20	41.3	61	1	3	21	2	1	13	210	27.4

Game Logs

Date	Opp	Result	NPunts	Avg	In20	TPunts	TB	Blk	Ret	Yds	NetAvg
08/31	NO	W 38-24	6	39.8	0	6	0	0	4	64	29.2
09/07	SF	L 12-15	5	43.8	1	5	2	0	3	21	31.6
09/14	@Den	L 14-35	7	43.9	0	7	1	0	5	121	23.7
09/21	NYN	W 13-3	8	43.1	3	8	0	0	6	56	36.1
09/28	@Oak	L 17-35	8	40.4	2	8	1	0	3	27	34.5
10/12	@SF	L 10-30	7	40.0	0	8	0	1	6	63	27.1

Doug Brien
New Orleans Saints — K

1997 Field Goal Splits

	G	1-29 Yd	30-39 Yd	40-49 Yd	50+ Yd	Overall	Pct	Lg
Total	16	3-3	10-10	6-9	4-5	23-27	85.2	53
vs. Playoff	5	0-0	3-3	0-2	0-1	3-6	50.0	39
vs. Non-playoff	11	3-3	7-7	6-7	4-4	20-21	95.2	53
vs. Own Division	8	1-1	2-2	3-4	4-4	10-11	90.9	53
Home	8	2-2	5-5	1-2	1-2	9-11	81.8	53
Away	8	1-1	5-5	5-7	3-3	14-16	87.5	53
Games 1-8	8	0-0	8-8	2-3	1-2	11-13	84.6	53
Games 9-16	8	3-3	2-2	4-6	3-3	12-14	85.7	53
Aug/Sept	5	0-0	6-6	1-2	1-2	8-10	80.0	53
October	4	0-0	2-2	1-1	0-0	3-3	100.0	48
November	4	2-2	1-1	3-4	2-2	8-9	88.9	51
December	3	1-1	1-1	1-2	1-1	4-5	80.0	53
Grass	5	0-0	1-1	4-5	2-2	7-8	87.5	51
Turf	11	3-3	9-9	2-4	2-3	16-19	84.2	53
Indoor	10	3-3	6-6	2-4	2-3	13-16	81.3	53
Outdoor	6	0-0	4-4	4-5	2-2	10-11	90.9	51
4th qtr, +/-3 pts	-	0-0	1-1	2-2	0-0	3-3	100.0	45
Winning	-	1-1	0-0	1-2	2-2	4-5	80.0	53
Tied	-	0-0	4-4	4-4	2-3	10-11	90.9	53
Trailing	-	2-2	6-6	1-3	0-0	9-11	81.8	48

1997 Kickoff Splits

	Num	Avg	TB	TD	NetAvg
Total	61	65.3	8	0	43.4
vs. Playoff	15	67.5	2	0	43.7
vs. Non-playoff	46	64.6	6	0	43.3
vs. Own Division	27	64.0	4	0	42.3
Home	32	66.9	6	0	44.1
Away	29	63.5	2	0	42.7
Games 1-8	31	65.2	3	0	42.9
Games 9-16	30	65.4	5	0	43.9
Aug/Sept	21	64.7	1	0	0.0
October	11	67.0	3	0	0.0
November	15	63.5	3	0	0.0
December	14	66.7	1	0	0.0
Grass	17	62.8	1	0	39.0
Turf	44	66.3	7	0	45.1
Indoor	40	65.7	6	0	44.1
Outdoor	21	64.5	2	0	42.1
4th qtr, +/-3 pts	5	61.2	0	0	44.0
Winning	28	66.0	2	0	42.3
Tied	15	63.1	2	0	40.8
Trailing	18	66.1	4	0	47.4

Game Logs

Date	Opp	Result	1-39 Yd	40-49 Yd	50+ Yd	Lg
08/31	@StL	L 24-38	1-1	1-1	1-1	53
09/07	SD	L 6-20	2-2	0-0	0-0	37
09/14	@SF	L 7-33	0-0	0-0	0-0	0
09/21	Det	W 35-17	0-0	0-1	0-1	0
09/28	@NYN	L 9-14	3-3	0-0	0-0	39
10/05	@Chi	W 20-17	1-1	1-1	0-0	48
10/12	Atl	L 17-23	1-1	0-0	0-0	35
10/19	Car	L 0-13	0-0	0-0	0-0	0
10/26	SF	L 0-23	0-0	0-0	0-0	0
11/09	@Oak	W 13-10	0-0	2-2	0-0	48
11/16	Sea	W 20-17	0-0	2-2	0-0	38
11/23	@Atl	L 3-20	1-1	0-1	0-0	22
11/30	@Car	W 16-13	0-0	1-1	2-2	51
12/07	StL	L 27-34	0-0	1-1	1-1	53
12/14	Ari	W 27-10	2-2	0-0	0-0	33
12/21	@KC	L 13-25	0-0	0-1	0-0	0

Kevin Butler
Arizona Cardinals — K

1997 Field Goal Splits

	G	1-29 Yd	30-39 Yd	40-49 Yd	50+ Yd	Overall	Pct	Lg
Total	6	4-4	2-4	2-4	0-0	8-12	66.7	49
vs. Playoff	3	3-3	1-2	1-3	0-0	5-8	62.5	49
vs. Non-playoff	3	1-1	1-2	1-1	0-0	3-4	75.0	47
vs. Own Division	3	1-1	1-2	1-1	0-0	3-4	75.0	47
Home	3	4-4	0-1	1-1	0-0	5-6	83.3	49
Away	3	0-0	2-3	1-3	0-0	3-6	50.0	47
Games 1-8	6	4-4	2-4	2-4	0-0	8-12	66.7	49
Games 9-16	0	0-0	0-0	0-0	0-0	0	-	0
Aug/Sept	4	1-1	2-3	1-3	0-0	4-7	57.1	47
October	2	3-3	0-1	1-1	0-0	4-5	80.0	49
November	0	0-0	0-0	0-0	0-0	0-0	-	0
December	0	0-0	0-0	0-0	0-0	0-0	-	0
Grass	5	4-4	2-4	2-4	0-0	8-12	66.7	49
Turf	1	0-0	0-0	0-0	0-0	0-0	-	0
Indoor	0	0-0	0-0	0-0	0-0	0-0	-	0
Outdoor	6	4-4	2-4	2-4	0-0	8-12	66.7	49
4th qtr, +/-3 pts	-	0-0	0-1	1-2	0-0	1-3	33.3	47
Winning	-	1-1	0-1	1-2	0-0	2-4	50.0	49
Tied	-	2-2	0-0	0-0	0-0	2-2	100.0	23
Trailing	-	1-1	2-3	1-3	0-0	4-6	66.7	47

1997 Kickoff Splits

	Num	Avg	TB	TD	NetAvg
Total	24	62.6	2	0	42.3
vs. Playoff	11	66.0	1	0	43.9
vs. Non-playoff	13	59.7	1	0	40.9
vs. Own Division	11	59.6	1	0	42.6
Home	12	67.4	2	0	47.2
Away	12	57.8	0	0	37.4
Games 1-8	24	62.6	2	0	42.3
Games 9-16	0	-	0	0	-
Aug/Sept	17	60.9	1	0	0.0
October	7	66.6	1	0	0.0
November	0	-	0	0	-
December	0	-	0	0	-
Grass	20	62.9	2	0	42.7
Turf	4	61.0	0	0	40.3
Indoor	0	-	0	0	-
Outdoor	24	62.6	2	0	42.3
4th qtr, +/-3 pts	2	51.5	0	0	40.5
Winning	8	60.0	0	0	42.3
Tied	11	63.2	1	0	43.6
Trailing	5	65.4	1	0	39.4

Game Logs

Date	Opp	Result	1-39 Yd	40-49 Yd	50+ Yd	Lg
08/31	@Cin	L 21-24	0-0	0-0	0-0	0
09/07	Dal	W 25-22	1-1	0-0	0-0	20
09/14	@Was	L 13-19	1-2	1-1	0-0	47
09/28	@TB	L 18-19	1-1	0-2	0-0	37
10/05	Min	L 19-20	3-4	1-1	0-0	49
10/12	NYN	L 13-27	0-0	0-0	0-0	0

John Carney — San Diego Chargers — K

	G	1-29 Yd	30-39 Yd	40-49 Yd	50+ Yd	Overall	Pct	Lg	Num	Avg	TB	TD	NetAvg	Date	Opp	Result	1-39 Yd	40-49 Yd	50+ Yd	Lg
Total	4	3-3	2-2	2-2	0-0	7-7	100.0	41	16	67.0	2	0	41.1	08/31	@NE	L 7-41	0-0	0-0	0-0	0
vs. Playoff	1	0-0	0-0	0-0	0-0	0-0	-	0	2	70.5	0	0	43.0	09/07	@NO	W 20-6	2-2	0-0	0-0	37
vs. Non-playoff	3	3-3	2-2	2-2	0-0	7-7	100.0	41	14	66.5	2	0	40.8	09/14	Car	L 7-26	0-0	0-0	0-0	0
vs. Own Division	1	3-3	0-0	2-2	0-0	5-5	100.0	41	7	61.3	0	0	35.9	09/21	@Sea	L 22-26	3-3	2-2	0-0	41
Home	1	0-0	0-0	0-0	0-0	0-0	-	0	2	69.5	0	0	32.0	09/28	Bal	W 21-17	-	-	-	-
Away	3	3-3	2-2	2-2	0-0	7-7	100.0	41	14	66.6	2	0	42.4	10/05	@Oak	W 25-10	-	-	-	-
Games 1-8	4	3-3	2-2	2-2	0-0	7-7	100.0	41	16	67.0	2	0	41.1	10/16	@KC	L 3-31	-	-	-	-
Games 9-16	0	0-0	0-0	0-0	0-0	0-0	-	0	0	-	0	0	-	10/26	Ind	W 35-19	-	-	-	-
Aug/Sept	4	3-3	2-2	2-2	0-0	7-7	100.0	41	16	67.0	2	0	0.0	11/02	@Cin	L 31-38	-	-	-	-
October	0	0-0	0-0	0-0	0-0	0-0	-	0	0	-	0	0	-	11/09	Sea	L 31-37	-	-	-	-
November	0	0-0	0-0	0-0	0-0	0-0	-	0	0	-	0	0	-							
December	0	0-0	0-0	0-0	0-0	0-0	-	0	0	-	0	0	-							
Grass	2	0-0	0-0	0-0	0-0	0-0	-	0	4	70.0	0	0	37.5							
Turf	2	3-3	2-2	2-2	0-0	7-7	100.0	41	12	66.0	2	0	42.3							
Indoor	2	3-3	2-2	2-2	0-0	7-7	100.0	41	12	66.0	2	0	42.3							
Outdoor	2	0-0	0-0	0-0	0-0	0-0	-	0	4	70.0	0	0	37.5							
4th qtr, +/-3 pts	-	0-0	0-0	2-2	0-0	2-2	100.0	41	1	64.0	0	0	40.0							
Winning	-	1-1	2-2	1-1	0-0	4-4	100.0	41	12	67.3	2	0	42.3							
Tied	-	1-1	0-0	0-0	0-0	1-1	100.0	26	2	63.0	0	0	28.5							
Trailing	-	1-1	0-0	1-1	0-0	2-2	100.0	41	2	69.0	0	0	46.5							

Steve Christie — Buffalo Bills — K

	G	1-29 Yd	30-39 Yd	40-49 Yd	50+ Yd	Overall	Pct	Lg	Num	Avg	TB	TD	NetAvg	Date	Opp	Result	1-39 Yd	40-49 Yd	50+ Yd	Lg
Total	16	6-6	9-12	8-10	1-2	24-30	80.0	55	61	62.3	5	3	37.6	08/31	Min	L 13-34	1-1	1-1	0-0	46
vs. Playoff	10	3-3	8-9	5-6	1-2	17-20	85.0	55	38	61.8	3	2	35.2	09/07	@NYA	W 28-22	0-0	0-0	0-0	0
vs. Non-playoff	6	3-3	1-3	3-4	0-0	7-10	70.0	49	23	63.0	2	1	41.6	09/14	@KC	L 16-22	2-2	1-1	0-0	46
vs. Own Division	8	5-5	3-5	4-5	0-1	12-16	75.0	49	32	63.6	2	2	37.1	09/21	Ind	W 37-35	1-1	0-0	0-0	27
Home	8	3-3	6-6	5-6	1-2	15-17	88.2	55	34	61.9	4	1	39.9	10/05	Det	W 22-13	1-1	1-1	0-0	47
Away	8	3-3	3-6	3-4	0-0	9-13	69.2	47	27	62.8	1	2	34.6	10/12	@NE	L 6-33	0-1	0-0	0-0	0
Games 1-8	8	4-4	4-6	4-4	1-1	13-15	86.7	55	33	64.8	5	2	40.7	10/20	@Ind	W 9-6	2-3	1-1	0-0	47
Games 9-16	8	2-2	5-6	4-6	0-1	11-15	73.3	49	28	59.3	0	1	33.9	10/26	Den	L 20-23	1-1	0-0	1-1	55
Aug/Sept	4	2-2	2-2	2-2	0-0	6-6	100.0	46	19	66.3	4	2	0.0	11/02	Mia	W 9-6	1-1	2-3	0-1	41
October	4	2-2	2-4	2-2	1-1	7-9	77.8	55	14	62.8	1	0	0.0	11/09	NE	L 10-31	1-1	0-0	0-0	23
November	5	2-2	3-4	3-4	0-1	8-11	72.7	49	19	64.5	0	1	0.0	11/17	@Mia	L 13-30	2-2	0-0	0-0	36
December	3	0-0	2-2	1-2	0-0	3-4	75.0	43	9	54.0	0	0	0.0	11/23	@Ten	L 14-31	0-1	0-0	0-0	0
Grass	6	1-1	3-5	2-3	0-0	6-9	66.7	46	19	61.5	0	1	33.8	11/30	NYA	W 20-10	1-1	1-1	0-0	49
Turf	10	5-5	6-7	6-7	1-2	18-21	85.7	55	42	62.6	5	2	39.3	12/07	@Chi	L 3-20	0-0	1-2	0-0	43
Indoor	1	2-2	0-1	1-1	0-0	3-4	75.0	47	3	69.3	0	0	48.3	12/14	Jac	L 14-20	2-2	0-0	0-0	38
Outdoor	15	4-4	9-11	7-9	1-2	21-26	80.8	55	58	61.9	5	3	37.0	12/20	@GB	L 21-31	0-0	0-0	0-0	0
4th qtr, +/-3 pts	-	1-1	3-4	0-0	1-1	5-6	83.3	55	7	63.9	1	0	39.9							
Winning	-	0-0	3-4	3-4	0-1	6-9	66.7	49	25	63.0	1	3	34.8							
Tied	-	3-3	1-1	2-3	0-0	6-7	85.7	47	9	63.2	1	0	41.2							
Trailing	-	3-3	5-7	3-3	1-1	12-14	85.7	55	27	61.3	3	0	38.9							

Richie Cunningham — Dallas Cowboys — K

	G	1-29 Yd	30-39 Yd	40-49 Yd	50+ Yd	Overall	Pct	Lg	Num	Avg	TB	TD	NetAvg	Date	Opp	Result	1-39 Yd	40-49 Yd	50+ Yd	Lg
Total	16	17-17	9-9	7-10	1-1	34-37	91.9	53	8	63.1	1	0	44.6	08/31	@Pit	W 37-7	2-2	0-0	1-1	53
vs. Playoff	6	6-6	3-3	0-2	1-1	10-12	83.3	53	3	58.3	0	0	40.3	09/07	@Ari	W 20-7	4-4	1-2	0-0	47
vs. Non-playoff	10	11-11	6-6	7-8	0-0	24-25	96.0	48	5	66.0	1	0	47.2	09/15	Phi	W 21-20	3-3	2-2	0-0	48
vs. Own Division	8	10-10	6-6	6-9	0-0	22-25	88.0	48	5	66.0	1	0	47.2	09/28	Chi	W 27-3	2-2	0-0	0-0	33
Home	8	6-6	4-4	5-6	0-0	15-16	93.8	48	0	-	0	0	-	10/05	@NYN	L 17-20	3-3	0-1	0-0	38
Away	8	11-11	5-5	2-4	1-1	19-21	90.5	53	8	63.1	1	0	44.6	10/13	@Was	L 16-21	1-1	0-0	0-0	19
Games 1-8	8	13-13	7-7	4-6	1-1	25-27	92.6	53	5	66.0	1	0	47.2	10/19	Jac	W 26-22	2-2	0-0	0-0	37
Games 9-16	8	4-4	2-2	3-4	0-0	9-10	90.0	43	3	58.3	0	0	40.3	10/26	@Phi	L 12-13	3-3	1-1	0-0	43
Aug/Sept	4	8-8	3-3	3-4	1-1	15-16	93.8	53	0	-	0	0	-	11/02	@SF	L 10-17	1-1	0-0	0-0	21
October	4	5-5	4-4	1-2	0-0	10-11	90.9	43	5	66.0	1	0	0.0	11/09	Ari	W 24-6	1-1	0-0	0-0	23
November	5	3-3	1-1	2-2	0-0	6-6	100.0	42	3	58.3	0	0	0.0	11/16	@Was	W 17-14	1-1	2-2	0-0	42
December	3	1-1	1-1	1-2	0-0	3-4	75.0	43	0	-	0	0	-	11/23	@GB	L 17-45	1-1	0-0	0-0	29
Grass	4	5-5	2-2	1-2	0-0	8-9	88.9	47	3	58.3	0	0	40.3	11/27	Ten	L 14-27	0-0	0-0	0-0	0
Turf	12	12-12	7-7	6-8	1-1	26-28	92.9	53	5	66.0	1	0	47.2	12/08	@Cin	L 24-31	1-1	0-0	0-0	23
Indoor	0	0-0	0-0	0-0	0-0	0-0	-	0	0	-	0	0	-	12/14	@Cin	L 24-31	1-1	0-0	0-0	23
Outdoor	16	17-17	9-9	7-10	1-1	34-37	91.9	53	8	63.1	1	0	44.6	12/21	NYN	L 7-20	0-0	0-1	0-0	0
4th qtr, +/-3 pts	-	0-0	0-0	2-2	0-0	2-2	100.0	42	0	-	0	0	-							
Winning	-	6-6	4-4	3-5	1-1	14-16	87.5	53	7	63.6	1	0	45.3							
Tied	-	6-6	3-3	1-1	0-0	10-10	100.0	42	0	-	0	0	-							
Trailing	-	5-5	2-2	3-4	0-0	10-11	90.9	48	1	60.0	0	0	40.0							

Brad Daluiso — New York Giants — K

	G	1997 Field Goal Splits							1997 Kickoff Splits					Game Logs					
		1-29 Yd	30-39 Yd	40-49 Yd	50+ Yd	Overall	Pct	Lg	Num	Avg	TB	TD	NetAvg	Date	Opp	Result	1-39 Yd	40-49 Yd	50+ Yd	Lg
Total	16	7-7	6-7	8-14	1-4	22-32	68.8	52	72	67.6	23	0	45.1	08/31	Phi	W 31-17	1-1	0-1	0-0	39
vs. Playoff	3	0-0	1-1	2-3	1-1	4-5	80.0	52	11	69.6	4	0	45.5	09/07	@Jac	L 13-40	0-0	0-0	0-0	0
vs. Non-playoff	13	7-7	5-6	6-11	0-3	18-27	66.7	48	61	67.2	19	1	45.0	09/14	Bal	L 23-24	1-1	0-2	0-0	27
vs. Own Division	8	6-6	4-5	3-4	0-2	13-17	76.5	48	43	66.8	14	0	46.3	09/21	@StL	L 3-13	0-0	1-2	0-1	47
Home	8	5-5	5-5	2-7	0-0	12-17	70.6	48	40	67.7	11	1	43.9	09/28	NO	W 14-9	0-0	0-1	0-0	0
Away	8	2-2	1-2	6-7	1-4	10-15	66.7	52	32	67.4	12	0	46.5	10/05	Dal	W 20-17	2-2	0-0	0-0	27
Games 1-8	8	3-3	2-2	3-8	1-2	9-15	60.0	52	35	67.9	13	0	47.3	10/12	@Ari	W 27-13	1-1	1-1	0-0	48
Games 9-16	8	4-4	4-5	5-6	0-2	13-17	76.5	48	37	67.3	10	1	42.9	10/19	@Det	W 26-20	0-0	1-1	1-1	52
Aug/Sept	5	1-1	1-1	1-6	0-1	3-9	33.3	47	19	69.1	9	0	0.0	10/26	Cin	W 29-27	1-1	0-0	0-0	35
October	4	2-2	2-2	2-2	1-1	7-7	100.0	52	22	66.3	4	1	0.0	11/09	@Ten	L 6-10	0-0	2-2	0-0	42
November	4	0-0	3-3	3-4	0-1	6-8	75.0	45	13	68.9	4	0	0.0	11/16	Ari	W 19-10	2-2	0-0	0-0	34
December	3	4-4	0-1	2-2	0-1	6-8	75.0	42	18	66.6	6	0	0.0	11/23	@Was	T 7-7	0-0	0-0	0-1	0
Grass	4	0-0	1-1	3-3	0-1	4-5	80.0	48	14	66.0	5	0	45.4	11/30	TB	L 8-20	1-1	1-2	0-0	45
Turf	12	7-7	5-6	5-11	1-3	18-27	66.7	52	58	68.0	18	1	45.0	12/07	@Phi	W 31-21	1-1	0-0	0-1	19
Indoor	2	0-0	0-0	2-3	1-2	3-5	60.0	52	7	70.9	2	0	48.4	12/13	Was	W 30-10	2-2	1-1	0-0	41
Outdoor	14	7-7	6-7	6-11	0-2	19-27	70.4	48	65	67.2	21	1	44.7	12/21	@Dal	W 20-7	1-2	1-1	0-0	42
4th qtr, +/-3 pts	-	0-0	0-0	0-1	0-0	0-1	0.0	0	2	73.5	1	0	48.0							
Winning	-	4-4	2-3	3-5	0-1	9-13	69.2	48	45	67.5	16	1	44.3							
Tied	-	1-1	3-3	1-3	0-2	5-9	55.6	41	13	68.5	3	0	46.3							
Trailing	-	2-2	1-1	4-6	1-1	8-10	80.0	52	14	67.0	4	0	46.3							

Greg Davis — Minnesota Vikings / San Diego Chargers — K

	G	1997 Field Goal Splits							1997 Kickoff Splits					Game Logs					
		1-29 Yd	30-39 Yd	40-49 Yd	50+ Yd	Overall	Pct	Lg	Num	Avg	TB	TD	NetAvg	Date	Opp	Result	1-39 Yd	40-49 Yd	50+ Yd	Lg
Total	16	8-10	12-12	6-12	0-0	26-34	76.5	45	73	62.8	2	1	41.1	08/31	@Buf	W 34-13	1-1	1-1	0-0	43
vs. Playoff	7	4-5	2-2	0-1	0-0	6-8	75.0	31	22	61.3	0	0	41.4	09/07	@Chi	W 27-24	2-2	0-2	0-0	33
vs. Non-playoff	9	4-5	10-10	6-11	0-0	20-26	76.9	45	51	63.4	2	1	41.0	09/14	TB	L 14-28	2-2	0-0	0-0	25
vs. Own Division	10	7-9	7-7	2-4	0-0	16-20	80.0	45	43	62.5	1	0	41.9	09/21	@GB	L 32-38	1-2	0-0	0-0	31
Home	8	3-4	5-5	3-6	0-0	11-15	73.3	45	34	61.9	1	0	38.4	09/28	Bal	W 21-17	0-0	0-0	0-0	0
Away	8	5-6	7-7	3-6	0-0	15-19	78.9	45	39	63.6	1	1	43.5	10/05	@Oak	W 25-10	5-5	1-1	0-0	43
Games 1-8	8	6-7	9-9	4-8	0-0	19-24	79.2	45	46	63.4	1	0	44.2	10/19	@KC	L 3-31	1-1	0-0	0-0	26
Games 9-16	8	2-3	3-3	2-4	0-0	7-10	70.0	45	27	61.6	1	1	35.8	10/26	Ind	W 35-19	3-3	2-3	0-0	45
Aug/Sept	5	4-5	2-2	1-4	0-0	7-11	63.6	43	27	63.4	1	0	0.0	11/02	@Cin	L 31-38	0-0	1-1	0-0	45
October	3	2-2	7-7	3-4	0-0	12-13	92.3	45	19	63.5	0	0	0.0	11/09	Sea	L 31-37	1-1	0-0	0-0	33
November	5	1-2	2-2	2-3	0-0	5-7	71.4	45	21	60.9	0	0	0.0	11/16	Oak	L 13-38	1-2	1-1	0-0	45
December	3	1-1	1-1	0-1	0-0	2-3	66.7	37	6	64.3	1	1	0.0	11/23	@SF	L 10-17	1-1	0-0	0-0	31
Grass	13	5-7	12-12	4-10	0-0	21-29	72.4	45	57	63.4	2	1	41.2	11/30	Den	L 28-38	0-0	0-0	0-0	0
Turf	3	3-3	0-0	2-2	0-0	5-5	100.0	45	16	60.5	0	0	40.6	12/07	Atl	L 3-14	1-1	0-1	0-0	37
Indoor	1	2-2	0-0	0-0	0-0	2-2	100.0	25	4	54.5	0	0	38.8	12/14	KC	L 7-29	0-0	0-0	0-0	0
Outdoor	15	6-8	12-12	6-12	0-0	24-32	75.0	45	69	63.2	2	1	41.2	12/21	@Den	L 3-38	1-1	0-0	0-0	26
4th qtr, +/-3 pts	-	0-0	0-0	0-0	0-0	0-0	-	0	2	66.0	0	0	40.0							
Winning	-	1-1	7-7	3-5	0-0	11-13	84.6	45	42	64.0	1	0	42.7							
Tied	-	3-5	2-2	1-1	0-0	6-8	75.0	45	6	65.0	0	0	41.3							
Trailing	-	4-4	3-3	2-6	0-0	9-13	69.2	45	25	60.1	1	1	38.4							

Al Del Greco — Tennessee Oilers — K

	G	1997 Field Goal Splits							1997 Kickoff Splits					Game Logs					
		1-29 Yd	30-39 Yd	40-49 Yd	50+ Yd	Overall	Pct	Lg	Num	Avg	TB	TD	NetAvg	Date	Opp	Result	1-39 Yd	40-49 Yd	50+ Yd	Lg
Total	16	8-8	10-11	7-14	2-2	27-35	77.1	52	76	62.2	4	0	40.8	08/31	Oak	W 24-21	3-3	0-0	0-0	37
vs. Playoff	6	4-4	6-7	1-6	0-0	11-17	64.7	47	25	61.7	2	0	43.3	09/07	@Mia	L 13-16	2-2	0-1	0-0	37
vs. Non-playoff	10	4-4	4-4	6-8	2-2	16-18	88.9	52	51	62.5	2	0	39.5	09/21	Bal	L 10-36	0-0	1-2	0-0	45
vs. Own Division	8	5-5	4-5	5-10	0-0	14-20	70.0	47	34	62.6	2	0	42.3	09/28	@Pit	L 24-37	2-2	1-2	0-0	47
Home	8	3-3	6-7	3-7	1-1	13-18	72.2	51	39	62.5	1	0	42.8	10/05	@Sea	L 13-16	1-1	1-1	0-0	43
Away	8	5-5	4-4	4-7	1-1	14-17	82.4	52	37	61.9	3	0	38.6	10/12	Cin	W 30-7	1-1	2-3	0-0	47
Games 1-8	8	3-3	6-6	6-10	1-1	16-20	80.0	52	41	64.3	4	0	41.5	10/19	Was	W 28-14	0-0	0-0	0-0	0
Games 9-16	8	5-5	4-5	1-4	1-1	11-15	73.3	51	35	59.9	0	0	40.0	10/26	@Ari	W 41-14	0-0	1-1	1-1	52
Aug/Sept	4	2-2	5-5	2-5	0-0	9-12	75.0	47	17	63.9	2	0	0.0	11/02	Jac	L 24-30	1-2	0-1	0-0	36
October	4	1-1	1-1	4-5	1-1	7-8	87.5	52	24	64.5	2	0	0.0	11/09	NYN	W 10-6	1-1	0-1	0-0	31
November	5	2-2	3-4	0-3	1-1	6-10	60.0	51	23	60.7	0	0	0.0	11/16	@Jac	L 9-17	1-1	0-1	0-0	35
December	3	3-3	1-1	1-1	0-0	5-5	100.0	40	12	58.3	0	0	0.0	11/23	Buf	W 31-14	0-0	0-0	1-1	51
Grass	12	5-5	8-9	5-11	2-2	20-27	74.1	52	59	62.1	3	0	40.9	11/27	@Dal	W 27-14	2-2	0-0	0-0	29
Turf	4	3-3	2-2	2-3	0-0	7-8	87.5	47	17	62.7	1	0	40.4	12/04	@Cin	L 14-41	0-0	0-0	0-0	0
Indoor	1	0-0	1-1	1-1	0-0	2-2	100.0	43	4	65.0	0	0	45.0	12/14	@Bal	L 19-21	1-1	1-1	0-0	40
Outdoor	15	8-8	9-10	6-13	2-2	25-33	75.8	52	72	62.1	4	0	40.5	12/21	Pit	W 16-6	3-3	0-0	0-0	34
4th qtr, +/-3 pts	-	0-0	0-0	0-1	0-0	0-1	0.0	0	1	67.0	0	0	44.0							
Winning	-	6-6	2-2	3-5	1-1	12-14	85.7	51	47	62.0	2	0	41.2							
Tied	-	0-0	5-6	0-2	1-1	6-9	66.7	52	11	64.9	1	0	38.6							
Trailing	-	2-2	3-3	4-7	0-0	9-12	75.0	47	18	61.2	1	0	40.9							

Jason Elam — Denver Broncos — K

	G	1-29 Yd	30-39 Yd	40-49 Yd	50+ Yd	Overall	Pct	Lg	Num	Avg	TB	TD	NetAvg	Date	Opp	Result	1-39 Yd	40-49 Yd	50+ Yd	Lg
		1997 Field Goal Splits							**1997 Kickoff Splits**					**Game Logs**						
Total	15	10-11	10-12	3-8	3-5	26-36	72.2	53	87	65.9	8	0	45.1	08/31	KC	W 19-3	3-3	0-0	1-1	53
vs. Playoff	4	3-4	6-6	1-2	1-3	11-15	73.3	53	22	66.0	2	0	42.8	09/07	@Sea	W 35-14	1-1	0-0	1-1	51
vs. Non-playoff	11	7-7	4-6	2-6	2-2	15-21	71.4	51	65	65.9	6	0	46.0	09/14	StL	W 35-14	0-0	0-1	0-0	0
vs. Own Division	8	6-6	8-9	2-4	2-3	18-22	81.8	53	51	66.2	4	0	45.5	09/21	Cin	W 38-20	1-1	0-0	0-0	25
Home	7	6-6	3-3	1-3	2-2	12-14	85.7	53	46	68.0	7	0	46.9	09/28	@Atl	W 29-21	0-0	0-0	0-0	0
Away	8	4-5	7-9	2-5	1-3	14-22	63.6	51	41	63.6	1	0	43.2	10/06	NE	W 34-13	-	-	-	-
Games 1-8	7	4-4	4-5	1-4	2-2	11-15	73.3	53	37	66.9	6	0	47.1	10/19	@Oak	L 25-28	0-0	1-3	0-0	44
Games 9-16	8	6-7	6-7	2-4	1-3	15-21	71.4	50	50	65.2	2	0	43.7	10/26	@Buf	W 23-20	3-4	0-0	0-0	33
Aug/Sept	5	2-2	3-3	0-1	2-2	7-8	87.5	53	27	67.8	6	0	0.0	11/02	Sea	W 30-27	2-2	1-1	0-0	48
October	2	2-2	1-2	1-3	0-0	4-7	57.1	44	10	64.6	0	0	0.0	11/09	Car	W 34-0	1-1	0-1	1-1	50
November	5	5-5	5-6	1-2	1-2	12-15	80.0	50	34	65.0	2	0	0.0	11/16	@KC	L 22-24	5-5	0-0	0-1	38
December	3	1-2	1-1	1-2	0-1	3-6	50.0	49	16	65.4	0	0	0.0	11/24	Oak	W 31-3	1-1	0-0	0-0	36
Grass	11	8-9	7-8	3-8	2-3	20-28	71.4	53	68	66.8	7	0	45.0	11/30	@SD	W 38-28	1-2	0-0	0-0	32
Turf	4	2-2	3-4	0-0	1-2	6-8	75.0	51	19	62.7	1	0	45.6	12/07	@Pit	L 24-35	1-1	0-0	0-1	35
Indoor	2	0-0	1-1	0-0	1-1	2-2	100.0	51	8	62.0	1	0	46.3	12/15	@SF	L 17-34	0-1	1-2	0-0	49
Outdoor	13	10-11	9-11	3-8	2-4	24-34	70.6	53	79	66.3	7	0	45.0	12/21	SD	W 38-3	1-1	0-0	0-0	25
4th qtr, +/-3 pts		1-1	1-1	0-0	0-0	2-2	100.0	34	4	69.3	1	0	48.5							
Winning	-	5-5	4-4	2-4	2-2	13-15	86.7	53	70	66.4	8	0	45.1							
Tied	-	3-3	4-6	0-1	0-0	7-10	70.0	38	12	65.6	0	0	45.3							
Trailing	-	2-3	2-2	1-3	1-3	6-11	54.5	51	5	60.2	0	0	45.8							

Jeff Feagles — Arizona Cardinals — P

	G	NPunts	Avg	Lg	In20	FC	TPunts	TB	Blk	Ret	Yds	NetAvg	Date	Opp	Result	NPunts	Avg	In20	TPunts	TB	Blk	Ret	Yds	NetAvg
		1997 Punter Splits											**Game Logs**											
Total	16	91	44.3	62	24	27	92	10	1	40	441	36.8	08/31	@Cin	L 21-24	6	42.7	0	6	0	0	4	41	35.8
vs. Playoff	5	23	43.4	56	6	5	24	2	1	12	122	34.9	09/07	Dal	W25-22	8	43.8	3	8	1	0	2	30	37.5
vs. Non-playoff	11	68	44.5	62	18	22	68	8	0	28	319	37.5	09/14	@Was	L 13-19	9	41.7	9	9	0	0	4	40	37.2
vs. Own Division	8	52	43.2	61	19	20	52	7	0	17	190	36.8	09/28	@TB	L 18-19	5	45.2	1	6	0	1	4	57	28.2
Home	8	45	45.3	61	11	12	45	6	0	20	240	37.3	10/05	Min	L 19-20	2	41.0	1	2	0	0	1	6	38.0
Away	8	46	43.2	62	13	15	47	4	1	20	201	36.3	10/12	NYN	L 13-27	7	43.9	3	7	1	0	2	10	39.6
Aug/Sept	4	28	43.1	61	7	10	29	1	1	14	168	35.1	10/19	@Phi	L 10-13	7	43.3	3	7	1	0	2	15	38.3
October	4	24	44.7	60	7	6	20	2	0	8	79	38.7	10/26	Ten	L 14-41	4	50.3	0	4	0	0	3	48	38.3
November	5	26	41.8	56	6	8	26	3	0	11	85	36.2	11/02	Phi	W31-21	7	41.6	1	7	1	0	3	17	36.3
December	3	17	49.5	62	4	3	17	4	0	7	109	38.4	11/09	@Dal	L 6-24	4	36.3	2	4	0	0	0	0	36.3
Grass	11	65	44.7	61	17	20	66	7	1	31	356	36.5	11/16	@NYN	L 10-20	3	38.7	1	3	1	0	1	15	27.0
Turf	5	26	43.2	62	7	7	26	3	0	9	85	37.6	11/23	@Bal	W16-13	6	44.3	2	6	1	0	3	19	37.8
Indoor	1	6	50.3	62	1	1	6	1	0	2	14	44.7	11/30	Pit	L 20-26	6	44.7	0	6	0	0	4	34	39.0
Outdoor	15	85	43.8	61	23	26	86	9	1	38	427	36.3	12/07	Was	L 28-38	7	51.0	3	7	2	0	3	63	36.3
Outdoors, Temp < 40	1	3	38.7	49	1	0	3	1	0	1	15	27.0	12/14	@NO	L 10-27	6	50.3	1	6	1	0	2	14	44.7
Outdoors, Temp 40-80	10	60	44.4	60	16	20	60	6	0	27	302	37.3	12/21	Atl	W29-26	4	45.8	0	4	1	0	2	32	32.8
Outdoors, Temp > 80	4	22	43.1	61	6	6	23	2	1	10	110	34.7												
Winning	-	21	44.0	62	4	6	21	2	0	10	89	37.9												
Tied	-	22	44.0	57	6	8	23	4	1	8	112	33.7												
Trailing	-	48	44.5	61	14	13	48	4	0	22	240	37.8												

Cole Ford — Oakland Raiders — K

	G	1-29 Yd	30-39 Yd	40-49 Yd	50+ Yd	Overall	Pct	Lg	Num	Avg	TB	TD	NetAvg	Date	Opp	Result	1-39 Yd	40-49 Yd	50+ Yd	Lg
		1997 Field Goal Splits							**1997 Kickoff Splits**					**Game Logs**						
Total	16	3-5	4-6	5-10	1-1	13-22	59.1	53	68	68.5	19	0	45.7	08/31	@Ten	L 21-24	0-0	0-1	0-0	0
vs. Playoff	6	0-0	3-4	2-3	0-0	5-7	71.4	44	21	68.9	5	0	45.8	09/07	KC	L 27-28	2-2	0-0	0-0	34
vs. Non-playoff	10	3-5	1-2	3-7	1-1	8-15	53.3	53	47	68.4	14	0	45.6	09/14	@Atl	W 36-31	1-1	1-1	0-0	49
vs. Own Division	8	3-4	2-3	1-1	1-1	7-9	77.8	53	34	67.7	7	0	45.4	09/21	@NYA	L 22-23	0-2	1-3	0-0	43
Home	8	1-2	3-3	2-3	0-0	6-8	75.0	44	33	70.0	11	0	48.6	09/28	StL	W 35-17	0-0	0-0	0-0	0
Away	8	2-3	1-3	3-7	1-1	7-14	50.0	53	35	67.1	8	0	42.9	10/05	SD	L 10-25	1-1	0-0	0-0	24
Games 1-8	8	2-3	3-4	2-5	1-1	8-13	61.5	53	41	69.0	12	0	45.9	10/19	Den	W 28-25	0-0	0-0	0-0	0
Games 9-16	8	1-2	1-2	3-5	0-0	5-9	55.6	44	27	67.9	7	0	45.4	10/26	@Sea	L 34-45	1-1	0-0	1-1	53
Aug/Sept	5	0-1	3-4	2-5	0-0	5-10	50.0	49	27	70.2	10	0	0.0	11/02	@Car	L 14-38	0-0	0-1	0-0	0
October	3	2-2	0-0	0-0	1-1	3-3	100.0	53	14	66.6	2	0	0.0	11/09	NO	L 10-13	0-0	1-1	0-0	43
November	5	1-1	0-0	3-5	0-0	4-6	66.7	44	19	67.1	4	0	0.0	11/16	@SD	W 38-13	1-1	0-0	0-0	23
December	3	0-1	1-2	0-0	0-0	1-3	33.3	44	8	69.6	3	0	0.0	11/24	@Den	L 3-31	0-0	0-1	0-0	41
Grass	13	2-3	3-4	3-6	0-0	8-13	61.5	44	51	68.3	14	0	46.1	11/30	Mia	L 16-34	0-0	1-2	0-0	44
Turf	3	1-2	1-2	2-4	1-1	5-9	55.6	53	17	69.2	5	0	44.5	12/07	@KC	L 0-30	0-1	0-0	0-0	0
Indoor	2	1-1	1-1	1-1	0-0	4-4	100.0	44	13	71.2	4	0	45.9	12/14	Sea	L 21-22	0-1	1-1	0-0	41
Outdoor	14	2-4	3-5	4-9	0-0	9-18	50.0	44	55	67.9	15	0	45.6	12/21	Jac	L 9-20	1-1	0-0	0-0	33
4th qtr, +/-3 pts	-	0-0	1-1	0-1	0-0	1-2	50.0	31	3	68.0	1	0	46.7							
Winning	-	2-4	2-2	0-0	1-1	5-8	62.5	44	39	68.3	9	0	45.5							
Tied	-	0-0	1-1	0-1	0-0	1-2	50.0	31	13	69.8	4	0	44.6							
Trailing	-	1-1	2-3	3-7	1-1	7-12	58.3	53	16	68.1	6	0	47.0							

Chris Gardocki — Indianapolis Colts — P

1997 Punter Splits

	G	NPunts	Avg	Lg	In20	FC	TPunts	TB	Blk	Ret	Yds	NetAvg
Total	16	67	45.3	72	18	8	67	6	0	43	491	36.2
vs. Playoff	9	31	46.7	59	8	4	31	2	0	22	301	35.7
vs. Non-playoff	7	36	44.0	72	10	4	36	4	0	21	190	36.5
vs. Own Division	8	36	44.1	60	12	5	36	3	0	21	227	36.1
Home	8	30	45.8	60	9	3	30	3	0	18	222	36.4
Away	8	37	44.9	72	9	5	37	3	0	25	269	36.0
Aug/Sept	4	24	44.8	59	7	5	24	2	0	12	92	39.3
October	4	19	46.6	72	4	1	19	3	0	13	148	35.7
November	5	15	47.0	53	5	1	15	1	0	11	181	33.6
December	3	9	40.8	57	2	1	9	0	0	7	70	33.0
Grass	3	14	46.1	72	2	1	14	3	0	8	103	34.4
Turf	13	53	45.1	60	16	7	53	3	0	35	388	36.6
Indoor	10	39	46.1	60	12	5	39	3	0	25	263	37.8
Outdoor	6	28	44.2	72	6	3	28	3	0	18	228	33.9
Outdoors, Temp < 40	0	0	-	0	0	0	0	0	0	0	0	-
Outdoors, Temp 40-80	5	23	44.4	72	4	2	23	3	0	16	212	32.6
Outdoors, Temp > 80	1	5	43.4	49	2	1	5	0	0	2	16	40.2
Winning	-	11	40.5	50	3	2	11	0	0	7	126	29.0
Tied	-	11	45.6	59	5	0	11	0	0	8	66	39.6
Trailing	-	45	46.4	72	10	6	45	6	0	28	299	37.1

Game Logs

Date	Opp	Result	NPunts	Avg	In20	TPunts	TB	Blk	Ret	Yds	NetAvg
08/31	@Mia	L 10-16	5	43.4	2	5	0	0	2	16	40.2
09/07	NE	L 6-31	6	50.3	2	6	1	0	3	26	42.7
09/14	Sea	L 3-31	7	43.3	0	7	1	0	4	35	35.4
09/21	@Buf	L 35-37	6	42.3	3	6	0	0	3	15	39.8
10/05	NYA	L 12-16	6	46.5	3	6	0	0	4	48	38.5
10/12	@Pit	L 22-24	3	47.7	0	3	0	0	3	59	28.0
10/20	Buf	L 6-9	4	42.5	1	4	1	0	2	11	34.8
10/26	@SD	L 19-35	6	49.0	0	6	2	0	4	30	37.3
11/02	TB	L 28-31	3	47.7	2	3	0	0	3	99	14.7
11/09	Cin	L 13-28	2	44.5	2	2	0	0	0	0	44.5
11/16	GB	W 41-38	1	52.0	1	1	0	0	1	0	52.0
11/23	@Det	L 10-32	6	47.8	2	6	0	0	5	25	43.7
11/30	@NE	L 17-20	3	44.7	0	3	1	0	2	57	19.0
12/07	@NYA	W 22-14	5	39.2	1	5	0	0	4	51	29.0
12/14	Mia	W 41-0	1	35.0	0	1	0	0	1	3	32.0
12/21	@Min	L 28-39	3	45.3	1	3	0	0	2	16	40.0

Toby Gowin — Dallas Cowboys — P

1997 Punter Splits

	G	NPunts	Avg	Lg	In20	FC	TPunts	TB	Blk	Ret	Yds	NetAvg
Total	16	86	41.8	72	26	19	86	9	0	40	365	35.4
vs. Playoff	6	30	42.1	54	9	5	30	3	0	16	173	34.3
vs. Non-playoff	10	56	41.6	72	17	14	56	6	0	24	192	36.0
vs. Own Division	8	46	40.2	58	16	13	46	4	0	20	195	34.2
Home	8	42	42.9	72	13	11	42	6	0	18	143	36.6
Away	8	44	40.7	58	13	8	44	3	0	22	222	34.3
Aug/Sept	4	22	47.5	72	4	2	22	3	0	14	107	39.9
October	4	18	38.1	58	8	3	18	3	0	6	86	29.9
November	5	28	41.3	57	9	7	28	3	0	14	130	34.5
December	3	18	39.3	53	5	7	18	0	0	6	42	37.0
Grass	4	26	42.8	56	9	5	26	3	0	13	128	35.6
Turf	12	60	41.3	72	17	14	60	6	0	27	237	35.4
Indoor	0	0	-	0	0	0	0	0	0	0	0	-
Outdoor	16	86	41.8	72	26	19	86	9	0	40	365	35.4
Outdoors, Temp < 40	1	6	43.0	47	2	1	6	0	0	4	25	38.8
Outdoors, Temp 40-80	12	62	39.9	58	20	16	62	6	0	25	253	33.9
Outdoors, Temp > 80	3	18	47.7	72	4	2	18	3	0	11	87	39.6
Winning	-	30	40.2	59	5	4	30	4	0	17	163	32.1
Tied	-	16	43.6	54	1	3	16	2	0	8	37	38.8
Trailing	-	40	42.3	72	20	12	40	3	0	15	165	36.6

Game Logs

Date	Opp	Result	NPunts	Avg	In20	TPunts	TB	Blk	Ret	Yds	NetAvg
08/31	@Pit	W 37-7	4	46.3	0	4	0	0	3	20	41.3
09/07	@Ari	L 22-25	8	46.8	0	8	1	0	6	51	37.9
09/14	Phi	W 21-20	4	38.3	2	4	0	0	2	13	35.0
09/28	Chi	W 27-3	6	55.3	2	6	2	0	3	23	44.8
10/05	@NYN	L 17-20	4	39.5	2	4	0	0	3	41	29.3
10/13	@Was	L 16-21	6	40.8	5	6	1	0	0	0	37.5
10/19	Jac	W 26-22	3	44.0	0	3	2	0	1	12	26.7
10/26	@Phi	L 12-13	5	30.0	1	5	0	0	2	33	23.4
11/02	@SF	L 10-17	6	39.3	2	6	1	0	3	52	27.3
11/09	Ari	W 24-6	6	37.2	1	6	1	0	3	7	32.7
11/16	Was	W 17-14	6	42.0	2	6	1	0	2	27	34.2
11/23	@GB	L 17-45	6	43.0	2	6	0	0	4	25	38.8
11/27	Ten	L 14-27	4	46.5	2	4	0	0	2	19	41.8
12/08	Car	L 13-23	6	38.2	1	6	0	0	3	19	35.0
12/14	@Cin	L 24-31	5	37.0	1	5	0	0	1	0	37.0
12/21	NYN	L 7-20	7	42.0	3	7	0	0	2	23	38.7

John Hall — New York Jets — K

1997 Field Goal Splits / 1997 Kickoff Splits

	G	1-29 Yd	30-39 Yd	40-49 Yd	50+ Yd	Overall	Pct	Lg	Num	Avg	TB	TD	NetAvg
Total	16	11-12	11-17	2-6	4-6	28-41	68.3	55	83	68.0	29	0	47.3
vs. Playoff	7	4-5	3-7	0-1	1-2	8-15	53.3	51	34	66.3	8	0	45.1
vs. Non-playoff	9	7-7	8-10	2-5	3-4	20-26	76.9	55	49	69.2	21	0	48.9
vs. Own Division	8	6-7	2-7	0-1	2-4	10-19	52.6	53	35	68.4	14	0	47.7
Home	8	6-6	6-10	1-4	2-3	15-23	65.2	52	41	66.7	13	0	46.8
Away	8	5-6	5-7	1-2	2-3	13-18	72.2	55	42	69.3	16	0	47.9
Games 1-8	8	6-7	3-8	2-2	3-4	14-21	66.7	55	47	70.1	22	0	49.0
Games 9-16	8	5-5	8-9	0-4	1-2	14-20	70.0	51	36	65.2	7	0	45.3
Aug/Sept	5	5-6	1-3	2-2	2-2	10-13	76.9	55	32	71.6	16	0	0.0
October	3	1-1	2-5	0-0	1-2	4-8	50.0	53	15	67.1	6	0	0.0
November	5	5-5	6-7	0-3	1-2	12-17	70.6	51	25	65.6	4	0	0.0
December	3	0-0	2-2	0-1	0-0	2-3	66.7	32	11	64.3	3	0	0.0
Grass	3	2-3	3-4	0-1	0-0	5-8	62.5	36	16	66.4	3	0	44.3
Turf	13	9-9	8-13	2-5	4-6	23-33	69.7	55	67	68.4	26	0	48.1
Indoor	3	2-2	2-2	0-0	2-2	6-6	100.0	55	17	72.2	10	0	50.5
Outdoor	13	9-10	9-15	2-6	2-4	22-35	62.9	52	66	66.9	19	0	46.5
4th qtr, +/-3 pts	-	1-1	0-1	0-0	1-1	2-3	66.7	52	3	70.7	1	0	53.3
Winning	-	4-4	5-7	1-3	3-3	13-17	76.5	55	52	67.5	17	0	47.5
Tied	-	2-3	5-7	0-2	0-0	7-12	58.3	37	14	71.0	7	0	46.5
Trailing	-	5-5	1-3	1-1	1-3	8-12	66.7	52	17	66.9	5	0	47.5

Game Logs

Date	Opp	Result	1-39 Yd	40-49 Yd	50+ Yd	Lg
08/31	@Sea	W 41-3	1-1	0-0	1-1	55
09/07	Buf	L 22-28	2-3	0-0	1-1	52
09/14	@NE	L 24-27	1-2	0-0	0-0	27
09/21	Oak	W 23-22	2-2	1-1	0-0	47
09/28	@Cin	W 31-14	0-1	1-1	0-0	44
10/05	@Ind	W 16-12	2-2	0-0	1-1	53
10/12	Mia	L 20-31	0-1	0-0	0-0	0
10/19	NE	W 24-19	1-3	0-0	0-1	35
11/02	Bal	W 19-16	4-4	0-1	0-0	37
11/09	@Mia	L 17-24	1-2	0-0	0-0	29
11/16	@Chi	W 23-15	3-3	0-1	0-0	36
11/23	Min	W 23-21	2-2	0-1	1-1	51
11/30	@Buf	W 10-20	1-1	0-0	0-1	22
12/07	Ind	L 14-22	0-0	0-1	0-0	0
12/14	TB	W 31-0	1-1	0-0	0-0	32
12/21	@Det	L 10-13	1-1	0-0	0-0	32

Brian Hansen — New York Jets — P

1997 Punter Splits

	G	NPunts	Avg	Lg	In20	FC	TPunts	TB	Blk	Ret	Yds	NetAvg
Total	15	71	43.2	58	21	12	72	5	1	45	429	35.3
vs. Playoff	6	27	41.0	51	9	7	28	1	1	15	140	33.8
vs. Non-playoff	9	44	44.6	58	12	5	44	4	0	30	289	36.2
vs. Own Division	7	36	45.4	58	10	6	36	2	0	25	264	36.9
Home	7	34	43.3	58	11	6	35	4	1	19	209	33.8
Away	8	37	43.2	57	10	6	37	1	0	26	220	36.7
Aug/Sept	5	18	43.5	58	3	3	18	1	0	13	167	33.1
October	2	8	45.8	57	4	3	8	1	0	4	29	39.6
November	5	27	42.4	54	9	3	27	3	0	16	116	35.9
December	3	18	43.0	57	5	3	19	0	1	12	117	34.6
Grass	3	16	41.8	51	5	2	16	0	0	12	101	35.4
Turf	12	55	43.6	58	16	10	56	5	1	33	328	35.2
Indoor	3	12	43.2	57	2	3	12	1	0	7	57	36.8
Outdoor	12	59	43.2	58	19	9	60	4	1	38	372	35.0
Outdoors, Temp < 40	2	14	42.6	50	5	1	14	0	0	12	83	36.6
Outdoors, Temp 40-80	10	45	43.4	58	14	8	46	4	0	26	289	34.5
Outdoors, Temp > 80	0	0	0	0	0	0	0	0	0	0	0	0
Winning	-	34	42.1	57	12	6	35	4	1	19	151	34.3
Tied	-	12	44.8	52	2	1	12	0	0	10	99	36.6
Trailing	-	25	44.0	58	7	5	25	1	0	16	179	36.0

Game Logs

Date	Opp	Result	NPunts	Avg	In20	TPunts	TB	Blk	Ret	Yds	NetAvg
08/31	@Sea	W41-3	2	37.5	0	2	0	0	2	7	34.0
09/07	Buf	L 22-28	5	48.2	0	5	1	0	4	69	30.4
09/14	@NE	L 24-27	5	45.4	1	5	0	0	4	52	35.0
09/21	Oak	W23-22	4	36.8	1	4	0	0	2	26	30.3
09/28	@Cin	W31-14	2	46.5	1	2	0	0	1	13	40.0
10/05	@Ind	W16-12	4	51.8	1	4	1	0	2	23	41.0
10/12	Mia	L 20-31	4	39.8	3	4	0	0	2	6	38.3
10/19	NE	W24-19	-	-	-	-	-	-	-	-	-
11/02	Bal	W19-16	6	47.5	2	6	2	0	2	18	37.8
11/09	@Mia	L 17-24	4	40.8	1	4	0	0	2	15	37.0
11/16	@Chi	W23-15	7	39.7	3	7	0	0	6	34	34.9
11/23	Min	W23-21	3	33.7	1	3	1	0	0	0	27.0
11/30	@Buf	L 10-20	7	45.4	2	7	0	0	6	49	38.4
12/07	Ind	L 14-22	7	45.4	2	7	0	0	5	50	38.3
12/14	TB	W31-0	5	44.0	2	6	0	1	4	40	30.0
12/21	@Det	L 10-13	6	39.3	1	6	0	0	3	27	34.8

Jason Hanson — Detroit Lions — K

1997 Field Goal Splits

	G	1-29 Yd	30-39 Yd	40-49 Yd	50+ Yd	Overall	Pct	Lg
Total	16	10-10	8-9	5-5	3-5	26-29	89.7	55
vs. Playoff	8	5-5	4-5	2-2	1-3	12-15	80.0	53
vs. Non-playoff	8	5-5	4-4	3-3	2-2	14-14	100.0	55
vs. Own Division	8	5-5	6-7	3-3	1-3	15-18	83.3	53
Home	8	6-6	2-2	4-4	3-4	15-16	93.8	55
Away	8	4-4	6-7	1-1	0-1	11-13	84.6	47
Games 1-8	8	6-6	6-6	3-3	1-2	16-17	94.1	53
Games 9-16	8	4-4	2-3	2-2	2-3	10-12	83.3	55
Aug/Sept	5	3-3	3-3	3-3	1-2	10-11	90.9	53
October	3	3-3	3-3	0-0	0-0	6-6	100.0	39
November	5	2-2	2-2	1-1	2-2	7-7	100.0	55
December	3	2-2	0-1	1-1	0-1	3-5	60.0	44
Grass	5	3-3	5-5	0-0	0-0	8-8	100.0	39
Turf	11	7-7	3-4	5-5	3-5	18-21	85.7	55
Indoor	10	6-6	2-3	5-5	3-5	16-19	84.2	55
Outdoor	6	4-4	6-6	0-0	0-0	10-10	100.0	39
4th qtr, +/-3 pts	-	0-0	0-0	0-0	0-0	-	0	-
Winning	-	2-2	5-5	1-1	3-3	11-11	100.0	55
Tied	-	1-1	0-0	0-0	0-0	1-1	100.0	27
Trailing	-	7-7	3-4	4-4	0-2	14-17	82.4	48

1997 Kickoff Splits

	Num	Avg	TB	TD	NetAvg
Total	81	67.8	21	0	47.1
vs. Playoff	40	67.4	11	0	48.3
vs. Non-playoff	41	68.2	10	0	45.9
vs. Own Division	46	67.0	11	0	46.0
Home	46	70.8	17	0	49.7
Away	35	63.8	4	0	43.7
Games 1-8	41	68.8	13	0	47.7
Games 9-16	40	66.8	8	0	46.5
Aug/Sept	25	69.9	9	0	0.0
October	16	67.1	4	0	0.0
November	28	67.3	8	0	0.0
December	12	65.5	0	0	0.0
Grass	25	63.4	2	0	43.6
Turf	56	69.8	19	0	48.6
Indoor	52	70.1	19	0	49.4
Outdoor	29	63.7	2	0	42.9
4th qtr, +/-3 pts	6	68.0	1	0	49.2
Winning	44	68.4	14	0	47.1
Tied	15	68.5	2	0	46.7
Trailing	22	66.2	5	0	47.2

Game Logs

Date	Opp	Result	1-39 Yd	40-49 Yd	50+ Yd	Lg
08/31	Atl	W 28-17	0-0	0-0	0-0	0
09/07	TB	L 17-24	1-1	0-1	0-1	48
09/14	@Chi	W 32-7	4-4	0-0	0-0	33
09/21	@NO	L 17-35	0-0	1-1	0-0	47
09/28	GB	W 26-15	1-1	1-1	1-1	53
10/05	@Buf	L 13-22	2-2	0-0	0-0	30
10/12	@TB	W 27-9	2-2	0-0	0-0	39
10/19	NYN	L 20-26	2-2	0-0	0-0	28
11/02	@GB	L 10-20	1-1	0-0	0-0	34
11/09	@Was	L 7-30	0-0	0-0	0-0	0
11/16	Min	W 38-15	1-1	0-0	0-0	27
11/23	Ind	W 32-10	1-1	0-0	2-2	55
11/27	Chi	W 55-20	1-1	1-1	0-0	40
12/07	@Mia	L 30-33	1-1	0-0	0-0	26
12/14	@Min	W 14-13	0-1	0-0	0-1	0
12/21	NYA	W 13-10	1-1	1-1	0-0	44

Craig Hentrich — Green Bay Packers — P

1997 Punter Splits

	G	NPunts	Avg	Lg	In20	FC	TPunts	TB	Blk	Ret	Yds	NetAvg
Total	16	75	45.0	65	26	15	75	21	0	32	255	36.0
vs. Playoff	8	40	45.3	65	7	7	40	9	0	19	181	36.2
vs. Non-playoff	8	35	44.8	65	16	8	35	12	0	13	74	35.8
vs. Own Division	8	41	44.2	65	14	8	41	10	0	17	140	35.9
Home	8	41	44.2	65	17	11	41	9	0	15	113	37.1
Away	8	34	46.0	65	9	4	34	12	0	17	142	34.8
Aug/Sept	5	20	46.7	63	6	3	20	7	0	8	64	36.5
October	3	15	44.4	65	4	1	15	5	0	6	31	35.0
November	4	18	44.0	65	7	5	18	0	0	8	37	37.5
December	4	22	44.9	55	9	6	22	5	0	10	123	34.7
Grass	12	58	43.7	65	22	14	58	15	0	22	162	35.5
Turf	4	17	49.7	65	4	1	17	6	0	10	93	37.2
Indoor	3	11	50.0	65	3	1	11	2	0	8	93	37.9
Outdoor	13	64	44.2	65	23	14	64	19	0	24	162	35.7
Outdoors, Temp < 40	3	17	43.4	57	9	5	17	3	0	8	53	36.7
Outdoors, Temp 40-80	10	47	44.5	65	14	9	47	16	0	16	109	35.4
Outdoors, Temp > 80	0	0	0	0	0	0	0	0	0	0	0	0
Winning	-	43	44.3	65	16	11	43	11	0	17	164	35.4
Tied	-	20	47.2	59	5	2	20	7	0	9	35	38.4
Trailing	-	12	44.2	65	5	2	12	3	0	6	56	34.5

Game Logs

Date	Opp	Result	NPunts	Avg	In20	TPunts	TB	Blk	Ret	Yds	NetAvg
09/01	Chi	W38-24	4	40.0	2	4	1	0	1	4	34.0
09/07	@Phi	L 9-10	6	49.2	1	6	4	0	2	0	35.8
09/14	Mia	W23-18	3	49.3	0	3	1	0	2	28	33.3
09/21	Min	W38-32	4	45.3	3	4	0	0	1	12	42.3
09/28	@Det	W26-15	3	49.7	0	3	1	0	2	20	35.0
10/05	TB	W21-16	7	45.9	2	7	2	0	1	0	40.1
10/12	@Chi	W24-23	4	41.8	2	4	2	0	2	7	30.0
10/27	@NE	W28-10	4	44.5	0	4	1	0	3	24	33.5
11/02	Det	W20-10	8	42.4	3	8	1	0	4	16	37.9
11/09	StL	W17-7	6	44.3	1	6	2	0	2	16	35.0
11/16	@Ind	L 38-41	1	65.0	1	1	0	0	1	5	60.0
11/23	Dal	W45-17	3	40.7	2	3	1	0	1	4	34.0
12/01	@Min	W27-11	7	48.0	2	7	1	0	5	68	35.4
12/07	@TB	W17-6	4	39.5	0	4	2	0	1	13	26.3
12/14	@Car	W31-10	5	43.4	3	5	1	0	1	5	38.4
12/20	Buf	W31-21	6	46.0	4	6	1	0	3	37	36.5

Mike Hollis — Jacksonville Jaguars — K

	G	1997 Field Goal Splits							1997 Kickoff Splits					Game Logs					
		1-29 Yd	30-39 Yd	40-49 Yd	50+ Yd	Overall	Pct	Lg	Num	Avg	TB	TD	NetAvg	Date	Opp	Result	1-39 Yd	40-49 Yd	50+ Yd	Lg
Total	16	14-16	8-9	7-9	2-2	31-36	86.1	52	87	63.0	10	0	40.8	08/31	@Bal	W 28-27	0-0	0-1	0-0	0
vs. Playoff	5	4-5	1-2	2-3	2-2	9-12	75.0	52	27	63.1	5	0	39.7	09/07	NYN	W 40-13	2-2	1-1	1-1	52
vs. Non-playoff	11	10-11	7-7	5-6	0-0	22-24	91.7	47	60	62.9	5	0	41.3	09/22	Pit	W 30-21	2-4	1-1	0-0	45
vs. Own Division	8	9-11	5-6	3-4	0-0	17-21	81.0	45	45	62.7	4	0	39.6	09/28	@Was	L 12-24	2-2	2-2	0-0	47
Home	8	6-8	3-4	4-5	2-2	15-19	78.9	52	45	63.2	9	0	41.8	10/05	Cin	W 21-13	0-1	0-0	0-0	0
Away	8	8-8	5-5	3-4	0-0	16-17	94.1	47	42	62.7	1	0	39.7	10/12	Phi	W 38-21	1-1	0-0	0-0	38
Games 1-8	8	5-7	3-4	4-5	1-1	13-17	76.5	52	44	66.8	7	0	43.7	10/19	@Dal	L 22-26	0-0	0-0	0-0	0
Games 9-16	8	9-9	5-5	3-4	1-1	18-19	94.7	47	43	59.0	3	0	37.8	10/26	@Pit	L 17-23	1-1	0-0	0-0	20
Aug/Sept	4	4-5	2-3	4-5	1-1	11-14	78.6	52	24	67.0	4	0	0.0	11/02	@Ten	W 30-24	3-3	0-0	0-0	37
October	4	1-2	1-1	0-0	0-0	2-3	66.7	38	20	66.6	3	0	0.0	11/09	KC	W 24-10	0-0	0-0	1-1	52
November	5	6-6	5-5	2-2	1-1	14-14	100.0	52	30	59.6	2	0	0.0	11/16	Ten	W 17-9	1-1	0-0	0-0	23
December	3	3-3	0-0	1-2	0-0	4-5	80.0	47	13	57.7	1	0	0.0	11/23	@Cin	L 26-31	4-4	0-0	0-0	35
Grass	12	9-11	7-8	6-8	2-2	24-29	82.8	52	67	63.1	10	0	42.0	11/30	Bal	W 29-27	3-3	2-2	0-0	42
Turf	4	5-5	1-1	1-1	0-0	7-7	100.0	47	20	62.5	0	0	36.9	12/07	NE	L 20-26	0-0	0-1	0-0	0
Indoor	0	0-0	0-0	0-0	0-0	0-0	-	0	0	-	0	0	-	12/14	@Buf	W 20-14	1-1	1-1	0-0	47
Outdoor	16	14-16	8-9	7-9	2-2	31-36	86.1	52	87	63.0	10	0	40.8	12/21	@Oak	W 20-9	2-2	0-0	0-0	23
4th qtr, +/-3 pts	-	1-1	0-1	1-2	0-0	2-4	50.0	47	4	67.8	0	0	42.8							
Winning	-	9-11	4-4	4-4	2-2	19-21	90.5	52	63	63.8	9	0	41.8							
Tied	-	0-0	1-1	0-0	0-0	1-1	100.0	30	10	63.6	1	0	42.3							
Trailing	-	5-5	3-4	3-5	0-0	11-14	78.6	47	14	58.6	0	0	35.1							

Mike Horan — St. Louis Rams — P

	1997 Punter Splits											Game Logs									
	G	NPunts	Avg	Lg	In20	FC	TPunts	TB	Blk	Ret Yds	NetAvg	Date	Opp	Result	NPunts	Avg	In20	TPunts	TB	Blk	Ret Yds	NetAvg
Total	10	53	42.9	60	10	7	53	4	0	33 266	36.3	10/19	Sea	L 9-17	5	45.4	1	5	0	0	4 35	38.4
vs. Playoff	2	11	39.6	48	3	2	11	1	0	6 23	35.7	10/26	KC	L 20-28	2	37.0	0	2	1	0	0 0	27.0
vs. Non-playoff	8	42	43.7	60	7	5	42	3	0	27 243	36.5	11/02	@Atl	L 31-34	4	42.3	0	4	1	0	2 18	32.8
vs. Own Division	5	24	43.9	56	5	3	24	1	0	15 142	37.1	11/09	@GB	L 7-17	9	40.2	3	9	0	0	6 23	37.7
Home	5	24	43.9	60	4	3	24	1	0	15 141	37.2	11/16	Atl	L 21-27	5	42.4	1	5	0	0	3 21	38.2
Away	5	29	42.0	59	6	4	29	3	0	18 125	35.7	11/23	Car	L 10-16	6	49.5	1	6	0	0	4 56	40.2
Aug/Sept	0	0	-	0	0	0	0	0	0	0 0	-	11/30	@Was	W 23-20	7	44.7	0	7	2	0	4 37	33.7
October	2	7	43.0	53	1	1	7	1	0	4 35	35.1	12/07	@NO	W 34-27	5	39.0	1	5	0	0	5 37	31.6
November	5	31	43.6	60	5	4	31	3	0	19 155	36.7	12/14	Chi	L 10-13	6	40.5	1	6	0	0	4 29	35.7
December	3	15	41.2	54	4	2	15	0	0	10 76	36.1	12/20	@Car	W 30-18	4	45.0	2	4	0	0	1 10	42.5
Grass	3	20	42.8	59	5	3	20	2	0	11 70	37.3											
Turf	7	33	42.9	60	5	4	33	2	0	22 196	35.8											
Indoor	7	33	42.9	60	5	4	33	2	0	22 196	35.8											
Outdoor	3	20	42.8	59	5	3	20	2	0	11 70	37.3											
Outdoors, Temp < 40	0	0	-	0	0	0	0	0	0	0 0	-											
Outdoors, Temp 40-80	3	20	42.8	59	5	3	20	2	0	11 70	37.3											
Outdoors, Temp > 80	0	0	-	0	0	0	0	0	0	0 0	-											
Winning	-	8	41.3	54	3	2	8	1	0	2 21	36.1											
Tied	-	22	42.5	52	5	2	22	0	0	18 135	36.4											
Trailing	-	23	43.7	60	2	3	23	3	0	13 110	36.3											

Michael Husted — Tampa Bay Buccaneers — K

	G	1997 Field Goal Splits							1997 Kickoff Splits					Game Logs					
		1-29 Yd	30-39 Yd	40-49 Yd	50+ Yd	Overall	Pct	Lg	Num	Avg	TB	TD	NetAvg	Date	Opp	Result	1-39 Yd	40-49 Yd	50+ Yd	Lg
Total	16	5-5	2-3	5-6	1-3	13-17	76.5	54	67	68.2	24	1	47.5	08/31	SF	W 13-6	1-2	1-1	0-0	40
vs. Playoff	10	4-4	1-2	5-5	0-0	10-11	90.9	48	42	68.2	17	0	47.8	09/07	@Det	W 24-17	0-0	1-1	0-0	41
vs. Non-playoff	6	1-1	1-1	0-1	1-3	3-6	50.0	54	25	69.9	7	1	47.0	09/14	@Min	W 28-14	0-0	0-0	0-0	0
vs. Own Division	8	4-4	0-0	2-3	0-1	6-8	75.0	48	30	68.7	12	0	48.0	09/21	Mia	W 31-21	1-1	0-0	0-0	22
Home	8	4-4	1-2	4-4	0-0	9-10	90.0	48	34	68.9	13	0	47.2	09/28	Ari	W 19-18	0-0	0-0	0-0	0
Away	8	1-1	1-1	1-2	1-3	4-7	57.1	54	33	67.8	11	1	46.5	10/05	@GB	L 16-21	1-1	0-0	0-0	23
Games 1-8	8	3-3	1-2	2-2	0-0	6-7	85.7	41	33	69.6	16	0	49.2	10/12	Det	L 9-27	1-1	0-0	0-0	25
Games 9-16	8	2-2	1-1	3-4	1-3	7-10	70.0	54	34	68.1	8	1	45.8	10/26	Min	L 6-10	0-0	0-0	0-0	0
Aug/Sept	5	1-1	1-2	2-2	0-0	4-5	80.0	41	24	69.1	8	0	0.0	11/02	@Ind	W 31-28	1-1	0-0	0-0	36
October	3	2-2	0-0	0-0	0-0	2-2	100.0	25	9	70.9	6	0	0.0	11/09	@Atl	W 31-10	0-0	0-0	1-1	54
November	5	0-0	1-1	2-3	1-2	4-6	66.7	54	24	67.9	7	0	0.0	11/16	NE	W 27-7	0-0	0-0	0-0	44
December	3	2-2	0-0	1-1	0-1	3-4	75.0	47	10	69.3	1	1	0.0	11/23	@Chi	L 7-13	0-0	0-0	0-1	0
Grass	10	5-5	1-2	4-5	0-1	10-13	76.9	48	40	69.5	16	0	47.7	11/30	@NYN	W 20-8	0-0	0-0	0-0	0
Turf	6	0-0	1-1	1-1	1-2	3-4	75.0	54	27	67.9	8	1	47.2	12/07	GB	L 6-17	1-1	1-1	0-0	48
Indoor	4	0-0	1-1	1-1	1-1	3-3	100.0	54	22	69.5	8	0	51.6	12/14	@NYA	L 0-31	0-0	0-0	0-1	0
Outdoor	12	5-5	1-2	4-5	0-2	10-14	71.4	48	45	68.5	16	1	45.5	12/21	Chi	W 31-15	1-1	0-0	0-0	20
4th qtr, +/-3 pts	-	1-1	0-1	1-1	0-0	2-3	100.0	36	3	68.7	0	0	50.7							
Winning	-	2-2	1-1	2-2	1-1	6-6	100.0	54	49	68.6	16	0	48.5							
Tied	-	3-3	1-2	1-1	0-0	5-6	83.3	41	9	71.8	5	0	52.4							
Trailing	-	0-0	0-0	2-3	0-2	2-5	40.0	47	9	67.2	3	1	37.0							

Tom Hutton — Philadelphia Eagles — P

1997 Punter Splits

	G	NPunts	Avg	Lg	In20	FC	TPunts	TB	Blk	Ret	Yds	NetAvg
Total	16	87	42.1	61	20	9	88	5	1	48	515	34.6
vs. Playoff	7	39	41.3	60	10	5	40	2	1	20	223	33.7
vs. Non-playoff	9	48	42.7	61	10	4	48	3	0	28	292	35.3
vs. Own Division	8	42	41.5	60	10	4	42	4	0	24	250	34.8
Home	8	40	40.9	57	9	3	40	1	0	20	224	34.8
Away	8	47	43.1	61	11	6	48	4	1	28	291	34.5
Aug/Sept	4	25	43.3	60	6	5	25	2	0	13	111	37.3
October	4	17	41.8	57	5	0	18	1	1	11	101	32.8
November	5	31	42.9	61	6	3	31	1	0	17	229	34.9
December	3	14	38.2	53	3	1	14	1	0	7	74	31.5
Grass	4	23	43.5	61	6	1	24	2	1	15	185	32.3
Turf	12	64	41.5	60	14	8	64	3	0	33	330	35.5
Indoor	2	10	44.0	53	2	2	10	1	0	5	47	37.3
Outdoor	14	77	41.8	61	18	7	78	4	1	43	468	34.3
Outdoors, Temp < 40	0	0	-	0	0	0	0	0	0	0	0	-
Outdoors, Temp 40-80	12	64	41.4	61	14	4	65	3	1	36	387	33.9
Outdoors, Temp > 80	2	13	43.8	60	4	3	13	1	0	7	81	36.1
Winning	-	18	42.3	54	4	2	18	0	0	9	81	37.8
Tied	-	24	41.9	57	6	3	24	0	0	15	114	37.2
Trailing	-	45	42.0	61	10	4	46	5	1	24	320	32.0

Game Logs

Date	Opp	Result	NPunts	Avg	In20	TPunts	TB	Blk	Ret	Yds	NetAvg
08/31	@NYN	L 17-31	8	41.9	2	8	1	0	5	43	34.0
09/07	GB	W 10-9	7	43.9	3	7	0	0	3	29	39.7
09/15	@Dal	L 20-21	6	41.7	1	6	0	0	3	16	39.0
09/28	@Min	L 19-28	4	47.8	0	4	1	0	2	23	37.0
10/05	Was	W 24-10	5	44.2	1	5	0	0	4	37	36.8
10/12	@Jac	L 21-38	4	40.0	2	5	0	1	3	25	27.0
10/19	Ari	W 13-10	4	51.3	1	4	0	0	3	39	41.5
10/26	Dal	W 13-12	4	31.3	1	4	1	0	1	0	26.3
11/02	@Ari	L 21-31	7	45.7	3	7	1	0	4	65	33.6
11/10	SF	L 12-24	7	40.4	1	7	0	0	3	82	28.7
11/16	@Bal	T 10-10	9	45.0	1	9	0	0	7	64	37.9
11/23	Pit	W 23-20	4	41.5	0	4	0	0	1	2	41.0
11/30	Cin	W 44-42	4	39.3	0	4	0	0	2	16	35.3
12/07	NYN	L 21-31	5	34.0	1	5	0	0	3	19	30.2
12/14	@Atl	L 17-20	6	41.5	2	6	0	0	3	24	37.5
12/21	@Was	L 32-35	3	38.7	0	3	1	0	1	31	21.7

Jeff Jaeger — Chicago Bears — K

1997 Field Goal Splits

	G	1-29 Yd	30-39 Yd	40-49 Yd	50+ Yd	Overall	Pct	Lg
Total	16	8-9	8-10	4-6	1-1	21-26	80.8	52
vs. Playoff	10	4-4	7-7	3-5	1-1	15-17	88.2	52
vs. Non-playoff	6	4-5	1-3	1-1	0-0	6-9	66.7	41
vs. Own Division	8	3-3	4-4	2-4	1-1	10-12	83.3	52
Home	8	2-2	3-5	2-3	0-0	7-10	70.0	41
Away	8	6-7	5-5	2-3	0-1	14-16	87.5	52
Games 1-8	8	3-3	4-4	3-3	0-0	10-10	100.0	47
Games 9-16	8	5-6	4-6	1-3	1-1	11-16	68.8	52
Aug/Sept	5	1-1	2-2	1-1	0-0	4-4	100.0	42
October	3	2-2	2-2	2-2	0-0	6-6	100.0	47
November	5	3-3	3-5	0-2	1-1	7-11	63.6	52
December	3	2-3	1-1	1-1	0-0	4-5	80.0	41
Grass	12	3-3	6-8	4-5	0-0	13-16	81.3	47
Turf	4	5-6	2-2	0-1	1-1	8-10	80.0	52
Indoor	3	4-5	2-2	0-1	1-1	7-9	77.8	52
Outdoor	13	4-4	6-8	4-5	0-0	14-17	82.4	47
4th qtr, +/-3 pts	-	2-2	1-1	0-0	0-0	3-3	100.0	36
Winning	-	2-2	3-3	2-3	1-1	8-9	88.9	52
Tied	-	3-4	2-2	1-1	0-0	6-7	85.7	41
Trailing	-	3-3	3-5	1-2	0-0	7-10	70.0	42

1997 Kickoff Splits

	Num	Avg	TB	TD	NetAvg
Total	31	60.6	1	0	36.1
vs. Playoff	19	62.9	1	0	35.6
vs. Non-playoff	12	56.8	0	0	36.9
vs. Own Division	19	62.9	1	0	35.6
Home	13	52.6	1	0	37.2
Away	18	66.3	0	0	35.3
Games 1-8	1	70.0	1	0	50.0
Games 9-16	30	60.3	0	0	35.7
Aug/Sept	1	70.0	1	0	0.0
October	0	-	0	0	-
November	18	58.5	0	0	0.0
December	12	62.9	0	0	0.0
Grass	16	55.4	0	0	37.3
Turf	15	66.1	0	0	34.9
Indoor	15	66.1	0	0	34.9
Outdoor	16	55.4	1	0	37.3
4th qtr, +/-3 pts	3	67.7	0	0	35.0
Winning	15	61.7	1	0	36.1
Tied	7	60.9	0	0	40.0
Trailing	9	58.6	0	0	33.1

Game Logs

Date	Opp	Result	1-39 Yd	40-49 Yd	50+ Yd	Lg
09/01	@GB	L 24-38	0-0	1-1	0-0	42
09/07	Min	L 24-27	1-1	0-0	0-0	39
09/14	Det	L 7-32	0-0	0-0	0-0	0
09/21	@NE	L 3-31	1-1	0-0	0-0	38
09/28	@Dal	L 3-27	1-1	0-0	0-0	21
10/05	NO	L 17-20	1-1	0-0	0-0	23
10/12	GB	L 23-24	0-0	1-1	0-0	41
10/27	@Mia	W 36-33	3-3	1-1	0-0	47
11/02	Was	L 8-31	0-0	0-0	0-0	0
11/09	@Det	L 22-37	3-3	0-0	0-0	36
11/16	NYA	L 15-23	0-2	0-0	0-0	0
11/23	TB	W 13-7	2-2	0-1	0-0	32
11/27	@Det	L 20-55	1-1	0-1	1-1	52
12/07	Buf	W 20-3	1-1	1-1	0-0	41
12/14	@StL	W 13-10	2-3	0-0	0-0	27
12/21	@TB	L 15-31	0-0	0-0	0-0	0

John Jett — Detroit Lions — P

1997 Punter Splits

	G	NPunts	Avg	Lg	In20	FC	TPunts	TB	Blk	Ret	Yds	NetAvg
Total	16	84	42.6	60	24	19	86	4	2	51	434	35.6
vs. Playoff	8	41	42.6	60	11	12	41	1	0	26	219	36.7
vs. Non-playoff	8	43	42.6	60	15	7	45	3	2	25	215	34.6
vs. Own Division	8	39	42.7	60	13	12	39	1	0	23	160	38.1
Home	8	45	44.0	55	11	9	46	2	1	29	235	37.1
Away	8	39	40.9	60	13	10	40	2	1	22	199	33.9
Aug/Sept	5	25	45.8	60	7	3	26	0	1	19	119	39.4
October	3	16	44.4	53	3	3	17	2	1	11	104	33.3
November	5	28	41.0	58	12	9	28	1	0	13	133	35.5
December	3	15	38.3	53	2	4	15	1	0	8	78	31.7
Grass	5	26	42.0	60	4	4	26	1	0	16	153	35.3
Turf	11	58	42.8	55	14	15	60	3	2	35	281	35.7
Indoor	10	53	42.6	55	12	13	54	2	1	33	278	35.9
Outdoor	6	31	42.5	60	12	6	32	2	1	18	156	35.1
Outdoors, Temp < 40	1	8	37.9	47	4	3	8	0	0	4	22	35.1
Outdoors, Temp 40-80	4	18	44.2	60	7	3	19	1	1	10	111	35.0
Outdoors, Temp > 80	1	5	43.8	48	1	0	5	1	0	4	23	35.2
Winning	-	21	42.0	60	6	3	22	3	1	12	72	34.1
Tied	-	13	41.8	55	3	3	13	0	0	9	132	31.6
Trailing	-	50	43.0	58	15	13	51	1	1	30	230	37.3

Game Logs

Date	Opp	Result	NPunts	Avg	In20	TPunts	TB	Blk	Ret	Yds	NetAvg
08/31	Atl	W 28-17	8	44.4	3	9	0	1	5	34	35.7
09/07	TB	L 17-24	1	49.9	1	7	0	0	6	33	45.1
09/14	@Chi	W 32-7	3	45.3	2	3	0	0	2	17	39.7
09/21	@NO	L 17-35	3	34.0	1	3	0	0	2	12	30.0
09/28	GB	W 26-15	4	50.5	0	4	0	0	4	23	44.8
10/05	@Buf	L 13-22	5	45.2	2	6	1	1	2	3	33.8
10/12	@TB	W 27-9	5	43.8	1	5	1	0	4	23	35.2
10/19	NYN	L 20-26	6	44.2	0	6	0	0	5	78	31.2
11/02	@GB	L 10-20	8	37.9	4	8	0	0	4	22	35.1
11/09	@Was	L 7-30	8	45.3	3	8	0	0	5	82	35.0
11/16	Min	W 38-15	3	49.3	0	3	0	0	0	0	39.5
11/23	Ind	W 32-10	5	40.4	2	5	1	0	3	18	32.8
11/27	Chi	W 55-20	3	41.0	2	3	0	0	1	11	37.3
12/07	@Mia	W 33-13	2	36.0	0	2	0	0	1	9	31.5
12/14	@Min	W 14-13	5	35.0	0	5	0	0	2	31	28.8
12/21	NYA	W 13-10	8	40.9	2	8	1	0	5	38	33.6

Lee Johnson — Cincinnati Bengals — P

1997 Punter Splits

	G	NPunts	Avg	Lg	In20	FC	TPunts	TB	Blk	Ret	Yds	NetAvg
Total	16	81	42.9	66	27	10	81	8	0	35	407	35.9
vs. Playoff	6	26	40.6	59	7	4	26	4	0	10	96	33.8
vs. Non-playoff	10	55	43.9	66	20	6	55	4	0	25	311	36.8
vs. Own Division	8	40	44.0	62	11	4	40	5	0	21	158	37.5
Home	8	47	42.3	66	18	6	47	2	0	18	316	34.7
Away	8	34	43.6	62	9	4	34	6	0	17	91	37.4
Aug/Sept	4	18	43.3	62	4	1	18	3	0	7	66	36.3
October	4	21	46.2	59	6	3	21	4	0	9	33	40.8
November	5	28	40.0	51	11	3	28	1	0	13	283	29.2
December	3	14	42.9	66	6	3	14	0	0	6	25	41.1
Grass	4	19	46.2	62	3	0	19	5	0	10	51	38.3
Turf	12	62	41.8	66	24	10	62	3	0	25	356	35.1
Indoor	1	5	41.0	51	1	1	5	0	0	2	25	36.0
Outdoor	15	76	43.0	66	26	9	76	8	0	33	382	35.8
Outdoors, Temp < 40	4	19	39.1	53	6	4	19	1	0	9	108	32.4
Outdoors, Temp 40-80	8	41	42.4	66	17	5	41	3	0	14	223	35.5
Outdoors, Temp > 80	3	16	49.1	62	3	0	16	4	0	10	51	40.9
Winning	-	31	41.2	59	13	6	31	0	0	13	266	32.6
Tied	-	17	45.4	57	3	1	17	3	0	7	70	37.8
Trailing	-	33	43.1	66	11	3	33	5	0	15	71	37.9

Game Logs

Date	Opp	Result	NPunts	Avg	In20	TPunts	TB	Blk	Ret	Yds	NetAvg
08/31	Ari	W 24-21	6	39.8	2	6	2	0	0	0	33.2
09/07	@Bal	L 10-23	4	52.8	1	4	0	0	4	21	47.5
09/21	@Den	L 20-38	3	31.0	0	3	1	0	0	0	24.3
09/28	NYA	L 14-31	5	47.4	1	5	0	0	3	45	38.4
10/05	@Jac	L 13-21	5	46.4	0	5	2	0	3	10	36.4
10/12	@Ten	L 7-30	7	48.9	2	7	2	0	3	20	40.3
10/19	Pit	L 10-26	5	46.0	2	5	0	0	2	-1	46.2
10/26	@NYN	L 27-29	4	41.5	2	4	0	0	1	4	40.5
11/02	SD	W 38-31	11	43.1	6	11	0	0	4	168	27.8
11/09	@Ind	W 28-13	5	41.0	1	5	0	0	2	25	36.0
11/16	@Pit	L 3-20	3	42.0	2	3	1	0	1	4	34.0
11/23	Jac	W 31-26	6	34.8	1	6	0	0	3	79	21.7
11/30	@Phi	L 42-44	3	35.7	1	3	0	0	3	7	33.3
12/04	Ten	W 41-14	1	23.0	0	1	0	0	0	0	23.0
12/14	Dal	W 31-24	4	48.0	3	4	0	0	1	0	48.0
12/21	Bal	W 16-14	9	42.8	3	9	0	0	5	25	40.0

Norm Johnson — Pittsburgh Steelers — K

1997 Field Goal Splits

	G	1-29 Yd	30-39 Yd	40-49 Yd	50+ Yd	Overall	Pct	Lg
Total	16	7-7	8-8	6-8	1-2	22-25	88.0	52
vs. Playoff	5	2-2	3-3	0-1	0-1	5-7	71.4	36
vs. Non-playoff	11	5-5	5-5	6-7	1-1	17-18	94.4	52
vs. Own Division	8	5-5	4-4	3-5	1-1	13-15	86.7	52
Home	8	5-5	2-2	2-3	1-2	10-12	83.3	52
Away	8	2-2	6-6	4-5	0-0	12-13	92.3	46
Games 1-8	8	3-3	1-1	3-5	0-0	7-9	77.8	48
Games 9-16	8	4-4	7-7	3-3	1-2	15-16	93.8	52
Aug/Sept	4	1-1	0-0	2-4	0-0	3-5	60.0	48
October	4	2-2	1-1	1-1	0-0	4-4	100.0	43
November	5	3-3	3-3	3-3	1-1	10-10	100.0	52
December	3	1-1	4-4	0-0	0-1	5-6	83.3	36
Grass	6	2-2	5-5	1-2	0-0	8-9	88.9	40
Turf	10	5-5	3-3	5-6	1-2	14-16	87.5	52
Indoor	0	0-0	0-0	0-0	0-0	0-0	-	0
Outdoor	16	7-7	8-8	6-8	1-2	22-25	88.0	52
4th qtr, +/-3 pts	-	1-1	1-1	0-0	0-0	2-2	100.0	39
Winning	-	4-4	2-2	4-4	1-1	11-11	100.0	52
Tied	-	0-0	3-3	0-1	0-1	3-5	60.0	39
Trailing	-	3-3	3-3	2-3	0-0	8-9	88.9	46

1997 Kickoff Splits

	Num	Avg	TB	TD	NetAvg
Total	79	62.9	4	1	41.7
vs. Playoff	22	62.5	1	0	40.0
vs. Non-playoff	57	63.0	3	1	42.3
vs. Own Division	46	62.5	2	0	41.8
Home	40	63.3	3	1	41.7
Away	39	62.4	1	0	41.6
Games 1-8	39	63.8	2	1	40.8
Games 9-16	40	61.9	2	0	42.5
Aug/Sept	17	64.5	2	1	0.0
October	22	63.3	0	0	0.0
November	26	61.6	1	0	0.0
December	14	62.6	1	0	0.0
Grass	29	62.0	1	0	40.2
Turf	50	63.4	3	1	42.5
Indoor	0	-	0	0	-
Outdoor	79	62.9	4	1	41.7
4th qtr, +/-3 pts	6	69.3	1	0	46.7
Winning	41	63.2	2	1	41.2
Tied	20	62.8	0	0	42.2
Trailing	18	62.3	2	0	42.1

Game Logs

Date	Opp	Result	1-39 Yd	40-49 Yd	50+ Yd	Lg
08/31	Dal	L 7-37	0-0	0-0	0-0	0
09/07	Was	W 14-13	0-0	0-0	0-0	0
09/22	@Jac	L 21-30	0-0	0-1	0-0	0
09/28	Ten	W 37-24	1-1	2-3	0-0	48
10/05	@Bal	W 42-34	0-0	0-0	0-0	0
10/12	Ind	W 24-22	1-1	0-0	0-0	23
10/19	@Cin	W 26-10	1-1	1-1	0-0	43
10/26	Jac	W 23-17	1-1	0-0	0-0	19
11/03	@KC	L 10-13	1-1	0-0	0-0	27
11/09	Bal	W 37-0	2-2	0-0	1-1	52
11/16	Cin	W 20-3	2-2	0-0	0-0	34
11/23	@Phi	L 20-23	0-0	2-2	0-0	46
11/30	@Ari	W 26-20	1-1	1-1	0-0	40
12/07	@NE	W 24-21	3-3	0-0	0-0	36
12/13	Den	W 35-24	0-0	0-1	0-0	0
12/21	@Ten	L 6-16	2-2	0-0	0-0	36

John Kasay — Carolina Panthers — K

1997 Field Goal Splits

	G	1-29 Yd	30-39 Yd	40-49 Yd	50+ Yd	Overall	Pct	Lg
Total	16	7-8	8-8	4-4	3-6	22-26	84.6	54
vs. Playoff	6	1-1	0-0	2-2	0-2	3-5	60.0	46
vs. Non-playoff	10	6-7	8-8	2-2	3-4	19-21	90.5	54
vs. Own Division	8	4-5	5-5	2-2	1-2	12-14	85.7	53
Home	8	0-1	1-1	2-2	2-4	5-8	62.5	54
Away	8	7-7	7-7	2-2	1-2	17-18	94.4	53
Games 1-8	8	4-4	5-5	0-0	1-3	10-13	76.9	52
Games 9-16	8	3-4	3-3	4-4	2-2	12-13	92.3	54
Aug/Sept	5	2-2	5-5	0-0	1-4	8-11	72.7	52
October	3	2-2	0-0	0-0	0-0	2-2	100.0	25
November	5	2-3	2-2	2-2	2-2	8-9	88.9	54
December	3	1-1	1-1	2-2	0-0	4-4	100.0	43
Grass	11	3-4	3-3	3-3	2-4	11-14	78.6	54
Turf	5	4-4	5-5	1-1	1-2	11-12	91.7	53
Indoor	4	3-3	4-4	0-0	1-2	8-9	88.9	53
Outdoor	12	4-5	4-4	4-4	2-4	14-17	82.4	54
4th qtr, +/-3 pts	-	1-1	3-3	1-1	0-0	5-5	100.0	36
Winning	-	4-4	2-2	1-1	1-1	8-8	100.0	54
Tied	-	2-2	3-3	0-0	2-2	7-7	100.0	53
Trailing	-	1-2	3-3	3-3	0-3	7-11	63.6	46

1997 Kickoff Splits

	Num	Avg	TB	TD	NetAvg
Total	63	64.8	7	1	42.3
vs. Playoff	18	64.2	2	1	40.6
vs. Non-playoff	45	64.7	5	0	43.0
vs. Own Division	30	64.2	0	1	42.3
Home	29	65.8	4	0	44.9
Away	34	63.9	3	1	40.1
Games 1-8	30	66.0	6	0	44.5
Games 9-16	33	63.7	1	1	40.2
Aug/Sept	19	67.3	5	0	0.0
October	11	63.6	1	0	0.0
November	22	64.6	1	1	0.0
December	11	61.7	0	0	0.0
Grass	42	66.0	6	1	42.3
Turf	21	62.3	1	0	42.3
Indoor	15	62.9	1	0	44.8
Outdoor	48	65.3	6	1	41.5
4th qtr, +/-3 pts	9	65.8	0	0	47.2
Winning	30	63.7	3	0	41.2
Tied	14	69.5	3	0	48.5
Trailing	19	62.9	1	1	39.4

Game Logs

Date	Opp	Result	1-39 Yd	40-49 Yd	50+ Yd	Lg
08/31	Was	L 10-24	0-0	0-0	1-1	52
09/07	@Atl	W 9-6	3-3	0-0	0-1	39
09/14	@SD	W 26-7	4-4	0-0	0-0	36
09/21	KC	L 14-35	0-0	0-0	0-2	0
09/29	SF	L 21-34	0-0	0-0	0-0	0
10/12	@Min	L 14-21	0-0	0-0	0-0	0
10/19	@NO	W 13-0	2-2	0-0	0-0	25
10/26	Atl	W 21-12	0-0	0-0	0-0	0
11/02	Oak	W 38-14	0-0	0-0	1-1	54
11/09	@Den	L 0-34	0-0	0-0	0-0	0
11/16	@SF	L 19-27	0-0	1-1	1-1	46
11/23	@StL	W 16-10	2-2	0-0	1-1	53
11/30	NO	L 13-16	1-2	1-1	0-0	44
12/08	@Dal	W 23-13	2-2	1-1	0-0	40
12/14	GB	L 10-31	0-0	1-1	0-0	43
12/20	StL	L 18-30	0-0	0-0	0-0	0

John Kidd — Miami Dolphins — P

1997 Punter Splits

	G	NPunts	Avg	Lg	In20	FC	TPunts	TB	Blk	Ret	Yds	NetAvg
Total	13	52	43.2	58	13	3	52	4	0	35	243	37.0
vs. Playoff	4	17	41.2	51	3	0	17	1	0	13	76	35.6
vs. Non-playoff	9	35	44.2	58	10	3	35	3	0	22	167	37.7
vs. Own Division	8	32	43.3	57	8	2	32	3	0	22	133	37.3
Home	6	27	45.3	58	7	1	27	3	0	20	151	37.5
Away	7	25	41.0	54	6	2	25	1	0	15	92	36.5
Aug/Sept	2	5	41.0	47	0	1	5	0	0	3	18	37.4
October	3	12	45.8	58	5	1	12	1	0	7	77	37.7
November	5	23	42.1	57	4	1	23	2	0	15	97	36.2
December	3	12	43.7	51	4	0	12	1	0	10	51	37.8
Grass	10	39	43.1	58	8	2	39	3	0	27	199	36.5
Turf	3	13	43.5	54	5	1	13	1	0	8	44	38.6
Indoor	1	2	47.0	49	1	0	2	0	0	2	5	44.5
Outdoor	12	50	43.1	58	12	3	50	4	0	33	238	36.7
Outdoors, Temp < 40	1	3	37.0	42	0	0	3	0	0	2	12	33.0
Outdoors, Temp 40-80	10	46	43.4	58	12	2	46	4	0	31	226	36.8
Outdoors, Temp > 80	1	1	45.0	45	0	1	1	0	0	0	0	45.0
Winning	-	26	42.9	57	7	3	26	2	0	17	134	36.2
Tied	-	10	43.2	58	2	0	10	0	0	8	54	37.8
Trailing	-	16	43.8	54	4	0	16	2	0	10	55	37.8

Game Logs

Date	Opp	Result	NPunts	Avg	In20	TPunts	TB	Blk	Ret	Yds	NetAvg
08/31	Ind	W16-10	1	45.0	0	1	0	0	0	0	45.0
09/07	Ten	W16-13	-	-	-	-	-	-	-	-	-
09/14	@GB	L 18-23	4	40.0	0	4	0	0	3	18	35.5
09/21	@TB	L 21-31	-	-	-	-	-	-	-	-	-
10/12	@NYA	W31-20	4	43.5	2	4	0	0	2	13	40.3
10/19	@Bal	W24-13	2	36.5	1	2	0	0	1	16	28.5
10/27	Chi	L 33-36	6	50.3	2	6	1	0	4	26	39.0
11/02	@Buf	L 6-9	7	42.6	2	7	1	0	4	26	36.0
11/09	NYA	W24-17	7	46.3	1	7	1	0	6	37	38.1
11/17	Buf	W30-13	3	40.7	1	3	0	0	2	20	34.0
11/23	@NE	L 24-27	3	37.0	0	3	0	0	2	12	33.0
11/30	@Oak	W34-16	3	38.0	0	3	0	0	1	2	37.3
12/07	Det	W33-30	5	42.4	2	5	0	0	4	26	37.2
12/14	@Ind	L 0-41	2	47.0	1	2	0	0	2	5	44.5
12/22	NE	L 12-14	5	43.6	1	5	1	0	4	20	35.6

Sean Landeta — Tampa Bay Buccaneers — P

1997 Punter Splits

	G	NPunts	Avg	Lg	In20	FC	TPunts	TB	Blk	Ret	Yds	NetAvg
Total	10	54	42.1	74	15	9	55	6	1	28	278	34.1
vs. Playoff	5	25	42.4	60	11	5	25	2	0	11	146	35.0
vs. Non-playoff	5	29	41.9	74	4	4	30	4	1	17	132	33.4
vs. Own Division	5	29	43.4	61	9	6	29	3	0	15	185	34.9
Home	5	27	43.9	60	9	5	27	3	0	14	176	35.1
Away	5	27	40.3	74	6	4	28	3	1	14	102	33.1
Aug/Sept	0	0	-	0	0	0	0	0	0	0	0	-
October	2	14	42.7	60	5	3	14	1	0	6	124	32.4
November	5	20	40.6	61	7	3	20	2	0	11	63	35.5
December	3	20	43.2	74	3	3	21	3	1	11	91	34.0
Grass	6	31	43.7	61	10	6	31	4	0	16	191	34.9
Turf	4	23	40.0	74	5	3	24	2	1	12	87	33.0
Indoor	2	11	39.9	56	3	2	11	0	0	7	42	36.1
Outdoor	8	43	42.7	74	12	7	44	6	1	21	236	33.6
Outdoors, Temp < 40	1	4	42.3	61	1	1	4	1	0	2	15	33.5
Outdoors, Temp 40-80	5	25	42.7	74	6	3	26	4	1	13	97	34.3
Outdoors, Temp > 80	2	14	42.7	60	5	3	14	1	0	6	124	32.4
Winning	-	17	41.4	55	4	3	17	3	0	9	40	35.5
Tied	-	15	38.9	56	4	1	15	0	0	9	70	34.2
Trailing	-	22	44.9	74	7	5	23	3	1	10	168	33.0

Game Logs

Date	Opp	Result	NPunts	Avg	In20	TPunts	TB	Blk	Ret	Yds	NetAvg
10/12	Det	L 9-27	7	42.0	2	7	1	0	1	40	33.4
10/26	Min	L 6-10	7	43.4	3	7	0	0	5	84	31.4
11/02	@Ind	W31-28	6	43.3	1	6	0	0	3	17	40.5
11/09	@Atl	W31-10	5	35.8	2	5	0	0	4	25	30.8
11/16	NE	W27-7	2	48.0	1	2	1	0	1	6	35.0
11/23	@Chi	L 7-13	4	42.3	1	4	1	0	2	15	33.5
11/30	@NYN	W20-8	3	36.0	2	3	1	0	1	0	36.0
12/07	GB	L 6-17	6	43.0	3	6	0	0	3	16	40.3
12/14	@NYA	L 0-31	9	41.4	0	10	2	1	4	45	28.8
12/21	Chi	W31-15	5	46.6	0	5	1	0	4	30	36.6

Ryan Longwell — Green Bay Packers — K

1997 Field Goal Splits

	G	1-29 Yd	30-39 Yd	40-49 Yd	50+ Yd	Overall	Pct	Lg
Total	16	11-12	10-13	2-4	1-1	24-30	80.0	50
vs. Playoff	8	6-6	4-6	1-2	1-1	12-15	80.0	50
vs. Non-playoff	8	5-6	6-7	1-2	0-0	12-15	80.0	44
vs. Own Division	8	5-5	6-8	1-2	1-1	13-16	81.3	50
Home	8	4-4	6-7	2-4	0-0	12-15	80.0	44
Away	8	7-8	4-6	0-0	1-1	12-15	80.0	50
Games 1-8	8	7-8	6-6	0-1	1-1	14-16	87.5	50
Games 9-16	8	4-4	4-7	2-3	0-0	10-14	71.4	44
Aug/Sept	5	7-8	5-5	0-0	1-1	13-14	92.9	50
October	3	0-0	1-1	0-1	0-0	1-2	50.0	37
November	4	2-2	1-2	2-2	0-0	5-6	83.3	44
December	4	2-2	3-5	0-1	0-0	5-8	62.5	35
Grass	12	5-5	8-10	2-4	0-0	15-19	78.9	44
Turf	4	6-7	2-3	0-0	1-1	9-11	81.8	50
Indoor	3	3-3	1-1	0-0	0-0	6-7	85.7	50
Outdoor	13	8-9	8-10	2-4	0-0	18-23	78.3	44
4th qtr, +/-3 pts	-	1-2	1-1	0-0	0-0	2-3	66.7	39
Winning	-	7-7	6-8	1-3	0-0	14-18	77.8	44
Tied	-	1-1	3-4	1-1	0-0	5-6	83.3	44
Trailing	-	3-4	1-1	0-0	1-1	5-6	83.3	50

1997 Kickoff Splits

	Num	Avg	TB	TD	NetAvg
Total	89	65.8	11	0	45.3
vs. Playoff	42	66.2	5	0	45.7
vs. Non-playoff	47	65.4	6	0	45.0
vs. Own Division	44	66.2	5	0	45.6
Home	48	64.5	7	0	44.5
Away	41	67.3	4	0	46.4
Games 1-8	43	65.8	8	0	46.2
Games 9-16	46	65.8	3	0	44.5
Aug/Sept	29	66.3	5	0	0.0
October	14	64.7	3	0	0.0
November	24	65.3	2	0	0.0
December	22	66.3	1	0	0.0
Grass	68	65.0	9	0	44.9
Turf	21	68.3	2	0	46.9
Indoor	18	67.8	1	0	46.2
Outdoor	71	65.3	10	0	45.1
4th qtr, +/-3 pts	2	65.0	0	0	45.0
Winning	71	65.5	9	0	44.8
Tied	14	65.8	1	0	46.3
Trailing	4	71.5	1	0	51.3

Game Logs

Date	Opp	Result	1-39 Yd	40-49 Yd	50+ Yd	Lg
09/01	Chi	W38-24	3-3	0-0	0-0	38
09/07	@Phi	L 9-10	3-4	0-0	0-0	27
09/14	Mia	W23-18	3-3	0-0	0-0	39
09/21	Min	W38-32	1-1	0-0	0-0	34
09/28	@Det	L 15-26	2-2	0-0	1-1	50
10/05	TB	W21-16	0-0	0-1	0-0	0
10/12	@Chi	W 24-23	1-1	0-0	0-0	37
10/27	@NE	W 28-10	0-0	0-0	0-0	0
11/02	Det	W 20-10	1-1	1-1	0-0	44
11/09	StL	W 17-7	1-1	0-0	0-0	44
11/16	@Ind	L 38-41	1-1	0-0	0-0	18
11/23	Dal	W 45-17	1-2	0-0	0-0	32
12/01	@Min	W 27-11	2-3	0-0	0-0	30
12/07	@TB	W 17-6	1-2	0-0	0-0	27
12/14	@Car	W 31-10	1-1	0-1	0-0	31
12/20	Buf	W 31-21	1-1	0-1	0-0	35

Olindo Mare — Miami Dolphins — K

	G	1-29 Yd	30-39 Yd	40-49 Yd	50+ Yd	Overall	Pct	Lg	Num	Avg	TB	TD	NetAvg	Date	Opp	Result	1-39 Yd	40-49 Yd	50+ Yd	Lg
				1997 Field Goal Splits						**1997 Kickoff Splits**						**Game Logs**				
Total	16	16-17	8-10	3-6	1-3	28-36	77.8	50	72	66.8	20	0	47.1	08/31	Ind	W 16-10	3-3	0-0	0-0	34
vs. Playoff	6	6-6	3-3	2-4	1-2	12-15	80.0	50	25	67.3	6	0	48.6	09/07	Ten	W 16-13	3-4	0-0	0-0	29
vs. Non-playoff	10	10-11	5-7	1-2	0-1	16-21	76.2	42	47	66.6	14	0	46.3	09/14	@GB	L 18-23	4-4	0-0	0-0	34
vs. Own Division	8	6-6	5-7	1-1	1-3	13-17	76.5	50	33	66.3	10	0	45.7	09/21	@TB	L 21-31	0-0	0-1	0-0	0
Home	8	9-10	5-5	2-3	1-2	17-20	85.0	50	40	68.0	14	0	47.6	10/05	KC	W 17-14	1-1	0-1	0-0	26
Away	8	7-7	3-5	1-3	0-1	11-16	68.8	42	32	65.4	6	0	46.5	10/12	@NYA	W 31-20	1-2	0-0	0-0	23
Games 1-8	8	10-11	3-4	0-2	0-0	13-17	76.5	34	36	66.7	9	0	46.6	10/19	@Bal	W 24-13	1-1	0-0	0-0	23
Games 9-16	8	6-6	5-6	3-4	1-3	15-19	78.9	50	36	66.9	11	0	47.6	10/27	Chi	L 33-36	0-0	0-0	0-0	0
Aug/Sept	4	7-8	3-3	0-1	0-0	10-12	83.3	34	17	66.4	4	0	0.0	11/02	@Buf	L 6-9	2-3	0-0	0-0	35
October	4	3-3	0-1	0-1	0-0	3-5	60.0	26	19	67.0	5	0	0.0	11/09	NYA	W 24-17	1-1	0-0	0-0	21
November	5	4-4	4-5	1-2	0-0	9-11	81.8	42	25	66.0	8	0	0.0	11/17	Buf	W 30-13	3-3	0-0	0-0	37
December	3	2-2	1-1	2-2	1-3	6-8	75.0	50	11	69.0	3	0	0.0	11/23	@NE	L 24-27	1-1	0-0	0-0	25
Grass	13	14-15	7-7	3-6	1-2	25-30	83.3	50	63	67.2	18	0	47.4	11/30	@Oak	W 34-16	1-1	1-2	0-0	42
Turf	3	2-2	1-3	0-0	0-1	3-6	50.0	35	9	63.9	2	0	45.1	12/07	Det	W 33-30	3-3	1-1	0-0	42
Indoor	1	0-0	0-0	0-0	0-1	0-1	0.0	0	1	68.0	0	0	41.0	12/14	@Ind	L 0-41	0-0	0-1	0-0	0
Outdoor	15	16-17	8-10	3-6	1-2	28-35	80.0	50	71	66.8	20	0	47.2	12/22	NE	L 12-14	0-0	1-1	1-2	50
4th qtr, +/-3 pts	-	1-1	1-1	1-1	0-0	3-3	100.0	42	4	68.0	2	0	46.5							
Winning	-	5-5	5-6	2-3	0-1	12-15	80.0	42	46	67.1	10	0	47.2							
Tied	-	6-7	1-1	1-2	1-1	9-11	81.8	50	13	68.7	6	0	47.6							
Trailing	-	5-5	2-3	0-1	0-1	7-10	70.0	35	13	64.1	4	0	46.1							

Brad Maynard — New York Giants — P

	G	NPunts	Avg	Lg	In20	FC	TPunts	TB	Blk	Ret	Yds	NetAvg	Date	Opp	Result	NPunts	Avg	In20	TPunts	TB	Blk	Ret	Yds	NetAvg
			1997 Punter Splits													**Game Logs**								
Total	16	111	40.8	57	33	27	112	14	1	40	378	34.6	08/31	Phi	W 31-17	8	45.4	2	8	0	0	4	49	39.3
vs. Playoff	3	22	45.5	57	6	7	22	2	0	11	150	36.9	09/07	@Jac	L 13-40	9	45.2	3	9	0	0	5	52	39.4
vs. Non-playoff	13	89	39.7	57	27	20	90	12	1	29	228	34.0	09/14	Bal	L 23-24	5	42.8	1	5	2	0	1	0	34.6
vs. Own Division	8	58	40.2	57	16	9	59	7	1	22	179	34.1	09/21	@StL	L 3-13	7	40.0	2	7	3	0	1	9	30.1
Home	8	46	41.9	57	14	10	46	5	0	21	197	35.4	09/28	NO	W 14-9	5	34.4	2	5	0	0	3	23	29.8
Away	8	65	40.1	57	19	17	66	9	1	19	181	34.0	10/05	Dal	W 20-17	8	44.4	2	8	2	0	4	12	37.9
Aug/Sept	5	34	42.2	57	10	10	34	5	0	14	133	35.4	10/12	@Ari	W 27-13	6	40.7	2	7	2	1	1	10	27.7
October	4	28	43.3	56	9	7	29	6	1	9	50	36.0	10/19	@Det	W 26-20	8	45.8	2	8	2	0	2	11	39.4
November	4	29	39.8	57	8	8	29	2	0	9	115	34.5	10/26	Cin	W 29-27	6	41.3	3	6	0	0	2	17	38.5
December	3	20	36.4	55	6	2	20	1	0	8	80	31.4	11/09	@Ten	L 6-10	8	35.5	3	8	0	0	0	0	35.5
Grass	4	36	40.9	57	12	12	37	4	1	10	86	35.3	11/16	Ari	W 19-10	3	35.3	1	3	0	0	1	4	34.0
Turf	12	75	40.8	57	22	15	75	10	0	30	292	34.2	11/23	@Was	T 7-7	13	41.3	3	13	0	0	4	24	36.4
Indoor	2	15	43.1	56	4	4	15	5	0	3	20	35.1	11/30	TB	L 8-20	5	45.6	1	5	0	0	4	87	28.2
Outdoor	14	96	40.5	57	29	23	97	9	1	37	358	34.5	12/07	@Phi	L 20-23	6	28.2	3	6	0	0	0	0	28.2
Outdoors, Temp < 40	2	9	38.6	55	3	2	9	1	0	3	49	35.3	12/13	Was	W 30-10	6	40.2	2	6	1	0	2	5	36.0
Outdoors, Temp 40-80	11	78	40.1	57	23	17	79	8	1	29	297	33.8	12/21	@Dal	W 20-7	8	39.6	1	8	0	0	6	75	30.3
Outdoors, Temp > 80	1	9	45.2	57	3	4	9	0	0	5	52	39.4												
Winning	-	43	40.0	57	13	9	44	4	1	19	163	33.6												
Tied	-	32	40.9	57	9	9	32	4	0	11	69	36.3												
Trailing	-	36	41.7	57	11	9	36	6	0	10	146	34.3												

Josh Miller — Pittsburgh Steelers — P

	G	NPunts	Avg	Lg	In20	FC	TPunts	TB	Blk	Ret	Yds	NetAvg	Date	Opp	Result	NPunts	Avg	In20	TPunts	TB	Blk	Ret	Yds	NetAvg
			1997 Punter Splits													**Game Logs**								
Total	16	64	42.6	72	17	6	64	11	0	23	271	35.0	08/31	Dal	L 7-37	8	46.9	3	8	3	0	3	54	32.6
vs. Playoff	5	22	43.3	72	5	0	22	4	0	10	67	36.6	09/07	Was	W 14-13	2	45.0	1	2	1	0	0	0	35.0
vs. Non-playoff	11	42	42.3	63	12	6	42	7	0	13	204	34.1	09/22	Jac	L 21-30	2	39.0	0	2	2	0	0	0	19.0
vs. Own Division	8	29	40.7	72	7	3	29	2	0	9	120	35.1	09/28	Ten	W 37-24	2	39.0	0	2	0	0	1	8	35.0
Home	8	32	41.5	72	7	2	32	5	0	13	133	34.3	10/05	@Bal	W 42-34	4	50.5	2	4	0	0	1	37	41.3
Away	8	32	43.8	63	10	4	32	6	0	10	138	35.7	10/12	Ind	W 24-22	3	39.0	0	3	1	0	1	12	26.3
Aug/Sept	4	14	44.4	57	4	2	14	6	0	4	62	31.4	10/19	@Cin	W 26-10	3	42.3	1	3	0	0	1	18	36.3
October	4	15	43.9	72	4	2	15	1	0	5	69	38.0	10/26	Jac	W 23-17	5	42.6	1	5	0	0	2	42	42.2
November	5	23	40.7	58	6	1	23	4	0	8	76	34.0	11/03	@KC	L 10-13	7	44.3	2	7	2	0	3	23	35.3
December	3	12	42.7	54	3	1	12	0	0	6	64	37.3	11/09	Bal	W 37-0	6	31.3	2	6	0	0	2	21	27.8
Grass	6	27	44.4	63	8	2	27	6	0	9	120	35.6	11/16	Cin	W 20-3	3	44.0	0	3	0	0	1	12	40.0
Turf	10	37	41.3	72	9	4	37	5	0	14	151	34.5	11/23	@Phi	L 20-23	2	36.5	1	2	0	0	0	0	36.5
Indoor	0	0	-	0	0	0	0	0	0	0	0	-	11/30	@Ari	W 26-20	5	46.8	1	5	2	0	2	20	34.8
Outdoor	16	64	42.6	72	17	6	64	11	0	23	271	35.0	12/07	Den	W 35-24	3	45.3	0	3	0	0	3	24	37.3
Outdoors, Temp < 40	3	13	44.5	58	2	0	13	2	0	7	59	36.8	12/13	@NE	W 24-21	5	43.0	2	5	0	0	2	18	39.4
Outdoors, Temp 40-80	12	47	41.5	72	13	5	47	9	0	15	175	33.9	12/21	@Ten	L 6-16	4	40.3	1	4	0	0	1	22	34.8
Outdoors, Temp > 80	1	4	50.5	63	2	1	4	0	0	1	37	41.3												
Winning	-	22	39.4	56	6	0	22	5	0	6	61	32.0												
Tied	-	14	44.0	72	6	2	14	0	0	6	63	39.5												
Trailing	-	28	44.5	63	7	4	28	6	0	11	147	35.0												

Chris Mohr — Buffalo Bills — P

1997 Punter Splits

	G	NPunts	Avg	Lg	In20	FC	TPunts	TB	Blk	Ret	Yds	NetAvg
Total	16	90	41.8	59	24	24	91	6	1	44	366	36.0
vs. Playoff	10	58	40.6	56	18	19	59	0	1	25	221	36.1
vs. Non-playoff	6	32	44.1	59	6	5	32	6	0	19	145	35.8
vs. Own Division	8	41	43.0	56	11	7	41	5	0	22	170	36.4
Home	8	47	41.4	56	13	12	47	3	0	20	162	36.7
Away	8	43	42.3	59	11	12	44	3	1	24	204	35.3
Aug/Sept	4	20	42.8	55	5	5	20	2	0	9	63	37.6
October	4	25	43.6	56	4	7	25	1	0	13	123	37.9
November	5	28	41.4	56	9	5	28	2	0	15	118	35.8
December	3	17	38.8	56	6	7	18	1	1	7	62	32.1
Grass	6	35	40.4	59	10	10	36	1	1	20	177	33.8
Turf	10	55	42.7	56	14	14	55	5	0	24	189	37.5
Indoor	1	3	50.7	56	0	1	3	1	0	1	2	43.3
Outdoor	15	87	41.5	59	24	23	88	5	1	43	364	35.8
Outdoors, Temp < 40	4	25	39.9	59	9	7	26	3	1	12	101	32.2
Outdoors, Temp 40-80	11	62	42.2	56	15	16	62	2	0	31	263	37.3
Outdoors, Temp > 80	0	0	-	0	0	0	0	0	0	0	0	-
Winning	-	25	44.7	56	7	8	25	2	0	13	114	38.5
Tied	-	18	41.9	56	4	3	18	3	0	7	34	36.7
Trailing	-	47	40.3	59	13	13	48	1	1	24	218	34.5

Game Logs

Date	Opp	Result	NPunts	Avg	In20	TPunts	TB	Blk	Ret	Yds	NetAvg
08/31	Min	L 13-34	4	35.0	1	4	0	0	0	0	35.0
09/07	@NYA	W 28-22	5	50.2	1	5	1	0	3	25	41.2
09/14	@KC	L 16-22	7	43.4	3	7	0	0	4	25	39.9
09/21	Ind	W 37-35	4	40.0	0	4	1	0	2	13	31.8
10/05	Det	W 22-13	8	45.0	2	8	0	0	2	36	40.5
10/12	@NE	L 6-33	6	41.7	1	6	0	0	5	54	32.7
10/20	@Ind	W 9-6	3	50.7	0	3	1	0	1	2	43.3
10/26	Den	L 20-23	8	41.1	1	8	0	0	5	31	37.3
11/02	Mia	W 9-6	6	40.3	3	6	0	0	2	14	38.0
11/09	NE	L 10-31	5	45.2	1	5	0	0	3	16	42.0
11/17	@Mia	L 13-30	4	36.0	2	4	0	0	1	7	34.3
11/23	@Ten	L 14-31	5	41.6	0	5	0	0	4	42	33.2
11/30	NYA	W 20-10	8	42.4	3	8	2	0	5	39	32.5
12/07	@Chi	L 3-20	7	43.0	2	7	1	0	4	24	36.7
12/14	Jac	L 14-20	4	37.8	2	4	0	0	1	13	34.5
12/20	@GB	L 21-31	6	34.5	2	7	0	1	2	25	26.0

Greg Montgomery — Baltimore Ravens — P

1997 Punter Splits

	G	NPunts	Avg	Lg	In20	FC	TPunts	TB	Blk	Ret	Yds	NetAvg
Total	16	83	42.7	60	24	11	83	2	0	53	460	36.6
vs. Playoff	6	28	43.9	60	5	4	28	0	0	20	134	39.0
vs. Non-playoff	10	55	42.1	60	19	7	55	2	0	33	326	35.5
vs. Own Division	8	39	44.7	57	13	5	39	1	0	27	117	41.2
Home	8	39	42.7	55	13	3	39	1	0	28	225	36.5
Away	8	44	42.6	57	9	8	44	1	0	25	235	36.8
Aug/Sept	5	18	40.8	55	6	3	18	0	0	11	54	37.8
October	3	11	40.9	52	5	0	11	0	0	7	43	37.0
November	5	34	43.4	60	7	5	34	1	0	23	311	33.7
December	3	20	43.9	57	6	3	20	1	0	12	52	40.3
Grass	12	56	41.5	60	20	5	56	1	0	36	285	35.0
Turf	4	27	45.1	57	4	6	27	1	0	17	175	37.9
Indoor	0	0	-	0	0	0	0	0	0	0	0	-
Outdoor	16	83	42.7	60	24	11	83	2	0	53	460	36.6
Outdoors, Temp < 40	1	9	47.0	57	3	3	9	1	0	3	7	44.0
Outdoors, Temp 40-80	11	59	42.5	60	14	7	59	1	0	41	419	35.1
Outdoors, Temp > 80	4	15	40.5	55	7	1	15	0	0	9	34	38.2
Winning	-	32	40.9	60	10	4	32	1	0	20	121	36.5
Tied	-	11	45.3	55	5	1	11	0	0	8	151	31.5
Trailing	-	40	43.3	57	9	6	40	1	0	25	188	38.1

Game Logs

Date	Opp	Result	NPunts	Avg	In20	TPunts	TB	Blk	Ret	Yds	NetAvg
08/31	Jac	L 27-28	3	43.7	2	3	0	0	2	6	41.7
09/07	Cin	W 23-10	2	43.0	2	2	0	0	2	11	37.5
09/14	@NYN	W 24-23	6	45.8	0	6	0	0	4	29	41.0
09/21	@Ten	W 36-10	2	36.0	1	2	0	0	2	2	35.0
09/28	@SD	L 17-21	5	34.2	1	5	0	0	1	6	33.0
10/05	Pit	L 34-42	5	44.0	2	5	0	0	4	11	41.8
10/19	Mia	L 13-24	2	38.0	0	2	0	0	2	23	26.5
10/26	@Was	W 20-17	4	38.5	3	4	0	0	1	9	36.3
11/02	@NYA	L 16-19	6	43.0	0	6	0	0	6	117	23.5
11/09	@Pit	L 0-37	6	43.7	1	6	0	0	4	22	40.0
11/16	Phi	T 10-10	7	46.1	3	7	1	0	3	19	40.6
11/23	Ari	L 13-16	9	41.8	3	9	0	0	6	110	29.6
11/30	@Jac	L 27-29	6	43.0	0	6	0	0	4	43	35.8
12/07	Sea	W 31-24	5	33.0	1	5	0	0	3	30	27.0
12/14	Ten	W 21-19	6	48.3	2	6	0	0	6	15	45.8
12/21	@Cin	L 14-16	9	47.0	3	9	1	0	3	7	44.0

Eddie Murray — Minnesota Vikings — K

1997 Field Goal Splits

	G	1-29 Yd	30-39 Yd	40-49 Yd	50+ Yd	Overall	Pct	Lg
Total	12	7-7	1-3	4-6	0-1	12-17	70.6	49
vs. Playoff	6	5-5	0-2	3-4	0-0	8-11	72.7	42
vs. Non-playoff	6	2-2	1-1	1-2	0-1	4-6	66.7	49
vs. Own Division	5	3-3	0-2	1-2	0-1	4-8	50.0	42
Home	7	6-6	0-1	2-3	0-1	8-11	72.7	42
Away	5	1-1	1-2	2-3	0-0	4-6	66.7	49
Games 1-8	4	1-1	1-2	1-1	0-0	3-4	75.0	49
Games 9-16	8	6-6	0-1	3-5	0-1	9-13	69.2	42
Aug/Sept	1	0-0	0-0	0-0	0-0	-	-	0
October	3	1-1	0-2	1-1	0-0	3-4	75.0	49
November	4	2-2	0-0	1-2	0-1	3-5	60.0	41
December	4	4-4	0-1	2-3	0-0	6-8	75.0	42
Grass	3	1-1	0-2	2-2	0-0	4-5	80.0	49
Turf	9	6-6	0-1	2-4	0-1	8-12	66.7	42
Indoor	8	6-6	0-1	2-3	0-1	8-11	72.7	42
Outdoor	4	1-1	1-2	2-3	0-0	4-6	66.7	49
4th qtr, +/-3 pts	-	0-0	1-1	0-0	0-0	1-1	100.0	38
Winning	-	3-3	0-1	2-2	0-1	5-7	71.4	49
Tied	-	4-4	0-1	0-0	0-0	4-5	80.0	29
Trailing	-	0-0	1-1	2-4	0-0	3-5	60.0	42

1997 Kickoff Splits

	Num	Avg	TB	TD	NetAvg
Total	21	60.0	1	0	40.0
vs. Playoff	8	56.8	0	0	39.4
vs. Non-playoff	13	61.9	1	0	40.3
vs. Own Division	7	57.6	0	0	39.4
Home	10	57.8	0	0	37.5
Away	11	61.9	1	0	42.2
Games 1-8	16	61.8	0	0	40.9
Games 9-16	5	54.0	0	0	37.0
Aug/Sept	4	65.0	0	0	0.0
October	12	60.8	0	0	0.0
November	4	53.3	0	0	0.0
December	1	57.0	0	0	0.0
Grass	8	64.9	0	0	42.9
Turf	13	56.9	0	0	38.2
Indoor	13	56.9	0	0	38.2
Outdoor	8	64.9	1	0	42.9
4th qtr, +/-3 pts					32.5
Winning	14	61.9	0	0	41.9
Tied	3	53.7	0	0	39.3
Trailing	4	58.0	0	0	33.5

Game Logs

Date	Opp	Result	1-39 Yd	40-49 Yd	50+ Yd	Lg
09/28	Phi	W 28-19	0-0	0-0	0-0	0
10/05	@Ari	W 20-19	1-1	1-1	0-0	49
10/12	Car	W 21-14	0-0	0-0	0-0	0
10/26	@TB	W 10-6	1-2	0-0	0-0	28
11/02	NE	W 23-18	2-2	1-1	0-0	41
11/09	Chi	W 29-22	0-0	0-0	0-1	0
11/16	@Det	L 15-38	0-0	0-0	0-0	0
11/23	@NYA	L 21-23	0-0	0-1	0-0	0
12/01	GB	L 11-27	0-0	1-2	0-0	42
12/07	@SF	L 17-28	0-0	1-1	0-0	42
12/14	Det	L 13-14	2-3	0-0	0-0	28
12/21	Ind	W 39-28	2-2	0-0	0-0	29

481

Joe Nedney — Arizona Cardinals — K

	G	1997 Field Goal Splits							1997 Kickoff Splits					Game Logs					
	G	1-29 Yd	30-39 Yd	40-49 Yd	50+ Yd	Overall	Pct	Lg	Num	Avg	TB	TD	NetAvg	Date	Opp	Result	1-39 Yd	40-49 Yd	50+ Yd	Lg
Total	10	4-4	4-4	3-7	0-2	11-17	64.7	45	39	69.3	17	1	47.3	10/05	KC	W 17-14	-	-	-	-
vs. Playoff	2	1-1	2-2	0-1	0-0	3-4	75.0	34	8	72.4	4	0	52.8	10/19	@Phi	L 10-13	1-1	0-1	0-0	23
vs. Non-playoff	8	3-3	2-2	3-6	0-2	8-13	61.5	45	31	68.5	13	1	45.9	10/26	Ten	L 14-41	0-0	0-0	0-0	0
vs. Own Division	5	1-1	2-2	2-5	0-2	5-10	50.0	45	20	67.7	9	1	43.8	11/02	Phi	W 31-21	0-0	1-2	0-1	45
Home	5	1-1	1-1	1-3	0-1	3-6	50.0	45	23	67.3	9	1	45.3	11/09	@Dal	L 6-24	1-1	1-2	0-1	42
Away	5	3-3	3-3	2-4	0-1	8-11	72.7	43	16	72.1	8	0	50.1	11/16	@NYN	L 10-19	0-0	0-0	0-0	34
Games 1-8	2	1-1	0-0	0-1	0-0	1-2	50.0	23	5	72.4	3	0	47.2	11/23	@Bal	W 16-13	2-2	1-1	0-0	43
Games 9-16	8	3-3	4-4	3-6	0-2	10-15	66.7	45	34	68.8	14	1	47.3	11/30	Pit	L 20-26	2-2	0-1	0-0	32
Aug/Sept	0	0-0	0-0	0-0	0-0	0-0	-	0	0	-	0	0	-	12/07	Was	L 28-38	0-0	0-0	0-0	0
October	2	1-1	0-0	0-1	0-0	1-2	50.0	23	5	72.4	3	0	0.0	12/14	@NO	L 10-27	1-1	0-0	0-0	30
November	5	3-3	3-3	3-6	0-2	9-14	64.3	45	21	68.5	8	1	0.0	12/21	Atl	W 29-26	0-0	0-0	0-0	0
December	3	0-0	1-1	0-0	0-0	1-1	100.0	30	13	69.3	6	0	0.0							
Grass	6	3-3	1-1	2-4	0-1	6-9	66.7	45	27	67.9	10	1	46.1							
Turf	4	1-1	3-3	1-3	0-1	5-8	62.5	42	12	72.4	7	0	49.8							
Indoor	1	0-0	1-1	0-0	0-0	1-1	100.0	30	3	75.3	2	0	52.3							
Outdoor	9	4-4	3-3	3-7	0-2	10-16	62.5	45	36	68.8	15	1	46.9							
4th qtr, +/-3 pts	-	1-1	0-0	1-2	0-0	2-3	66.7	42	6	72.5	2	0	49.5							
Winning	-	0-0	1-1	0-0	0-0	1-1	100.0	30	14	67.9	6	1	43.6							
Tied	-	2-2	0-0	3-5	0-1	5-8	62.5	45	10	73.2	5	0	53.1							
Trailing	-	2-2	3-3	0-2	0-1	5-8	62.5	39	15	67.9	6	0	46.9							

Doug Pelfrey — Cincinnati Bengals — K

	G	1997 Field Goal Splits							1997 Kickoff Splits					Game Logs					
	G	1-29 Yd	30-39 Yd	40-49 Yd	50+ Yd	Overall	Pct	Lg	Num	Avg	TB	TD	NetAvg	Date	Opp	Result	1-39 Yd	40-49 Yd	50+ Yd	Lg
Total	16	4-4	3-3	5-7	0-2	12-16	75.0	46	71	59.3	2	0	39.0	08/31	Ari	W 24-21	1-1	0-0	0-0	38
vs. Playoff	6	2-2	2-2	1-1	0-1	5-6	83.3	43	23	59.6	2	0	40.5	09/07	@Bal	L 10-23	0-0	1-3	0-1	46
vs. Non-playoff	10	2-2	1-1	4-6	0-1	7-10	70.0	46	48	59.2	0	0	38.3	09/21	@Den	L 20-38	1-1	1-1	0-1	43
vs. Own Division	8	3-3	1-1	3-5	0-1	7-10	70.0	46	31	60.1	2	0	40.5	09/28	NYA	L 14-31	0-0	0-0	0-0	0
Home	8	3-3	2-2	3-3	0-0	8-8	100.0	44	40	58.2	0	0	39.1	10/05	@Jac	L 13-21	0-0	0-0	0-0	0
Away	8	1-1	1-1	2-4	0-2	4-8	50.0	46	31	60.8	2	0	38.8	10/12	@Ten	L 7-30	0-0	0-0	0-0	0
Games 1-8	8	0-0	3-3	2-4	0-2	5-9	55.6	46	26	60.8	2	0	40.6	10/19	Pit	L 10-26	1-1	0-0	0-0	33
Games 9-16	8	4-4	0-0	3-3	0-0	7-7	100.0	44	45	58.5	0	0	38.0	10/26	@NYN	L 27-29	0-0	0-0	0-0	0
Aug/Sept	4	0-0	2-2	2-4	0-2	4-8	50.0	46	14	60.8	0	0	0.0	11/02	SD	W 38-31	1-1	0-0	0-0	27
October	4	0-0	1-1	0-0	0-0	1-1	100.0	33	12	60.8	2	0	0.0	11/09	@Ind	W 28-13	0-0	0-0	0-0	0
November	5	3-3	0-0	0-0	0-0	3-3	100.0	27	27	58.6	0	0	0.0	11/16	@Pit	L 3-20	1-1	0-0	0-0	25
December	3	1-1	0-0	3-3	0-0	4-4	100.0	44	18	58.3	0	0	0.0	11/23	Jac	W 31-26	1-1	0-0	0-0	20
Grass	4	0-0	1-1	2-4	0-2	3-7	42.9	46	13	60.7	2	0	41.5	11/30	@Phi	L 42-44	1-1	0-0	0-0	0
Turf	12	4-4	2-2	3-3	0-0	9-9	100.0	44	58	59.0	0	0	38.4	12/04	Ten	W 41-14	1-1	1-1	0-0	40
Indoor	1	0-0	0-0	0-0	0-0	0-0	-	0	5	63.4	0	0	40.0	12/14	Dal	W 31-24	0-0	1-1	0-0	42
Outdoor	15	4-4	3-3	5-7	0-2	12-16	75.0	46	66	59.0	2	0	38.9	12/21	Bal	W 16-14	0-0	1-1	0-0	44
4th qtr, +/-3 pts	-	0-0	0-0	0-0	0-0	0-0	-	0	3	65.7	0	0	41.0							
Winning	-	2-2	0-0	2-3	0-1	4-6	66.7	46	41	58.8	0	0	39.0							
Tied	-	0-0	1-1	1-1	0-0	2-2	100.0	44	14	59.2	1	0	39.3							
Trailing	-	2-2	2-2	2-3	0-1	6-8	75.0	43	16	60.9	1	0	38.5							

Todd Peterson — Seattle Seahawks — K

	G	1997 Field Goal Splits							1997 Kickoff Splits					Game Logs					
	G	1-29 Yd	30-39 Yd	40-49 Yd	50+ Yd	Overall	Pct	Lg	Num	Avg	TB	TD	NetAvg	Date	Opp	Result	1-39 Yd	40-49 Yd	50+ Yd	Lg
Total	16	9-9	7-10	5-7	1-2	22-28	78.6	52	82	63.2	2	1	40.5	08/31	NYA	L 3-41	1-1	0-0	0-0	31
vs. Playoff	5	0-0	1-2	2-2	1-2	4-6	66.7	52	24	64.7	0	0	42.8	09/07	Den	L 14-35	0-0	0-0	0-0	0
vs. Non-playoff	11	9-9	6-8	3-5	0-0	18-22	81.8	49	58	62.6	2	1	39.6	09/14	W 31-3		1-1	0-0	0-0	27
vs. Own Division	8	7-7	2-4	5-5	1-2	15-18	83.3	52	47	64.0	1	0	44.1	09/21	SD	W 26-22	1-1	1-1	0-0	41
Home	8	2-2	6-6	2-3	0-0	10-11	90.9	41	40	63.0	2	1	40.2	09/28	@KC	L 17-20	0-1	1-1	0-1	44
Away	8	7-7	1-4	3-4	1-2	12-17	70.6	52	42	63.5	0	0	40.9	10/05	Ten	W 16-13	1-1	0-0	0-0	38
Games 1-8	8	4-4	4-5	3-3	0-1	11-13	84.6	49	39	62.4	1	0	40.4	10/19	@StL	W 17-9	1-1	0-0	0-0	0
Games 9-16	8	5-5	3-5	2-4	1-1	11-15	73.3	52	43	64.0	1	1	40.7	10/26	Oak	W 45-34	3-3	1-1	0-0	40
Aug/Sept	5	1-1	2-3	2-2	0-1	5-7	71.4	44	21	62.4	1	0	0.0	11/02	@Den	L 27-30	0-0	1-1	1-1	52
October	3	3-3	2-2	1-1	0-0	6-6	100.0	41	18	62.4	0	0	0.0	11/09	@SD	W 37-31	3-3	0-0	0-0	28
November	5	3-3	2-3	1-3	1-1	7-10	70.0	52	26	64.0	1	1	0.0	11/16	@NO	L 17-20	1-2	0-1	0-0	36
December	3	2-2	1-2	1-1	0-0	4-5	80.0	49	17	63.9	0	0	0.0	11/23	KC	L 14-19	0-0	0-0	0-0	0
Grass	5	5-5	0-2	3-3	1-2	9-12	75.0	52	28	63.2	0	0	43.6	11/30	Atl	L 17-24	1-1	0-0	0-0	35
Turf	11	4-4	7-8	2-4	0-0	13-16	81.3	41	54	63.2	2	1	39.0	12/07	@Bal	L 24-31	0-0	0-0	0-0	0
Indoor	11	4-4	7-8	2-4	0-0	13-16	81.3	41	54	63.2	2	1	39.0	12/14	@Oak	W 22-21	2-3	1-1	0-0	49
Outdoor	5	5-5	0-2	3-3	1-2	9-12	75.0	52	28	63.2	0	0	43.6	12/21	SF	W 38-9	1-1	0-0	0-0	39
4th qtr, +/-3 pts	-	2-2	1-1	1-2	0-1	4-6	66.7	49	7	67.6	0	0	48.9							
Winning	-	3-3	1-2	1-1	0-0	5-7	71.4	49	39	63.7	1	0	40.3							
Tied	-	2-2	1-1	1-2	1-2	5-7	71.4	52	19	65.3	0	0	42.6							
Trailing	-	4-4	5-6	3-4	0-0	12-14	85.7	49	24	60.8	1	1	39.3							

Kyle Richardson

Miami Dolphins / Seattle Seahawks — P

1997 Punter Splits

	G	NPunts	Avg	Lg	In20	FC	TPunts	TB	Blk	Ret	Yds	NetAvg
Total	5	19	42.3	54	2	1	21	3	2	12	142	28.7
vs. Playoff	3	13	42.0	54	2	1	14	1	1	8	78	32.0
vs. Non-playoff	2	6	43.0	52	0	0	7	2	1	4	64	22.0
vs. Own Division	1	5	40.6	52	2	1	6	0	1	3	27	29.3
Home	3	13	41.6	54	2	1	14	2	1	7	73	30.6
Away	2	6	43.8	53	0	0	7	1	1	5	69	24.9
Aug/Sept	2	6	46.5	53	0	0	6	1	0	5	55	34.0
October	1	5	40.2	54	0	0	5	1	0	2	21	32.0
November	2	8	40.5	52	2	1	10	1	2	5	66	23.8
December	0	0	-	0	0	0	0	0	0	0	0	-
Grass	3	11	43.6	54	0	0	11	2	0	7	76	33.1
Turf	2	8	40.5	52	2	1	10	1	2	5	66	23.8
Indoor	2	8	40.5	52	2	1	10	1	2	5	66	23.8
Outdoor	3	11	43.6	54	0	0	11	2	0	7	76	33.1
Outdoors, Temp < 40	0	0	-	0	0	0	0	0	0	0	0	-
Outdoors, Temp 40-80	0	0	-	0	0	0	0	0	0	0	0	-
Outdoors, Temp > 80	3	11	43.6	54	0	0	11	2	0	7	76	33.1
Winning	-	3	44.0	46	0	0	3	0	0	3	36	32.0
Tied	-	9	41.3	54	0	0	9	3	0	4	56	28.4
Trailing	-	7	42.9	52	2	1	9	0	2	5	50	27.8

Game Logs

Date	Opp	Result	NPunts	Avg	In20	TPunts	TB	Blk	Ret	Yds	NetAvg
09/07	Ten	W16-13	3	45.7	0	3	1	0	2	25	30.7
09/21	@TB	L 21-31	3	47.3	0	3	0	0	3	30	37.3
10/05	KC	W17-14	5	40.2	0	5	1	0	2	21	32.0
11/16	@NO	L 17-20	3	40.3	0	4	1	1	2	39	15.5
11/23	KC	L 14-19	5	40.6	2	6	0	1	3	27	29.3

Reggie Roby

Tennessee Oilers — P

1997 Punter Splits

	G	NPunts	Avg	Lg	In20	FC	TPunts	TB	Blk	Ret	Yds	NetAvg
Total	16	73	41.8	59	25	23	73	1	0	36	430	35.6
vs. Playoff	6	28	42.2	53	9	9	28	0	0	14	221	34.3
vs. Non-playoff	10	45	41.5	59	16	14	45	1	0	22	209	36.4
vs. Own Division	8	32	44.2	59	9	8	32	0	0	16	249	36.4
Home	8	33	40.8	59	13	10	33	0	0	16	200	34.8
Away	8	40	42.6	56	12	13	40	1	0	20	230	36.3
Aug/Sept	4	18	39.9	53	4	5	18	0	0	9	140	32.2
October	4	18	40.8	59	7	7	18	1	0	9	93	34.5
November	5	24	43.2	53	8	5	24	0	0	15	170	36.1
December	3	13	43.1	56	6	6	13	0	0	3	27	41.0
Grass	12	53	41.5	59	20	17	53	1	0	26	346	34.6
Turf	4	20	42.5	53	5	6	20	0	0	10	84	38.3
Indoor	1	5	40.8	50	1	2	5	0	0	3	34	34.0
Outdoor	15	68	41.8	59	24	21	68	1	0	33	396	35.7
Outdoors, Temp < 40	1	6	42.7	51	2	3	6	0	0	1	6	41.7
Outdoors, Temp 40-80	12	53	41.0	56	20	15	53	1	0	26	291	35.1
Outdoors, Temp > 80	2	9	46.4	59	2	3	9	0	0	6	99	35.4
Winning	-	34	41.1	50	16	13	34	1	0	17	103	37.5
Tied	-	17	40.2	54	5	5	17	0	0	7	131	32.5
Trailing	-	22	44.0	56	5	5	22	0	0	12	196	35.0

Game Logs

Date	Opp	Result	NPunts	Avg	In20	TPunts	TB	Blk	Ret	Yds	NetAvg
08/31	Oak	W24-21	5	34.2	1	5	0	0	2	7	32.8
09/07	@Mia	L 13-16	6	42.8	2	6	0	0	3	65	32.0
09/21	Bal	L 10-36	3	42.7	1	3	0	0	2	45	27.7
09/28	@Pit	L 24-37	4	40.8	0	4	0	0	2	23	35.0
10/05	@Sea	L 13-16	5	40.8	1	5	0	0	3	34	34.0
10/12	Cin	W30-7	3	53.7	0	3	0	0	3	34	42.3
10/19	Was	W28-14	5	35.4	4	5	0	0	1	9	33.6
10/26	@Ari	W41-14	5	38.4	2	5	1	0	2	16	31.2
11/02	Jac	L 24-30	5	50.0	0	5	0	0	3	76	24.7
11/09	NYN	W10-6	5	41.4	2	5	0	0	3	13	38.8
11/16	@Jac	L 9-17	6	42.0	2	6	0	0	3	44	34.7
11/23	Buf	W31-14	5	40.2	2	5	0	0	2	16	37.0
11/27	@Dal	W27-14	5	45.2	2	5	0	0	4	21	41.0
12/04	@Cin	L 14-41	6	42.7	2	6	0	0	1	6	41.7
12/14	@Bal	L 19-21	3	50.7	1	3	0	0	2	21	43.7
12/21	Pit	W16-6	4	38.0	3	4	0	0	0	0	38.0

Tom Rouen

Denver Broncos — P

1997 Punter Splits

	G	NPunts	Avg	Lg	In20	FC	TPunts	TB	Blk	Ret	Yds	NetAvg
Total	16	60	43.3	57	22	17	60	4	0	26	235	38.1
vs. Playoff	5	17	44.3	57	6	3	17	2	0	8	70	37.8
vs. Non-playoff	11	43	42.9	56	16	14	43	2	0	18	165	38.1
vs. Own Division	8	26	42.8	56	9	7	26	2	0	11	117	36.8
Home	8	25	43.9	56	10	10	25	2	0	9	33	41.0
Away	8	35	42.9	57	12	7	35	2	0	17	202	36.1
Aug/Sept	5	17	41.9	54	6	7	17	1	0	6	45	38.1
October	3	16	42.6	56	6	3	16	1	0	6	49	38.3
November	5	17	42.9	55	6	6	17	1	0	8	104	35.6
December	3	10	47.4	57	4	1	10	1	0	6	37	41.7
Grass	12	39	44.2	56	16	12	39	2	0	19	161	39.1
Turf	4	21	41.6	57	6	5	21	2	0	7	74	36.2
Indoor	2	9	42.7	54	4	3	9	0	0	4	40	38.2
Outdoor	14	51	43.4	57	18	14	51	4	0	22	195	38.0
Outdoors, Temp < 40	5	18	42.9	57	7	7	18	1	0	6	34	39.9
Outdoors, Temp 40-80	7	27	44.0	56	10	5	27	2	0	14	156	36.7
Outdoors, Temp > 80	2	6	42.5	52	1	2	6	1	0	2	5	38.3
Winning	-	35	42.7	57	10	9	35	4	0	15	188	35.1
Tied	-	14	44.6	56	7	6	14	0	0	5	20	43.1
Trailing	-	11	43.5	54	5	2	11	0	0	6	27	41.0

Game Logs

Date	Opp	Result	NPunts	Avg	In20	TPunts	TB	Blk	Ret	Yds	NetAvg
08/31	KC	W19-3	2	33.0	0	2	1	0	0	0	23.0
09/07	@Sea	W35-14	3	35.7	2	3	0	0	0	0	35.7
09/14	StL	W35-14	4	47.3	1	4	0	0	2	5	46.0
09/21	Cin	W38-20	2	37.0	1	2	0	0	0	0	37.0
09/28	@Atl	W29-21	6	46.2	2	6	0	0	4	40	39.5
10/06	NE	W34-13	3	50.3	2	3	0	0	1	20	43.7
10/19	@Oak	L 25-28	5	43.0	2	5	0	0	3	10	41.0
10/26	@Buf	W23-20	8	39.5	2	8	1	0	2	19	34.6
11/02	Sea	W30-27	4	41.0	3	4	1	0	3	5	40.5
11/09	Car	W34-0	3	36.7	2	3	0	0	1	0	36.7
11/16	@KC	L 22-24	4	42.0	1	4	0	0	2	16	38.0
11/24	Oak	W31-3	5	42.8	3	5	0	0	1	0	42.8
11/30	@SD	W38-28	1	50.0	0	1	0	0	1	83	-33.0
12/07	@Pit	L 24-35	4	43.5	0	4	1	0	1	15	34.8
12/15	@SF	L 17-34	4	48.5	3	4	0	0	4	19	43.8
12/21	SD	W38-3	2	53.0	1	2	0	0	1	3	51.5

Mark Royals — New Orleans Saints — P

1997 Punter Splits

	G	NPunts	Avg	Lg	In20	FC	TPunts	TB	Blk	Ret	Yds	NetAvg
Total	16	88	45.9	66	21	14	88	13	0	50	706	34.9
vs. Playoff	5	22	45.2	61	6	4	22	3	0	13	317	28.0
vs. Non-playoff	11	66	46.1	66	15	10	66	10	0	37	389	37.2
vs. Own Division	8	44	45.1	59	8	10	44	6	0	25	313	35.3
Home	8	44	47.4	66	8	7	44	8	0	26	309	36.7
Away	8	44	44.4	60	13	7	44	5	0	24	397	33.1
Aug/Sept	5	20	44.6	61	7	2	20	2	0	11	162	34.5
October	4	29	45.4	58	4	4	29	5	0	16	156	36.6
November	4	23	45.3	60	9	7	23	2	0	12	106	39.0
December	3	16	49.3	66	1	1	16	4	0	11	282	26.7
Grass	5	28	43.8	60	10	5	28	3	0	14	257	32.4
Turf	11	60	46.9	66	11	9	60	10	0	36	449	36.1
Indoor	10	55	47.4	66	9	8	55	10	0	33	373	37.0
Outdoor	6	33	43.3	60	12	6	33	3	0	17	333	31.4
Outdoors, Temp < 40	1	4	46.5	56	0	0	4	2	0	2	130	4.0
Outdoors, Temp 40-80	4	20	42.3	60	10	6	20	0	0	10	173	33.7
Outdoors, Temp > 80	1	9	44.2	53	2	0	9	1	0	5	30	38.7
Winning	-	11	45.4	61	2	3	11	0	0	7	83	37.8
Tied	-	22	44.4	66	9	5	22	1	0	13	164	36.0
Trailing	-	55	46.6	65	10	6	55	12	0	30	459	33.9

Game Logs

Date	Opp	Result	NPunts	Avg	In20	TPunts	TB	Blk	Ret	Yds	NetAvg
08/31	@StL	L 24-38	5	46.6	0	5	1	0	3	25	37.6
09/07	SD	L 6-20	5	45.8	2	5	1	0	2	3	41.2
09/14	@SF	L 7-33	3	38.0	2	3	0	0	1	36	26.0
09/21	Det	W35-17	2	55.0	1	2	0	0	2	22	44.0
09/28	@NYN	L 9-14	5	41.0	2	5	0	0	3	76	25.8
10/05	@Chi	W20-17	9	44.2	2	9	1	0	5	30	38.7
10/12	Atl	L 17-23	6	41.0	1	6	1	0	2	20	34.3
10/19	Car	L 0-13	6	48.8	0	6	2	0	4	53	33.3
10/26	SF	L 0-23	8	47.4	1	8	1	0	5	53	38.3
11/09	@Oak	W13-10	8	44.9	4	8	0	0	5	61	37.3
11/16	Sea	W20-17	5	45.0	2	5	1	0	2	6	39.8
11/23	@Atl	L 3-20	6	48.3	1	6	1	0	4	39	38.5
11/30	@Car	W16-13	4	42.0	2	4	0	0	1	0	42.0
12/07	StL	L 27-34	6	43.5	1	6	0	0	5	87	29.0
12/14	Ari	W27-10	6	57.0	0	6	2	0	4	65	39.5
12/21	@KC	L 13-25	4	46.5	0	4	2	0	2	130	4.0

Todd Sauerbrun — Chicago Bears — P

1997 Punter Splits

	G	NPunts	Avg	Lg	In20	FC	TPunts	TB	Blk	Ret	Yds	NetAvg
Total	16	95	42.7	67	26	16	95	11	0	52	727	32.8
vs. Playoff	10	56	43.7	67	15	8	56	6	0	34	468	33.2
vs. Non-playoff	6	39	41.4	59	11	8	39	5	0	18	259	32.2
vs. Own Division	8	41	44.6	67	13	7	41	3	0	29	438	32.5
Home	8	45	40.8	63	14	9	45	7	0	23	295	31.1
Away	8	50	44.5	67	12	7	50	4	0	29	432	34.2
Aug/Sept	5	33	43.5	66	6	2	33	3	0	21	319	32.0
October	3	20	43.4	58	4	2	20	6	0	8	100	32.4
November	5	25	43.9	67	9	6	25	2	0	14	181	35.0
December	3	17	38.8	62	7	6	17	0	0	9	127	31.4
Grass	12	73	41.6	66	19	12	73	10	0	39	548	31.3
Turf	4	22	46.6	67	7	4	22	1	0	13	179	37.5
Indoor	3	14	47.3	67	6	4	14	0	0	9	80	41.6
Outdoor	13	81	41.9	66	20	12	81	11	0	43	647	31.2
Outdoors, Temp < 40	3	15	36.8	63	6	6	15	1	0	5	66	31.1
Outdoors, Temp 40-80	8	46	42.6	66	8	5	46	6	0	28	405	31.2
Outdoors, Temp > 80	2	20	44.4	58	4	1	20	4	0	10	176	31.6
Winning	-	28	42.3	67	11	5	28	6	0	12	157	32.4
Tied	-	17	44.2	63	2	2	17	1	0	13	216	30.4
Trailing	-	50	42.5	66	13	9	50	4	0	27	354	33.8

Game Logs

Date	Opp	Result	NPunts	Avg	In20	TPunts	TB	Blk	Ret	Yds	NetAvg
09/01	@GB	L 24-38	6	48.2	2	6	0	0	5	107	30.3
09/07	Min	L 24-27	5	41.8	0	5	0	0	5	85	24.8
09/14	Det	L 7-32	4	40.3	2	4	1	0	2	-2	35.8
09/21	@NE	L 3-31	10	41.3	1	10	0	0	5	30	36.3
09/28	@Dal	L 3-27	8	45.4	1	8	1	0	4	99	30.5
10/05	NO	L 17-20	12	43.7	3	12	3	0	6	77	32.3
10/12	GB	L 23-24	3	46.7	0	3	1	0	2	23	32.3
10/27	@Mia	W36-33	5	40.6	1	5	2	0	0	0	32.6
11/02	Was	L 8-31	6	41.5	1	6	1	0	3	46	30.5
11/09	@Min	L 22-29	4	45.0	2	4	0	0	2	12	42.0
11/16	NYA	L 15-23	3	37.3	0	3	0	0	2	26	28.7
11/23	TB	W13-7	7	41.1	4	7	1	0	3	40	32.0
11/27	@Det	L 20-55	5	53.6	1	5	0	0	4	57	42.2
12/07	Buf	W20-3	5	30.4	4	5	0	0	0	0	30.4
12/14	@StL	W13-10	5	42.8	2	5	0	0	3	11	40.6
12/21	@TB	L 15-31	7	42.0	1	7	0	0	6	116	25.4

Rohn Stark — Seattle Seahawks — P

1997 Punter Splits

	G	NPunts	Avg	Lg	In20	FC	TPunts	TB	Blk	Ret	Yds	NetAvg
Total	4	20	40.7	52	7	1	20	2	0	10	236	26.9
vs. Playoff	1	3	45.0	47	1	0	3	2	0	1	-1	32.0
vs. Non-playoff	3	17	39.9	52	6	1	17	0	0	9	237	25.9
vs. Own Division	1	3	39.0	42	2	0	3	0	0	0	0	39.0
Home	2	8	41.0	52	1	0	8	2	0	5	52	29.5
Away	2	12	40.4	51	6	1	12	0	0	5	184	25.1
Aug/Sept	0	0	-	0	0	0	0	0	0	0	0	-
October	0	0	-	0	0	0	0	0	0	0	0	-
November	1	5	38.6	52	0	0	5	0	0	4	53	28.0
December	3	15	41.3	51	7	1	15	2	0	6	183	26.5
Grass	2	12	40.4	51	6	1	12	0	0	5	184	25.1
Turf	2	8	41.0	52	1	0	8	2	0	5	52	29.5
Indoor	2	8	41.0	52	1	0	8	2	0	5	52	29.5
Outdoor	2	12	40.4	51	6	1	12	0	0	5	184	25.1
Outdoors, Temp < 40	0	0	-	0	0	0	0	0	0	0	0	-
Outdoors, Temp 40-80	2	12	40.4	51	6	1	12	0	0	5	184	25.1
Outdoors, Temp > 80	0	0	-	0	0	0	0	0	0	0	0	-
Winning	-	7	44.0	51	3	0	7	1	0	4	159	18.4
Tied	-	4	36.3	42	3	1	4	0	0	1	16	32.3
Trailing	-	9	40.0	52	1	0	9	1	0	5	61	31.0

Game Logs

Date	Opp	Result	NPunts	Avg	In20	TPunts	TB	Blk	Ret	Yds	NetAvg
11/30	Atl	L 17-24	5	38.6	0	5	0	0	4	53	28.0
12/07	@Bal	L 24-31	9	40.9	4	9	0	0	5	184	20.4
12/14	@Oak	W22-21	3	39.0	2	3	0	0	0	0	39.0
12/21	SF	W38-9	3	45.0	1	3	2	0	1	-1	32.0

Matt Stover — Baltimore Ravens — K

	G	1997 Field Goal Splits							1997 Kickoff Splits					Game Logs					
		1-29 Yd	30-39 Yd	40-49 Yd	50+ Yd	Overall	Pct	Lg	Num	Avg	TB	TD	NetAvg	Date	Opp	Result	1-39 Yd	40-49 Yd	50+ Yd	Lg
Total	16	8-9	12-12	6-11	0-2	26-34	76.5	49	73	66.4	15	1	43.6	08/31	Jac	L 27-28	2-2	0-0	0-0	33
vs. Playoff	6	2-2	4-4	0-0	0-0	6-6	100.0	38	25	67.9	6	1	44.6	09/07	Cin	W 23-10	2-2	1-1	0-0	41
vs. Non-playoff	10	6-7	8-8	6-11	0-2	20-28	71.4	49	48	65.6	9	0	43.1	09/14	@NYN	W 24-23	1-1	0-0	0-0	37
vs. Own Division	8	1-2	7-7	3-5	0-1	11-15	73.3	49	36	68.3	8	1	44.0	09/21	@Ten	W 36-10	3-3	2-3	0-0	49
Home	8	4-5	6-6	2-4	0-2	12-17	70.6	46	38	67.2	9	1	45.7	09/28	@SD	L 17-21	2-2	1-1	0-0	47
Away	8	4-4	6-6	4-7	0-0	14-17	82.4	49	35	65.4	6	0	41.3	10/05	Pit	L 34-42	1-1	0-0	0-0	34
Games 1-8	8	4-4	11-11	4-6	0-0	19-21	90.5	49	44	68.7	11	1	43.8	10/19	Mia	L 13-24	2-2	0-0	0-0	38
Games 9-16	8	4-5	1-1	2-5	0-2	7-13	53.8	46	29	62.9	4	0	43.4	10/26	@Was	W 20-17	2-2	0-1	0-0	34
Aug/Sept	5	2-2	8-8	4-5	0-0	14-15	93.3	49	29	68.4	7	0	0.0	11/02	@NYA	L 16-19	2-2	1-1	0-0	41
October	3	2-2	3-3	0-1	0-0	5-6	83.3	38	15	69.1	4	1	0.0	11/09	@Pit	L 0-37	0-0	0-0	0-0	0
November	5	3-3	1-1	2-2	0-1	6-7	85.7	46	17	61.1	3	0	0.0	11/16	Phi	T 10-10	1-1	0-0	0-1	23
December	3	1-2	0-0	0-3	0-1	1-6	16.7	24	12	65.4	1	0	0.0	11/23	Ari	L 13-16	1-1	1-1	0-0	46
Grass	12	6-7	11-11	5-9	0-2	22-29	75.9	49	60	67.3	13	1	43.5	11/30	@Jac	L 27-29	0-0	0-0	0-0	0
Turf	4	2-2	1-1	1-2	0-0	4-5	80.0	41	13	62.3	2	0	44.4	12/07	Sea	W 31-24	1-1	0-2	0-0	24
Indoor	0	0-0	0-0	0-0	0-0	0-0	-	0	0	-	0	0	-	12/14	Ten	W 21-19	0-1	0-0	0-1	0
Outdoor	16	8-9	12-12	6-11	0-2	26-34	76.5	49	73	66.4	15	1	43.6	12/21	@Cin	L 14-16	0-0	0-1	0-0	0
4th qtr, +/-3 pts	-	2-2	2-2	0-2	0-0	4-6	66.7	37	5	63.2	1	0	48.8							
Winning	-	3-4	4-4	3-5	0-1	10-14	71.4	49	37	67.0	9	1	40.9							
Tied	-	0-0	2-2	0-1	0-1	2-4	50.0	38	18	66.8	5	0	48.8							
Trailing	-	5-5	6-6	3-5	0-0	14-16	87.5	47	18	64.7	1	0	43.9							

Pete Stoyanovich — Kansas City Chiefs — K

	G	1997 Field Goal Splits							1997 Kickoff Splits					Game Logs					
		1-29 Yd	30-39 Yd	40-49 Yd	50+ Yd	Overall	Pct	Lg	Num	Avg	TB	TD	NetAvg	Date	Opp	Result	1-39 Yd	40-49 Yd	50+ Yd	Lg
Total	16	9-9	3-3	12-13	2-2	26-27	96.3	54	77	61.5	3	0	40.9	08/31	@Den	L 3-19	1-1	0-0	0-0	20
vs. Playoff	6	1-1	1-1	2-2	1-1	5-5	100.0	54	23	60.7	0	0	39.3	09/08	@Oak	W 28-27	3-3	0-0	0-0	24
vs. Non-playoff	10	8-8	2-2	10-11	1-1	21-22	95.5	52	54	61.9	3	0	41.6	09/14	Buf	W 22-16	0-0	3-4	0-0	46
vs. Own Division	8	7-7	0-0	6-6	1-1	14-14	100.0	54	41	60.1	3	0	39.6	09/21	@Car	W 35-14	0-0	0-0	0-0	0
Home	8	3-3	2-2	8-9	1-1	14-15	93.3	54	39	61.1	3	0	42.5	09/28	Sea	W 20-17	1-1	1-1	0-0	41
Away	8	6-6	1-1	4-4	1-1	12-12	100.0	52	38	62.1	0	0	39.3	10/05	@Mia	L 14-17	0-0	0-0	0-0	0
Games 1-8	8	6-6	1-1	6-7	1-1	14-15	93.3	52	42	64.0	3	0	42.8	10/16	SD	W 31-3	0-0	1-1	0-0	45
Games 9-16	8	3-3	2-2	6-6	1-1	12-12	100.0	54	35	58.6	0	0	38.6	10/26	@StL	W 28-20	2-2	1-1	1-1	52
Aug/Sept	5	5-5	0-0	4-5	0-0	9-10	90.0	46	26	64.4	0	0	0.0	11/03	Pit	W 13-10	0-0	1-1	0-0	44
October	3	1-1	1-1	2-2	1-1	5-5	100.0	52	16	63.4	3	0	0.0	11/09	@Jac	L 10-24	0-0	0-0	0-0	45
November	5	1-1	1-1	2-2	1-1	5-5	100.0	54	22	59.5	0	0	0.0	11/16	Den	W 24-22	0-0	0-0	1-1	54
December	3	2-2	1-1	4-4	0-0	7-7	100.0	48	13	56.9	0	0	0.0	11/23	@Sea	W 19-14	1-1	0-0	0-0	22
Grass	14	7-7	2-2	11-12	1-1	21-22	95.5	54	66	61.2	3	0	40.7	11/30	SF	W 44-9	0-0	0-0	0-0	0
Turf	2	2-2	1-1	1-1	1-1	5-5	100.0	52	11	63.8	0	0	42.0	12/07	Oak	W 30-0	1-1	2-2	0-0	44
Indoor	2	2-2	1-1	1-1	1-1	5-5	100.0	52	11	63.8	0	0	42.0	12/14	@SD	W 29-7	0-0	0-0	0-0	48
Outdoor	14	7-7	2-2	11-12	1-1	21-22	95.5	54	66	61.2	3	0	40.7	12/21	NO	W 25-13	2-2	0-0	0-0	30
4th qtr, +/-3 pts	-	1-1	0-0	0-0	1-1	2-2	100.0	54	3	54.7	0	0	36.0							
Winning	-	2-2	1-1	7-8	0-0	10-11	90.9	48	53	61.2	3	0	40.9							
Tied	-	3-3	1-1	3-3	0-0	7-7	100.0	46	10	61.1	0	0	40.8							
Trailing	-	4-4	1-1	2-2	2-2	9-9	100.0	54	14	63.1	0	0	40.9							

Dan Stryzinski — Atlanta Falcons — P

	1997 Punter Splits											Game Logs									
	G	NPunts	Avg	Lg	In20	FC	TPunts	TB	Blk	Ret	Yds	NetAvg	Date	Opp	Result	NPunts	Avg	In20	TPunts	TB	Blk	Ret	Yds	NetAvg
Total	16	89	39.3	57	20	45	09	0	0	21	65	36.7	08/31	@Det	L 17-28	8	40.9	0	8	0	0	3	8	39.9
vs. Playoff	5	34	40.6	52	5	16	34	3	0	8	41	37.7	09/07	Car	L 6-9	8	44.3	3	8	1	0	2	5	41.1
vs. Non-playoff	11	55	38.5	57	15	29	55	6	0	13	14	36.0	09/14	Oak	L 31-36	5	30.9	1	5	0	0	2	0	36.8
vs. Own Division	8	48	40.2	57	11	25	48	5	0	12	41	37.3	09/21	@SF	L 7-34	9	40.9	1	9	1	0	4	33	35.0
Home	8	44	39.7	57	10	27	44	5	0	8	10	37.2	09/28	Den	L 21-29	7	42.4	1	7	1	0	1	0	39.6
Away	8	45	38.9	52	10	18	45	4	0	13	45	36.1	10/12	@NO	W 23-17	6	42.0	2	6	0	0	1	0	42.0
Aug/Sept	5	37	41.4	57	6	17	37	3	0	12	46	38.5	10/19	SF	L 28-35	5	45.8	1	5	1	0	0	0	41.8
October	3	18	40.2	49	5	11	18	1	0	2	0	39.1	10/26	@Car	L 12-21	7	34.6	2	7	0	0	1	0	34.6
November	5	23	36.1	49	8	12	23	2	0	5	14	33.7	11/02	StL	W 34-31	4	42.0	2	4	0	0	2	-5	43.3
December	3	11	37.7	46	1	5	11	3	0	2	-5	32.7	11/09	TB	L 10-31	5	32.2	2	5	0	0	0	0	32.2
Grass	4	23	37.8	46	4	7	23	3	0	7	28	34.0	11/16	@StL	W 27-21	3	39.7	0	3	1	0	1	-2	33.7
Turf	12	66	39.8	57	16	38	66	6	0	14	27	37.6	11/23	NO	W 20-3	6	38.5	0	6	1	0	1	10	28.2
Indoor	12	66	39.8	57	16	38	66	6	0	14	27	37.6	11/30	@Sea	W 24-17	5	36.6	4	5	0	0	1	11	34.4
Outdoor	4	23	37.8	46	4	7	23	3	0	7	28	34.0	12/07	@SD	W 14-3	5	38.2	1	5	1	0	2	-5	35.2
Outdoors, Temp < 40	0	0	0	0	0	0	0	0	0	0	0	-	12/14	Phi	W 20-17	4	38.8	0	4	1	0	0	0	33.8
Outdoors, Temp 40-80	4	23	37.8	46	4	7	23	3	0	7	28	34.0	12/21	@Ari	L 26-29	2	34.5	0	2	1	0	0	0	24.5
Outdoors, Temp > 80	0	0	0	0	0	0	0	0	0	0	0	-												
Winning	-	37	39.3	57	10	18	37	5	0	10	17	36.1												
Tied	-	13	39.8	49	1	10	13	1	0	0	0	38.2												
Trailing	-	39	39.2	52	9	17	39	3	0	11	38	36.7												

Tommy Thompson — San Francisco 49ers — P

	1997 Punter Splits											Game Logs									
	G	NPunts	Avg	Lg	In20	FC	TPunts	TB	Blk	Ret	Yds	NetAvg	Date	Opp	Result	NPunts	Avg	In20	TPunts	TB	Blk	Ret	Yds	NetAvg
Total	16	78	40.8	55	22	9	79	7	1	41	307	34.6	08/31	@TB	L 6-13	5	35.4	0	5	0	0	1	8	33.8
vs. Playoff	4	15	35.6	50	2	2	16	1	1	4	36	29.9	09/07	@StL	W15-12	7	47.0	0	7	0	0	6	56	39.0
vs. Non-playoff	12	63	42.0	55	20	7	63	6	0	37	271	35.8	09/14	NO	W33-7	3	45.3	0	3	0	0	3	25	37.0
vs. Own Division	8	37	44.2	55	11	4	37	4	0	25	210	36.4	09/21	Atl	W34-7	6	43.7	3	6	1	0	3	18	37.3
Home	8	36	41.0	55	12	3	36	4	0	18	101	36.0	09/29	@Car	W34-21	5	46.2	2	5	1	0	4	21	38.0
Away	8	42	40.6	54	10	6	43	3	1	23	206	33.5	10/12	StL	W30-10	4	45.0	2	4	0	0	2	-3	45.8
Aug/Sept	5	26	43.7	55	5	1	26	2	0	17	128	37.2	10/19	@Atl	W35-28	3	48.0	0	3	1	0	2	46	26.0
October	3	13	42.9	53	6	4	13	1	0	7	72	35.8	10/26	@NO	W23-0	6	39.0	4	6	0	0	3	29	34.2
November	5	27	39.3	52	7	3	28	3	1	13	96	32.4	11/02	Dal	W17-10	5	45.0	1	5	0	0	3	42	36.6
December	3	12	35.6	50	4	1	12	1	0	4	11	33.0	11/10	@Phi	W24-12	8	37.0	2	8	1	0	2	7	33.6
Grass	11	49	40.8	55	14	4	50	5	1	25	158	34.8	11/16	Car	W27-19	3	39.7	0	3	1	0	2	18	27.0
Turf	5	29	40.9	54	8	5	29	2	0	16	149	34.3	11/23	SD	W17-10	8	38.8	4	8	1	0	4	1	36.1
Indoor	4	21	42.3	54	6	3	21	1	0	14	142	34.6	11/30	@KC	L 9-44	3	37.3	0	4	0	1	2	28	21.0
Outdoor	12	57	40.2	55	16	6	58	6	1	27	165	34.6	12/07	Min	W28-17	2	32.0	2	2	0	0	0	0	32.0
Outdoors, Temp < 40	1	4	45.0	50	2	1	4	0	0	2	-3	45.8	12/15	Den	W34-17	5	36.2	0	5	1	0	1	30	32.2
Outdoors, Temp 40-80	10	48	40.3	55	14	4	49	6	1	24	160	33.8	12/21	@Sea	L 9-38	5	36.4	2	5	0	0	3	11	34.2
Outdoors, Temp > 80	1	5	35.4	49	0	1	5	0	0	1	8	33.8												
Winning	-	52	40.3	55	18	8	52	6	0	25	168	34.7												
Tied	-	5	40.0	50	1	0	5	1	0	3	20	32.0												
Trailing	-	21	42.3	54	3	1	22	0	1	13	119	35.0												

Tom Tupa — New England Patriots — P

	1997 Punter Splits											Game Logs									
	G	NPunts	Avg	Lg	In20	FC	TPunts	TB	Blk	Ret	Yds	NetAvg	Date	Opp	Result	NPunts	Avg	In20	TPunts	TB	Blk	Ret	Yds	NetAvg
Total	16	78	45.8	73	24	11	79	14	1	38	437	36.1	08/31	SD	W41-7	4	51.3	0	4	2	0	2	19	36.5
vs. Playoff	8	41	45.0	73	12	5	41	5	0	24	250	36.5	09/07	@Ind	W31-6	5	55.6	2	5	1	0	3	48	42.0
vs. Non-playoff	8	37	46.6	65	12	6	38	9	1	14	187	35.7	09/14	NYA	W27-24	6	41.2	1	6	0	1	3	51	25.8
vs. Own Division	8	37	45.8	65	15	6	38	5	0	18	229	35.9	09/21	Chi	W31-3	5	47.6	1	5	2	0	1	12	37.2
Home	8	33	45.9	63	8	4	34	9	1	16	165	34.4	10/06	@Den	L 13-34	7	51.9	1	7	2	0	3	20	43.3
Away	8	45	45.6	73	16	7	45	5	0	22	272	37.4	10/12	Buf	W33-6	3	48.0	1	3	1	0	2	20	34.7
Aug/Sept	4	19	48.8	65	4	4	20	5	1	9	130	34.9	10/19	@NYA	L 19-24	4	40.8	2	4	0	0	1	8	38.8
October	4	17	45.9	73	5	3	17	3	0	7	61	38.8	10/27	GB	L 10-28	3	37.0	2	3	0	0	1	13	32.7
November	5	25	44.1	56	7	2	25	5	0	11	138	34.6	11/02	@Min	L 18-23	5	46.4	1	5	0	0	4	58	34.8
December	3	17	44.6	65	8	2	17	1	0	11	108	37.1	11/09	@Buf	W31-10	6	38.8	5	6	0	0	1	20	35.5
Grass	12	58	45.9	73	14	7	59	13	1	29	303	35.6	11/16	@TB	L 7-27	7	41.9	0	7	2	0	3	37	30.9
Turf	4	20	45.3	65	10	4	20	1	0	9	134	37.6	11/23	Mia	W27-24	2	44.0	0	2	0	0	2	14	37.0
Indoor	2	10	51.0	65	3	2	10	1	0	7	106	38.4	11/30	Ind	W20-17	5	51.2	1	5	3	0	1	9	37.4
Outdoor	14	68	45.0	73	21	9	69	13	1	31	331	35.8	12/07	@Jac	W26-20	4	41.5	1	4	0	0	2	22	36.0
Outdoors, Temp < 40	1	2	44.0	45	0	0	2	0	0	2	14	37.0	12/13	Pit	L 21-24	6	44.5	3	6	1	0	4	27	36.7
Outdoors, Temp 40-80	13	66	45.0	73	21	9	67	13	1	29	317	35.7	12/22	@Mia	W14-12	7	46.6	4	7	0	0	5	59	38.1
Outdoors, Temp > 80	0	0	-	0	0	0	0	0	0	0	0	-												
Winning	-	41	45.8	65	12	7	42	9	1	17	208	35.4												
Tied	-	11	46.3	65	5	0	11	2	0	7	59	37.3												
Trailing	-	26	45.5	73	7	4	26	3	0	14	170	36.7												

Matt Turk — Washington Redskins — P

	1997 Punter Splits											Game Logs									
	G	NPunts	Avg	Lg	In20	FC	TPunts	TB	Blk	Ret	Yds	NetAvg	Date	Opp	Result	NPunts	Avg	In20	TPunts	TB	Blk	Ret	Yds	NetAvg
Total	16	84	45.1	62	32	18	85	11	1	33	237	39.2	08/31	@Car	W24-10	6	42.3	3	6	0	0	4	30	37.3
vs. Playoff	5	22	43.3	59	8	5	22	4	0	8	75	36.2	09/07	@Pit	L 13-14	1	44.0	0	1	1	0	0	0	24.0
vs. Non-playoff	11	62	45.7	62	24	13	63	7	1	25	162	40.2	09/14	Ari	W19-13	7	49.9	4	8	0	1	3	20	41.1
vs. Own Division	8	51	44.7	62	19	10	52	6	1	20	114	39.3	09/28	Jac	W24-12	2	42.5	1	2	1	0	0	0	32.5
Home	8	46	46.5	59	17	12	47	5	1	19	174	39.6	10/05	@Phi	L 10-24	7	44.7	2	7	2	0	1	-8	40.1
Away	8	38	43.4	62	15	6	38	6	0	14	63	38.6	10/13	Dal	W21-16	7	49.1	1	7	0	0	5	53	41.6
Aug/Sept	4	16	45.8	59	8	4	17	2	1	7	50	37.8	10/19	@Ten	L 14-28	3	51.3	1	3	1	0	1	10	41.3
October	4	22	47.0	62	4	2	22	5	0	7	55	40.0	10/26	StL	W44-6	5	44.6	0	5	2	0	0	0	36.6
November	5	23	43.8	59	15	7	33	3	0	13	99	39.0	11/02	@Chi	W31-8	3	39.7	3	3	0	0	1	0	39.7
December	3	13	44.4	61	5	3	13	1	0	6	33	40.3	11/09	Det	W30-7	7	47.9	2	7	0	0	4	69	38.0
Grass	12	65	45.8	61	26	15	66	7	1	27	225	39.6	11/16	@Dal	L 14-17	8	41.4	3	8	1	0	3	15	37.0
Turf	4	19	42.7	62	6	3	19	4	0	6	12	37.8	11/23	NYN	T 7-7	9	40.6	4	9	2	0	2	1	36.0
Indoor	0	0	-	0	0	0	0	0	0	0	0	-	11/30	StL	L 20-23	6	49.2	3	6	0	0	3	14	46.8
Outdoor	16	84	45.1	62	32	18	85	11	1	33	237	39.2	12/07	@Ari	W38-28	7	44.7	2	7	1	0	2	11	40.3
Outdoors, Temp < 40	1	3	41.0	48	1	0	3	0	0	2	5	39.3	12/13	@NYN	L 10-30	3	41.0	1	3	0	0	2	5	39.3
Outdoors, Temp 40-80	14	75	45.5	62	28	17	76	11	1	27	202	39.3	12/21	Phi	W35-32	3	47.0	2	3	0	0	2	17	41.3
Outdoors, Temp > 80	1	6	42.3	49	3	1	6	0	0	4	30	37.3												
Winning	-	39	47.1	61	17	11	40	2	1	19	169	40.7												
Tied	-	22	41.9	59	11	1	22	3	0	7	40	37.3												
Trailing	-	23	44.8	62	4	6	23	6	0	7	28	38.4												

Rick Tuten
Seattle Seahawks — P

1997 Punter Splits

	G	NPunts	Avg	Lg	In20	FC	TPunts	TB	Blk	Ret	Yds	NetAvg
Total	11	48	41.8	65	15	12	48	5	0	23	161	36.4
vs. Playoff	4	16	43.3	65	5	3	16	3	0	4	31	37.6
vs. Non-playoff	7	32	41.1	57	10	9	32	2	0	19	130	35.8
vs. Own Division	7	30	42.8	65	9	6	30	4	0	13	111	36.4
Home	6	24	41.1	57	6	6	24	2	0	12	94	35.5
Away	5	24	42.5	65	9	6	24	3	0	11	67	37.3
Aug/Sept	5	23	46.3	65	5	3	23	4	0	12	93	38.8
October	3	13	38.5	47	5	7	13	1	0	4	17	35.7
November	3	12	36.8	54	5	2	12	0	0	7	51	32.5
December	0	0	-	0	0	0	0	0	0	0	0	-
Grass	3	16	44.3	65	5	3	16	2	0	8	59	38.1
Turf	8	32	40.6	57	10	9	32	3	0	15	102	35.5
Indoor	8	32	40.6	57	10	9	32	3	0	15	102	35.5
Outdoor	3	16	44.3	65	5	3	16	2	0	8	59	38.1
Outdoors, Temp < 40	0	0	-	0	0	0	0	0	0	0	0	-
Outdoors, Temp 40-80	3	16	44.3	65	5	3	16	2	0	8	59	38.1
Outdoors, Temp > 80	0	0	-	0	0	0	0	0	0	0	0	-
Winning	-	16	35.6	52	7	6	16	0	0	6	35	33.4
Tied	-	10	46.6	65	1	2	10	3	0	4	35	37.1
Trailing	-	22	44.1	57	7	4	22	2	0	13	91	38.2

Game Logs

Date	Opp	Result	NPunts	Avg	In20	TPunts	TB	Blk	Ret	Yds	NetAvg
08/31	NYA	L 3-41	5	44.6	0	5	0	0	5	30	38.6
09/07	Den	L 14-35	5	46.4	2	5	1	0	1	5	41.4
09/14	@Ind	W 31-3	3	41.0	2	3	0	0	2	3	40.0
09/21	SD	W 26-22	5	45.0	1	5	1	0	3	47	31.6
09/28	@KC	L 17-20	5	52.4	0	5	2	0	1	8	42.8
10/05	Ten	W 16-13	5	37.8	2	5	0	0	2	12	35.4
10/19	@StL	W 17-9	5	37.8	2	5	1	0	1	5	32.8
10/26	Oak	W 45-34	3	41.0	1	3	0	0	1	0	41.0
11/02	@Den	L 27-30	5	40.8	3	5	0	0	2	18	37.2
11/09	@SD	W 37-31	6	40.5	2	6	0	0	5	33	35.0
11/16	@NO	L 17-20	-	-	-	-	-	-	-	-	-
11/23	KC	L 14-19	1	-6.0	0	1	0	0	0	0	-6.0
11/30	Atl	L 17-24	-	-	-	-	-	-	-	-	-
12/07	@Bal	L 24-31	-	-	-	-	-	-	-	-	-

Adam Vinatieri
New England Patriots — K

1997 Field Goal Splits

	G	1-29 Yd	30-39 Yd	40-49 Yd	50+ Yd	Overall	Pct	Lg
Total	16	11-11	7-9	6-8	1-1	25-29	86.2	52
vs. Playoff	8	4-4	4-6	3-3	0-0	11-13	84.6	49
vs. Non-playoff	8	7-7	3-3	3-5	1-1	14-16	87.5	52
vs. Own Division	8	5-5	4-5	3-5	1-1	13-16	81.3	52
Home	8	6-6	5-6	2-2	1-1	14-15	93.3	52
Away	8	5-5	2-3	4-6	0-0	11-14	78.6	49
Games 1-8	8	8-8	3-3	2-2	1-1	14-14	100.0	52
Games 9-16	8	3-3	4-6	4-6	0-0	11-15	73.3	48
Aug/Sept	4	4-4	2-2	0-0	0-0	6-6	100.0	34
October	4	4-4	1-1	2-2	1-1	8-8	100.0	52
November	5	3-3	2-3	2-4	0-0	7-10	70.0	48
December	3	0-0	2-3	2-2	0-0	4-5	80.0	44
Grass	12	7-7	7-9	5-5	1-1	20-22	90.9	52
Turf	4	4-4	0-0	1-3	0-0	5-7	71.4	42
Indoor	2	3-3	0-0	0-0	0-0	3-3	100.0	25
Outdoor	14	8-8	7-9	6-8	1-1	22-26	84.6	52
4th qtr, +/-3 pts	-	0-0	0-0	0-0	0-0	0-0	-	0
Winning		7-7	3-5	4-6	1-1	15-19	78.9	52
Tied	-	0-0	3-3	1-1	0-0	4-4	100.0	44
Trailing	-	4-4	1-1	1-1	0-0	6-6	100.0	49

1997 Kickoff Splits

	Num	Avg	TB	TD	NetAvg
Total	79	63.7	4	1	41.8
vs. Playoff	32	62.8	2	1	39.6
vs. Non-playoff	47	64.3	2	0	43.2
vs. Own Division	42	62.4	1	0	42.8
Home	45	63.1	1	0	42.7
Away	34	64.4	3	1	40.6
Games 1-8	43	66.0	3	0	43.7
Games 9-16	36	61.0	1	1	39.5
Aug/Sept	25	66.9	2	0	0.0
October	18	64.6	1	0	0.0
November	21	60.2	0	0	0.0
December	15	62.1	1	1	0.0
Grass	59	63.5	3	1	42.2
Turf	20	64.4	1	0	40.7
Indoor	10	68.6	1	0	38.3
Outdoor	69	63.0	3	1	42.3
4th qtr, +/-3 pts	0	-	0	0	-
Winning	60	62.5	3	1	41.2
Tied	12	66.8	0	0	41.9
Trailing	7	68.9	1	0	46.4

Game Logs

Date	Opp	Result	1-39 Yd	40-49 Yd	50+ Yd	Lg
08/31	SD	W 41-7	2-2	0-0	0-0	26
09/07	@Ind	W 9-6	1-1	0-0	0-0	21
09/14	NYA	W 27-24	2-2	0-0	0-0	34
09/21	Chi	W 31-3	1-1	0-0	0-0	27
10/06	@Den	L 13-34	1-1	1-1	0-0	49
10/12	Buf	W 33-6	2-2	1-1	1-1	52
10/19	@NYA	L 19-24	1-1	0-0	0-0	24
10/27	GB	L 10-28	1-1	0-0	0-0	38
11/02	@Min	L 18-23	2-2	0-0	0-0	25
11/09	@Buf	W 31-10	0-0	1-3	0-0	42
11/16	@TB	L 7-27	0-0	0-0	0-0	0
11/23	Mia	W 27-24	2-3	0-0	0-0	36
11/30	Ind	W 20-17	1-1	1-1	0-0	48
12/07	@Jac	W 26-20	2-3	2-2	0-0	44
12/13	Pit	L 21-24	0-0	0-0	0-0	0
12/22	@Mia	W 14-12	0-0	0-0	0-0	0

Ken Walter
Carolina Panthers — P

1997 Punter Splits

	G	NPunts	Avg	Lg	In20	FC	TPunts	TB	Blk	Ret	Yds	NetAvg
Total	10	85	42.4	62	29	25	85	4	0	38	428	36.4
vs. Playoff	6	36	43.0	56	12	9	36	2	0	15	241	35.2
vs. Non-playoff	10	49	41.9	62	17	16	49	2	0	23	187	37.3
vs. Own Division	8	39	42.0	56	15	13	39	2	0	17	131	37.6
Home	8	42	42.0	57	12	12	42	1	0	19	141	38.1
Away	8	43	42.8	62	17	13	43	3	0	19	287	34.8
Aug/Sept	5	24	44.4	62	8	7	24	2	0	10	68	39.9
October	3	20	41.0	56	10	5	20	1	0	9	101	35.0
November	5	24	41.4	55	7	7	24	1	0	10	236	30.7
December	3	17	42.6	54	4	6	17	0	0	9	23	41.3
Grass	11	58	43.4	62	16	16	58	3	0	26	335	36.6
Turf	5	24	40.2	56	13	9	27	1	0	12	93	36.0
Indoor	4	23	40.6	56	12	8	23	1	0	10	79	36.3
Outdoor	12	62	43.1	62	17	17	62	3	0	28	349	36.5
Outdoors, Temp < 40	1	9	47.1	55	1	2	9	1	0	5	168	26.2
Outdoors, Temp 40-80	10	48	42.4	62	15	14	48	2	0	21	181	37.8
Outdoors, Temp > 80	1	5	42.2	57	1	1	5	0	0	2	0	42.2
Winning	-	23	40.3	56	9	8	23	2	0	9	134	32.7
Tied	-	28	43.0	62	11	4	28	0	0	16	182	36.5
Trailing	-	34	43.3	56	9	13	34	2	0	13	112	38.9

Game Logs

Date	Opp	Result	NPunts	Avg	In20	TPunts	TB	Blk	Ret	Yds	NetAvg
08/31	Was	L 10-24	5	42.2	1	5	0	0	2	0	42.2
09/07	@Atl	W 9-6	6	42.0	2	6	0	0	4	11	40.2
09/14	@SD	W 26-7	4	53.3	1	4	1	0	2	26	41.8
09/21	KC	L 14-35	5	44.0	3	5	0	0	1	16	40.8
09/29	SF	L 21-34	4	42.5	1	4	1	0	1	15	33.8
10/12	@Min	L 14-21	6	39.3	3	6	0	0	3	35	33.5
10/19	@NO	W 13-0	6	39.0	5	6	1	0	1	5	34.8
10/26	Atl	W 21-12	8	43.8	2	8	0	0	5	61	36.1
11/02	Oak	W 38-14	4	32.0	2	4	0	0	1	31	24.3
11/09	@Den	L 0-34	9	47.1	1	9	1	0	5	168	26.2
11/16	@SF	L 19-27	3	39.7	2	3	0	0	0	0	39.7
11/23	@StL	W 16-10	5	42.2	2	5	0	0	2	28	36.6
11/30	NO	L 13-16	3	37.0	0	3	0	0	2	9	34.0
12/08	@Dal	W 23-13	4	38.3	1	4	0	0	2	14	34.8
12/14	GB	L 10-31	9	42.2	0	9	0	0	5	7	41.4
12/20	StL	L 18-30	4	48.0	1	4	0	0	2	2	47.5

Jeff Wilkins — St. Louis Rams — K

	G	1997 Field Goal Splits							1997 Kickoff Splits					Game Logs						
		1-29 Yd	30-39 Yd	40-49 Yd	50+ Yd	Overall	Pct	Lg	Num	Avg	TB	TD	NetAvg	Date	Opp	Result	1-39 Yd	40-49 Yd	50+ Yd	Lg
Total	16	8-9	8-12	7-14	2-2	25-37	67.6	52	72	68.8	17	1	46.3	08/31	NO	W 38-24	1-2	0-0	0-0	36
vs. Playoff	6	3-3	2-5	3-4	1-1	9-13	69.2	52	21	71.2	7	0	49.8	09/07	SF	L 12-15	1-1	2-2	1-1	52
vs. Non-playoff	10	5-6	6-7	4-10	1-1	16-24	66.7	51	51	67.8	10	1	44.8	09/14	@Den	L 14-35	0-1	0-0	0-0	0
vs. Own Division	8	1-2	6-7	5-9	1-1	13-19	68.4	52	42	68.9	11	1	44.9	09/21	NYN	W 13-3	2-2	0-0	0-0	23
Home	8	6-7	2-3	4-8	2-2	14-20	70.0	52	35	69.1	6	1	45.1	09/28	@Oak	L 17-35	1-1	0-0	0-0	38
Away	8	2-2	6-9	3-6	0-0	11-17	64.7	49	37	68.5	11	0	47.3	10/12	@SF	L 10-30	1-1	0-0	0-0	34
Games 1-8	8	4-4	4-6	4-5	2-2	14-17	82.4	52	34	71.4	11	1	47.4	10/19	Sea	L 9-17	1-1	1-1	1-1	51
Games 9-16	8	4-5	4-6	3-9	0-0	11-20	55.0	49	38	66.4	6	0	45.2	10/26	KC	L 20-28	1-1	1-2	0-0	49
Aug/Sept	5	2-2	3-5	2-2	1-1	8-10	80.0	52	22	71.1	7	1	0.0	11/02	@Atl	L 31-34	1-1	0-0	0-0	38
October	3	2-2	1-1	2-3	1-1	6-7	85.7	51	12	72.1	4	0	0.0	11/09	@GB	L 7-17	0-2	0-0	0-0	0
November	5	3-4	2-4	0-3	0-0	5-11	45.5	38	21	66.7	5	0	0.0	11/16	Atl	L 21-27	0-1	0-1	0-0	0
December	3	1-1	2-2	3-6	0-0	6-9	66.7	49	17	66.0	1	0	0.0	11/23	Car	L 10-16	1-1	0-1	0-0	26
Grass	6	2-2	3-6	3-4	0-0	8-12	66.7	49	24	69.4	8	0	49.8	11/30	@Was	W 23-20	3-3	0-1	0-0	30
Turf	10	6-7	5-6	4-10	2-2	17-25	68.0	52	48	68.5	9	1	44.5	12/07	@NO	W 34-27	2-2	0-2	0-0	37
Indoor	10	6-7	5-6	4-10	2-2	17-25	68.0	52	48	68.5	9	1	44.5	12/14	Chi	L 10-13	1-1	0-1	0-0	28
Outdoor	6	2-2	3-6	3-4	0-0	8-12	66.7	49	24	69.4	8	0	49.8	12/20	@Car	W 30-18	0-0	3-3	0-0	49
4th qtr, +/-3 pts	-	2-2	0-0	0-0	0-0	2-2	100.0	28	4	68.3	1	0	51.8							
Winning	-	2-2	2-3	4-7	0-0	8-12	66.7	49	38	67.8	8	1	44.2							
Tied	-	3-3	1-1	1-3	0-0	5-7	71.4	40	17	69.8	4	0	46.6							
Trailing	-	3-4	5-8	2-4	2-2	12-18	66.7	52	17	69.9	5	0	50.5							

League Profiles

1997 NFL Passing Splits

	Att	Cm	Pct	Yds	Yd/Att	TD	Int	Int%	Rtg		Att	Cm	Pct	Yds	Yd/Att	TD	Int	Int%	Rtg
Total	15729	8844	56.2	105288	6.69	617	479	3.0	77.2	Inside 20	1727	856	49.6	6326	3.66	378	42	2.4	88.1
vs. Playoff	6503	3686	56.7	42747	6.57	219	217	3.3	74.0	Inside 10	665	291	43.8	1239	1.86	223	15	2.3	81.2
vs. Non-playoff	9226	5158	55.9	62541	6.78	398	262	2.8	79.5	1st Down	5917	3389	57.3	40652	6.87	203	156	2.6	78.9
vs. Own Division	7849	4426	56.4	52691	6.71	300	227	2.9	77.7	2nd Down	5019	2890	57.6	32769	6.53	204	149	3.0	78.5
Home	7702	4383	56.9	52840	6.86	329	213	2.8	80.8	3rd Down Overall	4550	2434	53.5	30044	6.60	189	166	3.6	72.8
Away	8027	4461	55.6	52448	6.53	288	266	3.3	73.8	3rd D 0-5 to Go	1505	849	56.4	8580	5.70	92	46	3.1	80.5
Games 1-8	7935	4478	56.4	53580	6.75	328	234	2.9	78.7	3rd D 6+ to Go	3045	1585	52.1	21464	7.05	97	120	3.9	69.0
Games 9-16	7794	4366	56.0	51708	6.63	289	245	3.1	75.7	4th Down	243	131	53.9	1823	7.50	21	8	3.3	93.4
Aug/Sept	4610	2600	56.4	31294	6.79	202	142	3.1	79.1	Rec Behind Line	2379	1522	64.0	9883	4.15	31	34	1.4	71.1
October	3381	1908	56.4	22609	6.69	126	93	2.8	77.9	1-10 yds	7783	5018	64.5	45661	5.87	285	186	2.4	82.5
November	4823	2725	56.5	32274	6.69	165	145	3.0	75.9	11-20 yds	3345	1671	50.0	29971	8.96	132	104	3.1	81.2
December	2915	1611	55.3	19111	6.56	124	99	3.4	76.5	21-30 yds	1101	351	31.9	10944	9.94	100	78	7.1	70.8
Grass	8514	4773	56.1	56313	6.61	333	266	3.1	76.4	31+	862	177	20.5	7703	8.94	60	66	7.7	55.6
Turf	7215	4071	56.4	48975	6.79	284	213	3.0	78.2	Left Sideline	3782	2050	54.2	25214	6.67	147	103	2.7	76.6
Indoor	3542	2037	57.5	24620	6.95	146	108	3.0	80.0	Left Side	2539	1531	60.3	18131	7.14	84	87	3.4	78.8
Outdoor	12187	6807	55.9	80668	6.62	471	371	3.0	76.4	Middle	2520	1392	55.2	18945	7.52	111	92	3.7	78.9
1st Half	7818	4393	56.2	52276	6.69	311	233	3.0	77.6	Right Side	3485	2150	61.7	22608	6.49	130	107	3.1	80.2
2nd Half/OT	7911	4451	56.3	53012	6.70	306	246	3.1	76.8	Right Sideline	3251	1634	50.3	19487	5.99	139	81	2.5	72.8
Last 2 Min. Half	2237	1216	54.4	14283	6.38	98	94	4.2	71.1	2 Wide Receivers	6186	3508	56.7	42992	6.95	244	143	2.3	81.8
4th qtr, +/-7 pts	1887	1036	54.9	12478	6.61	72	61	3.2	74.6	3+ WR	9003	5028	55.8	59346	6.59	299	320	3.6	72.3
Winning	4672	2667	57.1	31279	6.69	204	122	2.6	81.2	Attempts 1-10	5623	3195	56.8	37962	6.75	195	171	3.0	76.5
Tied	2962	1647	55.6	20076	6.78	113	75	2.5	78.8	Attempts 11-20	4819	2685	55.7	32392	6.72	186	148	3.1	76.6
Trailing	8095	4530	56.0	53933	6.66	300	282	3.5	74.3	Attempts 21+	5287	2964	56.1	34934	6.61	236	160	3.0	78.6

1997 NFL Receiving Splits

	Rec	Yds	Avg	TD	Trgt	Y@C	1st	1st%		Rec	Yds	Avg	TD	Trgt	Y@C	1st	1st%
Total	8844	105288	11.9	617	15212	7.0	5084	57.5	Inside 20	856	6326	7.4	378	1647	4.8	533	62.3
vs. Playoff	3686	42747	11.6	219	6289	7.0	2027	55.0	Inside 10	291	1239	4.3	223	628	3.3	231	79.4
vs. Non-playoff	5158	62541	12.1	398	8923	7.0	3057	59.3	1st Down	3389	40652	12.0	203	5707	7.2	1680	49.6
vs. Own Division	4426	52691	11.9	300	7591	7.0	2557	57.8	2nd Down	2890	32769	11.3	204	4860	6.4	1593	55.1
Home	4383	52840	12.1	329	7475	7.0	2528	57.7	3rd Down Overall	2434	30044	12.3	189	4409	7.3	1698	69.8
Away	4461	52448	11.8	288	7737	6.9	2556	57.3	3rd D 0-2 to Go	238	2297	9.7	34	392	5.3	221	92.9
Games 1-8	4478	53580	12.0	328	7678	6.9	2600	58.1	3rd D 3-7 to Go	1039	11656	11.2	88	1854	6.5	848	81.6
Games 9-16	4366	51708	11.8	289	7534	7.0	2484	56.9	3rd D 8+ to Go	1157	16091	13.9	67	2163	8.5	629	54.4
Aug/Sept	2600	31294	12.0	202	4466	7.0	1499	57.7	4th Down	131	1823	13.9	21	236	7.5	113	86.3
October	1908	22609	11.8	126	3268	6.8	1114	58.4	Rec Behind Line	1522	9883	6.5	31	2098	-2.8	421	27.7
November	2725	32274	11.8	165	4659	6.9	1542	56.6	1-10 yds	5018	45661	9.1	285	7661	5.1	2527	50.4
December	1611	19111	11.9	124	2819	7.3	929	57.7	11-20 yds	1671	29971	17.9	132	3296	14.5	1557	93.2
Grass	4773	56313	11.8	333	8232	6.9	2746	57.5	21-30 yds	351	10944	31.2	100	1077	24.4	347	98.9
Turf	4071	48975	12.0	284	6980	7.2	2338	57.4	31+	177	7703	43.5	60	832	37.6	174	98.3
Indoor	2037	24620	12.1	146	3449	7.3	1176	57.7	Left Sideline	2050	25214	12.3	147	3705	7.2	1219	59.5
Outdoor	6807	80668	11.9	471	11763	6.9	3908	57.4	Left Side	1531	18131	11.8	84	2472	6.5	886	57.9
1st Half	4393	52276	11.9	311	7561	6.9	2537	57.8	Middle	1392	18945	13.6	111	2311	8.4	868	62.4
2nd Half/OT	4451	53012	11.9	306	7651	7.0	2547	57.2	Right Side	2150	22608	10.5	130	3392	5.5	1152	53.6
Last 2 Min. Half	1216	14283	11.7	98	2087	7.3	713	58.6	Right Sideline	1634	19487	11.9	139	3181	7.8	914	55.9
4th qtr, +/-7 pts	1036	12478	12.0	72	1803	7.3	585	56.5	Shotgun	1125	13860	12.3	54	1955	7.5	674	59.9
Winning	2667	31279	11.7	204	4516	6.7	1550	58.1	2 Wide Receivers	3508	42992	12.3	244	6013	7.1	1981	56.5
Tied	1647	20076	12.2	113	2870	7.0	949	57.6	3 Wide Rec	3793	44812	11.8	228	6492	6.8	2152	56.7
Trailing	4530	53933	11.9	300	7826	7.2	2585	57.1	4+ WR	1235	14534	11.8	71	2182	7.3	747	60.5

1997 NFL Rushing Splits

	Rush	Yds	Avg	Lg	TD	1st	Stf	YdL		Rush	Yds	Avg	Lg	TD	1st	Stf	YdL
Total	13639	54249	4.0	83	384	2975	1661	3460	Inside 20	2010	4866	2.4	19	332	554	258	557
vs. Playoff	5124	20031	3.9	83	136	1138	622	1381	Inside 10	1012	1610	1.6	9	298	353	126	277
vs. Non-playoff	8515	34218	4.0	80	248	1837	1039	2079	1st Down	7036	28059	4.0	82	162	795	867	1735
vs. Own Division	6800	26837	3.9	83	195	1462	824	1734	2nd Down	4750	18690	3.9	80	130	1275	574	1202
Home	6897	27491	4.0	83	214	1537	838	1694	3rd Down Overall	1629	7049	4.3	83	79	778	197	429
Away	6742	26758	4.0	82	170	1438	823	1766	3rd D 0-2 to Go	795	2632	3.3	83	48	516	83	165
Games 1-8	6721	27232	4.1	83	181	1467	806	1680	3rd D 3-7 to Go	449	2303	5.1	74	27	199	53	148
Games 9-16	6918	27017	3.9	80	203	1508	855	1780	3rd D 8+ to Go	385	2114	5.5	38	4	63	61	116
Aug/Sept	3823	15428	4.0	79	91	817	462	940	4th Down	224	451	2.0	21	13	127	23	94
October	2959	11968	4.0	83	94	665	355	765	Left Sideline	1280	8204	6.4	79	40	392	137	335
November	4206	16464	3.9	80	127	944	512	1083	Left Side	2702	9872	3.7	74	64	547	334	779
December	2651	10389	3.9	76	72	549	332	672	Middle	6586	21748	3.3	80	179	1326	850	1570
Grass	7255	28829	4.0	83	202	1600	877	1885	Right Side	2292	9664	4.2	83	62	481	268	643
Turf	6384	25420	4.0	80	182	1375	784	1575	Right Sideline	633	4047	6.4	82	33	194	49	95
Indoor	3075	12594	4.1	80	94	656	387	803	0 Tight Ends	912	4667	5.1	71	22	241	79	204
Outdoor	10564	41655	3.9	83	290	2319	1274	2657	1 Tight End	7956	33631	4.2	82	138	1625	837	1863
1st Half	6758	27060	4.0	80	176	1467	728	1535	2 Tight Ends	3980	13785	3.5	83	55	801	674	1243
2nd Half/OT	6881	27189	4.0	83	208	1508	933	1925	3+ Tight Ends	551	1060	1.9	79	161	255	46	96
Last 2 Min. Half	1233	3522	2.9	74	37	240	399	608	Carries 1-5	6473	25076	3.9	80	153	1452	860	1752
4th qtr, +/-7 pts	1530	5447	3.6	83	54	304	264	523	Carries 6-10	3145	12632	4.0	79	96	647	370	753
Winning	5903	23045	3.9	83	165	1219	610	1585	Carries 11-15	2000	8543	4.3	82	80	451	196	432
Tied	2825	11106	3.9	76	74	617	280	620	Carries 16-20	1150	4612	4.0	65	30	233	147	323
Trailing	4911	20098	4.1	80	145	1139	561	1255	Carries 21+	871	3386	3.9	83	25	188	88	200

1997 NFL Field Goal Splits / 1997 NFL Kickoff Splits

	1-29 Yd	Pct	30-39 Yd	Pct	40-49 Yd	Pct	50+ Yd	Pct	Overall	Pct	Lg	Num	Avg	TB	Pct	TD	Pct	NetAvg
Total	263-277	94.9	235-280	83.9	169-271	62.4	41-78	52.6	708-906	78.1	55	2230	64.8	316	14.2	13	0.6	43.1
vs. Playoff	91-95	95.8	94-120	78.3	53-93	57.0	16-34	47.1	254-342	74.3	55	799	65.2	120	15.0	5	0.6	43.3
vs. Non-playoff	172-182	94.5	141-160	88.1	116-178	65.2	25-44	56.8	454-564	80.5	55	1431	64.7	196	13.7	8	0.6	43.1
vs. Own Division	144-153	94.1	115-140	82.1	90-137	65.7	22-47	46.8	371-477	77.8	55	1125	64.8	163	14.5	6	0.5	43.1
Home	133-141	94.3	110-129	85.3	86-136	63.2	23-43	53.5	352-449	78.4	55	1163	65.0	187	16.1	8	0.7	43.8
Away	130-136	95.6	125-151	82.8	83-135	61.5	18-35	51.4	356-457	77.9	55	1067	64.6	129	12.1	5	0.5	42.4
Games 1-8	137-144	95.1	129-149	86.6	84-132	63.6	22-40	55.0	372-465	80.0	55	1128	66.1	202	17.9	5	0.4	44.5
Games 9-16	126-133	94.7	106-131	80.9	85-139	61.2	19-38	50.0	336-441	76.2	55	1102	63.5	114	10.3	8	0.7	42.3
Aug/Sept	79-85	92.9	79-90	87.8	55-87	63.2	12-26	46.2	225-288	78.1	55	662	66.3	123	18.6	4	0.6	43.1
October	58-59	98.3	51-60	85.0	29-45	64.4	10-14	71.4	148-178	83.1	55	473	65.8	80	16.9	2	0.4	0.0
November	79-82	96.3	70-85	82.4	52-89	58.4	16-26	61.5	217-282	77.0	55	678	63.4	75	11.1	4	0.6	0.0
December	47-51	92.2	35-45	77.8	33-50	66.0	3-12	25.0	118-158	74.7	53	417	63.7	38	9.1	3	0.7	0.0
Grass	126-136	92.6	124-151	82.1	95-152	62.5	15-32	46.9	360-471	76.4	54	1181	64.5	159	13.5	6	0.5	43.0
Turf	137-141	97.1	111-129	86.0	74-119	62.2	26-46	56.5	348-435	80.0	55	1049	65.3	157	15.0	7	0.7	43.3
Indoor	65-67	97.0	52-60	86.7	36-53	67.9	21-31	67.7	174-211	82.5	55	531	66.9	96	18.1	2	0.4	44.5
Outdoor	198-210	94.3	183-220	83.2	133-218	61.0	20-47	42.6	534-695	76.8	55	1699	64.2	220	12.9	11	0.6	42.7

1997 NFL Punting Splits

	NPunts	Avg	Lg	In20	In20%	FC	FC%	TPunts	TB	Blk	Ret	Yds	NetAvg
Total	2458	43.0	74	722	29.4	492	20.0	2473	238	15	1222	12105	35.9
vs. Playoff	964	42.9	73	274	28.4	195	20.2	971	78	7	498	5348	35.4
vs. Non-playoff	1494	43.0	74	448	30.0	297	19.9	1502	160	8	724	6757	36.2
vs. Own Division	1226	43.1	72	375	30.6	252	20.6	1231	115	5	612	5624	36.5
Home	1201	43.2	72	357	29.7	238	19.8	1207	119	6	586	5624	36.4
Away	1257	42.8	74	365	29.0	254	20.2	1266	119	9	636	6481	35.5
Aug/Sept	698	44.1	72	187	26.8	146	20.9	703	74	5	356	3529	36.6
October	536	43.4	73	155	28.9	108	20.1	540	66	4	252	2335	36.3
November	762	42.2	67	236	31.0	151	19.8	765	61	3	385	4008	35.2
December	462	42.0	74	144	31.2	87	18.8	465	37	3	229	2233	35.4
Grass	1309	43.2	73	406	31.0	246	18.8	1318	134	9	651	6572	35.9
Turf	1149	42.7	74	316	27.5	246	21.4	1155	104	6	571	5533	35.9
Indoor	567	43.4	67	152	26.8	140	24.7	570	52	3	302	2766	36.5
Outdoor	1891	42.9	74	570	30.1	352	18.6	1903	186	12	920	9339	35.7
Outdoors, Temp < 40	241	41.5	63	80	33.2	56	23.2	243	20	2	112	1088	35.1
Outdoors, Temp 40-80	1379	42.7	74	415	30.1	252	18.3	1388	137	9	670	6780	35.6
Outdoors, Temp > 80	271	44.7	72	75	27.7	44	16.2	272	29	1	138	1471	37.0
Winning	908	42.4	67	291	32.0	198	21.8	913	97	5	430	3987	35.7
Tied	539	42.8	72	157	29.1	96	17.8	541	46	2	278	2708	35.9
Trailing	1011	43.6	74	274	27.1	198	19.6	1019	95	8	514	5410	36.1

Offensive Lines

The question burns in the minds of coaches, sportswriters, statisticians and agents alike: How do you adequately quantify the value of a relief pitcher in baseball, a defenseman in hockey or a defensive specialist in the NBA? Want an even tougher numerical challenge? Try coming up with credible statistical evaluations for an offensive lineman in the NFL. We know that players like Dermontti Dawson, Willie Roaf, Tony Boselli, Randall McDaniel, Dave Szott are the cream of the crop, but why? Because we were taught that "because" isn't a good answer, we developed what we feel are some very valid criteria for judging the guys in the trenches. Taking a page from the groundbreaking material in *The Hidden Game of Football* (Warner Books, 1988), we compared linemen in the context of their *teams* and we continue to be pleased with the results.

STATS reporters track the *direction* of each running play (actually, we're missing direction for a tiny number of rushes). So we not only can compare teams in terms of average yards per rushing attempt, but average yards per rushing attempt to the left side, the middle, and the right. Obviously, it makes little sense to consider the results of left sweeps when you're evaluating a right tackle.

Also, this is the third year we have attributed responsibility for sacks to offensive linemen when appropriate. Subjective? Sure, but our reporters are given quite specific instructions, and we're confident in their judgment. They don't "assign" a sack to an offensive lineman unless he was obviously beaten by a defender. We also break down sacks allowed into quarter and half sacks where appropriate.

We've done a couple of things to help you compare the various lines to each other. First, before the teams themselves, you'll find a chart showing the NFL averages when running left, up the middle, and right, along with the NFL sack percentage. Also, with each of those categories for the individual teams, we list (in parentheses) where that team ranked in the NFL, 1 through 30.

We should explain how individual linemen are listed. A lineman is listed at each position at which he started, and the "sacks allowed" include only those in games the lineman started at that position. Confused? Wait, there's more. If a lineman allowed a sack in a game he did not start, he and the number of sacks allowed are listed as "Non-start sacks allowed." It's not perfect, but one of the few things STATS *doesn't* record is the position of every lineman on every play.

We would like to see more work done on the subject of offensive lines. Until then, we hope this holds you (no pun intended, of course!).

National Football League

Rushing
54249 Yards/13639 Attempts
4.0 Average

Sacks Allowed
1253 Sacks/16982 Pass Plays
13.6 Pass Plays/Sack

Running Left
18076 Yards/3982 Carries
4.5 Average

Running Middle
21748 Yards/6586 Carries
3.3 Average

Running Right
13711 Yards/2925 Carries
4.7 Average

Left Tackle	GS	Sacks Allowed	Left Guard	GS	Sacks Allowed	Center	GS	Sacks Allowed	Right Guard	GS	Sacks Allowed	Right Tackle	GS	Sacks Allowed
NFL Total	16	177.25	NFL Total	16	143.25	NFL Total	16	100.75	NFL Total	16	134.25	NFL Total	16	190.50

Arizona Cardinals

Rushing
1255 Yards/395 Attempts
3.2 Average (29)

Sacks Allowed
78 Sacks/680 Pass Plays
8.7 Pass Plays/Sack (30)

Running Left
310 Yards/95 Carries
3.3 Average (30)

Running Middle
605 Yards/205 Carries
3.0 Average (24)

Running Right
332 Yards/94 Carries
3.5 Average (28)

Left Tackle	GS	Sacks Allowed	Left Guard	GS	Sacks Allowed	Center	GS	Sacks Allowed	Right Guard	GS	Sacks Allowed	Right Tackle	GS	Sacks Allowed
Lomas Brown	14	4.50	Rob Selby	9	7.75	Mike Devlin	13	3.00	An. Redmon	16	11.75	James Dexter	9	8.00
Joe Wolf	2	0.50	Matt Joyce	6	2.50	Aaron Graham	3	1.00				Joe Wolf	7	3.75
			Aaron Graham	1	1.00									

Non-Start Sacks Allowed: James Dexter 0.50, Chris Dishman 0.50, Joe Wolf 3.50

Atlanta Falcons

Rushing
1643 Yards/442 Attempts
3.7 Average (21)

Sacks Allowed
54 Sacks/538 Pass Plays
10.0 Pass Plays/Sack (28)

Running Left
582 Yards/107 Carries
5.4 Average (3)

Running Middle
703 Yards/252 Carries
2.8 Average (25)

Running Right
335 Yards/81 Carries
4.1 Average (21)

Left Tackle	GS	Sacks Allowed	Left Guard	GS	Sacks Allowed	Center	GS	Sacks Allowed	Right Guard	GS	Sacks Allowed	Right Tackle	GS	Sacks Allowed
Bob Whitfield	16	5.50	Robbie Tobeck	15	7.25	Calvin Collins	13	1.75	Gene Williams	15	5.75	Matt Willig	13	10.25
			Scott Davis	1	1.25	Roman Fortin	3	2.00	Scott Davis	1	0.00	Antone Davis	3	2.50

Non-Start Sacks Allowed: Scott Adams 1.00, Nate Miller 2.25, Robbie Tobeck 1.00

Baltimore Ravens

Rushing
1589 Yards/420 Attempts
3.8 Average (19)

Sacks Allowed
37 Sacks/623 Pass Plays
16.8 Pass Plays/Sack (8)

Running Left
532 Yards/124 Carries
4.3 Average (18)

Running Middle
618 Yards/196 Carries
3.2 Average (17)

Running Right
439 Yards/100 Carries
4.4 Average (18)

Left Tackle	GS	Sacks Allowed	Left Guard	GS	Sacks Allowed	Center	GS	Sacks Allowed	Right Guard	GS	Sacks Allowed	Right Tackle	GS	Sacks Allowed
Jonathan Ogden	16	6.25	Ben Cavil	8	1.50	Wally Williams	8	1.50	Jeff Blackshear	16	7.50	Orlando Brown	16	1.50
			Leo Goeas	5	1.00	Quentin Neujahr	7	1.00						
			Wally Williams	2	0.00	Leo Goeas	1	0.50						

Non-Start Sacks Allowed: Ben Cavil 0.50, Leo Goeas 0.50

Buffalo Bills

Rushing
1782 Yards/422 Attempts
4.2 Average (9)

Sacks Allowed
46 Sacks/592 Pass Plays
12.9 Pass Plays/Sack (20)

Running Left
904 Yards/154 Carries
5.9 Average (1)

Running Middle
560 Yards/183 Carries
3.1 Average (19)

Running Right
315 Yards/83 Carries
3.8 Average (26)

Left Tackle	GS	Sacks Allowed	Left Guard	GS	Sacks Allowed	Center	GS	Sacks Allowed	Right Guard	GS	Sacks Allowed	Right Tackle	GS	Sacks Allowed
John Fina	16	7.50	Ruben Brown	16	3.50	Dusty Zeigler	13	2.50	Corbin Lacina	13	5.00	Jerry Ostroski	10	3.50
						Jerry Ostroski	3	0.50	Jerry Ostroski	3	1.50	Corey Louchiey	6	2.50

Non-Start Sacks Allowed: Corbin Lacina 0.50

Carolina Panthers

Rushing
1759 Yards/441 Attempts
4.0 Average (14)

Sacks Allowed
44 Sacks/578 Pass Plays
13.1 Pass Plays/Sack (18)

Running Left
442 Yards/107 Carries
4.1 Average (21)

Running Middle
904 Yards/247 Carries
3.7 Average (7)

Running Right
394 Yards/83 Carries
4.7 Average (12)

Left Tackle	GS	Sacks Allowed	Left Guard	GS	Sacks Allowed	Center	GS	Sacks Allowed	Right Guard	GS	Sacks Allowed	Right Tackle	GS	Sacks Allowed
B. Brockermeyer	13	7.50	Ma. Campbell	11	1.75	Frank Garcia	16	3.25	Greg Skrepenak	16	4.00	Davidds-Garrido	15	4.75
Ma. Campbell	3	0.50	Matt Elliott	5	4.00							Matt Elliott	1	1.50

Chicago Bears

Rushing
1746 Yards/490 Attempts
3.6 Average (23)

Sacks Allowed
43 Sacks/638 Pass Plays
14.8 Pass Plays/Sack (13)

Running Left
570 Yards/145 Carries
3.9 Average (24)

Running Middle
932 Yards/277 Carries
3.4 Average (12)

Running Right
221 Yards/61 Carries
3.6 Average (27)

Left Tackle	GS	Sacks Allowed	Left Guard	GS	Sacks Allowed	Center	GS	Sacks Allowed	Right Guard	GS	Sacks Allowed	Right Tackle	GS	Sacks Allowed
Andy Heck	16	6.75	Todd Perry	11	2.50	Chris Villarrial	10	4.50	Todd Burger	15	6.50	James Williams	16	3.25
			William Schultz	3	0.50	Evan Pilgrim	6	0.00	Chris Gray	1	0.00			
			Chris Gray	1	1.50									
			Chris Villarrial	1	0.00									

Non-Start Sacks Allowed: William Schultz 1.00

Cincinnati Bengals

Rushing
1966 Yards/452 Attempts
4.3 Average (7)

Sacks Allowed
46 Sacks/550 Pass Plays
12.0 Pass Plays/Sack (23)

Running Left
758 Yards/134 Carries
5.7 Average (2)

Running Middle
528 Yards/166 Carries
3.2 Average (16)

Running Right
681 Yards/151 Carries
4.5 Average (16)

Left Tackle	GS	Sacks Allowed	Left Guard	GS	Sacks Allowed	Center	GS	Sacks Allowed	Right Guard	GS	Sacks Allowed	Right Tackle	GS	Sacks Allowed
Kevin Sargent	8	2.50	Rich Braham	16	4.50	Darrick Brilz	16	4.00	Ken Blackman	13	4.50	Willie Anderson	16	4.50
Rod Jones	8	4.00							Scott Brumfield	3	2.50			

Non-Start Sacks Allowed: Scott Brumfield 0.50, Joe Walter 0.50

Dallas Cowboys

Rushing
1637 Yards/423 Attempts
3.9 Average (15)

Sacks Allowed
39 Sacks/592 Pass Plays
15.2 Pass Plays/Sack (12)

Running Left
473 Yards/130 Carries
3.6 Average (27)

Running Middle
814 Yards/203 Carries
4.0 Average (3)

Running Right
348 Yards/88 Carries
4.0 Average (24)

Left Tackle	GS	Sacks Allowed	Left Guard	GS	Sacks Allowed	Center	GS	Sacks Allowed	Right Guard	GS	Sacks Allowed	Right Tackle	GS	Sacks Allowed
Ge. Hegamin	7	1.50	Nate Newton	13	3.50	Clay Shiver	16	3.00	Larry Allen	13	2.25	Erik Williams	15	3.25
Mark Tuinei	6	1.50	Ge. Hegamin	2	0.50				John Flannery	3	0.00	Tony Hutson	1	0.00
Larry Allen	3	0.50	John Flannery	1	0.00									

Non-Start Sacks Allowed: John Flannery 1.00, George Hegamin 1.00, Tony Hutson 1.00, Steve Scifres 1.00

Denver Broncos

Rushing
2378 Yards/520 Attempts
4.6 Average (2)

Sacks Allowed
35 Sacks/548 Pass Plays
15.7 Pass Plays/Sack (11)

Running Left
1119 Yards/210 Carries
5.3 Average (4)

Running Middle
795 Yards/205 Carries
3.9 Average (4)

Running Right
464 Yards/105 Carries
4.4 Average (17)

Left Tackle	GS	Sacks Allowed	Left Guard	GS	Sacks Allowed	Center	GS	Sacks Allowed	Right Guard	GS	Sacks Allowed	Right Tackle	GS	Sacks Allowed
Ga. Zimmerman	8	4.50	Mark Schlereth	11	2.75	Tom Nalen	16	3.50	Brian Habib	14	4.50	Tony Jones	8	3.50
Tony Jones	8	0.00	Da. Diaz-Infante	5	0.50				Da. Diaz-Infante	2	0.50	Ga. Zimmerman	6	1.50
												Jamie Brown	2	2.50

Non-Start Sacks Allowed: David Diaz-Infante 1.00, Harry Swayne 1.00

Detroit Lions

Rushing
2464 Yards/447 Attempts
5.5 Average (1)

Sacks Allowed
41 Sacks/581 Pass Plays
14.2 Pass Plays/Sack (14)

Running Left
719 Yards/148 Carries
4.9 Average (10)

Running Middle
725 Yards/173 Carries
4.2 Average (2)

Running Right
806 Yards/93 Carries
8.7 Average (1)

Left Tackle	GS	Sacks Allowed	Left Guard	GS	Sacks Allowed	Center	GS	Sacks Allowed	Right Guard	GS	Sacks Allowed	Right Tackle	GS	Sacks Allowed
Ray Roberts	14	5.50	Mike Compton	14	3.50	Kevin Glover	16	4.50	Jeff Hartings	15	5.25	Larry Tharpe	14	7.50
Mike Compton	2	0.50	Tony Semple	1	0.00				Larry Tharpe	1	0.00	Jeff Hartings	1	0.50
			He. Hempstead	1	0.50							Juan Roque	1	0.00

Green Bay Packers

Rushing
1909 Yards/459 Attempts
4.2 Average (11)

Sacks Allowed
26 Sacks/549 Pass Plays
21.1 Pass Plays/Sack (3)

Running Left
492 Yards/115 Carries
4.3 Average (20)

Running Middle
730 Yards/207 Carries
3.5 Average (10)

Running Right
687 Yards/137 Carries
5.0 Average (9)

Left Tackle	GS	Sacks Allowed	Left Guard	GS	Sacks Allowed	Center	GS	Sacks Allowed	Right Guard	GS	Sacks Allowed	Right Tackle	GS	Sacks Allowed
Ross Verba	11	2.00	Aaron Taylor	14	1.50	Frank Winters	13	3.00	Ad. Timmerman	16	2.00	Earl Dotson	13	4.50
John Michels	5	0.00	Jeff Dellenbach	2	0.50	Jeff Dellenbach	3	0.00				Bruce Wilkerson	3	0.00

Indianapolis Colts

Rushing
1727 Yards/450 Attempts
3.8 Average (16)

Sacks Allowed
62 Sacks/585 Pass Plays
9.4 Pass Plays/Sack (29)

Running Left
315 Yards/91 Carries
3.5 Average (29)

Running Middle
607 Yards/188 Carries
3.2 Average (14)

Running Right
673 Yards/137 Carries
4.9 Average (11)

Left Tackle	GS	Sacks Allowed	Left Guard	GS	Sacks Allowed	Center	GS	Sacks Allowed	Right Guard	GS	Sacks Allowed	Right Tackle	GS	Sacks Allowed
Adam Meadows	16	12.25	Doug Widell	16	8.00	J. Leeuwenburg	16	5.50	Tarik Glenn	16	5.50	Tony Mandarich	16	7.50

Non-Start Sacks Allowed: Eugene Chung 1.00, Jason Mathews 5.00, Kipp Vickers 5.00

Jacksonville Jaguars

Rushing
1720 Yards/454 Attempts
3.8 Average (18)

Sacks Allowed
40 Sacks/544 Pass Plays
13.6 Pass Plays/Sack (17)

Running Left
762 Yards/171 Carries
4.5 Average (16)

Running Middle
608 Yards/200 Carries
3.0 Average (20)

Running Right
344 Yards/82 Carries
4.2 Average (20)

Left Tackle	GS	Sacks Allowed	Left Guard	GS	Sacks Allowed	Center	GS	Sacks Allowed	Right Guard	GS	Sacks Allowed	Right Tackle	GS	Sacks Allowed
Tony Boselli	12	2.50	Ben Coleman	12	4.50	Dave Widell	12	1.00	Rich Tylski	11	3.50	Leon Searcy	16	7.50
Ben Coleman	4	1.50	Jeff Novak	2	0.00	Michael Cheever	4	2.00	Brian DeMarco	5	1.50			
			Rich Tylski	2	0.00									

Kansas City Chiefs

Rushing
2171 Yards/529 Attempts
4.1 Average (12)

Sacks Allowed
32 Sacks/525 Pass Plays
16.4 Pass Plays/Sack (9)

Running Left
642 Yards/131 Carries
4.9 Average (9)

Running Middle
980 Yards/296 Carries
3.3 Average (13)

Running Right
549 Yards/102 Carries
5.4 Average (5)

Left Tackle	GS	Sacks Allowed	Left Guard	GS	Sacks Allowed	Center	GS	Sacks Allowed	Right Guard	GS	Sacks Allowed	Right Tackle	GS	Sacks Allowed
Jeff Criswell	16	4.50	David Szott	16	4.50	Tim Grunhard	16	2.75	Will Shields	16	3.75	Glenn Parker	15	2.25
												Trezelle Jenkins	1	0.75

Non-Start Sacks Allowed: Trezelle Jenkins 0.50, Marcus Spears 1.00

Miami Dolphins

Rushing
1343 Yards/429 Attempts
3.1 Average (30)

Sacks Allowed
23 Sacks/599 Pass Plays
26.0 Pass Plays/Sack (1)

Running Left
503 Yards/138 Carries
3.6 Average (26)

Running Middle
631 Yards/210 Carries
3.0 Average (22)

Running Right
209 Yards/81 Carries
2.6 Average (30)

Left Tackle	GS	Sacks Allowed	Left Guard	GS	Sacks Allowed	Center	GS	Sacks Allowed	Right Guard	GS	Sacks Allowed	Right Tackle	GS	Sacks Allowed
Richmond Webb	16	4.50	Jeff Buckey	12	2.50	Tim Ruddy	15	1.50	Everette McIver	14	1.00	James Brown	16	2.50
			Keith Sims	4	0.00	John Bock	1	0.00	John Bock	2	0.00			

Non-Start Sacks Allowed: Keith Sims 1.00

Minnesota Vikings

Rushing: 2041 Yards/449 Attempts — 4.5 Average (3)
Sacks Allowed: 33 Sacks/573 Pass Plays — 17.4 Pass Plays/Sack (7)

Running Left: 559 Yards/110 Carries — 5.1 Average (7)
Running Middle: 793 Yards/219 Carries — 3.6 Average (8)
Running Right: 509 Yards/90 Carries — 5.7 Average (3)

Left Tackle	GS	Sacks Allowed	Left Guard	GS	Sacks Allowed	Center	GS	Sacks Allowed	Right Guard	GS	Sacks Allowed	Right Tackle	GS	Sacks Allowed
Todd Steussie	16	6.00	Ra. McDaniel	16	4.50	Jeff Christy	12	1.00	David Dixon	13	2.00	Korey Stringer	15	9.00
						Everett Lindsay	3	0.00	Scott Dill	3	0.50	Scott Dill	1	0.00
						Scott Dill	1	0.00						

New England Patriots

Rushing: 1464 Yards/398 Attempts — 3.7 Average (22)
Sacks Allowed: 30 Sacks/562 Pass Plays — 18.7 Pass Plays/Sack (4)

Running Left: 450 Yards/105 Carries — 4.3 Average (19)
Running Middle: 526 Yards/201 Carries — 2.6 Average (29)
Running Right: 488 Yards/92 Carries — 5.3 Average (6)

Left Tackle	GS	Sacks Allowed	Left Guard	GS	Sacks Allowed	Center	GS	Sacks Allowed	Right Guard	GS	Sacks Allowed	Right Tackle	GS	Sacks Allowed
Bruce Armstrong	16	4.50	Max Lane	15	5.50	Da. Wohlabaugh	14	2.25	Todd Rucci	16	3.25	Zefross Moss	15	5.50
			Heath Irwin	1	0.00	Mike Gisler	2	0.00				Max Lane	1	0.00

Non-Start Sacks Allowed: Heath Irwin 1.00

New Orleans Saints

Rushing: 1461 Yards/417 Attempts — 3.5 Average (26)
Sacks Allowed: 50 Sacks/508 Pass Plays — 10.2 Pass Plays/Sack (26)

Running Left: 641 Yards/157 Carries — 4.1 Average (22)
Running Middle: 508 Yards/184 Carries — 2.8 Average (27)
Running Right: 316 Yards/74 Carries — 4.3 Average (19)

Left Tackle	GS	Sacks Allowed	Left Guard	GS	Sacks Allowed	Center	GS	Sacks Allowed	Right Guard	GS	Sacks Allowed	Right Tackle	GS	Sacks Allowed
William Roaf	16	6.50	Andy McCollum	16	9.75	Jerry Fontenot	16	5.25	Mike Verstegen	8	0.75	Clarence Jones	15	5.25
									Keno Hills	6	3.00	Ricky Siglar	1	0.00
									Isaac Davis	2	0.00			

Non-Start Sacks Allowed: Isaac Davis 0.50, Keno Hills 0.50, Ed King 1.50, Ricky Siglar 2.50, Mike Verstegen 1.25

New York Giants

Rushing: 1988 Yards/521 Attempts — 3.8 Average (17)
Sacks Allowed: 32 Sacks/506 Pass Plays — 15.8 Pass Plays/Sack (10)

Running Left: 675 Yards/147 Carries — 4.6 Average (13)
Running Middle: 627 Yards/227 Carries — 2.8 Average (26)
Running Right: 686 Yards/147 Carries — 4.7 Average (13)

Left Tackle	GS	Sacks Allowed	Left Guard	GS	Sacks Allowed	Center	GS	Sacks Allowed	Right Guard	GS	Sacks Allowed	Right Tackle	GS	Sacks Allowed
Roman Oben	16	4.25	Greg Bishop	16	3.75	Lance Scott	11	1.50	Ron Stone	16	2.50	Scott Gragg	16	7.50
						Derek Engler	5	1.50						

New York Jets

Rushing
1485 Yards/431 Attempts
3.4 Average (28)

Sacks Allowed
48 Sacks/612 Pass Plays
12.8 Pass Plays/Sack (21)

Running Left
563 Yards/125 Carries
4.5 Average (15)

Running Middle
499 Yards/182 Carries
2.7 Average (28)

Running Right
318 Yards/98 Carries
3.2 Average (29)

Left Tackle	GS	Sacks Allowed	Left Guard	GS	Sacks Allowed	Center	GS	Sacks Allowed	Right Guard	GS	Sacks Allowed	Right Tackle	GS	Sacks Allowed
Jumbo Elliott	13	5.50	Lonnie Palelei	13	7.25	Roger Duffy	15	5.25	Matt O'Dwyer	16	4.75	David Williams	11	4.50
Kerry Jenkins	2	0.50	Lamont Burns	3	1.75	J.R. Conrad	1	0.50				Si. Malamala	5	3.00
Lonnie Palelei	1	1.75												

Non-Start Sacks Allowed: Lamont Burns 1.00

Oakland Raiders

Rushing
1588 Yards/360 Attempts
4.4 Average (6)

Sacks Allowed
58 Sacks/587 Pass Plays
10.1 Pass Plays/Sack (27)

Running Left
582 Yards/115 Carries
5.1 Average (8)

Running Middle
583 Yards/181 Carries
3.2 Average (15)

Running Right
423 Yards/64 Carries
6.6 Average (2)

Left Tackle	GS	Sacks Allowed	Left Guard	GS	Sacks Allowed	Center	GS	Sacks Allowed	Right Guard	GS	Sacks Allowed	Right Tackle	GS	Sacks Allowed
Pat Harlow	16	8.50	St. Wisniewski	16	3.00	Barret Robbins	15	2.00	Lester Holmes	15	8.50	Lincoln Kennedy	16	7.25
						Curtis Whitley	1	1.50	Barret Robbins	1	0.50			

Non-Start Sacks Allowed: Rick Cunningham 2.00, Curtis Whitley 0.50

Philadelphia Eagles

Rushing
1943 Yards/465 Attempts
4.2 Average (10)

Sacks Allowed
64 Sacks/651 Pass Plays
10.2 Pass Plays/Sack (25)

Running Left
822 Yards/188 Carries
4.4 Average (17)

Running Middle
824 Yards/220 Carries
3.7 Average (6)

Running Right
297 Yards/57 Carries
5.2 Average (7)

Left Tackle	GS	Sacks Allowed	Left Guard	GS	Sacks Allowed	Center	GS	Sacks Allowed	Right Guard	GS	Sacks Allowed	Right Tackle	GS	Sacks Allowed
Je. Mayberry	16	15.50	Joe Panos	13	4.00	Steve Everitt	16	3.50	Ian Beckles	8	1.50	Barrett Brooks	14	11.75
			Bubba Miller	3	2.75				Jerry Crafts	6	2.00	Troy Drake	2	3.25
									Mike Zandofsky	2	0.75			

Non-Start Sacks Allowed: Ian Beckles 1.50, Barrett Brooks 1.00, Mike Zandofsky 1.00

Pittsburgh Steelers

Rushing
2479 Yards/572 Attempts
4.3 Average (8)

Sacks Allowed
20 Sacks/486 Pass Plays
24.3 Pass Plays/Sack (2)

Running Left
911 Yards/176 Carries
5.2 Average (6)

Running Middle
860 Yards/244 Carries
3.5 Average (11)

Running Right
708 Yards/152 Carries
4.7 Average (14)

Left Tackle	GS	Sacks Allowed	Left Guard	GS	Sacks Allowed	Center	GS	Sacks Allowed	Right Guard	GS	Sacks Allowed	Right Tackle	GS	Sacks Allowed
John Jackson	16	5.75	Will Wolford	16	2.75	De. Dawson	16	2.00	Brenden Stai	9	1.00	Justin Strzelczyk	14	0.50
									Tom Myslinski	7	0.50	Jim Sweeney	1	0.00
												Ja. Stephens	1	0.00

San Diego Chargers

		Rushing	Sacks Allowed
		1416 Yards/409 Attempts	51 Sacks/616 Pass Plays
		3.5 Average (27)	12.1 Pass Plays/Sack (22)

		Running Left		Running Middle		Running Right			
		463 Yards/117 Carries		711 Yards/230 Carries		242 Yards/62 Carries			
		4.0 Average (23)		3.1 Average (18)		3.9 Average (25)			

		Sacks			Sacks			Sacks			Sacks			Sacks
Left Tackle	GS	Allowed	Left Guard	GS	Allowed	Center	GS	Allowed	Right Guard	GS	Allowed	Right Tackle	GS	Allowed
Vaughn Parker	16	4.50	Joe Cocozzo	12	3.00	Ra. McKenzie	16	3.75	Isaac Davis	12	4.00	Tony Berti	16	8.75
			Troy Sienkiewicz	4	1.50				Troy Sienkiewicz	2	0.50			
									Ben Bordelon	2	0.00			

Non-Start Sacks Allowed: Ben Bordelon 1.00, Troy Sienkiewicz 2.00

San Francisco 49ers

		Rushing	Sacks Allowed
		1969 Yards/523 Attempts	44 Sacks/476 Pass Plays
		3.8 Average (20)	10.8 Pass Plays/Sack (24)

		Running Left		Running Middle		Running Right			
		447 Yards/118 Carries		770 Yards/254 Carries		752 Yards/151 Carries			
		3.8 Average (25)		3.0 Average (21)		5.0 Average (10)			

		Sacks			Sacks			Sacks			Sacks			Sacks
Left Tackle	GS	Allowed	Left Guard	GS	Allowed	Center	GS	Allowed	Right Guard	GS	Allowed	Right Tackle	GS	Allowed
Derrick Deese	13	3.75	Ray Brown	15	1.75	Chris Dalman	13	6.00	Kevin Gogan	16	4.75	Kirk Scrafford	16	4.50
Tim Hanshaw	3	4.50	Joe Rudolph	1	1.00	Jesse Sapolu	3	2.00						

Non-Start Sacks Allowed: Derrick Deese 0.50, Frank Pollack 2.00, Jesse Sapolu 1.75

Seattle Seahawks

		Rushing	Sacks Allowed
		1800 Yards/404 Attempts	36 Sacks/645 Pass Plays
		4.5 Average (5)	17.9 Pass Plays/Sack (5)

		Running Left		Running Middle		Running Right			
		382 Yards/109 Carries		813 Yards/175 Carries		605 Yards/120 Carries			
		3.5 Average (28)		4.6 Average (1)		5.0 Average (8)			

		Sacks			Sacks			Sacks			Sacks			Sacks
Left Tackle	GS	Allowed	Left Guard	GS	Allowed	Center	GS	Allowed	Right Guard	GS	Allowed	Right Tackle	GS	Allowed
Walter Jones	12	2.00	Pete Kendall	16	2.00	Kevin Mawae	16	2.00	Derrick Graham	9	1.50	Howard Ballard	10	1.00
Grant Williams	4	1.25							Frank Beede	6	3.00	Grant Williams	4	3.00
									James Atkins	1	0.50	James Atkins	2	1.50

Non-Start Sacks Allowed: Grant Williams 1.00

St. Louis Rams

		Rushing	Sacks Allowed
		1563 Yards/443 Attempts	44 Sacks/570 Pass Plays
		3.5 Average (25)	13.0 Pass Plays/Sack (19)

		Running Left		Running Middle		Running Right			
		666 Yards/144 Carries		540 Yards/212 Carries		353 Yards/86 Carries			
		4.6 Average (12)		2.5 Average (30)		4.1 Average (22)			

		Sacks			Sacks			Sacks			Sacks			Sacks
Left Tackle	GS	Allowed	Left Guard	GS	Allowed	Center	GS	Allowed	Right Guard	GS	Allowed	Right Tackle	GS	Allowed
Orlando Pace	9	4.50	John Gerak	16	4.00	Mi. Gruttadauria	14	2.50	Zach Wiegert	15	3.25	Wayne Gandy	9	5.00
Wayne Gandy	7	3.50				Vernice Smith	1	0.00	Vernice Smith	1	1.00	Fred Miller	7	3.50
						Bern Brostek	1	0.00						

Non-Start Sacks Allowed: Ernest Dye 0.50, Orlando Pace 1.00, Vernice Smith 1.25, Ryan Tucker 1.00

Tampa Bay Buccaneers

Rushing
1934 Yards/479 Attempts
4.0 Average (13)

Sacks Allowed
32 Sacks/436 Pass Plays
13.6 Pass Plays/Sack (16)

Running Left
525 Yards/100 Carries
5.3 Average (5)

Running Middle
1172 Yards/328 Carries
3.6 Average (9)

Running Right
237 Yards/51 Carries
4.6 Average (15)

Left Tackle	GS	Sacks Allowed	Left Guard	GS	Sacks Allowed	Center	GS	Sacks Allowed	Right Guard	GS	Sacks Allowed	Right Tackle	GS	Sacks Allowed
Paul Gruber	16	3.25	Jim Pyne	14	2.50	Tony Mayberry	16	3.00	Jorge Diaz	14	1.00	Jason Odom	16	7.75
			Jorge Diaz	2	0.00				Frank Middleton	2	0.00			

Non-Start Sacks Allowed: Frank Middleton 2.00, Jerry Wunsch 2.00

Tennessee Oilers

Rushing
2414 Yards/541 Attempts
4.5 Average (4)

Sacks Allowed
32 Sacks/452 Pass Plays
14.1 Pass Plays/Sack (15)

Running Left
765 Yards/160 Carries
4.8 Average (11)

Running Middle
1011 Yards/264 Carries
3.8 Average (5)

Running Right
638 Yards/117 Carries
5.5 Average (4)

Left Tackle	GS	Sacks Allowed	Left Guard	GS	Sacks Allowed	Center	GS	Sacks Allowed	Right Guard	GS	Sacks Allowed	Right Tackle	GS	Sacks Allowed
Brad Hopkins	16	1.50	Bruce Matthews	16	4.25	Mark Stepnoski	16	0.00	Kevin Donnalley	16	2.00	Jon Runyan	16	5.00

Washington Redskins

Rushing
1615 Yards/454 Attempts
3.6 Average (24)

Sacks Allowed
33 Sacks/580 Pass Plays
17.6 Pass Plays/Sack (6)

Running Left
502 Yards/111 Carries
4.5 Average (14)

Running Middle
771 Yards/257 Carries
3.0 Average (23)

Running Right
342 Yards/86 Carries
4.0 Average (23)

Left Tackle	GS	Sacks Allowed	Left Guard	GS	Sacks Allowed	Center	GS	Sacks Allowed	Right Guard	GS	Sacks Allowed	Right Tackle	GS	Sacks Allowed
Sh. Pourdanesh	10	2.50	Joe Patton	10	3.00	Jeff Uhlenhake	13	2.50	Bob Dahl	9	1.00	Ed Simmons	12	3.25
Joe Patton	6	0.50	Tre Johnson	6	2.00	Cory Raymer	3	0.50	Tre Johnson	4	0.00	Sh. Pourdanesh	4	0.00
									Brad Badger	2	0.00			
									Ed Simmons	1	1.50			

Non-Start Sacks Allowed: Bob Dahl 0.50, Tre Johnson 1.00

Leader Boards

The following pages feature leader boards in a number of categories, most of which you'll not find in any other book. We should probably offer a few words of explanation on how the boards are arranged. You'll notice that all the passing leaders aren't on one page; that's because we wanted to show you more than would fit on one page. Our solution was to group most of the "official leaders"—those categories which are ranked in the NFL's own record book—on the following page, "1997 NFL Primary Statistics." After that, you'll find other leader boards for passing, rushing, receiving, defense and special teams, along with career leader boards among active players.

Next you'll find the *milestone* leader boards, showing the active players with the most 100-yard rushing games, 300-yard passing games, 1,000-yard rushing seasons, etc., as well as a page of *all-time* leader boards, showing the top 10 players all-time in 12 different categories.

We should also mention qualifications. For all "percentage" categories, like yards/rush, interception-return average, etc., a player must meet a certain minimum standard for inclusion among the leaders. When applicable, the minimum qualification is listed with the leaders. Most of the categories in question are official, and we've used the NFL's standard when determining minimums.

However, some of the statistics here are not official, and for those we had to decide on our own minimums. The unofficial categories are:

Passing: 4th Quarter QB Rating.

Rushing: Yards/Carry, Grass; Yards/Carry, Turf; Yards/Carry, Attempts 21+; Touchdown Percentage Inside 3-Yard Line; Stuffs/Carry; 4th Quarter Rushing Yards.

Receiving: Average Throw; Percent Passes Caught per Target.

Defense: Yards/Interception Return.

Special Teams: Field-Goal Percentage; 1-39 Field-Goal Pct.; 40-49 Yard Field-Goal Pct.; 50+ Yard Field-Goal Pct.; Net Kickoff Average; Net Punt Average; Inside 20 Percentage; Touchback Percentage.

For questions on the definitions of particular categories, please consult the Glossary.

1997 NFL Primary Statistics

Points

Player, Team	TD	FG	PAT	Pts
M Hollis, Jac	0	31	41	**134**
R Cunningham, Dal	0	34	24	126
G Anderson, SF	0	29	38	125
J Elam, Den	0	26	46	124
J Hall, NYA	0	28	36	120
R Longwell, GB	0	24	48	120
C Blanchard, Ind	0	32	21	117
J Hanson, Det	0	26	39	117
O Mare, Mia	0	28	33	117
A Vinatieri, NE	0	25	40	115

Touchdowns

Player, Team	Rush	Rec	Misc	Tot
Abdul-Jabbar, Mia	15	1	0	**16**
T Davis, Den	15	0	0	15
B Sanders, Det	11	3	0	14
C Carter, Min	0	13	0	13
A Freeman, GB	0	12	0	12
J Galloway, Sea	0	12	0	12
J Jett, Oak	0	12	0	12
D Levens, GB	7	5	0	12
R Smith, Den	0	12	0	12
2 tied with				11

Rushing Yards

Player, Team	Carries	Y/C	Yds
B Sanders, Det	335	6.1	**2053**
T Davis, Den	369	4.7	1750
J Bettis, Pit	375	4.4	1665
D Levens, GB	329	4.4	1435
E George, Ten	357	3.9	1399
N Kaufman, Oak	272	4.8	1294
R Smith, Min	232	5.5	1266
C Martin, NE	274	4.2	1160
C Dillon, Cin	233	4.8	1129
R Watters, Phi	285	3.9	1110

Quarterback Rating
(Minimum 224 Attempts)

Player, Team	Att	Rating
S Young, SF	356	**104.7**
C Chandler, Atl	342	95.1
B Favre, GB	513	92.6
M Brunell, Jac	435	91.2
J George, Oak	521	91.2
D Bledsoe, NE	522	87.7
J Elway, Den	502	87.5
J Harbaugh, Ind	309	86.2
B Johnson, Min	452	84.5
B Hoying, Phi	225	83.8

Passing Yards

Player, Team	Att	Y/A	Yds
J George, Oak	521	7.5	**3917**
B Favre, GB	513	7.5	3867
D Marino, Mia	548	6.9	3780
D Bledsoe, NE	522	7.1	3706
W Moon, Sea	528	7.0	3678
J Elway, Den	502	7.2	3635
S Mitchell, Det	509	6.8	3484
T Aikman, Dal	518	6.3	3283
M Brunell, Jac	435	7.5	3281
T Banks, StL	487	6.7	3254

Receptions

Player, Team	Rec
T Brown, Oak	**104**
H Moore, Det	**104**
R Moore, Ari	97
C Carter, Min	89
I Fryar, Phi	86
K McCardell, Jac	85
J Smith, Jac	82
A Freeman, GB	81
J Morton, Det	80
Y Thigpen, Pit	79

Receiving Yards

Player, Team	Rec	Y/R	Yds
R Moore, Ari	97	16.3	**1584**
T Brown, Oak	104	13.5	1408
Y Thigpen, Pit	79	17.7	1398
J Smith, Jac	82	16.1	1324
I Fryar, Phi	86	15.3	1316
H Moore, Det	104	12.4	1293
A Freeman, GB	81	15.3	1243
R Smith, Den	70	16.9	1180
M Irvin, Dal	75	15.7	1180
K McCardell, Jac	85	13.7	1164

Fumbles

Player, Team	Lost	Fum
S McNair, Ten	5	**16**
T Banks, StL	7	15
S Mitchell, Det	6	15
J Elway, Den	8	11
E Kramer, Chi	7	11
V Testaverde, Bal	3	11
T Collins, Buf	3	10
C Chandler, Atl	4	9
T Dilfer, TB	1	9
N O'Donnell, NYA	6	9

Interceptions

Player, Team	Ret Yd	Int
R McNeil, StL	127	**9**
K Lyle, StL	102	8
M McMillian, KC	274	8
D Williams, Sea	172	8
W Clay, NE	109	6
M Hanks, SF	103	6
J Sehorn, NYN	74	6
O Smith, NYA	158	6
A Williams, Ari	95	6
13 tied with		5

Sacks

Player, Team	Sacks
J Randle, Min	**15.5**
D Stubblefield, SF	15.0
B Smith, Buf	14.0
M Strahan, NYN	14.0
R Porcher, Det	12.5
C Doleman, SF	12.0
M Sinclair, Sea	12.0
C Smith, Atl	12.0
P Boulware, Bal	11.5
R White, GB	11.0

KO Return Average
(Minimum 20 Returns)

Player, Team	Ret	Yds	Avg
M Bates, Car	47	1281	**27.3**
A Glenn, NYA	28	741	26.5
E Guliford, NO	43	1128	26.2
T Vanover, KC	50	1283	25.7
D Meggett, NE	33	816	24.7
W Blackwell, Pit	32	791	24.7
K Williams, Ari	59	1458	24.7
B Hanspard, Atl	40	987	24.7
D Staley, Phi	47	1139	24.2
G Milburn, Det	55	1315	23.9

Punt Return Average
(Minimum 20 Returns)

Player, Team	Ret	Yds	Avg
J Lewis, Bal	28	437	**15.6**
D Gordon, Den	40	543	13.6
D Palmer, Min	34	444	13.1
K Williams, TB	46	597	13.0
D Sanders, Dal	33	407	12.3
L Johnson, NYA	51	619	12.1
B Mitchell, Was	38	442	11.6
K Williams, Ari	40	462	11.6
R Barlow, Jac	36	412	11.4
I Uwaezuoke, SF	34	373	11.0

1997 NFL Passing Statistics

Touchdowns

Player, Team	TDs
B Favre, GB	**35**
J George, Oak	29
D Bledsoe, NE	28
J Elway, Den	27
W Moon, Sea	25
T Dilfer, TB	21
K Stewart, Pit	21
C Chandler, Atl	20
B Johnson, Min	20
3 tied with	19

Yards/Attempt
(Minimum 224 Attempts)

Player, Team	Att	Yds	Y/A
S Young, SF	356	3029	**8.51**
C Chandler, Atl	342	2692	7.87
M Brunell, Jac	435	3281	7.54
B Favre, GB	513	3867	7.54
J George, Oak	521	3917	7.52
J Plummer, Ari	296	2203	7.44
J Elway, Den	502	3635	7.24
D Bledsoe, NE	522	3706	7.10
B Hoying, Phi	225	1573	6.99
W Moon, Sea	528	3678	6.97

Attempts

Player, Team	Att
D Marino, Mia	**548**
W Moon, Sea	528
D Bledsoe, NE	522
J George, Oak	521
T Aikman, Dal	518
B Favre, GB	513
S Mitchell, Det	509
J Elway, Den	502
T Banks, StL	487
E Kramer, Chi	477

Completions

Player, Team	Att	Comp
D Marino, Mia	548	**319**
D Bledsoe, NE	522	314
W Moon, Sea	528	313
B Favre, GB	513	304
S Mitchell, Det	509	293
T Aikman, Dal	518	292
J George, Oak	521	290
J Elway, Den	502	280
B Johnson, Min	452	275
E Kramer, Chi	477	275

Completion Pct
(Minimum 224 Attempts)

Player, Team	Att	Comp	Pct
S Young, SF	356	241	**67.7**
J Harbaugh, Ind	309	189	61.2
B Johnson, Min	452	275	60.8
M Brunell, Jac	435	264	60.7
D Bledsoe, NE	522	314	60.2
W Moon, Sea	528	313	59.3
B Favre, GB	513	304	59.3
C Chandler, Atl	342	202	59.1
D Marino, Mia	548	319	58.2
J Blake, Cin	317	184	58.0

Interceptions

Player, Team	Att	Int
K Collins, Car	381	**21**
K Stewart, Pit	440	17
B Favre, GB	513	16
W Moon, Sea	528	16
D Bledsoe, NE	522	15
J Plummer, Ari	296	15
V Testaverde, Bal	470	15
E Kramer, Chi	477	14
S Mitchell, Det	509	14
H Shuler, NO	203	14

Interception Pct
(Minimum 224 Attempts)

Player, Team	Att	Int	Pct
J Harbaugh, Ind	309	4	**1.3**
N O'Donnell, NYA	460	7	1.5
M Brunell, Jac	435	7	1.6
S Young, SF	356	6	1.7
J George, Oak	521	9	1.7
E Grbac, KC	314	6	1.9
K Graham, Ari	250	5	2.0
D Marino, Mia	548	11	2.0
C Chandler, Atl	342	7	2.0
J Elway, Den	502	11	2.2

Passing Yards/Game

Player, Team	Yds	G	Y/G
W Moon, Sea	3678	15	**245.2**
J George, Oak	3917	16	244.8
B Favre, GB	3867	16	241.7
D Marino, Mia	3780	16	236.3
M Brunell, Jac	3281	14	234.4
B Johnson, Min	3036	13	233.5
D Bledsoe, NE	3706	16	231.6
V Testaverde, Bal	2971	13	228.5
J Elway, Den	3635	16	227.2
J Plummer, Ari	2203	10	220.3

Big Play Passes

Player, Team	Passes
B Favre, GB	**37**
J George, Oak	35
J Elway, Den	33
T Banks, StL	28
K Stewart, Pit	28
D Bledsoe, NE	27
S Mitchell, Det	25
J Plummer, Ari	25
3 tied with	24

Longest Completion

Player, Team	Yards
E Zeier, Bal	**92**
H Shuler, NO	89
E Zeier, Bal	83
S Young, SF	82
S Mitchell, Det	79
J Elway, Den	78
E Kramer, Chi	78
T Collins, Buf	77
B Esiason, Cin	77
3 tied with	76

Times Sacked

Player, Team	Sacks
J George, Oak	**58**
J Plummer, Ari	52
N O'Donnell, NYA	45
T Banks, StL	43
J Harbaugh, Ind	41
S Mitchell, Det	41
J Blake, Cin	39
C Chandler, Atl	39
T Collins, Buf	39
S Young, SF	35

Sack Pct
(Minimum 224 Attempts)

Player, Team	Plays	Sacks	Pct
D Marino, Mia	548	21	**3.8**
V Testaverde, Bal	470	20	4.3
K Stewart, Pit	440	20	4.5
B Favre, GB	513	25	4.9
E Kramer, Chi	477	25	5.2
W Moon, Sea	528	30	5.7
G Frerotte, Was	402	23	5.7
D Bledsoe, NE	522	30	5.7
B Johnson, Min	452	26	5.8
E Grbac, KC	314	19	6.1

1997 NFL Rushing Statistics

Carries

Player, Team	Carries
J Bettis, Pit	**375**
T Davis, Den	369
E George, Ten	357
B Sanders, Det	335
D Levens, GB	329
A Murrell, NYA	300
J Anderson, Atl	290
R Watters, Phi	285
K Abdul-Jabbar, Mia	283
R Harris, Chi	275

Yards/Carry
(Minimum 100 Carries)

Player, Team	Yds	Carries	Y/C
S McNair, Ten	**674**	**101**	**6.7**
B Sanders, Det	2053	335	6.1
R Smith, Min	1266	232	5.5
K Stewart, Pit	476	88	5.4
C Dillon, Cin	1129	233	4.8
N Kaufman, Oak	1294	272	4.8
T Davis, Den	1750	369	4.7
C Garner, Phi	547	116	4.7
C Way, NYN	698	151	4.6
F Lane, Car	809	182	4.4

Touchdowns

Player, Team	TDs
K Abdul-Jabbar, Mia	**15**
T Davis, Den	**15**
M Allen, KC	11
B Sanders, Det	11
K Stewart, Pit	11
C Dillon, Cin	10
R Harris, Chi	10
N Means, Jac	9
4 tied with	8

Big Runs

Player, Team	Big Runs
B Sanders, Det	**60**
J Bettis, Pit	46
T Davis, Den	46
D Levens, GB	42
N Kaufman, Oak	35
M Faulk, Ind	31
E George, Ten	30
S McNair, Ten	29
A Murrell, NYA	29
R Smith, Min	29

Longest Run

Player, Team	Yds
N Kaufman, Oak	**83**
B Sanders, Det	82
B Sanders, Det	80
K Carter, Cin	79
R Smith, Min	78
S Broussard, Sea	77
B Hanspard, Atl	77
R Smith, Min	76
W Dunn, TB	76
2 tied with	74

Yards/Carry, Grass
(Minimum 40 Carries)

Player, Team	Yds	Carries	Y/C
S McNair, Ten	**592**	**81**	**7.3**
B Sanders, Det	723	111	6.5
E Smith, Dal	283	54	5.2
K Anders, KC	377	72	5.2
T Wheatley, NYN	242	47	5.1
T Davis, Den	1282	262	4.9
F Lane, Car	630	129	4.9
J Stewart, Jac	459	96	4.8
R Thomas, Ten	264	56	4.7
A Murrell, NYA	240	51	4.7

Yards/Carry, Turf
(Minimum 40 Carries)

Player, Team	Yds	Carries	Y/C
B Hanspard, Atl	**328**	**43**	**7.6**
S Broussard, Sea	339	51	6.6
N Kaufman, Oak	378	58	6.5
B Sanders, Det	1330	224	5.9
R Smith, Min	890	152	5.9
A Smith, Buf	703	139	5.1
C Garner, Phi	360	73	4.9
D Levens, GB	409	83	4.9
W Dunn, TB	532	108	4.9
K Stewart, Pit	251	51	4.9

Yards/Carry, Att 21+
(Minimum 20 Carries)

Player, Team	Yds	Carries	Y/C
D Levens, GB	**221**	**40**	**5.5**
N Kaufman, Oak	127	24	5.3
T Davis, Den	399	79	5.1
B Sanders, Det	189	41	4.6
F Lane, Car	100	22	4.5
E George, Ten	345	82	4.2
B Morris, Bal	128	31	4.1
J Bettis, Pit	349	85	4.1
R Harris, Chi	195	49	4.0
C Martin, NE	155	39	4.0

%TD, Inside 3
(Minimum 5 Attempts)

Player, Team	Tds	Att	TD%
K Carter, Cin	**5**	**5**	**100.0**
R Harris, Chi	7	9	77.8
M Allen, KC	6	8	75.0
T Davis, Den	5	7	71.4
S McNair, Ten	5	7	71.4
K Stewart, Pit	6	9	66.7
T Vardell, Det	6	9	66.7
L Phillips, StL-Mia	3	5	60.0
4 tied with			57.1

Stuffs

Player, Team	Stuffs
N Kaufman, Oak	**56**
B Sanders, Det	48
A Murrell, NYA	46
J Anderson, Atl	41
K Abdul-Jabbar, Mia	38
M Faulk, Ind	36
D Levens, GB	35
J Bettis, Pit	33
C Martin, NE	31
E George, Ten	29

Stuffs/Carry
(Minimum 100 Carries)

Player, Team	Stf	Carries	S/C
M Allen, KC	**3**	**124**	**.024**
T Davis, Den	18	369	.049
R Harris, Chi	17	275	.062
M Alstott, TB	11	176	.063
R Smith, Min	15	232	.065
D Autry, Chi	8	112	.071
C Way, NYN	11	151	.073
S Williams, Dal	9	121	.074
F Lane, Car	14	182	.077
R Watters, Phi	22	285	.077

4th Qtr Rushing Yards

Player, Team	Rush	Yds
D Levens, GB	**98**	**457**
C Martin, NE	76	443
B Sanders, Det	77	431
T Davis, Den	79	418
J Bettis, Pit	89	367
E George, Ten	90	366
A Smith, Buf	48	301
N Kaufman, Oak	48	288
R Harris, Chi	46	278
W Dunn, TB	38	274

1997 NFL Receiving Statistics

Yards/Catch
(Minimum 32 Catches)

Player, Team	Yards	Catch	Y/C
J McKnight, Sea	637	34	**18.7**
Y Thigpen, Pit	1398	79	17.7
J Jett, Oak	804	46	17.5
R Smith, Den	1180	70	16.9
R Brooks, GB	1010	60	16.8
J Reed, Min	1138	68	16.7
M Westbrook, Was	559	34	16.4
R Dudley, Oak	787	48	16.4
R Moore, Ari	1584	97	16.3
J Smith, Jac	1324	82	16.1

Yards After Catch

Player, Team	Catches	Yds
A Lee, StL	61	**565**
K Anders, KC	59	505
S Sharpe, Den	72	467
R Watters, Phi	48	452
W Dunn, TB	39	451
T Brown, Oak	104	437
N Kaufman, Oak	40	435
I Fryar, Phi	86	434
J Stewart, Jac	41	417
L Centers, Ari	54	404

1st Down Catches

Player, Team	Catches
R Moore, Ari	**68**
H Moore, Det	66
T Brown, Oak	65
I Fryar, Phi	64
J Smith, Jac	64
A Freeman, GB	62
Y Thigpen, Pit	62
M Irvin, Dal	59
J Reed, Min	58
2 tied with	55

4th Qtr TD Catches

Player, Team	TDs
M Bruener, Pit	**5**
C Carter, Min	**5**
H Moore, Det	**5**
D Alexander, Bal	4
15 tied with	3

Touchdowns

Player, Team	TDs
C Carter, Min	**13**
A Freeman, GB	12
J Galloway, Sea	12
J Jett, Oak	12
R Smith, Den	12
D Alexander, Bal	9
B Emanuel, Atl	9
M Irvin, Dal	9
6 tied with	8

Average Throw
(Minimum 32 Targets)

Player, Team	Tgt	Yds	Avg
J Jett, Oak	101	1933	**19.1**
R Anthony, TB	79	1334	16.9
D Patten, NYN	33	542	16.4
A Reed, Buf	114	1860	16.3
C Sanders, Ten	64	1027	16.0
L Shepherd, Was	68	1074	15.8
A Hastings, NO	118	1863	15.8
B Emanuel, Atl	140	2206	15.8
A Toomer, NYN	37	577	15.6
M Irvin, Dal	157	2444	15.6

Longest Reception

Player, Team	Yds
D Alexander, Bal	**92**
R Hill, NO	89
D Alexander, Bal	83
T Kirby, SF	82
H Moore, Det	79
R Smith, Den	78
R Proehl, Chi	78
A Reed, Buf	77
D Scott, Cin	77
3 tied with	76

Rec Lost/Penalty

Player, Team	Rec
F Sanders, Ari	**5**
C Carter, Min	4
14 tied with	3

Target

Player, Team	Target
R Moore, Ari	**208**
H Moore, Det	170
T Brown, Oak	162
C Carter, Min	158
M Irvin, Dal	157
I Fryar, Phi	153
J Smith, Jac	152
A Rison, KC	151
Y Thigpen, Pit	149
J Morton, Det	148

% Passes Caught/Target
(Minimum 50 Targets)

Player, Team	Tgt	Catches	%
C Warren, Sea	54	45	**83.3**
K Anders, KC	72	59	81.9
C Martin, NE	51	41	80.4
N Kaufman, Oak	50	40	80.0
D Levens, GB	67	53	79.1
T Drayton, Mia	50	39	78.0
K Turner, Phi	62	48	77.4
C Way, NYN	51	37	72.5
J Stokes, SF	80	58	72.5
T Davis, Den	58	42	72.4

Big Catches

Player, Team	Catches
R Moore, Ari	**20**
M Irvin, Dal	14
R Smith, Den	14
Y Thigpen, Pit	13
A Freeman, GB	12
I Fryar, Phi	12
7 tied with	11

Passes Dropped

Player, Team	Drops
R Smith, Den	**15**
M Irvin, Dal	11
J Smith, Jac	10
D Alexander, Bal	9
T Brown, Oak	9
E Green, Bal	9
A Hastings, NO	9
M Jackson, Bal	9
H Moore, Det	9
C Penn, Chi	9

1997 NFL Defensive Statistics

Tackles

Player, Team	Tackles
R Lewis, Bal	**157**
W Tubbs, NO	118
S Boyd, Det	109
M Patton, Was	109
H Nickerson, TB	107
D Brooks, TB	106
J Armstead, NYN	103
S Richard, Was	103
B Marion, Dal	102
J Mobley, Den	101

Assists

Player, Team	Assists
W Tubbs, NO	**42**
H Nickerson, TB	40
D Brooks, TB	39
M Jones, NYA	38
R Harrison, SD	35
R McKinnon, Ari	35
J Lynch, TB	34
B Harris, GB	33
V Green, NYA	32
J Miller, Ari	32

Sack Yards

Player, Team	Sacks	Yards
J Randle, Min	15.5	**105.0**
D Stubblefield, SF	15.0	99.0
B Smith, Buf	14.0	97.5
W Sapp, TB	10.5	89.0
C Smith, Atl	12.0	82.0
L O'Neal, StL	10.0	80.0
C Ahanotu, TB	10.0	79.0
M Fields, NO	8.0	77.0
R Porcher, Det	12.5	76.0
2 tied with		74.0

Interception Return Yards

Player, Team	Int	Ret Yds
M McMillian, KC	8	**274**
D Williams, Sea	8	172
O Smith, NYA	6	158
T Wooten, NYN	5	146
R McNeil, StL	9	127
M Robertson, Ten	5	127
J Belser, Ind	2	121
D Lewis, Ten	5	115
T Braxton, Den	4	113
W Clay, NE	6	109

Yards/Int Return
(Minimum 4 Ints)

Player, Team	Int	Yds	Y/R
M McMillian, KC	8	274	**34.3**
T Wooten, NYN	5	146	29.2
T Braxton, Den	4	113	28.3
O Smith, NYA	6	158	26.3
M Robertson, Ten	5	127	25.4
D Lewis, Ten	5	115	23.0
D Woolford, Pit	4	91	22.8
D Williams, Sea	8	172	21.5
D Perry, Pit	4	77	19.3
M Carrier, Det	5	94	18.8

Passes Defensed

Player, Team	PD
A Ambrose, Cin	**26**
D Lewis, Ten	25
T Vincent, Phi	24
T Shaw, SD	22
M McMillian, KC	21
B Westbrook, Det	21
R Woodson, SF	21
R Crockett, Den	20
R McNeil, StL	20
J Sehorn, NYN	19

Touchdowns

Player, Team	TDs
M McMillian, KC	**3**
D Sharper, GB	**3**
O Smith, NYA	**3**
10 tied with	2

Stuffs

Player, Team	Stuff
B Johnson, StL	**15.0**
R Porcher, Det	13.5
B Cox, Chi	13.0
J Flanigan, Chi	13.0
J Sharper, Bal	12.0
B Smith, Buf	12.0
J Mobley, Den	11.5
D Thomas, KC	11.5
E McDaniel, Min	11.0
3 tied with	10.0

Stuff Yards

Player, Team	Stuffs	Yards
R Porcher, Det	13.5	**43.0**
J Flanigan, Chi	13.0	39.0
D Thomas, KC	11.5	38.0
J Mobley, Den	11.5	36.0
A Williams, Den	8.0	32.5
K Carter, StL	10.0	30.0
M McCrary, Bal	10.0	28.0
B Young, SF	9.5	25.5
3 tied with		25.0

Forced Fumbles

Player, Team	FF
M Sinclair, Sea	**5**
T Brackens, Jac	4
M Fields, NO	4
W Harris, Chi	4
C Smith, Atl	4
15 tied with	3

Fumbles Recovered

Player, Team	Fumbles
C Brown, Sea	**4**
17 tied with	3

Blocked FGs/Punts/PAT's

Player, Team	Blocks
C Brown, NYA	**2**
K Carter, StL	**2**
S Dronett, Atl	**2**
34 tied with	1

1997 NFL Special Teams Statistics

Return Touchdowns

Player, Team	TDs
D Gordon, Den	**3**
E Metcalf, SD	**3**
B Hanspard, Atl	2
L Johnson, NYA	2
J Lewis, Bal	2
B Mitchell, Was	2
T Vanover, KC	2
13 tied with	1

Tackles

Player, Team	Tackles
R Hilliard, Den	**21**
C Hayes, NYA	19
K Mitchell, SF	19
B Thompson, Bal	18
J Williams, SF	18
D Brady, Bal	17
A Collins, Cin	17
G Manusky, KC	17
M Russell, Det	17
3 tied with	16

Assists

Player, Team	Assists
O Brigance, Mia	**7**
C Hayes, NYA	6
M Coleman, NYA	5
F McAfee, Pit	5
S Quarles, TB	5
7 tied with	4

Field Goals

Player, Team	FGs
R Cunningham, Dal	**34**
C Blanchard, Ind	32
M Hollis, Jac	31
G Anderson, SF	29
J Hall, NYA	28
O Mare, Mia	28
A Del Greco, Ten	27
5 tied with	26

Field Goal Pct
(Minimum 16 Attempts)

Player, Team	Made	Att	Pct
P Stoyanovich, KC	26	27	**96.3**
R Cunningham, Dal	34	37	91.9
J Hanson, Det	26	29	89.7
N Johnson, Pit	22	25	88.0
A Vinatieri, NE	25	29	86.2
M Hollis, Jac	31	36	86.1
M Andersen, Atl	23	27	85.2
D Brien, NO	23	27	85.2
J Kasay, Car	22	26	84.6
J Jaeger, Chi	21	26	80.8

1-39 Yd FG Pct
(Minimum 10 Attempts)

Player, Team	Made	Att	Pct
R Cunningham, Dal	26	26	**100.0**
M Andersen, Atl	18	18	**100.0**
N Johnson, Pit	15	15	**100.0**
D Brien, NO	13	13	**100.0**
P Stoyanovich, KC	12	12	**100.0**
M Stover, Bal	20	21	95.2
C Boniol, Phi	18	19	94.7
A Del Greco, Ten	18	19	94.7
J Hanson, Det	18	19	94.7
J Kasay, Car	15	16	93.8

40+ Yd FG Pct
(Minimum 4 Attempts)

Player, Team	Made	Att	Pct
P Stoyanovich, KC	14	15	**93.3**
M Hollis, Jac	9	11	81.8
J Hanson, Det	8	10	80.0
S Christie, Buf	9	12	75.0
R Cunningham, Dal	8	11	72.7
D Brien, NO	10	14	71.4
N Johnson, Pit	7	10	70.0
J Kasay, Car	7	10	70.0
G Anderson, SF	9	13	69.2
C Blanchard, Ind	11	18	61.1

Net Kickoff Avg
(Minimum 40 Kickoffs)

Player, Team	Avg
J Carney, SD	**64.5**
M Berger, Min	64.2
J Elam, Den	64.1
T Sauerbrun, Chi	64.1
M Andersen, Atl	64.1
J Wilkins, StL	64.0
C Gardocki, Ind	63.9
R Longwell, GB	63.3
C Ford, Oak	62.9
T Gowin, Dal	62.8

Gross Punt Avg
(Minimum 40 Punts)

Player, Team	Yards	Punts	Avg
M Royals, NO	4038	88	**45.9**
T Tupa, NE	3569	78	45.8
C Gardocki, Ind	3034	67	45.3
M Turk, Was	3788	84	45.1
L Araguz, Oak	4189	93	45.0
C Hentrich, GB	3378	75	45.0
B Barker, Jac	2964	66	44.9
D Bennett, SD	3972	89	44.6
J Feagles, Ari	4028	91	44.3
T Rouen, Den	2598	60	43.3

Net Punt Avg
(Minimum 40 Punts)

Player, Team	Yards	Punts	Avg
M Turk, Was	3331	85	**39.2**
L Araguz, Oak	3638	93	39.1
B Barker, Jac	2563	66	38.8
L Aguiar, KC	3130	82	38.2
T Rouen, Den	2283	60	38.1
D Bennett, SD	3396	90	37.7
J Kidd, Mia	1924	52	37.0
J Feagles, Ari	3387	92	36.8
D Stryzinski, Atl	3263	89	36.7
G Montgomery, Bal	3040	83	36.6

Inside 20 Pct
(Minimum 40 Punts)

Player, Team	Punts	In20	Pct
B Barker, Jac	66	27	**40.9**
M Turk, Was	84	32	38.1
T Rouen, Den	60	22	36.7
C Hentrich, GB	75	26	34.7
R Roby, Ten	73	25	34.2
L Aguiar, KC	82	28	34.1
K Walter, Car	85	29	34.1
L Johnson, Cin	81	27	33.3
R Tuten, Sea	48	15	31.3
T Tupa, NE	78	24	30.8

Touchback Pct
(Minimum 40 Punts)

Player, Team	Punts	TB	Pct
R Roby, Ten	73	1	**1.4**
G Montgomery, Bal	83	2	2.4
K Walter, Car	85	4	4.7
J Jett, Det	84	4	4.8
L Aguiar, KC	82	4	4.9
T Hutton, Phi	87	5	5.7
L Araguz, Oak	93	6	6.5
C Mohr, Buf	90	6	6.7
T Rouen, Den	60	4	6.7
M Berger, Min	73	5	6.8

NFL Active Career Leaders - Primary Statistics

Points

Player	Pts
Gary Anderson	**1681**
Morten Andersen	1641
Norm Johnson	1558
Eddie Murray	1532
Al Del Greco	1224
Kevin Butler	1208
Jerry Rice	1000
Pete Stoyanovich	972
Jeff Jaeger	905
Greg Davis	880

Total Touchdowns

Player	TDs
Jerry Rice	**166**
Marcus Allen	145
Emmitt Smith	119
Barry Sanders	105
Cris Carter	90
Herschel Walker	84
Thurman Thomas	83
Andre Reed	81
Irving Fryar	79
Andre Rison	73

Rushing Yards

Player	Yds
Barry Sanders	**13778**
Marcus Allen	12243
Thurman Thomas	11405
Emmitt Smith	11234
Earnest Byner	8261
Herschel Walker	8225
Rodney Hampton	6897
Chris Warren	6706
Ricky Watters	6634
Jerome Bettis	6187

Yards/Carry
(Minimum 750 Carries)

Player	Yds	Carries	Y/C
Barry Sanders	13778	2719	**5.1**
Terrell Davis	4405	951	4.6
Emmitt Smith	11234	2595	4.3
Chris Warren	6706	1559	4.3
Herschel Walker	8225	1954	4.2
Thurman Thomas	11405	2720	4.2
Craig Heyward	4286	1025	4.2
Jerome Bettis	6187	1491	4.1
Ricky Watters	6634	1628	4.1
Marcus Allen	12243	3022	4.1

Rushing Touchdowns

Player	TDs
Marcus Allen	**123**
Emmitt Smith	112
Barry Sanders	95
Thurman Thomas	63
Herschel Walker	61
Terry Allen	58
Earnest Byner	56
Ricky Watters	56
Rodney Hampton	49
Chris Warren	44

Carries

Player	Carries
Marcus Allen	**3022**
Thurman Thomas	2720
Barry Sanders	2719
Emmitt Smith	2595
Earnest Byner	2095
Herschel Walker	1954
Rodney Hampton	1824
Ricky Watters	1628
Chris Warren	1559
Terry Allen	1536

Receptions

Player	Rec
Jerry Rice	**1057**
Andre Reed	826
Henry Ellard	807
Cris Carter	756
Irving Fryar	736
Michael Irvin	666
Andre Rison	641
Tim Brown	599
Anthony Miller	595
Marcus Allen	587

Receiving Yards

Player	Yds
Jerry Rice	**16455**
Henry Ellard	13662
Andre Reed	11764
Irving Fryar	11427
Michael Irvin	10680
Cris Carter	9436
Anthony Miller	9148
Andre Rison	8839
Tim Brown	8588
Mark Carrier	8462

Receiving Touchdowns

Player	TDs
Jerry Rice	**155**
Cris Carter	89
Andre Reed	80
Irving Fryar	75
Andre Rison	73
Henry Ellard	65
Anthony Miller	63
Michael Irvin	61
Tim Brown	60
2 tied with	52

Yards/Catch
(Minimum 200 Catches)

Player	Yards	Catch	Y/C
Flipper Anderson	5357	267	**20.1**
Henry Ellard	13662	807	16.9
Yancey Thigpen	3651	222	16.4
Jake Reed	5007	308	16.3
Michael Irvin	10680	666	16.0
Willie Green	3526	221	16.0
Willie Davis	4042	254	15.9
Darnay Scott	3317	210	15.8
Michael Jackson	4916	315	15.6
Don Beebe	3416	219	15.6

Fumbles

Player	Fum
Warren Moon	**152**
Dave Krieg	150
John Elway	130
Boomer Esiason	123
Dan Marino	96
Randall Cunningham	93
Vinny Testaverde	69
Marcus Allen	65
Jim Everett	64
Chris Chandler	62

Games Played

Player	Games
Gary Anderson	**245**
Morten Andersen	244
Norm Johnson	243
Eddie Murray	240
Pete Metzelaars	235
Rohn Stark	233
Bruce Matthews	232
Jim Jeffcoat	227
Reggie Roby	224
3 tied with	221

NFL Active Career Passing Leaders

Passing Yards

Player	Yds
Dan Marino	**55416**
John Elway	48669
Warren Moon	47465
Dave Krieg	37948
Boomer Esiason	37920
Jim Everett	34837
Vinny Testaverde	29223
Steve Young	28508
Troy Aikman	26016
Randall Cunningham	23378

TD Passes

Player	TDs
Dan Marino	**385**
Warren Moon	279
John Elway	278
Dave Krieg	261
Boomer Esiason	247
Jim Everett	203
Steve Young	193
Brett Favre	182
Vinny Testaverde	175
Randall Cunningham	156

Yards/Attempt
(Minimum 1500 Attempts)

Player	Att	Yds	Y/A
Steve Young	3548	28508	**8.03**
Dan Marino	7452	55416	7.44
Boomer Esiason	5205	37920	7.29
Warren Moon	6528	47465	7.27
Dave Krieg	5290	37948	7.17
Wade Wilson	2340	16715	7.14
Rodney Peete	1808	12821	7.09
Jim Everett	4923	34837	7.08
Mark Rypien	2604	18416	7.07
John Elway	6894	48669	7.06

Attempts

Player	Att
Dan Marino	**7452**
John Elway	6894
Warren Moon	6528
Dave Krieg	5290
Boomer Esiason	5205
Jim Everett	4923
Vinny Testaverde	4177
Troy Aikman	3696
Steve Young	3548
Randall Cunningham	3450

Completions

Player	Comp
Dan Marino	**4453**
John Elway	3913
Warren Moon	3827
Dave Krieg	3093
Boomer Esiason	2969
Jim Everett	2841
Vinny Testaverde	2300
Steve Young	2300
Troy Aikman	2292
Brett Favre	1971

Completion Pct
(Minimum 1500 Attempts)

Player	Att	Comp	Pct
Steve Young	3548	2300	**64.8**
Troy Aikman	3696	2292	62.0
Brett Favre	3206	1971	61.5
Dan Marino	7452	4453	59.8
Jim Harbaugh	2989	1769	59.2
Warren Moon	6528	3827	58.6
Dave Krieg	5290	3093	58.5
Jeff George	3233	1878	58.1
Jeff Hostetler	2338	1357	58.0
Jim Everett	4923	2841	57.7

Quarterback Rating
(Minimum 1500 Attempts)

Player	Att	Rating
Steve Young	3548	**97.0**
Brett Favre	3206	89.3
Dan Marino	7452	87.8
Troy Aikman	3696	82.3
Dave Krieg	5290	81.5
Warren Moon	6528	81.2
Boomer Esiason	5205	81.1
Jeff Hostetler	2338	80.5
Neil O'Donnell	2519	80.5
Scott Mitchell	2016	80.2

Passes Intercepted

Player	Ints
Warren Moon	**224**
Dan Marino	220
John Elway	216
Dave Krieg	199
Boomer Esiason	184
Vinny Testaverde	183
Jim Everett	175
Troy Aikman	110
Randall Cunningham	109
Wade Wilson	98

Interception Pct
(Minimum 1500 Attempts)

Player	Att	Int	Pct
Neil O'Donnell	2519	53	**2.1**
Steve Bono	1564	38	2.4
Steve Young	3548	91	2.6
Jeff George	3233	87	2.7
Jim Harbaugh	2989	82	2.7
Jeff Blake	1748	48	2.7
Dan Marino	7452	220	3.0
Brett Favre	3206	95	3.0
Troy Aikman	3696	110	3.0
Drew Bledsoe	2901	88	3.0

Passing Yards/Game
(Minimum 1500 Attempts)

Player	Yards	Games	Y/G
Dan Marino	55416	215	**257.7**
Warren Moon	47465	195	243.4
Drew Bledsoe	18348	76	241.4
Brett Favre	22591	97	232.9
Jim Everett	34837	158	220.5
John Elway	48669	221	220.2
Jeff George	22043	103	214.0
Jeff Blake	11765	56	210.1
Vinny Testaverde	29223	142	205.8
Boomer Esiason	37920	187	202.8

Times Sacked

Player	Sacks
John Elway	**498**
Dave Krieg	492
Warren Moon	431
Randall Cunningham	429
Boomer Esiason	318
Steve Young	302
Vinny Testaverde	297
Jeff George	290
Jim Harbaugh	287
Jim Everett	257

Sack Pct
(Minimum 1500 Attempts)

Player	Pass Plys	Sacks	Pct
Dan Marino	7691	239	**3.1**
Mark Rypien	2700	96	3.6
Drew Bledsoe	3022	121	4.0
Steve Bono	1634	70	4.3
Mike Tomczak	2146	97	4.5
Jim Everett	5180	257	5.0
Erik Kramer	2013	105	5.2
Stan Humphries	2660	144	5.4
Troy Aikman	3914	218	5.6
Brett Favre	3400	194	5.7

NFL Active Career Special Teams Leaders

Field Goals

Player	FGs
Gary Anderson	**385**
Morten Andersen	378
Eddie Murray	337
Norm Johnson	322
Kevin Butler	265
Al Del Greco	263
Pete Stoyanovich	219
Greg Davis	207
Jeff Jaeger	206
2 tied with	188

Field Goal Pct
(Minimum 100 FG Made)

Player	Made	Att	Pct
Chris Boniol	103	124	**83.1**
Doug Pelfrey	116	144	80.6
John Carney	188	234	80.3
Pete Stoyanovich	219	273	80.2
John Kasay	167	209	79.9
Steve Christie	188	236	79.7
Matt Stover	153	193	79.3
Jason Hanson	139	176	79.0
Gary Anderson	385	490	78.6
Cary Blanchard	120	153	78.4

1-39 Yd FG Pct
(Minimum 50 FG Made)

Player	Made	Att	Pct
Jason Hanson	100	104	**96.2**
Brad Daluiso	60	63	95.2
Chris Boniol	84	90	93.3
Morten Andersen	251	272	92.3
Jason Elam	95	103	92.2
Matt Stover	111	121	91.7
John Carney	140	154	90.9
Todd Peterson	51	57	89.5
Jeff Wilkins	50	56	89.3
Doug Pelfrey	74	83	89.2

40-49 Yd FG Pct
(Minimum 25 FG Made)

Player	Made	Att	Pct
Steve Christie	43	57	**75.4**
Pete Stoyanovich	53	71	74.6
Doug Pelfrey	37	50	74.0
John Kasay	38	54	70.4
Gary Anderson	109	156	69.9
Cary Blanchard	40	58	69.0
Morten Andersen	95	141	67.4
Eddie Murray	90	136	66.2
Jeff Jaeger	61	93	65.6
Norm Johnson	82	126	65.1

50+ Yd FG Pct
(Minimum 10 FG Made)

Player	Made	Att	Pct
Chris Jacke	17	26	**65.4**
Jason Elam	14	24	58.3
John Carney	10	18	55.6
John Kasay	13	24	54.2
Jeff Jaeger	14	26	53.8
Pete Stoyanovich	16	31	51.6
Al Del Greco	19	38	50.0
Eddie Murray	21	43	48.8
Steve Christie	11	23	47.8
Morten Andersen	33	70	47.1

Gross Punt Avg
(Minimum 250 Punts)

Player	Yards	Punts	Avg
Sean Landeta	37569	861	**43.6**
Greg Montgomery	22831	524	43.6
Reggie Roby	40440	932	43.4
Rick Tuten	26629	614	43.4
Rohn Stark	49471	1141	43.4
Tom Tupa	12630	292	43.3
Tom Rouen	13779	320	43.1
Tommy Barnhardt	27707	648	42.8
Craig Hentrich	12355	289	42.8
Lee Johnson	38812	915	42.4

Net Punt Avg
(Minimum 250 Punts)

Player	Yards	Punts	Avg
Tom Rouen	11974	322	**37.2**
Rick Tuten	22508	616	36.5
Greg Montgomery	19397	532	36.5
Reggie Roby	34017	937	36.3
Mike Horan	33258	920	36.2
Bryan Barker	20126	557	36.1
Tommy Barnhardt	23506	651	36.1
John Jett	12203	339	36.0
Tom Tupa	10542	293	36.0
Dan Stryzinski	21902	612	35.8

Inside 20 Pct
(Minimum 250 Punts)

Player	Punts	In20	Pct
Craig Hentrich	289	104	**36.0**
John Jett	337	112	33.2
Tom Rouen	320	100	31.3
Reggie Roby	932	284	30.5
Jeff Feagles	815	243	29.8
Tom Tupa	292	86	29.5
Chris Gardocki	433	127	29.3
Tommy Barnhardt	648	186	28.7
Louis Aguiar	556	153	27.5
Sean Landeta	861	232	26.9

Touchback Pct
(Minimum 250 Punts)

Player	Punts	TB	Pct
Dan Stryzinski	609	46	**7.6**
Chris Mohr	616	47	7.6
John Jett	337	26	7.7
Chris Gardocki	433	35	8.1
Rick Tuten	614	50	8.1
Mike Horan	913	75	8.2
Jeff Feagles	815	69	8.5
Tom Rouen	320	28	8.8
Mark Royals	640	57	8.9
Louis Aguiar	556	50	9.0

Kickoff Ret Avg
(Minimum 75 Returns)

Player	Ret	Yds	Avg
Tamarick Vanover	126	3232	**25.7**
Tyrone Hughes	272	6725	24.7
Michael Bates	145	3566	24.6
Mel Gray	421	10250	24.3
Glyn Milburn	215	5192	24.1
Kevin Williams	203	4874	24.0
Derrick Witherspoon	80	1901	23.8
Herschel Walker	215	5084	23.6
Andre Coleman	193	4466	23.1
Irving Spikes	89	2058	23.1

Punt Return Average
(Minimum 75 Returns)

Player	Ret	Yds	Avg
Darrien Gordon	143	1950	**13.6**
Desmond Howard	119	1440	12.1
Brian Mitchell	233	2638	11.3
Henry Ellard	135	1527	11.3
Mel Gray	252	2753	10.9
David Palmer	112	1195	10.7
David Meggett	344	3668	10.7
Eric Metcalf	238	2509	10.5
Jeff Burris	100	1045	10.4
Tim Brown	301	3083	10.2

Return Touchdowns

Player	TD
Eric Metcalf	**11**
Mel Gray	9
David Meggett	8
Brian Mitchell	8
Deion Sanders	6
Darrien Gordon	6
Tamarick Vanover	6
Tyrone Hughes	5
Andre Coleman	5
4 tied with	4

NFL Active Career Defense Leaders

Interceptions

Player	Int
Eugene Robinson	**49**
Darrell Green	44
Rod Woodson	41
Albert Lewis	40
Eric Allen	39
Eugene Daniel	38
Kevin Ross	38
Aeneas Williams	38
Lionel Washington	37
2 tied with	36

Yards/Int Return
(Minimum 20 Interceptions)

Player	Int	Yds	Y/R
Deion Sanders	**36**	**941**	**26.1**
Darryl Williams	22	557	25.3
Troy Vincent	20	442	22.1
Darryll Lewis	23	500	21.7
Marcus Robertson	20	425	21.3
Rod Woodson	41	860	21.0
Ray Buchanan	21	407	19.4
Willie Clay	21	386	18.4
Terry McDaniel	34	624	18.4
Tim McDonald	34	600	17.6

Sacks

Player	Sacks
Reggie White	**176.5**
Bruce Smith	154.0
Richard Dent	137.5
Kevin Greene	133.0
Chris Doleman	127.5
Leslie O'Neal	122.5
Greg Townsend	109.5
Clyde Simmons	109.0
Derrick Thomas	107.5
Jim Jeffcoat	102.5

Fumbles Recovered

Player	Fumbles
Kevin Greene	**22**
Sam Mills	**22**
James Hasty	21
Cornelius Bennett	21
Chris Doleman	20
Chris Spielman	19
Dan Saleaumua	18
Reggie White	18
3 tied with	16

Interception Return Yards

Player	Ret Yds
Deion Sanders	**941**
Rod Woodson	860
Eugene Robinson	719
Kevin Ross	654
Terry McDaniel	624
Tim McDonald	600
Eric Allen	570
Darryl Williams	557
Tyrone Braxton	545
2 tied with	531

Int Return Touchdowns

Player	TDs
Deion Sanders	**7**
Darrell Green	6
Aeneas Williams	6
Rod Woodson	5
Terry McDaniel	5
Eric Allen	5
Darryll Lewis	5
Otis Smith	5
5 tied with	4

Forced Fumbles

Player	FF
Derrick Thomas	**37**
Chris Doleman	**37**
Richard Dent	**37**
Greg Lloyd	33
Bruce Smith	30
Neil Smith	29
Reggie White	28
Cornelius Bennett	26
Seth Joyner	26
Clyde Simmons	23

Defensive TDs

Player	TDs
Deion Sanders	**8**
Darrell Green	**8**
Terry McDaniel	7
Aeneas Williams	7
Rod Woodson	6
Anthony Parker	6
7 tied with	5

NFL Active Career Milestones

100-Yard Rushing Games

Player	Num
Barry Sanders	68
Emmitt Smith	48
Thurman Thomas	46
Jerome Bettis	31
Marcus Allen	25
Chris Warren	24
Ricky Watters	21
Terry Allen	19
2 tied with	18

200-Yard Rushing Games

Player	Num
Barry Sanders	4
Terrell Davis	2
Thurman Thomas	1
Emmitt Smith	1
Jerome Bettis	1
LeShon Johnson	1
Napoleon Kaufman	1
Eddie George	1
Corey Dillon	1

300-Yard Passing Games

Player	Num
Dan Marino	56
Warren Moon	49
John Elway	34
Boomer Esiason	29
Jim Everett	26
Vinny Testaverde	23
Steve Young	21
Dave Krieg	18
Brett Favre	16
Drew Bledsoe	16

400-Yard Passing Games

Player	Num
Dan Marino	13
Warren Moon	7
Dave Krieg	5
Boomer Esiason	4
Steve Young	3
Drew Bledsoe	3
Randall Cunningham	2
Vinny Testaverde	2
Mark Rypien	2
Mark Brunell	2

100-Yard Receiving Games

Player	Num
Jerry Rice	61
Michael Irvin	43
Henry Ellard	37
Andre Reed	35
Irving Fryar	32
Herman Moore	30
Anthony Miller	28
Cris Carter	27
Tim Brown	26
Andre Rison	23

200-Yard Receiving Games

Player	Num
Jerry Rice	4
Isaac Bruce	3
10 tied with	1

1,000-Yd Rushing Seasons

Player	Num
Barry Sanders	9
Thurman Thomas	8
Emmitt Smith	7
Rodney Hampton	5
Terry Allen	4
Chris Warren	4
Ricky Watters	4
Jerome Bettis	4
5 tied with	3

1,500-Yd Rushing Seasons

Player	Num
Barry Sanders	5
Emmitt Smith	3
Terrell Davis	2
Marcus Allen	1
Herschel Walker	1
Chris Warren	1
Jerome Bettis	1

3,000-Yd Passing Seasons

Player	Num
Dan Marino	12
John Elway	12
Warren Moon	9
Jim Everett	7
Boomer Esiason	7
Dave Krieg	6
Brett Favre	6
Steve Young	5
Troy Aikman	5
2 tied with	4

4,000-Yd Passing Seasons

Player	Num
Dan Marino	6
Warren Moon	4
Drew Bledsoe	2
8 tied with	1

1,000-Yd Rec. Seasons

Player	Num
Jerry Rice	11
Henry Ellard	7
Michael Irvin	6
Cris Carter	5
Tim Brown	5
Anthony Miller	5
Irving Fryar	5
Andre Rison	5
4 tied with	4

1,500-Yd Rec. Seasons

Player	Num
Jerry Rice	4
Michael Irvin	2
Rob Moore	1
Herman Moore	1
Isaac Bruce	1

Career NFL Leader Boards—All Time

Points

Player	Points
George Blanda	**2002**
Nick Lowery	1711
Jan Stenerud	1699
Gary Anderson	1681
Morten Andersen	1641
Norm Johnson	1558
Eddie Murray	1532
Pat Leahy	1470
Jim Turner	1439
Matt Bahr	1422

Touchdowns

Player	TDs
Jerry Rice	**166**
Marcus Allen	145
Jim Brown	126
Walter Payton	125
Emmitt Smith	119
John Riggins	116
Lenny Moore	113
Don Hutson	105
Barry Sanders	105
Steve Largent	101

Rushing Yards

Player	Yards
Walter Payton	**16726**
Barry Sanders	13778
Eric Dickerson	13259
Tony Dorsett	12739
Jim Brown	12312
Marcus Allen	12243
Franco Harris	12120
Thurman Thomas	11405
John Riggins	11352
O.J. Simpson	11236

Passer Rating
(Minimum 1500 Attempts)

Player	Rating
Steve Young	**97.0**
Joe Montana	92.3
Brett Favre	89.3
Dan Marino	87.8
Jim Kelly	84.4
Roger Staubach	83.4
Neil Lomax	82.7
Troy Aikman	82.3
Sonny Jurgensen	82.6
Len Dawson	82.6

Passes Completed

Player	Com
Dan Marino	**4453**
John Elway	3913
Warren Moon	3827
Fran Tarkenton	3686
Joe Montana	3409
Dan Fouts	3297
Dave Krieg	3093
Boomer Esiason	2969
Jim Kelly	2874
Steve DeBerg	2844

Passing Yards

Player	Yards
Dan Marino	**55416**
John Elway	48669
Warren Moon	47465
Fran Tarkenton	47003
Dan Fouts	43040
Joe Montana	40551
Johnny Unitas	40239
Dave Krieg	37948
Boomer Esiason	37920
Jim Kelly	35467

TD Passes

Player	TDs
Dan Marino	**385**
Fran Tarkenton	342
Johnny Unitas	290
Warren Moon	279
John Elway	278
Joe Montana	273
Dave Krieg	261
Sonny Jurgensen	255
Dan Fouts	254
Boomer Esiason	247

Receptions

Player	Rec
Jerry Rice	**1057**
Art Monk	940
Andre Reed	826
Steve Largent	819
Henry Ellard	807
James Lofton	764
Cris Carter	756
Charlie Joiner	750
Irving Fryar	736
Michael Irvin	666

Reception Yards

Player	Yards
Jerry Rice	**16455**
James Lofton	14004
Henry Ellard	13662
Steve Largent	13089
Art Monk	12721
Charlie Joiner	12146
Don Maynard	11834
Andre Reed	11764
Irving Fryar	11427
Gary Clark	10856

Combined Yards

Player	Yards
Walter Payton	**21803**
Herschel Walker	18168
Marcus Allen	17648
Jerry Rice	17075
Barry Sanders	16528
Tony Dorsett	16326
Henry Ellard	15603
Thurman Thomas	15489
Jim Brown	15459
Eric Dickerson	15411

Interceptions

Player	Int
Paul Krause	**81**
Emlen Tunnell	79
Dick Lane	68
Ken Riley	65
Ronnie Lott	63
Dave Brown	62
Dick LeBeau	62
Emmitt Thomas	58
4 players tied with	57

Sacks

Player	Sacks
Reggie White	**176.5**
Bruce Smith	154.0
Richard Dent	137.5
Kevin Greene	133.0
Lawrence Taylor	132.5
Rickey Jackson	128.0
Chris Doleman	127.5
Leslie O'Neal	122.5
Sean Jones	113.0
Greg Townsend	109.5

Glossary

Big Pass Play
    Any pass completion that gains 25 or more yards.

Big Running Play
    Any running play that gains 10 or more yards.

Dropped Pass
    Any incomplete pass which was catchable with normal effort. To determine if a pass was dropped, STATS compares and reviews the judgment of multiple reporters.

First Down
    A play on which the player in question gained a first down.

First Down Percentage
    The percentage of relevant plays which resulted in first downs. For example, if a receiver's First Down Percentage is 20 percent, that means one-fifth of his catches resulted in first downs.

Inside 20 Punt
    According to the NFL, "Credit a player with an inside-20 when his punt is not returned to the receivers' 20-yard line or beyond. Also credit an inside-20 when a punt does not penetrate the 20, but the returner carries the ball back inside the 20 and his return ends there. A touchback is not an inside-20."

Inside 20 Percentage
    Inside-20 punts divided by Net Punts.

Net Kickoff Average
    Kickoff Yards, minus Return Yards, minus 20 yards for every Touchback, divided by Kickoffs.

Net Punts
    Punt attempts which were not blocked.

Net Punting Average
    Gross Punting Yards, minus Return Yards, minus 20 yards for every Touchback, divided by Total Punts.

Other
    In the Offensive Profiles, refers to incomplete passes not covered under the primary categories, and includes instances when a receiver caught a pass out of bounds, when the QB spiked the ball to stop the clock, when he threw the ball away intentionally, and assorted other rare occurrences.

Pass Defensed
    Any pass which a defender, through contact with the football, causes to be incomplete.

Passer (QB) Rating
The NFL formula used to rate quarterbacks. The formula goes like this:

Step 1: Complete passes divided by pass attempts. Subtract 0.3, then divide by 0.2.
Step 2: Passing yards divided by pass attempts. Subtract 3, then divide by 4.
Step 3: Touchdown passes divided by pass attempts, then divide by .05.
Step 4: Start with .095, and subtract interceptions divided by attempts. Divide the product by .04.

The sum of each step cannot be greater than 2.375 or less than zero. Add the sum of Steps 1 through 4, multiply by 100 and divide by 6. There you have it, the NFL's Passer Rating system. And no, we didn't just make that up.

Poor Pass
Any forward pass deemed uncatchable. This includes underthrows, overthrows, interceptions, passes thrown wide of the receiver, passes caught out of the bounds and passes thrown away intentionally.

Stuff
Any tackle of a ball carrier behind the line of scrimmage during a rushing attempt.

Target
The receiver for whom a pass was intended.

Total Punts
Net Punts plus blocked punts.

Yards After Catch (YAC)
The number of yards a receiver gains from the spot on the field at which he establishes possession of a passed football to the play's end. Example: A receiver catches a pass at his 10-yard line and is tackled (or run out of bounds) at his 24-yard line. He is credited with 14 yards after catch.

Yards at Catch (Y@C)
This is simply the number of yards beyond the line of scrimmage at which a receiver caught the pass. Yards at Catch plus Yards After Catch equals total receiving yards. We list the average Y@C per reception in the profiles instead of the total Y@C for ease of understanding.

About STATS, Inc.

STATS, Inc. is the nation's leading independent sports information and statistical analysis company, providing detailed sports services for a wide array of commercial clients.

As one of the fastest-growing sports companies—in 1994, we ranked 144th on the "Inc. 500" list of fastest-growing privately held firms—STATS provides the most up-to-the-minute sports information to professional teams, print and broadcast media, software developers and interactive service providers around the country. Some of our major clients are ESPN, the Associated Press, Fox Sports, Electronic Arts, MSNBC, SONY and Topps. Much of the information we provide is available to the public via STATS On-Line. With a computer and a modem, you can follow action in the four major professional sports, as well as NCAA football and basketball. . . as it happens!

STATS Publishing, a division of STATS, Inc., produces 12 annual books, including the *Major League Handbook*, *The Scouting Notebook*, the *Pro Football Handbook*, the *Pro Basketball Handbook* and the *Hockey Handbook* as well as the *STATS Fantasy Insider* magazine. These publications deliver STATS' expertise to fans, scouts, general managers and media around the country.

In addition, STATS offers the most innovative—and fun—fantasy sports games and support products around, from *Bill James Fantasy Baseball* and *Bill James Classic Baseball* to *STATS Fantasy Football* and *STATS Fantasy Hoops*. Check out the latest STATS and Bill James fantasy game, *Stock Market Baseball* and our immensely popular Fantasy Portfolios.

Information technology has grown by leaps and bounds in the last decade, and STATS will continue to be at the forefront as a supplier of the most up-to-date, in-depth sports information available. For those of you on the information superhighway, you can always catch STATS in our area on America Online or at our Internet site.

For more information on our products, or on joining our reporter network, contact us on:

America On-Line — (Keyword: STATS)

Internet — www.stats.com

Toll Free in the USA at 1-800-63-STATS (1-800-637-8287)

Outside the USA at 1-847-676-3383

Or write to:

STATS, Inc.
8131 Monticello Ave.
Skokie, IL 60076-3300

Get Inside the NFL!

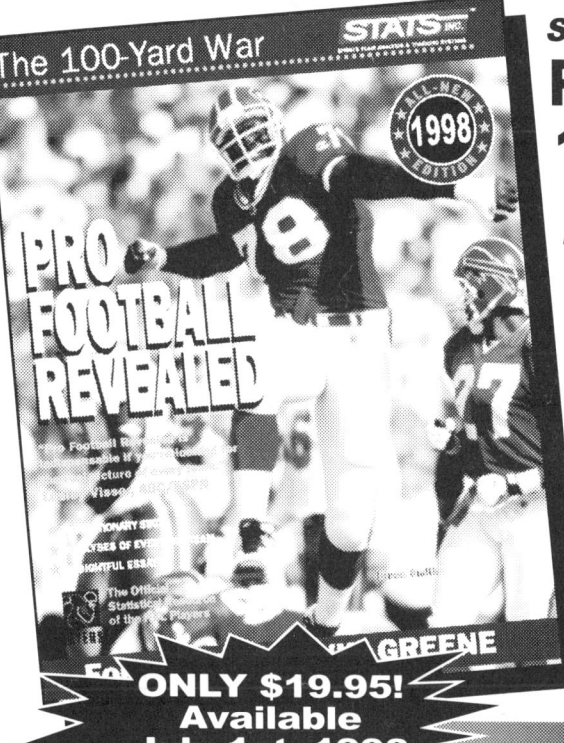

STATS Presents...

Pro Football Revealed 1998: The 100-Yard War

Pro Football Revealed is the hottest and most exciting football preview you'll ever see! STATS helps you get a grip on today's NFL by evaluating each team's 1997 performance and looking forward to 1998. The upcoming edition is packed full of the same data featured on ESPN's *NFL Countdown* and *NFL Primetime* broadcasts.

ONLY $19.95!
Available July 1st, 1998

DID YOU KNOW?
STATS, Inc. is the Official Statistical Resource of the NFL Players

CHECK IT OUT...
- In depth coverage of every NFL team
- Detailed stats, analysis, favorite play diagrams
- Original essays on the hottest topics facing today's NFL

"Indispensable"
— Lesley Visser, ESPN

"*Pro Football Revealed* provides in-depth analysis and statistics on the NFL like no other book."
— Scott Pioli, Director of Pro Personnel, Baltimore Ravens

Order from  Today!

Use Order Form in This Book, or Call 1-800-63-STATS or 847-676-3383 or visit www.stats.com

Track YOUR Fantasy Team

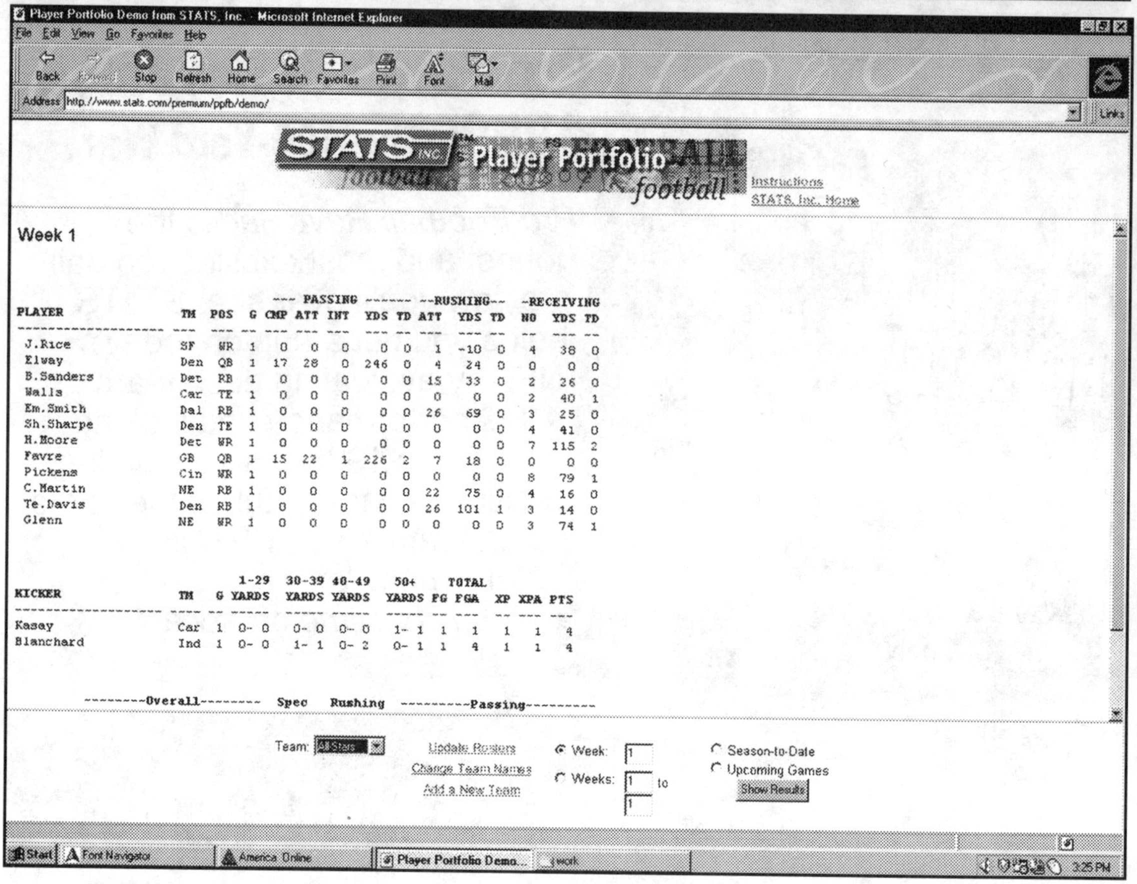

Week 1

PLAYER	TM	POS	G	PASSING CMP	ATT	INT	YDS	TD	RUSHING ATT	YDS	TD	RECEIVING NO	YDS	TD
J.Rice	SF	WR	1	0	0	0	0	0	1	-10	0	4	38	0
Elway	Den	QB	1	17	28	0	246	0	4	24	0	0	0	0
B.Sanders	Det	RB	1	0	0	0	0	0	15	33	0	2	26	0
Walls	Car	TE	1	0	0	0	0	0	0	0	0	2	40	1
Em.Smith	Dal	RB	1	0	0	0	0	0	26	69	0	3	25	0
Sh.Sharpe	Den	TE	1	0	0	0	0	0	0	0	0	4	41	0
H.Moore	Det	WR	1	0	0	0	0	0	0	0	0	7	115	2
Favre	GB	QB	1	15	22	1	226	2	7	18	0	0	0	0
Pickens	Cin	WR	1	0	0	0	0	0	0	0	0	8	79	1
C.Martin	NE	RB	1	0	0	0	0	0	22	75	0	4	16	0
Te.Davis	Den	RB	1	0	0	0	0	0	26	101	1	3	14	0
Glenn	NE	WR	1	0	0	0	0	0	0	0	0	3	74	1

KICKER	TM	G	1-29 YARDS	30-39 YARDS	40-49 YARDS	50+ YARDS	TOTAL FG	FGA	XP	XPA	PTS
Kasay	Car	1	0-0	0-0	0-0	1-1	1	1	1	1	4
Blanchard	Ind	1	0-0	1-1	0-2	0-1	1	4	1	1	4

Every Play. Every Game. Every Day.

manage your fantasy player statistics with **STATS Player Portfolio for Football**

- Interactive & fully customizable fantasy roster-tracking software
- Player & team stats — search this week, last week, season-to-date...
- Real-time results. Log-in to in-progress games...*see how your third-string receiver is doing after 3 quarters*
- In-depth info like upcoming schedules and injury reports keeps you totally informed!

STATS makes your fantasy life easy. Track all your players with no fuss.

at **www.stats.com**

Your One-Stop Sports Shop
www.stats.com

ww.stats.com is the place to visit if you're in the market for sports information or fantasy games.

ooks... eck yeah! You'll find football, basketball, baseball and hockey. Twelve annuals are packed full of the tatistics and analysis you trust from the leader in real-time sports information, STATS, Inc.

antasy games... Unreal! You're not going to believe how intense, realistic and competitive these games are. Rotisserie and ankings games cannot compete. For a season's worth of fun, join a STATS sports league today — Fantasy ootball, Bill James Fantasy Baseball and Classic Baseball, Stock Market Baseball and Fantasy Hoops.

Be sure to visit the STATS Store located at http://www.stats.com. New products and services are being added egularly, so be sure to stop in and see what's new in the STATS Sports World.

Office: 847-676-3322
Orders: 800-63-STATS
         800-637-8287 or 847-676-3383
Fax: 847-676-0821

AOL Keyword: STATS
USmail: 8131 Monticello Ave.
Skokie, IL USA 60076

Get Into STATS Fantasy Hoops!

Soar into next season with STATS Fantasy Hoops! SFH lets YOU make the calls. Don't just sit back and watch Grant Hill, Shawn Kemp and Michael Jordan—get in the game and coach your team to the top!

How to Play SFH:
1. Sign up to coach a team
2. You'll receive a full set of rules and a draft form with SFH point values for all eligible players—anyone who played in the NBA last year, plus all NBA draft picks
3. Complete the draft form and return it to STATS
4. You will take part in the draft with nine other owners, and we will send you league rosters
5. You make unlimited weekly transactions including trades, free-agent signings, activations, and benchings
6. Six of the 10 teams in your league advance to postseason play, with two teams ultimately advancing to the Finals

SFH point values are based on actual NBA results, mirroring the real thing. Weekly reports will tell you everything you need to know to lead your team to the SFH Championship!

PLAY STATS Fantasy Football!

STATS Fantasy Football puts YOU in charge! You draft, trade, cut, bench, activate players and even sign free agents each week. SFF pits you head-to-head against 11 other owners.

STATS' scoring system applies realistic values, tested against actual NFL results. Each week, you'll receive a superb in-depth report telling you all about both team and league performances.

How to Play SFF:
1. Sign up today!
2. STATS sends you a draft form listing all eligible NFL players
3. Fill out the draft form and return it to STATS, and you will take part in the draft along with 11 other team owners
4. Go head-to-head against the other owners in your league. You'll make week-by-week roster moves and transactions through STATS' Fantasy Football experts, via phone, fax, or on-line!

STATS Fantasy Football on the Web? Check it out! www.stats.com

Order from STATS INC. Today!

Use Order Form in This Book, or Call 1-800-63-STATS or 847-676-3383 or visit www.stats.com

STATS INC. MEET THE WINNING LINEUP...

Bill James Presents:
STATS Major League Handbook 1998

- Bill James' and STATS' exclusive 1998 player projections
- Career data for every 1997 Major League Baseball player
- Leader boards, fielding stats and stadium data

"*This book is better than your own personal statistician!*" Rod Beaton, USA Today

- **Item #HB98, $19.95, Available NOW!**

Bill James Presents:
STATS Minor League Handbook 1998

- Year-by-year career statistical data for AA and AAA players
- Bill James' exclusive Major League Equivalencies
- Complete 1997 Single-A and rookie statistics

"*THE place to check for info on up and coming players.*" Bill Koenig, Baseball Weekly

- **Item #MH98, $19.95, Available NOW!**

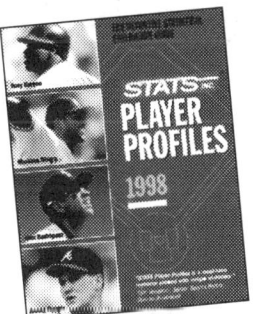

STATS Player Profiles 1998

- Exclusive 1997 breakdowns for pitchers and hitters, over 30 in all: lefty/righty, home/road, clutch situations, ahead/behind in the count, month-by-month, etc.
- Complete breakdowns by player for the last five seasons

"*A must-have resource packed with unique statistics.*" Tom Verducci, Sports Illustrated

- **Item #PP98, $19.95, Available NOW!**

Bill James Presents:
STATS Batter Versus Pitcher Match-Ups! 1998

- Complete stats for pitchers vs. batters (5+ career AB against them)
- Leader boards and stats for all 1997 major league players
- Batter and pitcher performances for each major league ballpark

"*No other book delivers as much info that's so easy to use.*" Peter Gammons, ESPN

- **Item #BP98, $19.95, Available NOW!**

Order from STATS INC. Today!

Use Order Form in This Book, or Call 1-800-63-STATS or 847-676-3383 or visit www.stats.com

MORE OF STATS' STARTING LINEUP...

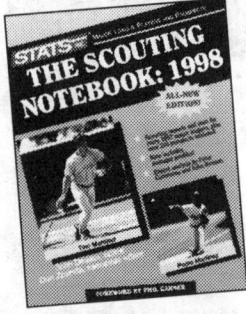

STATS Scouting Notebook 1998

- Extensive scouting reports on over 700 major league players
- Evaluations of nearly 400 minor league prospects
- Expert analysis from nationally-known writers
- Manager profiles section evaluates skipper style and strategy

"*A phenomenal resource!*" Jayson Stark, Baseball America

- **Item #SN98, $19.95, Available NOW!**

STATS Minor League Scouting Notebook 1998

- Evaluation of each organization's top prospects
- Essays, stat lines and grades for more than 400 prospects
- Author John Sickels' exclusive list of baseball's top 50 prospects
- Each prospect rated with a grade from A to C-minus

"*John Sickels knows the minor leagues like no one else.*" John Benson, Baseball Weekly

- **Item #MN98, $19.95, Available NOW!**

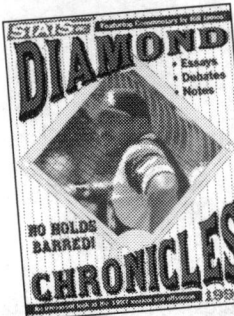

STATS analyzes baseball like nobody else!

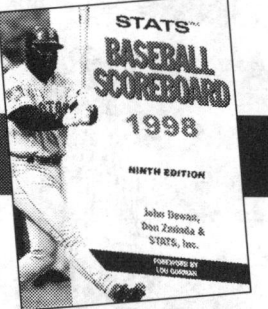

STATS Diamond Chronicles 1998

- Essays, debates and discussions from the 1997 season and offseason
- In-depth, often heated dialogue between well-known baseball analysts
- Learn what experts think of trades, managerial styles, realignment, etc.
- Featuring commentary by Bill James, Don Zminda, Steve Moyer and John Dewan
- **Item #CH98, $19.95, Available NOW!**

STATS Baseball Scoreboard 1998

- Oh Yeah? Prove It! STATS' experts answer all the tough questions about baseball today
- Easy-to-understand charts and graphs answer the questions fans always ask
- In-depth coverage for each major league team
- Equal measures informative and entertaining
- **Item #SB98, $19.95, Available 3/1/98**

Order from STATS INC. Today!

Use Order Form in This Book, or Call 1-800-63-STATS or 847-676-3383 or visit www.stats.com

ROUNDING OUT THE STARTING LINEUP...

STATS Pro Football Handbook 1998

- A complete season-by-season register for every active NFL player
- Numerous statistical breakdowns for hundreds of NFL players
- Leader boards in a number of innovative and traditional categories
- Exclusive evaluations of offensive linemen
- **Item #FH98, $19.95, Available NOW!**

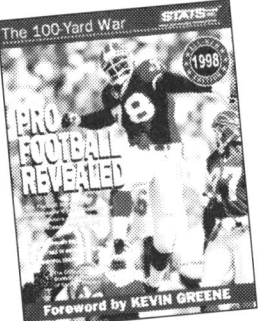

STATS Pro Football Revealed 1998
The 100-Yard War

- Profiles each team, complete with essays, charts and play diagrams
- Detailed statistical breakdowns on players, teams and coaches
- Essays about NFL trends and happenings by leading experts
- Same data as seen on ESPN's *Sunday Night Football* broadcasts
- **Item #PF98, $19.95, Available 7/1/98**

STATS Pro Basketball Handbook 1997-98

- Career stats for every player who logged minutes during 1996-97
- Team game logs with points, rebounds, assists and much more
- Leader boards from points per game to triple doubles
- Essays cover the hottest topics facing the NBA. Foreword by Bill Walton
- **Item #BH98, $19.95, Available Now!**

STATS Hockey Handbook 1997-98

- Complete career register for every 1996-97 NHL player and goalie
- Exclusive breakdowns identify player strengths and weaknesses
- Specific coverage for each team, plus league profiles
- Standard and exclusive leader boards
- **Item #HH98, $19.95, Available Now!**

Order from STATS INC. Today!

Use Order Form in This Book, or Call 1-800-63-STATS or 847-676-3383 or visit www.stats.com

STATS INC.™ MEET THE ROOKIE LINEUP...

STATS Fantasy Insider
1998 Baseball Edition

- Scouting reports on every major league team and key players
- STATS' exclusive 1998 player projections
- 1998 rookie previews and free agent reviews
- Expert analysis from nationally-known writers like Jim Callis
- Guaranteed to have an impact on your fantasy draft
- Item #IB98, $5.95, Available NOW!

NEW This Spring From STATS, Inc.

STATS Fantasy Insider
1998 Pro Football Edition

- Scouting reports on every NFL team and player
- STATS' exclusive performance measurements against upcoming 1998 opponents
- 1998 rookie previews and free agent reviews
- Analysis from NFL experts
- A fantasy draft must!
- Item #IF98, $5.95, Available June, 1998!

Coming Next Summer From STATS, Inc.

Order from STATS INC.™ Today!

Use Order Form in This Book, or Call 1-800-63-STATS or 847-676-3383 or visit www.stats.com

10th ANNIVERSARY EDITION!

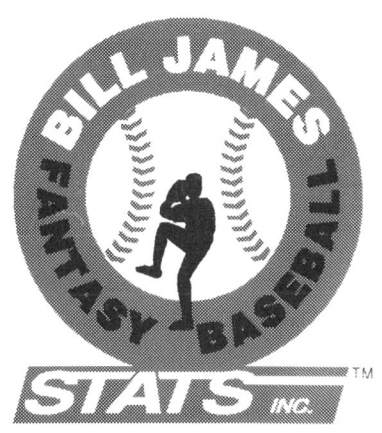

Bill James Fantasy Baseball enters its 10th season of offering baseball fans the most unique, realistic and exciting game that fantasy sports has to offer.

As team owner and GM, you draft a 26-player roster and can expand to as many as 28. Players aren't ranked like in rotisserie leagues—you'll get credit for everything a player does, like hitting homers, driving in runs, turning double plays, pitching quality outings and much more!

The team which scores the most points among all leagues, and wins the World Series, will receive the John McGraw Award, which includes a one-week trip to the Grapefruit League in spring training, a day at the ballpark with Bill James, and a new fantasy league named in his/her honor!

Unique Features Include:

- **Live fantasy experts** — available seven days a week
- **The best weekly reports in the business** — detailing who is in the lead, win-loss records, MVPs, and team strengths and weaknesses
- **On-Line computer system** — a world of information, including daily updates of fantasy standings and stats
- **Over twice as many statistics as rotisserie**
- **Transactions that are effective the very next day!**

"My goal was to develop a fantasy league based on the simplest yet most realistic principles possible. A league in which the values are as nearly as possible what they ought to be, without being distorted by artificial category values or rankings...."
- *Bill James*

Order from STATS INC. Today!

Use Order Form in This Book, or Call 1-800-63-STATS or 847-676-3383 or visit www.stats.com

There is NO Offseason!

Don't hang up the spikes just yet! Go back in time to compete on the field of your dreams!

If you're not ready to give up baseball in the fall, or if you're looking to relive its glorious past, then Bill James Classic Baseball is the game for you! The Classic Game features players from all eras of Major League Baseball at all performance levels—not just the stars. You could see Honus Wagner, Josh Gibson, Carl Yastrzemski, Bob Uecker, Billy Grabarkewitz, and Pete Rose...on the SAME team!

As owner, GM and manager all in one, you'll be able to...

- "Buy" your team of up to 25 players from our catalog of over 2,500 players
- Choose the park your team will call home—current or historical, 72 in all!
- Rotate batting lineups. Change your pitching rotation for each series
- Alter in-game strategies, including stealing frequency, holding runners on base, hit-and-run and much more!

How to Play The Classic Game:

1. Sign up to be a team owner TODAY! Leagues form year-round
2. You'll receive $1 million to buy your favorite major leaguers
3. Take part in a player and ballpark draft with 11 other owners
4. STATS runs the game simulation...a 154-game schedule, 14 weeks!
5. You'll receive customized in-depth weekly reports, featuring game summaries, stats, and boxscores

ADMIT IT. You're always looking for that edge against your Classic Game competition. **STATS Diamond Diagrams 1998** takes you on a stroll thru every major league ballpark, as featured in Bill James Classic Baseball. You'll visit over 75 parks, complete with historical summaries, pictures, park dimensions, scouting reports and more. A great read for every student of the game!
Item #DD98, $19.95, Available NOW!

Order from STATS INC. Today!

Use Order Form in This Book, or Call 1-800-63-STATS or 847-676-3383 or visit www.stats.com

STATS, Inc. Order Form

Name_____
Address_____
City_____ State_____ Zip_____
Phone_____ Fax_____ E-mail Address_____

Method of Payment (U.S. Funds Only):
❏ Check ❏ Money Order ❏ Visa ❏ MasterCard

Credit Card Information:
Cardholder Name_____
Credit Card Number_____ Exp. Date_____
Signature_____

PUBLICATIONS (STATS books include FREE first class shipping; magazines — add $2)

Qty.	Product Name	Item #	Price	Total
	STATS All-Time Major League Handbook	ATHA	$54.95	
	STATS All-Time Baseball Sourcebook	ATSA	$54.95	
	STATS All-Time Major League COMBO (BOTH books!)	ATCA	$99.95	
	STATS Major League Handbook 1998	HB98	$19.95	
	STATS Major League Handbook 1998 (Comb-bound)	HC98	$21.95	
	STATS Projections Update 1998 (MAGAZINE)	PJUP	$9.95	
	The Scouting Notebook: 1998	SN98	$19.95	
	The Scouting Notebook: 1998 (Comb-bound)	SC98	$21.95	
	STATS Minor League Scouting Notebook 1998	MN98	$19.95	
	STATS Minor League Handbook 1998	MH98	$19.95	
	STATS Minor League Handbook 1998 (Comb-bound)	MC98	$21.95	
	STATS Player Profiles 1998	PP98	$19.95	
	STATS Player Profiles 1998 (Comb-bound)	PC98	$21.95	
	STATS 1998 BVSP Match-Ups!	BP98	$19.95	
	STATS Baseball Scoreboard 1998	SB98	$19.95	
	STATS Diamond Chronicles 1998	CH98	$19.95	
	Pro Football Revealed: The 100 Yard War (1998 Edition)	PF98	$19.95	
	STATS Pro Football Handbook 1998	FH98	$19.95	
	STATS Pro Football Handbook 1998 (Comb-bound)	FC98	$21.95	
	STATS Basketball Handbook 1997-98	BH98	$19.95	
	STATS Hockey Handbook 1997-98	HH98	$19.95	
	STATS Diamond Diagrams 1998	DD98	$19.95	
	STATS Fantasy Insider: 1998 Major League Baseball Edition (MAGAZINE)	IB98	$5.95	
	STATS Fantasy Insider: 1998 Pro Football Edition (MAGAZINE)	IF98	$5.95	
	Prior Editions (Please circle appropriate year)			
	STATS Major League Handbook '90 '91 '92 '93 '94 '95 '96 '97		$9.95	
	The Scouting Report/Notebook '94 '95 '96 '97		$9.95	
	STATS Player Profiles '93 '94 '95 '96 '97		$9.95	
	STATS Minor League Handbook '92 '93 '94 '95 '96 '97		$9.95	
	STATS BVSP Match-Ups! '94 '95 '96 '97		$5.95	
	STATS Baseball Scoreboard '92 '93 '94 '95 '96 '97		$9.95	
	STATS Basketball Scoreboard/Handbook '93-'94 '94-'95 '95-'96 '96-'97		$9.95	
	Pro Football Revealed: The 100 Yard War '94 '95 '96 '97		$9.95	
	STATS Pro Football Handbook '95 '96 '97		$9.95	
	STATS Minor League Scouting Notebook '95 '96 '97		$9.95	
	STATS Hockey Handbook '96-'97		$9.95	

FANTASY GAMES

Qty.	Product Name	Item Number	Price	Total
	Bill James Classic Baseball	BJCB	$129.00	
	STATS Fantasy Hoops	SFH	$79.00	
	STATS Fantasy Football	SFF	$69.00	
	Bill James Fantasy Baseball	BJFB	$89.00	

1st Fantasy Team Name (ex. Colt 45's): _____
   What Fantasy Game is this team for? _____
2nd Fantasy Team Name (ex. Colt 45's): _____
   What Fantasy Game is this team for? _____

NOTE: $1.00/player is charged for all roster moves and transactions.

For Bill James Fantasy Baseball:
Would you like to play in a league drafted by Bill James?   ❏ Yes   ❏ No

MULTIMEDIA PRODUCTS (Prices include shipping & handling charges)

Qty.	Product Name	Item Number	Price	Total
	Bill James Encyclopedia CD-Rom	BJCD	$49.95	

TOTALS

	Price	Total
Product Total (excl. Fantasy Games)		
Canada—all orders—add:	$2.50/book	
Magazines—shipping—add:	$2.00/each	
Order 2 or more books—subtract:	$1.00/book	
(**NOT** to be combined with other specials)		
Subtotal		
Fantasy Games Total		
IL residents add 8.5% sales tax		
GRAND TOTAL		

For Faster Service, Please Call 800-63-STATS or 847-676-3383
Fax Your Order to 847-676-0821
Visit STATS on the World Wide Web at www.stats.com
or on AOL at Keyword STATS

NOTE: *Orders for shipments outside of the USA or Canada are Credit Card only. Actual shipping charges will be added to the product cost.*